U0625687

བྱང་ངོས་སྤྲུལ་པ་སྟེ་ཡི་ལྷ་ཁང་དུ། །གནས་ལྔ་རིག་པའི་མཐར་སོན་འཛམ་པའི་དབྱངས། །
དེགས་ལྡན་གྲོལ་བ་འཛོམས་པའི་དཔལ་བོ་ཆེ། །ས་སྐྱ་པཎ་ཆེན་ཞབས་ལ་གསོལ་བ་འདེབས། །

ཚར་ཆེན་བློ་གསལ་རྒྱ་མཚོས།

༄༅། །དཔལ་ས་སྐྱའི་སྡོམ་གསུམ་ཕྱོགས་བསྒྲིགས་བཞུགས་སོ།།

པོད་དགུ་པ།

ཀུན་མཁྱེན་བསོད་ནམས་སེང་གེ་སོགས་ཀྱིས་མཛད།

སི་ཁྲོན་བོད་ཡིག་དཔེ་རྙིང་བསྡུ་སྒྲིག་ཁང་གིས་བསྒྲིགས།

རྒྱལ་ཁབ་དཔེ་མཛོད་དཔེ་སྐྲུན་ཁང་།

དཀར་ཆག

༄༅། །སྡོམ་པ་གསུམ་གྱི་རབ་ཏུ་དབྱེ་བའི་ཁ་སྐོང་གཞི་ལམ་འབྲས་གསུམ་གསལ་བར་བྱེད་པའི་ལེགས་བཤད་འོད་ཀྱི་སྣང་བ་ཞེས་བྱ་བ་བཞུགས་སོ། །

ཀུན་མཁྱེན་བསོད་ནམས་སེངྒེ།

སྡོམ་པ་གསུམ་གྱི་རབ་ཏུ་དབྱེ་བའི་ཁ་སྐོང་གཞི་ལམ་འབྲས་གསུམ་གསལ་བར་བྱེད་པའི་ལེགས་བཤད་འོད་ཀྱི་སྣང་བ་ཞེས་བྱ་བ། རྗེ་བཙུན་བླ་མ་ཐུགས་རྗེ་ཆེན་པོ་དང་ལྡན་པ་རྣམས་དང་ལྷག་པའི་ལྷ་མཆོག་མགོན་པོ་འཇམ་པའི་དབྱངས་ལ་གུས་པས་ཕྱག་འཚལ་ལོ། །ཡོན་ཏན་ལྷུན་གྲུབ་གཞིར་གནས་ཆོས་ཀྱི་དབྱིངས། །སྒྲིབ་པའི་དྲི་མ་སེལ་བར་བྱེད་པའི་ལམ། །གནས་གྱུར་བྲལ་དང་རྣམ་པར་སྨིན་པའི་འབྲས། །དབྱེར་མེད་སྙིང་པོ་དེ་ལ་གུས་བཏུད་ནས། །རྒྱལ་བའི་བཀའ་དང་ཚད་ལྡན་གཞུང་ལུགས་དང་། །འཕྲུལ་ཟད་དམ་པའི་མན་ངག་ལ་བརྟེན་ནས། །གཞི་ལམ་འབྲས་གསུམ་གསལ་བྱེད་སྣང་བ་འདི། །གཟུར་གནས་གཞན་ལ་ཕན་ཕྱིར་བརྩེ་བས་བཤད། །

རང་བཞིན་འོད་གསལ་ཤེལ་གྱི་ཁམས། །བག་ཆགས་ཚོན་གྱིས་བསྒྱུར་བ་ལས། །གནས་སྐབས་དུ་མར་སྣང་བ་ཡི། །དབྱིངས་ཉིད་འཁོར་འདས་ཀུན་གྱི་གཞི། །ཐེག་གསུམ་བསླབ་པ་ལྕགས་ཟངས་དངུལ། །རིག་འཛིན་རྩི་ཡིས་གསང་ཆེན་གྱི། །གསེར་དུ་བསྒྱུར་བའི་ཉམས་ལེན་ནི། །དྲི་མ་སེལ་བྱེད་ལམ་གྱི་མཆོག གནས་གྱུར་ནམ་མཁར་བྲལ་འབྲས་ཀྱི། །ཡོན་ཏན་ཟླ་བཤར་བ་ལས། །གདུལ་བྱ་དག་པའི་ཆུ་གཙང་དུ། །གཟུགས་སྐུ་འཆར་བ་འབྲས་བུའོ། །

གཞི་ལ་གྲུབ་མཐའི་བྱེ་བྲག་གིས། །སེམས་བྱུང་ཟག་མེད་ས་བོན་དང་། །སྐྱེ་མཆེད་དྲུག་གི་ཁྱད་པར་སོགས། །འདོད་པ་ཡོད་ཀྱང་འདུས་བྱས་ཡིན། །འདིར་ནི་བྱམས་མགོན་ཀླུ་སྒྲུབ་ཀྱིས། །གསལ་བ་རྒྱུན་ཆགས་མ་འགགས་པ། །མཐའ་བཞིའི་སྤྲོས་པས་སྟོང་པ་ཡི། །ཟུང་འཇུག་འདུས་མ་བྱས་ལ་བཞེད། །དེ་ཡང་ཐེག་ཆེན་རྒྱུད་བླ་མར། །གཞི་ལམ་འབྲས་བུའི་ཡོན་ཏན་གྱི། །ལྡོག་པ་མ་ལུས་ཚང་བ་ནི། །སྒྲུབ་བྱེད་གསུམ་གྱིས་ཡོད

པར་བསྒྲུབ། །རྣམ་གཞག་བཅུ་ཡིས་གཏན་ལ་དབབ། །དྲི་མས་སྒྲིབ་ཚུལ་དཔེ་དགུས་བསྟན། །བྱང་ཆུབ་ཡོན་ཏན་ཕྲིན་ལས་ཀྱིས། །འབྲས་བུའི་གནས་ཚུལ་ཁྱད་པར་བཤད། །ཀླུ་སྒྲུབ་ཞབས་ཀྱི་རིགས་ཚོགས་ལས། །རྟེན་འབྲེལ་མཐའ་བཞིའི་སྤྲོས་པ་ཡིས། །སྟོང་ཚུལ་རིགས་པས་གཏན་ཕབ་ནས། །སྟོང་ཉིད་བྱ་བྱེད་རུང་བར་གསུངས། །བསྟོད་པའི་ཚོགས་ལས་སྟོང་ཉིད་དེའང་། །ཅི་ཡང་མེད་ཙམ་ཡིན་སྤྱངས་ནས། །འཁོར་འདས་ཀུན་ཁྱབ་སེམས་ཉིད་ཀྱི། །ཡིན་ཕྱིར་བྱ་བྱེད་རུང་བར་གསུངས། །དེས་ན་ཐེག་ཆེན་དབུ་མ་ཡི། །ལུགས་ཀྱི་གཞི་ཡི་འདོད་ཚུལ་ལ། །རྒྱལ་ཚབ་རྒྱལ་བས་ལུང་བསྟན་པའི། །སྲོལ་འབྱེད་འདི་གཉིས་དགོངས་པ་མཐུན། །ཆོས་དབྱིངས་དྲི་བཅས་དེ་བཞིན་ཉིད། །འོད་གསལ་བདེ་གཤེགས་སྙིང་པོ་དང་། །སེམས་ཀྱི་རང་བཞིན་དག་པ་སོགས། །མཚན་གྱི་རྣམ་གྲངས་དུ་མས་བསྟན། །ལང་གཤེགས་སྟུག་པོ་བཀོད་པ་དང་། །རྣལ་འབྱོར་དབང་ཕྱུག་མན་ངག་དང་། །དཔལ་ལྡན་ཟླ་བའི་ཞབས་སོགས་ཀྱིས། །ཀུན་གཞིའི་སྒྲ་ཡང་འདི་ལ་བཞེད། །ཟབ་མོའི་རྒྱུད་དུ་འཇམ་དཔལ་དང་། །ཡེ་ཤེས་ཆེན་པོ་ལྷན་སྐྱེས་དང་། །རྡོ་རྗེ་རྡོ་རྗེ་སེམས་དཔའ་དཔལ། །ཀུན་བཟང་ལ་སོགས་བགྲང་ཡས་གསུང་། །དེང་སང་ཚིག་ཙམ་སྨྲ་བ་ལ། །ངོ་མཚར་འཛིན་པའི་མཁས་རློམ་འགའ། །དྲི་བཅས་སེམས་ལ་རིགས་པ་ཡིས། །བདེན་པ་བཀག་ཙམ་སྙིང་པོར་འདོད། །འདི་ཉིད་ཐོགས་བཅས་བསལ་བ་ལ༑ ༑ནམ་མཁའ་ཞེས་ནི་བཏགས་པ་དང་། །མགོ་བོར་འབིགས་ནུས་བསལ་བ་ལ། །རྭ་མེད་ཅེས་ནི་བཏགས་པ་ལྟར། །རྟོག་པས་དགག་བྱ་བཅད་ཙམ་གྱིས། །གཞན་སེལ་ཡིན་ཕྱིར་གནས་ལུགས་ཀྱང་། །མིན་ན་རང་བཞིན་གནས་རིགས་དང་། །བདེ་གཤེགས་སྙིང་པོར་ག་ལ་འཐད། །འདི་ལ་འཁོར་བ་ཇི་ལྟར་ཚང་། །འདི་ལ་ལམ་ཉིད་ཇི་ལྟར་བསྒོམ། །འདི་ལ་འབྲས་བུ་ཇི་ལྟར་འབྱུང་། །ངན་རྟོག་དྲ་བ་འདི་དོར་ཅིག །

ཁ་ཅིག་སེམས་ཀྱི་སྟོང་གསལ་གཉིས། །འདུས་མ་བྱས་དང་འདུས་བྱས་ཀྱི། །རང་བཞིན་གནས་རིགས་སོ་སོར་བཞེད། །འདི་ཡང་རེ་ཞིག་བརྟག་པར་བྱ། །ཟུང་འཇུག་སྒྲུབ་ཕྱིར་གནས་སྐབས་སུ། །འཁྱོག་པོ་བསྲུང་བའི་ཚུལ་ཡིན་ན། །འགལ་བ་མེད་དེ་ཟུང་འཇུག་ལ། །ཡ་གྱལ་གཉིས་པོ་དགོས་ཕྱིར་རོ། །གཞན་དུ་ངེས་པའི་དོན་ཡིན་ན། །རང་བཞིན་གནས་རིགས་འདུས་བྱས་སུ། །འདོད་པ་དངོས་སྨྲའི་ལུགས་ཡིན་གྱི། །དབུ་མ་པ་ཡི་ལུགས་ལ་མེད། །

འགའ་ཞིག་ཆོས་ནི་ཐམས་ཅད་ཀྱི། །སྙིང་པོ་རང་རང་ལ་ཡོད་ཕྱིར། །བདེ་གཤེགས་སྙིང་པོ་བདེ་གཤེགས་ལ། །ཡོད་ཀྱི་འགྲོ་བའི་རྒྱུད་ལ་མེད། །འགྲོ་ལ་ཡོད་པར་གསུངས་པ་ནི། །བདག་ཉིད་ཆེན་པོ་ས་པཎ་གྱིས། །ཆོས་གསུམ་སྔོན་ནས་དྲང་དོན་དུ། །གཏན་ལ་དབབ་ཅེས་སྒྲོ་འདོགས་བྱེད། །འདི་ནི་འཇིག་རྟེན་བསྟན་

བཙོས་ཀྱི། །ཐ་སྙད་གཉིས་ལས་འདས་པ་སྟེ། །སྤྲུལ་གྱི་སྙིང་པོ་སྤྲུལ་ཉིད་དང་། །མར་གྱི་སྙིང་པོ་མར་ཉིད་ལ༑ ༑ཡོད་ཕྱིར་ཙནྡན་སྤྲུལ་སྙིང་དང་། །མར་ནི་འོ་མའི་སྙིང་པོ་སོགས། །འཇིག་རྟེན་ཀུན་ལ་གྲགས་པ་ཡི། །ཐ་སྙད་ཀུན་དང་འགལ་ཕྱིར་དང་། །དྲི་མེད་བཀའ་དང་བསྟན་བཅོས་ལས། །བདེ་གཤེགས་སྙིང་པོས་འགྲོ་ཀུན་ཁྱབ། །ལུས་ཅན་སངས་རྒྱས་སྙིང་པོ་ཅན། །ཞེས་གསུངས་པ་དང་འགལ་ཕྱིར་རོ། །དེ་ཉིད་དྲང་དོན་ཡིན་སྙམ་ན༑ ༑བདེན་གཉིས་སྒོ་ནས་དྲང་ངེས་ཀྱི། །རྣམ་གཞག་བྱེད་ཚེ་དྲང་དོན་ཀུན། །ཐ་སྙད་དུ་ཡང་མེད་ན་ནི། །ཕུང་པོ་ཁམས་དང་སྐྱེ་མཆེད་སོགས། །ཀུན་རྫོབ་བདེན་པའི་རྣམ་གཞག་ཀུན། །ཐ་སྙད་དུ་ཡང་མེད་འགྱུར་ཏེ། །དེ་དག་དྲང་དོན་ཡིན་ཕྱིར་རོ། །འཇམ་དབྱངས་དགོངས་པར་འདོད་ན་ནི། །དེས་ན་དེ་བཞིན་གཤེགས་པ་ཡི། །སྙིང་པོ་སྤྲོས་བྲལ་ཡིན་པའི་ཕྱིར། །སེམས་ཅན་རྣམས་ལ་སངས་རྒྱས་དང་། །འཁོར་བ་གཉིས་ཀ་འབྱུང་བ་འཐད། །ཅེས་གསུངས་གཞན་ཡང་དེ་ཉིད་ལས། །སེམས་ནི་རང་གནས་སྐེགས་པའི་ཕྱིར། །མེ་ཡི་སྒྲུབ་བྱེད་ཚ་བ་ལྟར། །བདེ་གཤེགས་ཁམས་ཀྱི་སྒྲུབ་བྱེད་འཐད། །ཅེས་གསུངས་པ་དང་ཅིས་མི་འགལ། །གཞན་ཡང་བེམ་པོའི་ཆོས་དབྱིངས་དང་། །སེམས་ཅན་སེམས་ཀྱི་ཆོས་དབྱིངས་གཉིས། །སྙིང་པོ་ཡིན་པར་ཁྱད་མེད་དེ། །ཆོས་དབྱིངས་དབྱེ་བ་མེད་ཕྱིར་རོ། །ཞེས་གསུངས་པས་ཀྱང་གནོད་པ་སྟེ། །སེམས་ཅན་སེམས་ཀྱི་ཆོས་དབྱིངས་དང་། །སངས་རྒྱས་སེམས་ཀྱི་ཆོས་དབྱིངས་གཉིས། །སྙིང་པོ་ཡིན་པར་ཁྱད་མེད་དེ། །ཆོས་དབྱིངས་དབྱེ་བ་མེད་ཕྱིར་རོ། །ཞེས་པ་ཀུན་ཏུ་མི་མཚུངས་སམ། །རང་གི་ངན་རྟོག་ཁྲ་ཏ་ཡིས། །ལྷ་ངན་མི་གཙང་ཟོས་པའི་མཆུ། །འཇམ་དབྱངས་གཞུང་བཟང་པདྨོའི་ཚལ། །དྲི་ཞིམ་ལྡན་ལ་བསྒོ་བ་མཚར། །

དེས་ན་གཞུང་ལུགས་ཆེན་པོ་ཡི། །དགོངས་པ་ཁོ་བོས་ཚུལ་བཞིན་བཤད། །ཕྲག་དོག་ཕྱོགས་འཛིན་ཡིད་དོར་ལ། །གཟུ་བོར་གནས་པའི་བློ་ཡིས་དཔྱོད། །ཆོས་དབྱིངས་བདེ་གཤེགས་སྙིང་པོ་དང་། །སྟོང་ཉིད་ལ་སོགས་རྣམ་གྲངས་ནི། །དོན་དམ་བདེན་པ་ཡིན་པའི་ཕྱིར། །ངེས་དོན་ཡིན་གྱི་དྲང་དོན་མིན། །འོན་ཀྱང་དཔེ་དགུས་བསྟན་པ་ལྟར། །དེ་ཉིད་འགྲོ་བའི་རྒྱུད་ལ་ནི། །རྟེན་དང་བརྟེན་པའི་ཚུལ་གྱིས་སམ། །སྦྲུབ་པའི་ཚུལ་གྱིས་ཡོད་པ་ནི། །དྲང་དོན་ཡིན་གྱི་ངེས་དོན་མིན། །ཀུན་རྫོབ་བདེན་པ་ཡིན་ཕྱིར་རོ། །དགོངས་གཞི་མཐའ་བཞི་སྤྲོས་བྲལ་དང་། །དགོས་པ་སྐྱོན་ལྔ་སྤོང་བ་ཡང་། །སྦྲུབ་པའི་ཚུལ་གྱིས་ཡོད་ལ་འཐད། །དེ་ཉིད་ངེས་པའི་དོན་ཡིན་ན། །མུ་སྟེགས་བདག་དང་མཚུངས་པ་སོགས། །དངོས་ལ་གནོད་བྱེད་སྐྱོན་རྣམས་འབྱུང་། །འདི་ཉིད་ཐེག་ཆེན་རྒྱུད་བླ་ལས། །འགྲོ་བའི་སེམས་རྒྱུད་བདག་གཉིས་ཀྱི། །སྤྲོས་པ་ཞི་བར་མཐོང་བ་ལ། །ཇི་ལྟར་མཐོང་བར་གསུངས་པ་དང་། །སྤྲོས་བྲལ་ཆོས་ཉིད་དེ་ཉིད་ཀྱང་། །སེམས་ཅན་ཐམས་ཅད་ལ་ཡོད་པར། །མཐོང་

ལ་ཧེ་སྐྱེད་མཐོང་བར་ནི། །གསུངས་པ་རྟོགས་ན་འབད་མེད་འགྲུབ། །

ཁ་ཅིག་རང་བཞིན་རྣམ་དག་དང་། །བློ་བུར་དྲི་བྲལ་ཆོས་དབྱིངས་གཉིས། །ཕན་ཚུན་སྤྱངས་ཏེ་གནས་པའི་ཕྱིར། །བློ་བུར་དྲི་བྲལ་ཆོས་དབྱིངས་ནི། །རང་བཞིན་རྣམ་དག་མིན་ཅེས་ཟེར། །དེ་སྐྱ་ཁ་ཡི་བུ་ག་ནི། །བུ་ག་དོན་མེད་གཞན་དང་མཚུངས། །གང་ཕྱིར་དྲི་མ་བདེན་གྲུབ་ཀྱིས། །དག་པའི་དབྱིངས་དང་བློ་བུར་གྱི། །དྲི་མ་གཉེན་པོས་བཅོམ་པ་ཡི། །དབྱིངས་ཀྱི་གཞི་མཐུན་མེད་པའི་ཚིག །འབྱུང་བའི་བུ་ག་ཡིན་ཕྱིར་རོ། །དག་ཆ་གཉིས་པོ་འགལ་བའི་ཕྱིར། །དག་པ་གཉིས་པོ་འགལ་སྙམ་ན། །སྐྱེས་དང་འཇིག་པའི་ཆ་འགལ་ཕྱིར། །བྱས་དང་མི་རྟག་འགལ་བར་འགྱུར། །དག་པ་དང་པོ་མངོན་གྱུར་ཚེ། །གཉིས་པ་མཐའ་དག་མངོན་འགྱུར་ཏེ། །གཉིས་པ་དང་པོ་ཡིན་ཕྱིར་རོ། །སྙམ་ན་ཚིག་གི་སྒྲིབ་གཡོགས་ཏེ། །བདག་མེད་དང་པོ་མངོན་གྱུར་ཚེ། །གཉིས་པ་མཐའ་དག་མངོན་འགྱུར་ཏེ། །གཉིས་པ་དང་པོ་ཡིན་པའི་ཕྱིར། །ཞེས་སོགས་ཀུན་ཏུ་མཚུངས་ཕྱིར་རོ། །དེས་ན་འཕགས་མཆོག་ཀླུ་སྒྲུབ་ཀྱིས། །ཆོས་ཀྱི་དབྱིངས་སུ་བསྟོད་པ་ལས། །གང་ཞིག་ཀུན་ཏུ་མ་ཤེས་ན། །སྲིད་པ་གསུམ་དུ་རྣམ་འཁོར་བ། །སེམས་ཅན་རྣམས་ལ་ངེས་གནས་པའི། །ཆོས་ཀྱི་དབྱིངས་ལ་ཕྱག་འཚལ་འདུད། །གང་ཞིག་འཁོར་བའི་རྒྱུར་གྱུར་པ། །དེ་ཉིད་སྦྱང་བ་བྱས་པ་ལས། །དག་པ་དེ་ཉིད་མྱ་ངན་འདས། །ཆོས་ཀྱི་སྐུ་ཡང་དེ་ཉིད་དོ། །ཞེས་གསུངས་སྔོན་གྱི་མཁས་རྣམས་ཀྱང་། །ཆོས་དབྱིངས་རང་བཞིན་རྣམ་དག་ལ། །བློ་བུར་དྲི་མ་དང་བྲལ་བའི། །དག་པ་གཉིས་ལྡན་ཞེས་གསུངས་པ། །ཚད་མར་བྱས་ནས་ཆོས་དབྱིངས་ཀུན། །རང་བཞིན་རྣམ་དག་ཤེས་པར་གྱིས། །

མཁྱེན་རབ་གཤོག་ཡངས་རྒྱས་པ་ཡིས། །གསུང་རབ་མཁའ་ལ་བགྲོད་གྱུར་ཀྱང་། །རྣམ་རིག་བག་ཆགས་ཀྱིས་བསྒྲིབས་པའི། །སྐྱེས་ཆེན་འགའ་ཞིག་འདི་སྐད་གསུངས། །ཤེས་བྱ་ཀུན་ལ་བདེན་གཉིས་དང་། །མཚན་ཉིད་གསུམ་དུ་ཕྱེ་བ་ལས། །ཀུན་བརྟགས་གཞན་དབང་ཀུན་རྫོབ་སྟེ། །ཡོངས་གྲུབ་དོན་དམ་བདེན་པའོ། །ཆོས་རྣམས་ཀུན་གྱི་དོན་དམ་ནི། །སངས་རྒྱས་ཡིན་པར་ཁྱད་མེད་ཕྱིར། །སེམས་ཅན་ཀུན་ལ་སངས་རྒྱས་ཉིད། །ཡོད་ཀྱི་སེམས་ཅན་སངས་རྒྱས་མིན། །དོན་དམ་ཆོས་སྐུ་རང་འབྱུང་ནི། །ཚོགས་གཉིས་བསགས་པས་ཐོབ་མི་དགོས། །ཀུན་རྫོབ་ཚོགས་གཉིས་བསགས་པ་ཡིས། །ཀུན་རྫོབ་གཟུགས་སྐུ་ཐོབ་པར་འདོད། །དོན་དམ་ཀུན་རྫོབ་ཆོས་ཀྱིས་སྟོང་། །རང་གི་ངོ་བོས་མི་སྟོང་སྟེ། །རྟག་བརྟན་ཐེར་ཟུག་བདེན་གྲུབ་ཕྱིར། །ཀུན་རྫོབ་རང་གི་ངོ་བོས་སྟོང་། །དོན་དམ་འདི་ནི་གཞི་དུས་དང་། །འབྲས་བུའི་སྐབས་སུ་དྲི་མ་ཡིས། །དག་དང་མ་དག་མ་གཏོགས་པ། །ཡོན་ཏན་ལྡོག་པ་ཁྱད་པར་མེད། །འདི་ནི་བདེན་པའི་གཅིག་ཏུ་གྲུབ། །སྟོབས

སོགས་ཆོས་སྐུའི་ཡོན་ཏན་དང་། །གཟུགས་སྐུའི་ཡོན་ཏན་མཚན་དཔེ་སོགས། །དམ་པའི་དོན་དུ་འདི་ལ་ཚང་། །དཔལ་ཕྲེང་མྱང་འདས་སྙིང་པོའི་མདོ། །སོར་ཕྲེང་ལ་ཕན་ལང་གཤེགས་དང་། །དགོངས་འགྲེལ་ལ་སོགས་ངེས་དོན་གྱི། །མདོ་སྡེའི་དགོངས་པ་འདི་ཉིད་དེ། །བྱམས་པའི་གསུང་རབ་རྣམ་ལྔ་དང་། །ཐོགས་མེད་སྐུ་མཆེད་ཕྱོགས་གླང་དང་། །ཆོས་ཀྱི་གྲགས་པའི་གཞུང་ལུགས་རྣམས། །དབུ་མ་ཆེན་པོའི་ལུགས་ཡིན་པས། །དེ་དག་དགོངས་པའང་འདི་ཉིད་ཡིན། །ཀླུ་སྒྲུབ་ཡབ་སྲས་ཀྱང་ནི་བཞེད། །ཟབ་མོའི་རྒྱུད་སྡེ་ཐམས་ཅད་ཀྱི། །དགོངས་པ་ཕྱོགས་གཅིག་པ་ཞེས་སྨྲ། །

འདི་ལ་སྒྲོ་སྐུར་སྤྲངས་ནས་ནི། །ལུང་དང་རིགས་པས་དཔྱད་པར་བྱ། །གཞི་འབྲས་ཀུན་ཏུ་དབྱེར་མེད་པའི། །ཆོས་དབྱིངས་བདེ་གཤེགས་སྙིང་པོ་དང་། །རང་བཞིན་ལྷུན་གྱིས་གྲུབ་པ་ཡི། །དོན་དམ་སངས་རྒྱས་ཡིན་པར་ནི། །ཐེག་པ་ཆེན་པོའི་མདོ་རྒྱུད་ཀྱི། དགོངས་པ་ཡིན་པར་ཁོ་བོའང་འདོད། །ལྷག་མ་ཐ་སྙད་དོན་དམ་པ། །གཉིས་དང་འགལ་བ་འདི་ལྟར་མཐོང་། །ཐ་སྙད་སྒོ་ནས་གསུང་རབ་དོན། །འཆད་ཚེ་དྲི་མས་མ་དག་པའི། །ཆོས་དབྱིངས་སངས་རྒྱས་ཡིན་སྨྲ་བ། །ཐ་སྙད་ཉིད་དང་འགལ་བ་སྟེ། །ཐ་སྙད་ཚེ་ན་དམན་མཉམ་དང་། །ཁྱད་འཕགས་ཡོད་མེད་སྐྱེ་འགག་སོགས། །སོ་སོར་ཕྱེ་ནས་སྨྲ་དགོས་ཕྱིར། །དེ་སྐད་དུ་ཡང་ཀླུ་སྒྲུབ་ཀྱིས། །སྟོང་ཉིད་བདུན་བཅུ་པ་ལས་ནི། །གནས་པའམ་སྐྱེ་འཇིག་ཡོད་མེད་དམ། །དམན་པའམ་མཉམ་དང་ཁྱད་པར་ཅན། །སངས་རྒྱས་འཇིག་རྟེན་བསྙད་དབང་གིས། །གསུང་གི་ཡང་དག་དབང་གིས་མིན། །ཞེས་སོགས་རྒྱས་པར་གསུངས་ཕྱིར་རོ། །ཐ་སྙད་ཚེ་ན་དེ་ཡིན་མོད། །དེ་ཉིད་ཚད་མར་བྱེད་ན་ནི། །རྟེན་པ་བཞི་ཡི་གོ་རིམས་རྣམས། །ལོག་པ་ཉིད་དུ་འགྱུར་ཞེ་ན། །དེ་ཡི་གོ་རིམ་འདི་ལྟར་ཡིན། །ཐོག་མར་ཐ་སྙད་ཁས་བླངས་ནས། །ཕྱི་ནས་དམ་པའི་གནས་ལུགས་ལ། །འཇུག་པ་ཡིན་གྱི་ཐ་སྙད་ཉིད། །དང་པོ་ཉིད་ནས་དོར་ན་ནི། །ཐ་སྙད་དོན་མེད་འགྱུར་བའམ། །གོ་རིམ་ལོག་པར་ཕྱིན་ལ་འགྱུར། །དེ་སྐད་དུ་ཡང་རྩོད་ཟློག་ལས། །ཐ་སྙད་ཁས་ནི་མ་བླངས་པར། །ངེད་ཅག་འཆད་པར་མི་བྱེད་དོ། །ཞེས་གསུངས་རྩ་བའི་ཤེས་རབ་ལས། །ཐ་སྙད་ལ་ནི་མ་བརྟེན་པར། །དམ་པའི་དོན་ནི་རྟོགས་མི་འགྱུར། །དམ་པའི་དོན་ནི་མ་རྟོགས་ན། །མྱ་ངན་འདས་པ་ཐོབ་མི་འགྱུར། །ཞེས་གསུངས་ཟླ་བ་གྲགས་པས་ཀྱང་། །ཀུན་རྫོབ་དོན་དམ་ཐབས་དང་ནི། །ཐབས་བྱུང་ཡིན་ཕྱིར་དེ་གཉིས་ཀྱི། །རྣམ་དབྱེ་མི་ཤེས་ལམ་ངན་ཞུགས། །གསུངས་པའང་འདི་ཉིད་ཡིན་ཕྱིར་རོ། །གལ་ཏེ་ཐ་སྙད་ཚེ་ན་ཡང་། །མ་དག་དབྱིངས་ཉིད་སངས་རྒྱས་སུ། །སྨྲ་བ་ཡིན་པས་སྐྱོན་མེད་ན། །འདི་ནི་འཕགས་པའི་གཞུང་དང་འགལ། །ཅི་སླད་ཅེ་ན་རྒྱུད་བླ་མར། །མ་དག་མ་དག་དག་པ་དང་། །ཤིན་ཏུ་རྣམ་དག་གོ་རིམ་བཞིན། །སེམས

ཅན་བྱང་ཆུབ་སེམས་དཔའ་དང་། །དེ་བཞིན་གཤེགས་པ་ཞེས་བརྗོད་དོ། །ཞེས་གསུངས་ཆོས་དབྱིངས་བསྟོད་པ་ལས། །ཇི་ལྟར་སོས་ཀའི་དུས་སུ་ཆུ། །དྲོའོ་ཞེས་ནི་བརྗོད་པར་བྱེད། །དེ་ཉིད་གྲང་བའི་དུས་སུ་ནི། །གྲང་ངོ་ཞེས་ནི་བརྗོད་པ་བཞིན། །ཉོན་མོངས་དྲྭ་བས་གཡོགས་པ་ན། །སེམས་ཅན་བྱ་བར་བརྗོད་པ་ཡིན། །དེ་ཉིད་ཉོན་མོངས་བྲལ་གྱུར་ན། །སངས་རྒྱས་ཞེས་ནི་བརྗོད་པར་བྱེད། །ཅེས་གསུངས་གཞན་ཡང་དེ་ཉིད་ལས། །ཇི་ལྟར་སྦྲུན་པས་གཡོགས་པ་ན། །སོ་བ་འབྲས་བུར་མི་འདོད་ལྟར། །དེ་བཞིན་ཉོན་མོངས་ཀྱིས་གཡོགས་པས། །དེ་ནི་སངས་རྒྱས་ཞེས་མི་བཏགས། ཇི་ལྟར་སྦྲུན་པ་ལས་གྲོལ་ན། །འབྲས་ཉིད་སྣང་བར་འགྱུར་བ་ལྟར། །དེ་བཞིན་ཉོན་མོངས་བྲལ་གྱུར་ན། །ཆོས་ཀྱི་སྐུ་ཡང་རབ་ཏུ་གསལ། །ཞེས་སོགས་ཐ་སྙད་སོ་སོར་གསུངས། །

དེས་ན་དཔལ་ལྡན་རྩེ་མོ་ཡིས། །ཀུ་རྡོར་ཞེས་བྱའི་མཚན་གྱིས་ནི། །འབྲས་རྒྱུད་དངོས་བསྟན་རྒྱུ་དང་ལམ། །ཤུགས་ལས་ཤེས་པའི་མཐུན་པའི་དཔེར། །ཕྱོགས་ཀྱི་གླང་པོས་ཤེར་ཕྱིན་དངོས། །འབྲས་བུ་སངས་རྒྱས་ཡེ་ཤེས་ཏེ། །གཞུང་དང་ལམ་གཉིས་བཏགས་པ་བར། །གསུངས་པ་བཀོད་འདི་གྲུས་པས་ལོངས། །གལ་ཏེ་འདི་ལའང་རྒྱུད་གསུམ་ཀ ཀུ་རྡོར་ཉིད་དུ་བཞེད་ཅེ་ན། །རྒྱུད་ཀྱི་མཚན་དོན་འཆད་པའི་ཚེ། །བརྗོད་བྱ་དོན་གྱི་ཀུ་རྡོ་རྗེ། །རྒྱུད་ནི་གསུམ་ཅར་ལ་འཇུག་ཀྱང་། །དེ་ཉིད་དངོས་བཏགས་ཕྱེ་བའི་ཚེ། །ཧེ་ནི་སྙིང་རྗེ་ཆེན་པོ་ཉིད། །བཛྲའང་ཤེས་རབ་བརྗོད་པར་བྱ། །ཞེས་པའི་དོན་ནི་དངོས་ཡིན་ལ། །ཐབས་དང་ཤེས་རབ་བདག་ཉིད་རྒྱུད། །ཅེས་པའི་དོན་ནི་ཚང་བས་ན། །རྒྱུ་དང་ལམ་ལའང་ཀུ་རྡོར་སྒྲ། །འཇུག་ཕྱིར་དེ་གསུམ་འཆད་པ་ལ། །ཀུ་རྡོར་འཆད་ཅེས་གསུངས་པ་ཡི། །དོན་ཡིན་གཞན་དུ་རྒྱུད་གསུམ་ཀ །ཀུ་རྡོར་ཡིན་ན་དེ་ཡི་སྒྲས། །འབྲས་རྒྱུད་དངོས་བསྟན་རྒྱུ་དང་ལམ། །ཤུགས་ལས་བསྟན་པ་མི་འཐད་དེ། །གསུམ་ཀ་ཀུ་རྡོར་ཡིན་ཕྱིར་རོ། །དཔེར་ན་བུམ་པ་ཞེས་པའི་སྒྲས། །གསེར་བུམ་དངོས་བསྟན་དངུལ་བུམ་ནི། །ཤུགས་ལས་བསྟན་པར་མི་འཐད་བཞིན། །དེས་ན་ཏ་རི་ཛྷ་དྲ་ཡིས། །དངོས་དང་བཏགས་པར་གསུངས་པ་དང་། །དཀོན་མཆོག་འབངས་ཀྱིས་གཙོ་ཕལ་དུ། །གསུངས་པ་དེ་གཉིས་དོན་གཅིག་སྟེ། །དངོས་བཏགས་གཙོ་ཕལ་དོན་གཅིག་པ། །གཞུང་ལུགས་ཆེན་པོའི་ལུགས་ཡིན་ཕྱིར། །དེ་སྐད་དུ་ཡང་རྣམ་འགྲེལ་ལས། །ཇི་ལྟར་གྲགས་ལས་གྲུབ་གང་ཡིན། །དངོས་དང་དེ་དང་མཚུངས་པའི་ཕྱིར། །གང་ལ་དེ་སྐད་བརྗོད་ཕལ་པ། །དངོས་ལ་དངོས་མེད་བཏགས་ཕྱིར་རོ། །ཞེས་སོགས་དུ་མ་གསུངས་ལ་ལྟོས། །གཞུང་ལམ་ཤེར་ཕྱིན་མཚན་ཉིད་པར། །འདོད་པ་ངེས་དོན་རྒྱ་མཚོ་ཡི། །དགོངས་པ་ཉིད་ཀྱང་མ་ཡིན་ཏེ། །དེར་ནི་གཞི་འབྲས་དབྱེར་མེད་པའི། །གཉིས་མེད་ཡེ་ཤེས་མཚན་ཉིད་པར། །བྱས་ན་གཞུང་དང་ལམ་གཉིས་ལ། །བཏགས་པ་བར་ནི་གསུངས་ཕྱིར་རོ། །འོན་ཀྱང་འདི་ཡང་མི་འཐད་དེ། །གཞི་

དུས་གཉིས་སུ་མེད་ཡེ་ཤེས། །ཤེར་ཕྱིན་ཡིན་ན་དེ་བཞིན་གཤེགས། །ཞེས་པས་རྟེན་གྱི་ཁྱད་པར་ནི། །བསྟན་པ་དོན་མེད་འགྱུར་ཕྱིར་རོ། །དེ་ཉིད་རྣམ་གྲངས་ཡིན་སྙམ་ན། །གཞི་དུས་དེ་བཞིན་གཤེགས་ཡོད་ལ། །ཐ་སྙད་དང་འགལ་སྟེར་བསྟན་ཟིན། །གཞན་ཡང་གཞུང་དང་ལམ་གཉིས་ལ། །མཚན་ཉིད་གསུམ་དུ་ཕྱེ་བ་ཡི། །ཡོངས་གྲུབ་ཤེར་ཕྱིན་མ་ཡིན་ན། རང་གི་གྲུབ་མཐའ་ཉིད་དང་འགལ། །ཡིན་ན་འདི་དོན་བཤད་དང་འགལ། །དེས་ན་གཞུང་དེའི་དགོངས་པ་ནི། །འཕགས་ཡུལ་མཁས་གྲུབ་ཀུན་མཐུན་པར། །ས་སྐྱའི་རྗེ་བཙུན་གོང་མ་ཡིས། །ཚུལ་བཞིན་བཤད་པ་གྲུས་པས་ལོངས། །ཆོས་སྐུ་གློ་བུར་དྲི་བྲལ་ཀ །ཚོགས་གཉིས་བསགས་པས་ཐོབ་དགོས་ན༎ །དོན་དམ་ཆོས་སྐུ་མིན་པར་འགྱུར། །ཚོགས་གཉིས་བསགས་ལ་མི་ལྟོས་ན། །འགྲོ་ཀུན་དང་པོ་ཉིད་ནས་ཀྱང་། །གློ་བུར་དྲི་མ་བྲལ་འགྱུར་བས། །སྙིང་པོ་དྲི་མས་སྒྲིབ་པའི་ཚུལ། །དཔེ་དགུས་བསྟན་པ་དོན་མེད་འགྱུར། །དོན་དམ་གནས་ལུགས་དང་འགལ་བ། །འདི་ལྟར་མཐོང་སྟེ་ཆོས་ཀྱི་དབྱིངས། །ཡོངས་གྲུབ་བདེན་པར་གྲུབ་པ་ནི། །ངེས་པའི་དོན་གྱི་མདོ་སྡེ་དང་། །ཀླུ་སྒྲུབ་དགོངས་པ་མ་ཡིན་ཏེ། །མདོ་ལས་ཟབ་ཞི་སྤྲོས་བྲལ་དང་། །འོད་གསལ་འདུས་མ་བྱས་པ་ལྟ། །རྣམ་གྲངས་ཉིད་དུ་གསུངས་ཕྱིར་དང་། །དེ་ཉིད་མགོན་པོ་ཀླུ་སྒྲུབ་ཀྱིས། །སྐྱེ་དང་གནས་དང་འཇིག་པ་དག མ་གྲུབ་ཕྱིར་ན་འདུས་བྱས་མེད། །འདུས་བྱས་རབ་ཏུ་མ་གྲུབ་པས། །འདུས་མ་བྱས་ནི་ཇི་ལྟར་འགྲུབ། །ཅེས་གསུངས་འདི་ཡི་འདུས་བྱས་དང་། །འདུས་མ་བྱས་གཉིས་བདེན་མེད་པར། །མཚུངས་པ་ཉིད་དུ་བསྟན་ཕྱིར་རོ། །

སངས་རྒྱས་གཉིས་པ་ཀླུ་སྒྲུབ་ཀྱིས། །དངོས་སྨྲ་འགོག་པའི་རིགས་པ་རྣམས། །རང་ལ་ལོག་པ་ཉིད་འགྱུར་ཏེ། །བདེན་གྲུབ་ཆོས་ནི་དམ་བཅས་ཕྱིར། །དེ་སྐད་དུ་ཡང་རྩོད་ཟློག་ལས། །གལ་ཏེ་ངས་དམ་བཅས་འགའ་ཡོད། །དེས་ན་ང་ལ་སྐྱོན་དེ་ཡོད། །ང་ལ་དམ་བཅའ་མེད་པས་ན། །ང་ནི་སྐྱོན་མེད་ཁོ་ན་ཡིན། །ཅེས་གསུངས་པ་ཡི་དམ་བཅའི་དོན། །བདེན་གྲུབ་དམ་བཅས་ཉིད་ལ་ནི། །རང་ཉིད་ཀྱང་ནི་འཆད་ཕྱིར་རོ། །དེ་ལ་སྐྱོན་སྤོང་འདི་སྐད་དུ། །འདུས་མ་བྱས་ནི་མ་གྲུབ་དང་། །བདེན་གྲུབ་དམ་བཅའ་མེད་པ་ནི། །མཉམ་གཞག་ལ་ བློའི་སྐབས་ཡིན་གྱི། །རྗེས་ཐོབ་ཤན་འབྱེད་སྐབས་མིན་ཕྱིར། །དེད་ལ་གནོད་པ་མེད་ཅེས་ཟེར། །གདུལ་བྱས་གནས་ལུགས་རྟོགས་དོན་དུ། །རིགས་པས་གཏན་འབེབས་གནས་སྐབས་དང་། །དབུ་མ་པ་ཡི་སྐྱེས་ཆེན་གྱིས། །དངོས་སྨྲའི་རྩོད་པ་ཟློག་པའི་སྐབས། །མཉམ་པར་བཞག་པའི་སྐབས་ཡིན་གྱི། །རྗེས་ཐོབ་གནས་སྐབས་མིན་ནོ་ཞེས། །སྨྲ་བ་འདི་ལའང་བདེན་འཛིན་ཡོད། །རྗེས་ཐོབ་རྩོད་པ་མི་བྱེད་པར། །མཉམ་གཞག་རྩོད་པ་བྱེད་ཅེས་པ། །རྩ་བའི་གྲུབ་མཐའ་ཤེལ་སྒོང་ལ། །སྒྲུབ་བྱེད་ལྟར་སྣང་ཚོན་རྣམས་ཀྱིས། །རེ་ཞིག་ནོར

བུར་ཁ་བསྒྱུར་ཡང་། །དངོས་སྟོབས་རིགས་པའི་ཚུ་གཙང་དང་། །ཕྲད་ཚེ་རང་མདོག་འདི་ལྟར་སྟོན། །ཤེས་རབ་ཕ་རོལ་ཕྱིན་མདོ་ལས། །ཆོས་རྣམས་ཐམས་ཅད་རྣམ་ཀུན་ཏུ། །སྟོང་པ་ཞེས་ནི་གསུངས་པ་དང་། །འཁོར་ལོ་ཕྱི་མར་སེམས་ཅན་ལ། །སྙིང་པོ་ཡོད་པར་གསུངས་པ་གཉིས། །འགལ་ལོ་སྙམ་དུ་དོགས་པའི་ལན། །ཐུ་མ་ངེས་པའི་དོན་ཡིན་ཞིང་། །ཕྱི་མ་སྨིན་ལུ་སྦྱོང་ཕྱིར་དུ། །གསུངས་པས་དྲང་དོན་ཉིད་ཡིན་པར། །མགོན་པོ་བྱམས་པས་རྒྱུད་བླར་གསུངས། །དེས་ན་དྲང་དོན་ངེས་དོན་གྱི། །མདོ་སྡེ་མ་འདྲེས་སོ་སོར་སློས། །ཆོས་དབྱིངས་གཉིས་མེད་ཡེ་ཤེས་སོགས། །བདེན་པར་གྲུབ་པ་རྒྱུད་སྡེ་ཡི། །དགོངས་པ་ཉིད་ཀྱང་མ་ཡིན་ཏེ། །རང་རིག་ཡེ་ཤེས་མཁའ་མཉམ་དང་། །རྟོལ་བྲལ་སྟོང་པ་ལ་སོགས་པ། །བདེན་གྲུབ་ལོག་རྟོག་བཟློག་ཕྱིར་དུ། །གཅིག་དང་དུ་མ་བྲལ་བའང་དེ། །ཞེས་པ་ཀྱེ་རྡོར་རྒྱུད་ལས་གསུངས། །བྱམས་ཆོས་ཕྱི་མ་རྣམ་གསུམ་དང་། །ཐོགས་མེད་སྐུ་མཆེད་རང་གཞུང་དང་། །ཕྱོགས་གླང་གྲགས་པའི་མདོ་དང་ནི། །སྡེ་བདུན་ལ་སོགས་གཞུང་ལུགས་རྣམས། །དབུ་མ་ཆེན་པོའི་ལུགས་ཡིན་ན། །འཕགས་པའི་ཡུལ་ནས་གངས་ཅན་འདིར། །སེམས་ཙམ་གཞུང་ལུགས་མ་འགྱུར་རམ། །འགྱུར་ན་གང་ཞིག་ཡིན་པར་སློས། །བདག་ནི་དཔལ་ལྡན་དུས་འཁོར་གྱི། །སྒྲོལ་འཛིན་ཉམས་རྟོགས་མཐར་ཕྱིན་པའི། །སྐྱེས་ཆེན་བརྒྱད་པ་འདི་དག་ལ། །ཡིད་ནི་ཤིན་ཏུ་དད་མོད་ཀྱི། །འོན་ཀྱང་རྒྱ་བོད་ཀུན་མཐུན་པའི། །ལྟ་བ་སྤྲོས་བྲལ་སྒྲུབ་པའི་ཕྱིར། །སྒྲོ་སྐུར་སྤངས་ནས་འདི་ཙམ་ཞིག རྣམ་པར་དཔྱད་པ་དྲང་པོར་ཟུང་། །མདོར་ན་ཆོས་རྣམས་སེམས་སུ་འདུས། །སེམས་ཉིད་མཐའ་བཞིའི་སྤྲོས་དང་བྲལ། །དེ་ཡང་གསལ་ལ་མ་འགགས་པའི། །བརྗོད་བྲལ་སྙིང་པོར་ཤེས་པར་གྱིས། །གཞིའི་སྐབས་ཏེ་དང་པོའོ།། ། །

ལམ་ལ་གྲུབ་མཐའ་རྣམ་བཞི་ཡི། །རང་རང་གཞུང་ལས་ཐེག་གསུམ་གྱི། །ལམ་གྱི་རྣམ་གཞག་བྱེད་མོད་ཀྱི། །རྣལ་འབྱོར་པ་ཡང་བློ་ཁྲིད་ཀྱིས། །གོང་མ་གོང་མས་གནོད་པའི་ཚེ། །དབུ་མའི་གཞུང་ལུགས་མ་རྟོགས་པར། །ཐེག་གསུམ་ལམ་ཉིད་ཚང་བར་ནི། །མེད་ཅེས་དབུ་མ་པ་རྣམས་བཞེད། །ཕ་རོལ་ཕྱིན་ལས་ཆེས་འཕགས་པའི། །ཟབ་མོ་སྔགས་ཀྱི་སྒོར་ཞུགས་ཚེ། །སྡོམ་གསུམ་ལྡན་པས་འབྲས་བུ་མཆོག །སྒྲུབ་ཅིང་སྡོམ་གསུམ་དེ་ཉིད་ཀྱང་། །རང་རང་ཆོག་ས་རིམ་བཞིན་དུ། །བླངས་སམ་དབང་བསྐུར་ཆོ་ག་ལས། །གསུམ་ཆར་ཐོབ་པ་ཉིད་ཀྱང་རུང་། །གསུམ་ལྡན་ཚེན་ངོ་བོ་གཅིག །

དེ་ལ་ཁ་ཅིག་སོ་ཐར་གྱི། །སྡོམ་པ་གཟུགས་ཅན་དུ་འདོད་ཅིང་། །གྲངས་ཀྱང་རིགས་བརྒྱད་ཁོ་ནར་ངེས། །འཆི་ཚེ་གཏོང་བས་ཁྱབ་པར་འདོད། །མདོ་རྒྱུད་གཞུང་མང་མ་མཐོང་བར། །བྱེ་སྨྲའི་འདུལ་མཛོན་མཐོང་ཙམ་གྱིས། །ཁྲོན་པའི་སྦལ་ཆུང་ཇི་བཞིན་དུ། །རང་སྣང་ཙམ་གྱིས་ཆེམ་པར་ཟད། །བྱེ་སྨྲས་སྡོམ་པ

གཟུགས་ཅན་དུ། །འདོད་པ་མདོ་སྡེའི་མཁས་རྣམས་ཀྱིས། །བཀག་ན་དབུ་སེམས་གཞུང་བཟང་དང་། །ཟབ་མོའི་རྒྱུད་སྡེར་སློས་ཅི་དགོས། །གཞན་དུ་རྒྱུད་རྒྱས་འབུམ་པ་ལས། །རིགས་ཅན་གསུམ་གྱི་བསླབ་པ་ཡང་། །དཀྱིལ་འཁོར་ཆེན་པོ་འདིར་ཞུགས་ན། །རིག་འཛིན་སྡོམ་པར་འགྱུར་ཞེས་པའི། །ལུང་གིས་དངོས་སུ་གནོད་པ་སྟེ། །ཁམ་པོ་ཤེས་པར་འགྱུར་བ་ནི། །རྒྱང་འཕེན་པ་ཡི་ལུགས་ཡིན་གྱི། །སངས་རྒྱས་གཞུང་ལས་མི་སྲིད་ཕྱིར། །རིགས་བརྒྱད་ཕོ་ནར་ངེས་ན་ནི། །ཉེ་བར་འཁོར་གྱིས་ཞུས་པ་དང་། །བྱང་སེམས་སོ་སོར་ཐར་པ་དང་། །ཆོས་བཞི་བསྟན་པའི་མདོ་རྣམས་ལས། །གསུངས་པའི་སོ་སོར་ཐར་པ་རྣམས། །བརྒྱད་པོ་གང་དུ་འདོད་པ་སློས། །སྔགས་སྡོམ་བྱང་སེམས་སྡོམ་པ་ཡི། །བྱེ་བྲག་ཡིན་ཞིང་དེ་ཉིད་ཀྱང་། །གཞན་ལ་ཕན་པ་བསྒྲུབ་པ་ལ། །གཞན་ལ་གནོད་པ་སྤོང་བ་ཡིས། །ཁྱབ་ཕྱིར་སོ་སོར་ཐར་པ་ཡི། །དོན་ཚང་གཉིས་པོ་གང་དུ་འདུས། །འོན་ཀྱང་རྡོ་རྗེ་རྩེ་མོ་ལས། །གསུངས་པའི་ཁྲིམས་པའི་སྡོམ་པ་དང་། །སྔ་གོན་འཇུག་པའི་གནས་སྐབས་སུ། །ཐུན་མོང་མིན་པའི་སྐབས་འགྲོ་ལས། །ཐོབ་པའི་སོ་ཐར་སྡོམ་པ་རྣམས། །དགེ་བསྙེན་སྡོམ་པར་བླ་མ་བཞེད། །འདི་ལ་འཐད་པ་མང་ཡོད་ཀྱང་། །གཞུང་མང་དོགས་པས་རེ་ཞིག་བཞག དེས་ན་ཇི་སྐད་བཤད་པ་ཡི། །སོ་སོར་ཐར་པའི་སྡོམ་པ་རྣམས། །བྱང་ཆུབ་བར་དུ་བླངས་བའི་ཕྱིར། །ཤི་འཕོས་ཆེན་ཇི་ལྟར་གཏོང་། །ལ་ལ་སོ་སོར་ཐར་པ་ལ། །འཇིགས་སྐྱོབ་ལེགས་སྨོན་ངེས་འབྱུང་གི། །ཚུལ་ཁྲིམས་གསུམ་དུ་དབྱེ་བར་འདོད། །རྒྱུ་ཟིན་བྲིས་ཀླུ་སྒྲུབ་དགའ་དབང་ཆོས་གྲགས་ཆོས་རྣམ་པ་སོགས་ཀྱི་བཞེད་པས། དུས་ཀྱི་ཀུན་སློང་མྱང་འདས་ཀྱི། །ཞེས་དང་། རྒྱུ་ཡི་ཀུན་སློང་སྔོན་ནས་ནི། །ཞེས་ཚིག་བསྒྱུར་དགོས་པའི་སྒྲུབ་བྱེད་མཛད་ཀྱང་ཁ་སྐོང་གི་དཔེ་ཐལ་ཆེར་ན་གོང་བཞིན་ཡོད་ཡི་ཀུན་སློང་མྱང་འདས་ཀྱི། །བསམ་པས་ཟིན་པས་གསུམ་ཆར་ནི། །སོ་སོར་ཐར་པ་ཁྱད་མེད་ཀྱང་། །དུས་ཀྱི་ཀུན་སློང་སྔོན་ནས་ནི། །གསུམ་པོ་སོ་སོར་དབྱེ་ཞེས་ཟེར། །འོ་ན་ཕྱི་རོལ་པ་རྣམས་ལ། །འཇིགས་སྐྱོབས་ལེགས་སྨོན་ཡོད་པའི་ཕྱིར། །སོ་ཐར་སྡོམ་པ་ཡོད་པར་འགྱུར། །འདོད་ན་ཕྱི་རོལ་པ་དག་ལ། །ཡང་དག་བླངས་པའི་ཚུལ་ཁྲིམས་ནི། །ཡོད་ཀྱང་སྲིད་པ་ལ་བརྟེན་ཕྱིར། །སོ་སོར་ཐར་པ་མེད་དོ་ཞེས། །མཛོད་ཀྱི་འགྲེལ་པར་གསུངས་དང་འགལ། །འཇིགས་སྐྱོབ་དང་ནི་ལེགས་སྨོན་གཉིས། །སོ་སོར་ཐར་པ་མ་ཡིན་ཏེ། །སྲིད་པ་ལ་བརྟེན་ཕྱིར་ཞེས་པའི། །སྐྱོན་ཡང་ལུང་དེས་གསལ་བར་བསྟན། །དེས་ན་ངེས་འབྱུང་ཚུལ་ཁྲིམས་དང་། །སོ་ཐར་དོན་གཅིག་འདུལ་བའི་ལུགས། །གལ་ཏེ་སྐྱབས་འགྲོའི་དུས་ཀྱི་ཚེ། །ངེས་འབྱུང་བསམ་པས་ཁྱབ་པའི་ཕྱིར། །གཉིས་པོའང་སོ་ཐར་ཡིན་སྙམ་ན། །དེ་ཡང་བསྒྲུབ་བྱ་དང་མཚུངས་ཏེ། །སྐྱབས་འགྲོ་ཉིད་ལ་འཇིགས་སྐྱོབ་དང་། །ལེགས་སྨོན་སྐྱབས་འགྲོ་ཡོད་ཕྱིར་རོ། །

གཞན་ཡང་འདི་ལ་ལུང་རིགས་ཀྱི། །གནོད་བྱེད་ཚར་ལྟར་འབབ་ན་ཡང་། །ཀུན་གྱིས་ནོར་བར་གོ་བའི་

ཕྱིར། །འདི་ར་ནི་རེ་ཞིག་མི་སྤྲོའོ། །ཁ་ཅིག་སོ་ཐར་སྡོམ་པ་ཡི། །ངོ་བོ་གཞན་གནོད་གཞི་དང་བཅས། །སྤོང་བར་འཕགས་ཡུལ་གཞུང་འགྲེལ་ལས། །བཤད་པ་མེད་ཅེས་སྒྲོག་པ་ཐོས། །དཔལ་ལྡན་ཁ་ཆེ་བློ་བརྟན་གྱིས། །བྱེ་བྲག་བཤད་པ་ལས་གསུངས་གང་། །བོད་ཀྱི་མཁས་པ་སྔ་མ་རྣམས། །སྤྱི་བོའི་ཐོད་བཞིན་ཁུར་བར་མཛད། །ལ་ལ་གཞན་གནོད་གཞི་དང་བཅས། །སྤོང་བ་དགེ་སློང་སྡོམ་པ་ཡི། །ངོ་བོ་ཡིན་གྱི་སོ་སོར་ཐར། །སྤྱི་ཡི་ངོ་བོ་མིན་ཞེས་སྨྲ། །ངེད་ཀྱི་ལུགས་འདི་བློ་བརྟན་དང་། །ས་སྐྱའི་རྗེ་བཙུན་ཡབ་སྲས་དང་། །དཔང་ལོ་མཆིམས་སྟོན་ནམ་མཁའ་གྲགས། །བུ་སྟོན་ཁ་ཆེ་ལ་སོགས་ཀྱིས། །མགྲིན་གཅིག་ཉིད་དུ་གསུངས་པ་ཡིན། །ཁྱེད་ཀྱི་ལུགས་འདི་ཁྱེད་ཉིད་ལས། །གཞན་པའི་རྒྱ་བོད་སུ་ཞིག་གིས། །བཤད་པ་ཡོད་ན་ཁུངས་སྟོན་ཅིག །

འགའ་ཞིག་སྐྱེས་ཚོགས་ཁོ་ན་ཡིས། །དེང་སང་བུད་མེད་བསྙེན་རྫོགས་བྱེད། །དངོས་གཞི་གསོལ་བཞིའི་ལས་ཀྱི་ཚེ། །ཚོགས་གཉིས་ཕན་ཚུན་བསྒོར་བ་དང་། །ལས་ཚོགས་ཕན་ཚུན་བསྒོར་བས་ཀྱང་། །འཆགས་པར་ལས་གཞི་ཉིད་ལས་གསུངས། །འོན་ཀྱང་དཔྱད་འོད་ཀྱི་ཚིག་ཡིས། །བུད་མེད་བསྙེན་པར་རྫོགས་པ་ལ། །ཚངས་སྤྱོད་ཉེར་གནས་མ་སོང་བར། །བསྙེན་པར་རྫོགས་པར་མི་འགྱུར་ཞིང་། །ཚངས་སྤྱོད་ཉེར་གནས་མ་ཚོགས་ནི། །ཕོ་ནས་སྐྱེར་བར་གཞུང་ལས་གསུངས། །འདི་ལ་དམིགས་བསལ་མ་གསུངས་ཤིང་། །སླུབ་བྱེད་གཞན་ཡང་མེད་པས་ན། །འདི་འདྲའི་ཚིག་བྱེད་པ་ནི། །བསྟན་པ་དཀྲུག་པའི་སྐད་ཀར་ཟད། །དེ་ལ་ཁ་ཅིག་ཚིགས་སྔ་མ། །མེད་པར་སྐྱེ་ལ་ཉེས་བྱས་སུ། །གསུངས་པས་འདི་ཉིད་འགྲུབ་ཅེས་ཟེར། །ཚངས་སྤྱོད་ཉེར་གནས་བསླབ་ཚིགས་སུ། །འདོད་པ་མཁས་པའི་བཞེད་གད་གནས། །ཅི་ཕྱིར་ཞེ་ན་བུད་མེད་ལ། །དགེ་སློབ་མ་ལས་མ་གཏོགས་པའི། །བསླབ་ཚིགས་ལྷག་པོ་མ་གསུངས་ཕྱིར། །བསླབ་ཚིགས་དོན་ཡང་མི་གནས་ཏེ། །ཚངས་སྤྱོད་ཉེར་གནས་ཐོབ་ནས་ནི། །བསྙེན་པར་རྫོགས་པ་མ་ཐོབ་པའི། །བར་དེར་བསླབ་མཚམས་མེད་ཕྱིར་རོ། །དེས་ན་ཁྱོད་ལས་མཁྱེན་བརྩེའི་ཚོགས། །ཆེ་བ་སྟོན་གྱི་ཞི་འཚོ་དང་། །བར་གྱི་བླ་ཆེན་མཁན་བརྒྱུད་དང་། །ཐ་མར་པཎ་ཆེན་ཤཱཀྱ་ཤྲཱི་སོགས། །བོད་ཡུལ་འདུལ་བའི་སྒྲོལ་འབྱེད་རྣམས། །ལྟོངས་འདིར་བུད་མེད་བསྙེན་པར་རྫོགས། །མཛད་པ་མེད་པ་འདི་ཉིད་ལ༑ ༑བསམ་ནས་བསྟན་པ་མ་དཀྲུགས་ཤིག །

ལ་ལ་བསྙེན་རྫོགས་བསྒྲུབ་བྱ་ནི། །གསུམ་ལས་མང་བར་མི་རུང་ཡང་། །རབ་བྱུང་དགེ་ཚུལ་དག་ལ་ནི། །གསུམ་ལས་མང་བ་འདུག་རུང་སྟེ། །ཚོགས་ཀྱིས་ཚོགས་ལ་མི་ཆགས་པར། །གསུངས་པ་ལས་བརྒྱ་རྩ་གཅིག་པོ། །ཁོ་ནའི་དབང་དུ་བྱས་ཕྱིར་དང་། །གཉིས་ལ་དེ་དག་མེད་ཅེས་ཟེར། །འོན་དངོས་གཞི་གསོལ་བཞི་ལས། །མ་གཏོགས་བསྙེན་རྫོགས་ཚོ་གའི་སྐབས། །གཞན་ལའང་དེ་དག་རུང་འགྱུར་ཏེ། །རྒྱུ་མཚན་ཀུན་ཏུ

མཚུངས་ཕྱིར་རོ། །འདུལ་བར་གསུངས་པའི་ལས་ལ་ནི། །བརྒྱ་རྩ་གཅིག་ཏུ་མ་ངེས་ཏེ། །རབ་བྱུང་ཞུ་བ་ལ་སོགས་ལའང་། །ལས་སུ་གཞུང་ལས་གསུངས་ཕྱིར་རོ། །འདི་ནི་རྗེ་བཙུན་རྩེ་མོ་དང་། །དཔལ་ལྡན་ས་སྐྱ་པཎྜི་ཏས། །ཉན་ཐོས་བསྟན་པ་ནུབ་གྱུར་ཀྱང་། །གཟུགས་བརྙན་ཙམ་ཞིག་སྣང་བའི་དཔེར། །རབ་བྱུང་གང་ཟག་གསུམ་ལས་ནི། །མང་བ་མི་འཇུག་བཀོད་གྱུར་ཀྱང་། །ད་ནི་འདི་ལའང་བགྲལ་བར་སྣང་། །ཀྱེ་མ་བསྟན་པ་འདི་ལྟར་གྱུར། །དེས་ན་བྱང་ཆུབ་རྒྱུར་འགྱུར་བའི། །སོ་ཐར་ཉམས་སུ་ལེན་འདོད་ན། །ཡང་ན་ཉན་ཐོས་འདུལ་བ་ལས། །ཇི་ལྟར་གསུངས་པ་ཉམས་སུ་ལོངས། །འདི་ཉིད་ཐེག་ཆེན་སེམས་བསྐྱེད་ཀྱིས། །ཟིན་ན་བྱང་སེམས་སྡོམ་པར་འགྱུར། །ཡང་ན་ཐེག་པ་ཆེན་པོ་ལས། །བྱུང་བའི་སྐྱབས་འགྲོའི་སྡོམ་པ་ལ། །བྱང་ཆུབ་བར་དུ་བསླབ་པའི་གཞི། །ལྟ་ཆར་འཛིན་པ་ཐོབ་པའམ། །དོན་ཞགས་རྟོག་པ་ནས་བཤད་པའི། །ཉིན་ཞག་གསོ་སྦྱོང་ཉམས་སུ་ལོངས། །སོ་སོར་ཐར་པའི་སྡོམ་པའི་སྐབས་ཏེ་གཉིས་པའོ།། །།

བྱང་ཆུབ་སེམས་དཔའི་སྡོམ་པ་ནི། །ཕ་རོལ་ཕྱིན་པའི་དབུ་སེམས་ཀྱི། །སྲོལ་ཆེན་གཉིས་ལས་ཐོབ་པའམ། །གསང་སྔགས་རྒྱུད་སྡེ་ལས་གསུངས་པའི། །ཆོ་ག་དག་ལས་ཐོབ་ཀྱང་རུང་། །སྨོན་འཇུག་སེམས་བསྐྱེད་ཐོབ་ནས་ནི། །ཚུལ་ཁྲིམས་བསླབ་པ་རྣམ་པ་གསུམ། །བསྲུང་བ་ཉམས་ལེན་དངོས་གཞི་ཡིན། །དེ་ཡི་གཙོ་བོ་སྤྱོད་པའི་ཚ། །བདག་གཞན་བརྗེ་བའི་བྱང་སེམས་དང་། །ལྟ་བ་མཐའ་བཞིའི་སྤྲོས་བྲལ་གཉིས། །ཟུང་འཇུག་ཉམས་སུ་ལེན་པ་ཡིན། །

དེ་ལ་ཁ་ཅིག་བརྗེ་བའི་དོན། །གཅེས་འཛིན་བརྗེ་བ་ཉིད་ཡིན་གྱི། །དགེ་སྡིག་བདེ་སྡུག་བརྗེ་མིན་ཏེ། །བརྗེ་བར་མི་ནུས་ཕྱིར་ཞེས་ཟེར། །འོ་ན་གཅེས་འཛིན་བརྗེ་བ་ཡང་། །བརྗེ་བའི་དོན་ཉིད་མིན་འགྱུར་ཏེ། །བརྗེ་བར་མི་ནུས་མཚུངས་ཕྱིར་རོ། །དངོས་སུ་བརྗེ་བར་མི་ནུས་ཀྱང་། །བློ་ཡི་སྟེང་དུ་སྦྱོར་ཞེ་ན། །དེ་ནི་ཅིག་ཤོས་ལ་མཚུངས་ཏེ། །རང་གཞན་བདེ་དང་སྡུག་བསྔལ་གཉིས། །དངོས་སུ་བརྗེ་བར་སུ་ཡིས་ནུས། །བློ་ལ་བདེ་སྡུག་མི་བརྗེ་ན། །གཅེས་འཛིན་བརྗེ་བ་འགལ་བ་སྟེ། །ཁ་ཟས་གཞན་ལ་མ་བྱིན་པར། །རང་གིས་ཟོས་པ་ཇི་བཞིན་ནོ། །དགེ་སྡིག་བརྗེ་བ་བཀག་པ་ནི། །སངས་རྒྱས་གཉིས་པ་ཀླུ་སྒྲུབ་ཀྱིས། །བདག་ལ་དེ་དག་སྡིག་སྨིན་ཅིང་། །བདག་དགེ་མ་ལུས་དེར་སྨིན་ཤོག །ཅེས་གསུངས་པ་དང་ཅིས་མི་འགལ། །བདེ་སྡུག་བརྗེ་བ་བཀག་པ་ནི། །བྱང་ཆུབ་སེམས་དཔའི་སྤྱོད་འཇུག་ལས། །བདག་བདེ་གཞན་གྱི་སྡུག་བསྔལ་དག ཡང་དག་བརྗེ་བ་མ་བྱས་ན། །སངས་རྒྱས་ཉིད་དུ་མི་འགྲུབ་ཅིང་། །འཁོར་བ་ན་ཡང་བདེ་བ་མེད། །ཅེས་གསུངས་པ་དང་ཅིས་མི་འགལ། །སྤྱོད་འཇུག་ལུང་དོན་དེ་ཉིད་ལ། །ཁྱོད་ཀྱི་གྲུབ་མཐའ་ཆོས་ཅན་དུ། །བཟུང་ནས་ཐལ་བ་འཕེན་ན་ནི། །ཆོས་

མཐུན་ལན་ཉིད་གང་ལ་འདེབས། །མདོར་ན་བློ་ལ་འདོད་མི་འདོད། །གཉིས་སུ་ཕྱེ་བའི་འདོད་པ་ཀུན། །གཞན་ལ་སྐྱེར་ཞིང་མི་འདོད་ཀུན། །རང་ལ་ལེན་པར་གོམས་པ་ནི། །མདོ་སྡེ་དབྱུག་གསུམ་ཕྲེང་བ་དང་། །བསྟན་བཅོས་བསླབ་བཏུས་སྤྱོད་འཇུག་སོགས། །དགོངས་པ་དཔལ་ལྡན་ཨ་ཏི་ཤས། །ཟབ་དོན་ཉམས་ཁྲིད་སློབ་ནས་ནི། །བཤེས་གཉེན་སྟོན་པ་ཉིད་ལ་གནང་། །ཕྱི་ནས་གངས་རིའི་ཁྲོད་འདིར་འཕེལ། །སངས་རྒྱས་བསྒོམ་པ་ལ་སོགས་ཀྱི༔ །བསྒོམ་ཚུལ་ཞིབ་ཏུ་བཤད་པའང་མཐོང་། །

ས་སྐྱའི་རྗེ་བཙུན་མཆོག་རྣམས་ལ། །རྣལ་འབྱོར་དབང་ཕྱུག་བི་རཱུ་པའི། །མན་ངག་གཉིས་ལས་འདི་ཉིད་ཀྱི། །ཉམས་ལེན་གསལ་བའི་བཀའ་བབས་བཞུགས། །དེ་དང་སྔར་གྱི་བཀའ་སྲོལ་གཉིས། །ཁྱད་པར་མེད་པ་སངས་རྒྱས་ཀྱི། །བསྟན་པའི་སྙིང་པོ་ཡིན་པའི་ཕྱིར། །མོས་པ་ཙམ་ལའང་བྱིན་རླབས་འབྱུང་། །

ཁ་ཅིག་མཐའ་བཞིའི་སྤྲོས་བྲལ་ནི། །རྒྱ་ནག་དགེ་སློང་ལྟ་བ་དང་། །ཁྱད་པར་མེད་ཕྱིར་ནོར་བ་ཡིན། །རིགས་པས་བདེན་པ་བཀག་རྗེས་སུ། །བདེན་མེད་ཉིད་ལ་ཞེན་པ་ནི། །དབུ་མའི་ལྟ་བ་མཐར་ཐུག་སྟེ། །ཐེག་པ་གསུམ་ཆར་འདི་ཉིད་ནི། །རྟོགས་ཕྱིར་ལྟ་བ་ཁྱད་པར་མེད། །བདེན་ཚད་དེ་ཡང་རང་རྒྱུད་པས། །བློ་ལ་མ་ལྟོས་ཡུལ་ངོས་ནས། །གྲུབ་པ་ཉིད་ལ་འདོད་གྱུར་ཀྱང་། །དེ་ནི་དགག་བྱ་ཐུན་མོང་སྟེ། །མིང་གིས་བཏགས་དོན་བཙལ་བའི་ཚེ། །རྙེད་པ་བདེན་ཚད་དུ་བྱས་ནས། །དེ་ཉིད་འགོག་པ་ཐལ་འགྱུར་བའི། །ཐུན་མོང་མ་ཡིན་ཁྱད་ཆོས་ཡིན། །དགག་བྱའི་ཁྱད་པར་འདི་རྟོགས་ན། །བློ་ཡིས་གང་དུ་ཞེན་པའི་ཡུལ། །རིགས་པས་དཔྱད་ནས་འགོག་པ་ཡི། །ལོག་རྟོག་ཐམས་ཅད་ཁེགས་པར་འགྱུར། །གཞན་དུ་བདེན་པ་བཀག་རྗེས་སུ། །བདེན་མེད་ཞེན་པའང་འགོག་དགོས་ན། །བློ་ནི་སྔ་མ་གནོད་བཅས་དང་། །ཕྱི་མ་ཐུག་མེད་ཉིད་དུ་འགྱུར། །བདེན་པར་མེད་པ་འགོག་ན་ནི། །བདེན་པར་ཡོད་པ་ཉིད་འགྱུར་ཏེ། །དགག་པ་གཉིས་ཀྱི་རྣལ་མ་ནི། །གོ་བའི་ཕྱིར་ཞེས་འཛེར་བར་བྱེད། །

ལྟ་བའི་སྐྱོན་མ་འདི་དག་ནི། །ལུང་དང་རིགས་པས་དགག་པར་བྱ། །རྒྱ་ནག་དགེ་སློང་མ་དཔྱད་པར། །རང་དགར་རྟོག་པ་བཀག་པ་ལ། །སྒོམ་གྱི་མཆོག་ཏུ་སྨྲ་བ་དང་། །འདི་ནི་རིགས་པས་དཔྱད་པའི་ཚེ། །མཐའ་བཞིའི་སྤྲོས་པ་མ་རྙེད་པའི། །འཛིན་མེད་ལྟ་བར་སྨྲ་བ་གཉིས། །མཚུངས་ཞེས་སྨྲ་བ་སྟོང་པ་ཉིད། །ཟབ་མོ་སྤྱོང་བའི་བདུད་ཚིག་ཡིན། །གཞན་ཡང་དགོན་མཆོག་བརྩེགས་པ་ལས། །ཡོད་མེད་གཉིས་པོ་མཐའ་རེ་རེ། །བྱས་ནས་དབུས་ནི་དབུ་མ་སྟེ། །དེ་ཡང་བསྟན་མེད་བརྗོད་མེད་པར། །གསུངས་པ་དེ་ཡང་རྒྱ་ནག་གི། །ལྟ་བ་ཉིད་དང་ཁྱད་མེད་འགྱུར། །དེ་བཞིན་ཏིང་འཛིན་རྒྱལ་པོ་ལས། །ཡོད་མེད་གཙང་དང་མི་གཙང་སོགས། །མཐའ་གཉིས

ཡིན་ཕྱིར་དེ་སྤངས་ནས། །དབུས་ལའང་མི་གནས་གསུངས་པ་དང་། །ཡུམ་ལས་སྟོང་དང་མི་སྟོང་སོགས། །གཉིས་ལ་སྤྱོད་པ་ཐམས་ཅད་ནི། །མཚན་མར་སྤྱོད་པ་གསུངས་པ་དང་། །ཡང་དག་སྦྱོར་བའི་རྒྱུད་ལས་ཀྱང་། །སྟོང་པ་བསྒོམ་པར་མི་བྱ་སྟེ། །སྟོང་མིན་བསྒོམ་པར་མི་བྱའོ། །སྟོང་པ་མི་སྟོང་རྣལ་འབྱོར་པས། །སྟོང་མིན་ཡོངས་སུ་མི་སྤང་ངོ་། །སྟོང་དང་མི་སྟོང་གཟུང་བ་ལ། །རྟོག་པ་ཉུང་མིན་སྐྱེ་བར་འགྱུར། །ཞེས་གསུངས་པ་ཡང་རྒྱ་ནག་གི༔ ༔ལྟ་བ་ཉིད་དང་ཁྱད་མེད་འགྱུར། །མགོན་པོ་བྱམས་པས་རྒྱུད་བླ་མར། །འགོག་བདེན་ཡོད་དང་མེད་པ་དང་། །གཉིས་དང་གཉིས་མིན་རྣམ་པ་བཞིར། །བརྟག་པར་མི་ནུས་གསུངས་པ་དང་། །དབུ་མ་རྩ་བའི་བསྟན་བཅོས་ལས། །སྟོང་ངོ་ཞེས་ཀྱང་མི་བརྗོད་དེ། །མི་སྟོང་ཞེས་ཀྱང་མི་བྱ་ཞིང་། །གཉིས་དང་གཉིས་མིན་མི་བྱ་སྟེ། །ཞེས་གསུངས་གཞན་ཡང་དེ་ཉིད་ལས། །བཅོམ་ལྡན་བཞུགས་དང་མྱ་ངན་ལས། །འདས་པ་གཉིས་ལ་མཐའ་བཞི་ཡི༔ ༔སྤྲོས་པ་བཀག་པར་མཛད་པ་དང་། །རིགས་ལྡན་པདྨ་དཀར་པོ་དང་། །འཕགས་པ་ལྷ་ཡིས་འདི་སྐད་དུ། །ཡོད་མིན་མེད་མིན་ཡོད་མེད་མིན། །གཉིས་ཀའི་བདག་ཉིད་ཀྱང་མིན་པ། །མཐའ་བཞི་ལས་གྲོལ་དབུ་མ་པ། །མཁས་པ་རྣམས་ཀྱིས་དེ་ཁོ་ན། །ཞེས་གསུངས་པ་ཡང་རྒྱ་ནག་གི། །ལྟ་བ་ཉིད་དང་ཁྱད་མེད་འགྱུར། །དེ་ལ་ཡོད་མིན་མེད་མིན་དོན། །ཀུན་རྫོབ་དོན་དམ་ལ་དགོངས་པས། །ངེད་ལ་གནོད་པ་མེད་ཅེས་ཟེར། །འོན་སྣང་བའི་དངོས་པོ་ཀུན། །དོན་དམ་ཡོད་དང་ཀུན་རྫོབ་ཏུ། །མེད་པ་གཉིས་ཀར་ཐལ་འགྱུར་ཏེ། །གཉིས་ཀ་མིན་པ་མིན་པའི་ཕྱིར། །རྣམ་གསུམ་ཁས་བླངས་དྲན་པར་གྱིས། །ཁ་ཅིག་ཡོད་མེད་ལ་སོགས་བཞི། །བདེན་པར་མེད་པའི་དོན་ཡིན་ཟེར། །བཞི་པོ་ཆོས་ཅན་དུ་བཟུང་ནས། །བདེན་པ་བཀག་པ་སྒྲུབ་ཆོས་སུ། །ཡབ་སྲས་གཞུང་ལས་མ་གསུངས་ཏེ། །ཐམས་ཅད་བཅོམ་ལྡན་གཤེགས་བཞུགས་དང་། །གཉིས་མེད་ཡེ་ཤེས་ལ་སོགས་ལ། །བཞི་པོ་བཀག་པར་གསུངས་ཕྱིར་རོ། །

བདེན་པ་བཀག་པའི་མེད་དགག་ལ། །དབུ་མའི་ལྟ་བར་ཞེན་པ་ནི། །སྔར་བཤད་ཡིད་ཆེས་ལུང་གིས་གནོད། །རྒྱུད་ལས་རྩ་བའི་ལྟུང་བར་གསུངས། །ཐེག་གསུམ་ལྟ་བ་ཁྱད་མེད་ན། །མི་ཕམ་མགོན་པོས་ཐེག་གསུམ་ལ། །བདག་མེད་རྟོགས་པ་རིམ་གསུམ་དང་། །ཐེག་ཆེན་སྦྱོར་མཐོང་བསྒོམ་པ་གསུམ། །དམན་པའི་སྦྱོར་མཐོང་བསྒོམ་གསུམ་ལས། །ལྟ་བས་འཕགས་ཚུལ་གསུང་དང་འགལ། །ཀླུ་སྒྲུབ་ཞབས་ཀྱིས་མཚན་མེད་ནི༔ ༔ཚང་བར་རྟོགས་དང་མ་རྟོགས་པའི། །ཁྱད་པར་གསུངས་ཤིང་ཟླ་བས་ཀྱང་། །འཁོར་གསུམ་མི་དམིགས་ཤེས་རབ་དང་། །བསམ་གྱིས་མི་ཁྱབ་ཆོས་ཉིད་སོགས། །ལྟ་བའི་ཁྱད་པར་གསུང་དང་འགལ། །རིགས་པས་ཀྱང་ནི་གནོད་པ་སྟེ། །དམན་པའི་མཐོང་བའི་ལམ་ཉིད་ནས། །བདེ་གཤེགས་སྙིང་པོ་མཐོང་བར་འགྱུར། །འདོད་

ན་ལས་ཉོན་ལས་བྱུང་བའི། །སྐྱེ་སོགས་རྣམས་ལས་འདས་འགྱུར་ཞིང་། །ཉན་རང་སྙིང་པོ་ལྟ་བ་ལ། །མིག་དང་མི་ལྡན་གང་ཟག་ཏུ། །ཐོགས་མེད་ཞབས་ཀྱིས་གསུང་དང་འགལ། །བློ་ལ་མ་ལྟོས་ཡུལ་ངོས་ནས། །གྲུབ་པ་རང་རྒྱུད་ཀུན་འགོག་ན། །རྣ་བྱས་ཕྱི་དོན་རང་ངོས་ནས། །གྲུབ་པར་ཁས་བླངས་སྨྲས་དང་འགལ། །བཏགས་དོན་བཙལ་ཚེ་མ་རྙེད་དོན། །ཐ་སྙད་དོན་དམ་གང་དུ་འདོད། །ཐ་སྙད་ཡིན་ན་འདོགས་བྱེད་ཀྱི། །མིང་ཡང་ཐ་སྙད་མེད་འགྱུར་ཏེ། །དེ་དག་ཕན་ཚུན་ལྟོས་གྲུབ་ཕྱིར། །དེ་སྐད་དུ་ཡང་དབུ་མ་ལས། །བྱེད་པོ་ལས་ལ་བརྟེན་བྱས་ཤིང་། །ལས་ཀྱང་བྱེད་པོ་དེ་ཉིད་ལ། །བརྟེན་ནས་འབྱུང་བར་མ་རྟོགས་པར། །འགྲུབ་པའི་རྒྱུ་ནི་མ་མཐོང་ངོ་། །བྱེད་པ་པོ་དང་ལས་དབང་གིས། །དངོས་པོ་ལྷག་མ་ཤེས་པར་བྱ། །ཞེས་གསུངས་དངོས་པོ་ལྷག་མ་ནི། །བརྗོད་བྱ་རྗོད་བྱེད་ལ་སོགས་པ། །ལྟོས་གྲུབ་ཀུན་ལ་འཇུག་པར་གསུངས། །དམ་པའི་དོན་དུ་མ་རྙེད་པ། །དེ་དོན་ཡིན་ན་ཆོས་ཐམས་ཅད། །དམ་པའི་དོན་དུ་མི་རྙེད་པར། །ཐལ་རང་གཉིས་ཀ་མཐུན་པའི་ཕྱིར། །གཅིག་གི་ཁྱད་ཆོས་ཇི་ལྟར་འགྱུར། །བློ་ཡིས་གང་དུ་ཞེན་པའི་ཡུལ། །རིགས་པས་དཔྱད་ནས་འགོག་པ་ནི། །ལོག་རྟོག་ཡིན་ན་སངས་རྒྱས་ནས། །བཟུང་སྟེ་རྒྱ་བོད་མཁས་གྲུབ་ཀུན། །ལོག་རྟོག་དེ་དང་ལྡན་གྱུར་ཏེ། །དེ་དག་སྟོང་དང་མི་སྟོང་སོགས། །གཉིས་འཛིན་ཞེན་ཡུལ་བཀག་ཕྱིར་རོ། །གཅིག་དང་དུ་བྲལ་གཏན་ཚིགས་ཀྱིས། །རྟོག་བློས་ཞེན་ཡུལ་བདེན་གྲུབ་པ། །འགོག་ན་ཁྱོད་ཀྱི་དམ་བཅའ་ཉམས། །མི་འགོག་ན་ནི་བདེན་འཛིན་གྱི། །ལོག་རྟོག་གང་གིས་ཁེགས་པར་འགྱུར། །ཅི་སྲིད་རྟོག་བློས་ཡུལ་གྱི་ནི། །གནས་ལུགས་དཔྱོད་པར་བྱེད་པའི་ཚེ། །སྣ་ཕྱི་གནོད་བཅས་ཐུག་མེད་གཉིས། །འདོད་ཐོག་ཡིན་ན་གང་གིས་གནོད། །འདི་ལ་གནོད་བྱེད་གང་བརྗོད་པ། །དབུ་མ་རྩ་བའི་བསྟན་བཅོས་ལས། །བདག་གོ་ཞེས་ཀྱང་བཏགས་འགྱུར་ཞིང་། །བདག་མེད་ཅེས་ཀྱང་བསྟན་པར་འགྱུར། །སངས་རྒྱས་རྣམས་ཀྱིས་བདག་དང་ནི། །བདག་མེད་འགའ་མེད་ཅེས་ཀྱང་བསྟན། །ཅེས་གསུངས་གཞན་ཡང་དེ་ཉིད་ལས། །ཐམས་ཅད་ཡང་དག་ཡང་དག་མིན། །ཡང་དག་ཡང་དག་མ་ཡིན་ཉིད། །ཡང་དག་མིན་མིན་ཡང་དག་མིན། །འདི་ནི་སངས་རྒྱས་རྗེས་བསྟན་པའོ། །ཞེས་གསུངས་པ་ལ་ཅིས་མི་གནོད། །འོན་ཀྱང་འཕགས་པའི་མཉམ་གཞག་ངོར། །སྤྲོས་པ་ཐམས་ཅད་ཉེར་ཞིའི་ཚེ། །གཉིས་པོའི་སྐྱོན་ཡོད་མ་ཡིན་ཏེ། །སྨྲ་མས་ཞེན་པ་མེད་ཕྱིར་རོ། །

རིགས་པས་གནས་ལུགས་དཔྱད་པའི་ཚེ། །དགག་པ་གཉིས་ཀྱི་རྣལ་མ་ནི། །གོ་བ་མགོན་པོ་ཀླུ་སྒྲུབ་ཀྱིས། །ཡང་དག་ཇི་བཞིན་ཡོངས་ཤེས་པས། །མེད་དང་ཡོད་པར་མི་འདོད་པ། །དེ་ཕྱིར་མེད་པ་པར་འགྱུར་ན། །ཅི་ཕྱིར་ཡོད་པ་པར་མི་འགྱུར། །གལ་ཏེ་ཡོད་པ་སུན་ཕྱུང་བས། །དོན་གྱིས་འདི་ནི་མེད་པར་བསླན། །དེ་བཞིན་

མེད་པ་སྲུན་ཕྱུང་བས། །ཡོད་པར་ཅི་ཡི་ཕྱིར་མི་བསླུན། །ཞེས་གསུངས་པ་དང་ཅིས་མི་འགལ། །དབུ་མའི་ཐ་སྙད་མི་རུང་སྟེ། །རྟག་མཐའ་བཀག་ཚེ་ཆད་མཐའ་སོགས། །མཐའ་གཉིས་གང་རུང་བཀག་པའི་ཚེ། །ཅིག་ཤོས་དེ་ར་ནི་འགྱུར་ཕྱིར་རོ། ། །ཁ་ཅིག་ཐ་སྙད་ཚེ་ན་ཡང་། །ཡོད་མིན་མེད་མིན་ལ་སོགས་པ། །མཐའ་བཞིའི་སྤྲོས་བྲལ་སྨྲ་བར་བྱེད། །འདི་ནི་མདོ་ལས་སྟོན་པ་ཡི། །འཇིག་རྟེན་ང་དང་རྩོད་བྱེད་ཀྱི། །ང་ནི་འཇིག་རྟེན་མི་རྩོད་དེ། །འཇིག་རྟེན་ཡོད་མེད་གང་སྨྲ་བ། །ང་ཡང་སྨྲ་ཞེས་གསུངས་དང་འགལ། །འདི་ལ་དགོངས་ནས་ཟླ་བས་ཀྱང་། །ཐ་སྙད་འཇོག་ཚེ་ཡོད་མེད་སོགས། །འགོག་ན་འཇིག་རྟེན་གྱིས་གནོད་པས། །ཡོད་མེད་སོ་སོར་སྨྲོས་ཞེས་གསུངས། །རིགས་པས་ཀྱང་ནི་གནོད་པ་སྟེ། །ཀུན་རྫོབ་ཐམས་ཅད་མཐའ་བཞི་ཡི། །སྤྲོས་པ་ཉིད་ལས་མ་འདས་ཕྱིར། །ཀུན་རྫོབ་རྣམ་གཞག་མི་རུང་འགྱུར། །སྨྲོང་བ་དང་འགལ་བཤད་པར་བྱ། །ཟས་གོས་མི་ཚུ་ལ་སོགས་པ། །ཡོད་མེད་དྲིས་ཚེ་དབུ་མ་པས། །ཡོད་མིན་མེད་མིན་སྨྲ་བྱེད་ན། །སྐབས་ཀྱི་དོན་ཡང་མི་འགྲུབ་ཅིང་། །གཞན་ལ་ཀླན་ཀར་འགྱུར་བ་མཐོང་། །ཀུན་རྫོབ་ལ་ཡང་སྐལ་དོན་དང་། །རྒྱུ་ཡི་དུས་ན་འབྲས་བུ་སོགས། །ཡོད་མིན་མེད་མིན་དགོས་པའང་ཡོད། །ལྷག་མ་སྣང་རུང་ཆོས་རྣམས་ལ། །ཡོད་མེད་ཡིན་མིན་ལ་སོགས་པ། །སོ་སོར་སྨྲ་བ་དབུ་མའི་ལུགས། །

ལ་ལ་བདག་དང་གང་ཟག་གཉིས། །རྣམ་གྲངས་ཡིན་སྨྲ་མུ་སྟེགས་གཞུང་། །ཡིན་ཕྱིར་ཐ་སྙད་དུ་ཡང་བདག མེད་ཕྱིར་གང་ཟག་ཡོད་པར་འདོད། །སྒྲུབ་བྱེད་བདག་མེད་རྟོགས་པའི་བློས། །ཡུལ་གྱི་གནས་ཚུལ་རྟོགས་ཕྱིར་དང་། །བདག་འཛིན་ཡུལ་གྱི་གནས་ཚུལ་ལ། །མ་ཞུགས་ཕྱིར་ཞེས་སྨྲ་བ་ཐོས། །འོན་ཡུམ་གྱི་མདོ་རྣམས་དང་། །ཀླུ་སྒྲུབ་ཡབ་སྲས་གཞུང་ལུགས་རྣམས། །མུ་སྟེགས་གཞུང་ལུགས་སུ་འགྱུར་ཏེ། །དེ་དག་རྣམ་གྲངས་གསུངས་ཕྱིར་རོ། །དེ་ཡང་མདོ་ལས་བདག་དང་ནི། །སེམས་ཅན་སྲོག་དང་གང་ཟག་དང་། །གསོ་བ་སྐྱེས་བུ་ཤེད་བདག་དང་། །ཤེད་སྐྱེས་བྱེད་པོ་ཚོར་པོ་དང་། །ཤེས་པ་པོ་དང་མཐོང་པོ་སྟེ། །བྱེད་པའི་སྐྱེས་བུ་བཅུ་གཉིས་གསུངས། །དེ་དོན་འཕགས་པ་ཀླུ་སྒྲུབ་ཀྱིས། །ཐེ་སྲིད་ཕུང་པོར་འཛིན་ཡོད་པ། །དེ་སྲིད་ངར་འཛིན་ཡོད་ཅེས་པའི། །ངར་འཛིན་དམིགས་ཡུལ་ང་ཙམ་ལ། །བྱེད་པའི་སྐྱེས་བུ་བཅུ་གཉིས་ཀྱི། །མིང་གི་རྣམ་གྲངས་བཏགས་པར་བཞེད། །དེ་ཉིད་ཕུང་པོ་རྣམས་ལ་ནི། །རྣམ་པ་ལྔའམ་རྣམ་བདུན་གྱིས། །བཙལ་བའི་ཚེ་ན་མི་རྙེད་ཀྱང་། །མ་དཔྱད་འཇིག་རྟེན་གྲགས་པའི་ངོར། །རང་གིས་ཉེ་བར་བླང་བྱ་དང་། །ཆ་ཤས་དང་ནི་ཡན་ལག་ལ། །བརྟེན་ནས་ལེན་པ་པོ་དང་ནི། །ཆ་ཤས་ཅན་དང་ཡན་ལག་ཅན། །འཇོག་པ་ཤིང་རྟའི་དཔེ་དང་ནི། །སྦྱར་བར་དཔལ་ལྡན་ཟླ་བས་གསུངས། །རྩོད་ཚེ་འདི་ལ་མ་བསྙོན་ཅིག །འཆད་ཚེ་སློབ་མ་མ་བསླུ་ཞིག །སྒྲུབ་བྱེད་

ཀྱང་ནི་ལྟར་སྣང་སྟེ། །སྐྱེ་མེད་མཚན་མེད་སྤྲོས་མེད་རྣམས། །རྟོགས་པའི་བློ་ལ་མཚུངས་པ་སྟེ། །སྐྱེ་སོགས་ཐ་སྙད་དུ་ཡོད་ཕྱིར། །གཞན་ལ་སྐྱོན་བརྗོད་ཚེ་ན་བདག །དོན་དམ་མེད་མཐོང་གྲོལ་འགྱུར་ན། །མོ་གཤམ་བུ་མེད་མཐོང་བས་ཀྱང་། །གྲོལ་བར་འགྱུར་ཞེས་སུན་འབྱིན་སྨྲ། །སུན་འབྱིན་འདི་ནི་ཀླུ་སྒྲུབ་ཀྱིས། །བདག་ཡོད་བདག་གི་ཡོད་ཅེས་པ། །འདི་ནི་དམ་པའི་དོན་དུ་ལོག ། གང་ཕྱིར་ཡང་དག་ཇི་ལྟ་བ། །ཡོངས་སུ་ཤེས་པས་གཉིས་མི་འབྱུང་། །ཞེས་གསུངས་པ་ལ་བརྗོད་པར་སྣང་། །རགས་པའི་རྣམ་གཞག་འདི་འདྲ་ལའང་། །འཁྲུལ་ན་ཕྲ་མོ་ཇི་ལྟར་འགྱུར། །རང་ལུགས་ཐ་སྙད་བདག་མེད་དང་། །ཕུང་སོགས་དོན་དམ་མེད་པ་ལའང་། །ཐལ་བ་དེ་ནི་མཚུངས་འགྱུར་ཏེ། །རིགས་པའི་རྣམ་གཞག་ཤེས་ན་དཔྱོད། །གཞུང་ལུགས་རྣམ་གཞག་དོར་ནས་ནི། །ཕལ་པའི་ངག་ཙམ་ལ་བརྟེན་ནས། །གྲུབ་མཐའི་རྣམ་གཞག་འཛོག་བྱེད་པ། །མཁས་པས་མཐོང་ན་བཞད་གད་གནས། །ཆོས་དང་གང་ཟག་ཚིག་ཟུར་ལ། །སྤྱིར་བའི་བདག་དང་ཆོས་ཐམས་ཅད། །བདག་མེད་ཅེས་པའི་བདག་གི་དོན། །སངས་རྒྱས་བསྐྱངས་དང་ཟླ་བ་ཡིས། །ངོ་བོས་གྲུབ་པ་ལ་བཤད་ནས། །ཐ་སྙད་དུ་ཡང་མེད་པར་བཞེད། །དེ་དང་བྱེད་པའི་སྐྱེས་བུ་ལ། །བདག་ཅེས་བརྗོད་པར་སོ་སོར་སྨྲོས། །

ལ་ལ་གང་ཟག་བདག་འགོག་པའི། །རིགས་པའི་གཙོ་བོ་གང་ཟག་ཉིད། །ཕུང་པོ་ལྔ་ལ་རྣམ་བདུན་གྱིས། །བཙལ་ཚེ་མ་རྙེད་པ་ཡིན་པས། །གང་ཟག་དང་ནི་གང་ཟག་བདག ཁྱད་པར་མེད་ཕྱིར་གཉིས་ཀ་ཡང་། །ཐ་སྙད་དུ་ཡོད་དོན་དམ་དུ། །མེད་པ་དབུ་མའི་ལུགས་ཞེས་སྨྲ། །གཉིས་པོ་ཁྱད་མེད་མུ་སྟེགས་དང་། །མང་བཀུར་ལུགས་ཡིན་གཞན་ལ་མེད། །གཞན་དུ་ཆོས་ཀྱང་ཆོས་བདག་ཏུ། །འགྱུར་ཏེ་བཙལ་ཚུལ་མཚུངས་ཕྱིར་རོ། །འདོད་ན་འཕགས་པའི་རྗེས་ཐོབ་ཀྱིས། །ཆོས་ཀྱི་བདག་མེད་རྟོགས་པའི་ཚེ། །ཆོས་ཙམ་མེད་པ་རྟོགས་པར་འགྱུར། །སྒྲུབ་བྱེད་བློ་གྲོས་རྩིང་བ་ཡི། །འབྲས་རྟགས་ཉིད་དུ་ཤེས་བྱ་སྟེ། །དེ་དོན་གང་ཟག་རྣམ་བདུན་གྱིས། །བཙལ་ཚེ་རྙེད་ན་གང་ཟག་གི། །བདག་ཏུ་འགྱུར་བའི་དོན་ཡིན་ཕྱིར། །

ཁ་ཅིག་དབུ་མའི་ལྟ་བ་ཡིས། །གདུལ་བྱའི་སེམས་རྒྱུད་འཁྲིད་པའི་ཚེ། །ཐོག་མར་ང་ཞེས་བརྗོད་པ་ཡི། །རྗེས་འབྲང་རྟོག་པའི་ཞེན་པ་ཉིད། །གོམས་པས་ངར་འཛིན་ལྷན་སྐྱེས་ཀྱི། །ཞེན་ཡུལ་ང་ཉིད་རྟེན་པའི་རྟགས། །མཚན་མ་ཅི་རིགས་འབྱུང་བར་འདོད། །དེར་རྗེས་ང་མེད་ཅེས་བརྗོད་པའི། །རྗེས་འབྲང་རྟོག་པ་གོམས་པ་ལས། །མེད་དགག་བློ་ལ་ཤར་བ་ཉིད། །གནས་ལུགས་མཐར་ཐུག་རྟོགས་པ་ཡི། །ལྟག་མཐོང་ཡིན་ཞེས་སྒྲོག་པར་བྱེད། །བདག་ལྟའི་ཞེན་ཡུལ་གོམས་པ་ཡི། །སྒོམ་པ་མུ་སྟེགས་ལུགས་ཡིན་གྱི། །ཁ་ཆེ་བྱེ་བྲག་སྨྲ་བ་ནས། །དབུ་མའི་བར་ལ་ལུགས་འདི་མེད། །འདི་ཉིད་མགོན་པོ་བྱམས་པ་ཡིས། །བདག་ཏུ་ལྟ་བ་བསྐྱེད་མི་དགོས། །གོམས་པ་ཐོག་མ

མེད་དུས་ཅན། །ཞེས་གསུངས་པ་ཡིས་འདི་བཀག་ཟིན། །ང་མེད་ཅེས་ནི་བརྗོད་པ་ཡི། །རྗེས་འབྲང་རྟོག་པ་གོམས་ཙམ་གྱིས། །དབུ་མའི་ལྟ་བ་རྟོགས་ན་ནི། །དབུ་མའི་གཞུང་ལུགས་རྒྱ་མཚོ་ལས། །གསུངས་པའི་རིགས་པའི་རྣམ་གཞག་ལ། །ཐོས་བསམ་དོན་མེད་ཉིད་འགྱུར་ཏེ། །སྒོམ་པའི་ཚུལ་འདི་ བླུན་པོ་དང་། །མཁས་པ་གཉིས་ལ་ཁྱད་མེད་ཕྱིར། །འདི་འདྲ་ལྟག་མཐོང་ཡིན་ན་ནི། །འདི་དང་ཞི་གནས་ཟུང་འབྲེལ་དུ། །སྒོམ་པ་མི་སྲིད་ཉིད་འགྱུར་ཏེ། །བརྗོད་པའི་རྗེས་འབྲང་ཉིད་མིན་ཕྱིར། །ཀྱེ་མ་སྙིགས་མའི་དུས་འདི་མཚར། །འདི་འདྲ་བླུན་པོས་འཛིན་སྲིད་ནའང་། །དབུ་མའི་གཞུང་ལ་སྦྱངས་པས་ཀྱང་། །འདི་ལ་ཡིད་ཆེས་ཅི་ཞིག་ཡིན། །མདོར་ན་ཐེག་ཆེན་ལྟ་སྤྱོད་གཉིས། །མ་འཁྲུལ་ཉམས་སུ་ལེན་འདོད་ན། །མཐའ་བཞིས་དབེན་པའི་སྟོང་པ་ཉིད། །སྙིང་རྗེའི་སྙིང་པོ་ཅན་ཡིན་ནོ། །བྱང་ཆུབ་སེམས་དཔའི་སྡོམ་པའི་སྐབས་ཏེ་གསུམ་པའོ།། །།

རིག་འཛིན་སྡོམ་པ་དབང་བསྐུར་ལས། །ཐོག་མར་ཐོབ་པ་སྨིན་བྱེད་དང་། །དེ་ཉིད་བསྲུང་ཞིང་སྤེལ་བ་ལ༑ ༑གྲོལ་བྱེད་ཅེས་ནི་རྒྱུད་ལས་གསུངས། །སྨིན་བྱེད་རྒྱུད་སྡེ་བཞི་པོ་ལ། །དབང་གི་དངོས་གཞིའི་རིམ་པ་བཞི། །ཡེ་ཤེས་ཐིག་ལེར་གསུངས་པའི་ཕྱིར། །སྡོམ་པའི་ཐོབ་ཚུལ་རྣམ་བཞིར་ངེས། །

ཁ་ཅིག་རྒྱུད་སྡེ་མཐའ་དག་ལ། །རང་བཟོའི་ཚིག་ཁྲིགས་སྦྱར་ནས་ནི། །བཀའ་ལུང་ཡོད་པའི་སྒྲུབ་བྱེད་དུ༑ ༑རྣལ་འབྱོར་ཆེན་པོའི་དབང་བསྐུར་ཅིག །ཐོབ་པས་དཀྱིལ་འཁོར་ཀུན་གྱི་དབང་། །ཐོབ་པར་འགྱུར་ཏེ་བདེ་མཆོག་ལས། །རྒྱུད་འདི་རུ་ནི་དབང་བསྐུར་གང་། །རྒྱུད་རྣམས་ཀུན་གྱི་སྒྲུབ་པོར་འགྱུར། །ཞེས་གསུངས་རིག་པའི་དབང་ལྔ་ཡི། །ངོ་སྤྲོད་ཆེ་ན་བྱ་སྤྱོད་གཉིས། །འཆད་དང་རྣལ་འབྱོར་རྒྱུད་ཉན་པར། །དབང་བར་གསུངས་པའི་ཕྱིར་ཞེས་ཟེར། །འདི་ནི་ཕག་མོ་མངོན་འབྱུང་དང་། །མི་གཡོ་བླ་མེད་རྒྱུད་དག་ལས། །དཀྱིལ་འཁོར་དུ་ནི་མ་ཞུགས་ལ། །རྒྱུད་འདི་བསྟན་པར་མི་བྱ་སྟེ། །དཀྱིལ་འཁོར་གཞན་དུ་ཞུགས་པ་ལའང་། །རྒྱུད་འདི་བསྟན་པར་མི་བྱའོ། །ཞེས་གསུངས་པ་དང་འགལ་བའི་ཕྱིར། །བཞི་མདོའི་རྩ་བཞིན་དོར་བར་བྱ། །དབང་བསྐུར་གཅིག་གིས་དབང་བསྐུར་ཀུན། །ཐོབ་ན་སྟོན་པས་རྒྱུད་སྡེ་ལས། །དབང་ཚིག་གཅིག་ཉིད་ཅེས་མ་གསུངས། །དཔེར་ན་འདུལ་བའི་ལས་ཚིག་བཞིན། །རྒྱུད་ལས་སྒྲོ་བ་བསྐྱེད་ཕྱིར་དུ། །ཕན་ཡོན་གསུངས་པའི་གནས་སྐབས་དང་། །འཛིགས་པ་བསྐྱེད་ཕྱིར་ལ་དོར་གྱིས། །ཚིག་རྣམས་ཇི་བཞིན་སྒྲ་ཡིན་ན། །ཀྱེ་རྡོ་རྗེ་ཡི་རྩ་རྒྱུད་ལས། །གལ་ཏེ་སངས་རྒྱས་གསང་བའི་སྐད། །མི་གསུངས་ན་ཡང་འགྲོངས་པར་འགྱུར། །ཞེས་པའང་ཇི་བཞིན་སྒྲ་རུ་འགྱུར། །གོང་མའི་དབང་བསྐུར་ནང་དུ་ནི། །འོག་མའི་དབང་དང་ནུས་མཉམ་པ། །འདུས་ཕྱིར་གོང་མའི་དབང་ཐོབ་ན། །འོག་མ་འཆད་དང་ཉན་པར་གསུངས། །དེ་ཙམ་གྱིས་ནི་འོག་མའི་དབང་། །ཐོབ་པར

འགྱུར་ན་ཐེག་ཆེན་གྱི། །མཐོང་ལམ་ཐོབ་ཆེ་ཉན་ཐོས་དང་། །རང་རྒྱལ་མི་སློབ་ལམ་ཐོབ་འགྱུར། །སླར་ཡང་དམ་བཅའ་སྒྲུབ་ཕྱིར་དུ། །ཁོ་བོས་བདག་འཛུག་བླངས་པའི་ཚེ། །དཀྱིལ་འཁོར་གཙོ་བོ་རྡོར་སེམས་ལས། །ཐོབ་པས་ཁོ་བོ་གཅིག་བརྒྱུད་ཡིན། །ཁོ་བོ་ལས་ནི་བླངས་པ་རྣམས། །གཉིས་བརྒྱུད་ལ་སོགས་ཡིན་ཞེས་སྨྲ། །འདི་དང་སྒྲུབ་བྱེད་གོང་མ་གཉིས། །གཅིག་གིས་གྲུབ་ན་ཅིག་ཤོས་ནི། །དོན་མེད་ཉིད་དུ་འགྱུར་བ་སྟེ། །བདག་འཛུག་བླངས་པས་ཀུན་གྱི་དབང་། །མ་ཆད་པར་ནི་སྒྲུབ་དགོས་ན། །གཅིག་གིས་ཀུན་ཐོབ་དོན་མེད་འགྱུར། །སློབ་མའི་བརྒྱུད་པ་གཞན་དག་ཀྱང་། །གཉིས་བརྒྱུད་སོགས་ཀྱིས་ཅི་ཞིག་བྱ། །རང་ཉིད་བདག་འཛུག་བླངས་ནས་ནི༑ །གཅིག་བརྒྱུད་འབའ་ཞིག་ཅིས་མི་བྱེད། །འཕགས་ཡུལ་གྲུབ་པའི་དབང་ཕྱུག་རྣམས། །སེམས་ཅན་ཡིན་ཕྱིར་འཁྲུལ་པ་སྲིད། །དེས་ན་མ་འཁྲུལ་ཚིག་ནི། །ཁོ་བོས་རྒྱུད་ལས་འདོན་ཞེས་ཟེར། །འཕགས་ལ་སྐུར་འདེབས་འདི་འདྲའི་ཚིག །ཐོས་པར་གྱུར་ནའང་རྣ་བ་དགབ། །འོན་ཁྱོད་ཀྱང་སེམས་ཅན་ཕྱིར། །ཅི་སླས་ཚད་མར་སུ་ཡིས་བཟུང་། །ཟག་མེད་བློ་མངའི་བསྟན་བཅོས་རྣམས། །དྲང་སྲོང་བཀའ་བཞིན་སྤྱི་བོར་ནི། །བླང་བྱ་ཡིན་པར་བྱམས་པས་གསུངས། །ཀུ་ཀུ་རི་པ་ཀུན་སྙིང་སོགས། །རྒྱལ་བའི་བསྟན་པ་འཛིན་པ་ལ། །འཁྲུལ་པ་མེད་པར་སངས་རྒྱས་གསུངས། །དེ་དག་འཁྲུལ་ལོ་ཞེས་བརྗོད་པ། །རྫོགས་སངས་རྒྱས་ལའང་བརྐྱལ་བར་སྣང་། །དེས་ན་བདག་ཉིད་ལེགས་འདོད་རྣམས། །རྡོ་རྗེ་འཆང་ནས་འཕགས་ཡུལ་གྱི། །གྲུབ་ཆེན་རྣམས་ལས་རིམ་བརྒྱུད་ཅིང་། །ལོ་པཎ་ཁྱད་པར་ཅན་གྱིས་བསྒྱུར། །དེ་ནས་རྩ་བའི་བླ་མའི་བར། །བརྒྱུད་པ་མ་ཉམས་དབང་བསྐུར་ཞུས། །དབང་དང་དམ་ཚིག་ལ་གནས་པ། །རྡོ་རྗེ་ཐེག་པའི་བསྟན་པ་ཡིན། །

དེང་སང་སྔགས་པར་རློམ་པ་འགའ། །དབང་གིས་མ་སྨིན་སྐྱེ་བོ་ལ། །རྣལ་འབྱོར་ཆེན་པོའི་གསང་སྤྱོད་ཀུན། །འཛེམ་བག་མེད་པར་གསང་སྒྲོག་བྱེད། །འདི་ནི་དམ་པ་དང་པོ་དང་། །རྡོ་རྗེ་གུར་དང་དགྲ་ནག་དང་། །རྩ་བའི་ལྟུང་བའི་གཞུང་རྣམས་ལས། །རྩ་བའི་ལྟུང་བ་ཉིད་དུ་གསུངས། །རྩ་ལྟུང་དོན་ཡང་མ་བསྲུང་ན། །ཉེས་པ་ཀུན་གྱི་རྩ་བ་དང་། །བསྲུང་ན་དངོས་གྲུབ་རྩ་བར་ནི། །གསུངས་ཕྱིར་ལེགས་འདོད་བག་ཡོད་མཛོད། །ཁ་ཅིག་སྔགས་ཀྱི་སྡོམ་ལྡན་ཀུན། །རྡོ་རྗེ་སྤུན་དུ་བྱས་ན་ནི། །ཧ་ཅང་རྒྱ་ཆེས་སྐྱོན་ཡོད་ཕྱིར། །བླ་མ་གཅིག་དང་དཀྱིལ་འཁོར་ནི། །གཅིག་ལས་དུས་གཅིག་དབང་ཐོབ་པ། །རྡོ་རྗེའི་སྤུན་ཡིན་གཞན་དུ་ན། །མངལ་གྱི་སྒོ་ནི་མི་གཅིག་ཕྱིར། །སྤུན་གྱི་དོན་མི་གནས་ཞེས་ཟེར། །འོན་ན་བསླབ་གསུམ་ལྡན་པ་ཀུན། །ཚངས་པ་མཚུངས་སྤྱོད་མིན་འགྱུར་ཏེ། །ཧ་ཅང་རྒྱ་ཆེས་སྐྱོན་ཡོད་ཕྱིར། །འདོད་ན་རྣམ་བཤད་རིགས་པ་ལས། །ཚངས་པ་མྱ་ངན་འདས་ཡིན་ཏེ༑ །དེ་ཡི་ཆེད་དུ་སྤྱོད་པ་ནི། །བསླབ་གསུམ་ཡིན་ཏེ་དེ་ལྡན་ཀུན། །ཚངས་པ་མཚུངས་སྤྱོད་གསུང་དང་

འགལ། །ཡུལ་ཆེན་སུམ་ཅུ་རྩ་གཉིས་སུ། །སྤྱོད་པའི་ཚེ་ན་བརྡ་དང་ནི། །བརྡ་ཡི་ལན་ཤེས་གང་ཟག་ཀུན། །རྡོ་རྗེ་སྤུན་དང་སྲིང་མོ་ནི། །མ་ཡིན་འགྱུར་ཏེ་དེ་དག་ལ། །སྔར་གྱི་མཚན་ཉིད་མ་ཚང་ཕྱིར། །འདོད་ན་བདེ་མཆོག་ཀྱེ་རྡོར་གྱི། །རྩ་བའི་རྒྱུད་དང་ཁ་སྦྱོར་ལས། །གང་གིས་སྤུན་དང་སྲིང་མོར་ཡང་། །ཐེ་ཚོམ་མེད་པར་ཤེས་པར་བྱ༔ །ཞེས་གསུངས་པ་དང་འགལ་བའི་ཕྱིར། །གཞན་གྱི་ཉམས་རྐྱེན་མ་བྱེད་ཅིག །མངལ་སྒོ་གཅིག་དང་མི་གཅིག་དོན། །དྲིས་ན་རང་བཟོ་མ་ཡིན་པར། །ལུང་དང་མཐུན་པ་ཁྱོད་ལ་མེད། །འཇིག་རྟེན་ཐ་སྙད་དང་འགལ་ཏེ། །འཁོར་ལོས་སྒྱུར་བ་གཅིག་ཉིད་ཀྱི། །བཙུན་མོ་ལྔ་བརྒྱའི་སྲས་རྣམས་ཀུན། །རིགས་ཀྱི་སྤུན་ཡང་མ་ཡིན་པར། །འགྱུར་ཏེ་མངལ་སྒོ་མི་གཅིག་ཕྱིར། །ཁ་ཅིག་ཐེག་པ་གསུམ་ཆར་གྱི། །ཚོགས་ལམ་ཆེན་པོ་ཡན་ཆད་ནི། །སྔགས་ལམ་ཁོ་ནས་ཐོབ་པར་འདོད། །སློབ་བྱེད་ཆོས་རྒྱུན་ཏིང་འཛིན་ལ། །བརྟེན་ནས་སངས་རྒྱས་ཞིང་བགྲོད་ཚེ། །ལམ་གྱི་ཟབ་ཤོས་གདུལ་བྱས་ཀྱང་། །ཉན་འདོད་ཡོད་ཅིང་སངས་རྒྱས་ལ། །དེ་སྙོན་མཁྱེན་བརྩེ་མངའ་ཕྱིར་དང་། །ཀུན་རིག་ཁྲིམས་ལ་བཀོད་པ་ཡི། །ཉན་རང་རྣམས་ཀྱང་སྔགས་ལམ་གྱིས། །ཐོབ་པའི་ཉན་རང་མཚན་ཉིད་པ། །ཡིན་པའི་ཕྱིར་ཞེས་སྨྲ་བར་བྱེད། །

འདི་ནི་མདོ་རྒྱུད་བསྟན་བཅོས་དང་། །རིགས་པ་ཀུན་དང་འགལ་བ་སྟེ། །མི་ཕམ་མགོན་པོས་ཐེག་ཆེན་གྱི༔ །ལམ་དུ་ཆོས་རྒྱུན་ཏིང་ངེ་འཛིན། །གསུངས་ཀྱི་དམན་པའི་ལམ་དག་ལ། །ཆོས་རྒྱུན་ཏིང་འཛིན་ཐོབ་པ་ནི། །ཚད་ལྡན་གཞུང་ལས་གསུངས་པ་མེད། །རིགས་པས་ཀྱང་ནི་གནོད་པ་སྟེ། །དམན་པའི་མཐོང་ལམ་སྔ་རོལ་དུ། །ཆོས་རྒྱུན་ཏིང་ངེ་འཛིན་ཐོབ་ན། །བསམ་གཏན་དངོས་གཞི་ཐོབ་དགོས་པས། །དེ་ཡིས་འཕགས་ལམ་ཐོབ་པའི་ཚེ། །རྒྱུན་ཞུགས་ཕྱིར་འོང་མི་སྲིད་དང་། །འབྲས་བུ་གསུམ་པ་ལ་གནས་པའི། །ཆགས་བྲལ་སྔོན་སོང་ཁོ་ནར་འགྱུར། །གཞན་ཡང་འདུལ་བ་ལུང་དག་ལས། །ཉན་ཐོས་སློབ་པ་ལྔ་ཞིག་གི། །དགྲ་བཅོམ་ཐོབ་ཀྱང་རྫུ་འཕྲུལ་ནི། །མ་ཐོབ་མང་དུ་བསྟན་པ་དང་། །ཁྱོད་ཀྱི་གྲུབ་མཐའ་འདི་ཉིད་འགལ། །ལམ་གྱི་ཟབ་ཤོས་ཡིན་ཙམ་གྱིས། །གདུལ་བྱས་ཉན་འདོད་ཡོད་པར་ནི། །མ་ངེས་གཞན་དུ་ཐེག་གསུམ་གྱི། །རིམ་པ་བསྟན་པ་དོན་མེད་འགྱུར། །སངས་རྒྱས་དངོས་ཀྱིས་གདུལ་བྱ་ལ། །སྔགས་ལམ་སྟོན་པར་མ་ངེས་ཏེ། །གདུལ་བྱའི་བློ་ཡི་རིམ་པ་དང་། །འཚམས་པར་སྟོན་པས་གསུངས་ཕྱིར་རོ། །དེ་ཡང་ཀྱེ་རྡོར་རྩ་རྒྱུད་ལས། །གདུལ་བྱ་བཀྲི་བའི་རིམ་པའི་ཚུལ། །སྡོམ་པ་རིམ་བཞིན་བླངས་ནས་ནི། །གྲུབ་མཐའ་བཞི་དང་རྒྱུད་སྡེ་བཞིར། །རིམ་གྱིས་བསླབ་པའི་བཀྲི་ཚུལ་གསུངས། །ལང་ཀར་གཤེགས་པའི་མདོ་ལས་ཀྱང་། །ཇི་ལྟར་ནད་པ་ནད་པ་ལ། །སྨན་པས་སྨན་རྣམས་གཏོང་བ་ལྟར། །དེ་བཞིན་སངས་རྒྱས་སེམས་ཅན་ལ། །ཅི་ཙམ་བཟོད་པའི་ཆོས་སྟོན་ཏོ། །ཞེས་གསུངས་མགོན་པོ་ཀླུ་སྒྲུབ་ཀྱིས། །བརྡ

སྤྲོད་པ་དག་ཇི་ལྟ་བུ། །ཡི་གེའི་ཕྲེ་མོ་གློག་འཇུག་ལྟར། །དེ་བཞིན་སངས་རྒྱས་གདུལ་བྱ་ལ། །ཅི་ཙམ་བཟོད་པའི་ཆོས་སྟོན་ཏོ། །ཞེས་གསུངས་འཕགས་པ་ལྷ་ཡིས་ཀྱང་། །ཡོད་དང་མེད་དང་ཡོད་མེད་དང་། །གཉིས་ཀ་མིན་ཞེས་ཀྱང་བསྟན་ཏེ། །ནད་ཀྱི་དབང་གིས་ཐམས་ཅད་ཀྱང་། །སྨན་དུ་འགྱུར་བ་མ་ཡིན་ནམ། །ཞེས་སོགས་གསུངས་པ་ཚད་མ་ཡིན། །ལམ་གྱི་མཐར་ཐུག་སྔགས་ལམ་ལས། །འབྲས་བུའི་དམན་ཞོས་ཐོབ་པོ་ཞེས། །སྨྲ་བ་རྒྱུ་དང་འབྲས་བུ་ལ། །སྐྱུར་པ་འདེབས་པའི་སྨྲ་ངན་ཡིན། །རྡོ་རྗེ་ཐེག་པའི་དཀྱིལ་འཁོར་གྱི། །ལྷ་ལ་ཉན་རང་མཚན་ཉིད་པ། །ཡོད་ན་སྔགས་སྡོམ་ལྡན་པ་ཡིས། །ཉན་ཐོས་དག་ཏུ་རློམ་བྱེད་པའི། །ནང་དུ་ཞག་བདུན་གནས་པ་ལ། །ལྟུང་བ་འབྱུང་བའི་རྒྱུ་མཚན་ཅི། །ཀུན་རིག་ཁྲམས་ཀྱི་ཉན་རང་རྣམས། །ཐེག་དམན་རང་རྒྱུད་པ་ཡིན་ན། །རིགས་ལྔའི་གདན་གྱི་སེང་གེ་སོགས། །དུད་འགྲོ་རང་རྒྱུད་པར་འགྱུར་ཞིང་། །ཟླ་བ་ཉི་མ་ལ་སོགས་ཀྱང་། །ནམ་མཁའི་ཉི་ཟླ་སོགས་སུ་འགྱུར། །གྲུབ་མཐའ་གྱི་ན་སླྨ་བ་པོ། །འདིས་ནི་དབང་བསྐུར་དུས་སུ་ཡང་། །རྒྱུན་བཤགས་སྡོམ་བཟུང་སྟོན་རོལ་དུ། །བྱང་ཆུབ་གསུམ་པོ་གང་འདོད་ལ། །དམིགས་ནས་རྗེས་ཟློས་གྱིས་ཞེས་ཟེར། །སྡོམ་པ་བསྲུག་ཚེ་རྩེ་མོ་ལས། །ཐེག་པ་དམན་ལ་འདོད་མི་བྱ། །སེམས་ཅན་དོན་ལ་རྒྱབ་ཕྱོགས་མིན། །འཁོར་བ་དག་ཀྱང་ཡོངས་མི་སྤོང་། །ཞེས་པ་བསྒྲགས་ནས་བཟུང་བའི་ཚེ། །ཐེག་པ་དམན་ལ་འདོད་པ་སོགས། །འགལ་ཟླ་གསུམ་པོ་བཟུང་བ་འགལ། །ཀུན་སློང་ཐེག་དམན་སེམས་བསྐྱེད་ཀྱིས། །བླངས་ནས་བྱང་ཆུབ་སེམས་བླ་མེད། །དམ་པ་བདག་གིས་བཟུང་བར་བགྱི། །ཞེས་སྨྲ་འདི་ནི་ཅི་ཞིག་ཡིན། །ཉན་ཐོས་ས་རུ་སེམས་བསྐྱེད་ན། །ཐེག་ཆེན་སྨོན་སེམས་སྤྱོང་དགོས་ཤིང་། །སྨོན་སེམས་སྤངས་ན་རྩ་ལྟུང་དུ། །འགྱུར་བར་རྒྱུད་སྡེ་བཞི་ཆར་མཐུན། །གཞན་ཡང་རྒྱུད་སྡེ་ཕལ་ཆེར་དང་། །གྲུབ་པའི་དབང་ཕྱུག་གཞུང་བཟང་རྣམས། །འདི་ལ་གཅིག་ཏུ་གནོད་པ་སྟེ། །གཞུང་ལུགས་མཐོང་ཚེ་གསལ་བར་འགྱུར། །

ཁ་ཅིག་བྱ་རྒྱུད་སྐྱེད་ཚོག་ལ། །བདག་བསྐྱེད་སྤྱོད་རྒྱུད་གཞུང་འགྲེལ་གྱི། །ལུང་གིས་བསྒྲུབ་ཅིང་རིགས་པ་ཡང་། །བལྟས་པའི་བདེ་བ་ལམ་བྱེད་དང་། །རྣམ་སྣང་མངོན་བྱང་གཞི་གཉིས་པོ། །བདག་མདུན་གཉིས་ལ་བཤད་རུང་ན། །བསམ་གཏན་ཕྱི་མའི་གཞི་གཉིས་ཀྱང་། །བདག་མདུན་གཉིས་སུ་རུང་བར་མཚུངས། །བདག་བསྐྱེད་མེད་པར་བཤད་པ་ནི། །བྱ་རྒྱུད་ཕལ་ལ་དགོངས་པའམ། །ཕྲོག་རྩོལ་ལ་སོགས་བསམ་གཏན་གྱི། །ཡན་ལག་བསྒོམ་པར་མི་នུས་པའི། །གདུལ་བྱ་རྣམས་ལ་དགོངས་ཞེས་ཟེར། །སྤྱོད་རྒྱུད་ལུང་གིས་བྱ་རྒྱུད་ལ། །བདག་བསྐྱེད་འགྲུབ་ན་བླ་མེད་ཀྱི། །ལུང་གིས་བསྐྱེད་རྫོགས་ཅིས་མི་འགྲུབ། །བྱ་སྤྱོད་གཉིས་ཀྱི་སྐྱེད་ཚོག་ལ། །བདག་བསྐྱེད་ཡོད་པར་ཁྱད་མེད་ན། །ཉམས་ལེན་ཁྱད་པར་གང་གིས་འབྱེད། །རྒྱུད་སྡེ་གོང་མའི་ལུང་དང་འགལ། །བལྟས་

པའི་བདེ་བ་ལམ་བྱེད་ཀྱིས། །བདག་བསྐྱེད་ཡོད་པར་མི་འགྲུབ་སྟེ། །མདུན་བསྐྱེད་ཕོ་མོ་བལྟས་པ་ལ། །དམིགས་པས་ལམ་བྱེད་དེ་འགྲུབ་ཕྱིར། །རྒྱུད་སྡེ་གཉིས་ཀྱི་གཞི་ཡི་དོན། །བདག་མདུན་གཉིས་སུ་མི་མཚུངས་ཏེ། །རྣམ་སྣང་མངོན་པར་བྱང་ཆུབ་ལས། །ཡི་གེ་དང་ནི་ཡི་གེ་སྒྱུར། །དེ་བཞིན་གཞི་ལས་གཞིར་གྱུར་པ། །ཞེས་གསུངས་བསམ་གཏན་ཕྱི་མ་ལས། །སྒྲ་དང་སེམས་དང་གཞི་ལ་གནོལ། །ཞེས་པ་གཞི་ནི་གཅིག་གསུངས་ཕྱིར། །ཡི་གེ་གཉིས་དང་སྒྲ་སེམས་གཉིས། །སྔོན་འགྲོའི་དོན་དུ་མཚུངས་པས་ན། །དངོས་གཞི་གཞི་གཉིས་གཅིག་གི་ནི། །ཁྱད་པར་ཡོད་པས་དེ་གཉིས་ཀྱི། །བདག་བསྐྱེད་ཡོད་མེད་ཁྱད་འགྲུབ་སྟེ། །བསམ་གཏན་ཕྱི་མའི་གཞི་ཡི་དོན། །མདུན་བསྐྱེད་ཉིད་ལ་བཤད་དགོས་ཕྱིར། །སྨིན་སྦྱོང་གཉིས་ཀྱང་མི་འཐད་དེ། །བྱ་རྒྱུད་ཕལ་ལ་བལྟས་པ་ཡི། །བདེ་བ་ལམ་བྱེད་མེད་འགྱུར་བའམ། །ལམ་དང་གདུལ་བྱའི་གཙོ་བོ་གཉིས། །གོ་རིམ་ལོག་པའི་སྐྱོན་དུ་འགྱུར། །

ཁ་ཅིག་ངན་སོང་སྦྱོང་རྒྱུད་ལས། །གསུངས་པའི་གཙོ་བོ་ཕྱག་རྡོར་ལ། །རྒྱལ་ཆེན་བཞི་སོགས་ཀྱིས་བསྐོར་བའི། །དཀྱིལ་འཁོར་དྲུག་གི་འཁོར་གྱི་ལྷ། །འཇིག་རྟེན་རང་རྒྱུད་པ་ཞེས་སྨྲ། །སྒྲུབ་བྱེད་དྲིས་ཚེ་དམ་བཅའ་འགོད། །ལ་ལ་བླ་མ་གསུངས་ཞེས་ཟེར། །སྲོག་སྙིང་ཕྱུལ་ནས་དཀྱིལ་འཁོར་ལ། །བཀོད་པའི་ཕྱིར་དང་འཇིག་རྟེན་པ། །ཞེས་པའི་མིང་དང་ལྡན་ཕྱིར་དང་། །རྒྱུད་གསུངས་འཁོར་གྱི་ཚངས་པ་སོགས། །ཡིན་པའི་ཕྱིར་ཞེས་འགོད་པར་བྱེད། །དེ་བཞིན་དཔལ་མཆོག་ལས་གསུངས་པའི། །མིང་པོ་ཁ་སྐོང་གི་དཔེ་ཕལ་ཆེར་ལས་འདི་བཞིན་འབྱུང་ཡང་། །མིང་པོ་གསུམ་དང་སྲིང་མོ་བཞི་དཔལ་མཆོག་ན་ཡོད་ཅིང་། ངག་དབང་ཆོས་གྲགས་ཀྱི་རྣམ་བཤད་ན་འང་དེ་བཞིན་གསུངས་སོ། །སྲིང་མོ་བཞི་བཞི་དང་། །སྐུན་བླའི་ཁྲམས་ལ་བཀོད་པ་ཡི། །གནོད་སྦྱིན་ཚངས་པ་ལ་སོགས་པ། །བཅུ་བདུན་ལྷ་ཚོགས་འཇིགས་བྱེད་ཀྱི། །འཁོར་གྱི་གཤིན་རྗེ་ཕོ་མོ་དང་། །ལྷ་མོ་འདོད་ཁམས་དབང་ཕྱུག་དང་། །དཔལ་མགོན་གདོང་བཞི་གཉེན་པོ་དང་། །ཕྱུ་ཏྲ་ལ་སོགས་ལས་མཁན་དང་། །བྱ་ནག་ཁྱི་ནག་ལ་སོགས་པ། །སྤྲུལ་པའི་ཕོ་ཉ་ཐམས་ཅད་ཀྱང་། །འཇིག་རྟེན་རང་རྒྱུད་པ་ཞེས་སྨྲ། །འདི་དག་སངས་རྒྱས་རྣམ་འཕྲུལ་ལ། །སྐུར་འདེབས་ཡིན་པས་དགག་པར་བྱ། །རྒྱུད་སྡེ་བཞི་ཡི་དཀྱིལ་འཁོར་གྱི། །གཙོ་བོ་ནས་བཟུང་མེ་རིའི་བར། །གཙོ་བོ་ཉིད་ཀྱི་རྣམ་འཕྲུལ་ལས། །མ་གཏོགས་རྒྱུད་ནི་ཐ་དད་དང་། །རྟེན་དང་བརྟེན་པ་རྫས་ཐ་དད། །གནས་པའི་དཀྱིལ་འཁོར་རྣམ་གཞག་ནི། །རྒྱུད་དང་གྲུབ་པའི་གཞུང་བཟང་དང་། །དམ་པའི་གསུངས་ལས་ཐོས་པ་མེད། །འདི་ནི་འདུས་པ་རྣམ་གཉིས་སོགས། །རྒྱུད་ཀྱི་དཀྱིལ་འཁོར་སྤྲུལ་བཤད་ཀྱི། །སྐབས་དང་རྩ་རྒྱུད་བརྟག་གཉིས་ལས། །འཆད་པ་པོ་ང་ཆོས་ཀྱང་ང་། །རང་གི་ཚོགས་ལྡན་ཉན་པ་ང་། །ཞེས་སོགས་རྟོགས་ན་འཐད་མེད་འགྲུབ། །ཁྱད་པར་དཀྱིལ་འཁོར་དྲུག་པོ་ཡི། །འཁོར་རྣམས་འཇིག་རྟེན་པ་ཡིན་ན། །བདག་བསྐྱེད་བསྙེན་

པ་རྒྱས་པའི་ཚེ། །སྙིང་ཚིག་ཚུལ་ལུགས་ཇི་ལྟར་བྱ། །ཕྱག་རྡོར་ཐུགས་ཀར་བསྐྱེད་པ་ཡི། །འཇིག་རྟེན་པ་དེ་ངོ་མཚར་ཆེ། །དཀྱིལ་འཁོར་དྲུག་པོ་འདི་དག་ལ། །བསྙེན་པ་རྒྱས་པ་མི་འཇུག་ན། །གྲགས་པ་རྒྱལ་མཚན་གསུང་རབ་ལས། །སྤྱིར་རྒྱུད་དཀྱིལ་འཁོར་བཅུ་གཉིས་ལ། །དཀྱིལ་འཁོར་སུམ་ཅུ་སོ་དྲུག་ཏུ། །ཕྱེ་བའི་མཚན་གཞི་གང་ཡིན་སློས། །བདག་བསྐྱེད་ཆེ་ན་གཙོ་བོས་ཐུལ། །སྒྲུབ་ཆེ་ཡེ་ཤེས་དགུག་གཞུག་དང་། །མཆོད་ཆེ་སྣེག་སོགས་ཀྱིས་མཆོད་དང་། །བསྟོད་ཆེ་ཕྱག་འཚལ་ཚིག་བརྗོད་དང་། །རྒྱུན་བཤགས་སྐྱབས་འགྲོའི་ཡུལ་བྱས་དང་། །འཇུག་ཆེ་མེ་ཏོག་འདོར་བ་དང་། །སྔགས་བཟླས་བུམ་ཆུས་དབང་བསྐུར་བ། །རྒྱུད་དང་གོང་མའི་གསུང་རབ་ལས། །འབྱུང་ཕྱིར་འཇིག་རྟེན་པ་ཡིན་ཞེས། །སེམས་ལྡན་སུ་ཞིག་སྨྲ་བར་ནུས། །དེ་དག་གཙོ་འཁོར་ཁྱད་པར་ལ། ཡོད་མེད་སྨན་རྒྱུད་དང་འགལ། །སྤྲུལ་པ་མཆོག་གི་དཀྱིལ་འཁོར་དུ། །དབང་ཐོབ་ཙམ་གྱིས་གྲུབ་པའི་ས། །ཐོབ་དང་དཀྱིལ་འཁོར་དེ་ཡི་ལྷ། །འཇིག་རྟེན་རང་རྒྱུད་པ་ཡོད་འགལ། །རྡོ་རྗེ་ལྕགས་ཀྱུ་ལ་སོགས་ཀྱིས། །སྒོ་སྲུང་བྱས་པའི་དཀྱིལ་འཁོར་ནང་། །སྡོད་པར་ནུས་པའི་འཇིག་རྟེན་པ། །རང་རྒྱུད་པ་དེ་ཅི་འདྲ་ཞིག སྒྲུབ་བྱེད་ལ་ཡང་དཔྱད་པར་བྱ། །དམ་བཅས་དམ་བཅའ་སྒྲུབ་ན་ནི། །ཕ་རོལ་དམ་བཅའ་བཟློག་པ་ཡིས། །དམ་བཅའ་དེ་ཉིད་འགོག་པར་འགྱུར། །རྗེ་བཙུན་མཁྱེན་པའི་དབང་པོ་དེས། །བསྙེན་པ་རྒྱས་པའི་ཚ་གར་ནི། །རིགས་བཞི་ནས་ནི་འཁོར་ཡུག་བར། །ཀུན་རིག་ཐུགས་ཀར་བསྐྱེད་ནས་ནི། །སོ་སོར་བཀོད་པ་སྤྲུལ་པའི་སྐུ། །ཉམས་ལེན་ཡིན་གསུངས་ཁྱད་པར་དུ། །སངས་རྒྱས་གང་ལ་གང་འདུལ་བ། །དེ་དང་དེ་ཡི་སྐུར་སྟོན་ཅེས། །འཁོར་ཡུག་བར་དུ་སྤྲུར་ཏེ་གསུངས། །འདི་དང་ཁྱེད་ཀྱི་གསུང་སྒྲོས་འགལ། །

དེ་ལ་སྐྱོན་སྤོང་འདི་སྐད་དུ། །ཀུན་རིག་འཁོར་ཡུག་ལྷ་རྣམས་ནི། །སངས་རྒྱས་ཡིན་ཞིང་ཅིག་ཤོས་ནི། །འཇིག་རྟེན་རང་རྒྱུད་པ་ཞེས་སྨྲ། །ཀྱེ་མ་འདི་འདྲའི་ཚིག་གིས་ཀྱང་། །ཤེས་ལྡན་ངེས་པ་སྐྱེ་བ་རེ། །ཀུན་རིག་དཀྱིལ་འཁོར་ཕྱི་རོལ་ཏུ། །འཁོར་ཡུག་ལ་བཀོད་ལྷ་ཀླུ་སོགས། །སངས་རྒྱས་ཡིན་ཞིང་ཕྱག་རྡོར་གྱི། །དཀྱིལ་འཁོར་ནང་བཀོད་ཡེ་ཤེས་པས། །སྒོ་སྲུང་བྱས་པའི་ལྷ་རྣམས་ཀྱང་། །འབྱུང་པོ་ཡིན་ན་འདི་ཙམ་གྱི། །ཁྱད་པར་ཀུན་རིག་ཕྱག་རྡོར་གཉིས། །བཟང་ངན་དབང་ཆ་ཆེ་ཆུང་གང་། །བླ་མས་འཆད་ཚེ་ཟེར་ཡང་ཕྱིར། །འཇིག་རྟེན་པ་ཞེས་གསུངས་ཙམ་ལ། །བླ་མའི་གསུང་སྒྲོས་ཡིན་ནོ་ཞེས། །བླ་མ་མཆོག་ལ་སྐུར་མི་བྱ། །སྲོག་སྙིང་ཕུལ་བའི་ཚུལ་སྟོན་པ། །ཙམ་གྱིས་འཇིག་རྟེན་པར་འགྱུར་ན། །གདུལ་བྱ་དྲག་པོ་དབང་ཕྱུག་ཆེ། །འདུལ་བྱེད་ཧེ་རུ་ཀས་འདུལ་བའི། །རྣམ་འཕྲུལ་ཆ་ཤས་ཙམ་གྱིས་ཀྱང་། །དེ་གཉིས་རྒྱུད་གཅིག་ཇི་ལྟར་འགྱུར། །དེ་སོགས་སངས་རྒྱས་རྣམ་འཕྲུལ་ལ། །རང་གི་བློ་ཚོད་སྦྱར་མི་རུང་། །འཇིག་རྟེན་པ་ཞེས་བྱ་བ་ཡི། །མིང་གིས་འཇིག་རྟེན་པར

འགྱུར་ན། །མི་ལ་སེང་གེའི་མིང་བཏགས་ཚེ། །སྣ་ཉག་རལ་པ་སྤྱུག་པར་འགྱུར། །མིང་དོན་ངོ་བོ་ཉིད་ཀྱིས་ནི། །འབྲེལ་བར་འདོད་པ་རིག་བྱེད་གཞུང་། །ཡིན་ཕྱིར་རིགས་པའི་རྒྱལ་པོས་བཀག མིང་ལ་དངོས་མིང་བཏགས་མིང་གཉིས། །གསུང་རབ་འཆད་པ་ཀུན་ལ་གྲགས། །འཇིག་རྟེན་ཐ་སྙད་ལ་ཡང་ཡོད། །འོན་ཀྱང་སྒྲུབ་བྱེད་གཙོ་བོ་ནི། །འདི་ཉིད་ལ་ནི་རེ་བར་སྣང་། །སྟོན་པས་རྒྱུད་སྡེ་གསུངས་པའི་ཚེ། །འཁོར་ལ་རང་རྒྱུད་པས་ཁྱབ་ན། །སྤྲུལ་པ་དང་ནི་རང་རྒྱུད་པའི། །འཁོར་གཉིས་རྒྱུད་ལས་གསུང་དང་འགལ། །སྟོན་པས་རྒྱུད་སྡེ་འདི་གསུངས་ཚེ། །འཁོར་གྱི་ཚངས་སོགས་སྤྲུལ་པ་ཉིད། །ཡིན་ཕྱིར་ཀུན་རིག་འཁོར་ཡུག་ཏུ། །ཚངས་བར་བཀོད་ཅིང་ཕྱག་རྡོར་གྱིས། །བརྟག་པ་ཕྱི་མ་གསུངས་པའི་ཚེ། །གྲོག་སྙིང་ཕུལ་ནས་རང་ཉིད་ཀྱི། །དཀྱིལ་འཁོར་ལ་ནི་སོ་སོར་བཀོད། །དེ་ཚེ་དཀྱིལ་འཁོར་རྣམ་དྲུག་འབྱུང་། །དཔལ་མཆོག་ལས་གསུངས་ལྷ་རྣམས་ཀྱང་། །འཇིག་རྟེན་རང་རྒྱུད་པ་ཡིན་པའི། །སྒྲུབ་བྱེད་སྔ་མ་ལས་གཞན་མེད། །ཀུན་དགའ་སྙིང་པོས་སྤྲུལ་པར་བཤད། །སྨན་བླའི་གནོད་སྦྱིན་ལ་སོགས་པ། །འཇིག་རྟེན་རང་རྒྱུད་པ་ཡིན་ན། །སྨན་བླའི་ཆོ་ག་བྱས་པ་ཀུན། །སྐྱབས་འགྲོའི་སྡོམ་པ་འཆོར་འགྱུར་ཏེ། །འཇིག་རྟེན་པ་ཡི་ལྷ་རྣམས་ལ། །ཕྱག་འཚལ་སྐྱབས་འགྲོ་བྱས་པའི་ཕྱིར། །ཞི་འཚོས་མདོ་ལས་གསུངས་པ་ཡི། །བདེ་གཤེགས་བརྒྱད་པོ་སངས་རྒྱས་སུ། །བྱས་ནས་སྐབས་དེར་དམ་ཆོས་བསྟན། །ལྷག་མ་སྐྱབས་གྲོལ་ལ་སོགས་པ། །འཇིག་རྟེན་འདས་དང་འཇིག་རྟེན་པའི། །སྐུར་སྟོན་དགེ་འདུན་དུ་བྱས་ནས། །སྐྱབས་གནས་གསུམ་ལ་ཕྱག་མཆོད་སོགས། །ཡན་ལག་དྲུག་པོ་དངོས་སུ་སྦྱར། །བདུན་པ་མདོ་ཡི་སྨོན་ལམ་ཉིད། །སྦྱོར་བ་སྨན་བླའི་ཆོ་ག་ཡིན། །

དོན་ཡོད་རྡོ་རྗེས་འཇིགས་བྱེད་ཀྱི། །གསུང་ལས་རྡོར་སེམས་ཡབ་ཡུམ་གྱི། །མངལ་ནས་གཤིན་རྗེ་ཕོ་བརྒྱད་ཕྱུང་། །སྲུང་འཁོར་རྩིབས་བརྒྱད་ལ་བཀོད་ནས། །རྡོར་སེམས་ཞུ་བའི་གཞལ་ཡས་དབུས། །འཇིགས་བྱེད་གཤིན་རྗེ་མོ་བརྒྱད་དང་། །བཅས་པ་བསྐྱེད་པར་གསུངས་པའི་ཕྱིར། །དེ་དག་འབྱུང་པོ་སྲུས་སླ་ནུས། །འདོད་ཁམས་དབང་ཕྱུག་འཇིག་རྟེན་པ། །ཡིན་ན་བྲམ་ཟེ་མཆོག་སྲེད་ཀྱིས། །དུས་གསུམ་སངས་རྒྱས་བསྐྱེད་པ་དང་། །རིགས་ལྔའི་ཡུམ་དུ་བཤད་དང་འགལ། །གདོང་བཞི་གཉེན་པོ་འཇིག་རྟེན་པ། །ཡིན་ན་རྡོ་རྗེ་འཆང་དབང་གི། །ཐུགས་ཀྱི་ཕྲིན་ལས་ལས་སྤྲུལ་དང་། །སྟོན་པའི་ཉིང་སྤྲུལ་དུ་བཤད་འགལ། །ལས་མགོན་ལྷ་པོ་འཇིག་རྟེན་པ། །ཡིན་ན་མགོན་པོ་ལྷམ་དྲལ་གྱི། །ཐུགས་ཀའི་ས་བོན་ལས་བརྒྱུད་དེ། །རིམ་པ་བཞིན་དུ་བསྐྱེད་པ་འགལ། །སྤྲུལ་པའི་བྱ་ནག་ཁྱི་ནག་སོགས། །འཇིག་རྟེན་རང་རྒྱུད་པ་ཡིན་ན། །སྤྲུལ་པའི་ཕོ་ཉ་ཞེས་བརྗོད་པའི། །ཚིག་དང་འགལ་བར་མི་འགྱུར་རམ། །དེས་ན་བཅོ་ཆེན་ས་པཎ་གྱིས། །ཀྱེ་མ་བསོད་ནམས་དམན་པའི་མི། །ལྷ་སྐལ་

ཆད་པ་འབྱུང་པོ་བསྒྲུབ། །ཅེས་གསུངས་ཡིད་ལ་བཞག་ནས་ནི། །ཡི་དམ་ཆོས་སྐྱོང་ཕལ་ཆེ་བ། །འབྱུང་པོ་ཡིན་ཞེས་མ་སྨྲ་ཞིག །སྐྱབས་གནས་མཆོག་ལ་ཐེ་ཚོམ་གྱི། །རྒྱུ་ཡིན་ཕྱིར་ན་ཉེས་དམིགས་ཆེ། །དེས་ན་ཕན་པའི་གདམས་ངག་ནི། །ཉན་ཐོས་རང་རྒྱལ་སྐྱུར་སྟོན་ལ། །སངས་རྒྱས་བྱང་སེམས་སྤྲུལ་པ་དང་། །རང་རྒྱུད་པ་དང་རྣམ་གསུམ་ཡོད། །ཚངས་དང་བརྒྱ་བྱིན་ལ་སོགས་པ། །འཇིག་རྟེན་ཆེ་དགུ་མཐའ་དག་དང་། །དུར་ཁྲོད་བདག་པོ་ཤ་ཟའི་ཚོགས། །འཇིག་རྟེན་ཆ་ལུགས་ལྡན་རྣམས་དང་། །རི་བོང་སྟག་དང་སེང་གེ་སོགས། །རིགས་དྲུག་འགྲོ་བའི་གཟུགས་སྟོན་ཀུན། །སྔ་མ་བཞིན་དུ་རྣམ་གསུམ་ཡོད། །དེ་འདྲའི་རྣམ་དབྱེ་མདོ་རྒྱུད་ཀྱི། །དགོངས་པ་ཡིན་ཕྱིར་སངས་རྒྱས་ཀྱི། །རྣམ་འཕྲུལ་མཐའ་ཡས་ཤེས་པར་བྱ། །

ལ་ལ་རྒྱུད་སྡེ་འོག་མ་ལ། །དབང་བཞི་མེད་པས་དེ་ལ་ནི། །ལྷོས་པའི་རིམ་པ་གཉིས་མེད་ཀྱང་། །རིམ་གཉིས་ངེས་པར་འདོད་དགོས་ཏེ། །རྡོ་རྗེ་ཐེག་པའི་གཞུང་ཡིན་ཕྱིར། །དེ་ཡང་སངས་རྒྱས་ཕྲིན་ཡིག་ལས། །བཅོམ་ལྡན་ཁྱོད་ཀྱིས་གསང་སྔགས་ལམ། །རིམ་པ་གཉིས་སུ་བསྡུས་ཏེ་བསྟན། །ཞེས་གསུངས་སྡོམ་གསུམ་རབ་དབྱེ་ལས། །དབང་དང་རིམ་གཉིས་མི་ལྡན་པས། །རྡོ་རྗེ་ཐེག་པའི་བསྟན་པ་མིན། །ཞེས་གསུངས་པ་ཡི་ཕྱིར་ཞེས་ཟེར། །འོན་རྒྱུད་སྡེ་འོག་མ་ལའང་། །དབང་བཞི་ཡོད་པ་ཉིད་འགྱུར་ཏེ། །རྡོ་རྗེ་ཐེག་པའི་གཞུང་ཡིན་ཕྱིར། །དེ་ཡང་བསྟན་བཅོས་འདི་ཉིད་ལས། །རྡོ་རྗེ་ཐེག་པའི་ལམ་ཞུགས་ནས། །མྱུར་དུ་སངས་རྒྱས་ཐོབ་འདོད་ན། །སྨིན་གྲོལ་གཉིས་ལ་འབད་དགོས་པའི། །སྨིན་བྱེད་དབང་བཞི་ཉིད་ལ་ནི། །གསུངས་ཤིང་གཞན་ཡང་དེ་ཉིད་ལས། །གལ་ཏེ་གསང་སྔགས་བསྒོམ་འདོད་ན། །ནོར་བ་མེད་པའི་དབང་བཞི་ལོངས། །ཞེས་སོགས་མཚུངས་པར་གསུངས་ཕྱིར་རོ། །དབང་བསྐུར་བཞི་ལ་མ་ལྟོས་པའི། །རིམ་གཉིས་སྟོན་མེད་གཏམ་ཡིན་ཏེ། །ས་བོན་འདེབས་ལ་མ་ལྟོས་པའི། །མྱུ་གུ་སྟོན་པོ་ཇི་བཞིན་ནོ། །བློ་ཡིས་རིམ་གྱིས་ལྷ་བསྐྱེད་ཙམ། །བསྐྱེད་པའི་རིམ་པའི་དོན་མིན་ཏེ། །བསྐྱེད་རིམ་སྦྱང་གཞི་སྦྱོང་བྱེད་གཉིས། །སྦྱར་བ་ཉིད་ལ་གསུངས་ཕྱིར་རོ། །མཚན་མེད་རྣལ་འབྱོར་བསྒོམ་པ་ཙམ། །རྫོགས་པའི་རིམ་པའི་དོན་མིན་ཏེ། །རྫོགས་རིམ་ལུས་ངག་ཡིད་གསུམ་ནི། །རྫོགས་པ་ཉིད་ལ་གསུངས་ཕྱིར་རོ། །

ཁ་ཅིག་བསྐྱེད་རྫོགས་རྣམ་གཉིས་ལ། །སྣང་བ་ལྷ་རུ་འཆར་བའི་དོན། །ཡིད་དོར་རྟེན་དང་བརྟེན་པ་ཡི། །ལྷ་དང་ཡེ་ཤེས་བསྒོམ་པའི་ཚེ། །རྟོག་གཉིས་ཅིག་ཆར་མི་འཇུག་པས། །ཡིད་ངོའི་སྣང་བ་དེར་འཆར་བའི། །དོན་ཡིན་ཕྱི་རོལ་སྣང་བ་ཀུན། །ལྷ་རུ་འཆར་བ་མ་ཡིན་ཏེ། །ལོག་ཤེས་ཉིད་དུ་ཐལ་ཕྱིར་དང་། །ཕྱི་རོལ་སྣང་བ་ལྷར་བསྒོམ་པས། །ལྷ་རུ་འགྱུར་བ་མ་ཡིན་ཏེ། །རང་བཞིན་རྣམ་དག་ལྷ་མིན་ཕྱིར། །སོལ་བ་བདར་བས་དུང་བཞིན་ནོ། །ཞེས་པས་གྲུབ་མཐའ་འཛུགས་པ་མཐོང་། །འདི་ནི་རྣལ་འབྱོར་བླ་མེད་ཀྱི། །གནད་བཅོས་པ་ཡི་

བདུད་ཀྱི་ཚིག །ཡིན་ཕྱིར་ལུང་དང་རིགས་པ་དང་། །ཁས་བླངས་འགལ་བས་དགག་པར་བྱ། །དེ་ཡང་གསང་བ་འདུས་པ་ལས། །མདོར་ན་ཕུང་པོ་ལྔ་རྣམས་ནི། །སངས་རྒྱས་ལྔར་ནི་རབ་ཏུ་བསྒྲགས། །རྡོ་རྗེའི་སྐྱེ་མཆེད་ཉིད་དག་ཀྱང་། །བྱང་ཆུབ་སེམས་དཔའི་དཀྱིལ་འཁོར་མཆོག །ས་ནི་སྤྱན་ཞེས་བྱ་བར་བཤད། །ཆུ་ཡི་ཁམས་ནི་མཱ་མ་ཀཱི། །གོས་དཀར་མོ་དང་སྒྲོལ་མ་ནི། །མེ་དང་རླུང་དུ་རབ་ཏུ་གྲགས། །ཞེས་གསུངས་དེ་དོན་སྤྱོད་བསྡུས་ལས། །ཐ་མལ་དངོས་པོ་རིགས་རྣམས་བརྒྱར། །ཕྱེ་ནས་དེ་དག་འདུས་པ་ཡི། །དམ་པ་རིགས་བརྒྱར་བསྒོམ་ཚུལ་གསུངས། །འདི་དང་ཁྱོད་ཀྱི་གྲུབ་མཐའ་འགལ། །དེ་བཞིན་ཀྱེ་རྡོར་རྩ་རྒྱུད་ལས། །ཕུང་པོ་ལྔ་དང་ཉོན་མོངས་ལྔ། །ཁམས་ལྔ་བཞི་དང་སྐྱེ་མཆེད་དྲུག །བདག་མེད་ལྷ་མོ་བཅོ་ལྔ་ཡི། །ལྷ་རུ་བསྒོམ་པར་གསུངས་པ་འདི། །ཁྱོད་ཀྱི་གྲུབ་མཐའི་གཉེན་པོ་ཡིན། །དེ་བཞིན་བདེ་མཆོག་བཤད་རྒྱུད་ལས། །ཕུང་པོ་སྐྱེ་མཆེད་ཁམས་བཅུ་བདུན། །རྣམ་སྣང་ལ་སོགས་སངས་རྒྱས་སུ། །བསྒོམ་པར་གསུངས་ཤིང་སོ་སེན་སོགས། །ལུས་ཀྱི་ཁམས་ནི་ཉི་ཤུ་བཞི། །དཔའ་བོ་ཉི་ཤུ་རྩ་བཞིར་ནི། །བསྒོམ་པར་གསུངས་དང་དེ་བཞིན་དུ། །འཕགས་ཡུལ་གྲུབ་ཐོབ་གསུངས་རྣམས་དང་། །བོད་ཡུལ་སྔོན་གྱི་སྔགས་འཆང་གི། །མན་ངག་ཐམས་ཅད་ཁྱོད་ཀྱི་ནི། །གྲུབ་མཐའ་འདི་ཡི་གཉེན་པོ་ཡིན། །དེས་ན་སྤང་བྱ་དེ་དོར་བྱ། །སྣང་བ་ལྷ་ཡི་ངོ་བོར་ནི། །རང་བཞིན་གྱིས་ནི་རྣམ་དག་ན། །དེ་བསྒོམ་ལྷ་རུ་མི་འགྱུར་དང་། །དེ་འཆར་ལོག་ཤེས་ཡིན་པ་འགལ། །ལྷ་ཡི་ངོ་བོ་རང་བཞིན་གྱིས། །རྣམ་དག་མ་ཡིན་བརྟག་གཉིས་ལས། །ངེས་པར་དངོས་པོ་ཐམས་ཅད་ཀྱི། །དག་པ་དེ་བཞིན་ཉིད་དུ་བརྗོད། །ཕྱི་ནས་རེ་རེའི་དབྱེ་བ་ཡིས། །ལྷ་རྣམས་ཀྱིས་ནི་བརྗོད་པར་བྱ། །ཞེས་གསུངས་དེ་ཡི་སྒྲུབ་བྱེད་དུ། །ཕུང་པོ་ལྔ་དང་དབང་པོ་དྲུག ། སྐྱེ་མཆེད་དྲུག་དང་འབྱུང་ཆེན་ལྔ། །རང་བཞིན་གྱིས་ནི་རྣམ་པར་དག ཉོན་མོངས་ཤེས་བྱའི་སྒྲིབ་སྦྱང་བྱ། །ཞེས་གསུངས་པ་དང་འགལ་བར་འགྱུར། །དེ་ཉིད་དག་པ་དང་པོ་ཡི། །སྒྲུབ་བྱེད་ཡིན་གྱི་ལྷ་ཡི་ནི། །དག་པའི་སྒྲུབ་བྱེད་མིན་སྙམ་ན། །ལྷ་ཡི་རྣམ་པའི་གཟུགས་ཀྱིས་ནི། །བཞིན་ལག་ཁ་དོག་གནས་པ་ནི། །སྐྱེས་པ་ཙམ་གྱིས་རྣམ་པར་གནས། །འོན་ཀྱང་བག་ཆགས་ཕལ་པས་སོ། །ཞེས་གསུངས་པ་དང་ཅིས་མི་འགལ། །གཞན་ཡང་ལུགས་འདི་སྨྲ་བ་པོས། །སྣོད་གཞི་མ་འོངས་འབྱུང་འགྱུར་གྱི། །སྐྱེ་འཆི་བར་དོ་ཁོ་ན་དང་། །སྦྱོང་བྱེད་གནས་སྐབས་དེ་ཉིད་ཀྱི། །བསྐྱེད་པའི་རིམ་པ་ཁོ་ན་དང་། །སྦྱོང་ཚུལ་ཆོས་གསུམ་དོན་དུ་ནི། །སྐུ་གསུམ་འབྱུང་བར་སྒྲོ་བཏགས་པ། །གཞན་དུ་བཀག་ཟིན་བལྟ་བར་བྱ། །

ཁ་ཅིག་སྣང་བའི་དངོས་ཀུན་ལ། །མཚན་ཉིད་གསུམ་དུ་ཕྱེ་བ་ཡི། །ཀུན་བརྟགས་གཞན་དབང་ཀུན་རྫོབ་ཉིད། །ཡིན་ཕྱིར་ལྷ་རུ་བསྒོམ་བྱ་མིན། །ཡོངས་གྲུབ་དོན་དམ་ལྷ་ཡིན་ཕྱིར། །བསྒོམས་པས་ལྷ་རུ་འགྱུར

བ་སྟེ། །བློ་བུར་དྲི་མ་བྲལ་བའི་ཚེ། །དོན་དམ་ལྷ་ཉིད་མངོན་འགྱུར་ཕྱིར། །རྒྱུད་ལས་ཕུང་ཁམས་སྐྱེ་མཆེད་སོགས། །དངོས་ཀུན་ལྷ་རུ་གསུངས་པ་ཡང་། །འདི་ལ་དགོངས་ཏེ་དེ་དག་གི། །ཡོངས་གྲུབ་ལྷ་ཉིད་ཡིན་ཕྱིར་རོ། །ཡེ་ཤེས་ཚོགས་བསག་དུས་སུ་ཡང་། །སྤྲོས་བྲལ་ཉིད་ལ་ཨ་ཧཾ་ཞེས། །ང་རྒྱལ་འཛོག་པའང་འདི་ཉིད་དེ། །འོག་ཏུ་ལྷ་ནི་བསྒོམ་ཕྱིར་ལོ། །འདི་ལ་ལུང་རིགས་ཁས་བླངས་དང་། །འགལ་བ་གསུམ་ལས་ལུང་འགལ་ནི། །ཀྱེ་རྡོར་རྩ་བའི་རྒྱུད་ཉིད་ལས། །ངེས་པར་དངོས་པོ་ཐམས་ཅད་ཀྱི། །ཞེས་སོགས་དེ་བཞིན་ཉིད་ཀྱི་ནི། །ཕྱི་ནས་ཀུན་རྫོབ་སྤྲོས་པ་ཀུན། །ལྷ་རུ་བསྒོམ་པར་གསུངས་པ་དང་། །ཁྱོད་ཀྱི་གྲུབ་མཐའ་འདི་ཉིད་འགལ། །བསྒོམ་གཞི་ཆོས་དབྱིངས་ཉིད་ཡིན་ན། །རེ་རེ་ཞེས་པ་དང་འགལ་ཏེ། །རེ་རེ་ཞེས་པ་སོ་སོའི་ཚིག ། ཆོས་དབྱིངས་སོ་སོར་མེད་ཕྱིར་རོ། །

དེ་བཞིན་བརྟག་པ་ཕྱི་མར་ཡང་། །ཀུན་རྫོབ་གཟུགས་སུ་གནས་ནས་ནི། །དེ་རྣམས་བདེ་གཤེགས་རིགས་སུ་འགྱུར། །བུད་མེད་རྣམས་ཀྱི་མཚན་ཉིད་འདི། །ཇི་ལྟར་སྐྱེས་པ་དེ་བཞིན་ནོ། །ཀུན་རྫོབ་ཐ་སྙད་ཚུལ་ལས་ནི། །དེ་ཡི་རིགས་སུའང་དེ་འགྱུར་རོ། །ཞེས་གསུངས་བཤད་རྒྱུད་གུར་ལས་ཀྱང་། །དོན་ལ་འགལ་བ་ཡོད་མིན་ཡང་། །རྒྱལ་བའི་དངོས་པོས་སྒྲུངས་པ་ཡོད། །ཀུན་རྫོབ་གཟུགས་སུ་གནས་ནས་ནི། །འཁོར་ལོའི་གཟུགས་ཀྱི་ཆོས་ཙམ་བརྟག །ཅེས་གསུངས་དེ་བཞིན་གསང་འདུས་ལ། །སོགས་པའི་རྒྱུད་སྡེ་ཐམས་ཅད་ལས། །ཀུན་རྫོབ་སྤྲོས་པའི་དབྱེ་བ་ཀུན། །ལྷ་རུ་བསྒོམ་པར་གསུང་དང་འགལ། །རིགས་པས་ཀྱང་ནི་གནོད་པ་སྟེ། །གཞན་དབང་གིས་བསྡུས་ཆོས་ཅན་ལ། །ཐ་མལ་རྣམ་རྟོག་ཡོད་པའི་ཕྱིར། །དེ་དག་ལྷ་རུ་བསྒོམ་དགོས་ཏེ། །གཞན་དུ་སྲིད་པའི་འཆིང་བ་ལས། །གྲོལ་བའི་ཐབས་ནི་མེད་པར་གསུངས། །དེ་ཡང་ཡེ་ཤེས་ཞབས་ཉིད་ཀྱིས། །ཐ་མལ་རྣམ་རྟོག་རྒྱུན་དེ་ལས། །གཞན་དུ་སྲིད་པའི་འཆིང་བ་མེད། །དེ་དང་རྣམ་པ་འགལ་བའི་སེམས། །གང་ཡིན་ཀུན་རྟོག་སྣང་མི་འགྱུར། །ཞེས་གསུངས་པ་ཡིས་ལེགས་པར་གྲུབ། །ཆོས་དབྱིངས་སྤྲོས་བྲལ་རང་ངོས་ནས། །ལྷ་རུ་བསྒོམ་ན་སྤྲོས་མེད་ལ། །སྤྲོས་པར་བྱས་ཕྱིར་སྤྲོས་པ་གཞན། །འགོག་པའི་ཐབས་ནི་མེད་པར་འགྱུར། །དེ་སྐད་དུའང་བརྟག་གཉིས་ལས། །བསྐྱེད་པའི་རིམ་པའི་རྣལ་འབྱོར་གྱིས། །བརྟུལ་ཞུགས་ཅན་གྱིས་སྤྲོས་པ་བསྒོམ། །ཞེས་གསུངས་གཞན་ཡང་དེ་ཉིད་ལས། །སྒོམ་པ་པོ་མེད་བསྒོམ་པའང་མེད། །ལྷ་མེད་སྔགས་ཀྱང་ཡོད་མ་ཡིན། །ཞེས་པ་སྤྲོས་པ་སྤྲོས་མེད་དུ། །བྱེད་པའི་ལུང་ཡིན་བཟློག་པ་མིན། །སྒྲ་དང་རྟོག་པའི་ཡུལ་གྱུར་པའི། །ཆོས་དབྱིངས་ཀུན་རྫོབ་ཡིན་པའི་ཕྱིར། །ཐ་མལ་རྣམ་རྟོག་བཟློག་ཆེད་དུ། །རྡོ་རྗེ་སེམས་དཔའའམ་ཆོས་དབྱིངས་མར། །བསྒོམ་པར་རྒྱུད་གཞུང་རྣམས་ལས་གསུངས། །འདི་ཡང་ཀུན་རྫོབ་ལྟར

བསྒོམ་ཞིང་། །དོན་དམ་སྤྲོས་བྲལ་རང་ངོས་ནས། །ལྷར་མི་བསྒོམ་པའི་རིགས་པ་ཡིན། །གང་ལ་སླད་ན་རྩ་བ་ཡི༑ །ལྡང་བ་བརྒྱད་པ་འབྱུང་བའི་གཞི། །ཆོས་ཉིད་ཡིན་ན་རིགས་པས་གནོད། །ཆོས་ཅན་ཡིན་ན་ཁས་བླངས་འགལ། །ཁས་བླངས་འགལ་བ་བསྟན་བྱ་སྟེ། །བསྐྱེད་པའི་རིམ་པས་ཐུན་མོང་ཉིད། །འགྲུབ་ཀྱི་མཆོག་མི་འགྲུབ་པ་དང་། །བསྐྱེད་པའི་རིམ་པས་གང་བསྒོམ་པ། །དོན་དམ་ཆོས་སྐུ་ཡིན་པ་འགལ། །བསྐྱེད་རིམ་བསྒོམ་པའི་འབྲས་བུ་ནི། །གཟུགས་སྐུ་ཡིན་ན་ཆོས་ཉིད་ནི། །གཟུགས་སྐུར་འགྱུར་བ་བཟློག་ཏུ་མེད། །དེ་ཡང་འདོད་ན་གཟུགས་ཀྱི་སྐུ། །ཀུན་རྫོབ་ཡིན་ཞིང་ཆོས་ཀྱི་སྐུ། །དོན་དམ་ཡིན་པར་ཁས་བླངས་པའི། །རང་གི་གྲུབ་མཐའ་ཉིད་དང་འགལ། །བསྐྱེད་རིམ་གཟུགས་སྐུའི་རྒྱུ་མིན་ན། །རྫོགས་རིམ་ཆོས་སྐུའི་རྒྱུ་ཉིད་དུ། །འགྲུབ་པར་མི་འགྱུར་བསྐྱེད་རྫོགས་གཉིས། །སྐུ་གཉིས་རྒྱུར་ནི་རྒྱུད་ལས་གསུངས། །སྦྱང་གཞི་སྦྱོང་བྱེད་འཆོལ་བ་ཡི། །རྣམ་གཞག་ངན་པ་འདི་དོར་ལ། །དོན་དམ་སྤྲོས་བྲལ་མ་རྟོགས་པས། །ཀུན་རྫོབ་འཁོར་བའི་ཕུང་སོགས་ཀྱི། །སྣང་བ་སྣ་ཚོགས་འབྱུང་བ་ཀུན། །འཆིང་གྲོལ་ཀུན་གྱི་གཞི་ཡིན་པས། །ལྷ་ཡི་ངོ་བོར་རང་བཞིན་གྱི། །རྣམ་པར་དག་ཕྱིར་ལྷར་བསྒོམས་པས། །ལྷ་རུ་འགྱུར་བར་གསུངས་པ་འདི། །རྒྱུད་དང་གྲུབ་པའི་གཞུང་བཟང་གི། །དགོངས་པ་ཡིན་ཕྱིར་གསེར་རྒྱན་ལྟར། །བློ་གྲོས་ལུས་ལ་འདོགས་པར་གྱིས། །

ད་ནི་ལམ་གྱི་ཡན་ལག་དང་། །འཕྲུལ་གྱི་ལག་ལེན་འགའ་ཞིག་ཀྱང་། །འབྲུལ་ན་བསྟན་ལ་གནོད་མཐོང་ནས། །ཆེ་ལོང་ཙམ་ཞིག་བརྗོད་པར་བྱ། །ལྷ་རྣམས་ཆིམ་པར་བྱ་བ་དང་། །སྔགས་ཀྱི་འབྲས་བུ་འབྱིན་པའི་ཕྱིར། །རྫས་སྔགས་གྲངས་མཉམ་བགྲངས་པ་ཡི། །སྦྱིན་བསྲེག་བྱ་བར་རྒྱུད་ལས་གསུངས། །དེང་སང་སྦྱིན་སྲེག་བྱེད་པ་འགའ། །རྫས་སྔགས་བཅུ་ཙམ་ཡུན་ཚོད་ལ། །གཅིག་བཅུ་ཉི་ཤུ་སུམ་ཅུ་སོགས། །བརྗོད་ནས་བརྒྱ་ཐམ་ཐལ་ལོ་ཞེས། །སྐད་པོ་ཆེ་ཡིས་ལོགས་ནས་བགྲངས། །དེ་ཡང་སྦྱིན་སྲེག་གྲངས་སུ་བྱེད། །འཆི་བསླུའི་ཚེ་ན་འཆི་བདག་ལ། །བྲེ་སྲང་ཞོ་ཆས་རྫས་གཞལ་ཏེ། །འདི་འདྲའི་མགོ་སྐོར་བྱེད་པ་བཤད། །སོ་སོ་སྐྱེ་བོས་སངས་རྒྱས་ལ། །མགོ་སྐོར་བྱེད་པ་ཨེ་མ་མཚར། །འདི་ཡིས་འབྲས་བུ་ཅི་ཞིག་འགྲུབ། །དེས་ན་རྫས་སྔགས་རེ་རེ་བཞིན། །བགྲངས་པའི་གྲངས་ཀྱིས་ལས་བཞི་ལ། །སོ་སོའི་རྫས་སྔགས་གཙོར་བྱས་པའི། །བསྙེན་པའི་བཅུ་ཆ་བསྒྲུབ་པར་བྱ། །

ཁ་ཅིག་གཏོར་མགྲོན་ལ་སོགས་པའི། །མདུན་བསྐྱེད་གཤེགས་ཚེ་དམ་ཚིག་པ། །གཤེགས་ནས་ཡེ་ཤེས་པ་རང་ལ། །བསྡུ་སྟེ་དེ་ཡི་རྒྱུ་མཚན་ཡང་། །དེ་གཉིས་བཟང་ངན་ཐ་དད་ཕྱིར། །ངན་པ་གཤེགས་ནས་བཟང་པོ་ནི། །རང་ལ་བསྡུ་བ་ཡིན་ཞེས་ཟེར། །འདི་འདྲ་བླུན་པོའི་རིགས་པ་སྟེ། །འོན་མགྲོན་བཟང་པོས་པའི

ཆོ༔ །བསྙེན་བཀུར་བྱས་རྗེས་མགྲོན་བཟང་ཉིད། །འཁོར་དུ་བསྡུས་ནས་དེའི་ཚབ་ཏུ། །གཡོག་ངན་གཞན་ཞིག་གཏོང་དགོས་འགྱུར། །ཡོ་གར་བདག་ཉིད་དམ་ཚིག་པར། །བསྐྱེད་ནས་ཡེ་ཤེས་པ་བཅུག་སྟེ། །ཚོ་ག་ཚར་ནས་གཤེགས་པའི་ཚེ། །ཚུལ་འདི་ཅི་ཡི་ཕྱིར་མི་མཚུངས། །ལུང་རིགས་མན་ངག་མེད་པ་ཡི། །གྲུབ་མཐའ་བླུན་པོའི་ཁྱད་ནོར་ཡིན། །དེ་གཉིས་བཟང་ངན་ཐ་དད་དུ། །འཛིན་པ་ཡོད་པ་དེ་ཉིད་ཀྱིས། །སྤྱན་དྲངས་པ་ཉིད་གཤེགས་དགོས་ཏེ། །ཚོགས་བསག་ཞིང་ཙམ་ཡིན་པའི་ཕྱིར། །བཟང་ངན་ཐ་དད་འཛིན་མེད་ན། །དེ་འདྲའི་བླང་དོར་བྱ་ཅི་དགོས། །མི་འཁྲུགས་མགོན་པོའི་དཀྱིལ་འཁོར་སོགས། །ཚུལ་བཞིན་བྲིས་ནས་གནམ་རྒྱན་ལ༔ །བཏགས་པས་དེ་འོག་འགྲོ་རྣམས་ཀྱི། །བསོད་ནམས་སྤེལ་ཕྱིར་མཁས་རྣམས་མཛད། །འདི་ལ་ཁ་ཅིག་འཁོར་གྱི་དབུ། །ཕྱིར་བསྟན་བྲིས་ན་བློས་སློང་ཚེ། །དབུ་རྣམས་ཐུར་བསྟན་འབྱུང་བས་ན། །ལྷ་མགོ་ནང་དུ་བསྟན་ཞེས་ཟེར། །འོན་གཞལ་ཡས་ཁང་ལ་ཡང་། །མདའ་ཡབ་པུ་ཤུ་ལ་སོགས་པ། །ནང་ནས་རིམ་བཞིན་བྲིས་ནས་ནི། །ཕྱིག་པ་ཕྱི་རུ་འདྲི་དགོས་འགྱུར། །དེ་ལྟར་བྱས་ཀྱང་གཞལ་ཡས་ཀྱི། །སྟེང་དུ་འོག་གཞི་འབྱུང་བའི་ཕྱིར། །ལྷ་སོགས་མཚན་མ་གཏན་མེད་པར། །འོག་གཞི་ཁོ་ན་འདྲི་དགོས་འགྱུར། །གཙོ་ཞལ་ཤར་བསྟན་འདྲི་ན་ནི། །བློས་སློང་ཚེ་ན་ནུབ་བསྟན་འགྱུར། །ནུབ་བསྟན་འདྲི་ན་དེ་འདྲ་བའི། །དཀྱིལ་འཁོར་རྒྱ་བོད་སུ་ཡིས་བྱས། །འོག་གཞིར་སྤྱི་གཙུག་བསྟད་ནས་ནི། །ཕྱི་ནས་སློང་ན་མགོ་མཇུག་བསྒྱུར། །ནང་ནས་སློང་ན་གཙོ་བོ་ལ། །རྒྱབ་བསྟན་གསུམ་ལས་མ་འདས་པས། །འདི་འདྲའི་དཀྱིལ་འཁོར་ཡུལ་ཕྱོགས་དེའི། །གཙོ་འཁོར་ཀུན་གྱི་རྟེན་འབྲེལ་ལ། །གནོད་ཕྱིར་རྒྱལ་པོའི་ཁྲིམས་ཡོད་ན། །རྣམ་པ་ཀུན་ཏུ་དགག་པར་རིགས། །ཡོགས་ལ་དཀྱིལ་འཁོར་འདྲི་བ་ལ། །བློས་སློང་ཚེ་ན་ཇི་ལྟར་འགྱུར། །དེ་བཅོས་པ་ཡི་ཐབས་སུ་ནི། །འདྲི་ལུགས་ཅི་ཡིན་སླ་དགོས་སོ། །དེས་ན་ས་ལ་བཀྲམ་པའམ། །ཡོགས་ལ་འགྲེམས་སམ་གནམ་རྒྱན་ལ། །འདོགས་པ་གང་ཞིག་ཡིན་ཡང་རུང་། །འདྲི་ལུགས་ཁྱད་མེད་ཤེས་དགོས་སོ། །སྨན་བླའི་པོ་བྲང་ཞེས་བྱ་བ། །དཀྱིལ་འཁོར་ལྷ་རྣམས་ཙ་ཀ་ལིར། །བྲིས་པ་ཁ་ཕྱིར་བསྟན་ནས་ནི། །མཆོད་རྟེན་བང་རིམ་ལྟ་བུར་བྱེད། །མིག་ལམ་མཛེས་པ་ལྟར་སྣང་བས། །ཉང་ཤབ་གཙང་གི་ཕྱོགས་འདིར་དར། །འདི་ཡང་ཉང་སྟོད་སྒོམ་ཆེན་གྱི། །ཉམས་སྣང་ལས་བྱུང་ཡིན་པར་གྲགས། །ཉམས་སྣང་བདུད་ཀྱི་མིན་ན་རུང་། །མདོ་རྒྱུད་བསྟན་བཅོས་རྣམ་དག་ལས། །འདི་འདྲའི་དཀྱིལ་འཁོར་གསུངས་པ་མེད། །དེས་ན་ཅིར་འགྱུར་བརྟག་དགོས་སོ། །རྟེན་གྱི་གཞལ་ཡས་ཁང་མེད་པར། །ལྷ་ཡི་བཀོད་པ་ཙམ་ཡིན་ན། །རུང་མོད་འདི་ལ་གཙོ་བོ་མེད། །ཁོང་སྟོང་བཞག་པས་མི་ཤེས་སོ། །གལ་ཏེ་སྟེང་དུ་པོ་ཏི་ཉིད། །བཞག་པ་གཙོ་བོ་ཡིན་སྙམ་ན། །དེ་ལྟ་ཡིན་ན་གཙོ་བོ་ལ། །འཁོར་གྱི་ལྷ་རྣམས་རྒྱབ

བསྟན་པས། །ཕྱི་ནང་རྟེན་འབྲེལ་ཀུན་ལ་གནོད། །བོད་ཀྱི་འབངས་རྣམས་རྒྱལ་པོ་ལ། །ངོ་ལོག་བྱེད་པ་ལ་སོགས་ཀྱང་། །དེ་ནས་དར་བས་སྲུང་བར་བྱ། །མཆོད་རྟེན་ལོགས་ལ་ལྷ་བྲི་བ། །བཤད་པ་མེད་མོད་བྱེད་ན་ཡང་། །དཀྱིལ་འཁོར་རྣམ་གཞག་མ་ཡིན་པས། །བསོད་ནམས་གསག་ཕྱིར་འགལ་བ་མེད། །འདི་ཡི་ཚུལ་ལུགས་ཞི་བ་འཚོས། །བྱ་རྒྱུད་སྤྱི་ཡི་དཀྱིལ་འཁོར་དང་། །མཐུན་པའི་རྣམ་གཞག་གསུངས་པ་ཉིད། །ཉམས་སུ་བླངས་ན་དགེ་ལེགས་འབྱུང་། །ཁ་ཅིག་ངན་སོང་སྦྱོང་རྒྱུད་ནས། །གསུངས་པའི་ཆོ་ག་མི་བྱེད་པར། །གཤིན་པོའི་མིང་བྱང་བསྲེགས་པ་ཡིས། །དད་རྫས་མང་དུ་ལེན་པ་མཐོང་། །དཀོན་མཆོག་བརྩེགས་པའི་མདོ་སྡེ་ལས། །དད་རྫས་ཟ་བའི་ཉེས་མཐོང་ནས། །དགེ་སློང་ལྔ་བརྒྱས་བསླབ་པ་ཕུལ། །དེ་ལ་སྟོན་པས་ལེགས་ཞེས་གསུངས། །གཞན་ཡང་འདུལ་བའི་གཞུང་ལུགས་ལས། །མི་སློབ་པ་ནི་བདག་པོར་སྤྱོད། །སློབ་པ་བྱིན་པར་སྤྱོད་པ་སྟེ། །བསམ་གཏན་གློག་དང་ལྡན་པ་ནི། །རྗེས་གནང་སྤྱོད་པས་ཉེས་པ་མེད། །ལྷག་མ་ལེ་ལོས་བཅོམ་པ་ཡི། །བདག་ཉིད་རྣམས་ནི་བུ་ལོན་སྤྱོད། །ཅེས་གསུངས་སྟོན་གྱི་སྐྱེས་ཆེན་འགས། །སྟོང་ཉིད་འཇུ་རྩི་མ་རྟོགས་པ། །དད་རྫས་འཇུ་བ་ངས་མ་མཐོང་། །ཞེས་གསུངས་ཡིད་ལ་བཞག་ནས་ནི། །དད་རྫས་འཇུ་བར་འདོད་གྱུར་ན། །ཚུལ་ཁྲིམས་རྣམ་དག་དང་ལྡན་པས། །བསམ་གཏན་གློག་ལ་བརྩོན་པར་བྱ། །ཁྱད་པར་གཤིན་པོ་རྗེས་འཛིན་ན། །ངན་སོང་སྦྱོང་རྒྱུད་ལ་སོགས་ལས། །གསུངས་པའི་ཆོག་ཚུལ་བཞིན་དུ། །བྱ་བར་རྫོགས་པའི་སངས་རྒྱས་གསུངས། །དེ་ཕྱིར་འདི་ལ་གཟབ་པར་བྱ། །དཀྱིལ་འཁོར་ལྷ་བཀོད་ཚངས་དབང་དང་། །གནོད་སྦྱིན་བཅུ་གཉིས་རྒྱལ་ཆེན་རྣམས། །སངས་རྒྱས་འཇིག་རྟེན་སྐྱར་སྟོན་པ། །ཡིན་ཕྱིར་ཕྱག་མཆོད་སྐྱབས་འགྲོ་དང་། །འཁོར་གྱི་བདུན་འབུམ་དང་བཅས་ལ། །ཕྱག་མཆོད་སྐྱབས་འགྲོ་མི་བྱེད་ཀྱང་། །ཕྲིན་ལས་འཚོལ་བ་ཞི་འཚོས་གསུངས། །དེང་སང་རྣམ་དབྱེ་མི་ཤེས་པར། །

ཁ་ཅིག་དཀྱིལ་འཁོར་ནང་བཀོད་ཀྱང་། །འཇིག་རྟེན་པར་འདོད་སྟར་བཀག་ཟེན། །ལ་ལ་འཁོར་གཡོག་བདུན་འབུམ་ལ། །ཕྱག་འཚལ་སྐྱབས་སུ་འགྲོ་བ་མཐོང་། །འདི་ནི་སྐྱབས་འགྲོའི་བསླབ་བྱ་ལ། །གནོད་པས་ཞི་འཚོས་མི་བཞེད་དེ། །འཁོར་གཡོག་བདུན་འབུམ་ཕལ་ཆེ་བ། །འཇིག་རྟེན་རང་རྒྱུད་པ་ཡིན་ཕྱིར། །དེ་དག་འདུལ་བའི་ཆེད་དུ་ནི། །དེ་དང་མཐུན་པའི་སྐྱར་སྟོན་པ། །སངས་རྒྱས་འཇིག་རྟེན་སྐྱར་སྟོན་པའི། །དགོས་པ་ཡིན་ཕྱིར་གཞན་ལའང་སྦྱར། །རྟེན་གྱི་ནང་རྫོང་གཟུངས་དྲིལ་ཆེ། །ཕལ་ཆེར་མཐའ་ནས་སྒྲིལ་བ་མཐོང་། །དེ་ཚེ་ཨོཾ་སོགས་སྔགས་ཀྱི་མགོ། །ཕྱི་རུ་འབྱུང་ཞིང་སྔགས་མཇུག་རྣམས། །དབུས་སུ་འབྱུང་ཕྱིར་འདི་ཡང་ནི། །ཕྱི་ནང་རྟེན་འབྲེལ་ཀུན་ལ་གནོད། །མགོ་ནས་སྒྲིལ་ན་སྔགས་ཀྱི་མགོ། །དབུས་སུ་འབྱུང་ཕྱིར་བླང་བར་བྱ། །འདི་

ནི་རྡོ་མཚན་ཁ་སྐོང་གི་དཔེ་ཕལ་ཆེར་དུ་འདི་བཞིན་སྣང་ཡང་ཚིག་འདི་སྒྲ་ཇི་བཞིན་ད་ལྟའི་རྩེ་མོ་ན་མེད། འགྱུར་གཞན་ཡོད་ན་མ་ངེས་སོ། ། རྗེ་རྩེ་མོ་ལས། །ཡི་གེ་ཨོཾ་ནི་ཅི་ཡིན་བརྗོད། །དཔལ་དང་གྲགས་དང་གཡང་དང་ནི། །སྐལ་བཟང་རྣམ་པ་དང་ལྡན་པ། ། དམ་བཅའ་བ་དང་བཀྲ་ཤིས་དོན། །ནོར་བུ་འཛིན་པའི་སྙིང་པོ་ཡིན། །ཞེས་གསུངས་པ་དང་མཐུན་པ་སྟེ། །དམ་པ་གོང་མའི་ཕྱག་ལེན་ཡིན། །གནོད་སྦྱིན་ཕོ་མོའི་འཁོར་ལོ་གཉིས། །ཁ་སྦྱར་རྟེན་གྱི་ཞབས་སྡོམ་དུ། །བྱས་ན་དཔལ་འབྱོར་འབྲས་འབྱུང་བར། །དཔའ་བོ་གྲུབ་པའི་རྒྱུད་ལས་གསུངས། །འདི་ལ་ཁ་ཅིག་སྔགས་ཀྱི་མགོ། ནང་བསྟན་བྱེད་པ་སྔར་བཀག་ཟིན། །ལ་ལ་ཕོ་འཁོར་འོག་ཏུ་འདོད། །ཕོ་འཁོར་གཙོ་བོ་ཡིན་ན་ནི། །ཚུལ་འདི་ཤིན་ཏུ་འཐད་གྱུར་ཏེ། །གཤེད་དམར་ལྷ་ལྔའི་བྲིས་སྐུ་བཞིན། །རྒྱུད་ལས་མོ་འཁོར་གཙོ་བོར་གསུངས། །དེ་ཚེ་མོ་འཁོར་འོག་ཉིད་དུ། །འབྱུང་སྟེ་སྒྲོལ་མ་བླ་མེད་བཞིན། །དེས་ན་གཙོ་མོ་ནོར་རྒྱུན་མའི། །མདུན་དང་རྟེན་གྱི་མདུན་གཉིས་པོ། །ཕྱོགས་གཅིག་འབྱུང་ན་འཁྲུལ་པ་མེད། །དེ་སོགས་གསུང་རབ་ནས་བཤད་པའི། །འཕྲུལ་གྱི་ལག་ལེན་ཐམས་ཅད་ཀྱང་། །མཁས་ལ་དྲིས་ནས་དག་པར་བྱ། །དེ་ལས་དཔལ་འབྱོར་ཕུན་ཚོགས་འབྱུང་། །རིམ་མམ་ཅིག་ཆར་བླངས་ཀྱང་རུང་། །སྡོམ་གསུམ་ཆོ་གར་ལྡན་བྱས་ནས། །རྡོ་རྗེ་ཐེག་པའི་ཉམས་ལེན་དུ། །གསུམ་ཚར་བསྲུང་བ་སྔགས་སྡོམ་ཡིན། །རིག་པ་འཛིན་པའི་སྡོམ་པའི་སྐབས་ཏེ་བཞི་པའོ།། ||

དེ་ལྟར་སྡོམ་གསུམ་ལྡན་པ་ཡིས། །རིམ་གཉིས་ཟབ་མོའི་ལམ་བསྒོམས་ན། །ཚེ་འདི་འམ་བར་དོ་ལ་སོགས་སུ། །ཐམས་ཅད་མཁྱེན་པའི་གོ་འཕང་འགྲུབ། །འདི་ལ་སོ་སོ་སྐྱེ་བོ་ཡིས། །དབང་དང་རིམ་གཉིས་ལས་བྱུང་བའི། །ཡེ་ཤེས་ཕྱག་རྒྱ་ཆེ་བསྒོམས་པས། །མཚོན་བྱ་དོན་གྱི་ཡེ་ཤེས་འཐོབ། །འཕགས་པའི་ས་ལ་ཀྱི་རྡོ་རྗེར། །གནས་སོགས་བཅུ་གཉིས་གསུངས་པ་ནི། །བྱང་ཆུབ་སེམས་དཔའི་སར་གསུངས་ཕྱིར། །སློབ་པའི་ལམ་གྱི་དབྱེ་བ་ཡིན། །དེ་ཚེ་ཕྱི་ནང་ཡུལ་ཆེན་ནི། །སུམ་ཅུ་རྩ་གཉིས་འདུས་པ་ལས། །གནས་ནས་ཉེ་བའི་འཐུང་གཅོད་བར། །བཅུ་གཉིས་ས་རྣམས་འགྲུབ་པར་གསུངས། །བདེ་མཆོག་ཞུང་དུ་ཁ་སྦྱོར་ལས། །ཕ་རོལ་ཕྱིན་དང་སྒོ་བསྟུན་ནས། །གནས་ནས་ཉེ་བའི་དུར་ཁྲོད་བར། །ཉི་ཤུ་རྩ་བཞི་ས་བཅུར་བསྡུས། །འདི་ལ་འང་དཔེ་མེད་ཡེ་ཤེས་ལྡན། །བསྟན་པར་ཨ་བྷི་དྷཱ་ནར་གསུངས། །དེ་ཕྱིར་སློབ་ལམ་ས་བཅུ་གཉིས། །རྒྱུད་རྒྱལ་གཉིས་ཀ་དགོངས་པ་མཐུན། །ནང་དུ་སྦྱར་བའི་རྩ་ལྔ་དང་། །ཕྱི་རུ་ཡུལ་ཆེན་ལྷག་མ་ལྔ། །འདུས་པས་བཅུ་གསུམ་ས་བསྐྱེད་པར། །རྣལ་འབྱོར་ཆེན་པོའི་རྒྱུད་ལས་གསུངས། །

འདི་ལ་ཁ་ཅིག་ཕ་རོལ་ཏུ། །ཕྱིན་པའི་ས་བཅུ་ལས་གཞན་པའི། །སློབ་ལམ་མེད་པས་ལྷག་མ་གཉིས། །བཅུ་པའི་ནང་དུ་འདུས་ཞེས་སྨྲ། །ཕྱི་རོལ་ཡུལ་ཆེན་སུམ་ཅུ་བདུན། །དབང་དུ་འདུས་པས་ལུས་ཀྱི་ནི། །རྩ་ཁམས

སུམ་ཅུ་སོ་བདུན་གྱི། །བླང་སེམས་དབུ་མར་འདུས་པ་ལས། །ས་རྣམས་འགྲུབ་པའི་རྣམ་གཞག་ནི། །རྣལ་འབྱོར་ཆེན་པོའི་རྒྱུད་སྡེ་ལས། །གསུངས་པས་ཁས་ལེན་དེ་ཡི་ཚེ། །ལྷག་གཉིས་བཅུ་པར་ཇི་ལྟར་འདུས། །རྣལ་འབྱོར་ཆེན་པོའི་ས་ལམ་གྱི། །རྣམ་གཞག་མི་བྱེད་དེ་ཡི་ཚེ། །བཅུ་གསུམ་ས་ཡི་ཐ་སྙད་མེད། །དེ་ཚེ་དབྱེ་བསྡུ་དོན་མེད་དེ། །གཞན་ཡང་དཔེ་མེད་ཡེ་ཤེས་ལྡན། །ཆོས་ཀྱི་སྤྲིན་དུ་མི་འདུས་ན། །གཉིས་པོ་བཅུ་པར་ཇི་ལྟར་འདུས། །འདུས་ན་འཐུང་གཅོད་སོགས་གཉིས་ལས། །ཕྱེ་བའི་ཕྱི་ནང་ཡུལ་ཆེན་བརྒྱད། །ཉེ་བའི་དུར་ཁྲོད་དུ་འདུས་འགྱུར། །དགུ་པ་བཅུ་པ་གཉིས་ཀྱང་ནི། །བརྒྱད་པར་འདུས་ཞེས་མགོ་བསྒྲེ་ན། །ཆོས་མཐུན་ལན་ཉིད་ཇི་ལྟར་འདེབས། །ཕ་རོལ་ཕྱིན་པའི་གཞུང་ལུགས་ཀྱིས། །རྡོ་རྗེ་ཐེག་ལ་གནོད་མི་ནུས། །ནུས་ན་ཕ་རོལ་ཕྱིན་པ་ལའང་། །གྲུབ་མཐའ་འོག་མ་འོག་མ་ཡིས། །གོང་མ་གོང་མར་གནོད་པར་འགྱུར། །བསྐྱེད་རིམ་ལྷ་ཡི་རྣམ་གཞག་དང་། །འགལ་བའི་ཚུལ་ཡང་བརྗོད་པར་བྱ། །བདག་མེད་ལྷ་མོ་བཅོ་ལྔ་ཡི། །སྙིང་འོག་དབུས་ཀྱི་ལྷ་མོ་གསུམ། །ཀླཱྀ་སྨཱྀ་ཏཻ་ཏུ་མི་འདུ་ན། །ས་གཉིས་བཅུ་པར་ཇི་ལྟར་འདུས། །འདུས་ན་ལྷ་མོའི་གྲངས་ངེས་ཉམས། །ས་ལམ་དེ་ལྟར་མི་སྦྱོར་ན། །རྩ་བའི་རྒྱུད་ལས་རྩ་སོ་གཉིས། །གསུངས་པ་བརྟག་པ་ཕྱི་མར་ནི། །རྩ་ནི་གཉིས་གཉིས་རྣལ་འབྱོར་མ། །རེ་རེའི་རྣམ་པ་རྣམས་སུ་བརྗོད། །རྐྱང་མ་རོ་མ་ཀུན་འདར་མ། །བདག་མེད་མར་གསུངས་འདི་དང་འགལ། །འཁོར་ལོ་སྡོམ་པའི་དཀྱིལ་འཁོར་གྱི། །བདེ་ཆེན་དམ་ཚིག་འཁོར་ལོ་ཡི། །ལྷ་རྣམས་གཞན་དུ་འདུས་མི་འདུས། །དཔྱད་པའི་རིགས་པ་སྔར་བཞིན་མཚུངས། །མདོར་ན་ཕ་རོལ་ཕྱིན་པ་ཡི། །ས་ལམ་རྣམ་གཞག་བྱེད་པའི་ཚེ། །བཅུ་གསུམ་ས་ཡི་ཐ་སྙད་མེད། །རྣལ་འབྱོར་ཆེན་པོའི་རྒྱུད་སྡེ་ལས། །གསུངས་པའི་ས་ལམ་རྣམ་གཞག་ལ། །བཅུ་གསུམ་ས་རུ་འབྱེད་པའི་ཚེ། །ཕ་རོལ་ཕྱིན་ལ་མཐོན་ཞེན་ནས། །དེ་ཡི་ལུགས་དང་བསྟུན་མི་བྱ། །གསང་བ་ཆེན་པོའི་རྒྱུད་སྡེ་ལས། །ཕ་རོལ་ཕྱིན་དང་སློ་བསྟུན་པའི། །རྣམ་གཞག་གསུངས་པའང་དེ་ཉིད་ལས། །མཐོན་ཞེན་ཆེ་རྣམས་དྲངས་ཕྱིར་གསུངས། །དཔལ་ལྡན་ཟླ་བ་གྲགས་པ་ཡིས། །མདོ་སོགས་ལ་ནི་རབ་ཞུགས་པའི། །འགྲོད་པ་ཟློག་པར་བྱེད་པ་དང་། །ཞེས་གསུངས་པ་ཡང་འདི་ལ་དགོངས། །

ཁ་ཅིག་ཕ་རོལ་ཕྱིན་པ་ནས། །བཤད་པའི་སྐུ་གསུམ་ཡེ་ཤེས་བཞི། །རྡོ་རྗེ་ཐེག་པའི་བཅུ་གཅིག་ས། །ཡིན་ཕྱིར་དེ་ཡི་གོང་དུ་ཡང་། །བཅུ་གཉིས་བཅུ་གསུམ་བགྲོད་ཅེས་ཟེར། །འདི་ཡང་ཕ་རོལ་ཕྱིན་པ་ལས། །བཅུ་གཅིག་པར་བཤད་ལ་འཁྲུལ་ནས། །གྲངས་དང་མཚན་གཞི་ནོར་བར་ཟད། །ཀྱེ་བྲག་སླ་བའི་གཞུང་ལུགས་ནས། །རྣལ་འབྱོར་ཆེན་པོའི་རྒྱུད་སྡེའི་བར། །འབྲས་བུའི་རྣམ་གཞག་གང་བཤད་རྣམས། །རང་རང་གདུལ་བྱའི་བློ་ཉིད་ལ། །འཚམས་པའི་ཡོན་ཏན་ཕྱོགས་པ་ཉིད། །སློས་པའི་ཁྱད་པར་མ་གཏོགས་པ། །མཐར་ཐུག་

འབྲས་བུར་ཁྱད་པར་མེད། །དཔེར་ན་ཤཱ་ཀྱ་ཐུབ་ཡོན་ཏན་བཞིན། །གཞུང་དེར་འབྲས་བུར་བཤད་པ་རྣམས། །དེ་ཡི་ལམ་གྱིས་ཐོབ་དགོས་ན། །དངོས་སླུའི་གཞུང་ལས་བཤད་པ་ཡི། །འབྲས་བུ་ས་མཚམས་གང་དུ་འཛོག །འབྲས་བུ་སྐུ་ཡི་རྣམ་གཞག་ལ། །ཁྱེ་སླུས་རྣམ་གྲོལ་ཆོས་སྐུ་དང་། །གཟུགས་སྐུ་གཉིས་འདོད་ལོངས་སྤྲུལ་གྱི། །དོན་དང་ཐ་སྙད་གཉིས་ཀ་མེད། །མདོ་སྡེ་པ་སོགས་གོང་མ་གསུམ། །སྐུ་གསུམ་ཡེ་ཤེས་བཞི་རུ་འདོད། །རྒྱུད་སྡེ་འོག་མ་གསུམ་པོར་ཡང་། །སྐུ་གསུམ་འདི་དང་ཆ་འདྲ་ལ། །རྣམ་པའི་འདོད་ཚུལ་སོ་སོར་ཡོད། །གཟུགས་སྐུ་རིགས་ལྔར་འདོད་པའི་ཚེ། །འབྱུང་བ་ལྔ་དང་ཡེ་ཤེས་ལྔ། །དག་བྱ་དག་བྱེད་སྦྱར་ནས་གསུངས། །རྣལ་འབྱོར་ཆེན་པོའི་རྒྱུད་སྡེ་ལས། །རྒྱུ་ཡི་སྐབས་སུ་དབང་བཞི་དང་། །བསྐྱེད་རིམ་ལ་སོགས་ལམ་བཞི་པོ། །བསྒོམས་པར་སྐུ་བཞི་འབྱུང་བར་བཞེད། །རྣལ་འབྱོར་དབང་ཕྱུག་མན་ངག་ལས། །དྲུག་ཚན་བཞི་རུ་སྦྱར་བ་དང་། །སྐུ་ལྔའི་རྣམ་གཞག་གསུངས་པ་ཡོད། །གསང་ཆེན་ཡིན་ཕྱིར་འདིར་མ་བཤད། །འཇམ་དཔལ་རང་གི་ལྟ་བ་ཡི། །འདོད་པ་མདོར་བསྟན་མདོ་ལས་ཀྱང་། །སྐུ་གཅིག་ནས་ནི་ལྔ་ཡི་བར། །རྣམ་གཞག་རྣམ་པ་ལྔ་རུ་གསུངས། །སྐུ་གཅིག་ཡེ་ཤེས་སྐུ་ཡིན་ཏེ། །ཡེ་ཤེས་མིག་གཅིག་དྲི་མ་མེད། །སྐུ་གཉིས་རང་དོན་དོན་དམ་དང་། །གཞན་དོན་ཀུན་རྫོབ་སྐུ་ཉིད་ཡིན། །སྐུ་གསུམ་ཆོས་དང་ལོངས་སྤྱོད་རྫོགས། །སྤྲུལ་པའི་སྐུ་ཉིད་ཡིན་པར་གསུངས། །སྐུ་བཞི་ཉིད་ཀྱང་བཤད་བྱ་སྟེ། །ངོ་བོ་ཉིད་ལོངས་རྫོགས་བཅས་དང་། །དེ་བཞིན་གཞན་པ་སྤྲུལ་པ་དང་། །ཆོས་སྐུ་མཛད་པར་བཅས་པ་སྟེ། །རྣམ་པ་བཞིར་ནི་ཡང་དག་བརྗོད། །ཅེས་པ་མདོ་དེའི་ལུང་ཚིག་ཡིན། །བྱམས་པས་ནི་ཞེས་ཚིག་སྦྱོར་ཚེ། །སྐུ་གསུམ་ཆོས་སྐུའི་དབྱེ་བར་བཞེད། །འདིར་ནི་དང་ཞེས་འབྱེད་པའི་ཚེ། །ཆོས་སྐུ་དབྱེ་བའི་གྲངས་སུ་བཞེད། །སྐུ་ལྔ་ཉིད་ཀྱང་ལུང་དེར་ནི། །སངས་རྒྱས་སྐུ་ལྔའི་བདག་ཉིད་ཅན། །ཁྱབ་བདག་ཡེ་ཤེས་ལྔ་ཡི་བདག །སངས་རྒྱས་ལྔ་བདག་ཅོད་པན་ཅན། །སྤྱན་ལྔ་ཆགས་པ་མེད་པ་འཆང་། །ཞེས་པའི་ཚིག་གིས་གསུངས་པ་ཡིན། །དེ་འདྲའི་རྣམ་དབྱེ་མི་ཤེས་པར། །ཁ་ཅིག་ཕ་རོལ་ཕྱིན་པ་ལའང་། །སྐུ་བཞི་བྱམས་པའི་ལུང་ཉིད་ཀྱིས། །འགྲུབ་པར་སྨྲ་བ་ལུང་ཚིག་ལ། །དཔྱད་པའི་ནུས་པ་མེད་པར་ཟད། །དེས་ན་ལེགས་པར་དཔྱོད་ལ་སློས། །མདོར་ན་ཉན་ཐོས་ཐེག་པ་ནས། །གསང་ཆེན་བླ་ན་མེད་པའི་བར། །འབྲས་བུ་དོན་གཅིག་བཤད་པའི་ཚུལ། །ཐ་དད་སྤྲོ་བ་བསྐྱེད་ཕྱིར་ཡིན། །འབྲས་བུའི་སྐབས་ཏེ་ལྔ་པའོ།། །།

དེ་ལྟར་ཚུལ་བཞིན་བཤད་པ་འདི། །བདག་ཉིད་གྲགས་པ་བསྒྲགས་པའམ། །གཞན་ལ་གནོད་པའི་ཕྱིར་མིན་ཏེ། །གཅིག་ཏུ་བསྟན་ལ་ཕན་ཕྱིར་ཡིན། །རྒྱལ་བས་ལུང་བསྟན་ཀླུ་སྒྲུབ་སོགས། །འཛམ་གླིང་མཛེས་པའི་རྒྱན་རྣམས་ཀྱིས། །འཕགས་པའི་ཡུལ་དུ་ཕྱི་ནང་གི། ལོག་སྨྲའི་མུན་པ་བསལ་བར་མཛད། །ལྗོངས་འདིར་

རིན་ཆེན་བཟང་པོ་དང་། །བླ་ཆེན་འབྲོག་དང་འགོས་སོགས་ཀྱིས། །རྡོ་རྗེ་ཐེག་པའི་བསྟན་པ་མཆོག །བཤད་སྒྲུབ་ཆུ་བོའི་རྒྱུན་བཞིན་མཛད། །དེ་རྗེས་ཆོས་ལོག་འཕེལ་བ་རྣམས། །ས་སྐྱའི་འཇམ་དབྱངས་གྲགས་ཐོབ་དེས། །ལུང་རིགས་འོད་ཀྱིས་རབ་བསལ་ནས། །ལམ་བཟང་སྣང་བ་གསལ་བར་མཛད། །མགོན་པོ་དེ་ཉིད་སློབ་ཚོགས་དང་། །བཅས་པ་ཞིང་གཞན་གཤེགས་གྱུར་ནས། །རིང་ཞིག་ལོན་ནས་བོད་ཡུལ་འདིར། །ལུང་རིགས་མན་ངག་དང་བྲལ་བའི། །རང་བཟོའི་ཆོས་ལུགས་དུ་མ་ཡིས། །བསྟན་པའི་ཉམས་ལེན་སྡོམ་གསུམ་ལ། །གནད་ཀྱི་དོན་རྣམས་བཤིགས་ནས་ནི། །ཐོས་ཆུང་མགོ་སྐོར་མང་དུ་བྱུང་། །དེ་དག་ལུང་དང་རིགས་པ་ཡིས། །རྣམ་པར་བསལ་ནས་གནད་རྣམས་ལ། །སྐལ་ལྡན་མ་འཁྲུལ་སྤྱོད་པའི་ཕྱིར། །བསྟན་བཅོས་ཆེན་པོ་འདི་བྱས་སོ། །ཕྱོགས་ཞེན་རབ་རིབ་དང་བྲལ་ཞིང་། །རྣམ་དཔྱོད་གསལ་བའི་མིག་ལྡན་པས། །ཚུལ་བཞིན་བལྟས་ན་ལམ་བཟང་གི། །སྣང་བ་གསལ་བར་འགྱུར་རོ་ཞེས། །ཁོ་བོས་གསང་མཐོའི་སྐད་ཀྱིས་སྒྲོགས། །ཅི་ཕྱིར་ཞེ་ན་མདོ་རྒྱུད་ཀྱི། །གནད་ལ་བློ་གྲོས་དྲི་མེད་ཀྱིས། །དཔྱད་ནས་སྨྲས་པ་ཡིན་ཕྱིར་རོ། །

དེ་སྐད་སྙིགས་མའི་དུས་འདི་རུ། །སྐལ་ལྡན་ཟབ་དོན་དོན་གཉེར་རྣམས། །ལེགས་བཤད་འདི་ཡིས་འཕྲིད་བྱས་ནས། །གསུང་རབ་གྲོང་ཁྱེར་བགྲོད་པར་རིགས། །བསོད་ནམས་འདི་ཡིས་ཚོགས་གཉིས་རི་བོའི་རྩེར། །སྤྱངས་རྟོགས་ནུས་པའི་ལུས་སྟོབས་རབ་རྒྱས་ཏེ། །མཐའ་ཡས་འགྲོ་ལ་སྲིད་པའི་མཐར་ཐུག་པར། །དམ་ཆོས་སེང་གེའི་སྒྲ་དབྱངས་སྒྲོགས་པར་ཤོག །གང་སྐྱ་འཛིགས་རུང་སྤྲིན་སྟོན་གླིང་དཀྱིལ་ནས། །ཞལ་དམར་རྣམ་པར་གཡོ་བའི་གློག་ཕྲེང་འཁྱུག །ཧཱུྃ་ཕཊ་འབྲུག་གི་འུར་ཆེམ་སྒྲོགས་པ་ཅན། །སྲུང་མའི་དབང་པོས་ལེགས་བཤད་འདི་སྲུང་ཅིག ། །།

སྡོམ་པ་གསུམ་གྱི་རབ་ཏུ་དབྱེ་བའི་ཁ་སྐོང་གཞི་ལམ་འབྲས་གསུམ་གསལ་བར་བྱེད་པའི་ལེགས་བཤད་འོད་ཀྱི་སྣང་བ་ཞེས་བྱ་བ་འདི་ནི། དཀྱིལ་འཁོར་རྒྱ་མཚོའི་རིགས་བདག་རྡོ་རྗེ་འཆང་དང་དབྱེར་མ་མཆིས་པ་ཐམས་ཅད་མཁྱེན་པ་ཀུན་དགའ་བཟང་པོ་ལ་སོགས་པ་ཡོངས་འཛིན་དུ་མའི་ཞབས་རྡུལ་སྤྱི་བོས་བླངས་པ་ལ་བརྟེན་ནས། སྡེ་སྣོད་དང་རྒྱུད་སྡེའི་དོན་ལ་མ་འཁྲུལ་བའི་ངེས་པ་གཏིང་ནས་རྙེད་པ། ཤཱཀྱའི་དགེ་སློང་བསོད་ནམས་སེང་གེས་དཔལ་ལྡན་ས་སྐྱ་པཎྜི་ཏ་ཆོས་ཀྱི་དབྱིངས་སུ་ཞུགས་ནས་ལོ་ཉིས་བརྒྱ་དང་ཉི་ཤུ་རྩ་ལྔ་འདས་པ་ས་ཕོ་ཁྱིའི་ལོ་ལ་རྟ་ནག་རིན་ཆེན་རྩེ་ཐུབ་བསྟན་རྣམ་པར་རྒྱལ་བའི་དགོན་པར་སྦྱར་བའི་ཡི་གེ་པ་ནི་གཞོན་ནུ་བཟང་པོའོ། །འདིས་བསྟན་པ་དང་སེམས་ཅན་ལ་ཕན་པ་དཔག་ཏུ་མེད་པར་འགྱུར་བར་གྱུར་ཅིག ། །།

ཨོཾ་སྭ་སྟི། རྒྱལ་བསྟན་མངའ་བདག་ས་སྐྱ་པཎྜི་ཏས། །རྒྱལ་བསྟན་འཕྲུལ་སེལ་བསྟན་བཅོས་ཁྱད་པར་ཅན། །རྒྱལ་བསྟན་གསལ་བྱེད་སྨོན་གསུམ་རབ་དབྱེ་ཞེས། །རྒྱལ་བའི་བསྟན་འཛིན་ཡོངས་ཀྱི་ལམ་བཟང་མཛད། །མཁས་པ་དག་གིས་སླར་ཡང་བསྟན་པ་ལ། །མཁས་པའི་བྱ་བ་འཆད་རྩོད་རྩོམ་པ་ཡིས། །མཁས་པའི་ཕྱག་རྗེས་འཕྲུལ་མེད་བསྟན་པའི་རྒྱུན། །མཁས་པ་དག་གིས་གསལ་བར་བྱིས་ཞེས་གདམས། །ཀུན་མཁྱེན་རྒྱལ་བའི་བསྟན་པའི་སྒྲོག་ཤིང་མཆོག །ཀུན་གཟིགས་ཆོས་ཚུལ་རྒྱ་མཚོའི་བདག་ཉིད་ཆེ། །ཀུན་མཁྱེན་བླ་མ་བསོད་ནམས་སེང་གེ་ཡི། །ཀུན་ཕན་ལེགས་བཤད་བསམ་འཕེལ་རིན་པོ་ཆེ། །ཆོས་སྦྱིན་མི་འཛད་པར་དུ་བསྒྲུན་འདིས་དགེས། །རྒྱལ་བའི་བསྟན་དང་བསྟན་འཛིན་སྤྱི་ཁྱད་པར། །ས་སྐྱའི་འཛམ་མགོན་ཡབ་སྲས་སྐུ་མཆེད་དང་། །མཁན་ཆེན་ཐམས་ཅད་མཁྱེན་གཟིགས་ཡོངས་འཛིན་མཆོག །བྱམས་པ་སྨོན་ལམ་མཚན་ཅན་ཞབས་པད་བརྟན། །ས་ངོར་བསྟན་པ་མདོ་སྔགས་བཤད་སྒྲུབ་རྒྱུན། །འཕེལ་རྒྱས་སྣོད་བཅུད་བདེ་ཞིང་བདག་འཁོར་བཅས། །མི་མཐུན་ཕྱོགས་ལས་རྒྱལ་ཞིང་ལུགས་བཟང་གི། །འདོད་དགུ་ལྷུན་གྲུབ་དུར་སྐྱིག་རྒྱལ་མཚན་འཛིན། །དོན་གཉིས་ལྷུན་གྲུབ་དཔལ་ལ་སྤྱོད་པར་ཤོག །བླ་མ་མཆོག་གསུམ་ཆོས་སྲུང་ནོར་ལྷ་ཡིས། །ལུགས་བཟང་ལེགས་ཚོགས་འཕེལ་བརྟན་བཀྲ་ཤིས་སྩོལ། །ཞེས་ལུགས་བརྒྱའི་འདུན་ས་སྡེ་དགེ་ལྷུན་གྲུབ་སྟེང་གི་ཆོས་གྲྭ་པར་དུ་འགོད་ཚེ་སྡེ་དགེ་ས་སྐྱོང་ལྷ་བཙུན་ཨཱ་ནནྡ་སྨྲས་པ་དགེ།། །།

༄༅། །སྡོམ་གསུམ་ཁ་སྐོང་གི་བསྡུས་དོན་བཞུགས་སོ། །

ཀུན་མཁྱེན་བསོད་ནམས་སེངྒེ།

བླ་མ་དང་ལྷག་པའི་ལྷ་མཆོག་མགོན་པོ་འཇམ་པའི་དབྱངས་ལ་ཕྱག་འཚལ་ལོ། །སྡོམ་པ་གསུམ་གྱི་རབ་ཏུ་དབྱེ་བའི་ཁ་སྐོང་གཞི་ལམ་འབྲས་གསུམ་གསལ་བར་བྱེད་པའི་ལེགས་བཤད་འོད་ཀྱི་སྣང་བ་ཞེས་བྱ་བ་འདི་ལ་དོན་གསུམ་སྟེ། བརྩམ་པ་ལ་འཇུག་པ་ཀླད་ཀྱི་དོན། བརྩམ་པར་བྱ་བ་གཞུང་གི་དོན། བརྩམ་པ་མཐར་ཕྱིན་པ་མཇུག་གི་དོན་ནོ། །དང་པོ་ལ་གསུམ་སྟེ། མཚན་གྱི་སྡོམ་པ་དོན། མཆོད་པར་བརྗོད་པ། བརྩམ་པར་དམ་བཅའ་བའོ། །རྒྱལ་བའི་གཉིས་པ་ལ་གཉིས་ཏེ། འགྱུར་ཕྱག་དང་མཚུངས་པའི་མཆོད་ཇེ་བཙུན་བརྗོད་དང་། བརྗོད་བྱ་དང་མཐུན་པའི་མཆོད་ཡོན་ཏན་བརྗོད་དོ། །

གཉིས་པ་བརྩམ་པར་བྱ་བ་གཞུང་གི་དོན་ལ་གཉིས་ཏེ། དོན་གསུམ་ངོས་གཟུང་བའི་སྒོ་ནས་ལུས་མདོར་བསྟན། ལུང་རིགས་ཀྱིས་རྣམ་པར་དཔྱད་པའི་སྒོ་ནས་ཡན་ལག་རྒྱས་པར་བཤད་པའོ། །དང་པོ་ལ་གསུམ། གཞི་ངོས་རང་བཞིན་གཟུང་། ལམ་ངོས་ཐེག་གསུམ་གཟུང་། འབྲས་བུ་ངོས་གནས་གྱུར་གཟུང་བའོ། །གཉིས་པ་ལ་གསུམ་སྟེ། གཞིའི་སྐབས། ལམ་གྱི་སྐབས། འབྲས་བུའི་སྐབས་སོ། །དང་པོ་ལ་གསུམ་སྟེ། རྣམ་གཞག་སྤྱིར་བསྟན། ལོག་རྟོག་བྱེ་བྲག་ཏུ་དགག །གནད་ཀྱི་དོན་བསྡུས་ཏེ་བསྟན་པའོ། །མདོར་ན། དང་པོ་ལ་གཉིས་ཏེ། དངོས་པོར་སྨྲ་བའི་ལུགས། གཞི་ལ། དབུ་མ་པའི་ལུགས་སོ། །འདི་ལ་བཞི་སྟེ། བཀའ་སྒྲོལ་གཉིས་ཀྱི་ལུགས་ངོས་གཟུང་། འདི་རང་ནི། ཡོན་ཏན་གྱི་ལྟོག་པ་སོ་སོར་འཆད་པའི་ཚུལ། དེས་ན་དགོངས་པ་གཅིག་ཏུ་གྲུབ་པ། དེས་ན། དེ་ཉིད་ཀྱི་མཚན་གྱི་རྣམ་གྲངས་བསྟན་པའོ། །གཉིས་པ་ལ་གསུམ་སྟེ། རྒྱུད་བླ་མ་ཇི་སྙེད་པའི་ལྟོག་པ་བཤད་ཚུལ། དེའང་། རིགས་ཚོགས་ལས་ཇི་ལྟ་བའི་ལྟོག་པ་བཤད་ཚུལ། ཟླ་སྒྲུབ། བསྟོད་ཚོགས་ལས་ཟུང་འཇུག་གི་ལྟོག་པ་བཤད་ཚུལ་ལོ། ། བསྟོད་པའི། བཞི་པ་ལ་གཉིས་ཏེ། ཕར་ཕྱིན་ཐེག་པ་ནས་གསུངས་པའི་ཆོས་དབྱིངས། མཚན་གྱི་རྣམ་གྲངས། རྡོ་རྗེ་ཐེག་པ་ནས་གསུངས་པའི་ཟབ་མོའི་མཚན་གྱི་རྣམ་གྲངས་སོ། །

གཉིས་པ་ལོག་རྟོག་བྱེ་བྲག་ཏུ་དགག་པ་ལ་ལྔ་སྟེ། དགག་བྱ་གཅད་པའི་མེད་དགག་སྟོང་པོར་འདོད་པ་དགག་པ། སྙིང་པོ་གཉིས་སུ་ཕྱེ་བ་ལ་དཔྱད་པ། འགྲོ་ཀུན་སྙིང་པོས་སྟོང་པར་འདོད་པ་དགག་པ། དག་པ་

གཉིས་པོ་འགལ་བར་འདོད་པ་དགག་པ། སྙིང་པོ་དཔྱད་བཟོད་ཀྱི་བདེན་གྲུབ་ཏུ་འདོད་པ་དགག་པའོ། །དང་པོ་ལ་གཉིས་ཏེ། ཕྱོགས་སྔ་མ་བརྗོད་པ་དང་། དེ་སྐད། དེ་དགག་པའོ། །འདི་ལ་གཉིས་ཏེ། བདེན་པ་བཀག་ཙམ་གཞན་སེལ་ཡིན་པ། འདི་ཉིད། དེས་ན་འཁོར་འདས་ཀྱི་གཞིར་མི་རུང་བའོ། ། འདི་ལ། གཉིས་པ་ལ་གསུམ་སྟེ། ཇི་ལྟར་གསུངས་པའི་ཚུལ། ཁ་ཅིག །དགོངས་པ་ངོས་གཟུང་བ། ཟུང་འཇུག །གཞན་དུ་རྟོག་པ་དགག་པའོ། །གནས་སྐུ༔ གསུམ་པ་ལ་གཉིས་ཏེ། ཕྱོགས་སྔ་མ་བརྗོད་པ་དང་། འགའ་ཞིག །དེ་དགག་པའོ། །འདི་ལ་གསུམ་སྟེ། ལུང་རིགས་ཀྱི་གནོད་བྱེད་བསྟན་པ། འཇམ་དབྱངས་བླ་མའི་དགོངས་པར་མི་འཐད་པ། འཇམ་དབྱངས། མ་འབྲེལ་བའི་གདམས་པ་སྦྱིན་པའོ། །དང་པོ་ལ་གཉིས་ཏེ། མདོར་བསྟན། འདི་ནི། རྒྱས་པར་བཤད་པའོ། །འདི་ལ་གཉིས་ཏེ། འཇིག་རྟེན་གྱི་ཐ་སྙད་དང་འགལ་བ། སྤྱིལ་གྱི། བསྟན་བཅོས་ཀྱི་ཐ་སྙད་དང་དྲི་མེད་འགལ་བའོ། །

གསུམ་པ་མ་འབྲེལ་བའི་གདམས་པ་སྦྱིན་པ་ལ་གསུམ་སྟེ། ཕྱོགས་འཛིན་དོར་ནས་གཟུང་བར་གདམས་པ༔ དེས་ན། དྲང་ངེས་ཀྱི་དགོངས་པ་ངོས་གཟུང་བ། ཆོས་དབྱིངས། ཤེས་བྱེད་ཀྱི་ལུང་དང་སྦྱར་བའོ། །འདི་ཉིད། བཞི་པ་དག་པ་གཉིས་པོ་འགལ་བར་འདོད་པ་དགག་པ་ལ་གཉིས་ཏེ། འདོད་པ་བརྗོད་པ་དང་། ཁ་ཅིག་རང་། དེ་དགག་པའོ། །འདི་ལ་གསུམ་སྟེ། འགལ་བར་འདོད་པ་སྨྲད་པ་དེ་སྨྲ། འགལ་བའི་རྒྱུ་མཚན་དགག་པ། དག་ཀ། མི་འགལ་བའི་རྒྱུ་མཚན་དེས་ན་བསྟན་པའོ། །

ལྔ་པ་སྙིང་པོ་དཔྱད་བཟོད་ཀྱི་བདེན་གྲུབ་ཏུ་འདོད་པ་དགག་པ་ལ་གཉིས་ཏེ། །ཕྱོགས་སྔ་མ་བརྗོད། དེ་ལ་དཔྱད་པ་བྱ་བའོ། །དང་པོ་ལ་གཉིས་ཏེ། སྒྲོ་སྐུར་སྤངས་ནས་སྨྲ་བ་པོ་ངོས་གཟུང་། མཁྱེན་རབ། ངེས་སླུས་པའི་གྲུབ་མཐའི་རྣམ་གཞག་གོ། །འདི་ལ་ལྔ་སྟེ། གཞིའི་གནས་ཚུལ། ཤེས་བྱ། འབྲས་བུ་ཐོབ་ཚུལ། དོན་དམ། རང་སྟོང་གཞན་སྟོང་གི་ཁྱད་པར། དོན་དམ། གཞི་འབྲས་དབྱེར་མེད་པའི་དོན། དོན་དམ། མདོ་རྒྱུད་བསྟན་བཅོས་ཀྱི་དགོངས་པར་བསྟན་པའོ། །དཔལ་ཕྲེང་། གཉིས་པ་ལ་གསུམ་སྟེ། །སྒྲོ་སྐུར་སྤངས་ནས་དཔྱད་པར་དམ་བཅའ་བ། འདི་ལ། སྒྲོ་སྐུར་སྤངས་པའི་དཔྱད་པ་དངོས། སྒྲོ་སྐུར་སྤངས་ནས་དཔྱད་པའི་རྒྱུ་མཚན་ནོ། །བདག་ནི། གཉིས་པ་ལ་གཉིས་ཏེ། འདོད་པ་མཐུན་པ་བླང་བྱར་བསྟན། གཞི་འབྲས། ལྷག་མ་ཐ་སྙད་དོན་དམ་དང་འགལ་བའོ། །འདི་ལ་གཉིས་ཏེ། མདོར་བསྟན། ལྷག་མ། རྒྱས་པར་བཤད་པའོ། །འདི་ལ་གཉིས་ཏེ། གཞི་འབྲས་ཀྱི་འདོད་ཚུལ་ཐ་སྙད་དང་འགལ་བ། གནས་ལུགས་ཀྱི་འདོད་ཚུལ་དོན་དམ་དང་འགལ་བའོ། །དང་པོ་ལ་གཉིས་ཏེ། གཞིའི་འདོད་ཚུལ་ཐ་སྙད་དང་འགལ་བ། འབྲས་བུའི་འདོད་ཚུལ་རིགས་པ་དང་འགལ་བའོ། །ཆོས་སྐུ། དང་པོ་ལ་བཞི་སྟེ༔ དྲི་བཅས་སངས་རྒྱས་ཡིན་ན་ཐ་སྙད་མི་རུང་བར་ཐལ་བ། ཐ་སྙད་དང་འགལ་བ་སྐྱོན་དུ་མི་འགྱུར་བ

དགག་པ། ཐ་སྙད་ཉིད་ཐ་སྙད་ཚེ་ལ་ཡང་སྡུ་མ་ཁས་ལེན་པ་དགག་པ། གལ་ཏེ་ཐ། དེས་ན་མཚན་བཏགས་ཕྱེ་བ་གནད་དུ་གཅེས་པའོ། །འདི་ལ་བཞི་སྟེ། མཚན་བཏགས་ཕྱེ་བ་དཔེ་དང་བཅས་ཏེ་བསྟན། དེས་ན་དོན་ལ་མཚན་བཏགས་མི་ཕྱེ་བ་ལུང་རིགས་དང་འགལ། གལ་ཏེ། དཔེ་ལ་མཚན་བཏགས་མི་ཕྱེད་པ་རྒྱ་བོད་ཀྱི་གཞུང་དང་འགལ། དེས་ན་འཁྲུལ་མེད་ཀྱི་གནད་བླང་བྱར་བསྟན་པའོ། དེས་ན་གཞུང་། གསུམ་པ་ལ་གསུམ་སྟེ། རྒྱ་གར་མཁས་པའི་ལུང་དང་འགལ། དེས་ན། རང་གི་ཁས་བླངས་པའི་བོད་གཞུང་དང་འགལ། གཞུང་ལས། དེའི་དགོངས་པའང་དཔྱད་དུ་ཡོད་པའོ། ། འོན་ཀྱང་།

གཉིས་པ་གནས་ལུགས་ཀྱི་འདོད་ཚུལ་དོན་དམ་དང་འགལ་བ་ལ་བཞི་སྟེ། ངེས་དོན་གྱི་གཞུང་དང་འགལ་བ། དོན་དམ། དངོས་སྨྲ་འགོག་པའི་རིགས་པ་དང་འགལ་བ། སངས་རྒྱས། མདོ་སྡེ་སྡུ་ཕྱིའི་དོགས་སྤོང་དང་འགལ་བ།……ཤེས་རབ། མདོ་རྒྱུད་བསྟན་བཅོས་ཀྱི་དགོངས་པར་མི་འཐད་པའོ། །ཆོས་དབྱིངས།

གཉིས་པ་ལམ་གྱི་སྐབས་ལ་གཉིས་ཏེ། ལམ་གྱི་རྣམ་གཞག་སྤྱིར་བསྟན། སྡོམ་གསུམ་གྱི་ལམ་སོ་སོར་བཤད་པའོ། །དང་པོ་ལ་གཉིས་ཏེ། ཕ་རོལ་ཏུ་ཕྱིན་པའི་ལམ་གྱི་འདོད་ཚུལ། ལམ་ལ། རྡོ་རྗེ་ཐེག་པའི་ལམ་གྱི་འདོད་ཚུལ་ལོ། །ཕ་རོལ། གཉིས་པ་ལ་གསུམ་སྟེ། སོ་ཐར་གྱི་སྡོམ་པའི་སྐབས། བྱང་སེམས་ཀྱི་སྡོམ་པའི་སྐབས། རིག་པ་འཛིན་པའི་སྡོམ་པའི་སྐབས་སོ། །དང་པོ་ལ་གཉིས་ཏེ། ཉོར་བའི་མཐའ་བཀག །མ་ཉོར་བའི་གནད་བསྟན་པའོ། །དེས་ན་བྱང་། དང་པོ་ལ་གཉིས་ཏེ། ངོ་བོ་ལ་ལོག་རྟོག་དགག ཆོག་ལ་ལོག་རྟོག་དགག་པའོ། །དང་པོ་ལ་བཞི་སྟེ། ཉན་ཐོས་པའི་ལུགས་ངེས་དོན་དུ་འཛིན་པ་དགག །དེ་ལ་ཁ། སོ་ཐར་ལ་ངེས་འབྱུང་གིས་མ་ཁྱབ་པ་དགག །ལ་ལ་སོ། །སོ་ཐར་གྱི་ངོ་བོ་ལ་ལོག་རྟོག་དགག །ཁ་ཅིག་སོ། །སྤྱིའི་ངོ་བོ་བྱེ་བྲག་ལ་སྦྱར་བ་དགག་པའོ། །ལ་ལ་གཞན། གཉིས་པ་ལ་གཉིས་ཏེ། སྒྲུབ་བྱེད་ཀྱི་ཚོགས་ལ་འཁྲུལ་པ་དགག །འགའ་ཞིག །བསྒྲུབ་བྱའི་གྲངས་ལ་འཁྲུལ་པ་དགག་པའོ། །ལ་ལ་བརྟེན།

གཉིས་པ་བྱང་སེམས་ཀྱི་སྡོམ་པའི་སྐབས་ལ་བཞི་སྟེ། རྣམ་གཞག་སྤྱིར་བསྟན། ཕ་རོལ། ཉམས་ལེན་གྱི་གཙོ་བོ་ངོས་གཟུང་། དེ་ཡི། དེ་ལ་ལོག་པར་རྟོག་པ་དགག །གནད་ཀྱི་དོན་བསྡུས་ཏེ་བསྟན་པའོ། །མདོར་ན། གསུམ་པ་ལ་གཉིས་ཏེ། སྤྱོད་པ་བདག་གཞན་བརྗེ་བ་ལ་ལོག་རྟོག་དགག །ལྟ་བ་མཐའ་བཞིའི་སྤྲོས་བྲལ་ལ་ལོག་རྟོག་དགག་པའོ། །དང་པོ་ལ་གསུམ་སྟེ། ཕྱོགས་སྔ་མ་བརྗོད། དེ་ལ་ཁ། དེ་དགག །མ་འཁྲུལ་བའི་གནད་བསྟན་པའོ། །བར་པ་ལ་གསུམ་སྟེ། མགོ་མཚུངས་ཀྱི་རིགས་པས་དགག །འོན། ཁས་བླངས་འགལ་བས་དགག །བློ་ལ། ལུང་དང་འགལ་བས་དགག་པའོ། །སངས་རྒྱས། གསུམ་པ་མ་འཁྲུལ་བའི་གནད་བསྟན་པ་ལ་གསུམ་སྟེ།

ཕ་རོལ་ཏུ་ཕྱིན་པའི་བཀའ་བབས་ལ་བཞུགས་པ། མདོར་ན་བློ། རྡོ་རྗེ་ཐེག་པའི་བཀའ་བབས་ལ་བཞུགས་པ། ས་སྐྱའི། དེ་གཉིས་དགོངས་པ་གཅིག་པས་བསྟན་པའི་སྙིང་པོ་ཡིན་པའོ། །དེ་དང།

གཉིས་པ་ལྟ་བ་མཐའ་བཞིའི་སྤྲོས་བྲལ་ལ་ལོག་རྟོག་དགག་པ་ལ་གཉིས་ཏེ། ཐོས་བསམ་གྱིས་ངེས་ཤེས་བསྐྱེད་ཚུལ་ལ་ལོག་རྟོག་དགག །བསྒོམས་པས་ཉམས་སུ་བླང་ཚུལ་ལ་ལོག་རྟོག་དགག་པའོ། །དང་པོ་ལ་བཞི་སྟེ། དོན་དམ་པར་མཐའ་བཞིའི་སྤྲོས་བྲལ་མི་འདོད་པར་དགག །ཀུན་རྫོབ་མཐའ་བཞིའི་སྤྲོས་བྲལ་དུ་སྨྲ་བ་དགག །ཁྱེད་པའི་སྐྱེས་བུའི་རྣམ་གྲངས་ལ་ཡོད་མེད་སོ་སོར་ཕྱེ་བ་དགགཆོས་དང་གང་ཟག་གི་བདག་ཐ་སྙད་དུ་ཡོད་པ་དགག་པའོ། །དང་པོ་ལ་གཉིས་ཏེ། ཕྱོགས་སྔ་མ་བརྗོད་པ་དང། ཁ་ཅིག་མཐའ། དེ་དགག་པའོ། །འདི་ལ་གཉིས་ཏེ། དགག་པར་དམ་བཅའ་བ་དང། ལྟ་བའི། དགག་པ་དངོས་སོ། །འདི་ལ་ལྔ་སྟེ། མཐའ་བཞིའི་སྤྲོས་བྲལ་རྒྱ་ནག་པའི་ལྟ་བར་འདོད་པ་དགག །བདེན་པ་བཀག་ཙམ་ལྟ་བ་མཐར་ཐུག་ཏུ་འདོད་པ་དགག །བདེན་པ་བཀག །ཐེག་པ་གསུམ་གྱི་རྟོགས་བྱའི་ལྟ་བ་ལ་ཁྱད་པར་མེད་པ་དགག །ཐལ་རང་གཉིས་ཀྱི་དོན་དམ་གྱི་ལྟ་བ་ལ་ཁྱད་པར་ཡོད་པ་དགག །དབུ་མའི་ལྟ་བ་འཚོལ་བའི་ཚེ་དགག་པ་གཉིས་ཀྱི་རྣལ་མ་གོ་བ་དགག་པའོ། །དང་པོ་ལ་གཉིས་ཏེ། རིགས་པས་དཔྱད་པ་དང་མ་དཔྱད་པའི་ཁས་ལེན་ཚུལ་མི་མཚུངས་པར་བསྟན། རྒྱ་ནག །དེ་གཉིས་མཚུངས་ན་ཧ་ཅང་ཐལ་བའོ། །འདི་ལ་གསུམ་སྟེ། དགོན་མཆོག་བརྩེགས་པའི་མདོ་ལ་ཧ་ཅང་ཐལ་བ། གཞན་ཡང། ཏིང་ངེ་འཛིན་རྒྱལ་པོ་སོགས་ལ་ཧ་ཅང་ཐལ་བ། དེ་བཞིན། བསྟན་བཅོས་ཆེན་པོ་རྣམས་ལ་ཧ་ཅང་ཐལ་བའོ། །འདི་ལ་གཉིས་ཏེ། ཧ་ཅང་ཐལ་བ་དངོས། མགོན་པོ། དེའི་ཉེས་སྤོང་གི་ལན་དགག་པའོ། །འདི་ལ་གཉིས་ཏེ། ཡོད་མིན་མེད་མིན་བདེན་གཉིས་ལ་འཆད་ན་ཁས་བླངས་འགལ་བ། དེ་ལ་ཡོད། ཡོད་མེད་སོགས་བཞི་པོ་ཆོས་ཅན་ལ་འདོད་ན་གཞུང་དང་འགལ་བའོ། །ཁ་ཅིག་ཡོད།

གསུམ་པ་ཐེག་པ་གསུམ་པོ་རྟོགས་བྱའི་ལྟ་བ་ལ་ཁྱད་པར་མེད་པ་དགག་པ་ལ་གཉིས་ཏེ། ལུང་དང་འགལ་བ། རིགས་པ་དང་འགལ་བའོ། །རིགས་པས། དང་པོ་ལ་གཉིས་ཏེ། བྱམས་མགོན་གྱི་ལུང་དང་འགལ་བ། ཐེག་གསུམ། ཀླུ་སྒྲུབ་ཡབ་སྲས་ཀྱི་ལུང་དང་འགལ་བའོ། །ཀླུ་སྒྲུབ།

བཞི་པ་ཐལ་རང་གཉིས་ཀྱི་དོན་དམ་གྱི་ལྟ་བ་ལ་ཁྱད་པར་ཡོད་པ་དགག་པ་ལ་གསུམ་སྟེ། རང་རྒྱུད་པའི་དགག་བྱ་འགོག་ཚུལ་ཁས་བླངས་དང་འགལ་བ། བློ་ལ། ཐལ་འགྱུར་བའི་དགག་བྱ་འགོག་ཚུལ་རིགས་པ་དང་འགལ་བ། ཞེན་ཡུལ་དགག་བྱར་བྱེད་པ་ལོག་རྟོག་ཡིན་ན་ཧ་ཅང་ཐལ་བའོ། །གཉིས་པ་ལ་གཉིས་ཏེ། ཐ་སྙད་དུ་མ་རྙེད་པ་ཡིན་ན་གཞུང་དང་འགལ་བ། བཏགས་དོན། དོན་དམ་དུ་མ་རྙེད་པ་ཡིན་ན་ཁྱད་ཆོས་སུ་མི་རུང

བའོ། །དམ་པའི། གསུམ་པ་ལ་བཞི་སྟེ། རྒྱ་བོད་ཀྱི་མཁས་གྲུབ་ལ་སྐུར་བ་བཏབ་པར་ཐལ་བ། བློ་ཡིས། ཞེན་ཡུལ་བདེན་གྲུབ་འགོག་ཏུ་མི་རུང་བར་ཐལ་བ། གཅིག་དང་། གནོད་བཅས་ཐུག་མེད་རྟོག་པ་ལ་སྐྱོན་དུ་མི་འགྱུར་བ། ཅི་སྲིད། འཕགས་པའི་མཉམ་གཞག་ལ་དེ་དག་མེད་པའི་རྒྱུ་མཚན་ནོ། །འོན་ཀྱང་།

ལྟ་བ་དབུ་མའི་ལྟ་བ་འཚོལ་བའི་ཚེ་དགག་པ་གཉིས་ཀྱི་རྣལ་མ་གོ་བ་དགག་པ་ལ་གཉིས་ཏེ། ལུང་དང་འགལ་བ། རིགས་པས། རིགས་པ་དང་འགལ་བའོ། །དབུ་མའི། གཉིས་པ་ཀུན་རྫོབ་མཐའ་བཞིའི་སྤྲོས་བྲལ་དུ་སྨྲ་བ་དགག་པ་ལ་གཉིས་ཏེ། ཕྱོགས་སྔ་མ་བརྗོད། ཁ་ཅིག་ཐ། དེ་དགག་པའོ། །འདི་ལ་བཞི་སྟེ། ལུང་དང་འགལ་བ། འདི་ནི། རིགས་པ་དང་འགལ་བ། རིགས་པས། མྱོང་བ་དང་འགལ་བ། མྱོང་བ། ཁས་ལེན་ཚུལ་སོ་སོར་དབྱེ་བའོ། །ཀུན་རྫོབ། གསུམ་པ་བྱེད་པའི་སྐྱེས་བུའི་རྣམ་གྲངས་ལ་ཡོད་མེད་སོ་སོར་དབྱེ་བ་དགག་པ་ལ་གཉིས་ཏེ། ཕྱོགས་སྔ་མ་བརྗོད། ལ་ལ། དེ་དགག་པའོ། །འདི་ལ་བཞི་སྟེ། ཧ་ཅང་ཐལ་བས་དགག །རང་གི་སྒྲུབ་བྱེད་མི་འཐད། སྒྲུབ་བྱེད། གཞན་ལ་སུན་འབྱིན་མི་འཐད། གཞན་ལ། ཚིག་དོན་མ་འབྲེལ་པར་གཟུང་བར་གདམས་པའོ། །ཚིག་དང་། དང་པོ་ལ་གཉིས་ཏེ། ཧ་ཅང་ཐལ་བ་བཀོད། འོན། དེ་ཉིད་འཇུག་པའི་རྒྱུ་མཚན་བཤད་པའོ། །འདི་ལ་གསུམ་སྟེ། མདོ་ལས་བྱེད་པའི་སྐྱེས་བུ་བཅུ་གཉིས་རྣམ་གྲངས་སུ་གསུངས་པའི་ཚུལ། དེའང་། དེ་ཉིད་འཇུག་པའི་གཞི་ཀླུ་སྒྲུབ་ཀྱིས་ངོས་གཟུང་ཚུལ། དེ་དོན། དེ་ཉིད་འཇོག་ཚུལ་ཟླ་བས་རྣམ་པར་གཞག་པའོ། །དེ་ཉིད། བཞི་པ་ཆོས་དང་གང་ཟག་གི་བདག་ཐ་སྙད་དུ་ཡོད་པ་དགག་པ་ལ་གཉིས་ཏེ། འདོད་པ་བརྗོད། ལ་ལ་གང་། སུན་འབྱིན་བཤད་པའོ། །འདི་ལ་གསུམ་སྟེ། གཞུང་ལུགས་ཀྱི་དགོངས་པ་མ་ཡིན་པ། གཉིས་པོ། མགོ་མཚུངས་ཀྱི་རིགས་པས་དགག་པ། གཞན་དུ། སྒྲུབ་བྱེད་བློ་གྲོས་འཆལ་བའི་རྟགས་སུ་བསྟན་པའོ། །སྒྲུབ་བྱེད།

གཉིས་པ་བསྒོམས་པས་ཉམས་སུ་བླང་ཚུལ་ལ་ལོག་རྟོག་དགག་པ་ལ་གཉིས་ཏེ། ལོག་རྟོག་བརྗོད། ཁ་ཅིག་དབུ། སུན་འབྱིན་བཤད་པའོ། །འདི་ལ་ལྔ་སྟེ། གྲུབ་མཐའ་བཞིའི་ལུགས་མིན་པ། བདག་ལྟའི། དུས་གསུམ་མཁྱེན་པས་སྨྲ་བཀག་པ། འདི་ཉིད། ཐོས་བསམ་དོན་མེད་དུ་འགྱུར་བ། ང་མེད། བསྒོམ་པའི་གནད་འཁྲུལ་པ། འདི་འདྲ། སྨད་པའི་གནས་སུ་བསྟན་པའོ། །ཀྱེ་མ།

གསུམ་པ་རིག་འཛིན་སྡོམ་པའི་སྐབས་ལ་གསུམ་སྟེ། སྨིན་གྲོལ་གྱི་རྣམ་གཞག་སྤྱིར་བསྟན། རིག་འཛིན། དེ་ཉིད་རྣམ་དག་ཏུ་བསྒྲུབ་པ་རྒྱས་པར་བཤད། གྲུབ་པའི་འབྲས་བུ་བསྡུས་ཏེ་བསྟན་པའོ། །རིམ། གཉིས་པ་ལ་གཉིས་ཏེ། ལམ་གྱི་གཙོ་བོ་རྣམ་དག་ཏུ་བསྒྲུབ། ལམ་གྱི་ཡན་ལག་རྣམ་དག་ཏུ་བསྒྲུབ་པའོ། །དང་པོ་ལ་གཉིས་ཏེ། སྨིན་བྱེད་རྣམ་དག་ཏུ་བསྒྲུབ་པ། གྲོལ་བྱེད་རྣམ་དག་ཏུ་བསྒྲུབ་པའོ། །དང་པོ་ལ་གསུམ་སྟེ། རྒྱུད་སྡེ་བཞིའི་སྨིན་

བྱེད་སྦྱོར་བསྟན། སློན་བྱེད། འབྲུལ་པ་དགག་པ་བྱེ་བྲག་ཏུ་བཤད། དབང་ལས་ཐོབ་པའི་དམ་ཚིག་ལ་འཁྲུལ་པ་དགག་པའོ། །གཉིས་པ་ལ་གཉིས་ཏེ། ཁས་བླངས་བརྗོད། ཁ་ཅིག་རྒྱུད། དེ་དགག་པའོ། །འདི་ལ་ལྔ་སྟེ། གཅིག་གིས་ཀུན་ཐོབ་པ་ལ་ལུང་རིགས་ཀྱིས་གནོད། འདི་ནི། དེའི་སྒྲུབ་བྱེད་མ་ངེས་པར་བསྟན། རྒྱུད་ལས། བདག་འཇུག་ཙམ་གྱི་ཆིག་བརྒྱུད་ཡིན་ན་གཞན་ལའང་མཚུངས། སླར་ཡང་། དགོངས་འགྲེལ་མཛད་པོ་འཁྲུལ་པ་ཡིན་ན་ཧ་ཅང་ཐལ། འཕགས་ཡུལ། དེས་ན་སོ་སོའི་དབང་ལ་ནན་ཏན་བྱ་བར་གདམས་པའོ། །དེས་ན། གསུམ་པ་དབང་ལས་ཐོབ་པའི་དམ་ཚིག་ལ་འཁྲུལ་བ་དགག་པ་ལ་གཉིས་ཏེ། རྩ་ལྟུང་བདུན་པ་མི་བསྲུང་བ་དགག །དེང་སང་། གསུམ་པའི་ཡུལ་ལ་འཁྲུལ་པ་དགག་པའོ། །འདི་ལ་གཉིས་ཏེ། འདོད་པ་བརྗོད། ཁ་ཅིག་སྔགས། དེ་དགག་པའོ། །འདི་ལ་གསུམ་སྟེ། བསྟན་བཅོས་ཀྱི་ཐ་སྙད་དང་འགལ་བ། འོན། རྒྱུད་ཀྱི་དོན་དང་འགལ་བ། ཡུལ་ཆེན། འཇིག་རྟེན་གྱི་ཐ་སྙད་དང་འགལ་བའོ། །འཇིག་རྟེན་པ།

གཉིས་པ་གྲོལ་བྱེད་རྣམ་དག་ཏུ་བསྒྲུབ་པ་ལ་གཉིས་ཏེ། སྔགས་ལམ་ཉམས་སུ་ལེན་པའི་ས་མཚམས་ལ་འཁྲུལ་པ་དགག རྒྱུད་སྡེ་བཞིའི་སྔགས་ལམ་གྱི་ངོ་བོ་ལ་འཁྲུལ་པ་དགག་པའོ། །དང་པོ་ལ་གཉིས་ཏེ། འདོད་པ་བརྗོད། ཁ་ཅིག་ཐེག །དེ་དགག་པའོ། །འདི་ལ་གཉིས་ཏེ། དགག་པ་མདོར་བསྟན། འདི་ནི། དགག་པ་རྒྱས་པར་བཤད་པའོ། །འདི་ལ་གསུམ་སྟེ། དམན་ལམ་ལ་ཆོས་རྒྱུན་གྱི་ཏིང་ངེ་འཛིན་ཡོད་པ་ལུང་རིགས་དང་འགལ་བ། མི་ཕམ། གདུལ་བྱ་ཟབ་ལམ། ཁོ་ནས་བཀྲི་བ་མདོ་རྒྱུད་དང་འགལ་བ། ལམ་གྱི། སྔགས་ཀྱི་དཀྱིལ་འཁོར་ལ་ཐེག་དམན་དགོད་པ་རྒྱུད་སྡེ་དང་འགལ་བའོ། །རྫོ་རྗེ།

གཉིས་པ་རྒྱུད་སྡེ་བཞིའི་སྔགས་ལམ་གྱི་ངོ་བོ་ལ་འཁྲུལ་པ་དགག་པ་ལ་གཉིས་ཏེ། རྒྱུད་སྡེ་འོག་མ་གསུམ་གྱི་ཉམས་ལེན་ལ་འཁྲུལ་པ་དགག །རྣལ་འབྱོར་ཆེན་པོའི་ཉམས་ལེན་ལ་འཁྲུལ་པ་དགག་པའོ། །དང་པོ་ལ་གསུམ་སྟེ། བྱ་སྤྱོད་ཀྱི་བསྐྱེད་ཚོག་ལ་འཁྲུལ་པ་དགག །རྣལ་འབྱོར་རྒྱུད་ཀྱི་ལྷ་ལ་འཁྲུལ་པ་དགག །ཐུན་མོང་དུ་ལམ་ལ་འཁྲུལ་པ་དགག་པའོ། །དང་པོ་ལ་གཉིས་ཏེ། འདོད་པ་བརྗོད། ཁ་ཅིག་བྱ། དེ་དགག་པའོ། །འདི་ལ་གསུམ་སྟེ། གནོད་བྱེད་བརྗོད། སྤྱོད་རྒྱུད། སྒྲུབ་བྱེད་དགག །སྐྱོན་སྤོང་། སྐྱོན་སྤོང་མི་འཐད་པའོ། །འདི་ལ་གཉིས་ཏེ། བལྟས་པའི་བདེ་བ་ལམ་བྱེད་ཀྱིས་མི་འགྲུབ། བལྟས་པའི། གཞིའི་དོན་གྱིས་མི་འགྲུབ་པའོ། །རྒྱུད་སྡེ། གཉིས་པ་ལ་གསུམ་སྟེ། ཕྱོགས་སྔ་མ་བརྗོད། དེ་དགག །ཕན་པའི་གདམས་པ་བསྟན་པའོ། །དེས་ན། དང་པོ་ལ་གཉིས་ཏེ། དངོས་ཀྱི་ཕྱོགས་སྔ། ཁ་ཅིག་དང་། ཞར་བྱུང་གི་ཕྱོགས་སྔའོ། །སྔོན་བླའི། གཉིས་པ་ལ་གཉིས་ཏེ། དགག་པ་སྦྱོར་བསྟན། འདི་དག །དགག་པ་སོ་སོར་བཤད་པའོ། །འདི་ལ་གཉིས་ཏེ། དངོས་ཀྱི་ཕྱོགས་སྔ་དགག །ཞར་བྱུང་གི་

ཕྱོགས་སྔ་དགག་པའོ། །དང་པོ་གཉིས་ཏེ། གནོད་བྱེད་བརྗོད། ཁྱད་པར། སྒྲུབ་བྱེད་དགག་པའོ། །འདི་ལ་དྲུག་སྟེ། དམ་བཅའ་མི་འགྲུབ། སྒྲུབ་བྱེད། མ་ཟིན་པའི་སྦྲོས་ཀྱིས་མི་གྲུབ། རྗེ་བཙུན། ཚུལ་སྟོན་པས་མི་འགྲུབ། སྲོག་སྙིང་། འཇིག་རྟེན་པའི་མིང་གིས་མི་འགྲུབ། འཇིག་རྟེན། རྒྱུད་གསུངས་པའི་འཁོར་གྱིས་མི་འགྲུབ། སྟོན་པས། རྒྱུད་སྡེ་གཞན་གྱིས་མི་འགྲུབ་པའོ། །དཔལ་མཆོག །

གཉིས་པ་ཞར་བྱུང་གི་ཕྱོགས་སྔ་དགག་པ་ལ་གསུམ་སྟེ། སྔན་སླའི་དཀྱིལ་འཁོར་གྱི་ལྷ་འཇིག་རྟེན་པར་མི་འཐད། སྔན་སླའི། འཇིགས་བྱེད་ཀྱི་དཀྱིལ་འཁོར་གྱི་ལྷ་འཇིག་རྟེན་པར་མི་འཐད། དོན་ཡོད། སྲུང་མ་ཁྱད་པར་ཅན་འཇིག་རྟེན་པར་མི་འཐད་པའོ། །འདོད་ཁམས། གསུམ་པ་ལ་གཉིས་ཏེ། ཕྱོགས་སྔ་མ་བརྗོད། ལ་ལ་རྒྱུད། དེ་དགག་པའོ། །འདི་ལ་གསུམ་སྟེ། མགོ་མཚུངས་ཀྱི་རིགས་པས་དགག །འོན། དངོས་པོའི་རིགས་པས་དགག །དབང་བསྒྱུར། སྒྲུབ་བྱེད་མ་གྲུབ་པར་བསྟན་པའོ། །བློ་ཡིས།

གཉིས་པ་རྣལ་འབྱོར་ཆེན་པོའི་ལམ་ལ་འཁྲུལ་པ་དགག་པ་ལ་གཉིས་ཏེ། སྣང་བ་ལྷ་རུ་མི་སྒོམ་པ་དགག །བསྒོམ་པའི་གཞི་ལ་འཁྲུལ་པ་དགག་པའོ། །དང་པོ་ལ་གཉིས་ཏེ། ཕྱོགས་སྔ་མ་བརྗོད། ཁ་ཅིག་བསྐྱེད། དེ་དགག་པའོ། །འདི་ལ་གཉིས་ཏེ། དགག་དགོས་པས་དགག་པར་དམ་བཅའ་བ། འདི་ནི། འགོག་བྱེད་ཀྱི་ལུང་རིགས་བཤད་པའོ། །འདི་ལ་གསུམ་སྟེ། ལུང་དང་འགལ་བ།དེའང་། རིགས་པ་དང་འགལ་བ། སྣང་བ། ཁས་བླངས་འགལ་བ་གཞན་དུ་བཀག་ཟིན་པའོ། །གཞན་ཡང་།

གཉིས་པ་བསྒོམ་པའི་གཞི་ལ་འཁྲུལ་པ་དགག་པ་ལ་གཉིས་ཏེ། ཕྱོགས་སྔ་མ་བརྗོད། ཁ་ཅིག་སྣང་། དེ་དགག་པའོ། །འདི་ལ་གཉིས་ཏེ། མདོར་བསྟན། འདི་ལ། རྒྱས་པར་བཤད་པའོ། །འདི་ལ་གསུམ་སྟེ། ལུང་དང་འགལ་བ། ལུང་འགལ། རིགས་པ་དང་འགལ་བ། རིགས་པས། ཁས་བླངས་དང་འགལ་བའོ། །ཁས་བླངས། གཉིས་པ་ལམ་གྱི་ཡན་ལག་རྣམ་དག་ཏུ་བསྒྲུབ་པ་ལ་གཉིས་ཏེ། དཔྱད་པ་བརྗོད་པར་དམ་བཅའ་བ། དེ་ནི། དཔྱད་པ་ཞིབ་མོར་བརྗོད་པའོ། །འདི་ལ་དྲུག་སྟེ། སྦྱིན་སྲེག་གི་རྫས་སྔགས་ལ་དཔྱད་པ། ལྷ་རྣམས། གཏོར་མགྲོན་གྱི་གཤེགས་ཚུལ་ལ་དཔྱད་པ། ཁ་ཅིག །དཀྱིལ་འཁོར་གྱི་བཀོད་པ་ལ་དཔྱད་པ། གཤིན་པོ་རྗེས་འཛིན་ལ་དཔྱད་པ། ཁ་ཅིག་ཏན། ཕྱག་མཆོད་ཀྱི་ཡུལ་ལ་དཔྱད་པ། དཀྱིལ་འཁོར། རྟེན་གྱི་གཟུངས་བཞེང་ལ་དཔྱད་པའོ། །གསུམ་པ་ལ་གཉིས་ཏེ༑ མགོ་མཇུག་བཟློག་པ་དགག །མི་འཁྲུགས། མདུན་རྒྱབ་བཟློག་པ་དགག་པའོ། །སྔན་སླའི། དྲུག་པ་ལ་གཉིས་ཏེ། གཟུངས་སྒྲིལ་ཚུལ་ལ་དཔྱད། རྟེན་གྱི། འཁོར་ལོའི་སྙིང་འོག་ལ་དཔྱད་པའོ། །གནོད་སྦྱིན།

གསུམ་པ་འབྲས་བུའི་སྐབས་ལ་བཞི་སྟེ། འབྲས་བུ་འགྲུབ་ཚུལ་གྱི་རྣམ་གཞག་སྤྱིར་བསྟན། དེ་ལྟར། ལོག་

རྟོག་དགག་པ་བྱེ་བྲག་ཏུ་བཤད། འབྲས་བུའི་ངོ་བོ་རྣམ་པར་གཞག་པས་གནད་ཀྱི་དོན་བསྡུས་ཏེ་བསྟན་པའོ། །མདོར་ན། གཉིས་པ་ལ་གཉིས་ཏེ་སྤྲས་པའི་ས་གཉིས་བཅུ་པར་འདུས་པ་དགག །མཐར་ཐུག་གི་འབྲས་བུའི་མཚན་གཞི་ལ་འཁྲུལ་པ་དགག་པའོ། །ཁ་ཅིག་ཕ་རོལ། དང་པོ་ལ་གཉིས་ཏེ། ཕྱོགས་སྔ་མ་བརྗོད། འདི་ལ་ཁ་ཅིག །དེ་དགག་པའོ། །འདི་ལ་གཉིས་ཏེ། རྟོགས་རིམ་གྱི་རླུང་སེམས་ཐིམ་ཚུལ་དང་འགལ་བ། ཕྱི་རོལ། བསྐྱེད་རིམ་གྱི་ལྷ་བསྒོམ་ཚུལ་དང་འགལ་བའོ། །བསྐྱེད་རིམ།

གསུམ་པ་འབྲས་བུའི་ངོ་བོ་རྣམ་པར་གཞག་པ་ལ་གསུམ་སྟེ། སྡེ་སྣོད་ནས་གསུངས་པའི་འབྲས་བུའི་རྣམ་གཞག །རྒྱུད་སྡེ་ལས་གསུངས་པའི་འབྲས་བུའི་རྣམ་གཞག །ཐུན་མོང་དུ་མདོ་གཅིག་ལས་གསུངས་པའི་ཚུལ་ལོ། །འཇམ་དཔལ། དང་པོ་ལ་གཉིས་ཏེ། སྐུ་གཉིས་སུ་ངེས་པ་དང་། ཐེ་སྒྲས། སྐུ་གསུམ་དུ་ངེས་པའི་ཚུལ་ལོ། །མདོ་སྡེ། གཉིས་པ་ལ་གཉིས་ཏེ། རྒྱུད་སྡེ་འོག་མར་བཤད་ཚུལ། རྒྱུད་སྡེ། རྣལ་འབྱོར་ཆེན་པོར་བཤད་ཚུལ་ལོ། །འདི་ལ་གཉིས་ཏེ། སྐུ་བཞིར་གསུངས་ཚུལ། རྣལ་འབྱོར། སྐུ་ལྔར་གསུངས་པའི་ཚུལ་ལོ། །རྣལ་འབྱོར།

གསུམ་པ་བརྩམ་པ་མཐར་ཕྱིན་པ་མཇུག་གི་དོན་ལ་གཉིས་ཏེ། ཅི་ལྟར་བཤད་པའི་ཚུལ། གང་ཟག་གང་གིས་བཤད་པའོ། །སྡོམ་པ། དང་པོ་ལ་བདུན་ཏེ། རྒྱུ་གང་གིས་བཤད་པ། དེ་ལྟར། རྐྱེན་གང་ལ་བརྟེན་ནས་བཤད་པ༑ རྒྱལ་ནས། དགོས་པ་གང་གི་ཕྱིར་བཤད་པ། དེ་དག །བཤད་པ་རང་གི་ངོ་བོ། ཕྱོགས་ཞེན། དེ་ལ་གཞན་འཇུག་པར་རིགས་པ། དེ་སླད། བཤད་པའི་དགེ་བ་བྱང་ཆུབ་ཏུ་བསྔོ་བ། བསོད་ནམས། སྲུང་མ་ལ་ཕྲིན་ལས་འཚོལ་བའོ། །གང་སྒྲ། སྡོམ་པ་གསུམ་གྱི་རབ་ཏུ་དབྱེ་བའི་ཁ་སྐོང་གཞི་ལམ་འབྲས་གསུམ་གསལ་བར་བྱེད་པའི་ལེགས་བཤད་འོད་ཀྱི་སྣང་བའི་བསྡུས་དོན་འདི་འང་རྩ་བའི་རྩོམ་པ་པོ་དེ་ཉིད་ཀྱིས་ཐུབ་བསྟན་རྣམ་རྒྱལ་གླིང་དུ་བྲིས་པའི་ཡི་གེ་པ་ནི་གཞོན་ནུ་བཟང་པོའོ།། །།

འདི་བསྒྲུབས་པ་ལས་བྱུང་བ་ཡི། །དགེ་བ་གང་དང་གང་ཐོབ་པ། །དེས་ནི་སྐྱེ་བོ་ཐམས་ཅད་ཀྱིས། །བདེ་གཤེགས་ཤེས་རབ་མྱུར་ཐོབ་ཤོག །འགྲོ་བའི་སྡུག་བསྔལ་སྨན་གཅིག་པུ། །བདེ་བ་ཐམས་ཅད་འབྱུང་བའི་གནས། །བསྟན་པ་རྙེད་དང་བཀུར་སྟི་དང་། །བཅས་ཏེ་ཡུན་རིང་གནས་གྱུར་ཅིག །དགེའོ།། དགེའོ།། དགེའོ།།

༄༅། །སྡོམ་གསུམ་ཁ་སྐོང་གི་རྣམ་བཤད་ལེགས་པར་བཤད་པ་ནོར་བུའི་ཕྲེང་བ་ཞེས་བྱ་བ་བཞུགས་སོ། །

དཔྱོད་ལྡན་བློ་གསལ་དག་གི་རྣམ་དཔྱོད་ཀྱི་བསྟི་གནས་མཛོད་ཅིག །

མང་ཐོས་ཀླུ་སྒྲུབ་རྒྱ་མཚོ།

རབ་དཀར་བྱམས་པའི་ལྷག་བསམ་འོད་ཀྱི་རྩེན། །རབ་ཟབ་བློ་གྲོས་དཀྱིལ་འཁོར་ཚཤས་རྫོགས། །རབ་མང་རྣམ་བཀྲ་གདུལ་བྱའི་ཀུ་མུད་གཉེན། །རབ་འབྱམས་རྒྱལ་བའི་བསྟན་འཛིན་བླ་མ་རྒྱལ། །མེས་པོ་གོས་སེར་མིག་གསུམ་ལ་སོགས་པའི། །ཡན་ལག་མཆོག་གི་ཀུ་མུད་ཟུམ་བྱེད་ཅིང་། །བློ་ལྡན་བསེ་རུ་གསུང་སྙིས་རྣམ་དཔྱོད་ཀྱི། །པད་ཚལ་བཞད་མཛད་ཐུབ་དབང་ཉིན་བྱེད་རྒྱལ། །ཐུབ་དབང་བསྟན་པའི་སྙིང་པོ་བདུད་བརྩིའི་བཅུད། །ལུགས་གཉིས་ཨུཏྤལ་ཀུ་མུད་ཟེའུ་འབྲུ་ལས། །གང་གི་མཁྱེན་བརྩེ་ཉི་ཟླའི་འོད་བརྒྱ་ཡིས། །བསྒྲུན་མཛད་རྒྱལ་ཚབ་བྱམས་པ་འཇམ་དབྱངས་རྒྱལ། །སོ་གཉིས་གནས་ཀྱི་ཉེ་དབང་སེམས་དཔས་བསྐོར། །བདག་མེད་དབང་མོར་ཞལ་སྦྱོར་བདེ་བས་བརྒྱན། །བསྐྱེད་རྫོགས་གདམས་པའི་སྨྲུན་སྟོང་རྣམ་པར་བཀྲ། །ཚིག་མདའི་དབང་པོ་རྡོ་རྗེ་འཆང་དབང་རྒྱལ། །བྱང་ཕྱོགས་གངས་རིའི་སྤྱི་ལ་གནས་ཀྱང་འཕགས་ཡུལ་གསུམ་རྩེན་མཁས་པའི་རྒྱན། །རྒྱ་བོད་མཁས་པའི་འགྲོ་ཚོགས་སྐྱོང་ཡང་ཕས་རྒོལ་མི་རྟོག་མདའ་ཅན་བསྲེགས། །ཟབ་དོན་ཨུ་མའི་དཔལ་ལ་རོལ་ཡང་འཆད་རྩོད་གཙྭའི་རྒྱན་ལ་གནས། །ས་སྐྱའི་དབང་ཕྱུག་ཀུན་གྱིས་བསྟགས་ཀྱང་ཁོ་བོའི་སྐབས་གཅིག་པཎ་ཆེན་རྒྱལ། །མདོ་རྒྱུད་ནགས་རིའི་སྨན་ལྗོངས་རྒྱ་ཡང་དཔལ་ལྡན་ས་སྐྱའི་གངས་རིའི་སྟོར། །ငར་སྒྲིག་གོས་ཀྱིས་ལྷབ་ལྷུབ་གཡོ་ཡང་རྣམ་དཔྱོད་རལ་པའི་ཁྲུར་གྱིས་བརྫིད། །ལུང་རིགས་ང་རོས་རྒོལ་མང་འཇོམས་ཀྱང་བྱམས་པའི་སྨྲུན་ཟུར་ཀུན་ལ་གཡོ། །བསོད་ནམས་སེང་ཆེན་ལུས་སྟོབས་ལྡན་ཡང་མཁྱེན་པའི་འདབ་རྫོགས་གོ་རམས་རྒྱལ། །བསྟན་པའི་དག་བྱེད་སྡོམ་གསུམ་ཆུ་གཏེར་ཆེ། །ཁ་སྐོང་རྫོགས་བྱེད་ཟླ་ཧུའི་བུ་མོའི་རྒྱན། །རབ་མཛེས་མདངས་གསལ་ནོར་བུའི་ཕྲེང་བ་སྤེལ། །མཁས་པའི་འདུན་སར་མཛེས་པའི་རྒྱན་དུ་ཡོངས། །

དེ་ལྟར་མཆོད་པར་བརྗོད་པ་དང་། རྩོམ་པར་དམ་བཅའ་བ་སྟོན་དུ་བཏང་ནས། སྡོམ་གསུམ་རབ་དབྱེའི་ཁ་སྐོང་གཞི་ལམ་འབྲས་གསུམ་གསལ་བྱེད་འོད་ཀྱི་སྣང་བའི་རྣམ་བཤད་ནོར་བུའི་ཕྲེང་བ་རྩོམ་པར་བཞེད་དེ། དེ་ཡང་ཇི་ལྟར་འཆད་ན། སྤྱིར་གཞུང་འཆད་ཐབས་ཀྱི་ཡན་ལག་དུ་མ་ཞིག་སྣང་ན་ཡང་འདིར་བདག་ཉིད་ཆེན་པོ་ས་པཎ་གྱིས། དེ་ལ་སྨྲའི་བསྟན་བཅོས་ལས་སེང་གེའི་ལྟ་སྟངས་ཀྱིས་ཁྱད་པར་གྱི་གཞི་བསླང་། སྤྲུལ་པའི་འཕར་བས་སྐབས་དོན་སོ་སོར་འབྱེད། རུས་སྦལ་གྱི་འགྲོས་ཀྱིས་གཞུང་དོན་ཞིབ་ཏུ་འཆད་ཅེས་འབྱུང་བས་གཞུང་ལུགས་རྒྱ་ཆེ་ཞིང་དཀའ་བ་རྣམས་བཤད་པར་བྱའོ། །ཞེས་གདམས་པའི་མན་ངག་ལྟར་བཤད་ན་གསུམ་སྟེ། སེང་གེའི་ལྟ་སྟངས་ཀྱིས་ཁྱད་གཞི་བླངས་ཏེ་བསྡུས་དོན་གྱི་ཁོག་ཕུབ། སྤྲུལ་པའི་འཕར་བས་སྐབས་དོན་སོ་སོར་ཕྱེ་སྟེ་དཀྲུས་ཀྱི་ས་བཅད། རུས་སྦལ་གྱི་འགྲོས་ཀྱིས་གཞུང་དོན་ཞིབ་ཏུ་དཔྱད་དེ་ཚིག་གི་འབྲུ་གཉེར་བའོ། །དེ་ལྟར་གསུམ་པོ་སོ་སོར་བཤད་ན་མངས་པས་འཇིགས་ཏེ། བསྡུས་དོན་ས་བཅད་དང་། ཚིག་འབྲུ་གཉེར་བའི་ཞར་ལ་དཀའ་གནད་ལ་དོགས་པ་དཔྱད། སྤྱི་དོན་གྱི་ཁོག་ཕུབ་པ་རྩུང་ཟད་རེ་འབྱུང་བས། འདི་གསུམ་ཕྱོགས་གཅིག་ཏུ་སྡིང་པོར་དྲིལ་ནས་འཆད་པར་བྱེད་དོ། །དེ་ཡང་ཐོག་མར་བསྡུས་དོན་གྱི་ས་བཅད་ནི༑ བདག་ཉིད་ཆེན་པོས། དོན་འདུས་ཚིག་གསལ་བརྗོད་པ་བདེ། །ངག་ཉུང་ཚིག་སྙོམས་གཟུང་བ་སླ། །བསྡུས་དོན་ཉིད་ཀྱིས་གཞུང་གོ་བ། །དེ་འདྲ་གང་གིས་ཤེས་དེ་མཁས། །ཞེས་བཤད་པ་ལྟར། བརྗོད་བྱའི་དོན་འདུས་པ༑ རྗོད་བྱེད་ཀྱི་ཚིག་གསལ་བ། ངག་ནས་བརྗོད་བདེ་བ། ངག་གི་བྱེད་པ་ཉུང་བ། སྡེབ་སྦྱོར་གྱི་ཚིག་སྙོམས་པ༑ ས་བཅད་ཙམ་གྱིས་གཞུང་དོན་གསལ་ལེར་གོ་ནུས་པའི་མན་ངག་དྲུག་དང་ལྡན་པ་སྟེ། མདོར་ན་འཆད་པ་པོས་འཆད་སླ། ཉན་པ་པོས་གཟུང་སླ། གཉིས་ཀའི་རྣ་བར་སྙན་པའི་སྒོ་ནས་བརྗོད་བྱའི་དོན་འཁྲུལ་པ་མེད་པ་ཞིག་རྩོམ་ཤེས་ན། རྩོམ་པ་པོ་མཁས་པའི་གྲངས་སུ་འགྲོ་ཞིང་བསྟན་པ་ལ་ཕན་པ་ཡིན་གྱི། དེ་ལྟར་མིན་ན་བསྟན་བཅོས་རྣམ་དག་ཆུད་ཟོས་པ་དང་། གདུལ་བྱའི་ཡིད་ལ་རེ་བ་བསླུ་བ་བྱེད་པས་བཏང་སྙོམས་སུ་བག་ཡོད་པར་བྱས་ན་མཛེས། དེ་བས་ན་མཁས་པའི་མན་ངག་དང་ལྡན་པའི་སྒོ་ནས་བསྟན་བཅོས་འདི་འཆད་པ་ལ་གསུམ། རྩོམ་ལ་འཇུག་པ་ཀླད་ཀྱི་དོན། བརྩམ་བྱ་གཞུང་གི་དོན། བརྩམས་པ་མཐར་ཕྱིན་མཇུག་གི་དོན་ནོ། །དང་པོ་ལ་གསུམ། མཚན་དོན། འགྱུར་ཕྱག །བརྩམ་པར་དམ་བཅའ་བའོ། །དང་པོ་ནི།

གང་བཤད་པར་བྱ་བའི་བསྟན་བཅོས་འདིའི་མཚན་ལ། སྡོམ་པ་གསུམ་གྱི་རབ་ཏུ་དབྱེ་བའི་ཁ་སྐོང་གཞི་ལམ་འབྲས་གསུམ་གསལ་བར་བྱེད་པའི་ལེགས་བཤད་འོད་ཀྱི་སྣང་བ་ཞེས་བྱ་སྟེ། བདག་ཉིད་ཆེན་པོ་ས་པཎ་གྱིས་བྱ་བཏང་སྟེ། བདག་ཉིད་ཆེན་པོ་ས་སྐྱ་པཎྜི་ཏས་མཛད་པའི་སྡོམ་པ་གསུམ་གྱི་རབ་ཏུ་དབྱེ་བའི་འཕྲོ་ཁ་སྐོང་བར་བྱེད་པ་དང་། ཁ་སྐོང་བའི་ཚུལ་

ཡང་གཞི་ལམ་འབྲས་གསུམ་ལ་འཁྲུལ་མ་འཁྲུལ་གྱི་རྣམ་གཞག་ཕྱིན་ཅི་མ་ལོག་པར་གསལ་བར་བྱེད་པའི་སྒོ་ནས་ལེགས་བཤད་ཀྱི་འོད་ཀྱི་སྣང་བ་ཕྱོགས་བཅུར་སྤྲོས་ཏེ། བདག་ཉིད་ཆེན་པོ་ས་པཎ་ཆོས་དབྱིངས་སུ་གཤེགས་ནས་བསྟན་བཅོས་འདི་མ་བརྩམ་བར་གྱི་ཆོས་མིན་གྱི་མུན་པ་སེལ་བར་མཛད་པའི་ཕྱིར་རོ། །འོ་ན་སྡོམ་གསུམ་རབ་དབྱེ་དེ་རྩོམ་པ་ཡོངས་སུ་རྫོགས་པའི་བསྟན་བཅོས་མིན་པར་ཐལ། ཁྱོད་ཀྱི་བསྟན་བཅོས་འདི་བརྩམས་ཏེ་དེ་ཉིད་ཀྱི་ཁ་སྐོང་དགོས་པའི་ཕྱིར་སྙམ་ན། མ་ཁྱབ་སྟེ། བསྟན་བཅོས་སྡོམ་གསུམ་རབ་དབྱེས། ཆོས་མིན་གྱི་མུན་པ་བཅོམ་པའི་རྗེས་སུ། སླར་ཡང་ཆོས་མིན་གྱི་མུན་པ་ཅུང་ཟད་འཐིབས་པ་རྣམས། བསྟན་བཅོས་འདིའི་འོད་སྣང་བས་བཅོམ་སྟེ། སྔར་གྱི་སྣང་བའི་འཕྲོ་མཐུད་པ་ལ་ཁ་སྐོང་ཞེས་ཞུ་བ་ཙམ་ཡིན་པའི་ཕྱིར་རོ། །

གཉིས་པ་ལ་གཉིས། འགྱུར་ཕྱག་མཆུངས་པའི་མཆོད་བརྗོད་བཤད། བརྗོད་བྱ་དང་མཐུན་པའི་མཆོད་བརྗོད་བཤད་པའོ། །དང་པོ་ནི། ཕྱག་འཚལ་ལོ། །ཡུལ་གང་ལ་ན། སྡོམ་གསུམ་སྟེར་བའི་རྩ་རྒྱུད་ཀྱི་རྗེ་བཙུན་བླ་མ་ཐུགས་རྗེ་ཆེན་པོ་དང་ལྡན་པ་རྣམས་དང་། ལྷག་པའི་ལྷ་མགོན་པོ་འཇམ་པའི་དབྱངས་ལའོ། །ཚུལ་ཇི་ལྟར་ན་སྒོ་གསུམ་གུས་པས་སོ། །འདི་ལ་འགྱུར་ཕྱག་དང་མཆུངས་པའི་མཆོད་བརྗོད་ཅེས་བྱ་སྟེ། ལོ་ཙྪ་བ་རྣམས་ཀྱི་བསྟན་བཅོས་སྒྱུར་བའི་ཚེ་ལྷག་པའི་ལྷ་ཇི་ལྟར་འོས་པ་ལ་ཕྱག་འཚལ་བ་དང་མཆུངས་པའི་ཕྱིར་རོ། །གཉིས་པ་ནི། གུས་པས་བཏུད་དོ་ཞེས་པ་བཤད་པའི་གཞིར་བྱས། སུ་ཞིག་གིས་ཤེ་ན། མཁས་པའི་དབང་པོ་གོ་བོ་རམས་འབྱམས་པ་བདག་གིས་སོ། །ཡུལ་གང་ལ་ན། གཞི་ལམ་འབྲས་གསུམ་གྱི་ཡོན་ཏན་དབྱེར་མེད་དུ་ཚང་བའི་བདེ་གཤེགས་སྙིང་པོ་དེ་ལའོ། །འོ་ན་གཞི་ལམ་འབྲས་བུ་ནི་གང་། དེ་སྙིང་པོ་ལ་དབྱེར་མེད་དུ་ཇི་ལྟར་ཚང་སྙམ་ན། ཡོན་ཏན་དང་རང་བཞིན་ལྷན་གྲུབ་ཏུ་གཞིར་གནས་པའི་ཆོས་དབྱིངས་ནི་གཞི་ཡིན་ལ། དེའི་སྟེང་གི་སྒྲིབ་པའི་དྲི་མ་སེལ་བར་བྱེད་པའི་ཐབས་ནི་ལམ་ཡིན་ཞིང་། སྦྱངས་པས་གནས་གྱུར་པའི་བྲལ་བ་དང་རྣམ་པར་སྨིན་པའི་ཐོབ་བྱ་ནི་འབྲས་བུའོ། །ཚང་བའི་ཚུལ་ནི། སྙིང་པོ་ལ་དེ་གསུམ་དབྱེར་མེད་དུ་ཚང་སྟེ། གཞི་ངོའི་སྒོ་ནས་དང་། ལམ་ས་བོན་གྱི་ཚུལ་གྱིས་དང་། འབྲས་བུ་ནུས་མཐུའི་ཚུལ་གྱིས་ཚང་བའི་ཕྱིར་རོ། །ཡང་ན་སྙིང་པོ་དེ་གསུམ་དང་དབྱེར་མེད་ཡིན་པས་ཚང་བ་སྟེ། སྙིང་པོ་དེ་གསུམ་ལས་གཞན་མ་ཡིན་པའི་ཕྱིར་རོ། །ཡང་ན་སྙིང་པོ་དེ། གནས་སྐབས་དེ་གསུམ་དང་དབྱེར་མེད་པས་ཚང་བ་སྟེ། སྙིང་པོ་དེ་གཞི་ལམ་འབྲས་གསུམ་གྱི་གནས་སྐབས་སུ། བཟང་ངན་གང་དུ་ཡང་འགྱུར་བ་མེད་པའི་ཕྱིར་རོ། །མདོར་ན། གནས་གྱུར་བྲལ་དང་རྣམ་པར་སྨིན་པའི་འབྲས། །དབྱེར་མེད་སྙིང་པོ་དེ་ལ་ཕྱག་འཚལ་ནས། །ཞེས་པ་མཐའི་གསལ་བྱེད་དུ་སྦྱར་ཏེ། དེ་

ལྔ་བུའི་འབྲས་བུ་དང་དབྱེར་མེད་པའི་སྙིང་པོ་ལ་ཕྱག་འཚལ། སྒྲིབ་པའི་དྲི་མ་སེལ་བར་བྱེད་པའི་ལམ་དང་དབྱེར་མེད་པའི་སྙིང་པོ་ལ་ཕྱག་འཚལ། ཞེས་སོགས་གསུམ་ཆར་ལ་སྦྱར་རོ། །ཚུལ་ཇི་ལྟར་ན་སྒོ་གསུམ་གུས་པས་སོ། །འདི་ལ་བརྗོད་བྱ་དང་མཐུན་པའི་མཆོད་བརྗོད་ཅེས་བྱ་སྟེ། གཞི་ལམ་འབྲས་གསུམ་པོ་དེ་བསྟན་བཅོས་འདི་ཡི་བརྗོད་བྱ་གང་ཞིག །དེ་གསུམ་གྱི་ཡོན་ཏན་བརྗོད་པའི་སྒོ་ནས་དེ་གསུམ་དང་དབྱེར་མེད་པའི་སྙིང་པོ་ལ་ཕྱག་འཚལ་བ་ཡིན་པའི་ཕྱིར་རོ། །

གསུམ་པ་རྩོམ་པར་དམ་བཅའ་བ་ནི། དེ་ལྟར་ཕྱག་འཚལ་ནས་ཅི་བྱེད་ན། བསྟན་བཅོས་འདི་བརྩམ་པར་བྱེད་ཅེས་པ་སྟེ། འདི་ལ་དྲུག །བཤད་བྱ་གང་བཤད་པ། རྒྱུ་གང་ལ་བརྟེན་ནས་བཤད་པ། ཡུལ་གང་ལ་བཤད་པ། ཀུན་སློང་གང་གིས་བཤད་པ། དུས་ནམ་གྱི་ཚེ་བཤད་པ། དེ་ལྟར་བཤད་པའི་དགོས་པའོ། །དང་པོ་ནི༑ གཞི་ལམ་འབྲས་གསུམ་གསལ་བྱེད་འོད་ཀྱི་སྣང་བ་ཞེས་བྱ་བའི་བསྟན་བཅོས་འདི་བཤད་དོ། །གཉིས་པ་ནི༑ རང་བཟོ་མ་ཡིན་པར་རྒྱལ་བའི་བཀའ་དང་རྒྱ་བོད་ཀྱི་ཚད་ལྡན་གྱི་གཞུང་ལུགས་དང་། འཁྲུལ་པ་ཟད་པའི་རྗེ་བཙུན་ས་སྐྱ་པ་ཡབ་སྲས་བརྒྱུད་པ་དང་བཅས་པའི་མན་ངག་ལ་བརྟེན་ནས་སོ། །གསུམ་པ་ནི། བློ་གཟུ་བོར་གནས་པ་སོགས་སྣོད་ལྡན་གྱི་འདུལ་བྱ་གཞན་ལའོ། །བཞི་པ་ནི། བསྟན་པ་དང་འགྲོ་བ་ལ་ཕན་པའི་ཕྱིར་དུ་བརྩེ་བས་ཀུན་ནས་བླངས་པའི་ལྷག་བསམ་གྱིས་སོ། །ལྔ་པ་ནི། བདག་ཅག་གི་སྟོན་པ་མྱ་ངན་ལས་འདས་ནས་ལོ་སུམ་སྟོང་དྲུག་བརྒྱ་དང་དགུ་འདས་པའི་བཅུ་པ་དང་། བདག་ཉིད་ཆེན་པོ་ས་པཎ་ཆོས་དབྱིངས་སུ་གཤེགས་ནས་ལོ་ཉིས་བརྒྱ་དང་ཉེར་བདུན་འདས་པའི་ཉེར་བརྒྱད་པ། བསྟན་བཅོས་རྩོམ་པ་པོ་ཀུན་མཁྱེན་ཆེན་པོ་ལོ་ལྔ་བཅུར་ཕེབས་པ་ས་ཕོ་ཁྲི་ལ་ཆོས་ལོག་སུན་འབྱིན་གྱི་བསྟན་བཅོས་འདི་བརྩམས། དྲུག་པ་དགོས་པ་ནི། འདི་ལྟ་བུའི་བསྟན་བཅོས་རྩོམ་པ་ནི། བསྟན་འཛིན་གྱི་སྐྱེས་བུ་ཆེན་པོའི་ལས་སུ་བགྱི་བའི་གཙོ་བོ་མཆོག་ཏུ་གྱུར་པ་ཡིན་པས་དགོས་པ་ཆེན་པོ་བཞི་དང་ལྡན་ཏེ། རང་ཉིད་བསྟན་འཛིན་ཆེན་པོར་མཚོན་པའི་དགོས་པ། བདག་ཉིད་ཆེན་པོའི་ཞལ་གདམས་བཀའ་བཞིན་དུ་བསྒྲུབས་པས་བདག་ཉིད་ཆེན་པོ་ས་པཎ་གྱི་དགོངས་པ་ཡོངས་སུ་རྫོགས་པའི་དགོས་པ། ལོག་སྨྲ་ཚར་བཅད་ནས་སྐལ་ལྡན་རྗེས་སུ་འཛིན་པའི་དགོས་པ། བསྟན་པ་ཡུན་རིང་དུ་དག་པར་གནས་ནས་འགྲོ་ལ་བདེ་སྐྱིད་འབྱུང་བའི་དགོས་པ་ཡོད་པའི་ཕྱིར་རོ། །རྟགས་དང་པོ་གྲུབ་སྟེ། བོད་གངས་ཅན་དུ། སྟོན་པ་འདས་ནས་ལོ་སུམ་སྟོང་བརྒྱ་པའི་སྐབས་སུ་རིན་ཆེན་བཟང་པོས་ཆོས་ལོག་སུན་འབྱིན་གྱི་བསྟན་བཅོས་བརྩམས་ཏེ་བསྟན་འཛིན་ཆེན་པོར་གྱུར། གསུམ་སྟོང་ཉིས་བརྒྱ་པའི་སྐབས་སུ་འགོས་ལོ་ཙྪ་བ་ལྷ་བཙས་ཀྱིས་སྔགས་ལོག་སུན་འབྱིན་གྱི་བསྟན་བཅོས་ཆེན་པོ་བརྩམས་ཏེ་བསྟན་འཛིན་

ཆེན་པོར་གྱུར། སུམ་སྟོང་སུམ་བརྒྱ་པའི་སྐབས་སུ་བདག་ཉིད་ཆེན་པོས་སྡོམ་གསུམ་རབ་དབྱེས་ཆོས་དང་ཆོས་མིན་རྣམ་པར་དབྱེ་བ་ལས་བསྟན་པ་དག་པར་གནས་པ་དེ་བཞིན་དུ། གསུམ་སྟོང་དྲུག་བརྒྱ་པའི་སྐབས་སུ་ཀུན་མཁྱེན་ཆེན་པོས་བསྟན་བཅོས་འདི་བརྩམས་པ་ལས་བསྟན་པ་དག་པར་གནས་པའི་ནུས་པ་ཐོབ་པའི་ཕྱིར་རོ། །རྟགས་གཉིས་པ་གྲུབ་སྟེ། བདག་ཉིད་ཆེན་པོས་རབ་དབྱེ་ལས། ད་དུང་འཁྲུལ་པའི་རྣམ་གཞག་ནི། །སྐྱོན་ཅན་དཔག་མེད་སྣང་ན་ཡང་། །གཞུང་མང་དོགས་པས་རེ་ཞིག་བཞག །གལ་ཏེ་ལུང་དང་རིགས་པའི་གནས། །ཤེས་པའི་བློ་ལྡན་རྣམས་ཀྱིས་དེ། །ལེགས་པར་དཔྱོད་ལ་དགག་སྒྲུབ་གྱིས། །ཞེས་དང་། སངས་རྒྱས་བསྟན་དང་ཕྲད་དཀའ་ཞིང་། །དལ་བ་འབྱོར་པ་རྙེད་དཀའ་བས། །མཁས་པ་རྣམས་ཀྱིས་ལེགས་རྟོགས་ལ། །གཟུ་བོར་གནས་པའི་བློ་ཡིས་དཔྱོད། །ཅེས་རབ་དབྱེས་མ་བཀག་པའི་བསྟན་པའི་གནད་བཅོས་པའི་ཆོས་ལོག་ཕྲ་རགས་རྣམས་ཕྱིས་ཀྱི་མཁས་པ་རྣམས་ཀྱིས་ཁོག་ཅིག་ཅེས་གདམས་པའི་སྙིང་པོ། མཁས་རློམ་གཞན་སུས་ཀྱང་སྤོབས་པར་མ་ནུས་ཀྱིས་མཁས་པ་ཁྱོད་ཀྱིས་ལེགས་པར་བསྒྲུབས་པའི་ཕྱིར་རོ། །

གཉིས་པ་གཞུང་དོན་ལ་གཉིས། དོན་གསུམ་ངེས་བཟུང་སྟེ་ལུས་ཀྱི་རྣམ་གཞག་བཤད། ལུང་དང་རིགས་པས་དཔྱད་དེ་ཡན་ལག་རྒྱས་པར་བཤད་པའོ། །དང་པོ་ལ་གསུམ། སྦྱང་གཞི་གཞི་ཡི་ངོས་འཛིན་བཤད། སྦྱོང་བྱེད་ལམ་གྱི་ངོས་འཛིན་བཤད། སྦྱང་འབྲས་འབྲས་བུའི་ངོས་འཛིན་བཤད་པའོ། །དང་པོ་ནི། འོ་ན་ཁྱོད་གཞི་ལམ་འབྲས་གསུམ་གསལ་བྱེད་ཀྱི་བསྟན་བཅོས་རྩོམ་པ་ཡིན་ན། གཞི་ལམ་འབྲས་གསུམ་པོ་དེ་ཇི་ལྟ་བུ་ཞེ་ན། དང་པོ་གཞི་ངོས་བཟུང་བ་ནི། ཤེལ་དང་ཆོས་མཚུངས་པའི་སེམས་བདེན་པས་སྟོང་པའི་གསལ་སྟོང་ཟུང་འཇུག་གི་དབྱིངས་ཉིད་ཆོས་ཅན། འཁོར་འདས་ཀུན་གྱི་གཞི་ཡིན་ཏེ། འཁོར་འདས་གཉིས་པོ་དེ་ཁྱོད་ཐབས་ཀྱིས་ཟིན་པ་དང་མ་ཟིན་པའི་བྱེ་བྲག་ལས་འབྱུང་བའི་ཕྱིར་རོ། །འོན་ཤེལ་དང་ཇི་ལྟར་ཆོས་མཚུངས་ན། གཉིས་སྣང་གི་དྲི་མ་རང་བཞིན་གྱིས་དག་པའི་སྒོ་ནས་འོད་གསལ་བའི་སེམས་ཆོས་ཅན། ཤེལ་དཀར་གྱི་ཁམས་དང་ཆོས་མཚུངས་ཏེ། རང་ངོས་ནས་གཟུང་འཛིན་གྱི་སྔོ་སེར་དུ་མ་གྲུབ་ཀྱང་། བག་ཆགས་ཀྱི་ཚོན་སྔོ་སེར་གྱིས་ཁ་བསྒྱུར་བ་ལས། གནས་སྐབས་དེ་དང་དེར་གཟུང་འཛིན་གྱི་སྔོ་སེར་སོགས་དུ་མར་སྣང་བའི་གསལ་ཆ་ཡིན་པའི་ཕྱིར། འདིར་ཤེལ་དང་ཆོས་མཚུངས་པ་ནི། ཡུལ་གྱིས་ཁ་མ་བསྒྱུར་བའི་སེམས་གསལ་རིག་ཉིད་ཡིན་གྱི། གཞི་བདེ་གཤེགས་སྙིང་པོ་ནི་མ་ཡིན་ཏེ། སེམས་རང་བཞིན་གྱིས་འོད་གསལ་བ་ཞེས་པ་སེམས་བདེན་པས་སྟོང་པའི་སྟོང་ཉིད་ལ་བཤད་པ་དང་། གཉིས་སྣང་གི་དྲི་མས་མ་གོས་པའི་སེམས་གསལ་རིག་ལ་བཤད་པ་གཉིས་ཡོད་པ་ལས། སྐབས་འདིར་ཕྱི་མ་ཡིན་པའི་ཕྱིར་རོ། །ཡང་བདེ་གཤེགས་སྙིང་པོ།

ཟུང་འཇུག་གི་ཡེ་ཤེས་ལ་འཆད་ན། བདེ་གཤེགས་སྙིང་པོ་ཉིད་ཤེལ་དང་ཆོས་མཚུངས་སུ་སྦྱོར་བ་གནད་ཀྱི་དོན་ཡིན་ནོ། །

གཉིས་པ་ལམ་དཔེས་གཟུང་བ་ནི། ལྟུགས་ཟངས་དཀྱུལ་གསུམ་དང་རིམ་བཞིན་ཆོས་མཚུངས་པའི་ཉན་ཐོས་རང་རྒྱལ་ཕར་ཕྱིན་ཐེག་པའི་བསླབ་པ་གསུམ་དང་། དེ་གསུམ་རིག་པ་འཛིན་པའི་དཀྱིལ་འཁོར་དུ་དབང་བསྐུར་བའི་གསེར་བསྒྱུར་གྱི་རྩི་ཡིས། གསང་ཆེན་གྱི་བསླབ་པའི་གསེར་དུ་བསྒྱུར་བའི་སྔགས་ཀྱི་ཉམས་ལེན་རྣམས་ནི་ཆོས་ཅན། ལམ་གྱི་མཆོག་ཡིན་ཏེ། གཞི་བདེ་གཤེགས་སྙིང་པོའི་སྟེང་གི་ཉོན་མོངས་གསུམ་གྱི་དྲི་མ་སྦྱོང་བྱེད་ཡིན་པའི་ཕྱིར་ཏེ། ཉན་རང་གི་བསླབ་པས་ཉོན་མོངས་པའི་ཀུན་ནས་ཉོན་མོངས་པའི་དྲི་མ་གཙོ་བོར་སྦྱོང་། བྱང་སེམས་ཀྱི་བསླབ་པས་ལས་ཀྱི་ཀུན་ནས་ཉོན་མོངས་པའི་དྲི་མ་སྦྱོང་། སྔགས་ཀྱི་བསླབ་པས་སྐྱེ་བའི་ཀུན་ནས་ཉོན་མོངས་པའི་དྲི་མ་སྦྱོང་བའི་ཕྱིར་རོ། །

གསུམ་པ་འབྲས་བུ་དཔེས་གཟུང་བ་ནི། གནས་གྱུར་དག་པ་གཉིས་ལྡན་གྱི་ཆོས་དབྱིངས་ཀྱི་ནམ་མཁར། སྟོབས་སོགས་བྲལ་འབྲས་ཀྱི་ཡོན་ཏན་སོ་གཉིས་ཀྱི་ཟླ་བ་ཤར་བ་ལས། རིགས་ཅན་གསུམ་གྱི་གདུལ་བྱ་རང་སེམས་དག་པའི་ཆུ་གཙང་དུ། རྣམ་སྨིན་གྱི་ཡོན་ཏན་མཚན་དཔེས་བརྒྱན་པའི་གཟུགས་སྐུ་རྣམ་གཉིས་ཀྱི་གཟུགས་བརྙན་འཆར་བ་འདི་ཡིན་ནོ། །འབྲས་བུའོ་ཞེས་བྱ་སྟེ། སྦྱང་གཞིའི་སྟེང་དུ་སྦྱོང་བྱེད་ལམ་གྱི་དྲི་མ་སྦྱངས་པའི་ཐོབ་བྱ་མཐར་ཐུག་ཡིན་པའི་ཕྱིར་རོ། །འོན་ཏོ་ཀྱིས། གནས་གྱུར་གྱི་དབྱིངས་ནམ་མཁའ་དང་། སྟོབས་སོགས་བྲལ་འབྲས་ཀྱི་ཡེ་ཤེས་ནམ་མཁའི་ཟླ་བ་དང་། གཟུགས་སྐུ་རྣམ་གཉིས་ཆུ་ནང་གི་ཟླ་བའི་གཟུགས་བརྙན་དང་དཔེ་དོན་སྦྱར་བ་འདི་མི་འཐད་པར་ཐལ། རྒྱུད་བླ་མ་ལས། དག་ལས་ཉི་དང་རིང་རྣམས་ལ༑ ༑འཇིག་རྟེན་རྒྱལ་བའི་དཀྱིལ་འཁོར་དུ། །ཆུ་དང་ནམ་མཁར་ཟླ་གཟུགས་བཞིན། །དེ་མཐོང་བ་ནི་རྣམ་པ་གཉིས། །ཞེས་པའི་གདུལ་བྱ་ཡིད་དག་པ་ལ་རྒྱལ་བའི་དཀྱིལ་འཁོར་དུ་ལོངས་སྐུའི་སྣང་བ་ཤར་བ་ནི་ནམ་མཁའི་ཟླ་བ་དང་། རིང་བའི་གདུལ་བྱ་ཉན་རང་སོགས་ཡིད་དག་པ་ལ་སྤྲུལ་སྐུའི་སྣང་བ་ཤར་བ་ནི་ཆུ་ནང་གི་ཟླ་བའི་གཟུགས་བརྙན་གྱི་དཔེ་དང་སྦྱར་ནས་བཤད་འདུག་པའི་ཕྱིར་སྙམ་ན། སྐྱོན་མེད་དེ། གཞུང་དེས་དེ་ལྟར་བཤད་པ་བདེན་མོད་ཀྱང་། དེའི་གོང་དེར་རྒྱུད་བླ་མ་ལས། ཇི་ལྟར་སྤྲིན་མེད་ནམ་མཁའི་གཟུགས། །སྟོན་ཁའི་ཆུ་སྟོན་མཆོར་ནི་མཐོང་བ་ལྟར། །དེ་བཞིན་རྒྱལ་སྲས་ཚོགས་ཀྱི་ཁྱབ་བདག་གཟུགས། །རྫོགས་སངས་དཀྱིལ་འཁོར་ནང་དུ་མཐོང་བར་འགྱུར། །ཞེས་དང་། ཐུབ་པའི་བསྟན་པ་རྣམ་གཉིས་ཆུ་ཟླ་བཞིན། །ཞེས་གཟུགས་སྐུ་གཉིས་ཅར་ཆུ་ཟླའི་གཟུགས་བརྙན་དང་དཔེ་དོན་སྦྱར་བ་ཡང་ཡོད་པས། ཕྱོགས་གཅིག་ཁོ་ན་ལ་

ཞེན་པ་མཁས་པའི་རྣམ་ཐར་མིན་པའི་ཕྱིར་རོ། །

གཉིས་པ་ཡན་ལག་རྒྱས་བཤད་ལ། འོ་ན་ཁྱོད་གཞི་ལམ་འབྲས་གསུམ་ལ་འཁྲུལ་པའི་དྲི་མ་བསལ་བའི་སྒོ་ནས། རབ་དབྱེའི་ཁ་སྐོང་འདི་བརྩམ་པ་ཡིན་ན། འཁྲུལ་པའི་དྲི་མ་ཇི་ལྟར་བྱུང་ཞིང་། དེ་ཇི་ལྟར་སེལ་བར་བྱེད་སྙམ་ན། འདི་ལ་གསུམ། གཞི་ལ་འཁྲུལ་པའི་དྲི་མ་བསལ། ལམ་ལ་འཁྲུལ་པའི་དྲི་མ་བསལ། འབྲས་བུ་ལ་འཁྲུལ་པའི་དྲི་མ་བསལ་བའོ། །དང་པོ་ལ་འང་གསུམ། ཐུན་མོང་རྣམ་གཞག་སྤྱིར་བསྟན། སོ་སོའི་ལོག་རྟོག་བྱེ་བྲག་དགག །གཞན་གྱི་སྙིང་པོ་བསྡུས་ཏེ་བསྟན་པའོ། །དང་པོ་ལ་གཉིས། དངོས་སྨྲའི་ལུགས་གསུམ་བསྡུས་ཏེ་བསྟན། དབུ་མའི་ལུགས་གཅིག་རྒྱས་པར་བཤད་པའོ། །དང་པོ་ནི། གཞི་ལ་དངོས་སྨྲ་བ་གསུམ་ལ་འང་གྲུབ་མཐའི་འདོད་ཚུལ་གྱིས་མི་འདྲ་བ་གསུམ་ཡོད་དེ། བྱེ་བྲག་སྨྲ་བས། མ་ཆགས་འཕགས་རིགས་དེ་དག་ལས། །ཞེས་པ་ལྟར་ཆོས་གོས་དང་། བསོད་སྙོམས་དང་། གནས་མལ་ངན་ངོན་གྱི་ཆོག་ཤེས་པ་དང་། སྤོང་བ་དང་སྒོམ་པ་ལ་དགའ་བ་སྟེ་བཞིས་བསྡུས་པའི་འདོད་ཆུང་ཆོག་ཤེས་ཀྱི་སེམས་བྱུང་ལ་གཞིར་འདོད་པ་དང་། མདོ་སྡེ་པས་རྒྱལ་པོ་ཁྲུས་ལས། མདོ་སྡེ་པ་དག་གིས་རིགས་ནི་སེམས་ཀྱི་ས་བོན་ནུས་པ་སྟེ། སོ་སོ་སྐྱེ་བོ་དང་སློབ་པའི་གནས་སྐབས་ན་ཡང་ཡོངས་སུ་ཉམས་པའི་ཆོས་ཅན་གྱི་ས་བོན་ལ་རིགས་ཞེས་བྱའོ། །ཞེས་པ་ལྟར་ཐོས་སོགས་ཀྱི་བག་ཆགས་ཀྱིས་གསར་དུ་བཞག་པའི་ཟག་མེད་ཀྱི་ས་བོན་ལ་གཞིར་འདོད་པ་དང་། སེམས་ཙམ་པས་བྱང་ས་ལས། བྱང་ཆུབ་སེམས་དཔའ་རྣམས་ཀྱི་རིགས་དེ་ནི་ཐོག་མ་མེད་པ་ནས་འོངས་པ་ཆོས་ཉིད་ཀྱིས་ཐོབ་པ་སྐྱེ་མཆེད་དྲུག་གི་ཁྱད་པར་གང་ཡིན་པ་སྟེ། ཞེས་པ་ལྟར། ཀུན་གཞིའི་སྟེང་དུ་གསར་དུ་བཞག་པ་མིན་པར་ཆོས་ཀྱིས་ཐོབ་པའི་ཟག་མེད་ས་བོན་གྱི་ཆ། སྐྱེ་མཆེད་དྲུག་གི་ཁྱད་པར། ཐོས་པའི་བག་ཆགས་སམ། སློབ་པ་སྤོང་རུང་ཞེས་སོགས་མིང་གི་རྣམ་གྲངས་དུ་མ་དང་ལྡན་པ་ཞིག་ལ་གཞིར་འདོད་པ་དང་གསུམ་ཡོད་པའི་ཕྱིར་རོ། །འདིར་ཟག་མེད་ཀྱི་ས་བོན་ནི། སེམས་ཀྱི་གསལ་ཆ་ཉིད་ལ། ཟག་མེད་ཀྱི་ཡོན་ཏན་འབྱུང་བའི་རྒྱུ་བྱེད་པའི་ཆ་ནས་མིང་བཏགས་པ་ཡིན་ལ། སྐྱེ་མཆེད་དྲུག་གི་ཁྱད་པར་ཞེས་པ་ནི༑ ཀུན་གཞི་མ་བཞག་པའི་དབང་དུ་བྱས་ན། ནང་གི་སྐྱེ་མཆེད་དྲུག་ཏུ་གཏོགས་པའི་རྣམ་རིག་གི་སྟེང་གི་གསལ་ཆ་ཉིད། ཟག་མེད་ཀྱི་ས་བོན་ཡིན་ཞེས་པའི་དོན་ཡིན་ལ། ཀུན་གཞི་རྣམ་པར་བཞག་པ་ན། ཀུན་གཞིའི་སྟེང་གི་གསལ་ཆ་ཉིད། ཟག་མེད་ཀྱི་ས་བོན་དུ་ཁས་བླངས་པས་ཆོག་པ་ནི་གཞན་གྱི་དོན་ནོ། །དེ་ལྟར་འདོད་པ་མི་འདྲ་བ་གསུམ་ཡོད་ཀྱང་། དངོས་སྨྲ་བས་འདོད་པའི་གཞི་དེ་རྣམས་གཞི་མཚན་ཉིད་པ་མ་ཡིན་ཏེ། དེ་དག་འདུས་བྱས་ཡིན་པའི་ཕྱིར་རོ། །གལ་ཏེ་དངོས་སྨྲ་བས་གསུམ་པོ་དག་ལ་རིགས་སུ་འདོད་ཀྱང་། གཞིར་མི་

འདོད། བྱེ་བྲག་སྨྲ་བས་ཤེས་བྱ་གཞི་ལྔ་ལ་གཞི་དང་། མདོ་སྡེ་པས་རང་སྤྱི་གཉིས་ལ་གཞི་དང་། སེམས་ཙམ་པས་མཚན་ཉིད་གསུམ་དང་ཁྱད་པར་ཆོས་དབྱིངས་ལ་གཞིར་འདོད་པའི་ཕྱིར་རོ་སྙམ་ན། སྐྱོན་མེད་དེ། ཐོས་པས་སློ་འདོགས་བཅད་པའི་གཞི་ནི་ཤེས་བྱ་གཞི་ལྔ་སོགས་ལ་འདོད་ཀྱང་། སྒོམ་པས་ཉམས་སུ་བླང་བྱའི་གཞི་ལམ་འབྲས་གསུམ་གྱི་གཞིའི་གཙོ་བོ་ནི། རིགས་ལ་ངེས་པར་གཟུང་དགོས་པ་ཡིན་ཏེ། ལམ་གྱིས་གནད་དུ་བསྣུན་ཏེ་དྲི་མ་སྦྱངས་པ་ལས། འབྲས་བུར་གནས་འགྱུར་བ་ནི་གཞི་ལམ་འབྲས་གསུམ་གྱི་གཞིའི་གནད་ཀྱི་སྙིང་པོ་ཡིན་ལ། དེ་ཉིད་རིགས་ལ་ཚང་གི་གཞན་ལ་མ་ཚང་བའི་ཕྱིར་དང་། སེམས་ཙམ་པས་ཀྱང་། ཆོས་དབྱིངས་ལ་བདེ་གཤེགས་སྙིང་པོར་འདོད་ཀྱང་། རིགས་སུ་མི་འདོད་དེ། རིགས་ལ་འདུས་བྱས་དང་། བདེ་གཤེགས་སྙིང་པོ་ལ་འདུས་མ་བྱས་ཀྱིས་ཁྱབ་པར་སེམས་ཙམ་པས་འདོད་པའི་ཕྱིར་ཞེས་མཁས་པ་འདིས་བཤད་པའི་ཕྱིར། དེས་ན་གྲུབ་མཐའ་སྨྲ་བ་བཞི་ཆར་གྱི་ལུགས་ལ། རང་རང་འདོད་པའི་གཞིའི་གཙོ་བོ་དེ་རིགས་སུ་འདོད་པ་གནད་ཀྱི་དོན་ནོ། །

གཉིས་པ་དབུ་མ་པའི་ལུགས་ལ་བཞི། སྲོལ་འབྱེད་གཉིས་ཀྱི་བཞེད་ལུགས་ངོ་ཡིས་གཟུང་། །ཡོན་ཏན་ལོག་པ་སོ་སོར་འཆད་པའི་ཚུལ། །དོན་གྱི་དགོངས་པ་གཅིག་ཏུ་གྲུབ་པའི་ཚུལ། །དེ་ལྟར་གྲུབ་པའི་མཚན་གྱི་རྣམ་གྲངས་བསྟན་པའོ། །དང་པོ་ནི། སེམས་གསལ་བ་རྒྱུན་ཆགས་མ་འགགས་པ་མཐའ་བཞིའི་སྤྲོས་པས་སྟོང་པའི་གསལ་སྟོང་ཟུང་འཇུག་གི་དབྱིངས་འདུས་མ་བྱས་ཆོས་ཅན། ཁྱོད་དབུ་མའི་སྐབས་འདིར་བྱམས་མགོན་དང་ཀླུ་སྒྲུབ་གཉིས་ཆར་གྱིས་གཞིར་བཞེད་པ་ཡིན་ཏེ། ཐབས་ཀྱིས་ཟིན་པ་དང་མ་ཟིན་པའི་བྱེ་བྲག་གི་འཁོར་འདས་གཉིས་ཀ་འབྱུང་བའི་གནས་སུ་གྱུར་པའི་ཡུལ་གྱི་གནས་ལུགས་མཐར་ཐུག་ཡིན་པའི་ཕྱིར་རོ། །དེས་ན་སྐབས་འདིར་གཞི་ལ་མཚན་ཉིད་ཟུར་བཞི་ལྡན་ཏེ། གསལ་བ་སྤྲངས་པའི་སྟོང་རྐྱང་དང་། སྟོང་པ་སྤྲངས་པའི་གསལ་རྐྱང་མ་ཡིན་པར་གསལ་སྟོང་དབྱེར་མེད་ཀྱི་ཟུང་འཇུག་ཡིན་ཞིང་། ཟུང་འཇུག་གི་གསལ་བ་ལ་ཡང་གསལ་བ་རྒྱུན་ཆད་མ་ཡིན་པར་རྒྱུན་མི་ཆད་པ་དང་། སྟོང་པ་ལ་ཡང་མཐའ་གཅིག་གཉིས་ཙམ་བཀག་པ་མ་ཡིན་པར། མཐའ་བཞི་ཆར་བཀག་པའི་སྟོང་པ་དགོས་པས་གནད་བཞི་ལྡན་ཏེ། ཟུར་དང་པོས་ཉན་ཐོས་འགོག་པ་ལྟ་བུའི་སྟོང་རྐྱང་དང་། ཟུར་གཉིས་པས་རྣམ་རིག་པ་འདོད་པའི་བདེན་གྲུབ་ཀྱི་སེམས་གསལ་རྐྱང་དང་། ཟུར་གསུམ་པས་སྒྲོ་ལྟའི་རྣམ་ཤེས་ཙམ་དང་ཟུང་དུ་འཇུག་པའི་སྟོང་པ་དང་། ཟུར་བཞི་པས་ཉན་རང་འཕགས་པའི་རྟོགས་བྱའི་གཞི་རྣམས་བཅད་ནས། ཐེག་ཆེན་དབུ་མ་ལུགས་ཀྱི་གཞིའི་གནས་ལུགས་དབྱེས་ཕྱེ་པར་ངོས་གཟུང་འདུག་པའི་ཕྱིར་རོ། །གནད་འདི་ཀུན་མཁྱེན་ཉིད་ཀྱི་དགོངས་པ་སྐྱེ་ཁོ་བོས་རྟོགས་སོ། །

གཉིས་པ་ལ་གསུམ། རྒྱུད་བླ་ར་ཇི་སྐད་ཕྱོགས་པ་བཤད་པའི་ཚུལ། རིགས་ཚོགས་ཇི་ལྟའི་ཕྱོགས་པ་བཤད་པའི་ཚུལ། བསྟོད་ཚོགས་ཟུང་འཇུག་ཕྱོགས་པ་བཤད་པའི་ཚུལ་ལོ། །དང་པོ་ནི། ཐེག་ཆེན་དབུ་མའི་ལུགས་དེ་ལ་ཡང་བྱམས་མགོན་གྱིས་ཐེག་ཆེན་རྒྱུད་བླ་མར་གསལ་སྟོང་ཟུང་འཇུག་གི་གསལ་བའི་ཕྱོགས་པ་ནས་གཙོ་བོར་བཤད་དེ། གཞི་ལམ་འབྲས་བུའི་ཡོན་ཏན་གྱི་ཕྱོགས་པ་མ་ལུས་པར་ཚང་བའི་བདེ་གཤེགས་སྙིང་པོ་ནི། རྫོགས་སངས་སྐུ་ནི་འཕྲོ་ཕྱིར་དང་། །ཞེས་སོགས་སྒྲུབ་བྱེད་གསུམ་གྱིས་འགྲོ་བའི་རྒྱུད་ལ་ཡོད་པར་སྒྲུབ། ངོ་བོ་རྒྱུ་འབྲས་ལས་ལྡན་འཇུག་པ་དང་། །ཞེས་སོགས་རྣམ་གཞག་བཅུས་གཏན་ལ་ཕབ། སངས་རྒྱས་པད་དཀར་སྦྲང་རྩི་སྙིང་མ་ལ། །ཞེས་སོགས་དྲི་མས་སྒྲིབ་ཚུལ་དཔེ་དགུས་བསྟན། དག་ཐོབ་བྲལ་བ་རང་གཞན་དོན། །ཅེས་སོགས་དང་། རང་དོན་གཞན་དོན་དོན་དམ་སྐུ་དང་ནི། །ཞེས་སོགས་དང་། བརྒྱ་བྱིན་ཪ་སྤྲིན་ཚངས་པ་དང་། །ཞེས་སོགས། དག་པ་གཉིས་ལྡན་གྱི་བྱང་ཆུབ་དང་། བྲལ་བ་དང་རྣམ་པར་སྨིན་པའི་ཡོན་ཏན་དྲུག་ཅུ་རྩ་གཉིས་དང་། རྒྱུན་མི་འཆད་པ་དང་ལྷུན་གྱིས་གྲུབ་པའི་ཕྲིན་ལས་གཉིས་ལ་སོགས་པའི་འབྲས་བུའི་གནས་ཚུལ་ཁྱད་པར་དུ་བཤད་པ་རྣམས། གཟུང་འཛིན་གྱི་དྲི་མས་གདོད་མ་ནས་མ་གོས་པའི་དབྱིངས་རིག་དབྱེར་མེད་ཀྱི་ཡེ་ཤེས་འདི་ཉིད་ལ་དགོངས་ནས་བཤད་པ་ཡིན་པའི་ཕྱིར་ཏེ། འདི་ཉིར་གློ་བུར་གྱི་དྲི་མའི་སྐབས་ན་ཡོད་པའི་ཚུལ་ཁམས་ལེར་སྒྲུབ་བྱེད་གསུམ་དང་རྣམ་གཞག་བཅུ་དང་དཔེ་དགུས་གཏན་ལ་ཕབ་སྟེ། བྱང་ཆུབ་ཡོན་ཏན་ཕྲིན་ལས་ཀྱི་ལེའུ་གསུམ་དུ་དེ་ཉིད་གློ་བུར་གྱི་དྲི་མ་ལས་གྲོལ་ནས་མངོན་དུ་གྱུར་པའི་ཚུལ་བཤད་པ་ཡིན་པའི་ཕྱིར། དེ་ལྟར་སྒྲུབ་བྱེད་གསུམ་དང་རྣམ་གཞག་བཅུ་དང་དཔེ་དགུས་གཏན་ལ་ཕབ་པ་སོགས། དྲི་མས་མ་གོས་པའི་སེམས་གསལ་བའི་ཕྱོགས་པ་ནས་དེ་དག་བཤད་པར་ཇི་ལྟར་རུང་སྙམ་ན། བཤད་པར་བྱ་སྟེ། དྲི་བཅས་དེ་བཞིན་ཉིད་དང་དྲི་མ་མེད། །ཅེས་པའི་དྲི་བཅས་དེ་བཞིན་ཉིད་ངོས་འཛིན་པའི་ཚེ། ཐོགས་མེད་འགྲེལ་ཆེན་ལས་དཔལ་འཕྲེང་མདོ་དྲངས་པ་ན། ལྷ་མོ་ཆོས་འདི་གཉིས་ནི་རྟོགས་པར་དཀའ་བ་སྟེ་སེམས་རང་བཞིན་གྱིས་རྣམ་པར་དག་པ་རྟོགས་པར་དཀའ་བ་དང་། སེམས་དེའི་ཀུན་ནས་ཉོན་མོངས་པ་རྟོགས་པར་དཀའ་བའོ། །ལྷ་མོ་ཆོས་འདི་གཉིས་ཉན་པར་བྱེད་པ་ནི་ཁྱོད་དང་ཡང་ན་ཆོས་ཆེན་པོ་དང་ལྡན་པའི་བྱང་ཆུབ་སེམས་དཔའ་རྣམས་ཡིན་ནོ་ཞེས། དྲི་མས་རང་བཞིན་གྱིས་དག་པའི་སེམས་གསལ་རིག་དེ་ཉིད་དྲི་བཅས་དེ་བཞིན་ཉིད་ཀྱི་མཚན་གཞིར་བཀོད་པའི་ཕྱིར་དང་། སེམས་དེ་རང་བཞིན་འོད་གསལ་བས་ན། ཉོན་མོངས་ངོ་བོ་མེད་གཟིགས་པས། །ཞེས་པའི་འགྲེལ་ཆེན་ལས་ཀྱང་། དེ་ལ་སེམས་རང་བཞིན་གྱིས་འོད་གསལ་བ་ཞེས་བྱ་བ་གང་ཡིན་པ་དང་། སེམས་དེའི་ཉེ་བའི་ཉོན་མོངས་པ་ཞེས་བྱ་བ་གང་ཡིན་པ་འདི་གཉིས་ནི་དགེ་བ་དང་མི་དགེ་བའི་སེམས་དག་ལ་གཅིག

ཏུ་རྒྱུ་བས་སེམས་གཉིས་པ་མཚམས་སྦྱོར་བ་མེད་པའི་ཚུལ་གྱིས་ཟག་པ་མེད་པའི་དབྱིངས་ལ་མཆོག་ཏུ་རྟོགས་པར་དཀའ་བ་ཡིན་ནོ་ཞེས། གཞུང་འདིའི་ལྟ་བའི་མཐར་ཐུག་སེམས་རང་བཞིན་གྱིས་འོད་གསལ་ཞེས་པ་ནི། རང་བཞིན་འོད་གསལ་གྱི་སེམས་གསལ་རིག་ལ་བཞེད་པའི་ཕྱིར་དང་། ཁྱད་པར་དཔེ་དགུ་དོན་དགུའི་འཐད་ཀྱི་འགྲེལ་ཆེན་ལས། མདོར་ན་སྙིང་པོའི་མདོར་དཔེར་བརྗོད་པ་བསྟན་པ་འདི་དག་ནི་སེམས་ཀྱི་ཁམས་མ་ལུས་པའི་ཐོག་མ་མེད་པའི་སེམས་ཀུན་ནས་ཉོན་མོངས་པའི་ཆོས་གློ་བུར་བ་ཉིད་དང་། ཐོག་མ་མེད་པའི་སེམས་རྣམ་པར་བྱང་བའི་ཆོས་ལྷན་ཅིག་སྐྱེས་པ་རྣམ་པར་དབྱེ་བ་མེད་པ་ཉིད་དུ་བསྟན་ཏོ། །ཞེས་དཔེ་དགུས་བསྟན་པའི་སྙིང་པོ་ནི་རང་བཞིན་འོད་གསལ་གྱི་སེམས་ལ་ངོས་གཟུང་ནས། དེ་ཉིད་ལ་རྣམ་བྱང་གི་སེམས་དང་། དགེ་བའི་སེམས་དང་། ཟག་མེད་ཀྱི་སེམས་དང་། གཉིས་མེད་ཀྱི་ཡེ་ཤེས་སོགས་ཀྱི་མིང་བཏགས་ནས་གཏན་ལ་ཕབ་པར་ཤིན་ཏུ་གསལ་བའི་ཕྱིར་རོ། །

དབུ་མའི་ལུགས་ཀྱི་གཞི་ཡི་ངོས་འཛིན་ནི། ཀླུ་སྒྲུབ་ཞབས་ཀྱི་རིགས་ཚོགས་ལས། གསལ་སྟོང་ཟུང་འཇུག་གི་སྟོང་པའི་ཕྱོགས་པ་ནས་གཙོ་བོར་བཤད་དེ། རྟེན་འབྲེལ་གྱི་གནད། ཆོས་ཐམས་ཅད་ཀྱི་སྟེང་དུ་མཐའ་བཞི་སྤྲོས་པ་ཡིས་སྟོང་ཚུལ། རྟེན་འབྲེལ་གྱི་རིགས་པ་ཡིས་གཏན་ལ་ཕབ་ནས། ཆོས་ཐམས་ཅད་བདེན་པས་སྟོང་པའི་སྟོང་ཉིད་ལ་འཁོར་འདས་ཀུན་གྱི་བྱ་བྱེད་རུང་བར་གསུངས་པའི་ཕྱིར། འོན་རྟེན་འབྲེལ་གྱི་གནད་ཇི་ལྟར་བྱུ། འདི་སྟོང་པའི་ཕྱོགས་པ་ནས་བཤད་པར་ཇི་ལྟར་ཤེས་སྙམ་ན་བཤད་པར་བྱ་སྟེ། རྟེན་འབྲེལ་གྱི་ཆོས་ཐམས་ཅད་བདེན་སྟོང་དུ་གཏན་ལ་འབེབ་པ་ནི། རྟེན་འབྲེལ་རྟོགས་པའི་གནད་ཀྱི་གཙོ་བོ་དང་། གྲུབ་མཐའ་བཞི་ལས་དབུ་མའི་གྲུབ་མཐའི་གནད་ཀྱི་གཙོ་བོ་ཡིན་ཏེ། དངོས་སྨྲ་བས་ནི། རྟེན་འབྲེལ་ཡིན་ན་བདེན་གྲུབ་ཀྱིས་ཁྱབ་པ་བཅས་ནས། བདེན་པས་སྟོང་པ་ལ་རྒྱུ་འབྲས་རྟེན་འབྲེལ་མི་རུང་བར་ཁས་བླངས་པས། རྟེན་འབྲེལ་གྱི་གནད་དམ་དོན་དམ་གཏན་ནས་མ་རྟོགས་པ་ཡིན་ལ། དབུ་མ་པས་ནི། རྟེན་འབྲེལ་གྱི་རྟགས་ལས་ཆོས་གཅིག་བདེན་མེད་དུ་རྟོགས་ན། ཆོས་ཐམས་ཅད་བདེན་མེད་དུ་རང་གྲོལ་དུ་སོང་བས། རྟེན་འབྲེལ་གྱི་གནད་དམ་སྙིང་པོ་ཆེས་གསལ་བར་རྟོགས་པའི་ཕྱིར་རོ། །འདི་ཉིད་སྤྱིར་དབུ་མ་པ་དང་། ཁྱད་པར་དཔལ་མགོན་འཕགས་པ་ཀླུ་སྒྲུབ་ཀྱི་དགོངས་པའི་དབྱིངས་མཐིལ་ཕྱིན་པ་སྟེ། རིགས་པ་དྲུག་ཅུ་པ་ལས། གང་དག་བརྟེན་ནས་དངོས་པོ་རྣམས། །དེ་ཉིད་དུ་ནི་གྲུབ་འདོད་པ། །དེ་དག་ལ་ཡང་རྟག་སོགས་སྐྱོན། དེ་དག་ཇི་ལྟར་འབྱུང་མི་འགྱུར། །ཞེས་སངས་རྒྱས་བསྟན་པའི་སྒོར་ཞུགས་ཀྱང་། རྟེན་འབྲེལ་ལ་བདེན་གྲུབ་ཀྱིས་ཁྱབ་པ་ཁས་བླངས་པའི་དངོས་སྨྲ་བ་རྣམས་ནི་རྟག་ཆད་ཀྱི་མཐའ་ལས་མ་འདས་སོ་ཞེས་བཤད་ནས། གང་དག་

བརྟེན་ནས་དངོས་པོ་རྣམས། །རྒྱུ་ཡི་ཟླ་བ་ལྟ་བུར་ནི། །ཡང་དག་མ་ཡིན་ལོག་མིན་པར། །འདོད་པ་དེ་དག་ལྟས་མི་འཕྲོགས། །ཞེས་རྟེན་འབྱུང་ལ་བདེན་མེད་ཀྱིས་ཁྱབ་པའི་གནད་ཤེས་པ་ནི་རྟག་ཆད་ཀྱི་མཐའ་ལས་གྲོལ་བས་དབུ་མ་པ་ཆེན་པོ་ཡིན་ནོ་ཞེས་བཤད་དེ། གྲུབ་དོན་སྡུད་པ་ན། དངོས་པོར་ཁས་ལེན་ཡོད་ན་ནི། །འདོད་ཆགས་ཞེ་སྡང་མི་ཟད་འབྱུང་། །དེ་ལས་བྱུང་བའི་རྩོད་པར་འགྱུར། །དེ་ནི་ལྟ་བ་ཀུན་གྱི་རྒྱུ། །དེ་མེད་ཉོན་མོངས་མི་སྐྱེ་སྟེ། །དེ་ཕྱིར་དེ་ནི་ཡོངས་ཤེས་ན། །ལྟ་དང་ཉོན་མོངས་ཡོངས་སུ་བྱང་། །ཞེས་ཇི་སྲིད་བདེན་གྲུབ་ཀྱི་ཆོས་ཙུང་ཟད་གཅིག་ཁས་ལེན་པ་དེ་སྲིད་དུ་དངོས་སྨྲ་བ་ཡིན་པས་དབུ་མའི་ལྟ་བ་མི་རྟོགས་ཤིང་། སྤང་བྱ་ཆགས་སོགས་ཉོན་མོངས་པའི་ས་བོན་སྤོང་བར་མི་ནུས་པས་ཆགས་སོགས་ཉོན་མོངས་པའི་ས་བོན་སྤོང་བ་ལ་བདེན་མེད་རྟོགས་དགོས་སོ་ཞེས་བཤད་ནས། བདེན་མེད་དེ་གང་ལས་རྟོགས་སྙམ་ན། གང་གིས་དེ་ཤེས་འགྱུར་སྙམ་ན། །བརྟན་ནས་འབྱུང་བ་མཐོང་བས་ཏེ། །བརྟེན་ནས་སྐྱེས་པ་མ་སྐྱེས་པར། །དེ་ཉིད་མཁྱེན་པ་མཆོག་གིས་གསུངས། །ཞེས་གང་བརྟེན་ནས་སྐྱེས་པ་ལ་རང་བཞིན་གྱིས་མ་སྐྱེས་པས་ཁྱབ་པའི་གནད་ཤེས་པ་ནི༔ རྟེན་འབྲེལ་གྱི་གནད་རྟོགས་པ་དབུ་མ་པ་ཡིན་པས། གནད་དེ་ཉིད་རྟོགས་ན། ཆོས་ཐམས་ཅད་བདེན་མེད་དུ་རང་གྲོལ་ལ་རྟོགས་ནུས་ཀྱི། ཆོས་འགའ་ཞིག་བདེན་མེད་དུ་འདོད་པ་སྙམ་བྱེད་ཀྱང་། ཆོས་ཕྲ་རགས་ཙུང་ཟད་གཅིག་བདེན་མེད་དུ་མ་རྟོགས་ན། རྟེན་འབྲེལ་གྱི་གནད་མ་རྟོགས་པ་ཡིན་པས་ཆོས་གང་ལ་ཡང་བདེན་མེད་ཀྱི་རྟོགས་པ་མཚན་ཉིད་པ་མི་སྐྱེ་སྟེ། ཆོས་ཤེས་པ་ཡིན་ལོག་ཏུ་ནི། །འདི་ལ་བྱེ་བྲག་ཡོད་ན་ཡང་། །གང་གིས་སྐྱེ་བར་རྣམ་བརྟགས་པ། །རྣམ་པར་མི་མཁས་དེ་ཡིས་ནི། །རྐྱེན་ལས་བྱུང་བའི་དོན་མ་མཐོང་། །ཞེས་གསལ་བར་བཤད་པའི་ཕྱིར་རོ། །གནད་འདི་རྟོགས་ན་འཕགས་པ་ཡིན་ན་དབུ་མ་པ་ཡིན་པས་ཁྱབ་པ་དང་། ཆོས་ཐམས་ཅད་བདེན་མེད་དུ་རྟོགས་པས་ཁྱབ་པ་ནི། ཀླུ་སྒྲུབ་ཀྱི་དགོངས་པར། རྣམ་དཔྱོད་སྐལ་བར་ལྡན་པ་དག་གིས་མི་རྟོགས་ཁ་མེད་ཡིན་མོད། བདག་གི་འདྲེན་པ་དཔལ་འབུམ་ཕྲག་གསུམ་པས། ཉན་རང་ལ་རྣམ་གྲངས་པའི་ཆོས་ཀྱི་བདག་མེད་རྟོགས་པ་ཙམ་ལས་མེད་པར་བཤད་པ་དང་། ཡོངས་སུ་རྫོགས་པའི་པཎྜི་ཏ་ཆེན་པོ་འདི་ཉིད་ཀྱིས། ངར་འཛིན་སྐྱེ་བའི་གཞི་ཕུང་པོ་ལྔ་ཙམ་བདེན་མེད་དུ་རྟོགས་ཀྱི་དེ་ལས་གཞན་པའི་ཆོས་ཐམས་ཅད་བདེན་མེད་དུ་མ་རྟོགས་པར་བཤད་པ་དང་། གཟིགས་པའི་སྤྱན་ཡངས་ཤཱཀྱ་མཆོག་ལྡན་གྱིས་འདུས་བྱས་ཐམས་ཅད་བདེན་མེད་དུ་རྟོགས་ཀྱང་། འདུས་མ་བྱས་ཆོས་ཉིད་བདེན་མེད་དུ་མ་རྟོགས་པར་བཤད་པ་སོགས་ནི། དེང་སང་གི་གདུལ་བྱ་བློ་ནུས་ཞན་པ་རྣམས་ཁ་དྲང་བའི་ཆེད་ཙམ་ཡིན་གྱིས། རྟེན་འབྲེལ་གྱི་གནད་ཟབ་མོ་ལ་ཐུགས་གཡེལ་བ་ག་ལ་ཡིན། རི་བོ་དགེ་ལྡན་པས། གནད་འདི་ཐོགས་མེད་རྗེས་འབྲང་གི་

སྐབས་སུ་ཡང་སྨྲ་ར་ནས་དགོངས་པ་གཅིག་ཏུ་འཆད་པ་ནི། སློབ་འབྲེལ་པའི་དགོངས་པ་མི་འདྲ་བའི་ཁྱད་པར་ཡོད་པའི་གནད་མ་རྟོགས་པ་སྟེ་འོག་ཏུ་འཆད་དོ། །དེས་ན་རིགས་ཚོགས་ལས་གཞིའི་ངོ་བོ་སྟོང་པའི་ཕྱོགས་པ་ནས་བཤད་དེ། གང་ལ་སྟོང་པ་ཉིད་རུང་བ། །ཞེས་སོགས་དང་། དེ་བཞིན་གཤེགས་པའི་རང་བཞིན་གང་། །ཞེས་སོགས་ཀྱིས་ཆོས་ཐམས་ཅད་ཀྱི་སྟེང་དུ་མཐའ་བཞིའི་སྤྲོས་པ་བཀག་པའི་བདེན་སྟོང་ལ་བདེ་གཤེགས་སྙིང་པོར་བཤད་པའི་ཕྱིར་རོ། །

གསུམ་པ་ནི། མགོན་པོ་ཀླུ་སྒྲུབ་ཀྱིས་བསྟོད་པའི་ཚོགས་སུ་གཞིའི་ངོས་འཛིན། གསལ་སྟོང་ཟུང་འཇུག་གི་ཕྱོགས་པ་ནས་བཤད་དེ། ཆོས་དབྱིངས་བསྟོད་པ་སོགས་ལས། རྟེན་འབྲེལ་གྱི་རྟགས་ལས་འདུས་བྱས་བདེན་པས་སྟོང་པའི་སྟོང་ཉིད་དེའང་དགག་བྱ་བདེན་གྲུབ་བཀག་པའི་ཅི་ཡང་མེད་པ་ཙམ་ཡིན་པ་སྤངས་ནས། ཡེ་ནས་དྲི་མས་མ་གོས་པའི་སེམས་ཀྱི་གསལ་ཆ་རྒྱུན་ཆགས་དང་ཟུང་འཇུག་ཡིན་པར་བཤད་པའི་ཕྱིར་ཏེ། གཞི་སྟོང་པ་ཉིད་ལ་འཁོར་འདས་ཀྱི་བྱ་བྱེད་རུང་བར་གསུངས་པ་ནི་འཁོར་འདས་རང་བཞིན་གྱིས་ལྷུན་གྱིས་གྲུབ་པའི་སེམས་དང་ཟུང་དུ་འཇུག་པ་ཉིད་ཀྱི་ཕྱིར་ཡིན་གྱི། དགག་བྱ་བདེན་པ་བཅད་ཙམ་གྱི་ཆ་ནས་མ་ཡིན་པའི་ཕྱིར་ཏེ། དེ་ལྟར་ཡིན་ན་ནམ་མཁའ་ཡང་དེར་ཐལ་བའི་སྐྱོན་ཡོད་པའི་ཕྱིར་རོ། །དེ་ཡང་བསྟོད་ཚོགས་ལས་ཟུང་འཇུག་གི་ཕྱོགས་པ་ནས་བཤད་པར་ཇི་ལྟར་ཤེས་སྙམ་ན་བཤད་པར་བྱ་སྟེ། ཆོས་དབྱིངས་བསྟོད་པ་ལས། སཡི་དཀྱིལ་ན་ཡོད་པའི་ཆུ། །དྲི་མ་མེད་པར་གནས་པ་ལྟར། །ཉོན་མོངས་ནང་ན་ཡེ་ཤེས་ཀྱང་། །དེ་བཞིན་དྲི་མ་མེད་པར་གནས། །ཞེས་ཉོན་མོངས་པའི་སྐབས་ན་གཟུང་འཛིན་གྱི་དྲི་མས་མ་གོས་པའི་སེམས་རང་གསལ་ལ༑ ཡེ་ཤེས་ཀྱི་མིང་བཏགས་པ་དེ་གནས་ལུགས་སུ་བཤད་ནས། དེ་ཉིད་བདེན་པར་གྲུབ་བམ་སྙམ་པ་ན། བསམ་གྱིས་མི་ཁྱབ་པར་བསྟོད་པ་ལས། གང་གི་དངོས་པོ་རྟེན་འབྱུང་རྣམས། །ངོ་བོ་མེད་པ་ཉིད་དུ་གསུངས། །ཞེས་རྟེན་འབྲེལ་གྱི་རྟགས་ལས་དེ་ཡང་བདེན་མེད་དུ་བཤད་པའི་ཕྱིར་རོ། །གསུམ་པ་ནི། གནད་དེས་ན་ཐེག་ཆེན་དབུ་མའི་ལུགས་ཀྱི་གཞིའི་འདོད་ཚུལ་ལ། རྒྱལ་ཚབ་བྱམས་པ་དང་། རྒྱལ་བས་ལུང་བསྟན་པའི་དབུ་སེམས་ཀྱི་ཤིང་རྟའི་སློབ་འབྲེལ་འདི་གཉིས་དགོངས་པ་མཐུན་ཏེ། བཀའ་བར་པའི་དགོངས་པ་དང་སྦྱར་ཏེ་དངོས་བསྟན་སྟོང་ཉིད་ཀྱི་ཕྱོགས་པ་དང་། སྦས་དོན་གསལ་བའི་ཕྱོགས་པ་ནས་བཤད་པའི་བཤད་ཚུལ་ཐ་དད་ཀྱང་། ངོ་བོ་ཟུང་འཇུག་ལ་འཛོག་པར་བཤད་ཟིན་པའི་ཕྱིར་རོ། །གཞུང་འདི་རྒྱལ་ཚབ་རྒྱལ་བས་ལུང་བསྟན་པའི། །ཞེས་པ་ལྟར་དག་པ་ཡིན་གྱི། རྒྱལ་ཚབ་བྱམས་པས་ལུང་བསྟན་པའི་ཞེས་འབྱུང་བ་ནི་མ་དག་པ་ཡིན་ཏེ། བྱམས་པས་སློབ་འབྲེལ་གཉིས་ལ་ལུང་བསྟན་པ་མེད་པའི་ཕྱིར་རོ། །འདིར་ཀུན་མཁྱེན་ཉིད་ཀྱིས་སློབ་འབྲེལ་གཉིས་དབུ་

མའི་གཞི་ངོས་འཛིན་ཚུལ་དགོངས་པ་གཅིག་ཏུ་བསྒྲུབས་ལ། དེ་ལྟར་ན་འདི་གཉིས་ཀྱི་ལྟ་བའི་མཐར་ཐུག་རང་སྟོང་དབུ་མར་བསྒྲུབ་པ་ཡིན་མོད། མཁས་པ་རྣམ་དཔྱོད་ལྡན་པས་རྣམ་པར་གཞིགས་ན་འདི་གཉིས་ཀྱི་མཐར་ཐུག་རང་སྟོང་དང་གཞན་སྟོང་གང་ཡིན་ལ་དཔྱད་པར་བྱ་བའི་གཞི་མང་དུ་ཡོད་ཅིང་། རང་སྟོང་ཡིན་པ་གཞིར་བཞག་ཏུ་བྱས་ན་ཡང་མི་འདྲ་བའི་ཁྱད་པར་ཆེས་གསལ་བ་ཡོད་པ་ནི་རིམ་གྱིས་འཆད་པར་བཞེད་པའི་ཕྱིར་རོ། །

བཞི་པ་མཚན་གྱི་རྣམ་གྲངས་བཤད་པ་ལ་གཉིས། ཕར་ཕྱིན་གཞུང་ནས་བཤད་པའི་མཚན་གྱི་རྣམ་གྲངས་བཤད། སྔགས་ཀྱི་རྒྱུད་ནས་བཤད་པའི་མཚན་གྱི་རྣམ་གྲངས་བཤད་པའོ། །དང་པོ་ནི་དབུ་མ་ལུགས་ཀྱི་གཞི་ཆོས་ཅན། ཁྱོད་མདོ་ནས་བཤད་པའི་མཚན་གྱི་རྣམ་གྲངས་དུ་མ་དང་ལྡན་ཏེ། ཆོས་དབྱིངས་དང་དྲི་བཅས་དེ་བཞིན་ཉིད། རང་བཞིན་འོད་གསལ་དང་བདེ་གཤེགས་སྙིང་པོ་དང་། སེམས་ཀྱི་རང་བཞིན་རྣམ་པར་དག་པ་སོགས་མཚན་གྱི་རྣམ་གྲངས་དུ་མས་ཁྱོད་བསྟན་པའི་ཕྱིར་དང་། ལང་གཤེགས་ལས། དེ་བཞིན་གཤེགས་པའི་སྙིང་པོ་ཀུན་གཞིའི་རྣམ་པར་ཤེས་པར་གྲགས་པ་སྦྱང་བར་བྱའོ་ཞེས་དང་། རྒྱན་སྟུག་པོ་བཀོད་པ་ལས། ཇི་ལྟར་ཟླ་བ་སྐར་ཚོགས་དང་། །མཁའ་ལ་ལྷན་ཅིག་གནས་པ་ལྟར། །དེ་བཞིན་ཀུན་གཞིའི་རྣམ་ཤེས་ཀྱང་། །རྣམ་ཤེས་བདུན་དང་ལྷན་ཅིག་གནས། །ཞེས་དང་། རྣལ་འབྱོར་དབང་ཕྱུག་བིརྺ་པའི་མན་ངག་རྡོ་རྗེའི་ཚིག་རྐང་ལས། ཀུན་གཞི་རྒྱུ་རྒྱུད་ལ་འཁོར་འདས་ཚང་བས་རྩ་རྒྱུད་ཅེས་དང་། དཔལ་ལྡན་ཟླ་བའི་ཞབས་ཀྱི་འཇུག་འགྲེལ་ལས། དངོས་པོ་ཐམས་ཅད་ཀྱི་རང་བཞིན་རྗེས་སུ་ཞུགས་པའི་ཕྱིར་སྟོང་པ་ཉིད་ཁོ་ན་ལ་ཀུན་གཞིའི་རྣམ་པར་ཤེས་པའི་སྒྲས་བསྟན་པར་རིག་པར་བྱའོ། །ཞེས་སོགས་ཀྱི་ཀུན་གཞིའི་སྒྲ་ཡང་ཁྱོད་ཀྱི་གསལ་ཆ་དང་སྟོང་ཆ་འདི་ལ་ཅི་ལྟར་རིགས་པར་དགོངས་ཏེ་བཤད་པ་ཡིན་པའི་ཕྱིར་རོ། །

གཉིས་པ་ནི། དབུ་མ་ལུགས་ཀྱི་གཞི་གསལ་སྟོང་ཟུང་འཇུག་ཆོས་ཅན། ཁྱོད་ལ་རྒྱུད་ནས་བཤད་པའི་མཚན་གྱི་རྣམ་གྲངས་དང་ལྡན་ཏེ། ཟབ་མོའི་རྒྱུད་དུ་འཛམ་དཔལ་དུ། འཛམ་དཔལ་དཔལ་དང་ལྡན་པའི་མཆོག །ཅེས་འཛམ་དཔལ་དང་། ལུས་ལ་ཡེ་ཤེས་ཆེན་པོ་གནས། །ཞེས་ཡེ་ཤེས་ཆེན་པོ་དང་། རང་བཞིན་ལྷན་ཅིག་སྐྱེས་ཞེས་བརྗོད། །ཅེས་ལྷན་ཅིག་སྐྱེས་པ་དང་། རྡོ་རྗེ་རྩེ་མོ་ལས། སྲ་ཞིང་སྙིང་པོ་ཁོང་སྟོང་མེད། །བཅད་དང་གཞིག་པར་བྱ་བ་མིན། །བསྲེག་པར་བྱ་མེད་གཞིག་མེད་པར། །སྟོང་ཉིད་རྡོ་རྗེར་བརྗོད་པར་བྱ། །ཞེས་རྡོ་རྗེ་དང་། ཡང་བརྟག་གཉིས་ལས། རྡོ་རྗེ་མི་ཕྱེད་ཅེས་བྱར་བརྗོད། །སེམས་དཔའ་སྲིད་པ་གསུམ་གཅིག་པ། །འདིས་ནི་ཤེས་རབ་རིགས་པ་ཡིས། །རྡོ་རྗེ་སེམས་དཔར་བརྗོད་པར་བྱ། །ཞེས་རྡོ་རྗེ་སེམས་དཔའ་དང་། གཉིས་ནི་གཉིས་མེད་ཡེ་ཤེས་ཏེ། །ཞེས་དཔལ་དང་། ཀུན་ཏུ་བཟང་པོ་ཀུན་བདག་ཉིད། །བཅོམ་ལྡན་འདས་དཔལ་མཆོག་དང་

པོའི་སྐྱེས་བུ་ལའོ། །ཞེས་ཀུན་བཟང་དང་དཔལ་མཆོག་ལ་སོགས་ཀྱི་མཚན་གྱི་རྣམ་གྲངས་བགྲང་ཡས་ཀྱིས་བསྟན་པའི་ཕྱིར་རོ། །འོན་ཀྱང་མདོ་སྔགས་ནས་བཤད་པའི་རྣམ་གྲངས་དེ་དག་དོན་གཅིག་ཏུ་ནི་འབྲུལ་བར་མི་བྱའོ། །འདིར་དཔྱད་དགོས་པའི་དོགས་པ་ནི་འདི་ལྟར་ཡིན་ཏེ། རང་ལུགས་ཀྱི་གཞིའི་ངོས་འཛིན་རྒྱུད་བླ་རྩ་འགྲེལ་ལས་གཉིས་མེད་ཀྱི་ཡེ་ཤེས་ལ་ངོས་བཟུང་བ་དང་། རིགས་ཚོགས་ལས་རྟེན་འབྲེལ་གྱི་རྟགས་ལས་འདུས་བྱས་བདེན་པས་སྟོང་པའི་སྟོང་ཉིད་ལ་བཤད་པ་དང་། བསྟོད་ཚོགས་ལས་ཟུང་འཇུག་ལ་བཤད་པ་དང་། དེ་དག་མདོ་རྒྱུད་ནས་མཚན་གྱི་རྣམ་གྲངས་ཐ་དད་དུ་བཤད་པ་དེ་དག་ཐུན་མོང་དུ་འགལ་མེད་དུ་ཁས་ལེན་ནམ་སོ་སོར་ཁས་ལེན་སྙམ་ན། སྤྱིར་རྒྱལ་བའི་འཁོར་ལོ་ཐ་མ་དང་། རྒྱུད་བླ་རྩ་འགྲེལ་གྱི་སྐབས་སུ་གཞི་བདེ་གཤེགས་སྙིང་པོའམ་ཆོས་དབྱིངས་ལ། གཉིས་མེད་ཀྱི་ཡེ་ཤེས་ཀྱི་མིང་ཅན་གྱི་ཤེས་པ་གསལ་རིག་གི་ཆ་ཁོ་ན་ཡིན་པས་ཁྱབ་པ་དང་། དེ་ཡང་ཐེག་ཆེན་འཕགས་པ་ཁོ་ནས་མངོན་སུམ་དུ་རྟོགས་ཀྱི། ཐེག་དམན་འཕགས་པ་དང་སོ་སོ་སྐྱེ་བོའི་མངོན་སུམ་གྱི་སྤྱོད་ཡུལ་གཏན་ནས་མ་ཡིན་པར་བཤད། བཀའ་འཁོར་ལོ་བར་པ་དང་། རིགས་ཚོགས་རྩ་འགྲེལ་གྱི་སྐབས་སུ། གཞི་བདེ་གཤེགས་སྙིང་པོ་དེ་ཉིད། ཆོས་ཐམས་ཅད་བདེན་པ་བཀག་པའི་སྟོང་ཉིད་ཁོ་ན་ཡིན་པས་ཁྱབ་ཅིང་། དེ་ཡང་འཕགས་པའི་གང་ཟག་ཐམས་ཅད་ཀྱི་མངོན་སུམ་གྱི་སྤྱོད་ཡུལ་དུ་བཤད། དེ་གཉིས་ཅར་གྱི་སྐབས་སུ་གཞི་དེ་ཉིད། སྒྲོ་སྐུར་གྱི་མཐའ་དང་། རྟག་ཆད་ཀྱི་མཐའ་སོགས་དང་བྲལ་བའི་འདུས་མ་བྱས་ཤིག་ཡིན་དགོས་པར་བཤད་ཅིང་། མདོ་རྒྱུད་ཚད་ལྡན་གཞན་རྣམས་ལས་དེ་གཉིས་ཅི་རིགས་པར་བཤད་པ་ཡིན་པ་ལ། དེ་གཉིས་སོ་སོའི་སྐབས་སུ་རང་རང་ནས་བཤད་པ་ལྟར་སོ་སོར་ཁས་ལེན་གྱི་ཕན་ཚུན་བསྲེས་ནས་ཁས་མི་ལེན་ཡང་། འདིར་མདོ་རྒྱུད་བསྟན་བཅོས་ཚད་ལྡན་ཐམས་ཅད་ཀྱི་ལེགས་པའི་ཆ་བསྡུས་ནས་ཐུན་མོང་དུ་ཀུང་བསྒྲིགས་ནས་འཆད་པའི་སྐབས་ཡིན་པས། བཀའ་བར་ཐ་གཉིས་དང་ཤིང་རྟའི་སྲོལ་འབྱེད་གཉིས་ཀྱི་དགོངས་པ་ཐུན་མོང་དུ་འགལ་མེད་དུ་བསྒྲུབས་ནས་འཆད་པར་བྱེད་དོ། །འོན་འགལ་མེད་དུ་ཇི་ལྟར་དམ་བཅའ། ལུང་རིགས་ཀྱིས་ཇི་ལྟར་སྒྲུབ་སྙམ་ན། གཞི་བདེ་གཤེགས་སྙིང་པོ་ནི་གསལ་སྟོང་ཟུང་འཇུག་ཡིན་ཅིང་། དེ་གསུམ་ཡང་ངོ་བོ་གཅིག་ལ་ལྡོག་པ་ཐ་དད་ཡིན་པས། གསལ་སྟོང་ཟུང་འཇུག་གི་ཟླས་ཕྱེ་བའི་གསལ་ཆ་སྟོང་ཆ་ཟུང་འཇུག་གི་ཆ་གསུམ་ཀ་བདེ་གཤེགས་སྙིང་པོ་ཡིན་པས། ཐོགས་མེད་ཀྱིས་གསལ་ཆ་ནས་བདེ་གཤེགས་སྙིང་པོ་ངོས་བཟུང་ཡང་། དེ་སྟོང་ཉིད་དུ་མི་བཞེད་པ་མ་ཡིན་ལ། ཀླུ་སྒྲུབ་ཀྱིས་སྟོང་ཆ་ནས་ངོས་བཟུང་ཡང་དེ་གསལ་རིག་ཏུ་མི་བཞེད་པ་ཡང་མ་ཡིན་པས་དོན་དྲིལ་ན། གཞི་བདེ་གཤེགས་སྙིང་པོ་ཡིན་ན། ཤེས་པ་གསལ་རིག་ཡིན་པས་ཀྱང་ཁྱབ་ལ། ཆོས་ཉིད་འདུས་མ་བྱས་ཡིན་པས་ཀྱང

ཁྱབ་བོ་ཞེས་པ་ནི། སྤྱིར་བཀའ་མདོ་རྒྱུད་དང་། ཁྱད་པར་ཀུན་མཁྱེན་ཆེན་པོ་འདི་ཉིད་ཀྱི་དགོངས་པར་དམ་བཅའ་བའོ། །འོན་དམ་བཅའ་འདི་ཇི་ལྟར་སྒྲུབ་སྙམ་ན། འདིར་སྐབས་ཀྱི་བདེ་གཤེགས་སྙིང་པོ་འདི། གཟུང་འཛིན་གྱི་དྲི་མས་གདོད་མ་ནས་དག་པའི་ཤེས་པ་གསལ་རིག་ཡིན་པར་འཆད་དགོས་ཏེ། སྙིང་པོའི་གསལ་སྟོང་ཟུང་འཇུག་གི་གསལ་བའི་ཆ་དེ་བདེ་གཤེགས་སྙིང་པོ་ཡིན་པའི་ཕྱིར་ཏེ། རྒྱུད་བླ་མ་ལས་སྙིང་པོ་གསལ་བ་སེམས་ཀྱི་ཆ་ལ་ངོས་གཟུང་ཞིང་བཟུང་བ་ལྟར་འདིར་ཡང་ཁས་ལེན་རིགས་པའི་ཕྱིར་དང་། འདིའི་སྐབས་ཀྱི་སྙིང་པོ་འདི། རྣལ་འབྱོར་དབང་ཕྱུག་གི་རྒྱུད་མན་ངག་ནས་བཤད་པའི་ཀུན་གཞི་རྒྱུ་རྒྱུད་ཡིན་ཞིང་། དེ་ཉིད་ཤེས་པ་ཡིན་པར་དཔལ་ལྡན་ས་སྐྱ་པའི་རྒྱུད་མན་ངག་ལས་བཤད་པའི་ཕྱིར་དང་། སྙིང་པོ་དེ། ལང་གཤེགས་སོགས་དང་དཔལ་ལྡན་ཟླ་བས་བཤད་པའི་ཀུན་གཞི་ཡིན་ཞིང་དེ་ཡང་ཤེས་པ་ཡིན་པའི་ཕྱིར་དང་། སྙིང་པོ་དེ་རྒྱུད་སྡེ་ནས་བཤད་པའི་རང་བཞིན་རྣམ་དག་གི་ཡེ་ཤེས་ཆེན་པོ་ཡིན་ཞིང་དེ་ཡང་ཤེས་པ་ཡིན་པའི་ཕྱིར་རོ། །རྒྱུད༷་གཉིས༷་ལྡན༷་ཀྱི༷་རྟགས་དང་པོ་གྲུབ་སྟེ་འདི་ཉིད་ལས། དེ་ཡང་ཐེག་ཆེན་རྒྱུད་བླ་ལས། །ཞེས་སོགས་དང་། དེ་ཉིད་ལས་བཅད་ཀྱང་རྒྱུད་བླ་ལས་ཇི་སྙེད་པའི་ལྡོག་པ་ནས་བཤད་ཚུལ་ཞེས་བཤད་པའི་ཕྱིར་རོ། །

རྟགས་གཉིས་པའི་ཟུར་དང་པོ་ནི། འདི་ཉིད་ལས། རྣལ་འབྱོར་དབང་ཕྱུག་མན་ངག་དང་། །ཞེས་སོགས་བཤད་པས་གྲུབ་ཅིང་། ཟུར་གཉིས་པ་ཀུན་གཞི་རྒྱུ་རྒྱུད་དེ་ཉིད་ཤེས་པ་ཡིན་པར་དཔལ་ལྡན་ས་སྐྱ་པའི་རྒྱུད་མན་ངག་ལས་བཤད་པ་ཡང་འདི་ལྟར་ཡིན་ཏེ། གསུང་ངག་ལམ་འབྲས་ལས། ཀུན་གཞི་རྒྱུ་རྒྱུད་ལ་འཁོར་འདས་ཚང་བས་རྩ་རྒྱུད་ཅེས་པའི་ཀུན་གཞི་ངོས་འཛིན་པ་ན། རྗེ་བཙུན་གྲགས་པས་འཁོར་འདས་དབྱེར་མེད་ཀྱི་རྩ་བ་ལས། རྒྱས་བཤད་ཐོག་མར་ཀུན་གཞིའི་རང་བཞིན་དང་། །ཞེས་སོགས་དང་དེའི་འགྲེལ་པར། དང་པོ་ནི་སེམས་ཉིད་འཁོར་བ་དང་མྱ་ངན་ལས་འདས་པ་གཉིས་ཀའི་རྒྱུར་གྱུར་པ། རིགས་སམ་ཕྱོགས་སུ་མ་ལྷུང་བ་གནས་སྐབས་དུ་མར་སྣང་བ་ཙམ་ཡིན་ནོ། །ཞེས་དང་། གཞུང་བཤད་སྲས་དོན་མ་ལས། དེ་ཡང་ཀུན་གཞི་རྒྱུ་རྒྱུད་ནི་སེམས་རང་བཞིན་གྱིས་འོད་གསལ་བ་འཁོར་འདས་གཉིས་ཀའི་རྒྱུར་གྱུར་པའོ། །ཞེས་སོགས་དང་། རྗེ་བཙུན་རྩེ་མོས་རྒྱུད་སྡེ་སྤྱི་རྣམ་ལས་ཀྱང་། དང་པོ་སྤྱིར་རྒྱུད་ཅེས་བྱ་བ་ནི་རང་གི་སེམས་ཉིད་གཉིས་སུ་མེད་པའི་ཡེ་ཤེས་འདི་ཁོ་ན་ལ་རྒྱུད་ཅེས་བྱ་སྟེ། ཐོག་མ་མེད་པ་ནས་སངས་རྒྱས་ཀྱི་བར་དུ་ཟག་བཅས་ཀྱི་སེམས་རྒྱུན་མི་འཆད་པས་ན་རྒྱུད་དོ། །ཞེས་གསལ་བར་བཤད་པའི་ཕྱིར་རོ། །

རྟགས་གསུམ་པའི་ཟུར་དང་པོ་ནི། འདི་ཉིད་ལས། ལང་གཤེགས་སྟུག་པོ་བཀོད་པ་དང་། །ཞེས་སོགས་བཤད་པས་གྲུབ་ཅིང་། ཟུར་གཉིས་པ་ལང་གཤེགས་དང་སྟུག་པོ་བཀོད་པ་དང་ཟླ་གྲགས་སོགས་ཀྱིས

བཤད་པའི་ཀུན་གཞི་དེ་ཉིད་ཤེས་པ་ཡིན་པ་ཡང་འདི་ལྟར་ཡིན་ཏེ། ཀུན་མཁྱེན་ཆེན་པོ་འདི་ཉིད་ཀྱི་འཇུག་ཊཱི་ཀ་ལས། ཟླ་བ་གྲགས་པའི་ལུགས་ཀྱི་ཀུན་གཞི་གཏན་ལ་འབེབ་པ་ལ། ཀུན་གཞིའི་ངོ་བོ་སོགས་དོན་ཚན་བདུན་དུ་བཤད་པའི་དང་པོ་ལ། དང་པོ་ནི། ཚོགས་དྲུག་ལས་ངོ་བོ་ཐ་དད་པ་ཡོད་པ་མ་ཡིན་ཀྱི། རྣམ་པར་ཤེས་པ་གསལ་ཙམ་གྱི་ངོ་བོ་སེམས་ཅན་ནས་སངས་རྒྱས་ཀྱི་སའི་བར་དུ་རྒྱུན་མ་ཆད་པར་ཡོད་པ་འདི་ཉིད་དགེ་མི་དགེའི་རིགས་སམ། ཡུལ་དྲུག་གི་ཕྱོགས་སུ་མ་ཆད་པར་རང་བཞིན་གྱིས་སྟོང་པས་བྱ་བྱེད་རུང་བའི་ཆ་ནས་ཀུན་གཞིར་འཇོག་ཅེས། ཀུན་གཞི་སེམས་གསལ་རིག་གི་སྟེང་ནས་འཇོག་པར་བཤད་པའི་ཕྱིར་རོ། །

རྟགས་བཞི་པའི་ཟུར་དང་པོ་ནི། འདི་ཉིད་ལས། ཟབ་མོའི་རྒྱུད་དུ་འཇམ་དཔལ་དང་། །ཡེ་ཤེས་ཆེན་པོ་ལྷན་ཅིག་སྐྱེས། །ཞེས་སོགས་བཤད་པས་གྲུབ་ཅིང་། ཟུར་གཉིས་པ་རྒྱུད་སྡེ་ནས་བཤད་པའི་ལྷན་སྐྱེས་དང་ཡེ་ཤེས་ཆེན་པོ་སོགས་ཤེས་པ་ཡིན་པ་ནི། བརྟག་གཉིས་ལས། ལུས་ལ་ཡེ་ཤེས་ཆེན་པོ་གནས། །ཞེས་དང་། རྡོ་རྗེ་གུར་ལས། ཐོག་མེད་སྲིད་པའི་བག་ཆགས་ཀྱིས། །ཕྱི་རོལ་དོན་ནི་ཡོངས་སུ་བརྟགས། །དོན་ཡོད་མ་ཡིན་སེམས་ཉིད་དེ། །སེམས་ནི་ཀུན་ཏུ་འགྲོ་བར་བརྗོད། །ཅེས་སོགས་གསལ་བར་བཤད་པའི་ཕྱིར་རོ། །དེ་ལྟར་ན་འདིར་བདེ་གཤེགས་སྙིང་པོ་ལ་གསལ་སྟོང་ཟུང་འཇུག་གསུམ་དུ་བཤད་པ་འདི་ཉིད། འཁོར་འདས་དབྱེ་མེད་ལས། རང་བཞིན་གསལ་དང་སྟོང་པ་ཟུང་འཇུག་དང་། །ཉོན་མོངས་ལྷུང་དང་ཡི་གེ་རྩ་དང་ཁམས། །ཞེས་སོགས་རྒྱུ་ལྷན་ཅིག་སྐྱེས་པའི་ཆོས་ཉི་ཤུ་རྩ་བདུན་བཤད་པའི་རྩ་བ་རང་བཞིན་གསལ་སྟོང་ཟུང་འཇུག་གསུམ་དང་གནད་གཅིག་པས། སེམས་གསལ་རིག་གཅིག་ཉིད་ལ་ལྡོག་པའི་སྒོ་ནས་ཕྱེ་བ་ཙམ་དུ་ཤེས་པ་ནི་གནད་ཀྱི་དོན་ནོ། །

དེས་ན་གཞི་བདེ་གཤེགས་སྙིང་པོ་གཟུང་འཛིན་གཉིས་སྟོང་གི་ཡེ་ཤེས་ཁོ་ན་ལ་འཆད་པ་འདི་ལ་དཔྱོད་ལྡན་གྱིས་དོགས་པ་གཉིས་སྐྱང་དགོས་ཏེ། དེ་ཡང་དོགས་པ་དང་པོ་ནི། བདེ་གཤེགས་སྙིང་པོ་གསལ་རིག་ཏུ་འཆད་པ། རྗེ་བཙུན་ས་པཎ་གྱི་དགོངས་པ་མིན་ཏེ། སྡོམ་གསུམ་ལས། རིག་པ་ཡིན་ན་རྣམ་ཤེས་ཀྱི། །ཚོགས་བརྒྱད་ཉིད་ལས་འདའ་བ་མེད། །ཚོགས་བརྒྱད་འདུས་བྱས་ཡིན་པའི་ཕྱིར། །བདེ་གཤེགས་སྙིང་པོར་མི་འཐད་དེ༑ ༑མདོ་ལས་བདེ་གཤེགས་སྙིང་པོ་ནི། །འདུས་མ་བྱས་སུ་གསུངས་ཕྱིར་རོ། །ཞེས་རིག་པ་ཡིན་ན་རྣམ་ཤེས་ཚོགས་བརྒྱད་མཚུངས་ལྡན་དང་བཅས་པ་གང་རུང་ཡིན་པས་ཁྱབ་ཅིང་། ཚོགས་བརྒྱད་མཚུངས་ལྡན་དང་བཅས་པ་ལ་འདུས་བྱས་ཡིན་པས་ཁྱབ་པའི་ཕྱིར་ན། བདེ་གཤེགས་སྙིང་པོར་མི་འཐད་དེ། བདེ་གཤེགས་སྙིང་པོ་ཡིན་ན་འདུས་མ་བྱས་ཡིན་པས་ཁྱབ་པའི་ཕྱིར། ཞེས་བཤད་པའི་ཕྱིར་རོ་སྙམ་ན། འདི་ལ་པཎ་ཆེན་ཤཱཀྱའི

མཚན་ཅན། སྤྱིར་ཤེས་པ་ལ་རྣམ་ཤེས་དང་། ཡེ་ཤེས་གཉིས་ཡོད་པའི་རྣམ་ཤེས་ལ། རྣམ་ཤེས་ཚོགས་བརྒྱད་མཚུངས་ལྡན་དང་བཅས་པ་ཡིན་པས་ཁྱབ་ཅིང་དེ་ཉིད་འདུས་བྱས་ཡིན་པས་བདེ་གཤེགས་སྙིང་པོར་མི་འཐད་ཅེས་བཀག་ནས། ཀུན་གཞིའི་ཡེ་ཤེས་དེ་ཉིད་འདུས་མ་བྱས་ཀྱི་ཡེ་ཤེས་ཡིན་པའི་ཕྱིར་ན་རྣམ་ཤེས་ཚོགས་བརྒྱད་གང་རུང་མ་ཡིན་པས་སྐྱོན་མེད་ཅེས་འཆད་ཀྱང་། ཁོ་བོ་ནི། བཀའ་བར་པའི་དངོས་བསྟན་དང་། རིགས་ཚོགས་ཀྱི་དངོས་བསྟན་ལ་བདེ་གཤེགས་སྙིང་པོ་ལ་ཤེས་པ་མ་ཡིན་པས་ཁྱབ་པར་བཤད་པས། ས་པཎ་གྱི་སྡོམ་གསུམ་དུ། དེ་ཉིད་སོ་སོར་བཞག་པའི་དགོངས་པ་བསྙངས་པ་ཡིན་ལ། འདིར་ནི་བཀའ་བར་མཐའ་གཉིས་དང་། ཀླུ་སྒྲུབ་དང་ཐོགས་མེད་གཉིས་དང་། མདོ་དང་རྒྱུད་སྡེ་གཉིས་སོགས་ཀྱི་དགོངས་པ་འགལ་མེད་དུ་བསྒྲུབ་ནས་འཆད་པའི་སྐབས་ཡིན་པས་སྔར་གྱི་སྐྱོན་དེ་དག་མེད་དེ། ལུགས་སྲོལ་སོ་སོ་ཡིན་པའི་ཕྱིར་རོ། །ཡང་དོགས་པ་གཉིས་ནི། བདེ་གཤེགས་སྙིང་པོ་གསལ་རིག་ཏུ་འཆད་པ་བསྟན་བཅོས་མཛད་པ་འདིའི་དགོངས་པ་མིན་ཏེ། བསྟན་བཅོས་འདི་ཉིད་ལས། ཁ་ཅིག་སེམས་ཀྱི་སྟོང་གསལ་གཉིས། །འདུས་མ་བྱས་དང་འདུས་བྱས་ཀྱི། །རང་བཞིན་གནས་རིགས་སོ་སོར་འདོད། །ཅེས་སེམས་ཀྱི་གསལ་ཆ་རང་བཞིན་གནས་རིགས་ཡིན་པ་བཀག་པའི་ཕྱིར་རོ། །སྙམ་ན་སྐྱོན་མེད་དེ། འདིར་ནི་གསལ་སྟོང་ཟུང་འཇུག་གི་གསལ་ཆ་དེ། འདུས་བྱས་རང་བཞིན་གནས་རིགས་ཡིན་པ་འགོག་པར་མཛད་ཀྱི། རང་བཞིན་གནས་རིགས་ཡིན་པ་ཙམ་མི་འགོག་སྟེ། གསལ་ཆ་དེ་ཉིད་འདུས་མ་བྱས་ཡིན་པར་བསྟན་བཅོས་མཛད་པ་འདི་ཉིད་བཞེད་པའི་ཕྱིར་ཏེ། གསལ་ཆ་དེ་ཉིད་བདེ་གཤེགས་སྙིང་པོར་གོང་དུ་སྒྲུབ་ཟིན་ཅིང་། བདེ་གཤེགས་སྙིང་པོ་ལ་འདུས་མ་བྱས་ཀྱིས་ཁྱབ་པའི་ཕྱིར་དང་། བསྟན་བཅོས་མཛད་པ་འདིས་འཇུག་པ་བཀའ་འགྲེལ་ལས། འབྲས་དུས་ཀྱི་རྣམ་མཁྱེན་རྟག་པ་ཡིན་པར་བཤད་པས། གཞི་དུས་ཀྱི་དབྱིངས་རིག་དབྱེར་མེད་ཀྱི་ཡེ་ཤེས་འདི་ཡང་རྟག་པ་ཡིན་པར་བཞེད་དགོས་པའི་ཕྱིར་རོ། །

གཉིས་པ་ལོག་རྟོག་ཐེ་བྲག་ཏུ་དགག་པ་ལ་ལྔ། མེད་དགག་སྙིང་པོར་འདོད་པ་འགག །སྙིང་པོ་གཉིས་སུ་དབྱེ་བ་དཔྱད། འགྲོ་ཀུན་སྙིང་པོས་གཏོང་བ་དགག །དག་པ་གཉིས་པོ་འགལ་བ་དགག །སྙིང་པོ་བདེན་པར་སྒྲུབ་པ་དགག་པའོ། །དང་པོ་ནི། སྤྱིར་བདེ་གཤེགས་སྙིང་པོ་ལ་བཞེད་ཚུལ་མི་མཐུན་པ་མང་དུ་ཡོད་དེ། སྙིང་པོ་དེ་འབྲས་དུས་ཀྱི་ཆོས་སྐུ་ཁོ་ནར་ངོས་གཟུང་ནས་སངས་རྒྱས་ཁོ་ནའི་རྒྱུད་ལ་ཡོད་པར་འཆད་པ་དང་། དྲི་བཅས་ཀྱི་ཆོས་དབྱིངས་ཁོ་ན་ལ་ངོས་བཟུང་ནས་སེམས་ཅན་ཁོ་ནའི་རྒྱུད་ལ་ཡོད་པར་འཆད་པ་དང་། སྙིང་པོ་དེ་ལ་རྒྱུ་འབྲས་བུ་རང་བཞིན་བདེ་གཤེགས་སྙིང་པོ་གསུམ་དུ་ཕྱེ་ནས་སངས་རྒྱས་དང་སེམས་ཅན་ཐམས

ཅན་གྱི་རྒྱུད་ལ་ཡོད་པར་འཆད་པ་དང་། གཞི་འབྲས་དབྱེར་མེད་ཀྱི་ཆོས་སྐུ་ལ་ངོས་བཟུང་ནས་སྐྱེ་འཕགས་ཐམས་ཅད་ལ་ཡོད་པར་འཆད་པ་དང་བཞི་ལས། ལུགས་གསུམ་པ་དེ་ལ་ཡང་། སྙིང་པོའི་ངོ་བོ་མེད་དགག་ཏུ་འདོད་པ་དང་། སྒྲུབ་པར་འདོད་ཀྱང་འདུས་བྱས་དང་འདུས་མ་བྱས་གཉིས་སུ་འབྱེད་པ་དང་ལུགས་གཉིས་ཡོད་པའི་དང་པོ་དེ་འགོག་པ་ལ། ཕྱོགས་སྔ་མ་ནི། རྗེ་འདི་ཉིད་ཀྱི་གསུང་གི་བདུད་རྩི་དྲི་ལན་པད་མོར་བཞད་པ་ལས། དྲི་བཅས་ཀྱི་སེམས་ལ་རིགས་པས་བདེན་པ་བཀག་ཙམ་བདེ་གཤེགས་སྙིང་པོར་འདོད་པ་ནི། དར་ཊཱིཀ་པ་དང་དེའི་རྗེས་འབྲང་གི་ལུགས་སྨྲ་བ་པོ་རྣམས་སོ། །ཞེས་པ་ལྟར་ཏེ། དེ་ཡང་། དེང་སང་ཚིག་ཙམ་སྨྲ་བ་ལ་ངོ་མཚར་འཛིན་པའི་མཁས་རློམ་འགའ་ཞིག་ཆོས་ཅན། ཁྱོད་ཀྱི་གཞི་བདེ་གཤེགས་སྙིང་པོའི་ངོས་འཛིན་འདི་ལྟར་བཞེད་དེ། དྲི་བཅས་སེམས་ལ་རིགས་པ་ཡིས་བདེན་པ་བཀག་ཙམ་གྱི་མེད་དགག་ལ་བདེ་གཤེགས་སྙིང་པོར་འདོད་པའི་ཕྱིར་རོ། །

གཉིས་པ་དེ་དགག་པ་ལ་གཉིས། བདེན་པ་བཀག་ཙམ་གཞན་སེལ་ཡིན་པར་བསྟན། དེས་ན་འཁོར་འདས་གཞི་རུ་འདོད་པ་འགལ་བར་བསྟན་པའོ། །དང་པོ་ནི། དྲི་བཅས་སེམས་ལ་རིགས་པས་བདེན་པ་བཀག་ཙམ་འདི་ནི་ཆོས་ཅན། རང་བཞིན་གནས་རིགས་དང་བདེ་གཤེགས་སྙིང་པོར་ག་ལ་འཐད་དེ་མི་འཐད་པར་ཐལ། ཐོགས་བཅས་བསལ་བ་ལ་ནམ་མཁའ་ཞེས་ནི་བཏགས་པ་དང་། མགོ་བོར་འཕིགས་ནུས་བསལ་བ་ལ་རྭ་མེད་ཅེས་ནི་བཏགས་པ་ལྟར། རྟོག་པས་དགག་བྱ་བཅད་ཙམ་གྱི་གཞན་སེལ་ཡིན་པའི་ཕྱིར་ན་གནས་ལུགས་ཀྱང་མ་ཡིན་ན་སྟེ་དེའི་ཕྱིར་རོ། །

གཉིས་པ་ནི། དེས་ན་སེམས་ལ་བདེན་པ་བཀག་པའི་མེད་དགག་སྙིང་པོར་འདོད་པའི་ངན་རྟོག་གི་དྲ་བ་འདི་ངོར་ཅིག་ཅེས་བྱ་སྟེ། མེད་དགག་འདི་ལ་འཁོར་བ་ཇི་ལྟར་ཚང་སྟེ་མ་ཚང་ལ། འདི་ལ་ལམ་ཉིད་ཇི་ལྟར་སྒོམ་དུ་རུང་སྟེ་མི་རུང་ཞིང་འདི་ལ་འབྲས་བུ་ཇི་ལྟར་འབྱུང་སྟེ་མི་སྲིད་པའི་ཕྱིར་རོ། །འདི་ལ་བྱང་ཁང་གསར་བ་འཇམ་དབྱངས་དཔལ་འབྱོར་རྒྱལ་མཚན་གྱིས། འདིར་རི་བོ་དགེ་ལྡན་པ་ལ་དགག་སྒྲུབ་ཀྱི་དཔྱད་པ་མཛད་པའི་དགག་ལན་འདི་ལྟར་མཛད་དེ། དྲི་བཅས་སེམས་ལ་རིགས་པ་ཡིས། །སྤྲོས་པ་བཀག་ཙམ་སྙིང་པོར་འདོད། །འདི་ཉིད་ཐོགས་བཅས་བསལ་བ་ལ། །ནམ་མཁའ་ཞེས་ནི་བཏགས་པ་དང་། །མགོ་བོར་འཕིགས་ནུས་བསལ་བ་ལ། །རྭ་མེད་ཅེས་ནི་བཏགས་པ་ལྟར། །རྟོག་པས་དགག་བྱ་བཅད་ཙམ་གྱི། །རྟེན་འབྲེལ་ཡིན་ཕྱིར་གནས་ལུགས་ཀྱང་། །མིན་ན་རང་བཞིན་གནས་རིགས་དང་། །བདེ་གཤེགས་སྙིང་པོར་ག་ལ་འཐད། །འདི་ལ་འཁོར་བ་ཇི་ལྟར་ཚང་། །འདི་ལ་ལམ་ཉིད་ཇི་ལྟར་སྒོམ། །འདི་ལ་འབྲས་བུ་ཇི་ལྟར་འབྱུང་། །དེ་སྐད་སྨྲན

ལན་ཅི་ཡོད། །འཁོར་གསུམ་རྒྱུད་མར་མི་འགྱུར་ངམ། །ཞེས་མཚུངས་པ་མཛད་པ་ནི་མཁས་པ་དགེས་པའི་རྣམ་འགྱུར་མ་ཡིན་ཏེ། ཁོ་བོ་ཅག་དྲི་བཅས་ཀྱི་སེམས་ལ་མཐའ་བཞིའི་སྤྲོས་པ་བཀག་པ་ཙམ་སྙིང་པོར་མི་འདོད་ཀྱི། མཐའ་བཞིའི་སྤྲོས་པ་བཀག་པའི་སྟོང་ཉིད་དང་། དྲི་བཅས་ཀྱི་སེམས་ཟུང་དུ་འཇུག་པའི་ཟུང་འཇུག་ལ་བདེ་གཤེགས་སྙིང་པོར་འདོད་ཅེས་བཤད་ཟིན་པའི་ཕྱིར་རོ། །གལ་ཏེ་དེ་ལྟར་འདོད་པ་ལ། སྔར་གྱི་སྐྱོབས་མཚུངས་འཁོར་གསུམ་དུ་མི་འགྱུར་རམ་སྙམ་ན། དེ་ལྟར་མཚུངས་པར་འདོད་པ་ནི་ཟབ་མོའི་གནད་མ་རྟོགས་པ་སྟེ། གསལ་སྟོང་ཟུང་འཇུག་འཁོར་འདས་ཀྱི་གཞིར་རུང་བ་དང་། བདེན་པ་བཀག་ཙམ་གྱི་མེད་དགག་འཁོར་འདས་ཀྱི་གཞིར་མི་རུང་བའི་ཁྱད་པར་ལ་བློ་གྲོས་རྨོངས་པའི་རྣམ་འགྱུར་ཡིན་པའི་ཕྱིར། འོ་ན་དེ་གཉིས་ལ་འཁོར་འདས་ཀྱི་གཞིར་རུང་མི་རུང་གི་ཁྱད་པར་ཇི་ལྟར་ཡོད་སྙམ་ན། དེའི་གནད་འདི་ལྟར་ཡིན་ཏེ། གསལ་སྟོང་ཟུང་འཇུག་གི་གསལ་བ་ལས་འདོད་ཆགས། སྟོང་པ་ལས་ཞེ་སྡང་། ཟུང་འཇུག་ལས་གཏི་མུག་སོགས་ལངས་ནས་འཁོར་བའི་གཞི་བྱེད། གཞི་གསལ་སྟོང་ཟུང་འཇུག་དེ་ཉིད། ཐབས་རང་དོན་ཡིད་བྱེད་དང་། ཤེས་རབ་གང་ཟག་གི་བདག་མེད་དང་། གཟུང་བ་ཆོས་ཀྱི་བདག་མེད་རྟོགས་པའི་ཤེས་རབ་ཙམ་གྱིས་ཟིན་པ་ལས་དམན་པའི་མྱང་འདས་གཉིས་ཀྱི་གཞི་བྱེད། ཐབས་གཞན་ཕན་གྱི་ལྷག་བསམ་རྣམ་དག་དང་། ཤེས་རབ་འཛིན་པ་ཆོས་ཀྱི་བདག་མེད་རྟོགས་པའི་ཤེས་རབ་ཀྱིས་ཟིན་པའི་ཚེ། གསལ་ཆ་ལས་སྤྲུལ་སྐུ། སྟོང་ཆ་ལས་ཆོས་སྐུ། ཟུང་འཇུག་གི་ཆ་ལས་ལོངས་སྐུ་འབྱུང་བས་ཐེག་པ་ཆེན་པོའི་མྱང་འདས་ཀྱི་གཞི་བྱེད་པའི་ཕྱིར། གཞན་དུ་མེད་དགག་ཙམ་འཁོར་འདས་ཀྱི་གཞི་ཡིན་ན། ནམ་མཁའ་འཁོར་འདས་ཀྱི་གཞི་ཡིན་ཅེས་སྨྲ་བ་དང་ཁྱད་པར་ཅུང་ཟད་ཀྱང་མེད་དེ། ཁྱོད་ཀྱི་གཞི་མེད་དགག་དེ་གསལ་བ་དང་ཟུང་འཇུག་མ་ཡིན་པས། འཁོར་འདས་ཀྱི་ཆོས་འབྱུང་བའི་ཡན་ལག་མ་ཚང་བའི་ཕྱིར་རོ། །

གཉིས་པ་སྙིང་པོ་གཉིས་སུ་ཕྱེ་བ་དཔྱད་པ་ལ་གསུམ། ཇི་ལྟར་གསུངས་ཚུལ་བསྡུས་ཏེ་བཤད། དགོངས་གཞི་དོན་བཟུང་དགོངས་པ་སྒྲུབ། གཞན་དུ་རྟོག་ན་འགལ་བས་དགག་པའོ། །དང་པོ་ནི་པཎྜི་བཞད་པ་ལས། གཉིས་སུ་ཕྱེ་བ་ནི་རོང་ཊཱི་ཀ་གི་དངོས་བསྟན་ཡིན་ལ་ཞེས་སོགས་བཤད་པ་ལྟར། རོང་ཊཱི་ཀ་གི་རྗེས་འབྲང་ཁ་ཅིག །སེམས་ཀྱི་སྟོང་གསལ་གཉིས་ལ། འདུས་མ་བྱས་དང་འདུས་བྱས་ཀྱི་རང་བཞིན་གནས་རིགས་སུ་སོ་སོར་འདོད་དེ། རོང་ཊཱི་ཀ་དངོས་བསྟན་ལས་དེ་ལྟར་བཤད་པའི་ཕྱིར་ཞེས་ཟེར་རོ། །གཉིས་པ་ནི། འདི་ཡང་མཁས་པས་རེ་ཞིག་བརྟག་པར་བྱ་སྟེ། མཐར་ཐུག་ཟུང་འཇུག་སྒྲུབ་པའི་ཕྱིར་དུ། གནས་སྐབས་སུ་འཁྲོག་པོ་སྦྲོང་བའི་ཚུལ་གྱིས་དྲང་དོན་ཡིན་ན་འགལ་བ་མེད་དེ། གསལ་སྟོང་འདུས་བྱས་དང་འདུས་མ་བྱས་གཉིས

ཟུང་འཇུག་ཏུ་སྒྲུབ་པ་ལ། ཡ་གྱལ་འདུས་བྱས་གསལ་བ་དང་འདུས་མ་བྱས་སྟོང་པ་གཉིས་ཀ་དགོས་པའི་ཕྱིར་རོ། །གསུམ་པ་ནི། དེ་ལས་གཞན་དུ་ངེས་པའི་དོན་ཡིན་ན་མི་འཐད་དེ། རང་བཞིན་གནས་རིགས་འདུས་བྱས་སུ་འདོད་པ་དངོས་སྨྲ་བའི་ལུགས་ཡིན་གྱིས། དབུ་མ་པ་ཡི་ལུགས་ལ་མེད་པའི་ཕྱིར་རོ། །འོ་ན། རང་བཞིན་འོད་གསལ་གྱི་སེམས་བདེ་གཤེགས་སྙིང་པོར་བཤད་པ་དང་མི་འགལ་ལམ་སྙམ་ན། མི་འགལ་ཏེ། འདིར་རང་བཞིན་འོད་གསལ་གྱི་སེམས་འདུས་བྱས་བདེ་གཤེགས་སྙིང་པོ་ཡིན་པ་བཀག་པ་ཡིན་ལ། གོང་དུ་དེ་ཉིད་འདུས་མ་བྱས་བདེ་གཤེགས་སྙིང་པོར་བསྒྲུབས་ཟིན་པའི་ཕྱིར་རོ། །

གསུམ་པ་འགྲོ་ཀུན་སྙིང་པོས་སྟོང་པ་དགག་པ་ལ་གཉིས། ཕྱོགས་སྔ་བརྗོད་པ་དང་། དེ་དགག་པའོ། །དང་པོ་ལ། ཕྱོགས་སྔ་སྨྲ་བ་པོ་ནི། པདྨ་བཞད་པ་ལས། འགྲོ་བ་ལ་མེད་པར་འདོད་པ་ནི་སྔར་བྱུང་བའི་བུ་སྟོན་ཁ་ཆེ་དང་། དེང་སང་དབུས་གཙང་དང་མདོ་ཁམས་ན་ཡོད་པའི་མཚན་ཉིད་པ་ཁ་ཅིག་གོ་ཞེས་པ་ལྟར། བུ་སྟོན་གྱི་བདེ་གཤེགས་སྙིང་པོའི་མཛེས་རྒྱན་དང་། པཎ་ཤཱཀ་པའི་གསེར་ཐུར་སོགས་ཀྱི་རྗེས་འབྲང་འགའ་ཞིག་སྟེ། བདེ་གཤེགས་སྙིང་པོ་བདེ་གཤེགས་ལ་ཡོད་ཀྱི་འགྲོ་བའི་རྒྱུད་ལ་མེད་དེ། འཁོར་འདས་ཀྱི་ཆོས་ནི་ཐམས་ཅད་ཀྱི་སྙིང་པོ་རང་རང་ཁོ་ན་ལ་ཡོད་པའི་ཕྱིར་དང་། མདོ་འགའ་ཞིག་ལས་བདེ་གཤེགས་སྙིང་པོ་འགྲོ་བ་ལ་ཡོད་པར་གསུངས་པ་ནི། བདག་ཉིད་ཆེན་པོ་ས་པཎ་གྱིས་སྡོམ་གསུམ་དང་འཕྲིན་ཞུ་སོགས་ལས། དགོངས་གཞི་དགོས་པ་དངོས་ལ་གནོད་བྱེད་ཀྱི་ཆོས་གསུམ་གྱི་སྒོ་ནས་དྲང་དོན་དུ་གཏན་ལ་ཕབ་པ་ཡིན་ནོ་ཞེས་སྒྲོ་འདོགས་པར་བྱེད་དོ། །

གཉིས་པ་དེ་དགག་པ་ལ་གསུམ། ལུང་དང་རིགས་པའི་གནོད་བྱེད་བསྟན། འཇམ་དབྱངས་དགོངས་པར་འདོད་པ་དགག །འཁྲུལ་མེད་གནད་ཀྱི་གདམས་པ་སྦྱིན་པའོ། །དང་པོ་ལ་བསྟན། བཤད་གཉིས། དང་པོ་ནི། ཆོས་ཐམས་ཅད་ཀྱི་སྙིང་པོ་རང་རང་ཁོ་ན་ལ་ཡོད་ཅེས་སྨྲ་བ་འདི་ནི་ཆོས་ཅན། མི་འཐད་དེ། འཇིག་རྟེན་དང་བསྟན་བཅོས་ཀྱི་ཐ་སྙད་གཉིས་ལས་འདས་པ་ཡིན་པའི་ཕྱིར་རོ། །གཉིས་པ་ལ་གཉིས། འཇིག་རྟེན་ཐ་སྙད་འགལ་བས་དགག །བསྟན་བཅོས་ཐ་སྙད་འགལ་བས་དགག་པའོ། །དང་པོ་ནི། ཁྱོད་ཀྱི་འདོད་པ་ནི་ཆོས་ཅན། བསྟན་བཅོས་པ་དང་འཇིག་རྟེན་གྱི་ཐ་སྙད་དང་འགལ་ཏེ། ཙནྡན་འགའ་ཞིག་ལ་སྦྲུལ་གྱི་སྙིང་པོ་ཞེས་དང་། མར་ནི་འོ་མའི་སྙིང་པོ་ཞེས་དང་། རྩྭ་ནི་ཆུའི་སྙིང་པོ་ཞེས་སོགས་འཇིག་རྟེན་ཀུན་ལ་གྲགས་པ་ཡི་ཐ་སྙད་ཀུན་དང་འགལ་བའི་ཕྱིར་ཏེ། ཁྱོད་ཀྱིས་ནི། སྦྲུལ་གྱི་སྙིང་པོ་སྦྲུལ་ཉིད་དང་། མར་གྱི་སྙིང་པོ་མར་ཉིད་དང་། ཆུའི་སྙིང་པོ་ཆུ་ཁོ་ན་ལ་ཡོད་ཅེས་ཁས་བླངས་པའི་ཕྱིར་དང་། དེར་མ་ཟད་ས་བཅད་གཉིས་པ་ལྟར། བསྟན

བཅོས་ཀྱི་ཐ་སྙད་དང་ཡང་གལ་ཏེ། དྲི་མ་མེད་པའི་བཀའ་སྙིང་པོའི་མདོ་སོགས་ལས། བདེ་གཤེགས་སྙིང་པོས་འགྲོ་བ་ཀུན་ལ་ཁྱབ་ཅེས་དང་། བསྟན་བཅོས་རྒྱུད་བླ་སོགས་ལས་ལུས་ཅན་སངས་རྒྱས་ཀྱི་སྙིང་པོ་ཅན་ཡིན་ནོ་ཞེས་གསུངས་པ་དང་འགལ་བའི་ཕྱིར་རོ། །གལ་ཏེ་དེ་ལྟར་བསྟན་པ་དེ་ཉིད་དྲང་དོན་ཡིན་ནོ་སྙམ་ན། སྤྱིར་དྲང་ངེས་ལ་འཇོག་མཚམས་མང་དུ་ཡོད་ཀྱང་། བརྗོད་བྱ་བདེན་གཉིས་ཀྱི་སྒོ་ནས་དྲང་ངེས་ཀྱི་རྣམ་དབྱེ་འབྱེད་པའི་ཚེ། དྲང་དོན་ཀུན་ཐ་སྙད་དུ་ཡང་མེད་ན་ནི། ཕུང་པོ་ཁམས་དང་སྐྱེ་མཆེད་སོགས་ཀུན་རྫོབ་བདེན་པའི་རྣམ་གཞག་ཀུན་ཆོས་ཅན། ཐ་སྙད་དུ་ཡང་མེད་པར་འགྱུར་ཏེ། ཁྱོད་སོགས་དེ་དག་དྲང་དོན་ཡིན་པའི་ཕྱིར་རོ། །

གཉིས་པ་འཛམ་མགོན་དགོངས་པར་མི་འཐད་པ་ནི། འགྲོ་ལ་བདེ་གཤེགས་སྙིང་པོ་མེད་པ་འཛམ་དབྱངས་ས་པཎ་གྱི་དགོངས་པར་འདོད་ཅེས་པ་ལ་ནི། འཛམ་དབྱངས་ཀྱི་གསུང་དང་འགལ་བ་འདི་ལྟར་འབྱུང་སྟེ། རབ་དབྱེ་ལས། དེས་ན་དེ་བཞིན་གཤེགས་པ་ཡི། །སྙིང་པོ་སྤྲོས་བྲལ་ཡིན་པའི་ཕྱིར། །སེམས་ཅན་རྣམས་ལ་སངས་རྒྱས་དང་། །འཁོར་བ་གཉིས་ཀ་འབྱུང་བ་འཐད། །ཅེས་སྤྲོས་བྲལ་གྱི་ཆོས་དབྱིངས་བདེ་གཤེགས་སྙིང་པོ་ཡིན་པར་གསུང་བ་དང་། གཞན་ཡང་རབ་དབྱེ་དེ་ཉིད་ལས། སེམས་ནི་རང་གནས་སྙིགས་པའི་ཕྱིར། །མེ་ཡི་སྒྲུབ་བྱེད་ཚ་བ་ལྟར། །བདེ་གཤེགས་ཁམས་ཀྱི་སྒྲུབ་བྱེད་འཐད། །ཅེས་འཁོར་བ་སྤོང་འདོད་དང་། མྱང་འདས་ཐོབ་འདོད་ཀྱི་བློ་སྐྱེས་པ་ནི། རང་རྒྱུད་ལ་བདེ་གཤེགས་སྙིང་པོ་ཡོད་པ་རྒྱུན་གྱིས་རིགས་སད་པའི་སྒྲུབ་བྱེད་དུ་གསུངས་པ་དང་ཅེས་མི་འགལ་ཏེ་འགལ་བའི་ཕྱིར་རོ། །དེར་མ་ཟད། གཞན་ཡང་རབ་དབྱེ་ལས། གལ་ཏེ་ཐེམ་པོའི་ཆོས་ཀྱི་དབྱིངས། །བདེ་གཤེགས་སྙིང་པོ་མ་ཡིན་ཡང་། །སེམས་ཅན་རྣམས་ཀྱི་ཆོས་ཀྱི་དབྱིངས། །བདེ་གཤེགས་སྙིང་པོ་ཡིན་སྙམ་ན། །མ་ཡིན་ཆོས་ཀྱི་དབྱིངས་ལ་ནི། །དབྱེ་བ་མེད་པར་རྒྱལ་བས་གསུངས། །ཞེས་ཐེམ་པོའི་ཆོས་དབྱིངས་དང་། སེམས་ཅན་གྱི་སེམས་ཀྱི་ཆོས་དབྱིངས་བདེ་གཤེགས་སྙིང་པོ་ཡིན་པར་ཁྱད་པར་མེད་དེ། ཆོས་དབྱིངས་ལ་རིགས་མི་འདྲ་བའི་དབྱེ་བ་མེད་པའི་ཕྱིར་རོ་ཞེས་གསུངས་པས་ཀྱང་གནོད་པ་ཡིན་པའི་ཕྱིར་ཏེ། སེམས་ཅན་གྱི་སེམས་ཀྱི་ཆོས་དབྱིངས་དང་། སངས་རྒྱས་ཀྱི་སེམས་ཀྱི་ཆོས་དབྱིངས་གཉིས་སྙིང་པོ་ཡིན་པར་ཁྱད་པར་མེད་དེ། ཆོས་དབྱིངས་ལ་རིགས་མི་འདྲ་བའི་དབྱེ་བ་མེད་པའི་ཕྱིར་རོ་ཞེས་པ་ཀུན་ཏུ་མི་མཚུངས་སམ་སྟེ་མཚུངས་པའི་ཕྱིར་རོ། །ཐལ་བ་འདི་ནི་ཕྱོགས་སྔ་འདི་འགོག་པའི་གནོད་བྱེད་ཀྱི་གཙོ་བོ་ཡིན་ཏེ། པཎ་ཆེན་ཤཱཀྱ་མཆོག་ལྡན་ན་རེ། སྡོམ་གསུམ་རབ་དབྱེར་ཆོས་དབྱིངས་བདེ་གཤེགས་སྙིང་པོ་ཡིན་པ་བཀག་ནས། ཆོས་སྐུ་བདེ་གཤེགས་སྙིང་པོ་ཡིན་པར་བསྟན་པ་ཡིན་ལ། ཆོས་དབྱིངས་སྙིང་པོ་ཡིན་པ་ཇི་ལྟར་བཀག་ན། གལ་ཏེ་ཐེམ་པོའི་ཆོས་ཀྱི་དབྱིངས། །ཞེས་སོགས་ཀྱིས་ཐེམ་པོའི་ཆོས་དབྱིངས་སྙིང་པོ་མིན་པ

བཞིན་དུ། སེམས་ཀྱི་ཆོས་དབྱིངས་ཀྱང་སྙིང་པོ་མ་ཡིན་ཏེ། ཆོས་དབྱིངས་ལ་དབྱེ་བ་མེད་པའི་ཕྱིར། ཐེམ་པོའི་ཆོས་དབྱིངས་སྙིང་པོ་མ་ཡིན་ཏེ། གལ་ཏེ་ཡིན་ན། བརྟན་གཡོ་ཀུན་བདེ་གཤེགས་སྙིང་པོ་ཅན་དུ་ཐལ་བ་ལ། གཡོ་བ་ལུས་ཅན་ཁོ་ན་བདེ་གཤེགས་སྙིང་པོ་ཅན་དུ་བཤད་པའི་ཕྱིར་རོ་ཞེས་འཆད་མོད། དེ་ལ་འདི་ལྟར་འགལ་ཏེ། འོན་དག་པ་གཉིས་ལྡན་གྱི་ཆོས་དབྱིངས་སྙིང་པོ་ཡིན་པ་བཞིན་དུ། དྲི་བཅས་ཀྱི་ཆོས་དབྱིངས་ཀྱང་སྙིང་པོ་ཡིན་པར་ཐལ། ཆོས་དབྱིངས་ལ་དབྱེ་བ་མེད་པའི་ཕྱིར། གལ་ཏེ་དག་པ་གཉིས་ལྡན་གྱི་ཆོས་དབྱིངས་ཀྱང་སྙིང་པོ་མིན་ནོ་སྙམ་ན། དེ་ཆོས་ཅན། བདེ་གཤེགས་སྙིང་པོ་ཡིན་པར་ཐལ། ཆོས་སྐུ་ཡིན་པའི་ཕྱིར་གསུམ་ཀར་ཨེ་དྲན། དེས་ན་འདིར་དཔྱད་དགོས་པ་ནི། འོན་ཁྱོད་རང་ཐེམ་པོའི་ཆོས་དབྱིངས་བདེ་གཤེགས་སྙིང་པོར་ཁས་ལེན་ནམ་མི་ལེན། མི་ལེན་ན་འདིར་དངོས་སུ་བཤད་པ་དང་འགལ། ལེན་ན་ཐེམ་པོའི་ཆོས་དབྱིངས་ཆོས་ཅན། གསལ་སྟོང་ཟུང་འཇུག་ཡིན་པར་ཐལ། ཆོས་དབྱིངས་ཡིན་པའི་ཕྱིར། རྟགས་ཁས་བླངས་སོ། །འདོད་ན༑ ཐུམ་སོགས་ཕྱི་དོན་བདེན་པས་སྟོང་པའི་སྟོང་ཉིད་ཀྱང་གསལ་སྟོང་ཟུང་འཇུག་ཏུ་འགྱུར་བས་ཁྱོད་རང་གི་ཕ་ར་ཕྱིན་དཀའ་འགྲེལ་ལས། ཆོས་དབྱིངས་དང་སྟོང་ཉིད་ལ་ཁྱད་ཕྱེ་ནས། ཆོས་དབྱིངས་ལ་གསལ་སྟོང་ཟུང་འཇུག་གིས་ཁྱབ་པ་དང་། སྟོང་ཉིད་སོགས་ལ་དེས་མ་ཁྱབ་པར་བཤད་པ་ལ་རྣམ་གཅོད་མེད་པའི་སྐྱོན་དུ་འགྱུར་ཏེ། ཆོས་ཐམས་ཅད་ལ་གསལ་སྟོང་ཟུང་འཇུག་གི་ཆོས་དབྱིངས་ཀྱིས་ཁྱབ་པའི་ཕྱིར་སྙམ་ན། ཅུང་ཟད་དཀའ་མོད། ཁོ་བོ་ནི་ཀུན་མཁྱེན་ཆེན་པོའི་དགོངས་པ་འདི་ལྟར་འཆད་དེ། ཕྱིར་སྟོང་ཉིད་དང་། དེ་བཞིན་ཉིད་དང་། རང་བཞིན་རྣམ་དག་སོགས་ཀྱིས་ཆོས་ཐམས་ཅད་ལ་ཁྱབ་ཅིང་། དེ་དག་ལ་གསལ་སྟོང་ཟུང་འཇུག་ཡིན་པ་ཞིག་མི་དགོས་ཀྱང་། ཆོས་དབྱིངས་དང་བདེ་གཤེགས་སྙིང་པོ་སོགས་གསལ་སྟོང་ཟུང་འཇུག་ཁོ་ན་ལ་འཇོག་པས། དེ་དག་གིས་ཆོས་ཐམས་ཅད་ལ་ཁྱབ་པས། ཐུམ་པ་བདེན་པས་སྟོང་པའི་སྟོང་ཉིད་ལྟ་བུ། རང་བཞིན་རྣམ་དག་དང་། སྟོང་ཉིད་དང་། དེ་བཞིན་ཉིད་སོགས་ཡིན་ཀྱང་། གསལ་སྟོང་ཟུང་འཇུག་མ་ཡིན་པས། ཆོས་དབྱིངས་དང་བདེ་གཤེགས་སྙིང་པོ་སོགས་སུ་ཁས་མི་ལེན་ནོ། །འོན་ཀྱང་འདིར་ཐེམ་པོའི་ཆོས་དབྱིངས་བདེ་གཤེགས་སྙིང་པོར་བཤད་པ་ནི། ཐེམ་པོ་ཀུན་ལ་ཆོས་དབྱིངས་ཀྱིས་ཁྱབ་པ་དང་། ཐུམ་སོགས་ཀུན་གྱི་སྟོང་ཉིད་བདེ་གཤེགས་སྙིང་པོ་ཡིན་ཞེས་ཁས་བླངས་པ་མ་ཡིན་གྱི། ནང་སེམས་ཀྱི་རྒྱུད་ཀྱི་བསྡུས་པའི་མིག་སོགས་ལྟ་བུའི་སྟེང་དུ་གསལ་སྟོང་ཟུང་འཇུག་གི་ཆོས་དབྱིངས་ཚང་བས། སེམས་རྒྱུད་ཀྱི་བསྡུས་པའི་ཐེམ་པོའི་ཆོས་དབྱིངས་སྙིང་པོ་ཡིན་པ་ཙམ་ལ་དགོངས་སོ་ཞེས་བློ་གསལ་དཔྱོད་ལྡན་དག་གི་སྙིང་གི་པདྨོ་ར་སེམ་པར་བྱའོ། །དེས་ན་རང་གི་ངན་རྟོག་ཁྲ་ཏ་ཡིས་ལྷ་ངན་མི་གཙང་ཟོས་པའི་མཆུ་ཆོས་ཅན། ཁྱོད་ཀྱི་འཇམ་དབྱངས

གཞུང་བཟང་པདྨའི་ཚལ་དྲི་ཞིམ་ལྡན་པ་ལ། གྲུབ་མཐའ་ངན་པའི་དྲི་ངན་བསྒོ་བ་མཚར་ཆེ་སྟེ། རང་གི་སྐྱོན་གཞན་ལ་བགོ་བ་མི་རིགས་པ་ཆེན་པོ་ཡིན་པའི་ཕྱིར་རོ། །

གསུམ་པ་གྲུབ་པའི་གདམས་པ་སྤྱིན་པ་ལ་གསུམ། ཕྱོགས་འཛིན་དོར་ནས་གཟུང་བར་གདམས་པ། དྲང་ངེས་གནད་ཀྱི་སྙིང་པོ་བསྟན་པ། དོན་དེ་ཡིད་ཆེས་ལུང་དང་སྦྱར་བའོ། །དང་པོ་ནི། གཞན་གྱི་འཆད་ཚུལ་ལ་སྐྱོན་ཆགས་པ་དེས་ན། རང་བཞིན་གྱི་མཁས་པ་ཀུན་ཆོས་ཅན། ཁོ་བོས་འདི་ལྟར་འཆད་པ་ལ་ཕྲག་དོག་དང་ཕྱོགས་འཛིན་གྱི་ཡིད་དོར་ལ། གཟུ་བོར་གནས་པའི་བློ་ཡིས་ཡིན་མིན་དཔྱོད་ཅིག་ཅེས་བྱ་སྟེ། བཀའ་བསྟན་བཅོས་ཀྱི་གཞུང་ལུགས་ཆེན་པོ་ཡི་དགོངས་པ་ཁོ་བོས་མ་འདྲེས་པར་ཚུལ་བཞིན་བཤད་པར་བྱ་བ་ཡིན་པའི་ཕྱིར་རོ། །གཉིས་པ་ནི། ཆོས་དབྱིངས་དང་བདེ་གཤེགས་སྙིང་པོ་དང་། སྟོང་ཉིད་དང་དེ་བཞིན་ཉིད་ལ་སོགས་པའི་མཚན་གྱི་རྣམ་གྲངས་དུ་མས་བསྟན་པའི་ཟུང་འཇུག་ཆོས་ཅན། བརྗོད་བྱའི་སྒོ་ནས་དྲང་ངེས་འབྱེད་པའི་ཚེ་ངེས་དོན་ཡིན་གྱི་དྲང་དོན་མ་ཡིན་ཏེ། དོན་དམ་བདེན་པ་ཡིན་པའི་ཕྱིར་རོ། །འོན་ཀྱང་གསལ་སྟོང་ཟུང་འཇུག་དེ་ཉིད་སྙིང་པོའི་མདོ་དང་རྒྱུད་བླ་ལས་དཔེ་དགུས་བསྟན་པ་ལྟར། འགྲོ་བའི་རྒྱུད་ལ་ནི་རྟེན་དང་བརྟེན་པའི་ཚུལ་གྱིས་སམ་སྒྲུབ་པའི་ཚུལ་གྱིས་ཡོད་པ་ནི་ཆོས་ཅན། དྲང་དོན་ཡིན་གྱི་ངེས་དོན་མིན་ཏེ། ཀུན་རྫོབ་བདེན་པ་ཡིན་པའི་ཕྱིར་རོ། །དེས་ན་བདེ་གཤེགས་སྙིང་པོ་ཆོས་ཅན། ཁྱོད་འགྲོ་བའི་རྒྱུད་ལ་སྒྲུབ་པའི་ཚུལ་གྱིས་ཡོད་པ་དྲང་དོན་ཡིན་པའི་རྒྱུ་མཚན་གཞན་ཡང་ཡོད་དེ། ཁྱོད་འགྲོ་བའི་རྒྱུད་ལ་ཡོད་པར་སྟོན་པའི་མདོའི་དགོངས་གཞི་མཐའ་བཞི་སྤྲོས་བྲལ་གྱི་སྟོང་ཉིད་ཡིན་པ་དང་། དགོས་པ་སྐྱོན་ལྔ་སྤོང་བའི་ཕྱིར་དུ་གསུངས་ཞེས་པ་ཡང་ཁྱོད་འགྲོ་བའི་རྒྱུད་ལ་སྒྲུབ་པའི་ཚུལ་གྱིས་ཡོད་པར་སྟོན་པའི་མདོ་འདི་ལ་འཐད་པའི་ཕྱིར་དང་། ཁྱོད་འགྲོ་བའི་རྒྱུད་ལ་སྒྲུབ་པའི་ཚུལ་གྱི་ཡོད་པ་དེ་ཉིད་ངེས་པའི་དོན་ཡིན་ན། མུ་སྟེགས་བདག་དང་མཚུངས་པ་དང་། བདེན་པའི་དངོས་པོར་འགྱུར་བ་སོགས་དངོས་ལ་གནོད་བྱེད་ཀྱི་སྐྱོན་རྣམས་ཀུན་འབྱུང་བའི་ཕྱིར་རོ། །

གསུམ་པ་ལུང་དང་སྦྱར་བ་ནི། བདེ་གཤེགས་སྙིང་པོ་ངེས་དོན་ནམ་བདེན་པ་ཡིན་ཡང་། དེ་འགྲོ་བའི་རྒྱུད་ལ་སྒྲུབ་པའི་ཚུལ་གྱིས་ཡོད་པ་དྲང་དོན་ཀུན་རྫོབ་བདེན་པ་ཡིན་ཞེས་པ་འདི་ཉིད་ཆོས་ཅན། ཁོ་བོས་རང་བཟོ་མ་ཡིན་ཏེ། ཐེག་ཆེན་རྒྱུད་བླ་ལས། འགྲོ་བ་ཞི་བའི་ཆོས་ཉིད་དུ། །རྟོགས་ཕྱིར་ཇི་ལྟ་ཉིད་དེ་དང་། །ཞེས་སོགས་ཀྱིས་འགྲོ་བའི་སེམས་རྒྱུད་བདག་གཉིས་ཀྱི་སྤྲོས་པ་ཉེར་ཞིའི་ཆོས་ཉིད་མཐོང་བ་ལ་ཇི་ལྟ་བ་མཐོང་བར་གསུངས་པ་དང་། ཤེས་བྱ་མཐར་ཐུག་རྟོགས་པའི་བློས། །ཐམས་ཅད་མཁྱེན་པའི་ཆོས་ཉིད་ནི། །སེམས

ཅན་ཐམས་ཅད་ལ་ཡོད་པར། །མཐོང་ཕྱིར་ཇི་སྙེད་ཡོད་པ་ཉིད། །ཅེས་སྤྲོས་བྲལ་ཆོས་ཉིད་དེ་ཉིད་ཀྱང་སེམས་ཅན་ཐམས་ཅད་ལ་ཡོད་པར་མཐོང་བ་ལ་ཇི་སྙེད་པ་མཐོང་བར་ནི་གསུངས་པའི་གནད། རྟོགས་ན་འབད་མེད་དུ་འགྲུབ་པའི་ཕྱིར། འདིར་དོགས་པ་འདི་ལྟར་གཅད་དགོས་ཏེ། འོན་བདེ་གཤེགས་སྙིང་པོ་འགྲོ་བའི་རྒྱུད་ལ་སྒྲུབ་པའི་ཚུལ་གྱིས་ཡོད་དམ་མེད། ཡོད་ན་དེ་ལྟར་སྟོན་པའི་མདོ་དེ། དགོངས་གཞི་དགོས་པ་དངོས་ལ་གནོད་བྱེད་གསུམ་གྱི་སྒོ་ནས་དྲང་དོན་གྱི་མདོར་འཆད་མི་རིགས་པར་ཐལ། དེ་དེ་ལྟར་ཡོད་པ་ལ་དངོས་ལ་གནོད་བྱེད་ཀྱི་ཚད་མ་མེད་པའི་ཕྱིར་ཏེ། དེ་དེ་ལྟར་ཡོད་པའི་ཕྱིར། ཡང་བདེ་གཤེགས་སྙིང་པོ་ངེས་དོན་ཡིན་ཡང་། བདེ་གཤེགས་སྙིང་པོ་ཡོད་པ་དེ་དྲང་དོན་ཡིན་ཞེས་ཁས་ལེན་རིགས་པར་ཐལ། དེ་དེ་ལྟར་ཡོད་པ་གང་ཞིག །དེ་དེ་ལྟར་ཡོད་པ་དེ་དྲང་དོན་ཡིན་པའི་ཕྱིར། འདོད་ན་རྣམ་གཅོད་ཅི་ཡོད་སོམས་ཤིག །གལ་ཏེ་དེ་འགྲོ་བའི་རྒྱུད་ལ་སྒྲུབ་པའི་ཚུལ་གྱིས་མེད་ན། དེ་དེ་ལྟར་ཡོད་པར་ཐལ། དེ་དེ་ལྟར་ཡོད་པ་དེ་ཐ་སྙད་བདེན་པ་ཡིན་པའི་ཕྱིར་དང་། དེ་དེ་ལྟར་ཡོད་པར་ཇི་སྙེད་པ་མཁྱེན་པའི་ཡེ་ཤེས་ཀྱིས་གཟིགས་པའི་ཕྱིར། རྟགས་གཉིས་དངོས་ཞེས་ཟེར་ན་དོན་དང་མཐུན་པའི་ལན་ཅི་ལྟར་འདེབས། འདི་ལ་ཁོ་བོ་རེ་ཞིག་འདི་ལྟར་སེམས་ཏེ། སྙིང་པོ་ནི་མདོ་དང་རྒྱུད་བླ་སོགས་སུ། འགྲོ་བའི་རྒྱུད་ལ་བདེ་གཤེགས་སྙིང་པོ་སྒྲུབ་པའི་ཚུལ་གྱིས་ཡོད་པར་བཤད་ལ་དེའི་དོན། སེམས་ཙམ་པས་དོན་དམ་དུ་འགྲོ་བའི་རྒྱུད་ལ་བདེ་གཤེགས་སྙིང་པོ་སྒྲུབ་པའི་ཚུལ་གྱིས་ཡོད་ཅིང་། དེ་དེ་ལྟར་ཡོད་པ་དེ་དོན་དམ་བདེན་པ་དང་། དེ་སྟོན་པའི་མདོ་བསྟན་བཅོས་སོགས་ངེས་དོན་གྱི་ལུང་དུ་འགྲེལ་ལ༑ དབུ་མ་པས་ནི། ཐ་སྙད་ཙམ་དུ་འགྲོ་བའི་རྒྱུད་ལ་བདེ་གཤེགས་སྙིང་པོ་སྒྲུབ་པའི་ཚུལ་གྱིས་ཡོད་པ་ཙམ་ཞིག་ཁས་ལེན་གྱི། དོན་དམ་དུ་མ་ཡིན་པས། དེ་དེ་ལྟར་ཡོད་པ་དེ་ཀུན་རྫོབ་ཀྱི་བདེན་པ་དང་། དེ་སྟོན་པའི་བཀའ་བསྟན་བཅོས་སོགས་དྲང་དོན་གྱི་ལུང་དུ་བཤད་ནས། དོན་དམ་དུ་དེ་དེ་ལྟར་ཡོད་པ་ལ་དངོས་ལ་གནོད་བྱེད་ཀྱི་ཚད་མ་འཆད་པ་ཡིན་ནོ། །ཞེས་ཀུན་མཁྱེན་ཆེན་པོའི་དགོངས་པར་འཆད་དོ། །

བཞི་པ་དག་པ་གཉིས་པོ་འགལ་བར་འདོད་པ་དགག་པ་ལ་གཉིས། འདོད་པ་བརྗོད་པ་དང་། དེ་དགག་པའོ། །དང་པོ་ལ་ཕྱོགས་སྔ་སྨྲ་བ་པོ་ནི། པཎྜི་བཞད་པ་ལས། དེ་གཉིས་འགལ་བར་འདོད་པ་ནི། དེང་སང་གི་མཚན་ཉིད་པ་ཕལ་ཆེར་རོ། །ཞེས་པ་ལྟར། དེ་དུས་ཀྱི་མཚན་ཉིད་པ་ཁ་ཅིག་སྟེ། གློ་བུར་དྲི་བྲལ་གྱི་ཆོས་དབྱིངས་ནི། རང་བཞིན་རྣམ་དག་གི་ཆོས་དབྱིངས་མིན་ཏེ། སྒྲུབ་བྱེད་རང་བཞིན་རྣམ་དག་དང་། གློ་བུར་དྲི་བྲལ་གྱི་ཆོས་དབྱིངས་གཉིས་ཕན་ཚུན་སྤངས་ཏེ་གནས་པའི་ཕྱིར་ཞེས་ཟེར་བ་ཐོས་སོ། །གཉིས་པ་ལ་གསུམ། འགལ་བར་འདོད་པའི་འདོད་པས་སླད། འགལ་བའི་རྒྱུ་མཚན་སྒྲུབ་བྱེད་དགག །མི་འགལ་གནད་ཀྱི་རྒྱུ་

མཚན་བསྟན་པའོ། །དང་པོ་ནི། དེ་ལྟར་སྨྲ་བའི་ཁའི་བུ་ག་ཆོས་ཅན། བུ་ག་དོན་མེད་གཞན་དང་མཚུངས་ཏེ། རྒྱུ་མཚན་གང་གི་ཕྱིར་ན། དྲི་མ་བདེན་གྲུབ་ཀྱིས་དག་པའི་དབྱིངས་དང་། གློ་བུར་གྱི་དྲི་མ་གཉེན་པོས་བཅོམ་པའི་དབྱིངས་ཀྱི་གཞི་མཐུན་མེད་ཅེས་པའི་ཚིག་འབྱུང་བའི་བུ་ག་ཡིན་པའི་ཕྱིར་རོ། །གཉིས་པ་ལ་ཁོ་ན་རེ། དག་པ་གཉིས་པོ་འགལ་ཏེ། ཆོས་དབྱིངས་ལ་དྲི་མ་རང་བཞིན་གྱིས་དག་ཙམ་གྱི་ཆ་དང་། དྲི་མ་གཉེན་པོས་བཅོམ་ནས་གསར་དུ་དག་པའི་ཆ་གཉིས་འགལ་བའི་ཕྱིར་སྙམ་ན། འོན་བུམ་པའི་སྟེང་དུ་བྱས་པ་དང་མི་རྟག་པ་གཉིས་འགལ་བར་འགྱུར་བར་ཐལ། བུམ་པ་སྐྱེས་ཙམ་གྱི་ཆ་དང་། བུམ་པ་འཇིག་པ་སྐེ་ཞིག་པའི་ཆ་གཉིས་འགལ་བའི་ཕྱིར། འདིའི་ཞིབ་ཆ་དེ་ལྟར་བྱེད་དགོས་ཏེ། གཞན་དུ་ན་ཕྱོགས་སྔ་ཕྱི་གཉིས་ཀྱི་ཐལ་བ་ལ་རྟགས་མ་གྲུབ་ཀྱི་ལན་ཐེབས་པའི་ཕྱིར་རོ། །དེ་ལ་ཁོ་ན་རེ། དག་པ་གཉིས་པོ་མི་འགལ་ན། དག་པ་དང་པོ་རང་བཞིན་རྣམ་དག་མངོན་དུ་གྱུར་པའི་ཚེ་ན། གཉིས་པ་གློ་བུར་རྣམ་དག་མཐའ་དག་མངོན་དུ་འགྱུར་དགོས་ཏེ། གཉིས་པ་གློ་བུར་རྣམ་དག་དེ། དང་པོ་རང་བཞིན་རྣམ་དག་ཡིན་པའི་ཕྱིར་སྙམ་ན། ཚིག་གི་སྒྲིབ་གཡོགས་ཡིན་པས་སྙིང་པོ་མེད་དེ། འོན་བདག་མེད་དང་པོ་གང་ཟག་བདག་མེད་མངོན་དུ་གྱུར་པའི་ཚེ། བདག་མེད་གཉིས་པ་ཆོས་ཀྱི་བདག་མེད་མཐའ་དག་མངོན་དུ་འགྱུར་དགོས་ཏེ། བདག་མེད་གཉིས་པ་བདག་མེད་དང་པོ་ཡིན་པའི་ཕྱིར་རོ་ཞེས་སོགས་རིགས་པ་ཀུན་ཏུ་མཚུངས་པའི་ཕྱིར་རོ། །གསུམ་པ་མི་འགལ་བའི་རྒྱུ་མཚན་ནི། དེ་གཉིས་འགལ་བ་ལ་སྐྱོན་ཡོད་པ་དེས་ན། རང་བཞིན་རྣམ་དག་གི་ཆོས་དབྱིངས་དང་། གློ་བུར་རྣམ་དག་གི་ཆོས་དབྱིངས་གཉིས་སྤྱི་བྱེ་བྲག་ཡིན་པས་མི་འགལ་ཏེ། འཕགས་མཆོག་ཀླུ་སྒྲུབ་ཀྱིས། ཆོས་ཀྱི་དབྱིངས་སུ་བསྟོད་པ་ལས། གང་ཞིག་ཀུན་ཏུ་མ་ཤེས་ན། །སྲིད་པ་གསུམ་དུ་རྣམ་འཁོར་བ། །སེམས་ཅན་རྣམས་ལ་ངེས་གནས་པའི། །ཆོས་ཀྱི་དབྱིངས་ལ་ཕྱག་འཚལ་འདུད། །གང་ཞིག་འཁོར་བའི་རྒྱུ་གྱུར་པ། །དེ་ཉིད་སྦྱང་བ་བྱས་པ་ལ། །དག་པ་དེ་ཉིད་མྱ་ངན་འདས། །ཆོས་ཀྱི་སྐུ་ཡང་དེ་ཉིད་དོ། །ཞེས་ཆོས་དབྱིངས་རང་བཞིན་རྣམ་དག་གི་སྟེང་དུ། དྲི་མ་གཉེན་པོས་སྦྱངས་པས་གློ་བུར་རྣམ་དག་གི་ཆོས་དབྱིངས་དེ། མྱང་འདས་དང་ཆོས་སྐུར་གསུངས་པས། དག་པ་གཉིས་ཀྱི་གཞི་མཐུན་བསྟན་པའི་ཕྱིར་དང་། སྔོན་གྱི་མཁས་པ་རྣམས་ཀྱང་། ཆོས་དབྱིངས་རང་བཞིན་གྱིས་རྣམ་པར་དག་པ་ཡིན་པ་ལ། གློ་བུར་གྱི་དྲི་མ་དང་བྲལ་བའི་ཚེ་དག་པ་གཉིས་ལྡན་གྱི་ཆོས་དབྱིངས་ཞེས་གསུངས་པ་ཚད་མར་བྱས་ནས། ཆོས་དབྱིངས་ཀུན་རང་བཞིན་རྣམ་དག་གི་ཆོས་དབྱིངས་ཡིན་པར་ཤེས་པར་གྱིས་ཤིག་སྙེ་བྱེད་དགོས་པའི་ཕྱིར་རོ། །

ལྔ་པ་སྙིང་པོ་བདེན་སྒྲུབ་ཏུ་འདོད་པ་དགག་པ་ལ་གཉིས། ཕྱོགས་སྔ་བརྗོད་པ་དང་། དེ་ལ་དཔྱད་པ་བྱ

བའོ། །དང་པོ་ལ་གཉིས། སྒྲོ་སྐུར་སྤངས་ཏེ་སྨྲ་པོ་གཟུང་། དེ་སླ་གྲུབ་མཐའི་རྣམ་གཞག་བཤད་པའོ། །དང་པོ་པདྨ་བཞད་པ་ལས། རྣམ་རིག་བག་ཆགས་ཀྱིས་སྒྲིབ་པའི་སྐྱེས་ཆེན་ཤེས་བྱ་ཀུན་ལ་བདེན་པ་གཉིས་དང་མཚན་ཉིད་གསུམ་དུ་ཕྱེ་ནས། ཀུན་བཏགས་དང་གཞན་དབང་ཀུན་རྫོབ་དང་། ཡོངས་གྲུབ་དོན་དམ་བདེན་པར་བྱས་ཏེ། དོན་དམ་བདེན་པའི་གཅིག་ཏུ་གྲུབ་པར་འདོད་པ་སོགས་ནི་ཛོ་ནང་ཀུན་མཁྱེན་ཆེན་པོའི་ངེས་དོན་རྒྱ་མཚོའི་དགོངས་པ་དཔྱིས་ཕྱིན་པར་བཀོད་པ་ཡིན་ལ་ཞེས་པ་ལྟར་འདི་ཡི་ཕྱོགས་སྔ་སྨྲ་བ་པོ་འགའ་ཞིག་ཆོས་ཅན། སྐྱོན་ཡོན་གྱི་ཆ་ཤས་ཅུང་ཟད་དང་ལྡན་ཏེ། མཁྱེན་རབ་ཀྱི་གཞོག་ཡངས་ཟུང་འབྲེལ་དུ་རྒྱས་པ་ཡིས། གསུང་རབ་ཀྱི་ནམ་མཁའ་ལ་ཡུན་རིང་དུ་བགྲོད་པར་གྱུར་ཀྱང་། རྣམ་རིག་པའི་བག་ཆགས་ཀྱི་ལིང་ཏོག་གིས་ཡེ་ཤེས་ཀྱི་མིག་བསྒྲིབས་པའི་རྐྱེན་གྱིས། ངེས་དོན་རྣམ་མཁའི་ནོར་བུ་ཅུང་ཟད་མ་གཟིགས་པའི་སྐྱེས་ཆེན་ཡིན་པའི་ཕྱིར་རོ། །

གཉིས་པ་ལ་ལྔ་སྟེ། ཤེས་བྱ་གཞིའི་གནས་ཚུལ་བཤད། དེ་ལས་འབྲས་བུ་ཐོབ་ཚུལ་བཤད། རང་སྟོང་གཞན་སྟོང་ཁྱད་པར་བཤད། གཞི་འབྲས་དབྱེར་མེད་རྒྱུ་མཚན་བཤད། མདོ་རྒྱུད་བསྟན་བཅོས་དགོངས་པར་ལྡན་པའོ། །དང་པོ་ནི། ཇོ་ནང་པས་གཞིའི་གནས་ཚུལ་འདི་སྐད་གསུངས་ཏེ། ཤེས་བྱ་ཀུན་ལ་བདེན་པ་གཉིས་དང་མཚན་ཉིད་གསུམ་དུ་ཕྱེ་བ་ལས། ཀུན་བཏགས་དང་གཞན་དབང་ཀུན་རྫོབ་སྟེ་བདེན་པར་མ་གྲུབ་ལ༑ ཡོངས་གྲུབ་དོན་དམ་བདེན་པ་སྟེ་བདེན་པར་གྲུབ་པོ་ཞེས་བཞེད་ཅིང་། ཆོས་རྣམས་ཀུན་གྱི་དོན་དམ་ཆོས་ཉིད་ནི། སངས་རྒྱས་ཡིན་པར་ཁྱད་པར་མེད་པའི་ཕྱིར་ན། སེམས་ཅན་ཀུན་གྱི་རྒྱུད་ལ་སངས་རྒྱས་ཉིད་ཡོད་ཀྱི་སེམས་ཅན་སངས་རྒྱས་ནི་མིན་ནོ་ཞེས་བཞེད་པའི་ཕྱིར་རོ། །

གཉིས་པ་ལ། འབྲས་བུའི་ཐོབ་ཚུལ་འདི་སྐད་གསུང་སྟེ། དོན་དམ་ཆོས་སྐུ་རང་འབྱུངས་ནི་ཚོགས་གཉིས་བསགས་པས་ཐོབ་མི་དགོས་པར་གདོད་མ་ནས་ཡོད་པ་ལ། ཀུན་རྫོབ་ཚོགས་གཉིས་བསགས་པ་ཡིས། ཀུན་རྫོབ་གཟུགས་སྐུ་ཐོབ་པར་འདོད་པའི་ཕྱིར་རོ། །

གསུམ་པ་ནི། རང་སྟོང་གཞན་སྟོང་གི་ཁྱད་པར་འདི་སྐད་གསུང་སྟེ། དོན་དམ་བདེན་པ་ནི་གཞན་སྟོང་ཡིན་གྱི། རང་སྟོང་མ་ཡིན་ཏེ། དེ་ཀུན་རྫོབ་ཆོས་ཀྱིས་སྟོང་གི །རང་གི་ངོ་བོས་མི་སྟོང་པའི་ཕྱིར་ཏེ། རྟག་བརྟན་ཐེར་ཟུག་བདེན་གྲུབ་ཡིན་པའི་ཕྱིར་རོ། །ཀུན་རྫོབ་ནི་རང་སྟོང་ཡིན་གྱི་གཞན་སྟོང་མ་ཡིན་ཏེ། རང་གི་ངོ་བོས་སྟོང་བའི་ཕྱིར་ཞེས་བཞེད་པའི་ཕྱིར་རོ། །

བཞི་པ་ནི། གཞི་འབྲས་དབྱེར་མེད་ཀྱི་དོན་འདི་སྐད་གསུང་སྟེ། དོན་དམ་ཆོས་ཉིད་འདི་ནི་གཞི་དུས་སུ

གློ་བུར་དྲི་མས་མ་དག་པ་དང་། འབྲས་བུའི་སྐབས་སུ་དྲི་མས་དག་པ་ཙམ་མ་གཏོགས་གཞི་འབྲས་སྐབས་ཀྱི་ཆོས་ཉིད་ལ་ཡོན་ཏན་མང་ཉུང་དང་། བཟང་ངན་ལྷག་པ་ཁྱད་པར་མེད་ཅིང་། འདི་ནི་བདེན་པའི་གཅིག་ཏུ་ཡང་གྲུབ་པ་ཡིན་ཏེ། སྟོབས་སོགས་ཆོས་སྐུའི་ཡོན་ཏན་སོ་གཉིས་དང་། གཟུགས་སྐུའི་ཡོན་ཏན་མཚན་བཟང་སོ་གཉིས་དང་དཔེ་བྱད་བརྒྱད་ཅུ་སོགས་དམ་པའི་དོན་དུ་ཆོས་ཉིད་འདི་ལ་དབྱེར་མེད་དུ་ཚང་བའི་ཕྱིར་རོ་ཞེས་བཤད་པའི་ཕྱིར་རོ། །

ལྔ་པ་ནི། ཇོ་ནང་པ་ན་རེ། བཤད་མ་ཐག་པ་དེ་དག་ངེས་དོན་གྱི་བཀའ་བསྟན་བཅོས་ཀུན་གྱི་དགོངས་པ་མཐར་ཐུག་ཡིན་ཏེ། ལྷ་མོ་དཔལ་ཕྲེང་མས་ཞུས་པའི་མདོ། མྱ་ངན་ལས་འདས་པའི་མདོ། དེ་བཞིན་གཤེགས་པའི་སྙིང་པོའི་མདོ། སོར་མོའི་ཕྲེང་བ་ལ་ཕན་པའི་མདོ། ལང་ཀར་གཤེགས་པའི་མདོ། དགོངས་འགྲེལ་ལ་སོགས་པ་ལྷག་བསམ་བསྟན་པའི་མདོ། འཕེལ་འགྲིབ་མེད་པར་བསྟན་པའི་མདོ། ཡེ་ཤེས་སྣང་བ་རྒྱན་གྱི་མདོ། དེ་བཞིན་གཤེགས་པའི་ཡོན་ཏན་དང་ཡེ་ཤེས་བསམ་གྱིས་མི་ཁྱབ་པའི་ཡུལ་ལ་འཇུག་པ་བསྟན་པའི་མདོ་སྟེ། ངེས་དོན་གྱི་མདོ་བཅུའི་དགོངས་པ་འདི་ཉིད་ཡིན་པའི་ཕྱིར་དང་། བྱམས་པའི་གསུང་རབ་རྣམ་པ་ལྔ་དང་། ཐོགས་མེད་སྐུ་མཆེད་ཀྱིས་སྡེ་ལྔ་དང་སྡོམ་རྣམ་པ་གཉིས་དང་པྲ་ཀ་ར་ན་སྡེ་བརྒྱད་དང་། ཕྱོགས་ཀྱི་གླང་པོའི་བརྒྱད་སྟོང་དོན་བསྡུས་དང་། ཆོས་ཀྱི་གྲགས་པའི་སྡེ་བདུན་སོགས་གཞུང་ལུགས་རྣམས་ཀྱང་དབུ་མ་ཆེན་པོའི་ལུགས་ཡིན་པས། དེ་དག་གི་དགོངས་པའང་སྟར་བཤད་པ་འདི་ཉིད་ཡིན་པའི་ཕྱིར་དང་། ཀླུ་སྒྲུབ་ཡབ་སྲས་ཀྱང་ནི་འདི་ཉིད་བཞེད་པའི་ཕྱིར་དང་། ཟབ་མོའི་རྒྱུད་སྡེ་ཐམས་ཅད་ཀྱི་དགོངས་པ་ཕྱོགས་གཅིག་པ་ཡང་འདི་ཉིད་ཡིན་པའི་ཕྱིར་ཞེས་སྨྲ་བར་བྱེད་དོ། །

གཉིས་པ་དཔྱད་པ་བྱ་བ་ལ་གསུམ། སྔོ་སྐུར་སྤངས་པའི་ལུང་རིགས་དཔྱད་པ་དངོས། སྒྲོ་སྐུར་སྤངས་ནས་དཔྱད་པའི་རྒྱུ་མཚན་བཤད་པའོ། །དང་པོ་ནི། ཇོ་ནང་པའི་གྲུབ་མཐའ་འདི་ཆོས་ཅན། ཁྱོད་ལ་སྒྲོ་སྐུར་སྤངས་ནས་ལུང་དང་རིགས་པས་དཔྱད་པར་བྱ་སྟེ། ཁྱོད་མཁས་པས་དགག་སྒྲུབ་བྱ་བའི་གནས་ཡིན་པའི་ཕྱིར་རོ། །གཉིས་པ་ལ་གཉིས། འདོད་པ་མཐུན་པ་བླང་བྱར་བསྟན་པ། ལྷག་མ་ཐ་སྙད་དོན་དམ་འགལ་བའོ། །དང་པོ་ནི། གཞི་འབྲས་ཀུན་ཏུ་རང་གི་ངོ་བོ་ལ་བཟང་ངན་གྱི་དབྱེར་མེད་པའི་ཆོས་དབྱིངས་དེ་ཉིད། བདེ་གཤེགས་སྙིང་པོ་ཡིན་པ་དང་། དེ་ཉིད་སྟོབས་སོགས་ཡོན་ཏན་རང་བཞིན་ལྷུན་གྱིས་གྲུབ་པའི་དོན་དམ་པའི་སངས་རྒྱས། རང་བཞིན་རྣམ་དག་གི་སངས་རྒྱས་ཡིན་པ་ནི་ཆོས་ཅན། དགག་པར་བྱ་བ་མིན་ཏེ། ཁྱོད་ཐེག་པ་ཆེན་པོའི་མདོ་རྒྱུད་ཀྱི་དགོངས་པ་ཡིན་པར་ཁོ་བོ་ཡང་འདོད་པའི་ཕྱིར་རོ། །

གཉིས་པ་ལ་གཉིས་བསྟན། བཤད་དོ། །དང་པོ་ནི། ལྷག་མ་ཆོས་ཉིད་བདེན་པར་གྲུབ་ཅིང་། དེ་ཉིད་སྟོབས་སོགས་ཡོན་ཏན་ཚང་བའི་སངས་རྒྱས་ཡིན་པར་སྨྲ་བ་ཆོས་ཅན། ལུང་དང་རིགས་པས་དགག་པར་བྱ་སྟེ། ཐ་སྙད་དོན་དམ་པ་གཉིས་དང་འགལ་བ་འཆད་པར་འགྱུར་བ་འདི་ལྟར་མཐོང་བའི་ཕྱིར།

གཉིས་པ་རྒྱས་བཤད་པ་ལ་འདང་གཉིས། གཞི་འབྲས་འདོད་ཚུལ་ཐ་སྙད་འགལ། གནས་ལུགས་འདོད་ཚུལ་དོན་དམ་འགལ་བའོ། །དང་པོ་ལ་གཉིས། གཞིའི་འདོད་ཚུལ་ཐ་སྙད་འགལ། འབྲས་བུའི་འདོད་ཚུལ་རིགས་པས་གནོད་པའོ། །དང་པོ་ལ་བཞི་སྟེ། དྲི་བཅས་སངས་རྒྱས་ཡིན་པ་འགལ་བས་དགག །ཐ་སྙད་འགལ་བ་སྐྱོན་མེད་ཡིན་པ་དགག །ཐ་སྙད་ཉིད་ལའང་སྔ་མ་ཁས་ལེན་དགག །དེས་ན་མཚན་བཏགས་ཕྱེ་བ་གནད་དུ་ཆེ་བའོ། །དང་པོ་ནི། ཇོ་ནང་པ་ན་རེ། ཁྱོད་ཀྱིས་ཐ་སྙད་སྒོ་ནས་གསུང་རབ་ཀྱི་དོན་འཆད་པའི་ཚེ། དྲི་མས་མ་དག་པའི་ཆོས་དབྱིངས་སངས་རྒྱས་ཡིན་ཞེས་སྨྲ་བ་ནི་ཐ་སྙད་ཉིད་དང་འགལ་བ་ཡིན་ཏེ། ཁྱོད་ཀྱི་དེ་ལྟར་ན་ཐ་སྙད་ཚེ་ན་དམན་མཉམ་སོགས་ཁྱད་མེད་དུ་འགྱུར་བ་ལས། ཐ་སྙད་ཚེ་ན་དམན་མཉམ་དང་ཁྱད་འཕགས་ཡོད་མེད་སྐྱེ་དགག་སོགས་སོ་སོར་ཕྱེ་ནས་སྨྲ་དགོས་པའི་ཕྱིར་ཏེ། སྨྲ་དགོས་པ་དེ་སྐད་དུ་ཡང་། ཀླུ་སྒྲུབ་ཀྱིས་སྟོང་ཉིད་བདུན་ཅུ་པ་ལས་ནི། གནས་པའམ་སྐྱེ་འཇིག་ཡོད་མེད་དམ། །དམན་པའམ་མཉམ་དང་ཁྱད་པར་ཅན། །སངས་རྒྱས་འཇིག་རྟེན་སྙད་དབང་གིས། །གསུང་གི་ཡང་དག་དབང་གིས་མིན། །ཞེས་སོགས་རྒྱས་པར་གསུངས་པའི་ཕྱིར་རོ། །

གཉིས་པ་ནི་ཁོ་ན་རེ། ཐ་སྙད་ཀྱི་ཚེ་ན་དམན་མཉམ་སོགས་སོ་སོར་སྨྲ་དགོས་པ་དེ་ཡིན་མོད། ཐ་སྙད་དེ་ཉིད་གསུང་རབ་ཀྱི་དོན་ལ་དཔྱོད་པའི་ཚེ་ཚད་མར་བྱེད་ན་ནི། གང་ཟག་ལ་མི་རྟོན་ཆོས་ལ་རྟོན་པ་དང་། ཚིག་ལ་མི་རྟོན་དོན་ལ་རྟོན་པ་དང་། དྲང་དོན་ལ་མི་རྟོན་ངེས་དོན་ལ་རྟོན་པ་དང་། རྣམ་ཤེས་ལ་མི་རྟོན་ཡེ་ཤེས་ལ་རྟོན་པ་སྟེ། རྟོན་བཞིའི་གོ་རིམ་རྣམས་ལོག་པ་ཉིད་དུ་འགྱུར་ཏེ། ཆོས་ལ་མི་རྟོན་གང་ཟག་ལ་རྟོན་པ་དང་། དོན་ལ་མི་རྟོན་ཚིག་ལ་རྟོན་པ་སོགས་ཀྱི་ཕྱིར་རོ་ཞེ་ན། རྟོན་པ་བཞི་པོ་དེའི་གོ་རིམ་འདི་ལྟར་ཡིན་ཏེ། ཐོག་མར་ཐ་སྙད་ཁས་བླངས་ནས་ཕྱི་ནས་དམ་པའི་གནས་ལུགས་ལ་རིམ་གྱིས་འཇུག་པ་ཡིན་གྱི། ཐ་སྙད་ཉིད་དང་པོ་ནས་དོར་ན་ནི། གནས་ལུགས་རྟོགས་པའི་ཐབས་སུ་ཐ་སྙད་གསུངས་པ་དོན་མེད་དུ་འགྱུར་བའམ། རྟོན་པ་བཞིའི་གོ་རིམ་ལོག་པར་ཁྱོད་ལ་འགྱུར་ཏེ། དེ་ལྟར་འགྱུར་བ་དེ་སྐད་དུ་ཡང་རྩོད་བཟློག་ལས། ཐ་སྙད་ཁས་ནི་མ་བླངས་པར། །ངེད་ཅག་འཆད་པར་མི་བྱེད་དོ། །ཞེས་གསུངས་པ་དང་། རྩ་བའི་ཤེས་རབ་ལས་ཀྱང་། ཐ་སྙད་ལ་ནི་མ་བརྟེན་པར། །དམ་པའི་དོན་ནི་རྟོགས་མི་འགྱུར། །དམ་པའི་དོན་ནི་མ་རྟོགས་པར། །མྱ་ངན་འདས་པ་

ཐོབ་མི་འགྱུར། །ཞེས་གསུངས་པ་དང་། ཟླ་བ་གྲགས་པས་ཀྱང་། ཀུན་རྫོབ་དང་དོན་དམ་ཐབས་དང་ཐབས་བྱུང་ཡིན་པའི་ཕྱིར་ན་དེ་གཉིས་ཀྱི་རྣམ་དབྱེ་མི་ཤེས་པ་དེ། ལམ་ངན་པ་ལ་ཞུགས་པར་གསུངས་པའང་། དོན་དམ་རྟོགས་པའི་ཐབས་སུ་ཐ་སྙད་ཡལ་བར་དོར་བ་འདི་ཉིད་ལ་དགོངས་པ་ཡིན་པའི་ཕྱིར་རོ། །

གསུམ་པ་ནི་གལ་ཏེ་ཁོ་ན་རེ། ཐ་སྙད་ཡལ་བར་དོར་བའི་སྐྱོན་མེད་དེ། ཐ་སྙད་ཀྱི་ཚེ་ན་ཡང་དྲི་མས་མ་དག་པའི་ཆོས་དབྱིངས་ཉིད་སངས་རྒྱས་སུ་སྨྲ་བ་ཡིན་པས་སོ་སྙམ་ན། དྲི་མས་མ་དག་པའི་ཆོས་དབྱིངས་སངས་རྒྱས་སུ་སྨྲ་བ་འདི་ནི་ཆོས་ཅན། འཕགས་པ་བྱམས་པ་དང་ཀླུ་སྒྲུབ་སོགས་ཀྱི་གཞུང་དང་འགལ་བ་ཡིན་ཏེ། ཅིའི་སླད་དུ་ཞེ་ན། རྒྱུད་བླ་མར། མ་དག་མ་དག་དག་པ་དང་། །ཤིན་ཏུ་རྣམ་དག་གོ་རིམ་བཞིན། །སེམས་ཅན་བྱང་ཆུབ་སེམས་དཔའ་དང་། །དེ་བཞིན་གཤེགས་པ་ཞེས་བརྗོད་དོ། །ཞེས་ཆོས་དབྱིངས་ལ་གནས་སྐབས་གསུམ་དུ་མིང་གསུམ་སོ་སོར་གསུངས་པ་དང་། ཀླུ་སྒྲུབ་ཀྱི་ཆོས་དབྱིངས་བསྟོད་པ་ལས། ཇི་ལྟར་སོས་ཀའི་དུས་སུ་ནི། །དྲོ་འོ་ཞེས་ནི་བརྗོད་པར་བྱེད། །དེ་ཉིད་གྲང་བའི་དུས་སུ་ནི། །གྲང་ངོ་ཞེས་ནི་བརྗོད་པ་བཞིན། །ཉོན་མོངས་དྲ་བས་གཡོགས་པ་ན། །སེམས་ཅན་ཞེས་ནི་བརྗོད་པ་ཡིན། །དེ་ཉིད་ཉོན་མོངས་བྲལ་གྱུར་ན། །སངས་རྒྱས་ཤེས་ནི་བརྗོད་པར་བྱེད། །ཅེས་གསུང་པ་དང་། གཞན་ཆོས་དབྱིངས་བསྟོད་པ་དེ་ཉིད་ལས། ཇི་ལྟར་སྨྲན་པས་གཡོགས་པ་ན། །སོ་བ་འབྲས་བུར་མི་འདོད་ལྟར། །དེ་བཞིན་ཉོན་མོངས་ཀྱིས་གཡོགས་པས། །དེ་ནི་སངས་རྒྱས་ཞེས་མི་བཏགས། །ཇི་ལྟར་སྨྲན་པ་ལས་གྲོལ་ན། །འབྲས་ཉིད་སྣང་བར་འགྱུར་བ་ལྟར། །དེ་བཞིན་ཉོན་མོངས་བྲལ་གྱུར་ན། །ཆོས་ཀྱི་སྐུ་ཡང་རབ་ཏུ་གསལ། །ཞེས་དང་། གཞན་ཡང་མདོ་སྡེ་རྒྱན་ལ། དེ་བཞིན་ཉིད་ནི་ཐམས་ཅད་ལ། ཁྱད་པར་མེད་ཀྱང་དག་གྱུར་པ། །དེ་བཞིན་གཤེགས་ཉིད་དེ་ཡི་ཕྱིར། །འགྲོ་ཀུན་དེ་ཡི་སྙིང་པོ་ཅན། །ཞེས་སོགས་ཀྱིས་ཆོས་དབྱིངས་དྲི་མས་མ་དག་པའི་གནས་སྐབས་སུ་སེམས་ཅན་དང་། དག་པའི་གནས་སྐབས་སུ་སངས་རྒྱས་ཀྱི་ཐ་སྙད་སོ་སོར་གསུངས་ཀྱི། མ་དག་པའི་ཆོས་དབྱིངས་སངས་རྒྱས་སུ་མ་བཤད་པའི་ཕྱིར་རོ། །

བཞི་པ་མཚན་བཏགས་ཕྱེ་བ་ལའང་། མཚན་བཏགས་ཕྱེ་བ་དཔེ་དང་བཅས་ཏེ་བསྟན། དོན་ལ་མཚན་བཏགས་མི་འབྱེད་ལུང་རིགས་གཉིས་དང་འགལ། དཔེ་ལ་མཚན་བཏགས་མི་ཕྱེད་རྒྱ་བོད་གཞུང་དང་འགལ། དེས་ན་འཁྲུལ་མེད་གནད་དོན་བླང་བྱར་བསྟན་པའོ། །དང་པོ་ལ་གལ་ཏེ་ཁོ་ན་རེ། རྒྱུད་ལས། སེམས་ཅན་ཐམས་ཅད་སངས་རྒྱས་ཉིད། །འོན་ཀྱང་གློ་བུར་དྲི་མས་སྒྲིབ། །ཞེས་སོགས་ལྟ་བུ། རྒྱུད་དུས་སུ་ཡང་། མ་དག་པའི་ཆོས་དབྱིངས་སངས་རྒྱས་སུ་བཤད་པ་མང་དུ་ཡོད་དོ་སྙམ་ན། དེ་ནི་དངོས་བཏགས་མ་ཕྱེད་པའི་སྐྱོན་ཡིན་

ཏེ༑ སེམས་ཅན་ཐམས་ཅད་སངས་རྒྱས་ཉིད། །ཅེས་པ་ནི། མ་དག་པའི་ཆོས་དབྱིངས་རང་བཞིན་རྣམ་དག་གི་སངས་རྒྱས་ཙམ་ཡིན་ཞེས་པ་སྟེ། སངས་རྒྱས་བཏགས་པ་བ་ཡིན་ལ། དེ་བསལ་ནས་ནི་སངས་རྒྱས་ཉིད། །ཞེས་པ་ནི༑ དྲི་མས་དག་པའི་ཆོས་དབྱིངས་དེ། གློ་བུར་རྣམ་དག་གི་སངས་རྒྱས་ཡིན་ཞེས་པ་སྟེ་སངས་རྒྱས་མཚན་ཉིད་པར་འཇོག་དགོས་པའི་ཕྱིར་ཏེ། དཔལ་ལྡན་རྩེ་མོ་ཡི་རྒྱུད་སྡེ་སྤྱི་རྣམ་ལས་ཀྱི་རྡོ་རྗེ་ཞེས་བྱ་བའི་མཚན་གིས་ནི། འབྲས་རྒྱུད་ཀྱི་རྡོ་རྗེ་དངོས་སུ་བསྟན་ནས། རྒྱུ་རྒྱུད་དང་། ལམ་ཐབས་རྒྱུད་གཉིས་ཀྱི་ཀྱི་རྡོ་རྗེ་ཤུགས་ལས་ཤེས་པའི་མཐུན་པའི་དཔེར། ཕྱོགས་ཀྱི་གླང་པོས། བརྒྱད་སྟོང་དོན་བསྡུས་ལས། ཤེས་རབ་ཕ་རོལ་ཕྱིན་གཉིས་མེད། །ཡེ་ཤེས་དེ་ནི་དེ་བཞིན་གཤེགས། །བསྒྲུབ་བྱ་དེ་དོན་སྒྲོར་བ་ཡི། །གཞུང་ལམ་དག་ལ་དེ་སྒྲ་ཡིན། །ཞེས་ཤེར་ཕྱིན་དངོས་ནི། འབྲས་བུ་སངས་རྒྱས་ཀྱི་ཡེ་ཤེས་ཏེ། གཞུང་དང་ལམ་གྱི་ཤེར་ཕྱིན་གཉིས་བཏགས་པ་བར་བཀོད་པ་འདི་གྲུས་པས་ཡོངས་ཤིག་ཅེས་བྱ་སྟེ། དངོས་བཏགས་ཕྱེ་དགོས་པ་དེས་ན། འབྲས་བུ་ཤེར་ཕྱིན་ཤེར་ཕྱིན་དངོས་དང་། གཞུང་ལམ་གྱི་ཤེར་ཕྱིན་ཤེར་ཕྱིན་བཏགས་པ་བར་བཤད་པ་དེ་བཞིན་དུ། འབྲས་བུ་ཀྱི་རྡོ་རྗེ་ཀྱི་རྡོ་རྗེ་མཚན་ཉིད་པ་དང་། རྒྱུ་ལམ་གྱི་ཀྱི་རྡོ་རྗེ་བཏགས་པ་བ་ཡིན་པ་དང་། གློ་བུར་རྣམ་དག་གི་སངས་རྒྱས་སངས་རྒྱས་མཚན་ཉིད་པ་དང་། རང་བཞིན་རྣམ་དག་ཙམ་གྱི་སངས་རྒྱས་སངས་རྒྱས་བཏགས་པ་བ་ཡིན་པ་སོགས། མིང་མཚུངས་པ་རྣམས་ལ་དངོས་བཏགས་ཀྱི་ཁྱད་པར་འབྱེད་དུ་ཕྱེད་དགོས་པའི་ཕྱིར་རོ། །

གཉིས་པ་ནི། པདྨ་བཞད་པ་ལས། ཞར་བྱུང་རྒྱུད་གསུམ་ག་ཀྱི་རྡོར་མཚན་ཉིད་པར་འདོད་པ་ནི་སྔར་བྱོན་པའི་ཀུན་དགའ་རྒྱལ་མཚན་པ་དང་། ཕྱིས་ཀྱི་རང་ལུགས་ཀྱི་བླ་མ་ཁ་ཅིག་གོ། །ཞེས་པ་ལྟར། གལ་ཏེ་རྗོང་པ་ཀུན་དགའ་རྒྱལ་མཚན་སོགས་ཁ་ཅིག་ན་རེ། རྒྱུད་གསུམ་གྱི་ཀྱི་རྡོར་ལ་དངོས་བཏགས་ཕྱེ་བ་མི་འཐད་པར་ཐལ། རྡོ་ནང་པར་མ་ཟད། རྩེ་མོའི་སྤྱི་རྣམ་ལུགས་འདི་ལ་ཡང་ཀྱི་རྡོར་རྒྱུད་གསུམ་ག་ཀྱི་རྡོར་མཚན་ཉིད་པར་བཞེད་པའི་ཕྱིར་རོ་ཞེ་ན། དེ་ལྟ་མི་འཐད་དེ། ཀྱི་རྡོ་རྗེའི་རྒྱུད་ཀྱི་མཚན་དོན་འཆད་པའི་ཚེ། མཚོན་བྱ་དོན་གྱི་ཀྱི་རྡོ་རྗེ་ཞེས་པའི་སྒྲ། རྒྱུ་རྒྱུད་རང་བཞིན་འོད་གསལ་གྱི་སེམས་དང་། ཐབས་རྒྱུད་དབང་ལམ་གྱི་ཡེ་ཤེས་དང་། འབྲས་རྒྱུད་དག་པ་གཉིས་ལྡན་གྱི་ཡེ་ཤེས་ཏེ་རྒྱུད་ནི་གསུམ་ཆར་ལ་འཇུག་ཀྱང་། དེ་ཉིད་ལ་དངོས་བཏགས་ཕྱེ་བའི་ཚེ། སངས་རྒྱས་སའི་ཡེ་ཤེས་ལ། བརྟག་གཉིས་ལས། ཧེ་ནི་སྙིང་རྗེ་ཆེན་པོ་ཉིད། །བཛྲ་ཤེས་རབ་བརྗོད་པར་བྱ། །ཞེས་བྱ་བའི་ཧེའི་དོན། དམིགས་མེད་ཀྱི་ཐུགས་རྗེ་ཆེན་པོ་དང་། བཛྲ་རྡོ་རྗེའི་དོན། གནས་ལུགས་རྟོགས་པ་མཐར་ཕྱིན་ཤེས་རབ་ཆེན་པོ་ཟུང་འཇུག་ཚང་བ་ཡིན་པས་ན་བརྗོད་བྱ་དོན་གྱི་ཀྱི་རྡོ་རྗེ་དངོས་ཡིན་ལ། རྒྱུ་རྒྱུད་རང་བཞིན་འོད་གསལ་ལའང་། ཐབས་དང་ཤེས་རབ་བདག་ཉིད་རྒྱུད། །ཅེས་པའི་

དོན། ཐབས་གཟུང་འཛིན་གཉིས་སུ་སྣང་བ་དང་། ཤེས་རབ་གདོད་མ་ནས་སྤྲོས་པ་ཐམས་ཅད་ཉེ་བར་ཞི་བའི་གཉིས་མེད་ཡེ་ཤེས་ཟུང་འཇུག་ཚང་བ་དང་། ལམ་ཐབས་རྒྱུད་དབང་ལམ་སོགས་ལའང་། ཐབས་བུམ་དབང་དང་ཤེས་རབ་གོང་མ་གསུམ་སྟེ་ཐབས་ཤེས་ཟུང་འཇུག་གམ། ཐབས་བསྐྱེད་རིམ་དང་། ཤེས་རབ་རྫོགས་རིམ་སྟེ་ཐབས་ཤེས་ཟུང་འཇུག་ཙམ་ཞིག་ནི་ཚང་བས་ན། ཀྱེ་རྡོ་རྗེའི་སྒྲ་བཏགས་མིང་དུ་འཇུག་པ་ཡིན་པའི་ཕྱིར་རོ་སྟེ༔ སྤྱི་རྣམ་ལས། དེ་བས་ན་སངས་རྒྱས་རྣམས་ཀྱི་དམིགས་པ་མེད་པའི་ཐུགས་རྗེ་ཆེན་པོ་དང་། ཤེས་རབ་ཆེན་པོ་ཟུང་དུ་འཇུག་པས་ན་ཀྱེ་རྡོ་རྗེ་འབྲས་བུའི་རྒྱུད། དེ་ལྟ་བུའི་འབྲས་བུ་ཐོབ་པར་བྱེད་པའི་ལམ་ཡང་ཀྱེ་རྡོ་རྗེ་ཡིན་དགོས་པས་རྒྱུད་གསུམ་ག་ཀྱེ་རྡོ་རྗེ་སྟེ། ཕྱོགས་ཀྱི་གླང་པོས། ཤེས་རབ་ཕ་རོལ་ཕྱིན་གཉིས་མེད། །ཡེ་ཤེས་དེ་ནི་དེ་བཞིན་གཤེགས། །བསྒྲུབ་པར་བྱེད་དོན་སྦྱོར་བ་ཡི། །གཞུང་དང་ལམ་ལའང་དེ་སྒྲ་ཡིན། །ཞེས་བཤད་པ་ལྟ་བུའོ། །ཞེས་སོགས་བཤད་པས་སོ། །དེས་ན་དངོས་བཏགས་མ་ཕྱེ་བར་རྒྱུ་ལམ་འབྲས་བུའི་ཀྱེ་རྡོ་རྗེ་གསུམ་བརྗོད་བྱ་མཚོན་པ་ལས། ཀྱེ་རྡོ་རྗེའི་རྒྱུད་འཆད་ཅེས་གསུངས་པ་ཡི་དོན་འདི་ལྟར་ཡིན་གྱི། གཞན་དུ་རྒྱུད་གསུམ་ག་ཀྱེ་རྡོ་རྗེ་མཚན་ཉིད་པ་ཡིན་ན། རྗེ་མོས། ཀྱེ་རྡོ་རྗེའི་རྒྱུད་ཅེས་པའི་ཚིག་ཟུར་གྱི་ཀྱེ་རྡོ་རྗེའི་སྒྲས་འབྲས་རྒྱུད་ཀྱི་ཀྱེ་རྡོ་རྗེ་དངོས་སུ་བསྟན་ནས། རྒྱུ་དང་ལམ་གྱི་ཀྱེ་རྡོ་རྗེ་ཤུགས་ལ་བསྟན་པར་བཤད་པ་དེ་མི་འཐད་དགོས་ཏེ། དེ་གསུམ་ག་ཀྱེ་རྡོར་མཚན་ཉིད་པ་ཡིན་པའི་ཕྱིར་རོ། །དཔེར་ན། བུམ་པ་ཞེས་པའི་སྒྲས་གསེར་བུམ་དངོས་སུ་བསྟན་ནས་དངུལ་བུམ་ཤུགས་ལས་བསྟན་པ་མི་འཐད་པ་བཞིན་ནོ། །དེ་ལྟར་རྗེ་མོས་གོང་དུ་བཤད་ན། སྤྱི་རྣམ་ལས། དེ་ལ་རྒྱུད་ཀྱི་མཚན་ཕལ་ཆེར་ཡང་དག་པར་རྫོགས་པའི་སངས་རྒྱས་ཀྱི་ཡེ་ཤེས་ཀྱི་འབྲས་བུའི་རྒྱུད་ལས་བརྩམས་ཏེ་བཏགས་ནས། དེ་ནས་ཐབས་རྒྱུད་དང་རྒྱུ་རྒྱུད་ལ་ཤུགས་ལ་སྦྱར་བའི་མཚན་མང་སྟེ། དཔེར་ན་དཔལ་ཀྱེ་རྡོ་རྗེ་དང་། གསང་བ་འདུས་པ་དང་། ཡང་དག་པར་སྦྱོར་བ་ལེགས་པ་ལྟ་བུའོ། །ཞེས་བཤད་པས་ཤེས་སོ། །

གསུམ་པ་ལའང་གསུམ་སྟེ། རྒྱ་གར་མཁས་པའི་གཞུང་དང་འགལ། རང་གི་བོད་གཞུང་ཉིད་དང་འགལ། དེའི་དགོངས་པ་དཔྱད་དུ་ཡོད་པའོ། །དང་པོ་ནི། མིང་ལ་རྣམ་གྲངས་དུ་མ་ཡོད་པ་དེས་ན་ཧ་རི་ བྷ་དྲ་ཡིས་དངོས་མིང་དང་བཏགས་མིང་གཉིས་སུ་གསུངས་པ་དང་། དཀོན་མཆོག་འབངས་ཀྱིས་མིང་གཙོ་ཐལ་གཉིས་སུ་གསུངས་པ་དེ་གཉིས་དོན་གཅིག་སྟེ། དངོས་བཏགས་གཙོ་ཐལ་དོན་གཅིག་པ་གཞུང་ལུགས་ཆེན་པོའི་ལུགས་ཡིན་པའི་ཕྱིར་ཏེ། དེ་སྐད་དུ་ཡང་ནམ་འགྲེལ་ལས། ཇི་ལྟར་གྲགས་པས་གྲུབ་གང་ཡིན། །དངོས་དང་དེ་དང་མཚུངས་པའི་ཕྱིར། །གང་ལ་དེ་སྐད་བརྗོད་ཐལ་བ། །དངོས་ལ་དངོས་མེད་བཏགས་ཕྱིར་རོ། །ཞེས་

སོགས་དུ་མ་གསུངས་པ་ལ་ལྟོས་ཤིག་སྟེ། བལྟས་པས་མིང་གི་རྣམ་དབྱེ་ཤེས་པར་འགྱུར་བའི་ཕྱིར་རོ། །གཉིས་པ་ནི། གཞན་ཡང་རྒྱུ་ལམ་གྱི་ཀྱེ་རྡོར་ཀྱེ་རྡོར་མཚན་ཉིད་པ་ཡིན་པ་དཔལ་ས་སྐྱ་པའི་དགོངས་པ་མིན་པར་མ་ཟད། གཞུང་ལམ་གྱི་ཤེས་ཕྱིན་ཤེར་ཕྱིན་མཚན་ཉིད་པ་ཡིན་པ་ངེས་དོན་རྒྱ་མཚོའི་དགོངས་པ་ཉིད་ཀྱང་མ་ཡིན་ཏེ༑ ངེས་དོན་རྒྱ་མཚོས་དེ་ར་ནི། གཞི་འབྲས་དབྱེར་མེད་པའི་གཉིས་མེད་ཀྱི་ཡེ་ཤེས་ཤེར་ཕྱིན་མཚན་ཉིད་པར་བྱས་ནས། གཞུང་ལམ་གྱི་ཤེར་ཕྱིན་གཉིས་ལ་ཤེར་ཕྱིན་བཏགས་པ་བར་གསུངས་པའི་ཕྱིར་རོ། །

གསུམ་པ་ནི། འོན་ཀྱང་གཞི་དུས་ཀྱི་ཡེ་ཤེས་ཤེར་ཕྱིན་མཚན་ཉིད་པ་ཡིན་པ་འདི་ཡང་མི་འཐད་དེ། སེམས་ཅན་གྱི་རྒྱུད་ཀྱི་གཞི་དུས་ཀྱི་གཉིས་སུ་མེད་པའི་ཡེ་ཤེས་ཤེར་ཕྱིན་མཚན་ཉིད་པ་ཡིན་ན། ཡེ་ཤེས་དེ་ནི་དེ་བཞིན་གཤེགས། །ཞེས་དང་། སངས་རྒྱས་བཅོམ་ལྡན་འདས་རྣམས་ཀྱི་གཉིས་སུ་མེད་པའི་ཡེ་ཤེས་སྒྱུ་མ་ལྟ་བུ་ནི་དངོས་ཡིན་ལ། ཞེས་པས་ཤེར་ཕྱིན་གྱི་རྟེན་གྱི་ཁྱད་པར་བསྟན་པ་དོན་མེད་ཡིན་པའི་ཕྱིར་ཏེ། དེ་བཞིན་གཤེགས་པ་མིན་པའི་རྒྱུད་ལའང་ཤེར་ཕྱིན་ཡོད་པའི་ཕྱིར་རོ། །གལ་ཏེ་སྐྱོན་མེད་དེ། དེ་ཉིད་རྣམ་གྲངས་ཡིན་པའི་ཕྱིར་སྙམ་ན། མི་འཐད་དེ། གཞི་དུས་སུ་དེ་བཞིན་གཤེགས་པ་ཡོད་པ་ལ་ཐ་སྙད་དང་འགལ་བའི་སྐྱོན་སྤར་བསྟན་ཟིན་ལ། སྐྱོན་གཞན་ཡང་གཞུང་དང་ལམ་གཉིས་ལ་མཚན་ཉིད་གསུམ་དུ་ཕྱེ་བ་ཡི་གཞུང་ལམ་གྱི་ཡོངས་གྲུབ་ཤེར་ཕྱིན་མ་ཡིན་ན། རང་གི་གྲུབ་མཐའ་ཆོས་ཐམས་ཅད་ལ་མཚན་ཉིད་གསུམ་དུ་ཕྱེ་བའི་ཡོངས་གྲུབ་རྣམས་ཤེར་ཕྱིན་མཚན་ཉིད་པར་ཁས་བླངས་པ་དང་འགལ་ལ། ཡིན་ན་ཕྱོགས་སྔང་གི་གཞུང་འདིའི་དོན་བཤད་པ་དང་འགལ་བའི་ཕྱིར་ཏེ། གཞུང་འདིའི་དོན། གཞུང་ལམ་གྱི་ཤེར་ཕྱིན་ཤེར་ཕྱིན་མཚན་ཉིད་པ་མ་ཡིན་པ་ལ་ཁྱེད་ཀྱིས་ཀྱང་བཤད་པའི་ཕྱིར་རོ། །

བཞི་པ་ནི། གཞན་གྱི་འཆད་ཚུལ་མི་འཐད་པ་དེས་ན། ཤེས་རབ་ཕ་རོལ་ཕྱིན་གཉིས་མེད། །ཅེས་སོགས་ཀྱི་གཞུང་འདིའི་དོན། ས་སྐྱའི་རྗེ་བཙུན་གོང་མ་ཡིས། གཞུང་ལམ་ཤེར་ཕྱིན་བཏགས་པ་བ་དང་། འབྲས་བུ་ཤེར་ཕྱིན་ཤེར་ཕྱིན་མཚན་ཉིད་པ་ཡིན་ནོ་ཞེས་བཤད་པ་ཆོས་ཅན། བློ་ལྡན་རྣམས་ཀྱིས་གུས་པས་ལོངས་ཤིག་ཅེས་བྱ་སྟེ། འཕགས་ཡུལ་གྱི་མཁས་གྲུབ་ཀུན་དང་མཐུན་པའི་བཤད་པ་ཡིན་པའི་ཕྱིར་རོ། །གསུམ་པ་འབྲས་བུའི་འདོད་ཚུལ་དགག་པ་ནི། གཞན་ཡང་། ཆོས་སྐུ་གློ་བུར་གྱི་དྲི་མ་དང་བྲལ་བའི་ཆ། ཚོགས་གཉིས་ལ་ལྟོས་སམ་མི་ལྟོས། དང་པོ་ལྟར་ན་དེ་ཆོས་ཅན། ཁྱོད་དོན་དམ་རང་འབྱུང་གི་ཆོས་སྐུ་མིན་པར་འགྱུར་ལ། ཁྱོད་ངེས་པར་ཚོགས་གཉིས་བསགས་པས་ཐོབ་དགོས་པའི་ཕྱིར། ཕྱི་མ་ལྟར་ན་འགྲོ་ཀུན་གྱི་རྒྱུད་ཀྱི་ཆོས་ཉིད་ཆོས་ཅན། ཁྱོད་དང་པོ་ཉིད་ནས་གློ་བུར་གྱི་དྲི་མ་དང་བྲལ་བར་འགྱུར་བར་ཐལ། ཁྱོད་གློ་བུར་གྱི་དྲི་མ་དང་

ཐལ་བ་དེ། ཚོགས་གཉིས་བསགས་པ་ལ་མ་ལྟོས་པར་འདོད་པའི་ཕྱིར་རོ། །འདོད་ན། འགྲོ་ཀུན་གྱི་རྒྱུད་ཀྱི་སྙིང་པོ་ཆོས་ཅན། ཁྱོད་དྲི་མས་བསྒྲིབ་པའི་ཚུལ་དཔེ་དགུས་བསྟན་པ་དོན་མེད་དུ་འགྱུར་བར་ཐལ། ཁྱོད་དང་པོ་ནས་དྲི་མ་དང་བྲལ་བའི་ཕྱིར། འདི་ལ་རྗོ་ནང་པ། དྲི་བཅས་དེ་བཞིན་ཉིད་དང་། དྲི་མེད་ཀྱི་དེ་བཞིན་ཉིད་དོན་གཅིག་ཅེས་སྨྲ་བ་ནི། མཁས་པའི་གཏམ་མ་ཡིན་ཏེ། འོ་ན་བདེ་གཤེགས་སྙིང་པོ་དེ། དྲི་མས་བསྒྲིབས་པ་དང་མ་བསྒྲིབས་པའི་གཞི་མཐུན་ཡིན་པར་ཐལ། དྲི་བཅས་ཀྱི་བདེ་གཤེགས་སྙིང་པོ་དེ། དྲི་མེད་ཀྱི་བདེ་གཤེགས་སྙིང་པོ་ཡིན་པའི་ཕྱིར། གཞན་ཡང་། ཆུ་སྙོག་མ་ཅན་དེ། སྙོག་མེད་ཀྱི་ཆུར་ཐལ་བ་དང་། སྤྲིན་བཅས་ཀྱི་ནམ་མཁའ་སྤྲིན་མེད་ཀྱི་ནམ་མཁར་ཐལ། དྲི་བཅས་ཀྱི་ཆོས་སྐུ་དྲི་མེད་ཀྱི་ཆོས་སྐུ་ཡིན་པའི་ཕྱིར་རོ། །

གཉིས་པ་གནས་ལུགས་ཀྱི་འདོད་ཚུལ་དགག་པ་ལ་བཞི། ངེས་དོན་ཡིད་ཆེས་ལུང་དང་འགལ། དངོས་སྨྲ་འགོག་པའི་རིགས་པ་འགལ། ཆོས་འཁོར་སྔ་ཕྱིའི་འཕྲོས་དང་འགལ། མདོ་རྒྱུད་བསྟན་བཅོས་དགོངས་པར་འགལ་བའོ། །དང་པོ་ནི་ཁྱོད་ཀྱི་དོན་དམ་གྱི་འཇོག་ཚུལ་གནས་ལུགས་དང་འགལ་བ་འདི་ལྟར་མཐོང་སྟེ། ཇི་ལྟར་སྙམ་ན། ཆོས་ཀྱི་དབྱིངས་ཡོངས་གྲུབ་བདེན་པར་གྲུབ་པ་ནི། ངེས་པའི་དོན་གྱི་མདོ་སྡེ་དང་། ཀླུ་སྒྲུབ་ཀྱི་དགོངས་པ་མ་ཡིན་ཏེ། མདོ་ལས། ཟབ་ཞི་སྤྲོས་བྲལ་འོད་གསལ་འདུས་མ་བྱས། །ཞེས་སོགས་ཀྱིས་ཟབ་ཞི་སྤྲོས་བྲལ་དང་། འོད་གསལ་འདུས་མ་བྱས་དང་ལྔ། ཡོངས་གྲུབ་བམ་ཆོས་དབྱིངས་ཀྱི་མིང་གི་རྣམ་གྲངས་ཉིད་དུ་གསུངས་པའི་ཕྱིར་དང་། གསུངས་པ་དེ་ཉིད་ལ། མགོན་པོ་ཀླུ་སྒྲུབ་ཀྱིས། སྐྱེ་དང་འཇིག་དང་གནས་པ་དག །མ་གྲུབ་པས་ན་འདུས་བྱས་མེད། །འདུས་བྱས་རབ་ཏུ་མ་གྲུབ་པས། །འདུས་མ་བྱས་ནི་ག་ལ་གྲུབ། །ཅེས་གསུངས་པའི་ལུང་གིས་སྐབས་འདིའི་འདུས་བྱས་དང་འདུས་མ་བྱས་གཉིས་བདེན་པར་མེད་པར་མཚུངས་པ་ཉིད་དུ་སྟོན་པའི་ཕྱིར་རོ། །

གཉིས་པ་ནི། སངས་རྒྱས་གཉིས་པ་ཀླུ་སྒྲུབ་ཀྱིས། རྩོད་ཟློག་ལས། དངོས་སྨྲ་བའི་རྩོད་པ་བདུན་འགོག་པའི་རིགས་པ་རྣམས་དབུ་མ་པ་རང་ལ་ལོག་པ་ཉིད་དུ་འགྱུར་ཏེ། བདེན་གྲུབ་ཀྱི་ཆོས་ནི་ཡོད་པར་དམ་བཅས་པའི་ཕྱིར། ཁྱབ་སྟེ། བདེན་གྲུབ་ཁས་བླངས་ན། དངོས་སྨྲ་བཀག་པའི་རྩོད་པ་རང་ལ་ལོག་པ་དེ་སྐད་དུ་ཡང་། རྩོད་ཟློག་ལས། གལ་ཏེ་ངས་དམ་བཅའ་འགའ་ཡོད། །དེས་ན་ང་ལ་སྐྱོན་འདི་ཡོད། །ང་ལ་དམ་བཅས་མེད་པས་ན། །ང་ནི་སྐྱོན་མེད་ཁོ་ན་ཡིན། །ཞེས་གསུངས་པའི་སྐབས་ཀྱི་དམ་བཅས་པའི་དོན། བདེན་གྲུབ་ཀྱི་ཆོས་དམ་བཅས་པ་ཉིད་ལ་ནི། རྗོ་ནང་པ་རང་ཉིད་ཀྱང་ནི་འཆད་པའི་ཕྱིར་རོ། །དེ་ཡང་རྩོད་ཟློག་ལས། དངོས་སྨྲ་བས་རྩོད་པ་བདུན་བཀོད་པ་ནི། འགོག་བྱེད་ཀྱི་ཚིག་མི་འཐད་པའི་རྩོད་པ། དམིགས་བྱེད་ཀྱི་ཚད་མ་མི་

འཐད་པའི་རྩོད་པ། དགེ་སོགས་ཀྱི་རང་བཞིན་མི་འཐད་པའི་རྩོད་པ། འདོགས་བྱེད་ཀྱི་མིང་མི་འཐད་པའི་རྩོད་པ། དགག་བྱ་ལ་བརྟགས་པའི་རྩོད་པ། སྒྲུབ་བྱེད་གཏན་ཚིགས་མི་རུང་བའི་རྩོད་པ། འགོག་ཚུལ་བརྟགས་པའི་རྩོད་པ་དང་བདུན་པོ་ཡིན་ལ། དེ་ཐམས་ཅད་ཀྱང་། བདེན་གྲུབ་ཁས་བླངས་པ་ཁོ་ན་ལས་བྱུང་བའི་རྩོད་པ་ཡིན་པས། བདེན་གྲུབ་ཁས་བླངས་ན། དངོས་སྨྲ་བའི་རྩོད་པ་ཐམས་ཅད་རང་ལོག་ཏུ་འགྲོ་བ་ཡིན་ཏེ༔ རིགས་པ་དྲུག་ཅུ་པ་ལས། དངོས་པོར་ཁས་ལེན་ཡོད་ན་ནི། །འདོད་ཆགས་ཞེ་སྡང་འབྱུང་བ་ཡི། །ལྟ་བ་མི་ཟད་མ་རུངས་འབྱུང་། །དེ་ལས་བྱུང་བའི་རྩོད་པར་འགྱུར། །ཞེས་དང་། རྩོད་མེད་ཆེ་བའི་བདག་ཉིད་ཅན། །དེ་དག་ལ་ནི་ཕྱོགས་ཉིད་མེད། །ཅེས་སོགས་བཤད་པ་ལས་ཤེས་པའི་ཕྱིར། འོན་ཀྱང་། གལ་ཏེ་ངས་དམ་བཅས་འགའ་ཡོད། །ཅེས་པའི་དམ་བཅའི་དོན། བདེན་གྲུབ་ཀྱི་དམ་བཅའ་ལ་ནི་ཙུང་སྦྱོར་རྒྱུ་མིན་པར་སེམས་ཏེ། གཞུང་འདིར་རྩོད་པ་བདུན་གྱི་དང་པོ་ལ། རྩ་བའི་རྩོད་པ་དང་། དེ་ལས་འཕྲོས་པའི་རྩོད་པ་བཞི་དང་ལྔ་འབྱུང་བའི། འཕྲོས་པའི་རྩོད་པ་ལྔ་པའི་ལན་ལ་གཞུང་འདི་བྱུང་བ་ཡིན་པས། དེ་ཡང་འདི་ལྟར། དངོས་སྨྲ་བ་ན་རེ། ཆོས་ཐམས་ཅད་ལ་རང་བཞིན་མེད་ཅེས་པའི་ཚིག་གིས། ཆོས་ཐམས་ཅད་ལ་རང་བཞིན་ཡོད་པ་མི་ཁེགས་པར་ཐལ། ཚིག་དེ་ལ་ཡང་རང་བཞིན་མེད་པའི་ཕྱིར། ཞེས་པའི་རྩ་བའི་རྩོད་པ་ནི། གལ་ཏེ་དངོས་པོ་ཐམ་ཅད་ཀྱི༔ །རང་བཞིན་ཀུན་ལ་ཡོད་མིན་ན། ཁྱོད་ཀྱི་ཚིག་ཀྱང་རང་བཞིན་མེད། །རང་བཞིན་བཟློག་པར་མི་ནུས་སོ། །ཞེས་པས་བསྟན། དེ་ལ་དབུ་མ་པ་ན་རེ། ཆོས་ཐམས་ཅད་རང་བཞིན་མེད་ཅེས་པའི་ཚིག་ཆོས་ཅན། ཁྱོད་ལ་རང་བཞིན་མེད་དེ། རྟེན་འབྲེལ་ཡིན་པའི་ཕྱིར། ཁྱོད་ལ་རང་བཞིན་མེད་ཀྱང་། ཁྱོད་ཀྱིས་ཆོས་རང་བཞིན་གྱི་ཡོད་པ་འགོག་ནུས་པའི་དཔེ་ཡོད་དེ། སྒྱུ་མའི་སྐྱེས་བུས། སྒྱུ་མའི་བུད་མེད་ལ་ཆགས་ཞེན་འགོག་ནུས་པ་དེ་ཁྱོད་ཀྱི་དཔེ་ཡིན་པའི་ཕྱིར། ཞེས་སྟོན་པ་ནི། གལ་ཏེ་ངའི་ཚིག་རྒྱུ་རྐྱེན་དང་། །ཚོགས་དང་སོ་སོ་ལ་ཡང་མེད། །ཅེས་སོགས་ཤླཽ་ཀ་གསུམ་གྱིས་བསྟན། དེ་ལ་དངོས་སྨྲ་བས་དགོས་པ་གསུང་པ། དབུ་མ་པ་ན་རེ། སེམས་ཙམ་ཁྱོད་ཀྱི་ཚིག་གིས་ཀྱང་། དབུ་མ་པའི་གྲུབ་མཐའ་འགོག་པར་མི་ནུས་པར་ཐལ། སེམས་ཙམ་པ་ཁྱོད་ཀྱི་ཚིག་ཀྱང་རང་བཞིན་མེད་པའི་ཕྱིར་ཟེར་ན་སྐྱོན་མེད་དེ། ཁྱོད་དབུ་མ་པས་ཆོས་ཐམས་ཅད་རང་བཞིན་མེད་པར་དམ་བཅས་པས་སྐྱོན་དེ་འབྱུང་ལ། ངེད་དངོས་སྨྲ་བས་དེ་ལྟར་དམ་མ་བཅས་པའི་ཕྱིར་ཞེས་པའི་འཕྲོས་པའི་རྩོད་པ་ལྔ་པ་དེ་སྟོན་པར་བྱེད་པ་ལ། འགོག་པའི་འགོག་པའང་དེ་ལྟ་ཞེས་འདོད་ན་དེ་ཡང་བཟང་མིན་ཏེ། ཁྱོད་ཀྱི་དམ་བཅའི་མཚན་ཉིད་ལ། །དེ་ལྟར་སྐྱོན་ཡོད་ངེད་མིན། །ཞེས་པ་འདི་འབྱུང་། དེའི་ལན་སྟོན་པ་ལ། གལ་ཏེ་ངས་དམ་བཅས་འགའ་ཡོད། །ཅེས་སོགས་འདི་བྱུང་བ་ཡིན་ལ་དེའི་དོན་ནི། ངེད་དབུ་མ་པ་ལ་ཡང་། བདེན་

གྲུབ་ཀྱི་ཆོས་དམ་བཅས་པ་མེད་པར་མ་ཟད། གནས་ལུགས་ལ་དཔྱད་པའི་ཚེ་རང་བཞིན་མེད་པར་དམ་བཅའ་བ་ཡང་མེད་པས་སྐྱོན་མེད་ཅེས་པ་སྟེ། ཚིག་གསལ་ལས། གལ་ཏེ་དབུ་མ་པ་ཡིན་ན་ནི་རང་གི་རྒྱུད་ཀྱི་རྗེས་སུ་དཔག་པ་རིགས་པ་མ་ཡིན་ཏེ། ཕྱོགས་གཞན་ཁས་བླངས་པ་མེད་པའི་ཕྱིར། །ཞེས་གསུངས་ཤིང་། དེའི་དོན་ཡང་། ཀུན་མཁྱེན་ཆེན་པོའི་དབུ་མའི་སྟོང་ཐུན་དུ། གནས་ལུགས་ལ་དཔྱོད་པའི་ཚེ། མུ་གུ་བདག་ལས་སྐྱེ་བ་མེད་པའི་རང་རྒྱུད་ཀྱི་རྟགས་མེད་དེ། ཡོད་ན་ཆོས་ཅན་མངོན་སུམ་སོགས་ཐ་སྙད་པའི་ཚད་མ་བཞི་པོ་གང་རུང་གིས་གྲུབ་པའི་སྟེང་དུ་བདག་སྐྱེ་བཀག་ནས་བདག་སྐྱེ་མེད་པ་སྒྲུབ་དགོས་པ་ལས། དེའི་ཚེ་ཆོས་ཅན་ཚད་མས་མ་གྲུབ་པས་བདག་སྐྱེ་ལས་ཕྱོགས་གཞན་བདག་སྐྱེ་མེད་པ་ཡང་ཁས་མ་བླང་པའི་ཕྱིར་ཞེས་བཤད་པ་ལྟར་ཤེས་དགོས་སོ། །དེ་ལ་ཇོ་ནང་པའི་རྗེས་འབྲངས་ཀྱིས་སྐྱོན་སྤོང་འདི་སྐད་དུ། སྤྱིར་འདུས་མ་བྱས་ཆོས་ཉིད་བདེན་པར་གྲུབ་ཀྱང་། ཀླུ་སྒྲུབ་ཀྱི་ལུང་དེས་དེ་ལ་གནོད་པ་མེད་དེ། ཀླུ་སྒྲུབ་ཀྱི་ལུང་དེ་འདུས་མ་བྱས་ནི་བདེན་པར་མ་གྲུབ་པར་བཤད་པ་དང་། བདེན་གྲུབ་ཀྱི་ཆོས་དམ་བཅས་པ་མེད་པར་བཤད་པ་ནི། མཉམ་གཞག་ལ་བློའི་སྐབས་ཡིན་གྱི། རྗེས་ཐོབ་ཤན་འབྱེད་ཀྱི་སྐབས་མ་ཡིན་པའི་ཕྱིར་ཞེས་ཟེར་རོ། །གདུལ་བྱས་གནས་ལུགས་རྟོགས་པའི་དོན་དུ་རིགས་པས་གཏན་ལ་འབེབ་པའི་གནས་སྐབས་དང་། དབུ་མ་པའི་སྐྱེས་ཆེན་ཀླུ་སྒྲུབ་ཀྱིས་དངོས་སྨྲ་བའི་རྩོད་པ་བཟློག་པའི་སྐབས། མཉམ་གཞག་པའི་སྐབས་ཡིན་གྱི། རྗེས་ཐོབ་ཤན་འབྱེད་ཀྱི་གནས་སྐབས་མིན་ནོ་ཞེས་སྨྲ་བ་འདི་ལའང་ཆོས་ཅན། མཁས་པས། བདེན་འཛིན་ཇི་ལྟར་ཡོད་དེ་ཡོད་མི་རིགས་པར་ཐལ། རྗེས་ཐོབ་རྩོད་པ་མི་བྱེད་པར་མཉམ་གཞག་རྩོད་པ་བྱེད་ཅེས་སྨྲ་དགོས་པ་སོགས་མཁས་པའི་བཞད་གད་ཀྱི་གནས་ཡིན་པའི་ཕྱིར་རོ། །

གསུམ་པ་ཆོས་འཁོར་སྔ་ཕྱིའི་འགྲོས་དང་འགལ་བ་ནི། ཇོ་ནང་པའི་རྩ་བའི་གྲུབ་མཐར་བདེན་གྲུབ་ཡོད་པར་སྨྲ་བ་སོགས་ཀྱི་ཤེལ་སྐོང་ལ། དྲང་དོན་གྱི་ལུང་དང་། སྒྲུབ་བྱེད་དང་སྐྱོན་སྤོང་ལྟར་སྣང་གི་ཚོན་སྡོ་སེར་རྣམས་ཀྱིས། རེ་ཤིག་གྲུབ་མཐའི་ནོར་བུ་སྡོ་སེར་གཞན་དུ་ཁ་སྒྱུར་བ་ཡང་ཆོས་ཅན། མཁས་པས་དཔྱད་བཟོད་པ་མ་ཡིན་ཏེ། ངེས་དོན་གྱི་ལུང་དང་དངོས་སྟོབས་རིགས་པའི་ཤུ་གཙང་དང་འཕྲད་པའི་ཚེ་ཤེལ་གྱི་རང་མདོག་འདི་ལྟར་སྟོན་པའི་ཕྱིར། འོན་དངོས་སྟོབས་རིགས་པ་དེ་གང་སྙམ་ན། ཆོས་དབྱིངས་བདེན་པར་གྲུབ་པ་མི་འཐད་པར་ཐལ། ཆོས་ཐམས་ཅད་བདེན་མེད་སྟོང་པ་ཉིད་དུ་སྟོན་པའི་མདོ་ངེས་དོན་གྱི་མདོ་ཡིན་པའི་ཕྱིར་ཏེ། ཤེས་རབ་ཀྱི་ཕ་རོལ་ཏུ་ཕྱིན་པའི་མདོ་བཀའ་བར་པ་ལས། ཆོས་རྣམས་ཐམས་ཅད་རྣམ་པ་ཀུན་ཏུ་བདེན་པས་སྟོང་པ་ཞེས་ནི་གསུངས་པ་དང་། སྙིང་པོའི་མདོ་སོགས་འཁོར་ལོ་ཕྱི་མར་སེམས་ཅན་ལ་སྙིང་པོ་ཡོད་

པར་གསུངས་པ་གཉིས་འགལ་ལོ་སྙམ་དུ་དོགས་པ་བཀོད་ནས། དེའི་ལན་དུ་སྔ་མ་ངེས་དོན་གྱི་མདོ་ཡིན་ཞིང་། ཕྱི་མ་སྐྱོན་ལྟ་སྤོང་བའི་ཕྱིར་དུ་གསུངས་པས་དྲང་དོན་ཉིད་ཀྱི་མདོ་ཡིན་པར་མགོན་པོ་བྱམས་པ་ཉིད་ཀྱིས་རྒྱུད་བླར་གསུངས་པ་ལས་ཤེས་པའི་ཕྱིར་རོ། །ཇི་ལྟར་དུ་གསུང་སྙམ་ན། སྤྲིན་དང་རྨི་ལམ་སྒྱུ་བཞིན་དེ་དང་དེར། །ཤེས་བྱ་ཐམས་ཅད་རྣམ་ཀུན་སྟོང་པ་ཞེས། །གསུངས་ནས་རྒྱལ་རྣམས་ཡང་འདིར་སེམས་ཅན་ལ། །སངས་རྒྱས་སྙིང་པོ་ཡོད་ཅེས་ཅི་སྟེ་གསུང་། །ཞེས་དོགས་པ་བཀོད་ནས། དེའི་ལན་དུ། སེམས་ཞུམ་སེམས་ཅན་དམན་ལ་བརྙས་པ་དང་། །ཡང་དག་མིན་འཛིན་ཡང་དག་ཆོས་ལ་སྐུར། །བདག་ཆགས་ལྷག་པའི་སྐྱོན་ལྔ་གང་དག་ལ། །ཡོད་པ་དེ་དག་དེ་སྤང་དོན་དུ་གསུངས། །ཞེས་འཁོར་ལོ་ཕྱི་མར་སེམས་ཅན་ལ་སྙིང་པོ་ཡོད་པར་གསུངས་པའི་དགོས་པ་དངོས་སུ་བསྟན་ནས། དགོངས་གཞི་དང་དངོས་ལ་གནོད་བྱེད་ཀྱང་ཤུགས་ལ་ཐོབ་པས་དྲང་དོན་གྱི་མདོར་བཀྲལ་ཏེ། འཁོར་ལོ་བར་པ་ངེས་དོན་གྱི་མདོར་དོན་གྱིས་བསྟན་པའི་ཕྱིར། གཞུང་འདིས་དེ་ལྟར་སྟོན་ཞེས་རང་སྟོང་པའི་ཞལ་འཛིན་ཀུན་མཐུན་པར་གསུང་མོད། ཡང་དག་པར་ན་གཞུང་དེས་ཤེར་ཕྱིན་གྱི་མདོར་ཆོས་ཐམས་ཅད་བདེན་སྟོང་དུ་བཤད་པ་ངེས་དོན་དུ་བཀྲལ་བར་ཙུང་ཟད་འཆད་བཀའ་བ་ཡིན་ཏེ། རྒྱུད་བླ་མ་ལས། ཡང་དག་མཐའ་ནི་འདུས་བྱས་ཀྱི། །རྣམ་པ་ཐམས་ཅད་དབེན་པ་སྟེ། །ཉོན་མོངས་ལས་དང་རྣམ་སྨིན་དོན། །སྤྲིན་ལ་སོགས་པ་བཞིན་དུ་བརྗོད། །ཅེས་འཁོར་ལོ་བར་པ་ཆོས་ཐམས་ཅད་སྤྲིན་དང་རྨི་ལམ་དང་སྒྱུ་མ་ལྟ་བུར་བཤད་པའི་དོན། ཉོན་མོངས་པ་སྤྲིན་དང་། ལས་རྨི་ལམ་ལྟ་བུ་དང་། རྣམ་སྨིན་ཕུང་པོ་སྒྱུ་མ་དང་འདྲ་བ་ཙམ་ལ་དགོངས་ནས་དེ་སྐད་གསུངས་པ་ཡིན་གྱི། ཡང་དག་མཐའམ་གནས་ལུགས་ཀྱི་དོན་སྤྲིན་སོགས་ལྟར་བསྟན་པ་མིན་ཞེས་གསལ་བར་བཤད་པ་ལ་བསྙོན་དུ་མེད་པའི་ཕྱིར་རོ། །མཁས་པ་དག་དཔྱོད་ཅིག །དེས་ན་ཁོ་བོ་ནི་མངོན་རྟོགས་རྒྱན་ལས། གཞན་གྱི་ཆོས་རྣམས་ཀྱང་ཡོད་ལ། །ཤེས་བྱ་ལ་ཡང་སྟོན་པ་ཡིས། །སྒྲིབ་པ་ཟད་པར་བརྗོད་པ་གང་། །དེ་ལ་ཁོ་བོས་འཚར་དུ་རུང་། །ཞེས་པའི་རིགས་པ་འདི་ཉིད་འཕང་བར་རིགས་ཏེ། སྟོན་པས་ཤེས་སྒྲིབ་བདེན་འཛིན་སྤངས་པ་མི་འཐད་པར་ཐལ། ཡུལ་ཤེས་བྱ་བདེན་གྲུབ་ཡོད་པའི་ཕྱིར། རྟགས་དངོས་ཁྱབ་པ་གཞུང་དེས་བསྟན་པའོ། །ཞེས་རེ་ཤིག་སླའོ། །དེས་ན་མཁས་རློམ་གྱི་སྐྱེ་བོ་ཀུན་ཆོས་ཅན། ཁྱོད་ཀྱི་དྲང་དོན་དང་ངེས་དོན་གྱི་མདོ་སྡེ་མ་འདྲེས་པར་སོ་སོར་སྨྲོས་ཤིག་ཅེས་བྱ་སྟེ། ཁྱོད་ཀྱི་གྲུབ་མཐའི་ལེགས་ཉེས་ཐམས་ཅད་དེ་གཉིས་སོ་སོར་ཕྱེད་པ་དང་མ་ཕྱེད་པ་ལས་གཙོ་བོར་བྱུང་བའི་ཕྱིར་རོ། །

བཞི་པ་མདོ་རྒྱུད་བསྟན་བཅོས་དགོངས་པར་འགལ་བ་ནི། ཆོས་དབྱིངས་གཉིས་མེད་ཡེ་ཤེས་སོགས་

ཆོས་ཅན། ཁྱོད་བདེན་པར་གྲུབ་པ་རྒྱུད་སྡེའི་དགོངས་པ་ཉིད་ཀྱང་མ་ཡིན་ཏེ། རང་རིག་པའི་ཡེ་ཤེས་དང་མཁའ་མཉམ་དང་རྟུལ་བྲལ་དང་སྟོང་པ་ལ་སོགས་པ། ཁྱོད་དང་མིང་གི་རྣམ་གྲངས་སུ་བཤད་པ་དེ་དག །བདེན་པར་གྲུབ་བམ་སྣམ་པའི་ལོག་རྟོག་བཟློག་པའི་ཕྱིར་དུ། གཅིག་དང་དུ་མ་བྲལ་བའང་དེ། །ཞེས་ཀྱེ་རྡོར་གྱི་རྒྱུད་ལས་གསུངས་པས་ན། གཅིག་དང་དུ་བྲལ་གྱི་རྟགས་ཀྱིས་ཁྱོད་བདེན་མེད་དུ་གཏན་ལ་ཕབ་འདུག་པའི་ཕྱིར་རོ༎ །གཞན་བྱམས་ཆོས་ཕྱི་མ་རྣམ་གསུམ་དང་། ཐོགས་མེད་སྐུ་མཆེད་ཀྱི་གཞུང་ས་སྡེ་ལྔ་སྡོམ་རྣམ་པ་གཉིས་པྲ་ཀ་ར་ན་སྡེ་བརྒྱད། ཕྱོགས་གླང་དང་ཆོས་ཀྱི་གྲགས་པའི་ཚད་མ་མདོ་དང་སྡེ་བདུན་ལ་སོགས་པའི་གཞུང་ཆོས་ཅན། ཁྱོད་རྣམས་དབུ་མ་ཆེན་པོའི་ལུགས་ཡིན་ན་འཕགས་པའི་ཡུལ་ནས་གངས་ཅན་འདིར་སེམས་ཙམ་པའི་གཞུང་ལུགས་ཐུན་མོང་མིན་པ་གཅིག་མ་འགྱུར་རམ་སྙམ་འགྱུར་བར་མི་རིགས་པར་ཐལ། ཁྱོད་རྣམས་དབུ་མའི་གཞུང་གང་ཞིག །ཁྱོད་ལས་གཞན་པའི་སེམས་ཙམ་པའི་གཞུང་ལུགས་བོད་དུ་འགྱུར་ན་གང་ཞིག་ཡིན་པ་སྨྲོས་ཤིག་སྟེ་འདི་ཡིན་བསྟན་རྒྱུ་མེད་པའི་ཕྱིར་རོ། །

གསུམ་པ་སྒྲོ་སྐུར་སྤངས་ནས་དཔྱད་པའི་རྒྱུ་མཚན་བསྟན་པ་ནི། བསྟན་བཅོས་རྩོམ་པ་པོ་གོ་བོ་རབ་འབྱམས་པ་བདག་ནི་དཔལ་ལྡན་དུས་འཁོར་གྱི་སྲོལ་འཛིན། ཉམས་རྟོགས་མཐར་ཕྱིན་པའི་སྐྱེས་ཆེན་བརྒྱུད་པ་འདི་དག་ལ་ཡིད་ནི་ཤིན་ཏུ་དད་མོད་ཀྱི། གང་ཟག་ལ་མི་ཕྱེད་པའི་དད་པ་ཡོད་ལ། འོན་ཀྱང་དེའི་གྲུབ་མཐའ་ལ་སྒྲོ་སྐུར་སྤངས་ནས་ལུང་རིགས་ཀྱིས་འདི་ཙམ་ཞིག་རྣམ་པར་དཔྱད་པ་ཆོས་ཅན། ཆགས་སྡང་རྨོངས་གསུམ་གྱི་ཀུན་ནས་བླངས་པའི་བབ་ཅོལ་མ་ཡིན་ཏེ། བསྟན་པའི་སྙིང་པོ་ལྟ་བ་མཐའ་བཞི་སྤྲོས་བྲལ་སྒྲུབ་པའི་ཕྱིར་དུ་མཐར་འཛིན་རྟག་ལྟ་དགག་པའི་ཆེད་ཡིན་པའི་ཕྱིར་རོ། །དེས་ན་ཁོ་བོས་འདི་ལྟར་དཔྱད་པ་འདི་ཆོས་ཅན། ཁྱོད་མཁས་པ་དཔྱོད་ལྡན་ཟུར་གནས་རྣམས་ཀྱིས་དྲང་པོར་ཟུངས་ཤིག་ཅེས་བྱ་སྟེ། རྒྱལ་བའི་བསྟན་པ་དང་འགྲོ་བ་ལ་ཕན་པར་བསམ་ནས་ཡིན་མིན་གྱི་སྒྲོ་ལྟོག་ལེགས་པར་དཔྱད་པའི་སྙིང་གཏམ་ཡིན་པའི་ཕྱིར་རོ། །

གསུམ་པ་གནད་ཀྱི་སྙིང་པོ་བསྡུས་ཏེ་བསྟན་པ་ནི། མདོར་ན་གསལ་སྟོང་ཟུང་འཇུག་ལ་གཞི་བདེ་གཤེགས་སྙིང་པོར་འཛོག་པ་ཡིན་ཏེ། འཁོར་འདས་ཀྱི་ཆོས་རྣམས་སེམས་སུ་འདུས་ཤིང་། སེམས་དེ་ཡང་མཐའ་བཞིའི་སྤྲོས་པ་དང་བྲལ་བའི་བདེན་སྟོང་ཡིན་པས། ཡུལ་གྱི་གནས་ལུགས་གསལ་སྟོང་ཟུང་འཇུག་ཏུ་ཡེ་ནས་གནས་པའི་ཕྱིར་རོ། །དེ་ཡང་སྙིང་པོ་དྲིལ་ན་རང་སེམས་ཀྱི་ངོ་བོ་གསལ་བ་མདངས་ཅིར་ཡང་མ་འགགས་པའི་སྒྲ་རྟོག་གི་བརྗོད་པ་དང་སྤྲོས་པ་དང་བྲལ་བའི་ཟུང་འཇུག་འདི་ཆོས་ཅན། ཁྱོད་ལ་བདེ་གཤེགས་སྙིང་པོར་ཤེས་པར་གྱིས་ཤིག་ཅེས་བྱ་སྟེ། ཁྱོད་གཞིའི་གནས་ལུགས་མཐར་ཐུག་ཡིན་པའི་ཕྱིར་རོ། །

གཉིས་པ་ལ་གཉིས། ལམ་གསུམ་སྤྱིའི་རྣམ་གཞག་ཐུན་མོང་བསྟན། སྡོམ་གསུམ་ལམ་གྱི་རྣམ་གཞག་སོ་སོར་བཤད་པའོ། །དང་པོ་ལའང་གཉིས། གྲུབ་མཐའ་རྣམ་བཞིའི་ལམ་བཞི་སོ་སོར་བཤད། མདོ་སྔགས་ལམ་གྱི་སྙིང་པོ་བསྡུས་ཏེ་བཤད་པའོ། །དང་པོ་ནི། སྤྱང་གཞི་བདེ་གཤེགས་སྙིང་པོའི་སྙེང་གི་དྲི་མ་སྦྱང་བའི་ལམ་ལ། ཐེག་པ་གསུམ་གྱི་ལམ་གསུམ་ཡོད་ཅིང་། ཡོད་པ་ལྟར་དུ་ནང་པའི་གྲུབ་མཐའ་སྨྲ་བ་རྣམ་པ་བཞི་ཡི། རང་རང་གི་གཞུང་ལས་ཐེག་པ་གསུམ་གྱི་ལམ་གྱི་རྣམ་གཞག་སོ་སོར་བྱེད་དེ། བྱེ་མདོ་གཉིས་ཀྱིས་འདུལ་མཛོད་ནས་བཤད་པ་ལྟར། གཞི་གང་ཟག་གི་བདག་མེད་རྟོགས་པའི་ལྟ་བ་དེ་ཉིད། རང་དོན་དང་གཞན་དོན་ཡིད་བྱེད་ཀྱི་བསམ་པས་ཀུན་ནས་བླངས་ཏེ། དུས་ཚེ་གསུམ་དང་བསྐལ་པ་བརྒྱ་དང་། བསྐལ་པ་གྲངས་མེད་གསུམ་དུ་གོམས་པ་ལས། ཐེག་པ་གསུམ་གྱི་འབྲས་བུ་གསུམ་སོ་སོར་ཐོབ་པར་འདོད། དབུ་སེམས་གཉིས་ཀྱིས་ཀླུ་སྒྲུབ་ཀྱི་གཞུང་དང་བྱམས་པ་རྗེས་འབྲས་དང་བཅས་པའི་གཞུང་ནས་བཤད་པ་ལྟར། གཞི་གང་ཟག་གི་བདག་མེད་དང་བདག་མེད་ཕྱེད་དང་གཉིས་དང་། བདག་མེད་གཉིས་རྣམས་བསམ་པ་དང་དུས་སྔ་མ་ལྟར་གོམས་པ་ལས་ཐེག་པ་གསུམ་གྱི་འབྲས་བུ་བྱང་ཆུབ་གསུམ་སོ་སོར་ཐོབ་པར་འདོད་པའི་ཕྱིར། སྤྱིར་ཐེག་པ་ཆེ་ཆུང་འདི་ལ། མདོ་སྡེ་དང་གྲུབ་མཐས་ཕྱེ་བ་དང་། ལམ་དང་འབྲས་བུས་ཕྱེ་བ་གཉིས་ལས། དང་པོ་ལྟར་ན། ཆོས་ལྡེ་རང་བཞིན་གསུམ་རྣམ་ཤེས་བརྒྱད་རྣམས་ཁས་ལེན་མི་ལེན་ཏེ། རིམ་བཞིན་དབུ་སེམས་གཉིས་ནི་ཐེག་པ་ཆེན་པོ་དང་། བྱེ་མདོ་གཉིས་ནི་ཆུང་དུ་པའོ། །ཕྱི་མ་ལྟར་ན། ཆེན་པོ་བདུན་ལྡན་གྱི་ཐེག་པ་ལ་ཞུགས་མ་ཞུགས་ཏེ། རིམ་བཞིན། ཐེག་ཆེན་སློབ་མི་སློབ་དང་། ཉན་རང་རྣམས་སོ། །

གཉིས་པ་ལ་གཉིས། ཕར་ཕྱིན་གྱི་ལམ་གྱི་འདོད་ཚུལ་བཤད། གསང་སྔགས་ལམ་གྱི་འདོད་ཚུལ་བཤད་པའོ། །དང་པོ་ནི། བྱེ་མདོ་གཉིས་ཀྱིས་ཐེག་པ་གསུམ་ལ་ལྟ་བའི་ཁྱད་པར་མི་བཞེད་ཅིང་། དབུ་སེམས་གཉིས་ཀྱིས་ཐེག་པ་གསུམ་ལ་ལྟ་བའི་ཁྱད་པར་དང་ལམ་བགྲོད་ཚུལ་སོ་སོར་བཞེད་མོད་ཀྱི། དབུ་མའི་གཞུང་ལུགས་མ་གཏོགས་པར་ཐེག་གསུམ་ལམ་ཉིད་ཚང་བར་ནི་ཐོབ་པ་མེད་ཅེས་དབུ་མ་པ་རྣམས་བཞེད་དེ། རྣལ་འབྱོར་པ་ཡང་བློ་ཁྱད་ཀྱིས། །གོང་མ་གོང་མས་གནོད་པའི་ཚེ། རྒྱུ་མཚན་ཉིད་ཀྱི་གྲུབ་མཐའ་བཞི་པོ་གོང་མས་འོག་མ་ལ་གནོད་ཅིང་། དབུ་མའི་གྲུབ་མཐའ་ལ་སུས་ཀྱང་གནོད་པ་མེད་པའི་ཕྱིར་རོ། །འདིའི་དོན་ཡང་དབུ་མའི་གྲུབ་མཐའ་ལ་མ་བརྟེན་པར་ཐེག་པ་གསུམ་གྱི་ལམ་གྱི་འབྲས་བུ་བྱང་ཆུབ་གསུམ་ཐོབ་པ་མེད་ཅེས་པ་སྟེ། འབྲས་བུ་བྱང་ཆུབ་གསུམ་ཐོབ་པ་ལ་གང་ཟག་གི་བདག་མེད་རྟོགས་དགོས་ལ། དེ་རྟོགས་པ་ལ་གང་ཟག་གི་གདགས་གཞི་གདགས་པའི་རྒྱུ་ཕུང་པོ་ལྔ་བདེན་མེད་རྟོགས་དགོས་པ་ནི་དབུ་མའི་གྲུབ་མཐའི་རྒྱ་བ་ཡིན་ལ།

གྲུབ་མཐའ་འོག་མ་གསུམ་གྱི་མ་ཡིན་པའི་ཕྱིར་རོ། །དེ་ལྟ་ན་ཡང་། ཐེག་པ་གསུམ་གྱི་བྱང་ཆུབ་ཐོབ་པ་ལ་དབུ་མའི་ལྟ་བ་རྟོགས་དགོས་པར་ནི་མི་བཞེད་དེ། ཉན་རང་གཉིས་ཀྱི་ཕུང་པོ་ལྷ་འམ། གཟུང་བ་ཕྱི་དོན་སྟེང་དུ་མཐའ་དང་པོ་བདེན་པའི་མཐའ་ཙམ་ཁེགས་ཀྱང་། མཐའ་ཕྱི་མ་གསུམ་མ་ཁེགས་པས། མཐའ་བཞི་སྤྲོས་བྲལ་གྱི་དབུ་མའི་ལྟ་བ་མ་རྟོགས་ཞེས་མཁས་པ་འདིས་ཕར་ཕྱིན་དང་། འཇུག་པ་བཀའ་འགྲེལ་སོགས་ལས་བཤད་པའི་ཕྱིར་རོ། །འོན་ཀྱང་འདི་ནི་གནས་སྐབས་ཡིན་ལ་མཐར་ཐུག་གི་དགོངས་པ་ནི་ཁོ་བོས་འཆད་པར་སེམས་སོ༎ ༎

གཉིས་པ་ནི། ཕ་རོལ་ཕྱིན་ལས་ཁྱད་ཆོས་བཞིས་ཆེས་འཕགས་པའི་ཟབ་མོ་སྔགས་ཀྱི་སྒོར་ཞུགས་པའི་ཚེ་འབྲས་བུ་བྱང་ཆུབ་སྒྲུབ་ཚུལ་ཡོད་པའི་ཕྱིར་ཏེ། ལྟ་བ་སྤྲོས་བྲལ་རྟོགས་པའི་སྟེང་དུ་གཞི་སོ་ཐར་བྱང་སེམས་སྔགས་ཀྱི་སྡོམ་པ་གསུམ་དང་ལྡན་པས་འབྲས་བུའི་མཆོག་བླ་མེད་བྱང་ཆུབ་སྒྲུབ་ཅིང་། སྡོམ་གསུམ་དེ་ཉིད་ཀྱང་། རང་རང་གི་ཆོ་གས་རིམ་བཞིན་དུ་བླངས་སམ། དབང་བསྐུར་གྱི་ཆོ་ག་ལས་ལྷན་ཅིག་ཏུ་གསུམ་ཆར་ཐོབ་པ་ཉིད་ཡིན་ཀྱང་རུང་གི །གསུམ་ཆར་ལྡན་པའི་ཚེ་ན་ངོ་བོ་གཅིག་ལ་ལྡོག་པ་ཐ་དད་པ་ཙམ་ཡིན་པའི་ཕྱིར་རོ༎ ༎འདིར་དབང་ཆོག་ལས་སྡོམ་གསུམ་གཅིག་ཆར་ཐོབ་ཅེས་པ་ཡང་། ཚོགས་འདུས་གཅིག་ལ་ཞག་གི་བར་མ་ཆོད་པར་ཐོབ་པ་ཙམ་ལ་མིང་བཏགས་པ་སྟེ། དབང་བཞི་ཅིག་ཅར་ཐོབ་ཅེས་དང་། སྡོམ་པ་གཅིག་རྫོགས་ཞེས་པའི་ཐ་སྙད་ལྟ་བུ་དང་ཆོས་མཚུངས་པར་གོ་དགོས་སོ། །

གཉིས་པ་སྡོམ་གསུམ་གྱི་ལམ་སོ་སོར་བཤད་པ་ལ་གསུམ། གནོད་སྤོང་སོ་ཐར་སྡོམ་པའི་སྐབས། ཕན་བྱེད་བྱང་སེམས་སྡོམ་པའི་སྐབས། རིག་འཛིན་གསང་སྔགས་སྡོམ་པའི་སྐབས་སོ། །དང་པོ་ལ་གཉིས། ནོར་བའི་མཐའ་རྣམས་རིམ་བཞིན་དགག །མ་ནོར་གཞན་གྱི་སྙིང་པོ་བསྟན་པའོ། །དང་པོ་ལ་གཉིས། ཐོབ་བྱ་ངོ་བོའི་ལོག་རྟོག་དགག །ཐོབ་བྱེད་ཆོ་གའི་ལོག་རྟོག་དགག་པའོ། །དང་པོ་ལ་བཞི། སོ་ཐར་ངོ་བོ་གཟུགས་སུ་འདོད་པ་དགག །ངེས་འབྱུང་མེད་པའི་སོ་ཐར་འདོད་པ་དགག །གཞན་གནོད་གཞི་སྤོང་ངོ་བོ་མིན་པ་དགག །དེ་ཉིད་བྱེ་བྲག་ངོ་བོར་འདོད་པ་དགག་པའོ། །དང་པོ་ལ། ཕྱོགས་སྔ་སྨྲ་བ་པོ་ནི། པཎྜ་བཞད་པ་ལས། སོ་ཐར་གྱི་སྡོམ་པ་གཟུགས་ཅན་དང་། གྲངས་རིས་བརྒྱད་པོ་ནར་འདོད་པ་དང་། འཆི་བའི་ཚེ་སྤོང་བས་ཁྱབ་པར་འདོད་པ་ནི་འདུལ་མཛོད་པོ་ན་ལ་བརྟེན་པའི་སྡེ་སྣོད་འཛིན་པ་ཕལ་ཆེར་རོ་ཞེས་པ་ལྟར། སྔ་གདོང་པ་སོགས་བར་སྐབས་ཀྱི་མཁས་པ་ཁ་ཅིག །སྡོམ་པ་གསུམ་པོ་དེ་ལ་སོ་ཐར་གྱི་སྡོམ་པའི་རྣམ་གཞག་འདི་ལྟར་འདོད་དེ། ངོ་བོ་གཟུགས་ཅན་དུ་འདོད་ཅིང་། གྲངས་ཀྱང་རིས་བརྒྱད་པོ་ནར་ངེས་པ་དང་། འཆི་བའི་ཚེ་ན་སྤོང་བས་ཁྱབ་པར

འདོད་པའི་ཕྱིར་རོ། །དེ་དགག་པ་ལ་གསུམ། ངོ་བོ་གཟུགས་སུ་སྐྱ་བ་དགག །དབྱེ་བ་བརྒྱད་དུ་ངེས་པ་དགག །འཆི་ཚེ་སྟོང་བས་ཁྱབ་པ་དགག་པའོ། །དང་པོ་ནི། དེ་ལྟར་སྨྲ་བའི་མཁས་རློམ་ཆོས་ཅན། ཁྱོད་ཁྲིན་པའི་སྤྲུལ་ཆུང་ཇི་བཞིན་དུ་རང་སྣང་ཙམ་གྱིས་ཚིམ་པར་ཟད་དེ། ཁྱོད་ཀྱི་ཐེག་ཆེན་མདོ་རྒྱུད་ཀྱི་གཞུང་མང་མ་མཐོང་བས། བྱེ་སྨྲ་བའི་འདུལ་མངོན་མཐོང་ཙམ་གྱིས་བྱེ་སྨྲའི་གྲུབ་མཐས་ཐེག་ཆེན་གྱི་གྲུབ་མཐའ་གཞལ་བར་འདུག་པའི་ཕྱིར་རོ། །དེ་ལ་ལུང་རིགས་ཀྱི་གནོད་བྱེད་ཀྱང་ཡོད་དེ། བྱེ་སྨྲས་སྡོམ་པ་གཟུགས་ཅན་དུ་འདོད་པ། མདོ་སྡེ་པའི་མཁས་པ་རྣམས་ཀྱིས་ཀྱང་བཀག་ན། དབུ་སེམས་ཀྱི་གཞུང་བཟང་དང་ཟབ་མོའི་རྒྱུད་སྡེར་བཀག་པ་སྨོས་ཅི་དགོས་པའི་ཕྱིར་རོ་དང་། དེ་ལས་གཞན་དུ་ན། རྒྱུད་རྒྱས་པ་འབུམ་པ་ལས། རྡོའི་རིགས་ཀྱི་བྱེ་བྲག་འགའ། །གཞུ་བས་ལྕགས་དང་ཟངས་དངུལ་འགྱུར། །གསེར་འགྱུར་རྩི་ཡི་དངོས་པོ་ཡིས། །ཀུན་ཀྱང་གསེར་དུ་སྒྱུར་བར་བྱེད། །དེ་བཞིན་སེམས་ཀྱི་བྱེ་བྲག་གིས། །རིགས་ཅན་གསུམ་གྱི་བསླབ་པ་ཡང་། །དཀྱིལ་འཁོར་ཆེན་པོ་འདིར་ཞུགས་ན། །རིག་འཛིན་སྡོམ་པ་ཉིད་དུ་འགྱུར། །ཞེས་བཤད་པའི་ལུང་གིས་དངོས་སུ་གནོད་པ་སྟེ། ཐམ་པོ་ཤེས་པར་གནས་འགྱུར་བ་ནི། རྒྱུད་འཕེན་པ་ཡི་ལུགས་ཡིན་གྱི། སངས་རྒྱས་པའི་གཞུང་ལ་མི་སྲིད་པའི་ཕྱིར་རོ། །

གཉིས་པ་ནི། སོ་ཐར་སྡོམ་པ་ལ་རིས་བརྒྱད་ཁོ་ནར་ངེས་ན་ནི། ཉེ་བ་འཁོར་གྱིས་ཞུས་པའི་མདོ་ལས་བཤད་པའི་བྱང་སེམས་སོ་སོ་ཐར་པ་ཆོས་ཅན། ཁྱོད་རིས་བརྒྱད་པོ་གང་དུ་འདོད་པ་སྨྲོས་ཤིག་ཅེས་བྱ་སྟེ། ཁྱོད་སོར་སྡོམ་ཡིན་པའི་ཕྱིར་རོ། །འདིར་ཉེ་བ་འཁོར་གྱིས་ཞུས་པ་དང་། ཞེས་སོགས་ཞློ་ཀ་གཅིག །ཚིག་དག་པོ་མི་སྣང་བས་དེ་ཙམ་ལས་སྨྲ་བར་མ་སྤྱོབས་སོ། །གཞན་ཡང་། སྔགས་སྡོམ་ནི་བྱང་སེམས་སྡོམ་པའི་བྱེ་བྲག་ཡིན་ཞིང་། བྱང་སྡོམ་དེ་ཉིད་ཀྱང་། གཞན་ལ་ཕན་པ་སྒྲུབ་པ་ལ་གཞན་ལ་གནོད་པ་སྤོང་བ་ཡིན་པས་ཁྱབ་པའི་ཕྱིར་ན་སོ་སོར་ཐར་པ་ཡིན་དོན་ཚང་བས་ན་སྔགས་སྡོམ་དང་བྱང་སྡོམ་གཉིས་པོ་ཡང་ཆོས་ཅན། སོ་ཐར་རིས་བརྒྱད་གང་དུ་འདུས་སྨྲ་དགོས་ཏེ། སོར་སྡོམ་ཡིན་པའི་ཕྱིར་རོ། །སྡོམ་པ་གོང་མ་གཉིས་ཕལ་ཆེར་རིས་བརྒྱད་དུ་མ་འདུས་མོད་འོན་ཀྱང་། རྒྱུད་རྡོ་རྗེ་རྩེ་མོ་ལས། ཁྱིམ་པའི་སྡོམ་ལ་ལེགས་གནས་ཏེ། །ཞེས་སོགས་གསུངས་པའི་སྡོམ་པ་དང་། གསང་སྔགས་བླ་མེད་ཀྱི་སྔ་གོན་དང་འཇུག་པའི་གནས་སྐབས་སུ་ཐུན་མོང་མ་ཡིན་པའི་སྐབས་འགྲོ་ལས་ཐོབ་པའི་སོ་ཐར་སྡོམ་པ་རྣམས། དགེ་བསྙེན་གྱི་སྡོམ་པར་བླ་མ་ངོར་པ་ཡབ་སྲས་རྣམས་བཞེད་ཅིང་བཞེད་པ་ལྟར་འདི་ལ་འཐད་པ་མང་དུ་ཡོད་ཀྱང་། རེ་ཤིག་བཏང་སྙོམས་སུ་བཞག་སྟེ། གཞུང་གི་ཚིག་མང་དུ་དོགས་པས་སོ། །འདི་ལ་དོགས་པ་ནི། འོན་བླ་མེད་ཀྱི་སྔ་གོན་གྱི་ཚེ། དཀོན་མཆོག་གསུམ་ལ་

བདག་སྐྱབས་མཆི། །ཞེས་སོགས་རྒྱུན་བཤགས་ཀྱི་ཐུན་མོང་མིན་པའི་སྐྱབས་འགྲོ་ལས་ཐོབ་པའི་སོར་སྡོམ་ཆོས་ཅན། ཁྱོད་ཡོངས་རྫོགས་དགེ་བསྙེན་གྱི་སྡོམ་པར་ཐལ། ཁྱོད་རིས་བརྒྱད་ཀྱི་ནླས་ཕྱེ་བའི་དགེ་བསྙེན་གྱི་སྡོམ་པ་ཡིན་པའི་ཕྱིར། རྟགས་འདིར་ཁས་བླངས་ཤིང་། ཁྱབ་པ་སྤྱི་དོན་དུ་ཁས་བླངས། འདོད་པར་མི་ནུས་ཏེ། སྐྱབས་འགྲོའི་སྡོམ་པ་ཙམ་ཞིག་ཡིན་པའི་ཕྱིར་རོ། །མཁས་པས་དཔྱོད་ཅིག །གསུམ་པ་ནི། དེས་ན་སྔར་ཇི་སྐད་བཤད་པ་ཡི་ཐུན་མོང་མ་ཡིན་པའི་སྐྱབས་འགྲོའི་སྡོམ་པ་དང་། ཉེ་བ་འཁོར་གྱིས་ཞུས་པའི་མདོ་ལས་བཤད་པའི་སོ་སོ་ཐར་པའི་སྡོམ་པ་ལ་སོགས་པ་རྣམས་ཆོས་ཅན། ཁྱོད་ཤི་འཕོས་པའི་ཚེ་ན་ཇི་ལྟར་སྐྱོང་སྐྱེ་མི་སྐྱོང་པར་ཐལ། ཁྱོད་བྱང་ཆུབ་བར་དུ་བླངས་པའི་ཕྱིར་རོ། །

གཉིས་པ་ངེས་འབྱུང་མེད་པའི་སོ་ཐར་དགག་པ་ལ། ཕྱོགས་སྔ་སྨྲ་བ་པོ་ནི། པདྨ་བཞད་པ་ལས། སོ་ཐར་ལ་འཇིགས་སྐྱོབ། ལེགས་སྨོན། ངེས་འབྱུང་གི་ཚུལ་ཁྲིམས་གསུམ་དུ་དབྱེ་བ་དང་། སོ་ཐར་གྱི་ངོ་བོ་གཞན་གནོད་གཞི་བཅས་སྤོང་བ་འཕགས་ཡུལ་གྱི་གཞུང་འགྲེལ་ལས་བཤད་པ་མེད་ཅེས་པ་ནི། དེང་སང་དྲི་བའི་ཟློལ་གྱིས་སྡོམ་གསུམ་རབ་དབྱེ་འགོག་པ་ལ་བརྩོན་པ་དེ་ཉིད་དོ། །ཞེས་པ་ལྟར། པཎ་ཤཱཀ་པ་སོགས་མཁས་པ་ལ་ལ། སོ་སོ་ཐར་པ་ལ་འཇིག་སྐྱོབ་ལེགས་སྨོན་ངེས་འབྱུང་གི་ཚུལ་ཁྲིམས་གསུམ་དུ་དབྱེ་བར་འདོད་དེ། དེ་ཡང་དེ་དུས་ཀྱི་ཀུན་སློང་མྱང་འདས་ཀྱི་བསམ་པས་ཟིན་པས་དེ་གསུམ་ཆར་ནི་སོ་སོ་ཐར་པར་ཁྱད་པར་མེད་ཀྱང་། རྒྱུའི་ཀུན་སློང་གི་སྒོ་ནས་ནི་གསུམ་པོ་སོ་སོར་དབྱེ་བའི་ཕྱིར་རོ་ཞེས་ཟེར་རོ། །འདི་ཡང་། ཀུན་སློང་གཉིས་པོ་སྔ་ཕྱིའི་ཚིག་མ་དག་པ་འདུག་པས། དུས་ཀྱི་ཀུན་སློང་མྱང་འདས་ཀྱི། །བསམ་པས་ཟིན་པས་གསུམ་ཆར་ནི། །ཞེས་སོགས་གོ་བསྒྱུར་ནས་འདོན་དགོས་སོ། །

དེ་དགག་པ་ནི། འོན་ཕྱི་རོལ་པ་རྣམས་ཀྱི་ལུགས་ལ། སོ་ཐར་སྡོམ་པ་མཚན་ཉིད་པ་ཡོད་པར་འགྱུར་པར་ཐལ། དེའི་ལུགས་ལ་འཇིགས་སྐྱོབ་དང་ལེགས་སྨོན་གྱི་ཚུལ་ཁྲིམས་ཡོད་པའི་ཕྱིར། ཁྱབ་པ་ཁྱོད་ལ་སོང་སྟེ༑ འཇིགས་སྐྱོབ་དང་ལེགས་སྨོན་གྱི་ཚུལ་ཁྲིམས་སོ་ཐར་མཚན་ཉིད་པར་ཁས་བླངས་པའི་ཕྱིར་རོ། །རྩ་བར་འདོད་ན་དེ་ལྟར་མི་འཐད་པར་ཐལ། ཕྱི་རོལ་པ་དག་གི་ལུགས་ལ། ཡང་དག་པར་བླངས་པའི་ཚུལ་ཁྲིམས་ནི་ཡོད་ཀྱང་། ཐོབ་བྱ་སྲིད་པ་ལ་བརྟེན་པ་སྐྱེ་དམིགས་པའི་ཕྱིར། སོ་ཐར་སྡོམ་པ་མེད་དོ་ཞེས་མཛོད་ཀྱི་འགྲེལ་པར་གསུངས་པ་དང་འགལ་བའི་ཕྱིར་ཏེ། དེ་ལྟར་རང་འགྲེལ་ལས། ཅི་ཕྱི་རོལ་པ་རྣམས་ལ་ཡང་དག་པར་བླངས་པ་ལས་བྱུང་བའི་ཚུལ་ཁྲིམས་མེད་དམ་ཞེ་ན་ཡོད་མོད་ཀྱི། དེ་ནི་སྲིད་པ་ལ་བརྟེན་པའི་ཕྱིར། གཏན་དུ་སྡིག་པ་ལས་སོ་སོར་ཐར་པ་ནི་མ་ཡིན་ནོ། །ཞེས་གསལ་བར་བཤད་པའི་ཕྱིར། ལུང་དེའི་དོན་ཡང་། ཕྱི་རོལ་

པའི་ལུགས་ཀྱི་ཡང་དག་པར་བླངས་པའི་ཚུལ་ཁྲིམས་དེ། སོ་ཐར་སྡོམ་པ་མ་ཡིན་ཏེ། དེ་དག་ནི། ཕྱི་རོལ་པ་རང་ལུགས་ཀྱི་ཐར་པ་ནི་ནམ་མཁའ་ན་གདུགས་ཀྱན་པ་ལྟ་བུ་དང་། ཚངས་པ་དང་དབང་ཕྱུག་སོགས་ཐོབ་བྱར་དམིགས་པའི་ཚུལ་ཁྲིམས་གང་ཞིག །དེ་ལྟ་བུའི་དམིགས་ཡུལ་ཐོབ་བྱ་དེ་དག་ནི་སྲིད་པ་འཁོར་བ་ཁོ་ན་ཡིན་གྱི་ཐར་པ་མཚན་ཉིད་པ་མ་ཡིན་པའི་ཕྱིར། ཁྱབ་སྟེ་སོ་ཐར་སྡོམ་པ་ཡིན་ན། ངེས་འབྱུང་གི་བསམ་པས་ཟིན་དགོས། ངེས་ཟིན་པ་ལ་དམིགས་ཡུལ་ཐར་པ་མཚན་ཉིད་པ་ལ་བརྟེན་དགོས་པའི་ཕྱིར། དེས་ན་གཞུང་འདིའི་དངོས་བསྟན། ཕྱི་རོལ་པའི་ལུགས་ལ་སོ་ཐར་མཚན་ཉིད་པ་མེད་པར་བསྟན་ཕྱིར། ཕྱི་རོལ་པའི་རྒྱུད་ཀྱི་སོ་ཐར་མཚན་ཉིད་པ་མེད་པར་བསྟན་པ་ནི་མ་ཡིན་ནོ་ཞེས་ཁོ་བོས་སྨྲའོ། །གལ་ཏེ་ཕྱོགས་སྔ་མ་ན་རེ། སྤྱིར་འཇིགས་སྐྱོབ་དང་ལེགས་སྨོན་གྱི་ཚུལ་ཁྲིམས་སུ་གྱུར་པའི་སོར་སྡོམ་ཡོད་པར་ཁས་བླངས་ཀྱིས། འཇིགས་སྐྱོབ་དང་ལེགས་སྨོན་གྱི་ཚུལ་ཁྲིམས་ལ་སོར་སྡོམ་ཡིན་པས་ཁྱབ་པ་མ་བཅས་པས་སྐྱོན་སྔ་མ་དེ་མེད་དོ་ཟེར་བ་ལས་འོས་མེད་པས་དེ་ལྟར་ཟེར་ན། ཁྱོད་སོ་ཐར་སྡོམ་པར་འདོད་པའི་འཇིགས་སྐྱོབ་དང་ནི་ལེགས་སྨོན་གྱི་ཚུལ་ཁྲིམས་གཉིས་ཆོས་ཅན། ཁྱོད་སོར་སྡོམ་མིན་ཏེ། ཁྱོད་ཚེ་འདིའི་བདེ་བ་དང་ཕྱི་མའི་མཐོ་རིས་ཙམ་ལ་དམིགས་པས་སྲིད་པ་འཁོར་བ་ལ་ཐོབ་བྱར་དམིགས་པའི་ཚུལ་ཁྲིམས་ཡིན་པའི་ཕྱིར། ཁྱབ་སྟེ། སྲིད་པ་འཁོར་བ་ལ་བརྟེན་པ་སྟེ་ཐོབ་བྱར་དམིགས་པའི་ཚུལ་ཁྲིམས་ཡིན་པའི་ཕྱིར་ན་སོ་ཐར་སྡོམ་པ་མ་ཡིན་པས་ཁྱབ་ཅེས་པའི་སྒོ་ནས། ཁྱོད་ཀྱི་འདོད་པ་ལ་སྐྱོན་ཡང་མཛོད་འགྲེལ་གྱི་ལུང་དེས་གསལ་བར་བསྟན་པའི་ཕྱིར། དེ་ལ་ཕྱོགས་སྔ་མ་ན་རེ། སྐྱོན་མེད་དེ། ཕྱི་རོལ་པའི་ལུགས་ཀྱི་ཚུལ་ཁྲིམས་ནི། རྒྱུ་དུས་དང་དེ་དུས་གང་དུའང་ངེས་འབྱུང་གི་བསམ་པས་མ་ཟིན་ལ། འདིར་འཇིགས་སྐྱོབ་དང་ལེགས་སྨོན་གྱི་སོར་སྡོམ་ནི། རྒྱུ་དུས་ཀྱི་ཀུན་སློང་གི་སྒོ་ནས་མིང་བཏགས་པ་ཡིན་གྱི། དེ་དུས་ཀྱི་ཀུན་སློང་ངེས་འབྱུང་གི་ཟིན་པས་སོར་སྡོམ་མཚན་ཉིད་པ་ཡིན་པའི་ཕྱིར། དཔེར་ན་དཀར་ནག་འདྲེས་མའི་ལས་བཞིན་ཞེས་ལན་འདེབས་པར་བྱེད་ལ། དེ་ལ་མཁས་པ་འདིས་ནི། རྒྱུ་དུས་མངོན་མཐོའི་བསམ་པ་དང་དེང་དུས་ངེས་འབྱུང་གི་བསམ་པས་ཟིན་པའི་ཚུལ་ཁྲིམས་ཆོས་ཅན། མངོན་མཐོའི་དགེ་བ་མིན་ཏེ། ངེས་ལེགས་ཀྱི་དགེ་བ་ཡིན་པའི་ཕྱིར། དཔེར་ན་རྒྱུ་དུས་མི་དགེ་བ་དང་དེ་དུས་དགེ་བས་ཀུན་ནས་བླངས་པའི་ལས་དེ། འདྲེས་མའི་ལས་ཡིན་ཀྱང་། དེ་དག་དགེ་བའི་ལས་ཡིན་གྱི་མི་དགེ་བའི་ལས་མིན་པ་བཞིན་ནོ། །རྩ་བའི་རྟགས་ངེས་འབྱུང་གི་སྡོམ་པར་ཁས་བླངས་པས་གྲུབ། གསལ་བར་འདོད་མི་ནུས་པ་ནི། ལེགས་སྨོན་གྱི་ཚུལ་ཁྲིམས་ཁས་བླངས་པའི་གནད་ཀྱིས་ཡིན་ནོ་ཞེས་སྐྱོན་འཕེན་པ་ནི་གནད་ཀྱིས་དོན་དུ་གཟུང་དགོས་སོ། །མདོར་ན། ཉན་ཐོས་དང་ཐུན་མོང་བའི་འདུལ་བའི་ལུགས་ལ་ངེས་

འབྱུང་གི་ཚུལ་ཁྲིམས་དང་། སོ་ཐར་སྡོམ་པ་དོན་གཅིག་པ་ཡིན་ཏེ། འཇིགས་སྐྱོབས་དང་ལེགས་སྨོན་གྱི་ཚུལ་ཁྲིམས་ནི། སོར་སྡོམ་མིན་པར་བཤད་པ་དེས་ནའི་ཕྱིར་རོ། །འོན་ངེས་འབྱུང་གིས་ཟིན་པའི་བར་མ་རབ་བྱུང་གི་ཚུལ་ཁྲིམས་ཡང་མི་བཞེད་དམ་ཞེ་ན། མི་བཞེད་དེ། བར་མ་རབ་བྱུང་ལ་ཚུལ་ཁྲིམས་ཀྱི་ཐ་སྙད་དོན་མཐུན་བཞག་པ་མེད་པའི་ཕྱིར་རོ། །གལ་ཏེ་དེ་ལ་ཁོ་ན་རེ། དེ་ལྟར་ཚིག་ལ་བརྟེན་པའི་འཇིགས་སྐྱོབས་དང་ལེགས་སྨོན་གྱི་ཚུལ་ཁྲིམས་གཉིས་སོགས་ཆོས་ཅན། ཁྱོད་སོར་སྡོམ་ཡིན་པའི་རྒྱུ་མཚན་ཡོད་དེ། ཁྱོད་འབོགས་པའི་ཆོ་གའི་སྐབས་འགྲོའི་དུས་ཀྱི་ཚེ་ངེས་འབྱུང་གི་བསམ་པས་ཟིན་པའི་སྡོམ་པ་ཡིན་པའི་ཕྱིར་ཏེ། ཁྱོད་འབོགས་པའི་ཚེ་དཀོན་མཆོག་གསུམ་ལ་སྐྱབས་འགྲོ་ངེས་པར་བྱེད་དགོས་ཤིང་། དཀོན་མཆོག་གསུམ་ལ་སྐྱབས་སུ་སོང་བའི་ཚེ་ངེས་འབྱུང་གི་བསམ་པ་ངེས་པར་སྐྱེས་པ་ཡིན་པའི་ཕྱིར་ཏེ། རྒྱ་ཆེར་འགྲེལ་ལས་མྱ་ངན་ལས་འདས་པའི་བསམ་པ་བརྟན་པོ་མེད་པར་སུ་ཡང་དཀོན་མཆོག་གསུམ་ལ་སྐྱབས་སུ་འགྲོ་བ་སྒྲུབ་པར་མི་བྱེད་དོ། །ཞེས་སོགས་གསལ་བར་བཤད་པའི་ཕྱིར་རོ་སྙམ་ན། ཁྱོད་ཀྱི་སྒྲུབ་བྱེད་གཙོ་བོ་འདི་ཡིན་མོད། ཁྱོད་ཀྱི་སྒྲུབ་བྱེད་དེ་ཡང་བསྒྲུབ་བྱ་དང་མཚུངས་ཏེ། སྐྱབས་འགྲོ་ཉིད་ལ་འཇིགས་སྐྱོབས་དང་ལེགས་སྨོན་གྱི་སྐྱབས་འགྲོ་ཡང་ཡོད་པའི་ཕྱིར་ན་སྐྱབས་འགྲོས་ཟིན་པ་ལ་ངེས་འབྱུང་གི་བསམ་པས་ཟིན་པས་མ་ཁྱབ་པའི་ཕྱིར་རོ། །གཞན་ཡང་སོ་ཐར་སྡོམ་པ་ལ་འཇིགས་སྐྱོབས་དང་ལེགས་སྨོན་ངེས་འབྱུང་གསུམ་དུ་འདོད་པ་འདི་ལ། ལུང་རིགས་ཀྱི་གནོད་བྱེད་ཆར་ལྟར་བབས་ན་ཡང་། འདིར་ནི་རེ་ཞིག་མི་སྤྲོའོ་ཞེས་བྱ་སྟེ། མཁས་པ་དཔྱོད་ལྡན་ཀུན་གྱིས་ནོར་བར་གོ་བའི་ཕྱིར་ན་སྤྲོས་པ་ལ་དགོས་པ་མེད་པའི་ཕྱིར་རོ། །

འོ་ན་ལུང་རིགས་ཀྱི་གནོད་བྱེད་ཆར་ལྟར་ཇི་ལྟར་བབས་སྙམ་ན། ལུང་ནི་འདུལ་ལུང་ལས། ཀུན་དགའ་བོའི་ཚ་བོ་གཉིས་ལྟོ་ཕྱིར་དུ་རབ་བྱུང་བྱས་པ་དང་། འཆར་ཀ་མཛེས་དགའ་སོགས་དགེ་སློང་དུ་བསྒྲུབས་ཀྱང་། ངེས་འབྱུང་གི་བསམ་པ་མ་སྐྱེས་པར་བཤད་པ་དང་། མཛོད་འགྲེལ་ལས། མདོ་སྡེ་པའི་ལུགས་ལ་ཚུལ་ཁྲིམས་ཙམ་ལ། འཇིགས་སྐྱབ་ལེགས་སྨོན་བྱང་ཆུབ་ཀྱི་ཡན་ལག་གི་ཚུལ་ཁྲིམས་ཡོངས་སུ་དག་པའི་བཞིར་ཕྱེ་བ་ལྟར། མངོན་རྟོགས་ལྗོན་ཤིང་དུ་ཡང་། དེ་ལྟ་བུའི་ཚུལ་ཁྲིམས་དེ་གང་ཟག་བསམ་པའི་བྱེ་བྲག་གི་རྣམ་པ་བཞིར་འགྱུར་ཏེ་ཚེ་འདིའི་འཚོ་བ་དང་རྒྱལ་པོའི་འཇིགས་པ་དང་ཕྱི་མའི་ངན་སོང་གི་འཇིགས་པའི་སྒོ་ནས་ཚུལ་ཁྲིམས་བསྲུང་བ་རྣམས་ནི་འཇིགས་སྐྱབ་ཀྱི་ཚུལ་ཁྲིམས་ཞེས་བྱའོ། །ཚེ་འདིའི་བདེ་བ་དང་ཕྱི་མའི་མཐོ་རིས་ཀྱི་བདེ་བ་དོན་དུ་གཉེར་བའི་སྒོ་ནས་ཚུལ་ཁྲིམས་བསྲུང་བ་ནི་ལེགས་སྨོན་གྱི་ཚུལ་ཁྲིམས་ཞེས་བྱའོ། །འཁོར་བའི་རྒྱ་མཚོ་ལས་ཐར་བར་དོན་དུ་གཉེར་བའི་སྒོ་ནས་ཚུལ་ཁྲིམས་བསྲུང་བ་གསུམ་ནི། བྱང་ཆུབ་ཀྱི་ཡན་ལག་གི

ཚུལ་ཁྲིམས་ཞེས་ཀྱང་བྱ། ངེས་པར་འབྱུང་བའི་ཚུལ་ཁྲིམས་ཞེས་ཀྱང་བྱ། སོ་སོར་ཐར་པའི་སྡོམ་པ་ཞེས་ཀྱང་བྱའོ། །བདེན་པ་མཐོང་བ་རྣམས་ལ་ཟག་པ་མེད་པའི་ཚུལ་ཁྲིམས་ཞེས་བྱ་བ་ཡིན་ནོ་ཞེས། ཚུལ་ཁྲིམས་དེ་བཞིའི་ཟླས་ཕྱེ་བའི་གསུམ་པ་བྱང་ཆུབ་ཀྱི་ཡན་ལག་གིས་ཟིན་པའི་ཚུལ་ཁྲིམས་དེ་ངེས་འབྱུང་གི་ཚུལ་ཁྲིམས་དང་སོ་ཐར་གྱི་སྡོམ་པར་བཤད་པའི་གནད་ཀྱི། འཇིགས་སྐྱོབ་ལེགས་སྨོན་གཉིས་སོར་སྡོམ་མ་ཡིན་པར་ཤུགས་ལ་རྟོགས་ནུས་པའི་ཕྱིར་རོ། །རིགས་པའི་གནད་ནི་ཁོ་བོས་གོང་དུ་བསྟན་ཟིན་པ་དེ་ཉིད་དེ། མཐོན་མཐོ་དང་ངེས་ལེགས་ཀྱི་དགེ་བ་གཞི་མཐུན་མི་སྲིད་པའི་ཕྱིར་ཏེ། ཐར་པ་ཆ་མཐུན་དང་བསོད་ནམས་ཆ་མཐུན་གྱི་དགེ་བ་གཞི་མཐུན་མི་སྲིད་པའི་ཕྱིར་རོ། །འོན་ཀྱང་སྔོན་གྱི་མཁས་པ་བུ་སྟོན་དང་། དཔལ་ཤཱཀྱ་མཆོག་ལྡན་སོགས་སྟ་མ་དེ་ཉིད་བཞེད་ལ། དཔལ་འབུམ་ཕྲག་གསུམ་པའི་གསུང་གི་ཆ་འགའ་ཞིག་ལས་ཀྱང་ལུགས་དེ་ཁོ་ན་བཤད་ཅིང་། གསུང་གི་ཆ་འགའ་ཞིག་ལས། སྤྱིར་ཡང་དག་པར་བླངས་པའི་ཚུལ་ཁྲིམས་ལ། འཇིགས་སྐྱོབ་ལེགས་སྨོན་བྱང་ཆུབ་ཀྱི་ཡན་ལག་གི་ཚུལ་ཁྲིམས་གསུམ་བཤད་པའི། སྟ་མ་གཉིས་ནི་བར་མའི་དགེ་བ་ཙམ་ཡིན་གྱི། སྡོམ་པའི་ཚུལ་ཁྲིམས་གཏན་ནས་མ་ཡིན་ལ། རྒྱུ་མཚན་དེས་ན། བསྙེན་གནས་སྡོམ་པ་སོགས་བརྒྱད་ལ་ངེས་འབྱུང་གིས་ཟིན་པ་ཁོ་ནས་ཁྱབ་ཅེས་སོགས་བཤད། རང་གི་བློ་གྲུ་བོས་རྣམ་པར་དཔྱད་ན་ཡང་ཕྱོགས་སྔ་ཕྱི་གཉིས་ཆར་ལ་སྒྲུབ་བྱེད་ཀྱི་འཕེན་ཚུལ་འདྲ་མིན་ཅུང་ཞིག་ཡོད་པར་སེམས་ཏེ། དེ་ཡང་རྗེ་མུས་པ་རབ་འབྱམས་པས། ཕྱོགས་སྔ་མ་ལ་སྐྱོན་འཕེན་པ་ན། ཕྱི་རོལ་པའི་རྒྱུད་ཀྱི་དགེ་བསྙེན་གྱི་སྡོམ་པ་ཆོས་ཅན། སོ་ཐར་སྡོམ་པ་ཡིན་པར་ཐལ། སྐྱབས་འགྲོ་རྩོམ་བྱེད་དུ་བྱས་པས་ལས་ཐོབ་པའི་སྡོམ་པ་ཡིན་པའི་ཕྱིར། ཁྱབ་པ་དངོས། རྟགས་མདོ་རྩ་རྩ་འགྲེལ་གྱིས་གྲུབ། འདོད་ན། འཛོད་རང་འགྲེལ་ལས། ཅི་ཕྱི་རོལ་པ་རྣམས་ལ་ཡང་། ཞེས་སོགས་དང་འགལ། ཡང་། དཀོན་མཆོག་གསུམ་ལ་སྐྱབས་འགྲོ་རྩོམ་བྱེད་དུ་བྱས་པའི་སྡོམ་པ་ཐམས་ཅད་སངས་རྒྱས་འཐོབ་འདོད་ཀྱི་བསམ་པས་ཟིན་པའི་སྡོམ་པར་ཐལ། དེ་ཐམས་ཅད་སངས་རྒྱས་ལ་རྟེན་ནམ་སྐྱབས་གནས་སུ་ཁས་བླངས་པའི་སྡོམ་པ་གང་ཞིག །ཆོས་དཀོན་མཆོག་མྱང་འདས་ལ་སྐྱབས་གནས་སམ་རྟེན་དུ་ཁས་བླངས་པའི་སྡོམ་པ་ཡིན་པའི་ཕྱིར་ཏེ། དེ་ཐོབ་འདོད་ཀྱིས་བསམ་པས་ཟིན་པའི་སྡོམ་པ་ཡིན་པས་ཁྱབ་པའི་ཕྱིར་ཞེས་བཤད་པའི་ཐལ་འགྱུར་སྔ་མའི་ཁྱབ་པ་ཕྱོགས་སྔ་མས་ཁས་བླངས་སུ་ཆུག །རྟགས་ལ་དཔྱད་པ་ཅུང་ཞིག་འདུག་ཀྱང་བཏང་སྙོམས་སུ་བཞག་ནས། བསལ་བ་ལ་མཛོད་ཀྱི་ལུང་འགལ་བསྟན་པར་གནང་ཡང་། མཛོད་ཀྱི་ལུང་གི་དངོས་བསྟན་གྱི་དོན་ནི། ཕྱི་རོལ་པའི་ལུགས་ལ་སོར་སྡོམ་མེད་པའི་དོན་ཡིན་ཏེ༏ སྲིད་པ་བརྟེན་པའི་ཕྱིར། ཞེས་པའི་སྲིད་པ་ངོས་འཛིན་པ་ན། འགྲེལ་བཤད་ལས། ཕྱི་རོལ་པ་རང་ལུགས

ལ་ཐར་པར་འདོད་པའི་ནམ་མཁའ་ན་གདུགས་ཕུབ་པ་ལྟར་ཡོད་ཅེས་པའི་ཐར་པ་སོགས་ལ་བཤད་པའི་ཕྱིར་རོ། །ཐལ་འགྱུར་གཉིས་པའི་རྟགས་གཉིས་ལ་ཞིབ་ཆ་ཅུང་ཞིག་དགོས་པར་གསལ་ཏེ། འདུལ་མཛོད་རང་རྐང་ལ་སྡོམ་པ་འབོགས་ཆོག་ལ་སྐྱབས་འགྲོ་རྫོགས་བྱེད་དུ་བྱས་པའི་དགོས་པ་ནི། སངས་རྒྱས་མྱང་འདས་ཀྱི་ལམ་སྟོན་པ་པོ་དང་། ཆོས་ཐོབ་བྱའི་མྱང་འདས་དངོས་དང་། དགེ་འདུན་མྱང་འདས་སྒྲུབ་པའི་ཟླ་གྲོགས་སུ་ཁས་བླངས་པ་ཡིན་པས། དེའི་ཚེ་མྱང་འདས་ལ་ཐོབ་འདོད་ཀྱི་བསམ་པ་དགོས་ཀྱི་གཞན་གཉིས་ལ་ཐོབ་འདོད་ཀྱི་བསམ་པ་མི་དགོས་པའི་ཕྱིར་དང་། དེ་ལྟ་མ་ཡིན་ན། རང་ལུགས་ལ་ཡང་། མདོ་རྩ་དངོས་བསྟན་ལ། སྐྱབས་འགྲོ་རྫོགས་བྱེད་དུ་བྱས་པས་མྱང་འདས་ཀྱི་བསམ་པ་བསྒྲུབ་པའི་གོ་དོན་རྟེད་དཀའ་བའི་ཕྱིར། དེས་ན་སྤྱིར་སྐྱབས་འགྲོ་ལ་ལེགས་སྨོན་སོགས་གསུམ་དུ་ཡོད་མོད། སྡོམ་པ་འབོགས་ཆོག་ཏུ་སྦྱར་བའི་སྐྱབས་འགྲོ་ནི་ངེས་ལེགས་ཁོ་ནར་བྱེད་དགོས་ཏེ། དེའི་ཚེ་འབོགས་པ་པོས་སངས་རྒྱས་ལམ་གྱི་སྟོན་པ་དང་། འཁོར་བ་སྤྱངས་པའི་མྱང་འདས་ཐོབ་བྱ་དང་། དགེ་འདུན་ལམ་གྱི་གྲོགས་སུ་བཟ་སྦྲད་དགོས་ཤིང་། འབོགས་ཡུལ་གྱིས་དེ་ལྟར་ངག་ཏུ་ཁས་བླངས་ཤིང་དོན་དེ་ལྟར་བསམ་པ་ནི་དེར་སྐབས་ཀྱི་སྐྱབས་འགྲོའི་དོན་ཡིན་པའི་ཕྱིར། གནད་དེས་ན། མཛོད་འགྲེལ་ལས་ཅི་སྐྱབས་སུ་འགྲོ་བ་མེད་པར་སྡོམ་པ་ནོད་པ་པོ་ནས་དགེ་བསྙེན་དུ་འགྱུར་རམ་ཞེ་ན། མི་འགྱུར་ཏེ་མི་ཤེས་པ་ནི་མ་གཏོགས་སོ། །ཞེས་སྤྱིར་བཏང་ལ་བསྙེན་གནས་དགེ་བསྙེན་དགེ་ཚུལ་གསུམ་གྱི་སྡོམ་པ་ལེན་པ་ལ་སྐྱབས་འགྲོའི་ཚིག་དོན་སྔོན་དུ་མ་སོང་ན་སྡོམ་པ་དེ་དག་གཏན་ནས་མི་ཆགས་པར་བཤད་ནས་དམིགས་བསལ་ལ་སྐྱབས་འགྲོའི་ཚིག་མ་ཤེས་པའམ་བརྗེད་ཀྱང་། དོན་ཤེས་ན་སྡོམ་པ་འཆགས་པར་བཤད་པའི་གནད་ཀྱང་དེ་ཉིད་ཡིན་པའི་ཕྱིར། འོན་དགེ་སློང་གི་སྡོམ་པ་འབོག་པ་ལ་སྐྱབས་འགྲོ་རྫོགས་བྱེད་དུ་བྱས་པས་མྱང་འདས་ཀྱི་བསམ་པ་ཇི་ལྟར་འགྲུབ་སྙམ་ན། བསྙེན་རྫོགས་ཞེས་པའི་རྫོགས་པ་དེ་མྱང་འདས་ཡིན་པས། བསྙེན་པར་རྫོགས་པར་གསོལ་བ་ལན་གསུམ་བཏབ་པའི་ཚེ་ངེས་འབྱུང་གི་བསམ་པ་འགྲུབ་པོ་ཞེས་མཁས་པ་དག་འཆད་དོ། །དོན་དེས་ན་ཇེ་མུས་རབ་འབྱམས་པས་བསྙེན་རྫོགས་ཀྱི་སྡོམ་པ་ལ་སོ་ཐར་གྱིས་ཁྱབ་ཅིང་དགེ་སློང་གི་སྡོམ་པ་ལ་མ་ཁྱབ་ཅེས་གཉིས་པོ་ལ་ཁྱད་པར་ཕྱེ་བ་ལྟ་བུ་ཞིག་གནང་བ་དཔྱད་དགོས་ཏེ། བསྙེན་རྫོགས་ཀྱི་སྡོམ་པ་ལ་སོ་ཐར་གྱིས་ཁྱབ་པའི་དོན་སྤྱ་མ་དེ་ཙམ་ལ་དགོངས་པ་ཡིན་ན་གཉིས་པོ་ལ་ཁྱད་པར་མེད་དེ། ད་ཆོག་ལས་དགེ་སློང་དུ་སྒྲུབ་པའི་ཚེ་གསོལ་བ་མངོན་གྱུར་མ་ཚང་ན་སྡོམ་པ་དེ་མི་ཆགས་ཤིང་། དེ་ཚང་བ་ལ། བདག་བསྙེན་རྫོགས་མཛད་དུ་གསོལ་ཞེས་པའི་གསོལ་བ་ལན་གསུམ་བཏབ་དགོས་པའི་ཕྱིར་རོ། །གསོལ་བཞིའི་ཆོག་ལ་ཡང་། དགེ་སློང་དུ་སྒྲུབ་པ་དང་བསྙེན་རྫོགས་སུ་སྒྲུབ་ཚུལ་གྱི་

ཚིག་མི་འདྲ་བ་སོ་སོར་བྱེད་རིགས་པར་ཐལ་བའི་ཕྱིར། ཡང་མཁས་པ་དེས་ཡང་དག་པར་བླངས་པའི་ཚུལ་ཁྲིམས་དང་ཡང་དག་པར་བླངས་པའི་སྡོམ་པ་དོན་གཅིག་ལྟ་བུར་བཤད་པ་ཡང་དཔྱད་དགོས་ཏེ། ཡང་དག་པར་བླངས་པའི་ཚུལ་ཁྲིམས་ཙམ་ནི་ཕྱི་རོལ་པའི་ལུགས་ལ་ཡང་ཡོད་པའི་ཕྱིར་རོ། །ཕྱོགས་སྔ་མས་རྒྱུ་དུས་ཀྱི་ཀུན་སློང་ངེས་འབྱུང་གིས་མ་ཟིན་ཡང་དེ་དུས་ཀྱི་ཀུན་སློང་དེས་ཟིན་ཞེས་པ་ཡང་ཞིབ་ཆ་བྱེད་དགོས་ཏེ། བརྒྱུད་པའི་རྒྱུ་དུས་ཀྱི་ཀུན་སློང་འཇིགས་སྐྱོབ་སོགས་ཡིན་ཀྱང་དངོས་ཀྱི་རྒྱུ་དུས་ཀྱི་ཀུན་སློང་ལ་ངེས་འབྱུང་གི་བསམ་པ་མེད་ན་སོར་སྡོམ་དུ་མི་འགྱུར་བའི་ཕྱིར་རོ། །དེས་ན་ཁོ་བོ་ནི་འདུལ་མཛོད་རང་རྐང་ལ་རིགས་བརྒྱུད་ཀྱི་སྡོམ་པ་ལ་ངེས་འབྱུང་གི་བསམ་པས་ཟིན་པས་ཁྱབ་ལ་ཐེག་ཆེན་སྐབས་སུ་དེ་བརྒྱུད་ལ་འཇིགས་སྐྱོབ་ལེགས་སྨོན་ངེས་འབྱུང་གི་སྡོམ་པ་གསུམ་དུ་འབྱེད་པ་འདི་གཞུང་གི་བབས་དང་ཀུན་མཁྱེན་ཆེན་པོ་འདིའི་དགོངས་པ་བླ་ན་མེད་པའོ་ཞེས་སྐབས་སོ་སོར་ཕྱེ་ནས་སྨྲར་རོ། །

གསུམ་པ་སྡོམ་པའི་ངོ་བོར་འཁྲུལ་པ་དགག་པ་ནི། པཎ་ཆེན་ཤཱཀྱ་མཆོག་ལྡན་སོགས་མཁས་པ་ཁ་ཅིག་ན་རེ། སོ་ཐར་སྡོམ་པའི་ངོ་བོ་གཞན་གནོད་གཞི་བཅས་སྤོང་བར་འཆད་པ་མི་འཐད་དེ། དེ་ལྟར་འཕགས་ཡུལ་གྱི་གཞུང་འགྲེལ་ལས་བཤད་པ་མེད་པའི་ཕྱིར་ཞེས་སྒྲོག་པ་ཐོས་སོ། །དེ་དགག་པ་ནི། དེ་ལྟར་འཕགས་ཡུལ་གྱི་གཞུང་ལས་བཤད་པ་མེད་ཅེས་པ་ནི། རང་ཉིད་ཀྱིས་མ་གཟིགས་པ་རྒྱུ་མཚན་དུ་བྱས་པ་སྟེ། དཔལ་ལྡན་ཁ་ཆེ་བློ་བརྟན་གྱིས། ཕུང་པོ་ལྔའི་རབ་བྱེད་ཀྱི་འགྲེལ་པ་བྱེ་བྲག་ཏུ་བཤད་པ་ཞེས་བྱ་བ་ལས། དེ་ལྟར་གསུངས་པ་གང་ཡིན་པ་དེ། དཔལ་ས་སྐྱ་པ་གོང་མ་སོགས་བོད་ཀྱི་མཁས་པ་སྔ་མ་རྣམས་ཀྱིས་གཟིགས་ནས་སྤྱི་བོའི་ཐོད་བཞིན་དུ་འབུར་བར་མཛད་པའི་ཕྱིར་རོ། །དེ་ལྟར་ཇི་ལྟར་བཤད་ན། དེ་ཉིད་ལས། དེ་ལ་སོ་སོ་ཐར་པའི་སྡོམ་པ་ནི་གཞན་ལ་གནོད་པ་གཞི་དང་བཅས་པ་རྣམ་པ་ཐམས་ཅད་དུ་ལྡོག་པའོ། །བྱང་ཆུབ་སེམས་དཔའི་སྡོམ་པ་ནི་ལུས་དང་སྲོག་གི་བསྲུས་པའི་དངོས་པོ་ལ་མི་ལྟ་བར་ལུས་དང་ངག་དང་སེམས་ཀྱི་རྣམ་པ་ཐམས་ཅད་དུ་གཞན་ལ་ཕན་འདོགས་པར་ཞུགས་པའོ། །སྡོམ་པ་མ་ཡིན་པ་ནི་རྣམ་པ་ཐམས་ཅད་དུ་གཞན་ལ་གནོད་པ་བྱེད་པར་ཞུགས་པའོ། །ཞེས་བཤད་པ་ལས་ཤེས་སོ། །

བཞི་པ་དེ་ཉིད་བྱེ་བྲག་དགེ་སློང་གི་སྡོམ་པའི་ངོ་བོར་འདོད་པ་དགག་པ་ལ། ཕྱོགས་སྔ་མ་ནི། པཎྜི་བཞད་པ་ལས། གཞན་གནོད་གཞི་བཅས་སྤོང་བ་དགེ་སློང་གི་སྡོམ་པ་ཁོ་ནའི་ངོ་བོ་ཡིན་གྱིས་སོ་ཐར་སྤྱིའི་ངོ་བོ་མིན་ནོ་ཞེས་པ་ནི་ནམ་མཁའ་བསོད་ནམས་སོ། །ཞེས་པ་ལྟར། ཀུན་མཁྱེན་ནམ་བསོད་སོགས་ལ་ལ་ན་རེ། གཞན་གནོད་གཞི་དང་བཅས་པ་སྤོང་བའི་ངེས་འབྱུང་གི་སྡོམ་པ། སོ་སོ་ཐར་པ་སྤྱིའི་ངོ་བོ་མིན་ཏེ། བྱེ་བྲག་

དགེ་སློང་གི་སྡོམ་པ་ཡི་ངོ་བོ་ཡིན་གྱི་སྤྱི་ལ་སྦྱར་ན་མ་ཁྱབ་པའི་སྐྱོན་ཡོད་དོ་ཞེས་སྨྲའོ། །དེ་དགག་པ་ལ། དེ་ལྟ་བུ་སོར་སྡོམ་སྤྱིའི་ངོ་བོར་འཆད་པའི་ངེད་ཀྱི་ལུགས་འདི་ཆོས་ཅན། རང་བཟོ་ཁོ་ན་མ་ཡིན་ཏེ། ཁ་ཆེ་བློ་བརྟན་དང་། ས་སྐྱའི་རྗེ་བཙུན་ཡབ་སྲས་དང་དབང་ལོ་མཆིམས་སྟོན་ནམ་མཁའ་གྲགས་བུ་སྟོན་ཁ་ཆེ་ལ་སོགས་ཀྱིས་མགྲིན་གཅིག་དབྱངས་གཅིག་ཏུ་གསུངས་པ་ཡིན་ཏེ། དེ་ཉིད་དགེ་སློང་གི་སྡོམ་པ་ཁོ་ནའི་ངོ་བོར་འཆད་པ་ཁྱེད་ཀྱི་ལུགས་འདི་ཆོས་ཅན། རང་བཟོ་ཁོ་ན་ཡིན་ཏེ། ཁྱེད་ཉིད་ལས་གཞན་པའི་རྒྱ་བོད་ཀྱི་མཁས་པ་སུ་ཞིག་གི་བཤད་པ་ཡོད་ན་ཁུངས་སྟོན་ཅིག་ཅེས་བྱ་སྟེ་བསྟན་རྒྱུ་མེད་པའི་ཕྱིར་རོ། །དེ་ཉིད་ལ་དགོས་པའི་གནད་ནི། དགེ་བསྙེན་གྱི་སྡོམ་བརྒྱད་ནས་བཤད་པའི་མདོ་སྡེ་པའི་གྲུབ་མཐའ་ཁས་ལེན་གྱི་མདོ་སྡེ་པ་ནས་གཟུང་སྟེ། ཐེག་ཆེན་མན་གྱི་གྲུབ་མཐའ་བཞི་ཆར་ལ། སོར་སྡོམ་མཐའ་དག་གཞན་གནོད་གཞི་བཅས་སྤོང་བ་ཁོ་ནར་འཆད་དགོས་ཏེ། དེ་སྐབས་ཀྱི་གཞན་ལ་གནོད་པ་ནི། ལུས་ཀྱི་མི་དགེ་བ་གསུམ་དང་། དེའི་གཞི་ནི་ཡིད་ཀྱི་མི་དགེ་བ་གསུམ་ལ་འཇོག་པས། མི་དགེ་བ་བཅུ་སྤོང་མི་ནུས་ན། སོར་སྡོམ་གྱི་དོན་མ་ཚང་བ་ནི་ཐེག་ཆེན་གྲུབ་མཐའི་གནད་ཡིན་པའི་ཕྱིར། དོན་དེས་ན་ཇོ་བོ་བཀའ་གདམས་པ་ཞེས་གྲགས་པའི་འབྲོམ་སྟོན་གྱི་ཐུགས་སྲས་པུ་ཏོ་བ་རིན་གསལ་གྱི་གསུངས་རྒྱུན། དོལ་པ་དམར་ཞུར་པས་ཟིན་བྲིས་སུ་བཀོད་པའི་བེའུ་བུམ་སྔོན་པོ་ལས། མི་དགེ་བཅུ་སྤོང་ཐེགཾ་པཾ་ཀུན་ལམ། །འཁོར་བར་ལྷ་མིའི་བདེ་བ་འདོད་པས། །ལས་འབྲས་ཡིད་ཆེས་མི་དགེ་བཅུ་སྤོང་། །མངོན་མཐོའི་ཐེག་པ་སྐྱེས་བུ་ཐ་མ། །བཅུ་པོ་དེ་ཉིད་བདེན་བཞིས་སྦྱངས་ན། །ཉན་ཐོས་ལམ་ཡིན་རྟེན་འབྲེལ་གྱིས་སྦྱངས། །རང་རྒྱལ་ལམ་སྟེ་སྐྱེས་བུ་འབྲིང་ཡིན། །ཐབས་དང་ཤེས་རབ་གཉིས་ཀྱིས་སྦྱངས་ན། །ཐེག་ཆེན་ལམ་སྟེ་སྐྱེས་བུ་མཆོག་ཡིན། །མི་དགེ་བཅུ་པོ་སྤོང་ལ་ཁྱད་མེད། །དེ་མ་སྤངས་པར་གང་ཡང་མི་ཐོབ། །ཅེས་གཞི་མི་དགེ་བཅུ་སྤོང་གཞིར་བཞག་ལ་ལྟ་བ་འཇིག་རྟེན་པའི་ཡང་དག་པའི་ལྟ་བ་དང་ལྡན་པ་ལ་སྐྱེས་བུ་ཆུང་ངུ། ལྟ་བ་བདེན་བཞི་རྟོགས་པ་དང་རྟེན་འབྲེལ་རྟོགས་པ་ལ་སྐྱེས་བུ་འབྲིང་། ལྟ་བ་ཐབས་ཤེས་ཟུང་འཇུག་དང་ལྡན་པ་ལ་སྐྱེས་བུ་ཆེན་པོར་འཇོག་པར་བཤད་པས། མངོན་མཐོའི་ཐེག་པ་སྒྲུབ་པ་ལ་ཡང་མི་དགེ་བཅུ་སྤོང་དགོས་པར་བཤད་ན། ངེས་ལེགས་ཐར་པ་ཐོབ་པའི་ཐབས་ལ་མི་དགེ་བཅུ་སྤོང་དགོས་པ་ལྟ་སྨོས་ཀྱང་ཅི་དགོས་པའི་ཕྱིར། གནད་དེ་ཉིད་ཀྱིས། རྗེ་བཙུན་རིན་པོ་ཆེས་ལྗོན་ཤིང་ལས་ཐོག་མར་ཚེ་འདིའི་སྤྱོད་ཡུལ་མི་རྟག་པར་བསྟན་པས་སྐྱོ་བ་བསྐྱེད་ནས་ཚེ་འདིའི་ཞེན་པ་དོར་ཏེ། ལྷ་མི་ཙམ་འདོད་པའི་བློ་སྐྱེས་པ་དང་གསོ་སྦྱོང་སྦྱིན་པར་བྱའོ། །ཞེས་སྐྱེས་བུ་ཆུང་ངུའི་ལམ་གྱི་ཐོག་མར་གསོ་སྦྱོང་གི་སྡོམ་པ་སྦྱིན་པར་བཤད་པ་ཡིན་ལ། དོན་འདི་ཉིད་བསྙེན་གནས་ཀྱི་སྡོམ་པ་སོགས་ལ་ངེས་འབྱུང་གིས་ཟིན་པས་མ་ཁྱབ་པའི་སྒྲུབ་བྱེད་དུ་ཡང་ཤེས

དགོས་པ་ཡིན་ནོ། །དེ་ལྟར་ན་ཡང་རྒྱ་བ་བཞི་ཙམ་སྲུང་བའི་བསྙེན་གནས་དགེ་བསྙེན་དགེ་ཚུལ་གྱི་སྡོམ་པ་སོགས་མི་དགེ་བཅུ་སྤོང་ཡིན་པ་ལ་སྐྱབ་བྱེད་མེད་དོ་སྙམ་ན། རྩ་བཞི་སྤོང་བའི་གནད་ཤེས་ན་མི་དགེ་བ་བཅུ་ཆར་སྤོང་བ་ལུང་རིགས་ཀྱིས་གྲུབ་སྟེ། དགེ་བསྙེན་སྡོམ་བརྒྱད་ལས། རྫུན་གྱི་ཚིག་ལས་ཟློག་པ་ཡིས། །དེ་ཡི་སྐྱོན་ནི་གཞན་ལས་ཀྱང་། །ཟློག་པར་བྱ་སྟེ་ཟློག་བཤད་པ། །དེ་ཡང་ཤིན་ཏུ་དམན་ཕྱིར་རོ། །གང་ཕྱིར་ལུས་ངག་མི་དགེ་ལས། །ཟློག་པས་ཡིད་ཀྱི་དགེ་བ་ཡང་། །དེ་ཕྱིར་བརྣབ་སེམས་གནོད་པའི་སེམས། །ལ་ལས་ལོག་རྣམས་འགྲུབ་པ་ཡིན། །ཡན་ལག་ལྔ་ཡི་སྡོམ་བཤད་ཉིད། །གཞུག་པ་རུ་ནི་འདོད་པས་སོ། །ཞེས་རྫུན་ཚིག་སྤང་པས། ཕྲ་མ་ངག་ཀྱལ་ཚིག་རྩུབ་གསུམ་སྤོང་། སྲོག་གཅོད་སྤངས་པས་གནོད་སེམས། འདོད་ཆགས་སྤངས་པས་བརྣབ་སེམས། སྡོམ་པ་བླངས་པས་ལོག་ལྟ་ཤུགས་ལ་སྤོང་ནུས་སོ་ཞེས་བཤད་པ་དེ་ཉིད། རྗེ་བཙུན་རིན་པོ་ཆེས་ལྗོན་ཤིང་དང་ཆོས་ཀྱི་རྗེས་ཐུབ་པ་དགོངས་གསལ་དུ་བཤད་པའི་ཕྱིར་དང་། གཞན་ཡང་། མདོ་ལས་དགེ་བསྙེན་སྟོན་པ་གཞན་ལ་མི་བསྙེན་པ་ཆོས་དགེ་བཅུ་སྤྱོད་པ་ཞེས་དང་། རྒྱུད་ལས། དེར་རྗེས་བསླབ་པའི་གནས་བཅུ་སྤྱིན། །ཞེས་པའི་གནད་བསྡུས་ན་སོར་སྡོམ་ཐམས་ཅད་མི་དགེ་བ་བཅུ་སྤོང་དུ་འགྲུབ་པའི་ཕྱིར་རོ། །དེ་ལ་དོགས་པ་འདི་སྐྱང་དགོས་ཏེ། འོན་སྣ་གཅིག་སྤྱོད་པ་ནས་ཕལ་ཆེར་སྤྱོད་པའི་བར་གྱི་དགེ་བསྙེན་གྱི་སྡོམ་པ་ཆོས་ཅན། མི་དགེ་བཅུ་སྤོང་ཡིན་པར་ཐལ། སོར་སྡོམ་ཡིན་པའི་ཕྱིར། ཞེས་དང་། རྒྱལ་བ་ཕན་བཞེད་ཉིན་གཅིག་གི། །སྲོག་གཅོད་སྡོམ་པ་བླངས་པ་ལ། །ཞེས་པའི་དངོས་བསྟན་གྱི་སྲོག་གཅོད་ཙམ་སྲུངས་པའི་སྡོམ་པ་ཆོས་ཅན། དེར་ཐལ་དེའི་ཕྱིར་ཞེ་ན། དེ་དག་སྐབས་འདིར་སྡོམ་པ་བརྟགས་པ་བར་འཆད་དགོས་ཏེ། ལྗོན་ཤིང་ལས། སྐྱབས་གསུམ་འཛིན་པ་དང་། སྣ་གཅིག་སྤྱོད་པ་དང་། སྣ་འགའ་སྤྱོད་པ་དང་། ཕལ་ཆེར་སྤྱོད་པ་བཞི་ངོས་བཟུང་ནས། དེ་བཞི་ནི་ཡང་དག་པ་མིན་ནོ་ཞེས་བཤད་པའི་ཕྱིར། དགེ་བསྙེན་སྡོམ་བརྒྱད་ཀྱི་འགྲེལ་པ་ལས་ཀྱང་། ཐམས་ཅད་ལས་ཟློག་པར་ནུས་པ་མེད་ན་ཡང་རེ་རེ་ལ་ཡང་ངེས་པ་སྔོན་དུ་སོང་ནས་ལོག་ནས་འབྲས་བུ་ཆེན་པོ་ཉིད་དོ་ཞེས། སྣ་གཅིག་སྤྱོད་པ་སོགས་ལེགས་སྤྱད་ཀྱི་དགེ་བ་ཙམ་དུ་བཤད་ཀྱི་སྡོམ་པར་མ་བཤད་པའི་ཕྱིར་རོ། །ཐེག་པ་ཆེན་པོའི་སྐབས་སོགས་སུ་དེ་ལྟ་མོད་ཀྱང་། ཁ་ཆེ་བྱེ་སྨྲ་བ་གཞིར་བཞག་ན་སོར་སྡོམ་ཐམས་ཅད་མི་དགེ་བ་བཅུ་སྤོང་དུ་མི་རིགས་སམ་སྙམ་སྟེ། དགེ་ཚུལ་མན་ཆད་ཀྱི་སྡོམ་པ་ལ་ངག་གི་མི་དགེ་བ་ཕྲ་མ་སོགས་སྤོང་མི་དགོས་པའི་ཕྱིར་ཏེ། ཕྲ་མ་སོགས་དགེ་ཚུལ་ལ་ལྟོས་པའི་བླངས་འདས་དང་ཕྱོགས་མཐུན་གྱི་ཉེས་པ་གང་དུའང་འདུལ་བ་སུམ་བརྒྱ་པ་སོགས་ཚད་ལྡན་ལས་མ་བཤད་པའི་ཕྱིར་རོ། །འདི་ནི་སླར་ཡང་དཔྱད་བྱའི་གནས་སོ། །

གཉིས་པ་ཚིག་ལ་ལོག་རྟོག་དགག་པ་ལ་གཉིས། སྒྲུབ་བྱེད་ཚོགས་ལ་འཁྲུལ་པ་དགག །བསྒྲུབ་བྱའི་གྲངས་ལ་འཁྲུལ་པ་དགག་པའོ། །དང་པོ་ལ། ཕྱོགས་སྔ་སྨྲ་བ་པོ་ནི། པཎྜི་བཞད་པ་ལས། སྐྱེས་ཚོགས་ཁོ་ནས་བུད་མེད་བསྙེན་རྫོགས་བྱེད་པ་ནི། དགེ་ལྡན་པའི་འདུལ་བ་པ་ཞེས་པ་ཞིག་གིས་བྱས་པར་གྲགས་ནས་རིགས་པའི་ལུར་རྗེ་འཕངས་པས་དེ་དག་གིས་མ་བྱས་སོ་ཞེས་ཟེར་ཞིང་། ནམ་མཁའ་བསོད་ནམས་ཀྱིས་མཁན་པོ་དང་ཤངས་ཀྱི་ཕུའི་བླ་མ་ཞིག་གིས་ལས་སློབ་བྱས་ནས་ཆུ་དབར་རང་གྲོན་གྱི་དབོན་མོ་བསྙེན་རྫོགས་བྱས་པ་ལ་ཕོག་སོང་བར་སྣང་ངོ་། །ཞེས་པ་ལྟར། ཀུན་མཁྱེན་ནམ་བསོད་སོགས་འགའ་ཞིག །སྐྱེས་པའི་མཁན་སློབ་ཁ་སྐོང་གི་ཚོགས་ཁོ་ན་ཡིས་དེང་སང་བོད་འདིར་བསྒྲུབ་བྱ་བུད་མེད་བསྙེན་རྫོགས་བྱེད་པ་ནི་འདུལ་བ་དང་མི་མཐུན་ཏེ། དངོས་གཞི་གསོལ་གཞིའི་ལས་ཀྱི་ཚེ་དགེ་སློང་དང་དགེ་སློང་མའི་ཚོགས་གཉིས་ཕན་ཚུན་བསྐོར་བ་དང་། ཕ་མའི་གསོལ་གཞིའི་ལས་ཚིག་ཕན་ཚུན་བསྐོར་བས་ཏེ་ཕན་ཚུན་གོ་བརྗེས་པས་ཀྱང་། ལས་འཆགས་པར་ལས་ཀྱི་གཞི་ཉིད་ལས་གསུངས་མོད། འོན་ཀྱང་ད་ལྟར་ཚིག་ཡི་སྒོ་ནས་བུད་མེད་བསྙེན་པར་རྫོགས་པ་ལ་ཚངས་སྤྱོད་ཉེར་གནས་སྔོན་དུ་མ་ཐོབ་པར་བསྙེན་པར་རྫོགས་པར་མི་འགྱུར་ཞིང་། ཚངས་སྤྱོད་ཉེར་གནས་དེ་མ་ཚོགས་ནི་ཁོ་ནས་སྟེར་བ་འདུལ་བའི་གཞུང་ལས་བཤད་པའི་ཕྱིར་རོ། །དེ་དག་གཞུང་ལས་ཇི་ལྟར་བཤད་པ་ཡང་ཁོ་བོས་རང་བཟོ་མ་ཡིན་ཏེ། མདོ་རྩ་བ་ལས། དགེ་སློང་དང་དགེ་སློང་མ་ཉིད་དག་གི་ལས་གཞན་བྱེད་པས་མ་ཡིན་ནོ་ཞེས་དང་། འདུལ་ལུང་ལས། བཙུན་པ་དགེ་སློང་གི་ལས་ཀྱིས་དགེ་སློང་མ་བསྙེན་པར་རྫོགས་ཞེས་བགྱིའམ་མ་རྫོགས་ཞེས་བགྱི། ཨུ་པ་ལི་རྫོགས་པ་ཞེས་བྱ་སྟེ་རྫོགས་པར་བྱེད་པ་ལ་འདས་པ་དང་བཅས་པར་རོ། །ཞེས་སོགས་ཀྱིས་གསོལ་བཞིའི་ཕ་ཚིག་གིས་དགེ་སློང་མར་བསྒྲུབ་པ་དང་། གསོལ་བཞི་མ་ཚིག་གིས་ཕ་སྒྲུབ་ཏུ་རུང་བར་བཤད་ཅིང་། སྐྱེས་ཚོགས་ཀྱིས་མ་ཚིག་གི་གསོལ་བཞི་བྱར་རུང་བ་དང་། མ་ཚོགས་ཀྱིས་ཕའི་གསོལ་བཞི་བྱར་རུང་བ་ཡང་བསྟན་པའི་ཕྱིར་དང་། ཚངས་པར་སྤྱོད་པ་ལ་ཉེ་བར་གནས་པའི་སྡོམ་པ་མ་ཐོབ་པར་བསྙེན་པར་རྫོགས་པར་མི་འགྱུར་རོ་ཞེས་གསུངས་པས། ཚངས་སྤྱོད་ཉེར་གནས་སྔོན་དུ་མ་སོང་བར་བུད་མེད་ད་ཚིག་གི་སྒོ་ནས་བསྙེན་པར་རྫོགས་པ་མི་རུང་བར་བཤད། གསང་སྔགས་སྔོན་པའི་འོག་ཏུ་དེ་དག ༼དགེ་༽འདུན་གྱིས་སྦྱིན་པར་བྱའོ་ཞེས་པས། ཚངས་སྤྱོད་ཉེར་གནས་དེ་མ་ཚོགས་ཁོ་ནས་སྟེར་དགོས་པར་ཡང་བཤད་འདུག་པའི་ཕྱིར་རོ། །དེས་ན་སྐྱེས་ཚོགས་ཁོ་ནས་བུད་མེད་བསྙེན་པར་རྫོགས། ཚུལ་འདི་འདྲའི་ཚིག་དེང་སང་བྱེད་པ་ནི་འདུལ་བའི་བསྟན་པ་སྐྱུག་པའི་སྐད་ཀར་ཟད་དེ། ཚངས་སྤྱོད་ཉེར་གནས་སྔོན་དུ་མ་སོང་བར་ད་ཚིག་གི་སྒོ་ནས་བུད་མེད་བསྙེན་པར་རྫོགས་པའམ། ཡང་ན་ཚངས་སྤྱོད་ཉེར་གནས་ཀྱང་སྐྱེས་ཚོགས

ཁོ་ནས་སྟེར་བ་འདི་འདྲ་བ་འདུལ་བའི་བཀའ་བསྟན་བཅོས་ཚད་ལྡན་གང་ལས་ཀྱང་དམིགས་བསལ་མ་གསུངས་ཤིང་། ལུང་རིགས་ཀྱི་སྒྲུབ་བྱེད་གཞན་ཡང་མེད་པས་ན་སྟེ་དེའི་ཕྱིར་རོ། །དེ་ལ་རྗེས་འབྲང་ཁ་ཅིག་ན་རེ༑ ཚངས་སྤྱོད་ཉེར་གནས་སྔོན་དུ་མ་སོང་བར། སྐྱེས་ཚོགས་ཁོ་ནས་དེ་ངར་བུད་མེད་བསྙེན་པར་རྫོགས་པ་འདི། ཉེས་མེད་ཕྱུན་ཚོགས་མིན་ཡང་སྐྱེ་བ་ལ་ཉེས་བཅས་ཙམ་ཞིག་ཆགས་ཏེ། ཚིག་སྔ་མ་མེད་པ་ལ་ནི་ཉེས་བཅས་ཙམ་དུ་ཟད་དོ་ཞེས་བསླབ་ཚིགས་སྔ་མ་མེད་པར་ཕྱི་མ་སྒྲིན་པ་སྐྱེ་ལ་ཉེས་བྱས་སུ་གསུངས་པས་ཁོ་བོའི་དོན་འདི་ཉིད་འགྲུབ་པའི་ཕྱིར་ཞེས་ཟེར་མོད། ཁྱོད་ཀྱི་འཁྲུལ་གཞི་ཐམས་ཅད་དེ་ཉིད་ཀྱིས་བྱས་པར་སྣང་ཡང་། བསླབ་ཚིགས་སྔ་མ་མེད་པ་ལ་ཕྱི་མ་སྐྱེ་ལ་ཉེས་བྱས་སུ་བཤད་པས། ཚངས་སྤྱོད་ཉེར་གནས་སྔོན་དུ་མ་སོང་བ་ལ་བུད་མེད་བསྙེན་རྫོགས་སྐྱེ་ལ་ཉེས་བྱས་སུ་སྒྲུབ་མི་ནུས་ཏེ། ཚངས་སྤྱོད་ཉེར་གནས་བསླབ་ཚིགས་ཡིན་ན་ཁྱེད་བདེན་ཡང་། ཚངས་སྤྱོད་ཉེར་གནས་བསླབ་ཚིགས་སུ་འདོད་པ་མཁས་པའི་བཞད་གད་ཀྱི་གནས་ཡིན་པའི་ཕྱིར་ཏེ། རྒྱུ་མཚན་ཅི་ཕྱིར་ཞེ་ན། བུད་མེད་ལ་ནི་དགེ་སློབ་མ་ཞེས་བྱ་བའི་ཚིགས་གཞན་ཡོད་དོ། །ཞེས་བུད་མེད་ལ་སྐྱེས་པ་ལ་མེད་པའི་དགེ་སློབ་མ་ཞེས་བྱ་བའི་བསླབ་ཚིགས་ལྷག་པོ་གཅིག་ཁོ་ན་ཡོད་པར་བཤད་ཀྱི་དགེ་སློབ་མ་ལས་མ་གཏོགས་པའི་བསླབ་ཚིགས་ལྷག་པོ་གཞན་མ་གསུངས་པའི་ཕྱིར་དང་། དེ་ལ་བསླབ་ཚིགས་ཀྱི་དོན་ཡང་མི་གནས་ཏེ། དགེ་བསྙེན་དགེ་ཚུལ་དགེ་སློབ་མ་དགེ་སློང་བཞི་ལ་ནི་སྔ་མ་སྔ་མ་ཐོབ་ནས་ཕྱི་མ་ཕྱི་མ་མ་ཐོབ་པའི་བར་དེར་བསླབ་བྱ་ལྷག་པོ་ལ་སློབ་རྒྱུ་ཡོད་པས་བསླབ་ཚིགས་ཀྱི་དོན་གནས་ཀྱང་ཚངས་སྤྱོད་ཉེར་གནས་ཐོབ་ནས་ནི་བསྙེན་པར་རྫོགས་པ་མ་ཐོབ་པའི་བར་དེར་བསླབ་མཚམས་ལྷག་པོ་མེད་པའི་ཕྱིར་རོ་སྟེ་ཚངས་སྤྱོད་ཉེ་གནས་ལ་དངོས་ཀྱི་བསླབ་བྱ་འདི་ལྟ་བུ་ཞེས་བཤད་པ་མེད་པའི་ཕྱིར་རོ། །

གལ་ཏེ་འདི་བསླབ་ཚིགས་ཡིན་པའི་དོན་གྱིས་མ་ཡིན་གྱི། ཚིགས་སྔ་མ་མེད་པར་ཕྱི་མ་སྐྱེ་ལ་ཉེས་བྱས་སུ་བཤད་པའི་ཤུགས་ལས་ཚངས་སྤྱོད་ཉེར་གནས་མེད་པ་ལ། བུད་མེད་བསྙེན་རྫོགས་གྲུབ་པ་ཡིན་ཏེ། དཔེར་ན་བར་མ་རབ་བྱུང་བསླབ་ཚིགས་མ་ཡིན་ཀྱང་། སྔ་མའི་འགྲོས་ཀྱི་བར་མ་རབ་བྱུང་མེད་པ་ལ་བསྙེན་རྫོགས་བྱས་ན་སྐྱེ་ལ་ཉེས་བྱས་ཡིན་པའི་ཕྱིར་རོ་སྙམ་ན། ཞུ་བ་ལས་བཙུན་པ་རབ་ཏུ་མ་བྱུང་བར་བསྙེན་པར་རྫོགས་ན་རྫོགས་ཞེས་བགྱིའམ་མ་རྫོགས་ཞེས་བགྱི། ཨུ་པཱ་ལི་རྫོགས་པ་ཞེས་བྱ་སྟེ། རྫོགས་པར་བྱེད་པ་ལ་འདས་པ་དང་བཅས་པར་རོ་ཞེས་བཤད་པ་འདི་ལུང་ཚིག་དག་པ་ཡིན་ན་ཡང་། སྔ་མ་དེ་དང་མི་མཚུངས་ཏེ། འདི་ལ་འདི་ལྟ་བུའི་དམིགས་བསལ་དངོས་སུ་བཤད་ལ། སྔ་མ་ལ་དམིགས་བསལ་བཤད་པ་མེད་པའི་ཕྱིར་རོ། །འདི་ལུང་ཚིག་དག་མ་དག་དཔྱད་དགོས་ཏེ། ཉན་ཐོས་འདུལ་བ་རང་རྐང་ལ་བསྙེན་པར་རྫོགས་པ་ཡིན་ན་རབ་བྱུང་ཡིན་

པས་ཁྱབ་པ་གཞུང་གི་དགོངས་པ་ཡིན་པའི་ཕྱིར་རོ་སྙམ་མོ། །གལ་ཏེ་ད་ཆོག་གིས་བུད་མེད་བསྙེན་པར་རྫོགས་པ་ལ་ཚངས་སྤྱོད་ཉེར་གནས་སྔོན་དུ་འགྲོ་མི་དགོས་ཏེ། ཕ་ཆོག་གི་སྔོ་ནས་བུད་མེད་བསྙེན་པར་རྫོགས་པ་ཡང་ཡོད་པའི་ཕྱིར་དང་། ད་ཆོག་ལས་རྫོགས་པའི་དགེ་སློང་ཕ་དགེ་སློང་མར་མཚན་གྱུར་པའི་དགེ་སློང་མ་དེ་ལ་ཚངས་སྤྱོད་ཉེར་གནས་སྔོན་དུ་མ་སོང་བའི་ཕྱིར་རོ་ཞེ་ན་སྔ་མ་ལ་མ་ཁྱབ་སྟེ། ཕ་ཆོག་གིས་བུད་མེད་བསྙེན་པར་རྫོགས་པ་དེ་འང་། ཚངས་སྤྱོད་ཉེར་གནས་སྔོན་དུ་སོང་ནས་གསོལ་བཞི་ཕ་ཆོག་གིས་བྱས་པ་ལ་དགོངས་པའི་ཕྱིར། གཉིས་པ་ལའང་མ་ཁྱབ་སྟེ། ཕ་མཚན་གྱུར་པའི་དགེ་སློང་མའི་སྡོམ་པ་ཕ་མའི་ཆོ་ག་གང་ལས་ཀྱང་མ་ཐོབ་ཅེས་སླས་ཀྱང་སྐྱོན་མེད་པའི་ཕྱིར་རོ། །རྒྱུ་མཚན་བཤད་ཟིན་པ་དེས་ན་བོད་འདིར་དགེ་སློང་མའི་སྡེ་མེད་བཞིན་དུ་བུད་མེད་བསྙེན་པར་རྫོགས་པར་བྱས་པ་ལྷ་བུའི་ལག་ལེན་གྱིས་འདུལ་བའི་བསྟན་པ་མ་དགྲུགས་ཤིག་ཅེས་བསྟན་འཛིན་རྣམས་ལ་གདམས་པ་སྟེ། ཁྱོད་ལས་བསྟན་པ་ལ་རྣམ་དབྱེ་རྒྱས་པའི་མཁྱེན་པ་དང་། འགྲོ་བ་ལ་སྙིང་བརྩེ་བའི་ཐུགས་རྗེའི་ཚོགས་ཆེ་བ་བསྟན་པ་སྟོད་དར་ལ་བཀའ་དྲིན་ཆེ་བ་སྔོན་གྱི་མཁན་པོ་ཞི་འཚོ་དང་། བསྟན་པ་ཕྱི་དར་གྱི་ཐོག་མར་བཀའ་དྲིན་ཆེ་བ་བར་གྱི་བླ་ཆེན་དགོངས་པ་རབ་གསལ་མཁན་བརྒྱུད་དང་། སྟོད་འདུལ་གྱི་ཐོག་མར་བཀའ་དྲིན་ཆེ་བ་དྷརྨ་པཱ་ལའི་མཁན་བརྒྱུད་དང་། ཐ་མར་འདུལ་བའི་བརྒྱུད་པ་ཟུར་པ་ཁ་ཆེ་པཎ་ཆེན་ཤཱཀྱ་ཤྲཱི་མཁན་བརྒྱུད་སོགས་བོད་ཡུལ་འདུལ་བའི་སྲོལ་འབྱེད་སྟོད་སྨད་བར་གསུམ་དེ་རྣམས་གང་གིས་ཀྱང་། གངས་རིའི་ལྗོངས་འདིར་བུད་མེད་བསྙེན་པར་རྫོགས་པ་མཛད་པ་མེད་པ་འདི་ཉིད་ལ་བསམ་ནས་ཤེས་ལྡན་རྣམས་ཀྱིས་མི་བྱ་བར་རིགས་པའི་ཕྱིར་རོ། །

གཉིས་པ་བསླབ་བྱའི་གྲངས་ལ་འཁྲུལ་པ་དགག་པ་ལ། ཕྱོགས་སྔ་སྨྲ་བ་པོ་ནི་པཎྜི་བཞད་པ་ལས། བསྙེན་རྫོགས་བསླབ་བྱ་གསུམ་ལས་མང་བ་མི་རུང་ཡང་དགེ་ཚུལ་ལ་བསླབ་བྱ་གསུམ་ལས་མང་བ་འཇུག་ཏུ་རུང་ཞེས་པ་ཡང་སྔར་གྱི་ཟློལ་ཅན་དེ་ཉིད་དོ། །ཞེས་པ་ལྟར། མཁས་པ། པཎ་ཤཱཀ་པ་སོགས་ལ་ལ་ན་རེ། བསྙེན་པར་རྫོགས་པའི་བསླབ་བྱ་ནི་གསུམ་ལས་མང་བ་མི་རུང་ཡང་དགེ་ཚུལ་ལ་བསླབ་བྱ་གསུམ་ལས་མང་བ་འཇུག་ཏུ་རུང་སྟེ། ཚོགས་ཀྱིས་ཚོགས་ལ་ལས་མི་ཆགས་པར་གསུངས་པ་ནི། ལས་བརྒྱ་རྩ་གཅིག་པོ་ཁོ་ནའི་དབང་དུ་བྱས་པའི་ཕྱིར་དང་། རབ་བྱུང་དང་དགེ་ཚུལ་གཉིས་ལ་ལས་བརྒྱ་རྩ་གཅིག་པོ་དེ་དག་མེད་པའི་ཕྱིར་ཞེས་ཟེར་རོ། །དེ་ལྟར་སྨྲ་བ་ཤེས་རིན་གྱིས་ཀྱང་བཤད་ལ། པཎ་ཆེན་ཤཱཀྱའི་མཚན་ལྡན་དེས། །རབ་བྱུང་གསུམ་ལས་མི་འཇུག་པ། །རབ་བྱུང་དགེ་བསྙེན་དགེ་ཚུལ་རྣམས། །ཚོགས་ལ་མི་ཆགས་པ་ཡིས་མིན། །སྒྲུབ་པར་བྱེད་པའི་ལས་ལ་དགོངས། །ཞེས་པ་ཙམ་ཞིག་བཤད་མོད། དེ་ཉིད་འགོག་པ་ནི། འོ་ན་དངོས་གཞི

གསོལ་བཞིའི་ལས་མ་གཏོགས་པའི་བསྙེན་རྫོགས་ཆོ་གའི་སྐབས། ཆོས་གོས་བྱིན་གྱིས་བརླབ་པ་སོགས་གཞན་ལ་བསྒྲུབ་བྱ་གསུམ་ལས་མང་བ་དེ་དག་འཇུག་ཏུ་རུང་བར་འགྱུར་ཏེ། ལས་བརྒྱ་རྩ་གཅིག་པོ་གང་རུང་མིན་པའི་ཕྱིར་ཞེས་པའི་རྒྱུ་མཚན་ཀུན་ཏུ་མཚུངས་པའི་ཕྱིར་རོ། །གཞན་ཡང་། འདུལ་བར་གསུངས་པའི་ལས་ལ་ནི་ལས་བརྒྱ་རྩ་གཅིག་པོ་གང་རུང་དུ་མ་ངེས་ཏེ། རབ་བྱུང་ཞུ་བའི་ལས་ལ་སོགས་པ་ལའང་ལས་སུ་འདུལ་བའི་གཞུང་ལས་གསུངས་པའི་ཕྱིར་རོ། །གནད་ཀྱི་དོན་ནི། ཕྱོགས་སྔའི་བསམ་པ། དགེ་ཚུལ་དུ་སྒྲུབ་པའི་བསྒྲུབ་བྱ་བཞིར་ཡོངས་ཀྱང་། ཚོགས་ཀྱིས་ཚོགས་ལ་ལས་མི་ཆགས་པའི་སྐྱོན་མེད་དེ། བསྒྲུབ་བྱ་བཞི་པོ་དེ་དགེ་སློང་བཞི་ཚོགས་པ་མིན་པས་ཚོགས་ཀྱིས་སྒྲ་མི་འཇུག་ཅིང་། གལ་ཏེ་དེ་ཚོགས་མིན་དུ་ཆུག་ནའང་། དེ་སྒྲུབ་བྱེད་ཀྱི་ཆོ་ག་དེ། དགེ་སློང་བཞི་ཚོགས་པའི་དགེ་འདུན་གྱི་སྒྲུབ་དགོས་པའི་ལས་མིན་པའི་ཕྱིར་ཏེ། དགེ་ཚུལ་གྱི་སྡོམ་པ་དེ་ཡུལ་གང་ཟག་ལས་ཐོབ་ཀྱི་དགེ་འདུན་ལས་ཐོབ་པ་མིན་པའི་ཕྱིར། འོན་ཀྱང་དགེ་ཚུལ་གྱི་བསྒྲུབ་བྱ་སོགས་ལ་བཞི་མི་རུང་བ་ནི་ཞུ་བའི་དུས་སུ་གསུམ་ལས་མང་བ་ལ་ཞུར་མི་རུང་བའི་གནད་ཀྱིས་ཡིན་གྱི༑ ཚོགས་ཀྱིས་ཚོགས་ལ་ལས་མི་ཆགས་པའི་དབང་གིས་མིན་པའི་ཕྱིར། ཞེས་བཞེད་པར་སྣང་བས་སྐྱོན་ཆེར་མེད་པར་སེམས་ལ། འོན་ཀྱང་གནད་མ་རྟོགས་པར་རབ་བྱུང་སོགས་ཀྱི་བསྒྲུབ་བྱ་མཚམས་ནང་གཅིག་ཏུ་བཞི་ལས་མང་བ་འཇུག་པའི་ལག་ལེན་བྱེད་ན། ཀྱི་མ་བསྟན་པ་འདི་ལྟར་གྱུར་ཞེས་མཁས་པས་ཡ་ང་བའི་གནས་སུ་རིག་པར་བྱ་སྟེ། རྗེ་བཙུན་རིན་པོ་ཆེ་བསོད་ནམས་རྩེ་མོ་དང་། དཔལ་ལྡན་ས་སྐྱ་པཎྜི་ཏས། ཉན་ཐོས་བསྟན་པ་ནུབ་པར་གྱུར་ཀྱང་གཟུགས་བརྙན་ཙམ་ཞིག་གནང་བའི་དཔེར་རབ་བྱུང་སོགས་བསྒྲུབ་བྱ་གང་ཟག་གསུམ་ལས་ནི་མང་བ་མི་འཇུག་པ་འདི་བཀོད་པར་གྱུར་ཀྱང་། ད་ནི་འདི་ལའང་བཀལ་བར་སྣང་བའི་ཕྱིར་རོ།།

གཉིས་པ་མཇོར་བའི་གནད་བསྟན་པ་ནི། གཞན་ལུགས་འཁྲུལ་པ་ལུང་རིགས་ཀྱིས་སུན་ཕྱུང་ཟིན་པ་དེས་ན། བྱང་ཆུབ་ཐོབ་པའི་རྒྱུར་གྱུར་པའི་སོ་ཐར་ཉམས་སུ་ལེན་པར་འདོད་ན་སྐྱེ་འདོད་པའི་གདུལ་བྱ་ཆོས་ཅན། ཁྱོད་ཀྱིས་ཡང་ན་ཉན་ཐོས་འདུལ་བ་ལས་ཇི་ལྟར་གསུངས་པའི་སོ་ཐར་རིས་བརྒྱད་ཉམས་སུ་ལོངས་ཤིག་ཅེས་བྱ་སྟེ། རིས་བརྒྱད་འདི་ཉིད་ཐེག་ཆེན་སེམས་བསྐྱེད་ཀྱིས་ཟིན་ན་བྱང་སེམས་སྡོམ་པར་འགྱུར་བའི་ཕྱིར། ཡང་ན་ཐེག་པ་ཆེན་པོ་ལས་འབྱུང་བའི་སྐྱབས་འགྲོའི་སྡོམ་པ་ལ་བྱང་ཆུབ་བར་དུ་རྩ་བཞི་ཚང་སྲོང་བའི་བསླབ་པའི་གཞི་ལྷ་ཆར་འཛིན་པ་ཐོབ་པའམ་ཡང་ན་དོན་ཞགས་རྟོག་པ་ནས་བཤད་པའི་ཉིན་གཅིག་པའི་གསོ་སྦྱོང་ལོངས་ཤིག་ཅེས་བྱ་སྟེ། ཐེག་ཆེན་ཐུན་མོང་མིན་པ་ནས་འབྱུང་བའི་སོ་ཐར་རང་རྐང་དག་གི་ཆོག་ས་བླངས

པའི་སོར་སྡོམ་ལག་ལེན་མ་ནུབ་པ་ནི་དེང་སང་དེ་གཉིས་ལས་གཞན་མེད་པའི་ཕྱིར་རོ། །

གཉིས་པ་བྱང་སེམས་སྡོམ་པའི་སྐབས་ལ་བཞི་སྟེ། སྡོམ་པའི་རྣམ་གཞག་སྤྱིར་བསྟན། ཉམས་ལེན་གཙོ་བོ་ངོས་བཟུང་། དེ་ལ་ལོག་པར་རྟོག་པ་དགག །གནད་ཀྱི་སྙིང་པོ་བསྡུས་ཏེ་བསྟན་པའོ། །དང་པོ་ནི། བྱང་ཆུབ་སེམས་དཔའི་སྡོམ་པ་ནི་ཆོས་ཅན། ཁྱོད་ཉམས་སུ་ལེན་པའི་ཚུལ་ཡོད་དེ། ཁྱོད་ཕ་རོལ་ཏུ་ཕྱིན་པའི་དབུ་སེམས་ཀྱི་སྲོལ་ཆེན་གཉིས་ལས་བྱུང་བའམ། གསང་སྔགས་རྒྱུད་སྡེ་ལས་གསུངས་པའི་ཆོ་ག་དག་ལས་ཐོབ་ཀྱང་རུང་སྟེ། སྨོན་འཇུག་གི་སེམས་བསྐྱེད་ཐོབ་ནས་ནི་ཚུལ་ཁྲིམས་ཀྱི་བསླབ་པ་རྣམ་པ་གསུམ་བསྲུང་བ་ཉམས་ལེན་གྱི་དངོས་གཞི་ཡིན་པའི་ཕྱིར་རོ། །དེ་ལྟ་བུའི་བྱང་སྡོམ་དེའི་གནད་ཀྱིས་གཙོ་བོ་སྙིང་པོ་བསྡུས་ནས་ཉམས་སུ་ལེན་ཚུལ་ཡང་ཡོད་དེ། སྤྱོད་པའི་ཆ་བདག་གཞན་བརྗེ་བའི་བྱང་ཆུབ་ཀྱི་སེམས་དང་། ལྟ་བའི་ཆ་མཐའ་བཞི་སྤྲོས་བྲལ་རྟོགས་པའི་ཤེས་རབ་གཉིས་ཟུང་འཇུག་ཏུ་ཉམས་སུ་ལེན་པ་ཡིན་པའི་ཕྱིར་རོ། །འདིར་དཔྱད་དགོས་པའི་དོགས་པ་ནི། དབུ་སེམས་ལུགས་གཉིས་ཀྱི་སེམས་བསྐྱེད་ལ། མི་འདྲ་བའི་ཁྱད་པར་བཅུའི་སྒོ་ནས་འཆད་པ་ནི་དཔལ་ལྡན་ས་སྐྱ་པའི་བཤད་པའི་སྲོལ་བླ་ན་མེད་པ་ཡིན་མོད། དེ་བཅུའི་ནང་ནས་གང་གིས་ལེན་པའི་ལུས་རྟེན་ལ་དོགས་པ་དཔྱད་པ་དང་། འབོག་བྱེད་ཆོ་ག་ལས་ཐོབ་པའི་སྡོམ་པའི་ངོ་བོ་ལ་དོགས་པ་དཔྱད་པ་དང་། བསླབ་པ་ཇི་ལྟར་བསྲུང་བའི་བསླབ་བྱ་ལ་དོགས་པ་དཔྱད་པ་དང་གསུམ་གྱི་དང་པོ་ནི་འདི་ལྟར། སེམས་ཙམ་པའི་ལུགས་ཀྱི་འཇུག་སྡོམ་སྐྱེ་བའི་ལུས་རྟེན་ལ་སྨོན་པ་སེམས་བསྐྱེད་སྔོན་དུ་འགྲོ་དགོས་པར་ཐལ། བྱང་ས་ལས། དེ་སྐྱེ་བའི་ལུས་རྟེན་ལ། རིགས་ཀྱི་བུ་ཁྱོད་བྱང་ཆུབ་སེམས་དཔའ་ཡིན་ནམ། བྱང་ཆུབ་ཏུ་སྨོན་ལམ་བཏབ་བམ་ཞེས་པའི་དྲི་བ་ལ་ལན་དོན་མཐུན་ཐེབས་དགོས་པར་བཤད་ཅིང་། རབ་དབྱེ་ལས་ཀྱང་། གལ་ཏེ་སེམས་བསྐྱེད་བྱེད་འདོད་ན། །ཞེས་སོགས་བཤད་པའི་ཕྱིར། འདོད་ན། སེམས་ཙམ་ལུགས་ཀྱི་འཇུག་སྡོམ་སྐྱེ་ཁ་མའི་གང་ཟག་གི་རྒྱུད་ཀྱི་སྨོན་པ་སེམས་བསྐྱེད་ཆོས་ཅན། སྨོན་པ་སེམས་བསྐྱེད་མ་ཡིན་པར་ཐལ། འཇུག་པ་སེམས་བསྐྱེད་ཡིན་པའི་ཕྱིར། ཁྱབ་པ་དངོས། གཞན་ཡང་། སེམས་ཙམ་ལུགས་ཀྱི་འཇུག་སྡོམ་གྱི་རྟེན་དུ་སོ་ཐར་རིགས་བདུན་གང་རུང་མི་དགོས་པར་ཐལ། དེ་སྐྱེ་བའི་རྟེན་དུ་མི་དགོས་པ་གང་ཞིག །དེ་གནས་པའི་རྟེན་དུའང་མི་དགོས་པའི་ཕྱིར། དང་པོ་གྲུབ་སྟེ། སོ་ཐར་རིགས་བདུན་ནི་མི་མིན་པའི་འགྲོ་བ་ལ་མི་སྐྱེ་ལ་དེའི་ལུགས་ཀྱི་འཇུག་སྡོམ་དེ་ལ་སྐྱེ་བའི་ཕྱིར། གཉིས་པ་གྲུབ་སྟེ། རིས་བདུན་ཤི་འཕོས་པས་གཏོང་ལ་གཅིག་ཤོས་མི་གཏོང་བའི་ཕྱིར། རྟགས་ཁྱབ་རྣམས་ནི། རྗེ་བཙུན་རིན་པོ་ཆེས་སྡོམ་པ་ཉི་ཤུ་པའི་ཊཱི་ཀཱ་ལས་ཇི་ལྟ་བ་བཞིན་དུ་བཤད་པས་གྲུབ་པ་ཡིན་ཏེ། དེ་ཉིད་ལས། སྡོམ་པ་ཡང་དག་པ་བླང་བ་འདི་ལ་སོ་

སོར་ཐར་པ་རིགས་བདུན་པོ་གང་རུང་རྟེན་དུ་དགོས་སམ་ཞེ་ན། ཁ་ཅིག་ཐོབ་པའི་རྟེན་དུ་དགོས་ཀྱི་གནས་པའི་རྟེན་དུ་མི་དགོས་ཞེས་ཟེར། ཁ་ཅིག་ཐོབ་པ་དང་གནས་པ་གཉིས་ཀའི་རྟེན་དུ་དགོས་སོ་ཞེས་ཟེར་རོ། །གཉིས་ཀ་ཡང་རིགས་པ་མ་ཡིན་ནོ། །དེ་ལ་ཐོབ་པའི་རྟེན་མ་ཡིན་ཏེ། སོ་སོ་ཐར་པ་ནི་གླིང་གསུམ་དུ་སྐྱེས་པའི་སྐྱེས་པ་དང་བུད་མེད་མ་ཡིན་པ་གཞན་ལ་མི་སྐྱེ་ལ་བྱང་ཆུབ་ཀྱི་སེམས་ནི་འགྲོ་བ་ཐམས་ཅད་ལ་ཡང་སྐྱེ་ལ་ཞེས་སོགས་དང་། གཉིས་པ་གནས་པའི་རྟེན་དུ་ཡང་མི་རུང་སྟེ། སོ་སོ་ཐར་པ་ནི་ཤི་འཕོས་པས་གཏོང་ལ། འདི་མི་གཏོང་ཞིང་ཞེས་སོགས་གསལ་བར་བཤད་པའི་ཕྱིར་སྙམ་ན། དགོས་པ་དང་པོའི་ལན་ནི། སེམས་ཙམ་ལུགས་ཀྱི་འཇུག་སྡོམ་སྐྱེ་བ་ལ་སྨོན་སེམས་ཙམ་ཞིག་སྔོན་དུ་འགྲོ་དགོས་ཀྱང་། སྨོན་པ་སེམས་བསྐྱེད་མཚན་ཉིད་པ་སྔོན་དུ་འགྲོ་མི་དགོས་པའི་གནད་རྟོགས་ན། སྨྲོན་ཐམས་ཅད་རང་གྲོལ་དུ་འགྱུར་ཏེ། སེམས་ཙམ་ལུགས་གཞིར་བཞག་ལ། འཇུག་སྡོམ་སྐྱེ་ཁ་མའི་གང་ཟག་དེ། ཐེག་ཆེན་དུ་སློན་ལམ་བཏབ་ཅིང་ཐེག་ཆེན་གྱི་རིགས་དང་ལྡན་པའི་བྱང་སེམས་མཚན་ཉིད་པ་ཡིན་ཀྱང་། ཐེག་ཆེན་དུ་སེམས་བསྐྱེད་པའི་བྱང་ཆུབ་སེམས་མིན་པའི་ཕྱིར། འདི་ལ་ཤེས་བྱེད་ཀྱི་ལུང་ཡང་ཡོད་དེ། བྱང་ས་ལས། བྱང་ཆུབ་སེམས་དཔའ་བཅུ་བཤད་པའི་རིགས་དང་ལྡན་པའི་བྱང་ཆུབ་སེམས་དཔའ་དང་། སེམས་བསྐྱེད་པའི་བྱང་ཆུབ་སེམས་དཔའ་གཉིས་སོ་སོར་བཤད་པ་ལས་གྲུབ་པའི་ཕྱིར་རོ། །

དེ་ཡང་བྱང་ས་ལས། དེ་དག་གི་མདོར་བསྡུས་ན་རྣམ་པ་བཅུར་རིགས་པར་བྱ་སྟེ། རིགས་ལ་གནས་པ་དང་། ཞུགས་པ་དང་། བསམ་པ་མ་དག་པ་དང་། བསམ་པ་དག་པ་དང་། ཡོངས་སུ་མ་སྨིན་པ་དང་། ཡོངས་སུ་སྨིན་པ་དང་། ངེས་པར་ཞུགས་པ་མིན་པ་དང་། ངེས་པར་ཞུགས་པ་དང་། སྐྱེ་བ་གཅིག་གིས་ཐོགས་པ་དང་། སྲིད་པ་ཐ་མ་པའོ། །དེ་ལ་རིགས་ལ་གནས་པའི་བྱང་ཆུབ་སེམས་དཔའ། སློབ་པ་ན་སེམས་བསྐྱེད་པར་བྱེད་པ་དེ་ནི་ཞུགས་པ་ཞེས་བྱའོ། །ཞེས་རིགས་ལ་གནས་པའི་བྱང་སེམས་དང་། སེམས་བསྐྱེད་པའི་བྱང་སེམས་སོ་སོར་བཤད་པའི་ཕྱིར་དང་། སེམས་བསྐྱེད་པའི་བྱང་སེམས་དེ། དོན་དམ་པའི་སེམས་བསྐྱེད་པ་ཡིན་ནམ་སྙམ་དུ་ཡང་འཁྲུལ་བར་མི་བྱ་སྟེ། བྱང་ས་ཉིད་ལས། རིགས་དང་དེ་བཞིན་མོས་པ་དང་། །རབ་ཏུ་དགའ་དང་ལྷག་ཁྲིམས་དང་། །ལྷག་པའི་སེམས་དང་ཤེས་རབ་གསུམ། །མཚན་མ་མེད་པ་རྣམ་པ་གཉིས། །སྤྱོད་དང་བཅས་པ་གྲུབ་ཀྱི་གྲུབ། །སོ་སོ་ཡང་དག་རིགས་དང་མཆོག །དེ་བཞིན་གཤེགས་པའི་གནས་པ་མཆོག །ཅེས་བྱང་ཆུབ་སེམས་དཔའི་རིགས་ལ་གནས་པ་ནས་ས་བཅུ་པའི་བར་ལ་བྱང་ཆུབ་སེམས་དཔའི་གནས་པ་བཅུ་གཉིས་སུ་ཕྱེ་བ་ནི་འདི་ལྟར། རིགས་ལ་གནས་པའི་བྱང་སེམས་དང་། སེམས་བསྐྱེད་ནས་ས་མ་ཐོབ་བར་ལ་མོས་པ་ལ་གནས

པའི་བྱང་སེམས་དང་། ས་དང་པོ་ཐོབ་པ་ནི། རབ་ཏུ་དགའ་བ་ལ་གནས་པའི་བྱང་སེམས་དང་། ས་གཉིས་པ་ནི༑ ལྷག་པའི་ཚུལ་ཁྲིམས་ལ་གནས་པའི་བྱང་སེམས་དང་། ས་གསུམ་པ་ནི། ལྷག་པའི་སེམས་ལ་གནས་པའི་བྱང་སེམས་དང་། ས་བཞི་པ་ལྔ་པ་དྲུག་པ་གསུམ་པ་ནི། བྱང་ཕྱོགས་སོ་བདུན་དང་། བདེན་བཞི་དང་། རྟེན་འབྲེལ་བཅུ་གཉིས་རྟོགས་པ་ལས་ལྷག་པའི་ཤེས་རབ་དང་ལྡན་པའི་བྱང་སེམས་གསུམ་དང་། ས་བདུན་པ་ནི། མཚན་མེད་འདུ་བྱེད་དང་བཅས་པའི་བྱང་སེམས་དང་། ས་བརྒྱད་པ་ནི། མཚན་མ་མེད་ཅིང་མངོན་པར་འདུ་བྱེད་པ་མེད་པའི་བྱང་སེམས་དང་། ས་དགུ་པ་ནི། སོ་སོ་ཡང་དག་རིག་བཞི་དང་ལྡན་པའི་བྱང་སེམས་དང་། ས་བཅུ་པ་ནི། གནས་པ་མཆོག་ཡོངས་སུ་གྲུབ་པའི་བྱང་ཆུབ་སེམས་དཔའ་ཡིན་པར་བཤད་པ་ལས་ཤེས་པའི་ཕྱིར་ཏེ༑

དེ་ཡང་བྱང་སེམས་དང་པོ་གཉིས་ངོས་འཛིན་པའི་ཚེ། བྱང་ས་ལས། རིགས་ལ་གནས་པའི་བྱང་ཆུབ་སེམས་དཔའ་ནི་སངས་རྒྱས་ཀྱི་ཆོས་ཐམས་ཅད་ཀྱི་ས་བོན་འཛིན་པ་ཡིན་ཏེ། སངས་རྒྱས་ཀྱི་ཆོས་ཐམས་ཅད་ཀྱི་ས་བོན་ཐམས་ཅད་དེའི་ལུས་ལ་གནས་ཤིང་རྟེན་ལ་གནས་པར་ཡོད་དོ། །ཞེས་དང་པོ་ངོས་བཟུང་ནས་དེ་ལ་བྱང་ཆུབ་སེམས་དང་པོ་བསྐྱེད་པ་ནས་བཟུང་སྟེ། ལྷག་པའི་བསམ་པ་མ་དག་པའི་བྱང་ཆུབ་སེམས་དཔའི་སྤྱོད་པ་གང་ཅི་ཡང་རུང་བ་དེ་ནི་མོས་པས་སྤྱོད་པའི་ས་ལ་གནས་པ་ཞེས་བྱའོ། །ཞེས་པས་གཉིས་པ་ངོས་བཟུང་བ་ཡིན་ལ། དེ་ལྟར་ན་ཡུམ་དོན་རབ་གསལ་ལས། ཐེག་ཆེན་སེམས་བསྐྱེད་དང་སྡོམ་པ་ལ་ཁྱད་པར་ཕྱེ་ནས་སེམས་བསྐྱེད་དེ་ལམ་མ་ཞུགས་ནའང་ཡོད་པར་བཤད་པ་དང་། དཀའ་འགྲེལ་དང་སྡོམ་གསུམ་སྤྱི་དོན་ལས། དེ་གཉིས་ལ་ཁྱད་པར་མ་ཕྱེ་བར། ཐེག་ཆེན་སེམས་བསྐྱེད་ཐོབ་ནས་ཐེག་ཆེན་ལམ་དུ་ངེས་པར་ཞུགས་དགོས་པར་བཤད་པའི་ལུགས་གཉིས་སྣང་བའི་ཕྱི་མ་དེ་ཉིད་འདི་དང་ལེགས་པར་འགྲོར་བ་ཡིན་ཏེ། འདིའི་སྐབས་ཀྱི་རིགས་ལ་གནས་པའི་བྱང་སེམས་དང་། སེམས་ཙམ་ལུགས་ཀྱི་སློན་སེམས་ལྡན་པའི་བྱང་སེམས་དང་། དེའི་ལུགས་ཀྱི་འཇུག་སྡོམ་སྐྱེ་བའི་རྟེན་དུ་གྱུར་པའི་བྱང་སེམས་རྣམས་གནད་གཅིག་ཅིང་། དེ་དག་ནི་སྡོམ་པས་མ་ཟིན་པའི་སློན་སེམས་ཙམ་ཞིག་དང་ལྡན་པའི་ཆ་ནས་བྱང་སེམས་སུ་གཞག་གི། ཐེག་ཆེན་སེམས་བསྐྱེད་ད་དུང་མ་ཐོབ་པའི་ཕྱིར་རོ། །འོན་དེ་ཆོས་ཅན། ཐེག་ཆེན་སེམས་བསྐྱེད་ཐོབ་པར་ཐལ་བ་དང་ཐེག་ཆེན་ལམ་ཞུགས་ཡིན་པར་ཐལ། བྱང་ཆུབ་སེམས་དཔའ་ཡིན་པའི་ཕྱིར་ཞེ་ན། ཁྱབ་པ་ཇི་ལྟར་ཡོང་། བྱང་སའི་ལུང་དེ་དག་ལ་དྲིས་ཤིག །ཡང་སེམས་ཙམ་ལུགས་ཀྱི་འཇུག་སྡོམ་སྐྱེ་ཁ་མའི་གང་ཟག་གི་རྒྱུད་ཀྱི་སོར་སྡོམ་ཆོས་ཅན། འཇུག་སྡོམ་ཡིན་པར་ཐལ། ཀུན་རྫོབ་སེམས་བསྐྱེད་ཀྱི་སྡོམ་པ་ཡིན་པའི་ཕྱིར། ཁྱབ་སྟེ། བྱང་སྡོམ་དུ་གྱུར་པའི་

སེམས་བསྐྱེད་ལ་འཇུག་པའི་སྡོམ་པ་ཡིན་པས་ཁྱབ་པའི་ཕྱིར་ཟེར་ན། ཅུང་ཟད་དཀའ་བར་སེམས་ཀྱང་དེ་དུང་རྟགས་མ་གྲུབ་ཀྱི་ལན་འདེབས་དགོས་པར་སེམས་སོ། །

དོགས་པ་གཉིས་པའི་ལན་ནི། ཁོ་བོ་འདི་ལྟར་སེམས་ཏེ། རྗེ་བཙུན་རིན་པོ་ཆེས། སྡོམ་པ་ཉི་ཤུ་པའི་འགྲེལ་པར་བཤད་པ་དང་། དེ་བཞིན་དུ་རྒྱ་ལྟུང་འགྲུལ་སྤྱོངས་ལས་ཀྱང་། ཉན་ཐོས་དང་ཐུན་མོང་བའི་སོ་སོ་ཐར་པ་ནི་བྱང་ཆུབ་སེམས་དཔའི་སྡོམ་པ་ཐོབ་པ་དང་གནས་པའི་རྟེན་དུ་མི་རུང་བར་ཁྱད་སྒྲུབ་བཞིན་དུ་ཁོ་བོ་ཅག་ཀྱང་སྨྲོའོ་ཞེས་སོགས་བཤད་པ་གནད་གཅིག་པས་དེ་དག་ནི། གྲུབ་མཐའ་སོ་སོ་ལ་མ་སྦྱར་བར་མདོ་སྔགས་ཐུན་མོང་དུ་དོགས་པ་དཔྱོད་པའི་དབང་དུ་མཛད་པ་ཡིན་ལ། རབ་དབྱེ་ལས་སེམས་ཙམ་ལུགས་ཀྱི་འཇུག་སྡོམ་གྱི་རྟེན་དུ་སོ་ཐར་རིགས་བདུན་གང་རུང་དགོས་པར་བཤད་པ་ནི། གྲུབ་མཐའི་སྐབས་སོ་སོར་ཕྱེ་སྟེ༑ ཐེག་ཆེན་དབུ་སེམས་ལུགས་གཉིས་ལ་རང་རང་གི་གཞུང་ལས་བཤད་ཚུལ་སོ་སོར་ཡོད་པ་དེ་མ་འདྲེས་པར་སོ་སོར་བཤད་པ་ཡིན་པའི་ཕྱིར་རོ། །གནད་འདི་རྟོགས་དགོས་སོ། །

གཉིས་པ་སྡོམ་པའི་ངོ་བོ་ལ་དོགས་པ་དཔྱད་ན། སེམས་ཙམ་ལུགས་ལ་འཇུག་སྡོམ་ཁོ་ན་ལས། སྨོན་པའི་སྡོམ་པ་ཁས་མི་ལེན་ཞིང་། དབུ་མ་ལུགས་ལ་སྨོན་འཇུག་སྐབས་གཅིག་ཏུ་ལེན་ཞིང་སྨོན་འཇུག་གཉིས་ཀའི་སྡོམ་པ་ཡོད་པར་ཁས་ལེན་པ་ནི། ཡོངས་སུ་གྲགས་མོད། སྡོམ་པ་ལེན་པའི་ཚེ། དབུ་མ་ལུགས་ལ། ཇི་ལྟར་སྔོན་གྱི་བདེ་གཤེགས་ཀྱིས། །ཞེས་སོགས་བདེ་བར་གཤེགས་པའི་བསླབ་པ་ལེན་པ་དང་། སེམས་ཙམ་ལུགས་ལ། ཕྱོགས་དུས་ཀུན་ན་བཞུགས་པ་ཡི། །བྱང་ཆུབ་སེམས་དཔའ་རྣམས་ཀྱི་ཁྲིམས། །ཞེས་བྱང་སེམས་ཀྱི་བསླབ་པ་ཁོ་ན་ལེན་པའི་ཚིག་གི་ནུས་པ་ཅི་ཞིག་ཡིན་ཞེས་མཁས་པ་དག་ལ་དྲི་བར་བྱའོ། །ཡོངས་སུ་གྲགས་པ་དབུ་མ་ལུགས་ལ། འཇུག་སྡོམ་ལེན་ཚུལ་སྔང་བྱ་དང་དུས་ཉི་ཚེར་བླངས་ཀྱང་ཚོག་ཅེས་གྲགས་པ་ལ་ནི། ཉིན་ཞག་གཅིག་ཏུ་སྲོག་གཅོད་སྤང་བའི་འཇུག་སྡོམ་ཆོས་ཅན། གཞན་གནོད་གཞི་བཅས་སྤོང་བའི་སྡོམ་པར་ཐལ། སོར་སྡོམ་ཡིན་པའི་ཕྱིར་ཞེས་པའི་དོགས་པ་ནི། སྤང་བར་དཀའ་མོད་ཁོ་བོས་ནི་དེ་ཉིད་བརྟགས་པ་བར་བཤད་ཚར་རོ། །གསུམ་པ་བསླབ་བྱའི་དོགས་དཔྱོད་འདིར་མ་སྤྲོས།

གཉིས་པ་ལོག་རྟོག་དགག་པ་ལ་གཉིས། སྤྱོད་པ་བརྗེ་བའི་གནད་ལ་འཁྲུལ་པ་དགག །ལྟ་བ་སྤྲོས་བྲལ་གནད་ལ་འཁྲུལ་པ་དགག་པའོ། །དང་པོ་ལ་གསུམ། ཕྱོགས་སྔའི་འདོད་པ་བསྟུས་ཏེ་བརྗོད། གནོད་བྱེད་ལུང་རིགས་སྤྲོས་ཏེ་བཤད། མ་འཁྲུལ་གནད་ཀྱི་སྙིང་པོ་བསྟུ་བའོ། །དང་པོ་ལ་ཕྱོགས་སྔ་སྨྲ་བ་པོ་ནི་བདད་མོ་བཞད་པ་ལས། བདག་གཞན་བརྗེ་བའི་དོན། གཅེས་འཛིན་བརྗེ་བ་ཡིན་གྱི་དགེ་སྡིག་དང་བདེ་སྡུག་བརྗེ་བ་མ

ཡིན་ཞེས་པ་ནི་ཙོང་ཁ་པའོ། །ཞེས་པ་ལྟར་ཏེ། ལྟ་སྤྱོད་ཀྱི་གནད་དེ་ལ་ཁ་ཅིག་སྟེ་རྗེ་བཙུན་ཙོང་ཁ་པ་ན་རེ། སྤྱོད་པའི་གནད་ཀྱི་གཙོ་བོ་བདག་གཞན་བརྗེ་བའི་ཉམས་ལེན་གྱི་དོན། བདག་གཞན་གྱི་གཅེས་འཛིན་བརྗེ་བ་ཡིན་གྱི། བདག་གཞན་གྱི་དགེ་སྡིག་དང་བདེ་སྡུག་བརྗེ་བ་ནི་མ་ཡིན་ཏེ། དེ་དག་བརྗེ་བར་མི་ནུས་པའི་ཕྱིར་དང་། ནུས་ན་ཧ་ཅང་ཐལ་བའི་ཕྱིར་ཞེས་གསུངས་སོ། །དེ་དགག་པ་ལ་གསུམ། མགོ་མཚུངས་རིགས་པས་དགག །ཁས་བླངས་འགལ་བས་དགག །ལུང་དང་འགལ་བས་དགག་པའོ། །དང་པོ་ནི། འོ་ན་གཅེས་འཛིན་ཆོས་ཅན། ཁྱོད་བརྗེ་བ་ཡང་བརྗེ་བའི་དོན་ཉིད་མ་ཡིན་པར་འགྱུར་ཏེ། ཕན་ཚུན་བརྗེ་བར་མི་ནུས་པ་དེ་ཁྱོད་ལའང་མཚུངས་པའི་ཕྱིར་རོ། །གཉིས་པ་ནི་ཁོ་ན་རེ་སྐྱོན་མེད་དེ། གཅེས་འཛིན་ཕན་ཚུན་དངོས་སུ་བརྗེ་བར་མི་ནུས་ཀྱང་། བློ་ཡི་སྟེང་དུ་བརྗེ་བར་སློམ་ནས་སྦྱོང་བའི་ཕྱིར་ཞེ་ན། དངོས་སུ་བརྗེ་བར་མི་ནུས་ཀྱང་བློའི་སྟེང་དུ་བརྗེ་བར་སློམ་པ་དེ་ནི་ཆོས་ཅན། ཁྱོད་གཅིག་ཤོས་བདེ་སྡུག་བརྗེ་བ་སོགས་ལའང་མཚུངས་ཏེ། རང་གཞན་གྱི་བདེ་བ་དང་སྡུག་བསྔལ་གཉིས་དངོས་སུ་བརྗེ་བར་སུ་ཡིས་ནུས་ཏེ་མི་ནུས་པའི་ཕྱིར་ན། བདེ་སྡུག་བརྗེ་བར་བློས་བརྗེ་བར་ཤེས་པ་ལ་བདེ་སྡུག་བརྗེ་བའི་ཉམས་ལེན་དུ་འདོད་པའི་ཕྱིར་རོ། །གཞན་ཡང་བློ་ལ་བདེ་སྡུག་མི་བརྗེ་ན་གཅེས་འཛིན་བརྗེ་བ་ཡང་འགལ་བ་སྟེ། ཁ་ཟས་གཞན་ལ་མ་བྱིན་པར་རང་གིས་ཟོས་པ་ཇི་བཞིན་ནོ་སྟེ་དེ་དང་ཆོས་མཚུངས་པའི་ཕྱིར་རོ། །

གསུམ་པ་ནི་གཞན་དགེ་སྡིག་བརྗེ་བ་བཀག་པ་ནི་ཆོས་ཅན། ཁྱོད་ལུང་དང་ཡང་འགལ་ཏེ། སངས་རྒྱས་གཉིས་པ་ཀླུ་སྒྲུབ་ཀྱིས། བདག་ལ་དེ་དག་སྡིག་སྨིན་ཅིང་། །བདག་དགེ་མ་ལུས་དེར་སྨིན་ཤོག །ཅེས་གསུངས་པ་དང་ཅིས་མི་འགལ་ཏེ་འགལ་བའི་ཕྱིར་དང་། གཞན་ཡང་བདེ་སྡུག་བརྗེ་བ་བཀག་པ་ནི་ཆོས་ཅན། ཁྱོད་ཀྱང་ལུང་དང་འགལ་ཏེ་བྱང་ཆུབ་སེམས་དཔའི་སྤྱོད་འཇུག་ལས། བདག་བདེ་གཞན་གྱི་སྡུག་བསྔལ་དག །ཡང་དག་བརྗེ་བར་མ་བྱས་ན། །སངས་རྒྱས་ཉིད་དུ་མི་འགྲུབ་ཅིང་། །འཁོར་བ་ན་ཡང་བདེ་བ་མེད། །ཅེས་གསུངས་པ་དང་ཅིས་མི་འགལ་ཏེ་འགལ་བའི་ཕྱིར་དང་། སྤྱོད་འཇུག་གི་ལུང་དོན་དེ་ཉིད་ལ། ཁྱོད་ཀྱི་གྲུབ་མཐའ་ཆོས་ཅན་དུ་བཟུང་ནས་ཐལ་བ་འཕེན་ན་ནི་ཆོས་མཐུན་ལན་ཉིད་གང་ལ་འདེབས་ཏེ་འདེབས་པར་མི་ནུས་པའི་ཕྱིར་རོ༑ །དེ་ཡང་ཇི་ལྟར་ཞེ་ན། འདི་ཡི་ཕྱོགས་སྔ་སྨྲ་བ་པོ་ཁྱོད་ཀྱི་གྲུབ་མཐའ་ཆོས་ཅན། མཐར་ཐུག་སངས་རྒྱས་མི་འགྲུབ་ཅིང་གནས་སྐབས་མངོན་མཐོ་ཙམ་ཡང་མི་འགྲུབ་པར་ཐལ། བདག་གཞན་གྱི་བདེ་སྡུག་བརྗེ་བ་བཀག་པའི་ཉམས་ལེན་ཡིན་པའི་ཕྱིར། རྟགས་ཁྱབ་པ་སྤྱོད་འཇུག་གི་ལུང་གིས་གྲུབ་བོ། །

གསུམ་པ་གནད་ཀྱི་སྙིང་པོ་བསྡུ་བ་ལ་གསུམ། ཕར་ཕྱིན་བཀའ་བབས་སྙིང་པོ་བསྡུ། སྔགས་ཀྱི་བཀའ

བབས་སྙིང་པོ་བསྡུ། དེ་གཉིས་སྙིང་པོ་གཅིག་ཏུ་བསྡུ་བའོ། །དང་པོ་ནི། མདོར་ན་བློ་ལ་འདོད་མི་འདོད་གཉིས་སུ་ཕྱེ་བའི་འདོད་པ་ཀུན་གཞན་ལ་སྟེར་ཞིང་མི་འདོད་པ་ཀུན་རང་ལ་ལེན་པ་གོམས་པའི་བདག་གཞན་བརྗེ་བའི་ཉམས་ལེན་འདི་ནི་ཆོས་ཅན། ཁྱོད་ཨ་ཏི་ཤ་ནས། བཀའ་གདམས་པ་ལ་བཀའ་བབས་པའི་ཕ་རོལ་ཏུ་ཕྱིན་པའི་ཉམས་ལེན་གནད་བསྡུས་པའི་སྙིང་པོ་ཡིན་ཏེ། ཁྱོད་མདོ་སྡེ་དབྱུག་གསུམ་ཕྲེང་བ་སོགས་དང་བསྟན་བཅོས་བསླབ་བཏུས་སྤྱོད་འཇུག་སོགས་ཀྱི་དགོངས་པ་ཡིན་པ་ལྟར་དུ་དཔལ་ལྡན་ཨ་ཏི་ནས་ཟབ་དོན་ཉམས་ཁྲིད་སྒོ་ནས་ནི་བཤེས་གཉེན་སྟོན་པ་ཉིད་དང་དགོན་པ་བ་ཉིད་ལ་གནང་ཞིང་གནང་བ་ལྟར་ཕྱི་ནས་གངས་རིའི་ཁྲོད་འདིར་འཕེལ་བའི་ཉམས་ལེན་གྱི་སྙིང་པོ་རང་ཡིན་པར་དང་། ཡིན་པ་ལྟར་དུ་སྔར་ཐང་པའི་སངས་རྒྱས་སྒོམ་པ་སོགས་ཀྱིས་སྲིད་སླད་མེད་པའི་སྒོམ་ཚུལ་ཞིབ་ཏུ་བཤད་པའང་མཐོང་བའི་ཕྱིར་རོ། །འོན་ཚུལ་འདི་ཨ་ཏི་ཤ་ལ་ཇི་ལྟར་བཀའ་བབས་ཤིང་། གངས་ཅན་འདིར་ཇི་ལྟར་འཕེལ་སྙམ་ན། ཨ་ཏི་ཤ་ལ་བླ་མ་གསུམ་ལས་གདམས་ངག་གསུམ་གྱི་བཀའ་བབས་ཏེ། བླ་མ་དྷརྨ་རཀྵི་ཏ་ལས། ལུང་མདོ་སྡེ་དབྱུག་གསུམ་ཕྲེང་བ་དང་། རིགས་པ་རྟ་དབྱངས་ཀྱིས་མཛད་པའི་མདོ་སྡེ་རྒྱན་ལ་བརྟེན་ཏེ་མན་ངག་བློ་སྦྱོང་མཚོན་ཆ་འཁོར་ལོ་དང་རྨ་བྱ་དུག་འཇོམས་སོགས་ཀྱི་བཀའ་བབས། དེ་ལྟ་བུའི་བཀའ་བསྟན་བཅོས་གཉིས་བོད་དུ་མ་འགྱུར་རོ༑ ༑བླ་མ་བྱམས་པའི་རྣལ་འབྱོར་པ་ལས། ལུང་ནམ་མཁའི་སྙིང་པོ་དང་རིགས་པ་བསླབ་བཏུས་སོགས་ལ་བརྟེན་ཏེ། མན་ངག་བྱམས་སྙིང་རྗེ་གྱེར་སྒོམ་རྡོ་རྗེའི་གླུ་སོགས་ཀྱི་བཀའ་བབས། བླ་མ་གསེར་གླིང་པ་ལས་ལུང་དྲི་མ་མེད་པར་གྲགས་པ་ལུང་བསྟན་པའི་མདོ་དང་། རིགས་པ་བྱང་ས་སོགས་ལ་བརྟེན་ཏེ་མན་ངག་བློ་སྦྱོང་དོན་བདུན་མ་སོགས་ཀྱི་བཀའ་བབས་སོ། །དེ་ལྟ་བུའི་ཇོ་བོ་རྗེས་གངས་ཅན་དུ་སྤེལ་བ་ལ་ཡང་། བཀའ་གདམས་གདམས་ངག་ལུགས་གཉིས་སུ་གྲགས་པ་འཕེལ་ཏེ། ཇོ་བོ་ནས་འབྲོམ་དང་འབྲོམ་ནས་སྐུ་མཆེད་གསུམ་ལ་རྒྱུད་པ་དལ་འབྱོར་རྙེད་དཀའ་ནས་བརྩམས་པའི་སྐྱེས་བུ་གསུམ་གྱི་ལམ་རིམ་དང་། ཇོ་བོ་ནས་དགོན་པ་བ་དང་དགོན་པ་བ་ནས་སྣེའུ་ཟུར་པ་དང་ཀམ་པ་ལ་རྒྱུད་པའི་འཁོར་བ་འཇུག་ལྡོག་ནས་རྩིས་པའི་སྐྱེས་བུ་གསུམ་གྱི་ལམ་རིམ་གཉིས་སུ་འཕེལ་ཞིང་། ཕྱིས་འབྲོམ་ནས་བརྒྱུད་པ་ལ་ཡང་བཀའ་གདམས་གཞུང་གདམས་ངག་གཉིས་སུ་འཕེལ་ཏེ། པོ་ཏོ་བ་ནས་བརྒྱུད་པ་ལ་གཞུང་པ་དང་། སྤྱན་མངའ་བ་ནས་བརྒྱུད་པ་ལ་གདམས་ངག་པ་ཞེས་གྲགས་སོ། །སྔགས་ཀྱི་སྙིང་པོ་བསྡུ་བ་ནི། སྤྱོད་པ་བདག་གཞན་བརྗེ་བའི་གནད་འདི་ཉིད་ཆོས་ཅན། ཁྱོད་མདོའི་ཉམས་ལེན་སྙིང་པོ་ཡིན་པར་མ་ཟད། སྔགས་ཀྱི་ཉམས་ལེན་གྱི་སྙིང་པོ་ཡང་ཡིན་ཏེ༑ ས་སྐྱ་པའི་རྗེ་བཙུན་མཆོག་རྣམས་ལ་རྣལ་འབྱོར་དབང་ཕྱུག་བི་རཱུ་པའི་མན་ངག །སྐལ་དམན་རིམ་འཇུག་

པ་བཀྲི་བའི་གསུང་ངག་རྡོ་རྗེ་ཚིག་རྐང་དང་། སྐལ་ལྡན་ཅིག་ཅར་བ་བཀྲི་བའི་སྤྲོས་མེད་རྡོ་རྗེ་ཚིག་རྐང་གི་ཁྲིད་རིམ་གཉིས་ལས་ཁྲིད་ཀྱི་ཉམས་ལེན་ཤིན་ཏུ་གསལ་བའི་བཀའ་བབས་བཞུགས་པ་ལྟར་ཐུགས་ཉམས་སུ་བཞེས་པའི་ཕྱིར་རོ། །དེ་ཡང་གསུང་ངག་ལམ་འབྲས་ཀྱི་སྣང་གསུམ་གྱི་ཉམས་ཀྱི་སྣང་བའི་སྐབས་སུ་འབྱུང་ཞིང་། སྤྲོས་མེད་ཀྱི་བོགས་འདྲེན་རྩ་བ་བརྒྱུད་དང་མཉམ་མེད་སྙིང་རྗེའི་རྣལ་འབྱོར་སོགས་ཀྱི་སྐབས་སུ་འབྱུང་ངོ་། །གསུང་ངག་ཆུང་བར་གྲགས་པའི་སྤྲོས་མེད་ཀྱི་ཉམས་ལེན་འདི། འཕགས་པ་རིན་པོ་ཆེ་མན་ཆད་ལ་བཞུགས་ཀྱང་དེ་ཡང་དག་ལ་མི་བཞུག་པས། རྣལ་འབྱོར་དབང་ཕྱུག་བིརྐྵ་པའི། །མན་ངག་ཉིད་ལས་འདི་ཉིད་ཀྱིས། །ཉམས་ལེན་གསལ་བའི་བཀའ་བབས་བཞུགས། །ཞེས་བསྟན་བཅོས་གསུང་ངག་ལམ་འབྲས་ཁོ་ན་དང་སྦྱར་ན་ཡང་འགྱུར་པར་སེམས་སོ། །གལ་ཏེ་སྣང་གསུམ་སྐབས་ཀྱི་བདག་གཞན་བརྗེ་བའི་ཉམས་ལེན་འདི་ཆོས་ཅན། སྔགས་ཀྱི་ཉམས་ལེན་མ་ཡིན་ཏེ། མདོ་རང་རྐང་གི་ཉམས་ལེན་ཡིན་པའི་ཕྱིར་སྙམ་ན་སྐྱོན་མེད་དེ། སྣང་གསུམ་གྱི་སྐབས་དེར་མདོའི་ཉམས་ལེན་དུ་བྱེད་ཀྱང་དེའི་རྒྱུན་སྔགས་ལམ་སྐབས་སུ་ཡང་འབྲལ་མེད་དུ་ཐོབ་དགོས་པས། སྔགས་ལམ་ཡང་ཉམས་ལེན་འདིས་ངེས་པར་ཟིན་དགོས་པའི་ཕྱིར་རོ། །

གསུམ་པ་ནི། གསུང་ངག་ནས་འབྱུང་བའི་བདག་གཞན་བརྗེ་བའི་ཉམས་ལེན་དེ་དང་། སྔར་གྱི་བཀའ་སྲོལ་བཀའ་གདམས་ལུགས་ཀྱི་ཉམས་ལེན་གཉིས་ཆོས་ཅན། ཁྱད་ལ་ཁྱད་པར་གཏན་ནས་མེད་པ་ཡིན་ཞིང་། དེ་ལྟར་དུ་མོས་པ་ཙམ་ལའང་མདོ་སྔགས་རྒྱུད་པའི་བྱིན་རླབས་དཔག་མེད་འབྱུང་བ་ཡིན་ཏེ། ཁྱོད་མདོ་སྔགས་ཀྱི་སངས་རྒྱས་ཀྱི་བསྟན་པའི་ཉམས་ལེན་གྱི་སྙིང་པོ་བསྡུས་པ་ཡིན་པའི་ཕྱིར་རོ། །འདིའི་རྗེས་སུ་འབྲང་བར་འདོད་ནས་ཁང་སར་ཆོས་རྗེ་འཇམ་དབྱངས་མཚན་ལྡན་ན་རེ། དེ་དག་གིས་ནི་རྗེ་བཙུན་འདིའི་ཕྱོགས་སྔ་མ་ཡོངས་བཞིན་དུ་སྟང་ཞུགས་ཁོ་ནས་སླུས་པ་ཡིན་ཏེ། རྗེ་བཙུན་འདིས་བདག་བདེ་དང་སྡུག་བསྔལ་བརྗེ་བར་མི་འགོག་པའི་ཕྱིར་གསུང་པ་ནི། ལན་གཞན་སླ་བར་མ་ནུས་པའི་བབ་ཅོལ་ཡིན་ཏེ། འདི་ཉིད་ཀྱི་ལམ་འབྲིང་པོ་ལས་བདག་གཞན་བརྗེ་ཞེས་པ་དང་བདག་གཞན་དུ་བྱ་ཞིང་གཞན་བདག་ཏུ་བྱ་བ་ཞེས་པ་ནི། གཞན་ལ་ངའོ་སྙམ་དུ་དང་དེའི་མིག་སོགས་ལ་ངའིའོ་སྙམ་པའི་བློ་སྒྲིང་བ་མ་ཡིན་གྱི་རང་གཅེས་འཛིན་དང་གཞན་ཡལ་བར་འདོར་བའི་བློ་གཉིས་གོ་ས་བརྗེས་ཏེ་ཞེས་སོགས་དང་། དེའི་ཕྱིར་བདག་གི་བདེ་བ་དང་གཞན་གྱི་སྡུག་བསྔལ་བརྗེ་བར་གསུངས་པ་ཡང་བདག་གཅེས་འཛིན་ལ་དགྲར་བལྟས་ནས་བདག་གི་བདེ་བ་ལ་ཆེས་ཆེར་བྱེད་པ་འགོག་ཅིང་། གཞན་གཅེས་འཛིན་ལ་ཡོན་ཏན་དུ་བལྟས་ནས་གཞན་གྱི་སྡུག་བསྔལ་ཡལ་བར་འདོར་བ་བཀག་ནས་དེ་སེལ་བ་ལ་ཆེས་ཆེར་བྱེད་པ་སྟེ། ཞེས་སོགས་བཤད་པས་སོ། །དེས་ན་འདི་ཉིད་ཀྱིས་ནི། བདག

པས་གཞན་གཅེས་པར་འཛིན་པ་ཙམ་ཞིག་ལས་བདག་གི་བདེ་དགེ་གཞན་ལ་སྦྱིན་པའི་གནད་ཟབ་མོ་ཁོང་དུ་མ་ཆུད་པས། བསམ་པ་བྱང་ཆུབ་ཀྱི་སེམས་ཀྱི་གནད་བཅོས་པ་ལྟ་བུར་སྣང་བའི་ཕྱིར་དགག་བྱ་ཁོ་ན་ཡིན་ནོ། །

གཉིས་པ་ལྟ་བའི་གནད་ལ་འཁྲུལ་པ་དགག་པ་ལ་གཉིས། ཐོས་པའི་ལྟ་བའི་གནད་ལ་འཁྲུལ་པ་དགག །སྒོམ་པས་ཉམས་ལེན་གནད་ལ་འཁྲུལ་པ་དགག་པའོ། །དང་པོ་ལ་བཞི། དོན་དམ་མཐའ་བཞིའི་སྤྲོས་བྲལ་འགོག་པ་དགག །ཀུན་རྫོབ་མཐའ་བཞིའི་སྤྲོས་བྲལ་སླུ་བ་དགག །བདག་དང་སེམས་ཅན་སོ་སོར་ཕྱེ་བ་དགག །བདག་གཉིས་ཐ་སྙད་བདེན་པར་སླུ་བ་དགག་པའོ། །དང་པོ་ལའང་གཉིས་ཕྱོགས་སྔ་བརྗོད་པ་དང་དེ་དགག་པའོ། །དང་པོ་ལ་ཕྱོགས་སྔ་སྨྲ་བ་པོ་དེ་པཎྜི་བཞད་པ་ལས། མཐའ་བཞིའི་སྤྲོས་བྲལ་རྒྱ་ནག་དགེ་སློང་གི་ལྟ་བ་ཡིན་པས་ནོར་བ་ཡིན་ལ། རིགས་པས་བདེན་གྲུབ་པ་བཀག་རྗེས་སུ་བདེན་མེད་ཉིད་ལ་ཞེན་པ་འགོག་ཏུ་མི་རུང་ཞེས་སོགས་ཀུང་ཅོང་ཁ་པའི་དབུ་མའི་ཡིག་ཆ་རྣམས་ཀྱི་འདོད་པ་མཐར་ཐུག་པའོ་ཞེས་གསུངས་པ་ལྟར། རྗེ་བཙུན་ཙོང་ཁ་པ་རྗེས་འབྲང་དང་བཅས་པའི་དྲང་ངེས་རྣམ་འབྱེད། འཇུག་ཊཱི་ཀ་ཆེན་མོ། སྐལ་བཟང་མིག་སོགས་ཀྱི་གནད་བསྡུས་ན་འདི་ལྟར་བཞེད་དེ། ཁ་ཅིག་ན་རེ། ཁྱོད་དབུ་མའི་ལྟ་བའི་མཆོག་མཐའ་བཞིའི་སྤྲོས་བྲལ་དུ་འདོད་པའི་ཡོད་མེད་སོགས་མུ་བཞི་གང་དུ་ཡང་གཟུང་དུ་མི་རུང་བའི་ལྟ་བ་ནི་ཆོས་ཅན། དབུ་མའི་ལྟ་བ་རྣམ་དག་མིན་ཏེ། རྒྱ་ནག་དགེ་སློང་གི་ལྟ་བར་གྲགས་པའི་ཅི་ཡང་ཡིད་ལ་མི་བྱེད་པའི་ལྟ་བ་དང་ཁྱད་པར་ཙུང་ཟད་ཀྱང་མེད་པའི་ཕྱིར་ན་ནོར་བ་ཆེན་པོའི་ལྟ་བ་དང་། འོན་མ་ནོར་བའི་ལྟ་བ་གང་ཡིན་དྲིས་པས། གཅིག་དུ་བྲལ་སོགས་ཀྱི་རིགས་པས་དགག་བྱ་བདེན་པ་བཀག་རྗེས་སུ་བདེན་མེད་ཉིད་ལ་ཞེན་པ་ནི་ཆོས་ཅན། དབུ་མའི་ལྟ་བ་མཐར་ཐུག་པ་སྟེ། སྣང་བྱ་བདེན་འཛིན་དང་ལྟ་སྟངས་དངོས་སུ་འགལ་བའི་གཉེན་པོ་ཡིན་པའི་ཕྱིར། དེས་ན་བདེན་མེད་རྟོགས་པའི་ལྟ་བ་འདི་ནི་ཆོས་ཅན། ཐེག་པ་གསུམ་ཆར་དབུ་མའི་ལྟ་བ་རྟོགས་པ་ལ་ཁྱད་པར་མེད་དེ། ཁྱོད་དབུ་མའི་ལྟ་བ་ལ་ཞུགས་པ་གང་ཞིག །ཐེག་པ་གསུམ་ཆར་གྱིས་ཁྱོད་ངེས་པར་རྟོགས་དགོས་པའི་ཕྱིར་རོ། །འོན་ཐལ་རང་གི་ལྟ་བའི་ཁྱད་པར་ཅི་ཞེས་དྲིས་པས། ཐལ་རང་ལ་ལྟ་བའི་ཁྱད་པར་ཤིན་ཏུ་ཆེ་སྟེ། དེ་གཉིས་དགག་བྱ་བདེན་ཚད་ངོས་འཛིན་ལ་ཁྱད་པར་ཡོད་ཅིང་། དེ་ཡོད་པས་བདེན་མེད་རྟོགས་པའི་ལྟ་བ་ལ་ཕྲ་རགས་ཀྱི་ཁྱད་པར་བྱུང་བའི་ཕྱིར། ཇི་ལྟར་ཞེ་ན། ལོག་ཕྱོགས་དགག་བྱ་བདེན་པར་གྲུབ་པའི་ཚད་དེ་ཡང་། རང་རྒྱུད་པས་བློ་ལ་མ་ལྟོས་པར་ཡུལ་རང་ངོས་ནས་གྲུབ་པ་ཉིད་ལ་བརྟག་པ་མཐའ་གཟུང་གི་བདེན་ཚད་དུ་བཞེད་པར་འགྱུར་ཀྱང་། དེ་ནི་དགག་བྱ་ཐུན་མོང་བ་ཙམ་སྟེ། དགག་བྱ་དེ་ཙམ་ཁེགས་པས་བདེན་གྲུབ་མཐའ་དག་མི་ཁེགས་པའི་ཕྱིར་དང་། བློ་ལ་སྣང་བའི་དབང་གིས་མ་གཞག་པར།

ཡུལ་རང་གི་གདོད་ལུགས་ཀྱི་ངོས་ནས་ཡོད་པར་འཛིན་པ་དེ་ཕྲ་བའི་བདེན་འཛིན་ལྷན་སྐྱེས་མ་ཡིན་པའི་ཕྱིར། དེས་ན་མིང་གི་བཏགས་དོན་བཙལ་བའི་ཚེ་རྙེད་པ་ཞིག་བྱུང་ན། དེ་ཉིད་བརྟག་པ་མཐའ་གཟུང་གི་བདེན་ཚད་དུ་བྱས་ནས་དེ་ཉིད་འགོག་པ་ཐལ་འགྱུར་བའི་ཐུན་མོང་མིན་པའི་ཁྱད་ཆོས་ཡིན་ཏེ། དགག་བྱ་དེ་ཁེགས་པས་བདེན་གྲུབ་མཐའ་དག་ཁེགས་པའི་ཕྱིར་དང་། མིང་གིས་བཏགས་པ་ཙམ་མིན་པའི་ཡོད་པར་འཛིན་པ་དེ་ཕྲ་བའི་བདེན་འཛིན་ལྷན་སྐྱེས་ཡིན་པའི་ཕྱིར་དང་། ཆོས་ཐམས་ཅད་མིང་གིས་བཏགས་པ་ཙམ་མ་ཡིན་པའི་ཡོད་པ་མིན་པར་རྟོགས་པ་དེ་དབུ་མའི་ལྟ་བ་མཐར་ཐུག་ཡིན་པའི་ཕྱིར། ཐལ་རང་གི་དགག་བྱའི་ཁྱད་པར་འདི་རྟོགས་ན། བློ་ཡིས་གང་དུ་ཞེན་པའི་ཡུལ་ཐམས་ཅད་རིགས་པས་དཔྱད་ནས་འགོག་དགོས་ཞེས་པའི་ལོག་རྟོག་ཐམས་ཅད་ཟློག་པར་འགྱུར་ཏེ། བློས་བདེན་པར་ཞེན་པ་འགོག་དགོས་ཀྱི་བདེན་མེད་དུ་ཞེན་པ་འགོག་མི་དགོས་པའི་ཕྱིར་རོ། །དེ་ལས་གཞན་དུ་རིགས་པས་བདེན་པ་བཀག་རྗེས་སུ་བདེན་མེད་དུ་ཞེན་པའང་འགོག་དགོས་ན་ནི། འགོག་བྱེད་ཀྱི་བློ་ནི་སྔ་མ་གནོད་བཅས་དང་ཕྱི་མ་ཐུག་མེད་དུ་འགྱུར་ཏེ། དགག་བྱ་ཁེགས་པའི་དུས་མི་སྲིད་པའི་ཕྱིར་རོ། ཁྱད་པར་དགག་བྱ་བདེན་པ་བཀག་རྗེས་སུ་བདེན་པར་མེད་པའང་འགོག་ན་ནི། སླར་བདེན་གྲུབ་ཡོད་པར་འགྱུར་ཏེ་དགག་པ་གཅིག་གི་དགག་པ་དང་དགག་པ་གཉིས་ཀྱི་རྣལ་མ་ནི་གོ་བ་རིགས་པ་སྨྲ་བའི་སྤྱི་ལུགས་ཡིན་པའི་ཕྱིར་ཞེས་འཛེར་བར་བྱེད་དོ། །

གཉིས་པ་དེ་དགག་པ་ལ་དགག་པར་དམ་བཅའ་དང་། དགག་པ་དངོས་སོ། དང་པོ་ནི། བཤད་མ་ཐག་པའི་ཕྱོགས་སྔ་འདི་དག་ནི་ཆོས་ཅན། ལུང་དང་རིགས་པས་དགག་པར་བྱ་དགོས་ཏེ། སྐྱོན་གས་མ་ལྟའི་ཟླས་ཕྱེ་བ་ལྟ་བའི་སྐྱོན་གས་མ་ཡིན་པའི་ཕྱིར་རོ། །

གཉིས་པ་ལ་ལྔ། སྤྲོས་བྲལ་ཏྲཱ་ཤང་ལྟ་བར་སྨྲ་བ་དགག །བདེན་པ་བཀག་ཙམ་མཐར་ཐུག་ཡིན་པ་དགག །ཐེག་གསུམ་ལྟ་བ་ཁྱད་པར་མེད་པ་དགག །ཐལ་རང་ལྟ་བ་ཁྱད་པར་ཡོད་པ་དགག །དཔྱད་པའི་ཚེ་ན་རྣལ་མར་གོ་བ་དགག་པའོ། །དང་པོ་ལ་གཉིས། རིགས་པའི་གནོད་བྱེད་བསྡུས་ཏེ་བསྟན། ལུང་གི་གནོད་བྱེད་རྒྱས་པར་བསྟན་པའོ། །དང་པོ་ནི། རྒྱ་ནག་དགེ་སློང་ནི་དཔྱད་པར་རང་དགར་རྟོག་པ་བཀག་པ་ལ་སྒོམ་གྱི་མཆོག་ཏུ་སྨྲ་བ་དང་། དབུ་མའི་ལྟ་བ་འཆད་པའི་སྐབས་འདིར་ནི་རྟེན་འབྲེལ་ལ་སོགས་པའི་རིགས་པས་དཔྱད་པའི་ཚེ་མཐའ་བཞིའི་སྤྲོས་པ་མ་རྙེད་པའི་འཛིན་མེད་དབུ་མའི་ལྟ་བ་སྨྲ་བ་གཉིས་མཚུངས་ཞེས་སྨྲ་བ་ཆོས་ཅན། སྟོང་པ་ཉིད་ཟབ་མོ་སྤྱོང་བའི་བདུད་ཚིག་ཡིན་ཏེ། དབུ་མའི་ལྟ་བ་རྣམ་དག་ལ་ཏྲཱ་ཤང་གི་ལྟ་བར་སྨྲ་བའི་འཁྲུལ་ཚིག་ཡིན་པའི་ཕྱིར། རིགས་པ་འདི་ངེས་པར་དགོས་ཏེ། རང་ཕྱོགས་ལ་ངེས་པ་བསྐྱེད་ནུས་ཤིང་གཞན་ཕྱོགས

སྨན་འབྱིན་ནུས་པའི་ཕྱིར་རོ། །དེ་ཡང་ཇི་ལྟར་སྙམ་ན། ངེད་ཀྱི་དབུ་མའི་ལྟ་བ་འདི་ཆོས་ཅན། ཧྭ་ཤང་གི་ལྟ་བ་དང་ཅི་ཡང་ཡིད་ལ་མི་བྱེད་པ་ཙམ་དུ་མཚུངས་ཀྱང་། དབུ་མའི་ལྟ་བ་ཡིན་མིན་མི་མཚུངས་ཏེ་ཧྭ་ཤང་གི་ལྟ་བ་དེ་ནི༔ སློབ་བྱེད་རྣམ་དག་ལ་མ་བརྟེན་པར་ཡིད་བྱེད་བཀག་པ་ཙམ་ཡིན་པས་ཁྱོད་ལྟར་ན་ཡིད་དཔྱོད་དམ་ངེད་ལྟར་ན་བག་ལ་ཉལ་གྱི་ཐེ་ཚོམ་ཙམ་ལས་མ་འདས། ཁོ་བོ་ཅག་གི་ལྟ་བ་ནི། སློབ་བྱེད་རྣམ་དག་ལ་བརྟེན་ནས་གཟུང་འཛིན་གྱི་ཕྱོགས་གང་དུ་ཡང་ཡིད་ལ་བྱ་རྒྱུ་མ་རྙེད་ནས་ཡིད་ལ་མ་བྱས་པ་ཡིན་པས་གནས་ལུགས་རྟོགས་པའི་ལྟ་བ་རྣམ་དག་ཡིན་པའི་ཕྱིར། ངེད་ཀྱི་དབུ་མའི་ལྟ་བ་ཆོས་ཅན། བདག་འཛིན་དང་བདེན་འཛིན་གྱི་གཙོས་པའི་གཟུང་འཛིན་གཉིས་སྣང་གི་ཞེན་པ་ཐམས་ཅད་འཇོམས་པར་ནུས་པའི་གཉེན་པོ་ཡིན་ཏེ། སློབ་བྱེད་རྣམ་དག་ལ་བརྟེན་ནས་གཉིས་སྣང་གི་ཞེན་པ་དང་འཛིན་སྟངས་འགལ་བའི་ལོག་ཕྱོགས་ཡིན་པའི་ཕྱིར། དཔེར་ན་རྒྱུ་མཚན་མེད་བཞིན་དུ་སྒྲ་མི་རྟག་པར་འཛིན་པའི་རྟོག་པ་དང་། བྱས་རྟགས་ལས་སྒྲ་མི་རྟག་པར་འཛིན་པའི་རྟོག་པ་གཉིས་སྒྲ་མི་རྟག་པར་འཛིན་པའི་འཛིན་སྟངས་སུ་མཚུངས་ཀྱང་སྒྲ་རྟག་འཛིན་གྱི་སྒྲོ་འདོགས་འཇོམས་པའི་ངེས་ཤེས་ཡིན་མིན་གྱི་ཁྱད་པར་ཆེན་པོ་ཡོད་པ་བཞིན་ནོ། །གཞན་ཡང་ཆོས་ཐམས་ཅད་བདེན་མེད་དུ་འཛིན་པའི་ཡིད་དཔྱོད་ཆོས་ཅན། དབུ་མའི་ལྟ་བ་ཡིན་པར་ཐལ། ཆོས་ཐམས་ཅད་བདེན་མེད་དུ་འཛིན་པའི་ལྟ་བ་ཡིན་པའི་ཕྱིར། རྟགས་ཁྱབ་ཁྱོད་ཀྱིས་དོན་གྱིས་ཁས་བླངས་སོ། །གལ་ཏེ། དེ་གཉིས་ལ་དབུ་མའི་ལྟ་བ་ཡིན་མིན་གྱི་ཁྱད་ཡོད་དེ། སློབ་བྱེད་རྣམ་དག་ལ་བརྟེན་མ་བརྟེན་གྱི་ཁྱད་ཡོད་པའི་ཕྱིར་སྙམ་ན། ཁོ་བོ་ཅག་གི་དབུ་མའི་ལྟ་བ་དང་། ཧྭ་ཤང་གི་ལྟ་བ་ལ་ཡང་ཁྱད་པར་སྨྲས་ཟིན་པ་དེ་དོན་ལ་གནས་པ་མ་ཡིན་ནམ། ཡང་ཁྱེད་འདོད་པའི་ཆོས་ཐམས་ཅད་བདེན་མེད་དུ་ཞེན་པའི་དབུ་མའི་ལྟ་བ་ཆོས་ཅན། ཁྱོད་ཀྱི་གཟུང་འཛིན་གཉིས་སྣང་གི་ཞེན་པ་གཅོད་མི་ནུས་པར་ཐལ། ཁྱོད་དེ་དང་འཛིན་སྟངས་འགལ་བའི་ཤེས་པ་མ་ཡིན་པའི་ཕྱིར་ཏེ༔ ཁྱོད་རློམ་ཚོད་དང་སོང་ཚོད་གཉིས་ཀར་དུ་གཟུང་འཛིན་གཉིས་སྣང་གི་ཞེན་པ་དང་བཅས་པའི་ཤེས་པ་ཡིན་པའི་ཕྱིར། ཁོ་བོ་ཅག་ལ་ནི་གནོད་བྱེད་དེ་མི་འཇུག་སྟེ། གནས་ལུགས་མངོན་སུམ་དུ་མཐོང་བའི་ཚེ་ནི་རློམ་སོང་གཉིས་ཀར་དུ་གཉིས་སྣང་གི་ཞེན་པ་མེད་ལ། དོན་སྤྱིའི་ཚུལ་གྱིས་རྟོགས་པའི་ཚེ་ན་སོང་ཚོད་ལ་གཉིས་སྣང་གི་ཞེན་པར་སོང་ཡང་རློམ་ཚོད་ལ་གཉིས་སྣང་གི་སྤྲོས་པའི་ཚོགས་ཐམས་ཅད་བཀག་ཟིན་པའི་ཕྱིར་རོ། །

གཉིས་པ་ལུང་གིས་དགག་པ་ལ་གསུམ། དཀོན་མཆོག་བརྩེགས་པའི་མདོ་ལ་ཧ་ཅང་ཐལ་བ། ཏིང་ངེ་འཛིན་རྒྱལ་པོ་སོགས་ལ་ཧ་ཅང་ཐལ་བ། བསྟན་བཅོས་ཆེན་པོ་རྣམས་ལ་ཧ་ཅང་ཐལ་བའོ། །དང་པོ་ནི། རིགས་

པས་གནོད་པར་མ་ཟད་གཞན་ཡང་དགོན་མཆོག་བརྩེགས་པ་ལས། འོད་སྲུང་ཡོད་ཅེས་བྱ་བ་འདི་ཡང་མཐའ་གཅིག་གོ། །མེད་ཅེས་བྱ་བ་འདི་ཡང་མཐའ་གཅིག་གོ་ཞེས་སོགས་གསུངས་ནས། ཡོད་མེད་དུ་འཛིན་པ་གཉིས་པོ་མཐའ་གཅིག་ཏུ་འཛིན་པ་རེ་རེར་བྱས་ནས། དེ་གཉིས་སྤངས་པའི་དབུས་ནི་དབུ་མ་སྟེ། དབུ་མ་དེ་ཡང་བློས་བསྟན་དུ་མེད་ཅིང་སྒྲས་དངོས་སུ་བརྗོད་དུ་མེད་པ་དེ་ཡང་ཆོས་ཅན། རྒྱ་ནག་གི་ལྟ་བ་ཉིད་དང་ཁྱད་མེད་དུ་ཧ་ཅང་ཐལ་བར་འགྱུར་བར་ཐལ། སྤྲོས་པའི་མཐའ་ཐམས་ཅད་བཀག་པའི་ལྟ་བ་ཡིན་པའི་ཕྱིར་ཁྱབ་པ་དངོས་སོ། །

གཉིས་པ་ནི། དགོན་བརྩེགས་དེ་བཞིན་དུ། ཏིང་འཛིན་རྒྱལ་པོ་ལས། ཡོད་མེད་གཙང་དང་མི་གཙང་སོགས་མཐའ་གཉིས་ཡིན་པའི་ཕྱིར་ན། དེ་སྤངས་ནས་དབུས་ལའང་ཞེན་པས་མི་གནས་པར་གསུངས་པ་དང་། ཡུམ་ལས་གཟུགས་སྟོང་ཞེས་བྱ་བར་སྤྱོད་ན་མཚན་ལ་སྤྱོད་དོ། །གཟུགས་མི་སྟོང་ཞེས་བྱ་བར་སྤྱོད་ན་མཚན་མ་ལ་སྤྱོད་དོ། །ཞེས་སྟོང་པ་དང་མི་སྟོང་པ་སོགས་གཉིས་འཛིན་ལ་སྤྱོད་པ་ཐམས་ཅད་ནི་མཚན་མར་སྤྱོད་པ་གསུངས་པ་དང་། ཡང་དག་སྦྱོར་བའི་རྒྱུད་ལས་ཀྱང་། སྟོང་པ་བསྒོམ་པར་མི་བྱ་སྟེ། །སྟོང་མིན་བསྒོམ་པར་མི་བྱའོ། །སྟོང་པ་མི་སྤོང་རྣལ་འབྱོར་པས། །སྟོང་མིན་ཡོངས་སུ་མི་སྤང་ངོ་། །སྟོང་དང་སྟོང་མིན་གཟུང་བ་ལས། །རྟོག་པ་ཉུང་མིན་སྐྱེ་བར་འགྱུར། །ཞེས་སྟོང་པ་དང་སྟོང་མིན་སོགས་སུ་ཞེན་ནས་སྒོམ་པ་ཐམས་ཅད། རྟོག་སྒོམ་སྒྲིན་ཅན་ཁོ་ནར་གསུངས་པ་དེ་ཡང་ཆོས་ཅན། རྒྱ་ནག་གི་ལྟ་བ་སྒོམ་པ་ཉིད་དང་ཁྱད་མེད་དུ་ཧ་ཅང་ཐལ་བར་འགྱུར་ཏེ། སྟོང་པ་དང་སྟོང་མིན་གྱི་ཞེན་པ་གཉིས་ཆར་སྤངས་པའི་སྒོམ་པ་ཡིན་པའི་ཕྱིར་རོ། ཁྱབ་པ་དངོས་སོ། །

གསུམ་པ་ལ་གཉིས། ཧ་ཅང་ཐལ་བའི་ལུང་འགལ་དངོས། དེ་ཡི་ཉེ་སྤྱོད་རྣམ་གཉིས་དགག་པའོ། །དང་པོ་ནི། མགོན་པོ་བྱམས་པས་རྒྱུད་བླ་མར། གང་ཞིག་ཡོད་མིན་མེད་མིན་ཡོད་མེད་ལས་གཞན་དུའང་། །བརྟག་པར་མི་ནུས། ཞེས་འགོག་བདེན་ཡོད་པ་དང་མེད་པ་དང་གཉིས་ཀ་དང་། གཉིས་ཀ་མིན་པ་བཞིར་བརྟག་པར་མི་ནུས་པར་གསུངས་པ་དང་། དབུ་མ་རྩ་བའི་བསྟན་བཅོས་ལས། སྟོང་ངོ་ཞེས་ཀྱང་མི་བརྗོད་དེ། །མི་སྟོང་ཞེས་ཀྱང་མི་བྱ་ཞིང་། །གཉིས་དང་གཉིས་མིན་མི་བྱ་སྟེ། །ཞེས་གསུངས་པ་དང་། གཞན་ཡང་དེ་ཉིད་ལས། བཅོམ་ལྡན་བཞུགས་དང་མྱང་འདས་ལ་མཐའ་བཞི་ཡི་སྤྲོས་པ་བཀག་པར་མཛད་པ་དང་། རིགས་ལྡན་པདྨ་དཀར་པོ་ཡི་འགྲེལ་ཆེན་དྲི་མེད་འོད་དང་། འཕགས་པ་ལྷ་ཡིས་ཡེ་ཤེས་སྙིང་པོ་ཀུན་ལས་བཏུས་ལས་འདི་སྐད་དུ། ཡོད་མིན་མེད་མིན་ཡོད་མེད་མིན། །གཉིས་ཀའི་བདག་ཉིད་མིན་པའང་མིན། །མཐའ་བཞི་ལས་གྲོལ་དབུ་མ་པ། །མཁས་པ་རྣམས་ཀྱི་དེ་ཁོ་ན། །ཞེས་གནས་ལུགས་ལ་དཔྱོད་པའི་ཚེ། གནས་ལུགས་དེ་ཉིད་ཡོད་མེད་

སོགས་མུ་བཞི་གང་དུ་ཡང་གཟུང་དུ་མི་རུང་བར་གསུངས་པ་ཡང་ཆོས་ཅན། རྒྱ་ནག་གི་ལྟ་བ་ཉིད་དང་ཁྱད་མེད་དུ་ཧ་ཅང་ཐལ་བར་འགྱུར་ཏེ། ལྟ་བས་སྤྲོས་པ་གཅོད་པའི་ཚེ་སྤྲོས་པའི་མཐའ་ཐམས་ཅད་བཀག་པའི་ལྟ་བ་ཡིན་པའི་ཕྱིར་ཁྱབ་པ་དངོས་སོ། །

གཉིས་པ་ཉེས་སྤོང་དགག་པ་ལ་གཉིས། བདེན་པ་གཉིས་ལ་སྦྱོར་ན་ཁས་བླངས་འགལ། བཞི་པོ་ཆོས་ཅན་ཡིན་ན་གཞུང་དང་འགལ་བའོ། །དང་པོ་ནི། རི་བོ་དགེ་ལྡན་པའི་རྗེས་འབྲང་ཁ་ཅིག་ན་རེ། ཡོད་མིན་མེད་མིན་སོགས་སུ་གསུངས་པའི་ལུང་གིས་ངེད་ཀྱི་ལྟ་བ་ལ་གནོད་པ་མེད་དེ། ལུང་དེའི་དོན་ནི། དོན་དམ་དུ་ཡོད་པ་ཡང་མིན། ཀུན་རྫོབ་ཏུ་མེད་པ་ཡང་མིན། དེ་གཉིས་ཀ་ཡང་མིན་གཉིས་ཀ་མིན་པའང་མིན་པ་ལ་དགོངས་པའི་ཕྱིར་ཞེས་ཟེར། འོ་ན་སྣང་བའི་དངོས་པོ་ཀུན་ཆོས་ཅན། དོན་དམ་དུ་ཡོད་པ་དང་ཀུན་རྫོབ་ཏུ་མེད་པ་གཉིས་ཀ་ཡིན་པར་ཐལ་བར་འགྱུར་ཏེ། དེ་གཉིས་ཀ་མིན་པ་མ་ཡིན་པའི་ཕྱིར། རྣམ་པ་གསུམ་ཆར་ཁས་བླངས་དངོས་འགལ་གྱི་འཁོར་གསུམ་ཡིན་པ་དྲན་པར་གྱིས་ཤིག །གཉིས་པ་ནི་མཁས་གྲུབ་རྗེའི་སྐལ་བཟང་མིག་འབྱེད་ཀྱི་རྗེས་འབྲང་ཁ་ཅིག་ན་རེ། ཡོད་མིན་མེད་མིན་གྱི་ལུང་དོན། ཡོད་མེད་ལ་སོགས་པ་བཞི་བདེན་པར་མེད་པའི་དོན་ཡིན་ཏེ། ཆོས་ཅན་དེ་ལ། ཡོད་པ་དང་མེད་པ་དང་གཉིས་ཀ་དང་གཉིས་མིན་གྱི་མུ་བཞི་ལས་མི་སྲིད་ཅིང་། མུ་དེ་བཞི་གང་ལ་ཡང་བདེན་གྲུབ་ཀྱི་ཆ་མེད་ཅེས་པའི་དོན་ཡིན་པའི་ཕྱིར་ཞེས་ཟེར་རོ། །དེ་དགག་པ་ནི། གནས་ལུགས་ལ་དཔྱད་པའི་ཚེ་ན་ཡོད་མེད་ལ་སོགས་པ་བཞི་པོ་ཆོས་ཅན་དུ་གཟུང་ནས། དེ་བཞིའི་སྟེང་དུ་བདེན་པ་བཀག་པ་སྒྲུབ་ཆོས་སུ། འཕགས་པ་ཡབ་སྲས་རྗེས་འབྲང་དང་བཅས་པའི་གཞུང་ལས་མ་གསུངས་སྟེ། ཐམས་ཅད་བཅོམ་ལྡན་གཤེགས་བཞུགས་དང་། །གཉིས་མེད་ཡེ་ཤེས་ལ་སོགས་ལ། །ཡོད་མེད་ལ་སོགས་པའི་མུ་བཞི་པོ་བཀག་པར་གསུང་པ་ཁོ་ན་ཡོད་པའི་ཕྱིར་རོ། །རྩ་ཤེ་ལས། རྟག་དང་མི་རྟག་ལ་སོགས་བཞི། །ཞི་བ་འདི་ལ་ག་ལ་ཡོད། །མཐའ་དང་མཐའ་མེད་ལ་སོགས་བཞི། །ཞི་བ་འདི་ལ་ག་ལ་ཡོད། །གང་གིས་དེ་བཞིན་གཤེགས་ཡོད་ཅེས། །འཛིན་པ་སྟུག་པོས་གཟུང་གྱུར་པ། །དེ་ནི་མྱ་ངན་འདས་པ་ལ། །མེད་ཅེས་རྣམ་རྟོག་རྟོག་པར་བྱེད། །རང་བཞིན་གྱིས་ནི་སྟོང་དེ་ལ། །སངས་རྒྱས་མྱ་ངན་འདས་ནས་ནི། །ཡོད་དོ་ཞེས་སམ་མེད་དོ་ཞེས། །བསམ་པ་འཐད་པ་ཉིད་མི་འགྱུར། །ཞེས་གསུངས་པའི་ཕྱིར་རོ། །གཞན་ཡང་དེ་ཉིད་ལས། བཅོམ་ལྡན་མྱ་ངན་འདས་གྱུར་ནས། །ཡོད་པར་མི་མངོན་དེ་བཞིན་དུ། །མེད་དོ་ཞེའམ་གཉིས་ཀ་དང་། །གཉིས་མིན་ཞེས་ཀྱང་མི་མངོན་ནོ། །བཅོམ་ལྡན་བཞུགས་པར་གྱུར་ན་ཡང་། །ཡོད་པར་མི་མངོན་དེ་བཞིན་དུ། །མེད་དོ་ཞེའམ་གཉིས་ཀ་དང་། །གཉིས་མིན་ཞེས་ཀྱང་མི་མངོན་ནོ། །ཞེས་གསལ་བར་བཤད་པའི་ཕྱིར་རོ། །

འདིར་དཔྱད་དགོས་པའི་དགོས་པ་ནི། མཁས་གྲུབ་དགེ་ལེགས་དཔལ་བཟང་པོའི་སྐལ་བཟང་མིག་འབྱེད་ལས། འདི་འདྲ་བའི་འཁྲུལ་པ་རྣམས་ནི། ཡོད་ཅེས་བྱ་བ་རྟག་པར་ལྟ། །ཞེས་བྱ་བ་ལ་སོགས་པའི་ལུང་དོན་མ་གོ་བའི་དབང་གིས་བྱུང་བ་ཡིན་པས་བཤད་པར་བྱ་སྟེ། དེ་ཡང་ཡོད་པ་དང་ཡོད་པའི་མཐའ་དང་མེད་པ་དང་མེད་པའི་མཐའི་ཁྱད་པར་ཆེན་པོ་མ་རིག་པར་ཡོད་པ་གང་ཡིན་ཡོད་པའི་མཐར་གཟུང་བས་རིང་དུ་འཁྲུམས་པ་ཡིན་ནོ། །ཞེས་སོགས་བཤད་ཅིང་། སྤྱིར་དབུ་མའི་སྐབས་འགའ་ཞིག་གི་གནད་སྙིང་པོར་དྲིལ་ན་ཡང་འདི་ལྟར་མཐོང་སྟེ། རྟེན་འབྲེལ་གྱི་རྟགས་ལས་ཆོས་ཐམས་ཅད་བདེན་མེད་དུ་རྟོགས་ནས་ཆོས་ཐམས་ཅད་བདེན་མེད་ཡིན་སྙམ་དུ་ཞེན་པའི་ངེས་ཤེས་འདི་ཆོས་ཅན། རྟག་པའི་མཐར་འཛིན་དང་ཆད་པའི་མཐར་འཛིན་གཉིས་ཀྱི་ནྲུས་ཕྱེ་བའི་རྟག་པའི་མཐར་འཛིན་ཡིན་པར་ཐལ། ཡོད་པའི་མཐར་འཛིན་དང་མེད་པའི་མཐར་འཛིན་གཉིས་ཀྱི་ནྲུས་ཕྱེ་བའི་ཡོད་པའི་མཐར་འཛིན་ཡིན་པའི་ཕྱིར། རྟགས་ཁས་བླངས་ཏེ། ཁྱོད་ཀྱི་དབུ་མའི་ལྟ་བ་ལ་བདེན་པ་ཡོད་མེད་ལ་སོགས་པའི་མུ་གང་དུ་ཡང་མི་འཛིན་པ་ཞིག་དགོས་པའི་ཕྱིར། རྩོད་གཞི་དེ་ཆོས་ཅན། ཁྱོད་གང་དག་རང་བཞིན་གྱིས་ཡོད་པ། །དེ་ནི་མེད་ཉིད་མིན་པས་རྟག །ཞེས་པའི་དངོས་བསྟན་གྱི་རྟག་ལྟ་ཡིན་པར་ཐལ། འདོད་པའི་ཕྱིར། འདོད་མི་ནུས་ཏེ། ཆོས་ཐམས་ཅད་བདེན་མེད་དུ་རྟོགས་པའི་གང་ཟག་གི་རྒྱུད་ཀྱི་ཤེས་པ་ཡིན་པའི་ཕྱིར། ཁྱབ་སྟེ། རྟག་ཆད་ཀྱི་ལྟ་བ་གཉིས་པོ་གང་རུང་ཡིན་ན། བདེན་འཛིན་དང་བདེན་འཛིན་གྱི་རྩ་བ་ཅན་གང་རུང་ཡིན་དགོས་ཀྱི། བདེན་མེད་རྟོགས་པའི་རྒྱུད་ལ། རྟག་ཆད་ཀྱི་ལྟ་བ་འབྱུང་བའི་གོ་སྐབས་མེད་པའི་ཕྱིར། གལ་ཏེ་དེ་ཆད་པའི་མཐར་འཛིན་ཡིན་ན་ཡང་སྐྱོན་སྔ་མ་དེ་ཉིད་དུ་འགྱུར་རོ། །གལ་ཏེ་ཆོས་ཐམས་ཅད་ལ་བདེན་འཛིན་གྱིས་སྒྲོ་འདོགས་ཆོད་པའི་གང་ཟག་གི་རྒྱུད་ལ་རྟག་ཆད་ཀྱི་ལྟ་བ་གང་ཡང་མེད་དོ་སྙམ་ན། མཐའ་བཞིའི་དང་པོ་ཁེགས་ན་མཐའ་ཕྱི་མ་གསུམ་ཡང་ཁེགས་པས་ཁྱབ་པར་ཐལ་བ་དང་། བར་དུ་བདག་ཟློག་པའི་གནས་སྐབས་ཀྱི་ལྟ་བ་སྐྱེས་ན། ཐ་མར་ལྟ་བ་ཀུན་ཟློག་པའི་གནས་སྐབས་ཀྱི་ལྟ་བ་རྒྱུད་ལ་སྐྱེས་པས་ཁྱབ་པར་འགྱུར་རོ་ཞེ་ན། འདི་ལ་མཁས་པ་ཤཱཀྱ་མཆོག་ལྡན་དང་། སྒྲ་པ་ཤེར་རིན་སོགས། རི་བོ་དགེ་ལྡན་པའི་ལྟ་བ་དེ་བར་དུ་བདག་ཟློག་གི་གནས་སྐབས་ཀྱི་ལྟ་བ་ཙམ་ཡིན་ཀྱང་། ཐ་མར་ལྟ་བ་ཀུན་ཟློག་གི་གནས་སྐབས་ཀྱི་ལྟ་བ་མིན་ཞེས་པ་ལྟ་བུ་ཞིག་བཞེད་པར་སྣང་ཡང་། དབུ་མའི་ལྟ་བའི་རིམ་པ་གཉིས་བཤད་པ་ལྟ་བུ་དེ་དང་མཐུན་པའི་ལེགས་བཤད་ཆེན་པོ་ཡིན་མོད། འོན་བར་དུ་བདག་ཟློག་གི་གནས་སྐབས་ཀྱི་ལྟ་བ་དེ། དབུ་མའི་ལྟ་བ་ཡིན་ནམ་དངོས་སྨྲ་བའི་ལྟ་བ་གང་ཡིན་ཞེས་དཔྱད་ན་དཀའ་བའི་གནས་སུ་འགྱུར་ཏེ༑ མཐའ་བཞིའི་སྤྲོས་པ་མ་ཁེགས་པས་དབུ་མའི་ལྟ་བ་མ་ཡིན། དངོས་འཛིན་གྱི་སྒྲོ་འདོགས་ཆོད་པས་དངོས

སྨྲ་བའི་ལྟ་བ་ཡང་མ་ཡིན་པའི་ཕྱིར་རོ། །ཁོ་བོ་ནི་འདི་ལྟར་སེམས་ཏེ། དབུ་མའི་ལྟ་བ་འདི་ལ་ཞིབ་ཏུ་བརྟགས་ན༑ ཐར་པ་ཙམ་གྱི་རྒྱུར་གྱུར་པའི་དབུ་མའི་ལྟ་བ་དང་། ཐམས་ཅད་མཁྱེན་པ་ཐོབ་བྱེད་ཀྱི་དབུ་མའི་ལྟ་བ་གཉིས་ཡོད་པར་མཐོང་སྟེ། བར་དུ་བདག་ནི་ཟློག་པ་དང་། །ཞེས་དང་། སྟོང་ཉིད་བག་ཆགས་གོམས་པ་ཡིས། །ཞེས་དང་། རིགས་པ་གང་གིས་ཡོད་ཉིད་ཀྱང་། །ཟློག་པར་འགྱུར་བ་མཉན་པར་གྱིས། །ཞེས་སོགས་ཀྱི་སྐབས་ཀྱི་ལྟ་བ་ནི། དངོས་སྨྲ་བ་ལས་འདས་པའི་དབུ་མའི་ལྟ་བ་ཡིན་ཞིང་། ཐེག་པ་གསུམ་གྱི་བྱང་ཆུབ་ཐོབ་པ་ལ་ལྟ་བ་འདི་མེད་མི་རུང་ཁོན་ཡིན་ལ། ཐམར་ལྟ་བ་ཀུན་ཟློག་པ། །ཞེས་དང་། ཅི་ཡང་མེད་ཅེས་གོམས་པ་ལས། །ཞེས་དང་། བདག་མེད་འགག་མེད་ཅེས་ཀྱང་བསྟན། །ཞེས་པའི་སྐབས་ཀྱི་ལྟ་བ་ནི། མཐའ་བཞིའི་སྤྲོས་བྲལ་གྱི་དབུ་མའི་ལྟ་བ་ཡིན་ཞིང་། ཐེག་པ་དམན་པའི་བྱང་ཆུབ་ཐོབ་པ་ལ་ལྟ་བ་འདི་མི་དགོས་མོད། ཐེག་ཆེན་གྱི་བྱང་ཆུབ་ཐོབ་པ་ལ་ལྟ་བ་འདི་མེད་དུ་མི་རུང་བ་ཡིན་ནོ། །

འོ་ན་ལྟ་བ་འདི་གཉིས་ཀྱི་ཁྱད་པར་ནི་གང་། འདི་ལ་ཤེས་བྱེད་ཀྱི་ལུང་རིགས་ཇི་ལྟར་ཡོད་སྙམ་ན། བཤད་པར་བྱ་སྟེ། ཆོས་ཐམས་ཅད་བདེན་མེད་དུ་རྟོགས་ནས་རྟག་ཆད་ཀྱི་མཐའ་གཉིས་དང་བྲལ་ཙམ་གྱི་ལྟ་བ་འདི་ནི། ཐེག་པ་གསུམ་ཐུན་མོང་བའི་དབུ་མ་པའི་ལྟ་བ་སྟེ། ཆོས་ཐམས་ཅད་བདེན་མེད་དུ་ལྟ་བ་འདི་རྒྱུད་ལ་མ་སྐྱེས་ན། ཉོན་མོངས་པའི་འཆིང་བ་ལས་གྲོལ་བར་མི་ནུས་ཏེ། རིགས་པ་དྲུག་ཅུ་པ་ལས། དངོས་པོར་ཁས་ལེན་ཡོད་ན་ནི། །འདོད་ཆགས་ཞེ་སྡང་འབྱུང་བ་ཡི། །ལྟ་བ་མི་བཟད་མ་རུངས་འབྱུང་། །དེ་ལས་བྱུང་བའི་རྩོད་པར་འགྱུར། །ཞེས་དང་། རིན་ཆེན་འཕྲེང་བ་ལས། ཇི་སྲིད་ཕུང་པོར་འཛིན་ཡོད་པ། །དེ་སྲིད་དེ་ལ་ངར་འཛིན་ཡོད། །ཅེས་སོགས་དང་། རྩ་ཤེ་ལས། གང་དག་རང་བཞིན་གྱིས་ཡོད་པ༑ །དེ་ནི་མེད་ཉིད་མིན་པས་རྟག །སྔོན་བྱུང་ད་ལྟར་མེད་ཅེས་པ། །དེ་ནི་ཆད་པར་ཐལ་བར་འགྱུར། །ཞེས་སོགས་ཀྱི་གནད་བསྡུས་ན། དངོས་པོ་བདེན་འཛིན་དེ། རྟག་ཆད་ཀྱི་ལྟ་བའི་རྩ་བ་དང་། ལྟ་བ་དེ་ལས་ཆགས་སོགས་ཉོན་མོངས་འབྱུང་ཞིང་། དངོས་པོ་བདེན་མེད་དུ་རྟོགས་ན། རྟག་ཆད་ཀྱི་ལྟ་བ་ལས་གྲོལ་བས་ཆགས་སོགས་ཉོན་མོངས་སྤོང་ནུས་ཤིང་། དེ་མ་རྟོགས་ན་དེ་སྤོང་མི་ནུས་པར་གསལ་བར་བསྟན་ཅིང་། ཆོས་ཐམས་ཅད་བདེན་མེད་དུ་རྟོགས་པའི་སྟེང་དུ་གཉིས་སྣང་གི་སྤྲོས་པ་ཐམས་ཅད་ལས་གྲོལ་བའི་ལྟ་བ་འདི་ནི། ཐེག་ཆེན་ཐུན་མོང་པའི་དབུ་མའི་ལྟ་བ་སྟེ། ཐམར་ལྟ་བ་ཀུན་ཟློག་པའི་སྐབས་ཀྱི་གཞུང་། ཡོད་མིན་མེད་མིན་ཡོད་མེད་མིན། །ཞེས་སོགས་ཀྱི་གནད་བསྡུས་ན་མུ་བཞི་པོ་གང་རུང་དུ་འཛིན་པའི་གཉིས་སྣང་གི་མཚན་མ་ཙུང་ཟད་གཅིག་བྱུང་ན་ཡང་ཐེག་ཆེན་བྱང་ཆུབ་ཐོབ་མི་ནུས་པར་བཤད་པའི་ཕྱིར་རོ། །དེས་ལྟ་བ་འདི་གཉིས་ཀྱི་ཁྱད་པར་ནི། མཐར་འཛིན་གྱི་སྤྲོས་པ་མེད་

ཙམ་དུ་མཚུངས་ཀྱང་། གཉིས་སྣང་ངམ་མཚན་མའི་སྤྲོས་པ་ཙུང་ཟད་ཡོད་མེད་ཀྱི་སྒོ་ནས་ཕྱེ་ལ། གནད་དེས་ན། མཐའ་བཞི་ལས་ནི་རྣམ་གྲོལ་བ། །ཞེས་པའི་མཐའ་ཕྱི་མ་གཉིས་ནི། གཉིས་སྣང་གི་མཚན་མ་ལ་མཐར་འཛིན་གྱི་མིང་བཏགས་པ་ཡིན་གྱི་མཐར་འཛིན་མཚན་ཉིད་པ་མ་ཡིན་ཏེ། རྟག་ཆད་ཀྱི་ལྟ་བ་གང་ཡང་མ་ཡིན་པའི་ཕྱིར་རོ་ཞེས་ཁོ་བོ་སྨྲ་བའི་ཕྱིར་རོ། །དེས་ན་རི་བོ་དགེ་ལྡན་པའི་ལྟ་བ་དེ་ཡང་ལྟ་བའི་རིམ་པ་གཉིས་བཤད་པའི་སྔ་མའི་ཁོངས་སུ་གཏོགས་པའི་ལྟ་བ་མཚན་ཉིད་པ་ཡིན་ལ། ཕྱི་མའི་ཁོངས་སུ་གཏོགས་པའི་མཐར་ཐུག་ལྟ་བ་དེ་ནི་མ་ཡིན་ནོ་ཞེས་ཁོང་དུ་ཆུད་པར་བྱའོ། །དབུ་མའི་ལྟ་བ་ལ་རིམ་པ་གཉིས་སུ་ཕྱེ་བ་ནི། ཐ་སྙད་སྟོན་ཆད་མ་གྲགས་པས་ཐོས་ཆུང་གི་བློ་ཡུལ་དུ་མི་ཤོང་ཡང་། དོན་དབུ་མའི་གཞུང་ལུགས་ན་གསལ་བར་བཞུགས་པས། འདི་ལས་གཞན་དུ་སྨྲ་བ་པོ་མེད་དོ་སྙམ་དུ་ཁོ་བོས་སེམས་སོ། །དེ་ཡང་ལྟ་བའི་རིམ་པ་གཉིས་པ་དེ་ལས། སྔ་མ་ཁོ་ན་མཆོག་ཏུ་གཟུང་བའི་མཁས་རློམ་དག་གིས་ནི། ཐ་མར་ལྟ་བ་ཀུན་ཟློག་པའི་ལུང་རིགས་ཀྱི་གནད་རྒྱུང་རིང་དུ་དོར་བར་སྣང་ཞིང་། རིམ་པ་སྔ་མ་དེ་དབུ་མའི་ལྟ་བ་མིན་པར་བཞེད་པ་དག་གིས་ནི། ལྟ་བ་སྔ་མ་དེ་རྟག་ཆད་ཀྱི་མཐའ་ལས་གྲོལ་ཚུལ་གྱི་གནད་ལ་ཐུགས་གཞིབ་ཙུང་ཟད་མ་ཆུད་པར་སྣང་ངོ་། །

གཉིས་པ་བདེན་པ་བཀག་ཙམ་མཐར་ཐུག་ཡིན་པ་དགག་པ་ནི། རྟེན་འབྲེལ་ལ་སོགས་པའི་རྟགས་ལས་ཆོས་ཐམས་ཅད་བདེན་པར་གྲུབ་པ་བཀག་པའི་མེད་དགག་ཆོས་ཅན། ཁྱོད་ལ་མཐར་ཐུག་དབུ་མའི་ལྟ་བར་ཞེན་པ་ནི། མཁས་པའི་རྣམ་འགྱུར་མ་ཡིན་ཏེ། ཁྱོད་ལ་དེར་ཞེན་པ་ལ་ཐ་མར་ལྟ་བ་ཀུན་ཟློག་པའི་གནས་སྐབས་ཀྱི་སྟོར་བཤད་པའི་ཡིད་ཆེས་ཀྱི་ལུང་གིས་གནོད་པའི་ཕྱིར་དང་། རྒྱུད་ལས། མིང་སོགས་བྲལ་བའི་ཆོས་རྣམས་ལ། །དེར་རྟོག་པ་དེ་བཅུ་གཅིག་པ། །ཞེས་རྒྱ་བའི་ལྟུང་བར་གསུངས་པའི་ཡང་ཕྱིར་རོ། །དེས་ན་འཕགས་པ་ལྷས། བསོད་ནམས་མིན་པ་དང་པོར་ཟློག །བར་དུ་བདག་ནི་ཟློག་པ་དང་། །ཐ་མར་ལྟ་བ་ཀུན་ཟློག་པ། །གང་གིས་ཤེས་དེ་མཁས་པ་ཡིན། །ཞེས་རིམ་པ་གསུམ་བཤད་པའི་རིམ་པ་དང་པོའི་ཚེ་དབུ་མའི་ལྟ་བ་བསྟན་པ་མེད་དེ། དབུ་མའི་ལྟ་བའི་སྣོད་དུ་མ་གྱུར་པའི་ཕྱིར་རོ། །གཉིས་པའི་ཚེ་ཐེག་ཆེན་དང་ཐུན་མོང་བའི་དབུ་མའི་ལྟ་བ་ཞིག་བསྟན་ཏེ། སྲིད་པའི་རྩ་བར་གྱུར་པའི་ཕུང་པོ་བདེན་འཛིན་འཇོམས་པའི་ཕྱིར་ཆོས་ཐམས་ཅད་བདེན་མེད་དུ་བསྟན་པའི་ཕྱིར་རོ། །འདི་ཉིད་དབུ་མའི་ལྟ་བ་ཡིན་ཏེ། རྟག་ཆད་ཀྱི་མཐའ་གཉིས་དང་བྲལ་བའི་ལྟ་བ་ཡིན་པས། སྙིང་རྗེའི་སེམས་དང་གཉིས་སུ་མེད་བློ་དང་། །ཞེས་པའི་སྐབས་ཀྱི་གཉིས་མེད་ཀྱི་བློ་ཡིན་པའི་ཕྱིར་དང་། རིགས་པ་དྲུག་ཅུ་པ་ལས། གང་དག་གི་བློ་ཡོད་མེད་ལས། །རྣམ་པར་འདས་ཤིང་མི་གནས་པ། །དེ་དག་གིས་ནི་རྐྱེན་གྱི་དོན། །ཟབ་མོ་དམིགས་མེད་རྣམ་པར་རྟོགས། །ཞེས་པས་བསྟན་པའི་ཡོད་

མེད་ཀྱི་མཐའ་གཉིས་ལས་འདས་པའི་དམིགས་མེད་ཀྱི་ལྟ་བ་དེ་ཡང་ཡིན་པའི་ཕྱིར་རོ། །འདི་ཉིད་ཐེག་ཆེན་ཐུན་མོང་མ་ཡིན་པའི་དབུ་མའི་ལྟ་བ་མཐར་ཐུག་པ་ནི་མ་ཡིན་ཏེ། མུ་བཞིའི་འཛིན་པ་ལས་གྲོལ་བའི་ལྟ་བ་མ་ཡིན་པའི་ཕྱིར་རོ། །འདི་ཉིད་ཐེག་པ་ཐུན་མོང་བའི་ལྟ་བ་ཡིན་པའི་གནད་ཀྱིས། ཉན་རང་དགྲ་བཅོམ་དང་། བྱང་སེམས་ས་དྲུག་པ་མན་ཆད་ལྟ་བ་ལ་ཁྱད་པར་ཆེར་མེད་པའི་ཕྱིར་ན། དེ་མན་ཆད་དུ་དེ་དག་བློའི་སྟོབས་ཀྱིས་ཟིལ་གྱིས་གནོན་མི་ནུས་པར་བཤད་པའི་གནད་དམ་པ་དེ་ཉིད་ཡིན་པའི་ཕྱིར་རོ། །རིམ་པ་གསུམ་པའི་ཚེ་མུ་བཞི་གང་རུང་གི་འཛིན་པ་མཐའ་དག་ལས་གྲོལ་བའི་མཐར་ཐུག་གི་དབུ་མའི་ལྟ་བ་བསྟན་པ་ཡིན་ལ། ལྟ་བ་འདི་ས་བདུན་པ་ནས་མངོན་དུ་གྱུར་པའི་གནད་ཀྱིས། ས་བདུན་པ་ནས་ཉན་རང་བློ་སྟོབས་ཀྱིས་ཟིལ་གྱིས་གནོན་ནུས་པར་བཤད་པའི་ལེགས་བཤད་ཀྱི་སྙིང་པོ་ཕོ་བོས་རྟོགས་པ་འདི་ཤེས་ལྡན་དག་དགའ་སྟོན་མཛོད་ཅིག །

གསུམ་པ་ཐེག་གསུམ་ལྟ་བ་ཁྱད་པར་མེད་པ་དགག་པ་ནི། ཁྱེད་ཐེག་པ་གསུམ་གྱི་འཕགས་པ་ལ་ལྟ་བ་ཁྱད་པར་གཏན་ནས་མེད་པར་འདོད་ན། དེ་ཉིད་བྱམས་པའི་ལུང་དང་འགལ་ཏེ། མི་ཕམ་མགོན་པོས་ཐེག་པ་གསུམ་ལ་བདག་མེད་རྟོགས་པའི་ལྟ་བ་རིམ་པ་གསུམ་དང་། ཐེག་ཆེན་སྦྱོར་མཐོང་སྒོམ་པ་དམན་པའི་སྦྱོར་མཐོང་སྒོམ་གསུམ་ལས་ལྟ་བས་ཁྱད་པར་འཕགས་ཚུལ་མངོན་རྟོགས་རྒྱན་ལས་གསུངས་པ་དང་འགལ་བ་གང་ཞིག །མངོན་རྟོགས་རྒྱན་ཐལ་འགྱུར་བའི་གཞུང་དུ་ཁས་བླངས་ནས། རྒྱན་དང་ཀླུ་སྒྲུབ་ཀྱི་རིགས་ཚོགས་དགོངས་པ་གཅིག་པར་ཁྱེད་ཀྱིས་སྨྲས་པའི་ཕྱིར་རོ། །རྒྱན་ལས་ཇི་ལྟར་གསུངས་ན། སྐབས་གཉིས་པར་ཉན་ཐོས་ཀྱི་གང་ཟག་གིས་བདག་མེད་ཀྱི་ལྟ་བ་ཙམ་རྟོགས་ཤིང་། རང་རྒྱལ་གྱིས་དེའི་སྟེང་དུ་གཟུང་བ་ཆོས་ཀྱི་བདག་མེད་ཀྱི་ལྟ་བ་རྟོགས་པ་དང་། ཐེག་ཆེན་པས་དེའི་སྟེང་དུ་འཛིན་པ་ཆོས་ཀྱི་བདག་མེད་ཀྱི་ལྟ་བ་ཡང་རྟོགས་པར་བཤད་པའི་ཕྱིར་དང་། སྐབས་དང་པོར། དམིགས་པ་དང་ནི་རྣམ་པ་དང་། །ཞེས་སོགས་ཀྱིས་ཐེག་ཆེན་གྱི་སྦྱོར་ལམ་དེ། མི་རྟག་ལ་སོགས་བཅུ་དྲུག་ལ་མངོན་ཞེན་བཀག་པའི་སྒོ་ནས་ཐེག་དམན་སྦྱོར་ལམ་ལས་ཁྱད་པར་འཕགས་པར་བསྟན། འགོག་པ་མེད་པའི་རང་བཞིན་ལ། །མཐོང་ཞེས་བྱ་བའི་ལམ་གྱིས་ནི། །ཞེས་སོགས་ཀྱིས། ཐེག་ཆེན་མཐོང་ལམ་གྱི་བསལ་གཞག་དང་བྲལ་བའི་ཆོས་ཉིད་མངོན་སུམ་དུ་རྟོགས་པའི་སྒོ་ནས་ཐེག་དམན་མཐོང་ལམ་ལས་ཁྱད་པར་འཕགས་པར་བསྟན། སྒོམ་པའི་ལམ་ནི་ཟབ་པ་སྟེ། །ཞེས་སོགས་ཀྱིས། ཐེག་ཆེན་སྒོམ་ལམ་དེས་སྒྲོ་སྐུར་དང་བྲལ་བའི་སྟོང་ཉིད་མངོན་སུམ་དུ་རྟོགས་པའི་སྒོ་ནས་ཐེག་དམན་སྒོམ་ལམ་ལས་ཁྱད་པར་འཕགས་པར་བསྟན་པའི་ཕྱིར་རོ། །

འདི་ལ་རི་བོ་དགེ་ལྡན་པས། རྒྱུན་ལས་ཉན་རང་ལ་ཆོས་ཀྱི་བདག་མེད་མ་རྟོགས་པར་བཤད་པ་ནི། ཐྲ་བའི་ཆོས་ཀྱི་བདག་མེད་སྟོན་པའི་སྣོད་དུ་མ་གྱུར་པའི་གདུལ་བྱའི་དབང་དུ་བྱས་པའི་དྲང་དོན་ལྟ་བུ་ཡིན་གྱི། དོན་ལ་རྒྱུན་གྱི་དགོངས་པ། ཉན་རང་ལ་ཆོས་ཀྱི་བདག་མེད་རྟོགས་སོ་ཞེས་རྒྱ་ཆེར་གྲགས་པ་ནི་ཤིང་རྟའི་སྲོལ་ཆེན་པོ་གཉིས་དགོངས་པ་སོ་སོར་འབྱེད་མ་ཤེས་པའི་རྣམ་འགྱུར་ཡིན་ཏེ། འཕགས་པའི་གང་ཟག་ཐམས་ཅད་ཀྱིས། ཆོས་ཀྱི་བདག་མེད་དང་། རྟེན་འབྲེལ་གྱི་གནད་དང་། རྟེན་འབྲེལ་གྱི་ཆོས་ཉིད་དང་། བདེ་གཤེགས་སྙིང་པོ་དང་། དེ་བཞིན་གཤེགས་པའི་རང་བཞིན་དང་། ཆོས་ཐམས་ཅད་བདེན་མེད་ཡིན་པ་སོགས་མངོན་སུམ་དུ་རྟོགས་པ་ལ་ཁྱད་པར་མེད་པ་ཀླུ་སྒྲུབ་ཡབ་སྲས་ཀྱི་ཤིང་རྟའི་སྲོལ་ལས་བྱུང་བ་དང་། ཐེག་ཆེན་འཕགས་པ་དང་ཐེག་དམན་འཕགས་པ་ལ་དེ་དག་མངོན་སུམ་དུ་རྟོགས་མ་རྟོགས་སོ་སོར་ཕྱེ་བ་ནི་ཐོགས་མེད་སྐུ་མཆེད་ཀྱི་ཤིང་རྟའི་སྲོལ་ལས་བྱུང་བ་ནི། རྣམ་དཔྱོད་ཀྱི་མིག་སྒྲོན་མེད་ཀྱིས་ལྟ་དུས་གསལ་བར་མཐོང་བའི་ཕྱིར་རོ། །གཞན་ཡང་ཁྱེད་ཐེག་པ་གསུམ་ལ་ལྟ་བ་ཁྱད་མེད་དུ་འདོད་པ་དེ། ཀླུ་སྒྲུབ་རྗེས་འབྲང་དང་བཅས་པའི་ལུང་དང་ཡང་འགལ་ཏེ། ཀླུ་སྒྲུབ་ཞབས་ཀྱིས། མཚན་མ་མེད་པ་མ་རྟོགས་པར། ཁྱོད་ཀྱིས་ཐར་པ་མེད་པར་གསུངས། །ཞེས་སོགས་ལས། ཐེག་གསུམ་ལ་མཚན་མེད་ནི་ཚང་བར་རྟོགས་པ་དང་མ་རྟོགས་པའི་ཁྱད་པར་གསུངས་ཤིང་དཔལ་ལྡན་ཟླ་བས་ཀྱང་། འཇུག་པ་རང་འགྲེལ་ལས་འཁོར་གསུམ་མ་དམིགས་པའི་ཤེས་རབ་དང་། བསམ་གྱིས་མི་ཁྱབ་པའི་ཆོས་ཉིད་རྟོགས་མ་རྟོགས་སོགས་ལྟ་བའི་ཁྱད་པར་གསུངས་པ་དང་འགལ་བའི་ཕྱིར་རོ། །ལུང་གི་གནོད་པར་མ་ཟད་ཐེག་གསུམ་ལྟ་བ་ཁྱད་པར་མེད་པ་ལ་རིགས་པས་ཀྱང་གནོད་པ་སྟེ། ཐེག་པ་དམན་པའི་མཐོང་ལམ་ཉིད་ནས་ཆོས་ཅན། བདེ་གཤེགས་སྙིང་པོ་མངོན་སུམ་དུ་མཐོང་བར་འགྱུར་བར་ཐལ། ཆོས་དབྱིངས་མངོན་སུམ་དུ་མཐོང་བའི་ཕྱིར། རྟགས་དངོས་སོ། །འདོད་ན་ཐེག་ཆེན་འཕགས་པ་ཆོས་ཅན། ཁྱོད་ལས་ཉོན་ལས་བྱུང་བའི་སྐྱེ་རྒ་ན་འཆི་སོགས་ལས་འདས་པར་འགྱུར་ཞིང་སྐྱེ་འགྱུར་བར་ཐལ། ཁྱེད་བདེ་གཤེགས་སྙིང་པོ་མངོན་སུམ་དུ་མཐོང་བའི་གང་ཟག་ཡིན་པའི་ཕྱིར། ཁྱབ་པ་ཚད་མས་གྲུབ། རྟགས་དངོས་སོ། །གཞན་ཡང་ཉན་རང་འཕགས་པ་ཆོས་ཅན། ཁྱོད་ཀྱིས་བདེ་གཤེགས་སྙིང་པོ་མངོན་སུམ་དུ་མི་མཐོང་བར་ཐལ། ཁྱོད་ཀྱིས་དེ་མངོན་སུམ་དུ་མཐོང་ན། ཁྱོད་བདེ་གཤེགས་སྙིང་པོ་མངོན་སུམ་དུ་ལྟ་བ་ལ་མིག་དང་མིག་ལྡན་པའི་གང་ཟག་ཏུ། བཀའ་ཐ་མའི་མདོ་འགའ་ཞིག་དང་། དེའི་དགོངས་འགྲེལ་རྒྱུད་བླ་དང་། དེའི་འགྲེལ་པ་ཐོགས་མེད་ཞབས་ཀྱི་འགྲེལ་ཆེན་དུ་གསུངས་པ་དང་འགལ་བའི་ཕྱིར། ཁྱབ་སྟེ། ལུང་དེ་དག་ཀླུ་སྒྲུབ་ཀྱི་དགོངས་པ་དང་བསྲེས་ནས་ཁྱོད་ཀྱིས་ཚད་མར་ཁས་བླངས་པའི་ཕྱིར་རོ། །དེ་ཡང་དེ་དག་ལས་ཇི་ལྟར་གསུངས་ན། མདོ་

ལས། བཅོམ་ལྡན་འདས་དེ་བཞིན་གཤེགས་པའི་སྙིང་པོ་འདི་ནི་འཇིགས་ཚོགས་ལ་ལྟ་བར་ལྷུང་བ་རྣམས་དང་། ཕྱིན་ཅི་ལོག་ལ་མངོན་པར་དགའ་བ་རྣམས་དང་། སྟོང་པ་ཉིད་ལ་སེམས་རྣམ་པར་གཡེང་བ་རྣམས་ཀྱི་སྤྱོད་ཡུལ་མ་ལགས་སོ་ཞེས་དང་། རྒྱུད་བླ་ལས། ཉི་མའི་དཀྱིལ་འཁོར་འོད་འབར་བ། །མིག་མེད་པས་ནི་མཐོང་བ་མེད། །ཅེས་དང་། ཐོགས་མེད་འགྲེལ་ཆེན་ལས། མདོར་བསྡུས་ན་གང་ཟག་བཞི་པོ་འདི་ནི་དེ་བཞིན་གཤེགས་པའི་སྙིང་པོ་མཐོང་བ་ལ་མིག་དང་མི་ལྡན་པར་རྣམ་པར་བཞག་སྟེ། བཞི་གང་ཞེ་ན། སོ་སོ་སྐྱེ་བོ་དང་། ཉན་ཐོས་དང་། རང་སངས་རྒྱས་དང་། ཐེག་པ་ལ་གསར་དུ་ཞུགས་པའི་བྱང་ཆུབ་སེམས་དཔའ་སྟེ། ཞེས་ལམ་མ་ཞུགས་པའི་སོ་སྐྱེ་དང་། ཉན་རང་དང་ཐེག་ཆེན་སོ་སྐྱེ་སྟེ་གང་ཟག་དེ་བཞི་སྙིང་པོ་མངོན་སུམ་དུ་མཐོང་བའི་མིག་ལྡན་མིན་པར་མངོན་སུམ་དུ་གསལ་བར་བཤད་པས་སོ། །

གཞན་ཡང་ཐོགས་མེད་འགྲེལ་ཆེན་ལས། འདོད་ཆེན་པ་དང་མུ་སྟེགས་དང་ཉན་ཐོས་དང་རང་སངས་རྒྱས་ཏེ་དེ་དག་ལ་ཡང་དེ་བཞིན་གཤེགས་པའི་ཁམས་མི་རྟོགས་པ་དང་མངོན་སུམ་དུ་བྱེད་པར་མི་འགྱུར་བའི་སྒྲིབ་པ་འདི་བཞི་ཡང་དག་པར་གནས་སོ། །ཞེས་པས་དེ་བཞིན་གཤེགས་པའི་སྙིང་པོ་མངོན་སུམ་དུ་མ་མཐོང་བར་བཤད་པ་ལ་བསྒྲོན་དུ་མེད་མོད། འདི་ལ་སྐལ་བཟང་མིག་འབྱེད་ལས། འགྲེལ་ཆེན་གྱི་ལུགས་སྟ་མ་དེའི་དོན། གང་ཟག་གི་བདག་མེད་ཕྲ་བ་མ་རྟོགས་པའི་ཉན་རང་དང་། ཆོས་ཀྱི་བདག་མེད་ཕྲ་བ་མ་རྟོགས་པའི་བྱང་སེམས་ཀྱིས་དེ་མ་རྟོགས་པའི་དོན་ཡིན་ནོ་ཞེས་ཀྱོགས་བཤད་མཛད་པ་ནི། གཞུང་དེའི་དོན་མ་ཡིན་ཏེ། དེ་ལྟར་ན་ཆོས་ཀྱི་སྐུ་ལ་ཕྱིན་ཅི་ལོག །རྣམ་པ་བཞི་ལས་ལྡོག་པ་ཡི། །གཉེན་པོས་རབ་ཏུ་ཕྱེ་བ་ཉིད། །ཅེས་པའི་སྐབས་ཀྱི་རྟག་སོགས་ཕྱིན་ཅི་ལོག་བཞིའི་གཉེན་པོ། མི་རྟག་སོགས་ཕྱིན་ཅི་མ་ལོག་པ་བཞི་སྒོམ་པའི་ཉན་རང་དེ་ཡང་། གང་ཟག་གི་བདག་མེད་ཕྲ་བ་མ་རྟོགས་པའི་ཉན་རང་སོ་སྐྱེ་ཁོ་ན་ལ་བྱེད་དགོས་ལ། དེ་ལྟར་ན་སོ་སོ་སྐྱེ་བོ་ཕྱིན་ཅི་ལོག །བདེན་པ་མཐོང་བ་བཟློག་པ་སྟེ། །ཞེས་པའི་སྐབས་ཀྱི་བདེན་པ་མཐོང་བའི་ཉན་རང་དེ་ཡང་ཉན་རང་སོ་སྐྱེ་ཁོ་ན་ལ་བྱེད་དགོས་པར་ཐལ་བའི་སྐྱོན་ཡོད་པའི་ཕྱིར་རོ། །ལུང་ཕྱི་མའི་དོན། འདོད་ཆེན་པ་སོགས་བཞིས་དྲི་མ་མེད་པའི་ཁམས་མངོན་སུམ་དུ་མ་རྟོགས་པ་ལ་ཀྱོག་བཤད་མཛད་པའང་ལུང་དོན་མ་ཡིན་ཏེ༑ དེ་ལྟར་ན་འཕགས་པ་རྣམས་ཀྱིས་དྲི་མེད་ཀྱི་ཁམས་མངོན་སུམ་དུ་མཐོང་བར་ཐལ་བའི་སྐྱོན་ཡོད་པའི་ཕྱིར་རོ༑ ༑དེས་ན་བྱམས་པ་རྗེས་འབྲང་དང་བཅས་པའི་སྐབས་སུ། ཉན་རང་གིས་ཆོས་ཀྱི་བདག་མེད་དང་། བདེ་གཤེགས་སྙིང་པོ་སོགས་མངོན་སུམ་དུ་མཐོང་བར་འདོད་པ་ནི། སྤྲོལ་དེ་ཉིད་ཀྱི་གནད་ལ་ཟབ་མོའི་བློ་གྲོས་མེད་པའི་བབ་ཅོལ་དུ་ཤེས་པར་མཛོད་ཅིག །ཀླུ་སྒྲུབ་རྗེས་འབྲང་ཟླ་གྲགས་སོགས་ཀྱི་ལུགས་ལ། ཀུན་མཁྱེན་

དེ་ཉིད་ཀྱི་གསུང་གི་ཆ་ཤས་འགའ་ཞིག་ལས། ཉན་རང་ལ་ཆོས་ཀྱི་བདག་མེད་རྟོགས་པ་ཡོད་ཀྱང་། བདེ་གཤེགས་སྙིང་པོ་སོགས་མངོན་སུམ་དུ་མཐོང་བ་མེད་ཅིང་། ཐེག་པ་གསུམ་ལ་ལྟ་བའི་ཁྱད་པར་རིམ་བཞིན་ཕྱེ་བ་ནི་གནས་སྐབས་ཀྱི་དགོངས་པ་ཡིན་གྱི། མཐར་ཐུག་ཐེག་པ་གསུམ་ཆར་གྱི་འཕགས་པས། བདེ་གཤེགས་སྙིང་པོ་མངོན་སུམ་དུ་མཐོང་བ་ནི། ཀླུ་སྒྲུབ་ཟླ་བ་གྲགས་དང་བཅས་པའི་དགོངས་པའི་དབྱིངས་སུ་གདོན་མི་ཟ་བར་ཁས་བླངས་དགོས་ཏེ། རིགས་པ་དྲུག་ཅུ་པའི་འགྲེལ་པར་ཟླ་བ་གྲགས་པས། དེ་མཐོང་བས་མྱ་ངན་ལས་འདས་པ་ཡང་མཐོང་བས་ན་སུས་རྟེན་ཅིང་འབྲེལ་བར་འབྱུང་བ་མཐོང་བ་དེས་ཆོས་མཐོང་ངོ་། །ཆོས་ཀྱི་ངོ་བོ་ཉིད་དང་སངས་རྒྱས་བཅོམ་ལྡན་འདས་ཐ་མི་དད་པས་ན་དེ་མཐོང་བས་སངས་རྒྱས་མཐོང་བ་ཡིན་ནོ་ཞེས། ཐེག་པ་གསུམ་གྱི་མཐོང་ལམ་གྱི་ཚེ་རྟེན་འབྲེལ་སྐྱེ་འགག་མེད་པའི་གནད་མངོན་སུམ་དུ་རྟོགས་ཤིང་། དེ་རྟོགས་པས་ཆོས་མྱང་འདས་དང་སངས་རྒྱས་ཀྱི་རང་བཞིན་ནམ་སྙིང་པོ་ཡང་མངོན་སུམ་དུ་མཐོང་བ་ཡིན་ཞེས་གསལ་བར་བཤད་པའི་ཕྱིར་རོ། །དེས་ན་ཀླུ་སྒྲུབ་རྗེས་འབྲང་གིས་སྲོལ་ཕྱེ་བ་ལྟར་ན། འཕགས་པའི་གང་ཟག་ཐམས་ཅད་ཀྱིས། ཆོས་ཀྱི་བདག་མེད་དང་། བདེ་གཤེགས་སྙིང་པོ་དང་། ཆོས་ཐམས་ཅད་བདེན་མེད་དུ་མངོན་སུམ་དུ་རྟོགས་པར་འདོད་པ་ནི། རྣམ་དཔྱོད་ཀྱི་མིག་གིས་གསལ་བར་མཐོང་ངོ་། །

གསུམ་པ་ཐལ་རང་ལྟ་བ་ཁྱད་པར་ཡོད་པ་དགག་པ་ལ་གསུམ། རང་རྒྱུད་དགག་བྱ་འགོག་ཚུལ་ཁས་བླངས་འགལ། ཐལ་གྱུར་དགག་བྱ་འགོག་ཚུལ་རིགས་པས་གནོད། ཞེན་འགོག་ལོག་རྟོགས་ཡིན་ན་ཧ་ཅང་ཐལ་བའོ། །དང་པོ་ནི། རང་རྒྱུད་པའི་དགག་བྱ་འགོག་པའི་སྐབས་སུ། བློ་ལ་མ་ལྟོས་པར་ཡུལ་རང་ངོས་ནས་གྲུབ་པ། རང་རྒྱུད་པ་ཀུན་གྱིས་འགོག་ན་ཁས་བླངས་འགལ་ཏེ་སློབ་དཔོན་ཟླ་གྲགས་ཏེ་ལེགས་ལྡན་འབྱེད་ཀྱིས། ཕྱི་དོན་རང་ངོས་ནས་སམ། རང་གི་ངོ་བོ་གྲུབ་པར་ཁས་བླངས་སོ་ཞེས་ཁྱེད་རང་གིས་སྨྲས་པ་དང་འགལ་བའི་ཕྱིར་རོ། །གཉིས་པ་ལ་གཉིས། ཐ་སྙད་ཚེ་ན་མ་རྙེད་གཞུང་དང་འགལ། དམ་པའི་དོན་དུ་མ་རྙེད་ཁྱད་ཆོས་མིན་པའོ། །དང་པོ་ནི། བཏགས་དོན་བཙལ་བའི་ཚེ་མ་རྙེད་པ་དེ་ཐལ་འགྱུར་བའི་ཐུན་མོང་མ་ཡིན་པའི་ཁྱད་ཆོས་ཡིན་པ་མི་འཐད་པར་ཐལ། མིང་གི་བཏགས་དོན་བཙལ་བའི་ཚེ་མ་རྙེད་པའི་དོན། ཐ་སྙད་དང་དོན་དམ་གང་དུ་འདོད་དཔྱད་ན་འཇིག་པའི་ཕྱིར། དེ་ཡང་ཇི་ལྟར་ཞེ་ན། དེའི་དོན་ཐ་སྙད་དུ་མ་རྙེད་པ་ཡིན་ཏེ། འདོགས་བྱེད་ཀྱི་མིང་ཡང་ཐ་སྙད་དུ་མེད་པར་འགྱུར་ཏེ། འདོགས་བྱེད་ཀྱི་མིང་དང་མིང་གི་བཏགས་དོན་དེ་དག་ཐ་སྙད་དུ་ཕན་ཚུན་ལྟོས་གྲུབ་ཡིན་པའི་ཕྱིར་ན། དེ་གཉིས་ཐ་སྙད་དུ་ཡོད་ན་ཡོད་མཚུངས་དང་མེད་ན་མེད་མཚུངས་ཡིན་པའི་ཕྱིར། རྟགས་གྲུབ་སྟེ། མིང་དང་བཏགས་དོན་ལྟོས་གྲུབ་ཡིན་པ་དེ་སྐད་དུ་ཡང་དབུ་མ་རྩ་བ་ལས། བྱེད་པོ་

ལས་ལ་བརྟེན་བྱས་ཤིང་། །ལས་ཀྱང་བྱེད་པོ་དེ་ཉིད་ལ། །བརྟེན་ནས་བྱུང་བ་མ་གཏོགས་པ། །འགྲུབ་པའི་རྒྱུ་ནི་མ་མཐོང་ངོ་། །བྱེད་པ་པོ་དང་ལས་དབང་གིས། །དངོས་པོ་ལྷག་མ་ཤེས་པར་བྱ། །ཞེས་བྱེད་པོ་དང་ལས་སོགས་ལྟོས་གྲུབ་ཏུ་གསུངས་ཤིང་། དེ་སྐབས་ཀྱི་དངོས་པོ་ལྷག་མ་ནི། མིང་གི་རྗོད་བྱེད་ཀྱི་མིང་དོན་མཐུན་སོགས་ལྟོས་གྲུབ་ཀུན་ལ་འཇུག་པར་གསུངས་པའི་ཕྱིར་རོ། །གཉིས་པ་ནི། དམ་པའི་དོན་དུ་མ་སྐྱེད་པ་དེ། བཏགས་དོན་བཙལ་བའི་ཚེ་མ་སྐྱེད་པའི་དོན་མ་ཡིན་ན་དེ་དབུ་མ་ཐལ་འགྱུར་བ་གཅིག་གི་ཁྱད་ཆོས་སུ་ཇི་ལྟར་འགྱུར་ཏེ་མི་འགྱུར་བར་ཐལ། ཆོས་ཐམས་ཅད་དམ་པའི་དོན་དུ་མི་སྐྱེད་པར་ཐལ་རང་གཉིས་ཅར་མཐུན་པའི་ཕྱིར་རོ། །

གསུམ་པ་ཞེན་འགོག་ལོག་རྟོག་ཡིན་ན་ཧ་ཅང་ཐལ་བ་ལ་འང་། མཁས་གྲུབ་ཀུན་ལ་སྐུར་པ་བཏབ་པར་ཐལ་བ། ཞེན་ཡུལ་བདེན་གྲུབ་འགོག་ཏུ་མི་རུང་བར་ཐལ་བ། གནོད་བཅས་ཐུག་མེད་འདོད་པ་སྐྱོན་དུ་མི་འགྱུར་བ། འཕགས་པའི་མཉམ་གཞག་ལ་དེ་དག་མེད་པའི་རྒྱུ་མཚན་བསྟན་པའོ། །དང་པོ་ནི། སངས་རྒྱས་ནས་གཟུང་སྟེ་རྒྱ་བོད་ཀྱི་མཁས་གྲུབ་ཀུན་འགོག་ཏུ་མི་རུང་བ་བཀག་པའི་ལོག་རྟོག་དེ་དང་ལྡན་པར་འགྱུར་ཏེ། མཁས་གྲུབ་དེ་དག་གིས་སྟོང་པ་སྟོང་མིན་སོགས་སུ་ཞེན་པའི་གཉིས་འཛིན་གྱི་ཞེན་ཡུལ་ཐམས་ཅད་དབུ་མའི་ལྟ་བའི་སྐབས་སུ་བཀག་པའི་ཕྱིར་རོ། །

གཉིས་པ་ནི། ཞེན་ཡུལ་བདེན་གྲུབ་འགོག་ཏུ་མི་རུང་བར་ཐལ། གཅིག་དང་དུ་བྲལ་གྱི་གཏན་ཚིགས་ཀྱིས། རྟོག་བློས་ཞེན་ཡུལ་བདེན་གྲུབ་པ་འགོག་ན། ཁྱོད་ཀྱིས་གང་དུ་ཞེན་པའི་ཞེན་ཡུལ་ཐམས་ཅད་མི་འགོག་པར་དམ་བཅས་པའི་དམ་བཅའ་ཉམས་ལ། མི་འགོག་ན་ནི་བདེན་འཛིན་གྱི་ལོག་རྟོག་རིགས་པ་གང་གིས་ཁེགས་པར་འགྱུར་ཏེ་མི་འགྱུར་བའི་ཕྱིར་རོ། །ཚིགས་བཅད་འདི་ལ་ནུས་པ་ཆེར་མི་སྣང་བས། ཡི་གེ་མ་དག་པ་འདྲ་ནའང་དེ་ཙམ་ལས་སླ་བར་མ་ནུས་སོ། །

གསུམ་པ་ནི། ཁོ་བོ་མཐར་ཐུག་གི་དབུ་མའི་ལྟ་བ་ལ། མུ་བཞིའི་སྤྲོས་པ་ཐམས་ཅད་འགོག་པའི་ཚེ། བློ་སྔ་མ་གནོད་བཅས་དང་། ཕྱི་མ་ཐུག་མེད་དུ་ཐལ་བ་སོགས་ཀྱི་རིགས་པ་གང་གིས་གནོད་དེ་མི་གནོད་པར་ཐལ། མཐོང་ལམ་མ་ཐོབ་པ་ཇི་སྲིད་དུ་བློས་ཡུལ་གྱི་གནས་ལུགས་དཔྱོད་པར་བྱེད་པའི་ཚེ། བློ་སྔ་ཕྱི་གཉིས་ཀྱི་སྔ་མ་གནོད་བཅས་དང་ཕྱི་མ་ཐུག་མེད་ཡིན་པ་གཉིས་ཁོ་བོ་འདོད་ཐོག་ཡིན་ན་སྐྱེ་དེའི་ཕྱིར་རོ། །གཞན་ཡང་ཁོ་བོ་ཅག་མཐར་ཐུག་པ་མུ་བཞིའི་སྤྲོས་པ་འགོག་པའི་ཚེ། གནོད་བཅས་ཐུག་མེད་སོགས་ཀྱི་སྐྱོན་གནོད་བྱེད་གང་བརྗོད་པ་འདི་ལ། དབུ་མ་རྩ་བའི་བསྟན་བཅོས་ལས། བདག་གོ་ཞེས་ཀྱང་བསྟན་འགྱུར་ཞིང་། །བདག་མེད་

ཅེས་ཀྱང་བསྟན་པར་འགྱུར། །སངས་རྒྱས་རྣམས་ཀྱིས་བདག་དང་ནི། །བདག་མེད་འགའ་མེད་ཅེས་ཀྱང་བསྟན། །ཅེས་གསུངས་པ་དང་། གཞན་ཡང་དེ་ཉིད་ལས། ཐམས་ཅད་ཡང་དག་ཡང་དག་མིན། །ཡང་དག་ཡང་དག་མ་ཡིན་ཉིད། །ཡང་དག་མིན་མིན་ཡང་དག་མིན། །འདི་ནི་སངས་རྒྱས་རྗེས་བསྟན་པའོ། །ཞེས་གསུངས་པ་ལ་ཅེས་མི་གནོད་དེ་གནོད་པར་ཐལ། གཞུང་དེ་དག་གིས་མཐར་ཐུག་བདག་དང་བདག་མེད་ཀྱི་ཞེན་པ་སོགས་ཐམས་ཅད་བཀག་པའི་ཕྱིར་རོ། །

བཞི་པ་ནི། བློ་རྟོག་པས་གནས་ལུགས་ལ་དཔྱོད་པའི་ཚེ་གནོད་བཅས་ཐུག་མེད་ཡིན་མོད་འོན་ཀྱང་། ཐེག་ཆེན་འཕགས་པའི་མཉམ་གཞག་གི་ངོར་མུ་བཞིའི་སྤྲོས་པ་ཐམས་ཅད་ཉེ་བར་ཞི་བའི་ཚེ་གནོད་བཅས་ཐུག་མེད་གཉིས་པོའི་སྐྱོན་ཡོད་པ་མ་ཡིན་ཏེ། བློ་སྔ་མས་གང་དུའང་ཞེན་པ་མེད་པས་ཕྱི་མས་དགག་མི་དགོས་ཞིང་ཕྱི་མ་ཐུག་མེད་དུ་འགྲོ་རྒྱུ་ཡང་མེད་པའི་ཕྱིར་རོ། །འདིར་ཀུན་མཁྱེན་ཆེན་པོས། རྗེ་སྲིད་རྟོག་བློས་ཡུལ་གྱི་ནི༑ །གནས་ལུགས་དཔྱོད་པར་བྱེད་པའི་ཚེ། །སྔ་ཕྱི་གནོད་བཅས་ཐུག་མེད་གཉིས། །འདོད་ཐོག་ཡིན་ན་གང་གིས་གནོད། །ཅེས་གནས་ལུགས་མངོན་སུམ་དུ་མ་མཐོང་བའི་སྐབས་སུ། གནོད་བཅས་ཐུག་མེད་ལ་བདེན་ལན་གསུང་མོད། །གཅིག་དུ་བྲལ་ལ་སོགས་པའི་གཏན་ཚིགས་ཀྱིས་མཐའ་དང་པོ་བདེན་པ་བཀག་པའི་ཚེ་རིགས་ཤེས་དེའི་བྱེད་པ་ནི། བདེན་པ་བཀག་པ་ཡིན་པས་བདེན་མེད་དུ་མངོན་པར་ཞེན་པ་སྐྱོན་མ་ཡིན་ཏེ། རྟོག་པས་བདེན་པ་བཀག་པ་ལ་བདེན་མེད་དུ་ཞེན་པ་ལས་མ་འདས་པའི་ཕྱིར། བློ་ཕྱི་མ་ལ་ལྟོས་ནས་དེ་ཉིད་སྐྱོན་ཡིན་པས་ཞེན་ཡུལ་བདེན་མེད་མ་རྟེན་པའི་སྒོ་ནས་བདེན་མེད་དུ་ཞེན་པ་ཉིད་ཀྱང་བཀག་དགོས་ཏེ། དེའི་ཚེ་བློ་དེའི་བྱེད་པ་ནི་བདེན་མེད་དུ་ཞེན་པ་བཀག་པ་ཡིན་པས། བདེན་མེད་མ་ཡིན་ནོ་སྙམ་དུ་མངོན་པར་ཞེན་པ་སྐྱོན་མ་ཡིན་པ་ནི་སྔར་དང་འདྲའོ། །དེ་ཡང་བློ་གསུམ་པ་ལ་ལྟོས་ནས་སྐྱོན་དུ་སོང་བས་གསུམ་པས་བདེན་མེད་མ་ཡིན་པར་མངོན་པར་ཞེན་པ་ཡང་བཀག་ལ། དེ་ཡང་བློ་བཞི་པ་ལ་ལྟོས་ནས་སྐྱོན་དུ་སོང་བས་དེ་ཡང་བཀག་སྟེ། མདོར་ན་མཐའ་བཞི་རིམ་ཅན་དུ་འགོག་པའོ། །བཞི་པ་ཕན་ཆད་ཀྱི་འཛིན་པ་མི་སྲིད་པས་ཐུག་མེད་དུ་ཡང་མི་འགྱུར་རོ། །ཞེས། གཞི་བུམ་པ་ལྟ་བུའི་སྟེང་དུ། བདེན་པར་འཛིན་པ་ནི་མཐར་འཛིན་དང་པོ། བདེན་མེད་དུ་འཛིན་པ་གཉིས་པ། བདེན་མེད་མ་ཡིན་པར་འཛིན་པ་གསུམ་པ། བདེན་མེད་མ་ཡིན་པ་མ་ཡིན་པར་འཛིན་པ་མཐར་འཛིན་བཞི་ཡིན་ལ། དེ་བཞིན་རིམ་ཅན་དུ་བཀག་ནས། ཁེགས་པའི་ཚེ་བློ་སྔ་ཕྱི་གནོད་བཅས་ཐུག་མེད་དུ་མི་འགྱུར་ཏེ། དེ་བཞི་ལས་གཞན་པའི་འཛིན་པ་མི་འདྲ་བའི་ཕྱིར་ཞེས་བཤད་པ་ཡིན་ཅིང་། གནོད་བཅས་དང་ཐུག་མེད་དུ་མི་འགྱུར་བའི་ཚུལ་ནི། དེ་ལྟ་བུའི་སྒོ་ནས་སྐྱོན་སྤོང་བ་ལེགས་བཤད་ཡིན་པར

སེམས་ལ། མཐར་འཛིན་བཞི་ཡི་ངོས་འཛིན། ཕྱི་མ་གཉིས་སྔ་མ་གཉིས་ལས་འཛིན་པ་མི་འདྲ་བ་མ་སོང་བ་འདྲ་སྙམ་དུ་སེམས་པ། དེས་ན་ཁོ་བོ་འདི་ལྟར་སེམས་ཏེ་གཞི་བུམ་པ་ལྟ་བུའི་སྟེང་དུ་བདེན་པར་འཛིན་པ། བདེན་མིན་དུ་འཛིན་པ། དེ་གཉིས་ཆར་དུ་འཛིན་པ། དེ་གཉིས་མིན་དུ་འཛིན་པ་ནི། མཐའ་བཞི་ཞེས་གྲགས་པའི་འཛིན་པ་བཞི་ཡིན་ལ། རྟེན་འབྲེལ་གྱི་རྟགས་ལས་བུམ་པ་བདེན་མེད་དུ་རྟོགས་ཏེ། མཐར་འཛིན་དང་པོ་ཁེགས་པའི་ཚེ། བར་དུ་བདག་ཟློག་གི་གནས་སྐབས་ཀྱི་དབུ་མའི་ལྟ་བ་རྒྱུད་ལ་སྐྱེས་པ་ཡིན་ཞིང་། དེའི་ཚེ་བདེན་མེད་དུ་ཞེན་པ་དང་། གཉིས་མིན་དུ་ཞེན་པ་གཉིས་མ་ཁེགས་ཀྱང་། ཐར་པ་ཙམ་ཐོབ་བྱེད་ཀྱི་བདེན་མེད་རྟོགས་པའི་དབུ་མའི་ལྟ་བ་འདི་ལ་སྐྱོན་མ་ཡིན་ཏེ། བདེན་འཛིན་དང་དེས་དྲངས་པའི་རྟག་ཆད་ཀྱི་ལྟ་བ་གང་ཡང་མ་ཡིན་པས་ལྟ་བ་འདི་ལ་མི་སྒྲིབ་པའི་ཕྱིར་རོ། །དེ་གཉིས་ཆར་དུ་འཛིན་པ་ནི། རྟག་པ་མཐའ་གཟུང་བ་ཙམ་ཡིན་གྱི་དེ་ལྟ་བུ་དེ་བདེན་མེད་རྟོགས་པའི་གང་ཟག་ལ་འབྱུང་བའི་གོ་སྐབས་མེད་དེ། མཐའ་དང་པོ་ཁེགས་པའི་ཚེ། མུ་གསུམ་པའི་འཛིན་པ་དེ་ཡང་མ་ཁེགས་པ་མི་སྲིད་པའི་ཕྱིར་རོ། །དེས་ན་མཐའ་དང་པོ་ཁེགས་ན། ཕྱི་མ་གསུམ་ཆར་མ་ཁེགས་པའི་ལྟ་བ་འདི། དབུ་མའི་ལྟ་བ་ཡིན་ཀྱང་། ཐེག་ཆེན་ཐུན་མོང་མ་ཡིན་པའི་མཐར་ཐུག་གི་དབུ་མའི་ལྟ་བ་མ་ཡིན་ཏེ། གཟུང་འཛིན་གཉིས་སྣང་གི་ཞེན་པའི་དྲི་མ་མཐའ་དག་དྲུངས་ནས་མ་ཕྱུང་བས། ཐ་མར་ལྟ་བ་ཀུན་ཟློག་པའི་གནས་སྐབས་ཀྱི་ལྟ་བ་དེར་མ་སླེབ་པའི་ཕྱིར་རོ། །བདེན་མེད་རྟོགས་པའི་སྒོ་ནས་མུ་བཞི་གང་རུང་གི་སྤྲོས་པ་བཀག་པའི་ལྟ་བ་འདི། མཐར་ཐུག་གི་ལྟ་བ་ཡིན་ཏེ། བར་དུ་བདག་ཟློག་གི་ལྟ་བ་ལས་གོང་དུ་གྱུར་པའི་ཐ་མར་ལྟ་བ་ཀུན་ཟློག་གི་ལྟ་བ་རྣམ་དག་ཡིན་པའི་ཕྱིར་རོ། །ལྟ་བ་འདི་ལ། མུ་ཕྱི་མར་འཛིན་པ་དེ་དག་སྐྱོན་ཡིན་ཏེ། ལྟ་བ་འདི་ལ་མཐར་འཛིན་མ་ལུས་པར་བཀག་པའི་སྟེང་དུ་མཚན་མའམ་སྤྲོས་པའི་དྲི་མ་མཐའ་དག་བཀག་དགོས་པའི་ཕྱིར་རོ། །འདི་ལྟ་བུའི་ལྟ་བའི་རིམ་པ་ལ་དམིགས་རྣམ་ལེགས་པར་ཕྱེད་པ་ནི། འཕགས་པ་ཀླུ་སྒྲུབ་ཡབ་སྲས་ཀྱི་གཞུང་ལ་ལེགས་པར་གནས་པ། བསོད་ནམས་དཔག་ཏུ་མེད་པས་བསྐྱེད་པའི་རྣམ་དཔྱོད་ཀྱི་ནུས་པ་ལྷག་པའི་སྐལ་ལྡན་དག་གི་དཔལ་དུ་ཁོ་བོས་ལེགས་པར་སྙེད་པ་ཡིན་ཏེ། རྩ་ཤེ་ལས། ལས་དང་ཉོན་མོངས་རྣམ་རྟོག་ལས། །དེ་དག་སྤྲོས་ལས་སྤྲོས་པ་ནི། །སྟོང་པ་ཉིད་ཀྱིས་འགག་པར་འགྱུར། །ཞེས་དང་། བརྒྱ་པ་ལས། བསོད་ནམས་མིན་པ་དང་པོར་ཟློག །ཅེས་སོགས་དང་། ཡོད་དང་མེད་དང་གཉིས་ཀ་དང་། །གཉིས་ཀ་མིན་ཞེས་ཀྱང་བསྟན་ཏེ། །ནད་ཀྱི་དབང་གིས་ཐམས་ཅད་ཀྱང་། །སྨན་ཞེས་བྱ་བར་འགྱུར་མིན་ནམ། །ཞེས་དང་། དེའི་འགྲེལ་པར། དཔལ་ལྡན་ཟླ་བས་ཐམས་ཅད་མེད་པར་ལྟ་བའི་དྲི་མ་བཀྲུ་བའི་ཕྱིར་ནི་བཅོམ་ལྡན་འདས་ཀྱིས་འདུལ་བ་རྣམས་ལ་ཡོད་དོ་ཞེས་བསྟན་ལ། དངོས་པོར་མངོན་

པར་ཞེན་པ་ཐམས་ཅད་སྤོང་བའི་ཕྱིར་འགའ་ཞིག་ཏུ་མེད་དོ་ཞེས་གསུངས་སོ། །ཡང་རྣམ་པ་གཉིས་ཀར་ལྟ་བ་སྤྱངས་པའི་ཕྱིར་ནི་ཡོད་པ་དང་མེད་པ་ཞེས་གསུངས་ལ། སྤྲོས་པ་རྣམ་པ་ཐམས་ཅད་དུ་གཅོད་པའི་ཕྱིར་ནི་གཉིས་ཀ་མིན་པ་ཞེས་བྱ་བ་ཡང་རབ་ཏུ་བསྟན་ཏོ། །ཞེས་ལས་འབྲས་མེད་པར་ལྟ་བའི་ཆད་ལྟའི་གཉེན་པོར་འཇིག་རྟེན་པའི་ཡང་དག་པའི་ལྟ་བ་དང་། བདེན་འཛིན་གྱི་གཉེན་པོ་བདེན་མེད་རྟོགས་པའི་དབུ་མའི་ལྟ་བ་དང་། མཚན་འཛིན་གྱི་གཉེན་པོ་སྤྲོས་པ་ཀུན་གཅོད་པའི་དབུ་མའི་ལྟ་བ་བསྟན་པའི་རིམ་པ་གསུམ་གསལ་བར་བཞུགས་པའི་ཕྱིར་རོ། །དེས་ན་བློ་རྟོག་བཅས་ཀྱིས་མུ་བཞིའི་སྤྲོས་པ་བཀག་པའི་ཚེན་ཡང་། སོང་ཚོད་ལ་མུ་བཞི་གང་རུང་གི་འཛིན་པ་ཞིག་ཏུ་སོང་སྲིད་པས་ཕྱིན་ཅི་ལོག་ཡིན་ཀྱང་། རློམ་ཚོད་ལ་མུ་བཞི་གང་དུ་ཡང་མི་འཛིན་པས་གནོད་བཅས་དང་ཐུག་མེད་ཀྱི་སྐྱོན་ལས་གྲོལ་བ་ཡིན་ནོ་ཞེས་ཁོ་བོས་སྨྲའོ། །

ལྟ་བ་དཔྱད་པའི་ཚེན་རྣལ་མ་གོ་བ་དགག་པ་ལ་གཉིས། ལུང་གི་གནོད་བྱེད་བསྡུས་ཏེ་བཤད། རིགས་པས་གནོད་བྱེད་བསྡུས་ཏེ་བཤད་པའོ། །དང་པོ་ནི། རིགས་པས་གནས་ལུགས་ལ་དཔྱད་པའི་ཚེ། བདེན་མེད་བཀག་ན་བདེན་གྲུབ་ཏུ་འགྱུར་ཞེས། དགག་པ་གཉིས་ཀྱིས་རྣལ་མར་ནི་གོ་བར་སྨྲ་བ་ཆོས་ཅན། མགོན་པོ་ཀླུ་སྒྲུབ་ཀྱི་དགོངས་པ་མ་ཡིན་ཏེ། མགོན་པོ་ཀླུ་སྒྲུབ་ཀྱིས། ཡང་དག་ཇི་བཞིན་ཡོངས་ཤེས་པས། །མེད་དང་ཡོད་པར་མི་འདོད་པ། །དེ་ཕྱིར་མེད་པ་པར་འགྱུར་ན། །ཅི་ཕྱིར་ཡོད་པ་པར་མི་འགྱུར། །གལ་ཏེ་ཡོད་པ་སུན་ཕྱུང་བས། །དོན་གྱིས་འདི་ནི་མེད་པར་སླན། །དེ་བཞིན་མེད་པས་སུན་ཕྱུང་བས། །ཡོད་པར་ཅི་ཡི་ཕྱིར་མི་སླན། །ཞེས་གསུངས་པ་དང་ཅིས་མི་འགལ་ཏེ་འགལ་བའི་ཕྱིར་རོ། །ལུང་དེའི་དོན་ཡང་འདི་ལྟར་ཡིན་ཏེ། རིན་ཆེན་ཕྲེང་བ་དེ་ཉིད་ལས། མེད་པ་པ་ནི་ངན་འགྲོར་འགྲོ། །ཡོད་པ་པ་ནི་བདེ་འགྲོར་འགྲོ། །ཡང་དག་ཇི་བཞིན་ཡོངས་ཤེས་པས། །གཉིས་ལ་མི་བརྟེན་ཐར་པར་འགྱུར། །ཞེས་པ་དང་། འདིའི་ཊཱི་ཀ་དང་པོ་གནད་གཅིག་པས། ལས་འབྲས་ཐ་སྙད་དུ་ཡང་མེད་པར་ལྟ་བས་ངན་འགྲོ་དང་། ལས་འབྲས་ལ་བདེན་འཛིན་གྱིས་ཡོད་པར་ལྟ་བས་བདེ་འགྲོ་དང་། ལས་འབྲས་ཐ་སྙད་དུ་ཡོད་ཅིང་དོན་དམ་པར་མེད་པར་ལྟ་བས་ཐར་པ་ཐོབ་བོ་ཞེས་བཤད་པ་ཡིན་ལ། དེ་ལ་ཕྱོགས་སྔ་མས། ལས་འབྲས་མེད་པར་ཐལ། དེ་ཡོད་པ་རིགས་པས་སུན་ཕྱུང་བའི་ཕྱིར། ཞེས་པ་ནི། ཊཱི་ཀ་རྗེས་མའི་ཚིག་ཟུར་སྨྲ་མ་གཉིས་ཀྱི་དོན་ཡིན་ལ། དེ་ལ་དབུ་མ་པས། མེད་པ་སུན་ཕྱུང་བས་ཡོད་པར་འགྱུར་བར་ཐལ། ཡོད་པ་སུན་ཕྱུང་བས་མེད་པར་འགྱུར་བའི་ཕྱིར། རྟགས་ཁས་བླངས་སོ་ཞེས་པ་ནི་ཟུར་པ་འོག་མ་གཉིས་ཀྱི་དོན་ཡིན་ལ། དེས་ན་དངོས་སྨྲ་བ་མན་ཆད་ཀྱི་ཆོས་གང་ཞིག་ཡོད་མེད་གང་རུང་དུ་ཁམས་བླངས་ན་སྐྱོན་འབྱུང་གི །དེད་དབུ་མ་པས་གནས་ལུགས་ལ་དཔྱོད་ཚེ་དེ་ལྟར་ཁས་མ་བླངས་ཀྱང་སྐྱོན་མི་འབྱུང་

སྟེ༑ དེའི་ཚེ་མུ་བཞིའི་སྤྲོས་པ་འགོག་པའི་སྐབས་ཡིན་པས། བདེན་མེད་བཀག་ཀྱང་བདེན་གྲུབ་ཏུ་མི་འགྱུར་བའི་ཕྱིར་ཏེ། དེའི་ཚེ་བདེན་མེད་དུ་ཞེན་པ་བཀག་པ་གཙོ་བོ་ཡིན་གྱི། དེ་བཀག་ཤུལ་དུ་ཆོས་གཞན་འཕེན་པའི་བློ་མེད་པའི་ཕྱིར། གནད་དེས་ན་ཐལ་འགྱུར་བ་དོན་དམ་ལ་དཔྱོད་པའི་ཚེ་རང་རྒྱུད་ཀྱི་རྟགས་མི་བཞེད་པ་ཡང་ལེགས་པར་ཤེས་ནུས་པའི་ཕྱིར་ཏེ། རིན་ཆེན་ཕྲེང་བ་ལས། གང་དག་ཕུང་པོར་སྨྲ་བ་ཡི། །འཇིག་རྟེན་གྲངས་ཅན་འུག་ཕྲུག་དང་། །གོས་མེད་བཅས་པ་གལ་ཏེ་ཞིག །ཡོད་མེད་འདས་པར་སྨྲན་དྲིས། །ཞེས་བཤད་པ་དང་། ཚིག་གསལ་ལས། གལ་ཏེ་དབུ་མ་པ་ཡིན་ན་ནི། རང་རྒྱུད་ཀྱི་རྗེས་སུ་དཔག་པ་རིགས་པ་མ་ཡིན་ཏེ། ཕྱོགས་གཞན་ཁས་བླངས་པ་མེད་པའི་ཕྱིར་རོ་ཞེས་བཤད་པས་སོ། །ཚིག་གསལ་གྱི་ལུང་དེའི་དོན་ཡང་། རྟེན་འབྲེལ་གྱི་རྟགས་ལས་མྱུ་གུ་བདེན་མེད་དུ་གཏན་ལ་འབེབས་པའི་ཚེ་རྟགས་དེ་དེ་སྒྲུབ་ཀྱི་རང་རྒྱུད་ཀྱི་རྟགས་མིན་ཏེ། དེའི་ཚེ་མྱུ་གུ་བདེན་གྲུབ་ལས་གཞན་མྱུ་གུ་བདེན་མེད་ཀྱང་ཁས་མི་ལེན་པའི་ཕྱིར་ཞེས་པ་གནད་ཀྱི་སྙིང་པོ་ཡིན་པའི་ཕྱིར་རོ། །

གཉིས་པ་རིགས་པའི་གནོད་བྱེད་ནི། འོན་ཁྱོད་ལ་དབུ་མའི་ལྟ་བའི་ཐ་སྙད་ཙམ་ཡང་མི་རུང་སྟེ། རྟག་པའི་མཐའ་བཀག་པས་ཆད་པའི་མཐར་འགྱུར་བ་སོགས་མཐའ་གཉིས་པོ་གང་རུང་བཀག་པའི་ཚེ་མཐའ་གཅིག་ཤོས་དེ་ར་ནི་འགྱུར་བའི་ཕྱིར། རིགས་པ་འདི་ཕྱོགས་སྔ་མ་ལ་ཟུང་ཞིག་འགྲོ་བར་དཀའ་སྟེ། ཕྱོགས་སྔའི་བཞེད་པ་ནི། རྟག་མི་རྟག་དང་། ཡོད་མེད་སོགས་དངོས་འགལ་རྣམས་ལ་གཅིག་བཀག་པས་གཅིག་ཤོས་སུ་འགྱུར་བར་ཁས་ལེན་གྱི། རྟག་མཐའ་བཀག་པས་ཆད་མཐར་མི་འགྱུར་ཏེ། རྟག་ཆད་ཀྱི་མཐའ་གཉིས་དངོས་འགལ་མ་ཡིན་པའི་ཕྱིར། རྟག་པ་དང་རྟག་མཐའི་ཁྱད་དང་། ཡོད་པ་དང་ཡོད་མཐའི་ཁྱད་སོགས་ཕྱོགས་སྔ་མས་ལེགས་པར་ཕྱེ་འདུག་པའི་ཕྱིར་རོ། །སྐབས་འདིར་དཔྱད་དགོས་པའི་དོགས་པ་ནི། གལ་ཏེ་རིགས་པས་དཔྱད་པའི་ཚེ། དགག་པ་གཉིས་ཀྱིས་རྣལ་མ་མ་གོ་ན། དབུ་མ་རྩོད་ཟློག་གི །རྩོད་པ་དང་པོ་ཟློག་པའི་སྐབས་སུ་དེ་ལྟར་གོ་བར་བཤད་པ་དང་འགལ་བ་ཡིན་ཏེ། དེ་ཉིད་ལས། འོན་ཏེ་རང་བཞིན་མེད་ཉིད་ཀྱིས། །གལ་ཏེ་རང་བཞིན་མེད་པ་ཟློག །རང་བཞིན་མེད་པ་ཉིད་ཟློག་ན། །རང་བཞིན་ཉིད་དུ་རབ་གྲུབ་འགྱུར། །ཞེས་པས་བསྟན་པའི་རིགས་པ་ནི་འདི་ལྟར། དངོས་པོ་རང་བཞིན་མེད་ཅེས་པའི་ཚིག་རང་བཞིན་མེད་པ་དེས། དངོས་པོ་རང་བཞིན་མེད་པ་ཟློག་པར་བྱེད་ན། དངོས་པོ་ཆོས་ཅན། ཁྱོད་རང་བཞིན་གྱིས་གྲུབ་པར་ཐལ། ཁྱོད་རང་བཞིན་མེད་པ་དེའི་ཚིག་དེས་ལྡོག་པའི་ཕྱིར། ཞེས་པ་ནི་གཞུང་དེས་གསལ་བར་བསྟན་པའི་ཕྱིར་རོ། །དོན་འདི་ལ་མཁས་པ་ཤཱཀྱ་མཆོག་ལྡན། བར་དུ་བདག་ཟློག་པའི་སྐབས་དེར་དགག་པ་གཉིས་ཀྱིས་རྣལ་མ་གོ་བ་གཞུང་

དེའི་དོན་དང་། ཐམར་ལྟ་བ་ཀུན་བློག་པའི་ཚེ། དེ་ལྟར་མི་གོ་བ་རིན་ཆེན་ཕྲེང་བའི་གཞུང་དེས་སོགས་ཀྱི་དོན་ཡིན་གསུང་བ་ནི་ལེགས་ལེགས་འདྲ་ཡང་བརྟགས་ན་སྙིང་པོ་མེད་དེ། བར་དུ་བདག་བློག་པའི་སྐབས་སུ་དེ་ལྟར་མི་གོ་བའི་གནད་ཅི་ཡིན་དྲིས་པས། སྐབས་དེར་བདེན་གྲུབ་ཀྱི་ཆོས་ཁས་ལེན་པའི་གནད་ཀྱིས་ཡིན་གསུང་བར་སྣང་མོད། འདི་ནི་མཁས་པ་ཆེན་པོའི་གསུང་ཡིན་ཀྱང་དཔལ་མགོན་འཕགས་པ་ཡབ་སྲས་ཀྱི་དགོངས་པ་གཏན་ནས་མ་ཡིན་པར་སེམས་ཏེ། རྟེན་འབྲེལ་གྱི་རྟགས་ལས་འདུས་བྱས་ཐམས་ཅད་བདེན་མེད་དུ་རྟོགས་པ་ནི། བར་དུ་བདག་བློག་པའི་སྐབས་ཀྱི་ལྟ་བའི་གཙོ་བོ་ཡིན་ལ། འདུས་བྱས་ཕྱོགས་གཅིག་བདེན་མེད་དུ་རྟོགས་ནས་འདུས་བྱས་གཞན་བདེན་མེད་དུ་མ་རྟོགས་པ་དང་། འདུས་བྱས་ཐམས་ཅད་བདེན་མེད་དུ་རྟོགས་ནས་འདུས་མ་བྱས་མྱང་འདས་ལྟ་བུ་བདེན་མེད་དུ་མ་རྟོགས་པར་འདོད་པ་ནི། རྟེན་འབྲེལ་གྱི་གནད་མ་རྟོགས་པའི་བབ་ཅོལ་ཆེན་པོ་ཡིན་པར་རིགས་པ་དྲུག་ཅུ་པ་རྩ་འགྲེལ་ན་ཤིན་ཏུ་གསལ་བའི་ཕྱིར་དང་། འདུས་བྱས་ཀྱི་གཟུང་ཆ་བདེན་མེད་དུ་རྟོགས་ཀྱང་འཛིན་ཆ་བདེན་མེད་དུ་མ་རྟོགས་པར་འདོད་པ་ནི། དངོས་སྨྲ་སོགས་ཕྱོགས་གཞན་གྱི་ལུགས་ལ་ཡོད་ཀྱི། རྟེན་འབྲེལ་གྱི་རྟགས་ལས་ཆོས་གཅིག་བདེན་མེད་དུ་རྟོགས་པས། འདུས་བྱས་དང་འདུས་མ་བྱས་ཀྱི་ཆོས་ཐམས་ཅད་བདེན་མེད་དུ་རྟོགས་པ་ནི། ཆོས་ཐམས་ཅད་རང་བཞིན་མེད་པར་སྨྲ་བའི་འཕགས་པ་ཀླུ་སྒྲུབ་ཀྱི་བཞེད་དོན་གྱི་གཙོ་བོ་ཡིན་པའི་ཕྱིར་རོ། །འདི་ལ་རི་བོ་དགེ་ལྡན་པ་འགག་ཞིག་གིས། འཕགས་པའི་གང་ཟག་ལ་དེ་ལྟར་ཡིན་ཀྱང་སོ་སྐྱེ་ལ་དེ་ལྟར་མ་ཡིན་ཏེ། རྟེན་འབྲེལ་གྱི་རྟགས་ལས་མྱུ་གུ་བདེན་མེད་དུ་རྟོགས་པའི་ཕྱིར་རྒོལ་དེས། མཐུན་དཔེ་བདེན་མེད་དུ་རྟོགས་ཀྱང་། ཆོས་ཅན་མྱུ་གུ་བདེན་མེད་དུ་མ་རྟོགས་པའི་ཕྱིར་ཞེས་སྨྲ་བ་ནི། རྟོག་གེའི་རིགས་པའི་འགྲོས་དབུ་མ་ལ་སྦྱར་བའི་བབ་ཅོལ་ཡིན་ཏེ། རྟེན་འབྲེལ་ཡིན་ན་བདེན་མེད་ཡིན་པས་ཁྱབ་པ་རྟོགས་པའི་རྒོལ་བ་ཞིག་གིས། བདེན་མེད་དུ་མ་རྟོགས་པའི་ཆོས་ཡོད་ན་རྒོལ་བ་དེས་རྟེན་འབྲེལ་གྱི་རྟགས་ལས་ཆོས་འགའ་ཙམ་ཡང་བདེན་མེད་དུ་མ་རྟོགས་པས་ཁྱབ་པ་ནི། ཆོས་ཤེས་པ་ཡི་འོག་ཏུ་ནི། །ཞེས་སོགས་ཀྱི་རིགས་པའི་འགྲོས་ཀྱིས་ཤེས་པའི་ཕྱིར་རོ། །དེས་ན་ཁོ་བོ་ཅག་བློག་གི་ལུང་དོན་འདི་ལྟར་སེམས་ཏེ། ཡུལ་གྱི་ངོས་ནས་དངོས་འགལ་གཅིག་བཀག་པས་གཅིག་ཤོས་སུ་གོ་བར་འགྱུར་བ་ལུང་དེའི་དོན་ཡིན་མོད་མུ་བཞིའི་སྤྲོས་པ་གཅོད་པའི་ཚེ། བདེན་མེད་བཀག་ཀྱང་བདེན་གྲུབ་ཏུ་མི་འགྱུར་ཏེ། དེའི་ཚེ་ཡུལ་བདེན་མེད་ཉིད་ལ་སྐྱོན་དུ་ལྟས་ནས་བཀག་པ་མ་ཡིན་གྱི། ཡུལ་ཅན་བདེན་མེད་དུ་ཞེན་པ་དེ་གཉིས་སྣང་གི་དྲི་མ་ཡིན་པས་བཀག་པ་ཡིན་པའི་ཕྱིར། འོ་ན་ཞེན་ཡུལ་མ་བཀག་པར་ཞེན་པའི་བློ་འགོག་པ་ཡོད་པར་འགྱུར་རོ་ཞེ་ན། འདོད་པ་ཡིན་ཏེ་བདེན་འཛིན་ལྟ་བུ་ལ་ཞེན་ཡུལ་མ་བཀག་ན

ཞེན་བློ་མི་ཁེགས་པ་ཡིན་གྱི་བློ་གཞན་ལ་དེ་ལྟར་མ་ཡིན་ཏེ། ཡུལ་གྱི་སྒོ་ནས་དགག་དགོས་པ་དང་། ཡུལ་ཅན་གྱི་སྒོ་ནས་དགག་དགོས་པའི་རིགས་གཉིས་ཡོད་པའི་ཕྱིར་རོ། །ཡང་དག་པའི་གཏམ་དུ་ཡིད་ལ་སེམས་མོད་ད་དུང་དཔྱད་པར་བགྱིའོ། །

བཞི་པ་ཀུན་རྫོབ་མཐའ་བཞི་སྤྲོས་བྲལ་སྨྲ་བ་དགག་པ་ལ་གཉིས། ཕྱོགས་སྔ་བརྗོད་པ་དང་། དེ་དགག་པའོ། །དང་པོ་ནི་པཎྜི་བཞད་པ་ལས། ཐ་སྙད་ཀྱི་རྣམ་གཞག་ལའང་ཡོད་མིན་མེད་མིན་སྨྲ་བ་ནི་ལོ་ཙཱ་བ་སྐྱབས་མཆོག་དཔལ་ལོ་ཞེས་པ་ལྟར། ལོ་ཆེན་སྐྱབས་མཆོག་སོགས་ཁ་ཅིག་ན་རེ། དོན་དམ་དུ་མ་ཟད་ཐ་སྙད་ཀྱི་ཚེ་ན་ཡང་ཡོད་མིན་མེད་མིན་སོགས་མཐའ་བཞི་སྤྲོས་བྲལ་སྨྲ་བར་བྱེད་དེ། དེར་ཁས་བླངས་ན་རྟག་ཆད་ཀྱི་ལྟ་བ་ཁས་བླངས་པར་འགྱུར་བའི་ཕྱིར་ཞེས་བཞེད་དོ། །

གཉིས་པ་དེ་དགག་པ་ལ་བཞི། ལུང་དང་འགལ་བས་དགག །རིགས་པ་དང་འགལ་བས་དགག །སྨྲོང་བ་དང་འགལ་བས་དགག །ཁས་ལེན་ཚུལ་སོ་སོར་ཕྱེ་བའོ། །དང་པོ་ནི། ཀུན་རྫོབ་ཡོད་མིན་མེད་མིན་དུ་སྨྲ་བ་འདི་ནི་ཆོས་ཅན། ལུང་དང་འགལ་ཏེ། མདོ་ལས་སྟོན་པ་ཡིས། འཇིག་རྟེན་ང་དང་རྩོད་ཀྱི་ང་ནི་འཇིག་རྟེན་དང་མི་རྩོད་དེ། འཇིག་རྟེན་པ་ཡོད་པར་གང་སྨྲ་བ་ང་ཡང་ཡོད་པར་སྨྲ་ཞེས་གསུངས་པ་དང་འགལ་བའི་ཕྱིར་དང་། དོན་འདི་ལ་དགོངས་ནས་ཟླ་བས་ཀྱང་། ཐ་སྙད་འཇོག་ཚེ་ཡོད་མེད་སོགས་འགོག་ན་འཇིག་རྟེན་གྱིས་གནོད་པས་ཐ་སྙད་དུ་ཡོད་མེད་སོ་སོར་སྨྲོས་ཞེས་གསུངས་པའི་ཕྱིར། གཉིས་པ་ནི། དོན་འདི་ལ་རིགས་པས་ཀྱང་ནི་གནོད་པ་སྟེ་ཇི་ལྟར་ཞེ་ན། ཁྱོད་ཀྱི་ལུགས་ལ་ཀུན་རྫོབ་ཀྱི་རྣམ་གཞག་མི་རུང་བར་འགྱུར་བར་ཐལ། ཀུན་རྫོབ་ཐམས་ཅད་མཐའ་བཞིའི་སྤྲོས་བྲལ་ཉིད་ལས་མ་འདས་པའི་ཕྱིར། གསུམ་པ་ནི། དོན་འདི་ལ་ལུང་རིགས་དང་འགལ་བར་མ་ཟད། སྨྲོང་བ་དང་འགལ་བའི་ཚུལ་ཡང་བཤད་པར་བྱ་སྟེ། ཇི་ལྟར་ཞེ་ན། ཟས་གོས་མེ་ཆུ་ལ་སོགས་པ་ཐ་སྙད་དུ་ཡོད་མེད་དྲིས་པའི་ཚེ། དེའི་ལན་དུ་དབུ་མ་པས་ཡོད་མིན་མེད་མིན་ཞེས་སྨྲ་བར་བྱེད་ན་དེ་མི་རིགས་པར་ཐལ། དེ་ལ་དེ་ལྟར་སྨྲ་བར་བྱེད་ན་ཐ་སྙད་དུ་ལན་སྨྲ་བ་པོ་རང་གི་སྐབས་ཀྱི་དངོས་དོན་ཡང་མི་འགྲུབ་ཅིང་། དྲི་བ་བྱེད་པོ་གཞན་ལ་སུན་འབྱིན་དུ་གོ་བའི་གླན་ཀར་འགྱུར་བ་མཐོང་བའི་ཕྱིར། བཞི་པ་ནི། ཀུན་རྫོབ་ཏུ་ཡང་ཡོད་མིན་མེད་མིན་གྱི་ལན་དགོས་པ་དང་མི་དགོས་པའི་རྣམ་དབྱེ་སོ་སོར་ཕྱེད་དགོས་ཏེ། ཀུན་རྫོབ་ལ་ཡང་བསྙལ་དོན་ལྟ་བུ་དང་། རྒྱུའི་དུས་ན་འབྲས་བུ་སོགས་ཡོད་མེད་དྲིས་པའི་ལན་དུ་ཡོད་མིན་མེད་མིན་གྱི་ལན་སྨྲ་དགོས་པའང་ཡོད་པའི་ཕྱིར་དང་། ལྟག་མ་སྣང་རུང་གི་ཆོས་རྣམས་ལ་ཐ་སྙད་ཡོད་མེད་དང་ཡིན་མིན་ལ་སོགས་པ་སོ་སོར་སྨྲ་བ་དབུ་མའི་ལུགས་ཡིན་པའི་ཕྱིར་རོ། །

གཉིས་པ་བདག་དང་གང་ཟག་སོ་སོར་ཕྱེ་བ་དགག་པ་ལ་ཕྱོགས་སྔ་བརྗོད་པ་དང་། དེ་དགག་པ་གཉིས། དང་པོ་ལ། ཕྱོགས་སྔ་སྨྲ་བ་པོ་ནི། པཎྜི་བཞད་པ་ལས། བདག་དང་གང་ཟག་གཉིས་རྣམ་གྲངས་སུ་སྨྲ་བ་མུ་སྟེགས་པའི་གཞུང་ཡིན་པས་ཐ་སྙད་དུ་ཡང་བདག་མེད་ཅིང་གང་ཟག་ཡོད་པར་འདོད་པ་དང་། དེའི་རྗེས་སུ་ཐ་སྙད་དུ་བདག་ཡོད་པ་བཞིན་དུ་གང་ཟག་གི་བདག་ཀྱང་ཡོད་པར་འདོད་པ་དང་གཉིས་ནི་སྔར་གྱི་ནོར་ལ་ཅན་དེ་ཉིད་ཀྱི་གྲུབ་མཐའ་སྨྲ་ཕྱིའི་ཞེས་དེ་གཉིས་ཀ་མཁས་པ་པཎ་ཆེན་ཤཱཀྱ་མཆོག་ལྡན་གྱི་གྲུབ་མཐར་མཛད་པར་སྣང་ཡང་། པཎ་ཆེན་པའི་དབུ་མའི་ཡིག་ཆ་རྣམས་ལ་གཞིགས་པས། རང་འཛིན་ལྷན་སྐྱེས་ཀྱི་གཟུང་བྱར་གྱུར་པའི་ང་དེ་ཉིད། ལས་འབྲས་ཀྱི་རྟེན་དུ་གྱུར་པའི་བདག་དང་། གང་ཟག་བདག་འགོག་གི་རིགས་པས་དགག་དགོས་པའི་བདག་གི་གཞི་མཐུན་ཡིན་གྱི། དབུ་མ་རང་ལུགས་ལ་ཁས་བླངས་རྒྱུའི་ལས་འབྲས་ཀྱི་རྟེན་དུ་གྱུར་པའི་བདག་དང་རིགས་པས་དགག་དགོས་པའི་གང་ཟག་གི་བདག་ཅེས་པ་གཉིས་སོ་སོར་འབྱེད་པ་དབུ་མའི་གཞུང་ལུགས་ཀྱི་དགོངས་པ་མིན། ཞེས་གསལ་བར་བཤད་པས། གང་ཟག་དང་། གང་ཟག་གི་བདག་གཉིས་སོ་སོར་མི་འབྱེད་པ་པཎ་ཆེན་པས་དབུ་མའི་ཡིག་ཆའི་དངོས་བསྟན་ལ་བཞུགས་ཤིང་། གང་ཟག་ཐ་སྙད་དུ་ཡོད་ཅིང་། བདག་ཐ་སྙད་དུ་མེད་ཅེས་པ་གསལ་བར་གསུངས་པ་མེད་མོད། པཎ་ཆེན་པས་གསུང་འཕྲོས་སྨྲ་མ་འགའ་ཞིག་ལས་བྱུང་བ་ཡང་སྲིད་ཅིང་། གཞན་ཡང་མཁས་པ་མང་དག་འདི་བཞེད་པས་ཞིབ་ཏུ་དཔྱད་དགོས་པའི་གནས་སོ། །དེས་ན་མཁས་པ་ལ་ལ་ཐ་སྙད་དུའང་བདག་མེད་པ་བཞིན་དུ་གང་ཟག་ཐ་སྙད་དུ་མེད་པར་འདོད་དེ་བདག་དང་གང་ཟག་གཉིས་རྣམ་གྲངས་ཡིན་པར་སྨྲ་བ་མུ་སྟེགས་པའི་གཞུང་ལུགས་ཡིན་པའི་ཕྱིར་དང་། རིགས་པའི་སྒྲུབ་བྱེད་བདག་མེད་རྟོགས་པའི་བློས་ཡུལ་གྱི་གནས་ཚུལ་རྟོགས་པའི་ཕྱིར་དང་། བདག་འཛིན་ཡུལ་གྱི་གནས་ཚུལ་ལ་མ་ཞུགས་པའི་ཕྱིར་ཞེས་སྨྲ་བ་ཐོས་སོ། །

གཉིས་པ་དེ་དགག་པ་ལ་བཞི་སྟེ། ཧ་ཅང་ཐལ་བའི་རིགས་པས་དགག །རང་ལ་སྒྲུབ་བྱེད་མེད་པས་དགག །གཞན་ལ་སུན་འབྱིན་མེད་པས་དགག །ཚིག་དོན་མ་འབྲེས་གཟུང་བར་གདམས་པའོ། །དང་པོ་ནི། འོ་ན་ཡུམ་གྱི་མདོ་རྣམས་དང་ཀླུ་སྒྲུབ་ཡབ་སྲས་ཀྱི་གཞུང་ལུགས་རྣམས་ཆོས་ཅན། མུ་སྟེགས་པའི་གཞུང་ལུགས་སུ་འགྱུར་ཏེ། བདག་དང་གང་ཟག་དེ་དག་རྣམ་གྲངས་སུ་གསུངས་པའི་ཕྱིར་ཏེ། དེ་ཡང་ཡུམ་གྱི་མདོ་ལས་བདག་དང་ནི། །སེམས་ཅན་སྲོག་དང་གང་ཟག་དང་། །གསོ་བ་སྐྱེས་བུ་ཤེད་བདག་དང་། །ཤེད་སྐྱེས་བྱེད་པོ་ཚོར་པོ་དང་། །ཤེས་པ་པོ་དང་མཐོང་པོ་སྟེ། །བྱེད་པའི་སྐྱེས་བུ་བཅུ་གཉིས་གསུངས་ཤིང་། གསུངས་པ་དེའི་དོན་འཕགས་པ་ཀླུ་སྒྲུབ་ཀྱིས། རིན་ཆེན་ཕྲེང་བར། ཇི་སྲིད་ཕུང་པོར་འཛིན་ཡོད་པ། །ཇི་སྲིད་དེ་ལ་ངར་འཛིན་

ཡོད། །ཅེས་པའི་སྐབས་ཀྱི་དངར་འཛིན་ལྷན་སྐྱེས་ཀྱི་དམིགས་ཡུལ་ང་ཙམ་ལ་བྱེད་པའི་སྐྱེས་བུ་བཅུ་གཉིས་ཀྱི་མིང་གི་རྣམ་གྲངས་བཏགས་པར་བཞེད་ཅིང་། རྣམ་གྲངས་བཅུ་གཉིས་དང་ལྡན་པའི་བདག་དེ་ཉིད། གདགས་པའི་རྒྱུ་ཕུང་པོ་རྣམས་ལ་ནི། གང་ཟག་བདག་འགོག་གི་རིགས་པ་རྣམ་པ་བདུན་གྱིས་བཙལ་བའི་ཚེ་མི་རྙེད་ཀྱང་རིགས་པས་མ་དཔྱད་པའི་འཇིག་རྟེན་གྲགས་པའི་ངོར། རང་གི་ཉེ་བར་བླང་བྱ་ཕུང་པོ་ལྔ་ལ་བརྟེན་ནས་ཉེ་བར་ལེན་པ་པོ་དང་ནི་རང་གི་ཆ་ཤས་ཕུང་པོ་ལྔ་ལ་བརྟེན་ནས་ནི་ཆ་ཤས་ཅན་དང་། རང་གི་ཡན་ལག་ཕུང་པོ་ལྔ་ལ་བརྟེན་ནས་ཡན་ལག་ཅན་དུ་འཇོག་པ། ཤིང་རྟ་རང་གི་ཉེ་བར་བླང་བྱ་དང་ཆ་ཤས་དང་ཡན་ལག་འཕང་ལོ་སོགས་ལ་བརྟེན་ནས་ཉེ་བར་ལེན་པོ་སོགས་སུ་འཇོག་པའི་དཔེ་དང་སྦྱར་བ་དཔལ་ལྡན་ཟླ་བས་འཇུག་པར་གསུངས་པའི་ཕྱིར་ཏེ། འཇུག་པ་ལས། འདི་ནི་དེ་ཉིད་དུའམ་འཇིག་རྟེན་དུ། །རྣམ་པ་བདུན་གྱིས་འགྲུབ་འགྱུར་མིན་མོད་ཀྱི། །རྣམ་དཔྱད་མེད་པར་འཇིག་རྟེན་ཉིད་ལས་འདིར། །རང་གི་ཡན་ལག་བརྟེན་ནས་འདོགས་པ་ཡིན། །དེ་ཉིད་ཡན་ལག་ཅན་ཏེ་ཆ་ཤས་ཅན། །ཤིང་རྟ་དེ་ཉིད་བྱེད་པོ་ཞེས་འགྲོར་བསྟད། །སྐྱེ་བོ་རྣམས་ལ་ལེན་པོ་ཉིད་དུ་གྲུབ། །འཇིག་རྟེན་གྲགས་པའི་ཀུན་རྫོབ་མ་ཉམས་ཤིག །ཅེས་སོགས་བཤད་པའི་ཕྱིར། བདག་ཆོས་ཅན། ཁྱོད་ཕུང་པོ་ལ་རྣམ་པ་ལྔའམ་བདུན་གྱི་རིགས་པས་བཙལ་ན་མི་རྙེད་པ་ཡང་ཡིན་ཏེ། ཁྱོད་ཕུང་པོ་དང་གཅིག་གམ་ཐ་དད་དམ་རྟེན་ནམ་བརྟེན་པའམ་ལྡན་པ་སྟེ་ལྔའམ་དབྱིབས་སམ། ཚོགས་པ་སྟེ་བདུན་གྱིས་དཔྱད་ན་མི་རྙེད་པའི་ཕྱིར་རོ། །དེས་ན་གང་ཟག་གི་བདག་དང་ཆོས་ཀྱི་བདག་གཉིས་མེད་མོད། བདག་ཙམ་ཞིག་རིགས་པས་དཔྱད་ན་མེད་ཀྱང་། ཐ་སྙད་དུ་ལས་འབྲས་ཀྱི་རྟེན་དུ་ཡོད་པ་འདི་ཆོས་ཅན། ཁྱོད་ལ་རྩོད་པའི་ཚེ་འདི་ལས་གཞན་དུ་མ་སྟོན་ཅིག་ཅེས་བྱ་ཞིང་། འཆད་པའི་ཚེ་སློབ་མ་མ་སླུ་བར་ཚུལ་འདི་བཞིན་དུ་ཤོད་ཅིག་ཅེས་བྱ་སྟེ། ཁྱོད་རྣམ་བདུན་གྱི་རིགས་པས་དཔྱད་པའི་ཚེ་མི་རྙེད་ཀྱང་། ཐ་སྙད་དུ་ལས་ཀྱི་བྱེད་པོ་སོགས་ཡིན་པར་ཁས་ལེན་པ་ནི། ཁྱོད་གང་ཟག་ལ་རྟག་ཆད་ཀྱི་མཐའ་གཉིས་སྤྲངས་པའི་གང་ཟག་གི་བདག་མེད་རྟོགས་པའི་ཐབས་ཡིན་པའི་གནད་དམ་པ་ཡིན་པ་དང་། རྟེན་འབྱུང་གི་སྐྱེ་བ་རྟེན་འབྲེལ་གྱི་རིགས་པས་དཔྱད་པའི་ཚེ་མ་རྙེད་ཀྱང་ཐ་སྙད་དུ་ཁས་ལེན་པ་ནི། ཆོས་ལ་རྟག་ཆད་ཀྱི་མཐའ་གཉིས་སྤྲངས་པའི་ཆོས་ཀྱི་བདག་མེད་རྟོགས་པའི་ཐབས་བླ་ན་མེད་པ་ཡིན་པ་ནི་མཁས་པའི་རྣམ་དཔྱོད་ལས་རྟོགས་པའི་ཕྱིར་རོ། །དེས་ན་རྟག་ཆད་སྤོང་ཚུལ་འདི་ལ་ཚུལ་གཉིས་མཐོང་སྟེ་ཆོས་དང་གང་ཟག་ཐ་སྙད་དུ་རྟེན་འབྱུང་དུ་ཁས་བླངས་པས་ཆད་པའི་མཐའ་སེལ། དོན་དམ་པར་དཔྱད་ན་མི་རྙེད་པས་རྟག་པའི་མཐའ་སེལ་བ་ནི། གཞིའི་རྟག་ཆད་སྤོང་བའི་ཚུལ་ཏེ་ཚུལ་དེས་གཞི་ཆོས་ཅན་གང་ཟག་དང་བུམ་པ་ལྟ་བུའི་སྟེང་དུ། བདེན་གཉིས་ཟུང་འཇུག་གམ་སྣང་

སྟོང་ཉིད་འཇུག་གི་གནད་ལེགས་པར་རྟོགས་ནུས་པའི་ཕྱིར་རོ། །ཆོས་དང་གང་ཟག་རང་བཞིན་གྱིས་སྐྱེ་བར་ཁས་མ་བླངས་པས་རྟག་པའི་མཐའ་སེལ། རང་བཞིན་ཞིག་ལའམ་རྒྱུན་ཆད་པར་ཁས་མ་བླངས་པས་ཆད་པའི་མཐའ་སེལ་བ་ནི། ལམ་གྱི་རྟག་ཆད་སྤོང་ཚུལ་ཏེ། ཚུལ་དེས་ཆོས་དང་གང་ཟག་བདེན་མེད་དུ་རྟོགས་པའི་ལྟ་བ་དེ། རྟག་ཆད་ཀྱི་མཐར་མ་ལྷུང་བའི་དབུ་མའི་ལྟ་བ་ཡིན་པ་ལ་ངེས་པ་ལེགས་པར་རྙེད་ནུས་པའི་ཕྱིར་རོ། །

གཉིས་པ་རང་ལ་སྒྲུབ་བྱེད་མེད་པ་ནི། ཁྱོད་ཀྱི་བདག་མེད་དེ། བདག་མེད་རྟོགས་པའི་བློ་ཡུལ་གྱི་གནས་ཚུལ་ལ་ཞུགས་པའི་ཕྱིར་ཞེས་སོགས་ཀྱི་སྒྲུབ་བྱེད་ཀྱང་ནི་ལྟར་སྣང་སྟེ། ཇི་ལྟར་ཞེ་ན། སྐྱེ་མེད་དང་མཚན་མེད་དང་སྨོན་མེད་རྣམས་རྟོགས་པའི་བློ་ལ་སྐྱེ་བ་དང་མཚན་མ་སོགས་མེད་པར་ཐལ། སྐྱེ་མེད་རྟོགས་པའི་བློ་སོགས་ཡུལ་གྱི་གནས་ཚུལ་ལ་ཞུགས་པའི་ཕྱིར་ཞེས་པའི་རིགས་པ་མཚུངས་ཏེ། སྐྱེ་སོགས་ཐ་སྙད་དུ་ཡོད་པའི་ཕྱིར་དང་། སྐྱེ་མེད་རྟོགས་པའི་བློ་སོགས་ཀྱང་གནས་ཚུལ་ལ་ཞུགས་པའི་ཕྱིར་རོ། །དེས་ན་བདག་ཡོད་ཀྱང་བདག་མེད་རྟོགས་ཞེས་པ་ནི་བདག་དཔྱད་ནས་མེད་པར་རྟོགས་པ་ལ་བདག་མེད་རྟོགས་ཞེས་བར་གྱི་ཚིགས་མི་མངོན་པར་བྱས་པ་ཡིན་ནོ་ཞེས་བསྟན་བཅོས་འདིའི་དགོངས་པར་ངེས་དགོས་སོ། །གསུམ་པ་གཞན་ལ་སུན་འབྱིན་མི་འཐད་པ་ནི། ཁྱོད་ཀྱིས་གཞན་ལ་སྐྱོན་བརྗོད་པའི་ཚེ་ན། བདག་མེད་པར་རྟོགས་པས་གྲོལ་བ་མ་ཡིན་པར་བདག་དོན་དམ་དུ་མེད་པར་མཐོང་བས་གྲོལ་བར་འགྱུར་ན། མོ་གཤམ་གྱི་བུ་མེད་པར་མཐོང་བས་ཀྱང་གྲོལ་བར་འགྱུར་རོ་ཞེས་པའི་སུན་འབྱིན་སླུ་མོད། སུན་འབྱིན་འདི་ནི་ཀླུ་སྒྲུབ་ཀྱིས། བདག་ཡོད་བདག་གི་ཡོད་ཅེས་པ། །འདི་ནི་དམ་པའི་དོན་དུ་ལོག །གང་ཕྱིར་ཡང་དག་ཇི་ལྟ་བ། །ཡོངས་སུ་ཤེས་པས་གཉིས་མི་འབྱུང་། །ཞེས་གསུངས་པ་ལ་བརྗོད་པར་སྣང་སྟེ། གཞུང་དེས་བདག་དང་བདག་གི་བ་དོན་དམ་དུ་མེད་པར་རྟོགས་པའི་བློས། བདག་དང་བདག་གི་བ་དོན་དམ་དུ་ཡོད་པར་འཛིན་པའི་བློ་ཕྱིན་ཅི་ལོག་དེ་སྤོང་ནུས་པར་བཤད་འདུག་པའི་ཕྱིར་རོ། །དེས་ན་དེ་སྐད་སླུ་བ་པོ་ཆོས་ཅན། ཁྱོད་ཕྲ་མོའི་རྣམ་གཞག་ལ་ཇི་ལྟར་སླུ་ནུས་པར་འགྱུར་ཏེ་མི་ནུས་པར་ཐལ། རགས་པའི་རྣམ་གཞག་འདི་ལའང་འཁྲུལ་ནས་འདུག་པའི་ཕྱིར་རོ། །གཞན་ཡང་ཁྱོད་རང་ལུགས་ལ་ཐ་སྙད་དུའང་བདག་མེད་པ་དང་། ཕུང་པོ་ཁམས་སོགས་དོན་དམ་པར་མེད་པར་འདོད་པ་ལའང་། མོ་གཤམ་གྱི་བུ་མེད་པར་མཐོང་བས་གྲོལ་བར་ཐལ་གྱི་རིགས་པ་དེ་ནི་མཚུངས་པར་འགྱུར་ཏེ༑ རིགས་པའི་རྣམ་གཞག་ཤེས་ན་དཔྱོད་ཅིག་སྟེ་དཔྱད་པས་གསལ་བའི་ཕྱིར་རོ། ཁྱོད་ཀྱི་རྣམ་འགྱུར་འདི་ཆོས་ཅན། མཁས་པས་མཐོང་ན་བཞད་གད་ཀྱི་གནས་ཡིན་ཏེ། གཞུང་ལུགས་ཀྱི་རྣམ་གཞག་དོར་ནས་ནི་ཕལ་པའི་ངག་ཙམ་ལ་བརྟེན་ནས་གྲུབ་མཐའི་རྣམ་གཞག་འཛུགས་པར་བྱེད་པ་ཙམ་ཡིན་པའི་ཕྱིར་རོ། །བཞི་པ་ཚིག་

དོན་མ་འདྲེས་གཟུང་བར་གདམས་པ་ནི། བདག་གིས་སྨྲས་བསྟན་པའི་བདག་དེ་ལ་ཐ་སྙད་དུ་ཡོད་མེད་ཀྱི་རྣམ་དབྱེ་མ་འདྲེས་པར་ཕྱེ་དགོས་ཏེ། ཆོས་དང་གང་ཟག་ཚིག་ཟུར་ལ་སྦྱར་བའི་ཆོས་ཀྱི་བདག་དང་གང་ཟག་གི་བདག་གཉིས་དང་། ཆོས་ཐམས་ཅད་བདག་མེད་ཅེས་པའི་སྐབས་ཀྱི་བདག་གི་དོན་ནི། རང་གི་ངོ་བོས་གྲུབ་པ་ལ་བཤད་ནས་ཐ་སྙད་དུ་ཡང་མེད་པར་སངས་རྒྱས་བསྐྱངས་དང་ཟླ་བ་ཡིས་བཞེད་པའི་ཕྱིར་དང་། དེ་ལྟ་བུའི་བདག་དང་། བྱེད་པའི་སྐྱེས་བུ་ལ་བདག་ཅེས་བརྗོད་པའི་བདག་གཉིས་པོ་སོ་སོར་སློས་ཤིག་སྙེ་སྨྲ་དགོས་པའི་ཕྱིར་ཏེ། བྱེད་པའི་སྐྱེས་བུ་ལ་བདག་ཏུ་བྱས་པའི་བདག་དེ་ཐ་སྙད་དུ་ཡོད་པའི་ཕྱིར་རོ། །

བཞི་པ་བདག་གཉིས་ཐ་སྙད་བདེན་པར་སྨྲ་བ་དགག་པ་ལ་གཉིས་འདོད་པ་བརྗོད་པ་དང་། སུན་འབྱིན་བཤད་པའོ། །དང་པོ་ནི་མཁས་པ་ལ་ལ། གང་ཟག་དང་གང་ཟག་གི་བདག་གཉིས་ཀ་ཡང་ཐ་སྙད་དུ་ཡོད་ཅིང་དོན་དམ་དུ་མེད་པ་དབུ་མའི་ལུགས་ཡིན་ཞེས་སྨྲས་ཏེ། རྒྱུ་མཚན་གང་ཟག་གི་བདག་འགོག་པའི་རིགས་པའི་གཙོ་བོ་ནི། གང་ཟག་ཉིད་ཕུང་པོ་ལྔ་ལ་རྣམ་བདུན་གྱི་རིགས་པས་བཙལ་བའི་ཚེ་མ་རྙེད་པ་ཡིན་པས་གང་ཟག་དང་གང་ཟག་གི་བདག་གཉིས་ཡོད་མེད་ཁྱད་པར་མེད་པའི་ཕྱིར་ཞེས་ཟེར་རོ། །པདྨོ་བཞད་པ་ལས། འདི་དང་གོང་གི་གང་ཟག་ཡོད་ཅིང་བདག་མེད་ཅེས་སོ་སོར་ཕྱེ་བ་གཉིས། པཎ་ཆེན་ཤཱཀྱ་མཆོག་ལྡན་གྱི་གྲུབ་མཐའ་སྤྲོ་ཕྱི་ཡིན་པར་བཤད་ཀྱང་། པཎ་ཆེན་པས། དབུ་མའི་སྤྱི་དོན་གྱི་གང་ཟག་གི་བདག་འགོག་གི་ལེའུ་བཅུ་པ་ལས། རི་བོ་དགེ་ལྡན་པས་བདག་ཡོད་པར་ཁས་བླངས་པ་ལ་ལུང་རིགས་ཀྱི་གནོད་བྱེད་མང་དུ་བསྟན་པས། པཎ་ཆེན་པའི་དགོངས་པ་ཡིན་མིན་དཔྱད་པར་བྱའོ། །

གཉིས་པ་སུན་འབྱིན་པ་ལ། དབུ་མའི་གཞུང་གི་དགོངས་པ་མིན་པས་དགག །མགོ་མཚུངས་རིགས་པའི་གནོད་བྱེད་ཡོད་པས་དགག །སྒྲུབ་བྱེད་བློ་གྲོས་འཆལ་པའི་རྟགས་སུ་བསྟན་པའོ། །དང་པོ་ནི། གང་ཟག་དང་གང་ཟག་གི་བདག་གཉིས་པོ་ཡོད་པ་ལ་ཁྱད་པར་མེད་པ་ནི་མུ་སྟེགས་པ་དང་མང་བཀུར་བ་ཁོ་ནའི་ལུགས་ཡིན་གྱི། མང་བཀུར་བ་ལས་གཞན་པའི་ནང་པ་སངས་རྒྱས་པའི་ལུགས་འདི་ལ་མེད་དེ། གཞན་དུ་ན། ཆོས་དང་གང་ཟག་གི་ བླས་ཕྱེ་བའི་ཆོས་ཀྱང་ཆོས་བདག་ཏུ་འགྱུར་ཏེ། ཆོས་དེ་ཉིད་ལ་རྟེན་འབྲེལ་ལ་སོགས་པའི་རིགས་པས་བཙལ་བའི་ཚེ་ན་མ་རྙེད་པ་ལ་ཆོས་ཀྱི་བདག་མེད་དུ་འཇོག་པས། གང་ཟག་དང་ཆོས་ཀྱི་བདག་མེད་བཙལ་ཚུལ་མཚུངས་པའི་ཕྱིར་རོ། །དེ་ཡང་འདོད་ན། འཕགས་པའི་རྗེས་ཐོབ་ཀྱི་ཆོས་བདག་མེད་རྟོགས་པའི་ཚེ་ན་ཆོས་ཙམ་མེད་པ་རྟོགས་པར་འགྱུར་ཏེ། ཆོས་ཙམ་ཆོས་བདག་ཏུ་ཁས་བླངས་པའི་ཕྱིར་རོ། །ས་བཅད་དང་པོ་གཉིས་ཐུན་མོང་དུ་བསྟན་ནས། གསུམ་པ་ནི། ཁྱོད་ཀྱི་སྒྲུབ་བྱེད་བློ་གྲོས་བསྐྱེད་པའི་འབྲས

རྟགས་ཉིད་དུ་ཤེས་པར་བྱ་སྟེ། དེའི་དོན་གང་ཟག་ཕུང་པོ་ལྔ་ལ་རྣམ་བདུན་གྱི་རིགས་པས་བཙལ་བའི་ཚེ་རྙེད་ན་གང་ཟག་གི་བདག་ཏུ་འགྱུར་བའི་དོན་ཡིན་པའི་ཕྱིར་རོ། །འདིར་དོགས་པ་ཅུང་ཟད་དཔྱད་ན། བསྟན་བཅོས་མཛད་པ་འདིའི་དགོངས་པ་ནི། གང་ཟག་གི་བདག་དང་ཆོས་ཀྱི་བདག་གཉིས་མེད་ཀྱང་། བདག་ཙམ་ཞིག་ཡོད་པར་ཁས་བླངས་དགོས་ཏེ། བྱེད་པའི་སྐྱེས་བུ་བཅུ་གཉིས་ཀྱི་ཟླས་ཕྱེ་བའི་བདག་དང་གང་ཟག་དང་སྐྱེས་བུ་ལ་སོགས་པ་དོན་གཅིག་མིང་གི་རྣམ་གྲངས་གང་ཞིག །གང་ཟག་དང་སྐྱེས་བུ་སོགས་ཡོད་པར་ཁས་བླངས་དགོས་པའི་ཕྱིར་ཏེ། དེ་དག་མེད་ན། ལས་བྱེད་པ་པོ་དང་། ལས་ཀྱི་རྣམ་སྨིན་མྱོང་བ་པོ་སོགས་ཀྱང་མེད་དགོས་པས། ལས་འབྲས་ལ་ཡང་སྐུར་པ་བཏབ་པར་འགྱུར་བའི་ཕྱིར་དང་། བདག་དང་གང་ཟག་དོན་དམ་པར་མེད་ཀྱང་། གང་ཟག་གི་བདག་མེད་རྟོགས་པའི་ཐབས་སུ་ཐ་སྙད་དུ་ཡོད་པར་ཁས་བླངས་དགོས་ཏེ། རྟེན་འབྲུང་གི་སྐྱེ་བ་དོན་དམ་པར་མེད་ཀྱང་། ཐ་སྙད་དུ་ཡོད་པ་ནི། དོན་དམ་བདེན་པ་རྟོགས་པའི་ཐབས་ཡིན་པ་དང་གནད་གཅིག་པའི་ཕྱིར་རོ། །དེས་ན་བདག་རྫས་ཡོད་དུ་འདོད་པའི་ཉན་ཐོས་མང་བཀུར་བའི་ལུགས་ལ༔ གང་ཟག་གི་བདག་འཛིན་ལྷན་སྐྱེས་ཀྱི་དམིགས་པ་དང་། བདག་དོན་གཅིག་ཏུ་འདོད་པས། ཕུང་པོ་དེའི་དམིགས་པར་མི་འདོད། བདག་བརྟགས་ཡོད་དུ་འདོད་པའི་ཁ་ཆེ་བྱེ་སྨྲ་བ་ནས། དབུ་མ་རང་རྒྱུད་པའི་བར་ནི། ཕུང་པོ་གང་ཟག་གི་བདག་འཛིན་ལྷན་སྐྱེས་ཀྱི་དམིགས་པ་དང་གང་ཟག་གི་གདགས་གཞིར་ཁས་ལེན་ཞིང་། དེའི་འཛིན་སྟངས་ཀྱི་ཡུལ་དུ་གྱུར་པའི་ང་ཙམ་ཞིག་བདག་ཏུ་ཁས་ལེན་པས་ངར་འཛིན་ལྷན་སྐྱེས་ཀྱི་དམིགས་པ་དང་བདག་དོན་གཅིག་ཏུ་མི་འདོད། ཐལ་འགྱུར་བའི་ལུགས་ལ་ཕུང་པོ་ནི་གང་ཟག་ཏུ་གདགས་པའི་རྒྱུ་ཙམ་ཡིན་གྱི། གང་ཟག་གི་གདགས་གཞི་དང་། གང་ཟག་གི་བདག་འཛིན་ལྷན་སྐྱེས་ཀྱི་དམིགས་པ་གཉིས་གང་དུ་ཡང་ཁས་མི་ལེན་པས། དེའི་དམིགས་པ་དང་བདག་དོན་གཅིག་ཏུ་འདོད། དེས་ན་གང་ཟག་བདག་འཛིན་ལྷན་སྐྱེས་ཀྱི་དམིགས་པ་ཡོད་པས། དེ་ཉིད་ཡུལ་ཅན་ཡང་དག་ཀུན་རྫོབ་བདེན་པ་ཡིན་ཞིང་། ལྷན་སྐྱེས་ཀྱི་བདག་ཀྱང་ཡོད་པར་འདོད། གང་ཟག་གི་བདག་འཛིན་ཀུན་བཏགས་ཀྱི་དམིགས་པ་མེད་པས། དེ་ཉིད་ཡུལ་ཅན་ལོག་པའི་ཀུན་རྫོབ་བདེན་པ་ཡིན་ཞིང་། ཀུན་བཏགས་ཀྱི་བདག་མེད་པར་འདོད་ཅེས་པ་ནི་འཇུག་པ་དགའ་འགྲེལ་སོགས་ཀྱི་དགོངས་པ་བླ་ན་མེད་པའོ། །

རི་བོ་དགེ་ལྡན་པས། གང་ཟག་གི་བདག་འཛིན་ལྷན་སྐྱེས་ཀྱི་དམིགས་པར་གྱུར་པའི་བདག་དང་། འཛིན་སྟངས་ཀྱི་ཡུལ་དུ་གྱུར་པའི་བདག་གཉིས་སུ་ཕྱེ་ནས། དང་པོ་ངོས་འཛིན་པའི་ཚེ། ངར་འཛིན་ལྷན་སྐྱེས་ཀྱི་དམིགས་པར་གྱུར་པའི་ང་ཙམ་དེ། བདག་ཡིན་པར་འདོད་པ་ལ་ནང་པའི་གྲུབ་མཐའ་རྣམས་མི་མཐུན་པ་

མེད་ཀྱང་། དམིགས་ཡུལ་ང་ཙམ་དེའི་མཚན་གཞི་འཛིན་ཚུལ་མི་མཐུན་ཏེ། མང་བཀུར་བའི་ནང་ཚན་འགའ་ཞིག །ཕུང་པོ་ལྔ་འམ། སེམས་ཉིད་དེའི་མཚན་གཞིར་འདོད། ཁ་ཆེ་བྱེ་སྨྲ་བ་ཕུང་པོའི་རྒྱུན་དང་། མདོ་སྡེ་པ་ཡིད་ཀྱི་རྣམ་ཤེས་དང་། སེམས་ཙམ་པ་དང་། རང་རྒྱུད་པ་ཀུན་གཞིའི་རྣམ་ཤེས་དང་། ཐལ་འགྱུར་བ་ཕུང་པོ་ལ་བརྟེན་ནས་བཏགས་པའི་ང་ཙམ་དེ་ངར་འཛིན་ལྷན་སྐྱེས་ཀྱི་དམིགས་པར་གྱུར་པའི་ངའམ་བདག་གི་མཚན་གཞི་ཡིན། དེས་ན་དེའི་དམིགས་པར་གྱུར་པའི་བདག་དང་། ལས་འབྲས་ཀྱི་རྟེན་དུ་གྱུར་པའི་བདག་སོགས་ཡོད་པར་འདོད་པས། སྤྱིར་བདག་ཡོད། །དེའི་འཛིན་སྟངས་ཀྱི་གཟུང་བྱར་གྱུར་པའི་བདག་མེད་པས། གང་ཟག་གི་བདག་ནི་མེད། དེ་ཡང་རང་རྒྱུད་པ་མན་ཆད་ཀྱི། གང་ཟག་རང་རྐྱ་ཐུབ་པའི་རྫས་ཡོད་དུ་འཛིན་པ་ཉིད་གང་ཟག་གི་བདག་འཛིན་ལྷན་སྐྱེས་ཀྱི་འཛིན་པ་ཡིན་པར་འདོད་ཅིང་། གང་ཟག་རང་རྐྱ་ཐུབ་པའི་རྫས་ཡོད་དུ་གྲུབ་པ་རྣམ་པར་བཅད་ཙམ་དེ་རྟོགས་པས། གང་ཟག་གི་བདག་མེད་རྫོགས་པར་རྟོགས་པར་འདོད། བདག་མེད་གཉིས་ཀྱི་ཁྱད་པར་ཡང་དགག་བྱའི་སྒོ་ནས་འབྱེད། ཐལ་འགྱུར་བས། གང་ཟག་རང་བཞིན་གྱིས་གྲུབ་པར་འཛིན་པ་ཉིད་གང་ཟག་གི་བདག་འཛིན་ལྷན་སྐྱེས་ཀྱི་འཛིན་སྟངས་སུ་འདོད་ཅིང་། གང་ཟག་རང་བཞིན་གྱིས་མ་གྲུབ་པར་རྟོགས་པས། གང་ཟག་བདག་མེད་རྫོགས་པར་རྟོགས་པར་འདོད། བདག་མེད་གཉིས་ཀྱི་ཁྱད་པར་ཡང་ཆོས་ཅན་གྱི་སྒོ་ནས་འབྱེད་ཀྱི། དགག་བྱ་ལ་ཁྱད་པར་མེད་པར་འདོད། ཅེས་པ་ནི་སྐལ་བཟང་མིག་འབྱེད་སོགས་ཀྱི་དགོངས་པ་བླ་ན་མེད་པའོ། །

དཔལ་འབུམ་ཕྲག་གསུམ་པའི་བཞེད་པར་བྱེད་པའི་སྐྱེས་བུ་བཙུ་གཉིས་ཀྱི་བླུས་ཕྱེ་བའི་བདག་དང་། ལས་འབྲས་ཀྱི་རྟེན་དུ་གྱུར་པའི་བདག་ཙམ་ཞིག་ཡོད་ཀྱང་། བདག་ནི་ཡོད་པར་ཁས་མི་བླང་སྟེ། བྱེད་པའི་སྐྱེས་བུ་བཙུ་གཉིས་ཀྱི་བླུས་ཕྱེ་བའི་བདག་ནི། གང་ཟག་དང་། སེམས་ཅན་སོགས་ཀྱི་མིང་གི་རྣམ་གྲངས་ཙམ་ཡིན་པས། དེ་ཡིན་ན་བདག་མ་ཡིན་དགོས་པའི་ཕྱིར་དང་། ལས་འབྲས་ཀྱི་རྟེན་དུ་གྱུར་པའི་བདག་ཀྱང་། སྔ་མ་དང་གནད་གཅིག་པས། བདག་ཡོད་པ་གཏན་ནས་མ་ཡིན་ཏེ། བདག་ཡོད་པ་ཁས་ལེན་པ་ནི། ཆོས་ཐམས་ཅད་བདག་མེད་དུ་ཁས་ལེན་པའི་ཁ་ཆེ་བྱེ་སྨྲ་བ་ནས། ཐལ་འགྱུར་བའི་བར་དུ་སུའི་ལུགས་ལ་ཡང་མེད་པའི་ཕྱིར་ཞེས་བཞེད། དཔལ་ཤཱཀྱ་མཆོག་ལྡན་གྱི་བཞེད་པར། རང་གི་ཁས་བླང་རྒྱུའི་བདག་དང་། རིགས་པས་འགོག་རྒྱུའི་བདག་གཉིས་ཀྱི་ཕྱེད་གསལ་བྱེད་པ་ནི། དཔལ་ལྡན་བླ་བས་མ་བཤད་པས་མི་འཐད་ཅིང་། དེས་ན་གང་ཟག་གི་བདག་མེད་ཀྱང་། སྤྱིར་བདག་དང་། ཁྱད་པར་ལས་འབྲས་ཀྱི་རྟེན་དུ་གྱུར་པའི་བདག་ཡོད་ཅེས་པ་འདི་ཡང་མི་འཐད་དེ། ཀུན་རྫོབ་བདེན་པ་ཡིན་ན། ཡོད་པ་མིན་པས་ཁྱབ་པའི་ཕྱིར་དང་། སྤྱིར་བདག་ཡོད་

པ་ཁས་ལེན་པ་ལ། དཔལ་ལྡན་ཟླ་བས་གང་ཟག་གི་བདག་འགོག་གི་རིགས་པ་བཅུ་སོགས་ལུང་རིགས་ཁས་བླངས་གསུམ་གྱི་གནོད་བྱེད་ཆར་ལྟར་འབབ་པའི་ཕྱིར། དེས་ན་གང་ཟག་གི་བདག་འཛིན་ལྷན་སྐྱེས་ཀྱི་འཛིན་སྟངས་ཀྱི་གཟུང་བྱར་གྱུར་པའི་ང་དེ་ཉིད། གང་ཟག་དང་བདག་ཡིན་གྱི་གང་ཟག་གི་བདག་དང་ཆོས་བདག་གང་ཡང་མིན་པའི་བདག་ཕུང་པོ་གསུམ་པོ་དེ་འདྲ་གཏན་ནས་ཁས་མི་ལེན་ལ། དེ་ལྟ་བུའི་ངའམ་བདག་དེ་ཉིད་འཇིག་རྟེན་ཐ་སྙད་དུ་ནི་ཡོད་པར་ཁས་བླངས་དགོས་ཏེ། དེ་འཛིན་ལྷན་སྐྱེས་དེ་འཇིག་རྟེན་གྱི་ཡང་དག་ཀུན་རྫོབ་བདེན་པ་ཡིན་པའི་ཕྱིར། འོན་ཀྱང་དེ་འདྲ་དེ། སྤྱིར་ཐ་སྙད་དུ་ནི་ཡོད་པར་ཁས་མི་བླངས་ཏེ། དེ་འཕགས་པའི་ཐ་སྙད་དུ་མེད་པའི་ཕྱིར་ཞེས་སོགས་རྒྱས་པར་གསུངས་སོ། །

དོན་དེ་དག་ལ། བློ་གཟུ་བོས་རྣམ་པར་དཔྱད་ན། འདི་ལྟར་མཐོང་སྟེ། བདག་ཡོད་པར་བཞེད་པ་དག་གསོན་ཅིག །བདག་ཆོས་ཅན། ཁྱོད་ལ་སྐད་ཅིག་སྔ་ཕྱིའི་རིམ་པ་མང་དུ་ཡོད་པར་ཐལ། ཁྱོད་རྒྱུ་བཅས་ཀྱི་མི་རྟག་པ་ཡིན་པའི་ཕྱིར། རྟགས་དོན་གྱིས་ཁས་བླངས་ཏེ། བདག་དེ་གང་ཟག་ཏུ་ཁས་བླངས་པས་འདུ་བྱེད་ཀྱི་ཕུང་པོ་ཡིན་པའི་ཕྱིར། ཡང་བདག་ཆོས་ཅན། རྫས་སུ་ཡོད་པར་ཐལ། འདུ་བྱེད་ཀྱི་ཕུང་པོ་ཡིན་པའི་ཕྱིར། ཡང་གང་ཟག་གི་བདག་འཛིན་ལྷན་སྐྱེས་ཆོས་ཅན། འཛིན་སྟངས་ཕྱིན་ཅི་མ་ལོག་པའི་དོན་དང་མཐུན་པའི་ཤེས་པ་ཡིན་པར་ཐལ། ཁྱོད་ཀྱི་འཛིན་སྟངས་ཀྱི་ཡུལ་དུ་གྱུར་པའི་བདག་དེ་རྫས་སུ་ཡོད་པའི་ཕྱིར། ཡང་རྣམ་སྨིན་གྱི་ཕུང་པོ་མྱང་འདས་མངོན་དུ་བྱས་པའི་ཚེ་ན་བདག་རྒྱུན་ཆད་པར་ཐལ། དེ་མངོན་དུ་མ་བྱས་པའི་ཚེ་བདག་ཡོད་ཅིང་། དེ་ཉིད་མངོན་དུ་བྱས་པའི་གནས་སྐབས་ན་བདག་མེད་པའི་ཕྱིར་ཏེ། གནས་སྐབས་དེ་ན་བདག་འཛིན་མེད་པའི་ཕྱིར། རིགས་པ་བཞི་པོ་འདི་ཉིད་ལན་གྱིས་ཟློག་པར་ནུས་པ་ཡང་མ་ཡིན་ཏེ། དཔལ་ལྡན་ཟླ་བས། གལ་ཏེ་ཕུང་པོ་བདག་ན་དེ་ཕྱིར་དེ། །མང་བས་བདག་དེ་དག་ཀྱང་མང་པོར་འགྱུར། །བདག་ནི་རྫས་སུ་འགྱུར་ཞིང་དེར་ལྟ་བ། །རྫས་ལ་འཇུག་པས་ཕྱིན་ཅི་ལོག་མི་འགྱུར། །མྱ་ངན་འདས་ཚེ་ངེས་པར་བདག་ཆད་འགྱུར། །ཞེས་བཤད་པའི་རིགས་པ་དྲི་མ་མེད་པ་ཡིན་པའི་ཕྱིར། གཞན་ཡང་གཞན་གྱིས་བསགས་པའི་རྣམ་སྨིན་གཞན་གྱིས་མྱོང་བར་ཡོད་པར་ཐལ། ལས་གསོག་པོའི་བདག་དེ། རྣམ་སྨིན་མྱོང་བའི་ཚེ་འགགས་ནས་མེད་པའི་ཕྱིར་ན་དེ་གཉིས་གཞན་ཡིན་པའི་ཕྱིར། ཡང་བདག་རྟག་མི་རྟག་དྲིས་པའི་ཚེ་བདག་མི་རྟག་ཅེས་ལུང་བསྟན་རིགས་པར་ཐལ། བདག་མི་རྟག་པ་ཡིན་པའི་ཕྱིར། ཡང་བདག་ཆོས་ཅན། བདག་མེད་མཐོང་བའི་རྣལ་འབྱོར་མངོན་སུམ་དེས་ཁྱོད་མེད་པར་མཐོང་བར་ཐལ། ཁྱོད་བདག་ཡིན་པའི་ཕྱིར། གལ་ཏེ་མ་ཁྱབ་སྟེ། བདག་མེད་མཐོང་བའི་རྣལ་འབྱོར་མངོན་སུམ་གྱིས། བདག་རང་བཞིན་མེད་པར་མཐོང་བས་བདག་མེད་མཐོང་བར་འཇོག་གི་བདག་

ཁོ་རང་མེད་པར་མཐོང་མི་དགོས་པའི་ཕྱིར་ཟེར་ན། འོ་ན་བདག་རང་གཞན་གྱིས་གྲུབ་པ་དེ་བདག་ཡིན་པར་ཁས་ལོངས་ལ། བདག་དེ་ཉིད་བདག་མ་ཡིན་པར་ཁས་བླངས་རིགས་ཏེ། བདག་མེད་མཐོང་བའི་རྣལ་འབྱོར་མངོན་སུམ་གྱིས་བདག་རང་བཞིན་མེད་པར་མཐོང་གི་བདག་མེད་པར་མ་མཐོང་བའི་ཕྱིར་རོ། །དེ་ལྟ་བུའི་རིགས་པ་གསུམ་ཉེས་སྤོང་གི་ལན་དང་བཅས་པ་ཡང་དཔལ་ལྡན་ཟླ་བས་བཤད་པ་ཡིན་ཏེ། གཞན་གྱིས་བསགས་ལ་གཞན་གྱིས་ཟ་བར་འགྱུར། །འཇིག་རྟེན་མཐའ་ལྡན་ལ་སོགས་མེད་ཕྱིར་རོ། ཁྱོད་ཀྱི་རྣལ་འབྱོར་བདག་མེད་མཐོང་བ་ལ། །དེ་ཚེ་ངེས་པར་དངོས་རྣམས་མེད་པར་འགྱུར། །རྟག་བདག་སྤོང་ན་དེ་ཚེ་དེ་ཡི་ཕྱིར། ཁྱོད་ཀྱི་སེམས་སམ་ཕུང་པོ་བདག་མི་འགྱུར། །ཞེས་བཤད་པའི་ཕྱིར་རོ། །

མདོར་ན་བདག་མེད་མཐོང་བའི་རྣལ་འབྱོར་མངོན་སུམ་གྱིས་མེད་པར་མཐོང་བ་ལས་གཞན་པའི་ངེས་མེད་པར་མ་མཐོང་བའི་བདག་གཞན་ཞིག་ཁས་བླང་བ་ནི་མི་རིགས་ཏེ། འཇུག་འགྲེལ་ལས། གལ་ཏེ་ཆོས་ཐམས་ཅད་བདག་མེད་དོ་ཞེས་བྱ་བ་འདིར་ཕུང་པོ་ལ་བདག་གི་སྒྲ་འཇུག་པར་མི་འདོད་ན་འདིར་ཡང་མི་འདོད་པར་བྱ་དགོས་སོ་ཞེས་བཤད་པའི་ཕྱིར་རོ། །ཡང་བདག་མེད་རྟོགས་པའི་རྣལ་འབྱོར་མངོན་སུམ་གྱིས། གང་ཟག་གི་བདག་ལྟ་སྤུན་འབྱིན་མི་ནུས་པར་ཐལ། བདག་མེད་མཐོང་བའི་རྣལ་འབྱོར་མངོན་སུམ་གྱིས་བདག་རང་བཞིན་མེད་པར་མཐོང་བ་ཙམ་ཡིན་གྱི་བདག་མེད་པར་མ་མཐོ་བའི་ཕྱིར་དང་། བདག་གམ་རང་བཞིན་གྱིས་གྲུབ་པ་དེ་བདག་འཛིན་ལྷན་སྐྱེས་ཀྱི་རྟེན་ནམ་འཛིན་སྟངས་ཡིན་གྱི། བདག་གམ་ང་དེའི་འཛིན་སྟངས་ཀྱི་གཟུང་བྱ་ཡང་མིན་པའི་ཕྱིར། དེ་ལྟར་ཡང་། བདག་མེད་རྟོགས་ཚེ་རྟག་པའི་བདག་སྤོང་ཞིང་། །འདི་ནི་ངར་འཛིན་རྟེན་དུའང་མི་འདོད་པ། །དེ་ཕྱིར་བདག་མེད་ཤེས་པས་བདག་ལྟ་བ། །དཔྱིས་ཀྱང་འབྱིན་ཞེས་སྨྲ་བ་ཤིན་ཏུ་འཚར། །ཞེས་པ་ཅི་རིགས་པའི་འགྲོས་ལ་བརྟགས་ན་ཤིན་ཏུ་གསལ་བའི་ཕྱིར་རོ། །མཁས་པའི་དབང་པོ་ཤཱཀྱ་མཆོག་ལྡན་བདག་མེད་ཀྱང་བདག་འཇིག་རྟེན་གྱི་ཐ་སྙད་བདེན་པ་ཡིན་གསུང་བ་ལ་ཡང་། འོ་ན་བདག་དེ་དངོས་པོ་དངོས་མེད་དུ་ཁས་ལེན་དཔྱད་ན་དཀའ་བའི་གནས་ན་བཞུགས་ཏེ། བདག་དེ་དངོས་མེད་ཡིན་ན། བདག་རྟག་པ་ལ་བརྗོད་པའི་སྐྱོན་འབྱུང་ཞིང་། དངོས་པོ་ཡིན་ན། མི་རྟག་པར་ཡང་ཁས་བླངས་དགོས་པ་སྐྱོན་སྔ་མ་ཐལ་ཆེར་འཇུག་པ་ཡིན་པའི་ཕྱིར་རོ། །མཁས་པ་རྣམས་ཀྱི་ལེགས་པར་དཔྱད་དགོས་པར་གསལ་ལོ། །

གཉིས་པ་སློམ་པས་ཉམས་ལེན་གནད་ལ་འཁྲུལ་པ་དགག་པ་ལ་གཉིས། ལོག་རྟོག་བརྗོད་པ་དང་། སུན་འབྱིན་པའོ། །དང་པོ་ལ་ཕྱོགས་སྔ་སྨྲ་བ་པོ་ནི། པཎྜི་བཞད་པ་ལས། དབུ་མ་ལྟ་ཁྲིད་ཀྱི་ཚེ་ཐོག་མ་རང་བགྲངས་པའི་སློ་ནས་ངར་འཛིན་ལྷན་སྐྱེས་ཀྱི་ཞེན་ཡུལ་བཙལ་ཞིང་། དེ་རྙེད་པའི་ཚེ་ང་མེད་ཅེས་བགྲང་བར

འདོད་པ་ནི་ལྟུང་ར་མཁན་པོའི་རྗེས་སུ་འབྲང་བའི་དགེ་ལྡན་པ་རྣམས་ཏེ། འདི་ལ་ཡང་འདུལ་བ་པ་དང་། དེའི་བླ་མ་དང་། དེའི་གདན་ས་གསུམ་གྱིས་རིམ་པ་ལྟར་ང་སྣང་ཙམ་ལ་མེད་ཅེས་བགྲང་དགོས་པ་དང་། ང་མེད་ཅེས་བགྲངས་པ་ཉིད་ཀྱི་ཚོག་པ་དང་། ང་ཞེས་ཀྱང་བརྗོད་དུ་མི་རུང་བར་མེད་ཅེས་པའི་ཚིག་ཁོ་ན་བགྲང་དགོས་པར་འདོད་པའི་རིམ་པ་གསུམ་ཡོད་པར་གྲགས་ཏེ། གསུམ་ཀ་འང་སྙིང་རྗེའི་ཡུལ་ལོ། །ཞེས་པ་ལྟར་ཏེ། དེ་ཡང་དགེ་ལྡན་པ་ཁ་ཅིག་དབུ་མའི་ལྟ་བ་ཡིས་གདུལ་བྱའི་སེམས་རྒྱུད་འཁྲིད་པའི་ཚེ་འདི་ལྟར་འཆད་དེ། ཐོག་མར་ང་ཞེས་བརྗོད་པ་ཡི་རྗེས་འབྲང་རྟོག་པའི་འཕྲེང་བ་ཉིད་གོམས་པས་ངར་འཛིན་ལྷན་སྐྱེས་ཀྱི་ཞེན་ཡུལ་ང་ཉིད་རྐྱེད་པའི་རྟགས་མཚན་ཅི་རིགས་འབྱུང་བར་འདོད་ལ། དེ་རྗེས་ང་མེད་ཅེས་བརྗོད་པའི་རྗེས་འབྲང་རྟོག་པ་གོམས་པ་ལས། བདག་ཡོད་བཀག་ཙམ་གྱི་མེད་དགག་བློ་ལ་ཤར་བ་ཉིད་གནས་ལུགས་མཐར་ཐུག་རྟོགས་པ་ཡི་ལྟག་མཐོང་ཡིན་ཞེས་སློག་པར་བྱེད་པའི་ཕྱིར་རོ། །

གཉིས་པ་སུན་འབྱིན་ལ་ལྔ་སྟེ། གྲུབ་མཐའ་རྣམ་བཞིའི་ལུགས་ལ་མེད་པས་དགག །དུས་གསུམ་མཁྱེན་པས་སྔོན་ནས་བཀག་པས་དགག །ཐོས་བསམ་དོན་མེད་ཐལ་བའི་རིགས་པས་དགག །སྒོམ་པའི་གནད་ལ་འཁྲུལ་པའི་འཚང་གིས་དགག །སྨད་པའི་གནས་སུ་བསྟན་པའི་བཅའ་བས་དགག་པའོ། །དང་པོ་ནི། བདག་ལྟའི་ཞེན་ཡུལ་གོམས་པའི་སྒོམ་པ་འདི་ཆོས་ཅན། ཁྱོད་རྒྱལ་བའི་བསྟན་པ་ལ་ཕན་པའི་སྒོམ་རྣམ་དག་མ་ཡིན་ཏེ། ཕྱི་ནང་གཉིས་ཀྱི་ནང་ནས་མུ་སྟེགས་པ་ཁོ་ན་གཙོ་ཆེའི་ལུགས་ཡིན་གྱི། ནང་པའི་བསྟན་འཛིན་ཁ་ཆེ་བྱེ་བྲག་སྨྲ་བ་ནས་གཟུང་སྟེ། དབུ་མའི་བར་ལ་ལུགས་ཁྱོད་མེད་པའི་ཕྱིར་རོ། །

གཉིས་པ་ནི། དེ་ལྟ་བུའི་ལུགས་འདི་ཉིད་ཆོས་ཅན། ཁྱོད་གདུལ་བྱ་སྐལ་ལྡན་གྱི་ཉམས་སུ་བླང་བྱ་མ་ཡིན་ཏེ། མགོན་པོ་བྱམས་པ་ཡིས་མདོ་སྡེ་རྒྱན་དུ། བདག་དུ་ལྟ་བ་སྐྱེས་མི་དགོས། །གོམས་པ་ཐོག་མ་མེད་དུས་ཅན། །ཞེས་གསུངས་པ་ཡིས་ཁྱོད་འདི་བཀག་ཟིན་པའི་ཕྱིར་རོ། །གསུམ་པ་ནི། དབུ་མའི་གཞུང་ལུགས་རྒྱ་མཚོ་ལས་གསུངས་པའི་རིགས་པའི་རྣམ་གཞག་ལ་ཐོས་བསམ་བྱས་པ་དོན་མེད་པ་ཉིད་དུ་འགྱུར་ཏེ། ང་མེད་ཅེས་ནི་བརྗོད་པ་ཡི་རྗེས་འབྲང་རྟོག་པ་གོམས་ཙམ་གྱིས་དབུ་མའི་ལྟ་བ་རྟོགས་ན་ནི་སླ་རྟོགས་པའི་ཕྱིར་རོ། །

གསུམ་པ་ནི། ཁྱོད་ཀྱི་སྒོམ་འདི་ནི་སྒོམ་པའི་གནད་བཅོས་པའི་ཉམས་ལེན་འཁྲུལ་བ་ཁོ་ན་ཡིན་ཏེ། ཁྱོད་ཀྱི་སྒོམ་པའི་ཡུལ་འདི་ལ་བླུན་པོ་ཅི་ཡང་མི་ཤེས་པ་དང་། མཁས་པ་རིགས་ལམ་གྱི་གནད་ཤེས་པ་གཉིས་ལ་སྒོམ་བྱེད་ལུགས་ཁྱད་པར་ཅི་ཡང་མི་འདུག་པའི་ཕྱིར་དང་། ཁྱོད་ཀྱི་སྒོམ་འདི་ལ་བརྟེན་པའི་ཉམས་མྱོང་འདི་འདྲ་ལྷག་མཐོང་ཡིན་ན་ནི། ལྷག་མཐོང་འདི་དང་ཞི་གནས་ཟུང་འབྲེལ་དུ་སྒོམ་པ་མི་སྲིད་པ་ཉིད་དུ་འགྱུར

ཏེ༑ ཁྱོད་ཀྱི་ལྷག་མཐོང་དེ་ནི་བརྗོད་པའི་རྗེས་འབྲང་ཉིད་དེ། ཁོ་ན་ཡིན་པའི་ཕྱིར་རོ། །ལྔ་པ་ནི། ཀྱེ་མ་སྙིགས་མའི་དུས་འདི་འཚར་ཆེ་སྟེ། ཁྱོད་ཀྱི་སྒོམ་འདི་འདྲ་བླུན་པོས་སྒོམ་རྣམ་དག་ཏུ་འཛིན་སྲིད་ནའང་། དབུ་མའི་གཞུང་ལུགས་སྦྱངས་པས་ཀྱང་། སྒོམ་འདི་འདྲ་ལ་སྒོམ་དག་ཏུ་ཡིད་ཆེས་པ་ནི་རྒྱུ་མཚན་ཅི་ཞིག་ཡིན་ཏེ། བདུད་ཀྱི་སླུས་པ་ལས་འོས་གཞན་མེད་པའི་ཕྱིར་རོ། །བཞི་པ་གནད་ཀྱི་དོན་བསྡུས་ཏེ་བསྟན་པ་ནི། མདོར་ན་ཐེག་ཆེན་ཕ་རོལ་ཏུ་ཕྱིན་པའི་ལྟ་སྒྲོད་གཉིས་མ་འབྲེལ་བར་ཉམས་སུ་ལེན་འདོད་ན། གཟུར་གནས་དཔྱོད་ལྡན་སྐལ་བཟང་དག་གིས་འདི་ལྟར་བྱ་སྟེ། མཐའ་བཞིས་དབེན་པའི་སྟོང་པ་ཉིད་རྟོགས་པའི་ལྟ་བ་དང་། བདག་གཞན་བརྗེ་བའི་སྙིང་རྗེའི་སྙིང་པོ་ཅན་ཡིན་ནོ། །དེ་གཉིས་ཟུང་འཇུག་ཏུ་ཉམས་སུ་ལེན་པ་ཡིན་པའི་ཕྱིར་རོ། །

གསུམ་པ་རིག་འཛིན་སྡོམ་པའི་སྐབས་ལ་གསུམ། སྨིན་གྲོལ་ལམ་གྱི་རྣམ་གཞག་སྤྱིར་བསྟན། དེ་ཉིད་རྣམ་དག་ཏུ་སྒྲུབ་པ་རྒྱས་པར་བཤད། གྲུབ་པའི་འབྲས་བུ་བསྡུས་ཏེ་བསྟན་པའོ། །དང་པོ་ནི། རིག་འཛིན་སྡོམ་པའི་ཉམས་ལེན་གྱི་གནད་བསྡུས་ན་སྨིན་གྲོལ་གཉིས་སུ་འདུས་ཏེ། དབང་བསྐུར་ལས་ཐོག་མར་ཐོབ་པ་སྨིན་བྱེད་ཀྱི་ལམ་དང་། དེ་ཉིད་བསྲུང་ཞིང་སྤེལ་བ་ལ་གྲོལ་བྱེད་ཅེས་ནི་རྒྱུད་ལས་གསུངས་པའི་ཕྱིར་རོ། །གཉིས་པ་ལ་གཉིས། ལམ་གྱི་གཙོ་བོ་རྣམ་དག་ཏུ་སྒྲུབ། ལམ་གྱི་ཡན་ལག་རྣམ་དག་ཏུ་སྒྲུབ་པའོ། །དང་པོ་ལ་གཉིས། སྨིན་བྱེད་རྣམ་དག་ཏུ་སྒྲུབ། གྲོལ་བྱེད་རྣམ་དག་ཏུ་སྒྲུབ་པའོ། །དང་པོ་ལའང་གསུམ། རྒྱུད་སྡེ་བཞིའི་སྨིན་བྱེད་སྤྱིར་བསྟན། འབྲུལ་པ་དགག་པ་བྱེ་བྲག་ཏུ་བཤད། དབང་ལས་ཐོབ་པའི་དམ་ཚིག་ལ་འཁྲུལ་པ་དགག་པའོ། །དང་པོ་ནི༑ རྒྱུད་སྡེ་བཞི་ལ་སྡོམ་པའི་ཐོབ་ཚུལ་ཟབ་ཁྱད་རྣམ་པ་བཞིར་ངེས་ཏེ། རྒྱུད་སྡེ་བཞི་པོ་ལ་སྨིན་བྱེད་དབང་གི་དངོས་གཞིའི་རིམ་པ་བཞི་ཡེ་ཤེས་ཐིག་ལེར་གསུངས་པའི་ཕྱིར། དེ་ཡང་རྒྱུད་སྡེ་བཞི་པོ་རང་རང་གི་སྔགས་སྡོམ་རྫོགས་པར་ཐོབ་པ་ལ། རང་རང་གི་དབང་གི་དངོས་གཞི་རྫོགས་པར་ཐོབ་དགོས། རང་རང་གི་སྨིན་བྱེད་དབང་གི་དངོས་གཞི་རྫོགས་པར་ཐོབ་པ་ལ། རང་རང་གི་རྡོ་རྗེ་སློབ་དཔོན་གྱི་དབང་ཐོབ་དགོས་པ་ཡིན་ཏེ། བྱ་རྒྱུད་ཀྱི་ཆུ་དང་ཅོད་པན་གྱི་དབང་རྫོགས་པར་ཐོབ་པའི་ཚེ་བྱ་རྒྱུད་ཀྱི་སྔགས་སྡོམ་རྫོགས་པར་ཐོབ། སྤྱོད་རྒྱུད་ཀྱི་ཅོད་པན་རྡོ་རྗེ་དྲིལ་བུ་མིང་དབང་ལྔ་རྫོགས་པར་ཐོབ་པའི་ཚེ་སྤྱོད་རྒྱུད་ཀྱི་སྔགས་སྡོམ་རྫོགས་པར་ཐོབ། རྣལ་འབྱོར་རྒྱུད་ཀྱི་རིག་པའི་དབང་ལྔ་དང་། ཕྱིར་མི་ལྡོག་པ་རྡོ་རྗེ་སློབ་དཔོན་གྱི་དབང་རྫོགས་པར་ཐོབ་པའི་ཚེ་ན་རྣལ་འབྱོར་རྒྱུད་ཀྱི་སྔགས་སྡོམ་རྫོགས་པར་ཐོབ། རྣལ་འབྱོར་བླ་མེད་ཀྱི་སྨིན་བྱེད་དབང་བཞི་རྫོགས་པར་ཐོབ་པའི་ཚེ་རྣལ་འབྱོར་བླ་མེད་ཀྱི་སྔགས་སྡོམ་རྫོགས་པར་ཐོབ་པ་ཡིན་པའི་ཕྱིར་རོ། །འོ་ན་རིག་པའི་དབང་ལྔ་ཡང་བུམ་དབང་དུ་ཁས་ལེན་ནུས་སམ་སྙམ་ན་མི་ནུས་ཏེ། རྣལ་འབྱོར་དབང་ཕྱུག་གི་མན་ངག་ལུགས

ལ༔ བུམ་དབང་གི་དངོས་གཞི་ཕྱག་རྒྱ་སྐུའི་དམ་ཚིག་གི་ཚེ་ལྷ་ཡབ་ཡུམ་རེག་པའི་བདེ་བ་ཉམས་སུ་མྱོང་བ་ཞིག་དགོས་པས། བུམ་དབང་སོགས་དབང་བཞི་ནི་རྣལ་འབྱོར་བླ་མེད་ཀྱི་ཐུན་མོང་མིན་པའི་དབང་ཡིན་པའི་གནད་ཀྱིས་རིགས་པའི་དབང་ལྔ་ལ་བུམ་དབང་གིས་སྒྲ་ཙམ་བཤད་དུ་ཡོད་ཀྱང་བུམ་དབང་མཚན་ཉིད་པ་མ་ཡིན་ཞེས་དབང་ཆུ་བདེ་ཆེན་རྒྱ་མཚོ་ལས་བཤད་པའི་ཕྱིར་རོ། །འདིར་རི་བོ་དགེ་ལྡན་པས། རིགས་ལྔའི་སྡོམ་གཟུང་ལན་གསུམ་གྱི་མཐའ་ལ་སྔགས་སྡོམ་རྫོགས་པར་ཐོབ་པར་བཞེད། དཔལ་འབུམ་ཕྲག་གསུམ་པ་དང་པཎ་ཆེན་དངོས་གྲུབ་དཔལ་འབར་སོགས་བླ་མེད་ཀྱི་བུམ་དབང་རྫོགས་པར་ཐོབ་པའི་ཚེ་སྔགས་སྡོམ་རྫོགས་པར་ཐོབ་པར་བཞེད། རིགས་སྔགས་འཆང་བའི་གཙུག་རྒྱན་ཀུན་དགའ་རྒྱལ་མཚན། རིགས་ལྔའི་སྡོམ་གཟུང་གི་ཚེ་སྔགས་སྡོམ་སྐྱེ་ཞིང་དབང་བསྐུར་དངོས་གཞིའི་ཚེ་སྔགས་སྡོམ་ཐོབ་པར་བཞེད། དཔལ་ཤཱཀྱ་མཆོག་ལྡན་དང་བསྟན་བཅོས་མཛད་པ་འདི་ཉིད། བླ་མེད་ཀྱི་དབང་བཞི་རྫོགས་པའི་ཚེ། བླ་མེད་ཀྱི་སྔགས་སྡོམ་རྫོགས་པར་ཐོབ་པར་བཞེད་པ་སྟེ། ལུགས་བཞི་སྣང་བའི་སོ་སོ་ལ་བཞེད་ཚུལ་དང་དགག་སྒྲུབ་ཀྱི་སྤྲོས་པ་རེ་ཞིག་བཏང་སྙོམས་སུ་བཞག་ནས། བསྟན་བཅོས་མཛད་པ་འདི་ཉིད་ཀྱི་དགོངས་པ་མཐར་ཐུག་ལུང་རིགས་ཀྱི་སྒྲུབ་བྱེད་དང་བཅས་པ་རྒྱས་པར་ནི། སྡོམ་གསུམ་རབ་དབྱེའི་སྤྱི་ཊཱི་ཀ་གཉིས། ཟབ་དོན་བདུད་རྩིའི་ཉིང་ཁུ། དབང་ཆུ་བདེ་ཆེན་རྒྱ་མཚོ་སོགས་ན་གསལ་བར་བཞུགས་པས་འདིར་སྤྲོ་མི་དགོས་སོ། འོན་ཀྱང་གནད་ཀྱི་སྙིང་པོ་བསྡུས་ན། སྔ་གོན་གྱི་གནས་སྐབས་སུ་རྒྱུན་བཤགས་ཀྱི་ཚེ། སོར་སྡོམ་དང་བྱང་སྡོམ་གཉིས་ཐོབ་ཅིང་། དེ་གཉིས་ཀྱང་སྔགས་ཀྱི་ཆོ་ག་ལས་སྐྱེས་པས་སྔགས་སྡོམ་གྱི་ངོ་བོར་སྐྱེས་ཟིན་པ་ཡིན་མོད། སྡོམ་པ་གསུམ་གྱི་ཟླས་ཕྱེ་བའི་སྔགས་སྡོམ་ནི་མ་ཡིན་པས། དེ་གསུམ་གྱི་ཟླས་ཕྱེ་བའི་སྔགས་སྡོམ་ནི། དབང་དངོས་གཞིའི་གནས་སྐབས་ཀྱི་ཕྱི་ནང་གི་འཇུག་པའི་གནས་སྐབས་སུ་ལྷ་དང་སྐལ་བ་མཉམ་པའི་སྔགས་སྡོམ་ཐོབ་པ་ནས་མགོ་བརྩམས་ཤིང་། དབང་བཞི་ཐོབ་པའི་ཚེ་ན་སྔགས་སྡོམ་རྫོགས་པར་ཐོབ་པ་ཡིན་ཏེ། འཇུག་པའི་གནས་སྐབས་སུ་ལྷ་དང་སྐལ་བ་མཉམ་པའི་སྔགས་སྡོམ་ཙམ་ལས་བསྐྱེད་རྫོགས་ཀྱི་སྡོམ་པ་གང་ཡང་མི་ཐོབ་ལ། རིག་པའི་དབང་ལྔའི་གནས་སྐབས་སུ་མི་བསྐྱོད་པའི་སྡོམ་པ་སོགས་རིགས་ལྔའི་སྡོམ་པ་རིམ་བཞིན་ཐོབ་ཅིང་། ཐུན་མོང་བརྟུལ་ཞུགས་ཀྱི་གནས་སྐབས་སུ། རིགས་དྲུག་པའི་སྡོམ་པ་རྫོགས་པར་ཐོབ་པ་ཡིན་པའི་གནད་ཀྱིས་བླ་མེད་ཀྱི་རིག་པའི་དབང་ནས་རིགས་ལྔའི་སྡོམ་པ་ཐོབ་ཅིང་། སྡོམ་པའི་ཆ་ཤས་རིགས་ལྔ་རིགས་གསུམ་དུ་སྡོམ་པའི་སྡོམ་པ་ཐོབ་ལ། རྡོ་རྗེ་སློབ་དཔོན་གྱི་བུམ་དབང་གི་གནས་སྐབས་སུ་རིགས་གསུམ་གསང་ཆེན་རིགས་གཅིག་ཏུ་སྡོམ་པའི་སྡོམ་པ་ཡང་ཐོབ་པས། རིགས་དྲུག་པའི་སྡོམ་པ་རྫོགས་པར་ཐོབ་པ་ཡིན་པའི་

གནད་ཀྱིས་བླ་མེད་ཀྱི་རིག་པའི་དབང་ནས་རིགས་ལྔའི་སྡོམ་པ་ཐོབ་ཅིང་། རྡོ་རྗེ་སློབ་དཔོན་གྱི་བུམ་དབང་ཡན་ཆད་དུ་བསྐྱེད་རིམ་གྱི་སྡོམ་པ་རྫོགས་པར་ཐོབ་ལ། དབང་གོང་མ་གསུམ་གྱི་གནས་སྐབས་སུ་རྫོགས་རིམ་གྱི་སྡོམ་པ་རྫོགས་པར་ཐོབ་པ་ཡིན་པའི་ཕྱིར་རོ། །འོན་དབང་བཞི་པ་ཐོབ་པའི་ཚེ། རྡོ་རྗེ་སློབ་དཔོན་གྱི་དབང་རྫོགས་པར་ཐོབ་པ་དང་། སྔགས་སྡོམ་རྫོགས་པར་ཐོབ་པ་རྡོ་རྗེ་སློབ་དཔོན་གྱི་དབང་རྫོགས་པར་ཐོབ་པ་ལ་ལྟོས་དགོས་པ་འདི་ངེས་པར་ཁས་ལེན་ནུས་སམ་སྙམ་ན། མི་ནུས་ཏེ། བླ་མེད་དབང་གི་རྣམ་གཞག་ལ། ཀྱེ་རྡོ་རྗེའི་རྒྱུད་ལ་བརྟེན་ནས་བིརྺ་པ་རྗེས་འབྲང་དང་བཅས་པས་འབྲེལ་ཚུལ། གསང་འདུས་རྒྱུད་ལ་བརྟེན་ནས་ཡེ་ཤེས་ཞབས་ལུགས་པས་འགྲེལ་ཚུལ། འཁོར་ལོ་བདེ་མཆོག་རྒྱུད་ལ་བརྟེན་ནས་མཚོ་སྐྱེས་དང་སྲོད་པའི་རྗེས་འགྲེལ་ཚུལ་གསུམ་ཡོད་པའི། དང་པོ་ཀྱེ་རྡོ་རྗེ་མན་ངག་ལུགས་ལྷ་བུའི་སྐབས་སུ་དེ་ལྟར་ཁས་ལེན་པར་ནུས་ཀྱང་། ལུགས་གསུམ་པའི་སྐབས་དེར་དེ་ལྟར་ཁས་བླང་བར་མི་ནུས་ཏེ་ལུགས་གསུམ་པའི་སྐབས་སུ། དབང་བཞི་པ་ཐོབ་རྗེས་སུ་རྡོ་རྗེ་སློབ་དཔོན་གྱི་དབང་ལོགས་སུ་བསྐུར་བ་ཡོད་པར་བཤད་པས། དབང་བཞི་པ་ཐོབ་ནས་རྡོ་རྗེ་སློབ་དཔོན་གྱི་དབང་རྫོགས་པར་མ་ཐོབ་པ་གཅིག་ཁས་བླང་དགོས་པའི་ཕྱིར་ཏེ། དབང་ཆུ་བདེ་ཆེན་རྒྱ་མཚོ་ལས། རྗེ་ས་ཆེན་གྱིས་རས་རིས་ལ་བརྟེན་པའི་དཀྱིལ་ཆོག་ཏུ་ཐུན་མོང་མིན་པའི་བརྟུལ་ཞུགས་ཀྱི་རྗེས་སུ་སློབ་དཔོན་གྱི་དབང་མི་བསྐུར་བར་དབང་བཞི་རྫོགས་པའི་རྗེས་སུ་རྡོ་རྗེ་སློབ་དཔོན་གྱི་དབང་དོན་དུ་གཉེར་བ་ལ་ལོགས་སུ་སྦྱིན་པར་གསུངས་སོ། །ལུགས་འདིའི་བཞེད་པས་རང་དོན་བསྐྱེད་རྫོགས་སྒྲུབ་པ་གཙོ་བོར་བྱེད་ན་གཞུང་ནས་བཤད་པའི་དབང་བཞི་རྫོགས་པར་ཐོབ་པ་ཙམ་གྱིས་ཆོག་ལ། གཞན་དོན་ཕྲིན་ལས་བྱེད་ན་དེའི་སྟེང་དུ་རྡོ་རྗེ་སློབ་དཔོན་གྱི་དབང་དགོས་པར་བཞེད་པར་འདྲའོ། །ཞེས་སོགས་དང་། ནས་གླིང་མ་དང་ནག་པོ་དཀྱིལ་ཆོག་གཉིས་ཀྱི་འགྲོས་ལ། རྡོ་རྗེ་སློབ་དཔོན་གྱི་དབང་ལ་རང་དོན་སྒྲུབ་པའི་དབང་དུ་བྱས་པ་དང་། གཞན་དོན་སྒྲུབ་པའི་དབང་དུ་བྱས་པ་གཉིས་ལས། སྔ་མ་ནི་གཞུང་ལས་བཤད་པའི་དབང་གོང་མ་གསུམ་དང་། ཕྱི་མ་ནི་ས་ཆེན་ཡབ་སྲས་གསུམ་གྱིས་ཁ་བསྐང་བ་ཉིད་ལ་ངོས་གཟུང་ན་ལེགས་པར་སྣང་ངོ་ཞེས་གསལ་བར་བཤད་པའི་ཕྱིར་རོ། །དེ་ལྟར་དབང་བཞི་རྫོགས་ནས་རྡོ་རྗེ་སློབ་དཔོན་གྱི་དབང་མ་རྫོགས་པ་གཅིག་སྲིད་མོད། དབང་བཞི་རྫོགས་ནས་སྔགས་སྡོམ་རྫོགས་པར་མ་ཐོབ་པ་གཅིག་ཀྱང་སྲིད་དམ་སྙམ་ན། དེ་ནི་མི་སྲིད་དེ། དབང་བཞི་པ་ཐོབ་པའི་ཚེ་ན་བསྐྱེད་རྫོགས་ཀྱི་སྡོམ་པ་མ་ལུས་པར་ཐོབ་པའི་ཕྱིར་རོ། །དེས་ན་ཟབ་དོན་བདུད་རྩི་ཉིང་ཁུ་ལས། དེས་ན་རྒྱུད་སྡེ་བཞི་པོ་རང་རང་གི་རྡོ་རྗེ་སློབ་དཔོན་གྱི་དབང་མ་རྫོགས་པར་སྐབས་དེའི་སྡོམ་པ་མི་རྫོགས་ཞིང་ཞེས་སོགས་བཤད་པ་ནི། བིརྺ་པའི་མན་

ངག་ལུགས་གཞིར་བཞག་ལ་དགོངས་སོ་ཞེས་སྐབས་སོ་སོར་ཕྱེ་ནས་སྨྲ་བ་ནི་གནད་ཀྱི་གཙོ་བོར་ཤེས་པར་གྱིས་ཤིག །འོན་རིག་པའི་དབང་ལྔ་སོ་སོའི་གནས་སྐབས་སུ་རིགས་ལྔ་སོ་སོའི་སྡོམ་པ་ངེས་པར་ཐོབ་པ་ཁས་ལེན་ནུས་སམ་སྙམ་ན། དེ་ཡང་མི་ནུས་ཏེ། རྣལ་འབྱོར་རྒྱུད་ཀྱི་རྡོ་རྗེ་སློབ་མའི་སྐབས་ཀྱི་རིག་པའི་དབང་ལྔ་ལས་རིགས་ལྔའི་སྡོམ་པ་མི་ཐོབ་ཅིང་། རྡོ་རྗེ་སློབ་དཔོན་གྱི་དབང་གི་སྐབས་ཀྱི་རིག་པའི་དབང་ལྔ་ལས་རིགས་ལྔའི་སྡོམ་པ་ཐོབ་ཅེས་རྣམ་དབྱེ་སོ་སོར་ཕྱེ་བ་ནི། རྗེ་བཙུན་གོང་མའི་རྡོ་རྗེ་འབྱུང་བའི་ཊཱི་ཀཱའི་ལུང་ཤེས་བྱེད་དུ་མཛད་ནས་དབང་ཆུ་བདེ་ཆེན་རྒྱ་མཚོ་ལས་གསལ་བར་བཤད་པའི་ཕྱིར། འོན་རྣལ་འབྱོར་བླ་མེད་ཀྱི་རིག་པའི་དབང་ལྔའི་སྐབས་སུ་རིགས་ལྔའི་སྡོམ་པ་ཐོབ་པར་ཁས་ལེན་ནུས་སམ་སྙམ་ན། དེ་ཡང་མི་ནུས་ཏེ། གོང་དུ་རྒྱུད་སྡེ་གསུམ་ལ་བརྟེན་པའི་འཕགས་ཡུལ་གྱི་སྡོམ་གསུམ་བཤད་པའི། གསང་འདུས་ལ་བརྟེན་པའི་སངས་རྒྱས་ཡེ་ཤེས་ཞབས་ཀྱི་ལུགས་ལ། རྡོ་རྗེ་སློབ་མའི་རིག་པའི་དབང་ལྔ་ལས་རིགས་ལྔའི་སྡོམ་པ་མི་ཐོབ་པར། རྡོ་རྗེ་སློབ་དཔོན་གྱི་དབང་གི་སྐབས་ཀྱི་རིག་པའི་དབང་ལྔ་ལས་རིགས་ལྔའི་སྡོམ་པ་ཐོབ་པར་དབང་ཆུ་བདེ་རྒྱ་མཚོ་ཉིད་ལས་བཤད་པའི་ཕྱིར་རོ། །འོན་རྣལ་འབྱོར་བླ་མེད་ཀྱི་རིག་པའི་དབང་ལྔ་ལ་བརྟེན་ནས་ཐོབ་པའི་རིགས་ལྔའི་སྡོམ་པ་ཐམས་ཅད། བསྐྱེད་རིམ་གྱི་སྡོམ་པར་ཁས་ལེན་ནུས་སམ་སྙམ་ན་དེ་ཡང་མི་ནུས་ཏེ། རྣལ་འབྱོར་བླ་མེད་ཀྱི་སློབ་མའི་དབང་ཙམ་ལས་སློབ་དཔོན་གྱི་དབང་མ་ཐོབ་པའི་ཚེ། ལྷ་དཔའ་བོ་གཅིག་པའི་རྣལ་འབྱོར་ཙམ་ལས། དཀྱིལ་འཁོར་ཡོངས་རྫོགས་སྒོམ་པ་ལ་མི་དབང་བས་རྡོ་རྗེ་སློབ་དཔོན་གྱི་དབང་མ་ཐོབ་པའི་སློབ་མའི་དབང་གི་རིགས་ལྔའི་སྡོམ་པ་རྣམས་བསྐྱེད་རིམ་གྱི་སྡོམ་པ་གཏན་ནས་མ་ཡིན་པའི་ཕྱིར་ཏེ། བསྐྱེད་རིམ་གྱི་སྡོམ་པ་ཐོབ་པ་ལ་རྡོ་རྗེ་སློབ་དཔོན་གྱི་བུམ་དབང་ཐོབ་དགོས་པའི་ཕྱིར་རོ། །འདིར་པཎ་ཆེན་ཉི་ཟླ་སེང་གེའི་དབང་ཆུའི་རྣམ་བཤད་དཔག་བསམ་ལྗོན་པ་ལས། བླ་མེད་ཀྱི་སློབ་མའི་དབང་རྫོགས་པར་ཐོབ་པས། བྱ་སྤྱོད་ཀྱི་རྒྱུད་ཉན་བཤད་གཉིས་ཆར་ལ་དབང་བའི་རྒྱུ་མཚན་དེ་ཐོབ་པས་རྒྱུད་སྡེ་གཉིས་ཀྱི་སློབ་དཔོན་གྱི་སྡོམ་པ་ཐོབ་པའི་ཕྱིར་ཞེས་བཤད་པ་ནི། རང་ལུགས་དང་གཞན་ལུགས་ཀྱི་མཚམས་མ་ཕྱེད་པ་སྟེ། རྒྱུད་སྡེ་གོང་མའི་རིག་པའི་དབང་ལྔ་ཐོབ་པས། བྱ་སྤྱོད་ཀྱི་དབང་ཡང་ཐོབ་ཅེས་པ་བོ་དོང་པ་སོགས་ཀྱི་གཞན་ལུགས་ལ་ཡོད་ཀྱི། རང་རེ་དཔལ་ལྡན་ས་སྐྱ་པ་མི་བཞེད་པའི་གནད་ཟབ་མོ་ཐུགས་སུ་མ་ཆུད་པའི་རྣམ་འགྱུར་ཡིན་པའི་ཕྱིར་རོ། །

གཉིས་པ་འཁྲུལ་པ་དགག་པ་ལ་གཉིས། ཁས་བླངས་བརྗོད་པ་དང་། དེ་དགག་པའོ། །དང་པོ་ལ། ཕྱོགས་སྔ་སྨྲ་བ་པོ་ནི་པཎྜི་བཞད་པ་ལས། རྒྱུད་སྡེ་མཐའ་དག་ལ་རང་བཟོའི་ཚིག་ཁྲིགས་སྦྱར་ནས་དབང་

བསྐུར་གཅིག་ཐོབ་པས་ཀུན་ཐོབ་པར་འདོད་པ་ནི་བོ་དོང་ཕྱོགས་ལས་རྣམ་རྒྱལ་ལོ་ཞེས་པ་ལྟར། ཁ་ཅིག་སྟེ་བོ་དོང་པ་ན་རེ། རྒྱུད་སྡེ་མཐའ་དག་ལ་རང་བཟོའི་ཚོག་ཁྲིགས་སྦྱར་ནས་ནི། བཀའ་ལུང་ཡོད་པའི་སྒྲུབ་བྱེད་དུ། རྣལ་འབྱོར་ཆེན་པོའི་དབང་བསྐུར་གཅིག་ཐོབ་པས་དཀྱིལ་འཁོར་ཀུན་གྱི་དབང་ཐོབ་པར་འགྱུར་ཏེ། བདེ་མཆོག་ལས། རྒྱུད་འདི་རུ་ནི་དབང་བསྐུར་གང་། །རྒྱུད་རྣམས་ཀུན་གྱི་སླུབ་པོར་འགྱུར། །ཞེས་གསུངས་པའི་ཕྱིར་དང་། གཞན་ཡང་རིག་པའི་དབང་ལྔ་ཡི་ངོ་སྤྲོད་བྱེད་པའི་ཚེ་ན། བླ་མེད་ཀྱི་རིག་པའི་དབང་ལྔ་ཐོབ་པས། བྱ་སྤྱོད་གཉིས་འཆད་པ་དང་ཉན་པ་གཉིས་ཆར་དང་། རྣལ་འབྱོར་གྱི་རྒྱུད་འཆད་པ་ལ་མི་དབང་ཡང་ཉན་པར་དབང་བར་གསུངས་པའི་ཕྱིར་ཞེས་ཟེར་རོ། །

གཉིས་པ་ལ་ལྔ། གཅིག་གིས་ཀུན་ཐོབ་ཡིན་པར་ལུང་གིས་གནོད། དེ་ཡི་སྒྲུབ་བྱེད་ཁྲབ་པ་འཁྲུལ་བར་བསྟན། བདག་འདུག་ཙམ་གྱིས་སྒྲུབ་ན་གཞན་ལ་མཚུངས། དགོངས་འགྲེལ་མཛད་པོ་འཁྲུལ་ན་ཏ་ཙང་ཐལ། སོ་སོའི་དབང་ལ་ནན་ཏན་བྱ་བར་གདམས་པའོ། །དང་པོ་ནི། དབང་གཅིག་ཐོབ་པས་དབང་ཀུན་ཐོབ་པར་འདོད་པ་འདི་ནི་ཆོས་ཅན། གཞི་མདོའི་རྩ་བཞིན་དུ་དོར་བར་བྱ་སྟེ། ཕག་མོ་སྔོན་འབྱུང་དང་མི་གཡོ་བླ་མེད་ཀྱི་རྒྱུད་དག་ལས། དཀྱིལ་འཁོར་དུ་ནི་མ་ཞུགས་ལ། །རྒྱུད་འདི་བསྟན་པར་མི་བྱ་སྟེ། །དཀྱིལ་འཁོར་གཞན་དུ་ཞུགས་པ་ལའང་། །རྒྱུད་འདི་བསྟན་པར་མི་བྱའོ། །ཞེས་གསུངས་པ་དང་འགལ་བའི་ཕྱིར་དང་། གལ་ཏེ་བླ་མེད་ཀྱི་དབང་བསྐུར་གཅིག་གིས་དབང་བསྐུར་ཀུན་ཐོབ་ན། སྟོན་པས་དབང་ཆོག་གཅིག་ཁོ་ན་ཉིད་ཅིས་མ་གསུངས་ཏེ་གསུངས་རིགས་པའི་ཕྱིར་ཏེ། དཔེར་ན་འདུལ་བའི་ལས་ཆོག་གཅིག་ཁོ་ན་གསུངས་ཀྱི་གཞན་མ་གསུངས་པ་བཞིན་ནོ། །གཉིས་པ་ནི། ཁྱོད་ཀྱི་ལུང་གི་སྒྲུབ་བྱེད་ཀྱང་སྙིང་པོ་མེད་པ་ཁོ་ན་ཡིན་ཏེ། སྤྱིར་རྒྱུད་ལས་སྤྲོ་བ་བསྐྱེད་པའི་ཕྱིར་དུ་ཕན་ཡོད་གསུངས་པའི་གནས་སྐབས་དང་། འཇིགས་པ་བསྐྱེད་པའི་ཕྱིར་ལ་དོར་གྱི་ཚིགས་གསུངས་པ་རྣམས་ཇི་བཞིན་པའི་སྒྲ་མ་ཡིན་པའི་ཕྱིར། ཀྱེ་རྡོ་རྗེ་རྩ་རྒྱུད་ལས། གལ་ཏེ་སངས་རྒྱས་གསང་བའི་སྐད། །མི་གསུང་ན་ཡང་འདྲོངས་པར་འགྱུར། །ཞེས་གསུངས་པའང་ཇི་བཞིན་པའི་སྒྲ་རུ་འགྱུར་བའི་ཕྱིར་དང་། ཁྱད་པར་ཁྱེད་ཀྱིས་ཤེས་བྱེད་དུ་དྲངས་པའི་རྒྱུད་རྣམས་ཀུན་གྱི་སླུབ་པོར་འགྱུར། །ཞེས་པ་དེ་བདེ་མཆོག་གི་དབང་ཐོབ་པས་ཕྱི་རྒྱུད་སྡེ་བཞི་དང་བྱེ་བྲག་རྣལ་འབྱོར་བླ་མེད་ཀྱི་དབང་གི་ནང་ཚན་མཐའ་དག་ཐོབ་ཅེས་པའི་དོན་མ་ཡིན་གྱི། འཁོར་ལོ་བདེ་མཆོག་གི་སློབ་བྱེད་ཀྱི་དབང་རྫོགས་པར་ཐོབ་པའི་གང་ཟག་དེ། རྒྱུད་སྡེ་བཞི་ཆར་གྱི་རྒྱུད་ཉན་བཤད་དང་དབང་བསྐུར་རབ་གནས་སོགས་ལ་དབང་བའི་སློབ་པ་པོར་འགྱུར་ཞེས་པ་ཙམ་ཞིག་བསྟན་པའི་ཕྱིར་ཏེ། དེ་ཉིད་ཀྱི་རྟགས་འགྲེལ་ལས། ཀུན་ཞེས་བྱ་བའི་སྒྲ་ནི་བྱ་བ་དང་

སྤྱོད་པ་དང་རྣལ་འབྱོར་དང་རྣལ་འབྱོར་བླ་མ་རྣམས་གཟུང་ངོ་ཞེས་བཤད་པའི་ཕྱིར་རོ། ཁྱོད་ཀྱི་རིགས་པའི་སྒྲུབ་བྱེད་ལ་ཡང་སྙིང་པོ་མེད་དེ། རྒྱུད་སྡེ་གོང་མའི་དབང་བསྐུར་ནང་དུ་ནི་འོག་མའི་དབང་དང་ནུས་པ་མཉམ་པའི་ནུས་པ་འདུས་པའི་ཕྱིར་ན་གོང་མའི་དབང་ཐོབ་ན། རྒྱུད་སྡེ་འོག་མ་འཆད་པ་དང་ཉན་པར་གསུངས་པ་ཡིན་ལ། སྒྲུབ་བྱེད་དེ་ཙམ་གྱིས་ནི། འོག་མའི་དབང་ཐོབ་པར་འགྲུབ་ན། ཐེག་ཆེན་གྱི་མཐོང་ལམ་ཐོབ་པའི་ཚེ། ཉན་ཐོས་དང་རང་རྒྱལ་གྱི་མི་སློབ་ལམ་ཡང་ཐོབ་པར་འགྱུར་ཏེ། ཐེག་ཆེན་མཐོང་ལམ་གྱི་ནང་དུ། ཐེག་པ་འོག་མ་གཉིས་ཀྱི་སྤངས་རྟོགས་ཀྱི་རིགས་འདྲའི་ནུས་པ་ཀུན་འདུས་པའི་ཕྱིར་རོ། །

དེ་ཡང་བླ་མེད་ཀྱི་རིག་པའི་དབང་ལྔ་ཐོབ་པའི་ཚེ་བྱ་སྤྱོད་གཉིས་ཉན་བཤད་གཉིས་ཀར་ལ་དབང་བའི་རྒྱུ་མཚན་ནི། བྱ་རྒྱུད་ལ་ཆུ་དང་ཅོད་པན་གྱི་དབང་གཉིས་དང་། སྤྱོད་རྒྱུད་ལ་ཆུ་ཅོད་པན་རྡོ་རྗེ་དྲིལ་བུ་མིང་དབང་སྟེ་ལྔ་ལས་གཞན་མེད་ལ། དེ་དག་གི་ནུས་པ་ནི་བླ་མེད་ཀྱི་རིག་པའི་དབང་ལྔ་ལ་ཚང་བའི་ཕྱིར་དང་། འོན་ཀྱང་དེ་ཐོབ་པས་རྣལ་འབྱོར་གྱི་རྒྱུད་ཉན་པ་ལ་དབང་ཡང་འཆད་པ་ལ་མི་དབང་བའི་རྒྱུ་མཚན་ནི། བླ་མེད་ཀྱི་རིག་པའི་དབང་ལྔའི་ནང་དུ་རྣལ་འབྱོར་གྱི་རྒྱུད་ཀྱི་སློབ་མའི་རིག་པའི་དབང་ལྔའི་ནུས་པ་མཐའ་དག་ཚང་བའི་སྟེང་དུ། རྣལ་འབྱོར་རྒྱུད་ཀྱི་སློབ་དཔོན་གྱི་དབང་གི་སྐབས་ཀྱི་རིག་པའི་དབང་ལྔ་ལས་རིགས་ལྔའི་སྡོམ་པ་ཐོབ་ནུས་པ་དེ་ཡང་ཚང་བས་རྣལ་འབྱོར་རྒྱུད་ཉན་པ་ལ་དབང་ཡང་། རྣལ་འབྱོར་རྒྱུད་ཀྱི་རྡོ་རྗེ་སློབ་དཔོན་གྱི་དབང་གི་སྐབས་ཀྱི་དམ་ཚིག་གསུམ་སྦྱིན་པའི་ནུས་པ་དེ་ཙམ་མ་ཚང་བས་དེ་ཉིད་འཆད་པ་ལ་མི་དབང་བ་ཡིན་པའི་ཕྱིར་རོ། །འོན་གསང་བ་སྤྱི་རྒྱུད་ལས། དེ་བཞིན་གཤེགས་རིགས་དཀྱིལ་འཁོར་དུ། །གང་ཞིག་ལེགས་པར་དབང་བསྐུར་བ། །དེ་ནི་རིགས་ཕྱོགས་གསུམ་ཆར་གྱི། །དཀྱིལ་འཁོར་ལ་སོགས་སློབ་དཔོན་འགྱུར། །འཕགས་པ་སྤྱན་རས་གཟིགས་དབང་གི །དཀྱིལ་འཁོར་དུ་ནི་དབང་བསྐུར་བ། །དེ་ནི་རིགས་གཉིས་དཀྱིལ་འཁོར་གྱི། །སློབ་དཔོན་དུ་ནི་དབང་བསྐུར་འགྱུར། །ཕྱག་ན་རྡོ་རྗེ་གཟི་ཆེན་གྱི། །དཀྱིལ་འཁོར་དུ་ནི་དབང་བསྐུར་བ། །དེ་ནི་རྡོ་རྗེའི་རིགས་གཅིག་གི། །དཀྱིལ་འཁོར་གྱི་ནི་སློབ་དཔོན་འགྱུར། །ཞེས་བྱ་རྒྱུད་ལ་ཡང་། དེ་བཞིན་གཤེགས་པའི་རིགས་ཀྱི་དཀྱིལ་འཁོར་དུ་དབང་ཐོབ་ན། པདྨའི་རིགས་ཀྱི་དཀྱིལ་འཁོར་དང་། རྡོ་རྗེའི་རིགས་ཀྱི་དཀྱིལ་འཁོར་དུ་དབང་ཐོབ་པ་དང་། པདྨའི་རིགས་ཀྱི་དཀྱིལ་འཁོར་དུ་དབང་ཐོབ་ན། པདྨ་དང་རྡོ་རྗེའི་རིགས་གཉིས་ཀྱི་དབང་ཐོབ་པ་དང་། རྡོ་རྗེའི་རིགས་ཀྱི་དབང་ཐོབ་ན། རྡོ་རྗེའི་རིགས་ཁོ་ནའི་དབང་ཐོབ་པར་བཤད་པའི་ཤུགས་ཀྱིས། རྣལ་འབྱོར་གོང་མའི་དབང་ཐོབ་ན། འོག་མའི་དབང་ཐོབ་པར་སྒྲུབ་ནུས་སོ་སྙམ་ན། ལུང་དེའི་དོན་ཡང་ཁྱོད་ཀྱི་དེ་ལྟར་མ་ཡིན་ཏེ། དེ་བཞིན་གཤེགས་པའི་རིགས་ཀྱི་དཀྱིལ་

འཁོར་དུ་དབང་རྫོགས་པར་ཐོབ་ན། རིགས་གཞན་གཉིས་ཀྱི་དབང་མ་ཐོབ་ཀྱང་། རིགས་གཞན་གཉིས་ཀྱི་རྡོ་རྗེ་སློབ་དཔོན་བྱེད་དུ་རུང་ཞེས་པ་ཙམ་ཞིག་བསྟན་པས་ཁོ་བོའི་སྒྲུབ་བྱེད་མ་གཏོགས་ཁོ་བོ་ལ་གནོད་བྱེད་དུ་འགྱུར་བ་གང་ཡང་མེད་པའི་ཕྱིར། གལ་ཏེ་ལུང་དོན་རིགས་གསུམ་ལ་ཟབ་ཁྱད་ཅུང་ཟད་ཡོད་པའི་གནད་ཀྱིས་དེ་བཞིན་གཤེགས་པའི་རིགས་ཀྱི་དབང་རྫོགས་ན། རིགས་གཞན་གཉིས་ཀྱི་དབང་མ་ཐོབ་ཀྱང་རིགས་གཞན་གཉིས་ཀྱི་རྡོ་རྗེ་སློབ་དཔོན་གྱི་ལས་རྒྱུད་དེ་གཉིས་ཀྱི་གཞུང་གདམས་ངག་འཆད་པ་ལ་དབང་བ་ཡིན་ན། བླ་མེད་ཀྱི་ཕ་རྒྱུད་མ་རྒྱུད་གཉིས་མེད་ཀྱི་རྒྱུད་གསུམ་ལ་ཡང་ཟབ་ཁྱད་ཅུང་ཟད་ཡོད་པས། གཉིས་མེད་རྒྱུད་དུས་འཁོར་ལྷ་བུའི་དབང་རྫོགས་པར་ཐོབ་པ་དེས། གཞན་ཕ་མའི་རྒྱུད་གཉིས་ཀྱི་གཞུང་གདམས་ངག་འཆད་པ་ལ་དབང་བར་མཚུངས་པས་ཁོ་བོའི་བཞེད་པ་གྲུབ་བོ་སྙམ་ན། ཅུང་ཟད་དཀའ་བར་སེམས་ཀྱང་མི་མཚུངས་ཏེ། བྱ་རྒྱུད་རིགས་གསུམ་པོ་ལ་དེ་ལྟ་བུའི་གསལ་ཁ་ངེས་པ་ཅན་སྤྱི་རྒྱུད་ཚིག་ཟིན་ལ་གསུངས་པ་ཡིན་ལ། བླ་མེད་ལ་དེ་ལྟ་བུའི་དམིགས་བསལ་བཤད་པའི་རྒྱུད་དང་བསྟན་བཅོས་ཚད་ལྡན་ལུང་བསྟན་རྒྱུ་མེད་པའི་ཕྱིར་རོ། །

གསུམ་པ་བདག་འཇུག་ཙམ་གྱིས་སྒྲུབ་པ་དགག་པ་ནི། ཁོ་ན་རེ། སླར་ཡང་སྔར་གྱི་དམ་བཅའ་སྒྲུབ་པའི་ཕྱིར་དུ་འདི་སྐད་སྨྲ་སྟེ། ཁོ་བོས་བདག་འཇུག་བླངས་པའི་ཚེ་དཀྱིལ་འཁོར་གྱི་གཙོ་བོ་རྡོ་རྗེ་སེམས་དཔའ་ལས་དབང་ཐོབ་པས་ཁོ་བོ་ཆིག་བརྒྱུད་ཡིན་ལ། ཁོ་བོ་ལས་ནི་དབང་བླངས་པ་རྣམས་གཉིས་བརྒྱུད་དང་། དེ་ལས་བླངས་པ་རྣམས་གསུམ་བརྒྱུད་ལ་སོགས་པ་ཡིན་པའི་ཕྱིར་ཞེས་སྨྲ་བའི་ཕྱིར་རོ། །དེ་དགག་པ་ནི། འདི་དང་སྒྲུབ་བྱེད་གོང་མ་གཉིས་གཅིག་གིས་འགྲུབ་ན་གཅིག་ཤོས་ནི་དོན་མེད་དུ་འགྱུར་བ་སྟེ། བདག་འཇུག་བླངས་པས་ཀུན་གྱི་དབང་རྒྱུན་གྱི་བརྒྱུད་པ་མ་ཆད་པར་ནི་སྒྲུབ་དགོས་ན། བླ་མེད་ཀྱི་དབང་གཅིག་གིས་དབང་ཀུན་ཐོབ་ཅེས་པའི་སྒྲུབ་བྱེད་ཀྱི་ངལ་བ་དོན་མེད་དུ་འགྱུར་བའི་ཕྱིར་དང་། སློབ་མའི་བརྒྱུད་པ་གཞན་དག་ཀྱང་གཉིས་བརྒྱུད་ལ་སོགས་ཀྱིས་ཅི་ཞིག་བྱ་སྟེ། རང་ཉིད་བདག་འཇུག་བླངས་ནས་ནི་གཅིག་རྒྱུད་འབའ་ཞིག་ཅེས་མི་བྱེད་དེ་བྱས་པས་ཆོག་པའི་ཕྱིར་རོ། །གལ་ཏེ་ཁོ་བོས་བདག་འཇུག་གི་ཚེ་ཡེ་ཤེས་སྣང་བ་ཆེན་པོའི་ངང་ནས་རྡོ་རྗེ་སེམས་དཔའ་ལས་དངོས་སུ་དབང་ཐོབ་ལ། བརྒྱུད་པ་གཞན་དག་ལ་དེ་ལྟ་བུའི་སྐལ་བ་མེད་པའི་ཕྱིར་ཞེས་གསུངས་ན། དེ་ཉིད་མི་ཆོས་བླ་མའི་རྫུན་དུ་མ་གྱུར་ན། ཁོ་བོ་རྗེས་སུ་ཡི་རང་བར་བྱའོ། །བཞི་པ་འགྲེལ་མཛད་འབྲུལ་ན་ཧ་ཅང་ཐལ་བ་ནི། བོ་དོང་པ་ན་རེ། མ་འཁྲུལ་བའི་ཚིག་ནི་ཁོ་བོས་རྒྱུད་ལས་འདོན་པ་འདི་ཉིད་ཡིན་པས་ཐེ་ཚོམ་ཟ་བར་མི་བྱ་སྟེ། འཕགས་ཡུལ་གྲུབ་པའི་དབང་ཕྱུག་རྣམས་སེམས་ཅན་ཡིན་པའི་ཕྱིར་ན་འཁྲུལ་པ་ཅུང་ཟད་སྲིད་པ་དེས་ན་སྟེ་དེའི་ཕྱིར་ཞེས་ཟེར་རོ། །འཕགས་པ་ལ་སྐུར་འདེབས་འདི་འདྲའི་ཚིག

ཆོས་ཅན། ཁྱོད་ཐོས་པར་གྱུར་ནའང་རྣ་བ་དགབ་པར་རིགས་ཏེ། རྒྱུ་མཚན་ནི་འོ་ན་ཁྱོད་ཀྱང་སེམས་ཅན་ཡིན་པས་ན་ཅི་སྙམས་ཚད་མར་སུ་ཡིས་གཟུང་སྟེ་གཟུང་བར་མི་རིགས་པའི་ཕྱིར་དང་། ཟག་མེད་ཀྱི་བློ་མངའ་བའི་འཕགས་པས་མཛད་པའི་བསྟན་བཅོས་རྣམས་དྲང་སྲོང་བཀའ་བཞིན་སྤྱི་བོར་ནི་བླང་བྱ་ཡིན་པར་མགོན་པོ་བྱམས་པས་རྒྱུད་བླར་གསུངས་པའི་ཕྱིར་དང་། རྒྱ་གར་གྱི་ཀུ་ཀུ་རི་པ་དང་ཀུན་དགའ་སྙིང་པོ་སོགས་རྒྱལ་བའི་བསྟན་པ་འཛིན་པ་ལ་འཁྲུལ་པ་མེད་པར་སངས་རྒྱས་ཀྱིས་གསུངས་པ་ལ། ཁྱེད་དེ་དག་ལ་འཁྲུལ་ལོ་ཞེས་བརྗོད་པ་ནི་རྫོགས་སངས་རྒྱས་ལའང་བཀལ་བར་སྣང་བས་ཧ་ཅང་ཐལ་ཆེས་བའི་ཕྱིར་རོ། །ལྔ་པ་གདམས་པ་ནི༑ དེས་ན་རྡོ་རྗེ་འཆང་ནས་འཕགས་ཡུལ་གྱི་གྲུབ་ཆེན་རྣམས་ལས་རིམ་པར་བརྒྱུད་ཅིང་། ལོ་པཎ་ཁྱད་པར་ཅན་གྱིས་བསྒྱུར་བའི་ཟབ་དོན། བརྒྱུད་པ་དེ་དག་ནས་རང་རང་གི་རྩ་བའི་བླ་མའི་བར་བརྒྱུད་པ་མ་ཉམས་པ་ལས་དབང་བསྐུར་ཞུས་ཤིག་ཅེས་གདམས་ཏེ། གཞི་དབང་དང་དམ་ཚིག་ལ་གནས་པ་ནི་རྡོ་རྗེ་ཐེག་པའི་བསྟན་པ་འཛིན་པའི་སྐྱེས་བུ་ཡིན་པའི་ཕྱིར་རོ། །

གསུམ་པ་དམ་ཚིག་ལ་འཁྲུལ་པ་དགག་པ་ལ་གཉིས། རྩ་ལྟུང་བདུན་པ་མི་སྲུང་བ་དགག །གསུམ་པའི་ཡུལ་ལ་འཁྲུལ་པ་དགག་པའོ། །དང་པོ་ལ་ཕྱོགས་སྔ་སྨྲ་བ་པོ་ནི། པཎྜི་བཞད་པ་ལས། དབང་གིས་མ་སྨིན་པའི་སོ་སྐྱེ་ལ་གསང་སྔགས་བྱེད་པ་ནི་ངོར་པ་མ་གཏོགས་པའི་དེང་སང་གི་གསང་སྔགས་པ་ཐམས་ཅད་དང་། ད་ནི་ངོར་པའི་ཡང་སློབ་མ་ཁ་ཅིག་གོ་ཞེས་པ་ལྟར་དེང་སང་སྔགས་པར་རློམ་པ་འགག་ཞིག་གིས་ལག་ལེན་འཚོལ་བར་བྱེད་དེ། དབང་གིས་མ་སྨིན་པའི་སྐྱེ་བོ་ལ་རྣལ་འབྱོར་ཆེན་པོའི་གསང་སྤྱོད་ཀུན་འཛེམ་པ་མེད་པར་གསང་སྒྲོགས་བྱེད་པའི་ཕྱིར་རོ། །དེ་ལྟ་བུའི་གསང་སྒྲོགས་བྱེད་པ་འདི་ནི་ཆོས་ཅན། ཁྱོད་བདག་ལེགས་སུ་འདོད་པ་དག་གིས་བག་ཡོད་མཛོད་ཅིག་ཅེས་གདམས་པའི་སྒོ་ནས་དགག་དགོས་ཏེ། དམ་པ་དང་པོ་དང་རྡོ་རྗེ་གུར་དང་དགྲ་ནག་དང་རྩ་བའི་ལྟུང་བའི་གཞུང་རྣམས་ལས་ཁྱོད་རྩ་བའི་ལྟུང་བ་བདུན་པ་ཉིད་དུ་གསུངས་པའི་ཕྱིར་དང་། རྩ་ལྟུང་གི་དོན་ཡང་། མ་བསྲུངས་ན་ཉེས་པ་ཀུན་གྱི་རྩ་བ་དང་། བསྲུངས་ན་དངོས་གྲུབ་ཀུན་གྱི་རྩ་བར་ནི་གསུངས་པའི་ཕྱིར་རོ། །

གཉིས་པ་ལ་འདོད་པ་བརྗོད་པ་དང་། སུན་འབྱིན་པ་གཉིས་ལས། དང་པོ་ལ་ཕྱོགས་སྔ་སྨྲ་བ་པོ་ནི་པཎྜི་བཞད་པ་ལས། རྡོ་རྗེ་སྤུན་བླ་མ་གཅིག་ལ་དཀྱིལ་འཁོར་གཅིག་ལས་དུས་གཅིག་ལ་དབང་བསྐུར་ཐོབ་པ་དགོས་པར་འདོད་པ་ནི་ཙོང་ཁ་པའོ། །ཞེས་པ་ལྟར་ཁ་ཅིག་སྟེ་ཙོང་ཁ་པ་ཆེན་པོ་ན་རེ། སྔགས་ཀྱི་སྡོམ་ལྡན་ཀུན་རྡོ་རྗེ་སྤུན་དུ་བྱས་ན་ནི་ཧ་ཅང་རྒྱ་ཆེས་པའི་སྐྱོན་ཡོད་པའི་ཕྱིར་ན། བླ་མ་གཅིག་དང་དཀྱིལ་འཁོར་གཅིག་ལས

དུས་གཅིག་དབང་ཐོབ་པ་རྡོ་རྗེའི་སྤྱུན་ཡིན་ཏེ། གཞན་དུ་ན་མདའ་གྱི་སློ་མི་གཅིག་པའི་ཕྱིར་ན་སྤྱུན་གྱི་དོན་མི་གནས་པའི་ཕྱིར་ཞེས་ཟེར་རོ། །གཉིས་པ་ལ། བསྟན་བཅོས་ཐ་སྙད་འགལ་བས་དགག །རྒྱུད་ཀྱི་དོན་དང་འགལ་བས་དགག །འཇིག་རྟེན་ཐ་སྙད་འགལ་བས་དགག་པའོ། །དང་པོ་ནི། འོ་ན་བསླབ་པ་གསུམ་ལྡན་པ་ཀུན་ཚངས་པ་མཚུངས་པར་སྤྱོད་པ་མིན་པར་འགྱུར་ཏེ། ག་ཅང་རྒྱ་ཆེས་པའི་སྐྱོན་ཡོད་པར་མཚུངས་པའི་ཕྱིར་དང་། འདོད་ན་ཡང་མི་འཐད་དེ། རྣམ་བཤད་རིགས་པ་ལས་ཚངས་པ་ནི་མྱ་ངན་ལས་འདས་པ་ཡིན་ཏེ། དེའི་ཆེད་དུ་སྤྱོད་པ་ནི་བསླབ་པ་གསུམ་ཡིན་ཏེ། བསླབ་པ་གསུམ་དང་ལྡན་པ་ཀུན་ཚངས་པ་མཚུངས་པར་སྤྱོད་པ་ཡིན་ནོ་ཞེས་གསུངས་པ་དང་འགལ་བའི་ཕྱིར་རོ། །གཉིས་པ་ནི། ཡུལ་ཆེན་སུམ་ཅུ་རྩ་གཉིས་སུ་སྤྱོད་པའི་ཚེ་ན་བརྟ་དང་ནི་བརྟའི་ལན་ཤེས་པའི་གང་ཟག་ཀུན་ཆོས་ཅན། ཁྱོད་རྡོ་རྗེ་སྤྱུན་དང་སྲིང་མོ་ནི་གང་ཡང་མ་ཡིན་པར་འགྱུར་ཏེ། ཁྱོད་དེ་དག་ལ་སྔར་གྱི་མཚན་ཉིད་བླམ་དང་དཀྱིལ་འཁོར་གཅིག་པ་སོགས་མ་ཚང་བའི་ཕྱིར་རོ། །འདོད་ན་ཡང་མི་འཐད་དེ། བདེ་མཆོག་དང་ཀྱེ་རྡོར་གྱི་རྩ་བའི་རྒྱུད་དང་ཁ་སྦྱོར་ལས། གང་གིས་སྤྱུན་དང་སྲིང་མོར་ཡང་། །ཐེ་ཚོམ་མེད་པར་ཤེས་པར་བྱ། །ཞེས་གསུངས་པ་དང་འགལ་བའི་ཕྱིར། དེས་ན་ཁྱོད་གཞན་གྱི་ཉམས་རྐྱེན་མ་བྱེད་ཅིག་ཅེས་ཏེ། རྡོ་རྗེ་སྤྱུན་དུ་འགྱུར་མི་འགྱུར་ལ་མདའ་སློ་གཅིག་པ་དང་མི་གཅིག་པའི་དོན་དྲིས་ན་ཡང་རང་བཟོ་མ་ཡིན་པ་ལུང་དང་མཐུན་པ་ཁྱོད་ལ་མེད་པའི་ཕྱིར། གསུམ་པ་ནི། ཁྱོད་ཀྱི་ལུགས་འདི་འཇིག་རྟེན་ཐ་སྙད་དང་ཡང་འགལ་ཏེ། རྒྱུ་མཚན་འདི་ལྟར། ཁྱོད་ལྟར་ན་འཁོར་ལོས་བསྒྱུར་བ་གཅིག་ཉིད་ཀྱི་བཙུན་མོ་ལྔ་བརྒྱའི་སྲས་རྣམས་ཀུན་རིགས་ཀྱི་སྤྱུན་ཡང་མ་ཡིན་པར་འགྱུར་ཏེ། དེ་དག་མདའ་སློ་མི་གཅིག་པའི་ཕྱིར། ཁྱབ་པ་དངོས་སོ། །

གཉིས་པ་གྲོལ་བྱེད་ཀྱི་ལམ་རྣམ་དག་ཏུ་བསྒྲུབ་པ་ལ་གཉིས། ཉམས་ལེན་རྟེན་གྱི་གང་ཟག་ལ་འཁྲུལ་པ་དགག །བླང་བྱ་ལམ་གྱི་ངོ་བོ་ལ་འཁྲུལ་པ་དགག་པའོ། །དང་པོ་ལ་གཉིས་ལས་འདོད་པ་བརྗོད་པ་ལ་ཕྱོགས་སྔ་མ་ནི་པཎྜི་བཞད་པ་ལས། ཐེག་པ་གསུམ་ཆར་གྱི་ཚོགས་ལམ་ཆེན་པོ་ཡན་ཆད་དམ་གསང་སྔགས་ཀྱི་ནས་ཐོབ་པར་འདོད་པ་ནི་བོ་དོང་ཕྱོགས་ལས་རྣམ་རྒྱལ་ལོ་ཞེས་པ་ལྟར། ཁ་ཅིག་སྐྱེ་བོ་དོང་པ་ན་རེ། ཐེག་པ་གསུམ་ཆར་གྱི་ཚོགས་ལམ་ཆེན་པོ་ཡན་ཆད་ནི་སྔགས་ལམ་ཁོ་ནས་ཐོབ་པར་འདོད་དེ། སྒྲུབ་བྱེད་ནི་ཆོས་རྒྱུན་གྱི་ཏིང་ངེ་འཛིན་ལ་བརྟེན་ནས་སངས་རྒྱས་ཀྱི་ཞིང་བགྲོད་པའི་ཚེ། ལམ་གྱི་ཟབ་ཞོས་གདུལ་བྱས་ཀྱང་ཉན་འདོད་ཡོད་ཅིང་། སངས་རྒྱས་ལ་དེ་སྟོན་པའི་མཁྱེན་པ་དང་ཐུགས་བརྩེ་མངའ་བའི་ཕྱིར་དང་། ཀུན་རིག་གི་ཁྲམས་ལ་བཀོད་པའི་ཉན་རང་རྣམས་ཀྱང་། སྔགས་ལམ་གྱིས་ཐོབ་པའི་ཉན་རང་མཚན་ཉིད་པ་ཡིན་པའི་ཕྱིར

ཞེས་སྨྲ་བར་བྱེད་དོ། །

གཉིས་པ་དེ་དགག་པ་ལ་གཉིས། དགག་པ་མདོར་བསྟན་པ་དང་། རྒྱས་པར་བཤད་པའོ། །དང་པོ་ནི་ལུགས་འདི་ནི་ཆོས་ཅན། མི་འཐད་དེ། མདོ་རྒྱུད་བསྟན་བཅོས་ཀྱི་ལུང་དང་། རིགས་པ་ཀུན་དང་འགལ་བ་སྟེ་འོག་ནས་འཆད་པའི་ལུང་རིགས་ཀྱིས་གནོད་པའི་ཕྱིར་རོ། །གཉིས་པ་རྒྱས་པར་བཤད་པ་གསུམ། དམན་ལམ་གྱིས་ཆོས་རྒྱུན་ཐོབ་པ་ལུང་རིགས་དང་འགལ་བ། གདུལ་བྱ་ཟབ་ལམ་ཁོ་ནས་བཀྲི་བ་མདོ་རྒྱུད་དང་འགལ་བ། སྔགས་ཀྱི་དཀྱིལ་འཁོར་ལ་ཐེག་དམན་ལམ་བཀོད་པ་རྒྱུད་སྡེ་དང་འགལ་བའོ། །དང་པོ་ནི། ཐེག་དམན་ལམ་གྱིས་ཆོས་རྒྱུན་གྱི་ཏིང་འཛིན་ཐོབ་པ་ཆོས་ཅན། ཁྱོད་ལ་ལུང་རིགས་གི་གནོད་བྱེད་ཡོད་དེ། མི་ཕམ་མགོན་པོས། མདོ་སྡེ་རྒྱན་ལས་ཐེག་ཆེན་གྱི་ཚོགས་ལམ་དུ་ཆོས་རྒྱུན་གྱི་ཏིང་ངེ་འཛིན་ཐོབ་པར་གསུངས་ཀྱི་དམན་པའི་ལམ་དག་ལ་ཆོས་རྒྱུན་གྱི་ཏིང་འཛིན་ཐོབ་པ་ཡོད་པ་ནི་ཚད་ལྡན་གྱི་གཞུང་ལས་གསུངས་པ་མེད་པའི་ཕྱིར་ན༑ དེ་ཆེ་ཆོས་ཀྱི་རྒྱུན་ལས་ནི། །ཞེས་སོགས་ཀྱི་ལུང་དེས་ཁྱོད་དོན་གྱིས་བཀག་པའི་ཕྱིར། བོ་དོང་པ་ཁྱོད་ཀྱི་འདོད་པ་དེ་ལ་རིགས་པས་ཀྱང་ནི་གནོད་པ་སྟེ། ཇི་ལྟར་ཞེ་ན། ཐེག་པ་དམན་པའི་གང་ཟག་དེ་ཡིས་འཕགས་ལམ་ཐོབ་པའི་ཚེ་རྒྱུན་ཞུགས་དང་ཕྱིར་འོང་ཡིན་པ་གཅིག་མི་སྲིད་པར། ཉན་ཐོས་སློབ་པ་འབྲས་གནས་ཐམས་ཅད། འབྲས་བུ་གསུམ་པ་ལ་གནས་པའི་ཆགས་བྲལ་སྔོན་སོང་གི་ཕྱིར་མི་འོང་ཁོ་ནར་འགྱུར་བར་ཐལ། དམན་པའི་མཐོང་ལམ་གྱི་སྔ་རོལ་དུ་ཆོས་རྒྱུན་གྱི་ཏིང་ངེ་འཛིན་ངེས་པར་ཐོབ་པར་ཐོབ་དགོས་པ་གང་ཞིག །དེ་ཐོབ་ན་བསམ་གཏན་དང་པོའི་དངོས་གཞི་ཡང་ངེས་པར་ཐོབ་དགོས་པས། ཐེག་དམན་འཕགས་པ་ཡིན་ན་མཐོང་ལམ་གྱི་སྔ་རོལ་ཏུ་འདོད་ཉོན་དགུ་པ་སྤངས་པས་ཁྱབ་དགོས་པའི་ཕྱིར་རོ། །གཞན་ཡང་ཆོས་མངོན་པ་དང་འདུལ་བ་ལུང་དག་ལས་ཉན་ཐོས་སློབ་པ་ལྷ་ཤོག་གི་དགྲ་བཅོམ་ཐོབ་ཀྱང་རྫུ་འཕྲུལ་ནི་མ་ཐོབ་པའི་རྒྱན་མེད་ཀྱི་དགྲ་བཅོམ་མང་དུ་བཤད་པ་དང་། ཁྱོད་ཀྱི་གྲུབ་མཐའ་འདི་ཉིད་འགལ་ཏེ། ཁྱོད་ལྟར་ན་ཐེག་དམན་དགྲ་བཅོམ་ཐམས་ཅད་ཀྱིས་བསམ་གཏན་གྱི་དངོས་གཞི་ཐོབ་པས་མངོན་ཤེས་སོགས་ཀྱི་རྒྱན་དང་བཅས་པ་ཁོ་ནར་ཐལ་བའི་སྐྱོན་ཡོད་པའི་ཕྱིར་རོ། །གཞན་ཡང་ལམ་གྱི་ཟབ་ཤོས་ཡིན་ཙམ་གྱིས་གདུལ་བྱས་ཉན་འདོད་ཡོད་པར་ནི་མ་ངེས་ཏེ། གཞན་དུ་ན་ཐེག་གསུམ་གྱི་རིམ་པ་བསྟན་པ་དོན་མེད་དུ་འགྱུར་བའི་ཕྱིར་རོ། །

གཉིས་པ་ནི། སངས་རྒྱས་དངོས་ཀྱིས་གདུལ་བྱ་ལ་སྔགས་ལམ་སྟོན་པར་མ་ངེས་ཏེ། གདུལ་བྱའི་བློའི་རིམ་པ་དང་འཚམ་པར་མདོ་སྔགས་དང་ཐེག་པ་སོ་སོར་སྟོན་པར་གསུངས་པའི་ཕྱིར་རོ། །དེ་ཡང་ཡིན་ཏེ། ཀྱེ་རྡོར་རྩ་རྒྱུད་ལས་གདུལ་བྱ་བཀྲི་བའི་རིམ་པའི་ཚུལ། སྡོམ་པ་རྣམས་རིམ་གྱིས་བླངས་ནས་ནི་གྲུབ་མཐའ་

བཞིའི་ལྟ་བ་དང༌། རྒྱུད་སྡེ་བཞིའི་ལམ་ལ་རིམ་གྱིས་བསླབ་པའི་བགྲོ་ཚུལ་གསུངས་པའི་ཕྱིར་དང༌། ལང་ཀར་གཤེགས་པའི་མདོ་ལས་ཀྱང༌། ཇི་ལྟར་ནད་པ་ནད་པ་ལ། །སྨན་པས་སྨན་ནི་གཏོང་བ་ལྟར། །དེ་བཞིན་སངས་རྒྱས་སེམས་ཅན་ལ། །ཇི་ཙམ་བཟོད་པའི་ཆོས་སྟོན་ཏོ། །ཞེས་གསུངས་པའི་ཕྱིར་དང༌། མགོན་པོ་ཀླུ་སྒྲུབ་ཀྱིས་ཀྱང༌། བརྡ་སྤྲོད་པ་དག་ཇི་ལྟ་བུ། །ཡི་གེའི་ཕྱི་མོ་ཀློག་འཇུག་ལྟར། །དེ་བཞིན་སངས་རྒྱས་སེམས་ཅན་ལ། །ཇི་ཙམ་བཟོད་པའི་ཆོས་སྟོན་ཏེ། །ཞེས་གསུངས་པའི་ཕྱིར་དང༌། འཕགས་པ་ལྷ་ཡིས་ཀྱང༌། ཡོད་དང་མེད་དང་ཡོད་མེད་དང༌། །གཉིས་ཀ་མིན་ཞེས་ཀྱང་བསྟན་ཏེ། །ནད་ཀྱི་དབང་གིས་ཐམས་ཅད་ཀྱང༌། །སྨན་དུ་འགྱུར་བ་མ་ཡིན་ནམ། །ཞེས་སོགས་གསུངས་པ་ལུང་ཚད་མ་ཡིན་པའི་ཕྱིར་རོ། །གསུམ་པ་སྔགས་ཀྱི་དཀྱིལ་འཁོར་ལ་ཐེག་དམན་བཀོད་པ་མི་འཐད་པ་ནི། ལམ་གྱི་མཐར་ཐུག་སྔགས་ལམ་ལས་འབྲས་བུའི་དམན་ཤོས་ཐེག་དམན་ལམ་ཐོབ་བོ་ཞེས་སྨྲ་བ་ནི་མི་འཐད་དེ། རྒྱུ་དང་འབྲས་བུ་ལ་སྐུར་བ་འདེབས་པའི་སྨྲ་ངན་ཡིན་པའི་ཕྱིར་དང༌། རྡོ་རྗེ་ཐེག་པའི་དཀྱིལ་འཁོར་གྱི་ལྷ་ལ་ཉན་རང་མཚན་ཉིད་པ་ཡོད་ན་བླ་མེད་ཀྱི་སྔགས་སྡོམ་ལྡན་པ་ནི། ཉན་ཐོས་དག་ཏུ་ཉམས་བྱེད་པའི་ནང་དུ་ཞག་བདུན་གནས་པ་ལ་ཡན་ལག་གི་ལྟུང་བ་འབྱུང་བར་བཤད་པའི་རྒྱུ་མཚན་ཅི་ཡང་མེད་པར་ཐལ་བའི་ཕྱིར་དང༌། ཀུན་རིག་ཁྲམས་ཀྱི་ཉན་རང་རྣམས་ཉན་རང་མཚན་ཉིད་པ་ཡིན་ན༑ རིགས་ལྔའི་གདན་གྱི་སེང་གེ་དང་གླང་པོ་སོགས་ཀྱང་དུད་འགྲོ་རང་རྒྱུད་པར་འགྱུར་ཞིང་གདན་གྱི་ཟླ་བ་ཉི་མ་ལ་སོགས་ཀྱང༌། ནམ་མཁའི་ཉི་ཟླ་སོགས་སུ་འགྱུར་བའི་ཕྱིར་རོ། །གཞན་ཡང་གྲུབ་མཐའ་ཀྱི་ན་སྨྲ་བ་པོ་འདིས་ནི་དབང་བསྐུར་བའི་དུས་སུ་ཡང་རྒྱུན་བཤགས་དང་སྡོམ་གཟུང་གི་སྔ་རོལ་དུ། བྱང་ཆུབ་གསུམ་པོ་གང་འདོད་ལ་དམིགས་ནས་རྗེས་ཟློས་ཀྱིས་ཤེས་ཟེར་བ་ནི་བབ་ཅོལ་ཁོ་ན་ཡིན་ཏེ། སྡོམ་པ་བསྒྲག་པའི་ཚེ་རྡོ་རྗེ་རྩེ་མོ་ལས། ཐེག་པ་དམན་ལ་འདོད་མི་བྱ། །སེམས་ཅན་དོན་ལ་རྒྱབ་ཕྱོགས་མིན། །འཁོར་བ་དག་ཀྱང་ཡོངས་མི་སྤོང༌། །ཞེས་པ་ལྟར་བསྒྲགས་ནས། སྡོམ་པ་གཟུང་བའི་ཚེ། ཐེག་པ་དམན་པ་ལ་འདོད་པ་དང༌། སེམས་ཅན་དོན་ལ་རྒྱབ་ཕྱོགས་པ་སོགས་འགལ་ཟླ་གསུམ་པོ་གཟུང་བ་ནི་དངོས་སུ་འགལ་བའི་ཕྱིར་དང༌། ཀུན་སློང་ཐེག་དམན་སེམས་བསྐྱེད་ཀྱིས་བླངས་ནས། ངག་ཏུ། བྱང་ཆུབ་སེམས་ནི་བླ་ན་མེད། །དང༌། དམ་པ་བདག་གིས་གཟུང་བར་བགྱི། །ཞེས་སྨྲ་བ་འདི་ནི་ཅི་ཞིག་ཡིན་ཏེ། བསྙོན་གཏམ་ཁོ་ན་ཡིན་ཕྱིར་དང༌། ཉན་ཐོས་ས་རུ་སེམས་བསྐྱེད་ན། ཐེག་ཆེན་གྱི་སྨོན་སེམས་སྤོང་དགོས་ཤིང༌། སྨོན་སེམས་སྤངས་ན་སྔགས་ཀྱི་རྩ་ལྟུང་དུ་རྒྱུད་སྡེ་བཞི་ཚང་མ་མཐུན་པར་བཤད་པའི་ཕྱིར་དང༌། གཞན་ཡང་རྒྱུད་སྡེ་ཕལ་ཆེར་དང་གྲུབ་པའི་དབང་ཕྱུག་གཞུང་བཟང་རྣམས་འདི་ལ་མཐའ་གཅིག་ཏུ་གནོད་པ་སྟེ། དེ་དག་གི་གཞུང་ལུགས་མཐོང་བའི་ཚེ་ཉིད་ན

གསལ་བར་འགྱུར་བའི་ཕྱིར་རོ། །འདིར་བོ་དོང་ཕྱོགས་ལས་རྣམ་རྒྱལ་གྱིས་ཐེག་པ་གསུམ་གྱི་ཚོགས་ལམ་ཆེན་པོ་ནས་སྔགས་ལམ་ལ་འཇུག་པ་དང་། སྔགས་ལམ་གནས་པའི་ཉན་རང་དེ་དག་ཐེག་དམན་རང་རྒྱུད་པར་ཞལ་གྱིས་བཞེས་ན། གནོད་བྱེད་འགལ་ལན་གྱིས་ཟློག་པར་མི་ནུས་མོད། པཎ་ཆེན་དེ་ཉིད་རང་གིས་ཀྱང་ཞལ་གྱིས་མི་བཞེས་སམ་སྙམ་སྟེ། དེ་ཉིད་ཀྱི་དེ་ཉིད་འདུས་པའི་ནང་ཚན་རྒྱུད་སྡེ་སྤྱི་རྣམ་ལས། འོན་མདོའི་ཐེག་ཆེན་པའི་ཚོགས་ལམ་ཆེན་པོ་རྫུ་འཕྲུལ་རྐང་པ་གསུམ་པ་ནས་སྔགས་ལ་འཇུག་ན། ཐེག་པ་ཆུང་འབྲིང་གི་ལམ་གྱི་མཚམས་གང་ནས་འཇུག་ཅེ་ན། དེ་དག་དབང་པོ་ཇི་ལྟར་རྟུལ་ཡང་སྦྱོར་ལམ་རྩེ་མོ་ཉིད་ནས་སྔགས་ལ་འཇུག་སྟེ། རྩེ་མོ་ཆེན་པོ་ནས་བཟློད་པ་ལ་དངོས་སུ་འཇུག་ཅིང་། དབུ་མ་ལ་ཞི་སྐྱོ་གཉིས་པ་མེད་པར་གསུངས་ལ༑ ཞེས་སོགས་གསུངས་ནས། ཉན་རང་གཉིས་སྦྱོར་ལམ་རྩེ་མོ་ནས་འཇུག་ཅིང་། དེ་སྔགས་ལམ་དུ་འཇུག་པ་ལ་ཆོས་རྒྱུན་གྱི་ཏིང་ངེ་འཛིན་ཐོབ་དགོས་པར་མ་བཤད་པའི་ཕྱིར་དང་། གཞན་ཡང་། གལ་ཏེ་སྔགས་ལས་དེ་ལྟར་གསུངས་ཀྱང་མདོའི་ཐེག་པ་ལ་ནི་གནས་སྐབས་ཐེག་ཆེན་ལ་མ་ཞུགས་པའི་ཉན་ཐོས་དང་རང་སངས་རྒྱས་འཕགས་པ་གསུངས་ཤིང་། དེ་ལྟར་དོན་ལ་ཡང་གནས་སོ་ཞེ་ན། དེ་ཡང་མ་ཡིན་ཏེ། ཕྱིར་མི་ཟློག་པ་འཁོར་ལོའི་མདོ་ལས། བྱང་ཆུབ་སེམས་དཔའ་སོགས་ཉིད་ལ་རྒྱུན་དུ་ཞུགས་པ་དང་ཕྱིར་འོང་དང་ཕྱིར་མི་འོང་དང་དགྲ་བཅོམ་པ་དང་། ཉན་ཐོས་དང་རང་རྒྱལ་རྣམ་པར་བཞག་གི །ཐེག་པ་དམན་པའི་སེམས་བསྐྱེད་དང་ལྡན་པ་དག་ལ་ནི་ཆུ་མིན་པ་ལ་ཆུར་འཛིན་པ་ལྟར། ཞེས་སོགས་རྒྱས་པར་བཤད་ནས། ཞུགས་གནས་བརྒྱད་དང་ཉན་རང་བྱང་སེམས་སོགས་ཐེག་ཆེན་གྱི་སྐྱེས་བུ་ཁོ་ན་ལ་བཞག་གི །ཐེག་དམན་གྱི་ཉན་རང་འཕགས་པ་མཚན་ཉིད་པ་མེད་པར་བཤད་པས། སྔགས་ལམ་ལ་གནས་པའི་ཐེག་དམན་གྱི་གང་ཟག་གཏན་ནས་མི་བཞེད་པའི་ཕྱིར་རོ། །འོན་ཀྱང་པཎ་ཆེན་པོ་དོང་པ་དེ་ཉིད་ཀྱི་དགོངས་ཟབ་ཇི་བཞིན་མ་ངེས་པར་རྗེས་འབྲང་དང་མོས་བྱེད་པ་ཁ་ཅིག་གིས་བབ་ཅོལ་དུ་སྨྲས་སམ་སྙམ་མོ། །

གཉིས་པ་ལམ་གྱི་ངོ་བོ་ལ་འཁྲུལ་པ་དགག་པ་ལ་གཉིས། འོག་མ་གསུམ་གྱི་ཉམས་ལེན་འཁྲུལ་པ་དགག །རྣལ་འབྱོར་ཆེན་པོའི་ཉམས་ལེན་འཁྲུལ་པ་དགག་པའོ། །དང་པོ་ལ་གསུམ་བྱ་སྤྱོད་བསྐྱེད་ཚོག་འཁྲུལ་པ་དགག །རྣལ་འབྱོར་ལྷ་ལ་འཁྲུལ་པ་དགག །ཐུན་མོང་ལམ་ལ་འཁྲུལ་པ་དགག་པའོ། །དང་པོ་ལ་འདོད་པ་བརྗོད་པ་དང་། དེ་དགག་པ་གཉིས་ཀྱི་དང་པོ་ནི། པནྨ་བཞད་པ་ལས། བྱ་རྒྱུད་ཀྱི་བསྐྱེད་ཚོག་ལ་བདག་བསྐྱེད་ཡོད་པར་འདོད་པ་ཡང་ཅོང་ཁ་པའོ་ཞེས་པ་ལྟར། ཅོང་ཁ་པའི་རྗེས་འབྲང་ཁ་ཅིག །བྱ་རྒྱུད་རང་རྐང་གི་བསྐྱེད་ཚོག་ལ་བདག་བསྐྱེད་ཡོད་པར་སྤྱོད་རྒྱུད་ཀྱི་བཞུང་འགྲེལ་སངས་རྒྱས་གསང་བ་སོགས་ཀྱིས་ལུང་གིས་སྒྲུབ་

ཅིང་། རིགས་པ་ཡང་བྱ་རྒྱུད་རང་རྐང་ལ་ལྟོས་པའི་བདེ་བ་ལམ་བྱེད་ཀྱི་ལམ་ཡོད་པ་དང་། སྤྱོད་རྒྱུད་རྣམ་སྣང་མངོན་བྱང་ལས་བཤད་པའི་གཞི་གཉིས་པོ་བདག་མདུན་གཉིས་ལ་བཤད་རུང་ན། བྱ་རྒྱུད་བསམ་གཏན་ཕྱི་མའི་གཞི་གཉིས་པོ་ཡང་བདག་མདུན་གཉིས་སུ་རུང་བར་མཚུངས་པའི་ཕྱིར་དང་། ཡེ་ཤེས་རྡོ་རྗེ་ཀུན་ལས་བཏུས་སོགས་ལས་བྱ་རྒྱུད་རང་རྐང་ལ་བདག་བསྐྱེད་མེད་པར་བཤད་པ་ནི་བྱ་རྒྱུད་ཕལ་པའམ་ཕལ་ཆེ་བ་ལ་དགོངས་པའམ། སྲོག་རྩོལ་ལ་སོགས་པ་བསམ་གཏན་གྱི་མན་ངག་སྒོམ་པར་མི་ནུས་པའི་གདུལ་བྱ་རྣམས་ལ་དགོངས་པ་ཡིན་པའི་ཕྱིར། གཉིས་པ་དེ་དགག་པ་ལ་གསུམ། གནོད་བྱེད་ཡོད་པས་དགག །སྒྲུབ་བྱེད་མེད་པས་དགག །སྐྱོན་སྤོང་མི་འཐད་པས་དགག་པའོ། །དང་པོ་ནི། བྱ་རྒྱུད་ཆོས་ཅན། ཁྱོད་རང་རྐང་ལ་བདེ་ཀྱི་སོགས་བླ་མེད་ཀྱི་ལུང་གིས་བསྐྱེད་རྫོགས་ཡོད་པ་ཡང་ཅིས་མི་འགྲུབ་སྟེ་འགྲུབ་པར་ཐལ། རྣམ་སྣང་མངོན་བྱང་སོགས་སྤྱོད་རྒྱུད་ཀྱི་ལུང་གིས། ཁྱོད་རང་རྐང་ལ་བདག་བསྐྱེད་ཡོད་པར་འགྲུབ་ན་སྟེ་འགྲུབ་པ་གང་ཞིག །ཁྱོད་རང་རྐང་ལ་བདག་བསྐྱེད་དང་བསྐྱེད་རྫོགས་མེད་མཚུངས་ཡིན་པའི་ཕྱིར་རོ། །གཞན་ཡང་བྱ་སྤྱོད་གཉིས་ཀྱི་ཉམས་ལེན་ཁྱད་པར་གང་གིས་འབྱེད་དེ་འབྱེད་མི་རིགས་པར་ཐལ། བྱ་སྤྱོད་གཉིས་ཀྱི་བསྐྱེད་ཆོག་ལ་བདག་བསྐྱེད་ཡོད་པར་ཁྱད་པར་མེད་ན་སྟེ་མེད་པའི་ཕྱིར། གཞན་ཡང་བྱ་རྒྱུད་རང་རྐང་ལ་བདག་བསྐྱེད་འདོད་པ་ནི་རྒྱུད་སྡེ་གོང་མའི་ལུང་དང་ཡང་འགལ་ཏེ། ཡེ་ཤེས་རྡོ་རྗེ་ཀུན་ལས་བཏུས་པའི་རྒྱུད་ལས་བྱ་རྒྱུད་ལ་བདག་བསྐྱེད་མེད་པར་མངོན་སུམ་དུ་བཤད་པའི་ཕྱིར་དང་། ཡེ་ཤེས་ཐིག་ལེ་ལས། རྒྱུད་སྡེ་བཞི་ལ་དབང་གི་བབ་མི་འདྲ་བའི་རིམ་པ་བཞི་བཤད་པས་ལམ་གྱི་བབ་མི་འདྲ་བ་བཞི་ཡང་ཡོད་དགོས་པ་ལས། ཁྱོད་ལྟར་ན། བྱ་སྤྱོད་གཉིས་ལ་ལྷ་རྗེ་དཔོན་ལྟ་བུ་དང་། ལྷ་གྲོགས་པོ་ལྟ་བུ་ལས་དངོས་གྲུབ་ལེན་པའི་ལམ་མི་འདྲ་བ་མེད་པས། རྒྱུད་སྡེའི་བཞིའི་ལམ་གྱི་ཁྱད་པར་འཇིག །དེ་ཞིག་པས་དབང་གི་ཁྱད་པར་ཡང་འཇིག་པའི་ཕྱིར་རོ། །

གཉིས་པ་ལ་གཉིས། བལྟས་པའི་བདེ་བ་ལམ་བྱེད་སྒྲུབ་བྱེད་མེད་པར་བསྟན། གཞིའི་དོན་གྱིས་སྒྲུབ་བྱེད་མེད་པར་བསྟན་པའོ། །དང་པོ་ནི། བྱ་རྒྱུད་ཆོས་ཅན། ཁྱོད་རང་རྐང་ལ་བལྟས་པའི་བདེ་བ་ལམ་བྱེད་ཀྱི་བདག་བསྐྱེད་ཡོད་པ་ཡང་མི་འགྲུབ་སྟེ། བདག་བསྐྱེད་མེད་ཀྱང་མདུན་བསྐྱེད་ཀྱི་ལྷ་ཕོ་མོ་བལྟས་པ་ལ་དམིགས་པས། བལྟས་པའི་བདེ་བ་ལམ་བྱེད་དེ་ཡོད་པར་འགྲུབ་པའི་ཕྱིར་རོ། །གཉིས་པ་ནི། བྱ་སྤྱོད་ཀྱི་རྒྱུད་སྡེ་གཉིས་ཀྱི་གཞི་ཡི་དོན་བདག་མདུན་གཉིས་སུ་མི་མཚུངས་ཏེ། སྤྱོད་རྒྱུད་རྣམ་སྣང་མངོན་པར་བྱང་ཆུབ་པ་ལས། ཡི་གེ་དང་ནི་ཡི་གེ་སྒྱུར། །དེ་བཞིན་གཞི་ལས་གཞིར་གྱུར་པ། །ཞེས་བཟླས་བརྗོད་མན་ངག་གཞི་དེ་ལ་གཉིས་སུ་གསུངས་ལ། བྱ་རྒྱུད་བསམ་གཏན་ཕྱི་མ་ལས། སྒྲ་དང་སེམས་དང་བཞི་ལ་གནོལ། །ཞེས་པས།

བརླབས་བརྗོད་ཀྱི་མན་ངག་གི་གཞི་དེ་ལ་གཅིག་ཁོ་ན་གསུངས་པའི་ཕྱིར། དེས་ན་བྱ་སྤྱོད་གཉིས་ལུང་དོན་ལ་ལེགས་པར་དཔྱད་པས། བྱ་སྤྱོད་གཉིས་ཀྱི་རང་རྐང་ལ་བདག་བསྐྱེད་ཡོད་མེད་ཀྱི་ཁྱད་པར་འབད་མེད་དུ་གྲུབ་སྟེ༑ རྣམ་སྣང་མངོན་བྱང་གི །ཡི་གེ་དང་ནི་ཡི་གེ་སྒྱུར། །ཞེས་པའི་ཡི་གེ་གཉིས་དང་། བསམ་གཏན་ཕྱི་མའི། སྒྲ་དང་སེམས་དང་། ཞེས་པའི་སྒྲ་སེམས་གཉིས། སྟོན་འགྲོའི་དོན་དུ་གཉིས་ཆར་ལ་ཡོད་མཉམ་དུ་མཚུངས་པས་ན་དངོས་གཞིའི་གཞི་གཉིས་དང་གཅིག་གི་ནི་ཁྱད་པར་ཡོད་དེ་དེའི་ཕྱིར་ཏེ། དེ་ཡང་མངོན་བྱང་ལས། དེ་བཞིན་གཞི་ལས་གཞིར་གྱུར་པ། །ཞེས་བརླབས་བརྗོད་ཀྱི་གཞིའམ་རྟེན་དེ་ལ་གཞི་གཉིས་སུ་གསུངས་པ་ནི་བདག་འདུན་གྱི་ལྷ་གཉིས་ལ་སྒྱུར་བ་ཡིན་ལ། བྱ་རྒྱུད་ལས། སྒྲ་དང་སེམས་དང་གཞི་ལ་གནོལ། །ཞེས་བརླབས་བརྗོད་ཀྱི་རྟེན་ནམ་གཞི་གཅིག་ཁོ་ན་ལས་མ་བཤད་པས། བསམ་གཏན་ཕྱི་མའི་གཞིའི་དོན་ནི། མདུན་བསྐྱེད་ཀྱི་ལྷ་གཅིག་ཉིད་ལ་བཤད་དགོས་པའི་ཕྱིར་རོ། །

གསུམ་པ་ནི་ཁྱོད་ཀྱི་གོང་གི་སྐྱོན་སྤོང་གཉིས་ཀྱང་མི་འཐད་དེ། བྱ་རྒྱུད་ཕལ་པ་ལ་བལྟས་པའི་བདེ་བ་ལམ་བྱེད་མེད་པར་འགྱུར་བའམ། ལམ་དང་གདུལ་བྱའི་གཙོ་བོ་གཉིས་གོ་རིམ་ལོག་པའི་སྐྱོན་དུ་འགྱུར་བའི་ཕྱིར་རོ། །སྐབས་འདིར་དགོས་པ་འདི་ལྟར་དཔྱད་དགོས་ཏེ། བྱ་རྒྱུད་རང་རྐང་ལ་བདག་བསྐྱེད་ཡོད་པར་བཞེད་པ་དག་གི་སྒྲུབ་བྱེད་ཀྱི་གཙོ་བོ་ནི། རྣམ་སྣང་མངོན་བྱང་དང་། བསམ་གཏན་ཕྱི་མའི་བརླབས་བརྗོད་མན་ངག་གི་གཞི་གཉིས་གཅིག་པར་སྒྲུབ་པ་ཉིད་ཡིན་པས་དེ་ཡང་གཞུང་དེ་གཉིས་ལས་ཇི་ལྟར་དུ་བཤད། དེ་ལ་ཕྱོགས་སྔ་ཕྱིའི་དགོངས་པ་འགྲེལ་ཚུལ་ཇི་ལྟར་དུ་མདོར་སྨོས་ན། རྣམ་སྣང་མངོན་བྱང་ལས། ཡི་གེ་དང་ནི་ཡི་གེ་སྒྱུར། །དེ་བཞིན་གཞི་ལས་གཞིར་གྱུར་པ། །ཤིན་ཏུ་བསྡམས་པས་ཡིད་ལ་ནི། །བརླབས་བརྗོད་འབྲུ་འབུམ་གཅིག་བྱའོ། །ཡི་གེ་བྱང་ཆུབ་སེམས་ཡིན་ཏེ། །གཉིས་པ་ནི་ལ་སྒྲ་ཞེས་བྱ། །གཞི་ནི་རང་གི་ལྷར་བཞག་པ། །རང་གི་ལུས་ཀྱི་གནས་ལ་བྱ། །གཞི་གཉིས་པ་ནི་རྫོགས་སངས་རྒྱས། །རྐང་གཉིས་བདག་པོ་མཆོག་ཏུ་བྱ། །ཞེས་ཡི་གེ་དང་པོ་བྱང་ཆུབ་སེམས་སྟོང་ཉིད་སྒོམ་པ། ཡི་གེ་གཉིས་པ་དེའི་ངང་ལས་སྔགས་ཀྱི་སྒྲ་ལྡང་བ། གཞི་དང་པོ་རང་ལྷར་བསྒོམ་པ། གཞི་གཉིས་པ་མདུན་དུ་སངས་རྒྱས་ཀྱི་སྐུ་བསྒོམ་པ་བཞིའི་སྒོ་ནས་བརླབས་བརྗོད་བྱེད་པ་ནི་བརླབས་བརྗོད་མན་ངག་བཞི་ཞེས་བྱའོ། །དེ་བཞིན་དུ་བསམ་གཏན་ཕྱི་མ་ལས། སྒྲ་དང་སེམས་དང་གཞི་ལ་གནོལ། །གསང་སྔགས་མི་འགྱུར་གཞི་ལ་གནས། །མན་ངག་མ་ཉམས་གསང་སྔགས་བརླབས། །ངལ་ན་བདག་ལ་ངལ་སོས་ཤིག །མི་འགྱུར་བ་ནི་ཡི་གེ་ལྡན། །གཞི་ལས་གཞིར་གྱུར་དེ་བཞིན་ཏེ། །ཞེས་སོགས་བཤད་དོ། །དེ་ལ་ཕྱོགས་སྔ་མའི་བཞེད་པས། རྣམ་སྣང་མངོན་བྱང་གི་གཞི་གཉིས་པོ་དེས་གཅིག་རང་ལྷར་བསྒོམ་པ་དང་།

གཅིག་མདུན་དུ་ལྷ་བསྒོམ་པ་བསྟན་པས། སྤྱོད་རྒྱུད་ལ་བདག་བསྐྱེད་ཡོད་པར་འགྲུབ་པ་དང་། བསམ་གཏན་ཕྱི་མ་ལས་དེ་ལྟར་བཤད་པས་བྱ་རྒྱུད་ལ་བདག་བསྐྱེད་ཡོད་པར་འགྲུབ་པ་ལ་ཁྱད་པར་མེད་དེ། བསམ་གཏན་ཕྱི་མ་ལས། སྔྒ་དང་སེམས་དང་། ཞེས་པས་སྔྒ་སེམས་གཉིས་ཀྱི་ཡན་ལག་དང་པོ་གཉིས་བསྟན་ནས། གཞི་ལ་གཞོལ་ཞེས་པས། རང་ལྷར་བསྒོམ་པ་དང་། མདུན་དུ་ལྷ་བསྒོམ་པའི་གཞི་གཉིས་བསྟན་པར་ཁྱད་པར་མེད་པའི་ཕྱིར། ཞེས་གསུངས་པར་སྣང་ཞིང་། དོན་ལ་ཡང་སྒྲུབ་བྱེད་འབྲེལ་ཆགས་པོར་མངོན་ཏེ། བསམ་གཏན་ཕྱི་མའི་གཞི་དེ་ལ། གཉིས་སུ་འབྱེད་ན། རང་ལྷར་བསྒོམ་པ་དང་མདུན་དུ་ལྷ་བསྒོམ་པ་གཉིས་ལ་སྦྱར་དགོས་ཀྱི་ཚར་གཉིས་མདུན་དུ་ལྷ་བསྒོམ་པ་ལ་སྦྱོར་བ་ལ་འབྲེལ་མེད་པའི་ཕྱིར་སྙམ་མོ། །འདི་ལ་ཕྱོགས་ཕྱི་མའི་མཁས་པ་གསུམ་གྱིས་ལན་གསུམ་སོ་སོར་གནང་སྟེ། ཐོག་མར་ཀུན་མཁྱེན་ཆེན་པོ་འདིའི་དགོངས་པ་ནི། རྣམ་སྣང་མངོན་བྱང་ལས་གཞི་གཉིས་ཚིག་ཟིན་ལ་བཤད་པས་བདག་མདུན་གཉིས་ལ་སྦྱར་མོད། བསམ་གཏན་ཕྱི་མ་ལས་ཀྱང་གཞི་གཉིས་བཤད་ན་ཁྱད་བདེན་ཡང་། དེར་ནི། སྔྒ་དང་སེམས་དང་གཉིས་ལ་གཞོལ། །ཞེས་སྔྒ་སེམས་གཉིས་དང་གཞི་གཅིག་སྟེ་གསུམ་ལས་མ་བཤད་ཅིང་། གཞི་གཅིག་པོ་ནི་མདུན་བསྐྱེད་ཉིད་ལ་སྦྱར་བས་ཆོག་པའི་ཕྱིར་དང་། རྒྱུད་དེ་གཉིས་ལས་གཞི་གཉིས་དང་གཅིག་ཁོ་ན་བཤད་པའི་གནད་ཀྱིས་བྱ་སྤྱོད་གཉིས་ལ་བདག་བསྐྱེད་ཡོད་མེད་གསལ་བར་རྟོགས་ནུས་པའི་ཕྱིར། ཞེས་པ་ནི། གཞུང་འདིར། རྣམ་སྣང་མངོན་པར་བྱང་ཆུབ་ལས། ཡི་གེ་དང་ནི་ཡི་གེ་སྦྱར། །དེ་བཞིན་གཞི་ལས་གཞིར་གྱུར་པ། །ཞེས་གསུངས་བསམ་གཏན་ཕྱི་མ་ལས། །སྔྒ་དང་སེམས་དང་གཞི་ལ་གཞོལ། །ཞེས་པས་གཞི་ནི་གཅིག་གསུངས་པའི་ཕྱིར། ཡི་གེ་དང་ནི་སྔྒ་སེམས་གཉིས། །སྔོན་འགྲོའི་དོན་དུ་གཅིག་པས་ན། །དངོས་གཞི་གཞི་གཉིས་གཅིག་གི་ནི། ཁྱད་པར་ཡོད་པས་དེ་གཉིས་ཀྱི། །ཞེས་སོགས་ཀྱི་དགོངས་པར་ཁོ་བོས་བཤད་པ་ལྟར་ཡིན་ལ། འོན་ཀྱང་། གཞུང་འདིར། ཞེས་གསུངས་གསང་བ་སྤྱི་རྒྱུད་ལས། །སྔྒ་དང་སེམས་དང་གཞི་ལ་གཞོལ། །ཞེས་བྲིས་པ་ནི་ཡི་གེ་མ་དག་པ་ཡིན་ཏེ། སྔྒ་དང་སེམས་དང་གཞི་ལ་གཞོལ། །ཞེས་པ་ནི། བསམ་གཏན་ཕྱི་མའི་རྒྱུད་ཚིག་ཡིན་གྱི༑ གསང་བ་སྤྱི་རྒྱུད་ན་གཞུང་དེ་འདྲ་མེད་པའི་ཕྱིར་རོ། །དེ་ལྟ་མོད་ཀྱིས། སྔྒ་དང་སེམས་དང་གཞི་ལ་གཞོལ་ཞེས་པའོ། །བཟླས་བརྗོད་མན་ངག་གཞིའི་གཞི་གཉིས་ཅར་བསྟན་པ་ལ་ནི་བསྙོན་དུ་མེད་དམ་སྙམ་སྟེ། སངས་རྒྱས་གསང་བས་རྒྱུད་དེ་ཉིད་ཀྱི་འགྲེལ་པར། དེ་ལ་སྔྒ་ནི་ཐུགས་ཀྱི་ཡི་གེའོ། །སེམས་ནི་ཐུགས་ཀྱི་གཞི་ཟླ་བའི་དཀྱིལ་འཁོར་གྱི་རྣམ་པར་གྱུར་པའོ། །གཞི་ནི་དེ་བཞིན་གཤེགས་པའི་སྐུའི་རང་བཞིན་ནོ། །གཞི་གཉིས་པ་ནི་རང་གི་ལྷའི་གཟུགས་སོ། །ཞེས་སྔྒ་སེམས་གཉིས་ཀྱི་ཡན་ལག་གཉིས་དང་། གཞི་ལ་གཞོལ་ཞེས་པས་གཞི

གཉིས་བསྟན་པར་བཤད་པའི་ཕྱིར་རོ། །གལ་ཏེ་སངས་རྒྱས་གསང་བའི་ལུང་དེ་ཚད་མར་མི་བྱེད་དོ་སྙམ་ན་ཡང་། དེ་མི་བྱེད་དུ་ཆུག་ཀྱང་། རྒྱུད་གཅིག་སྔ་མའི་འགྲེ་ཉིད་ལས། །གཞི་ལས་གཞིར་གྱུར་དེ་བཞིན་ཏེ། །ཞེས་གཞི་གཉིས་དངོས་སུ་བསྟན་པའི་ཕྱིར་དང་། དེ་ཉིད་དང་། རྣམ་སྣང་མངོན་བྱང་གི །དེ་བཞིན་གཞི་ལས་གཞི་འགྱུར་བ། །ཞེས་པའི་ཚིག་གཉིས་པོས་གཞི་གཉིས་བསྟན་ན་བསྟན་མཉམ་དང་། མ་བསྟན་ན་མ་བསྟན་མཉམ་དུ་མཚུངས་པའི་ཕྱིར་རོ། །མཁས་པ་རྣམས་དགོས་པར་གྱུར་ཅིག །མཁས་པ་ཤཱཀྱ་མཆོག་ལྡན། གཞུང་དེས་གཞི་གཉིས་བསྟན་པའི་དོན་འཛིན་ནི། རང་གི་ལྷག་པའི་ལྷའི་གཟུགས་མདུན་དུ་བཀོད་པའི་མདུན་བསྐྱེད་ཀྱི་ལྷ་དང་། དེའི་ཐུགས་ཀར་བཀོད་པའི་ཡེ་ཤེས་སེམས་དཔའི་ལྷ་གཉིས་ལ་བྱེད་ཅེས་བཤད་མོད། གཞིའི་ལྷ་གཉིས་ཀྱི་གྲངས་སྒྲིག་པའི་ཕྱིར་རྣམ་དབྱེད་ཀྱི་རྒྱུད་དཀྱོགས་བཤད་མ་ལགས་སམ། འཇིགས་མེད་གྲགས་པ་དབྱངས་ཅན་དགའ་བའི་བྱ་རྒྱུད་སྤྱི་རྣམ་ལས། བསམ་གཏན་ཕྱི་མ་ལས་གཞི་གཉིས་བསྟན་མོད། དེ་ཉིད་ནི་རྣམ་སྣང་མངོན་བྱང་གི་གཞི་གཉིས་སོགས་ཀྱི་དགོངས་འགྲེལ་ལྟ་བུ་ཡིན་པས། བསམ་གཏན་ཕྱི་མ་དང་། དེའི་རྩ་རྒྱུད་རྡོ་རྗེ་གཙུག་ཏོར་གྱི་རྒྱུད་གཉིས་ཅར། བྱ་སྤྱོད་གཉིས་སུ་ཕྱེ་བའི་སྤྱོད་རྒྱུད་ཁོ་ན་ཡིན་གྱི། བྱ་རྒྱུད་གཏན་ནས་མ་ཡིན་ནོ། །ཡིན་ན་དེ་ཉིད་ལས་བཤད་པའི་བཟླས་བརྗོད་མན་ངག་བཞི་དང་། བསམ་གཏན་གྱི་ཡན་ལག་བཞི་དང་། མེ་གནས། སྒྲ་གནས། སྒྲ་མཐར་གནས་པའི་རྣལ་འབྱོར་སོགས་ཀྱི་ཉམས་ལེན་ལས་ལྷག་པ་སྤྱོད་རྒྱུད་ནས་ཀྱང་མ་བཤད་པས། བྱ་སྤྱོད་གཉིས་ཀྱི་ཉམས་ལེན་ཁྱད་མེད་དུ་ཐལ་བའི་ཕྱིར། བཟླས་བརྗོད་མན་ངག་བཞི་དང་། མེ་གནས་སོགས་ཀྱི་རྣལ་འབྱོར་ནི། བསམ་གཏན་ཕྱི་མ་ཙམ་མ་གཏོགས། བྱ་རྒྱུད་ཀྱི་རྩ་བཤད་ཀྱི་རྒྱུད་གང་ནས་ཀྱང་ཟུར་ཙམ་ཡང་མ་བསྟན་པའི་ཕྱིར། ཞེས་གསུངས་ལ། དེ་ཉིད་ནི་ཁོ་བོས་རེ་ཤིག་བརྟག་པར་མ་བཟོད་དེ། མཁས་པ་ཕལ་མོ་ཆེ་ཞིག །དཔུང་བཟངས་ཀྱི་རྒྱུད། ལེགས་གྲུབ་ཀྱི་རྒྱུད། གསང་བ་སྤྱི་རྒྱུད། བསམ་གཏན་ཕྱི་མ་བཞི་ལ་བྱ་བ་སྤྱིའི་རྒྱུད་ཆེན་བཞི་ཞེས་འཆད་པར་སྣང་བས་དེའི་རྗེས་ཟློས་ཙམ་ལས་རང་ལ་ལུང་རིགས་ཀྱི་ངེས་པ་སྐྱེས་པ་མེད་པའི་ཕྱིར་རོ། །

དེས་ན་རང་རེ་དཔལ་ས་སྐྱ་པའི་རྗེས་འབྲང་རྣམས་དང་། དཔལ་འཇིགས་མེད་གྲགས་པ་བྱ་རྒྱུད་རང་ཀང་ལ་བདག་བསྐྱེད་མེད་པར་འཆད། རི་བོ་དགེ་ལྡན་པ་ཆེན་པོའི་རྗེས་སྙེགས་རྣམས་ཡོད་པར་འཆད། མཁས་པ་བུ་སྟོན་གྱི་སྤྱི་རྣམ་རྒྱུད་སྡེའི་མཛེས་རྒྱན་ལས། བྱ་རྒྱུད་དངོས་བསྟན་ལ་བདག་བསྐྱེད་མེད་པ་ལྟར་སྣང་ཡང་། འཕགས་ཡུལ་གྱི་འགྲེལ་མཛད་མང་པོས། བྱ་རྒྱུད་ཉམས་ལེན་ལ་བདག་བསྐྱེད་མང་དག་བཤད་པས། བྱ་རྒྱུད་རང་ངོས་ནས་ཀྱང་བདག་བསྐྱེད་ཐོབ་པ་ཡིན་ནམ་གཞན་ནས་རྒྱས་བཀབ་སོགས་གང་ཡིན་

བརྟག་དགོས་སོ་ཞེས་པ་ཙམ་ཞིག་བཤད། ཡར་རྒྱབ་དཔོན་པོ་བསོད་ནམས་རྣམ་རྒྱལ་གྱིས་སྤྱོགས་འདུལ་ཆེན་མོ་ལས། བྱ་རྒྱུད་ལ་བདག་བསྐྱེད་མེད་པའི་བྱ་རྒྱུད་ཙམ་ཞིག་དང་། བདག་བསྐྱེད་ཅན་གྱི་བྱ་རྒྱུད་ཁྱད་པར་ཅན་དང་། བཟླས་བརྗོད་ཁྱད་པར་ཅན་གྱི་བྱ་རྒྱུད་ཁྱད་པར་ཅན་དང་གསུམ་ཡོད་པའི་དང་པོ། གསང་བ་སྤྱི་རྒྱུད། གཉིས་པ་ཕྱག་རྡོར་དབང་བསྐུར་གྱི་རྒྱུད། གསུམ་པ་རྣམ་སྣང་མངོན་བྱང་ལྟ་བུའོ། །ཞེས་བཤད། དེ་ལྟར་བཤད་ཚུལ་མང་དག་ཡོད་ཀྱང་གྲུབ་དོན་བསྡུས་ན། སངས་རྒྱས་གསང་བ་དང་། སློབ་དཔོན་བྱང་ཆུབ་མཆོག་སོགས་ཀྱིས་བྱ་རྒྱུད་ལ་བདག་བསྐྱེད་ཡོད་པར་བཤད་པ་ནི། སློབ་དཔོན་དེ་དག་རྒྱུད་སྡེ་ཐམས་ཅད། བྱ་རྒྱུད་དང་རྣལ་འབྱོར་རྒྱུད་གཉིས་སུ་བསྡུས་ནས་དེ་སྐབས་ཀྱི། བྱ་རྒྱུད་ལ་བདག་བསྐྱེད་ཡོད་པའི་སྒྲུབ་བྱེད་དུ། རྣམ་སྣང་མངོན་བྱང་དང་། ཕྱག་རྡོར་དབང་བསྐུར་བའི་རྒྱུད་སོགས་རྒྱུད་སྡེ་བཞིའི་བཟླས་ཕྱེ་བའི་སྤྱོད་ཀྱི་ལུང་རྣམས་ཤེས་བྱེད་དུ་འདྲེན་པར་སྣང་བས། སློབ་དཔོན་དེ་དག་ཀྱང་རྒྱུད་སྡེ་བཞིའི་བཟླས་ཕྱེ་བའི་བྱ་རྒྱུད་ལ་བདག་བསྐྱེད་ཡོད་པར་བཞེད་དཀའ་བའི་ཕྱིར་དང་། གལ་ཏེ་བཞེད་ན་སློབ་དཔོན་དེ་དག་བྱ་སྤྱོད་གཉིས་གཅིག་ཏུ་བསྲེས་ནས་ཁས་ལེན་པར་སོང་བས། དེ་ལྟར་ཁས་ལེན་པ་དང་དེང་སང་རྒྱུད་སྡེ་བཞི་མ་འདྲེས་སོ་སོར་ཁས་ལེན་པ་གཉིས་འཚོལ་བ་ན། མཁས་པའི་བཞད་གད་དུ་འགྱུར་བའི་ཕྱིར་དང་། དེས་ན་རྒྱུད་སྡེ་བཞིའི་ཁྱད་པར། ཡེ་ཤེས་རྡོ་རྗེ་ཀུན་ལས་བཏུས་ལས། འཇིགས་པར་དམིགས་ཞིང་གཙང་སྦྲ་བྱེད་པ་དང་། ཡེ་ཤེས་སེམས་དཔའི་བདེ་བ་དམ་པ་མེད་པར་དང་།།བདག་ཉིད་ལྷའི་སློམས་པ་མེད་པ་དང་། རྨད་དུ་བྱུང་བའི་སྤྱོད་ཡུལ་མ་ཡིན་པ་དང་། སྐྱོན་གྱི་རྒྱུའི་རྟོག་པ་རབ་ཏུ་སྦྱོང་བས་སྒྲུབ་པའི་བྱ་བའི་རྒྱུད་ལ་བཞུགས་སོ། །ཞེས་སོགས་སོ་སོར་ཕྱེ་བ་ལྟར་ཁས་ལེན་པ་རྒྱུད་སྡེའི་དགོངས་པར་སྣང་བ་ནི། འདི་ཉིད་བྱ་རྒྱུད་ཕལ་པ་ཙམ་ལ་དགོངས་པ་ཞེས་པ་ནི་རྒྱུད་སྡེ་གཞན་གསུམ་གྱི་ཁྱད་པར་དེ་ཡང་ཕལ་པ་ཙམ་ལ་དགོངས་པར་མཚུངས་པའི་ཕྱིར་དང་། འཕགས་ཡུལ་སློབ་དཔོན་སོ་སོས། བྱ་རྒྱུད་ཀྱི་ལྷ་ལ་བདག་སྐྱེད་སོགས་སྦྱར་བ་ནི། རྒྱུད་སྡེ་གོང་མས་རྒྱས་བཀབ་པ་ཡིན་གྱི། བྱ་རྒྱུད་རང་རྐང་གི་ཉམས་ལེན་མ་ཡིན་པའི་ཕྱིར་རོ། །འོ་ན་དེ་ལྟ་བུའི་ཉམས་ལེན་དེ་རྒྱུད་སྡེ་བཞི་པོ་གང་གི་ཉམས་ལེན་ཡིན་ཞེ་ན། འདི་ལ་མཁས་པ་ཤཱཀྱ་མཆོག་ལྡན། བྱ་རྒྱུད་ནས་བཤད་པའི་ལྷ། རྒྱུད་སྡེ་གོང་མའི་སྒྲུབ་ཐབས་ལྟར་སྒྲུབ་ཅེས་པའི་ཐ་སྙད་འཐད་ཀྱི། བྱ་རྒྱུད་རྒྱུད་སྡེ་གོང་མ་ལྟར་བཀྲལ་བ་ཞེས་པའི་ཐ་སྙད་ནི་མི་འཐད་དེ། རྒྱུད་སྡེ་བཞིའི་སྒྲུབ་ཐབས་སམ་ཉམས་ལེན་གྱི་གཞུང་བཞིན་མེད་པའི་ཕྱིར་ཞེས་གསུང་མོད། ཁོ་བོ་ནི་བྱ་རྒྱུད་རང་རྐང་གི་ཉམས་ལེན་དང་། རྒྱུད་སྡེ་གོང་མའི་ཉམས་ལེན་གྱི་གཞུང་བཞིན་མེད་ཀྱང་། བྱ་རྒྱུད་ཀྱི་ཉམས་ལེན་དང་། གོང་མའི་ཉམས་ལེན་གྱི་གཞུང་བཞིན་ནི་ཡོད་པར་ཁས

བླངས་ཏེ། དཔེར་ན་ཚེ་དཔག་མེད་ཛེ་ཏ་རིའི་ལྷ་དགུའི་བདག་བསྐྱེད་ལ་གོང་མའི་སྒྲུབ་ཐབས་སྦྱར་ནས་མདུན་བསྐྱེད་བྱ་རྒྱུད་ལྟར་མཛད་པའི་ཉམས་ལེན་དེའི་གཞུང་བཞིན་ཡིན་པའི་ཕྱིར་དང་། རྒྱུད་སྡེ་བཞིའི་སྡོམ་པ་རིམ་ཅན་དུ་དོན་པའི་གང་ཟག་གི་རྒྱུད་ཀྱི་རྒྱུད་སྡེ་བཞིའི་སྡོམ་པ་ངོ་བོ་གཅིག་པའི་ཡང་ཕྱིར་རོ། །

གཉིས་པ་རྣལ་འབྱོར་རྒྱུད་ཀྱི་ལྷ་ལ་འཁྲུལ་པ་དགག་པ་ལ་གཉིས། ཕྱོགས་སྔ་བརྗོད་པ་དང་། དེ་དགག་པའོ། །དང་པོ་ལའང་གཉིས། དངོས་ཀྱི་ཕྱོགས་སྔ་དང་། ཞར་བྱུང་གི་ཕྱོགས་སྔའོ། །དང་པོ་ལ། ཕྱོགས་སྔ་སྨྲ་བ་པོ་ནི་པནྡི་བཞད་པ་ལས། སྔོང་རྒྱུད་ལས་གསུངས་པའི་འཇིག་རྟེན་པའི་དཀྱིལ་འཁོར་དྲུག་གི་འཁོར་རྣམས་འཇིག་རྟེན་རང་རྒྱུད་པར་འདོད་པ་ནི། ངོར་པའི་སློབ་མ་བླ་མའི་གསུང་སྒྲོས་མ་ཟིན་ཡང་ཟིན་པར་རློམ་པ་རྣམས་སོ་ཞེས་པ་ལྟར། ངོར་པའི་རྗེས་འབྲང་དུ་རློམ་པ་ཁ་ཅིག །ངན་སོང་སྦྱོང་རྒྱུད་ལས་གསུངས་པའི་གཙོ་བོ་ཕྱག་རྡོར་ལ་འཁོར་རྒྱལ་ཆེན་བཞིས་བསྐོར་བའི་དཀྱིལ་འཁོར་སོགས་ཀྱི་བསྡུས་པ་ཕྱོགས་སྐྱོང་བཅུས་བསྐོར་བ༑ ལྷ་ཆེན་བརྒྱད་ཀྱིས་བསྐོར་བ། ཀླུ་ཆེན་བརྒྱད་ཀྱིས་བསྐོར་བ། གཟའ་ཆེན་བརྒྱད་དང་རྒྱུ་སྐར་གྱིས་བསྐོར་བ༑ འཇིགས་བྱེད་དགུས་བསྐོར་བའི་དཀྱིལ་འཁོར་དྲུག་གི་འཁོར་གྱི་ལྷ་རྣམས་འཇིག་རྟེན་རང་རྒྱུད་པ་ཡིན་ཞེས་སྨྲ་ཞིང་། སྒྲུབ་བྱེད་དྲིས་པའི་ཚེ་རྒྱུ་མཚན་རྣམ་དག་སུ་ལ་ཡང་མེད་དེ། ཕལ་ཆེར་དམ་བཅའ་ཙམ་འགོད་པར་བྱེད། ལ་ལ་བླ་མ་གསུང་བའི་ཕྱིར་ཞེས་ཟེར་བ་དང་། འགའ་ཞིག་གིས་སྲོག་སྙིང་ཕུལ་ནས་དཀྱིལ་འཁོར་ལ་བཀོད་པའི་ཕྱིར་དང་། འཇིག་རྟེན་ཞེས་པའི་མིང་དང་ལྡན་པའི་ཕྱིར་དང་། རྒྱུད་གསུངས་པའི་དུས་ཀྱི་འཁོར་ཚངས་པ་སོགས་ཡིན་པའི་ཕྱིར་ཞེས་འགོད་པར་བྱེད་པ་ཙམ་ལས་གཞན་〔མེད་〕པའི་ཕྱིར་རོ། །གཉིས་པ་ནི། དེ་བཞིན་དུ་དཔལ་མཆོག་ལས་གསུངས་པའི་མིང་པོ་སྲིང་མོ་བཞི་བཞི་དང་། སྨན་བླའི་ཁྲམས་ལ་བཀོད་པའི་གནོད་སྦྱིན་བཅུ་གཉིས་དང་ཚངས་པ་དང་རྒྱལ་ཆེན་བཞི་ལ་སོགས་པ་དང་། བཅུ་བདུན་ལྷ་ཚོགས་འཇིགས་བྱེད་ཀྱི་འཁོར་གཤིན་རྗེ་ཕོ་མོ་དང་། གཞན་ཡང་ལྷ་མོ་འདོད་ཁམས་དབང་ཕྱུག་མ་དང་དཔལ་མགོན་གདོང་བཞི་པ་གཉན་པོ་དང་། ཕུ་ཏྲ་ཀྵེ་ཏྲ་ལ་སོགས་པའི་ལས་མཁན་དང་། བྱ་ནག་ཁྱི་ནག་ལ་སོགས་པའི་སྤྲུལ་པའི་ཕོ་ཉ་ཐམས་ཅད་ཀྱང་འཇིག་རྟེན་རང་རྒྱུད་པ་ཡིན་ཞེས་སྨྲ་བར་བྱེད་དེ། སྒྲུབ་བྱེད་ནི་སྔ་མ་ཁོ་ན་ལྟར་བྱས་པའི་ཕྱིར་རོ། །

གཉིས་པ་དེ་དགག་པ་ལ་གཉིས། དེ་དགག་པ་སྤྱིར་བསྟན་དང་། དགག་པ་སོ་སོར་བཤད་པའོ། །དང་པོ་ནི། ཁྱོད་ཀྱི་བཞེད་པ་འདི་དག་ནི་སངས་རྒྱས་ཀྱི་རྣམ་འཕྲུལ་ལ་སྐུར་འདེབས་ཡིན་པས་དགག་པར་བྱ་སྟེ། དགག་དགོས་ཤིང་ལུང་རིགས་ཀྱིས་འགོག་ནུས་པའི་ཕྱིར། ཇི་ལྟར་སྙམ་ན་རྒྱུད་སྡེ་བཞིའི་དཀྱིལ་འཁོར་གྱི་

གཙོ་བོ་འདུས་པ་དང་འཁོར་འཇིག་རྟེན་རང་རྒྱུད་ཡིན་པ་དེ་འདྲ་མཁས་པའི་བཞད་གད་ཀྱི་གནས་ཡིན་ཏེ། རྒྱུད་སྡེ་བཞིའི་དཀྱིལ་འཁོར་གྱི་གཙོ་བོ་ནས་བཟུང་སྟེ་མཐའི་མེ་རིས་ཀྱི་བར་ཐམས་ཅད་གཙོ་བོ་ཉིད་ཀྱི་རྣམ་འཕྲུལ་མ་གཏོགས་པ། གཙོ་འཁོར་རྒྱུད་ཐ་དད་པ་དང་། རྟེན་གཞལ་ཡས་ཁང་དང་བརྟེན་པ་ལྷ་རྫས་ཐ་དད་དུ་གནས་པའི་དཀྱིལ་འཁོར་གྱི་རྣམ་གཞག་ནི། སངས་རྒྱས་ཀྱི་རྒྱུད་དང་། འཕགས་ཡུལ་གྲུབ་པའི་གཞུང་བཟང་དང་། རྗེ་བཙུན་ཨེ་ཝཾ་པ་ཡབ་སྲས་སོགས་དམ་པའི་གསུང་ལས་ཐོས་པ་མེད་པའི་ཕྱིར་ཏེ། ཁོ་བོའི་དམ་བཅའ་སྒྲུབ་བྱེད་དང་བཅས་པ་འདི་ནི་འདུས་པ་རྣམ་གཉིས་སོགས་རྒྱུད་ཀྱི་དཀྱིལ་འཁོར་སྤྲུལ་བཤད་ཀྱི་སྐབས་དང་། རྩ་རྒྱུད་བརྟག་གཉིས་ལས། འཆད་པ་པོ་ང་ཆོས་ཀྱང་ང་། །རང་གི་ཚོགས་ལྡན་ཉན་པ་ང་། །ཞེས་སོགས་ཀྱི་དོན་རྟོགས་ན་འབད་མེད་དུ་འགྲུབ་པའི་ཕྱིར་རོ། །

གཉིས་པ་སོ་སོར་དགག་པ་ལ་གཉིས། དངོས་ཀྱི་ཕྱོགས་སྔ་དགག །ཞར་བྱུང་གི་ཕྱོགས་སྔ་དགག་པའོ། །དང་པོ་ལ་གཉིས། གནོད་བྱེད་ཡོད་པས་དགག །སྒྲུབ་བྱེད་མེད་པས་དགག་པའོ། །དང་པོ་ནི། འཇིག་རྟེན་པའི་དཀྱིལ་འཁོར་དྲུག་ལ་བདག་བསྐྱེད་བསྙེན་པ་རྒྱས་པའི་ཚེ་བསྐྱེད་ཆོག་ཚུལ་ལུགས་ཇི་ལྟར་བྱ་སྙེ་བྱེད་མི་ཤེས་པར་ཐལ། ཁྱད་པར་འཇིག་རྟེན་པའི་དཀྱིལ་འཁོར་དྲུག་པོ་ཡི་འཁོར་རྣམས་འཇིག་རྟེན་རང་རྒྱུད་པ་ཡིན་ན་སྙེ་ཡིན་པའི་ཕྱིར་རྟགས་སོ། ཁྱབ་སྟེ། ཀུན་རིག་བསྙེན་པ་རྒྱས་པའི་བདག་བསྐྱེད་ཀྱི་ཚེ། གཙོ་བོ་ཀུན་རིག་གི་ཐུགས་ཁར་ཟླ་དཀྱིལ་གྱི་སྟེང་དུ་འཁོར་གྱི་སྙིང་པོ་རྩ་རིག་དང་བཅས་པའི་འོད་ཟེར་སྤྲོ་བསྡུ་ལས་འཁོར་རྣམས་བསྐྱེད་དེ། གཙོ་བོའི་ཐུགས་ཁ་ནས་ཕྱུང་སྟེ་རང་གནས་སུ་འགོད་པར་བཤད་པ་དེ་བཞིན་འཇིག་རྟེན་པའི་དཀྱིལ་འཁོར་དྲུག་པོ་ལ་ཡང་སྦྱར་དགོས་ཤིང་དེ་ལྟར་སྦྱར་བའི་ཚེ། ཕྱག་རྡོར་གྱི་ཐུགས་ཁར་བསྐྱེད་པའི་འཇིག་རྟེན་རང་རྒྱུད་པ་དེ་ངོ་མཚར་ཆེ་སྟེ་གད་མོའི་གནས་ཡིན་པའི་ཕྱིར་རོ། །གལ་ཏེ་བསྙེན་པ་རྒྱས་པ་ནི་འདུས་པའི་དཀྱིལ་འཁོར་དྲུག་ཁོ་ན་ལ་སྦྱོར་བས་སྐྱོན་མེད་སྙམ་ན། འོ་ན་རྗེ་བཙུན་གྲགས་པ་རྒྱལ་མཚན་གྱི་གསུང་རབ་ལས་སྦྱོང་རྒྱུད་དཀྱིལ་འཁོར་བཅུ་གཉིས་ལ་བསྙེན་པ་རྒྱས་འབྲིང་བསྡུས་གསུམ་དང་སྦྱར་བའི་དཀྱིལ་འཁོར་སུམ་ཅུ་སོ་དྲུག་ཏུ་ཕྱེ་བའི་མཚན་གཞི་གང་ཡིན་སློས་ཤིག་སྙེ་སླ་མི་ནུས་པར་ཐལ། སྦྱོང་རྒྱུད་དཀྱིལ་འཁོར་བཅུ་གཉིས་ཀྱི་འཇིག་རྟེན་པའི་དཀྱིལ་འཁོར་དྲུག་པོ་འདི་དག་ལ་བསྙེན་པ་རྒྱས་པ་མི་འཇུག་ན་སྙེ་དེའི་ཕྱིར་རོ། །དེས་ན་སྦྱོང་རྒྱུད་འཇིག་རྟེན་པའི་དཀྱིལ་འཁོར་དྲུག་གི་འཁོར་རྣམས་འཇིག་རྟེན་རང་རྒྱུད་པ་ཡིན་ཞེས་སེམས་ལྡན་སུ་ཞིག་གིས་སྨྲ་བར་ནུས་ཏེ་མི་ནུས་པར་ཐལ། དེ་དག་གི་འཁོར་དེ་དག་བདག་བསྐྱེད་ཀྱི་ཚེ་ན་གཙོ་བོས་ཐུགས་ཁ་ནས་སྤྲུལ་པའི་ཕྱིར་དང་། སྒྲུབ་པའི་ཚེ་ན་ཡེ་ཤེས་པ་དགུག་གཞུག་བྱས་པའི་ཕྱིར་དང་། མཆོད་པའི་ཚེ་ན་སྔགས

སོགས་ཕྱི་ནང་གི་མཆོད་པ་རྣམས་ཀྱིས་མཆོད་པའི་ཕྱིར་དང་། བསྟོད་པའི་ཆེ་ན་ཕྱག་འཚལ་བའི་ཚིག་བརྗོད་ནས་བསྟོད་པའི་ཕྱིར་དང་། འཇུག་པའི་ཆེ་ན་མེ་ཏོག་དོར་བ། ཕྱི་འཇུག་གི་ཆེ་རྒྱན་བཤགས་དང་སྐྱབས་འགྲོའི་ཡུལ་དུ་བྱས་པའི་ཕྱིར་དང་། ནང་འཇུག་གི་ཆེ་མེ་ཏོག་འདོར་བ་དང་། དེ་དག་གི་སྟགས་བཟླས་པའི་བུམ་ཆུས་གཞན་ལ་དབང་བསྐུར་བ་སོགས་རྒྱུད་དང་གོང་མའི་གསུང་རབ་ལས་ཤིན་ཏུ་གསལ་བར་འབྱུང་བའི་ཕྱིར་རོ། །གལ་ཏེ་གོང་གི་སྒྲུབ་བྱེད་དེ་དག་གཙོ་འཁོར་ལ་ཡོད་མོད་ཀྱི་ཁྱད་པར་ཕྱེ་ནས་སྨྲ་ན་རྒྱུད་དང་འགལ་ཏེ། རྒྱུད་ལས་དེ་འདྲའི་ཁྱད་པར་ཕྱེ་བ་མེད་པའི་ཕྱིར་དང་། སྤྲུལ་པ་མཆོག་གི་དཀྱིལ་འཁོར་དུ་དབང་ཐོབ་པ་ཙམ་གྱིས་ཀྱང་། གྲུབ་པའི་ས་ཐོབ་པར་བཤད་པ་དང་། སྤྲུལ་པ་མཆོག་གི་དཀྱིལ་འཁོར་དེའི་ལྷ་ལ་འཇིག་རྟེན་རང་རྒྱུད་པ་ཡོད་པ་གཉིས་ནང་འགལ་བ་ཡང་ཡིན་པའི་ཕྱིར་དང་། རྡོ་རྗེ་ཕུགས་ཀྱུ་སོགས་ཀྱི་སྒོ་སྲུང་བྱས་པའི་དཀྱིལ་འཁོར་གྱི་ནང་ན་སྡོད་པར་ནུས་པའི་འཇིག་རྟེན་རང་རྒྱུད་པ་དེ་ཅི་འདྲ་ཞིག་སྐྱེ་སུ་ཡང་མེད་པའི་ཕྱིར་རོ། །

གཉིས་པ་སྒྲུབ་བྱེད་དགག་པ་ལ་དྲུག །དམ་བཅའ་ཙམ་གྱིས་སྒྲུབ་པ་དགག །མ་ཟིན་སྒྲོས་ཀྱིས་སྒྲུབ་པ་དགག །ཚུལ་སྟོན་ཙམ་གྱིས་སྒྲུབ་པ་དགག །མིང་ཆུང་ཙམ་གྱིས་སྒྲུབ་པ་དགག །རྒྱུད་གསུངས་འཁོར་གྱིས་སྒྲུབ་པ་དགག །རྒྱུད་སྡེ་གཞན་གྱིས་སྒྲུབ་པ་དགག་པའོ། །དང་པོ་ནི། ཁྱོད་རང་གི་སྒྲུབ་བྱེད་ལ་ཡང་དཔྱད་པར་བྱ་སྟེ། དམ་བཅས་དམ་བཅའ་དེ་སྒྲུབ་ན་ནི། ཕ་རོལ་པོ་གཞན་གྱིས་ཀྱང་། ཁྱོད་ཀྱི་དམ་བཅའ་དེ་བཟློག་པ་ཡིས། ཁྱོད་ཀྱི་དམ་བཅས་དེ་ཉིད་འགོག་ནུས་པར་འགྱུར་བའི་ཕྱིར་དང་། སྤྱིར་ཡང་དམ་བཅའ་ཙམ་གྱིས་ནི་བསྒྲུབ་བྱ་ལ་ཐེ་ཚོམ་ཞིག་ལས་ངེས་པ་བསྐྱེད་མི་ནུས་པར་རིགས་པའི་དབང་ཕྱུག་གིས་བཤད་པའི་ཕྱིར་རོ། །གཉིས་པ་ནི། རྗེ་ངོར་པའི་གསུང་རྩོམ་བསྙེན་པ་རྒྱས་པའི་ཚིག་འདི་དང་། ཁྱོད་ཀྱི་རྗེ་བཙུན་དེའི་གསུང་སྒྲོས་སུ་བློས་བཏགས་པ་གཉིས་འགལ་ཏེ། རྗེ་བཙུན་མཁྱེན་པའི་དབང་པོ་ཨེ་ཝཾ་པ་དེས། ཀུན་རིག་གི་བསྙེན་པ་རྒྱས་པའི་ཚིག་ར་ནི་རིགས་བཞི་ནས་ནི་ཕྱིའི་འཁོར་ཡུག་ལ་བཀོད་པའི་འཇིག་རྟེན་པའི་མིང་ཅན་གྱི་ལྷའི་བར་སྒོ་དྲུག་གི་སྒོ་ནས་གཙོ་བོ་ཀུན་རིག་གི་ཐུགས་ཁར་བསྐྱེད་ནས་ནི། རང་གཞན་སོ་སོར་བཀོད་པ་སྤྲུལ་པའི་སྐུ་ཉམས་ལེན་ཡིན་པར་གསུངས་ཤིང་། ཁྱད་པར་དུ་སངས་རྒྱས་གང་ལ་གང་གིས་འདུལ་བ་དེ་དང་དེའི་སྐུར་སྟོན་པ་ཡིན་ཞེས་རིགས་བཞི་ནས་འཁོར་ཡུག་གི་ལྷའི་བར་དུ་སྤྲུར་ཏེ་གསུངས་པས། འཁོར་ཐམས་ཅད་ཀྱང་སངས་རྒྱས་ཀྱི་རྣམ་འཕྲུལ་འབའ་ཞིག་ཏུ་ཚིག་ཟིན་པ་བསྟན་པའི་ཕྱིར་ཏེ། འཁོར་ཡུག་གི་ལྷ་ཐམས་ཅད་ཀྱང་སངས་རྒྱས་ཉིད་འཇིག་རྟེན་པས་འདུལ་བའི་སེམས་ཅན་རྣམས་ལ་ཚངས་པ་ལ་སོགས་པ་དེ་དང་དེའི་རྣམ་པར་སྤྲུལ་ནས་གདུལ་བྱ་སོ་སོའི་དོན་མཛད་པའོ་ཞེས་འཁོར་ཡུག་གི་ལྷ་ཚངས་པ་སོགས་ཀྱང་སངས་རྒྱས་ཀྱི་རྣམ་འཕྲུལ་ཡིན་

པར། ཚོག་དེའི་ཚིག་ཟིན་ལ་བཤད་པའི་ཕྱིར་རོ། །དེ་ལ་ཡོངས་པར་གྱུར་ན་ལས་རྣམས་ཅི་ཡང་དྲན་པའི་བླུན་པོ་དག་སྒྲོན་སྤོང་འདི་སྐད་དུ་སྨྲ་སྟེ། སྦྱོང་དཀྱིལ་བཅུ་གཉིས་ཀྱི་ཀུན་རིག་གི་ཕྱིའི་འཁོར་ཡུག་གི་ལྷ་ཚངས་པ་སོགས་རྣམས་ནི། སངས་རྒྱས་ཉིད་ཡིན་ཞིང་། གཅིག་ཤོས་འཇིག་རྟེན་པའི་དཀྱིལ་འཁོར་དྲུག་གི་དཀྱིལ་འཁོར་ནང་ན་བཀོད་པའི་ལྷ་ཚངས་པ་སོགས་ནི་འཇིག་རྟེན་རང་རྒྱུད་ཡིན་པས་སྔར་གྱི་སྐྱོན་དེ་མེད་དོ་ཞེས་སྨྲ་བར་བྱེད་པའི་ཕྱིར་རོ། །ཀྱི་མ་འདི་འདྲའི་ཚིག་གིས་ཀྱང་། གདུལ་བྱ་ཤེས་ལྡན་ངེས་པ་སྐྱེ་བར་རེ་བ་ནི་འཚར་ཆེ་སྟེ༑ ཀུན་རིག་གི་དཀྱིལ་འཁོར་གྱི་ཕྱི་རོལ་དུ་ཁོར་ཡུག་པ་ལ་བཀོད་པའི་ལྷ་ཀླུ་སོགས་ཀྱི་མིང་ཅན་ཡང་སངས་རྒྱས་ཡིན་ཞིང་། ཕྱག་རྡོར་གྱི་དཀྱིལ་འཁོར་དྲུག་གི་ནང་ན་བཀོད་ཅིང་ཡེ་ཤེས་པས་སྒོ་སྲུང་བྱས་པའི་ཚངས་སོགས་ཀྱི་མིང་ཅན་གྱི་ལྷ་རྣམས་ཀྱང་འབྱུང་པོ་རང་རྒྱུད་པ་ཡིན་ན། འདི་ཙམ་ཁྱད་པར་འབྱུང་བའི་ཀུན་རིག་དང་ཕྱག་རྡོར་གཉིས་ལ་བཟང་ངན་དང་དབང་ཆེ་ཆུང་གང་ཞིག་ཡོད་སྲུས་ཀྱང་མི་སྲིད་པའི་ཕྱིར་རོ། །དེས་ན་བླ་མས་འཆད་པའི་ཚེ་ཐ་སྙད་ཟོར་ཡངས་པར་བྱ་བའི་ཕྱིར་འཇིག་རྟེན་པ་ཞེས་གསུངས་པ་ཙམ་ལ། དེ་དག་འཇིག་རྟེན་རང་རྒྱུད་པ་ཡིན་པ་བླ་མའི་གསུང་སྒྲོས་ཡིན་ནོ་ཞེས་བླ་མ་དོར་པ་མཆོག་ལ་བཀུར་པ་བཏབ་པར་མི་བྱ་སྟེ། སྤྲུལ་པ་དང་རང་རྒྱུད་པ་སོགས་ཀྱི་རྣམ་དབྱེ་སོ་སོར་ཕྱེ་བ་ནི་བླ་མ་རྗེའི་གསུང་རབ་ན་གསལ་བར་བཞུགས་པའི་ཕྱིར་རོ། །

གསུམ་པ་ཚུལ་སྟོན་ཙམ་གྱིས་སྐྱབ་པ་དགག་པ་ནི། གདུལ་བྱ་དྲག་པོ་དབང་ཕྱུག་ཆེ་འཁོར་ཆུང་མ་དང་བཅས་པ་འདུལ་བྱེད་ཧེ་རུ་ཀས་འདུལ་བའི་རྣམ་འཕྲུལ་ཆ་ཤས་ཙམ་གྱིས་ཀྱང་། གདུལ་བྱ་དང་འདུལ་བྱེད་དེ་ཉིད་རྒྱུད་གཅིག་ཏུ་ཇི་ལྟར་འགྱུར་ཏེ་མི་འགྱུར་བར་ཐལ། སྒོག་སྙིང་ཕྱུལ་བའི་ཚུལ་སྟོན་པ་ཙམ་གྱིས་ཀྱང་འཇིག་རྟེན་རང་རྒྱུད་པར་འགྱུར་ན་སྟེ་དེའི་ཕྱིར་རོ། །རྗོང་པ་ཀུན་དགའ་རྒྱལ་མཚན་པའི་མདོན་རྟོགས་དཀའ་འགྲེལ་ལས། ཕྱོགས་སྐྱོང་བཅུ་སོགས་འདི་དག་ལ་གདན་དུ་མནན་པ་དང་། ཕྱག་མཚན་དུ་ཐོགས་པ་དང་། སྐྲད་ཅིང་གཟིར་བ་དང་། གཏོར་མ་ཕུལ་ཞིང་ཕྲིན་ལས་བཅོལ་བ་སོགས་ནི། སྤྱིར་འདི་དག་ལ་མཆོན་བྱ་དོན་གྱི་ཕྱོགས་སྐྱོང་དང་། མཆོན་བྱེད་བརྡའི་ཕྱོགས་སྐྱོང་གཉིས་སམ། སྤྲུལ་པ་དང་རང་རྒྱུད་པའི་ཕྱོགས་སྐྱོང་གཉིས་སུ་ཡོད་པ་ལས། སྟོན་བྱུང་གི་རྣམ་འཕྲུལ་ཚངས་པ་སོགས་གདན་དུ་མནན་པ་ནི་མཆོན་བྱ་དོན་གྱི་ཕྱོགས་སྐྱོང་ཡིན་ལ། དེ་ལ་ཡང་སྤྲུལ་པ་རང་རྒྱུད་པ་གཉིས་ལས་རང་རྒྱུད་པ་ཡིན་ཞིང་། རྗེས་འཇུག་གི་སྒོམ་པའི་གདན་དང་ཕྱག་མཚན་སོགས་ནི་མཆོན་བྱེད་བརྡའི་ཕྱོགས་སྐྱོང་དང་། དཀར་ཕྱོགས་ཀྱི་ལྷ་ཕྱོགས་སྐྱོང་གི་ཚུལ་གཟུང་བ་རྣམས་ལ་ཕྲིན་ལས་བཅོལ་བ་དང་། ནག་ཕྱོགས་ཀྱི་བགེགས་ཕྱོགས་སྐྱོང་གི་ཚུལ་གཟུང་བ

རྣམས་ནི་སྒྲོད་པར་བྱེད་པ་ཡིན་ནོ་ཞེས་རྣམ་དབྱེ་སོ་སོར་ཕྱེ་བ་ནི། ལེགས་པར་བཤད་པའི་དགའ་སྟོན་ཡིན་མོད། གཞུང་འདིར་གདུལ་བྱ་དང་འདུལ་བྱེད་གཉིས་རྒྱུད་གཅིག་ཏུ་བཤད་པ་དང་མ་མཐུན་པས་རྣམ་དབྱོད་དང་ལྡན་པས་བརྟག་པར་བྱ་བའི་གནས་སོ། །དེས་ན་སྔར་བཤད་པ་དེ་ལ་སོགས་པ་སངས་རྒྱས་ཀྱི་རྣམ་འཕྲུལ་ལ༑ རང་གི་བློ་ཚོད་སྦྱར་དུ་མི་རུང་སྟེ། བབ་ཅོལ་ཆེན་པོར་འགྱུར་བའི་ཉེས་པ་ཡོད་པའི་ཕྱིར། །བཞི་པ་ནི། འཇིག་རྟེན་ཞེས་པའི་མིང་གིས་འཇིག་རྟེན་པར་འགྱུར་ན་ཧ་ཅང་ཐལ་ཏེ། མི་ལ་སེང་གེའི་མིང་བཏགས་པའི་ཚེ་སྣ་ཉག་རལ་པ་སྐྱུག་པར་འགྱུར་བའི་སྐྱོན་ཡོད་པའི་ཕྱིར་དང་། མིང་དོན་ངོ་བོ་ཉིད་ཀྱིས་ནི་འབྲེལ་བར་འདོད་པ་རིག་བྱེད་པའི་གཞུང་ལས་འབྱུང་བ་ཁོ་ན་ཡིན་པས་ན་རིགས་པའི་རྒྱལ་པོས་སྡེ་བདུན་སོགས་ལས་བཀག་པའི་ཕྱིར་དང་། མིང་ལ་དངོས་མིང་དང་བཏགས་མིང་གཉིས་ཡོད་པ་གསུང་རབ་འཆད་པ་ཀུན་ལ་གྲགས་ཤིང་། འཇིག་རྟེན་གྱི་ཐ་སྙད་པ་ཡང་ཡོད་མོད། འོན་ཀྱང་ཁྱོད་ཀྱི་སྒྲུབ་བྱེད་ཀྱི་གཙོ་བོ་ནི་འཇིག་རྟེན་པ་ཞེས་མིང་བཏགས་པ་འདི་ཁོ་ན་ལ་རེ་བར་སྣང་བ་ནི་དངོས་མིང་བཏགས་མིང་སོགས་ཀྱི་ཤན་མ་ཕྱེ་བའི་རྫོབ་བཏགས་ཡིན་པའི་ཕྱིར་རོ། །ལྔ་པ་ནི། རྒྱུད་གསུང་བའི་འཁོར་གྱི་ཚངས་པ་སོགས་ཡིན་པར་སྒྲུབ་པ་ཡང་མི་འཐད་དེ། སྟོན་པས་རྒྱུད་གསུང་བའི་ཚེ་འཁོར་ལ་རང་རྒྱུད་པས་ཁྱབ་ན། སྤྲུལ་པ་དང་ནི་རང་རྒྱུད་པའི་འཁོར་གཉིས་རྒྱུད་ལས་གསུངས་པ་དང་འགལ་བའི་ཕྱིར་དང་། སྟོན་པས་རྒྱུད་སྡེ་འདི་གསུངས་པའི་ཚེ་འཁོར་གྱི་ཚངས་པ་སོགས་སྤྲུལ་པ་ཉིད་ཡིན་པའི་ཕྱིར་ན་ཀུན་རིག་གི་འཁོར་ཡུག་ཏུ་ཚང་བར་བཀོད་ཅིང་། ཕྱག་རྡོར་གྱི་བརྟག་པ་ཕྱི་མ་གསུངས་པའི་ཚེ་སྒྲོག་སྙིང་ཕུལ་ནས་རང་ཉིད་ཀྱི་དཀྱིལ་འཁོར་ལ་སོ་སོར་བཀོད་པ་ཡིན་ལ། དེའི་ཚེ་འཇིག་རྟེན་པའི་དཀྱིལ་འཁོར་རྣམ་པ་དྲུག་འབྱུང་བའི་གནད་ཀྱང་དེ་ཉིད་ཡིན་པའི་ཕྱིར་རོ། །དྲུག་པ་ནི། དཔལ་མཆོག་ལས་གསུངས་པའི་ལྷ་རྣམས་ཀྱང་འཇིག་རྟེན་རང་རྒྱུད་པ་མ་ཡིན་ཏེ། ཡིན་པའི་སྒྲུབ་བྱེད་ཁྱོད་ལ་ནི་སྔ་མ་དེ་ལས་གཞན་མེད་ལ། ཀུན་དགའ་སྙིང་པོས་སྤྲུལ་པར་བཤད་པས་དེད་ལ་ནི་མིན་པའི་སྒྲུབ་བྱེད་རྣམ་དག་ཡོད་པའི་ཕྱིར་རོ། །

གཉིས་པ་ཞར་བྱུང་གི་ཕྱོགས་སྔ་དགག་པ་ལ་གསུམ། སྨན་བླའི་དཀྱིལ་འཁོར་ལྷ་ལ་འཇིག་རྟེན་དགག །འཇིགས་བྱེད་དཀྱིལ་འཁོར་ལྷ་ལ་འཇིག་རྟེན་དགག །སྲུང་མ་ཁྱད་པར་ཅན་ལ་འཇིག་རྟེན་དགག་པའོ། །དང་པོ་ནི། སྨན་བླའི་སྐབས་ཀྱི་གནོད་སྦྱིན་བཅུ་གཉིས་དང་། ཚངས་དང་རྒྱལ་ཆེན་བཞི་སོགས་འཇིག་རྟེན་རང་རྒྱུད་པ་ཡིན་པའི་ཕྱིར། སྨན་བླའི་ཆོ་ག་བྱས་པ་ཀུན་ཆོས་ཅན། ཁྱོད་ཀྱི་སྐྱབས་འགྲོའི་སྡོམ་པ་འཆོར་བར་འགྱུར་ཏེ། ཁྱོད་ཀྱིས་འཇིག་རྟེན་པའི་ལྷ་ལ་ཕྱག་འཚལ་བ་དང་སྐྱབས་འགྲོ་བྱས་པའི་སྒོ་ནས་འཕྲལ་

ཕྱོགས་ཀྱི་བློ་གཏད་བཅོལ་བའི་ཕྱིར། རྟགས་གྲུབ་སྟེ་ཁྱོད་ཀྱི་སྨན་བླའི་ཆོ་ག་ཞི་འཚོའི་གཞུང་བཞིན་དུ་བྱས་ཤིང་། སྨན་བླའི་སྐབས་ཀྱི་གནོད་སྦྱིན་སོགས་འཇིག་རྟེན་རང་རྒྱུད་པ་གང་ཞིག །མཁན་པོ་ཞི་བ་འཚོས་སྨན་བླའི་མདོ་ལས་གསུངས་པ་ཡི་བདེ་གཤེགས་བརྒྱད་པོ་སངས་རྒྱས་སུ་བྱས་ནས། སྐབས་དེར་དམ་ཆོས་མདོ་ན་མེད་ཀྱང་བསྣན། བདེ་གཤེགས་བརྒྱད་ཀྱི་ལྷག་མ་སྐབས་གྲོལ་འཇམ་དབྱངས་ཕྱག་རྡོར་རྣམས་འཇིག་རྟེན་ལས་འདས་པ་དང་། ཚངས་པ་རྒྱལ་ཆེན་བཞི་གནོད་སྦྱིན་རྣམས་འཇིག་རྟེན་པའི་སྐུར་སྟོན་པའི་དགེ་འདུན་དཀོན་མཆོག་ཏུ་བྱས་ནས། སྐྱབས་གནས་དཀོན་མཆོག་གསུམ་པོ་དེ་ལ་ཕྱག་མཆོད་སོགས་ཡན་ལག་དྲུག་པོ་ཁ་སྐང་སྟེ་དངོས་སུ་སྦྱར། བདུན་པ་མདོའི་སྒྲོན་ལམ་བརྒྱད་ཚན་གཉིས་དང་བཞི་ཚན་བཞི། བཅུ་གཉིས་ཚན་ཏེ་སྨོན་ལམ་བཞི་བཅུ་རྩ་བཞི་པོ་ཉིད་སྦྱར་བ་ཞི་འཚོས་མཛད་པའི་སྨན་བླའི་ཆོ་ག་ཡིན་པའི་ཕྱིར་རོ། །གཉིས་པ་ནི། འཇིགས་བྱེད་ཀྱི་དཀྱིལ་འཁོར་ལ་བཀོད་པའི་གཤིན་རྗེ་ཕོ་བརྒྱད་མོ་བརྒྱད་སོགས་དེ་དག་ཀྱང་འབྱུང་པོ་རང་རྒྱུད་སུས་སྦྲ་ནུས་པར་ཐལ། དོན་ཡོད་རྡོ་རྗེས་འཇིགས་བྱེད་ཀྱི་གཞུང་ལས། རྡོར་སེམས་ཡབ་ཡུམ་གྱི་མངལ་ནས་གཤིན་རྗེ་ཕོ་བརྒྱད་ཕྱུང་སྟེ་སྲུང་འཁོར་གྱི་རྩིབས་བརྒྱད་ལ་བཀོད་ནས། རྡོར་སེམས་ཞུ་བའི་གཞལ་ཡས་ཁང་གི་དབུས་སུ་འཇིགས་བྱེད་གཤིན་རྗེ་མོ་བརྒྱད་བཅས་པ་བསྐྱེད་པར་གསུངས་པའི་ཕྱིར། གསུམ་པ་ནི༑ བསྟན་སྲུང་མགོན་པོ་སོགས་སྲུང་མ་རྣམས་འཇིག་རྟེན་རང་རྒྱུད་པར་འདོད་པ་ཡང་མི་འཐད་དེ། འདོད་ཁམས་དབང་ཕྱུག་འཇིག་རྟེན་པ་ཡིན་ན་བྲམ་ཟེ་མཆོག་སྲེད་ཀྱིས་དུས་གསུམ་གྱི་སངས་རྒྱས་སྐྱེས་པའི་ཡུམ་དང་། རིགས་ལྔའི་ཡུམ་དུ་བཤད་པ་དང་འགལ་བའི་ཕྱིར་དང་། གདོང་བཞི་གཉེན་པོ་འཇིག་རྟེན་པ་ཡིན་ན་རྡོ་རྗེ་འཆང་གི་ཐུགས་ཀྱི་ཕྲིན་ལས་ལས་སྤྲུལ་པ་དང་སྟོན་པའི་ཞིང་སྤྲུལ་དུ་བཤད་པ་དང་འགལ་བའི་ཕྱིར་དང་། ལས་མགོན་ལྷ་པོ་འཇིག་རྟེན་པ་ཡིན་ན་མགོན་པོ་ལྕམ་དྲལ་གྱི་ཐུགས་ཁའི་ས་བོན་ལས་བརྒྱུད་དེ་རིམ་པ་བཞིན་དུ་བསྐྱེད་པ་འགལ་བའི་ཕྱིར་དང་། སྤྲུལ་པའི་བྱ་ནག་ཁྱི་ནག་སོགས་འཇིག་རྟེན་རང་རྒྱུད་པ་ཡིན་ན། སྤྲུལ་པའི་ཕོ་ཉ་ཞེས་བརྗོད་པའི་ཚིག་དང་འགལ་བར་འགྱུར་བའི་ཕྱིར་རོ། །དེས་ན་བཙུ་ཆེན་ས་པཎ་གྱི་འཕྲིན་ཞུ་ལས། ཀྱེ་མ་བསོད་ནམས་དམན་པའི་མི། །ལྷ་སྐལ་ཆད་པས་འབྱུང་པོ་སྒྲུབ། །ཞེས་གསུངས་པ་ཡིད་ལ་བཞག་ནས་ནི། རང་གི་ཡི་དམ་ཆོས་སྐྱོང་ཕལ་ཆེར་འབྱུང་པོ་རང་རྒྱུད་པ་ཡིན་ཞེས་མ་སྨྲ་ཞིག་ཅེས་བཙུ་བ་ཆེན་པོས་གདམས་ཏེ། ཡི་དམ་ཆོས་སྐྱོང་འབྱུང་པོ་ལ་བཅོལ་བ་ནི་ལྷ་སྐལ་ཆད་པའི་སྐལ་བ་དམན་པ་ཡིན་པའི་ཕྱིར་དང་། སྐྱབས་གནས་མཆོག་ལ་ཐེ་ཚོམ་གྱི་རྒྱུ་ཡིན་པའི་ཕྱིར་ན་ཉེས་དམིགས་ཤིན་ཏུ་ཆེ་བའི་ཕྱིར་རོ། །དེས་ན་ཁྱོད་ལ་ཕན་པའི་གདམས་ངག་ནི་བསྟན་པར་བྱ་བས་ཉོན་ཅིག །མགོ་བ་ཉན་རང་ནས་དམའ་བ་རི་བོང་སོགས

ཀྱི་བར་གྱི་ལུས་ཀྱི་རྣམ་པ་གཟུང་ཞིང་མིང་དེ་དང་དེར་བཏགས་པ་ལ་དེ་རང་རྒྱུད་པར་མཐའ་གཅིག་ཏུ་གཟུང་དུ་མི་རུང་སྟེ། ཉན་ཐོས་དང་རང་རྒྱལ་གྱི་སྐྱར་སྟོན་པ་ལ། སངས་རྒྱས་ཀྱི་སྤྲུལ་པ་དང་། བྱང་སེམས་ཀྱི་སྤྲུལ་པ་དང་། དེ་རང་རྒྱུད་པ་རྣམ་པ་གསུམ་ཡོད་པའི་ཕྱིར་དང་། ཚངས་པ་བརྒྱ་བྱིན་ལ་སོགས་པ་འཇིག་རྟེན་པའི་ཆེ་རྒུ་མཐའ་དག་དང་། དུར་ཁྲོད་བདག་པོ་ཤ་ཟའི་ཚོགས་བཅས་འཇིག་རྟེན་པའི་ཆ་ལུགས་དང་ལྡན་པ་རྣམས་དང་། རི་བོང་སྟག་དང་སེངྒེ་སོགས་རིགས་དྲུག་གི་འགྲོ་བ་སོ་སོའི་གཟུགས་སུ་སྟོན་པ་རྣམས། ཀུན་ལ་སྔ་མ་བཞིན་དུ་སངས་རྒྱས་དང་བྱང་སེམས་ཀྱི་སྤྲུལ་པ་དང་རང་རྒྱུད་པ་སྟེ་རྣམ་པ་གསུམ་ཡོད་པ་དེ་འདྲ་བའི་རྣམ་དབྱེ་མདོ་རྒྱུད་ཀྱི་དགོངས་པ་ཡིན་ཕྱིར་ན། སངས་རྒྱས་ཀྱི་རྣམ་འཕྲུལ་མཐའ་ཡས་པས་ཉན་རང་དང་རིགས་དྲུག་ཀུན་གྱི་ལུས་རྟེན་གྱི་རྣམ་པ་བསྟན་ནས་ཡོད་པར་ཤེས་པར་བྱ་དགོས་པའི་ཕྱིར་རོ། །

གསུམ་པ་ཐུན་མོང་ལམ་ལ་འཁྲུལ་པ་དགག་པ་ལ་གཉིས་ཕྱོགས་སྔ་བརྗོད་པ་དང་། དེ་དགག་པའོ། །དང་པོ་ནི་པཎྜི་བཞད་པ་ལ། རྒྱུད་སྡེ་འོག་མ་ལ་རིམ་གཉིས་ཡོད་པར་བཞེད་པ་ནི་དགའ་གདོང་པ་ཆོས་རྒྱལ་དཔལ་བཟང་པོ་ཞེས་པ་ལྟར། དགའ་གདོང་པའི་སྡོམ་གསུམ་ཊཱི་ཀ་ཆེན་གྱི་རྗེས་འབྲང་ལ་སོགས་པ་ཆོས་ཅན། རྒྱུད་སྡེ་འོག་མ་ལ་དབང་བཞི་མེད་པས་དེ་ལ་ལྟོས་པའི་རིམ་གཉིས་མེད་ཀྱང་། སྤྱིར་རིམ་གཉིས་ངེས་པར་འདོད་དགོས་ཏེ། རྒྱུད་སྡེ་འོག་མ་ཡང་རྡོ་རྗེ་ཐེག་པའི་གཞུང་ཡིན་པའི་ཕྱིར། དེ་ལ་ཡང་ཁྱབ་པ་ཡོད་དེ། ཆོས་རྗེ་པས་ཕྱོགས་བཅུའི་སངས་རྒྱས་ཀྱི་འཕྲིན་ཞུ་ལས། བཅོམ་ལྡན་ཁྱོད་ཀྱིས་གསང་སྔགས་ལམ། །རིམ་པ་གཉིས་སུ་བསྡུས་ཏེ་བསྟན། །ཞེས་གསུངས་པའི་ཕྱིར་དང་། སྡོམ་གསུམ་རབ་དབྱེ་ལས་ཀྱང་། དབང་དང་རིམ་གཉིས་མི་ལྡན་པས། །རྡོ་རྗེ་ཐེག་པའི་བསྟན་པ་མིན། །ཞེས་གསུངས་པ་ཡི་ཕྱིར་ཞེས་ཟེར་རོ། །གཉིས་པ་དེ་དགག་པ་ལ་གསུམ། མགོ་མཚུངས་རིགས་པས་དགག །དངོས་སྟོབས་རིག་པས་དགག །སྒྲུབ་བྱེད་མ་གྲུབ་པས་དགག་པའོ། །དང་པོ་ནི། འོན་རྒྱུད་སྡེ་འོག་མ་ལ་ཡང་དབང་བཞི་ཡོད་པ་ཉིད་དུ་འགྱུར་ཏེ། རྒྱུད་སྡེ་འོག་མ་རྡོ་རྗེ་ཐེག་པའི་གཞུང་ཡིན་པའི་ཕྱིར། དེ་ལ་ཁྱབ་པ་ཁྱོད་ལ་ཡོད་དགོས་ཏེ། བསྟན་བཅོས་སྡོམ་གསུམ་འདི་ཉིད་ལས། རྡོ་རྗེ་ཐེག་པའི་ལམ་ཞུགས་ནས་སྨིན་གྲོལ་གཉིས་ལ་འབད་དགོས་པར་བཤད་པའི་སྨིན་བྱེད་དེ་དབང་བཞི་ཉིད་ལ་ནི་གསུངས་ཤིང་། གཞན་ཡང་སྡོམ་གསུམ་དེ་ཉིད་ལས། གལ་ཏེ་གསང་སྔགས་སྒོམ་འདོད་ན། །ནོར་པ་མེད་པའི་དབང་བཞི་ལོངས། །ཞེས་སོགས་མཚུངས་པར་གསུངས་པ་གང་ཞིག །ཁྱོད་ཀྱིས་དེ་དག་རྡོ་རྗེ་ཐེག་པ་སྤྱི་ལ་ཁྱབ་མཐའ་འཛིན་པའི་ལུང་དུ་བཞེད་པའི་ཕྱིར་རོ། །གཉིས་པ་ནི། བླ་མེད་ཀྱི་དབང་བསྐུར་བཞི་གང་རུང་ལ་མ་ལྟོས་པའི་ལམ་རིམ་གཉིས་ནི་སྲོན་མེད་པའི་གཏམ་ཡིན་ཏེ། ས་བོན་འདེབས་པ་ལ་མ་ལྟོས་པའི་མྱུ་གུ

སྟོན་པོ་ཇི་བཞིན་ནོ་སྙེ་དེ་དང་ཆོས་མཚུངས་པའི་ཕྱིར་རོ། །གསུམ་པ་ནི། སྣང་གཞི་སྦྱོང་བྱེད་ངོ་སྤྲོད་རྒྱུ་མེད་པར་བློ་ཡིས་རིམ་གྱིས་ལྷ་བསྐྱེད་པ་ཙམ་བསྐྱེད་པའི་རིམ་པའི་དོན་མ་ཡིན་ཏེ། བསྐྱེད་རིམ་ནི་སྣང་གཞི་ཕུང་པོ་ལྔ་སོགས་དང་སྦྱོང་བྱེད་རིགས་ལྔ་སོགས་གཉིས་སྦྱར་བའི་ཉམས་ལེན་ཉིད་ལ་གསུངས་པའི་ཕྱིར་ཏེ། རབ་དབྱེ་ལས། དེས་ན་རྣལ་འབྱོར་རྒྱུད་མན་ཆད། །སྣང་བ་ལྷ་རུ་གསུངས་པ་མེད། །ཁྲིམས་སྐྱུ་ལ་སོགས་ལྷར་སྒོམ་པ། །དེ་ནི་ཐབས་ཀྱི་ཁྱད་པར་ཡིན། །རྣལ་འབྱོར་ཆེན་པོའི་རྒྱུད་དུ་ནི། །ཀུན་རྫོབ་ཇི་ལྟར་སྣང་བ་འདི། །ཐབས་ལ་མཁས་པའི་ཁྱད་པར་གྱིས། །སྦྱང་གཞི་སྦྱོང་བྱེད་ལེགས་འཕྲོད་པ། །ཞེས་སོགས་བཤད་པའི་ཕྱིར་རོ། །མཚན་མེད་ཀྱི་རྣལ་འབྱོར་སྒོམ་པ་ཙམ་ཡང་རྫོགས་པའི་རིམ་པའི་དོན་མ་ཡིན་ཏེ། རྫོགས་རིམ་ནི་ལུས་ངག་ཡིད་གསུམ་ནི་རྫོགས་པའི་ཉམས་ལེན་ཉིད་ལ་གསུངས་པའི་ཕྱིར།

གཉིས་པ་རྣལ་འབྱོར་ཆེན་པོའི་ལམ་ལ་འཁྲུལ་པ་དགག་པ་ལ། སྣང་བ་ལྷ་རུ་མི་བསྒོམ་པ་དགག །བསྒོམ་པའི་གཞི་ལ་འཁྲུལ་པ་དགག་པའོ། །དང་པོ་ལ་གཉིས། ཕྱོགས་སྔ་བརྗོད་པ་དང་། དེ་དགག་པའོ། །དང་པོ་ནི་པཎྜི་བཞད་པ་ལས། སྣང་བ་ལྷ་རུ་འཆར་བའི་དོན་ཡིད་ངོར། འཆར་བ་ཙམ་ཡིན་གྱི་ཕྱི་རོལ་གྱི་སྣང་བ་ལྷ་རུ་འཆར་བ་མིན་ཞེས་པ་ནི་ཅོང་ཁ་པ་དང་དེའི་རྗེས་འབྲང་གི་དགེ་ཚུལ་རྣམས་སོ་ཞེས་པ་ལྟར། རི་བོ་དགེ་ལྡན་པ་ཁ་ཅིག་བསྐྱེད་རྫོགས་རྣམ་གཉིས་ལ། སྣང་བ་ལྷ་རུ་འཆར་བའི་དོན། ཡིད་ངོར་རྟེན་དང་བརྟེན་པ་ཡི་ལྷ་དང་ཡེ་ཤེས་སྒོམ་པའི་ཚེ་རྟོག་གཉིས་གཅིག་ཏུ་མི་འདུག་པས། ཡིད་ངོའི་སྣང་བ་དེ་ལྷ་རུ་འཆར་བའི་དོན་ཡིན་གྱི་ཕྱི་རོལ་གྱི་སྣང་བ་ཀུན་ལྷ་རུ་འཆར་བ་མ་ཡིན་ཏེ། ཡིན་ན་བློ་དེ་ལོག་ཤེས་ཡིན་པར་ཉིད་དུ་ཐལ་བའི་ཕྱིར་དང་། ཕྱི་རོལ་སྣང་བ་ལྷ་རུ་བསྒོམ་པས་ལྷ་རུ་འགྱུར་བ་མིན་ཏེ་རང་བཞིན་རྣམ་དག་ལྷ་མིན་པའི་ཕྱིར། དཔེར་ན་སོལ་བ་བཙྭ་བས་དུང་དུ་མི་འགྱུར་བ་བཞིན་ནོ་ཞེས་པའི་གྲུབ་མཐའ་འཛུགས་པ་མཐོང་ངོ་། །

གཉིས་པ་ལ་གཉིས། དགག་དགོས་དགག་པར་དམ་བཅའ་བཤད། འགོག་ནུས་འགོག་བྱེད་ལུང་རིགས་བཤད་པའོ། །དང་པོ་ནི། དེ་ལྟ་བུའི་གྲུབ་མཐའ་འདི་ནི་ཆོས་ཅན། ཁྱོད་ལུང་དང་རིགས་པ་དང་ཁས་བླངས་འགལ་བས་དགག་པར་བྱ་དགོས་ཏེ། ཁྱོད་རྣལ་འབྱོར་བླ་མེད་ཀྱི་ལམ་གྱི་གནད་བཅོས་པ་ཡི་བདུད་ཀྱི་ཚིག་གིས་བསླུས་པའི་གྲུབ་མཐའ་ཡིན་པའི་ཕྱིར། གཉིས་པ་ལ་གསུམ། ལུང་དང་འགལ་བས་དགག །རིགས་པ་དང་འགལ་བས་དགག །ཁས་བླངས་འགལ་བས་དགག་པའོ། །དང་པོ་ནི། ཕྱི་རོལ་གྱི་སྣང་བ་ལྷར་མི་སྒོམ་པ་དེ་ཡང་ལུང་དང་འགལ་ཏེ། གསང་བ་འདུས་པ་ལས། མདོར་ན་ཕུང་པོ་ལྔ་རྣམས་ནི། །སངས་རྒྱས་ལྔར་ནི་རབ་ཏུ་བསྒྲགས། །རྡོ་རྗེའི་སྐྱེ་མཆེད་ཉིད་དག་ཀྱང་། །བྱང་ཆུབ་སེམས་དཔའི་དཀྱིལ་འཁོར་མཆོག །ས་ནི་སྤྱན་

ཞེས་བྱ་བར་བཤད། །ཆུ་ཡི་ཁམས་ནི་མཱ་མ་ཀཱི །གོས་དཀར་མ་དང་སྒྲོལ་མ་ནི། །མེ་དང་རླུང་དུ་རབ་ཏུ་གྲགས། །ཞེས་གསུངས་ཤིང་། ལུང་དེའི་དོན་སྤྱོད་བསྡུས་ལས། ཐ་མལ་དངོས་པོ་རིགས་རྣམས་བརྒྱར་ཕྱེ་ནས་དེ་དག་འདུས་པ་ཡི། དམ་པ་རིགས་བརྒྱར་སྒོམ་ཚུལ་གསུངས་པ་འདི་དང་ཁྱོད་ཀྱི་གྲུབ་མཐའ་འགལ་བའི་ཕྱིར་དང་། དེ་བཞིན་དུ་ཀྱེ་རྡོར་རྩ་རྒྱུད་ལས། ཕུང་པོ་ལྔ་དང་ཉོན་མོངས་ལྔ་དང་ཁམས་ལྔ་འབྱུང་བ་བཞི་དང་སྐྱེ་མཆེད་དྲུག་རྣམས་བདག་མེད་ལྷ་མོ་བཅོ་ལྔར་སྒོམ་པར་གསུངས་པ་འདི་ཁྱོད་ཀྱི་གྲུབ་མཐའི་གཉེན་པོ་ཡིན་པའི་ཕྱིར་དང་། དེ་བཞིན་བདེ་མཆོག་བཤད་རྒྱུད་ལས། ཕུང་པོ་ལྔ་དང་སྐྱེ་མཆེད་བཅུ་གཉིས་ཁམས་བཅུ་བདུན་རྣམས་རྣམ་སྣང་ལ་སོགས་པའི་སངས་རྒྱས་སུ་སྒོམ་པར་གསུངས་ཤིང་། སོ་དང་སེན་མོ་ལ་སོགས་པ་ལུས་ཀྱི་ཁམས་ཉི་ཤུ་རྩ་བཞི་དཔའ་བོ་ཉི་ཤུ་རྩ་བཞིར་ནི་སྒོམ་པར་གསུངས་པ་དང་། དེ་བཞིན་དུ་འཕགས་ཡུལ་གྲུབ་ཐོབ་ཀྱི་གསུང་རྣམས་དང་བོད་ཡུལ་སྔོན་གྱི་སྔགས་འཆང་གི་མན་ངག་ཐམས་ཅད་ཁྱོད་ཀྱི་ནི་གྲུབ་མཐའ་འདི་ཡི་གཉེན་པོ་ཡིན་པ་དེས་ན་སྤང་བྱ་དེ་དོར་བར་བྱ་བ་ཁོན་ཡིན་པའི་ཕྱིར་རོ། །

གཉིས་པ་ནི། ཁྱོད་ཀྱིས་ཕྱི་ནང་གི་སྣང་བའི་དངོས་པོ་ལྷར་མི་སྒོམ་ཞེས་པ་དེ་རིགས་པ་དང་ཡང་འགལ་ཏེ༔ སྣང་བ་ལྷའི་ངོ་བོར་ནི་རང་བཞིན་གྱིས་རྣམ་པར་དག་ན། དེ་བསྒོམས་པས་ལྷ་རུ་མི་འགྱུར་བ་དང་། དེ་ལྷ་རུ་འཆར་བ་ལོག་ཤེས་ཡིན་པར་འགལ་བའི་ཕྱིར་དང་། སྣང་བ་ལྷ་ཡི་ངོ་བོར་ནི་རང་བཞིན་གྱིས་ནི་རྣམ་པར་དག་པ་ཡིན་པའི་ཕྱིར། བརྟག་གཉིས་ལས། ངེས་པར་དངོས་པོ་ཐམས་ཅད་ཀྱི། །དག་པ་དེ་བཞིན་ཉིད་དུ་བརྗོད། །ཕྱི་ནས་རེ་རེའི་དབྱེ་བ་ཡིས། །ལྷ་རྣམས་ཀྱི་ནི་བརྗོད་པར་བྱ། །ཞེས་གསུངས་ཤིང་དེའི་སྒྲུབ་བྱེད་དུ། ཕུང་པོ་ལྔ་དང་དབང་པོ་དྲུག །སྐྱེ་མཆེད་དྲུག་དང་འབྱུང་ཆེན་ལྔ། །རང་བཞིན་གྱིས་ནི་རྣམ་པར་དག །ཉོན་མོངས་ཤེས་བྱའི་སྒྲིབ་སྦྱང་བྱ། །ཞེས་གསུངས་པ་དང་འགལ་བར་འགྱུར་བའི་ཕྱིར་དང་། གལ་ཏེ་ལུང་དེ་ཉིད་དག་པ་དང་པོ་དེ་བཞིན་ཉིད་ཀྱི་དག་པ་ཡི་སྒྲུབ་བྱེད་ཡིན་གྱི། དག་པ་གཉིས་པ་ལྷ་སོ་སོ་ཡི་དག་པའི་སྒྲུབ་བྱེད་མ་ཡིན་ནོ་སྙམ་ན། དེ་ཡང་མི་འཐད་དེ། ལྷ་ཡི་རྣམ་པའི་གཟུགས་ཀྱིས་ནི། །བཞིན་ལག་ཁ་དོག་གནས་པ་ནི། །སྐྱེས་པ་ཙམ་གྱིས་རྣམ་པར་གནས། །འོན་ཀྱང་བག་ཆགས་ཕལ་པས་སོ། །ཞེས་གསུངས་པ་དང་ཅིས་མི་འགལ་ཏེ་འགལ་བའི་ཕྱིར་རོ། །གསུམ་པ་ནི། གཞན་ཡང་ལུགས་འདི་སླ་བ་པོས་སྦྱང་གཞི་མ་འོངས་པ་ན་འབྱུང་འགྱུར་སྐྱེ་འཆི་བར་དོ་གསུམ་ཁོ་ན་དང་། སྦྱོང་བྱེད་གནས་སྐབས་དེ་ཉིད་ཀྱི་བསྐྱེད་པའི་རིམ་པ་ཁོ་ན་དང་། སྦྱོང་ཚུལ་ཆོས་གསུམ་གྱི་དོན་དུ་ནི་སྐུ་གསུམ་འབྱུང་བར་སྦྲོ་བཏགས་པ་དང་བཅས་པ་རྣམས་ཆོས་ཅན། འདིར་དགག་པ་རྒྱས་པར་མ་བཀོད་དེ། གཞན་དུ་བཀག་ཟིན་པ་བལྟ་བར་བྱ་བ་ཉིད་ཀྱིས་ཆོག་པའི་ཕྱིར། དེ་ཡང་རྗེ་མུས་ཆེན་

སེམས་དཔའ་ཆེན་པོའི་བསྐྱེད་རིམ་གྲུབ་མཐའི་ཤན་འབྱེད་དུ། མཁས་པ་སྔ་ཕྱིར་བྱོན་པ་དག་གི་སྣང་གཞི་སྦྱོང་ཚུལ་གྱི་འདོད་པ་སོ་སོར་ཕྱེས་ཟིན་པ་དེ་ཉིད། བསྟན་བཅོས་མཛད་པ་པོ་འདིས་ལོག་སྨྲ་ཚར་བཅོད་རིགས་པའི་མཚོན་ཆ་ཞེས་བྱ་བའི་བསྟན་བཅོས་ལས། རི་བོ་དགེ་ལྡན་པ་ཆེན་པོས་སྣང་གཞི་སྦྱོང་ཚུལ་ལ། དོན་ཚན་བཅུ་དྲུག་ཕྱེས་ནས་རྒྱས་པར་བཀག་ཟིན་ལ། དོན་འདི་ལ་འཇམ་དབྱངས་དཔལ་འབྱོར་རྒྱལ་མཚན། མ་དག་པའི་ཕུང་ཁམས་སྐྱེ་མཆེད་ཐམས་ཅད་སྦྱང་གཞིར་མི་བཞེད་པ། རྗེ་བཙུན་ཙོང་ཁ་པ་ཆེན་པོའི་དགོངས་པ་མ་ཡིན་པས། ཕྱོགས་སྔ་མ་ལོངས་བཞིན་དུ་སྡང་ཞུགས་ཀྱིས་སྐྱོན་འཕེན་པར་ཟད་དོ་ཞེས་གསུངས་པ་དང་། གཞན་ཡང་ལྟ་བའི་སྐབས་སུ་ཆོས་ཐམས་ཅད་བདེན་པར་གྲུབ་པ་བཀག་ནས་བདེན་མེད་དུ་ཞེན་པ། དབུ་མ་ལྟ་བར་མི་བཞེད་པས་ཕྱོགས་སྔ་མ་ལོངས་ཞེས་གསུངས་པ་དང་། སྤྱོད་པ་བདག་གཞན་མཉམ་བརྗེའི་སྐབས་སུ། བདག་གི་བདེ་བ་དང་གཞན་གྱི་སྡུག་བསྔལ་བརྗེ་བ་བཀག་པ་མེད་པས་ཕྱོགས་སྔ་མ་ལོངས་གསུང་པ་ནི། རི་བོ་དགེ་ལྡན་པ་ཆེན་པོ་དེ་ཉིད་ཀྱི་ཐུན་མོང་མིན་པའི་གྲུབ་མཐའི་གནད་རང་ཉིད་ཀྱིས་མ་དགོངས་པར་ཞེན་མོས་ཙམ་གྱི་རྩོད་ལན་གནང་བ་ལ་ཐུགས་སྤྲོ་བ་ཙམ་དུ་ཟད་དེ། མ་དག་པའི་ཕུང་ཁམས་ཐམས་ཅད་ལྷར་སྒོམ་པ་རྗེ་བཙུན་ཙོང་ཁ་པའི་དགོངས་པ་ཡིན་ན། རྗེ་དེས་མཛད་པའི་རྣམ་གཞག་རིམ་པའི་ཊཱི་ཀྐ་དང་འགལ་ཞིང་། ཁྱད་པར་དེས་མ་དག་པའི་ཕུང་ཁམས་སྐྱེ་མཆེད་འདི་རྣམས་ལས་ཉོན་གྱི་འབྲས་བུར་གྱུར་པའི་སྡུག་བསྔལ་གྱི་བདེན་པ་ཡིན་པས། ལྷར་བསྒོམས་ཀྱང་ལྷར་འགྱུར་བ་མི་སྲིད་དེ། སོལ་བ་བཙར་ཡང་དྭང་དུ་མི་འགྱུར་བ་བཞིན་ནོ། །དེས་ན་བསྐྱེད་རིམ་གྱི་ལྷ་ནི་ཡིད་ངོ་ལ་ཤར་བའི་གཟུང་རྣམ་ཡིན་གྱི། ཕུང་པོ་ཁམས་སྐྱེ་མཆེད་འདི་རྣམས་ལྷར་སྒོམ་པ་མ་ཡིན་ནོ་ཞེས་གསལ་བར་བཤད་པ་དེ་ཅི་ཞིག་ཡིན། བདག་གཞན་གྱི་བདེ་སྡུག་བརྗེ་བ་བཀག་པ་དགོངས་པ་མིན་ན། བདག་གཞན་བརྗེ་བའི་གོ་དོན་བདག་གཅེས་འཛིན་དང་། གཞན་ཡལ་བ་འདོར་བའི་བློ་གཉིས་གོ་ས་བརྗེ་བ་ལ་འཆད་དོ་ཞེས་པའི་འབྲུ་སྐྱོན་གནང་བ་ལ་དགོས་པ་ཅི་ཞིག་ཡོད། བདེན་མེད་དུ་ཞེན་པ་ལྟ་བ་མཐར་ཐུག་ཏུ་མི་བཞེད་ན། ཞེན་པ་ཐམས་ཅད་བཀག་པའི་ལྟ་བ་ཏྭ་ཤང་གི་ལྟ་བ་ཡིན་པར་སྒྲུབ་པ་ལ་དགོས་ནུས་ཅི་ཞིག་ཡོད་བསམ་དགོས་པ་ལགས་སོ། །

གཉིས་པ་སྒོམ་པའི་གཞི་ལ་འཁྲུལ་པ་དགག་པ་ལ་གཉིས། ཕྱོགས་སྔ་བརྗོད་པ་དང་། དེ་དགག་པའོ། །དང་པོ་ནི་པཎྜི་བཞད་པ་ལས། ཀུན་བཏགས་དང་གཞན་དབང་ལྷ་རུ་བསྒོམ་པར་བྱ་བ་མིན། ཡོངས་གྲུབ་ཁོ་ན་ལྷར་བསྒོམ་པར་བྱ་བ་ཡིན་ནོ་ཞེས་ནི་ཇོ་ནང་ཀུན་མཁྱེན་ཆེན་པོའི་ཞེས་པ་ལྟར་ཇོ་ནང་ཆེན་པོ་སོགས་མཁས་པ་ཁ་ཅིག་ཕྱི་ནང་གི་སྣང་བའི་དངོས་ཀུན་ལ་མཚན་ཉིད་གསུམ་དུ་ཕྱེ་བ་ཡི་ཀུན་བཏགས་དང་གཞན་དབང་གཉིས་ནི

ལྷ་རུ་བསྒོམ་པར་བྱ་བ་མ་ཡིན་ཏེ། དེ་གཉིས་ཀུན་རྫོབ་ཉིད་ཡིན་ཕྱིར། ཡོངས་གྲུབ་ནི་ལྷར་བསྒོམ་པར་བྱ་ཞིང་དེ་ལྟར་བསྒོམ་པས་ལྷར་འགྱུར་བ་སྟེ། དེ་དོན་དམ་པའི་ལྷ་ཡིན་པའི་ཕྱིར་དང་། གློ་བུར་གྱི་དྲི་མ་དང་བྲལ་བའི་ཚེ་དོན་དམ་པའི་ལྷ་དེ་ཉིད་མངོན་དུ་འགྱུར་བ་ཡིན་པའི་ཕྱིར་དང་། རྒྱུད་ལས་ཕུང་ཁམས་སྐྱེ་མཆེད་སོགས་སྣང་བའི་དངོས་པོ་ཀུན་ལྷ་རུ་སྒོམ་པར་གསུངས་པ་ཡང་ཆོས་ཉིད་ཀྱི་ཕུང་ཁམས་སྐྱེ་མཆེད་འདི་ལྟར་སྒོམ་པ་ལ་དགོངས་ནས་གསུངས་ཏེ། ཕུང་ཁམས་སྐྱེ་མཆེད་འདི་དག་གི་ཡོངས་གྲུབ་བམ་ཆོས་ཉིད་ནི་དོན་དམ་པའི་ལྷ་ཉིད་ཡིན་པའི་ཕྱིར། དེས་ན་ཡེ་ཤེས་ཚོགས་བསགས་ཀྱི་དུས་སུ་ཤུ་ནྱ་ཏས་ཆོས་ཐམས་ཅད་འོད་གསལ་དུ་སྦྱངས་ནས། སྤྲོས་བྲལ་སྟོང་པ་ཉིད་ལ་ཨ་ཧཾ་ཞེས། ཀུན་རྫོབ་ཀྱིས་སྟོང་པའི་སྟོང་པ་ཉིད་ང་ཡིན་ཞེས་ང་རྒྱལ་འཛོག་པའང་། དོན་དམ་པའི་ལྷ་འདི་ཉིད་དེ། འདི་ཉིད་འོག་དངོས་གཞིའི་སྐབས་སུ་ལྟར་ནི་སྒོམ་པ་ཡིན་ཕྱིར་ཞེས་ཟེར་རོ་ལོ། །གཉིས་པ་དེ་དགག་པ་ལ་མདོར་བསྟན། རྒྱས་བཤད་གཉིས་ལས་དང་པོ་ནི། དོན་དམ་ལྷར་སྒོམ་པའི་གྲུབ་མཐའ་འདི་ཆོས་ཅན། ཁྱོད་ལ་གནོད་བྱེད་ཡོད་དེ། ལུང་རིགས་ཁས་བླངས་དང་འགལ་བ་གསུམ་གྱིས་ཁྱོད་དགག་པར་ནུས་པའི་ཕྱིར་རོ། །གཉིས་པ་རྒྱས་བཤད་ལ་གསུམ། ལུང་དང་འགལ་བས་དགག །རིགས་པས་གནོད་པས་དགག །ཁས་བླངས་འགལ་བས་དགག་པའོ། །དང་པོ་ནི། དེ་ལྟར་ལུང་རིགས་ཁས་བླངས་འགལ་བ་གསུམ་ལས་དང་པོ་ལུང་འགལ་ནི་འདི་ལྟར་དེ་ལྟར་འདོད་པ་དེ་ལུང་དང་འགལ་ཏེ༑ ཀྱེ་རྡོར་རྩ་བའི་རྒྱུད་ཉིད་ལས། ངེས་པར་དངོས་པོ་ཐམས་ཅད་ཀྱི། །དག་པ་དེ་བཞིན་ཉིད་དུ་བརྗོད། །ཞེས་སོགས་དེ་བཞིན་ཉིད་ཀྱི་ནི་དག་པ་བསྟན་པའི་རྗེས་སུ། ཕྱི་ནས་རེ་རེའི་དབྱེ་བ་ཡིས། །ལྷ་རྣམས་ཀྱི་ཡང་བརྗོད་པར་བྱ། །ཞེས་ཀུན་རྫོབ་སྤྲོས་པ་ཀུན་ལྷ་རུ་སྒོམ་པའི་ལྷ་སོ་སོའི་དག་པ་གསུངས་པ་དང་ཁྱོད་ཀྱི་གྲུབ་མཐའ་འདི་ཉིད་འགལ་བའི་ཕྱིར་དང་སྒོམ་གཞི་ཆོས་དབྱིངས་ཉིད་ཡིན་ན། རེ་རེའི་དབྱེ་བ་ཡིས་ཞེས་པ་དང་འགལ་ཏེ། རེ་རེ་ཞེས་པ་སོ་སོའི་ཚིག་ཡིན་པ་གང་ཞིག །ཆོས་དབྱིངས་སོ་སོར་མེད་པའི་ཕྱིར། ལུང་གི་གནོད་བྱེད་གཞན་ཡང་ཡོད་དེ། སྡོམ་དེ་བཞིན་དུ་བརྟག་པ་ཕྱི་མར་ཡང་། ཀུན་རྫོབ་གཟུགས་སུ་གནས་ནས་ནི། །དེ་རྣམས་བདེ་གཤེགས་རིགས་སུ་འགྱུར། །བུད་མེད་རྣམས་ཀྱི་མཚན་ཉིད་འདི། །ཇི་ལྟར་སྐྱེས་པ་དེ་བཞིན་ནོ། །ཀུན་རྫོབ་ཐ་སྙད་ཚུལ་ལས་ནི། །དེ་ཡི་རིགས་སུ་འང་དེ་འགྱུར་རོ། །ཞེས་གསུངས་ཤིང་། བཤད་རྒྱུད་རྡོ་རྗེ་གུར་ལས་ཀྱང་། དོན་ལ་འགལ་བ་ཡོད་པ་མིན་ན་ཡང་། །དེ་ཚེ་རྒྱལ་བའི་དངོས་པོས་སྦྱངས་པ་ཡོད། །ཀུན་རྫོབ་གཟུགས་སུ་རྣམ་པར་གནས་ནས་ནི། །འཁོར་ལོའི་གཟུགས་ཀྱི་ཆོས་ཙམ་རྣམ་པར་བརྟག །ཞེས་གསུངས་པ་དང་། དེ་བཞིན་དུ་གསང་འདུས་ལ་སོགས་པའི་རྒྱུད་སྡེ་ཐམས་ཅད་ལས་ཀུན་རྫོབ་སྤྲོས་པའི་དབྱེ་བ་ཀུན་ལྷ་རུ་སྒོམ་པར

གསུངས་པ་དང་འགལ་བའི་ཕྱིར།

གཉིས་པ་ནི། ལུང་དང་འགལ་བར་མ་ཟད་ཁྱོད་ཀྱི་ལུགས་དེ་ལ་རིགས་པས་ཀྱང་ནི་གནོད་པ་སྟེ། འདི་ལྟར། གཞན་དབང་གིས་བསྡུས་པའི་ཕུང་ཁམས་སྐྱེ་མཆེད་དེ་དག་ལྷ་རུ་སྒོམ་དགོས་ཏེ། གཞན་དབང་གིས་བསྡུས་པའི་ཆོས་ཅན་ལ་ཐ་མལ་རྣམ་རྟོག་གཙོ་བོར་ཡོད་པའི་ཕྱིར་དང་། གཞན་དུ་ན་སྲིད་པའི་འཆིང་བ་ལས་གྲོལ་བའི་ཐབས་ནི་མེད་པར་གསུངས་ཏེ། ཚུལ་དེ་ཡང་སངས་རྒྱས་ཡེ་ཤེས་ཞབས་ཉིད་ཀྱིས། ཐ་མལ་རྣམ་རྟོག་རྒྱུན་ནི་མ་གཏོགས་པ་དེ་ལས། །གཞན་དུ་སྲིད་པའི་འཆིང་བ་ཡོད་མ་ཡིན་པ་སྟེ་མེད། །དེ་དང་རྣམ་པ་འགལ་བའི་སེམས། །གང་ཡིན་ཀུན་རྟོག་སྣང་མི་འགྱུར། །ཞེས་གསུངས་པ་ཡིས་ལེགས་པར་གྲུབ་པའི་ཕྱིར། གཞན་ཡང་ཁྱོད་ལུགས་ལ་སྤྲོས་པ་གཞན་འགོག་པའི་ཐབས་ནི་མེད་པར་འགྱུར་བར་ཐལ། ཆོས་དབྱིངས་སྤྲོས་བྲལ་རང་ངོས་ནས་ལྷ་རུ་བསྒོམས་ན་ཆོས་དབྱིངས་སྤྲོས་མེད་ལ་སྤྲོས་པར་བྱས་པར་སོང་བའི་ཕྱིར་ཏེ། དེ་སྐད་དུ་ཡང་བརྟག་གཉིས་ལས། བསྐྱེད་པའི་རིམ་པའི་རྣལ་འབྱོར་གྱི། །བརྟུལ་ཞུགས་ཅན་གྱིས་སྤྲོས་པ་སྒོམ། །ཞེས་གསུངས་པ་དང་། གཞན་ཡང་བརྟག་གཉིས་དེ་ཉིད་ལས། སྒོམ་པ་པོ་མེད་བསྒོམ་པའང་མེད། །ལྷ་མེད་སྔགས་ཀྱང་ཡོད་མ་ཡིན། །ཞེས་གསུངས་པ་དེ། ཀུན་རྫོབ་སྤྲོས་པ་ཀུན་སྤྲོས་མེད་དུ་བྱེད་པའི་ལུང་ཡིན་གྱི། ཟློག་པ་དོན་དམ་སྤྲོས་མེད་སྤྲོས་བཅས་ཀྱི་ལྷར་སྒོམ་པའི་ལུང་མ་ཡིན་པའི་ཕྱིར་རོ། །འོན་ཁྱེད་རང་གི་ཟབ་དོན་བདུད་རྩི་ཉིང་ཁུ་ལས། རྒྱས་གདབ་ལྷ་དང་རྡོ་རྗེའི་བརྟུལ་ཞུགས་དང་། །དམ་ཚིག་གསུམ་གྱི་བཟླ་དོན་འཕྲོད་པའི་ཚེ། །ཕུང་པོ་ལྷ་པོ་ཆོས་ཉིད་དང་བཅས་པ། །སྒོ་གསུམ་ཐ་མལ་རྣམ་རྟོག་སྦྱོང་སེམས་ཐོབ། །ཅེས་ཕུང་པོ་ལྔ་རྒྱལ་བ་རིགས་ལྔར་བསྒོམ་པ་དང་། ཕུང་པོ་ལྔའི་ཆོས་ཉིད་རིགས་དྲུག་པ་རྡོ་རྗེ་སེམས་དཔར་བསྒོམ་པ་ནི། བླ་མེད་ཀྱི་རིག་པའི་དབང་ལྔ་དང་བརྟུལ་ཞུགས་ཀྱི་དབང་སྟེ་སློབ་མའི་དབང་དྲུག་གི་བྱེད་ལས་ཡིན་པར་བཤད་པ་དང་མི་འགལ་ལམ་སྙམ་ན། དེ་ལ་ཡང་རྣམ་དབྱེ་ལེགས་པར་འབྱེད་དགོས་ཏེ། སྤྱིར་ཆོས་དབྱིངས་དེ་ལ་སྒྲ་རྟོག་གི་ཡུལ་ལས་འདས་པའི་ཆོས་དབྱིངས་མཚན་ཉིད་པ་གཅིག་དང་། སྒྲ་རྟོག་གི་ཡུལ་དུ་གྱུར་པའི་རྣམ་གྲངས་པའི་ཆོས་དབྱིངས་གཉིས་ཡོད་པ་ལས། སྒྲ་དང་རྟོག་པའི་ཡུལ་དུ་གྱུར་པའི་ཆོས་དབྱིངས་ནི་རྣམ་གྲངས་པའི་ཆོས་དབྱིངས་ཙམ་ཡིན་པས་ཀུན་རྫོབ་བདེན་པ་མཚན་ཉིད་པ་ཡིན་པའི་ཕྱིར་ན་དེ་ཉིད་ལ་ཐ་མལ་རྣམ་རྟོག་ཟློག་པའི་ཕྱིར་དུ་བརྟུལ་ཞུགས་ཀྱི་སྐབས་སོགས་ཅི་རིགས་པར་རྡོ་རྗེ་སེམས་དཔའ་འམ་ཆོས་དབྱིངས་མར་བསྒོམ་པར་རྒྱུད་དང་སྒྲུབ་ཐབས་ཀྱི་གཞུང་རྣམས་ལས་གསུངས་པ་ཙམ་ཡིན་གྱི་ཆོས་དབྱིངས་མཚན་ཉིད་པ་དེ་བསྒོམ་པར་གསུངས་པ་མེད་པའི་ཕྱིར། རྣམ་གྲངས་པའི་ཆོས་དབྱིངས་ལྷར་བསྒོམ་པར་བཤད་པ་འདི་ཡང་། ཀུན་

རྫོབ་ལྟར་བསྒོམ་ཞིང་དོན་དམ་སྤྲོས་བྲལ་རང་ངོས་ནས་ལྟར་མི་བསྒོམ་པའི་རིགས་པའི་གནད་ཡིན་ཏེ། རྣམ་གྲངས་པའི་དོན་དམ་ལ་ཐ་མལ་སྣང་ཞེན་འབྱུང་བས་དེ་ལྟར་བསྒོམ་ནས་ཟློག་དགོས་སོ། །ཆོས་དབྱིངས་སྤྲོས་བྲལ་མཚན་ཉིད་པ་ལ་ཐ་མལ་སྣང་ཞེན་མེད་པས་དེ་ལྟར་བསྒོམ་མི་དགོས་ཤིང་། དགོས་ཀྱང་དེ་ལྟར་སྒོམ་མི་ནུས་པའི་ཕྱིར་རོ། །མདོར་ན་ཆོས་ཅན་ཕུང་པོ་ལྷ་ལྟར་སྒོམ་དགོས་ཀྱི་ཆོས་ཉིད་སྤྲོས་བྲལ་མཚན་ཉིད་པ་ལྟར་སྒོམ་པ་གཏན་ནས་མ་ཡིན་ཏེ། ཕུང་པོ་སངས་རྒྱས་ལྔ་བདག་ཉིད། །དེ་ལ་སྨོད་པ་བརྒྱད་པ་ཡིན། །ཞེས་གང་ལ་སྨད་ན་རྩ་བ་ཡི་ལྟུང་བ་བརྒྱད་པ་འབྱུང་བའི་གཞི་དེ་ཕུང་པོའི་ཆོས་ཉིད་མཚན་ཉིད་པ་ཡིན་ན། སྤྲོས་མེད་སྤྲོས་བཅས་སུ་ཐལ་བའི་རིགས་པས་གནོད་པའི་ཕྱིར་དང་། ཆོས་ཅན་ཕུང་པོ་ལྔ་ལ་འཛོག་ན་ཀུན་རྫོབ་ལྟར་མི་སྒོམ་པ་དང་ཁས་བླངས་ནང་འགལ་བའི་ཕྱིར་རོ། །

གསུམ་པ་ནི། ཁྱོད་ཀྱི་ཆོས་ཉིད་ཁོ་ན་ལྟར་བསྒོམ་གྱི་ཆོས་ཅན་ཀུན་རྫོབ་ལྟར་མི་སྒོམ་པ་ལ་ཁས་བླངས་ནང་འགལ་བ་ཡང་འདི་ལྟར་བསྟན་པར་བྱ་སྟེ། བསྐྱེད་པའི་རིམ་པས་ཐུན་མོང་ཉིད་འགྲུབ་ཀྱི་མཆོག་མི་འགྲུབ་པར་ཁས་ལེན་པ་དང་། བསྐྱེད་པའི་རིམ་པས་གང་བསྒོམ་པའི་གཞི་དོན་དམ་ཆོས་སྐུ་ཡིན་པར་ཁས་བླངས་པ་འགལ་བའི་ཕྱིར་དང་། བསྐྱེད་རིམ་བསྒོམས་པའི་འབྲས་བུ་ནི་གཟུགས་སྐུ་ཡིན་ན་ཆོས་ཉིད་ནི་གཟུགས་སྐུར་འགྱུར་བ་ཟློག་ཏུ་མེད་ཅིང་དེ་ཡང་འདོད་ན་གཟུགས་ཀྱི་སྐུ་ཀུན་རྫོབ་ཡིན་ཞིང་ཆོས་ཀྱི་སྐུ་དོན་དམ་ཡིན་པར་ཁས་བླངས་པའི་རང་གི་གྲུབ་མཐའ་ཉིད་དང་འགལ་བའི་ཕྱིར། བསྐྱེད་རིམ་གཟུགས་སྐུ་ཐོབ་པར་བྱེད་པའི་རྒྱུ་མ་ཡིན་ན་རྫོགས་རིམ་ཆོས་སྐུ་ཐོབ་པའི་རྒྱུ་ཉིད་དུ་འགྲུབ་པར་མི་འགྱུར་ཏེ། བསྐྱེད་རྫོགས་གཉིས་སྐུ་གཉིས་ཐོབ་བྱེད་ཀྱི་རྒྱུར་ནི་རྒྱུད་ལས་གསུངས་པའི་ཕྱིར། དེས་ན་སྦྱང་གཞི་སྦྱོང་བྱེད་འཆོལ་བ་ཡི་རྣམ་གཞག་ངན་པ་འདི་དོར་ལ་དོན་དམ་སྤྲོས་བྲལ་མ་རྟོགས་པས་ཀུན་རྫོབ་འཁོར་བའི་ཕུང་སོགས་ཀྱི་སྣང་བ་སྣ་ཚོགས་འབྱུང་བ་ཀུན་ཆོས་ཅན། ཁྱོད་ལྷའི་ངོ་བོར་རང་བཞིན་གྱིས་རྣམ་པར་དག་ཅིང་དག་པ་ལྟར་ལྟར་བསྒོམས་པས་ལྟར་འགྱུར་བར་གསུངས་པ་ཡང་ཡིན་ཏེ། ཁྱོད་བཅིང་གྲོལ་ཀུན་གྱི་གཞི་ཡིན་པས་ལྟར་བསྒོམ་པའི་དགོས་ནུས་གཉིས་ཆར་ཚང་བའི་ཕྱིར། དེ་ལྟར་བཤད་པའི་ལེགས་བཤད་འདི་ཆོས་ཅན། ཁྱོད་གསེར་རྒྱན་ལྟར་མཁས་པ་ཀུན་གྱིས་བློ་གྲོས་ཀྱི་ལུས་ལ་འདོགས་པར་གྱིས་ཤིག་ཅེས་གདམས་ཏེ། ཁྱོད་རྒྱུད་དང་གྲུབ་པའི་གཞུང་བཟང་གི་དགོངས་པ་བླ་ན་མེད་པའི་གནད་དམ་པ་ཡིན་པའི་ཕྱིར་རོ། །སྐབས་འདིར་གསང་སྔགས་བླ་མེད་ཀྱི་སྦྱང་གཞི་སྦྱོང་བྱེད་ཀྱི་གནད་ལ། རི་བོ་དགེ་ལྡན་པ་མ་འོངས་པ་ན་འབྱུང་འགྱུར་གྱི་སྐྱེ་འཆི་བར་དོ་གསུམ་ཁོ་ན་སྦྱང་གཞིར་བཞེད། མཁས་པ་བོ་དོང་པ་ལུས་ཀྱི་དྭངས་མ་རྡོ་རྗེ་ཟླ་བ། ངག་གི་དྭངས་མ་རྡོ་རྗེ་ཉི་མ། ཡིད་ཀྱི་དྭངས

མ་རྡོ་རྗེ་དུས་མེ་སྟེ། དྭངས་མ་ཁྱད་པར་གསུམ་དང་ལྡན་པའི་རྡོ་རྗེའི་ལུས་ངག་ཡིད་གསུམ་པོ་དེ་སྦྱང་གཞིའི་གཙོ་བོར་བཞེད། དྭངས་མ་ཁྱད་པར་གསུམ་ལྡན་དེ་ཡང་རིགས་པས་དཔྱད་པའི་དོན་དམ་བདེན་པ་མ་ཡིན་ཡང་མི་བསླུ་བའི་ཆ་ནས་དོན་དམ་བདེན་པར་འཇོག་པས་རང་བཞིན་ལྷུན་གྲུབ་ཀྱི་དོན་དམ་བདེན་པ་ཞེས་བྱ་བ་ཡིན་ནོ་ཞེས་བཞེད། ཀུན་མཁྱེན་ཇོ་ནང་པ་ཆེན་པོས་ནི། ཆོས་དབྱིངས་དོན་དམ་པ་ཉིད་སྦྱང་གཞི་ཡིན་གྱི་མ་དག་པའི་ཕུང་ཁམས་སྐྱེ་མཆེ་རྣམས་ནི་སྦྱང་བྱ་ཡིན་གྱི་སྦྱང་གཞི་མ་ཡིན་ལ། མ་དག་པའི་ཕུང་པོ་སྦྱང་གཞི་དང་སྦྱང་བྱ་གཉིས་ཅར་དུ་འདོད་པ་ནི་སྤྲིན་དང་ནམ་མཁའ་གཅིག་ཏུ་འདོད་པ་ལྟར་བཞད་གད་ཀྱི་གནས་ཡིན་ནོ་ཞེས་བཞེད། རང་རེ་དཔལ་ལྡན་ས་སྐྱ་པ་ཕལ་ཆེ་བ་ནི། མ་དག་པའི་ཕུང་ཁམས་སྐྱེ་མཆེད་རྣམས་སྦྱང་གཞི་དང་སྦྱང་བྱ་གཉིས་ཅར་དུ་འདོད་དེ། མ་དག་པའི་ཕུང་ཁམས་རྣམས་གདོད་མ་ནས་ལྷའི་ངོ་བོར་རང་བཞིན་གྱིས་རྣམ་པར་དག་པས་ལྟར་སྒོམ་པའི་གཞི་དང་མ་དག་པའི་དྲི་མ་སྦྱོང་བའི་གཞི་གཉིས་ཅར་ཡིན་ལ། དེ་ཉིད་ལྟར་བསྒོམས་པས་མ་དག་པའི་ཕུང་ཁམས་ཀྱི་རྒྱུན་དག་པ་ལྷའི་རང་བཞིན་སོགས་སུ་གནས་གྱུར་ནས་མ་དག་པའི་དྲི་མ་བྱང་བར་བྱེད་པས་ན་སྦྱང་བྱ་ཡང་ཡིན་པའི་ཕྱིར། དཔེར་ན་བུད་ཤིང་དེ་ཉིད་མེས་སྲེག་པའི་གཞི་དང་མེ་བསྲེག་བྱ་གཉིས་ཅར་ཡིན་པ་བཞིན་ནོ། །སྤྲིན་དང་ནམ་མཁའ་གཅིག་ཏུ་ཐལ་བ་ལ་སོགས་པའི་ཉེས་པ་ཡང་མེད་དེ། སྤྱིར་སྦྱང་བྱ་ལ་སྦྱང་གཞི་དང་སྦྱང་བྱ་གཉིས་ཅར་ཡིན་པ་དང་སྦྱང་བྱ་ཁོ་ན་ཡིན་པ་གཉིས་ཡོད་པའི་གནད་ཤེས་ན་སྐྱོན་ཐམས་ཅད་རང་གྲོལ་དུ་འགྲོ་བའི་ཕྱིར་ཏེ། སྤྲིན་དང་གསེར་གྱི་གཡའ་ལ་སོགས་པ་ནི། སྦྱོང་བྱེད་ཀྱིས་སྦྱངས་པའི་ཚེ་ཁོ་རང་རང་ཟད་ལ་འགྲོ་བ་ཙམ་ལས་ཁོའི་རིགས་རྒྱུན་ནམ་མཁའ་དང་གསེར་སོགས་སུ་སོང་བ་མིན་པས་སྦྱང་བྱ་ཁོ་ན་ཡིན་པའི་ཕྱིར་དང་། མ་དག་པའི་ཕུང་པོ་ལྔ་དང་ཉོན་མོངས་པ་ལྔ་སོགས་ནི་སྦྱོང་བྱེད་ཀྱིས་སྦྱངས་པ་མཐར་ཐུག་པའི་ཚེ། མ་དག་པའི་ལོག་ཆ་རྣམས་ཟད་ཀྱང་། རང་གི་རང་བཞིན་རྒྱལ་བ་རིགས་ལྔ་དང་ཡེ་ཤེས་ལྔ་སོགས་སུ་གནས་གྱུར་པར་བྱེད་པས་སྦྱང་བྱ་དང་སྦྱང་གཞི་གཉིས་ཅར་ཡིན་པའི་ཕྱིར་རོ༔ ༔དཔལ་ལྡན་ཤཱཀྱ་མཆོག་ལྡན་གྱིས་གསེར་ཐུར་ལས། མ་དག་པའི་ཕུང་པོ་ལྔ་སོགས་ལྟར་བསྒོམ་བྱ་མ་ཡིན་ཏེ། མ་རིག་པའི་དབང་གིས་བྱུང་བའི་ཀུན་རྫོབ་ཁོ་ན་ཡིན་ལ། ལྷ་ནི་གཉིས་མེད་ཡེ་ཤེས་ལས་བྱུང་བའི་དོན་དམ་པ་ཁོ་ན་ཡིན་པའི་ཕྱིར། དེས་ན་གཟུགས་ཕུང་རྣམ་པར་སྣང་མཛད་ཅེས་པའི་གཟུགས་ཕུང་ནི་གཟུགས་ཕུང་གི་ཆོས་ཉིད་ཡིན་གྱི་མ་དག་པའི་གཟུགས་ཕུང་རྣམ་སྣང་དུ་སྒོམ་པ་ནི་མིན་ཏེ། དེ་དེར་བསྒོམས་པས་རྣམ་སྣང་དུ་འགྱུར་བ་ཡང་མི་སྲིད་པའི་ཕྱིར་ཞེས་བཞེད་ཅིང་། དེ་ཉིད་དཔལ་ལྡན་ས་སྐྱ་པའི་རྗེ་བཙུན་གོང་མ་རྣམས་ཀྱི་ཡང་དགོངས་པ་མཐར་ཐུག་པ་ཡིན་ནོ་ཞེས་སྒྲུབ་པར་མཛད་དོ། །དེ་དག་ལས་རི་བོ་དགེ་ལྡན་པས་བཞེད་པ་

དེ་ནི་བསྟན་བཅོས་འདི་ཉིད་དང་། ལོག་སྨྲ་ཚར་གཅོད་རིགས་པའི་མཚོན་ཆ་ལས་རྒྱས་པར་བཀག་ཅིང་། རྫོགས་ཆེན་བདེན་གྲུབ་འདོད་པ་ཡང་བསྟན་བཅོས་འདི་ཉིད་དང་། གྲུབ་ཐབས་ཀུན་བཟང་གི་རྣམ་བཤད་ལས་བཀག་ཟིན་ལ། དཔལ་ཤཱཀྱ་མཆོག་ལྡན་གྱི་བཞེད་པ་དེ་ཉིད་ནི། བསྟན་བཅོས་འདིར་ཇོ་ནང་པ་ལ་རྒྱལ་བཏྲག་གནང་བའི་ཞར་བྱུང་དུ་ཁེགས་པ་ཡིན་མོད། རྒྱས་པར་ནི་གློ་བོ་མཁན་ཆེན་བསོད་ནམས་ལྷུན་གྲུབ་ཀྱིས་སྡོམ་གསུམ་དཀའ་འགྲེལ་ཞིབ་མོ་རྣམ་འཐག་ཏུ་པཎ་ཆེན་གསེར་མདོག་ཅན་པའི་གཞན་སྟོང་ལ་དགག་པ་ཞིག་བྲིལ་དུ་གནང་བ་ནི་འདི་ལྟར་ལྟ་བའི་གནད་མི་མཐུན་པར་བསྟན་པ་དང་། སྒོམ་པའི་གནད་མི་མཐུན་པར་བསྟན་པ་གཉིས་ལས། དང་པོ་ལ་སྟོན་འཕགས་པའི་ཡུལ་དུ་འཕགས་པ་གཉིས་ཀྱི་དགོངས་པ་རང་རང་གི་ཕྱོགས་སུ་འཐེན་པའི་བྱུང་ལུགས་སློས་པ། གངས་རིའི་ཁྲོད་འདིར་དེ་ལྟར་འདོད་པའི་ལུགས་བྱུང་ཚུལ་བསྟན་པ། དེང་སང་གྲགས་པ་སེམས་ཙམ་རྣམ་མེད་ཀྱི་སྒོམ་ཕྱག་རྒྱ་ཆེན་པོ་དབུ་མའི་ཡང་རྩེར་འདོད་པ་དགག་པ་གསུམ། དང་པོ་ལ་སློབ་དཔོན་ཤཱནྟི་པ་གཟུང་འཛིན་གཉིས་མེད་ཀྱི་ཤེས་པ་རང་རིག་རང་གསལ་སྣང་ཙམ་གྱིས་འཇིག་ཀྱང་། རྟག་པར་ཁས་ལེན་ལ། དེ་ཉིད་རང་ལུགས་ཀྱི་རྫོགས་བྱའི་ལྟ་བ་མཐར་ཐུག་ཏུ་བཞེད་ཅིང་། དེ་ཡང་གྲུབ་མཐའ་སྨྲ་བ་བཞིས་ཟླས་ཕྱེ་བའི་རྣལ་འབྱོར་སྤྱོད་པའི་ལྟ་བར་བཞེད་ཀྱི་དབུ་མའི་ལྟ་བར་མི་བཞེད་ལ། ཀླུ་སྒྲུབ་ཀྱི་ལྟ་བའི་མཐར་ཐུག་ཀྱང་རྣལ་འབྱོར་སྤྱོད་པའི་ལྟ་བ་འདིར་གནས་སོ་ཞེས་ཀླུ་སྒྲུབ་རྣམ་རིག་པའི་ཕྱོགས་སུ་འཐེན་པར་མཛད། དཔལ་ལྡན་ཨ་ཏི་ཤས་འཕགས་པ་ཐོགས་མེད་ཀྱི་དགོངས་པ་ཡང་རང་སྟོང་དུ་གནས་སོ་ཞེས་ཐོགས་མེད་ངོ་བོ་ཉིད་མེད་པར་སྨྲ་བའི་ཕྱོགས་སུ་འཐེན་པར་མཛད་པ་ནི། འཕགས་ཡུལ་དུ་སྔར་མ་གྲགས་པའི་ཧ་ཅང་ཐལ་བའི་འཐེན་ལུགས་གཉིས་ཡིན་ནོ། །

གཉིས་པ་ནི་ཇོ་ནང་པའི་གཟུང་འཛིན་གཉིས་སྟོང་གི་ཡེ་ཤེས་སྣང་ཙམ་གྱིས་མི་འཇིག་པའི་རྟག་པ་དང་། དེ་ཉིད་དབུ་མ་ཆེན་པོའི་ལྟ་བ་ཡིན་ནོ་ཞེས་བཞེད་པ་ནི་གངས་ཅན་དུ་སྔར་མ་གྲགས་ཤིང་ནང་པའི་གྲུབ་མཐའ་སྨྲ་བ་གང་གིའང་ལུགས་དང་མི་མཐུན་པའི་གཏམ་ཆེན་པོ་ཡིན་ནོ། །གསུམ་པ་ནི་པཎ་ཆེན་པའི་ལུགས་ཀྱི་གཞན་སྟོང་གི་ལྟ་བ་སྟེ། དེ་ནི་ཕལ་ཆེར་ཤཱནྟི་པའི་གཞུང་དང་མཐུན་མོད། མིང་ཙམ་མི་མཐུན་ཏེ་ཤཱནྟི་པས་ལྟ་བ་དེ་ཉིད་སེམས་ཙམ་རྣམ་མེད་ཀྱི་ལྟ་བར་འདོད་ལ་ཁྱོད་ནི་དེ་ཉིད་གྲུབ་མཐའ་བཞིས་ཟླས་ཕྱེ་བའི་དབུ་མ་ཆེན་པོའི་ལྟ་བར་འདོད་པའི་ཕྱིར། ཇོ་ནང་པའི་ལྟ་བ་དང་ཡང་བདེན་གྲུབ་འདོད་པའི་ཆ་ནས་མཐུན་ཡང་ལྟ་བའི་གནད་ནི་མི་མཐུན་ཏེ། ཇོ་ནང་པ་རང་གི་ལྟ་བ་དེ་སྐྱེ་འཇིག་མེད་པའི་རྟག་བརྟན་དུ་འདོད། ཁྱོད་ཉིད་ལྟ་བ་དེ་སྐྱེ་འཇིག་བྱེད་པའི་རྟག་པ་སོགས་སུ་འདོད་པའི་ཕྱིར་དང་། དེ་ལྟར་འདོད་པ་དེ་ཡང་བཤད་གང་གི་གནས་ཡིན་ཏེ།

སྐྱེ་འཇིག་བྱེད་པའི་རྟག་པ་དང་སྐྱེ་བ་མེད་པའི་ཆོས་དབྱིངས་སྐྱེ་བར་ཁས་བླངས་པའི་ཕྱིར་རོ། །

གཉིས་པ་སྒོམ་པའི་གནད་མི་མཐུན་པར་བསྟན་པ་ལ་རྒྱུ་རྒྱུད་ཀྱི་གནད་མི་མཐུན་པར་བསྟན་པ་དང་། ཐབས་རྒྱུད་ཀྱི་གནད་མི་མཐུན་པར་བསྟན་པ་གཉིས། དང་པོ་ནི། པཎ་ཆེན་པས་ཀུན་གཞི་ལ་གཉིས་སུ་ཕྱེ་ནས་ཀུན་གཞིའི་ཡེ་ཤེས་མྱང་འདས་ཀྱི་གཞི་དང་། ཀུན་གཞི་རྣམ་ཤེས་འཁོར་བའི་གཞི་བྱེད་ཅེས་སོ་སོར་ཕྱེ་བ་ནི་མི་འཐད་དེ། དེ་ལྟར་ན་འཁོར་འདས་གཉིས་ཀྱི་གཞི་ཐུན་མོང་བ་གཅིག་མེད་པར་ཐལ། ཀུན་གཞི་ཡེ་ཤེས་ནི་མྱང་འདས་པའི་ཕྱོགས་སུ་ལྟུང་ཞིང་མྱང་འདས་ཁོ་ནའི་གཞི་བྱེད། ཀུན་གཞིའི་རྣམ་ཤེས་ནི་འཁོར་བའི་ཕྱོགས་སུ་ལྟུང་ཞིང་འཁོར་བ་ཁོ་ནའི་གཞི་བྱེད་པའི་ཕྱིར། དེ་ལྟར་འཁོར་འདས་གཉིས་ཀྱི་གཞི་ཐུན་མོང་བ་མེད་པ་དང་། ཀུན་གཞི་འཁོར་འདས་གཉིས་ཀྱི་ཕྱོགས་སུ་སོ་སོར་ལྟུང་བ་དེ་འདྲ་ཡང་མི་འཐད་དེ། དཔལ་ལྡན་ས་སྐྱ་པའི་མན་ངག་ལས། སེམས་ཉིད་རིག་པ་གསལ་ལ་མ་འགགས་པ། རིས་སམ་ཕྱོགས་སུ་མ་ལྟུང་བ་ཞེས་ཀུན་གཞི་དེ། ཡུལ་དྲུག་ལ་རིས་སུ་མ་ཆད་ཅིང་འཁོར་འདས་གང་གིའང་ཕྱོགས་སུ་མ་ལྟུང་བར་བཤད་པའི་ཕྱིར་དང་། ཁྱེད་བརྟེན་པ་ཀུན་གཞི་ལ་རྣམ་ཤེས་དང་ཡེ་ཤེས་གཉིས་སུ་འབྱེད་ན་རྟེན་ཙ་སོགས་ལའང་གཉིས་སུ་འབྱེད་དགོས་ལ། དེ་ཡང་འབྱེད་ན་ཆོས་ཉིད་ཀྱི་རྟེན་དཀྱིལ་འཁོར་བཞི་ནི་གཉིས་མེད་ཀྱི་ཡེ་ཤེས་ལས་མ་འདས་པས་རྟེན་དང་བརྟེན་པ་གཅིག་ཏུ་ཐལ་བའི་སྐྱོན་ཡོད་པའི་ཕྱིར། དེས་ན་དཔལ་ལྡན་ས་སྐྱ་པའི་རྒྱུད་མན་ངག་གི་དགོངས་པས། སྤྱིར་རྒྱུ་རྒྱུད་ཙམ་ནི་གཞི་དུས་ཀྱི་ཕུང་ཁམས་སྐྱེ་མཆེད་ཐམས་ཅད་ལ་འཇོག་ཀྱང་། བྱེ་བྲག་ཀུན་གཞི་རྒྱུ་རྒྱུད་ནི། རང་བཞིན་ཟུང་འཇུག་ཁོ་ན་ལ་འཇོག་གི་རང་བཞིན་གཞན་གཉིས་ལ་མི་འཇོག་སྟེ། ཟུང་འཇུག་དེ་རྟོགས་པ་ལས་སངས་རྒྱས་ཀྱི་ཡོན་ཏན་འབྱུང་གི །གསལ་སྟོང་གཉིས་ཙམ་རྟོགས་པ་ལས་དེ་མི་འབྱུང་བའི་ཕྱིར། ཟུང་འཇུག་དེ་ལ་བརྗོད་བྱ་དོན་གྱི་རྒྱུད་དང་སེམས་ཉིད་ལྷན་ཅིག་སྐྱེས་པའི་ཡེ་ཤེས་དང་། བརྗོད་བྱ་དོན་གྱི་ཀྱཻ་རྡོ་རྗེ་ཞེས་འདོག་གིས། རང་བཞིན་གཞན་གཉིས་ལ་ནི་ཐབས་དང་ཤེས་རབ་ཀྱི་རྒྱུད་ཙམ་ལས་སྔ་མ་དེ་ལྟར་མི་འཇོག་པའི་ཕྱིར་དང་། ཟུང་འཇུག་དེ་ཡང་རྣམ་ཤེས་ཚོགས་བརྒྱད་ཀྱི་རང་བཞིན་ཡིན་པས་ཀུན་རྫོབ་ཡིན་གྱི་དོན་དམ་བདེན་པ་དང་ཆོས་དབྱིངས་དང་བདེ་གཤེགས་སྙིང་པོ་སོགས་མ་ཡིན་ཏེ། ཆོས་དབྱིངས་ནི་སྤྲོས་པའི་མཐའ་དང་བྲལ་བས་སྣང་གཞི་དང་ཀུན་གཞི་རྒྱུ་རྒྱུད་སོགས་སུ་མི་རིགས་པའི་ཕྱིར།

གཉིས་པ་ཐབས་རྒྱུད་ཀྱི་གནད་མི་མཐུན་པར་བསྟན་པ་ལ། གསེར་ཐུར་ལས། བསྐྱེད་རྫོགས་ཀྱི་སྣང་གཞི་ཆོས་ཉིད་འོད་གསལ་ཁོ་ན་ཡིན་པར་བཤད་པ་ནི་མི་འཐད་དེ། ཁྱེད་རང་གིས་རིག་འཛིན་བློ་གྲོས་བཟང་པོའི་དྲིས་ལན་ལས། གནས་སྐབས་ཀྱི་སྣང་གཞི་ལ་གཉིས་སུ་ཕྱེ་བ་དང་། མཐར་ཐུག་གི་སྣང་གཞི་དྲི་བཅས་དེ་

བཞིན་ཉིད་གཅིག་ཕྱུར་ངེས་པའོ། །དང་པོ་ནི། སྦྱོང་བྱེད་བསྐྱེད་རྫོགས་གཉིས་ཀྱིས་སྦྱང་གཞི་ནི་བདེན་པ་གཉིས་སུ་དབྱེ་དགོས་ཏེ། སྐྱེ་བ་ཀུན་རྫོབ་ཀྱི་བདེན་པ་དང་། འཆི་བ་དོན་དམ་པའི་བདེན་པ་ཞེས་བྱ་གཉིས་སུ་བྱེད་པའོ། །ཞེས་བསྐྱེད་རིམ་གྱི་གནས་སྐབས་ཀྱི་སྦྱང་གཞི་ཀུན་རྫོབ་བདེན་པ་ཞིག་ཁས་བླངས་པ་དང་འགལ་བའི་ཕྱིར་དང་། སྦྱང་གཞི་སྐྱེ་འཆི་གཉིས་ལ་བདེན་གཉིས་ཀྱི་མིང་བཏགས་པ་ཡོད་ཀྱང་། འཆི་བ་དེ་གནས་ལུགས་དོན་དམ་བདེན་པ་དངོས་ནི་མ་ཡིན་ཏེ། འབྱུང་བཞིའི་ཐིམ་རིམ་ལས་གཟུང་འཛིན་གྱི་རྟོག་པ་འགགས་པའི་འོད་གསལ་ཙམ་ལ་དོན་དམ་བདེན་པའི་མིང་བཏགས་པ་ཙམ་ཡིན་པའི་ཕྱིར། གནད་ཀྱི་གཙོ་བོ་ནི། ཁྱོད་ཀྱིས་འདོད་པའི་གཉིས་མེད་ཡེ་ཤེས་ཀྱི་ངོ་བོར་གྱུར་པའི་སྣ་ཚོགས་རྡོ་རྗེ་དང་ལྷ་ལ་སོགས་པ་དེ་དག་སྦྱང་གཞི་ཡིན་ནམ་སྦྱོང་བྱེད་ཡིན། དང་པོ་ལྟར་ན་དེ་ལས་ལོགས་སུ་གྱུར་པའི་སྦྱོང་བྱེད་ཀྱི་རྡོ་རྗེ་དང་ལྷ་ཡང་མེད་པས་སྦྱང་གཞི་དང་སྦྱོང་བྱེད་གཅིག་ཏུ་ཐལ་བའི་སྐྱོན་ཡོད་ལ། ཕྱི་མ་ལྟར་ན་དེ་ཆོས་ཅན་བདེན་པར་གྲུབ་པར་ཐལ། གཉིས་མེད་ཀྱི་ཡེ་ཤེས་ཡིན་པའི་ཕྱིར། རྟགས་དངོས། འདོད་ན་སེམས་ཅན་ཐམས་ཅད་འབད་མེད་དུ་གྲོལ་བར་ཐལ་བའི་སྐྱོན་ཡོད། གཞན་ཡང་ཁྱེད་ལྟར་ན་ཐ་མལ་པའི་ཕུང་སོགས་རྣམས་གཏན་ནས་མེད་པས་སྦྱང་གཞིར་མི་འདོད་ཟེར་བ་ཡིན་ནམ། སྦྱང་བྱའི་དྲི་མ་ཡིན་པས་དེར་མི་འདོད་ཟེར་བ་ཡིན། ཕྱི་མ་ལྟར་ན། ཐ་མལ་པའི་ཕུང་ཁམས་རྣམས་དག་པའི་ལྷ་དང་གཞལ་ཡས་ཁང་སོགས་སུ་གནས་འགྱུར་དུ་མི་རུང་ཟེར་བར་སྣང་བས་ཉེས་པ་རབ་ཏུ་ཆེ་སྟེ། ཚེ་འདི་ཉིད་ལ་མཆོག་གི་དངོས་གྲུབ་ཐོབ་པའི་ཚེ། ལྕགས་གསེར་དུ་བསྒྱུར་བ་ལྟར་ཐ་མལ་པའི་ཕུང་པོ་རྡོ་རྗེའི་ལུས་སམ་འཇའ་ལུས་སམ་སྒྱུ་མའི་སྐུར་གནས་གྱུར་པ་ཡིན་གྱི། ཐ་མལ་པའི་ཕུང་པོ་དེ་ནས་དེ་ལས་ལོགས་སུ་ཡེ་ཤེས་ཀྱི་སྐུ་ཐོབ་པ་མིན་པའི་ཕྱིར་ཏེ། གང་ཚེ་ལས་ཀྱི་ལུས་བཅོམ་པ། །དེ་ཚེ་ལྷ་རུ་འགྱུར་བ་ཡིན། །ཞེས་དང་། དགོངས་པ་ལུང་སྟོན་ལས། གསང་སྔགས་སྐྱེས་བུའི་སྦྱོར་བ་ཡིས། །དེ་ནི་མི་མཆོག་དག་ཏུ་འགྱུར། །གསེར་འགྱུར་རྩི་ཡི་རྣམ་པ་ཡིས། །ལྕགས་ནི་གསེར་དུ་བྱེད་པ་ཡིན། །དེ་བཞིན་སྔགས་ཀྱི་དེ་ཉིད་ཀྱིས། །མི་ཉིད་བདེ་གཤེགས་བྱེད་པ་ཡིན། །ཞེས་བཤད་པའི་ཕྱིར། གཞན་ཡང་དབང་བཞི་ངོ་སྤྲོད་ཀྱི་འགྲེལ་པ་ལས། དེ་ལྟར་རྟེན་འབྲེལ་འགྲིག་པས་ཚེ་འདི་ཉིད་ལ་ལུས་མ་སྤངས་པར་སངས་རྒྱས་ཀྱང་ཐོབ་ན་གཞན་ལྟ་སྨོས་ཀྱང་ཅི་དགོས་ཞེས་བཤད་པ་ཡང་མི་འཐད་པར་འགྱུར་ཏེ། ལུས་རྟེན་འདིའི་རྟེན་གྱི་དཀྱིལ་འཁོར་བཞི་མ་སྤངས་པར་སྐུ་བཞིའི་གོ་འཕང་ཐོབ་པ་མི་སྲིད་པའི་ཕྱིར་དང་། སངས་རྒྱས་པ་ལ་ལུས་རྟེན་འདི་འདོར་དགོས་པའི་ཕྱིར་ཏེ། འདི་སྐུ་བཞིར་གནས་འགྱུར་བ་མེད་པའི་ཕྱིར། གཞན་ཡང་ལམ་འབྲས་ཀྱི་མཚན་དོན་འཆད་པ་ན། གསང་སྔགས་འབྲས་བུ་ལམ་དུ་བྱེད་པས་ལམ་འབྲས་བུ་དང་བཅས་པ་ཞེས་བྱ་སྟེ། ལམ་གྱི་

དུས་སུ་འབྲས་བུ་ཡང་ལྷུན་གྲུབ་ཏུ་གནས་ཏེ། ལུས་རྩ་དེ་ལ་སྤྲུལ་སྐུ་རང་བཞིན་གྱིས་ལྷུན་གྲུབ་ཅེས་བྱ་སྟེ། རྩ་དེ་ཉིད་ལམ་གྱི་རྟེན་འབྲེལ་གྱིས་ལན་ཅིག་སྤྲུལ་སྐུར་གནས་འགྱུར་བའི་ཕྱིར། དེས་ན་རང་བཞིན་ལྷུན་གྲུབ་དང་། འགྱུར་དུ་རུང་བ་གཉིས་ལ་དགོངས་ནས་རྩ་དེ་ལ་སྤྲུལ་སྐུ་ལྷུན་གྲུབ་ཏུ་བཞག་ཅེས་པ་དང་། ཡང་འབྲས་བུ་ལམ་དང་བཅས་པའི་གདམས་ངག་ཅེས་བྱ་སྟེ། འབྲས་བུའི་གནས་སྐབས་ན་རྒྱུ་ལམ་གྱི་ཆོས་རྟེན་རྩ་དང་ཡི་གེ་ལ་སོགས་པ་ཐམས་ཅད་མ་སྤངས་ཏེ་གནས་གྱུར་གྱི་ཚུལ་དུ་ཟག་མེད་ཀྱི་ཡེ་ཤེས་གཅིག་ཏུ་སྡང་བས་བསྡུས་ནས་ཡོད་པར་བཞེད་དེ། དཔེར་ན་ལྕགས་སྲང་སྟོང་གསེར་གྱུར་གྱི་རྩིས་གསེར་དུ་བསྒྱུར་བས་ལྕགས་ཀྱི་ངོ་བོ་མ་བཏྲུག་པ་དང་མཚུངས་སོ། །ཞེས་སོགས་བཤད་པ་ཡང་མི་འཐད་པར་འགྱུར་ཏེ། ད་ལྟའི་རྟེན་དཀྱིལ་འཁོར་བཞི་སྐུ་བཞིར་གནས་གྱུར་པ་མེད་པའི་ཕྱིར་རོ། །མདོར་ན་གཞི་དུས་ལམ་གྱི་ཆོས་རྣམས་ཡོན་ཏན་གྱི་ཚུལ་དུ་ཚང་བས་ལམ་གཞི་ལས་ལོགས་སུ་དབྱེར་མེད། འབྲས་བུ་ནི་དེ་གཉིས་ལས་འབྱུང་རྒྱུ་ཡིན་པས་འབྲས་བུ་དེ་གཉིས་ལས་ལོགས་སུ་དབྱེར་མེད་པ་དེ་ཙམ་ལ་དགོངས་ནས། གཞི་ལམ་འབྲས་གསུམ་དབྱེར་མེད་དོན་སླ་བ། །འཁོན་གྱི་རིགས་གྱུར་ཤཱཀྱའི་སྲས་པོ་མཆོག །རྡོ་རྗེའི་རིགས་གཅིག་ཀུན་དགའ་རྒྱལ་མཚན་དཔལ། །བཟང་པོ་ལས་གཞན་དོན་མཐུན་སླ་བ་སུ། །ཞེས་གསུངས་པ་ཡིན་གྱི། རྗེ་བཙུན་གོང་མས་གཞི་ལམ་འབྲས་གསུམ་དབྱེར་མེད་དུ་བཤད་པའི་དོན་གཞི་ལམ་འབྲས་གསུམ་དོན་གཅིག་ལ་མི་འཇོག་པར་གསོལ་བ་འདེབས་སོ། །དེས་ན་དེ་གསུམ་དབྱེར་མེད་ཀྱི་གོ་བ། དེ་གསུམ་རིམ་བཞིན་གནས་འགྱུར་ཏེ། འབྲས་བུའི་ཚེ་གཞི་ལམ་གྱི་རྟེན་དཀྱིལ་འཁོར་བཞིའི་རིགས་འདྲ་མ་ཉམས་པར་ཡོད་པ་ཙམ་ཡིན་གསུངས་པར་སྣང་སྟེ། འདི་དག་ཞིབ་མོ་རྣམ་འཐག་གི་ཚིག་བསྡུས་པའི་སྙིང་པོ་ཙུང་ཟད་ཙམ་བཀོད་པ་ཡིན་ནོ། ། སྤྱིར་ཞིབ་མོ་རྣམ་འཐག་མཛད་པ་པོ་འདི་ཉིད། བསྟན་བཅོས་མཛད་པ་འདིའི་དགོངས་པ་དང་། ཟབ་དོན་འགྲེལ་བའི་གནད་གཅིག་པ་ལྷ་བུར་ཡོད་ཀྱང་། གཞི་ཀུན་གཞི་རྒྱུ་རྒྱུད་དང་བདེ་གཤེགས་སྙིང་པོ་གནད་མི་གཅིག་པ་དང་། རང་བཞིན་གསུམ་གྱི་ཟུང་འཇུག་འདུས་བྱས་ཁོ་ན་ཡིན་པས་ཆོས་དབྱིངས་བདེ་གཤེགས་སྙིང་པོ་མིན་གསུང་བ་དང་། ཆོས་དབྱིངས་ནི་གཞི་ལམ་འབྲས་གསུམ་གང་དུ་ཡང་མི་གཏོགས་ཞེས་བཤད་པ་རྣམས་ནི། བསྟན་བཅོས་མཛད་པ་འདིའི་དགོངས་པ་མ་ཡིན་ཞིང་དཔལ་ལྡན་ས་སྐྱ་པའི་རྗེ་བཙུན་གོང་མའི་གསུང་རབ་ཀྱི་དོན་ལ་མ་ཞུགས་སམ་སྙམ་སྟེ༑ གོང་དུ་དཔྱད་ཟིན་པ་ལས་ཤེས་པའི་ཕྱིར་རོ། །

གཉིས་པ་ལམ་གྱི་ཡན་ལག་རྣམ་དག་ཏུ་སྒྲུབ་པ་ལ་གཉིས། དཔྱད་པར་དམ་བཅའ་མདོར་བསྟན། དཔྱད་པ་ཞིབ་མོ་སོ་སོར་བཤད་པའོ། །དང་པོ་ནི། སྨིན་སྒྲོལ་ལ་སོགས་འཕྲུལ་གྱི་ལག་ལེན་འགའ་ཞིག་ཆོས

ཅན། ཁྲིད་ལ་དག་མ་དག་གི་རྣམ་དབྱེ་ཆེ་ལོང་ཙམ་ཞིག་བརྗོད་པར་བྱ་སྟེ། ཁྲིད་འབུལ་བར་སྦྱོད་ན་ཡང་བསྟན་པ་ལ་གནོད་པར་མཐོང་ནས་ལྷག་བསམ་རྣམ་དག་གིས་དག་མ་དག་སོ་སོར་ཕྱེ་དགོས་པའི་ཕྱིར་རོ། །གཉིས་པ་རྒྱས་པར་བཤད་པ་ལ་བདུན། སྦྱིན་སྲེག་རྗེས་སྟགས་དཔྱད། གཏོར་མགྲོན་གཤེགས་ཚུལ་དཔྱད། དཀྱིལ་འཁོར་བཀོད་པ་དཔྱད། སྨན་བླའི་ཕོ་བྲང་ལ་དཔྱད། གཤིན་པོ་རྗེས་འཛིན་ལ་དཔྱད། ཕྱག་མཆོད་ཡུལ་ལ་དཔྱད། རྟེན་གྱི་གཟུངས་རྫོངས་ལ་དཔྱད་པའོ། །དང་པོ་ལ་བརྒྱ་བཞད་པ་ལས། སྦྱིན་སྲེག་ལ་རྗེས་སྟགས་བཅུ་ཙམ་གྱི་ཡུན་ཚད་ལ་སྦྱིན་སྲེག་བརྒྱ་ལ་སོགས་པའི་གྲངས་བྱེད་པ་ནི་ངོར་པ་མ་གཏོགས་པ་དེང་སང་གི་སྟགས་པ་རྣམས་དང་། ངོར་པའི་ཡང་སློབ་མ་ཁ་ཅིག་གོ་ཞེས་པ་ལྟར། དེང་སང་སྦྱིན་སྲེག་བྱེད་པའི་སྟགས་པ་འགའ་ཞིག །རྗེས་སྟགས་བཅུ་ཙམ་གྱི་ཡུན་ཚོད་ལ་གཅིག་བཅུ་ཉི་ཤུ་སུམ་ཅུ་སོགས་བརྗོད་ནས་བརྒྱ་ཐམ་པ་ཐལ་ལོ་ཞེས་སྐད་པོ་ཆེས་ལོགས་ནས་བགྲང་ཞིང་། དེ་ཡང་སྦྱིན་སྲེག་གི་གྲངས་སུ་བྱེད་པ་ནི་མི་འཐད་དེ། ལྷ་རྣམས་ཟག་མེད་བདུད་རྩིས་ཚིམ་པར་བྱ་བ་དང་། བསྙེན་སྟགས་ཀྱི་ནུས་པའམ་འབྲས་བུ་འབྱིན་པར་བྱ་བའི་ཕྱིར་རྗེས་སྟགས་དང་ལྷ་སྟགས་གྲངས་མཉམ་བགྲངས་པ་ཡི་སྦྱིན་སྲེག་བྱ་བར་རྒྱུད་སྡེ་ལས་གསུངས་ཀྱང་། ལྷ་སྟགས་དང་རྗེས་སྟགས་ཅུང་ཟད་ཙམ་ཡང་མ་ཚང་བའི་སྦྱིན་སྲེག་སྟགས་ཀྱི་ནུས་པ་འབྱིན་བྱེད་དུ་མ་བཤད་པའི་ཕྱིར། གཞན་ཡང་ཁྲིད་ཀྱི་སྦྱིན་སྲེག་འདི་ཡིས་མཆོག་དང་ཐུན་མོང་གི་འབྲས་བུ་ཅི་ཞིག་སྒྲུབ་སྟེ་སྒྲུབ་མི་ནུས་པར་ཐལ། འཆི་བ་བསླུ་བའི་ཚེ་ན་འཆི་བདག་ལ་བྲི་སྲང་དང་ཞོ་ཆས་རྗེས་གཞལ་བར་བྱེད་པའི་ཚེ་རྟེན་མ་འདི་འདྲའི་མགོ་སྐོར་བྱེད་པ་བཤད་ཀྱི། སོ་སོ་སྐྱེ་བོས་སངས་རྒྱས་ལ་རྫུན་གྱི་མགོ་སྐོར་བྱེད་པ་ཨེ་མ་མཚར་ཏེ། ཉེས་དམིགས་ཤིན་ཏུ་ཆེ་བའི་ཕྱིར་རོ། །རྒྱུ་མཚན་དེས་ན་ཞི་རྒྱས་དབང་དྲག་གི་ལས་བཞི་ལ་ཞི་བ་ལ་ཧོམ་དང་། རྒྱས་པ་ལ་ཟས་མཆོག་གི་སྟགས་སོགས་ལས་བཞིའི་རྗེས་སྟགས་མ་ཆད་པ་གཙོ་བོར་བྱས་པའི་སྒོ་ནས། གཞིའི་བསྙེན་པའི་བཅུ་ཆའི་སྦྱིན་སྲེག་བསྒྲུབ་པར་བྱ་སྟེ། རྗེས་སྟགས་རེ་རེ་བཞིན་མ་ཆད་པར་བགྲངས་པའི་གྲངས་ཀྱི་བཅུ་ཆའི་སྦྱིན་སྲེག་བྱས་ན། གཞི་བསྙེན་སྟགས་ཀྱི་ནུས་པ་འབྱིན་བྱེད་ཀྱི་སྦྱིན་སྲེག་མཛད་པར་འགྱུར་བའི་ཕྱིར། དེ་ཡང་། སྤྱིར་སྦྱིན་སྲེག་ལ། ལྷ་སྟགས་རྗེས་སྟགས་ལས་སྟགས་གསུམ་མ་ཆད་པར་བསྒྲུབ་དགོས་པ་ལས། གསུམ་ཆར་མ་ཆད་པའི་སྟགས་ཀྱི་བཅུ་ཆ་སོང་ན་མཆོག་ཡིན་མོད། དེ་ཙམ་མ་བཏུབ་ན་གསུམ་པོ་གང་གཙོ་ཆེ་སྙམ་ན། བསྟན་བཅོས་འདི་ཡི་དངོས་བསྟན་ལ་རྗེས་སྟགས་གཙོ་ཆེ་བར་བཤད་ཀྱང་། མུས་ཆེན་སེམས་དཔའ་ཆེན་པོས་བདག་ཆེན་བློ་གྲོས་རྒྱལ་མཚན་གྱི་གཞི་བསྙེན་གནང་བའི་ཚེ་སྦྱིན་སྲེག་ལ་ལྷ་སྟགས་མ་ཆད་པ་གཅིག་གྱིས་བཀའ་ཕེབས་པས། ལྷ་སྟགས་གཙོ་ཆེ་ཞེས་ཁའུ་པའི་བརྒྱུད་འཛིན་རྣམས་ཕྱག

ལེན་ལ་མཛད་དོ། །འོན་ཀྱང་ཁོ་བོའི་བསམ་པ་ལ་ནི། གཞི་བསྙེན་གྱི་སྡོམ་པ་དང་གཞི་བསྙེན་གྱི་སྡོམ་པ་ཡང་ཚུལ་ཁྲིམས་ཀྱི་ནུས་པ་འཕྲིན་པར་བྱེད་པའི་སྒྲིན་སྲེག་ལ། ལྷ་སྡོམ་དང་རྫས་སྡོམ་གཉིས་ཅར་ལ་གཞི་བསྙེན་གྲངས་གང་སོང་བ་དེའི་བཅུ་ཆ་འགྲོ་དགོས་ཏེ། ལྷ་སྡོམ་གྱི་བཅུ་ཆས་སྡོམ་གྱི་ཁ་སྐོང་རྫས་སྡོམ་གྱི་བཅུ་ཆས་སྡོམ་གྱི་ནུས་པ་འཕྲིན་པར་བྱེད་པའི་ཕྱིར། དེ་ཡང་གཞི་བསྙེན་གྱི་ཁ་སྐོང་བར་བྱེད་པ་ལ་གཞི་བསྙེན་དང་འབྲེལ་ཆགས་པ་ཞིག་དགོས་ལ། སྡོམ་གྱི་ནུས་པ་འཕྲིན་བྱེད་ཙམ་ནི་སྐབས་གཞན་དུ་ཡང་རུང་བས་དེའི་ཚེ་རྫས་སྡོམ་ཁོ་ན་གཙོ་བོར་སྒྲུབ་པས་ཆོག་གོ་སྙམ་དུ་སེམས་སོ། །དོན་དེ་ཉིད་ཀྱིས་ན་རྗེ་བཙུན་ཁུ་བའི་བརྒྱུད་འཛིན་རྣམས། ཀྱེ་རྡོར་ལྷ་བུའི་གཞི་བསྙེན་ལ་ཡང་རྩ་སྡོམ་དང་། སྙིང་པོ་ཉེ་སྙིང་གསུམ་ཆར་བཞི་འབུམ་སོང་ན་མཆོག་ཡིན་མོད། དེ་ཙམ་མིན་ནའང་རྩ་སྡོམ་དང་སྙིང་པོ་དེ་ཤ་པི་ཙུ་གཉིས་ལ་བཞི་འབུམ་ངེས་པར་མཛོད། རྒྱུ་མཚན་སྦྱིན་སྲེག་གི་ཚེ་ལྷ་སྡོམ་ལ་དེ་ཤ་པི་ཙུ་བླྙེས་པ་ཕྱུག་ལེན་ཡིན་པས། དེ་ཉིད་གཞི་བསྙེན་གྱི་ཚེ་བཞི་འབུམ་མ་སོང་ན། སྦྱིན་སྲེག་གི་ཚེ་དེ་ཤ་པི་ཙུ་བཞི་ཁྲི་སོང་ཡང་། གཞི་བསྙེན་གྱི་ཁ་སྐོང་དང་ནུས་པ་འཕྲིན་བྱེད་དུ་མི་འགྱུར་བའི་ཕྱིར་རོ། །ལས་སྡོམ་ནི། ལས་བཞིའི་ཞི་བ་ལ་ཤཱནྟིཾ་ཀུ་རུ་ཡེ་སྭཱ་ཧཱ་དང་། རྒྱས་པ་ལ་པུཥྚིཾ་ཀུ་རུ་ཡེ་སོགས་སྐབས་ཅི་རིགས་ལ་སོང་བས་ཆོག་གི །རྣམ་པ་ཐམས་ཅད་དུ་མ་ཆད་པ་མ་བྱུང་ཡང་སྐྱོན་ཆེར་མེད་པར་བཞེད་དོ། །

གཉིས་པ་གཏོར་མགྲོན་ལ་དཔྱད་པ་ནི། པནྡི་བཞད་པ་ལས། གཏོར་མགྲོན་དམ་ཚིག་པ་གཤེགས་ནས་ཡེ་ཤེས་པ་བསྡུ་བ་ནི་བོ་དོང་པའི་རྗེས་འབྲང་རྣམས་སོ་ཞེས་པ་ལྟར་བོ་དོང་པའི་དེ་ཉིད་འདུས་པའི་རྗེས་འབྲང་ཁ་ཅིག །གཏོར་མགྲོན་ལ་སོགས་པའི་མདུན་བསྐྱེད་གཤེགས་གསོལ་བྱེད་པའི་ཚེ། དམ་ཚིག་པ་གཤེགས་ནས་ཡེ་ཤེས་པ་རང་ལ་བསྡུ་བ་ཡིན་ཏེ། དེའི་རྒྱུ་མཚན་ཡང་དམ་ཡེ་དེ་གཉིས་ཀྱང་བཟང་ངན་ཐ་དད་པའི་ཕྱིར་ན། ངན་པ་དམ་ཚིག་པ་གཤེགས་ནས། བཟང་པོ་ཡེ་ཤེས་པ་ནི་རང་ལ་བསྡུ་བ་ཡིན་པའི་ཕྱིར་ཞེས་ཟེར་རོ། །དམ་ཚིག་པ་གཤེགས་ནས་ཡེ་ཤེས་བསྡུ་བ་ལ་ཡེ་ཤེས་པ་བཟང་ཞིང་དམ་ཚིག་པ་ངན་པར་འཛིན་ཞེས་པའི་རིགས་པ་འདི་བླུན་པོའི་རིགས་པ་སྟེ། འོ་ན་མགྲོན་བཟང་པོ་བོས་པའི་ཚེ་བསྙེན་བཀུར་བྱས་རྗེས་མགྲོན་བཟང་པོ་ཉིད་འཁོར་དུ་བསྡུས་ནས་དེའི་ཚབ་ཏུ་གཡོག་ངན་པ་གཞན་ཞིག་གཏོང་དགོས་པར་འགྱུར་བར་ཐལ་བ་དང་། ཡོ་གར་བདག་ཉིད་དམ་ཚིག་པ་བསྐྱེད་ནས་ཡེ་ཤེས་པ་བཅུག་ཏེ་ཅོ་ག་ཚར་ནས་བདག་བསྐྱེད་གཤེགས་གསོལ་བྱེད་པའི་ཚེ་ཡང་། དམ་ཚིག་པ་གཤེགས་ནས་ཡེ་ཤེས་པ་བསྡུ་བའི་ཚུལ་འདི་ཅིའི་ཕྱིར་མི་མཚུངས་ཏེ་མཚུངས་པར་ཐལ། བཟང་པོ་རང་ལ་བསྡུ་ཞིང་ངན་པ་གཤེགས་དགོས་པའི་རིགས་པ་དེའི་ཕྱིར། དེས་ན་ལུང་རིགས

མན་ངག་མེད་པ་ཡི་གྲུབ་མཐའ་འདི་འདྲ་ཆོས་ཅན། མཁས་པས་བླང་བྱ་མ་ཡིན་ཏེ། བླུན་པོ་ཁོ་ནའི་ཁྱད་ནོར་ཟབ་ཤོས་ཡིན་པའི་ཕྱིར་རོ། །གྲུབ་དོན་ནི་དམ་ཡེ་གཉིས་ལ་བཟང་ངན་ཐ་དད་དུ་འཛིན་པ་ཡོད་པ་དེ་ཉིད་ཀྱིས། སྤྱན་དྲངས་པའི་ཡེ་ཤེས་པ་ཉིད་གཤེགས་དགོས་ཏེ། ཡེ་ཤེས་པ་དེ་ཚོགས་བསགས་པའི་ཞིང་དུ་སྤྱན་དྲངས་པ་ཙམ་ཡིན་པའི་ཕྱིར་དང་། དེ་གཉིས་བཟང་ངན་ཐ་དད་དུ་འཛིན་པ་མེད་ན། རང་ལ་བསྟུ་བ་དང་ཕར་གཤེགས་སུ་གསོལ་བ་དེ་འདྲའི་བླང་དོར་བྱ་ཅི་དགོས་ཏེ་མི་དགོས་པའི་ཕྱིར་རོ། །

གསུམ་པ་དཀྱིལ་འཁོར་བཀོད་པ་ལ་དཔྱད་པ་ལ་མགོ་འཇུག་ལྡོག་པ་དགག །མདུན་རྒྱབ་ལྡོག་པ་དགག་པའོ། །དང་པོ་ནི། པདྨ་བཞད་པ་ལས། གནམ་རྒྱན་གྱི་དཀྱིལ་འཁོར་ལ་འཁོར་གྱི་ལྷ་ནང་ལ་བསྟན་པ་ནི༑ སྒོས་ཁང་པ་རིན་རྒྱལ་གྱི་བཞེད་པ་ཡིན་ཟེར་ནས་ཉང་སྟོད་ཕྱོགས་སུ་དར་རོ། །ཞེས་པ་ལྟར། མི་འབྲུགས་མགོན་པོའི་དཀྱིལ་འཁོར་སོགས་ཚུལ་བཞིན་རས་འདྲུལ་སོགས་ལ་བྲིས་ནས་གནམ་རྒྱན་ལ་བཏགས་པས་དེ་འོག་གི་འགྲོ་བ་རྣམས་བསོད་ནམས་སྤེལ་བའི་ཕྱིར་མཁས་པ་རྣམས་ཕྱག་ལེན་མཛད་པ་ལ། ཚུལ་འདི་ལ་ཁ་ཅིག །གནམ་རྒྱན་ལ་ལྷ་མགོ་ནང་དུ་བསྟན་ནས་འབྲི་དགོས་ཏེ། གནམ་རྒྱན་དཀྱིལ་འཁོར་གྱི་དབུ་ཕྱིར་བསྟན་བྲིས་ན། དེ་ཉིད་གློས་སློང་བའི་ཚེ་ལྷ་རྣམས་ཀྱི་དབུ་རྣམས་ཐུར་བསྟན་འབྱུང་བས་ན་མི་ཤེས་པའི་ཕྱིར་ཞེས་ཟེར་རོ། །འོན་གནམ་རྒྱན་གྱི་གཞལ་ཡས་ཁང་ལ་ཡང་། མདའ་ཡབ་དང་ཕུ་ཤུ་དྲ་བ་དྲ་ཕྱེད་སོགས་ནང་ནས་རིམ་བཞིན་བྲིས་ནས་ནི་རྩིག་པ་ཕྱི་རུ་འབྲི་དགོས་པར་འགྱུར་བར་ཐལ། དེ་ལྟ་མིན་པར་རྩིག་པ་ནས་རིམ་བཞིན་བྲིས་ན་གློས་སླངས་པའི་ཚེ། གཞལ་ཡས་ཁང་མགོ་འཇུག་ལྡོག་ནས་ཁ་ཐུར་བསྟན་འབྱུང་བས་མི་ཤེས་པར་མཚུངས་པའི་ཕྱིར། གལ་ཏེ་སྐྱོན་དེ་ཉིད་ཡོད་པས་འདོད་ཅེ་ན། འོན་ཁྱོད་ལ་གནམ་རྒྱན་འབྲི་བའི་ཚེ་ལྷ་དང་གཞལ་ཡས་ཁང་སོགས་མཚན་མ་གཏན་ནས་མེད་པར། འོག་གཞི་ཁོ་ན་ཙམ་ཞིག་འབྲི་དགོས་པར་འགྱུར་བར་ཐལ། སྔ་མ་དེ་ལྟར་བྱས་ཀྱང་གློས་སླངས་པའི་ཚེ་གཞལ་ཡས་ཀྱི་སྟེང་དུ་འོག་གཞི་འབྱུང་བས་མི་ཤེས་པར་མཚུངས་པའི་ཕྱིར་རོ། །གཞན་ཡང་ཁྱོད་ཀྱི་གནམ་རྒྱན་འབྲི་ལུགས་འདི་ལ་སྐྱོན་མང་དུ་སྣང་སྟེ། དཀྱིལ་འཁོར་གཙོ་བོའི་ཞལ་ཤར་ལ་བསྟན་པ་འབྲི་ན་ནི་གློས་སླངས་པའི་ཚེ་ན་ཞལ་ནུབ་བསྟན་དུ་འགྱུར་བའི་ཕྱིར་དང་། གཙོ་ཞལ་ནུབ་བསྟན་འབྲི་ན་ནི་འདི་འདྲའི་དཀྱིལ་འཁོར་རྒྱ་བོད་སུ་ཡིས་བྱས་ཏེ་བསྟན་རྒྱུ་མེད་པས་གད་མོའི་གནས་ཡིན་པའི་ཕྱིར་རོ། །གཞན་ཡང་ཁྱོད་ཀྱི་འདི་ལ་སྐྱོན་གསུམ་གནས་ཏེ། འོག་གཞི་ལ་ལྷ་རྣམས་སྤྱི་གཙུག་གཏད་ནས་ནི་བཞུགས་པ་དང་། གློས་སླངས་པའི་ཚེ་ཕྱི་ནས་སློང་ན་མགོ་འཇུག་བསྒྱུར་དགོས་པ་དང་། ནང་ནས་སློང་ན་གཙོ་བོ་ལ་འཁོར་རྒྱབ་བསྟན་གསུམ་ལས་མ་འདས་པས། འདི་འདྲའི་དཀྱིལ་འཁོར་ཡུལ་ཕྱོགས

དེའི་གཙོ་འཁོར་ཀུན་གྱི་རྟེན་འབྲེལ་ལ་གནོད་པའི་ཕྱིར་ན་རྒྱལ་པོའི་ཁྲིམས་ཡོད་ན་རྣམ་པ་ཀུན་ཏུ་དགག་པར་རིགས་པའི་ཕྱིར། གཞན་ཡང་། གནམ་རྒྱན་དཀྱིལ་འཁོར་ལ་བློས་བསླངས་པའི་ཚེ་ལྷ་ཐུར་བསྟན་ཡོད་པས། ལྷ་མགོ་ནང་དུ་བསྟན་པ་འབྲི་ན་ལོགས་ན་དཀྱིལ་འཁོར་འབྲི་བ་ལ་སློང་བའི་ཚེ་ན་ཇི་ལྟར་འགྱུར་ཏེ་ཞལ་འཕྲེད་བསྟན་སོགས་ལས་འོས་མེད་པས་དེ་བཅོས་པའི་ཐབས་སུ་འབྲི་ལུགས་ཀྱི་གདམས་ངག་ཅི་ཡིན་སྨྲ་དགོས་པ་སྟེ་སྨྲ་བར་རིགས་པར་ཐལ། གནམ་རྒྱན་ལ་འབྲི་ལུགས་རྣམ་དག་གཅིག་སྨྲ་རྒྱུ་འདུག་པའི་ཕྱིར་རོ། །དེས་ན་ཁོ་བོ་ལ་ནི་འབྲི་ལུགས་སོ་སོ་བ་མེད་དེ། དཀྱིལ་འཁོར་ལ་ལ་བཀྲམ་པའམ། ཡོག་ལ་འགྲེམས་སམ། གནམ་རྒྱན་ལ་འདོགས་པ་གང་ཡིན་ཡང་རུང་སྟེ། འབྲི་ལུགས་ལ་ཁྱད་པར་མེད་པར་ཤེས་དགོས་སོ་ཞེས་མཁས་པའི་མན་ངག་ཡིན་པའི་ཕྱིར། གསུམ་པོ་གང་ལ་ཡང་བློས་བསླངས་པའི་ཚེ་སྐྱོན་དུ་མི་འགྱུར་ཏེ། གཞལ་ཡས་ཁང་བློས་བསླངས་པའི་ཚེ་མགོ་འཇུག་དང་སྟེང་འོག་མནོར་བར་སློང་བའི་གནད་ཤེས་ན་རང་གྲོལ་དུ་འགྱུར་བའི་ཕྱིར་རོ། །

བཞི་པ་སྨན་བླའི་ཕོ་བྲང་ལ་དཔྱད་པ། ཕྱོགས་སྔ་མ་ནི་བརྫོ་བཞད་པ་ལས། སྨན་བླའི་ཕོ་བྲང་ནི་ཉང་སྒོམ་ཆེན་གྱི་ཉམས་སྣང་ཡིན་པར་གྲགས་སོ་ཞེས་པ་ལྟར། ཁ་ཅིག་སྨན་བླའི་ཕོ་བྲང་ཞེས་བྱ་བ་དཀྱིལ་འཁོར་གྱི་ལྷ་རྣམས་ཙཀྲཱི་ལ་བྲིས་པ་ཁ་ཕྱིར་བསྟན་ནས་མཆོད་རྟེན་གྱི་བང་རིམ་ལྟ་བུ་བྱེད་དེ། སྒྲུབ་བྱེད་རྣམ་དག་མེད་ཀྱང་ཐ་མལ་པའི་མིག་ལམ་ལ་མཛེས་པ་ལྟར་སྣང་བས་ཉང་ཤབ་གཙང་གི་ཕྱོགས་འདིར་ཤིན་ཏུ་དར་ཞིང་། འདི་ཡང་ཉང་སྟོད་སྒོམ་ཆེན་གྱི་ཉམས་སྣང་ལས་བྱུང་བ་ཡིན་པར་གྲགས་པ་ཙམ་ཡིན་པའི་ཕྱིར་རོ། །དེ་དགག་པ་ལ༑ སྨན་བླའི་ཙཀྲཱི་གྲགས་པ་འདི་ཡང་། ལེགས་ཉེས་ཅིར་འགྱུར་མཁས་པས་བརྟག་དགོས་ཞེས་སོ་ཞེས་གདམས་ཏེ། གང་ཟག་ཐལ་པའི་ཉམས་སྣང་ཙམ་བདུད་ཀྱི་མིན་ན་རུང་མོད་ཡིན་པ་དག་ཀྱང་སྲིད་པའི་ཕྱིར་དང་། བཅོམ་ལྡན་འདས་ཀྱིས་བཀའ་མདོ་རྒྱུད་དང་རྒྱ་བོད་ཀྱི་བསྟན་བཅོས་རྣམ་དག་ལས་འདི་འདྲའི་དཀྱིལ་འཁོར་གསུངས་པ་མེད་པ་དེས་ན་དགག་དགོས་པའི་རིགས་ཡིན་པའི་ཕྱིར་རོ། །འོ་ན་ཇི་ལྟར་འགོག་སྙམ་ན། རྟེན་གྱི་གཞལ་ཡས་ཁང་མེད་པར་བརྟེན་ལྷ་ཡི་བཀོད་པ་ཙམ་ཡིན་ན་རུང་མོད། རྟེན་དང་བརྟེན་པའི་དཀྱིལ་འཁོར་ཡོངས་རྫོགས་ལ་འདི་འདྲ་མི་རུང་སྟེ། ཁྱོད་ཀྱི་རྟེན་དང་བརྟེན་པའི་བཀོད་པ་འདི་ལ་གཞལ་ཡས་ཁང་དང་འཁོར་ཙམ་ཞིག་ལས་གཙོ་བོ་མེད་པར་ཁོང་སྟོང་དུ་བཞག་པས་མི་ཤེས་སོ་ཞེས་བྱ་སྟེ། མི་ཤེས་པའི་ཕྱིར། གལ་ཏེ་གཙོ་བོ་ལྷ་མེད་ཀྱང་སྟེང་དུ་པོ་སྟི་ཉིད་བཞག་པ་གཙོ་བོ་ཡིན་ནོ་སྙམ་ན། དེ་ལྟ་ཡིན་དུ་ཆུག་ན་ཡང་མི་འཐད་དེ། གཙོ་བོ་ལ་འཁོར་གྱི་ལྷ་རྣམས་རྒྱབ་བསྟན་པས་ཕྱི་ནང་གི་རྟེན་འབྲེལ་ཀུན་ལ་གནོད་པས། བོད་ཀྱི་འབངས་རྣམས་རྒྱལ་པོ་ལ་ངོ་ལོག་བྱེད་པ་སོགས་ཀྱང་། ལུགས་འདི་འདྲ་དར་བ་དེ་ནས་དར་བས་སྲུང་བར་བྱ

བ་ཁོ་ན་ཡིན་པའི་ཕྱིར་རོ། །འོ་ན་མཆོད་རྟེན་གྱི་ཕྱི་ལོགས་ལ་ལྷ་འབྲི་བ་ཡང་མི་འཐད་པར་འགྱུར་རོ་ཞེ་ན། མཆོད་རྟེན་གྱི་ཕྱི་ལོགས་ལ་ལྷ་འབྲི་བ་ཡང་བཤད་པ་མེད་མོད། འབྲི་བར་བྱེད་ན་ཡང་དཀྱིལ་འཁོར་གྱི་རྣམ་གཞག་བྱེད་པར་བསམ་ནས་བྲིས་པ་མ་ཡིན་པས་འགལ་བ་ཆེར་མེད། བསོད་ནམས་བསགས་པའི་ཆེད་ཙམ་དུ་བྲིས་པ་ཡིན་ཕྱིར་རོ། །དེས་ན་སྨན་བླའི་མཆོད་ཡུལ་འདིའི་ཚུལ་ལུགས་ཞི་བ་འཚོས་བྱ་རྒྱུད་སྤྱིའི་དཀྱིལ་འཁོར་དང་མཐུན་པའི་རྣམ་གཞག་གསུངས་པ་ཉིད་ཉམས་སུ་བླང་ན་དགེ་ལེགས་འབྱུང་སྟེ་ལུང་རིགས་ཀྱིས་མི་གནོད་པའི་རྣམ་གཞག་ཡིན་པའི་ཕྱིར་རོ། །དེས་ན་རྗེར་བཀའ་བཞི་པ་སེངྒེ་རྒྱལ་མཚན་སོགས་སྨན་བླའི་ཙཀྲི་བྲི་རུང་བར་ཞལ་གྱིས་བཞེས་ཤིང་ཕྱག་ལེན་མཛད། མཁས་པ་བོ་དོང་པ་ཕྱོགས་ལས་རྣམ་རྒྱལ་དང་། རྩེ་ཐང་སངས་རྒྱས་ལྷུན་གྲུབ་སོགས་དེ་འདྲ་ཚད་ལྡན་ལས་མ་བཤད་ཅིང་། བོན་པོའི་ལུགས་ལྷ་བུར་བླངས་པ་ཡིན་པས་མི་འཐད་ཅེས་འགོག་པར་མཛད། མཁས་པར་མ་སྦྱངས་པ་ཁ་ཅིག །འོ་ན་དཀྱིལ་ཐང་ཡང་མི་འཐད་པར་འགྱུར་ཏེ། བཀྲམ་ན་ལྷ་དབུ་ཐུར་བསྟན་དང་། བཀྲམ་ན་ལྷ་རྣམས་གན་རྒྱལ་དང་། འཁོར་རྣམས་གཙོ་བོ་ལ་འཕོངས་བསྟན་པར་འགྱུར་བའི་ཕྱིར། ཡང་རིགས་ལྔའི་དབུ་རྒྱན་མགོ་བོར་གྱོན་པ་ཡང་མི་འཐད་པར་འགྱུར་ཏེ༑ རིགས་ལྔ་ཕན་ཚུན་རྒྱབ་སྤྲད་བྱས་པའི་ཕྱིར། ཞེས་སྨྲ་བ་ནི་རང་གི་དེ་ཉིད་སྟོན་པའི་རྣམ་ཐར་ཟབ་མོ་སྟེ། སྐྱོན་སྤྱ་མ་དེ་ལ་བློས་སྦྱོང་བའི་རྣམ་དབྱེ་ཙམ་ཡང་མ་ཕྱེད་པའི་སྨྲ་བ་ཡིན་པའི་ཕྱིར་དང་། སྐྱོན་ཕྱི་མ་ནི་སྤྱིར་ལྷ་རང་རང་སོ་སོ་ལ་བཞུགས་ཚུལ་རྒྱབ་སྦྲད་སོགས་ཉེས་པ་མེད་པ་དང་། དཀྱིལ་འཁོར་ལ་བཀོད་པའི་ལྷའི་འཁོར་གཙོ་བོ་ལ་རྒྱབ་བསྟན་པ་སོགས་མི་རུང་བའི་རྣམ་དབྱེ་མ་ཕྱེད་པའི་སྨྲ་བ་ཡིན་པའི་ཕྱིར། དེས་ན་འདི་རིགས་དང་། ཆོས་རྗེ་ས་པཎ་གྱི་གློ་བོ་ལོ་ཙྪ་བའི་དྲིས་ལན་དུ་བཀག་པའི་དཀྱིལ་འཁོར་གྱི་གཙོ་བོ་ལ་བླ་མ་རབ་བྱུང་གི་སྐུ་འབག་འདྲི་བ་སོགས་མ་དག་པར་ཤེས་པར་བྱ་སྟེ། རྟེན་འབྲེལ་གྱི་གནད་ཁྱད་པར་ཅན་འགྲིག་ཏུ་མི་སྟེར་བའི་ཕྱིར་དང་། བླ་མ་ཡི་དམ་དབྱེར་མེད་ཅེས་པའི་མིང་ཙམ་གྱིས་འཁྲུལ་གཞི་བྱས་པར་སྣང་བའི་ཕྱིར་རོ། །

ལྔ་པ་གཤིན་པོ་རྗེས་འཛིན་ལ་དཔྱད་པ་ནི། པཎྜི་བཞད་པ་ལས། ཆོ་ག་མི་བྱེད་པར་མིང་བྱང་སྲེག་པ་ནི་སྒོམ་སྟེའི་ཡུལ་ན་དར་བས་དགག་དགོས་ཞེས་སྒོམ་སྡེ་བསོད་ནམས་རིན་ཆེན་གྱིས་བསླུལ་ནས་བྲིས་པའོ། །ཞེས་པ་ལྟར་ལྔོ་ཕྱིར་ཚུལ་འཚོས་པ་ཁ་ཅིག །ངན་སོང་སྦྱོང་རྒྱུད་ནས་གསུངས་པའི་གཤིན་པོ་རྗེས་འཛིན་གྱི་ཆོ་ག་སོགས་མི་བྱེད་པར། གཤིན་པོའི་མིང་བྱང་སྲེག་པ་ཡིས་དད་རྫས་མང་དུ་ལེན་པ་མཐོང་བ་ནི། ཤིན་ཏུ་གཡང་ཟ་བའི་གནས་ཏེ། དཀོན་མཆོག་བརྩེགས་པའི་མདོ་སྡེ་ལས་དད་རྫས་ཟ་བའི་ཉེས་པ་མཐོང་ནས་དགེ་སློང་ལྔ་བརྒྱས་བསླབ་པ་ཕུལ་བ་དེ་ལ་སྟོན་པས་ལེགས་སོ་ཞེས། རང་ཉིད་བསླབ་ཁྲིམས་གཙང་མ་དང་ལྡན་ཡང་གློག

པ་ཐོས་བསམ། བསམ་གཏན་ཏིང་ངེ་འཛིན་གང་རུང་ལ་མི་བརྟེན་པར་དད་གཤིན་གྱི་རྫས་ཀྱིས་ལྟོ་འགེངས་པ་བས། རང་ཉིད་བསླབ་པ་ཕུལ་ནས་དད་གཤིན་གྱི་རྫས་སྤྱངས་ཏེ་ཐ་མལ་པར་གནས་པ་མཆོག་ཏུ་གསུངས་པའི་ཕྱིར་དང་། གཞན་ཡང་འདུལ་བའི་ལུང་གི་བཀའ་བསྟན་བཅོས་ལས། མི་སློབ་པ་ནི་བདག་པོར་སྤྱོད། །སློབ་པ་བྱིན་པ་སྤྱོད་པ་སྟེ། །བསམ་གཏན་ཀློག་དང་ལྡན་པ་ནི། །རྗེས་གནང་སྤྱོད་པས་ཉེས་པ་མེད། །ལྷག་མ་ལེ་ལོས་བཅོམ་པ་ཡི། །བདག་ཉིད་རྣམས་ནི་བུ་ལོན་སྤྱོད། །ཞེས་འདུལ་ལུང་གི་དོན། འདུལ་བ་ལེའུར་བྱས་པ་ལས་གསུངས་པ་དེ་ལྟར། མི་སློབ་པའི་གང་ཟག་གིས་དད་གཤིན་གྱི་རྫས་བདག་པོའི་ཚུལ་དུ་ལོངས་སྤྱོད། སློབ་པ་འཕགས་པས་གཞན་གྱིས་བྱིན་པ་ལ་དབང་བའི་ཚུལ་གྱིས་ལོངས་སྤྱོད། གཞི་ཚུལ་ཁྲིམས་ལ་གནས་ཤིང་། ལམ་བསམ་གཏན་དང་ཀློག་པ་གང་རུང་ལ་འབད་པས་བརྟེན་པའི་སོ་སོ་སྐྱེ་བོ་རྣམས་སྟོན་པས་རྗེས་སུ་གནང་བའི་ཚུལ་གྱིས་ལོངས་སྤྱོད། ཚུལ་ཁྲིམས་དང་ལྡན་ཡང་བསམ་གཏན་དང་ཀློག་པ་གང་ལ་ཡང་མི་བརྟེན་པ་རྣམས་ནི་བུ་ལོན་བླངས་པའི་ཚུལ་གྱིས་ལོངས་སྤྱོད། ཚུལ་ཁྲིམས་དང་མི་ལྡན་པ་རྣམས་ནི་ཉུང་ཟད་ཀྱང་ལོངས་སྤྱོད་པར་མི་དབང་ཞིང་གལ་ཏེ་སྤྱད་ཀྱང་སེམས་ཅན་དམྱལ་བར་ཁྲིད་རྗེས་ལྕུགས་ཀྱི་ཐོ་ལུམ་མེ་འབར་བ་དང་ཁྲོ་ཆུ་ཁོལ་མའི་ཆུས་འགེངས་པའི་སྡུག་བསྔལ་འབྱུང་བའི་ཉེས་དམིགས་ཡོད་པར་བཤད་པའི་ཕྱིར་དང་། སྟོན་གྱི་སྐྱེས་ཆེན་འགས་ཀྱང་། སྟོང་ཉིད་འཇུ་རྩེ་མ་རྟོགས་པ། །དད་རྫས་འཇུ་བ་ངས་མ་མཐོང་། །ཞེས་གསུངས་ནས། དད་གཤིན་གྱི་རྫས་འཇུ་བ་ལ་སྟོང་ཉིད་རྟོགས་པའི་ལྟ་བ་རྒྱུད་ལ་ཡོད་དགོས་པར་གསུངས་པ་ཡང་སྣང་བའི་ཕྱིར་རོ། །དེས་ན་དོན་དེ་དག་ཡིད་ལ་གཞག་ནས་ནི། དད་རྫས་འཇུ་བར་འདོད་གྱུར་ན། གཞི་ཚུལ་རྣམ་དག་དང་ལྡན་པར་བྱས་པས། ལམ་བསམ་གཏན་དང་ཀློག་པ་ཐོས་བསམ་གང་རུང་ལ་མ་མཐར་བརྟེན་པར་བྱ་དགོས་ཏེ། དེ་ལྟར་བྱེད་པ་དེ་ལ་དད་རྫས་སྟོན་པས་རྗེས་སུ་གནང་བའི་ཚུལ་གྱིས་ལོངས་སྤྱོད་པས་ཆོག་པའི་ཕྱིར་རོ། །ཁྱད་པར་གཤིན་པོ་རྗེས་སུ་འཛིན་ན། ངན་སོང་སྦྱོང་རྒྱུད་དང་། སོགས་སྔགས་བསྔོས་པ། མི་འཁྲུགས་པ༔ བདེ་ཀྱེ་སོགས་ཀྱི་རྒྱུད་ལས་གསུངས་པའི་ཆོ་ག་ཚུལ་བཞིན་དུ་བྱ་བར་རྫོགས་པའི་སངས་རྒྱས་ཀྱིས་རྒྱུད་དེ་དང་དེ་ལས་གསུངས་པས་དེ་ལྟར་བྱ་དགོས་ཏེ། དེ་ཉིད་སྔགས་ཀྱི་སྒོ་ནས་གཤིན་རྫས་ལ་སྤྱོད་པའི་ཐབས་ཡིན་ཞིང་གཤིན་པོ་ལ་ཕན་པ་དེའི་ཕྱིར་རོ། །གནད་དེས་ན་དད་གཤིན་གྱི་ལོངས་སྤྱོད་ཚུལ་འདི་ལ་གཟབ་པར་བྱ་སྟེ༑ གཟུ་ལུམ་གྱི་སྤྱད་པས་རང་གཞན་གཉིས་ཀ་ལ་གནོད་པར་འགྱུར་སྲིད་པའི་ཕྱིར། དེས་ན་སྨན་བླའི་ཆོ་ག་ལ་ཡང་ལུགས་སྲོལ་མང་དུ་སྣང་བའི་ཇོ་བརྟན་མཁན་ཆེན་བསོད་ནམས་གྲགས་པའི་ལུགས་དང་། ལྷོ་པ་གསེར་ཁང་བྱང་ཆུབ་གྲགས་ཀྱི་ལུགས་ལ། སྨན་བླའི་མདོ་ཆོག་ལ་བརྟེན་པའི་གཤིན་པོ་རྗེས་འཛིན་དང་ཁྱད་

པར་མིང་བྱང་སྲེག་ཚོག་གི་ལག་ལེན་མཛད་པ་ཡང་མི་འཐད་དེ། ཆོས་ཀྱི་རྗེས། གཞན་ཡང་སྦྱིན་སྲེག་རོ་སྲེག་དང་། །བདུན་ཚིགས་ཚ་ཚའི་ཆོ་ག་སོགས། །དེང་སང་སྔགས་ཀྱི་ལུགས་བོར་ནས། །མདོ་མཆོད་ཙམ་ལ་བརྟེན་པ་ཡི། །ཆོ་གའི་རྣམ་གཞག་བྱེད་པ་ཡོད། །ཕ་རོལ་ཕྱིན་པའི་མདོ་སྡེ་དང་། །བསྟན་བཅོས་རྣམས་ལས་གསུངས་པ་མེད། །ཅེས་དགག་པའི་ཕྱིར་ཏེ། དེ་ཡང་གཞི་ཚུལ་ཁྲིམས་དང་ལྡན་པས་མདོ་ཆོག་ཚད་ལྡན་བྱས་ཏེ་གཤིན་པོའི་རྗེས་ལེན་པ་ཙམ་ལ་འགལ་བ་མེད་མོད། མདོ་ཆོག་ལ་བརྟེན་པའི་མིང་བྱང་སྲེག་ཆོག་སོགས་ལ་བཤད་ཁུངས་ཀྱི་ཚད་མེད་པས་རང་གཟོ་ཁོ་ནར་འགྱུར་བའི་ཕྱིར་རོ། །

དྲུག་པ་ཕྱག་མཆོད་ཀྱི་ཡུལ་ལ་དཔྱད་པ་ནི། པཎྜི་བཞད་པ་ལས། སྨན་བླའི་གནོད་སྦྱིན་བཅུ་གཉིས་འཇིག་རྟེན་པ་ཡིན་པས་ཕྱག་དང་སྐྱབས་འགྲོ་མི་རུང་ཞེས་པ་ནི་ཇོ་གདན་འགའ་ཞིག་གིས་འདོད་ཅིང་། དེའི་གཡོག་བདུན་འབུམ་ལ་ཕྱག་མཆོད་བྱེད་པ་ནི། དེང་སང་གཙང་ཕྱོགས་ཀྱི་ཆོས་སྡེ་ཕལ་ཆེར་རོ། །ཞེས་པ་ལྟར་ཁ་ཅིག་སྨན་བླའི་སྐབས་སུ་གནོད་སྦྱིན་བཅུ་གཉིས་ལ་ཕྱག་དང་སྐྱབས་འགྲོ་མི་རུང་བར་བཞེད་པ་དང་། འགའ་ཞིག་དེའི་གཡོག་བདུན་འབུམ་ལ་ཡང་ཕྱག་དང་སྐྱབས་འགྲོ་བྱེད་པ་གཉིས་ཅར་མི་འཐད་དེ། སྨན་བླའི་དཀྱིལ་འཁོར་གྱི་ལྷ་ལ་བཀོད་པའི་ཚངས་དབང་དང་གནོད་སྦྱིན་བཅུ་གཉིས་རྒྱལ་ཆེན་བཞི་རྣམས་སངས་རྒྱས་འཇིག་རྟེན་གྱི་སྐུར་སྟོན་པ་ཙམ་ཡིན་པའི་ཕྱིར་ན་ཕྱག་མཆོད་དང་སྐྱབས་འགྲོའི་ཡུལ་དུ་བྱེད་པ་དང་། འཁོར་གྱི་བདུན་འབུམ་དང་བཅས་པ་ལ་ཕྱག་མཆོད་སྐྱབས་འགྲོ་མི་བྱེད་ཀྱང་ཕྲིན་ལས་ཙམ་འཚོལ་བར་ཞི་བ་འཚོས་མདོ་ཆོག་སྲེས་མེད་ཚད་ལྡན་ལས་གསུངས་པའི་ཕྱིར། དེས་ན་དེང་སང་རྣམ་དབྱེ་གང་ཡང་མི་ཤེས་པར་ཁ་ཅིག་གནོད་སྦྱིན་བཅུ་གཉིས་སོགས་དཀྱིལ་འཁོར་གྱི་ནང་དུ་བཀོད་ཀྱང་འཇིག་རྟེན་རང་རྒྱུད་པར་འདོད་པ་སྤྱར་གོང་དུ་བཀག་ཟིན་ལ། ལ་ལ་འཁོར་གཡོག་བདུན་འབུམ་ལ་ཡང་ཕྱག་འཚལ་ཞིང་སྐྱབས་སུ་འགྲོ་བ་མཐོང་བ་འདི་ནི། མཁན་པོ་ཞི་བ་འཚོས་མི་བཞེད་དེ། སངས་རྒྱས་ལ་སྐྱབས་སུ་སོང་བའི་སྐྱབས་འགྲོའི་བསླབ་བྱའི་གཙོ་བོ་ལ་གནོད་པས་སངས་རྒྱས་ལ་བློ་བཀལ་བ་དག་གིས་བྱར་མི་རུང་བའི་ཕྱིར། གནད་ཀྱི་དོན་ནི་སངས་རྒྱས་ཆོས་ཅན་ཁྱོད་སྨན་བླའི་དཀྱིལ་འཁོར་འདིར་འཇིག་རྟེན་པ་འགའ་ཞིག་གི་ཚུལ་གཟུང་བ་ལ་དགོས་པ་ཡོད་དེ། གནོད་སྦྱིན་གྱི་འཁོར་གཡོག་བདུན་འབུམ་ཕལ་ཆེ་བ་འཇིག་རྟེན་རང་རྒྱུད་པ་ཡིན་པའི་ཕྱིར་ན། དེ་དག་འདུལ་བའི་ཆེད་དུ་ནི་འཇིག་རྟེན་པ་དང་མཐུན་པའི་སྐུར་སྟོན་པ་དེ་དགོས་པའི་གཙོ་བོ་ཡིན་པའི་ཕྱིར། དོན་འདི་ནི་གཞན་ལའང་སྦྱར་བ་གནད་ཆེ་སྟེ། དཀྱིལ་འཁོར་གང་དུ་འཇིག་རྟེན་པས་འདུལ་བ་ལ་འཇིག་རྟེན་པའི་སྐུར་སྟོན། ཉན་རང་བྱང་སེམས་སོགས་ཀྱིས་སྐུར་སྟོན་དགོས་པའི་ཕྱིར་རོ། །

འདི་ར་ཁ་ཅིག །འདིའི་སྐབས་ཀྱི་ཚངས་པ་རྒྱལ་ཆེན་བཞི་གནོད་སྦྱིན་བཅུ་གཉིས་སོགས་འཇིག་རྟེན་རང་རྒྱུད་པ་ཡིན་ཡང་། དེ་ལ་སྐྱབས་འགྲོ་བྱས་པས་སྐྱབས་འགྲོའི་བསླབ་བྱ་ལ་མི་གནོད་དེ། བསྟན་པ་ལ་མ་ཞུགས་པའི་འཇིག་རྟེན་པའི་ལྷ་ལ་སྐྱབས་འགྲོ་བྱས་ན་དེ་ལྟར་འགྱུར་ཡང་། འདི་ར་ནི། ཚངས་པ་དང་བརྒྱ་བྱིན་སོགས་བསྟན་པ་ལ་ཞུགས་ཤིང་། དཀར་ཕྱོགས་སྐྱོང་བའི་དགེ་བསྙེན་ཆེན་པོ་ཡིན་པས་དེ་ཙམ་ལ་སྐྱབས་འགྲོ་བྱས་པས་བསླབ་བྱ་ལ་གནོད་ན། སྐྱབས་འགྲོའི་ཡུལ་ལ་འཕགས་པ་ཡིན་པས་ཁྱབ་པར་ཐལ་བའི་སྐྱོན་ཡོད་པའི་ཕྱིར་རོ། །ཞེས་བཤད་པ་ཡང་ཅུང་ཟད་རྣམ་དཔྱོད་ལྡན་པར་སེམས་སོ། །སྤྱིར་སྨན་བླའི་མདོ་ཆོག་ཏུ་གྲགས་པ་འདི། བོ་དོང་པ་འཇིགས་མེད་གྲགས་པས་མདོ་རང་རྐང་གི་ཆོ་གར་མཛད་ནས། སྟགས་མཆོད་དང་གཏོར་མ་འབུལ་བ་སོགས་མི་མཛད་ཅིང་། ཚངས་སོགས་འཇིག་རྟེན་པའི་ཚུལ་འཛིན་དང་། ཕྱག་རྡོར་ལ་ཕྱག་ལན་རེ་ལས་མི་མཛད། རྩེ་ཐང་སངས་ལྷུན་སོགས། འདི་ཉིད་མདོ་རང་རྐང་གི་ཆོ་ག་ཡིན་ཀྱང་། ཕྱག་རྡོར་སོགས་ལ་ཕྱག་བདུན་བདུན་མཛད། རྗེ་གདན་མཁན་པོ་གྲགས་པ་གཞོན་ནུ་སོགས། སྟགས་མཆོད། གཏོར་འབུལ་སོགས་ཕྱག་ལེན་སྲེ་སྲེ་མང་པོ་ཞིག་མཛད་པར་སྣང་། བསྟན་བཅོས་མཛད་པ་འདི་ཉིད་ཀྱིས། སྡོམ་གསུམ་དྲིས་ལན་འབྲུལ་སྤོང་དུ། མདོ་ཡིན་ཡང་མདོ་རྒྱུད་གཉིས་ཀྱིས་བརླས་ཕྱེ་བའི་མདོ་མ་ཡིན་པས་ཁྱབ་པར་བཤད་ནས། སྨན་བླའི་མདོ་འདི་ཉིད། མདོ་སྡེ་དང་། མདོ་རྒྱུད་གཉིས་ཀྱི་བླས་ཕྱེ་བའི་མདོ་རྒྱུད་གཉིས་ཆར་ཡིན་པ་ལྟ་བུར་བཤད་ཅིང་། འདི་ཉིད་ལས་ཀྱང་། འདི་ཡི་ཚུལ་ལུགས་ཞི་བ་འཚོས། །བྱ་རྒྱུད་སྤྱི་ཡི་དཀྱིལ་འཁོར་དང་། །མཐུན་པའི་རྣམ་གཞག་གསུངས་པ་ཉིད། །ཉམས་སུ་བླངས་ན་དགེ་ལེགས་འབྱུང་། །ཞེས་ཆོག་འདི་བྱ་རྒྱུད་ཀྱི་ཆོ་ག་ཡིན་པར་ཞལ་གྱིས་བཞེས་པ་ལྟ་བུར་སྣང་། པཎ་ཆེན་ཤཱཀྱ་མཆོག་ལྡན་པས་ཀྱང་། སྨན་བླའི་མདོ་འདི། མདོ་རང་རྐང་ཡིན་ཀྱང་། ཞི་བ་འཚོའི་ཆོ་ག་འདི། མདོ་སྔགས་སུ་བཀྲལ་བའི་ལུགས་ཡིན་ཞེས་བཤད། ཁོ་བོའི་བསམ་པ་ནི། དེ་ཉིད་མདོ་རང་རྐང་གི་ལུགས་སུ་སེམས་ཏེ། འཇམ་དབྱངས་ས་སྐྱ་པས། དེང་སང་སྔགས་ཀྱི་ལུགས་བོར་ནས། །མདོ་ཆོས་ཙམ་ལ་བསྙེན་པ་ཡི། །ཆོ་གའི་རྣམ་གཞག་བྱེད་པ་ཡོད། །ཅེས་པ་དེས། མདོ་ལ་བརྟེན་པའི་བདེ་གཤེགས་བརྒྱད་མཆོད་པའི་ཆོ་ག་ལ་བརྟེན་ནས་བདུན་ཚིགས་དང་ཚ་ཚ་སོགས་བྱར་མི་རུང་བར་བསྟན་པས་དེ་ཉིད་མདོ་རང་གི་མཆོད་པའི་ཆོ་གའི་ཐབས་ཙམ་ཡིན་གྱི་སྔགས་ལུགས་མིན་པར་བསྟན་པའི་ཕྱིར། འོན་ཀྱང་མདོ་དེ་ཉིད་ལས། བདེ་གཤེགས་རྣམས་དང་། འཇམ་དབྱངས་སྐྱབས་གྲོལ་གནོད་སྦྱིན་བཅུ་གཉིས། ཕྱག་རྡོར། ཚངས་སོགས་འཇིག་རྟེན་སྐྱོང་བ་རྣམས་རིམ་པ་ལྟར་ཡོད་པས། དེ་དག་ལ་ཕྱག་བདུན་དང་གཅིག་གི་ཁྱད་པར་བརྟག་དགོས་པར་གསལ་ཞིང་། ཐལ་ཆེར་སྐྱབས་གྲོལ་དང་སྦྱིན་རས

གཟིགས་གཅིག་ཏུ་བཞེད་པ་ཡང་མི་འཐད་པར་སེམས་ཏེ། མདོ་དེའི་གླེང་གཞི་ལས་སྤྱན་རས་གཟིགས། བྱང་སེམས་ཁྲི་དྲུག་སྟོང་གི་ཐོག་མར་སྨོས་ཤིང་། རྒྱས་བཤད་དུ། ཡང་དེའི་ཚེ་འཁོར་དེའི་ནང་ནས་བྱང་ཆུབ་སེམས་དཔའ་སྐྱབས་གྲོལ་ཞེས་པ་ཞིག་སྟན་ལས་ལངས་ཏེ། ཞེས་གཉིས་པོ་ཐ་དད་དུ་བཤད་པའི་ཕྱིར་རོ། །

བདུན་པ་རྟེན་གྱི་གཟུངས་བཟློང་ལ་དཔྱད་པ་ལ་གཉིས། གཟུངས་སྔགས་སྒྲིལ་ཚུལ་དཔྱད། འཁོར་ལོའི་སྟེང་འོག་དཔྱད་པའོ། །དང་པོ་ནི། པཎྜི་བཞད་པ་ལས། རྟེན་གྱི་ནང་རྫོངས་ཀྱི་གཟུངས་མཐའ་ནས་སྒྲིལ་བ་ནི་ངོར་པ་མ་གཏོགས་པ་གཞན་ཀུན་ནོ། །ཞེས་པ་ལྟར། རྟེན་གྱི་ནང་རྫོངས་ཀྱི་གཟུངས་སྒྲིལ་བའི་ཚེ་བུ་སྟོན་སོགས་མཁས་པ་ཕལ་ཆེར་གཟུངས་ཀྱི་མཐའ་ནས་སྒྲིལ་བ་མཐོང་མོད་དེ་འདྲ་མི་འཐད་དེ། དེ་ལྟར་སྒྲིལ་བའི་ཚེ་ཨོཾ་སྔགས་ཀྱི་མགོ་ཕྱི་རུ་འབྱུང་ཞིང་སྔགས་འཇུག་རྣམས་དབུས་སུ་འབྱུང་བའི་ཕྱིར་དང་། དེ་ལྟར་འབྱུང་བ་འདི་བཞིན་ཡིན་ན་ནི་ཕྱི་ནང་གི་རྟེན་འབྲེལ་ཀུན་ལ་གནོད་པའི་ཕྱིར་ཏེ། མཐའ་མི་དབུས་སུ་འབྱུང་བའི་རྟེན་འབྲེལ་དུ་འགྱུར་སྲིད་པའི་ཕྱིར་རོ། །དེས་ན་གཟུངས་ཀྱི་མགོ་ནས་སྒྲིལ་བ་རྗེ་བཙུན་ཨེ་ཝཾ་པའི་ཕྱག་བཞེས་ལྟར་བླང་བར་བྱ་སྟེ། མགོ་ནས་སྒྲིལ་ན་སྔགས་ཀྱི་མགོ་དབུས་སུ་འབྱུང་བའི་ཕྱིར་ན་ལུགས་གཉིས་ཀྱི་མགོ་འཛུག་མི་འཆོལ་བའི་རྟེན་འབྲེལ་གྱི་གནད་དམ་པ་ཚང་བའི་ཕྱིར། ཚུལ་འདི་ནི་ཆོས་ཅན། ཁོ་བོས་རང་གཟོ་མ་ཡིན་པར། རྒྱུད་རྡོ་རྗེ་རྩེ་མོ་ལས། ཡི་གེ་ཨོཾ་ནི་ཅི་ཡིན་བརྗོད། །དཔལ་དང་གྲགས་དང་གཡང་དང་ནི། །སྐལ་བཟང་རྣམ་པ་དང་ལྡན་པ། །དམ་བཅའ་བ་དང་བཀྲ་ཤིས་དོན། །ནོར་བུའི་འཛིན་པའི་སྙིང་པོའང་ཡིན། །ཞེས་གསུངས་པ་དང་མཐུན་པ་སྟེ། རྗེ་བཙུན་ས་སྐྱ་པ་སོགས་དམ་པ་གོང་མ་ཐུན་མོང་བའི་ཕྱག་ལེན་ཡང་ཡིན་པའི་ཕྱིར་རོ། །འདི་ལ་ཁ་ཅིག་དྲིས་ཐང་ལྟ་བུ་ཡང་དབུ་ནས་སྒྲིལ་རིགས་པར་ཐལ། ཅེས་འཕེན་པ་ནི། གཟུངས་སྒྲིལ་བ་ནི་གཟུངས་བཞུགས་ཚུལ་གྱི་བཀོད་པ་ཡིན་ལ། ཅིག་ཤོས་སྒྲིལ་བ་ནི་དེ་ལྟར་མ་ཡིན་པའི་ཕྱིར་འགའ་ཞིག་མཐའ་ནས་སྒྲིལ་བ་གློག་པའི་ཚེ་དབུ་ནས་གློག་པ་ལ་དགོངས། དབུ་ནས་སྒྲིལ་བ་ཞུགས་པའི་ཚེ་སྤྲུལ་འཕྲིལ་བ་ལྟར་མགོ་དབུས་སུ་འབྱུང་བ་ལ་དགོངས་པས་འགལ་བ་མེད་གསུངས་པའང་བརྟག་སྟེ། སྐབས་འདིར་གཟུངས་སྒྲིལ་བ་ནི། རྟག་ཏུ་བཞུགས་པའི་བཀོད་པ་ཡིན་གྱི་གློག་པ་མིན་པའི་ཕྱིར་རོ། །

གཉིས་པ་འཁོར་ལོའི་བཀོད་པ་ལ་དཔྱད་པ་ནི། པཎྜི་བཞད་པ་ལས། གནོད་སྦྱིན་ཕོ་མོའི་འཁོར་ལོ་ལ་ཕོ་འཁོར་འོག་དང་། མོ་འཁོར་སྟེང་དུ་བྱེད་པ་ནི་བུ་སྟོན་པའི་གྲུབ་མཐའོ་ཞེས་པ་ལྟར། གནོད་སྦྱིན་ཕོ་མོའི་འཁོར་ལོ་གཉིས་ཁ་སྦྱར་ནས་རྟེན་གྱི་ཞབས་སྟོམ་དུ་བྱས་ན་དཔལ་འབྱོར་སོགས་གནས་སྐབས་དང་མཐར་ཐུག་གི་འབྲས་བུ་འབྱུང་བར་དཔའ་བོ་གྲུབ་པའི་རྒྱུད་ལས་གསུངས་མོད། འདི་ལ་ཁ་ཅིག་སྔགས་ཀྱི་མགོ་ནང་

དུ་བསྟན་ནས་འབྲི་བར་བྱེད་པ་སྟེར་རྟེན་གྱི་བཀོད་པ་ལ་སོགས་ལ་དོགས་པ་གཅོད་པའི་སྐབས་སུ་བཀག་ཟིན་པས། ཤུགས་ཀྱིས་ཤེས་ལ། བུ་སྟོན་སོགས་ལ་ལ་ཕོ་འཁོར་འོག་ཏུ་འདོད་ཀྱང་དཔྱད་དགོས་ཏེ། ཕོ་འཁོར་གཙོ་བོ་ཡིན་ན་ནི། ཕོ་འཁོར་འོག་ཏུ་བཞུགས་པའི་ཚུལ་འདི་ཤིན་ཏུ་འཐད་པར་གྱུར་ཏེ། དཔེར་ན་གཤེད་དམར་ལྷ་ལྔའི་བྲིས་སྐུ་བཞིན་ཡིན་ཡང་རྒྱུད་ལས་མོ་འཁོར་གཙོ་བོར་གསུངས་པ་དེའི་ཚེ། མོ་འཁོར་འོག་ཉིད་དུ་འབྱུང་སྟེ༑ སྒྲོལ་མ་བླ་མེད་བཞིན་ཏེ་དེ་དང་ཆོས་མཚུངས་པའི་ཕྱིར། དེས་ན་མོ་འཁོར་འོག་ཏུ་བཞུགས་པ་འདི་ལ་འགྲུལ་པ་མེད་དེ། གཙོ་མོ་ནོར་རྒྱན་མའི་མདུན་དང་རྟེན་གྱི་མདུན་གཉིས་པོ་ཕྱོགས་གཅིག་ཏུ་འབྱུང་བ་གནད་མ་འཁྲུལ་བ་ཡིན་ནོ། །མདོར་ན། གཟུངས་སྔགས་བཞུགས་ཚུལ་དང་འཁོར་ལོ་བཞུགས་ཚུལ་དེ་ལ་སོགས་པ་གསུང་རབ་ནས་བཤད་པའི་འཕྲུལ་གྱི་ལག་ལེན་ཐམས་ཅད་ཀྱང་མཁས་པ་དཔྱོད་ལྡན་ལ་དྲིས་ནས་དག་པར་བྱ་སྟེ། ལག་ལེན་གནད་མ་འཁྲུལ་བའི་རྟེན་འབྲེལ་དེ་ལས་དཔལ་འབྱོར་ཕུན་ཚོགས་འབྱུང་བའི་ཕྱིར། ལམ་གྱི་ཡན་ལག་རྣམ་དག་ཏུ་སྒྲུབ་པ་འདི་ལ། ས་བཅད་ཀྱི་ཡི་གེ་ཙུང་ཟད་མ་དག་འདུག་པས། སྔན་བླའི་ཕོ་བྲང་ལ་དཔྱད་པ་དང་རྟེན་དཀྱིལ་འཁོར་གྱི་བཀོད་པ་ལ་དཔྱད་པ་གཉིས་སོ་སོར་བྱེད་ན། རྩ་བའི་ས་བཅད་ལ་བདུན་དང་། དཀྱིལ་འཁོར་གྱི་བཀོད་པ་ལ་དཔྱད་པ་ལ། མགོ་འཛུག་ཟློག་པ་དགག་པ་དང་། མདུན་རྒྱབ་ཟློག་པ་དགག་ཅེས་པའི་ས་བཅད་གཉིས་སུ་འབྱེད་ན། རྩ་བའི་ས་བཅད་ལ་དྲུག་ཏུ་བསྡུས་ནས། མགོ་འཛུག་ཟློག་པ་དགག་ཅེས་པ་གནམ་རྒྱན་དོགས་དཔྱོད་དང་། མདུན་རྒྱབ་ཟློག་པ་དགག་ཅེས་པ་དེ་སྔན་བླའི་ཕོ་བྲང་དོགས་དཔྱོད་ལ་སྦྱར་བར་བྱའོ། །

གསུམ་པ་གྲུབ་པའི་འབྲས་བུ་བསྡུས་ཏེ་བསྟན་པ་ནི། སྡོམ་གསུམ་རིམ་མམ་གཅིག་ཅར་དུ་བླངས་པ་གང་ཡིན་ཡང་རུང་སྟེ། སྡོམ་གསུམ་ལྡན་པའི་གང་ཟག་ཆོས་ཅན། ཁྱོད་ཀྱི་རྒྱུད་ཀྱི་སྡོམ་པ་དེ་གསུམ་ཆར་སྔགས་ཀྱི་སྡོམ་པ་ཡིན་ཏེ། ཁྱོད་སྡོམ་པ་གསུམ་པོ་དེ་རང་རྒྱུད་ལ་ཚང་བར་ལྡན་པར་བྱས་ནས་སྡོམ་པ་དེ་གསུམ་ཆར་རྡོ་རྗེ་ཐེག་པའི་ཉམས་ལེན་དུ་བསྡུས་ནས་སྲུང་བར་བྱེད་པའི་རིག་པ་འཛིན་པ་ཡིན་པའི་ཕྱིར་རོ། །སྡོམ་གསུམ་ཁ་སྐོང་གི་རྣམ་བཤད་ལས་རིག་འཛིན་སྡོམ་པའི་སྐབས་ཏེ་ལེའུ་བཞི་པའི་རྣམ་བཤད་རྫོགས་སོ། །

གསུམ་པ་འབྲས་བུའི་སྐབས་ལ་བཞི། འབྲས་བུ་འགྲུབ་ཚུལ་སྤྱིར་བསྟན། ལོག་རྟོག་དགག་པ་བྱེ་བྲག་བཤད། འབྲས་བུའི་ངོ་བོ་རྣམ་པར་བཞག །གཞན་ཀྱི་དོན་བསྡུས་ཏེ་བསྟན་པའོ། །དང་པོ་ལ་གཉིས། མདོར་བསྟན་པ་དང་། རྒྱས་པ་བཤད་པའོ། །དང་པོ་ནི། སྟར་གོང་དུ་བཤད་པ་དེ་ལྟར་སྡོམ་གསུམ་ལྡན་པ་ཡིས། རིམ་གཉིས་ཟབ་མོའི་ལམ་བསྒོམ་ན། འབྲས་བུ་མྱུར་དུ་འབྱུང་སྟེ། རབ་ཚེ་འདི་འམ་བར་དོ། ལ་སོགས་པས་བསྡུས

པ་འཕྲིང་སྐྱེ་བ་བདུན། ཐ་ནའང་སྐྱེ་བ་བཅུ་དྲུག་ཚུན་ཆད་དུ་ཐམས་ཅད་མཁྱེན་པའི་གོ་འཕང་འགྲུབ་པའི་ཕྱིར།

གཉིས་པ་ལ་གསུམ། རྒྱུ་ཚོགས་སྦྱོར་གྱི་ལམ་སྒོམ་ཚུལ། འབྲས་བུ་སློབ་པའི་ས་སྒྲོད་ཚུལ། མཐར་ཐུག་བཅུ་གསུམ་པའི་ཡོན་ཏན་འགྲུབ་ཚུལ་ལོ། །དང་པོ་ནི། ཚུལ་འདི་ལ་སོ་སོ་སྐྱེ་བོ་ཡིས་དབང་དང་རིམ་གཉིས་ལས་བྱུང་བའི་ཡེ་ཤེས་ཕྱག་རྒྱ་ཆེན་པོ་བསྒོམས་པས་མཚོན་བྱ་དོན་གྱི་ཡེ་ཤེས་ཐོབ་སྟེ། རྒྱུ་དབང་དང་རིམ་གཉིས་ཀྱི་གནད་ཟབ་མོ་བསྒོམས་པ་ལས། ཚར་བཅད་རྗེས་འཛིན་གང་རུང་ནུས་པའི་ཉམས་མྱོང་ཁྱད་པར་ཅན་དྲོད་ཆུང་དུ་སྐྱེ། དེ་ཉིད་ཀུན་འདར་གསང་སྤྱོད་བོགས་དབྱུང་བ་ལས་ཚར་བཅད་དང་རྗེས་འཛིན་གཉིས་ཀ་ནུས་པའི་དྲོད་འབྲིང་པོ་སྐྱེ། དེ་ཉིད་ཀུན་འདར་མངོན་སྤྱོད་ཀྱིས་བོགས་དབྱུང་བ་ལས་དྲོད་ཆེན་པོ་མཐོང་ལམ་རྣམ་པར་མི་རྟོག་པའི་ཡེ་ཤེས་སྐྱེ་བ་ཡིན་པའི་ཕྱིར། འདིའི་སྐབས་ཀྱི་གསུམ་པོ་དེ་སྦྱོར་ལམ་དྲོད་ཆེ་འབྲིང་ཆུང་གསུམ་ལ་འཇུལ་བར་མི་བྱ་སྟེ། འདི་སྐབས་ཀྱི་དྲོད་ཆུང་དུ་ལ་ཚོགས་ལམ། འབྲིང་ལ་སྦྱོར་ལམ། དྲོད་ཆེན་པོ་ལ་མཐོང་ལམ་དུ་འཇོག་དགོས་པའི་ཕྱིར་ཏེ། ཆོས་ཀྱི་རྗེས་བདག་མེད་བསྟོད་འགྲེལ་ལས་རིམ་གཉིས་བསྒོམ་པ་ལ་བརྟེན་ནས་དྲོད་ཆུང་དུ་སྐྱེ་ལ་དེར་ཀུན་འདར་གསང་སྟེ་སྤྱོད་དོ། །དེ་ནས་དྲོད་འབྲིང་པོ་སྐྱེ་ལ་དེར་ཀུན་འདར་འཇིག་རྟེན་པའི་མངོན་དུ་སྤྱོད་དོ། །དེ་གཉིས་ནི་ཕ་རོལ་ཏུ་ཕྱིན་པ་དང་བསྟུན་ན་ཚོགས་སྦྱོར་གཉིས་སོ། །དེ་ནས་དྲོད་ཆེན་པོ་མཐོང་ལམ་གྱི་ཡེ་ཤེས་སྐྱེས་ནས་ཀུན་ཏུ་བཟང་པོའི་སྤྱོད་པ་སྤྱད་དེ། ཞེས་བཤད་པས་སོ། །ཐུན་མོང་མིན་པ་གསུང་ངག་རིན་པོ་ཆེའི་མན་ངག་ལྟར་ན། བསྐྱེད་རྫོགས་གཉིས་ཀྱིས་བསྡུས་པའི་དབང་བཞིའི་ལམ་བཞི་ནི་ཚོགས་ལམ་ཡིན་ཏེ། དེ་ལ་ཡང་ཕྱི་དབྱིབས་ཀྱི་ཚོགས་ལམ། ནང་སྦྱུགས་ཀྱི། གསང་དབང་གི །མཐར་ཐུག་དེ་ཁོ་ན་ཉིད་ཀྱི་ཚོགས་ལམ་སྟེ་བཞི། ལམ་བཞི་བསྒོམས་པ་ལས་བྱུང་བའི། བུམ་དབང་གི་ལྟ་བ་ངོ་བོ་ཉིད་གསུམ། གསང་དབང་གི་ལྟ་བ་རང་བྱུང་གི་ཡེ་ཤེས་བཞི། དབང་གསུམ་པའི་ལྟ་བ་ཡས་འབབ་ཀྱི་དགའ་བ་བཞི། བཞི་པའི་ལྟ་བ་མས་བརྟན་གྱི་དགའ་བ་བཞི་རྣམས་ནི་སྦྱོར་ལམ་ཡིན་ལ། དེ་ལ་ཡང་སྦྱོར་ལམ་དྲོད་ཆུང་འབྲིང་ཆེ་གསུམ་ཡོད་པའི། ཁམས་འདུས་པ་དང་པོ་ལ་དྲོད་ཆུང་དུ་རྣམ་རྟོག་སྟོན་དུ་སོང་བའི་དྲོད། ཁམས་འདུས་པ་བར་པ་དྲོད་འབྲིང་པོ་ཁམས་དགུ་འདུས་པའི་དྲོད། ཁམས་འདུས་པ་ཐ་མ་ལ་དྲོད་ཆེན་པོ་ཐིག་ལེ་འབར་ཞིང་འདུས་པའི་དྲོད། ཅེས་བྱ་ཞིང་། དྲོད་ཆེན་པོ་དེ་ཉིད་ཀྱི་ལྷོག་ཆ་ལ་སྦྱོར་ལམ་རྩེ་མོ་བཟོད་པ་ཆོས་མཆོག་གསུམ་ཡང་འཇོག་པས། མདོར་ན་རླུང་སེམས་རྣམས། རྩ་རོ་རྐྱང་གཉིས་ཀྱི་མ་རྩེ་དབུ་མའི་མ་རྩེར་ཚུད་པའི་ནང་དུ་ཞུགས་པ་ལས་སྐྱེས་པའི་ཉམས་མྱོང་གི་ཡེ་ཤེས་དེ་ཉིད་ལ་སྦྱོར་ལམ་དྲོད་སོགས་བཞིར་འཇོག་གི །དོན་ཐ་དད་པ་ནི་མེད་དོ། །འོན་ཀྱང་མཁས་པ་རྡོ་རྗེ་རྒྱལ་མཚན་པས་ཚོགས་སྦྱོར་མངོན་རྟོགས་གསལ་བྱེད་དུ།

འདི་ཉིད་ཚོགས་སྦྱོར་སྤྱིའི་བཤད་པ་མ་ཡིན་གྱི། བཞི་པ་རྟེན་ཅན་ཉིད་ལ་ཚོགས་སྦྱོར་འདི་སྦྱར་བའི་བཤད་པ་ཡིན་གྱི་ཞེས་བཤད་པ་ལྟར་ན། འདི་ལ་དངོས་བཏགས་སོ་སོར་ཕྱེ་བའི་གནད་ཟབ་མོ་ཞིག་དགོས་པར་གསལ་ཏེ་འདི་ར་མ་བྲིས་སོ། །གང་ནའང་མན་ངག་ནས་བཤད་པའི་དྲོད་ཆེན་པོ་ནི་འཇིག་རྟེན་པའི་ལམ་ཁོ་ན་དང་། རྒྱུད་ནས་བཤད་པའི་དྲོད་ཆེན་པོ་ནི་འདས་ལམ་ཁོ་ན་ཡིན་པས་སྐབས་སོ་སོར་ཕྱེ་དགོས་ལ། འོན་མན་ངག་གི་སྐབས་སུ་ཡང་། དྲོད་ཆེན་པོ་དེ་རྩ་དབུ་མའི་མས་སྣར་རླུང་སེམས་ཆུད་པའི་ཡེ་ཤེས་ཡིན་པས་འདས་ལམ་དུ་མི་འགྱུར་སྙམ་ན། སྐྱོན་མེད་དེ། རྩ་དབུ་མའི་མས་སྣ་ན་མདུད་པ་མེད་པ་སོར་བཞི་ཡོད་པས་རྩ་མདུད་དང་པོ་གྲོལ་གྱི་ཉམས་ལ་འདས་ལམ་དང་འཇིག་རྟེན་པའི་ལམ་སོ་སོར་འཛོག་པའི་གནད་ཤེས་དགོས་པའི་ཕྱིར་རོ། །

གཉིས་པ་ལ་གསུམ། ཡུལ་ཆེན་སོ་གཉིས་བཤད་པའི་ཚུལ། ཡུལ་ཆེན་ཉེར་བཞི་བཤད་པའི་ཚུལ། ཡུལ་ཆེན་སོ་བདུན་བཤད་པའི་ཚུལ་ལོ། །དང་པོ་ནི། འཕགས་པའི་ས་ལ་ཀྱེ་རྡོ་རྗེར། གནས་དང་ཉེ་བའི་གནས་ཀྱི་ས་སོགས་བཅུ་གཉིས་གསུངས་པ་ནི། སློབ་པའི་ལམ་གྱི་དབྱེ་བ་བཤད་པ་ཡིན་ཏེ། གནས་ཀྱི་ས་སོགས་བཅུ་གཉིས་པོ་དེ་བྱང་ཆུབ་སེམས་དཔའི་ས་ར་བརྟག་གཉིས་ལས་གསུངས་པའི་ཕྱིར་ཏེ། བརྟག་གཉིས་ལས། གནས་དང་ཉེ་བའི་གནས་དང་ནི། །ཞིང་དང་ཉེ་བའི་ཞིང་ཉིད་དང་། །ཚནྡྷོ་ཉེ་བའི་ཚནྡྷོ་དང་། །དེ་བཞིན་འདུ་བ་ཉེ་འདུ་བ། །འཐུང་གཅོད་ཉེ་བའི་འཐུང་གཅོད་ཉིད། །དུར་ཁྲོད་ཉེ་བའི་དུར་ཁྲོད་ཉིད། །འདི་རྣམས་ས་ནི་བཅུ་གཉིས་ཉིད། །ས་བཅུའི་དབང་ཕྱུག་མགོན་པོ་ཉིད། །ཅེས་བཤད་པའི་ཕྱིར། དེ་ཡང་སློབ་ལམ་ས་བཅུ་གཉིས་སུ་འབྱེད་པ་དེའི་ཚེ་ཕྱི་ནང་གི་ཡུལ་ཆེན་སོ་གཉིས་སུ་འབྱེད་དགོས་ཏེ། ཕྱི་ནང་གི་ཡུལ་ཆེན་ནི་སུམ་ཅུ་རྩ་གཉིས་ཀྱི་རླུང་སེམས་དབུ་མར་ཐིམ་པ་དང་། མཁའ་འགྲོ་དབང་དུ་འདུས་པ་ལས། གནས་ཀྱི་ས་ནས་ཉེ་བའི་འཐུང་སྤྱོད་ཀྱི་བར་བཅུ་གཉིས་ཀྱི་ས་རྣམས་འགྲུབ་པར་གསུངས་པའི་ཕྱིར་ཏེ། ཕྱི་ནང་གི་ཡུལ་བཞི་བཞི་འདུས་པ་ལས། ས་དང་པོ་དང་གཉིས་པ་གཉིས་འགྲུབ། ཕྱི་ནང་གི་ཡུལ་གཉིས་གཉིས་དབང་དུ་འདུས་པ་ལས་ས་གསུམ་པ་ནས་བཅུ་པའི་བར་འགྲུབ། ཡང་ཕྱི་ནང་གི་ཡུལ་བཞི་འདུས་པ་ལས་ས་བཅུ་གཅིག་པ་དང་བཅུ་གཉིས་པ་འགྲུབ་པར་གསུངས་པའི་ཕྱིར་ཏེ། བརྟག་གཉིས་ལས། ཀྱཻ་བཅོམ་ལྡན་འདས་འདུ་བའི་གནས་སུ་ལགས། བཅོམ་ལྡན་འདས་ཀྱིས་བཀའ་སྩལ་པ། གནས་ནི་ཛ་ལན་དྷ་རར་བཤད། །ཅེས་སོགས་བཤད་པའི་ཕྱིར་རོ། །

གཉིས་པ་ནི། བདེ་མཆོག་ཉུང་ངུ་སྟེ་བདེ་མཆོག་རྩ་རྒྱུད་དང་ཁ་སྦྱོར་ཏེ་སཾ་བུ་ཊིའི་རྒྱུད་གཉིས་ལས། ཕ་རོལ་ཏུ་ཕྱིན་པ་དང་སྒོ་བསྟུན་ནས། གནས་ནས་ཉེ་བའི་དུར་ཁྲོད་ཀྱི་བར་ཡུལ་བཅུ་གཉིས་ལས་ཕྱེ་བའི་ཉི་ཤུ་རྩ་

བཞི་དབང་དུ་འདུ་བ་ལས་ས་བཅུ་ཐོབ་པར་བསྡུས་ནས་བསྟན། ཡུལ་ཉེར་བཞིའི་བཞི་བཞི་དབང་དུ་འདུས་པ་ལས་དང་པོ་གཉིས་དང་། ལྷག་མ་གཉིས་གཉིས་དབང་དུ་འདུས་པ་ལས་ས་གསུམ་པ་ནས་བཅུ་པའི་བར་ཐོབ་པར་བཤད་པའི་ཕྱིར་ཏེ། བདེ་མཆོག་རྩ་རྒྱུད་དང་། སཾ་བུ་ཊི་ལས། གནས་ནི་རབ་ཏུ་དགའ་བའི་ས། །དེ་བཞིན་ཉེ་གནས་དྲི་མ་མེད། །ཞིང་ནི་འོད་བྱེད་ཤེས་པར་བྱ། །ཉེ་བའི་ཞིང་ནི་འོད་འཕྲོ་ཅན། །ཚན་དྷོ་ཧ་ནི་སྦྱངས་དཀའ་བ། །ཉེ་བའི་ཚན་དྷོ་མངོན་དུ་འགྱུར། །འདུ་བ་རིང་དུ་སོང་བ་སྟེ། །ཉེ་བའི་འདུ་བ་མི་གཡོ་བ། །དུར་ཁྲོད་ལེགས་པའི་བློ་གྲོས་ཡིན། །ཉེ་བའི་དུར་ཁྲོད་ཆོས་ཀྱི་སྤྲིན། །ཕ་རོལ་ཕྱིན་བཅུའི་ས་རྣམས་ལ། །རྣལ་འབྱོར་མ་ཡི་ཀླུ་གློའི་སྐད། །པུ་ལ་སོགས་པ་ཅི་གསུངས་པ། །ཕྱི་དང་ནང་དུ་བསམ་པར་བྱ། །ཞེས་བཤད་པའི་ཕྱིར། ཡུལ་ཉེར་བཞིའི་དབང་དུ་བྱས་ན་ས་བཅུ་པོ་ན་ཡིན་ཀྱང་། དོན་གྱིས་ན་སློབ་ལམ་ས་བཅུ་གཉིས་ལ་བདེ་ཀྱེ་ཡི་རྒྱུད་རྒྱལ་གཉིས་ཀ་དགོངས་པ་མཐུན་ཏེ། བདེ་མཆོག་རྩ་རྒྱུད་ནས་བཤད་པའི་ས་བཅུ་པོ་འདི་ལ་འང་། བཅུ་གཅིག་པ་དཔེ་མེད་ཀྱི་ས་དང་བཅུ་གཉིས་པ་ཡེ་ཤེས་ལྡན་གྱི་ས་གཉིས་བསྣན་པར་བདེ་མཆོག་ཨ་བྷི་དྷ་ནར་གསུངས་པའི་ཕྱིར་ཏེ། དེ་ཉིད་ལས། རབ་ཏུ་དགའ་དང་དྲི་མ་མེད། །འོད་བྱེད་པ་དང་འོད་འཕྲོ་བ། །སྦྱངས་དཀའ་བ་དང་མངོན་དུ་གྱུར། །རིང་དུ་སོང་དང་མི་གཡོ་བ། །ལེགས་པའི་བློ་གྲོས་ཆོས་ཀྱི་སྤྲིན། །དཔེ་མེད་པ་དང་ཡེ་ཤེས་ལྡན། །ས་ནི་བཅུ་གཉིས་འདི་དག་སྟེ། །རྡོ་རྗེའི་ས་ནི་བཅུ་གསུམ་པའོ། །ཞེས་ས་བཅུ་གསུམ་བཤད་པས། བཅུ་གཉིས་པ་མན་སློབ་ལམ་ལས་མ་འདས་པའི་ཕྱིར་རོ། །

གསུམ་པ་ནི། རྒྱུད་ཕལ་ཆེར་གྱིས་དངོས་བསྟན་ལ་ཡུལ་ཉེར་བཞི་དང་། ཉེར་བརྒྱད་དང་། སོ་གཉིས་སུ་བཤད་པ་ཙམ་ལས་མེད་ཀྱང་། དོན་གྱིས་ན། ས་བཅུ་གསུམ་བཤད་པའི་གནད་ཀྱིས། ཡུལ་ཆེན་སུམ་ཅུ་རྩ་བདུན་དུ་འབྱེད་དགོས་ཏེ། ཡུལ་ཉེར་བཞིའི་རླུང་སེམས་དབང་དུ་འདུས་པ་ལས་ས་བཅུ་པ་མན་ཆད་ལས་མི་ཐོབ་པས། ས་བཅུ་གཉིས་ཀྱི་རྟོགས་པ་བསྐྱེད་པ་ལ། ཡུལ་ཆེན་སོ་གཉིས་ཀྱི་རླུང་སེམས་དབང་དུ་འདུ་དགོས། ཡུལ་སོ་གཉིས་དབང་དུ་འདུས་པ་ལས་ས་བཅུ་གཉིས་པ་མན་ཆད་ཙམ་ལས་མི་ཐོབ་པས། བཅུ་གསུམ་རྡོ་རྗེ་འཛིན་པའི་སའི་རྟོགས་པ་སྐྱེད་པར་བྱེད་པ་ལ། ནང་དུ་རྩ་རྒྱུད་ལས་སྨྲས་པའི་རྩ་ལྔ་དང་། ཕྱི་རུ་དེས་མཚོན་པའི་ཡུལ་ཆེན་ལྷག་མ་ལྔ་དབང་དུ་འདུས་པ་གཅིག་དགོས་པར་རྣལ་འབྱོར་ཆེན་པོའི་རྒྱུད་འགའ་ཞིག་ལས་དངོས་སུ་གསུངས་པའི་ཕྱིར་རོ། །བླ་མེད་ལས་ས་བཅུ་གསུམ་ནི་གསལ་བར་བཤད་དེ། ཨ་བྷི་དྷ་ནའི་ལུང་དྲངས་མ་ཐག་པ་དེ་ཉིད་དང་། ཀུ་སུ་ཧེ་རུ་རྒྱུད་རྒྱས་པའི་ལུང་དྲངས་པ་ལས། འཕྲུང་སྦྱོད་དཔེ་མེད་ཡེ་ཤེས་ཆེ། །ཉེ་བའི་འཕྲུང་སྦྱོད་ཡེ་ཤེས་ཆེ། །ཞེས་ས་བཅིག་སློབ་ལམ་དུ་བཤད་ཅིང་། དགོངས་པ་ལུང་སྟོན་ལས། སངས་རྒྱས

རྣམས་ཀྱིས་གང་བསྟན་པའི། །སར་གྱུར་དེ་ནི་བཅུ་གསུམ་པ། །ཞེས་བཤད་པའི་ཕྱིར་དང་། རྣལ་འབྱོར་ཆེན་པོའི་རྒྱུད་འགའ་ཞིག་ལས་ཡུལ་ཆེན་སོ་བདུན་དངོས་སུ་བཤད་པའི་ཕྱིར། རི་གི་ཨ་ར་ལིའི་རྒྱུད་ལས། གནས་ནི་ཤར་གྱི་ལུས་འཕགས་སོ། །དེ་བཞིན་དུ་ནི་བ་གླང་སྤྱོད། །གནས་ནི་བྱང་གི་སྒྲ་མི་སྙན། །གནས་ནི་དེ་བཞིན་འཛམ་བུ་གླིང་། །གླིང་བཞིར་ལྷ་མོ་བཞི་དང་ནི། །རི་རབ་སྤྱི་བོར་རི་གི་བཞུགས། །ཨ་ར་ལི་དང་མཉམ་སྦྱོར་བས། །ཞེས་གླིང་བཞི་རི་རབ་དང་བཅས་པ་ལྔ་བཤད་པས་སོ་བདུན་དུ་འགྱུར་བའི་ཕྱིར་རོ། །དེ་ཡང་རྒྱུད་ཀྱི་སྐབས་སུ། ཡུལ་ཆེན་སོ་བདུན་གྱི་དཀྱིལ་འཁོར་དབུ་མར་ཐིམ་པས་ས་བཅུ་གཉིས་བགྲང་ཀྱང་། ས་བཅུ་གསུམ་བགྲང་པ་ལ་དེའི་སྟེང་དུ་སྣྲས་པའི་ཡུལ་ལྔའི་དཀྱིལ་འཁོར་བཞི་དབུ་མར་ཐིམ་དགོས་པར་བཤད་པའི་གནད་ལྟར་ཐུན་མོང་མ་ཡིན་པའི་གསུང་ངག་གི་སྐབས་སུ། འཁོར་ལོ་དྲུག་ལ་རྟེན་པའི་རྩ་དབུ་མའི་མདུད་པ་སོ་གཉིས་གྲོལ་བས་ས་བཅུ་གཉིས་པ་མན་ཆད་བགྲངས་ཀྱང་། ས་བཅུ་གསུམ་པ་བགྲང་པ་ལ་གཙུག་ཏོར་གྱི་རླུང་སེམས་དབུ་མར་ཐིམ་དགོས་པར་བཤད་པའི་གནད་ཟབ་མོ་སྙིང་ལ་བཅང་བར་བྱའོ། །

འོན་ཕྱི་ནང་གི་ཡུལ་ཆེན་ཉེར་བཞི་དང་། སོ་གཉིས་དང་། སོ་བདུན་དུ་བཤད་པ་དེ་དག་གི་མཚན་ཉིད་གང་། དེ་དག་ལས་ས་རྣམས་འགྲུབ་ཚུལ་ནི་ཇི་ལྟ་བུ་སྙམ་ན། བཤད་པར་བྱ་སྟེ། འདི་ལ་ཡུལ་ཆེན་སོ་བདུན་བཤད་ན། གཞན་གཉིས་ཞར་ལ་རྟོགས་སླ་བས་དེ་བཤད་ན། དེ་ཡང་གཉིས། བདག་མེད་ལྷ་མོ་བཅོ་ལྔའི་དཀྱིལ་འཁོར་དང་སྦྱར་ཏེ་བཤད་པ་དང་། བདེ་མཆོག་རྩ་བའི་དཀྱིལ་འཁོར་དང་སྦྱར་ཏེ་བཤད་པའོ། །དང་པོ་ནི༏ བྱང་སེམས་བབ་པའི་རྩ་སོ་གཉིས་ལས་རྩ་མི་ཕྱེད་མའི་རྩ་མདུད་སྤྱི་བོ་ན་ཡི་གེ་ཧཱུའི་རྣམ་པར་ཡོད་པ་ནི་ནང་གི་ཡུལ་ཡིན་ལ། དེས་མཚོན་པའི་ཕྱིའི་ཡུལ་ན་པུལླི་ར་མ་ལ་ཡ་སྟེ་བོད་སྐད་དུ་རྒྱལ་པོའི་གྲོང་ནི་ཕྱི་ནང་གི་ཡུལ་དང་པོའོ། །ཕྲ་གཟུགས་མའི་རྩ་མདུད་སྤྱི་གཙུག་ན་ཛཱའི་རྣམ་པར་ཡོད་པ་དང་། ཕྱི་ན་ཛཱ་ལན་དྷ་ར་སྟེ་དྲ་བ་འཛིན་པ་ནི་ཕྱི་ནང་གི་ཡུལ་གཉིས་པའོ། །དེ་གཉིས་བདག་མེད་ལྷ་མོ་བཅོ་ལྔའི་རྡོ་རྗེ་མ་དང་སྦྱར་ནས་ངོ་བོ་སངས་རྒྱས་ཡན་ཀྱང་རྣམ་པ་ས་དང་པོ་པའི་ཚུལ་གཟུང་ནས་དཀྱིལ་འཁོར་གྱི་འཕར་མ་ནང་བའི་ཤར་ཕྱོགས་ན་བཞུགས་སོ། །ནང་ན་རྩེ་བ་མའི་རྩ་མདུད་རྣ་བ་གཡས་ན་ཨོའི་རྣམ་པར་ཡོད་པ་དང་། ཕྱི་ན་ཨོ་ཊྚི་ན་སྟེ་ཨུ་རྒྱན་ནི་གསུམ་པའོ། །ནང་ན་གཡོན་པ་མདུད་པ་ལྟག་པ་ན་ཨའི་རྣམ་པར་ཡོད་པ་དང་། ཕྱི་ན་ཨརྦུ་ད་སྟེ་མཆོད་འོས་ནི་བཞི་པའོ། །ནང་གི་ཡུལ་དེ་བཞིའི་རླུང་སེམས་དབུ་མར་ཐིམ་པ་ལས། གནས་ཀྱི་སའམ། ས་དང་པོ་རབ་དགའི་རྟོགས་པ་སྐྱེ་ཞིང་། ཕྱིའི་ཡུལ་དེ་བཞིན་བཞུགས་པའི་ས་དང་པོ་ཐོབ་པའི་དཔའ་བོ་དང་རྣལ་འབྱོར་མ་རྣམས་དབང་དུ་འདུ་ཞིང་གྲོགས་བྱེད་ལ། དེ་ཉིད་བདག་མེད་ལྷ་མོ་བཅོ་ལྔའི་དཀྱིལ་འཁོར་དང་སྦྱར་ན་ངོ་བོ

སངས་རྒྱས་ཡིན་ཀྱང་རྣམ་པ་ས་དང་པོའི་ཚུལ་བཟུང་ནས། བདག་མེད་མའི་དཀྱིལ་འཁོར་གྱི་ནང་གི་འཕར་མའི་ཤར་ཕྱོགས་ན་བཞུགས་སོ། །ནང་དུ་ཕྱ་དྲ་མའི་རྩ་མདུད། རྣ་བ་གཡོན་ན་གཱཾ་ཡིག་གི་རྣམ་པར་ཡོད་པ་དང་། ཕྱི་ན་གོ་ད་ཝ་རི་སྐྱེ་བ་ཡི་མཆོག་སྦྱིན་གཉིས་ནི་ཡུལ་ལྔ་པ། ནང་དུ་རུས་སྦལ་སྐྱེས་མའི་རྩ་མདུད་སྨིན་མཚམས་ན་རྃ་ཡིག་གི་རྣམ་པར་ཡོད་པ་དང་། ཕྱི་ན་ར་མེ་ཤྭ་ར་སྐྱེ་དགའ་བྱེད་དབང་ཕྱུག་གཉིས་ནི་ཡུལ་དྲུག་པ་སྟེ། དེ་ཉིད་ལྷ་མོ་བཅོ་ལྔའི་ཚུ་ཡི་རྣལ་འབྱོར་མ་དང་སྦྱར་ཏེ། དཀྱིལ་འཁོར་གྱི་ལྷོ་ནུབ་ཕྱོགས་ན་བཞུགས་སོ། །ནང་དུ་སྒོམ་པ་མའི་རྩ་མདུད་མིག་གཉིས་ན་དེ་ཡིག་གི་རྣམ་པར་ཡོད་པ་དང་། ཕྱི་ན་དེ་ཝཱི་ཀོ་ཊ་ལྷ་མོའི་འཁར་གཉིས་ནི་ཡུལ་བདུན་པ། ནང་དུ་དབང་མའི་རྩ་མདུད་ཕྲག་པ་གཉིས་ན་མཱ་ཡིག་གི་རྣམ་པར་ཡོད་པ་དང་། ཕྱི་ན་མ་ལ་ཝ་སྐྱེ་འཕྲེང་བ་ཅན་གཉིས་ནི་ཡུལ་བརྒྱད་པ་སྟེ་ཕྱི་ནང་གི་ཡུལ་དེ་བཞིའི་རླུང་སེམས་དང་། ས་ལྔ་པ་ཐོབ་པའི་མཁའ་འགྲོ་མ་དབང་དུ་འདུས་པ་ལས་ཉེ་བའི་གནས། ས་གཉིས་པ་དྲི་མ་མེད་ཐོབ་ལ་དེ་ཉིད་རྡོ་རྗེ་མཁའ་འགྲོ་དང་སྦྱར་ཏེ་དཀྱིལ་འཁོར་གྱི་བྱང་ན་བཞུགས་སོ། །ནང་དུ་སྐྱོན་མའི་རྩ་མདུད་མཆན་ཁུང་ན་ཀཱ་ཡིག་གི་རྣམ་པར་ཡོད་པ་དང་། ཕྱི་ན་ཀཱ་མ་རུ་པ་སྐྱེ་འདོད་པའི་གཟུགས་གཉིས་ནི་ཡུལ་དགུ་པ། ནང་དུ་འཇུག་མའི་རྩ་མདུད་ནུ་མ་གཉིས་ན་ཨོཾ་ཡིག་གི་རྣམ་པར་ཡོད་པ་དང་། ཕྱི་ན་ཨོ་ཊྲེ་སྐྱེ་རོལ་པ་ཅན་ནི་ཡུལ་བཅུ་པ་སྟེ། ཕྱི་ནང་གི་ཡུལ་དེ་རྣམས་ཀྱི་རླུང་སེམས་དང་། ས་གསུམ་པ་ཐོབ་པའི་དཔའ་བོ་དང་རྣལ་འབྱོར་མ་དབང་དུ་འདུས་པ་ལས་ཞིང་ངམ། ས་གསུམ་པ་འོད་བྱེད་པ་ཐོབ་ལ། དེ་ཉིད་ལྷ་མོ་ཕུཀྐ་སི་དང་སྦྱར་ཏེ། ཕྱིའི་འཕར་མའི་ནང་ནི་བྱང་ཤར་ན་བཞུགས་སོ། །ནང་དུ་མ་མོའི་རྩའི་མདུད་པ་ལྟེ་བར་ཧྲི་ཡིག་གི་རྣམ་པར་གནས་པ་དང་། ཕྱིར་ཏྲི་ཤ་ཀུ་ནེ་སྐྱེ་དགེ་མཚན་གསུམ་པ་ནི་ཡུལ་བཅུ་གཅིག་པ། ནང་དུ་མཚན་མོ་མའི་རྩ་མདུད་སྣ་རྩེར་ཀོ་ཡིག་གི་རྣམ་པར་གནས་པ་དང་། ཕྱིར་ཀོ་ས་ལ་སྐྱེ་དགེ་བ་ཅན་ནི་ཡུལ་བཅུ་གཉིས་པ་སྟེ། ཡུལ་དེ་གཉིས་ཀྱི་རླུང་སེམས་དབང་དུ་འདུས་པ་ལས། ཉེ་བའི་ཞིང་ངམ། ས་བཞི་པ་འོད་འཕྲོ་བ་ཐོབ་ལ། ལྷ་མོ་ཤ་བ་རི་ས་བཞི་པའི་ཚུལ་གཟུང་ནས་དཀྱིལ་འཁོར་གྱི་ཤར་ལྷོ་ན་བཞུགས་སོ། །ནང་དུ་བསིལ་སྦྱིན་མའི་རྩ་མདུད་ཁའི་ནང་ན་ཀའི་རྣམ་པར་གནས་པ་དང་། ཕྱི་ན་ཀ་ལིངྒ་སྐྱེ་སློ་བའི་རྟགས་གཉིས་ནི་ཡུལ་བཅུ་གསུམ་པའོ། །ནང་དུ་ཚ་བ་མའི་རྩ་མདུད་མགྲིན་པར་ལཾ་གྱི་རྣམ་པར་གནས་པ་དང་། ཕྱིར་ལམྤཱ་ཀ་སྐྱེ་འཕྲུང་བ་ཅན་གཉིས་ནི་ཡུལ་བཅུ་བཞི་པའོ། །ཡུལ་དེ་གཉིས་དབང་དུ་འདུས་པ་ལས་ཚན་རྡོའམ། ས་ལྔ་པ་སྦྱང་དཀའ་བ་ཐོབ་ལ། ལྷ་མོ་ཙཎྜ་ལི་ས་ལྔ་པ་པའི་ཚུལ་བཟུང་ནས་ལྷོ་ནུབ་ན་བཞུགས་སོ། །ནང་དུ་གཞོམ་མའི་རྩ་མདུད་སྙིང་ཁར་ཀའི་རྣམ་པར་ཡོད་པ་དང་། ཕྱིར་ཀཉྩི་ཀ་སྐྱེ་སྐྱུར་བག་ཅན་གཉིས་ནི་ཡུལ་བཅོ་ལྔ་པའོ། །ནང་དུ་རངས་མའི་རྩ་མདུད་འདོམས་བར་ན་ཧེའི་རྣམ་

པར་ཡོད་པ་དང་། ཕྱི་ན་ཧི་མ་ལ་ཡ་སྟེ་ཁ་བའི་རི་གངས་ཅན་གྱི་ཡུལ་བཅུ་དྲུག་པ་སྟེ་ཡུལ་དེ་གཉིས་འདུས་པ་ལས་ཉེ་བའི་ཚཀྵོའམ་ས་དྲུག་པ་མངོན་དུ་གྱུར་པ་ཐོབ་ལ། ལྷ་མོ་ཊཀྐི་ནི་ས་དྲུག་པ་པའི་ཚུལ་གཟུང་ནས་ནུབ་བྱང་ན་བཞུགས་སོ། །ནང་དུ་ཤིན་ཏུ་གཟུགས་ཅན་མའི་རྩ་མདུད་མཚན་མ་ལ་པྲེའི་རྣམ་པར་ཡོད་པ་དང་། ཕྱི་ན་པྲེ་ཏ་པུ་རི་སྟེ་ཡི་དྭགས་ཀྱི་གྲོང་ཁྱེར་གཉིས་ནི་ཡུལ་བཅུ་བདུན་པའོ། །ནང་དུ་སྤྱི་མའི་རྩ་མདུད་བཤང་ལམ་ལ་གྲིའི་རྣམ་པར་ཡོད་པ་དང་། ཕྱི་ན་གྲི་ཧ་དེ་ཝ་སྟེ་ཁྱིམ་གྱི་ལྷ་གཉིས་ནི་ཡུལ་བཅོ་བརྒྱད་པ་སྟེ། ཡུལ་དེ་འདུས་པ་ལས་འདུ་བའི་སའམ། ས་བདུན་པ་རིང་དུ་སོང་བ་ཐོབ་ལ། ལྷ་མོ་གཽ་རཱི་ས་བདུན་པ་པའི་ཚུལ་བཟུང་ནས་དཀྱིལ་འཁོར་གྱི་ཤར་ཕྱོགས་ན་བཞུགས་སོ། །ནང་དུ་རྒྱུ་སྦྱིན་མའི་རྩ་མདུད་བརླ་གཉིས་ལ་སཽའི་རྣམ་པར་ཡོད་པ་དང་། ཕྱི་ན་སཽ་ར་ཥྚ་སྟེ་ཡུལ་འཁོར་བཟང་པོ་གཉིས་ནི་ཡུལ་བཅུ་དགུ་པའོ། །ནང་དུ་སྦྱོར་བྲལ་མའི་རྩ་མདུད་བྱིན་པ་གཉིས་ལ་སུའི་རྣམ་པར་ཡོད་པ་དང་། ཕྱི་ན་སུ་ཝརྞ་དྭི་པ་སྟེ་གསེར་གླིང་གཉིས་ནི་ཡུལ་ཉི་ཤུ་པ་སྟེ། ཡུལ་དེ་གཉིས་འདུས་པ་ལས་ཉེ་བའི་འདུ་བའམ། ས་བརྒྱད་པ་མི་གཡོ་བ་ཐོབ་ལ། ལྷ་མོ་ཙཽ་རཱི་ལྷོ་ན་བཞུགས་སོ༑ །ནང་དུ་སྟུག་གུ་མའི་རྩ་མདུད་སོར་མོ་བཅུ་དྲུག་ལ་ནཱའི་རྣམ་པར་གནས་པ་དང་། ཕྱི་ན་ནཱ་ག་ར་གྲོང་ཁྱེར་གཉིས་ནི་ཡུལ་ཉེར་གཅིག་པའོ། །ནང་དུ་གྲུབ་མའི་རྩ་མདུད་བོལ་གོང་གཉིས་ལ་སིའི་རྣམ་པར་གནས་པ་དང་། ཕྱི་ན་སིནྡྷུ་ར་གཉིས་ནི་ཡུལ་ཉེར་གཉིས་པ་སྟེ། དེ་གཉིས་འདུས་པ་ལས་དུར་ཁྲོད་ཀྱི་སའམ་ས་དགུ་པ་ལེགས་པའི་བློ་གྲོས་ཐོབ་ལ། ལྷ་མོ་བཻ་ཏ་ལཱི་ས་དགུ་པ་པའི་ཚུལ་གཟུང་ནས་ནུབ་ཕྱོགས་ན་གནས་སོ། །ནང་དུ་འཚེད་མའི་རྩ་མདུད་མཐེ་བོང་ལ་མའི་རྣམ་པར་གནས་པ་དང་། ཕྱི་ན་མ་རུ་སྟེ་མྱ་ངམ་གྱི་ཐང་གཉིས་ནི་ཡུལ་ཉེར་གསུམ་པའོ། །ནང་དུ་ཡིད་བཟངས་མའི་རྩ་མདུད་པུས་མོ་གཉིས་ལ་ཀུའི་རྣམ་པར་ཡོད་པ་དང་། ཕྱི་ན་ཀུ་ལུ་ཏ་སྟེ་རིགས་ལྡན་གཉིས་ནི་ཡུལ་ཉེར་བཞི་པ་སྟེ། ཡུལ་དེ་གཉིས་དབང་དུ་འདུས་པ་ལས་ཉེ་བའི་དུར་ཁྲོད་དམ་ས་བཅུ་པ་ཆོས་ཀྱི་སྤྲིན་ཐོབ་ལ། ལྷ་མོ་གྷསྨ་རཱི་དཀྱིལ་འཁོར་གྱི་བྱང་ཕྱོགས་ན་ས་བཅུ་པའི་ཚུལ་བཟུང་ནས་གནས་སོ༑ །ནང་དུ་རྩ་གསུམ་སྣར་མ་དང་འདོད་མའི་རྩ་མདུད་སྙིང་གར་ཧཱུྃ་གི་རྣམ་པར་གནས་པ་ནི་ལྷ་མོ་ས་སྤྱོད་མས་སྐྱོང་ཞིང་། ཁྱིམ་མ་དང་གཏུམ་མོའི་རྩ་མདུད་སྙིང་གར་ཧཱུྃ་གི་རྣམ་པར་གནས་པ་ནི་ལྷ་མོ་མཁའ་སྤྱོད་མས་སྐྱོང་ལ། ནང་གི་ཡུལ་བཞི་པོ་དེ་ནི། སྙིང་ག་ཆོས་ཀྱི་འཁོར་ལོ་རྩ་ནང་འདབ་མ་བཞི་ལས་ཕྱི་འདབ་བརྒྱད་ཕྱེས་པའི་ཕྱི་འདབ་བརྒྱད་ཀྱི་མཚམས་བཞིན་རླུང་ཡ་དང་བདུད་རྩི་ཡ་འདྲེས་ནས་འབབ་པར་བཤད་པ་དེ་ཡིན་ལ། ལྷ་མོ་གཉིས་པོ་དེ་ནི་ནང་གི་འཕར་མའི་སྙིང་འོག་གཉིས་ན་བཞུགས་ཤིང་། ཡུལ་དེ་བཞིའི་རླུང་སེམས་དབུ་མར་ཐིམ་པ་ལས་འཐུང་སྤྱོད་དམ་ས་བཅུ་གཅིག་པ་དཔེ་མེད་པའི་རྟོགས་པ་ཐོབ་པ་ཡིན་ཏེ། རྗེ་པས་བདག་

མེད་མའི་བསྟོད་པ་ལས། འདི་བཞི་སྙིང་གི་འདབ་བརྒྱད་ལྟེ་བ་ཡེ། །མཚམས་ན་རླུང་དང་བདུད་རྩི་ལྔ་འདྲེས་འབབ། །འདི་རྣམས་དབུ་མར་ཐིམ་པས་འཕྲུང་གཙོད་སྐྱེ། །དཔེ་མེད་ཡེ་ཤེས་བཅུ་གཅིག་པར་ཕྱག་འཚལ། །ཞེས་བཤད་པའོ། །ནང་དུ་རྩ་དབུ་མ་རོ་མ་རྐྱང་མ་བདུད་འདྲལ་མ་བཞིའི་མདུད་པ་སྙིང་གར་ཧཱུྃ་གི་རྣམ་པར་གནས་པ་དེ་བཞིའི་རླུང་སེམས་དབུ་མར་ཐིམ་པ་ལས་ཉེ་བའི་འཕྲུང་སྤྱོད་ཀྱི་སའམ་ས་བཅུ་གཉིས་པ་ཡེ་ཤེས་ཆེན་པོ་ཐོབ་ཅིང་། ལྷ་མོ་རྡོ་རྗེ་བདག་མེད་མ་ས་བཅུ་གཉིས་པའི་སེམས་མའི་ཚུལ་བཟུང་ནས་དཀྱིལ་འཁོར་གྱི་དབུས་ན་གཙོ་བོ་དང་མཉམ་སྦྱོར་དུ་བཞུགས་སོ། །

འདིའི་སྐབས་ཀྱི་དབུ་མ་རོ་མ་རྐྱང་མ་བདུད་འདྲལ་མ་བཞི་ནི་སྙིང་གའི་ཕྱི་འདབ་ཀྱི་ཕྱོགས་ཀྱི་རྩ་བཞི་ལ་བྱེད་དགོས་སམ་སྙམ་སྟེ་ཕྱི་འདབ་བརྒྱད་ཀྱི་མཚམས་མ་བཞི་ནི་འཕྲུང་སྤྱོད་ཀྱི་གནས་བཞིར་བཤད་ཟིན་ལ། ནང་འདབ་བཞི་ལྟེ་བ་དང་བཅས་པ་འདི་སྐབས་པའི་རྩ་ལྟར་འཆད་པར་འགྱུར་ཞིང་། འཕྲུང་གཙོད་ཉེ་བའི་འཕྲུང་གཙོད་ཀྱི་ནང་གི་གནས་བརྒྱད་ཆར་སྙིང་ག་ན་གནས་པར་འོག་ནས་འཆད་པའི་ཕྱིར་རོ། །འོ་ན་རྩ་དབུ་མ་ནི་དབུས་ན་གནས་པའི་ཕྱིར། ཕྱི་འདབ་ལ་མི་རིགས་སོ་སྙམ་ན། བཤད་པར་བྱ་སྟེ། འདིར་ཉེ་བའི་འཕྲུང་སྤྱོད་ཀྱི་ནང་གི་གནས་སུ་བཤད་པའི་དབུ་མ་ནི། སྙིང་ཁའི་ཐད་ཀྱི་རྩ་དབུ་མ་ལས་གྱེས་པའི་དབུ་མའི་ཆ་ཤས་ཀྱི་རྩ་གཅིག་ལ་ངོས་གཟུང་དགོས་ཏེ། འདིའི་རླུང་སེམས་དབུ་མར་ཐིམ་པ་ལས་ས་བཅུ་གཉིས་པ་ཐོབ་དགོས་པའི་ཕྱིར་ཏེ་བདག་མེད་མའི་བསྟོད་པར། དབུས་ནས་གཡས་གཡོན་རྒྱབ་ཀྱི་ཆ་ལ་བཞུགས། །ཀུན་འདར་རོ་རྐྱང་བདུད་འདྲལ་ཨཿདང་བཅས། །ཀླུ་ཁྲག་དྲི་ཆེན་དྲི་ཆུ་མི་རྟོག་སྐྱེད། །འཕགས་པའི་ལམ་གསུམ་བྱང་ཆུབ་ཕྱག་འཚལ་ལོ། །གནས་བཞི་དབུ་མར་སྟོང་པས་བཅུ་གཉིས་པ། །ཉེ་བའི་འཕྲུང་གཙོད་ཡེ་ཤེས་ཆེན་པོ་སྐྱེ། །སྤྱང་བྱ་ཀུན་སྤངས་ཐོབ་བྱ་ཀུན་རྫོགས་པའི། །འཁོར་ལོའི་དབུས་ན་བཞུགས་ལ་ཕྱག་འཚལ་ལོ། །ཞེས་བཤད་པས་སོ༔ ༔གཞན་དུ་ན། རྩ་འདིའི་རླུང་སེམས་དབུ་མར་ཐིམ་ཞེས་བཤད་པ་ལ་རྣམ་དཔྱད་མི་འབྱུང་སྟེ། དབུ་མ་དེ་ལ་གཉིས་སུ་འབྱེད་རྒྱུ་མ་བྱུང་བའི་ཕྱིར་རོ། །

འོ་ན་འདིའི་སྐབས་ཀྱི་དབུ་མ་དེ། དབུས་ནས་གཡས་གཡོན་རྒྱབ་ཀྱི་ཆ་ན་བཞུགས། །ཞེས་དབུས་སུ་གནས་པར་བཤད་པས་ཕྱི་འདབ་ལ་མི་རིགས་སོ་སྙམ་ན་སྐྱོན་མེད་དེ། འདིའི་སྐབས་ཀྱི་རྩ་བཞི་ནི། དབུས་ནས་ཤར་དུ་གྱེས་པའི་དབུ་མ། གཡས་ནས་གཡས་སུ་གྱེས་པའི་རོ་མ། གཡོན་ནས་གཡོན་དུ་གྱེས་པའི་རྐྱང་མ། རྒྱབ་ནས་རྒྱབ་ཏུ་གྱེས་པའི་བདུད་འདྲལ་མ་བཞི་ལ་ངོས་གཟུང་བ་ཡིན་པའི་ཕྱིར་རོ། །ཡང་ནང་དུ་སྙིང་གའི་ནང་འདབ་བཞི་དབུས་དང་ལྔའི་རྩ་མདུད། ཧཱུྃ་ཨོཾ་ཧྲཱིཿཔཾ་ཧཱུྃ་ལྟར་གནས་པ་དང་། རྩ་བདུད་འདྲལ་མའི་ཆ་ཤས

དང་བཅས་པའི་རླུང་སེམས་དབུ་མར་ཐིམ་པ་ལས་ས་བཅུ་གསུམ་པའི་རྟོགས་པ་སྐྱེ་ཞིང་། ས་བཅུ་གསུམ་པ་ལ་གནས་པའི་ཡི་དམ་ཀྱེ་རྡོ་རྗེ་ནི་དཀྱིལ་འཁོར་ཀུན་གྱི་གཙོ་བོ་ཡིན་ཏེ། བདག་མེད་མའི་བསྟོད་པར། སྦས་པའི་རྩ་ལྔ་བདུད་འདུལ་ཆ་དང་བཅས། །སྙིང་གི་དབུས་གནས་གཙུག་ཏོར་མཆོག་ཏུ་ཐིམ། །འཕགས་པའི་ལམ་ལྔ་དྲུག་པའི་ཆ་ཡི་དངོས། །རྡོ་རྗེ་འཛིན་ས་བཅུ་གསུམ་པར་ཕྱག་འཚལ། །ཞེས་བཤད་པའི་ཕྱིར་དང་། དོན་འདི་ཉིད་རྒྱལ་བ་ཡང་དགོན་པས། རྡོ་རྗེ་ལུས་ཀྱི་སྦས་བཤད་དུ་བྱང་སེམས་འབབ་པའི་རྩ་སོ་གཉིས་ལ། སྤྱི་བོ་ནས་ཕྱེས་པ་བརྒྱད། མགྲིན་པ་ནས་ཕྱེས་པ་བརྒྱད། སྙིང་ག་ནས་ཕྱེས་པ་བརྒྱད། ལྟེ་བ་ནས་ཕྱེས་པ་བརྒྱད་རྣམས་ཕྱེ་ནས། སྤྱི་བོ་ནས་ཕྱེས་པ་བརྒྱད། ནང་གི་ཡུལ་དང་པོ་བརྒྱད་དུ་བྱས་ནས། ས་དང་པོ་དང་གཉིས་པ་གཉིས་དང་སྦྱར། མགྲིན་པའི་བརྒྱད། ཡུལ་དགུ་པ་ནས་བཅུ་དྲུག་པའི་བར་བརྒྱད་དུ་བྱས་ནས། ས་གསུམ་པ་ནས་དྲུག་པའི་བར་བཞི་དང་སྦྱར། ལྟེ་བའི་བརྒྱད། ཡུལ་བཅུ་བདུན་པ་ནས་ཉེར་བཞི་པའི་བར་བརྒྱད་དུ་བྱས་ནས་ས་བདུན་པ་ནས་བཅུ་པའི་བར་བཞི་ཐོབ་བྱེད་དུ་སྦྱར། སྙིང་ཀའི་བརྒྱད། ནང་གི་ཡུལ་སོ་གཉིས་ཀྱི་ལྷག་མ་བརྒྱད་དུ་བྱས་ནས། ས་བཅུ་གཅིག་པ་དང་བཅུ་གཉིས་པ་ཐོབ་བྱེད་དུ་སྦྱར་ཞིང་། དེ་ཉིད་ས་པཎ་གྱི་གསུང་གི་བདུད་རྩི་ལམ་སྦས་བཤད་ཀྱི་ཞལ་གདམས་ཡིན་གསུང་པ་དང་ཡང་ལེགས་པར་འགྲོར་བ་ཡིན་ཏེ། དེ་ཉིད་ལས། སྙིང་ག་ཆོས་ཀྱི་འཁོར་ལོ་ནས་ཕྱེས་པ་བརྒྱད་པོ་འདི། སྙིང་ག་ནས་དབུ་མའི་ཆ་ཤས་ཡོན་ཏན་གྱི་རྩ་ཁྲི་མོ་ཉལ་བ་ལྟ་བུ་ཡོད། དེ་ལས་རྣམ་ཤེས་ཚོགས་བརྒྱད་དང་འབྲེལ་བའི་རྩ་བརྒྱད་པོ་འདི་ཕྱི་འདབ་ཀྱི་ཚུལ་དུ་ཕྱེས་ནས་རྩའི་མདུད་པ་ཧཱུྃ་རིང་པོའི་གཟུགས། རྩ་སྣ་བུ་ག་དཀྱུར་ཟུག་པ། འབྱུང་གཙོད་ཉེ་བའི་འབྱུང་གཙོད་ཞེས་བྱའོ། །དེ་ལ་རྩ་མཛེས་མ་ཞེས་བྱ་བ་དབུ་མའི་རྩ་ཁམས་ཀུན་གཡོ་བའི་ནུས་པ་དང་ཀུན་གཞིའི་རྣམ་ཤེས་སྐྱེད་པའི་དྭངས་མ་སྐྱེད། རོ་བཅུད་མ་ཞེས་བྱ་བ་རོ་མའི་རྩ་ཉི་མ་བརྟན་པ་དང་གཡོ་བའི་ནུས་པ་དང་ཉོན་ཡིད་ཀྱི་རྣམ་པར་ཤེས་པའི་ཁམས་སྐྱེད། ཀུན་ཁྱབ་མ་ཞེས་བྱ་བ་རྐྱང་མའི་རྩ་ཟླ་རྩི་གཡོ་བ་དང་བརྟན་པའི་ནུས་པ་དང་ཡིད་ཀྱི་རྣམ་པར་ཤེས་པའི་ཁམས་སྐྱེད། དེ་གསུམ་གྱི་རྩ་སྣ་གསང་གནས་ཀྱི་བུ་ག་གཉིས་སུ་ཟུག་པའོ། །དེ་བཞིན་དུ། སུྃ་སྐོར་མ། འདོད་མ། ཁྱིམ་མ། གཏུམ་མོ། བདུད་འདུལ་མ་དང་ལྔ། དབང་པོ་སྒོ་ལྔའི་བུ་གར་ཟུག་ནས་སྒོ་ལྔའི་རྣམ་ཤེས་བསྐྱེད་པར་བཤད། འདིའི་སྐབས་ཀྱི་རྩ་དབུ་མ་རོ་མ་རྐྱང་མ་གསུམ་དང་སྦས་བཤད་དུ་འབྱུང་བའི་རྩ་མཛེས་མ་རོ་བཅུད་མ་ཀུན་ཁྱབ་མ་གསུམ་གནད་གཅིག་ཅིང་དེ་གསུམ་དང་བཅས་པའི་རྩ་བརྒྱད་པོ་དེ་སྙིང་གའི་ཕྱི་འདབ་ཀྱི་རྩ་ཡིན་པར་བཤད་པའི་ཕྱིར་རོ། །བསྟན་བཅོས་མཛད་པ་འདིའི་དགོངས་པ་དང་ཡང་ལེགས་པར་འགྲོར་ཏེ། དཀའ་འགྲེལ་ལས་ལྷག་མ་སྙིང་གི་ཕྱི་སྐོར་གྱི་རྩ་འདབ་བརྒྱད་དང་སྦས་པའི་རྩ་

ལྟེའི་རླུང་སེམས་དབུ་མར་ཞུགས་པས་བསྐྱེད་པར་བྱ་བའི་ས་ལྷག་མ་གསུམ་ངེས་པར་གྲུབ་པའི་ཕྱིར་རོ། །ཞེས་འཁྲུང་གཙོད་དང་ཉེ་འཁྲུང་གི་གནས་བརྒྱད་པོ་དེ་སྙིང་ཀའི་ཕྱི་འདབ་བརྒྱད་ལ་ངོས་གཟུང་བའི་ཕྱིར་རོ། །

གཉིས་པ་དཔལ་འཁོར་ལོ་བདེ་མཆོག་དང་སྦྱར་བ་ལ། ཐུགས་འཁོར་གྱི་གནས་བརྒྱད། གསུང་འཁོར་གྱི་གནས་བརྒྱད། སྐུ་འཁོར་གྱི་གནས་བརྒྱད། དམ་ཚིག་གི་འཁོར་ལོའི་གནས་བརྒྱད། བདེ་ཆེན་འཁོར་ལོའི་གནས་ལྔ་དང་སོ་བདུན་དུ་རིམ་བཞིན་སྦྱར་བར་བྱ་སྟེ། དེ་ཡང་ཐུགས་འཁོར་གྱི་གནས་བརྒྱད་ནི། གནས་དང་ཉེ་བའི་གནས་ཀྱི་གནས་བརྒྱད་དེ། ཕྱི་རྡོ་རྗེ་གདན་ལྟེ་བར་བྱས་པའི། ཤར་བྱང་ནུབ་ལྷོ་བཞིན་པུ་ལླི་ར་མ་ལ་ཡང་། ཛ་ལན་དྷ་ར། ཨོ་ཊྱི་ན། ཨརྦུ་ད་བཞི་རིམ་བཞིན་གནས་པ་ནི་ཕྱིའི་གནས་ཀྱི་ཡུལ་བཞི་ཡིན་ལ། ནང་གི་གནས་ནི། བྱང་སེམས་འབབ་པའི་རྩ་སོ་གཉིས་ཀྱི་དང་པོ་བཞིའི་མདུད་པ་སྤྱི་བོ་སྤྱི་གཙུག་རྣ་བ་གཡས་ལྟག་པ་བཞིན་པུ་ཛ་ཨོ་ཨའི་ཡིག་གཟུགས་བཞི་གནས་པ་དེ་ཡིན་ནོ། །འདི་མན་ཆད་ཀྱང་ཕྱི་ནང་གི་གནས་སྦྱོར་ཚུལ་ སྔ་མ་ལྟར་ཤེས་པར་བྱའོ། །དེ་བཞིན་དུ། ཤར་ལྷོ། ལྷོ་ནུབ། ནུབ་བྱང་། བྱང་ཤར་བཞིན་གོ་ད་ཝ་རི། རམ྄ེ་ཤྭ་ར༔ དེ་ཝཱི་ཀོ་ཊ། མ་ལ་ཝ་བཞིན་གནས་པ་ནི། ཉེ་བའི་གནས་ཀྱི་ཕྱིའི་ཡུལ་བཞི་ཡིན་ལ། ནང་གི་གོ་ར་དེ་མ་བཞིའོ། །གསུང་འཁོར་གྱི་གནས་བརྒྱད་ནི། ཞིང་དང་། ཉེ་ཞིང་། ཚནྡྷོ་དང་། ཉེ་བའི་ཚནྡྷོ་བཞི་ལ་གནས་གཉིས་གཉིས་ཡོད་པའི་བརྒྱད་དེ། ཐུགས་འཁོར་གྱི་ཕྱི་རིམ་ཕྱོགས་བཞི་མཚམས་བཞི་སྟེ་བརྒྱད་ན། ཀ་མ་རཱུ་པ༔ ཨོ་ཏྲེ། ཏྲི་ཤ་ཀུ་ནེ། ཀོ་ས་ལ། ཀ་ལིཾ་ག །ལམྤཱ་ཀ ཀཉྩི་ཀ །ཧི་མཱ་ལ་ཡ་སྟེ་བརྒྱད་གནས་དང་རིམ་བཞིན་དུ་སྦྱར་རོ། །ཕྱོགས་མཚམས་ཀྱི་གོ་རིམ་སྔ་མ་ལྟར་རོ། །སྐུ་འཁོར་གྱི་གནས་བརྒྱད་ནི། འདུ་བ་དང་ཉེ་བའི་འདུ་བ༔ དུར་ཁྲོད་དང་། ཉེ་བའི་དུར་ཁྲོད་ཀྱི་གནས་གཉིས་གཉིས་བརྒྱད་དེ་གསུང་འཁོར་གྱི་ཕྱི་རོལ་ཕྱོགས་མཚམས་བརྒྱད་ན། པྲེ་ཏ་པུ་རི། གྲི་ཧ་དེ་ཝ། སོ་རཥྚ། སུ་ཝརྞ། ནཱ་ག་ར། སིནྡྷུ། མ་རུ། ཀུ་ལུ་ཏ་བརྒྱད་རིམ་བཞིན་གནས་པ་དེའོ། །དམ་ཚིག་འཁོར་ལོའི་གནས་བརྒྱད་ནི། འཁྲུང་གཙོད་དང་ཉེ་བའི་འཁྲུང་གཙོད་ལ་གནས་བཞི་བཞི་ཡོད་པའི་བརྒྱད་དེ། རི་རབ་ཀྱི་ཕྱོགས་བཞིན་གླིང་བཞི། མཚམས་བཞིན་ཤར་ལྷོའི་གླིང་ཕྲན། ལྷོ་ནུབ་ཀྱི་གླིང་ཕྲན། ནུབ་བྱང་གི་གླིང་ཕྲན། བྱང་ཤར་གྱི་གླིང་ཕྲན་སྟེ་བརྒྱད་དོ། །གླིང་ཕྲན་གཉིས་གཉིས་ཡོད་ཀྱང་། མཚན་ཀྱི་དབང་གིས་རེ་རེར་བྱས་པའོ། །བདེ་ཆེན་འཁོར་ལོའི་གནས་ལྔ་ནི། རི་རབ་ཀྱི་རྩེའི་དབུས་དང་ཕྱོགས་བཞི་སྟེ་ལྔའོ། །ནང་གི་གནས་སོ་བདུན་ནི་སྔ་མ་ཁོ་ན་ལྟར་ཡིན་ནོ། །དེ་དག་འཁོར་ལོ་བདེ་མཆོག་གི་ལྷ་དང་རིམ་བཞིན་སྦྱར་བ་ནི་ཤེས་པར་སླའོ། །

འོ་ན་བདེ་མཆོག་དཀྱིལ་འཁོར་དང་སྦྱར་བའི་ཚུལ་འདི་ལ་ཕྱི་ནང་གི་ཡུལ་སོ་བདུན་ཚང་བར་སྦྱར་རྒྱུ

བྱུང་མོད། བདག་མེད་ལྷ་མོ་བཅོ་ལྔ་དང་སྦྱར་ཚུལ་འདི་ལ། ས་བཅུ་པ་མན་ཆད་ཡུལ་ཉེར་བཞི་ལ་ཕྱི་ནང་གཉིས་ཆར་སྦྱར་རྒྱུ་བྱུང་ཡང་། ལྷག་མ་འཐུང་གཅོད་ཉེ་བའི་འཐུང་གཅོད་ཀྱི་གནས་བརྒྱད། སྦྲས་པའི་གནས་ལྔ་སྟེ་བཅུ་གསུམ་ལ་ཕྱིའི་ཡུལ་ཆེན་བརྒྱད་སྦྱར་རྒྱུ་མ་བྱུང་བས་ཇི་ལྟར་སྙམ་ན། ཁྱེད་བདེན་མོད། སྔ་ཕྱིའི་མཁས་པ་མང་པོ་དང་། ཕྱིའི་ཡུལ་ཆེན་སོ་གཉིས་མཐུན་དུ་གྲུབ་པ་ལྟར་མཛད་ནས་སྦྲས་པའི་ཕྱིའི་ཡུལ་ཆེན་ལྔ་ཚོལ་བའི་ངལ་བ་ལྟ་བུར་མཛད་མོད། ཁོ་བོས་ནི་བདེ་མཆོག་ལ་སྦྱར་ཚུལ་དེ་བཞིན་དང་མཐུན་པར་བྱེད་ན་མ་གཏོགས། ཕྱིའི་ཡུལ་སོ་གཉིས་འདྲེན་ཚུལ་ལ་ཡང་ངེས་པ་ཅན་གྱི་གསལ་བྱེད་མ་མཐོང་སྟེ། བརྟག་གཉིས་ལས། ཕྱིའི་ཡུལ་སོ་གཉིས་འདྲེན་ཚུལ་ཙམ་བཤད་ཀྱང་། འགྲུབ་ཀྱི་ཚུལ་དུ་ཟང་ཟིང་དུ་བཤད་པས་ངེས་པ་རྙེད་དཀའ་བ་ལ་བརྟེན་རྗེ་བཙུན་པས་བདག་མེད་བསྐོར་པར་ཡང་། ཡུལ་ཉེར་བཞི་ལས། བདེ་མཆོག་དང་སཾ་ཊ་ནས་བཤད་པ་ལྟར་ཕྱི་ནང་གསལ་བར་སྦྱར་ནས་འཐུང་གཅོད། ཉེ་བའི་འཐུང་གཅོད་ཀྱི་གནས་བརྒྱད་དང་། སྦྲས་པའི་གནས་ལྔ་ལ་ནང་གི་ཡུལ་ཙམ་ལས་ཕྱིའི་ཡུལ་སྦྱར་བ་མེད་པའི་ཕྱིར་རོ། །དེས་ན་རྗེ་བཙུན་གྱི་བདག་མེད་མའི་བསྐོར་པར་ཡུལ་ཉེར་བཞི་སྦྱར་བ་དེ་འཁོར་ལོ་བདེ་མཆོག་གི་དགོངས་པ་སཾ་ཊས་བཀྲལ་བ་ལྟར་བཤད་པ་ཡིན་པས། དེས་ཀྱེ་རྡོར་གྱི་རྒྱུད་ནས་བཤད་པའི་ཡུལ་གྱི་ཁ་སྐོང་བ་ལ་ནི་འགྲེལ་ཙུང་ཟད་ཀྱང་མེད་པས། ཁོ་བོ་ནི་རེ་ཞིག་བདེ་མཆོག་ལ་སྦྱར་ཚུལ་ལྟར། གླིང་བཞི་ནི་འཐུང་གཅོད་ཀྱི་གནས་བཞི་དང་། གླིང་ཕྲན་བཞི་ཉེ་བའི་འཐུང་གཅོད་ཀྱི་གནས་བཞིར་བྱས་ནས། རི་རབ་ཀྱི་རྩེའི་ཕྱོགས་བཞི་དབུས་དང་ལྔ། སྦྲས་པའི་ཡུལ་ལྟར་བྱེད་དོ། །

འོན་ཀྱེ་རྡོར་ནས་དངོས་སུ་བཤད་པའི་ཡུལ་སོ་གཉིས་ཇི་ལྟར་སྙམ་ན། འདི་ཉིད་བླ་མ་འཕགས་པས་བརྟག་གཉིས་ཀྱི་མཆན་བུར་བཤད་པ་དང་། དེའི་གསུང་སྒྲོས་གྲགས་པ་རྒྱལ་མཚན་གྱི་བརྟག་གཉིས་ཊཱི་ཀར་བཤད་པ་ལྟར་ངོས་གཟུང་ན། ཛ་ལན་དྷ་ར་འབར་བའི་དྲ་བ་འཛིན་པ་ནི་ཁ་ཆེ་དང་རྒྱ་གར་གྱི་བར་ན་ཡོད་ཅིང་། ནང་གི་སྤྱི་གཙུག ཨོ་ཊྱི་ཡ་ན་འཕུར་འགྲོའམ་ཨུ་རྒྱན་གྱི་ཡུལ་རྒྱ་གར་ནུབ་ཕྱོགས་ན་ཡོད་ཅིང་ནང་སྤྱི་བོ། ཀོ་ལ་གི་རི་ལྷོ་ནུབ་ཀོ་ལ་པུ་རིའི་གྲོང་ན་ཡོད་ཅིང་ནང་འཚོགས་མ། ཀ་མ་རུ་པ་འདོད་པའི་གཟུགས་ཅན་གཉལ་གྱི་འདབ་རྒྱ་གར་ཤར་ཕྱོགས་ན་ཡོད་ཅིང་ནང་སྨིན་ཕྲག་སྟེ། དེ་བཞི་ནི་གནས་ཀྱི་ཡུལ་ཆེན་བཞིའོ། །དེས་ས་དང་པོ་ཐོབ་བོ། །མ་ལ་ཝ་འཕྲེང་བ་ཅན་ལྷོའི་གླིང་ཕྲན་ཏེ་ནང་སྣ་རྩེའོ། །སིནྡྷུ་ནུབ་ཕྱོགས་ན་ཆུ་བོ་སིནྡྷུ་འབབ་པའི་འགྲམ་ན་ཡོད་ཅིང་ནང་མིག་གཉིས་སོ། །ནཱ་ག་ར་གྲོང་ཁྱེར་ཡུལ་དབུས་ན་ཡོད་ཅིང་ནང་རྣ་བ་གཉིས་སོ། །ཞུགས་པའི་གྲོང་ནི་སེང་ག་ལའི་གླིང་སྟེ་ནང་ཁའོ། །དེ་བཞི་ནི་ཉེ་གནས་ཀྱི་ཡུལ་ཆེན་བཞི་སྟེ། དེས་ས་གཉིས་པ་ཐོབ

བོ༔ །སྲུ་སྲུ་ནི་ལྷོ་ཕྱོགས་རྒྱ་མཚོའི་འགྲམ་རྒྱལ་པོའི་ཁབ་ཅེས་བྱ་བ་སྟེ་ནང་ཀོས་ཀོའོ། །དེ་ཤི་ཀོ་ཏ་ལྷ་མོའི་འཁར་རྡོ་རྗེ་གདན་གྱི་ཤར་ན་སྟེ་ནང་མགྲིན་པའོ། །དེ་གཉིས་ནི་ཞིང་སྐྱེ་ས་གསུམ་པའོ། །ཀུ་ལུ་ཏ་ལྷོ་ནུབ་ན་རྡོ་ཕུས་མོ་ལྷ་བུ་ཡོད་པ་སྟེ་ནང་རྒྱབ་ཀྱི་ཚིགས་པའོ། །ཨརྦུ་ཏ་ལྷོ་ཕྱོགས་ཀྱི་རྒྱུད་ན་ཡོད་སྟེ་ནང་ནུ་མ་གཉིས་སོ། །དེ་གཉིས་ཉེ་ཞིང་སྐྱེ་ས་བཞི་པའོ། །ཀ་རི་ཀོ་ལ་ནི་ཤར་ལྷོ་ན་ནམ་མཁའ་ཤིང་ལྡན་ཏེ་ནང་སྙིང་གའོ། །གོ་ད་ཝ་རི་བ་ཡི་མཚོ་གླིང་ནི་ལྷོ་ཕྱོགས་དཔལ་གྱི་རིའི་ངོས་གཅིག་ན་ཡོད་ཅིང་ནང་ལྟེ་བའོ། །དེ་གཉིས་ཚནྡྷ་སྐྱེ་ས་ལྔ་པའོ། །ལམྤ་ཀ་ནི་རྒྱ་གར་ནུབ་ཕྱོགས་ན་ཡོད་ཅིང་ནང་གསང་གནས་སོ། །ཀཉྩི་ལྷོ་ནུབ་ན་སྟེ་ནང་སྤྱི་དབུས་སོ། །དེ་གཉིས་ཉེ་བའི་ཚནྡྷ་སྐྱེ་ས་དྲུག་པའོ། །བྱེད་པའི་གྲོང་ལྷོ་ཕྱོགས་རྒྱ་མཚོའི་གླིང་ཕྲན་སྟེ་ནང་སྤྱི་རྩེ་མོའོ། །གསེར་དང་ལྡན་པའི་གླིང་ནི་ལྷོ་ཕྱོགས་མི་མེད་པའི་གླིང་སྟེ་ནང་གཞང་པའོ། །དེ་གཉིས་འདུ་བ་སྐྱེ་ས་བདུན་པའོ། །ཀོ་ཀ་ན་ནི་ལྷོ་ཕྱོགས་ན་མདྷ་བིལྦ་བྱ་བའི་མཆོད་རྟེན་རང་བྱོན་ཡོད་པའི་གནས་ཏེ་ནང་བཤང་གཉིས་སོ། །ཧྲི་ཥྚ་འབིགས་བྱེད་ནི་རི་བོ་འབིགས་བྱེད་དེ་ལྷོ་ཕྱོགས་ན་ཡོད་ཅིང་ནང་པུས་མོ་གཉིས་སོ། །དེ་གཉིས་ནི་ཉེ་བའི་འདུ་བ་སྐྱེ་ས་བརྒྱད་པ་ཐོབ་བོ། །རབ་སོང་དགེ་འདུན་ནི། རི་མང་དུ་གནས་པ་ཡི་དྭགས་འདུས་པ་སྟེ་ནང་བྱིན་པ་གཉིས་སོ། །རྒྱ་མཚོའི་འགྲམ་ནི་རསྨི་ཤྭ་ར་སྟེ་དངོས་སུ་ཡི་དྭགས་རྒྱུ་བའི་ས་ཕྱོགས་ཡོད་པ་ནང་རྐང་པའི་བོལ་གཉིས་སོ། །དེ་གཉིས་ནི་དུར་ཁྲོད་དེ་ས་དགུ་པའོ། །ཙ་རི་ཏྲ་ལྷོ་ཕྱོགས་ཀྱི་བྱེ་བྲག་སྟེ་ནང་སོར་མོ་རྣམས་སོ། །གཞོན་ནུའི་གྲོང་ཁྱེར་ནི་རྒྱ་མཚོའི་གླིང་ཕྲན་བུ་མོ་གཟུགས་བཟང་བ་ཁོ་ན་སྐྱེ་བ་སྟེ་ནང་མཐེ་བོ་གཉིས་སོ། །དེ་གཉིས་ཉེ་བའི་དུར་ཁྲོད་དེ་ས་བཅུ་པའོ། །གྲོང་ཁྱེར་ཞེས་པ་ཁ་ཆེའི་བྱེ་བྲག་སྟེ་ནང་ཕྲག་པ། གྲོང་མཐའ་ཞེས་པ་མོན་ཡུལ་སྟེ་ནང་རྐང་མཐིལ། ལན་ཙྪ་རྒྱ་མཚོའི་ནང་སྐྱེས་ནི་ཁྲབ་འཇུག་གིས་བྱས་པའི་རྣམ་སྣང་གི་སྐུ་ཡོད་པ་དང་། སཽ་རཥྚ་ཡུལ་འཁོར་བཟང་པོ་ནི་ལྷོ་ནུབ་སོ་བ་ན་ཐ་ཡོད་པའི་ཡུལ་ཏེ་དེ་གཉིས་ནི་ནང་སྙིང་ཁའི་ཕྱོགས་ན་ཡོད་ཅིང་། དེ་བཞི་ནི་འཐུང་གཅོད་ཀྱི་ཡུལ་ཆེན་སྟེ་ས་བཅུ་གཅིག་པའོ། །ཁ་བའི་རི་འཇམ་ཏེ་ཧི་མ་ལ་ཡ་ནི་གངས་ཅན་བལ་པོར་གཏོགས་པའི་བོད་སྟེ་ནང་ལྟག་པའོ། །ཀོ་ས་ལ་ནི་རྡོ་རྗེ་གདན་གྱི་ལྷོ་ནུབ་གཉན་ཡོད་ཀྱི་ཕྱོགས་ཏེ་ནང་སྣེད་པ། ཀ་ལིང་ཀ་ལྷོ་ཕྱོགས་རྒྱ་མཚོའི་འགྲམ་ཏེ་ལིང་ཀ་དང་ཉེ་བའི་ཡུལ་འཁོར། སྐྱེད་ཚལ་ར་བའི་རྫིང་བུའི་འགྲམ་ནི་མ་སྐྱེས་དགྲའི་སྐྱེད་ཚལ་གྱི་ཕྱོགས་ཏེ་དེ་གཉིས་ནང་སྙིང་ཁའི་ཕྱོགས་ན་ཡོད་ཅིང་། དེ་བཞི་ནི་ཉེ་བའི་འཐུང་གཅོད་ཀྱི་ཡུལ་ཆེན་སྟེ་ས་བཅུ་གཉིས་པ་ཐོབ་པར་བྱེད་པའོ། །འོན་འདི་དང་བདེ་མཆོག་ནས་བཤད་པ་མི་མཐུན་ནོ་སྙམ་ན་སྐྱོན་མེད་དེ། རྩ་རྣམས་ཀྱི་རྩ་བ་སྐྱེས་དང་འབྲས་བུ་སྨིན་ས་ལ་སྦྱར་བ་ལྟ་བུ་སྦྱོར་ཚུལ་ཐ་དད་ཀྱང་། ངོ་བོ་གནད་གཅིག་སྟེ། རྐང་པའི་བོལ་ལ་སྐྱུ་མཉེ་བྱས་པས་མིག་བདེ་བར་འགྱུར་བའི་ཕྱིར། བོལ་སིན་

རྒྱུ་རར་བཤད་པ་དང་། མིག་སིན྄ྡྷུར་བཤད་པ་ལྟ་བུ་དང་། ལྟེ་བ་ལ་སྐྲུ་མཎི་བྱས་པས་སྣ་བ་བདེ་བར་འགྱུར་བའི་ཕྱིར། གོ་ཏྣ་ཕ་རི་ལྟེ་བའམ་རྣ་བ་གཡོན་ལ་བཤད་པ་ལྟར་འགལ་མེད་ཀྱི་གནད་ཤེས་པར་བྱའོ། །དེ་ལྟར་དེ་དག་ནི། བརྟག་གཉིས་དངོས་བསྟན་གྱི་ཡུལ་སོ་གཉིས་འདྲེན་ཚུལ་ཏེ། རྗེ་པས་དག་ལྡན་དུ་ཀྱེ་རྡོར་གྱི་དགོངས་པ་ཕྱུག་ཆེན་ཐིག་ལེར་བཤད་པ་ལྟར་བཀྲལ་བ་དང་། དཀར་ཤག་གི་དག་ལྡན་དུ་ཡེ་ཤེས་ཐིག་ལེ་ལས་བཤད་པ་ལྟར་བགྲངས་པ་གཉིས་ཆར་ན་ཡང་འདི་ཉིད་གསལ་བར་ཡོད་པས་འདི་ལ་ཡིད་གཡོ་བར་མི་བྱའོ། །འོན་སོ་གཉིས་པོ་འདི་ལ་ཁ་སྐོང་གི་ཡུལ་ལྔ་པོ་ཇི་ལྟར་ཞེ་ན། བསྟན་བཅོས་མཛད་པ་འདིས་སྡོམ་གསུམ་དཀའ་འགྲེལ་ལས་གླིང་བཞི་དང་། གླིང་ཕྲན་བཞི་གཅིག་ཏུ་སྡོམ་པ་སྟེ་ལྔ་ལ་བཤད། དྲིས་ལན་འཁྲུལ་སྤོང་ལས་གླིང་བཞི་དང་རི་རབ་སྟེ་ལྔ་ལ་བཤད།

ཁ་ཅིག་སྒྲུབ་པ་པོ་རང་ཉིད་གནས་པའི་ཕྱོགས་བཞི་དབུས་དང་ལྔ་ལ་བྱེད། པཎ་ཤཱཀྱ་པས་གསེར་ཐུར་ལས། ལུགས་གཉིས་བཤད་པའི་དང་པོ། འདུ་བ་དང་ཉེ་བའི་འདུ་བའི་གནས་ཀྱི་དབྱེ་བ་གཉིས་གཉིས་སྟེ་བཞི་དང་། མི་སློབ་པའི་གནས་རྡོ་རྗེ་གདན་དང་ལྔ་ལ་བྱེད་གསུང་བ་ནི་ཤིན་ཏུ་མི་འཐད་དེ། འདུ་བ་དང་ཉེ་བའི་གནས་བཞི་པོ་ནི། ཡུལ་ཆེན་སོ་གཉིས་ཀྱི་ནང་དུ་བཤད་ཚར་བས། དེའི་ཁ་སྐོང་དུ་མི་རིགས་པའི་ཕྱིར། གལ་ཏེ་མ་གྲུབ་སྟེ། བརྟག་གཉིས་དངོས་བསྟན་དུ། དབྱེ་བཞི་བཅུ་གཉིས་འབྱེད་པའི་ཚེ། འདུ་བ་དང་ཉེ་བའི་འདུ་བ་གཉིས་བཤད་ཀྱང་། ནང་ཚན་སོ་གཉིས་སུ་དབྱེ་བའི་ཚེ། འདུ་བ་དང་ཉེ་འདུའི་གནས་ཚིག་ཟིན་ལ་མ་བཤད་པའི་ཕྱིར་སྙམ་དུ་དགོངས་སོད། བརྟག་གཉིས་ཚིག་ཟིན་ལ་སོ་གཉིས་ངོས་འཛིན་པའི་ཚེ། འདུ་བ་དང་ཉེ་འདུའི་དབྱེ་བ་མ་བཤད་ཅིང་། ཉེ་བའི་གནས་ལ་ཡུལ་བཞི་དགོས་པ་ལ་གཉིས་ལས་མ་བཤད། ཞིང་དང་ཉེ་ཞིང་། ཚན་དྷོ་དང་ཉེ་བའི་ཚན་དྷོ་རྣམས་ལ་ཡུལ་གཉིས་གཉིས་ཀྱིས་ཆོག་པ་ལ་བཞི་དང་ལྔ་སོགས་བཤད་པ་དང་། གཞན་ཡང་གྲངས་དང་གོ་རིམ་སྦྱོར་ཚུལ་འཁྲུགས་ཅན་ཁོ་ནར་ཡོད་པས། དེ་ཉིད་བཤད་རྒྱུད་ཐིག་ལེ་རྣམ་གཉིས་དང་། བླ་མའི་མན་ངག་གིས་འབྱེད་མ་ཤེས་ན་ཤིན་ཏུ་མགོ་རྨོངས་པར་འགྱུར་ཏེ། རྣམ་འགྱུར་གསལ་བར་བསྟན་པ་དེ་བཞིན་ཡིན་པའི་ཕྱིར་རོ། །གསེར་ཐུར་ལས་བཤད་ཚུལ་གཉིས་པ། བརྟག་གཉིས་ལས་བཤད་པ་སོ་གཉིས་ཀྱི་སྟེང་དུ། བདེ་མཆོག་ལས་བཤད་ཅིང་བརྟག་གཉིས་ལས་མ་བཤད་པའི་ཡུལ། རམླི་ཤྭ་ར། ཨོ་ཏྲེ། ཏྲི་ཤ་ཀུ་ནེ། པྲེ་ཏ་པུ་རི། གྲི་ཧ་དེ་ཝ་དང་ལྔ་བསྣན་ནས་སོ་བདུན་དུ་བྱེད་ཅེས་དང་། དེ་ལྟར་ན་སློབ་པའི་གནས་རྐྱང་པ་ལ་སོ་བདུན་ནོ་ཞེས་བཤད་པ་ཡང་མི་འཐད་དེ། ཀྱེ་རྡོར་ལ་བདེ་མཆོག་གིས་ཁ་སྐོང་བ་ལ་རང་བཟོ་ཁོ་ན་ལས་ཤེས་བྱེད་རྣམ་དག་མེད་པའི་ཕྱིར་དང་། ཁྱད་པར་དུ་ཁ་སྐོང་ལྔ་པོ་དེ་སྨྲས་པའི་ཕྱིའི

ཡུལ་ལྷུར་བྱ་དགོས་པ་ལས། གོང་དུ་སྨོས་པའི་ལྷ་པོ་དེ་སྣྲས་པའི་ནང་གི་ཡུལ་ལྷ་དང་། སྦྱོར་རྒྱུའི་ཕྱིའི་ཡུལ་ལྷུར་བྱེད་པ་ལ་འབྲེལ་ཙམ་ཟད་ཀྱང་མེད་པའི་ཕྱིར་དང་། ཡུལ་སོ་བདུན་པོ་དེ། རྡོ་རྗེ་ཐེག་པ་རང་གི་སློབ་པའི་གནས་སུ་ནི་ཅིས་ཀྱང་བྱེད་དགོས་པར་ཐལ། ཕ་རོལ་ཏུ་ཕྱིན་པ་དང་སྒོ་བསྟུན་པའི་སློབ་པའི་གནས་སུ་ནི་ཡུལ་སོ་གཉིས་པོ་དེ་འཛོག་ཀྱང་། སྦྲས་པའི་ཡུལ་ལྷ་པོ་དེ་བཞག་ཏུ་མི་རུང་སྟེ། སྦྲས་པའི་ཡུལ་ལྷ་ནི་ས་བཅུ་གསུམ་པའི་ཕྱེད་འོག་མ་ལ་གནས་པས་སྤྱོད་པ་རྒྱུ་བའི་གནས་ཡིན་ལ། ས་བཅུ་གསུམ་པའི་ཕྱེད་འོག་མ་ནི་སྦྱོར་སློབ་ལམ་ཡིན་ཀྱང་། ཕ་རོལ་ཏུ་ཕྱིན་པ་དང་སྒོ་བསྟུན་པའི་མཐར་ཕྱིན་ལམ་དུ་བཞག་དགོས་པའི་ཕྱིར་ཏེ། རབ་དབྱེ་ལས། ནང་གི་ས་ལམ་ཀུན་བགྲོད་ནས། །རྡོ་རྗེ་འཛིན་པའི་ས་དགེ་བ། །བཅུ་གསུམ་པ་ནི་ཐོབ་པར་འགྱུར། །ཞེས་བཤད་པ་ལས་ཤེས་པའི་ཕྱིར་རོ། །ཡང་མཁས་པ་ཆེན་པོ་འདིས་གསེར་ཐུར་ལས། བདེ་མཆོག་ནས་བཤད་པའི་ཡུལ་ཉེར་བཞིའི་ཁ་སྐོང་འདྲེན་ལུགས་ལ་ཡང་བཤད་པ་གསུམ་མཛད་པའི་དང་པོ། ཉེར་བཞིའི་སྟེང་དུ་གནས་དང་ཉེ་གནས་སོགས་བཅུ་གཉིས་བསྣན་པས་སོ་དྲུག །གང་དུ་སངས་རྒྱ་བའི་གནས་དང་སོ་བདུན་ཡིན་ཞེས་གསུང་བ་ལ་ནི་རྣམ་དཔྱད་ཅི་ཡང་མ་བྱུང་སྟེ། འདི་ཡུལ་སོ་བདུན་གྱི་རླུང་སེམས་དབུ་མར་ཐིམ་ཞིང་། ཕྱིའི་མཁའ་འགྲོ་འདུས་པ་ལས་ས་བཅུ་གསུམ་རིམ་བཞིན་ཐོབ་དགོས་པ་ལས། དབྱེ་གཞི་བཅུ་གཉིས་ཀྱི་དང་པོ་བཅུ་ནི་ཡུལ་ཉེར་བཞིའི་ནང་དུ་འདུས་ཚར་བས། དོན་ལ། ཉེར་བཞིའི་སྟེང་དུ། འཐུང་གཅོད་དང་ཉེ་བའི་འཐུང་གཅོད་ཀྱི་གནས་གཉིས་དང་། སངས་རྒྱ་བའི་གནས་དང་གསུམ་ལས་འདྲེན་རྒྱུ་མ་བྱུང་བས་ས་བཅུ་གསུམ་ཐོབ་བྱེད་ཀྱི་རྒྱུ་རྐྱེན་མ་ཚང་འདུག་པའི་ཕྱིར་རོ། །

བཤད་ཚུལ་གཉིས་པ། ཉེར་བཞིའི་སྟེང་དུ། ཀྱེ་རྡོར་ལས་བཤད་ཅིང་བདེ་མཆོག་ལས་མ་བཤད་པའི་གནས་བཅུ་གསུམ་ཡོད་པ་དེ་བསྣན་ནས་སོ་བདུན་དུ་བྱེད་གསུང་བ་ལ་ཡང་ཤེས་བྱེད་མེད་དེ། བཅུ་གསུམ་པོ་དེ༑ འཐུང་གཅོད་ཉེ་བའི་འཐུང་གཅོད་ཀྱི་གནས་བཞི་བཞི་དང་། སྦྲས་པའི་ཡུལ་ལྷ་ལ་སོ་སོར་སྦྱར་དགོས་པས་སྦྱར་ན་རང་བཟོ་ལས་ཅི་ཡང་མི་འགྱུར་བའི་ཕྱིར་རོ། །བཤད་ཚུལ་གསུམ་པ་བདེ་ཆེན་འཁོར་ལོའི་ལྷ་ལྷ་དང་། སྒོ་མཚམས་མ་བརྒྱད་དེ་བཅུ་གསུམ་པོའི་དབང་དུ་བྱས་པའི་ཕྱིར། ཕྱི་རོལ་གྱི་ཡུལ་བཅུ་གསུམ་མོ་ཞེས་དང་། དེ་ཡང་ཕར་ཕྱིན་ཐེག་པར་སྦྲས་པའི་ས་གཉིས་དང་། རྒྱུད་དུ་སྦྲས་པའི་རྩ་ལྷ་དང་སྦྱོར་དགོས་པར་བཞེད་ཅེས་གསུང་བ་ཡང་། འོལ་སྤྱི་ཙམ་ལས་གསལ་པོ་མ་བྱུང་སྟེ། དེ་ལྟ་བུའི་ཕྱིའི་ཡུལ་བཅུ་གསུམ་ངོས་འཛིན་རྒྱུ་གསལ་པོ་མ་བྱུང་བའི་ཕྱིར་དང་། སྦྲས་པའི་རྩ་ལྷ་ལ་རྒྱུད་དུ་སྦྲས་པའི་རྩ་ཞེས་གསུང་བ་ནི་མི་ལེགས་ཏེ། སཾ་ཊ་ལས། ལུས་ཅན་སྙིང་གི་དབུས་སུ་ནི། །རྩ་རྣམས་ལྷ་ནི་ཡང་དག་གནས། །ཞེས་བཤད་རྒྱུད་དུ་མ་སྦྲས་གསལ་བར་

བཤད་པའི་ཕྱིར་རོ། །དེས་ན་མདུད་པ་གྲོལ་ཚུལ་ཡང་། བྱང་སེམས་འབབ་པའི་རྩ་སོ་གཉིས་ཀྱི་མདུད་པ་ནི་སྤྱི་བོ་ནས་རིམ་བཞིན་གྲོལ་བར་མངོན་ཏེ། སྤྱི་བོ་ནས་བྱེས་པ་བརྒྱད་ཀྱི་རྩ་མདུད་གྲོལ་བ་ལས་ས་དང་པོ་གཉིས་ཐོབ། མགྲིན་པ་ནས་བྱེས་པ་བརྒྱད་ཀྱི་རྩ་མདུད་གྲོལ་བ་ལས་ས་གསུམ་པ་ནས་དྲུག་པའི་བར་བཞི་ཐོབ། ལྟེ་བ་ནས་བྱེས་པ་བརྒྱད་ཀྱི་རྩ་མདུད་གྲོལ་བ་ལས་བདུན་པ་ནས་བཅུ་པའི་བར་བཞི་ཐོབ། སྙིང་ག་ནས་བྱེས་པ་བརྒྱད་ཀྱི་རྩ་མདུད་གྲོལ་བ་ལས། ས་བཅུ་གཅིག་པ་དང་བཅུ་གཉིས་པ་གཉིས་ཐོབ། མཐར་སྣྲས་པའི་རྩ་ལྔའི་མདུད་པ་གྲོལ་བ་ལས་ས་བཅུ་གསུམ་པ་ཐོབ་ཕྱིར་རོ། །གལ་ཏེ་དེ་དག་ལ་རྩ་མདུད་ཀྱི་ཐ་སྙད་མེད་དོ་སྙམ་ན། ཤིན་ཏུ་ཡང་ཡོད་དེ། རྩ་དེ་དག་གི་མདུད་པ་ཡི་གེའི་དབྱིབས་སུ་གྲུབ་པ་ལ་རྩ་ཡི་གེ་ཞེས་བཞག་པའི་ཕྱིར་རོ། །འོན་ཀྱང་རྩ་དབུ་མ་དངོས་ཀྱི་མདུད་པ་ནི་གསང་གནས་ནས་རིམ་བཞིན་གྲོལ་བ་ཡིན་ཏེ། གསང་གནས་ཀྱི་འཁོར་ལོ་ལ་མདུད་པ་བཞི་ཡོད་པའི་དང་པོ་གྲོལ་བས་ས་དང་པོ་དང་། ཕྱི་མ་གཉིས་གྲོལ་བས་ས་གཉིས་པ་ཐོབ། ལྟེ་བའི་འཁོར་ལོ་ལ་མདུད་པ་དྲུག་ཡོད་པ་གྲོལ་བས་ས་གསུམ་པ་དང་བཞི་པ་ཐོབ། སྙིང་གའི་འཁོར་ལོ་ལ་དྲུག་ཡོད་པ་གྲོལ་བས་ས་ལྔ་པ་དང་དྲུག་པ་ཐོབ། མགྲིན་པའི་འཁོར་ལོའི་དྲུག་གྲོལ་བས་བདུན་པ་དང་བརྒྱད་པ་ཐོབ། སྨིན་མཚམས་ཀྱི་འཁོར་ལོའི་དྲུག་གྲོལ་བས་དགུ་པ་དང་བཅུ་པ་ཐོབ། སྤྱི་བོའི་འཁོར་ལོ་ལ་མདུད་པ་བཞི་ཡོད་པའི་དང་པོ་གསུམ་གྲོལ་བས་བཅུ་གཅིག་པ་དང་། ཕྱི་མ་གྲོལ་བས་ས་བཅུ་གཉིས་པ་ཐོབ། དེ་ཡན་ཆད་དབུ་མའི་མདུད་པ་སོ་གཅིག་གྲོལ་ཡང་། གཙུག་ཏོར་འཁོར་ལོའི་མདུད་པ་མ་གྲོལ་བས་ས་བཅུ་གསུམ་པ་ནི་མ་ཐོབ་ལ། གཙུག་ཏོར་འཁོར་ལོའི་མདུད་པ་ཕྱེད་གྲོལ་བའི་ཚེ་བཅུ་གསུམ་ཕྱེད་འོག་མ་ཞེས་གྲགས་པ་འགྲོས་བཞི་ཐིམ་དུ་ཆ་བ་དེ་ཐོབ་ལ། རངས་པོ་གྲོལ་ཚེ་ཕྱེད་གོང་མ་འགྲོས་བཞི་རྫོགས་པར་ཐིམ་པའི་རྡོ་རྗེ་འཛིན་པའི་ས་ཐོབ་པ་ཡིན་ནོ། །

གཉིས་པ་ལོག་རྟོག་དགག་པ་ལ་གཉིས། སྔས་པའི་ས་གཉིས་བཅུ་པར་འདུས་པ་དགག །མཐར་ཐུག་འབྲས་བུའི་མཚན་གཞི་ནོར་བ་དགག་པའོ། །དང་པོ་ལ་གཉིས་ཕྱོགས་སྔ་བརྗོད་པ་དང་། དེ་དགག་པའོ། །དང་པོ་པནྜི་བཞད་པ་ལས། རྡོ་རྗེ་ཐེག་པའི་ས་བཅུ་གཅིག་པ་དང་བཅུ་གཉིས་པ་གཉིས་ཕ་རོལ་ཏུ་ཕྱིན་པའི་ས་བཅུ་པར་བསྡུ་དགོས་སོ་ཞེས་པ་ནི་ཙོང་ཁ་པ་དང་རང་ལུགས་ཀྱི་བླ་མ་ཕྱི་མ་ཁ་ཅིག་གོ །ཞེས་པ་ལྟར་བླ་མེད་ཀྱིས་ལམ་གྱི་རྣམ་གཞག་འདི་ལ་རྗེ་ཙོང་ཁ་པ་སོགས་ཁ་ཅིག །ས་བཅུའི་ལྷག་མ་བཅུ་གཅིག་པ་དང་བཅུ་གཉིས་པ་གཉིས་ཕར་ཕྱིན་ནས་བཤད་པའི་ས་བཅུ་པའི་ནང་དུ་འདུ་དགོས་ཏེ། ཕ་རོལ་ཏུ་ཕྱིན་པའི་ས་བཅུ་ལས་གཞན་པའི་སློབ་ལམ་སྔགས་ལུགས་ལའང་མེད་པས་སོ་ཞེས་སྨྲ་བར་བྱེད་དོ། །

གཉིས་པ་དེ་དགག་པ་ལ་གཉིས། རླུང་སེམས་ཐིམ་ཚུལ་འགལ་བས་དགག །བསྐྱེད་རིམ་སྒོམ་ཚུལ་འགལ་བས་དགག་པའོ། །དང་པོ་ནི། ཕྱི་རོལ་གྱི་ཡུལ་ཆེན་སུམ་ཅུ་རྩ་བདུན་གྱི་དཔའ་བོ་དང་རྣལ་འབྱོར་མ་དབང་དུ་འདུས་པས་ནང་ལུས་ཀྱི་རྩ་ཁམས་སུམ་ཅུ་སོ་བདུན་གྱི་རླུང་སེམས་སོགས་རྟེན་དཀྱིལ་འཁོར་བཞི་དབུ་མར་འདུས་པ་ལས། ས་བཅུ་གསུམ་པོ་རྣམས་འགྲུབ་པའི་རྣམ་གཞག་རྣམས་ནི་རྣལ་འབྱོར་ཆེན་པོའི་རྒྱུད་སྡེ་ལས་གསུངས་པས་དེ་ལྟར་ཁས་ལེན་པ་དེའི་ཚེ་ས་ལྷག་མ་གཉིས་བཅུ་པར་ཇི་ལྟར་འདུས་ཏེ་མི་འདུས་པར་ཐལ། དེ་འདུས་ན་ས་བཅུ་པ་མན་ཆད་ཐོབ་པ་ལ་ཡུལ་ཉེར་བཞིའི་རླུང་སེམས་དབུ་མར་ཐིམ་པ་ཙམ་གྱི་ཚོག་པས་ཡུལ་སོ་བདུན་གྱི་རྣམ་གཞག་སོགས་ལ་དགོས་པ་གཏན་མེད་དུ་འགྱུར་བའི་ཕྱིར་རོ། །ཡང་ཁྱེད་རྣལ་འབྱོར་ཆེན་པོའི་ས་ལམ་གྱི་རྣམ་གཞག་མི་བྱེད་པ་དེའི་ཚེའམ་བྱེད་ཀྱང་ས་བཅུ་གསུམ་གྱི་རྣམ་གཞག་ཁས་མི་ལེན་ན། ས་བཅུ་གཉིས་སོགས་སུ་དབྱེ་བ་དང་། བཅུ་གཅིག་པ་དང་བཅུ་གཉིས་པ་བཅུ་པར་བསྡུ་བའི་རྣམ་གཞག་ལ་དོན་མེད་དེ། རྣལ་འབྱོར་བླ་མེད་ལས་གཞན་དུ་ས་བཅུ་གསུམ་པ་ཡི་ཐ་སྙད་མེད་པ་དེའི་ཕྱིར་རོ། །གཞན་ཡང་ས་ལྷག་མ་གཉིས་པོ་ས་བཅུ་པར་ཇི་ལྟར་འདུས་ཏེ་མི་འདུས་པར་ཐལ། བཅུ་གཅིག་པ་དཔེ་མེད་པའི་ས་དང་། བཅུ་གཉིས་པ་ཡེ་ཤེས་ལྡན་གྱི་ས་གཉིས་བཅུ་པ་ཆོས་ཀྱི་སྤྲིན་དུ་མི་འདུས་ན་སྐྱེ་དེའི་ཕྱིར་རོ། །གལ་ཏེ་མ་གྲུབ་ཞེ་ན། འོན་འཐུང་གཅོད་དང་། སོགས་པས་བསྡུས་པ་ཉེ་བའི་འཐུང་གཅོད་གཉིས་ལས་ཕྱེ་བའི་ཕྱི་ནང་གི་ཡུལ་ཆེན་བརྒྱད་པོ་དེ། ཉེ་བའི་དུར་ཁྲོད་དུ་འདུས་པར་འགྱུར་བར་ཐལ། དཔེ་མེད་པ་དང་ཡེ་ཤེས་ལྡན་གཉིས་ཆོས་ཀྱི་སྤྲིན་དུ་འདུས་ན་སྐྱེ་དེའི་ཕྱིར། འདོད་ན་ས་དགུ་པ་ལེགས་པའི་བློ་གྲོས་དང་བཅུ་པ་ཆོས་ཀྱི་སྤྲིན་གཉིས་ཀྱང་ནི་ས་བརྒྱད་པར་འདུས་པར་ཐལ། འདོད་པ་དེའི་ཕྱིར་ཞེས་མགོ་བསྒྲེ་ན་ཆོས་མཐུན་ལན་ཉིད་ཇི་ལྟར་འདེབས་ཏེ། འདེབས་མི་ནུས་པའི་ཕྱིར། མདོར་ན་ཕ་རོལ་ཏུ་ཕྱིན་པའི་གཞུང་ལུགས་ཀྱིས་རྡོ་རྗེ་ཐེག་པ་ལ་གནོད་མི་ནུས་ཏེ། ནུས་ན་ཕ་རོལ་ཏུ་ཕྱིན་པ་ལའང་གྲུབ་མཐའ་འོག་མ་འོག་མ་ཡིས། གོང་མ་གོང་མར་གནོད་པར་འགྱུར་བའི་སྐྱོན་ཡོད་པའི་ཕྱིར་རོ། །དེ་ལྟར་ཕྱི་ནང་གི་ཡུལ་སུམ་ཅུ་རྩ་བདུན་ལ་སྦྱོང་གཞི་སྦྱོང་བྱ་སྦྱོང་བྱེད་རྣམས་སོ་བདུན་སོ་བདུན་དུ་འབྱེད་ཤེས་པ་ནི། རྗེ་བཙུན་ས་སྐྱ་པ་ཁོ་ནའི་མན་ངག་གི་གནད་དེ། བདག་མེད་བསྟོད་འགྲེལ་ལས། རྟེན་རྩའི་དཀྱིལ་འཁོར་ལ་བྱང་སེམས་འབབ་པའི་རྩ་སོ་གཉིས་སྤྲས་པའི་རྩ་ལྔ་དང་སོ་བདུན། རྩ་ཡི་གེའི་དཀྱིལ་འཁོར་ལ། པུ་ཛ་ཨོ་ལ་སོགས་པ་ཉེར་བཞི། ཧཱུྃ་རིང་པོ་བརྒྱད་དང་སོ་གཉིས། །ཀྵྨླྭྲྱཱུྃ་ཨོཾ་ཧྲཱི་ཕཾ་ཧཱུྃ་ལྷ་སྐྱེ་སོ་བདུན། ཁམས་བདུད་རྩིའི་དཀྱིལ་འཁོར་ལ་སོ་དང་སེན་མོའི་ཁམས་སོགས་ཉེར་བཞི། རྣམ་ཤེས་ཚོགས་བརྒྱད་དང་འབྲེལ་བའི་ཁམས་བརྒྱད་དང་སོ་གཉིས་བདུད་རྩི་ལྔའི་དྭངས་མ་ལྷ་སྐྱེ་སོ་བདུན།

སླུང་གི་དཀྱིལ་འཁོར་ལ་ཡུལ་ཉེར་བཞིའི་དབང་དུ་བྱས་ན། ཡུལ་རེ་རེ་ན་དགུ་བརྒྱ་ཕྲག་རེ་རེ་གནས་པ་དང་། ཡུལ་སོ་གཉིས་ཀྱི་དབང་དུ་བྱས་ན་ཡུལ་རེ་རེ་ན་དྲུག་བརྒྱ་བདུན་ཅུ་རྩ་ལྔ་པ་རེ་གནས་པ་སྟེ་རྟེན་དཀྱིལ་འཁོར་བཞི་ནི་ནང་གི་ཡུལ་ཆེན་ཡིན་ལ། ཕྱི་ནི་གོང་དུ་བཤད་པ་ལྟར་དང་། ལམ་བྱང་ཕྱོགས་སོ་བདུན་ལ་ནི། རྒྱུ་རྒྱུད་སྨྱུང་གཞི་རྩ་ལ་སོགས་པ་ལ་སྦྱོར་བ་དང་། ལམ་བསྐྱེད་རིམ་རྟེན་དང་བརྟེན་པ་ལ་སྦྱོར་བ་དང་། ཚོགས་ལམ་ཆུང་དུ་ནས་མཐར་ཕྱིན་ལམ་གྱི་བར་ལམ་ལྔ་ལ་སྦྱོར་བ་དང་། ས་དང་པོ་ནས་སངས་རྒྱས་ཀྱི་ས་མངོན་དུ་བྱས་ཀྱི་བར་ལ་སྦྱོར་བ་དང་། སངས་རྒྱས་པའི་གཟུགས་སྐུ་ཁོ་ན་ལ་སྦྱོར་བ་དང་ཚུལ་ལྔ་ཡོད་ཅིང་། དེ་བཞིན་དུ་འཕགས་པ་རིན་པོ་ཆེའི་རྒྱུད་ཀྱི་སྤྱི་དོན་གསལ་བར་ཡང་། སྨྱུང་གཞི་ཉོན་མོངས་ལྔ། ཕུང་པོ་ལྔ། འབྱུང་བ་ལྔ། ཕྱི་ནང་གི་སྐྱེ་མཆེད་བཅུ་གཉིས། ཡན་ལག་གི་ཚིགས་ཆེན་བརྒྱད། སྤྱི་བོ་རྐང་མཐིལ་གཉིས་དང་སོ་བདུན། སྦྱོང་བྱེད་ལ་ཡང་། བསྐྱེད་རིམ་གྱི་རྟེན་ལ་སྦྱར་ན། དྲན་པ་ཉེར་བཞག་བཞི་ཁ་ཁྱེར་གཞི་ལ་སོགས་པ་གཞལ་ཡས་ཁང་གི་ཆོས་སོ་བདུན་ལ་བྱང་ཕྱོགས་སོ་བདུན་ཚང་བ་དང་། བརྟེན་པ་ལྷ་ལ་སྦྱར་ན། རིགས་ལྔ་ཡུམ་ལྔ། གཏི་མུག་རྡོ་རྗེ་མ་ལ་སོགས་པ་དྲུག །གཟུགས་རྡོ་རྗེ་མ་ལ་སོགས་པ་དྲུག །ཁྲོ་བོ་བཅུ་མངོན་བྱང་ལྔ་སྟེ་སོ་བདུན། རྫོགས་རིམ་ལ་སྦྱར་བ་ལ་ཡང་རྟེན་དང་བརྟེན་པ་གཉིས་ཀྱི་རྟེན་དཀྱིལ་འཁོར་བཞི་ལ་རྩ་སོ་བདུན། ནང་གི་ཡི་གེ་སོ་བདུན། ཁམས་དྭངས་མ་སོ་བདུན། སྒྱུར་བྱེད་ཀྱི་རླུང་སོ་བདུན། བརྟེན་པ་ཡེ་ཤེས་ལ་ཡང་། རྟེན་དཀྱིལ་འཁོར་བཞི་སོ་བདུན་ཚན་པ་བཞི་ལ་བརྟེན་ནས་སྐྱེས་པའི་མཚོན་བྱེད་དཔེའི་ཡེ་ཤེས་སོ་བདུན། མཚོན་བྱ་དོན་གྱི་ཡེ་ཤེས་སོ་བདུན། སྦྱངས་འབྲས་ལ་ཡང་སྐུ་གསུང་ཐུགས་ཡོན་ཏན་ཕྲིན་ལས་ལྔ། ཚད་མེད་བཞི། རྣམ་པར་གྲོལ་བའི་ཡེ་ཤེས་དང་ལྔ། མངོན་ཤེས་དྲུག་ཟག་མེད་ཀྱི་ཡུལ་དྲུག སྟོབས་བཅུ། ཡེ་ཤེས་ལྔ་སྟེ་སུམ་ཅུ་རྩ་བདུན་དུ་ཕྱེ་སྟེ་བཤད་པའི་བདུད་རྩི་སྙིང་གི་ཐིའུ་འབྱུར་སིམ་པར་གྱིས་ཤིག །

གོང་དུ་ཕྱིའི་ཡུལ་ཆེན་སོ་བདུན་གྱི་ནང་ཚན་ཧི་མ་ལ་ཡ་ཞེས་པ་བོད་སྐད་དུ་ཁ་བའི་རིའམ་གངས་ཅན་ཞེས་འབྱུང་བའི་གནས་དེ་ནི། མངོན་པ་དང་དུས་འཁོར་ནས་བཤད་པའི་རི་བོ་གངས་ཅན་ཞེས་གྲགས་པ་དེ་དང་དོན་གཅིག་ཏུ་འགྲུབ་པར་མི་བྱ་སྟེ། སྔ་མ་དེ་ནི་དག་ལྡན་ལས་བལ་པོར་གཏོགས་པའི་བོད་ཀྱི་རི་ཞིག་ལ་ངོས་བཟུང་། ཕྱི་མ་དེ་ནི། རྡོ་རྗེ་གདན་ནས་རི་ནག་པོ་དགུ་འདས་པའི་བྱང་ཕྱོགས་ཞིག་ན་ཡོད་པར་བཤད་ཅིང་། རི་དགུ་ཡང་སྡོམ་གསུམ་རང་མཆན་ལས། བོད་དང་རྒྱ་གར་གྱི་བར་ན་སྟོད་མངའ་རིས་ནས་སླད་རྒྱ་ནག་གི་བར་རི་བརྒྱུད་མ་ཆད་པའི་ཕྱིར་རི་བརྒྱུད་རིང་པོ་གཉིས། བོད་དང་ཧོར་གྱི་བར་ན་ཆགས་པའི་གངས་བརྒྱུད་རིང་པོ་དང་གསུམ། དེ་ནས་ཆུ་བོ་སིནྡྷུའི་བར་ན་རི་བརྒྱུད་རིང་པོ་དྲུག་ཅེས་བཤད་ལ། མངོན་པའི་གངས་ཅན

ནི་འཛམ་བུ་གླིང་གི་བྱང་གི་སའི་ཆ། གསེར་རི་བདུན་དང་ཉེ་བ་ཞིག་ན་ཡོད་པར་གསལ་བའི་ཕྱིར། དེས་ན་དཀར་ཤག་གི་དག་ལྡན་དུ། ཡུལ་ཆེན་སོ་བདུན་གྱི་ཧི་མ་ལ་ཡའི་མཚན་བྱུར་གངས་ཏི་སེ་ཞེས་བཤད་པ་ཡང་མི་འཐད་དེ། ཧི་མ་ལ་ཡ་གངས་ཅན་གྱི་སྐད་དོད་ཡིན་གྱི་ཏི་སེའི་སྐད་དོད་མ་ཡིན་པའི་ཕྱིར་དང་། ཡུལ་ཆེན་གྱི་གངས་ཅན་ནི། ཏི་སེ་དང་། མངོན་པའི་གངས་ཅན་གཉིས་ཆར་མ་ཡིན་པའི་ཕྱིར། གནད་དེས་ན། ཏི་སེའི་འགྲམ་མ་ཕམ་པ་ལས་འབབ་པའི་ཆུ་བོ་གཙྭང་གྲགས་པ་དེ། མངོན་པ་ནས་བཤད་པའི་གཙྭ་ནི་མ་ཡིན་སྟེ། དེ་ཉིད་མཚོ་མ་དྲོས་པ་ལས་མི་འབབ་པར་ཁོ་རང་གི་འབྱུང་གནས་ཕལ་པ་ཞིག་དུ་དེང་སང་གི་སྐྱེ་བོ་ལ་མངོན་གྱུར་དུ་གྲགས་པའི་ཕྱིར་རོ། །དེས་ན། མ་ཕམ་མ་དྲོས་མིན་གྱུར་ན། །གཙྭ་འང་དེ་ཉིད་མིན་པར་འགྱུར། །ཞེས་པའི་ལན་ཡང་སྟོན་དགོས་སོ། །ཞེས་པའི་དྲིས་ལན་འབྲུལ་སྤོང་དུ། ཧྲ་ཧྲ་མིན་པར་ཐལ། བ་ལང་གཡག་མིན་པའི་ཕྱིར་ཞེས་སྐྱུན་འབྱིན་མཛད་པའི་ཕྱིར། སྤྱིར་ཆུ་བོ་གཙྭ་གཙྭ་མིན་པར་ཐལ། མ་དྲོས་པ་མ་ཕམ་མིན་པའི་ཕྱིར་ཟེར་ན་སྐྱོན་དེ་ཉིད་འཕེན་པ་ལ་དགོངས་པ་ཡིན་གྱི། ཏི་སེའི་འགྲམ་གྱི་གཙྭང་གྲགས་པ་དེ། གཙྭ་མིན་པར་ཐལ། མ་ཕམ་མ་དྲོས་པ་མིན་པའི་ཕྱིར་ཟེར་ན་འདོད་ལན་འདེབས་དགོས་ཞིང་། དེས་ན་དཔལ་ལྡན་ཤཱཀྱ་མཆོག་ལྡན་པས། གཙྭ་ལ་ཐུན་མོང་དང་ཐུན་མོང་མིན་པ་གཉིས་ཕྱེ་བ་ལྟར་གཙྭ་དང་། གངས་ཅན་སོགས་ལ་དངོས་བཏགས་དང་སྐབས་སོ་སོར་ཕྱེ་དགོས་པ་གནད་ཀྱི་སྙིང་པོར་གཟུང་བར་བྱའོ། །

གཉིས་པ་བསྐྱེད་རིམ་དང་འགལ་བའི་རིགས་པ་ནི། ཁྱོད་ཀྱི་འདོད་པ་དེ་ལ་བསྐྱེད་རིམ་ལྷའི་རྣམ་གཞག་དང་འགལ་བའི་ཚུལ་ཡང་བརྗོད་པར་བྱའོ། །ཇི་ལྟར་སྙམ་ན། བདག་མེད་ལྷ་མོ་བཅོ་ལྔའི་ནང་ནས་ས་བཅུ་གཅིག་པ་ལ་གནས་པའི་ཚུལ་བཟུང་བའི་ནང་གི་འཕར་མའི་སྟེང་འོག་ན་གནས་པའི་མཁའ་སྤྱོད་མ་དང་ས་སྤྱོད་མ་གཉིས་དང་། ས་བཅུ་གཉིས་པ་ལ་གནས་པའི་ཚུལ་གཟུང་བའི་འཁོར་ལོའི་དབུས་ན་གནས་པའི་བདག་མེད་མ་སྟེ་སྟེང་འོག་དབུས་ཀྱི་ལྷ་མོ་གསུམ་པོ་དེ། ཕྱིའི་འཕར་མའི་བྱང་ན་གནས་པའི་ས་བཅུ་ལ་གནས་པའི་ཚུལ་གཟུང་བའི་གྷསྨ་རཱི་རུ་འདུས་སམ་མི་འདུས་བརྟགས་པས་འཛིག་སྟེ། མི་འདུས་ན་ས་བཅུ་གཅིག་པ་དང་བཅུ་གཉིས་པ་གཉིས་ས་བཅུ་པར་ཇི་ལྟར་འདུས་ཏེ་མི་འདུས་པའི་ཕྱིར་དང་། འདུས་ན། ལྷ་མོ་བཅོ་ལྔའི་གྲངས་ངེས་ཉམས་པར་འགྱུར་བའི་ཕྱིར་ཏེ། ལྷ་མོ་བཅུ་གཉིས་སུ་འདུས་པའི་ཕྱིར་རོ། །གལ་ཏེ་བདག་མེད་ལྷ་མོ་བཅོ་ལྔ་དང་ས་བཅུ་གཉིས་སྦྱོར་ཚུལ་རྟོག་བཏགས་ཡིན་པས། ལྷ་མོ་བཅོ་ལྔ་དང་ས་ལམ་དེ་ལྟར་མི་སྦྱོར་རོ་ཞེ་ན། ཁྱོད་ལ་མན་ངག་མེད་པས་བདེན་མོད། དེ་ལྟར་མི་སྦྱོར་བ་ནི་རྒྱུད་དང་འགལ་ཏེ། རྩ་བའི་རྒྱུད་བརྟག་པ་དང་པོ་ལས། ལུས་ལ་གནས་པའི་རྩ་སོ་གཉིས་གསུང་པ་དེ། བརྟག་པ་ཕྱི་མར་ནི། རྩ་ནི་གཉིས་གཉིས་རྣལ་འབྱོར་མ། །རེ་

རེའི་རྣམ་པ་རྣམས་སུ་བརྗོད། །རྐྱང་མ་རོ་མ་ཀུན་འདར་མ། །བདག་མེད་རྣལ་འབྱོར་མ་ཞེས་བརྗོད། །ཅེས་རྩ་སོ་གཉིས་ཀྱི་གཉིས་གཉིས་དང་ལྷ་མོ་གཞན་བཅུ་བཞི་སྦྱར། རྩ་རོ་རྐྱང་དབུ་གསུམ་བདག་མེད་མར་སྦྱར་ནས་གསུངས་པ་འདི་དང་འགལ་བའི་ཕྱིར། འོན་ཀྱང་བརྟག་པ་ཕྱི་མའི་ལུང་འདིས། བྱང་སེམས་འབབ་པའི་རྩ་སོ་གཉིས་ལས། རོ་རྐྱང་དབུ་གསུམ་བདག་མེད་མས་སྦྱོང་། བདུད་འདུལ་མ་ཡབ་ཧེ་རུ་ཀས་སྦྱོང་། ལྷག་མ་ཉེར་བརྒྱད་པོ་འཁོར་བཅུ་གཉིས་པོས་སྦྱོང་བ་ཙམ་ཞིག་བསྟན་གྱི། ས་ལམ་དང་ལྷ་མོ་བཅོ་ལྔ་སྦྱོར་བའིའཤེས་བྱེད་དུ་ཆེར་མ་འབྲེལ་མོད། རྗེ་པས། བརྟག་པ་དང་པོའི་ལེའུ་དང་པོར་རྩ་སོ་གཉིས་བཤད་པ་དེ། བརྟག་པ་དང་པོའི་ལེའུ་བདུན་པར་ཡུལ་ཆེན་སོ་གཉིས་བཤད་པའི་ནང་གི་ཡུལ་ཆེན་སོ་གཉིས་སུ་བྱས་ནས། ཕྱི་ནང་གི་ཡུལ་སོ་གཉིས་པོ་དེ་ས་བཅུ་གཉིས་དང་སྦྱོར། བརྟག་པ་ཕྱི་མར་བདག་མེད་ལྷ་མོ་བཅོ་ལྔའི་དཀྱིལ་འཁོར་བཤད་པའི་ལྷ་མོ་བཅོ་ལྔ་པོ་དེ་ས་བཅུ་གཉིས་དང་སྦྱར་བར་མཛད་པ་ཡིན་པས། ས་བཅུ་གཉིས་དང་ལྷ་མོ་བཅོ་ལྔའི་དཀྱིལ་འཁོར་སྦྱར་བ་འདི་མན་ངག་གི་མིག་དང་ལྡན་པ་ཁོ་ནའི་སྤྱོད་ཡུལ་ཡིན་ལ། གནད་དེས་ན། བདག་མེད་མའི་བསྐྱོད་པར་ས་ལམ་གྱི་རིམ་པ་དང་དཀྱིལ་འཁོར་སྦྱར་བ་དང་། འཕོ་བའི་རིམ་པ་དང་དཀྱིལ་འཁོར་སྦྱར་བའི་བསྐྱོད་པ་གཉིས་མཛད་པའི་སྦྱར་ཚུལ་སྔ་མ་ནི་གཙོ་བོར་བརྟག་པ་དང་པོ་དེའི་ལུང་དོན་དང་། སྦྱར་ཚུལ་ཕྱི་མ་ནི༑ བརྟག་པ་ཕྱི་མར། རྩ་ནི་གཉིས་གཉིས་རྣལ་འབྱོར་མ། །ཞེས་སོགས་ཀྱི་ལུང་དོན་མན་ངག་གི་གསལ་བར་མཛད་པ་ཡིན་པས། ས་བཅུ་གཉིས་དང་ལྷ་མོ་བཅོ་ལྔ་སྦྱར་བའི་ཚིག་ཟིན་གྱི་ལུང་དོན་མེད་ཀྱང་། མན་ངག་ཟབ་མོས་ཕྱེ་ནས་གསལ་བར་ཁོང་དུ་ཆུད་དོ་ཞེས་ཕྱོགས་སྔ་ཕྱི་ཀུན་ལ་གྲུས་པས་ཐལ་མོ་སྦྱོར་རོ། །

གཞན་ཡང་དཔལ་འཁོར་ལོ་སྡོམ་པའི་དཀྱིལ་འཁོར་གྱི། ས་བཅུ་གསུམ་པ་ལ་གནས་པའི་བདེ་ཆེན་འཁོར་ལོའི་ལྷ་ལྔ་དང་། ས་བཅུ་གཅིག་པ་དང་བཅུ་གཉིས་པ་ལ་གནས་པའི་ཚུལ་བཟུང་བའི་དམ་ཚིག་གི་འཁོར་ལོ་ཡི་ལྷ་བརྒྱད་པོ་རྣམས། བཅུ་པ་ལ་གནས་པའི་ཚུལ་བཟུང་བའི་སྐུ་འཁོར་གྱི་ལྷ་གཞན་དུ་འདུས་མི་འདུས་དཔྱད་པའི་རིགས་པ་ཡང་སྔར་བཞིན་དུ་མཚུངས་ཏེ། མི་འདུས་ན་ས་བཅུ་གཅིག་པ་དང་བཅུ་གཉིས་པ་གཉིས་ས་བཅུ་པར་མི་འདུས་ཤིང་། འདུས་ན་བདེ་མཆོག་ལྷའི་གྲངས་ངེས་འཇིག་པའི་ཕྱིར། མདོར་ན་ཕ་རོལ་ཏུ་ཕྱིན་པ་ཡི་ས་ལམ་གྱི་རྣམ་གཞག་བྱེད་པའི་ཚེ་ན་བཅུ་གསུམ་པའི་ཐ་སྙད་མེད་ལ། རྣལ་འབྱོར་ཆེན་པོའི་རྒྱུད་སྡེ་ལས་གསུངས་པའི་ས་ལམ་རྣམ་གཞག་ལ་བཅུ་གསུམ་པ་རུ་འབྱེད་པའི་ཚེ། ཕ་རོལ་ཏུ་ཕྱིན་པ་ལ་མངོན་པར་ཞེན་ནས། དེའི་ལུགས་ཁོ་ན་དང་བསྟུན་པར་མི་བྱ་སྟེ། དེ་ལྟར་བསྟུན་ན་བླ་མེད་ས་ལམ་གྱི་རྣམ་གཞག་འཇིག་པའི་ཕྱིར་དང་། བདེ་མཆོག་སོགས་གསང་བ་ཆེན་པོའི་རྒྱུད་སྡེ་ལས་ཕ་རོལ་ཏུ་ཕྱིན་པ་དང་སྒོ་བསྟུན་པའི་ས

བཅུའི་རྣམ་གཞག་གསུངས་པའང་ཕ་རོལ་ཏུ་ཕྱིན་པ་དེ་ཉིད་ལ་མངོན་ཞེན་ཆེ་བ་རྣམས་ཁ་དྲང་བའི་ཕྱིར་གསུངས་པ་ཡིན་པའི་ཕྱིར་དང་། དཔལ་ལྡན་ཟླ་བ་གྲགས་པ་ཡིས། །མདོ་སོགས་ལ་ནི་རབ་ཞུགས་པའི། །འགྲོད་པ་ཟློག་པར་བྱེད་པ་དང་། །ཞེས་གསུངས་པ་ཡང་མངོན་ཞེན་ཅན་འདི་འདྲ་ལ་དགོངས་ནས་གསུངས་པ་ཡིན་པའི་ཕྱིར་རོ། །

གཉིས་པ་མཐར་ཐུག་འབྲས་བུའི་མཚན་ཉིད་ལ་འཁྲུལ་པ་དགག་པ་ནི། པཎྜི་བཞད་པ་ལས། ཕ་རོལ་ཏུ་ཕྱིན་པའི་ཐེག་པ་ནས་བཤད་པའི་སྐུ་གསུམ་ཡེ་ཤེས་བཞི་རྡོ་རྗེ་ཐེག་པའི་ས་བཅུ་གཅིག་པ་ཡིན་པས་དེའི་གོང་དུ་ཡང་ས་བཅུ་གཉིས་པ་དང་བཅུ་གསུམ་པ་བགྲོད་པར་འདོད་པ་ནི། རང་ལུགས་ཀྱི་ས་བཅུ་གསུམ་པ་སྒྲུབ་པར་འདོད་ཀྱང་སྒྲུབ་བྱེད་ཐལ་ཆེས་པ་འགའ་ཞིག་གོ །ཞེས་པ་ལྟར་རང་ལུགས་པ་ཁ་ཅིག་ཕ་རོལ་ཏུ་ཕྱིན་པ་ནས་བཤད་པའི་སྐུ་གསུམ་ཡེ་ཤེས་བཞི་ཐོབ་ཀྱང་དེའི་གོང་དུ་ཡང་ས་བཅུ་གཉིས་པ་དང་བཅུ་གསུམ་པ་བགྲོད་དགོས་ཏེ། དེ་རྣམས་རྡོ་རྗེ་ཐེག་པའི་ས་བཅུ་གཅིག་པ་ཙམ་ལ་གནས་པའི་ཡོན་ཏན་ཡིན་པའི་ཕྱིར་ཞེས་ཟེར་རོ། །དེ་སྐད་སྨྲ་བ་འདི་ཡང་ཕ་རོལ་ཏུ་ཕྱིན་པ་ལས་ཡེ་ཤེས་བཞི་ལྡན་གྱི་སྐུ་དེ། ས་བཅུ་གཅིག་པར་བཤད་པ་ཙམ་ལ་འཁྲུལ་ནས་གྲངས་དང་མཚན་ཉིད་ནོར་བ་ཁོ་ནར་ཟད། བྱེ་བྲག་ཏུ་སྨྲ་བའི་གཞུང་ལུགས་ནས་རྣལ་འབྱོར་ཆེན་པོའི་རྒྱུད་སྡེའི་བར་ཐམས་ཅད་དུ་འབྲས་བུའི་རྣམ་གཞག་གང་དང་གང་བཤད་པ་རྣམས་རང་རང་གི་གདུལ་བྱའི་བློ་ཉིད་ལ་འཚམས་པའི་ཡོན་ཏན་གྱི་ལྡོག་པ་མི་འདྲ་བ་སྨོས་པའི་ཁྱད་པར་ཙམ་མ་གཏོགས་པ་སྤངས་རྟོགས་མཐར་ཐུག་པའི་འབྲས་བུར་ཁྱད་པར་མེད་པའི་ཕྱིར། དཔེར་ན་ཉན་ཐོས་ཀྱི་གཞུང་ནས་སྔགས་ཀྱི་རྒྱུད་སྡེའི་བར་ཀུན་གྱི། ཤཱཀྱ་ཐུབ་པའི་ཡོན་ཏན་རང་རང་གི་གྲུབ་མཐའི་ལུགས་བཞིན་སོ་སོར་བཤད་ཀྱང་། ཤཱཀ་ཐུབ་རང་གི་ངོ་བོ་མཚན་ཉིད་པ་གཅིག་ཁོ་ན་ཡོད་ཀྱི་དངོས་བརྟགས་ཀྱི་ཁྱད་པར་མི་འབྱེད་པ་བཞིན་ནོ། །གཞན་ཡང་གཞུང་དེ་དང་དེར་འབྲས་བུར་བཤད་པ་རྣམས། གཞུང་དེ་ནས་བཤད་པའི་ལུགས་དེའི་ལམ་གྱི་ཐོབ་པ་གཅིག་མི་དགོས་ཏེ། དེ་དགོས་ན་དངོས་སྨྲ་བའི་གཞུང་ལས་བཤད་པའི་འབྲས་བུ་ས་མཚམས་གང་ཙམ་དུ་འཇོག་སྟེ་འཇོག་མི་ཤེས་པའི་ཕྱིར། མདོར་ན་མདོ་ནས་བཤད་པའི་སངས་རྒྱས་དེ། སྤྱིར་བཅུ་གསུམ་པ་ཐོབ་ཟིན་པ་ཞིག་ཡིན་ཀྱང་། མདོ་རང་རྐང་ལ་དེས་ས་བཅུ་གསུམ་པ་ཐོབ་པར་མི་བཞེད་དེ། མདོ་རང་རྐང་ལ་དེ་ས་བཅུ་གཅིག་པ་ལ་གནས་པ་ཙམ་ཞིག་ཏུ་བཞེད་པའི་ཕྱིར་རོ། །

དེ་ཡང་མདོ་སྔགས་གཉིས་པོ་དེ་སངས་རྒྱས་ཀྱི་མཚན་ཉིད་སྐུ་གསུམ་ཡེ་ཤེས་བཞི་ལྡན་སོགས་སྤངས་རྟོགས་རྫོགས་པ་ཞིག་ལ་མཐུན་ཀྱང་། མཚན་གཞི་ལ་མི་མཐུན་ཏེ། མདོ་རང་རྐང་ལས་བཅུ་གཅིག་པ་ལ

གནས་པ་དང༌། སྔགས་བླ་མེད་ཀྱི་སྐབས་སུ་ས་བཅུ་གསུམ་པ་ལ་གནས་པ་དེ་སངས་རྒྱས་སུ་ངོས་འཛིན་པའི་ཕྱིར། དེ་ཉིད་རྒྱུད་སྡེའི་དགོངས་པ་ཡང་དག་ཡིན་ཏེ། སཾ་ཊ་ལས། གང་དག་བསམ་གྱིས་མི་ཁྱབ་པའི་གནས་མངོན་དུ་མ་བྱས་པ་དེ་ནི་བདེ་བར་གཤེགས་པ་སྟེ་སངས་རྒྱས་ཡིན་ལ་མཚན་གཞི་མཚོན་པ་ནི་རྡོ་རྗེ་འཛིན་པ་ཡང་དག་པའོ། །ཞེས་བཤད་པ་ལས་ཤེས་པའི་ཕྱིར། འོན་ཕར་ཕྱིན་ཐེག་པའི་ལམ་ལ་བསླབས་པ་ལ་དགོས་པ་མེད་པར་ཐལ། ཕར་ཕྱིན་ཐེག་པ་རང་རྐང་གི་ལམ་ལ་བསླབས་ཀྱང༌། རང་གཞུང་ནས་བཤད་པའི་འབྲས་བུ་སངས་རྒྱས་མི་ཐོབ་པའི་ཕྱིར་ཟེར་ན། སྐྱོན་མེད་དེ། ཕར་ཕྱིན་རང་གི་ལམ་ལ་འབད་པས་ས་བཅུ་པ་མན་ཆད་ཙམ་བགྲོད་པ་ཡོད་ཅིང༌། དེ་ནས་སྔས་པའི་ས་གསུམ་ཐོབ་པ་སྔགས་ལམ་ལ་རག་ལས་ཀྱང༌། ས་བཅུ་པ་ནས་སྔགས་ལམ་ལ་ངེས་པར་འཇུག་ཅིང༌། ཞུགས་པས་ལམ་ལྷག་མ་ལ་འབད་རྩོལ་ཆེན་པོ་མི་དགོས་པའི་ཕྱིར། གཞན་དུ་ན། སེམས་ཙམ་པའི་ལམ་ལ་བསླབས་པ་དོན་མེད་པར་ཐལ། དེ་རང་རྐང་གི་ལམ་ལས་སངས་རྒྱས་མི་ཐོབ་པའི་ཕྱིར་རོ། །གཞན་ཡང་དོགས་པ་འདི་ལྟར་དཔྱད་དགོས་ཏེ། གལ་ཏེ་ཕ་རོལ་ཕྱིན་པ་ནས་བཤད་པའི་སངས་རྒྱས་དེ་སངས་རྒྱས་མཚན་ཉིད་པ་ཡིན་ན། ཆོས་རྗེ་པས་བདག་མེད་བསྟོད་འགྲེལ་ལས། སཾ་ཊའི་ལུང་དོན་འཆད་པ་ན། བསམ་གྱིས་མི་ཁྱབ་པའི་གནས་ཤེས་བྱ་ཕྲ་བའི་ཕྲ་བ་སྟེ་དེ་མངོན་དུ་མ་བྱས་པ་ནི་ཕ་རོལ་ཏུ་ཕྱིན་པ་ནས་བཤད་པའི་བདེ་བར་གཤེགས་པ་སྟེ་སངས་རྒྱས་བཏགས་པ་བ་ཡིན་ལ། ཤེས་བྱ་ཕྲ་བའང་ཕྲ་བའི་མཚན་གཞིའི་དོན། མ་ལུས་པ་ཡེ་ཤེས་ཀྱིས་མཚོན་པ་ནི་རྡོ་རྗེ་འཛིན་པའི་ས་བཅུ་གསུམ་པ་ཐོབ་པ་སྟེ། རྡོ་རྗེ་ཐེག་པ་ལས་བཤད་པའི་སངས་རྒྱས་མཚན་ཉིད་པའོ་ཞེས་དགོངས་སོ། །

གཉིས་པ་རིགས་པས་ཀྱང་གནོད་དེ། རྒྱུ་ལམ་རིམ་པ་གཉིས་ལ་སོགས་པའི་ཁྱད་ཞུགས་པས་འབྲས་བུ་ལ་ཁྱད་པར་འཇུག་པ་ཆོས་ཉིད་དེ། ཆུ་དང་འོ་མས་བཅུས་པའི་སྐྱུ་རུ་ར་བཞིན་ནོ་ཞེས་མདོ་སྔགས་ནས་བཤད་པའི་སངས་རྒྱས་ལ་དངོས་བཏགས་སོ་སོར་ཕྱེ་བ་དང་མི་འགལ་ལམ་ཞེ་ན། མི་འགལ་ཏེ། དེའི་དོན་ནི། ཕ་རོལ་ཏུ་ཕྱིན་པ་ནས་སངས་རྒྱས་ཀྱི་མཚན་གཞིར་གཟུང་བའི་བཅུ་གཅིག་པ་དེ། སངས་རྒྱས་བཏགས་པ་ཡིན་ཞེས་པའི་དོན་ཡིན་གྱིས། ཕ་རོལ་ཏུ་ཕྱིན་པ་ནས་བཤད་པའི་སངས་རྒྱས་ཙམ་སངས་རྒྱས་བཏགས་པ་ཡིན་པའི་དོན་མིན་པའི་ཕྱིར་རོ། །ཡང་ཕ་རོལ་ཏུ་ཕྱིན་པ་རང་རྐང་གི་ལམ་ལས་ས་བཅུ་མན་ཆད་ཐོབ་པ་ཁས་བླངས་ནས། ས་བཅུ་གཅིག་པ་ཐོབ་པ་མེད་པ་དེ་ཅི་ཡིན། དེ་སྔས་པའི་ས་ཡིན་པའི་ཕྱིར་སྙམ་པ་ཡིན་ནམ། ཡང་ན་བཅུ་གཅིག་པ་སོགས་གསུམ་ཐོབ་པ་ལ་སྙིང་གའི་ཕྱི་སྐོར་གྱི་རྩ་བརྒྱད་དང༌། སྔས་པའི་རྩ་ལྟེའི་རླུང་སེམས་དབུ་མར་ཐིམ་པ་ཞིག་དགོས་པ་ལས། ཕར་ཕྱིན་ལས་དེ་རྣམས་དབུ་མར་ཐིམ་བྱེད་ཀྱི་ལམ་མ

བཤད་པའི་ཕྱིར་ཟེར་བ་གཉིས་ལས་མ་འདྲེས་པས་གང་ཡིན། དང་པོ་ལྟར་ན་མི་འཐད་དེ། ས་བཅུ་གཅིག་པ་དེ་ཕ་རོལ་ཏུ་ཕྱིན་པ་ལ་ཡང་མ་སྨྲས་པར་གྲགས་པས་སྨྲས་པའི་ས་མིན་པའི་ཕྱིར་ཏེ། སློབ་དཔོན་དབྱིག་གཉེན་གྱིས་མདོ་རྒྱན་གྱི་འགྲེལ་པར་ས་བཅུ་གཅིག་པ་བཤད་པའི་ཕྱིར་དང་། སློབ་དཔོན་རིན་པོ་ཞེས་རྒྱུད་སྡེ་སྤྱི་རྣམ་ལས་ཀྱང་། མཐར་ཐུག་པ་ནི་དེ་ལས་གོང་དུ་བགོས་དབྱུང་དུ་མེད་པས་མཐར་ཐུག་པ་སྟེ་སངས་རྒྱས་ཀྱི་ཡེ་ཤེས་སོ༎ ༎

དེ་ལ་ཡང་རྣམ་པ་གཉིས་ཏེ། སྤྱི་དོན་གྱི་མཐར་ཐུག་སྟེ་ཐེག་པ་ཐུན་མོང་བ་ལ་གྲགས་པའི་ས་བཅུ་གཅིག་པ་དང་། སྔགས་དོན་གྱི་མཐར་ཐུག་སྟེ་གསང་སྔགས་ལ་གྲགས་པའི་ས་བཅུ་གཉིས་པ་དང་བཅུ་གསུམ་པའོ། །ཞེས་ས་བཅུ་གཅིག་པ་ཕ་རོལ་ཏུ་ཕྱིན་པ་དང་ཐུན་མོང་དུ་གྲགས་པའི་སར་བཤད་པའི་ཕྱིར། གཉིས་པ་ལྟར་ན། ཕ་རོལ་ཏུ་ཕྱིན་པ་རང་རྐང་ལས་ས་བཅུ་པ་མན་ཆད་ཐོབ་པ་ཡང་མི་སྲིད་པར་ཐལ། ས་བཅུ་ཐོབ་པ་ལ་ཡུལ་ཉེར་བཞིའི་རླུང་སེམས་དབུ་མར་ཐིམ་པ་ཞིག་དགོས། ཕར་ཕྱིན་རང་རྐང་ལ་དེ་དེར་ཐིམ་བྱེད་ཀྱི་ཐབས་མེད་པའི་ཕྱིར། ཞེས་སྨྲ་ན། འདི་ལ་པཎ་ཆེན་པོ་དོང་པ་འཇིགས་མེད་གྲགས་པ་དང་། རང་ལུགས་དཔལ་ས་སྐྱ་པའི་རྗེས་འབྲང་རྗོང་ལུགས་ཁ་ཅིག །ཕར་ཕྱིན་རང་རྐང་གི་ལམ་ལས། ས་དང་པོ་ཙམ་ཡང་བགྲོད་པ་མེད་ན་ས་བཅུ་ལྟ་ཅི་སྨོས་ཞེས་གསུང་པ་ནི། མི་འཐད་དེ། དཔལ་ལྡན་ས་སྐྱ་པ་ཆེན་པོས་ལམ་འབྲུག་ཉློག་ཏུ། ཁ་ཅིག་ས་བཅུ་པ་ཡན་ཆད་ཕ་རོལ་ཏུ་ཕྱིན་པའི་ཐེག་པས་ལམ་བགྲོད་ནས་དེ་ནས་རྡོ་རྗེ་ཐེག་པ་ལ་ཞུགས་ཏེ། སྔགས་པའི་ས་གཉིས་དང་མཐར་ཕྱིན་གྱི་ས་ཕྱེད་བགྲོད་ནས་རྡོ་རྗེ་འཛིན་པ་མངོན་དུ་བྱེད་པ་ཡང་ཡོད་དོ་ཞེས། ཕར་ཕྱིན་རང་རྐང་ལ་ས་བཅུ་ཐོབ་པ་ཡོད་པར་གསལ་བར་བཤད་པའི་ཕྱིར་རོ། །དཔལ་ཤཱཀྱ་མཆོག་ལྡན། ཕར་ཕྱིན་ནས་བཤད་པའི་ས་བཅུ་གཅིག་ཀུན་ཏུ་འོད་ནི། སྔགས་ནས་བཤད་པའི་བཅུ་གསུམ་རྡོ་རྗེ་འཛིན་པའི་ས་དང་དོན་གཅིག་པས། སྔགས་ནས་བཤད་པའི་ས་བཅུ་གཅིག་དང་། བཅུ་གཅིག་ཀུན་ཏུ་འོད་ཀྱི་ས་གནད་མི་གཅིག་ཅིང་། མདོ་རང་རྐང་ལས་བཅུ་གཅིག་ཀུན་ཏུ་འོད་ཀྱི་ས་ཐོབ་པ་ཡང་མི་སྲིད་དེ། དེ་ནི་སྔགས་ལུགས་ཀྱི་ས་བཅུ་གསུམ་པ་ཡིན་པས་དེ་ཐོབ་པ་ལ། སྔང་བྱ་འཕོ་བའི་བག་ཆགས་སྤང་དགོས་སོ། །

དེ་སྟོང་བྱེད་ཀྱི་ཕར་ཕྱིན་རང་ལམ་མེད་པའི་ཕྱིར་ཞེས་གསུངས་པ་ཡང་མི་འཐད་དེ། མདོ་ནས་བཤད་པའི་བཅུ་གཅིག་ཀུན་ཏུ་འོད་ཀྱི་ས་དེ་སྔགས་དོན་གྱི་མཐར་ཐུག་པ་ཡིན་པར་ཐལ། དེ་བཅུ་གསུམ་རྡོ་རྗེ་འཛིན་པའི་ས་ཡིན་པའི་ཕྱིར། འདོད་མི་ནུས་ཏེ། དེ་སྤྱི་དོན་གྱི་མཐར་ཐུག་པ་ཡིན་པའི་ཕྱིར། ཁྱབ་སྟེ། སྤྱི་དོན་གྱི་མཐར་ཐུག་གི་ས་དེ་ནི། མཐར་ཐུག་ལ་ཉེ་བས་དེར་བཏགས་ཀྱི་མཐར་ཐུག་གི་ས་དངོས་མིན་པའི་ཕྱིར། རྟགས

གྲུབ་སྟེ། རྒྱུད་སྡེ་སྤྱི་རྣམ་སྤར་དྲངས་པའི་འཕྲོ་དེ་ལས། གལ་ཏེ་མཐར་ཐུག་གཉིས་མི་རིགས་ཏེ་སྤྱི་དོན་མཐར་ཐུག་ཡིན་ན། དེའི་སྟེང་དུ་ཡོན་ཏན་བསྐྱེད་དུ་མེད་པས་སྨྲས་དོན་མཐར་ཐུག་དུ་མི་རིགས་ལ། ཡོན་ཏན་བསྐྱེད་དུ་ཡོད་ན་སྤྱི་དོན་ལ་མཐར་ཐུག་པར་མི་རིགས་སོ་ཞེ་ན། ཡོན་ཏན་བསྐྱེད་དུ་ཡོད་དེ། ཕ་རོལ་ཏུ་ཕྱིན་པ་ལས་ཆོས་ཀྱི་དབྱིངས་ཀྱི་ཡེ་ཤེས་བྱ་བའང་མ་བཤད་ལ་སྔགས་ལས་བཤད་པ་དང་། ཕར་ཕྱིན་ལས་སྐུ་གསུམ་ལས་མ་བཤད་ལ། སྔགས་ལས་སྐུ་བཞི་དང་། ལྔ་བཤད་པ་དང་། ཞེས་སོགས་ཀྱི་རྗེས་སུ་སཾ་ཏའི་གོང་གི་ལུང་དེ་དྲངས་ནས། དེའི་དོན་ལ། ཕ་རོལ་ཏུ་ཕྱིན་པས་ཤེས་བྱ་གཞན་སྣང་དུ་མཁྱེན་པས་གཟུགས་ཀྱང་གཞན་ལ་རྣམ་པ་ཐམས་ཅད་མཁྱེན་པའི་ཡེ་ཤེས་ཀྱང་གཞན་ཞེས་གསུངས་ལ། སྔགས་ཀྱི་ཐམས་ཅད་རང་སྣང་དུ་མཁྱེན་པ་ཞེས་བྱ་བ་འདི་ས་ཁྱད་པར་ཡོད་དོ། །འོན་སྤྱི་དོན་ལ་མཐར་ཐུག་ཏུ་བཞག་པ་མི་རིགས་སོ་སྙམ་ན་མི་འཐད་དེ། ཉེ་བའི་བྱ་བ་བྱས་པའི་ཕྱིར་རོ་ཞེས་བཤད་པའི་ཕྱིར་དང་། སྔགས་ལུགས་ལའང་ས་བཅུ་གཅིག་པ་ལ་ཀུན་ཏུ་འོད་ཀྱི་སར་འཇོག་སྟེ། དགོངས་པ་ལུང་སྟོན་ལས། འཇིག་རྟེན་དང་ནི་འཕགས་པའི་ཆོས། །སྤྲ་མ་ཀུན་གྱིས་བསྐྱུན་མེད་ཅིང་། །དེའི་ཕྱིར་ཀུན་ཏུ་འོད་བྱེད་པ། །དཔེ་མེད་ཡེ་ཤེས་ཞེས་སུ་བཤད། །ཅེས་བཅུ་གཅིག་པ་དཔེ་མེད་པའི་ས་དེ་ཉིད་ལ་ཀུན་ཏུ་འོད་ཅེས་ཀྱང་བཤད་པའི་ཕྱིར་རོ། །སྒྲ་པ་ཤེར་རིན་པའི་གྲུབ་མཐའ་ཤན་འབྱེད་ལས། འདུལ་བ་མདོ་སྡེ་སྔགས་ཀྱི་ཐེག་པ་རྣམས། །དངོས་བསྟན་སྤྱང་བྱ་འཁོར་བ་ཕྲ་རགས་གསུམ། །ཀུན་ཉོན་གསུམ་དང་རང་བཞིན་སྡིག་པ་གསུམ། །འདི་ལས་གདུལ་བྱ་སྨིན་འབྲིང་མཆོག་ཏུ་བཞག །འཁོར་བ་རགས་པ་མ་དག་སྐྱེ་འཆི་སྟེ། །འདི་ཡི་རྒྱ་བ་ཀུན་ཉོན་ཅན་རྨོངས་ཡིན། །ཕྲ་བ་ཡིད་ལུས་དག་པའི་སྐྱེ་འཆི་སྟེ། །འདི་ཡི་རྒྱ་བ་མ་རིག་བག་ཆགས་ས། །ཤིན་ཏུ་ཕྲ་བ་ཕར་ཕྱིན་སངས་རྒྱས་ཏེ། །འདི་ཡི་རྒྱ་བ་འཕོ་ཆགས་ཕྲ་མོ་ཡིན། །དེའི་ཕྱིར་འོག་མའི་རྟོགས་པ་མཐར་ཕྱིན་ཡང་། །གོང་མར་འཇུག་ཆེ་དེ་ཡི་ཚོགས་ལམ་བཙལ། །དེའི་ཕྱིར་ཉན་རང་ཚོགས་ལམ་ནས་འཇུག་དང་། །ས་བཅུ་མཐོང་ལམ་ནས་འཇུག་རྣམ་གཞག་འགལ། །ཞེས་འཁོར་བ་གསུམ་དུ་ཕྱེ་ནས། མ་དག་ལས་ཉོན་གྱི་འཁོར་བ་ནི། ལས་ཉོན་གྱི་སྐྱེ་འཆི་བྱེད་པའི་གང་ཟག་སྟེ། འདི་ཉོན་མོངས་པ་ཅན་གྱི་མ་རིག་པ་དང་ཟག་བཅས་ལས་ཀྱི་འབྲས་བུ་ཡིན། དག་པ་རྣམ་བྱང་གི་འཁོར་བ་ནི། ས་བཅུའི་བྱང་སེམས་དང་ལྷག་མེད་ལ་གནས་པའི་ཉན་རང་དགྲ་བཅོམ་པས་བླངས་པའི་ཟག་མེད་ཀྱི་ཡིད་ལུས་དང་། བསམ་གྱིས་མི་ཁྱབ་པར་བསྒྱུར་བའི་འཆི་འཕོ་བའི་ཟག་མེད་ཡིད་ལུས་ཏེ། འདི་ཡི་རྒྱ་བ་ནི་མ་རིག་བག་ཆགས་ཀྱི་སར་གྲགས་པའི་ཉོན་མོངས་པ་དང་ཟག་མེད་ལས་ཀྱི་འབྲས་བུ་ཡིན། ཤིན་ཏུ་ཕྲ་བའི་འཁོར་བ་ནི། ཕར་ཕྱིན་རང་རྐང་གི་སངས་རྒྱས་ཏེ། འདི་ཡི་རྒྱ་བ་སྤྱང་བྱ་འཕོ་བའི་བག་ཆགས་ཕྲ་མོ་སྔགས་ཀྱི་ཐུན་མོང་མིན་པའི་སྤྱང

བྱ་དེ་ཡིན་པས། འདི་སངས་རྒྱས་མཚན་ཉིད་པ་མིན་ཏེ། འདིའི་ཐུགས་རྒྱུད་ལ་ཟག་མེད་བདེ་ཆེན་གྱི་ཡེ་ཤེས་མ་སྐྱེས་པས། འགྱུར་བདེའི་འཕོ་ཆགས་ཕྲ་མོ་དེ་ཡང་གཞོམ་པར་མི་ནུས་པའི་ཕྱིར་རོ། །གཞན་དེས་ན་ཕར་ཕྱིན་རང་རྐང་གི་སངས་རྒྱས་དེ། སྔགས་ལམ་དུ་འཇུག་པའི་ཚེ། སྔགས་ཀྱི་ཚོགས་ལམ་ནས་རིམ་པས་འཇུག་དགོས་སོ་ཞེས་བཤད་པ་ནི། སྤྱིར་རྣམ་དབྱེད་ལྡན་པའི་དཔྱད་པ་ཕྲ་མོ་ཡིན་མོད། སྐབས་འདིར་ཅུང་ཟད་མི་ལེགས་ཏེ་གོང་དུ་བཤད་པ་ལྟར། ཕར་ཕྱིན་རང་རྐང་ལས་ས་བཅུ་བགྲོད་པའི་གང་ཟག་དེ། སྔགས་ལ་འཇུག་པའི་ཚེ། ས་ལྷག་མ་གསུམ་བགྲོད་པས་ཆོས་གི །སྔགས་ཀྱི་ཚོགས་ལམ་དུ་ལོག་ནས་འགྲོ་མི་དགོས་པར་ལམ་འཇུག་ཟློག་ལས་བཤད་པས་ཤེས་པའི་ཕྱིར་དང་། གཞན་ཡང་ཕར་ཕྱིན་རང་རྐང་ནས་བཤད་པའི་སངས་རྒྱས་དེ་ཅི་ཞིག་ལ་ངོས་འཛིན། ཕར་ཕྱིན་ནས་བཤད་པའི་སྟོན་ཤཱཀྱ་ཐུབ་ལ་ཟེར་ན་ནི། དེ་སངས་རྒྱས་མིན་པ་གོང་དུ་བཀག་ཟིན་ལ། གལ་ཏེ་ཕར་ཕྱིན་ནས་བཤད་པའི་ས་བཅུ་གཅིག་པ་ལ་གནས་པའི་སངས་རྒྱས་དེའོ་ཞེ་ན། སྤྱིར་ཕར་ཕྱིན་པས་ས་བཅུ་གཅིག་པ་ལ་གནས་པའི་སངས་རྒྱས་ཤིག་འདོད་ཀྱང་། གནས་ཚུལ་ལ་ས་བཅུ་གཅིག་པ་ཐོབ་ཅིང་སྔགས་ལམ་ལ་མ་ཞུགས་པའི་སྐྱེ་འཕགས་ཀྱི་གང་ཟག་གང་ཡང་མི་སྲིད་དེ། ས་ལྷག་མ་གསུམ་པོ་དེ་སྔགས་ལམ་ཁོ་ནས་བགྲོད་དགོས་པ་མན་ངག་གི་གནད་ཡིན་ཕྱིར་རོ། །དེས་ན་གྲུབ་མཐའི་འདོད་ཚུལ་དང་དོན་གྱི་གནས་ཚུལ་སོ་སོར་ཕྱེ་བབ་ཞིག་ཀུན་ཏུ་གཅེས་སོ། །

འོ་ན་ཁྱོད་ཉིད་ལ་ལེགས་པར་སྨྲ་བའི་ནུས་པ་ཡོད་དམ་སྙམ་ན། འདི་ལྟར་སྨྲ་སྟེ། ཕར་ཕྱིན་རང་རྐང་ལས་ས་བཅུ་ཐོབ་པ་ཡོད་ཀྱང་ས་བཅུ་གཅིག་པ་མི་ཐོབ་པ་ནི། ས་ལྷག་མ་གསུམ་སྨྲས་པའི་ས་ཡིན་པའི་གནད་ཀྱིས་ཡིན་ལ། དེ་ཡང་སྨྲས་པའི་ས་གཉིས་སུ་བཤད་པ་དང་། གསུམ་དུ་བཤད་པ་གཉིས་འབྱུང་བའི། དང་པོ་ནི་སློབ་ལམ་གྱི་དབང་དུ་བྱས་པ་ཡིན་ལ། ཕྱི་མ་ནི་སློབ་མི་སློབ་གཉིས་ཆར་གྱི་དབང་དུ་བྱས་པ་ཡིན་པས། མདོར་ན་སློབ་ལམ་དུ་གྱུར་པའི་ས་བཅུ་གཅིག་པ་དང་བཅུ་གཉིས་པ་དང་། མི་སློབ་ལམ་དུ་གྱུར་པའི་ས་བཅུ་གསུམ་པ་ནི༑ ཕར་ཕྱིན་རང་རྐང་ལས་མི་ཐོབ་སྟེ། དེ་གསུམ་ཕར་ཕྱིན་ལ་སྨྲས་ཤིང་སྔགས་བླ་མེད་ཁོ་ནའི་ཁྱད་ཆོས་ཡིན་པའི་ཕྱིར་རོ། །འོ་ན་ས་བཅུ་གཅིག་པ་ཕར་ཕྱིན་ལས་བཤད་པ་དང་མི་འགལ་ལམ་སྙམ་ན། ཕར་ཕྱིན་ལས་ས་བཅུ་གཅིག་པའི་མིང་ཙམ་ཞིག་གྲགས་སུ་ཆུག་ཀྱང་། གནད་མི་གཅིག་སྟེ། ས་བཅུ་གཅིག་པ་དངོས་ནི་སློབ་ལམ་དུ་བྱེད་དགོས་པ་ལས་ཕར་ཕྱིན་ལས་མི་སློབ་ལམ་དུ་གྲགས་ཤིང་། སློབ་ལམ་ས་བཅུ་གཅིག་པའི་མིང་དོན་གཉིས་ཀ་མ་བཤད་པའི་ཕྱིར་རོ། །འོ་ན་ཕར་ཕྱིན་རང་རྐང་ལས་བཤད་པའི་ས་བཅུ་གཅིག་པ་ཡོད་དམ་མེད། མེད་ན་དེ་ཉིད་སྤྱི་དོན་གྱི་མཐར་ཐུག་ཏུ་རྒྱུད་སྡེ་སྤྱི་རྣམ་དུ་བཤད་པ་དང་འགལ། ཡོད་ན་དེ་ཉིད་ས་བཅུ

གཅིག་པ་ཡིན་ནམ་བཅུ་གསུམ་པ་ཡིན། བཅུ་གསུམ་པ་ཡིན་ན་དེ་ཉིད་སྔགས་དོན་གྱི་འཐང་མཐར་ཐུག་ཏུ་འགྱུར་ལ༑ བཅུ་གཅིག་པ་ཡིན་ན། ཕར་ཕྱིན་ལས་ས་བཅུ་གཅིག་པ་སྔགས་པ་འགལ་ཏེ། ཕར་ཕྱིན་ནས་བཤད་པའི་ས་བཅུ་གཅིག་པ་དེ། ས་བཅུ་གཅིག་པ་མཚན་ཉིད་པ་ཡིན་པའི་ཕྱིར་སྙམ་ན་སྐྱོན་མེད་དེ། ཕར་ཕྱིན་ནས་བཤད་པའི་ས་བཅུ་གཅིག་པ་སྤྱི་དོན་གྱི་མཐར་ཐུག་ཏུ་བཤད་པ་དེ། གྲུབ་མཐའི་འདོད་ཚུལ་གྱི་དབང་དུ་བྱས་པ་ཙམ་ཡིན་གྱིས། གནས་ཚུལ་ལ་ཕར་ཕྱིན་ནས་བཤད་པའི་ས་བཅུ་གཅིག་པ་དེ་ས་བཅུ་གཅིག་པ་དང་བཅུ་གསུམ་པ་སོགས་གང་ཡང་མིན་ཏེ། ཕར་ཕྱིན་རང་ལུགས་ལ་རང་ལམ་དེ་ལས་ས་བཅུ་གཅིག་པ་ཞིག་ཐོབ་པར་འདོད་ཀྱང་། གནས་ཚུལ་ཕར་ཕྱིན་རང་ལམ་ལས་ས་བཅུ་གཅིག་པ་ཐོབ་རྒྱུ་མ་བྱུང་བའི་ཕྱིར་རོ། །གནད་འདི་གོ་དགོས་སོ། །

འོ་ན་ཕར་ཕྱིན་རང་ལམ་ལས་ས་བཅུ་པ་ཙམ་ཞིག་གནས་ཚུལ་ལ་ཐོབ་རྒྱུ་འབྱུང་ལ་བཅུ་གཅིག་པ་ཐོབ་རྒྱུ་མི་འབྱུང་བའི་གནད་ཅི་ཡིན་སྙམ་ན་དེའི་གནད་ཁྱད་པར་ཅན་ཡོད་དེ། སྔགས་པའི་ས་གསུམ་པོ་དེ་ཉེ་རྒྱུའི་སྤྱོད་པ་ཁོན་ལ་བརྟེན་ནས། ཕྱི་ནང་གི་ཡུལ་བཅུ་གསུམ་དབང་དུ་འདུས་པ་ལས་ཐོབ་དགོས་པ་གང་ཞིག །ཉེ་རྒྱུའི་སྤྱོད་པ་དེ་ནི། ཕར་ཕྱིན་རང་ལམ་ལ་མེད་པའི་ཕྱིར། གནད་དེས་ན་བླ་མ་ས་སྐྱ་པ་ཆེན་པོས་ཕྱག་རྒྱ་འཇུག་ཐྱོག་སོགས་སུ། རྒྱུ་དུས་ལམ་དུས་འབྲས་དུས་གསུམ་ཆར་དུ་ཕྱག་རྒྱ་བསྟན་པ་དང་། དེ་གཉིས་ཙམ་དུ་བསྟན་པ་སོགས་དུ་མ་ཡོད་པ་ལས། སྔ་མ་གཉིས་སུ་བསྟེན་ཀྱང་ཕྱི་མ་འབྲས་དུས་སུ་མ་བསྟེན་ན་མི་འགྲུབ་ཅིང་སྔ་མ་གཉིས་སུ་མ་བསྟེན་ཀྱང་། ཕྱི་མ་འབྲས་དུས་སུ་བསྟེན་ན་འབྲས་བུ་འགྲུབ་པར་བཤད་པ་སྟེ། དེ་སྐབས་ཀྱི་འབྲས་དུས་དེ་ཡང་སྐབས་ཐོབ་ཀྱི་སྔགས་པའི་ས་གསུམ་ལ་ངོ་འཛིན་པར་གསལ་བའི་ཕྱིར་ཏེ། མདོ་སྡེ་རྒྱན་ལས་ས་དང་པོ་དྲུག་རྟོགས་པའི་ལྷ་བ་དང་བསླབ་པ་གསུམ་སྦྱོང་བའི་ས་ལ་སྦྱར་ནས་ས་ཕྱི་མ་བཞི་འབྲས་བུའི་ས་ལ་སྦྱར་བ་དང་གནད་གཅིག་པའི་ཕྱིར་རོ། །འོ་ན་སྔགས་པའི་ས་གསུམ་ཐོབ་པ་ལ་ཡུལ་ཆེན་ལྷག་མ་བཅུ་གསུམ་དབང་དུ་འདུ་དགོས་པ་ལྟར། ས་བཅུ་བགྲོད་པ་ལ་ཡང་ཡུལ་ཆེན་ཉེར་བཞིའི་རླུང་སེམས་དབང་དུ་འདུ་དགོས་སམ་མི་དགོས། དགོས་ན་ཕར་ཕྱིན་རང་ལམ་ལས་ས་བཅུ་བགྲོད་པའི་གང་ཟག་དེ། ཡུལ་ཉེར་བཞིའི་རླུང་སེམས་དབུ་མར་ཆུད་ཅིང་། དབུ་མའི་རྩ་མདུད་ཉེར་བརྒྱད་གྲོལ་བའི་གང་ཟག་ཏུ་འགྱུར་ལ། དེ་ཡང་འདོད་ན། ཕར་ཕྱིན་པའི་ལམ་དེ། རྡོ་རྗེའི་ལུས་ལ་གནད་དུ་བསྣུན་པའི་ལམ་དུ་ཐལ་བའི་སྐྱོན་ཡོད་དོ། །མི་དགོས་ན། ཕར་ཕྱིན་རང་རྐང་ལས་ས་བཅུ་བགྲོད་པའི་གང་ཟག་དེ། སླར་ཡང་སྔགས་ཀྱི་ས་བཅུ་བགྲོད་དགོས་པར་འགྱུར་ཏེ༑ དབུ་མའི་རྩ་མདུད་རྣམས་དང་ཡུལ་ཆེན་པོ་རྣམས་རིམ་གྱི་བགྲོད་དགོས་ཀྱི་གང་ཟག་ཡིན་པའི་ཕྱིར་སྙམ་ན་

གནད་ཤིན་ཏུ་དམ་ཡང་། རེ་ཤིག་ཕར་ཕྱིན་རང་ལམ་ལས་ས་བཅུ་ཐོབ་པའི་གང་ཟག་དེ། ཡུལ་ཉེར་བཞི་བགྲོད་ཟིན་པ་དང་། མདུད་པ་ཉེར་བརྒྱད་གྲོལ་ཟིན་པའི་གང་ཟག་ཏུ་ཁས་ལེན་པ་ལས་འོས་མེད་མོད། དེ་ལྟ་ན་ཡང་ཕར་ཕྱིན་རང་ལམ་དེ་རྡོ་རྗེའི་ལུས་ལ་གནད་དུ་བསྣུན་པའི་ལམ་དུ་སྦྱོར་བཏང་ལ་མི་བྱེད་ཀྱང་། དམིགས་བསལ་ལམ། དོན་གྱིས་ན་རྡོ་རྗེའི་ལུས་ལ་གནད་དུ་བསྣུན་པའི་ལམ་ཆ་ཙམ་ཞིག་ཚང་བར་ཁས་ལེན་དགོས་ཏེ། ས་བཅུ་པ་མན་ཆད་ཐོབ་བྱེད་ཀྱི་ལམ་མཚན་ཉིད་པ་ཚང་བའི་ཕྱིར་རོ། །

གསུམ་པ་འབྲས་བུའི་ངོ་བོ་རྣམ་པར་བཞག་པ་ལ་གསུམ། སྡེ་སྣོད་གསུམ་ལས་བཤད་པའི་ཚུལ། རྒྱུད་སྡེ་བཞི་ལས་བཤད་པའི་ཚུལ། མདོ་སྡེ་གཅིག་ལས་བཤད་པའི་ཚུལ། དང་པོ་ལ་གཉིས། སྐུ་གཉིས་རྣམ་གཞག་བཤད་པའི་ཚུལ། སྐུ་གསུམ་རྣམ་གཞག་བཤད་པའི་ཚུལ་ལོ། །དང་པོ་ནི། འབྲས་བུ་སྐུའི་རྣམ་གཞག་ལ་བྱེ་བྲག་ཏུ་སྨྲ་བས་རྣམ་གྲོལ་ཆོས་སྐུ་དང་། རྣམ་སྨིན་གཟུགས་སྐུ་གཉིས་ཙམ་འདོད་ཀྱི། ལོངས་སྤྱོལ་གྱི་དོན་དང་ཐ་སྙད་གཉིས་ཀ་མེད་དེ། བྱེ་བྲག་སྨྲ་བས་གཙོ་བོར་ཁས་ལེན་པའི་བཀའ་འདུལ་ལ་བ་ལུང་སྡེ་བཞི་དང་། བསྟན་བཅོས་མདོ་རྩ་རྩ་འགྲེལ་སོགས་གང་ལས་ཀྱང་མ་བཤད་པའི་ཕྱིར་རོ། །གཉིས་པ་ནི། མདོ་སྡེ་པ་སོགས་གྲུབ་མཐའ་གོང་མ་གསུམ་སྐུ་གསུམ་དང་ཡེ་ཤེས་བཞི་རུ་འདོད་ཀྱི། སྐུ་ལྔ་དང་ཡེ་ཤེས་ལྔ་སོགས་མི་བཞེད་དེ། དེ་དག་གསང་སྔགས་ཀྱི་ཁྱད་ཆོས་ཡིན་པའི་ཕྱིར་རོ། །པཎ་ཆེན་ཤཱཀྱའི་མཚན་ལྡན། འཕགས་པ་སངས་རྒྱས་ཀྱི་ས་ལས་ཡེ་ཤེས་ལྔ་བཤད་གསུང་མོད། དེ་ཉིད་ལས། ཤིན་ཏུ་བསྡུ་ན་སངས་རྒྱས་ཀྱི་ས་ནི་ཆོས་ལྔས་བསྡུས་ཏེ༑ མེ་ལོང་ལྟ་བུའི་ཡེ་ཤེས་དང་། མཉམ་པ་ཉིད་ཀྱི་ཡེ་ཤེས་དང་། སོ་སོར་རྟོག་པའི་ཡེ་ཤེས་དང་། བྱ་བ་གྲུབ་པའི་ཡེ་ཤེས་དང་། ཆོས་ཀྱི་དབྱིངས་ཤིན་ཏུ་རྣམ་པར་དག་པའོ། །ཞེས་སངས་རྒྱས་པའི་ཡོན་ཏན་ལ་ཡེ་ཤེས་བཞི་དང་། དག་པ་གཉིས་ལྡན་གྱི་ཆོས་དབྱིངས་དང་ལྔར་བཤད་ཀྱི། ཡེ་ཤེས་ལྔའི་ཐ་སྙད་མེད་དེ། དེ་ཉིད་དང་། མདོ་རྒྱུན་གཉིས་ཆར་ན་མེད་པའི་ཕྱིར་རོ། །གལ་ཏེ་སངས་རྒྱས་སའི་ཆོས་དབྱིངས་དེ་གཟུང་འཛིན་གཉིས་མེད་ཀྱི་ཡེ་ཤེས་ཡིན་པས་ཆོས་དབྱིངས་ཡེ་ཤེས་ཡིན་ནོ་སྙམ་ན། དེ་ཉིད་ཡེ་ཤེས་སུ་ཁས་ལེན་པའི་སྐབས་ཞིག་ཡོད་མོད། དེ་ལྟ་ན་ཡང་ཆོས་དབྱིངས་དང་ཡེ་ཤེས་ཀྱི་གཞི་མཐུན་ན་ཆོས་དབྱིངས་ཡེ་ཤེས་ཀྱིས་མ་ཁྱབ་པའི་ཕྱིར་ཏེ། བརྡ་ཆད་ཀྱི་བཞག་མཚམས་དང་ཐ་སྙད་འདོགས་ཚུལ་སོགས་སོ་སོར་ཕྱེད་དགོས་པའི་ཕྱིར་རོ། །

གཉིས་པ་ནི། རྒྱུད་སྡེ་འོག་མ་གསུམ་པོར་ཡང་སྐུ་གསུམ། འདོད་ཚུལ་ཕ་རོལ་ཏུ་ཕྱིན་པའི་ལུགས་འདི་དང་ཆ་འདྲ་ལ། རྣམ་པའི་འདོད་ཚུལ་ནི་མི་གཅིག་སྟེ་སོ་སོར་ཡོད་པའི་ཕྱིར་རོ། །རྒྱུད་སྡེ་འོག་མ་གཉིས་མན་ཆད་ལ་གཟུགས་སྐུ་རིགས་ལྔ་མི་བཞེད་ཀྱང་། རྣལ་འབྱོར་རྒྱུད་ཡན་ཆད་ལ་བཞེད། དེ་ལྟར་གཟུགས་སྐུ

རིགས་ལྔ་འདོད་པའི་ཚེ་སྣང་བ་འབྱུང་བ་ལྔ་དང༌། སྟོང་བྱེད་ཡེ་ཤེས་ལྔ་དང་རིགས་ལྔ་སོགས་དག་བྱ་དག་བྱེད་དུ་སྦྱར་ནས་གསུངས་པའི་ཕྱིར། རྣལ་འབྱོར་ཆེན་པོའི་རྒྱུད་སྡེ་ལས་ནི་སྐུ་བཞིར་འབྱེད། རྒྱུ་ཡི་སྐབས་སུ་དབང་བཞི་དང་བསྐྱེད་རིམ་ལ་སོགས་པ་ལམ་བཞི་པོ་བསྒོམས་པས་འབྲས་བུ་སྐུ་བཞི་འབྱུང་བར་བཞེད་པའི་ཕྱིར་རོ། །རྣལ་འབྱོར་དབང་ཕྱུག་ཐུན་མོང་མིན་པའི་མན་ངག་ལས། རྒྱུ་ལ་གནས་པ། དབང་ལས་ཐོབ་པ། ལམ་ལ་གོམས་པ། ལྟ་བ་ལ་ཉམས་སུ་མྱོང་བ། གྲུབ་མཐའ་ལ་རྟགས་སུ་ཤར་བ། འབྲས་བུ་ལ་དོན་མ་ལུས་པ་མངོན་དུ་གྱུར་པ་སྟེ། དབང་བཞི་ལ་དྲུག་ཚན་བཞི་རུ་སྦྱར་བ་དང༌། འབྲས་བུ་སྐུ་ལྔའི་རྣམ་གཞག་གསུངས་པ་ཡང་ཡོད་མོད། འདིར་ཞིབ་ཏུ་མ་བཤད་དེ། ཐུན་མོང་མིན་པའི་གསང་ཆེན་གྱི་གནད་ཡིན་པའི་ཕྱིར་རོ། །གསུམ་པ་མདོ་གཅིག་ལས་བཤད་ཚུལ་ནི། འཇམ་དཔལ་རང་གི་ལྟ་བ་ཡི་འདོད་པ་མདོར་བསྟན་པའི་མདོ་ལས་ཀྱང༌། སྐུ་གཅིག་ནས་ནི་ལྔའི་བར་གྱི་རྣམ་གཞག་རྣམ་པ་ལྔ་རུ་གསུངས་ཏེ། དེ་ཡང་འདི་ལྟར་སྐུ་གཅིག་ནི་ཡེ་ཤེས་ཀྱི་སྐུ་ཡིན་ཏེ། ཡེ་ཤེས་མིག་གཅིག་དྲི་མ་མེད། །ཅེས་བཤད་པའི་ཕྱིར། སྐུ་གཉིས་ནི་རང་དོན་དོན་དམ་པ་དང༌། གཞན་དོན་ཀུན་རྫོབ་ཀྱི་སྐུ་ཉིད་ཡིན་ཞིང༌། སྐུ་གསུམ་ནི་ཆོས་སྐུ་དང་ལོངས་སྤྱོད་རྫོགས་པའི་སྐུ་དང་སྤྲུལ་པའི་སྐུ་ཉིད་དེ་གསུམ་པོ་ཡིན་པར་གསུངས་ལ། སྐུ་བཞི་ཉིད་ཀྱང་ནི་བཤད་པར་བྱ་སྟེ། ངོ་བོ་ཉིད་ལོངས་སྤྱོད་རྫོགས་བཅས་དང༌། །དེ་བཞིན་གཞན་པ་སྤྲུལ་པ་དང༌། །ཆོས་སྐུ་མཛད་པར་བཅས་པ་སྟེ། །རྣམ་པ་བཞིར་ནི་ཡང་དག་བརྗོད། །ཅེས་པ་ནི་ལྟ་བ་མདོར་བསྟན་གྱི་མདོ་སྡེའི་ལུང་ཚིག་ཡིན་པས། སྐབས་འདིར་ནི། དེ་བཞིན་གཞན་པ་སྤྲུལ་པ་དང༌། །ཞེས་འབྱེད་པའི་ཚིག་སྦྱར་བའི་ཚེ་ཆོས་སྐུ་དབྱེ་བའི་གྲངས་སུ་བྱས་ནས་སྐུ་བཞིར་བཞེད་པའི་ཕྱིར་དང༌། བྱམས་པས་དེ་བཞིན་གཞན་པ་སྤྲུལ་པ་ནི། །ཞེས་དགར་བའི་ཚིག་སྦྱོར་བའི་ཚེ། སྐུ་གསུམ་འབྲས་བུ་ཆོས་སྐུའི་དབྱེ་བར་བྱས་ནས་སྐུ་གསུམ་དུ་བཞེད་པའི་ཕྱིར་རོ། །སྐུ་ལྔ་ཉིད་ཀྱང་ནི། ལྟ་བ་མདོར་བསྟན་གྱི་ལུང་དེར་ནི་གསལ་བར་བཤད་དེ། སངས་རྒྱས་སྐུ་ལྔའི་བདག་ཉིད་ཅན། ཁྱབ་བདག་ཡེ་ཤེས་ལྔ་ཡི་བདག །སངས་རྒྱས་ལྔ་བདག་ཅོད་པན་ཅན། །སྤྱན་ལྔ་ཆགས་པ་མེད་པ་འཆང༌། །ཞེས་པའི་ཚིག་གིས་གསུངས་པ་ཡིན་པའི་ཕྱིར་རོ། །མདོ་སྔགས་ནས་བཤད་ཚུལ་དེ་འདྲའི་རྣམ་དབྱེ་མི་ཤེས་པར། ཁ་ཅིག་ཕ་རོལ་ཏུ་ཕྱིན་པ་ལའང་སྐུ་བཞི་བྱམས་པའི་ལུང་ཉིད་ཀྱིས་འགྲུབ་པར་སྨྲ་བ་ནི་མ་དཔྱད་པ་སྟེ། དགར་ཚིག་དང་འབྱེད་ཚིག་སྦྱར་བའི་ལུང་ཚིག་ལ་རྣམ་དབྱོད་ཞིབ་མོས་དཔྱད་པའི་ནུས་པ་མེད་པར་ཟད་པའི་ཕྱིར་རོ། །དེས་ན་གྲུབ་མཐའི་རྣམ་གཞག་སོ་སོར་མ་འདྲེས་པའི་གནད་ལེགས་པར་དཔྱོད་ལ་དལ་བུས་སློས་ཤིག་ཅེས་བྱ་སྟེ། རྗེ་ང་པོའི་རྟོབ་སློས་ཀྱིས་སྤྱི་བརྗོལ་སླན་བསྟན་པ་ལ་གནོད་པར་དགོངས་པའི་ཕྱིར་རོ། །བཞི་པ་གནད་ཀྱི་དོན་ནི། མདོར་ན་ཉན་ཐོས་ཐེག་པ་ནས་གསང་ཆེན་བླ

ན་མེད་པའི་བར་ལ་འབྲས་བུ་སངས་རྒྱས་ཀྱི་ངོ་བོ་ཙམ་ཞིག་དོན་གཅིག་ཀྱང་། ཡོན་ཏན་གྱི་ལྡོག་པ་མི་འདྲ་བ་བཤད་པའི་ཚུལ་ཐ་དད་དུ་འབྱུང་བ་ལ་དགོས་པ་ཡོད་དེ། གདུལ་བྱ་དང་འཚམས་པའི་ཡོན་ཏན་བརྗོད་པའི་སྒོ་ནས་གདུལ་བྱ་རྣམས་སྤྲོ་བ་བསྐྱེད་པའི་ཆེད་ཡིན་པའི་ཕྱིར་རོ། །སྡོམ་གསུམ་ཁ་སྐོང་ལས་འབྲས་བུའི་སྐབས་ཏེ་སྐབས་ལྔ་པའི་རྣམ་པར་བཤད་པའོ། །

དེ་ལྟར་སྡོམ་གསུམ་ཁ་སྐོང་ཚུལ་བཞིན་བཤད་པ་འདི་ཆོས་ཅན། བདག་ཉིད་གྲགས་པ་བསྒྲགས་པའམ་གཞན་ལ་གནོད་པའི་ཕྱིར་བརྩམས་པ་མིན་ཏེ། མཐའ་གཅིག་ཏུ་སངས་རྒྱས་ཀྱི་བསྟན་པ་ལ་ཕན་པའི་ཕྱིར་དུ་བརྩམས་པ་ཡིན་པའི་ཕྱིར་རོ། །དེ་ཡང་འཕགས་ཡུལ་དུ་ཆོས་ལོག་བྱུང་བ་འགོག་པའི་ཕྱིར། བསྟན་བཅོས་འདི་བརྩམས་པ་མིན་ཏེ། སངས་རྒྱས་མྱ་ངན་ལས་འདས་ནས་ལོ་བཞི་བརྒྱ་ལོན་པའི་ཚེ་རྒྱལ་བས་ལུང་བསྟན་པའི་འཕགས་པ་ཀླུ་སྒྲུབ་ཐུབ་པ་སོགས། འཛམ་གླིང་མཛེས་པའི་རྒྱན་དྲུག་དང་མཆོག་གཉིས་རྣམས་ཀྱིས་འཕགས་པའི་ཡུལ་དུ་བྱུང་བའི་ཕྱི་ནང་གི་ལོག་པར་སྨྲ་བའི་མུན་པ་རྣམས་བསལ་བར་མཛད་པ་ཡིན་པའི་ཕྱིར། བོད་གངས་ཅན་འདིར་བསྟན་པ་ཕྱི་དར་གྱི་སྐོད་ལ་ཆོས་ལོག་བྱུང་པ་རྣམས་དགག་པའི་ཕྱིར་བསྟན་བཅོས་འདི་བརྩམས་པ་ཡང་མིན་ཏེ། སྟོན་པ་གཤེགས་ནས་གསུམ་སྟོང་བརྒྱ་དང་གསུམ་ལོན་ཞིང་། བསྟན་པ་ཕྱི་དར་བྱུང་བའི་ས་མོ་བྱ་ནས་ཉེར་གཉིས་ལོན་པའི་ལྕགས་ཕོ་རྟ་ལོ། གངས་རིའི་ལྗོངས་འདིར་ལོ་ཆེན་རིན་ཆེན་བཟང་པོ་བྱོན་པ་དང་། སྟོན་པ་གཤེགས་ནས་ལོ་གསུམ་སྟོང་དང་ཉེར་དྲུག་ལོན་པའི་ཆུ་མོ་སྦྲུལ་ལ་བླ་ཆེན་འབྲོག་མི་བྱོན་པ་དང་། དེའི་སློབ་བུ་འགོས་ཁུག་པ་ལྷས་བཙས་སོགས་ཀྱིས་ཆོས་མིན་ཚར་བཅད་ནས་རྡོ་རྗེ་ཐེག་པའི་བསྟན་པ་མཆོག་སྤེལ་བའི་བཤད་སྒྲུབ་ཆུ་བོའི་རྒྱུན་བཞིན་དུ་སྐྱོང་བར་མཛད་པའི་ཕྱིར་དང་། དེ་རྗེས་ཆོས་ལོག་མང་དུ་འཕེལ་བ་རྣམས། སྟོན་པ་གཤེགས་ནས་ལོ་གསུམ་སྟོང་བརྒྱ་དང་བཅོ་ལྔ་ལོན་ཞིང་། བསྟན་པ་ཕྱི་དར་བྱུང་བའི་ས་མོ་བྱ་ནས་ལོ་གྲངས་ཉིས་བརྒྱ་དང་སོ་བཞི་ལོན་ལ། རྡོག་ལོ་ཙྪ་བ་བློ་ལྡན་ཤེས་རབ་བྱོན་པའི་མེ་མོ་བྱ་ནས་ལོ་གྲངས་བརྒྱ་དང་ཉེར་དྲུག་ལོན་པ་ཆུ་ཕོ་སྟག་གི་ལོ་དཔལ་ས་སྐྱའི་གནས་སུ་སྐུ་བལྟམས་པ་འཇམ་པའི་དབྱངས་ཀྱི་རྣམ་པར་འཕྲུལ་པ་འཛམ་གླིང་འདི་ན་གྲགས་པའི་སྐན་པ་ཐོབ་པ་དེས་སྡོམ་པ་གསུམ་གྱི་རབ་དབྱེ་ཞེས་བྱ་བའི་བསྟན་བཅོས་ཆེན་པོ་མཛད་དེ་ལུང་དང་རིགས་པའི་ཉི་འོད་ཀྱིས་རབ་ཏུ་བསལ་བར་མཛད་ནས། ལེགས་པའི་ལམ་བཟང་པོ་འཁྲུལ་མེད་ཀྱིས་སྣང་བ་གསལ་བར་མཛད་པ་ཡིན་པའི་ཕྱིར། འོན་ཀྱང་ཁོ་བོའི་བསྟན་བཅོས་སྡོམ་གསུམ་ཁ་སྐོང་འདི་རྩོམ་དགོས་པའི་རྒྱུ་མཚན་རྣམ་དག་ཡོད་དེ། ས་པཎྜི་ཏ་ཞེས་མཚན་ཡོངས་སུ་གྲགས་པའི་མགོན་པོ་དེ་ཉིད་ཞལ་དངོས་ཀྱི་སློབ་ཚོགས་དང་བཅས་པ་ཞིང་གཞན་དུ་གཤེགས་པར་

གྱུར་ནས། བསྟན་བཅོས་འདི་མ་བརྩམས་པར་གྱི་ལོ་ཉིས་བརྒྱ་དང་ཉེར་བདུན་གྱི་བར་དུ་རིང་ཞིག་ལོན་ནས་བོད་ཡུལ་འདི་ལུང་རིགས་མན་ངག་དང་བྲལ་བའི་རང་བཟོའི་ཆོས་ལུགས་དུ་མ་ཡིས། བསྟན་པའི་ཉམས་ལེན་སྡོམ་གསུམ་ལ་གནད་ཀྱི་དོན་རྣམས་བཤིགས་ནས་ཕོས་ཆུང་རྣམས་མགོ་སྐོར་བྱེད་པ་མང་དུ་བྱུང་བ་དེ་དག་ལུང་དང་རིགས་པ་ཡིས་རྣམ་པར་བསལ་ནས་གནད་རྣམས་ལ་སྐལ་ལྡན་མ་འཁྲུལ་བར་སྟོན་པའི་ཕྱིར་དུ་བསྟན་བཅོས་ཆེན་པོ་འདི་བྱས་སོ་ཞེས་པ་སྟེ། འཁྲུལ་པར་སྟོན་པ་ལ་སྙིང་རྗེ་དང་། བསྟན་ལ་ཕན་པའི་ལྷག་བསམ་གྱིས་ཀུན་ནས་བསླངས་ཏེ། ཡིན་མིན་རྣམ་པར་དཔྱོད་པའི་བློ་གྲོས་ཀྱིས་བསྟན་བཅོས་འདི་བརྩམས་པ་ཡིན་པའི་ཕྱིར། དེས་ན་ཁོ་བོའི་བསྟན་བཅོས་འདི་ལ་ཕྱོགས་ཞེན་གྱི་རབ་རིབ་དང་བྲལ་ཞིང་། རྣམ་དཔྱོད་གསལ་བའི་བློ་ཡིད་ལྡན་པས་ཚུལ་བཞིན་དུ་བལྟས་ན་ལམ་བཟང་གི་སྣང་བ་གསལ་བར་འགྱུར་རོ་ཞེས་ཁོ་བོ་གསང་མཐོན་པོའི་སྐད་ཀྱིས་སྒྲོག་སྟེ། རྒྱུ་མཚན་ཅིའི་ཕྱིར་ཞེ་ན། ཁོ་བོས་མདོ་རྒྱུད་ཀྱི་གནད་ཟབ་མོ་ལ་བློ་གྲོས་མ་འཁྲུལ་པའི་རིགས་པས་དཔྱད་དེ་ཡིན་མིན་ཚུལ་བཞིན་དུ་སྨྲས་པ་ཡིན་པའི་ཕྱིར་རོ། །རྒྱུ་མཚན་དེ་སླད་དུ་སྙིགས་མའི་དུས་འདི་རུ་སྐལ་ལྡན་ཟབ་དོན་དོན་གཉེར་རྣམས་ཆོས་ཅན། ཁྱོད་གསུང་རབ་ཟབ་མོའི་གྲོང་ཁྱེར་དུ་བགྲོད་པར་ཤོག་ཅིག་ཅེས་བྱ་སྟེ། ཁོ་བོའི་ལེགས་བཤད་འདི་ཡིས་འཁྲིད་པར་བྱས་ནས་མྱུར་དུ་བདེ་བླག་ཏུ་ཕྱིན་པར་བྱེད་པའི་ཕྱིར་རོ། །

བསྟན་བཅོས་འདི་བརྩམས་པའི་བསོད་ནམས་འདི་ཡིས། ཚོགས་གཉིས་རྫོགས་པའི་རི་བོ་མཐོན་པོའི་རྩེར། །སྤྱང་རྟོགས་ནུས་པའི་ལུས་སྟོབས་རབ་རྒྱས་ཏེ། །མཐའ་ཡས་འགྲོ་ལ་སྲིད་པའི་མཐར་ཐུག་པར། །དམ་ཆོས་སེངྒེའི་སྒྲ་དབྱངས་སྒྲོག་པར་ཤོག །ཅེས་གསུངས་ཏེ། འདི་བརྩམས་པའི་དགེ་བ་དེ་འགྲོ་བ་ལ་བསྔོ་བར་བྱེད་པའི་ཕྱིར་རོ། །གང་སྐུ་འཇིགས་རུང་ཞེས་སོགས་ཀྱི་ཁྱད་ཆོས་དང་ལྡན་པའི་བསྟན་སྲུང་རྣམས་ཀྱིས་བསྟན་བཅོས་འདི་སྲུངས་ཤིང་སྤེལ་ཅིག་ཅེས་གསུངས་ཏེ། འདི་ཉིད་བསྟན་པ་ལ་ཕན་པའི་བསྟན་བཅོས་རྣམ་དག་ཡིན་ཕྱིར་རོ། །

དེ་ལྟར་མཁས་པ་ཡོངས་ཀྱི་གཙུག་རྒྱན་མཁས་པའི་དབང་པོ་གོ་བོ་རབ་འབྱམས་པ་བསོད་ནམས་སེང་གེ་ཞེས་མཚན་ཡོངས་སུ་གྲགས་པའི་བསྟན་འཛིན་གྱི་སྐྱེས་ཆེན་དམ་པ་དེས་མཛད་པའི་བསྟན་བཅོས་སྡོམ་གསུམ་རབ་དབྱེའི་ཁ་སྐོང་གཞི་ལམ་འབྲས་གསུམ་གསལ་བྱེད་འོད་ཀྱི་སྣང་བ་ཞེས་བྱ་བའི་བསྟན་བཅོས་ཀྱི་རྣམ་བཤད་ལེགས་བཤད་ནོར་བུའི་ཕྲེང་བ་འདི་ནི། ཡོངས་འཛིན་དམ་པ་འཇམ་དབྱངས་སྨྲ་བའི་སེངྒེ་རྣམ་པར་རྒྱལ་བའི་ཞབས་རྡུལ་གཙུག་ཏུ་བསྟེན་ཅིང་། སྒྲུབ་པའི་གཙུག་རྒྱན་འཇམ་མགོན་གྲུབ་པའི་དབང་པོ་དཔལ་

ལྷུན་ཀུན་དགའ་གྲོལ་མཆོག་དང་། རིགས་སྔགས་འཆང་གི་གཙུག་རྒྱན་མན་ངག་ཟབ་མོའི་མཛོད་འཛིན་རྡོ་རྗེ་འཛིན་པ་ཆེན་པོ་བློ་གསལ་རྒྱ་མཚོ་གྲགས་པ་རྒྱལ་མཚན་དུ་གསོལ་བ་བླ་ཆེན་ཚར་པ་ཞེས་ཡོངས་སུ་གྲགས་པ་དེ་དག་གི་ཞལ་གྱི་བདུད་རྩིས་ཚུང་ཟད་ཡིད་སོས་པས་གསུང་རབ་ཀྱི་སྙིང་པོའི་གནད་ཟབ་མོ་ལ་བློའི་སྣང་བ་ཙུང་ཟད་ཙམ་གསལ་ཞིང་། རྒྱལ་བའི་བསྟན་པ་བསྟན་འཛིན་དང་བཅས་པ་ལ་ཆོས་ཀྱི་རྗེས་སུ་འབྲང་བའི་བློ་ཡིད་ཆེས་ཀྱི་དད་པ་གཉིང་ནས་གཡོ་བ་ཤཱཀྱའི་བཙུན་པ་ཀླུ་སྒྲུབ་རྒྱ་མཚོས་སྡེ་སྣོད་འཛིན་པའི་ལས་ཆེན་ཆོས་དོན་གྲུབ་ཀྱི་བཀའ་ཉེ་བར་བསྐུལ་བས་པ་དང་། རང་ཉིད་ཀྱང་བསྟན་བཅོས་ཆེན་པོ་ལ་དད་པའི་ཤུགས་རྫོགས་བའི་བློ་གྲོས་ཀྱི་སྣང་བས་མཚམས་སྦྱར་ཏེ། ཆོས་ཀྱི་འདུན་ས་ཆེན་པོ་དཔལ་ཡ་ག་ཆོས་སྡིངས་བཀྲ་ཤིས་རྣམ་པར་རྒྱལ་བའི་གཙུག་ལག་ཁང་ཆེན་པོར། བདག་ཉིད་ཀྱི་སྟོན་པ་ཆོས་དབྱིངས་སུ་བཞུགས་ནས་ལོ་གྲངས་སུམ་སྟོང་དྲུག་བརྒྱ་དང་དགུ་བཅུ་རྩ་བརྒྱད་པ་ཤིང་མོ་གླང་གི་ལོའམ། བདག་ཉིད་ཆེན་པོས་པཎ་ཞིང་གཤེགས་ནས་ལོ་གྲངས་གསུམ་བརྒྱ་དང་བཅུ་བཞི་ལོན་པའི་ཤིང་མོ་གླང་གི་ལོ་ཞེས་བྱ་བའམ། བདག་ཉིད་ཆེན་པོ་གོ་བོ་རབ་འབྱམས་པ་ཞི་བར་གཤེགས་ནས་ལོ་གྲངས་བདུན་ཅུ་རྩ་བདུན་ལོན་པའི་ཤིང་མོ་གླང་གི་ལོའམ། བསྟན་བཅོས་མཁན་པོས་སྡོམ་གསུམ་ཁ་སྐོང་བརྩམས་ནས་ལོ་གྲངས་བརྒྱད་ཅུ་རྩ་བརྒྱད་ལོན་པ་ཁྲོ་བོ་ཞེས་པ་ཤིང་མོ་གླང་གི་ལོར་རྫོགས་པར་གྲུབ་པ་འདིས་ཀྱང་། བསྟན་པ་རིན་པོ་ཆེ་བཤད་སྒྲུབ་ཀྱི་སྒོ་ནས་ཡུན་རིང་དུ་གནས་ཤིང་མི་ནུབ་པའི་མཆོག་དམ་པར་གྱུར་ཅིག །ཤུ་བྷཾ། མསྟུ། སརྦ་ཛ་ག་ཏཾ། མངྒ་ལཾ།། །།

༄༅། །སྡོམ་གསུམ་ཁ་སྐོང་གི་རྣམ་བཤད་ལེགས་པར་བཤད་པ་རྒྱན་གྱི་མེ་ཏོག་ཅེས་བྱ་བ་བཞུགས།

པཎ་ཆེན་ངག་དབང་ཆོས་གྲགས།

བཀའ་དྲིན་མཚུངས་པ་མ་མཆིས་པ་རྗེ་བཙུན་རྩ་བའི་བླ་མ་རྣམ་པ་གསུམ་དང་ལྷག་པའི་ལྷ་འཕགས་པ་འཇམ་དཔལ་ལ་གུས་པས་ཕྱག་འཚལ་ལོ། །མཁྱེན་བརྩེའི་དཀྱིལ་འཁོར་ལེགས་བྱས་ཚ་ཟེར་ཅན། །སྡོམ་གསུམ་བཀའ་དྲིན་འོད་ཀྱི་སྣང་བ་ཡིས། །བདག་བློ་པདྨོའི་གཉེན་གཅིག་ཡོངས་འཛིན་མཆོག །དབང་ཕྱུག་དཔལ་བཟང་ཞབས་པད་སྤྱི་བོས་མཆོད། །མདོ་སྔགས་ཆོས་ཀུན་སྒྲིབ་མེད་གཟིགས་པའི་ཡེ་ཤེས་སྣང་བའི་དམིགས་བུ་ཆེ། །སྲིད་ན་འགྲན་པའི་ཟླ་གཞན་མ་མཆིས་གླུ་སྒྲུབ་མཁྱེན་པའི་རྒྱ་མཚོ་དང་། །གྲུབ་པའི་བློས་གར་བརྟན་གཡོའི་དངོས་ཀུན་བདེ་ཆེན་ཡེ་ཤེས་ཐིག་ལེའི་ངང་། །རྣམ་རོལ་ཁྲབ་བདག་རིགས་བརྒྱའི་མགོན་པོ་བསོད་ནམས་ཆོས་འཕེལ་ཞབས་ལ་འདུད། །ས་འོག་ས་སྟེང་ས་བླ་དུག་ཅན་བུའི། །དྲི་ཀུན་དག་བྱེད་དམ་ཆོས་མཐོ་རིས་ཀླུང་། །རིས་མེད་འགྲོ་ལ་སྨོལ་མཁས་ཟས་གཙང་སྲས། །སྟོན་མཆོག་ཉི་མའི་གཉེན་དེས་དགེ་ལེགས་སྩོལ། །གཞོམ་གཞིག་བྲལ་བའི་བྱང་ཆུབ་སེམས་རྡོ་རྗེ། །ཤེས་རབ་དགའ་མར་འཁྱུད་པའི་སྲུག་པ་ཡིས། །སྐལ་བཟང་རྣ་བར་གསང་ཆེན་ཉེ་ལམ་གྱི། །སྲུམ་རྩེན་ཌ་སྒྲ་རྡོ་རྗེ་འཆང་དབང་རྒྱལ། །རྨོངས་པའི་ལྷ་མིན་ཡེ་ཤེས་རྡོ་རྗེས་བཅོམ། །དག་བྱེད་ཆོས་ཀྱི་རྒྱལ་ཐབས་འཆི་མེད་རིགས། །ས་སྐྱའི་འཇམ་མགོན་ཀུན་དགའ་རྒྱལ་མཚན་ཞབས། །སྐྱེ་དགུ་ཡོངས་ཀྱི་བླ་མ་ཁྱོད་གཅིག་བསྟགས། །དགེ་ལེགས་བསོད་ནམས་མི་ནུབ་མཐར་ཕྱིན་ཀྱང་། །ལེགས་བཤད་སླ་ལ་ཆགས་པའི་རོ་འཛིན་གྱིས། །ཤེས་བྱའི་བཅུད་མྱང་མཁས་མང་ཀློལ་བའི་དབུས། །འཛིགས་བྲལ་སྤོབས་པའི་སེང་ཆེན་དེ་ལ་འདུད། །ཆོས་དང་ཆོས་མིན་རྣམ་འབྱེད་རབ་དབྱེའི་གཏམ། །སླར་ཡང་རྫོགས་པའི་འོད་དཀར་མ་ཉམས་པ། །ཁ་སྐོང་དཔྱོད་ལྡན་ཀུ་མུད་གཉེན་དེ་ཡི། །རྣམ་བཤད་ལེགས་བཤད་རྒྱན་གྱི་མེ་ཏོག་སྤེལ། །

ཞེས་མཆོད་བརྗོད་དང་དམ་བཅའ་སྔོན་དུ་བཏང་ནས། འདིར་ངེས་པའི་དོན་དུ་ན་རྒྱལ་བ་ཐམས་ཅད་ཀྱི་ངོ་བོ་དཔལ་ལྡན་ས་སྐྱ་པའི་རྗེ་བཙུན་གོང་མ་ཞིག་གི་ངོ་བོར་བཞུགས་པ་གདོན་མི་ཟ་མོད། དྲང་བའི་དོན་དུ་ལྷ་གྲུབ་རྣམ་པར་དག་པ་སྤེལ་བའི་ཕྱིར་མདོ་ཁམས་གོ་བོ་ལ་སྟེང་གི་ཡུལ་དུ་རྣམ་སྨིན་གྱི་སྐྱེ་བ་བཟུང་ནས

བསྟན་པ་རིན་པོ་ཆེའི་སྒོར་ཞུགས་ཏེ། སྤྱིར་བདེ་བར་གཤེགས་པའི་གསུང་རབ་རབ་འབྱམས་དང་། བྱེ་བྲག་དཔལ་ལྡན་ས་སྐྱ་པའི་ཡབ་ཆོས་ཀྱི་རྗེ་རྒྱུད་གསུམ་གསུང་ངག་རིན་པོ་ཆེ་ལམ་འབྲས་བུ་དང་བཅས་པ་ལ་སོགས་པའི་བཀའ་ལུང་མན་ངག་རྒྱ་མཚོ་ལྟ་བུ་མཐའ་ཡས་པ་རྣམས་ལ། ཐོས་བསམ་སྒོམ་གསུམ་གྱིས་རང་རྒྱུད་ལེགས་པར་སྦྱངས་ལ། འཆད་རྩོད་རྩོམ་གསུམ་གྱིས་བསྟན་པ་སྤྱི་དང་བྱེ་བྲག་ཐམས་ཅད་ཆེས་ཆེར་གསལ་བར་མཛད་ཅིང་། མུས་ཆེན་སེམས་དཔའ་ཆེན་པོས་ས་སྐྱ་པའི་མི་གཅིག་པོ་ཞེས་བསྔགས་པར་མཛད་པ༑ བདག་ཉིད་ཆེན་པོ་ཀུན་མཁྱེན་མཁས་པའི་དབང་པོ་གོ་བོ་རབ་འབྱམས་པ་བསོད་ནམས་སེང་གེ་ཞེས་མཚན་ཉི་ཟླ་ལྟར་ཡོངས་སུ་གྲགས་པ་དེས་མཛད་པའི་བསྟན་བཅོས་སྡོམ་པ་གསུམ་གྱི་ཁ་སྐོང་འདི་ཉིད་ནི་གང་བཤད་པར་བྱ་བའི་ཆོས་ཡིན་ལ།

འདི་འཆད་པ་ལ་དོན་གསུམ་སྟེ། རྩོམ་པ་ལ་འཇུག་པ་ཀླད་ཀྱི་དོན། བརྩམ་པར་བྱ་བ་གཞུང་གི་དོན། རྩོམ་པ་མཐར་ཕྱིན་པ་མཇུག་གི་དོན་ནོ། །དང་པོ་ལ། མཚན་དོན། མཆོད་བརྗོད། བརྩམ་པར་དམ་བཅའ་བ་དང་གསུམ། དང་པོ་ནི། བཤད་བྱ་བསྟན་བཅོས་འདིའི་མཚན་ཇི་ལྟ་བུ་ཞེ་ན། གངས་རིའི་ལྗོངས་འདིར་ཆོས་དབྱིངས་བསྔོ་རྒྱུའི་དགེ་རྩར་འདོད་པ་དང་། སེམས་བསྐྱེད་རྨི་ལམ་མ་དང་། ཕག་མོའི་བྱིན་རླབས་སྨིན་བྱེད་དུ་འདོད་པ་ལ་སོགས་པའི་ཆོས་ལོག་མང་དུ་འཕེལ་བ་རྣམས། བདག་ཉིད་ཆེན་པོ་ས་སྐྱ་པཎྜི་ཏས་སྡོམ་གསུམ་རབ་དབྱེ་མཛད་དེ་ སུན་ཕྱུང་ཞིང་། ཆོས་དང་ཆོས་མིན་སོ་སོར་ཕྱེ་ནས་བསྟན་པ་དག་པར་གནས་ལ། དེ་རྗེས་རིང་ཞིག་ལོན་ནས་སྟོང་རྐྱང་མེད་དགག་ལ་བདེ་གཤེགས་སྙིང་པོར་འདོད་པ་དང་། སོ་ཐར་གྱི་སྡོམ་པ་གཟུགས་ཅན་དུ་འདོད་པ་དང་། བདག་གཞན་བརྗེ་བའི་དོན་གཅིས་འཛིན་བརྗེ་བ་ཡིན་གྱི། དགེ་སྡིག་དང་བདེ་སྡུག་བརྗེར་མི་རུང་ཟེར་བ་དང་། བླ་མེད་ཀྱི་དཀྱིལ་འཁོར་གཅིག་གི་དབང་བསྐུར་ཐོབ་པས་དཀྱིལ་འཁོར་ཀུན་གྱི་དབང་བསྐུར་ཐོབ་པར་འདོད་པ་ལ་སོགས་པའི་ཆོས་ལོག་མང་དུ་འཕེལ་བ་རྣམས་བསྟན་བཅོས་འདི་ཉིད་ཀྱིས་ལེགས་པར་སུན་ཕྱུང་སྟེ། སླར་ཡང་བསྟན་པ་རྣམ་པར་དག་པའི་འཕྲོ་མཐུད་པའམ། ཁ་བསྐང་བས་ན་ཁ་སྐོང་། བརྗོད་བྱ་གཞི་ལམ་འབྲས་གསུམ་གྱི་རྣམ་གཞག་གསལ་བར་བྱེད་པའི་ཕྱིར་ན། ལེགས་བཤད་འོད་ཀྱི་སྣང་བ་ཞེས་ཀྱང་བྱའོ། །དེ་སྐད་དུ་གཞུང་ཉིད་ལས། དེ་རྗེས་ཆོས་ལོག་འཕེལ་བ་རྣམས། །ས་སྐྱའི་འཇམ་དབྱངས་གྲགས་ཐོབ་དེས། །ལུང་རིགས་འོད་ཀྱིས་རབ་བསལ་ནས། །ལམ་བཟང་སྣང་བ་གསལ་བར་མཛད། །མགོན་པོ་དེ་ཉིད་སློབ་ཚོགས་དང་། །བཅས་པ་ཞིང་གཞན་གཤེགས་གྱུར་ནས། །རིང་ཞིག་ལོན་ནས་བོད་ཡུལ་འདིར། །ལུང་རིགས་མན་ངག་དང་བྲལ་བའི། །རང་བཟོའི་ཆོས་ལུགས་དུ་མ་ཡིས། །བསྟན་པའི་

ཉམས་ལེན་སྡོམ་གསུམ་ལ། །གཞན་ཀྱི་དོན་རྣམས་བཞིག་ནས་ནི། །ཐོས་ཆུང་མགོ་སྐོར་མང་དུ་བྱུང་། །དེ་དག་ལུང་དང་རིགས་པ་ཡིས། །རྣམ་པར་བསལ་ནས་གཞན་རྣམས་ལ། །སྐལ་ལྡན་མ་འཁྲུལ་སྤྱོད་པའི་ཕྱིར། །བསྟན་བཅོས་ཆེན་པོ་འདི་བྱས་སོ། །ཞེས་གསུངས་པ་ཡིན་ནོ། །དེས་ན་ཁ་སྐོང་ཞེས་པ་བརྗོད་བྱ་མ་ཚང་བ་ཁ་སྐོང་བའམ། རྩོམ་འཕྲོ་ཁ་སྐོང་བ་ལྟ་བུ་ལ་འཁྲུལ་བར་མི་བྱའོ། །

གཉིས་པ་ནི། ཕྱག་འཚལ་ཞེས་པ་བཤད་གཞིར་བྱས། ཡུལ་གང་ལ་ན་རྗེ་བཙུན་བླ་མ་ཐུགས་རྗེ་ཆེན་པོ་དང་ལྡན་པ་ཀུན་དགའ་བཟང་པོ་ཡབ་སྲས་ལ་སོགས་པ་རྣམས་དང་། ལྷག་པའི་ལྷ་མཆོག་མགོན་པོ་འཇམ་པའི་དབྱངས་ལའོ། །ཚུལ་ཇི་ལྟར་ན་གུས་པས་སོ། །གང་ཟག་གང་གིས་ན་རྩོམ་པ་པོས་སོ། །འོན་མཆོད་པར་བརྗོད་པ་དེ་ཙམ་དུ་ངེས་སམ་ཞེན། དེར་མ་ཟད་རྒྱུ་བདེ་གཤེགས་སྙིང་པོ་ལ་ཡང་མཆོད་པར་བརྗོད་པ་ཡིན་ནོ། །དེ་ཡང་བཏུད་ཅེས་པ་བཤད་གཞིར་བྱས། གང་ལ་ན། སྟོབས་སོགས་ཀྱི་ཡོན་ཏན་རང་བཞིན་ལྷུན་གྲུབ་ཀྱི་ཚུལ་གྱིས་གཞིར་གནས་པའི་ཆོས་དབྱིངས་དང་། ཆོས་དབྱིངས་དེའི་སྟེང་གི་སྒྲིབ་པའི་དྲི་མ་སེལ་བར་བྱེད་པའི་ལམ་སྡོམ་པ་གསུམ་དང་། དྲི་བཅས་དྲི་མེད་དུ་གནས་གྱུར་པ་ངོ་བོ་ཉིད་ཀྱི་སྐུ་དང་། བྲལ་འབྲས་རྣམ་མཁྱེན་དང་། རྣམ་སྨིན་གྱི་འབྲས་བུ་གཟུགས་སྐུ་རྣམས་ངོ་བོ་དབྱེར་མེད་པ་རྒྱུ་དུས་ཀྱི་བདེ་གཤེགས་སྙིང་པོ་དེ་ལའོ། །

གཞུང་གི་ཚིགས་བཅད་འདི་ལྟ་བུ་ལ་ཡང་འཆད་ཚུལ་གྱི་དབང་དུ་བྱས་ན་གསུམ་རིགས་ཏེ། བཏུད་ཅེས་པ་བཤད་གཞིར་བཀོད་པ་དེ་ནི། སེང་གེའི་ལྷ་སྟངས་ཀྱི་ཁྱད་པར་གྱི་གཞི་བླང་བ་དང་། གང་ལ་བཏུད། ཚུལ་ཇི་ལྟར་བཏུད། གང་གིས་བཏུད། ཅེས་ཁོང་ནས་དྲི་བ་གསུམ་བཀོད་པ་ནི། སྤྲོལ་པའི་འཕར་བས་སྐབས་དོན་སོ་སོར་ཕྱེ་བ་དང་། དྲི་བ་གསུམ་པོ་དེའི་ལན་གྱི་སྒོ་ནས་ཚིག་འབྲུ་ལྷག་མ་མ་ལུས་པར་བཤད་པ་ནི། རྣས་སྤྲོལ་འགྲོས་ཀྱིས་གཞུང་དོན་འཛེབས་པར་བཤད་ཅེས་པ་དེ་ཡིན་ནོ། །དེ་སྐད་དུ། འཇམ་དབྱངས་ས་པཎ་གྱི་མཁས་འཇུག་ལས། ལས་དང་བྱེད་པོ་བྱ་བ་ཡིས། །ཚིག་དོན་སྤྲོལ་ལ་ངག་དོན་བླང་། །ཞེས་དང་། འདི་ལ་སྒྲའི་བསྟན་བཅོས་ལས། སེང་གེའི་ལྷ་སྟངས་ཀྱིས་ཁྱད་པར་གྱི་གཞི་བླང་། སྤྲོལ་པའི་འཕར་བས་སྐབས་དོན་སོ་སོར་ཕྱེ། རྣས་སྤྲོལ་འགྲོས་ཀྱིས་གཞུང་དོན་འཛེབས་པར་བཤད། །ཅེས་འབྱུང་བས། དེ་དག་གི་ཚུལ་དང་བསྟུན་ཏེ་གཞུང་དཀའ་ཞིང་རྒྱ་ཆེ་བ་རྣམས་བཤད་པར་བྱའོ། །ཞེས་གསུངས་པ་ཡིན་ནོ། །འཆད་ཚུལ་གསུམ་པོ་འདི་ནི་གཞུང་འཆད་པ་ལ་ཤིན་ཏུ་མཁོ་ཞིང་། བཤད་པ་རྒྱས་པར་སྤྲོ་ན། གཞུང་ཆེན་པོ་རྣམས་ཀྱི་མགོ་མཇུག་ཀུན་ཏུ་ལེགས་པར་ཐོབ་པ་ཡིན་ནོ། །ཁ་ཅིག་སེང་གེའི་ལྷ་སྟངས་བསྡུས་དོན་གྱི་ཁོག་ཕུབ་པ་དང་། སྤྲོལ་པའི་འཕར་བ་དཀྲུས་ཀྱི་ས་བཅད་དང་། རྣས་སྤྲོལ་གྱི་འགྲོས་ཚིག་གི་འབྲུ་ནོན་པ་ལ་ངོས་འཛིན་མཛད་པ་ནི་མཁས་པའི་

ཕྱུགས་ཀྱི་བཞེད་པ་མ་ཡིན་ཡང་། གནས་སྐབས་རྟོག་དཔྱོད་ཞིབ་མོས་མ་བརྟགས་པར་ཟད་དོ། །རྒྱུ་དུས་ཀྱི་བདེ་གཤེགས་སྙིང་པོ་དེ་གཞི་ལམ་འབྲས་གསུམ་ངོ་བོ་དབྱེར་མེད་ཡིན་པའི་ཚུལ་ཇི་ལྟ་བུ་ཞེ་ན། འདི་ལ་གཞིའི་ཆོས་ཐམས་ཅད་མཚན་ཉིད་ཀྱི་ཚུལ་གྱིས་ཚང་བ་དང་། ལམ་གྱི་ཆོས་ཐམས་ཅད་ཡོན་ཏན་གྱི་ཚུལ་གྱིས་ཚང་བ་དང་། འབྲས་བུའི་ཆོས་ཐམས་ཅད་ནུས་མཐུའི་ཚུལ་གྱིས་ཚང་བས་ན། འདི་ལ་གཞི་ལམ་འབྲས་གསུམ་ངོ་བོ་དབྱེར་མེད་པའི་སྙིང་པོ་ཞེས་ཀྱང་བྱ། གཞི་ལམ་འབྲས་བུའི་ཡོན་ཏན་གྱི་ལྷོག་པ་མ་ལུས་པ་ཚང་བའི་སྙིང་པོ་ཞེས་ཀྱང་བྱའོ། །

གསུམ་པ་བརྩམ་པར་དམ་བཅའ་བ་ནི། མཆོད་པར་བརྗོད་ནས་ལས་སུ་བྱ་བ་ཅི་ཞིག་བྱེད་པ་ཡིན་ཞེ་ན། དེའི་ལན་ནི། བཤད་ཅེས་པ་བཤད་གཞིར་བྱས། གང་ལ་བརྟེན་ནས་བཤད་ན། རྒྱལ་བའི་བཀའ་དྲི་མ་མེད་པ་དང་། ཤིང་རྟའི་སྲོལ་ཆེན་པོ་གཉིས་ལ་སོགས་པའི་ཚད་ལྡན་གྱི་གཞུང་ལུགས་དང་། འཁྲུལ་པའི་དྲི་མ་ཟད་པར་སྤྱངས་པ་རྗེ་བཙུན་ས་སྐྱ་པ་ཡབ་སྲས་བརྒྱུད་པ་དང་བཅས་པའི་མན་ངག་ལ་བརྟེན་ནས་འཆད། གང་འཆད་ན། གཞི་ལམ་འབྲས་གསུམ་གསལ་བར་བྱེད་པའི་བསྟན་བཅོས་འདི་འཆད། དགོས་པ་གང་གི་ཕྱིར་ན། བློ་གཟུ་བོར་གནས་ཤིང་རྣམ་དཔྱོད་དང་ལྡན་པ་གཞན་ལ་ཕན་པའི་ཕྱིར་དུ་སྙིང་བརྩེ་བས་བཤད་པ་ཡིན་ནོ། །

གཉིས་པ་གཞུང་གི་དོན་ལ་གཉིས་ཏེ། དོན་གསུམ་ངོས་གཟུང་བའི་སྒོ་ནས་ལུས་མདོར་བསྟན། ལུང་རིགས་ཀྱིས་རྣམ་པར་དཔྱད་པའི་སྒོ་ནས་ཡན་ལག་རྒྱས་པར་བཤད་པའོ། །དང་པོ་ལ། གཞི་ངོས་གཟུང་། ལམ་ངོས་གཟུང་། འབྲས་བུ་ངོས་གཟུང་བ་དང་གསུམ་མོ། །དང་པོ་ནི། རང་བཞིན་འོད་གསལ་བའམ་དྲི་མས་རྣམ་པར་དག་ཅིང་ཤེལ་དཀར་ལྟ་བུའི་ཁམས་བདེ་བར་གཤེགས་པའི་སྙིང་པོ་ཆོས་ཅན། འཁོར་འདས་ཀུན་གྱི་གཞི་ཡིན་ཏེ། བག་ཆགས་བཟང་ངན་གྱི་ཚོན་གྱིས་བསྒྱུར་བ་ལས་གནས་སྐབས་སུ་འཁོར་འདས་དུ་མར་སྣང་བའི་ཆོས་དབྱིངས་ཉིད་ཡིན་པའི་ཕྱིར། དེ་ཡང་ཐབས་ཀྱིས་མ་ཟིན་ན་འཁོར་བའི་གཞིའམ་རྟེན་བྱེད་པ་ཡིན་ཏེ། ཆོས་དབྱིངས་འདི་ཉིད་ངོ་མ་ཤེས་པས་ཐོག་མར་རྣམ་རྟོག་བསྐྱེད། དེས་ཉོན་མོངས་པ། དེས་ལས་བསགས། དེ་ལས་མ་དག་པ་འཁོར་བའི་ཕུང་ཁམས་སྐྱེ་མཆེད་རྣམས་འབྱུང་བའི་ཕྱིར་ཏེ། དེ་སྐད་དུ་རྒྱུད་བླ་མ་ལས། དེ་བཞིན་ཕུང་པོ་ཁམས་དབང་རྣམས། །ལས་དང་ཉོན་མོངས་དག་ལ་གནས། །ལས་དང་ཉོན་མོངས་ཚུལ་བཞིན་མིན། །ཡིད་ལ་བྱེད་ལ་རྟག་ཏུ་གནས། །ཚུལ་བཞིན་མ་ཡིན་ཡིད་བྱེད་ནི། །སེམས་ཀྱི་དག་པ་ལ་རབ་གནས། །ཞེས་གསུངས་པའི་ཕྱིར། ཐབས་ཀྱིས་ཟིན་ན་ལམ་དང་འབྲས་བུའི་ཆོས་ཐམས་ཅད་ཀྱི་གཞི་ཡིན་ཏེ། སེམས་ཀྱི་ཆོས་དབྱིངས་དགེ་རྩས་སད་པ་ན་འཁོར་བ་ལ་སྐྱོང་འདོད་དང་། མྱང་འདས་ལ་དོན་གཉེར་གྱི་འདུན་པ་འབྱུང་ཞིང་།

དེ་ལས་སླུབ་པ་ཉམས་ལེན་ལ་འཇུག་པར་འགྱུར་བའི་ཕྱིར་དང་། ལམ་བསྒོམས་པའི་སྟོབས་ཀྱིས་གློ་བུར་གྱི་དྲི་མ་དང་བྲལ་བ་ན། ཆོས་དབྱིངས་དེ་ཉིད་ལ་སྟོབས་སོགས་ཟག་མེད་ཀྱི་ཡོན་ཏན་དབྱེར་མེད་དུ་ལྡན་ཞིང་། དབྱེར་མེད་ཀྱི་སྐུ་དེ་ཉིད་གདུལ་བྱ་ལས་དག་པ་རྣམས་ལ་ལོངས་སྐུ་དང་མཆོག་གི་སྤྲུལ་སྐུ་སོགས་སུ་སྣང་། མ་དག་པ་རྣམས་ལ་རི་བོང་དང་རྟ་དང་སེང་གེ་ལྗོན་ཤིང་དང་ཟམ་པ་ལ་སོགས་པར་ཡང་སྣང་བའི་ཕྱིར་ཏེ། དེ་སྐད་དུ། རྒྱུད་བླ་མ་ལས། སྲིད་དང་མྱ་ངན་འདས་པ་དེའི། ། སྡུག་བདེའི་སྐྱོན་ཡོན་མཐོང་བ་འདི། །རིགས་ཡོད་ལས་ཡིན་གང་ཕྱིར་དེ། །རིགས་མེད་དག་ལ་མེད་ཕྱིར་རོ། །ཞེས་དང་། འདིར་ནི་དང་པོ་ཆོས་སྐུ་སྟེ། །ཕྱི་མ་དག་ནི་གཟུགས་ཀྱི་སྐུ། །ནམ་མཁའ་ལ་ནི་གཟུགས་གནས་བཞིན། །དང་པོ་ལ་ནི་ཐ་མ་གནས། །ཞེས་གསུངས་པའི་ཕྱིར། གཉིས་པ་ནི། ཉན་ཐོས། རང་རྒྱལ། ཕ་རོལ་ཏུ་ཕྱིན་པའི་བྱང་སེམས་ཀྱི་བསླབ་པ་གསུམ། རིམ་བཞིན་ལྕགས་ཟངས་དངུལ་གསུམ་གྱི་གཟུགས་སུ་བཀོད་པའམ། དཔེ་དོན་དུ་སྦྱར་བ་ནི། ཆོས་དབྱིངས་ཀྱི་སྟེང་གི་སྒྲིབ་པ་སེལ་བར་བྱེད་པའི་ལམ་ཙམ་ཡིན་ཏེ། ཐེག་པ་རང་རང་གི་ངོ་སྐལ་གྱི་སྒྲིབ་པ་སྤོང་ནུས་ཤིང་། ཕྱིར་སྒྲིབ་པ་མཐའ་དག་སྤོང་མི་ནུས་པའི་ཕྱིར། བསླབ་པ་དེ་དག་ཀྱང་རིག་པ་འཛིན་པའི་དཀྱིལ་འཁོར་དུ་ཞུགས་པའི་གསེར་འགྱུར་གྱི་རྩིས་གསང་ཆེན་གྱི་བསླབ་པའི་གསེར་དུ་བསྒྱུར་བའི་ཉམས་ལེན་ནི་ཆོས་ཅན། དྲི་མ་སེལ་བར་བྱེད་པའི་ལམ་གྱི་མཆོག་ཡིན་ཏེ། སྒྲིབ་པ་མཐའ་དག་མྱུར་དུ་སྤོང་བར་བྱེད་པའི་གསང་ཆེན་རྡོ་རྗེ་ཐེག་པའི་ཉེ་ལམ་ཡིན་པའི་ཕྱིར། ལམ་གྱི་མཆོག་ཅེས་པ་ཉན་ཐོས་ཀྱི་བསླབ་པ་སོགས་ལ་ཡང་སྦྱར་བ་ནི་དོན་ལ་མི་གནས་སོ། །

གསུམ་པ་ནི། གནས་གྱུར་ངོ་བོ་ཉིད་སྐུའི་ནམ་མཁར་བྲལ་འབྲས་ཀྱི་ཡོན་ཏན་རྣམ་མཁྱེན་གྱི་ཟླ་བ་ཤར་བ་ལས་གདུལ་བྱ་དག་པའི་ཆུ་གཙང་དུ། ལོངས་སྐུ་དང་མཆོག་གི་སྤྲུལ་སྐུ་གཉིས་ཅི་རིགས་པའི་གཟུགས་སྐུ་འཆར་བ་ནི་ཆོས་ཅན། ལམ་མཆོག་དེའི་འབྲས་བུ་མཐར་ཐུག་པ་ཡིན་ཏེ། བླ་མེད་ཀྱི་ལམ་སྒོམ་སྟོབས་ཀྱིས་ཐོབ་པའི་འབྲས་རྒྱུད་སྐུ་བཞི་པོ་གང་རུང་ཡིན་པའི་ཕྱིར། འདིར་གཟུགས་སྐུ་འཆར་བ་ཞེས་པ་དང་། གོང་གི་རྣམ་པར་སྨིན་པའི་འབྲས་བུ་ཞེས་པ་གཉིས་དོན་གནད་གཅིག་པ་ཡིན་ཏེ། གནས་གྱུར་ནམ་མཁར་ཞེས་པ་དང་། གནས་གྱུར་ཞེས་པ་དོན་གཅིག །བྲལ་འབྲས་ཀྱི་ཡོན་ཏན་ཟླ་བ་ཞེས་པ་དང་། བྲལ་དང་ཞེས་པ་གཉིས་དོན་གཅིག་པའི་ཕྱིར་སྙམ་ཁོ་བོ་སེམས་སོ། །དེས་ན་འདིར་བཤད་པའི་རྣམ་པར་སྨིན་པའི་འབྲས་ཞེས་པ། རྒྱུད་བླ་ནས་བཤད་པའི་རྣམ་སྨིན་གྱི་ཡོན་ཏན་མཚན་བཟང་པོ་སོ་གཉིས་ལ་འཁྲུལ་བར་མི་བྱའོ། །གཟུགས་སྐུ་ལ་རྣམ་སྨིན་གྱི་འབྲས་བུར་བརྗོད་པ་ནི། གདུལ་བྱའི་དོན་དངོས་སུ་བྱེད་པའི་གནད་ཀྱིས་ཡིན་ཏེ། ངག་ལས་དྲི་བར་

བྱའོ། །གཉིས་པ་རྒྱས་བཤད་ལ་དོན་གསུམ་སྟེ། གཞིའི་སྐབས། ལམ་གྱི་སྐབས། འབྲས་བུའི་སྐབས་སོ། །དང་པོ་ལ་ཡང་གསུམ་སྟེ། རྣམ་གཞག་སྤྱིར་བསྟན། ལོག་རྟོག་བྱེ་བྲག་ཏུ་དགག །གནད་ཀྱི་དོན་བསྡུས་ཏེ་བསྟན་པའོ། །དང་པོ་ལ། དངོས་སྨྲ་བའི་ལུགས་དང་། དབུ་མ་པའི་ལུགས་གཉིས། དང་པོ་ནི། གཞི་རིགས་ལ་གྲུབ་མཐའ་མི་འདྲ་བའི་བྱེ་བྲག་གི་འདོད་ཚུལ་དུ་མ་ཡོད་པ་ཡིན་ཏེ། དེ་ཡང་མངོན་པ་མཛོད་ལས། མ་ཆགས་འཕགས་རིགས་ཞེས་གསུངས་པ་ལྟར། བྱེ་བྲག་ཏུ་སྨྲ་བས་སེམས་བྱུང་མ་ཆགས་པའི་རང་བཞིན་འདོད་པ་ཆུང་ཞིང་ཆོག་ཤེས་པ་ལ་རིགས་སུ་འདོད། མདོ་སྡེ་པས་འགྲེལ་བཤད་རྒྱལ་པོ་སྲས་ལས། མདོ་སྡེ་པ་དག་གིས་རིགས་ཞེས་བྱ་བ་ནི་སེམས་ཀྱི་ས་བོན་ནུས་པ་ཡིན་ཏེ། ཞེས་སོགས་གསུངས་པ་ལྟར། ཐོས་སོགས་ཀྱི་རྐྱེན་དབང་ལ་བརྟེན་ནས་གསར་དུ་བྱུང་བའི་ཟག་མེད་ཀྱི་ས་བོན་ལ་རིགས་སུ་འདོད། སེམས་ཙམ་པས། བྱང་ས་ལས། བྱང་ཆུབ་སེམས་དཔའ་རྣམས་ཀྱི་རིགས་དེ་ནི་ཐོག་མ་མེད་པ་ནས་འོངས་པ་ཆོས་ཉིད་ཀྱིས་ཐོབ་པ་སྐྱེ་མཆེད་དྲུག་གི་ཁྱད་པར་གང་ཡིན་པ་སྟེ། ཞེས་གསུངས་པ་ལྟར། ཐོག་མ་མེད་པ་ནས་ཆོས་ཉིད་ཀྱིས་ཐོབ་པའི་སྐྱེ་མཆེད་དྲུག་གི་ཁྱད་པར། དེ་ཉིད་ལ་མིང་གི་རྣམ་གྲངས། ཟག་མེད་ཀྱི་ས་བོན་དང་། སྒྲིབ་པ་སྦྱོང་རུང་དང་། ཐོས་པའི་བག་ཆགས་ཞེས་བཞག་པ་དེ་ལ་རང་བཞིན་གནས་རིགས་སུ་འདོད་མོད། དབུ་མ་པས་གཞལ་ན་གསུམ་པོ་དེ་དག་གཞི་དུས་ཀྱི་རིགས་མཚན་ཉིད་པ་མ་ཡིན་ཏེ། དེ་དག་འདུས་བྱས་ཡིན་པའི་ཕྱིར། བྱེ་མདོ་གཉིས་ཀྱི་རིགས་ཞེས་པ་ཙམ་ལས་རང་བཞིན་གནས་རིགས་ཀྱི་ཐ་སྙད་ཁས་མི་ལེན་ལ། སེམས་ཙམ་པས་སྐྱེ་མཆེད་དྲུག་གི་ཁྱད་པར་ལ། རྐྱེན་གྱིས་ཡང་དག་པར་བླང་བ་དང་། ཆོས་ཉིད་ཀྱིས་ཐོབ་པ་གཉིས་སུ་ཕྱེ་ནས། སྔ་མ་ལ་རྒྱས་འགྱུར་གྱི་རིགས་དང་། ཕྱི་མ་ལ་རང་བཞིན་གནས་རིགས་སུ་འཛོག་པ་ཡིན་ཏེ། ཀུན་མཁྱེན་བླ་མའི་བཀའ་འགྲེལ་དུ། ཉི་སྣང་གི་ལུང་དྲངས་པ་ལས། གཞན་དག་ནི་རིགས་ནི་སྐྱེ་མཆེད་དྲུག་གི་ཁྱད་པར་ཡིན་ནོ། །དེ་ཡང་རྣམ་པ་གཉིས་ཏེ། རྐྱེན་གྱིས་ཡང་དག་པར་བླང་བ་དང་། རང་བཞིན་དུ་གནས་པའོ་ཞེས་ཟེར་རོ། །ཞེས་གསུངས་པའི་ཕྱིར། ཁོ་བོའི་ལེགས་བཤད་དོ། །

དབུ་མ་པའི་ལུགས་ལ་གཉིས་ཏེ། བཀའ་སྤྲོལ་གཉིས་ཀྱི་ལུགས་ངོས་གཟུང་བ་དང་། བདེ་གཤེགས་སྙིང་པོའི་མཚན་གྱི་རྣམ་གྲངས་བསྟན་པའོ། །དང་པོ་ནི། དབུ་མ་པའི་ལུགས་འདི་ནི། བྱམས་མགོན་དང་ཀླུ་སྒྲུབ་གཉིས་ཆར་གྱིས་སེམས་གསལ་བ་སེམས་ཅན་ནས་སངས་རྒྱས་ཀྱི་བར་དུ་རྒྱུན་ཆགས་ཤིང་མ་འགགས་པ་དང་། ངོ་བོ་མཐའ་བཞི་སྤྲོས་པས་སྟོང་པའི་སྟོང་ཉིད་གཉིས་ཟུང་དུ་འཇུག་པའི་འདུས་མ་བྱས་ལ་རང་བཞིན་གནས་རིགས་དང་། རྒྱུ་དུས་ཀྱི་བདེ་གཤེགས་སྙིང་པོར་བཞེད་པ་ཡིན་ནོ། །བཞེད་ཚུལ་དེ་ཡང་ཐེག་པ་ཆེན་པོ

རྒྱུད་བླ་མ་ལས། ཇི་སྐད་པའི་ལྷག་པ་ཞེས་བྱ་བ་སེམས་ཅན་གྱི་རྒྱུད་ལ་བདེ་གཤེགས་སྙིང་པོ་ཡོད་པར་སྒྲུབ་ཚུལ་བཤད་པ་ཡིན་ཏེ། གཞི་ལམ་འབྲས་བུའི་ཡོན་ཏན་གྱི་ལྷག་པ་མ་ལུས་པ་ཚང་བའི་བདེ་གཤེགས་སྙིང་པོ་ནི། རྫོགས་སངས་རྒྱས་ཀྱི་སྐུ་ནི་འཕྲོ་ཕྱིར་ལ་སོགས་པ་སྒྲུབ་བྱེད་གསུམ་གྱིས་སེམས་ཅན་གྱི་རྒྱུད་ལ་ཡོད་པར་བསྒྲུབས། ངོ་བོ་དང་རྒྱུ་དང་འབྲས་བུ་ལས་ལྡན་ལ་སོགས་པ་རྣམ་གཞག་བཅུས་བདེ་གཤེགས་སྙིང་པོར་གཏན་ལ་ཕབ། སངས་རྒྱས་ཀྱི་སྐུ་ཤིན་ཏུ་མཚར་པ་པདྨའི་ནང་ན་ཡོད་པ་སོགས། དཔེ་དགུས་བདེ་གཤེགས་སྙིང་པོ་གློ་བུར་གྱི་དྲི་མས་སྒྲིབ་པའི་ཚུལ་བསྟན། དག་པ་གཉིས་ལྡན་གྱི་བྱང་ཆུབ་དང་། སངས་རྒྱས་ཀྱི་ཡོན་ཏན་དང་། སངས་རྒྱས་ཀྱི་ཕྲིན་ལས་དང་གསུམ་གྱིས་མཐར་ཐུག་འབྲས་བུའི་གནས་ཚུལ་ཁྱད་པར་དུ་བཤད་པ་ཡིན་པའི་ཕྱིར། སྒྲུབ་བྱེད་གསུམ་པོ་དེ་ལ་དཔེ་དགུས་མཚོན་པའི་དོན་དགུར་ཡོད་པ་ཡིན་ཏེ། རྫོགས་སངས་སྐུ་ནི། ཞེས་པའི་སྐུ་དེ་ལ་དཔེ་གསུམ་གྱིས་མཚོན་པའི་དོན་གསུམ་དང་། དེ་བཞིན་ཉིད་ལ་དཔེ་གཅིག་གིས་མཚོན་པའི་དོན་གཅིག་དང་། རིགས་དཔེ་ལྔས་མཚོན་པའི་དོན་ལྔར་ཡོད་པའི་ཕྱིར་ཏེ། རྒྱུད་བླ་མ་ལས། འདི་ཡི་རང་བཞིན་ཆོས་སྐུ་དང་། །དེ་བཞིན་ཉིད་དང་རིགས་ཀྱང་སྟེ། །དེ་ནི་དཔེ་གསུམ་གཅིག་དང་ནི། །ལྔ་རྣམས་ཀྱིས་ནི་ཤེས་པར་བྱ། །ཞེས་གསུངས་པའི་ཕྱིར། དེ་ཡང་སོ་སོར་ངོས་བཟུང་ན། །དེ་བཞིན་གཤེགས་པའི་སྐུ་གཟུགས་དྲི་མ་མེད་པ་དང་། སྦྲང་རྩི་རོ་གཅིག་པ་དང་། འབྲས་བུ་སྙ་ཚོགས་པའི་ཤུན་པའི་སྦུབས་ཀྱི་སྙིང་པོ་དང་གསུམ་གྱི་རིམ་བཞིན་དུ་མཚོན་པའི་གློ་བུར་དྲི་བྲལ་གྱི་ཆོས་དབྱིངས་དང་། ཟབ་མོ་སྟོང་ཉིད་སྟོན་པའི་གསུང་རབ་དང་། བརྗོད་བྱ་སྣ་ཚོགས་སྟོན་པའི་གསུང་རབ་དང་གསུམ་ནི་དཔེ་གསུམ་གྱིས་མཚོན་པའི་དོན་གསུམ། གསེར་གྱི་གཟུགས་ཀྱི་དཔེས་མཚོན་པའི་རང་བཞིན་རྣམ་དག་གི་དེ་བཞིན་ཉིད་ནི། དཔེ་གཅིག་གིས་མཚོན་པའི་དོན་གཅིག་དང་། རང་བཞིན་གནས་རིགས་དང་། རྒྱས་འགྱུར་གྱི་རིགས་དང་། འབྲས་བུ་ངོ་བོ་ཉིད་ཀྱི་སྐུ་དང་། ལོངས་སྐུ་དང་། སྤྲུལ་སྐུ་དང་ལྔ་ནི་དཔེ་གཏེར་དང་། འབྲས་བུ་ཅན་གྱི་ཤིང་དང་། རིན་པོ་ཆེ་ལས་གྲུབ་པའི་སྐུ་དང་། འཁོར་ལོས་སྒྱུར་བའི་རྒྱལ་པོ་དང་། གསེར་ལས་གྲུབ་པའི་སྲོག་ཆགས་ཀྱི་གཟུགས་བརྙན་དང་ལྔས་རིམ་པ་བཞིན་དུ་མཚོན་པ་ཡིན་ཏེ། དེ་སྐད་དུ། རྒྱུད་བླ་ལས། ཆོས་སྐུ་རྣམ་གཉིས་ཤེས་བྱ་སྟེ། །ཆོས་དབྱིངས་ཤིན་ཏུ་དྲི་མེད་དང་། །དེ་ཡི་རྒྱུ་མཐུན་ཟབ་པ་དང་། །སྣ་ཚོགས་ཚུལ་ནི་སྟོན་པའོ། །འཇིག་རྟེན་འདས་ཕྱིར་འཇིག་རྟེན་ན། །འདི་ལ་དཔེ་ནི་མི་དམིགས་པས། །དེ་བཞིན་གཤེགས་པ་ཉིད་དང་ཁམས། །འདྲ་བ་ཉིད་དུ་བསྟན་པ་ཡིན། །ཕྲ་མོ་ཟབ་མོའི་ཚུལ་བསྟན་ནི། །སྦྲང་རྩི་རོ་གཅིག་པ་བཞིན་ཏེ། །རྣམ་པ་སྣ་ཚོགས་ཚུལ་བསྟན་ནི། །སྣ་ཚོགས་སྦུབས་སྙིང་བཞིན་ཤེས་བྱ། །རང་བཞིན་འགྱུར་བ་མེད་པ་དང་། །དགེ་དང་རྣམ་པར

དག་པའི་ཕྱིར། །དེ་བཞིན་ཉིད་འདི་གསེར་གྱི་ནི། །གཟུགས་དང་མཚུངས་པར་བརྗོད་པ་ཡིན། །གཏེར་དང་འབྲས་བུའི་ཤིང་བཞིན་དུ། །རིགས་དེ་རྣམ་གཉིས་ཤེས་བྱ་སྟེ། །ཐོག་མེད་རང་བཞིན་གནས་པ་དང་། །ཡང་དག་བླང་བ་མཆོག་ཉིད་དོ། །རིགས་འདི་གཉིས་ལས་སངས་རྒྱས་ཀྱི། །སྐུ་གསུམ་ཐོབ་པར་འདོད་པ་ཡིན། །དང་པོའི་སྐུ་ནི་དང་པོ་སྟེ། །གཉིས་པ་ཡི་ནི་ཕྱི་མ་གཉིས། །ངོ་བོ་ཉིད་སྐུ་མཛེས་པ་ནི། །རིན་ཆེན་སྐུ་འདྲ་ཤེས་བྱ་སྟེ། །རང་བཞིན་གྱིས་ནི་བྱས་མིན་དང་། །ཡོན་ཏན་རིན་ཆེན་གཏེར་ཡིན་ཕྱིར། །ཆོས་ཆེན་རྒྱལ་སྲིད་ཆེ་ལྡན་ཕྱིར། །རྫོགས་ལོངས་འཁོར་ལོས་སྒྱུར་བཞིན་ནོ། །རང་བཞིན་གྱིས་ནི་གཟུགས་བརྙན་ཕྱིར། །སྤྲུལ་པ་གསེར་གྱི་གཟུགས་ལྟ་བུ༑ །ཞེས་གསུངས་པས་སོ། །ཡང་ཀླུ་སྒྲུབ་ཞབས་ཀྱི་རིགས་ཚོགས་ལས། ཇི་ལྟའི་ཕྱོགས་པ་བདེ་གཤེགས་སྙིང་པོའི་ངོ་བོ་སྤྲོས་བྲལ་བཤད་པ་ཡིན་ཏེ། རྟེན་འབྲེལ་གྱི་ཆོས་ཐམས་ཅད་མཐའ་བཞི་སྤྲོས་པས་སྟོང་ཚུལ་དོན་དམ་དཔྱོད་བྱེད་ཀྱི་རིགས་པས་གཏན་ལ་ཕབ་ནས་སྤྲོས་བྲལ་སྟོང་ཉིད་དེ་ལ་འཁོར་འདས་ཀུན་གྱི་བྱ་བྱེད་རུང་བར་གསུངས་པའི་ཕྱིར་ཏེ། རྩ་ཤེར་ལས། རྟེན་ཅིང་འབྲེལ་འབྱུང་མ་ཡིན་པའི། །ཆོས་འགའ་ཡོད་པ་མ་ཡིན་པས། །དེ་ཕྱིར་སྟོང་པ་མ་ཡིན་པའི། །ཆོས་འགའ་ཡོད་པ་མ་ཡིན་ནོ། །ཞེས་དང་། གང་ལ་སྟོང་པ་ཉིད་རུང་བ། །དེ་ལ་ཐམས་ཅད་རུང་བ་ཡིན། །ཞེས་གསུངས་པས་སོ། །བསྟོད་ཚོགས་ལས། ཟུང་འཇུག་གི་ཕྱོགས་པ་ཞེས་པ་བདེ་གཤེགས་སྙིང་པོའི་ངོ་བོ་སྤྲོས་བྲལ་དེ་ཡང་སེམས་གསལ་བ་དང་ཟུང་དུ་འཇུག་པར་བཤད་པ་ཡིན་ཏེ། རིགས་པས་གཏན་ལ་ཕབ་པའི་སྟོང་ཉིད་དེའང་ཅི་ཡང་མེད་ཙམ་གྱི་སྟོང་རྐྱང་ཡིན་པ་སྤྱངས་ནས། འཁོར་འདས་རང་བཞིན་ལྷུན་གྲུབ་ཀྱི་སེམས་དང་ཟུང་དུ་འཇུག་པ་ཉིད་ཀྱི་ཆོས་ཡིན་པའི་ཕྱིར་ན། འཁོར་འདས་ཀྱི་བྱ་བྱེད་རུང་བར་གསུངས་པའི་ཕྱིར་ཏེ། ཆོས་དབྱིངས་བསྟོད་པ་ལས། ཉོན་མོངས་དྲ་བས་གཡོགས་པ་ན། །སེམས་ཞེས་བྱ་བར་བརྗོད་པ་ཡིན། །དེ་ཉིད་ཉོན་མོངས་བྲལ་གྱུར་ན། །སངས་རྒྱས་ཞེས་ནི་བརྗོད་པར་བྱ། །ཞེས་དང་། ཉོན་མོངས་ནང་ན་ཡེ་ཤེས་ཀྱང་། །དེ་བཞིན་དྲི་མ་མེད་པར་གནས། །ཞེས་གསུངས་པས་སོ། །དེང་སང་ཕལ་ཆེར་ལུགས་འདི་ལ་རྒྱུད་བླ་མ་ལས། བདེ་གཤེགས་སྙིང་པོ་གསལ་བའི་ཕྱོགས་པ་ནས་བཤད། རིགས་ཚོགས་ལས་སྟོང་པའི་ཕྱོགས་པ་ནས་བཤད་པ་ཡིན་ཞེས་གསུངས་པ་ནི་ད་དུང་ཀུན་མཁྱེན་བླ་མའི་དགོངས་པ་ཙམ་མ་ལོངས་པར་སེམས་ཏེ། གཞུང་ཁ་ཅིག་ལས། ཆོས་ཅན་གསལ་བའི་ཕྱོགས་པ་ནས་གསུངས་པ་དང་། ཁ་ཅིག་ལས་ཆོས་ཉིད་སྟོང་པའི་ཕྱོགས་པ་ནས་གསུངས་པ་དང་། ཁ་ཅིག་ལས་ཆོས་སྐུའི་ཕྱོགས་པ་ནས་གསུངས་པ་དང་། ཁ་ཅིག་ལས་རྒྱུ་རིགས་ཀྱི་སྒོ་ནས་གསུངས་པ་སོགས་སྤྱིར་བདེ་གཤེགས་སྙིང་པོ་ལ་བཤད་ཚུལ་མཐའ་ཡས་པ་ཡོད་མོད། རྒྱུད་བླ་མར་ནི། དཔེ་དགུ་དོན་དགུ་སོགས་ཀྱི་སྐབས་སུ་མཚན་ཉིད་དེ་དག་ཡོངས་རྫོགས་ཀྱི་སྒོ་ནས

བསྟན་པ་ཡིན་པའི་ཕྱིར། དེ་སྐད་དུ། གསུང་རབ་དགོངས་གསལ་ལས། རྒྱུད་བླ་མར་ནི་མཚན་ཉིད་ཡོངས་རྫོགས་ཀྱི་སྒོ་ནས་བསྟན་པར་ཤེས་པར་བྱའོ་ཞེས་དང་། ཕར་ཕྱིན་བཀའ་འགྲེལ་ལས་ཀྱང་། རང་གི་ངོ་བོ་ཡོངས་སུ་རྫོགས་པ་ནི། རྒྱུད་བླ་མར། རྫོགས་སངས་སྐུ་ནི་ཞེས་སོགས་འདྲེན་པར་མཛད་པས་སོ། །ཇི་སྙེད་པའི་ལྡོག་པ་བཤད་ཚུལ་ཞེས་པ་ཡང་གསལ་བའི་ལྡོག་པ་ཀྱང་པ་ལ་ཟེར་བ་མ་ཡིན་གྱི། བདེ་གཤེགས་སྙིང་པོ་སྒྲིབ་བྱེད་གསུམ་ལ་སོགས་པའི་སྒོ་ནས་སེམས་ཅན་གྱི་རྒྱུད་ལ་ཡོད་པ་དེ་ལ་ཇི་སྙེད་པའི་ལྡོག་པར་འཇོག་པ་ལུགས་འདིའི་ཐུན་མོང་མ་ཡིན་པའི་གནད་ཡིན་ཏེ། གོང་འོག་ཀུན་ཏུ་འབྱུང་ངོ་། །འདི་ཉིད་ནི་ཁོ་བོའི་ཡོངས་འཛིན་དམ་པ་དབང་ཕྱུག་དཔལ་བཟང་པོའི་གསུང་ལས་ཐོས་སོ། །ཇི་སྙེད་པའི་ལྡོག་པ་སོགས་ཀྱི་བཤད་ཚུལ་དེས་ན། དབུ་མ་པའི་ལུགས་ཀྱི་གཞི་བདེ་གཤེགས་སྙིང་པོའི་འདོད་ཚུལ་ལ། རྒྱལ་ཚབ་བྱམས་མགོན་དང་། རྒྱལ་བས་ལུང་བསྟན་པའི་ཀླུ་སྒྲུབ་གཉིས་དགོངས་པ་མཐུན་ཏེ། རྒྱུད་བླ་མ་ལས། ཆོས་ཅན་གསལ་བ་སོགས་མཚན་ཉིད་ཡོངས་རྫོགས་ཀྱི་སྒོ་ནས་བསྟན་ཅིང་། ཀླུ་སྒྲུབ་ཀྱི་གཞུང་ལས་ཀྱང་ཆོས་ཉིད་སྟོང་པ་དང་ཟུང་འཇུག་གཉིས་ཀྱི་སྒོ་ནས་བསྟན་པས་ཤིང་རྟའི་སྲོལ་འབྱེད་གཉིས་ཆར་ཡང་། བདེ་གཤེགས་སྙིང་པོ་གསལ་སྟོང་ཟུང་འཇུག་ལ་འཇོག་པར་བཞེད་པ་མཐུན་པའི་ཕྱིར་རོ། །

གཉིས་པ་མཚན་ ཀྱི་རྣམ་གྲངས་བསྟན་པ་ལ། ཕར་ཕྱིན་ཐེག་པ་ནས་གསུངས་པའི་མཚན་གྱི་རྣམ་གྲངས་དང་། རྡོ་རྗེ་ཐེག་པ་ནས་གསུངས་པའི་མཚན་གྱི་རྣམ་གྲངས་གཉིས་སོ། །དང་པོ་ནི། ཕ་རོལ་ཏུ་ཕྱིན་པའི་གཞུང་རྣམས་ལས། བདེ་གཤེགས་སྙིང་པོ་ལ་མཚན་གྱི་རྣམ་གྲངས་དུ་མ་བཤད་དེ། ཆོས་དབྱིངས་བསྟོད་པ་ལས། ཆོས་ཀྱི་དབྱིངས་ལ་ཕྱག་འཚལ་འདུད། །ཅེས་དང་། རྒྱུད་བླ་མ་ལས། དྲི་བཅས་དེ་བཞིན་ཉིད་དང་དྲི་མ་མེད། །ཅེས་དང་། སེམས་ཀྱི་རང་བཞིན་འོད་གསལ་གང་ཡིན་པ། །ཞེས་དང་། སེམས་ཀྱི་དག་པ་ལ་རབ་གནས། །ཞེས་དང་། དཔལ་ཕྲེང་གི་མདོ་ལས། བཅོམ་ལྡན་འདས་དེ་བཞིན་གཤེགས་པའི་ཆོས་སྐུ་འདི་ཉིད་ཉོན་མོངས་པའི་སྦུབས་ལས་མ་གྲོལ་བས་ན་དེ་བཞིན་གཤེགས་པའི་སྙིང་པོ་ཞེས་བགྱིའོ། །ཞེས་ཆོས་སྐུ་ལ་སོགས་པ་མཚན་གྱི་རྣམ་གྲངས་དུ་མ་གསུངས་པས་སོ། །དེ་ར་མ་ཟད་མདོ་སྡེ་ལང་གཤེགས་ལས། དེ་བཞིན་གཤེགས་པའི་སྙིང་པོ་ཀུན་གཞིའི་རྣམ་པར་ཤེས་པ་བསྒྲགས་པ་སྦྱང་བར་བྱའོ། །ཞེས་དང་། རྒྱན་སྟུག་པོ་བཀོད་པ་ལས། ཇི་ལྟར་ཟླ་བ་སྐར་ཚོགས་དང་། །མཁའ་ལ་ལྷན་ཅིག་གནས་པ་ལྟར། །དེ་བཞིན་ཀུན་གཞིའི་རྣམ་ཤེས་ཀྱང་། །རྣམ་ཤེས་བདུན་དང་ལྷན་ཅིག་གནས། །ཞེས་དང་། ལམ་འབྲས་རྡོ་རྗེའི་ཚིག་རྐང་ལས། ཀུན་གཞི་རྒྱུ་རྒྱུད་ལ་འཁོར་འདས་ཚང་བས་རྩ་རྒྱུད། ཅེས་དང་། དཔལ་ལྡན་ཟླ་བའི་འཇུག་པ་རང་འགྲེལ་ལས།

དངོས་པོ་ཐམས་ཅད་ཀྱི་རང་བཞིན་རྗེས་སུ་ཞུགས་པའི་ཕྱིར་སྟོང་པ་ཉིད་ཁོ་ན་ལ་ཀུན་གཞིའི་རྣམ་པར་ཤེས་པའི་སྒྲས་བསྟན་པར་རིག་པར་བྱའོ། །ཞེས་དང་། མདོ་གཞན་ལས། ས་རྣམས་སྣ་ཚོགས་ཀུན་གཞི་སྟེ། །བདེ་གཤེགས་སྙིང་པོ་དགེ་བའང་དེ། །སྙིང་པོ་དེ་ལ་ཀུན་གཞིའི་སྒྲས། །དེ་བཞིན་གཤེགས་རྣམས་གསུང་པར་མཛད། །ཅེས་བྱ་བ་ལ་སོགས་པའི་ཀུན་གཞིའི་སྒྲ་ཡང་། བདེ་གཤེགས་སྙིང་པོ་འདི་ལ་བཞེད་པ་ཡིན་ཏེ། དེ་དག་བདེ་གཤེགས་སྙིང་པོ་གསལ་བའི་ལོུག་པ་ནས་བཤད་པ་དང་དོན་གནད་གཅིག་པའི་ཕྱིར། འོན་ཀུན་གཞིའི་རྣམ་ཤེས་དེ་དག་བདེ་གཤེགས་སྙིང་པོ་ཡིན་ནམ་ཞེ་ན། མ་ཡིན་ཏེ། ཀུན་གཞིའི་རྣམ་ཤེས་ནི་བདེ་གཤེགས་སྙིང་པོའི་ཡ་གྱལ་གསལ་བའི་ཆ་ཡིན་པས་འདུས་བྱས་ཡིན་ལ། བདེ་གཤེགས་སྙིང་པོ་ནི་འདུས་མ་བྱས་ཡིན་པའི་ཕྱིར་དང་། བདེ་གཤེགས་སྙིང་པོའི་མཚན་དུ་བཞེད་ན་བདེ་གཤེགས་སྙིང་པོ་ཡིན་པས་མ་ཁྱབ་པའི་ཕྱིར། ཀུན་གཞིའི་སྒྲ་ཡང་འདི་ལ་བཞེད། །ཅེས་པ་ཡང་། ཀུན་གཞིའི་རྣམ་ཤེས་ཀྱི་སྒྲ་བདེ་གཤེགས་སྙིང་པོའི་མཚན་དུ་བཞེད་ཅེས་པའི་དོན་ཡིན་ཏེ། སེམས་ཙམ་པ་དག་བདེ་གཤེགས་སྙིང་པོ་ལ་བརྟེན་ནས་སྒྲུབ་པ་ལ་འཇུག་པའི་ཆེད་དུ་ལང་གཤེགས་དང་། མདོ་གཞན་ལས་བདེ་གཤེགས་སྙིང་པོ་ལ་ཀུན་གཞིའི་རྣམ་ཤེས་ཀྱི་མིང་འདོགས་དངོས་སུ་མཛད་པ་དེ་ལས་རྟོགས་ནུས་པས་སོ། །རང་རེ་ས་ཕྱོགས་པ་ཁ་ཅིག །རང་བཞིན་གྱི་དྲི་མས་རྣམ་པར་དག་པའི་སེམས་གསལ་རིག་ལ་བདེ་གཤེགས་སྙིང་པོར་བཞེད་པ་ཡང་སེམས་ཙམ་པའི་གྲུབ་མཐར་ལྷུང་གི། དབུ་མ་པའི་ལུགས་ལ་མི་འཐད་དེ། རབ་དབྱེ་ལས། ཚོགས་བརྒྱད་འདུས་བྱས་ཡིན་པའི་ཕྱིར། །བདེ་གཤེགས་སྙིང་པོར་མི་འཐད་དེ། །མདོ་ལས་བདེ་གཤེགས་སྙིང་པོ་ནི། །འདུས་མ་བྱས་སུ་གསུངས་ཕྱིར་རོ། །ཞེས་གསུངས་པ་དང་དངོས་སུ་འགལ་བའི་ཕྱིར་རོ། །གཉིས་པ་རྡོ་རྗེ་ཐེག་པ་ནས་གསུངས་པའི་མཚན་གྱི་རྣམ་གྲངས་ནི། མཚན་བརྗོད་ལས། འཇམ་དཔལ་དཔལ་དང་ལྡན་པའི་མཆོག །ཅེས་དང་། བརྟག་གཉིས་ལས། ལུས་ལ་ཡེ་ཤེས་ཆེན་པོ་གནས། །ཞེས་དང་། རང་བཞིན་ལྷན་ཅིག་སྐྱེས་ཞེས་བརྗོད། །ཅེས་དང་། རྡོ་རྗེ་རྩེ་མོ་ལས། སྙིང་པོ་ཁོང་སྟོང་མེད། །བཅད་དང་གཞིག་པར་བྱ་བ་མེད། །བསྲེག་པར་བྱར་མེད་གཞིག་མེད་པར། །སྟོང་ཉིད་རྡོ་རྗེར་བརྗོད་པར་བྱ། །ཞེས་དང་། བརྟག་གཉིས་ལས། རྡོ་རྗེ་མི་ཕྱེད་ཅེས་བྱར་བརྗོད། །སེམས་དཔའ་སྲིད་པ་གསུམ་གཅིག་པ། །འདིས་ནི་ཤེས་རབ་རིགས་པ་ཡིས། །རྡོ་རྗེ་སེམས་དཔའ་ཞེས་བྱར་བརྗོད། །ཅེས་དང་། ཀུན་ཏུ་བཟང་པོ་ཀུན་བདག་ཉིད། །ཅེས་དང་། བཅོམ་ལྡན་འདས་དཔལ་མཆོག་དང་པོའི་སྐྱེས་བུ་ལའོ། །ཞེས་བྱ་བ་ལ་སོགས་པ་བདེ་གཤེགས་སྙིང་པོ་ལ་མཚན་གྱི་རྣམ་གྲངས་མཐའ་ཡས་པ་གསུངས་པ་ཡིན་ནོ། །ཁྱབ་མཐའ་ནི་མི་འཛིན་ཏེ། ལུས་ལ་ཡེ་ཤེས་ཆེན་པོ་གནས། །ཞེས་པའི་ཡེ་ཤེས་དེ་ལ་རང་བཞིན་ལྷན་སྐྱེས་དང་ཞུ

བདེ་ལྡན་སྐྱེས་ཀྱི་ཡེ་ཤེས་གཉིས་ཡོད་པ་ལས། སྔ་མ་བདེ་གཤེགས་སྙིང་པོ་དང་། ཕྱི་མ་མཚོན་བྱེད་དཔེའི་ཡེ་ཤེས་ཡིན་པའི་ཕྱིར་དང་། འཇམ་དཔལ་དང་རྡོ་རྗེ་སེམས་དཔའ་ལ་ཡང་། གཞི་ལམ་འབྲས་གསུམ་དུ་ཡོད་པ་ལས། གཞི་དུས་ཀྱི་དེ་ཙམ་བདེ་གཤེགས་སྙིང་པོ་ཡིན་པའི་ཕྱིར་རོ། །

གཉིས་པ་ལོག་རྟོག་བྱེ་བྲག་ཏུ་དགག་པ་ལ་ལྔ་སྟེ། དགག་བྱ་བཅད་པའི་མེད་དགག་སྙིང་པོར་འདོད་པ་དགག་པ། སྙིང་པོ་གཉིས་སུ་ཕྱེ་བ་ལ་དཔྱད་པ། འགྲོ་ཀུན་སྙིང་པོས་སྟོང་པར་འདོད་པ་དགག་པ། དག་པ་གཉིས་པོ་འགལ་བར་འདོད་པ་དགག་པ། སྙིང་པོ་དཔྱད་བཟོད་ཀྱི་བདེན་གྲུབ་ཏུ་འདོད་པ་དགག་པའོ། །དང་པོ་ལ་ཕྱོགས་སྔ་བརྗོད་པ་དང་། དེ་དགག་པ་གཉིས། དང་པོ་ནི། དར་ཊཱི་ཀ་པ་རྗེས་འབྲང་དང་བཅས་པ་ན་རེ། དྲི་བཅས་ཀྱི་སེམས་ལ་དབུ་མའི་རིགས་པས་བདེན་པ་བཀག་ཙམ་གྱི་སྟོང་རྐྱང་མེད་དགག་བདེ་གཤེགས་སྙིང་པོ་ཡིན་ཞེས་ཟེར་རོ། །

གཉིས་པ་ནི། སྟོང་རྐྱང་མེད་དགག་འདི་ཉིད་ཆོས་ཅན། གནས་ལུགས་ཀྱང་མ་ཡིན་ན་རང་བཞིན་གནས་རིགས་དང་རྒྱུ་བདེ་གཤེགས་སྙིང་པོར་མི་འཐད་དེ། རྟོག་པས་དགག་བྱ་བདེན་གྲུབ་བཅད་ཙམ་གྱིས་གཞན་སེལ་ཡིན་པའི་ཕྱིར། དཔེར་ན་ཐོགས་བཅས་བསལ་བ་ལ་ནམ་མཁའ་དང་། མགོ་བོར་འཕིགས་ནུས་ཀྱི་དངོས་པོ་བསལ་བ་ལ་ར་མེད་ཅེས་མིང་དུ་བཏགས་པ་ལྟར་རོ། །དེས་ན་སྟོང་རྐྱང་འདི་ལ་འཁོར་བ་ཚང་ཚུལ་དང་། ལམ་བསྒོམ་ཚུལ་དང་། འབྲས་བུ་སྐུ་གསུམ་འབྱུང་ཚུལ་རྩི་ར་མེད་པས། ངན་རྟོག་གི་དྲྭ་བ་འདི་དོར་ཅིག་ཅེས་གདམས་སོ། །གསལ་བ་དང་ཟུང་དུ་འཇུག་པའི་ཆོས་དབྱིངས་སྟོང་པ་ཉིད་ལ་ནི་དེ་དག་རྩི་ར་ཡོད་པས་འཁོར་འདས་ཀྱི་གཞིར་གྱུར་པའི་སྙིང་པོར་འཇོག་པ་ཡིན་ཏེ། གཞིའི་དུས་སུ་འཁོར་བའི་ཆོས་ཐམས་ཅད་དང་། ལམ་གྱི་དུས་སུ་ལམ་གྱི་ཆོས་ཐམས་ཅད་དང་། འབྲས་བུའི་དུས་སུ་འབྲས་བུའི་ཆོས་ཐམས་ཅད་ཀྱང་ཟུང་འཇུག་གི་ཆོས་དབྱིངས་དེ་ལ་བརྟེན་པའི་ཕྱིར་རོ། །

གཉིས་པ་སྙིང་པོ་གཉིས་སུ་ཕྱེ་བ་ལ་དཔྱད་པ་གཉིས་ཏེ། ཇི་ལྟར་གསུངས་པའི་ཚུལ་དང་། དགོངས་པ་ངོས་གཟུང་བའོ། །དང་པོ་ནི། རོང་ཊཱི་ཀ་གི་དངོས་བསྟན་ལ་ཞེན་པ་ཁ་ཅིག །སེམས་ཀྱི་སྟོང་ཆ་དང་གསལ་ཆ་གཉིས། རིམ་བཞིན་འདུས་མ་བྱས་རང་བཞིན་གནས་རིགས་དང་། འདུས་བྱས་རང་བཞིན་གནས་རིགས་ཡིན་ཏེ༑ ཊཱི་ཀ་ལས་དེ་ལྟར་བཤད་པའི་ཕྱིར་ཞེས་ཟེར་རོ། །གཉིས་པ་ནི། རོང་ཊཱི་ཀ་གི་དགོངས་པ་འདི་ལྟར་ཡིན་ཏེ། དེང་སང་ཕར་ཆེར་ཆོས་ཅན་གསལ་བའི་སྟེང་གི་བདེན་པ་བཀག་ཙམ་གྱི་མེད་དགག་རང་བཞིན་གནས་རིགས་སུ་འདོད་པ་ལ། དེ་རང་བཞིན་གནས་རིགས་ཡིན་ན། ཆོས་ཅན་གསལ་བ་ཡང་རང་བཞིན་གནས་རིགས་སུ

འགྱུར་རོ། །ཞེས་པའི་ཐལ་བ་འཕངས་པའི་སྒོ་ནས་ཞུགས་ཀྱི་བཞེད་པ་བདེ་གཤེགས་སྙིང་པོ་གསལ་སྟོང་ཟུང་འཇུག་ཏུ་སྒྲུབ་པའི་ཕྱིར་གནས་སྐབས་སུ་སྒྲ་སྒྲུག་གཡས་ཕྱོགས་ལ་གྲུག་པ། གཡོན་ཕྱོགས་ལ་གཞུ་ལྟར་འཐེན་པ་འཁྱོག་པོ་བསྲང་བའི་ཚུལ་ཡིན་ཏེ། གསལ་སྟོང་ཟུང་འཇུག་ལ་ཡ་གྱལ་གསལ་བ་དང་སྟོང་པ་གཉིས་ཀ་ཚོགས་དགོས་པའི་ཕྱིར། གཞན་ཀྱི་དོན་ནི། རང་བཞིན་གནས་རིགས་ཡིན་ན། འདུས་བྱས་ཡིན་པས་ཁྱབ་པ་སེམས་ཙམ་པའི་ལུགས་དང་། དེ་ཡིན་ན་འདུས་མ་བྱས་ཡིན་པས་ཁྱབ་པ་དབུ་མ་པའི་ལུགས་ཡིན་པའི་རྣམ་དབྱེ་སོ་སོར་ཕྱེད་དགོས་ཏེ། སེམས་ཙམ་པས། རང་བཞིན་གནས་རིགས་ཞེས་པའི་རང་བཞིན་དང་། ཟག་མེད་ཀྱི་ཡེ་ཤེས་ཀྱི་རྒྱུ་དོན་གཅིག་པར་འདོད་པ་ལ། དབུ་མ་པས་རྒྱས་འགྱུར་གྱི་རིགས་ཀྱི་མ་ངེས་པ་བརྗོད་ནས་རང་ལུགས་རང་བཞིན་དེ་དང་ཆོས་དབྱིངས་དོན་གཅིག་པར་མཛད་པས་ན། རང་བཞིན་གནས་རིགས་དང་ཆོས་དབྱིངས་ཀྱི་རིགས་དོན་གཅིག་ཏུ་འགྱུར་བའི་ཕྱིར། དེ་སྐད་དུ། ཉི་སྣང་ལས། དེ་དག་གིས་ནི་རང་བཞིན་དུ་གནས་པའི་རིགས་ལ་རང་བཞིན་དུ་བརྗོད་པའི་དོན་བརྗོད་དགོས་སོ། །རྒྱུའི་རྣམ་གྲངས་ཡིན་ནོ་ཞེ་ན༑ རྐྱེན་གྱིས་ཡང་དག་པར་བླང་བ་ཡང་དེ་ཡིན་པ་དེས་ན་དོན་གྱི་ཁྱད་པར་ཅི་ཡོད། ཆོས་ཉིད་ཀྱི་རྣམ་གྲངས་ཡིན་པ་ལ་ནི་ཉེས་པ་འདི་མེད་དོ། །ཞེས་གསུངས་སོ། །

གསུམ་པ་འགྲོ་ཀུན་སྙིང་པོས་སྟོང་པ་དགག་པ་ལ་གཉིས་ཏེ། ཕྱོགས་སྔ་བརྗོད་པ་དང་། དེ་དགག་པའོ། །དང་པོ་ནི། པཎ་ཆེན་ཤཱཀྱ་མཆོག་ལྡན་གྱི་བཞེད་པ་ལ། བདེ་གཤེགས་སྙིང་པོ་སངས་རྒྱས་ཁོ་ནའི་རྒྱུད་ལ་ཡོད་ཀྱི་སེམས་ཅན་གྱི་རྒྱུད་ལ་མེད་དེ། དཔེར་ན་བུ་རམ་གྱི་སྙིང་པོ་བུ་རམ་ཁོ་ན་ལ་ཡོད་པ་ལྟར། ཆོས་ཐམས་ཅད་ཀྱི་སྙིང་པོ་རང་རང་ཁོ་ན་ལ་ཡོད་པའི་ཕྱིར། མདོ་བསྟན་བཅོས་རྣམས་ལས། སེམས་ཅན་གྱི་རྒྱུད་ལ་བདེ་གཤེགས་སྙིང་པོ་ཡོད་པར་གསུངས་པ་ནི་དྲང་དོན་ཡིན་ཏེ། རབ་དབྱེ་ལས། དགོངས་གཞི་དགོས་པ་དངོས་ལ་གནོད་བྱེད་གསུམ་གྱི་སྒོ་ནས་དྲང་དོན་དགོངས་པ་ཅན་དུ་གཏན་ལ་ཕབ་པའི་ཕྱིར། ཞེས་སྒྲོ་འདོགས་པར་བྱེད་དོ། །

གཉིས་པ་ལ་གསུམ་སྟེ། ལུང་རིགས་ཀྱི་གནོད་བྱེད་བསྟན་པ། འཇམ་དབྱངས་བླ་མའི་དགོངས་པར་མི་འཐད་པ། མ་འབྲུལ་པའི་གདམས་པ་སྦྱིན་པའོ། །དང་པོ་ནི། པཎ་ཆེན་གྱི་བཞེད་པ་དེ་ནི། འཇིག་རྟེན་བསྟན་བཅོས་གཉིས་ཀའི་ཐ་སྙད་དང་འགལ་ཏེ། འཇིག་རྟེན་དང་འགལ་ཚུལ་ནི། ཙནྡན་སྦྲུལ་གྱི་སྙིང་པོ་ཙནྡན་ལ་ཡོད་པ་དང་། མར་འོ་མའི་སྙིང་པོ་ཡིན་པ་སོགས་ཀྱི་འཇིག་རྟེན་གྱི་གྲགས་པ་མི་འཐད་པར་ཐལ། སྦྲུལ་གྱི་སྙིང་པོ་སྦྲུལ་ཁོ་ན་དང་མར་གྱི་སྙིང་པོ་མར་ཁོ་ན་ལ་ཡོད་པའི་ཕྱིར། རྟགས་ཁས། བསྟན་བཅོས་དང་འགལ་ཚུལ་ནི། མདོ་ལས། བདེ་གཤེགས་སྙིང་པོ་འགྲོ་ཀུན་ཡོངས་ལ་ཁྱབ། །ཅེས་དང་། རྒྱུད་བླ་ལས། ལུས་ཅན་ཀུན། རྟག་ཏུ

སངས་རྒྱས་སྙིང་པོ་ཅན། །ཞེས་གསུངས་པ་མི་འཐད་པར་ཐལ། འགྲོ་བའི་རྒྱུད་ལ་བདེ་གཤེགས་སྙིང་པོ་མེད་པའི་ཕྱིར། དེ་ལྟར་གསུངས་པ་དེ་ཉིད་དྲང་དོན་ཡིན་པའི་ཕྱིར་མེད་དོ་སྙམ་ན། བརྗོད་བྱ་བདེན་པ་གཉིས་ཀྱི་སྒོ་ནས་དྲང་ངེས་རྣམ་གཞག་བྱེད་པའི་ཚེ་དྲང་དོན་ཀུན་ཐ་སྙད་དུ་མེད་པར་ཁས་ལེན་ན། ཕུང་ཁམས་སྐྱེ་མཆེད་ཀྱི་རྣམ་གཞག་དང་། སྣོད་བཅུད་ཆགས་འཇིག་སོགས་ཀུན་རྫོབ་བདེན་པའི་རྣམ་གཞག་ཀུན་ཆོས་ཅན། ཐ་སྙད་དུ་ཡང་མེད་པར་འགྱུར་ཏེ། དྲང་དོན་ཡིན་པའི་ཕྱིར། ཁྱབ་པ་ཁས། འདོད་ན། ཤར་གྱི་རི་བོའི་སྡེ་པ་དང་མཐུན་པའི་མདོ་ལས། ཕུང་པོ་དག་དང་ཁམས་རྣམས་དང་། །སྐྱེ་མཆེད་རང་བཞིན་གཅིག་བཞེད་ལ། །ཁམས་གསུམ་པོ་དག་སྟོན་མཛད་ལ། །འདི་ནི་འཇིག་རྟེན་མཐུན་འཇུག་ཡིན། །ཞེས་སོགས་འཇིག་རྟེན་མཐུན་འཇུག་དུག་གསུངས་པ་དང་འགལ་བར་འགྱུར་རོ། །

གཉིས་པ་འཇམ་དབྱངས་བླ་མའི་དགོངས་པར་མི་འཐད་པ་ནི། རབ་དབྱེ་ལས། དེས་ན་དེ་བཞིན་གཤེགས་པ་ཡི། །ཞེས་སོགས་དང་། སེམས་ནི་རང་གནས་སོགས་ཚིགས་བཅད་གཅིག་གསུངས་པ་རྣམས་དང་འགལ་བར་འགྱུར་ཏེ། བདེ་གཤེགས་སྙིང་པོའི་ངོ་བོ་སྤྲོས་བྲལ་ཡིན་པའི་ཕྱིར་ན། དེ་ཉིད་ཐབས་ཀྱིས་ཟིན་མ་ཟིན་ལས། སེམས་ཅན་རྣམས་ལ་འཁོར་འདས་གཉིས་ཀ་འབྱུང་། ཞེས་པ་ལུང་དང་པོའི་དོན་དང་། འཁོར་བ་ལ་སྐྱོང་འདོད་དང་། མྱ་ངན་ལས་འདས་པ་ལ་དོན་གཉེར་གྱི་འདུན་པ་འབྱུང་བ་ནི། བྱ་ཚང་དུ་སྐྱེགས་པ་བཞིན་སེམས་རང་གི་གནས་སུ་སྐྱེགས་པའི་ཕྱིར་བདེ་གཤེགས་སྙིང་པོ་ཡོད་པའི་སྒྲུབ་བྱེད་དུ་འཐད་དེ། མ་ཡོད་པའི་སྒྲུབ་བྱེད་དུ་ཚ་བ་ཡོད་པ་ལྟར་རོ། །ཞེས་པ་ནི། ལུང་གཉིས་པའི་དོན་ཡིན་ཅིང་། དེ་དག་དང་ཁྱེད་ཀྱི་འདོད་པ་འགལ་བའི་ཕྱིར། གཞན་ཡང་རབ་དབྱེ་ལས། གལ་ཏེ་བེམ་པོའི་ཆོས་ཀྱི་དབྱིངས། །ཞེས་སོགས་ཀྱི་དོན། བེམ་པོའི་ཆོས་དབྱིངས་བདེ་གཤེགས་སྙིང་པོ་མ་ཡིན་ལ། སེམས་ཅན་གྱི་སེམས་ཀྱི་ཆོས་དབྱིངས་བདེ་གཤེགས་སྙིང་པོ་ཡིན་པའི་ཁྱད་པར་འཐད་པ་མ་ཡིན་ཏེ། ཆོས་དབྱིངས་ལ་སྙིང་པོ་ཡིན་མིན་གྱི་དབྱེ་བ་མེད་པའི་ཕྱིར། ཞེས་གསུངས་པས་ཀྱང་ཁྱོད་ལ་གནོད་དེ། སེམས་ཅན་གྱི་སེམས་ཀྱི་ཆོས་དབྱིངས་དང་། སངས་རྒྱས་ཀྱི་སེམས་ཀྱི་ཆོས་དབྱིངས་གཉིས་ལ་བདེ་གཤེགས་སྙིང་པོ་ཡིན་མིན་གྱི་ཁྱད་པར་མེད་དེ། ཆོས་དབྱིངས་ལ་སྙིང་པོ་ཡིན་མིན་གྱི་དབྱེ་བ་མེད་པའི་ཕྱིར། ཞེས་པའི་རིགས་པ་ཀུན་ཏུ་མཚུངས་པས་སོ། །དེས་ན་རང་གི་གྲུབ་མཐའ་ངན་པ་འཇམ་དབྱངས་བླ་མའི་གཞུང་གི་དོན་དུ་འཆད་པ་ནི། འཇིག་རྟེན་ན་རང་གིས་མི་གཙང་བ་ཟོས་པའི་མཆུ་བརྡ་འི་ཚལ་ལ་བསྒོ་བ་དང་ཚུལ་མཚུངས་ཤིང་། འཇམ་དབྱངས་ཀྱི་གཞུང་འཁྲུག་པོའི་ལམ་དུ་འདྲེན་པ་མཚར་ཆེ་བས་སྤང་དགོས་སོ་ཞེས་གདམས་སོ། །གསུམ་པ་ནི། འཇམ་དབྱངས་ཀྱི་གཞུང་གི་དགོངས་པ་ཁོ་

པོས་ཚུལ་བཞིན་དུ་བཤད་པར་བྱའོ་ཞེས་དམ་བཅས་ནས། ཚུལ་ཇི་ལྟར་ན། ཆོས་དབྱིངས་དང་བདེ་གཤེགས་སྙིང་པོ་དང་སྟོང་ཉིད་ལ་སོགས་པ་ནི་ངེས་དོན་ཡིན་གྱི་དྲང་དོན་མིན་ཏེ། དོན་དམ་བདེན་པ་ཡིན་པའི་ཕྱིར། འོན་ཀྱང་པདྨ་ཅན་པའི་ནང་ན་སངས་རྒྱས་ཀྱི་སྐུ་ཡོད་པ་དང་། གོས་རྒྱལ་གྱི་ནང་ན་རིན་ཆེན་ལས་གྲུབ་པའི་རྒྱལ་བའི་སྐུ་ཡོད་པ་སོགས་དཔེ་དགུས་བསྟན་པ་ལྟར། བདེ་གཤེགས་སྙིང་པོ་འགྲོ་བའི་རྒྱུད་ལ་རྟེན་དང་བརྟེན་པའི་ཚུལ་ལམ། སྒྲུབ་བྱེད་ཀྱི་ཚུལ་གྱིས་ཡོད་པ་ནི་དྲང་དོན་ཡིན་གྱི་ངེས་དོན་མ་ཡིན་ཏེ། ཀུན་རྫོབ་བདེན་པ་ཡིན་པའི་ཕྱིར། དེ་སྐད་དུ། རབ་དབྱེ་ལས། འོན་ཀྱང་མདོ་སྡེ་འགའ་ཞིག་དང་། །ཐེག་པ་ཆེན་པོ་རྒྱུད་བླ་མར། །གོས་རྒྱལ་ནང་ན་རིན་ཆེན་ལྟར། །སེམས་ཅན་རྣམས་ལ་སངས་རྒྱས་ཀྱི། །སྙིང་པོ་ཡོད་པར་གསུངས་པ་ནི། །དགོངས་པ་ཡིན་པར་ཤེས་པར་བྱ། །ཞེས་གསུངས་པས་སོ། །དགོངས་གཞི་མཐའ་བཞི་སྤྲོས་བྲལ་གྱི་སྟོང་ཉིད་ཡིན་པ་དང་། དགོས་པ་སེམས་ཞུམ་པ་ལ་སོགས་པ་སྐྱོན་ལྔ་སྤོང་བའི་ཆེད་དུ་གསུངས་པ་ཡང་སྒྲུབ་པའི་ཚུལ་གྱིས་ཡོད་པ་ལ་འཐད་པ་ཡིན་ཏེ། དེ་དག་སྒྲུབ་པའི་ཚུལ་གྱིས་ཡོད་པའི་དགོངས་གཞི་དང་དགོས་པ་ཡིན་པའི་ཕྱིར། འོ་ན་དངོས་ལ་གནོད་བྱེད་ཀྱང་སྒྲུབ་པའི་ཚུལ་གྱིས་ཡོད་པ་ལ་འཆད་དམ་ཞེ་ན། སེམས་ཅན་གྱི་རྒྱུད་ལ་བདེ་གཤེགས་སྙིང་པོ་ཡོད་པ་ཙམ་ལ་དངོས་ལ་གནོད་བྱེད་མེད་ལ། སྒྲུབ་པའི་ཚུལ་གྱིས་ཡོད་པ་དེ་ངེས་དོན་ཡིན་པའམ། དོན་དམ་དུ་སྒྲུབ་པའི་ཚུལ་གྱིས་ཡོད་པ་ལ་དངོས་ལ་གནོད་བྱེད་འབྱུང་སྟེ། ངེས་དོན་ཡིན་ན། ཀུན་རྫོབ་བདེན་པ་དོན་དམ་བདེན་པར་ཐལ་བའི་སྐྱོན་གནས་ཤིང་། དོན་དམ་དུ་ཡོད་ན་མུ་སྟེགས་པས་ཀུན་བརྟགས་ཀྱི་བདག་འདོད་པ་དང་མཚུངས་པ་དང་། བདེན་པར་གྲུབ་པར་ཐལ་བ་དང་། ངེས་དོན་གྱི་མདོ་སྡེ་ལས་ཆོས་ཐམས་ཅད་བདེན་སྟོང་དུ་བཤད་པ་དང་འགལ་བའི་སྐྱོན་གསུམ་འབྱུང་བའི་ཕྱིར་རོ། །དེ་སྐད་དུ། རབ་དབྱེ་ལས། དེ་ཡི་དགོངས་གཞི་སྟོང་ཉིད་ཡིན། །དགོས་པ་སྐྱོན་ལྔ་སྤང་ཕྱིར་གསུངས། །དངོས་ལ་གནོད་བྱེད་ཚད་མ་ནི། །དེ་འདྲའི་བདེ་གཤེགས་ཁམས་ཡོད་ན། །མུ་སྟེགས་བདག་དང་མཚུངས་པ་དང་། །བདེན་པའི་དངོས་པོར་འགྱུར་ཕྱིར་དང་། །ངེས་པའི་དོན་གྱི་མདོ་སྡེ་དང་། །རྣམ་པ་ཀུན་ཏུ་འགལ་ཕྱིར་རོ། །ཞེས་གསུངས་པ་ཡིན་ནོ། །ལུགས་འདི་ལ་དགོངས་གཞི་དང་དགོས་པ་འཆད་པའི་གཞི་བདེ་གཤེགས་སྙིང་པོ་སྒྲུབ་པའི་ཚུལ་གྱིས་ཡོད་པ་དང་། དངོས་ལ་གནོད་བྱེད་འཆད་པའི་གཞི་དོན་དམ་དུ་བདེ་གཤེགས་སྙིང་པོ་སྒྲུབ་པའི་ཚུལ་གྱིས་ཡོད་པ་ལ་འཇོག་པས་གཞི་སོ་སོར་ངེས་པ་ནི་གནད་ཀྱི་དོན་ཡིན་ཏེ། འཇུག་པ་དཀའ་འགྲེལ་ལས། དངོས་ལ་གནོད་བྱེད་ཐ་སྙད་དུ་སྒྲུབ་པའི་ཚུལ་གྱིས་ཡོད་པ་ལ་མི་འཆད་ཅིང་། དོན་དམ་དུ་ཡོད་ན་མུ་སྟེགས་པའི་བདག་དང་མཚུངས་པ་སོགས་ས་སྐྱ་པཎྜི་ཏས་གསལ་བར་གསུངས་པ་ནི་ངེས་དོན་གྱི་མདོ་སྡེ་དང་བསྟན

བཅོས་དྲི་མ་མེད་པའི་དགོངས་པའོ། །ཞེས་བཤད་པས་སོ། །སྒྲུབ་པའི་ཚུལ་གྱིས་ཞེས་པ་ཡང་སྒྲུབ་བྱེད་ཀྱི་ཚུལ་གྱིས་ཞེས་པའི་དོན་ཡིན་པར་ཁོ་བོས་སེམས་སོ། །བདེ་གཤེགས་སྙིང་པོ་ངེས་དོན་དང་། སེམས་ཅན་གྱི་རྒྱུད་ལ་བདེ་གཤེགས་སྙིང་པོ་སྒྲུབ་པའི་ཚུལ་གྱིས་ཡོད་པ་དྲང་དོན་ཡིན་པ་འདི་ཉིད་ནི་ཤེས་བྱེད་ཀྱི་ལུང་གིས་གྲུབ་སྟེ། རྒྱུད་བླ་མ་ལས། འགྲོ་བའི་སེམས་རྒྱུད་གང་ཟག་དང་ཆོས་ཀྱི་བདག་གཉིས་ཀྱི་སྤྲོས་པ་ཞི་བར་མཐོང་བ་ལ། ཇི་ལྟ་བ་མཐོང་བ་དང་། ཡུལ་གྱི་གནས་ལུགས་མཁྱེན་པའི་བློས་སྤྲོས་བྲལ་གྱི་ཆོས་ཉིད་སེམས་ཅན་གྱི་རྒྱུད་ལ་ཡོད་པར་མཐོང་བ་ལ། ཇི་སྙེད་པ་མཐོང་བར་གསུངས་པ་རྟོགས་ན་གནད་འདི་འབད་མེད་དུ་འགྲུབ་པའི་ཕྱིར་ཏེ༑ འགྲོ་བ་ཞི་བའི་ཆོས་ཉིད་དུ། །རྟོགས་ཕྱིར་ཇི་ལྟར་ཉིད་དེ་ཡང་། །རང་བཞིན་གྱིས་ནི་ཡོངས་དག་ཕྱིར། །ཉོན་མོངས་གདོད་ནས་ཟད་ཕྱིར་རོ། །ཤེས་བྱ་མཐར་ཐུག་རྟོགས་པའི་བློས། །ཐམས་ཅད་མཁྱེན་པའི་ཆོས་ཉིད་ནི། །སེམས་ཅན་ཐམས་ཅད་ལ་ཡོད་པར། །མཐོང་ཕྱིར་ཇི་སྙེད་ཡོད་པ་ཉིད། །ཅེས་གསུངས་པས་སོ། །ཁ་ཅིག་བདེ་གཤེགས་སྙིང་པོ་སྒྲུབ་པའི་ཚུལ་གྱིས་ཡོད་པ་དྲང་དོན་ཡིན་པ་ལ་རྣམ་དཔྱད་ཆེར་མེད་གསུངས་ཀྱང་། འདི་ནི་རྒྱུད་བླ་མའི་ལུང་དེས་མངོན་སུམ་དུ་གྲུབ་ཅིང་། བདག་ཉིད་ཆེན་པོའི་དགོངས་པ་ཡང་ཡིན་ཏེ། ཕྱོགས་བཅུའི་སངས་རྒྱས་འཕྲིན་ཞུ་ལས། །ཁྱེད་ཀྱི་བདེ་གཤེགས་སྙིང་པོའི་སྒྲ། །ཁ་ཅིག་ངེས་པའི་དོན་དུ་འཆད། །བདག་གིས་དྲང་བའི་དོན་དུ་ནི། །ལུང་དང་རིགས་པས་སྒྲུབ་ཏེ་བཤད། །ཅེས་དང་། རབ་དབྱེ་ལས། སེམས་ཅན་རྣམས་ལ་སངས་རྒྱས་ཀྱི། །སྙིང་པོ་ཡོད་པར་གསུངས་པ་ནི། །དགོངས་པ་ཡིན་པར་ཤེས་པར་བྱ། །ཞེས་གསུངས་པ་རྣམས་གོ་དོན་གཅིག་ཏུ་བསྒྲིགས་ནས་འཆད་དགོས་པའི་ཕྱིར་རོ། །བཞི་པ་དག་པ་གཉིས་པོ་འགལ་བར་འདོད་པ་དགག་པ་ལ། འདོད་པ་བརྗོད་པ་དང་། དེ་དགག་པ་གཉིས། དང་པོ་ནི། མཚན་ཉིད་པ་ཁ་ཅིག །གློ་བུར་དྲི་བྲལ་གྱི་ཆོས་དབྱིངས་རང་བཞིན་རྣམ་དག་གི་ཆོས་དབྱིངས་མ་ཡིན་ཏེ། དེ་གཉིས་ཕན་ཚུན་སྤང་འགལ་ཡིན་པའི་ཕྱིར་ཞེས་ཟེར་རོ། །

གཉིས་པ་ལ་གསུམ་སྟེ། འགལ་བར་འདོད་པ་སྨྲད་པ། འགལ་བའི་རྒྱུ་མཚན་དགག་པ། མི་འགལ་བའི་རྒྱུ་མཚན་བསྟན་པའོ། །དང་པོ་ནི། དེ་སྐྱ་ཁའི་སོགས་སོ། །གཉིས་པ་ནི། དག་ཆ་གཉིས་པོ་སོགས་སོ། །གསུམ་པ་ནི། ཀླུ་སྒྲུབ་ཀྱི་ཆོས་དབྱིངས་བསྟོད་པ་ལས། གང་ཞིག་ཀུན་ཏུ་མ་ཤེས་ན། །ཞེས་སོགས་ཚིགས་བཅད་གཉིས་གསུངས་པ་དང་། སློབ་ཀྱི་མཁས་པ་ཀུན་མཁྱེན་གཡག་པ་ལ་སོགས་པས་ཀྱང་། ཆོས་དབྱིངས་རང་བཞིན་གྱི་དྲི་མས་རྣམ་པར་དག་པ་ལ། ལམ་ཉམས་སུ་བླངས་པས་གློ་བུར་གྱི་དྲི་མ་དང་བྲལ་བའི་ཆ་དག་པ་གཉིས་ལྡན་གྱི་ཆོས་དབྱིངས་ཞེས་གསུངས་པ་ཚད་མར་བྱས་ནས། ཆོས་དབྱིངས་ཡིན་ན། རང་བཞིན་རྣམ་དག

གི་ཆོས་དབྱིངས་ཡིན་པས་ཁྱབ་པ་ཤེས་པར་བྱ་སྟེ། རང་བཞིན་གྱི་དྲི་མས་རྣམ་པར་དག་པའི་དབྱིངས་གང་ཞིག །ཐབས་ཀྱིས་སྦྱང་མ་ཤེས་ན་སྲིད་པ་གསུམ་དུ་འཁོར་བའི་རྒྱུ་བྱེད་ལ། རྟེན་གྱི་གང་ཟག་སེམས་ཅན་གྱི་རྒྱུད་ལ་གནས་པའི་ཆོས་དབྱིངས་ལ་ཕྱག་འཚལ་ཞིང་འདུད་ལ། ཆོས་དབྱིངས་གང་ཞིག །འཁོར་བའི་རྒྱུར་གྱུར་པ་རང་བཞིན་གྱི་དྲི་མས་རྣམ་པར་དག་པ་དེ་ཉིད་ལམ་གྱིས་སྦྱངས་པ་བྱས་པ་ལས་གློ་བུར་གྱི་དྲི་མས་དག་པའི་ཚེ་དག་པ་གཉིས་ལྡན་དེ་མི་གནས་པའི་མྱ་ངན་ལས་འདས་པ་དང་། ཆོས་ཀྱི་སྐུ་ཡང་ཡིན་ནོ་ཞེས་པ་ནི། ཀླུ་སྒྲུབ་ཀྱི་ལུང་དེའི་དོན་ཡིན་པས་སོ། །

ལྔ་པ་སྙིང་པོ་བདེན་གྲུབ་ཏུ་འདོད་པ་དགག་པ་ལ་གཉིས་ཏེ། ཕྱོགས་སྔ་བརྗོད་པ་དང་། དེ་ལ་དཔྱད་པ་བྱ་བའོ། །དང་པོ་ནི། མཁྱེན་རབ་ཀྱི་གཞོག་ཡངས་ཡུལ་དུ་ཕྱིན་པ་རྒྱས་པས་གསུང་རབ་ཀྱི་མཁའ་ལ་ལྡང་ལྡིང་དུ་བགྲོད་ཀྱང་། རྣམ་རིག་བག་ཆགས་ཀྱིས་བསྒྲིབས་ཏེ་མཐའ་བྲལ་དབུ་མའི་གནད་མ་གཟིགས་པའི་སྐྱེས་ཆེན་ཇོ་ནང་པ་ཆེན་པོས་གྲུབ་པའི་མཐའ་འདི་སྐད་གསུངས་སོ། །ཇི་ལྟར་ཞེ་ན། གཞིའི་གནས་ཚུལ། འབྲས་བུ་ཐོབ་ཚུལ། རང་སྟོང་གཞན་སྟོང་གི་ཁྱད་པར། གཞི་འབྲས་དབྱེར་མེད་ཀྱི་དོན། མདོ་རྒྱུད་བསྟན་བཅོས་ཀྱི་དགོངས་པར་བསྟན་པ་དང་ལྔ། དང་པོ་ནི། ཤེས་བྱ་ཀུན་ལ་སོགས་སོ། །གཉིས་པ་ནི། དོན་དམ་ཆོས་སྐུ་སོགས་སོ། །གསུམ་པ་ནི། དོན་དམ་ཀུན་རྫོབ་སོགས་སོ། །བཞི་པ་ནི། དོན་དམ་འདི་ནི་སོགས་སོ། །ལྔ་པ་ནི། དཔལ་ཕྲེང་མྱང་འདས་སོགས་སོ། །གཉིས་པ་དཔྱད་པ་བྱ་བ་ལ་གསུམ་སྟེ། དཔྱད་པར་དམ་བཅའ་བ། དཔྱད་པ་དངོས་དང་། དཔྱད་པའི་རྒྱུ་མཚན་ནོ། །དང་པོ་ནི། འདི་ལ་ཞེས་སོགས་རྐང་པ་གཉིས་སོ། །

གཉིས་པ་ལ་གཉིས་ཏེ། འདོད་པ་མཐུན་པ་ལྟར་བྱར་བསྟན་པ། ལྷག་མ་ཐ་སྙད་དོན་དམ་དང་འགལ་བའོ། །དང་པོ་ནི། གཞི་འབྲས་ཀུན་ཏུ་ཡོན་ཏན་གྱི་ལྷོག་པ་དང་ངོ་བོ་དབྱེར་མེད་པའི་ཆོས་དབྱིངས་བདེ་གཤེགས་སྙིང་པོ་ཡིན་པ་དང་། ཆོས་དབྱིངས་དེ་ཉིད་སྟོབས་སོགས་ཀྱི་ཡོན་ཏན་རང་བཞིན་ལྷུན་གྲུབ་ཀྱི་དོན་དམ་པའི་སངས་རྒྱས་ཡིན་པ་ནི་ཁོ་བོའང་འདོད་དེ། དེ་ལྟར་ཡིན་པ་ཐེག་པ་ཆེན་པོའི་མདོ་རྒྱུད་ཀྱི་དགོངས་པ་ཡིན་པའི་ཕྱིར། ཇི་སྐད་དུ། མདོ་རྒྱན་ལས། དེ་བཞིན་ཉིད་འདི་ཐམས་ཅད་ལ། །ཁྱད་པར་མེད་ཀྱང་དག་གྱུར་པ༑ ༑ཞེས་དང་། རྒྱུད་བླ་མ་ལས། ཉེས་པ་གློ་བུར་དང་ལྡན་དང་། །ཡོན་ཏན་རང་བཞིན་ཉིད་ལྡན་ཕྱིར། །ཇི་ལྟར་སྔར་བཞིན་ཕྱིས་དེ་བཞིན། །འགྱུར་བ་མེད་པའི་ཆོས་ཉིད་དོ། །ཞེས་དང་། རྗེ་བཙུན་མཆོག་གིས། རང་བཞིན་རྒྱུ་ལ་བསམ་ན་ལྷུན་གྲུབ་སྟེ། །མཐའ་ཡས་ཡོན་ཏན་ཚོགས་ནི་གནས་གྱུར་ཡིན། །དེས་ན་ལྷུན་གྲུབ་གནས་གྱུར་མི་འགལ་ཏེ། །ཞེས་གསུངས་པ་ཡང་། མདོ་རྒྱུད་ཀྱི་ངེས་གསང་གསལ་བར་སྟོན་པ་ལ་ཇོ་ཇེའི་ཚིག

ལྷ་བུ་ཡིན་པས་སོ། །ཉེས་པ་གློ་བུར་དང་ལྡན་དང་། །ཡོན་ཏན་རང་བཞིན་ཉིད་ལྡན་ཕྱིར། །ཞེས་པ་གཉིས་ཀྱི་གཞི་ནི་རྒྱུ་བདེ་གཤེགས་སྙིང་པོ་ལ་ངོས་འཛིན་དགོས་པ་ཡིན་ཏེ། རྒྱུ་བདེ་གཤེགས་སྙིང་པོ་ལ་ད་ལྟ་མ་དག་པ་སེམས་ཅན་གྱི་གནས་སྐབས་སུ་དྲི་མ་འབྲལ་རུང་གི་ཚུལ་དུ་ལྡན། དག་པ་སངས་རྒྱས་ཐོབ་པའི་ཚེ་ན་སྟོབས་སོགས་ཀྱི་ཡོན་ཏན་འབྲལ་མི་རུང་གི་ཚུལ་གྱིས་ལྡན་པས། ཕྱིས་སངས་རྒྱས་པ་ན་ཡང་སྔར་གྱི་བདེ་གཤེགས་སྙིང་པོ་ལ་ངོ་བོ་འགྱུར་བ་མེད་ཅེས་པའི་དོན་ཡིན་པས་སོ། །དེ་སྐད་དུ། ཐོགས་མེད་འགྲེལ་ཆེན་ལས། མ་དག་པའི་གནས་སྐབས་དང་། མ་དག་པ་དང་། དག་པའི་གནས་སྐབས་ན་ཉོན་མོངས་པ་དང་། ཉེ་བའི་ཉོན་མོངས་པ་དག་གློ་བུར་བ་དང་ལྡན་པའི་ཕྱིར། ཞེས་དང་། ཤིན་ཏུ་རྣམ་པར་དག་པའི་གནས་སྐབས་རྣམ་པར་དབྱེ་བ་མེད་ཅིང་བྲལ་མི་ཤེས་ཤིང་། བསམ་གྱིས་མི་ཁྱབ་པ་ལ་གངྒཱའི་ཀླུང་གི་བྱེ་མ་སྙེད་ལས་འདས་པའི་སངས་རྒྱས་ཀྱི་ཆོས་དང་རང་བཞིན་ཉིད་ཀྱིས་ལྡན་པའི་ཕྱིར། དེ་བཞིན་གཤེགས་པའི་ཁམས་ནམ་མཁའ་བཞིན་དུ་སྔ་མ་དང་ཕྱི་མར་གཏན་འགྱུར་བ་མེད་པར་བསྟན་ཏོ། །ཞེས་གསུངས་པ་ཡིན་ནོ། །ཡོན་ཏན་རང་བཞིན་ཉིད་ལྡན་གྱི་གཞི་དེ་འབྲས་དུས་ཀྱི་ཆོས་སྐུ་ལ་འཆད་དགོས་ཏེ། ཤིན་ཏུ་རྣམ་པར་དག་པའི་གནས་སྐབས་ན། ཞེས་གསུངས་པའི་ཕྱིར་ཞེ་ན། དོགས་པ་འབྱུང་མོད། འོན་ཀྱང་། བརྟག་པ་མཐར་བཟུང་ལ་འཆད་དགོས་སོ། །གཞན་དུ་ན། རྣམ་དབྱེར་བཅས་པའི་མཚན་ཉིད་ཅན། །གློ་བུར་དག་གི་ཁམས་སྟོང་གི། རྣམ་དབྱེ་མེད་པའི་མཚན་ཉིད་ཅན། །བླ་མེད་ཆོས་ཀྱིས་སྟོང་མ་ཡིན། །ཞེས་གསུངས་པའི་སྟོང་མི་སྟོང་གི་གཞི་ཡང་ཁམས་བདེ་གཤེགས་སྙིང་པོ་གཅིག་ཉིད་མ་ཡིན་པར་འགྱུར་བས་ཧ་ཅང་ཐལ་ལོ། །གཞན་གྱི་དོན་ནི། དྲི་མ་གཉེན་པོས་བཅོམ་པའི་ཚེ་གློ་བུར་གྱི་དྲི་མས་ཁམས་བདེ་གཤེགས་སྙིང་པོ་སྟོང་སྟེ། དེ་གཉིས་འབྱུ་དང་འབྱུའི་ཤུན་པ་ལྟར་འབྲལ་རུང་བའི་ཚུལ་དུ་ཡོད་པའི་ཕྱིར། ཁམས་བདེ་གཤེགས་སྙིང་པོ་སངས་རྒྱས་སུ་གནས་གྱུར་པ་ན་སྟོབས་སོགས་ཡོན་ཏན་བསམ་གྱིས་མི་ཁྱབ་པས་དུས་རྟག་ཏུ་མི་སྟོང་སྟེ། དེའི་ཚེ་ཡོན་ཏན་དེ་དག་དབྱེར་མེད་དུ་ལྡན་པས་ཡེ་འབྲལ་དུ་མི་རུང་བའི་ཕྱིར། ཞེས་པ་ནི། རྣམ་དབྱེར་བཅས་པའི་མཚན་ཉིད་ཅན། །ཞེས་སོགས་ཀྱི་དོན་དུ་འཆད་ཤེས་ན་གོང་གི་དེ་ཡང་འགྲུལ་མེད་དུ་གོ་བར་འགྱུར་རོ། །

གཉིས་པ་ཐ་སྙད་དོན་དམ་དང་འགལ་བ་ལ། གཞི་འབྲས་ཀྱི་འདོད་ཚུལ་ཐ་སྙད་དང་འགལ་བ། གནས་ལུགས་ཀྱི་འདོད་ཚུལ་དོན་དམ་དང་འགལ་བ་གཉིས། དང་པོ་ལ། གཞིའི་འདོད་ཚུལ་ཐ་སྙད་དང་འགལ་བ། འབྲས་བུ་ཐོབ་ཚུལ་རིགས་པ་དང་འགལ་བའོ། །དང་པོ་ནི། ཇོ་ནང་པའི་བཞེད་པ་ལྷག་མ་ཐ་སྙད་དོན་དམ་དང་འགལ་བ་འོག་ནས་འབྱུང་བ་འདི་ལྟར་མཐོང་ངོ་། །དེ་ཡང་ཐ་སྙད་དང་འགལ་བའི་ཚུལ་ལ། དྲི་བཅས་སངས

རྒྱས་ཡིན་པ་ལ་གནོད་བྱེད་བསྟན་པ། མཚན་བཏགས་ཕྱེ་བ་གནད་དུ་གཅེས་པར་བསྟན་པ་གཉིས། དང་པོ་ནི། དྲི་བཅས་ཀྱི་ཆོས་དབྱིངས་སངས་རྒྱས་ཡིན་ན། ཐ་སྙད་དང་འགལ་བས་གནོད་དེ། དེ་ལྟར་ན་ཐ་སྙད་ཀྱི་ཚེ་དམན་མཉམ་སོགས་ཀྱི་ཁྱད་པར་མེད་པར་འགྱུར་བ་ལས་ཐ་སྙད་ཀྱི་ཚེ་དེ་དག་སོ་སོར་ཕྱེ་ནས་སྨྲ་དགོས་པའི་ཕྱིར། དེ་སྐད་དུ། སྟོང་ཉིད་བདུན་ཅུ་པ་ལས། གནས་པའམ་སྐྱེ་འཇིག་ཡོད་མེད་དམ། །ཞེས་སོགས་ཚིགས་བཅད་གཅིག་བྱུང་གསུངས་ལ། དེའི་གོ་དོན་ཡང་སྐྱེ་གནས་འཇིག་གསུམ་དང་། ཡོད་མེད་དང་དམན་འབྲིང་མཆོག་གསུམ་གྱི་རྣམ་གཞག་ཐ་སྙད་དུ་ཁས་ལེན་ལ། དོན་དམ་དུ་ཁས་མི་ལེན་ཞེས་པའོ། །དེ་ལྟར་བྱས་པ་ལ་ཁོ་ན་རེ། ཐ་སྙད་ཀྱི་ཚེ་ན་དེ་ལྟར་ཁས་ལེན་དགོས་མོད། སྤྱིར་ཐ་སྙད་ཚད་མར་བྱས་ན་གང་ཟག་ལ་མི་རྟོན་ཆོས་ལ་རྟོན་པ་དང་། ཚིག་ལ་མི་རྟོན་དོན་ལ་རྟོན་པ་དང་། དྲང་དོན་ལ་མི་རྟོན་ངེས་དོན་ལ་རྟོན་པ་དང་། རྣམ་ཤེས་ལ་མི་རྟོན་ཡེ་ཤེས་ལ་རྟོན་པ་དང་བཞིའི་གོ་རིམ་བཟློག་པར་འགྱུར་ཏེ། ཆོས་ལ་མི་རྟོན་གང་ཟག་ལ་རྟོན་པ་སོགས་སུ་འགྱུར་བའི་ཕྱིར་ཞེ་ན་སྐྱོན་མེད་དེ། དེའི་གོ་རིམ་ཐོག་མར་ཐ་སྙད་ཁས་བླངས་ཚར་ནས་ཕྱིས་ནས་དོན་དམ་གནས་ལུགས་ལ་འཇུག་པའི་གནས་སྐབས་ཀྱི་གོ་རིམ་ཡིན་གྱིས། སྤྱིར་ཐ་སྙད་དང་པོ་ཉིད་ནས་དོར་ན་ཐ་སྙད་གསུངས་པ་དོན་མེད་དུ་འགྱུར་བའམ། གོ་རིམ་ལོག་པར་ཁྱོད་ལ་འགྱུར་ཏེ་ཐ་སྙད་ཡེ་ཁས་མ་བླངས་པར་དོན་དམ་ལ་ཞུགས་པའི་ཕྱིར། དོན་དམ་རྟོགས་པའི་རྟེན་དུ་ཐོག་མར་ཐ་སྙད་ཁས་ལེན་པ་ནི་ཀླུ་སྒྲུབ་ཀྱི་ལུང་གཉིས་དང་། འཇུག་པའི་ལུང་གིས་གྲུབ་པ་ཡིན་ཏེ། ཐ་སྙད་ཁས་མ་བླངས་པར་དོན་དམ་མི་འཆད་ཅེས་པ་ནི་རྩོད་ཟློག་གི་ལུང་གི་དོན་དང་། ཐོག་མར་ཐ་སྙད་ལ་མ་བརྟེན་པར་དོན་དམ་བསྟན་པར་མི་ནུས་ཤིང་། དོན་དམ་མ་རྟོགས་པར་འབྲས་བུ་མྱང་འདས་མི་ཐོབ་ཅེས་པ་ནི། རྩ་ཤེའི་ལུང་གི་དོན་དང་། ཐ་སྙད་བདེན་པ་ཐབས་དང་། དོན་དམ་བདེན་པ་རྟོགས་པ་ཐབས་བྱུང་ཡིན་པའི་རྣམ་དབྱེ་མི་ཤེས་པ་ནི་རྣམ་རྟོག་ལོག་པའི་རབ་རིབ་ཀྱིས་བསླད་པས་ལམ་ངན་པ་ལ་ཞུགས་སོ་ཞེས་པ་ནི། འཇུག་པ་ལས། ཐ་སྙད་བདེན་པ་ཐབས་སུ་གྱུར་པ་དང་། །དོན་དམ་བདེན་པ་ཐབས་བྱུང་གྱུར་པ་སྟེ། །དེ་གཉིས་རྣམ་དབྱེ་གང་གིས་མི་ཤེས་པ། །དེ་ནི་རྣམ་རྟོག་ལོག་པས་ལམ་ངན་ཞུགས། །ཞེས་གསུངས་པའི་དོན་ཡིན་པས་སོ། །གལ་ཏེ་ཁོ་ན་རེ། ཐ་སྙད་ཀྱི་ཚེ་ན་ཡང་དྲི་བཅས་ཀྱི་ཆོས་དབྱིངས་སངས་རྒྱས་ཡིན་པས་བཤད་མ་ཐག་པའི་སྐྱོན་མེད་དོ་ཞེ་ན།

འདི་དགག་པ་ལ། འཕགས་པ་བྱམས་པའི་གཞུང་དང་འགལ་བ། འཕགས་པ་ཀླུ་སྒྲུབ་ཀྱི་གཞུང་དང་འགལ་བ་གཉིས། དང་པོ་ནི། རྒྱུད་བླ་མ་ལས། མ་དག་མ་དག་དག་པ་དང་། །ཞེས་སོགས་གསུངས་པ་དང་འགལ་ཏེ། སེམས་ཀྱི་ཆོས་དབྱིངས་མཐོང་སྤྱང་དང་སྒོམ་སྤྱང་གཉིས་ཀས་མ་དག་པ་ལ་སེམས་ཅན་དང་།

མཐོང་སྣང་གིས་དག །སྒོམ་སྣང་གིས་མ་དག་པ་ལ་བྱང་སེམས་འཕགས་པ་དང་། གཉིས་ཀས་དག་པ་ལ་རྫོགས་པའི་སངས་རྒྱས་སུ་འཇོག་པ་ནི་ལུང་དེའི་དོན་ཡིན་ཞིང་། དེ་དང་ཐ་སྙད་ཀྱི་ཚེ་དྲི་བཅས་ཀྱི་ཆོས་དབྱིངས་སངས་རྒྱས་སུ་འདོད་པ་གཉིས་འགལ་བའི་ཕྱིར་རོ། །

གཉིས་པ་ནི། ཆོས་དབྱིངས་བསྟོད་པ་ལས། ཇི་ལྟར་སོས་ཀའི་དུས་སུ་ཆུ། །ཞེས་སོགས་དང་། ཇི་ལྟར་སྙིང་པས་གཡོགས་པ་ན། །ཞེས་སོགས་གསུངས་པ་དང་འགལ་བ་ཡིན་ཏེ། དཔེ་དཔྱིད་དུས་སུ་ཆུ་དྲོ་ཞེས་དང་། དགུན་གྱི་དུས་སུ་ཆུ་གྲང་ཞེས་བརྗོད་པ་བཞིན་དུ། སྒྲིབ་པ་བག་ཆགས་དང་བཅས་པའི་ཚེ་ན་སེམས་ཅན་ཞེས་དང་། དེ་དང་བྲལ་བ་ན་སངས་རྒྱས་ཞེས་བརྗོད་པ་ཡིན་ནོ་ཞེས་པ་ནི་ལུང་དང་པོའི་དོན་དང་། དཔེ་ཕྱི་རོལ་གྱི་སྙིང་པས་གཡོགས་པ་ན་ནང་གི་སོ་བ་འབྲས་བུར་མི་འདོད། དེ་དང་བྲལ་བ་ན་འབྲས་བུར་འདོད་པ་བཞིན། སྒྲིབ་པ་དང་བཅས་པ་ན་སེམས་ཀྱི་ཆོས་དབྱིངས་ལ་སེམས་ཅན་ཞེས་བརྗོད། སྒྲིབ་པ་དང་བྲལ་བ་ན་སངས་རྒྱས་སུ་བརྗོད་པ་ཡིན་ཞེས་པ་ནི་ལུང་གཉིས་པའི་དོན་ཡིན་ཞིང་། དེ་དང་ཁྱེད་ཀྱི་འདོད་པ་འགལ་བའི་ཕྱིར་རོ། །

གཉིས་པ་མཚན་བཏགས་ཕྱེ་བ་ལ་བཞི་སྟེ། མཚན་བཏགས་ཕྱེ་བ་དཔེ་དང་བཅས་ཏེ་བསྟན། དཔེ་ལ་མཚན་བཏགས་མི་ཕྱེ་ལུང་རིགས་འགལ། དོན་ལ་མཚན་བཏགས་མི་ཕྱེ་གཞུང་དང་འགལ། དེས་ན་འཁྲུལ་མེད་གྲུབ་མཐའ་བླང་བྱར་བསྟན་པའོ། །དང་པོ་ནི། དཔལ་ལྡན་རྩེ་མོའི་རྒྱུད་སྡེ་སྤྱི་རྣམ་ལས། ཀྱཻ་རྡོ་རྗེ་ཞེས་པའི་མཚན་གྱིས་འབྲས་རྒྱུད་དངོས་སུ་བསྟན་ནས། རྒྱུ་རྒྱུད་དང་ཐབས་རྒྱུད་ཤུགས་ལ་བསྟན་པ་ཤེས་པའི་མཐུན་པའི་དཔེར། ཕྱོགས་གླང་གིས་བརྒྱད་སྟོང་དོན་བསྡུས་ལས། ཤེས་རབ་ཕ་རོལ་ཕྱིན་གཉིས་མེད། །ཡེ་ཤེས་དེ་ནི་དེ་བཞིན་གཤེགས། །བསྒྲུབ་བྱ་དེ་དོན་སྦྱོར་བ་ཡི། །གཞུང་དང་ལམ་ལའང་དེ་སྒྲ་ཡིན། །ཞེས་གསུངས་པ་བཀོད་པ་འདི་གྲུས་པས་ལོངས་ཤིག་སྟེ། དེ་བླངས་པས་གཞི་དུས་ཀྱི་ཆོས་ཡིན་ན་སངས་རྒྱས་མ་ཡིན་པའི་ཁྱབ་པ་ཤེས་པར་འགྱུར་བའི་ཕྱིར། སྤྱི་རྣམ་གྱི་ལུང་དངོས་ནི། སངས་རྒྱས་རྣམས་ཀྱི་དམིགས་པ་མེད་པའི་ཐུགས་རྗེ་ཆེན་པོ་དང་ཤེས་རབ་ཆེན་པོ་ཟུང་དུ་འཇུག་པས་ན། ཀྱཻ་རྡོ་རྗེ་འབྲས་བུའི་རྒྱུད་དོ། །དེ་ལྟ་བུའི་འབྲས་བུ་ཐོབ་པར་བྱེད་པའི་ལམ་ལའང་ཀྱཻ་རྡོ་རྗེ། རྒྱུ་ཡང་ཀྱཻ་རྡོ་རྗེ་ཡིན་དགོས་པས་རྒྱུད་གསུམ་ཀ་ཀྱཻ་རྡོ་རྗེ་སྟེ། ཕྱོགས་ཀྱི་གླང་པོས། ཤེས་རབ་ཕ་རོལ་ཕྱིན་གཉིས་མེད། །ཅེས་སོགས་དྲངས་ནས་ཞེས་བཤད་པ་ལྟ་བུའོ། །ཞེས་གསུངས་པ་འདི་ཡིན་ནོ། །གཉིས་པ་ནི། རྗོང་པ་ཀུན་དགའ་རྒྱལ་མཚན་པ་དང་། རང་ཕྱོགས་ཀྱི་བླ་མ་ཁ་ཅིག་ན་རེ། སྤྱི་རྣམ་འདི་ལས་རྒྱུད་གསུམ་ཀ་ཀྱཻ་རྡོར་མཚན་ཉིད་པར་བཞེད་པ་ཡིན་ཏེ། རྗེ་བཙུན་སྐུ་མཆེད་གཉིས་ཆར་གྱིས་རྒྱུད་གསུམ་ཀ་ཀྱཻ་རྡོ་རྗེ་ཞེས་གསུངས་པའི་ཕྱིར་ཞེ་ན། གསུམ་ཀ་ཀྱཻ་རྡོར་མཚན་ཉིད་པ་ཡིན་པ་མི་

འཐད་དེ། ཀྱེ་རྡོ་རྗེའི་རྒྱུད་ཀྱི་མཚན་དོན་བཤད་པའི་ཚེ་རྒྱུ་ལམ་གཉིས་ལའང་ཐབས་ཤེས་ཟུང་འཇུག་གི་སྒོ་ནས་ཀྱཻ་རྡོར་གྱི་མཚན་དོན་བཤད་དུ་ཡོད་པས། གསུམ་ཀ་བརྗོད་བྱ་དོན་གྱིས་ཀྱཻ་རྡོར་མཚན་ཉིད་པ་ཡིན་ཀྱང་། མཚན་བཏགས་ཕྱེ་བའི་ཚེ། ཏེ་ནི་སྙིང་རྗེ་ཆེན་པོ་ཉིད། །བཛྲའང་ཤེས་རབ་བརྗོད་པར་བྱ། །ཞེས་པའི་དངོས་བསྟན་གྱི་ཀྱཻ་རྡོ་རྗེ་དེ་ཀྱཻ་རྡོར་མཚན་ཉིད་པ་ཡིན་ལ། གཞུང་དེའི་ཤུགས་ལས་བསྟན་པ། རྒྱུ་ལམ་གྱི་ཀྱཻ་རྡོར་གཉིས་ནི་ཀྱེ་རྡོར་བཏགས་པ་བ་ཡིན་པའི་ཕྱིར། སྐྱ་མཆེད་ཀྱི་ལུང་གི་དོན་ནི། ཐབས་དང་ཤེས་རབ་བདག་ཉིད་རྒྱུད། །དེ་ནི་ང་ཡིས་བཤད་ཀྱིས་ཉོན། །ཅེས་པའི་དོན། ཐབས་ཤེས་ཟུང་འཇུག་དེ་རྒྱུད་གསུམ་ཀ་ལ་བཤད་དུའམ། འཆད་དུ་ཡོད་པས་ན། རྒྱུ་དང་ལམ་ལའང་དངོས་བཏགས་མ་ཕྱེ་བའི་ཀྱེ་རྡོར་གྱི་སྒྲ་འཇུག་ཏུ་ཡོད་པའི་ཕྱིར། རྒྱུ་རྒྱུད་ཀྱི་ཀྱེ་རྡོ་རྗེ་སོགས་གསུམ་འཆད་པ་ལ་ཀྱེ་རྡོར་འཆད་ཅེས་པ་ཙམ་གྱི་དོན་ནོ། །ཡང་ན་རྒྱུད་གསུམ་ཀ་མཚན་དོན་གྱི་སྐབས་ཀྱི་ཀྱཻ་རྡོ་རྗེའམ། དངོས་བཏགས་མ་ཕྱེ་བའི་སྐབས་ཀྱི་ཀྱཻ་རྡོ་རྗེ་ཡིན་ཞེས་པའི་དོན་ཏེ། ཟབ་དོན་བདུད་རྩི་སྤྲོལ་བར་ཡང་དེ་ལྟར་དུ་བཤད་དོ། །ཀྱེ་རྡོར་མཚན་ཉིད་པ་ལ་ལྷ་ཞལ་ཕྱག་གི་རྣམ་པ་ཅན་དང་། ཐབས་ཤེས་དབྱེར་མེད་ཀྱི་སངས་རྒྱས་ཀྱི་ཡེ་ཤེས་གཉིས་ལས། སྔ་མ་ནི་གང་ཟག་ཡིན་པས། རྒྱུད་གསུམ་གྱི་ནང་ཚན་དུ་གྱུར་པའི་འབྲས་བུ་ཀྱཻ་རྡོ་རྗེ་མ་ཡིན་ལ། ཕྱི་མ་དེ། ཏེ་ནི་སྙིང་རྗེ་ཞེས་སོགས་ རྐང་པ་གཉིས་ཀྱི་དངོས་བསྟན་དང་དོན་གཅིག་པས། རྒྱུད་གསུམ་གྱི་ནང་ཚན་དུ་གྱུར་པའི་འབྲས་བུ་ཀྱཻ་རྡོ་རྗེ་མཚན་ཉིད་པ་ཡིན་ནོ། །གལ་ཏེ་རྒྱུད་གསུམ་ཀ་ཀྱེ་རྡོར་མཚན་ཉིད་པ་ཡིན་ན་ཀྱེ་རྡོར་གྱི་སྒྲས་འབྲས་རྒྱུད་དངོས་སུ་བསྟན་ནས། རྒྱུ་ལམ་ཤུགས་ལ་བསྟན་པ་མི་འཐད་དེ། གསུམ་ཀ་ཀྱེ་རྡོར་མཚན་ཉིད་པར་མཚུངས་པའི་ཕྱིར། དཔེར་ན་བུམ་པ་ཞེས་པའི་སྒྲས། གསེར་བུམ་དངོས་སུ་བསྟན་ནས། དངུལ་བུམ་དང་ཟངས་བུམ་ཤུགས་ལ་བསྟན་པ་མི་འཐད་པ་བཞིན་ནོ། །

གསུམ་པ་དོན་ལ་མཚན་བཏགས་མི་ཕྱེ་གཞུང་དང་འགལ་བ་ལ། རྒྱ་གར་མཁས་པའི་གཞུང་དང་འགལ་བ། རང་གི་བོད་གཞུང་ཉིད་དང་འགལ་བ། དེའི་དགོངས་པའང་དཔྱད་དུ་ཡོད་པ་དང་གསུམ། དང་པོ་ནི༑ གཞུང་ལམ་གྱི་ཤེར་ཕྱིན་གཉིས་ཤེར་ཕྱིན་མཚན་ཉིད་པ་མ་ཡིན་པ་དེས་ན། སེང་གེ་བཟང་པོའི་བརྒྱད་སྟོང་འགྲེལ་ཆེན་ལས། བཅོམ་ལྡན་འདས་དེ་བཞིན་གཤེགས་པ་རྣམས་ཀྱི་ཐུགས་གཉིས་སུ་མེད་པའི་ཡེ་ཤེས་སྒྱུ་མ་ལྟ་བུ་ནི་དངོས་ཡིན་ལ། དེ་ཐོབ་པ་དང་རྗེས་སུ་མཐུན་པ་ཉིད་ཀྱི་ཚིག་དང་ངག་གི་ཚོགས་ཀྱི་གཞུང་དང་། མཐོང་བ་ལ་སོགས་པའི་མཚན་ཉིད་ཅན་གྱི་ལམ་ལ་ཡང་། ཤེས་རབ་ཀྱི་ཕ་རོལ་ཏུ་ཕྱིན་པ་ཞེས་བྱ་བ་ནི་བཏགས་པའོ། །ཞེས་དང་། དཀོན་མཆོག་འབངས་ཀྱི་འགྲེལ་པ་ལས་ཀྱང་། ཤེས་རབ་ཀྱི་ཕ་རོལ་ཏུ་ཕྱིན་པའི་

སྒྲའི་དོན་ནི་རྣམ་པ་གཉིས་ཏེ། གཙོ་བོ་དང་ཐལ་བའོ། །ཞེས་གསུངས་པ་གཉིས་ནི་དོན་གནད་གཅིག་པ་ཡིན་ཏེ༑ དངོས་དང་གཙོ་བོ་དོན་གཅིག །བཏགས་པ་བ་དང་ཐལ་བ་དོན་གཅིག་པ་གཞུང་ལུགས་ཆེན་པོ་རྣམས་ཀྱི་ལུགས་ཡིན་པའི་ཕྱིར། དེ་ལྟར་དོན་གཅིག་པ་རྣམ་འགྲེལ་ལས། ཇི་ལྟར་གྲགས་ལས་གྲུབ་གང་ཡིན། །ཞེས་སོགས་ཀྱིས་བསྟན་པ་ཡིན་ཏེ། མིང་ཇི་ལྟར་གྲགས་པ་ལས་གྲུབ་པ་གང་ཡིན་པ་དེ་ནི་དངོས་དང་། དངོས་དེ་དང་མཚུངས་པའི་ཕྱིར་གང་ལ་མིང་དེ་སྐད་བརྗོད་པ་ནི་ཐལ་པ་སྟེ། ཁ་ཆེ་སྔ་ཉག་ལ་སེང་གེ་ཞེས་པ་ལྟ་བུ་དངོས་ལ་མིང་གཞན་དངོས་མེད་བཏགས་པའི་ཕྱིར། ཞེས་པ་ནི་གཞུང་དེའི་དོན་ཡིན་པས་སོ། །གཉིས་པ་བོད་གཞུང་དང་འགལ་བ་ནི། གཞུང་ལམ་ཤེར་ཕྱིན་སོགས་སོ། །

གསུམ་པ་དགོས་པ་དཔྱད་དུ་ཡོད་པ་ནི། ངེས་དོན་རྒྱ་མཚོ་ལས། གཞི་འབྲས་དབྱེར་མེད་པའི་གཉིས་མེད་ཀྱི་ཡེ་ཤེས་སྒྲི་ཙམ་པ་ཤེར་ཕྱིན་མཚན་ཉིད་པར་གསུངས་པ་དེ་ཡང་མི་འཐད་དེ། གཞི་དུས་ཀྱི་གཞི་འབྲས་དབྱེར་མེད་ཀྱི་གཉིས་མེད་ཡེ་ཤེས་ཤེར་ཕྱིན་མཚན་ཉིད་པ་ཡིན་ན། བརྒྱད་སྟོང་དོན་བསྡུས་སོགས་ལས། དེ་བཞིན་གཤེགས་པ་ཤེར་ཕྱིན་མཚན་ཉིད་པའི་རྟེན་གྱི་ཁྱད་པར་དུ་གསུངས་པ་དོན་མེད་པར་འགྱུར་བའི་ཕྱིར་རོ། །དེ་བཞིན་གཤེགས་པ་ལ། གཞི་དུས་ཀྱི་དེ་བཞིན་གཤེགས་པ་སོགས་མང་དུ་ཡོད་པ་ལས། གཞི་དུས་ཀྱི་དེ་གཞི་དུས་ཀྱི་གཉིས་མེད་ཡེ་ཤེས་ཀྱི་རྟེན་ཡིན་པས་སྐྱོན་མེད་དོ་སྙམ་ན། མི་འཐད་དེ། གཞི་དུས་སུ་དེ་བཞིན་གཤེགས་པ་མཚན་ཉིད་པ་ཡོད་པ་ལ་ཐ་སྙད་དང་འགལ་བའི་སྐྱོན་སྤྱར་བསྟན་ཟིན་པའི་ཕྱིར། སྐྱོན་གཞན་ཡང་གཞུང་ལམ་གཉིས་ལ་མཚན་ཉིད་གསུམ་དུ་ཕྱེ་བའི་ཡོངས་གྲུབ་ཤེར་ཕྱིན་མཚན་ཉིད་པ་མ་ཡིན་ན། ཆོས་ཐམས་ཅད་ལ་མཚན་ཉིད་གསུམ་དུ་ཕྱེ་བའི་ཡོངས་གྲུབ་ཤེར་ཕྱིན་མཚན་ཉིད་པར་ཁས་བླངས་པའི་ཇོ་ནང་པ་རང་གི་གྲུབ་མཐའ་དང་འགལ། ཡིན་ན་ཤེས་རབ་ཕ་རོལ་ཕྱིན་གཉིས་ཞེས་སོགས་གཞུང་འདིའི་དོན་བརྒྱད་སྟོང་འགྲེལ་ཆེན་སོགས་ལས་ཤེར་ཕྱིན་ལ་དངོས་བཏགས་ཕྱེ་བའི་རྒྱབ་བརྟེན་དུ་དྲངས་ཏེ་བཤད་པ་དང་འགལ་ལོ། །

བཞི་པ་འཁྲུལ་མེད་བླང་བྱར་བསྟན་པ་ནི། ཤེར་ཕྱིན་ལ་དངོས་བཏགས་ཕྱེ་དགོས་པ་དེས་ན། ཤེས་རབ་ཕ་རོལ་ཕྱིན་གཉིས་ཞེས་སོགས་གཞུང་འདིའི་དགོངས་པ་ནི། སེང་གེ་བཟང་པོ་ལ་སོགས་པའི་འཕགས་ཡུལ་མཁས་གྲུབ་ཀུན་མཐུན་པར། ས་སྐྱའི་རྗེ་བཙུན་གོང་མའི་སྤྱི་རྣམ་སོགས་ལས་ཚུལ་བཞིན་བཤད་པ་གྲུས་པས་ལོངས་ཤིག་ཅེས་གདམས་སོ། །གཉིས་པ་འབྲས་བུའི་འདོད་ཚུལ་རིགས་པ་དང་འགལ་བ་ནི། ཆོས་སྐུ་གློ་བུར་སོགས་སོ། །

གཉིས་པ་གནས་ལུགས་ཀྱི་འདོད་ཚུལ་དོན་དམ་དང་འགལ་བ་ལ་བཞི་སྟེ། ངེས་དོན་གྱི་གཞུང་དང་

འགལ་བ། དངོས་སྨྲ་འགོག་པའི་རིགས་པ་དང་འགལ་བ། མདོ་སྡེ་སྣ་ཚོགས་ཀྱི་དོགས་སྤོང་དང་འགལ་བ། མདོ་རྒྱུད་བསྟན་བཅོས་ཀྱི་དགོངས་པར་མི་འཐད་པའོ། །དང་པོ་ནི། ཆོས་དབྱིངས་བདེན་གྲུབ་ཏུ་འདོད་པ་ནི་དོན་དམ་སྤྲོ་འདོགས་ཀྱི་མཐར་ལྷུང་བས་གནས་ལུགས་སྟོན་པའི་ངེས་དོན་གྱི་ལུང་རྣམས་དང་འགལ་ཏེ། མདོ་ལས། ཟབ་ཞི་སྤྲོས་བྲལ་འོད་གསལ་འདུས་མ་བྱས། །ཞེས་ཟབ་པ་སོགས་ལྔ་མིང་གི་རྣམ་གྲངས་སུ་གསུངས་པས། ཆོས་དབྱིངས་འདུས་མ་བྱས་བདེན་མེད་དུ་བསྟན་པའི་ཕྱིར་དང་། རྩ་ཤེའི་འདུས་བྱས་བརྟག་པའི་རབ་བྱེད་ལས། སྐྱེ་དང་གནས་དང་འཇིག་པ་དག ཅེས་སོགས་གསུངས་པས་ཀྱང་སྐྱེ་གནས་འཇིག་གསུམ་བདེན་པར་མ་གྲུབ་པའི་ཕྱིར་ན་འདུས་བྱས་བདེན་པར་མ་གྲུབ་ལ། དེ་བདེན་པར་མ་གྲུབ་པས་འདུས་མ་བྱས་ཀྱང་བདེན་པར་མ་གྲུབ་བོ་ཞེས་བསྟན་པའི་ཕྱིར། གཞན་ཡང་ཀླུ་སྒྲུབ་ཀྱི། དངོས་པོ་ཡོད་པ་མ་ཡིན་ན། །དངོས་མེད་གང་གིས་ཡིན་པར་འགྱུར། །ཞེས་དང་། སྐྱེ་བ་ལ་སོགས་མེད་པའི་ཕྱིར། །སྐྱེ་བ་མེད་ལ་སོགས་མི་སྲིད། །ཅེས་གསུངས་པ་ཡང་འདུས་བྱས་བརྟག་པའི་དེ་དང་དོན་གཅིག་པ་ཡིན་ཏེ། དངོས་པོ་དང་སྐྱེ་བ་བདེན་པར་མ་གྲུབ་པས་དེ་ལ་ལྟོས་པའི་དངོས་མེད་དང་སྐྱེ་མེད་ཡང་མ་གྲུབ་པར་བསྟན་པའི་ཕྱིར་རོ། །

གཉིས་པ་ནི། དབུ་མ་པས་ཆོས་ཐམས་ཅད་རང་བཞིན་མེད་པར་བཤད་པ་ལ། དངོས་སྨྲ་བས་ཆོས་ཐམས་ཅད་རང་བཞིན་མེད་ཅེས་པའི་ཚིག་དེ་ཡང་རང་བཞིན་ཡོད་དམ་མེད། མེད་ན་རང་བཞིན་མེད་པའི་དམ་བཅའ་ཉམས། ཡོད་ན་རང་བཞིན་གྲུབ་པའི་ཆོས་ཞིག་ཁས་ལེན་དགོས་པར་འགྱུར་རོ་ཞེས་སོགས་ཀྱི་རྩོད་པ་འགོག་པའི་རྩོད་ཟློག་གི་རིགས་པ་རྣམས་དབུ་མ་པ་རང་ལ་བཟློག་པར་འགྱུར་ཏེ། བདེན་གྲུབ་དམ་བཅས་པའི་ཕྱིར། ཁྱབ་སྟེ། རྩོད་ཟློག་ལས། གལ་ཏེ་ངས་དམ་བཅས་འགའ་ཡོད། །ཅེས་སོགས་གསུང་ཞིང་། དེའི་དམ་བཅའི་དོན་བདེན་གྲུབ་ཀྱི་དམ་བཅའ་ལ་ཁྱད་རང་ཡང་འཆད་པའི་ཕྱིར། ང་ལ་དམ་བཅའ་མེད་པས་ན། །ཞེས་པའི་དོན་གཙོ་བོ་རང་བཞིན་མེད་པར་དམ་བཅའ་བ་མེད་པ་ལ་འཆད་དགོས་པ་ཡིན་ཏེ། དངོས་སྨྲ་བས། ཁྱོད་ཀྱི་དམ་བཅའི་མཚན་ཉིད་ལ། །དེ་ལྟར་སྐྱོན་ཡོད་ངེད་ལ་མིན། །ཞེས་རྩོད་པ་དེའི་ལན་གཞུང་འདི་བྱུང་བ་ཡིན་པའི་ཕྱིར། འོན་ཀྱང་དེ་ཁོ་ན་ལ་འཁྲུལ་པར་མི་བྱ་སྟེ། ཚིག་གསལ་ལས། ཕྱོགས་གཞན་ཁས་བླང་བ་མེད་པའི་ཕྱིར་ཞེས་དང་། དེའི་རྒྱབ་བརྟེན་དུ་གལ་ཏེ། ངས་དམ་ཞེས་སོགས་དང་། འཕགས་པ་ལྷས། ཡོད་དང་མེད་དང་ཡོད་མེད་ཅེས། །གང་ལ་ཕྱོགས་ནི་ཡོད་མིན་པ། །དེ་ལ་ཡུན་ནི་རིང་པོ་ནའང་། །ཀླན་ཀ་བརྗོད་པར་ནུས་མ་ཡིན། །ཞེས་སོགས་གསུངས་པ་རྣམས་འདྲེན་པར་མཛད་པས། སྤྱིར་དབུ་མ་པས་དོན་དམ་པར་བདེན་པར་ཡོད་མེད་དང་གཉིས་ཀ་ལ་སོགས་པའི་དམ་བཅའ་གང་ཡང་ཁས་མི་ལེན་པས། རྒོལ་བ་གཞན་གྱིས་རྩོད་པའི

སྐྱོན་དང་ཀླན་ཀ་ཅི་ཡང་མེད་ཅེས་པ་ཡང་གཞུང་འདིའི་དོན་དུ་འཆད་དགོས་སོ། །གནད་ཀྱི་དོན་ནི། དོན་དམ་པར་རྟོད་པ་ལས་གྲོལ་བས་བསྒྲུབ་བྱ་བདེན་མེད་བསྒྲུབ་པར་དམ་བཅའ་རྒྱུ་ཡང་མེད། ཕྱོགས་གཞན་དགག་བྱ་བདེན་གྲུབ་འགོག་པར་དམ་བཅའ་རྒྱུ་ཡང་མེད་པས་གནས་ལུགས་ལ་དཔྱོད་པའི་ཚེ་རང་རྒྱུད་པའི་གཏན་ཚིགས་མི་འཐད་ཅེས་པ་ནི་ཐལ་འགྱུར་བའི་གྲུབ་པའི་མཐའ་ཡིན་ཏེ། རིགས་པ་དྲུག་ཅུ་པ་ལས། རྩོད་མེད་ཆེ་བའི་བདག་ཉིད་ཅན། །དེ་དག་ལ་ནི་ཕྱོགས་ཉིད་མེད། །གང་ལ་ཕྱོགས་ནི་ཡོད་མིན་པ། །དེ་ལ་གཞན་ཕྱོགས་ག་ལ་ཡོད། །ཅེས་དང་། འགྲེལ་པ་ཚིག་གསལ་ལས། དབུ་མ་པ་ཡིན་ན་རང་གི་རྒྱུད་ཀྱི་རྗེས་སུ་དཔག་པར་བྱ་བ་རིགས་པ་མ་ཡིན་ཏེ། ཕྱོགས་གཞན་ཁས་བླང་བ་མེད་པའི་ཕྱིར་རོ། །ཞེས་གསུངས་པས་སོ། །གནས་ལུགས་གཏན་ལ་འབེབས་པའི་ཕྱིར་དགག་སྒྲུབ་ཀྱི་རྣམ་གཞག་བྱེད་པ་ཐམས་ཅད་ནི་ཀུན་རྫོབ་སྒྱུ་མའི་རྣམ་རོལ་དུ་ཁས་ལེན་པ་ཡིན་ཏེ། ཇི་ལྟར་སྤྲུལ་པས་སྤྲུལ་པ་དང་། །སྒྱུ་མའི་སྐྱེས་བུའི་སྒྱུ་མ་ལ། །དགག་པ་བྱེད་པ་ཅི་འདྲ་བ༔ །དགག་པ་དེ་ཡང་དེ་འདྲར་འདོད། །ཅེས་གསུངས་པའི་ཕྱིར། གནོད་བྱེད་དེ་ལྟར་འཕངས་པ་ལ་རྗོ་ནང་པའི་རྗེས་འབྲང་ཁ་ཅིག་ན་རེ། སྐྱོན་མེད་དེ། འདུས་མ་བྱས་བདེན་པར་མ་གྲུབ་པར་བཤད་པ་དང་། བདེན་གྲུབ་ཀྱི་དམ་བཅའ་མེད་པར་བཤད་པ་ནི་འཕགས་པའི་མཉམ་གཞག་གི་གཟིགས་ངོར་ཡིན་གྱི། རྗེས་ཐོབ་ཏུ་ཡོད་མེད་དང་ཡིན་མིན་ཤན་འབྱེད་པའི་སྐབས་མ་ཡིན་པའི་ཕྱིར་ཞེས་ཟེར་རོ། །དེ་ཡང་མི་འཐད་དེ། སྔ་མ་དེ་གདུལ་བྱས་གནས་ལུགས་རྟོགས་པའི་དོན་དུ་རིགས་པས་གཏན་ལ་འབེབས་པའི་གནས་སྐབས་དང་། ཕྱི་མ་དེ་དབུ་མ་པས་དངོས་སྨྲ་བའི་རྩོད་པ་བཟློག་པའི་སྐབས་ཡིན་ཞིང་། སྐབས་དེ་གཉིས་མཉམ་གཞག་གི་སྐབས་ཡིན་ཞེས་སྨྲ་བ་ཧ་ཅང་ཐལ་བའི་ཕྱིར། དེས་ན་རྗེས་ཐོབ་ཏུ་རྩོད་པ་མི་བྱེད་པར་མཉམ་གཞག་ཏུ་རྩོད་པ་བྱེད་ཅེས་སྨྲ་དགོས་པ་འདི་ནི་ཆོས་ཅན། རྫ་བའི་གྲུབ་མཐའ་ངན་པ་ལ་ལུང་རིགས་ཀྱི་གནོད་བྱེད་བྱུང་བ་ན་ཚུགས་མ་ཐུབ་པའི་རང་ལྡོག་ཡིན་ཏེ། བདག་ཉིད་ཆེན་པོས། ཤེལ་ལ་ནོར་བུའི་ཁ་བསྒྱུར་ཡང་། །ཆུ་དང་འཕྲད་ན་རང་མདོག་སྟོན། །ཞེས་བཀའ་བསྩལ་པ་བཞིན་ནོ། །

གསུམ་པ་དོགས་སྤོང་དང་འགལ་བ་ནི། སྙིང་པོ་བདེན་གྲུབ་ཏུ་འདོད་པ་ནི། རྒྱུད་བླ་མ་ལས། སྤྲིན་དང་རྨི་ལམ་སྒྱུ་བཞིན་དེ་དང་དེར། །ཤེས་བྱ་ཐམས་ཅད་རྣམ་ཀུན་སྟོང་པ་ཞེས། །གསུངས་ནས་ཡང་འདིར་རྒྱལ་རྣམས་སེམས་ཅན་ལ། །སངས་རྒྱས་སྙིང་པོ་ཡོད་ཅེས་ཅི་སྟེ་གསུངས། །སེམས་ཞུམ་སེམས་ཅན་དམན་ལ་བརྙས་པ་དང་། །ཡང་དག་མིན་འཛིན་ཡང་དག་ཆོས་ལ་སྐུར། །བདག་ཆགས་ལྷག་པའི་སྐྱོན་ལྔ་གང་དག་ལ། །ཡོད་པ་དེ་དག་དེ་སྤང་དོན་དུ་གསུངས། །ཞེས་བཤད་པ་དང་འགལ་ཏེ། དེའི་དོན་བཤད་ན། ཤེར་ཕྱིན་གྱི་མདོ་ལས།

སྤྲིན་རྨི་ལམ་སྒྱུ་མ་གསུམ་གྱི་དཔེས་ཆོས་ཐམས་ཅད་བདེན་སྟོང་དུ་གསུངས་པ་དང་། བཀའ་འཁོར་ལོ་ཐ་མར་སེམས་ཅན་གྱི་རྒྱུད་ལ་བདེ་གཤེགས་སྙིང་པོ་རྟག་བརྟན་ཐེར་ཟུག་གི་བདེན་གྲུབ་ཡོད་པར་གསུངས་པ་དང་འགལ་ལོ་སྙམ་པའི་དོགས་པ་བཀོད་ནས། དེའི་ལན་དུ་བཀའ་འཁོར་ལོ་ཐ་མ་ལས་དེ་ལྟར་བཤད་པ་ནི་བདག་ལྟ་བུས་སངས་རྒྱས་ག་ལ་ཐོབ་སྙམ་དུ་སེམས་ཞུམ་པ་དང་། བྱང་ཆུབ་ཏུ་སེམས་མ་བསྐྱེད་པའི་སེམས་ཅན་དམན་པ་གཞན་ལ་བརྙས་པ་དང་། ཡང་དག་པ་མ་ཡིན་པའི་ཆོས་ལ་སྒྲོ་འདོགས་དང་། ཡང་དག་པའི་ཆོས་ལ་སྐུར་བ་འདེབས་པ་དང་། བདག་ཉིད་ལ་ལྷག་པར་ཆགས་པའི་ང་རྒྱལ་གྱི་སྐྱོན་དང་ལྔ་སྤྲངས་པའི་དོན་དུ་གསུང་བར་བཤད་པས། དེའི་ཤུགས་ལ་ཤེར་མདོ་ངེས་དོན་ཡིན་པ་གཞིར་བཞག་དང་། བཀའ་ཐ་མ་དྲང་དོན་ཡིན་པ་གསལ་པོར་བསྟན་པའི་ཕྱིར། འདིར་བདག་ཉིད་བླ་མ་མཁྱེན་པའི་སྤྱན་ཡངས་ཀླུ་སྒྲུབ་རྗེའི་གསུང་ལས། དོགས་པ་དེའི་ལན་ནི། དེ་ལྟར་མ་ཡིན་ཏེ། རྒྱུད་བླའི་དགོངས་པ་ཤེར་ཕྱིན་གྱི་མདོའི་དོན་སྤྲིན་གྱི་དཔེས་བསྟན་པ་ཉོན་མོངས་པའི་ཉོན་མོངས་པ། རྨི་ལམ་གྱི་དཔེས་བསྟན་པ་ལས་ཀྱི་ཉོན་མོངས་པ། སྒྱུ་མའི་དཔེས་བསྟན་པ་རྣམ་སྨིན་གྱི་ཕུང་པོ་དང་གསུམ་བདེན་པར་མེད་པ་ལ་དགོངས་པར་བཤད་ནས་ཡང་དག་མཐའ་ཆོས་དབྱིངས་སམ། བདེ་གཤེགས་སྙིང་པོ་ནི་བཀའ་ཐ་མ་ལས་བཤད་པ་བཞིན་བདེན་པར་གྲུབ་པ་དོན་ལ་གནས་སོ། །ཞེས་ལན་བཏབ་པའི་ཕྱིར་ཏེ། རྒྱུད་བླའི་ལུང་དྲང་མ་ཐག་པ་དེའི་འགྲེལ་ལས། ཡང་དག་མཐའ་ནི་འདུས་བྱས་ཀྱི། །རྣམ་པ་ཐམས་ཅད་དབེན་པ་སྟེ། །ཉོན་མོངས་ལས་དང་རྣམ་སྨིན་དོན། །སྤྲིན་ལ་སོགས་པ་བཞིན་དུ་བརྗོད། །ཉོན་མོངས་སྤྲིན་འདྲ་བྱ་བ་ཡིན། །ལས་ནི་རྨི་ལམ་ལོངས་སྤྱོད་བཞིན། །ཉོན་མོངས་ལས་ཀྱི་རྣམ་པར་སྨིན། །ཕུང་པོ་སྒྱུ་མ་སྤྲུལ་པ་བཞིན། །ཞེས་གསུངས་པའི་ཕྱིར་ཞེས་བཞེད་དོ། །དེ་ལ་གཟུ་བོའི་བློས་དཔྱད་ན། སྔ་ཕྱི་གཉིས་ཀར་གཞུང་ཉིད་ལ་བརྟེན་པའི་འཐེན་ཚུལ་རེ་འདུག་མོད། འོན་ཀྱང་ཕྱོགས་ཕྱི་མ་ལ་དགོས་པ་སྐྱོན་ལྔ་སྤྲངས་པའི་དོན་དུ་གསུང་བ་ལ་གོ་དོན་འཆད་རྒྱུ་ཡེ་མེད་དེ། བཀའ་ཐ་མ་ལས་དེ་ལྟར་གསུངས་པ་ངེས་དོན་ཡིན་ན། དགོས་པའི་དབང་གིས་གསུངས་པ་ཡིན་ཞེས་དགོངས་པ་གཞན་དུ་བཀྲལ་མི་དགོས་པའི་ཕྱིར། གལ་ཏེ་ངེས་དོན་དགོངས་པ་ཅན་ཡིན་ནོ་ཞེ་ན། དེ་ཡང་མི་འཐད་དེ། ངེས་དོན་དགོངས་པ་ཅན་གྱི་ཐ་སྙད་བཤད་པ་མེད་ཅིང་། འདིར་བཤད་པའི་དགོས་པ་སྐྱོན་ལྔ་སྤང་བ་ནི་དགོངས་གཞི་དགོས་པ་དངོས་ལ་གནོད་བྱེད་གསུམ་གྱི་ནང་ཚན་དུ་གྱུར་པའི་དགོས་པ་ཡིན་པའི་ཕྱིར། རྒྱུད་བླའི་དགོས་པ་སྐྱོན་ལྔ་སྤང་བ་དང་། རབ་དབྱེ་ལས། དགོས་པ་སྐྱོན་ལྔ་སྤང་ཕྱིར་གསུངས། །ཞེས་པའི་དགོས་པ་གཉིས་དོན་གཅིག་པ་གང་ཞིག །རབ་དབྱེའི་དེ་དགོངས་གཞི་སོགས་གསུམ་གྱི་ནང་ཚན་དུ་གྱུར་པའི་དགོས་པ་ཡིན་པ་ལ་བསྒྲོན་འདིང་རྒྱུ་མེད་པའི་ཕྱིར། གལ་

ཏེ་རྒྱུད་བླ་སེམས་ཙམ་དང་། རབ་དབྱེ་དབུ་མའི་སྐབས་ཡིན་པས་མི་འདྲའོ་སྙམ་ན། ཞེས་པ་དགའ་བའི་སྐྱོན་སྤོང་སྟེ། རབ་དབྱེར་དགོངས་གཞི་དང་དགོས་པ་ཁ་བསྐང་བ་མ་གཏོགས་གཞུང་ཕན་ཚུན་གྱི་དགོས་པ་གཉིས་ལ་ཁྱད་པར་ཕྱེ་ན་ཏ་ཙང་ཐལ་བའི་ཕྱིར། གཞན་དུ་ན་རྒྱུད་བླའི་སྐབས་འཆད་པ་ན་དགོས་པའི་དབང་གིས་གསུངས་པའི་ངེས་དོན་གྱི་མདོ་ཁས་ལེན་དགོས་པས། མཁས་པའི་མདུན་སར་ཏེ་ཏེ། རྒྱུ་མཚན་དེས་ན། དྲང་ངེས་ཀྱི་མདོ་སྡེ་མ་འདྲེས་པ་སོ་སོར་ཤེས་དགོས་ཏེ། དབུ་མ་པར་ཁས་འཆེས་ན་ཤེར་མདོ་ངེས་དོན་གྱི་མདོ་དང་། བཀའ་ཐ་མ་དྲང་ངེས་སྣ་ཚོགས་པའི་མདོ་ཡིན་པར་སྨྲ་དགོས་སོ། །

བཞི་པ་མདོ་རྒྱུད་བསྟན་བཅོས་ཀྱི་དགོངས་པར་མི་འཐད་པ་ནི། ཆོས་དབྱིངས་གཉིས་མེད་ཅེས་སོགས་གོ་སླ། གསུམ་པ་དཔྱད་པའི་རྒྱུ་མཚན་ནི། བདག་ནི་དཔལ་ལྡན་དུས་འཁོར་སོགས་སོ། །གསུམ་པ་གནད་དོན་བསྡུས་ཏེ་བསྟན་པ་ནི། གཞིའི་གནད་མདོར་བསྡུ་ན། ཕྱི་ནང་གི་ཆོས་ཐམས་ཅད་སེམས་སུ་འདུས་ཤིང་། སེམས་ཉིད་གདོད་མ་ནས་མཐའ་བཞི་སྤྲོས་པ་དང་བྲལ་བའི་ངོ་བོ་སྟོང་པ་ཉིད་ཡིན་ལ། སྟོང་ཉིད་དེ་དང་གསལ་ཆ་ཡ་མ་བྲལ་བའི་ཟུང་འཇུག་བློ་འདས་བརྗོད་བྲལ་ལ་རྒྱུད་དུས་ཀྱི་བདེ་གཤེགས་སྙིང་པོར་ཤེས་པར་བྱ་སྟེ། ཟུང་འཇུག་དེ་ནི་གཞི་དུས་ཀྱི་གནས་ལུགས་མཐར་ཐུག་ཡིན་པའི་ཕྱིར། གཞི་ལམ་འབྲས་གསུམ་ལས་གཞིའི་སྐབས་ཀྱི་རྣམ་པར་བཤད་པ་བསྟན་ཟིན་ཏོ།། །།

འགྲོ་སེམས་རང་བཞིན་གཙང་མའི་ཆོས་ཀྱི་དབྱིངས། །གཞི་དུས་སྙིང་པོར་ངོས་འཛིན་ཤིང་རྟའི་སྲོལ། །རྣམ་གཉིས་ཆུ་རྒྱུན་དབུ་མའི་རྒྱ་མཚོ་ཆེར། །དགོངས་དབྱིངས་གནད་གཅིག་ཀུན་མཁྱེན་བླ་མར་བཞེད། །རང་རང་བློ་མཚོར་སྣ་ཚོགས་གྲུབ་པའི་མཐའ། །མུན་པའི་བག་ཆགས་སྲ་ཡང་དཔྱད་བཟོད་ཀྱི། །ལུང་རིགས་རི་བོང་ཅན་ཤར་དཔྱོད་ལྡན་གྱི། །ཀུ་མུད་རྫོགས་ལྡན་གསར་པས་ས་གསུམ་དགེ། བར་སྐབས་ཀྱི་ཚིགས་བཅད་དོ།། །།

བཅས་རང་ཉེས་པའི་དྲི་མ་ཀུན་དག་བྱེད། །བསྟན་རྩ་ལེགས་གསུང་སོ་ཐར་ལམ་གསུམ་རྒྱུན། །འགྲོ་བློའི་རྒྱ་མཚོར་འབེབས་མཁས་ཟླ་གི་ར། །ཀུན་མཁྱེན་ཟས་གཙང་སྲས་ལ་སྤྱི་བོས་འདུད། །གཉིས་པ་ལམ་གྱི་སྐབས་ལ་གཉིས་ཏེ། ལམ་གྱི་རྣམ་གཞག་སྤྱིར་བསྟན། སྡོམ་པ་གསུམ་གྱི་ལམ་སོ་སོར་བཤད་པའོ། །དང་པོ་ལ་གཉིས་ཏེ། ཕ་རོལ་ཏུ་ཕྱིན་པའི་ལམ་གྱི་འདོད་ཚུལ། རྡོ་རྗེ་ཐེག་པའི་ལམ་གྱི་འདོད་ཚུལ་ལོ། །དང་པོ་ནི། གཞིའི་སྙིང་གི་དྲི་མ་སྦྱོང་བའི་ལམ་ལ། གྲུབ་མཐའ་སྨྲ་བ་བཞི་པོ་རང་རང་གི་གཞུང་ལས། ཐེག་པ་གསུམ་གྱི་ལམ་གྱི་རྣམ་གཞག་བསྟན་པར་བཞེད་དེ། འདུལ་བ་ལུང་ལས། ཁ་ཅིག་ནི་ཉན་ཐོས་སུ་སེམས་བསྐྱེད་དོ། །ཁ་ཅིག་ནི་རང་རྒྱལ་དུ་སེམས་བསྐྱེད་དོ། །ཁ་ཅིག་ནི་སངས་རྒྱས་སུ་སེམས་བསྐྱེད་དོ། །ཞེས་སེམས་བསྐྱེད་ཚུལ

གསུམ་གསུངས་པ་དང་། མཛོད་ལས། མྱུར་བ་སྲིད་པ་གསུམ་གྱིས་ཐར། །ཞེས་དང་། བསེ་རུ་བསྐལ་པ་བརྒྱ་ཡི་རྒྱུས། །ཞེས་དང་། རྣམ་གཟིགས་མར་མེ་རིན་ཆེན་གཙུག གྲངས་མེད་གསུམ་གྱི་ཐ་མར་བྱུང་། །དང་པོ་ཤཱཀྱ་ཐུབ་པ་ཡིན། །ཞེས་སོགས། ཉན་ཐོས་དང་། རང་རྒྱལ་དང་། ཐེག་ཆེན་གྱི་ལམ་བགྲོད་གསུམ་གསུངས་པ་རྣམས་ནི། བྱེ་སྨྲ་དང་། མདོན་པ་སྨྲ་བའི་མདོ་སྡེ་པ་རྣམས་ཀྱི་ལུགས་དང་། ས་དངོས་གཞི་ལས། ཉན་ས་རང་ས་བྱང་ས་གསུམ་དུ་གསུངས་པ་ནི་སེམས་ཙམ་པའི་ལུགས་དང་། མངོན་རྟོགས་རྒྱན་ལས། སློབ་མ་བསེ་རུའི་ལམ་གང་དང་། །འདི་དང་གཞན་པའི་ཡོན་ཏན་གྱི། །ཕན་ཡོན་ཆེ་བ་མཐོང་བའི་ལམ། །ཞེས་རྟོགས་རིགས་ཀྱི་སྒོ་ནས་ཐེག་པ་གསུམ་གྱི་ལམ་གསུངས་པ་ནི་དབུ་མའི་ལུགས་ཡིན་པའི་ཕྱིར། འོན་ཀྱང་གྲུབ་མཐའ་འོག་མ་འོག་མ་ལས། གོང་མ་གོང་མར་གཙོ་ཆེ་བས་དབུ་མ་པས་གཞལ་ན། དབུ་མའི་གཞུང་མ་གཏོགས་གཞུང་གཞན་ལས། བྱང་ཆུབ་གསུམ་པོ་གང་རུང་ཐོབ་བྱེད་ཀྱི་ཐེག་པ་གསུམ་གྱི་ལམ་ཚང་བར་བསྟན་པ་མེད་པ་ཡིན་ཏེ། དབུ་མའི་གཞུང་ལས་བཤད་པའི་ལྟ་བ་དང་གྲུབ་མཐའ་ལ་མ་བརྟེན་པ་ཐེག་པ་གསུམ་པོ་གང་གིས་ཀྱང་བྱང་ཆུབ་ཐོབ་པར་མི་នུས་པའི་ཕྱིར་རོ། །

གཉིས་པ་ནི། ཕ་རོལ་ཏུ་ཕྱིན་པ་ལས་ཐབས་མ་རྨོངས་པ་དང་། ཐབས་མང་བ་སོགས་ཁྱད་ཆོས་བཞིའི་སྒོ་ནས་ཁྱད་པར་དུ་འཕགས་པའི་སྔགས་ལམ་དུ་ཞུགས་པའི་ཚེ་རྟེན་གྱི་གང་ཟག་སྡོམ་པ་གསུམ་དང་ལྡན་པས། ཐབས་རིམ་པ་གཉིས་ཀྱི་ཉམས་ལེན་ལ་འབད་ན་འབྲས་བུ་བླ་ན་མེད་པའི་བྱང་ཆུབ་སྒྲུབ་པར་ནུས་པ་ཡིན་ཏེ། རབ་དབྱེ་ལས། སྡོམ་པ་གསུམ་དང་ལྡན་པ་ཡིས། །རིམ་གཉིས་ཟབ་མོའི་གནད་ཤེས་ན། །དེ་ནི་ཚེ་འདི་བར་དོ་འམ། །སྐྱེ་བ་བཅུ་དྲུག་ཚུན་ཆད་ན། །འགྲུབ་པར་རྫོགས་པའི་སངས་རྒྱས་གསུངས། །ཞེས་གསུངས་པས་སོ། །སྡོམ་པ་གསུམ་པོ་དེ་ཡང་། ལེན་བྱེད་ཀྱི་ཐབས་འདུལ་བ་དང་། དབུ་སེམས་དང་། སྔགས་ཀྱི་དབང་ཆོག་ལས་རིམ་བཞིན་དུ་བླངས་པའི་རིམ་འཇུག་པའམ། སྔར་སྡོམ་པ་འོག་མ་གཉིས་ཀྱི་སྲུང་བ་མ་སོང་བ་ལ། དབང་བསྐུར་གྱི་ཆོ་ག་དཀྱུས་ཐོག་གཅིག་ལས་སྡོམ་པ་གསུམ་ཆར་ཐོབ་པའི་ཅིག་ཆར་བ་ཡིན་ཡང་རུང་། སྡོམ་པ་གསུམ་དང་ལྡན་པའི་ཚེ་ན། གསུམ་ལྡན་གྱི་རྒྱུད་ཀྱི་སྡོམ་པ་གསུམ་ཆར་ཡང་སྔགས་སྡོམ་གྱི་ངོ་བོར་ཡོད་པས་ངོ་བོ་གཅིག་ཡིན་ནོ། །འོ་ན་ངོ་བོ་གཅིག་ཡིན་ན་སྐྱེ་འཇིག་ཅིག་ཆར་དུ་བྱེད་པར་འགྱུར་ལ། དེ་ལྟར་ན་གཏོང་ཐོབ་དུས་གཅིག་པར་འགྱུར་རོ། །ཞེ་ན། ཕྱི་མ་མ་ངེས་ཏེ། སྐྱེ་འཇིག་ནི་སྐད་ཅིག་གི་སྐྱེ་འཇིག་ཡིན་ལ། གཏོང་ཐོབ་ནི་རྒྱུན་ལ་འཇོག་པ་ལུང་དང་རིགས་པའི་གནད་ཡིན་པའི་ཕྱིར།

གཉིས་པ་སོ་སོར་བཤད་པ་ལ་གསུམ་སྟེ། སོ་ཐར་སྡོམ་པའི་སྐབས། བྱང་སེམས་སྡོམ་པའི་སྐབས།

རིག་འཛིན་སྡོམ་པའི་སྐབས་སོ། །དང་པོ་ལ་གཉིས་ཏེ། ནོར་པའི་མཐའ་བཀག །མ་ནོར་པའི་གནད་བསྟན་པའོ། །དང་པོ་ལ་གཉིས་ཏེ། ངོ་བོ་ལ་ལོག་རྟོག་དགག་པ། ཆོག་ལ་ལོག་རྟོག་དགག་པའོ། །དང་པོ་ལ་ཉན་ཐོས་པའི་ལུགས་ངེས་དོན་དུ་འཛིན་པ་དགག་པ་སོགས་བཞི་ལས། དང་པོ་ནི། དགའ་གདོང་པ་སོགས་མཁས་པ་ཁ་ཅིག སོ་ཐར་གྱི་སྡོམ་པ་གཟུགས་ཅན་ཡིན་པ་སོགས་བཞེད་ཅིང་། དེའི་འབྲུལ་གཞི་ཡང་། བྱེ་སྨྲའི་འདུལ་མཛོད་རང་རྐང་གི་གྲུབ་མཐའ་ལ་ཨ་འཐས་པས་དེ་ལ་བརྟེན་པ་ཡིན་ནོ། །ལུགས་དེ་ནི་ཐེག་པ་ཆེན་པོའི་སྐབས་འདིར་མི་འཐད་དེ། བྱེ་སྨྲས་སྡོམ་པ་རིག་བྱེད་མ་ཡིན་པའི་གཟུགས་སུ་འདོད་པ་ཡང་མངོན་པ་སྨྲ་བའི་མདོ་སྡེ་པ་རྣམས་ཀྱིས་བཀག་ནས། ཤེས་པར་བསྒྲུབ་པའི་རྩོད་པ་དང་། རྩོད་ལན་རྒྱས་པ་མཛོད་ཀྱི་འགྲེལ་པ་སོགས་ལས་གསུངས་ན། དབུ་སེམས་དང་སྔགས་ཀྱི་གཞུང་འཆད་པའི་ཚེ། སྡོམ་པ་གཟུགས་ཅན་དུ་མི་འཐད་པ་ལྟ་སྨོས་ཀྱང་ཅི་དགོས་པའི་ཕྱིར། གཞན་དུ་ན་རྒྱུད་འབུམ་པ་ལས། རིགས་ཅན་གསུམ་གྱི་བསླབ་པ་ཡང་། །དཀྱིལ་འཁོར་ཆེན་པོ་འདིར་ཞུགས་ན། །རིག་པ་འཛིན་པ་ཞེས་བྱའོ། །ཞེས་པའི་ལུང་གིས་གནོད་དེ། ཁྱད་ལྟར་ན་ཐེག་དམན་སོར་སྡོམ་སྔགས་སྡོམ་དུ་གནས་གྱུར་པའི་ཚེ། བེམ་པོ་ཤེས་པར་གནས་གྱུར་པར་ཁས་ལེན་དགོས་ལ༑ དེ་ནི་ལུས་སེམས་རྫས་གཅིག་ཏུ་འདོད་པའི་མུ་སྟེགས་རྒྱང་འཕེན་པའི་ལུགས་ཡིན་གྱི། སངས་རྒྱས་པའི་གཞུང་ལས་བཤད་པ་གཏན་མི་སྲིད་པའི་ཕྱིར། སོར་སྡོམ་ལ་གྲངས་རིགས་བརྒྱད་ཁོ་ནར་ངེས་པ་ཡང་མི་འཐད་དེ༑ འོན་ཏེ་བར་འཁོར་གྱིས་ཞུས་པའི་མདོ་དང་། བྱང་སེམས་སོ་སོར་ཐར་པ་བསྟན་པའི་མདོ་དང་། ཆོས་བཞི་བསྟན་པའི་མདོ་རྣམས་ལས་གསུངས་པའི་སོ་ཐར་གྱི་སྡོམ་པ་རྣམས་ཆོས་ཅན། རིགས་བརྒྱད་པོ་གང་དུ་འདོད་པའམ། འདུས་ཚུལ་སྨྲ་དགོས་ཏེ། སོ་ཐར་སྡོམ་པ་ཡིན་པའི་ཕྱིར། འདིར། བྱང་སེམས་སོ་སོར་ཐར་པ་ནི། །ཆོས་དང་བསྟན་པའི་མདོ་རྣམས་ལས། །ཞེས་པ་ནི་གཞུང་མ་དག་པས། བྱང་སེམས་སོ་སོར་ཐར་པ་དང་། །ཆོས་བཞི་བསྟན་པའི་མདོ་རྣམས་ལས། །ཞེས་པ་གཞུང་བྲིས་མ་སྙིང་པ་འགའ་ཞིག་ལས་འབྱུང་ངོ་། །ཞེས་ཁོ་བོའི་ཡོངས་འཛིན་དམ་པས་གསུངས་སོ། །གཞན་ཡང་། སྔགས་སྡོམ་དང་བྱང་སེམས་ཀྱི་སྡོམ་པ་གཉིས་པོ་རིགས་བརྒྱད་གང་དུ་འདུས་ཚུལ་ཡང་སྨྲ་དགོས་ཏེ། དེ་གཉིས་སོར་སྡོམ་ཡིན་པའི་ཕྱིར་ཏེ། སྔགས་སྡོམ་ལ་བྱང་སྡོམ་གྱིས་ཁྱབ། བྱང་སྡོམ་ལ་སོར་སྡོམ་གྱིས་ཁྱབ་པ་ནི་མདོ་རྒྱུད་ཀྱི་དགོངས་པ་ཕྱུལ་དུ་ཕྱིན་པ་རྗེ་བཙུན་ས་སྐྱ་པ་ཡབ་སྲས་ཀྱི་གྲུབ་མཐའ་རྨ་མེད་པ་ཡིན་ནོ། །འོན་ཀྱང་དབང་བསྐུར་གྱི་ཆོ་ག་ལས་ཐོབ་པའི་སྔགས་སྡོམ་དང་རིགས་བརྒྱད་གང་རུང་གི་གཞི་མཐུན་ཙམ་ནི་ཡོད་དེ། རྡོ་རྗེ་རྩེ་མོ་ལས། ཁྱིམ་པའི་སྡོམ་ལ་ལེགས་གནས་ནས། །ཞེས་བཤད་པའི་ཁྱིམ་པའི་སྡོམ་པ་དང་། སྔ་གོན་དང་འཇུག་པའི་སྐབས་སུ་ཐུན་མོང་མིན་པའི་སྐྱབས་འགྲོའི་རྗེས

ཐྲོས་ལན་གསུམ་བྱས་པ་ལས་ཐོབ་པའི་སོ་ཐར་གྱི་སྡོམ་པ་ཡོངས་རྫོགས་དགེ་བསྙེན་གྱི་སྡོམ་པ་ཡིན་པར་བླ་མ་ངོར་པ་ཡབ་སྲས་རྣམས་བཞེད་པའི་ཕྱིར། འདི་ལ་ཤེས་བྱེད་ཀྱི་འཐད་པ་ཡང་མང་དུ་ཡོད་དེ། རྡོ་རྗེ་རྩེ་མོ་ལས། །སྲོག་གཅོད་རྐུ་དང་འཁྲིག་པ་དང་། །རྫུན་དང་ཆང་ནི་རྣམ་སྤངས་ཏེ། །ཁྱིམ་པའི་སྡོམ་ལ་ལེགས་གནས་ནས། །ཞེས་སྤྱང་བྱ་ལྔ་སྤོང་དུ་གསུངས་པ་དང་། སྡོམ་པ་བསླབ་པ་ན་ཡང་། ཁྱོད་ཀྱིས་སྲོག་ཆགས་བསད་མི་བྱ། །མ་བྱིན་པ་ཡང་མི་བླང་ངོ་། །རྫུན་དང་འདོད་ལ་སྤྱོད་པ་རྣམས། །དངོས་གྲུབ་འདོད་པར་བྱ་བ་མིན། །ཆང་ནི་བཏུང་བར་མི་བྱ་ཞིང་། །ཞེས་སྤྱང་བྱ་ལྔ་སྤོང་བསླབས་པ་དེ། གསོལ་བཏབ་ཀྱི་ཚེ། སངས་རྒྱས་ཆོས་དང་དགེ་འདུན་ཏེ༑ །སྐྱབས་གསུམ་དག་ཀྱང་བདག་ལ་སྩོལ། །ཞེས་པ་དང་དོན་གནད་གཅིག །ཚིག་ལས་གཟུང་བའི་ཚེ། ཐུན་མོང་མ་ཡིན་པའི་སྐྱབས་འགྲོའི་སྐབས་སུ་བཟུང་བའམ་ཐོབ་པ་ཡིན་པས་སོ། །རིགས་པའི་འཐད་པ་ཡང་ཡོད་དེ། འདི་ནི་སྐྱབས་འགྲོ་རྩོམ་བྱེད་དུ་བྱས་པའི་སྒོ་ནས་སྤྱང་བྱ་ལྔ་སྤོང་བར་དོན་གྱིས་ཁས་བླངས་པའི་སྡོམ་པ་ཡིན་པས་ཡོངས་རྫོགས་དགེ་བསྙེན་གྱི་སྡོམ་པར་གྲུབ་པའི་ཕྱིར། རྒྱུ་མཚན་དེས་ན་གོང་དུ་བཤད་པའི་ཉེ་བར་འཁོར་གྱིས་ཞུས་པའི་མདོ་སོགས་ནས་གསུངས་པ་དང་། སྡོམ་པ་གོང་མ་གཉིས་ཀྱི་ངོ་བོར་གྱུར་པའི་སོར་སྡོམ་རྣམས་བྱང་ཆུབ་བར་དུ་བླངས་པའི་སྡོམ་པ་ཡིན་པའི་ཕྱིར་ན། སོ་ཐར་གྱི་སྡོམ་པ་ཡིན་ན། ཤི་འཕོས་པའི་ཚེ་གཏོང་བས་ཁྱབ་པ་ཡང་མི་འཐད་དོ། །

གཉིས་པ་སོ་ཐར་ལ་ངེས་འབྱུང་གིས་མ་ཁྱབ་པ་དགག་པ་ནི། པཎ་ཆེན་ཤཱཀྱ་མཆོག་ལྡན་ལ་སོགས་པ་ལས། སོ་ཐར་སྡོམ་པ་ལ་འཇིགས་སྐྱོབ་ཀྱི་ཚུལ་ཁྲིམས་སོགས་གསུམ་དུ་དབྱེ་བར་འདོད་དེ། དུས་ཀྱི་ཀུན་སློང་སྐྱབས་འགྲོ་རྩོམ་བྱེད་དུ་བྱས་པའི་ཚེ། སངས་རྒྱས་ལ་མྱ་ངན་ལས་འདས་པའི་ལམ་གྱི་སྟོན་པ་དང་། ཆོས་ལ་ལམ་དངོས་དང་། དགེ་འདུན་ལ་ལམ་བསྒྲུབ་པའི་ཟླ་གྲོགས་ཞུས་ཏེ་སྐྱབས་སུ་སོང་བས་མྱང་འདས་ཀྱི་བསམ་པས་ཟིན་པའི་ཕྱིར། འོན་ཀྱང་རྒྱུའི་ཀུན་སློང་གི་སྒོ་ནས་འཇིགས་སྐྱོབ་ཀྱི་ཚུལ་ཁྲིམས་སོགས་གསུམ་དུ་དབྱེ་བ་ཡིན་ཏེ། ཆོ་གའི་སྔ་རོལ་རྒྱུའི་ཀུན་སློང་ལ། ཚེ་འདིའི་འཚོ་བ་སོགས་ཀྱི་འཇིགས་པ་ལས་བསྲུང་བ་དང་། ཕྱི་མ་ལྷ་མིའི་གོ་འཕང་ཐོབ་པར་བྱ་བ་དང་། འཁོར་བ་སྤང་བའི་ཐར་པ་ཐོབ་པར་འདོད་པ་དང་གསུམ་ཡོད་པས། དེའི་དབང་གིས་ཚུལ་ཁྲིམས་གསུམ་དུ་འགྱུར་བའི་ཕྱིར། ཞེས་ཟེར་རོ། །དེ་ནི་མི་འཐད་དེ། འོན་ཕྱི་རོལ་པ་རྣམས་ཀྱི་རྒྱུད་ལ་ཡང་སོ་ཐར་སྡོམ་པ་ཡོད་པར་འགྱུར་ཏེ། དེའི་རྒྱུད་ལ་འཇིགས་སྐྱོབ་དང་ལེགས་སྨོན་གྱི་ཚུལ་ཁྲིམས་ཡོད་པའི་ཕྱིར། ཁྱབ་པ་སོང་། འདོད་མི་ནུས་ཏེ། མཛོད་རང་འགྲེལ་ལས། ཅི་ཕྱི་རོལ་པ་རྣམས་ལ་ཡང་དག་པར་བླངས་པའི་ཚུལ་ཁྲིམས་མེད་དམ་ཞེ་ན། ཡོད་མོད་ཀྱི་སྲིད་པ་ལ་བརྟེན་པའི་ཕྱིར། གཏན་དུ་སྡིག་པ

ལས་སོ་སོར་ཐར་པར་བྱེད་པ་མ་ཡིན་ནོ། །ཞེས་གསུངས་པའི་ཕྱིར། གལ་ཏེ་སོ་ཐར་ལ་འཇིགས་སྐྱོབ་དང་ལེགས་སྨོན་ཡོད་པར་ཁས་བླང་གི། འཇིགས་སྐྱོབ་དང་ལེགས་སྨོན་གྱི་ཚུལ་ཁྲིམས་ལ་སོ་ཐར་གྱིས་ཁྱབ་པ་ཁས་མི་ལེན་ནོ་སྙམ་ན། གང་ལྟར་ཡང་ཚུལ་ཁྲིམས་དེ་གཉིས་ཆོས་ཅན། ཁྱོད་དུ་གྱུར་པའི་སོར་སྡོམ་ཡོད་པ་མ་ཡིན་ཏེ། སྲིད་པ་འཁོར་བ་ལ་བརྟེན་པའི་ཐོབ་བྱར་དམིགས་པའི་ཚུལ་ཁྲིམས་ཡིན་པའི་ཕྱིར། ཁྱབ་པ་མཛོད་འགྲེལ་གྱི་ལུང་གིས་གྲུབ། འོན་ཕྱི་རོལ་པའི་རྒྱུད་ཀྱི་ཚུལ་ཁྲིམས་དེ་ཡང་། ཁོང་རང་གི་ལུགས་ཀྱི་ཐར་པ་ཐོབ་འདོད་ཀྱི་བསམ་པས་ཟིན་པས་སྲིད་པ་ལ་ཇི་ལྟར་དམིགས་ཞེ་ན། དམིགས་ཏེ། ཁོ་རང་གི་ལུགས་ཀྱི་ཐར་པ་ནམ་མཁའ་ན་གདུགས་ཕུབ་པ་ལྟ་བུ་སོགས་ལ་དམིགས་མོད། དེ་དག་གི་ཐར་པར་མིང་བཏགས་ཀྱང་འཁོར་བ་ལས་མ་འདས་པའི་ཕྱིར། སྲིད་པ་ལ་བརྟེན་པའི་ཕྱིར་ཞེས་པའི་དོན་ལ་རང་ཕྱོགས་པ་ཁ་ཅིག །འཁོར་བའི་རྒྱུ་བྱེད་པའི་ཕྱིར་ན་སོ་ཐར་མིན་ཞེས་འཆད་པ་ནི་མི་འཐད་དེ། སོ་ཐར་གྱི་ཚུལ་ཁྲིམས་རྣམ་པར་དག་པས། མཐར་ཐུག་མྱང་འདས་ཀྱི་རྒྱུ་བྱེད་ཀྱང་གནས་སྐབས་སུ་ལྷ་མིའི་ལུས་རྟེན་ཕུན་སུམ་ཚོགས་པ་ཐོབ་པའི་རྒྱུ་བྱེད་པའི་ཕྱིར་ཏེ། འདུལ་བ་ཚིག་ལེ་ལས། ལྷ་ཡི་ཁང་བཟང་དམ་པར་སྐྱེ། །ཏིང་ངེ་འཛིན་དང་ངེས་འབྱུང་ཐོབ། །ཚུལ་ཁྲིམས་འདི་ནི་འབྲས་བུ་ཆེ། །ཞེས་གསུངས་པའི་ཕྱིར། མཁས་པ་ཁ་ཅིག་ཕྱི་རོལ་པའི་རྒྱུད་ལ་སོར་སྡོམ་ཡོད་པར་བཞེད་པ་ནི་མི་འཐད་དེ། དྲངས་མ་ཐག་པའི་མཛོད་འགྲེལ་གྱི་ལུང་དེ་དང་འགལ་བའི་ཕྱིར་དང་། རབ་དབྱེ་ལས། མུ་སྟེགས་བྱེད་ལ་སྡོམ་པ་མེད། །ཅེས་བཤད་པའི་དོན་ཡང་། ཕྱི་རོལ་པའི་རྒྱུད་ལ་སོར་སྡོམ་མེད་པ་ལ་འཆད་དགོས་པའི་ཕྱིར། གཞན་ཡང་དཀོན་མཆོག་གསུམ་ལ་སྐྱབས་སུ་སོང་བའི་ཕྱི་རོལ་པ་ཡོད་པར་འགྱུར་ཏེ༑ ཁས་བླངས་དེའི་ཕྱིར། འདོད་ན། གྲུབ་མཐའ་ལ་ཞུགས་པའི་གང་ཟག་གིས་དཀོན་མཆོག་གསུམ་ལ་སྐྱབས་སུ་སོང་མ་སོང་ལ་ཕྱི་ནང་གི་ཁྱད་པར་དུ་འཇོག་པ་མི་འཐད་པར་འགྱུར་རོ། །གཟུ་བོའི་བློས་དཔྱོད་ཅིག དེས་ན་ངེས་འབྱུང་གི་ཚུལ་ཁྲིམས་དང་། སོ་ཐར་གྱི་སྡོམ་པ་དོན་གཅིག་པ་ནི་འདུལ་བའི་ལུགས་ཡིན་ཏེ། མདོ་རྩ་བ་ལས། ངེས་པར་འབྱུང་བའི་ཚུལ་ཁྲིམས་ཀྱི་དབང་དུ་བྱས་ཏེ། ཞེས་དང་། སུམ་བརྒྱ་པ་ལས། ངེས་པར་འབྱུང་བའི་ཚུལ་ཁྲིམས་སྡུག་བསྔལ་སྤོང་། །ཞེས་གསུངས་པའི་ཕྱིར། འདི་ལ་ཁ་ཅིག །ཟག་མེད་ཀྱི་སྡོམ་པ་ཆོས་ཅན། སོར་སྡོམ་ཡིན་པར་ཐལ། ངེས་འབྱུང་གི་ཚུལ་ཁྲིམས་ཡིན་པའི་ཕྱིར། ཞེས་པའི་སྐྱོན་གཏོང་བ་ཡོད་ཀྱང་། ཐེག་པ་ཆེན་པོ་ལྟར་ན་འདོད་ལ། བྱེ་སྨྲའི་ལུགས་ལྟར་ན་གཏན་ཚིགས་མ་གྲུབ་སྟེ། ཟག་མེད་ཀྱི་སྡོམ་པ་ནི༑ ཟག་མེད་ཀྱི་སྙོམས་འཇུག་སྒོམ་སྟོབས་ཀྱིས་ཐོབ་པ་ཙམ་ཡིན་པས། ཀུན་སློང་ངེས་འབྱུང་གི་བསམ་པས་ཟིན་མ་ཟིན་གྱི་ཐ་སྙད་མེད་པའི་ཕྱིར། དེ་སྐད་དུ་མཛོད་ལས། བསམ་གཏན་ལས་སྐྱེས་བསམ་གཏན་གྱི། །ས

ཉིད་ཀྱིས་ཐོབ་ཟག་མེད་ནི། །འཕགས་དེས་ཞེས་གསུངས་པས་སོ། །གལ་ཏེ་སྐབས་འགྲོའི་སོགས་གོ་སླ། །གཞུང་པར་མར། རྒྱུ་ཡི་ཀུན་སློང་མཐུང་འདས་ཀྱི། །ཞེས་དང་། དུས་ཀྱི་ཀུན་སློང་སྐོ་ནས་ནི། །ཞེས་པ་ནི་མ་དག་ལ། ཕྱོགས་སྔ་འི་བཞེད་པ་དང་བསྟུན། དུས་ཀྱི་ཀུན་སློང་མཐུང་འདས་ཀྱི། །ཞེས་སོགས་གོ་བརྗེས་ན་དག་པ་ཡིན་ཏེ། བྲིས་མ་འགའ་ཞིག་ལས་ཀྱང་འབྱུང་ཞིང་། ཡོངས་འཛིན་ཀླུ་སྒྲུབ་རྗེའི་གསུང་ལས་ཀྱང་དེ་ལྟར་བཤད་སྣང་ངོ་། །པཎ་ཆེན་ཤཱཀྱའི་མཚན་ཅན་གྱིས་སོ་ཐར་སྡོམ་པའི་རྒྱུའི་ཀུན་སློང་འཇིགས་སྐྱོབ་ཀྱི་བསམ་པ་སོགས་གསུམ་ཕྱེ་ནས། དུས་ཀྱི་ཀུན་སློང་མཐུང་འདས་ཀྱི་བསམ་པ་ཁོ་ནར་བཞེད་པ་ནི། མཛོད་དང་ཡང་འགལ་ཏེ། མཛོད་ལས། རབ་ཏུ་འཇུག་བྱེད་དགེ་སོགས་ལས། །རྗེས་འཇུག་བྱེད་ཀྱང་རྣམ་གསུམ་འགྱུར། །ཞེས་རྒྱུའི་ཀུན་སློང་དགེ་བ་ལ། དུས་ཀྱི་ཀུན་སློང་དགེ་མི་དགེ་ལུང་མ་བསྟན་གསུམ་དང་། རྒྱུའི་ཀུན་སློང་མི་དགེ་བ་དང་། ལུང་མ་བསྟན་ལ་ཡང་། དུས་ཀྱི་ཀུན་སློང་དེ་ལྟར་གསུམ་གསུམ་བཤད་པའི་གསུམ་ཚན་དང་པོ་ནི། སོ་ཐར་གྱི་སྡོམ་པའི་རྒྱུའི་ཀུན་སློང་ངེས་འབྱུང་གི་བསམ་པ་ཡིན་པ་གཞིར་བཞག་ནས། དུས་ཀྱི་ཀུན་སློང་ཆོ་གའི་ཚེ་ངེས་འབྱུང་གི་བསམ་པ་དང་། འདོད་ཆགས་དང་ཞེ་སྡང་གང་རུང་གི་བསམ་པ་མངོན་གྱུར་བ་དང་། ལུང་མ་བསྟན་གྱི་བསམ་པ་མངོན་གྱུར་བ་དང་གསུམ་འབྱུང་བ་ཡོད་པར་འགྲེལ་བ་སོགས་ལས་གསལ་བའི་ཕྱིར། དུས་ཀྱི་ཀུན་སློང་ཞེ་སྡང་གི་བསམ་པ་མངོན་གྱུར་དུ་བྱུང་བའི་ཚེ་ཡང་། ངེས་འབྱུང་གི་བསམ་པ་བག་ལ་ཉལ་བའི་ཚུལ་གྱིས་ཡོད་དེ། སྔར་རྒྱུ་དུས་ཀྱི་ཀུན་སློང་མཐུང་འདས་ཀྱི་བསམ་པས་ཟིན་པས། བསམ་པ་དེའི་རྒྱུ་མཚན་དེ་དུས་ཀྱི་ཀུན་སློང་ལ་ཡང་ཡོད་པའི་ཕྱིར་རོ། །དེས་ན་སོ་ཐར་སྡོམ་པ་ཡིན་ན། རྒྱུའི་ཀུན་སློང་མཐུང་འདས་ཀྱི་བསམ་པ་ཁོ་ནས་ཟིན་པས་ཁྱབ། དུས་ཀྱི་ཀུན་སློང་མཐུང་འདས་ཀྱི་བསམ་པས་ཟིན་པས་ཁྱབ་ཀྱང་། མཐུང་འདས་ཀྱི་བསམ་པ་ཁོ་ནས་མ་ཁྱབ་ཅེས་ཁོ་བོ་སྨྲའོ། །

གསུམ་པ་སོ་ཐར་གྱི་ངོ་བོ་ལ་ལོག་རྟོག་དགག་པ་ནི། ཤཱཀྱ་མཆོག་ལྡན་སོགས་ཁ་ཅིག་གི་བཞེད་པ་ཡིན་ཞིང་། སོ་ཐར་སོགས་ཕྱོགས་སྔ་བརྗོད་པའི་སྐབས་གོ་སླ། འཕགས་ཡུལ་གྱི་གཞུང་འགྲེལ་ལས་བཤད་པ་མེད་ཅེས་པ་ནི་མི་འཐད་དེ། དཔལ་ལྡན་ཁ་ཆེ་བློ་བརྟན་གྱི་ཕུང་པོ་ལྔའི་རབ་བྱེད་ཀྱི་འགྲེལ་པ་བྱེ་བྲག་ཏུ་བཤད་པ་ཞེས་བྱ་བ་ལས། དེ་ལ་སོ་སོར་ཐར་པའི་སྡོམ་པ་ནི་གཞན་ལ་གནོད་པ་བྱེད་པ་གཞི་དང་བཅས་པ་རྣམ་པ་ཐམས་ཅད་དུ་ལྡོག་པའོ། །བྱང་ཆུབ་སེམས་དཔའི་སྡོམ་པ་ནི། ལུས་དང་སྲོག་གིས་བསྡུས་པའི་དངོས་པོ་ལ་མི་ལྟ་བར་ལུས་དང་། ངག་དང་སེམས་ཀྱིས་རྣམ་པ་ཐམས་ཅད་དུ་གཞན་ལ་ཕན་འདོགས་པར་ཞུགས་པའོ། །ཞེས་གསུངས་ཤིང་། དེ་ལྟར་གསུངས་པ་དེ་ཉིད་རྗེ་བཙུན་གོང་མ་ལ་སོགས་པའི་མཁས་པ་སྔ་མ་རྣམས་ཀྱིས་ཀྱང་སྒྲི

བོའི་ཐོད་བཞིན་དུ་ལུང་ཚད་མར་འགྱུར་བར་མཛད་པའི་ཕྱིར་རོ། །

བཞི་པ་སྤྱིའི་ངོ་བོ་བྱེ་བྲག་ལ་སྦྱར་བ་དགག་པ་ནི། ཕྱོགས་སྔ་སྨྲ་བ་པོ་ཀུན་མཁྱེན་ནམ་བསོད་སོགས་ཡིན་ཞིང་། ལ་ལ་གཞན་གནོད་སོགས་འདོད་པ་བརྗོད་པ་གོ་སླ། དེ་དགག་པ་ནི། ངེད་ཀྱི་ལུགས་གཞན་གནོད་གཞི་བཅས་སྤོང་བ་སོ་ཐར་སྤྱིའི་ངོ་བོར་འཛོག་པ་འདི་ནི་ལུང་གིས་གྲུབ་སྟེ། བློ་བརྟན་གྱི་ལུང་གོང་དུ་དྲངས་ཟིན་པ་དང་། རྗེ་བཙུན་གོང་མའི་སྡོམ་པ་ཉི་ཤུ་པའི་འགྲེལ་པ་ལས། སོ་ཐར་གྱི་སྡོམ་པ་ནི་གཞན་ལ་གནོད་པ་གཞི་དང་བཅས་པ་ལས་བཟློག་པ་ཡིན་ལ། དེའི་སྟེང་དུ་གཞན་ལ་ཕན་འདོགས་པར་འདོད་ཅིང་ཞུགས་པ་ནི་བྱང་ཆུབ་སེམས་དཔའི་སྡོམ་པའོ། །དེའི་སྟེང་དུ་རིག་པ་འཛིན་པ་ནི་རིག་པ་འཛིན་པའི་སྡོམ་པ་ཡིན་ནོ། །ཞེས་དང་། རྩ་ལྟུང་འགྲེལ་སྤྱོང་ལས་ཀྱང་དེ་དང་ཆ་འདྲ་བར་གསུངས་པ་དང་། དཔང་ལོ་དང་མཆིམས་ལ་སོགས་པས་ཀྱང་ཚུལ་དེ་ལྟར་དུ་གསུངས་པའི་ཕྱིར། ཁྱེད་ཀྱི་ལུགས་གཞན་གནོད་གཞི་བཅས་སྤོང་བ་དགེ་སློང་གི་སྡོམ་པ་ཁོ་ནའི་ངོ་བོར་འཛོག་པ་ནི་མི་འཐད་དེ། ཁྱེད་རང་གིས་རང་དགར་བཞག་པ་མ་གཏོགས་ཤེས་བྱེད་ཀྱི་ལུང་ཁུངས་མི་སྣང་བའི་ཕྱིར།

གཉིས་པ་ཆོ་ག་ལ་ལོག་རྟོག་དགག་པ་ལ། སྒྲུབ་བྱེད་ཀྱི་ཚོགས་ལ་འཁྲུལ་པ་དགག བསྒྲུབ་བྱའི་གྲངས་ལ་འཁྲུལ་པ་དགག་པ་དང་གཉིས། དང་པོ་ནི། ནམ་བསོད་སོགས་འགའ་ཞིག །དགེ་སློང་ཕའི་ཚོགས་ཁོ་ནས་བསྒྲུབ་བྱ་བུད་མེད་བསྙེན་པར་རྫོགས་པའི་ལག་ལེན་བྱེད་པ་ཐོས་སོ། །དེ་ནི་མི་འཐད་དེ། ཚོགས་གཉིས་ཕན་ཚུན་བསྔོར་བའམ་གོ་བརྗེས་པའི་དོན་ཕའི་ཚོགས་ཀྱིས་མ་ཆོག་དང་། མའི་ཚོགས་ཀྱིས་ཕ་ཆོག་བྱས་པས་ཀྱང་བསྒྲུབ་བྱ་ལ་ལས་ཆགས་པ་དང་། ལས་ཆོག་ཕན་ཚུན་བསྔོར་བ་སྟེ་ཕ་ཆོག་ལ་བརྟེན་ནས་བུད་མེད་དང་། མ་ཆོག་ལ་བརྟེན་ནས་སྐྱེས་པ་བསྙེན་པར་རྫོགས་པ་ན་ཡང་ལས་ཆགས་པར་གསུངས་མོད། འོན་ཀྱང་ཆོ་གའི་སྒོ་ནས་བུད་མེད་བསྙེན་པར་རྫོགས་པ་ལ་ཚངས་སྤྱོད་ལ་ཉེར་གནས་སྔོན་དུ་འགྲོ་དགོས་ཤིང་། དེ་ནི་དགེ་སློང་མའི་ཚོགས་ཁོ་ནས་སྟེར་མོད། རྩ་འགྲེལ་ལས་བཤད་པའི་ཕྱིར། གསུང་ཚུལ་དེ་དག་ཀྱང་རིམ་བཞིན་ཡོད་དེ། ལས་བཞིའི་ཐད་ཀྱི་མདོ་རྩ་ལས། དགེ་སློང་དང་དགེ་སློང་མ་ཉིད་དག་གིས་གཞན་བྱེད་པས་ནི་མི་ཆགས་པ་མིན་ནོ། །ཞེས་གསུངས་པས། དགེ་སློང་ཕས་མ་ཆོག་དང་། མས་ཕ་ཆོག་བྱས་པས་བསྒྲུབ་བྱ་ལ་ལས་ཆགས་པར་བསྟན། འདུལ་བ་ལུང་ལས། བཙུན་པ་དགེ་སློང་གི་ལས་ཀྱིས་དགེ་སློང་མ་བསྙེན་པར་རྫོགས་ན། བསྙེན་པར་རྫོགས་ཞེས་བགྱིའམ། མ་རྫོགས་ཞེས་བགྱི། ཨུ་པཱ་ལི་རྫོགས་པ་ཞེས་བྱ་སྟེ་རྫོགས་པར་བྱེད་པ་ལ་འདས་པ་དང་བཅས་པར་རོ། །ཞེས་གསུངས་པས། ཕ་ཆོག་ལ་བརྟེན་ནས་བུད་མེད་ལ་བསྙེན་

རྫོགས་ཀྱི་ལས་ཆགས་པར་བསྟན་པའི་ཕྱིར་དང་། མདོ་རྩ་ལས། ཚངས་པར་སྤྱོད་པ་ལ་ཉེ་བར་གནས་པའི་སྡོམ་པ་མ་ཐོབ་པར་བསྙེན་པར་རྫོགས་པར་མི་འགྱུར་རོ། །གསང་སྟེ་སྟོན་པའི་འོག་ཏུ་དགེ་འདུན་གྱི་དེ་སྦྱིན་པར་བྱའོ། །ཞེས་དང་། དེའི་རྒྱ་ཆེར་འགྲེལ་ལས་སྐབས་ཡིན་པའི་ཕྱིར་དགེ་སློང་མའི་དགེ་འདུན་གྱི་ཞེས་སློས་སོ། །ཞེས་གསུངས་པས། བུད་མེད་བསྙེན་པར་རྫོགས་པ་ལ་ཚངས་སྤྱོད་ལ་ཉེར་གནས་སྔོན་དུ་འགྲོ་དགོས་པ་དང་། དེ་ཡང་དགེ་སློང་མའི་ཚོགས་ཁོ་ནས་སྟེར་དགོས་པར་བསྟན་པའི་ཕྱིར། ཚུལ་འདི་ལ་སྤྱིར་བཏང་དམིགས་བསལ་ཡང་མ་གསུངས་ཤིང་སྔོན་དུ་འགྲོ་མི་དགོས་པའི་སྐབས་བྱེད་གཞན་ཡང་མེད་པས་ན། དགེ་སློང་མའི་སྡེ་མེད་པའི་ཡུལ་ཕྱོགས་སུ་བུད་མེད་བསྙེན་རྫོགས་ཀྱི་ཆོག་བྱེད་པ་ནི་བསྟན་པ་དགྲུག་པར་ཟད་དོ། །ཁ་ཅིག་སྔོན་སྤོང་བར་འདོད་ནས་སྐྱེ་ལ། ཉེས་བྱས་ལ་རུང་སྟེ། ཚོགས་སྔ་མ་མེད་པ་ཉིད་ལ་ནི་ཉེས་བྱས་ཙམ་དུ་ཟད་དོ། །ཞེས་གསུངས་པའི་ཕྱིར། ཞེས་ཟེར་རོ། །མི་འཐད་དེ། ཚངས་སྤྱོད་ལ་ཉེར་གནས་བསླབ་ཚོགས་ཡིན་ན་དེ་ལྟར་བདེན་ཡང་། བུད་མེད་ལ་སྐྱེས་པ་ལ་གསུམ་ཡོད་པ་དེའི་སྟེང་དུ་ལྷག་པོ་དགེ་སློབ་མ་ལས་གཞན་མེད་པའི་ཕྱིར་ཏེ། མདོ་རྩ་ལས། བུད་མེད་ལ་ནི་དགེ་སློབ་མ་ཞེས་བྱ་བའི་ཚོགས་གཞན་ཡོད་དོ། །ཞེས་གསུངས་པའི་རྣམ་བཅད་ལས། དགེ་སློབ་མ་ལས་ལྷག་པའི་བསླབ་ཚོགས་ལྷག་པོ་གཞན་ཡོད་པ་བཀག་པའི་ཕྱིར། ཚངས་སྤྱོད་ལ་ཉེར་གནས་ལ་བསླབ་ཚོགས་ཀྱི་དོན་ཡང་མི་གནས་ཏེ། བསླབ་ཚོགས་མཚན་ཉིད་པ་རྣམས་ལ་ནི། བསླབ་པ་སྔ་མ་དེ་ཐོབ་ནས་ཕྱི་མ་མ་ཐོབ་པའི་བར་དེར་བསླབ་བྱའི་གྲངས་ལྷག་པོ་རེ་ལ་སློབ་རྒྱུ་ཡོད་ལ། ཚངས་སྤྱོད་ཉེར་གནས་དང་དགེ་སློང་མའི་བར་དུ་ནི་བསླབ་མཚམས་གྲངས་ལྷག་པོ་ལ་སློབ་རྒྱུ་མེད་པའི་ཕྱིར། རྒྱ་མཚན་དེས་ན་ཁྱོད་ལས་ལྷག་པའི་སྐྱེས་ཆེན་མཁན་ཆེན་ཞི་བ་འཚོ་དང་། བར་དུ་དར་མས་བསྟན་པ་བསྣུབས་རྗེས་སུ། འདུལ་བའི་བསྟན་པ་ལ་བཀའ་དྲིན་ཆེ་བ་བླ་ཆེན་དགོངས་པ་རབ་གསལ། མཁན་བུ་དབུས་གཙང་གི་མཁས་པ་མི་བཅུ་བརྒྱུད་པ་དང་བཅས་པ་དང་། དུས་ཐ་མར་པཎ་ཆེན་ཤཱཀྱ་ཤྲཱི། འཛམ་དབྱངས་ས་པཎ་ལ་སོགས་པས་ཀྱང་གངས་རིའི་ལྗོངས་འདིར་བུད་མེད་བསྙེན་རྫོགས་ཀྱི་ཕྱག་ལེན་མ་མཛད་པ་འདི་ཉིད་ལ་བསམས་ནས་བསྟན་པ་མ་དགྲུག་ཅིག་ཅེས་གདམས་ཏེ། བཤད་པ་དང་ལག་ལེན་གང་བྱེད་ཀྱང་མཁས་གྲུབ་གོང་མ་དང་མཐུན་ན་བསྟན་པ་རྣམ་དག་ཏུ་འགྱུར་བའི་ཕྱིར། འདིར་མཁས་པ་ཁ་ཅིག་དཔྱད་དགོས་པའི་དོགས་པ་འདི་གསུངས་ཏེ། མ་ཚོག་གི་སྒོ་ནས་བུད་མེད་བསྙེན་པར་རྫོགས་པ་ལ། ཚངས་སྤྱོད་ལ་ཉེར་གནས་སྔོན་དུ་འགྲོ་དགོས་པ་ལ་གཞུང་གི་དོན་ཡིན་ཡང་སྤྱིར་དེ་ལྟར་མི་དགོས་ཏེ། ཕ་ཚོག་གི་སྒོ་ནས་བུད་མེད་བསྙེན་པར་རྫོགས་པ་ཡོད་པའི་ཕྱིར་དང་། ཕ་ཚོག་གི་སྒོ་ནས་སྐྱེས་པ་བསྙེན་པར་རྫོགས་པའི་དགེ་སློང་ཕ་

མར་མཚན་གྱུར་པའི་དགེ་སློང་མ་དེ་ཡང་ཚངས་སྤྱོད་ལ་ཉེར་གནས་སྡོམ་སོང་མ་ཡིན་པའི་ཕྱིར། ཞེས་པའི་དོགས་པ་སློང་བར་མཛད་དོ། །ཁོ་བོ་ནི་འདི་ལྟར་སེམས་ཏེ། ཕ་ཆོག་གི་སྒོ་ནས་བྱུང་མེད་བསྙེན་པར་རྫོགས་པ་དེ་ལ་ཡང་ཚངས་སྤྱོད་ལ་ཉེར་གནས་སྡོམ་དུ་འགྲོ་དགོས་ཏེ། དངོས་གཞི་སོ་སོའི་ལས་སྐྱེས་པའི་ཚོགས་ཁོ་ནས་བྱེད་པའི་ཚེ་ཡང་ཚངས་སྤྱོད་ལ་ཉེར་གནས་ཀྱི་ཆོ་ག་བྱུང་མེད་བསྙེན་པར་རྫོགས་པའི་ཆོ་གའི་ཆ་ལག་ཡིན་པས་སྡོམ་དུ་འགྲོ་དགོས་པའི་ཕྱིར། གཞན་དུ་ན་སྔོར་པའི་ཆོ་ག་ཆ་མ་ཚང་བས་དངོས་གཞིར་དགེ་སློང་མའི་སྡོམ་པ་སྐྱེ་བར་མི་འགྱུར་རོ། དོགས་པ་གཉིས་པའི་ལན་ནི། དགེ་སློང་ཕ་མར་མཚན་གྱུར་པའི་དགེ་སློང་མའི་རྒྱུད་ཀྱི་བསྙེན་རྫོགས་ཀྱི་སྡོམ་པ་དེ་དགེ་སློང་ཕའི་སྡོམ་པ་ཡིན་པའི་ཕྱིར། དབྱིག་གཉེན་གྱི་བཤད་པ་དེ་རང་བཞིན་ཐུགས་དྲན་སོས་ན་དེ་ཀས་ཚོག་གོ །

གཉིས་པ་བསླབ་བྱའི་གྲངས་ལ་འཁྲུལ་པ་དགག་པ་ལ། འདོད་པ་བརྗོད་པ་དང་། དེ་དགག་པ་གཉིས། དང་པོ་ནི། ལ་ལ་བསྙེན་རྫོགས་སོགས་ཚིགས་བཅད་གཉིས་ཏེ། ཕྱོགས་སྔ་མ་ནི། པཎ་ཆེན་ཤཱཀྱའི་མཚན་ཅན་ནོ། །གཉིས་པ་ནི། དངོས་གཞི་གསོལ་བཞིའི་ལས་བྱེད་པའི་སྐབས་མ་གཏོགས་ཡོངས་སུ་དག་པ་དང་། གསོལ་བ་མངོན་གྱུར་དང་མཁན་པོ་མངོན་གྱུར་སོགས་ཆོ་གའི་སྐབས་གཞན་ལ་ཡང་། བསླབ་བྱ་གསུམ་ལས་མང་བ་འཇུག་ཏུ་རུང་བར་འགྱུར་ཏེ། ཆོ་གའི་སྐབས་གཞན་ལ་ལས་བརྒྱ་རྩ་གཅིག་མེད་པའི་ཕྱིར་ཞེས་པའི་རིགས་པའམ་རྒྱ་མཚན་ཀུན་ཏུ་མཚུངས་པས་སོ། །སྤྱིར་འདུལ་བར་གསུངས་པའི་ལས་ལ་བརྒྱ་རྩ་གཅིག་ཏུ་ངེས་པ་ནི་མེད་དེ། དགེ་འདུན་ལ་རབ་བྱུང་ཞུ་བ་སོགས་ཀྱང་ལས་སུ་གསུངས་པའི་ཕྱིར་རོ། །བསླབ་བྱ་གསུམ་ལས་མང་བ་ལ་རབ་བྱུང་བྱེད་པའི་ལག་ལེན་འདི་ནི། རྗེ་བཙུན་གོང་མའི་བཞེད་སྲོལ་དང་ཡང་འགལ་ཏེ། རྗེ་བཙུན་རྩེ་མོ་དང་། ས་པཎ་གཉིས་ཆར་གྱིས། ཉན་ཐོས་ཀྱི་བསྟན་པ་བསླབ་པའི་དུས་ནུབ་ཀྱང་། ལུང་གི་དུས་མ་ནུབ་པས་གཟུགས་བརྙན་ཙམ་ཡོད་པའི་དཔེར་བརྗོད་དུ། རབ་བྱུང་བསྙེན་རྫོགས་བྱེད་པའི་ཚེ་བསླབ་བྱའི་གྲངས་གསུམ་ལས་མང་བ་མི་འཇུག་པ་བཀོད་པར་གྱུར་ཀྱང་། ད་ནི་འདི་ལའང་བཀལ་ཏེ་ཀྱི་མ་བསྟན་པ་གཟུགས་བརྙན་ཙམ་ཡང་མེད་པ་འདི་ལྟར་དུ་གྱུར་ཏོ། །ཞེས་དུཿཁའི་གནས་སུ་བྱས་པའོ། །འདུལ་འཛིན་དུ་རློམ་པ་ཁ་ཅིག །བསླབ་བྱ་གསུམ་ཚན་མང་པོ་ཐག་པས་བཅད་ནས་མཁན་སློབ་དགེ་འདུན་གྱི་ཆོ་ག་བྱས་པས། དེ་དག་ལ་སྐབས་གཅིག་ཏུ་སྡོམ་པ་སྐྱེ་བར་འདོད་པའི་ལུགས་བསྙེན་རྫོགས་ཐག་བརྒྱ་མར་གྲགས་པ་དེ་ཡང་མི་འཐད་དེ། གསོལ་བཞིའི་ལས་བྱེད་པའི་ཚེ་བསླབ་བྱ་དང་དགེ་འདུན་གཉིས། རགས་པ་མཚམས་གཞན་རྩིག་པ་དང་། མེ་དང་ཆུ་ལ་སོགས་པ་དང་། ཕྲ་བ་མཚམས་གཞན་རྫུ་འཕྲུལ་གྱིས་ནམ་མཁའ་ལ་འདུག་པ་ལྟ་བུའི་

ཡང་བར་མ་ཆོད་པ་ཞིག་དགོས་པ་ལས། ཐག་པས་བར་ཆོད་པའི་ཕྱིར་རོ། །

གཉིས་པ་མ་ནོར་བའི་གཞན་བསྟན་པ་ནི། ཐར་པའི་རྒྱུར་གྱུར་པའི་སོ་ཐར་ཉམས་སུ་ལེན་པར་འདོད་ན་འདུལ་བ་ལས་གསུངས་པའི་ཆོ་ག་ཇི་ལྟ་བ་དང་། བསམ་པ་ཐེག་ཆེན་གྱི་བསམ་པས་ཟིན་པའི་སྒོ་ནས་ལེན་རིགས་ཏེ། དེ་ལྟར་བྱས་ན་བྱང་སེམས་སོ་སོར་ཐར་པའི་སྡོམ་པར་འགྱུར་བའི་ཕྱིར་ཏེ། རབ་དབྱེ་ལས། དེས་ན་ད་ལྟའི་ཆོ་ག་ནི། །བསམ་པ་སེམས་བསྐྱེད་ཀྱིས་ཟིན་པའི། །ཆོ་ག་ཉན་ཐོས་ལུགས་བཞིན་གྱིས། །སོ་སོ་ཐར་པ་རིགས་བརྒྱད་པོ། །བྱང་སེམས་སོ་སོར་ཐར་པར་འགྱུར། །ཞེས་གསུངས་པའི་ཕྱིར། ཡང་ན་དེང་སང་ཐེག་ཆེན་ཐུན་མོང་མ་ཡིན་པའི་སོ་ཐར་ལེན་འདོད་ན། བྱང་ཆུབ་སྙིང་པོར་མཆིས་ཀྱི་བར། །སངས་རྒྱས་རྣམས་ལ་སྐྱབས་སུ་མཆི། །ཞེས་སོགས་དབུ་མ་ལུགས་ཀྱི་སེམས་བསྐྱེད་ཀྱི་སྔོན་དུ་ལེན་པའི་སྐྱབས་འགྲོའི་སྡོམ་པ་དོན་ལ་བྱང་ཆུབ་སྙིང་པོའི་མཐའ་ཅན་གྱི་ཡོངས་རྫོགས་དགེ་བསྙེན་གྱི་སྡོམ་པ་ཐོབ་པ་འདི་ཉིད་དམ། དོན་ཞགས་རྫོགས་པ་ནས་བཤད་པའི་ཉིན་ཞག་གི་མཐའ་ཅན་གྱི་གསོ་སྦྱོང་རང་གིས་བླང་བའི་སྡོམ་པ་ལེན་པར་རིགས་ཏེ། རབ་དབྱེ་ལས། གསོ་སྦྱོང་རང་གིས་བླང་བ་སོགས། །ཆོ་གའི་ལག་ལེན་འགའ་ཞིག་ཡོད། །ཅེས་བཤད་མ་ཐག་པ་གཉིས་པོ་དེ་དེང་སང་མ་ནུབ་པའི་ཐེག་ཆེན་ཐུན་མོང་མ་ཡིན་པའི་སོ་ཐར་དུ་བཤད་པའི་ཕྱིར། སོ་ཐར་སྡོམ་པའི་སྐབས་ཀྱི་རྣམ་པར་བཤད་པ་བསྟན་ཟིན་ཏོ།། །།

ལྷག་བསམ་སེམས་བསྐྱེད་སྨན་མཆོག་བདུད་རྩི་ཡིས། །འགྲོ་བའི་ནད་ཆེན་སྡུག་བསྔལ་དཔག་མེད་པ། །སེལ་མཛད་འཛམ་པའི་དབྱངས་དང་མི་ཕམ་མགོན། །ཐེག་ཆེན་ལམ་གྱི་བཀའ་བབས་ཟུང་དེ་རྒྱལ། །གཉིས་པ་བྱང་སེམས་སྡོམ་པའི་སྐབས་ལ་བཞི་སྟེ། རྣམ་གཞག་སྤྱིར་བསྟན། ཉམས་ལེན་གྱི་གཙོ་བོ་ངོས་བཟུང་། དེ་ལ་ལོག་པར་རྟོག་པ་དགག་པ། གཞན་གྱི་དོན་བསྒྲུབས་ཏེ་བསྟན་པའོ། །དང་པོ་ནི། བྱང་སེམས་སྡོམ་པ་ཆོས་ཅན། ཁྱོད་ཀྱི་ཉམས་ལེན་གྱི་དངོས་གཞི་ཡོད་དེ། དབུ་སེམས་ཀྱི་སྲོལ་གཉིས་སམ། བརྒྱུད་པའི་ཁྱད་པར་གཉིས་ལྡན་དང་། དབང་གི་སྔ་གོན་དང་། འཇུག་པའི་སྐབས་སུ་འབྱུང་བའི་ཐུན་མོང་མ་ཡིན་པའི་སེམས་བསྐྱེད་ལྟ་བུ། རྒྱུད་སྡེ་ལས་གསུངས་པའི་ཆོ་ག་ལས་ཐོབ་ཀྱང་རུང་། སྨོན་འཇུག་གི་སེམས་བསྐྱེད་ཐོབ་ནས། ཉེས་སྤྱོད་སྡོམ་པའི་ཚུལ་ཁྲིམས། དགེ་བ་ཆོས་སྡུད་ཀྱི་ཚུལ་ཁྲིམས། སེམས་ཅན་དོན་བྱེད་ཀྱི་ཚུལ་ཁྲིམས་དང་གསུམ་ཇི་ལྟ་བ་བཞིན་བསྲུང་བ་ནི་ཁྱོད་ཀྱི་ཉམས་ལེན་གྱི་དངོས་གཞི་ཡིན་པའི་ཕྱིར། ལུགས་འདི་སྨོན་པ་སེམས་བསྐྱེད་དང་། འཇུག་པ་སེམས་བསྐྱེད་གཉིས་ནི་ཡིན་ཁྱབ་མཉམ་ཡིན་ཏེ། སྨོན་པའི་སེམས་ཙམ་དང་། འཇུག་པའི་སེམས་ཙམ་དེ་བསླབ་པས་མ་ཟིན་ཀྱང་སེམས་བསྐྱེད་མཚན་ཉིད་པ་བསླབ་པས་ཟིན་པ་འབའ་ཞིག་ཡིན་པའི་ཕྱིར་དང་།

བསླབ་པས་ཟིན་པ་གཞིར་བཞག་ལ། བྱང་ཆུབ་ཐོབ་པའི་ཆེད་དུ་ལམ་ལ་སློབ་པར་འདོད་པའི་འདུན་པ་མཚུངས་ལྡན་དང་བཅས་པ་ལ་སྨོན་པ་སེམས་བསྐྱེད་དང་། དེ་ཐོབ་པའི་ཆེད་དུ་ལམ་ལ་སློབ་པའི་སེམས་དཔའ་མཚུངས་ལྡན་དང་བཅས་པ་ལ། འཇུག་པ་སེམས་བསྐྱེད་དུ་འཇོག་པ་གཞུང་ལུགས་ཀྱི་དགོངས་པ་ཡིན་པའི་ཕྱིར། འོ་ན་སེམས་ཙམ་ལུགས་ཀྱི་འཇུག་པ་སེམས་བསྐྱེད་ལེན་ཁ་མའི་རྒྱུད་ཀྱི་སྨོན་པ་སེམས་བསྐྱེད་ཆོས་ཅན། འཇུག་པ་སེམས་བསྐྱེད་ཡིན་པར་ཐལ། སྨོན་པ་སེམས་བསྐྱེད་ཡིན་པའི་ཕྱིར། གཏན་ཚིགས་གྲུབ་སྟེ། སེམས་ཙམ་ལུགས་ཀྱི་འཇུག་པ་སེམས་བསྐྱེད་ལེན་པ་ལ་སྨོན་པ་སེམས་བསྐྱེད་སྔོན་དུ་འགྲོ་དགོས་པའི་ཕྱིར། འདོད་མི་ནུས་ཏེ། འཇུག་པ་སེམས་བསྐྱེད་ལེན་ཁ་མའི་རྒྱུད་ཀྱི་སེམས་བསྐྱེད་ཡིན་པའི་ཕྱིར་རོ་སྙམ་ན་སྐྱོན་མེད་དེ། དེ་སེམས་ཙམ་ལུགས་ཀྱི་འཇུག་པ་སེམས་བསྐྱེད་མ་ཡིན་ཡང་། སྤྱིར་འཇུག་པ་སེམས་བསྐྱེད་ཡིན་པའི་ཕྱིར་དང་། འཇུག་པ་སེམས་བསྐྱེད་ལེན་ཁ་མ་དང་། དེ་གསར་དུ་སྐྱེ་ཁ་མ་གཉིས་དོན་མི་གཅིག་པའི་རྣམ་དབྱེ་ཡང་ཤེས་དགོས་པའི་ཕྱིར་རོ། །གཉིས་པ་ནི། ཉམས་ལེན་གྱི་གཙོ་བོ་བདག་གཞན་བརྗེ་བའི་བྱང་སེམས་དང་། སྤྲོས་བྲལ་སྟོང་ཉིད་རྟོགས་པའི་ཤེས་རབ་གཉིས་ཟུང་འབྲེལ་དུ་ཉམས་སུ་ལེན་པ་ཡིན་ཏེ། ལྟ་སྤྱོད་ཟུང་འབྲེལ་དེ་ལ་བརྟེན་ནས་ཕ་རོལ་ཏུ་ཕྱིན་པའི་ས་ལམ་བགྲོད་པར་འགྱུར་བའི་ཕྱིར།

གསུམ་པ་ལོག་རྟོག་དགག་པ་ལ་གཉིས་ཏེ། སྤྱོད་པ་ལ་ལོག་རྟོག་དགག་པ་དང་། ལྟ་བ་ལ་ལོག་རྟོག་དགག་པའོ། །དང་པོ་ལ་གསུམ་སྟེ། ཕྱོགས་སྔ་མ་བརྗོད། དེ་དགག མ་འཁྲུལ་པའི་གནད་བསྟན་པའོ། །དང་པོ་ནི། དེ་ལ་ཁ་ཅིག་ཅེས་སོགས་ཚིགས་བཅད་གཅིག་སྟེ། རྗེ་བཙུན་ཙོང་ཁ་པས། ལམ་རིམ་འབྲིང་པོ་ལས་དེ་ལྟར་བཤད་དོ། །གཉིས་པ་ལ་གསུམ་སྟེ། མགོ་མཚུངས་ཀྱི་རིགས་པས་དགག །ཁས་བླངས་འགལ་བས་དགག་ལུང་དང་འགལ་བས་དགག་པའོ། །དང་པོ་ནི། འོ་ན་གཅེས་འཛིན་བརྗེ་བ་ཡང་མི་འཐད་པར་འགྱུར་ཏེ། བྱང་སེམས་སོ་སྐྱེ་ཕལ་ཆེ་བས་གཅེས་འཛིན་དངོས་སུ་བརྗེ་བར་མི་ནུས་པའི་ཕྱིར། གཉིས་པ་ནི། ཁོ་ན་རེ། སྐྱོན་མེད་དེ། དངོས་སུ་བརྗེ་མི་ནུས་ཀྱང་། བློའི་སྟེང་དུ་གཅེས་འཛིན་བརྗེ་བ་ཡིན་ནོ། །ཞེས་དང་། བདེ་སྡུག་ཀྱང་བློའི་སྟེང་དུ་བརྗེ་བ་མཚུངས་ཏེ། རང་གི་བདེ་བ་དང་གཞན་གྱི་སྡུག་བསྔལ་གཉིས་བློའི་སྟེང་དུ་མ་གཏོགས་དངོས་སུ་བརྗེ་བ་མེད་པའི་ཕྱིར་ཏེ། སངས་རྒྱས་ཀྱིས་ཀྱང་རང་རྒྱུད་ཀྱི་རྟོགས་པ་གཞན་རྒྱུད་ལ་དངོས་སུ་སྤོ་མི་ནུས་པའི་ཕྱིར། གལ་ཏེ་བློ་ལ་བདེ་སྡུག་མི་བརྗེ་ན། །བློ་ལ་གཅེས་འཛིན་བརྗེ་བ་ཡང་འགལ་ཏེ། ཁ་ཟས་གཞན་ལ་མ་བྱིན་པ་རང་ཉིད་གཅིག་པུས་ཕག་ཏུ་ཟོས་པ་ན་བློ་ཡུལ་དུ་ཡང་གཞན་ལ་སྟེར་འདོད་མ་བྱས་པ་ཡིན་ནོ། །

གསུམ་པ་ལུང་དང་འགལ་བ་ནི། དགེ་སྡིག་མི་བརྗེ་བ་ཀླུ་སྒྲུབ་ཀྱི་ལུང་དང་འགལ་ཏེ། རིན་ཆེན་ཕྲེང་བ་ལས། བདག་ལ་དེ་དག་སྡིག་སྨིན་ཞིང་། །བདག་དགེ་མ་ལུས་དེར་སྨིན་ཤོག །ཅེས་གསུངས་པ་དང་དངོས་སུ་འགལ་བའི་ཕྱིར། བདེ་སྡུག་མི་བརྗེ་བ་ནི་སྤྱོད་འཇུག་དང་འགལ་ཏེ། བདེ་སྡུག་བརྗེ་བའི་ཉམས་ལེན་མ་བྱས་ན་མཐར་ཐུག་སངས་རྒྱས་དང་། གནས་སྐབས་འཁོར་བའི་བདེ་འབྲས་ཕུན་སུམ་ཚོགས་པ་འབྱུང་བ་མེད་པར་ལུང་དེས་བསྟན་པའི་ཕྱིར། སྤྱོད་འཇུག་གི་ལུང་དོན་དེ་ཉིད་ལ་བརྟེན་པའི་རིགས་པའི་གནོད་བྱེད་ཀྱང་ཡོད་དེ། བདེ་སྡུག་བརྗེ་བ་འགོག་པའི་གྲུབ་མཐའི་ཞལ་འཛིན་བརྒྱུད་པ་དང་བཅས་པ་ཆོས་ཅན། ཁྱོད་ལ་མཐར་ཐུག་སངས་རྒྱས་དང་། གནས་སྐབས་འཁོར་བའི་ཕུན་ཚོགས་འབྱུང་བ་མེད་པར་ཐལ། ཁྱོད་བདེ་སྡུག་བརྗེ་བ་གཏན་མི་བཞེད་པའི་ཕྱིར། རྟགས་གྲུབ་མཐའ་ལ་སོང་། ཁྱབ་པ་ལུང་གིས་བཅས། ཆོས་དང་མཐུན་པའི་ལན་གང་ལ་འདེབས་སོམས་ཤིག །གསུམ་པ་ནི། མདོར་ན་བློ་ལ་འདོད་མི་འདོད་གཉིས་སུ་ཕྱེ་བའི་འདོད་པ་བདེ་བ་དང་དགེ་བ་ཀུན་གཞན་ལ་སྟེར་ཞིང་། མི་འདོད་པ་སྡིག་སྡུག་གཏམ་ངན་ཀུན་རང་གིས་ལེན་པ་གོམས་པའི་ཉམས་ལེན་འདི་ནི་ཆོས་ཅན། ལུང་རིགས་མན་ངག་གིས་གྲུབ་ཅིང་གཏན་ལ་ཕབ་པའི་ཆོས་གཤའ་མ་ཡིན་ཏེ། ལུང་དབྱུག་པ་གསུམ་གྱི་ཕྲེང་བ་ནམ་མཁའི་སྙིང་པོའི་མདོ། དྲི་མ་མེད་པར་གྲགས་པའི་མདོ་དང་། རིགས་པ་བསླབ་བཏུས་སྤྱོད་འཇུག །སློབ་དཔོན་རྟ་དབྱངས་ཀྱིས་མཛད་པའི་མདོ་སྡེ་རྒྱན་ལ་སོགས་པའི་དགོངས་པ། དཔལ་ལྡན་ཨ་ཏི་ཤས་བློ་སྦྱོང་དོན་བདུན་མ་ལ་སོགས་པ་ཟབ་དོན་ཉམས་ཁྲིད་ཀྱི་སྒོ་ནས་བཤེས་གཉེན་འབྲོམ་སྟོན་པ་ཉིད་ལ་གདམས་ཞིང་གནང་བའི་ཟབ་ཆོས་ཡིན་པའི་ཕྱིར། འདི་ནི་རབ་དབྱེ་ལས། བཀའ་གདམས་གདམས་ངག་ལུགས་གཉིས་དང་། ཞེས་བཤད་པའི་ལུགས་དང་པོ་འབྲོམ་ལུགས་སུ་གྲགས་པ་དེ་ཡིན་ལ།

ལུགས་གཉིས་པ་ནི། ཇོ་བོས། འཁོར་བ་འབྱུང་བཟློག་ཙམ་པའི་སྐྱེས་བུ་གསུམ་གྱི་ལམ་རིམ་ཁྲིད་པར་ཅན་དགེ་བཤེས་དགོན་པ་བ་ལ་གནང་ཞིང་། དེ་ནས་དགེ་བཤེས་སྣེའུ་ཟུར་པ་སོགས་ལས་བརྒྱུད་པ་དེ་ཡིན་ནོ། །ཁ་ཅིག་གཞུང་གདམས་ངག་ལུགས་གཉིས་ཀྱི་ཟླ་ལ་འགྲན་པ་ནི་མི་འཐད་དེ། དེ་ནི་མདོ་སྡེ་རྒྱན་ལ་སོགས་པའི་གཞུང་དྲུག་ལ་ཉན་བཤད་གཙོ་བོར་སྐྱོང་མཁན་ཡིན་གྱིས། གཞུང་དོན་གདམས་ངག་ཏུ་དྲིལ་ནས་འཆད་པའི་ཁྲིད་ལུགས་མ་ཡིན་པའི་ཕྱིར། འབྲོམ་ལུགས་ཀྱི་གདམས་ངག་དེ་ནི་ཕྱི་ནས་གངས་རིའི་ཁྲོད་འདིར་ཤིན་ཏུ་འཕེལ་ཏེ། སྤྱན་སྔ་བ་སོགས་སྐུ་མཆེད་གསུམ་ལས་བརྒྱུད་དེ་དེང་སང་གི་བར་དུ་ཡང་དར་བར་ཡོད་ཅིང་། ཤཱཀ་ཐུབ་ལ་སོགས་པའི་ཡི་དམ་ལྷ་བཞི་བསྒོམས་པའི་ཚུལ་ཞིབ་ཏུ་བཤད་པའང་མང་དུ་མཐོང་ངོ་། །བདག་གཞན་བརྗེ་བ་ཉམས་ཁྲིད་དུ་སྐྱོང་བ་འདི་ནི་རྗེ་བཙུན་ས་སྐྱ་པ་ཡབ་སྲས་ཀྱི་ཕྱག་ལེན་ཡང་ཡིན་ཏེ། རྗེ་བཙུན་མཆོག་རྣམས

ལ་བཀའ་བབས་པའི་རྣལ་འབྱོར་དབང་ཕྱུག་བིར་པའི་མན་ངག་ལམ་འབྲས་བུ་དང་བཅས་པ་དང༌། སྤྲོས་མེད་ལམ་གྱི་ཁྲིད་རིམ་གཉིས་ཀ་ལས། སྔོན་འགྲོ་སྣང་གསུམ་དང༌། མཉམ་མེད་སྙིང་རྗེའི་རྣལ་འབྱོར་སོགས་ཀྱི་སྐབས་སུ་བདག་གཞན་བརྗེ་བའི་ཉམས་ལེན་གསལ་བར་བཤད་ཅིང༌། དེ་དང་རྗེ་བོ་བཀའ་གདམས་པའི་བཀའ་སྲོལ་གཉིས་ཁྱད་པར་མེད་པ་བསྟན་པའི་སྙིང་པོ་ཡིན་པའི་ཕྱིར་ན། མོས་པ་ཙམ་ལའང་བྱིན་རླབས་འབྱུང་བས། མཐའ་ན་མོས་པའི་སྒོ་ནས་ཀྱང་བག་ཆགས་བཞག་པར་རིགས་སོ། །

གཉིས་པ་ལྟ་བ་ལ་ལོག་རྟོག་དགག་པ་ལ་གཉིས་ཏེ། ཐོས་བསམ་གྱི་ངེས་ཤེས་བསྐྱེད་ཚུལ་ལ་ལོག་རྟོག་དགག །བསྒོམས་པས་ཉམས་སུ་བླང་ཚུལ་ལ་ལོག་རྟོག་དགག་པའོ། །དང་པོ་ལ་བཞི་སྟེ། དོན་དམ་པར་མཐའ་བཞི་སྤྲོས་བྲལ་མི་འདོད་པ་དགག །ཀུན་རྫོབ་མཐའ་བཞི་སྤྲོས་བྲལ་དུ་སྨྲ་བ་དགག །བྱེད་པའི་སྐྱེས་བུའི་རྣམ་གྲངས་ལ་ཡོད་མེད་སོ་སོར་ཕྱེ་བ་དགག །ཆོས་དང་གང་ཟག་གི་བདག་ཐ་སྙད་དུ་ཡོད་པ་དགག་པའོ། །དང་པོ་ལ་གཉིས་ཏེ། ཕྱོགས་སྔ་མ་བརྗོད་པ་དང༌། དེ་དགག་པའོ། །དང་པོ་ལ། མཐའ་བཞི་སྤྲོས་བྲལ་མི་རུང་བའི་ཚུལ། དབུ་མའི་ལྟ་བ་ངོས་འཛིན་པའི་ཚུལ། ཐེག་གསུམ་རྟོགས་བྱའི་ལྟ་བ་ལ་ཁྱད་པར་མེད་ཚུལ། ཐལ་རང་གཉིས་ཀྱི་དགག་བྱ་ལ་ཕྲ་རགས་འབྱེད་ཚུལ། བློས་གང་དུ་ཞེན་ཀྱང་འགོག་པར་འདོད་པ་ལོག་རྟོག་ཡིན་ཚུལ། དགག་པ་གཉིས་ཀྱི་རྣལ་མ་གོ་བའི་ཚུལ་དང་དྲུག་ཡོད་པའི་དང་པོ་ནི། ཁ་ཅིག་སོགས་རྐང་པ་གསུམ། གཉིས་པ་ནི། རིགས་པས་སོགས་རྐང་པ་གསུམ། གསུམ་པ་ནི། ཐེག་པ་སོགས་རྐང་པ་གཉིས། བཞི་པ་ནི། བདེན་ཚད་སོགས་ཚིགས་བཅད་གཉིས། ལྔ་པ་ནི། དགག་བྱའི་ཁྱད་པར་སོགས་ཚིགས་བཅད་གཉིས། དྲུག་པ་ནི། བདེན་པར་མེད་པ་སོགས་ཚིགས་བཅད་གཅིག །

གཉིས་པ་དེ་དགག་པ་ནི། ལྟ་བའི་སྐྱོན་མ་འདི་དག་ནི། །ལུང་དང་རིགས་པས་དགག་པར་བྱ། །ཞེས་དམ་བཅས་ནས། དགག་པའི་ཚུལ་དངོས་ལ་ལྔ་སྟེ། མཐའ་བཞི་སྤྲོས་བྲལ་རྒྱ་ནག་གི་ལྟ་བར་འདོད་པ་དགག །བདེན་པ་བཀག་ཙམ་ལྟ་བ་མཐར་ཐུག་ཏུ་འདོད་པ་དགག །ཐེག་གསུམ་རྟོགས་བྱའི་ལྟ་བ་ལ་ཁྱད་པར་མེད་པ་དགག །ཐལ་རང་གཉིས་ཀྱི་དོན་དམ་གྱི་ལྟ་བ་ལ་ཁྱད་པར་ཡོད་པ་དགག །དབུ་མའི་ལྟ་བ་འཚོལ་བའི་ཚེ་དགག་པ་གཉིས་ཀྱི་རྣལ་མ་གོ་བ་དགག་པའོ། །དང་པོ་ནི། ངེད་ཀྱི་ལུགས་ཀྱི་སྤྲོས་བྲལ་གྱི་ལྟ་བ་ནི། རྒྱ་ནག་གི་ཧྭ་ཤང་དང་གཏན་མི་གཅིག་སྟེ། རྒྱ་ནག་གི་རིགས་པས་ཡེ་མ་དཔྱད་པ་རང་དགར་རྟོག་པ་བཀག་ཙམ་ལ་ལྟ་བ་བསྒོམ་པར་རློམ་ལ། ལུགས་འདི་ནི་རྟེན་འབྲེལ་ལ་སོགས་པའི་རིགས་པས་དཔྱད་པའི་ཚེ་ཡུལ་མཐའ་བཞིའི་སྤྲོས་པ་མ་རྙེད་པས་ཡུལ་ཅན་མཐའ་གང་དུ་ཡང་འཛིན་པ་མེད་པའི་ཤེས་རབ་ལ་དབུ་མའི་ལྟ་བར་སྨྲ་བ་ཡིན་

པས་དེ་གཉིས་ཡེ་མི་མཚུངས་པ་ལ། མཚུངས་ཞེས་སྨྲ་བ་སྟོང་ཉིད་སྟོང་བའི་བདུད་ཚིག་ཡིན་པའི་ཕྱིར། དཔེར་ན་རྒྱུ་མཚན་མེད་བཞིན་དུ་སྒྲ་མི་རྟག་པར་འཛིན་པ་དང་། བྱས་རྟགས་སོགས་རྒྱུ་མཚན་རྣམ་དག་ལས་སྒྲ་མི་རྟག་པར་འཛིན་པ་གཉིས་མིང་མཚུངས་ཀྱང་སྔ་མ་དེ་ཡང་དག་པའི་ཤེས་པ་མ་ཡིན་ལ། ཕྱི་མ་ཡང་དག་པའི་ཤེས་པ་ཡིན་པའི་ཁྱད་པར་ཤིན་ཏུ་ཆེ་བ་བཞིན་ནོ། །ཀུན་མཁྱེན་བླ་མའི་གསུང་གི་གནད་འདི་རང་གཞན་དཔྱོད་པར་ལྡན་པ་ཀུན་གྱིས་སྙིང་དཀྱིལ་དུ་འཆང་བ་གཅེས་སོ། །གནོད་བྱེད་ཀྱི་སྐྱོན་གཞན་ཡང་མདོ་དཀོན་མཆོག་བརྩེགས་པ་ལས། འོད་སྲུང་གང་ཡོད་ཅེས་བྱ་བ་ནི་མཐའ་གཅིག་གོ། །མེད་ཅེས་བྱ་བ་ནི་མཐའ་གཅིག་གོ༑ ༑གང་མཐའ་གཉིས་ཀྱི་དབུས་དེ་ནི་གཟུང་དུ་མེད་ཅིང་བསྟན་དུ་མེད་པ་དབུ་མའི་ལམ་ལ་སོ་སོར་རྟོག་པའོ། །ཞེས་གསུངས་པ་ཡང་རྒྱ་ནག་གི་ལྟ་བ་དང་ཁྱད་མེད་དུ་འགྱུར་ཏེ། ལུང་དེའི་དོན། ཡོད་མེད་གཉིས་པོ་མཐའ་རེ་རེར་བྱས་ནས། མཐའ་གཉིས་དང་བྲལ་བའི་དབུས་དེ་དབུ་མ་དང་། དབུ་མ་དེ་ཡང་བློས་བསྟན་དུ་མེད་ཅིང་ཚིག་གིས་བརྗོད་དུ་མེད་པར་གསུངས་པའི་ཕྱིར། ཡང་མདོ་ཏིང་འཛིན་རྒྱལ་པོ་ལས། གཙང་དང་མི་གཙང་འདི་ཡང་མཐའ་ཡིན་ཏེ། །སྟོང་དང་མི་སྟོང་འདི་ཡང་མཐའ་ཡིན་ཏེ། །དེ་ལྟར་མཐའ་གཉིས་རྣམ་པར་སྤངས་ནས་ནི། །མཁས་པས་དབུས་ལའང་གནས་པར་མི་བྱའོ། །ཞེས་གསུངས་པ་ཡང་རྒྱ་ནག་གི་ལུགས་སུ་འགྱུར་ཏེ། ལུང་དེའི་དོན། ཡོད་མེད་གཙང་མི་གཙང་སོགས་མཐའ་གཉིས་ཐམས་ཅད་ཐོག་མར་སྤངས་ནས། རྗེས་མཐའ་གཉིས་དང་བྲལ་བའི་དབུས་མ་ཡང་མི་གནས་པར་གསུངས་པའི་ཕྱིར། ཡང་ཡུམ་ལས། གཟུགས་སྟོང་ཞེས་བྱ་བར་སྤྱོད་ན་མཚན་མ་ལ་སྤྱོད་དོ། །གཟུགས་མི་སྟོང་ཞེས་བྱ་བར་སྤྱོད་ན་མཚན་མ་ལ་སྤྱོད་དོ། །ཞེས་དང་། ཡང་དག་སྦྱོར་བའི་རྒྱུད་ལས། སྟོང་པ་བསྒོམ་པར་མི་བྱ་སྟེ། །ཞེས་སོགས་གསུངས་པ་ཡང་རྒྱ་ནག་གི་ལུགས་སུ་འགྱུར་ཏེ། ལུང་དང་པོའི་དོན། སྟོང་མི་སྟོང་དུ་ཞེན་པ་ཐམས་ཅད་མཚན་འཛིན་ཡིན་པ་དང་། ལུང་གཉིས་པའི་དོན། སྟོང་མི་སྟོང་དུ་ཞེན་ན་བསྒོམ་པ་ཐམས་ཅད་བསྒོམ་སྐྱོན་ཅན་ཡིན་པས། རྟོག་པ་ཞུང་མིན་ཏེ་སླར་ཡང་རྣམ་རྟོག་མང་པོ་སྐྱེ་བར་འགྱུར་རོ་ཞེས་གསུངས་པའི་ཕྱིར། འདིར་རིགས་པས་གཏན་འབེབས་དང་། བསྒོམ་གྱི་སྐབས་གཉིས་ལྟ་བའི་ངོས་འཛིན་ལ་གནད་ཅུང་ཟད་མི་འདྲ་བའི་ཁྱད་པར་སླ་དགོས་ཏེ། རིགས་པས་གཏན་འབེབས་ཀྱི་ཚེ་བདེན་མེད་དུ་མངོན་པར་ཞེན་པའི་བློ་དང་དབུ་མའི་ལྟ་བ་སྐྱོན་མེད་ཀྱི་གཞི་མཐུན་ཡོད་ལ༑ སྒོམ་བྱུང་གི་ཚེ་བདེན་མེད་དུ་མངོན་པར་ཞེན་ན། དབུ་མའི་ལྟ་བ་སྐྱོན་ཅན་དུ་སོང་བས། ལམ་གོང་མ་བགྲོད་པའི་གེགས་སུ་འགྱུར་བའི་ཕྱིར། དེ་ཡང་རྟེན་འབྲེལ་དང་གཅིག་དུ་བྲལ་སོགས་མཐའ་དང་པོ་འགོག་བྱེད་ཀྱི་རིགས་པའི་རྟགས་ལས་མྱུ་གུ་བདེན་མེད་དུ་རྟོགས་པའི་བསམ་བྱུང་གི་ཤེས་རབ་ནི། མྱུ་གུ་བདེན་མེད་

དུ་མངོན་པར་ཞེན་པ་ལས་མ་འདས་ཀྱང་། ཐོས་བསམ་གྱི་དབུ་མའི་ལྟ་བ་སྐྱོན་མེད་ཡིན་ཏེ། བདེན་འཛིན་གྱི་རྩེ་འཛིལ་བྱེད་ཀྱི་སྙིང་པོར་གྱུར་པའི་བདག་མེད་རྟོགས་པའི་ཤེས་རབ་དང་པོ་ཡིན་པའི་ཕྱིར། ལྟ་བ་འདི་ཙམ་ནི་རི་བོ་དགེ་ལྡན་པ་རྣམས་ལ་ཡང་ཡོད་པར་སེམས་སོ། །བསྒོམ་པས་ཉམས་སུ་ལེན་པའི་ཚེ། སྔར་དབུ་མའི་རིགས་པས་མཐའ་བཞིའི་སྤྲོས་པ་རིམ་གྱིས་བཀག་སྟེ། སྤྲོས་བྲལ་གོ་ཡུལ་དུ་ཙུང་ཟད་རྟོགས་པའི་ཤེས་རབ་ཀྱི་རྒྱུན་དེ་ཉིད།

ཞི་གནས་དང་ཟུང་འབྲེལ་དུ་བསྒོམ་པ་ནི། བསྒོམ་རྣམ་དག་ཡིན་ཞིང་། བསྒོམ་དེ་ལས་བྱུང་བའི་ཤེས་རབ་དེ་ཡང་། བསྒོམ་བྱུང་གི་དབུ་མའི་ལྟ་བ་སྐྱོན་མེད་ཡིན་ལ། བདེན་པ་དང་བདེན་མེད་སོགས་སུ་ཞེན་ནས་བསྒོམ་པ་ཐམས་ཅད་བསྒོམ་སྐྱོན་ཅན་དང་། དེ་ལྟ་བུའི་བསྒོམ་བྱུང་གི་ཤེས་རབ་དེ་ཡང་ལྟ་བ་སྐྱོན་ཅན་ཡིན་པས། ཐར་པ་དང་ཐམས་ཅད་མཁྱེན་པ་ཐོབ་བྱེད་ཀྱི་ལམ་དུ་མི་འགྱུར་ཏེ། རྒྱུད་ལས། སྟོང་པ་བསྒོམ་པར་མི་བྱ་སྟེ། །ཞེས་སོགས་དང་། མདོ་སྡུད་པ་ལས། ཕུང་འདི་སྟོང་ཞེས་རྟོག་ནའང་བྱང་ཆུབ་སེམས་དཔའ་ནི། །མཚན་མ་ལ་སྤྱོད་སྐྱེ་མེད་གནས་ལ་དད་མ་ཡིན། །ཞེས་དང་། མངོན་རྟོགས་རྒྱན་ལས། གཟུགས་སོགས་ཕུང་པོ་སྟོང་ཉིད་དང་། །དུས་གསུམ་རྟོགས་པའི་ཆོས་རྣམས་དང་། །སྦྱིན་སོགས་བྱང་ཆུབ་ཕྱོགས་རྣམས་ལ། །སྤྱོད་པའི་འདུ་ཤེས་མི་མཐུན་ཕྱོགས། །ཞེས་གསུངས་པ་ཡང་འདི་འདྲའི་རིགས་ཅན་ལ་དགོངས་སོ། །དེས་ན། བདེན་མེད་སོགས་སུ་མངོན་པར་ཞེན་པའི་བསྒོམ་བྱུང་གི་ཤེས་རབ་ནི། བདེན་འཛིན་དང་འཛིན་སྟངས་ཙུང་ཟད་འགལ་ཡང་དབུ་མའི་ལྟ་བ་མིན་ཏེ། ལམ་གྱི་མི་མཐུན་ཕྱོགས་སུ་གྱུར་པའི་མཚན་འཛིན་ཡིན་པའི་ཕྱིར། ཐོས་བསམ་གྱི་སྐབས་ལ་ནི་མི་མཚུངས་ཏེ། བསྒོམ་བྱུང་གི་སྔོན་དུ་འགྲོ་བ་ལ་མེད་ཁ་མེད་ཀྱི་ཐོས་བསམ་གྱི་ཤེས་རབ་རྨ་མེད་པ་ཡིན་པའི་ཕྱིར། འོན་ཀྱང་ཐོས་བསམ་གྱི་དབུ་མའི་ལྟ་བ་མཐར་ཐུག་ནི། མཐའ་ཕྱི་མ་འགོག་བྱེད་ཀྱི་རིགས་པ་ལ་བརྟེན་ནས་མཐའ་ཕྱི་མ་དང་ཡང་བྲལ་བའི་སྟོང་ཉིད་རྟོགས་པའི་ཐོས་བསམ་གྱི་ཤེས་རབ་དེ་ལ་བྱ་དགོས་སོ། །དུས་དེང་གི་བློ་གསལ་དག་ལྟ་བའི་རྣམ་དབྱེ་འདི་བཞིན་ཕྱེད་པར་གྱིས་ཤིག །ཡང་རྒྱུད་བླ་མ་ལས། གང་ཞིག་ཡོད་མིན་མེད་མིན་ཡོད་མེད་མ་ཡིན་ཡོད་མེད་ལས་གཞན་དུའང་། །བརྟག་པར་མི་ནུས་ངེས་ཚིག་དང་བྲལ་སོ་སོ་རང་གི་རིག་ཞི་བ། །ཞེས་དང་། རྩ་ཤེ་ལས། སྟོང་ངོ་ཞེས་ཀྱང་མི་བརྗོད་དེ། །ཞེས་སོགས་གསུངས་པ་ཡང་རྒྱ་ནག་གི་ལུགས་སུ་འགྱུར་ཏེ། ལུང་དང་པོའི་དོན། བྱང་འཕགས་ཀྱི་རྒྱུད་ཀྱི་འགོག་བདེན་རྟོག་གེའི་བློས་མུ་བཞིར་བརྟག་པར་མི་ནུས་པ་དང་། ལུང་གཉིས་པའི་དོན། གནས་ལུགས་ལ་དཔྱོད་པའི་ཚེ་སྟོང་མི་སྟོང་སོགས་མཐའ་གང་དུ་ཡང་མི་བརྗོད་པར་གསུངས་པའི་ཕྱིར། ཡང་རྩ་ཤེས་ལས། བཅོམ་ལྡན་མྱ

ངན་འདས་གྱུར་ནས། །ཡོད་པར་མི་མངོན་དེ་བཞིན་དུ། །མེད་དོ་ཞེའམ་གཉིས་ཀ་དང་། །གཉིས་མིན་ཞེས་ཀྱང་མི་མངོན་ནོ། །བཅོམ་ལྡན་བཞུགས་པར་གྱུར་ན་ཡང་། །ཡོད་པར་མི་མངོན་དེ་བཞིན་དུ། །མེད་དོ་ཞེའམ་གཉིས་ཀ་དང་། །གཉིས་མིན་ཞེས་ཀྱང་མི་མངོན་ནོ། །ཞེས་དང་། རིགས་ལྡན་པདྨ་དཀར་པོ་དང་། །འཕགས་པ་ལྷ་གཉིས་གཞུང་མཐུན་པར། །ཡོད་མིན་མེད་མིན་ཡོད་མེད་མིན། །ཞེས་སོགས་གསུངས་པ་ཡང་རྒྱ་ནག་གི་ལུགས་སུ་འགྱུར་ཏེ། ལུང་དང་པོའི་དོན། བཅོམ་ལྡན་མྱ་ངན་ལས་འདས་པ་དང་། འཚོ་ཞིང་བཞུགས་པ་གཉིས་ཀ་མཐའ་བཞི་གང་དུ་ཡང་མི་མངོན་པར་གསུངས་པ་དང་། ལུང་གཉིས་པའི་དོན། གནས་ལུགས་ལ་དཔྱོད་པའི་ཚེ་ཡོད་པ་སོགས་མཐའ་གང་ཡང་མ་ཡིན་པས། མཐའ་བཞི་ལས་གྲོལ་བར་རྟོགས་པ་ལས་གྲུབ་མཐའ་བཞིའི་ཡང་རྩེ་དབུ་མ་པ་དང་། མཁས་པ་རྣམས་ཀྱི་དེ་ཁོ་ན་སྟེ། མཆོག་ཡིན་པར་གསུངས་པའི་ཕྱིར། དེ་ལྟར་བྱས་པ་ལ་རྗེས་འབྲང་ཁ་ཅིག་ན་རེ། སྐྱོན་མེད་དེ། ཡོད་མིན་མེད་མིན་གྱི་དོན་དོན་དམ་དུ་ཡོད་པ་མ་ཡིན་པ་དང་། ཀུན་རྫོབ་ཏུ་མེད་པ་མ་ཡིན་པ་ལ་དགོངས་པའི་ཕྱིར་ཞེས་ཟེར་རོ། །འོ་ན་བུམ་པ་དང་སྨྱུ་གུ་ལ་སོགས་པ་སྣང་བའི་དངོས་པོ་ཀུན་ཆོས་ཅན། དོན་དམ་དུ་ཡོད་པ་དང་ཀུན་རྫོབ་ཏུ་མེད་པ་གཉིས་ཀ་ཡིན་པར་ཐལ། དེ་གཉིས་ཀ་མ་ཡིན་པ་མིན་པའི་ཕྱིར། རྟགས་འབྲུ་བསྙོན་གྱི་སྟེང་དུ་སོང་། ཁྱབ་པ་དགག་པ་གཉིས་ཀྱི་རྣལ་མ་གོ་བ་ལ་སོང་། འདོད་ན། ཏ་ཙང་རིགས་ལམ་ལ་འདས་པས་འཁོར་གསུམ་ཁས་བླངས་སོ། །ཁ་ཅིག་ལུང་གི་དོན་ཡོད་པ་ཡང་བདེན་པར་མ་གྲུབ། མེད་པ་ཡང་བདེན་པར་མ་གྲུབ་ཅེས་སོགས་ཀྱི་དོན་ཡིན་ཞེས་ཟེར་བ་ཡང་མི་འཐད་དེ། ཡོད་མཐའ་སོགས་བཞི་པོ་ཆོས་ཅན་དུ་བཟུང་ནས་བདེན་པ་བཀག་པ་སྐྲུབ་ཆོས་སུ་བྱེད་པ་ཀླུ་སྒྲུབ་ཡབ་སྲས་ཀྱི་གཞུང་ལས་དངོས་སུ་གསུངས་པ་མེད་པའི་ཕྱིར། ཡབ་སྲས་གཉིས་ཀྱི་གཞུང་ལས། ཡོད་མཐའ་སོགས་བཞི་པོ་ཐམས་ཅད་དགག་ཆོས་སུ་བྱས་ཏེ་རྩོད་གཞིའི་ཆོས་ཅན་བཅོམ་ལྡན་གཤེགས་བཞུགས་དང་། གཉིས་མེད་ཡེ་ཤེས་སོགས་ཀྱི་སྟེང་དུ་བཀག་པར་གསུངས་པའི་ཕྱིར། དེ་ཡང་རྩ་ཤེ་ལས། བཅོམ་ལྡན་མྱ་ངན་འདས་གྱུར་ནས། །ཞེས་སོགས་གོང་དུ་དྲངས་པ་ལྟར་རོ། །

གཉིས་པ་བདེན་པ་བཀག་ཙམ་ལྟ་བ་མཐར་ཐུག་ཏུ་འདོད་པ་དགག་པ་ནི། དགག་བྱ་བདེན་པ་བཀག་པའི་མེད་དགག་འཛིན་སྟངས་གཙོ་བོར་བྱེད་པའི་ཤེས་རབ་ལ་དབུ་མའི་ལྟ་བ་མཐར་ཐུག་ཏུ་འདོད་པ་ནི་མི་འཐད་དེ། སྔར་དྲངས་པའི་ལུང་རྣམས་ལས་མཐའ་བྲལ་འབའ་ཞིག་གསུངས་པས་ཀྱང་གནོད་ཅིང་། ཁྱད་པར་རྒྱུད་ལས། མིང་སོགས་བྲལ་བའི་ཆོས་རྣམས་ལ། །དེར་རྟོག་པ་ནི་བཅུ་གཅིག་པ། །ཞེས་རྒྱ་ལྷུང་དུ་གསུངས་པའི་ཕྱིར། འདིར་ཞིབ་ཆ་འདི་ལྟར་སྨྲ་དགོས་ཏེ། མིང་དང་མཚན་མ་དང་བྲལ་བའི་ཆོས་རྣམས་ལ་དེ་དང་བྲལ་

བར་མངོན་པར་ཞེན་པའི་བློ་སྐྱེས་པ་ཙམ་གྱིས་ལྟ་བ་སྐྱོན་ཅན་དང་། རྒྱ་ལྟར་དུ་མི་འགྱུར་ཏེ། ལས་དང་པོ་པ་ཐོས་བསམ་བྱེད་པའི་ཚེ་ཐོག་མར་དེ་ལྟ་བུ་མི་སྐྱེ་ཁ་མེད་ཡིན་པའི་ཕྱིར། བདེན་མེད་དུ་མངོན་པར་ཞེན་པ་དེ་ཡེ་མ་བཀག་པར་ཐོས་བསམ་གྱི་ཚེ་ཡང་ལྟ་བ་མཆོག་ཏུ་བཟུང་། བསྒོམ་པས་ཉམས་སུ་ལེན་པའི་ཚེ་ཡང་དེ་ལྟར་དུ་བསྒོམ་པ་ནི་སྐྱོན་ཆེན་པོར་འགྱུར་ཏེ། རྒྱུད་ལས། སྟོང་པ་བསྒོམ་པར་མི་བྱ་སྟེ། །ཞེས་སོགས་བཤད་ནས། དེའི་ཉེས་དམིགས་ལ། རྟོག་པ་ཞུང་མིན་སྐྱེ་བར་འགྱུར། །ཞེས་དང་། ཡུམ་ལས་ཀྱང་། ཕུང་འདི་སྟོང་ཞེས་རྟོག་ན་ཡང་། །ཞེས་སོགས་སྤྱར་དྲངས་པ་དེའི་ཕྱིར། རྒྱུད་ལས། རྒྱ་ལྟར་དུ་བཤད་པ་དེའི་རྟོག་པ་ནི་མིང་དང་མཚན་མ་དང་བྲལ་བར་མངོན་པར་ཞེན་ནས། ཅི་མེད་ཅང་མེད་དུ་ལྟ་བའི་ལོག་རྟོག་ལ་འཛོག་གམ་སྙམ་སྟེ་སྟོང་ཉིད་ཀྱི་དོན་གཤའ་མ་མ་གོ་བ་དེ་ལྟ་བུའི་ལོག་རྟོག་སྐྱེ་སྲིད་ཅིང་། དེ་སྐྱེས་ན་གསང་སྔགས་པ་ལ་རྒྱ་ལྟར་དུ་འགྱུར་བའི་ཕྱིར་རོ། །

གསུམ་པ་ཐེག་གསུམ་རྟོགས་བྱའི་ལྟ་བ་ལ་ཁྱད་པར་མེད་པ་དགག་པ་ནི། མངོན་རྟོགས་རྒྱན་ལས། གཟུང་དོན་རྟོག་པ་སྤོང་ཕྱིར་དང་། །འཛིན་པ་མི་སྤོང་ཕྱིར་དང་ནི། །རྟེན་གྱིས་བསེ་རུ་ལྟ་བུའི་ལམ། །ཞེས་ཉན་ཐོས་ཀྱི་གང་ཟག་གི་བདག་མེད་ཙམ་རྟོགས། རང་རྒྱལ་གྱི་དེའི་སྟེང་དུ་གཟུང་བ་ཆོས་ཀྱི་བདག་མེད་རྟོགས། ཐེག་ཆེན་གྱི་འཛིན་པ་ཆོས་ཀྱི་བདག་མེད་ཡང་རྟོགས་པའི་རིམ་པ་གསུམ་ཡོད་པར་གསུངས་པ་དང་། སྐབས་དང་པོར། ཉན་ཐོས་བསེ་རུ་ལྟ་བུ་དང་། །བཅས་པ་དག་ལས་ཁྱད་པར་འཕགས། །ཞེས་དང་། སྐབས་བཞི་པར། གང་གིས་ལམ་ནི་གཞན་དག་ལས། །ཁྱད་དུ་འཕགས་པས་ཁྱད་པར་ལམ། །ཞེས་དང་། བསྒོམ་པའི་ལམ་ནི་ཟབ་པ་སྟེ། །ཟབ་མོ་སྟོང་པ་ཉིད་ལ་སོགས། །ཞེས་ཐེག་ཆེན་གྱི་སྦྱོར་མཐོང་བསྒོམ་གསུམ་ལས་ལྟ་བ་རྟོགས་ཚུལ་རིམ་བཞིན། ཐེག་དམན་གྱི་སྦྱོར་མཐོང་བསྒོམ་གསུམ་ལས་ལྟ་བ་རྟོགས་ཚུལ་གྱི་སྒོ་ནས་ཁྱད་པར་དུ་འཕགས་པར་གསུངས་པ་དང་འགལ་ཏེ། ཐེག་གསུམ་རྟོགས་བྱའི་ལྟ་བ་ལ་ཁྱད་པར་མེད་པར་ཁས་བླངས་པའི་ཕྱིར། དེར་མ་ཟད་ཀླུ་སྒྲུབ་ཡབ་སྲས་དང་འགལ་ཏེ། རིན་ཆེན་ཕྲེང་བ་ལས། མཚན་མ་མེད་པར་མ་རྟོགས་པར། །ཁྱོད་ཀྱིས་ཐར་པ་མེད་པར་གསུངས། །དེ་ཡི་ཕྱིར་ན་ཐེག་ཆེན་ལས། །དེ་ནི་ཚང་བར་བསྟན་པ་ལགས། །ཞེས་དང་། དཔལ་ལྡན་ཟླ་གྲགས་ཀྱི་འཇུག་འགྲེལ་ལས། མི་དམིགས་པ་ནི་འཇིག་རྟེན་ལས་འདས་པའི་ཕྱིར་ལ། དམིགས་པ་ནི་ཐ་སྙད་བདེན་པས་བསྡུས་པ་ཉིད་ཀྱིས་འཇིག་རྟེན་པ་ཉིད་ཡིན་པའི་ཕྱིར། དེ་ནི་བྱང་ཆུབ་སེམས་དཔའི་གནས་སྐབས་མ་ཐོབ་པ་དག་གིསཤེས་པར་མི་ནུས་སོ། །ཞེས་དང་། ཐེག་པ་ཆེན་པོ་བསྟན་པས་ནི་ཆོས་ལ་བདག་མེད་པ་ཙམ་འབའ་ཞིག་སྟོན་པར་བྱེད་པ་མ་ཡིན་གྱི། འོ་ན་ཅི་ཞེ་ན། བྱང་ཆུབ་སེམས་དཔའ་རྣམས

གྱི་ས་དང་པོ་ཕ་རོལ་ཏུ་ཕྱིན་པ་དང་། སྨོན་ལམ་དང་། སྙིང་རྗེ་ཆེན་པོ་ལ་སོགས་པ་དང་། ཡོངས་སུ་བསྔོ་བ་དང་། ཚོགས་གཉིས་དང་། བསམ་གྱིས་མི་ཁྱབ་པའི་ཆོས་ཉིད་ཀྱང་དེ་ཡིན་ནོ། །ཞེས་གསུངས་པ་དང་འགལ་བའི་ཕྱིར་ཏེ། ཉན་རང་གིས་མཚན་མེད་ཚང་བར་མ་རྟོགས། ཐེག་ཆེན་གྱིས་ཚང་བར་རྟོགས་པ་ནི། ལུང་དང་པོའི་དོན་དང་། འཁོར་གསུམ་མི་དམིགས་པའི་རྣམ་པ་ཅན་གྱི་ཤེས་རབ་བྱང་ཆུབ་སེམས་དཔའི་ས་མ་ཐོབ་པ་དག་གིསཤེས་པར་མི་ནུས་པ་ནི། ལུང་གཉིས་པའི་དོན་དང་། ཐེག་ཆེན་ལས་ལྷ་བ་ཆོས་ཀྱི་བདག་མེད་ཙམ་དུ་མ་ཟད། ཕ་རོལ་ཏུ་ཕྱིན་པ་ལ་སོགས་པ་དང་། སྤྱོད་པ་ཡོངས་བསྔོ་དང་བསམ་གྱིས་མི་ཁྱབ་པའི་ཆོས་ཉིད་བསྟན་པ་ཡང་ཐེག་པ་ཆེན་པོ་ཡིན་པ་ནི་ལུང་གསུམ་པའི་དོན་ཡིན་པའི་ཕྱིར། ཡང་རིགས་པས་ཀྱང་གནོད་དེ། ཐེག་པ་གསུམ་ཅར་གྱི་མཚན་མེད་ཚང་བར་རྟོགས་ན། ཐེག་དམན་གྱི་མཐོང་ལམ་ནས་བདེ་གཤེགས་སྙིང་པོ་མངོན་སུམ་དུ་མཐོང་བར་འགྱུར་ལ། དེ་མཐོང་ན་ལས་ཉོན་གྱི་སྐྱེ་རྒ་ན་འཆི་བཞི་སྤང་བར་ཐལ་བ་དང་། བདེ་གཤེགས་སྙིང་པོ་ལྟ་བ་ལ་མིག་དང་ལྡན་པ་ལྟ་བུའི་གང་ཟག་ཏུ་ཐལ་ཏེ། འདོད་པ་དེའི་ཕྱིར། ཐལ་བ་དང་པོ་ལ་ཁྱབ་འབྲེལ་ཡོད་དེ། རྒྱུད་བླ་མ་ལས། ཇི་བཞིན་ཡང་དག་མཐོང་བའི་ཕྱིར། །སྐྱེ་སོགས་རྣམས་ལས་འདས་གྱུར་ཀྱང་། །ཞེས་གསུངས་པའི་ཕྱིར། ཐལ་བ་གཉིས་པ་ལ་འདོད་མི་ནུས་ཏེ། ཐོགས་མེད་ཞབས་ཀྱི་རྒྱུད་བླའི་འགྲེལ་ཆེན་ལས། མདོར་བསྡུ་ན་གང་ཟག་བཞི་པོ་འདི་དག་ནི། བདེ་བར་གཤེགས་པའི་སྙིང་པོ་ལྟ་བ་ལ་མིག་དང་མི་ལྡན་པར་རྣམ་པར་བཞག་སྟེ། བཞི་གང་ཞེ་ན། སོ་སོ་སྐྱེ་བོ་དང་། ཉན་ཐོས་དང་། རང་སངས་རྒྱས་དང་། ཐེག་པ་ལ་གསར་དུ་ཞུགས་པའི་བྱང་ཆུབ་སེམས་དཔའོ། །ཞེས་གསུངས་པ་དང་འགལ་བའི་ཕྱིར།

གསུམ་པ་ཐལ་རང་གཉིས་ཀྱི་ལྟ་བ་ལ་ཁྱད་པར་ཡོད་པ་དགག་པ་ལ་གཉིས་ཏེ། དགག་བྱ་འགོག་ཚུལ་ཁས་བླངས་སོགས་དང་འགལ་བ་དང་། ཞེན་ཡུལ་དགག་བྱར་བྱེད་པ་ལོག་རྟོག་ཡིན་ན་ཧ་ཅང་ཐལ་བའོ། །དང་པོ་ནི༑ བློ་ལ་མ་ལྟོས་པར་ཡུལ་རང་ངོས་ནས་གྲུབ་པ་དགག་བྱར་བྱེད་ན་ཁྱེད་ལ་ཁས་བླངས་འགལ་ཏེ། ཟླ་བ་སྟེ་ལེགས་ལྡན་བྱེད་ཀྱི་ཕྱི་དོན་རང་ངོས་ནས་གྲུབ་པར་ཁས་བླངས་སོ་ཞེས་སྨྲ་བ་དང་འགལ་བའི་ཕྱིར། ཐལ་འགྱུར་བའི་ཐུན་མོང་མིན་པའི་དགག་བྱའི་ངོས་འཛིན་དེ་ཡང་མི་འཐད་དེ། མིང་གི་བཏགས་དོན་བཙལ་བའི་ཚེ་མ་རྙེད་པའི་དོན་ཐ་སྙད་དུ་ཡིན་ནམ་དོན་དམ་དུ་ཡིན། དང་པོ་ལྟར་ན། འདོགས་བྱེད་ཀྱི་མིང་ཡང་ཐ་སྙད་དུ་མེད་པར་འགྱུར་ཏེ། མིང་དང་མིང་གི་བཏགས་དོན་གཉིས་ཕན་ཚུན་ལྟོས་གྲུབ་ཡིན་པས། ཡོད་ན་ཡོད་མཚུངས་དང་། མེད་ན་མེད་མཚུངས་ཡིན་པའི་ཕྱིར་ཏེ། དབུ་མ་ལས། བྱེད་པོ་ལས་ལ་བརྟེན་བྱས་ཤིང་། །ཞེས་སོགས་གཞུང་དེས་ལས་བྱེད་པོ་དང་། བྱ་བ་ལས་གཉིས་ཕན་ཚུན་ལྟོས་གྲུབ་ཡིན་པའིཤུགས་ལས་སམ། དབང་གིས

དངོས་པོ་ལྐོག་མ་བརྗོད་བྱ་རྗོད་བྱེད་དང་། གང་ཟག་དང་གང་ཟག་གི་ཕུང་པོ་ལ་སོགས་པ་ཀུན་ཕན་ཚུན་ལྟོས་གྲུབ་ཡིན་པ་ཤེས་ནུས་པར་བསྟན་པའི་ཕྱིར། འདིར་དོགས་པ་འདི་ཙམ་འབྱུང་སྟེ། བདག་དང་ཕུང་པོ་གཉིས་ཕན་ཚུན་ལྟོས་གྲུབ་ཡིན་ན། དེ་གཉིས་ཕན་ཚུན་བརྟེན་ནས་འབྱུང་བ་ཡང་ཡིན་པས། ཕན་ཚུན་རྟེན་དང་བརྟེན་པར་འགྱུར་རོ་ཞེ་ན། སྐྱོན་མེད་དེ། ཕན་ཚུན་བརྟེན་ནས་འབྱུང་བ་ཙམ་གྱིས་རྟེན་དང་བརྟེན་པར་འགྱུར་ན་ཧ་ཅང་ཐལ་བའི་ཕྱིར་དང་། ཁྱད་པར་ཕུང་པོ་ལ་བདག་བརྟེན་པ་དང་། བདག་ལ་ཕུང་པོ་བརྟེན་པ་ནི། ཀུན་བརྟགས་ཀྱི་བདག་ཏུ་སོང་བས་ཐ་སྙད་དུ་ཡང་མི་འཐད་པའི་ཕྱིར་རོ། །དྲི་བ་གཉིས་པ་དོན་དམ་དུ་མ་རྙེད་པ་ཡིན་ནོ་ཞེ་ན། ཐལ་འགྱུར་བ་ཁོ་ནའི་ཁྱད་ཆོས་སུ་མི་འགྱུར་རོ། །དོན་དམ་དུ་མི་རྙེད་པ་ཐལ་རང་གཉིས་ཀ་མཐུན་པའི་ཕྱིར་ཏེ། དོན་དམ་དུ་རྙེད་ན་བདེན་གྲུབ་ཏུ་སོང་བས་གཅིག་ཤོས་དབུ་མ་པ་མ་ཡིན་པར་འགྱུར་བའི་ཕྱིར་རོ། །

གཉིས་པ་ནི། བློ་ཡིས་གང་དུ་ཞེན་པའི་ཡུལ་ཐམས་ཅད་རིགས་པས་དཔྱད་ནས་འགོག་པ་ལོག་རྟོག་ཡིན་ན། སངས་རྒྱས་ནས་བཟུང་སྟེ་རྒྱ་བོད་ཀྱི་མཁས་གྲུབ་གོང་མ་ཀུན་ལོག་རྟོག་དེ་དང་ལྡན་པར་འགྱུར་ཏེ། དེ་དག་ཀུན་གྱི་གཉིས་འཛིན་གྱི་ཞེན་ཡུལ་ཀུན་བཀག་པར་གསུངས་པའི་ཕྱིར་རོ། །ཡང་གཅིག་ཏུ་བྲལ་གྱི་རིགས་པས་བདེན་པར་འཛིན་པའི་རྟོག་བློའི་ཞེན་ཡུལ་བདེན་གྲུབ་འགོག་ན། ཁྱོད་ཀྱི་བློས་གང་དུ་ཞེན་པའི་ཡུལ་ཐམས་ཅད་འགོག་པ་ལོག་རྟོག་ཡིན་པར་ཁས་བླངས་པའི་དམ་བཅའ་ཉམས། མི་འགོག་ན་བདེན་འཛིན་གྱི་ལོག་རྟོག་རིགས་པ་གང་གིས་ཁེགས་པར་འགྱུར་སྨྲ་དགོས་ཏེ། ལོག་རྟོག་དེའི་ཞེན་ཡུལ་རིགས་པས་སུན་དབྱུང་རྒྱུ་མ་བྱུང་བའི་ཕྱིར། འོན་བློས་སུན་དབྱུང་བ་བློ་དེའི་ཞེན་ཡུལ་ཇི་ལྟར་སུན་དབྱུང་དགོས་སྙམ་ན། ཁོ་བོ་ཅག་ཀུན་མཁྱེན་ཆེན་པོའི་ལུགས་འཛིན་འདི་པས་བལྟས་ན་ཤིན་ཏུ་ཡང་དགོས་ཏེ། ཉེས་པ་ཀུན་གྱི་རྩ་བ་འཇིག་ལྟ་སུན་དབྱུང་བ་ལ། དེའི་ཡུལ་བདག་འགོག་པར་འཇུག་པ་ལས་དངོས་སུ་གསུངས་པ་དང་། བཞི་བརྒྱ་པ་ལས། ཡུལ་ལ་བདག་མེད་མཐོང་ནས་ནི། །སྲིད་པའི་ས་བོན་བཟློག་པར་འགྱུར། །ཞེས་ཡུལ་གང་ཟག་དང་ཆོས་ཀྱི་བདག་མེད་པར་མཐོང་བས། ཡུལ་ཅན་སྲིད་པའི་ས་བོན་བདག་འཛིན་གཉིས་བཟློག་པར་གསུངས་པ་དང་། རྣམ་འགྲེལ་ལས། འདི་ཡུལ་སུན་དབྱུང་མེད་པར་ནི། །དེ་སྤོང་བར་ནི་ནུས་མ་ཡིན། །ཞེས་སོགས་གཞུང་ལུགས་ཚད་ལྡན་ཐམས་ཅད་རིགས་པའི་གནད་སྟོན་པ་ལ་དགོངས་པ་མཐུན་པའི་ཕྱིར། གནད་དེའི་ཕྱིར་ན། ཡུལ་མཐའ་ཕྱི་མ་གསུམ་འགོག་པ་ཡང་ཡུལ་ཅན་བདེན་མེད་སོགས་སུ་མངོན་པར་ཞེན་པ་དེ་འགོག་པའི་ཆེད་དུ་ཡིན་ཏེ། ཡུལ་ཁེགས་པས་ཡུལ་ཅན་གྱི་བློ་བཟློག་པ་དང་། སྒྲུབ་བྱེད་ཁེགས་པས་བསྒྲུབ་བྱ་འཛིན་པའི་བློ

བཟློག་པ་རྣམས་ནི་རིགས་པ་སྨྲ་བ་དག་གི་སྤྱི་ལུགས་ཡིན་པའི་ཕྱིར། སོ་སོ་སྐྱེ་བོའི་རྟོག་བློས་ཡུལ་གྱི་གནས་ལུགས་ལ་དཔྱོད་པའི་ཚེ། བློ་སྔ་མ་གནོད་བཅས་དང་། ཕྱི་མ་ཐུག་མེད་ཡིན་པ་ནི་འདོད་ཐོག་ཡིན་ཏེ། རྟེན་འབྲེལ་སོགས་ཀྱི་རིགས་པས་བདེན་འཛིན་ཁེགས་ཏེ་བདེན་མེད་དུ་མངོན་པར་ཞེན་པའི་བློ་སྐྱེས་པའི་ཚེ། དེ་ཉིད་བློ་ཕྱི་མ་ལ་ལྟོས་ཏེ་གནོད་བཅས་དང་། སྔ་མ་ལ་ལྟོས་ཏེ་ཐུག་མེད། དེ་ཡང་བཀག་ནས་བློ་གསུམ་པ་སྐྱེས་པ་ནི། བློ་བཞི་པ་ལ་ལྟོས་ཏེ་གནོད་བཅས། གཉིས་པ་ལ་ལྟོས་ཏེ་ཐུག་མེད། བདེན་མེད་མ་ཡིན་པ་ཡང་བཀག་ནས། བདེན་མེད་མ་ཡིན་པ་མངོན་པར་ཞེན་པ་སྐྱེས་ན་བློ་གསུམ་པ་ལ་ལྟོས་ཏེ་ཐུག་མེད་ཡིན་ཀྱང་། འཛིན་སྟངས་ལྟ་བ་མི་སྲིད་པས། གནོད་བཅས་ཐུག་མེད་དུ་མི་འགྱུར་བའི་ཕྱིར་དང་། སྤྱོད་འཇུག་ལས། གང་ཚེ་རྣམ་པར་དཔྱད་པ་ཡི། །རྣམ་དཔྱོད་ཀྱིས་ནི་དཔྱོད་བྱེད་ན། །དེ་ཚེ་རྣམ་དཔྱོད་དེ་ཡང་ནི། །རྣམ་དཔྱོད་ཕྱིར་ན་ཐུག་པ་མེད། །ཅེས་གསལ་བར་གསུངས་པ་འདིས་ཀྱང་བཤད་མ་ཐག་པའི་དོན་འདི་ཉིད་འཐད་ལྡན་དུ་བསྒྲུབ་ནུས་ཤིང་། གནོད་བཅས་ཐུག་མེད་མི་འདོད་པའི་གཞན་ཕྱོགས་དག་འཇོམས་ནུས་པའི་ཕྱིར།

འདི་ལ་གནོད་བྱེད་བརྗོད་པར་སྙམ་པ་ནི། རི་བོ་ལ་སྤྱི་བོས་བརྡུང་བ་དང་མཚུངས་ཏེ། ཁྱེད་ཅི་ལྟར་སྟོན་པ་བཟང་ཡང་། སྤྱོད་འཇུག་གི་ལུང་དྲངས་མ་ཐག་པ་དེ་དང་། དབུ་མ་རྩ་བ་ལས། བདག་གོ་ཞེས་ཀྱང་བཏགས་འགྱུར་ཞིང་། །ཞེས་སོགས་དང་། ཐམས་ཅད་ཡང་དག་ཡང་དག་མིན། །ཞེས་སོགས་གསུངས་པ་ལ་གནོད་བྱེད་དུ་འགྲོ་བ་མི་སྲིད་པའི་ཕྱིར། དེ་ཡང་ལས་འབྲས་མེད་པར་ལྟ་བའི་ལོག་ལྟ་བཟློག་པ་དང་། བདེན་འཛིན་ཅན་ཁ་དྲངས་པའི་ཕྱིར་ཐོག་མར་བདག་རང་བཞིན་གྱིས་གྲུབ་པོ་ཞེས་ཀྱང་བསྟན། དེ་ནས་བར་དུ་བདེན་འཛིན་བཟློག་པའི་ཕྱིར་རང་བཞིན་གྱིས་མེད་དོ་ཞེས་ཀྱང་བསྟན། དེ་ནས་ཐ་མར་མཐར་འཛིན་ཀུན་བཟློག་པའི་ཕྱིར། མདོ་ལས། རང་བཞིན་མེད་པའང་འགའ་མེད་དོ། །ཞེས་བསྟན་པ་ནི། ལུང་དང་པོའི་དོན་དང་། དང་པོར་ཆོས་བདེན་གྲུབ་ཡང་དག་དང་། བདེན་གྲུབ་ཀྱི་ཡང་དག་མ་ཡིན་པ་ཅི་རིགས་པར་ཕྱི་སྟེ་བསྟན། བར་དུ་བདེན་གྲུབ་ཀྱི་ཡང་དག་ཀྱང་བདེན་གྲུབ་མ་ཡིན་པར་བསྟན། ཐ་མར་བདེན་པར་གྲུབ་པའི་ཡང་དག་མ་ཡིན་པའི་བདེན་མེད་ཀྱང་ཡང་དག་པར་བཟུང་དུ་མི་རུང་བར་བསྟན་པ་ནི། སངས་རྒྱས་རྣམས་ཀྱི་རྗེས་སུ་བསྟན་པའམ་རྗེས་སུ་གདམས་པ་ཡིན་པ་ནི་ལུང་གཉིས་པའི་དོན་ནོ། །སོ་སྐྱེ་ལ་དེ་ལྟར་ཡིན་མོད། འཕགས་པའི་མཉམ་གཞག་གི་ངོར་སྔ་མ་གནོད་བཅས་དང་། ཕྱི་མ་ཐུག་མེད་དུ་ཁས་མི་ལེན་ཏེ། དེའི་སྤྲོས་པ་ཐམས་ཅད་ཉེ་བར་ཞི་བས་བློ་སྔ་མས་ཞེན་པ་མེད་པའི་ཕྱིར་རོ། །

ལྟ་བ་དགག་པ་གཉིས་ཀྱི་རྣལ་མ་གོ་བ་དགག་པ་ལ་གཉིས་ཏེ། ལུང་དང་འགལ་བ། རིགས་པ་དང་

འགལ་བའོ། །དང་པོ་ནི། གནས་ལུགས་ལ་དཔྱོད་པའི་ཚེ་དགག་པ་གཉིས་ཀྱི་རྣལ་མ་གོ་བ་ནི། ཀླུ་སྒྲུབ་ཀྱི་གཞུང་ལས། ཡང་དག་ཇི་བཞིན་ཡོངས་ཤེས་པས། །ཞེས་སོགས་གསུངས་པ་དང་འགལ་ཏེ། ལུང་དེའི་དོན་ཡང་དག་པ་ཇི་ལྟ་བ་བཞིན་དུ་ཤེས་པས། དོན་དམ་པར་མེད་པ་དང་ཡོད་པར་མི་འདོད་པ་དེའི་ཕྱིར། མེད་པར་འགྱུར་ན་དོན་གྱིས་ཡོད་པར་ཡང་འགྱུར་ལ། གལ་ཏེ་ཡོད་པ་སུན་ཕྱུང་བས་དོན་གྱིས་མེད་པར་བསྟན་པའི་ཁས་ལེན་དགོས་པ་དེ་བཞིན་དུ། མེད་པ་སུན་ཕྱུང་བས་ཀྱང་ཡོད་པར་ཁས་བླངས་པར་འགྱུར་བའི་ཕྱིར་རོ། །

གཉིས་པ་ནི། ཁྱོད་ཀྱི་ལུགས་ལ་དབུ་མའི་ཐ་སྙད་མི་རུང་སྟེ། བདེན་གྲུབ་རྟག་མཐའ་བཀག་ན་བདེན་མེད་ཆད་མཐར་འགྱུར། བདེན་མེད་བཀག་ན་ཅིག་ཤོས་རྟག་མཐར་འགྱུར་བའི་ཕྱིར། འདིར་དོགས་པའི་གནད། བདེན་མེད་དུ་ཁས་བླངས་པ་ཙམ་གྱིས་ཆད་མཐར་མི་འགྱུར་ཏེ། མེད་པ་དང་མེད་མཐའ་དོན་མི་གཅིག ཡོད་པ་དང་ཡོད་མཐའ་དོན་མི་གཅིག་པའི་ཕྱིར་རོ་སྙམ་ན། ལེགས་བཤད་ཀྱི་གསང་ཚིག་འདི་ལྟར་གོ་དགོས་ཏེ། སྤྱིར་དེ་དག་དོན་མི་གཅིག་ཀྱང་གནས་ལུགས་ལ་དཔྱད་པའི་སྐབས་སུ་ཡོད་པར་ཁས་བླངས་པ་ལ་ཡོད་མཐའ་དང་། མེད་པར་ཁས་བླངས་པ་ལ་མེད་མཐར་བྱས་ནས་དེ་དག་དགག་པ་དབུ་མའི་ལུགས་ཡིན་པའི་ཕྱིར་རོ། །དགག་པ་གཉིས་ཀྱི་རྣལ་མ་གོ་བ་བཀག་པ་ལ། ཕྱོགས་སྔ་མ་ན་རེ། རྩོད་བཟློག་ལས། རང་བཞིན་མེད་པ་ཉིད་ཟློག་ན། །རང་བཞིན་ཉིད་དུ་རབ་གྲུབ་འགྱུར། །ཞེས་གསུངས་པ་དང་འགལ་ལོ་ཞེ་ན། ལུང་འདིའི་དོན་ལ། མཐའ་བྲལ་གྱི་ཞལ་འཛིན་ཕལ་ཆེར་ཐ་སྙད་རྣམ་འཇོག་གི་ཚེ་དངོས་འགལ་གཅིག་བཀག་པས་ཅིག་ཤོས་སུ་འགྱུར་བའི་དོན་དུ་འཆད་མོད། ཁོ་བོ་ནི་འདི་ལྟར་སེམས་ཏེ། དངོས་སྨྲ་བས་དབུ་མ་པ་ལ། ཆོས་ཐམས་ཅད་རང་བཞིན་མེད་ཅེས་པའི་ཚིག་རང་བཞིན་མེད་པས། རང་བཞིན་མེད་པ་བཟློག་གོ་ཞེས་སྨྲས་པ་ལ། དབུ་མ་པས། འོན་ཁྱོད་རང་བཞིན་མེད་ཅེས་པའི་ཚིག་རང་བཞིན་མེད་པ་ཡིན་ནམ་མིན། མ་ཡིན་ན། དེ་ཆོས་ཅན། རང་བཞིན་ཉིད་དུ་རབ་ཏུ་གྲུབ་པར་ཐལ། རང་བཞིན་མེད་པ་མ་ཡིན་པའི་ཕྱིར། ཞེས་ཁྱབ་པ་དངོས་སྨྲ་བ་ལ་འགྲོ་བའི་དབང་དུ་བྱས་པ་འདྲ་སྟེ། འོན་ཏེ་རང་བཞིན་མེད་ཉིད་ཀྱིས། །གལ་ཏེ་རང་བཞིན་མེད་པ་བཟློག །ཅེས་དངོས་སྨྲ་བའི་རྩོད་པ་བཀོད་ནས་དེའི་རྗེས་སུ། རང་བཞིན་མེད་པ་ཉིད་ཟློག་ན། །ཞེས་སོགས་ཚིགས་རྐང་གཉིས་པོ་དེ་གསུངས་འདུག་པའི་ཕྱིར། ད་དུང་དཔྱད་པར་བྱའོ། །

གཉིས་པ་ཀུན་རྫོབ་མཐའ་བཞི་སྤྲོས་བྲལ་དུ་སྨྲ་བ་དགག་པ་ལ་གཉིས་ཏེ། ཕྱོགས་སྔ་བརྗོད་པ་དང་། དེ་དགག་པའོ། །དང་པོ་ནི། ཁ་ཅིག་ཅེས་སོགས་རྐང་པ་གསུམ་སྟེ། ཕྱོགས་སྔ་མའི་གང་ཟག་ནི། ལོ་ཆེན་སྐྱབས་མཆོག་དཔལ་ལོ། །གཉིས་པ་ལ་བཞི་སྟེ། ལུང་དང་འགལ་བ། རིགས་པ་དང་འགལ་བ། མྱོང་བ་དང་འགལ་

པ༑ ཁས་ལེན་ཚུལ་སོ་སོར་ཕྱེ་བའོ། །དང་པོ་ནི། ཐ་སྙད་དུ་ཡོད་མིན་མེད་མིན་སྨྲ་བ་འདི་ནི། མདོ་བསྟན་བཅོས་དང་འགལ་ཏེ། མདོ་ལས། འཇིག་རྟེན་ང་དང་ལྷན་ཅིག་རྩོད་ཀྱི། ང་ནི་འཇིག་རྟེན་དང་མི་རྩོད་དེ། གང་འཇིག་རྟེན་ན་ཡོད་པར་འདོད་པ་ནི། ང་ཡང་ཡོད་པར་འདོད་དོ། །ཞེས་སོགས་གསུངས་པ་དང་། དཔལ་ལྡན་ཟླ་བའི་འཇུག་པ་ལས། འཇིག་རྟེན་ལ་ཡང་མེད་ན་དེ་བཞིན་འདི། །འཇིག་རྟེན་ལས་ཀྱང་ཡོད་ཅེས་བདག་མི་སྨྲ༏ །གལ་ཏེ་ཁྱོད་ལ་འཇིག་རྟེན་མི་གནོད་ན། །འཇིག་རྟེན་ཉིད་ལྟོས་འདི་ནི་དགག་པར་གྱིས། །ཞེས་སོགས། ཐ་སྙད་ཀྱི་རྣམ་གཞག་འཇོག་པའི་ཚེ་ཡོད་མེད་དང་ཡིན་མིན་འགོག་ན། འཇིག་རྟེན་གྱིས་གནོད་པས། ཡོད་མེད་སོགས་སོ་སོར་སྨྲ་དགོས་པར་གསུངས་པའི་ཕྱིར་རོ། །གཉིས་པ་ནི། རིགས་པས་ཞེས་སོགས་རྐང་པ་བཞིའོ། །

གསུམ་པ་ནི། སྒྲོང་བ་དང་འགལ་ཞེས་སོགས་རྐང་པ་དྲུག་གོ། །བཞི་པ་ནི། ཀུན་རྫོབ་ལ་ཡང་ཞེས་སོགས་རྐང་པ་དྲུག་ཏེ། ཚིག་གི་འབྲུ་ནི་གོ་སླ་ལ། རྒྱུའི་དུས་ན་འབྲས་བུ་ཡོད་མིན་མེད་མིན་དང་། འབྲས་བུའི་དུས་ན་རྒྱུ་ཡོད་མིན་མེད་མིན་དུ་ཁས་ལེན་པ་ནི། ཐ་སྙད་ཀྱི་ཚེ་རྒྱུ་འབྲས་ལ་རྟག་ཆད་སྤྱངས་པས་འགྲུབ་པ་ཡིན་ཏེ༏ རྒྱུ་དུས་ན་འབྲས་བུ་དང་། འབྲས་དུས་ན་རྒྱུ་ཡོད་ན་རྟག་མཐར་འགྱུར། དེའི་ཚེ་དེ་དག་མེད་ན་ཆད་མཐར་འགྱུར་བ་ལས་མྱུ་གུ་ས་བོན་ལས་གཞན་མ་ཡིན་པའི་གནད་ཀྱིས་མྱུ་གུའི་ཚེ་ས་བོན་ཞིག་པའམ་མེད་པ་ཡང་མིན། ས་བོན་དང་གཅིག་མ་ཡིན་པའི་གནད་ཀྱིས་མྱུ་གུའི་ཚེ་ས་བོན་ཡོད་པ་ཡང་མ་ཡིན་པའི་ཕྱིར་ཏེ། དེ་སྐད་དུ༏ རིན་ཆེན་ཕྲེང་བ་ལས། རྒྱུ་དང་བཅས་པར་སྐྱེ་མཐོང་བས། །མེད་པ་ཉིད་ལས་འདས་པ་ཡིན། །རྒྱུ་དང་བཅས་པར་འགག་མཐོང་བས། །ཡོད་པ་ཉིད་དུའང་ཁས་མི་ལེན། །ཞེས་དང་། འཇུག་པ་ལས། གང་ཕྱིར་མྱུ་གུ་ས་བོན་ལས་གཞན་མིན། །དེ་ཕྱིར་མྱུག་ཚེ་ས་བོན་ཞིག་པ་མེད། །གང་ཕྱིར་གཅིག་ཉིད་ཡོད་མིན་དེ་ཕྱིར་ཡང་། །མྱུག་ཚེ་ས་བོན་ཡོད་ཅེས་བརྗོད་མི་བྱ། །ཞེས་གསུངས་པས་སོ། །གསུམ་པ་བྱེད་པའི་སྐྱེས་བུའི་རྣམ་གྲངས་ལ། ཡོད་མེད་སོ་སོར་ཕྱེ་བ་དགག་པ་ལ་གཉིས་ཏེ། ཕྱོགས་སྔ་བརྗོད་དེ་དགག་པའོ། །དང་པོ་ནི། ལ་ལ་བདག་དང་ཞེས་སོགས་ཚིགས་བཅད་གཉིས་ཏེ། པཎ་ཆེན་ཤཱཀྱའི་མཚན་ཅན་གྱི་གྲུབ་མཐའ་སྨྲ་མ་ཞིག་དང་། གཞུང་ལུགས་ལ་མ་སྦྱངས་པའི་མཚན་ཉིད་པ་ཕལ་ཆེར་རོ། །

གཉིས་པ་ལ་བཞི་སྟེ། ཧ་ཅང་ཐལ་བས་དགག །རང་གི་སྒྲུབ་བྱེད་མི་འཐད། གཞན་ལ་སུན་འབྱིན་མི་འཐད། ཚིག་དོན་མ་འབྲེལ་པ་གཟུང་བར་གདམས་པའོ། །དང་པོ་ལ་གསུམ། བྱེད་པའི་སྐྱེས་བུ་བཅུ་གཉིས་རྣམ་གྲངས་སུ་གསུངས་ཚུལ། དེ་ཉིད་ཀྱི་མཚན་གཞི་ཀླུ་སྒྲུབ་ཀྱིས་ངོས་བཟུང་ཚུལ། དེ་ཉིད་འཇོག་ཚུལ་ཟླ་བས

རྣམ་པར་གཞག་པའོ། །དང་པོ་ནི། འོན་ཡུམ་གྱིས་ཞེས་སོགས་ཚིགས་བཅད་ཕྱེད་དང་གསུམ་མོ། །གཉིས་པ་ནི༑ མདོ་ལས་བྱེད་པའི་སྐྱེས་བུ་བཅུ་གཉིས་གསུངས་པ་དེའི་དོན། ཀླུ་སྒྲུབ་ཀྱིས། ཇི་སྲིད་ཕུང་པོར་འཛིན་ཡོད་པ༑ ༑དེ་སྲིད་དེ་ལ་ངར་འཛིན་ཡོད། །ཅེས་བཤད་པའི་ངར་འཛིན་ལྷན་སྐྱེས་ཀྱི་དམིགས་ཡུལ་ང་ཙམ་དེ་ལ་འཛོག་པ་ཡིན་ཏེ། ང་ཙམ་དེ་ཉིད་ལ་བདག་དང་སེམས་ཅན་ལ་སོགས་པ་བྱེད་པའི་སྐྱེས་བུ་བཅུ་གཉིས་ཀྱི་མིང་བཏགས་པར་བཞེད་པའི་ཕྱིར། འདིར་གནད་ཀྱི་དོན་བྱེད་པའི་སྐྱེས་བུ་བཅུ་གཉིས་ཀྱི་ཟླས་ཕྱེ་བའི་བདག་དང་། དེའི་ཟླས་ཕྱེ་བའི་སེམས་ཅན་སོགས་དོན་གཅིག་ཅིང་། སྤྱིར་དེ་དག་དོན་གཅིག་ཏུ་ཁས་མི་ལེན་ཏེ། བྱང་སེམས་འཕགས་པ་ཐམས་ཅད་དང་ཉན་རང་དགྲ་བཅོམ་རྣམས་བདག་མ་ཡིན་པའི་ཕྱིར། དེ་རྣམས་ངར་འཛིན་ལྷན་སྐྱེས་ཀྱི་དམིགས་ཡུལ་མ་ཡིན་པའི་ཕྱིར། ཉན་རང་སློབ་པ་རྣམས་དང་དགྲ་བཅོམ་གྱི་རྟོགས་པ་མངོན་དུ་མ་སོང་བའི་བྱང་སེམས་སོ་སྐྱེ་དང་ལམ་མ་ཞུགས་མཐའ་དག་ནི། བདག་ཡིན་ཏེ། དེ་རྣམས་ངར་འཛིན་ཅན་གྱི་གང་ཟག་ཡིན་པས། ངར་འཛིན་ལྷན་སྐྱེས་ཀྱི་དམིགས་ཡུལ་ང་ཙམ་དུ་འགྱུར་བའི་ཕྱིར་རོ། །

གསུམ་པ་ནི། ང་དེ་ཉིད་གདགས་པའི་རྒྱུ་ཕུང་པོ་རྣམས་ལ་གཅིག་དང་ཐ་དད་དང་། རྟེན་དང་བརྟེན་པ་དང་། ལྡན་པ་སྡེ་རྣམ་པ་ལྔ་འམ། དེའི་སྟེང་དུ་ཚོགས་པ་དང་དབྱིབས་ཏེ་རྣམ་བདུན་གྱིས་བཙལ་བའི་ཚེ་ན་མི་རྙེད་ཀྱང་། མ་དཔྱད་འཇིག་རྟེན་གྲགས་ངོར་ཉེ་བར་བླང་བྱ་དང་ཆ་ཤས་དང་ཡན་ལག་ཕུང་པོ་ལྔ་ལ་བརྟེན་ནས་ངའམ་བདག་དེ་ཉིད་ལེན་པ་པོ་དང་ཆ་ཤས་ཅན་དང་ཡན་ལག་ཅན་དུ་འཛོག་པ་ཡིན་ཏེ། དཔེར་ན་ཤིང་རྟ་དེ་ཉིད་རང་གི་ཉེ་བར་བླང་བྱ་འཕང་ལོ་སོགས་ལ་བརྟེན་ནས་ཉེ་བར་ལེན་པ་པོ་དང་། ཆ་ཤས་དང་ཡན་ལག་འཕང་ལོ་སོགས་ལ་བརྟེན་ནས་ཆ་ཤས་ཅན་དང་ཡན་ལག་ཅན་དུ་འཛོག་པ་བཞིན་ནོ། །དེ་སྐད་དུ། འཇུག་པ་ལས། དེ་བཞིན་དེ་ཉིད་དུའམ་འཇིག་རྟེན་དུ། །རྣམ་པ་བདུན་གྱི་འགྲུབ་འགྱུར་མིན་མོད་ཀྱི། །རྣམ་དཔྱོད་མེད་པར་འཇིག་རྟེན་ཉིད་ལས་འདིར། །རང་གི་ཡན་ལག་བརྟེན་ནས་འདོགས་པ་ཡིན། །དེ་ཉིད་ཡན་ལག་ཅན་དེ་ཆ་ཤས་ཅན། །ཞེས་དང་། ཤིང་རྟ་ཉིད་འགྱུར་ཤིང་རྟ་དང་བདག་མཚུངས། །ཞེས་གསུངས་པ་ཡིན་ནོ། །དེས་ན་རྟོད་པའི་ཚེ་དོན་འདི་ལ་བསྒོན་མ་འདིང་བར་འདི་བཞིན་དུ་ཁས་ལེན་རིགས་ལ། འཆད་པའི་ཚེ་ཡང་སློབ་མ་མི་བསླུ་བར་འདི་བཞིན་དུ་འཆད་རིགས་པ་ཡིན་ཏེ། ཕུང་པོ་ལ་བརྟེན་ནས་བཏགས་པའི་བདག་ཐ་སྙད་དུ་ཁས་ལེན་དགོས་པ་ཟླ་བས་ཡང་དང་ཡང་དུ་བཤད་པའི་ཕྱིར་ཏེ། འཇུག་པ་ལས། དེ་བཞིན་འཇིག་རྟེན་གྲགས་པས་ཕུང་པོ་དང་། །ཁམས་དང་དེ་བཞིན་སྐྱེ་མཆེད་དྲུག་བརྟེན་ནས། །བདག་ཀྱང་ཉེ་བར་ལེན་པ་ཉིད་དུ་འདོད། །ཅེས་དང་། འདི་ནི་ཕུང་པོ་རྣམས་བརྟེན་འགྲུབ་པར་འགྱུར། །ཞེས་པའི་རང་འགྲེལ་ལས། ཕུང་པོ་རྣམས་ལ་བརྟེན་

ནས་བཏགས་སོ་ཞེས་བྱ་བ་འདི་ཙམ་ཞིག་འཇིག་རྟེན་ཐ་སྙད་རྣམ་པར་གནས་པར་བྱ་བའི་ཕྱིར་ཁས་བླང་བར་བྱ་སྟེ། བདག་ཏུ་ཐ་སྙད་གདགས་པ་མཐོང་བའི་ཕྱིར་རོ། །ཞེས་གསུངས་པའི་ཕྱིར། དཔེར་ན་མྱུ་གུ་བདག་ལས་སྐྱེ་བ་དང་། གཞན་ལས་སྐྱེ་བ་སོགས་ཁས་མི་ལེན་ཀྱང་ས་བོན་ལ་བརྟེན་ནས་མྱུ་གུ་སྐྱེ་བ་ཙམ་ཞིག་ཐ་སྙད་དུ་ཁས་ལེན་པ་བཞིན་དུ། བདག་ལ་ཡང་ཕྱི་རོལ་པའི་བཏགས་པའི་ཁྱད་པར་ལྟ་ལྡན་གྱི་བདག་དང་། མང་བཀུར་བའི་བཏགས་པའི་ཕུང་པོ་དང་རྫས་གཅིག་པའི་བདག་རྣམས་བཀག་ནས། རང་ལུགས་ཐ་སྙད་རྣམ་པར་འཇོག་པ་ནི། ཕུང་པོ་ལ་བརྟེན་ནས་བཏགས་པའི་བདག་འཛིན་འཇིག་རྟེན་ལྷན་སྐྱེས་ལ་གྲགས་པ་ཙམ་ཞིག་ཁས་ལེན་པ་ནི། ཟླ་བའི་དགོངས་པ་ཟབ་མེད་པ་ཡིན་ཏེ། འཇུག་པ་རང་འགྲེལ་ལས་དེ་ལྟར་བཤད་པ་རྣམ་དཔྱོད་ཀྱི་མིག་སྒྲོན་མེད་པས་གསལ་བར་མཐོང་བའི་ཕྱིར། ཡང་བདག་ནི། ས་ཁམས་ལ་སོགས་པའི་ཁམས་དྲུག་དང་། མིག་གི་འདུས་ཏེ་རེག་པ་ལ་སོགས་པའི་རྟེན་མིག་སོགས་སྐྱེ་མཆེད་དྲུག་ལ་བརྟེན་ནས་གདགས་པ་ཡིན་ཏེ། མདོ་ལས། རྒྱལ་པོ་ཆེན་པོ་སྐྱེས་བུ་གང་ཟག་དེ་ནི་ཁམས་དྲུག་པ་ཙན་ནོ་ཞེས་དང་། འཇུག་པ་ལས། གང་ཕྱིར་ཐུབ་པས་བདག་དེ་ས་ཆུ་མེ། །རླུང་དང་རྣམ་ཤེས་ནམ་མཁའ་ཞེས་བྱ་བ། །ཁམས་དྲུག་དང་ནི་མིག་སོགས་རེག་པ་ཡི། །རྟེན་དྲུག་དག་ལ་བརྟེན་ནས་ཉེར་བསྟན་ཞིང་། །ཞེས་གསུངས་པའི་ཕྱིར། དེས་ན་ཁ་ཆེ་བྱེ་བྲག་སྨྲ་བ་ནས་བཟུང་སྟེ་གྲུབ་མཐའ་སྨྲ་བ་བཞི་ཆར་གྱི་ཕུང་པོ་ལ་བརྟེན་ནས་བཏགས་པའི་བདག་བཏགས་ཡོད་དུ་ཁས་ལེན་པ་ཡིན་ཏེ། འཇིག་རྟེན་ན་རང་རང་བདག་ཏུ་བོད་པའི་བདག་དེ་ཁས་ལེན་དགོས་པའི་ཕྱིར། འོན་རེ་ཞིག་ཐལ་འགྱུར་བའི་སྐབས་འདིར་བདག་འདུས་བྱས་ཡིན་ནམ་འདུས་མ་བྱས་ཡིན། དང་པོ་ལྟར་ན་རྩ་ཤེ་ལས། གལ་ཏེ་ཕུང་པོ་བདག་ཡིན་ན། །སྐྱེ་དང་འཇིག་པ་ཅན་དུ་འགྱུར། །ཞེས་དང་། འཇུག་པ་ལས། གལ་ཏེ་ཕུང་པོ་བདག་ན་དེ་ཕྱིར་དེ། །མང་བས་བདག་དེ་དག་ཀྱང་མང་པོར་འགྱུར། །བདག་ནི་རྫས་སུ་འགྱུར་ཞིང་ཞེས་སོགས་རིགས་པའི་གནོད་བྱེད་གསུངས་པ་རྣམས་རང་ལ་ཟློག་པར་འགྱུར་ལ། འདུས་མ་བྱས་ཡིན་ན། བདག་སྐྱེ་བ་མེད་པར་ཡང་ཐལ་ཤིང་། ལུང་མ་བསྟན་གྱི་ལྟ་བ་བཅུའི་ནང་ཚན་དུ་འགྱུར་ཏེ། རྟག་པར་ཁས་བླངས་པའི་ཕྱིར་རོ་སྙམ་ན་དཔྱད་དགོས་པའི་གཞིར་སྣང་མོད། ཁོ་བོ་ནི་འདི་ལྟར་སེམས་ཏེ། སྐྱེ་དང་འཇིག་པ་ཅན་དུ་འགྱུར། །ཞེས་པའི་དོན། མང་བཀུར་བས་བདག་ཕུང་རྫས་གཅིག་ཏུ་ཁས་བླངས་པ་ལ། འོན་བདག་རང་བཞིན་གྱི་སྐྱེ་འཇིག་ཅན་དུ་འགྱུར་ཞེས་འཕངས་པ་ཡིན་ཏེ། ཐ་སྙད་ཀྱི་ཚེ་བདག་སྐྱེ་འཇིག་བྱེད་པ་དོན་ལ་གནས་པས། དེ་འགོག་མི་རིགས་པའི་ཕྱིར། འཇུག་པའི་ལུང་དེའི་དོན་ཡང་། མང་བཀུར་བས་བདག་དང་བདག་ཏུ་གདགས་པའི་རྒྱུ་རྣམ་སྨིན་གྱི་ཕུང་པོ་གཉིས་གཅིག་ཏུ་ཁས་བླངས་པ་ལ་རིགས་པ་དེ་དག་འཕངས་པ་

ཡིན་གྱི། སྤྱིར་བདག་ཕུང་པོ་ཡིན་པ་ནི་རང་ལུགས་ལ་ཁས་ལེན་དགོས་ཏེ། འདུས་བྱས་ཀྱི་དངོས་པོ་ཐམས་ཅད་ཕུང་པོ་ཡིན་པའི་ཕྱིར་ཏེ། འཇུག་པ་ལས། དངོས་པོའི་སྤྲས་ནི་མདོར་བསྡུ་ན། །ཕུང་པོ་ལྔ་རྣམས་བརྗོད་པ་ཡིན། །ཞེས་གསུངས་པའི་ཕྱིར། ཡང་དག་པར་ན་གཞུང་གི་རིགས་པ་དེ་རྣམས་གནས་ལུགས་ལ་དཔྱོད་པའི་རིགས་པ་ཡིན་པས་ཐ་སྙད་ཀྱི་རྣམ་གཞག་ལ་མི་གནོད་དེ། རྩ་ཤེ་ལས། སྐྱེ་དང་གནས་དང་འཇིག་པ་དག །མ་གྲུབ་ཕྱིར་ན་འདུས་བྱས་མེད། །ཅེས་གསུངས་ཀྱང་། ཐ་སྙད་དུ་སྐྱེ་གནས་འཇིག་གསུམ་ཁས་ལེན་པ་ལ་འགལ་བ་མེད་པ་བཞིན་ནོ། །གནད་དེ་རང་གཞན་ཀུན་གྱིས་གོ་དགོས་སོ། །བདག་རྟག་མི་རྟག་གང་རུང་དུ་ཁས་བླངས་པ་ཙམ་གྱིས་ལུང་མ་བསྟན་གྱི་ལྟ་བར་མི་འགྱུར་ཏེ། ལུང་མ་བསྟན་གྱི་ལྟ་བ་བཅུ་གཅིག་གསུངས་པ་ནི། དོན་དམ་ལ་ཞུགས་པའི་ཚེ་རྟག་མི་རྟག་སོགས་སུ་སྨྲ་ན་ལྟ་བ་ངན་པའི་རྒྱུར་འགྱུར་བས་གང་དུ་ཡང་ལུང་མ་བསྟན་པ་ཡིན་པའི་ཕྱིར། དེ་ལྟར་ལུང་མ་བསྟན་པ་རྣམས་དོན་དམ་ཟབ་མོའི་སྐབས་ཡིན་པ་ལ་འཁྲུལ་པ་མེད་དེ༑ རིན་ཆེན་ཕྲེང་བ་ལས། འཇིག་རྟེན་མཐའ་དང་ལྡན་ནམ་ཞེས། །ཞུས་ན་རྒྱལ་བ་མི་གསུང་བཞུགས། །གང་ཕྱིར་དེ་ལྟར་ཟབ་མོའི་ཆོས། །སྣོད་མིན་འགྲོ་ལ་མི་གསུང་བ། །དེ་ཉིད་ཕྱིར་ན་མཁས་རྣམས་ཀྱིས། །ཀུན་མཁྱེན་ཐམས་ཅད་མཁྱེན་པར་དགོངས། །ཞེས་དང་། འཇིག་རྟེན་གྲངས་ཅན་འུག་ཕྲུག་དང་། །གོས་མེད་བཅས་ལ་གལ་ཏེ་ཞིག །ཡོད་མེད་འདས་པ་སྨྲ་ན་དྲིས། །དེ་ཕྱིར་སངས་རྒྱས་རྣམས་ཀྱི་ནི། །བསྟན་པ་འཆི་མེད་ཡོད་མེད་ལས། །འདས་པ་ཟབ་མོ་འདི་བཤད་པ། །ཆོས་ཀྱི་ཁྱད་པ་ལེགས་མཁྱེན་མཛོད། །ཅེས་གསུངས་པའི་ཕྱིར་རོ། །

གཉིས་པ་རང་གི་སྒྲུབ་བྱེད་མི་འཐད་པ་ནི། འོ་ན་སྐྱེ་བ་སོགས་མེད་པར་ཐལ། སྐྱེ་མེད་རྟོགས་པའི་བློ་སོགས་ཡུལ་གྱི་གནས་ཚུལ་ལ་ཞུགས། སྐྱེ་བ་སོགས་འཛིན་པའི་བློ་ཡུལ་གྱི་གནས་ཚུལ་ལ་མ་ཞུགས་པའི་ཕྱིར། ཁྱབ་པ་ཁས། འདོད་མི་ནུས་ཏེ། སྐྱེ་སོགས་ཐ་སྙད་དུ་ཡོད་པའི་ཕྱིར་རོ། །གསུམ་པ་གཞན་ལ་སུན་འབྱིན་མི་འཐད་པ་ནི། བདག་ཡོད་པར་ཁས་བླངས་པ་གཞན་ལ་སྒྲོན་བརྗོད་པའི་ཚེ་ན་བདག་མེད་མཐོང་བའི་རྣལ་འབྱོར་མངོན་སུམ་གྱི་བདག་ཐ་སྙད་དུ་མེད་པར་མ་མཐོང་ན། དོན་དམ་དུ་མེད་པར་མཐོང་བ་ཙམ་ལ་བརྟེན་ནས་གྲོལ་བར་འགྱུར་ལ། དེ་ལྟར་ན་མོ་གཤམ་གྱི་བུ་མེད་པར་མཐོང་བས་ཀྱང་གྲོལ་བར་འགྱུར་ཏེ། བདག་དོན་དམ་པ་དང་མོ་གཤམ་གྱི་བུ་མཚུངས་པའི་ཕྱིར། ཞེས་པའི་སུན་འབྱིན་སྨྲ་བ་ནི་མི་འཐད་དེ། དེ་ནི་ཀླུ་སྒྲུབ་དང་འགལ་བའི་ཕྱིར་ཏེ། ཀླུ་སྒྲུབ་ཀྱི་གཞུང་ལས། བདག་དང་བདག་གི་བ་ཐ་སྙད་དུ་ཡོད་ཅེས་པ་འདི་ནི་དམ་པའི་དོན་དུ་ལོག་སྟེ། རྒྱུ་མཚན་གང་གི་ཕྱིར་ན། དེ་གཉིས་དོན་དམ་པར་མེད་པ་ཡང་དག་པ་ཇི་ལྟ་བ་བཞིན་

ཡོངས་སུ་ཤེས་པས་བདག་དང་བདག་གིར་འཛིན་པ་གཉིས་མི་འབྱུང་ངོ་ཞེས་བཤད་པའི་ཕྱིར། རགས་པ་འདི་ཙམ་ལ་ཡང་འཁྲུལ་ན་ཕྲ་མོ་རྣམས་ལྟ་སྨོས་ཀྱང་ཅི་དགོས་པས་བརྟག་དཔྱད་ཞིབ་མོ་བྱ་དགོས་པར་ཡང་གདམས་སོ། །ཁྱོད་རང་གི་ལུགས་ལ་ཐ་སྙད་དུ་བདག་མེད་པ་དང་། ཕུང་པོ་སོགས་དོན་དམ་དུ་མེད་པ་ལ་ཐལ་བ་དེ་མཚུངས་པར་འགྱུར་ཏེ། རིགས་པའི་རྣམ་གཞག་ཤེས་ན་མོ་གཤམ་གྱི་བུ་དང་། དེ་དག་མཚུངས་པའི་རྒྱུ་མཚན་བཀོད་པས་ཤེས་նུས་པའི་ཕྱིར། གཞུང་ལུགས་ཀྱི་རྣམ་གཞག་དོར་ནས། བདག་ཡོད་པར་འདོད་པ་ཕྱི་རོལ་པ་དང་། བདག་མེད་པར་འདོད་པ་ནང་པའི་ལུགས་ཡིན་ཞེས་པའི་ངག་རྒྱུན་འཁྲུམས་པོ་ཙམ་ལ་བརྟེན་ནས་གྲུབ་མཐའི་རྣམ་གཞག་འཛོག་པ་ནི་སྨད་པར་རིགས་ཏེ། མཁས་པས་མཐོང་ན་བཞད་གད་ཀྱི་གནས་སུ་འགྱུར་བའི་ཕྱིར་རོ། །

བཞི་པ་ཚིག་དོན་མ་འདྲེས་པར་བཟུང་བར་གདམས་པ་ནི། ཁྱད་གཞི་དང་སྦྱར་བའི་བདག་དང་། གང་ཟག་གི་བདག་དང་། ཆོས་ཀྱི་བདག་གཉིས་དང་། ཆོས་ཀྱི་སྡོམ་བཞིའི་ནང་ཚན་ཆོས་ཐམས་ཅད་བདག་མེད་ཅེས་པའི་བདག་ནི་ཐ་སྙད་དུ་ཡང་མེད་པ་ཡིན་ཏེ། སངས་རྒྱས་བསྐྱངས་ཀྱི་འགྲེལ་པ་ལས། ཆོས་ཐམས་ཅད་བདག་མེད་དོ་ཞེས་གསུངས་པ་ནི་ངོ་བོ་ཉིད་མེད་པའི་དོན་ཏེ། བདག་ཅེས་བྱ་བའི་སྒྲ་ནི་ངོ་བོ་ཉིད་ཀྱི་ཚིག་ཡིན་པའི་ཕྱིར། ཞེས་དང་། ཟླ་བའི་འགྲེལ་པ་ལས་ཀྱང་། དེ་ལྟར་དུ་བཤད་པའི་ཕྱིར། དེས་ན་ངོ་བོས་གྲུབ་པ་དང་དོན་གཅིག་པའི་བདག་དེ་དང་བྱེད་པའི་སྐྱེས་བུ་ལ་བདག་ཅེས་བརྗོད་པ་གཉིས་སོ་སོར་སྦྱར་དགོས་ཏེ། སྐྱེས་བུ་ལ་བདག་ཏུ་བརྗོད་པ་དེ་ཐ་སྙད་དུ་ཡོད་པའི་ཕྱིར་ཏེ། བདག་ཉིད་ལེགས་པར་བསྒོམ་པ་དང་། །ཞེས་པའི་འགྲེལ་པར། དེ་ལ་བདག་ཏུ་ང་རྒྱལ་བ་འདི་ལ་བཞག་ཅིང་བསྐྱེད་པས་བདག་ཉིད་དེ། ཕུང་པོ་ལ་བརྟེན་ནས་བཏགས་པའི་གང་ཟག་ལ་བདག་ཅེས་བྱའོ། །ཞེས་གསུངས་པའི་ཕྱིར་རོ། །

བཞི་པ་ཆོས་དང་གང་ཟག་གི་བདག་ཐ་སྙད་དུ་ཡོད་པ་དགག་པ་ལ་གཉིས་ཏེ། འདོད་པ་བརྗོད། སུན་འབྱིན་བཤད་པའོ། །དང་པོ་ནི། ལ་ལ་གང་ཟག་ཅེས་སོགས་ཚིགས་བཅད་གཉིས་ཏེ། ཕྱོགས་སྔ་མའི་གང་ཟག་ནི༑ པཎ་ཆེན་ཤཱཀྱའི་མཚན་ཅན་ནོ། །གཉིས་པ་ལ་གསུམ་སྟེ། གཞུང་ལུགས་ཀྱི་དགོངས་པ་མ་ཡིན་པ། མགོ་མཚུངས་ཀྱི་རིགས་པས་དགག་པ། སྒྲུབ་བྱེད་བློ་གྲོས་འཆལ་པའི་རྟགས་སུ་བསྟན་པའོ། །དང་པོ་ནི། དེ་གཉིས་ཁྱད་པར་མེད་པ་མུ་སྟེགས་པ་དང་། མང་བཀུར་བའི་ལུགས་ཡིན་གྱིས། ནང་པའི་ལུགས་གཞན་ལ་མེད་དེ། ཁ་ཆེ་བྱེ་སྨྲ་ཡན་གྱི་ནང་པའི་གང་ཟག་གི་བདག་ནི་གྲུབ་མཐས་བཏགས་པའི་བདག་དང་གཅིག་པས་ཐ་སྙད་དུ་ཡང་མི་བཞེད་ལ། སྤྱིར་བདག་ཙམ་ཞིག་ཡོད་པར་བཞེད་པའི་ཕྱིར་རོ། །གཉིས་པ་ནི། གཞན་དོན་དུ་ཞེས

སོགས་རྐང་པ་ལྔ། གསུམ་པ་ནི། ཁྱེད་ཀྱི་བསྒྲུབ་བྱེད་ཏ་ཙང་རྩིང་ཆེས་ཏེ། གང་ཟག་གི་བདག་འགོག་པའི་ཚེ་གང་ཟག་ཉིད་ཕུང་པོ་ལ་རྣམ་པ་ལྔའམ་བདུན་གྱིས་བཙལ་ནས་འགོག་པ་དེའི་དོན་ནི། བཙལ་ནས་གང་རུང་ཞིག་རྙེད་ན་གང་ཟག་གི་བདག་ཏུ་འགྱུར་བའི་དོན་ཡིན་པའི་ཕྱིར། གཞན་དུ་ན་ཤིང་རྟ་དང་ཤིང་རྟ་དོན་དམ་པར་གྲུབ་པ་གཉིས་དོན་གཅིག་པར་ཐལ། ཤིང་རྟ་དོན་དམ་པར་གྲུབ་པ་འགོག་པའི་ཚེ། ཤིང་རྟ་ཉིད་རང་གི་ཡན་ལག་འཕང་ལོ་སོགས་ལ་རྣམ་པ་བདུན་གྱིས་བཙལ་ནས་འགོག་པའི་ཕྱིར་རོ། །

གཉིས་པ་བསྒོམས་པས་ཉམས་སུ་ལེན་ཚུལ་ལ་ལོག་རྟོག་དགག་པ་ལ་གཉིས་ཏེ། ལོག་རྟོག་བརྗོད། སུན་འབྱིན་བཤད་པའོ། །དང་པོ་ནི། ཁ་ཅིག་དབུ་མའི་ཞེས་སོགས་ཚིགས་བཅད་གསུམ་སྟེ། ཕྱོགས་སྔ་མའི་གང་ཟག་ནི། དགེ་ལྡན་པའི་ཆོས་རྗེ་འདུལ་བ་དང་། དེའི་གདན་ས་པ་སོགས་ཁ་ཅིག་གོ། །གཉིས་པ་ལ་ལྔ་སྟེ། གྲུབ་མཐའ་བཞིའི་ལུགས་མ་ཡིན་པ། དུས་གསུམ་མཁྱེན་པས་སྔར་བཀག་པ། ཐོས་བསམ་དོན་མེད་དུ་འགྱུར་བ༔ བསྒོམ་པའི་གནད་འཁྲུལ་པ། སྨད་པའི་གནས་སུ་བསྟན་པའོ། །དང་པོ་ནི། བདག་ལྟའི་ཞེས་སོགས་རྐང་པ་བཞི། གཉིས་པ་ནི། འདི་ཉིད་ཅེས་སོགས་རྐང་པ་བཞི། གསུམ་པ་ནི། ང་མེད་ཅེས་བྱ་བའི་རྗེས་སུ་འབྲང་སྟེ་མེད་དགག་འཛིན་པའི་རྟོག་པ་གོམས་པ་ཙམ་གྱིས་དབུ་མའི་ལྟ་བ་རྟོགས་ན། དབུ་མའི་གཞུང་ལུགས་ལ་ཐོས་བསམ་དོན་མེད་དུ་འགྱུར་ཏེ་བསྒོམ་ཚུལ་འདི་མཁས་བླུན་གཉིས་ལ་ཁྱད་པར་མེད་པའི་ཕྱིར་རོ། །བཞི་པ་ནི། ང་མེད་ཅེས་བརྗོད་པ་ལས་མེད་དགག་བློ་ལ་ཤར་བ་འདི་འདྲ་ལྟག་མཐོང་ཡིན་ན། འདི་དང་ཞི་གནས་ཟུང་འབྲེལ་དུ་བསྒོམ་པ་མི་སྲིད་པར་འགྱུར་ཏེ། ང་མེད་ཅེས་བརྗོད་པའི་རྗེས་སུ་འབྲང་སྟེ་སྐྱེས་པའི་ལྷག་མཐོང་ཡིན་པའི་ཕྱིར། ལྔ་པ་ནི། ཀྱེ་མ་ཞེས་སོགས་རྐང་པ་བཞི། བཞི་པ་གནད་དོན་བསྡུས་ཏེ་བསྟན་པ་ནི། མདོར་ན་ཐེག་ཆེན་གྱི་ལྟ་སྒྲོད་གཉིས་གཞུང་ལུགས་ལས་བཤད་ཚོད་ལྟར་མ་འཁྲུལ་བར་ཉམས་སུ་ལེན་འདོད་ན། མཐའ་བཞི་སྤྲོས་པས་དབེན་པའི་སྟོང་ཉིད་སྙིང་རྗེ་སྙིང་པོ་ཅན་འདི་ཉིད་ཡིན་ཏེ། རབ་དབྱེ་ལས། ཆོས་རྣམས་ཀུན་གྱི་རྩ་བ་ནི། །སྟོང་ཉིད་སྙིང་རྗེའི་སྙིང་པོ་ཅན། །ཐབས་དང་ཤེས་རབ་ཟུང་འདྲེལ་ཏུ། །མདོ་རྒྱུད་ཀུན་ལས་རྒྱལ་བས་གསུངས། །ཞེས་གསུངས་པའི་ཕྱིར། བྱང་སེམས་སྡོམ་པའི་སྐབས་ཀྱི་རྣམ་པར་བཤད་པ་བསྟན་ཟིན་ཏོ༎ ༎

གྲུབ་རིགས་རྣམ་དཔྱོད་བློ་ཡི་ཟླ་ཤེལ་བུམ། །སྨིན་གྲོལ་གདམས་པའི་འཆི་མེད་བཅུད་ཀྱི་ཐིགས། །སྐལ་བཟང་ས་སུམ་རྩེན་ངལ་འཚོ་ཡིད་བསྐུབས་ཀྱི། །ལྷ་མིན་འཛོམས་མཁས་བི་རྟུ་པ་དེ་རྒྱལ། །གསུམ་པ་སྔགས་ཀྱི་སྡོམ་པའི་སྐབས་ལ་གསུམ་སྟེ། སྨིན་གྲོལ་གྱི་རྣམ་གཞག་སྤྱིར་བསྟན། དེ་ཉིད་ཞིབ་ཏུ་སྒྲུབ་པ་རྒྱས་པར་བཤད།

གྲུབ་པའི་འབྲས་བུ་བསྟུས་ཏེ་བསྟན་པའོ། །དང་པོ་ནི། གསང་སྔགས་ཀྱི་ཉམས་ལེན་སྨིན་གྲོལ་གཉིས་ཀ་སྔགས་ཀྱི་སྡོམ་པའི་ཉམས་ལེན་དུ་འདུས་པ་ཡིན་ཏེ། རིག་འཛིན་སྡོམ་པ་དབང་བསྐུར་གྱི་ཆོ་ག་ལས་ཐོབ་མར་ཐོབ་པ་དེ་ནི་སྨིན་བྱེད་ཀྱི་དབང་དང་། ཐོབ་པའི་སྡོམ་པ་དེ་ཉིད་སླར་མི་ཉམས་པར་བསྲུང་ཞིང་། རྣལ་འབྱོར་བཅུའི་སྒོ་ནས་གོང་ནས་གོང་དུ་སྤེལ་བ་ལ་གྲོལ་བྱེད་དུ་འཇོག་པའི་ཕྱིར་ཏེ། རྡོ་རྗེ་རྩེ་མོ་ལས། སྨིན་པ་དང་ནི་གྲོལ་བའི་ལམ། །སངས་རྒྱས་བྱང་ཆུབ་བསྟན་པའི་མཆོག ཅེས་གསུངས་པའི་ཕྱིར།

གཉིས་པ་ལ་གཉིས་ཏེ། ལམ་གྱི་གཙོ་བོ་རྣམ་དག་ཏུ་སྒྲུབ་པ། ལམ་གྱི་ཡན་ལག་རྣམ་དག་ཏུ་སྒྲུབ་པའོ། །དང་པོ་ལ་སྨིན་བྱེད་རྣམ་དག་ཏུ་སྒྲུབ་པ་དང་། གྲོལ་བྱེད་རྣམ་དག་ཏུ་སྒྲུབ་པ་གཉིས། དང་པོ་ལ་རྒྱུད་སྡེ་བཞིའི་སྨིན་བྱེད་སྤྱིར་བསྟན། འཁྲུལ་པ་དགག་པ་བྱེ་བྲག་ཏུ་བཤད། དབང་ལས་ཐོབ་པའི་དམ་ཚིག་ལ་འཁྲུལ་པ་དགག་པའོ། །དང་པོ་ནི། རྒྱུད་སྡེ་བཞི་ལ་སྡོམ་པ་ཐོབ་ཚུལ་རིམ་པ་མི་འདྲ་བ་བཞིར་ངེས་ཏེ། ཐོབ་བྱེད་སྨིན་བྱེད་ཀྱི་དབང་ལ་རིམ་པ་མི་འདྲ་བ་བཞི་གསུངས་པའི་ཕྱིར། ཡེ་ཤེས་ཐིག་ལེའི་རྒྱུད་ལས། ཆུ་ཡི་དབང་བསྐུར་ཅོད་པན་དག །བྱ་བའི་རྒྱུད་ལ་རབ་ཏུ་གྲགས། །རྡོ་རྗེ་དྲིལ་བུ་དེ་བཞིན་མིང་། །སྤྱོད་པའི་རྒྱུད་ལ་རབ་ཏུ་གསལ། །ཕྱིར་མི་ལྡོག་པ་ཡི་ནི་དབང་། །རྣལ་འབྱོར་རྒྱུད་དུ་གསལ་བར་བྱེ། །དེ་བཞིན་དྲུག་གི་བྱེ་བྲག་དབང་། །དེ་ནི་སློབ་དཔོན་དབང་ཞེས་བྱ། །རྣལ་འབྱོར་བླ་མ་ཡི་ནི་མཚན། །གསང་བ་ཡི་ནི་དབང་རྒྱལ་བཤད། །ཤེས་རབ་ཡེ་ཤེས་བླ་ན་མེད། །བཞི་པ་དེ་ཡང་དེ་བཞིན་ནོ། །ཞེས་གསུངས་པའི་ཕྱིར། དེ་ཡང་གནད་དྲིལ་ན། བྱ་རྒྱུད་ཀྱི་དབང་གི་དངོས་གཞི་ཆུ་དང་ཅོད་པཎ་གྱི་དབང་གཉིས་རྫོགས་པའི་ཚེ་ན། བྱ་རྒྱུད་ཀྱི་སྔགས་སྡོམ་རྫོགས་པར་ཐོབ། སྤྱོད་རྒྱུད་ལ་ཆུ་ཅོད་པཎ། རྡོ་རྗེ་དྲིལ་བུ། མིང་གི་དབང་དང་ལྔ་རྫོགས་པའི་ཚེ་ན་དེའི་སྔགས་སྡོམ་རྫོགས་པར་ཐོབ། རྣལ་འབྱོར་རྒྱུད་ལས། རིག་པའི་དབང་ལྔ་ཕྱིར་མི་ལྡོག་པ་རྡོ་རྗེ་སློབ་དཔོན་གྱི་དབང་དང་དྲུག་རྫོགས་པའི་ཚེ་ན་དེའི་སྔགས་སྡོམ་རྫོགས་པར་ཐོབ། བླ་མེད་ཀྱི་དབང་བཞི་རྫོགས་པའི་ཚེ་ན་བླ་མེད་ཀྱི་སྔགས་སྡོམ་རྫོགས་པར་ཐོབ་པ་ཡིན་ཏེ། རྒྱུད་སྡེ་རང་རང་གི་དབང་གི་དངོས་གཞིའི་ཆོ་ག་ནི་རྒྱུད་སྡེ་དེ་དང་དེའི་སྔགས་སྡོམ་འཐོབ་བྱེད་ཀྱི་ཐབས་ཀྱི་གཙོ་བོ་ཡིན་པའི་ཕྱིར། བླ་མེད་ཀྱི་སྔགས་སྡོམ་རྫོགས་པ་ལ་དབང་བཞི་རྫོགས་པ་དགོས་པ་འདི་ནི། ས་ལུགས་ཀྱི་གྲུབ་མཐའ་གཙང་མ་ཡིན་ཏེ། ས་ཆེན་གྱི་དབང་བཞི་ངོ་སྤྲོད་ཀྱི་འགྲེལ་པ་ལས། སོ་སོར་ཐར་པའི་སྡོམ་པ་དགེ་བསྙེན་ནས་དགེ་སློང་གི་བར་ཐོབ་པ། བྱང་ཆུབ་སེམས་དཔའི་སྨོན་འཇུག་གི་སེམས་བསྐྱེད་ཐོབ་པ། གསང་སྔགས་ཀྱི་དབང་བཞིའི་སྡོམ་པ་ཐོབ་པའོ། །ཞེས་དང་། རྗེ་བཙུན་རྩེ་མོའི་གནད་ཀྱི་གསལ་བྱེད་ལས་ཀྱང་། བསྐྱེད་རིམ་གྱི་སྡོམ་པ་དང་། རྫོགས་རིམ་གྱི་སྡོམ་པའི་ཐ་སྙད་གསལ་བར་

གསུངས་པ་དང་། རྗེ་བཙུན་རིན་པོ་ཆེ་གྲགས་པའི་ཨིནྡྲ་བྷུ་ཏིའི་ལམ་སྐོར་ལས། སྨྲངས་པ་ལས་བྱུང་བའི་ཡོན་ཏན་ནི་སྐྱབས་གསུམ་སྔོན་དུ་འགྲོ་བའི་སོ་སོར་ཐར་པ་དང་ཡང་ལྡན། སྨོན་འཇུག་གི་སེམས་བསྐྱེད་བྱས་ཏེ་བྱང་ཆུབ་སེམས་དཔའི་བསླབ་པ་དང་ཡང་ལྡན། དབང་བཞི་ཡོངས་སུ་རྫོགས་ཏེ་རྡོ་རྗེ་ཐེག་པའི་སྡོམ་པ་དང་ཡང་ལྡན་ཞེས་དང་། རབ་དབྱེ་ལས། བླ་མ་བཙལ་ལ་དབང་བཞི་བླངས། །དེ་ཡིས་སྡོམ་པ་གསུམ་ལྡན་འགྱུར། །ཞེས་གསུངས་པའི་ཕྱིར། བསྟན་བཅོས་འདི་མཛད་པ་པོ་ཀུན་མཁྱེན་བླ་མ་ཆེན་པོ་དང་། དཔལ་ཤཱཀྱ་མཆོག་ལྡན་གཉིས་སྡོམ་པའི་ཐོབ་མཚམས་འདི་ཁོ་ན་ལྟར་བཞེད། གཞན་ངོར་ཕྱོགས་པ་ཕལ་ཆེར་བུམ་དབང་ཙམ་རྫོགས་པའི་ཚེ་ན་བླ་མེད་ཀྱི་སྔགས་སྡོམ་རྫོགས་པར་ཐོབ་པར་བཞེད་པས། སྡོམ་པའི་ཐོབ་མཚམས་ལ་ལུགས་གཉིས་སྣང་མོད། འོན་ཀྱང་ཕྱི་མ་དེ་ནི། ལུང་རིགས་དང་འགལ་བས་མི་འཐད་དེ། དྲང་མ་ཐག་པའི་རྗེ་བཙུན་གོང་མའི་ལུང་དང་དངོས་སུ་འགལ་བའི་ཕྱིར་དང་། བུམ་དབང་རྫོགས་པའི་ཚེ་ན་དབང་གོང་མའི་སྔགས་སྡོམ་ཡང་ཐོབ་པར་ཐལ་བའི་ཕྱིར་རོ། །ཁ་ཅིག་སྐྱོན་དེ་སྤོང་བར་འདོད་ནས། དབང་གོང་མ་ཉམས་མྱོང་བསྐྱེད་བྱེད་ཙམ་ཡིན་གྱི། སྨིན་བྱེད་ཀྱི་དབང་མ་ཡིན་ཟེར་བ་ནི་ངོ་ཚ་བོར་བའི་གཏམ་སྟེ། འོན་ཏྲུང་དང་གཏུམ་མོ་ལ་སོགས་པའི་རྫོགས་རིམ་རྣམས་གྲོལ་བྱེད་མ་ཡིན་པར་ཐལ། རྒྱུ་དུས་ཀྱི་དབང་གོང་མ་གསུམ་སྨིན་བྱེད་མ་ཡིན་པའི་ཕྱིར། ཁྱབ་འགྲེལ་ཡོད་དེ། དབང་གོང་མ་དང་རྫོགས་རིམ་གཉིས་སྨིན་གྲོལ་དུ་སྦྲར་ནས་འཆད་རིགས་པའི་ཕྱིར་ཏེ། རྗེ་བཙུན་རྩེ་མོས་ས་ཆེན་ལ་བསྟོད་པ་ལས། དབང་བཞིས་སྨིན་མཛད་ལམ་བཞིས་གྲོལ་བ་བསྟན། །ཞེས་གསུངས་པའི་ཕྱིར། གནད་ཀྱི་དོན་ནི། དབང་བཞི་རྫོགས་པའི་ཚེ་ན་བསྐྱེད་རྫོགས་གཉིས་ཀའི་སྡོམ་པ་ཐོབ་ཅིང་། སྔགས་སྡོམ་གྱི་རིགས་མཐའ་དག་ཐོབ་པས་སྔགས་སྡོམ་རྫོགས་ཞེས་བྱ་སྟེ། དབང་བཞི་ཐོབ་རྗེས་སུ་དབང་གི་གནས་སྐབས་སུ་མ་ཐོབ་པའི་སྡོམ་པ་དང་རིགས་མི་འདྲ་བའི་སྔགས་སྡོམ་གསར་ཐོབ་མེད་པའི་ཕྱིར། བུམ་དབང་ཙམ་རྫོགས་པའི་ཚེ་སྔགས་སྡོམ་རྫོགས་པར་མ་ཐོབ་སྟེ། དབང་གོང་མ་བླངས་པའི་ཚེ་བུམ་དབང་གི་སྐབས་སུ་ཐོབ་པའི་སྡོམ་པ་དང་རིགས་མི་འདྲ་བའི་སྔགས་སྡོམ་གསར་ཐོབ་ཡོད་པའི་ཕྱིར་ཏེ། དེའི་ཚེ་རྫོགས་རིམ་གྱི་སྡོམ་པ་གསར་ཐོབ་ཡོད་པའི་ཕྱིར། གཏན་ཚིགས་གྲུབ་ཅིང་ཁྱབ་པ་ཡོད་དེ། བུམ་དབང་བླངས་པའི་ཚེ་ཐོབ་པའི་སྡོམ་པ་ཡིན་ན། བསྐྱེད་རིམ་གྱི་སྡོམ་པ་ཡིན་པས་ཁྱབ། དབང་གོང་མ་བླངས་པའི་ཚེ་ཐོབ་པའི་སྡོམ་པ་ཡིན་ན། རྫོགས་རིམ་གྱི་སྡོམ་པ་ཡིན་པས་ཁྱབ་པའི་ཕྱིར་རོ། །བླ་མེད་ཀྱི་དབང་ཆོག་ལ་བརྟེན་ནས་ཐོབ་པའི་རིགས་ལྔ་སྤྱི་དང་ཁྱད་པར་གྱི་སྡོམ་པ་རྣམས་ནི་བསྐྱེད་རིམ་གྱི་སྡོམ་པ་ཡིན་པས་བུམ་དབང་ཙམ་རྫོགས་པའི་ཚེ་ན་རྫོགས་པར་ཐོབ་པ་ཡིན་ཏེ། རིགས་ལྔ་སྤྱིའི་སྡོམ་པ་ཚུལ་ཁྲིམས་གསུམ་ནི་བུམ་དབང་གི་ནང་ཚན་རིག་པའི་

དབང་ལྔ་ལ་བརྟེན་ནས་ཐོབ། ཁྱད་པར་གྱི་སྡོམ་པ་སངས་རྒྱས་དཀོན་མཆོག་བཟུང་བ་སོགས་བཅུ་བཞི་ནི། དམ་ཚིག་གསུམ་སྦྱིན་པའི་སློབ་དཔོན་གྱི་དབང་ལ་བརྟེན་ནས་ཐོབ་པའི་ཕྱིར། དེ་སྐད་དུ་སློབ་དཔོན་གྱི་དབང་གི་གསོལ་གདབ་ཏུ། སངས་རྒྱས་ཀུན་གྱི་དམ་ཚིག་དང་། །སྡོམ་པའང་བླ་ན་མེད་པ་སྩོལ། །ཞེས་འབྱུང་བའི་གནད་ཀྱང་འདི་ཡིན་པའི་ཕྱིར་རོ། །

གཉིས་པ་ལ་གཉིས་ཏེ། ཁས་བླངས་བརྗོད། དེ་དགག་པའོ། །དང་པོ་ནི། ཁ་ཅིག་རྒྱུད་སྡེ་བཞི་སོགས་ཚིགས་བཅད་གསུམ་སྟེ། ཕྱོགས་སྔ་མ་ནི་བོ་དོང་ཕྱོགས་ལས་རྣམ་རྒྱལ་ལོ། །གཉིས་པ་ལ་ལྔ་སྟེ། གཅིག་གིས་ཀུན་ཐོབ་པ་ལ་ལུང་རིགས་ཀྱིས་གནོད། དེའི་སྐབས་བྱེད་མ་ངེས་པར་བསྟན། བདག་འཇུག་ཙམ་གྱིས་ཚིག་རྒྱུད་ཡིན་ན་གཞན་ལའང་མཚུངས། དགོངས་འགྲེལ་མཛད་པ་པོ་འཁྲུལ་པ་ཡིན་ན་ཧ་ཅང་ཐལ། དེས་ན་སོ་སོའི་དབང་ལ་ནན་ཏན་བྱ་བར་གདམས་པའོ། །དང་པོ་ནི། བླ་མེད་ཀྱི་དཀྱིལ་འཁོར་གཅིག་གི་དབང་བསྐུར་ཐོབ་པས་ཀུན་གྱི་དབང་བསྐུར་ཐོབ་པར་འདོད་པའི་གྲུབ་མཐའ་འདི་ནི་རྟ་བཞིན་དུ་དོར་བར་བྱ་སྟེ། ཕག་མོ་མངོན་འབྱུང་དང་། མི་གཡོ་བླ་མེད་ཀྱི་རྒྱུད་གཉིས་ཚིག་མཐུན་པར། དཀྱིལ་འཁོར་དུ་ནི་མ་ཞུགས་ལ། །མིང་ཙམ་བསྟན་པར་མི་བྱ་ཞིང་། །དཀྱིལ་འཁོར་གཞན་དུ་ཞུགས་པ་ལའང་། །འདི་ཡི་གསང་བ་བསྟན་མི་བྱ། །ཞེས་གསུངས་པ་དང་འགལ་བའི་ཕྱིར་ཏེ། གསང་བ་འདུས་པ་ལྟ་བུ་གཅིག་གི་དབང་བསྐུར་ཐོབ་ན། ཕག་མོ་མངོན་འབྱུང་དང་། མི་གཡོ་བླ་མེད་ཀྱི་དབང་ཐོབ་པར་ཁས་བླངས་པས་དེ་གཉིས་ཀྱི་གསང་བ་བསྟན་དུ་རུང་བ་ལས། ལུང་དེས་དཀྱིལ་འཁོར་གཞན་གྱི་དབང་ཐོབ་པ་ལ་ཡང་། དེ་གཉིས་ཀྱི་གསང་བ་བསྟན་དུ་མི་རུང་བར་གསུངས་པའི་ཕྱིར། རིགས་པས་ཀྱང་གནོད་དེ། ཁྱོད་ཀྱིས་ཁས་བླངས་དེ་ལྟར་ན། རྒྱུད་སྡེ་ལས་དཀྱིལ་འཁོར་གྱི་ཆོ་ག་གཅིག་ཁོ་ན་གསུང་རིགས་པར་འགྱུར་ཏེ། དཔེར་ན་འདུལ་བའི་ལས་ཆོག་རྣམ་གྲངས་གཅིག་ཁོ་ན་བཞིན་ནོ། །

གཉིས་པ་ནི། བདེ་མཆོག་གི་ལུང་དེ་ཁྱེད་ཀྱི་སྐབས་བྱེད་དུ་མ་ངེས་ཏེ། དེ་ནི་གདུལ་བྱ་སྤྲོ་བ་བསྐྱེད་པའི་ཕྱིར་ཕན་ཡོན་ཆེ་བ་བརྗོད་པའི་སྐབས་ཡིན་ཞིང་། དེ་དང་འཇིགས་པ་བསྐྱེད་པའི་ཕྱིར་ལ་དོར་བ་རྣམས་སྒྲ་ཇི་བཞིན་པ་ཡིན་པའི་ཕྱིར། ཡིན་ན་བརྟག་གཉིས་ལས། གལ་ཏེ་སངས་རྒྱས་ཞེས་སོགས་རྐང་པ་གཉིས་པོ་དེ་ཡང་སྒྲ་ཇི་བཞིན་པར་འགྱུར་རོ། །བླ་མེད་ཀྱི་རིག་པའི་དབང་ལྔའི་རྟོགས་པ་བརྗོད་པ་ན། བྱ་སྤྱོད་གཉིས་འཆད་པ་དང་། རྣལ་འབྱོར་རྒྱུད་ཉན་པ་ལ་དབང་བ་ཡིན་ནོ། །ཞེས་བཤད་པ་ཡང་ཁྱེད་ཀྱི་སྐབས་བྱེད་དུ་མ་ངེས་ཏེ༑ དེ་ནི་བླ་མེད་ཀྱི་རིག་པའི་དབང་ལྔའི་ནང་དུ་བྱ་སྤྱོད་གཉིས་ཀྱི་དབང་མཐའ་དག་དང་། རྣལ་འབྱོར་རྒྱུད་ཀྱི་

སློབ་མའི་དབང་གི་ནུས་པའམ། རྟོགས་པའི་རིགས་རྫོགས་ཤིང་འདུས་པ་ལ་དགོངས་པའི་ཕྱིར། དེ་ཙམ་གྱིས་འོག་མའི་དབང་ཐོབ་པར་འགྱུར་ན། ཐེག་ཆེན་གྱི་མཐོང་ལམ་ཐོབ་པའི་ཉན་རང་གིས་མི་སློབ་ལམ་ཐོབ་པར་འགྱུར་ཏེ། དེའི་ཚེ་ཉན་རང་གིས་རྟོགས་པའི་རིགས་རྫོགས་པར་ཐོབ་པའི་ཕྱིར། འདི་ནི་ལན་གྱི་ཟློག་པར་མི་ནུས་པའི་རིགས་པ་ཡིན་ཞིང་། དྲང་ངེས་ཀྱི་གནད་འབྱེད་པ་ལ་དཔྱོད་ལྡན་གྱི་མིག་ལྟ་བུ་ཡང་ཡིན་ནོ། །གསུམ་པ་ནི། སླར་ཡང་དམ་བཅའ་ཞེས་སོགས་གོ་སླ། བཞི་པ་ནི། འཕགས་ཡུལ་གྲུབ་པའི་ཞེས་སོགས་གོ་སླ། ལྔ་པ་ནི༑ དེས་ན་བདག་ཉིད་ལེགས་འདོད་ཅེས་སོགས་གོ་སླ།

གསུམ་པ་དམ་ཚིག་ལ་འཁྲུལ་པ་དགག་པ་ལ་གཉིས་ཏེ། རྒྱ་ལྟུང་བདུན་པ་མི་རུང་བ་དགག གསུམ་པ་ཡུལ་ལ་འཁྲུལ་པ་དགག་པའོ། །དང་པོ་ལ། འདོད་པ་བརྗོད་པ་དང་། དེ་དགག་པ་གཉིས། དང་པོ་ནི། དེང་སང་སྨྲགས་པར་ཞེས་སོགས་ཚིགས་བཅད་གཅིག་སྟེ། ངོར་པ་མ་གཏོགས་པའི་དེང་སང་གི་སྔགས་པ་ཕལ་ཆེར་རོ། །གཉིས་པ་ནི། རྣལ་འབྱོར་ཆེན་པོའི་གསང་སྤྱོད་རྣམས། དབང་མ་ཐོབ་པ་རྣམས་ལ་སྟོན་ཅིང་སྒྲོག་པར་བྱེད་པ་ནི་མི་རུང་སྟེ། རྡོ་རྗེ་གུར་སོགས་ལས་རྒྱ་ལྟུང་དུ་གསུངས་པའི་ཕྱིར་དང་། རྒྱ་ལྟུང་གི་དོན་ཡང་མ་བསྲུངས་པ་དང་བསྲུངས་པ་ལས། རིམ་བཞིན་ཉེས་པ་དང་དངོས་གྲུབ་ཀུན་གྱི་རྒྱ་བར་གསུངས་པའི་ཕྱིར། ཇི་ལྟར་གསུངས་ན་གུར་ལས། སྐལ་མེད་དེ་ཉིད་གཏམ་མི་བྱ། །ཞེས་དང་། རྒྱ་ལྟུང་བཅུ་བཞི་པ་ལས་ཀྱང་། ཡོངས་སུ་མ་སྨིན་སེམས་ཅན་ལ། །གསང་བ་སྒྲོག་པ་བདུན་པ་ཡིན། །ཞེས་གསུངས་སོ། །འདིར་དཔྱད་པའི་དོགས་པ་སྔར་དབང་གིས་སྨིན་ཞིང་། རྣལ་འབྱོར་ཆེན་པོའི་གསང་སྤྱོད་ཤེས་པ་ཕྱིས་རྒྱ་ལྟུང་གིས་དབང་གི་དམ་ཚིག་ཉམས་པ་དེ་ལ་དབང་ཐོབ་དམ་ཚིག་ཉམས་པས། རྣལ་འབྱོར་ཆེན་པོའི་གསང་སྤྱོད་སྨྲས་ན། གསང་སྒྲོག་ཏུ་འགྱུར་རམ་མི་འགྱུར། འགྱུར་ན། ཡུལ་དེ་སྔར་དབང་གིས་མི་སྨིན་པར་ཐལ་བ་དང་། ཁོ་རང་ཡང་གསང་སྤྱོད་ཤེས་བཞིན་པ་ཡིན་པ་དང་འགལ། མི་འགྱུར་ན་སྐྱེ་བོ་ཕལ་པ་གཞན་ལ་གསང་བ་བསྟན་པ་ལ་ཡང་གསང་སྒྲོག་མི་འགྱུར་བར་ཐལ། རྒྱ་ལྟུང་གིས་དམ་ཚིག་ཉམས་པ་ལ་ཡང་དེ་བསྟན་པ་ལ་རྒྱ་ལྟུང་མི་འབྱུང་བའི་ཕྱིར། ཁྱབ་སྟེ། དེ་གཉིས་སྨྲགས་ཀྱི་སྣོད་མ་ཡིན་པར་མཚུངས་པའི་ཕྱིར་སྙམ་ན། རྣམ་དབྱེ་འདི་ལྟར་ཕྱེད་དགོས་ཏེ། དམ་ཚིག་ཉམས་པ་དེ་སྣོད་དང་མི་ལྡན་པ་ཡིན་པས་དེ་ལ་གསང་སྤྱོད་སྨྲ་བ་ལ་ལྟུང་བ་ཅུང་ཟད་འབྱུང་ལ། འོན་ཀྱང་རྒྱ་ལྟུང་ཉིད་མི་འབྱུང་སྟེ། གསང་བ་སྨྲས་པའི་ཚེ་སྔར་མ་ཤེས་པ་གསར་དུ་གོ་བ་མེད་པས་དུས་སྐབས་ཀྱི་ཡན་ལག་མ་ཚང་བའི་ཕྱིར། དེ་སྐད་དུ། རྗེ་བཙུན་མཆོག་གི་འཁྲུལ་སྤོང་ལས། དབང་ཐོབ་ཀྱང་ཉམས་པར་གྱུར་པའི་གང་ཟག་གིས་གསང་བ་རྣམས་ཤེས་ཟིན་པའི་ཕྱིར། དུས་སྐབས་མ་ཚང་བས་ན་བཤགས་བྱ་ཉིད་དུ

འགྱུར་རོ། །ཞེས་གསུངས་པ་ཡིན་ནོ། །

གཉིས་པ་ལ་གཉིས་ཏེ། འདོད་པ་བརྗོད་པ་དང་། དེ་དགག་པའོ། །དང་པོ་ནི། ཁ་ཅིག་སྔགས་ཀྱི་ཞེས་སོགས་ཏེ། རྗེ་བཙུན་ཅོང་ཁ་པས་བཞེད་པའོ། །གཉིས་པ་ལ་གསུམ་སྟེ། བསྟན་བཅོས་ཀྱི་ཐ་སྙད་དང་འགལ་བ༑ རྒྱུད་ཀྱི་དོན་དང་འགལ་བ། འཇིག་རྟེན་གྱི་ཐ་སྙད་དང་འགལ་བའོ། །དང་པོ་ནི། འོན་བསླབ་གསུམ་ཞེས་སོགས། གཉིས་པ་ནི། ཡུལ་ཆེན་སུམ་ཅུ་ཞེས་སོགས། གསུམ་པ་ནི། འཇིག་རྟེན་ཐ་སྙད་ཅེས་སོགས་གོ་སླ། གཉིས་པ་གྲོལ་བྱེད་རྣམ་དག་ཏུ་སྒྲུབ་པ་ལ་གཉིས། སྔགས་ལམ་ཉམས་སུ་ལེན་པའི་སེམས་ཅན་ལ་འཕྲུལ་པ་དགག །རྒྱུད་སྡེ་བཞིའི་སྔགས་ལམ་གྱི་ངོ་བོ་ལ་འཁྲུལ་པ་དགག་པའོ། །དང་པོ་ལ་གཉིས་ཏེ། འདོད་པ་བརྗོད་པ་དང་། དེ་དགག་པའོ། །དང་པོ་ནི། ཁ་ཅིག་ཐེག་པ་ཞེས་སོགས་ཏེ། ཕྱོགས་སྔ་མ་ནི། བོ་དོང་ཕྱོགས་ལས་རྣམ་པར་རྒྱལ་བའོ། །གཉིས་པ་ལ་གཉིས་ཏེ། མདོར་བསྟན་དང་། རྒྱས་པར་བཤད་པའོ། །དང་པོ་ནི། འདི་ནི་མདོ་རྒྱུད་ཅེས་སོགས་རྐང་པ་གཉིས།

གཉིས་པ་ལ་གསུམ་སྟེ། དམན་ལམ་ལ་ཆོས་རྒྱུན་གྱི་ཏིང་འཛིན་ཡོད་པ་ལུང་རིགས་དང་འགལ། གདུལ་བྱ་ཟབ་ལམ་ཁོ་ནས་དགྲ་བ་མདོ་རྒྱུད་དང་འགལ། སྔགས་ཀྱི་དཀྱིལ་འཁོར་ལ་ཐེག་དམན་བཀོད་པ་རྒྱུད་སྡེ་དང་འགལ་བའོ། །དང་པོ་ནི། ཐེག་ཆེན་གྱི་ཚོགས་ལམ་དུ་ཆོས་རྒྱུན་གྱི་ཏིང་འཛིན་ཡོད་པར་གསུངས་ཏེ༑ བྱམས་པའི་མདོ་རྒྱན་ལས། དེ་ཚེ་ཆོས་ཀྱི་རྒྱུན་ལ་ནི། །སངས་རྒྱས་རྣམས་ལས་ཞི་གནས་དང་། །ཡེ་ཤེས་ཡངས་པ་ཐོབ་བྱའི་ཕྱིར། །གདམས་ངག་རྒྱ་ཆེན་རྙེད་པར་འགྱུར། །ཞེས་དང་། དངོས་གཞིའི་གནས་པ་དེས་ཐོབ་པོ། །མངོན་ཤེས་དོན་དུ་གཉེར་བས་དེ། །སྦྱངས་ནས་ལས་སུ་རུང་བའི་མཆོག །བསམ་གཏན་ལས་ཐོབ་མངོན་པར་ཤེས། །མངོན་པར་བསྒྲུབས་པའི་སྒོ་ནས་དེ། །སངས་རྒྱས་དཔག་ཏུ་མེད་པ་ལ། །མཆོད་པའི་ཕྱིར་དང་ཉན་པའི་ཕྱིར། །འཇིག་རྟེན་ཁམས་ནི་རྣམས་སུ་འགྲོ། །ཞེས་གསུངས་པའི་ཕྱིར། ཐེག་དམན་གྱི་ལམ་དུ་ཆོས་རྒྱུན་གྱི་ཏིང་འཛིན་ཐོབ་པ་ནི་མེད་དེ། དེ་འདྲ་ཚད་ལྡན་གྱི་གཞུང་ལས་གསུངས་པ་མེད་པའི་ཕྱིར། རིགས་པས་ཀྱང་གནོད་དེ། ཐེག་དམན་གྱི་མཐོང་ལམ་གྱི་སྔ་རོལ་དུ་ཆོས་རྒྱུན་ཏིང་འཛིན་ཐོབ་ན། ཐེག་དམན་སོ་སྐྱེ་དེ་ཡིས་འཕགས་ལམ་ཐོབ་པའི་ཚེ། རྒྱུན་ཞུགས་དང་ཕྱིར་འོང་གདན་མི་སྲིད་ཅིང་། འབྲས་བུ་གསུམ་པ་ལ་གནས་པའི་ཆགས་བྲལ་སྔོན་སོང་གི་ཕྱིར་མི་འོང་ཞུགས་འབྲས་ཁོ་ནར་འགྱུར་ཏེ། ཆོས་རྒྱུན་ཏིང་འཛིན་ཐོབ་པ་ལ་བསམ་གཏན་གྱི་དངོས་གཞི་ཐོབ་དགོས། དེ་ཐོབ་པ་ལ་འདོད་པ་ལ་འདོད་ཆགས་དང་བྲལ་བ་སྔོན་དུ་འགྲོ་དགོས་པའི་ཕྱིར། གཞན་ཡང་ཁྱོད་ཀྱི་གྲུབ་མཐའ་འདི་ཉིད་མི་འཐད་དེ། འདུལ་བ་ལུང་ལས་དགྲ་བཅོམ་པ་

ཐོབ་ཀྱང་རྫུ་འཕྲུལ་མ་ཐོབ་པ་མང་དུ་བཤད་པ་དང་འགལ་བའི་ཕྱིར། འདིར་དཔྱད་དགོས་པའི་དོགས་པ། ཆོས་རྒྱུན་ཏིང་འཛིན་བསམ་གཏན་གྱི་དངོས་གཞི་ལ་འཇོག་ན། ཐེག་དམན་ལ་ཡོད་པ་ལ་ཡང་འགལ་བ་མེད་དེ༑ བསམ་གཏན་གྱི་དངོས་གཞིའི་སྙོམས་འཇུག་ཐོབ་པའི་ཉན་ཐོས་སྐྱེ་འཕགས་མང་དུ་ཡོད་པའི་ཕྱིར། བསམ་གཏན་གྱི་དངོས་གཞི་ལ་མི་འཇོག་ན། ཆོས་རྒྱུན་ཏིང་འཛིན་དེའི་ངོ་བོ་གང་ཡིན་ཞེ་ན། དཀའ་གནས་ཀྱི་གཞིར་སྣང་མོད། ཁོ་བོ་རེ་ཞིག་འདི་ཙམ་སྨྲ་སྟེ། ཆོས་རྒྱུན་ཏིང་འཛིན་ཡིན་ན་བསམ་གཏན་གྱི་དངོས་གཞི་ཡིན་པས་ཁྱབ་ཀྱང་། དེ་ཡིན་ན་ཆོས་རྒྱུན་ཏིང་འཛིན་ཡིན་པས་མ་ཁྱབ་སྟེ། ལུས་སེམས་ཤིན་སྦྱངས་བདེ་ལྡན་གྱི་ཉེར་བསྡོགས་ལ་བརྟེན་ནས་སྐྱེས་པའི་བསམ་གཏན་གྱི་དངོས་གཞི་ལ་ཆོས་རྒྱུན་ཏིང་འཛིན་དུ་འཇོག་པ་གང་ཞིག །དེ་ཐེག་དམན་ལ་མེད་པའི་ཕྱིར། དང་པོ་གྲུབ་སྟེ། མདོ་རྒྱན་ལས། དེ་ནས་དེ་ཡིས་ལུས་དང་སེམས། །ཤིན་ཏུ་སྦྱངས་པ་ཆེ་ཐོབ་ནས། །ཡིད་ལ་བྱེད་དང་བཅས་ཞེས་བྱ། །དེ་ཡིས་དེ་ནི་འཕེལ་བྱས་ནས། །འཕེལ་བ་རིང་དུ་འགྲོ་བ་ཡིས། །དངོས་གཞིའི་གནས་པ་དེས་ཐོབ་བོ། །ཞེས་སོགས་གོང་དུ་དྲངས་པ་ལྟར་གསུངས་པའི་ཕྱིར། གཉིས་པ་གྲུབ་སྟེ། ཐེག་དམན་ལ་ཉེར་བསྡོགས་ཡིད་བྱེད་བདུན་བཤད་པ་ཡོད་ཀྱིས། ཤིན་སྦྱངས་བདེ་ལྡན་བཤད་པ་མེད་པའི་ཕྱིར། དེས་ན་ཤིན་སྦྱངས་བདེ་ལྡན་ནི་ཐེག་ཆེན་ཐུན་མོང་མ་ཡིན་པའི་ཞི་གནས་ཡིན་པར་སེམས་ཏེ། འཇམ་དབྱངས་ས་པཎ་གྱིས་ཀྱང་། ཤིན་སྦྱངས་བདེ་ལྡན་ཞི་གནས་དང་། །སྤྲོས་ཀུན་ཉེར་ཞིའི་ལྷག་མཐོང་གཉིས། །ཕ་རོལ་ཕྱིན་པའི་ལམ་མཆོག་སྟེ། །རྒྱལ་སྲས་རྣམས་ཀྱིས་བསྒྲུབ་ན་ལེགས། །ཞེས་གསུངས་པའི་ཕྱིར།

གཉིས་པ་ཟབ་ལམ་ཁོ་ནས་བགྲོ་བ་དགག་པ་ནི། ལམ་ཟབ་ཞོས་ཡིན་པའི་རྒྱུ་མཚན་གྱིས་གདུལ་བྱས་ཉན་འདོད་ཡོད་པའི་ངེས་པ་མེད་དེ། གཞན་དུ་ན་མདོ་ལས། ཐེག་གསུམ་གྱི་རིམ་པ་བསྟན་པ་དོན་མེད་དུ་འགྱུར་བའི་ཕྱིར། སྟོན་པ་སངས་རྒྱས་ཀྱིས་ཀྱང་གདུལ་བྱ་ལ་ཟབ་ལམ་ཁོ་ན་སྟོན་པར་མ་ངེས་ཏེ། བསམ་པ་དང་བག་ལ་ཉལ་བ་སོགས་ཀྱི་བློའི་རིམ་པ་དང་མཚམས་པར་ཆོས་སྟོན་པར་གསུངས་པའི་ཕྱིར། དེ་ཡང་། བརྟག་གཉིས་ལས། སྐལ་དམན་རིམ་འཇུག་གི་བགྲོ་ཚུལ་ལ། དང་པོར་གསོ་སྦྱོང་ལ་སོགས་པའི་སྡོམ་པ་རྣམས་རིམ་བཞིན་དུ་བླངས་ནས། ཕྱི་མཚན་ཉིད་ཀྱི་གྲུབ་མཐའ་བཞི་དང་། ནང་སྔགས་ཀྱི་རྒྱུད་སྡེ་བཞི་རིམ་གྱིས་བསླབ་སྟེ་གཉིས་མེད་ཀྱི་རྒྱུད་ཀྱི་རྡོ་རྗེ་ལ་འཇུག་པའི་ཚུལ་གསུངས། ལང་ཀར་གཤེགས་པ་ལས། ནད་པ་ན་ཚའི་བྱེ་བྲག་མཐའ་ཡས་པ་ལ་སྨན་པ་མཁས་པས་སྨན་བཟང་ངན་སྣ་ཚོགས་པ་གཏོང་བ་ལྟར། སངས་རྒྱས་རྣམས་ཀྱིས་སེམས་ཅན་རྣམས་ལ་བློ་ལ་ཇི་ཙམ་བཟོད་པའི་ཆོས་སྣ་ཚོགས་པ་སྟོན་པར་གསུངས། ཀླུ་སྒྲུབ་ཀྱི་

རིན་ཆེན་ཕྲེང་བ་ལས་ཀྱང་། བརྡ་སྤྲོད་པ་སྒྲ་པ་དག་ཡི་གེའི་ཕྱི་མོ་ཨཱ་ལི་ཀཱ་ལི་གློག་ཏུ་འཇུག་པའི་རིམ་པ་ལྟར། སངས་རྒྱས་རྣམས་ཀྱིས་གདུལ་བྱ་རྣམས་ཀྱི་བློ་ལ་ཇི་ཙམ་བཟོད་པའི་ཆོས་སྟོན་པའི་སྒོ་ནས་བཀྲི་བར་གསུངས། འཕགས་པ་ལྟས་ཀྱང་སངས་རྒྱས་ཀྱིས་གདུལ་བྱ་ལ་ཆོས་སྟོན་པའི་ཚེ། ཡོད་ཅེས་ཀྱང་བསྟན། མེད་ཅེས་ཀྱང་བསྟན། གཉིས་ཀ་ཞེས་ཀྱང་བསྟན། གཉིས་མིན་ཞེས་ཀྱང་བསྟན་ཏེ། གདུལ་བྱའི་ནད་ཀྱི་དབང་གིས་དེ་ཐམས་ཅད་ཀྱང་ཆོས་ཀྱི་སྨན་དུ་འགྱུར་བར་གསུངས་པ་ཡིན་ཏེ། དང་པོར་གསོ་སྦྱོང་སྦྱིན་པར་བྱ། །དེ་རྗེས་བསླབ་པའི་གནས་བཅུ་ཉིད། །དེ་ལ་བྱེ་བྲག་སྨྲ་བ་བསྟན། །མདོ་སྡེ་པ་ཡང་དེ་བཞིན་ནོ། །དེ་ནས་རྣལ་འབྱོར་སྤྱོད་པ་ཉིད། །དེ་ཡི་རྗེས་སུ་དབུ་མ་བསྟན། །སྔགས་ཀྱི་རིམ་པ་ཀུན་ཤེས་ནས། །དེར་རྗེས་ཀྱི་རྡོ་རྗེ་བསྟན། །ཞེས་དང་། ཇི་ལྟར་ནད་པ་ནད་པ་ལ། །ཞེས་སོགས་དང་། བརྡ་སྤྲོད་པ་དག་ཇི་ལྟ་བུ། །ཞེས་སོགས་དང་། ཡོད་དང་མེད་དང་ཡོད་མེད་དང་། །ཞེས་སོགས་གསུངས་པ་རྣམས་ལ་ངེས་དོན་གྱི་ལུང་ཚད་མ་ཡིན་པའི་ཕྱིར། དེས་ན་ལམ་གྱི་མཐར་ཐུག་གམ་མཆོག་སྔགས་ལམ་ལས་འབྲས་བུ་དམན་ཤོས་ཉན་རང་གི་བྱང་ཆུབ་ཐོབ་པོ་ཞེས་སྨྲ་བ་ནི་སྤང་བར་བྱ་སྟེ། རྒྱུ་འབྲས་ལ་སྐུར་པ་འདེབས་པའི་སྨྲ་བ་ངན་པ་ཡིན་པའི་ཕྱིར།

གསུམ་པ་དཀྱིལ་འཁོར་ལ་ཐེག་དམན་བཀོད་པ་དགག་པ་ནི། རྡོ་རྗེ་ཐེག་པའི་ཞེས་པ་ནས། གཞུང་ལུགས་མཐོང་ཚེ་གསལ་བར་འགྱུར། །ཞེས་པའི་བར་ཏེ་གོ་སླ། འདིར་ཕྱོགས་སྔ་མའི་བཞེད་པ་དེ་ལ་ཞིབ་ཙམ་ཅུང་ཟད་ཕྱེ་ན། ཕྱོགས་སྔས་སྐྱིར་བཏང་ལ་ཐེག་པ་གསུམ་ཆར་ཚོགས་ལམ་ཆེན་པོ་ནས་སྔགས་ལམ་ལ་འཇུག་དམིགས་བསལ་ལ་ཉན་རང་དབང་པོ་ཤིན་ཏུ་རྟུལ་བ་རྣམས་སྦྱོར་ལམ་རྩེ་མོ་ནས་སྔགས་ཀྱི་སྦྱོར་ལམ་བཟོད་པ་ལ་འཇུག་པར་འདོད་པ་ཡིན་ཏེ། བོ་དོང་པ་རང་གི་སྤྱི་རྣམ་ལས་དེ་ལྟར་བཤད་སྣང་ངོ་། །འོན་སྤྱི་རྣམ་ལས། བྱང་ཆུབ་སེམས་དཔའ་སོགས་ལ་རྒྱུན་ཞུགས་ལ་སོགས་པའི་ཉན་ཐོས་དང་། རང་རྒྱལ་རྣམ་པར་བཞག་གིས། ཐེག་དམན་སེམས་བསྐྱེད་དང་ལྡན་པ་ལ། ཕྱིར་མི་ལྡོག་པ་འཁོར་ལོའི་མདོ་ནས་གསུངས་པ་བཞིན་ཞུགས་གནས་ཀྱི་རྣམ་གཞག་མེད་པར་བཤད་པས། སྔགས་ལམ་ལ་གནས་པའི་ཉན་རང་འཕགས་པ་ཁས་བླངས་སོ་སྙམ་ན། དེ་ནི་ཐེག་པ་གསུམ་དུ་ཕྱེ་བའི་ཐེག་དམན་གྱི་ལམ་དང་ལྡན་པ་ལ་ཞུགས་གནས་ཀྱི་རྣམ་གཞག་མེད་པར་བསྒྲུབ་འདོད་པ་ཡིན་པས། སྔགས་ལམ་ལ་གནས་པའི་ཐེག་དམན་འཕགས་པ་ཁས་མི་ལེན་པར་འདོད་པ་ཡིན་ཏེ། ཕྱོགས་སྔས་ཉན་རང་འཕགས་པ་ཐེག་ཆེན་ལ་ཞུགས་པར་འདོད་པའི་ཕྱིར། གནད་དེའི་ཕྱིར་ན་མཚན་ཉིད་ཐེག་པར་ཞུགས་གནས་ལ་སོགས་པའི་རྣམ་གཞག་འབྱེད་པ་ན་ཡང་བྱང་ཆུབ་སེམས་དཔའ་དང་། ཐེག་ཆེན་ལ་ཞུགས་པའི་ཉན་རང་འཕགས་པ་རྣམས་ལ་ངོས་འཛིན་གྱི། ཐེག་དམན་ལ་དེ་དག་གི་རྣམ་གཞག་མེད་

པ་ནི་ཕྱོགས་སྔ་འི་གྲུབ་མཐའི་གནད་ཡིན་ཏེ། བོ་དོང་པ་རང་གི་སྤྱི་རྣམ་སོགས་ན་རྒྱས་པར་གསལ་ལོ། །དེ་ཉིད་བསྟན་བཅོས་འདིར་ལུང་རིགས་ཀྱིས་རྒྱས་པར་བཀག་ཅིང་། ཡན་གྱིས་ཀྱང་བཟློག་པར་མི་ནུས་པ་ཡིན་པས། འདིར་བཤད་པའི་ཕྱོགས་སྔ་འདི་དག་བོ་དོང་པས་སྒྲ་ཇི་བཞིན་དུ་ཁས་མ་བླངས་པའམ་སྙམ་པའི་ཐེ་ཚོམ་ཡང་བྱ་མི་དགོས་སོ། །

གཉིས་པ་སྔགས་ལམ་གྱི་ངོ་བོ་ལ་འཁྲུལ་པ་དགག་པ་ལ་གཉིས་ཏེ། རྒྱུད་སྡེ་འོག་མ་གསུམ་གྱི་ཉམས་ལེན་ལ་འཁྲུལ་པ་དགག །རྣལ་འབྱོར་ཆེན་པོའི་ཉམས་ལེན་ལ་འཁྲུལ་པ་དགག་པའོ། །དང་པོ་ལ་གསུམ་སྟེ། བྱ་སྤྱོད་ཀྱི་བསྐྱེད་ཆོག་ལ་འཁྲུལ་པ་དགག །རྣལ་འབྱོར་རྒྱུད་ཀྱི་ལྷ་ལ་འཁྲུལ་པ་དགག །ཐུན་མོང་དུ་ལམ་ལ་འཁྲུལ་པ་དགག་པའོ། །དང་པོ་ལ་གཉིས་ཏེ། འདོད་པ་བརྗོད། དེ་དགག་པའོ། །དང་པོ་ནི། ཁ་ཅིག་བྱ་རྒྱུད་ཅེས་སོགས་ཏེ། རྗེ་ཙོང་ཁ་པའི་བཞེད་པའོ། །གཉིས་པ་ལ་གསུམ་སྟེ། གནོད་བྱེད་བརྗོད། སྒྲུབ་བྱེད་དགག །སྐྱོན་སྤོང་མི་འཐད་པའོ། །དང་པོ་ནི། སྤྱོད་རྒྱུད་རྣམ་སྣང་མངོན་བྱང་ལས་གཞི་གཉིས་བཤད་པ་དང་། དེའི་འགྲེལ་སྦྱར་ནས་སློབ་དཔོན་སངས་རྒྱས་གསང་བས། བསམ་གཏན་ཕྱི་མར་གསུངས་པའི་གཞི་ལ་གཞོལ་ལ་ཡང་གཞི་གཉིས་བཤད་པའི་ལུང་རྣམས་ཀྱིས་བྱ་རྒྱུད་ལ་བདག་བསྐྱེད་འགྲུབ་ན། བླ་མེད་ཀྱི་ལུང་རིམ་གཉིས་སྟོན་པའི་ཚིག་རྣམས་ཀྱིས་བྱ་རྒྱུད་ལ་བསྐྱེད་རྫོགས་གཉིས་ཡོད་པར་ཅིས་མི་འགྲུབ་སྟེ་འགྲུབ་པར་ཐལ། མཚུངས་པའི་ཕྱིར་རོ། །གཞན་ཡང་། བྱ་སྤྱོད་གཉིས་ལ་ཉམས་ལེན་གྱི་ཁྱད་པར་འབྱེད་མི་ནུས་པར་ཐལ། དེ་གཉིས་ཀྱི་བསྐྱེད་ཆོག་ལ་བདག་བསྐྱེད་ཡོད་པར་ཁྱད་པར་མེད་པའི་ཕྱིར། ལུང་གིས་ཀྱང་གནོད་དེ། རྒྱུད་སྡེ་གོང་མའི་ནང་ཚན་ཡེ་ཤེས་རྡོ་རྗེ་ཀུན་ལས་བཏུས་ལས། འཇིགས་པར་དམིགས་ཤིང་ཤིན་ཏུ་གཙང་སྦྲ་བྱེད་པ་དང་། ཡེ་ཤེས་སེམས་དཔའི་བདེ་བ་དམ་པ་མེད་པ་དང་། བདག་ཉིད་ལྷའི་བསྒོམས་པ་མེད་པ་དང་། ཆད་དུ་བྱུང་བའི་སྤྱོད་ཡུལ་མ་ཡིན་པ་དང་། སྐྱོན་གྱི་རྒྱུའི་རྟོག་པས་རབ་ཏུ་དབྱེད་པས་སྒྲུབ་པར་བྱེད་པ་ནི། བྱ་བའི་རྒྱུད་ལ་བཞུགས་སོ་ཞེས་སོགས་གསུངས་པ་དང་འགལ་བའི་ཕྱིར། གཉིས་པ་སྒྲུབ་བྱེད་དགག་པ་ནི། བལྟས་པའི་བདེ་བ་ལམ་བྱེད་ཡོད་པས་བདག་བསྐྱེད་བྱེད་པར་མི་འགྲུབ་སྟེ། མདུན་བསྐྱེད་ཀྱི་ལྷ་ཕོ་མོ་བལྟས་པ་ལ་དམིགས་པས་ཀྱང་བལྟས་པའི་ལམ་བྱེད་དེ་འགྲུབ་པའི་ཕྱིར་རོ། །རྣམ་སྣང་མངོན་བྱང་དང་བསམ་གཏན་ཕྱི་མ་གཉིས་ཀྱི་གཞིའི་དོན་གྱིས་བདག་མདུན་གཉིས་ཀ་བསྟན་པར་མི་མཚུངས་ཏེ། རྣམ་སྣང་མངོན་བྱང་ལས། ཡི་གེ་དང་ནི་ཡི་གེ་སྦྱར། །དེ་བཞིན་གཞི་ལས་གཞིར་གྱུར་པ། །ཞེས་གཞི་གཉིས་གསུངས། བྱ་བ་སྤྱིའི་རྒྱུད་ཆེན་བཞིའི་ནང་ཚན་བསམ་གཏན་ཕྱི་མ་ལས། སྒྲ་དང་སེམས་དང་གཞི་ལ་གཞོལ། །ཞེས་གཞི་གཅིག་པོ་ན

གསུངས་པའི་ཕྱིར།

རྒྱུད་ཀྱི་ལུང་དེའི་དོན་ཡང་ཡི་གེ་དང་པོ་དང་གཉིས་པ་གཉིས་ནི། རིམ་བཞིན་སྟོན་འགྲོ་སྟོང་པ་ཉིད་ཀྱི་བྱང་སེམས་བསྒོམ་པ་དང་། དེའི་དང་ལས་གསང་སྔགས་ཀྱི་སྒྲུར་ལྡང་བ། གཞི་དང་པོ་ནི་བདག་བསྐྱེད། གཞི་གཉིས་པ་ནི་མདུན་བསྐྱེད་ཡིན་ཏེ། རྣམ་སྣང་མངོན་བྱང་སྟར་གྱི་འགྲེལ་ཉིད་ལས། ཡི་གེ་བྱང་ཆུབ་སེམས་ཡིན་ཏེ། །གཉིས་པ་ལ་ནི་སྒྲ་ཞེས་བྱ། །གཞི་ནི་རང་གི་ལྷ་གཞག་པ། །རང་གི་ལུས་ཀྱི་གནས་ལ་བྱ། །གཞི་གཉིས་པ་ནི་རྫོགས་སངས་རྒྱས། །རྐང་གཉིས་བདག་པོ་མཆོག་ཏུ་བྱ། །ཞེས་གསུངས་པའི་ཕྱིར། བསམ་གཏན་ཕྱི་མའི་སྒྲ་སེམས་གཉིས་ཀྱང་སྟོན་འགྲོ་གཉིས་ཀྱི་དོན་དུ་མཚུངས་ཤིང་། དངོས་གཞི་ལ་གཞི་གཉིས་དང་གཅིག་གི་ཁྱད་པར་ཡོད་པས། བདག་བསྐྱེད་ཡོད་མེད་དེ་གས་རྟོགས་ནུས་པ་ཡིན་ཏེ། བསམ་གཏན་ཕྱི་མའི་གཞི་གཅིག་པུ་དེ་མདུན་བསྐྱེད་ཉིད་ལ་བཤད་དགོས་པའི་ཕྱིར།

གསུམ་པ་སྐྱོན་སྤོང་མི་འཐད་པ་ནི། འོན་བྱ་རྒྱུད་ཕལ་ཆེ་བ་ལ་བལྟས་པའི་བདེ་བ་ལམ་བྱེད་མེད་པར་འགྱུར་ཏེ། དེ་ལ་བདག་བསྐྱེད་མེད་པའི་ཕྱིར། ཡང་ལམ་དང་གདུལ་བྱའི་གཙོ་བོ་གཉིས་གོ་ལྡོག་པའི་སྐྱོན་ཡང་གནས་ཏེ། བྱ་རྒྱུད་ཀྱི་ལམ་གྱི་གཙོ་བོ་ནི་ཁྱེད་ལྟར་ན་བདག་བསྐྱེད་ཡིན་ཞིང་། གདུལ་བྱའི་གཙོ་བོ་ནི་སྲོག་རྩོལ་སོགས་བསྒོམ་པར་མི་ནུས་པའི་གདུལ་བྱ་རྣམས་ཡིན་པའི་ཕྱིར། འདིར་དཔྱད་གཞིའི་དོགས་པ་འདི་ལྟར་འབྱུང་སྟེ། བྱ་རྒྱུད་ལ་བདག་བསྐྱེད་མེད་ན། སློབ་དཔོན་སངས་རྒྱས་གསང་བས། སྒྲ་དང་སེམས་དང་གཞི་ལ་གཞོལ། །ཞེས་པའི་རྒྱུད་དེ་ཉིད་ཀྱི་འགྲེལ་པར། དེ་ལ་སྒྲ་ནི་སྔགས་ཀྱི་ཡི་གེའོ། །སེམས་ནི་སྔགས་ཀྱི་གཞི་ཟླ་བའི་དཀྱིལ་འཁོར་གྱི་རྣམ་པར་གྱུར་པའོ། །གཞི་ནི་དེ་བཞིན་གཤེགས་པའི་སྐུའི་རང་བཞིན་ནོ། །གཞི་གཉིས་པ་ནི། རང་གི་ལྷའི་གཟུགས་སོ། །ཞེས་པ་ཇི་ལྟར་དྲང་ཡང་བསམ་གཏན་ཕྱི་མར་གཞི་གཅིག་ལས་མ་བཤད་པ་ཡང་མི་བདེན་ཏེ། གཞི་ལས་གཞིར་གྱུར་དེ་བཞིན་ཏེ། ཞེས་གཞི་གཉིས་དངོས་སུ་གསུངས་པའི་ཕྱིར་རོ་སྙམ་ན་དོགས་པ་འབྱུང་མོད། འགྲེལ་པ་དེའི་དོན་རང་ལུགས་ཀུན་མཁྱེན་ཆེན་པོའི་བཞེད་པས། བྱ་རྒྱུད་སྤྱོད་རྒྱུད་དུ་འགྲེལ་པའི་སྐབས་ཡིན་པས། བྱ་རྒྱུད་རང་རྐང་ལ་བདག་བསྐྱེད་ཡོད་པའི་ཤེས་བྱེད་དུ་མི་འགྲོ་བར་བཤད། པཎ་ཆེན་ཤཱཀྱ་མཆོག་ལྡན་གྱིས། དེ་བཞིན་གཤེགས་པའི་སྐུའི་རང་བཞིན་མདུན་བསྐྱེད་དང་། རང་གི་ལྷའི་གཟུགས་མདུན་བསྐྱེད་ཀྱི་ཐུགས་ཀར་ཡེ་ཤེས་སེམས་དཔའ་བསྐྱེད་པ་ལ་བཤད་པ་ལུགས་གཉིས་སྣང་བ་ལས། སངས་རྒྱས་གསང་བའི་ལུང་དང་འགལ་མེད་བྱེད་ན། ཕྱི་མ་དེ་ཡང་ལེགས་པོ་སྣང་ངོ་། །བསམ་གཏན་ཕྱི་མར། གཞི་ལས་གཞིར་གྱུར་དེ་བཞིན་ཏེ། །ཞེས་པའི་དོན་ནི། སྟོན་འགྲོ་གཉིས་དངོས་གཞི་མདུན་བསྐྱེད་དང་བཅས

པའི་སྒྲུབ་ཐབས་དེ་གསང་སྔགས་མི་འགྱུར་བའི་གཞི་ལ་གནས་པ་དང་། སྒྲུབ་ཐབས་ཡན་ལག་མ་ཉམས་པ་ཡིན་པས་དེའི་ངང་ནས་གསང་སྔགས་བཟླས་ན་ཡི་གེ་རེ་གསང་སྔགས་དང་ལྡན་པ་ཡིན་ལ། གཞི་ལས་གཞིར་གྱུར་སྤྱོད་རྒྱུད་ལས་བདག་མདུན་གཉིས་བཤད་པ་ཡང་དེ་བཞིན་དུ་གསང་སྔགས་མི་འགྱུར་བའི་གཞི་ལ་གནས་པ་སོགས་ཡིན་ཞེས་པའི་དོན་ཏེ། གཞི་ལ་གཞོལ་ཞེས་པའི་འགྲེ་ཉིད་ལས། གསང་སྔགས་མི་འགྱུར་གཞི་ལ་གནས། །ཡན་ལག་མ་ཉམས་གསང་སྔགས་བཟླས། །ངལ་ན་བདག་ལ་ངལ་གསོས་ཤིག །གསང་སྔགས་མི་འགྱུར་ཡི་གེ་ལྡན། །གཞི་ལས་གཞིར་གྱུར་དེ་བཞིན་དུ། །ཞེས་གསུངས་པའི་ཕྱིར། གཞན་དུ་ན། གཞི་ལས་གཞིར་གྱུར་དེ་བཞིན་ཏེ། །ཞེས་པ་དང་། གཞི་ལ་གཞོལ་ཞེས་སོགས་བཟློག་པར་འགྱུར་ཞིང་། དེ་བཞིན་ཞེས་པའི་ཚིག་ནུས་ཀྱང་ཉམས་པར་འགྱུར་རོ། །གཉིས་པ་ལྟ་ལ་འཁྲུལ་པ་དགག་པ་ལ། ཕྱོགས་སྔ་མ་བརྗོད་པ་དང་། དེ་དགག་པ་གཉིས། དང་པོ་ལ་དངོས་ཀྱི་ཕྱོགས་སྔ་དང་། ཞར་བྱུང་གི་ཕྱོགས་སྔ་གཉིས། དང་པོ་ནི། ཁ་ཅིག་ངན་སོང་སྦྱོང་རྒྱུད་ལས། །ཞེས་པ་ནས། ཡིན་པའི་ཕྱིར་ཞེས་འགོད་པར་བྱེད། །ཅེས་པའི་བར་ཏེ༑ བླ་མའི་གསུང་སྒྲོས་མ་ཟིན་པའི་ངོར་བར་རློམ་པ་འགའ་ཞིག་གོ། །གཉིས་པ་ནི། དེ་བཞིན་དཔལ་མཆོག་ཅེས་པ་ནས། འཇིག་རྟེན་རང་རྒྱུད་པ་ཞེས་སྨྲ། །ཞེས་པའི་བར་ཏེ། ཕྱོགས་སྔ་མའི་གང་ཟག་ནི། དྲིས་ལན་པད་བཞད་ན་གསལ་ཁ་མི་སྣང་ཡང་། དངོས་བཏགས་ཀྱི་རྣམ་དབྱེ་ལ་རྨོངས་པའི་དེང་སང་གི་སྔགས་པ་ཕལ་ཆེར་རོ༑ ༑

གཉིས་པ་དགག་པ་ལ་གཉིས་ཏེ། སྤྱིར་བསྟན། སོ་སོར་བཤད་པའོ། །དང་པོ་ནི། ཕྱག་རྡོར་གྱི་དཀྱིལ་འཁོར་ལ་བཀོད་པའི་རྒྱལ་ཆེན་བཞི་དང་ཕྱོགས་སྐྱོང་བཅུ་ལ་སོགས་པ་འདི་དག་འཇིག་རྟེན་རང་རྒྱུད་པར་འདོད་པ་ནི་དགག་པར་བྱ་རིགས་ཏེ། དེ་ལྟར་འདོད་པ་དེ་སངས་རྒྱས་ལ་སྐུར་འདེབས་སུ་སོང་བའི་ཕྱིར། དགག་པའི་ཚུལ་ནི། ཕྱག་རྡོར་དང་། དཔལ་མཆོག་དང་། སྨན་བླ་དང་། འཇིགས་བྱེད་ཀྱི་དཀྱིལ་འཁོར་ལ་བཀོད་པའི་འཇིག་རྟེན་པའི་མིང་ཅན་རྣམས་འཇིག་རྟེན་རང་རྒྱུད་པར་མི་འཐད་དེ། དེ་དག་ནི་དཀྱིལ་འཁོར་གྱི་གཙོ་བོ་ཕྱག་རྡོར་སོགས་ཀྱི་རྣམ་སྤྲུལ་ལས་མ་འདས་པའི་ཕྱིར་ཏེ། གཙོ་བོ་ནས་གཟུང་སྐྱེ་མེ་རིའི་བར་ཐམས་ཅད་གཙོ་བོ་ཉིད་ཀྱི་རྣམ་སྤྲུལ་མ་གཏོགས་གཙོ་འཁོར་རྒྱུད་ཐ་དད་དང་། རྟེན་གཞལ་ཡས་ཁང་དང་བརྟེན་པ་ལྷ་རྫས་ཐ་དད་པའི་དཀྱིལ་འཁོར་གྱི་རྣམ་གཞག་ནི། བཀའ་རྒྱུད་སྡེ་བཞི་དང་། དགོངས་འགྲེལ་གྲུབ་པ་བརྙེས་པའི་སློབ་དཔོན་སོ་སོའི་གཞུང་ལས་ཀྱང་མ་བཤད་ཅིང་། མན་ངག་ཟབ་མོ་འཛིན་པའི་བླ་མ་དམ་པའི་གསུང་ལས་ཀྱང་ཐོས་པ་མེད་པའི་ཕྱིར། གཙོ་བོ་ནས་མེ་རིའི་བར་ཐམས་ཅད་གཙོ་བོ་ཉིད་ཀྱི་རྣམ་སྤྲུལ་ཡིན་པ་འདི་ནི་

ལུང་གིས་ཀྱང་འགྲུབ་པ་ཡིན་ཏེ། གསང་འདུས་ཡེ་ཤེས་ཞབས་ལུགས་དང་། འཕགས་ལུགས་རྣམ་པ་གཉིས་སོགས་རྒྱུད་སྡེ་རྣམས་ཀྱི་དཀྱིལ་འཁོར་སྤྲུལ་བཤད་ཀྱི་སྐབས་ལས་ཀྱང་དེ་ལྟར་རྟོགས་ནུས་ཤིང་། ཁྱད་པར་རྩ་རྒྱུད་བརྟག་གཉིས་ལས། འཆད་པ་པོ་ང་ཆོས་ཀྱང་ང་། །རང་གི་ཚོགས་ལྡན་ཉན་པ་ང་། །ཞེས་འཁོར་དང་སྟོན་པ་ཐ་མི་དད་དུ་གསུངས་པའི་ཕྱིར།

གཉིས་པ་སོ་སོར་བཤད་པ་ལ་གཉིས་ཏེ། དངོས་ཀྱི་ཕྱོགས་སྔ་དགག །ཞར་བྱུང་གི་ཕྱོགས་སྔ་དགག་པའོ། །དང་པོ་ལ་གཉིས་ཏེ། གནོད་བྱེད་བརྗོད། སྒྲུབ་བྱེད་དགག་པའོ། །དང་པོ་ནི། འཇིག་རྟེན་པའི་དཀྱིལ་འཁོར་དྲུག་གི་འཁོར་རྒྱལ་ཆེན་བཞི་སོགས་འཇིག་རྟེན་རང་རྒྱུད་པ་ཡིན་ན། འདི་རྣམས་ལ་བདག་བསྐྱེད་བསྙེན་པ་རྒྱས་པ་བྱེད་ཚུལ་གཅིག་མེད་པར་ཐལ། བསྙེན་པ་རྒྱས་པའི་ཚེ་གཙོ་བོའི་ཐུགས་ཀར་འཁོར་རྣམས་བསྐྱེད་ནས་སོ་སོའི་གནས་སུ་འགོད་པ་ཡིན་ཞིང་། ཕྱག་རྡོར་གྱི་ཐུགས་ཀར་བསྐྱེད་པའི་འཇིག་རྟེན་རང་རྒྱུད་པ་མེད་པའི་ཕྱིར། གལ་ཏེ་བསྙེན་པ་རྒྱས་པ་འཇིག་རྟེན་པའི་དཀྱིལ་འཁོར་དྲུག་ལ་མི་འཇུག་པས་སྐྱོན་མེད་དོ་སྙམ་ན། འོན་ཏེ་བཙུན་རིན་པོ་ཆེ་གྲགས་པའི་གཞན་ཕན་སྤྱི་ཆིངས་ལས། སྦྱོང་རྒྱུད་དཀྱིལ་འཁོར་བཅུ་གཉིས་ལ༑ རྟུལ་ཚོན་གྱི་དཀྱིལ་འཁོར་བཅུ་གཉིས། རས་བྲིས་ཀྱི་དཀྱིལ་འཁོར་བཅུ་གཉིས། ཏིང་འཛིན་གྱི་དཀྱིལ་འཁོར་བཅུ་གཉིས་ཏེ་དཀྱིལ་འཁོར་སུམ་ཅུ་སོ་དྲུག་ཏུ་ཕྱེ་བའི་མཚན་གཞི་རྣམས་སྒྲ་རྒྱུ་མི་འབྱུང་བར་ཐལ། ཁྱེད་ལྟར་ན་འཇིག་རྟེན་པའི་དཀྱིལ་འཁོར་དྲུག་ལ་རྟུལ་ཚོན་རས་བྲིས་ཏིང་འཛིན་གྱི་དཀྱིལ་འཁོར་རྣམས་མི་འབྱུང་བའི་ཕྱིར་ཏེ། འཇིག་རྟེན་རང་རྒྱུད་པའི་འཁོར་གྱིས་བསྐོར་བའི་དཀྱིལ་འཁོར་དེར་དབང་བསྐུར་བ་དོན་མེད་པའི་ཕྱིར། ཁོ་བོ་ཅག་རྣམས་ནི་དཀྱིལ་འཁོར་བཅུ་གཉིས་པོ་དེ་རྣམས་ལ། བདག་བསྐྱེད་ཆེ་ན་འཁོར་རྣམས་གཙོ་བོའི་ཐུགས་ཀ་ནས་སྤྲུལ་པ་དང་། མདུན་བསྐྱེད་སྒྲུབ་པའི་ཚེ་འཁོར་རྣམས་ལ་ཡང་ཡེ་ཤེས་པ་དགུག་གཞུག་དང་། མཆོད་པའི་ཚེ་སྒེག་སོགས་ལྷ་མོ་རྣམས་ཀྱིས་མཆོད་པ་དང་། བསྟོད་པའི་ཚེ་ཕྱག་འཚལ་གྱི་ཚིག་བརྗོད་པ་དང་། རྒྱན་བཤགས་ཀྱི་ཚེ་སྐྱབས་འགྲོའི་ཡུལ་དུ་གྱུར་པའི་དགེ་འདུན་དུ་བྱས་པ་དང་། ནང་འཇུག་གི་ཚེ་ལས་བསགས་པའི་ལྷ་གཅིག་ལ་འབབ་པར་གྱུར་ཅིག་སྙམ་དུ་མེ་ཏོག་འདོར་བ་དང་། དངོས་གཞིའི་ཚེ་འཁོར་དེ་དང་དེའི་ཐུགས་བརླས་པའི་སྔོ་ནས་བུམ་ཆུའི་དབང་བསྐུར་བ་རྒྱུད་དང་གོང་མའི་གསུང་རབ་རྣམས་ལས་འབྱུང་བའི་ཕྱིར་ན། འཇིག་རྟེན་པའི་དཀྱིལ་འཁོར་དྲུག་གི་འཁོར་རྣམས་ཀྱང་འཇིག་རྟེན་རང་རྒྱུད་པ་ཡིན་ཞེས་སྨྲ་བར་མི་ནུས་སོ། །གལ་ཏེ་ཡེ་ཤེས་དགུག་གཞུག་སོགས་དེ་དག་གཙོ་བོ་ལ་ཡོད་ལ་འཁོར་ལ་མེད་པར་སྨྲ་ན་རྒྱུད་དང་འགལ་ཏེ། རྒྱུད་ལས་དེ་འདྲའི་ཁྱད་པར་ཕྱེ་བ་མེད་པའི་ཕྱིར། སྟོན་སྟོན་པས་རྒྱུད་གསུངས་པའི་

སྦྱོང་རྒྱུད་དཀྱིལ་འཁོར་བཅུ་གཉིས་པོ་ཐམས་ཅད་སྤྲུལ་པ་དང་ཡེ་ཤེས་ཀྱི་དཀྱིལ་འཁོར་ཅི་རིགས་པ་ཡིན་པས་ཀྱང་། འཁོར་ལ་འཇིག་རྟེན་རང་རྒྱུད་པ་ཡོད་པ་ཁེགས་ཏེ། སྤྲུལ་པའི་དཀྱིལ་འཁོར་དུ་དབང་ཐོབ་པ་ཙམ་གྱིས་ཀྱང་གྲུབ་པའི་ས་གསར་དུ་ཐོབ་པར་བཤད་པ་དང་། སྤྲུལ་པའི་དཀྱིལ་འཁོར་གྱི་ལྷ་ལ་འཇིག་རྟེན་རང་རྒྱུད་པ་ཡོད་པ་འགལ་བའི་ཕྱིར། ཡང་འཇིག་རྟེན་པའི་དཀྱིལ་འཁོར་དྲུག་པོ་འདི་དག་གི་སྒོ་སྲུང་ལ་རྡོ་རྗེ་ལྕགས་ཀྱུ་འཛིན་པ་དང་། ཞགས་པ་འཛིན་པ་ལ་སོགས་པའི་ཡེ་ཤེས་ཀྱི་ལྷ་རྣམས་ཡོད་པའི་རྒྱུ་མཚན་གྱིས་ཀྱང་ནང་གི་འཁོར་རྒྱལ་ཆེན་བཞི་སོགས་འཇིག་རྟེན་རང་རྒྱུད་པ་ཡིན་པ་ཁེགས་སོ། །ཡེ་ཤེས་པས་སྒོ་སྲུང་བྱས་པའི་དཀྱིལ་འཁོར་གྱི་ནང་དུ་སྡོད་པར་ནུས་པའི་འཇིག་རྟེན་རང་རྒྱུད་པ་མེད་པའི་ཕྱིར།

གཉིས་པ་སྨྲ་བྱེད་དགག་པ་ལ་དྲུག་སྟེ། དམ་བཅས་མི་འགྲུབ། མ་ཟིན་པའི་སྒྲོས་ཀྱིས་མི་འགྲུབ། ཚུལ་སྟོན་པས་མི་འགྲུབ། མིང་གིས་མི་འགྲུབ། རྒྱུད་གསུངས་པའི་འཁོར་གྱིས་མི་འགྲུབ། རྒྱུད་སྡེ་གཞན་གྱིས་མི་འགྲུབ་པའོ། །དང་པོ་ནི། སྨྲ་བྱེད་ལ་ཡང་ཞེས་སོགས་རྐང་པ་བཞི། གཉིས་པ་ནི། ཁྱེད་ཀྱིས་རང་དགར་བྲིས་ནས་བླ་མའི་གསུང་སྒྲོས་ཡིན་ཟེར་བ་ནི་མི་འཐད་དེ། རྗེ་རྡོ་རྗེ་འཆང་གི་ཀུན་རིག་གི་གསུང་རྩོམ་དངོས་མ་ལས། རྒྱལ་བ་རིགས་བཞི་ནས་ཕྱིའི་འཁོར་ཡུག་པའི་བར་ཐམས་ཅད་གཙོ་བོ་ཀུན་རིག་གི་ཐུགས་ཀར་བསྐྱེད་ནས། རང་གནས་སུ་སོ་སོར་བཀོད་པ་སྤྲུལ་པའི་སྐུའམ་སྤྲུལ་པའི་དཀྱིལ་འཁོར་བསྒོམ་པའི་ཉམས་ལེན་ཡིན་པར་གསུངས་པ་དང་། ཁྱད་པར་དུ་སངས་རྒྱས་གང་ལ་གང་འདུལ་བའི་སྒོ་ནས། གཙོ་བོ་དང་རིགས་བཞི་ནས་བཟུང་སྟེ་ལྷ་ཀླུ་དང་གཟའ་སྐར་ལ་སོགས་པ་དེ་དང་དེའི་སྐུར་སྟོན་པ་ཡིན་ནོ། །ཞེས་ཕྱིའི་འཁོར་ཡུག་གི་བར་དུ་སྤྲུར་ཏེ་གསུངས་པ་འདི་དང་དངོས་སུ་འགལ་བའི་ཕྱིར། ཚུལ་དེ་ལ་གཞན་གྱི་སྐྱོན་སྤྱོད་དང་། དེ་མི་འཐད་པའི་ཚུལ་སོགས་སྟོན་པར་བྱེད་པ་ལ། དེ་ལ་སྐྱོན་སྤྱོད་ཞེས་པ་ནས། བླ་མ་མཆོག་ལ་སྐུར་མི་བྱ། །ཞེས་པའི་བར་འདི་བྱུང་། གསུམ་པ་ནི། འཁོར་རྒྱལ་ཆེན་བཞི་ལ་སོགས་པས་སྒྲོག་སྐྱིང་ཕུལ་བའི་ཚུལ་བསྟན་པས་འཇིག་རྟེན་པར་འགྱུར་ན། གདུལ་བྱ་དྲག་པོ་དབང་ཕྱུག་ཆེན་པོ་དང་། །འདུལ་བྱེད་ཧེ་རུ་ཀ་གཉིས་རྒྱུད་གཅིག་མིན་པར་ཐལ། གདུལ་བྱ་དེས་འདུལ་བྱེད་དེ་ལ་སྲོག་སྙིང་ཕུལ་བའི་ཚུལ་བསྟན་པས། ཁྱེད་ལྟར་ན་གདུལ་བྱ་དེ་འཇིག་རྟེན་པར་འགྱུར་བའི་ཕྱིར། འདོད་ན། རྗེ་བཙུན་གྱི་ཧེ་རུ་ཀ་མངོན་འབྱུང་སོགས་ལས་གདུལ་བྱ་དང་འདུལ་བྱེད་རྒྱུད་གཅིག་ཏུ་བཤད་པ་དང་འགལ་ལོ། །དེ་ལ་སོགས་པ་སངས་རྒྱས་ཀྱི་རྣམ་འཕྲུལ་རྣམས་ལ་འདི་འཇིག་རྟེན་པ་དང་། འདི་ཡེ་ཤེས་པ་ཡིན་ཞེས་པའི་རང་གི་བློ་ཚོད་སྦྱར་དུ་མི་རུང་སྟེ། སངས་རྒྱས་རྣམས་ནི་གདུལ་བྱ་འདུལ་བའི་ཕྱིར་ཚུལ་སྣ་ཚོགས་སུ་སྟོན་པས་སོ། །

བཞི་པ་ནི། འཇིག་རྟེན་པའི་མིང་གིས་འཇིག་རྟེན་པར་འགྱུར་ན། མི་ལ་སེང་གེའི་མིང་བཏགས་པ་དེ་ཡང་སྣ་ཞག་རལ་པ་སྐྱུག་པའི་སེང་གེ་མཚན་ཉིད་པར་འགྱུར་ཞིང་། མིང་དོན་ངོ་བོ་ཉིད་ཀྱིས་འབྲེལ་བར་འདོད་པ་མུ་སྟེགས་རིག་བྱེད་པའི་གྲུབ་མཐའ་རིགས་པའི་རྒྱལ་པོས་བཀག་པ་དང་འགལ་བར་འགྱུར་རོ། །དེས་ན་མིང་ལ་དངོས་མིང་དང་བཏགས་མིང་གཉིས་ནི། གསུང་རབ་དང་འཇིག་རྟེན་པའི་ཐ་སྙད་གཉིས་ཀ་ལ་ཡོད་པས་མིང་འདོགས་ཙམ་གྱིས་དེ་དང་དེར་མི་འགྱུར་ལ། འོན་ཀྱང་འཇིག་རྟེན་པའི་མིང་ཅན་རྣམས་འཇིག་རྟེན་རང་རྒྱུད་པ་ཡིན་པའི་སྐབས་བྱེད་ཀྱི་གཙོ་བོ་ནི་མིང་འདོགས་འདི་ཉིད་ལ་རེ་བར་སྣང་ངོ་། །ལྔ་པ་ནི། སྔོན་པས་རྒྱུད་གསུངས་པའི་ཚེ་འཁོར་ལ་རང་རྒྱུད་པས་ཁྱབ་ན་སྤྲུལ་པ་དང་རང་རྒྱུད་པའི་འཁོར་གཉིས་དངོས་སུ་གསུངས་པ་དང་འགལ་ཏེ། གདུལ་བྱ་འདུལ་བའི་ཕྱིར་སངས་རྒྱས་རང་ཉིད་ཀྱིས་འཁོར་གྱི་ཚུལ་གཟུང་བ་དང་། སེམས་ཅན་དུ་གྱུར་པའི་འཁོར་མཚན་ཉིད་པ་གཉིས་ཡོད་པར་གསུངས་པ་དང་ཁྱོད་ཀྱི་འདོད་པ་འགལ་བའི་ཕྱིར། དྲུག་པ་ནི། སྔོན་པས་ངན་སོང་སྦྱོང་རྒྱུད་འདི་གསུངས་པའི་ཚེ་འཁོར་གྱི་ཚངས་པ་དང་ལྷ་ཆེན་ཀླུ་ཆེན་སོགས་སྤྲུལ་པ་ཡིན་པའི་ཕྱིར་ན། ཀུན་རིག་འཁོར་ཡུག་ཏུ་ཚང་བར་བཀོད་ཅིང་། སླར་ཡང་ཕྱག་རྡོར་གྱི་སྐུར་བཞེངས་ནས་སྦྱོང་རྒྱུད་ཀྱི་བརྟག་པ་ཕྱི་མ་གསུངས་པའི་ཚེ་ཚངས་པ་སོགས་ཀྱིས་སྲོག་སྙིང་ཕུལ་ནས་དཀྱིལ་འཁོར་ལ་སོ་སོར་བཀོད་ལ། དེའི་ཚེ་གཙོ་བོ་ཕྱག་རྡོར་ལ་འཁོར་རྒྱལ་ཆེན་བཞིས་བསྐོར་བ། ཕྱོགས་སྐྱོང་བཅུས་བསྐོར་བ། ལྷ་ཆེན་བརྒྱད་ཀྱིས་བསྐོར་བ། ཀླུ་ཆེན་བརྒྱད་ཀྱིས་བསྐོར་བ། གཟའ་དང་རྒྱུ་སྐར་གྱིས་བསྐོར་བ། འཇིགས་བྱེད་དགུས་བསྐོར་བའི་དཀྱིལ་འཁོར་དང་རྣམ་པ་དྲུག་འབྱུང་བ་ལ་འཇིག་རྟེན་པའི་དཀྱིལ་འཁོར་དྲུག་ཏུ་གྲགས་པ་ཡིན་ནོ། །འདས་པའི་དཀྱིལ་འཁོར་དྲུག་ནི་ཀུན་རིག་རྩ་བའི་དཀྱིལ་འཁོར། ཤཱཀྱ་ཐུབ་སྐུའི་དཀྱིལ་འཁོར། ཚེ་དཔག་མེད་གསུང་གི་དཀྱིལ་འཁོར། ཕྱག་རྡོར་ཐུགས་ཀྱི་དཀྱིལ་འཁོར། འཁོར་ལོས་སྒྱུར་བ་ཡོན་ཏན་གྱི་དཀྱིལ་འཁོར། མི་ལྷར་འབར་བ་ཕྲིན་ལས་ཀྱི་དཀྱིལ་འཁོར་རྣམས་ཡིན་ཞིང་། འཇིག་རྟེན་པའི་དྲུག་པོ་དེ་དང་བཅས་པའི་བཅུ་གཉིས་ལ་དེང་སང་ཡང་དབང་བཀའ་མ་ནུབ་པར་ཡོད་ཅིང་། སྔོན་དུས་སྤྲུལ་པའི་དཀྱིལ་འཁོར་དང་། ཡེ་ཤེས་ཀྱི་དཀྱིལ་འཁོར་གཉིས་སུ་ངེས་ལ། ཕྱི་དུས་སོ་སོ་སྐྱེ་བོའི་དཔོན་སློབ་ཀྱི་དབང་དུ་བྱས་ཏེ། རྟུལ་ཚོན་རས་བྲིས་ཏིང་འཛིན་གསུམ་གསུམ་དུ་དབྱེ་བས་དཀྱིལ་འཁོར་སུམ་ཅུ་སོ་དྲུག་འབྱུང་བ་ཡིན་ནོ། །རྗེ་ངོར་པ་ཀུན་དགའ་རྒྱལ་མཚན་པས་ཕྱོགས་སྐྱོང་སོགས་ལ་མཆོད་བྱ་དོན་དང་མཆོད་བྱེད་བརྫ་གཉིས་སུ་ཕྱེ་ནས་དང་པོ་རང་རྒྱུད་པ་དང་། ཕྱི་མ་རྣལ་འབྱོར་པའི་བསྒོམ་བྱ་ཡིན་གསུངས་པ་ནི་མི་འཐད་དེ། གཉིས་སུ་ཕྱེ་བ་དེ་འདྲའི་བཤད་ཚོད་མེད་པའི་ཕྱིར་དང་། ཡོད་དུ་ཆུག་ཀྱང་རང་རྒྱུད་པ་དང་ཚུལ་

བཟུང་བ་གཉིས་སུ་མ་ཕྱེས་ན་བསྟན་བཅོས་འདིར་བཤད་པའི་ལུང་རིགས་ཀྱིས་གནོད་ཅིང༌། བབ་ཅོལ་གྱི་ཉེས་པར་ཡང་འགྱུར་བའི་ཕྱིར། དྲུག་པ་རྒྱུད་སྡེ་གཞན་གྱིས་མི་འགྲུབ་པ་ནི། དཔལ་མཆོག་ཅེས་ རྐང་པ་བཞི། གཉིས་པ་ཞར་བྱུང་གི་ཕྱོགས་སྔ་དགག་པ་ལ་གསུམ་སྟེ། སྨན་བླའི་དཀྱིལ་འཁོར་ལྷ་འདེག་རྟེན་པར་མི་འཐད། འཇིགས་བྱེད་ཀྱི་དཀྱིལ་འཁོར་གྱི་ལྷ་འདེག་རྟེན་པར་མི་འཐད། སྒྲུང་མ་ཁྲུད་པར་ཅན་འདེག་རྟེན་པར་མི་འཐད་པའོ། །དང་པོ་ནི། སྨན་བླའི་གནོད་སྦྱིན་ལ་སོགས་པ། །ཞེས་པ་ནས། སྦྱར་བ་སྨན་བླའི་ཚོག་ཡིན། །ཞེས་པའི་བར། གཉིས་པ་ནི། དོན་ཡོད་རྡོ་རྗེ་ཞེས་པ་ནས། དེ་དག་འབྱུང་པོར་སུས་སྨྲ་ནུས། །ཞེས་པའི་བར། གསུམ་པ་ནི། འདོད་ཁམས་དབང་ཕྱུག་ཅེས་པ་ནས། །རྣམ་འཕྲུལ་མཐའ་ཡས་ཤེས་པར་བྱ། །ཞེས་པའི་བར་རོ། །

གསུམ་པ་ཐུན་མོང་དུ་ལམ་ལ་འཁྲུལ་པ་དགག་པ་ལ། ཕྱོགས་སྔ་བརྗོད་པ་དང༌། དེ་དགག་པ་གཉིས། དང་པོ་ནི། ལ་ལ་རྒྱུད་སྡེ་འོག་མ་ལ། །ཞེས་སོགས་ཏེ། དགའ་གདོང་པ་ཆོས་རྒྱལ་དཔལ་བཟང་གི་བཞེད་པའོ། །གཉིས་པ་ལ་གསུམ་སྟེ། མགོ་མཚུངས་ཀྱི་རིགས་པས་དགག །དངོས་སྟོབས་ཀྱི་རིགས་པས་དགག སྒྲུབ་བྱེད་མ་གྲུབ་པར་བསྟན་པའོ། །དང་པོ་ནི། འོན་རྒྱུད་སྡེ་ཞེས་པ་ནས། ཞེས་སོགས་མཚུངས་པར་གསུངས་ཕྱིར་རོ། །ཞེས་པའི་བར། གཉིས་པ་ནི། དབང་བསྐུར་བཞི་ལ་མ་ལྟོས་པའི། །ཞེས་སོགས་རྐང་པ་བཞི། གསུམ་པ་ནི། བློ་ཡིས་རིམ་གྱིས་ལྷ་བསྐྱེད་པའི་མཚན་བཅས་ཙམ་བསྐྱེད་རིམ་མ་ཡིན་ཏེ། བསྐྱེད་རིམ་ནི་སྦྱང་གཞི་སྦྱོང་བྱེད་སྦྱར་བའི་ཉམས་ལེན་ཞིག་ལ་གསུངས་པའི་ཕྱིར། མཚན་མེད་ཀྱི་རྣལ་འབྱོར་སྟོང་པ་ལ་སོགས་པ་ཙམ་ཡང་རྫོགས་རིམ་མ་ཡིན་ཏེ། རྫོགས་རིམ་ནི་ལུས་ངག་ཡིད་གསུམ་བདེ་ཆེན་གྱི་ཡེ་ཤེས་སུ་རྫོགས་པར་བསྒོམ་པའི་ཉམས་ལེན་ལ་གསུངས་པའི་ཕྱིར། གཉིས་པ་རྣལ་འབྱོར་ཆེན་པོའི་ཉམས་ལེན་ལ་འཁྲུལ་པ་དགག་པ་ལ་གཉིས་ཏེ། སྣང་བ་ལྷ་རུ་མི་བསྒོམ་པ་དགག །བསྒོམ་པའི་གཞི་ལ་འཁྲུལ་པ་དགག་པའོ། དང་པོ་ལ་གཉིས་ཏེ། ཕྱོགས་སྔ་མ་བརྗོད། དེ་དགག་པའོ། དང་པོ་ནི། ཁ་ཅིག་བསྐྱེད་རྫོགས་ཞེས་པ་ནས། ཞེས་པས་གྲུབ་མཐའ་འཛུགས་པ་མཐོང༌། །ཞེས་པའི་བར་ཏེ། ཆོས་རྗེ་ཅོང་ཁ་པའི་བཞེད་པའོ། །

གཉིས་པ་ལ་གཉིས་ཏེ། དགག་པར་དམ་བཅའ་བ། འགོག་བྱེད་ལུང་རིགས་བཤད་པའོ། །དང་པོ་ནི། འདི་ནི་རྣལ་འབྱོར་ཞེས་སོགས་རྐང་པ་བཞི། གཉིས་པ་ལ་གསུམ་སྟེ། ལུང་དང་འགལ་བ། རིགས་པ་དང་འགལ་བ། ཁས་བླངས་དང་འགལ་བ་གཞན་དུ་བསྟན་ཟིན་པའོ། དང་པོ་ནི། སྣང་བ་ལྷར་མི་བསྒོམ་ཞིང་སྒོམ་པ་ལྷར་མི་འཆར་བར་འདོད་པའི་ཁྲོད་ཀྱི་གྲུབ་མཐའ་འདི་ནི་མི་འཐད་དེ། གསུང་འདུས་རྩ་རྒྱུད་ལས། མདོར་

ན་ཕུང་པོ་ལྔ་རྣམས་ནི། །ཞེས་པ་ནས། མེ་དང་རླུང་དུ་རབ་ཏུ་གྲགས། །གཟུགས་སྒྲ་ལ་སོགས་སྤྱོགས་པ་ཡིས། །ལྷ་ཉིད་དུ་ནི་རྟག་ཏུ་བསྒོམ། །ཞེས་གསུངས་ཤིང་། དེའི་དོན་བསྡུས་ལས། སྦྱོང་གཞི་ཐ་མལ་གྱི་དངོས་པོ་ཕུང་ཁམས་སྐྱེ་མཆེད་བརྒྱར་ཕྱེ་ནས། དེ་དག་སྦྱོང་བྱེད་གཉེན་པོ་རིགས་ལྔ། སྤྱན་མ་ལ་སོགས་པའི་ཡུམ་བཞི། ས་སྙིང་ལ་སོགས་པའི་བྱང་ཆུབ་སེམས་དཔའ་ལྔ། གཟུགས་རྡོ་རྗེ་མ་ལ་སོགས་པའི་རྡོ་རྗེ་མ་ལྔ་སྟེ་བཅུ་དགུ་པོ་དེ་ལ༔ རིགས་ལྔ་ལྔར་ཕྱེ་བས་དགུ་བཅུ་གོ་ལྔ། དེའི་སྟེང་དུ་ཡེ་ཤེས་ལྔ་བསྣན་པའི་དམ་པ་རིགས་བརྒྱར་བསྒོམ་ཚུལ་གསུངས་པ་འདི་དང་འགལ་བའི་ཕྱིར། དེ་བཞིན་དུ་ཀྱེ་རྡོར་རྩ་རྒྱུད་དང་ཡང་འགལ་ཏེ། བརྟག་པ་དང་པོ་ལས། གཟུགས་ཕུང་རྡོ་རྗེ་མ་ཡིན་ཏེ། །ཚོར་བ་ལ་ནི་དཀར་མོར་བརྗོད། །འདུ་ཤེས་ཆུ་ཡི་རྣལ་འབྱོར་མ། །འདུ་བྱེད་རྡོ་རྗེ་མཁའ་འགྲོ་མ། །རྣམ་ཤེས་ཕུང་པོའི་ཚུལ་གྱིས་ནི། །བདག་མེད་རྣལ་འབྱོར་མ་གནས་སོ། །ཞེ་སྡང་ཞེས་བཤད་རྣལ་འབྱོར་མ། །ཞེས་སོགས། ཕུང་པོ་ལྔ་དང་ཉོན་མོངས་ལྔ་ལ་སོགས་པ་རྣམས་བདག་མེད་ལྷ་མོ་བཅོ་ལྔའི་ལྷ་རུ་བསྒོམ་པར་གསུངས་པ་འདི་ཡང་། ཁྱོད་ཀྱི་གྲུབ་མཐའ་འགོག་བྱེད་ཀྱི་གཉེན་པོ་ཡིན་པའི་ཕྱིར། དེ་བཞིན་དུ་བདེ་མཆོག་བཤད་རྒྱུད་དང་ཡང་འགལ་ཏེ། རྣལ་འབྱོར་མ་ཀུན་སྤྱོད་ཀྱི་རྒྱུད་ལས། དེ་ལ་རེ་ཞིག་རྣལ་འབྱོར་གྱི་དབང་ཕྱུག་གི་ཕུང་པོ་ལྔའི་ང་རྒྱལ་བསྐྱེད་པར་བྱས་ཏེ། གཟུགས་ཀྱི་ཕུང་པོ་རྣམ་པར་སྣང་མཛད་དོ༔ ༔ཞེས་པ་ནས། ནམ་མཁའི་ཁམས་ལ་ནི་པདྨའི་དྲྭ་བ་ཅན་མ་སྟེ་ཞེས་པའི་བར་གྱིས་ཕུང་ཁམས་སྐྱེ་མཆེད་ཀྱི་ཆོས་བཅུ་བདུན་རྣམ་སྣང་ལ་སོགས་པའི་ལྷ་བཅུ་བདུན་གྱི་ངོ་བོར་བསྒོམ་པར་གསུངས་པ་དང་། རྒྱུད་དེ་ཉིད་ཀྱི་ལེའུ་བཞི་པ་ལས། སོ་དང་སེན་མོ་དག་ནི་ཐོད་པ་ཕྱེད་པའོ། །སྐྲ་དང་སྤུ་ལ་ནི་རྐང་རུས་ཆེན་པོའོ། །ཞེས་པ་ནས། རྣམ་ཤེས་ལ་ནི་རྡོ་རྗེ་སེམས་དཔའོ། །ཞེས་པའི་བར་གྱིས་ལུས་ཀྱི་ཁམས་ཉི་ཤུ་རྩ་བཞི་དཔའ་བོ་ཉི་ཤུ་རྩ་བཞིར་བསྒོམ་པར་གསུངས་པ་དང་ཁྱོད་ཀྱི་གྲུབ་མཐའ་འགལ་བའི་ཕྱིར། དེ་བཞིན་དུ་བཅུད་བསྡུས་ལས། གང་ཞིག་སྐྱེ་བོ་ཀུན་རྫོབ་བདེན་པ་སྟེ། །འཆིང་བའི་མིང་ཡང་དོན་དམ་བདེན་པ་ཡིན། །རིམ་གཉིས་འདི་དག་བླ་མའི་བཀའ་དྲིན་གྱིས། །རྙེད་པ་གང་དེ་མ་འོངས་སངས་རྒྱས་ཡིན། །ཞེས་བྱ་བ་ལ་སོགས་པ་འཕགས་ཡུལ་གྲུབ་ཐོབ་ཀྱི་གཞུང་རྣམས་དང་། བོད་ཡུལ་སྔོན་གྱི་སྔགས་འཆང་རྔ་བ་དང་རྔོག་པ་ལ་སོགས་པ་དང་། ཁྱད་པར་ཐུབ་པའི་རྒྱལ་ཚབ་ཆེན་པོ་དཔལ་ལྡན་ས་སྐྱ་པའི་མན་ངག་ཐམས་ཅད་ཁྱོད་ཀྱི་གྲུབ་མཐའ་ངན་པ་དེ་འགོག་བྱེད་ཀྱི་གཉེན་པོ་ཡིན་པ་དེས་ན། ཕྱི་རོལ་གྱི་སྣང་བ་ལྷར་བསྒོམ་དུ་མི་རུང་ཟེར་བའི་ལོག་རྟོག་དོར་བར་བྱ་རིགས་སོ། །

གཉིས་པ་ནི། སྣང་བ་ལྷའི་ངོ་བོ་རང་བཞིན་གྱིས་རྣམ་དག་ཡིན་ནམ་མ་ཡིན། ཡིན་ན་དེ་ལྷར་བསྒོམ་

ཀྱང་ལྟར་མི་འགྱུར་བ་དང་། སྣང་བ་དེ་ལྟར་འཆར་བ་ལོག་ཤེས་ཡིན་པ་འགལ་བ་མ་ཡིན་ན། རྩ་རྒྱུད་བརྟག་གཉིས་ལས། དོན་དམ་པར་ནི་ཕྱི་ནང་གི་དངོས་པོ་ཐམས་ཅད་དེ་བཞིན་ཉིད་སྤྲོས་པ་དང་བྲལ་བ་དེ་དེ་བཞིན་ཉིད་ཀྱི་དག་པ་དང་། ཕྱི་ནས་ཀུན་རྫོབ་ཀྱི་སྤྲོས་པ་སྣ་ཚོགས་འཆར་བ་རེ་རེ་ནས་ལྟར་བསྒོམ་པ་ལྷ་སོ་སོའི་དག་པར་གསུངས་ཤིང་། ལྷའི་དག་པ་དེའི་སྒྲུབ་བྱེད་དུ་ཕུང་པོ་ལྔ་ལ་སོགས་པ་རྣམས་རང་བཞིན་གྱིས་དྲི་མས་རྣམ་པར་དག་ལ། འོན་ཀྱང་ཉོན་མོངས་པ་དང་ཤེས་བྱའི་སྒྲིབ་པ་གློ་བུར་བས་བསྒྲིབས་པས་སྒྲིབ་པ་དེ་སྦྱང་བར་བྱ་བ་ཡིན་ནོ། །ཞེས་གསུངས་པ་དང་འགལ་བར་འགྱུར་རོ། །གལ་ཏེ་ཁོ་ན་རེ་ཕུང་པོ་ལྔ་དང་ཞེས་སོགས་གསུངས་པ་དེ་དེ་བཞིན་ཉིད་ཀྱིས་དག་པའི་སྒྲུབ་བྱེད་ཡིན་གྱི། ལྷ་སོ་སོའི་དག་པའི་སྒྲུབ་བྱེད་མ་ཡིན་ནོ་སྙམ་ན། རྒྱུད་ལས་ལྷ་སོ་སོའི་རྣམ་པའི་གཟུགས་ཀྱི་བཞིན་ལག་ཁ་དོག་གནས་པ་ཕུང་པོ་ལྔ་ལ་སོགས་པ་ནི། སྐྱེས་ཤིང་གྲུབ་པ་ཙམ་གྱིས་ལྷའི་ངོ་བོར་རྣམ་པར་གནས་ལ། འོན་ཀྱང་བག་ཆགས་ཕལ་པ་སྟེ། ཐ་མལ་གྱི་རྣམ་རྟོག་གི་བསྒྲིབས་པས་རྣམ་རྟོག་དེ་སྦྱང་དགོས་སོ་ཞེས་གསུངས་པ་དང་འགལ་བར་འགྱུར་ཏེ། ལྷ་ཡི་རྣམ་པའི་གཟུགས་ཀྱིས་ནི། །ཞེས་སོགས་འདི་རྒྱུད་ཚིག་སྔ་མ་དེ་དང་གོ་དོན་གཅིག་ཏུ་འཆད་པ་མཁས་པ་དག་གི་ལུགས་ཡིན་ཞིང་། དེ་དང་ཁྱེད་ཀྱི་འདོད་པ་འགལ་བའི་ཕྱིར། འདིར་འོན་ཀྱང་བག་ཆགས་ཕལ་པས་སོ། །ཞེས་པ་དག་པ་ཡིན་ཏེ། རྡོ་རྗེ་གུར་ལས་ཀྱང་། ཕལ་པའི་གནས་སྐབས་གཞོམ་པའི་ཕྱིར། །བསྒོམ་པ་ཡང་དག་རབ་ཏུ་གྲགས། །ཞེས་གསུངས་པ་དང་དོན་གནད་གཅིག་པའི་ཕྱིར།

གསུམ་པ་གཞན་དུ་བསྟན་ཟིན་པ་ནི། ཕྱོགས་སྔ་སྨྲ་བ་པོ་འདིས་ཀྱང་སྦྱང་གཞི་ལམ་བསྒོམ་པའི་སྒྲུབ་པ་པོ་ལ་མ་འོངས་པ་ན་འབྱུང་འགྱུར་གྱི་འཛམ་བུ་གླིང་པའི་མི་མངལ་སྐྱེས་ཀྱི་སྐྱེ་འཆི་བར་དོ་ཁོ་ན་ཡིན་ཏེ། འདས་པ་ནི་འདས་ཟིན་པ་དང་། ད་ལྟར་བ་ནི་སྦྱང་མི་དགོས་པར་རང་གི་ངང་གིས་འཇིག་པའི་ཕྱིར། སྦྱོང་བྱེད་ནི་ལམ་སྒོམ་པའི་གནས་སྐབས་ཀྱི་བསྐྱེད་རིམ་ཁོ་ན་ཡང་། སྦྱོང་ཚུལ་སྐྱེ་འཆི་བར་དོ་གསུམ་གྱི་དོད་དུ་འབྲས་བུ་སྐུ་གསུམ་འབྱུང་བར་སྒྲོ་བཏགས་པ་ཡང་ཀྱེ་རྡོར་མན་ངག་ལུགས་ཀྱི་རྣམ་བཤད་དང་། གསང་འདུས་རྩོད་སྤང་དུ་བཀག་ཟིན་པས་དེ་དག་ཏུ་བལྟ་བར་བྱའོ། །དེ་དག་ལས་ཇི་ལྟར་བཀག་ཅེ་ན། སྙིང་པོའི་གནད་མདོར་བསྡུས་པ་ཙམ་ཟད་བརྗོད་པར་བྱ་སྟེ། འོ་ན་སངས་ཡོད་སྐྱེ་འགྱུར་གྱི་བུད་ཤིང་དུ་ལོའི་མེས་བསྲེག་པར་ཐལ། མ་འོངས་པ་ན་འབྱུང་འགྱུར་གྱི་སྐྱེ་འཆི་བར་དོ་གསུམ་ད་ལྟ་བསྐྱེད་རིམ་བསྒོམ་པའི་སྦྱང་གཞི་ཡིན་པའི་ཕྱིར། མ་ཁྱབ་ན་ཁས་བླངས་འགལ་ཏེ། འདས་པ་སྦྱང་གཞི་ཡིན་ན། ན་ནིང་ཞིག་ཟིན་པའི་བུད་ཤིང་དུ་ལོའི་མེས་བསྲེག་པར་ཐལ་ལོ་ཞེས་པའི་རིགས་པ་འཕངས་པ་དང་འགལ་བའི་ཕྱིར། གཞན་ཡང་མཚམས་མེད་ལྔ་བྱས་པའི་དབང་

གིས་དཔྱལ་བར་སྐྱེ་འགྱུར་གྱི་རྣལ་འབྱོར་པས་ལམ་སྒོམ་པའི་བྱེད་པས་སྤྱང་གཞི་དཔྱལ་བའི་ཆོས་གསུམ་ཁེགས་པ་ཞིག་མེད་པར་ཐལ། དཔྱལ་བའི་ཆོས་གསུམ་པོ་དེ་སྦྱང་གཞི་མ་ཡིན་པར་ཁས་བླངས་པའི་ཕྱིར། འདོད་ན། རྩ་རྒྱུད་ལས། མཚམས་མེད་ལྔ་ནི་བྱེད་པ་དང་། །སྨོངས་དང་མ་རུངས་ལས་བྱེད་དང་། །གཟུགས་ཅན་ཡན་ལག་མ་ཚང་བ། །བསམ་པས་དེ་རྣམས་འགྲུབ་པར་འགྱུར། །ཞེས་གསུངས་པ་དང་འགལ་ལོ། །གཞན་ཡང་ཟུང་འཇུག་རྡོ་རྗེ་འཆང་གི་ས་ཐོབ་ཁ་མའི་རྣལ་འབྱོར་པའི་རྒྱུད་ལ་སྦྱང་གཞི་སྦྱོང་བའི་ལམ་མེད་པར་ཐལ། དེ་ལྟ་བུའི་རྣལ་འབྱོར་པ་དེས་མ་འོངས་པ་ན་འབྱུང་འགྱུར་གྱི་འཛམ་བུ་གླིང་པའི་མི་མངལ་སྐྱེས་ཀྱི་སྐྱེ་འཆི་བར་དོ་སྦྱོང་མི་དགོས་པའི་ཕྱིར། རིགས་པ་འདི་དག་ནི་ལན་གྱིས་ཟློག་པར་མི་ནུས་སོ། །མ་འཁྲུལ་པའི་གནད་ནི། གཟུང་འཛིན་གྱི་རྣམ་རྟོག་སྐྱེ་པའི་གཞིར་གྱུར་པའི་གཟུགས་ལ་སོགས་པ་མ་དག་པའི་ཡུལ་ཐམས་ཅད་སྦྱང་གཞི་ཡིན་ཏེ། རྩ་རྒྱུད་བརྟག་གཉིས་ལས། ཀྱེ་བཅོམ་ལྡན་འདས་རྣམ་པར་མ་དག་པ་གང་ལགས། བཅོམ་ལྡན་འདས་ཀྱིས་བཀའ་སྩལ་པ། གཟུགས་ལ་སོགས་པའོ། །དེ་ཅིའི་སླད་དུ་ཞེ་ན། གཟུང་བ་དང་འཛིན་པའི་དངོས་པོའི་ཕྱིར་རོ། །ཞེས་གསུངས་པས་སོ། །

གཉིས་པ་བསྒོམ་པའི་གཞི་ལ་འཁྲུལ་པ་དགག་པ་ལ་གཉིས་ཏེ། ཕྱོགས་སྔ་བརྗོད། དེ་དགག་པའོ། །དང་པོ་ནི༑ ཁ་ཅིག་སྣང་བའི་དངོས་ཀུན་ལ། །ཞེས་པ་ནས། འོག་ཏུ་ལྷ་ནི་བསྒོམ་ཕྱིར་ལོ། །ཞེས་པའི་བར་ཏེ། ཇོ་ནང་ཀུན་མཁྱེན་ཆེན་པོའི་བཞེད་པའོ། །གཉིས་པ་ལ་གཉིས་ཏེ། མདོར་བསྟན། རྒྱས་པར་བཤད་པའོ། །དང་པོ་ནི། འདི་ལ་ཞེས་སོགས་རྐང་པ་ཕྱེད་གཉིས། གཉིས་པ་ལ་གསུམ་ཏེ། ལུང་དང་འགལ་བ། རིགས་པ་དང་འགལ་བ༑ ཁས་བླངས་དང་འགལ་བའོ། །དང་པོ་ནི། གཟུགས་སོགས་ཀྱི་སྟེང་གི་ཆོས་དབྱིངས་བདེན་གྲུབ་ཏུ་བྱས་ནས་དེ་ལྟར་བསྒོམ་པར་འདོད་པའི་ཕྱོད་ཀྱི་གྲུབ་མཐའ་འདི་ནི་ལུང་དང་འགལ་ཏེ། ཀྱེ་རྡོར་རྩ་རྒྱུད་ལས། ངེས་པར་དངོས་པོ་ཐམས་ཅད་ཀྱི། །ཞེས་སོགས་གསུངས་པ་དང་འགལ་བའི་ཕྱིར། ལྷར་བསྒོམ་པའི་གཞི་ཆོས་དབྱིངས་ཡིན་པ་ལ་རེ་རེ་ཞེས་པའི་ཚིག་དེས་ཀྱང་གནོད་དེ། རེ་རེ་ཞེས་པ་ནི་སོ་སོའི་ཚིག་ཡིན་ལ། ཆོས་དབྱིངས་ལ་སོ་སོར་མེད་པའི་ཕྱིར་ཏེ། སྤྲོས་བྲལ་ཡིན་པའི་ཕྱིར་རོ། །དེ་བཞིན་དུ་བརྟག་པ་ཕྱི་མར། ཀུན་རྫོབ་ཀྱི་གཟུགས་སུ་གནས་ནས་སྦྱང་གཞི་ཀུན་རྫོབ་དེ་རྣམས་སྦྱོང་བྱེད་བདེ་གཤེགས་ལྔའི་རིགས་སུ་འགྱུར་བ་ཡིན་ཏེ༑ དཔེ་བུད་མེད་ཀྱི་མཚན་ཉིད་འདི་ནི་ཇི་ལྟར་སྐྱེས་པ་དེ་བཞིན་ནོ། །དེས་ན་ཀུན་རྫོབ་ཐ་སྙད་ཀྱི་ཚུལ་ལས་སྦྱོང་བྱེད་དེའི་རིགས་སུའང་སྦྱང་གཞི་དེ་འགྱུར་རོ་ཞེས་གསུངས་པ་དང་། བཤད་རྒྱུད་གུར་ལས་ཀྱང་། དོན་དམ་ཆོས་ཉིད་ཀྱི་ངོས་ནས་འགལ་བ་སྦྱང་གཞི་དང་སྦྱོང་བྱེད་མ་ཡིན་ཡང་ཀུན་རྫོབ་ཏུ་ཕུང་ཁམས་སྐྱེ་མཆེད་ཀྱི་

སྣང་བ་འཆར་བ་དེའི་ཚེ། སྦྱོང་བྱེད་རྒྱལ་བའི་དངོས་པོ་སྦྱངས་པ་ཡོད་དེ། ཀུན་རྫོབ་ཀྱི་རྣམ་གཞག་ལ་གནས་ནས་སྦྱོང་བྱེད་འཁོར་ལོའི་གཟུགས་ཀྱིས་སྦྱང་གཞི་ཕུང་ཁམས་སྐྱེ་མཆེད་ཀྱི་ཆོས་ཙམ་ལྷར་རྣམ་པར་བརྟག་ཅེས་གསུངས་པ་དང་། དེ་བཞིན་དུ་གསང་འདུས་དང་བདེ་མཆོག་ལ་སོགས་པའི་རྒྱུད་སྡེ་ཐམས་ཅད་ལས། མདོར་ན་ཕུང་པོ་ལྔ་རྣམས་ནི། །ཞེས་སོགས་སྔར་དྲངས་པ་བཞིན་དུ་ཀུན་རྫོབ་སྦྱོར་བའི་དབྱེ་བ་ཀུན་ལྷར་བསྒོམ་པར་གསུངས་པ་དང་། ཁྱོད་ཀྱི་གྲུབ་མཐའ་འགལ་ཏེ། དེ་དག་ལས་ནི་ཀུན་རྫོབ་ལྷར་བསྒོམ་པར་གསུངས་ལ། ཁྱོད་ཀྱི་ཀུན་རྫོབ་ལྷར་བསྒོམ་པར་མི་འདོད་པའི་ཕྱིར། དོན་ལ་འགལ་བ་ཡོད་མིན་ཡང་། །ཞེས་སོགས་ནི། གཞུང་འདི་དང་ཚིག་གི་སྦེབ་སྦྱོར་སྙོམས་པའི་ཆེད་དུ་ཡིན་ཏེ། གྲུར་གྱི་ལུང་ཚིག་དངོས་མ་མིན། དོན་ལ་འགལ་བ་ཡོད་པ་མ་ཡིན་ཡང་། །དེ་ཚེ་རྒྱལ་བའི་དངོས་པོ་སྦྱངས་པ་ཡོད། །ཀུན་རྫོབ་གཟུགས་སུ་རྣམ་པར་གནས་ནས་ནི། །འཁོར་ལོའི་གཟུགས་ཀྱི་ཆོས་ཙམ་རྣམ་པར་བརྟག ཅེས་པ་འདི་ཡིན་ནོ། གཉིས་པ་ནི། གཞན་དབང་གིས་བསྡུས་པའི་ཆོས་ཅན་ཕུང་པོ་ལྔ་སོགས་ལ་ཐ་མལ་གྱི་རྣམ་རྟོག་ཡོད་པས་ལྷར་བསྒོམ་དགོས་ཏེ༏ གཞན་དུ་ན་སྲིད་པའི་འཆིང་བ་ལས་གྲོལ་བའི་ཐབས་མེད་པའི་ཕྱིར་ཏེ། སངས་རྒྱས་ཡེ་ཤེས་ཞབས་ཀྱིས། ཐ་མལ་རྣམ་རྟོག་རྒྱུན་ནི་མ་གཏོགས་པ། །སྲིད་པའི་འཆིང་བ་གཞན་ནི་ཡོད་མ་ཡིན། །དེ་དང་རྣམ་པ་འགལ་བར་འགྱུར་བའི་སེམས། །གང་ཡིན་དེས་ནི་ཀུན་རྟོག་སྣང་མི་འགྱུར། །ཞེས་གསུངས་པའི་ཕྱིར། ཆོས་དབྱིངས་སྤྲོས་བྲལ་ལྟར་བསྒོམ་ན་སྤྲོས་པ་གཞན་འགོག་པའི་ཐབས་མེད་པར་འགྱུར་ཏེ། སྤྲོས་མེད་ལ་སྤྲོས་པར་བྱས་པའི་ཕྱིར། དེ་སྐད་དུ་བརྟག་གཉིས་ལས། བསྐྱེད་རིམ་གྱི་རྣལ་འབྱོར་བརྟུལ་ཞུགས་ཀྱི་སྒོ་ནས་སྤྲོས་པ་བསྒོམ་པར་གསུངས་ཤིང་། ཡང་དེ་ཉིད་ལས། དོན་དམ་པར་སྒོམ་པ་པོ་དང་། སྒོམ་པ་དང་། བསྒོམ་བྱའི་ལྷ་དང་སྔགས་ཀྱང་ཡོད་པ་མ་ཡིན་ནོ། །ཞེས་གསུངས་པ་སྤྲོས་པ་ལ་སྤྲོས་མེད་ཀྱི་རྒྱས་འདེབས་པའི་ལུང་ཡིན་གྱིས། སྤྲོས་མེད་སྤྲོས་པར་བྱེད་པའི་ལུང་མ་ཡིན་ནོ། །སྒྲ་རྟོག་གི་ཡུལ་དུ་གྱུར་པའི་རྣམ་གྲངས་པའི་ཆོས་དབྱིངས་ནི་ཀུན་རྫོབ་བདེན་པ་ཡིན་པས། ཐ་མལ་གྱི་རྣམ་རྟོག་ཟློག་པའི་ཆེད་དུ་ལྷར་བསྒོམ་དགོས་པ་ཡིན་ཏེ། རིགས་དྲུག་པ་རྡོ་རྗེ་སེམས་དཔའ་འམ་ལྷ་མོ་ཆོས་དབྱིངས་མར་བསྒོམ་པར་རྒྱུད་དང་སྒྲུབ་ཐབས་ཀྱི་གཞུང་རྣམས་ལས་གསུངས་པའི་ཕྱིར། ཀུན་རྫོབ་འདི་ཡང་ཀུན་རྫོབ་ལྷར་བསྒོམ་ཞིང་། དོན་དམ་སྤྲོས་བྲལ་ལྟར་མི་བསྒོམ་པའི་རིགས་པ་ཡིན་ཏེ། དོན་དམ་སྤྲོས་བྲལ་མཚན་ཉིད་པ་ལ་ཐ་མལ་དུ་འཛིན་པ་མེད་པའི་ཕྱིར། ཕུང་པོ་སངས་རྒྱས་ལྔའི་བདག་ཉིད་ཡིན་པ་ལ་སྨད་ན་རྩ་ལྟུང་བརྒྱད་པ་འབྱུང་བའི་གཞི་དེ་ཕུང་པོ་ལྔའི་ཆོས་ཉིད་ཡིན་ནམ། ཆོས་ཅན་ཕུང་པོ་ལྔ་པོ་ཡིན། །དང་པོ་ལྟར་ན། རིགས་པས་གནོད་དེ། ཆོས་ཉིད་སྤྲོས་བྲལ་ལ་སྨད་པ་མེད་པའི་

ཕྱིར། གཉིས་པ་ལྟར་ན་ཁས་བླངས་འགལ་ཏེ། ཆོས་ཅན་ཕུང་པོ་ལྔ་སོགས་ལྟར་མི་བསྒོམ་པར་ཁས་བླངས་པའི་ཕྱིར།

གསུམ་པ་ཁས་བླངས་དང་འགལ་བ་ནི། བསྐྱེད་རིམ་བསྒོམ་པའི་གཞི་དོན་དམ་ཆོས་སྐུའམ་ཆོས་ཉིད་ཡོངས་གྲུབ་ལ་འཇོག་པ་མི་འཐད་དེ། བསྐྱེད་རིམ་ལ་བརྟེན་ནས་ཐུན་མོང་འགྲུབ་ཀྱི། མཆོག་མི་འགྲུབ་པར་ཁས་བླངས་པ་དང་འགལ་བའི་ཕྱིར། གལ་ཏེ་བསྐྱེད་རིམ་བསྒོམ་པ་ལས་འབྲས་བུ་གཟུགས་སྐུ་འབྱུང་བ་ཡིན་ནོ་ཞེ་ན། བསྐྱེད་རིམ་གྱི་བསྒོམ་གཞི་ཆོས་ཉིད་དེ་གཟུགས་སྐུར་འགྱུར་བར་ཐལ་ཞིང་། དེ་ཡང་འདོད་ན། གཟུགས་སྐུ་ཀུན་རྫོབ་དང་ཆོས་སྐུ་དོན་དམ་ཡིན་པར་ཁས་བླངས་པའི་ཁྱེད་རང་གི་གྲུབ་མཐའ་དང་འགལ་ལོ། །འོན་ཏེ་བསྐྱེད་རིམ་གཟུགས་སྐུའི་རྒྱུ་མ་ཡིན་ན། རྫོགས་རིམ་ཡང་ཆོས་སྐུའི་རྒྱུ་མ་ཡིན་པར་འགྱུར་ཏེ། བསྐྱེད་རྫོགས་གཉིས་རིམ་བཞིན། ཆོས་སྐུ་དང་གཟུགས་སྐུའི་རྒྱུ་རུ་རྒྱུད་ལས་གསུངས་པས་དེ་གཉིས་མཚུངས་པའི་ཕྱིར་རོ། །དེས་ན་སྦྱང་གཞི་སྦྱོང་བྱེད་འཆོལ་བའི་ལུགས་ངན་འདི་དོར་ལ། དོན་དམ་སྤྲོས་བྲལ་མངོན་སུམ་དུ་མ་རྟོགས་ཀྱི་བར་དུ་ཀུན་རྫོབ་འཁོར་བའི་སྣང་བ་འབྱུང་བ་ཀུན་ངོ་བོ་ཉིད་སྟོང་པ་ཉིད་ཡིན་པས་འཆིང་གྲོལ་གྱི་གཞིར་རུང་བ་དང་། ལྷའི་ངོ་བོར་རང་བཞིན་རྣམ་པར་དག་པའི་གནད་ཀྱིས་ལྟར་བསྒོམས་པས་ལྟར་འགྱུར་བར་གསུངས་པའི་གནད་འདི་ཆོས་ཅན། གསེར་རྒྱན་ལྟར་མཁས་པའི་བློ་གྲོས་ཀྱི་ལུས་ལ་རྒྱན་དུ་འདོགས་པར་རིགས་ཏེ། ཁྱོད་རྒྱུད་དང་གྲུབ་པའི་གཞུང་བཟང་གི་དགོངས་པ་རྨ་མེད་པའི་གནད་ཟབ་མོ་ཡིན་པའི་ཕྱིར། སྦྱང་གཞི་སོགས་འདི་དག་གཞི་གཅིག་གི་སྟེང་དུ་མཚོན་ན། གཟུགས་ཕུང་ནི་སྦྱང་གཞི། དེ་ལྟར་མ་ཤེས་པར་ཐ་མལ་དུ་འཛིན་པའི་རྟོག་པ་ནི་སྦྱང་བྱ། རྣལ་འབྱོར་པའི་བློས་སྐྱོང་གི་རྣམ་སྣང་ལྷ་བུ་ནི་སྦྱོང་བྱེད། གཟུགས་ཕུང་དེ་ཉིད་རྣམ་སྣང་དང་མི་ལོང་ལྟ་བུའི་ཡེ་ཤེས་ཀྱི་ངོ་བོ་རང་བཞིན་གྱིས་རྣམ་པར་དག་པར་ཤེས་ནས་ལྷ་དང་ཡེ་ཤེས་ཀྱི་ངོ་བོར་རྒྱུན་དུ་བསྒོམ་པ་ནི་སྦྱང་ཚུལ། དེ་གསུམ་ཆར་བསྒོམས་པས་གཟུགས་ཕུང་རྣམ་སྣང་དང་མི་ལོང་ལྟ་བུའི་ཡེ་ཤེས་སུ་གནས་གྱུར་པ་ནི་སྦྱང་འབྲས་ཏེ་ཐམས་ཅད་ལ་འདི་བཞིན་དུ་ཤེས་པར་བྱའོ། །དེས་ན་ལུགས་འདི་ལ་སྦྱང་གཞི་ནི་གཙོ་བོར་ཡུལ་གཟུགས་སོགས་དང་། སྦྱང་བྱ་ནི་ཡུལ་ཅན་རྟོག་པ་ལ་འཇོག་པ་ཡིན་ཏེ། རྒྱུད་ལས། སྦྱང་གཞི་སྟོན་པའི་དབང་དུ་བྱས་ནས། འཁོར་བ་གཟུགས་དང་སྒྲ་ལ་སོགས། །ཞེས་སོགས་དང་། སྦྱང་བྱ་སྟོན་པའི་དབང་དུ་བྱས་ནས། རྨོངས་ཕྱིར་འཁོར་བའི་གཟུགས་ཅན་ཉིད། །ཅེས་གསུངས་པའི་ཕྱིར། གནད་ཀྱི་དོན་ཞི་སྟང་ལྟ་བུ་གཅིག་ལ་ཡང་ཡུལ་དང་ཡུལ་ཅན་གྱི་ལྡོག་པས། ཞི་སྟང་རང་ཉིད་སྦྱང་གཞི་དང་། དེ་ལ་ཐ་མལ་དུ་འཛིན་པ་སྦྱང་བྱ་ཡིན་པའི་རྣམ་དབྱེ་ཕྱེད་དགོས་པ་ཡིན་ནོ། །གཉིས་པ་ལམ་གྱི་ཡན་ལག་རྣམ་དག་ཏུ་བསྒྲུབ་པ

ལ་གཉིས་ཏེ། དམ་བཅའ་དང་། དོན་དངོས་སོ། །དང་པོ་ནི། ད་ནི་ཞེས་སོགས་རྐང་པ་བཞི། །

གཉིས་པ་ལ་དྲུག་སྟེ། སྦྱིན་སྲེག་གི་རྫས་སྔགས་ལ་དཔྱད་པ། གཏོར་མགྲོན་གྱི་གཤེགས་ཚུལ་ལ་དཔྱད་པ༑ དཀྱིལ་འཁོར་གྱི་བཀོད་པ་ལ་དཔྱད་པ། གཤིན་པོ་རྗེས་འཛིན་ལ་དཔྱད་པ། ཕྱག་མཆོད་ཀྱི་ཡུལ་ལ་དཔྱད་པ༑ རྟེན་གྱི་གཟུངས་རྫོང་ལ་དཔྱད་པའོ། །དང་པོ་ནི། དཀྱིལ་འཁོར་གྱི་ལྷ་རྣམས་སྦྱིན་སྲེག་གིས་ཚིམ་པར་བྱ་བ་དང་། བསྙེན་སྔགས་བཟླས་པའི་འབྲས་བུ་མྱུར་དུ་འབྱིན་པའི་ཕྱིར་རྫས་རེ་དང་སྔགས་རེ་བསྟུན་ནས་གྲངས་མཉམ་དུ་བགྲངས་པའི་སྒོ་ནས་སྦྱིན་སྲེག་བྱ་བ་ཡིན་ཏེ། བསྙེན་པ་འབུམ་ཕྲག་གཅིག་ལ་ནི། །སྦྱིན་སྲེག་ཁྲི་ཕྲག་བྱ་བར་བཤད། །ཅེས་གསུངས་པའི་ཕྱིར། ངོར་པ་མ་གཏོགས་དེང་སང་གི་སྔགས་པ་ཕལ་ཆེར་སྦྱིན་སྲེག་བྱེད་པ་ན། རྫས་དང་སྔགས་བཅུ་ཙམ་སོང་བའི་ཡུན་ཚོད་ལ། གཅིག་བཅུ་སོགས་བརྗོད་ནས་བརྒྱ་ཐམ་པ་ཐལ་ལོ། །ཞེས་སྐད་པོ་ཆེ་ཡིས་ལོགས་ནས་བགྲངས་ཤིང་། དེ་ཡང་སྦྱིན་སྲེག་གི་གྲངས་སུ་རྩི་བར་བྱེད་དོ། །འདི་ནི་མི་འཐད་དེ༑ འཆི་བསླུ་ཚེ་ན་འཆི་བདག་དང་གདོན་སོགས་ལ་དེ་འདྲའི་མགོ་སྐོར་བྱེད་པ་བཤད་ཀྱི། ཡི་དམ་གྱི་ལྷ་ལ་སྦྱིན་སྲེག་བྱེད་པའི་ཚེ་དེ་འདྲའི་མགོ་སྐོར་བྱེད་པ་མཚར་ཆེ་ཞིང་། བཅུ་ཙམ་སོང་བའི་ཚེ་ན་བརྒྱ་ཐམ་པ་ཐལ་ལོ་ཞེས་བརྗོད་པ་འདི་འབྲས་བུ་ཆེར་སྒྲུབ་ཀྱང་འགྲུབ་མི་ནུས་ཏེ། ཁྲལ་འཛལ་ཙམ་དུ་སོང་བས་སོ། །དེས་ན་རྫས་དང་སྔགས་རེ་རེ་བཞིན་བགྲངས་པས་གྲངས་གཟུང་ལ། ཞི་བ་ལ་ཏིལ་སྔགས་དང་། རྒྱས་པ་ལ་ཟས་མཆོག་གི་སྔགས་སོགས་ལས་སོ་སོའི་རྫས་སྔགས་གཙོ་བོར་བྱས་པའི་སྒོ་ནས་སྔར་བསྙེན་པ་གང་སོང་དེའི་གྲངས་ཀྱི་བཅུ་ཆ་བསྒྲུབ་པར་བྱ་སྟེ། དེ་ནི་དམ་པ་གོང་མའི་ཕྱག་ལེན་རྒྱུད་དང་མཐུན་པའི་གཞུང་གི་དགོངས་པ་ཡིན་པའི་ཕྱིར། དེང་སང་ཁ་ཅིག །བསྙེན་པའི་བཅུ་ཆའི་སྦྱིན་སྲེག་ཅེས་པའི་དོན། བསྙེན་པའི་སྐབས་སུ་བཟླས་པའི་ལྷ་སྔགས་དེའི་བཅུ་ཆ་སྦྱིན་སྲེག་གི་སྐབས་སུ་བཟླ་དགོས་པ་ལ་འཆད་པ་ནི་ནོར་ཏེ། བཅུ་ཆ་ཞེས་པ་བསྙེན་པའི་གྲངས་ཀྱི་བཅུ་ཆ་ཡིན་པས། བསྙེན་སྔགས་འབུམ་ཕྲག་གཅིག་ལ། སྦྱིན་སྲེག་གི་གྲངས་སྔར་གྱི་དེའི་གྲངས་ཀྱི་བཅུ་ཆ་ཁྲི་ཚོ་གཅིག་བྱ་བའི་དོན་ཡིན་པའི་ཕྱིར་ཏེ། བསྙེན་པ་འབུམ་ཕྲག་གཅིག་ལ་ནི། །སྦྱིན་སྲེག་ཁྲི་ཕྲག་བྱ་བར་བཤད། །ཅེས་གསལ་བར་གསུངས་པ་དེའི་ཕྱིར་རོ། །ཁ་སྐོང་གི་སྦྱིན་སྲེག་ཅེས་པ་ཡང་སྔར་གྱི་ལྷག་ཆད་ཀྱི་ཉེས་པ་རྣམས་སྦྱིན་སྲེག་གིས་ཞི་བར་བྱེད་པས་ན་ཁ་སྐོང་བ་ཡིན་གྱིས། སྦྱིན་སྲེག་གི་སྐབས་སུ་སླར་ཡང་བསྙེན་སྔགས་ཀྱི་བཅུ་ཆ་མཐའ་གཅིག་ཏུ་བཟླ་དགོས་པའི་ངེས་པ་མེད་དེ། བསྙེན་སྔགས་ཀྱི་བཅུ་ཆ་བཟླས་པས་ཁ་སྐོང་ནུས་ན། སྦྱིན་སྲེག་གི་གོང་དུ་འམ། གནས་སྐབས་གཞན་དུ་བཟླས་ཀྱང་ཆོག་པས་སོ། །དཔེར་ན་ཚིག་གང་དང་གང་གི་མཇུག་ཏུ་ཡི་གེ་བརྒྱ་པ་བཟླས་པས་ལྷག་ཆད་ཀྱི་ཉེས་པ་ཞི་བར་བྱེད་པའི་ཕྱིར་ལྷག་ཆད

གྱི་ཁ་སྐོང་བ་ཡིན་གྱི། ཆོག་གྲངས་ལྷག་པོས་ལྷག་ཆད་ཁ་མི་སྐོང་བ་བཞིན་ནོ། །སྙིང་པོར་དྲིལ་ན་སྦྱིན་སྲེག་གི་གྲངས་རེ་རེ་ལ་ལྷ་སྔགས་རྫས་སྔགས་ལས་སྔགས་གསུམ་ཆར་གྲུབ་ན་རབ། ལྷ་སྔགས་དང་རྫས་སྔགས་གཉིས་མ་ཆད་པ་བཛོད་ཅིང་ལས་སྔགས་སྐབས་དག་ཏུ་བཛོད་པ་འབྲིང་། ལྷ་སྔགས་སྔོན་འགྲོ་ཙམ་གྱི་སྒོ་ནས་དངོས་གཞི་ལ་རྫས་སྔགས་ཀྱིས་གྲངས་གཟུང་བས་ཀྱང་འགྲུབ་པ་ཡིན་ཏེ། སྦྱིན་སྲེག་ལ་རྫས་སྔགས་གཙོ་ཆེ་བ་སྐབས་དོན་ཡིན་པའི་ཕྱིར། དཔེར་ན་མཆོད་པ་ལ་མཆོད་སྔགས་གཙོ་ཆེ་བ་བཞིན་ནོ། མཁས་པ་དཔྱོད་ལྡན་དག་དགེས་པར་གྱུར་ཅིག །

གཉིས་པ་གཏོར་མགྲོན་གྱི་གཤེགས་ཚུལ་ལ་དཔྱད་པ་ལ། ཕྱོགས་སྔ་བརྗོད་པ་དང་། དེ་དགག་པ་གཉིས། །དང་པོ་ནི། ཁ་ཅིག་གཏོར་མགྲོན་ཞེས་སོགས་ཏེ། བོ་དོང་པའི་རྗེས་འབྲང་ཁ་ཅིག་གི་བཞེད་པའོ། །གཉིས་པ་ནི། འདི་འདྲ་བླུན་པོའི་རིགས་པ་སྟེ། །ཞེས་པ་ནས། དེ་འདྲའི་བླང་དོར་བྱ་ཅི་དགོས། །ཞེས་པའི་བར་རོ། །གསུམ་པ་ལ་དཀྱིལ་འཁོར་གྱི་བཀོད་པ་ལ་དཔྱད་པ་ལ་གཉིས་ཏེ། མགོ་མཇུག་བཟློག་པ་དགག མདུན་རྒྱབ་བཟློག་པ་དགག་པའོ། །དང་པོ་ནི། མི་འཁྲུགས་པའི་དཀྱིལ་འཁོར་ལ་སོགས་པ་རས་སོགས་ལ་བྲིས་ནས་གནམ་རྒྱན་ལ་འདོགས་པའི་ཕྱག་ལེན་མཁས་པ་རྣམས་མཛད་དེ། དེའི་འོག་ལ་འགྲོ་བའི་སེམས་ཅན་རྣམས་ལ་བསོད་ནམས་སྤེལ་བའི་ཆེད་ཡིན་པས་སོ། །ཚུལ་འདི་ལ་སྦྱོར་ཁང་པ་རིན་རྒྱལ་གྱི་བཞེད་པ་ཡིན་ཟེར་ནས། ཉང་སྟོད་ཕྱོགས་ཀྱི་ལག་ལེན་པ་ཁ་ཅིག གནམ་རྒྱན་གྱི་འཁོར་གྱི་ལྷ་མགོ་ནང་དུ་བསྟན་ནས་བྲི་དགོས་ཏེ། ཕྱིར་བསྟན་བྲིས་ན་བློས་སློང་གི་ཚེ་དབུ་རྣམས་ཐུར་བསྟན་དུ་འབྱུང་བའི་ཉེས་པ་ཡོད་པའི་ཕྱིར་ཞེས་ཟེར་རོ། །དེ་ནི་མི་འཐད་དེ། འོ་ན་གཞལ་ཡས་ཁང་ལ་ཡང་མདའ་ཡབ་པུ་ཤུ་དྲྭ་བ་དྲྭ་ཕྱེད་ལ་སོགས་པ་ནང་ནས་རིམ་བཞིན་བྲིས་ནས། མཐར་རྩིག་པ་ཕྱི་རུ་འདྲི་དགོས་པར་འགྱུར་ཏེ། རྩིག་པ་ནས་རིམ་བཞིན་བྲིས་པ་དེ་ལ་ཁྱེད་ལྟར་ན་བློས་སློང་གི་ཚེ་གཞལ་ཡས་ཁང་མགོ་འཇུག་ཟློག་པའི་སྐྱོན་ཡོད་པའི་ཕྱིར། འདྲི་ལུགས་དེ་ལྟར་བྱས་ཀྱང་ཁྱེད་ཀྱི་ལུགས་ལ་བློས་སློང་གི་ཚེ་གཞལ་ཡས་ཁང་གི་སྟེང་དུ་འོག་གཞི་འབྱུང་བའི་སྐྱོན་ཡོད་པའི་ཕྱིར། ལྷ་དང་གཞལ་ཡས་ཁང་གི་མཚན་མ་གཏན་མེད་པར་འོག་གཞི་ཁོ་ན་འདྲི་དགོས་པར་འགྱུར་རོ། །གཞན་ཡང་། དཀྱིལ་འཁོར་གཙོ་བོའི་ཞལ་ཤར་བསྟན་འདྲི་ན། ཁྱེད་ཀྱི་ལུགས་ལ་བློས་སློང་གི་ཚེ་ནུབ་བསྟན་དུ་འགྱུར་བས་མི་རུང་ལ། ནུབ་བསྟན་འདྲི་ན་སྔོན་ཆད་ཕྱག་ལེན་མ་བྱུང་བས་མི་འཐད་དེ། གཙོ་ཞལ་ནུབ་བསྟན་འདྲི་བའི་རྟུལ་ཚོན་དང་རས་བྲིས་ཀྱི་དཀྱིལ་འཁོར་རྒྱ་བོད་སུའི་ལུགས་ལ་ཡང་མེད་པའི་ཕྱིར། གཞན་ཡང་སྐྱོན་གསུམ་ཡོད་དེ། འོག་གཞི་ལ་ལྷ་རྣམས་ཀྱི་སྤྱི་གཙུག་བསྟད་ནས་བཞུགས་པ་དང་། ཕྱི་ནས་སློང་ན་མགོ་འཇུག་བསྒྱུར་བ་དང་། ནང་ནས་བློང་ན་

གཙོ་བོ་ལ་འཁོར་རྣམས་རྒྱབ་བསྟན་ལས་མ་འདས་པའི་ཕྱིར། དེས་ན་འདི་འདྲའི་དཀྱིལ་འཁོར་ཕྱོགས་དེའི་གཙོ་འཁོར་གྱི་རྟེན་འབྲེལ་ལ་གནོད་པས། མཁས་པ་རྣམས་ཀྱིས་ལུང་རིགས་དང་། ཆོས་བཞིན་སྐྱོང་བའི་རྒྱལ་པོ་ཡོད་ན་ཁྲིམས་ཀྱི་སྒོ་ནས་ཀྱང་དགག་དགོས་པ་ཡིན་ནོ། །ལོགས་ལ་དཀྱིལ་འཁོར་འདྲི་བ་ལ་ཡང་བློས་སློང་གི་ཚེ་ལྷ་རྣམས་ཀྱི་ཞལ་འཕྲེད་བསྟན་སོགས་ཇི་ལྟར་འགྱུར་མི་ཤེས་པས་དེ་བཅོས་པའི་ཐབས་སུ་འདྲི་ལུགས་ཡང་སླ་དགོས་སོ། །ཁོ་བོ་ཅག་གི་ལུགས་ལ་ནི་ས་གཞི་ལ་དཀྲམ་པ་དང་། ལོགས་ལ་དཀྲམ་པ་དང་། གནམ་རྒྱན་ལ་འདོགས་པ་གསུམ་ཀ་ལ་འདྲི་ལུགས་ཁྱད་པར་མེད་དེ། དེ་གསུམ་ཀ་ལ་བློས་སློང་གི་དོན་གཅིག་ཏུ་འབབ་ཅིང་། སློང་ཚུལ་ཡང་ནང་ནས་སློང་བ་ཡིན་པའི་ཕྱིར་རོ། །

གཉིས་པ་མདུན་རྒྱབ་ལོག་པ་དགག་པ་ལ་གཉིས་ཏེ། འདོད་པ་བརྗོད་པ་དང་། དེ་དགག་པའོ། །དང་པོ་ནི། སྨན་བླའི་ཞེས་པ་ནས། ཉམས་སྣང་ལས་བྱུང་ཡིན་པར་གྲགས། །ཞེས་པའི་བར་རོ། །གཉིས་པ་ནི། ཉམས་སྣང་བདུད་ཀྱི་ཡིན་པ་ཡང་སྲིད་ཅིང་། ཁྱད་པར་ལུང་ཚད་མ་ལས་གསུངས་པ་མེད་པ་དེས་ན་བརྒལ་ཞིང་བརྟག་པའི་སྒོ་ནས་དགག་དགོས་སོ། །དེ་ཡང་རྟེན་གཞལ་ཡས་ཁང་མེད་པར་ལྷའི་བཀོད་པ་ཙམ་ཡིན་ན་འགལ་བ་ཆེར་མེད་ཀྱང་། འདི་ལ་གཞལ་ཡས་ཁང་དང་ལྷ་འཁོར་བྱས་ནས། གཙོ་བོ་མེད་པ་དང་། ནང་ཁོང་སྟོང་དུ་བཞག་པས་བཀྲ་མི་ཤིས་པའི་སྐྱོན་དུ་འགྱུར་རོ། །གལ་ཏེ་སྟེང་དུ་པོ་ཏི་བཞག་པ་གཙོ་བོ་ཡིན་ནོ་སྙམ་ན། དེ་ལྟར་ན་གཙོ་བོ་ལ་འཁོར་རྣམས་རྒྱབ་བསྟན་དུ་སོང་བས་རྟེན་འབྲེལ་མི་ཤིས་པས་སྤང་བར་བྱ་སྟེ། འབངས་རྒྱལ་པོ་ལ་ངོ་ལོག་བྱེད་པའི་རྟེན་འབྲེལ་དུ་འགྱུར་བའི་ཕྱིར། འོན་མཆོད་རྟེན་གྱི་ལོགས་ལ་ལྷ་འབྲི་བ་ཡང་མི་འཐད་པར་འགྱུར་རོ་སྙམ་ན། དེ་ཡང་བཤད་ཆོད་མེད་མོད། བྱེད་ན་ཡང་དཀྱིལ་འཁོར་གྱི་རྣམ་གཞག་མ་ཡིན་པས་འགལ་བ་ཆེར་མེད་དེ། བསོད་ནམས་གསོག་པའི་ཐབས་ཙམ་ཡིན་པའི་ཕྱིར་རོ། །དེས་ན་སྨན་བླའི་ཆོག་འདིའི་ཚུལ་ལུགས་མཁན་ཆེན་ཞི་བ་འཚོས་བྱ་རྒྱུད་སྤྱིའི་དཀྱིལ་འཁོར་དང་མཐུན་པར་ཆོག་ཁྲིག་མཛད་པ་དེ་ཉིད་བསྲེ་སླད་མེད་པར་ཉམས་སུ་བླངས་ན་ལེགས་པ་ཡིན་ནོ། །རང་གཞན་གྱི་སྡིག་པ་སྦྱོང་ཞིང་། ཡུལ་དེའི་རྒྱལ་པོའི་སྐུ་ཚེ་བསྲིང་བ་ལ་སོགས་པའི་དགེ་ལེགས་འབྱུང་བའི་ཕྱིར། སྨན་བླའི་ཆོག་འདི་ལ་ཡང་། པཎ་ཆེན་ཤཱཀྱ་མཆོག་ལྡན་གྱི་བཞེད་པས། སྨན་བླའི་མདོ་རང་རྐང་དང་། ཆོག་སྒྲིག་འདི་ཉིད་མདོ་ཕྱོགས་སུ་བཀྲལ་བའི་ཆོ་ག་ཡིན་པར་བཞེད། རང་ལུགས་ཀུན་མཁྱེན་ཆེན་པོའི་བཞེད་པས་སྨན་བླ་འདི་མདོ་རྒྱུད་གཉིས་ཀའི་གཞི་མཐུན་དང་། ཆོག་འདི་ཡང་བྱ་རྒྱུད་ཀྱི་ཆོག་ཡིན་པར་བཞེད། དཔྱོད་པར་ལྡན་པ་ཁ་ཅིག །ཆོག་འདི་ཡང་མདོ་རང་རྐང་གི་ཆོག་ཡིན་ཏེ། རབ་དབྱེ་ལས། གཞན་ཡང་སྦྱིན་སྲེག་རོ་སྲེག་དང་། །བདུན་ཚིགས་སྣ་ཚྭའི་ཆོ་ག་

སོགས། །དེང་སང་གསང་སྔགས་ལུགས་པོར་ནས། །མདོ་མཆོད་ཙམ་ལ་བརྟེན་པ་ཡི། །ཆོ་གའི་རྣམ་གཞག་བྱེད་པ་ཡོད། །ཕ་རོལ་ཕྱིན་པའི་མདོ་སྡེ་དང་། །བསྟན་བཅོས་ཀུན་ལས་གསུངས་པ་མེད། །ཅེས་གསུངས་པའི་ཕྱིར་ཞེས་བཞེད་དོ། །ཁོ་བོའི་བསམ་པ་ལ་ནི་གཞུང་འདིའི་དགོངས་པ་འདི་ལྟར་ཡིན་ཏེ། སྦྱིན་སྲེག་སོགས་བྱེད་པ་ན། རྣལ་འབྱོར་རྒྱུད་ལ་སོགས་པའི་ལུགས་པོར་ནས་སྨན་བླའི་ཆོ་ག་ཙམ་ལ་བརྟེན་ནས་བྱེད་པ་མི་འཐད་དེ། སྨན་བླའི་མདོ་ལས་སྦྱིན་སྲེག་སོགས་གསུངས་པ་མེད་པའི་ཕྱིར། ཞེས་པའི་དོན་ནོ། །མདོ་རང་རྐང་དང་སྔགས་ནི་འགལ་བ་ཡིན་ཏེ། ལྷ་བསྒོམ་སྔགས་བཟླས་ལ་སོགས་པའི་ཆོ་གའི་བྱ་བ་མེད་པའི་ཉམས་ལེན་དེ་མདོ་རང་རྐང་དང་། དེ་ལྟ་བུའི་བྱ་བ་ཡོད་པ་དེ་སྔགས་ལུགས་ཡིན་པའི་ཕྱིར། དེ་སྐད་དུ་རབ་དབྱེ་ལས། མདོ་དང་རྒྱུད་ཀྱི་ཁྱད་པར་ནི། །ཆོག་འི་བྱ་བ་ཡོད་མེད་ཡིན། །ཞེས་སོགས་དང་། ཡི་དམ་ལྷའི་སྒྲུབ་ཐབས་དང་། །སྔགས་ཀྱི་བཟླས་པའི་ཆོ་ག་དང་། །མཆོག་དང་ཐུན་མོང་དངོས་གྲུབ་དང་། །བསྒྲུབ་པའི་ཆོ་ག་ཇི་སྙེད་པ། །མདོ་སྡེ་ཀུན་ལས་གསུངས་པ་མེད། །ཅེས་གསུངས་པ་ཡིན་ནོ། །ཚུལ་འདིས་སྨན་བླའི་མདོ་རང་རྐང་ཡིན་པ་ཡང་ཤེས་ཏེ། མདོ་རང་རྐང་ལ་ལྷ་བསྒོམ་སོགས་བཤད་པ་མེད་ལ། སྨན་བླའི་མདོ་ལས་ཡི་དམ་གྱི་ལྷ་སྐུ་མདོག་སྔོན་པོར་བསྒོམ་པ་ལ་སོགས་པ་གསུངས་པའི་ཕྱིར། འོན་ཀྱང་རོ་སྲེག་དང་བདུན་ཚིགས་སོགས་ནི་གཙོ་བོར་རྣལ་འབྱོར་རྒྱུད་ལ་སོགས་པ་རྒྱུད་སྡེ་གོང་མའི་རྗེས་སུ་འབྲང་བའི་གསང་སྔགས་པ་ལ་གྲགས་པ་ཡིན་གྱི། སྨན་བླ་ལ་བརྟེན་ནས་རོ་སྲེག་དང་། བྱང་བུ་བསྲེག་པ་སོགས་མི་མཛད་པ་ནི་འཛམ་དབྱངས་ས་སྐྱ་པའི་དགོངས་པ་ཡིན་ཏེ༑ གཞན་ཡང་སྦྱིན་སྲེག་རོ་སྲེག་དང་། །ཞེས་སོགས་སྔར་དྲངས་པ་དེའི་འགྲེལ་ལས། འདི་དག་ངན་སོང་སྦྱོང་རྒྱུད་ལ། །སོགས་པའི་རྒྱུད་སྡེ་འགའ་ཞིག་ལས། །གསུངས་པའི་རྗེས་སུ་འབྲངས་པ་ཡི། །གསང་སྔགས་པ་ལ་གྲགས་པ་ཡིན། །ཞེས་གསུངས་པས་སོ། །

བཞི་པ་གཤིན་པོ་རྗེས་འཛིན་ལ་དཔྱད་པ་ལ་གཉིས་ཏེ། འདོད་པ་བརྗོད། དེ་དགག་པའོ། །དང་པོ་ནི། ཁ་ཅིག་ངན་སོང་ཞེས་སོགས་ཏེ། བསྒོམ་སྡེའི་ཡུལ་ན་གནས་པའི་ལག་ལེན་པ་ཁ་ཅིག་གོ། །གཉིས་པ་ནི། ཆོ་ག་མེད་པར་དད་རྗེས་ལེན་པ་ཉེས་དམིགས་ཤིན་ཏུ་ཆེ་སྟེ། མདོ་དཀོན་མཆོག་བརྩེགས་པ་ལས། དད་ཟས་ཟ་བའི་ཉེས་པ་མཐོང་ནས་དགེ་སློང་ལྔ་བརྒྱས་སྡོམ་པ་ཕུལ་བ་ལ། སྟོན་པས་ལེགས་སོ་ཞེས་གསུངས་པ་དང་། གཞན་ཡང་འདུལ་བ་ཚིག་ལེ་ལས། མི་སློབ་པ་རྣམས་དད་རྫས་བདག་པོའི་ཚུལ་གྱིས་ལོངས་སྤྱོད། སློབ་པ་རྣམས་ནི་དད་རྫས་སྦྱིན་པ་ཐམས་ཅད་རང་དབང་གི་ཚུལ་གྱིས་ལོངས་སྤྱོད། གཞི་ཚུལ་ཁྲིམས་ལ་གནས་ནས་བསྒོམ་པ་བསམ་གཏན་དང་། ཀློག་པ་ཐོས་བསམ་གང་རུང་ལ་བརྩོན་པ་དང་ལྡན་པ་ནི་སྟོན་པས་དད་རྫས

རྗེས་སུ་གནང་བའི་ཚུལ་གྱིས་ལོངས་སྤྱོད་པས་ཉེས་པ་མེད། ལེ་ལོའི་དབང་གིས་བསམ་གཏན་དང་ཐོས་བསམ་གང་རུང་ལ་མི་བརྩོན་པ་ནི་དད་རྫས་བུ་ལོན་གྱི་ཚུལ་གྱིས་ལོངས་སྤྱོད་པ་ཡིན་པས། ཉེས་པ་ཤིན་ཏུ་ཆེ་བ་ཡིན་ནོ་ཞེས་གསུངས་པས་སོ། །གཞན་ཡང་ཟླ་བ་སྒྲོན་མའི་མདོ་ལས། དེ་དག་ཁ་ཟས་ཞིམ་པོ་བསོད་པ་དག །རྙེད་ནས་རྣལ་འབྱོར་མི་བརྩོན་ཟ་ཞིང་འཐུང་། །དེ་དག་ལ་ནི་ཟས་དེ་གདུག་པར་འགྱུར། །ཞེས་དང་། སྡོན་གྱི་སྐྱེས་ཆེན་འགའ་ཞིག་གི་ཞལ་སྔ་ནས་ཀྱང་། སྟོང་ཉིད་འཇུ་རྩི་མ་གཏོགས་པ། །དད་རྫས་འཇུ་བ་ངས་མ་མཐོང་། །ཞེས་གསུངས་པ་རྣམས་ཡིད་ལ་བཞག་ནས། དད་རྫས་འཇུ་བར་འདོད་ན་གཞི་ཚུལ་ཁྲིམས་རྣམ་དག་དང་ལྡན་པས་བསམ་གཏན་དང་ཐོས་བསམ་གང་རུང་ལ་བརྩོན་པར་བྱ་སྟེ། ཚུལ་ཁྲིམས་ལ་སྐྱོན་ཆགས་ན་གྲོགས་ཚངས་པར་མཚུངས་པ་རྣམས་དང་ལྷན་ཅིག་ཏུ་གནས་པ་དང་། སྦྱིན་བདག་གི་དད་རྫས་ལེན་པ་ལ་ཡེ་མི་དབང་། ཚུལ་ཁྲིམས་ལ་སྐྱོན་མེད་ཀྱང་ལེ་ལོས་ཐོས་བསམ་དང་སྒོམ་པ་གང་རུང་ལ་མི་བརྩོན་པ་ལ་ནི་དད་རྫས་རྣམས་བུ་ལོན་ཅན་དུ་འགྱུར་བའི་ཕྱིར། ཁྱད་པར་གཤིན་པོ་རྗེས་འཛིན་ནི། ངན་སོང་སྦྱོང་རྒྱུད་དང་། མི་འཁྲུགས་པ་དང་། བདེ་ཀྱེ་སོགས་ལས་གསུངས་པའི་ཆོ་ག་ཚུལ་བཞིན་དུ་བྱ་བར་རྒྱུད་དེ་དང་དེ་ལས་གསུངས་པ་ཡིན་ཏེ། ཆོ་ག་དེ་ལྟ་བུས་རང་གཞན་ལ་ཕན་ཐོགས་ཤིང་། གཤིན་གྱི་དོན་དུ་ཕུལ་བའི་དད་རྫས་ཀྱང་འཇུ་ནུས་པའི་ཕྱིར་རོ། །རྒྱུ་མཚན་དེའི་ཕྱིར་ན་གཤིན་པོ་རྗེས་འཛིན་འདི་ལ་གཟབ་པར་བྱ་སྟེ། རང་བཟོ་དང་གཟུ་ལུམ་བྱས་ན་རང་གིས་གཞན་ལ་ཕན་མི་ཐོགས་ཤིང་བསྟན་པ་ལ་ཡང་གནོད་པར་འགྱུར་བའི་ཕྱིར། གཤིན་རྫས་ནི་དད་རྫས་ཀྱི་གཙོ་བོ་ཡིན་ཏེ། གཤིན་གྱི་དོན་དུ་དད་པས་བྱིན་པའི་རྫས་ཡིན་པས་སོ། །མདོ་བསྟན་བཙོས་རྣམས་ལས་དད་རྫས་ཙམ་ལས་གཤིན་རྫས་ལོགས་སུ་མི་འཆད་པའི་གནད་ཀྱང་འདི་ཡིན་ནོ། །

ལྷ་པ་ཕྱག་མཆོད་ཀྱི་ཡུལ་ལ་དཔྱད་པ་ནི། སྨན་བླའི་དཀྱིལ་འཁོར་ལ་བཀོད་པའི་ཚངས་སོགས་བཅུ་བདུན་པོ་རྣམས་སངས་རྒྱས་འཇིག་རྟེན་པའི་ཚུལ་བཟུང་བའི་གནད་ཀྱིས་ཕྱག་མཆོད་སྐྱབས་འགྲོ་དང་། འཁོར་གཡོག་བདུན་འབུམ་ཕལ་ཆེ་བ་འཇིག་རྟེན་རང་རྒྱུད་པ་ཡིན་པའི་གནད་ཀྱིས་ཕྱག་མཆོད་སྐྱབས་འགྲོ་མི་བྱེད་པར། ཕྲིན་ལས་ཙམ་ཞིག་འཚོལ་བར་ཞི་འཚོས་མཛད་པའི་མདོ་ཆོག་ཁྱུངས་མ་དེ་ལས་གསུངས་སོ། །དེང་སང་རྫོ་གདན་པ་སོགས་ཁ་ཅིག་དཀྱིལ་འཁོར་ནང་བཀོད་ཀྱི་ཚངས་སོགས་འཇིག་རྟེན་པར་འདོད་པ་སྤྱར་བཀག་ཞིན་ལ། གཙང་ཕྱོགས་ཀྱི་ཆོས་སྡེ་ཕལ་ཆེར་ནི། འཁོར་གཡོག་བདུན་འབུམ་ལ་ཡང་ཕྱག་འཚལ་སྐྱབས་འགྲོ་བྱེད་པ་ནི། སྐྱབས་འགྲོའི་བསླབ་བྱ་ལ་གནོད་པས་ཞི་བ་འཚོའི་ལུགས་མ་ཡིན་ཏེ། བདུན་འབུམ་ཕལ་ཆེ་བ་འཇིག་རྟེན་རང་རྒྱུད་པ་ཡིན་པའི་ཕྱིར། ཚངས་སོགས་བཅུ་བདུན་ནི་རང་རྒྱུད་པ་དེ་དག་འདུལ་བའི་ཆེད་དུ་དེ

དང་མཐུན་པར་འཇིག་རྟེན་པའི་སྐུར་སྟོན་པ་ཡིན་ཏེ། དེ་ནི་སངས་རྒྱས་འཇིག་རྟེན་པའི་སྐུར་སྟོན་པའི་དགོས་པ་ཡིན་པའི་ཕྱིར་རོ། །དེ་བཞིན་དུ་ཉན་རང་བྱང་སེམས་སོགས་ཀྱི་འདུལ་བ་ལ་ཉན་རང་སོགས་ཀྱི་སྐུར་སྟོན་པ་ལ་ཡང་དགོས་པ་འདི་བཞིན་དུ་སྦྱར་བར་བྱའོ། །

དྲུག་པ་ལ་གཉིས་ཏེ། གཟུངས་སྒྲིལ་ཚུལ་ལ་དཔྱད་པ་དང་། འཁོར་ལོའི་སྟེང་འོག་ལ་དཔྱད་པའོ། །དང་པོ་ནི། ངོར་པ་མ་གཏོགས་བུ་སྟོན་དང་ཇོ་ནང་པ་སོགས་སྔགས་པ་ཕལ་ཆེར་གཟུངས་མཐའ་ནས་སྒྲིལ་བ་མཐོང་ངོ་། །འདི་ཡང་མཐའ་མི་དབུས་སུ་འབྱུང་བ་དང་། རྗེ་འབངས་གོ་ལྡོག་པ་སོགས་འབྱུང་བའི་རྟེན་འབྲེལ་དུ་འགྱུར་བས་མི་འཐད་དེ། དེའི་ཚེ་སྔགས་མགོ་ཕྱི་རུ་འབྱུང་ཞིང་སྔགས་མཇུག་རྣམས་དབུས་སུ་འབྱུང་བའི་ཕྱིར། མགོ་ནས་སྒྲིལ་བ་འདི་ནི་སྔགས་མགོ་དབུས་སུ་འབྱུང་བས་ལེགས་པ་ཡིན་ཏེ། རྡོ་རྗེ་ཏྲེ་མོ་ལས། ཡི་གེ་ནི་ཙི་ཡིན་བརྗོད། །ཅེས་སོགས་གསུངས་པ་དང་མཐུན་ཞིང་སྐྱེས་ཆེན་གོང་མའི་ཕྱག་ལེན་ཡང་ཡིན་པའི་ཕྱིར་རོ། །འདི་ལ་ཁ་ཅིག །འོ་ན་ཐང་སྐུ་ཡང་མགོ་ནས་སྒྲིལ་རིགས་པར་འགྱུར་རོ། །ཞེས་སྨྲ་བ་ནི་བླུན་པོའི་རིགས་པ་སྟེ། གཟུངས་ནི་ཡི་གེ་རེ་རེ་ནས་སོ་སོར་གནས་པས་སྔགས་མགོ་དང་སྔགས་མཇུག་དབུས་དང་ཕྱིར་འབྱུང་གི་གོ་རིམ་མ་ལོག་པ་ཞིག་དགོས་ལ། ཐང་སྐུ་ལ་དེ་ལྟར་མི་དགོས་པའི་ཁྱད་པར་མ་ཕྱེད་འདུག་པའི་ཕྱིར་དང་། ཁྱད་པར་གཟུངས་ནི་ལན་ཅིག་སྒྲིལ་བ་དེ་རྟག་ཏུ་གཞུག་དགོས་པ་དང་། ཐང་སྐུ་ནི་གནས་སྐབས་རྒྱུད་མི་ཟ་བ་ཙམ་གྱིས་ཆེད་དུ་སྒྲིལ་བ་ཡིན་པའི་ཁྱད་པར་ལ་ཡང་རྣམ་དཔྱོད་མ་ཞུགས་འདུག་པའི་ཕྱིར་རོ། །

གཉིས་པ་ནི། གནོད་སྦྱིན་ཕོ་མོའི་འཁོར་ལོ་རྟེན་གྱི་ཞབས་སྟོམ་དུ་བྱེད་པ་དཔལ་བོ་གྲུབ་པའི་རྒྱུད་ལས་གསུངས་པ་ཡིན་ཏེ། ཕན་ཡོན་སྦྱིན་བདག་སོགས་ལ་ཟང་ཟིང་གི་དཔལ་འབྱོར་འབྱུང་བས་སོ། །ཚུལ་འདི་ལ་ཁ་ཅིག་སྔགས་མགོ་ནང་བསྟན་བྱས་ནས་འདྲི་བ་ནི། སྔར་དཀྱིལ་འཁོར་གྱི་འཁོར་གྱི་ལྷ་འདྲི་ཚུལ་ལ་མཐའ་དཔྱོད་ཀྱི་ཤུགས་ལས་བཀག་ཟིན་ཏོ། །བུ་སྟོན་སོགས་ལ་ལ། ཕོ་འཁོར་འོག་ཏུ་འདོད་པ་ནི་མི་འཐད་དེ། ཕོ་གཙོ་བོ་ཡིན་ན་གཤིན་རྗེ་གཤེད་དམར་ལྷ་ལྔའི་བྲིས་སྐུ་ས་ལ་བཀྲམ་པ་བཞིན་ཚུལ་དེ་འཐད་ཀྱང་། རྒྱུད་ལས་གནོད་སྦྱིན་མོ་གཙོ་བོར་གསུངས་པའི་ཕྱིར། མོ་གཙོ་བོར་བྱས་པ་དེའི་ཚེ་མོ་འཁོར་འོག་ཏུ་འབྱུང་རིགས་ཏེ། སྒྲོལ་མ་བླ་མེད་ཀྱི་བྲིས་ཐང་ས་ལ་དཀྲམ་པ་བཞིན་ནོ། །རྒྱ་མཚན་དེས་ན་བློས་སློང་གི་ཚེ་མོ་གཙོ་བོ་ནོར་རྒྱུན་མའི་མདུན་རྟེན་གྱི་མདུན་ཕྱོགས་ལ་བསྟན་པ་ཞིག་བྱུང་ན་ལག་ལེན་འཁྲུལ་པ་མེད་པ་ཡིན་ནོ། །དེ་སོགས་འཕྲུལ་གྱི་ལག་ལེན་ཐམས་ཅད་བླ་མ་མཁས་པ་ལ་དྲིས་ནས་དག་པར་བྱ་དགོས་ཏེ། ལག་ལེན་དག་པ་ལས་དཔལ་འབྱོར་ཕུན་ཚོགས་འབྱུང་བའི་ཕྱིར། གསུམ་པ་གྲུབ་དོན་བསྡུས་ཏེ་བསྟན་པ་ནི། ཐེག་པ་རང་རང་གི་ཆོ་

གས་སྡོམ་གསུམ་རིམ་ཅན་དུ་བླངས་སམ་དབང་བསྐུར་གྱི་ཆོ་ག་ལས་གསུམ་ཆར་བླངས་ཀྱང་རུང་། རང་རྒྱུད་ལ་སྡོམ་གསུམ་ཚོགས་པའི་སྒོ་ནས་ལྡན་པར་བྱས་ནས་རྡོ་རྗེ་ཐེག་པའི་ཉམས་ལེན་དུ་གསུམ་ཆར་བསྲུང་བ་ནི་ཆོས་ཅན། སྔགས་ཀྱི་སྡོམ་པ་ཡིན་ཏེ་འབྲས་བུ་ལམ་བྱེད་ཀྱི་ཐབས་ཀྱིས་ཟིན་པའི་སྡོམ་པ་ཡིན་པའི་ཕྱིར་རོ། །རིག་འཛིན་སྡོམ་པའི་སྐབས་ཀྱི་རྣམ་པར་བཤད་པ་བསྟན་ཟིན་ཏོ།། །།

གནས་སྐབས་འབྲས་བུ་བཅུ་ཕྲག་གང་དང་ཟུང་གི་ནི། སྐས་ལས་དལ་འཛོགས་མཐར་ཐུག་པ་ཡི་འོག་མིན་བདག །སྐུ་དང་ཡེ་ཤེས་གྲུབ་པའི་དངོས་གཅིག་བདེ་ཆེན་ལོངས་སྤྱོད་རྫོགས་པའི་སྐུ། །ཁྱབ་བདག་དཔལ་ལྡན་རྡོ་རྗེ་སེམས་དཔའ་བླ་མ་དབྱེར་མེད་ཞབས་ལ་འདུད། །གསུམ་པ་འབྲས་བུའི་སྐབས་ལ་བཞི་སྟེ། འབྲས་བུ་འགྲུབ་ཚུལ་སྤྱིར་བསྟན། ལོག་རྟོག་དགག་པ་བྱེ་བྲག་ཏུ་བཤད། འབྲས་བུའི་ངོ་བོ་རྣམ་པར་གཞག་པ༑ གཞན་གྱི་དོན་བསྡུས་ཏེ་བསྟན་པའོ། །དང་པོ་ལ་གཉིས་ཏེ། མཚམས་སྦྱར་བ་དང་། དོན་དངོས་བཤད་པའོ། །དང་པོ་ནི། གོང་དུ་བཤད་པ་དེ་ལྟར་སྡོམ་པ་གསུམ་དང་ལྡན་པ་ཡིས་རིམ་གཉིས་བསྒོམ་ན་འབྲས་བུ་མྱུར་དུ་འགྲུབ་པ་ཡིན་ཏེ། རབ་ཚེ་འདི་འམ། འབྲིང་བར་དོ་སོགས་སུ་ཐམས་ཅད་མཁྱེན་པའི་གོ་འཕང་འགྲུབ་པའི་ཕྱིར་རོ། །གཉིས་པ་ནི། སོ་སོ་སྐྱེ་བོའི་རྟེན་ལ་དབང་དང་རིམ་གཉིས་བསྒོམས་པས་མཐོང་བྱེད་དཔེའི་ཡེ་ཤེས་སྐྱེ། མཐོང་བྱེད་དེ་ལ་བརྟེན་ནས་མཐོང་བྱ་དོན་གྱི་ཡེ་ཤེས་སྐྱེས་པ་ན་འཕགས་པའི་ས་ཐོབ་པར་འཇོག་པ་ཡིན་ནོ། །བླ་མེད་འཕགས་པའི་ས་དེ་ལ་བརྟག་གཉིས་ལས་གནས་དང་ཉེ་གནས་ལ་སོགས་པ་བཅུ་གཉིས་གསུངས་པ་ནི་སློབ་ལམ་གྱི་དབྱེ་བ་ཡིན་ཏེ། བཅུ་གཉིས་པོ་དེ་དག་བྱང་ཆུབ་སེམས་དཔའི་ས་ཡིན་པའི་ཕྱིར། སློབ་པའི་ས་བཅུ་གཉིས་སུ་བྱེད་པ་དེའི་ཚེ་ཕྱིའི་ཡུལ་པུ་ལླི་ར་མ་ལ་ཡ་དང་། ནང་གི་ཡུལ་སྤྱི་བོ་ལ་སོགས་པ་སུམ་ཅུ་རྩ་གཉིས་ཀྱི་མཁའ་འགྲོ་རྣམས་དབང་དུ་འདུས་པ་ལས་སློབ་པའི་ས་བཅུ་གཉིས་འགྲུབ་པ་ཡིན་ཏེ། ཕྱི་ནང་གི་ཡུལ་བཞི་བཞི་བགྲོད་པ་ལས་གནས་དང་ཉེ་གནས་ཀྱི་ས་གཉིས་དང་། ཡུལ་གཉིས་གཉིས་བགྲོད་པ་ལས་ཞིང་ལ་སོགས་པའི་ས་བར་པ་བརྒྱད་ཐོབ། ཡང་ཕྱི་ནང་གི་ཡུལ་ཆེན་བཞི་བཞི་བགྲོད་པ་ལས་ས་བཅུ་གཅིག་པ་དང་བཅུ་གཉིས་པ་ཐོབ་པ་ཡིན་པའི་ཕྱིར་ཏེ། བརྟག་གཉིས་ལས། ཀྱེ་བཅོམ་ལྡན་འདས་གནས་ལ་སོགས་པ་གང་ལགས། བཅོམ་ལྡན་འདས་ཀྱིས་བཀའ་སྩལ་པ། གནས་ནི་ཛཱ་ལནྡྷ་རར་བཤད། །ཅེས་པ་ནས། སྐྱེད་ཚལ་རྣ་བའི་རྫིང་བུའི་འགྲམ། །ཉེ་བའི་དུར་ཁྲོད་བརྗོད་པར་བྱ། །ཞེས་གསུངས་པའི་ཕྱིར། རྒྱུད་ཚིག་འདི་ལ་འབྲུགས་བསྙེབས་ནས་ཡུལ་སོ་གཉིས་ཀྱི་ངོས་འཛིན་འཕགས་མཆན་ལྟར་རམ། ཡང་ན་རྩ་རྒྱུད་དང་སཾ་བུ་ཊའི་བརྟག་པ་དྲུག་པ་གཉིས་བསྲེས་ནས་འཆད་པ་ཐུན་མོང་མ་ཡིན་པའི་ལུགས་ཡིན་ཏེ། བདག་མེད་བསྟོད་

པར། ས་དང་ལྷ་སྒྱུར་བའི་རིམ་པ་ཡང་རྒྱ་བཤད་བསྒྲེས་པའི་དབང་དུ་བྱས་པས་སོ། །བདེ་མཆོག་ཉུང་ངུ་སྟེ་རྩ་རྒྱུད་དང་། ཁ་སྦྱོར་གཉིས་ལས་ཕ་རོལ་ཏུ་ཕྱིན་པ་དང་སྒོ་བསྟུན་པའི་ཆེད་གནས་ནས་ཉེ་བའི་དུར་ཁྲོད་ཀྱི་བར་ལ་ཡུལ་ཉི་ཤུ་རྩ་བཞི་ཡོད་པ་ས་བཅུ་བགྲོད་པར་བྱེད་པའི་ཡུལ་ཆེན་དུ་བསྡུས་པ་ཡིན་ཏེ། གནས་ནི་རབ་ཏུ་དགའ་བའི་ས། །དེ་བཞིན་ཉེ་གནས་དྲི་མ་མེད། །ཞིང་ནི་འོད་བྱེད་པ་ཞེས་བྱ། །ཉེ་བའི་ཞིང་ནི་འོད་འཕྲོ་ཅན། །ཚནྡོ་མངོན་དུ་གྱུར་པ་སྟེ། །ཉེ་བའི་ཚནྡོ་སྦྱང་དཀའ་བ། །འདུ་བ་རིང་དུ་སོང་བ་སྟེ། །ཉེ་བའི་འདུ་བ་མི་གཡོ་བ། །དུར་ཁྲོད་ལེགས་པའི་བློ་གྲོས་ཏེ། །ཉེ་བའི་དུར་ཁྲོད་ཆོས་ཀྱི་སྤྲིན། །ཕ་རོལ་ཕྱིན་བཅུའི་ས་རྣམས་ལ། །རྣལ་འབྱོར་མ་ཡི་ཀླ་ཀློའི་སྐད། །ཅེས་གསུངས་པའི་ཕྱིར། རྒྱུད་འདི་ལ་འང་བཅུ་གཅིག་པ་དཔེ་མེད་ཀྱི་ས་དང་། བཅུ་གཉིས་པ་ཡེ་ཤེས་ཆེན་པོའི་ས་གཉིས་བསྣན་པར་བཤད་དེ། འགྲེལ་པ་ཀུ་མུ་ཏིར་ཨ་ཧྲི་ཧྣ་ནའི་ལུང་དྲངས་པ་ལས། འཐུང་གཅོད་དཔེ་མེད་ཡེ་ཤེས་ཏེ། །ཉེ་བའི་འཐུང་གཅོད་ཡེ་ཤེས་ཆེ། །ཞེས་གསུངས་པའི་ཕྱིར། རྒྱུ་མཚན་དེའི་ཕྱིར་ན་སློབ་པའི་ས་ལ་བཅུ་གཉིས་སུ་བྱེད་པ་ཀྱེ་རྡོར་དང་བདེ་མཆོག་གཉིས་ཀ་དགོངས་པ་མཐུན་པ་ཡིན་ནོ། །ལུས་ཅན་སྙིང་གི་དབུས་སུ་ནི། །རྩ་རྣམས་ལྔ་ནི་ཡང་དག་གནས། །ཞེས་པ་ལྟར་གྱི་སྤྲས་པའི་རྩ་ལྔའི་རླུང་སེམས་དབུ་མར་ཞུགས་པ་དང་། ཕྱིའི་གླིང་བཞི་རི་རབ་དང་ལྔའི་མཁའ་འགྲོ་དབང་དུ་འདུས་པ་ལས་འབྲས་བུ་ས་བཅུ་གསུམ་པ་སྐྱེད་པ་ཡིན་ཏེ། རྒྱུད་གཞན་ལས། རྡོ་རྗེའི་ས་ནི་བཅུ་གསུམ་པ། །ཞེས་དང་། རྒྱུད་ཀྱི་བསྡུས་པ་བདག་མེད་བསྟོད་པ་ལས། སྤྲས་པའི་རྩ་ལྔ་བདུད་བྲལ་ཆ་དང་བཅས། །སྙིང་གའི་དབུས་གནས་གཙུག་ཏོར་མཆོག་ཏུ་ཐིམ། །འཕགས་པའི་ལམ་ལྔ་དྲུག་པའི་ཆ་ཡི་དངོས། །རྡོ་རྗེ་འཛིན་ས་བཅུ་གསུམ་པར་ཕྱག་འཚལ། །ཞེས་གསུངས་པས་སོ། །ཡུལ་ཆེན་ལྷག་མ་ལྔའི་ངོས་འཛིན་ལ། པཎ་ཆེན་ཤཱཀྱའི་མཚན་ཅན་གྱིས། འདུ་བ་དང་ཉེ་བའི་འདུ་བ་གཉིས་ལ་གནས་གཉིས་གཉིས་ཏེ་བཞི་དང་། མི་སློབ་པའི་གནས་རྡོ་རྗེ་གདན་དང་ལྔ་ལ་བྱེད་གསུངས་པ་ནི་བརྟག་གཉིས་འཕགས་མཚན་ཙམ་ལ་ཡང་རྣམ་དཔྱོད་ཀྱི་སྤྱན་ཟུར་མ་ལྟུང་བའི་རྣམ་འགྱུར་དུ་སྣང་སྟེ། འདུ་བ་དང་ཉེ་བའི་འདུ་བའི་གཞི་ནི་སྔར་གྱི་སོ་གཉིས་པོའི་ནང་དུ་བགྲངས་ཚར་བས་སོ། །རིགས་པས་ཀྱང་གནོད་དེ། འོན་འདུ་བ་དང་ཉེ་བའི་འདུ་བའི་ས་གཉིས་པོ་དེ་ས་བཅུ་གསུམ་པ་ཡིན་པར་ཐལ། དེ་གཉིས་ཀྱི་གནས་བཞི་པོ་དེས་བཅུ་གསུམ་པ་བགྲོད་བྱེད་ཀྱི་ཡུལ་ཆེན་ལྔའི་ནང་ཚན་ཡིན་པའི་ཕྱིར། ལན་གྱིས་ལྡོག་པར་མི་ནུས་སོ། །

གཉིས་པ་འཁྲུལ་པ་དགག་པ་ལ་གཉིས་ཏེ། སྤྲས་པའི་ས་གཉིས་བཅུ་པར་འདུས་པ་དགག །མཐར་ཐུག་འབྲས་བུའི་མཚན་གཞི་ལ་འཁྲུལ་པ་དགག་པའོ། །དང་པོ་ལ་གཉིས་ཏེ། ཕྱོགས་སྔ་བརྗོད། དེ་དགག

པའོ། །དང་པོ་ནི། འདི་ལ་ཁ་ཅིག་ཅེས་སོགས་རྐང་པ་བཞི་སྟེ། ཆོས་རྗེ་ཅོང་ཁ་པ་དང་། རང་ལུགས་ཀྱི་བླ་མ་ཁ་ཅིག་གི་བཞེད་པའོ། །གཉིས་པ་ལ་གཉིས་ཏེ། རྫོགས་རིམ་གྱི་རླུང་སེམས་ཐིམ་ཚུལ་དང་འགལ་བ། བསྐྱེད་རིམ་གྱི་ལྷ་བསྒོམ་ཚུལ་དང་འགལ་བའོ། །དང་པོ་ནི། ཕྱི་རོལ་གྱི་ཡུལ་སོ་བདུན་གྱི་མཁའ་འགྲོ་དབང་དུ་འདུས་པ་དང་། སྤྱི་བོ་ལ་སོགས་པ་ནང་གི་གནས་སོ་བདུན་གྱི་རླུང་སེམས་དབུ་མར་འདུས་པ་ལས་ས་བཅུ་གསུམ་འགྲུབ་པའི་རྣམ་གཞག་བླ་མེད་ཀྱི་རྒྱུད་ལས་གསུངས་པས། ས་བཅུ་གསུམ་ཁས་ལེན་པའི་ཚེ་སློབ་པའི་ས་ལྷག་མ་གཉིས་བཅུ་པར་ཇི་ལྟར་འདུས་ཏེ་མ་འདུས་པར་ཐལ། སློབ་པའི་ས་ལ་བཅུ་གཉིས་སུ་གྲངས་ངེས་པའི་ཕྱིར། བླ་མེད་ཀྱི་ས་ལམ་གྱི་རྣམ་གཞག་མི་བྱེད་ན་ས་བཅུ་གསུམ་པའི་ཐ་སྙད་ཀྱང་མེད་ཅིང་། དེའི་ཚེ་སློབ་པའི་ས་ལ་བཅུ་གཉིས་སུ་དབྱེ་བ་དང་ལྷག་མ་གཉིས་བཅུ་པར་བསྡུ་བ་དོན་མེད་དེ། སློབ་པའི་ས་ལ་བཅུ་གཉིས་སུ་དབྱེ་བ་དང་མི་སློབ་པའི་ས་ལ་བཅུ་གསུམ་པར་འཇོག་པ་ནི་བླ་མེད་ཀྱི་ཁྱད་ཆོས་ཡིན་པས་སོ། །སྐྱོན་གཞན་ཡང་དཔེ་མེད་ཀྱི་ས་དང་། ཡེ་ཤེས་ལྡན་གྱི་ས་གཉིས་པོ་ཆོས་ཀྱི་སྤྲིན་དུ་མི་འདུས་ན། འཐུང་གཅོད་དང་ཉེ་བའི་འཐུང་གཅོད་ཀྱི་ས་གཉིས་པོ་བཅུ་པར་ཇི་ལྟར་འདུས་ཏེ་མི་འདུས་ལ། གལ་ཏེ་འདུས་ན་འཐུང་གཅོད་དང་ཉེ་བའི་འཐུང་གཅོད་གཉིས་ལས་ཕྱེ་བའི་ཕྱི་ནང་གི་ཡུལ་ཆེན་བརྒྱད་པོ་ཉེ་བའི་དུར་ཁྲོད་དུ་འདུས་པར་འགྱུར་ཏེ། ས་གཉིས་པོ་དེ་ཉེ་བའི་དུར་ཁྲོད་ཀྱི་སར་འདུས་པའི་ཕྱིར། ས་དགུ་པ་དང་བཅུ་པ་གཉིས་ཀྱང་བརྒྱད་པར་འདུས་པར་ཐལ། བཅུ་གཅིག་པ་དང་བཅུ་གཉིས་པ་གཉིས་པོ་བཅུ་པར་འདུས་པའི་ཕྱིར། ཆོས་མཐུན་གྱི་ལན་ཇི་ལྟར་འདེབས་སོམས་ཤིག །ཕ་རོལ་ཏུ་ཕྱིན་པ་སློབ་ལམ་ས་བཅུ་ལས་ལྷག་པ་མེད་པར་འདོད་པ་བླ་མེད་པ་སློབ་ལམ་ས་བཅུ་གཉིས་སུ་བྱེད་པ་ལ་གནོད་མི་ནུས་ཏེ། གལ་ཏེ་ནུས་ན་ཕ་རོལ་ཏུ་ཕྱིན་པ་རང་ལ་ཡང་བྱེ་བྲག་ཏུ་སྨྲ་བ་བྱང་ཆུབ་སེམས་དཔའི་ས་བཅུ་མེད་པར་འདོད་པས། སེམས་ཙམ་པ་དང་དབུ་མ་པས་ས་བཅུ་ཁས་ལེན་པ་ལ་གནོད་པར་འགྱུར་རོ། །

གཉིས་པ་བསྐྱེད་རིམ་བསྒོམ་ཚུལ་དང་འགལ་བ་ནི། ས་ལྷག་མ་གཉིས་བཅུ་པར་ཇི་ལྟར་འདུས་ཏེ་མི་འདུས་པར་ཐལ། བདག་མེད་བསྟོད་པར་ས་དང་ལྷ་སྦྱར་བའི་ཚེ་ནང་གི་འཕར་མའི་སྙིང་འོག་ལྷ་མོ་ས་སྤྱོད་མ་དང་མཁའ་སྤྱོད་མ། དབུས་ཀྱི་གཙོ་མོ་བདག་མེད་མ་དང་གསུམ་ས་བཅུ་པ་ལ་གནས་པའི་ཚུལ་བཟུང་བའི་ལྷ་མོ་ཕྱཱཀྐ་ནི་རུ་མི་འདུས་པའི་ཕྱིར། གལ་ཏེ་འདུས་ན་ལྷ་མོ་བཅོ་ལྔའི་གྲངས་ངེས་ཉམས་སོ། །ས་ལམ་དང་ལྷ་དེ་ལྟར་མི་སྦྱོར་ན་རྒྱུད་དང་འགལ་ཏེ། བརྟག་པ་དང་པོའི་རྡོ་རྗེའི་རིགས་ཀྱི་ལེའུ་ལས་མི་ཕྱེད་མ་ལ་སོགས་པའི་རྩ་སོ་གཉིས་གསུངས་པ་ལྷ་དང་སྦྱོར་ན། བརྟག་པ་ཕྱི་མར། རྩ་ནི་གཉིས་གཉིས་རྣལ་འབྱོར་མ། །ཞེས་སོགས།

སྦྱང་གཞི་རྩ་དང་སྦྱོང་བྱེད་ལྷ་སྦྱར་བའི་ཚུལ་གསུངས་པ་དང་དོན་གྱིས་འགལ་བའི་ཕྱིར་ཏེ། སྦྱང་གཞི་རྩ་དང་ལྷ་མོ་སྦྱར་བའི་ཤུགས་ལས་ས་ལམ་དང་ལྷ་མོ་སྦྱར་བ་ཡང་བླ་མའི་མན་ངག་གིས་ཤེས་ནུས་པའི་ཕྱིར། གཞན་ཡང་འཁོར་ལོ་སྡོམ་པའི་བདེ་ཆེན་འཁོར་ལོའི་ལྷ་ལྔ་ས་བཅུ་གསུམ་པ་ལ་གནས་པའི་ཚུལ་བཟུང་བ་དང་། དམ་ཚིག་འཁོར་ལོའི་ལྷ་བརྒྱད་ས་བཅུ་གཅིག་པ་དང་བཅུ་གཉིས་པ་ལ་གནས་པའི་ཚུལ་བཟུང་བ་རྣམས་སྐུ་འཁོར་གྱི་ལྷ་ས་བཅུ་པ་ལ་གནས་པའི་ཚུལ་བཟུང་བ་རྣམས་སུ་འདུས་སམ་མི་འདུས་དཔྱད་པའི་རིགས་པ་སྔར་བཞིན་མཚུངས་ཏེ། དམ་ཚིག་འཁོར་ལོའི་ལྷ་སྐུ་འཁོར་དུ་མི་འདུས་ན་ལྷག་མ་གཉིས་པོ་ཡང་བཅུ་པར་མི་འདུས་པར་མཚུངས་པའི་ཕྱིར། མདོར་ན། ས་ལམ་གྱི་རྣམ་གཞག་ལ་ཕ་རོལ་ཏུ་ཕྱིན་པའི་ལུགས་བྱེད་ན་ས་བཅུ་གསུམ་པའི་ཐ་སྙད་མེད་ཅིང་། བླ་མེད་ཀྱི་ལུགས་བཞིན་བྱེད་ན་ས་བཅུ་གསུམ་ཁས་ལེན་དགོས་པས། ཕ་རོལ་ཏུ་ཕྱིན་པའི་ལུགས་ཁོ་ན་དང་མཐུན་པར་མི་བྱ་སྟེ། དེ་ལ་མངོན་ཞེན་ཆེས་པའི་དབང་གིས་ངེས་པར་མཐུན་པར་བྱས་ན་བླ་མེད་ཀྱི་ས་ལམ་འཆོལ་བར་འགྱུར་བའི་ཕྱིར། གནས་ནི་རབ་ཏུ་དགའ་བའི་ས། །ཞེས་སོགས་ཕ་རོལ་ཏུ་ཕྱིན་པ་དང་སྒོ་བསྟུན་པའི་རྣམ་གཞག་གསུངས་པ་ཡང་ཕ་རོལ་ཕྱིན་པ་ལ་མངོན་ཞེན་ཅན་རྣམས་བླ་མེད་ལ་ཁ་དྲང་བའི་ཕྱིར་གསུངས་པ་ཡིན་ཏེ། དོན་ལ་གནས་ལ། ས་དང་པོ་རབ་ཏུ་དགའ་བ་ནི་འབྲས་བུ་ལམ་བྱེད་ཀྱི་ཐབས་ཀྱིས་མ་ཟིན་པ་དང་། གནས་ཀྱི་ས་ནི་ལམ་བྱེད་ཀྱིས་ཟིན་པས་དེ་གཉིས་འགལ་བའི་ཕྱིར་རོ། །དཔལ་ལྡན་ཟླ་བས། མདོ་སོགས་ལ་ནི་རབ་ཞུགས་པའི། །ཞེས་སོགས་གསུངས་པ་ཡང་ཚུལ་འདི་འདྲའི་རིགས་ཅན་ལ་དགོངས་པ་ཡིན་ཏེ། སྔར་ཡུན་རིང་མོར་མདོ་ལམ་དུ་ཞུགས་པའི་སོ་སྐྱེ་སླར་སྔགས་ལམ་དུ་ཞུགས་པ་ན་སྔར་གྱི་དེ་དོན་མེད་པར་སོང་སྙམ་པའི་འགྱོད་པ་སྐྱེས་པ་ལ། དེ་བཟློག་པའི་ཕྱིར་ཕ་རོལ་ཏུ་ཕྱིན་པ་དང་སྒོ་བསྟུན་གྱི་རྣམ་གཞག་གསུངས་པས་སོ། །

གཉིས་པ་མཐར་ཐུག་འབྲས་བུའི་མཚན་གཞི་ལ་འཁྲུལ་པ་དགག་པ་ལ་གཉིས་ཏེ། ཕྱོགས་སྔ་བརྗོད། དེ་དགག་པའོ། །དང་པོ་ནི། ཁ་ཅིག་ཕ་རོལ་ཞེས་སོགས་རྐང་པ་ལྔ་སྟེ། བླ་མེད་ཀྱི་ས་བཅུ་གསུམ་པ་བསྒྲུབ་པར་འདོད་ཀྱང་སྒྲུབ་བྱེད་ཐལ་ཆེས་པའི་རང་ཕྱོགས་པ་ཁ་ཅིག་གི་བཞེད་པའོ། །གཉིས་པ་ནི། ལུགས་འདི་ཡང་ཕ་རོལ་ཏུ་ཕྱིན་པ་ལས་སངས་རྒྱས་ཀྱི་ས་བཅུ་གཅིག་པར་བཤད་པ་ལ་འཁྲུལ་ནས། གྲངས་དང་མཚན་གཞི་ནོར་བར་ཟད་པ་ཡིན་ཏེ། ཕ་རོལ་ཏུ་ཕྱིན་པ་ལ་ས་བཅུ་གཅིག་ཏུ་གྲངས་ངེས་པས་ས་བཅུ་གཅིག་པ་སངས་རྒྱས་ཀྱི་མཚན་གཞིར་འདོད། བླ་མེད་ལ་ས་བཅུ་གསུམ་དུ་གྲངས་ངེས་པས་ས་བཅུ་གསུམ་པ་སངས་རྒྱས་ཀྱི་མཚན་གཞིར་འདོད་པའི་ཁྱད་པར་མ་ཕྱེད་འདུག་པའི་ཕྱིར་དང་། མདོ་སྔགས་གཉིས་མཚན་གཞི་ལ་མི་མཐུན་ཀྱང་

སྤྲངས་རྟོགས་མཐར་ཕྱུག་བརྙེས་པ་ཞིག་ལ་སངས་རྒྱས་སུ་འཇོག་པས་མཚན་ཉིད་ལ་མཐུན་དགོས་པའི་ཕྱིར། གྲངས་དང་མཚན་གཞི་ནོར་བར་ཟད་ཅེས་པའི་གཞུང་འདི་གོ་དཀའ་བ་ཙམ་འདུག་པས་ད་དུང་དཔྱོད་ལྡན་དག་གིས་དཔྱོད་ཅིག །རང་ལུགས་ནི་ཕར་ཕྱིན་ཐེག་པ་ནས་བཤད་པའི་སྐུ་གསུམ་ཡེ་ཤེས་བཞི་པོ་དེ་སངས་རྒྱས་ཀྱི་སྐུ་དང་ཡེ་ཤེས་མཚན་ཉིད་པ་ཡིན་ཏེ། བྱེ་སྨྲའི་གཞུང་ལུགས་ནས་བླ་མེད་ཀྱི་བར་དུ་འབྲས་བུའི་རྣམ་གཞག་སྐུ་དང་ཡེ་ཤེས་གང་བཤད་པ་རྣམས་རང་རང་གདུལ་བྱའི་བློ་ཉིད་ལ་འཚམས་པའི་ཡོན་ཏན་གྱི་ཕྱོགས་ཆ་སྟོན་པ་མ་གཏོགས་མཐར་ཕྱུག་གི་འབྲས་བུར་མཚོན་པས་སོ། །དཔེར་ན་ཤཱཀྱ་ཐུབ་པའི་ཡོན་ཏན་ལ་བྱེ་སྨྲའི་གཞུང་ལུགས་ནས་དབུ་མའི་བར་དུ་སྟོན་གནས་མཁྱེན་པ་དང་། མངོན་ཤེས་དང་། སོ་སོ་ཡང་དག་པར་རིག་པ་བཞི་དང་། སྟོབས་བཅུ་ལ་སོགས་པ་གང་བཤད་པ་རྣམས་སངས་རྒྱས་ཀྱི་ཡོན་ཏན་མཚན་ཉིད་པར་མཚོན་པ་བཞིན་នོ། །གལ་ཏེ་གཞུང་ལུགས་དེ་དང་དེར་འབྲས་བུར་བཤད་པ་རྣམས་དེའི་ལམ་རང་རྐང་ལ་བརྟེན་ནས་ཐོབ་དགོས་པས་མི་འཐད་དོ་ཞེ་ན། དེ་ནི་ངེས་པ་མེད་དེ་གཞན་དུ་ན་སེམས་ཙམ་པའི་གཞུང་མདོ་སྡེ་རྒྱན་ནས་བཤད་པའི་འབྲས་བུ་སྐུ་གསུམ་ཡེ་ཤེས་བཞི་པོ་དེ་ནི་སེམས་ཅན་གྱི་གནས་སྐབས་དང་། སངས་རྒྱས་ཀྱི་གནས་སྐབས་གང་ན་ཡོད་དཔྱད་ནས་མཚམས་འཛིན་དཀའ་བའི་ཕྱིར་རོ། །

འདིར་དཔྱད་དགོས་པའི་དོགས་པ་ནི། ཕར་ཕྱིན་ཐེག་པ་ནས་བཤད་པའི་སངས་རྒྱས་མཚན་ཉིད་པ་ཡིན་ན་ས་བཅུ་གཅིག་པ་ཡང་སངས་རྒྱས་སུ་འགྱུར་ཏེ། དེ་ཕར་ཕྱིན་ཐེག་པ་ནས་བཤད་པའི་སངས་རྒྱས་ཡིན་པའི་ཕྱིར། མ་གྲུབ་ན་དེར་ཐལ། དེ་ཕར་ཕྱིན་ཐེག་པ་ནས་སངས་རྒྱས་སུ་བཤད་པའི་ཕྱིར་དང་། དེ་ཕར་ཕྱིན་ཐེག་པ་བས་སངས་རྒྱས་སུ་འདོད་པའི་ཕྱིར་རོ་སྙམ་ན། ཁོ་བོ་ནི་འདིར་ཁྱབ་པ་མ་ངེས་ཏེ། ཕར་ཕྱིན་ཐེག་པ་ནས་བཤད་པའི་སངས་རྒྱས་ནི་ཕར་ཕྱིན་ཐེག་པ་ནས་བཤད་པ་དང་སངས་རྒྱས་ཀྱི་གཞི་མཐུན་ལ་འཇོག་པས་སངས་རྒྱས་མཚན་ཉིད་པ་ཡིན་ལ། དེ་ནས་སངས་རྒྱས་སུ་བཤད་པ་ནི་མདོ་སྔགས་གཉིས་མཚན་གཞི་འཛིན་ཚུལ་མི་འདྲ་བའི་དབང་གིས་སངས་རྒྱས་མཚན་ཉིད་པ་ཡིན་པའི་ངེས་པ་མེད་པའི་ཕྱིར་རོ། །འོན་ཀྱང་ཕར་ཕྱིན་ཐེག་པ་ནས་སངས་རྒྱས་སུ་བཤད་ན་སངས་རྒྱས་མ་ཡིན་པས་ཁྱབ་མཐའ་ནི་མི་འཛིན་ཏེ། ཤཱཀ་ཐུབ་ཀྱིས་མ་ངེས་པའི་ཕྱིར་རོ། །ས་བཅུ་གཅིག་པ་སངས་རྒྱས་ཀྱི་མཚན་གཞིར་འདོད་ཀྱང་། ཕར་ཕྱིན་རང་རྐང་གི་ལམ་ལ་བརྟེན་ནས་ས་བཅུ་པ་མན་ཆད་ན་བགྲོད་པ་ཡོད་ཀྱི། ས་བཅུ་གཅིག་པ་བགྲོད་པ་ནི་མེད་དེ། ས་ལྷག་མ་གསུམ་བླ་མེད་ཀྱི་ལམ་ཁོ་ན་ལ་བརྟེན་ནས་བགྲོད་དགོས་པ་རྒྱུད་ཀྱི་དགོངས་པ་ཡིན་པའི་ཕྱིར་དང་། ས་ཆེན་གྱི་ལམ་འབྲུག་ལྡོག་གི་ཡིག་ཆུང་ལས་ཀྱང་། ཁ་ཅིག་ས་བཅུ་མན་ཆད་ཕ་རོལ་ཏུ་ཕྱིན་པའི་ཐེག་པས་ལམ་བགྲོད་ནས།

དེ་ནས་རྡོ་རྗེ་ཐེག་པ་ལ་ཞུགས་ཏེ། སྔགས་པའི་ས་གཉིས་དང་། ཕར་ཕྱིན་གྱིས་ཕྱེད་བགྲོད་ནས་རྡོ་རྗེ་འཛིན་པའི་ས་སྟོན་དུ་བྱེད་པ་ཡང་ཡོད་དོ་ཞེས་གསུངས་པས་སོ། །རྫོང་ཕྱོགས་པ་རྣམས་ཕར་ཕྱིན་ཐེག་པ་ལ་བརྟེན་ནས་ས་དང་པོ་ཙམ་ཡང་བགྲོད་པ་མེད་ཅེས་སྨྲ་བ་ཡང་ལུང་འདིས་ཁེགས་པ་ཡིན་ནོ། །དེང་སང་ཁ་ཅིག་ཕར་ཕྱིན་རང་རྐང་ལ་བརྟེན་ནས་ས་བཅུ་པ་མན་ཆད་བགྲོད་པ་ཡང་སྔགས་ལམ་དུ་འཇུག་པའི་ཚེ་སྔགས་ཀྱི་ཚོགས་སྦྱོར་ལ་ངེས་པར་འཇུག་དགོས་ཏེ། བླ་མེད་ཀྱི་མཐོང་ལམ་ཡིན་ན། བླ་མེད་ཀྱི་ཚོགས་སྦྱོར་སྔོན་སོང་ཡིན་པས་ཁྱབ་པའི་ཕྱིར་གསུང་པ་ནི་གཏན་ཚིགས་ཀུང་མ་གྲུབ་ཅིང་མི་འཐད་དེ། སྦྱོར་ལམ་ཆོས་མཆོག་མན་ཆད་ཕ་རོལ་ཏུ་ཕྱིན་པས་བགྲོད་ཟིན་པས་སྔགས་ལམ་དུ་འཇུག་པ་ན་ཡང་། ཚོགས་སྦྱོར་སྔར་གྱི་དེ་ཀས་གོ་ཆོད་པས་ད་སྔགས་ལམ་ལས་དང་པོ་ནས་འཇུག་པ་ཡིན་པའི་ཕྱིར། ལམ་འཇུག་ལྷོག་ལས། ཁ་ཅིག་འཇིག་རྟེན་པའི་ལམ་མན་ཆད་དུ་ཕ་རོལ་ཏུ་ཕྱིན་པའི་ཐེག་པའི་ལམ་བགྲོད་ནས། དེ་ནས་རྡོ་རྗེ་ཐེག་པའི་ལམ་ལ་ཞུགས་ཏེ་ས་དང་པོ་ཡན་ཆད་རྡོ་རྗེ་ཐེག་པའི་ལམ་གྱིས་བགྲོད་པ་ཡང་ཡོད་དོ། །ཞེས་གསུངས་པ་དེ་ཁས་ལེན་རིགས་པའི་ཕྱིར། ས་ལྷག་མ་གསུམ་པོ་འདི་ལ་མན་ངག་ལྟར་ན་སྔགས་པའི་ས་གསུམ་ཟེར་ཏེ། བཅུ་གཅིག་པ་ནི་ཕ་རོལ་ཏུ་ཕྱིན་པ་ལ་མིང་ཙམ་གྲགས་ཀྱང་དོན་མ་བཤད་པས་མིང་མ་སྨྲས་ལ་དོན་སྨྲས་པའི་ས་དང་། བཅུ་གཉིས་པ་ནི་ཕ་རོལ་ཏུ་ཕྱིན་པ་ལ་མིང་དོན་གཉིས་ཀ་མ་གྲགས་པས་གཉིས་ཀ་སྨྲས་པའི་ས་དང་། བཅུ་གསུམ་པ་ནི། དོན་ཕ་རོལ་ཏུ་ཕྱིན་པ་ལ་སྐུ་དང་ཡེ་ཤེས་ལ་སོགས་པ་བཤད་ཀྱང་མིང་མ་བཤད་པས། དོན་མ་སྨྲས་ལ་མིང་སྨྲས་པའི་སར་འཇོག་པ་ཡིན་ནོ། །

གསུམ་པ་འབྲས་བུའི་ངོ་བོ་རྣམ་པར་བཞག་པ་ལ་གསུམ་སྟེ། སྡེ་སྣོད་ལས་གསུངས་ཚུལ། རྒྱུད་སྡེ་ལས་གསུངས་ཚུལ། མདོ་སྔགས་ཐུན་མོང་བའི་མདོ་ལས་གསུངས་ཚུལ་ལོ། །དང་པོ་ནི། བྱེ་བྲག་ཏུ་སྨྲ་བས་ཆོས་སྐུ་དང་། གཟུགས་སྐུ་གཉིས་འདོད་ཀྱི། ལོངས་སྐུ་དང་དེས་སྤྲུལ་གཞི་བྱས་པ་ལས་བྱུང་བའི་སྤྲུལ་སྐུའི་དོན་དང་ཐ་སྙད་གཉིས་ཀ་ཁས་མི་ལེན་ཏེ། འོ་སྐོལ་གྱི་སྟོན་པ་འདི་ཉིད་རྡོ་རྗེ་གདན་དུ་གསར་དུ་སངས་རྒྱས་པའི་གཟུགས་སྐུ་ཙམ་ཞིག་ཏུ་འདོད་པའི་ཕྱིར། སྟོན་པ་འདི་ཉིད་ཀྱིས་སྤྲུལ་གཞི་བྱས་པ་ལས་བྱུང་བའི་སྤྲུལ་སྐུ་ནི་ཁས་ལེན་ཏེ། སྟོན་མིན་སྤྲུལ་པ་པོ་དང་བཅས་ཞེས་པའི་ཐད་ཀྱི་འགྲེལ་ཊཱི་ཀ་རྣམས་ལས། སྟོན་པ་སངས་རྒྱས་ཀྱི་སྤྲུལ་པས་ངག་སྨྲ་བ་ན་ཇི་ལྟར་འདོད་པ་བཞིན་ནུས་པ་དང་། སྟོན་པ་མ་ཡིན་པའི་སྤྲུལ་པ་གཞན་གྱིས་ཇི་ལྟར་འདོད་པ་བཞིན་སྨྲ་མི་ནུས་པའི་ཁྱད་པར་བཤད་པའི་ཕྱིར། ཚད་མ་སྨྲ་བའི་མདོ་སྡེ་པ་ནས་དབུ་མའི་བར་ནི་སྐུ་གསུམ་ཡེ་ཤེས་བཞི་རུ་འདོད་པ་ཡིན་ཏེ། རྣམ་འགྲེལ་ལས། རྟོག་པའི་དྲྭ་བ་རྣམ་བསལ་ཅིང་། །ཟབ་ཅིང་རྒྱ་ཆེའི་སྐུ་མངའ་

པ༔ །ཞེས་དང་། རྗེ་བཙུན་རྩེ་མོའི་ཞབས་ཀྱིས། སྐུ་གསུམ་ཡེ་ཤེས་བཞི་ཕ་རོལ་ཏུ་ཕྱིན་པའི་ལུགས་དང་། སྐུ་བཞི་ཡེ་ཤེས་ལྔ་རྡོ་རྗེ་ཐེག་པའི་ལུགས་ཡིན་པར་སྤྱི་རྣམ་ལས་གསུངས་པས་སོ། །སྐུ་བཞི་རྡོ་རྗེ་ཐེག་པ་ལ་གྲགས་ཆེ་བས་དེ་ལྟར་ཡིན་གྱིས་མདོ་ལས་གཏན་མ་བཤད་པ་ནི་མ་ཡིན་ཏེ། བདག་ཉིད་ཆེན་པོའི་ཐུབ་པ་དགོངས་གསལ་ལས། མདོ་རྒྱུད་འགའ་ཞིག་ལས་སྐུ་བཞིར་བཤད་པ་ལྟར་ན། འདིར་བཤད་པའི་ངོ་བོ་ཉིད་ཀྱི་སྐུ་ལ་ཆོས་སྐུར་འདོགས། དེ་ལྟ་བུའི་སྐུ་གསུམ་དབྱེར་མི་ཕྱེད་པའི་ཁྱད་པར་འགའ་ལ་ངོ་བོ་ཉིད་སྐུ་བཞེད་པའོ། །འོན་ཀྱང་འདི་གསང་སྔགས་ཀྱི་རྒྱུད་སྡེ་ལས་གཙོ་ཆེར་གྲགས་པས་འདིར་མ་བཤད་དོ། །ཞེས་གསུངས་པས་སོ། །

གཉིས་པ་ནི། རྒྱུད་སྡེ་འོག་མ་གསུམ་པོར་སྐུ་གསུམ་འདོད་ཚུལ་སྔ་མ་དེ་དང་ཆ་འདྲ་བ་ལ། རྣམ་པའི་འདོད་ཚུལ་མི་འདྲ་སྟེ། སོ་སོར་ཡོད་པའི་ཕྱིར། རྣལ་འབྱོར་རྒྱུད་དུ་གཟུགས་སྐུ་ལ་རིགས་ལྔར་འདོད་པའི་ཚེ་ཡེ་ཤེས་ལྔ་ཡང་ཁས་ལེན་ཏེ། ཡེ་ཤེས་ལྔ་དང་འབྱུང་བ་ལྔ་དག་བྱ་དག་བྱེད་དུ་སྦྱར་བར་གསུངས་པའི་ཕྱིར་རོ། །བླ་མེད་ལ་སྐུ་བཞིར་བཞེད་དེ། རྒྱུ་དབང་བཞི་དང་ལམ་བཞི་བསྒོམས་པས་འབྲས་བུ་སྐུ་བཞི་འབྱུང་བ་རྟེན་འབྲེལ་གྱི་ཆོས་ཉིད་ཡིན་པའི་ཕྱིར། མན་ངག་ལས། རྒྱུ་ལ་གནས་པ། དབང་ལས་ཐོབ་པ། ལམ་ལ་གོམས་པ། ལྟ་བ་ལ་ཉམས་སུ་མྱོང་བ། གྲུབ་མཐའ་ལ་རྟགས་སུ་ཤར་བ། འབྲས་བུ་ལ་དོན་མ་ལུས་པ་མངོན་དུ་གྱུར་པ་སྟེ་མན་ངག་གི་གནད་དྲུག་དབང་བཞི་ལ་ཚན་པ་སོ་སོར་སྦྱར་བ་དང་། སྐུ་ལྔའི་རྣམ་གཞག་གསུངས་པ་ཡང་ཡོད་མོད། འདིར་ཞིབ་པར་མ་བཤད་དེ། གསང་ཆེན་གྱི་གནད་ཟབ་མོ་ཡིན་པའི་ཕྱིར་རོ། །གསུམ་པ་ཐུན་མོང་བ་ལས་གསུངས་ཚུལ་ནི། འཇམ་དཔལ་རང་གི་ལྟ་བ་ཡི་འདོད་པ་མདོར་བསྟན་པའི་མདོ་ལས། སྐུ་གཅིག་གི་རྣམ་གཞག་གསུངས་ཏེ། ཡེ་ཤེས་མིག་གཅིག་དྲི་མ་མེད། །ཅེས་གསུངས་པའི་ཕྱིར། དེ་ལས་སྐུ་གཉིས་ཀྱི་རྣམ་གཞག་ཡང་གསུངས་ཏེ། རང་དོན་དོན་དམ་པའི་སྐུ་དང་། གཞན་དོན་ཀུན་རྫོབ་པའི་སྐུ་གཉིས་སུ་གསུངས་པའི་ཕྱིར། སྐུ་གསུམ་ཡང་གསུངས་ཏེ། ཆོས་སྐུ་ལོངས་སྐུ་སྤྲུལ་སྐུ་གསུམ་དུ་གསུངས་པའི་ཕྱིར། སྐུ་བཞི་ཡང་གསུངས་ཏེ། ངོ་བོ་ཉིད་ལོངས་རྫོགས་བཅས་དང་། །ཞེས་སོགས་གསུངས་པས་གྲུབ་པའི་ཕྱིར་ཏེ། བྱམས་པས། སྤྲུལ་པ་ནི་ཞེས་དགར་ཚིག་སྦྱར་བའི་ཚེ་སྐུ་གསུམ་འབྲས་བུ་ཆོས་སྐུའི་གྲངས་ངེས་ཀྱི་དབྱེ་བར་བཤད། མདོ་འདིར་སྤྲུལ་པ་དང་ཞེས་འབྱེད་ཚིག་སྦྱར་བའི་ཚེ་ཡང་ཆོས་སྐུ་ཡང་དབྱེ་བའི་གྲངས་སུ་བྱས་ནས་སྐུ་བཞིར་བཞེད་པའི་ཕྱིར་རོ། །ཡང་མདོ་སྡེ་ལས་སྐུ་ལྔ་ཡང་བཤད་དེ། སངས་རྒྱས་སྐུ་ལྔའི་བདག་ཉིད་ཅན། །ཞེས་སོགས་གསུངས་པའི་ཕྱིར། བཤད་ཚུལ་དེ་འདྲའི་རྣམ་དབྱེ་མི་ཤེས་པར་རྒྱ་གར་བ་དང་བོད་ཁ་ཅིག་ཕ་རོལ་ཏུ་ཕྱིན་པའི་ལུགས་ལ་ཡང་། སྐུ་བཞིའི་རྣམ་གཞག་བྱམས་པའི་ལུང་གིས་འགྲུབ་པར་སྨྲ་བ་ནི་ལུང་ཚིག་ལ་དཔྱད་

པའི་ནུས་པ་མེད་པར་ཟད་དེ། དགར་ཚོག་དང་འབྱེད་ཚིག་གི་ཁྱད་པར་ལ་རྣམ་དབྱོད་ཞིབ་མོས་མ་དཔྱད་པར་ཟད་པའི་ཕྱིར།

གཉིས་པ་གནད་དོན་བསྡུས་ཏེ་བསྟན་པ་ནི། མདོར་ན་ཉན་ཐོས་ཀྱི་བྱེ་སྨྲ་ནས་བླ་མེད་ཀྱི་བར་ལ་འབྲས་བུའི་རྣམ་གཞག་གང་བཤད་པ་རྣམས་མཐར་ཐུག་གི་འབྲས་བུ་མཚན་ཉིད་པར་དོན་གཅིག་ལ། འོན་ཀྱང་བཤད་ཚུལ་ཐ་དད་པ་འབྱུང་བ་ལ་ནི་དགོས་པ་ཡོད་དེ། གདུལ་བྱ་སོ་སོའི་བློ་དང་འཚམས་པའི་ཡོན་ཏན་གྱི་ལྷག་པ་སྨོས་པས་སྤྲོ་བ་བསྐྱེད་པའི་ཆེད་ཡིན་པའི་ཕྱིར་རོ། །འདིར་དགོས་པ་འདི་ལྟར་དཔྱད་དགོས་ཏེ། མདོ་སྔགས་གཉིས་འབྲས་བུ་དོན་གཅིག་ན་རྒྱུ་ལམ་ཡང་དོན་གཅིག་པར་ཐལ་བ་དང་། ཁྱད་པར་བདག་མེད་བསྟོད་འགྲེལ་ལས། རྒྱུ་ལ་ཁྱད་ཞུགས་པས་འབྲས་བུ་ལ་ཁྱད་ཞུགས་པ་ཆོས་ཉིད་དེ། ཙུས་བཅུས་པའི་སྐྱུ་རུ་ར་དང་། འོམས་བཅུས་པའི་སྐྱུ་རུ་ར་བཞིན་ནོ། །ཞེས་གསུངས་པ་དང་འགལ་ལོ་སྙམ་ན། སྐྱོན་མེད་དེ། ལུང་དེའི་དོན་ནི༑ ཕ་རོལ་ཏུ་ཕྱིན་པ་བས་འབྲས་བུའི་མཚན་གཞིར་བཟུང་བའི་ས་བཅུ་གཅིག་པ་དེ་སངས་རྒྱས་སུ་མིང་བཏགས་ཀྱང་མཚན་ཉིད་པ་མ་ཡིན་ཏེ། སྤངས་རྟོགས་མ་རྫོགས་པའི་ཕྱིར། ཙུ་ལ་སྦགས་པའི་སྐྱུ་རུ་རའི་དཔེས་མཚོན་པ་དེ་འདི་ཡིན་ནོ། །རྡོ་རྗེ་ཐེག་པ་བས་འབྲས་བུའི་མཚན་གཞིར་བཟུང་བའི་ས་བཅུ་གསུམ་པ་དེ་འོམས་སྦགས་པའི་སྐྱུ་རུ་ར་བཞིན་དུ་སྤངས་རྟོགས་རྫོགས་པའི་སངས་རྒྱས་མཚན་ཉིད་པ་ཡིན་ཏེ། སློབ་ལམ་མཐར་ཕྱིན་ནས་མི་སློབ་ལམ་གྱི་གནས་སྐབས་སུ་སོན་པའི་ཕྱིར་ཞེས་པའོ། །འབྲས་བུའི་སྐབས་ཏེ་ལྔ་པའི་རྣམ་པར་བཤད་པ་བསྟན་ཟིན་ཏོ།། །།

གསུམ་པ་བརྩམས་པ་མཐར་ཕྱིན་མཇུག་གི་དོན་ལ་གཉིས་ཏེ། ཇི་ལྟར་བཤད་པའི་ཚུལ། གང་ཟག་གང་གིས་བཤད་པའོ། །དང་པོ་ལ། རྒྱུ་གང་གིས་བཤད་པ། གང་ལ་བརྟེན་ནས་བཤད་པ་སོགས་བདུན་ཡོད་པ་ནི། དེ་ལྟར་ཚུལ་བཞིན་བཤད་པ་འདི། །ཞེས་པ་ནས། སྲུང་མའི་དབང་པོས་ལེགས་བཤད་འདི་སྤྲོལ་ཅིག །ཅེས་པའི་བར་རོ། །གཉིས་པ་ནི། སྡོམ་པ་གསུམ་གྱི་ཞེས་པ་ནས། ཐུབ་བསྟན་རྣམ་པར་རྒྱལ་བའི་དགོན་པར་སྦྱར་བའོ། །ཞེས་པའི་བར་རོ། །

དེ་ལྟར་ཀུན་མཁྱེན་ཆོས་ཀྱི་རྒྱལ་པོ་གོ་བོ་རབ་འབྱམས་པ་བསོད་ནམས་སེང་གེས་མཛད་པའི་སྡོམ་པ་གསུམ་གྱི་རབ་ཏུ་དབྱེ་བའི་ཁ་སྐོང་ཞེས་བྱ་བའི་རྣམ་བཤད་ལེགས་བཤད་རྒྱན་གྱི་མེ་ཏོག་ཅེས་བྱ་བ་འདི་ནི། ཡོངས་འཛིན་དམ་པ་བཀའ་དྲིན་གཞལ་དུ་མ་མཆིས་པ་འཇམ་པའི་དབྱངས་དབང་ཕྱུག་དཔལ་བཟང་པོ་ལ་སོགས་པ་དམ་པ་རྣམས་ཀྱི་ཞབས་པད་གཙུག་གིས་བསྟེན་པས། མདོ་སྔགས་ཀྱི་གཞུང་ལུགས་དག་ལ་བློའི་

སྣང་བ་ཙུང་ཟད་གསལ་བ་ཆོས་སྨྲ་བའི་དགེ་སློང་སྡེ་སྣོད་འཛིན་པ་ངག་དབང་ཆོས་ཀྱི་གྲགས་པ་ཞེས་བྱ་བས། ཀུན་མཁྱེན་བླ་མ་ཉིད་ཀྱིས་མཛད་པའི་མདོ་སྔགས་ཀྱི་བསྟན་བཅོས་ཆེན་པོ་རྣམས་ལ་གཞི་བྱས། རྗེ་བླ་མ་ཀླུ་སྒྲུབ་རྒྱ་མཚོས་མཛད་པའི་རྣམ་བཤད་མིག་འབྱེད་ཀྱི་ཚུལ་དུ་བརྟེན། ཡོངས་འཛིན་དམ་པ་བླ་མ་དབང་ཕྱུག་དཔལ་བཟང་པོའི་གསུང་སྒྲོས་ཟབ་གནད་འགའ་ཞིག་གིས་ཀྱང་མཐའ་བརྒྱན་ནས། རང་གི་བགྲང་གཞི་བཙུ་ཕྲག་གསུམ་དུ་གཅིག་གིས་ལྷག་པར་སོན་པ་སྟག་གི་ལོ་ཐུབ་བསྟན་ཡངས་པ་ཅན་གྱི་ཆོས་གྲྭ་ཆེན་པོར་ཡོངས་སུ་རྫོགས་པར་གྲུབ་པ་འདིས་ཀྱང་། བསྟན་པ་དང་སེམས་ཅན་ལ་ཕན་པ་རྒྱ་ཆེན་པོ་འབྱུང་བར་གྱུར་ཅིག །ཡི་གེ་པ་ནི་ངག་དབང་ཕུན་ཚོགས་བདག་གིས་དཀའ་ཚེགས་ཆེན་པོས་བྲིས་པའོ། །ཆོས་འཕེལ་བར་གྱུར་ཅིག ། །།

ཨོཾ་སྭསྟི། སགསུམ་ཁྱོན་ན་ཐྲ་བྲལ་མཁས་པའི་མཆོག །མཆོག་གི་བསྟན་འཛིན་ཀུན་མཁྱེན་བླ་མ་རྗེ། །རྗེ་དེའི་ཞལ་གསུང་སྡོམ་གསུམ་ཞལ་སྐྱོང་ཞེས། །ཞེས་གྲགས་བསྟན་པའི་གཅེས་ནོར་དེ་ཡི་འགྲེལ།༡།འགྲེལ་བ་མཁན་ཆེན་མདོ་རྒྱུད་ཆོས་ཚུལ་ཀུན། །ཀུན་དོན་ཐུགས་ཆུད་ངག་དབང་ཆོས་ཀྱི་གྲགས། །གྲགས་པ་དོན་ལྡན་མཁས་པའི་དབང་པོའི་གསུང་། །གསུང་རབ་ཟླ་འོད་ནོར་བུའི་བཤད་སྒྲུབ་རྒྱན།༢།རྒྱན་བཟང་འཕེལ་ཕྱིར་པར་དུ་བཀོད་པ་དགེ། །དགེ་བ་འདིས་མཚོན་དུས་གསུམ་དགེ་བའི་ཚོགས། །ཚོགས་ཀྱིས་སངོར་བསྟན་དང་རབ་བྱུང་སྡེ། །རྒྱས་ཤིང་སྣོད་བཅུད་བདེ་སྐྱིད་འགྲོ་བའི་སྐྱབས།༣།སྐྱབས་མཆོག་ས་སྐྱའི་འཛམ་མགོན་ཡབ་སྲས་མཆོད། །ཞབས་པད་བརྟན་ཞིང་གདུང་དང་མཛད་ཕྲིན་རྒྱས། །རྒྱས་བཞིན་མདོ་སྔགས་ཆོས་ཀྱི་འཁོར་ལོ་བསྐོར། །བཀའ་དྲིན་གཞལ་མེད་མཁན་ཆེན་ཐམས་ཅད་མཁྱེན།༤། མཁས་དབང་སློན་ལམ་མཚན་ཅན་སྐུ་ཚེ་བརྟན། །བདག་ཅག་བྱང་ཆུབ་བར་དུ་བྱམས་བརྩེས་སྐྱོང་། །མཛད་ཕྲིན་རྒྱས་ཤིང་སངོར་རིང་ལུགས་ལས། །མདོ་སྔགས་གཞུང་ལུགས་རྒྱ་མཚོ་སྤྱེལ་མཛད་པའི།༥།མཁས་པ་མང་བྱོན་ཐོས་བསམ་བཤད་སྒྲུབ་འཕེལ། །བདག་ཀྱང་ཕྱི་ནང་མི་མཐུན་ཕྱོགས་ལས་རྒྱལ། །དུར་སྐྱིག་རྒྱལ་མཚན་འཆང་དང་བདག་ཉིད་ཀྱི། །ལྟོས་འཁོར་ལེགས་ཚོགས་རྒྱས་ཤིང་དགེ་ལ་སྤྱོད།༦།མདོ་སྔགས་དོན་རྟོགས་མཚན་འཛིན་སྒྲིག་ལས་གྲོལ། །འཕྲལ་ཕྱུག་ལུགས་ཟུང་འདོད་དགུ་ལྷུན་གྲུབ་ཤོག །བླ་མ་མཆོག་གསུམ་ཆོས་སྲུང་ནོར་ལྷ་ཡིས། །འཕྲལ་ཡུལ་བདེ་ཞིང་དགེ་ལེགས་བཀྲ་ཤིས་སྨོལ།༧།ཅེས་ལུགས་བརྒྱའི་འདུན་ས་སྡེ་དགེ་ལྷུན་གྲུབ་སྟེང་གི་ཆོས་གྲྭར་པར་དུ་བཀོད་ཚེ་སྡེ་དགེ་ས་སྐྱོང་ཨ་ནནྟས་སྨྲས་པ་དགེ། །།

༄༅། །སྡོམ་པ་གསུམ་གྱི་རབ་ཏུ་དབྱེ་བའི་ཁ་སྐོང་གཞི་ལམ་འབྲས་གསུམ་གསལ་བར་བྱེད་པའི་ལེགས་བཤད་འོད་ཀྱི་སྣང་བའི་རྣམ་བཤད་འོད་ཀྱི་སྣང་བ་རྒྱས་པར་བྱེད་པ་ཞེས་བྱ་བ་བཞུགས་སོ། །

ཤཱཀྱའི་དགེ་སློང་བྱམས་པ་རབ་བརྟན།

སྡོམ་པ་གསུམ་གྱི་རབ་ཏུ་དབྱེ་བའི་ཁ་སྐོང་གཞི་ལམ་འབྲས་གསུམ་གསལ་བར་བྱེད་པའི་ལེགས་བཤད་འོད་ཀྱི་སྣང་བའི་རྣམ་བཤད་འོད་ཀྱི་སྣང་བ་རྒྱས་བྱེད་ཅེས་བྱ་བ། བླ་མ་དང་མགོན་པོ་འཇམ་པའི་དབྱངས་ལ་གུས་པས་ཕྱག་འཚལ་ཞིང་སྐྱབས་སུ་མཆིའོ། །ཐུགས་བརྗེ་བ་ཆེན་པོས་རྗེས་སུ་བཟུང་དུ་གསོལ། གང་གིས་ཐུགས་བསྐྱེད་མི་ཤེལ་ལས་གྲུབ་ཚོགས་གཉིས་དཀྱིལ་འཁོར་རྒྱས། །ཁྲིབ་གཉིས་མུན་པ་ཀུན་བཅོམ་བདུད་རྩིའི་སྣར་ཚོགས་རབ་ཏུ་གནོན། །ལུང་གི་པད་ཚལ་ཀུན་བསྐྱེད་རྟོགས་པའི་སྦྲང་རྩིས་ལེགས་བསྐང་ནས། །རྐང་དྲུག་ལྡན་པའི་གདུལ་བྱ་སྐྱོང་མཛད་ཐུབ་དབང་ཉི་མར་འདུད། །ལྷར་བཅས་འགྲོ་བ་ཀུན་གྱི་ཅོད་པན་གྱིས། །གང་གི་ཞབས་པད་དགའ་བས་ཉེར་བརྟེན་ཅིང་། །གང་སྐུའི་རྒྱལ་མཚན་མཚན་དཔེའི་དཔལ་འབར་བ། །ཕྲིན་ལས་བཟང་པོས་ཐུབ་བསྟན་སྐྱོང་ལ་འདུད། །རབ་དཀར་བསོད་ནམས་གངས་རི་མཐོན་པོའི་སྟོར། །རྣམ་དག་ལུང་རིགས་གད་རྒྱངས་ཆེར་བསྒྲོགས་ཏེ། །རྒོལ་ངན་ཕ་ཚོགས་ཞུམ་ཞིང་སྐལ་ལྡན་གྱི། །རི་དྭགས་སྐྱོང་བའི་སེང་གེར་གྱུར་ལ་འདུད། །གང་ལ་ཡོན་ཏན་དུ་མའི་མཆོག་མངའ་ཞིང་། །ཉེས་པ་བག་ཆགས་བཅས་པ་རྣམས་སྤྲངས་ནས། །གཅིག་ཏུ་གཞན་གྱི་དོན་ལ་གཞོལ་མཛད་པ། །མཆོད་འོས་ཀུན་ལ་གུས་པར་ཕྱག་འཚལ་ལོ། །གཞི་ལམ་འབྲས་གསུམ་གསལ་བྱེད་བསྟན་བཅོས་ཆེའི། །ཚིག་དོན་མ་ལུས་རྒྱས་པར་བྱ་ཕྱིར་དང་། །སྐལ་མཉམ་གཞན་ལ་ཕན་པ་ལྷུར་བླངས་ནས། །རྣམ་བཤད་འོད་སྣང་རྒྱས་བྱེད་བྲི་བར་བྱ། །

དེ་ལ་འདིར་ཚུལ་དང་ཚུལ་མ་ཡིན་པ་རྣམ་པར་འབྱེད་པའི་བསྟན་བཅོས་སྡོམ་པ་གསུམ་གྱི་རབ་ཏུ་དབྱེ་བའི་ཁ་སྐོང་གཞི་ལམ་འབྲས་གསུམ་གསལ་བར་བྱེད་པའི་ལེགས་བཤད་འོད་ཀྱི་སྣང་བ་ཞེས་བྱ་བའི་བསྟན་བཅོས་འདི་འཆད་པ་ལ་དོན་གསུམ་སྟེ། བསྟན་བཅོས་རྩོམ་པ་པོའི་མཛད་པའི་ཡོན་ཏན། དགོས་པ་སྤྱིའི་ཕྱིར

དུ་བསྟན་བཅོས་འདི་བརྩམས་པ། བརྩམ་བྱ་བསྟན་བཅོས་ཀྱི་བརྗོད་བྱ་གཏན་ལ་དབབ་པའོ། །དང་པོ་ནི། ངེས་པའི་དོན་དུ་ན་རྗེ་བཙུན་འཇམ་པའི་དབྱངས་དང་ཐ་མི་དད་པ་ས་སྐྱ་པ་གོང་མ་གཅིག་གི་ངོ་བོར་བཞུགས་པ་ཡིན་མོད་ཀྱི། དྲང་བའི་དོན་དུ་ལྷ་གྲུབ་རྣམ་པར་དག་པ་སྤེལ་བའི་ཕྱིར་མདོ་ཁམས་སྨར་ཁམས་སྒང་གི་རྒྱུད་འབོ་ཞེས་བྱ་བའི་སའི་ཐིག་ལེ་གོ་བོ་ལ་སྡེང་གི་ཡུལ་དུ་སྐུ་འཁྲུངས་པ། མཁྱེན་བརྩེ་ནུས་པའི་ཡོན་ཏན་ཕུལ་དུ་ཕྱུང་བ་བསམ་གྱིས་མི་ཁྱབ་པ་མངའ་བ། མཚན་ཡོངས་སུ་གྲགས་པ་ཀུན་མཁྱེན་མཁས་པའི་དབང་པོ་གོ་བོ་རབ་འབྱམས་པ་བསོད་ནམས་སེང་གེ་ཞེས་བྱ་བ་ནི་བསྟན་བཅོས་འདིའི་རྩོམ་པ་པོ་ཡིན་ལ། དེ་ལ་མཁྱེན་བརྩེ་ནུས་པའི་ཡོན་ཏན་གྱི་མཛད་པ་བསམ་གྱིས་མི་ཁྱབ་པ་ཇི་ལྟར་མངའ་ཞེ་ན། དེའི་ཡོན་ཏན་ཐམས་ཅད་སུས་ཀྱང་བརྗོད་པར་མི་ནུས་མོད། འོན་ཀྱང་དེའི་ཡོན་ཏན་གྱི་མཛད་པ་ཕྱོགས་ཙམ་བརྗོད་ན། འདུས་བྱས་དང་ཚུལ་དགོངས་ཞིང་ཆོས་ཀྱི་དོན་རྣམས་རིག །འདོད་ལྷའི་མཚན་མ་བརྙེས་དང་ཕྱིན་ལས་ལུང་བསྟན་ཐོབ། །དམ་པའི་བྱིན་བརླབས་ཞུགས་ཤིང་འཇམ་དབྱངས་བླ་མས་བསྐྱངས། །དབང་དུས་བསྟན་པ་གཏད་ཅིང་མཁའ་འགྲོས་དངོས་གྲུབ་བྱིན། །བླ་མས་བར་ཆད་གསལ་ཞིང་བསྟན་ལ་ཕན་པར་སྣང་། །ཕྱི་ནང་བར་ཆད་བཟློག་ཅིང་གཞན་ཕན་མཚན་ལྟས་བརྙེས། །མནལ་ཚེ་ལྟས་བཟང་མཐོང་ནས་འདྲེན་པས་རྗེས་སུ་གདམས། །འཁྲུལ་མེད་ངོ་མཚར་སྐྱེ་བའི་ལྟས་བཟང་བཅུ་གསུམ་མོ། །བསྟན་སྲུང་དངོས་སུ་གཟིགས་ཤིང་ལྷ་མའི་མཆོད་པ་ཐོབ། །དམ་ཆོས་གཏེར་སྒྲོག་དང་རྗེ་བཙུན་དབང་རྒྱུན་གསོལ། །ས་ལམ་སྤྱངས་རྟོགས་རྫོགས་དང་འགྲོ་དོན་རྩོལ་མེད་པའི། །གྲུབ་པའི་དབང་ཕྱུག་མཆོག་གི་མཚན་ལྟས་རྣམ་བཞི་ཡིན། །མདོ་སྔགས་རྣམ་བཤད་མཛད་དང་རྣ་རྟོག་ལྟ་བ་བཟློག །འགྲོ་དོན་བསྟན་འཛིན་བསྐྲུན་ཅིང་བརྩེ་ཆེན་བླ་མ་གཟིགས། །གཞན་ཕན་སྨོན་ལམ་མཛད་དང་མ་འོངས་རྟེན་འབྲེལ་བསྒྲིགས། གཞན་ལས་ཕུལ་དུ་བྱུང་བའི་མཛད་པ་རྣམ་དྲུག་གོ། །

ཞེས་པ་ལྟར་བདག་ཉིད་ཆེན་པོ་འདི། སྐུ་འཁྲུངས་ནས་དགུང་ལོ་ལྔ་དྲུག་བཞེས་པའི་ཚེ་ཆབ་ཀློག་བརྡ་བསྟན་པ་ཙམ་གྱིས་མཁྱེན་ཅིང་། དེའི་དུས་བཟང་པོ་སྤྱོད་པའི་དཔེ་ལ་ཀློག་བལྟར་མཛད་པས་དེའི་ཚིག་གཟིགས་པ་ཙམ་གྱིས་འདུས་བྱས་མི་རྟག་པའི་གནས་ལུགས་ཐུགས་སུ་ཆུད་ཅིང་། བྱང་ཆུབ་ཀྱི་སེམས་བཅོས་མ་མ་ཡིན་པ་ཐུགས་ལ་འཁྲུངས་པ་དང་། ཡང་དེ་ཉིད་ཀྱི་ཚིག་གསུང་རབ་ཀྱི་དོན་རྣམས་མེ་ལོང་ལ་གཟུགས་བརྙན་ཤར་བ་བཞིན་གསལ་བར་གྱུར་པ་ལ་སོགས་ཏེ། མ་འོངས་པ་ན་རྗེ་བཙུན་ས་སྐྱ་པའི་བསྟན་པ་དར་རྒྱས་ཀྱི་རྟེན་འབྲེལ་བསྒྲིག་པ་ལ་དགོངས་ནས་བསེ་མགོན་གྱི་དྲུང་དུ་རྟེན་བསྐོར་ཕྱག་དམ་འབུར་གཞིག་བཞུགས་སུ་གསོལ་ཏེ་བསྐངས་པས་ཆར་མང་བ་མཐོན་དང་༼འབྲུ་གཉིས་མ་གསལ།༽བར་ཏེ། ཕྱོགས་གཞན་གྱི་དྲི་མས་འཁྲུལ་པ་མེད་པའི་སྐྱེས་

བུ་རྣམས་ངོ་མཚར་སྐྱེ་བའི་ལྟས་བཅུ་གསུམ། གྲུབ་པའི་མཚན་མ་བཞི། ཞུལ་དུ་བྱུང་བའི་མཛད་པ་དྲུག་སྟེ། སྡེ་ཚན་གསུམ། དེ་ལས་ཕྱེ་བ་ཁྱད་པར་དུ་འཕགས་པའི་མཛད་པ་ཉི་ཤུ་རྩ་གསུམ་གྱི་ཡོན་ཏན་དང་ལྡན་པ་ཡིན་ལགས། དེ་རྣམས་ཀྱི་དོན་ཡང་རྒྱས་པར་ཤེས་པར་འདོད་ན། བདག་གིས་བྱས་པའི་བདག་ཉིད་ཆེན་པོ་འདིའི་རྣམ་ཐར་དུ་ཤེས་པར་བྱའོ། །རྫོམ་པ་པོའི་མཛད་པའི་ཡོན་ཏན་བཤད་ཟིན་ཏོ།། །།

གཉིས་པ་ནི། འོན་བསྟན་བཅོས་འདིར་གཞན་གྱི་གྲུབ་པའི་མཐའ་ལ་ལུང་རིགས་ཀྱི་གནོད་བྱེད་མང་དུ་བརྗོད་ཅིང་། ཟུར་ཟའི་ཚིག་ཀྱང་འགའ་ཞིག་སྣང་བའི་ཕྱིར་ན་རང་ཉིད་མཁས་པའི་གྲགས་པ་བསྒྲུགས་ཏེ། གཞན་ལ་གནོད་པའི་ཕྱིར་བརྩམས་པ་ཡིན་ནམ། དེ་ལས་གཞན་པའི་དགོས་པ་ཁྱད་པར་ཅན་ཞིག་ཡོད་པ་ཡིན་ཞེ་ན། དང་པོ་གཉིས་ནི་མ་ཡིན་ཏེ། མཐའ་གཅིག་ཏུ་སངས་རྒྱས་ཀྱི་བསྟན་པ་ལ་ཕན་པའི་ཕྱིར་དུ་བརྩམས་པ་ཡིན་པའི་ཕྱིར་ཏེ། གཞུང་ལས། དེ་ལྟར་ཚུལ་བཞིན་བཤད་པ་འདི། །བདག་ཉིད་གྲགས་པ་བསྒྲུགས་པའམ། །གཞན་ལ་གནོད་པའི་ཕྱིར་མིན་ཏེ། །གཅིག་ཏུ་བསྟན་ལ་ཕན་ཕྱིར་ཡིན། །ཞེས་གསུངས་ཤིང་། གོང་དུ་སྨོས་པའི་རྣམ་ཐར་བཟང་པོ་ལས། འབྲས་མེད་ཕྱིར་ན་བརྗོད་མི་གསུང་བར་ཇེས་སུ་དཔོག་པ་ཡིན་པའི་ཕྱིར། དེས་ན་བསྟན་བཅོས་འདི་བརྩམས་པ་ལ་དགོས་པ་ཁྱད་པར་ཅན་ཞིག་ཡོད་པ་ཡིན་ཏེ། འདི་ལྟར་སྐྱེས་བུ་རྣམས་ཀྱི་གནས་སྐབས་དང་མཐར་ཐུག་གི་ཕན་བདེ་མ་ལུས་པ་ནི་རྒྱལ་བའི་བསྟན་པ་ལ་རག་ལས་ལ། དེ་ཡང་སངས་རྒྱས་ཀྱི་དགོངས་པ་ཇི་ལྟ་བ་བཞིན་ཉམས་སུ་བླངས་པ་ལས་ཕན་བདེའི་འབྲས་བུ་འབྱུང་ཞིང་། ནོར་བར་སྤྱོད་པ་ལས་མི་འབྱུང་བས་ན། དམ་ཆོས་འཁྲུལ་པར་སྤྱོད་པའི་ཁས་ལེན་བཀག་ནས་བསྟན་པའི་ཉམས་ལེན་མ་འཁྲུལ་བ་ཤེས་པའི་ཕྱིར་དུ་བརྩམས་པ་ཡིན་ནོ། །འོན་རྒྱ་བོད་དུ་བྱུང་བའི་འཁྲུལ་པའི་ལག་ལེན་ཐམས་ཅད་འགོག་གམ་ཞེ་ན། རྒྱ་གར་འཕགས་པའི་ཡུལ་དུ་བྱུང་བའི་ཆོས་ལོག་རྣམས་ནི་འདིར་འགོག་མི་དགོས་ཏེ། རྒྱལ་བས་ལུང་བསྟན་པའི་འཕགས་མཆོག་ཀླུ་སྒྲུབ་ལ་སོགས་པ་འཛམ་གླིང་མཛེས་པའི་རྒྱན་དྲུག་དང་མཆོག་གཉིས་རྣམས་ཀྱིས། རྒྱ་གར་འཕགས་པའི་ཡུལ་དུ་བྱུང་བའི་ཕྱི་ནང་གི་ལོག་པར་སྨྲ་བའི་མུན་པ་རྣམས་བསལ་བར་མཛད་པའི་ཕྱིར། དེ་ཡང་གཞུང་ལས། རྒྱལ་བས་ལུང་བསྟན་ཀླུ་སྒྲུབ་སོགས། །འཛམ་གླིང་མཛེས་པའི་རྒྱན་རྣམས་ཀྱིས། །འཕགས་པའི་ཡུལ་དུ་ཕྱི་ནང་གི། །ལོག་སྨྲའི་མུན་པ་བསལ་བར་མཛད། །ཅེས་གསུངས་སོ། །འོན་གངས་རིའི་ཁྲོད་འདིར་བྱུང་བའི་ཆོས་ལོག་ཐམས་ཅད་འདིར་འགོག་གམ་ཞེ་ན། དེ་ཐམས་ཅད་འགོག་པའི་ཕྱིར་བརྩམས་པ་མ་ཡིན་ཏེ། གངས་རིའི་ཁྲོད་འདིར་བསྟན་པ་སྔ་དར་གྱི་དུས་སུ་ཆོས་ལོག་བྱུང་བ་རྣམས་མཁས་པ་ཀ་མ་ལ་ཤཱི་ལས་སུན་ཕྱུང་ཟིན་ཅིང་། དེའི་རྗེས་སུ་འཁྲུལ་པའི་ལག་ལེན་མང་དུ་འཕེལ་བ་རྣམས་ལོ་ཆེན་རིན་ཆེན་བཟང་

པོ་དང་། དེའི་རྗེས་སུ་བློ་ཆེན་འབྲོག་མི་ལོ་ཙཱ་བ་དང་། དེའི་སློབ་མ་འགོས་ཁུག་པ་ལྷས་བཙས་སོགས་ཀྱིས་ཆོས་ལོག་ཚར་བཅད་ནས་རྡོ་རྗེ་ཐེག་པའི་བསྟན་པ་མཆོག་ཏུ་སྤེལ་བའི་བཤད་སྒྲུབ་ཆུ་བོའི་རྒྱུན་བཞིན་དུ་མཛད་ལ༏ དེ་རྗེས་ཆོས་ལོག་འཕེལ་བ་རྣམས། དཔལ་ལྡན་ས་སྐྱའི་གནས་སུ་སྐུ་བལྟམས་པ་འཇམ་པའི་དབྱངས་ཀྱི་རྣམ་པར་སྤྲུལ་པ་འཛམ་གླིང་འདི་ན་སྙན་པའི་གྲགས་པ་ཐོབ་པ་དེས། སྡོམ་པ་གསུམ་གྱི་རབ་ཏུ་དབྱེ་བའི་བསྟན་བཅོས་ཆེན་པོ་མཛད་དེ། ལུང་དང་རིགས་པའི་ཉི་འོད་ཀྱིས་རབ་ཏུ་བསལ་བར་མཛད་ནས་ལེགས་པའི་ཁམས་བཟང་པོ་འཁྲུལ་མེད་ཀྱི་སྣང་བ་གསལ་བར་མཛད་པའི་ཕྱིར། དེ་སྐད་དུ་ཡང་། ལྗོངས་འདིར་རིན་ཆེན་བཟང་པོ་དང་། །བློ་ཆེན་འབྲོག་དང་འགོས་སོགས་ཀྱིས། །རྡོ་རྗེ་ཐེག་པའི་བསྟན་པ་མཆོག །བཤད་སྒྲུབ་ཆུ་བོའི་རྒྱུན་བཞིན་མཛད། །དེ་རྗེས་ཆོས་ལོག་འཕེལ་བ་རྣམས། །ས་སྐྱའི་འཇམ་དབྱངས་གྲགས་ཐོབ་དེས། །ལུང་རིགས་འོད་ཀྱིས་རབ་བསལ་ནས། །ལམ་བཟང་སྣང་བ་གསལ་བར་མཛད། །ཅེས་གསུངས་སོ། །

འོན་བསྟན་བཅོས་འདི་བརྩམས་པ་ལ་དགོས་པ་ཅི་ཡོད་ཅེས་ན། བདག་ཉིད་ཆེན་པོ་འདིས་སྡོམ་པ་གསུམ་གྱི་རབ་ཏུ་དབྱེ་བའི་ཁ་སྐོང་གཞི་ལམ་འབྲས་གསུམ་གསལ་བར་བྱེད་པའི་ལེགས་བཤད་འོད་ཀྱི་སྣང་བ་ཞེས་བྱ་བའི་བསྟན་བཅོས་ཆེན་པོ་འདི་བརྩམས་དགོས་པའི་རྒྱུ་མཚན་ཡོད་དེ། གོང་དུ་བཤད་པའི་འཁྲུལ་པའི་ལག་ལེན་རྣམས་མཁས་པ་སྔ་མ་རྣམས་ཀྱིས་སུན་དབྱུང་ཟིན་པས་འདིར་འགོག་མི་དགོས་ཀྱང་། མགོན་པོ་འཇམ་པའི་དབྱངས་ཀྱི་རྣམ་པར་སྤྲུལ་པ་ས་པཎྜི་ཏ་དེ་ཉིད་ཞལ་དངོས་ཀྱི་སློབ་ཚོགས་དང་བཅས་པ་ཞིང་གཞན་དུ་གཤེགས་པར་གྱུར་ནས་རིང་ཞིག་ལོན་པ་བསྟན་བཅོས་འདི་མ་བརྩམས་པར་དུ་བོད་ཡུལ་འདིར་ལུང་རིགས་མན་ངག་དང་བྲལ་བའི་རང་བཟོའི་ཆོས་ལུགས་དུ་མ་ཡིས། བསྟན་པའི་ཉམས་ལེན་སྡོམ་གསུམ་ལ་གནད་ཀྱི་དོན་རྣམས་བཤིག་ནས་ནི། ཐོས་ཆུང་རྣམས་མགོ་བསྐོར་བྱེད་པ་མང་དུ་བྱུང་བ་དེ་དག་ལུང་དང་རིགས་པ་ཡིས་རྣམ་པར་བསལ་ནས་སྐལ་ལྡན་མ་འཁྲུལ་བར་སྐྱོད་པ་ཁ་སྐང་དགོས་ཤིང་། གཞན་ཡང་བདག་ཉིད་ཆེན་པོ་ས་པཎ་གྱི་སྡོམ་གསུམ་རབ་དབྱེར། ད་དུང་འཁྲུལ་པའི་རྣམ་གཞག་ནི། །སྐྱོན་ཅན་དཔག་མེད་མཐོང་ན་ཡང་། །གཞུང་མང་དོགས་པས་རེ་ཤིག་བཞག །གལ་ཏེ་ལུང་དང་རིགས་པའི་གནད། །ཤེས་པའི་བློ་ལྡན་རྣམས་ཀྱིས་དེ། །ལེགས་པར་དཔྱོད་ལ་དགག་སྒྲུབ་གྱིས། །ཞེས། སྡོམ་གསུམ་རབ་དབྱེར་མ་བཀག་པའི་བསྟན་པའི་ཉམས་ལེན་གྱི་གནད་བཅོས་པའི་ཆོས་ལོག་རྣམས་ཕྱིས་ལུང་དང་རིགས་པའི་གནད་ཤེས་པའི་མཁས་པ་བློ་གྲོས་དང་ལྡན་པ་རྣམས་ཀྱིས་ཁོགས་ཤིག་ཅེས་གདམས་པའི་སྙིང་པོ། སྟོན་ཚད་མཁས་རློམ་སུས་ཀྱང་སྤྱོབས་པར་མ་ནུས་ཤིང་། བདག་ཉིད་ཆེན་པོ་འདིས་དེ་དག་ལེགས་པར་སྒྲུབ་པའི་ནུས་པ་ཐོབ་པའི་ཕྱིར། དེ་དག་ཀྱང་གཞུང་ལས།

མགོན་པོ་དེ་ཉིད་སློབ་ཚོགས་དང་། །བཅས་པ་ཞིང་གཞན་གཤེགས་གྱུར་ནས། །རིང་ཞིག་ལོན་ནས་བོད་ཡུལ་འདིར། །ལུང་རིགས་མན་ངག་དང་བྲལ་བའི། །རང་བཟོའི་ཆོས་ལུགས་དུ་མ་ཡིས། །བསྟན་པའི་ཉམས་ལེན་སྡོམ་གསུམ་ལ། །གནད་ཀྱི་དོན་རྣམས་བཤིག་ནས་ནི། །ཕྱོས་ཆུང་མགོ་བསྐོར་མང་དུ་བྱུང་། །དེ་དག་ལུང་དང་རིགས་པ་ཡིས། །རྣམ་པར་བསལ་ནས་གནད་རྣམས་ལ། །སྐལ་ལྡན་མ་འཁྲུལ་སྦྱོད་པའི་ཕྱིར། །བསྟན་བཅོས་ཆེན་པོ་འདིས་བྱས་སོ། །ཞེས་གསུངས། དེས་ནས་ས་སྐྱ་པཎྜི་ཏ་ཞིང་གཞན་དུ་གཤེགས་རྗེས་སུ། དྲི་བཅས་ཀྱི་སེམས་མ་རིག་པས་བདེན་པ་བཀག་ཙམ་བདེ་གཤེགས་སྙིང་པོར་འདོད་པ་ལ་སོགས་པའི་ཆོས་ལོག་མང་དུ་འཕེལ་བ་རྣམས་དགག་པར་བཞེད་ནས། བསྟན་བཅོས་འདི་བརྩམས་ཏེ་རྫོགས་འཕྲོ་ལ་ཡུན་རིང་པོ་ཞིག་ལས་པའི་ཚེ། ནུབ་གཅིག་མནལ་ལམ་དུ་སེམས་དཔའ་ཆེན་པོ་དཀོན་མཆོག་རྒྱལ་མཚན་བྱོན་ནས། བསྟན་པའི་བྱི་དོར་ལ་གཡེལ་བ་མ་བྱེད་ཅེས་གསུངས་པ་དང་། གདོང་བཞི་པ་ཡི་དགའ་བའི་ཚུལ་བསྟན་ནས་འདུག་པ་ལ། ཅི་ཡིན་གསུངས་པས། གདོང་བཞི་པའི་ཞལ་ནས་བསྟན་བཅོས་འདིའི་འཕྲོ་མི་བརྩམས་པར་གསུང་བ་ལ་བརྟེན་ནས་བསྟན་བཅོས་འདི་ཡོངས་སུ་རྫོགས་པར་བརྩམས་པར་མཛད་པ་ཡིན་པས། བདག་ཉིད་ཆེན་པོ་འདི་སྡོམ་གསུམ་རབ་དབྱེའི་བདག་པོ་ལྟ་བུར་བླ་མ་དང་ལྷས་ལུང་བསྟན་པར་ཡང་གྲུབ་བོ། །

གསུམ་པ་བརྩམ་བྱ་བསྟན་བཅོས་ཀྱི་བརྗོད་བྱ་གཏན་ལ་དབབ་པ་ལ་གསུམ་སྟེ། བརྩམས་པ་ལ་འཇུག་པ་ཀླད་ཀྱི་དོན། བརྩམས་པར་བྱ་བ་གཞུང་གི་དོན། བརྩམས་པ་མཐར་ཕྱིན་པ་མཇུག་གི་དོན་ནོ། །དང་པོ་ལ་གསུམ་སྟེ། མཚན་གྱི་དོན། མཆོད་པར་བརྗོད་པ། བརྩམས་པར་དམ་བཅའོ། །དང་པོ་ནི། གང་བཤད་པར་བྱ་བའི་བསྟན་བཅོས་འདིའི་མཚན་ལ། སྡོམ་པ་གསུམ་གྱི་རབ་ཏུ་དབྱེ་བའི་ཁ་བསྐོང་གཞི་ལམ་འབྲས་གསུམ་གསལ་བར་བྱེད་པའི་ལེགས་བཤད་འོད་ཀྱི་སྣང་བ་ཞེས་བྱ་བ་སྟེ། སྡོམ་པ་གསུམ་གྱི་རབ་ཏུ་དབྱེ་བའི་བསྟན་བཅོས་སུ་རྗེ་བཙུན་ས་སྐྱ་པ་ཆེན་པོ་ཀུན་དགའ་སྙིང་པོ་ཞིང་གཞན་དུ་གཤེགས་ནས་སྡོམ་གསུམ་རབ་དབྱེ་མ་བརྩམས་པའི་བར་གྱི་ཆོས་མིན་གྱི་མུན་པ་འཐིབས་པ་རྣམས་བསལ་བའི་རྗེས་སུ་སླར་ཡང་རྗེ་བཙུན་ས་སཀྱ་ཞིང་གཞན་དུ་གཤེགས་ནས་བསྟན་བཅོས་འདི་མ་བརྩམས་པའི་བར་དུ་བྱུང་པའི་ཆོས་མིན་གྱི་མུན་པ་འཐིབས་པ་རྣམས་སེལ་བར་བྱེད་པ་ཁ་སྐོང་བ་གཞི་ལམ་འབྲས་གསུམ་གྱི་རྣམ་གཞག་ཕྱིན་ཅི་མ་ལོག་པ་གསལ་བར་བྱེད་པའི་ལེགས་པར་བཤད་པའི་ཉི་འོད་ཀྱི་སྣང་བ་རྒྱས་པར་བྱས་ཏེ། ཉམས་ལེན་ཐམས་ཅད་སངས་རྒྱས་ཀྱི་དགོངས་པ་ཇི་ལྟ་བ་བཞིན་གསལ་བར་བྱེད་པས་ན་དེ་སྐད་ཅེས་བྱ་བའོ། །

གཉིས་པ་ལ་གཉིས་ཏེ། འགྱུར་ཕྱག་དང་མཚུངས་པའི་མཆོད་བརྗོད་དང་། བརྗོད་བྱ་དང་མཐུན་པའི་

མཆོད་བརྗོད་བཤད་པའོ། །དང་པོ་བཤད་པ་ནི། ཕྱག་འཚལ་ལོ་ཞེས་པ་བཤད་པའི་གཞིར་བཞག །ཚུལ་ཇི་ལྟར་ན་སྒོ་གསུམ་གུས་པའི་སྒོ་ནས་སོ། །ཡུལ་གང་ལ་ན། སྡོམ་གསུམ་སྟེར་བའི་རྩ་བ་དང་བརྒྱུད་པར་བཅས་པའི་རྗེ་བཙུན་བླ་མ་ཐུགས་རྗེ་ཆེན་པོ་དང་ལྡན་པ་རྣམས་དང་ལྷག་པའི་ལྷ་མཆོག་མགོན་པོ་འཇམ་པའི་དབྱངས་ལའོ། །འདི་ལ་འགྱུར་ཕྱག་དང་མཐུན་པའི་མཆོད་བརྗོད་ཅེས་བྱ་སྟེ། ལོ་ཙྪ་བ་རྣམས་ཀྱིས་བསྟན་བཅོས་བསྒྱུར་བའི་ཚེ། ཡུལ་ཇི་ལྟར་འོས་པ་ལ་ཕྱག་འཚལ་བ་དང་མཚུངས་པའི་ཕྱིར་རོ། །གཉིས་པ་ནི། བཀྲད་ཅེས་པའི་དོན། དང་བའི་དང་སྐྱོག་པ་མེད་པས་བཀྲད་དེ་ཕྱག་འཚལ་ལོ། །ཚུལ་ཇི་ལྟར་ན། སྒོ་གསུམ་གུས་པའི་སྒོ་ནས་སོ། ། ཡུལ་གང་ལ་ན། ཡོན་ཏན་ཐམས་ཅད་དབྱེར་མེད་དུ་ཚང་བའི་བདེ་བར་གཤེགས་པའི་སྙིང་པོ་དེ་ལའོ། །ཇི་ལྟར་ཚང་ཞེ་ན། ཡོན་ཏན་ཐམས་ཅད་རང་བཞིན་ལྷུན་གྲུབ་ཏུ་གཞིར་གནས་པའི་རིག་སྟོང་ཟུང་འཇུག་གི་ཆོས་ཀྱི་དབྱིངས་གཞིར་བྱས་ལ། ཟུང་འཇུག་གི་གསལ་རིག་ཐབས་ཀྱིས་ཟིན་ཏེ་ཟུང་འཇུག་གི་སྙིང་གི་གློ་བུར་གྱི་སྒྲིབ་པའི་དྲི་མ་སེལ་བར་བྱེད་པའི་ལམ་སྒོམ་པའི་སྟོབས་ཀྱི་ཟུང་འཇུག་དེ་ཉིད་དྲི་མེད་དུ་གནས་གྱུར་པའི་ཆོས་དབྱིངས་ལ་སྟོབས་སོགས་བྲལ་བའི་འབྲས་བུ་དང་། མཚན་དཔེ་སོགས་རྣམ་པར་སྨིན་པའི། འབྲས་བུ་སྟེ་རང་དོན་གྱི་ཡོན་ཏན་དབྱེར་མེད་དུ་ཚང་ཞིང་། དེ་ཉིད་གདུལ་བྱ་སེམས་རྒྱུད་དག་པ་ལ། མཚན་དཔེ་དངོས་ཀྱིས་བརྒྱན་པ་ལོངས་སྐུ་དང་། རྒྱུ་མཐུན་པས་བརྒྱན་པ་མཆོག་གི་སྤྲུལ་སྐུ་སྟེ། གཟུགས་སྐུ་གཉིས་དང་། གདུལ་བྱ་མ་དག་པ་ལ་རི་བོང་སྟག་དང་སེང་གེ་དང་ལྡོན་ཤིང་དང་ཟམ་པ་ལ་སོགས་པར་ཡང་སྣང་བའོ། །

དེ་སྐད་དུ་ཐོགས་མེད་ཞབས་ཀྱི་དྲི་མ་མེད་པའི་སངས་རྒྱས་ཀྱི་ཡོན་ཏན་ནི་གནས་གྱུར་པའི་དེ་བཞིན་གཤེགས་པའི་ཆོས་ཀྱི་སྐུ་དེ་ཉིད་ལ་ཡོད་པ་འཇིག་རྟེན་ལས་འདས་པ་སྟོབས་བཅུ་ལ་སོགས་པ་གང་དག་ཡིན་པའོ། །ཞེས་དང་། རྒྱུད་བླར། འདིར་ནི་དང་པོ་ཆོས་སྐུ་སྟེ། །ཕྱི་མ་དག་ནི་གཟུགས་ཀྱི་སྐུ། །ནམ་མཁའ་ལ་ནི་གཟུགས་གནས་བཞིན། །དང་པོ་ལ་ནི་ཐ་མ་གནས། །ཞེས་གསུངས་སོ། །མདོར་ན་ཁམས་བདེ་བར་གཤེགས་པའི་སྙིང་པོ་ལ༑ གཞི་ལམ་འབྲས་གསུམ་གྱི་ཡོན་ཏན་རྣམས་ཐོབ་རུང་དང་འཇུག་རུང་དང་རང་གི་ངོ་བོ་དང་ནུས་མཐུ་དང་ས་བོན་ལ་སོགས་པ་ཅི་རིགས་པའི་སྒོ་ནས་ཚང་སྟེ། རྒྱུད་བླར། རྫོགས་སངས་སྐུ་ནི་འཕྲོ་ཕྱིར་དང་། །དེ་བཞིན་ཉིད་དབྱེར་མེད་ཕྱིར་དང་། །རིགས་ཡོད་ཕྱིར་ན་ལུས་ཅན་ཀུན། །རྟག་ཏུ་སངས་རྒྱས་སྙིང་པོ་ཅན། །ཞེས་ལུས་ཅན་ཀུན་ལ་སངས་རྒྱས་ཀྱི་སྙིང་པོ་ཡོད་པའི་སྒྲུབ་བྱེད་གསུམ་གསུངས་ཤིང་། གསུམ་པོ་དེ་དག་ཀྱང་གཞུང་རེའི་འོག་ཏུ། འདིའི་རང་བཞིན་ཆོས་སྐུ་དང་། །དེ་བཞིན་ཉིད་དང་རིགས་ཀྱང་སྟེ། །དེ་ནི་དཔེ་གསུམ་གཅིག་དང་ནི། ། ལྔ་རྣམས་ཀྱིས་ནི་ཤེས་པར་བྱ། །ཞེས་དོན་རྣམ་པ་དགུར་ཕྱེ་ནས་དཔེ་དགུས་མཚོན་པར་གསུངས་པའི་དོན་

དགུ་ནི། འདིའི་རང་བཞིན་ཆོས་སྐུ་དང་ཞེས་པའི་སྐབས་ཀྱི་ཆོས་སྐུ་ལ། གློ་བུར་དྲི་བྲལ་གྱི་ཆོས་དབྱིངས་དང་། ཟབ་མོ་སྟོང་ཉིད་སྟོན་པའི་གསུང་རབ་དང་། བརྗོད་བྱ་སྣ་ཚོགས་སྟོན་པའི་གསུང་རབ་སྟེ་གསུམ་དུ་ཕྱེ་ཞིང་། དེ་བཞིན་ཉིད་དང་རིགས་ཀྱང་སྟེ། །ཞེས་པའི་སྐབས་ཀྱི་དེ་བཞིན་ཉིད་ནི་རང་བཞིན་རྣམ་དག་གི་ཆོས་དབྱིངས་ཡིན་ལ། རིགས་ལ་རང་བཞིན་གནས་རིགས་དང་། རྒྱས་འགྱུར་གྱི་རིགས་གཉིས། དེ་གཉིས་ཀྱི་འབྲས་བུ་སྐུ་གསུམ་དང་ལྔར་ཕྱེ་བ་སྟེ་དགུ་ཡོད་པའི་དང་པོ་ཐོབ་རྒྱུད་དང་གཉིས་པ་དང་གསུམ་པ་འཇུག་རྒྱུད་གི་ཚུལ་དུ་ཚང་། དེ་བཞིན་ཉིད་དང་རང་བཞིན་གནས་རིགས་ངོ་བོའི་སྒོ་ནས་ཚང་། རྒྱས་འགྱུར་གྱི་རིགས་ནུས་མཐུའི་སྒོ་ནས་ཚང་། སྐུ་གསུམ་ས་བོན་གྱི་སྒོ་ནས་ཚང་བ་ནི་ཁམས་བདེ་བར་གཤེགས་པའི་སྙིང་པོའི་སྙིང་དུ་གྲུབ་པའི་ཕྱིར།

གསུམ་པ་བརྩམས་པར་དམ་བཅའ་བ་ནི། བཤད་ཅེས་པ་བཤད་པའི་གཞིར་བཞག་སྟེ། གང་བཤད་ན། གཞི་ལམ་འབྲས་གསུམ་གསལ་བར་བྱེད་པའི་ལེགས་བཤད་འོད་ཀྱི་སྣང་བ་ཞེས་བྱ་བའི་བསྟན་བཅོས་ཆེན་པོ་འདི་བཤད། ཡུལ་གང་ལ། གང་གི་ཕྱིར་དུ་བཤད་ཅེ་ན། བློ་གཟུ་བོར་གནས་པ་སོགས་སྣོད་ཀྱི་ཡོན་ཏན་གསུམ་དང་ལྡན་པའི་གདུལ་བྱ་ལ་དངོས་སུ་ཕན་པ་དང་། དེ་ལས་གཞན་པའི་གདུལ་བྱ་ལ་བརྒྱུད་ནས་ཕན་པའི་ཕྱིར་དུ་བཤད། ཀུན་སློང་གང་གིས་བཤད་ན། དེ་དག་ལ་བརྩེ་བས་ཀུན་ནས་བསླངས་པའི་ལྷག་བསམ་གྱིས་བཤད། གང་ལ་བརྟེན་ནས་བཤད་ཅེ་ན། རྒྱལ་བའི་བཀའ་དང་རྒྱ་བོད་ཀྱི་ཚད་ལྡན་གྱི་གཞུང་ལུགས་རྣམས་དང་། འཁྲུལ་པ་ཟད་པའི་རྗེ་བཙུན་དམ་པ་ས་སྐྱ་པ་ཡབ་སྲས་བརྒྱུད་པ་དང་བཅས་པའི་མན་ངག་ལ་བརྟེན་ནས་སོ། །

གཉིས་པ་བརྩམ་པར་བྱ་བ་གཞུང་གི་དོན་ལ་གཉིས་ཏེ། དོན་གསུམ་ངོས་བཟུང་བའི་སྒོ་ནས་ལུས་མདོར་བསྟན། ལུང་རིགས་ཀྱི་རྣམ་པར་དཔྱད་པའི་སྒོ་ནས་ཡན་ལག་རྒྱས་པར་བཤད་པའོ། །དང་པོ་ལ་གསུམ་སྟེ། གཞི་ངོས་བཟུང་། ལམ་ངོས་བཟུང་། འབྲས་བུ་ངོས་བཟུང་བའོ། །དང་པོ་ནི། གཉིས་སྣང་གི་དྲི་མ་རང་བཞིན་གྱི་རྣམ་པར་དག་ཅིང་འོད་གསལ་བ་ཡིན་ཡང་གློ་བུར་གྱི་དྲི་མ་དང་བཅས་པའི་སེམས་གསལ་རིག་དང་སྟོང་པ་ཟུང་དུ་འཇུག་པའི་ཤེལ་དཀར་གྱི་ཁམས་བདེ་བ་གཤེགས་པའི་སྙིང་པོ་ཆོས་ཅན། འཁོར་འདས་ཀུན་གྱི་གཞི་བྱ་སྟེ། རང་ངོས་ནས་འགྱུར་བ་མེད་ཀྱང་། བག་ཆགས་བཟང་ངན་གྱི་མཚོན་གྱིས་ཁ་བསྒྱུར་བ་ལས་མྱང་འདས་རྒྱུ་འབྲས་ཀྱི་གནས་སྐབས་དང་། འཁོར་བའི་གནས་སྐབས་དུ་མར་དེ་དང་དེ་དག་གི་སྣང་བ་འཆར་བ་ཡི་རྟེན་བྱེད་པའི་དབྱིངས་ཉིད་ཡིན་པའི་ཕྱིར། དེའི་དོན་ཡང་ཁམས་བདེ་གཤེགས་སྙིང་པོའི་གསལ་སྟོང་ཟུང་འཇུག་ལ་འདོག་ཅིང་། ཟུང་འཇུག་དེ་ཉིད་ཐབས་ཀྱིས་མ་ཟིན་ན་འཁོར་བའི་ཆོས་ཀྱི་གཞི་ཡིན་ཏེ། ཟུང་འཇུག་ལས་རྣམ་རྟོག་སྐྱེ། དེ་ལས་ཉོན་མོངས་པ། དེ་ལས་ལས་བསགས། དེ་ལས་འཁོར་བར་བསྡུས་པའི་ཕུང་ཁམས་སྐྱེ

མཆེད་འབྱུང་བའི་ཕྱིར་ཏེ། རྒྱུད་བླ་ར། ས་ནི་ཆུ་ལ་ཆུ་རླུང་ལ། །རླུང་ནི་མཁའ་ལ་རབ་ཏུ་གནས། །མཁའ་ནི་རླུང་དང་ཆུ་དག་དང་། །ས་ཡི་ཁམས་ལ་གནས་མ་ཡིན། །དེ་བཞིན་ཕུང་པོ་ཁམས་དབང་རྣམས། །ལས་དང་ཉོན་མོངས་དག་ལ་གནས། །ལས་དང་ཉོན་མོངས་ཚུལ་བཞིན་མིན། །ཡིད་ལ་བྱེད་ལ་རྟག་ཏུ་གནས། །ཚུལ་བཞིན་མ་ཡིན་ཡིད་བྱེད་ནི། །སེམས་ཀྱི་དག་པ་ལ་རབ་གནས། །སེམས་ཀྱི་རང་བཞིན་ཆོས་རྣམས་ནི། །ཐམས་ཅད་ལ་ཡང་གནས་མ་ཡིན། །ཞེས་དང་། ཀླུ་སྒྲུབ་ཀྱིས། ལས་དང་ཉོན་མོངས་ཟད་པས་ཐར། །ལས་དང་ཉོན་མོངས་རྣམ་རྟོག་ལས། །དེ་དག་སྤྲོས་ལས་སྤྲོས་པ་ནི། །སྟོང་པ་ཉིད་ཀྱིས་འགག་པར་འགྱུར། །ཞེས་གསུངས་སོ། ། ཟུང་འཇུག་དེ་ཉིད་ཐབས་ཀྱིས་ཟིན་ན་ལམ་གྱི་ཆོས་ཐམས་ཅད་ཀྱི་གཞི་ཡིན་ཏེ། སྣ་ཚོགས་སུ་སྣང་བའི་སེམས་འདི་དགེ་རྩ་ས་སད་པར་བྱས་ཏེ་སེམས་རང་གི་གནས་ཚུལ་སྙེགས་པའི་ཚེ། འཁོར་བ་ལ་སྤྱོད་འདོད་དང་། མྱང་འདས་ལ་དོན་གཉེར་གྱི་མདུན་པ་འབྱུང་ཞིང་། དེ་ལས་དེ་དག་གི་སྒྲུབ་པ་འབྱུང་བའི་ཕྱིར། དེ་སྐད་དུ་ཡང་རྒྱུད་བླ་ར། སྲིད་དང་མྱ་ངན་འདས་ལ་དེའི། །སྡུག་བདེའི་སྐྱོན་ཡོན་མཐོང་བ་ན། །རིགས་ཡོད་ལས་ཡིན་གང་ཕྱིར་ཏེ། ། རིགས་མེད་དག་ལ་མེད་ཕྱིར་རོ། །ཞེས་དང་། མངོན་རྟོགས་རྒྱན་དུའང་། སྒྲུབ་པ་ཡི་ནི་རྟེན་གྱུར་པ། །ཆོས་ཀྱི་དབྱིངས་ཀྱི་རང་བཞིན་དང་། །ཞེས་དང་། རྒྱས་བཤད་དུ། སྒྲུབ་པ་བཅུ་གསུམ་བཤད་ནས། རྟེན་ལ་རིགས་ཞེས་བྱ་ཞེས་གསུངས་པ་ཡིན་ནོ། །ཟུང་འཇུག་དེ་ཉིད་ལམ་བསྒོམས་པའི་སྟོབས་ཀྱིས་གློ་བུར་གྱི་དྲི་མ་མཐའ་དག་དང་བྲལ་བ་ན། སྟོབས་ལ་སོགས་པ་སངས་རྒྱས་ཀྱི་ཡོན་ཏན་རྣམས་འབྱུང་ཚུལ་ནི། མཆོད་བརྗོད་ཀྱི་སྐབས་སུ་བཤད་པ་བཞིན་ནོ། །

གཉིས་པ་ལམ་ངོས་བཟུང་བ་ནི། ཉན་ཐོས་རང་རྒྱལ་ཕ་རོལ་ཏུ་ཕྱིན་པའི་ཐེག་པ་གསུམ་གྱི་བསླབ་པའི་ཉམས་ལེན་རྣམས། རང་རང་གི་ངོས་སྐལ་གྱི་དྲི་མ་སྦྱོང་བར་བྱེད་པའི་ལམ་ཙམ་ཡིན་ཅིང་། ཉན་ཐོས་ཀྱི་བསླབ་པའི་ལུགས། རང་རྒྱལ་གྱི་བསླབ་པའི་ཟངས། ཕར་ཕྱིན་ཐེག་པའི་བསླབ་པའི་དཔྱལ་རྣམས། རིག་པ་འཛིན་པའི་དཀྱིལ་འཁོར་དུ་དབང་བསྐུར་བའི་གསེར་འགྱུར་གྱི་རྩི་ཡིས་གསང་ཆེན་གྱི་བསླབ་པའི་གསེར་དུ་བསྒྱུར་བའི་སྔགས་ཀྱི་ཉམས་ལེན་དང་། དང་པོ་ཉིད་ནས་སྔགས་ལམ་དུ་ཞུགས་པའི་ཉམས་ལེན་རྣམས་ནི་ཆོས་ཅན། དྲི་མ་སྦྱོང་བར་བྱེད་པའི་ལམ་གྱི་མཆོག་ཡིན་ཏེ། གཞི་བདེ་གཤེགས་སྙིང་པོའི་སྙིང་གི་དྲི་མ་མཐའ་དག་སེལ་བར་བྱེད་པའི་ཉམས་ལེན་ཡིན་པའི་ཕྱིར། གསུམ་པ་འབྲས་བུ་ངོས་བཟུང་བ་ནི། དྲི་མེད་དུ་གནས་གྱུར་པ་དག་པ་གཉིས་ལྡན་གྱི་ཆོས་དབྱིངས་ཀྱི་ནམ་མཁར། སྟོབས་སོགས་བྲལ་འབྲས་ཀྱི་ཡོན་ཏན་གྱི་ཟླ་བ་ཤར་བ་ལས། རིགས་ཅན་གསུམ་གྱི་གདུལ་བྱ་རང་སེམས་དག་པའི་ཆུ་གཙང་དུ། དེའི་གཟུགས་བརྙན་རྣམ་སྨིན་གྱི་ཡོན་ཏན

མཚན་དཔེ་དངོས་ཀྱིས་བརྒྱན་པའི་ལོངས་སྐུ་དང་། རྒྱུ་མཐུན་པས་བརྒྱན་པའི་མཆོག་གི་སྤྲུལ་སྐུ་སྟེ་གཟུགས་སྐུ་རྣམ་གཉིས་འཆར་བ་འདི་ཆོས་ཅན། ལམ་གྱི་མཆོག་བསྒོམ་པའི་འབྲས་བུ་ཡིན་ཏེ། སྣང་གཞིའི་སྟེང་དུ་སྒྲོང་བྱེད་ཁམས་ཀྱི་དྲི་མ་མཐའ་དག་སྦྱངས་པའི་ཐོབ་བྱ་མཐར་ཐུག་ཡིན་པའི་ཕྱིར་རོ། །

གཉིས་པ་ལ་གསུམ་སྟེ། གཞིའི་གནས་སྐབས། ལམ་གྱི་གནས་སྐབས། འབྲས་བུའི་གནས་སྐབས་བཤད་པའོ། །དང་པོ་ལ་གསུམ་སྟེ། རྣམ་གཞག་སྤྱིར་བསྟན། ཡོག་རྟོག་བྱེ་བྲག་ཏུ་དགག །གནད་ཀྱི་དོན་བསྡུས་ཏེ་བསྟན་པའོ། །དང་པོ་ལ་གཉིས་ཏེ། དངོས་པོར་སྨྲ་བའི་ལུགས། དབུ་མ་པའི་ལུགས་སོ། །དང་པོ་ནི། གཞིའི་འདོད་ཚུལ་ལ། དངོས་སྨྲ་བ་དང་། དབུ་མ་པ་གཉིས་ལས། དངོས་སྨྲ་བ་ལ། གྲུབ་མཐའི་འདོད་ཚུལ་གྱི་བྱེ་བྲག་གི་མི་འདྲ་བ་གསུམ་ཡོད་པ་ལས། བྱེ་བྲག་ཏུ་སྨྲ་བས། ཆོས་གོས་དང་། བསོད་སྙོམས་དང་། གནས་མལ་ངན་ངོན་ཙམ་གྱིས་ཆོག་ཤེས་པ་གསུམ་དང་། སྤོང་བ་དང་སྒོམ་པ་ལ་དགའ་བ་སྟེ་བཞིས་བསྡུས་པའི་སེམས་བྱུང་མ་ཆགས་པའི་རང་བཞིན་འདོད་པ་ཆུང་ཞིང་ཆོག་ཤེས་པ་ཞིག་ལ་འདོད་པ་དང་། མདོ་སྡེ་པས། ཟག་མེད་ཀྱི་སེམས་ཀྱི་ས་བོན་འབྲས་བུ་འབྱུང་རུང་གི་ནུས་པ་ལ་གཞིར་འདོད་པ་དང་། སེམས་ཙམ་པས། ཀུན་གཞིའི་རྣམ་ཤེས་ལ་ཡོད་པའི་ཟག་མེད་ཀྱི་ཡོན་ཏན་རྒྱེན་དང་འཕྲད་ན་བྱང་ཆུབ་ཐོབ་པར་བྱེད་པའི་ནུས་པ་ཐོག་མ་མེད་པ་ནས་ཡོད་པ་སྐྱེ་མཆེད་དྲུག་གི་ཁྱད་པར་རམ། ཟག་མེད་ཀྱི་ས་བོན་ཆའམ། སྒྲིབ་པ་སྤོང་རུང་ངམ། ཐོས་པའི་བག་ཆགས་སོགས་མིང་གི་རྣམ་གྲངས་དུ་མ་དང་ལྡན་པ་ཞིག་ལ་གཞིར་འདོད་པ་ཡོད་ཀྱང་། དེ་དག་འདུས་བྱས་ཁོ་ནར་ངེས་པ་ཡིན་པས། སྐབས་འདིའི་གཞི་མཚན་ཉིད་པ་ནི་མ་ཡིན་ནོ། །

གཉིས་པ་དབུ་མའི་ལུགས་བཤད་པ་ལ་བཞི་སྟེ། བཀའ་སྲོལ་གཉིས་ཀྱི་ལུགས་ངོས་བཟུང་། ཡོན་ཏན་གྱི་ལྡོག་པ་སོ་སོར་འཆད་པའི་ཚུལ། དེས་ན་དགོངས་པ་གཅིག་ཏུ་སྒྲུབ་པ། དེ་ཉིད་ཀྱི་མཚན་གྱི་རྣམ་གྲངས་བསྟན་པའོ། །དང་པོ་ནི། དབུ་མ་པའི་སྐབས་འདིར་ནི་ཆོས་ཅན། འདུས་མ་བྱས་སུ་གྲུར་པའི་གཞི་བཞེད་པ་ཡིན་ཏེ། ཤར་ཕྱིན་གྱི་དགོངས་འགྲེལ་གྱི་ཤིང་རྟའི་སྲོལ་འབྱེད་བྱམས་མགོན་དང་འཕགས་པ་ཀླུ་སྒྲུབ་གཉིས་ཀར་གྱི། སེམས་གསལ་བ་རྒྱུན་ཆགས་མ་འགག་པ་མཐའ་བཞི་སྤྲོས་པས་སྟོང་པ་ཡི་གསལ་སྟོང་ཟུང་དུ་འཇུག་པའི་ཆོས་དབྱིངས་ལ་གཞིར་བཞེད་པའི་ཕྱིར། གཉིས་པ་ལ་གསུམ་སྟེ། རྒྱུད་བླ་ར་ཇི་སྐད་པའི་ལྡོག་པ་ནས་བཤད་ཚུལ། རིགས་ཚོགས་ལས་ཇི་ལྟ་བའི་ལྡོག་པ་ནས་བཤད་ཚུལ། བསྟོད་ཚོགས་ལས་ཟུང་འཇུག་གི་ལྡོག་པ་ནས་བཤད་ཚུལ་ལོ། །དང་པོ་ནི། ཐེག་ཆེན་དབུ་མ་པའི་ལུགས་དེ་ལ་ཡང་། བྱམས་མགོན་གྱི་ཐེག་པ་ཆེན་པོ་རྒྱུད་བླ་མར། གསལ་སྟོང་ཟུང་འཇུག་གི་གསལ་བའི་ལྡོག་པ་ནས་བཤད་པ་གཙོ་ཆེ་སྟེ། གཞི་ལམ་འབྲས་བུའི

ཡོན་ཏན་གྱི་ལྡོག་པ་མ་ལུས་པར་ཚང་བའི་བདེ་གཤེགས་སྙིང་པོ་ནི། རྫོགས་སངས་སྐུ་ནི་འཕྲོ་ཕྱིར་དང་། །ཞེས་སོགས་སྒྲུབ་བྱེད་གསུམ་གྱིས་འགྲོ་བའི་རྒྱུད་ལ་ཡོད་པར་བསྒྲུབ། ངོ་བོ་རྒྱུ་འབྲས་ལས་ལྡན་འཇུག་པ་དང་། །ཞེས་སོགས་རྣམ་གཞག་རྣམ་པ་བཅུ་ཡིས་གཏན་ལ་ཕབ། སངས་རྒྱས་པད་ངན་སྦྲང་རྩི་སྦྲང་མ་ལ། །ཞེས་སོགས་དྲི་མས་སྒྲིབ་ཚུལ་དཔེ་དགུས་བསྟན། དག་སོགས་བྲལ་བ་རང་གཞན་དོན། །ཞེས་སོགས་དང་། རང་དོན་གཞན་དོན་དོན་དམ་སྐུ་དང་ནི། །ཞེས་སོགས་དང་། བརྒྱ་བྱིན་རྔ་སྤྲིན་ཚངས་པ་དང་། །ཞེས་སོགས་རྣམས་ཀྱིས་རིམ་པ་བཞིན། དག་པ་གཉིས་ལྡན་གྱི་བྱང་ཆུབ་དང་། བྲལ་བ་དང་རྣམ་སྨིན་གྱི་ཡོན་ཏན་དྲུག་ཅུ་རྩ་བཞི་དང་། རྒྱུན་མི་ཆད་པ་དང་ལྷུན་གྱིས་གྲུབ་པའི་ཕྲིན་ལས་སོ་གཉིས་སོགས་ཀྱི་འབྲས་བུའི་གནས་ཚུལ་གྱི་ཁྱད་པར་བཤད་པའི་ཕྱིར། གཉིས་པ་ནི། འཕགས་པ་ཀླུ་སྒྲུབ་ཞབས་ཀྱིས་མཛད་པའི་རིགས་ཚོགས་ལས། གསལ་སྟོང་ཟུང་འཇུག་གི་སྟོང་པའི་ལྡོག་པ་ནས་གསུངས་པ་གཙོ་ཆེ་སྟེ། དེ་ལས་རྟེན་འབྲེལ་གྱི་རྟགས་དང་། མཐའ་བཞིའི་སྤྲོས་པ་ཡིས་སྟོང་པའི་ཚུལ་རིགས་པས་གཏན་ལ་ཕབ་ནས་ཆོས་ཐམས་ཅད་བདེན་པས་སྟོང་པའི་སྟོང་ཉིད་ལ་འཁོར་འདས་ཀུན་གྱི་བྱ་བྱེད་རུང་བར་གསུངས་པའི་ཕྱིར། གསུམ་པ་ནི། མགོན་པོ་ཀླུ་སྒྲུབ་ཀྱི་བསྟོད་པའི་ཚོགས་ལས། གཞིའི་ངོས་འཛིན་གསལ་སྟོང་ཟུང་འཇུག་གི་ལྡོག་པ་ནས་བཤད་དེ། རྟེན་འབྲེལ་གྱི་རྟགས་ལས་འདུས་བྱས་བདེན་པས་སྟོང་པའི་སྟོང་ཉིད་དེ་ཡང་། བདེན་གྲུབ་བཀག་པའི་ཅི་ཡང་མེད་པ་ཙམ་ཡིན་པ་སྤྱངས་ནས། འཁོར་འདས་རང་བཞིན་གྱིས་ལྷུན་གྱིས་གྲུབ་པའི་སེམས་དང་ཟུང་དུ་འཇུག་པ་ཉིད་ཀྱི་འཁོར་འདས་ཀུན་གྱི་གཞི་ཡིན་པའི་ཕྱིར་ན། གཞི་སྟོང་པ་ཉིད་ལ་འཁོར་འདས་ཀྱི་བྱ་བྱེད་རུང་བར་གསུངས་པའི་ཕྱིར་ཏེ།

ཆོས་དབྱིངས་བསྟོད་པ་ལས། ས་ཡི་དཀྱིལ་ན་ཡོད་པའི་ཆུ། །དྲི་མ་མེད་པར་གནས་པ་ལྟར། །ཉོན་མོངས་ནང་ན་ཡེ་ཤེས་ཀྱང་། །དེ་བཞིན་དྲི་མ་མེད་པར་གནས། །ཞེས། ཉོན་མོངས་པའི་སྐབས་ན་རང་བཞིན་གྱིས་དྲི་མས་མ་གོས་པས་སེམས་རང་གསལ་རྒྱུན་ཆགས་པ་ཡོད་པ་བཤད་ནས། དེ་ཉིད་བདེན་པར་གྲུབ་བམ་སྙམ་ན། བསམ་གྱིས་མི་ཁྱབ་པར་བསྟོད་པ་ལས། གང་གི་དངོས་པོ་རྟེན་བྱུང་རྣམས། །ངོ་བོ་མེད་པ་ཉིད་དུ་གསུངས། །ཞེས། རྟེན་འབྲེལ་གྱི་རྟགས་ལས། དེ་ཡང་བདེན་མེད་དུ་བཤད་པ་ལས་དེ་ལྟར་གྲུབ་པའི་ཕྱིར་རོ། །གསུམ་པ་ནི། རྒྱ་མཚན་དེས་ན། ཐེག་པ་ཆེན་པོ་དབུ་མ་པ་ཡི་ལུགས་ཀྱི་གཞིའི་འདོད་ཚུལ་ལ། རྒྱལ་ཚབ་བྱམས་པ་མགོན་པོ་དང་། རྒྱལ་བས་ལུང་བསྟན་པ་འཕགས་པ་ཀླུ་སྒྲུབ་སྟེ། ཤེར་ཕྱིན་གྱི་ཤིང་རྟའི་སྲོལ་འབྱེད་འདི་གཉིས། གསལ་སྟོང་ཟུང་འཇུག་ལ་བཞེད་པ་དགོངས་པ་མཐུན་ཏེ། དེ་གཉིས་ཀས་ཤེར་ཕྱིན་གྱི་མདོའི་སྦས་དོན་གསལ་བའི་ལྡོག་པ་དང་། དངོས་བསྟན་སྟོང་ཉིད་ཀྱི་ལྡོག་པ་ནས་གཙོ་ཆེ་ཆུང་གི་བཤད་པའི་བཤད་ཚུལ་ཐ་དད་ཀྱང་། གཞི

ཟུང་འཇུག་ལ་འཇོག་པར་མཐུན་པའི་ཕྱིར། སྡོམ་གསུམ་ཁ་སྐོང་གི་གཞུང་བྲིས་མར། རྒྱལ་ཚབ་རྒྱལ་བས་ལུང་བསྟན་པའི། །ཞེས་པ་སྣང་ཞིང་། རྒྱལ་ཚབ་བྱམས་པས་ལུང་བསྟན་པའི་ཞེས་འབྱུང་བ་ནི་སྔར་མ་དག་པའོ། །

བཞི་པ་ལ་གཉིས་ཏེ། ཕར་ཕྱིན་ཐེག་པ་ནས་གསུངས་པའི་མཚན་གྱི་རྣམ་གྲངས། རྡོ་རྗེ་ཐེག་པ་ནས་གསུངས་པའི་མཚན་གྱི་རྣམ་གྲངས་བཤད་པའོ། །དང་པོ་ནི། དབུ་མའི་ལུགས་ཀྱི་གཞི་ཆོས་ཅན། མདོ་ནས་ཁྱོད་ཀྱི་གསལ་བའི་ཕྱོགས་པ་ནས་བཤད་པ་དང་། སྟོང་པའི་ཕྱོགས་པ་ནས་བཤད་པ་དང་། ཟུང་འཇུག་གི་ཕྱོགས་པ་ནས་བཤད་པ་སོགས་བཤད་ཚུལ་དུ་མ་ཡོད་དེ། མདོ་ལས་ཆོས་དབྱིངས་དང་། དྲི་བཅས་དེ་བཞིན་ཉིད་དང་། རང་བཞིན་འོད་གསལ་དང་། བདེ་གཤེགས་སྙིང་པོ་དང་། སེམས་ཀྱི་རང་བཞིན་རྣམ་པར་དག་པ་སོགས་མཚན་གྱི་རྣམ་གྲངས་དུ་མའི་སྒོ་ནས་ཁྱོད་བསྟན་པའི་ཕྱིར་དང་། ལང་ཀར་གཤེགས་པ་ལས། དེ་བཞིན་གཤེགས་པའི་སྙིང་པོ་ཀུན་གཞིའི་རྣམ་པར་ཤེས་པ་སྒྲགས་པ་སྦྱང་བར་བྱའོ་ཞེས་དང་། རྒྱན་སྟུག་པོ་བཀོད་པ་ལས། ཇི་ལྟར་ཟླ་བ་སྐར་ཚོགས་དང་། །མཁའ་ལ་ལྷན་ཅིག་གནས་པ་ལྟར། །དེ་བཞིན་ཀུན་གཞིའི་རྣམ་ཤེས་ཀྱང་། །རྣམ་ཤེས་བདུན་དང་ལྷན་ཅིག་གནས། །ཞེས་དང་། རྣལ་འབྱོར་དབང་ཕྱུག་བིརྺ་པའི་མན་ངག་རྡོ་རྗེའི་ཚིག་རྐང་ལས། ཀུན་གཞི་རྒྱུ་རྒྱུད་ལ་འཁོར་འདས་ཚང་བ་རྩ་རྒྱུད་ཅེས་དང་། དཔལ་ལྡན་ཟླ་བའི་ཞབས་སོགས་ཀྱི་འཇུག་འགྲེལ་ལས། དངོས་པོ་ཐམས་ཅད་རང་བཞིན་གྱི་རྗེས་སུ་ཞུགས་པའི་ཕྱིར་སྟོང་པ་ཉིད་ཁོ་ན་ལ་ཀུན་གཞིའི་རྣམ་པར་ཤེས་པའི་སྒྲས་བསྟན་པ་རིགས་པར་བྱའོ། །ཞེས་པ་ལ་སོགས་པའི་སྐབས་ཀྱི་ཀུན་གཞིའི་སྒྲ་ཡང་། ཁྱོད་ཀྱི་གསལ་ཆ་དང་སྟོང་ཆ་དང་ཟུང་འཇུག་འདི་ལ་ཅི་རིགས་པར་དགོངས་ཏེ། ཁྱོད་བསྟན་པར་བཞེད་པའི་ཕྱིར།

གཉིས་པ་ནི། དབུ་མ་ལུགས་ཀྱི་གསལ་སྟོང་ཟུང་འཇུག་གི་དབྱིངས་ཆོས་ཅན། ཁྱོད་ལ་རྡོ་རྗེ་ཐེག་པ་ནས་གསུངས་པའི་མཚན་གྱི་རྣམ་གྲངས་དུ་མ་དང་ལྡན་ཏེ། ཟབ་མོའི་རྒྱུད་འཇམ་དཔལ་མཚན་བརྗོད་དུ། འཇམ་དཔལ་དཔལ་དང་ལྡན་པའི་མཆོག །ཅེས་འཇམ་དཔལ་གྱི་སྒྲས་བརྗོད་པ་དང་། དེ་བཞིན་དུ་བརྟག་གཉིས་ལས། ལུས་ལ་ཡེ་ཤེས་ཆེན་པོ་གནས། །ཞེས། ཡེ་ཤེས་ཆེན་པོ་དང་། རང་བཞིན་ལྷན་ཅིག་སྐྱེས་ཞེས་བརྗོད། །ཅེས། ལྷན་ཅིག་སྐྱེས་པ་དང་། རྡོ་རྗེ་རྩེ་མོ་ལས། སྲ་ཞིང་སྙིང་པོ་ཁོང་སྟོང་མེད། །གཅད་དང་གཞིགས་པར་བྱ་བ་མིན། །བསྲེག་པར་བྱར་མེད་གཞིག་མེད་པར། །སྟོང་ཉིད་རྡོ་རྗེར་བརྗོད་པར་བྱ། །ཞེས། རྡོ་རྗེའི་སྒྲས་བསྟན་པ་དང་། ཡང་བརྟག་གཉིས་ལས། རྡོ་རྗེ་མི་ཕྱེད་ཅེས་བྱར་བརྗོད། །སེམས་པ་སྲིད་པ་གསུམ་གཅིག་པ། །འདིས་ནི་ཤེས་རབ་རིག་པ་ཡིས། །རྡོ་རྗེ་སེམས་དཔར་བརྗོད་པར་བྱ། །ཞེས། རྡོ་རྗེ་སེམས་དཔའ་དང་། བློ་ནི་གཉིས་མེད་ཡེ་ཤེས་ཏེ། །ཞེས་དཔལ་དང་། ཀུན་ཏུ་བཟང་པོ་ཀུན་བདགས་ཉིད། བཅོམ་ལྡན་འདས་དཔལ་མཆོག་དང་པོའི་

སྐྱེས་བུ་ལའོ། །ཞེས། ཀུན་ཏུ་བཟང་པོ་དང་། དཔལ་མཆོག་དང་པོ་ཞེས་པ་ལ་སོགས་པའི་མཚན་གྱི་རྣམ་གྲངས་བགྲང་ཡས་ཀྱི་སྒོ་ནས་ཁྱེད་གསུངས་པའི་ཕྱིར། འོན་ཀྱང་མདོ་རྒྱུད་ནས་གསུངས་པའི་མཚན་གྱི་རྣམ་གྲངས་དེ་དག་དོན་གཅིག་ཏུ་འབྲེལ་བར་ནི་མི་བྱ་སྟེ། ཁ་ཅིག་ལས། གསལ་བའི་ལྡོག་པ་ནས་གསུངས། ཁ་ཅིག་ལས། སྟོང་པའི་ལྡོག་པ་ནས་གསུངས། ཁ་ཅིག་ལས་ཡོན་ཏན་གྱི་སྒྲ་བཤད་ཀྱི་ལྡོག་པ་ནས་གསུངས་པ་མིན་པས་དོན་དེ་ཐམས་ཅད་ཀྱི་གཞི་བདེ་གཤེགས་སྙིང་པོ་ལ་ཟུང་འཇུག་དགོས་པར་བསྟན་པའི་ཕྱིར། དེས་ན། ཀུན་གཞི་ལ་གསལ་སྟོང་ཟུང་འཇུག་གི་དབྱིངས་སྟོན་པར་བཞེད་ནས། གསལ་སྟོང་ཟུང་འཇུག་གི་ཆོས་ཅན་གསལ་བའི་ལྡོག་པ་ནས་གསུངས་པ་ཡང་ཡོད་ཅིང་། དེའི་དགོས་པ་ཡང་འཁོར་འདས་ཀྱི་བྱེད་པ་པོ་གསལ་སྟོང་ཟུང་འཇུག་གི་སེམས་གསལ་རིག་ཡིན་པར་ཤེས་པའི་ཕྱིར་དུ། དེ་ལྟ་བུའི་སེམས་གསལ་རིག་གི་སྟེང་ནས་གཙོ་བོར་གསུངས་ཏེ༑ རྡོ་རྗེ་གུར་ལས། རིན་ཆེན་སེམས་ལས་ཕྱིར་གྱུར་པའི། །སངས་རྒྱས་མེད་ཅིང་གང་ཟག་མེད། །རྣམ་པར་ཤེས་པའི་གནས་དོན་ནམ། །ཕྱི་རོལ་གྱུར་པ་ཅུང་ཟད་མེད། །ཅེས་དང་། སཾ་བུ་ཊི་ལས། ཀུན་རྟོག་མང་པོའི་མུན་པས་སྒྲིབ་གྱུར་ཅིང་། །རབ་ཏུ་འཇོམས་པས་སྨྱོ་ཞིང་གློག་འདྲ་ལ། །ཆགས་སོགས་དགག་དཀའི་དྲི་མས་གོས་གྱུར་པའི། །སེམས་ནི་རྡོ་རྗེ་ཅན་གྱིས་འཁོར་བར་གསུངས། །ཞེས་དང་། ས་ར་ཧས། སེམས་ཉིད་གཅིག་པུ་ཀུན་གྱི་ས་བོན་ཏེ། །གང་ལ་སྲིད་དང་མྱ་ངན་འདས་འཕྲོ་བ། །འདོད་པའི་འབྲས་བུ་སྟེར་བར་བྱེད་པ་ཡི། །ཡིད་བཞིན་ནོར་འདྲའི་སེམས་ལ་ཕྱག་འཚལ་ལོ། །ཞེས་གསུངས་པ་ལྟར་རོ། །

དེ་ལྟ་བུའི་སེམས་གསལ་རིག་དེ་ཡང་བདེན་པར་གྲུབ་ན་གཉེན་པོ་བསྐྱེད་པ་དང་། སྒྲིབ་པ་སྦྱོང་དུ་མི་རུང་བས། བདེན་པས་སྟོང་པའི་ཕྱིར་ན་འཆིང་གྲོལ་ཀུན་གྱི་གཞིར་རུང་བ་ཤེས་པའི་ཕྱིར་དུ་གསལ་སྟོང་ཟུང་འཇུག་སྟོང་པའི་ལྡོག་པའམ། ཐ་སྙད་ཚིག་ཟིན་ལ་བརྟེན་པས་ཟུང་འཇུག་སྟོན་པར་བཞེད་ནས། བཀའ་དང་བསྟན་བཅོས་ཕལ་ཆེར་ལས་ཟུང་འཇུག་གི་སྟོང་པའི་ལྡོག་པ་ནས་གསུངས་ཤིང་། གང་ལ་སྟོང་པ་ཉིད་རུང་བ་ཞེས་སོགས་ཀྱི་ལུང་། སྡོམ་གསུམ་རབ་དབྱེར་བདེ་གཤེགས་སྙིང་པོའི་ཤེས་བྱེད་དུ་དྲངས་པར་མཛད་དོ། །ཡང་དེ་ལྟ་བུའི་གསལ་སྟོང་ཟུང་འཇུག་དེ་ཉིད་ལ་ཆོས་སྐུ་ཞེས་པའི་སྒྲས་བསྟན་པའམ་ཡོད་ཅིང་། དེ་ལྟར་བསྟན་པའི་དགོས་པ་ནི་གསལ་སྟོང་ཟུང་འཇུག་དེ་ཉིད་ལ་གློ་བུར་གྱི་དྲི་མ་སྦྱངས་པ་ལས་འབྲས་བུ་ཆོས་སྐུ་འབྱུང་གི་ལོགས་ན་བཙལ་དུ་མེད་དོ་ཞེས་བསྟན་པས། སེམས་ཞུམ་པ་ལ་སོགས་པའི་སྐྱོན་ལྔ་སྤང་བའི་ཕྱིར་དུ་བསྟན་པ་ཡིན་ཏེ། དཔལ་ཕྲེང་གི་མདོ་ལས། བཅོམ་ལྡན་འདས་དེ་བཞིན་གཤེགས་པའི་ཆོས་ཀྱི་སྐུ་འདི་ཉིད། ཉོན་མོངས་པའི་སྦུབས་ལས་མ་གྲོལ་བ་ནི་དེ་བཞིན་གཤེགས་པའི་སྙིང་པོ་ཞེས་བགྱིའོ། །ཞེས་དང་། དེ་བཞིན་གཤེགས་པའི་སྙིང་པོའི་མདོ་

ལས། རིགས་ཀྱི་བུ་དག་དེ་ལྟར་དེ་བཞིན་གཤེགས་པ་དགྲ་བཅོམ་པ་ཡང་དག་པར་རྫོགས་པའི་སངས་རྒྱས་དེ་བཞིན་གཤེགས་པའི་མིག་ཡོངས་སུ་དག་པས་སེམས་ཅན་ཐམས་ཅད་དེ་ལྟར་མཐོང་ནས་དེ་བཞིན་གཤེགས་པའི་ཡེ་ཤེས་སྟོབས་དང་། མི་འཇིགས་པ་དང་། སངས་རྒྱས་ཀྱི་ཆོས་མ་འདྲེས་པའི་མཛོད་ཡོངས་སུ་སྦྱང་བའི་ཕྱིར་བྱང་ཆུབ་སེམས་དཔའ་རྣམས་ལ་ཆོས་སྟོན་ཏོ། །ཞེས་གསུངས་པ་ལྟར་རོ། །ཡང་དེ་ཉིད་ཆོས་ཅན་གསལ་བ་དང་། ཆོས་ཉིད་སྟོང་པ་དང་། ཆོས་སྐུ་གསུམ་ཆར་གྱི་ཕྱོགས་པ་ནས་གསུངས་པ་ནི། རྒྱུད་བླར། རྫོགས་སངས་སྐུ་ནི་འཕྲོ་ཕྱིར་དང་། །ཞེས་སོགས་ཚིགས་བཅད་གཅིག་དང་། དེའི་སྒྲུབ་བྱེད་གསུམ་པོ་དེ་ཡང་། འདིའི་རང་བཞིན་ཆོས་སྐུ་དང་། །ཞེས་སོགས་ཚིགས་བཅད་གཅིག་གིས་དོན་རྣམ་པ་དགུར་ཕྱེ་ནས་དཔེ་དགུས་མཚོན་པར་གསུངས་ཤིང་། དོན་རྣམ་པ་དགུ་ནི། ཆོས་སྐུ་རྣམ་གཉིས་ཤེས་བྱ་སྟེ། །ཞེས་སོགས་དང་། གཏེར་དང་འབྲས་བུ་ཤིང་བཞིན་དུ། །ཞེས་སོགས་ཚིགས་བཅད་གཉིས་ཀྱིས་བསྟན་པ་ཡིན་ནོ། །དེས་ན། ཟུང་འཇུག་གི་གསལ་བའི་ཕྱོགས་པ་ནས་བསྟན་ཞེས་པ་དང་། སྟོང་པའི་ཕྱོགས་པ་ནས་བསྟན་ཞེས་པའི་དོན་ཡང་། སྐབས་དེར་ཟུང་འཇུག་སྟོན་པར་བཞེད་ནས། རང་རང་དགོས་པའི་དབང་གིས་ཟུང་འཇུག་གི་གསལ་བ་སྟོན་པ་གཙོ་ཆེ་བ་དང་། སྟོང་པ་སྟོན་པ་གཙོ་ཆེ་བ་ཡིན་ཞེས་པའི་དོན་ཡིན་གྱི། ཟུང་འཇུག་གིས་གསལ་སྟོང་གཉིས་པོ་རེ་རེ་ནས་བདེ་གཤེགས་སྙིང་པོ་ཡིན་ཞེས་པའི་དོན་ནི་མ་ཡིན་ནོ། །

འདིར་གཟིགས་པའི་སྤྱན་ཡངས་མངའ་བའི་མཁས་པ་ཁ་ཅིག་གི་བཞེད་པ་ལ། སྤྱིར་རྒྱལ་བའི་བཀའ་འཁོར་ལོ་ཐ་མ་དང་། རྒྱུད་བླ་རྩ་འགྲེལ་གྱི་སྐབས་སུ་གཞི་བདེ་གཤེགས་སྙིང་པོའམ། ཆོས་དབྱིངས་ལ། གཉིས་མེད་ཀྱི་ཡེ་ཤེས་ཀྱི་མིང་ཅན་གྱི་ཤེས་པ་གསལ་རིག་གི་ཆ་ཁོ་ནས་ཡིན་པས་ཁྱབ་ཅིང་། དེའང་ཐེག་ཆེན་འཕགས་པ་ཁོ་ནས་མངོན་སུམ་དུ་རྟོགས་ཀྱིས། ཐེག་དམན་འཕགས་པ་དང་སོ་སོ་སྐྱེ་བོས་མངོན་སུམ་གྱི་སྤྱོད་ཡུལ་གཏན་མ་ཡིན་པར་བཤད། བཀའ་འཁོར་ལོ་བར་པ་དང་། རིགས་ཚོགས་རྩ་འགྲེལ་གྱི་སྐབས་སུ་བདེ་གཤེགས་སྙིང་པོ་དེ་ཉིད་ལ་ཆོས་ཐམས་ཅད་བདེན་པ་བཀག་པའི་སྟོང་ཉིད་ཁོ་ན་ཡིན་པས་ཁྱབ་ཅིང་། དེ་ལ་ཡང་ཤེས་པ་མ་ཡིན་པས་ཁྱབ་པར་བཤད་པ་དང་། དེ་ཡང་འཕགས་པའི་གང་ཟག་ཐམས་ཅད་ཀྱི་མངོན་སུམ་གྱི་སྤྱོད་ཡུལ་དུ་བཤད། དེ་གཉིས་ཅར་གྱི་སྐབས་སུ་གཞི་དེ་ཉིད་ལ། སྒྲོ་སྐུར་གྱི་མཐའ་དང་། རྟག་ཆད་ཀྱི་མཐའ་སོགས་དང་བྲལ་བའི་འདུས་མ་བྱས་ཤིག་ཡིན་དགོས་པར་བཤད་ཅིང་། མདོ་རྒྱུད་གཞན་རྣམས་ལས་དེ་གཉིས་ཅི་རིགས་པར་བཤད་པ་ཡིན་པ་ལ། དེ་གཉིས་ཐ་དད་སོ་སོའི་སྐབས་སུ་རང་རང་ནས་བཤད་པ་ལྟར་སོ་སོར་ཁས་ལེན་གྱི་ཕན་ཚུན་བསྲེས་ནས་ཁས་མི་ལེན་ཡང་། འདིར་མདོ་རྒྱུད་བསྟན་བཅོས་ཚད་ལྡན་ཐམས་ཅད་ཀྱི་ལེགས་པའི་

ཆ་བསྡུས་ནས་ཐུན་མོང་དུ་ཀུང་བསྒྲིབས་ནས་འཆད་པའི་སྐབས་ཡིན་པས། བཀའ་བར་མཐའ་གཉིས་དང་ཤིང་རྟའི་སྲོལ་འབྱེད་གཉིས་ཀྱི་དགོངས་པ་ཐུན་མོང་དུ་འགལ་མེད་དུ་སྒྲུབ་ནས་འཆད་པར་བྱེད་དོ། །འོན་འགལ་མེད་དུ་ཇི་ལྟར་དམ་བཅའ། ལུང་རིགས་ཀྱིས་ཇི་ལྟར་གྲུབ་སྙམ་ན། གཞི་བདེ་གཤེགས་སྙིང་པོ་ནི་གསལ་སྟོང་ཟུང་འཇུག་ཡིན་ཞིང་། དེ་གསུམ་ཡང་ངོ་བོ་གཅིག་ལ་ལྡོག་པ་ཐ་དད་ཡིན་པས། གསལ་སྟོང་ཟུང་འཇུག་གི་ཟླས་ཕྱེ་བའི་གསལ་ཆ་སྟོང་ཆ་ཟུང་འཇུག་གི་ཆ་གསུམ་ག་བདེ་གཤེགས་སྙིང་པོ་ཡིན་པས། ཐོགས་མེད་ཀྱི་གསལ་བ་ནས་བདེ་གཤེགས་སྙིང་པོ་ངོས་བཟུང་ཡང་། དེ་སྟོང་ཉིད་དུ་མི་བཞེད་པ་མ་ཡིན་ལ། ཀླུ་སྒྲུབ་ཀྱི་སྟོང་ཆ་ནས་ངོས་བཟུང་ཡང་དེ་གསལ་བ་རུ་མི་བཞེད་པ་ཡང་མ་ཡིན་པས་དོན་དྲིལ་ན། གཞི་བདེ་གཤེགས་སྙིང་པོ་ཡིན་ན། ཤེས་པ་གསལ་རིག་ཡིན་པས་ཀྱང་ཁྱབ་ལ། ཆོས་ཉིད་འདུས་མ་བྱས་ཡིན་པས་ཀྱང་ཁྱབ་བོ། །ཞེས་པ་ནི། སྤྱིར་བཀའ་མདོ་རྒྱུད་དང་། ཁྱད་པར་ཀུན་མཁྱེན་ཆེན་པོ་འདི་ཉིད་ཀྱི་དགོངས་པར་དམ་བཅའོ། །

འོན་དམ་བཅའ་འདི་ཇི་ལྟར་སྒྲུབ་སྙམ་ན། འདིར་སྐབས་ཀྱི་བདེ་གཤེགས་སྙིང་པོ་འདི། གཟུང་འཛིན་གྱི་དྲི་མས་གདོད་མ་ནས་དག་པའི་ཤེས་པ་གསལ་རིག་ཡིན་པར་འཆད་དགོས་ཏེ། སྙིང་པོའི་གསལ་སྟོང་ཟུང་འཇུག་གི་གསལ་བའི་ཆ་དེ་བདེ་གཤེགས་སྙིང་པོ་ཡིན་པའི་ཕྱིར་ཏེ། རྒྱུད་བླ་མ་ལས། སྙིང་པོ་གསལ་བ་སེམས་ཀྱི་ཆ་ནས་ངོས་བཟུང་ཞིང་། བཟུང་བ་ལྟར་ཁས་ལེན་རིགས་པའི་ཕྱིར་དང་། ཞེས་སོ། །སྒྲུབ་བྱེད་དང་བཅས་ཏེ་རྒྱས་པར་གསུངས་སོ། །དེ་ལ་སྤྱིར་བཀའ་མདོ་རྒྱུད་དང་། ཁྱད་པར་ཀུན་མཁྱེན་ཆེན་པོ་འདི་ཉིད་ཀྱི་དགོངས་པར་དམ་བཅའོ། །ཞེས་གསུངས་པ་འདི་ཉིད་ཀྱིས་གོང་དུ་དམ་བཅས་པ་དེ་དག །ཀུན་མཁྱེན་གྱི་དགོངས་པ་ཡིན་པར་མ་ཟད། རང་ཉིད་ཀྱི་འང་ཞལ་གྱི་བཞེས་པར་གྲུབ་པས། དམ་བཅའ་དེ་རྣམས་ལ་སྒྲོན་འདི་ལྟར་གནས་ཏེ། གཞི་བདེ་བར་གཤེགས་པའི་སྙིང་པོ་ཆོས་ཅན། ཤེས་པ་ཡིན་པར་ཐལ། གསལ་རིག་ཡིན་པའི་ཕྱིར་ཏེ། གཉིས་མེད་ཀྱི་ཡེ་ཤེས་ཀྱི་མིག་ཅན་གྱི་ཤེས་པ་གསལ་རིག་ཡིན་པའི་ཕྱིར་ཏེ། དེ་ལྟ་བུའི་གསལ་རིག་གི་དེ་ཁོ་ན་ཡིན་པའི་ཕྱིར་ཏེ། དེ་དེ་ལྟར་ཡིན་པར་རྒྱུད་བླ་རྩ་འགྲེལ་གྱི་སྐབས་སུ་བཤད་ཅིང་། བཤད་པ་ལྟར་འདིར་ཡང་ཁས་ལེན་རིགས་པའི་ཕྱིར་ཏེ། འདི་ཉིད་ལས། དེ་ཡང་ཐེག་ཆེན་རྒྱུད་བླ་ལས། །ཞེས་སོགས་དང་། དེ་ཉིད་ལ་ས་བཅད་ཀྱང་། རྒྱུད་བླ་ལས་ཇི་སྙེད་པའི་ལྡོག་པ་ནས་བཤད་ཚུལ་ཞེས་བཤད་པའི་ཕྱིར་ཏེ། འདིའི་ཁྱབ་པ་ནི་དམ་བཅའ་ཇི་ལྟར་སྒྲུབ་ཚུལ་གྱི་རྟགས་དང་པོའི་སྒྲུབ་བྱེད་བཀོད་པའི་སྐབས་སུ་ཐེགས་སོ། །བདེ་གཤེགས་སྙིང་པོ་ཤེས་པ་ཡིན་པར་ཐལ་ལ། འདོད་ན། དེ་ཆོས་ཅན། ཤེས་པ་མ་ཡིན་པར་ཐལ། ཆོས་ཐམས་ཅད་བདེན་པ་བཀག་པའི་སྟོང་ཉིད་ཁོ་ན་ཡིན་པའི་ཕྱིར། ཁྱབ་སྟེ། དེ་ལྟར་ཁྱབ་པར་རིགས་ཚོགས་རྩ་འགྲེལ་དུ་བཤད་ཅིང་། བཤད་པ

ལྟར་འདིར་ཡང་ཁས་ལེན་རིགས་པའི་ཕྱིར། དེའི་རྟགས་ནུར་དང་པོ་དམ་བཅའི་སྐབས་སུ་ཞལ་གྱི་བཞེས། ནུར་གཉིས་པ་གྲུབ་སྟེ། འདིར་བཀའ་བར་མཐའ་གཉིས་དང་། ཤིང་རྟའི་སྲོལ་འབྱེད་གཉིས་ཀྱི་དགོངས་པ་ཐུན་མོང་དུ་འགལ་མེད་བསྒྲུབས་ནས་འཆད་པར་བྱེད་པ་ཁྱེད་རང་གི་ཞལ་གྱིས་བཞེས་པ་གང་ཞིག །ཆོས་ཐམས་ཅད་བདེན་པས་སྟོང་པའི་སྟོང་ཉིད་ཁོ་ན་ཡིན་ན། ཤེས་པ་མ་ཡིན་པས་ཁྱབ་པ་དེ་བཀའ་འཁོར་ལོ་བར་པ་ཡང་། རིགས་ཚོགས་རྩ་འགྲེལ་གྱི་སྐབས་སུ་བཤད་པའི་ཕྱིར། རྟགས་ཕྱི་མ་ཁས། གཞན་ཡང་བདེ་གཤེགས་སྙིང་པོ་ཆོས་ཅན། འཕགས་པའི་གང་ཟག་ཐམས་ཅད་ཀྱི་མངོན་སུམ་གྱི་སྤྱོད་ཡུལ་ཡིན་པར་ཐལ། ཁྱོད་དེ་ལྟར་ཡིན་པར་འཁོར་ལོ་བར་པ་དང་། རིགས་ཚོགས་རྩ་འགྲེལ་གྱི་སྐབས་སུ་བཤད་པ་གང་ཞིག །དེ་གཉིས་ནས་བཤད་པ་དེ་འདིར་ཡང་ཁས་ལེན་རིགས་པའི་ཕྱིར་ཏེ། དེ་གཉིས་དང་རྒྱལ་བའི་བཀའ་འཁོར་ལོ་ཐ་མ་གཉིས་ཀྱི་དགོངས་པ་འགལ་མེད་དུ་སྒྲུབ་ནས་འཆད་པར་བྱེད་དགོས་པའི་ཕྱིར། གོང་དུ་འདོད་མི་ནུས་ཏེ། བདེ་གཤེགས་སྙིང་པོ་དེ་ཐེག་ཆེན་འཕགས་པ་ཁོ་ནས་མངོན་སུམ་དུ་རྟོགས་ཀྱིས། ཐེག་དམན་འཕགས་པ་དང་སོ་སོ་སྐྱེ་བོའི་མངོན་སུམ་གྱི་སྤྱོད་ཡུལ་གཏན་མ་མིན་པའི་ཕྱིར་ཏེ། རྒྱལ་བའི་བཀའ་འཁོར་ལོ་མཐའ་མ་ལས། དེ་ལྟར་དུ་བཤད་པ་གང་ཞིག །བཀའ་བར་མཐའ་གཉིས་དང་། ཤིང་རྟའི་སྲོལ་འབྱེད་གཉིས་ཀྱི་དགོངས་པ་ཐུན་མོང་དུ་འགལ་མེད་དུ་སྒྲུབ་ནས་འཆད་པར་བྱེད་དགོས་པའི་ཕྱིར། དམ་བཅའ་སྒྲུབ་པའི་སྐབས་ཀྱིས་བཀའ་བསྟན་བཅོས་ཀྱི་ལུང་དེ་རྣམས་ཀྱི་དོན་ནི། ཀུན་གཞི་བདེ་གཤེགས་སྙིང་པོ་འཁོར་འདས་ཀུན་གྱི་གཞིར་འཇོག་པ་དེ་བདེ་གཤེགས་སྙིང་པོའི་གསལ་སྟོང་ཟུང་འཇུག་གི་གསལ་བའི་ཆ་ནས་འཇོག་པ་གཙོ་ཆེ་བས་དེའི་གསལ་བའི་ཆ་ཀུན་གཞིའི་རྣམ་པར་ཤེས་པ་བསྟན་པས། ཟུང་འཇུག་བདེ་གཤེགས་སྙིང་པོ་ཡང་འཁོར་འདས་ཀུན་གྱི་གཞི་ཡིན་ཞེས་ཤེས་པའི་ཆེད་དུ། ཀུན་བཞིའི་རྣམ་པར་ཤེས་པའི་ཡོན་ཏན་ནམ། བྱ་བ་བྱེད་ཚུལ་བསྟན་པའི་དོན་ཡིན་ཏེ། གསུང་རབ་བསྟན་པ་རྒྱས་པའི་ཉི་འོད་དུ། འོན་ཀྱང་ཀུན་གཞིར་འཇོག་པ་ནི་གསལ་བའི་ཆ་ནས་འཇོག་པ་གཙོ་ཆེ་ཞིང་། ཆོས་དབྱིངས་སུ་འཇོག་པ་ནི་སྟོང་པའི་ཆ་ནས་འཇོག་པ་གཙོ་ཆེ་ལ། ངོ་བོ་ཟུང་འཇུག་ཡིན་པ་ནི་ཁྱད་པར་མེད་དོ༑ ༑ཞེས་གསུངས་པའི་ཕྱིར།

གཞན་ཡང་བདེ་གཤེགས་སྙིང་པོ་དེ། རྣམ་ཤེས་ཚོགས་བརྒྱད་མཚུངས་ལྡན་དང་བཅས་པ་གང་རུང་ཡིན་པར་ཐལ། དེ་རིག་པ་ཡིན་པའི་ཕྱིར། དེ་ལ་ཁྱབ་པ་ཡོད་དེ། སྡོམ་གསུམ་ལས། རིག་པ་ཡིན་ན་རྣམ་ཤེས་ཀྱི། །ཚོགས་བརྒྱད་ཉིད་ལས་འདའ་བ་མེད། །ཞེས་གསུངས་པའི་ཕྱིར། འདོད་ན། མ་ཡིན་པར་ཐལ། འདུས་མ་བྱས་ཡིན་པའི་ཕྱིར། དེ་ལ་ཁོ་ན་རེ། བཀའ་བར་པའི་དངོས་བསྟན་དང་། རིགས་ཚོགས་ཀྱི་དངོས་བསྟན་ལ་བདེ་

གཤེགས་སྙིང་པོ་ལ་ཤེས་པ་མ་ཡིན་པས་ཁྱབ་པར་བཤད་པས། ས་པཎ་གྱི་སྡོམ་གསུམ་དུ་དེ་ཉིད་སོར་བཞག་གི་དགོངས་པ་སྒྲུབ་པ་ཡིན་ལ། འདིར་ནི་བཀའ་བར་མཐའ་གཉིས་དང་། གླུ་སྒྲུབ་དང་ཐོགས་མེད་གཉིས་དང་། མདོ་དང་རྒྱུད་སྡེ་གཉིས་སོགས་ཀྱི་དགོངས་པ་འགལ་མེད་དུ་སྒྲུབ་ནས་འཆད་པའི་སྐབས་ཡིན་པས། སྔར་གྱི་སྐྱོན་དེ་དག་མེད་དེ། ལུགས་སྲོལ་སོ་སོ་ཡིན་པའི་ཕྱིར་རོ། །ཞེས་གསུངས་པ་ཡང་འཐད་པར་མ་མཐོང་སྟེ། བསྟན་བཅོས་འདི་བཀའ་བར་མཐའ་གཉིས་དང་། གླུ་སྒྲུབ་སོགས་ཀྱི་དགོངས་པ་འགལ་མེད་དུ་སྒྲུབ་ནས་འཆད་པའི་བསྟན་བཅོས་རྣམ་དག་ཡིན་ན། བཀའ་བར་པའི་དངོས་བསྟན་དང་། རིགས་ཚོགས་ཀྱི་དངོས་བསྟན་ལ་བདེ་གཤེགས་སྙིང་པོ་ཡིན་ན། ཤེས་པ་མ་ཡིན་པས་ཁྱབ་པར་བཤད་པ་དེ་ཡང་བསྟན་བཅོས་འདིར་སྒྲུབ་དགོས་པའི་ཕྱིར་ཏེ། བསྟན་བཅོས་འདི་དེ་རྣམས་ཀྱི་དགོངས་པ་ཕྱོགས་གཅིག་ཏུ་སྒྲུབ་པའི་བསྟན་བཅོས་རྣམ་དག་ཡིན་པའི་ཕྱིར། གཞན་ཡང་། བསྟན་བཅོས་འདི་སྡོམ་གསུམ་རབ་དབྱེའི་ཁ་སྐོང་དུ་བཤད་པ་དེ་མི་འཐད་པར་ཐལ། སྡོམ་གསུམ་རབ་དབྱེར་བདེ་གཤེགས་སྙིང་པོ་ཡིན་ན། ཤེས་པ་མ་ཡིན་པས་ཁྱབ་པར་བཤད་པ་གང་ཞིག །བསྟན་བཅོས་འདིར་ནི། བདེ་གཤེགས་སྙིང་པོ་ལ་ཤེས་པ་གསལ་རིག་གིས་ཁྱབ་པར་བཤད་པའི་ཕྱིར། རྟགས་གཉིས་པ་ཁྱེད་རང་གི་ཞལ་གྱིས་བཞེས། གཏན་ཚིགས་དང་པོ་གྲུབ་སྟེ། རིག་པ་ཡིན་ན་རྣམ་ཤེས་ཀྱི། །ཚོགས་བརྒྱད་ཉིད་ལས་འདའ་བ་མེད། །ཞེས་སོགས་ཀྱི་གཞུང་འདི། བདེ་གཤེགས་སྙིང་པོ་ཡིན་ན། ཤེས་པ་མ་ཡིན་པས་ཁྱབ་པར་བསྟན་པའི་ཕྱིར་ཏེ། དབུ་མ་རིགས་ཚོགས་སུ་བདེ་གཤེགས་སྙིང་པོ་ཡིན་ན་ཤེས་པ་མ་ཡིན་པས་ཁྱབ་པར་བཤད་པ་དེ། གཞུང་དེས་བསྟན་པའི་ཕྱིར། རྟགས་དོན་ལ་གྲུབ་ཅིང་། ཁྱེད་རང་གིས་ཀྱང་ཞལ་གྱིས་བཞེས་པ་ཡིན་ནོ། །

གཞན་ཡང་། ཀུན་གཞིའི་རྣམ་ཤེས་བདེ་གཤེགས་སྙིང་པོ་ཡིན་པར་ཐལ། བདེ་གཤེགས་སྙིང་པོའི་གསལ་སྟོང་ཟུང་འཇུག་གི་གསལ་བའི་ཆ་བདེ་གཤེགས་སྙིང་པོ་ཡིན་པའི་ཕྱིར། འདོད་ན། ཀུན་གཞིའི་རྣམ་ཤེས་ཆོས་ཅན། དོན་དམ་བདེན་པ་ཡིན་པར་ཐལ། བདེ་གཤེགས་སྙིང་པོ་ཡིན་པའི་ཕྱིར། འདོད་ན། དེ་མ་ཡིན་པར་ཐལ། ཐ་སྙད་དང་བདེན་པ་ཡིན་པའི་ཕྱིར་ཏེ། ལྷ་བར་ངན་སེལ་ལས། དབུ་མ་ཐལ་འགྱུར་བས་ཀུན་གཞི་ཁས་ལེན་དགོས་ཏེ། སངས་རྒྱས་བཅོམ་ལྡན་འདས་ཀྱིས་མདོ་ལས་གསུངས་ཤིང་། དེ་ཡང་དོན་དམ་བདེན་པ་རྟོགས་པའི་ཐབས་སུ་གྱུར་པའི་ཐ་སྙད་བདེན་པ་ཡིན་པའི་ཕྱིར་སློབ་དཔོན་འདི་ཉིད་ཀྱིས་གསུངས་པའི་ཕྱིར་ཏེ། འགྲེལ་པར། ཆོས་ཐོག་མར་ཀུན་གཞིའི་རྣམ་པར་ཤེས་པ་ལ་སོགས་པ་བསྟན་པ་ནི་མུ་སྟེགས་ཀྱི་ལུགས་བསལ་ནས། དེ་དག་གི་དོན་ཆེན་པོ་འདྲེན་པར་འགྱུར་ཞིང་། ཕྱིས་ནས་གསུང་རབ་ཀྱི་དོན་ཕྱིན་ཅི་མ་ལོག་པར་རིག་པ་རྣམས

རང་ཉིད་ཀྱིས་སྤོང་བར་འགྱུར་བས་ཡོན་ཏན་ཁོ་ན་འབྱུང་གི། སྐྱོན་ནི་མ་ཡིན་ནོ། །ཞེས་གསུངས་པས་སོ། ། ཞེས་གསུངས་པའི་ཕྱིར། གཞན་ཡང་ཀུན་གཞིའི་རྣམ་ཤེས་ཆོས་ཅན། དོན་དམ་བདེན་པ་མ་ཡིན་པར་ཐལ། དྲང་དོན་ཡིན་པའི་ཕྱིར་ཏེ། ཀུན་གཞིའི་རྣམ་ཤེས་དང་། ཕུང་ཁམས་སྐྱེ་མཆེད་དང་། སྣོད་ཀྱི་འཇིག་རྟེན་རྣམས་དྲང་དོན་ཡིན་པར་མཚུངས་པའི་ཕྱིར་ཏེ། ལྷ་བ་དན་སེལ་ལས། དབུ་མ་ཐལ་འགྱུར་བས། ཀུན་གཞི་ཁས་མི་ལེན་པའི་རྒྱུ་མཚན་ཅི་ཡིན་དྲིས་པས། དྲང་དོན་དུ་གསུངས་པའི་ཕྱིར། ཞེས་ཟེར་རོ། །འོ་ན་ཕུང་ཁམས་སྐྱེ་མཆེད་ཐམས་ཅད་ཁས་མི་ལེན་པར་འགྱུར་ཏེ། འགྲེལ་པར་མདོ་དྲངས་པར། ཕུང་པོ་དག་དང་ཁམས་རྣམས་དང་། ། ཞེས་པ་ནས། དྲང་དོན་དུ་གསུངས་པས་ཐ་སྙད་དུ་ཁས་མི་ལེན་ནོ། །ཞེས་སྨྲ་བ་ནི། ཐ་སྙད་ལ་བསྐུར་པ་བཏབ་པའོ། །ཞེས་པའི་བར་གསུངས་པའི་ཕྱིར།

མདོར་ན་ཀུན་གཞིའི་རྣམ་ཤེས་དྲང་དོན་ཡིན་ཏེ། ལྷ་བ་དན་སེལ་ལས། གསུམ་པ་ཀུན་གཞི་སོགས་གསུངས་དྲང་དོན་ཉིད་དུ་སྟོན་པ་ནི། ཀུན་གཞི་སོགས་ཚིགས་བཅད་གཉིས་ཏེ། འདི་ལ་དོགས་པ་དགོད་པ་དང་། དེའི་ལན་བཤད་པ་གཉིས་ལས། དང་པོ་ནི། འགྲེལ་པར། གལ་ཏེ་དེ་ལྟར་ལས་རྣམས་ཀྱི་འབྲས་བུ་འབྲེལ་བ་རྣམ་གཞག་ནས། འོ་ན། འཕགས་པ་ལང་ཀར་གཤེགས་པ་ལ་སོགས་པ་རྣམས་ལས། ཀུན་གཞིའི་རྣམ་པར་ཤེས་པ་ཆོས་མཐའ་ཡས་པའི་ནུས་པའི་ཁྱད་པར་གྱི་གཞི་ས་བོན་ཐམས་ཅད་ཐ་རླབས་རྣམས་ལ་རྒྱ་མཚོ་ལྟར། དངོས་པོ་ཐམས་ཅད་སྐྱེ་བའི་རྒྱུར་གསུངས་པ་གང་ཡིན་པ་དེ་ཅི། རྣམ་པ་ཐམས་ཅད་དུ་མེད་པ་ཞིག་གམ་ཞེ་ན་ཞེས་གསུངས་སོ། །

གཉིས་པ་ལ་བཞི་སྟེ། ཀུན་གཞི་དྲང་དོན་དུ་བསྟན་པ། གང་ཟག་དང་ཕུང་པོ་དྲང་དོན་དུ་བསྟན་པ། དངོས་པོ་རང་བཞིན་ཡོད་པ་དྲང་དོན་དུ་བསྟན་པ། དྲང་དོན་དུ་གསུངས་པ་ལ་ཐ་སྙད་ཁས་ལེན་དགོས་མི་དགོས་ཀྱི་དབྱེ་བ་བཤད་པའོ། །དང་པོ་ལ་ཀུན་གཞིའི་ངོ་བོ། ཀུན་གཞི་བསྟན་པའི་དགོས་པ། ཀུན་གཞིའི་སྒྲ་དོན། དངོས་ལ་གནོད་བྱེད་མ་གསུངས་པའི་རྒྱུ་མཚན། ཀུན་གཞི་ཁས་ལེན་དགོས་པའི་སྒྲུབ་བྱེད། ཁས་མི་ལེན་པའི་སྒྲུབ་བྱེད་དགག་པ། རྩོད་པ་སྤོང་བ་དང་བདུན་ལས། དང་པོ་ནི། ཞེས་སོགས། ས་བཅད་བཞི་ལས་ཕྱེ་བའི་བདུན་གྱི་བར་དུ་བཤད་པའི་ལེགས་བཤད་འདིས། ཀུན་གཞིའི་རྣམ་ཤེས་དང་། ཕུང་པོ་དང་གང་ཟག་རྣམས་དྲང་དོན་དུ་མཚུངས་པར་བསྟན་པའི་ཕྱིར། དེ་ཡང་མ་གྲུབ་ན། དེའི་བར་གྱི་ལེགས་བཤད་ལ་ཐུགས་རྟོག་བཙུག་པས་དགོངས་པར་འགྱུར་རོ། །གཞན་ཡང་། གཞི་བདེ་གཤེགས་སྙིང་པོའི་གསལ་སྟོང་ཟུང་འཇུག་གི་གསལ་རིག་ཆོས་ཅན། གསལ་སྟོང་ཟུང་འཇུག་གི་གསལ་བའི་ཆ་མ་ཡིན་པར་ཐལ། དེའི་སྟོང་པའི་ཆ་ཡིན་པའི་ཕྱིར་ཏེ།

གསལ་སྟོང་ཟུང་འཇུག་གི་སྟོང་ཉིད་ཡིན་པ་གང་ཞིག །དེ་ལས་འོས་མེད་པའི་ཕྱིར། རྟགས་དང་པོ་ཁས། རྩ་བའི་ཁྱབ་པ་གྲུབ་སྟེ། གསལ་སྟོང་ཟུང་འཇུག་ལ་མཉམ་པར་བཞག་པའི་གང་ཟག་རང་ངོར་ནི་གསལ་སྟོང་གི་ཆ་ཙམ་ཡང་དབྱེར་མི་རུང་བ་གང་ཞིག །རྗེས་ཐོབ་ཏུ་གསལ་སྟོང་ཟུང་འཇུག་གི་གནས་ཚུལ་སོ་སོར་འབྱེད་པའི་ཚེ། དེའི་གསལ་ཆ་སྟོང་ཆ་སོ་སོར་ཁས་ལེན་དགོས་པའི་ཕྱིར། གཞན་ཡང་། གསལ་སྟོང་ཟུང་འཇུག་གི་གསལ་བའི་ཆ་ཡིན་ན། དེའི་སྟོང་པའི་ཆ་མ་ཡིན་དགོས་པར་ཐལ། འཁོར་འདས་དབྱེར་མེད་ཀྱི་འཁོར་བའི་ཆ་ཡིན་ན། དེའི་མྱང་འདས་ཀྱི་ཆ་མ་ཡིན་དགོས་པའི་ཕྱིར། དེ་ལ་ཁྱབ་པ་ཡོད་དེ། ལྷན་ཅིག་སྐྱེས་པའི་ཆོས་གསུམ་གྱི་སྐབས་སུ་གསལ་བ་འཁོར་བ། སྟོང་པ་མྱང་འདས། ཟུང་འཇུག་དབྱེར་མེད་ལ་འཇོག་པ་འཐད་པའི་ཕྱིར། གཞན་ཡང་། བདེ་གཤེགས་སྙིང་པོ་གསལ་རིག་ཏུ་འཆད་པ་བསྟན་བཅོས་མཛད་པ་འདིའི་དགོངས་པ་མ་ཡིན་ཏེ། བསྟན་བཅོས་འདི་ཉིད་ལས། ཁ་ཅིག་སེམས་ཀྱི་སྟོང་གསལ་གཉིས། །འདུས་མ་བྱས་དང་འདུས་བྱས་ཀྱི། །རང་བཞིན་གནས་རིགས་སོ་སོར་བཞེད། །ཅེས་པ་འདིས། དྲི་བཅས་སེམས་ཀྱི་གསལ་ཆ་རང་བཞིན་གནས་རིགས་ཡིན་པ་བཀག་པའི་ཕྱིར། དེ་ལ་ཁོང་ན་རེ། སྐྱོན་མེད་དེ། འདིར་ནི་གསལ་སྟོང་ཟུང་འཇུག་གིས་གསལ་ཆ་དེ་འདུས་བྱས་རང་བཞིན་གནས་རིགས་ཡིན་པ་འགོག་པར་མཛད་ཀྱི་དེ་རང་བཞིན་གནས་རིགས་ཡིན་པ་ཙམ་མི་འགོག་པའི་ཕྱིར་ཏེ། གསལ་ཆ་དེ་ཉིད་འདུས་མ་བྱས་ཡིན་པར་བསྟན་བཅོས་མཛད་པ་ཉིད་ཀྱིས་བཞེད་པའི་ཕྱིར་ཏེ། བསྟན་བཅོས་མཛད་པ་འདིས། འཇུག་པ་དཀའ་འགྲེལ་ལས། འབྲས་དུས་ཀྱི་རྣམ་མཁྱེན་རྟག་པ་ཡིན་པར་བཤད་པས། གཞི་དུས་ཀྱི་དབྱིངས་རིག་དབྱེར་མེད་ཀྱི་ཡེ་ཤེས་འདི་ཡང་རྟག་པ་ཡིན་པར་བཞེད་དགོས་པའི་ཕྱིར་རོ། །ཞེས་གསུངས་ན། འཇུག་པ་དཀའ་འགྲེལ་ལས། འབྲས་དུས་ཀྱི་རྣམ་མཁྱེན་རྟག་པར་མ་བཤད་དེ། དེ་ལྟར་བཤད་པའི་འཇུག་པ་དཀའ་འགྲེལ་གྱི་ཚིག་མེད་པའི་ཕྱིར། གལ་ཏེ་དེ་ལ་ཁོ་ན་རེ། དཀའ་འགྲེལ་ལས། དེ་ལྟར་ན་སངས་རྒྱས་ཀྱི་ཡེ་ཤེས་རྟག་པར་ཐལ་ཏེ། ཐ་སྙད་དུ་ཡང་སྐྱེ་འགག་དང་བྲལ་བའི་ཕྱིར་སྙམ་ན། ངེས་དོན་གྱི་བཀའ་དང་བསྟན་བཅོས་རྣམས་ལས། གཙང་བདག་བདེ་དང་རྟག་པའི་ཕ་རོལ་ཏུ་ཕྱིན་པར་གསུངས་པའི་སྙིང་དུ་སླེབ་འདུག་པས། འདོད་ཐོག་ཏུ་བྱའོ། །ཞེས་པ་འདིས་དེ་ལྟར་རྫུ་བསྟན་པའི་ཕྱིར་སྙམ་ན། འདི་ནི་སངས་རྒྱས་རང་སྣང་ལ་དགོངས་པ་ཡིན་ཏེ། དེའི་གོང་དུ། གལ་ཏེ་དེ་དག་དོན་དམ་པར་སྐྱེ་འགག་མེད་པའི་དོན་ཡིན་གྱི་ཐ་སྙད་དུ་མ་ཡིན་ནོ་སྙམ་ན། དེ་ནི་མ་ཡིན་ཏེ། ཐ་སྙད་ནི་གདུལ་བྱའི་བློ་ངོར་ཁས་བླངས་པ་ཙམ་ཡིན་གྱི། སངས་རྒྱས་རང་སྣང་ལ་དོན་དམ་དང་ཐ་སྙད་གཉིས་སུ་དབྱེར་མེད་པའི་ཕྱིར་དང་། རྒྱུད་བླ་ར་བསླུ་བའི་ཆོས་ཅན་ཕྱིར་ཞེས་པའི་འགྲེལ་པར། མི་རྟག་པ་དང་། འདུས་བྱས་དང་། བརྫུན་པ་དང་བསླུ་བ་རྣམས་དོན་གཅིག

པར་གསུངས་ཤིང་། འདི་འཕགས་པ་འོག་མའི་ལམ་བདེན་ལ་ཡོད་ཅིང་། སངས་རྒྱས་ཀྱི་ཡེ་ཤེས་ལ་མེད་པ་གཅིག་དགོས་པ་ལས། དོན་དམ་པར་དེ་དག་མེད་པ་འཕགས་པ་འོག་མའི་ལམ་བདེན་ལ་ཡང་ཡོད་པའི་ཕྱིར་རོ། །ཞེས་པའི་སྐབས་ཀྱི་ཐ་སྙད་ནི་གདུལ་བྱའི་བློ་ངོར་ཁས་བླངས་པ་ཙམ་ཡིན་གྱི། སངས་རྒྱས་རང་སྣང་ལ་དོན་དམ་དང་ཐ་སྙད་གཉིས་སུ་མེད་པའི་ཕྱིར། ཞེས་པའི་ལན་དུ་སངས་རྒྱས་རང་སྣང་གི་ཡེ་ཤེས་རྟག་པར་ཐལ་བ་ལ་འདོད་ལན་བཏབ་པ་ནི། སངས་རྒྱས་རང་སྣང་ལ་སངས་རྒྱས་ཀྱི་ཡེ་ཤེས་རྟག་པར་ཐལ་བ་ལ་འདོད་ལན་བཏབ་པར་སོང་བའི་ཕྱིར་ཏེ། དེ་གདུལ་བྱ་གཞན་སྣང་དང་། སངས་རྒྱས་རང་སྣང་གང་རུང་ལས་མ་འདས་ཤིང་། གདུལ་བྱ་གཞན་སྣང་ལ་ཡེ་ཤེས་མི་རྟག་པ་ཡིན་པའི་ཕྱིར་དང་། གཙང་བདག་བདེ་དང་རྟག་པའི་ཕ་རོལ་ཏུ་ཕྱིན་པར་གསུངས་པའི་སྙིང་དུ་སླེབ་འདུག་པས་ཞེས་པའི་ཚིག་གིས་ནུས་པས་ཀྱང་སངས་རྒྱས་རང་སྣང་གི་དབང་དུ་བྱས་པར་གྲུབ་པའི་ཕྱིར། གཞན་ཡང་། འབྲས་དུས་ཀྱི་རྣམ་མཁྱེན་རྟག་པ་ཡིན་པར་མ་བཤད་མོད། གལ་ཏེ་བཤད་པའི་ཚེ་ན་ཡང་། དེ་ལྟར་བཤད་པས། གཞི་དུས་ཀྱི་དབྱིངས་རིག་དབྱེར་མེད་ཀྱི་ཡེ་ཤེས་རྟག་པ་ཡིན་པར་མི་འགྱུར་ཏེ། དེ་ལྟར་འགྱུར་ན་རྒྱུན་མཐའི་ཡེ་ཤེས་རྟག་པར་ཐལ་བར་འགྱུར་བ་སོགས་མཐའ་ཡས་སོ། །

གཞན་ཡང་། སྐབས་འདིར་གསལ་སྟོང་ཟུང་འཇུག་གི་གསལ་ཆ་དེ་འདུས་བྱས་རང་བཞིན་གནས་རིགས་ཡིན་པ་འགོག་ཅིང་། དེ་རང་བཞིན་གནས་རིགས་ཡིན་པ་ཙམ་མི་འགོག་པའི་ཁྱད་པར་མི་འཐད་པར་ཐལ། ཁ་ཅིག་སེམས་ཀྱི་སྟོང་གསལ་གཉིས། །ཞེས་སོགས་ཚིགས་བཅད་གསུམ་པོ་འདི། རོང་ཊཱི་ཀྐ་གི་དངོས་བསྟན་ལ་དགོས་པ་གཙོད་པའི་གཞུང་ཡིན་པ་གང་ཞིག །རོང་ཊཱི་ཀྐ་དུ་དྲི་བཅས་ཀྱི་སེམས་འོད་གསལ་བ་དེ་རང་བཞིན་གནས་རིགས་ཙམ་ཡིན་པར་གསུངས་པས་དེ་འདུས་བྱས་རང་བཞིན་གནས་རིགས་ཡིན་པར་དོན་གྱིས་སོང་བ་ལ་དགོངས་ནས་འདིར་དེ་ལྟར་གསུངས་པ་ཡིན་གྱི། དྲི་བཅས་ཀྱི་སེམས་དེ་འདུས་བྱས་རང་བཞིན་གནས་རིགས་ཡིན་པར་དངོས་སུ་མ་གསུངས་པའི་ཕྱིར། ལེགས་པར་སེམས་ཤིག །

གཞན་ཡང་། ཁ་ཅིག་སེམས་ཀྱི་སྟོང་གསལ་གཉིས། །ཞེས་སོགས་ཀྱི་གཞུང་འདིས། རོང་ཊཱི་ཀྐ་དུ་གསལ་སྟོང་ཟུང་འཇུག་གི་སྟོང་ཆ་འདུས་མ་བྱས་རང་བཞིན་གནས་རིགས་སུ་གསུངས་པ་དང་། དེའི་གསལ་ཆ་འདུས་བྱས་རང་བཞིན་གནས་རིགས་སུ་གསུངས་པ་དེ་འཁྲུག་པོ་བ་སྤྲོང་པའི་ཚུལ་ཡིན་པར་བསྟན་པར་ཐལ། རོང་ཊཱི་ཀྐ་དུ་སེམས་ཀྱི་སྟོང་གསལ་གཉིས་འདུས་མ་བྱས་རང་བཞིན་གནས་རིགས་དང་འདུས་བྱས་རང་བཞིན་གནས་རིགས་སུ་གསུངས་པ་ལ་དོགས་པ་གཅོད་པའི་ཕྱིར་དུ། ཁ་ཅིག་སེམས་ཀྱི་སྟོང་གསལ་གཉིས། །ཞེས་སོགས་ཚིགས་བཅད་གསུམ་པོ་འདི་འབྱུང་བའི་ཕྱིར། འདོད་ན། གཞུང་དེས་དེ་ལྟར་དུ་བསྟན་པ་མ་ཡིན་པར་ཐལ།

གསལ་སྟོང་ཟུང་འཇུག་གི་སྟོང་ཆ་འདུས་མ་བྱས་རང་བཞིན་གནས་རིགས་ཡིན་པར་འདོད་པ་དེ་འཁྲུག་པོ་མིན་པར་དྲང་པོ་ཡིན་པའི་ཕྱིར་ཏེ། དེའི་སྟོང་ཆ་དེ་འདུས་མ་བྱས་རང་བཞིན་གནས་རིགས་ཡིན་པའི་ཕྱིར། རྟགས་ཁས། གཞན་ཡང་། ཁྱེད་རང་གི་འདིའི་ཐད་ཀྱི་ཊཱིཀྐར། མཐར་ཐུག་ཟུང་འཇུག་སྒྲུབ་པའི་ཕྱིར་དུ་གནས་སྐབས་སུ་འཁྲུག་པོ་བ་སྒྲོང་པའི་ཚུལ་གྱི་དྲང་དོན་ཡིན་ན་འགལ་བ་མེད་དེ། གསལ་སྟོང་འདུས་བྱས་དང་འདུས་མ་བྱས་གཉིས་ཟུང་འཇུག་ཏུ་སྒྲུབ་པ་ལ་ཡ་གྱལ་འདུས་བྱས་གསལ་བ་དང་། འདུས་མ་བྱས་སྟོང་པ་གཉིས་ཀ་དགོས་པའི་ཕྱིར། ཞེས་བཤད་པ་དེ་མི་འཐད་པར་ཐལ། གསལ་སྟོང་འདུས་བྱས་དང་། འདུས་མ་བྱས་གཉིས་ཟུང་འཇུག་ཏུ་སྒྲུབ་པ་ལ་ཡ་གྱལ་འདུས་བྱས་གསལ་བ་དང་། འདུས་མ་བྱས་སྟོང་པ་གཉིས་ཀ་མི་དགོས་པའི་ཕྱིར་ཏེ། ཟུང་འཇུག་གི་ཡ་གྱལ་འདུས་བྱས་གསལ་བ་དང་། འདུས་མ་བྱས་སྟོང་པ་གཉིས་ཀ་མེད་པའི་ཕྱིར་ཏེ། ཟུང་འཇུག་གི་ཡ་གྱལ་འདུས་བྱས་གསལ་བ་མེད་པའི་ཕྱིར། རྟགས་ཁས། ལེགས་པར་དཔྱོད་ལ་ངེས་པར་གྱིས་ཤིག །

གཉིས་པ་ལོག་རྟོག་བྱེ་བྲག་ཏུ་དགག་པ་ལ་ལྔ་སྟེ། དགག་བྱ་གཅད་པའི་མེད་དགག་སྙིང་པོར་འདོད་པ་དགག་པ། སྙིང་པོ་གཉིས་སུ་ཕྱེ་བ་ལ་དཔྱད་པ། འགྲོ་ཀུན་སྙིང་པོས་སྟོང་པར་འདོད་པ་དགག་པ། དག་པ་གཉིས་པོ་འགལ་བར་འདོད་པ་སྙིང་པོ་དཔྱད་བཟོད་ཀྱིས་བདེན་གྲུབ་ཏུ་འདོད་པ་དགག་པའོ། །དང་པོ་ལ་གཉིས་ཏེ༑ ཕྱོགས་སྔ་མ་བརྗོད་པ་དང་། དེ་དགག་པའོ། །དང་པོ་ནི། དེང་སང་ཚིག་ཙམ་སྨྲ་བའི་དར་ཊཱིཀྐ་པ་དང་། དེ་ལ་ངོ་མཚར་དུ་འཛིན་པ་དེའི་རྗེས་སུ་འབྲང་བའི་མཁས་སྙེམ་འགའ་ཞིག །དྲི་བཅས་ཀྱི་སེམས་ལ་རིགས་པ་ཡིས་བདེན་པ་བཀག་པ་ཙམ་གྱིས་སྟོང་ཉིད་བདེ་གཤེགས་སྙིང་པོར་འདོད་དོ། །

གཉིས་པ་དེ་དགག་པ་ལ་གཉིས་ཏེ། བདེན་པ་བཀག་ཙམ་གཞན་སེལ་ཡིན་པ། དེས་ན་འཁོར་འདས་ཀྱི་གཞིར་མི་རུང་བའོ། །དང་པོ་ནི། དྲི་བཅས་ཀྱི་སེམས་ལ་རིགས་པས་བདེན་པ་བཀག་ཙམ་འདི་ཉིད་ཆོས་ཅན། གནས་ལུགས་ཀྱང་མ་ཡིན་ན་རང་བཞིན་གནས་རིགས་དང་བདེ་གཤེགས་སྙིང་པོར་ག་ལ་འཐད་དེ་མི་འཐད་པར་ཐལ། ཐོགས་བཅས་བསལ་བ་ལ་ནམ་མཁའ་ཞེས་ནི་མིང་བཏགས་པ་དང་། མགོ་བོར་འཕིགས་ནས་བསལ་བ་ལ་རྭ་མེད་ཅེས་ནི་མིང་བཏགས་པ་ལྟར། རྟོག་པས་དགག་བྱ་བདེན་པ་བཅད་ཙམ་གྱི་གཞན་སེལ་ཡིན་པའི་ཕྱིར། གཉིས་པ་ནི། རྟོག་པས་དགག་བྱ་བདེན་པ་བཀག་ཙམ་རང་བཞིན་གནས་རིགས་མ་ཡིན་པ་དེས་ན་འཁོར་འདས་ཀུན་གྱི་གཞི་ཡང་མ་ཡིན་ཏེ། དེ་ལས་རྣམ་རྟོག་སྐྱེ། དེ་ལས་ཉོན་མོངས་པ། དེ་ལས་ལས་བསགས། དེ་ལས་འཁོར་བས་བསྡུས་པའི་ཕུང་ཁམས་སྐྱེ་མཆེད་འབྱུང་བ་མེད་པས། འདི་ལ་འཁོར་བ་ཇི་ལྟར་ཚང་སྟེ་མ་ཚང་ལ། དེ་མ་ཚང་བ་འདི་ལ་འཁོར་བ་དེ་སྒྲོང་བྱེད་ཀྱི་ལམ་ཉིད་ཇི་ལྟར་སྒོམ་སྟེ་སྒོམ་དུ་མེད་ཅིང་།

དེ་མེད་པ་འདི་ལ་ལམ་དེའི་འབྲས་བུ་བྱང་ཆུབ་ཇི་ལྟར་འབྱུང་སྟེ་འབྱུང་མི་སྲིད་པའི་ཕྱིར། དེས་ན་དྲི་བཅས་སེམས་ལ་བདེན་པ་བཀག་ཙམ་གྱི་མེད་དགག་བདེ་གཤེགས་སྙིང་པོར་འདོད་པའི་ངན་རྟོག་གི་དྲ་བ་འདི་དོར་ལ༑ མཐའ་བཞི་སྤྲོས་བྲལ་གྱི་ཟུང་འཇུག་ཉིད་བདེ་གཤེགས་སྙིང་པོར་འདོད་པའི་ལུགས་བཟང་འདི་སྐྱོངས་ཤིག །གཉིས་པ་ལ་གསུམ་སྟེ། ཇི་ལྟར་གསུངས་པའི་ཚུལ། དགོངས་པ་ངོས་བཟུང་བ། གཞན་དུ་རྟོག་པ་དགག་པའོ། །དང་པོ་ནི། ཁ་ཅིག་སྟེ། རོང་སྟོན་ཐམས་ཅད་མཁྱེན་པའི་ཞལ་སྔ་ནས། བདེན་པ་བཀག་ཙམ་གྱི་མེད་དགག་སྙིང་པོར་འདོད་པ་རྣམས། སྙིང་པོ་ཟུང་འཇུག་ལ་ཁ་དྲང་བའི་ཕྱིར་དུ། རྣམ་བཤད་ཚིག་དོན་རབ་གསལ་གྱི་དངོས་བསྟན་ལ། དྲི་མ་དང་བཅས་པའི་སེམས་ཀྱི་ཟུང་འཇུག་གི་སྟོང་པའི་ཆ་དང་། དེའི་གསལ་བའི་ཆ་གཉིས་ལ་རིམ་པ་བཞིན་དུ་འདུས་མ་བྱས་རང་བཞིན་གནས་རིགས་དང་། འདུས་བྱས་ཀྱི་རང་བཞིན་གནས་རིགས་ཞེས་སོ་སོར་བཞེད་པ་ལྟར་མཛད་དོ། །གཉིས་པ་ནི། དེ་ལྟར་བཞེད་པ་ལྟར་མཛད་པ་འདི་ཡང་དགོངས་པ་ཇི་ལྟར་ཡིན་མཁས་པ་རྣམས་ཀྱིས་རེ་ཞིག་བརྟག་པར་བྱ་དགོས་པས། དེའི་དོན་ནི། དྲི་བཅས་ཀྱི་སེམས་ལ་བདེན་པ་བཀག་ཙམ་གྱི་མེད་དགག་སྙིང་པོར་འདོད་པ་བཀག་ནས་མཐར་ཐུག་བདེ་གཤེགས་སྙིང་པོ་ལ་ཟུང་འཇུག་གིས་ཁྱབ་བསྒྲུབ་པའི་ཕྱིར་དུ། ཟུང་འཇུག་གི་སྟོང་པའི་ཆ་བདེ་གཤེགས་སྙིང་པོ་ཡིན་ན། དེའི་གསལ་བའི་ཆ་ཡང་སྙིང་པོ་ཡིན་པར་འདོད་དགོས་པས། གནས་སྐབས་སུ་གསལ་སྟོང་ཟུང་འཇུག་གི་གསལ་བའི་ཆ་སྙིང་པོ་ཡིན་ཞེས་གསུངས་པ་དེ་གསལ་སྟོང་ཟུང་འཇུག་གི་སྟོང་པའི་ཆ་སྙིང་པོ་ཡིན་པ་འཕྲོག་པོ་སྲོང་བ་དེ་བསྲང་བའི་ཚུལ་གྱིས་དྲང་དོན་ཡིན་པས་ན་དེ་ལྟར་གསུངས་པ་ལ་འགལ་བ་མེད་དེ། བདེ་གཤེགས་སྙིང་པོ་གསལ་སྟོང་ཟུང་འཇུག་ཏུ་སྒྲུབ་པ་ལ་སྙིང་པོ་དེ་ལ་གསལ་སྟོང་ཟུང་འཇུག་གི་ཡ་གྱལ་གསལ་བ་འདུས་བྱས་དང་། སྟོང་པ་འདུས་མ་བྱས་གཉིས་པོ་ཚང་བར་སྒྲུབ་དགོས་པའི་ཕྱིར་ཏེ། དཔེར་ན། སྣ་སྟག་གཡས་ཕྱོགས་ལ་འཁྱོལ་པ་སྟེ། དྲང་པོ་སྲོང་བའི་ཚེ། གཡོན་ཕྱོགས་ལ་གཞུ་ལྟར་བཀུག་དགོས་པ་བཞིན་ནོ། །གསུམ་པ་ནི། དེ་ལྟར་གསུངས་པ་དེ་དྲང་དོན་དགོངས་པ་ཅན་ཡིན་པ་ལས་གཞན་དུ། ངེས་པའི་དོན་གྱི་གསུང་ཡིན་པར་འདོད་ན། དེ་ལྟར་འདོད་པ་དེ་མི་འཐད་དེ། རང་བཞིན་གནས་རིགས་དང་འདུས་བྱས་སུ་གྱུར་པའི་རིགས་ཀྱི་གཞི་མཐུན་འདོད་པ་དངོས་སྨྲ་བའི་ལུགས་ཡིན་གྱི། དབུ་མ་པ་ཡི་ལུགས་ལ་འདུས་བྱས་སུ་གྱུར་པའི་རང་བཞིན་གནས་རིགས་མེད་པའི་ཕྱིར།

གསུམ་པ་ལ་གཉིས་ཏེ། ཕྱོགས་སྔ་མ་བརྗོད་པ་དང་། དེ་དགག་པའོ། །དང་པོ་ནི། མཁས་མཆོག་བུ་སྟོན་དང་། པཎ་ཆེན་ཤཱཀྱ་མཆོག་སོགས་འགའ་ཞིག །བདེ་བར་གཤེགས་པའི་སྙིང་པོ་བདེ་བར་གཤེགས་པ་ཁོ་ན

ལ་ཡོད་ཀྱི། འགྲོ་བ་སེམས་ཅན་གྱི་རྒྱུད་ལ་མེད་དེ། ཆོས་ཐམས་ཅད་ཀྱི་སྙིང་པོ་ནི་རང་རང་ཁོ་ན་ལ་ཡོད་པའི་ཕྱིར། དེས་ན་མདོ་འགའ་ཞིག་ལས། འགྲོ་བའི་རྒྱུད་ལ་བདེ་བར་གཤེགས་པའི་སྙིང་པོ་ཡོད་པར་གསུངས་པ་ནི། བདག་ཉིད་ཆེན་པོ་ས་པཎ་གྱིས། སྡོམ་གསུམ་རབ་དབྱེ་ལས་དགོངས་གཞི། དགོས་པ། དངོས་ལ་གནོད་བྱེད་ཀྱི་ཆོས་གསུམ་གྱི་སྒོ་ནས་དྲང་དོན་དུ་གཏན་ལ་དབབ་ཅེས། སྡོམ་གསུམ་རབ་དབྱེ་ལ་སྒྲོ་འདོགས་པར་བྱེད་དོ། །

གཉིས་པ་ལ་གསུམ་སྟེ། ལུང་རིགས་ཀྱིས་གནོད་བྱེད་བསྟན་པ། འཇམ་དབྱངས་བླ་མའི་དགོངས་པར་མི་འཐད་པ། མ་འཁྲུལ་བའི་གདམས་པ་སྦྱིན་པའོ། །དང་པོ་ལ་གཉིས་ཏེ། མདོར་བསྟན། རྒྱས་པར་བཤད་པའོ། །དང་པོ་ནི། ཆོས་ཐམས་ཅད་ཀྱི་སྙིང་པོ་རང་རང་ཁོ་ན་ལ་ཡོད་པའི་ཕྱིར་ན། བདེ་གཤེགས་སྙིང་པོ་བདེ་བར་གཤེགས་ལ་ཁོ་ན་ལ་ཡོད་ཀྱི། འགྲོ་བའི་རྒྱུད་ལ་མེད་ཅེས་སྨྲ་བ་འདི་ནི་ཆོས་ཅན། མི་འཐད་དེ། འཇིག་རྟེན་གྱི་ཐ་སྙད་དང་། བསྟན་བཅོས་ཀྱི་ཐ་སྙད་གཉིས་ལས་འདས་པ་ཡིན་པའི་ཕྱིར། གཉིས་པ་ལ་གཉིས་ཏེ། འཇིག་རྟེན་གྱི་ཐ་སྙད་དང་འགལ་བ། བསྟན་བཅོས་ཀྱི་ཐ་སྙད་དང་འགལ་བའོ། །དང་པོ་ནི། གོང་དུ་དེ་ལྟར་སྨྲས་པའི་རྒོལ་བ་ཆོས་ཅན། ཁྱོད་ཀྱི་དེ་ལྟར་འདོད་པ་དེ། འཇིག་རྟེན་གྱི་ཐ་སྙད་དང་འགལ་ཏེ། ཁྱོད་ཀྱི་འདོད་པ་འདི། ཅན་དན་འགའ་ཞིག་ལ་སྦྲུལ་གྱི་སྙིང་པོ་ཞེས་དང་། མར་ནི་འོ་མའི་སྙིང་པོ་ཡིན་ཞེས་དང་། རྩྭ་ནི་ཆུའི་སྙིང་པོ་ཞེས་སོགས་འཇིག་རྟེན་ཀུན་ལ་ཡོངས་སུ་གྲགས་པ། ཐ་སྙད་ཀུན་དང་འགལ་བའི་ཕྱིར་ཏེ། ཁྱོད་ཀྱིས་ནི་སྦྲུལ་གྱི་སྙིང་པོ་སྦྲུལ་ཉིད་ལ་ཡོད་པ་དང་། མར་གྱི་སྙིང་པོ་མར་ཉིད་ལ་ཡོད་པ་སོགས་ཆོས་ཐམས་ཅད་ཀྱི་སྙིང་པོ་རང་རང་ཁོ་ན་ལ་ཡོད་པར་ཁས་བླངས་པའི་ཕྱིར་དང་། དེར་མ་ཟད། གཉིས་པ་བསྟན་བཅོས་ཀྱི་ཐ་སྙད་དང་ཡང་འགལ་ཏེ། དྲི་མ་མེད་པའི་བཀའ་སྙིང་པོའི་མདོ་ལས། བདེ་གཤེགས་སྙིང་པོས་འགྲོ་ཀུན་ཡོངས་ལ་ཁྱབ་ཅེས། འགྲོ་བ་ཀུན་གྱི་རྒྱུད་ལ་བདེ་གཤེགས་སྙིང་པོ་ཡོད་པས་ཁྱབ་པར་གསུངས་པ་དང་། བསྟན་བཅོས་རྒྱུད་བླ་མ་ལས། ལུས་ཅན་ཀུན། རྟག་ཏུ་སངས་རྒྱས་སྙིང་པོ་ཅན། །ཞེས་པ་དང་འགལ་བའི་ཕྱིར་རོ། །གལ་ཏེ་དེ་ལྟར་གསུངས་པ་དེ་ཉིད་དྲང་བའི་དོན་དུ་གསུངས་པ་ཡིན་སྙམ་ན། སྤྱིར་དྲང་ངེས་ལ་འཇོག་མཚམས་མང་དུ་ཡོད་པའི་ནང་ནས། བརྗོད་བྱ་བདེན་གཉིས་ཀྱི་སྒོ་ནས་དྲང་ངེས་ཀྱི་རྣམ་གཞག་བྱེད་པའི་ཚེ། དྲང་དོན་དུ་གསུངས་པ་ཀུན་ཐ་སྙད་དུ་ཡང་མེད་པར་ཁས་ལེན་ན་ནི། ཕུང་པོ་དང་ཁམས་དང་སྐྱེ་མཆེད་ལ་སོགས་པ་ཀུན་རྫོབ་བདེན་པའི་རྣམ་གཞག་དེ་དག་ཀུན་ཆོས་ཅན། ཐ་སྙད་དུ་ཡང་མེད་པར་ཐལ་བར་འགྱུར་ཏེ། དྲང་དོན་ཡིན་པའི་ཕྱིར་རོ། །

གཉིས་པ་ནི། བདེ་གཤེགས་སྙིང་པོ་འགྲོ་བ་ལ་མེད་པ་དེ། འཇམ་དབྱངས་ས་པཎ་གྱི་དགོངས་པ་ཡིན་པར་འདོད་ན་ནི། དེ་མི་འཐད་དེ། སྡོམ་གསུམ་རབ་དབྱེ་ལས། དེས་ན་དེ་བཞིན་གཤེགས་པ་ཡི། །སྙིང་པོ་སྤྲོས་བྲལ་ཡིན

པའི་ཕྱིར། །སེམས་ཅན་རྣམས་ལ་སངས་རྒྱས་དང་། །འཁོར་བ་གཉིས་ཀ་འབྱུང་བར་འཐད། །ཞེས། སེམས་ཅན་གྱི་རྒྱུད་ཀྱི་སྤྲོས་བྲལ་གྱི་ཆོས་དབྱིངས་དེ། དེ་བཞིན་གཤེགས་པའི་སྙིང་པོ་ཡིན་པའི་ཕྱིར་ན། སེམས་ཅན་རྣམས་ཀྱི་སེམས་ཀྱི་ཆས་དབྱིངས་དེ་ལ་སངས་རྒྱས་དང་འཁོར་བ་གཉིས་ཀ་འབྱུང་བ་འཐད་པར་གསུངས་པའི་ཕྱིར་དང་། གཞན་ཡང་དེ་ཉིད་ལས། སེམས་ནི་རང་གནས་སྐྱེག་པའི་ཕྱིར། །མེའི་སྒྲུབ་བྱེད་ཚ་བ་ལྟར། །བདེ་གཤེགས་ཁམས་ཀྱི་སྒྲུབ་བྱེད་འཐད། །ཅེས། མེ་ཡོད་པའི་སྒྲུབ་བྱེད་དུ་ཚ་བ་བཀོད་པ་ལྟར། སྣ་ཚོགས་སུ་སྣང་བའི་སེམས་འདི་ནི། དགེ་རྩ་སད་པར་བྱས་ཏེ། རང་གི་གནས་ཚུལ་སྐྱེག་པའི་ཚེ། འཁོར་བ་སྤོང་འདོད་དང་། མྱང་འདས་ཐོབ་འདོད་ཀྱི་མདུན་པ་སྐྱེ་བའི་ཕྱིར་ན། སེམས་ཅན་གྱི་རྒྱུད་ལ་བདེ་བར་གཤེགས་པའི་ཁམས་ཡོད་པའི་སྒྲུབ་བྱེད་དུ་འཐད་པར་གསུངས་པ་དང་ཅིས་མི་འགལ་ཏེ་འགལ་བར་འགྱུར་བའི་ཕྱིར་རོ། །

དེར་མ་ཟད། གཞན་ཡང་། སྡོམ་གསུམ་རབ་དབྱེ་ལས། མ་ཡིན་ཆོས་ཀྱི་དབྱིངས་ལ་ནི། །དབྱེ་བ་མེད་པར་རྒྱལ་བས་གསུངས། །ཞེས། བེམས་པོའི་ཆོས་དབྱིངས་དང་། སེམས་ཅན་ཀྱི་སེམས་ཀྱི་ཆོས་དབྱིངས་གཉིས། བདེ་བར་གཤེགས་པའི་སྙིང་པོ་ཡིན་མིན་གྱི་ཁྱད་པར་མེད་དེ། ཆོས་ཀྱི་དབྱིངས་ལ་ནི་རིགས་མི་འདྲ་བའི་དབྱེ་བ་མེད་པར་རྒྱལ་བས་གསུངས་པའི་ཕྱིར་རོ། །ཞེས་གསུངས་པས་ཀྱང་གནོད་པ་ཡིན་ཏེ། དེ་ལ་སེམས་ཅན་གྱི་སེམས་ཀྱི་ཆོས་དབྱིངས་དང་། སངས་རྒྱས་ཀྱི་སེམས་ཀྱི་ཆོས་དབྱིང་གཉིས། བདེ་གཤེགས་སྙིང་པོ་ཡིན་པར་ཁྱད་པར་མེད་དེ། ཆོས་ཀྱི་དབྱིངས་ལ་རིགས་མི་འདྲ་བའི་དབྱེ་བ་མེད་པའི་ཕྱིར་རོ། །ཞེས་པ་ཀུན་ཏུ་མི་མཚུངས་བསམ་སྟེ། མཚུངས་པའི་ཕྱིར་རོ། །འདིར་ཡང་གོང་དུ་སློས་པའི་མཁས་པའི་བཞེད་པ་ལ་འདི་ལྟར་གསུངས་ཏེ། དེས་ན་འདི་ལྟར་གསུངས་ཏེ། དེས་ན་འདི་ལྟར་དཔྱད་དགོས་པའི་དོགས་པ་ནི། འོ་ན་ཁྱོད་རང་བེམས་པོའི་ཆོས་དབྱིངས་བདེ་གཤེགས་སྙིང་པོར་ཁས་ལེན་ནམ་མི་ལེན། མི་ལེན་ན་འདིར་དངོས་སུ་བཤད་པ་དང་འགལ། ལེན་ན་བེམས་པོའི་ཆོས་དབྱིངས་ཆོས་ཅན། གསལ་སྟོང་ཟུང་འཇུག་ཡིན་པར་ཐལ། ཆོས་དབྱིངས་ཡིན་པའི་ཕྱིར། རྟགས་ཁྱབ་ཁས་བླངས་སོ། །འདོད་ན། བུམ་སོགས་ཕྱི་དོན་བདེན་པས་སྟོང་པའི་སྟོང་ཉིད་ཀྱང་། གསལ་སྟོང་ཟུང་འཇུག་ཏུ་འགྱུར་བས། ཁྱེད་རང་གི་ཕར་ཕྱིན་དཀའ་འགྲེལ་ལས། ཆོས་དབྱིངས་དང་སྟོང་ཉིད་ལ་ཁྱད་པར་ཕྱེ་ནས། ཆོས་དབྱིངས་ལ་གསལ་སྟོང་ཟུང་འཇུག་གིས་ཁྱབ་པར་དང་། སྟོང་ཉིད་ལ་དེས་མ་ཁྱབ་པར་བཤད་པ་ལ་རྣམ་གཅད་མེད་པའི་སྐྱོན་དུ་འགྱུར་ཏེ། ཆོས་ཐམས་ཅད་ལ་གསལ་སྟོང་ཟུང་འཇུག་གམ་ཆོས་དབྱིངས་ཀྱིས་ཁྱབ་པའི་ཕྱིར་སྙམ་ན། ཙུང་ཟད་དཀའ་མོད། ཁོ་བོ་ནི་ཀུན་མཁྱེན་ཆེན་པོའི་དགོངས་པ་འདི་ལྟར་འཆད་དེ། སྤྱིར་སྟོང་ཉིད་དང་། དེ་བཞིན་ཉིད་དང་། རང་བཞིན་རྣམ་དག་སོགས་ཀྱིས་ཆོས་ཐམས་ཅད་ལ་ཁྱབ་ཅིང་། དེ་དག

ལ་གསལ་སྟོང་ཟུང་འཇུག་ཞིག་མི་དགོས་ཀྱང་ཆོས་དབྱིངས་དང་། བདེ་གཤེགས་སྙིང་པོ་སོགས་གསལ་སྟོང་ཟུང་འཇུག་ཁོ་ན་ལ་འཇོག་པས། དེ་དག་གིས་ཆོས་ཐམས་ཅད་ལ་མ་ཁྱབ་པས། ཕྱམ་པ་བདེན་པས་སྟོང་པའི་སྟོང་ཉིད་ལྟ་བུ་རང་བཞིན་རྣམ་དག་དང་། སྟོང་ཉིད་དང་། དེ་བཞིན་ཉིད་སོགས་ཡིན་ཀྱང་། གསལ་སྟོང་ཟུང་འཇུག་མ་ཡིན་པས། ཆོས་དབྱིངས་དང་། བདེ་གཤེགས་སྙིང་པོ་སོགས་སུ་ཁས་མི་ལེན་ནོ། །འོན་ཀྱང་། འདིར་ཐེམས་པོའི་ཆོས་དབྱིངས་བདེ་གཤེགས་སྙིང་པོ་ཡིན་པར་བཤད་པ་ནི། ཐེམས་པོ་ཀུན་ལ་ཆོས་དབྱིངས་ཀྱིས་ཁྱབ་པ་དང་། ཕྱམ་སོགས་ཀུན་གྱི་སྟོང་ཉིད་བདེ་གཤེགས་སྙིང་པོ་ཡིན་ཞེས་ཁས་བླངས་པ་མ་ཡིན་གྱིས། ནང་སེམས་རྒྱུད་ཀྱིས་བསྡུས་པའི་མིག་སོགས་ལྟ་བུའི་སྟེང་དུ་གསལ་སྟོང་ཟུང་འཇུག་གི་ཆོས་དབྱིངས་ཚང་བས། སེམས་རྒྱུད་ཀྱིས་བསྡུས་པའི་ཐེམས་པོའི་ཆོས་དབྱིངས་སྙིང་པོ་ཡིན་པ་ཙམ་ལ་དགོངས་སོ་ཞེས། བློ་གསལ་དཔྱོད་ལྡན་དག་གི་སྙིང་གི་པདྨོར་སིམ་པར་བྱའོ། །ཞེས་གསུངས་སོ། །

དེ་ནི་ཀུན་མཁྱེན་ཆེན་པོའི་དགོངས་པ་ཅུང་ཟད་མ་ལོངས་པ་སྟེ། ཕར་ཕྱིན་དཀའ་འགྲེལ་ལས། ཆོས་དབྱིངས་དང་། སྟོང་ཉིད་ལ་ཁྱད་པར་ཕྱེ་ནས། ཆོས་དབྱིངས་ལ་གསལ་སྟོང་ཟུང་འཇུག་གིས་ཁྱབ་པ་དང་། སྟོང་ཉིད་ལ་དེས་མ་ཁྱབ་པར་གསུངས་པའི་དགོངས་པ་ནི། ཆོས་ཅན་དེར་སྣང་བའི་གསལ་བ་དང་། དེ་ཉིད་ལ་མཐའ་བཞིའི་སྤྲོས་པ་བཀག་པའི་ཆོས་ཉིད་དབྱེར་མེད་པའི་ཟུང་འཇུག་ལ་ཆོས་དབྱིངས་སུ་འཇོག་ཅིང་། དེ་ལྟ་བུའི་ཟུང་འཇུག་གི་གསལ་བ་དང་། སྟོང་པ་གཉིས་ཀྱི་སྟོང་པའི་ཆ་ལ་སྟོང་ཉིད་དུ་འཇོག་ཅེས་པའི་དོན་ཡིན་གྱི། ཕྱི་དོན་གྱི་ཆོས་དབྱིངས་མེད་ཅེས་པའི་དོན་མ་ཡིན་ཏེ། དཀའ་འགྲེལ་ལས། བདེ་གཤེགས་སྙིང་པོ་དང་། ཆོས་དབྱིངས་དང་། རང་བཞིན་གནས་རིགས་རྣམས་ནི། ཆོས་ཅན་གསལ་བ་དང་། དེ་ཉིད་ལ་མཐའ་བཞིའི་སྤྲོས་པ་བཀག་པའི་ཆོས་ཉིད་དབྱེར་མེད་པའི་ཟུང་འཇུག་ལ་འདོད་ཅིང་། སྟོང་ཉིད་དང་དེ་བཞིན་ཉིད་ལ་སོགས་པ་རྣམས་ནི་བདེན་པའམ། མཐའ་བཞིའི་སྤྲོས་པ་བཀག་པའི་གནས་ལུགས་ཀྱི་ཆ་ནས་འཇོག་པས་ཁྱད་པར་ཤིན་ཏུ་ཆེ་སྟེ། ཟུང་འཇུག་གི་སྟོང་པའི་ཆ་ལ་སྟོང་ཉིད་སོགས་སུ་འཇོག་པ་ཡིན་པའི་ཕྱིར། ཞེས་གསུངས་པའི་ཕྱིར་རོ། །འདིས་ནི་ཁྱེད་རང་གིས་གོང་དུ། གསལ་སྟོང་ཟུང་འཇུག་གིས་ཟླས་ཕྱེ་བའི། གསལ་ཆ། སྟོང་ཆ། ཟུང་འཇུག་གི་ཆ་གསུམ་ག་བདེ་གཤེགས་སྙིང་པོ་ཡིན་པ། སྨྲ་བ་ཀའ་མདོ་རྒྱུད་དང་། ཁྱད་པར་ཀུན་མཁྱེན་ཆེན་པོ་འདི་ཉིད་ཀྱི་དགོངས་པ་ཡིན་པར་འདོད་པ་དེ་ཡང་། ལེགས་པ་ཡིན་ནོ། །

གཞན་ཡང་། འདི་རྣམས་ལ་དཔྱད་པ་འདི་ལྟར་བྱ་སྟེ། ནང་སེམས་རྒྱུད་ཀྱིས་བསྡུས་པའི་མིག་སོགས་ལྟ་བུའི་སྟེང་དུ་གསལ་སྟོང་ཟུང་འཇུག་གི་ཆོས་དབྱིངས་ཚང་བ་མི་འཐད་པར་ཐལ། ནང་སེམས་རྒྱུད་ཀྱིས་བསྡུས

པའི་མིག་དང་རྣ་བ་སོགས་མེད་པའི་ཕྱིར་ཏེ། སེམས་རྒྱུད་ཀྱིས་བསྡུས་པའི་མིག་མེད་པའི་ཕྱིར་ཏེ། སེམས་ཀྱིས་བསྡུས་པའི་ཐེམས་པོ་མེད་པའི་ཕྱིར། གཞན་ཡང་། སྟོང་ཉིད་དང་། དེ་བཞིན་ཉིད་དང་། རང་བཞིན་རྣམ་དག་སོགས་ཀྱིས་ཐེམས་པོ་ལ་ཁྱབ་པར་ཐལ། དེས་ཆོས་ཐམས་ཅད་ལ་ཁྱབ་པའི་ཕྱིར། རྟགས་ཁས། འདོད་ན། ནང་སེམས་རྒྱུད་ཀྱིས་བསྡུས་པའི་མིག་གི་ཆོས་དབྱིངས་ཀྱི་ཆོས་ཅན་མིག་དེ་ཐེམས་པོ་ཡིན་ལ། བུམ་པའི་ཆོས་དབྱིངས་ཀྱི་ཆོས་ཅན་བུམ་པ་དེ་ཐེམས་པོ་མ་ཡིན་པའི་ཁྱད་པར་འཐད་པར་ཐལ། ནང་སེམས་རྒྱུད་ཀྱིས་བསྡུས་པའི་མིག་གི་ཆོས་དབྱིངས་ཡོད་ལ། བུམ་པའི་ཆོས་དབྱིངས་མེད་པའི་ཁྱད་པར་འཐད་པའི་ཕྱིར། རྟགས་ཁས། འདོད་ན། དེ་ལྟ་བུའི་ཆོས་ཅན་མིག་དེ་ཐེམས་པོ་ཡིན་པར་ཐལ། འདོད་པའི་ཕྱིར། འདོད་ན། དེ་ཆོས་ཅན། ཐེམས་པོ་མ་ཡིན་པར་ཐལ། འདུས་མ་བྱས་ཡིན་པའི་ཕྱིར་ཏེ། སྟོང་ཉིད་དང་། དེ་བཞིན་ཉིད་དང་། རང་བཞིན་རྣམ་དག་སོགས་ཡིན་པའི་ཕྱིར། མ་གྲུབ་ན། དེ་ཆོས་ཅན། དེར་ཐལ། ཐེམས་པོ་ཡིན་པའི་ཕྱིར། གསུམ་ཆར་ཁས་དགོངས། དེ་ལ་ཁོ་ན་རེ། འོ་ན་ཐེམས་པོ་ཡིན་ན། སྟོང་ཉིད་ཡིན་པས་ཁྱབ་པར་ཐལ། ཆོས་ཐམས་ཅད་ཡིན་ན། སྟོང་ཉིད་ཡིན་པས་ཁྱབ་པའི་ཕྱིར། ཁྱབ་པ་སྒྲིག་ཞེ་ན། རྟགས་མ་གྲུབ་སྟེ། ཆོས་ཐམས་ཅད་ཡིན་ན། སྟོང་ཉིད་ཡིན་དགོས་ཀྱང་། དེ་ཡིན་ན། སྟོང་ཉིད་ཡིན་པའི་ཁྱབ་པ་མེད་པའི་ཕྱིར་ཏེ། ཆོས་ཐམས་ཅད་ཡིན་པ་མེད་པའི་ཕྱིར། དེ་ལ་ཁྱབ་པ་ཡོད་དེ། རྗེ་བཙུན་ས་པཎ་གྱིས། རྟགས་མེད་ཁྱབ་པ་འགལ་ཕྱིར་དང་། །ཞེས་དང་། རྟགས་མེད་ཁྱབ་བ་གྲུབ་པ་འབྲུལ་ཞེས་སྨྲ་བ་དེའི་རྟགས་སྨྲ་བ་དེའི་ཆོས་ཅན་གྱི་སྟེང་དུ་མ་གྲུབ་ན། སྨྲ་བ་དེའི་ཁྱབ་པ་གྲུབ་པ་འཁྲུལ་བར་གསུངས་པའི་ཕྱིར་རོ། །

གཞན་ཡང་། ཐེམས་པོ་ལ་ཆོས་དབྱིངས་ཡོད་པ་དེ་གཉིས་སུ་བྱེད་པ་ཡང་བསྟན་བཅོས་མཛད་པ་འདིའི་དགོངས་པ་མ་ཡིན་ཏེ། པཎ་ཆེན་ཤཱཀ་མཆོག་པས། སེམས་ཅན་མ་གཏོགས་ཐེམས་པོ་ཡི། །ཆོས་དབྱིངས་སྙིང་པོ་མ་ཡིན་ན། །རྒྱུད་དང་སེམས་འགྲེལ་བསྐོར་གསུམ་ལས། །བརྟན་གཡོ་ཀུན་ལ་སངས་རྒྱས་ཀྱི། །སྙིང་པོ་ཡོད་པར་གསུངས་དེ་ཅི། །ཞེས་པའི་དྲི་བའི་ལན་དུ། བསྟན་བཅོས་མཛད་པ་འདིས། འདྲི་བྱའི་གཞུང་ལ་མེད་པ་དང་། དྲིས་པའི་དོན་ཁས་བླངས་པ་དང་འགལ་བ་གཉིས་ལས། དང་པོ་ནི། གཞུང་ལས། གལ་ཏེ་ཐེམས་པོའི་ཆོས་ཀྱི་དབྱིངས། །ཞེས་སོགས་གསུངས་བཞིན་དུ་ཁྱེད་ཀྱི་དྲི་བ་འདི། གང་ནག་སུ་ལ་ཡིན། གཞུང་གང་ལ་ཡིན། ཞེས་སོགས་དང་། འོག་ཏུ། དྲི་བ་འདི་འདྲ་ནི། དྲི་ཡུལ་གྱི་གྲུབ་མཐའ་ཕྱིན་ཅི་ལོག་ཏུ་བཟུང་ནས། དྲི་བ་པོ་རང་ཉིད་ཀྱིས། གྲུབ་མཐའ་ཕྱིན་ཅི་ལོག་དང་སྦྱར་ཏེ་དྲིས་པར་སྣང་ངོ་། །ཞེས་པ་འདི་རྣམས་ཀྱི། ཐེམས་པོའི་ཆོས་དབྱིངས་བདེ་གཤེགས་སྙིང་པོ་མིན་པ་སྡོམ་གསུམ་གྱི་གཞུང་ལས་བཤད་པ་མེད་པ་དང་། ས་པཎ་གྱི་གཞུང་

ལས་ཁམས་པོའི་ཆོས་དབྱིངས་བདེ་གཤེགས་སྙིང་པོ་ཡིན་པར་བཤད་པའི་གྲུབ་མཐའ་ཕྱིན་ཅི་ལོག་ཏུ་བཟུང་ནས། དྲི་བ་པོ་རང་ཉིད་ཀྱི་གྲུབ་མཐའ་ཕྱིན་ཅི་ལོག་ཁམས་པོ་ཀུན་གྱི་ཆོས་དབྱིངས་སྙིང་པོ་མ་ཡིན་པར་འདོད་པ་དང་སྦྱར་ཏེ་དྲིས་པར་སྣང་ངོ་། །ཞེས་གསུངས་པས་ཁམས་པོའི་ཆོས་དབྱིངས་བདེ་གཤེགས་སྙིང་པོར་བཞེད་པར་གསལ་བར་གསུངས་པའི་ཕྱིར། གཞན་ཡང་། བུམ་སོགས་ཕྱི་རོལ་གྱི་དོན་གྱི་ཆོས་དབྱིངས་མེད་པར་འདོད་པ་ཡང་མི་འཐད་དེ། བུམ་པའི་ཆོས་དབྱིངས་ཡོད་པའི་ཕྱིར་ཏེ། ཆོས་ཅན་བུམ་པ་མཐའ་བཞིའི་སྤྲོས་པས་སྟོང་པའི་སྟོང་པ་ཉིད་དང་ཆོས་ཅན་བུམ་པར་སྣང་བའི་སྣང་བ་ཟུང་དུ་འཇུག་པའི་ཟུང་འཇུག་དེ་བུམ་པའི་ཆོས་དབྱིངས་ཡིན་པའི་ཕྱིར་ཏེ། ཆོས་ཅན་བུམ་པ་མཐའ་བཞིའི་སྤྲོས་པས་སྟོང་པའི་སྟོང་ཉིད་དེ་བུམ་པ་མཐའ་བཞིའི་སྤྲོས་པས་སྟོང་པའི་སྟོང་ཉིད་ཡིན་པའི་ཕྱིར་ཏེ། བུམ་པ་མཐའ་བཞིའི་སྤྲོས་པས་སྟོང་པའི་སྟོང་ཉིད་ཡོད་པའི་ཕྱིར་ཏེ། བུམ་པ་བདེན་པས་སྟོང་པའི་སྟོང་ཉིད་ཡོད་པའི་ཕྱིར། དེས་ན་བུམ་པ་བདེན་པས་སྟོང་པའི་དོན་ཡང་། བུམ་པ་སྣང་བའི་ཤེས་པ་ལ་བུམ་པར་སྣང་བ་དེ་ཉིད་བུམ་པ་ཡིན་པས་སྟོང་པ་ལ། བུམ་པ་བདེན་པས་སྟོང་པར་འཇོག་ཅིང་། དེ་བཞིན་དུ། བུམ་པ་སྣང་བའི་ཤེས་པ་ལ་བུམ་པར་སྣང་བ་དེ་ཉིད། བུམ་པ་ཡིན་མིན་ལ་སོགས་པའི་མཐའ་བཞིའི་སྤྲོས་པས་སྟོང་པ་ལ། བུམ་པ་མཐའ་བཞིའི་སྤྲོས་པས་སྟོང་པར་འཇོག་པས། དེ་ཉིད་དང་། བུམ་པ་སྣང་བའི་ཤེས་པ་ལ་བུམ་པར་སྣང་བ་ཟུང་དུ་ཆུག་པའི་དབྱིངས་ལ་བུམ་པའི་ཆོས་དབྱིངས་སུ་འཇོག་གོ། །མདོར་ན། ཇི་ལྟ་ཇི་སྙེད་ཀྱི་ཆོས་ཐམས་ཅད་ཀྱི་ཆོས་དབྱིངས་བདེ་གཤེགས་སྙིང་པོ་ཡིན་ཅིང་། དེ་ཡང་ཆོས་ཅན་དེ་ཉིད་མཐའ་བཞིའི་སྤྲོས་པས་སྟོང་པ་དེ། ཆོས་ཅན་དེའི་ཆོས་ཉིད་སྟོང་པའི་ཆ་དང་། ཆོས་ཅན་དེར་སྣང་ཙམ་དེ་ཉིད་ཆོས་ཅན་གསལ་བའི་ཆར་འཇོག་ཅིང་། དེ་གཉིས་ཟུང་དུ་ཆུག་པ་ལ་གསལ་སྟོང་ཟུང་འཇུག་གམ། ཆོས་ཅན་དེའི་ཆོས་དབྱིངས་ཞེས་བྱ་བས། དེ་ཉིད་མཁས་པ་རྣམས་ཀྱིས་ཐོས་བསམ་གྱི་སྤྲོས་པའི་སྒྲོ་འདོགས་བཅད། གྲུབ་ཐོབ་རྣམས་ཀྱིས་ཚུལ་བཞིན་དུ་བསྒོམས་པས་དེ་བཞིན་གཤེགས་པ་རྣམས་ཀྱིས། འབྲས་བུ་དག་པ་གཟུགས་ལ་སོགས། །དག་པ་ཉིད་ཞེས་པའི་ཚུལ་གྱིས་ཆོས་ཐམས་ཅད་དག་པ་གཉིས་ལྡན་དུ་མངོན་དུ་གྱུར་པ་ཡིན་པས། ཟུང་འཇུག་དེ་ཡང་ཕྱི་ནང་གི་ཆོས་ཐམས་ཅད་ལ་རང་ཆས་སུ་ཡོད་ཅིང་། དེ་ཐམས་ཅད་ཀྱང་སེམས་ཀྱི་ཆོས་དབྱིངས་ལས་མ་འདས་པས། ཆོས་དབྱིངས་ཡིན་ན། སེམས་ཀྱི་ཆོས་དབྱིངས་ཡིན་པས་ཁྱབ་པའི་གནད་འདི་རྟོགས་ན་ཟབ་མོ་སྤྲོས་བྲལ་གྱི་ལྟ་བ་འབད་མེད་དུ་ངང་གིས་སྐྱེའོ། །སྤྲོས་བྲལ་གྱི་ལྟ་བ་མངོན་དུ་གྱུར་པ་རྗེ་བཙུན་གོང་མ་རྣམས་དང་། ཀུན་མཁྱེན་ཆེན་པོའི་ལེགས་བཤད་སྨྲས་དོན་ཟབ་མོའི་གཏེར་གྱི་ཁ་འབྱེད་སོགས་ཀྱི་དགོངས་པ་ཡང་འདི་ཉིད་ཁོ་ན་ལ་བཞེད་པས། རྣམ་དཔྱོད་དང་ལྡན་པའི་སྐལ་ལྡན་རྣམས་ཀྱི་

ཐུགས་ལ་ཡིད་བཞིན་གྱི་ནོར་བུ་ལྟར་འཚོངས་ཤིག །རྣམ་དཔྱོད་ཀྱི་ལུས་སྟོབས་རབ་རྒྱས་ཏེ། །ལུང་རིགས་ཀྱི་འདབ་ཤོག་རབ་བརྒྱངས་ནས། །མཚན་མ་ཡི་རི་བོ་རབ་རྒྱལ་ཞིང་། །ཟབ་དོན་གྱི་མཁའ་ལ་རོལ་རྩེས་བྱེད། །བར་སྐབས་ཀྱི་ཚིགས་སུ་བཅད་པའོ། །

པཎ་ཆེན་ཤཱཀྱ་མཆོག་གི་གསུང་ནས། སྡོམ་གསུམ་རབ་དབྱེས་ཆོས་དབྱིངས་བདེ་གཤེགས་སྙིང་པོ་ཡིན་པ་བཀག་ནས། ཆོས་སྐུ་བདེ་གཤེགས་སྙིང་པོ་ཡིན་པར་བསྟན་པ་ཡིན་ལ། ཆོས་དབྱིངས་སྙིང་པོ་ཡིན་པ་ཇི་ལྟར་བཀག་སྙམ་ན། གལ་ཏེ་བེམས་པོའི་ཆོས་ཀྱི་དབྱིངས། །ཞེས་སོགས་ཀྱི་བེམས་པོའི་ཆོས་དབྱིངས་སྙིང་པོ་མིན་པ་བཞིན་དུ། སེམས་ཀྱི་ཆོས་དབྱིངས་ཀྱང་སྙིང་པོ་མ་ཡིན་ཏེ། ཆོས་དབྱིངས་ལ་དབྱེ་བ་མེད་པའི་ཕྱིར། བེམས་པོའི་ཆོས་དབྱིངས་སྙིང་པོ་མ་ཡིན་ཏེ། གལ་ཏེ་ཡིན་ན། བརྟན་གཡོ་ཀུན་བདེ་གཤེགས་སྙིང་པོ་ཅན་དུ་ཐལ་བ་ལས། གཡོ་བ་ལུས་ཅན་ཁོ་ན། བདེ་གཤེགས་སྙིང་པོ་ཅན་དུ་བཤད་པའི་ཕྱིར། ཞེས་འཆད་པ་ལ། གོང་དུ་སྨོས་པའི་མཁས་པས། དྲི་བཅས་ཀྱི་སེམས་ཀྱི་ཆོས་དབྱིངས་བདེ་གཤེགས་སྙིང་པོ་མ་ཡིན་པ་བཞིན་དུ། དག་པ་གཉིས་ལྡན་གྱི་ཆོས་དབྱིངས་ཀྱང་སྙིང་པོ་མ་ཡིན་པར་ཐལ། ཆོས་དབྱིངས་ལ་དབྱེ་བ་མེད་པའི་ཕྱིར། ཞེས་པའི་རིགས་པ་ནི་ཤིན་ཏུ་མཚུངས་ཤིང་། གཞན་ཡང་དེ་ལ། བརྟན་གཡོ་གཉིས་ཀྱི་ནང་ནས་གཡོ་བ་ལུས་ཅན་ཁོ་ན་བདེ་གཤེགས་སྙིང་པོ་ཅན་དུ་བཤད་པ་མི་འཐད་པར་ཐལ། བརྟན་གཡོ་གཉིས་ཀྱི་ནང་ནས་ལུས་ཅན་ཁོ་ན་བདེ་གཤེགས་སྙིང་པོ་ཅན་མ་ཡིན་པའི་ཕྱིར། མ་གྲུབ་ན། ལུས་ཅན་བདེ་གཤེགས་སྙིང་པོ་ཅན་ཡིན་པར་ཐལ། མ་གྲུབ་པ་དེའི་ཕྱིར། འདོད་མི་ནུས་ཏེ། དེའི་རྒྱུད་ལ་བདེ་གཤེགས་པོ་མེད་པའི་ཕྱིར། རྟགས་ཁས། དེས་ན། རྫོགས་སངས་སྐུ་ནི་འཕྲོ་ཕྱིར་དང་། །ཞེས་སོགས་འདིས་སེམས་ཅན་གྱི་ཆོས་དབྱིངས་ཡོད་པ་ཙམ་གྱིས་སེམས་ཅན་བདེ་གཤེགས་སྙིང་པོ་ཅན་དུ་བཤད་པ་མ་ཡིན་གྱིས། སེམས་ཅན་གྱི་རྒྱུད་ལ། རྫོགས་པའི་སངས་རྒྱས་ཀྱི་རང་གི་ཆོས་ཉིད་སེམས་ཅན་ལ་ཡོད་པར་གཟིགས་ནས་སྒྲིབ་པ་སྦྱང་བའི་ཆེད་དུ་ཆོས་ཀྱི་འོད་ཟེར་འཕྲོ་བ་དང་། སེམས་ཅན་གྱི་སེམས་ཀྱི་དེ་བཞིན་ཉིད་དང་སངས་རྒྱས་ཀྱི་དེ་བཞིན་ཉིད་རང་བཞིན་གྱི་རྣམ་པར་དག་པར་དབྱེར་མེད་པ་དང་། སངས་རྒྱས་ཀྱི་ཆོས་ཐམས་ཅད་ཀྱི་རྒྱུ་རིགས་ཡོད་པའི་ཕྱིར་ན། སེམས་ཅན་ཀུན་བདེ་གཤེགས་སྙིང་པོ་ཅན་དུ་བཤད་པ་ཡིན་ནོ། །ཐ་སྙད་གཉིས་དང་འགལ་བ་དེས་ན་དྲི་མ་མེད་པའི་བཀའ་དང་བསྟན་བཅོས་རྣམས་ལས་བདེ་བར་གཤེགས་པའི་སྙིང་པོ་སེམས་ཅན་ཐམས་ཅད་ལ་ཡོད་པར་བཤད་པ་ལས། དེ་ལྟར་མེད་པར་འདོད་པའི་མཁས་སློམ་རྣམས་ཆོས་ཅན། རང་གི་གྲུབ་མཐའ་ངན་པའི་རྣམ་རྟོག་གི་ལན་ཡིན། སེམས་ཅན་ཐམས་ཅད་ལ་བདེ་གཤེགས་སྙིང་པོ་མེད་པར་ལྟ་བའི་ལྟ་བ་ངན་པས་མི་གཙང་ཟློས་པའི་མཚུ

ངེས། བདེ་གཤེགས་སྙིང་པོ་སེམས་ཅན་ཐམས་ཅད་ལ་ཡོད་པར་སྟོན་པའི་འཛམ་དབྱངས་ས་པཎ་གྱི་གཞུང་ལུགས་བཟང་པོ་པཎྜིའི་ཚལ་ལུང་རིགས་ཀྱི་དྲི་ཞིམ་དང་ལྡན་པ་ལ་གྲུབ་མཐའ་ངན་པའི་དྲི་ངན་བགོ་བ་མཚར་ཆེ་སྟེ། ཁྱོད་ཀྱི་དེ་ལྟར་འདོད་པ་དེ། ལྗོན་ཤིང་གི་ནགས་ཚལ་ལ་གནས་པའི་སྤྲེའུ་དག །ལྗོན་པའི་ཤིང་ལ་མི་གཙང་བ་འཐོར་བ་ལྟར་མི་རིགས་པ་ཡིན་པའི་ཕྱིར། གསུམ་པ་ལ་མ་འཁྲུལ་པའི་གདམས་པ་སྦྱིན་པ་ལ་གསུམ་སྟེ། ཕྱོགས་འཛིན་དོར་ནས་བཟུང་བར་གདམས་པ། དྲང་ངེས་ཀྱི་དགོངས་པ་ངོས་བཟུང་བ། ཤེས་བྱེད་ཀྱི་ལུང་དང་སྦྱར་བའོ། །དང་པོ་ནི། རང་གི་གྲུབ་མཐའ་ངན་པའི་དྲི་ངན་འཛམ་དབྱངས་ས་པཎ་གྱི་གཞུང་ལུགས་པཎྜིའི་ཚལ་ལ་མཐོར་བ་མི་རིགས་པ་ཆེན་པོ་ཡིན་པ་དེས་ན། བདག་གཞན་ལེགས་པར་འདོད་པའི་མཁས་པ་རྣམས་ཆོས་ཅན། མདོ་རྒྱུད་མ་ལུས་པ་གསལ་བར་བྱེད་པའི་སྒྲོན་མེ་གཞུང་ལུགས་ཆེན་པོ་སྡོམ་གསུམ་རབ་དབྱེའི་དགོངས་པ་ཁོ་བོས་ཚུལ་བཞིན་དུ་ལེགས་པར་བཤད་པ་འདི་ལ་ལེགས་བཤད་བརྩམས་པ་ལ་ཕྲ་དོག་དང་། ཕྱོགས་འཛིན་གྱི་ཡིད་དོར་ལ་གཟུ་བོར་གནས་པའི་བློ་ཡིས་ལེགས་པར་དཔྱོད་ལ་ངེས་པར་བཟུང་བར་རིགས་ཏེ། དེ་ལྟར་བྱས་པས་རང་གཞན་ལ་ཕན་བདེ་འབྱུང་བའི་ཕྱིར། གཉིས་པ་ནི། མདོ་དང་བསྟན་བཅོས་དུ་མ་ལས། ཆོས་དབྱིངས་དང་བདེ་བར་གཤེགས་པའི་སྙིང་པོ་དང་། སྟོང་ཉིད་དང་། ཀུན་གཞིའི་རྣམ་ཤེས་ལ་སོགས་པའི་ལྡོག་པའི་སྒོ་ནས་མཚན་གྱི་རྣམ་གྲངས་དུ་མས་བསྟན་པའི་ཟུང་འཇུག་ནི་ཆོས་ཅན། བདེན་པ་གཉིས་ཀྱི་སྒོ་ནས་དྲང་ངེས་སུ་འཇོག་པའི་ཚེ། ངེས་དོན་ཡིན་གྱི་དྲང་དོན་མ་ཡིན་ཏེ། དོན་དམ་བདེན་པ་ཡིན་པའི་ཕྱིར། འོན་ཀྱང་། གསལ་སྟོང་ཟུང་འཇུག་དེ་ཉིད། སྙིང་པོའི་མདོ་སོགས་མདོ་སྡེ་འགའ་ཞིག་དང་། རྒྱུད་བླ་མ་ལས། དཔེ་དགུས་བསྟན་པ་ལྟར། འགྲོ་བའི་རྒྱུད་ལ་ནི། རྟེན་དང་བརྟེན་པའི་ཚུལ་གྱིས་སམ་སྦྲུབ་པའི་ཚུལ་གྱིས་ཡོད་པ་ཆོས་ཅན། ཁྱོད་ནི་དྲང་དོན་ཡིན་གྱི་ངེས་དོན་མ་ཡིན་ཏེ། ཀུན་རྫོབ་བདེན་པ་ཡིན་པའི་ཕྱིར་རོ། །དེས་ན། སེམས་ཅན་གྱི་རྒྱུད་ལ་བདེ་གཤེགས་སྙིང་པོ་ཡོད་པར་སྟོན་པའི་མདོའི་དགོངས་གཞི་མཐའ་བཞི་སྤྲོས་བྲལ་གྱི་ཆོས་དབྱིངས་ཡོད་པ་ལ་དགོངས་པ་དང་། དགོས་པ་སེམས་ཞུམ་པ་ལ་སོགས་པའི་སྐྱོན་ལྔ་སྤོང་བའི་ཕྱིར་དུ་གསུངས་པ་ཡང་། སེམས་ཅན་གྱི་རྒྱུད་ལ་བདེ་གཤེགས་སྙིང་པོ་རྟེན་དང་བརྟེན་པའམ་སྦྲུབ་པའི་ཚུལ་གྱི་ཡོད་པར་བསྟན་པའི་མདོ་ལ་འཐད་ཅིང་། དེ་ལྟར་བསྟན་པའི་མདོ་དེ་ཉིད་བརྗོད་བྱ་ངེས་པའི་དོན་སྒྲ་ཇི་བཞིན་པ་ཡིན་ན། མུ་སྟེགས་རིགས་པ་ཅན་པས་བདག་དཀར་ལ་འཆར་བ་སྨུམ་ལ་འཁྲིལ་བ་རྟུལ་ཕྲན་ཙམ་ཞིག་དང་རང་གི་སྙིང་རྟེན་དང་བརྟེན་པ་གནས་པར་འདོད་པ་དང་མཚུངས་པར་ཐལ་བ་སོགས་དངོས་ལ་གནོད་བྱེད་ཀྱི་སྐྱོན་རྣམས་འབྱུང་བས་སོ། །གསུམ་པ་ཤེས་བྱེད་ཀྱི་ལུང་དང་སྦྱར་བ་ནི། སེམས་ཅན་གྱི་རྒྱུད་ཀྱི་བདེ་གཤེགས་སྙིང་པོ་ངེས་དོན་མིན་ཡང་།

དེའི་རྒྱུད་ལ་བདེ་གཤེགས་སྙིང་པོ་ཡོད་པ་དྲང་དོན་ཀུན་རྫོབ་བདེན་པ་ཡིན་ཞེས་པ་འདི་ཉིད་ཆོས་ཅན། ཁོ་བོས་རང་བཟོ་མ་ཡིན་ཏེ། ཐེག་པ་ཆེན་པོ་རྒྱུད་བླ་མ་ལས། འགྲོ་བ་ཞི་བའི་ཆོས་ཉིད་དུ། །རྟོགས་ཕྱིར་ཇི་ལྟར་ཉིད་དེ་ཡང་། །ཞེས། འགྲོ་བའི་སེམས་རྒྱུད་བདག་གཉིས་ཀྱི་སྤྲོས་པ་ཉེ་བར་ཞི་བར་མཐོང་བ་ལ། ཇི་ལྟ་བར་མཐོང་བར་གསུངས་པ་དང་། ཤེས་བྱ་མཐར་ཐུག་མཐོང་བའི་བློས། །ཐམས་ཅད་མཁྱེན་པའི་ཆོས་ཉིད་ནི། །སེམས་ཅན་ཐམས་ཅད་ལ་ཡོད་པར། །མཐོང་ཕྱིར་ཇི་སྙེད་ཡོད་པ་ཉིད། །ཅེས། སྤྲོས་བྲལ་གྱི་ཆོས་ཉིད་དེ་ཉིད་ཀྱང་། སེམས་ཅན་ཐམས་ཅད་ལ་ཡོད་པར་མཐོང་བ་ལ་ཇི་སྙེད་པ་མཐོང་བར་ནི་གསུངས་པས། དེའི་དོན་རྟོགས་ན་འབད་མེད་དུ་འགྲུབ་པར་འགྱུར་བའི་ཕྱིར།

གཉིས་པ། དག་པ་གཉིས་པོ་འགལ་བར་འདོད་པ་དགག་པ་ལ་གཉིས་ཏེ། འདོད་པ་བརྗོད་པ་དང་། དེ་དགག་པའོ། །དང་པོ་ནི། ཁ་ཅིག །བློ་བུར་དྲི་བྲལ་གྱི་ཆོས་དབྱིངས་ནི་རང་བཞིན་རྣམ་དག་གི་ཆོས་དབྱིངས་མ་ཡིན་ཏེ། རང་བཞིན་རྣམ་དག་གི་ཆོས་དབྱིངས་དང་། གློ་བུར་དྲི་བྲལ་གྱི་ཆོས་དབྱིངས་གཉིས་ཕན་ཚུན་སྤངས་ཏེ་འགལ་བར་གནས་པའི་ཕྱིར། ཞེས་ཟེར་བ་ཐོས་སོ། །གཉིས་པ་ལ་གསུམ་ཏེ། འགལ་བར་འདོད་པ་སྨད་པ། འགལ་བའི་རྒྱུ་མཚན་དགག་པ། མི་འགལ་བའི་རྒྱུ་མཚན་བསྟན་པའོ། །དང་པོ་ནི། དེ་ལྟར་དག་པ་གཉིས་པོ་འགལ་བར་སྨྲ་བའི་སྐྱེས་བུའི་ཁ་ཡི་བུ་ཁ་ཆོས་ཅན། ཁྱོད་ནི་བུ་ག་དོན་མེད་པ་གཞན་དང་མཚུངས་ཏེ། རྒྱུ་མཚན་གང་གི་ཕྱིར་ན། དྲི་མ་བདེན་གྲུབ་ཀྱིས་དག་པའི་ཆོས་དབྱིངས་དང་། གློ་བུར་གྱི་དྲི་མ་དང་སྤོང་བྱེད་ཀྱི་གཉེན་པོ་ལམ་གྱིས་བཅོམ་ནས་དག་པ་ཡི། ཆོས་དབྱིངས་ཀྱི་གཞི་མཐུན་མེད་ཅེས་པ་རང་ལུགས་སུ་སྨྲ་བའི་ཚིག་འབྱུང་བའི་བུ་ཁ་ཡིན་པའི་ཕྱིར་རོ། །གཉིས་པ་ནི། ཁོ་ན་རེ། དག་པ་གཉིས་པོ་འགལ་ཏེ། དེའི་དག་ཆ་གཉིས་པོ་འགལ་བའི་ཕྱིར་སྙམ་ན། དྲི་མའི་སྟེང་གི་བྱས་པ་དང་། དྲི་མའི་སྟེང་གི་མི་རྟག་པ་འགལ་བར་འགྱུར་བར་ཐལ། དྲི་མའི་སྟེང་གི་སྐྱེས་ཙམ་གྱི་ཆ་དང་། དྲི་མའི་སྟེང་གི་འཇིག་ཙམ་གྱི་ཆ་འགལ་བའི་ཕྱིར་ཏེ། གོང་གི་གསལ་སྟོང་ཟུང་འཇུག་གི་གསལ་བའི་ཆ་དང་། དེའི་སྟོང་ཆ་འགལ་བར་བསྒྲུབས་ཟིན་པ་བཞིན་ནོ། །དེ་ལ་ཁོ་ན་རེ། དག་པ་དང་པོ་རང་བཞིན་རྣམ་དག་མངོན་དུ་གྱུར་པའི་ཚེ་ན། དག་པ་གཉིས་པ་གློ་བུར་རྣམ་དག་མཐའ་དག་མངོན་དུ་གྱུར་དགོས་པར་ཐལ་ཏེ། དག་པ་གཉིས་པ་གློ་བུར་རྣམ་དག་དེ་དག་པ་དང་པོ་རང་བཞིན་རྣམ་དག་ཡིན་པའི་ཕྱིར་རོ་སྙམ་ན། དེ་འདྲ་ཚིག་གི་སྒྲིབ་གཡོགས་ཙམ་ཡིན་ཏེ། འོ་ན་བདག་མེད་དང་པོ་གང་ཟག་གི་བདག་མེད་མངོན་དུ་གྱུར་པའི་ཚེ་ན། བདག་མེད་གཉིས་པ་ཆོས་ཀྱི་བདག་མེད་མཐའ་དག་མངོན་དུ་གྱུར་དགོས་པར་ཐལ་ཏེ། བདག་མེད་གཉིས་པ་ཆོས་ཀྱི་བདག་མེད་དེ། བདག་མེད་དང་པོ་གང་ཟག་གི་བདག་མེད་ཡིན་

པའི་ཕྱིར་ཞེས་པ་ལ་སོགས་ཀུན་ཏུ་མཚུངས་པའི་ཕྱིར་རོ། །གསུམ་པ་ནི། དག་པ་གཉིས་པོ་འགལ་བ་ལ་སྐྱོན་ཡོད་པ་དེས་ན། གློ་བུར་དྲི་བྲལ་གྱི་ཆོས་དབྱིངས་ཡིན་ན། རང་བཞིན་རྣམ་དག་གི་ཆོས་དབྱིངས་ཡིན་དགོས་པའི་རྒྱུ་མཚན་ཡང་། འཕགས་མཆོག་ཀླུ་སྒྲུབ་ཞབས་ཀྱིས། ཆོས་ཀྱི་དབྱིངས་སུ་བསྟོད་པ་ལས། གང་ཞིག་ཀུན་ཏུ་མ་ཤེས་ན། །སྲིད་པ་གསུམ་དུ་རྣམ་འཁོར་ལ། །སེམས་ཅན་རྣམས་ལ་ངེས་གནས་པའི། །ཆོས་ཀྱི་དབྱིངས་ལ་ཕྱག་འཚལ་འདུད། །གང་ཞིག་འཁོར་བའི་རྒྱུར་གྱུར་པ། །དེ་ཉིད་སྦྱངས་པ་བྱས་པ་ལས། །དག་པ་དེ་ཉིད་མྱ་ངན་འདས། །ཆོས་ཀྱི་སྐུ་ཡང་དེ་ཉིད་དོ། །ཞེས་འགྲོ་བ་གང་ཡིན་པ་ཞིག་རང་རྒྱུད་ཀྱི་སྙིང་པོ་རང་བཞིན་གྱི་དྲི་མས་རྣམ་པར་དག་པ་ལ་གློ་བུར་གྱི་དྲི་མ་སྦྱོང་བའི་ཐབས་ཀུན་ཏུ་མ་ཤེས་ན། སྲིད་པ་གསུམ་དུ་རྣམ་པར་འཁོར་ལ། གང་ཞིག་སྲིད་པ་གསུམ་དུ་རྣམ་པར་འཁོར་བའི་རྒྱུར་གྱུར་པའི་གློ་བུར་གྱི་དྲི་མ་དེ་ཉིད་གཉེན་པོའི་ཐབས་ཀྱིས་སྦྱང་བ་བྱས་པ་ལས། གློ་བུར་གྱི་དྲི་མས་དག་པ་གཉིས་ལྡན་གྱི་ཆོས་དབྱིངས་དེ་ཉིད་མྱ་ངན་ལས་འདས་པ་ཡིན་ཅིང་། དེ་ཉིད་ཆོས་ཀྱི་སྐུ་ཡང་ཡིན་པ་དེས་ན། སེམས་ཅན་རྣམས་ལ་ངེས་པར་གནས་པའི་སྙིང་པོ་ཆོས་ཀྱི་དབྱིངས་ལ་ཕྱག་འཚལ་འདུད། ཞེས་གསུངས་པ་དང་། སློབ་དཔོན་གྱི་མཁས་པ་རྣམས་ཀྱིས་ཀྱང་། ཆོས་དབྱིངས་རང་བཞིན་གྱི་དྲི་མས་རྣམ་པར་དག་པ་ཡིན་བཞིན་པ་ལ། གློ་བུར་གྱི་དྲི་མ་དང་བྲལ་བའི་ཚེ་དག་པ་གཉིས་ལྡན་གྱི་ཆོས་དབྱིངས་ཞེས་གསུངས་པ་ཡང་རྒྱབ་བརྟེན་ཚད་མ་ཅན་དུ་བྱས་ནས། ཆོས་དབྱིངས་ཀུན་རང་བཞིན་རྣམ་དག་གི་ཆོས་དབྱིངས་ཡིན་པར་ཤེས་པར་གྱིས་ཤིག །

ལྔ་པ་སྙིང་པོ་དཔྱད་བཟོད་ཀྱི་བདེན་གྲུབ་ཏུ་འདོད་པ་དགག་པ་ལ་གཉིས་ཏེ། ཕྱོགས་སྔ་མ་བརྗོད་པ། དེ་ལ་དཔྱད་པ་བྱ་བའོ། །དང་པོ་ལ་གཉིས་ཏེ། སྒྲོ་བསྐུར་སྤངས་ནས་སྨྲ་བ་པོ་ངོས་བཟུང་། དེས་སྨྲས་པའི་གྲུབ་མཐའི་རྣམ་གཞག་གོ། །དང་པོ་ནི། བདེ་གཤེགས་སྙིང་པོ་དཔྱད་བཟོད་ཀྱི་བདེན་གྲུབ་ཏུ་བཞེད་པའི་མཁས་པ་འགའ་ཞིག་ནི། ཇོ་ནང་ཀུན་མཁྱེན་པས་ངེས་དོན་རྒྱ་མཚོར་སྙིང་པོ་བདེན་གྲུབ་ཏུ་འདོད་པ་སོགས་ལ་འཆད་པས། དེས་ན་ཀུན་མཁྱེན་ཆེན་པོ་ཇོ་མོ་ནང་པ་དོལ་པོ་ཤེས་རབ་རྒྱལ་མཚན་པ་ཆོས་ཅན། ཡོན་ཏན་མེད་པ་ལ་ཡོད་ཅེས་སྒྲོ་འདོགས་པ་དང་། སྐྱོན་མེད་པ་ལ་ཡོད་ཅེས་བསྐུར་པ་འདེབས་པ་སྤངས་ཏེ་ཡོན་ཏན་གྱི་ཆ་ཤས་བསམ་ལས་འདས་ཀྱང་སྐྱོན་གྱི་ཆ་ཤས་ཙུང་ཟད་དང་ལྡན་པ་ཡིན་ཏེ། ཡོན་ཏན་མཁྱེན་རབ་ཀྱི་འདབ་གཤོག་ཡངས་པ་རབ་ཏུ་རྒྱས་པ་ཡིས། གསུང་རབ་ཀྱི་ནམ་མཁའ་ཡངས་པ་ལ། ཤེས་བྱ་ཀུན་གཟིགས་པའི་ཕྱིར་དུ་བསྒྲོད་པར་གྱུར་ཀྱང་། སྐྱོན་བདེན་དངོས་སྨྲ་བའི་རྣམ་རིག་གི་བག་ཆགས་རབ་རིབ་ཀྱིས་ཕྲ་མོ་གནས་ལུགས་ཀྱི་དོན་ལ་གཟིགས་པ་བསྒྲིབས་པའི་རྐྱེན་གྱིས་ཟུང་འཇུག་ཡིད་བཞིན་གྱི་ནོར་བུ་མ་གཟིགས་པའི་སྐྱེས་བུ་ཡིན་

པའི་ཕྱིར།

གཉིས་པ་ལ་ལྔ་སྟེ། གཞིའི་གནས་ཚུལ། འབྲས་བུ་ཐོབ་ཚུལ། རང་སྟོང་གཞན་སྟོང་གི་ཁྱད་པར། གཞི་འབྲས་དབྱེར་མེད་པའི་དོན། མདོ་རྒྱུད་བསྟན་བཅོས་ཀྱི་དགོངས་པར་བསྟན་པའོ། །དང་པོ་ནི། དེ་ལྟ་བུའི་སྐྱོན་ཡོན་དང་ལྡན་པའི་ཇོ་མོ་ནང་པ་ནི། གཞིའི་གནས་ཚུལ་འདི་སྐད་གསུངས་ཏེ། ཤེས་བྱ་ཀུན་ལ་ཀུན་རྫོབ་དང་དོན་དམ་བདེན་པ་གཉིས་དང་། ཀུན་བརྟགས་གཞན་དབང་ཡོངས་གྲུབ་སྟེ། མཚན་ཉིད་གསུམ་དུ་ཕྱེ་བ་ལས། ཀུན་བརྟགས་དང་གཞན་དབང་ཀུན་རྫོབ་ཏུ་ཡོད་པ་སྟེ་བདེན་པར་མ་གྲུབ་ལ། ཡོངས་གྲུབ་དབྱུད་བཟོད་ཀྱི་བདེན་གྲུབ་ཏུ་གྲུར་པའི་དོན་དམ་བདེན་པའོ། །ཞེས་དང་། དེ་ལྟ་བུའི་ཆོས་རྣམས་ཀུན་གྱི་དོན་དམ་ཆོས་ཉིད་ནི། སངས་རྒྱས་ཡིན་པར་ཁྱད་པར་མེད་ལ། དེའི་ཕྱིར་ན། སེམས་ཅན་ཀུན་གྱི་རྒྱུད་ལ་སངས་རྒྱས་ཉིད་ཡོད་ཀྱི། སེམས་ཅན་སངས་རྒྱས་ནི་མ་ཡིན་ནོ། །ཞེས་བཞེད། གཉིས་པ་ནི། ཇོ་ནང་པ་འབྲས་བུའི་ཐོབ་ཚུལ་འདི་སྐད་གསུངས་ཏེ། དོན་དམ་ཆོས་སྐུ་སེམས་ཅན་གྱི་རྒྱུད་ལ་རང་འབྱུང་ས་སུ་ཡོད་པ་ནི་ཚོགས་གཉིས་བསགས་པས་ཐོབ་མི་དགོས་པར་གདོད་མ་ནས་ཡོད་ལ། ཀུན་རྫོབ་ཏུ་ཚོགས་གཉིས་བསགས་པ་ཡིས། ཀུན་རྫོབ་གཟུགས་ཀྱི་སྐུ་ཐོབ་པར་འདོད་དོ། །གསུམ་པ་ནི། ཇོ་ནང་པ་རང་སྟོང་དང་གཞན་སྟོང་གི་ཁྱད་པར་འདི་སྐད་དུ་གསུངས་ཏེ༑ དོན་དམ་བདེན་པ་ནི། ཀུན་རྫོབ་ཀྱི་ཆོས་ཀྱིས་སྟོང་གི་རང་གི་ངོ་བོས་མི་སྟོང་སྟེ། དེ་རྟག་པ་བརྟན་པ་ཐེར་ཟུག་པར་བདེན་པར་གྲུབ་པའི་ཕྱིར་དང་། ཀུན་རྫོབ་ནི་རང་གི་ངོ་བོས་སྟོང་པ་ཡིན་ཞེས་བཞེད། བཞི་པ་ནི། ཡང་ཇོ་ནང་པ་གཞི་འབྲས་དབྱེར་མེད་པའི་དོན་འདི་སྐད་དུ་གསུངས་ཏེ། དོན་དམ་ཆོས་ཉིད་འདི་ལ་ནི། གཞིའི་དུས་སུ་གློ་བུར་གྱི་དྲི་མ་ཡིས་མ་དག་པ་དང་། འབྲས་བུའིགནས་སྐབས་སུ་གློ་བུར་གྱི་དྲི་མས་དག་པ་ཙམ་མ་གཏོགས་པ་རང་གི་ལྡོག་པ་ནས་ཡོན་ཏན་བཟང་ངན་ཁྱད་པར་མེད་ལ། འདི་ནི་བདེན་པའི་གཅིག་ཏུ་ཡང་གྲུབ་ཅིང་། སྟོབས་སོགས་ཆོས་སྐུའི་ཡོན་ཏན་སོ་གཉིས་དང་། གཟུགས་སྐུའི་ཡོན་ཏན་མཚན་བཟང་པོ་སུམ་ཅུ་རྩ་གཉིས་དང་། དཔེ་བྱད་བཟང་པོ་བརྒྱད་ཅུ་སོགས་དམ་པའི་དོན་ཆོས་ཉིད་འདི་ལ་ཚང་བ་ཡིན་ཞེས་བཞེད། ལྔ་པ་ནི། ཇོ་ནང་པའི་གསུང་ནས། དེ་ལྟར་བཤད་པ་དེ་དག་ངེས་དོན་གྱི་མདོ་རྒྱུད་བསྟན་བཅོས་ཀུན་གྱི་དགོངས་པ་མཐར་ཐུག་པ་ཡིན་ཏེ། ལྷ་མོ་དཔལ་ཕྲེང་གིས་ཞུས་པའི་མདོ། མྱང་འདས་ཆེན་མོའི་མདོ། དེ་བཞིན་གཤེགས་པའི་སྙིང་པོའི་མདོ། སོར་མོའི་ཕྲེང་བ་ལ་ཕན་པའི་མདོ། ལང་ཀར་གཤེགས་པའི་མདོ་དང་། མདོ་སྡེ་དགོངས་པ་ངེས་འགྲེལ་ལ་སོགས་པ་ལྷག་བསམ་བསྟན་པའི་མདོ། འཕེལ་འགྲིབ་མེད་པར་བསྟན་པའི་མདོ། ཡེ་ཤེས་སྣང་བ་རྒྱན་གྱི་མདོ། དེ་བཞིན་གཤེགས་པའི་མཚན་དང་ཡེ་ཤེས་བསམ་གྱིས་མི་ཁྱབ་པའི་ཡུལ་ལ་འཇུག་པ་

བསྟན་པའི་མདོ་སྟེ། ངེས་དོན་གྱི་མདོ་སྡེའི་དགོངས་པ་གོང་དུ་བཤད་པ་འདི་ཉིད་ལ་འཇོག་ཅིང་། རྗེ་བཙུན་བྱམས་པའི་གསུང་རབ་རྒྱན་གཉིས་འབྱེད་གཉིས་རྒྱུད་བླ་སྟེ་རྣམ་པ་ལྔ་དང་། ཐོགས་མེད་སྐུ་མཆེད་ཀྱིས་མཛད་པའི་ས་སྡེ་ལྔ་དང་སྡོམ་རྣམ་པ་གཉིས་པྲ་ཀ་ར་སྡེ་བརྒྱད་དང་། ཕྱོགས་ཀྱི་གླང་པོས་མཛད་པའི་བརྒྱད་སྟོང་དོན་བསྡུས་དང་། ཆོས་ཀྱི་གྲགས་པས་མཛད་པའི་ཚད་མ་སྡེ་བདུན་སོགས་ཀྱི་གཞུང་ལུགས་རྣམས། དབུ་མ་ཆེན་པོའི་གཞུང་ལུགས་ཡིན་པས་དེ་དག་གི་དགོངས་པའང་སྔར་བཤད་པ་འདི་ཉིད་ཡིན་ལ། ཀླུ་སྒྲུབ་ཡབ་སྲས་ཀྱང་ནི་འདི་ཉིད་བཞེད་ཅིང་། འདི་ཉིད་ཟབ་མོའི་རྒྱུད་སྡེ་ཐམས་ཅད་ཀྱི་དགོངས་པ་ཕྱོགས་གཅིག་པ་ཡིན་ཞེས་བཞེད་ཅིང་། དེའི་རྗེས་སུ་འབྲང་བ་རྣམས་ཀྱང་སྨྲ་བར་བྱེད་དོ། །

གཉིས་པ་ལ་གསུམ་སྟེ། སྒྲོ་སྐུར་སྤངས་ནས་དཔྱད་པར་དམ་བཅའ་བ། སྒྲོ་སྐུར་སྤངས་པའི་དཔྱད་པ་དངོས། སྒྲོ་སྐུར་སྤངས་ནས་དཔྱད་པའི་རྒྱུ་མཚན་ནོ། །དང་པོ་ནི། དབུ་མའི་ལུགས་ལ་སྙིང་པོ་བདེན་གྲུབ་ཏུ་འདོད་པ་སོགས་ཇོ་ནང་པའི་གྲུབ་མཐའ་འདི་ཆོས་ཅན། ཁྱོད་ལ་ནི་མཁས་པས་ལུང་དང་རིགས་པས་དཔྱད་པར་བྱ་སྟེ༑ ཁྱོད་འཐད་མི་འཐད་ཀྱི་ཆ་ལ་སྒྲོ་སྐུར་སྤངས་ནས་དགག་སྒྲུབ་ཀྱི་གནས་ཡིད་པའི་ཕྱིར། གཉིས་པ་ལ་གཉིས་ཏེ༑ འདོད་པ་མཐུན་པ་བླང་བྱར་བསྟན། ལྷག་མ་ཐ་སྙད་དོན་དམ་དང་འགལ་བའོ། །དང་པོ་ནི། ཇོ་ནང་པའི་འདོད་ཚུལ་དེ་རྣམས་ཀྱི་ནང་ནས། གཞིའི་དུས་དང་། ལམ་གྱི་དུས་དང་། འབྲས་བུའི་གནས་སྐབས་ཀུན་ཏུ་རང་གི་ངོ་བོ་དབྱེར་མེད་པའི་ཆོས་དབྱིངས་དེ་ཉིད་བདེ་བར་གཤེགས་པའི་སྙིང་པོ་ཡིན་པ་དང་། དེ་ཉིད་སྟོབས་སོགས་ཡོན་ཏན་ཐམས་ཅད་རང་བཞིན་གྱིས་ལྷུན་གྱིས་གྲུབ་པ་ཡི་དོན་དམ་པ་སྟེ་རང་བཞིན་གྱི་སངས་རྒྱས་ཡིན་པ་ཆོས་ཅན། ཁྱོད་ནི་མཁས་པས་ཁས་བླང་བར་བྱ་བ་ཡིན་ཏེ། ཁྱོད་ཐེག་པ་ཆེན་པོའི་མདོ་རྒྱུད་ཀྱི་དགོངས་པ་ཡིན་པར་ཁོ་བོའང་འདོད་པའི་ཕྱིར། གཉིས་པ་ལ་གཉིས་ཏེ། མདོ་བསྟན། རྒྱས་པར་བཤད་པའོ། །དང་པོ་ནི༑ དེའི་ལྷག་མ་ཆོས་ཉིད་བདེན་པར་གྲུབ་ཅིང་། དེ་ཉིད་སྟོབས་སོགས་ཡོན་ཏན་ཚང་བའི་སངས་རྒྱས་ཡིན་པ་སོགས་འདོད་པའི་འདོད་པ་ཆོས་ཅན། ལུང་དང་རིགས་པས་དགག་པར་བྱ་བའི་གནས་ཡིན་ཏེ། ཁྱོད་ཐ་སྙད་ཀྱི་རྣམ་གཞག་དང་། དོན་དམ་བདེན་པའི་རྣམ་གཞག་གཉིས་དང་འགལ་བ་འཆད་པར་འགྱུར་བ་འདི་ལྟར་མཐོང་བའི་ཕྱིར། གཉིས་པ་ལ་གཉིས་ཏེ། གཞི་འབྲས་ཀྱི་འདོད་ཚུལ་ཐ་སྙད་དང་འགལ་བ། གནས་ལུགས་ཀྱི་འདོད་ཚུལ་དོན་དམ་དང་འགལ་བའོ། །དང་པོ་ལ་གཉིས་ཏེ། གཞིའི་འདོད་ཚུལ་ཐ་སྙད་དང་འགལ་བ། འབྲས་བུའི་འདོད་ཚུལ་རིགས་པ་དང་འགལ་བའོ། །དང་པོ་ལ་བཞི་སྟེ། དྲི་བཅས་སངས་རྒྱས་ཡིན་ན་ཐ་སྙད་མི་རུང་བར་ཐལ་བ། ཐ་སྙད་དང་འགལ་བ་སྐྱོན་དུ་མི་འགྱུར་བ་དགག་པ། ཐ་སྙད་ཉིད་ལ་ཡང་སྨྲ་མཁས་ལེན་པ་དགག་པ།

དེས་ན་མཚན་བཏགས་ཕྱེ་བ་གནད་དུ་གྲགས་ཞེས་པའོ། །དང་པོ་ནི། བཤད་མ་ཐག་པ་དེ་ལྟར་འདོད་པའི་རྒོལ་བ་ཆོས་ཅན། ཁྱོད་ཀྱི་ཐ་སྙད་ཀྱི་སྒོ་ནས་གསུང་རབ་ཀྱི་དོན་འཆད་པའི་ཚེ། དྲི་མས་མ་དག་པའི་ཆོས་དབྱིངས་སངས་རྒྱས་ཡིན་ཞེས་སྨྲ་བ་ནི། ཐ་སྙད་ཀྱི་རྣམ་གཞག་ཉིད་དང་འགལ་བ་ཡིན་ཏེ། ཁྱོད་ཀྱི་འདོད་པ་དེ་ལྟར་ན། ཐ་སྙད་ཀྱི་རྣམ་གཞག་བྱེད་པའི་ཚེ་ན། དམན་མཉམ་སོགས་ཁྱད་མེད་དུ་འགྱུར་བ་ལས། ཐ་སྙད་ཀྱི་རྣམ་གཞག་བྱེད་པའི་ཚེ་ན། དམན་པ་དང་མཉམ་པ་དང་། ཁྱད་པར་དུ་འཕགས་པ་དང་། ཡོད་པ་དང་། མེད་པ་དང་། སྐྱེ་བ་དང་འགག་པ་སོགས་སོ་སོར་ཕྱེ་ནས་སྨྲ་དགོས་པའི་ཕྱིར་ཏེ། དེ་སྐད་དུ་ཡང་། འཕགས་མཆོག་ཀླུ་སྒྲུབ་ཀྱིས་མཛད་པའི་སྟོང་ཉིད་བདུན་ཅུ་པ་ལས་ནི། གནས་པའམ་སྐྱེ་འཇིག་ཡོད་མེད་དམ། །དམན་པའམ་མཉམ་དང་ཁྱད་པར་ཅན། །སངས་རྒྱས་འཇིག་རྟེན་བསྙད་དབང་གིས། །གསུང་གིས་ཡང་དག་དབང་གིས་མིན། །ཞེས་འདི་གནས་པའམ། སྐྱེ་བའམ། འཇིག་པའམ། ཡོད་པའམ། མེད་པའམ། དམན་པའམ། མཉམ་པ་དང་། ཁྱད་པར་དུ་འཕགས་པ་ཅན་ཡིན་མིན་ལ་སོགས་པའི་རྣམ་གཞག་རྗོགས་པའི་སངས་རྒྱས་ཀྱིས་འཇིག་རྟེན་ཐ་སྙད་ཀྱི་དབང་དུ་བྱས་ནས་གསུངས་པ་ཡིན་གྱི། གནས་ལུགས་ཡང་དག་པའི་དབང་དུ་བྱས་ནས་གསུངས་པ་མིན་པ་སོགས་རྒྱས་པ་གསུངས་པའི་ཕྱིར་རོ། །

གཉིས་པ་ནི། ཁོ་ན་རེ། ཐ་སྙད་ཀྱི་རྣམ་གཞག་གི་ཚེ་ན། དམན་མཉམ་སོགས་སོ་སོར་སྨྲ་དགོས་པ་དེ་ལྟར་ཡིན་མོད། ཐ་སྙད་ཀྱི་རྣམ་གཞག་དེ་ཉིད་གསུང་རབ་ཀྱི་དོན་ལ་དཔྱོད་པའི་ཚེ། རྣམ་གཞག་ཚད་མར་བྱེད་ན་ནི། གང་ཟག་ལ་མི་སྟོན་ཆོས་ལ་སྟོན་པ་དང་། ཚིག་ལ་མི་སྟོན་དོན་ལ་སྟོན་པ་དང་། དྲང་དོན་ལ་མི་སྟོན་ངེས་དོན་ལ་སྟོན་པ་དང་། རྣམ་ཤེས་ལ་མི་སྟོན་ཡེ་ཤེས་ལ་སྟོན་པ་སྟེ། སྟོན་པ་བཞིའི་གོ་རིམ་རྣམས་ལོག་པ་ཉིད་དུ་འགྱུར་ཏེ༑ ཆོས་ལ་མི་སྟོན་གང་ཟག་ལ་སྟོན་པ་དང་། དོན་ལ་མི་སྟོན་ཚིག་ལ་སྟོན་པ་སོན་བྱེད་པའི་ཕྱིར་རོ། །ཞེས་ན། སྟོན་པ་བཞི་པོ་དེའི་གོ་རིམ་འདི་ལྟར་ཡིན་ཏེ། ཐོག་མར་ཐ་སྙད་ཀྱི་རྣམ་གཞག་ཁས་བླངས་ནས། ཕྱིས་ནས་དམ་པའི་གནས་ལུགས་ལ་རིམ་གྱི་འཇུག་པ་ཡིན་གྱི། ཐ་སྙད་ཀྱི་རྣམ་གཞག་ཉིད་དང་པོ་ཉིད་ནས་དོར་ན་ནི། གནས་ལུགས་རྟོགས་པའི་ཐབས་སུ་ཐ་སྙད་བདེན་པ་གསུངས་པ་དོན་མེད་པར་འགྱུར་བའམ། སྟོན་པ་བཞིའི་གོ་རིམ་ལོག་པ་ཁྱོད་ལ་འགྱུར་ཏེ། ཐ་སྙད་ཀྱི་རྣམ་གཞག་དེ་རྣམ་གཞག་ཚད་མ་མིན་པར་དང་པོ་ཉིད་ནས་དོར་བར་བྱ་བ་ཡིན་པར་ཁས་བླངས་པ་གང་ཞིག །དོན་དམ་གྱི་རྣམ་གཞག་འཆད་པ་ལ་ཀུན་རྫོབ་ཀྱི་རྣམ་གཞག་ཁས་ལེན་དགོས་པའི་ཕྱིར་ཏེ། དེ་སྐད་དུ་ཡང་། རྩོད་བཟློག་ལས། ཐ་སྙད་ཁས་ནི་མ་བླངས་པར། །ངེས་ཅག་འཆད་པར་མི་བྱེད་དོ། །ཞེས། ཐོག་མར་ཐ་སྙད་ཀྱི་རྣམ་གཞག་ཁས་ནི་མ་བླངས་པར། དོན་དམ་གྱི་རྣམ་གཞག་ངེས་ཅག

འཆད་པར་མི་བྱེད་དོ། །ཞེས་གསུངས་པ་དང་། དབུ་མ་རྩ་བ་ཤེས་རབ་ལས་ཀྱང་། ཐ་སྙད་ལ་ནི་མ་བརྟེན་པར། །དམ་པའི་དོན་ནི་རྟོགས་མི་འགྱུར། །དམ་པའི་དོན་ནི་མ་རྟོགས་ན། །མྱ་ངན་འདས་པ་ཐོབ་མི་འགྱུར། །ཞེས། ཐ་སྙད་ཀྱི་རྣམ་གཞག་ལ་ནི་མ་བརྟེན་པར་དམ་པའི་དོན་ཟུང་འཇུག་ནི་རྟོགས་པར་མི་འགྱུར་ལ། དམ་པའི་དོན་ཟུང་འཇུག་ནི་མངོན་སུམ་དུ་མ་རྟོགས་ན། མི་གནས་པའི་མྱ་ངན་ལས་འདས་པ་ཐོབ་པར་མི་འགྱུར་ཞེས་གསུངས་པ་དང་། དཔལ་ལྡན་ཟླ་བ་གྲགས་པས་ཀྱང་། ཐ་སྙད་བདེན་པ་ཐབས་སུ་གྱུར་པ་དང་། །དོན་དམ་བདེན་པ་ཐབས་བྱུང་གྱུར་པ་སྟེ། །དེ་གཉིས་རྣམ་དབྱེ་གང་གིས་མི་ཤེས་པ། །དེ་ནི་རྣམ་རྟོག་ལོག་པས་ལམ་ངན་ཞུགས། །ཞེས། ཡང་དག་ཀུན་རྫོབ་བདེན་པ་རྟོགས་པ་དང་། དོན་དམ་བདེན་པ་རྟོགས་པ་ཐབས་དང་ནི་ཐབས་བྱུང་ཡིན་པའི་ཕྱིར་ན། དེ་གཉིས་ཀྱི་རྣམ་དབྱེ་མི་ཤེས་པ་དེ་ལམ་ངན་པ་ལ་ཞུགས་པར་གསུངས་པའང་། དོན་དམ་བདེན་པ་རྟོགས་པའི་ཐབས་སུ་ཐ་སྙད་ཀྱི་རྣམ་གཞག་དགོས་པ་ལས་དེ་ཡལ་བར་དོར་བ་འདི་ཉིད་ལ་དགོངས་པ་ཡིན་པའི་ཕྱིར་རོ། །གསུམ་པ་ནི། གལ་ཏེ་ཁོ་ན་རེ། དེ་ལྟར་སྨྲས་པ་ལ་ཐ་སྙད་ཡལ་བར་དོར་བའི་སྐྱོན་མེད་དེ། ཐ་སྙད་ཀྱི་ཚེན་ཡང་དྲིས་མས་མ་དག་པའི་ཆོས་དབྱིངས་ཉིད། སངས་རྒྱས་སུ་སྨྲ་བ་ཡིན་པས་སོ། །སྙམ་ན། དྲི་མས་མ་དག་པའི་ཆོས་དབྱིངས་སངས་རྒྱས་སུ་སྨྲ་བ་འདི་ཆོས་ཅན། ཁྱོད་ནི་འཕགས་པ་བྱམས་པ་དང་། འཕགས་པ་ཀླུ་སྒྲུབ་སོགས་ཀྱི་གཞུང་དང་འགལ་བ་ཡིན་ཏེ། ཅིའི་སྐད་དུ་ཞེ་ན། ཐེག་པ་ཆེན་པོ་རྒྱུད་བླ་མར། མ་དག་མ་དག་དག་པ་དང་། །ཤིན་ཏུ་རྣམ་དག་གོ་རིམ་བཞིན། །སེམས་ཅན་བྱང་ཆུབ་སེམས་དཔའ་དང་། །དེ་བཞིན་གཤེགས་པ་ཞེས་བརྗོད་དོ། །ཞེས། རང་རྒྱུད་ཀྱི་ཆོས་དབྱིངས་མཐོང་སྣང་མངོན་འགྱུར་བས་མ་དག་པ་དང་། སྒོམ་སྣང་ཀུན་གྱིས་མ་དག་ཅིང་། མཐོང་སྒོམ་གྱི་སྣང་བྱ་ཅི་རིགས་པས་དག་པ་དང་། སྒྲིབ་གཉིས་བག་ཆགས་དང་བཅས་པ་ཤིན་ཏུ་རྣམ་པར་དག་པའི་གནས་སྐབས་གསུམ་ལ་གོ་རིམ་བཞིན་དུ། སེམས་ཅན་གྱི་ཆོས་དབྱིངས། བྱང་ཆུབ་སེམས་དཔའི་ཆོས་དབྱིངས་དང་། དེ་བཞིན་གཤེགས་པའི་ཆོས་དབྱིངས་ཞེས་བརྗོད་དོ། །ཞེས། དྲི་བྲལ་གྱི་ཆོས་དབྱིངས་ཁོ་ན་སངས་རྒྱས་ཀྱི་ཆོས་དབྱིངས་སུ་གསུངས་པ་དང་། འཕགས་མཆོག་ཀླུ་སྒྲུབ་ཀྱིས་མཛད་པའི་ཆོས་དབྱིངས་བསྟོད་པ་ལས། ཇི་ལྟར་སོས་ཀའི་དུས་སུ་ཆུ། །དྲོ་བོ་ཞེས་ནི་བརྗོད་པར་བྱེད། །དེ་ཉིད་གྲང་བའི་དུས་སུ་ནི། །གྲང་ངོ་ཞེས་ནི་བརྗོད་པ་བཞིན། །ཉོན་མོངས་དྲ་བས་གཡོགས་པ་ན། །སེམས་ཞེས་བྱ་བར་བརྗོད་པ་ཡིན། །དེ་ཉིད་ཉོན་མོངས་བྲལ་གྱུར་ན། །སངས་རྒྱས་ཞེས་ནི་བརྗོད་པར་བྱེད། །ཞེས། ཇི་ལྟར་དྲོ་བས་སོས་ཁའི་དུས་སུ་ཆུ་ཡང་དྲོ་བོ་ཞེས་ནི་བརྗོད་པར་བྱེད་ལ། ཆུ་དེ་ཉིད་དགུན་གྲང་བའི་དུས་སུ་ནི་གྲང་ངོ་ཞེས་ནི་བརྗོད་པ་བཞིན་དུ། ཆོས་དབྱིངས་ཉོན་མོངས་ཀྱི་བག་ཆགས་ཀྱི་དྲ་བས་གཡོགས་པ

ན་; སེམས་ཅན་གྱི་ཁམས་ཞེས་བྱ་བར་བརྗོད་པ་ཡིན་ཅིང་། ཆོས་དབྱིངས་དེ་ཉིད་ཉོན་མོངས་ཀྱི་བག་ཆགས་དང་བྲལ་བར་གྱུར་པ་ན། སངས་རྒྱས་ཞེས་ནི་བརྗོད་པར་བྱེད། །ཞེས་དྲི་བཅས་ཀྱི་ཆོས་དབྱིངས་དང་། དྲི་བྲལ་གྱི་ཆོས་དབྱིངས་གཉིས་ཀྱི་ནང་ནས། དྲི་བྲལ་གྱི་ཆོས་དབྱིངས་ཁོ་ན་སངས་རྒྱས་སུ་གསུངས་པ་དང་། གཞན་ཡང་ཆོས་དབྱིངས་བསྟོད་པ་དེ་ཉིད་ལས། ཇི་ལྟར་སྤྱན་པས་གཡོགས་པ་ན། །སོ་བ་འབྲས་བུར་མི་འདོད་ལྟར། །དེ་བཞིན་ཉོན་མོངས་ཀྱིས་གཡོགས་པས། །དེ་ནི་སངས་རྒྱས་ཞེས་མི་བཏགས། །ཇི་ལྟར་སྤྱན་པ་ལས་གྲོལ་ན། །འབྲས་ཉིད་སྣང་བར་གྱུར་པ་ལྟར། །དེ་བཞིན་ཉོན་མོངས་བྲལ་གྱུར་ན། །ཆོས་ཀྱི་སྐུའང་རབ་ཏུ་གསལ། །ཞེས། ཇི་ལྟར་སོ་བའི་སྤྱན་པས་སོ་བ་སྙིང་པོ་གཡོགས་པ་ན། ས་བོན་ལས་འབྲས་བུ་མངོན་སུམ་དུ་སྣང་བ་མི་འདོད་པ་ལྟར། དེ་བཞིན་དུ་ཆོས་ཀྱི་དབྱིངས་ཉོན་མོངས་པའི་བག་ཆགས་ཀྱིས་གཡོགས་པས། ཆོས་དབྱིངས་དེ་ནི་སངས་རྒྱས་ཞེས་མི་བཏགས་པ་སྟེ་མི་བརྗོད་ལ། ཇི་ལྟར་སྙིང་པོ་སྤྱན་པ་ལས་གྲོལ་བ་ན། འབྲས་བུ་ཉིད་མངོན་སུམ་དུ་སྣང་བར་འགྱུར་པ་ལྟར། དཔེར་དེ་བཞིན་དུ། ཉོན་མོངས་པའི་བག་ཆགས་དང་བྲལ་བར་གྱུར་ན། ཆོས་ཀྱི་སྐུའང་རབ་ཏུ་གསལ། །ཞེས། གློ་བུར་གྱི་དྲི་མ་དང་བྲལ་བའི་གནས་སྐབས་ཁོ་ནར་ཆོས་སྐུ་ཡོད་པར་གསུངས་པ་སོགས། ཆོས་དབྱིངས་དེ་དྲི་མ་དང་མ་བྲལ་བའི་ཚེ། ཆོས་དབྱིངས་ཙམ་དང་། དྲི་མ་དང་བྲལ་བའི་ཚེ། ཆོས་ཀྱི་སྐུ་ཞེས། ཐ་སྙད་སོ་སོར་གསུངས་པའི་ཕྱིར་རོ། །

བཞི་པ་ལ་བཞི་སྟེ། མཚན་བཏགས་ཕྱེ་བ་དཔེ་དང་བཅས་ཏེ་བཤད། དོན་ལ་མཚན་བཏགས་མི་ཕྱེ་བ་ལུང་རིགས་དང་འགལ། དཔེ་ལ་མཚན་བཏགས་མི་ཕྱེ་བ་རྒྱ་བོད་ཀྱི་གཞུང་དང་འགལ། དེས་ན་འཁྲུལ་མེད་ཀྱི་གནད་བླང་བྱ་བསྟན་པའོ། །དང་པོ་ནི། གོང་དུ་བཤད་པ་དེ་ལྟར་ཐ་སྙད་སོ་སོར་གསུངས་པ་དེས་ན། རྒྱུད་ལས། སེམས་ཅན་ཐམས་ཅད་སངས་རྒྱས་ཉིད། །འོན་ཀྱང་གློ་བུར་དྲི་མས་སྒྲིབ། །ཞེས་གསུངས་པ་ལྟ་བུ། སེམས་ཅན་ཐམས་ཅད་ཀྱི་རྒྱུད་ཀྱི་ཆོས་དབྱིངས་རང་བཞིན་རྣམ་དག་གི་སངས་རྒྱས་ཉིད་ཡིན་ཀྱང་། གློ་བུར་གྱི་དྲི་མས་བསྒྲིབས་པའི་ཕྱིར་ན། སངས་རྒྱས་བཏགས་པ་བ་ཡིན་ཅིང་། དེ་བསལ་ནས་ནི་སངས་རྒྱས་ཉིད། །ཅེས། དྲི་མ་དེ་བསལ་ནས། ཆོས་དབྱིངས་དེ་ནི་སངས་རྒྱས་མཚན་ཉིད་པར་གསུངས་པས། དྲི་མས་མ་དག་པའི་ཆོས་དབྱིངས་བཏགས་པ་བ་དང་། དྲི་མ་དག་པའི་ཆོས་དབྱིངས་དེ་སངས་རྒྱས་མཚན་ཉིད་པར་འཇོག་དགོས་ཏེ། རྗེ་བཙུན་དཔལ་ལྡན་བླ་མ་དམ་པ་བསོད་ནམས་རྩེ་མོ་ཡིས་མཛད་པའི་རྒྱུད་སྡེ་སྤྱི་རྣམ་ལས། ཀྱེ་རྡོར་ཞེས་བྱའི་མཚན་གྱིས་ནི། འབྲས་རྒྱུད་ཀྱི་ཀྱེ་རྡོར་རྗེ་དངོས་སུ་བསྟན་ནས་རྒྱུ་རྒྱུད་དང་། ལམ་ཐབས་རྒྱུད་ཀྱི་ཀྱེ་རྡོ་རྗེ་གཉིས་ཤུགས་ལས་ཤེས་པའི་མཐུན་པའི་དཔེར། ཕྱོགས་ཀྱི་གླང་པོས་བརྒྱད་སྟོང་དོན་བསྡུས། ཤེས་རབ་ཕ་

རོལ་ཕྱིན་གཉིས་མེད། །ཡེ་ཤེས་དེ་ནི་དེ་བཞིན་གཤེགས། །བསྒྲུབ་བྱའི་དོན་དེ་དང་ལྡན་པ། །གཞུང་ལམ་དག་ལ་དེ་སྒྲ་ཡིན། །ཞེས་ཤེར་ཕྱིན་དངོས་ནི་འབྲས་བུ་སངས་རྒྱས་ཀྱི་ཡེ་ཤེས་ཏེ་ཤེར་ཕྱིན་མཚན་ཉིད་པ་ཡིན་ལ། གཞུང་ཤེར་ཕྱིན་དང་། ལམ་ཤེར་ཕྱིན་གཉིས་ཤེར་ཕྱིན་བཏགས་པ་བར་གསུངས་པ་བཀོད་པ་འདི་གྲུས་པས་ལོངས་ལ། མིང་མཚུངས་པ་རྣམས་ལ་དངོས་བཏགས་ཀྱི་ཁྱད་པར་འཁྲུལ་མེད་དུ་ཤེས་དགོས་པའི་ཕྱིར། གཉིས་པ་ནི། དེ་དང་ཆ་འདྲ་བར་རྗོང་ཆུང་པ་ཀུན་དགའ་རྒྱལ་མཚན་པ་དང་། ངོར་པའི་ཡང་བླ་མ་འགའ་ཞིག་ན་རེ། གལ་ཏེ་རྒྱུད་གསུམ་གྱི་ཀྱེ་རྡོར་ལ་དངོས་བཏགས་ཕྱེ་བ་མི་འཐད་དེ། རྡོ་ནང་པར་མ་ཟད་རྗེ་བཙུན་རྩེ་མོ་འདིས་མཛད་པའི་རྒྱུད་སྡེ་སྤྱི་རྣམ་ལས། རྒྱུད་གསུམ་ཆར་གྱི་ཀྱེ་རྡོ་རྗེ་ཀྱེ་རྡོ་རྗེ་མཚན་ཉིད་པར་བཞེད་པའི་ཕྱིར་ཅེ་ན། དེ་ལྟར་མི་འཐད་དེ། ཀྱེ་རྡོ་རྗེའི་རྒྱུད་ཀྱི་མཚན་དོན་འཆད་པའི་ཚེ། བརྗོད་བྱ་དོན་གྱི་ཀྱེ་རྡོ་རྗེ་ཞེས་པའི་མཚན། རྒྱུ་རྒྱུད་རང་བཞིན་གྱི་འོད་གསལ་བ་དང་ནི། ཐབས་རྒྱུད་དབང་ལམ་གྱི་ཡེ་ཤེས་དང་། འབྲས་རྒྱུད་དག་པ་གཉིས་ལྡན་གྱི་ཡེ་ཤེས་ཏེ། རྒྱུ་གསུམ་ཆར་ལ་འཇུག་ཀྱང་། ཀྱེ་རྡོ་རྗེ་དེ་ཉིད་ལ་དངོས་བཏགས་ཕྱེ་བའི་ཚེ་ན། སངས་རྒྱས་ཀྱི་ཡེ་ཤེས་ལ། ཧེ་བཛྲ་ཞེས་པ་ལས། བརྟག་གཉིས་ལས། ཧེ་ནི་སྙིང་རྗེ་ཆེན་པོ་ཉིད། །བཛྲ་ཤེས་རབ་བརྗོད་པར་བྱ། །ཞེས་གསུངས་པའི། ཧེའི་དོན་ནི། དམིགས་མེད་ཀྱི་ཐུགས་རྗེ་ཆེན་པོ་དང་། བཛྲ་རམ། རྡོ་རྗེའི་དོན། གནས་ལུགས་རྟོགས་པ་མཐར་ཕྱིན་པའི་ཤེས་རབ་ཆེན་པོ་དང་ཟུང་དུ་ཆུག་པ་ཡིན་པས། སངས་རྒྱས་ཀྱི་ཡེ་ཤེས་དེ་བརྗོད་བྱ་དོན་གྱི་ཀྱེ་རྡོ་རྗེ་དངོས་ཡིན་ལ། རྒྱུ་རྒྱུད་རང་བཞིན་འོད་གསལ་བ་ལའང་། ཐབས་ཤེས་ཟུང་དུ་ཆུག་པ་དགོས་པ་ལས། ཐབས་དང་ཤེས་རབ་བདག་ཉིད་རྒྱུད། །ཅེས་པའི་དོན། ཐབས་གསལ་ལ་མ་འགགས་པའི་རིག་པ་དང་། ཤེས་རབ་གདོད་མ་ནས་སྟོང་པ་ཉེ་བར་ཞི་བ་ཟུང་དུ་ཆུག་པ་དང་། ལམ་ཐབས་རྒྱུད་དབང་ལམ་སོགས་ལའང་། ཐབས་བུམ་དབང་དང་། ཤེས་རབ་དབང་གོང་མ་གསུམ་སྟེ། དབང་གི་ཐབས་ཤེས་ཟུང་འཇུག་གམ། ཐབས་བསྐྱེད་རིམ་དང་། ཤེས་རབ། རྫོགས་རིམ་སྟེ། ལམ་གྱི་ཐབས་ཤེས་ཟུང་དུ་འཇུག་པའི་བདག་ཉིད་ཀྱི་རྒྱུད་ཀྱི་དོན་ནི་ཚང་བས་ན། རྒྱུ་རྒྱུད་དང་ལམ་ཐབས་རྒྱུད་གཉིས་ལའང་ཀྱེ་རྡོ་རྗེ་སྒྲ་བཏགས་མིང་དུ་འཇུག་པ་ཡིན་པའི་ཕྱིར། དཔེར་ན། སློབ་དཔོན་ཕྱོགས་ཀྱི་གླང་པོས་སངས་རྒྱས་ཀྱི་ཡེ་ཤེས་ལ་ཤེར་ཕྱིན་དངོས་དང་། གཞུང་ལམ་གྱི་ཤེར་ཕྱིན་ཤེར་ཕྱིན་བཏགས་པ་བར་གསུངས་པ་བཞིན་ནོ། །དེ་སྐད་དུ་ཡང་། རྒྱུད་སྡེ་སྤྱི་རྣམ་ལས། དེ་བས་ན་སངས་རྒྱས་རྣམས་ཀྱི་དམིགས་པ་མེད་པའི་ཐུགས་རྗེ་ཆེན་པོ་དང་། ཤེས་རབ་ཆེན་པོ་ཟུང་དུ་ཆུག་པས་ན་ཀྱེ་རྡོ་རྗེ་འབྲས་བུའི་རྒྱུད་དོ། །དེ་ལྟ་བུའི་འབྲས་བུ་ཐོབ་པར་བྱེད་པའི་ལམ་ལའང་ཀྱེ་རྡོ་རྗེ། རྒྱུ་ཡང་ཀྱེ་རྡོ་རྗེ་ཡིན་དགོས་པས་རྒྱུད་གསུམ་ག་ཀྱེ་རྡོ་རྗེ་སྟེ། ཕྱོགས་ཀྱི་གླང་པོས། ཤེས་རབ

ཕ་རོལ་ཕྱིན་གཉིས་མེད། །ཡེ་ཤེས་དེ་ནི་དེ་བཞིན་གཤེགས། །བསྒྲུབ་བྱ་དེ་དོན་སྦྱོར་བ་ཡིས། །གཞུང་ལམ་དག་ལའང་དེ་སྒྲ་ཡིན། །ཞེས་བཤད་པ་ལྟ་བུའོ། །ཞེས་གསུངས་པ་དེ་བས་ན། དངོས་བཏགས་མ་ཕྱེ་བར་རྒྱུ་ལམ། འབྲས་བུའི་ཀྱེ་རྡོ་རྗེ་གསུམ་བརྗོད་བྱར་སྟོན་པའི་རྒྱུད་འཆད་པ་ལ། ཀྱེ་རྡོ་རྗེའི་རྒྱུད་འཆད། ཅེས་གསུངས་པ་ཡི་དོན་ཡིན་གྱི། དེ་ལས་གཞན་དུ་ན། རྒྱུ་ལམ་འབྲས་བུའི་རྒྱུད་ཀྱི་ཀྱེ་རྡོ་རྗེ་གསུམ་ག་ཀྱེ་རྡོ་རྗེ་ཡིན་ན། རྗེ་བཙུན་རྩེ་མོས་ཀྱེ་རྡོ་རྗེ་ཞེས་པ་དེའི་སྒྲས་འབྲས་རྒྱུད་ཀྱི་ཀྱེ་རྡོ་རྗེ་དངོས་བསྟན་དང་། རྒྱུ་དང་ལམ་གྱི་ཀྱེ་རྡོ་རྗེ་ཤུགས་ལ་བསྟན་པར་བཤད་པ་དེ་མི་འཐད་པར་ཐལ་ཏེ། རྒྱུ་ལམ་འབྲས་བུའི་ཀྱེ་རྡོ་རྗེ་གསུམ་ག་ཀྱེ་རྡོ་རྗེ་ཡིན་པའི་ཕྱིར། དཔེར་ན། བུམ་པ་ཞེས་པའི་སྒྲས། གསེར་བུམ་དངོས་སུ་བསྟན་ལ། དངུལ་བུམ་ནི་ཤུགས་ལ་བསྟན་པར་མི་འཐད་པ་བཞིན་ནོ། །རྒྱུད་སྡེ་སྤྱི་རྣམ་ལས། དེ་ལ་རྒྱུད་ཀྱི་མཚན་ཕལ་ཆེར་ཡང་དག་པར་རྫོགས་པའི་སངས་རྒྱས་ཀྱི་ཡེ་ཤེས་ཀྱི་འབྲས་བུའི་རྒྱུད་ལས་བརྩམས་ཏེ་བཏགས་ནས་དེ་ནས་ཐབས་རྒྱུད་དང་རྒྱུ་རྒྱུད་ལ་ཤུགས་ལ་སྦྱར་བའི་མཚན་མང་སྟེ། དཔེར་ན་དཔལ་ཀྱེ་རྡོ་རྗེ་དང་། གསང་བ་འདུས་པ་དང་། ཡང་དག་པར་སྦྱོར་བ་ལྟ་བུའོ། །ཞེས་གསུངས་སོ། །

གསུམ་པ་ལ་གསུམ། རྒྱ་གར་མཁས་པའི་གཞུང་དང་འགལ། རང་གི་ཁས་བླངས་པའི་བོད་གཞུང་དང་འགལ། དེའི་དགོངས་པའང་དཔྱད་དུ་ཡོད་པའོ། །དང་པོ་ནི། མིང་ལ་རྣམ་གྲངས་དུ་མ་ཡོད་པ་དེས་ན། ཏ་རི་ལྷ་དྲ་ཡིས་མིང་ལ་དངོས་མིང་དང་། བཏགས་པའི་མིང་གཉིས་སུ་གསུངས་པ་དང་། དཀོན་མཆོག་འབངས་ཀྱིས་མིང་གཙོ་བོ་དང་མིང་ཕལ་པ་གཉིས་སུ་གསུངས་པ་དེ་གཉིས་དོན་གཅིག་སྟེ། དངོས་མིང་དང་མིང་གཙོ་བོ་དོན་གཅིག་པ་དང་། བཏགས་མིང་དང་མིང་ཕལ་པ་དོན་གཅིག་པ་གཞུང་ལུགས་ཆེན་པོའི་ལུགས་ཡིན་པའི་ཕྱིར། དེ་སྐད་དུ་ཡང་རྣམ་འགྲེལ་ལས། ཇི་ལྟར་གྲགས་ལས་གྲུབ་གང་ཡིན། །དངོས་དང་དེ་དང་མཚུངས་པའི་ཕྱིར། །གང་ལ་དེ་སྐད་བརྗོད་ཕལ་པ། །དངོས་ལ་དངོས་མེད་བཏགས་ཕྱིར་རོ། །ཞེས། འདོད་རྒྱལ་བས་དང་པོར་བརྡ་སྦྱར་བ་ཇི་ལྟར་གྲགས་པ་ལས་མིང་དུ་གྲུབ་པ་གང་ཡིན་པ་དེ་ནི། དོན་དེ་ལ་དངོས་མིང་དང་། དོན་དེ་དང་ཆོས་འགའ་ཞིག་མཚུངས་པའི་ཕྱིར་ན་དོན་གཞན་གང་ལ་མིང་དེ་སྐད་དུ་བརྗོད་པ་ནི་ཕལ་པ་སྟེ། གཏགས་མིང་ཡིན་ལ; དེས་ན་མིང་ཆོས་ཅན། བརྗོད་བྱ་དངོས་པོར་ཡོད་མེད་ཀྱི་དངོས་མིང་དང་། བཏགས་མིང་དུ་འཇོག་པ་མིན་ཏེ; བུ་སློན་པའི་དངོས་པོ་འགའ་ཞིག་ལ་བུའི་དངོས་པོ་མེད་ཅེས་པའི་མིང་ནི་བཏགས་མིང་དུ་འཇུག་པའི་ཕྱིར། ཞེས་བྱ་བ་ལ་སོགས་པ་དུ་མ་གསུངས་པ་ལ་ལེགས་པར་ལྟོས་ལ། དེ་ལྟ་བལྟས་པས་དངོས་མིང་དང་མིང་གཙོ་བོ་དོན་གཅིག་པ་སོགས། མིང་གི་རྣམ་དབྱེ་ཤེས་པར་འགྱུར་བའི་ཕྱིར། གཉིས་པ་ནི། གཞུང་ཤེར་ཕྱིན་དང་།

ལམ་ཤེར་ཕྱིན་ཤེར་ཕྱིན་མཚན་ཉིད་པ་ཡིན་པར་འདོད་པ་ངེས་དོན་རྒྱ་མཚོ་ཡིས་དགོངས་པ་ཉིད་ཀྱང་མ་ཡིན་ཏེ༏ ངེས་དོན་རྒྱ་མཚོ་ཞེས་བྱ་བའི་བསྟན་བཅོས་དེར་ནི། གཞི་འབྲས་དབྱེར་མེད་པའི་གཉིས་སུ་མེད་པའི་ཡེ་ཤེས་ཤེར་ཕྱིན་མཚན་ཉིད་པར་བྱས་ནས། གཞུང་ཤེར་ཕྱིན་དང་། ལམ་ཤེར་ཕྱིན་གཉིས་ལ་ནི་ཤེར་ཕྱིན་བཏགས་པ་བར་གསུངས་པའི་ཕྱིར་རོ། །གསུམ་པ་ནི། འོན་ཀྱང་འདི་ལ་ཡང་བརྟག་པར་བྱ་སྟེ། གཞི་དུས་སུ་གཞི་འབྲས་དབྱེར་མེད་པའི་གཉིས་སུ་མེད་པའི་ཡེ་ཤེས་ཤེར་ཕྱིན་མཚན་ཉིད་པ་ཡིན་ནམ་མ་ཡིན། དེ་ཤེར་ཕྱིན་མཚན་ཉིད་པ་ཡིན་ན། མི་འཐད་དེ་ཡེ་ཤེས་དེ་ནི་དེ་བཞིན་གཤེགས། །ཞེས་པའི་ཚིག་ཟུར་གྱི། དེ་བཞིན་གཤེགས་ཞེས་པའི་ཤེར་ཕྱིན་གྱི་རྟེན་གྱི་གང་ཟག་གི་ཁྱད་པར་ལ་ནི། དེ་བཞིན་གཤེགས་པ་དགོས་པར་བསྟན་པ་དོན་མེད་པར་འགྱུར་བ་ཡིན་པའི་ཕྱིར་རོ། །གལ་ཏེ་སྐྱོན་མེད་དེ། ཤེར་ཕྱིན་གྱི་རྟེན་གྱི་གང་ཟག་དང་། དེ་བཞིན་གཤེགས་པ་དེ་ཉིད་རྣམ་གྲངས་ཡིན་པས་གཞི་འབྲས་དབྱེར་མེད་པའི་གཉིས་སུ་མེད་པའི་ཡེ་ཤེས་ཀྱི་རྟེན་གྱི་གང་ཟག་དེ་ཡང་དེ་བཞིན་གཤེགས་པ་ཡིན་པའི་ཕྱིར་རོ་སྙམ་ན། གཞིའི་དུས་སུ་དེ་བཞིན་གཤེགས་པ་ཡོད་པ་ལ་ཐ་སྙད་དང་འགལ་བའི་སྐྱོན་སྔར་བསྟན་ཟིན་ལ། གཞན་ཡང་གཞུང་ཤེར་ཕྱིན་དང་ལམ་ཤེར་ཕྱིན་གཉིས་ལ། མཚན་ཉིད་གསུམ་དུ་དབྱེ་བ་ཡིས། གཞུང་ཤེར་ཕྱིན་དང་། ལམ་ཤེར་ཕྱིན་གྱི་ཡོངས་གྲུབ་ཤེར་ཕྱིན་ཡིན་ནམ་མ་ཡིན། དེ་ཤེར་ཕྱིན་མ་ཡིན་ན། ཤེས་བྱ་ཀུན་ལ་མཚན་ཉིད་གསུམ་དུ་ཕྱེ་བའི་ཡོངས་གྲུབ་སངས་རྒྱས་མཚན་ཉིད་པར་ཁས་བླངས་པའི་རང་གི་གྲུབ་མཐའ་ཉིད་དང་འགལ་ལ། ཡིན་ན། ཤེས་རབ་ཕ་རོལ་ཕྱིན་གཉིས་མེད། །ཞེས་སོགས་ཀྱི་གཞུང་འདིའི་དོན་གཞུང་ལམ་གྱི་ཤེར་ཕྱིན་དེ་ཤེར་ཕྱིན་མཚན་ཉིད་པ་མ་ཡིན་པ་ལ་ཁྱེད་རང་གིས་ཀྱང་བཤད་པ་དང་འགལ་བའི་ཕྱིར། བཞི་པ་ནི། དེ་ལྟར་འདོད་པའི་ཇོ་ནང་པའི་བཤད་ཚུལ་མི་འཐད་པ། དེས་ན༏ ཤེས་རབ་ཕ་རོལ་ཕྱིན་གཉིས་མེད། །ཞེས་སོགས་ཀྱི་གཞུང་དེའི་དགོངས་པ་སངས་རྒྱས་ཀྱི་ཡེ་ཤེས་ཤེར་ཕྱིན་མཚན་ཉིད་པ་དང་། གཞུང་ལམ་གྱི་ཤེར་ཕྱིན་དེ་ཤེར་ཕྱིན་བཏགས་པ་བ་ཡིན་པ་ནི། རྒྱ་གར་འཕགས་པའི་ཡུལ་གྱི་མཁས་གྲུབ་ཀུན་མཐུན་པའི་བཤད་སྲོལ་ཡིན་པས་ས་སྐྱའི་རྗེ་བཙུན་གོང་མ་བསོད་ནམས་རྩེ་མོ་ཡིས་དེ་ལྟར་དུ་ཚུལ་བཞིན་དུ་བཤད་པ་བློ་གྲོས་དང་ལྡན་པ་རྣམས་ཀྱིས་གུས་པས་ལོངས་ལ་ཡིད་ལ་ཚུལ་བཞིན་དུ་ཚོངས་ཤིག །

གཉིས་པ་འབྲས་བུའི་འདོད་ཚུལ་རིགས་པ་དང་འགལ་བ་ནི། ཆོས་སྐུ་གློ་བུར་གྱི་དྲི་མ་དང་བྲལ་བའི་ཆ་ཚོགས་གཉིས་བསགས་པ་ལ་བརྟེན་ནས་ཐོབ་དགོས་བསམ་མི་དགོས། ཐོབ་དགོས་ན། ཆོས་སྐུ་ཆོས་ཅན། དོན་དམ་རང་འབྱུངས་ཀྱི་ཆོས་སྐུ་མིན་པར་གྱུར་པ་སྟེ་མ་ཡིན་པར་ཐལ། ཁྱོད་ཐོབ་པ་ལ་ངེས་པར་ཚོགས

གཉིས་བསགས་པ་གཅིག་དགོས་པའི་ཕྱིར། གལ་ཏེ་ཆོས་སྐུ་ཐོབ་པ་ཚོགས་གཉིས་བསགས་པ་ལ་མི་ལྟོས་ན། འགྲོ་བ་ཀུན་གྱི་རྒྱུད་ཀྱི་བདེ་གཤེགས་སྙིང་པོ་ཆོས་ཅན། ཁྱོད་དང་པོ་ཉིད་ནས་ཀུང་གློ་བུར་གྱི་དྲི་མ་དང་བྲལ་བར་འགྱུར་བར་ཐལ་ཁྱོད་གློ་བུར་གྱི་དྲི་མ་དང་བྲལ་བ་དེ་ཚོགས་གཉིས་བསགས་པ་ལ་མི་ལྟོས་པའི་ཕྱིར། འདོད་ན། འགྲོ་བ་ཀུན་གྱི་རྒྱུད་ཀྱི་བདེ་གཤེགས་སྙིང་པོ་ཆོས་ཅན། ཁྱོད་དྲི་མས་སྒྲིབ་པའི་ཚུལ་དཔེ་དགུས་བསྟན་པ་དོན་མེད་དུ་འགྱུར་བར་ཐལ། ཁྱོད་དང་པོ་ཉིད་ནས་གློ་བུར་གྱི་དྲི་མ་དང་བྲལ་བས་དྲི་མས་སྒྲིབ་པའི་ཚུལ་མེད་པའི་ཕྱིར། རྟགས་ཁས།

གཉིས་པ་གནས་ལུགས་ཀྱི་འདོད་ཚུལ་དོན་དམ་དང་འགལ་བ་ལ་བཞི་སྟེ། ངེས་དོན་གྱི་གཞུང་དང་འགལ་བ། དངོས་སྨྲ་འགོག་པའི་རིགས་པ་དང་འགལ་བ། མདོ་སྡེ་སྤྱི་ཕྱིའི་དོགས་སྤོང་དང་འགལ་བ། མདོ་རྒྱུད་བསྟན་བཅོས་ཀྱི་དགོངས་པར་མི་འཐད་པའོ། །དང་པོ་ནི། ཇོ་ནང་པའི་དོན་དམ་པར་འདོད་ཚུལ་གནས་ལུགས་དང་འགལ་བ་འདི་ལྟར་མཐོང་སྟེ། ཇི་ལྟར་མཐོང་སྙམ་ན། ཆོས་ཀྱི་དབྱིངས་ཡོངས་གྲུབ་བདེན་པར་གྲུབ་པ་ནི། ངེས་པའི་དོན་གྱི་མདོ་སྡེ་དང་། འཕགས་མཆོག་ཀླུ་སྒྲུབ་ཀྱི་དགོངས་པ་མ་ཡིན་ཏེ། མདོ་ལས། ཟབ་ཞི་སྤྲོས་བྲལ་འོད་གསལ་འདུས་མ་བྱས། །ཞེས་པའི་སྐབས་ཀྱི། ཟབ་པ་དང་། ཞི་བ་དང་། སྤྲོས་བྲལ་དང་། འོད་གསལ་བ་དང་། འདུས་མ་བྱས་པ་དང་ལྔ་ཡོངས་གྲུབ་བམ། ཆོས་དབྱིངས་ཀྱི་མིང་གི་རྣམ་གྲངས་ཉིད་དུ་གསུངས་པའི་ཕྱིར་དང་། གསུངས་པ་དེ་ཉིད་ཀྱི་དོན་མགོན་པོ་ཀླུ་སྒྲུབ་ཀྱིས། སྐྱེ་དང་གནས་དང་འཇིག་པ་དག །མ་གྲུབ་ཕྱིར་ན་འདུས་བྱས་མེད། །འདུས་བྱས་རབ་ཏུ་མ་གྲུབ་པས། །འདུས་མ་བྱས་ནི་ཇི་ལྟར་གྲུབ། །ཅེས། སྐྱེ་བ་དང་གནས་པ་དང་འཇིག་པ་དག་བདེན་པར་མ་གྲུབ་པའི་ཕྱིར་ན། འདུས་བྱས་བདེན་པར་མེད་ལ། འདུས་བྱས་བདེན་པར་རབ་ཏུ་མ་གྲུབ་པས། འདུས་མ་བྱས་ནི་བདེན་པར་ཇི་ལྟར་གྲུབ་སྟེ་མི་འགྲུབ། ཅེས་གསུངས་པས། འདིའི་སྐབས་ཀྱི་འདུས་བྱས་དང་འདུས་མ་བྱས་གཉིས་བདེན་པར་མེད་པར་མཚུངས་པ་ཉིད་དུ་བསྟན་པའི་ཕྱིར་རོ། །གཉིས་པ་ནི། སངས་རྒྱས་གཉིས་པ་མགོན་པོ་ཀླུ་སྒྲུབ་ཀྱིས། རྩོད་བཟློག་ལས་དངོས་སྨྲ་བའི་རྩོད་པ་འགོག་པའི་རིགས་པ་རྣམས། དབུ་མ་པ་རང་ལ་ལོག་པ་ཉིད་དུ་འགྱུར་ཏེ། བདེན་པར་གྲུབ་པའི་ཆོས་ཡོད་པར་དམ་བཅས་པའི་ཕྱིར། ཁྱབ་སྟེ། དེ་སྐད་དུ་ཡང་རྩོད་བཟློག་ལས། གལ་ཏེ་ངས་དམ་བཅས་འགའ་ཡོད། །དེས་ན་ང་ལ་སྐྱོན་དེ་ཡོད། །ང་ལ་དམ་བཅའ་མེད་པས་ན། །ང་ནི་སྐྱོན་མེད་ཁོ་ན་ཡིན། །ཞེས་གསུངས་པའི་སྐབས་ཀྱི་དམ་བཅའི་དོན་བདེན་གྲུབ་ཀྱི་ཆོས་ཡོད་པར་དམ་བཅས་པ་ཉིད་ལ་ནི་ཇོ་ནང་པ་རང་ཉིད་ཀུང་ནི་འཆད་དགོས་པའི་ཕྱིར་རོ། །དེ་ལ་སྐྱོན་སྤོང་བར་འདོད་ནས་ཇོ་ནང་པའི་རྗེས་སུ་འབྲང་བ་འགའ་ཞིག་འདི་སྐད་

དུ༑ སྤྱིར་འདུས་མ་བྱས་ཆོས་ཉིད་བདེན་པར་གྲུབ་ཀྱང་། ཀླུ་སྒྲུབ་ཀྱི་ལུང་དེས་ངེད་ལ་གནོད་པ་མ་ཡིན་ཏེ། ཀླུ་སྒྲུབ་ཀྱི་ལུང་དེས་འདུས་མ་བྱས་ཆོས་ཉིད་ནི་བདེན་པར་མ་གྲུབ་པར་བཤད་པ་དང་། བདེན་གྲུབ་ཀྱི་ཆོས་དམ་བཅའ་བ་མེད་པར་བཤད་པ་ནི་མཉམ་གཞག་ལ་བལྟོས་པའི་སྐབས་ཡིན་གྱི། རྗེས་ཐོབ་ཏུ་ཡིན་མིན་སོགས་ཤན་འབྱེད་པའི་སྐབས་མ་ཡིན་པའི་ཕྱིར་ཞེས་ཟེར་རོ། །གདུལ་བྱའི་གནས་ལུགས་རྟོགས་པའི་དོན་དུ་རིགས་པས་གནས་ལུགས་ཀྱི་དོན་གཏན་ལ་འབེབས་པའི་གནས་སྐབས་དང་། དབུ་མ་པའི་སྒྲོལ་འཛིན་པའི་སྐྱེས་ཆེན་མགོན་པོ་ཀླུ་སྒྲུབ་ཀྱི་དངོས་པོ་སྨྲ་བའི་རྟོད་པ་བཟློག་པའི་སྐབས་མཉམ་པར་བཞག་པའི་སྐབས་ཡིན་གྱི། རྗེས་ཐོབ་ཡིན་མིན་སོགས་ཤན་འབྱེད་པའི་གནས་སྐབས་མ་ཡིན་ནོ་ཞེས་སྨྲ་བ་འདི་ཆོས་ཅན། ཁྱོད་ལ་འང་བདེན་འཛིན་གྱི་བློ་སྐྱེ་བའི་མཁས་པས་སུ་ཞིག་ཡོད་དེ་མེད་པར་ཐལ། ཇོ་ནང་པའི་རྫ་བའི་གྲུབ་མཐའ་བདེན་གྲུབ་ཡོད་པར་སྨྲ་བ་སོགས་ཀྱི་ཤེལ་སྒོང་ལ་སྒྲུབ་བྱེད་སྐྱོན་སྤོང་ལྟར་སྣང་གི་ཚོན་རྣམས་ཀྱིས་རེ་ཤིག་གྲུབ་པའི་ནོར་བུ་ཡིན་པའི་ཚུལ་དུ་ཁ་བསྒྱུར་ཡང་། ངེས་དོན་གྱི་ལུང་དང་དངོས་སྟོབས་ཀྱི་རིགས་པའི་ཆུ་གཙང་མ་དང་ཕྲད་དེ་བྲན་པའི་ཚེ་རྫ་བའི་གྲུབ་མཐའ་ངན་པའི་ཤེལ་གྱི་རང་མདོག་རྗེས་ཐོབ་ཏུ་རྟོད་པ་མི་བྱེད་པར་མཉམ་གཞག་ཏུ་རྟོད་པ་བྱེད་ཅེས་སྨྲ་དགོས་པ་སོགས། འདི་ལྟར་སྟོན་པས་མཁས་པས་གཞན་གང་གི་གནས་ཡིན་པའི་ཕྱིར།

གསུམ་པ་པ་མདོ་སྡེ་སྔ་ཕྱིའི་དོགས་སྤྱོང་དང་འགལ་བ་ནི། ཆོས་དབྱིངས་བདེན་གྲུབ་མ་ཡིན་པར་ཐལ། ཆོས་ཐམས་ཅད་བདེན་པས་སྟོང་པར་སྟོན་པའི་མདོ་ངེས་དོན་གྱི་མདོ་ཡིན་པའི་ཕྱིར་ཏེ། ཤེས་རབ་ཀྱི་ཕ་རོལ་ཏུ་ཕྱིན་པའི་མདོ་བཀའ་བར་པ་ལས། ཆོས་རྣམས་ཐམས་ཅད་རྣམ་པ་ཀུན་ཏུ་བདེན་པས་སྟོང་པ་ཞེས་ནི་གསུངས་པ་དང་། སྙིང་པོའི་མདོ་སོགས་བཀའ་འཁོར་ལོ་ཕྱི་མར་སེམས་ཅན་གྱི་རྒྱུད་ལ་བདེ་གཤེགས་སྙིང་པོ་སྒྲུབ་པའི་ཚུལ་གྱིས་ཡོད་པར་གསུངས་པ་གཉིས་འགལ་ལོ་སྙམ་དུ་དོགས་པ་བཀོད་ནས་དེའི་ལན་དུ། སྔ་མ་འཁོར་ལོ་བར་པར་དེ་ལྟར་གསུངས་པ་ངེས་པའི་དོན་གྱི་མདོ་ཡིན་ཅིང་། འཁོར་ལོ་ཕྱི་མར་དེ་ལྟར་གསུངས་པ་དེ། སྐྱོན་ལྔ་སྤོང་བའི་ཕྱིར་དུ་གསུངས་པས། དྲང་དོན་ཉིད་ཀྱི་མདོ་ཡིན་པར་མགོན་པོ་བྱམས་པས་རྒྱུད་བླར་གསུངས་པ་ལས་ཤེས་པའི་ཕྱིར། དེས་ན་ཇོ་ནང་པའི་གྲུབ་མཐས་རང་ཚུགས་ཐུབ་མ་ཐུབ་ཐམས་ཅད་དྲང་དོན་དང་ངེས་དོན་གྱི་མདོ་སྡེ་སོ་སོར་ཕྱེད་པ་དང་མ་ཕྱེད་པ་ལས་གཙོ་བོར་བྱུང་བ་ཡིན་པས་དྲང་དོན་གྱི་མདོ་སྡེ་དང་། ངེས་དོན་གྱི་མདོ་སྡེ་མ་འདྲེས་པར་སོ་སོར་སྦྱོར་ལ་ངེས་དོན་གྱི་མདོ་སྡེའི་དགོངས་པ་བཞིན་བྱའོ། །བཞི་པ་མདོ་རྒྱུད་བསྟན་བཅོས་ཀྱི་དགོངས་པར་མི་འཐད་པ་ནི། ཆོས་དབྱིངས་དང་། གཉིས་མེད་ཡེ་ཤེས་སོགས་ཆོས་ཅན། ཁྱོད་བདེན་པར་གྲུབ་པ་རྒྱུད་སྡེའི་དགོངས་པ་ཉིད་ཀྱང་མ་ཡིན་ཏེ། ཁྱོད་རང་རིག་པའི་ཡེ་ཤེས་དང་། མཁའ་

སྙམ་དང་། རྟུལ་བྲལ་དང་། སྟོང་པ་ལ་སོགས་པ་རྣམས་བདེན་གྲུབ་ཏུ་འཛིན་ལོག་རྟོག་བཟློག་པའི་ཕྱིར་དུ། ཀྱེ་རྡོར་གྱི་རྒྱུད་ལས། གཅིག་དང་དུ་མ་བྲལ་བའང་དེ། །ཅེས་བདེན་པའི་གཅིག་དང་བདེན་པའི་དུ་མ་དང་བྲལ་བའི་རྟགས་ལས་ཁྱོད་བདེན་མེད་དུ་གཏན་ལ་དབབ་པ་གསུངས་པའི་ཕྱིར། གཞན་ཡང་བྱམས་ཆོས་ཕྱི་མ་རྣམ་པ་གསུམ་དང་། ཐོགས་མེད་སྐུ་མཆེད་ཀྱི་རང་གཞུང་ས་སྡེ་ལྔ། སྡོམ་རྣམ་པ་གཉིས། ཞྭ་ཀ་ར་ཙ་སྡེ་བརྒྱད་དང་། ཕྱོགས་ཀྱི་གླང་པོས་མཛད་པའི་ཚད་མ་མདོ་དང་ནི། ཆོས་ཀྱི་གྲགས་པས་མཛད་པའི་ཚད་མ་སྡེ་བདུན་ལ་སོགས་པའི་གཞུང་ལུགས་ཆོས་ཅན། ཁྱོད་རྣམས་དབུ་མ་ཆེན་པོའི་གཞུང་ལུགས་ཡིན་ན། རྒྱ་གར་འཕགས་པའི་ཡུལ་ནས་བོད་གངས་ཅན་འདིར། སེམས་ཙམ་པའི་གཞུང་ལུགས་མ་འགྱུར་བའམ། འགྱུར་ན་དེའི་མཚན་གཞི་གང་ཞིག་ཡིན་པ་སྨྲོས་ཤིག་ཏེ་སླ་རྒྱུ་མེད་དེ། ཁྱོད་རྣམས་དབུ་མ་པའི་གཞུང་ལུགས་ཡིན་པ་གང་ཞིག །ཁྱོད་ལས་གཞན་པའི་སེམས་ཙམ་པའི་གཞུང་ལུགས་བོད་དུ་འགྱུར་བ་ངོས་འཛིན་རྒྱུ་མེད་པའི་ཕྱིར།

གསུམ་པ་སྒྲོ་བསྐུར་སྤྱངས་ནས་དཔྱད་པའི་རྒྱུ་མཚན་ནི། བསྟན་བཅོས་འདི་རྩོམ་པ་པོ་བདག་ནི། དཔལ་ལྡན་དུས་འཁོར་གྱི་སྲོལ་འཛིན་ཉམས་དང་རྟོགས་པ་མཐར་ཕྱིན་པའི་སྐྱེས་ཆེན་བརྒྱུད་པ་འདི་དག་ལ། ཡིད་ནི་ཤིན་ཏུ་དད་མོད་ཀྱི་དེ་ལྟ་བུའི་གང་ཟག་ལ་མི་ཕྱེད་པའི་དད་པ་ཡོད་པ་འོན་ཀྱང་དེའི་གྲུབ་མཐའ་ལ་དོན་དང་མི་མཐུན་པ་ལ་མཐུན་ཞེས་སྒྲོ་འདོགས་པ་དང་། དོན་དང་མཐུན་པ་ལ་མི་མཐུན་ཞེས་བསྐུར་པ་འདེབས་པ་སྤྱངས་ནས་དེའི་གྲུབ་མཐའ་ལ་ལུང་རིགས་ཀྱིས་འདི་ཙམ་ཞིག་རྣམ་པར་དཔྱད་པ་ཆོས་ཅན། མཁས་པ་དབྱོད་ལྡན་གཟུ་བོར་གནས་པ་རྣམས་ཀྱིས་དྲང་པོར་ཟུངས་ལ་ཡིད་ལ་སེམ་པར་བྱ་རིགས་ཏེ། མཐར་འཛིན་གྱི་རྟག་ལྟ་བཀག་ནས། རྒྱ་བོད་ཀྱི་མཁས་གྲུབ་ཀུན་མཐུན་པའི་བསྟན་པའི་སྙིང་པོ་ལྟ་བ་མཐའ་བཞིའི་སྤྲོས་བྲལ་སྒྲུབ་པའི་ཆེད་དུ་དཔྱད་པ་ཡིན་པའི་ཕྱིར།

གསུམ་པ་གནད་ཀྱི་དོན་བསྡུས་ཏེ་བསྟན་པ་ནི། མདོར་ན་འཁོར་འདས་ཀྱིས་བསྡུས་པའི་ཆོས་སྣ་ཚོགས་སུ་སྣང་བ་རྣམས་རང་གི་སེམས་སུ་འདུས་ལ། སེམས་དེ་ཉིད་གདོད་མ་ནས་མཐའ་བཞིའི་སྤྲོས་པ་དང་བྲལ་བ་ཡིན་ཞིང་། དེ་ཡང་རང་སེམས་གསལ་བ། གདངས་ཅིར་ཡང་མ་འགགས་པ། དེའི་ངོ་བོ་ལ་དཔྱད་ན་བཤིས་གང་དུའང་མ་གྲུབ་པ། བརྗོད་བྲལ་ཟུང་འཇུག་དེ་ཉིད་བདེ་གཤེགས་སྙིང་པོར་ཤེས་པར་གྱིས་ལ། སྐལ་ལྡན་རྣམས་ཀྱིས་དེ་རྟོགས་པའི་ཐབས་ལམ་སྒོམ་པ་ལ་འབད་པར་བྱའོ། །སྡོམ་པ་གསུམ་གྱི་རབ་ཏུ་དབྱེ་བའི་ཁ་སྐོང་གཞི་ལམ་འབྲས་གསུམ་གསལ་བར་བྱེད་པའི་ལེགས་བཤད་འོད་ཀྱི་སྣང་བའི་རྣམ་བཤད་འོད་སྣང་རྒྱས་བྱེད་ཅེས་བྱ་བ་ལས། གཞིའི་སྐབས་ཏེ་དང་པོའི་རྣམ་པར་བཤད་པའོ།། །།

༄ གཉིས་པ་ལམ་གྱི་སྐབས་ལ་གཉིས་ཏེ། ལམ་གྱི་རྣམ་གཞག་སྤྱིར་བསྟན། སྡོམ་གསུམ་གྱི་ལམ་སོ་སོར་བཤད་པའོ། །དང་པོ་ལ་གཉིས་ཏེ། ཕ་རོལ་ཏུ་ཕྱིན་པའི་ལམ་གྱི་འདོད་ཚུལ། རྡོ་རྗེ་ཐེག་པའི་ལམ་གྱི་འདོད་ཚུལ་ལོ། །དང་པོ་ནི། སྣང་གཞི་བདེ་བར་གཤེགས་པའི་སྙིང་པོའི་སྟེང་གི་དྲི་མ་སྦྱོང་བའི་ལམ་ལ། ནང་པའི་གྲུབ་མཐའ་སྨྲ་བ་རྣམ་པ་བཞི་ཡི། རང་རང་གི་གཞུང་ལས་གསུངས་པའི་ཐེག་པ་གསུམ་གྱི་ལམ་གྱི་རྣམ་གཞག་སོ་སོར་བྱེད་མོད་ཀྱི། གྲུབ་མཐའ་བཞིའི་རྣལ་འབྱོར་པ་ཡང་བློ་གྲོས་ཀྱི་ཁྱད་པར་གྱིས། གྲུབ་མཐའ་གོང་མ་གོང་མས་གྲུབ་མཐའ་འོག་མ་འོག་མ་ལ་གནོད་པའི་ཚེ། དབུ་མ་པའི་གཞུང་ལུགས་མ་གཏོགས་པར་སེམས་ཙམ་པ་སོགས་གྲུབ་མཐའ་འོག་མ་གཞན་ལ་ཐེག་པ་གསུམ་གྱི་ལམ་ཉིད་ཚང་བར་ཐོབ་པ་ནི་མེད་ཅེས། དབུ་མ་པ་རྣམས་བཞེད་དེ། གྲུབ་མཐའ་བཞི་པོ་གོང་མས་འོག་མ་ལ་གནོད་ཅིང་། དབུ་མའི་གྲུབ་མཐའ་ལ་གྲུབ་མཐའ་བཞི་པོ་སུས་ཀྱང་གནོད་པ་མེད་པའི་ཕྱིར། གཉིས་པ་ནི། ཕ་རོལ་ཏུ་ཕྱིན་པའི་ཐེག་པ་ལས་ཁྱད་ཆོས་བཞིའི་སྒོ་ནས་ཆེས་ཁྱད་པར་དུ་འཕགས་པའི་ཟབ་མོ་སྔགས་ཀྱི་ཐེག་པའི་སྒོར་ཞུགས་པའི་ཚེ། ལམ་གྱི་འབྲས་བུ་བྱང་ཆུབ་སྒྲུབ་ཚུལ་ཡོད་དེ། གཞི་ཟུང་འཇུག་རྟོགས་པའི་སྟེང་དུ། ལམ་སོ་ཐར་བྱང་སེམས་སྔགས་ཀྱི་སྡོམ་པ་གསུམ་དང་ལྡན་པས་འབྲས་བུའི་མཆོག་བཅུ་གསུམ་རྡོ་རྗེ་འཛིན་པའི་ས་སྒྲུབ་ཅིང་། སྡོམ་པ་གསུམ་པོ་དེ་ཉིད་ཀྱང་རང་རང་འཐོབ་བྱེད་ཀྱི་ཆོ་གས་རིམ་པ་བཞིན་དུ་བླངས་སམ། དབང་བསྐུར་གྱི་ཆོ་ག་ལས་སྡོམ་པ་གསུམ་ཆར་ཐོབ་པ་ཉིད་ཀྱང་རུང་གི། གསུམ་ཆར་ལྡན་པའི་ཚེ་ན་ངོ་བོ་གཅིག་ལ་ལྡོག་པ་ཐ་དད་པ་ཡིན་པའི་ཕྱིར།

གཉིས་པ་ལ་གསུམ་སྟེ། སོ་ཐར་གྱི་སྡོམ་པའི་སྐབས། བྱང་སེམས་ཀྱི་སྡོམ་པའི་སྐབས། རིག་པ་འཛིན་པའི་སྡོམ་པའི་སྐབས་སོ། །དང་པོ་ལ་གཉིས་ཏེ། གནོད་པའི་མཐའ་བཀག །མ་ནོར་བའི་གནད་བསྟན་པའོ། །དང་པོ་ལ་གཉིས་ཏེ། ངོ་བོ་ལ་ལོག་རྟོག་དགག །ཆོ་ག་ལ་ལོག་རྟོག་དགག་པའོ། །དང་པོ་ལ་བཞི་སྟེ། ཉན་ཐོས་པའི་ལུགས་ངེས་དོན་དུ་འཛིན་པ་དགག །སོ་ཐར་ལ་ངེས་འབྱུང་གིས་མ་ཁྱབ་པ་དགག །སོ་ཐར་གྱི་ངོ་བོ་ལ་ལོག་རྟོག་དགག །སྤྱིའི་ངོ་བོ་བྱེ་བྲག་ལ་སྦྱར་བ་དགག་པའོ། །དང་པོ་ནི། ཀུན་མཁྱེན་དགའ་བ་སྟོང་པ་ལ་སོགས་པ་འདུལ་མཛོད་ནས་བཤད་པ་སྐབས་འདིར་ངེས་དོན་དུ་འཛིན་པའི་མཁས་པ་ཁ་ཅིག །སྡོམ་པ་གསུམ་གྱི་རྣམ་གཞག་དེ་ལ། དང་པོ་སོ་ཐར་གྱི་སྡོམ་པ་ངོ་བོ་གཟུགས་ཅན་དུ་འདོད་ཅིང་། གྲངས་ཀྱང་སོ་ཐར་རིས་བརྒྱད་ཁོ་ན་ངེས་ལ། རྟེན་གྱི་གང་ཟག་འཆི་བའི་ཚེ་ན་གཏོང་བས་ཁྱབ་པར་འདོད་དོ། །དེ་དགག་པ་ནི། དེ་ལྟར་སྨྲ་བའི་མཁས་རློམ་ཆོས་ཅན། ཁྱོད་ཐེག་པ་ཆེན་པོའི་མདོ་རྒྱུད་ཀྱི་གཞུང་མངས་ཀྱི་དགོངས་པ་མ་མཐོང་བར་བྱེ་བྲག་སྨྲ་བའི་འདུལ་མདོན་གྱི་གཞུང་མཐོང་ཙམ་གྱིས་ཁྲིན་པའི་ནང་གི་སྦལ་ཆུང་ཇི་ལྟར་བ་བཞིན་དུ་རང་

སྣང་ཙམ་གྱིས་ཚིམས་པར་ཟད་དེ། ཁྱོད་ཀྱི་བྱེ་བྲག་སྨྲ་བའི་གྲུབ་མཐས་ཐེག་ཆེན་གྱི་གྲུབ་མཐའ་གཞལ་འདུག་པའི་ཕྱིར། དེ་ལ་བྱེ་བྲག་སྨྲ་བས་སྡོམ་པ་གཟུགས་ཅན་དུ་འདོད་པ་མདོ་སྡེ་པའི་མཁས་པ་རྣམ་ཀྱིས་ཀྱང་བཀག་ན་དབུ་མ་པ་དང་སེམས་ཙམ་པའི་གཞུང་བཟང་དང་ཟབ་མོའི་རྒྱུད་སྡེར་བཀག་པ་སྨོས་ཅི་དགོས། དེས་ན་བཀག་པ་དེ་ལས་གཞན་དུ་རྒྱུད་སྡེ་ལས་མ་བཀག་ན། རྒྱུད་རྒྱས་པ་འབུམ་པ་ལས། རིགས་ཅན་གསུམ་གྱི་བསླབ་པ་ཡང་། །དཀྱིལ་འཁོར་ཆེན་པོ་འདིར་ཞུགས་ན། །རིག་འཛིན་སྡོམ་པ་ཉིད་དུ་འགྱུར། །ཞེས་པའི་ལུང་གིས་དེ་ལ་དངོས་སུ་གནོད་པ་ཡིན་ཏེ། ལུང་དེའི་དོན། ཉན་ཐོས་རང་རྒྱལ་བྱང་སེམས་ཏེ་རིགས་ཅན་གསུམ་གྱི་བསླབ་པ་ཡང་རྟེན་གྱི་གང་ཟག་དེ་གསང་སྔགས་ཀྱི་དཀྱིལ་འཁོར་ཆེན་པོ་འདིར་ཞུགས་པའི་ཚེ་ན། རིག་པ་འཛིན་པའི་སྡོམ་པར་འགྱུར་བར་གསུངས་ལ། སོ་ཐར་གྱི་སྡོམ་པ་གཟུགས་ཅན་ཡིན་ན་བེམས་པོ་ཤེས་པར་འགྱུར་བར་ཁས་ལེན་དགོས་པ་ལས། བེམས་པོ་ཤེས་པར་འགྱུར་བ་ནི་མུ་སྟེགས་རྒྱང་འཕེན་པ་ཡི་ལུགས་ཡིན་གྱི། སངས་རྒྱས་པའི་གཞུང་ལུགས་ལས་དེ་ལྟར་མི་སྲིད་པར་གསུངས་པའི་ཕྱིར། གཞན་ཡང་སོ་ཐར་གྱི་སྡོམ་པ་ལ་གྲངས་རིགས་བརྒྱད་ཁོ་ནར་ངེས་ན་ནི། ཉེ་བ་འཁོར་གྱིས་ཞུས་པའི་ལུང་གི་དམ་ཆོས་དང་། བྱང་སེམས་སོ་སོར་ཐར་པ་བསྟན་པའི་མདོ་རྣམས་ལས་གསུངས་པའི་སོ་སོར་ཐར་པའི་སྡོམ་པ་རྣམས་ནི་ཆོས་ཅན། སོ་ཐར་རིགས་བརྒྱད་གང་རུང་དུ་ཐལ། སོ་ཐར་གྱི་སྡོམ་པ་ཡིན་པའི་ཕྱིར། འདོད་ན། དགེ་བསྙེན་ཕའི་སྡོམ་པ་དང་། དགེ་བསྙེན་མའི་སྡོམ་པ་སོགས་བརྒྱད་པོ་གང་རུང་དུ་འགྱུར་བ་ལས་དེ་བརྒྱད་པོ་རེ་རེ་ནས་གང་དུ་འདོད་པ་སྨྲོས་ཤིག །གཞན་ཡང་། སྔགས་སྡོམ་ནི་བྱང་སེམས་སྡོམ་པ་ཡི་བྱེ་བྲག་ཡིན་ཞིང་། བྱང་སྡོམ་དེ་ཉིད་ཀྱང་གཞན་ལ་ཕན་པ་སྒྲུབ་པ་ལ་གཞན་ལ་གནོད་པ་སྤོང་བ་ཡིས་ཁྱབ་པའི་ཕྱིར་ན། སོ་སོར་ཐར་པ་ཡིས་དོན་ཚང་བ་ཡིན་པས། སྔགས་སྡོམ་དང་། བྱང་སྡོམ་གཉིས་པོ་ཡང་ཆོས་ཅན། རིགས་བརྒྱད་གང་རུང་དུ་ཐལ། སོ་ཐར་གྱི་སྡོམ་པ་ཡིན་པའི་ཕྱིར། འདོད་ན། ཡོངས་རྫོགས་ཀྱི་དགེ་བསྙེན་ཕའི་སྡོམ་པ་དང་། དགེ་བསྙེན་མའི་སྡོམ་པ་སོགས་བརྒྱད་པོ་གང་རུང་དུ་འདུས་པར་འགྱུར་བ་ལས། ཡོངས་རྫོགས་ཀྱི་དགེ་བསྙེན་ཕའི་སྡོམ་པ་སོགས་བརྒྱད་པོ་རེ་རེ་ནས་མ་ཡིན་པའི་ཕྱིར། དང་པོ་མ་ཡིན་ཏེ། དགེ་བསྙེན་གྱི་སྡོམ་པ་མ་ཡིན་པའི་ཕྱིར། དེས་ན་སྡོམ་པ་གོང་མ་གཉིས་ཕལ་ཆེར་དགེ་བསྙེན་གྱི་སྡོམ་པར་མ་འདུས་མོད། འོན་ཀྱང་རྒྱུད་རྡོ་རྗེ་རྩེ་མོ་ལས། ཁྲིམ་པའི་སྡོམ་ལ་ལེགས་གནས་ཏེ། །གསང་སྔགས་རྒྱལ་པོ་རབ་ཏུ་སྒྲུབ། །ཅེས་གསུངས་པའི་སྐབས་ཀྱི་ཁྲིམ་པའི་སྡོམ་པ་དང་། གསང་སྔགས་བླ་མེད་ཀྱི་སྟ་གོན་དང་འཇུག་པའི་གནས་སྐབས་སུ་ཐུན་མོང་མ་ཡིན་པའི་སྐྱབས་འགྲོ་ལས་ཐོབ་པའི་སོ་ཐར་གྱི་སྡོམ་པ་རྣམས། དགེ་བསྙེན་གྱི་སྡོམ་པ་རྗེ་བཙུན་བླ་མ་ངོར་པ་ཡབ་སྲས་

རྣམས་བཞེད་ལ། འདི་ལ་འཐད་པ་མང་དུ་ཡོད་ཀྱང་གཞུང་གི་ཚིག་མང་དུ་དོགས་པས་རེ་ཞིག་བཏང་སྙོམས་སུ་བཞག་པ་ཡིན་ནོ། །

འདིའི་སྐབས་སུ་ཁ་ཅིག །འདི་ལ་དོགས་པ་ནི། འོ་ན་བླ་མེད་ཀྱི་སྔ་གོན་གྱི་ཚེ། དཀོན་མཆོག་གསུམ་ལ་བདག་སྐྱབས་འཆི། །ཞེས་སོགས་རྒྱུན་བཤགས་ཀྱི་ཐུན་མོང་མ་ཡིན་པའི་སྐྱབས་འགྲོ་ལས་ཐོབ་པའི་སོར་སྡོམ་ཆོས་ཅན། ཁྱོད་ཡོངས་རྫོགས་ཀྱི་དགེ་བསྙེན་གྱི་སྡོམ་པར་ཐལ། ཁྱོད་རིགས་བརྒྱད་ཀྱི་ཟླས་ཕྱེ་བའི་དགེ་བསྙེན་གྱི་སྡོམ་པ་ཡིན་པའི་ཕྱིར། རྟགས་འདིར་ཁས་བླངས་ཞིང་། ཁྱབ་པ་སྤྱི་དོན་དུ་ཁས་བླངས། འདོད་པར་མི་ནུས་ཏེ༑ སྐྱབས་འགྲོའི་སྡོམ་པ་ཙམ་ཞིག་ཡིན་པའི་ཕྱིར། མཁས་པ་དག་དཔྱོད་ཅིག་ཞེས་གསུངས་སོ། །འདི་ལ་རྟགས་འདིར་ཁས་བླངས་པ་མ་གྲུབ་སྟེ། དོན་ཚང་གཉིས་པོ་གང་དུ་འདུས། འོན་ཀྱང་། ཞེས་པའི་དོན་ནི། སྡོམ་པ་གོང་མ་གཉིས་ཕལ་ཆེར་དགེ་བསྙེན་ཕ་མ་དགེ་ཚུལ་ཕ་མ། དགེ་སློབ་མ། དགེ་སློང་ཕ་མ། བསྙེན་གནས་ཀྱི་སྡོམ་པ་བརྒྱད་པོ་གང་རུང་དུ་མ་འདུས་མོད། འོན་ཀྱང་། རྡོ་རྗེ་རྩེ་མོ་ནས་གསུངས་པའི་ཁྱིམ་པའི་སྡོམ་པ་དང་། གསང་སྔགས་ཀྱི་སྔ་གོན་དང་འཇུག་པའི་གནས་སྐབས་སུ་ཐུན་མོང་མ་ཡིན་པའི་སྐྱབས་འགྲོ་ལས་ཐོབ་པའི་སོ་ཐར་གྱི་སྡོམ་པ་རྣམས། དགེ་བསྙེན་གྱི་སྡོམ་པར་བླ་མ་བཞེད་ཅིང་། འདི་ལ་འཐད་པ་མང་དུ་ཡོད་ཅེས་པའི་དོན་ཡིན་གྱི། སྡོམ་པ་གོང་མ་གཉིས་ཕལ་ཆེར་སོ་ཐར་རིགས་བརྒྱད་གང་རུང་མིན་པ་འོན་ཀྱང་ཞེས་པའི་འབྲུ་མཛད་པ་ནི། གཞུང་སྟེ་མར་བརྒྱད་པོ་གང་དུ་འདུས་པར་སློས་ཞེས་པ་དང་། དོན་ཚང་གཉིས་པོ་གང་དུ་འདུས་ཞེས་པའི་གཞུང་གཉིས་ཀྱི་འཕྲོས་མ་རྟོགས་པའི་སྐྱོན་དུ་སྣང་ངོ་། །འོ་ན། གཞུང་སྟེ་མ་གཉིས་ཀྱི་འབྲེལ་ཇི་ལྟར་ཞེ་ན། གཞུང་སྟེ་མ་གཉིས་པོའི་སྐབས་སུ། ཉེ་བར་འཁོར་གྱིས་ཞུས་པའི་མདོ་ལ་སོགས་པ་ནས་གསུངས་པའི་སོར་སྡོམ་དང་། སྔགས་སྡོམ་དང་། བྱང་སྡོམ་གཉིས་ལ་ཡང་སོ་ཐར་གྱི་དོན་ཚང་བས་དེ་རྣམས་སོ་ཐར་རིགས་བརྒྱད་གང་རུང་ཡིན་པར་ཐལ་བ་ལ། འདོད་ན། དགེ་བསྙེན་ཕ་མ་སོགས་བརྒྱད་པོ་གང་རུང་དུ་ཐལ་བར་འགྱུར་ཞིང་། དེ་ཡང་འདོད་ན། དགེ་བསྙེན་ཕ་མ་སོགས་བརྒྱད་པོ་གང་དུ་འདུས་པ་སློས་ཞེས་པ་དང་། དེ་བརྒྱད་པོ་གང་དུ་འདུས་ཞེས་པའི་དོན་ཡིན་ལ། འོ་ན་སྡོམ་པ་གོང་མ་གཉིས་ཀྱི་ཆོ་ག་ལས་ཐོབ་པའི་སྡོམ་པ་ཡིན་ན། དགེ་བསྙེན་ཕ་མ་སོགས་བརྒྱད་པོ་གང་རུང་མིན་པས་ཁྱབ་བམ་སྙམ་ན། སྡོམ་པ་གོང་མ་གཉིས་ཀྱི་ཆོ་ག་ལས་ཐོབ་པའི་སྡོམ་པ་ཕལ་ཆེར་དགེ་བསྙེན་ཕ་མ་སོགས་བརྒྱད་པོ་གང་རུང་མ་ཡིན་མོད། འོན་ཀྱང་རྡོ་རྗེ་རྩེ་མོ་ནས་གསུངས་པའི་ཁྱིམ་པའི་སྡོམ་པ་དང་། གསང་སྔགས་ཀྱི་སྔ་གོན་དང་འཇུག་པའི་གནས་སྐབས་སུ་ཐུན་མོང་མ་ཡིན་པའི་སྐྱབས་འགྲོ་ལས་ཐོབ་པའི་སོ་ཐར་གྱི་སྡོམ་པ་རྣམས་དགེ་བསྙེན་གྱི་སྡོམ་པར་བླ་མ་བཞེད་ཞེས་པའི་དོན་ཡིན་ལ། དེས་ན་སོ་

ཐར་རིགས་བརྒྱད་པོ་གང་རུང་ཡིན་ན། དགེ་བསྙེན་ཕའི་སྡོམ་པ་དང་། དགེ་བསྙེན་མའི་སྡོམ་པ་སོགས་བརྒྱད་པོ་གང་རུང་ཡིན་པས་ཁྱབ་ཀྱང་། དགེ་བསྙེན་ཕའི་སྡོམ་པ་དང་། དགེ་བསྙེན་མའི་སྡོམ་པ་སོགས་བརྒྱད་པོ་གང་རུང་ཡིན་པས་ཁྱབ་ཀྱང་། དགེ་བསྙེན་ཕའི་སྡོམ་པ་དང་། དགེ་བསྙེན་མའི་སྡོམ་པ་སོགས་བརྒྱད་པོ་གང་རུང་དུ་གྱུར་པའི་སོ་ཐར་གྱི་སྡོམ་པ་ཡིན་ན། སོ་ཐར་རིགས་བརྒྱད་གང་རུང་ཡིན་པས་མ་ཁྱབ་སྟེ། འཇུག་པའི་གནས་སྐབས་སུ་སྐྱབས་འགྲོ་ལས་ཐོབ་པའི་སོ་ཐར་གྱི་སྡོམ་པ་བཞིན་ནོ། །དེས་ན་གཞུང་ལུགས་ཆེན་པོ་འཆད་པ་ལ་ཚིག་གི་ནུས་པ་ལ་བརྟེན་པ་མ་གཏོགས་འཕྲོས་དོན་ཐམས་ཅད་ཚིག་ཟིན་ལ་བརྗོད་པར་ག་ལ་ལང་། ངེས་པར་ཚིག་ཟིན་ལ་བརྗོད་པ་དགོས་ན། འདི་ལ་ཡང་ཁྱབ་པ་སྤྱི་དོན་དུ་ཁས་བླངས་པ་ནི་མ་གྲུབ་སྟེ། སྤྱི་དོན་ལས་གཏན་ཁྲིམས་བདུན་གྱི་དགེ་བསྙེན་ནི་ཡོངས་རྫོགས་ཀྱི་དགེ་བསྙེན་ལ་འཇིག་པས་སྐྱོན་དང་པོ་མེད་ཅེས་པས་ནི༔ གཏན་ཁྲིམས་བདུན་གྱི་ཟླས་ཕྱེ་བའི་དགེ་བསྙེན་གྱི་སྡོམ་པ་ཡིན་ན། ཡོངས་རྫོགས་ཀྱི་དགེ་བསྙེན་གྱི་སྡོམ་པ་ཡིན་པས་ཁྱབ་པ་བསྟན་པ་ཡིན་ལ། རིགས་བརྒྱད་ཀྱིས། ཟླས་ཕྱེ་བའི་དགེ་བསྙེན་གྱི་སྡོམ་པ་ཡིན་ན། ཡོངས་རྫོགས་དགེ་བསྙེན་གྱི་སྡོམ་པ་ཡིན་པས་ཁྱབ་པ་ཚིག་ཟིན་ལ། སྤྱི་དོན་དུའང་མ་བཤད་པའི་ཕྱིར། དེས་ན། གཏན་ཁྲིམས་བདུན་ཞེས་པ་ནི། ཉན་ཐོས་ལུགས་ལ་བསྙེན་གནས་མ་གཏོགས་པའི་སོ་ཐར་རིགས་བདུན་ཇི་སྲིད་འཚོའི་བར་དུ་ལེན་པས། གཏན་ཁྲིམས་ཞེས་པའི་ཐ་སྙད་དང་། བསྙེན་གནས་ཀྱི་སྡོམ་པ་ཉིན་ཞག་གི་མཐའ་ཅན་ཡིན་པས་གཏན་ཁྲིམས་ཞེས་པའི་ཐ་སྙད་མ་གསུངས་ལ། ཐེག་ཆེན་རང་ལུགས་ཀྱི་ཆོ་ག་ལས་ཐོབ་པའི་སོ་ཐར་ལ་གཏན་ཁྲིམས་ཞེས་པའི་ཐ་སྙད་གང་དུའང་མ་གསུངས་སོ། །དེས་ན་སྔར་ཇི་སྐད་བཤད་པ་ཡི་ཉེ་བར་འཁོར་གྱིས་ཞུས་པའི་མདོ་སོགས་ལས་གསུངས་པའི་སོར་སྡོམ་དང་། སྔགས་སྡོམ་བྱང་སྡོམ་རྡོ་རྗེ་རྩེ་མོ་ལས་གསུངས་པའི་ཁྱིམ་པའི་སྡོམ་པ། སྔ་གོན་དང་འཇུག་པའི་གནས་སྐབས་སུ་ཐོབ་པའི་སོ་སོར་ཐར་པའི་སྡོམ་པ་རྣམས་ཆོས་ཅན། རང་རྒྱུད་ལྡན་གྱི་རྟེན་གྱི་གང་ཟག་ཤི་འཕོས་པའི་ཚེ་ན་ཇི་ལྟར་གཏོང་སྟེ་གཏོང་བར་མ་ངེས་པར་ཐལ། ཟླ་ན་མེད་པའི་བྱང་ཆུབ་ཀྱི་བར་དུ་བསྲུང་བར་ཁས་བླངས་པའི་སྡོམ་པ་ཡིན་པའི་ཕྱིར། གཉིས་པ་ནི། ཤཱཀ་དྲི་བའི་ཞོལ་གྱིས་སྡོམ་གསུམ་རབ་དབྱེ་འགོག་པ་ལ་བརྩོན་པའི་ལ་ལ། སོ་སོར་ཐར་པའི་སྡོམ་པ་ལ། འཇིགས་སྐྱོབས་ཀྱི་ཚུལ་ཁྲིམས། ལེགས་སྨོན་གྱི་ཚུལ་ཁྲིམས། ངེས་འབྱུང་གི་ཚུལ་ཁྲིམས་གསུམ་དུ་དབྱེ་བར་འདོད་ཅིང་། དེ་ཡང་རྒྱུའི་ཀུན་སློང་མྱང་འདས་ཐོབ་འདོད་ཀྱི་བསམ་པས་ཟིན་པས། དེ་གསུམ་ཆར་ནི་སོ་སོར་ཐར་པའི་སྡོམ་པ་ཡིན་པས་ཁྱད་པར་མེད་ཀྱང་། དེ་དུས་ཀྱི་ཀུན་སློང་གི་སྒོ་ནས་ནི། དེ་གསུམ་པོ་སོ་སོར་དབྱེ་བ་ཡིན་ནོ། །ཞེས་ཟེར་རོ༔ །དེ་དགག་པ་ནི། འོ་ན་ཕྱི་རོལ་པ་རྣམས་ལ། སོ་ཐར་གྱི་སྡོམ་པ་ཡོད་པར་འགྱུར་བར་ཐལ། འཇིགས་

སྐྱོབས་དང་ལེགས་སྨོན་གྱི་ཚུལ་ཁྲིམས་སོ་ཐར་ཡིན་པ་གང་ཞིག །ཕྱི་རོལ་པ་ལ་འཇིགས་སྐྱོབས་ཀྱི་སྡོམ་པ་དང་། ལེགས་སྨོན་གྱི་སྡོམ་པ་ཡོད་པའི་ཕྱིར། དེ་ལ་འདོད་ན། དེ་མི་འཐད་པར་ཐལ། མཛོད་ཀྱི་རང་འགྲེལ་ལས། ཅི་ཕྱི་རོལ་པ་རྣམས་ལ་ཡང་དག་པར་བླངས་པ་ལས་བྱུང་བའི་ཚུལ་ཁྲིམས་མེད་དམ་ཅེ་ན། ཡོད་མོད་ཀྱི་དེ་ནི་སྲིད་པ་ལ་བརྟེན་པའི་ཕྱིར། གཏན་དུ་སྡིག་པ་ལས་སོ་སོར་ཐར་པ་ནི་མ་ཡིན་ནོ། །ཞེས། ཕྱི་རོལ་པ་དག་ལ་ཡང་དག་པར་བླངས་པའི་ཚུལ་ཁྲིམས་ནི་ཡོད་མོད་ཀྱང་། འཐོབ་བྱ་ཚངས་པ་དང་དབང་ཕྱུག་སོགས་སྲིད་པ་ལ་བརྟེན་པའི་ཕྱིར་ན། དེ་རྣམས་ལ་སོ་སོར་ཐར་པ་མེད་དོ་ཞེས་གསལ་བར་གསུངས་པ་དང་འགལ་བའི་ཕྱིར་རོ། །འདིར་ཕྱི་རོལ་པའི་ལུགས་ལ་སོ་ཐར་གྱི་སྡོམ་པ་མཚན་ཉིད་པ་མེད་ལ། ཕྱི་རོལ་པའི་རྒྱུད་ལ་སོ་ཐར་གྱི་སྡོམ་པ་མཚན་ཉིད་པ་ཡོད་པར་འདོད་པ་ནི་མི་འཐད་དེ། སོ་ཐར་གྱི་སྡོམ་པ་རྒྱུད་ལ་ལྡན་པ་ལ་ངེས་འབྱུང་གི་བསམ་པས་ཟིན་པའི་སྒོ་ནས་དཀོན་མཆོག་གསུམ་ལ་སྐྱབས་སུ་སོང་བ་ངེས་པར་དགོས་ཤིང་། ངེས་འབྱུང་གི་བསམ་པས་ཟིན་པའི་སྒོ་ནས། དཀོན་མཆོག་གསུམ་ལ་སྐྱབས་སུ་སོང་བའི་གྲུབ་མཐའ་སྨྲ་བའི་གང་ཟག་དེ་ལ་སངས་རྒྱས་པར་འཇོག་པའི་ཕྱིར་དང་། ཕྱི་རོལ་པ་རང་གི་ལུགས་ལ། ཐར་པ་ལ་དམིགས་པའི་སྡོམ་པའི་ཐ་སྙད་ཁས་ལེན་དགོས་ཏེ་། ཕྱི་རོལ་པ་རང་གི་ལུགས་ལ་ཐར་པ་ནི་ནམ་མཁའ་ན་གདུགས་བཀན་པ་ལྟ་བུ་དང་། ཚངས་པ་དང་། དབང་ཕྱུག་སོགས་འཐོབ་བྱར་དམིགས་པའི་ཚུལ་ཁྲིམས་དེ་ལ། ཐར་པ་ལ་དམིགས་པའི་སྡོམ་པའི་ཐ་སྙད་དང་། དེ་ལྟ་བུའི་ཐར་པ་ནམ་མཁའ་ལ་གདུགས་བཀན་པ་ལྟ་བུ་དེ་ལ་ཐར་པའི་ཐ་སྙད་བྱེད་པའི་ཕྱིར། ཡང་ཕྱོགས་སྔ་མ་ན་རེ་། འཇིགས་སྐྱོབས་དང་ལེགས་སྨོན་གྱི་ཚུལ་ཁྲིམས་ལ་སོ་ཐར་ཡིན་མིན་གཉིས་སུ་ཡོད་པས་སྐྱོན་སྔ་མ་དེ་རྣམས་མེད་དོ་སྙམ་ན། ཁྱེད་སོ་སོར་ཐར་པའི་སྡོམ་པར་འདོད་པའི་འཇིགས་སྐྱོབས་དང་ལེགས་སྨོན་གྱི་ཚུལ་ཁྲིམས་གཉིས་ཆོས་ཅན། ཁྱོད་སོ་སོར་ཐར་པའི་སྡོམ་པ་མ་ཡིན་ཏེ། ཁྱོད་སོ་ཐར་གྱི་སྡོམ་པར་འདོད་པ་ལ་འཐོབ་བྱ་སྲིད་པ་ཁོན་ལ་བརྟེན་པའི་ཕྱིར། ཞེས་པའི་སྐྱོན་ཡང་། མཛོད་འགྲེལ་གྱི་ལུང་དེས་གསལ་བར་བསྟན་པའི་ཕྱིར། དེ་ལ་ཁོ་ན་རེ། སྐྱོན་མེད་དེ། ཕྱི་རོལ་པའི་ཚུལ་ཁྲིམས་དེ་ནི་རྒྱུ་དུས་དང་དེ་དུས་གང་དུའང་ངེས་འབྱུང་གི་བསམ་པས་མ་ཟིན་ལ། འཇིགས་སྐྱོབས་དང་ལེགས་སྨོན་གྱི་སོར་སྡོམ་ནི། དེ་དུས་ཀྱི་ཀུན་སློང་གི་སྒོ་ནས་མིང་བཏགས་པ་ཡིན་གྱི། རྒྱུ་དུས་ཀྱི་ཀུན་སློང་ངེས་འབྱུང་གིས་ཟིན་པས་སོ་སོར་ཐར་པའི་སྡོམ་པར་འཇོག་པའི་ཕྱིར། དཔེར་ན། དཀར་ནག་འདྲེས་པའི་ལས་བཞིན་ནོ། །ཟེར་ན། དེ་དུས་མངོན་མཐོའི་བསམ་པ་དང་། རྒྱུ་དུས་ངེས་འབྱུང་གི་བསམ་པས་ཟིན་པའི་ཚུལ་ཁྲིམས་ཆོས་ཅན། མངོན་མཐོའི་དགེ་བ་མ་ཡིན་ཏེ། ངེས་ལེགས་ཀྱི་དགེ་བ་ཡིན་པའི་ཕྱིར། དཔེར་ན། དེ་དུས་དགེ་བ་དང་། རྒྱུ་དུས་མི་དགེ་བས་ཀུན་ནས་བསླངས་པའི་ལས་

དེ་འདྲེས་མའི་ལས་ཡིན་ཀྱང་། དེ་ཁོ་རང་གི་ངོ་བོག་དགེ་ལས་ཡིན་ཅིང་། མི་དགེ་བའི་ལས་མིན་པ་བཞིན་ནོ། ། རྒྱ་བའི་རྟགས་ངེས་འབྱུང་གི་སྡོམ་པར་ཁས་བླངས་པས་གྲུབ། གསལ་བ་ལ་འདོད་མི་ནུས་པ་ནི་ལེགས་སྨོན་གྱི་ཚུལ་ཁྲིམས་སུ་ཁས་བླངས་པའི་གནད་ཀྱིས་སོ། །གཞན་ཡང་། རྒྱུ་དུས་དང་དེ་དུས་ཀྱི་ཀུན་སློང་མྱང་འདས་དང་། མངོན་མཐོའི་བསམ་པས་རིམ་བཞིན་ཟིན་པའི་ཚུལ་ཁྲིམས་དེ་སོར་སྡོམ་དང་། ལེགས་སྨོན་གྱི་སྡོམ་པའི་གཞི་མཐུན་ཡིན་པའི་དཔེར། དཔེར་ན། དཀར་ནག་འདྲེས་མའི་ལས་བཞིན་ཞེས་པའི་དཔེར་བཀོད་པ་དེ་ཡང་མི་འཐད་པར་ཐལ། དཀར་ནག་འདྲེས་མའི་ལས་དེ། ལས་དཀར་ནག་གི་གཞི་མཐུན་མ་ཡིན་པའི་ཕྱིར། འཇིགས་སྐྱོབས་དང་ལེགས་སྨོན་གྱི་ཚུལ་ཁྲིམས་སོ་ཐར་གྱི་སྡོམ་པ་མ་ཡིན་པ་དེས་ན། ཉན་ཐོས་འདུལ་བའི་ལུགས་ལ། ངེས་འབྱུང་གི་སྡོམ་པའི་ཚུལ་ཁྲིམས་དང་། སོ་སོར་ཐར་པའི་སྡོམ་པ་དོན་གཅིག་ཏུ་འཇོག་དགོས་ཏེ། སོ་སོར་ཐར་པའི་སྡོམ་པ་ལེན་པ་ངེས་འབྱུང་གི་བསམ་པ་ལ་ལྟོས་དགོས་པར་བཤད་པའི་ཕྱིར། གལ་ཏེ་ཁོ་ན་རེ། ད་ལྟར་གྱི་ཚོག་ལས་ཐོབ་པའི་འཇིགས་སྐྱོབས་དང་ལེགས་སྨོན་གྱི་ཚུལ་ཁྲིམས་གཉིས་པོའང་ཆོས་ཅན། ཁྱོད་སོ་ཐར་གྱི་སྡོམ་པ་ཡིན་པའི་རྒྱུ་མཚན་ཡོད་དེ། ཁྱོད་རང་འབོག་པའི་ཚོགའི་སྐྱབས་འགྲོའི་དུས་ཀྱི་ཚེ་ངེས་འབྱུང་གི་བསམ་པས་ཁྱབ་པ་སྟེ། ཟིན་ངེས་པའི་སྡོམ་པ་ཡིན་པའི་ཕྱིར་ཏེ། ཁྱོད་འབོགས་པའི་ཚེ། དཀོན་མཆོག་གསུམ་ལ་སྐྱབས་འགྲོ་ངེས་པར་བྱེད་དགོས་ཤིང་། དཀོན་མཆོག་གསུམ་ལ་སྐྱབས་སུ་སོང་བའི་ཚེ། ངེས་འབྱུང་གི་བསམ་པ་ངེས་པར་སྐྱེ་དགོས་པའི་ཕྱིར་ཏེ། རྒྱ་ཆེར་འགྲེལ་ལས། མྱ་ངན་ལས་འདས་པའི་བསམ་པ་བརྟན་པོ་མེད་པར་སུ་ཡང་། དཀོན་མཆོག་གསུམ་ལ་སྐྱབས་སུ་འགྲོ་བ་སྒྲུབ་པར་མི་བྱེད་དོ། །ཞེས་བཤད་པའི་ཕྱིར་སྙམ་ན། ཕྱིར་རྒོལ་གྱི་སྒྲུབ་བྱེད་ཀྱི་གཙོ་བོ་འདི་ཡིན་མོད། དེ་ལྟ་བུའི་སྒྲུབ་བྱེད་དེ་ཡང་སྔར་གྱི་བསྒྲུབ་བྱ་དང་མཚུངས་ཏེ། དཀོན་མཆོག་གསུམ་ལ་སྐྱབས་སུ་འགྲོ་བ་ཉིད་ལ་ཚེ་འདིའི་འཇིགས་པ་ཙམ་ལས་སྐྱོབ་པའི་ཆེད་དུ་སྐྱབས་སུ་འགྲོ་བ་དང་། ཕྱི་མར་མཐོ་རིས་ཙམ་ཐོབ་པའི་ཆེད་དུ་སྐྱབས་སུ་འགྲོ་བ་ལེགས་སྨོན་གྱི་སྐྱབས་འགྲོ་ཡང་ཡོད་པའི་ཕྱིར་ན། སྐྱབས་འགྲོས་ཟིན་པས་ངེས་འབྱུང་གི་བསམ་པས་ཟིན་པས་མ་ཁྱབ་པའི་ཕྱིར། དེས་ན་ལུང་དེའི་དོན་ནི། མྱ་ངན་ལས་འདས་པའི་བསམ་པ་བརྟན་པོ་མེད་པར་སུ་ཡང་དཀོན་མཆོག་གསུམ་ལ་སྐྱབས་སུ་འགྲོ་བ་རྫོམ་བྱེད་དུ་བྱས་པའི་སོ་སོར་ཐར་པར་སྒྲུབ་པར་མི་བྱེད་དོ་ཞེས་ངེས་འབྱུང་གི་བསམ་པ་མེད་པས་སོ་ཐར་གྱི་སྡོམ་པ་མི་སྐྱེ་ཞེས་པའི་དོན་ཡིན་པའི་ཕྱིར། གཞན་ཡང་། སོ་ཐར་གྱི་སྡོམ་པ་ལ་འཇིགས་སྐྱོབས་ལེགས་སྨོན་ངེས་འབྱུང་གི་ཚུལ་ཁྲིམས་གསུམ་དུ་འདོད་པ་འདི་ལ། འདུལ་བ་ལུང་ལས། ཀུན་དགའ་བོའི་ཚ་བོ་གཉིས་ལྟོ་ཕྱིར་དུ་རབ་བྱུང་བྱས་པ་ལ་སོགས་པ་དང་། མཛོད་འགྲེལ་ལས། མདོ་སྡེ་པའི་ལུགས་ལ་ཚུལ་ཁྲིམས་ཙམ་ལ་

འཇིགས་སྐྱོབས་སོགས་བཞིར་དབྱེ་བ་ལྟར། མངོན་རྟོགས་ལྗོན་ཤིང་དུ། དེ་ལྟ་བུའི་ཚུལ་ཁྲིམས་དེ་ཡང་། ཞེས་སོགས། ལུང་རིགས་ཀྱི་གནོད་བྱེད་ཆར་ལྟར་འབབ་ན་ཡང་། འདིར་ནི་རེ་ཤིག་མི་སྤྲོ་སྟེ། དེ་ལྟར་སྤྲོས་ན་མཁས་གླེན་ཀུན་གྱིས་ནོར་བར་གོ་ནས། གླེན་པོ་རྣམས་ཀྱི་ཀྱང་ཀུ་ཅོ་མང་དུ་འདོན་པའི་བརྙས་པ་སྤྱང་བའི་ཆེད་ཡིན་པའི་ཕྱིར་རོ། །འོ་ན་དེ་ལ་གནོད་པའི་ལུང་ཇི་ལྟར་བུ་ཞེ་ན། བཤད་པར་བྱ་སྟེ། འདུལ་བ་ལུང་ལས། ཀུན་དགའ་བོའི་ཚ་བོ་གཉིས་ལྟོ་ཕྱིར་དུ་རབ་བྱུང་བྱས་པ་དང་། འཆར་ཀ་དང་མཛེས་དགའ་སོགས་དགེ་སློང་དུ་སྒྲུབ་ཀྱང་ངེས་འབྱུང་གི་བསམ་པ་མ་སྐྱེས་པར་བཤད་པ་དང་། མཛོད་འགྲེལ་ལས། མདོ་སྡེ་པའི་ལུགས་ལ་ཚུལ་ཁྲིམས་ཙམ་ལ་འཇིགས་སྐྱོབས་ལེགས་སྨོན་བྱང་ཆུབ་ཀྱི་ཡན་ལག་གི་ཚུལ་ཁྲིམས་ཡོངས་སུ་དག་པའི་ཚུལ་ཁྲིམས་བཞིར་ཕྱེ་བ་ལྟར། མངོན་རྟོགས་ལྗོན་ཤིང་དུ་ཡང་། དེ་ལྟ་བུའི་ཚུལ་ཁྲིམས་དེ་ཡང་གང་ཟག་གི་བསམ་པའི་བྱེ་བྲག་གིས་རྣམ་པ་བཞིར་འགྱུར་ཏེ། ཚེ་འདིའི་འཚོ་བ་དང་། རྒྱལ་པོའི་འཇིགས་པ་དང་། ཕྱི་མའི་ངན་སོང་གི་འཇིགས་པའི་སྒོ་ནས་ཚུལ་ཁྲིམས་བསྲུང་བ་རྣམས་ནི་འཇིགས་སྐྱོབས་ཀྱི་ཚུལ་ཁྲིམས་ཞེས་བྱའོ། །ཚེ་འདིའི་བདེ་བ་དང་། ཕྱི་མའི་མཐོ་རིས་ཀྱི་བདེ་བ་དོན་དུ་གཉེར་བའི་སྒོ་ནས་ཚུལ་ཁྲིམས་བསྲུང་བ་ནི་ལེགས་སྨོན་གྱི་ཚུལ་ཁྲིམས་ཞེས་བྱའོ། །

འཁོར་བའི་རྒྱ་མཚོ་ལས་ཐར་པ་དོན་དུ་གཉེར་བའི་སྒོ་ནས་ཚུལ་ཁྲིམས་བསྲུང་བ་ནི། བྱང་ཆུབ་ཀྱི་ཡན་ལག་གི་ཚུལ་ཁྲིམས་ཞེས་ཀྱང་བྱ། ངེས་པར་འབྱུང་བའི་ཚུལ་ཁྲིམས་ཞེས་ཀྱང་བྱ། སོ་སོར་ཐར་པའི་སྡོམ་པ་ཞེས་ཀྱང་བྱའོ། །བདེན་པ་མཐོང་བ་རྣམས་ལ་ཟག་པ་མེད་པའི་ཚུལ་ཁྲིམས་ཞེས་བྱ་བ་ཡིན་ནོ། །ཞེས་ཚུལ་ཁྲིམས་དེ་བཞིས་ཟླས་ཕྱེ་བའི་གསུམ་པ་བྱང་ཆུབ་ཀྱི་ཡན་ལག་གིས་ཟིན་པའི་ཚུལ་ཁྲིམས་དེ་ཁོ་ན་ངེས་འབྱུང་གི་ཚུལ་ཁྲིམས་དང་། སོ་ཐར་གྱི་སྡོམ་པར་བཤད་པའི་གཞན་གྱི་འཇིགས་སྐྱོབས་དང་ལེགས་སྨོན་གྱི་ཚུལ་ཁྲིམས་གཉིས་སོ་ཐར་གྱི་སྡོམ་པ་མིན་པར་ཤུགས་ལ་རྟོགས་ནུས་པ་ལ་སོགས་པའི་སྒོ་ནས། ལུང་རིགས་ཀྱི་གནོད་བྱེད་ཆར་ལྟར་འབབ་པར་འགྱུར་རོ། །འདིའི་སྐབས་སུ། རྗེ་བཙུན་མུས་རབ་འབྱམས་པས། འདིའི་ཕྱོགས་སྔ་མ་ལ་སྐྱོན་འཕེན་པ་ན། དཀོན་མཆོག་གསུམ་ལ་སྐྱབས་འགྲོ་རྩོམ་བྱེད་དུ་བྱས་པའི་སྡོམ་པ་ཐམས་ཅད་སངས་རྒྱས་ཐོབ་འདོད་ཀྱི་བསམ་པས་ཟིན་པའི་སྡོམ་པར་ཐལ། དེ་ཐམས་ཅད་སངས་རྒྱས་ལ་བརྟེན་ནམ། སྐྱབས་གནས་སུ་ཁས་ལེན་པའི་སྡོམ་པ་གང་ཞིག །ཆོས་དཀོན་མཆོག་མྱང་འདས་ལ་སྐྱབས་གནས་སམ་རྟེན་དུ་ཁས་བླངས་པའི་སྡོམ་པ་ཡིན་ན། དེ་ཐོབ་འདོད་ཀྱི་བསམ་པས་ཟིན་པའི་སྡོམ་པ་ཡིན་དགོས་པའི་ཕྱིར་རོ་ཞེས། འཕངས་འདུག་པ་ལ། ཁ་ཅིག་ན་རེ། དེའི་རྟགས་གཉིས་ལ། ཞིབ་ཆ་ཅུང་ཞིག་དགོས་པར་གསལ་ཏེ། འདུལ་མཛོད་

རང་རྐང་ལ། སྡོམ་པ་འབོགས་ཆོག་ལ་སྐྱབས་འགྲོ་རྩོམ་བྱེད་དུ་བྱས་པའི་དགོས་པ་ནི། སངས་རྒྱས་མྱང་འདས་ཀྱི་ལམ་སྟོན་པ་པོ་དང་། ཆོས་འཐོབ་བྱའི་མྱང་འདས་དངོས་དང་། དགེ་འདུན་མྱང་འདས་སྒྲུབ་པའི་གྲོགས་སུ་ཁས་བླངས་པ་ཡིན་པས། དེའི་ཚེ་མྱང་འདས་ལ་ཐོབ་འདོད་ཀྱི་བསམ་པ་དགོས་ཀྱི། གཞན་གཉིས་ལ་ཐོབ་འདོད་ཀྱི་བསམ་པ་མི་དགོས་པའི་ཕྱིར་དང་། དེ་ལྟ་མིན་ན་རང་ལུགས་ལ་ཡང་། མདོ་རྩའི་དངོས་བསྟན་ལ་སྐྱབས་འགྲོ་རྩོམ་བྱེད་དུ་བྱས་པས། མྱང་འདས་ཀྱི་བསམ་པ་སྒྲུབ་པའི་གོ་དོན་རྙེད་དཀའ་བའི་ཕྱིར། དེས་ན། སྤྱིར་སྐྱབས་འགྲོ་ལེགས་སྨོན་སོགས་གསུམ་དུ་ཡོད་མོད། སྡོམ་པ་འབོགས་ཆོག་ཏུ་སྦྱར་བའི་སྐྱབས་འགྲོ་ནི་ངེས་ལེགས་ཁོ་ནར་བྱེད་དགོས་ཏེ། དེའི་ཚེ་འབོགས་པ་པོས་སངས་རྒྱས་ལམ་གྱི་སྟོན་པ་དང་། འཁོར་བར་སྐྱེངས་བའི་མྱང་འདས་འཐོབ་བྱ་དང་། དགེ་འདུན་ལམ་གྱི་གྲོགས་སུ་བཟུང་དགོས་ཤིང་། འབོགས་ཡུལ་གྱི་ངག་ཏུ་དེ་ལྟར་ཁ་བླངས་ཤིང་དོན་དེ་ལྟར་བསམ་པ་ནི་དེའི་སྐབས་ཀྱི་སྐྱབས་འགྲོའི་དོན་ཡིན་པའི་ཕྱིར། ཞེས་གསུངས་སོ། །དེ་ལ། སྐྱབས་འགྲོ་རྩོམ་བྱེད་དུ་བྱས་པས་མྱང་འདས་ཀྱི་བསམ་པ་སྒྲུབ་པ་མི་འཐད་དེ། སྐྱབས་འགྲོ་ཉིད་ལ་འཇིགས་སྐྱོབས་ལེགས་སྨོན་མྱང་འདས་ཀྱི་བསམ་པས་ཟིན་པའི་སྐྱབས་འགྲོ་གསུམ་ཡོད་པར་གཞུང་འདིར་བཤད་ཟིན་པའི་ཕྱིར། སྡོམ་པ་འབོག་ཆོག་ཏུ་སྦྱར་བའི་སྐྱབས་འགྲོ་ངེས་ལེགས་ཁོ་ནར་བྱེད་དགོས་པ་ཡང་མི་འཐད་དེ། བསྒྲུབ་བྱ་དེས་ཕྱི་མ་མཐོ་རིས་ཀྱི་བདེ་བ་ཐོབ་འདོད་ཀྱི་བསམ་པས་ཀུན་ནས་བླངས་པའི་སྒོ་ནས་འགལ་རྐྱེན་བར་ཆད་བཞི་སྤྲངས་པ། མཐུན་རྐྱེན་ལྔ་ཚང་བ་སྟེ། འབོགས་པ་པོས་སྐྱབས་འགྲོ་རྩོམ་བྱེད་དུ་བྱས་པའི་དགེ་ཚུལ་དུ་སྒྲུབ་པའི་སྔགས་ཆོག་བརྗོད་པའི་རྗེས་བཟློས་ལན་གསུམ་བྱས་པས་བསྒྲུབ་བྱ་དེའི་རྒྱུད་ལ་སྡོམ་པ་སྐྱེ་བ་ཡོད་པའི་ཕྱིར། དེས་ན། བསྒྲུབ་བྱ་དེ་ལ་དགེ་ཚུལ་གྱི་སྡོམ་པ་ཐོབ་པའི་རྒྱུ་ཚོགས་གཞན་ཚང་ནས། དགེ་ཚུལ་གྱི་སྡོམ་པ་འབོགས་པའི་སྔགས་ཆོག་ལན་གསུམ་གྱི་རྗེས་བཟློས་བྱེད་པའི་དུས་སུ་བསྒྲུབ་བྱ་དེའི་རྒྱུད་ལ་རྒྱལ་པོའི་ཆད་པས་འཇིགས་པ་ལྟ་བུ། འཇིགས་པ་ལས་སྐྱོབ་པའི་ཆེད་དུ་བསམ་པ་དང་། མཐོ་རིས་ཀྱི་བདེ་བ་ཐོབ་འདོད་ཀྱི་བསམ་པ་དང་། མྱང་འདས་ཐོབ་འདོད་ཀྱི་བསམ་པ་གསུམ་པོ་གང་སྐྱེས་ཀྱང་། འཇིགས་སྐྱོབས། ལེགས་སྨོན། ངེས་འབྱུང་གི་ཚུལ་ཁྲིམས་དེ་དང་དེར་འཇོག་པ་ཡིན་ནོ། །

སྡོམ་པ་སྐྱེ་བ་ལ་ངེས་འབྱུང་གི་བསམ་པ་དགོས་ཞེས་པ་ནི། སོ་ཐར་གྱི་སྡོམ་པའི་དབང་དུ་བྱས་པ་སྟེ། ལས་ཆོག་རྣམས་སུ་ཡང་། ངེས་འབྱུང་གི་བསམ་པ་མེད་པར་སོ་ཐར་གྱི་སྡོམ་པ་མི་སྐྱེ་བར་གསུངས་ཀྱི་ངེས་འབྱུང་གི་བསམ་པ་མེད་པར་སྡོམ་པ་མི་སྐྱེ་བར་མ་གསུངས་པའི་ཕྱིར་དང་། ལས་ཆོག་རྣམས་སུ། སྐྱབས་འགྲོའི་སྔོན་དུ་འབོགས་པ་པོས་སྐྱབས་སུ་འགྲོའི་བརྡ་སྤྲོད་པའི་གནས་སྐབས་སུ་ཆོས་ལ་སྐྱབས་སུ་འཆི་བས་མྱང་འདས

ལ་སྐྱབས་དངོས་ཞུ། ཞེས་བརྗོད་པ་ནི་ཐལ་ཆེར་སོ་ཐར་གྱི་སྡོམ་པ་ལེན་པའི་དབང་དུ་བྱས་པ་ཡིན་གྱི། དེ་ལྟར་བརྗོད་པ་ཙམ་གྱིས་བསྒྲུབ་བྱ་དེས་མྱང་འདས་འཐོབ་བྱ་ཡིན་པར་ངེས་མི་ནུས་པའི་ཕྱིར། ཡང་རྗེ་མུས་རབ་འབྱམས་པས། བསྙེན་རྫོགས་ཀྱི་སྡོམ་པ་ལ་སོ་ཐར་གྱིས་ཁྱབ་ཅིང་། དགེ་སློང་གི་སྡོམ་པ་ལ་སོ་ཐར་གྱིས་མ་ཁྱབ་པར་འདོད་པ་ལ་ཤེས་བྱེད་གང་ཡང་མེད་དེ། དེ་ཉིད་སྒྲུབ་ཚུལ་གྱི་གསོལ་གཞིའི་ཚིག་ལ་བསྙེན་རྫོགས་སུ་སྒྲུབ་ཚུལ་དང་། དགེ་སློང་དུ་སྒྲུབ་ཚུལ་གྱི་ཚིགས་མི་འདྲ་བ་མེད་ཅིང་། དེ་གཉིས་ཀ་མྱང་འདས་ཐོབ་འདོད་ཀྱི་ཀུན་སློང་གི་བསམ་པས་ཟིན་པའི་ཚེ་སོ་ཐར་གྱི་སྡོམ་པར་འཇོག །མཐོ་རིས་ཙམ་ཐོབ་འདོད་ཀྱི་བསམ་པས་ཟིན་པའི་ཚེ། ལེགས་སྨོན་གྱི་ཚུལ་ཁྲིམས་སུ་འཇོག་པའི་ཕྱིར། དོན་དེ་ཐམས་ཅད་གོང་དུ་དྲངས་པའི་མདོན་རྟོགས་ལྗོན་ཤིང་གིས་གྲུབ་པ་ཡིན་ནོ། །ཡང་ཁ་ཅིག །འདུལ་མཛོད་རང་རྐང་ལ། རིགས་བརྒྱད་ཀྱི་སྡོམ་པ་ལ་ངེས་འབྱུང་གི་བསམ་པས་ཟིན་པས་ཁྱབ་ལ་ཞེས་གསུངས་འདུག་པ། དེའི་དོན་འདུལ་མཛོད་ཀྱི་སྐབས་ནས་དངོས་བསྟན་གྱི་རིགས་བརྒྱད་ཀྱི་སྡོམ་པ་ལ་ངེས་འབྱུང་གི་བསམ་པས་ཟིན་པ་དགོས་ཞེས་པ་ཡིན་ན། ཤིན་ཏུ་འཐད་ཅིང་། འདུལ་མཛོད་རང་རྐང་གི་ཆོས་སྐད་ཕྱེད་པའི་གནས་སྐབས་སུ་ཡིན་ན། དེའི་གནས་སྐབས་སུ་ཡང་། འདུལ་བ་མདོ་རྩའི་སྐབས་ནས་དངོས་བསྟན་གྱི་སྡོམ་པ་ཡིན་ན། སོ་ཐར་གྱི་སྡོམ་པ་ཡིན་པས་ཁྱབ་པ་ཁས་ལེན་དགོས་ཀྱང་། སྲིད་འཇིགས་སྐྱབས་དང་། ལེགས་སྨོན་གྱི་ཚུལ་ཁྲིམས་ཀྱང་ཡོད་པར་དེའི་སྐབས་སུ་ཁས་ལེན་དགོས་པའི་ཕྱིར།

གསུམ་པ་ནི། པཎ་ཆེན་ཤཱཀ་མཆོག་པ་ལ་སོགས་པ་ཁ་ཅིག །སོ་སོར་ཐར་པའི་སྡོམ་པ་ཡི་ངོ་བོ་གཞན་ལ་གནོད་པ་གཞི་དང་བཅས་པ་སྤོང་བར་རྒྱ་གར་འཕགས་པའི་ཡུལ་གྱི་གཞུང་འགྲེལ་གང་ལས་བཤད་པ་མེད་ཅེས་སྒྲོག་པ་ཐོས་སོ། །དེ་དགག་པ་ནི། དེ་ལྟར་འཕགས་ཡུལ་གྱི་གཞུང་འགྲེལ་གང་ལས་བཤད་པ་མེད་ཅེས་པ་ནི། ཁྱེད་རང་གིས་མ་གཟིགས་རྒྱུ་མཚན་དུ་བྱས་པ་ཡིན་ཏེ། དཔལ་ལྡན་ཁ་ཆེ་བློ་གྲོས་བརྟན་པ་ཡིས་མཛད་པའི། ཕུང་པོ་ལྔའི་རབ་བྱེད་ཀྱི་འགྲེལ་པ་ཕྱོགས་ཏུ་བཤད་པ་ལས། དེས་ན་སོ་སོར་ཐར་པའི་སྡོམ་པ་ནི། གཞན་ལ་གནོད་པ་བྱེད་པ་གཞི་དང་བཅས་པ་རྣམ་པ་ཐམས་ཅད་དུ་ལྡོག་པའོ། །

བྱང་ཆུབ་སེམས་དཔའི་སྡོམ་པ་ནི། ལུས་དང་སྲོག་གིས་བསྡུས་པའི་དངོས་པོ་ལ་མི་བལྟ་བ་ལུས་དང་ངག་དང་སེམས་ཀྱིས་རྣམ་པ་ཐམས་ཅད་དུ་གཞན་ལ་ཕན་འདོགས་པར་ཞུགས་པའོ། །སྡོམ་པ་མིན་པ་ནི་རྣམ་པ་ཐམས་ཅད་དུ་གཞན་ལ་གནོད་པ་བྱེད་པར་ཞུགས་པའོ། །ཞེས་གསུངས་པ་གང་ཡིན་པ་དེ། རྗེ་བཙུན་ས་སྐྱ་པ་གོང་མ་སོགས་བོད་ཡུལ་གྱི་མཁས་པ་སྔ་མ་རྣམས་ཀྱིས་གཟིགས་ནས་སྤྱི་བོར་ཐོད་བཞིན་དུ་ཁུར་བར་མཛད་

ཅིང་། ཁྱེད་ཀྱིས་དེ་མ་གཟིགས་པར་རང་དགར་སྨྲས་པའི་ཕྱིར། བཞི་པ་ནི། ཀུན་མཁྱེན་ནམ་བསོད་ལ་སོགས་ལ་ལ། གཞན་ལ་གནོད་པ་གཞི་དང་བཅས་པ་སྤོང་བའི་ངེས་འབྱུང་གི་ཚུལ་ཁྲིམས། དགེ་སློང་གི་སྡོམ་པ་ཡི་ངོ་བོ་ཡིན་གྱི། སོ་སོར་ཐར་པའི་སྡོམ་པ་སྤྱིའི་ངོ་བོ་མ་ཡིན་ཏེ། དེ་ལ་མ་ཁྱབ་པའི་སྐྱོན་ཡོད་པའི་ཕྱིར། ཞེས་སྨྲའོ། །དེ་དགག་པ་ནི། དེ་ལྟ་བུ་སོ་ཐར་གྱི་སྡོམ་པའི་ངོ་བོར་འཐད་པའི་ངེད་ཀྱི་ལུགས་འདི་ཡང་། རང་བཟོ་ཁོ་ན་མ་ཡིན་ཏེ། དཔལ་ལྡན་ཁ་ཆེ་བློ་གྲོས་བརྟན་པ་དང་། ས་སྐྱའི་རྗེ་བཙུན་ཡབ་སྲས་རྣམས་དང་། སྤྱང་ལོ་བློ་གྲོས་བརྟན་པ་དང་། མཆིམས་སྟོན་ནམ་མཁའ་གྲགས་པ་དང་། བུ་སྟོན་ཁ་ཆེ་ལ་སོགས་པ་རྣམས་ཀྱི་མགྲིན་གཅིག་ཉིད་དུ་གསུངས་པ་ཡིན་པའི་ཕྱིར། དེ་ཉིད་དགེ་སློང་གི་སྡོམ་པ་ཁོ་ནའི་ངོ་བོར་འཆད་པའི་ཁྱེད་ཀྱི་ལུགས་འདི་ཆོས་ཅན། རང་བཟོ་ཁོ་ན་ཡིན་ཏེ། ཁྱེད་ཉིད་ལས་གཞན་པའི་རྒྱ་བོད་ཀྱི་མཁས་པ་སུ་ཞིག་གིས་ཀྱང་བཤད་པ་མེད་ལ་ཡོད་ན་ཁུངས་སྟོན་ཅིག་སྙེ་སྟོན་རྒྱུ་མེད་པའི་ཕྱིར། དེས་ན་སོ་ཐར་གྱི་སྡོམ་པ་རིགས་བརྒྱད་པོ་གང་རུང་ཡིན་ན། མི་དགེ་བ་བཅུ་སྤོང་ཡིན་པས་ཁྱབ་སྟེ། དགེ་བསྙེན་སྡོམ་བརྒྱད་མ་ལས། བརྟུན་གྱི་ཚིག་ལས་སྨོས་པ་ཡིས། །དེའི་སྐྱོན་ནི་གཞན་ལས་ཀྱང་། །བཟློག་པར་རུ་སྟེ་བཟློག་བཤད་པ། །དེ་ཡང་ཤིན་ཏུ་སྨད་པའི་ཕྱིར། །གང་ཕྱིར་ལུས་ངག་མི་དགེའི་ལས། །བཟློག་པས་ཡིད་ཀྱི་དགེ་བ་ལས། །དེ་ཕྱིར་བརྣབ་སེམས་གནོད་པའི་སེམས། །ལྟ་བ་བཟློག་རྣམས་འགྲུབ་པ་ཡིན། །ཡན་ལག་ལྔའི་སྡོམ་བཤད་ཉིད། །བཞུག་པ་རུ་ནི་འདོད་པས་སོ། །

ཞེས་བརྟུན་ཚིག་དངོས་སུ་སྤོང་བ་ཁས་བླངས་པས། ཕྲ་མ་ངག་ཀྱལ་ཚིག་རྩུབ་གསུམ་ཤུགས་ལ་སྤོང་། སྲོག་གཅོད་སྤོང་བ་དངོས་སུ་ཁས་བླངས་པས་གནོད་སེམས་ཤུགས་ལ་སྤོང་། མ་བྱིན་པར་ལེན་པ་སྤོང་བ་དངོས་སུ་ཁས་བླངས་པས་བརྣབ་སེམས་ཤུགས་ལ་སྤོང་། སྡོམ་པ་བླངས་པས་ལོག་ལྟ་ཤུགས་ལ་སྤོང་བར་བཤད། དེ་ལྟར་སྤོང་ནུས་པར་བཤད་པ་དེ་ཉིད། རྗེ་བཙུན་རིན་པོ་ཆེའི་ལྗོན་ཤིང་དང་། ཆོས་རྗེ་ས་སྐྱ་པཎྜི་ཏས་ཐུབ་པ་དགོངས་གསལ་དུ་གསུངས་པའི་ཕྱིར། དེ་ལ་ཁ་ཅིག་ན་རེ། ངེས་འབྱུང་གིས་ཀུན་ནས་བསླངས་པའི་སྣ་གཅིག་སྤྱོད་པའི་དགེ་བསྙེན་གྱི་སྡོམ་པ་ཆོས་ཅན། མི་དགེ་བཅུ་སྤོང་ཡིན་པར་ཐལ། སོ་ཐར་རིགས་བརྒྱད་གང་རུང་ཡིན་པའི་ཕྱིར། མ་གྲུབ་ན། དེ་ཆོས་ཅན། དེར་ཐལ། སོ་ཐར་གྱི་སྡོམ་པ་ལྡན་པའི་དགེ་བསྙེན་གྱི་སྡོམ་པ་ཡིན་པའི་ཕྱིར། ཞེ་ན། མ་ཁྱབ་སྟེ། གཏན་ཁྲིམས་བདུན་གྱི་དགེ་བསྙེན་ནི། ཡོངས་རྫོགས་ཀྱི་དགེ་བསྙེན་དུ་འཇོག་པར་སྤྱི་དོན་ཆེན་མོར་གསུངས་པའི་ཕྱིར། ཡང་ཁོ་ན་རེ། ངེས་འབྱུང་གི་བསམ་པས་ཀུན་ནས་བསླངས་པའི་སྣ་གཅིག་སྤྱོད་པའི་དགེ་བསྙེན་གྱི་སྡོམ་པ་ཆོས་ཅན། གཞན་གནོད་གཞི་བཅས་སྤོང་བའི་སེམས་པ་མཚུངས་ལྡན་

དང་བཅས་པ་ཡིན་པར་ཐལ། སོ་ཐར་གྱི་སྡོམ་པ་ཡིན་པའི་ཕྱིར། འདོད་ན། དེ་ཆོས་ཅན། མི་དགེ་བ་བཅུ་སྤང་ཡིན་པར་ཐལ། འདོད་པའི་ཕྱིར། རང་ལུགས་འདི་ར་མ་ཁྱབ། དེ་ལ་ཁོ་ན་རེ། དེ་ལ་ཁྱབ་པ་ཡོད་དེ། སོ་ཐར་གྱི་སྡོམ་པའི་མཚན་ཉིད་ཀྱི་ཟུར་དུ། གཞན་གནོད་གཞི་བཅས་སྤོང་བའི་སེམས་པ་མཚུངས་ལྡན་དང་བཅས་པ་ཞེས་བཞག་པའི། གཞན་ལ་གནོད་པ་ནི། ལུས་ངག་གི་མི་དགེ་བ་བདུན་དང་། གཞི་ནི་ཡིད་ཀྱི་མི་དགེ་བ་གསུམ་ལ་འཛོག་པར་འཐད་པའི་ཕྱིར། ཞེ་ན། མ་ཁྱབ་སྟེ། ཟླ་གཅིག་སྤྱོད་པའི་དགེ་བསྙེན་གྱི་སྡོམ་པ་ལ་ཡང་། གཞན་ལ་གནོད་པ་སྲོག་གཅོད་པ་དང་། དེའི་གཞི་དང་ཀུན་ནས་སློང་བྱེད་ཡིད་ཀྱི་མི་དགེ་བ་དང་བཅས་པ་སྤོང་བས་ན༑ གཞན་གནོད་གཞི་བཅས་སྤོང་བར་འཇོག་པའི་ཕྱིར། དེ་ལས་གཞན་དུ་གཞན་གནོད་གཞི་བཅས་སྤོང་བ། གཞན་ལ་གནོད་པ་མཐའ་དག་སྤོང་བ་ལ་འཇོག་ན། ཡོངས་རྫོགས་ཀྱི་དགེ་བསྙེན་གྱི་སྡོམ་པ་སོགས་ལའང་མཚུངས་པར་འགྱུར་བའི་ཕྱིར་ཏེ། ཡོངས་རྫོགས་ཀྱི་དགེ་བསྙེན་དེས། མི་ཚངས་སྤྱོད་བྱས་པའི་ཚེ་ན་ཡང་། གཞན་ལ་གནོད་པར་སྲིད་པའི་ཕྱིར། དེས་ན། གཞན་གནོད་གཞི་བཅས་སྤོང་བ་ཞེས་པའི་སྐབས་ཀྱི། གཞན་ལ་གནོད་པ་ལ། སྤྱིར་ལུས་ངག་གི་མི་དགེ་བ་བདུན་ཡོད་པར་བསྟན་ནས། རང་འཐོབ་བྱེད་ཀྱི་ཆོ་གའི་སྒོ་ནས། སྲོག་གཅོད། མ་བྱིན་ལེན། ལོག་གཡེན་ཏེ། ལུས་ཀྱི་མི་དགེ་བ་གསུམ། བརྫུན་ཚིག་སྟེ། ངག་གི་མི་དགེ་བ་གཅིག །དེའི་སྟེང་བག་མེད་པའི་ཡན་ལག་གི་ཆང་སྟེ། རྩ་བཞི་ཆང་དང་ལྔ་སྤོང་བར་དངོས་སུ་ཁས་བླངས་པའི་སྒོ་ནས། དེ་ལྔ་སླར་མི་བགྱིད་པར་སྡོམ་པའི་སྡོམ་སེམས་དང་ལྡན་པ་ཙམ་ལ། ཡོངས་རྫོགས་ཀྱི་དགེ་བསྙེན་གྱི་སྡོམ་པ་དང་ལྡན་པ་དང་། ཡང་སྲོག་གཅོད། མ་བྱིན་ལེན། མི་ཚངས་སྤྱོད། བརྫུན། ཆང་། གར་སོགས་ཕྲེང་སོགས་ལ་སོགས་པ་སྤང་བྱ་བཅུ་སྤོང་བར་དངོས་སུ་ཁས་བླངས་པའི་སྒོ་ནས། དེ་བཅུ་སླར་མི་བགྱིད་པར་སྡོམ་པའི་སྡོམ་སེམས་དང་ལྡན་པ་ལ། དགེ་ཚུལ་གྱི་སྡོམ་པ་དང་ལྡན་པར་འཇོག །ཡང་རང་འཐོབ་བྱེད་ཀྱི་ཆོ་གའི་སྒོ་ནས། ལུས་ངག་གི་རང་བཞིན་གྱི་ཁ་ན་མ་ཐོ་བ་བདུན་ཆང་སྤོང་བར་དངོས་སུ་ཁས་བླངས་ཤིང་། དེ་ཕྱིན་ཆད་མི་བགྱིད་པར་སྡོམ་པའི་སྡོམ་སེམས་དང་ལྡན་པ་ཙམ་ལ། བསྙེན་རྫོགས་ཀྱི་སྡོམ་པ་དང་ལྡན་པར་འཇོག་ལ། དེས་མཚོན་ནས། རང་གི་བློ་གྲོས་དང་སྦྱར་ཏེ། སྲོག་གཅོད་སྤོང་བར་དངོས་སུ་ཁས་བླངས་པའི་སྒོ་ནས་ཕྱིན་ཆད་སྲོག་གཅོད་མི་བགྱིད་པར་སྡོམ་པའི་སྡོམ་སེམས་དང་ལྡན་པ་ཙམ་ལ་ཟླ་གཅིག་སྤྱོད་པའི་དགེ་བསྙེན་གྱི་སྡོམ་པ་དང་ལྡན་པར་འཇོག །དེ་བཞིན་དུ། སྲོག་གཅོད་དང་མ་བྱིན་ལེན་གཉིས་སྤོང་བ་སོགས་ཙམ་ལ་སྣ་འགའ་སྤྱོད་པ་དང་། དེ་གཉིས་ཀྱི་སྟེང་དུ་བརྫུན་ཚིག་སྤོང་བ་སོགས་ཙམ་ལ་ཕལ་ཆེར་སྤྱོད་པར་འཇོག་པ་ཡང་ཐབ་པ་ཡིན་ནོ། །དེ་རྣམས་ཀྱི་དོན་གོ་ན། སོ་ཐར་རིགས་བརྒྱད་ཀྱི་སྡོམ་པ་གང་རུང་ཡིན་ན། མི་དགེ་བ་བཅུ

སྤོང་ཡིན་པས་ཁྱབ་ཀྱང་། སོ་ཐར་རིགས་བརྒྱད་ཀྱི་སྡོམ་པ་གང་རུང་ཡིན་ན། མི་དགེ་བ་བཅུ་སྤོང་གི་སྡོམ་པ་ཡིན་པས་མ་ཁྱབ་སྟེ། ཡོངས་རྫོགས་དགེ་བསྙེན་ཕ་མ། དགེ་ཚུལ་ཕ་མའི་སྡོམ་པ་རྣམས། ཕྲ་མ་ཚིག་རྩུབ་ངག་ཀྱལ་སྤོང་བར་དངོས་སུ་ཁས་བླངས་པའི་སྒོ་ནས་དེ་རྣམས་ཕྱིན་ཆད་སྤོང་བར་སྡོམ་པའི་སྡོམ་པ་མ་ཡིན་པའི་ཕྱིར་ཏེ། རྫུ་བཞི་ཆང་དང་ལྔ་དངོས་སུ་སྤོང་བར་ཁས་བླངས་པའི་སྒོ་ནས། ཕྲ་མ་ཚིག་རྩུབ་ངག་འཁྱལ་གསུམ་པོ་ཤུགས་ལ་སྡོམ་པའི་སྡོམ་པ་ཡིན་པའི་ཕྱིར། ཁོ་ན་རེ། ཡོངས་རྫོགས་དགེ་བསྙེན་གྱི་སྡོམ་པ་ཆོས་ཅན། མི་དགེ་བ་བཅུ་སྤོང་གི་སྡོམ་པ་ཡིན་པར་ཐལ། མི་དགེ་བ་བཅུ་སྤོང་གང་ཞིག །སྡོམ་པ་ཡིན་པའི་ཕྱིར། ཟེར་ན། བྱང་སེམས་མཐོང་ལམ་པའི་རྒྱུད་ཀྱི་གང་ཟག་གི་བདག་མེད་རྟོགས་པའི་རྟོགས་རིགས་ཆོས་ཅན། ཐེག་ཆེན་གྱི་རྟོགས་རིགས་ཡིན་པར་ཐལ། ཐེག་ཆེན་གང་ཞིག །རྟོགས་རིགས་ཡིན་པའི་ཕྱིར། དང་པོ་གྲུབ་སྟེ། ཆེན་པོ་བདུན་ལྡན་གྱི་ཐེག་པ་ཡིན་པའི་ཕྱིར། གཞན་ཡང་། མིག་གི་རྣམ་ཤེས་ཆོས་ཅན། ཡིད་ཀྱི་རྣམ་པར་ཤེས་པ་ཡིན་པར་ཐལ། ཡིད་གང་ཞིག །རྣམ་པར་ཤེས་པ་ཡིན་པའི་ཕྱིར། དེ་བཞིན་དུ། རྣ་བ་སྣ་ལྕེ་ལུས་ཀྱི་རྣམ་པར་ཤེས་པ་ཆོས་ཅན་དུ་བཟུང་ནས། ཡིད་ཀྱི་རྣམ་པར་ཤེས་པ་ཡིན་པར་ཐལ་བ་སོགས་མཚུངས་པར་དཔག་ཏུ་མེད་པར་འགྱུར་རོ། །དེས་ན། བདག་རྐྱེན་ཡིད་ཀྱི་དབང་པོ་ལ་བརྟེན་ནས་བྱུང་པའི་རྣམ་པར་ཤེས་པ་ལ་ཡིད་ཀྱི་རྣམ་པར་ཤེས་པ་ཞེས་པའི་ཐ་སྙད་བར་གྱི་ཚིག་མི་མངོན་པ་བྱེད་པ་ལྟར། ལུས་ངག་གི་མི་དགེ་བ་བདུན་སྤོང་བར་དངོས་སུ་ཁས་བླང་པའི་སྒོ་ནས། དེའི་དགག་པའི་བཅས་པ་མཐའ་དག་སྤོང་ཞིང་། སྒྲུབ་པའི་བཅས་པ་མཐའ་དག་སྒྲུབ་པར་སྡོམ་པའི་སྡོམ་པ་ལ། མི་དགེ་བ་བཅུ་སྤོང་བའི་སྡོམ་པའི་ཐ་སྙད་འཇོག་པ་ཡིན་པས་སྐབས་ཐོབ་གཙོ་ཆེ་བ་ཡིན་ནོ། །

གཉིས་པ་ཚིག་ལ་ལོག་རྟོག་དགག་པ་ལ་གཉིས་ཏེ། སྒྲུབ་བྱེད་ཀྱི་ཚོགས་ལ་འཁྲུལ་པ་དགག །བསྒྲུབ་བྱའི་གྲངས་ལ་འཁྲུལ་པ་དགག་པའོ། །དང་པོ་ནི། ཀུན་མཁྱེན་ནམ་བསོད་པ་སོགས་འགའ་ཞིག་མཁན་སློབ་ཁ་སྐོང་དང་བཅས་པ་སྐྱེས་པའི་ཚོགས་ཁོ་ན་ཡིས། དེང་སང་བུད་མེད་བསྙེན་པར་རྫོགས་པར་བྱེད་ལ། དེ་ནི་འདུལ་བ་དང་མི་མཐུན་ཏེ། ཚ་གའི་དངོས་གཞི་གསོལ་བཞིའི་ལས་བྱེད་པའི་ཚེ། དགེ་སློང་ཕའི་ཚོགས་དང་། དགེ་སློང་མའི་ཚོགས་གཉིས་ཕན་ཚུན་བསྡོར་བ་སྟེ་གོ་བརྗེས་པ་དང་། དགེ་སློང་ཕའི་གསོལ་བཞིའི་ལས་ཚིག་དང་། དགེ་སློང་མའི་གསོལ་བཞིའི་ལས་ཚིག་ཕན་ཚུན་བསྡོར་བ་སྟེ། གོ་བརྗེས་པས་ཀྱང་ལས་འཆགས་པར་ལས་ཀྱི་གཞི་ཉིད་ལས་གསུངས་མོད། འོན་ཀྱང་ད་ལྟར་གྱི་ཚིག་ཡིག་སྒོ་ནས་བུད་མེད་བསྙེན་པ་རྫོགས་པར་བྱེད་པ་ལ་ཚངས་སྤྱོད་ཉེར་གནས་སྔོན་དུ་མ་སོང་བར་བསྙེན་པར་རྫོགས་པར་མི་འགྱུར་ཞིང་། ཚངས་སྤྱོད་ཉེར

གནས་དགེ་སློང་མའི་ཚོགས་ཁོ་ནས་སྐྱེར་བ་ནི་འདུལ་བའི་གཞུང་ལས་ཚངས་པར་སྤྱོད་པ་ལ་ཉེ་བར་གནས་པའི་སྡོམ་པ་མ་ཐོབ་པར་བསྙེན་པར་རྫོགས་པར་མི་འགྱུར་རོ། །གསང་སྔགས་སྟོན་པའི་འོག་ཏུ་དགེ་འདུན་གྱིས་དེ་སྦྱིན་པར་བྱའོ། །ཞེས་གསུངས་པའི་ཕྱིར། ཚོགས་གཉིས་ཕན་ཚུན་བསྒོར་བའི་དོན་ཡང་སྐྱེས་ཚོགས་ཀྱིས། མ་ཚོག་གི་གསོལ་བཞིའི་ལས་བྱར་རུང་ཞིང་། མ་ཚོགས་ཀྱིས། ཕ་ཚོག་གི་གསོལ་བཞིའི་ལས་བྱར་རུང་ཞེས་པའི་དོན་ཡིན་ཞིང་། ལས་ཚོག་ཕན་ཚུན་བསྒོར་བའི་དོན་ཡང་ཕ་ཚོག་གི་གསོལ་བཞིའི་ལས་ཀྱིས་བུད་མེད་བསྙེན་པར་རྫོགས་པར་སྒྲུབ་ཏུ་རུང་ཞིང་། མ་ཚོག་གི་གསོལ་བཞིའི་ལས་ཀྱིས་སྐྱེས་པ་བསྙེན་པར་རྫོགས་པར་སྒྲུབ་ཏུ་རུང་ཞེས་པའི་དོན་ཡིན་ལ། དེ་ལྟར་མོད་ཀྱང་བུད་མེད་བསྙེན་པར་རྫོགས་པ་ལ་ཚངས་སྤྱོད་ལ་ཉེར་གནས་སྔོན་དུ་འགྲོ་དགོས་ལ། དེ་མ་ཚོགས་ཁོ་ནས་སྐྱེར་བར་འདུལ་བའི་གཞུང་ལས་གསུངས་པས་བོད་འདིར་བུད་མེད་བསྙེན་པར་རྫོགས་པ་ཚོགས་སུ་ལོངས་པ་མི་སྲིད་པས། དེའི་རྒྱུ་མཚན་ཕྱིས་བོད་འདིར་དཔྱར་གྱི་ཆོགའི་སྒོ་ནས་སྐྱེས་པ་ཁོ་ན་ཚོགས་ཀྱི་བུད་མེད་བསྙེན་པར་རྫོགས་པ་མེད་ཅེས་གསུངས་ཀྱི། ཚངས་སྤྱོད་ལ་ཉེར་གནས་སྔོན་དུ་སོང་ན་སྐྱེས་པའི་ཚོགས་ཁོ་ན་བུད་མེད་ལ་བསྙེན་རྫོགས་ཀྱི་སྡོམ་པ་སྐྱེ་ལ་ཉེས་བྱས་སུ་གསུངས་སོ། །

དེས་ན་ཚངས་སྤྱོད་ཉེར་གནས་སྔོན་དུ་མ་སོང་བར་སྐྱེས་ཚོགས་ཁོ་ནས་དཔྱར་གྱི་ཆོག་ཡིས་བུད་མེད་བསྙེན་པར་རྫོགས་པར་བྱེད་པ་འདི་འདྲའི་ཆོག་བྱེད་པ་ནི་འདུལ་བའི་བསྟན་པ་དགྲུག་པའི་རྣད་ཁར་ཟད་དེ། ཚངས་སྤྱོད་ཉེར་གནས་སྔོན་དུ་མ་སོང་བར་དེ་ཚོག་གི་སྒོ་ནས་བུད་མེད་བསྙེན་པར་རྫོགས་པ་དང་ཚངས་སྤྱོད་ཉེར་གནས་སྐྱེས་ཚོགས་ཀྱིས་གཏེར་བ་འདི་འདྲ་བ་ལ་འདུལ་བའི་བཀའ་བསྟན་བཅོས་ཚད་ལྡན་གང་ལས་ཀྱང་དམིགས་བསལ་མ་གསུངས་ཞིང་། ལུང་རིགས་ཀྱི་སྒྲུབ་བྱེད་གཞན་ཡང་མེད་པས་ན་དེ་འདྲའི་ཆོག་བྱེད་པ་བབ་ཅོལ་ཡིན་པའི་ཕྱིར། དེ་ལ་རྗེས་འབྲང་ཁ་ཅིག་ཚངས་སྤྱོད་ཉེར་གནས་སྔོན་དུ་མ་སོང་བར་སྐྱེས་ཚོགས་ཁོ་ནས་དེང་སང་བུད་མེད་བསྙེན་པར་རྫོགས་པ་འདི་ཉེས་མེད་ཕུན་ཚོགས་མིན་ཡང་སྐྱེ་ལ་ཉེས་བྱས་ཙམ་ཞིག་ཆགས་ཏེ། ཚོགས་སྟ་མ་མེད་པ་ལ་ནི་ཉེས་བྱས་ཙམ་དུ་ཟད་དོ་ཞེས་སློབ་ཚོགས་སྟ་མ་མེད་པར་ཕྱི་མ་སྦྱིན་པར་སྐྱེ་ལ་ཉེས་བྱས་སུ་གསུངས་པས་དོན་འདི་ཉིད་འགྲུབ་པའི་ཕྱིར་ཅེས་ཟེར་རོ། །དེ་འདྲ་བའི་འབྲེལ་གཞི་དེ་ཉིད་ཀྱིས་བྱས་པར་སྣང་ཡང་། བསླབ་ཚོགས་སྟ་མ་མེད་པ་ལ་ཕྱི་མ་ཉེས་བྱས་སུ་གསུངས་པས་ཚངས་སྤྱོད་ཉེར་གནས་སྔོན་དུ་མ་སོང་བ་ལ་བུད་མེད་བསྙེན་རྫོགས་བྱེད་པ་སྐྱེ་ལ་ཉེས་བྱས་སུ་སྒྲུབ་མི་ནུས་ཏེ། ཚངས་སྤྱོད་ཉེར་གནས་བསླབ་ཚོགས་སུ་འདོར་བ། མཁས་པའི་གཞུང་གང་གི་གནས་ཡིན་པའི་ཕྱིར་ཏེ། རྒྱུ་མཚན་ཅིའི་ཕྱིར་ཞེ་ན།

མདོར། བུད་མེད་ལ་ནི་དགེ་སློབ་མ་ཞེས་བྱ་བའི་ཚིགས་གཞན་ཡོད་དོ་ཞེས་བུད་མེད་ལ་དགེ་སློབ་མ་ལས་མ་གཏོགས་པའི་སློབ་ཚིགས་ལྷག་པོ་མ་གསུངས་པའི་ཕྱིར་དང་། ཚངས་སྤྱོད་ཉེར་གནས་དེ་ལ་བསླབ་ཚིགས་ཀྱི་དོན་ཡང་མི་གནས་ཏེ། དགེ་བསྙེན་མ། དགེ་ཚུལ་མ། དགེ་སློབ་མ། དགེ་སློང་མ་བཞི་ལ་ནི། སྔ་མ་སྔ་མ་ཐོབ་ནས། ཕྱི་མ་ཕྱི་མ་མ་ཐོབ་པའི་བར་དེར་བསླབ་བྱ་ལྷག་པོ་རེ་སློབ་རྒྱུ་ཡོད་པས་བསླབ་ཚིགས་སུ་འཇོག་པ་ཚངས་སྤྱོད་ཉེར་གནས་ཐོབ་ནས་ནི། བསྙེན་པར་རྫོགས་པ་མ་ཐོབ་པའི་བར་དེར་བསླབ་མཚམས་མེད་པའི་ཕྱིར་རོ། །རྒྱུ་མཚན་བཤད་ཟིན་པ་དེས་ན། བོད་འདིར་དགེ་སློང་མའི་སྲོལ་མེད་བཞིན་དུ་བུད་མེད་བསྙེན་རྫོགས་བྱེད་པ་འདི་ལྟ་བུའི་ལག་ལེན་གྱིས་འདུལ་བའི་བསྟན་པ་མ་དཀྲུག་ཤིག་ཅེས་གདམས་པ་ལ་རྒྱུ་མཚན་ཡོད་དེ། དེ་ལྟ་བུའི་ལག་ལེན་བྱེད་པ་ཁྲིད་ལས་བསྟན་པ་ལ་རྣམ་དབྱེ་རྒྱས་པའི་མཁྱེན་པ་དང་། འགྲོ་བ་ལ་སྙིང་བརྩེ་བའི་ཐུགས་རྗེའི་ཚོགས་ཆེ་བ་སྟོན་བསྟན་པ་སྔ་དར་གྱི་དུས་བཀའ་དྲིན་ཆེ་བ་མཁན་པོ་ཞི་བ་འཚོ་དང་། བསྟན་པ་བར་དར་རམ་ཕྱི་དར་གྱི་ཐོག་མར་བཀའ་དྲིན་ཆེ་བ་བླ་ཆེན་དགོངས་པ་རབ་གསལ་མཁན་བརྒྱུད་དང་། ཐ་མར་འདུལ་བའི་སྲོལ་འཛིན་པ་ཁ་ཆེ་པཎ་ཆེན་ཤཱཀྱ་ཤྲཱི་མཁན་བརྒྱུད་སོགས་བོད་ཡུལ་དུ་འདུལ་བའི་སྲོལ་འབྱེད་དེ་རྣམས་གང་གིས་ཀྱང་གངས་རིའི་ལྗོངས་འདིར་བུད་མེད་བསྙེན་པར་རྫོགས་པ་མཛད་མེད་པ་འདི་ཉིད་ལ་བསམ་ནས་དེ་ལྟ་བུའི་ལག་ལེན་མི་བྱ་བར་རིགས་པའི་ཕྱིར།

གཉིས་པ་ནི། ཡང་པཎ་ཆེན་ཤཱཀ་མཆོག་པ་ལ་སོགས་པ་ལ་ལ། བསྙེན་པར་རྫོགས་པའི་བསླབ་བྱ་ནི་གསུམ་ལས་གྲངས་མང་བ་སྲུབ་ཏུ་མི་རུང་ཡང་བར་མ་རབ་བྱུང་དང་། དགེ་ཚུལ་དུ་སྒྲུབ་པ་དག་ལ་ནི། བསྒྲུབ་བྱ་གསུམ་ལས་གྲངས་མང་བར་དུས་གཅིག་ཏུ་འཇུག་ཏུ་རུང་སྟེ། ཚིགས་ཀྱིས་ཚིགས་ལ་ལས་མི་འཆགས་པར་གསུངས་པ་ནི། ལས་བརྒྱ་རྩ་གཅིག་པོ་ཁོ་ནའི་དབང་དུ་བྱས་པའི་ཕྱིར་དང་། བར་མ་རབ་བྱུང་དང་དགེ་ཚུལ་དུ་སྒྲུབ་པ་གཉིས་ལ་ལས་བརྒྱ་རྩ་གཅིག་པོ་དེ་དག་མེད་པའི་ཕྱིར་ཅེས་ཟེར་རོ། །འོན་བསྙེན་རྫོགས་ཀྱི་ཚོ་གའི་དངོས་གཞི་གསོལ་བཞིའི་ལས་མ་རྫོགས་པའི་བསྙེན་རྫོགས་ཀྱི་ཚོ་གའི་སྐབས་མཁན་པོས་ལས་གྲལ་དུ་ལས་སློབ་དང་། གསང་སྟོན་དུ་བསྐོ་བ་སོགས་གཞན་ལའང་བསྒྲུབ་བྱ་གསུམ་ལས་མང་བ་དེ་དག་འཇུག་ཏུ་རུང་བར་ཐལ་ཏེ། ལས་བརྒྱ་རྩ་གཅིག་པོ་གང་རུང་མ་ཡིན་པའི་ཕྱིར་ཞེས་པའི་རྒྱུ་མཚན་སྟེ་ཁྱབ་པ་ཀུན་ཏུ་མཚུངས་པའི་ཕྱིར་རོ། །གཞན་ཡང་འདུལ་བར་གསུངས་པའི་ལས་ལ་ནི། ལས་བརྒྱ་རྩ་གཅིག་པ་གང་རུང་ཏུ་མ་ངེས་ཏེ། རབ་ཏུ་བྱུང་བར་ཞུ་བའི་ལས་ལ་སོགས་པ་ལའང་ལས་སུ་འདུལ་བའི་གཞུང་ལས་གསུངས་པའི་ཕྱིར་རོ། །ཀྱེ་མ་འདུལ་བའི་བསྟན་པ་ལ་བར་མ་རབ་བྱུང་དང་། དགེ་ཚུལ་དུ་སྒྲུབ་པའི་བསྒྲུབ་བྱ་གསུམ་ལས་མང་བ་དུས

གཅིག་ལ་སྒྲུབ་པའི་ལག་ལེན་བྱེད་པ་འདི་ནི་ད་ལྟ་ཉན་ཐོས་ཀྱི་བསྟན་པའི་གཟུགས་བརྙན་ཙམ་སྣང་བ་འདི་ཡང་བཤིག་པབར་བྱེད་པ་འདི་ལྟར་འགྱུར་ཏེ་བྱེད་མི་རིགས་པར་ཐལ། རྗེ་བཙུན་རིན་པོ་ཆེ་བསོད་ནམས་རྩེ་མོ་དང་། དཔལ་ལྡན་ས་སྐྱ་པཎྜི་ཏས་ཉན་ཐོས་ཀྱི་བསྟན་པ་ནུབ་པར་གསུར་ཀྱང་། དེའི་གཟུགས་བརྙན་ཙམ་ཞིག་ད་ལྟ་སྣང་བའི་དཔེར་རབ་བྱུང་དང་དགེ་ཚུལ་སོགས་སྒྲུབ་པའི་བསྒྲུབ་བྱ་གང་ཟག་གསུམ་ལས་ནི་མང་བ་ནི་མི་འཇུག་པ་བཀོད་པར་གསུར་ཀྱང་། ད་ནི་དེ་ལྟ་བུའི་དཔེའི་དོན་འདི་ལའང་བཀྲལ་བར་སྣང་བའི་ཕྱིར།

གཉིས་པ་ལ་མ་ནོར་བའི་གནད་བསྟན་པ་ནི། གཞན་ལུགས་ནོར་བ་ལུང་རིགས་ཀྱིས་སུན་ཕྱུང་ཟིན་པ་དེས་ན། དེང་སང་བྱང་ཆུབ་ཀྱི་རྒྱུར་གྱུར་པའི་སོ་སོར་ཐར་པའི་སྡོམ་པ་ཉམས་སུ་ལེན་པར་འདོད་པ་དེའི་ཚེ་ན། དེ་ལྟར་འདོད་པའི་གདུལ་བྱ་ཆོས་ཅན། ཁྱོད་ཀྱི་ཡང་ཉན་ཐོས་འདུལ་བ་ལས་ཇི་ལྟར་གསུངས་པའི་ཆོ་ག་ལས་ཐོབ་པའི་སོ་ཐར་རིགས་བརྒྱད་ཉམས་སུ་ལོངས་ཤིག་ཏེ་བླང་བར་བྱ་ཞིང་། དེ་ལས་ཐོབ་པའི་སོ་ཐར་རིགས་བརྒྱད་པོ་འདི་ཉིད་ནི། བསམ་པ་ཐེག་ཆེན་སེམས་བསྐྱེད་ཀྱིས་ཟིན་པའི་ཚེ་ན་བྱང་སེམས་ཀྱི་སྡོམ་པར་འགྱུར་ལ༑ ཡང་ན་ཐེག་པ་ཆེན་པོ་ལས་བྱུང་བའི་སྐྱབས་སུ་འགྲོ་བའི་སྡོམ་པ་ལ་བྱང་ཆུབ་ཀྱི་བར་དུ་རྩ་བཞི་ཆང་སྤོང་བའི་བསླབ་པའི་གཞི་ལྔ་ཆར་འཛིན་པ་ཐོབ་པའི་སོ་ཐར་ཉམས་སུ་ལེན་པ་ལས། ཡང་ན་དོན་ཡོད་ཞགས་པའི་རྟོགས་པ་ནས་བཤད་པའི་ཉིན་ཞག་གཅིག་པའི་གསོ་སྦྱོང་ཉམས་སུ་ལོངས་ལ་འབད་པར་རིགས་ཏེ། ཁྱོད་དེང་སང་སོ་ཐར་གྱི་ཉམས་ལེན་ཚུལ་བཞིན་དུ་སྒྲུབ་པར་འདོད་པའི་གང་ཟག་གང་ཞིག །དེང་སང་སོ་ཐར་རང་རྐང་ཉམས་སུ་ལེན་པའི་ཚུལ། དེ་རྣམས་སུ་འདུས་པའི་ཕྱིར། དེ་ལ་འདིར་བུ་སྟོན་ཁ་ཆེ་དང་།པཎ་ཆེན་ཤཱཀྱ་མཆོག་པ་དང་། རི་བོ་དགེ་ལྡན་པ་སོགས་དེང་སང་རབ་བྱུང་བསྙེན་རྫོགས་སྒྲུབ་པའི་སོ་ཐར་གྱི་སྡོམ་པ་འདུལ་མཛོད་རང་རྐང་ནས་བཤད་པ་ལྟར་གཟུགས་ཅན་དུ་བཞེད་པ་དེའི་དབང་གིས་བུ་སྟོན་གྱིས་འདུལ་བའི་ལས་ཆོག་ཏུ་དགེ་ཚུལ་གྱིས་སྡོམ་པ་བསྐྱེད་པ་ལ་མཐུན་རྐྱེན་ལྔ་ཚང་བ་དགོས་པའི་རྒྱུད་མཐུན་པ་ལ་སྔར་དགེ་ཚུལ་གྱི་སྡོམ་པ་མ་ཐོབ་པ་ཞེས་པ་དང་། བསྙེན་རྫོགས་ཀྱི་སྐབས་སུ་ལུས་ཀྱི་རྟེན་བསྙེན་རྫོགས་ཀྱི་སྡོམ་པ་ཐོབ་བཞིན་པ་མ་ཡིན་པ་གཅིག་དགོས་ཏེ་ཞེས་པ་དང་། ཆོ་གའི་དངོས་གཞི་ཚང་ནས་སྡོམ་པ་སྐྱེས་པའི་བརྡ་སྤྲོད་པའི་སྐབས་སུ་དེ་ལྟར་གསོལ་བཞིའི་ལས་ཀྱིས་ཁྱེད་ཀྱི་རྒྱུད་ལ་བསྙེན་པར་རྫོགས་པའི་སྡོམ་པ་འཆལ་ཚུལ་གྱི་རྒྱུན་སྡོམ་ཞིང་འགོག་པར་བྱེད་པའི་རྒྱུ་ལོན་ལྟ་བུ་རྣམ་པར་རིག་བྱེད་ཡིན་མིན་གཉིས་ཀྱིས་བསྡུས་པའི་གཟུགས་རྫས་བདུན་ཐོབ། དགེ་སློང་དུ་གྱུར་པས་དགའ་བ་སྒོམས་ཤིག་ཅེས་སློས་པ་ཡིན་ལ། བསྙེན་རྫོགས་སྒྲུབ་པའི་སྐབས་སུ་ཡང་དུས་དེའི་ཚེ་དགེ་བསྙེན་དང་དགེ་ཚུལ་མི་སྒྲུབ་པར་དང་པོ་ཉིད་ནས་བསྙེན་རྫོགས་ཀྱི་ཆོ་གའི་མགོ་རྩོམ་

པར་མཛད་པ་ཡང་དགེ་བསྙེན་དང་དགེ་ཚུལ་གྱི་སྡོམ་པ་གཟུགས་ཅན་ཡིན་པས་དེ་གཉིས་སྔར་ཐོབ་ཟིན་པ་ཕྱིས་བསླང་དུ་མེད་སྙམ་དུ་དགོངས་པ་དང་། དགེ་ཚུལ་གྱི་སྐབས་སུ་རྒྱུད་མཐུན་པའི་རྐྱེན་ལ་སྔར་དགེ་ཚུལ་མ་ཐོབ་པ་ཅིག་དགོས་ཞེས་པ་དང་། བསྙེན་རྫོགས་ཀྱི་སྐབས་སུ་ལུས་ཀྱི་རྟེན་བསྙེན་རྫོགས་ཀྱི་སྡོམ་པ་ཐོབ་བཞིན་པ་མ་ཡིན་པ་ཅིག་དགོས། ཞེས་པ་ཡང་དེ་ལ་དགོངས་སོ། །འཇམ་མགོན་བླ་མ་ས་སྐྱ་པཎྜི་ཏ་དང་། རྡོ་རྗེ་འཆང་ཀུན་དགའ་བཟང་པོ་དང་། འཇམ་དབྱངས་མིའི་ཚུལ་འཛིན་པ་ཀུན་མཁྱེན་ཆེན་པོ་ལ་སོགས་པ་རྣམས་ནི། སྡོམ་གསུམ་རབ་དབྱེ་ལས། དེས་ན་ད་ལྟའི་ཆོ་ག་ནི། །བསམ་པ་སེམས་བསྐྱེད་ཀྱིས་ཟིན་པས། །ཆོ་ག་ཉན་ཐོས་ལུགས་བཞིན་གྱིས། །སོ་སོར་ཐར་པ་རིགས་བརྒྱད་པོ། །བྱང་སེམས་སོ་སོར་ཐར་པར་འགྱུར། །ཞེས་བསྙེན་གནས་ལས་མ་གཏོགས་པའི་བྱང་སེམས་རང་ལུགས་ཀྱི་སོ་ཐར་ལེན་པའི་ཆོ་ག་ད་ལྟ་མེད་པ་དེས་ན། ད་ལྟ་ཐེག་ཆེན་སོ་ཐར་ལེན་པའི་ཆོ་ག་ནི། བསམ་པ་ཐེག་ཆེན་སེམས་བསྐྱེད་ཀྱིས་ཟིན་པའི་སྒོ་ནས་ཆོ་ག་ཉན་ཐོས་ཀྱི་ལུགས་བཞིན་དུ་གྱིས་ཤིག་སྟེ། དེ་ལྟར་བྱས་པ་ལ་བརྟེན་ནས་ཐོབ་པའི་སོ་སོར་ཐར་པ་རིགས་བརྒྱད་པོ་དེ་ཉིད་ཀུན་སློང་གི་སྒོ་ནས་བྱང་སེམས་སོ་སོར་ཐར་པར་འགྱུར། ཞེས་གསུངས་པ་ལྟར། དེང་སང་རབ་བྱུང་བསྙེན་རྫོགས་སྒྲུབ་པའི་ཆོ་ག་ལས་སྐྱེས་པའི་སྡོམ་པ་ཐམས་ཅད་ཤེས་པའི་ངོ་བོར་སྐྱེ་བ་ཡིན་པས། བསྙེན་རྫོགས་སྒྲུབ་པའི་སྐབས་སུ་ཡང་དུས་དེའི་ཚེ་ཐོག་མར་དགེ་བསྙེན་དང་དགེ་ཚུལ་དུ་སྒྲུབ་པ་ངེས་པར་མཛད་པ་ནི་སྔར་དེ་གཉིས་ཀྱི་སྡོམ་པ་ཐོབ་ཟིན་པ་ཡིན་ན་ཡང་། དེ་ལ་ཉེས་པས་གོས་པ་རྣམས་གསོ་བ་དང་། ཉེས་པས་མ་གོས་པ་རྣམས་གོང་ནས་གོང་དུ་འཕེལ་བ་དང་། བསྟན་པ་ལ་རིམ་གྱི་འཇུག་པ་མཚོན་པའི་ཆེད་དུ་ཡིན་ལ། དེས་ན། ཉན་ཐོས་རང་རྐྱང་ལ་སོ་ཐར་གྱི་སྡོམ་པ་གཟུགས་ཅན་ཡིན་པས་ཡང་ཡང་བླངས་པ་ལ་དོན་མེད་ཀྱང་། ཐེག་པ་ཆེན་པོའི་སྐབས་སུ་སྡོམ་པ་ཐམས་ཅད་ཤེས་པར་འདོད་པས་དགེ་བསྙེན་དགེ་ཚུལ་བསྙེན་རྫོགས་ཀྱི་སྡོམ་པ་རྣམས་ཡང་ཡང་བླངས་ན་མཆོག་ཡིན་ཏེ། སེམས་བསྐྱེད་ཀྱི་སྡོམ་པ་ཡང་ཡང་ལེན་པ་དང་། དབང་བསྐུར་ཡང་ཡང་ལེན་པ་མཆོག་ཡིན་པ་བཞིན་ནོ། །

དེས་ན་དགེ་ཚུལ་སྒྲུབ་པའི་སྐབས་སུ་རྒྱུད་མཐུན་པའི་རྐྱེན་ལ་སྔར་དགེ་ཚུལ་མ་ཐོབ་པ་ཞེས་པ་ཡང་མི་དགོས་ཤིང་། བསྙེན་རྫོགས་ཀྱི་སྐབས་སུ་བསྙེན་རྫོགས་ཀྱི་སྡོམ་པ་ཐོབ་བཞིན་པ་མ་ཡིན་པ་གཅིག་དགོས་ཞེས་པ་ཡང་སྡོམ་པ་གཟུགས་ཅན་དུ་འདོད་པའི་དབང་དུ་བྱས་ལ་སྐབས་འདིར་མི་དགོས་ཤིང་། བསྙེན་རྫོགས་ཀྱི་སྡོམ་པ་སྐྱེས་པའི་བརྡ་སྤྲོད་པའི་སྐབས་སུ་ཡང་རྣམ་པར་རིག་བྱེད་ཡིན་མིན་གཉིས་ཀྱིས་བསྡུས་པའི་གཟུགས་རྫས་བདུན་ཐོབ་ཞེས་པ་ཡང་སྡོམ་པ་གཟུགས་ཅན་དུ་འདོད་པའི་དབང་དུ་བྱས་པ་ཡིན་གྱིས། སྡོམ་པ་ཤེས་པའི་

ངོ་བོར་སྐྱེས་པའི་སྐབས་འདིར་ནི། དེ་ལྟར་གསོལ་བཞིའི་ལས་ཀྱིས་ཁྱེད་ཀྱི་རྒྱུད་ལ་བསྙེན་པར་རྫོགས་པའི་སྡོམ་པ་འཆལ་ཚུལ་གྱི་རྒྱུན་སྡོམ་ཞིང་། འགོག་པར་བྱེད་པའི་ཆུ་ལོན་ལྟ་བུ་སྡོང་བ་བདུན་ལྡན་དུ་ཐོབ་དགེ་སློང་དུ་གྱུར་བས་དགའ་བ་སྒོམས་ཤིག་ཅེས་བརྗོད་དགོས་སོ། །སྡོམ་པ་གསུམ་གྱི་རབ་ཏུ་དབྱེ་བའི་ཁ་སྐོང་གཞི་ལམ་འབྲས་གསུམ་གསལ་བར་བྱེད་པའི་ལེགས་བཤད་འོད་ཀྱི་སྣང་བའི་རྣམ་བཤད་འོད་སྣང་རྒྱས་བྱེད་ཅེས་བྱ་བ་ལས་སོ་སོར་ཐར་པའི་སྡོམ་པའི་སྐབས་ཏེ་གཉིས་པའི་རྣམ་པར་བཤད་པའོ།། །།

༄ གཉིས་པ་བྱང་སེམས་ཀྱི་སྡོམ་པའི་སྐབས་ལ་བཞི་སྟེ། རྣམ་གཞག་སྤྱིར་བསྟན། ཉམས་ལེན་གྱི་གཙོ་བོ་ངོས་བཟུང་། དེ་ལ་ལོག་པར་རྟོག་པ་དགག །གཞན་ཀྱི་དོན་བསྡུས་ཏེ་བསྟན་པའོ། །དང་པོ་ནི། བྱང་ཆུབ་སེམས་དཔའི་སེམས་བསྐྱེད་ཀྱི་སྡོམ་པ་ཆོས་ཅན། ཁྱོད་ཀྱི་ཉམས་ལེན་གྱི་དངོས་གཞིའི་འཛུག་ཚུལ་ནི་ཡོད་པ་ཡིན་ཏེ། ཁྱོད་ཕ་རོལ་ཏུ་ཕྱིན་པའི་ལུགས་ཀྱི་དབུ་མ་ལུགས་དང་སེམས་ཙམ་ལུགས་ཀྱི་སྲོལ་ཆེན་པོ་གཉིས་ཀྱི་ཆོ་ག་ལས་ཐོབ་པའམ། གསང་སྔགས་ཀྱི་རྒྱུད་སྡེ་ལས་གསུངས་པའི་ཆོ་ག་དག་ལས་ཐོབ་ཀྱང་རུང་། སྨོན་འཇུག་གི་སེམས་བསྐྱེད་ལེགས་པར་ཐོབ་ནས་ནི་ཉེས་སྤྱོད་སྡོང་བའི་ཚུལ་ཁྲིམས། དགེ་བ་ཆོས་བསྡུད་ཀྱི་ཚུལ་ཁྲིམས། སེམས་ཅན་དོན་བྱེད་ཀྱི་ཚུལ་ཁྲིམས་ཀྱི་བསླབ་པ་རྣམ་པ་གསུམ་བསྲུང་བའི་ཉམས་ལེན་ནི། ཁྱོད་ཀྱི་ཉམས་ལེན་གྱི་དངོས་གཞི་ཡིན་པའི་ཕྱིར། གཉིས་པ་ནི། སྡོམ་པ་དེ་ཆོས་ཅན། ཁྱོད་ཀྱི་ཉམས་ལེན་གྱི་གཙོ་བོའི་འཛུག་ཚུལ་ཡོད་དེ། ཁྱོད་ཀྱི་ཉམས་ལེན་གྱི་དངོས་གཞིའི་དེའི་སྤྱོད་པའི་ཆ་བདག་གཞན་བརྗེ་བའི་བྱང་ཆུབ་ཀྱི་སེམས་དང་། ལྟ་བ་མཐའ་བཞི་སྤྲོས་བྲལ་རྟོགས་པའི་ཤེས་རབ་གཉིས་ཟུང་འཇུག་ཏུ་ཉམས་སུ་ལེན་པ་ཁྱོད་ཀྱི་ཉམས་ལེན་གྱི་གཙོ་བོ་ཡིན་པའི་ཕྱིར། དེ་ལ་སེམས་ཙམ་པའི་ལུགས་ལ་འཇུག་སྡོམ་གྱི་རྟེན་དུ་སོ་ཐར་རིགས་བདུན་གང་རུང་དང་ལྡན་པ་གཅིག་དགོས་ལ། དབུ་མ་པའི་ལུགས་ལ་བཟ་ཤེས་ཤིང་ལེན་འདོད་ཡོད་པའི་གང་ཟག་རྣམས་ལ་བྱང་སྡོམ་སྐྱེ་བར་གསུངས་པས། སྐབས་འདིར་དབུ་མ་པའི་ལུགས་ཁས་བླངས་པར་བྱ་བ་ཡིན་པས། སྨོན་པ་སེམས་བསྐྱེད་དང་འཇུག་པ་སེམས་བསྐྱེད་ཡིན་ཁྱབ་མཉམ་ཡིན་ཏེ། འཇུག་པ་སེམས་བསྐྱེད་ཡིན་ན་སྨོན་པ་སེམས་བསྐྱེད་ཡིན་པས་ཁྱབ་པ་ལ་སྨོས་མ་དགོས་ཤིང་། སྨོན་པ་སེམས་བསྐྱེད་ཡིན་ན་ཡང་འཇུག་པ་སེམས་བསྐྱེད་ཡིན་པས་ཁྱབ་པའི་ཕྱིར་ཏེ། བྱང་སེམས་སོ་སྐྱེའི་རྒྱུད་ཀྱི་སེམས་བསྐྱེད་ཡིན་ན། འཇུག་པ་སེམས་བསྐྱེད་ཡིན་པས་ཁྱབ་པའི་ཕྱིར་ཏེ། བྱང་སེམས་སོ་སྐྱེའི་རྒྱུད་ཀྱི་སེམས་བསྐྱེད་ཐམས་ཅད་སྨོན་འཇུག་གི་སེམས་བསྐྱེད་ཀྱི་གཞི་མཐུན་ཡིན་པའི་ཕྱིར་ཏེ། སྨྲས་དོན་ཟབ་མོའི་གཏེར་གྱི་ཁ་འབྱེད་ལས། དེ་ལྟར་བྱས་ན་བྱང་སེམས་སོ་སྐྱེའི་རྒྱུད་ཀྱི་སེམས་བསྐྱེད་ཐམས་ཅད་དང་། བྱང་སེམས་འཕགས་པའི་རྗེས་ཐོབ་ཀྱི་སེམས

བསྐྱེད་ཐམས་ཅད་སྨོན་འཇུག་གི་སེམས་བསྐྱེད་དང་ཀུན་རྫོབ་སེམས་བསྐྱེད་ཀྱི་གཞི་མཐུན་ཡིན་ལ། བྱང་སེམས་འཕགས་པའི་རྒྱུད་ཀྱི་ཆོས་ཉིད་ལ་མཉམ་པར་བཞག་པའི་སེམས་བསྐྱེད་ཐམས་ཅད་སྨོན་འཇུག་གི་སེམས་བསྐྱེད་དང་། དོན་དམ་སེམས་བསྐྱེད་ཀྱི་གཞི་མཐུན་ཡིན་ནོ། །ཞེས་གསུངས་པའི་ཕྱིར། དེས་ན། སེམས་ཙམ་ལུགས་དང་དབུ་མ་ལུགས་ཀྱི་སྨོན་འཇུག་གི་སེམས་བསྐྱེད་སྤྱང་བའི་ཡུལ་དང་། ལེན་པའི་གང་ཟག་ལ་སོགས་པའི་ཁྱད་པར་གྱི་རྣམ་གཞག་རྣམས་ནི། སྡོམ་གསུམ་གྱི་སྤྱི་དོན་ཆེན་མོར་བལྟ་བར་བྱའོ། །ཁ་ཅིག །དབུ་མ་ལུགས་ལ། ཇི་ལྟར་སྔོན་གྱི་བདེ་གཤེགས་ཀྱི། །ཞེས་སོགས། བདེ་བར་གཤེགས་པའི་བསླབ་པ་ལེན་པ་དང་། སེམས་ཙམ་ལུགས་ལ། ཕྱོགས་དུས་ཀུན་ན་བཞུགས་པ་ཡིས། །བྱང་ཆུབ་སེམས་དཔའ་རྣམས་ཀྱི་ཁྲིམས། །ཞེས་བྱང་སེམས་ཀྱི་བསླབ་པ་ཁོ་ན་ལེན་པའི་ཚིག་གི་ནུས་པ་ཅི་ཞིག་ཡིན་ཞེས་དྲི་བར་བྱའོ། །ཞེས་གསུངས་འདུག་པ་ལ། ཁོ་བོའི་བསམ་པ་ལ་ནི། བདེ་བར་གཤེགས་པའི་བསླབ་པ་ལ་སློབ་པ་དང་། བྱང་སེམས་ཀྱི་བསླབ་པ་ལ་སློབ་ཚུལ་གཉིས་ཀ་ཁྱད་པར་མེད་པར་སེམས་ཏེ། བྱང་སེམས་ཀྱི་བསླབ་པ་ལ་སློབ་པའི་གང་ཟག་ཡིན་ན། བདེ་བར་གཤེགས་པའི་བསླབ་པ་ལ་སློབ་པའི་གང་ཟག་ཡིན་དགོས་པའི་ཕྱིར། ཡང་རེས་འགྲུང་གི་བསམ་པས་ཀུན་ནས་སློངས་པའི་སྒོ་ནས་ཉིན་ཞག་གཅིག་ཏུ་སྲོག་གཅོད་ཙམ་སྤོང་བའི་འཇུག་སྡོམ་ཆོས་ཅན། གཞན་གནོད་གཞི་བཅས་སྤོང་བའི་སྡོམ་པ་ཡིན་པར་ཐལ། སོ་ཐར་གྱི་སྡོམ་པ་ཡིན་པའི་ཕྱིར། འདོད་ན། མི་དགེ་བ་བཅུ་སྤོང་ཡིན་པར་ཐལ། འདོད་པའི་ཕྱིར། ཞེས་ཟེར་ན། མ་ཁྱབ་སྟེ། དེ་ལྟ་བུའི་འཇུག་སྡོམ་དེ་གཞན་ལ་གནོད་པ་སྲོག་གཅོད་དང་དེའི་གཞི་སྲོག་གཅོད་འདོད་ཀྱི་བསམ་པ་སྤོང་བ་ཡིན་པས། རང་གི་ངོས་སྐལ་གྱི་གཞན་གནོད་གཞི་བཅས་སྤོང་བའི་དོན་ཚང་བ་ཡིན་པས། གཞན་གནོད་གཞི་བཅས་སྤོང་བར་འཛོག་པ་ཡིན་གྱིས་དེ་ལས་གཞན་དུ་ན་ཡོངས་རྫོགས་ཀྱི་དགེ་བསྙེན་སོགས་ལ་ཡང་མཚུངས་པར་འགྱུར་བའི་ཕྱིར།

གསུམ་པ་ལ་གཉིས་ཏེ། སྤྱོད་པ་བདག་གཞན་བརྗེ་བ་ལ་ལོག་རྟོག་དགག་པ། ལྟ་བ་མཐའ་བཞིའི་སྤྲོས་བྲལ་ལ་ལོག་རྟོག་དགག་པའོ། །དང་པོ་ལ་གསུམ་སྟེ། ཕྱོགས་སྔ་མ་བརྗོད། དེ་དགག །མ་འཁྲུལ་པའི་གནད་བསྟན་པའོ། །དང་པོ་ནི། ལྟ་སྤྱོད་ཀྱི་གནད་གྱི་གཙོ་བོ་དེ་ལྟར་ཡིན་པ་ལ། ཁ་ཅིག་སྟེ། རྗེ་ཙོང་ཁ་པ་ན་རེ། སྤྱོད་པའི་གནད་ཀྱི་གཙོ་བོ་བདག་གཞན་བརྗེ་བའི་ཉམས་ལེན་གྱི་དོན་ནི། བདག་གཅེས་འཛིན་དང་གཞན་གཅེས་འཛིན་བརྗེ་བ་ཉིད་ཡིན་གྱི། བདག་ཉིད་ཀྱི་དགེ་བ་དང་། གཞན་གྱི་སྡིག་པ་བརྗེ་བའམ། བདག་ཉིད་ཀྱི་བདེ་བ་དང་། གཞན་གྱི་སྡུག་བསྔལ་བརྗེ་བ་ནི་མ་ཡིན་ཏེ། དེ་དག་བརྗེ་བར་མི་ནུས་ཤིང་། ནུས་ན་ཧ་ཅང་ཐལ་བའི་ཕྱིར། ཞེས་གསུངས་ཞིང་། རྗེས་འབྲང་རྣམས་ཀྱང་ཟེར་རོ། །གཉིས་པ་དེ་དགག་པ་ལ་གསུམ་ཏེ། མགོ་མཚུངས

ཀྱི་རིགས་པས་དགག །ཁས་བླངས་འགལ་བས་དགག །ལུང་དང་འགལ་བས་དགག་པའོ། །དང་པོ་ནི། འོ་ན་བདག་གཅེས་འཛིན་དང་། གཞན་གཅེས་འཛིན་གཉིས་ཆོས་ཅན། ཁྱོད་བརྗེ་བ་ལ་ཡང་བརྗེ་བའི་དོན་ཉིད་ཚང་བ་མ་ཡིན་པར་འགྱུར་ཏེ། བརྗེ་བའི་དོན་ཕན་ཚུན་བརྗེ་ནུས་པ་ལ་འཇོག་པ་གང་ཞིག །བདེ་སྡུག་ཕན་ཚུན་བརྗེ་བར་མི་ནུས་པ་དེ་ཁྱོད་ལའང་མཚུངས་པའི་ཕྱིར་རོ། །དེ་ལ་ཁོ་ན་རེ། སྐྱོན་མེད་དེ། བདག་གཅེས་འཛིན་དང་། གཞན་གཅེས་འཛིན་གཉིས་ཕན་ཚུན་དངོས་སུ་བརྗེ་བར་མི་ནུས་ཀྱང་། བློ་ཡི་སྟེང་དུ་བརྗེ་བར་སྒོམ་ནས་སྒྱུར་བའི་ཕྱིར། ཞེས་ཟེར་ན། བདག་གཅེས་འཛིན་དང་། གཞན་གཅེས་འཛིན་གཉིས་ཆོས་ཅན། ཁྱོད་དངོས་སུ་བརྗེ་བར་མི་ནུས་ཀྱང་། བློའི་སྟེང་དུ་བརྗེ་བར་སྒོམ་པ་དེ་ནི་ཅིག་ཤོས་རང་ཉིད་བདེ་བ་དང་། གཞན་སྡུག་བསྔལ་བ་བརྗེ་བ་སོགས་ལ་ཡང་མཚུངས་ཏེ། རང་ཉིད་བདེ་བ་དང་། གཞན་སྡུག་བསྔལ་བ་གཉིས་དངོས་སུ་བརྗེ་བར་སུ་ཡིས་ནུས་ཏེ་མི་ནུས་ལ། རང་ཉིད་ཀྱི་བདེ་བ་དང་། གཞན་གྱི་སྡུག་བསྔལ་བརྗེ་བར་བློས་འདུ་ཤེས་པ་ལ་བདེ་སྡུག་བརྗེ་བར་འཇོག་པའི་ཕྱིར། གཉིས་པ་ནི། དེ་ལྟར་དུ་བློས་འདུ་ཤེས་པ་ལ་བདེ་སྡུག་བརྗེ་བར་མི་འཇོག་ན། བདག་གཅེས་འཛིན་དང་། གཞན་གཅེས་འཛིན་བརྗེ་བ་འགལ་བར་འགྱུར་ཏེ། རང་གཞན་གཉིས་ཀ་ཁ་ཟས་ཟ་བར་འདོད་པ་ལ། ཁ་ཟས་གཞན་ལ་མ་བྱིན་པར་རང་གི་ཟོས་པ་ཇི་ལྟ་བ་བཞིན་དུ་མཚུངས་པར་འགྱུར་བའི་ཕྱིར་རོ། །

གསུམ་པ་ནི། རང་ཉིད་ཀྱི་དགེ་བ་དང་། གཞན་གྱི་སྡིག་པ་བརྗེ་བའི་ཉམས་ལེན་དགག་པ་ཆོས་ཅན། ཁྱོད་ནི་སངས་རྒྱས་གཉིས་པ་ཀླུ་སྒྲུབ་ཀྱི་ལུང་དང་འགལ་ཏེ། འཕགས་མཆོག་ཀླུ་སྒྲུབ་ཀྱིས། བདག་ལ་དེ་དག་སྡིག་སྨིན་ཅིང་། །བདག་དགེ་མ་ལུས་དེར་སྨིན་ཤོག །ཅེས། བདག་གཞན་བརྗེ་བའི་བྱང་ཆུབ་ཀྱི་སེམས་སྒོམ་པ་པོ་བདག་ལ་སྡིག་པའི་ལས་བྱེད་པ་པོ་དེ་དག་གི་སྡིག་པ་སྨིན་པར་གྱུར་ཞིང་། དེ་ལྟར་སྒོམ་པ་པོ་བདག་གི་དགེ་བ་མ་ལུས་པ་སྡིག་ལས་བྱེད་པ་དེ་དག་ལ་སྨིན་པར་ཤོག་ཅིག་གསུངས་པ་དང་ཅིས་མི་འགལ་ཏེ་འགལ་བའི་ཕྱིར། གཞན་ཡང་། བདག་གི་བདེ་བ་དང་། གཞན་གྱི་སྡུག་བསྔལ་བརྗེ་བའི་ཉམས་ལེན་བཀག་པ་ཆོས་ཅན། ཁྱོད་ནི་རྒྱལ་སྲས་ཞི་བ་ལྷའི་ལུང་དང་འགལ་ཏེ། བྱང་ཆུབ་སེམས་དཔའི་སྤྱོད་པ་ལ་འཇུག་པའི་བསྟན་བཅོས་ལས། བདག་བདེ་གཞན་གྱི་སྡུག་བསྔལ་དག །ཡང་དག་བརྗེ་བ་མ་བྱས་ན། །སངས་རྒྱས་ཉིད་དུ་མི་འགྲུབ་ཅིང་། །འཁོར་བ་ན་ཡང་བདེ་བ་མེད། །ཅེས། སངས་རྒྱས་དང་སྲིད་པའི་བདེ་བ་འདོད་པས་ཀྱང་། བདག་གི་བདེ་བ་དང་གཞན་གྱི་སྡུག་བསྔལ་དག་ཡང་དག་པར་བརྗེ་བར་མ་བྱས་ན། ཐབས་གཞན་གྱིས་སངས་རྒྱས་ཉིད་དུ་མཐར་མི་འགྲུབ་པ་ལྟ་ཞོག་ཅིང་། འཁོར་བའི་གནས་སྐབས་ན་ཡང་། ལྷ་དང་མིའི་བདེ་བ་ཕུན་སུམ་ཚོགས་

པ་མྱོང་བ་མེད་དོ་གསུངས་པ་དང་ཅེས་མི་འགལ་ཏེ་འགལ་བའི་ཕྱིར་དང་སྤྱོད་འཇུག་གི་ལུང་དོན་དེ་ཉིད་ལ། བདག་གཞན་བརྗེ་བའི་བྱང་ཆུབ་ཀྱི་སེམས་ཀྱི་དོན་གཅེས་འཛིན་བརྗེ་བ་ཡིན་གྱི། བདེ་སྡུག་བརྗེ་བ་མ་ཡིན་པར་འདོད་པ། ཁྱོད་ཀྱི་གྲུབ་མཐའ་ཆོས་ཅན་དུ་བཟུང་ནས་ཏེ། དེ་ལྟར་སླུ་བ་པོའི་གྲུབ་མཐའ་ཆོས་ཅན། ཁྱོད་ལ་བརྟེན་ནས་སངས་རྒྱས་ཉིད་མི་འགྲུབ་པ་ལྟ་ཞོག་ཅིང་། འཁོར་བའི་གནས་སྐབས་ན་ཡང་བདེ་བ་ཕུན་གསུམ་ཚོགས་པ་མི་འགྲུབ་པར་ཐལ། རང་གཞན་གྱི་བདེ་སྡུག་བརྗེ་བ་བཀག་པའི་གྲུབ་མཐའ་ཡིན་པའི་ཕྱིར། ཅེས། ཐལ་བ་འཕེན་པ་ན་ནི། ཆོས་མཐུན་གྱི་ལན་ཉིད་གང་ལ་འདེབས་ཏེ། ཐེབས་པར་མི་នུས་པའི་ཕྱིར་རོ། །ཧགས་ཁས་སོ། ཁྱབ་པ་སྤྱོད་འཇུག་གི་ལུང་གིས་གྲུབ་བོ། །

གསུམ་པ་མ་འཁྲུལ་བའི་གནད་ལ་གསུམ་སྟེ། ཕ་རོལ་ཏུ་ཕྱིན་པའི་བཀའ་བབས་ལ་ཞུགས་པ། རྡོ་རྗེ་ཐེག་པའི་བཀའ་བབས་ལ་ཞུགས་པ། དེ་གཉིས་དགོངས་པ་གཅིག་པས་བསྟན་པའི་སྙིང་པོ་ཡིན་པའོ། །དང་པོ་ནི། མདོར་ན། རང་གི་བློ་ལ་འདོད་མི་འདོད་གཉིས་སུ་ཕྱེ་བའི་རང་གི་བློ་ལ་འདོད་པ་ཀུན། གཞན་ལ་སྟེར་ཞིང་། རང་གི་བློ་ལ་མི་འདོད་པ་ཀུན་རང་ཉིད་ལ་ལེན་པ་གོམས་པའི་བདག་གཞན་བརྗེ་བའི་ཉམས་ལེན་ཆོས་ཅན། ཁྱོད་ཉམས་སུ་ལེན་པ་ནི་དཔལ་ལྡན་ཨ་ཏི་ཤ་ནས་བཀའ་གདམས་པ་ལ་བཀའ་བབས་པའི་ཉམས་ལེན་གྱི་སྙིང་པོ་ལ་ཞུགས་པ་ཡིན་ཏེ། ཁྱོད་ནི་མདོ་སྡེ་དབྱུག་གསུམ་ཕྲེང་བ་དང་། དེའི་དགོངས་འགྲེལ་གྱི་བསྟན་བཅོས་བསླབ་པ་ཀུན་ལས་བཏུས་དང་། བྱང་ཆུབ་སེམས་དཔའི་སྤྱོད་པ་ལ་འཇུག་པ་སོགས་ཀྱི་དགོངས་པ་ཇོ་བོ་རྗེ་དཔལ་ལྡན་ཨ་ཏི་ཤས་ཟབ་དོན་ཉམས་ཁྲིད་ཀྱི་སྒོ་ནས་ནི། བཤེས་གཉེན་འབྲོམ་སྟོན་པ་ཉིད་ལ་གནང་ཞིང་། དེ་ཉིད་ཕྱིས་ནས་གངས་རིའི་ཁྲོད་འདིར་འཕེལ་བའི་ཉམས་ལེན་གྱི་སྙིང་པོ་ཡིན་པའི་ཕྱིར་དང་། སྣར་ཐང་པའི་སངས་རྒྱས་སྒོམ་པ་ལ་སོགས་ཀྱི་ཁྱོད་ལ་བསྔོ་སླད་མེད་པའི་སྒོམ་ཚུལ་ཞིབ་ཏུ་བཤད་པའང་མཐོང་བའི་ཕྱིར།

གཉིས་པ་ནི། སྤྱོད་པ་བདག་གཞན་བརྗེ་བའི་ཉམས་ལེན་འདི་ཉིད་ཆོས་ཅན། ཁྱོད་ཉམས་སུ་ལེན་པ་ནི་ཕ་རོལ་ཏུ་ཕྱིན་པའི་ཉམས་ལེན་ལ་ཞུགས་པ་ཡིན་པར་མ་ཟད། རྡོ་རྗེ་ཐེག་པའི་ཉམས་ལེན་གྱི་བཀའ་བབས་ལའང་ཞུགས་པ་ཡིན་ཏེ། ས་སྐྱའི་རྗེ་བཙུན་མཆོག་གོང་མ་རྣམས་ལ་རྗེ་བཙུན་རྣལ་འབྱོར་གྱི་དབང་ཕྱུག་བིརྺ་པའི་མན་ངག་སྐལ་དམན་རིམ་འཇུག་པ་གཙོ་བོར་དགྲི་བ་གསུང་ངག་རྡོ་རྗེའི་ཚིག་རྐང་དང་། སྐལ་ལྡན་གཅིག་ཅར་བ་དགྲི་བ་སྦྲོས་མེད་རྡོ་རྗེའི་ཚིག་རྐང་གཉིས་ལས་ཁྱོད་ཀྱི་ཉམས་ལེན་ཤིན་ཏུ་གསལ་བའི་བཀའ་བབས་བཞུགས་པ་དེང་སང་གི་བར་དུ་རྒྱུན་མ་ཆད་པར་ཡོད་པའི་ཕྱིར། འདིའི་སྐབས་སུ། ཁ་ཅིག །གསུང་ངག་ཆུང་

བར་གྲགས་པའི་སྒྲིབ་མེད་ཀྱི་ཉམས་ལེན་འདི་འཕགས་པ་རིན་པོ་ཆེ་མན་ཆད་ལ་བཞུགས་ཀྱང་། དེ་ཡན་ཆད་ལ་མི་བཞུགས་པས། རྣལ་འབྱོར་དབང་ཕྱུག་བི་རྺ་པའི། །མན་ངག་ཉིད་ལས་འདི་ཉིད་ཀྱི། །ཉམས་ལེན་གསལ་བའི་བཀའ་བབས་བཞུགས། །ཞེས་སྟོན་ནས་གསུང་ངག་ལམ་འབྲས་ཁོ་ན་དང་སྦྱར་ན་ཡང་འགྲོ་བར་སེམས་སོ་ཞེས་གསུང་ཡང་། དེ་ལྟ་བུའི་འདོན་པ་བསྒྱུར་མི་དགོས་ཏེ། འཕགས་པ་རིན་པོ་ཆེ་དེ་ས་སྐྱའི་རྗེ་བཙུན་མཆོག་ལྔ༑ ཡོད་པའི་ནང་ཚན་གཅིག་ཡིན་པའི་ཕྱིར། གལ་ཏེ་གསུང་ངག་ལམ་འབྲས་ཀྱི་སྣང་བ་གསུམ་གྱི་སྐབས་ཀྱི་ཉམས་ལེན་ཆོས་ཅན། སྔགས་ཀྱི་ཉམས་ལེན་མ་ཡིན་པར་ཐལ། མདོ་རང་རྐང་གི་ཉམས་ལེན་ཡིན་པའི་ཕྱིར་ཞེ་ན། མ་གྲུབ་སྟེ། སྣང་གསུམ་གྱི་སྐབས་དེར་མདོའི་ཉམས་ལེན་དུ་བྱེད་ཀྱང་། དེའི་རྒྱུན་སྔགས་ལམ་གྱི་སྐབས་སུ་ཡང་བསྐྱོད་དགོས་པས་སྔགས་ལམ་ཡང་ཉམས་ལེན་འདིས་ཟིན་དགོས་པའི་ཕྱིར། གཞན་ཡང་དེ་ལྟ་བུའི་ཉམས་ལེན་དེ། མདོ་རང་རྐང་གི་ཉམས་ལེན་མ་ཡིན་པར་ཐལ། དེ་མདོ་སྔགས་ཐུན་མོང་བའི་ཉམས་ལེན་ཡིན་པའི་ཕྱིར། མ་གྲུབ་ན། དེ་ཆོས་ཅན། དེར་ཐལ། ཕ་རོལ་ཏུ་ཕྱིན་པའི་ཁྲིད་ཀྱི་ཉམས་ལེན་གྱི་དངོས་གཞིར་བཤད་པ་གང་ཞིག །རྡོ་རྗེ་ཐེག་པའི་ཁྲིད་ཀྱི་ཉམས་ལེན་དུ་ཡང་བཤད་པའི་ཕྱིར། གསུམ་པ་ནི། གསུང་ངག་ནས་འབྱུང་བའི་བདག་གཞན་བརྗེ་བའི་བྱང་ཆུབ་ཀྱི་སེམས་དེ་དང་། སྔར་གྱི་བཀའ་སྒྲོལ་བཀའ་གདམས་ལུགས་ཀྱི་ཉམས་ལེན་གཉིས་ཆོས་ཅན། ཁྱོད་སྒོམ་པ་ལ་བྱིན་རླབས་དཔག་མེད་འབྱུང་བར་མ་ཟད་ཁྱོད་ལ་མོས་པ་བྱས་པ་ཙམ་ལའང་མདོ་སྔགས་ཀྱི་བླ་མ་བརྒྱུད་པའི་བྱིན་རླབས་འབྱུང་བ་ཡིན་ཏེ། མདོ་སྔགས་གཉིས་ཀ་ནས་ཁྱོད་ཉམས་སུ་ལེན་ཚུལ་ལ་ཁྱད་པར་མེད་པར་སངས་རྒྱས་ཀྱི་བསྟན་པའི་སྙིང་པོ་བསྟུས་པ་ཡིན་པའི་ཕྱིར།

གཉིས་པ་ལྟ་བ་མཐའ་བཞིའི་སྤྲོས་བྲལ་ལ་ལོག་རྟོག་དགག་པ་ལ་གཉིས་ཏེ། ཐོས་བསམ་གྱི་ངེས་ཤེས་སྐྱེ་ཚུལ་ལ་ལོག་རྟོག་དགག་པ། སྒོམ་པས་ཉམས་སུ་བླངས་ཚུལ་ལ་ལོག་རྟོག་དགག་པའོ། །དང་པོ་ལ་བཞི་སྟེ། དོན་དམ་པར་མཐའ་བཞིའི་སྤྲོས་བྲལ་མི་འདོད་པ་དགག །ཀུན་རྫོབ་ཏུ་མཐའ་བཞིའི་སྤྲོས་བྲལ་སྨྲ་བ་དགག །བྱེད་པའི་སྐྱེས་བུའི་རྣམ་གྲངས་ལ་ཡོད་མེད་སོ་སོར་ཕྱེ་བ་དགག །ཆོས་དང་གང་ཟག་གི་བདག་ཐ་སྙད་དུ་ཡོད་པ་དགག་པའོ། །དང་པོ་ལ་གཉིས་ཏེ། ཕྱོགས་སྔ་མ་བརྗོད་པ་དང་། དེ་དགག་པའོ། །དང་པོ་ནི། ཁ་ཅིག་ཏེ། རྗེ་ཙོང་ཁ་པ་རྗེས་འབྲང་དང་བཅས་པ་ན་རེ། མཐའ་བཞིའི་སྤྲོས་པ་དང་བྲལ་བའི་ལྟ་བ་ཆོས་ཅན། ཁྱོད་ལྟ་བ་རྣམ་པར་དག་པ་མ་ཡིན་པར་ནོར་བ་ཡིན་ཏེ། ཁྱོད་ནི་ཅི་ཡང་ཡིད་ལ་མི་བྱེད་པ་རྒྱ་ནག་དགེ་སློང་གི་ལྟ་བ་དང་ཁྱད་པར་མེད་པའི་ལྟ་བ་ཡིན་པའི་ཕྱིར། དེས་ན་གཅིག་དུ་བྲལ་སོགས་ཀྱི་རིགས་པས་དགག་བྱ་བདེན་པ་བཀག་པའི་རྗེས་སུ་བདེན་མེད་ཉིད་ལ་མངོན་པར་ཞེན་པའི་ལྟ་བ་འདི་ཉིད་ཆོས་ཅན། ཁྱོད་ནི་དབུ་མའི་ལྟ་བ་མཐར

ཐུག་ཡིན་ཏེ། ཁྱོད་ལྟ་བ་གང་ཞིག །ཐེག་པ་གསུམ་ཆར་གྱི་བྱང་ཆུབ་ཐོབ་པ་ལ་ཁྱོད་ནི་ངེས་པར་རྟོགས་དགོས་པའི་ཕྱིར། དེས་ན་ཐེག་པ་གསུམ་ཆར་གྱི་དབུ་མའི་ལྟ་བ་རྟོགས་པ་ལ་ཡང་ཁྱད་པར་མེད་དེ། རྒྱུ་མཚན་དེའི་ཕྱིར། དེས་ན་ཐལ་རང་ལ་ལྟ་བའི་ཁྱད་པར་ཤིན་ཏུ་ཆེ་སྟེ། དེ་གཉིས་དགག་བྱ་བདེན་ཚད་ངོས་འཛིན་ལ་ཁྱད་པར་ཡོད་ཅིང་། དེ་ཡོད་པས་བདེན་མེད་རྟོགས་པའི་ལྟ་བ་ལ་ཕྲ་རགས་ཀྱི་ཁྱད་པར་འབྱུང་བས་ལོག་ཕྱོགས་དགག་བྱ་བདེན་པར་གྲུབ་པའི་བདེན་ཚད་དེ་ཡང་རང་རྒྱུད་པས་བློ་ལ་མ་ལྟོས་པར་ཡུལ་རང་ངོས་ནས་གྲུབ་པ་ཉིད་ལ་བརྟག་པ་མཐར་བཟུང་གི་ཚུལ་དུ་འདོད་པར་གྱུར་ཀྱང་། དེ་ནི་དགག་བྱ་ཐུན་མོང་བ་ཙམ་སྟེ་དགག་བྱ་དེ་ཙམ་ཁེགས་པས་བདེན་གྲུབ་མཐའ་དག་མི་ཁེགས་པའི་ཕྱིར་དང་། བློ་ལ་སྣང་བའི་དབང་གིས་མ་བཞག་པར་ཡུལ་རང་གི་སྡོད་ལུགས་ཀྱི་ངོས་ནས་ཡོད་པར་འཛིན་པ་དེ་ཕྲ་བའི་བདེན་འཛིན་ལྷན་སྐྱེས་མ་ཡིན་པའི་ཕྱིར། དེས་ན་མིང་གི་བཏགས་དོན་བཙལ་བའི་ཚེ་རྙེད་པ་ཞིག་བྱུང་ན། དེ་ཉིད་བརྟག་པ་མཐར་བཟུང་གི་བདེན་ཚད་དུ་བྱས་ནས། དེ་ཉིད་འགོག་པ་ཐལ་འགྱུར་བའི་ཐུན་མོང་མ་ཡིན་པའི་ཁྱད་ཆོས་ཡིན་པའི་ཕྱིར་ཏེ། དགག་བྱ་དེ་ཁེགས་པས་བདེན་གྲུབ་མཐའ་དག་ཁེགས་པའི་ཕྱིར་དང་། མིང་གིས་བཏགས་པ་ཙམ་མིན་པའི་ཡོད་པར་འཛིན་པ་དེ་ཕྲ་བའི་བདེན་འཛིན་ལྷན་སྐྱེས་ཡིན་པའི་ཕྱིར་དང་། ཆོས་ཐམས་ཅད་མིང་གིས་བཏགས་པ་ཙམ་མ་ཡིན་པའི་ཡོད་པ་མ་ཡིན་པར་རྟོགས་པ་དེ་དབུ་མའི་ལྟ་བ་མཐར་ཐུག་ཡིན་པའི་ཕྱིར། ཐལ་རང་གི་དགག་བྱའི་ཁྱད་པར་འདི་རྟོགས་ན་བློ་ཡིས་གང་དུ་ཞེན་པའི་ཡུལ་ཐམས་ཅད་རིགས་པས་དཔྱད་ནས་འགོག་དགོས་ཞེས་པ་ཡི་ལོག་རྟོག་ཐམས་ཅད་ཁེགས་པར་འགྱུར་ཏེ། བློས་བདེན་པར་ཞེན་པ་འགོག་དགོས་ཀྱི། བདེན་མེད་དུ་ཞེན་པ་འགོག་མི་དགོས་པའི་ཕྱིར། དེ་ལས་གཞན་དུ་རིགས་པས་བདེན་པ་བཀག་རྗེས་སུ་བདེན་མེད་དུ་ཞེན་པའང་འགོག་དགོས་ན། འགོག་བྱེད་ཀྱི་བློ་ཡི་རིམ་པ་དུ་མ་ཡོད་པ་ལས་སྔ་མ་གནོད་བཅས་དང་། ཕྱི་མ་ཐུག་མེད་ཉིད་དུ་འགྱུར་ཏེ། དགག་བྱ་ཁེགས་པའི་དུས་མི་སྲིད་པའི་ཕྱིར། ཁྱད་པར་དགག་བྱ་བདེན་པ་བཀག་རྗེས་སུ་བདེན་པར་མེད་པ་འགོག་ན་ནི། སླར་བདེན་པར་ཡོད་པ་ཉིད་དུ་འགྱུར་ཏེ། དགག་པ་གཅིག་གིས་དགག་པ་དང་། དགག་པ་གཉིས་ཀྱིས་རྣལ་མ་ནི་གོ་བ་རིགས་པ་སྨྲ་བའི་སྤྱི་ལུགས་ཡིན་པའི་ཕྱིར་ཞེས་འཛེར་བར་བྱེད་དོ༎ ༎

གཉིས་པ་དེ་དགག་པ་ལ་གཉིས་ཏེ། དགག་པར་དམ་བཅའ་བ་དང་། དགག་པ་དངོས་སོ། །དང་པོ་ནི། དེ་ལྟར་འདོད་པའི་ལྟ་བ་འདི་དག་ཆོས་ཅན། ཁྱོད་ནི་ལུང་དང་རིགས་པས་དགག་པར་བྱ་དགོས་ཏེ། སྐྱིགས་མ་ལྔའི་དུས་ཀྱི་ལྟ་བའི་སྙིགས་མ་ཡིན་པའི་ཕྱིར། གཉིས་པ་ལ་ལྔ་སྟེ། མཐའ་བཞི་སྤྲོས་བྲལ་རྒྱ་ནག་གི་ལྟ་བར

འདོད་པ་དགག །བདེན་པ་བཀག་ཙམ་ལྟ་བ་མཐར་ཐུག་ཏུ་འདོད་པ་དགག །ཐེག་པ་གསུམ་གྱི་རྟོགས་བྱའི་ལྟ་བ་ལ་ཁྱད་པར་མེད་པ་དགག །ཐལ་རང་གཉིས་ཀྱི་དོན་དམ་གྱི་ལྟ་བ་ལ་ཁྱད་པར་ཡོད་པ་དགག །དབུ་མའི་ལྟ་བ་ཚོལ་བའི་ཚེ་དགག་པ་གཉིས་ཀྱི་རྣལ་མར་གོ་བ་དགག་པའོ། །དང་པོ་ལ་གཉིས་ཏེ། རིགས་པས་དཔྱད་པ་དང་མ་དཔྱད་པའི་ཁས་ལེན་ཚུལ་མི་མཚུངས་པར་བསྟན། དེ་གཉིས་མཚུངས་ན་ཧ་ཅང་ཐལ་བའོ། །དང་པོ་ནི། རྒྱ་ནག་དགེ་སློང་གི་རིགས་པས་མ་དཔྱད་པར་རང་དགར་རྟོག་པ་བཀག་པ་ཙམ་ལ་དབུ་མའི་སྒོམ་གྱི་མཆོག་ཏུ་སྨྲ་བ་དང་། དབུ་མའི་ལྟ་བ་སྐྱོན་མེད་འཆད་པའི་སྐབས་འདིར་ནི། རྟེན་འབྲེལ་གྱི་རྟགས་ལ་སོགས་པའི་རིགས་པས་དཔྱད་པའི་ཚེ། མཐའ་བཞིའི་སྤྲོས་པ་གང་དུ་མ་རྙེད་པའི་འཛིན་མེད་ཟུང་འཇུག་ལྟ་བར་སྨྲ་བ་གཉིས་མཚུངས་སོ་ཞེས་སྨྲ་བའི་ཚིག་ཆོས་ཅན། སྟོང་པ་ཉིད་ཟབ་མོ་ཟུང་འཇུག་གི་ལྟ་བ་སྟོང་བའི་བདུད་ཚིག་ཡིན་ཏེ། དབུ་མའི་ལྟ་བ་རྣམ་དག་ལ་ཧ་ཤང་གི་ལྟ་བར་སྨྲ་བའི་འཆལ་ཚིག་ཡིན་པའི་ཕྱིར། འདིའི་སྐབས་སུ་མཁས་པ་ཁ་ཅིག་གི་གསུང་ནས། རིགས་པ་འདི་ངེས་པར་གོ་དགོས་ཏེ། རང་ཕྱོགས་ལ་ངེས་པར་བསྐྱེད་ནུས་ཤིང་། གཞན་ཕྱོགས་སུན་འབྱིན་ནུས་པའི་ཕྱིར་རོ། །དེ་ཡང་ཇི་ལྟ་སྙམ་ན་དེང་གྱི་དབུ་མའི་ལྟ་བ་འདི་ཆོས་ཅན། ཧ་ཤང་གི་ལྟ་བ་དང་ཅི་ཡང་ཡིད་ལ་མི་བྱེད་པ་ཙམ་དུ་མཚུངས་ཀྱང་། དབུ་མའི་ལྟ་བ་ཡིན་མིན་མི་མཚུངས་ཏེ། ཧ་ཤང་གི་ལྟ་བ་དེ་ནི། སྐྱབ་བྱེད་རྣམ་དག་ལ་མ་བརྟེན་པར་ཡིད་བྱེད་བཀག་པ་ཙམ་ཡིན་པས། ཁྱེད་ལྟར་ན་ཡིད་དཔྱོད་དམ། དེད་ལྟར་ན་བག་ལ་ཉལ་གྱི་ཐེ་ཚོམ་ལས་མ་འདས། ཁོ་བོ་ཅག་གི་ལྟ་བ་ནི། སྒྲུབ་བྱེད་རྣམ་དག་ལ་བརྟེན་ནས་གཟུང་འཛིན་གྱི་ཕྱོགས་གང་དུ་ཡང་། ཡིད་ལ་བྱ་རྒྱུ་མ་རྙེད་ནས་ཡིད་ལ་མ་བྱས་པ་ཡིན་པས། གནས་ལུགས་རྟོགས་པའི་ལྟ་བ་རྣམ་དག་ཡིན་པའི་ཕྱིར། དེད་ཀྱི་དབུ་མའི་ལྟ་བ་ཆོས་ཅན། བདག་འཛིན་དང་བདེན་འཛིན་གཉིས་ཀྱིས་གཙོས་པའི་གཟུང་འཛིན་གཉིས་སྣང་གི་ཞེན་པ་ཐམས་ཅད་འཇོམས་པར་ནུས་པའི་གཉེན་པོ་ཡིན་ཏེ། སྒྲུབ་བྱེད་རྣམ་དག་ལ་བརྟེན་ནས་གཉིས་སྣང་གི་ཞེན་པ་དང་། འཛིན་སྟངས་འགལ་བའི་ལོག་ཕྱོགས་ཡིན་པའི་ཕྱིར། དཔེར་ན། རྒྱུ་མཚན་མེད་བཞིན་དུ་སྒྲ་མི་རྟག་པར་འཛིན་པའི་རྟོག་པ་དང་། བྱས་རྟགས་ལས་སྒྲ་མི་རྟག་པར་འཛིན་པའི་རྟོག་པ་གཉིས། སྒྲ་མི་རྟག་པ་འཛིན་སྟངས་ཅན་དུ་མཚུངས་ཀྱང་སྒྲ་རྟག་འཛིན་གྱི་སྒྲོ་འདོགས་འཇོམས་པའི་ངེས་ཤེས་ཡིན་མིན་གྱི་ཁྱད་པར་ཆེན་པོ་ཡོད་པ་བཞིན་ནོ། །གཞན་ཡང་། ཆོས་ཐམས་ཅད་བདེན་མེད་དུ་འཛིན་པའི་ཡིད་དཔྱོད་ཆོས་ཅན། དབུ་མའི་ལྟ་བ་ཡིན་པར་ཐལ། ཆོས་ཐམས་ཅད་བདེན་མེད་དུ་འཛིན་པའི་ལྟ་བ་ཡིན་པའི་ཕྱིར། རྟགས་ཁྱབ་ཁྱོད་ཀྱིས་དོན་གྱི་ཁས་བླངས་སོ། །གལ་ཏེ་དེ་གཉིས་ལ་དབུ་མའི་ལྟ་བ་ཡིན་མིན་གྱི་ཁྱད་ཡོད་དེ་སྒྲུབ་བྱེད་རྣམ་དག་ལ་བརྟེན་མ་བརྟེན་གྱི་ཁྱད་ཡོད་པའི་ཕྱིར

སླམ་ན། ཁོ་བོ་ཅག་གི་དབུ་མའི་ལྟ་བ་དང་། ཧྭ་ཤང་གི་ལྟ་བ་ལ་ཡང་ཁྱད་པར་སླུས་ཟིན་པ་དེ་དོན་ལ་གནས་པ་མ་ཡིན་ནམ། ཡང་ཁྱེད་འདོད་པའི་ཆོས་ཐམས་ཅད་བདེན་མེད་དུ་ཞེན་པའི་དབུ་མའི་ལྟ་བ་ཆོས་ཅན། ཁྱོད་གཟུང་འཛིན་གཉིས་སྣང་གི་ཞེན་པ་གཅོད་ནུས་ཀྱི་ཤེས་པ་མ་ཡིན་པར་ཐལ། ཁྱོད་དེ་དང་འཛིན་སྟངས་འགལ་བའི་ཤེས་པ་མ་ཡིན་པའི་ཕྱིར་ཏེ། ཁྱོད་རློམ་ཚོད་དང་། སོང་ཚོང་གཉིས་ཆར་དུ། གཟུང་འཛིན་གཉིས་སྣང་གི་ཞེན་པ་དང་བཅས་པའི་ཤེས་པ་ཡིན་པའི་ཕྱིར། ཁོ་བོ་ཅག་ལ་ནི། གནོད་བྱེད་དེ་མི་འཇུག་ཏེ། གནས་ལུགས་མངོན་སུམ་དུ་མཐོང་བའི་ཚེ་ནི། རློམ་སོང་གཉིས་ཆར་དུ་གཉིས་སྣང་གི་ཞེན་པ་མེད་ལ། དོན་སྤྱིའི་ཚུལ་གྱི་རྟོགས་པའི་ཚེ་ན། སོང་ཚོད་གཉིས་སྣང་གི་ཞེན་པར་སོང་ཡང་། རློམ་ཚོད་ལ་གཉིས་སྣང་གི་སྤྲོས་པའི་ཚོགས་ཐམས་ཅད་བཀག་ཟིན་པའི་ཕྱིར་རོ། །ཞེས་གསུངས་པ་ནི། ངེས་དོན་གྱི་བཀའི་དགོངས་པ་མཐའ་བཞི་སྤྲོས་བྲལ་གྱི་ལྟ་བ་འཕགས་མཆོག་ཀླུ་སྒྲུབ་ཡབ་སྲས་ཀྱིས་བཀྲལ་བ་དེ་ཉིད་རྗེ་བཙུན་ས་སྐྱ་པ་ཡབ་སྲས་ཀྱིས་སྐལ་པ་དང་ལྡན་པའི་གདུལ་བྱ་རྣམས་ལ་གསལ་བར་གསུངས་པའི་དོན་ཀུན་མཁྱེན་ཆེན་པོས་ལེགས་པར་བཤད་པ་ལ་ངེས་པ་སྐྱེས་པའི་གསུངས་དུ་འདུག་པས་ཟུང་འཇུག་གི་ལྟ་བ་རྟོགས་པ་ལ་ནན་གཏན་བྱེད་པར་རིགས་སོ། །

གཉིས་པ་ལ་གསུམ་སྟེ། དཀོན་མཆོག་བརྩེགས་པའི་མདོ་ལ་ཧ་ཅང་ཐལ་བ། ཏིང་ངེ་འཛིན་རྒྱལ་པོ་སོགས་ལ་ཧ་ཅང་ཐལ་བ། བསྟན་བཅོས་ཆེན་པོ་རྣམས་ལ་ཧ་ཅང་ཐལ་བའོ། །དང་པོ་ནི། མཐའ་བཞི་སྤྲོས་བྲལ་གྱི་ལྟ་བ་དང་། ཧྭ་ཤང་གི་ལྟ་བ་གཉིས་མཚུངས་པར་འདོད་པ་ལ་རིགས་པས་གནོད་པར་མ་ཟད་གཞན་ཡང་དཀོན་མཆོག་བརྩེགས་པའི་མདོ་སྡེ་ལས། འོད་སྲུང་ཡོད་ཅེས་བྱ་བ་འདི་ཡང་མཐའ་གཅིག་གོ། །མེད་ཅེས་བྱ་བ་འདི་ཡང་མཐའ་གཅིག་གོ། །ཞེས་སོགས་གསུངས་ནས་ཡོད་པར་འཛིན་པ་དང་། མེད་པར་འཛིན་པ་གཉིས་པོ་མཐའ་རུ་འཛིན་པ་རེ་རེར་བྱས་ནས་དེ་གཉིས་སྤངས་པའི་དབུས་ནི་དབུ་མ་སྟེ། དབུ་མ་དེ་ཡང་སོ་སོ་སྐྱེ་བོའི་བློས་ཇི་ལྟ་བ་བཞིན་དུ་གཞན་ལ་བསྟན་དུ་མེད་ཅིང་། སྒྲས་ཇི་ལྟ་བ་བཞིན་དུ་བརྗོད་དུ་མེད་པར་གསུངས་པའི་ལྟ་བ་དེ་ཆོས་ཅན། ཁྱོད་ཡང་རྒྱ་ནག་དགེ་སློང་གི་ལྟ་བ་ཉིད་དང་ཁྱད་པར་མེད་པར་འགྱུར་བར་ཐལ། སྤྲོས་པའི་མཐའ་ཐམས་ཅད་བཀག་པའི་ལྟ་བ་ཡིན་པའི་ཕྱིར། ཁྱབ་པ་དངོས། འདོད་ན། ཧ་ཅང་ཐལ་ལོ། །གཉིས་པ་ནི། དཀོན་མཆོག་བརྩེགས་པ་ལས་གསུངས་པ་དེ་བཞིན་དུ། ཏིང་ངེ་འཛིན་རྒྱལ་པོའི་མདོ་ལས། ཡོད་པར་འཛིན་པ་དང་། མེད་པར་འཛིན་པ་དང་། གཙང་བར་འཛིན་པ་དང་། མི་གཙང་བར་འཛིན་པ་སོགས། མཐའ་གཉིས་སུ་འཛིན་པ་ཡིན་པའི་ཕྱིར་ན། མཐའ་གཉིས་སུ་འཛིན་པ་དེ་སྤངས་ནས་དབུས་ལའང་ཞེན་པས་མི་གནས་པར་གསུངས་པ་དང་། རྒྱལ་བའི་ཡུམ་ལས། གཟུགས་སྟོང་ཞེས་བྱ་བར་སྤྱོད་ན་མཚན་མ་ལ་སྤྱོད་དོ། །གཟུགས

མི་སྟོང་ཞེས་བྱ་བར་སྤྱོད་ན་མཚན་མ་ལ་སྤྱོད་དོ། །ཞེས། སྟོང་པར་འཛིན་པ་དང་། མི་སྟོང་པར་འཛིན་པ་སོགས་གཉིས་འཛིན་ལ་སྤྱོད་པ་ཐམས་ཅད་ནི་མཚན་མར་སྤྱོད་པར་གསུངས་པ་དང་། ཡང་དག་པར་སྦྱོར་བའི་རྒྱུད་ལས་ཀྱང་། སྟོང་པ་སྒོམ་པར་མི་བྱ་སྟེ། །སྟོང་མིན་སྒོམ་པར་མི་བྱའོ། །སྟོང་པ་མི་སྟོང་རྣལ་འབྱོར་པས། །སྟོང་མིན་ཡོངས་སུ་མི་སྤོང་ངོ་། །སྟོང་དང་མི་སྟོང་གཟུང་བ་ལ། །རྟོག་པ་ཉུང་མིན་སྐྱེ་བར་འགྱུར། །ཞེས་བདེན་པས་སྟོང་པའོ། །ཞེས་མངོན་པར་ཞེན་པའི་སྒོ་ནས་སྒོམ་པར་མི་བྱ་སྟེ། དེ་ལྟར་བྱས་ན་ཆད་ལྟར་འགྱུར་ཞིང་། བདེན་པས་སྟོང་པ་མ་ཡིན་པའོ་སྙམ་དུ་སྒོམ་པར་མི་བྱ་སྟེ་དེ་ལྟར་བྱས་ན་རྟག་ལྟར་འགྱུར་རོ། །དེས་ན་ལྟ་བ་སྒོམ་པའི་རྣལ་འབྱོར་པས་སྟོང་པ་ཡོངས་སུ་མི་སྤོང་ཞིང་སྟོང་པ་མིན་པའང་ཡོངས་སུ་མི་སྤོང་བ་མཐའ་བཞི་སྤྲོས་བྲལ་གྱི་ལྟ་བ་ལ་གནས་པར་བྱ་སྟེ། སྟོང་པར་ཞེན་ནས་གཟུང་བ་དང་མི་སྟོང་པར་ཞེན་ནས་གཟུང་བ་ཐམས་ཅད་ལ་རྣམ་པར་རྟོག་པ་ཉུང་བ་མིན་པ་སྟེ་མང་པོ་སྐྱེ་བར་འགྱུར་བའི་ཕྱིར་རོ། །ཞེས་གསུངས་པའི་སྒོམ་པ་དེ་ཆོས་ཅན། ཁྱོད་ཡང་རྒྱ་ནག་དགེ་སློང་གི་ལྟ་བ་སྒོམ་པ་ཉིད་དང་ཁྱད་པར་མེད་པར་འགྱུར་བར་ཐལ། སྟོང་པར་ཞེན་པ་དང་། སྟོང་མིན་གྱི་ཞེན་པ་གཉིས་ཆར་སྤངས་པའི་སྒོམ་པ་ཡིན་པའི་ཕྱིར། ཁྱབ་པ་དངོས། འདོད་ན། ཧྭ་ཤང་ཐལ་ལོ། །

གསུམ་པ་ལ་གཉིས་ཏེ། ཧྭ་ཤང་ཐལ་བ་དངོས། དེའི་ཉེས་སྤོང་གི་ལན་དགག་པའོ། །དང་པོ་ནི། མགོན་པོ་བྱམས་པས། རྒྱུད་བླ་མར། གང་ཞིག་ཡོད་མིན་མེད་མིན་ཡོད་མེད་མ་ཡིན་ཡོད་མེད་ལས་གཞན་དུའང་བརྟག་པར་མི་ནུས་ཞེས་འགོག་བདེན་ཡོད་པ་དང་མེད་པ་དང་ཡོད་མེད་གཉིས་ཀ་དང་། ཡོད་མེད་གཉིས་ཀ་མ་ཡིན་པ་རྣམ་པ་བཞིར་བརྟག་པར་མི་ནུས་པར་གསུངས་པ་དང་། དབུ་མ་རྩ་བ་ཤེས་རབ་ཞེས་བྱ་བའི་བསྟན་བཅོས་ལས། སྟོང་ངོ་ཞེས་ཀྱང་མི་བརྗོད་དོ། །མི་སྟོང་ཞེས་ཀྱང་མི་བྱ་ཞིང་། །གཉིས་དང་གཉིས་མིན་མི་བྱ་སྟེ། །ཞེས། ཕུང་པོ་དེ་ཁོ་ན་ཉིད་དུ་སྟོང་ངོ་ཞེས་ཀྱང་མི་བརྗོད། ཕུང་པོ་དེ་ཁོ་ན་ཉིད་དུ་མི་སྟོང་ཞེས་ཀྱང་མི་བྱ་ཞིང་། ཕུང་པོ་དེ་ཁོ་ན་ཉིད་དུ་སྟོང་མི་སྟོང་གཉིས་ཀ་དང་གཉིས་ཀ་མ་ཡིན་ཞེས་ཀྱང་མི་བྱ་སྟེ། དེ་ཁོ་ན་ཉིད་དུ་མཐའ་བཞི་ཆར་གྱི་སྤྲོས་པ་དང་བྲལ་བའི་ཕྱིར། ཞེས་གསུངས་པ་དང་། གཞན་ཡང་དེ་ཉིད་ལས། བཅོམ་ལྡན་མྱ་ངན་འདས་གྱུར་ནས། །ཡོད་པར་མི་མངོན་དེ་བཞིན་དུ། །མེད་དོ་ཞེའམ་གཉིས་ཀ་དང་། །གཉིས་མིན་ཞེས་ཀྱང་མི་མངོན་ནོ༑ ༑བཅོམ་ལྡན་བཞུགས་པར་གྱུར་ན་ཡང་། །ཡོད་པར་མི་མངོན་དེ་བཞིན་དུ། །མེད་དོ་ཞེའམ་གཉིས་ཀ་དང་། །གཉིས་མིན་ཞེས་ཀྱང་མི་མངོན་ནོ། །ཞེས་བཅོམ་ལྡན་འདས་བཞུགས་པ་དང་། མྱ་ངན་ལས་འདས་པ་གཉིས་ཀ་ལ་སྦྱར་ནས་ཡོད་མཐའ་སོགས་ཀྱི་མཐའ་བཞིའི་སྤྲོས་པ་བཀག་པར་མཛད་པ་དང་། རིགས་ལྡན་པད་མ་དཀར་

པོས་མཛད་པའི་འགྲེལ་ཆེན་དྲི་མེད་འོད་དང་། འཕགས་པ་ལྷ་ཡིས་མཛད་པའི་ཡེ་ཤེས་སྙིང་པོ་ཀུན་ལས་བཏུས་ལས། འདི་སྐད་དུ། ཡོད་མིན་མེད་མིན་ཡོད་མེད་མིན། །གཉིས་ཀའི་བདག་ཉིད་ཀྱང་མིན་པ། །མཐའ་བཞི་ལས་གྲོལ་དབུ་མ་པ། །མཁས་པ་རྣམས་ཀྱི་དེ་ཁོ་ན། །ཞེས་མཁས་པ་རྣམས་ཀྱི་གནས་ལུགས་ལ་དཔྱད་པའི་ཚེ༑ ཆོས་ཐམས་ཅད་དེ་ཁོ་ན་ཉིད་དུ་ཡོད་པ་ཡང་མ་ཡིན། མེད་པ་ཡང་མ་ཡིན། ཡོད་མེད་གཉིས་ཀ་ཡང་མ་ཡིན། ཡོད་མེད་གཉིས་ཀ་མ་ཡིན་པའི་བདག་ཉིད་ཀྱང་མ་ཡིན་པ་སྟེ་མཐའ་བཞི་ལས་གྲོལ་བའི་ལྟ་བ་དབུ་མ་པའི་ལྟ་བར་གསུངས་པའི་ལྟ་བ་ཆོས་ཅན། ཁྱོད་ཡང་རྒྱ་ནག་དགེ་སློང་གི་ལྟ་བ་ཉིད་དང་ཁྱད་པར་མེད་པར་འགྱུར་ཏེ། ལྟ་བས་སྤྲོས་པ་གཅོད་པའི་ཚེ། སྤྲོས་པའི་མཐའ་ཐམས་ཅད་བཀག་པའི་ལྟ་བ་ཡིན་པའི་ཕྱིར། ཁྱབ་པ་དངོས། འདོད་ན། ཏ་ཙང་ཐལ་ལོ། །

གཉིས་པ་ལ་གཉིས་ཏེ། ཡོད་མིན་མེད་མིན་བདེན་གཉིས་ལ་འཆད་ན་ཁས་བླངས་འགལ་བ། ཡོད་མེད་སོགས་བཞི་པོ་ཆོས་ཅན་ལ་འདོད་ན་གཞུང་དང་འགལ་བའོ། །དང་པོ་ནི། དེ་ལྟར་བསྟན་པ་ལ། རི་བོ་དགེ་ལྡན་པ་ཁ་ཅིག་ན་རེ། ཡོད་མིན་མེད་མིན་སོགས་སུ་གསུངས་པའི་ལུང་གིས་ངེད་ལ་གནོད་པ་མེད་དེ། ལུང་དེའི་དོན་ནི། ཀུན་རྫོབ་ཏུ་མེད་པ་ཡང་མིན། དོན་དམ་དུ་ཡོད་པ་ཡང་མ་ཡིན། དེ་གཉིས་ཀ་ཡང་མ་ཡིན། དེ་གཉིས་ཀ་མ་ཡིན་པ་ཡང་མ་ཡིན་པ་ལ་དགོངས་པའི་ཕྱིར། ཅེས་ཟེར་རོ། །འོན་སྣང་བའི་དངོས་པོ་ཀུན་ཆོས་ཅན། དོན་དམ་བདེན་པར་ཡོད་པ་དང་། ཀུན་རྫོབ་ཏུ་བདེན་པ་གཉིས་ཀ་ཡིན་པར་ཐལ་བར་འགྱུར་ཏེ། དེ་གཉིས་ཀ་མ་ཡིན་པ་མ་ཡིན་པའི་ཕྱིར་རོ། །རྟགས་གསལ་ཁྱབ་པ་རྣམ་པ་གསུམ་ཆར་ཁས་བླངས་པས་འཁོར་གསུམ་ཡིན་པ་དྲན་པར་གྱིས་ཤིག །གཉིས་པ་ནི། མཁས་གྲུབ་པར་གྲགས་པ་ཁ་ཅིག་ན་རེ། ཡོད་མིན་མེད་མིན་གྱི་ལུང་དོན། ཡོད་མེད་ལ་སོགས་པ་བཞི་བདེན་པར་མེད་པའི་དོན་ཡིན་ཏེ། ཆོས་ཅན་དེ་ལ་ཡོད་པ་དང་། མེད་པ་དང་། གཉིས་ཀ་དང་། གཉིས་མིན་གྱི་མུ་བཞི་ལས་མི་སྲིད་ཅིང་མུ་དེ་བཞི་གང་ལ་ཡང་བདེན་གྲུབ་ཀྱི་ཆ་མེད་ཅེས་པའི་དོན་ཡིན་པའི་ཕྱིར་ཞེས་ཟེར་རོ། །དེ་དགག་པ་ནི། གནས་ལུགས་དཔྱོད་པའི་ཚེ། ཡོད་མེད་ལ་སོགས་པ་བཞི་པོ་ཆོས་ཅན་དུ་བཟུང་ནས་དེའི་སྟེང་དུ་བདེན་པ་བཀག་པ་སྒྲུབ་ཆོས་སུ་བྱས་པ་འཕགས་པ་ཀླུ་སྒྲུབ་ཡབ་སྲས་ཀྱི་གཞུང་ལས་མ་གསུངས་ཏེ། རྩ་བ་ཤེས་རབ་ལས། གོང་དུ་དྲངས་པར། བཅོམ་ལྡན་མྱ་ངན་འདས་གྱུར་ནས། །ཞེས་སོགས་དང་། ཡང་དེ་ཉིད་ལས། རྟག་དང་མི་རྟག་ལ་སོགས་བཞི། །ཞི་བ་འདི་ལ་ག་ལ་ཡོད། །མཐའ་དང་མཐའ་མེད་ལ་སོགས་བཞི། །ཞི་བ་འདི་ལ་ག་ལ་ཡོད། །གང་གི་དེ་བཞིན་གཤེགས་ཡོད་ཅེས། །འཛིན་པ་སྟུག་པོ་བཟུང་གྱུར་པ། །དེ་ནི་མྱ་ངན་འདས་པ་ལ། །མེད་ཅེས་རྣམ་རྟོག་རྟོག་པར་བྱེད། །རང་བཞིན་གྱི་ནི་སྟོང་

དེ་ལ། །སངས་རྒྱས་མྱ་ངན་འདས་ནས་ནི། །ཡོད་དོ་ཞེའམ་མེད་དོ་ཞེས། །བསམ་པ་མཐའ་པ་ཉིད་མི་འགྱུར། ། ཞེས་བྱ་བ་ལ་སོགས་པ་གནས་ལུགས་ལ་དཔྱོད་པའི་གཞུང་ཐམས་ཅད་དུ། བཅོམ་ལྡན་གཤེགས་བཞུགས་དང་གཉིས་མེད་ཀྱི་ཡེ་ཤེས་ལ་སོགས་པ་ཤེས་བྱ་ཐམས་ཅད་ལ་ཡོད་མེད་ལ་སོགས་པའི་མཐའ་བཞི་པོ་བཀག་པར་གསུངས་པའི་ཕྱིར་རོ། །

གཉིས་པ་བདེན་པ་བཀག་ཙམ་ལྟ་བ་མཐར་ཐུག་ཏུ་འདོད་པ་དགག་པ་ནི། རྟེན་འབྲེལ་ལ་སོགས་པའི་རྟགས་ལས་ཆོས་ཐམས་ཅད་བདེན་པ་བཀག་པའི་མེད་དགག་ལ་དབུ་མ་པའི་ལྟ་བར་ཞེན་པ་ཆོས་ཅན། ཁྱོད་ནི་མདོ་རྒྱུད་དང་འགལ་ཏེ། ཁྱོད་ལ་སྐྱར་བཤད་པའི་དབུ་མ་རྒྱ་བ་ཤེས་རབ་ལ་སོགས་པའི་ཡིད་ཆེས་ཀྱི་ལུང་གིས་གནོད་ཅིང་། རྒྱུད་ལས། མིང་སོགས་བྲལ་བའི་ཆོས་རྣམས་ལ། །དེར་རྟོགས་པ་ནི་བཅུ་གཅིག་པ། །ཞེས་མིང་དང་མཚན་མ་དང་བྲལ་བའི་ཆོས་རྣམས་ལ་ཡོད་མེད་ལ་སོགས་པའི་མཐར་འཛིན་པ་རྒྱ་བའི་ལུང་བར་གསུངས་ཤིང་། ཁྱོད་མེད་མཐར་འཛིན་པ་ཡིན་པའི་ཕྱིར།

གསུམ་པ་ཐེག་པ་གསུམ་གྱི་རྟོགས་བྱའི་ལྟ་བ་ལ་ཁྱད་པར་མེད་པ་དགག་པ་ལ་གཉིས་ཏེ། ལུང་དང་འགལ་བ། རིགས་པ་དང་འགལ་བའོ། །དང་པོ་ལ་གཉིས་ཏེ། བྱམས་མགོན་གྱི་ལུང་དང་འགལ་བ། ཀླུ་སྒྲུབ་ཡབ་སྲས་ཀྱི་ལུང་དང་འགལ་བའོ། །དང་པོ་ནི། ཐེག་པ་གསུམ་གྱི་ལྟ་བ་ལ་ཁྱད་པར་མེད་པར་འདོད་ན། དེ་ཉིད་བྱམས་མགོན་གྱི་ལུང་དང་འགལ་ཏེ། རྗེ་བཙུན་མི་ཕམ་མགོན་པོས་ཐེག་པ་གསུམ་ལ་ཉན་ཐོས་ཀྱི་གང་ཟག་གི་བདག་མེད་ཙམ་རྟོགས་ཤིང་། རང་རྒྱལ་གྱིས་དེའི་སྟེང་དུ་གཟུང་བ་ཆོས་ཀྱི་བདག་མེད་རྟོགས་པ་དང་། ཐེག་པ་ཆེན་པོས་དེའི་སྟེང་དུ་འཛིན་པ་ཆོས་ཀྱི་བདག་མེད་རྟོགས་པའི་རིམ་པ་གསུམ་དང་། ཐེག་ཆེན་གྱི་སྦྱོར་ལམ། མཐོང་ལམ། སྒོམ་པའི་ལམ་གསུམ་རིམ་པ་བཞིན་དུ། དམིགས་པ་མི་རྟག་ལ་སོགས་པ། །ཞེས་སོགས་དང་། བསམ་མི་ཁྱབ་སོགས་ཁྱད་པར་གྱི། །ཞེས་སོགས་དང་། སྒོམ་པའི་ལམ་ནི་ཟབ་པ་སྟེ། །ཞེས་སོགས་ཀྱིས་ཐེག་པ་དམན་པའི་སྦྱོར་མཐོང་སྒོམ་གསུམ་ལས་ལྟ་བའི་སྒོ་ནས་ཁྱད་པར་དུ་འཕགས་ཚུལ་གསུངས་པའི་ཕྱིར། གཉིས་པ་ནི། ཐེག་པ་གསུམ་ལ་ལྟ་བའི་ཁྱད་པར་མེད་པར་འདོད་པ་དེ། ཀླུ་སྒྲུབ་ཡབ་སྲས་ཀྱི་ལུང་དང་ཡང་འགལ་ཏེ། འཕགས་མཆོག་ཀླུ་སྒྲུབ་ཞབས་ཀྱིས། མཚན་མ་མེད་པར་མ་རྟོགས་པར། ཁྱོད་ཀྱིས་ཐར་པ་མེད་པར་གསུངས། །དེ་ཉིད་ཕྱིར་ན་ཐེག་ཆེན་ལ། །དེ་ནི་ཚང་བར་བསྟན་པ་ལགས། །ཞེས་ཐེག་པ་གསུམ་ལ་ནི་མཚན་མེད་ཚང་བར་རྟོགས་པ་དང་། མ་རྟོགས་པའི་ཁྱད་པར་གསུངས་ཤིང་། དཔལ་ལྡན་ཟླ་བ་གྲགས་པས་ཀྱང་འཇུག་པ་རང་འགྲེལ་ལས། འཁོར་གསུམ་མི་དམིགས་པའི་ཤེས་རབ་དང་། བསམ་གྱིས་མི་ཁྱབ་པའི་

ཆོས་ཉིད་རྟོགས་མ་རྟོགས་སོགས་ལྷ་བའི་ཁྱད་པར་གསུངས་པའི་ཕྱིར། གཉིས་པ་རིགས་པ་དང་འགལ་བ་ནི། ཐེག་པ་གསུམ་ལྟ་བ་ཁྱད་པར་མེད་པ་ལ། ལུང་གིས་གནོད་པར་མ་ཟད། རིགས་པས་ཀྱང་ནི་གནོད་པ་ཡིན་ཏེ། དེ་ལྟར་འདོད་ན། ཐེག་པ་དམན་པའི་མཐོང་བའི་ལམ་ཉིད་ནས་བདེ་བར་གཤེགས་པའི་སྙིང་པོ་མངོན་སུམ་དུ་མཐོང་བར་འགྱུར་བར་ཐལ། ཐེག་པ་གསུམ་གྱི་ལྟ་བ་ལ་ཁྱད་པར་མེད་པའི་ཕྱིར། འདོད་ན་ཉན་རང་འཕགས་པ་ཆོས་ཅན། ཁྱོད་ཀྱི་བདེ་བར་གཤེགས་པའི་སྙིང་པོ་མངོན་སུམ་དུ་མ་མཐོང་བར་ཐལ། ཁྱོད་ཀྱི་དེ་མངོན་སུམ་དུ་མཐོང་ན། ཁྱོད་ཟག་བཅས་ཀྱི་ལས་དང་ཉོན་མོངས་པ་ལས་བྱུང་བའི་སྐྱེ་རྒ་ན་འཆི་སོགས་རྣམས་ལས་འདས་པར་གྱུར་པར་ཐལ་བའི་སྐྱོན་ཡོད་ཅིང་། མདོ་ལས། འོད་སྲུང་། བཅོམ་ལྡན་འདས་དེ་བཞིན་གཤེགས་པའི་སྙིང་པོ་འདི་ནི་འཇིག་ཚོགས་ལ་ལྟ་བར་ལྟུང་བ་རྣམས་དང་། ཕྱིན་ཅི་ལོག་ལ་མངོན་པར་དགའ་བ་རྣམས་དང་། སྟོང་པ་ཉིད་ལ་སེམས་རྣམ་པར་གཡེང་བ་རྣམས་ཀྱི་སྤྱོད་ཡུལ་མ་ལགས་སོ་ཞེས་དང་། དེའི་དགོངས་པ་འགྲེལ་བ་ལ་རྒྱུད་བླར། ཉི་མའི་དཀྱིལ་འཁོར་འོད་འབར་བ། །མིག་མེད་པས་ནི་མཐོང་བ་མེད། །ཅེས་དང་། དེའི་འགྲེལ་པ་འཕགས་པ་ཐོགས་མེད་ཞབས་ཀྱི་འགྲེལ་ཆེན་ལས། མདོར་བསྡུས་ན་གང་ཟག་བཞི་པོ་འདི་དག་ནི་དེ་བཞིན་གཤེགས་པའི་སྙིང་པོ་ལྟ་བ་ལ་མིག་དང་མི་ལྡན་པར་རྣམ་པར་བཞག་སྟེ། བཞི་གང་ཞེ་ན། སོ་སོ་སྐྱེ་བོ་དང་། ཉན་ཐོས་དང་། རང་སངས་རྒྱས་དང་། ཐེག་པ་ལ་གསར་དུ་ཞུགས་པའི་བྱང་ཆུབ་སེམས་དཔའོ་ཞེས་གསུངས་པ་དང་འགལ་བའི་ཕྱིར་རོ། །ཁ་ཅིག །འཕགས་མཆོག་ཀླུ་སྒྲུབ་དང་། ཟླ་བ་གྲགས་པ་སོགས་ཀྱི་ལུགས་ལ་ཐེག་པ་གསུམ་ཆར་གྱི་འཕགས་པས་བདེ་གཤེགས་སྙིང་པོ་མངོན་སུམ་དུ་མཐོང་བ་ཡིན་ཞེས་པ་ཡང་མི་འཐད་དེ། བདེ་གཤེགས་སྙིང་པོ་མངོན་སུམ་དུ་རྟོགས་ན། འཛིན་པ་ཆོས་ཀྱི་བདག་མེད་རྟོགས་དགོས་པ་ལས། ཉན་རང་འཕགས་པས་འཛིན་པ་ཆོས་ཀྱི་བདག་མེད་མངོན་སུམ་དུ་མ་རྟོགས་པའི་ཕྱིར། དེས་ན། བུམས་མགོན་གྱི་ཉེར་ལེན་གྱི་ཕུང་པོ་བདེན་མེད་དུ་རྟོགས་པ་དེ་ཉིད་ལ་གང་ཟག་གི་བདག་མེད་རྟོགས་པའི་ཐ་སྙད་མཛད་ནས། དེའི་དབང་གིས་ཉན་ཐོས་འཕགས་པས་དེ་རྟོགས་ཀྱང་ཆོས་ཀྱི་བདག་མེད་རྟོགས་པ་མེད། རང་རྒྱལ་གྱིས་ཉེར་ལེན་གྱི་ཕུང་པོ་བདེན་མེད་དུ་རྟོགས་པའི་སྟེང་དུ། གཟུང་བ་ཕྱི་རོལ་གྱི་དོན་བདེན་མེད་དུ་རྟོགས་པ་ཙམ་ལ་ཆོས་ཀྱི་བདག་མེད་ཀྱི་ཕྱོགས་རྟོགས་པ་ཡོད་པ་དང་། ཐེག་ཆེན་ལ་བདག་མེད་གཉིས་ཀ་རྟོགས་པ་ཡོད་པའི་ཐ་སྙད་མཛད་ལ། ཀླུ་སྒྲུབ་ཡབ་སྲས་ཀྱི་གང་ཟག་བདེན་མེད་དུ་རྟོགས་པ་ལ་གང་ཟག་གི་བདག་མེད་རྟོགས་པ་དང་། ཉེར་ལེན་གྱི་ཕུང་པོ་བདེན་མེད་དུ་རྟོགས་པ་ལ་ཆོས་ཀྱི་བདག་མེད་རྟོགས་པའི་ཐ་སྙད་མཛད་ནས། ཉན་རང་འཕགས་པ་གཉིས་ཀ་ལ་ཆོས་ཀྱི་བདག་མེད་རྟོགས་པ་ཡོད་པར་བཞེད་ལ། ཉེར་ལེན་གྱི་ཕུང་པོ་བདེན་

མེད་དུ་རྟོགས་པ་ལ། མགོན་པོ་བྱམས་པས་གང་ཟག་གི་བདག་མེད་རྟོགས་པའི་ཐ་སྙད་དང་། ཀླུ་སྒྲུབ་ཡབ་སྲས་ཀྱིས་ཉེར་ལེན་གྱི་ཕུང་པོ་བདེན་མེད་དུ་རྟོགས་པ་ལ། ཆོས་ཀྱི་བདག་མེད་རྟོགས་པ་ཞེས་པའི་ཐ་སྙད་མཛད་པའི་དགོས་པ་སོགས་ནི། སྟྲས་དོན་ཟབ་མོའི་གཏེར་གྱི་ཁ་འབྱེད་ཀྱི་སྐབས་གསུམ་པར་ཤེས་པར་བྱའོ། །ཆོས་ཀྱི་བདག་མེད་ཀྱི་ངོས་འཛིན་གཅིག་ཏུ་བྱས་ནས། དེ་ཀླུ་སྒྲུབ་ཀྱི་ལུགས་ལ་ཉན་རང་གིས་རྟོགས། བྱམས་ཆོས་ཀྱི་ལུགས་ལ་ཉན་རང་གིས་མ་རྟོགས་པར་འདོད་པ་ནི། དགོས་པའི་དབང་གིས་དོན་གཅིག་ལ་ཐ་སྙད་མི་མཐུན་ཡང་། མཐར་ཐུག་དགོངས་པ་གཅིག་ཏུ་སྒྲུབ་པའི་སྐབས་འདིར་གང་རུང་གཅིག་ལ་བསྐྱར་པ་བཏབ་པར་འགྱུར་བར་གསུངས་པ་བཞིན་དུ་དོན་བདེ་གཤེགས་སྙིང་པོ་གཅིག་ཉིད། ཀླུ་སྒྲུབ་ཀྱི་ལུགས་ལ་ཉན་རང་གིས་རྟོགས། བྱམས་ཆོས་རྗེས་འབྲང་དང་བཅས་པའི་ལུགས་ལ་ཉན་རང་གིས་མ་རྟོགས་པར་འདོད་པ་ནི་གང་རུང་གཅིག་ལ་བསྐྱར་པ་བཏབ་པར་འགྱུར་རོ། །འོ་ན། དོན་ཆོས་ཀྱི་བདག་མེད་གཅིག་ཉིད་ལ་སྦྱར་ན་ཡང་མཚུངས་སོ་སྙམ་ན་མི་མཚུངས་ཏེ། ཀླུ་སྒྲུབ་ཀྱི་ཉེར་ལེན་གྱི་ཕུང་པོ་བདེན་མེད་དུ་རྟོགས་པ་ལ། ཆོས་ཀྱི་བདག་མེད་རྟོགས་པ་ཞེས་པའི་ཐ་སྙད་མཛད། བྱམས་ཆོས་ཀྱི་ལུགས་ལ་ཉེར་ལེན་གྱི་ཕུང་པོ་བདེན་མེད་དུ་རྟོགས་པ་ལ། གང་ཟག་གི་བདག་མེད་རྟོགས་པ་ཞེས་པའི་ཐ་སྙད་སོ་སོར་མཛད་ཀྱང་། གཉིས་ཀའི་ལུགས་ལ་ཉན་རང་འཕགས་པས་དོན་ཉེར་ལེན་གྱི་ཕུང་པོ་བདེན་མེད་དུ་རྟོགས་པ་བཞེད་པ་གང་ཞིག །བདེ་གཤེགས་སྙིང་པོ་ལ་དེ་འདྲའི་འཇོག་ཚུལ་མེད་པའི་ཕྱིར། འོ་ན། རིགས་པ་དྲུག་ཅུ་པའི་འགྲེལ་པར། ཟླ་བ་གྲགས་པས། དེ་མཐོང་བས་མྱ་ངན་ལས་འདས་པ་ཡང་མཐོང་བས་ན། སུས་རྟེན་ཅིང་འབྲེལ་བར་འབྱུང་བ་མཐོང་བ་དེས་ཆོས་མཐོང་། ཆོས་ཀྱི་ངོ་བོ་ཉིད་དང་། སངས་རྒྱས་བཅོམ་ལྡན་འདས་ཐ་མི་དད་པས་ན་དེ་མཐོང་བས་སངས་རྒྱས་མཐོང་བ་ཡིན་ནོ། །ཞེས་པའི་དོན་ཇི་ལྟར་ཞེ་ན། དེའི་དོན་ནི། ཆོས་མྱ་ངན་ལས་འདས་པ་རང་བཞིན་མེད་པར་རྟོགས་ན། སངས་རྒྱས་ཀྱི་སྙིང་པོ་རང་བཞིན་མེད་པར་རྟོགས་ཞེས་པའི་དོན་ནོ། །

བཞི་པ་ཐལ་རང་གཉིས་ཀྱི་དོན་དམ་གྱི་ལྟ་བ་ལ་ཁྱད་པར་ཡོད་པར་དགག་པ་ལ་གསུམ་སྟེ། རང་རྒྱུད་པའི་དགག་བྱ་འགོག་ཚུལ་ཁས་བླངས་དང་འགལ་བ། ཐལ་འགྱུར་བའི་དགག་བྱ་འགོག་ཚུལ་རིགས་པ་དང་འགལ་བ། ཞེན་ཡུལ་དགག་བྱར་བྱེད་པ་ལོག་རྟོག་ཡིན་ན་ཧ་ཅང་ཐལ་བའོ། །དང་པོ་ནི། རང་རྒྱུད་པའི་དགག་བྱ་འགོག་པའི་སྐབས་སུ་བློ་ལ་མ་ལྟོས་པར་ཡུལ་རང་ངོས་ནས་གྲུབ་པ་རང་རྒྱུད་པ་ཀུན་གྱིས་འགོག་ན་ཁས་བླངས་འགལ་ཏེ། སློབ་དཔོན་ཟླ་བས་ཏེ་ལེགས་ལྡན་བྱེད་ཀྱིས་ཕྱི་དོན་རང་གི་ངོ་བོའི་སྒོ་ནས་གྲུབ་པར་ཁས་བླངས་སོ་ཞེས་ཁྱེད་རང་གིས་སྨྲས་པ་དང་འགལ་བའི་ཕྱིར་རོ། །

གཉིས་པ་ལ་གཉིས་ཏེ། ཐ་སྙད་དུ་མ་སྟེང་པ་ཡིན་ན་གཞུང་དང་འགལ་བ། དོན་དམ་དུ་མ་སྟེང་པ་ཡིན་ན་ཁྱད་ཆོས་སུ་མི་རུང་བའོ། །དང་པོ་ནི། བཏགས་དོན་བཙལ་བའི་ཚེ་མ་སྟེང་པ་དེ་ཐལ་འགྱུར་བའི་ཐུན་མོང་མ་ཡིན་པའི་ཁྱད་ཆོས་ཡིན་པ་མི་འཐད་པར་ཐལ། མིང་གི་བཏགས་དོན་བཙལ་བའི་ཚེ་མ་སྟེང་པའི་དོན་ཐ་སྙད་དུ་མིང་གི་བཏགས་དོན་བཙལ་བའི་ཚེ་མ་སྟེང་པ་ལ་འདོད་དམ། དོན་དམ་དུ་མིང་གི་བཏགས་དོན་བཙལ་བའི་ཚེ་མ་སྟེང་པ་གང་དུ་འདོད་དཔྱད་ན་ཁས་བླང་དུ་མེད་པའི་ཕྱིར། གལ་ཏེ་དེའི་དོན་ཐ་སྙད་དུ་མིང་གི་བཏགས་དོན་བཙལ་བའི་ཚེ་མ་སྟེང་པ་ཡིན་ན། འདོགས་བྱེད་ཀྱི་མིང་ཡང་ཐ་སྙད་དུ་མེད་པར་འགྱུར་ཏེ། འདོགས་བྱེད་ཀྱི་མིང་དང་མིང་གི་བཏགས་དོན་དེ་དག་ཕན་ཚུན་ལྟོས་ནས་གྲུབ་པ་སྟེ། དེ་གཉིས་ཐ་སྙད་དུ་ཡོད་ན་ཡོད་མཚུངས་དང་། མེད་ན་མེད་མཚུངས་གང་ཞིག །དེའི་དོན་བཏགས་དོན་བཙལ་བའི་ཚེ་ཐ་སྙད་དུ་མེད་པའི་ཕྱིར། དེ་སྐད་དུ་ཡང་། དབུ་མ་རྩ་བའི་ཤེས་རབ་ལས། བྱེད་པོ་ལས་ལ་བརྟེན་བྱས་ཤིང་། །ལས་ཀྱང་བྱེད་པོ་དེ་ཉིད་ལ། །བརྟེན་ནས་འབྱུང་བ་མ་གཏོགས་པ། །གྲུབ་པའི་རྒྱུ་ནི་མ་མཐོང་ངོ་། །བྱེད་པ་པོ་དང་ལས་དབང་གིས། །དངོས་པོ་ལྷག་མ་ཤེས་པར་བྱ། །ཞེས། ལས་འདིའི་བྱེད་པ་པོ་ཡིན་ནོ་ཞེས། བྱེད་པ་པོ་རྣམ་པར་འཛོག་པ་ལས་ལ་བརྟེན་ནས་བྱས་ཤིང་། བྱེད་པ་པོས་བྱེད་བཞིན་པ་ཉིད་ལས་ཡིན་པས་ལས་ཀྱང་བྱེད་པ་པོ་དེ་ཉིད་ལ་བརྟེན་ནས་འབྱུང་བ་ཙམ་ལས་མ་གཏོགས་པར་གྲུབ་པའི་རྒྱུ་རིགས་པས་དཔྱད་ན་འགའ་ཡང་ནི་མ་མཐོང་ངོ་། །ཞེས། བྱེད་པ་པོ་དང་ལས་ལ་སོགས་ཐ་སྙད་དུ་ལྟོས་གྲུབ་ཏུ་གསུངས་ཤིང་། དེ་ཆོས་གཞན་ལ་བསྒྲེ་བ་ནི་ཉེ་བར་ལེན་པས་རང་གི་སྒྲུབ་བྱེད་ཉེ་བར་ལེན་པ་པོ་བྱེད་པ་པོ་དང་། ཉེ་བར་བླང་བྱའི་ལས་འཛིན་པར་བྱེད་པས་དེ་གཉིས་ཀྱང་ཕན་ཚུན་ལྟོས་པའི་དབང་གིས་གྲུབ་པ་ཡིན་ཅིང་། དེ་གཉིས་ཁོ་ན་མ་ཟད་ཀྱི་ལས་དང་བྱེད་པ་པོ་དག་གི་དངོས་པོ་ལྷག་མ་བསྐྱེད་བྱ་སྐྱེད་བྱེད་དང་།འགྲོ་བ་དང་འགྲོ་བ་པོ་དང་། བལྟ་བྱ་ལྟ་བྱེད་དང་། མཚན་ཉིད་དང་མཚན་གཞི་དང་། འབྱུང་བར་བྱ་བ་དང་། འབྱུང་བར་བྱེད་པ་དང་། ཡན་ལག་དང་ཡན་ལག་ཅན་ལ་སོགས་པ་དག་ཀྱང་ཕན་ཚུན་ལྟོས་ནས་གྲུབ་པ་ཡིན་པར་ཤེས་པར་བྱ་ཞེས་གསུངས་པའི། དངོས་པོ་ལྷག་མ་ནི་མིང་གི་བརྗོད་བྱ་དང་རྗོད་བྱེད་ཀྱི་མིང་དོན་མཐུན་ལ་སོགས་པ་ཕན་ཚུན་ལྟོས་ནས་གྲུབ་པ་ཀུན་ལ་འཇུག་པར་གསུངས་པའི་ཕྱིར། གཉིས་པ་ནི། དམ་པའི་དོན་དུ་བཏགས་དོན་བཙལ་བའི་ཚེ་མ་སྟེང་པ་དེ། མིང་གི་བཏགས་དོན་བཙལ་བའི་ཚེ་མ་སྟེང་པ་དེའི་དོན་ཡིན་ན། དེ་དབུ་མ་ཐལ་འགྱུར་བ་གཅིག་པུའི་ཁྱད་ཆོས་སུ་ཇི་ལྟར་འགྱུར་ཏེ་མི་འགྱུར་བར་ཐལ། འཁོར་འདས་ཀྱི་ཆོས་ཐམས་ཅད་དམ་པའི་དོན་དུ་མི་སྟེང་པར་དབུ་མ་ཐལ་འགྱུར་བ་དང་རང་རྒྱུད་པ་གཉིས་ཀ་མཐུན་པའི་ཕྱིར།

གསུམ་པ་ལ་བཞི་སྟེ། རྒྱ་བོད་ཀྱི་མཁས་གྲུབ་ལ་བསྐུར་པ་བཏབ་པར་ཐལ་བ། ཞེན་ཡུལ་བདེན་གྲུབ་འགོག་ཏུ་མི་རུང་བར་ཐལ་བ། གནོད་བཅས་ཐུག་མེད་རྟོག་པ་ལ་སྐྱོན་དུ་མི་འགྱུར་བ། འཕགས་པའི་མཉམ་གཞག་ལ་དེ་དག་མེད་པའི་རྒྱུ་མཚན་ནོ། །དང་པོ་ནི། རྟོག་པའི་བློ་ཡིས་གང་དུ་ཞེན་པའི་ཡུལ་རིགས་པས་རྣམ་པར་དཔྱད་ནས་འགོག་པ་ནི། ལོག་རྟོག་ཡིན་ན། ཡང་དག་པར་རྫོགས་པའི་སངས་རྒྱས་ནས་བཟུང་ཏེ་རྒྱ་བོད་ཀྱི་མཁས་གྲུབ་ཀུན། དེ་ལྟ་བུའི་འགོག་ཏུ་མི་རུང་བ་བཀག་པའི་ལོག་རྟོག་དེ་དང་ལྡན་པར་འགྱུར་བར་ཐལ་ཏེ༑ མཁས་གྲུབ་དེ་དག་གིས་སྟོང་པར་འཛིན་པ་དང་། སྟོང་མིན་དུ་འཛིན་པ་སོགས་ཀྱི་གཉིས་འཛིན་གྱི་ཞེན་ཡུལ་ཐམས་ཅད་དབུ་མའི་ལྟ་བའི་སྐབས་སུ་བཀག་པའི་ཕྱིར་རོ། །གཉིས་པ་ནི། བདེན་པའི་གཅིག་དང་བདེན་པའི་དུ་མ་གང་རུང་དང་བྲལ་བའི་གཏན་ཚིགས་ཀྱིས། རྟོག་བློས་ཞེན་ཡུལ་བདེན་གྲུབ་པ་འགོག་གམ་མི་འགོག །འགོག་ན་ཁྱོད་ཀྱི་བློས་གང་དུ་ཞེན་པའི་ཡུལ་ཐམས་ཅད་གཅིག་དུ་བྲལ་གྱི་རིགས་པས་དཔྱད་ནས་འགོག་པ་ལོག་རྟོག་ཡིན་པར་དམ་བཅས་པའི་དམ་བཅའ་ཉམས་པར་འགྱུར་ལ། དེ་མི་འགོག་ན་ནི། ཞེན་ཡུལ་ལ་བདེན་འཛིན་གྱི་ལོག་རྟོག་རིགས་པ་གང་གིས་ཁེགས་པར་འགྱུར་ཏེ་མི་འགྱུར་བར་ཐལ། གཅིག་དུ་བྲལ་གྱི་གཏན་ཚིགས་ཀྱི་རྟོག་བློས་ཞེན་ཡུལ་བདེན་གྲུབ་པ་འགོག་མི་རིགས་པའི་ཕྱིར། གསུམ་པ་ནི། ཁོ་བོ་མཐར་ཐུག་གི་དབུ་མའི་ལྟ་བ་ལ་མུ་བཞིའི་སྤྲོས་པ་ཐམས་ཅད་འགོག་པའི་ཚེ། བློ་སྔ་མ་གནོད་བཅས་དང་། ཕྱི་མ་ཐུག་མེད་དུ་ཐལ་བ་སོགས་ཀྱི་རིགས་པ་གང་གིས་གནོད་དེ་མི་གནོད་པར་ཐལ། མཐོང་ལམ་མ་ཐོབ་པ་ཇི་སྲིད་དུ་རྟོག་བློས་ཡུལ་གྱི་ནི་གནས་ལུགས་ལ་དཔྱོད་པར་བྱེད་པའི་ཚེ། དེ་ལྟ་བུའི་བློ་སྔ་ཕྱི་གཉིས་ཀྱི་བློ་སྔ་མ་གནོད་བཅས་དང་། བློ་ཕྱི་མ་ཐུག་མེད་ཡིན་པ་གཉིས་ཁོ་བོ་འདོད་ཐོག་ཡིན་པས་ན། སྐྱོན་མེད་པའི་ཕྱིར། གཞན་ཡང་ཁོ་བོ་ཅག་མཐར་ཐུག་དུ་ཡོད་མེད་སོགས་མུ་བཞིའི་སྤྲོས་པ་རིམ་གྱི་འགོག་པའི་ཚེ། གནོད་བཅས་གནོད་མེད་སོགས་ཀྱི་སྐྱོན་བརྗོད་པ་གང་ཡིན་པ་འདི་ལ་གནོད་བྱེད་གང་བརྗོད་པ། དབུ་མ་རྩ་བའི་ཤེས་རབ་ཀྱི་བསྟན་བཅོས་ལས། བདག་གོ་ཞེས་ཀྱང་བཏགས་གྱུར་ཞིང་། །བདག་མེད་ཅེས་ཀྱང་བསྟན་པར་གྱུར། །སངས་རྒྱས་རྣམས་ཀྱིས་བདག་དང་ནི། །བདག་མེད་འགག་མེད་ཅེས་ཀྱང་བསྟན། །ཅེས། སྤྱིར་སངས་རྒྱས་རྣམས་ཀྱིས་གདུལ་བྱ་དམན་པ་རྒྱང་འཕེན་པ་ལྟ་བུ་ལས་རྒྱུ་འབྲས་མེད་དོ་ཞེས་བསྐུར་པ་བཏབ་པས་ངན་སོང་དུ་སྐྱེ་བར་འགྱུར་བ་དེ་དག་རྗེས་སུ་བཟུང་བར་བྱ་བའི་ཕྱིར། ཀུན་རྫོབ་ཆོས་ཙམ་ལ་བཏགས་པའི་བདག་ཡོད་པ་ལ་དགོངས་ནས་བདག་གོ་ཞེས་ཀྱང་བཏགས་པར་གྱུར་ཞིང་། གདུལ་བྱ་བར་མ་ལས་འབྲས་ལ་ཡིད་ཆེས་ཀྱང་། བདག་ཏུ་ལྟ་བ་མ་ཁེགས་པས་འཁོར་བར་ལྷུང་བ་རྣམས་རྗེས་སུ་བཟུང་བར་བྱ་བའི་ཕྱིར་དུ། བདག་རྫས་ཡོད་དགག་པའི་ཆོས

ཀུན་རྫོབ་ཏུ་ཡོད་པ་ལ་དགོངས་ནས། བདག་མེད་དོ་ཅེས་ཀྱང་བསྟན་པར་གྱུར་ལ། གདུལ་བྱ་མཆོག་ཏུ་གྱུར་པ་ཀུན་རྫོབ་ཏུ་ལས་རྒྱུ་འབྲས་ལ་ཡིད་ཆེས་ཤིང་། བདེན་པའི་བདག་མེད་པར་ལྟ་བ་དེ་དང་སྐལ་༼དཔྱད།༽ཆོས་ཀྱི་མཚན་མར་འཛིན་པ་སྤོང་བའི་ཕྱིར་དེ་ཁོ་ན་ཉིད་དུ་དགག་བྱ་བདག་དང་ནི། དེ་དགག་པའི་བདག་མེད་འགའ་ཡང་མེད་ཅེས་བསྟན་པ་ཡིན་པས། ཁོ་བོ་ཅག་གི་ཕྱོགས་ལ། ལུང་དང་འགལ་བའི་ཉེས་པ་མེད་དོ། །ཞེས་གསུངས་པ་དང་། གཞན་ཡང་། རྩ་བ་ཤེས་རབ་དེ་ཉིད་ལས། ཐམས་ཅད་ཡང་དག་ཡང་དག་མིན། །ཡང་དག་ཡང་དག་མ་ཡིན་ཉིད། །ཡང་དག་མིན་མིན་ཡང་དག་མིན། །དེ་ནི་སངས་རྒྱས་རྗེས་བསྟན་པའོ། །ཞེས། སྤྱིར་སངས་རྒྱས་ཀྱི་གདུལ་བྱ་ལས་དང་པོ་པ་དང་བར་བྱ་བའི་ཕྱིར། འཇིག་རྟེན་པའི་བློ་ལ་ལྟོས་ནས་སྣོད་བཅུད་ཀྱིས་བསྡུས་པའི་དངོས་པོ་ཐམས་ཅད་ཡང་དག་ཏུ་ཡང་བསྟན། ཕྱིས་དེ་ལ་ཞེན་པ་སྤང་བའི་ཕྱིར། འཕགས་པའི་བློ་ལ་ལྟོས་ནས་ཡང་དག་མིན་པར་ཡང་བསྟན། དེ་ཉིད་འགལ་བ་སྤང་བའི་ཕྱིར་ཐ་སྙད་དུ་ཡང་དག་དང་། དེ་ཁོ་ནར་ཡང་དག་མ་ཡིན་པ་ཉིད་དོ། །ཞེས་གཉིས་ཀར་ཡང་བསྟན། གདུལ་བྱ་མཆོག་ལ་དགག་བྱ་བཀག་པའི་དགག་ཆོས་ཙམ་དུ་འཛིན་པ་སྤོང་བའི་ཕྱིར་དུ་འཕགས་པའི་མཉམ་གཞག་ལ་ལྟོས་ནས་འདི་ཐམས་ཅད་ཡང་དག་མ་ཡིན་པ་མ་ཡིན་ཅིང་། ཡང་དག་པ་མིན་ནོ་ཞེས། དགག་སྒྲུབ་ཀྱི་སྤྲོས་པ་ཐམས་ཅད་དང་བྲལ་བར་བསྟན་པ་ཡིན་པ་དེས་ན། གདུལ་བྱ་དང་འཚམས་པའི་ལམ་སྟོན་པ་དེ་ནི་སངས་རྒྱས་རྣམས་ཀྱི་རྗེས་སུ་བསྟན་པའི་ཚུལ་ལོ། །ཞེས་གསུངས་པ་རྣམས་ལ། ཞེས་མི་གནོད་དེ་གནོད་པར་ཐལ། ལུང་དེ་དག་གིས་མཐར་ཐུག་ཏུ་བདག་དང་བདག་མེད་ཀྱི་ཞེན་པ་དང་། ཡང་དག་ཡིན་མིན་གྱི་ཞེན་པ་སོགས་བཀག་པ་གང་ཞིག །ཁོ་བོ་ཅག་གི་མཐར་ཐུག་དུཏུ་བདེན་པར་ཡོད་མེད་དུ་ཞེན་པ་སོགས་མཐའ་བཞིའི་སྤྲོས་པ་རིམ་གྱི་འགོག་པའི་ཚེ། གནོད་བཅས་ཐུག་མེད་སོགས་ཀྱི་སྐྱོན་གྱིས་གནོད་བྱེད་བརྗོད་པ་འཐད་པའི་ཕྱིར། བཞི་པ་ནི། རྟོག་བློས་གནས་ལུགས་ལ་དཔྱོད་པའི་ཚེ། གནོད་བཅས་ཐུག་མེད་ཡིན་མོད། འོན་ཀྱང་ཐེག་ཆེན་འཕགས་པའི་མཉམ་གཞག་གི་ངོ་བོར་སྤྲོས་པ་ཐམས་ཅད་ཉེ་བར་ཞི་བའི་ཚེ། གནོད་བཅས་ཐུག་མེད་གཉིས་པོའི་སྐྱོན་ཡོད་པ་མ་ཡིན་ཏེ། དེའི་ཚེ་བློ་སྔ་མས་གང་དུའང་ཞེན་པ་མེད་པས་བློ་ཕྱི་མས་དགག་མི་དགོས་ཤིང་། བློ་ཕྱི་མ་གང་དུ་ཡང་འཛིན་པ་མེད་པར་གནས་པའི་ཕྱིར་རོ། །ཀུན་མཁྱེན་ཆེན་པོའི་དབུ་མའི་སྟོང་ཐུན་དུ། གཅིག་དུ་བྲལ་ལ་སོགས་པའི་གཏན་ཚིགས་ཀྱི་མཐའ་དང་པོ་བདེན་པ་བཀག་པའི་ཚེ། རིག་ཤེས་དེའི་བྱེད་པ་ནི། བདེན་པ་བཀག་པ་དོན་ཡིན་པས། བདེན་མེད་དུ་མངོན་པར་ཞེན་པ་སྐྱོན་མ་ཡིན་ཏེ། རྟོག་པས་བདེན་པ་བཀག་པ་ལ་བདེན་མེད་དུ་ཞེན་པ་ལས་མ་འདས་པའི་ཕྱིར། བློ་ཕྱི་མ་ལ་ལྟོས་ནས་དེ་ཉིད་སྐྱོན་ཡིན་པས་ཞེན་ཡུལ་བདེན་མེད་ཉིད་མ་

རྟེན་པའི་སློ་ནས་བདེན་མེད་དུ་ཞེན་པ་ཉིད་ཀྱང་བཀག་དགོས་ཏེ། དེའི་ཚེ་བློ་དེའི་བྱེད་པ་ནི་བདེན་མེད་དུ་ཞེན་པ་བཀག་པ་ཡིན་པས། བདེན་མེད་མ་ཡིན་ནོ་སྙམ་དུ་མངོན་པར་ཞེན་པ་སྐྱོན་མ་ཡིན་པ་ནི་སྔར་དང་འདྲའོ། ། དེ་ཡང་བློ་གསུམ་པ་ལ་ལྟོས་ནས་སྐྱོན་དུ་སོང་བས་གསུམ་པས་བདེན་མེད་མ་ཡིན་པར་མངོན་པར་ཞེན་པ་ཡང་བཀག་ལ། དེ་ཡང་བློ་བཞི་པ་ལ་ལྟོས་ནས་སྐྱོན་དུ་སོང་བས་བཞི་པས་དེ་ཡང་བཀག་སྟེ། མདོར་ན་མཐའ་བཞི་རིམ་ཅན་དུ་འགོག་པའོ། །བཞི་པ་ཕན་ཆད་ཀྱི་འཛིན་སྟངས་མི་སྲིད་པས་ཐུག་མེད་དུ་ཡང་མི་འགྱུར་རོ། །ཞེས་གསུངས་པ་ལ། ཁ་ཅིག་ན་རེ། གནོད་བཅས་ཐུག་མེད་དུ་མི་འགྱུར་བའི་ཚུལ་ནི། འདི་ལྟ་བུའི་སློ་ནས་སྐྱོན་སྤོང་ལེགས་བཤད་ཡིན་པར་སེམས་ལ། མཐར་འཛིན་བཞིའི་ངོས་འཛིན་དེ་ལྟར་ན་ཕྱི་མ་གཉིས་སྔ་མ་གཉིས་ལས་འཛིན་སྟངས་མི་འདྲ་བར་མ་སོང་མཉམ་དུ་སེམས་སོ། །དེས་ན། ཁོ་བོ་འདི་ལྟར་སེམས་ཏེ། གཞི་བུམ་པའི་སྟེང་དུ་བདེན་པར་འཛིན་པ། བདེན་མེད་དུ་འཛིན་པ། དེ་གཉིས་ཆར་དུ་འཛིན་པ། དེ་གཉིས་མིན་དུ་འཛིན་པ་ནི༑ མཐའ་བཞི་ཞེས་གྲགས་པའི་འཛིན་པ་བཞི་ཡིན་ལ་ཞེས་པ་དང་། དེ་གཉིས་ཆར་དུ་འཛིན་པ་ནི་བརྟག་པ་མཐར་བཟུང་བ་ཙམ་ཡིན་གྱི། དེ་ལྟ་བུ་དེ་བདེན་མེད་རྟོགས་པའི་གང་ཟག་ལ་འབྱུང་བའི་གོ་སྐབས་མེད་དེ། མཐའ་དང་པོ་ཁེགས་པའི་ཚེ། ལྷ་གསུམ་པའི་འཛིན་པ་དེ་ཡང་མི་ཁེགས་མི་སྲིད་པའི་ཕྱིར་རོ། །དེས་ན། མཐའ་དང་པོ་ཁེགས་ནས་ཕྱི་མ་གསུམ་ཆར་མ་ཁེགས་པའི་ལྟ་བ་འདི་དབུ་མའི་ལྟ་བ་ཡིན་ཀྱང་ཞེས་གསུང་པ་ཡང་མི་འཐད་དེ། གཅིག་དུ་བྲལ་གྱི་རྟགས་ལས། བུམ་པ་ལྟ་བུའི་སྟེང་དུ་བདེན་པ་འཛིན་པ་དང་། བདེན་མེད་དུ་འཛིན་པ་སོགས་མཐའ་བཞི་རིམ་གྱི་འགོག་པའི་ཚེ། བློ་སྔ་མས་བདེན་མེད་དུ་ཞེན་པ་བློ་ཕྱི་མ་ལ་ལྟོས་ནས་སྐྱོན་ཡིན་པ་སོགས་བཞི་པའི་བར་དུ་རིམ་གྱི་འཆད་དགོས་ཤིང་། བུམ་པ་བདེན་མེད་དུ་རྟོགས་པའི་གང་ཟག་ལ། བུམ་པ་བདེན་པ་དང་བདེན་མེད་གཉིས་ཆར་དུ་འཛིན་པ་འབྱུང་བའི་གོ་སྐབས་མེད་པའི་ཕྱིར། རྟགས་དང་པོ་གྲུབ་སྟེ། གནོད་བཅས་ཐུག་མེད་དུ་མི་འགྱུར་བའི་ཚུལ་ནི། འདི་ལྟ་བུའི་སློ་ནས་སྐྱོན་སྤོང་ལེགས་བཤད་ཡིན་པར་སེམས་ལ་ཤེས་པས། དབུ་མ་སྟོང་ཐུན་དུ། གཅིག་དུ་བྲལ་གྱི་རྟགས་ལས་མཐའ་དང་པོ་བདེན་པ་བཀག་པ་སོགས། མཐའ་བཞི་པ་སོགས་བཀག་པའི་བར་དུ་བློ་སྔ་མ་སྔ་མས་ཞེན་པ་དེ་བློ་ཕྱི་མ་ཕྱི་མ་ལ་ལྟོས་ནས་སྐྱོན་དུ་འགྱུར་ཞིང་། དེ་བཞི་ལས་གཞན་པའི་འཛིན་སྟངས་མི་འདྲ་བ་མེད་པར་གསུངས་པ་ནི་ཁྱེད་རང་གི་ཞལ་གྱིས་བཞེས་པར་གྲུབ་པའི་ཕྱིར། རྩ་བའི་རྟགས་ཕྱི་མ་ཁེགས། གཞན་ཡང་མཐའ་དང་པོ་ཁེགས་ནས། མཐའ་གསུམ་པ་མ་ཁེགས་པའི་ལྟ་བ་དེ། དབུ་མའི་ལྟ་བ་ཡིན་པར་ཐལ། མཐའ་དང་པོ་ཁེགས་ནས། མཐའ་ཕྱི་མ་གསུམ་ཆར་མ་ཁེགས་པའི་ལྟ་བ་དེ། དབུ་མའི་ལྟ་བ་ཡིན་པའི་ཕྱིར། རྟགས་ཁས། འདོད་ན། མཐའ་དང་པོ་ཁེགས

ནས་མཐའ་གསུམ་པ་མ་ཁེགས་པ་ཡོད་པར་ཐལ། འདོད་པའི་ཕྱིར། འདོད་ན། མཐའ་དང་པོ་ཁེགས་པའི་ཚེ། མཐའ་གསུམ་པར་འཛིན་པ་ཡོད་པར་ཐལ། འདོད་པའི་ཕྱིར། འདོད་ན། མཐའ་དང་པོ་ཁེགས་པའི་ཚེ། མུ་གསུམ་པའི་འཛིན་པ་མི་ཁེགས་པ་སྲིད་པ་ཡིན་པར་ཐལ། འདོད་པའི་ཕྱིར། འདོད་མི་ནུས་ཏེ། དེ་གཉིས་ཆར་དུ་འཛིན་པ་ནི། རྟག་པ་མཐར་བཟུང་བ་ཡིན་གྱི། དེ་ལྟ་བུ་བདེན་མེད་རྟོགས་པའི་གང་ཟག་ལ་འབྱུང་བའི་གོ་སྐབས་མེད་དེ། མཐའ་དང་པོ་ཁེགས་པའི་ཚེ། མུ་གསུམ་པའི་འཛིན་པ་དེ་ཡང་མི་ཁེགས་པ་མི་སྲིད་པའི་ཕྱིར། ཞེས་བཀོད་པའི་རྟགས་ཀྱི་སྒྲུབ་བྱེད་དེ། དེ་ལྟ་བུའི་སྒྲུབ་ཆོས་སྒྲུབ་པའི་རང་ལུགས་ཀྱི་སྒྲུབ་བྱེད་རྣམ་དག་ཏུ་བཀོད་པ་ཡིན་པའི་ཕྱིར། དེས་ན། མུ་བཞིའི་སྤྲོས་པ་དངོས་འཛིན་པའི་གནས་སྐབས་སུ། ཕྱི་མ་ཕྱི་མ་སྔ་མ་སྔ་མ་ལས་འཛིན་སྟངས་མི་འདྲ་བ་དགོས་པ་ཡིན་གྱི། ཕྱི་མ་གཉིས་སྔ་མ་གཉིས་ལས་འཛིན་སྟངས་མི་འདྲ་བ་དགོས་པའི་ངེས་པ་ཡང་མེད་ཅིང་། མཐའ་བཞིའི་སྤྲོས་པ་འགོག་པའི་ཚེ། སྟོང་ཐུན་ལས་གསུངས་པ་དེ་ལྟར་དུ་བྱ་དགོས་ཤིང་། དེ་དང་ཁྱེད་རང་གི་མཐར་འཛིན་བཞི་པོ་ངོས་བཟུང་བ་གཉིས་གནད་གཅིག་ཅིང་། གཞུང་ལས་ཀྱང་ཟློར་ཡང་བའི་ཆེད་དུ་དེ་ལྟར་གསུངས་པ་ཡིན་གྱིས། མཐར་འཛིན་བཞི་རིམ་པ་བཞིན་འགོག་པའི་གནས་སྐབས་སུ། སྟོང་ཐུན་ལས་གསུངས་པ་བཞིན་བྱ་དགོས་པའི་ཕྱིར།

ལྔ་པ་དབུ་མའི་ལྟ་བ་ཆོལ་བའི་ཚེ། དགག་པ་གཉིས་ཀྱིས་རྣལ་མར་གོ་བ་དགག་པ་ལ་གཉིས་ཏེ། ལུང་དང་འགལ་བ། རིགས་པ་དང་འགལ་བའོ། །དང་པོ་ནི། རིགས་པས་གནས་ལུགས་ལ་དཔྱད་པའི་ཚེ། བདེན་མེད་བཀག་ན་བདེན་གྲུབ་ཏུ་འགྱུར། ཞེས། དགག་པ་གཉིས་ཀྱིས་རྣལ་མ་ནི་གོ་ཞེས་སྨྲ་བ་ཆོས་ཅན། མགོན་པོ་ཀླུ་སྒྲུབ་ཀྱི་དགོངས་པ་མ་ཡིན་ཏེ། མགོན་པོ་ཀླུ་སྒྲུབ་ཀྱིས། ཡང་དག་ཇི་བཞིན་ཡོངས་ཤེས་པས། །མེད་དང་ཡོད་པར་མི་འདོད་པ། །དེ་ཕྱིར་མེད་པ་པར་གྱུར་ན། །ཅི་ཕྱིར་ཡོད་པ་པར་མི་འགྱུར། །གལ་ཏེ་ཡོད་པ་སུན་ཕྱུང་བས། །དོན་གྱི་འདི་ནི་མེད་པར་བསྟན། །དེ་བཞིན་མེད་པ་སུན་ཕྱུང་བས། །ཡོད་པ་ཅི་ཡི་ཕྱིར་མི་བསྟན། །ཞེས། སྣོད་བཅུད་ཀྱིས་བསྡུས་པའི་དངོས་པོ་ཐམས་ཅད། ལས་དང་པོ་པ་དང་བར་བྱ་བའི་ཕྱིར། འཇིག་རྟེན་པའི་བློ་ལ་ལྟོས་ནས་ཡང་དག་པ་སྐྱེ་ཡོད་པ་དང་། འཕགས་པའི་བློ་ལ་ལྟོས་ནས་ཡང་དག་མ་ཡིན་པ་དང་། ཐ་སྙད་དུ་ཡང་དག་སྐྱེ་ཡོད་པ་རང་དེ་ཁོ་ནར་ཡང་དག་མ་ཡིན་པ་ཉིད་དང་། འཕགས་པའི་མཉམ་བཞག་ལ་ལྟོས་ནས་ཡང་དག་མ་ཡིན་ཞིང་། ཡང་དག་མ་ཡིན་པའང་མ་ཡིན་ནོ་ཞེས། དགག་སྒྲུབ་ཀྱི་སྤྲོས་པ་ཐམས་ཅད་དང་བྲལ་བའི་རིམ་པ་ཇི་ལྟ་བ་བཞིན་ཡོངས་སུ་ཤེས་པས་གནས་ལུགས་ལ་དཔྱོད་པའི་ཚེ། དགག་ཆོས་མེད་པ་མི་འདོད་པ་དང་། དགག་ཆོས་ཡོད་པ་ཡང་མི་འདོད་པ་དེའི་ཕྱིར། གནས་ལུགས་ལ་དཔྱོད་པའི་

དགག་ཆོས་མེད་པ་ཡིན་པར་ལྟ་བར་འགྱུར་ན་ཅིའི་ཕྱིར་དེ་ཡོད་པ་ཡིན་པར་ལྟ་བར་མི་འགྱུར་ཏེ་འགྱུར་རོ། །དེས་ན། ཡོད་མེད་ཡོད་མེད་གང་ཏུ་མི་གནས་པའི་དབུ་མ་ལ་གནས་པར་བྱའོ། །དེ་ལ་གལ་ཏེ་གནས་ལུགས་ལ་དཔྱོད་པའི་ཚེ། དོན་གྱི་འདི་ནི་དགག་ཆོས་མེད་པར་ཐལ། དེའི་ཚེ་དགག་ཆོས་ཡོད་པ་སྲུན་ཕྱུང་བས་སོ་ཞེས་བསླན་ན། འོན་དེ་བཞིན་དུ་མེད་པ་སྲུན་ཕྱུང་བས་ཡོད་པར་ཅིའི་ཕྱིར་མི་བསླན་ཏེ། ཡོད་པར་འགྱུར་བར་ཐལ། ཡོད་པ་སྲུན་ཕྱུང་བས་མེད་པར་འགྱུར་བའི་ཕྱིར། དེས་ན། གནས་ལུགས་ལ་དཔྱོད་པའི་ཚེ། བདེན་མེད་དུ་ཞེན་པ་བཀག་ནས་བཀག་ཤུལ་དུ་ཆོས་གཞན་འཕེན་པ་མེད་པས། བདེན་མེད་བཀག་ཀྱང་བདེན་གྲུབ་ཏུ་མི་འགྱུར་རོ༑ ༑ཞེས་གསུངས་པ་དང་ཅིའི་ཕྱིར་མི་འགལ་ཏེ་འགལ་བའི་ཕྱིར་རོ། །

གཉིས་པ་ནི། ཁྱོད་ཀྱིས་བཞག་པའི་དངོས་པོ་གང་ཡང་བདེན་པ་མེད་པར་ལྟ་བའི་ལྟ་བ་ལ་དབུ་མའི་ཐ་སྙད་ཀྱང་མི་རུང་སྟེ། རྟག་པའི་མཐའ་བདེན་པར་ཡོད་པ་བཀག་པའི་ཚེ། ཆད་པའི་མཐའ་བདེན་པ་མེད་པར་འཛིན་པ་ལ་སྐྱོན་མེད་པ་སོགས་རྟག་པའི་མཐའ་བདེན་པར་ཡོད་པ་དང་། ཆད་པའི་མཐའ་བདེན་པར་མེད་པ་གཉིས་པོ་གང་ཡང་རུང་བ་བདེན་པར་ཡོད་པ་བཀག་པའི་ཚེ། མཐའ་གཅིག་ཤོས་བདེན་པར་མེད་པ་དེར་ནི་འགྱུར་བའི་ཕྱིར་རོ། །འདི་ར་ཁ་ཅིག །རིགས་པ་འདིས་ཕྱོགས་སྔ་མ་ལ་ཟུང་ཞིག་འགྲོ་བ་དཀའ་སྟེ། ཕྱོགས་སྔའི་བཞེད་པ་ནི་རྟག་མི་རྟག་དང་། ཡོད་མེད་སོགས་དངོས་འགལ་རྣམས་ལ་གཅིག་བཀག་པས་ཅིག་ཤོས་སུ་འགྱུར་བར་ཁས་ལེན་གྱི། རྟག་མཐའ་བཀག་པས་ཆད་མཐར་མི་འགྱུར་ཏེ། རྟག་ཆད་ཀྱི་མཐའ་གཉིས་དངོས་འགལ་མ་ཡིན་པའི་ཕྱིར་ཏེ། རྟག་པ་དང་རྟག་མཐའི་ཁྱད་དང་། ཡོད་པ་དང་ཡོད་མཐའི་ཁྱད་སོགས་ཕྱོགས་སྔ་མས་ལེགས་པར་ཕྱེ་འདུག་པའི་ཕྱིར་རོ། །ཞེས་པ་ཡང་མི་འཐད་དེ། རྟག་པ་དང་རྟག་མཐའི་ཁྱད་པར་དང་། ཡོད་པ་དང་ཡོད་མཐའི་ཁྱད་པར་ཕྱེ་བ་ཙམ་གྱིས་དབུ་མ་པར་མ་སོང་བའི་ཕྱིར་ཏེ། དེ་ཡང་ཇི་ལྟར་ཞེ་ན། རྟག་མི་རྟག་གམ། ཡོད་མེད་དམ། བདེན་པར་ཡོད་པ་དང་། བདེན་པར་མེད་པ་ལྟ་བུ་ཐ་སྙད་དུ་དངོས་འགལ་ཡིན་པ་ལ། དངོས་པོ་གང་ཡིན་པ་གཅིག་གཞིར་བཟུང་ནས་གནས་ལུགས་ལ་དཔྱོད་པའི་ཚེ། བདེན་པར་ཡོད་མེད་ཡིན་མིན་སོགས་གང་དུ་ཡང་བཟུང་དུ་མེད་པ་ལ་དབུ་མ་ཞེས་པའི་ཐ་སྙད་བཞག་པ་ཡིན་ཅིང་། དབུ་མ་དེ་ཡང་དབུས་སུ་བཟུང་དུ་ཡོད་ནས། དབུས་མར་བཞག་པ་ནི་མ་ཡིན་ལ། ཆོས་གཉིས་ཕན་ཚུན་དངོས་འགལ་མ་ཡིན་པ་རྒྱུ་མཚན་དུ་བྱས་ནས། དེ་གཉིས་མ་ཡིན་པའི་ཆོས་གཅིག་དེ་གཉིས་མ་ཡིན་པར་སྨྲ་བ་ལ་དབུ་མའི་གྲུབ་མཐར་སྨྲ་བར་འཇོག་པ་མ་ཡིན་ཅིང་། གལ་ཏེ་ཡིན་ན་ཀ་བ་དང་བུམ་པ་གཉིས་དངོས་འགལ་མ་ཡིན་པ་རྒྱུ་མཚན་དུ་བྱས་ནས། སྣམ་བུ་ཀ་བ་ཡང་མ་ཡིན་བུམ་པ་ཡང་མ་ཡིན་པར་སྨྲ་བ་ལ་དབུ་མའི་གྲུབ་མཐར་སྨྲ་བར་འགྱུར་ལ། དེ་

ལྟར་གྱུར་ན་བྱེ་བྲག་ཏུ་སྨྲ་བ་སོགས་དངོས་སྨྲ་བ་ཐམས་ཅད་དབུ་མ་པར་འགྱུར་རོ། །དེས་ན། གནས་ལུགས་ལ་དཔྱོད་པའི་ཚེ། ཡོད་པར་འཛིན་པ་ལ་ཡོད་མཐར་འཛིན་པ་དང་། དེའི་ཚེ་མེད་པར་འཛིན་པ་ལ་མེད་མཐར་འཛིན་པར་འཇོག་པ་ཡིན་གྱིས། ཡོད་མཐར་འཛིན་པ་གནས་ལུགས་ལ་དཔྱོད་པའི་ཚེ། ཡོད་མཐར་འཛིན་པ་ཞེས་པའི་ཚིག་ཟིན་ལ་སྦྱང་མ་སྦྱང་ལ་ལྟོས་པ་མ་ཡིན་པ་ནི་གཞུང་ལུགས་ཚད་ལྡན་རྣམས་ཀྱི་དགོངས་པ་ཡིན་ཅིང་། དོན་ལ་དཔྱོད་པའི་དབུ་མའི་ཆོས་སྐད་བྱེད་པའི་ཚེ་ན་ཡང་། དེ་ལྟར་དུ་བྱ་དགོས་པ་ཡིན་ལ། མཐའ་གཉིས་ལས་གྲོལ་དབུ་མ་པ། །ཞེས་པ་ལ་སོགས་པ་གཞུང་ལས་འབྱུང་བ་ནི་ཐ་སྙད་ཟེར་ཡང་བའི་ཆེད་དུ་གསུངས་པ་ཡིན་ནོ༔ ཆོས་ཕན་ཚུན་དངོས་འགལ་ཡིན་པ་ལ་གནས་ལུགས་ལ་དཔྱོད་པའི་ཚེ། དེ་གཉིས་ལས་གྲོལ་བའམ། དེ་གཉིས་གང་དུ་ཡང་མི་གཟུང་བ་ལ་དེ་གཉིས་ལས་གྲོལ་བ་ཞེས་བཞག་པ་ཡིན་ནོ། །དེང་སང་རྟག་པ་དང་རྟག་མཐའི་ཁྱད་དང་། ཡོད་པ་དང་ཡོད་མཐའི་ཁྱད་དང་། མེད་པ་དང་མེད་མཐའི་ཁྱད་ལ་སོགས་པ་བྱེད་པ་ནི། རང་གི་གྲུབ་མཐའ་ངན་པ་བསྲུང་བའི་ཆེད་དུ་ཚིག་གི་སྒྲིབ་གཡོགས་ཙམ་མོ། །དེས་ན་འདིའི་སྐབས་ཀྱི་རིགས་པ་ནི༔ རིགས་པའི་མཆོག་ཏུ་གནང་ངོ་། །

གཉིས་པ་ཀུན་རྫོབ་མཐའ་བཞིའི་སྤྲོས་བྲལ་དུ་སྨྲ་བ་དགག་པ་ལ་གཉིས་ཏེ། ཕྱོགས་སྔ་མ་བརྗོད། དེ་དགག་པའོ། །དང་པོ་ནི། ལོ་ཆེན་སྐྱབས་མཆོག་དཔལ་བཟང་ལ་སོགས་པ། ཁ་ཅིག་ན་རེ། དོན་དམ་དུ་ཟད་ཐ་སྙད་ཀྱི་རྣམ་བཞག་གི་ཚེ་ན་ཡང་ཡོད་མིན་མེད་མིན་ལ་སོགས་པ་མཐའ་བཞིའི་སྤྲོས་པ་དང་བྲལ་བར་སྨྲ་བར་བྱེད་དགོས་ཏེ། དེར་ཁས་བླངས་ན་རྟག་ཆད་ཀྱི་ལྟ་བ་ཁས་བླངས་པར་འགྱུར་བའི་ཕྱིར། ཞེས་བཞེད་དོ༔ །གཉིས་པ་དེ་དགག་པ་ལ་བཞི་སྟེ། ལུང་དང་འགལ་བ། རིགས་པ་དང་འགལ་བ། སྨྲོང་བ་དང་འགལ་བ། ཁས་ལེན་ཚུལ་སོ་སོར་ཕྱེ་བའོ། །དང་པོ་ནི། མཐའ་གཅིག་ཏུ་ཀུན་རྫོབ་ཡོད་མིན་མེད་མིན་སྨྲ་བ་འདི་ཆོས་ཅན། ཁྱོད་ནི་ལུང་དང་འགལ་བ་ཡིན་ཏེ། མདོ་ལས་སྟོན་པ་ཡིས། འཇིག་རྟེན་ང་དང་རྩོད་བྱེད་ཀྱི། ང་ནི་འཇིག་རྟེན་མི་རྩོད་དེ། འཇིག་རྟེན་ཡོད་མེད་གང་སྨྲ་བ། ང་ཡང་སྨྲ་ཞེས་སྟོན་པ་རྫོགས་པའི་སངས་རྒྱས་ཀྱིས། འཇིག་རྟེན་ང་དང་ལྷན་ཅིག་རྩོད་པ་བྱེད་ཀྱི་ང་ནི་འཇིག་རྟེན་དང་ལྷན་ཅིག་རྩོད་པར་མི་བྱེད་དེ་འཇིག་རྟེན་ན་ཡོད་པར་གང་སྨྲ་བ་ང་ཡང་ཐ་སྙད་དུ་ཡོད་པར་སྨྲ། འཇིག་རྟེན་ན་མེད་པར་གང་སྨྲ་བ་ང་ཡང་ཐ་སྙད་དུ་མེད་པར་སྨྲ་ཞེས་གསུངས་པ་དང་འགལ་བའི་ཕྱིར། དོན་འདི་ལ་དགོངས་ནས། དཔལ་ལྡན་ཟླ་བ་གྲགས་པས་ཀྱང་། ཐ་སྙད་ཀྱི་རྣམ་གཞག་འཇོག་པའི་ཚེ། ཡོད་མེད་སོགས་འགོག་ན་འཇིག་རྟེན་གྱི་ཐ་སྙད་ཀྱིས་གནོད་པས་ཐ་སྙད་དུ་ཡོད་པ་དང་ཐ་སྙད་དུ་མེད་པ་སོ་སོར་སློས་ཞེས་གསུངས་པའི་ཕྱིར། གཉིས་པ་ནི། མཐའ་གཅིག་ཏུ་ཀུན་རྫོབ་ཡོད་མིན་མེད་

མིན་སྨྲ་བ་འདི་ལ། ལུང་དང་འགལ་བར་མ་ཟད། རིགས་པས་ཀྱང་ནི་གནོད་པར་འགྱུར་བ་སྟེ། རྒྱུ་མཚན་ཇི་ལྟར་ན། ཁྱོད་ཀྱི་ལུགས་ལ་ཀུན་རྫོབ་ཀྱི་རྣམ་གཞག་མི་རུང་བར་འགྱུར་བར་ཐལ། ཀུན་རྫོབ་ཐམས་ཅད་མཐའ་བཞིའི་སྤྲོས་པ་ཉིད་ལས་མ་འདས་ལ། ཁྱོད་ཀྱིས་ནི་ཀུན་རྫོབ་མཐའ་བཞི་སྤྲོས་བྲལ་དུ་ཁས་བླངས་པའི་ཕྱིར། གསུམ་པ་ནི། དོན་འདི་ལ། ལུང་རིགས་དང་འགལ་བར་མ་ཟད། མྱོང་བ་དང་འགལ་བའི་ཚུལ་ཡང་བཤད་པར་བྱ་སྟེ། ཇི་ལྟར་ན། ཟས་དང་གོས་དང་མེ་དང་ཆུ་ལ་སོགས་པ་ཐ་སྙད་དུ་ཡོད་མེད་དྲིས་པའི་ཚེ། དེའི་ལན་སྨྲ་བ་པོ་དབུ་མ་པས་ཟས་གོས་ལ་སོགས་པ་ཡོད་མིན་མེད་མིན་ཡིན་ཞེས་སྨྲ་བར་བྱེད་ན་དེ་མི་རིགས་པར་ཐལ། དེའི་ལན་དུ་དེ་ལྟར་སྨྲ་བར་བྱེད་ན་ཐ་སྙད་དུ་ལན་སྨྲ་བ་པོ་རང་ཉིད་ཀྱི་སྐབས་ཀྱི་དགོས་དོན་ཡང་མི་འགྲུབ་ཅིང་། གཞན་དྲི་བ་བྱེད་པ་པོ་ལ་ཕྲན་འབྱིན་དུ་གོ་བའི་ཀླན་ཀར་འགྱུར་བ་མཐོང་བའི་ཕྱིར། བཞི་པ་ནི། ཀུན་རྫོབ་ཏུ་ཡང་ཡོད་མིན་མེད་མིན་གྱི་ལན་དགོས་པ་དང་མི་དགོས་པའི་རྣམ་དབྱེ་སོ་སོར་ཕྱེ་ནས་སྨྲ་དགོས་ཏེ། ཀུན་རྫོབ་ཀྱི་རྣམ་གཞག་ལ་ཡང་མདུན་གྱི་གཞི་འདིར་བསྐལ་དོན་ཤ་ཟ་ཡོད་མེད་ལྟ་བུ་དང་། རྒྱ་ཡི་དུས་ན་འབྲས་བུ་ཡོད་མེད་སོགས་དྲིས་པའི་ལན་དུ་ཡོད་མིན་མེད་མིན་གྱི་ལན་སྨྲ་དགོས་པའང་ཡོད་ལ། དེའི་ལྷག་མ་སྣང་རུང་གི་ཆོས་རྣམས་ལ་ཐ་སྙད་དུ་ཡོད་མེད་དང་ཡིན་མིན་ལ་སོགས་པ་དྲིས་པའི་ལན་དུ། ཡོད་མེད་སོགས་སོ་སོར་སྨྲ་བ་དབུ་མ་པའི་ལུགས་ཡིན་པའི་ཕྱིར།

གསུམ་པ་བྱེད་པའི་སྐྱེས་བུའི་རྣམ་གྲངས་ལ་ཡོད་མེད་སོ་སོར་ཕྱེ་བ་དགག་པ་ལ་གཉིས་ཏེ། ཕྱོགས་སྔ་མ་བརྗོད། དེ་དགག་པའོ། །དང་པོ་ནི། པཎ་ཆེན་ཤཱཀྱ་མཆོག་པ་ལ་སོགས་པ་ལ་ལ། བདག་དང་གང་ཟག་གཉིས་རྣམ་གྲངས་ཡིན་པར་སྨྲ་བ། མུ་སྟེགས་པའི་གཞུང་ལས་བཤད་པ་ཡིན་པའི་ཕྱིར་ན། ཐ་སྙད་དུ་ཡང་བདག་མེད་ཅིང་གང་ཟག་ཡོད་པར་འདོད་ལ། དེ་ཡང་བདག་མེད་པའི་སྒྲུབ་བྱེད་ཡོད་དེ། བདག་མེད་རྟོགས་པའི་བློས་ཡུལ་གྱི་གནས་ཚུལ་རྟོགས་པའི་ཕྱིར་དང་། བདག་འཛིན་ཡུལ་གྱི་གནས་ཚུལ་ལ་མ་ཞུགས་པའི་ཕྱིར། ཞེས་སྨྲ་བ་ཐོས་སོ། །གཉིས་པ་དེ་དགག་པ་ལ་བཞི་སྟེ། ཧ་ཅང་ཐལ་བས་དགག །རང་གི་སྒྲུབ་བྱེད་མི་འཐད། གཞན་ལ་སྐྱོན་འབྱིན་མི་འཐད། ཚིག་དོན་མ་འབྲེལ་བར་གཟུང་བར་གདམས་པའོ། །དང་པོ་ལ་གཉིས་ཏེ། ཧ་ཅང་ཐལ་བ་འགོད། དེ་ཉིད་འཇུག་པའི་རྒྱུ་མཚན་བཤད་པའོ། །དང་པོ་ནི། འོན་ཡུམ་གྱི་མདོ་རྣམས་དང་། འཕགས་པ་ཀླུ་སྒྲུབ་ཡབ་སྲས་ཀྱི་གཞུང་ལུགས་རྣམས་ཆོས་ཅན། མུ་སྟེགས་པའི་གཞུང་ལུགས་སུ་འགྱུར་བར་ཐལ་ཏེ། བདག་དང་གང་ཟག་དེ་དག་རྣམས་གྲངས་སུ་གསུངས་པའི་ཕྱིར། ཁྱབ་པ་ཁས་སོ། །

གཉིས་པ་ལ་གསུམ་སྟེ། མདོ་ལས་བྱེད་པའི་སྐྱེས་བུ་བཅུ་གཉིས་རྣམ་གྲངས་སུ་གསུངས་པའི་ཚུལ། དེ་

ཉིད་འཛུག་པའི་གཞི་ཀླུ་སྒྲུབ་ཀྱིས་ངོས་བཟུང་ཚུལ། དེ་ཉིད་འཛོག་ཚུལ་བླང་པས་རྣམ་པར་བཞག་པའོ། །དང་པོ་ནི། དེའི་གཏན་ཚིགས་ཡང་གྲུབ་སྟེ། ཡུམ་གྱི་མདོ་ལས། བདག་དང་དེའི་རྣམས་གྲངས་ནི་སེམས་ཅན་དང་སྲོག་དང་གང་ཟག་དང་ཟ་པོ་བ་དང་སྐྱེས་བུ་དང་ཤེད་བདག་དང་ཤེས་སྐྱེས་དང་བྱེད་པ་པོ་དང་ཚོར་བ་པོ་དང་ཤེས་པ་པོ་དང་མཐོང་བ་པོ་སྟེ་བྱེད་པའི་སྐྱེས་བུ་བཅུ་གཉིས་གསུངས་པའི་ཕྱིར། གཉིས་པ་ནི། དེ་ལྟར་གསུངས་པ་དེའི་དོན་འཛོག་ཚུལ་ཡོད་དེ། འཕགས་པ་ཀླུ་སྒྲུབ་ཀྱི་རིན་ཆེན་ཕྲེང་བར། ཇི་སྲིད་ཕུང་པོར་འཛིན་ཡོད་པ། །དེ་སྲིད་དེ་ལ་ངར་འཛིན་ཡོད། །ཅེས། ཇི་སྲིད་ཕུང་པོ་ལ་བདག་ཏུ་འཛིན་པ་ཡོད་པ་དེ་སྲིད་དུ་དེ་ལ་ངར་འཛིན་ཡོད་པར་གསུངས་པའི་སྐབས་ཀྱི་ཕུང་པོ་དམིགས་ཡུལ་དུ་བྱས་པ་སྔོན་དུ་སོང་བ་ལ་བརྟེན་ནས། གཞི་མེད་ལ་ངའོ་སྙམ་དུ་གཟུང་པའི་ངར་འཛིན་ལྷན་སྐྱེས་ཀྱི་དམིགས་ཡུལ་དུ་གྱུར་པའི་ང་ཙམ་ལ་བྱེད་པའི་སྐྱེས་བུ་བཅུ་གཉིས་ཀྱི་མིང་གི་རྣམ་གྲངས་བཅུ་གཉིས་སུ་བཏགས་པར་བཞེད་པ་ཡིན་པའི་ཕྱིར། གསུམ་པ་ནི། དེ་ལྟ་བུའི་མིང་གི་རྣམ་གྲངས་བཅུ་གཉིས་དང་ལྡན་པའི་བདག་དེ་ཉིད་བདག་ཏུ་བཏགས་པའི་རྒྱུན་ཕུང་པོ་ལྔ་པོ་རྣམས་ལ་ནི། གང་ཟག་གི་བདག་རིགས་པས་དཔྱད་ནས་འགོག་པའི་རིགས་པ་རྣམས་པ་ལྔའམ། རིགས་པ་རྣམ་པ་བདུན་གྱིས་བཙལ་བའི་ཚེ་ན་མི་རྙེད་ཀྱང་། རིགས་པས་མ་དཔྱད་པའི་འཇིག་རྟེན་གྱི་གྲགས་པའི་ངོ་བོར་རང་གི་ཉེ་བར་བླང་བྱ་ཕུང་པོ་ལྔ་ལ་བརྟེན་ནས་ཉེ་བར་ལེན་པ་པོར་འཛོག་པ་དང་ནི། ཉེ་བར་ལེན་པ་པོའི་ཆ་ཤས་ཕུང་པོ་ལྔ་ལ་བརྟེན་ནས་ནི་ཆ་ཤས་ཅན་དང་། ཆ་ཤས་ཅན་གྱི་ཡན་ལག་ཕུང་པོ་ལྔ་ལ་བརྟེན་ནས་ནི་ཡན་ལག་ཅན་དུ་འཛོག་པ་ཤིང་རྟ་རང་གི་ཉེ་བར་བླང་བྱ་དང་ཆ་ཤས་དང་ཡན་ལག་འཕང་ལོ་སོགས་ལ་བརྟེན་ནས་ཉེ་བར་ལེན་པ་པོ་སོགས་སུ་འཛོག་པའི་དཔེ་དང་སྦྱར་བ་ནི། དཔལ་ལྡན་ཟླ་བ་གྲགས་པས་གསུངས་ཏེ། དབུ་མ་འཇུག་པར། འདི་ནི་དེ་ཉིད་དུའམ་འཇིག་རྟེན་དུ། །རྣམ་པ་བདུན་གྱི་འགྲུབ་འགྱུར་མིན་མོད་ཀྱི། །རྣམ་དཔྱད་མེད་པར་འཇིག་རྟེན་ཉིད་ལས་འདིར། །རང་གི་ཡན་ལག་བརྟེན་ནས་འདོགས་པ་ཡིན། །དེ་ཉིད་ཡན་ལག་ཅན་དེ་ཆ་ཤས་ཅན། །ཤིང་རྟ་དེ་ཉིད་བྱེད་པོ་ཞེས་འགྲོར་བསྙད། །སྐྱེ་བོ་རྣམས་ལ་ལེན་པོ་ཉིད་དུ་འགྲུབ། །འཇིག་རྟེན་གྲགས་པའི་ཀུན་རྫོབ་མ་བརླག་ཅིག །ཅེས་སོགས། གསལ་བར་གསུངས་པའི་ཕྱིར། ཡང་བདག་ཆོས་ཅན། ཁྱོད་ཕུང་པོ་ལ་རྣམ་པ་ལྔའམ་བདུན་གྱི་རིགས་པས་དཔྱད་པའི་ཚེ། བཙལ་ན་མི་རྙེད་པ་ཡིན་ཏེ། ཁྱོད་ཕུང་པོ་དང་གཅིག་གམ། །ཐ་དད་དམ། རྟེན་ནམ། བརྟེན་པའམ། ལྡན་པ་སྟེ། རྣམ་པ་ལྔའམ། དེའི་སྟེང་དུ་དབྱིབས་སམ། ཚོགས་པ་སྟེ་རྣམ་པ་བདུན་གྱིས་དཔྱད་ན་མི་རྙེད་པའི་ཕྱིར། དེས་ན། གང་ཟག་གི་བདག་དང་ཆོས་ཀྱི་བདག་གཉིས་ལ་ཐ་སྙད་དུ་ཡང་མེད་མོད། བདག་ཙམ་ཞིག་རིགས་པས་དཔྱད་ན་མེད་ཀྱང་ཐ་སྙད་དུ

ལས་འབྲས་ཀྱི་རྟེན་དུ་ཡོད་པ་འདི་ཆོས་ཅན། ཁྱོད་ལ་རྟོད་པའི་ཚེ་འདི་ལས་གཞན་དུ་མ་སློས་ཅིག །ཅེས་གདམས་པ་དང་། འཆད་པའི་ཚེ། སློབ་མ་མ་བསླུ་བར་ཚུལ་བཞིན་དུ་འཆད་པར་གྱིས་ཤིག །ཅེས་གདམས་ཏེ། ཁྱོད་རྣམ་པ་བདུན་གྱི་རིགས་པས་དཔྱད་པའི་ཚེ། མི་རྙེད་ཀྱང་། ཐ་སྙད་དུ་ལས་ཀྱི་བྱེད་པ་པོ་སོགས་ཡིན་པར་རྟོགས་པ་ནི། ཁྱོད་གང་ཟག་ལ་རྟག་ཆད་ཀྱི་མཐའ་གཉིས་སྤངས་པའི་གང་ཟག་གི་བདག་མེད་རྟོགས་པའི་ཐབས་ཡིན་པའི་གནད་དམ་པ་ཡིན་པ་དང་། རྟེན་འབྱུང་གི་སྐྱེ་བ་རྟེན་འབྲེལ་གྱི་རིགས་པས་དཔྱད་པའི་ཚེ་མ་རྙེད་ཀྱང་ཐ་སྙད་དུ་ཁས་བླངས་པ་ནི། ཆོས་ལ་རྟག་ཆད་ཀྱི་མཐའ་གཉིས་སྤངས་པའི་ཆོས་ཀྱི་བདག་མེད་རྟོགས་པའི་ཐབས་བླ་ན་མེད་པ་ཡིན་པ་ནི། མཁས་པའི་རྣམ་དཔྱོད་ལས་རྟོགས་པའི་ཕྱིར་རོ། །དེས་ན། རྟག་ཆད་སྤོང་ཚུལ་འདི་ལ། གཞི་ལམ་གྱི་རྟག་ཆད་སྤོང་ཚུལ་གཉིས་ཡོད་དེ། ཆོས་དང་གང་ཟག་ཐ་སྙད་རྟེན་འབྱུང་དུ་ཁས་བླངས་པས་ཆད་པའི་མཐའ་སེལ། དོན་དམ་པར་དཔྱད་ན་མི་རྙེད་པས་རྟག་པའི་མཐའ་སེལ་བ་སྟེ། གཞི་ཆོས་ཅན་ཕུང་པོ་དང་གང་ཟག་ལྟ་བུའི་སྟེང་དུ་བདེན་གཉིས་ཟུང་འཇུག་གམ། སྣང་སྟོང་ཟུང་འཇུག་གམ། གསལ་སྟོང་ཟུང་འཇུག་གི་གནད་ལེགས་པར་རྟོགས་ནུས་པ་ནི། གཞིའི་རྟག་ཆད་སྤོང་ཚུལ་དང་། ཕུང་པོ་དང་གང་ཟག་རང་བཞིན་གྱིས་སྐྱེས་པར་ཁས་མ་བླངས་པས། རྟག་པའི་མཐའ་སེལ། དེ་གཉིས་རང་བཞིན་གྱིས་ཞིག་པའམ་རྒྱུན་ཆད་པར་ཁས་མ་བླངས་པས་ཆད་པའི་མཐའ་སེལ་བ་ནི་ལམ་གྱི་རྟག་ཆད་སྤོང་ཚུལ་ཡིན་པའི་ཕྱིར། གཉིས་པ་རང་གི་སྒྲུབ་བྱེད་མི་འཐད་པ་ནི། ཁྱོད་ཀྱིས་བདག་མེད་དེ། བདག་མེད་རྟོགས་པའི་བློ་ཡུལ་གྱི་གནས་ཚུལ་ལ་ཞུགས་པའི་ཕྱིར་ཞེས་སོགས་སྒྲུབ་བྱེད་ཀྱང་ནི་སྒྲུབ་བྱེད་ལྟར་སྣང་ཡིན་ཏེ། ཇི་ལྟར་ཞེས་ན། སྐྱེ་མེད་དང་། མཚན་མེད་དང་། སྨོན་མེད་རྣམས་རྟོགས་པའི་བློ་ལ་ཡང་སྦྱར་ཏེ། སྐྱེ་བ་དང་། མཚན་མ་དང་། སྨོན་པ་མེད་པར་ཐལ། སྐྱེ་མེད་རྟོགས་པའི་བློ་དང་མཚན་མེད་རྟོགས་པའི་བློ་དང་སྨོན་མེད་རྟོགས་པའི་བློ་རྣམས་ཡུལ་གྱི་གནས་ཚུལ་ལ་ཞུགས་པའི་ཕྱིར་ཞེས་པའི་རིགས་པ་ཀུན་ཏུ་མཚུངས་པ་སྟེ། སྐྱེ་བ་དང་སོགས་པ་མཚན་མ་དག །སྨོན་པ་རྣམས་ཐ་སྙད་དུ་ཡོད་ཅིང་། སྐྱེ་མེད་རྟོགས་པའི་བློ་མཚན་མེད་རྟོགས་པའི་བློ་སྨོན་མེད་རྟོགས་པའི་བློ་རྣམས་ཡུལ་གྱི་གནས་ཚུལ་ལ་ཞུགས་པའི་ཕྱིར། དེས་ན། སྤྱིར་བདག་ཡོད་ཀྱང་བདག་རིགས་པས་དཔྱད་པའི་ཚེ་མེད་པའམ། རང་བཞིན་མེད་པར་རྟོགས་པ་ལ་བདག་མེད་རྟོགས་ཞེས་པར་གྱི་ཚིག་མི་མངོན་པར་བྱས་ནས་བཞག་པ་ཡིན་ནོ། །

གསུམ་པ་ནི། ཁྱོད་ཀྱིས་གཞན་བདག་ཐ་སྙད་དུ་ཡོད་ཅིང་དོན་དམ་དུ་མེད་པར་འདོད་པ་ལ་སྐྱོན་བརྗོད་པའི་ཚེ་ན། བདག་མེད་པར་རྟོགས་པས་གྲོལ་བ་མ་ཡིན་པར་བདག་དོན་དམ་པར་མེད་པར་མཐོང་བས་གྲོལ་

བར་འགྱུར་ན། མོ་གཤམ་གྱི་བུ་མེད་པར་མཐོང་བས་ཀྱང་གྲོལ་བར་འགྱུར་རོ་ཞེས་པའི་སྒྲུབ་འབྱེད་སྨྲ་མོད། སྒྲུབ་འབྱེད་འདི་ནི། འཕགས་པ་ཀླུ་སྒྲུབ་ཀྱིས། བདག་ཡོད་བདག་གིས་ཡོད་ཅེས་པ། །འདི་ནི་དམ་པའི་དོན་དུ་ལོག །གང་ཕྱིར་ཡང་དག་ཇི་ལྟ་བ། །ཡོངས་སུ་ཤེས་པས་གཉིས་མི་འབྱུང་། །ཞེས། བདག་དོན་དམ་པར་ཡོད་པ་དང་བདག་གི་བ་དོན་དམ་པར་ཡོད་ཅེས་འཛིན་པ་འདི་ནི། དམ་པའི་དོན་དུ་ཕྱིན་ཅི་ལོག་པ་སྟེ་གང་གི་ཕྱིར་ན། བདག་དང་བདག་གི་བ་བདེན་འཛིན་གྱི་བློ་ཕྱིན་ཅི་ལོག་ལས་ལོག་པ་ཡང་དག་ཇི་ལྟ་བ་སྟེ། བདེན་པར་མེད་པར་ཡོངས་སུ་ཤེས་པས་བདག་དང་བདག་གི་བ་དོན་དམ་དུ་མེད་པར་འཛིན་གྱི་བློ་ཕྱིན་ཅི་ལོག་གཉིས་མི་འབྱུང་བའི་ཕྱིར། ཞེས་གསུངས་པ་ལ། བརྗོད་པར་སྣང་སྟེ། གཞུང་དེས། བདག་དང་བདག་གི་བ་དོན་དམ་དུ་མེད་པར་རྟོགས་པའི་བློས་བདག་དང་བདག་གི་བ་དོན་དམ་དུ་ཡོད་པར་འཛིན་པའི་ཕྱིན་ཅི་ལོག་གི་བློ་གཉིས་སྤོང་ནུས་པར་བཤད་འདུག་པ་གང་ཞིག །ཁྱོད་ཀྱི་སྒྲུབ་འབྱེད་དེ་དེ་ལྟ་བུའི་དོན་དེ་ལ་སྒྲུབ་འབྱེད་དུ་སོང་བའི་ཕྱིར། དེས་ན། དེ་སྐད་སྨྲ་བ་པོ་ཆོས་ཅན། ཁྱོད་ཕྲ་མོའི་རྣམ་གཞག་ལ་མ་འབྲུལ་བ་ཇི་ལྟར་སྨྲ་ནུས་པར་འགྱུར་ཏེ་མི་ནུས་པར་ཐལ། རགས་པའི་རྣམ་གཞག་འདི་འདྲ་བ་ལ་ཡང་འཁྲུལ་ནས། ཀླུ་སྒྲུབ་ཀྱི་གཞུང་ལ་རྐྱོལ་བ་སོགས་ཅི་ཡིན་མི་འདུག་པའི་ཕྱིར། གཞན་ཡང་། ཁྱོད་རང་གི་ལུགས་ལ་ཐ་སྙད་དུ་ཡང་བདག་མེད་པ་དང་། ཕུང་པོ་ཁམས་སོགས་དོན་དམ་པར་མེད་པར་འདོད་པ་ལའང་། མོ་གཤམ་གྱི་བུ་མེད་པར་མཐོང་བས་གྲོལ་བར་ཐལ་བ་སོགས་ཀྱི་རིགས་པ་དེ་ནི་མཚུངས་པར་འགྱུར་ཏེ། རིགས་པའི་རྣམ་གཞག་ཤེས་ན་ལེགས་པར་དཔྱོད་པ་སྟེ་དཔྱད་པས་གསལ་བའི་ཕྱིར་རོ། །དེ་ལྟར་སྨྲ་བའི་ཁྱོད་ཀྱི་རྣམ་འགྱུར་འདི་ཆོས་ཅན། མཁས་པས་མཐོང་ན་གཞད་གད་ཀྱི་གནས་ཡིན་ཏེ། གཞུང་ལུགས་ཀྱི་རྣམ་གཞག་རིང་དུ་དོར་ནས་མི་ཕལ་པའི་ངག་ཙམ་ལ་བརྟེན་ནས། གྲུབ་མཐའི་རྣམ་གཞག་འཇོག་པར་བྱེད་པ་ཙམ་གྱི་རྣམ་འགྱུར་ཡིན་པའི་ཕྱིར། བཞི་པ་ནི། བདག་གི་སྐྲས་བསྟན་པའི་བདག་ཐ་སྙད་དུ་ཡོད་མེད་ཀྱི་རྣམ་དབྱེ་སོ་སོར་སློས་ལ་མ་འདྲེས་པར་ཕྱེད་དགོས་ཏེ། ཆོས་དང་གང་ཟག་ཚིག་ཟུར་ལ་སྦྱར་བའི་ཆོས་བདག་དང་གང་ཟག་གི་བདག་གཉིས་དང་ཆོས་ཐམས་ཅད་བདག་མེད་ཡིན་ཅེས་པའི་སྐབས་ཀྱི་བདག་གི་དོན་ནམ། རང་གི་ངོ་བོས་གྲུབ་པ་ལ་བཤད་ནས་ཐ་སྙད་དུ་ཡང་མེད་པར། སློབ་དཔོན་སངས་རྒྱས་བསྐྱངས་དང་། དཔལ་ལྡན་ཟླ་བ་གྲགས་པ་ཡིས་བཞེད་ལ། དེ་ལྟ་བུའི་བདག་དེ་དང་བྱེད་པའི་སྐྱེས་བུ་ལ་བདག་ཞེས་བརྗོད་པའི་བདག་གཉིས་པོ་སོ་སོར་མ་འདྲེས་པར་སྨྲ་དགོས་པའི་ཕྱིར་ཏེ། རང་གི་ངོ་བོས་གྲུབ་པའི་བདག་ཐ་སྙད་དུ་ཡང་མེད་ཅིང་། བྱེད་པའི་སྐྱེས་བུ་ལ་བདག་ཅེས་བཏགས་པའི་བདག་དེ་ཐ་སྙད་དུ་ཡོད་པའི་ཕྱིར།

བཞི་པ་ཆོས་དང་གང་ཟག་གི་བདག་ཐ་སྙད་དུ་ཡོད་པ་དགག་པ་ལ་གཉིས་ཏེ། འདོད་པ་བརྗོད་པ། སུན་འབྱིན་བཤད་པའོ། །དང་པོ་ནི། པཎ་ཆེན་ཤཱཀྱ་མཆོག་པའི་གྲུབ་མཐའ་ལ་ལར། གང་ཟག་དང་གང་ཟག་གི་བདག་གཉིས་ཀ་ཡང་ཐ་སྙད་དུ་ཡོད་ཅིང་། དོན་དམ་དུ་མེད་པ་དབུ་མའི་ལུགས་ཡིན་ཏེ། རྒྱུ་མཚན་གང་གི་ཕྱིར་ན༑ གང་ཟག་གི་བདག་འགོག་པའི་རིགས་པའི་གཙོ་བོ་ནི་གང་ཟག་ཉིད་ཕུང་པོ་ལྔ་ལ་རྣམ་བདུན་གྱི་རིགས་པས་བཙལ་བའི་ཚེ་མ་རྙེད་པ་ཡིན་པས། གང་ཟག་དང་ནི་གང་ཟག་གི་བདག་གཉིས་ཡོད་མེད་ཁྱད་པར་མེད་པའི་ཕྱིར། ཞེས་གསུངས་ཞིང་། རྗེས་འཇུག་ལ་ལ་སླུ་བར་བྱེད་དོ། །གཉིས་པ་སུན་འབྱིན་བཤད་པ་ལ་གསུམ་སྟེ། གཞུང་ལུགས་ཀྱི་དགོངས་པ་མིན་པ། མགོ་མཚུངས་ཀྱི་རིགས་པས་དགག་པ། སྒྲུབ་བྱེད་བློ་གྲོས་འཆལ་བའི་རྟགས་སུ་བསྟན་པའོ། །དང་པོ་ནི། གང་ཟག་དང་གང་ཟག་གི་བདག་གཉིས་པོ་ཡོད་པ་ལ་ཁྱད་པར་མེད་པ་ནི། མུ་སྟེགས་པ་དང་། ཉན་ཐོས་མང་བཀུར་བ་ལས་གཞན། ནང་པ་སངས་རྒྱས་པའི་ལུགས་ལ་མེད་དེ། དེ་དེ་གཉིས་པོ་ཁོ་ནའི་ལུགས་ཡིན་པའི་ཕྱིར། གཉིས་པ་ནི། དེ་ལས་གཞན་དུ་ན། ཆོས་དང་གང་ཟག་གི་ཟླས་ཕྱེ་བའི་ཆོས་ཀྱང་། ཆོས་བདག་ཏུ་འགྱུར་ཏེ། གང་ཟག་ཉིད་ཕུང་པོ་ལྔ་ལ་རྣམ་བདུན་གྱི་རིགས་པས་བཙལ་བའི་ཚེ་མ་རྙེད་པ་ཡིན་པས་གང་ཟག་དང་གང་ཟག་གི་བདག་གཉིས་ཡོད་པར་མཚུངས་པ་གང་ཞིག །ཆོས་དེ་ཉིད་ལ་རྟེན་འབྲེལ་ལ་སོགས་པའི་རིགས་པས་བཙལ་བའི་ཚེ་མ་རྙེད་པ་ལ་ཆོས་ཀྱི་བདག་མེད་དུ་འཇོག་པས། གང་ཟག་གི་བདག་མེད་དང་ཆོས་ཀྱི་བདག་མེད་བཙལ་ཚུལ་མཚུངས་པའི་ཕྱིར་རོ། །དེ་ཡང་འདོད་ན། འཕགས་པའི་རྗེས་ཐོབ་ཀྱིས་ཆོས་ཀྱི་བདག་མེད་རྟོགས་པའི་ཚེ་ན། ཆོས་ཙམ་མེད་པར་རྟོགས་པར་འགྱུར་ཏེ། ཆོས་ཙམ་ཆོས་བདག་ཏུ་འདོད་པའི་ཕྱིར། གསུམ་པ་ནི། ཁྱོད་ཀྱི་སྒྲུབ་བྱེད་དེ་བློ་གྲོས་བརྩིངས་པ་ཡི་འབྲས་རྟགས་ཉིད་དུ་ཤེས་པར་བྱ་སྟེ། དེ་ལྟར་ཤེས་པར་བྱ་བའི་དོན་ཡང་། གང་ཟག་དེ་ཕུང་པོ་ལྔ་ལ་རྣམ་བདུན་གྱི་རིགས་པས་བཙལ་བའི་ཚེ་རྙེད་ན། གང་ཟག་གི་བདག་ཏུ་འགྱུར་བའི་དོན་ཡིན་པའི་ཕྱིར། འདིར་ཁ་ཅིག་འདི་སྐད་གསུངས་ཏེ༑ འདིར་དོགས་པ་ཙུང་ཟད་དཔྱད་ན། བསྟན་བཅོས་མཛད་པ་འདིའི་དགོངས་པ་ནི། གང་ཟག་གི་བདག་དང་། ཆོས་ཀྱི་བདག་གཉིས་མེད་ཀྱང་། བདག་ཙམ་ཞིག་ཡོད་པར་ཁས་ལེན་དགོས་ཏེ། བྱེད་པའི་སྐྱེས་བུ་བཅུ་གཉིས་ཀྱི་ཟླས་ཕྱེ་བའི་གང་ཟག་དང་། སྐྱེས་བུ་ལ་སོགས་པ་དོན་གཅིག་མིང་གི་རྣམ་གྲངས་གང་ཞིག །གང་ཟག་དང་སྐྱེས་བུ་སོགས་ཡོད་པར་ཁས་བླངས་དགོས་པའི་ཕྱིར་ཏེ། དེ་དག་མེད་ན་ལས་བྱེད་པ་པོ་དང་། ལས་ཀྱི་རྣམ་སྨིན་མྱོང་བ་པོ་སོགས་ཀྱང་མེད་དགོས་པས་ལས་འབྲས་ལ་ཡང་བསྐུར་པ་བཏབ་པར་འགྱུར་བའི་ཕྱིར་དང་། བདག་དང་གང་ཟག་དོན་དམ་པར་མེད་ཀྱང་། གང་ཟག་གི་བདག་མེད་རྟོགས་པའི་ཐབས་སུ་ཐ་སྙད་དུ་ཡོད་

པར་ཁས་བླངས་དགོས་ཏེ། རྟེན་འབྱུང་གི་སྐྱེ་བ་དོན་དམ་པར་མེད་ཀྱང་ཐ་སྙད་དུ་ཡོད་པ་ནི་དོན་དམ་པ་རྟོགས་པའི་ཐབས་ཡིན་པ་དང་གནད་གཅིག་པའི་ཕྱིར་རོ། །

དེས་ན་བདག་རྫས་ཡོད་དུ་འདོད་པའི་ཉན་ཐོས་མང་བཀུར་བའི་ལུགས་ལ། གང་ཟག་གི་བདག་འཛིན་ལྷན་སྐྱེས་ཀྱི་དམིགས་པ་དང་། བདག་དོན་གཅིག་ཏུ་འདོད་པས་ཕུང་པོ་དེའི་དམིགས་པར་མི་འདོད། བདག་བཏགས་ཡོད་དུ་འདོད་པའི་ཁ་ཆེ་བྱེ་བྲག་ཏུ་སྨྲ་བ་ནས་དབུ་མ་རང་རྒྱུད་པའི་བར་ནི་ཕུང་པོ་གང་ཟག་གི་བདག་འཛིན་ལྷན་སྐྱེས་ཀྱི་དམིགས་པ་དང་། གང་ཟག་གི་བདག་གཞིར་ཁས་ལེན་ཅིང་། དེའི་འཛིན་སྟངས་ཀྱི་ཡུལ་དུ་གྱུར་པའི་ང་ཙམ་ཞིག་བདག་ཏུ་ཁས་ལེན་པས་ངར་འཛིན་ལྷན་སྐྱེས་ཀྱི་དམིགས་པ་དང་། བདག་དོན་གཅིག་ཏུ་མི་འདོད། ཐལ་འགྱུར་བའི་ལུགས་ལ་ཕུང་པོ་ནི་གང་ཟག་ཏུ་བཏགས་པའི་རྒྱུ་ཙམ་ཡིན་གྱི། གང་ཟག་གི་བདག་གཞི་དང་། བདག་འཛིན་ལྷན་སྐྱེས་ཀྱི་དམིགས་པ་གཉིས་གང་དུ་ཡང་ཁས་མི་ལེན་པས་དེའི་དམིགས་པ་དང་བདག་དོན་གཅིག་ཏུ་འདོད། དེས་ན། གང་ཟག་གི་བདག་འཛིན་ལྷན་སྐྱེས་ཀྱི་དམིགས་པ་ཡོད་པས། དེ་ཉིད་ཡུལ་ཅན་ཀུན་རྫོབ་བདེན་པ་ཡིན་ཅིང་། ལྷན་སྐྱེས་ཀྱི་བདག་ཀྱང་ཡོད་པར་འདོད། གང་ཟག་གི་བདག་འཛིན་ཀུན་བརྟགས་ཀྱི་དམིགས་པ་མེད་པས་དེ་ཉིད་ཡུལ་ཅན་ལོག་པའི་ཀུན་རྫོབ་བདེན་པ་ཡིན་ཅིང་། ཀུན་བརྟགས་ཀྱི་བདག་མེད་པར་འདོད་པ་ནི་འཇུག་པ་དགའ་འགྲེལ་སོགས་ཀྱི་དགོངས་པ་བླ་ན་མེད་པའོ། །ཞེས་སོགས་མཁས་པ་སྔ་མའི་རྣམ་གཞག་མང་དུ་བརྗོད་ནས་དེ་དག་ལ་བློ་གཟུ་བོས་རྣམ་པར་དཔྱད་ན་འདི་ལྟར་མཐོང་སྟེ། བདག་ཡོད་པར་བཞེད་པ་དག་གསོན་ཅིག །བདག་ཆོས་ཅན། ཁྱོད་ལ་སྐད་ཅིག་སྔ་ཕྱིའི་རིམ་པ་མང་དུ་ཡོད་པར་ཐལ། ཁྱོད་རྒྱུན་བཅས་ཀྱི་མི་རྟག་པ་ཡིན་པའི་ཕྱིར། རྟགས་དོན་གྱིས་ཁས་བླངས་ཏེ། བདག་དེ་གང་ཟག་ཏུ་ཁས་བླངས་པས་འདུ་བྱེད་ཀྱི་ཕུང་པོ་ཡིན་པའི་ཕྱིར། །གཞན་ཡང་། བདག་ཆོས་ཅན། རྫས་སུ་ཡོད་པར་ཐལ། འདུ་བྱེད་ཀྱི་ཕུང་པོ་ཡིན་པའི་ཕྱིར། ཡང་གང་ཟག་གི་བདག་འཛིན་ལྷན་སྐྱེས་ཆོས་ཅན། འཛིན་སྟངས་ཕྱིན་ཅི་མ་ལོག་པའམ། དོན་དང་མཐུན་པའི་ཤེས་པ་ཡིན་པར་ཐལ། ཁྱོད་ཀྱི་འཛིན་སྟངས་ཀྱི་ཡུལ་དུ་གྱུར་པའི་བདག་དེ་རྫས་སུ་ཡོད་པའི་ཕྱིར་ཡང་རྣམ་སྨིན་གྱི་ཕུང་པོ་སྤྱངས་པའི་མྱང་འདས་མངོན་དུ་བྱས་པའི་ཚེ༑ བདག་རྒྱུན་ཆད་པར་ཐལ། དེ་མངོན་དུ་མ་བྱས་པའི་ཚེ། བདག་ཡོད་ཅིང་། དེ་མངོན་དུ་བྱས་པའི་གནས་སྐབས་ན་བདག་མེད་པའི་ཕྱིར་ཏེ། གནས་སྐབས་དེ་ལ་བདག་འཛིན་མེད་པའི་ཕྱིར། རིགས་པ་བཞི་པོ་འདི་ཉིད་ལ་ལན་གྱིས་བཟློག་པར་ནུས་པ་ཡང་མ་ཡིན་ཏེ། དཔལ་ལྡན་ཟླ་བས། གལ་ཏེ་ཕུང་པོ་བདག་ན་དེ་ཕྱིར་དེ། །མང་བས་བདག་དེ་བདག་ཀྱང་མང་པོར་འགྱུར། །བདག་ནི་རྫས་སུ་འགྱུར་ཞིང་དེར་ལྟ་བས། །རྫས་ལ་འཇུག

པས་ཕྱིན་ཅི་ལོག་མི་འགྱུར། །སྨྲ་ངན་འདས་ཆེ་ངེས་པར་བདག་ཆད་འགྱུར། །ཞེས་བཤད་པའི་རིགས་པ་དྲི་མ་མེད་པ་ཡིན་པའི་ཕྱིར། གཞན་ཡང་། གཞན་གྱིས་བསགས་པའི་རྣམ་སྨིན་གཞན་གྱིས་མྱོང་བ་ཡོད་པར་ཐལ། ལས་སོགས་པའི་བདག་དེ། རྣམ་སྨིན་མྱོང་བའི་ཚེ་འགགས་ནས་མེད་པའི་ཕྱིར་ན། དེ་གཉིས་གཞན་ཡིན་པའི་ཕྱིར། ཡང་བདག་རྟག་མི་རྟག་དྲིས་པའི་ཚེ། བདག་མི་རྟག་ཅེས་ལུང་བསྟན་རིགས་པར་ཐལ། བདག་མི་རྟག་པ་ཡིན་པའི་ཕྱིར། ཡང་བདག་ཆོས་ཅན། བདག་མེད་མཐོང་བའི་རྣལ་འབྱོར་མངོན་སུམ་དེས་ཁྱོད་མེད་པར་མཐོང་བར་ཐལ། ཁྱོད་བདག་མེད་ཡིན་པའི་ཕྱིར། གལ་ཏེ་མ་ཁྱབ་སྟེ་བདག་མེད་མཐོང་བའི་རྣལ་འབྱོར་མངོན་སུམ་གྱིས། བདག་རང་བཞིན་མེད་པར་མཐོང་བས་བདག་མེད་མཐོང་བར་འཇོག་ཅིང་། བདག་ཁོ་རང་མེད་པར་མཐོང་མི་དགོས་པའི་ཕྱིར་ཟེར་ན། འོན་བདག་རང་བཞིན་གྱིས་གྲུབ་པ་དེ། བདག་ཡིན་པར་ཁས་བླངས་ལ༔ བདག་དེ་ཉིད་བདག་མ་ཡིན་པར་ཁས་བླངས་རིགས་ཏེ། བདག་མེད་མཐོང་བའི་རྣལ་འབྱོར་མངོན་སུམ་གྱིས། བདག་རང་བཞིན་མེད་པར་མཐོང་གི། བདག་མེད་པར་མ་མཐོང་བའི་ཕྱིར། དེ་ལྟ་བུའི་རིགས་པ་གསུམ་ཉེས་སྤྱོང་གི་ལན་དང་བཅས་པ། དཔལ་ལྡན་ཟླ་བས་བཤད་པ་ཡིན་ཏེ། གཞན་གྱིས་བསགས་ལ་གཞན་གྱིས་ཟ་འགྱུར་བ། །ཞེས་སོགས་གསུངས་པའི་ཕྱིར། ཞེས་པ་ལ་སོགས་པ་དུ་མ་སྣང་ངོ་། །དེ་རྣམས་ནི་དཔལ་ལྡན་ཟླ་བའི་རིགས་པ་དྲི་མ་མེད་པ་མ་ཡིན་ཏེ། དཔལ་ལྡན་ཟླ་བས་ཁྱབ་པ་མ་ངེས་པ་སོགས་ཀྱི་རིགས་པ་ལྟར་སྣང་འདི་འདྲ་བ་མི་གསུངས་པའི་ཕྱིར། ཇི་ལྟར་ན་རིམ་པ་བཞིན། དང་པོ་ལ་སྔོ་འཛིན་དབང་མངོན་སྐད་ཅིག་མ་དང་པོ་ཆོས་ཅན། ཁྱོད་ལ་སྐད་ཅིག་སྔ་ཕྱིའི་རིམ་པ་མང་དུ་ཡོད་པར་ཐལ། ཁྱོད་རྒྱུན་བཅས་ཀྱི་མི་རྟག་པ་ཡིན་པའི་ཕྱིར་ཏེ། ཁྱོད་རྒྱུན་བཅས་ཀྱི་དབང་མངོན་ཡིན་པའི་ཕྱིར། གོང་དུ་འདོད་མི་ནུས་ཏེ། སྔོ་འཛིན་དབང་མངོན་སྐད་ཅིག་མ་དང་པོ་ལ་སྐད་ཅིག་སྔ་ཕྱིའི་ཆ་མེད་པའི་ཕྱིར། གཉིས་པ་ལ་རྗེས་སུ་ཡོད་པར་ཐལ་ཞེས་པའི་དོན་རྗེས་ཡོད་ལ་བྱེད་དམ། མི་རྟག་པ་ཙམ་ལ་བྱེད། དང་པོ་ལྟར་ན། སྐྱེས་བུ་ཆོས་ཅན། རྗེས་ཡོད་ཡིན་པར་ཐལ། འདུ་བྱེད་ཀྱི་ཕུང་པོ་ཡིན་པའི་ཕྱིར། ཕྱི་མ་ལྟར་ན་འདོད་ཐོག་ཏུ་བབ་བོ། །

གསུམ་པ་ལ་རྟགས་མ་གྲུབ་སྟེ། དེའི་འཛིན་སྟངས་ཀྱི་ཡུལ་དུ་གྱུར་པའི་བདག་མེད་པའི་ཕྱིར། བཞི་པ་ལ། དངོས་བསྟན་ལ་ཁྱབ་པ་མེད་དེ། རྣམ་སྨིན་གྱི་ཕུང་པོ་སྤྱངས་པའི་མྱང་འདས་མངོན་དུ་བྱས་པའི་གང་ཟག་གི་རང་གི་ངོས་སྐལ་གྱི་བདག་རྒྱུན་ཆད་པས་སྤྱིར་བདག་རྒྱུན་ཆད་པར་མི་འགྱུར་བའི་ཕྱིར། གཞན་ཡང་། རྣམ་སྨིན་གྱི་ཕུང་པོ་སྤྱངས་པའི་མྱང་འདས་མངོན་དུ་བྱས་པའི་ཚེ། འཁོར་བ་རྒྱུན་ཆད་པར་ཐལ། དེ་མངོན་དུ་མ་བྱས་པའི་ཚེ། འཁོར་བ་ཡོད་ལ། དེ་ཉིད་མངོན་དུ་བྱས་པའི་གནས་སྐབས་ན། འཁོར་བ་མེད་པའི་ཕྱིར། འདོད་

ན༑ དེའི་ཚེ་འཁོར་བ་མེད་པར་ཐལ། འདོད་པའི་ཕྱིར། འདོད་མི་ནུས་ཏེ། དེའི་ཚེ་སོ་སོ་སྐྱེ་བོ་ཡོད་པའི་ཕྱིར། རིགས་པ་ཕྱི་མ་གསུམ་གྱི་དང་པོ་ལ། རྟགས་མ་གྲུབ་སྟེ། དེ་གཉིས་གཞན་མ་ཡིན་པའི་ཕྱིར་ཏེ། སྒྲ་ལུའི་ས་བོན་དང་། སྒྲ་ལུའི་མྱུ་གུ་གཉིས་གཞན་མ་ཡིན་པའི་ཕྱིར། འདོད་ཐོག་ཏུ་ཡང་བྱ་སྟེ། གཞན་ལྟས་སྡིན་གྱིས་བསགས་པའི་རྣམ་སྨིན་གཞན་ལྟས་སྡིན་གྱིས་མྱོང་བ་ཡོད་པའི་ཕྱིར་ཏེ། གཞན་རིགས་པ་ཕྱི་མ་གསུམ་གྱི་དང་པོ་ལ། རྟགས་མ་གྲུབ་ཏེ། དེ་གཉིས་གཞན་མ་ཡིན་པའི་ཕྱིར་ཏེ། གཞན་ལྟས་ཀྱི་འབྲས་བུ་གཞན་ལྟས་སྡིན་གྱི་འབྲས་བུ་ཡིན་པའི་ཕྱིར། རིགས་པ་གཉིས་པ་ལ་མི་རྟག་པ་ཐམས་ཅད་མཚན་གཞིར་བཟུང་ནས། རྟག་མི་རྟག་དྲིས་པའི་ཚེ་དེ་ཐམས་ཅད་མི་རྟག་ཅེས་ལུང་སྟོན་རིགས་པར་ཐལ། དེ་ཐམས་ཅད་མི་རྟག་པ་ཡིན་པའི་ཕྱིར། འདོད་ན༑ དེ་ཐམས་ཅད་རྟག་མི་རྟག་དཔྱད་པའི་ཚེ། དེ་ཐམས་ཅད་མི་རྟག་ཅེས་ལུང་སྟོན་རིགས་པར་ཐལ། འདོད་པའི་ཕྱིར། དེ་ལ་ཁྱབ་པ་ཡོད་དེ། བུམ་པ་རྟག་མི་རྟག་དྲིས་པའི་གནས་སྐབས་དེ། བུམ་པ་རྟག་མི་རྟག་དཔྱོད་པའི་གནས་སྐབས་ཡིན་པའི་ཕྱིར། གསུམ་པ་ལ། སྐྱེ་བ་ཆོས་ཅན། སྐྱེ་མེད་མཐོང་བའི་རྣལ་འབྱོར་མངོན་སུམ་དེས་ཁྱོད་མེད་པར་མཐོང་བར་ཐལ། ཁྱོད་སྐྱེ་བ་ཡིན་པའི་ཕྱིར། འདོད་མི་ནུས་ཏེ། སྐྱེ་བ་མེད་པར་མཐོང་བའི་རྣལ་འབྱོར་མངོན་སུམ་མེད་པའི་ཕྱིར། མཚན་མ་དང་། སྨྲས་པ་དང་། འཛིན་པ་སོགས་ཀྱང་ཆོས་ཅན་དུ་བཟུང་ནས་རང་རང་ལ་རྟགས་གསལ་གཉིས་སྦྱར་ཏེ་མཚུངས་སོ། །

གཞན་ཡང་། སྐྱེ་མེད་མཐོང་བའི་རྣལ་འབྱོར་མངོན་སུམ་ཆོས་ཅན། ཁྱོད་ཀྱིས་སྐྱེ་མེད་མཐོང་བར་ཐལ། ཁྱོད་ཆོས་ཅན་དེ་ཡིན་པའི་ཕྱིར། འདོད་ན། ཁྱོད་ཀྱི་སྐྱེ་བ་རང་བཞིན་མེད་པར་མཐོང་བའི་རྒྱུ་མཚན་གྱི་ཁྱོད་ཀྱི་སྐྱེ་མེད་མཐོང་བར་འཇོག་རིགས་པར་ཐལ། ཁྱོད་ཀྱིས་སྐྱེ་བ་རང་བཞིན་མེད་པར་མཐོང་བ་གང་ཞིག །ཁྱོད་ཀྱིས་སྐྱེ་མེད་མཐོང་བ་སྟེ། སྐྱེ་བ་མེད་པར་མཐོང་བའི་རྒྱུ་མཚན་གྱི་འཇོག་པ་མ་ཡིན་ཅིང་། ཁྱོད་སྐྱེ་མེད་མཐོང་བའི་རྣལ་འབྱོར་མངོན་སུམ་ཡིན་པའི་ཕྱིར། གཉིས་པ་གྲུབ་སྟེ། སྐྱེ་མེད་མཐོང་བའི་རྣལ་འབྱོར་མངོན་སུམ་དེས་སྐྱེ་བ་མེད་པར་མ་མཐོང་བའི་ཕྱིར། གོང་དུ་འདོད་ན། སྐྱེ་བ་རང་བཞིན་གྱིས་གྲུབ་པ་དེ་སྐྱེ་བ་ཡིན་པ་དང་། སྐྱེ་བ་དེ་ཉིད་སྐྱེ་བ་མ་ཡིན་པར་ཁས་བླངས་རིགས་པར་ཐལ། སྐྱེ་མེད་མཐོང་བའི་རྣལ་འབྱོར་མངོན་སུམ་དེས། སྐྱེ་བ་རང་བཞིན་མེད་པར་མཐོང་གི་སྐྱེ་བ་མེད་པར་མ་མཐོང་བའི་ཕྱིར། དེ་རྣམས་ཀྱི་ཁྱབ་པ་རིམ་པ་བཞིན་ཁྱེད་རང་ལ་ཁས། གཞན་ཡང་། བྱེད་པའི་སྐྱེས་བུ་བཅུ་གཉིས་ཀྱི་ཟླས་ཕྱེ་བའི་བདག་ཡོད་པར་ཐལ། བྱེད་པའི་སྐྱེས་བུ་བཅུ་གཉིས་ཡོད་པའི་ཕྱིར། འདོད་ན། བྱེད་པའི་སྐྱེས་བུ་བཅུ་གཉིས་ཀྱི་ཟླས་ཕྱེ་བའི་བདག་ཆོས་ཅན་དུ་བཟུང་ནས་ཁྱེད་རང་གི་ཐལ་འགྱུར་རྣམས་ལ་རིམ་པ་བཞིན་འཕངས་ན་ངེད་ཀྱི་ལན་འདེབས་ཚུལ་ལས་གཞན་

པ་ཁྱེད་ལ་ཡང་མེད་པས་དགོངས་འཚལ་ལོ། །གཞན་ཡང་བདག་ཡོད་པར་ཐལ། བདག་དང་གང་ཟག་གཉིས་ཀ་ཡོད་པའི་ཕྱིར་ཏེ། བདག་དང་སེམས་ཅན་དང་། སྲོག་ལ་སོགས་པ་ནས་མཐོང་བ་པོའི་བར་བཅུ་གཉིས་ཡོད་པའི་ཕྱིར་ཏེ། དེ་བཅུ་གཉིས་ལ་བྱེད་པའི་སྐྱེས་བུ་བཅུ་གཉིས་སུ་འཇོག་པར་མདོ་ལས་གསུངས་ཤིང་། མདོ་ལས་བྱེད་པའི་སྐྱེས་བུ་བཅུ་གཉིས་འདྲེན་པའི་ཚེ་རེ་རེ་ནས་བྱེད་པའི་སྐྱེས་བུ་བཅུ་གཉིས་ཀྱི་བླས་ཕྱེ་བའི་བདག་དང་ཞེས་སོགས་རེ་རེ་ལ་སྦྱར་བར་མ་གསུངས་པའི་ཕྱིར། དེས་ན་ལུགས་འདི་ལ་མཁྱེན་རབ་ཕུལ་དུ་ཕྱིན་པའི་སྐལ་བ་བཟང་པོར་འདུག་ནའང་། སྐྱོན་མ་སྨྲ་བཙན་གྱི་དབང་གིས་སྤྱིར་བདག་མེད་ལ་བྱེད་པའི་སྐྱེས་བུ་བཅུ་གཉིས་ཀྱི་བླས་ཕྱེ་བའི་བདག་ཡོད་ཅེས་པ་ནི་ཚིག་གི་སྒྲིབ་གཡོགས་ཙམ་དུ་སྣང་ངོ་། །

གཞན་ཡང་བྱེད་པའི་སྐྱེས་བུ་བཅུ་གཉིས་ཀྱི་བླས་ཕྱེ་བའི་བདག་ཆོས་ཅན། བྱེད་པའི་སྐྱེས་བུ་བཅུ་གཉིས་གང་རུང་དུ་གྱུར་པའི་བདག་ཡིན་པར་ཐལ། ཆོས་ཅན་དེ་ཡིན་པའི་ཕྱིར། འདོད་ན། དེ་ཆོས་ཅན། བདག་ཡིན་པར་ཐལ། འདོད་པའི་ཕྱིར། འདོད་ན། བདག་ཡོད་པར་ཐལ། བྱེད་པའི་སྐྱེས་བུ་བཅུ་གཉིས་ཀྱི་བླས་ཕྱེ་བའི་བདག་དེ། བདག་དང་ཡོད་པའི་གཞི་མཐུན་ཡིན་པའི་ཕྱིར། གཞན་ཡང་བདག་ཡོད་པར་ཐལ། བདག་དེ་གང་ཟག་ལ་འཇོག་པའི་ཕྱིར་ཏེ། བདག་དེ་ཕུང་པོ་ལ་བརྟེན་ནས་བཏགས་པ་དང་། ཕུང་པོ་ཉེ་བར་ལེན་པ་པོ་ཡིན་པར་གསུངས་པའི་ཕྱིར་ཏེ། འཇུག་པར། འདི་ནི་ཕུང་པོ་ལ་བརྟེན་འགྲུབ་པར་འགྱུར། །ཞེས་པ་དང་། བདག་ཉིད་ལེགས་པར་སྒོམ་པ་དང་། །ཞེས་པའི་འགྲེལ་པར། དེ་ལ་བདག་ཅུང་ཟད་ཀྱང་གསལ་བ་འདི་ལ་བགཞག་ཅིང་། སྐྱེད་པས་བདག་ཉིད་དེ་ཕུང་པོ་ལ་བརྟེན་ནས་བཏགས་པའི་གང་ཟག་ལ་བདག་ཅེས་བྱའོ། །ཞེས་པ་དང་། མེ་དང་ཤིང་གི་བདག་དང་ནི། །ཞེས་པའི་འགྲེལ་པར། དེ་ལ་ཉེ་བར་བླང་བར་བྱ་བས་ན་ཉེ་བར་ལེན་པའི་ཕུང་པོ་ལྔའོ། །དེ་དག་ལ་ཉེ་བར་བརྟེན་ནས་ཉེ་བར་ལེན་པ་པོ་འཛིན་པ་པོ། སྒྲུབ་པ་པོ་གང་ཡིན་པ་དེ་ནི། བདག་ཏུ་འཛིན་པའི་ཡུལ་ཡིན་པའི་ཕྱིར། འདི་ལ་བདག་ཏུ་ང་རྒྱལ་བ་བཞག་ཅིང་། བསྐྱེད་པས་ན་བདག་ཅེས་བྱའོ། །ཞེས་གསུངས་པའི་ཕྱིར། འོ་ན་གོང་དུ་དྲངས་པའི་འཇུག་པའི་གཞུང་སྔ་ཕྱི་དེ་རྣམས་ཀྱི་དོན། ཇི་ལྟར་ཞེ་ན། གཞུང་དེ་རྣམས་ནི། སྤྱིར་གང་ཟག་གི་བདག་འགོག་པ་ཡིན་ཅིང་། ཁྱད་པར་དུ། རང་སྡེ་མང་བཀུར་བའི་སྡེ་པས་བདག་རྫས་ཡོད་ཕུང་པོ་དང་གཅིག་ཏུ་འདོད་པ་རིགས་པས་དཔྱད་ནས་འགོག་པའི་སྐབས་ཡིན་ལ། དེ་ཡང་། གལ་ཏེ་ཕུང་པོ་བདག་ན་དེ་ཕྱིར་དེ། །ཞེས་སོགས་ཀྱི་དོན་ནི། གལ་ཏེ་ཕུང་པོ་བདག་ཡིན་ན། གང་ཟག་གཅིག་ལ། གཟུགས་ལ་སོགས་པའི་ཕུང་པོ་མང་པོ་ཡོད་པས། གང་ཟག་གཅིག་སྐྱེ་བ་ན་བདག་མང་པོ་སྐྱེ་བར་འགྱུར། སེམས་གཅིག་པུ་བདག་ཡིན་། གང་ཟག་གཅིག་ལ་མིག་གི་རྣམ་པར་ཤེས་པ་ལ་སོགས་པའི་དབྱེ་བ

མང་བའམ། སྐད་ཅིག་རེ་རེ་ལ་རྣམ་པར་ཞིག་པ་སྐྱེ་བ་དང་། འགག་པ་མང་བའི་ཕྱིར། གང་ཟག་གཅིག་ལ་བདག་གམ་གང་ཟག་མང་པོར་འགྱུར་བ་ལས། གང་ཟག་གཅིག་སྐྱེས་པའི་ཚེ། བདག་གམ་གང་ཟག་མང་པོ་སྐྱེས་བར་མི་འདོད་ཅེས་པ་དང་། ཕུང་པོ་ཁོ་ན་བདག་ཡིན་ན། བདག་རྫས་ཡོད་དུ་འགྱུར་ལ། བདག་རྫས་ཡོད་ཡིན་ན། གང་ཟག་གི་བདག་འཛིན་ལྷན་སྐྱེས་དེ་དམིགས་ཡུལ་བདག་རྫས་ཡོད་ལ་འཇུག་པའི་ཕྱིར་ན། དེ་འཛིན་སྤངས་ཕྱིན་ཅི་མ་ལོག་པ་ཡིན་པར་འགྱུར། གལ་ཏེ་བདག་ཕུང་པོའི་རང་བཞིན་ཡིན་ན། རྣམ་སྨིན་གྱི་ཕུང་པོ་ལྷག་མ་མེད་པར་མྱ་ངན་འདས་པའི་ཚེ། ཕུང་པོ་ལྟ་ཆར་རྒྱུན་ཆད་པས་བདག་རྒྱུན་ཆད་པར་འགྱུར། ཞེས་པ་ལ་སོགས་པའི་དོན་ཡིན་ལ། དེ་ཐམས་ཅད་ཀྱང་རིགས་པས་དཔྱད་ནས་འཕེན་པ་ཡིན་ཅིང་། དབུ་མ་པས་རིགས་པས་དཔྱད་པའི་ཚེ་བདག་ཁས་མི་ལེན་པས་སྐྱོན་དེ་རྣམས་རང་གྲོལ་དུ་འགྱུར་རོ། །

གཉིས་པ་སྒོམ་པས་ཉམས་སུ་བླང་ཚུལ་ལ། ལོག་རྟོག་དགག་པ་ལ་གཉིས་ཏེ། ལོག་རྟོག་བརྗོད། སུན་འབྱིན་བཤད་པའོ། །དང་པོ་ནི། རི་བོ་དགེ་ལྡན་པ་ཁ་ཅིག །དབུ་མའི་ལྟ་བ་ཡི་སྒོ་ནས། གདུལ་བྱའི་སེམས་རྒྱུད་འཁྲིད་པའི་ཚེ། འདི་ལྟར་འཆད་དེ། ཐོག་མར་ང་ཞེས་བརྗོད་པ་ཡིས་རྗེས་སུ་འབྲང་བའི་རྟོག་པའི་ཕྲེང་བ་ཉིད་ལ་གོམས་པས་ངར་འཛིན་ལྷན་སྐྱེས་ཀྱི་ཞེན་ཡུལ་ང་ཉིད་རྐྱེད་པའི་རྟགས་དང་མཚན་མ་ཅི་རིགས་པ་འབྱུང་བར་འདོད་ལ། དེའི་རྗེས་སུ་མེད་ཅེས་བརྗོད་པའི་རྗེས་སུ་འབྲང་བའི་རྟོག་པ་གོམས་པ་ལས། ངའམ་བདག་ཡོད་བཀག་ཙམ་གྱིས་མེད་དགག་བློ་ལ་ཤར་བ་ཉིད་གནས་ལུགས་མཐར་ཐུག་རྟོགས་པ་ཡི་ལྟག་མཐོང་ཡིན་ཞེས་སྒྲོག་པར་བྱེད་པའི་ཕྱིར། གཉིས་པའི་སུན་འབྱིན་བཤད་པ་ལ་ལྔ་སྟེ། གྲུབ་མཐའ་བཞིའི་ལུགས་མིན་པ། དུས་གསུམ་མཁྱེན་པས་སྔར་བཀག་པ། ཐོས་བསམ་དོན་མེད་དུ་འགྱུར་བ། སྒོམ་པའི་གནད་འཁྲུལ་བ། སྨད་པའི་གནས་བསྟན་པའོ། །དང་པོ་ནི། བདག་ལྟའི་ཞེན་ཡུལ་གོམས་པ་ཡིས་རྟོག་པའི་རྗེས་འབྲང་གི་སྒོམ་པ་འདི་ཆོས་ཅན། ནང་པའི་གྲུབ་མཐའ་སྨྲ་བ། ཁ་ཆེ་བྱེ་བྲག་ཏུ་སྨྲ་བ་ནས། དབུ་མ་པའི་བར་ལ་མེད་པས། རྒྱལ་བའི་བསྟན་པ་ལ་ཕན་པའི་སྒོམ་རྣམ་དག་མ་ཡིན་ཏེ། ཕྱིད་མུ་སྟེགས་པ་ཁོ་ནའི་ལུགས་ཡིན་གྱི། ནང་པའི་ལུགས་ལ་མེད་པའི་ཕྱིར། གཉིས་པ་ནི། དེ་ལྟ་བུའི་ལུགས་འདི་ཉིད་ཆོས་ཅན། ཁྱོད་གདུལ་བྱ་སྐལ་ལྡན་གྱི་ཉམས་སུ་བླང་བྱ་ཡིན་པ་དུས་གསུམ་མཁྱེན་པ་རྫོགས་པའི་སངས་རྒྱས་ཀྱིས་བཀག་པ་ཡིན་ཏེ། མགོན་པོ་བྱམས་པ་ཡིས་མདོ་སྡེ་རྒྱན་དུ། བདག་ཏུ་ལྟ་བ་སྐྱེད་མི་དགོས། །གོམས་པ་ཐོག་མ་མེད་དུས་ཅན། །ཞེས། གང་ཟག་དང་བདག་ཅེས་གསུངས་པ་ནི། གང་ཟག་གི་བདག་ལྟའི་ཡུལ་ལ་དགོངས་པ་མ་ཡིན་ཏེ། གང་ཟག་གི་བདག་ཏུ་ལྟ་བ་བསྐྱེད་པའི་ཕྱིར་དུ། གང་ཟག་ཏུ་འདོགས་མི་དགོས་པའི་ཕྱིར། བདག་འཛིན་གོམས་པར་བྱ་བའི་ཕྱིར་ཡང་མ་ཡིན་ཏེ།

དེ་ནི་གོམས་པ་ཐོག་མ་མེད་པའི་དུས་ཅན་ཡིན་པའི་ཕྱིར། ཞེས་གསུངས་པ་ཡིས། ཁྱོད་སྒོམ་པ་འདིས་བཀག་ཟིན་པའི་ཕྱིར། གསུམ་པ་ནི། ངམེད་ཅེས་ནི་བརྗོད་པ་ཡི་རྗེས་སུ་འབྲང་བའི་རྟོག་པ་གོམས་པ་ཙམ་གྱིས་དབུ་མའི་ལྟ་བ་རྟོགས་ན་ནི། དབུ་མའི་གཞུང་ལུགས་རྒྱ་མཚོ་ཙམ་ལས་གསུངས་པའི་རིགས་པའི་རྣམ་གཞག་ལ་ཐོས་བསམ་བྱས་པ་དོན་མེད་ཉིད་དུ་འགྱུར་ཏེ། དེ་ལྟར་སྒོམ་པའི་ཚུལ་འདི་ལ། བླུན་པོ་ཅི་ཡང་མི་ཤེས་པ་དང་། མཁས་པ་རིགས་ལམ་གྱི་གནད་ཤེས་པ་གཉིས་སྒོམ་བྱེད་ལུགས་ལ་ཁྱད་པར་ཅི་ཡང་མི་འདུག་པའི་ཕྱིར། བཞི་པ་ནི། དེ་ལྟར་སྒོམ་པའི་སྒོམ་འདི་ལ་བརྟེན་པའི་ཉམས་མྱོང་འདི་འདྲ་ལྷག་མཐོང་མཚན་ཉིད་པ་ཡིན་ན་ནི། དེ་ལ་བརྟེན་པའི་ཉམས་མྱོང་འདི་དང་ཞི་གནས་ཟུང་འབྲེལ་དུ་བསྒོམ་པ་མི་སྲིད་པ་ཉིད་དུ་འགྱུར་ཏེ། དེ་ལྟ་བུའི་ཉམས་མྱོང་དེ་ནི་བརྗོད་པའི་རྗེས་འབྲང་ཉིད་དམ་ཁོན་ཡིན་པའི་ཕྱིར། །ལྔ་པ་ནི། དེ་ལྟར་སྒོམ་པའི་སྒོམ་འདི་འདྲ་བླུན་པོས་སྒོམ་རྣམ་དག་ཏུ་འཛིན་སྲིད་ནའང་། དབུ་མའི་གཞུང་ལུགས་ལ་སྦྱངས་པས་ཀྱང་། དེ་ལྟ་བུའི་སྒོམ་འདི་འདྲ་ལ་སྒོམ་རྣམ་དག་ཏུ་ཡིད་ཆེས་པ་ཅི་ཞིག་བསྐྱེད་པ་ཡིན་ཏེ། བསྐྱེད་མི་རིགས་པར་ཐལ། དེ་ལྟ་བུའི་སྒོམ་དེ་སྒོམ་རྣམ་དག་ཏུ་འཛིན་པ། ཀྱེ་མ་སྙིགས་མའི་དུས་འདི་མཚར་བ། བདུད་ཀྱིས་བསླུས་པ་ཡིན་པའི་ཕྱིར། བཞི་པ་གནད་ཀྱི་དོན་བསྡུས་ཏེ་བསྟན་པ་ནི། མདོར་ན་ཐེག་པ་ཆེན་པོ་ཕ་རོལ་ཏུ་ཕྱིན་པའི་ལྟ་སྤྱོད་གཉིས་མ་འབྲེལ་བ་ཉམས་སུ་ལེན་འདོད་ན། གཟུར་གནས་སྤྱོད་ལྡན་སྐལ་བཟང་དག་གིས་འདི་ལྟར་ཉམས་སུ་བླང་བར་བྱ་སྟེ། མཐའ་བཞིས་དབེན་པའི་སྟོང་པ་ཉིད་དང་སྙིང་རྗེ་ཟུང་དུ་འབྲེལ་བའི་སྙིང་པོ་ཅན། བདག་གཞན་བརྗེ་བའི་བྱང་ཆུབ་ཀྱི་སེམས་སྒོམ་པའི་ཉམས་ལེན་ལ་འབད་པར་བྱ་དགོས་པ་ཡིན་པའི་ཕྱིར་རོ། །སྡོམ་པ་གསུམ་གྱི་རབ་ཏུ་དབྱེ་བའི་ཁ་སྐོང་གཞི་ལམ་འབྲས་གསུམ་གསལ་བར་བྱེད་པའི་ལེགས་བཤད་འོད་ཀྱི་སྣང་བའི་རྣམ་བཤད་འོད་ཀྱི་སྣང་བ་རྒྱས་པར་བྱེད་པ་ལས། བྱང་ཆུབ་སེམས་དཔའི་སྡོམ་པའི་སྐབས་ཏེ་གསུམ་པའི་རྣམ་པར་བཤད་པའོ།། །།

༄ གསུམ་པ་རིག་འཛིན་སྡོམ་པའི་སྐབས་ལ་གསུམ་སྟེ། སྨིན་གྲོལ་གྱི་རྣམ་གཞག་སྤྱིར་བསྟན། དེ་ཉིད་ཞིབ་ཏུ་སྒྲུབ་པ་རྒྱས་པར་བཤད། གྲུབ་པའི་འབྲས་བུ་བསྡུས་ཏེ་བསྟན་པའོ། །དང་པོ་ནི། རིག་པ་འཛིན་པའི་སྡོམ་པའི་ཉམས་ལེན་གྱི་གནད་བསྡུ་ན། སྨིན་གྲོལ་གཉིས་སུ་འདུས་ཏེ། རིག་པ་འཛིན་པའི་སྡོམ་པ་དེ་ཉིད་དབང་བསྐུར་བ་ལས་ཐོག་མར་ཐོབ་པ་ལ་སྨིན་བྱེད་དང་། དེ་ལྟར་ཐོབ་པ་དེ་ཉིད་བསྲུང་ཞིང་སྤེལ་བའི་ཉམས་ལེན་ལ་གྲོལ་བྱེད་ཅེས་ནི། རྒྱུད་ལས། སྨིན་པ་དང་ནི་གྲོལ་བའི་ལམ། །སངས་རྒྱས་བྱང་ཆུབ་བསྟན་པའི་མཆོག །ཅེས་གསུངས་པའི་ཕྱིར། གཉིས་པ་ལ་གཉིས་ཏེ། ལམ་གྱི་གཙོ་བོ་རྣམ་དག་ཏུ་སྒྲུབ། ལམ་གྱི་ཡན་ལག་རྣམ་

དག་ཏུ་སྒྲུབ་པའོ། །དང་པོ་ལ་གཉིས་ཏེ། སྨིན་བྱེད་རྣམ་དག་ཏུ་སྒྲུབ་པ་དང་། གྲོལ་བྱེད་རྣམ་དག་ཏུ་སྒྲུབ་པའོ། །

དང་པོ་ལ་གསུམ་སྟེ། རྒྱུད་སྡེ་བཞིའི་སྨིན་བྱེད་སྤྱིར་བསྟན། འཁྲུལ་པ་དགག་པ་བྱེ་བྲག་ཏུ་བཤད། དབང་ལས་ཐོབ་པའི་དམ་ཚིག་ལ་འཁྲུལ་བ་དགག་པའོ། །དང་པོ་ནི། རྒྱུད་སྡེ་བཞི་པོ་ལ། སྨིན་བྱེད་ཀྱི་དབང་གི་སྐབས་སུ། རང་རང་གི་རྡོ་རྗེ་སློབ་དཔོན་གྱི་དབང་རྫོགས་པར་ཐོབ་པའི་ཚེ། རང་རང་གི་སྔགས་ཀྱི་སྡོམ་པའི་ཐོབ་ཚུལ་རྣམ་པ་བཞིར་ངེས་པ་ཡིན་ཏེ། བྱ་རྒྱུད་ཀྱི་དབང་གི་དངོས་གཞི་ཆུའི་དབང་དང་ཅོད་པན་གྱི་དབང་རྫོགས་པར་ཐོབ་པའི་ཚེ། བྱ་རྒྱུད་ཀྱི་རྡོ་རྗེ་སློབ་དཔོན་གྱི་དབང་རྫོགས་པར་ཐོབ་པ་དང་། སྤྱོད་རྒྱུད་ཀྱི་དབང་གི་དངོས་གཞི་ཆུ་ཅོད་པན་རྡོ་རྗེ་དྲིལ་བུ་མིང་དབང་ལྔ་རྫོགས་པར་ཐོབ་པའི་ཚེ། སྤྱོད་རྒྱུད་ཀྱི་རྡོ་རྗེ་སློབ་དཔོན་གྱི་དབང་རྫོགས་པར་ཐོབ། རྣལ་འབྱོར་རྒྱུད་ཀྱི་དབང་གི་དངོས་གཞི་རིག་པའི་དབང་ལྔ་དང་། ཕྱིར་མི་ལྡོག་རྡོ་རྗེ་སློབ་དཔོན་གྱི་དབང་རྫོགས་པར་ཐོབ་པའི་ཚེ། རྣལ་འབྱོར་རྒྱུད་ཀྱི་རྡོ་རྗེ་སློབ་དཔོན་གྱི་དབང་རྫོགས་པར་ཐོབ། རྣལ་འབྱོར་བླ་མེད་ཀྱི་དབང་གི་དངོས་གཞི་དབང་བཞི་རྫོགས་པར་ཐོབ་པའི་ཚེ། རྣལ་འབྱོར་བླ་མེད་ཀྱི་རྡོ་རྗེ་སློབ་དཔོན་གྱི་དབང་རྫོགས་པར་ཐོབ་པའི་རིམ་པ་བཞི། ཡེ་ཤེས་ཐིག་ལེའི་རྒྱུད་ལས། ཆུའི་དབང་བསྐུར་ཅོད་པན་དག །བྱ་བའི་རྒྱུད་ལ་རབ་ཏུ་གྲགས། །རྡོ་རྗེ་དྲིལ་བུ་དེ་བཞིན་མིང་། །སྤྱོད་པའི་རྒྱུད་ལ་རབ་ཏུ་གསལ། །ཕྱིར་མི་བཟློག་པ་ཡི་ནི་དབང་། །རྣལ་འབྱོར་རྒྱུད་དུ་གསལ་བར་བྱེ། །དེ་བཞིན་དྲུག་གི་བྱེ་བྲག་དབང་། །དེ་ནི་སློབ་དཔོན་དབང་ཞེས་བྱ། །རྣལ་འབྱོར་བླ་མ་ཡིས་ནི་མཚན། །གསང་བ་ཡིས་ནི་དབང་རྒྱལ་བཤད། །ཤེས་རབ་ཡེ་ཤེས་བླ་ན་མེད། །བཞི་པ་དེ་ཡང་དེ་བཞིན་ནོ། །ཞེས་གསུངས་པའི་ཕྱིར། ཡང་འདིར་ཁ་ཅིག །འོ་ན་དབང་བཞི་པ་ཐོབ་པའི་ཚེ་རྡོ་རྗེ་སློབ་དཔོན་གྱི་དབང་རྫོགས་པར་ཐོབ་པ་དང་། སྔགས་སྡོམ་རྫོགས་པར་ཐོབ་པར་རྡོ་རྗེ་སློབ་དཔོན་གྱི་དབང་རྫོགས་པར་ཐོབ་པ་ལ་ལྟོས་དགོས་པ་འདི། ངེས་པར་ཁས་ལེན་ནུས་སམ་སྙམ་ན་མི་ནུས་ཏེ། བླ་མེད་དབང་གི་རྣམ་གཞག་ལ་ཀྱེ་རྡོ་རྗེའི་རྒྱུད་ལ་བརྟེན་ནས་བིརྺ་པ་རྗེས་འབྲང་དང་བཅས་པས་འགྲེལ་ཚུལ། གསང་བ་འདུས་པའི་རྒྱུད་ལ་བརྟེན་ནས་ཡེ་ཤེས་ཞབས་ལུགས་པས་འགྲེལ་ཚུལ། འཁོར་ལོ་བདེ་མཆོག་གི་རྒྱུད་ལ་བརྟེན་ནས་མཚོ་སྐྱེས་དང་སྤྱོད་པའི་རྡོ་རྗེས་འགྲེལ་ཚུལ་གསུམ་ཡོད་པའི་དང་པོ། ཀྱེ་རྡོར་མན་ངག་ལུགས་ལྟ་བུའི་སྐབས་སུ་དེ་ལྟར་ཁས་ལེན་པར་ནུས་ཀྱང་ལུགས་གསུམ་པའི་སྐབས་དེར། དེ་ལྟར་ཁས་ལེན་པར་མི་ནུས་ཏེ། ལུགས་གསུམ་པའི་སྐབས་སུ་དབང་བཞི་པ་ཐོབ་རྗེས་སུ་རྡོ་རྗེ་སློབ་དཔོན་གྱི་དབང་ལོགས་སུ་བསྐུར་བ་ཡོད་པར་བཤད་པས། དབང་བཞི་པ་ཐོབ་ནས། རྡོ་རྗེ་སློབ་དཔོན་གྱི་དབང་རྫོགས་པར་མ་ཐོབ་པ་གཅིག་ཁས་བླངས་དགོས་པའི་ཕྱིར་ཏེ། དབང་ཆུ་བདེ་ཆེན་རྒྱ་མཚོ་ལས་རྗེ་ས་ཆེན་གྱི་

རས་བྲིས་ལ་བརྟེན་པའི་དཀྱིལ་ཆོག་ཏུ་ཐུན་མོང་མ་ཡིན་པའི་བརྟུལ་ཞུགས་ཀྱི་རྗེས་སུ་སློབ་དཔོན་གྱི་དབང་མི་བསྐུར་བར་དབང་བཞི་རྫོགས་པའི་རྗེས་སུ་རྡོ་རྗེ་སློབ་དཔོན་གྱི་དབང་དོན་དུ་གཉེར་བ་ལ་ལོགས་སུ་སྦྱིན་པར་གསུངས་སོ། །ལུགས་འདིའི་བཞེད་པས་རང་དོན་བསྐྱེད་རྫོགས་སྒྲུབ་པ་གཙོ་བོར་བྱེད་ན། གཞུང་ནས་བཤད་པའི་དབང་བཞི་རྫོགས་པར་ཐོབ་པ་ཙམ་གྱིས་ཆོག་ལ། གཞན་དོན་ཕྲིན་ལས་བྱེད་ན། དེའི་སྟེང་དུ་རྡོ་རྗེ་སློབ་དཔོན་གྱི་དབང་དགོས་པར་བཞེད་པ་འདྲའོ་ཞེས་སོགས་དང་། ནས་གླིང་མ་དང་། ནག་པོ་དཀྱིལ་ཆོག་གཉིས་ཀྱི་འགྲོས་ལས། རྡོ་རྗེ་སློབ་དཔོན་གྱི་དབང་ལ་རང་དོན་སྒྲུབ་པའི་དབང་དུ་བྱས་པ་དང་། གཞན་དོན་སྒྲུབ་པའི་དབང་དུ་བྱས་པ་གཉིས་ལས། སྔ་མ་ནི་གཞུང་ལས་བཤད་པའི་དབང་གོང་མ་གསུམ་དང་། ཕྱི་མ་ནི་ས་ཆེན་ཡབ་སྲས་གསུམ་གྱི་ཁ་བསྐང་བ་ཉིད་ལ་གཟུང་ན་ལེགས་པར་སྣང་ངོ་། །ཞེས་གསལ་བར་བཤད་པའི་ཕྱིར། དེ་ལྟར་དབང་བཞི་རྫོགས་ནས་རྡོ་རྗེ་སློབ་དཔོན་གྱི་དབང་རྫོགས་པར་མ་ཐོབ་པ་གཅིག་སྲིད་མོད། དབང་བཞི་རྫོགས་ནས་སྔགས་སྡོམ་རྫོགས་པར་མ་ཐོབ་པ་གཅིག་ཀྱང་སྲིད་དམ་སྙམ་ན། དེ་ནི་མི་སྲིད་དེ། དབང་བཞི་རྫོགས་པར་ཐོབ་པའི་ཚེ་ན། བསྐྱེད་རྫོགས་ཀྱི་སྡོམ་པ་མ་ལུས་པར་ཐོབ་པའི་ཕྱིར་ཞེས་པ་རྣམས་དབང་ཆུ་བདེ་ཆེན་རྒྱ་མཚོའི་དགོངས་པར་འཆད་པར་སྣང་ངོ་། །དེ་རྣམས་ནི་བདེ་ཆེན་རྒྱ་མཚོའི་དགོངས་པ་མ་ཡིན་ཏེ། འཁོར་ལོ་བདེ་མཆོག་གི་རྒྱུད་ལ་བརྟེན་ནས་མཚོ་སྐྱེས་དང་། སྦྱོད་པའི་རྡོ་རྗེས་ཇི་ལྟར་འགྲེལ་པའི་ཚུལ་ལ་ཡང་། དབང་བཞི་རྫོགས་པར་ཐོབ་ནས་རྡོ་རྗེ་སློབ་དཔོན་གྱི་དབང་རྫོགས་པར་མ་ཐོབ་པ་མེད་པའི་ཕྱིར་ཏེ། དེའི་ལུགས་ལ། རིག་པའི་དབང་ལྔའི་རྡོ་རྗེའི་དབང་གི་སྐབས་སུ་རྡོ་རྗེའི་དེ་ཁོ་ན་ཉིད་སྒྲགས། དྲིལ་བུའི་དབང་གི་སྐབས་སུ་དྲིལ་བུའི་དེ་ཁོ་ན་ཉིད་བསྒྲགས་ནས། དེའི་རྗེས་སུ་དེ་ལྟར་རྡོ་རྗེ་དང་དྲིལ་བུ་བྱིན་ལ་ཕྱག་རྒྱ་ཆེན་པོ་དང་ལྡན་པར་བསམ་མོ་ཞེས་གསུངས་པ་འདི་ཉིད་ཀྱིས་དམ་ཚིག་གསུམ་སྦྱིན་པར་གསུངས་པ་གང་ཞིག །དམ་ཚིག་གསུམ་སྦྱིན་པ་ལ་རྡོ་རྗེ་སློབ་དཔོན་གྱི་དབང་སྦྱིན་པར་གསུངས་པའི་ཕྱིར། དེའི་གཏན་ཚིགས་གཉིས་ཀ་གྲུབ་པ་ཡིན་ཏེ༑ དབང་ཆུ་བདེ་ཆེན་རྒྱ་མཚོ་ལས་གྲུབ་ཆེན་མཚོ་སྐྱེས་ཀྱི་ཀྱེ་རྡོར་གྱི་སྐབས་སུ་ཡང་། ཚོགས་འགྲོས་ཕལ་ཆེར་བདེ་མཆོག་ལྟར་མཛད་ཅིང་རིག་པའི་དབང་ལྔའི་རྡོ་རྗེའི་དབང་གི་སྐབས་སུ་རྡོ་རྗེའི་དེ་ཁོ་ན་ཉིད་བསྒྲགས། དྲིལ་བུའི་དབང་གི་སྐབས་སུ་དྲིལ་བུའི་དེ་ཁོ་ན་ཉིད་བསྒྲགས་ནས། དེའི་རྗེས་སུ་དེ་ལྟར་རྡོ་རྗེ་དྲིལ་བུ་བྱིན་ལ། ཕྱག་རྒྱ་ཆེན་པོ་དང་ལྡན་པར་བསམ་མོ། །ཞེས་གསུངས་པ་འདི་ཉིད་ཀྱིས་དམ་ཚིག་གསུམ་སྦྱིན་པ་ཡིན་ཏེ། དེ་ལས་གཞན་པའི་དམ་ཚིག་གསུམ་སྦྱིན་པའི་ཚིག་མི་སྣང་བའི་ཕྱིར་རོ། །འདི་ཡང་ཡེ་ཤེས་ཞབས་ལུགས་ལྟར་དམ་ཚིག་གསུམ་སྦྱིན་པ་སློབ་མའི་དབང་གི་སྐབས་སུ་བཤད་པའི་ལུགས་སུ་སྣང་ངོ་། །དེ་ནས་མིང་གི་དབང་

བསྐུར་དང་། ཐུན་མོང་དང་ཐུན་མོང་མ་ཡིན་པའི་བརྟུལ་ཞུགས་བྱིན་ནས་གསང་བའི་དབང་བསྐུར་བར་གསུངས་པས་རྡོ་རྗེ་སློབ་མ་དང་། སློབ་དཔོན་གྱི་དབང་གི་ས་མཚམས་སོ་སོར་ཕྱེ་བ་མི་སྣང་ཡང་། རྗེ་བཙུན་རྩེ་མོས་ཐུན་མོང་མ་ཡིན་པའི་བརྟུལ་ཞུགས་དང་། གསང་དབང་གི་བར་དེར་དམ་ཚིག་གསུམ་སྦྱིན་ཚུ་དབང་བསྐུར་བ་ཁ་བསྐང་བ་ནི། ཀྱེ་རྡོར་གྱི་རྒྱུད་ལ་བརྟེན་པར་སྣང་སྟེ། རྡོ་རྗེ་རབ་གནས་རྡོ་རྗེ་ཉིད། །ཅེས་པས་ཕྱག་རྒྱ་སྐུའི་དམ་ཚིག་སྦྱིན་པར་གསུངས་པའི་ཕྱིར་རོ། །ཞེས་པ་དང་། རྗེ་བཙུན་གྱིས་རྗེ་བཙུན་རྩེ་མོའི་དགོངས་པ་དང་མཐུན་པར་ས་ཆེན་གྱི་ལོགས་སུ་གསུངས་པའི་རྡོ་རྗེ་སློབ་དཔོན་གྱི་དབང་དེ་ཉིད་ཐུན་མོང་མ་ཡིན་པའི་བརྟུལ་ཞུགས་དང་། གསང་དབང་གི་བར་དུ་སྦྱར་ནས་གསུངས་པས་རྗེ་བཙུན་གོང་མ་འདི་རྣམས་ཀྱི། རྡོ་རྗེ་སློབ་དཔོན་གྱི་དབང་ལ་ཀྱེ་རྡོ་རྗེའི་དགོངས་པ་ཇི་ལྟར་བ་བཞིན། དམ་ཚིག་གསུམ་སྦྱིན་པ་དགོས་པར་བཞེད་དོ། །

ཞེས་གསུངས་པ་འདི་རྣམས་ཀྱི་སློབ་དཔོན་མཚོ་སྐྱེས་རྡོ་རྗེའི་ལུགས་ལ་དམ་ཚིག་གསུམ་སྦྱིན་པ་རྡོ་རྗེ་སློབ་མའི་དབང་གི་གནས་སྐབས་སུ་བྱས་པས་བུམ་དབང་གི་རྡོ་རྗེ་སློབ་དཔོན་གྱི་དབང་མདོར་བསྡུས་པ་ཙམ་ཞིག་ཐོབ་པས་རང་དོན་བསྒྲིད་རིམ་གྱི་སྒྲུབ་པ་ཉམས་སུ་ལེན་པ་ལ་དབང་བར་བྱས་ནས་དེ་ནས་དབང་གོང་མ་གསུམ་བསྐུར་བས་རྡོ་རྗེ་སློབ་དཔོན་གྱི་དབང་རྫོགས་པར་ཐོབ་པས་རང་དོན་སྒྲུབ་པ་ལ་དེ་ཙམ་གྱིས་ཆོག་པར་དགོངས་པ་དང་། སློབ་མས་གཞན་དོན་ཕྲིན་ལས་སྒྲུབ་པ་ལ་རྡོ་རྗེ་སློབ་དཔོན་གྱི་དབང་རྒྱས་པར་བསྐུར་དགོས་པའི་དབང་དུ་མཛད་ནས། ས་ཆེན་གྱི་དེའི་རྗེས་སུ་དབང་བཞི་རྫོགས་པར་ཐོབ་པའི་རྡོ་རྗེ་སློབ་མ་ལ་རྡོ་རྗེ་སློབ་དཔོན་གྱི་དབང་རྒྱས་པར་སྦྱིན་པར་གསུངས་ཤིང་། རྗེ་བཙུན་སྐུ་མཆེད་གཉིས་ཀྱིས་ས་ཆེན་གྱིས་ལོགས་སུ་གསུངས་པའི་རྡོ་རྗེ་སློབ་དཔོན་གྱི་དབང་དེ་ཉིད་ཐུན་མོང་མ་ཡིན་པའི་བརྟུལ་ཞུགས་དང་། གསང་དབང་གི་བར་དུ་སྦྱར་ནས་བསྐུར་བར་གསུངས་པ་དེ་བསྟན་པའི་ཕྱིར། མདོར་ན་སློབ་དཔོན་མཚོ་སྐྱེས་རྡོ་རྗེའི་དཀྱིལ་ཆོག་དེ་ལས་བུམ་དབང་གི་རྡོ་རྗེ་སློབ་དཔོན་གྱི་དབང་རྫོགས་པར་ཐོབ་པ་ཡོད་དེ། བུམ་དབང་གི་རྡོ་རྗེ་སློབ་དཔོན་གྱི་དབང་དེ་ལ། དམ་ཚིག་གསུམ་སྦྱིན་པ་དང་། རིག་པའི་དབང་ལྔ་སྦྱར་ནས་བསྐུར་བ་གཉིས་ཡོད་པ་ལས། སློབ་དཔོན་མཚོ་སྐྱེས་ཀྱི་དཀྱིལ་ཆོག་དེ་དམ་ཚིག་གསུམ་སྦྱིན་པའི་རྡོ་རྗེ་སློབ་དཔོན་གྱི་དབང་རྫོགས་པར་བསྐུར་བྱེད་ཀྱི་དཀྱིལ་ཆོག་ཡིན་པའི་ཕྱིར། གཞན་ཡང་སློབ་དཔོན་མཚོ་སྐྱེས་ཀྱི་དཀྱིལ་ཆོག་དང་། ས་ཆེན་ཡབ་སྲས་གསུམ་གྱི་དཀྱིལ་ཆོག་དེ་རྣམས་ལས་བུམ་དབང་གི་རྡོ་རྗེ་སློབ་དཔོན་གྱི་དབང་ཚིག་གི་སྒོ་ནས་རྒྱས་བསྡུས་ཙམ་མ་གཏོགས་རྫོགས་པར་ཐོབ་མ་ཐོབ་ཀྱི་ཁྱད་པར་མེད་དེ། དཀྱིལ་ཆོག་དེ་རྣམས་བླ་མེད་ཀྱི་དབང་རྫོགས་པར་བསྐུར་བྱེད་ཀྱི་དཀྱིལ་ཆོག་ཡིན་པའི་ཕྱིར། གཞན་ཡང་མཚོ་སྐྱེས་རྡོ་རྗེའི་དཀྱིལ་ཆོག་རང་རྐང་ལས

དབང་བཞི་རྫོགས་པར་ཐོབ་མ་ཐག་པའི་གང་ཟག་ཆོས་ཅན། བུམ་དབང་རྫོགས་པར་ཐོབ་པར་ཐལ། དབང་བཞི་རྫོགས་པར་ཐོབ་པའི་ཕྱིར། རྟགས་ཁས། འདོད་ན། བུམ་དབང་གི་རྡོ་རྗེ་སློབ་དཔོན་གྱི་དབང་རྫོགས་པར་ཐོབ་པར་ཐལ། འདོད་པའི་ཕྱིར། འདོད་ན། རྡོ་རྗེ་སློབ་དཔོན་གྱི་དབང་རྫོགས་པར་ཐོབ་པར་ཐལ། འདོད་པ་གང་ཞིག །དབང་གོང་མ་གསུམ་རྫོགས་པར་ཐོབ་པའི་ཕྱིར། གཞན་ཡང་གང་ཟག་དེ་ཆོས་ཅན། བུམ་དབང་གི་རྡོ་རྗེ་སློབ་དཔོན་གྱི་དབང་རྫོགས་པར་ཐོབ་པར་ཐལ། བསྐྱེད་རིམ་གྱི་སྡོམ་པ་རྫོགས་པར་ཐོབ་པའི་ཕྱིར། ཁྱབ་སྟེ། རྫོགས་རིམ་གྱི་སྡོམ་པ་རྫོགས་པར་ཐོབ་ན་དབང་གོང་མ་གསུམ་རྫོགས་པར་ཐོབ་པས་ཁྱབ་པའི་ཕྱིར། དེས་ན་སྟོན་འཕགས་ཡུལ་དུ། རྡོ་རྗེ་སློབ་མའི་རིགས་ལ། རྡོ་རྗེ་སློབ་མའི་དབང་ཙམ་དོན་དུ་གཉེར་བ་དང་། དེའི་སྟེང་དུ་བུམ་དབང་གི་རྡོ་རྗེ་སློབ་དཔོན་གྱི་དབང་ཙམ་དོན་དུ་གཉེར་བ་དང་། དབང་བཞི་ཀ་དོན་དུ་གཉེར་བ་དང་། གསུམ་ཡོད་པའི་རྡོ་རྗེ་སློབ་མ་གསུམ་པོ་ལ་དུས་གཅིག་ཏུ་དབང་བསྐུར་བའི་ཚེ། རྡོ་རྗེ་སློབ་མའི་དབང་གི་བར་མཉམ་དུ་བསྐུར་ནས། དེ་རྗེས་སུ་སློབ་མའི་དབང་ཙམ་དོན་དུ་གཉེར་བ་དེ་སྐྱེ་སྟེ། གཞན་གཉིས་ལ་བུམ་དབང་རྫོགས་པར་བསྐུར། དེ་ནས་བུམ་དབང་ཙམ་དོན་དུ་གཉེར་བའི་སློབ་མ་སྐྱེ་སྟེ། གསུམ་པ་ལ་དབང་བཞི་རྫོགས་པར་བསྐུར་བའི་སྲོལ་ཡོད་ཅིང་བོད་འདིར་དབང་བཞི་ཀ་དཀྱུས་གཅིག་ལ་བསྐུར་བ་འབའ་ཞིག་ཏུ་མཛད་པས། ས་སྐྱ་པ་ཡབ་སྲས་གསུམ་གྱིས་ཀྱང་སློབ་དཔོན་འཚོ་སྐྱེས་ཀྱི་དབང་ཆོག་གཅིག་ཉིད་ལ་བུམ་དབང་གི་རྡོ་རྗེ་སློབ་དཔོན་གྱི་དབང་རྒྱས་པར་བསྐུར་བར་མཛད་པ་ཡིན་ནོ། །སངས་རྒྱས་ཡེ་ཤེས་ཞབས་ཀྱིས་རྡོ་རྗེ་སློབ་མའི་རིག་པའི་དབང་ལྔས་རིགས་ལྔའི་སྡོམ་པ་མི་ཐོབ་པ་དང་། སློབ་དཔོན་གྱི་དབང་གི་རིག་པའི་དབང་ལྔས་རིགས་ལྔའི་སྡོམ་པ་ཐོབ་པར་གསུངས་པ་ཡང་རྫོགས་པར་ཐོབ་མ་ཐོབ་ལ་བཞེད་པ་ཡིན་ནམ་སྙམ་མོ༑ ༑དེས་ན་དབང་ཆུ་བདེ་ཆེན་རྒྱ་མཚོར་སྟོན་གྱི་སློབ་དཔོན་དག་གིས་དགོས་པའི་དབང་གིས་བཞེད་ཚུལ་མི་འདྲ་བ་སོ་སོར་གསུངས་པ་ཡིན་ནའང་། རང་ལུགས་ཀྱི་རྣམ་གཞག་བྱེད་པའི་ཚེ་སྡོམ་པ་ཐོབ་མཚམས་ལ་སོགས་པ་འཐད་པའི་ཕྱོགས་གཅིག་གི་རྗེས་སུ་འབྲང་བ་ལས་འོས་མེད་དོ། །

གཉིས་པ་ལ་གཉིས་ཏེ། ཁས་བླངས་བརྗོད། དེ་དགག་པའོ། །དང་པོ་ནི། ཁ་ཅིག་སྟེ། བོ་དོང་པ་ན་རེ། རྒྱུད་སྡེ་མཐའ་དག་ལ་རང་གི་རྟོག་བཟོའི་ཆོག་བསྒྲིགས་སྦྱར་ནས་ནི། དེའི་བཀའ་ལུང་ཡོད་པའི་སྒྲུབ་བྱེད་དུ་རྣལ་འབྱོར་ཆེན་པོའི་དཀྱིལ་འཁོར་དུ་དབང་བསྐུར་གཅིག་ཐོབ་པས། རྒྱུད་སྡེ་མཐའ་དག་གི་དཀྱིལ་འཁོར་ཀུན་གྱི་དབང་ཐོབ་པར་འགྱུར་ཏེ། བདེ་མཆོག་གི་རྒྱུད་ལས། རྒྱུད་འདི་རུ་ནི་དབང་བསྐུར་གང་། །རྒྱུད་རྣམས་ཀུན་གྱི་སྒྲུབ་པོར་འགྱུར། །ཞེས་གསུངས་ཞིང་། གཞན་ཡང་རིག་པའི་དབང་ལྔ་ཡི་དབང་དོན་ངོ་

སྤྲོད་པའི་ཚེ་ན། བླ་མེད་ཀྱི་རིག་པའི་དབང་ལྔ་ཐོབ་པས་བྱ་སྤྱོད་གཉིས་འཆད་པ་ལ་དབང་བ་དང་། རྣལ་འབྱོར་རྒྱུད་ཉན་པ་ལ་དབང་བར་གསུངས་པའི་ཕྱིར། ཞེས་ཟེར་རོ། །གཉིས་པ་དེ་དགག་པ་ལ་ལྔ་སྟེ། གཅིག་གིས་ཀུན་ཐོབ་པ་ལ་ལུང་རིགས་ཀྱིས་གནོད། དེའི་སྒྲུབ་བྱེད་མ་ངེས་པར་བསྟན། བདག་འཇུག་ཙམ་གྱི་ཚིག་རྒྱུད་ཡིན་ན་གཞན་ལའང་མཚུངས། དགོངས་འགྲེལ་མཛད་པོ་འཁྲུལ་པ་ཡིན་ན་ཧ་ཅང་ཐལ། དེས་ན་སོ་སོའི་དབང་ལ་ནན་ཏན་བྱ་བར་གདམས་པའོ། །དང་པོ་ནི། དཀྱིལ་འཁོར་གཅིག་ཏུ་དབང་གཅིག་ཐོབ་པས་དབང་བསྐུར་ཀུན་ཐོབ་པར་འདོད་པ་འདི་ནི་ཆོས་ཅན། ལམ་གྱི་བཞི་མདོའི་རྟ་བཞིན་དུ་དོར་བར་བྱ་སྟེ། ཕག་མོ་མངོན་བྱུང་དང་། མི་གཡོ་བླ་མེད་ཀྱི་རྒྱུད་དག་ལས། དཀྱིལ་འཁོར་དུ་ནི་མ་ཞུགས་ལ། །རྒྱུད་འདི་བསྟན་པར་མི་བྱ་སྟེ། ། དཀྱིལ་འཁོར་གཞན་དུ་ཞུགས་པ་ལའང་། །རྒྱུད་འདི་བསྟན་པར་མི་བྱའོ། །ཞེས་དཀྱིལ་འཁོར་འདིར་ནི་མ་ཞུགས་པའི་གང་ཟག་ལ་རྒྱུད་འདི་ནས་བཤད་པའི་དབང་གི་ཉམས་ལེན་བསྟན་པར་མི་བྱ་སྟེ། དཀྱིལ་འཁོར་གཞན་དུ་དབང་བསྐུར་ཞིང་ཞུགས་པ་ལ་ཡང་རྒྱུད་འདི་ནས་བཤད་པའི་དབང་གི་ཉམས་ལེན་དཀྱིལ་འཁོར་འདིར་དབང་མ་བསྐུར་བར་བསྟན་པར་མི་བྱའོ་ཞེས་གསུངས་པ་དང་འགལ་བའི་ཕྱིར་རོ། །

གཞན་ཡང་། བླ་མེད་ཀྱི་དབང་བསྐུར་གཅིག་གིས་དབང་བསྐུར་ཀུན་ཐོབ་ན། སྟོན་པ་རྫོགས་པའི་སངས་རྒྱས་ཀྱིས་རྒྱུད་སྡེ་ལས་དབང་ཚོག་གཅིག་ཁོ་ན་ཉིད་ཅིས་མ་གསུངས་ཏེ། གསུང་རིགས་པར་ཐལ། བླ་མེད་ཀྱི་དབང་བསྐུར་གཅིག་གིས་དབང་བསྐུར་ཀུན་ཐོབ་པའི་ཕྱིར། དཔེར་ན་འདུལ་བའི་ལས་ཚོག་གཅིག་གིས་བསྙེན་རྫོགས་ཀྱི་སྡོམ་པ་ཀུན་ཐོབ་པས། ལས་ཚོག་གཅིག་གསུངས་པ་བཞིན་ནོ། །གཉིས་པ་ནི། སྤྱིར་རྒྱུད་ལས་གདུལ་བྱ་སྤྲོ་བ་བསྐྱེད་པའི་ཕྱིར་དུ། ཕན་ཡོན་གསུངས་པའི་གནས་སྐབས་དང་། འཇིགས་པ་བསྐྱེད་པའི་ཕྱིར་དུ། ལ་དོར་གྱི་ཚིག་རྣམས་སྒྲ་ཇི་བཞིན་པ་ཡིན་ན། ཀྱེ་རྡོ་རྗེ་རྩ་བའི་རྒྱུད་བརྟག་པ་གཉིས་པ་ལས། གལ་ཏེ་སངས་རྒྱས་གསང་བའི་སྐད། །མི་གསུང་ན་ཡང་འགྲོངས་པར་འགྱུར། །ཞེས་པའང་སྒྲ་ཇི་བཞིན་པར་འགྱུར་ཏེ། གདུལ་བྱ་སྤྲོ་བ་བསྐྱེད་པའི་ཕྱིར་དུ། རྒྱུད་འདི་རུ་ནི་དབང་བསྐུར་གང་། །རྒྱུད་རྣམས་ཀུན་གྱི་སྒྲུབ་པོར་འགྱུར། ། ཞེས་ཕན་ཡོན་གསུངས་པའི་གནས་སྐབས་དང་། འཇིགས་པ་བསྐྱེད་པའི་ཕྱིར་དུ། ལ་དོར་གྱི་ཚིག་རྣམས་སྒྲ་ཇི་བཞིན་པ་ཡིན་པའི་ཕྱིར། འདིར་ཁ་ཅིག །རྒྱུད་འདི་རུ་ནི་དབང་བསྐུར་གང་། །རྒྱུད་རྣམས་ཀུན་གྱི་སྒྲུབ་པོ་འགྱུར། །ཞེས་པ་དེས་འཁོར་ལོ་བདེ་མཆོག་གི་སྨིན་བྱེད་ཀྱི་དབང་ཙམ་རྫོགས་པར་ཐོབ་པའི་གང་ཟག་དེས་རྒྱུད་སྡེ་བཞི་ཆར་གྱི་རྒྱུད་བཤད་ཉན་དང་། དབང་བསྐུར་རབ་གནས་སོགས་ལ་དབང་བའི་སྒྲུབ་པོར་འགྱུར་ཞེས་བསྟན་པ་ཡིན་ཞེས་གསུངས་པ་ཡང་མི་འཐད་དེ། འཁོར་ལོ་བདེ་མཆོག་གི་དབང་བསྐུར་ཙམ་རྫོགས་པར

ཐོབ་པའི་གང་ཟག་དེས་རྒྱུད་སྡེ་བཞི་ཆར་གྱི་རྒྱུད་ཉན་བཤད་དང་། དབང་བསྐུར་རབ་གནས་སོགས་བྱེད་པ་ལ་མི་དབང་བའི་ཕྱིར་ཏེ། འཁོར་ལོ་བདེ་མཆོག་གི་དབང་བསྐུར་ཙམ་རྫོགས་པར་ཐོབ་པའི་གང་ཟག་དེས་ཀྱེ་རྡོ་རྗེའི་དབང་བསྐུར་བྱེད་པ་ལ་མི་དབང་བའི་ཕྱིར་ཏེ། ཀྱེ་རྡོ་རྗེའི་དབང་བསྐུར་མ་ཐོབ་པར་ཀྱེ་རྡོ་རྗེའི་དབང་བསྐུར་བར་མི་རུང་བའི་ཕྱིར། མ་གྲུབ་ན། བོ་དོང་པ་དང་ཁྱད་པར་མེད་པར་འགྱུར་རོ། །གཞན་ཡང་ལུང་དེས་སློབ་བསྐྱེད་པའི་ཆེད་དུ་ཕན་ཡོན་ཙམ་གསུངས་པ་མ་ཡིན་པར་སྒྲ་ཇི་བཞིན་པར་ཁས་ལེན་རིགས་པར་ཐལ། ལུང་དེས་འཁོར་ལོ་བདེ་མཆོག་གི་དབང་ཙམ་རྫོགས་པར་ཐོབ་པའི་གང་ཟག་དེས་རྒྱུད་སྡེ་བཞི་ཆར་གྱི་རྒྱུད་ཉན་བཤད་དང་། དབང་བསྐུར་རབ་གནས་སོགས་ལ་དབང་བའི་སྐལ་པ་པོར་འགྱུར་ཞེས་བསྟན་པ་དེ་བསྟན་པ་ལྟར་ཁས་ལེན་རིགས་པའི་ཕྱིར། འདོད་ན། གལ་ཏེ་སངས་རྒྱས་གསང་བའི་སྐད། །ཞེས་སོགས་གསུངས་པ་ལའང་སྒྲ་ཇི་བཞིན་པར་ཐལ་བའི་བསྟན་བཅོས་ཆེན་པོ་འདི་ཉིད་ཀྱི་རིགས་པ་དང་འགལ་ལོ། །

གཞན་ཡང་རྒྱུད་སྡེ་གོང་མའི་དབང་བསྐུར་གྱི་ནང་དུ་ནི། རྒྱུད་སྡེ་འོག་མའི་དབང་དང་ནུས་པ་མཉམ་པ་འདུས་པའི་ཕྱིར་ན། རྒྱུད་སྡེ་གོང་མའི་དབང་ཐོབ་ན། རྒྱུད་སྡེ་འོག་མ་འཆད་པ་དང་ཉན་པ་ལ་དབང་བར་གསུངས་ཞིང་། དེ་ཙམ་གྱིས་ནི་རྒྱུད་སྡེ་གོང་མའི་དབང་ཐོབ་ན། རྒྱུད་སྡེ་འོག་མའི་དབང་ཐོབ་པར་འགྲུབ་ན། ཐེག་ཆེན་གྱི་མཐོང་ལམ་ཐོབ་པའི་ཚེ། ཉན་ཐོས་དང་རང་རྒྱལ་གྱི་མི་སློབ་ལམ་ཡང་ཐོབ་པར་འགྱུར་བར་ཐལ། གོང་མའི་དབང་གི་ནང་དུ་འོག་མའི་དབང་དང་ནུས་པ་མཉམ་པ་ཙམ་འདུས་པའི་རྒྱུ་མཚན་གྱིས། གོང་མའི་དབང་ཐོབ་ན་འོག་མའི་དབང་ཐོབ་པར་འགྲུབ་པ་གང་ཞིག །ཐེག་ཆེན་གྱི་མཐོང་ལམ་གྱི་ནང་དུ་ཐེག་པ་འོག་མ་གཉིས་ཀྱི་སྤངས་རྟོགས་ཀྱི་ནུས་པ་དང་མཉམ་པ་འདུས་པའི་ཕྱིར། གསུམ་པ་ནི། བོ་དོང་པ་ན་རེ། སླར་ཡང་སྤྱར་གྱི་དམ་བཅའ་སྒྲུབ་པའི་ཕྱིར་དུ་འདི་སྐད་སྨྲ་སྟེ། ཁོ་བོས་དཀྱིལ་འཁོར་དུ་བདག་འཇུག་བླངས་པའི་ཚེ། དཀྱིལ་འཁོར་གཙོ་བོ་རྡོ་རྗེ་སེམས་དཔའ་ལ་དབང་ཐོབ་པས་ཁོ་བོ་གཅིག་རྒྱུད་ཡིན་ཅིང་། ཁོ་བོ་ལས་ནི་གཞན་གྱི་དབང་བླངས་པ་རྣམས་གཉིས་རྒྱུད་དང་ལ་སོགས་པ་དེ་ལ་དབང་བླངས་པ་རྣམས་གསུམ་རྒྱུད་རྣམས་ཡིན་ཞེས་སྨྲའོ། །དེ་དགག་པ་ནི། དེ་ལྟར་སྨྲ་བ་འདི་དང་སྒྲུབ་བྱེད་གོང་མ་གཉིས་གཅིག་གིས་བསྒྲུབ་བྱ་དེ་གྲུབ་ན། གཅིག་ཤོས་ནི་དོན་མེད་པ་ཉིད་དུ་འགྱུར་བར་ཐལ་ཏེ། བདག་འཇུག་བླངས་པས་ཁྱེད་རང་དང་ཁྱེད་རང་ལ་དབང་ཞུས་པའི་སློབ་མ་ཀུན་གྱི་དབང་རྒྱུན་མ་ཆད་པར་ནི་སྒྲུབ་དགོས་ན། བླ་མེད་ཀྱི་དབང་གཅིག་གིས་དབང་ཀུན་ཐོབ་ཅེས་པའི་སྒྲུབ་བྱེད་ཀྱི་ངལ་བ་དོན་མེད་དུ་འགྱུར་བའི་ཕྱིར། སློབ་མའི་རྒྱུད་པ་གཅིག་གིས་གཅིག་ལ་རྒྱུད་ནས་བླངས་པ་གཞན་དག་ཀྱང་གཉིས་རྒྱུད་གསུམ་རྒྱུད་སོགས་ཀྱི་ཅི་ཞིག་བྱ་སྟེ། རང་རང་ཉིད་ཀྱིས

བདག་འཛུག་བླངས་ནས་ནི་གཅིག་རྒྱུད་འབའ་ཞིག་ཅེས་མི་བྱེད་དེ་བྱེད་རིགས་པའི་ཕྱིར་རོ། །བཞི་པ་ནི། བོ་དོང་པ་ན་རེ། མ་འཁྲུལ་བའི་ཚིག་ནི་ཁོ་བོས་རྒྱུད་པས་འདོད་པ་འདི་ཉིད་ཡིན་ཏེ། འཕགས་ཡུལ་གྲུབ་པའི་དབང་ཕྱུག་རྣམས་སེམས་ཅན་ཡིན་པའི་ཕྱིར་ན། འཁྲུལ་བ་སྲིད་པ་དེས་ན། དེ་རྣམས་ལས་ངེད་ཀྱི་རྗེས་སུ་འབྲེལ་རིགས་པའི་ཕྱིར་ཞེས་ཟེར་རོ། །འཕགས་པ་ལ་བསྐུར་པ་འདེབས་པ་འདི་འདྲའི་ཚིག་ཆོས་ཅན། ཁྱོད་ཐོས་པར་གྱུར་ནའང་རྣ་བ་དགབ་པར་རིགས་ཏེ། དེ་ལྟ་བུའི་ཚིག་དེ་ཐོས་པར་མི་རུང་བའི་ཚིག་ཡིན་པའི་ཕྱིར། རྒྱུ་མཚན་ནི། འོན་དེ་ལྟ་བུའི་ཕྱོགས་སྔ་སྨྲ་བ་པོ་ཆོས་ཅན། ཁྱོད་ཀྱི་ཅི་སྨྲས་ཚད་མར་གང་ཟག་སུ་ཡིས་བཟུང་སྟེ་བཟུང་མི་རིགས་པར་ཐལ། ཁྱོད་ཀྱང་སེམས་ཅན་ཡིན་པའི་ཕྱིར། གཞན་ཡང་འཕགས་ཡུལ་གྱི་གྲུབ་པའི་དབང་ཕྱུག་ཀུ་ཀུ་རི་པ་དང་། ཀུན་དགའ་སྙིང་པོ་ལ་སོགས་པ་དེ་དག་འཁྲུལ་ལོ་ཞེས་བརྗོད་པ་ནི། རྫོགས་པའི་སངས་རྒྱས་ལའང་རྐྱལ་བར་སྣང་བས་ཧ་ཅང་ཐལ་ཆེས་པ་ཡིན་ཏེ། མགོན་པོ་བྱམས་པས་རྒྱུད་བླ་མར། གང་ཞིག་རྒྱལ་བའི་བསྟན་པ་འབའ་ཞིག་གིས། །དབང་བྱས་རྣམས་གཡེངས་མེད་ཡིད་ཅན་གྱིས་བཤད། །ཐར་པ་ཐོབ་པའི་ལམ་དང་རྗེས་མཐུན་པ། །དེ་ཡང་དྲང་སྲོང་བཀའ་བཞིན་སྤྱི་བོས་བླངས། །ཞེས། ཟག་པ་མེད་པའི་བློ་མངའ་བའི་ཐེག་ཆེན་འཕགས་པས་མཛད་པའི་བསྟན་བཅོས་རྣམས། དྲང་སྲོང་རྒྱལ་བའི་བཀའ་བཞིན་དུ་སྤྱི་བོར་ནི་བླང་བྱ་ཡིན་པར་གསུངས་ཤིང་། ཀུ་ཀུ་རི་པ་དང་ཀུན་དགའ་སྙིང་པོ་སོགས་རྒྱལ་བའི་བསྟན་པ་འཛིན་པ་ལ་འཁྲུལ་བ་མེད་པར་རྫོགས་པའི་སངས་རྒྱས་ཀྱིས་གསུངས་ཤིང་། ཁྱེད་དེ་དག་ཀྱང་འཁྲུལ་ལོ་ཞེས་བརྗོད་པའི་ཕྱིར། ལྔ་པ་ནི། དེས་ན་བདག་ཉིད་ལེགས་པར་འདོད་པ་རྣམས་ཀྱིས་རྡོ་རྗེ་འཆང་ཆེན་པོ་ནས་འཕགས་ཡུལ་གྱི་གྲུབ་ཆེན་རྣམས་ལས་རིམ་པར་བརྒྱུད་ཅིང་། ལོ་པཎ་ཁྱད་པར་ཅན་རྣམས་ཀྱིས་བསྒྱུར་ཏེ་དབང་བསྐུར་བ་དེ་ནས་རྩ་བའི་བླ་མའི་བར་དུ་བརྒྱུད་པ་མ་ཉམས་པ་ལ་དབང་བསྐུར་བ་ཞུས་ནས། དབང་བསྐུར་བ་ལས་བྱུང་བའི་དམ་ཚིག་དང་སྡོམ་པ་ལ་གནས་པར་བྱ་བ་ཡིན་ཏེ། གཞི་དབང་དང་དམ་ཚིག་ལ་གནས་པ་ནི། གསང་སྔགས་རྡོ་རྗེ་ཐེག་པའི་བསྟན་པའི་རྩ་བ་ཡིན་པའི་ཕྱིར།

གསུམ་པ་དབང་ལས་ཐོབ་པའི་དམ་ཚིག་ལ་འཁྲུལ་བ་དགག་པ་ལ་གཉིས་ཏེ། རྩ་ལྟུང་བདུན་པ་མི་རུང་བ་དགག །གསུམ་པའི་ཡུལ་ལ་འཁྲུལ་པ་དགག་པའོ། །དང་པོ་ནི། དེང་སང་གསང་སྔགས་པར་རློམ་པ་འགའ་ཞིག་དབང་གིས་མ་སྨིན་པའི་སོ་སོ་སྐྱེ་བོ་ལ། རྣལ་འབྱོར་ཆེན་པོའི་གསང་སྤྱོད་ཀུན་འཇོམ་བག་མེད་པར་སྟོན་པའི་གསང་བ་སྒྲོག་པར་བྱེད་དོ། །དེ་ལྟ་བུའི་གསང་བ་སྒྲོག་པར་བྱེད་པ་འདི་ནི་ཆོས་ཅན། ཁྱོད་བདག་ཉིད་ལེགས་སུ་འདོད་པ་དག་གིས་བག་ཡོད་པར་མཛོད་ཅིག་ཅེས་གདམས་པའི་སྒོ་ནས་དགག་དགོས་ཏེ། དམ་པ་

དང་པོའི་རྒྱུད་དང་། རྡོ་རྗེ་གུར་གྱི་རྒྱུད་དང་། དགྲ་ནག་གི་རྒྱུད་དང་། རྩ་བའི་ལྟུང་བ་བཅུ་བཞི་པའི་གཞུང་རྣམས་ལས་མཐུན་པར། ཡོངས་སུ་མ་སྨིན་སེམས་ཅན་ལ། །གསང་བ་སྒྲོག་པ་བདུན་པ་ཡིན། །ཞེས། ཁྱོད་གསང་སྔགས་ཀྱི་རྩ་བའི་ལྟུང་བ་བཅུ་བཞིའི་དབང་དུ་བྱས་པའི་ལྟུང་བ་བདུན་པ་ཉིད་དུ་གསུངས་ཤིང་། གཞུང་དེ་ཉིད་ལས། སྔགས་པས་འདི་དག་སྤྱངས་ནས་ནི། །དངོས་གྲུབ་ངེས་པར་ཐོབ་པར་འགྱུར། །གཞན་དུ་དམ་ཚིག་ལས་ཉམས་ན། །ཉམས་པ་བདུད་ཀྱིས་བཟུང་བར་འགྱུར། །དེ་ནས་སྡུག་བསྔལ་མྱོང་གྱུར་ཞིང་། །མཐར་དུ་བལྟས་ཏེ་དམྱལ་བར་འགྲོ། །དེ་བས་ང་རྒྱལ་ཀུན་བཅོམ་ནས། །བདག་ཉིད་མ་འཁྲུལ་ཤེས་པར་བྱ། །ཞེས། རྩ་ལྟུང་བཅུ་བཞི་པོ་གང་རུང་གི་དོན་ཀྱང་མ་བསྲུངས་ན་ཉེས་པ་ཀུན་གྱི་རྩ་བར་འགྱུར་བ་དང་། དེ་རྣམས་ལེགས་པར་བསྲུངས་ན་དངོས་གྲུབ་ཀུན་གྱི་རྩ་བར་འགྱུར་བ་ནི་གསུངས་པའི་ཕྱིར། གཉིས་པ་ལ་གཉིས་ཏེ༑ འདོད་པ་བརྗོད། དེ་དགག་པའོ། །དང་པོ་ནི། ཁ་ཅིག་སྟེ། རྗེ་ཙོང་ཁ་པ་ན་རེ། བླ་མ་གཅིག་དང་ནི་དཀྱིལ་འཁོར་གཅིག་ཏུ་དུས་གཅིག་ལས་དབང་ཐོབ་པའི་གང་ཟག་རྣམས་ནི་རྡོ་རྗེའི་སྤུན་ཡིན་ཏེ། དེ་ལས་གཞན་དུ་ན་སྔགས་ཀྱི་སྡོམ་པ་དང་ལྡན་པ་ཀུན་རྡོ་རྗེའི་སྤུན་དུ་བྱས་ན་ནི། ཧ་ཅང་རྒྱ་ཆེས་པའི་སྐྱོན་ཡོད་པའི་ཕྱིར་དང་། དེ་རྣམས་ལ་སྤུན་གྱི་དོན་ཡང་མི་གནས་ཏེ། དེ་རྣམས་ནི་མངལ་གྱི་སྒོ་ཡང་མི་གཅིག་པའི་ཕྱིར་རོ། །ཞེས་གསུངས་ཤིང་། རྗེས་འཇུག་རྣམས་ཀྱང་ཟེར་རོ། །

གཉིས་པ་དེ་དགག་པ་ལ་གསུམ་སྟེ། བསྟན་བཅོས་ཀྱི་ཐ་སྙད་དང་འགལ་བ། རྒྱུད་ཀྱི་དོན་དང་འགལ་བ༑ འཇིག་རྟེན་གྱི་ཐ་སྙད་དང་འགལ་བའོ། །དང་པོ་ནི། འོ་ན་བསླབ་པ་གསུམ་དང་ལྡན་པ་ཀུན་ཆོས་ཅན། ཚངས་པ་མཚུངས་པར་སྤྱོད་པ་མ་ཡིན་པར་འགྱུར་ཏེ། ཁྱོད་ཚངས་པ་མཚུངས་པར་སྤྱོད་པར་བྱས་ན་ཧ་ཅང་རྒྱ་ཆེས་པའི་སྐྱོན་ཡོད་པར་སྔ་མ་དང་མཚུངས་པའི་ཕྱིར། དེ་ལ་འདོད་ན། དེ་མི་འཐད་དེ། རྣམ་བཤད་རིག་པ་ལས། ཚངས་པ་མྱ་ངན་འདས་ཡིན་ཏེ། །དེའི་ཕྱིར་དུ་སྤྱོད་པ་ནི། །བསླབ་གསུམ་ཡིན་ཏེ་དེ་ལྡན་ཀུན། །ཚངས་པ་མཚུངས་པར་སྤྱོད་པ་ཡིན། །ཞེས། ཚངས་པ་མཚུངས་པར་སྤྱོད་ཞེས་པའི་ཚངས་པ་ནི། མྱ་ངན་ལས་འདས་པ་ཡིན་ཏེ། དེ་ཐོབ་པའི་ཆེད་དུ་སྤྱོད་པ་ནི། བསླབ་པ་གསུམ་ཉམས་སུ་ལེན་པ་ཉིད་ཡིན་ཏེ། དེ་ལྟར་བསླབ་པ་གསུམ་དང་ལྡན་པ་ཀུན་ཚངས་པ་མཚུངས་པར་སྤྱོད་པ་ཡིན་ནོ་ཞེས་གསུངས་པ་དང་། ཁྱེད་ཀྱིས་དེ་ལྟར་ཁས་བླངས་པ་འགལ་བའི་ཕྱིར། གཉིས་པ་ནི། པུ་ལི་ར་མ་ལ་ཡ་ལ་སོགས་པས་མཚོན་པའི་ཡུལ་ཆེན་སུམ་ཅུ་རྩ་གཉིས་སུ་སྤྱོད་པ་ལ་རྒྱུ་བའི་ཚེ་ན། བརྡ་དང་ནི། བརྡའི་ལན་ཤེས་པའི་གང་ཟག་ཀུན་རྡོ་རྗེའི་སྤུན་དང་སྲིང་མོ་གང་རུང་ནི་མ་ཡིན་པར་འགྱུར་ཏེ་དེ་དག་དེ་གང་རུང་དུ་འགྱུར་བ་ལ། བླ་མ་གཅིག་ལས་དཀྱིལ་འཁོར་གཅིག

ཅུ་དུས་གཅིག་ལ་དབང་ཐོབ་དགོས་པ་གང་ཞིག །དེ་དག་ལ་སྔར་གྱི་རྡོ་རྗེ་སློབ་ཀྱི་མཚན་ཉིད་བླ་མ་གཅིག་ལ་དཀྱིལ་འཁོར་གཅིག་ཏུ་དུས་གཅིག་ལ་དབང་ཐོབ་པས་སོགས་མ་ཚངས་བའི་ཕྱིར། འདོར་ན། དེ་མི་འཐད་དེ། དཔལ་འཁོར་ལོ་བདེ་མཆོག་དང་ཀྱེ་རྡོ་རྗེ་རྩ་བའི་རྒྱུད་དང་། ཁ་སྦྱོར་ལས། གང་གི་སློབ་དང་གྲོགས་མོར་ཡང་། །ཐེ་ཚོམ་མེད་པར་ཤེས་པར་བྱ། །ཞེས། སྤྱོད་པ་ལ་རྒྱ་བའི་གང་ཟག་ཀུན་སྔགས་ཀྱི་དམ་ཚིག་གང་གིས་རྡོ་རྗེའི་སློབ་དང་རྡོ་རྗེའི་གྲོགས་མོ་གང་རུང་དུ་ཡང་ཐེ་ཚོམ་མེད་པར་ཤེས་པར་བྱ་ལ་ཞེས་གསུངས་པ་དང་འགལ་བའི་ཕྱིར། དེས་ན་རྡོ་རྗེའི་སློབ་དུ་འགྱུར་མི་འགྱུར་ལ་མཎྜལ་སྒོ་གཅིག་པ་དང་མི་གཅིག་པའི་དོན་ཇི་ལྟར་ཡིན་དྲིས་ན་རང་བཟོ་མ་ཡིན་པ་ལུང་དང་མཐུན་པ་ཁྱོད་ལ་བཤད་རྒྱུ་མེད་པས་གཞན་སྔགས་ཀྱི་དམ་ཚིག་དང་ལྡན་པ་ཀུན་གྱི་དམ་ཚིག་བསྲུང་བ་ལ་ཉམས་ཆེན་མ་བྱེད་ཅིག་ཅེས་གདམས་པ་མཛད་པའོ། །གསུམ་པ་ནི། ཁྱོད་ཀྱི་ལུགས་འདི་འཇིག་རྟེན་གྱི་ཐ་སྙད་དང་ཡང་འགལ་ཏེ། ཁྱོད་ལྟར་ན་འཁོར་ལོས་བསྒྱུར་བའི་རྒྱལ་པོ་གཅིག་ཉིད་ཀྱི་བཙུན་མོ་ལྔ་བརྒྱའི་སྲས་རྣམས་ཀུན་རིགས་ཀྱི་སྤྱུན་ཡང་མ་ཡིན་པར་འགྱུར་ཏེ། སྤྱུན་ཡིན་པ་ལ་མཎྜལ་སྒོ་གཅིག་པ་དགོས་པ་གང་ཞིག །དེ་རྣམས་མཎྜལ་སྒོ་མི་གཅིག་པའི་ཕྱིར།

གཉིས་པ་གྲོལ་བྱེད་རྣམ་དག་ཏུ་སྒྲུབ་པ་ལ་གཉིས་ཏེ། སྔགས་ལམ་ཉམས་སུ་ལེན་པའི་སེམས་ལ་འཁྲུལ་བ་དགག །རྒྱུད་སྡེ་བཞིའི་སྔགས་ལམ་གྱི་ངོ་བོ་ལ་འཁྲུལ་པ་དགག་པའོ། །དང་པོ་ལ་གཉིས་ཏེ། འདོད་པ་བརྗོད། དེ་དགག་པའོ། །དང་པོ་ནི། ཁ་ཅིག་སྟེ། ཡང་བོ་དོང་པ་ན་རེ། ཐེག་པ་གསུམ་ཆར་གྱི་ཚོགས་ལམ་ཆེན་པོ་ཡན་ཆད་ནི། སྔགས་ལམ་ཁོ་ནས་ཐོབ་པར་འདོད་དེ། དེའི་སྒྲུབ་བྱེད་ནི། ཆོས་རྒྱུན་གྱི་ཏིང་ངེ་འཛིན་ལ་བརྟེན་ནས། སངས་རྒྱས་ཀྱི་ཞིང་བསྒྲོད་པའི་ཚེ། ལམ་གྱི་ཟབ་ཤོས་ཐེག་པ་གསུམ་གྱི་གདུལ་བྱས་ཀུང་ཉན་འདོད་ཡོད་ཅིང་། རྫོགས་པའི་སངས་རྒྱས་ལ་ལམ་གྱི་ཟབ་ཤོས་དེ་སྟོན་པའི་མཁྱེན་པ་དང་། ཐུགས་བརྩེ་བ་མངའ་བའི་ཕྱིར་དང་། ཀུན་རིག་གི་གཞལ་ཡས་ཁང་ཕྱི་མའི་ཁྲིམས་ལ་བཀོད་པ་ཡི་ཉན་རང་རྣམས་ཀུང་སྔགས་ལམ་གྱིས་ཐོབ་པའི་ཉན་རང་མཚན་ཉིད་པ་ཡིན་པའི་ཕྱིར་ཞེས་སྒྲུབ་པར་བྱེད་དོ། །གཉིས་པ་དེ་དགག་པ་ལ་གཉིས་ཏེ༑ དགག་པ་མདོར་བསྟན། དགག་པ་རྒྱས་པར་བཤད་པའོ། །དང་པོ་ནི། དེ་ལྟར་སྒྲུབ་འདི་ནི། མདོ་རྒྱུད་དང་། དེའི་དགོངས་འགྲེལ་གྱི་བསྟན་བཅོས་ཚད་ལྡན་དང་། རིགས་པ་ཡང་དག་པ་ཀུན་དང་འགལ་བ་ཡིན་ཏེ། དེ་ལ་འོག་ནས་འཆད་པའི་ལུང་རིགས་ཀུན་གྱིས་གནོད་པའི་ཕྱིར།

གཉིས་པ་ལ་གསུམ་སྟེ། དམན་ལམ་ལ་ཆོས་རྒྱུན་གྱི་ཏིང་ངེ་འཛིན་ཡོད་པ་ལུང་དང་འགལ་བ། གདུལ་བྱ་ཟབ་ལམ་ཁོ་ནས་དགྲ་བ་མདོ་རྒྱུད་དང་འགལ་བ། སྔགས་ཀྱི་དཀྱིལ་འཁོར་ལ་ཐེག་དམན་བཀོད་པ་རྒྱུད་

སྟེ་དང་འགལ་བའོ། །དང་པོ་ནི། ཐེག་དམན་གྱི་ལམ་གྱི་གནས་སྐབས་སུ་ཆོས་རྒྱུན་གྱི་ཏིང་ངེ་འཛིན་ཡོད་པར་འདོད་པ་ནི་ལུང་དང་འགལ་བ་ཡིན་ཏེ། རྗེ་བཙུན་མི་ཕམ་མགོན་པོས། མདོ་སྡེའི་རྒྱན་དུ། དེ་ཚེ་ཆོས་ཀྱི་རྒྱུན་ལ་ནི། །སངས་རྒྱས་རྣམས་ལ་ཞི་གནས་དང་། །ཡེ་ཤེས་ཡངས་པ་ཐོབ་བྱའི་ཕྱིར། །གདམས་ངག་རྒྱ་ཆེན་རྙེད་པར་འགྱུར། །ཞེས། ཐེག་ཆེན་གྱི་ལམ་དུ་ཆོས་རྒྱུན་གྱི་ཏིང་ངེ་འཛིན་ཐོབ་པར་གསུངས་ཀྱི། ཐེག་པ་དམན་པའི་ལམ་གྱི་གནས་སྐབས་དག་ལ། ཆོས་རྒྱུན་གྱི་ཏིང་ངེ་འཛིན་ཐོབ་པ་ཡོད་པ་ནི་ཚད་ལྡན་གྱི་གཞུང་ལས་གསུངས་པ་མེད་པའི་ཕྱིར། གཞན་ཡང་དེ་ལྟར་འདོད་པ་དེ་ལ་ལུང་གིས་གནོད་པར་མ་ཟད་རིགས་པས་ཀྱང་ནི་གནོད་པ་ཡིན་ཏེ། ཆོས་རྒྱུན་གྱི་ཏིང་ངེ་འཛིན་ཐོབ་པའི་ཐེག་པ་དམན་པའི་གང་ཟག་དེ་ཡིས། ཐེག་དམན་འཕགས་པའི་ལམ་ཐོབ་པའི་ཚེ། རྒྱུན་ཞུགས་དང་ཕྱི་འོང་དུ་འགྱུར་བ་མི་སྲིད་པར་ཐལ་བ་དང་། འབྲས་བུ་གསུམ་པ་ལ་གནས་པའི་ཆགས་བྲལ་སྔོན་སོང་གི་ཕྱིར་མི་འོང་ཁོ་ནར་འགྱུར་བར་ཐལ། ཐེག་པ་དམན་པའི་མཐོང་ལམ་གྱི་སྔ་རོལ་དུ་ཆོས་རྒྱུན་གྱི་ཏིང་ངེ་འཛིན་ཐོབ་པ་ཡོད་པ་གང་ཞིག །དེ་དག་ཆོས་རྒྱུན་གྱི་ཏིང་ངེ་འཛིན་ཐོབ་ན། དེས་བསམ་གཏན་དང་པོའི་དངོས་གཞི་ཡང་ཐོབ་དགོས་པས། དེས་འཕགས་ལམ་ཐོབ་པའི་ཚེ། དེའི་སྔ་རོལ་དུ་འདོད་ཉོན་དགུ་པ་སྤངས་ཟིན་པའི་ཕྱིར།

གཞན་ཡང་། འདུལ་བ་ལུང་དང་ཆོས་མངོན་པ་དག་ལས། ཉན་ཐོས་སློབ་པ་ལྷ་ཞིག་གིས་ཉན་ཐོས་དགྲ་བཅོམ་པ་ཐོབ་པས་ཀྱང་། རྫུ་འཕྲུལ་ལ་སོགས་པ་ནི་མ་ཐོབ་པའི་རྒྱན་མེད་དགྲ་བཅོམ་མང་དུ་བཤད་པ་དང་། ཁྱོད་ཀྱིས་དེ་ལྟར་འདོད་པའི་གྲུབ་མཐའ་འདི་ཉིད་འགལ་བ་ཡིན་ཏེ། ཁྱོད་ཀྱིས་དེ་ལྟར་འདོད་པ་ལྟར་ན་ཐེག་དམན་དགྲ་བཅོམ་ཐམས་ཅད་དགྲ་བཅོམ་རྒྱན་དང་བཅས་པ་ཁོ་ནར་འགྱུར་བའི་ཕྱིར། གཞན་ཡང་ལམ་གྱི་ཟབ་ཤོས་ཡིན་པ་ཙམ་གྱིས་དེ་གདུལ་བྱས་ཉན་འདོད་ཡོད་པར་ནི་མ་ངེས་ཏེ། དེ་ལས་གཞན་དུ་ན་ཐེག་པ་གསུམ་གྱི་རིམ་པ་གདུལ་བྱའི་བློ་དང་འཚམས་པར་བསྟན་པ་དོན་མེད་པར་འགྱུར་བར་ཐལ། གདུལ་བྱས་ལམ་གྱི་ཟབ་ཤོས་ཁོ་ན་ཉན་འདོད་ཡོད་པ་གང་ཞིག །གདུལ་བྱས་ཇི་ལྟར་ཉན་པར་འདོད་པའི་ཆོས་སྟོན་རིགས་པའི་ཕྱིར། གཉིས་པ་ནི། སངས་རྒྱས་དངོས་ཀྱིས་གདུལ་བྱ་ལ་སྔགས་ཀྱི་ལམ་སྟོན་པར་མ་ངེས་ཏེ། བཅོམ་ལྡན་འདས་ཀྱིས་གདུལ་བྱའི་བློའི་རིམ་པ་དང་འཚམས་པར་ཐེག་པ་གསུམ་པོ་སོ་སོའི་ལམ་དང་སྔགས་ཀྱི་ལམ་སྟོན་པར་གསུངས་པའི་ཕྱིར་རོ། །དེ་ལྟར་ཡང་འཐད་པ་ཡིན་ཏེ། ཀྱེ་རྡོ་རྗེའི་རྩ་རྒྱུད་བརྟག་པ་གཉིས་པ་ལས། སྐལ་དམན་སེམས་ཅན་འདུལ་དཀའ་བ། །གང་གིས་འདུལ་བར་འགྱུར་བ་ལགས། །བཅོམ་ལྡན་འདས་ཀྱིས་བཀའ་སྩལ་པ། །དང་པོར་གསོ་སྦྱོང་སྦྱིན་པར་བྱ། །དེ་ནས་བསླབ་པའི་གནས་བཅུ་སྦྱིན། །དེ་ལ་བྱེ་བྲག་སྨྲ

པ་བསྟན། །མདོ་སྡེ་པ་ཡང་དེ་བཞིན་ནོ། །དེ་ནས་རྣལ་འབྱོར་སྤྱོད་པ་ཉིད། །དེའི་རྗེས་སུ་དབུ་མ་བསྟན། །སྔགས་ཀྱི་རིམ་པ་ཀུན་ཤེས་ནས། །དེ་རྗེས་ཀྱེའི་རྡོ་རྗེ་བརྩམས། །སློབ་མས་གུས་པས་བླངས་ནས་ནི། །འགྲུབ་འགྱུར་འདི་ལ་ཐེ་ཚོམ་མེད། །ཅེས། སྐལ་དམན་རིམ་གྱིས་པའི་གདུལ་བྱ་ལམ་ལ་རིམ་གྱི་དཀྲི་བའི་རིམ་པའི་ཚུལ་ཉིད་ཞག་གཅིག་པའི་གསོ་སྦྱོང་ནས་རང་གི་བློ་དང་འཚམས་པར་དགེ་སློང་གི་སྡོམ་པའི་བར་རིམ་བཞིན་བླངས་ནས་ནི། གྲུབ་མཐའ་བཞིའི་ལྟ་བ་དང་། རྒྱུད་སྡེ་བཞིའི་ལམ་ལ་རིམ་གྱིས་བསླབ་པའི་དཀྲི་ཚུལ་གསུངས་ཤིང་། ལང་ཀར་གཤེགས་པའི་མདོ་ལས་ཀྱང་། ཇི་ལྟར་ནད་པ་ནད་པ་ལ། །སྨན་པས་སྨན་རྣམས་གཏོང་བ་ལྟར། །དེ་བཞིན་སངས་རྒྱས་སེམས་ཅན་ལ། །ཇི་ཙམ་བཟོད་པའི་ཆོས་སྟོན་ཏོ། །ཞེས་ཇི་ལྟར་ཚད་ནད་ཅན་གྱི་ནད་པ་ལ། སྨན་པ་མཁས་པས་དེ་སེལ་བའི་སྨན་གཏོང་བ་དང་། ཇི་ལྟར་གྲང་བའི་ནད་པ་ལ་སྨན་པ་མཁས་པས་དེ་སེལ་བའི་སྨན་རྣམས་གཏོང་བ་ལྟར་དུ་གདུལ་བྱའི་བློའི་རིམ་པ་དང་འཚམས་པ་དེ་བཞིན་དུ། སངས་རྒྱས་རྣམས་ཀྱིས་སེམས་ཅན་ལ། བློ་ལ་ཇི་ཙམ་མཐོང་བའི་ཐེག་པ་ཆེ་ཆུང་གི་ཆོས་སྟོན་པར་བྱེད་དོ་ཞེས་གསུངས་པ་དང་། མགོན་པོ་ཀླུ་སྒྲུབ་ཀྱིས། བརྡ་སྤྲོད་པ་དག་ཇི་ལྟ་བུ། །ཡི་གེའི་ཕྱི་མོ་ཀློག་འཛུག་ལྟར། །དེ་བཞིན་སངས་རྒྱས་གདུལ་བྱ་ལ། །ཇི་ཙམ་བཟོད་པའི་ཆོས་སྟོན་ཏོ། །ཞེས་ཡི་གེའི་བརྡ་སྤྲོད་པ་སློབ་དཔོན་དག །རང་གི་སློབ་མ་དག་ཇི་ལྟ་བུར་ཡི་གེ་རྣམས་དང་པོ་ཤེས་ནས་རིམ་གྱི་ཡི་གེའི་ཕྱི་མོ་ཀློག་དུ་འཛུག་པ་ལྟར། དེ་བཞིན་དུ་སངས་རྒྱས་རྣམས་ཀྱི་གདུལ་བྱའི་བློ་ལ་ཇི་ཙམ་བཟོད་པའི་ཆོས་སྟོན་པར་བྱེད་དོ་ཞེས་གསུངས་ཤིང་། འཕགས་པ་ལྷ་ཡིས་ཀྱང་། ཡོད་དང་མེད་དང་ཡོད་མེད་དང་། །གཉིས་ཀ་མིན་ཞེས་ཀྱང་བསྟན་ཏེ། །ནད་ཀྱི་དབང་གིས་ཐམས་ཅད་ཀྱང་། །སྨན་དུ་འགྱུར་བ་མ་ཡིན་ནམ། །ཞེས། བདེན་འཛིན་གྱི་གཉེན་པོར་བདེན་པར་ཡོད་པ་མ་ཡིན་པ་དང་། བདེན་མེད་དུ་འཛིན་པའི་གཉེན་པོར་བདེན་པར་མེད་པ་མ་ཡིན་པ་དང་། བདེན་པར་ཡོད་མེད་གཉིས་ཀ་འཛིན་པའི་གཉེན་པོར་བདེན་པར་ཡོད་མེད་གཉིས་ཀ་མ་ཡིན་པ་དང་། དེ་གཉིས་ཀ་མ་ཡིན་པར་འཛིན་པའི་གཉེན་པོར་དེ་གཉིས་ཀ་མ་ཡིན་པ་མ་ཡིན་ཞེས་པའི་རིགས་པས་ཀྱང་བསྟན་པར་བྱ་སྟེ། དཔེར་ན་ནད་རིགས་མི་གཅིག་པའི་དབང་གིས་ཨ་རུ་ར་ལ་སོགས་པ་སྨན་ཐམས་ཅད་ཀྱང་ནད་དེ་དང་དེའི་སྨན་དུ་འགྱུར་བ་མ་ཡིན་ནམ་སྟེ་ཡིན་པས་ཞེས་སོགས་གསུངས་པ་རྣམས་ཚད་མའི་ལུང་ཡིན་པའི་ཕྱིར་རོ། །

གསུམ་པ་ནི། ལམ་གྱི་མཐར་ཐུག་སྔགས་ཀྱི་ལམ་ལས། འབྲས་བུའི་དམན་ཤོས་ཐེག་དམན་གྱི་བྱང་ཆུབ་ཐོབ་པོ་ཞེས་སྨྲ་བ་ཆོས་ཅན། རྡོ་རྗེ་ཐེག་པའི་ལམ་གྱི་རྒྱུ་དང་དེའི་འབྲས་བུ་ལ་སྐྱུར་བ་འདེབས་པའི་སྨྲ

ངན་ཡིན་ཏེ། ལམ་གྱི་མཆོག་རྡོ་རྗེ་ཐེག་པའི་ལམ་བསྒོམས་པས་འབྲས་བུ་དམན་པ་ཉན་ཐོས་ཀྱི་མྱང་འདས་ཐོབ་པར་སྨྲ་བ་ཡིན་པའི་ཕྱིར། གཞན་ཡང་། རྡོ་རྗེ་ཐེག་པའི་དཀྱིལ་འཁོར་གྱི་ལྷ་ལ་ཉན་རང་མཚན་ཉིད་པ་ཡོད་ན། བླ་མེད་ཀྱི་སྔགས་སྡོམ་དང་ལྡན་པའི་སྐྱེས་བུ་ཡིས། ཉན་ཐོས་དག་ཏུ་རློམ་པར་བྱེད་པའི་གང་ཟག་དང་། ནང་གཅིག་ཏུ་ཞག་བདུན་གནས་པ་ལ་ལྟུང་བ་འབྱུང་བར་གསུངས་པའི་རྒྱུ་མཚན་ཅི་ཡིན་ཏེ། རྒྱུ་མཚན་ཅི་ཡང་མེད་པར་ཐལ། རྡོ་རྗེ་ཐེག་པའི་དཀྱིལ་འཁོར་གྱི་ལྷ་ལ་ཉན་རང་མཚན་ཉིད་པ་རང་ཆས་སུ་ཡོད་པའི་ཕྱིར། ཡང་ཀུན་རིག་གི་གཞལ་ཡས་ཁང་ཕྱི་མའི་ཁྱམས་ཀྱི་ཉན་རང་གི་མིང་ཅན་རྣམས་ཐེག་དམན་གྱི་གང་ཟག་རང་རྒྱུད་པ་ཡིན་ན། དེའི་རིགས་ལྔའི་གདན་གྱི་སེང་གེའི་མིང་ཅན་དང་། གླང་པོ་ཆེའི་མིང་ཅན་སོགས་ཀྱང་དུད་འགྲོ་རང་རྒྱུད་པར་འགྱུར་ཞིང་། དེའི་ཁོར་ཡུག་ལ་གནས་པའི་ཟླ་བའི་མིང་ཅན་དང་། ཉི་མའི་མིང་ཅན་ལ་སོགས་པ་རྣམས་ཀྱང་ནམ་མཁའི་ཉི་ཟླ་སོགས་སུ་འགྱུར་བར་ཐལ། ཁས་བླངས་དེའི་ཕྱིར།

གཞན་ཡང་གྲུབ་མཐའ་གྱི་ན་སྨྲ་བ་པོ་འདིས་ནི། དབང་བསྐུར་གྱི་དུས་སུ་ཡང་། རྒྱུན་བཤགས་དང་སྡོམ་བཟུང་གི་སྐབས་སུ་ཡང་སྔོན་རོལ་དུ་བྱང་ཆུབ་གསུམ་པོ་གང་འདོད་པ་ལ་དམིགས་ནས་རྗེས་བཟློས་ཀྱིས་ཤིག་ཞེས་ཟེར་བ་ནི། བབ་ཅོལ་ཁོ་ན་ཡིན་ཏེ་དེའི་རྒྱུ་མཚན་ཀུན་སློང་ཐེག་དམན་སེམས་བསྐྱེད་ཀྱི་བླངས་ནས་ངག་ཏུ། བྱང་ཆུབ་སེམས་ནི་བླ་ན་མེད། །དམ་པ་བདག་གིས་བཟུང་བར་བགྱི། །ཞེས། སྨྲ་བ་འདི་ནི་ཅི་ཞིག་པ་སྨྲོན་གཏམ་ཁོ་ན་ཡིན་ཏེ། སྡོམ་པ་བསྒྲགས་པའི་ཚེ། རྡོ་རྗེ་རྩེ་མོ་ལས། ཐེག་པ་དམན་ལ་འདོད་མི་བྱ། །སེམས་ཅན་དོན་ལ་རྒྱབ་ཕྱོགས་མིན། །འཁོར་བ་དག་ཀྱང་ཡོང་མི་སྤོང་། །ཞེས་པ་བསྒྲགས་ནས། སྡོམ་པ་བཟུང་བའི་ཚེ། ཐེག་པ་དམན་པ་ལ་འདོད་པ་དང་། སེམས་ཅན་གྱི་དོན་ལ་རྒྱབ་ཀྱིས་ཕྱོགས་པ་ལ་སོགས་པ་འགལ་ཟླ་གསུམ་པོ་བཟུང་བ་ནི། ཁས་བླངས་དངོས་སུ་འགལ་བ་ཡིན་པའི་ཕྱིར། ཉན་ཐོས་ཀྱི་ས་རུ་སེམས་བསྐྱེད་ན། ཐེག་ཆེན་གྱི་སྨོན་སེམས་སྤོང་དགོས་ཤིང་། ཐེག་ཆེན་གྱི་སྨོན་པ་སེམས་བསྐྱེད་སྤངས་ན་གསང་སྔགས་ཀྱི་རྩ་ལྟུང་དུ་འགྱུར་བར་རྒྱུད་སྡེ་བཞི་ཆར་དུ་མཐུན་པར་གསུངས་པའི་ཕྱིར། གཞན་ཡང་རྒྱུད་སྡེ་ཕལ་ཆེར་དང་གྲུབ་པའི་དབང་ཕྱུག་གིས་མཛད་པའི་གཞུང་བཟང་རྣམས། ཁྱེད་ཀྱི་གྲུབ་མཐའ་འདི་ལ་མཐའ་གཅིག་ཏུ་གནོད་བྱེད་ཡིན་ཏེ། དེ་དག་གི་གཞུང་ལུགས་བཟང་པོ་རྣམས་མཐོང་བའི་ཚེ་དེ་རྣམས་ཀྱི་དོན་ལ་དཔྱད་ན་གསལ་བར་འགྱུར་བའི་ཕྱིར། དེ་ལ་འདིར་ཁ་ཅིག །བོ་དོང་ཕྱོགས་ལས་རྣམ་རྒྱལ་གྱི་ཐེག་པ་གསུམ་གྱི་ཚོགས་ལམ་ཆེན་པོ་ནས་སྔགས་ལམ་ལ་འཇུག་པ་དང་སྔགས་ལམ་ལ་གནས་པའི་ཉན་རང་དེ་དག་ཐེག་དམན་རང་རྒྱུད་པར་ཞལ་གྱིས་བཞེས་ན་གནོད་བྱེད་འདི་དག་ལ་ལན་གྱིས་བཟློག་པར་མི་នུས་སོ། པཎ་ཆེན་ཉིད་རང་གིས་ཞལ་གྱི་ཐུང་ཟད་མི་བཞེས

པའི་པཎ་ཆེན་གྱི་ལུང་འདྲེན་མང་པོ་བྱས་འདུག་ཀྱང་། བསྟན་བཅོས་མཛད་པ་འདིས། པཎ་ཆེན་གྱི་ཞལ་གྱིས་བཞེས་པར་དགོངས་ཡོད་ཅིང་།བོ་དོང་པཎ་ཆེན་གྱི་རྗེས་སུ་འབྲངས་པས་བབ་ཆོལ་དུ་སླས་པ་ཡིན་ན་ཡང་། དེ་དགག་པ་ལ་ལུང་རིགས་དེ་དག་དགོས་ཤིང་། དེ་ལྟར་སླ་མཁན་མ་བྱུང་ན། བསྟན་བཅོས་འདི་མཛད་པ་ནི་འཁྲུལ་བ་དེ་དག་བསལ་བའི་ཕྱིར་དུ་ཡིན་པས། རང་ཕྱོགས་ཀྱི་འདོད་པ་གྲུབ་པ་ཡིན་ནོ། །

གཉིས་པ་རྒྱུད་སྡེ་བཞིའི་ངོ་བོ་ལ་འཁྲུལ་པ་དགག་པ་ལ་གཉིས་ཏེ། རྒྱུད་སྡེ་འོག་མ་གསུམ་གྱི་ཉམས་ལེན་ལ་འཁྲུལ་བ་དགག །རྣལ་འབྱོར་ཆེན་པོའི་ཉམས་ལེན་ལ་འཁྲུལ་བ་དགག་པའོ། །དང་པོ་ལ་གསུམ་སྟེ། བྱ་སྤྱོད་ཀྱི་བསྐྱེད་ཆོག་ལ་འཁྲུལ་བ་དགག །རྣལ་འབྱོར་རྒྱུད་ཀྱི་ལྷ་ལ་འཁྲུལ་བ་དགག །ཐུན་མོང་དུ་ལམ་ལ་འཁྲུལ་བ་དགག་པའོ། །དང་པོ་ལ་གཉིས་ཏེ། འདོད་པ་བརྗོད། དེ་དགག་པའོ། །དང་པོ་ནི། ཁ་ཅིག་སྟེ། རྗེ་ཙོང་ཁ་པ་ན་རེ། བྱ་རྒྱུད་རང་རྐང་གི་བསྐྱེད་ཆོག་ལ། བདག་བསྐྱེད་ཡོད་པར་སྤྱོད་རྒྱུད་ཀྱི་གཞུང་འགྲེལ་སངས་རྒྱས་གསང་བ་སོགས་ཀྱིས་མཛད་པའི་ལུང་གིས་སྒྲུབ་ཅིང་། དེའི་རིགས་པ་ཡང་། བྱ་རྒྱུད་རང་རྐང་ལ་ལྟས་པའི་བདེ་བ་ལམ་བྱེད་ཀྱི་ལམ་ཡོད་པ་དང་། སྤྱོད་རྒྱུད་རྣམ་སྣང་མངོན་བྱང་ལས་བཤད་པའི་གཞི་གཉིས་པོ། བདག་མདུན་གཉིས་ཅར་ལ་བཤད་དུ་རུང་ན། བྱ་རྒྱུད་བསམ་གཏན་ཕྱི་མའི་གཞི་གཉིས་ཀྱང་། བདག་མདུན་གཉིས་སུ་རུང་བར་མཚུངས་པའི་ཕྱིར་དང་། ཡེ་ཤེས་རྡོ་རྗེ་ཀུན་ལས་བཏུས་སོགས་ལས་བྱ་རྒྱུད་རང་རྐང་ལ་བདག་བསྐྱེད་མེད་པར་བཤད་པ་ནི། བྱ་རྒྱུད་ཕལ་ཆེ་བ་ལ་དགོངས་པའམ། སྲོག་རྩོལ་ལ་སོགས་པ་བསམ་གཏན་གྱི་ཡན་ལག་སྒོམ་པར་མི་ནུས་པའི། གདུལ་བྱ་རྣམས་ལ་དགོངས་པ་ཡིན་པའི་ཕྱིར། ཞེས་གསུངས་ཤིང་རྗེས་འབྲང་རྣམས་ཀྱང་ཟེར་རོ། །

གཉིས་པ་དེ་དགག་པ་ལ་གསུམ་སྟེ། གནོད་བྱེད་བརྗོད། སྒྲུབ་བྱེད་དགག་པ། སྐྱོན་སྤོང་མི་འཐད་པའོ། །དང་པོ་ནི། རྣམ་སྣང་མངོན་བྱང་སོགས་སྤྱོད་རྒྱུད་ཀྱི་ལུང་གིས། བྱ་རྒྱུད་རང་རྐང་ལ་བདག་བསྐྱེད་ཡོད་པར་འགྲུབ་ན། བདེ་ཀྱེ་སོགས་བླ་མེད་ཀྱི་ལུང་གིས། བྱ་རྒྱུད་རང་རྐང་ལ། བསྐྱེད་རྫོགས་ཡོད་པར་ཡང་ཅིས་མི་འགྲུབ་སྟེ་འགྲུབ་པ། གཞན་ཡང་། བྱ་སྤྱོད་གཉིས་ཀྱི་བསྐྱེད་ཆོག་ལ་བདག་བསྐྱེད་ཡོད་པར་ཁྱད་པར་མེད་ན། བྱ་སྤྱོད་གཉིས་ཀྱི། ཉམས་ལེན་གྱི་ཁྱད་པར་གང་གིས་འབྱེད་དེ། འབྱེད་མི་རིགས་པར་ཐལ། དེ་གཉིས་ལ་བདག་བསྐྱེད་ཡོད་པར་ཁྱད་པར་མེད་པའི་ཕྱིར། གཞན་ཡང་། བྱ་རྒྱུད་རང་རྐང་ལ་བདག་བསྐྱེད་ཡོད་པ་ནི། རྒྱུད་སྡེ་གོང་མའི་ལུང་དང་ཡང་འགལ་ཏེ། ཡེ་ཤེས་རྡོ་རྗེ་ཀུན་ལ་བཏུས་པའི་རྒྱུད་ལས། བྱ་རྒྱུད་ལ་བདག་བསྐྱེད་མེད་པར་མངོན་སུམ་དུ་བཤད་པའི་ཕྱིར་དང་། ཡེ་ཤེས་ཐིག་ལེ་ལས། རྒྱུད་སྡེ་བཞི་ལ་དབང་གི་བབས་མི་འདྲ

པ་བཞི་བཤད་པས། དེ་ལ་བརྟེན་པའི་ལམ་གྱི་བབས་མི་འདྲ་བ་བཞི་ཡོད་དགོས་པ་ལས། ཁྱོད་ལྟར་ན་བྱ་རྒྱུད་རང་རྐང་ལ་ལྷ་རྗེ་དཔོན་ལྟ་བུ་དང་། སྤྱོད་རྒྱུད་ལ་ལྷ་གྲོགས་པོ་ལྟ་བུ་ལས་དངོས་གྲུབ་ལེན་པའི་ལམ་གྱི་བབས་མི་འདྲ་བ་མེད་པས། རྒྱུད་སྡེ་བཞིའི་ལམ་གྱི་ཁྱད་པར་འཇིག་ཅིང་། དེ་ཞིག་པས་དབང་གི་ཁྱད་པར་ཡང་འཇིག་པར་འགྱུར་བའི་ཕྱིར།

གཉིས་པ་ལ་གཉིས་ཏེ། བལྟས་པའི་བདེ་བ་ལམ་བྱེད་ཀྱིས་མི་འགྲུབ། གཞིའི་དོན་གྱིས་མི་འགྲུབ་པའོ། །དང་པོ་ནི། བྱ་རྒྱུད་ཆོས་ཅན། ཁྱོད་རང་རྐང་ལ། བལྟས་པའི་བདེ་བ་ལམ་བྱེད་ཡོད་པའི་རྒྱུ་མཚན་གྱིས་ཁྱོད་ལ་བདག་བསྐྱེད་ཡོད་པར་ཡང་མི་འགྲུབ་སྟེ། ཁྱོད་རང་རྐང་ལ་བདག་བསྐྱེད་མེད་ཀྱང་། ཁྱོད་ཀྱི་མདུན་བསྐྱེད་ཀྱི་ལྷ་ཕོ་མོ་ཕན་ཚུན་བལྟས་པ་ལ་དམིགས་པས། ཁྱོད་ལ་བལྟས་པའི་བདེ་བ་ལམ་བྱེད་དེ་ཡོད་པར་འགྲུབ་པའི་ཕྱིར། གཉིས་པ་ནི། བྱ་སྤྱོད་ཀྱི་རྒྱུད་སྡེ་གཉིས་ཀྱི་གཞིའི་དོན་བདག་བསྐྱེད་དང་། མདུན་བསྐྱེད་གཉིས་སུ་མི་མཚུངས་ཏེ། སྤྱོད་རྒྱུད་རྣམ་སྣང་མངོན་པར་བྱང་ཆུབ་པ་ལས། ཡི་གེ་དང་ནི་ཡི་གེ་སྒྱུར། །ཞེས་བཟླས་བརྗོད་ཡན་ལག་བཞིའི་གཞི་དེ་ལ་གཉིས་གསུངས་ལ། བསམ་གཏན་ཕྱི་མ་གསང་བ་སྤྱི་རྒྱུད་ལས། སྒྲ་དང་སེམས་དང་གཞི་ལ་གནོལ། །ཞེས་པས། བཟླས་བརྗོད་ཡན་ལག་གི་གཞི་ནི་གཞི་གཅིག་ཁོ་ན་གསུངས་པ་ཡིན་པའི་ཕྱིར། དེས་ན་བྱ་སྤྱོད་གཉིས་ཀྱི་ལུང་དོན་ལ་ལེགས་པར་དཔྱད་པས། བྱ་སྤྱོད་གཉིས་ཀྱི་རང་རྐང་ལ་བདག་བསྐྱེད་ཡོད་མེད་ཀྱི་ཁྱད་པར་འབད་མེད་དུ་འགྲུབ་སྟེ། རྣམ་སྣང་མངོན་བྱང་གི་ཡི་གེ་དང་ནི་ཡི་གེ་སྒྱུར། །ཞེས་པའི་ཡི་གེ་གཉིས་དང་། བསམ་གཏན་ཕྱི་མའི་སྒྲ་དང་སེམས་དང་གཞི་ལ་གནོལ། །ཞེས་པའི་སྒྲ་སེམས་གཉིས། སྟོན་འགྲོའི་དོན་དུ་བྱ་སྤྱོད་གཉིས་ཆར་ལ་ཡོད་སྙམ་དུ་མཚུངས་པས་ན་དངོས་གཞིའི་གཞི་གཉིས་དང་། གཅིག་གི་ནི་ཁྱད་པར་ཡོད་པའི་ཕྱིར་ཏེ། དེ་ཡང་རྣམ་སྣང་མངོན་བྱང་ལས། དེ་བཞིན་གཞི་ལས་གཞིར་གྱུར་པ། ཞེས་བཟླས་བརྗོད་ཀྱི་གཞིའམ་རྟེན་དེ་ལ་གཞི་གཉིས་གསུངས་པ་ནི། བདག་མདུན་གྱི་ལྷ་གཉིས་ལ་སྒྱུར་བ་ཡིན་ལ། བྱ་རྒྱུད་ལས་སྒྲ་དང་སེམས་དང་གཞི་ལ་གནོལ་ཞེས་བཟླས་བརྗོད་ཀྱི་རྟེན་ནས། གཞིའི་ལྷ་གཅིག་ཁོ་ན་ལས་མ་བཤད་པས་བསམ་གཏན་ཕྱི་མའི་གཞིའི་དོན་ནི། བདག་མདུན་གཉིས་ཀྱི་ནང་ནས་མདུན་བསྐྱེད་ཀྱི་ལྷ་གཅིག་ཉིད་ལ་བཤད་དགོས་པའི་ཕྱིར། གསུམ་པ་ནི། ཁྱོད་ཀྱི་གོང་གི་སྐྱོན་སྤོང་གཉིས་ཀྱང་མི་འཐད་དེ། བྱ་རྒྱུད་ཕལ་ཆེ་བ་ལ་བལྟས་པ་ཡིས་བདེ་བ་ལམ་བྱེད་མེད་པར་འགྱུར་བའམ། བྱ་རྒྱུད་རང་རྐང་གི་ལམ་ལ། བདག་བསྐྱེད་ཡོད་པ་དང་། བདག་བསྐྱེད་མེད་པར་བཤད་པ་དེ། བྱ་རྒྱུད་ཀྱི་གདུལ་བྱའི་གཙོ་བོ་བདག་བསྐྱེད་སྒོམ་པར་མི་ནུས་པ་ལ་དགོངས་པ་གཉིས་གོ་རིམ་ལོག་པའི་སྐྱོན་དུ་འགྱུར་བའི་ཕྱིར།

གཉིས་པ་རྣལ་འབྱོར་རྒྱུད་ཀྱི་ལྷ་ལ་འཁྲུལ་བ་དགག་པ་ལ་གསུམ་སྟེ། ཕྱོགས་སྔ་མ་བརྗོད། དེ་དགག །ཕན་པའི་གདམས་པ་བསྟན་པའོ། །དང་པོ་ལ་གཉིས་ཏེ། དངོས་ཀྱི་ཕྱོགས་སྔ། ཞར་བྱུང་གི་ཕྱོགས་སྔའོ། །དང་པོ་ནི། ངོར་པའི་རྗེས་འབྲངས་སུ་རློམ་པ་ཁ་ཅིག །ངན་སོང་སྦྱོང་རྒྱུད་ལས་གསུངས་པའི། གཙོ་བོ་ཕྱག་ན་རྡོ་རྗེ་ལ་འཁོར་རྒྱལ་ཆེན་བཞི་སོགས་ཀྱིས་བསྐོར་བའི་དཀྱིལ་འཁོར་སོགས་ཀྱིས་བསྡུས་པ། ཕྱོགས་སྐྱོང་བཅུས་བསྐོར་བ། ལྷ་ཆེན་བརྒྱད་ཀྱིས་བསྐོར་བ། ཀླུ་ཆེན་བརྒྱད་ཀྱིས་བསྐོར་བ། གཟའ་ཆེན་བརྒྱད་ཀྱིས་བསྐོར་བ། འཇིགས་བྱེད་དགུས་བསྐོར་བའི་དཀྱིལ་འཁོར་དྲུག་གི་འཁོར་གྱི་ལྷ་རྣམས་འཇིག་རྟེན་རང་རྒྱུད་པ་ཡིན་ཞེས་སྨྲ་ཞིང་། དེའི་སྒྲུབ་བྱེད་དྲིས་པའི་ཚེ། རྒྱུ་མཚན་སུ་ལ་ཡང་འདི་ཡིན་མེད་དེ། ཕལ་ཆེར་དམ་བཅའ་འགོད་པར་བྱེད། ལ་ལར་བླ་མ་གསུང་གི་ཞེས་ཟེར་བ་དང་། འགའ་ཞིག་སྒྲོག་སྙིང་ཕྱུལ་ནས་དཀྱིལ་འཁོར་ལ་བཀོད་པའི་ཕྱིར་ཟེར་བ་དང་། འཇིག་རྟེན་པ་ཞེས་པའི་མིང་དང་ལྡན་པའི་ཕྱིར་དང་། བཅོམ་ལྡན་འདས་ཀྱིས་རྒྱུད་གསུངས་པའི་དུས་ཀྱི་འཁོར་གྱི་ཚངས་པ་སོགས་ཡིན་པའི་ཕྱིར། ཞེས་འགོད་པར་བྱེད་པ་ཙམ་ལས་གཞན་མེད་པའི་ཕྱིར། གཉིས་པ་ནི། དེ་བཞིན་དུ་དཔལ་མཆོག་ལས་གསུངས་པའི། མིང་པོ་སྲིང་མོ་བཞི་བཞི་དང་། སྣན་བླའི་ཁྲམས་ལ་བཀོད་པ་ཡི། གནོད་སྦྱིན་གྱི་སྡེ་དཔོན་ཆེན་པོ་བཅུ་གཉིས་དང་། ཚངས་པ་དང་། རྒྱལ་ཆེན་བཞི་ལ་སོགས་པ་བཅུ་བདུན་གྱི་ལྷ་ཚོགས་དང་། འཇིགས་བྱེད་ཀྱི་འཁོར་གྱི་གཤིན་རྗེ་ཕོ་མོ་དང་། གཞན་ཡང་ལྷ་མོ་འདོད་ཁམས་དབང་ཕྱུག་མ་དང་། དཔལ་མགོན་གདོང་བཞི་པ་གཉེན་པོ་དང་། ཕྱུ་ཏ་ལ་སོགས་པའི་ལས་མཁན་རྣམས་དང་། བྱ་ནག་ཁྱི་ནག་ལ་སོགས་པ་སྤྲུལ་པའི་ཕོ་ཉ་ཐམས་ཅད་ཀྱང་འཇིག་རྟེན་རང་རྒྱུད་པ་ཡིན་ཞེས་སྨྲ་བར་བྱེད་དོ༎ ༎

གཉིས་པ་དེ་དགག་པ་ལ་གཉིས་ཏེ། དགག་པ་སྤྱིར་བསྟན། དགག་པ་སོ་སོར་བཤད་པའོ། །དང་པོ་ནི། ཁྱོད་ཀྱིས་དེ་ལྟར་འདོད་པའི་ཚིག་འདི་དག་ནི། སངས་རྒྱས་ཀྱི་རྣམ་འཕྲུལ་ལ་བསྐུར་འདེབས་ཀྱི་ཚིག་ཡིན་པས། དགག་པར་བྱ་སྟེ། རྒྱུད་སྡེ་བཞིའི་དཀྱིལ་འཁོར་གྱི་གཙོ་བོ། འཇིག་རྟེན་ལས་འདས་པ་དང་། དེའི་འཁོར་གྱི་ལྷ་རྣམས། འཇིག་རྟེན་རང་རྒྱུད་པ་ཡིན་པ་དེ་འདྲ་མཁས་པའི་གཞུང་གང་གི་གནས་ཡིན་པའི་ཕྱིར་ཏེ། རྒྱུད་སྡེ་བཞིའི་དཀྱིལ་འཁོར་གྱི་གཙོ་བོ་ནས་བཟུང་སྟེ། མཐའི་མེ་རིའི་བར་ཐམས་ཅད་དཀྱིལ་འཁོར་གྱི་གཙོ་བོ་ཉིད་ཀྱི་རྣམ་འཕྲུལ་ལས་མ་གཏོགས་པ་གཙོ་འཁོར། རྒྱུད་ནི་ཐ་དད་པ་དང་། རྟེན་གཞལ་ཡས་ཁང་དང་། བརྟེན་པ་ལྷ་རྫས་ཐ་དད་དུ་གནས་པའི་དཀྱིལ་འཁོར་གྱི་རྣམ་གཞག་ནི། སངས་རྒྱས་ཀྱིས་གསུངས་པའི་རྒྱུད་དང་། འཕགས་ཡུལ་གྲུབ་པའི་དབང་ཕྱུག་རྣམས་ཀྱི་གཞུང་ལུགས་བཟང་པོ་དང་རྗེ་བཙུན་ཨེ་ཝཾ་པ་ཡབ་སྲས་སོགས་དམ་པའི་

གསུང་ལས་སུས་ཀྱང་ཐོས་པ་མེད་པའི་ཕྱིར་ཏེ། ཁོ་བོའི་དམ་བཅའ། དེ་སྒྲུབ་བྱེད་དང་བཅས་པ་འདི་ནི། འདུས་པ་རྣམ་གཉིས་སོགས་ཀྱི་རྒྱུད་ཀྱི་དཀྱིལ་འཁོར་སྤྲུལ་བཤད་ཀྱི་སྐབས་དང་། རྩ་རྒྱུད་བརྟག་གཉིས་ལས། འཆད་པ་པོ་ང་ཆོས་ཀྱང་ང་། །རང་གི་ཚོགས་ལྡན་ཉན་པ་ང་། །ཞེས། ཞུ་བདེ་དབྱེར་མི་ཕྱེད་པ་དེ་ཉིད་སྟོན་པའི་བདག་ཉིད་ཡིན་པས་འཆད་པ་པོ་ང་། ལུང་གི་ཆོས་གསུང་རབ་ཡན་ལག་བཅུ་གཉིས་དང་། རྟོགས་པའི་ཆོས་ཐམས་ཅད་ཀྱང་ང་སྟེ། དེ་ལས་བྱུང་བ་དང་། རང་གི་ཚོགས་ལྡན་ཉན་པ་འཁོར་ཀྱང་ང་སྟེ། འཁོར་གྱི་དེ་བཞིན་གཤེགས་པ་ལྔ་ནི་བདུད་རྩི་ལྔ་དང་། འཁོར་གྱི་ལྷ་མོ་ནི་འབྱུང་བ་བཞི། འཁོར་གྱི་བྱང་ཆུབ་སེམས་དཔའ་རྣམས་ནི་སེམས་བསྐྱེད་ཀྱི་དྭངས་མ་སྟེ། དེ་རྣམས་ཀྱི་འཁོར་གྱིས་བསྐོར་བའོ། །ཞེས་སོགས་ཀྱི་དོན་རྟོགས་ན་འབད་མེད་དུ་འགྲུབ་པའི་ཕྱིར།

གཉིས་པ་ལ་གཉིས་ཏེ། དངོས་ཀྱི་ཕྱོགས་སྔ་དགག །ཞར་བྱུང་གི་ཕྱོགས་སྔ་དགག་པའོ། །དང་པོ་ལ་གཉིས་ཏེ། གནོད་བྱེད་བརྗོད། སྒྲུབ་བྱེད་དགག་པའོ། །དང་པོ་ནི། ཁྱད་པར་འཇིག་རྟེན་པའི་དཀྱིལ་འཁོར་དྲུག་པོ་ཡིས་འཁོར་རྣམས་འཇིག་རྟེན་རང་རྒྱུད་པ་ཡིན་ན། ཀུན་རིག་གི་བསྙེན་པ་རྒྱས་པའི་བདག་བསྐྱེད་ཀྱི་ཚེ། རྡོ་རྗེ་སེམས་དཔའི་ཐུགས་ཀར་ཟླ་བའི་དཀྱིལ་འཁོར་གྱི་སྟེང་དུ་ལྷ་རྣམས་ཀྱི་སྙིང་པོ་རྩ་རིགས་དང་བཅས་པའི་འོད་ཟེར་སྤྲོ་བསྡུ་ལས། ལྷ་རྣམས་ཀྱི་ཐུགས་ཀ་ནས་ཕྱུང་ནས་རང་གནས་སུ་འགོད་པའི་བསྐྱེད་ཆོག་གི་ཚུལ་ལུགས་ཇི་ལྟར་བྱ་བ་བཞིན་དུ་འཇིག་རྟེན་པའི་དཀྱིལ་འཁོར་དྲུག་ལ་ཡང་སྦྱར་དགོས་ཞིང་། དེ་ལྟར་སྦྱར་བའི་ཚེ་ཕྱུག་ན་རྡོ་རྗེའི་ཐུགས་ཀར་བསྐྱེད་པ་ཡི་འཇིག་རྟེན་རང་རྒྱུད་པ་དེ་ངོ་མཚར་ཆེ་བ་གད་མོའི་གནས་ཡིན་ཏེ། ཕྱག་རྡོར་སངས་རྒྱས་ཀྱི་ཐུགས་ཁ་ནས་འོད་ཟེར་སྤྲོ་བསྡུ་ལས་འཇིག་རྟེན་རང་རྒྱུད་པ་འབྱུང་བར་ཁས་བླངས་པའི་ཕྱིར། གལ་ཏེ་འཇིག་རྟེན་པའི་དཀྱིལ་འཁོར་དྲུག་པོ་འདི་དག་ལ་བསྙེན་པ་རྒྱས་པ་མི་འཇུག་གོ་སྙམ་ན། འོ་ན་རྗེ་བཙུན་རིན་པོ་ཆེ་གྲགས་པ་རྒྱལ་མཚན་གྱི་གསུང་རབ་ལས། སྤྱོད་རྒྱུད་དཀྱིལ་འཁོར་བཅུ་གཉིས་ལ་བསྙེན་པ་རྒྱས་འབྲིང་བསྡུས་གསུམ་དང་སྦྱར་བའི་དཀྱིལ་འཁོར་སུམ་ཅུ་སོ་དྲུག་ཏུ་ཕྱེ་བའི་རང་རང་སོ་སོའི་མཚན་གཞི་གང་ཡིན་སྨྲོས་ཏེ་སྨྲ་རྒྱུ་མེད་པར་ཐལ། སྤྱོད་རྒྱུད་དཀྱིལ་འཁོར་བཅུ་གཉིས་ཀྱི་འཇིག་རྟེན་པའི་དཀྱིལ་འཁོར་དྲུག་ལ་བསྙེན་པ་རྒྱས་པ་མི་འཇུག་པའི་ཕྱིར། དེས་ན་སྤྱོད་རྒྱུད་ཀྱི་དཀྱིལ་འཁོར་དྲུག་གི་འཁོར་གྱི་ལྷ་རྣམས་འཇིག་རྟེན་རང་རྒྱུད་པ་ཡིན་ཞེས་སེམས་ལྡན་སུ་ཞིག་གི་སྨྲ་བར་ནུས་ཏེ་སྨྲ་མི་ནུས་པར་ཐལ། དེ་དག་གི་འཁོར་དེ་དག་བདག་བསྐྱེད་ཀྱི་ཚེ་ན་གཙོ་བོའི་ཐུགས་ཀ་ནས་སྤྲུལ་ཞིང་། མདུན་བསྐྱེད་སྒྲུབ་པའི་ཚེ་ན་ཡེ་ཤེས་པ་སྤྱན་དྲངས་ཏེ། དེ་དག་ལ་དགུག་བཞུགས་དང་མཆོད་པའི་ཚེ་ན་སྐྱེག་སོགས་ལྷ་མོ་བརྒྱད་ཀྱིས་མཆོད་

པ་དང་། བསྟོད་པའི་ཚེ་ན་དེ་དག་ལ་ཕྱག་འཚལ་ཚིགས་བཅད་བརྗོད་ནས་བསྟོད་པ་དང་། ཕྱི་འཇུག་གི་ཚེ་དེ་དག་རྒྱན་གཤགས་སྐྱབས་འགྲོའི་ཡུལ་དུ་བྱས་པ་དང་། ནང་འཇུག་གི་ཚེ་དེ་དག་ལ་མེ་ཏོག་འདོར་བ་དང་། དེ་དག་གི་ཐུགས་བཟླས་པའི་བུམ་ཆུས་རང་གཞན་གཉིས་ཀ་ལ་དབང་བསྐུར་བ་སོགས་རྒྱུད་དང་གོང་མའི་གསུང་རབ་ལས་གསལ་བར་འབྱུང་བའི་ཕྱིར་རོ། །གལ་ཏེ་གོང་གི་སྒྲུབ་བྱེད་དེ་དག་གཙོ་འཁོར་གྱི་ཁྱད་པར་ལ་ཡོད་མེད་ཕྱེ་ནས་སྨྲ་དགོས་སོ་སྙམ་ན། དེ་ནི་རྒྱུད་དང་འགལ་ཏེ་སྤྲུལ་པ་མཆོག་གི་དཀྱིལ་འཁོར་དུ་དབང་བསྐུར་ཐོབ་པ་ཙམ་གྱིས་ཀྱང་གྲུབ་པའི་ས་ཐོབ་པར་གསུངས་པ་དང་། སྤྲུལ་པ་མཆོག་གི་དཀྱིལ་འཁོར་དེའི་ལྷ་ལ་འཇིག་རྟེན་རང་རྒྱུད་པ་ཡོད་པ་ནང་འགལ་ཞིང་། རྡོ་རྗེ་ཕུགས་ཀྱི་དང་རྡོ་རྗེ་ཞགས་པ་ལ་སོགས་ཀྱི་སྒོ་བསྲུངས་བྱས་པའི་དཀྱིལ་འཁོར་གྱི་ནང་དུ་སྡོད་པར་ནུས་པའི་འཇིག་རྟེན་པ་རང་རྒྱུད་པ་དེའི་ཅི་འདྲ་བ་ཞིག་སྐྱེ་དེ་མེད་པའི་ཕྱིར་རོ། །

གཉིས་པ་ལ་དྲུག་སྟེ། དམ་བཅའ་མི་འཐུབ། མ་ཟིན་པའི་སྨྲོས་ཀྱིས་མི་འཐུབ། ཚུལ་སྟོན་པས་མི་འཐུབ། མིང་གིས་མི་འཐུབ། རྒྱུད་གསུངས་པའི་འཁོར་གྱིས་མི་འཐུབ། རྒྱུད་སྡེ་གཞན་གྱིས་མི་འཐུབ་པའོ། །དང་པོ་ནི། འཇིག་རྟེན་པའི་དཀྱིལ་འཁོར་དྲུག་གི་འཁོར་གྱི་ལྷ་རྣམས་འཇིག་རྟེན་རང་རྒྱུད་པ་ཡིན་པའི་སྒྲུབ་བྱེད་ལ་ཡང་དཔྱད་པར་བྱ་སྟེ། ཁྱོད་ཀྱིས་དམ་བཅས་ཁྱོད་རང་གི་དམ་བཅའ་དེ་སྒྲུབ་པ་ཡིན་ན་ནི། ཕ་རོལ་པོ་གཞན་གྱི་ཡང་དམ་བཅའ་དེ་བཟློག་པ་ཡིས་དམ་བཅའ་དེ་ཉིད་འགོག་པར་འགྱུར་བར་མཚུངས་པའི་ཕྱིར། གཉིས་པ་ནི། རྗེ་བཙུན་ངོར་པའི་གསུང་རབ་བསྟེན་པ་རྒྱས་པའི་ཚིག་འདི་དང་། ཁྱེད་ཀྱི་གསུང་སྒྲོས་བློས་བཏགས་པ་སྦྱོང་རྒྱུད་ཀྱི་དཀྱིལ་འཁོར་གྱི་འཁོར་གྱི་ལྷ་འཇིག་རྟེན་པའི་མིང་ཅན་རྣམས་འཇིག་རྟེན་པ་རང་རྒྱུད་པར་འདོད་པ་འགལ་བ་ཡིན་ཏེ། རྗེ་བཙུན་མཁྱེན་པའི་དབང་པོ་ཀུན་དགའ་བཟང་པོ་དེས་མཛད་པའི་ཀུན་རིག་གི་བསྟེན་པ་རྒྱས་པའི་ཚིག་ནར་ནི། དེ་བཞིན་གཤེགས་པ་རིགས་བཞི་ནས་བཟུང་ནས་ནི། ཕྱིའི་ཁོར་ཡུག་ལ་བཀོད་པའི་འཇིག་རྟེན་པའི་མིང་ཅན་གྱི་ལྷའི་བར་སྒོ་དྲུག་གི་སྒོ་ནས་གཙོ་བོ་ཀུན་རིག་གི་ཐུགས་ཀར་བསྐྱེད་ནས་ནི་རང་གནས་སོ་སོར་བཀོད་པ་སྤྲུལ་པ་མཆོག་གི་སྐུ་ཉམས་སུ་ལེན་པའི་ཉམས་ལེན་ཡིན་པར་གསུངས་ཤིང་། ཁྱད་པར་དུ་སངས་རྒྱས་གང་ལ་གང་གིས་འདུལ་བ་དེ་དང་དེའི་སྐུར་སྟོན་པ་ཡིན་ཞེས་དེ་བཞིན་གཤེགས་པ་རིགས་བཞི་ནས་ཁོར་ཡུག་གི་ལྷའི་བར་དུ་སྤྲུར་ཏེ་གསུངས་པས་འཁོར་ཐམས་ཅད་ཀྱང་གཙོ་བོའི་རྣམ་སྤྲུལ་དུ་བསྟན་པའི་ཕྱིར་ཏེ། ཁོར་ཡུག་གི་ལྷའི་ཐད་དུ་སངས་རྒྱས་ཉིད་འཇིག་རྟེན་པས་འདུལ་བའི་སེམས་ཅན་རྣམས་ལ་ཚངས་པ་ལ་སོགས་པ་དེ་དང་དེའི་རྣམ་པར་སྤྲུལ་ནས་གདུལ་བྱ་སོ་སོའི་དོན་མཛད་པའོ། །ཞེས། ཁོར་ཡུག

གི་ལྷ་ཚངས་པ་སོགས་ཀྱི་མིང་ཅན་ཀྱང་སངས་རྒྱས་ཀྱི་རྣམ་སྤྲུལ་ཡིན་པར་ཆོག་དེའི་ཚིག་ཟིན་ལ་བཤད་པའི་ཕྱིར་རོ། །དེ་ལ་སྐྱོན་སྤོང་བར་འདོད་ནས་འདི་སྐད་དུ། ཀུན་རིག་གི་ཕྱིའི་འཁོར་ཡུག་གི་ལྷ་ཚངས་པ་སོགས་རྣམས་ནི་སངས་རྒྱས་ཉིད་ཀྱི་རྣམ་སྤྲུལ་ཡིན་ཞིང་། གཅིག་ཤོས་འཇིག་རྟེན་པའི་དཀྱིལ་འཁོར་དྲུག་གི་དཀྱིལ་འཁོར་ནང་ན་བཀོད་པའི་ལྷ་ཚངས་པ་སོགས་ནི་འཇིག་རྟེན་རང་རྒྱུད་པ་ཡིན་པས་སྔར་གྱི་སྐྱོན་དེ་མེད་དོ་ཞེས་སྨྲ་བར་བྱེད་དོ། །ཀྱེ་མ་འདི་འདྲའི་ཚིག་གིས་ཀྱང་གདུལ་བྱ་ཤེས་ལྡན་ངེས་པ་སྐྱེ་བ་རེ་བ་ནི་རེ་ཆེ་སྟེ། ཀུན་རིག་གི་དཀྱིལ་འཁོར་གྱི་གཞལ་ཡས་ཁང་གི་ཕྱི་རོལ་ཏུ་འཁོར་ཡུག་ལ་བཀོད་པའི་ལྷ་ཀླུ་སོགས་ཀྱི་མིང་ཅན་ཡང་སངས་རྒྱས་ཀྱི་རྣམ་སྤྲུལ་ཡིན་ཞིང་། ཕྱག་རྡོར་གྱི་དཀྱིལ་འཁོར་དྲུག་གི་ནང་ན་བཀོད་ཅིང་ཡེ་ཤེས་པས་སྒོ་བསྲུང་བྱས་པའི་ཚངས་སོགས་ཀྱི་མིང་ཅན་གྱི་ལྷ་རྣམས་ཀྱང་འབྱུང་པོ་རང་རྒྱུད་པ་ཡིན་ན། འདི་ཙམ་གྱི་ཁྱད་པར་འབྱུང་བའི་རྒྱུ་མཚན་ཀུན་རིག་དང་ཕྱག་རྡོར་གཉིས་ལ་བཟང་ངན་དང་དབང་ཆ་ཆེ་ཆུང་གང་ཡོད་སྨྲ་དགོས་ཏེ། ཀུན་རིག་གི་ཕྱིའི་འཁོར་ཡུག་ལ་གནས་པའི་ལྷ་ཀླུའི་མིང་ཅན་རྣམས་ཀྱང་སངས་རྒྱས་ཀྱི་རྣམ་སྤྲུལ་ཡིན་ཞིང་། ཕྱག་རྡོར་གྱི་གཞལ་ཡས་ཁང་གི་ནང་ན་གནས་པའི་ཚངས་སོགས་ཀྱི་མིང་ཅན་རྣམས་ཀྱང་འབྱུང་པོ་རང་རྒྱུད་པ་ཡིན་པའི་ཕྱིར། དེས་ན། བླ་མས་འཆད་པའི་ཚེ་ཐ་སྙད་ཟེར་ཡང་བའི་ཕྱིར་དུ་འཇིག་རྟེན་པའི་མིང་ཅན་ལ་འཇིག་རྟེན་པ་ཞེས་གསུངས་པ་ཙམ་ལ་འཇིག་རྟེན་པའི་མིང་ཅན་དེ་དག་འཇིག་རྟེན་རང་རྒྱུད་པ་ཡིན་པ་བླ་མའི་གསུང་སྒྲོས་ཡིན་ནོ་ཞེས། བླ་མ་མཆོག་ལ་བསྐུར་པ་བཏབ་པར་མི་བྱ་སྟེ། བླ་མ་མཆོག་རྡོ་རྗེ་འཆང་ཀུན་དགའ་བཟང་པོའི་གསུང་རབ་ན་སྤྲུལ་པ་དང་། རང་རྒྱུད་པ་སོགས་ཀྱི་རྣལ་དབྱེ་སོ་སོར་ཕྱེ་བ་གསལ་བར་བཞུགས་པའི་ཕྱིར་རོ། །

གསུམ་པ་ནི། སྲོག་སྙིང་ཕུལ་བའི་ཚུལ་སྟོན་པ་ཙམ་གྱིས་ཀྱང་འཇིག་རྟེན་རང་རྒྱུད་པར་འགྱུར་ན། གདུལ་བྱ་དྲག་པོ་དབང་ཕྱུག་ཆེན་པོ་འཁོར་ཆུང་མ་དང་བཅས་པ་འདུལ་བྱེད་དཔལ་ཧེ་རུ་ཀས་འདུལ་བའི་རྣམ་སྤྲུལ་ཆ་ཤས་ཙམ་གྱིས་ཀྱང་གདུལ་བྱ་དང་འདུལ་བྱེད་དེ་གཉིས་རྒྱུད་གཅིག་ཏུ་ཇི་ལྟར་འགྱུར་ཏེ་མི་འགྱུར་བར་ཐལ་ཁས་བླངས་པ་དེའི་ཕྱིར། དེས་ན། སྔར་བཤད་པ་དེ་ལ་སོགས་པ་སངས་རྒྱས་ཀྱི་རྣམ་སྤྲུལ་ལ་རང་གི་བློ་ཆོད་སྒྲུར་དུ་མི་རུང་ངོ་། །བཞི་པ་ནི། འཇིག་རྟེན་པ་ཞེས་བྱ་བ་ཡི་མིང་གི་བཏགས་པའི་རྒྱུ་མཚན་ཙམ་གྱིས་འཇིག་རྟེན་པར་འགྱུར་ན་མི་སྣ་ཉག་ལ་སེང་གེའི་མིང་གིས་བཏགས་པའི་ཚེ། དེ་ལྟ་བུའི་མི་དེ་སྣ་ཉག་སེང་གེའི་རལ་པ་དགུག་པའི་སེང་གེར་འགྱུར་བར་ཐལ། དམ་བཅའ་དེའི་ཕྱིར། གཞན་ཡང་མིང་དོན་ངོ་བོ་ཉིད་ཀྱིས་ནི་འབྲེལ་བ་རིགས་པའི་རྒྱལ་པོ་ཕྱོགས་གླང་ཡབ་སྲས་སོགས་ཀྱི། སྡེ་བདུན་མདོ་དང་བཅས་པ་སོགས་ལས་བཀག་པ་ཡིན་ཏེ༑ མིང་དོན་ངོ་བོ་ཉིད་ཀྱི་ནི་འབྲེལ་བར་འདོད་པ། རིག་བྱེད་པའི་གཞུང་ཁོ་ན་ལས་འབྱུང་བ་ཡིན་པའི་ཕྱིར

དང་། མིང་ལ་དངོས་མིང་དང་བཏགས་མིང་གཉིས་སུ་ཡོད་པ་གསུང་རབ་འཆད་པ་ཀུན་ལ་གྲགས་ཤིང་། འཇིག་རྟེན་གྱི་ཐ་སྙད་ལ་ཡང་ཡོད་ལ། འོན་ཀྱང་ཁྱོད་ཀྱི་སྒྲུབ་བྱེད་ཀྱི་གཙོ་བོ་ནི། འཇིག་རྟེན་པ་ཞེས་པའི་མིང་བཏགས་པ་འདི་ཉིད་ལ་ནི་རེ་བར་སྣང་མོད། མིང་ལ་དངོས་མིང་དང་བཏགས་མིང་གཉིས་སུ་ཡོད་པའི་ཕྱིར། ལྔ་པ་ནི། སྟོན་པས་རྒྱུད་སྡེ་གསུངས་པའི་ཚེ། དེའི་འཁོར་ལ་རང་རྒྱུད་པས་ཁྱབ་ན། འཁོར་ལ་སྤྲུལ་པ་འཁོར་དུ་བྱས་པ་དང་ནི་རང་རྒྱུད་པའི་འཁོར་གཉིས་རྒྱུད་ལས་གསུངས་པ་དང་འགལ་ཏེ། སྟོན་པས་རྒྱུད་གསུངས་པའི་ཚེ། འཁོར་ལ་རང་རྒྱུད་པས་ཁྱབ་པའི་ཕྱིར་དང་། སྟོན་པས་རྒྱུད་སྡེ་འདི་གསུངས་པའི་ཚེ། འཁོར་གྱི་ཚངས་པ་སོགས་སྤྲུལ་པ་ཉིད་ཡིན་པའི་ཕྱིར་ན། ཀུན་རིག་གི་ཁོར་ཡུག་ཏུ་ཚང་བར་བཀོད་ཅིང་། ཕྱག་རྡོར་གྱི་བརྟག་པ་ཕྱི་མ་གསུངས་པའི་ཚེ་སྒྲོག་སྙིང་ཞུལ་ནས་རང་ཉིད་ཀྱི་དཀྱིལ་འཁོར་ལ་ནི་སོ་སོར་བཀོད་པ་དེའི་ཚེ་འཇིག་རྟེན་པའི་དཀྱིལ་འཁོར་རྣམ་པ་དྲུག་འབྱུང་བའི་ཕྱིར། དྲུག་པ་ནི། དཔལ་མཆོག་ལས་གསུངས་པའི་ལྷ་རྣམས་ཀྱང་། འཇིག་རྟེན་རང་རྒྱུད་པ་ཡིན་པའི་སྒྲུབ་བྱེད། ཁྱོད་ཀྱི་སྡེ་མ་བཀོད་པ་དེ་ལས་གཞན་མེད་པ་དེ་ནི་བཀག་ཟིན་ཅིང་། ཀུན་དགའ་སྙིང་པོས་དེ་རྣམས་སྤྲུལ་པར་བཤད་པས། དེ་རྣམས་ཀྱང་འཇིག་རྟེན་རང་རྒྱུད་པ་མ་ཡིན་ནོ། །

གཉིས་པ་ཞར་བྱུང་གི་ཕྱོགས་སྔ་དགག་པ་ལ་གསུམ་སྟེ། སྨན་གྱི་བླའི་དཀྱིལ་འཁོར་གྱི་ལྷ་འཇིག་རྟེན་པར་མི་འཐད། འཇིགས་བྱེད་ཀྱི་དཀྱིལ་འཁོར་གྱི་ལྷ་འཇིག་རྟེན་པར་མི་འཐད། སྲུང་མ་ཁྱད་པར་ཅན་འཇིག་རྟེན་པར་མི་འཐད་པའོ། །དང་པོ་ནི། སྨན་བླའི་སྐབས་ཀྱི་གནོད་སྦྱིན་གྱི་སྡེ་དཔོན་ཆེན་པོ་བཅུ་གཉིས་ལ་སོགས་པ་འཇིག་རྟེན་རང་རྒྱུད་པ་ཡིན་ན། སྨན་བླའི་ཚོག་བྱས་པ་ཀུན་ཆོས་ཅན། ཁྱོད་ཀྱི་སྐྱབས་འགྲོའི་སྡོམ་པ་འཆོལ་བར་འགྱུར་ཏེ། ཁྱོད་ཀྱི་འཇིག་རྟེན་པའི་ལྷ་རྣམས་ལ་ཕྱག་འཚལ་བ་དང་། སྐྱབས་སུ་འགྲོ་བ་བྱས་པའི་ཕྱིར། རྟགས་མ་གྲུབ་ན། དེར་ཐལ་ཏེ། སྨན་བླའི་གནོད་སྦྱིན་འཇིག་རྟེན་པའི་སྐུའི་ཚུལ་སྟོན་པ་གནོད་སྦྱིན་བཅུ་གཉིས་སོགས་ལ་ཕྱག་འཚལ་དང་། སྐྱབས་འགྲོ་བྱས་པ་གང་ཞིག །སྨན་བླའི་སྐབས་ཀྱི་གནོད་སྦྱིན་བཅུ་གཉིས་སོགས་འཇིག་རྟེན་རང་རྒྱུད་པ་ཡིན་པའི་ཕྱིར། དང་པོ་གྲུབ་སྟེ། མཁན་པོ་ཞི་བ་འཚོས་སྨན་བླའི་མདོ་ལས་གསུངས་པ་ཡི༔ བདེ་གཤེགས་བརྒྱད་པོ་སངས་རྒྱས་སུ་བྱས་ནས་སྐབས་དེར་དམ་ཆོས་མདོ་ན་མེད་ཀྱང་བསྣན། བདེ་གཤེགས་བརྒྱད་ཀྱི་ལྷག་མ་སྐྱབས་གྲོལ་དང་འཇམ་དབྱངས་ལ་སོགས་པ་འཇིག་རྟེན་ལས་འདས་པ་དང་། ཚངས་པ་དང་རྒྱལ་ཆེན་བཞི་གནོད་སྦྱིན་བཅུ་གཉིས་རྣམས་འཇིག་རྟེན་པའི་སྐུར་ཚུལ་སྟོན་པ་རྣམས་དགེ་འདུན་དཀོན་མཆོག་ཏུ་བྱས་ནས་སྐྱབས་གནས་དཀོན་མཆོག་གསུམ་པོ་དེ་ལ་ཕྱག་འཚལ་བ་དང་མཆོད་པ་འབུལ་བ་སོགས་ཡན་ལག་དྲུག་པོ་དངོས་སུ་སྦྱར། བདུན་པ་མདོའི་སྔོན་ལམ་བརྒྱད་ཚན་གཉིས་དང་། བཞི་ཚན་བཞི།

བཅུ་གཉིས་ཚན་གཅིག་སྟེ། སློན་ལམ་བཞི་བཅུ་རྩ་བཞི་པོ་ཉིད་སྦྱར་བ་བྱས་པ་ལ། སླན་བླའི་ཚིག་བྱས་པར་འཛོག་པ་ཡིན་པའི་ཕྱིར། གཉིས་པ་ནི། འཇིགས་བྱེད་ཀྱི་དཀྱིལ་འཁོར་ལ་བཀོད་པའི་གཤིན་རྗེ་ཕོ་བརྒྱད་མོ་བརྒྱད་ལ་སོགས་པ་དེ་དག་ཀྱང་འབྱུང་པོ་རང་རྒྱུད་པར་སུས་སླ་ནུས་ཏེ་མི་ནུས་པར་ཐལ། པཎྜི་ཏ་དོན་ཡོད་རྡོ་རྗེས། རྡོ་རྗེ་འཇིགས་བྱེད་ཀྱི་གཞུང་ལས། རྡོ་རྗེ་སེམས་དཔའ་ཡབ་ཡུམ་གྱི་མདལ་ནས་གཤིན་རྗེ་ཕོ་བརྒྱད་བྱུང་སྟེ༑ སྲུང་བའི་འཁོར་ལོའི་རྩིབས་བརྒྱད་ལ་བཀོད་ནས། རྡོ་རྗེ་སེམས་དཔའ་ཞུ་བའི་གཞལ་ཡས་ཁང་གི་དབུས་སུ་འཇིགས་བྱེད་གཤིན་རྗེ་མོ་བརྒྱད་དང་བཅས་པ་བསྐྱེད་པར་གསུངས་པའི་ཕྱིར། གསུམ་པ་ནི། བསྟན་སྲུང་མགོན་པོ་སོགས་སྲུང་མ་ཁྱད་པར་ཅན་རྣམས་འཇིག་རྟེན་རང་རྒྱུད་པར་འདོད་པ་དེ་ཡང་མི་འཐད་དེ། དཔལ་ལྡན་ལྷ་མོ་འདོད་པ་ཁམས་ཀྱི་དབང་ཕྱུག་མ་འཇིག་རྟེན་པ་ཡིན་ན། སློབ་དཔོན་བྲམ་ཟེ་མཆོག་སྲེད་ཀྱིས་དུས་གསུམ་གྱི་སངས་རྒྱས་རྣམས་བསྐྱེད་པའི་ཡུམ་དང་། རིགས་ལྔ་ཆར་གྱི་ཡུམ་དུ་བཤད་པ་དང་འགལ་བའི་ཕྱིར་དང་། དཔལ་མགོན་གདོང་བཞི་གཉན་པོ་འཇིག་རྟེན་པ་ཡིན་ན། སངས་རྒྱས་རྡོ་རྗེ་འཆང་དབང་གི་ཐུགས་ཀྱི་ཕྲིན་ལས་ལས་སྤྲུལ་པ་དང་། སྟོན་པ་རྫོགས་པའི་སངས་རྒྱས་ཀྱི་ཉིང་སྤྲུལ་དུ་བཤད་པ་དང་འགལ་བའི་ཕྱིར་དང་། དམ་ཅན་པུ་ཏྲ་ལ་སོགས་པ་ལས་མགོན་ལྷ་པོ་འཇིག་རྟེན་པ་ཡིན་ན། གུར་གྱི་མགོན་པོ་ལྕམ་དྲལ་གྱི་ཐུགས་ཀའི་ས་བོན་ལས་བརྒྱུད་དེ་རིམ་པ་བཞིན་དུ་བསྐྱེད་པ་འགལ་བའི་ཕྱིར་དང་། སྤྲུལ་པའི་བྲ་ནག་ཁྲི་ནག་ལ་སོགས་པ་འཇིག་རྟེན་རང་རྒྱུད་པ་ཡིན་ན། སྤྲུལ་པའི་ཕོ་ཉ་ཞེས་བརྗོད་པའི་ཚིག་དང་། རང་ཚིག་དངོས་ཤུགས་འགལ་བར་མི་འགྱུར་རམ་སྟེ་འགྱུར་བའི་ཕྱིར་རོ། །དེས་ན། འགྲོ་བ་ཀུན་ལ་ཐུགས་བརྩེ་བ་ཆེན་པོ་མངའ་བ་ས་སྐྱ་པཎ་ཆེན་གྱིས་ལེགས་བཤད་ལས། ཀྱེ་མ་བསོད་ནམས་དམན་པའི་མི། །ལྷ་སྐལ་ཆད་པ་འབྱུང་པོ་སྐྱབ། །ཞེས་གསུངས་པ་ཡིད་ལ་བཞག་ནས་ནི་རང་གི་ཡི་དམ་ཆོས་སྐྱོང་ཕལ་ཆེ་བ་འབྱུང་པོ་རང་རྒྱུད་པ་ཡིན་ཞེས་མ་སྨྲ་ཞིག་ཅེས་གདམས་པ་ནི་བརྩེ་བ་ཆེན་པོས་གདམས་པ་སྟེ། ཡི་དམ་དང་ཆོས་སྐྱོང་འབྱུང་པོ་ལ་བཙོལ་ནས་སྒྲུབ་པ་ནི་ལྷ་སྐལ་ཆད་པའི་སྐལ་དམན་བསོད་ནམས་དང་མི་ལྡན་པ་འགའ་ཡིས་རྣམ་པར་ཐར་པར་གསུངས་པ་ཡིན་གྱི། དེ་ཙམ་གསུངས་པ་ཡིད་ལ་བཞག་ནས་རང་གི་ཡི་དམ་ཆོས་སྐྱོང་ཕལ་ཆེར་ལ་འཇིག་རྟེན་རང་རྒྱུད་པ་ཡིན་པར་སྨྲ་བ་ནི་སྐྱབས་གནས་མཆོག་ལ་ཐེ་ཚོམ་གྱི་རྒྱུ་ཡིན་པའི་ཕྱིར་ན། དེ་ལྟར་སྨྲ་བ་ཉེས་དམིགས་ཤིན་ཏུ་ཆེ་བ་དེའི་ཕྱིར་རོ། །

གསུམ་པ་ཕན་པའི་གདམས་པ་བསྟན་པ་ནི། དེས་ན། སེམས་ལ་ཕན་པའི་གདམས་ངག་ནི། འདི་ལྟར། མཐོ་བ་ཉན་རང་གི་མིང་ཅན་དང་། དམའ་བ་རི་བོང་སོགས་ཀྱི་མིང་ཅན་གྱི་བར་གྱི་ལུས་ཀྱི་རྣམ་པ་བཟུང་ཞིང་།

མིང་དེ་དང་དེར་བཏགས་པ་རྣམས་ལ་དེ་དང་དེ་རང་རྒྱུད་པར་མཐའ་གཅིག་ཏུ་མི་བཟུང་བར་སངས་རྒྱས་དང་བྱང་སེམས་ཀྱི་རྣམ་སྤྲུལ་མཐའ་ཡས་པར་ཤེས་པར་བྱ་བ་ཡིན་ཏེ། སངས་རྒྱས་དང་བྱང་སེམས་ཀྱི་གདུལ་བྱ་འདུལ་བའི་ཐབས་སུ། ཉན་ཐོས་ཀྱི་སྐུར་སྟོན་པ་དང་། རང་རྒྱལ་གྱི་སྐུར་སྟོན་པ་ལ་སངས་རྒྱས་དང་བྱང་སེམས་ཀྱི་སྤྲུལ་པ་དང་། ཉན་ཐོས་དང་རང་རྒྱལ་རང་རྒྱུད་པ་དང་། རྣམ་པ་གསུམ་དུ་ཡོད་ལ། དེ་བཞིན་དུ་ཚངས་པ་དང་། བརྒྱ་བྱིན་ལ་སོགས་པ་འཇིག་རྟེན་གྱི་ཆེ་དགུ་མཐའ་དག་གི་མིང་ཅན་དང་། དུར་ཁྲོད་བདག་པོ་ཤ་ཟའི་ཚོགས་དང་བཅས་པ་འཇིག་རྟེན་གྱི་ཆ་ལུགས་དང་ལྡན་པ་རྣམས་དང་། རི་བོང་སྟག་དང་སེང་གེ་ལ་སོགས་པ་རིགས་དྲུག་གི་འགྲོ་བ་སོ་སོའི་གཟུགས་སུ་སྟོན་པ་ཀུན་ལའང་སྔ་མ་བཞིན་དུ་སངས་རྒྱས་དང་བྱང་སེམས་ཀྱི་སྤྲུལ་པ་དང་། ཚངས་པ་སོགས་རང་རྒྱུད་པ་སྟེ། རྣམ་པ་གསུམ་ཡོད་པ་དེ་འདྲ་བའི་རྣམ་དབྱེ་ནི་མདོ་རྒྱུད་ཀྱི་དགོངས་པ་ཡིན་པའི་ཕྱིར།

མ་པ་ཐུན་མོང་དུ་ལམ་ལ་འཁྲུལ་བ་དགག་པ་ལ་གཉིས་ཏེ། ཕྱོགས་སྔ་མ་བརྗོད། དེ་དགག་པའོ། །དང་པོ་ནི། ཀུན་མཁྱེན་དགའ་གདོང་པ་ལ་སོགས་པ་ལ་ལ་ན་རེ། རྒྱུད་སྡེ་འོག་མ་གསུམ་ལ་ནི་དབང་བཞི་མེད་པས་དེ་ལ་ལྟོས་པའི་རིམ་པ་གཉིས་མེད་ཀྱང་། སྤྱིར་རིམ་གཉིས་ངེས་པར་འདོད་དགོས་ཏེ། རྒྱུད་སྡེ་འོག་མ་ཡང་རྡོ་རྗེ་ཐེག་པའི་གཞུང་ཡིན་པའི་ཕྱིར། དེ་ལ་ཡང་ཁྱབ་པ་ཡོད་དེ། ཆོས་རྗེ་ས་སྐྱ་པཎྜི་ཏས་ཕྱོགས་བཅུའི་སངས་རྒྱས་ཀྱི་ཞུ་འཕྲིན་གྱི་ཡི་གེ་ལས། བཅོམ་ལྡན་ཁྱོད་ཀྱིས་གསང་སྔགས་ལམ། །རིམ་པ་གཉིས་སུ་བསྡུས་ཏེ་བསྟན། །ཞེས་གསུངས་ཤིང་། སྡོམ་གསུམ་རབ་དབྱེ་ལས་ཀྱང་། དབང་དང་རིམ་གཉིས་མི་ལྡན་པས། །རྡོ་རྗེ་ཐེག་པའི་བསྟན་པ་མིན། །ཞེས་གསུངས་པ་ཡི་ཕྱིར་ཞེས་ཟེར་རོ། །

གཉིས་པ་དེ་དགག་པ་ལ་གསུམ་སྟེ། མགོ་མཚུངས་ཀྱི་རིགས་པས་དགག །དངོས་པོའི་རིགས་པས་དགག །སྒྲུབ་བྱེད་མ་གྲུབ་པར་བསྟན་པའོ། །དང་པོ་ནི། འོན་རྒྱུད་སྡེ་འོག་མ་ལའང་། དབང་བཞི་ཡོད་པ་ཉིད་དུ་འགྱུར་བར་ཐལ་ཏེ། རྒྱུད་སྡེ་འོག་མ་གསུམ་པོ་རྡོ་རྗེ་ཐེག་པའི་གཞུང་ཡིན་པའི་ཕྱིར། དེའི་ཁྱབ་པ་ཡང་ཁྱེད་རང་ལ་སོང་བ་ཡིན་ཏེ། བསྟན་བཅོས་སྡོམ་གསུམ་རབ་དབྱེ་འདི་ཉིད་ལས། རྡོ་རྗེ་ཐེག་པའི་ལམ་ཞུགས་ནས། །མྱུར་དུ་སངས་རྒྱས་ཐོབ་འདོད་ན། །སྨིན་གྲོལ་གཉིས་ལ་འབད་པར་བྱ། །ཞེས་བཤད་པའི་འབད་དགོས་པའི་སྨིན་བྱེད་དེ། དབང་བཞི་པོ་ཉིད་ལ་ནི་གསུངས་ཤིང་། གཞན་ཡང་སྡོམ་གསུམ་རབ་དབྱེ་དེ་ཉིད་ལས། གལ་ཏེ་གསང་སྔགས་སྒོམ་འདོད་ན། །ནོར་བ་མེད་པའི་དབང་བཞི་ལོངས། །ཞེས་སོགས་མཚུངས་པར་གང་ཞིག །གསུངས་པ་གཞུང་དེ་དག་རྡོ་རྗེ་ཐེག་པ་སྤྱི་ལ་ཁྱབ་མཐའ་འཛིན་པའི་ལུང་ཡིན་པའི་ཕྱིར། རྟགས་ཕྱི་མ་ཁས།

གཉིས་པ་ནི། དབང་བསྐུར་བ་བཞི་ལ་མ་ལྟོས་པའི་ལམ་རིམ་པ་གཉིས་ཡོད་པར་སྨྲ་བའི་གནམ་ནི། སྡོན་མེད་པའི་གནམ་ཡིན་ཏེ། ནས་ཀྱི་ས་བོན་འདེབས་པ་ལ་མ་ལྟོས་པའི་ནས་ཀྱི་མྱུ་གུ་སྡོན་པོ་ཡོད་པར་སྨྲ་བ་ཇི་ལྟ་བ་བཞིན་དུ་སྟེ་དེ་དང་ཆོས་མཚུངས་པའི་ཕྱིར་རོ། །གསུམ་པ་ནི། སྣང་གཞི་སྦྱོང་བྱེད་ངོ་སྤྲོད་རྒྱུ་མེད་པར། བློ་ཡིས་རིམ་གྱིས་ལྷ་བསྐྱེད་པ་ཙམ་རིམ་གཉིས་ཀྱི་བསྐྱེད་པའམ་རིམ་པའི་དོན་མ་ཡིན་ཏེ། བསྐྱེད་རིམ་ནི། སྣང་གཞི་ཕུང་པོ་ལྔ་སོགས་དང་། སྦྱོང་བྱེད་རིགས་ལྔ་ཡབ་ཡུམ་སོགས་གཉིས་གཉིས་སྦྱར་བའི་ལམ་ཉིད་ལ་གསུངས་པའི་ཕྱིར་རོ། །དེ་སྐད་དུ་ཡང་། སྡོམ་གསུམ་རབ་དབྱེ་ལས། དེས་ན་རྣལ་འབྱོར་རྒྱུད་མན་ཆད། །སྣང་བ་ལྷ་རུ་གསུངས་པ་མེད། །ཁྲིས་སྐུ་ལ་སོགས་ལྟར་བསྒོམས་པ། །དེ་ནི་ཐབས་ཀྱི་ཁྱད་པར་ཡིན། །རྣལ་འབྱོར་ཆེན་པོའི་རྒྱུད་དུ་ནི། །ཀུན་རྫོབ་ཇི་ལྟར་སྣང་བ་འདི། །ཐབས་ལ་མཁས་པའི་ཁྱད་པར་གྱིས། །སྣང་གཞི་སྦྱོང་བྱེད་ངོ་འཕྲོད་པ། །ཞེས་སོགས་གསུངས་སོ། །མཚན་མེད་ཀྱི་རྣལ་འབྱོར་སྒོམ་པ་ཙམ་ཡང་རྫོགས་པའི་རིམ་པ་སྒོམ་པའི་དོན་མ་ཡིན་ཏེ། རྫོགས་པའི་རིམ་པ་ནི་ལུས་ངག་ཡིད་གསུམ་བདེ་ཆེན་གྱི་ཡེ་ཤེས་སུ་རྫོགས་པ་ཉིད་ལ་གསུངས་པའི་ཕྱིར་རོ། །

གཉིས་པ་རྣལ་འབྱོར་ཆེན་པོའི་ལམ་ལ་འཁྲུལ་པ་དགག་པ་ལ་གཉིས་ཏེ། སྣང་བ་ལྷ་རུ་མི་སྒོམ་པ་དགག །སྒོམ་པའི་གཞི་ལ་འཁྲུལ་པ་དགག་པའོ། །དང་པོ་ལ་གཉིས་ཏེ། ཕྱོགས་སྔ་མ་བརྗོད། དེ་དགག་པའོ། །དང་པོ་ནི། ཁ་ཅིག་སྟེ། རྗེ་ཙོང་ཁ་པ་རྗེས་འབྲང་དང་བཅས་པ་རྣམས། བསྐྱེད་རྫོགས་རྣམ་པ་གཉིས་སྒོམ་པ་ལ། སྣང་བ་ལྷ་རུ་འཆར་བའི་དོན། ཡིད་ངོར་རྟེན་དང་བརྟེན་པ་ཡི་ལྷ་དང་། ཡེ་ཤེས་སྒོམ་པའི་ཚེ། རྟོག་གཉིས་ཅིག་ཆར་མི་འཇུག་པས་ཡིད་ངོའི་སྣང་བ་དེ་ལྷ་རུ་འཆར་བའི་དོན་ཡིན་གྱི། ཕྱི་རོལ་གྱི་སྣང་བ་ཀུན་ལྷ་རུ་འཆར་བ་མ་ཡིན་ཏེ། གལ་ཏེ་ཡིན་ན། དེ་ལྟར་འཆར་བའི་བློ་དེ་ལོག་ཤེས་ཉིད་དུ་ཐལ་བའི་ཕྱིར་དང་། ཕྱི་རོལ་གྱི་སྣང་བ་ལྟར་སྒོམ་པས། དེ་ལྷ་རུ་འགྱུར་བ་མ་ཡིན་ཏེ། དེ་རྣམས་རང་བཞིན་གྱི་རྣམ་པར་དག་པའི་ཚ་ནས་འགྱུར་བ་ཡིན་པའི་ཕྱིར། དཔེར་ན་སོལ་བ་བཏར་བས་དུང་གི་ཕྱེ་མར་མི་འགྱུར་བ་བཞིན་ནོ། །ཞེས་པའི་གྲུབ་མཐའ་གསར་དུ་འཛུགས་པར་མཐོང་ངོ་། །

གཉིས་པ་དེ་དགག་པ་ལ་གཉིས་ཏེ། དགག་དགོས་པས་དགག་པར་དམ་བཅའ་བ། འགོག་བྱེད་ཀྱི་ལུང་རིགས་བཤད་པའོ། །དང་པོ་ནི། དེ་ལྟར་སྨྲ་བའི་གྲུབ་མཐའ་འདི་ཆོས་ཅན། ཁྱོད་ནི་ལུང་དང་། རིགས་པ་དང་། ཁས་བླངས་འགལ་བས་དགག་པར་བྱ་བ་ཡིན་ཏེ། ཁྱོད་རྣལ་འབྱོར་བླ་མེད་ཀྱི་གནད་གཅོད་པ་ཡི་བདུད་ཀྱི་ཚིག་གིས་བསླུས་པའི་གྲུབ་མཐའ་ཡིན་པའི་ཕྱིར། གཉིས་པ་ལ་གསུམ་སྟེ། ལུང་དང་འགལ་བ། རིགས་པ་

དང་འགལ་བ། །ཁས་བླངས་འགལ་བ་གཞན་དུ་བཀག་ཟིན་པའོ། །དང་པོ་ནི། ཕྱི་རོལ་གྱི་སྣང་བ་ལྷར་མི་སྒོམ་པ་དེ་ཡང་ལུང་དང་འགལ་ཏེ། དཔལ་གསང་བ་འདུས་པའི་རྒྱུད་ལས། མདོར་ན་ཕུང་པོ་ལྔ་རྣམས་ནི། །སངས་རྒྱས་ལྔར་ནི་རབ་ཏུ་བསྒྲགས། །རྡོ་རྗེའི་སྐྱེ་མཆེད་ཉིད་དག་ཀྱང་། །བྱང་ཆུབ་སེམས་དཔའི་དཀྱིལ་འཁོར་མཆོག །ས་ནི་སྤྱན་ཞེས་བྱ་བར་བཤད། །ཆུ་ཡི་ཁམས་ནི་མཱ་མ་ཀཱི། །གོས་དཀར་མོ་དང་སྒྲོལ་མ་ནི། །མེ་དང་རླུང་དུ་རབ་ཏུ་གྲགས། །ཞེས་བསྐྱེད་རིམ་གྱི་སྦྱང་གཞི་དང་སྦྱོང་བྱེད་སོགས་མདོར་བསྟན། བསྐྱེད་རིམ་གྱི་སྦྱང་གཞི་སྦྱོང་བྱེད་ངོ་འཕྲོད་པའི་རྣལ་འབྱོར་པའི་ངོར། སྦྱང་གཞི་གཟུགས་ལ་སོགས་པ་ཕུང་པོ་ལྔ་རྣམས་ནི། སྦྱོང་བྱེད་རྣམ་པར་སྣང་མཛད་ལ་སོགས་པ་སངས་རྒྱས་ལྔར་ནི་རབ་ཏུ་བསྒྲགས་པ་དང་། དེ་བཞིན་དུ་མིག་གི་སྐྱེ་མཆེད་ལ་སོགས་པ་རྡོ་རྗེའི་སྐྱེ་མཆེད་ཉིད་དག་ཀྱང་སའི་སྙིང་པོ་ལ་སོགས་པ་བྱང་ཆུབ་སེམས་དཔའི་ལྷའི་སྐུའི་དཀྱིལ་འཁོར་མཆོག་ཏུ་སྒོམ་པ་དང་། སའི་ཁམས་ནི་སངས་རྒྱས་སྤྱན་མ་ཞེས་བྱ་བར་སྒོམ་པར་བཤད་པ་དང་། ཆུ་ཡི་ཁམས་ནི་མཱ་མ་ཀཱི་དང་། མེའི་ཁམས་ནི་གོས་དཀར་མོ་དང་། རླུང་གི་ཁམས་ནི་སྒྲོལ་མར་རབ་ཏུ་གྲགས་པའམ་སྒོམ་པར་གསུངས་ཤིང་། ལུང་དེའི་དོན་སྤྱོད་བསྡུས་ལས། ཐ་མལ་གྱི་དངོས་པོ་རྣམས་རིགས་བརྒྱར་ཕྱེ་ནས་དེ་དག་འདུས་པ་ཡི་དམ་པ་རིགས་བརྒྱར་སྒོམ་ཚུལ་གསུངས་པ་འདི་དང་། ཁྱོད་ཀྱི་གྲུབ་མཐའ་འདི་ཉིད་འགལ་བའི་ཕྱིར་དང་། དེ་བཞིན་དུ། ཀྱཻ་རྡོར་རྩ་རྒྱུད་ལས། གཟུགས་ཕུང་རྡོ་རྗེ་མ་ཡིན་ཏེ། །ཚོར་བ་ལའང་དཀར་མོར་བརྗོད། །འདུ་ཤེས་ཆུའི་རྣལ་འབྱོར་མ། །འདུ་བྱེད་རྡོ་རྗེ་མཁའ་འགྲོ་མ། །རྣམ་ཤེས་ཕུང་པོའི་རང་བཞིན་གྱིས། །བདག་མེད་རྣལ་འབྱོར་མ་གནས་སོ། །ཞེས་སོགས་གསུངས་པ་ལྟར། གཟུགས་ལ་སོགས་པའི་ཕུང་པོ་ལྔ་དང་། གཏི་མུག་ལ་སོགས་པའི་ཉོན་མོངས་པ་ལྔ་དང་། ས་ལ་སོགས་པ་ཁམས་རྣམ་པ་བཞི་དང་། གཟུགས་ཀྱི་སྐྱེ་མཆེད་ལ་སོགས་པ་དྲུག་རྣམས། བདག་མེད་ལྷ་མོ་བཅོ་ལྔ་ཡི་ལྷ་རུ་སྒོམ་པར་གསུངས་པ་འདི་ཡང་ཁྱོད་ཀྱི་གྲུབ་མཐའི་གཉེན་པོ་ཡིན་ཅིང་། དེ་བཞིན་དུ་བདེ་མཆོག་བཤད་རྒྱུད་ལས་ཕུང་པོ་ལྔ་དང་། སྐྱེ་མཆེད་བཅུ་གཉིས་ཁམས་བཅུ་བདུན་རྣམས་རྣམ་པར་སྣང་མཛད་ལ་སོགས་པའི་སངས་རྒྱས་སུ་སྒོམ་པར་གསུངས་ཤིང་། སོ་དང་སེན་མོ་ལ་སོགས་པ་ལུས་ཀྱི་ནི་ཆ་ཤས་ཉི་ཤུ་རྩ་བཞིའི་ཁམས་ནི་དཔའ་བོ་ཉི་ཤུ་རྩ་བཞིར་རིམ་གྱི་ནི་སྒོམ་པར་གསུངས་པ་དང་། དེ་བཞིན་དུ། རྒྱ་གར་འཕགས་པའི་ཡུལ་གྱི་གྲུབ་ཐོབ་ཀྱི་གསུང་རྣམས་དང་། བོད་ཡུལ་སྔོན་གྱི་སྔགས་འཆང་གི་མན་ངག་ཐམས་ཅད་ཁྱོད་ཀྱི་ནི་གྲུབ་མཐའ་འདི་ཡི་གཉེན་པོ་ཡིན་པ་དེས་ན་ཁྱོད་ཀྱི་གྲུབ་མཐའ་ཕྱིན་ཅི་ལོག་གི་སྤང་བྱ་དེ་དོར་བར་བྱ་བ་ཁོན་ཡིན་པའི་ཕྱིར། གཉིས་པ་ནི། ཕྱི་ནང་གི་སྣང་བའི་དངོས་པོ་ལྷར་སྒོམ་དུ་མི་རུང་བ་དེ་རིགས་པ་དང་ཡང་འགལ་ཏེ། སྣང་བ་ལྷའི་ངོ་བོར་ནི་རང་བཞིན་གྱི་རྣམ་པར་དག་ན། ཕྱི་ནང་གི་

སྣང་བ་དེ་ལྟར་སྒོམ་པར་ལྟར་མི་འགྱུར་བ་དང་། དེ་ལྟར་སྒོམ་པས་ལྷ་རུ་འཆར་བ་ལོག་ཤེས་ཡིན་པ་འགལ་བའི་ཕྱིར་དང་། གལ་ཏེ་སྣང་བ་ལྷའི་ངོ་བོར་རང་བཞིན་གྱི་རྣམ་པར་དག་པ་མ་ཡིན་ན། བརྟག་གཉིས་ལས། ངེས་པར་དངོས་པོ་ཐམས་ཅད་ཀྱི། །དག་པ་དེ་བཞིན་ཉིད་དུ་བརྗོད། །ཕྱི་ནས་རེ་རེའི་དབྱེ་བ་ཡིས། །ལྷ་རྣམས་ཀྱིས་ནི་བརྗོད་པར་བྱ། །ཞེས་གསུངས་ཏེ་ངེས་པར་རམ་དོན་དམ་པར་ཆོས་ཅན་དུ་གྱུར་པའི་དངོས་པོ་ཐམས་ཅད་ཀྱི་དག་པ་ནི་ཆོས་ཉིད་དེ་བཞིན་ཉིད་སྤྲོ་བ་དང་བྲལ་བར་བརྗོད་པའམ་ཤེས་པར་བྱ། ཞེས་དེ་བཞིན་ཉིད་ཀྱི་དག་པ་དང་། ཕྱི་ནས་སྣང་གཞི་ཕུང་པོ་ལྔ་པ་སོགས་པ་རེ་རེའི་དབྱེ་བ་ཡིས་སྦྱོར་བྱེད་ལྷ་རྣམས་ཀྱིས་ནི་རྣམ་པ་ཡང་རེ་རེ་དབྱེ་བར་བརྗོད་པར་བྱ་ཞེས་ལྷ་སོ་སོའི་དག་པ་དང་། དེའི་སླུབ་བྱེད་དུ། ཕུང་པོ་ལྔ་དང་དབང་པོ་དྲུག །སྐྱེ་མཆེད་དྲུག་དང་འབྱུང་ཆེན་ལྔ། །རང་བཞིན་གྱི་ནི་རྣམ་པར་དག །ཉོན་མོངས་ཤེས་བྱའི་སྒྲིབ་སྦྱང་བྱ། །ཞེས་དག་པ་དེ་གཉིས་ཀྱི་སྦྱང་གཞི་ནི། གཟུགས་ལ་སོགས་པའི་ཕུང་པོ་ལྔ་དང་མིག་ལ་སོགས་པའི་དབང་པོ་དྲུག་དང་། གཟུགས་ཀྱི་སྐྱེ་མཆེད་ལ་སོགས་པ་སྐྱེ་མཆེད་དྲུག་དང་། ས་ལ་སོགས་པའི་འབྱུང་ཆེན་ལྔ་ལ་སོགས་པའི་ཆོས་རྣམས་ཏེ། དེ་རྣམས་རང་བཞིན་གྱི་ནི་རྣམ་པར་དག་པའི་བདག་ཉིད་ཡིན་ནོ། །

འོན་དྲི་མ་སྦྱོང་བྱེད་ཀྱི་གཉེན་པོ་མི་དགོས་སོ་སྙམ་ན། དེ་རྣམས་རང་བཞིན་གྱི་རྣམ་པར་དག་ཀྱང་། ཐར་པའི་གེགས་བྱེད་པ་འདོད་ཆགས་ལ་སོགས་པ་ཉོན་མོངས་པའི་སྒྲིབ་པ་དང་། ཐམས་ཅད་མཁྱེན་པ་ཐོབ་པ་ལ་གེགས་བྱེད་པ་གཟུང་འཛིན་གྱི་རྣམ་པར་རྟོག་པ་ཤེས་བྱའི་སྒྲིབ་པ་གློ་བུར་བས་སྒྲིབ་པ་དེ་དག་སྦྱང་བར་བྱ་དགོས་སོ་ཞེས་གསུངས་པ་དང་འགལ་བར་འགྱུར་བའི་ཕྱིར་རོ། །གལ་ཏེ་ལུང་དེ་ཉིད། དག་པ་དང་པོ་དེ་བཞིན་ཉིད་ཀྱི་དག་པའི་སླུབ་བྱེད་ཡིན་གྱི། དག་པ་གཉིས་པ་ལྷ་སོ་སོ་ཡི་ནི་དག་པའི་སླུབ་བྱེད་མ་ཡིན་ནོ་སྙམ་ན། མི་འཐད་དེ། རྩ་རྒྱུད་བརྟག་གཉིས་ལས། ལྷ་ཡི་རྣམ་པའི་གཟུགས་ཀྱི་ནི། །བཞིན་ལག་ཁ་དོག་གནས་པ་ནི། །བསྐྱེད་པ་ཙམ་གྱི་རྣམ་པར་གནས། །འོན་ཀྱང་བག་ཆགས་ཐལ་བས་སོ། །ཞེས། སླུབ་པ་པོ་ལ་ལྷའི་རྣམ་པའི་གཟུགས་ཀྱི་རང་བཞིན་ནི་བཞིན་ལག་དང་། ཁ་དོག་ལ་སོགས་པ་ཡེ་ནས་གནས་པ་ཡིན་ནོ། །འོན་ལྷ་རུ་བསྐྱེད་མི་དགོས་སོ་སྙམ་ན་ནི། ཡེ་ནས་གནས་པ་དེ་ཉིད་དབང་བསྐུར་བ་ལ་སོགས་པའི་སྒོ་ནས་ལྷར་བསྐྱེད་པ་སྟེ་ངོ་སྤྲོད་པ་ཙམ་གྱི་ལྷའི་རྣམ་པ་གསལ་བར་གནས་སོ། །འོན་རང་བཞིན་གྱི་སངས་རྒྱས་ཡིན་ན་ལམ་ལ་འབད་པ་དོན་མེད་པར་འགྱུར་རོ་སྙམ་ན། རང་བཞིན་གྱི་སངས་རྒྱས་ཡིན་ལ་འོན་ཀྱང་། བག་ཆགས་ཐལ་པ་གློ་བུར་གྱི་དྲི་མས་སྒྲིབ་པས་དེ་བསལ་བའི་དོན་དུ་ལམ་ལ་འབད་དགོས་པས་སོ་ཞེས་གསུངས་པ་དང་ཅིས་མི་འགལ་ཏེ་འགལ་བའི་ཕྱིར་རོ། །གསུམ་པ་ནི། གཞན་ཡང་ལུགས་འདི་སླུ་བ་པོས་སྦྱངས་གཞི་མ་འོངས་པ་ན་འབྱུང་བར

འགྱུར་བའི་སྐྱེ་འཆི་བར་དོ་གསུམ་ཁོ་ན་དང་། སྦྱོང་བྱེད་གནས་སྐབས་དེ་ཉིད་ཀྱི་བསྐྱེད་པའི་རིམ་པ་ཁོ་ན་དང་། སྦྱོང་ཚུལ་ཆོས་གསུམ་གྱི་དོན་དུ་ནི་སྐུ་གསུམ་འབྱུང་བར་སྒྲོ་བཏགས་པ་རྣམས་ནི་ཆོས་ཅན། འདིར་དགག་པ་རྒྱས་པར་མ་བཀོད་པའི་རྒྱུ་མཚན་ཡོད་དེ། གཞན་ལོག་སྨྲ་ཚར་གཅོད་རིགས་པའི་མཚོན་བྱའི་ནང་དུ་དགག་ཟིན་པས་དེར་ལྟ་བར་བྱ་བ་ཉིད་ཀྱི་ཆོག་པའི་ཕྱིར་རོ། །

གཉིས་པ་སྒོམ་པའི་གཞི་ལས་འཁྲུལ་བ་དགག་པ་ལ་གཉིས་ཏེ། ཕྱོགས་སྔ་མ་བརྗོད། དེ་དགག་པའོ། །དང་པོ་ནི། ཇོ་ནང་པ་ཀུན་མཁྱེན་ཆེན་པོ་ལ་སོགས་པ་མཁས་པ་ཁ་ཅིག །ཕྱི་ནང་གི་སྣང་བའི་དངོས་པོ་ཀུན་ལ་མཚན་ཉིད་གསུམ་དུ་ཕྱེ་བ་ཡི་ཀུན་བརྟགས་དང་གཞན་དབང་གཉིས་ལྷ་རུ་སྒོམ་པར་བྱ་བ་མ་ཡིན་ཏེ། དེ་གཉིས་ཀུན་རྫོབ་ཉིད་ཡིན་པའི་ཕྱིར། ཡོངས་གྲུབ་ནི་དོན་དམ་པར་ལྷ་ཡིན་པའི་ཕྱིར། དེ་ལྟར་སྒོམ་པས་ལྷར་འགྱུར་བ་ཡིན་ཏེ། གློ་བུར་གྱི་དྲི་མ་དང་བྲལ་བའི་ཚེ་དོན་དམ་པའི་ལྷ་དེ་ཉིད་མངོན་དུ་གྱུར་པ་ཡིན་པའི་ཕྱིར། རྒྱུད་ལས་ཕུང་ཁམས་སྐྱེ་མཆེད་སོགས་སྣང་བའི་དངོས་པོ་ཀུན་ལྷ་རུ་སྒོམ་པར་གསུངས་པ་ཡང་། ཕུང་ཁམས་སྐྱེ་མཆེད་ཀྱི་ཆོས་ཉིད་འདི་ལྟར་བསྒོམས་པ་ལ་དགོངས་ནས་གསུངས་པ་ཡིན་ཏེ། ཕུང་ཁམས་སྐྱེ་མཆེད་འདི་དག་གི་ཆོས་ཉིད་ཡོངས་གྲུབ་དོན་དམ་པའི་ལྷ་ཉིད་ཡིན་པའི་ཕྱིར་དང་། ཡེ་ཤེས་ཚོགས་བསགས་ཀྱི་དུས་སུ་ཡང་། ཤཱུ་ནྱ་ཏཱ་ཆོས་ཐམས་ཅད་སྟོང་གསལ་དུ་སྦྱངས་ནས་སྤྲོས་བྲལ་སྟོང་པ་ཉིད་ལ་ཨ་ཧཾ་ཞེས་ཀུན་རྫོབ་ཀྱིས་སྟོང་པའི་སྟོང་པ་ཉིད་ང་ཡིན་ཞེས་ང་རྒྱལ་འཛིན་པའང་དོན་དམ་པའི་ལྷ་འདི་ཉིད་དེ། འདི་གཉིས་འོག་དངོས་གཞིའི་སྐབས་སུ་ལྟར་ནི་སྒོམ་པའི་ཕྱིར་རོ་ཞེས་ཟེར་ལོ། །

གཉིས་པ་དེ་དགག་པ་ལ་གཉིས་ཏེ། མདོར་བསྟན། རྒྱས་པར་བཤད་པའོ། །དང་པོ་ནི། དོན་དམ་ལྟར་སྒོམ་པའི་གྲུབ་མཐའ་འདི་ཆོས་ཅན། ཁྱོད་ལ་གནོད་བྱེད་ཡོད་དེ། ལུང་དང་རིགས་པ་དང་ཁས་བླངས་དང་འགལ་བ་གསུམ་གྱིས་ཁྱོད་ལ་གནོད་པའི་ཕྱིར། གཉིས་པ་ལ་གསུམ་སྟེ། ལུང་དང་འགལ་བ། རིགས་པ་དང་འགལ་བ། ཁས་བླངས་དང་འགལ་བའོ། །དང་པོ་ནི། དེ་ལྟར་ལུང་རིགས་ཁས་བླངས་དང་འགལ་བ་གསུམ་ལས། ལུང་དང་འགལ་བ་ནི། དེ་ལྟར་འདོད་པའི་ཕྱོགས་སྔ་སྨྲ་བ་པོ་ཆོས་ཅན། ཀྱེ་རྡོ་རྗེའི་རྩ་བའི་རྒྱུད་ཉིད་ལས། ངེས་པར་དངོས་པོ་ཐམས་ཅད་ཀྱི། །དག་པ་དེ་བཞིན་ཉིད་དུ་བརྗོད། །ཅེས་སོགས། དེ་བཞིན་ཉིད་ཀྱི་ནི་དག་པ་བསྟན་རྗེས་སུ། ཕྱི་ནས་རེ་རེའི་དབྱེ་བ་ཡིས། །ལྷ་རྣམས་ཀྱི་ཡང་བརྗོད་པར་བྱ། །ཞེས། ཀུན་རྫོབ་ཀྱི་སྦྱོར་པ་ཀུན། ལྷ་རུ་སྒོམ་པའི་ལྷ་སོ་སོའི་དག་པ་གསུངས་པ་དང་། ཁྱོད་ཀྱི་གྲུབ་མཐའ་འདི་ཉིད་འགལ་བ་ཡིན་ཏེ། སྒོམ་པའི་གཞི་ཆོས་དབྱིངས་དངོས་གྲུབ་ཉིད་ཡིན་པ་གང་ཞིག །དེ་ཡིན་ན། རེ་རེའི་དབྱེ་བ་ཡིས་ཞེས་པ་དང་

འགལ་བར་འགྱུར་ཏེ། རེ་རེ་ཞེས་པ་སོ་སོའི་ཚིག་ཡིན་ཅིང་། ཆོས་ཀྱི་དབྱིངས་ལ་སོ་སོའི་དབྱེ་བ་མེད་པའི་ཕྱིར། དེ་བཞིན་དུ་ལུང་གི་གནོད་བྱེད་གཞན་ཡང་ཡོད་དེ། བརྟག་པ་ཕྱི་མར་ཡང་། ཀུན་རྫོབ་གཟུགས་སུ་གནས་ནས་ནི༑ ༑དེ་རྣམས་བདེ་གཤེགས་རིགས་སུ་འབྱུང་། །བུད་མེད་རྣམས་ཀྱི་མཚན་ཉིད་འདི། །ཇི་ལྟར་སྐྱེས་པ་དེ་བཞིན་ནོ། །ཀུན་རྫོབ་ཐ་སྙད་ཚུལ་ལས་ནི། །དེའི་རིགས་སུའང་དེ་འགྱུར་རོ། །ཞེས། ཀུན་རྫོབ་ཏུ་རང་གཞན་སངས་རྒྱས་ཀྱི་གཟུགས་ཏེ་རིགས་སུ་གནས་ནས་ནི། རིགས་དང་ལྡན་པ་དེ་རྣམས་རིགས་དང་མཐུན་པའི་བདེ་བར་གཤེགས་པའི་རིགས་སུ་འགྱུར་ལ། བུད་མེད་རྣམས་ཀྱི་མཚན་ཉིད་འདི་ནི། ཇི་ལྟར་སྐྱེས་པའི་ཁ་དོག་དང་རིགས་ལ་སོགས་པ་དེ་བཞིན་ནོ། །དོན་དམ་པར་སྤྲོས་པ་དང་བྲལ་ཡང་ཀུན་རྫོབ་ཐ་སྙད་ཙམ་གྱི་ཚུལ་ལས་ནི། རིགས་ཀྱི་བདག་པོ་དེའི་རིགས་སུའང་རིགས་དང་ལྡན་པ་དེ་འགྱུར་རོ། །ཞེས་གསུངས་ཤིང་། བཤད་རྒྱུད་རྡོ་རྗེ་གུར་ལས་ཀྱང་། དོན་ལ་འགལ་བ་ཡོད་མིན་ཡང་། །རྒྱལ་བའི་དངོས་པོ་སྦྱངས་པ་ཡོད། །ཀུན་རྫོབ་གཟུགས་སུ་གནས་ནས་ནི། །འཁོར་ལོའི་གཟུགས་ཀྱི་ཆོས་ཙམ་བརྟགས། །ཞེས་དོན་ལ་སྤྲོས་པ་དང་བྲལ་བས་འགལ་བ་གང་དུ་ཡང་ཡོད་པ་མ་ཡིན་ཡང་། ཐ་སྙད་དུ་རྒྱལ་བ་རིགས་ལྔའི་སྒྱུར་བསྐྱེད་པའི་དངོས་པོས་དྲི་མ་སྦྱངས་པ་ཡོད་པས། ཀུན་རྫོབ་ཏུ་རང་གཞན་སངས་རྒྱས་ཀྱི་གཟུགས་སམ་རིགས་སུ་གནས་ནས་ནི། དཀྱིལ་འཁོར་གྱི་འཁོར་ལོའི་གཟུགས་ཀྱི་རྣམ་པའི་ཆོས་ཙམ་དུ་བརྟགས་སོ། །ཞེས་གསུངས་པ་དང་། དེ་བཞིན་དུ་དཔལ་གསང་བ་འདུས་པ་ལ་སོགས་པའི་རྒྱུད་སྡེ་ཐམས་ཅད་ལས་ཀུན་རྫོབ་སྤྲོས་པའི་དབྱེ་བ་ཀུན། ལྷ་རུ་སྒོམ་པར་གསུང་པ་དང་འགལ་བའི་ཕྱིར་རོ། །གཉིས་པ་ནི། ལུང་དང་འགལ་བར་མ་ཟད་དེ་ལ་རིགས་པས་ཀྱང་ནི་གནོད་པ་ཡིན་ཏེ། གཞན་དབང་གིས་བསྡུས་པའི་ཆོས་ཅན་རྣམས་ལ་ཐ་མལ་གྱི་རྣམ་རྟོག་ཡོད་པས་དེ་སྤོང་བའི་ཕྱིར་དུ། གཞན་དབང་གིས་བསྡུས་པའི་ཆོས་ཅན་ཕུང་ཁམས་སྐྱེ་མཆེད་དེ་དག་ལྷ་རུ་སྒོམ་དགོས་པའི་ཕྱིར་ཏེ། དེ་ལས་གཞན་དུ་ན། སྲིད་པའི་འཆིང་བ་ལས་གྲོལ་བའི་ཐབས་ནི་མེད་པར་གསུངས་པའི་ཕྱིར་ཏེ། ཚུལ་དེ་ཡང་སངས་རྒྱས་ཡེ་ཤེས་ཞབས་ཉིད་ཀྱིས། ཐ་མལ་རྣམ་རྟོག་རྒྱུན་དེ་ལས། །གཞན་དུ་སྲིད་པའི་འཆིང་བ་མེད། །དེ་དང་རྣམ་པ་འགལ་བའི་སེམས། །གང་ཡིན་ཀུན་རྟོག་སྣང་མི་འགྱུར། །ཞེས་ཆོས་ཅན་གྱི་དངོས་པོ་རྣམས་ལ་རྣམ་པར་རྟོག་པའི་ཐ་མལ་གྱི་རྣམ་རྟོག་གི་རྒྱུན་དེ་ལས་གཞན་དུ་སྲིད་པའི་འཆིང་བ་མེད་ལ་ཐ་མལ་གྱི་རྣམ་རྟོག་དེ་དང་རྣམ་པ་འགལ་བའི་བསྐྱེད་རིམ་གྱི་སེམས་སྒོམ་པ་གང་ཡིན་པས་ཐ་མལ་གྱི་ཀུན་ཏུ་རྟོག་པ་སྣང་བར་མི་འགྱུར། ཞེས་གསུངས་པ་ཡིས་ལེགས་པར་གྲུབ་པའི་ཕྱིར་རོ། །

གཞན་ཡང་། ཁྱོད་ཀྱི་ལུགས་ལ་སྤྲོས་པ་གཞན་འགོག་པའི་ཐབས་ནི་མེད་པར་འགྱུར་བར་ཐལ། ཆོས

དབྱིངས་སྤྲོས་བྲལ་རང་ངོས་ནས་ལྷ་རུ་སྒོམ་ན། སྤྲོས་མེད་ལ་སྤྲོས་པར་བྱ་བར་སོང་བའི་ཕྱིར་ཏེ། དེ་སྐད་དུ་ཡང་། རྩ་རྒྱུད་བརྟག་གཉིས་ལས། བསྐྱེད་པའི་རིམ་པའི་རྣལ་འབྱོར་གྱི། །བརྟུལ་ཞུགས་ཅན་གྱི་སྤྲོས་པ་སྒོམ། །ཞེས་ཏེ་རུ་ཀ་དང་། བདག་མེད་མར་སྒོམ་པའི་བསྐྱེད་པའི་རིམ་པའི་རྣལ་འབྱོར་གྱི་བརྟུལ་ཞུགས་ཅན་གྱི་སྐུ་མདོག་དང་ཕྱག་མཚན་ལ་སོགས་པའི་སྤྲོས་པ་སྒོམ་མོ་ཞེས་གསུངས་པ་དང་། གཞན་ཡང་བརྟག་གཉིས་དེ་ཉིད་ལས། སྒོམ་པ་པོ་མེད་སྒོམ་པའང་མེད། །ལྷ་མེད་སྔགས་ཀྱང་ཡོད་མ་ཡིན། །ཞེས་དོན་དམ་པར་སྒོམ་པ་པོ་མེད་ཅིང་སྒོམ་པའང་མེད། བསྒོམ་བྱའི་ལྷ་མེད་ཅིང་ལྷ་དེའི་སྔགས་ཀྱང་ཡོད་མ་ཡིན། ཞེས་གསུངས་པ་དེ་རྣམས་ཀུན་རྫོབ་ཀྱི་སྤྲོས་པ་དོན་དམ་པར་སྤྲོས་མེད་དུ་བྱེད་པའི་ལུང་ཡིན་གྱི། དེ་ལས་བཟློག་པ་དོན་དམ་སྤྲོས་མེད་སྤྲོས་བཅས་ཀྱི་ལྷར་སྒོམ་པའི་ལུང་མ་ཡིན་པའི་ཕྱིར། འོ་ན་ཁྱེད་རང་གི་ཟབ་དོན་བདུད་རྩིའི་ཉིང་ཁུར་ལས། རྒྱས་བཏབ་ལྔ་དང་རྡོ་རྗེ་བརྟུལ་ཞུགས་དང་། །དམ་ཚིག་གསུམ་གྱི་བརྡ་དོན་འཕྲོད་པའི་ཚེ། །ཆོས་ཅན་ལྔ་པོ་ཆོས་ཉིད་དང་བཅས་དང་། །སྒོ་གསུམ་ཐ་མལ་རྣམ་རྟོག་སྦྱོང་སེམས་ཐོབ། །ཅེས་ཕུང་པོ་ལྔ་རྒྱལ་བ་རིགས་ལྔར་སྒོམ་པ་དང་། ཕུང་པོ་ལྔའི་ཆོས་ཉིད་རིགས་དྲུག་པ་རྡོ་རྗེ་སེམས་དཔར་སྒོམ་པ་ནི། བླ་མེད་ཀྱི་རིག་པའི་དབང་ལྔ་དང་། བརྟུལ་ཞུགས་ཀྱི་དབང་སྟེ། སློབ་མའི་དབང་དྲུག་གི་བྱེད་ལས་སུ་བཤད་པ་དང་མི་འགལ་ལམ་སྙམ་ན༑ མི་འགལ་ཏེ། ཆོས་དབྱིངས་དེ་ལ་སྒྲས་བརྗོད་རིགས་ཀྱི་སྒོ་ནས། སྒྲ་རྟོག་གི་ཡུལ་ལས་འདས་པའི་ཆོས་དབྱིངས་མཚན་ཉིད་པ་གཅིག་དང་། སྒྲ་རྟོག་གི་ཡུལ་དུ་གྱུར་པའི་རྣམ་གྲངས་པའི་ཆོས་དབྱིངས་གཉིས་ཡོད་པ་ལས། སྒྲ་དང་རྟོག་པའི་ཡུལ་དུ་གྱུར་པའི་རྣམ་གྲངས་པའི་ཆོས་དབྱིངས་ནི། ཀུན་རྫོབ་བདེན་པ་ཡིན་པའི་ཕྱིར་ན། དེ་ལ་ཐ་མལ་གྱི་རྣམ་རྟོག་བཟློག་པའི་ཆེད་དུ། བརྟུལ་ཞུགས་ཀྱི་དབང་གི་གནས་སྐབས་སུ་རྡོ་རྗེ་སེམས་དཔའ་མ། ཆོས་དབྱིངས་མར་སྒོམ་པར་རྒྱུད་དང་དགྲོལ་ཚིག་གི་གཞུང་རྣམས་ལས་གསུངས་པ་ཡིན་གྱི། ཆོས་དབྱིངས་མཚན་ཉིད་པ་ལྷར་སྒོམ་པ་མེད་པའི་ཕྱིར། རྣམ་གྲངས་པའི་ཆོས་དབྱིངས་ལྷར་སྒོམ་པ་འདི་ཡང་། ཀུན་རྫོབ་ལྷར་སྒོམ་ཞིང་དོན་དམ་སྤྲོས་བྲལ་རང་ངོས་ནས་ལྷར་མི་སྒོམ་པའི་རིགས་པའི་གནད་ཡིན་ཏེ། རྣམ་གྲངས་པའི་ཆོས་དབྱིངས་ལ་ཐ་མལ་གྱི་སྣང་ཞེན་འབྱུང་བས་དེ་བཟློག་དགོས་ལ། ཆོས་དབྱིངས་མཚན་ཉིད་པ་ལ་སྣང་ཞེན་མེད་པས་དེ་བཟློག་མི་དགོས་པའི་ཕྱིར། མདོར་ན་ཆོས་ཅན་ཕུང་པོ་ལྔ་ལྷར་སྒོམ་དགོས་ཀྱི། ཆོས་དབྱིངས་མཚན་ཉིད་པ་ལྷར་སྒོམ་པ་གཏན་ནས་མ་ཡིན་ཏེ། ཕུང་པོ་སངས་རྒྱས་ལྔ་བདག་ཉིད། །དེ་ལ་སྐྱོད་པ་བརྒྱད་པ་ཡིན། །ཞེས་པའི་གང་ལ་སྨྲད་ན་རྩ་བ་ཡི་ལྟུང་བ་བརྒྱད་པ་འབྱུང་བའི་གཞི་དེ་ཕུང་པོ་ལྔའི་ཆོས་དབྱིངས་མཚན་ཉིད་པ་ཡིན་ན། སྤྲོས་མེད་སྤྲོས་བཅས་སུ་ཐལ་བའི་རིགས་པས་གནོད་ཅིང་། ཆོས་ཅན་ཕུང་པོ་ལྔ་ལ

འཇོག་པ་ཡིན་ན་ཀུན་རྫོབ་ལྟར་མི་སྣོམ་པ་དང་ཁས་བླངས་ནང་འགལ་བའི་ཕྱིར་རོ། །

གསུམ་པ་ནི། ཁྱོད་ཀྱི་ཆོས་ཉིད་ཁོན་ལྟར་སྣོམ་གྱི། ཆོས་ཅན་ཀུན་རྫོབ་ལྟར་མི་སྣོམ་པ་ལ། ཁས་བླངས་ནང་འགལ་བ་བསྟན་པར་བྱ་སྟེ། བསྐྱེད་པའི་རིམ་པས་ཐུན་མོང་ཉིད་འགྲུབ་ཀྱི། མཆོག་མི་འགྲུབ་པར་ཁས་བླངས་པ་དང་། བསྐྱེད་པའི་རིམ་པ་གང་སྣོམ་པའི་གཞི་དོན་དམ་ཆོས་སྐུ་ཡིན་པར་ཁས་བླངས་པ་འགལ་བའི་ཕྱིར། བསྐྱེད་རིམ་སྣོམ་པའི་འབྲས་བུ་ནི་གཟུགས་སྐུ་ཡིན་ན། ཆོས་ཉིད་ནི་གཟུགས་སྐུར་འགྱུར་བ་བཟློག་ཏུ་མེད་པར་ཐལ། ཁས་བླངས་པ་གང་ཞིག །ཆོས་ཅན་ཀུན་རྫོབ་ལྟར་སྣོམ་པ་མེད་པའི་ཕྱིར། དེ་ལ་ཡང་འདོད་ན། གཟུགས་ཀྱི་སྐུ་ཀུན་རྫོབ་ཡིན་ཞིང་ཆོས་ཀྱི་སྐུ་དོན་དམ་ཡིན་པར་ཁས་བླངས་པའི་རང་གི་གྲུབ་མཐའ་ཉིད་དང་ནང་འགལ་ཞིང་། བསྐྱེད་རིམ་གཟུགས་སྐུའི་རྒྱུ་མ་ཡིན་ན། རྫོགས་རིམ་ཆོས་སྐུའི་རྒྱུ་ཉིད་དུ་འགྲུབ་པར་མི་འགྱུར་ཏེ། ཁས་བླངས་གང་ཞིག །བསྐྱེད་རྫོགས་གཉིས་གཟུགས་སྐུ་དང་ཆོས་སྐུ་གཉིས་ཀྱི་རྒྱུད་ནི་རྒྱུད་ལས་གསུངས་པའི་ཕྱིར་རོ། །དེས་ན། སྣང་གཞི་སྦྱོང་བྱེད་འཚོལ་བ་ཡི་རྣམ་གཞག་ངན་པ་འདི་དོར་ལ། དོན་དམ་སྤྲོས་བྲལ་མ་རྟོགས་པའི་དབང་གིས་ཀུན་རྫོབ་འཁོར་བའི་ཞིང་ཁམས་སོགས་ཀྱི་སྣང་བ་སྣ་ཚོགས་སུ་འབྱུང་བ་ཀུན་ཆོས་ཅན། ཁྱོད་ལྟར་སྣོམ་པས་ལྷ་རུ་འགྱུར་བར་གསུངས་པ་ཡིན་ཏེ། ཁྱོད་འཆིང་གྲོལ་ཀུན་གྱི་གཞི་ཡིན་པས། ལྟར་སྣོམ་པའི་དངོས་ནུས་གཉིས་ཆར་ཚང་བ་གང་ཞིག །ཁྱོད་ལྷའི་ངོ་བོར་རང་བཞིན་གྱི་རྣམ་པར་དག་པའི་ཕྱིར། དེ་ལྟར་བཤད་པའི་ལེགས་བཤད་འདི་ཆོས་ཅན། ཁྱོད་གསེར་གྱི་རྒྱན་ལྟར་མཁས་པ་ཀུན་གྱི་བློ་གྲོས་ཀྱི་ལུས་བཟང་པོ་ལ་འདོགས་པར་གྱིས་ཏེ། ཁྱོད་བཅོམ་ལྡན་འདས་ཀྱི་རྒྱུད་དང་གྲུབ་པའི་དབང་ཕྱུག་རྣམས་ཀྱི་གཞུང་བཟང་གི་དགོངས་པ་ཕྱིན་ཅི་མ་ལོག་པ་ཡིན་པའི་ཕྱིར།

གཉིས་པ་ལམ་གྱི་ཡན་ལག་རྣམ་དག་ཏུ་སྒྲུབ་པ་ལ་གཉིས་ཏེ། དཔྱད་པ་བརྗོད་པར་དམ་བཅའ་བ། དཔྱད་པ་ཞིབ་མོར་བརྗོད་པའོ། །དང་པོ་ནི། དེ་ལྟར་ལམ་གྱི་གཙོ་བོ་ལ་འཁྲུལ་བ་བཀག་སྟེ། ལམ་གྱི་གཙོ་བོ་རྣམ་དག་ཏུ་སྒྲུབ་པ་བཤད་ཟིན་ནས། ད་ནི་ལམ་གྱི་ཡན་ལག་སྦྱིན་བསྲེག་ལ་སོགས་པ་དང་། འཕྲལ་གྱི་ལག་ལེན་འགའ་ཞིག་ཆོས་ཅན། ཁྱོད་ལ་འཁྲུལ་མ་འཁྲུལ་གྱི་རྣམ་དབྱེ་ཆེ་ལོང་ཙམ་ཞིག་བརྗོད་པར་བྱ་སྟེ། ཁྱོད་འཁྲུལ་བར་དཔྱོད་ན་བསྟན་པ་ལ་གནོད་པར་མཐོང་ནས་ཁྱོད་འཁྲུལ་མ་འཁྲུལ་གྱི་རྣམ་དབྱེ་སོ་སོར་ལྷག་བསམ་རྣམ་པར་དག་པས་ཕྱེད་དགོས་པའི་ཕྱིར།

གཉིས་པ་ལ་དྲུག་སྟེ། སྦྱིན་བསྲེག་གི་རྫས་སྔགས་ལ་དཔྱད་པ། གཏོར་མགྲོན་གྱི་གཤེགས་ཚུལ་ལ་དཔྱད་པ༑ དཀྱིལ་འཁོར་གྱི་བཀོད་པ་ལ་དཔྱད་པ། གཤིན་པོ་རྗེས་འཛིན་ལ་དཔྱད་པ། ཕྱག་མཆོད་ཀྱི་ཡུལ་ལ་དཔྱད་

པ༔ རྟེན་གྱི་གཟུགས་རྗོགས་ལ་དཔྱད་པའོ། །དང་པོ་ནི། དེང་སང་སྦྱིན་བསྲེག་བྱེད་པའི་གསང་སྔགས་པར་རློམ་པ་འགའ་ཞིག །བསྲེག་རྫས་དང་དེའི་སྔགས་བཅུ་ཙམ་སོང་བའི་ཡུན་ཚོད་ལ་གཅིག་བཅུ་ཉི་ཤུ་སུམ་ཅུ་སོགས་བརྗོད་ནས་བརྒྱ་ཐམ་པ་ཐལ་ལོ་ཞེས་སྐད་པོ་ཆེ་ཡིས་ལོགས་ནས་བགྲང་པ་དེ་ཡང་སྦྱིན་བསྲེག་གི་གྲངས་སུ་བྱེད་ལ། འདི་ནི་སྦྱིན་བསྲེག་མཚན་ཉིད་པ་མ་ཡིན་ཏེ། སྦྱིན་བསྲེག་ཚད་ལྡན་བྱེད་པ་ལ་ལྷ་རྣམས་ཟག་མེད་ཀྱི་བདུད་རྩིས་ཚིམ་པར་བྱ་བ་དང་། བསྙེན་སྔགས་ཀྱི་འབྲས་བུ་འབྱིན་པའི་ཕྱིར་དུ་བསྲེག་རྫས་དང་། དེའི་སྔགས་གྲངས་མཉམ་དུ་བགྲང་བ་ཡིས། བསྙེན་པའི་སྔགས་ཇི་ཙམ་བགྲང་དགོས་པའི་བཅུ་ཆའི་སྦྱིན་བསྲེག་བྱ་བར་རྒྱུད་ལས་གསུངས་ཀྱི། རྫས་སྔགས་བཅུ་ཙམ་གྱི་ཡུན་ཚོད་ལ་བརྒྱ་ཐམ་པ་ཐལ་ལོ་ཞེས་པའི་སྦྱིན་བསྲེག་དེས་སྔགས་ཀྱི་འབྲས་བུ་འབྱིན་མི་ནུས་པའི་ཕྱིར། གཞན་ཡང་དེ་ལྟར་བྱས་པའི་སྦྱིན་བསྲེག་འདི་ཡིས། མཆོག་ཐུན་མོང་གི་འབྲས་བུ་ཅི་ཞིག་སྒྲུབ་སྟེ། སྒྲུབ་མི་ནུས་པར་ཐལ། འཆི་བ་བསླུ་བའི་ཚེ་ན་འཆི་བདག་ལ་བྲི་སྲང་དང་ཞོ་ཆས་རྫས་གཞལ་བའི་ཚེ། ཁྱོད་ཀྱིས་བྱས་པའི་བརྫུན་མ་འདི་འདྲའི་མགོ་བསྐོར་བྱེད་པ་བཤད་ཀྱི། སོ་སོ་སྐྱེ་བོས་སངས་རྒྱས་ལ་བརྫུན་མའི་མགོ་བསྐོར་བྱེད་པ་ཨེ་མ་མཚར་བ་ཉེས་དམིགས་ཤིན་ཏུ་ཆེ་བ་ཡིན་པའི་ཕྱིར། རྒྱུ་མཚན་དེས་ན། ཞི་རྒྱས་དབང་དྲག་གི་ལས་བཞི་ལ། ཞི་བ་ལ་རྫས་ཏིལ་དེའི་སྔགས་དང་། རྒྱས་པ་ལ་རྫས་ཟས་མཆོག་དེའི་སྔགས་སོགས་ལས་བཞི་སོ་སོའི་རྫས་སྔགས་མ་ཆད་པ་གཙོ་བོར་བྱས་པའི་སྒོ་ནས། བཞིའི་བསྙེན་པའི་བཅུ་ཆའི་སྦྱིན་བསྲེག་གྲུབ་པར་བྱ་བ་ཡིན་ཏེ། བསྲེག་རྫས་དང་དེའི་སྔགས་རེ་རེ་བཞིན་གྲངས་མ་ཚང་བར་བགྲངས་པའི་གྲངས་ཀྱི་བཅུ་ཆའི་སྦྱིན་བསྲེག་ནི། སྔགས་ཀྱི་འབྲས་བུ་འབྱིན་པའི་སྦྱིན་བསྲེག་མཚན་ཉིད་པར་འགྱུར་བའི་ཕྱིར། འདིར་མཁས་པ་ཁ་ཅིག །དེ་ཡང་སྦྱིན་བསྲེག་ལ། ལྷ་སྔགས་རྫས་སྔགས་ལས་སྔགས་གསུམ་མ་ཆད་པར་སྒྲུབ་དགོས་པ་ལས། གསུམ་ཆར་མ་ཆད་པའི་སྔགས་གྱི་བཅུ་ཆ་སོང་ན་མཆོག་ཡིན་མོད། དེ་ཙམ་མ་བཏུབ་ན་གསུམ་པོ་གང་གཙོ་ཆེ་སྙམ་ན། བསྟན་བཅོས་འདིའི་དངོས་བསྟན་ལ་རྫས་སྔགས་གཙོ་ཆེ་བར་བཤད་ཀྱང་། མུས་ཆེན་སེམས་དཔའ་ཆེན་པོས་བདག་ཆེན་བློ་གྲོས་རྒྱལ་མཚན་གྱིས་གཞི་བསྙེན་གནང་པའི་ཚེ། སྦྱིན་བསྲེག་ལ་ལྷ་སྔགས་མ་ཆད་པ་ཅིག་གྱིས་ཞེས་བཀའ་ཕེབས་པས་ལྷ་སྔགས་གཙོ་ཆེ་ཞེས། ཁའུ་པའི་རྒྱུད་འཛིན་རྣམས་ཕྱག་ལེན་ལ་མཛད་དོ། །

འོན་ཀྱང་ཁོ་བོའི་བསམ་པ་ལ་ནི། གཞི་བསྙེན་གྱི་སྔགས་ཀྱི་ཁ་སྐོང་དང་། གཞི་བསྙེན་གྱི་སྔགས་ཀྱི་ནུས་པ་འབྱིན་པར་བྱེད་པའི་སྦྱིན་བསྲེག་ལ་ལྷ་སྔགས་དང་རྫས་སྔགས་གཉིས་ཆར་ལ་གཞི་བསྙེན་གྲངས་གང་སོང་བ་དེའི་བཅུ་ཆ་འགྲོ་དགོས་ཏེ། ལྷ་སྔགས་ཀྱི་བཅུ་ཆས་སྔགས་ཀྱི་ཁ་སྐོང་། རྫས་སྔགས་ཀྱི་བཅུ་ཆས་སྔགས་ཀྱི

ནུས་པ་འཕྲིན་པར་བྱེད་པའི་ཕྱིར། དེ་ཡང་གཞི་བསྙེན་ཁ་སྐོང་བར་བྱེད་པ་ལ་གཞི་བསྙེན་དང་འབྲེལ་ཆགས་པ་ཞིག་དགོས་ལ། སྔགས་ཀྱི་ནུས་པ་འཕྲིན་བྱེད་ཙམ་ནི་སྐབས་གཞན་དུ་ཡང་རུང་བས་དེའི་ཚེ་རྫས་སྔགས་ཁོ་ན་གཙོ་བོར་སྒྲུབ་པས་ཆོག་གོ་སྙམ་དུ་སེམས་སོ། །དོན་དེ་ཉིད་ཀྱི་ན། རྗེ་བཙུན་ཁའུ་པའི་རྒྱུད་འཛིན་རྣམས་ཀྱི་རྡོ་རྗེ་ལྷ་བུའི་གཞི་བསྙེན་ལ་ཡང་རྩ་སྔགས་སྙིང་པོ། ཉེ་སྙིང་གསུམ་ཆར་བཞི་འབུམ་སོང་ན་མཆོག་ཡིན་མོད། དེ་ཙམ་མ་ཡིན་ན། རྩ་སྔགས་དང་སྙིང་པོ་དེ་ཕ་པི་ཙུ་གཉིས་ལ་བཞི་འབུམ་ངེས་པར་མཛད་དེ། རྒྱུ་མཚན་སྦྱིན་བསྲེག་གི་ཚེ། ལྷ་སྔགས་ལ་དེ་ཕ་པི་ཙུ་བཟློག་པ་ཕྱག་ལེན་ཡིན་པས། དེ་ཉིད་གཞི་བསྙེན་གྱི་ཚད་བཞི་འབུམ་མ་སོང་ན་སྦྱིན་བསྲེག་གི་ཚེ་དེ་ཕ་པི་ཙུ་བཞི་ཁྲི་སོང་ཡང་གཞི་བསྙེན་གྱི་ཁ་སྐོང་དང་། ནུས་པ་འཕྲིན་བྱེད་དུ་མི་འགྱུར་བའི་ཕྱིར་རོ། །ལས་སྔགས་ནི་ལས་བཞིའི་ཞི་བ་ལ་ཤནྟིཾ་ཀུ་རུ་ཡེ་སྭཱ་ཧཱ་དང་། རྒྱས་པ་ལ་པུཥྚིཾ་ཀུ་རུ་ཡེ་སོགས་སྐབས་ཅི་རིགས་ལ་སོང་བས་ཆོག་གི། །རྣམ་པ་ཐམས་ཅད་དུ་མ་ཆད་པ་མ་བྱུང་ཡང་སྐྱོན་ཆེར་མེད་པར་བཞེད་དོ་ཞེས། བཞེད་ལུགས་སོ་སོར་བཀོད་འདུག་གོ། །དེ་ལ་ཁོ་བོའི་རྟོག་པ་ལ་ནི། སེམས་དཔའ་ཆེན་པོས་བདག་ཆེན་རིན་པོ་ཆེ་བློ་གྲོས་རྒྱལ་མཚན་པ་གཞི་བསྙེན་གནང་བའི་ཚེ། ལྷ་སྔགས་མ་ཆད་པ་གཅིག་གྱིས་ཤོག་ཅེས་བཀའ་ཕེབས་པ་ནི། གཅིག་ཞེས་པའི་གསུང་གི་ནུས་པས། བདག་ཆེན་རིན་པོ་ཆེས་དེའི་ཚེ་ལྷ་སྔགས་མ་ཆད་པ་གཅིག་བྱས་པས་དངོས་གྲུབ་གཅིག་ཐོབ་པར་འགྱུར་བའི་དམིགས་བསལ་གྱི་ལུང་བསྟན་གཅིག་ཡིན་ནམ་སྙམ་མོ། །གཞན་བཞེད་ལུགས་དེ་རྣམས་ཕྱག་ལེན་ལ་བྱུང་ན་འགལ་བ་མེད་མོད། འོན་ཀྱང་གཞི་བསྙེན་གྱི་མཐར་ལྷ་སྔགས་དང་རྫས་སྔགས་གཉིས་ཀ་གཞི་བསྙེན་གྱི་གྲངས་གང་སོང་བ་དེའི་བཅུ་ཆ་ངེས་པར་འགྲོ་དགོས་ཞེས་པ་མི་འཐད་དེ། གཞི་བསྙེན་རང་གི་དངོས་གཞིའི་མཐར་ཁ་བསྐོང་དུ་དངོས་གཞིའི་སྐབས་སུ་གྲངས་གང་འདྲེན་དགོས་པ་དེའི་བཅུ་ཆ་རེ་ངེས་པར་འདྲེན་པ་དེ་སྔགས་ཀྱི་ཁ་བསྐོང་ཡིན་ཅིང་ཁ་བསྐོང་གི་བཅུ་ཆའི་སྦྱིན་བསྲེག་ཞེས་པ་ནི་སྔགས་དེའི་འབྲས་བུ་འཕྲིན་པའི་ཕྱིར་དུ་ལས་དེའི་བསྲེག་རྫས་གང་ཡིན་པ་དང་། རྫས་དེའི་སྔགས་གྲངས་མཉམ་པར་གཞི་བསྙེན་གྱི་དངོས་གཞིའི་དུས་ཀྱི་སྔགས་གྲངས་ཇི་ཙམ་འདྲེན་པའི་བཅུ་ཆ་རེ་བྱེད་པ་ལ་བཅུ་ཆའི་སྦྱིན་བསྲེག་ཞེས་འཇོག་པ་ཡིན་པའི་ཕྱིར། རྒྱུ་མཚན་དེས་ན། ཀྱཻ་རྡོར་ལྷ་བུའི་སྦྱིན་བསྲེག་གི་ཚེ། དེ་ཕ་པི་ཙུ་བཟླས་དགོས་པས། བསྙེན་པའི་ཚེ་དེ་བཞི་འབུམ་མ་སོང་ན། སྦྱིན་བསྲེག་གི་ཚེ་བཞི་ཁྲི་སོང་ཡང་གཞི་བསྙེན་གྱི་ཁ་བསྐོང་འབྲས་བུ་འཕྲིན་ཕྱིར་དུ་མི་འགྱུར་ཞེས་པ་ལ་ཡང་དཔྱད་པར་བྱ་དགོས་ཏེ། སྦྱིན་བསྲེག་གི་ཚེ་ལྷ་སྔགས་གང་འདྲེན་པ་དེ་དངོས་གཞིའི་ཚེ་སྔགས་ཀྱི་གྲངས་ཇི་ཙམ་འདྲེན་དགོས་པ་འགྲོ་དགོས་ན༑ ལས་སྔགས་ཀྱང་དངོས་གཞིའི་དུས་སུ་འདྲེན་དགོས་པར་འགྱུར་ཞིང་། ཨཥྚ་རྩ་སྔགས་དང་། དེ་ཕ་པི་ཙུའི་

སྙིང་པོ་ཡིན་པས། དེ་ལྟ་པི་ཙུ་བགྲངས་པས་ཨཥྚ་བགྲངས་པའི་འབྲས་བུ་འབྱིན་པར་འགྱུར་ལ། གཞན་དུ་ན། རྩ་སྔགས་ཀྱི་ཁ་སྐོང་དུ་རྩ་སྔགས་ཉིད་སྦྱིན་བསྲེག་གི་སྐབས་འདིར་འདྲེན་དགོས་པར་འགྱུར་རོ། །

གཉིས་པ་ནི། པོ་དོང་པའི་དེ་ཉིད་འདུས་པའི་རྗེས་འབྲང་ཁ་ཅིག །གཏོར་མགྲོན་ལ་སོགས་པའི་ཡེ་ཤེས་པ་མདུན་དུ་བསྐྱེད་པ་གཤེགས་གསོལ་བྱེད་པའི་ཚེ། དམ་ཚིག་པ་གཤེགས་ནས། ཡེ་ཤེས་པ་རང་ལ་བསྡུ་བ་ཡིན་ཏེ། དེ་ཡི་རྒྱུ་མཚན་ཡང་དམ་ཡེ་དེ་གཉིས་བཟང་ངན་ཐ་དད་པའི་ཕྱིར་ན། ངན་པ་དམ་ཚིག་པ་གཤེགས་ནས། བཟང་པོ་ཡེ་ཤེས་པ་ནི་རང་ལ་བསྡུ་བ་ཡིན་ཞེས་ཟེར་རོ། །དམ་ཚིག་པ་གཤེགས་ནས་ཡེ་ཤེས་པ་བསྡུ་བ་ལ་ཡེ་ཤེས་བཟང་ཞིང་། དམ་ཚིག་པ་ངན་པའི་ཕྱིར་ཞེས་པའི་རིགས་པ་འདི་འདྲ་བླུན་པོའི་རིགས་པ་ཡིན་ཏེ། འོ་ན། མགྲོན་བཟང་པོ་བོས་པའི་ཚེ་བསྙེན་བཀུར་བྱས་རྗེས། མགྲོན་བཟང་པོ་དེ་ཉིད་རང་གི་འཁོར་དུ་བསྡུས་ནས། དེའི་ཚབ་ཏུ་གཡོག་ངན་པ་གཞན་ཞིག་བཏོང་དགོས་པར་འགྱུར་བར་ཐལ་བ་དང་། ཡོ་གར། བདག་ཉིད་དམ་ཚིག་པར་བསྐྱེད་ནས། དེ་ལ་ཡེ་ཤེས་པ་བཅུག་སྟེ། ཚོགས་དེ་ཚར་ནས་བདག་བསྐྱེད་གཤེགས་གསོལ་བྱེད་པའི་ཚེ་ན་ཡང་། དམ་ཚིག་པ་གཤེགས་ནས། ཡེ་ཤེས་པ་བསྡུ་བའི་ཚུལ་འདི་ཅིའི་ཕྱིར་མི་མཚུངས་ཏེ། མཚུངས་པར་ཐལ། བཟང་པོ་རང་ལ་བསྡུ་ཞིང་། ངན་པ་གཤེགས་དགོས་པའི་རིགས་པ་དེའི་ཕྱིར་རོ། །དེས་ན། ལུང་དང་རིགས་པ་དང་མན་ངག་གང་ཡང་མེད་པ་ཡི་གྲུབ་མཐའ་དེ་འདྲ་ཆོས་ཅན། མཁས་པས་བླང་བྱ་མ་ཡིན་ཏེ། མཁས་བླུན་གཉིས་ཀྱི་ནང་ནས་བླུན་པོ་ཁོ་ནའི་ཁྱད་ནོར་ཡིན་པའི་ཕྱིར་རོ། །དེས་ན། དམ་ཚིག་པ་དང་ཡེ་ཤེས་པ་དེ་གཉིས་ལ་བཟང་ངན་ཐ་དད་དུ་འཛིན་པ་ཡོད་པ་དེ་ཉིད་ཀྱིས། སྤྱན་དྲངས་པའི་ཡེ་ཤེས་པ་ཉིད་གཤེགས་དགོས་ཏེ། ཡེ་ཤེས་པ་དེ་ཚོགས་བསགས་པའི་ཞིང་དུ་སྤྱན་དྲངས་པ་ཙམ་ཡིན་པའི་ཕྱིར། ཡང་དམ་ཡེ་དེ་གཉིས་བཟང་ངན་ཐ་དད་དུ་འཛིན་པ་མེད་ན། ཡེ་ཤེས་པ་བཟང་པོ་རང་ལ་བསྡུ་བ་དང་། དམ་ཚིག་པ་ངན་པ་ཕར་གཤེགས་སུ་གསོལ་བ་དེ་འདྲའི་བླང་དོར་བྱ་ཅི་དགོས་ཏེ་མི་དགོས་པར་ཐལ། དེ་གཉིས་བཟང་ངན་ཐ་དད་དུ་འཛིན་པ་མེད་པའི་ཕྱིར།

གསུམ་པ་ལ་གཉིས་ཏེ། མགོ་མཇུག་བཟློག་པ་དགག །མདུན་རྒྱབ་བཟློག་པ་དགག་པའོ། །དང་པོ་ནི། མི་འཁྲུགས་མགོན་པོའི་དཀྱིལ་འཁོར་སོགས་ཚུལ་བཞིན་དུ་ལེགས་པར་བྲིས་ནས། གནམ་རྒྱུན་ལ་བཏགས་པས་དེའི་འོག་ཏུ་འགྲོ་བ་རྣམས་ཀྱི་བསོད་ནམས་སྤེལ་བའི་ཕྱིར་དུ། མཁས་པ་རྣམས་ཕྱག་ལེན་མཛད་པ་ཡིན་ལ། དེ་ལྟ་བུའི་ཚུལ་འདི་ལ་ཁ་ཅིག །གནམ་རྒྱུན་ལ་ལྷ་མགོ་ནང་དུ་བསྟན་ནས་བྲི་དགོས་ཏེ། གནམ་རྒྱུན་གྱི་དཀྱིལ་འཁོར་གྱི་འཁོར་གྱི་དབུ་ཕྱིར་བསྟན་བྲིས་ན་དེ་ཉིད་བློས་བླངས་པའི་ཚེ་ལྷ་རྣམས་ཀྱི་དབུ་རྣམས་ཐུར་བསྟན་

འབྱུང་བས་ན། མི་ཤེས་པའི་ཕྱིར་ཞེས་ཟེར། འོ་ན་གནམ་རྒྱན་གྱི་གཞལ་ཡས་ཁང་ལ་ཡང་མདའ་ཡབ་ཕུ་ཤུ་དྲ་བ་དྲ་ཕྱེད་ལ་སོགས་པ་ནང་ནས་རིམ་པ་བཞིན་བྲིས་ནས་ནི། རྩིག་པ་ཕྱི་རོལ་དུ་འབྲི་དགོས་པར་འགྱུར་བར་ཐལ། དེ་ལྟ་མིན་པར་རྩིག་པ་ནང་ནས་རིམ་བཞིན་བྲིས་ན་གློས་བླངས་པའི་ཚེ་གཞལ་ཡས་ཁང་མགོ་མཇུག་བཟློག་ནས་ཁ་ཐུར་བསྟན་འབྱུང་བས་མི་ཤེས་པར་མཚུངས་པའི་ཕྱིར། གལ་ཏེ་ནང་ནས་འབྲི་དགོས་པ་དེ་ལྟར་འདོད་ན། འོ་ན། ཁྱོད་ཀྱི་ལུགས་ལ་གནམ་རྒྱན་འབྲི་བའི་ཚེ་ལྷ་དང་གཞལ་ཡས་ཁང་སོགས་མཚན་མ་གཏན་ནས་མེད་པར་འོག་གཞི་ཁོ་ན་ཙམ་ཞིག་འབྲི་དགོས་པར་ཐལ། སྔ་མ་ལ་འདོད་པ་དེ་ལྟར་བྱས་ཀྱང་། གཞལ་ཡས་ཁང་གི་སྟེང་དུ་འོག་གཞི་འབྱུང་བས་མི་ཤེས་པར་མཚུངས་པའི་ཕྱིར། གཞན་ཡང་ཁྱོད་ཀྱི་གནམ་རྒྱན་འབྲི་ལུགས་འདི་ལ་སྐྱོན་མང་དུ་ཡོད་དེ། དཀྱིལ་འཁོར་གཙོ་བོའི་ཞལ་ཤར་ལ་བསྟན་པ་འདྲི་བ་དེའི་ཚེ་ན་ནི། གཙོ་བོའི་ཞལ་འབྲི་བྱ་ལ་ཤར་དུ་བསྟན་ན། གློས་བླངས་པའི་ཚེ་ན་ནུབ་བསྟན་དུ་འགྱུར་ལ། དེའི་ཚེ། འབྲི་བྱ་ལ་གཙོ་བོའི་ཞལ་ནུབ་བསྟན་འབྲི་ན། གཙོ་ཞལ་ཤར་བསྟན་འབྲི་བར་འདོད་པ་དེའི་ཚེ། འབྲི་བྱ་ལ་གཙོ་ཞལ་ནུབ་བསྟན་དུ་འགྱུར་བ་དེ་འདྲ་བའི་དཀྱིལ་འཁོར་རྒྱ་བོད་ཀྱི་གང་ཟག་སུ་ཡིས་བྱས་བསྟན་རྒྱུ་མེད་པས། གད་མོའི་གནས་ཡིན་པའི་ཕྱིར་རོ། །གཞན་ཡང་ཁྱོད་ཀྱི་དཀྱིལ་འཁོར་འབྲི་ལུགས་ཀྱི་འདོད་པ་འདི་ལ་སྐྱོན་གསུམ་གནས་ཏེ༔ འོག་གཞི་ལ་ལྷ་རྣམས་ཀྱི་སྤྱི་གཙུག་བཏད་ནས་ནི་གཞུགས་དགོས་པ་དང་། གློས་བླངས་པའི་ཚེ་ཕྱི་ནས་གློས་བླང་ན། མགོ་མཇུག་བསྒྱུར་དགོས་པ་དང་། ནང་ནས་གློས་བླང་ན་གཙོ་བོ་ལ་འཁོར་རྒྱབ་བསྟན་གསུམ་ལས་མ་འདས་པས། འདི་འདྲའི་དཀྱིལ་འཁོར་ཡུལ་ཕྱོགས་དེའི་གཙོ་འཁོར་ཀུན་གྱི་རྟེན་འབྲེལ་ལ་གནོད་པའི་ཕྱིར་ན། རྒྱལ་པོའི་ཁྲིམས་ཡོད་ན་རྣམ་པ་ཀུན་ཏུ་དགག་པར་རིགས་པའི་ཕྱིར། གཞན་ཡང་། གནམ་རྒྱན་ལ་གློས་བླངས་པའི་ཚེ། ལྷ་ཐུར་བསྟན་ཡོད་པས། ལྷ་མགོ་ནང་དུ་བསྟན་པ་འབྲི་ན། ལོགས་ལ་དཀྱིལ་འཁོར་འབྲི་བ་ལ། གློས་བླངས་པའི་ཚེ་ན་ཇི་ལྟར་འགྱུར་ཏེ། ཞལ་འཕྲེད་བསྟན་སོགས་ལས་འོས་མེད་པས། དེ་བཙོས་པའི་ཐབས་སུ་ནི་འབྲི་ལུགས་ཅི་ཞིག་ཡིན་སྨྲ་དགོས་སོ། །དེས་ན། དཀྱིལ་འཁོར་གནམ་རྒྱན་སོགས་གཞི་གང་ལ་འབྲི་བ་ལ་འབྲི་ལུགས་སོ་སོ་བ་མེད་པར་ཤེས་པར་བྱ་སྟེ། དཀྱིལ་འཁོར་ས་ལ་བཀྲམ་པའམ། ལོགས་ལ་འགྲེམས་སམ། གནམ་རྒྱན་ལ་འདོགས་པ་གང་ཞིག་ཡིན་ཡང་རུང་འབྲི་ལུགས་ཁྱད་པར་མེད་པར་ཤེས་དགོས་སོ། །ཞེས་པ་ནི། མཁས་པའི་དཀྱིལ་འཁོར་འབྲི་ལུགས་ཀྱི་མན་ངག་ཏུ་ཤེས་པར་བྱ་བའི་ཕྱིར།

གཉིས་པ་ནི། ཁ་ཅིག །སྨན་བླའི་ཕོ་བྲང་ཞེས་བྱ་བ་དཀྱིལ་འཁོར་གྱི་ལྷ་རྣམས་ཙ་ཀ་ལི་ལ་བྲིས་པ། ཁ་ཕྱིར་བསྟན་ནས་ནི། མཆོད་རྟེན་གྱི་བང་རིམ་ལྟ་བུར་བྱེད་ཅིང་། འདི་ལ་སྒྲུབ་བྱེད་རྣམ་དག་མེད་ཀྱང་། ཐ་

མལ་པའི་མིག་ལམ་ལ་མཛེས་པ་ལྟར་སྣང་བས། ཉང་ཤབ་གཙང་གི་ཕྱོགས་འདིར་ཤིན་ཏུ་དར་ལ། འདི་ཡང་ཉང་སྟོད་སྒོམ་ཆེན་གྱི་ཉམས་སྣང་ལས་བྱུང་བ་ཡིན་པར་གྲགས་སོ། །དེ་དགག་པ་ནི། སྨན་བླའི་ཕོ་བྲང་དུ་གྲགས་པ་འདི་ཡང་ལེགས་ཉེས་ཅིར་འགྱུར་བརྟག་དགོས་ཏེ། གང་ཟག་ཕལ་པའི་ཉམས་སྣང་ཙམ་བདུད་ཀྱིས་བྱིན་གྱིས་བརླབས་པ་མིན་ན་རུང་སྟེ་ཡིན་པ་དག་ཀྱང་སྲིད་ཅིང་། བཅོམ་ལྡན་འདས་ཀྱི་བཀའ་མདོ་རྒྱུད་དང་། དེའི་དགོངས་འགྲེལ་གྱི་བསྟན་བཅོས་རྣམ་དག་གང་ལས་འདི་འདྲའི་དཀྱིལ་འཁོར་གསུངས་པ་མེད་པ་ཤེས་ན། དགག་དགོས་པའི་རིགས་ཡིན་པའི་ཕྱིར་རོ། །འོན་དགག་པར་རིགས་པའི་རྒྱུ་མཚན་གང་ཞེ་ན། རྟེན་གྱི་གཞལ་ཡས་ཁང་མེད་པར། ལྷའི་བཀོད་པ་ཙམ་ཡིན་ན་འདི་རུང་མོད་ཀྱང་། རྟེན་དང་བརྟེན་པའི་དཀྱིལ་འཁོར་ཡོངས་རྫོགས་ལ་འདི་མི་རུང་སྟེ། ཁྱོད་ཀྱི་རྟེན་དང་བརྟེན་པའི་བཀོད་པ་འདི་ལ་གཞལ་ཡས་ཁང་དང་འཁོར་ཙམ་ཞིག་ཡོད་ཀྱང་། གཙོ་བོ་མེད་པར་ཁོང་སྟོང་དུ་བཞག་པས་འདི་ལྟར་བྱེད་པ་འདི་མི་ཤེས་པའི་ཕྱིར་རོ། །གལ་ཏེ་གཙོ་བོ་ལྷ་མེད་ཀྱང་སྟེང་དུ་སུ་ཏི་ཉིད་བཞག་པ་གཙོ་བོ་ཡིན་ནོ་སྙམ་ན། དེ་ལྟ་ཡིན་དུ་ཆུག་ན་ཡང་མི་འཐད་དེ། གཙོ་བོ་ལ་འཁོར་གྱི་ལྷ་རྣམས་རྒྱབ་བསྟན་པས་ཕྱི་ནང་གི་རྟེན་འབྲེལ་ཀུན་ལ་གནོད་པའི་དབང་གིས་བོད་ཀྱི་འབངས་རྣམས་རྒྱལ་པོ་ལ་ངོ་ལོག་བྱེད་པ་ལ་སོགས་ཀྱང་། ལུགས་འདི་འདྲ་བྱུང་བ་དེ་ནས་དར་བས་ལུགས་འདི་སྤྱང་བར་བྱ་དགོས་པའི་ཕྱིར། འོན་མཆོད་རྟེན་གྱི་ཕྱི་ལོགས་ལ་ལྷ་འབྲི་བ་ཡང་སྤྱང་དགོས་སོ་སེམས། མཆོད་རྟེན་གྱི་ལོགས་ལ་ལྷ་འབྲི་བ་བཤད་པ་མེད་མོད། འབྲི་བར་བྱེད་ན་ཡང་། དཀྱིལ་འཁོར་གྱི་རྣམ་བཞག་བྱེད་པར་བསམ་ནས་འབྲི་བ་མ་ཡིན་པས་འགལ་བ་མེད་དེ། དེ་ལྟར་འབྲི་བ་དེ་བསོད་ནམས་བསགས་པའི་ཆེད་དུ་བྲིས་པ་ཙམ་ཡིན་པའི་ཕྱིར་རོ། །

དེས་ན། སྨན་བླའི་མཆོད་ཡུལ་འདིའི་ཚུལ་ལུགས་ཞི་བ་འཚོས་བྱ་རྒྱུད་སྤྱིའི་དཀྱིལ་འཁོར་དང་མཐུན་པའི་རྣམ་གཞག་གསུངས་པ་ཉིད་ཉམས་སུ་བླངས་ན་དགེ་ལེགས་འབྱུང་བ་ཡིན་ཏེ། རྣམ་གཞག་དེ་ལུང་རིགས་ཀྱིས་གནོད་པ་མེད་པའི་རྣམ་གཞག་ཚད་ལྡན་ཡིན་པའི་ཕྱིར། བསྟན་བཅོས་འདིར་དེ་ལྟར་བཀོད་པ་ལ། མཁས་པར་མ་སྦྱངས་པ་ཁ་ཅིག །འོན་དཀྱིལ་ཐང་ཡང་མི་འཐད་པར་འགྱུར་ཏེ། དཀྱིལ་ཐང་དེ་ལོགས་ལ་བཀྲམ་ན་ལྷ་འགའ་ཞིག་དབུ་མཐུར་བསྟན་དང་། འགའ་ཞིག་འཕྲེད་བསྟན་འབྱུང་ཞིང་། དེ་མཐིལ་ལ་བཀྲམ་ན་ལྷ་རྣམས་གན་རྐྱལ་དང་། འཁོར་རྣམས་གཙོ་བོ་ལ་འཕྱོང་བསྟན་པར་འགྱུར་བའི་ཕྱིར། ཡང་རིགས་ལྔའི་དབུ་རྒྱན་མགོ་བོར་གྱོན་པ་ཡང་མི་འཐད་པར་འགྱུར་ཏེ། དེ་ལྟར་གྱོན་ན་རིགས་ལྔ་ཕན་ཚུན་རྒྱབ་སྤྲད་དུ་འགྱུར་བའི་ཕྱིར་ཞེས་ཟེར་རོ། །དེ་ལ་སྐྱོན་དང་པོ་མེད་དེ། དཀྱིལ་ཐང་དེ་ལོགས་སམ། མཐིལ་གང་ལ་བཀྲམ་ཀྱང་བློས་སླངས་པའི་

ཆོ༑ གཙོ་བོའི་དབུ་ཕྱེན་དུ་བསྟན་ཅིང་། འཁོར་རྣམས་གཙོ་བོ་ལ་ཞལ་ཕྱོགས་པ་དང་། གཞལ་ཡས་ཁང་གི་ཕྱུ་ཤུ་རྩེ་མོར་འབྱུང་བ་དང་། དེ་རྣམས་ཀྱི་ཕྱི་རོལ་ཏུ་བསྲུང་བའི་འཁོར་ལོ་སྟེང་འོག་ཕྱོགས་བཞི་མཚམས་བརྒྱད་གོ་མཚམས་མེད་པར་འབྱུང་བར་ཤེས་ན་སྐྱོན་དེ་ལས་གྲོལ་བའི་ཕྱིར། སྐྱོན་གཉིས་པ་དེ་ཡང་མེད་དེ། དཀྱིལ་འཁོར་གྱི་རྣམ་བགཞག་མེད་པར་ལྷ་སོ་སོའི་བཞུགས་ཚུལ་རྒྱབ་སྦྱོར་སོགས་ལ་འགལ་བ་མེད་པ་བསྟན་བཅོས་འདིར་གོང་དུ་བཤད་ཟིན་ཅིང་། དབུ་རྒྱན་དབུ་ལ་གྱོན་པ་ལོངས་སྤྱོད་རྫོགས་སྐུ་ཕལ་ཆེར་ལ་འབྱུང་བའི་ཕྱིར།

བཞི་པ་ལ་གཤིན་པོ་རྗེས་འཛིན་ལ་དཔྱད་པ་ནི། ལྷོ་ཕྱིར་ཚུལ་འཆོས་པ་ཁ་ཅིག །ངན་སོང་སྦྱོང་རྒྱུད་ནས་གསུངས་པའི་གཤིན་པོ་རྗེས་འཛིན་གྱི་ཆོ་ག་སོགས་མི་བྱེད་པར་གཤིན་པོའི་མིང་བྱང་བསྲེགས་པ་ཡི་སྒོ་ནས་དད་རྗེས་མང་དུ་ལེན་པ་མཐོང་ངོ་ཞེས་ཐོས་པ་ནི་ཤིན་ཏུ་གཡང་ཟ་བའི་གནས་ཡིན་ཏེ། དཀོན་མཆོག་བརྩེགས་པའི་མདོ་སྡེ་ལས། དད་རྫས་ཟ་བའི་ཉེས་པ་མཐོང་ནས། དགེ་སློང་ལྔ་བརྒྱས་དད་རྫས་དེ་མི་འབྱུང་བར་བྱ་བའི་ཕྱིར་དུ་བསླབ་པ་ཕུལ་བ་དེ་ལ། སྟོན་པ་རྫོགས་པའི་སངས་རྒྱས་ཀྱིས་ལེགས་སོ་ཞེས་རང་ཉིད་བསླབ་ཁྲིམས་གཙང་མ་དང་ལྡན་པ་ཡིན་ཡང་ཀློག་པ་ཐོས་བསམ་དང་སྒྲུབ་པ་བསམ་གཏན་གྱི་ཏིང་ངེ་འཛིན་གང་རུང་ལ་མི་བརྩོན་པ་དད་རྫས་དང་གཤིན་པོའི་རྫས་ཟ་བ་བས་རང་གི་བསླབ་པ་ཕུལ་ནས་དད་གཤིན་གྱི་རྫས་སྤངས་ཏེ་ཐ་མལ་པར་གནས་པ་མཆོག་ཏུ་གསུངས་པའི་ཕྱིར། གཞན་ཡང་། འདུལ་བའི་བཀའ་བསྟན་བཅོས་དེའི་དགོངས་འགྲེལ་གྱི་གཞུང་ལུགས་ལས། མི་སློབ་པ་ནི་བདག་པོར་སྤྱོད། །སློབ་པ་བྱིན་པ་སྤྱོད་པ་སྟེ༑ ༑བསམ་གཏན་གློག་དང་ལྡན་པ་ནི། །རྗེས་གནང་སྤྱོད་པས་ཉེས་པ་མེད། །ལྷག་མ་ལེ་ལོས་བཅོམ་པ་ཡི། །བདག་ཉིད་རྣམས་ནི་བུ་ལོན་སྤྱོད། །ཞེས། མི་སློབ་པའི་འཕགས་པ་ལ་ནི། དད་རྫས་ཕུལ་བའི་ཚེ། དེའི་བདག་པོ་ཡིན་པའི་ཚུལ་གྱིས་ཉེས་པ་མེད་པར་སྤྱོད། སློབ་པའི་འཕགས་པ་རྣམས་རང་ལ་བྱིན་པ་སྤྱོད་པ་དང་འདྲ་སྟེ་ཉེས་པ་མེད་ཅིང་། སོ་སོ་སྐྱེ་བོ་སྒྲུབ་པ་བསམ་གཏན་དང་ཀློག་པ་ཐོས་བསམ་གང་རུང་དང་ལྡན་པ་རྣམས་ནི་དད་རྫས་དེ་རྗེས་སུ་གནང་བས་སྤྱོད་པས་ཉེས་པ་མེད་ལ། དེའི་ལྷག་མ་ལེ་ལོས་བཅོམ་པ་ཡི་བདག་ཉིད་སོ་སྐྱེ་རྣམས་ནི་དད་རྫས་དེ་བུ་ལོན་གྱི་ཚུལ་དུ་སྤྱོད་པར་འདུལ་ལུང་གི་དོན། འདུལ་བ་ཚིག་ལེར་གསུངས་པ་དེ་བཞིན་དུ། སྟོན་གྱི་སྐྱེས་ཆེན་འགས་ཀྱང་། སྟོང་ཉིད་འདུ་རྩི་མ་རྟོགས་པ། །དད་རྫས་འདུ་བ་དངས་མ་མཐོང་། །ཞེས་སོ་སོ་སྐྱེ་བོས་ཚུལ་ཁྲིམས་དང་ལྡན་ཞིང་། བསམ་གཏན་དང་ཀློག་པ་གང་རུང་དང་ལྡན་པའམ། སྟོང་ཉིད་ཀྱི་ལྟ་བ་རྟོགས་པའི་འདུ་རྩི་མ་རྟོགས་པ། དད་རྫས་འདུ་བ་དངས་མ་མཐོང་གསུངས་པ་དེ་རྣམས་ཀྱི་དོན་ཡིད་ལ་བཞག་ནས་ནི། དེང་སང་དད་རྫས་འདུ་བར་འདོད་པར་གྱུར་ན། གཞི་ཚུལ་ཁྲིམས་རྣམ་དག་དང་

ལྡན་པར་བྱས་པས། སྒྲུབ་པ་བསམ་གཏན་དང་། ཀློག་པ་ཐོས་བསམ་གང་རུང་ལ་མ་མཐའ་བརྩོན་པར་བྱ་དགོས་ཏེ། དེ་ལྟར་བྱེད་པ་དེ་ལ་དད་རྗེས་སྟོན་པས་རྗེས་སུ་གནང་བའི་ཚུལ་གྱིས་ལོངས་སྤྱད་པས་ཆོག་པའི་ཕྱིར། ཁྱད་པར་ཆོ་གའི་སྒོ་ནས་གཤིན་པོ་རྗེས་སུ་འཛིན་ན་ངན་སོང་སྦྱོང་རྒྱུད་དང་ལ་སོགས་པ་མི་འཁྲུགས་པ་བདེ་ཀྱེ་སོགས་ཀྱི་རྒྱུད་ལས་གསུངས་པའི་ཆོ་ག་ཚུལ་བཞིན་དུ་བྱ་བར་རྫོགས་པའི་སངས་རྒྱས་ཀྱི་རྒྱུད་སྡེ་དེ་དང་དེ་ལས་གསུངས་པ་དེ་ལྟར་བྱ་དགོས་ཏེ། དེ་ཉིད་སྔགས་ཀྱི་སྒོ་ནས་གཤིན་རྫས་ལ་སྤྱོད་པའི་ཐབས་ཁྱད་པར་ཅན་ཡིན་ཞིང་། དེ་ལྟར་བྱས་ན་གཤིན་པོ་ལ་ཡང་ཕན་པ་དེའི་ཕྱིར་རོ། །

དེས་ན། དད་གཤིན་གྱི་རྫས་ལ་ལོངས་སྤྱོད་ཚུལ་འདི་ལ་ཤིན་ཏུ་གཟབ་པར་བྱ་དགོས་ཏེ། གཟུ་ལུམ་གྱི་སྤྱོད་པས་དེ་ལ་ལོངས་སྤྱད་ན་རང་གཞན་གཉིས་ཀ་ལ་གནོད་པར་འགྱུར་ཞིང་། སྡོམ་པ་གསུམ་དང་ལྡན་པར་བྱས་ཏེ། རྒྱུད་སྡེ་ནས་གསུངས་པའི་ཆོ་ག་ཚུལ་བཞིན་བྱས་པའི་སྒོ་ནས། དེ་ལ་ལོངས་སྤྱད་ན་རང་གཞན་གཉིས་ཀ་ལ་ཕན་པར་འགྱུར་བའི་ཕྱིར། དེས་ན། སྔན་བླའི་ཆོ་ག་ལ་ཡང་ལུགས་སྲོལ་མང་དུ་ཡོད་པའི། རྗེ་གདན་མཁན་ཆེན་བསོད་ནམས་གྲགས་པའི་ལུགས་དང་། ལྷོ་པ་གསེར་ཁང་བྱང་ཆུབ་གྲགས་ཀྱི་ལུགས་ལ། སྨན་བླའི་མདོ་ཆོག་ལ་བརྟེན་པའི་གཤིན་པོ་རྗེས་འཛིན་དང་། ཁྱད་པར་བྱང་ཤོག་སྒྲོལ་བྱང་སོགས་ཀྱི་ལག་ལེན་མཛད་པ་འདི་ཡང་མི་འཐད་དེ། ཆོས་རྗེ་ས་པཎ་གྱིས། གཞན་ཡང་སྦྱིན་བསྲེག་རོ་བསྲེག་དང་། །བདུན་ཚིགས་ཚ་ཚའི་ཆོ་ག་སོགས། །དེང་སང་སྔགས་ཀྱི་ལུགས་བོར་ནས། །མདོ་མཆོད་ཙམ་ལ་བརྟེན་པ་ཡིས། །ཆོ་གའི་རྣམ་གཞག་བྱེད་པ་ཡོད། །ཕ་རོལ་ཕྱིན་པའི་མདོ་སྡེ་དང་། །བསྟན་བཅོས་རྣམས་ལས་གསུངས་པ་མེད། །ཅེས་པས་བཀག་ཅིང་། དེ་ཡང་གཞི་ཚུལ་ཁྲིམས་རྣམ་དག་དང་ལྡན་པས་མདོ་ཆོག་ཚད་ལྡན་བྱས་ཏེ། གཤིན་པོའི་རྫས་ལེན་པ་ཙམ་ལ་འགལ་བ་མེད་མོད། མདོ་ཆོག་ལ་བརྟེན་པའི་མིང་བྱང་སྒྲོལ་ཆོག་ལ་བཤད་ཁུངས་ཚད་ལྡན་མེད་པས་རང་བཟོ་ཁོ་ནར་འགྱུར་བའི་ཕྱིར།

ལྔ་པ་ཕྱག་མཆོད་ཀྱི་ཡུལ་ལ་དཔྱད་པ་ནི། ཁ་ཅིག །སྨན་བླའི་ཆོ་གའི་སྐབས་སུ་གནོད་སྦྱིན་བཅུ་གཉིས་ལ་ཕྱག་དང་སྐྱབས་འགྲོ་མི་རུང་བར་འདོད་པ་དང་། ལ་ལ་གནོད་སྦྱིན་བཅུ་གཉིས་ཀྱི་གཡོག་བདུན་འབུམ་ལ་ཡང་ཕྱག་དང་སྐྱབས་འགྲོ་བྱེད་པ་གཉིས་ཆར་མི་འཐད་དེ། སྨན་བླའི་དཀྱིལ་འཁོར་གྱི་ལྷ་ལ་བཀོད་པའི་ཚངས་པ་དང་ལྷའི་དབང་པོ་བརྒྱ་བྱིན་དང་གནོད་སྦྱིན་གྱི་སྡེ་དཔོན་བཅུ་གཉིས་རྒྱལ་ཆེན་བཞི་རྣམས་ནི། སངས་རྒྱས་འཇིག་རྟེན་གྱི་སྐྱུར་ཚུལ་སྟོན་པ་ཙམ་ཡིན་པའི་ཕྱིར། ཕྱག་མཆོད་དང་སྐྱབས་འགྲོའི་ཡུལ་དུ་བྱེད་པ་དང་། གནོད་སྦྱིན་བཅུ་གཉིས་ཀྱི་འཁོར་གྱི་བདུན་འབུམ་དང་བཅས་པའི་བདུན་འབུམ་ལ་ཕྱག་མཆོད་སྐྱབས་འགྲོ་མི་བྱེད

ཀྱང་། དེ་ལ་གཏོར་མ་བྱིན་ཏེ་ཕྲིན་ལས་ཅམ་འཚོལ་བར། མཁན་པོ་ཞི་བ་མཆོས་མདོ་ཆོག་བསྲེས་མེད་ཚད་ལྡན་ལས་གསུངས་པའི་ཕྱིར། དེང་སང་འཇིག་རྟེན་པ་དང་འཇིག་རྟེན་ལས་འདས་པའི་རྣམ་དབྱེ་གང་ཡིན་མི་ཤེས་པར། ཆོ་གའི་ལག་ལེན་བྱེད་པ་ཁ་ཅིག །གནོད་སྦྱིན་བཅུ་གཉིས་སོགས་དཀྱིལ་འཁོར་གྱི་ནང་དུ་བཀོད་ཀྱང་། འཇིག་རྟེན་རང་རྒྱུད་པར་འདོད་པ་ནི་སྔར་གོང་དུ་བཀག་ཟིན་ལ། ལ་ལ་འཁོར་གཡོག་བདུན་འབུམ་ལ་ཡང་ཕྱག་འཚལ་ཞིང་སྐྱབས་སུ་འགྲོ་བ་མཐོང་བ་འདི་ནི། མཁན་པོ་ཞི་བ་འཚོ་མི་བཞེད་དེ། སངས་རྒྱས་ལ་སྐྱབས་སུ་སོང་བའི་སྐྱབས་འགྲོའི་བསླབ་བྱ་ལ་གནོད་པའམ། སངས་རྒྱས་ལ་བློ་བཀལ་བ་དག་གིས་བྱར་མི་རུང་བའི་ཕྱིར། གནད་ཀྱི་དོན་བསྟན་པ་ནི། ཡང་དག་པར་རྫོགས་པའི་སངས་རྒྱས་ཆོས་ཅན། ཁྱོད་སྨན་བླའི་དཀྱིལ་འཁོར་གྱི་སྐབས་འདིར། འཇིག་རྟེན་པའི་ཚུལ་བཟུང་བ་ལ་དགོས་པ་ཡོད་དེ། གནོད་སྦྱིན་བཅུ་གཉིས་ཀྱི་འཁོར་གཡོག་བདུན་འབུམ་ཕལ་ཆེ་བ་འཇིག་རྟེན་རང་རྒྱུད་པ་ཡིན་པའི་ཕྱིར་ན། དེ་དག་འདུལ་བའི་ཆེད་དུ་ནི་འཇིག་རྟེན་པ་དེ་དང་མཐུན་པར་འཇིག་རྟེན་པའི་སྐུར་སྟོན་པ་དེ་ཁྱོད་འཇིག་རྟེན་པའི་སྐུར་སྟོན་པའི་དགོས་པའི་གཙོ་བོ་ཡིན་པའི་ཕྱིར། དེ་བཞིན་དུ། དཀྱིལ་འཁོར་གཞན་ལའང་སྦྱར་བར་བྱ་སྟེ། དཀྱིལ་འཁོར་གང་དུ་འཇིག་རྟེན་པས་འདུལ་བ་ལ་འཇིག་རྟེན་པའི་སྐུར་སྟོན། ཉན་རང་བྱང་སེམས་སངས་རྒྱས་སོགས་ཀྱིས་འདུལ་བ་ལ་ཉན་ཐོས་ལ་སོགས་པ་དེ་དང་དེའི་སྐུར་སྟོན་དགོས་པར་ཤེས་པར་བྱ་བའི་ཕྱིར་རོ། །

དྲུག་པ་རྟེན་གྱི་གཟུངས་རྫོངས་ལ་དཔྱད་པ་ལ་གཉིས་ཏེ། གཟུངས་སྒྲིལ་ཚུལ་ལ་དཔྱད། འཁོར་ལོའི་སྟེང་འོག་ལ་དཔྱད་པའོ། །དང་པོ་ནི། རྟེན་གྱི་ནང་རྫོངས་ཀྱི་གཟུངས་སྒྲིལ་བའི་ཚེ། ཀུན་མཁྱེན་བུ་སྟོན་སོགས་ཕལ་ཆེར་གཟུངས་ཀྱི་མཐའ་ནས་སྒྲིལ་བ་མཐོང་ལ། འདི་ཡང་ནི། ཕྱི་ནང་གི་རྟེན་འབྲེལ་ཀུན་ལ་གནོད་པས་སྤང་བར་བྱ་དགོས་ཏེ། དེ་ལྟར་མཐའ་ནས་སྒྲིལ་བ་དེའི་ཚེ། གཟུངས་ཀྱི་ཨོཾ་སོགས་སྔགས་ཀྱི་མགོ་ཕྱི་རུ་འབྱུང་ཞིང་། སྔགས་ཀྱི་མཇུག་རྣམས་དབུས་སུ་འབྱུང་བས། མཐའ་མི་དབུས་སུ་འབྱུང་བའི་རྟེན་འབྲེལ་དུ་འགྱུར་བས་ན་དགག་དགོས་པའི་ཕྱིར། དེས་ན་གཟུངས་ཀྱི་མགོ་ནས་སྒྲིལ་བ། རྡོ་རྗེ་འཆང་ཀུན་དགའ་བཟང་པོའི་ཕྱག་བཞེས་ལྟར་བླང་བར་བྱ་བ་ཡིན་ཏེ། གཟུངས་ཀྱི་མགོ་ནས་སྒྲིལ་ན། སྔགས་ཀྱི་མགོ་དབུས་སུ་འབྱུང་བས་ལུགས་གཉིས་ཀྱི་ཕྱི་ནང་གི་རྟེན་འབྲེལ་འགྲིག་པར་འབྱུང་བའི་ཕྱིར། དེ་ལྟ་བུའི་ཚུལ་འདི་ནི་ཆོས་ཅན། ཁོ་བོས་རང་བཟོ་མ་ཡིན་པར། རྗེ་བཙུན་ས་སྐྱ་པ་སོགས་དམ་པ་གོང་མ་བྱོན་ཟིན་པ་རྣམས་ཀྱིས་ཕྱག་ལེན་ཡིན་ཏེ། དེ་རྣམས་ཀྱི་རྒྱུད་རྡོ་རྗེ་རྩེ་མོ་ལས། ཡི་གེ་ཨོཾ་ནི་ཅི་ཡིན་བརྗོད། །དཔལ་དང་གྲགས་དང་དབྱངས་དང་ནི། །སྐལ་བཟང་རྣམ་པ་དང་ལྡན་པ། །དམ་བཅའ་བ་དང་བཀྲ་ཤིས་དོན། །ནོར་བུ་འཛིན་པའི་སྙིང་པོའང་ཡིན། །ཞེས།

སྔགས་རྣམས་ཀྱི་མགོ་བོའི་ཡི་གེ་ཨོཾ་ནི་ཅི་ཡིན་པ། དཔལ་དང་ལྡན་པ་གྲགས་པ་དང་ལྡན་པ། དབྱངས་དང་ལྡན་པ་དང་ནི། སྐལ་བ་བཟང་པོའི་རྣམ་པ་དང་ལྡན་པ། དམ་བཅའ་བ་དང་བཀྲ་ཤིས་པའི་དོན་དང་། ནོར་བུ་འཛིན་པའི་སྙིང་པོ་ཡིན་པར་བརྗོད་གསུངས་པ་དང་མཐུན་པའི་ཕྱག་བཞེས་ཡིན་པའི་ཕྱིར། འདི་ལ་ཁ་ཅིག །ཁྲིམས་ཐང་ཡང་དབུ་ནས་སྒྲིལ་རིགས་པར་ཐལ་ལོ་ཞེས་པ་དང་། མགའ་ཞིག་མཐའ་ནས་སྒྲིལ་བ་གློག་བདེ་བ་ལ་དགོངས། དབུ་ནས་སྒྲིལ་བ་བཞུགས་པའི་ཚེ་སྒྲུལ་འཁྱིལ་པ་ལྟར་མགོ་དབུས་སུ་འབྱུང་བ་ལ་དགོངས་པས་གར་བྱས་ཀྱང་འགལ་བ་མེད་ཅེས་གསུངས་ལ། དེ་གཉིས་ཀ་མི་འཐད་དེ། ཁྲིམས་ཐང་ནི་མཆོད་པའི་ཡུལ་དུ་ལོགས་ལ་འགྲེམ་པའི་ཆེད་ཡིན་ཅིང་། དེ་ཡང་སྒྲིལ་ཤིང་སྨད་དུ་ཡོད་པ་བྱས་ནས། སྒྲིལ་ཐག་དེ་བསྐྱེན་བཀྱར་ལ་སོགས་པ་མི་འབྱུང་ཞིང་། སྐུ་དེ་གསལ་པོ་འབྱུང་བའི་ཆེད་དུ་ཡིན་པའི་ཕྱིར་དང་། རྟེན་གྱི་གཟུངས་སྒྲིལ་བ་ནི། གློག་པའི་ཆེད་ཙམ་དུ་ཁྲིམས་པ་མ་ཡིན་གྱིས། རྟེན་དེའི་ནང་དུ་རྒྱུན་དུ་བཞུགས་སུ་གསོལ་ནས་བྱིན་རླབས་ཆེན་པོ་འབྱུང་བ་དང་། ཕྱི་ནང་གི་མགོ་མཇུག་མི་འཚོལ་བའི་རྟེན་འབྲེལ་འགྲིག་པའི་གནད་ཚང་བའི་ཆེད་དུ་གཟུངས་ཀྱི་མགོ་ནས་སྒྲིལ་བ་ཁོ་ན་འཐད་པའི་ཕྱིར། གཉིས་པ་ནི། གནོད་སྦྱིན་ཕོ་ཛམ་བྷ་ལའི་འཁོར་ལོ་དང་། གནོད་སྦྱིན་མོ་ནོར་རྒྱུན་མའི་འཁོར་ལོ་གཉིས་ཁ་སྦྱར་ནས་རྟེན་གྱི་ཞབས་སྡོམ་དུ་བྱས་ན་གནས་སྐབས་དང་མཐར་ཐུག་གི་དཔལ་འབྱོར་ཕུན་གསུམ་ཚོགས་པའི་འབྲས་བུ་འབྱུང་བར་དཔའ་བོ་གྲུབ་པའི་རྒྱུད་ལས་གསུངས་ལ། དེ་ལྟ་བུའི་འཁོར་ལོ་འབྲི་བ་འདི་ལ། ཁ་ཅིག །སྔགས་ཀྱི་མགོ་ནང་དུ་བསྟན་ནས་འབྲི་བར་བྱེད་པ་སྟེར་རྟེན་གྱི་བཀོད་པ་ལ་དོགས་པ་དཔྱོད་པའི་སྐབས་སུ་བཀག་ཟིན་པའི་ཤུགས་ཀྱིས་ཤེས་པར་ནུས་ལ། ཀུན་མཁྱེན་བུ་སྟོན་སོགས་ལ་ལ་ཕོ་འཁོར་འོག་ཏུ་འདོད་པ། དེ་ལ་དཔྱད་པར་བྱ་དགོས་ཏེ། སྐབས་འདིར་གནོད་སྦྱིན་ཕོ་འཁོར་གཙོ་བོ་ཡིན་ན་ནི། ཕོ་འཁོར་འོག་ཏུ་བཞུགས་པའི་ཚུལ་འདི་ཤིན་ཏུ་འཐད་པར་འགྱུར་བ་སྟེ༑ དཔེར་ན། གཤེད་དམར་ལྷ་ལྔའི་ཁྲིམས་སྐུ་བཞིན་ཡིན་ཡང་། དཔའ་བོ་གྲུབ་པའི་རྒྱུད་ལས། གནོད་སྦྱིན་མོའི་འཁོར་ལོ་གཙོ་བོར་གསུངས་ལ། དེའི་ཚེ་མོ་འཁོར་འོག་ཉིད་དུ་འབྱུང་བ་ཡིན་ཏེ། དཔེར་ན་སྒྲོལ་མ་བླ་མེད་བཞིན་ཏེ། དེ་དང་ཆོས་མཚུངས་པའི་ཕྱིར། རྒྱུ་མཚན་དེས་ན། སྐབས་འདིར་ནོར་རྒྱུན་མ་གཙོ་བོར་གསུངས་པས་མོ་འཁོར་འོག་ཏུ་བཞུགས་སུ་གསོལ་ནས་རྟེན་གྱི་མདུན་ཤར་ལྷ་བུ་ལ་བསྟན་པའི་ཚེ། ལྷ་མོ་ནོར་རྒྱུན་མའི་མདུན་ཡང་ཤར་དུ་བསྟན་པའི་ཚུལ་འདི་ཕྱག་ལེན་འཁྲུལ་པ་མེད་པ་ཡིན་ཏེ། གཙོ་མོ་ནོར་རྒྱུན་མའི་མདུན་དང་། དེ་ནང་དུ་བཞུགས་སུ་གསོལ་བའི་རྟེན་གྱི་མདུན་གཉིས་པོ་ཕྱོགས་གཅིག་ཏུ་བྱུང་ན་རྟེན་འབྲེལ་ཕུན་སུམ་ཚོགས་པ་འབྱུང་བའི་ཕྱིར། དེ་ལྟར་གཟུངས་སྒྲིལ་ཚུལ་དང་འཁོར་ལོ་བཞུགས་ཚུལ་ལ་སོགས་པ་གསུང་རབ

ནས་བཤད་པའི་འཕྲུལ་གྱི་ལག་ལེན་ཐམས་ཅད་ཀྱང་། བློ་གྲོས་དང་ལྡན་ཞིང་མཐོང་བ་རྒྱུད་པའི་ལག་ལེན་ཡོད་པའི་མཁས་པ་དཔྱོད་ལྡན་ལ་དྲིས་ནས་དག་པར་བྱ་དགོས་ཏེ། དེ་ལྟར་ལག་ལེན་དག་པར་བྱས་པ་དེ་ལ་དཔལ་འཁོར་ལོ་ཕྱུན་སུམ་ཚོགས་པ་འབྱུང་བའི་ཕྱིར་རོ། །

གསུམ་པ་གྲུབ་པའི་འབྲས་བུ་བསྡུས་ཏེ་བསྟན་པ་ནི། ཚིག་འདིའི་སྒོ་ནས་སྡོམ་གསུམ་རིམ་གྱིས་བླངས་སམ། ཅིག་ཅར་དུ་བླངས་པ་གང་ཡིན་ཡང་རུང་སྟེ། སོ་ཐར་བྱང་སེམས་སྔགས་སྡོམ་གསུམ་དང་ལྡན་པའི་གང་ཟག་ཆོས་ཅན། ཁྱོད་ཀྱི་རྒྱུད་ཀྱི་སྡོམ་པ་གསུམ་ཆར་སྔགས་སྡོམ་ཡིན་ཏེ། ཁྱོད་ཀྱི་རྒྱུད་ཀྱི་སྡོམ་པ་གསུམ་པོ་དེ། རང་འབོག་བྱེད་ཀྱི་ཆོག་ས་རང་རྒྱུད་ལ་ལྡན་པར་བྱས་ནས། རྡོ་རྗེ་ཐེག་པའི་ཉམས་ལེན་དུ་བསྡུས་ཏེ། དེའི་མི་མཐུན་ཕྱོགས་སྲུང་བར་བྱེད་པའི་དམ་ཚིག་དང་ལྡན་པའི་རིག་པ་འཛིན་པ་ཡིན་པའི་ཕྱིར། སྡོམ་པ་གསུམ་གྱི་རབ་ཏུ་དབྱེ་བའི་ཁ་སྐོང་གཞི་ལམ་འབྲས་གསུམ་གསལ་བར་བྱེད་པའི་ལེགས་བཤད་དོན་གྱི་སྣང་བའི་རྣམ་བཤད་འོད་ཀྱི་སྣང་བ་རྒྱས་པར་བྱེད་པ་ལས་རིག་པ་འཛིན་པའི་སྡོམ་པའི་སྐབས་ཀྱི་རྣམ་པར་བཤད་པ་སྟེ་བཞི་པའོ།། །།

༄ གསུམ་པ་འབྲས་བུའི་སྐབས་ལ་བཞི་སྟེ། འབྲས་བུ་གྲུབ་ཚུལ་གྱི་རྣམ་གཞག་སྤྱིར་བསྟན། ལོག་རྟོག་དགག་པ་བྱེ་བྲག་ཏུ་བཤད། འབྲས་བུའི་ངོ་བོ་རྣམ་པར་བཞག་པ། གཞན་གྱི་དོན་བསྡུས་ཏེ་བསྟན་པའོ། །དང་པོ་ནི། སྔར་གོང་དུ་བཤད་པ་དེ་ལྟར། སྡོམ་པ་གསུམ་དང་ལྡན་པའི་གང་ཟག་གིས། རིམ་གཉིས་ཟབ་མོའི་ལམ་བརྩོན་འགྲུས་ཆེ་འབྲིང་སོགས་ཀྱི་སྒོ་ནས་བསྒོམས་ན། མཆོག་གི་འབྲས་བུ་མྱུར་དུ་འབྱུང་བ་ཡིན་ཏེ། དེ་ལྟར་བསྒོམས་ན་བརྩོན་འགྲུས་རབ་ཚེ་འདིའམ་བར་དོ་དང་། ས་སོགས་པའི་སྐྲས་བསྟན་པ། འབྲིང་ཚེ་ཕྱི་མའམ། སྐྱེ་བ་བདུན་དང་། བརྩོན་འགྲུས་ཐ་མའང་སྐྱེ་བ་བཅུ་དྲུག་ཚུན་ཆད་དུ་ཐམས་ཅད་མཁྱེན་པའི་གོ་འཕང་འགྲུབ་པར་འགྱུར་བའི་ཕྱིར། དེ་ལྟར་འགྲུབ་པའི་ཚུལ་འདི་ལ། སྡོམ་གསུམ་ལྡན་པའི་སོ་སོ་སྐྱེ་བོ་ཡིས་དབང་བཞི་དང་རིམ་པ་གཉིས་ལས་བྱུང་བའི་ཡེ་ཤེས་ཕྱག་རྒྱ་ཆེན་པོ་སྒོམ་པས། མཚོན་བྱ་དོན་གྱི་ཡེ་ཤེས་སྐྱེ་བ་ཡིན་ཏེ། དེས་དབང་དང་རིམ་གཉིས་ལས་བྱུང་བའི་ལམ་ཟབ་མོ་བསྒོམས་པ་ལས། མཉམ་གཞག་ཏུ་འཇིག་རྟེན་ཆོས་བརྒྱད་མགོ་སྙོམས་པ་སྙམ་བྱེད། ཉོན་མོངས་པ་གློ་བུར་བ་བཟློག་པ་སྙམ་བྱེད་པའི་དྲོད་ཆུང་ངུ་འབྱུང་ཞིང་། དེ་ནས་ཀུན་འདར་གསང་སྟེ་སྤྱོད་པས་ཚར་གཅོད་དང་རྗེས་བཟུང་གི་ལས་གང་རུང་གཅིག་ནུས་པ་དྲོད་འབྲིང་པོ་འབྱུང་། དེ་ནས་དྲག་ཤུལ་གྱི་ལས་སམ། སྤྱོད་པ་སྤྱད་པ་ལས་དྲོད་ཆེན་པོ་ཚར་བཅད་དང་རྗེས་བཟུང་གཉིས་ཀ་ནུས་པ་སྟེ། རྣམ་ཤེས་དང་ཡེ་ཤེས་ཀྱི་ཆ་མཉམ་པ་དྲོད་ཆེན་པོ་མཐོང་ལམ་རྣམ་པར་མི་རྟོག་པའི་ཡེ་ཤེས་ཐོབ་

པའི་ཕྱིར་རོ། ཁ་ཅིག །འདིར་ཚར་བཅད་དང་རྗེས་བཟུང་གང་རུང་ནུས་པ་དྲོད་ཆུང་དུ་ནས་འཇོག་པ་མི་འཐད་དེ༑ དེ་གང་རུང་ནུས་པ་དྲོད་འབྲིང་པོ་དང་། དེ་གཉིས་ཀའི་ལས་ནུས་པ་དྲོད་ཆེན་པོ་ནས་འཇོག་པར་གསུངས་པའི་ཕྱིར། དེ་ལྟར་མཆོན་བྱ་དོན་གྱི་ཡེ་ཤེས་ཐོབ་པ་ལ་ཐེག་ཆེན་འཕགས་པའི་ས་ཐོབ་པར་འཇོག་པས། ཐེག་ཆེན་འཕགས་པའི་ས་ལ་ཐེག་ཆེན་སློབ་པ་འཕགས་པའི་ས་དང་། ཐེག་ཆེན་མི་སློབ་པའི་ས་གཉིས་ཡོད་པ་ལས། ཀྱེ་རྡོ་རྗེའི་རྩ་རྒྱུད་བརྟག་པ་གཉིས་པར། གནས་དང་ཉེ་བའི་གནས་དང་ནི། །ཞིང་དང་ཉེ་བའི་ཞིང་ཉིད་དང་། ། ཚནྡོ་ཉེ་བའི་ཚནྡོ་དང་། །དེ་བཞིན་འདུ་བ་ཉེ་འདུ་བ། །འཐུང་གཅོད་ཉེ་བའི་འཐུང་གཅོད་ཉིད། །དུར་ཁྲོད་ཉེ་བའི་དུར་ཁྲོད་ཉིད། །འདི་རྣམས་ས་ནི་བཅུ་གཉིས་ཏེ། །ས་བཅུའི་དབང་ཕྱུག་མགོན་པོ་ཉིད། །ཞེས། གནས་དང་ཉེ་བའི་གནས་སོགས་ཀྱིས་བསྟུས་པའི་ས་བཅུ་གཉིས་གསུངས་པ་ནི། ཐེག་ཆེན་མི་སློབ་པ་ལ་རྡོ་རྗེ་སློབ་དཔོན་དང་། ཐེག་ཆེན་སློབ་པ་འཕགས་པ་ལ་རྡོ་རྗེ་སློབ་མར་བཞག་པའི་རྡོ་རྗེ་སློབ་མའི་ལམ་གྱི་དབྱེ་བའི་དབང་དུ་བྱས་པ་ཡིན་ཏེ། གནས་སོགས་ཀྱིས་བསྟུས་པའི་ས་བཅུ་གཉིས་པོ་དེ་འདི་རྣམས་ས་བཅུ་གཉིས་ཏེ༑ ས་བཅུའི་དབང་ཕྱུག་མགོན་པོ་ཉིད། །ཅེས་བྱང་ཆུབ་སེམས་དཔའི་སར་གསུངས་པའི་ཕྱིར། དེ་ལྟར་ཐེག་ཆེན་སློབ་པ་འཕགས་པའི་ལམ་ལ། གནས་དང་ཉེ་བའི་གནས་སོགས་ཀྱིས་བསྟུས་པའི་ས་བཅུ་གཉིས་སུ་ཕྱེ་བ་དེའི་ཚེ། གནས་དང་ཉེ་བའི་གནས་སོགས་ལས་ཕྱེ་བའི་ཕྱི་ནང་གི་ཡུལ་ཆེན་ནི་སུམ་ཅུ་རྩ་གཉིས་ལས་ནང་གི་གནས་སུམ་ཅུ་རྩ་གཉིས་ཀྱི་རླུང་སེམས་དབུ་མར་ཐིམ་ཞིང་། ཕྱིའི་ཡུལ་ཆེན་སུམ་ཅུ་རྩ་གཉིས་ཀྱི་མཁའ་འགྲོ་དབང་དུ་འདུས་པ་ལས། གནས་དང་ཉེ་བའི་མཐུང་གཅོད་ཀྱི་བར་བཅུ་གཉིས་ཀྱིས་བསྡུས་པའི་ས་རྣམས་འགྲུབ་པ་ཡིན་ཏེ།

བརྟག་གཉིས་ལས། གནས་ནི་ཛ་ལན་དྷ་རར་བཤད། །དེ་བཞིན་དུ་ནི་ཨུ་ཊྱན་ཉིད། །གནས་ནི་ཀོ་ལ་གིར་རི་ཉིད། །དེ་བཞིན་དུ་ཡང་ཀམ་རུ་ཉིད། །ཉེ་གནས་མ་ལ་ཝ་ཞེས་བརྗོད། །སིན་དྷུ་ན་ག་ར་ཉིད་དོ། ། ཞིང་ནི་མུ་མུ་ནིར་བཤད་དེ། །ཞིང་ནི་བྱེད་པའི་གྲངས་ཉིད་དོ། །དེ་ཝི་ཀོ་ཊ་དེ་བཞིན་ཉིད། །ཞིང་ནི་ལྷུགས་པའི་གྲངས་ཉིད་དོ། །ཉེ་ཞིང་ཀ་རུ་ཎ་ཞེས་བརྗོད། །དེ་བཞིན་ཨོ་ཏྲ་བུ་ཏ་ཉིད་དོ། །བ་ཡིས་མཆོག་སྦྱིན་ཁ་བའི་རི། ། ཉེ་བའི་ཞིང་ནི་མདོར་བསྡུས་པའོ། །ཚནྡོ་ཧ་རི་ཀེ་ལ་དང་། །ལན་ཚྭ་རྒྱ་མཚོའི་ནང་སྐྱེས་དང་། །ལམ་པ་ཀ་དང་ཀན་ཙི་ཉིད། །དེ་བཞིན་སུ་ར་ཥྚ་ཉིད་དོ། །ཉེ་བའི་ཚནྡོ་ཀ་ལིཾ་ག །གསེར་ནང་ལྡན་པའི་གླིང་དང་ནི། །ཀོང་ཀ་ན་ཡང་ཉེ་ཚནྡོར། །མདོར་བསྡུས་པས་ནི་བརྗོད་པར་བྱ། །འཐུང་གཅོད་གྲོང་ཁྱེར་གྱི་རང་ཡང་། །འཐུང་གཅོད་གྲོང་གི་མཐར་གནས་པ། །ཙ་རི་ཏྲ་དང་ཀོ་ཤ་ལ། །བིན་དྷྱ་གཞོན་ནུའི་གྲོང་ཁྱེར་རོ། །རྡོ་རྗེ་སྙིང་པོ་སྙིང་རྗེ་ཆེ། །

ཉེ་བའི་འཐུང་གཅོད་དེ་ཉེ་བའོ། །དུར་ཁྲོད་རབ་སོང་དགེ་འདུན་དང་། །དུར་ཁྲོད་རྒྱ་མཚོའི་འགྲམ་ཉིད་དོ། །སྐྱེད་ཚལ་ར་བའི་རྫིང་བུའི་འགྲམ། །ཉེ་བའི་དུར་ཁྲོད་བརྗོད་པར་བྱ། །སེམས་ཅན་ཀུན་གྱི་དོན་གྱི་ཕྱིར། །རྣལ་འབྱོར་མ་རྒྱུད་ཀྱི་རྡོ་རྗེ། །རྣལ་འབྱོར་མ་ཡིས་ལེགས་འདུ་བ། །ཉིན་བར་ཉིད་ཀྱང་བཤད་པར་བྱ། །ཞེས་པས་ཡུལ་ཆེན་སུམ་ཅུ་རྩ་གཉིས་ཀྱི་ནང་གི་གནས་བཞི་བཞིའི་རླུང་སེམས་དབུ་མར་ཚུད་ཅིང་། ཕྱིའི་ཡུལ་བཞི་བཞིའི་མཁའ་འགྲོ་དབང་དུ་འདུས་པ་ལས། ས་དང་པོ་དང་གཉིས་པ་གཉིས་ཀྱི་རྟོགས་པ་འཁྲུངས་ཅིང་། དེ་བཞིན་དུ་ཕྱི་ནང་གི་ཡུལ་གཉིས་གཉིས་དབང་དུ་འདུས་པ་ལས། ས་གསུམ་པ་དང་བཅུ་པའི་བར་དང་། ཕྱི་ནང་གི་ཡུལ་བཞི་བཞི་དབང་དུ་འདུས་པ་ལས། ས་བཅུ་གཅིག་པ་དང་བཅུ་གཉིས་པའི་རྟོགས་པ་འཁྲུངས་པར་གསུངས་པའི་ཕྱིར། བདེ་མཆོག་ཉུང་ངུ་རྩ་རྒྱུད་དང་། ཁ་སྦྱོར་སམ་པུ་ཊའི་རྒྱུད་གཉིས་ལས། ཕ་རོལ་ཏུ་ཕྱིན་པའི་ལུགས་དང་སྒྲོ་བསྟུན་ནས། གནས་དང་ཉེ་བའི་དུར་ཁྲོད་ཀྱི་བར། ཡུལ་བཅུ་ལས་ཕྱེ་བའི་གནས་ཉི་ཤུ་རྩ་གཞིའི་རླུང་སེམས་དབུ་མར་ཚུད་ཅིང་། མཁའ་འགྲོ་དབང་དུ་འདུས་པ་ལས་ཐོབ་པའི་རྟོགས་པ་རྣམས་ས་བཅུར་བསྡུས་ནས་གསུངས་ཏེ། བདེ་མཆོག་རྩ་རྒྱུད་དང་། སམ་པུ་ཊ་མཐུན་པར། གནས་ནི་རབ་ཏུ་དགའ་བའི་ས། །དེ་བཞིན་ཉེ་གནས་དྲི་མ་མེད། །ཞིང་ནི་འོད་བྱེད་ཤེས་པར་བྱ། །ཉེ་བའི་ཞིང་ནི་འོད་འཕྲོ་ཅན། །ཚནྡྷོ་ཧ་རི་སྦྱང་དཀའ་བ། །ཉེ་བའི་ཚནྡྷོ་མངོན་དུ་གྱུར། །འདུ་བ་རིང་དུ་སོང་བ་སྟེ། །ཉེ་བའི་འདུ་བ་མི་གཡོ་བ། །དུར་ཁྲོད་ལེགས་པའི་བློ་གྲོས་ཡིན། །ཉེ་བའི་དུ་ཁྲོད་ཆོས་ཀྱི་སྤྲིན། །ཕ་རོལ་ཕྱིན་བཅུའི་ས་རྣམས་ལ། །རྣལ་འབྱོར་མ་ཡིས་ཀླ་ཀློའི་སྐད། །པུ་ལ་སོགས་པ་ཅི་གསུང་ཡང་། །ཕྱི་དང་ནང་དུ་བསམ་པར་བྱ། །ཞེས་པས། ཡུལ་ཉེར་བཞིའི་དང་པོ་བཞི་བཞི་དབང་དུ་འདུས་པ་ལས། ས་དང་པོ་གཉིས་དང་། དེའི་ལྷག་མ་གཉིས་དབང་དུ་འདུས་པ་ལས། ས་གསུམ་པ་ནས་བཅུ་པའི་བར་ཐོབ་པར་བཤད་པའི་ཕྱིར། ཡུལ་ཉི་ཤུ་རྩ་བཞིའི་དབང་དུ་བྱས་ན། ས་བཅུར་འདུས་ཀྱང་། སྦྱོར་ཐེག་ཆེན་སློབ་པ་འཕགས་པའི་ས་ལ་ས་བཅུ་གཉིས་ཡོད་པ། བརྟག་གཉིས་དང་། བདེ་མཆོག་གི་རྒྱུད་དེ། རྒྱུད་རྒྱལ་གཉིས་ཀ་དགོངས་པ་མཐུན་ཏེ། བདེ་མཆོག་རྩ་རྒྱུད་ནས་བཤད་པ་འདི་ལ་ཡང་། དེའི་སྟེང་དུ་བཅུ་གཅིག་པ་དཔེ་མེད་ཡེ་ཤེས་ཀྱི་ས་དང་། བཅུ་གཉིས་པ་ཡེ་ཤེས་ལྡན་གྱི་ས་གཉིས་བསྟན་པར། ཨ་ཧྲི་ཧྲ་ནར། རབ་ཏུ་དགའ་དང་དྲི་མ་མེད། །འོད་བྱེད་པ་དང་འོད་འཕྲོ་བ། །སྦྱངས་དཀའ་བ་དང་མངོན་དུ་འགྱུར། །རིང་དུ་སོང་དང་མི་གཡོ་བ། །ལེགས་པའི་བློ་གྲོས་ཆོས་ཀྱི་སྤྲིན། །དཔེ་མེད་པ་དང་ཡེ་ཤེས་ལྡན། །ས་ནི་བཅུ་གཉིས་འདི་དག་སྟེ། །རྡོ་རྗེའི་ས་ནི་བཅུ་གསུམ་པའོ། །ཞེས་ཐེག་ཆེན་འཕགས་པའི་ས་བཅུ་གསུམ་ཡོད་པའི་ས་དང་པོ་བཅུ་གཉིས་པོ་འདི་དག་ནི། བྱང་ཆུབ་སེམས་དཔའི་ས་དང་། བཅུ་

གསུམ་རྡོ་རྗེའི་འཛིན་པའི་ས་ནི། ཐེག་ཆེན་མི་སློབ་པའི་སར་གསུངས་པ་དེའི་ཕྱིར་རོ། །འོ་ན། བཅུ་གསུམ་རྡོ་རྗེ་འཛིན་པའི་སའི་སྐྱེ་ཚུལ་ཇི་ལྟ་བུ་ཞེ་ན། རྒྱུད་ཕལ་ཆེར་གྱི་དགོངས་བསྟན་ལ། ཡུལ་ཉེར་བཞི་དང་སོ་གཉིས་སུ་བཤད་པའི་ཡུལ་ཉེར་བཞིའི་རླུང་སེམས་དབང་དུ་འདུས་པ་ལས་ས་བཅུའི་རྟོགས་པ་བསྐྱེད། ཡུལ་སོ་གཉིས་ཀྱི་རླུང་སེམས་དབང་དུ་འདུས་པ་ལས་ས་བཅུ་གཉིས་ཀྱི་རྟོག་པ་བསྐྱེད། དེའི་སྟེང་དུ། རྩ་རྒྱུད་ལས། རྟོག་པ་ནང་དུ་སྦྱས་པའི་རྩ་ལྔ་དང་། དེས་མཚོན་པའི་ཕྱིར་རྣ་ཡུལ་ཆེན་ལྷག་མ་ལྔ་དབང་དུ་འདུས་པ་ལས། བཅུ་གསུམ་རྡོ་རྗེ་འཛིན་པའི་ས་བསྐྱེད་པར་རྣལ་འབྱོར་ཆེན་པོའི་རྒྱུད་འགའ་ཞིག་ལས་དངོས་སུ་གསུངས་ཤིང་། འགྲེལ་པ་ཀུ་མུ་ཏིར། རྒྱུད་རྒྱས་པའི་ལུང་དྲངས་པ་ལས། འཐུང་གཅོད་དཔེ་མེད་ཡེ་ཤེས་ཆེ། །ཉེ་བའི་འཐུང་གཅོད་ཡེ་ཤེས་ཆེ། །ཞེས་པས། ས་བཅུའི་སྟེང་དུ་དཔེ་མེད་ཡེ་ཤེས་ཆེ་བའི་ས་དང་། ཡེ་ཤེས་ཆེན་པོའི་ས་གཉིས་སློབ་ལམ་དུ་བཤད་པ་ཨ་བྷི་དྷ་ནར་གསུངས་པ་དང་མཐུན་ཅིང་། དགོངས་པ་ལུང་སྟོན་ལས། སངས་རྒྱས་རྣམས་ཀྱིས་གང་བསྟན་པའི། །ས་གྲུར་དེ་ནི་བཅུ་གསུམ་པ། །ཞེས་བཤད་ཅིང་། ཡུམ་ཆེན་སོ་གཉིས་ཀྱི་ལྷག་མ་ཡུལ་ཆེན་ལྔ། རྣལ་འབྱོར་ཆེན་པོའི་རྒྱུད་ལས་གསུངས་པ་ནི། རི་གི་ཨ་ར་ལིའི་རྒྱུད་ལས། གནས་ནི་ཤར་གྱི་ལུས་འཕགས་པོ། །དེ་བཞིན་དུ་ནི་བ་གླང་སྤྱོད། །གནས་ནི་བྱང་གི་སྒྲ་མི་སྙན། །གནས་ནི་དེ་བཞིན་འཛམ་བུ་གླིང་། །གླིང་བཞིར་ལྷ་མོ་བཞི་དང་ནི། །རི་དབང་སྤྱི་བོར་རི་གི་བཞུགས། །ཨ་ར་ལི་དང་མཉམ་སྦྱོར་བས། །ཞེས་གླིང་བཞི་རི་རབ་དང་བཅས་པ་ལྔ་བཤད་པས། སྔར་གྱི་སུམ་ཅུ་རྩ་གཉིས་དང་བཅས་པས་སུམ་ཅུ་རྩ་བདུན་དུ་འགྱུར་བ་ཡིན་པའི་ཕྱིར།

གཉིས་པ་ལོག་རྟོག་དགག་པ་བྱེ་བྲག་ཏུ་བཤད་པ་ལ་གཉིས་ཏེ། སྦྱས་པའི་ས་གཉིས་བཅུ་པར་འདུས་པ་དགག །མཐར་ཐུག་གི་འབྲས་བུའི་མཚན་གཞི་ལ་འཁྲུལ་པ་དགག་པའོ། །དང་པོ་ལ་གཉིས་ཏེ། ཕྱོགས་སྔ་མ་བརྗོད། དེ་དགག་པའོ། །དང་པོ་ནི། བླ་མེད་ཀྱི་ལམ་གྱི་རྣམ་གཞག་འདི་ལ། རྗེ་ཙོང་ཁ་པ་སོགས་ཁ་ཅིག །ས་བཅུའི་ལྷག་མ་ས་བཅུ་གཅིག་པ་དང་། བཅུ་གཉིས་པ་གཉིས་ཕར་ཕྱིན་ཐེག་ཆེན་པ་ནས་བཤད་པའི་བཅུ་པའི་ནང་དུ་འདུ་བ་ཡིན་ཏེ། ཕ་རོལ་ཏུ་ཕྱིན་པའི་ས་བཅུ་ལས་གཞན་པའི་ཐེག་ཆེན་འཕགས་པའི་སློབ་ལམ་མེད་པས་སོ། །ཞེས་སྨྲ་བར་བྱེད་དོ། །གཉིས་པ་དེ་དགག་པ་ལ་གཉིས་ཏེ། རྫོགས་རིམ་གྱི་རླུང་སེམས་ཐིམ་ཚུལ་དང་འགལ་བ། བསྐྱེད་རིམ་གྱི་ལྷ་སྒོམ་ཚུལ་དང་འགལ་བའོ། །དང་པོ་ནི། ཕྱི་རོལ་གྱི་ཡུལ་ཆེན་སུམ་ཅུ་རྩ་བདུན་གྱི་དཔའ་བོ་དང་རྣལ་འབྱོར་མ་དབང་དུ་འདུས་ནས། ནང་ལུས་ཀྱི་ནི་རྩ་ཁམས་སུམ་ཅུ་རྩ་བདུན་གྱི་རླུང་སེམས་དབུ་མར་འདུས་པ་ལས། ས་བཅུ་གསུམ་པོ་རྣམས་འགྲུབ་པའི་རྣམ་གཞག་ནི། རྣལ་འབྱོར་ཆེན་པོའི་

རྒྱུད་སྡེ་ལས་གསུངས་པས། དེ་ལྟར་ཁས་ལེན་པ་དེའི་ཚེ་ས་ལྷག་མ་བཅུ་གཅིག་པ་དང་བཅུ་གཉིས་པ་གཉིས་ས་བཅུ་པར་ཇི་ལྟར་འདུས་ཏེ་མི་འདུས་པར་ཐལ། དེ་འདུས་ན་ས་བཅུ་གཉིས་པ་མན་ཆད་ཐོབ་པ་ལ་ཡུལ་ཉེར་བཞིའི་རླུང་སེམས་དབུ་མར་ཐིམ་པ་ཙམ་གྱིས་ཆོག་པར་འགྱུར་བས། ཡུལ་སུམ་ཅུ་རྩ་བདུན་གྱི་རྣམ་གཞག་སོགས་ལ་དགོས་པ་མེད་པར་འགྱུར་བའི་ཕྱིར། ཡང་རྣལ་འབྱོར་ཆེན་པོའི་ས་ལམ་གྱི་རྣམ་གཞག་མི་བྱེད་པ་དེའི་ཚེ༑ ས་བཅུ་གཉིས་སོགས་སུ་དབྱེ་བ་དང་། ས་ལྷག་མ་གཉིས་ས་བཅུ་པར་བསྡུ་བའི་རྣམ་གཞག་བྱེད་པ་ལ་དོན་མེད་དེ། རྣལ་འབྱོར་ཆེན་པོའི་ས་ལམ་གྱི་རྣམ་གཞག་མི་བྱེད་པ་དེའི་ཚེ། དེ་མན་ཆད་ལ་ས་བཅུ་གསུམ་པ་ཡི་ཐ་སྙད་མེད་པའི་ཕྱིར། གཞན་ཡང་། བཅུ་གཅིག་པ་དཔེ་མེད་ཀྱི་ས་དང་། བཅུ་གཉིས་པ་ཡེ་ཤེས་ལྡན་གྱི་ས་གཉིས་བཅུ་པ་ཆོས་ཀྱི་སྤྲིན་དུ་འདུས་སམ་མི་འདུས། མི་འདུས་ན། ས་བཅུ་གཅིག་པ་དང་བཅུ་གཉིས་པ་གཉིས་པོ་བྱང་ཆུབ་སེམས་དཔའི་ས་བཅུ་པར་ཇི་ལྟར་འདུས་ཏེ་མི་འདུས་པར་ཐལ། ཁས་བླངས་པ་དེའི་ཕྱིར། དེ་ལྟར་འདུས་ན། འཕྲུང་གཅོད་དང་སོགས་པའི་སྐྲས་བསྡུས་པའི། ཉེ་བའི་འཕྲུང་གཅོད་གཉིས་ལས་ཕྱེ་བའི་ཕྱི་ནང་གི་ཡུལ་ཆེན་བརྒྱད་པོ་དེ་ཉེ་བའི་དུར་ཁྲོད་དུ་འདུས་པར་འགྱུར་བར་ཐལ། དཔེ་མེད་ཀྱི་ས་དང་ཡེ་ཤེས་ལྡན་གྱི་ས་གཉིས་ཆོས་ཀྱི་སྤྲིན་དུ་འདུས་པའི་ཕྱིར། འདོད་ན། ས་དགུ་པ་ལེགས་པའི་བློ་གྲོས་དང་། བཅུ་པ་ཆོས་ཀྱི་སྤྲིན་གྱི་ས་གཉིས་ཀྱང་ནི་ས་བརྒྱད་པར་འདུས་པར་ཐལ། འདོད་པ་དེའི་ཕྱིར། ཞེས་སོགས་མགོ་བསྒྲེ་ན་ཆོས་མཐུན་ལན་ཉིད་ཇི་ལྟར་འདེབས་ཏེ་འདེབས་རྒྱུ་མེད་པའི་ཕྱིར། མདོར་ན་ཕ་རོལ་ཏུ་ཕྱིན་པའི་གཞུང་ལུགས་ཀྱིས་རྡོ་རྗེ་ཐེག་པའི་གཞུང་ལུགས་ལ་གནོད་མི་ནུས་ཏེ། གལ་ཏེ་ནུས་ན་ཕ་རོལ་ཏུ་ཕྱིན་པ་ལའང་གྲུབ་མཐའ་འོག་མ་འོག་མ་ཡིས། གྲུབ་མཐའ་གོང་མ་གོང་མར་གནོད་པར་འགྱུར་བ་སོགས་ཀྱི་སྐྱོན་ཡོད་པའི་ཕྱིར། གཉིས་པ་ནི། ཁྱོད་ཀྱི་འདོད་པ་དེ་ལ་བསྐྱེད་རིམ་གྱི་ལྷའི་རྣམ་གཞག་དང་འགལ་བའི་ཚུལ་ཡང་བརྗོད་པར་བྱ་སྟེ། དེ་ཡང་བདག་མེད་ལྷ་མོ་བཅོ་ལྔ་ཡི་ནང་ནས། ས་བཅུ་གཅིག་པ་ལ་གནས་པའི་ཚུལ་བཟུང་བའི་ནང་གི་འཕར་མའི་སྟེང་འོག་ན་གནས་པའི་མཁའ་སྤྱོད་མ་དང་། ས་སྤྱོད་མ་དང་། ས་བཅུ་གཉིས་པ་ལ་གནས་པའི་ཚུལ་བཟུང་བའི་འཁོར་ལོའི་དབུས་ན་གནས་པའི་བདག་མེད་མ་སྟེ། སྟེང་འོག་དབུས་ཀྱི་ལྷ་མོ་གསུམ་པོ་དེ་ཕྱིའི་འཕར་མའི་བྱང་ན་གནས་པའི་ས་བཅུ་པའི་ཚུལ་བཟུང་བའི་ཤྭ་བ་རི་རུ་འདུས་སམ་མི་འདུས་བརྟགས་པས་འཇིགས་ཏེ། མི་འདུ་བོ་ཞེ་ན། ས་བཅུ་གཅིག་པ་དང་བཅུ་གཉིས་པ་གཉིས་ས་བཅུ་པར་ཇི་ལྟར་འདུས་ཏེ་མི་འདུས་པར་ཐལ། ཁས་བླངས་པ་དེའི་ཕྱིར། གལ་ཏེ་དེ་ལྟར་འདུས་པར་ཁས་ལེན་ན། ལྷ་མོ་བཅོ་ལྔའི་གྲངས་ངེས་ཉམས་པར་ཐལ། སྟེང་འོག་དབུས་ཀྱི་ལྷ་མོ་གསུམ་བྱང་གི་ཤྭ་བ་རི་རུ་འདུས་པའི་ཕྱིར། གལ་ཏེ་བདག་མེད་ལྷ་མོ་བཅོ་ལྔ་དང་། ས

བཅུ་གཉིས་དེ་ལྟར་སྦྱོར་ཚུལ་རྟོག་བཏགས་ཡིན་པས། ལྷ་མོ་བཅོ་ལྔ་དང་ས་ལམ་དེ་ལྟར་མི་སྦྱོར་རོ་ཞེ་ན། དེ་ལྟར་༼འབྲུ་གཉིས་མ་གསལ།༽འདོད་པ་ནི་རྒྱུད་དང་འགལ་ཏེ། ཀྱེ་རྡོར་རྩ་བའི་རྒྱུད་ཀྱི་བརྟག་པ་དང་པོ་ལས། ལུས་ལ་གནས་པའི་རྩ་སོ་གཉིས་གསུངས་པ་དེ་བརྟགས་པ་ཕྱི་མར་ནི། རྩ་ནི་གཉིས་གཉིས་རྣལ་འབྱོར་མ། །རེ་རེའི་རྣམ་པ་རྣམས་སུ་བརྗོད། །རྐྱང་མ་རོ་མ་ཀུན་འདར་མ། །བདག་མེད་རྣལ་འབྱོར་མ་ཞེས་བརྗོད། །ཅེས། རྩ་ནི་སོ་གཉིས་ཀྱི། རྐྱང་མ་རོ་མ་ཀུན་འདར་མ་གསུམ་བདག་མེད་མ་དང་སྦྱར་བ་དང་། གཞན་རྩ་གཉིས་གཉིས་རྣལ་འབྱོར་མ་གཞན་བཅུ་གཉིས་པོ་རེ་རེའི་རྣམ་པ་རྣམས་སུ་སྦྱར་ཏེ་བརྗོད་པར་གསུངས་པ་འདི་དང་། ཁྱེད་མི་སྦྱོར་བར་འདོད་པ་དེ་འགལ་བའི་ཕྱིར། དེ་ལྟར་གསུངས་པ་ལ་འདིར་ཁ་ཅིག །འོན་ཀྱང་བརྟག་པ་ཕྱི་མའི་ལུང་འདིས། བྱང་སེམས་འབབ་པའི་རྩ་སོ་གཉིས་ལས། རོ་རྐྱང་དབུ་གསུམ་བདག་མེད་མས་སྦྱོང་། བདུད་བྲལ་མ་ཡབ་ཧེ་རུ་ཀས་སྦྱོང་། ལྷག་མ་ཉེར་བརྒྱད་པོ་དེ། ལྷ་འཁོར་བཅུ་གཉིས་པོས་སྦྱོང་བ་ཙམ་ཞིག་བསྟན་གྱི། ས་ལམ་དང་། ལྷ་མོ་བཅོ་ལྔ་སྦྱོར་བའི་ཤེས་བྱེད་དུ་ཆེར་མ་འགྲེལ་མོད། རྗེ་པས། བརྟག་པ་དང་པོའི་ལེའུ་དང་པོར། རྩ་སོ་གཉིས་བཤད་པ་དེ། བརྟག་པ་དང་པོའི་ལེའུ་བདུན་པར། ཡུལ་ཆེན་སུམ་ཅུ་སོ་གཉིས་བཤད་པའི། ནང་གི་ཡུལ་ཆེན་སོ་གཉིས་སུ་བྱས་ནས། ཕྱི་ནང་གི་ཡུལ་ཆེན་སོ་གཉིས་པོ་དེ། ས་བཅུ་གཉིས་པོ་དང་སྦྱར། བརྟག་པ་ཕྱི་མར། བདག་མེད་ལྷ་མོ་བཅོ་ལྔའི་དཀྱིལ་འཁོར་བཤད་པའི་ལྷ་མོ་བཅོ་ལྔ་པོ་དེ། ས་བཅུ་གཉིས་དང་སྦྱར་ན་འཐད་པ་ཡིན་པས། ས་བཅུ་གཉིས་དང་ལྷ་མོ་བཅོ་ལྔའི་དཀྱིལ་འཁོར་སྦྱར་བ་འདི། མན་ངག་གི་མིག་དང་ལྡན་པ་ཁོ་ནའི་སྤྱོད་ཡུལ་ཡིན་ལ། གནད་ངེས་ན། བདག་མེད་མའི་བསྐྱེད་པར། ས་ལམ་གྱི་རིམ་པ་དང་། དཀྱིལ་འཁོར་སྦྱར་བ་དང་། འཕོ་བའི་རིམ་པ་དང་དཀྱིལ་འཁོར་སྦྱར་བའི་བསྐྱེད་པ་གཉིས་མཛད་པའི་སྦྱར་ཚུལ་སྔ་མ་ནི༑ གཙོ་བོར་བརྟག་པ་དང་པོའི་ལུང་དང་། སྦྱར་ཚུལ་ཕྱི་མ་ནི། བརྟག་པ་ཕྱི་མར། རྩ་ནི་གཉིས་གཉིས་རྣལ་འབྱོར་མ། །ཞེས་སོགས་ཀྱི་ལུང་དོན། ས་བཅུ་གཉིས་དང་། ལྷ་མོ་བཅོ་ལྔ་སྦྱར་བའི་ཚིག་ཟིན་གྱི་ལུང་མེད་ཀྱང་། མན་ངག་ཟབ་མོས་ཕྱེ་ན་གསལ་བར་བྱུང་ངོ་ཞེས། ཕྱོགས་སྔ་ཕྱི་ཀུན་ལ་གུས་པས་ཐལ་མོ་སྦྱར་རོ་ཞེས་གསུངས་སོ༑ ༑དེ་ལྟར་བཀོད་པ་འདི་ནི། རང་ཉིད་མན་ངག་ཟབ་མོ་དང་ལྡན་པ་ཡིན་ཞེས་མཚོན་པ་དང་། བཤད་ཚུལ་འདི་ལྟར་ཡོད་དོ་ཞེས་མཚོན་པ་ཙམ་ཡིན་མོད། བསྟན་བཅོས་མཛད་པ་འདི་ནི་མདོ་རྒྱུད་ཀྱི་དགོངས་པ་དང་། ས་སྐྱ་པའི་མན་ངག་ཀུན་གྱི་མཛོད་འཛིན་པ་ཡིན་པས། ས་སྐྱ་པའི་མི་གཅིག་པོ་ཞེས་གྲགས་པ་ཡང་དེ་ཡིན་ནོ། །

དེ་ལ། བརྟག་པ་ཕྱི་མའི་ལེའུ་འདིས། བྱང་སེམས་འབབ་པའི་རྩ་སོ་གཉིས་ལས། རོ་རྐྱང་དབུ་གསུམ་བདག་མེད་མས་སྦྱོང་། བདུད་བྲལ་མ་ཧེ་རུ་ཀས་སྦྱོང་། ལྷག་མ་ཉེར་བརྒྱད་པོ་དེ་འཁོར་བཅུ་གཉིས་པོས་སྦྱོང་

བ་ཙམ་ཞིག་བསྟན་གྱི། ས་ལམ་དང་ལྷ་མོ་བཅོ་ལྔ་སྦྱོར་བའི་ཤེས་བྱེད་དུ་ཆེར་མ་འབྲེལ་ཞེས་པའི་ཚིག་འདི། རང་ཚིག་སྤྱི་ཕྱི་འགལ་བ་ལྟ་བུ་སྟེ། ལྷ་མོ་དེ་དག་གིས་རྩ་དེ་དག་སྦྱོང་བར་བྱེད་པའི་ཐབས་བསྟན་པ་ལ་བརྟེན་ནས། རྩ་དེ་དག་གི་ནྫྲུང་སེམས་དབུ་མར་རིམ་གྱི་ཚུད་པས། ས་དང་པོ་ནས་ས་བཅུ་གཉིས་པའི་བར་གྱི་རྟོགས་པ་རིམ་གྱིས་བསྐྱེད་ཅིང་། བརྟག་པ་ཕྱི་མའི་ལུང་དེས་དེ་ལྟར་བསྟན་པའི་ཕྱིར་ཏེ། ལུང་དེས་རྩ་རོ་རྐྱང་དབུ་གསུམ་བདག་མེད་མས་སྦྱོང་། བདུད་བྲལ་མ་ཧེ་རུ་ཀས་སྦྱོང་། རྩ་ལྷག་མ་ཉེར་བརྒྱད་པོ་དེ་འཁོར་གྱི་ལྷག་མོ་བཅུ་གཉིས་ཀྱིས་སྦྱོང་བར་བསྟན་པའི་ཕྱིར། རྟགས་ནི་ཁྱེད་རང་གིས་ཁས་བླངས་སོ། །

གཞན་ཡང་། དེ་མ་ཡིན་པའི་བཤད་ཚུལ་དེ་ལྟར་ཡིན་པས་ན། འདིའི་ཕྱོགས་སྔ་མའི་འདོད་ཚུལ་དེ། རྩ་ནི་གཉིས་གཉིས་རྣལ་འབྱོར་མ། །ཞེས་སོགས་ཀྱི་ལུང་འདི་དང་འགལ་ཞེས་བསྟན་པ་ཡིན་གྱི། ལུང་དེས་བདག་མེད་ལྷ་མོ་བཅོ་ལྔ་ས་བཅུ་གཉིས་ཡིན་ཞེས་པ་དང་། ས་བཅུ་གཉིས་བདག་མེད་ལྷ་མོ་བཅོ་ལྔ་ཡིན་ཞེས་ཚིག་ཟིན་ལ་བསྟན་ཞེས་གསུངས་པ་མ་ཡིན་པའི་ཕྱིར་དང་། བརྟག་པ་དང་པོར་བསྟན་ན་བརྟག་པ་ཕྱི་མར་མ་བསྟན་པའི་ཁྱབ་པ་ཡང་མེད་པའི་ཕྱིར། འཁོར་ལོ་སྡོམ་པའི་དཀྱིལ་འཁོར་གྱི་ས་བཅུ་གསུམ་པ་ལ་གནས་པའི་བདེ་ཆེན་འཁོར་ལོ་ཡི་ལྷ་ལྔ་དང་། ས་བཅུ་གཅིག་པ་དང་། བཅུ་གཉིས་པ་ལ་གནས་པའི་ཚུལ་བཟུང་བའི་དམ་ཚིག་འཁོར་ལོ་ཡི་ལྷ་བརྒྱད་པོ་རྣམས། ས་བཅུ་པ་ལ་གནས་པའི་ཚུལ་བཟུང་བའི་སྐུ་འཁོར་གྱི་ལྷ་གཞན་དུ་འདུས་སམ་མི་འདུས། དཔྱད་པའི་རིགས་སྟར་བཞིན་དུ་མཚུངས་པ་ཡིན་ཏེ། དེ་ལྟར་མི་འདུས་ན་ས་བཅུ་གཅིག་པ་དང་བཅུ་གཉིས་པ་གཉིས་ས་བཅུ་པར་མི་འདུས་པར་མཚུངས་ལ། དེ་ལྟར་འདུས་ན། འཁོར་ལོ་བདེ་མཆོག་གི་ལྷའི་གྲངས་ངེས་ཉམས་པར་འགྱུར་བའི་ཕྱིར། མདོར་ན། རྣལ་འབྱོར་ཆེན་པོའི་རྒྱུད་སྡེ་ལས་གསུངས་པའི་ས་ལམ་གྱི་རྣམ་གཞག་ལ༑ ཐེག་ཆེན་འཕགས་པའི་ས་ལ། བཅུ་གསུམ་དུ་འབྱེད་པའི་ཚེ། ཕ་རོལ་ཏུ་ཕྱིན་པ་བས། ཐེག་ཆེན་སློབ་པ་འཕགས་པའི་ས་བཅུར་གྲངས་ངེས་པར་འདོད་པས། ཐེག་ཆེན་མི་སློབ་པའི་ས་གྲངས་དགུ་གཅིག་པར་འདོད་པ་ལ་མངོན་པར་ཞེན་ནས། ཐེག་ཆེན་འཕགས་པའི་ས་ལ་བཅུ་གཅིག་ཏུ་གྲངས་ངེས་པར་འདོད་པ་དེའི་ལུགས་ཁོ་ན་དང་བསྟུན་པར་མི་བྱ་སྟེ། ཕ་རོལ་ཏུ་ཕྱིན་པ་ཡི་ས་ལམ་གྱི་རྣམ་གཞག་བྱེད་པའི་ཚེ་ན། ཐེག་ཆེན་འཕགས་པའི་ས་ལས་བཅུ་གཅིག་ཁོ་ནར་ངེས་པས། བཅུ་གསུམ་སའི་ཐ་སྙད་མེད་ཅིང་། རྣལ་འབྱོར་ཆེན་པོའི་སྐབས་འདིར། ཐེག་ཆེན་འཕགས་པའི་ས་ལ་བཅུ་གསུམ་དུ་ཡོད་པས། ས་བཅུ་གཅིག་པ་དང་བཅུ་གཉིས་པ་གཉིས། སློབ་ལམ་དུ་འཇོག་དགོས་པའི་ཕྱིར་དང་། བདེ་མཆོག་སོགས་གསང་བ་ཆེན་པོའི་རྒྱུད་སྡེ་ལས། ཕ་རོལ་ཏུ་ཕྱིན་པ་དང་སྒོ་བསྟུན་པའི་ཐེག་ཆེན་སློབ་པ་འཕགས་པའི་ས་ལ་ས་བཅུའི་རྣམ་གཞག་གསུངས་པའང་། ཕ་རོལ་ཏུ

ཕྱིན་པའི་ལུགས་ཡང་། ཐེག་ཆེན་སློབ་པ་འཕགས་པའི་ས་ལས་བཅུར་གྲངས་ངེས་པར་འདོད་པ་དེ་ཉིད་ལ་མངོན་ཞེན་ཆེ་བ་རྣམས་ཁ་དྲང་བའི་ཕྱིར་དུ་གསུངས་པ་ཡིན་ཅིང་། དཔལ་ལྡན་ཟླ་བ་གྲགས་པ་ཡིས། མདོ་སོགས་ལ་ནི་རབ་ཞུགས་པའི། །འགྲོད་པ་བཟློག་པར་བྱེད་པ་དང་། །ཞེས་མདོ་སྡེ་ལ་སོགས་པ་ནི། རབ་བམ་ཡུན་རིང་པོར་ཞུགས་པས། དེ་ནས་བཤད་པའི་ཚུལ་དང་འགལ་གྱི་དོགས་པའམ། འགྲོད་པའམ། མངོན་པར་ཞེན་པ་བཟློག་པར་བྱེད་པ་དང་ཞེས་གསུངས་པ་ཡང་། མངོན་ཞེན་ཅན་འདི་འདྲ་བ་ལ་དགོངས་ནས་གསུངས་པའི་ཕྱིར།

གཉིས་པ་མཐར་ཐུག་གི་འབྲས་བུའི་མཚན་གཞི་ལ་འཁྲུལ་པ་དགག་པ་ནི། པད་མོ་བཞད་པ་ལས། ཕ་རོལ་ཏུ་ཕྱིན་པའི་ཐེག་པ་ནས་བཤད་པའི་སྐུ་གསུམ་ཡེ་ཤེས་བཞི་རྡོ་རྗེ་ཐེག་པའི་ས་བཅུ་གཅིག་པ་ཡིན་པས། དེའི་གོང་དུ་ཡང་ས་བཅུ་གཉིས་པ་དང་བཅུ་གསུམ་པ་བསྒྲོད་དགོས་པར་འདོད་པ་ནི། རང་ལུགས་ས་བཅུ་གསུམ་སྒྲུབ་པར་འདོད་ཀྱང་། སྒྲུབ་བྱེད་ཐལ་ཆེས་པ་འགའ་ཞིག་གོ། །ཞེས་གསུངས་པའི་རང་ལུགས་ས་བཅུ་གསུམ་འདོད་ཀྱང་དེའི་སྒྲུབ་བྱེད་མི་ཤེས་པ་ཁ་ཅིག །ཕ་རོལ་ཏུ་ཕྱིན་པའི་གཞུང་ལུགས་ནས་བཤད་པའི། སྐུ་གསུམ་ཡེ་ཤེས་བཞི་ཐོབ་པ་དེའི་གོང་དུ་ཡང་། ས་བཅུ་གཉིས་པ་དང་ས་བཅུ་གསུམ་པ་བགྲོད་དགོས་ཏེ། དེ་རྣམས་རྡོ་རྗེ་ཐེག་པའི་ས་བཅུ་གཅིག་པའི་གནས་སྐབས་ཡིན་པའི་ཕྱིར་ཅེས་ཟེར་རོ། །དེ་སྐད་སྨྲ་བ་འདི་ཡང་། ཕ་རོལ་ཏུ་ཕྱིན་པའི་གཞུང་ལུགས་ལས། ཐེག་ཆེན་འཕགས་པའི་ས་ལ་ས་བཅུ་གཅིག་ཏུ་གྲངས་ངེས་པར་འདོད་པས། བྱང་ཆུབ་སེམས་དཔའི་ས་བཅུ་ངེས་པས་ཐེག་ཆེན་མི་སློབ་པའི་ས་གྲངས་བཅུ་གཅིག་པར་བཤད་པ་ལ་འཁྲུལ་ནས། དེ་ལྟར་བཤད་པའི་གྲངས་བཅུ་གཅིག་པ་དང་། བླ་མེད་ཀྱི་ས་བཅུ་གཅིག་པའི་མཚན་གཞི་ནོར་བར་ཟད་པ་ཡིན་ཏེ། ཕ་རོལ་ཏུ་ཕྱིན་པ་བས་ཐེག་ཆེན་སློབ་པའི་ས་ལ་ས་བཅུ་ཁོ་ནར་གྲངས་ངེས་པར་འདོད་པས། ཐེག་ཆེན་མི་སློབ་པའི་ས་གྲངས་བཅུ་གཅིག་པར་འདོད་པ་ལས་འོས་མེད་པས། ཁྱོད་ཀྱི་དེ་ལྟར་དུ་ཁས་བླངས་པ་ཡིན་གྱི། གསང་སྔགས་བླ་མེད་ཀྱི་སྐབས་འདིར། ཐེག་ཆེན་འཕགས་པའི་ས་ལ་ས་བཅུ་གསུམ་ཡོད་ཅིང་། དེའི་ཚེ་ས་བཅུ་གཉིས་པ་མན་ཆད་སློབ་ལམ་དུ་འཇོག་དགོས་པས། ས་བཅུ་གཅིག་པའི་མཚན་གཞི་ལ་སློབ་ལམ་གྱིས་ཁྱབ་པའི་ཕྱིར། འདི་ཡང་ཕ་རོལ་ཕྱིན་པ་ལས། །ཞེས་པའི་ཚིག་ཟུར་གྱིས་འདི་ཡང་ཞེས་པས། དེ་ལ་ཁ་ཅིག །འདི་སྐད་དུ། ཞེས་སོགས་ཀྱི་ཕྱོགས་སྔ་སྨྲ་བོས་ས་བཅུ་གཅིག་པ་དང་བཅུ་གཉིས་པ་ས་བཅུ་པའི་ནང་དུ་བསྡུས་ནས། དོན་གྱི་ཐེག་ཆེན་མི་སློབ་པའི་ས་རྡོ་རྗེ་ཐེག་པའི་ས་བཅུ་གཅིག་པར་འདོད་པ་དེ་ཕ་རོལ་ཏུ་ཕྱིན་པའི་བཤད་ཚུལ་ལ་མངོན་པར་ཞེན་པ་ཡིན་པས། འདིའི་ཕྱོགས་སྔས་ཁས་བླངས་པ་འདི་ཡང་དེ་དང་མཚུངས་

པའི་དོན་ཡིན་ནོ། །དེས་ན། ཕ་རོལ་ཏུ་ཕྱིན་པའི་གཞུང་ལུགས་ནས་བཤད་པའི་ཡེ་ཤེས་བཞི་པོ་དེ་ཉིད་ཛེ་ཐེག་པའི་ས་བཅུ་གཅིག་པའི་མཚན་གཞི་མ་ཡིན་པར་མཐར་ཐུག་གི་འབྲས་བུ་ས་བཅུ་གསུམ་པ་ཡིན་ཏེ། ཕྱི་བྲག་ཏུ་སྨྲ་བའི་གཞུང་ལུགས་ནས་རྣལ་འབྱོར་ཆེན་པོའི་རྒྱུད་སྡེའི་བར་ཐམས་ཅད་དུ་མཐར་ཐུག་གི་འབྲས་བུའི་རྣམ་གཞག་གང་དང་གང་བཤད་པ་རྣམས་དེ་རྣམས་རང་རང་གི་གདུལ་བྱའི་བློ་ཉིད་ལ་འཚམས་པའི་ཡོན་ཏན་གྱི་ལྡོག་པ་མི་འདྲ་བ་ཉིད་སྨོས་པའི་ཁྱད་པར་ཙམ་མ་རྟོགས་པ། སྤྱངས་རྟོགས་མཐར་ཐུག་གི་འབྲས་བུར་ཁྱད་པར་མེད་པའི་ཕྱིར། དཔེར་ན། སྟོན་པ་ཤཱཀྱ་ཐུབ་པའི་ཡོན་ཏན་གྱི་མཁྱེན་པ་ལ། ཕྱེ་བྲག་ཏུ་སྨྲ་བས་ཟད་མི་སྐྱེ་ཤེས་ཀྱི་ཡེ་ཤེས་དང་། མདོ་སྡེ་པས་ཀུན་མཁྱེན་ཡེ་ཤེས་དང་། ཕ་རོལ་ཏུ་ཕྱིན་པ་བས་ས་བཅུ་གཅིག་པ་དང་། གསང་སྔགས་བླ་མེད་པས་ས་བཅུ་གསུམ་པ་སོགས་རང་རང་གི་གྲུབ་མཐའ་ལུགས་བཞིན་སོ་སོར་འདོད་ཀྱང་། སྟོན་པ་ཤཱཀྱ་ཐུབ་པའི་མཁྱེན་པའི་ངོ་བོ་སྤྱངས་རྟོགས་མཐར་ཐུག་གི་འབྲས་བུ་ཡིན་པ་བཞིན་ནོ། །དེས་ན། གཞུང་དེ་དང་དེར་མཐར་ཐུག་གི་འབྲས་བུར་བཤད་པ་རྣམས་གཞུང་དེ་ནས་བཤད་པ་ཡི་ལམ་གྱིས་ཐོབ་པ་མི་དགོས་ཏེ༑ གལ་ཏེ་དགོས་ན་དངོས་པོར་སྨྲ་བའི་གཞུང་ལས་བཤད་པ་ཡི་མཐར་ཐུག་གི་འབྲས་བུས་མཚམས་གང་དང་གང་དུ་འཛོག་སྙེ་འཛོག་མི་ཤེས་པའི་ཕྱིར་རོ། །

འདིར་འབྲས་བུ་ཐོབ་ཚུལ་གྱི་ཁྱད་པར་ལ་ཅུང་ཟད་དཔྱད་ན། ས་ལྷག་མ་གསུམ་པོ་ཕ་རོལ་ཏུ་ཕྱིན་པའི་ལམ་གྱིས་བསྒྲོད་མི་ནུས་ཏེ། དེ་གསུམ་གསང་སྔགས་བླ་མེད་ཀྱི་ལམ་ཁོ་ནས་བསྒྲོད་པར་བྱ་བ་ཡིན་པའི་ཕྱིར་ཏེ༑ ཡུལ་ཆེན་སུམ་ཅུ་རྩ་བདུན་གྱི་རླུང་སེམས་དབུ་མར་མ་ཞུགས་པར་རྫོགས་པའི་སངས་རྒྱས་མི་ཐོབ་ལ། ཡུལ་ཉི་ཤུ་རྩ་བཞིའི་རླུང་སེམས་དབུ་མར་ཞུགས་པ་ལས་ནི་ས་བཅུ་པ་མན་ཆད་ཀྱི་རྟོགས་པ་ལས་མི་སྐྱེ་ཞིང་། ཡུལ་ཉི་ཤུ་རྩ་བཞི་ལྷག་མ་སྙིང་ཁའི་ཕྱི་བསྐོར་གྱི་རྩ་འདབ་བརྒྱད་དང་། སྤྲས་པའི་རྩ་ལྔའི་རླུང་སེམས་དབུ་མར་ཞུགས་པས་ས་ལྷག་མ་གསུམ་ངེས་པར་བསྐྱེད་དགོས་ཤིང་། དེ་བསྐྱེད་པའི་ཐབས་བླ་མེད་ཀྱི་ལམ་ཁོ་ན་ལ་རག་ལས་པའི་ཕྱིར། འོན་ཕ་རོལ་ཏུ་ཕྱིན་པའི་ལམ་གྱི་ས་བཅུ་པའི་བར་དུ་ཡང་འགྲོ་མི་ནུས་པར་ཐལ། ཡུལ་ཉི་ཤུ་རྩ་བཞིའི་རླུང་སེམས་དབུ་མར་ཞུགས་པས་ས་བཅུ་པ་མན་ཆད་ཀྱི་རྟོགས་པ་བསྐྱེད་ཅིང་། ས་བཅུ་པ་མན་ཆད་ཀྱི་རྟོགས་པ་བསྐྱེད་པའི་ཐབས་དེ། བླ་མེད་ཀྱི་ལམ་ཁོ་ན་ལ་རག་ལས་པའི་ཕྱིར་ཞེ་ན་མ་གྲུབ་སྟེ། ས་བཅུ་མན་ཆད་ཀྱི་རྟོགས་པ་བསྐྱེད་པ་ལ་ལུས་ལ་གནད་དུ་བསྣུན་ནས་བསྐྱེད་པ་དང་། སེམས་ལ་གནད་དུ་བསྣུན་ནས་བསྐྱེད་པ་གཉིས་ལས། དང་པོ་དེ་བླ་མེད་ཀྱི་ལམ་ལ་རག་ལས་ཀྱང་། ཕྱི་མ་ནི་ཕ་རོལ་ཏུ་ཕྱིན་པའི་ལམ་གྱིས་ཀྱང་ནུས་པའི་ཕྱིར་ཏེ། ཕ་རོལ་ཏུ་ཕྱིན་པའི་ལམ་གྱིས་ས་བཅུ་པའི་བར་དུ་སློབ་ནུས་པའི་ཕྱིར། དེས་ན་ས་ལྷག་མ་གསུམ

པོ་ལ་སྦྲས་པ་ས་གསུམ་ཞེས། རྗེ་བཙུན་ས་སྐྱ་པ་ཡབ་སྲས་ཀྱིས་བཞེད་ལ། དེ་ཡང་དོན་སྦྲས་ལ་མིང་མ་སྦྲས་པ། མིང་དོན་གཉིས་ཀ་སྦྲས་པ། མིང་སྦྲས་ལ་དོན་མ་སྦྲས་པ་གསུམ་ཡོད་པ་ལས། ས་བཅུ་གཅིག་པ་ནི་དང་པོ་དེ་ཡིན་ཏེ། ས་བཅུ་གཅིག་པའི་དོན་ཕ་རོལ་ཏུ་ཕྱིན་པ་ལ་སྦྲས་པ་གང་ཞིག །ས་བཅུ་གཅིག་པའི་མིང་ཙམ་ཕ་རོལ་ཏུ་ཕྱིན་པ་ལ་གྲགས་པའི་ཕྱིར། དང་པོ་གྲུབ་སྟེ། ས་བཅུ་གཅིག་པ་ལ་སློབ་ལམ་གྱིས་ཁྱབ་པ་གང་ཞིག །ཕ་རོལ་ཏུ་ཕྱིན་པ་བས། ཐེག་ཆེན་འཕགས་པའི་སློབ་ལམ་ས་བཅུར་ངེས་པར་འདོད་པའི་ཕྱིར། དེ་ཡང་དང་པོ་གྲུབ་སྟེ། ཐེག་ཆེན་འཕགས་པའི་ས་ལ་ས་བཅུ་གསུམ་ཡོད་པའི་བཅུ་གསུམ་རྡོ་རྗེ་འཛིན་པའི་ས་ཐེག་ཆེན་གྱི་མི་སློབ་ལམ་དང་། ས་བཅུ་གཉིས་པ་མན་ཆད་སློབ་ལམ་དུ་གསུངས་པའི་ཕྱིར། ཡང་ས་བཅུ་གཉིས་པ་མིང་དོན་གཉིས་ཀ་སྦྲས་པའི་ས་ཡིན་ཏེ། ས་བཅུ་གཉིས་པའི་མིང་དོན་གཉིས་ཀ་ཕ་རོལ་ཏུ་ཕྱིན་པ་ལ་མ་གྲགས་པའི་ཕྱིར། ས་བཅུ་གསུམ་པ་མིང་སྦྲས་ལ་དོན་མ་སྦྲས་པའི་ས་ཡིན་ཏེ། ས་བཅུ་གསུམ་པའི་མིང་ཕ་རོལ་ཏུ་ཕྱིན་པ་ལ་གྲགས་པ་གང་ཞིག །ས་བཅུ་གསུམ་པའི་དོན་ཐེག་ཆེན་མི་སློབ་པའི་ལམ་ལ་འཇོག་ཅིང་། ཐེག་ཆེན་མི་སློབ་པའི་ལམ་ཕ་རོལ་ཏུ་ཕྱིན་པ་ལ་གྲགས་པའི་ཕྱིར། དེས་ན་ས་བཅུ་གཅིག་པ་ལ་སྤྱི་དོན་མཐར་ཐུག་གི་སྦྲས་པའི་ས་ཞེས་པ་ནི་ས་བཅུ་གཅིག་པའི་མིང་སྟེ། ཕ་རོལ་ཏུ་ཕྱིན་པ་དང་གསང་སྔགས་བླ་མེད་པ་གཉིས་ཀ་ལ་གྲགས་པས་སྤྱི་ཞེས་པ་དང་། མཐར་ཐུག་ལ་ཉེ་བས་མཐར་ཐུག་གི་ས་ཞེས་གསུངས་པ་ཡིན་ནོ། །ས་བཅུ་གཅིག་པ་ཕར་ཕྱིན་ཐེག་པ་ལས་བཤད་པ་མ་ཡིན་ནམ་སྙམ་ན། ཕར་ཕྱིན་ཐེག་པ་ལས་ས་བཅུ་གཅིག་པའི་མིང་ཙམ་གྲགས་པ་ཡིན་གྱི། ས་བཅུ་གཅིག་པ་དངོས་ནི་སློབ་ལམ་ཁོ་ན་ཡིན་ལ། ཕར་ཕྱིན་ཐེག་པ་ལས་སློབ་ལམ་དུ་གྱུར་པའི་ས་བཅུ་གཅིག་པ་མ་བཤད་པའི་ཕྱིར། ཕར་ཕྱིན་ཐེག་པ་ནས་བཤད་པའི་སྐུ་གསུམ་ཡེ་ཤེས་བཞི་པོ་དེ་ས་བཅུ་གསུམ་པ་ཐོབ་པ་ཡིན་ནམ་སློབ་ལམ་གྱི་གནས་སྐབས་ཡིན་སྙམ་ན། དེ་རྣམས་ཀྱིས་ས་བཅུ་གསུམ་པ་ཐོབ་ཟིན་པ་ཡིན་ཀྱང་། ཕར་ཕྱིན་ཐེག་པ་བས་དེ་རྣམས་ཀྱི་ས་བཅུ་གསུམ་པ་ཐོབ་པའི་ཐ་སྙད་མ་བཤད་དེ། ཕར་ཕྱིན་ཐེག་པ་བས་སངས་རྒྱས་ཀྱི་ས་ལ་ས་བཅུ་གཅིག་པའི་མིང་འདོགས་པའི་ཕྱིར།

དེས་ན། ཕར་ཕྱིན་ཐེག་པ་བ་དང་གསང་སྔགས་བླ་མེད་པ་གཉིས་སངས་རྒྱས་ཀྱི་མཚན་ཉིད་སྐུ་གསུམ་དང་ཡེ་ཤེས་བཞི་སྤངས་རྟོགས་ཐམས་ཅད་རྫོགས་པ་ཡིན་པ་ལ་མཐུན་ཀྱང་། སངས་རྒྱས་ཀྱི་མཚན་གཞི་ངོས་འཛིན་ལ་མི་མཐུན་ཏེ། གསང་སྔགས་བླ་མེད་ཀྱི་སྐབས་སུ་ས་བཅུ་གསུམ་པ་ལ་སངས་རྒྱས་སུ་འཇོག །ཕ་རོལ་ཏུ་ཕྱིན་པ་བས་སངས་རྒྱས་ཀྱི་ས་ལ་ས་བཅུ་གཅིག་པའི་མིང་དུ་བཏགས་ནས་དེ་སངས་རྒྱས་སུ་འཇོག་པ་ཡིན་ནོ༎ ༎འོན་ཕར་ཕྱིན་ཐེག་པའི་ལམ་དེ་ཉམས་སུ་བླངས་ཀྱང་། ཕར་ཕྱིན་ཐེག་པ་ནས་བཤད་པའི་སངས་རྒྱས་མི་

ཐོབ་པར་ཐལ། ཕར་ཕྱིན་ཐེག་པའི་ལམ་ཉམས་སུ་བླངས་པས་ས་བཅུ་པ་མན་ཆད་ལས་བགྲོད་མི་ནུས་ལ། ཕར་ཕྱིན་ཐེག་པ་ནས་བཤད་པའི་སྐུ་གསུམ་ཡེ་ཤེས་བཞི་ཐོབ་པ་ལ་ས་བཅུ་གསུམ་པ་ཐོབ་དགོས་པའི་ཕྱིར། དེ་ལ་འདོད་ན། འོན་ཕར་ཕྱིན་ཐེག་པའི་ལམ་ཉམས་སུ་བླངས་པ་ལ་དགོས་པ་མེད་པར་ཐལ། འདོད་པའི་ཕྱིར། ཞེ་ན; མ་ཁྱབ་སྟེ། ཕར་ཕྱིན་ཐེག་པའི་ལམ་རང་རྐང་གིས་ས་བཅུ་པའི་བར་ཐོབ་པ་ཡོད་ཅིང་། དེ་ནས་སྔགས་ལམ་ལ་མི་འཇུག་པ་མི་སྲིད་པས། ས་བཅུ་པའི་བར་བགྲོད་ནས་སྔགས་ལམ་གྱི་རྩོལ་བ་ཆུང་ངུས་བཅུ་གསུམ་རྡོ་རྗེ་འཛིན་པའི་ས་ཐོབ་པར་འགྱུར་བའི་ཕྱིར། གཞན་དུ་ན། སེམས་ཙམ་པའི་གཞུང་ནས་བཤད་པའི་ལམ་ཉམས་སུ་བླངས་པ་ལ་དགོས་པ་མེད་པར་འགྱུར་ཏེ། སེམས་ཙམ་པའི་གཞུང་ནས་བཤད་པའི་སྐུ་གསུམ་ཡེ་ཤེས་བཞི་སེམས་ཙམ་པའི་ལམ་རང་རྐང་ལ་བརྟེན་ནས་ཐོབ་པར་མི་འགྱུར་བ་དེ་སྟེ་མ་དེ་དང་མཚུངས་པའི་ཕྱིར། མ་གྲུབ་ན; དབུ་མའི་ལམ་ལ་མ་བརྟེན་པའི་སངས་རྒྱས་ཐོབ་པ་ཡོད་པར་འགྱུར་རོ། །དེ་ལ་ཁོ་ན་རེ། སེམས་ཙམ་པ་རང་གི་སེམས་ཙམ་པའི་གཞུང་ནས་བཤད་པའི་ལམ་གྱི་སྐུ་གསུམ་ཐོབ་པར་འདོད་ཀྱང་། དབུ་མ་པའི་ལུགས་ལ་དེ་མི་འདོད་པ་ནི་གྲུབ་མཐའི་ཁྱད་པར་ཡིན་ནོ་སྙམ་ན། དེ་ནི་ཤིན་ཏུ་བདེན་མོད། དེ་ལྟར་ན་གསང་སྔགས་བླ་མེད་ཀྱི་སྐབས་འདིར་ཕ་རོལ་ཏུ་ཕྱིན་པའི་གཞུང་ནས་བཤད་པའི་སྐུ་གསུམ་ཡེ་ཤེས་བཞི་པོ་དེ་ཕ་རོལ་ཏུ་ཕྱིན་པ་བས། ཕ་རོལ་ཏུ་ཕྱིན་པ་རང་རྐང་གི་ལམ་གྱིས་ཐོབ་པར་འདོད་ཀྱང་། གསང་སྔགས་བླ་མེད་པས་དེ་སྔགས་ལམ་ལ་མ་བརྟེན་པར་ཐོབ་པར་མི་འདོད་པ་ནི་ཡིད་ལ་སེམས་པར་བྱའོ། །

དེས་ན་བསྟན་བཅོས་འདིར་འགའ་ཞིག་གིས་ས་བཅུ་གཅིག་པ་དང་བཅུ་གཉིས་པ་གཉིས་བཅུ་པའི་ནང་དུ་འདུ་བར་འདོད་པ་དང་། འགའ་ཞིག་གིས་ཕ་རོལ་ཏུ་ཕྱིན་པའི་གཞུང་ནས་བཤད་པའི་སྐུ་གསུམ་ཡེ་ཤེས་བཞི་རྡོ་རྗེ་ཐེག་པའི་ས་བཅུ་གཅིག་པ་ཡིན་པར་འདོད་པ་རྣམས་ནི་ས་བཅུ་གསུམ་པའི་རྣམ་གཞག་བྱེད་པའི་ཚེ། ཕ་རོལ་ཏུ་ཕྱིན་པ་ནས་བཤད་པའི་ལམ་གྱི་རྣམ་གཞག་ལ་མངོན་པར་ཞེན་ནས་དེའི་ལུགས་སྐྱོང་མ་ནུས་པའི་སྐྱོན་ཡིན་པར་གསུངས་ཀྱང་། ད་རུང་བསྟན་བཅོས་འདིའི་རྗེས་སུ་འབྲང་བ་ཁ་ཅིག་ཀྱང་། ས་བཅུ་གཅིག་པ་ལ་སློབ་ལམ་དང་མི་སློབ་ལམ་གཉིས་སུ་ཡོད་ཞེས་སྨྲ་བ་ནི་བསྟན་བཅོས་འདིའི་གོང་འོག་གི་གཞུང་དོན་ཅི་ཏས་མ་ཟིན་པའོ། །

གཞན་ཡང་འདིའི་སྐབས་སུ་ཕ་རོལ་ཏུ་ཕྱིན་པ་དང་རྡོ་རྗེ་ཐེག་པ་གཉིས་ཀྱི་ས་ལམ་གྱི་རྣམ་གཞག་ལ་རྟོགས་དཔྱོད་དགོས་པ་རྣམས། སྡོམ་གསུམ་རབ་དབྱེའི་རྣམ་བཤད་གསུང་རབ་དགོངས་གསལ་གྱི། ཕ་རོལ་ཕྱིན་གཞུང་མི་ནུས་པར། །གལ་ཏེ་གསང་སྔགས་སྒོམ་འདོད་ན། །ཞེས་སོགས་ཀྱི་ཊཱིཀྐའི་རྟོགས་དཔྱོད་ཀྱི་སྐབས

དང་། བྱ་རྒྱུད་རང་རྐང་ལ་བདག་བསྐྱེད་ཡོད་མེད་ཀྱི་དོགས་དཔྱོད་ནི། བྱ་བའི་རྒྱུད་ལ་བདག་བསྐྱེད་མེད། ། ཞེས་སོགས་ཀྱི་སྐྱིའི་དོན་བཤད་པའི་སྐབས་དང་། སྤྱོད་པའི་སྐབས་ཀྱི་རྣམ་གཞག་ནི། དབང་བཞི་ཡོངས་སུ་རྫོགས་པ་དང་། །ཞེས་སོགས་ཀྱི་སྐྱིའི་དོན་བཤད་པའི་སྐབས་ལ་སོགས་པ་རྣམ་བཤད་གསུང་རབ་དགོངས་གསལ་གྱི་ནག་ཐུང་རྣམས་སུ་ཆོས་ཀྱི་མཛོད་དུ་ཡོད་པས། བློ་གསལ་དོན་དུ་གཉེར་བ་ཡོད་ན་དེར་བལྟ་བར་བྱའོ། །

གསུམ་པ་འབྲས་བུའི་ངོ་བོ་རྣམ་པར་བཞག་པ་ལ་གསུམ་སྟེ། སྔ་སྟོད་ནས་གསུངས་པའི་འབྲས་བུའི་རྣམ་གཞག །རྒྱུད་སྡེ་ལས་གསུངས་པའི་འབྲས་བུའི་རྣམ་གཞག །ཐུན་མོང་དུ་མདོ་སྡེ་གཅིག་ལས་གསུངས་པའི་ཚུལ་ལོ། །དང་པོ་ལ་གཉིས་ཏེ། སྐུ་གཉིས་སུ་ངེས་པ་དང་། གསུམ་དུ་ངེས་པའི་ཚུལ་ལོ། །དང་པོ་ནི། མཐར་ཐུག་གི་འབྲས་བུར་གྱུར་པའི་སྐུའི་རྣམ་གཞག་ལ། བྱེ་བྲག་ཏུ་སྨྲ་བས་སངས་རྒྱས་ཀྱི་སྐུ་ལ་རྣམ་གྲོལ་ཆོས་སྐུ་དང་། རྣམ་སྨིན་གཟུགས་སྐུ་སྟེ་སྐུ་གཉིས་སུ་འདོད་ཀྱི། ལོངས་སྤྱོད་རྫོགས་པའི་སྐུ་དང་སྤྲུལ་སྐུ་གཉིས་ཀྱི་དོན་དང་ཐ་སྙད་གཉིས་ཀ་མེད་པར་འདོད་དེ། བྱེ་བྲག་ཏུ་སྨྲ་བས་ལོངས་སྐུའི་དོན་དང་ཐ་སྙད་གཉིས་ཀ་མི་འདོད་པ་གང་ཞིག །དེས་སྤྲུལ་སྐུའི་དོན་དང་ཐ་སྙད་གཉིས་ཀ་མི་འདོད་པའི་ཕྱིར། དང་པོ་གྲུབ་སྟེ། དེས་ས་བཅུ་མི་འདོད་པས་འཁོར་ངེས་པ་ས་བཅུ་ལ་གནས་པའི་བྱང་སེམས་ཁོ་ནས་བསྐོར་བ་སོགས་ངེས་པ་ལྔ་ལྡན་གྱི་ལོངས་སྐུ་མི་འདོད་པས་ན། ལོངས་སྐུའི་དོན་མི་འདོད་ཅིང་། ལོངས་སྐུའི་ཐ་སྙད་ཀྱང་བྱེ་བྲག་ཏུ་སྨྲ་བའི་གཞུང་ལུགས་ལས་མ་བཤད་པའི་ཕྱིར། གོང་གི་གཏན་ཚིགས་གཉིས་པ་གྲུབ་སྟེ། བྱེ་བྲག་ཏུ་སྨྲ་བས་ཤཱཀྱ་ཐུབ་པ་མཛད་པ་བཅུ་གཉིས་སྟོན་པའི་ཕྱིར་དུ་སྐུ་སྤྲུལ་པ་མ་ཡིན་པར། རྒྱལ་པོ་དོན་གྲུབ་སོ་སྐྱེ་རང་རྒྱུད་པ་དེས་སྔོད་ལ་བདུད་བཏུལ་ཐོ་རངས་གསར་དུ་མངོན་པར་རྫོགས་པར་སངས་རྒྱས་པར་འདོད་པས་ན། སྤྲུལ་སྐུའི་དོན་མ་ཚང་ཞིང་། སྤྲུལ་སྐུའི་ཐ་སྙད་ཀྱང་བྱེ་བྲག་ཏུ་སྨྲ་བའི་ལུགས་ཀྱི་བཀའ་བསྟན་བཅོས་ཚད་ལྡན་གང་ལས་ཀྱང་མ་བཤད་པའི་ཕྱིར། གཉིས་པ་ནི། མདོ་སྡེ་པ་དང་སེམས་ཙམ་པ་སོགས་མཚན་ཉིད་ཐེག་པ་པའི་གྲུབ་མཐའ་གོང་མ་གསུམ་གྱི་ལུགས་ལ། སྐུ་གསུམ་དང་ཡེ་ཤེས་བཞི་རུ་འདོད་ཀྱི། སྐུ་ལྔ་དང་ཡེ་ཤེས་ལྔ་སོགས་ཀྱི་ཐ་སྙད་མི་བཞེད་དེ། དེ་རྣམས་ཀྱི་ཐ་སྙད་མཚན་ཉིད་ཐེག་པའི་གྲུབ་མཐའ་སྨྲ་བ་གོང་མ་གསུམ་པོའི་རང་རྐང་གི་གཞུང་ལུགས་ཚད་ལྡན་ལས་མ་བཤད་པའི་ཕྱིར།

དེ་ལ་པཎ་ཆེན་ཤཱཀྱ་མཆོག་པས། འཕགས་པ་སངས་རྒྱས་ཀྱི་ས་ལས་སངས་རྒྱས་ཀྱི་ས་ནི། ཆོས་ལྔས་བསྡུས་ཏེ་མེ་ལོང་ལྟ་བུའི་ཡེ་ཤེས་དང་། མཉམ་པ་ཉིད་ཀྱི་ཡེ་ཤེས་དང་། སོ་སོར་རྟོག་པའི་ཡེ་ཤེས་དང་། བྱ་བ

གྲུབ་པའི་ཡེ་ཤེས་དང་། ཆོས་ཀྱི་དབྱིངས་ཤིན་ཏུ་རྣམ་པར་དག་པའོ། །ཞེས། མདོ་ལས་ཡེ་ཤེས་ལྔ་བཤད་པ་ཡིན་ནོ་གསུངས་ན་དེ་ནི་མི་འཐད་དེ། ལུང་དེས། སངས་རྒྱས་སའི་ཡོན་ཏན་ལ་ཡེ་ཤེས་བཞི་དང་། དག་པ་གཉིས་ལྡན་གྱི་ཆོས་དབྱིངས་དང་ལྔར་བཤད་པ་ཡིན་གྱིས། ཤིན་ཏུ་རྣམ་པར་དག་པའི་ཆོས་དབྱིངས་ལ་ཡེ་ཤེས་ཞེས་པའི་ཚིག་སྦྱར་བ་མེད་པའི་ཕྱིར།

གཉིས་པ་རྒྱུད་སྡེ་ལས་གསུངས་པའི་འབྲས་བུའི་རྣམ་གཞག་ལ་གཉིས་ཏེ། རྒྱུད་སྡེ་འོག་མར་བཤད་ཚུལ། རྣལ་འབྱོར་ཆེན་པོར་བཤད་ཚུལ་ལོ། །དང་པོ་ནི། བྱ་རྒྱུད་སོགས་རྒྱུད་སྡེ་འོག་མ་གསུམ་པོར་ཡང་། སྐུ་གསུམ་འདོད་ཚུལ་ཕ་རོལ་ཏུ་ཕྱིན་པའི་ལུགས་འདི་དང་ཆ་འདྲ་བ་ལ། རྣམ་པའི་འདོད་ཚུལ་ནི་སོ་སོར་ཡོད་དེ། སྤྱོད་རྒྱུད་མན་ཆད་ལ་གཟུགས་སྐུ་རིགས་ལྔ་མི་འདོད་ཀྱང་། རྣལ་འབྱོར་རྒྱུད་ཡན་ཆད་ལ་གཟུགས་སྐུ་རིགས་ལྔར་འདོད་ལ། འདོད་པའི་ཚེ། དག་བྱ་འབྱུང་བ་ལྔ་དང་། དག་བྱེད་ཡེ་ཤེས་ལྔར་སྦྱར་ནས་གསུངས་པའི་ཕྱིར། གཉིས་པ་ལ་གཉིས་ཏེ། སྐུ་བཞིར་གསུངས་ཚུལ། སྐུ་ལྔར་གསུངས་པའི་ཚུལ་ལོ། །དང་པོ་ནི། རྣལ་འབྱོར་ཆེན་པོའི་རྒྱུད་སྡེ་ལས་ནི། སངས་རྒྱས་ཀྱི་སྐུ་ལ་སྐུ་བཞིར་བཞེད་དེ། དེ་ལས་རྒྱུ་ཡི་གནས་སྐབས་སུ་དབང་བཞི་དང་། བསྐྱེད་རིམ་ལ་སོགས་པ་ལམ་བཞི་པོ་སྒོམ་པས་འབྲས་བུ་སྐུ་བཞི་འབྱུང་བར་གསུངས་པའི་ཕྱིར་རོ། ། གཉིས་པ་ནི། རྣལ་འབྱོར་དབང་ཕྱུག་བིརྺ་པའི་མན་ངག་གསུང་ངག་ལམ་འབྲས་ལས། རྒྱུ་ལ་གནས་པ། དབང་ལས་ཐོབ་པ། ལམ་ལ་གོམས་པ། ལྟ་བ་ལ་ཉམས་སུ་མྱོང་བ། གྲུབ་མཐའ་ལ་རྟགས་སུ་ཤར་བ། འབྲས་བུ་ལ་དོན་མ་ལུས་པ་མངོན་དུ་གྱུར་བ་སྟེ། དབང་བཞི་པོ་རེ་རེ་ལ། དུག་ཚན་བཞི་བཞི་རུ་སྦྱར་བ་དང་། འབྲས་བུ་སྐུ་ལྔའི་རྣམ་གཞག་གསུངས་པ་ཡང་ཡོད་མོད། སྐབས་འདིར་ཞིབ་ཏུ་མ་བཤད་པའི་རྒྱུ་མཚན་ཡོད་དེ། དེ་དག་ཐུན་མོང་མ་ཡིན་པའི་མན་ངག་ཡིན་པས་གསང་ཆེན་ཡིན་པའི་ཕྱིར།

གསུམ་པ་ནི། འཇམ་དཔལ་རང་གི་ལྟ་བ་ལ་འདོད་པ་མདོར་བསྟན་པའི་མདོ་ལས་ཀྱང་། སྐུ་གཅིག་ཏུ་བསྟན་པ་ནས་ནི། སྐུ་ལྔ་ཡི་བར་གྱི་རྣམ་པར་བཞག་པ་རྣམ་པ་ལྔ་རུ་གསུངས་ཏེ། དེ་ཡང་སྐུ་གཅིག་ཏུ་བསྟན་པ་ནི། ཡེ་ཤེས་ཀྱི་སྐུ་གཅིག་ཏུ་བསྟན་པ་ཡིན་ཏེ། དེ་ལས། ཡེ་ཤེས་མིག་གཅིག་དྲི་མ་མེད་ཅེས། ཡེ་ཤེས་ཀྱི་སྐུ་དེ་ཤེས་བྱ་ཀུན་ལ་གཟིགས་པའི་མིག་གཅིག་པོ་རབ་རིབ་ཀྱི་དྲི་མ་མེད་པར་བཤད་པ་དང་། སྐུ་གཉིས་སུ་རྣམ་པར་བཞག་པ་ནི་རང་དོན་དོན་དམ་པའི་སྐུ་དང་། གཞན་དོན་ཀུན་རྫོབ་པའི་སྐུ་གཉིས་ཉིད་ཡིན་པར་རྣམ་པར་བཞག་པ་དང་། སྐུ་གསུམ་ནི། ཆོས་ཀྱི་སྐུ་དང་། ལོངས་སྤྱོད་རྫོགས་པའི་སྐུ་དང་། སྤྲུལ་པའི་སྐུ་སྟེ་གསུམ་ཉིད་ཡིན་པར་གསུངས་ལ། སྐུ་བཞི་ཉིད་ཀྱང་བཤད་པར་བྱ་སྟེ། ངོ་བོ་ཉིད་ལོངས་རྫོགས་བཅས་དང་། །དེ་བཞིན་

གཞན་པ་སྤྲུལ་པ་དང་། །ཆོས་སྐུ་མཛད་པར་བཅས་པ་སྟེ། །རྣམ་པ་བཞིར་ནི་ཡང་དག་བརྗོད། །ཅེས་པ་ནི། ལྷ་བ་མངོན་བསྟན་གྱི་མདོ་སྡེའི་ལུང་ཚིག་ཡིན་ཅིང་། རྗེ་བཙུན་བྱམས་པས་མངོན་རྟོགས་རྒྱན་དུ། དེ་བཞིན་གཞན་པ་སྤྲུལ་པ་ནི། །ཞེས། སྐུ་གསུམ་ལས་དགར་བའི་ཚིག་སྦྱོར་འབྱུང་བའི་ཚེ། སྐུ་གསུམ་ཆོས་སྐུའི་དབྱེ་བར་བཞེད་ལ། ལྷ་བ་མངོན་བསྟན་འདིར་ནི། དེ་བཞིན་གཞན་པ་སྤྲུལ་པ་དང་། །ཞེས་པའི་ཚིག་ཟུར་གྱི་དང་ཞེས་པ་ནི། འབྱེད་པའི་ཚིག་ཡིན་པས་དེའི་ཚེ། ཆོས་ཀྱི་སྐུ་སངས་རྒྱས་ཀྱི་སྐུའི་དབྱེ་བའི་གྲངས་སུ་བཞེད་པས། སྐུ་བཞིའི་རྣམ་གཞག་དང་། སྐུ་ལྔ་ཉིད་ཀྱང་ལྷ་བ་མངོན་བསྟན་གྱི་ལུང་དེར་ནི་གསལ་བར་གསུངས་ཏེ། དེ་ལས། སངས་རྒྱས་སྐུ་ལྔའི་བདག་ཉིད་ཅན། ཁྱབ་བདག་ཡེ་ཤེས་ལྔ་ཡི་བདག །སངས་རྒྱས་ལྔ་བདག་ཅོད་པན་ཅན། །སྤྱན་ལྔ་ཆགས་པ་མེད་པ་འཆང་། །ཞེས་པའི་ཚིག་གིས། སངས་རྒྱས་ཀྱི་སྐུ་ལྔ་དང་། སངས་རྒྱས་ཀྱི་ཡེ་ཤེས་ལྔ་དང་། རིགས་ལྔའི་ཅོད་པན་དང་། སྤྱན་ལྔ་རྣམས་གསལ་བར་གསུངས་པ་ཡིན་པའི་ཕྱིར། དེས་ན། མདོ་སྔགས་ནས་བཤད་ཚུལ་སོ་སོར་ཡོད་པ་དེ་འདྲ་བའི་རྣམ་དབྱེ་མི་ཤེས་པ་ཁ་ཅིག །ཕ་རོལ་ཏུ་ཕྱིན་པ་ལའང་། སྐུ་བཞི་ཡོད་པ་ནི། རྗེ་བཙུན་བྱམས་པའི་མངོན་རྟོགས་རྒྱན་གྱི་ལུང་དེ་ཉིད་ཀྱིས་གྲུབ་པར་སྨྲ་བ་ནི། མ་དཔྱད་པ་ཡིན་ཏེ། དགར་ཚིག་དང་འབྱེད་ཚིག་སྦྱར་བའི་ལུང་ཚིག་ལ་རྣམ་དཔྱོད་ཞིབ་མོས་དཔྱད་པའི་ནུས་པ་མེད་པར་ཟད་པའི་ཕྱིར་རོ། །དེས་ན། གྲུབ་མཐའི་རྣམ་གཞག་སོ་སོར་འདྲེས་པའི་གནད་ལེགས་པར་དཔྱོད་ལ། དལ་བྱུས་སློས་ཞེས་གདམས་ཏེ། རྩིང་པོའི་རྟོག་འགྲོས་ཀྱི་སྤྱིར་རྟོལ་སླས་ན་བསྟན་པ་ལ་གནོད་ཅིང་། དེ་ལྟར་ལེགས་པར་དཔྱད་དེ། དལ་བུས་སླས་ན་རང་ཉིད་གསུང་རབ་ཀྱི་ཚིག་དོན་ལ་མཁས་པར་འགྱུར་ཞིང་། གདུལ་བྱ་གཞན་དང་བསྟན་པ་ལ་ཕན་པར་འགྱུར་བའི་ཕྱིར།

བཞི་པ་གནད་ཀྱི་དོན་བསྡུས་ཏེ་བསྟན་པ་ནི། མདོར་ན་ཉན་ཐོས་བྱེ་བྲག་ཏུ་སྨྲ་བ་སོགས་ཀྱི་ཐེག་པ་ནས། གསང་ཆེན་བླ་ན་མེད་པའི་ཐེག་པའི་བར་ལ། མཐར་ཐུག་གི་འབྲས་བུ་སངས་རྒྱས་སུ་དོན་གཅིག་པ་ཡིན་ཡང་ཡོན་ཏན་གྱི་ལྡོག་པ་མི་འདྲ་བ་བཤད་པའི་ཚུལ་ཐ་དད་དུ་འབྱུང་བ་ལ་དགོས་པ་ཡོད་པ་ཡིན་ཏེ། རང་རང་གི་གདུལ་བྱའི་བློ་དང་འཚམས་པའི་ཡོན་ཏན་བརྗོད་པས་གདུལ་བྱ་འབྲས་བུ་ལ་སྤྲོ་བ་བསྐྱེད་དེ་ལམ་ཉམས་སུ་ལེན་པའི་ཁྲིད་ཡིན་པའི་ཕྱིར། སྡོམ་པ་གསུམ་གྱི་རབ་ཏུ་དབྱེ་བའི་ཁ་སྐོང་གཞི་ལམ་འབྲས་གསུམ་གསལ་བར་བྱེད་པའི་ལེགས་བཤད་འོད་ཀྱི་སྣང་བའི་རྣམ་པར་བཤད་པ་འོད་ཀྱི་སྣང་བ་རྒྱས་པར་བྱེད་པ་ལས་འབྲས་བུའི་སྐབས་ཏེ་སྐབས་ལྔ་པའི་རྣམ་པར་བཤད་པའོ།། །།

གསུམ་པ་རྫོམ་པ་མཐར་ཕྱིན་པ་མཇུག་གི་དོན་ལ་གཉིས་ཏེ། ཇི་ལྟར་བཤད་པའི་ཚུལ། གང་ཟག་གང་

གིས་བཤད་པའོ། །དང་པོ་ལ་བདུན་ཏེ། རྒྱ་གང་གིས་བཤད་པ། རྐྱེན་གང་ལ་བརྟེན་ནས་བཤད་པ། དགོས་པ་གང་གི་ཕྱིར་དུ་བཤད་པ། བཤད་པ་རང་གི་ངོ་བོ། དེ་ལ་གཞན་འཇུག་རིགས་པ། བཤད་པའི་དགེ་བ་བྱང་ཆུབ་ཏུ་བསྔོ་བ། སྲུང་མ་ལ་ཕྲིན་ལས་འཆོལ་བའོ། །དང་པོ་ནི། གོང་དུ་བཤད་པ་དེ་ལྟར་གཞི་ལམ་འབྲས་གསུམ་གྱི་ཉམས་ལེན་ལ་འཁྲུལ་པ་འགོག་ཅིང་། མ་འཁྲུལ་པ་སྒྲུབ་པའི་རྣམ་གཞག་ཚུལ་བཞིན་དུ་བཤད་པའི་བསྟན་བཅོས་འདི་ཆོས་ཅན། རྩོམ་པ་པོ་བདག་ཉིད་མཁས་པའི་གྲགས་པ་བསྒྲགས་པའམ། གཞན་ལ་གནོད་པའི་ཕྱིར་དུ་བརྩམས་པ་མ་ཡིན་ཏེ། མཐར་གཅིག་ཏུ་བསྟན་པ་ལ་ཕན་པའི་ཕྱིར་དུ་བརྩམས་པ་ཡིན་པའི་ཕྱིར། གཉིས་པ་ནི། འོ་ན། བསྟན་པ་ལ་ཕན་པའི་ཕྱིར་དུ་ཉམས་ལེན་ལ་འཁྲུལ་པ་འགོག་ཅིང་། མ་འཁྲུལ་པ་སྒྲུབ་པའི་ཆེད་དུ་བསྟན་བཅོས་འདི་བརྩམས་པ་ཡིན་ན། ༼རྒྱ་བོད་དུ་བྱུང་བའི་ཆོས༽ ལོག་ཐམས་ཅད་འདིར་འགོག་གམ་ཞེ་ན། རྒྱ་གར་འཕགས་པའི་ཡུལ་དུ་ཆོས་ལོག་བྱུང་བ་རྣམས་བསྟན་བཅོས་འདིར་འགོག་མི་དགོས་ཏེ། སངས་རྒྱས་མྱ་ངན་ལས་འདས་ཚུལ་བསྟན་ནས་ལོ་བཞི་བརྒྱ་ལོན་པའི་ཚེ། རྒྱལ་བས་ལུང་བསྟན་པའི་འཕགས་པ་ཀླུ་སྒྲུབ་དང་ཨཱརྱ་དེ་བ་སོགས་འཛམ་གླིང་མཛེས་པའི་རྒྱན་དྲུག་དང་། མཆོག་གཉིས་རྣམས་ཀྱིས། རྒྱ་གར་འཕགས་པའི་ཡུལ་དུ་བྱུང་བའི་ཕྱི་ནང་གི་ལོག་པར་སྨྲ་བའི་མུན་པ་རྣམས་བསལ་བར་མཛད་པའི་ཕྱིར། འོ་ན་བོད་དུ་བྱུང་བའི་ཆོས་ལོག་ཐམས་ཅད་འདིར་འགོག་གམ་ཞེ་ན། བོད་དུ་བྱུང་བའི་ཆོས་ལོག་ཐམས་ཅད་འདིར་འགོག་མི་དགོས་ཏེ། སྟོན་པ་བདེ་བར་གཤེགས་པའི་ཚུལ་བསྟན་ནས་ལོ་སུམ་སྟོང་བརྒྱ་དང་གསུམ་ལོན་པ་ལྷུགས་པོ་རྣ་ལོ་གངས་ཅན་གྱི་ལྗོངས་འདིར་ལོ་ཆེན་རིན་ཆེན་བཟང་པོ་བྱོན་པ་དང་། སྟོན་པ་བདེ་བར་གཤེགས་པའི་ཚུལ་བསྟན་ནས་ལོ་གསུམ་སྟོང་བརྒྱ་དང་ཉེར་དྲུག་ལོན་པ་ཆུ་མོ་སྦྲུལ་ལ་པཎ་ཆེན་འབྲོག་མི་ལོ་ཙྪ་བ་བྱོན་པ་དང་། དེའི་སློབ་བུ་འགོས་ཁུག་པ་ལྷ་བཙས་སོགས་ཀྱིས་ཆོས་ལོག་སུན་འབྱིན་པར་མཛད་ནས། རྡོ་རྗེ་ཐེག་པའི་བསྟན་པ་མཆོག་སྤེལ་བའི་བཤད་སྒྲུབ་ཆུ་བོའི་རྒྱུན་བཞིན་དུ་སྐྱོང་བར་མཛད་ལ། དེ་རྗེས་ཆོས་ལོག་མང་དུ་འཕེལ་བ་རྣམས། སྟོན་པ་གཤེགས་ཚུལ་བསྟན་ནས་ལོ་སུམ་སྟོང་དྲུག་བརྒྱ་དང་བདུན་ཅུ་རྩ་ལྔ་ལོན་པ་ཆུ་ཕོ་སྟག་གི་ལོ། དཔལ་ལྡན་ས་སྐྱའི་གནས་སུ་སྐུ་བལྟམས་པ་འཇམ་པའི་དབྱངས་ཀྱི་རྣམ་པར་སྤྲུལ་པ་འཛམ་གླིང་འདི་ན་སྙན་པའི་གྲགས་པ་ཐོབ་པ་དེས། སྡོམ་པ་གསུམ་གྱི་རབ་ཏུ་དབྱེ་བ་ཞེས་བྱ་བའི་བསྟན་བཅོས་ཆེན་པོ་ལ་སོགས་པ་མཛད་ནས་ལུང་དང་རིགས་པའི་ཉི་འོད་ཀྱིས་ལོག་སྨྲའི་མུན་པ་རབ་ཏུ་གསལ་བར་མཛད་ནས་ལེགས་པའི་ལམ་བཟང་པོའི་སྣང་བ་གསལ་བར་མཛད་པ་ཡིན་པའི་ཕྱིར།

གསུམ་པ་གང་གི་ཕྱིར་བཤད་པ་ནི། འོ་ན་བསྟན་བཅོས་འདི་དགོས་པ་གང་གི་ཆེད་དུ་བརྩམས་པ་ཡིན་

ཞེ་ན། ཁོ་བོས་སྡོམ་པ་གསུམ་གྱི་རབ་ཏུ་དབྱེ་བའི་ཁ་སྐོང་ཞེས་བྱ་བའི་བསྟན་བཅོས་ཆེན་པོ་འདི་འབད་པས་བྱས་ཏེ་བརྩམས་པ་ལ་དགོས་པ་ཡོད་དེ། ས་སྐྱ་པཎྜི་ཏ་ཞེས་མཚན་ཡོངས་སུ་གྲགས་པའི་མགོན་པོ་དེ་ཉིད་ཞལ་དངོས་ཀྱི་སློབ་ཚོགས་དང་བཅས་པ་ཞིང་གཞན་དུ་གཤེགས་པར་གྱུར་ནས་རིང་ཞིག་ལོན་པ་བསྟན་བཅོས་འདི་མ་བརྩམས་ཀྱི་བར་ལོ་ཉིས་བརྒྱ་དང་ཉེར་བདུན་གྱི་བར་དུ་བོད་ཡུལ་འདིར་ལུང་རིགས་མན་ངག་དང་བྲལ་བའི་རང་བཟོའི་ཆོས་ལུགས་དུ་མ་ཡིས། བསྟན་པའི་ཉམས་ལེན་སྡོམ་པ་གསུམ་ལ་གནད་ཀྱི་དོན་རྣམས་བཤིག་ནས་ནི། ཐོས་ཆུང་རྣམས་མགོ་བསྐོར་བྱེད་པ་མང་དུ་བྱུང་བ་དེ་དག་ལུང་དང་རིགས་པ་ཡིས་རྣམ་པར་བསལ་ནས། ཉམས་ལེན་གྱི་གནད་རྣམས་ལ་སྐལ་ལྡན་མ་འཁྲུལ་པར་སྤྱོད་པའི་ཆེད་དུ་བསྟན་བཅོས་འདི་བརྩམས་པ་ཡིན་པའི་ཕྱིར། བཞི་པ་ནི། ཁོ་བོས་སྡོམ་གསུམ་གྱི་ཉམས་ལེན་ལ་འཁྲུལ་པར་སྤྱོད་པ་ལ་སྙིང་རྗེ་དང་། བསྟན་ལ་ཕན་པའི་ལྷག་བསམ་གྱིས་ཀུན་ནས་བླངས་ཏེ། ཡིན་མིན་རྣམ་པར་དཔྱོད་པའི་བློ་གྲོས་ཀྱིས་བརྩམས་པའི་བསྟན་བཅོས་འདི་ལ་ཕྱོགས་ཞེན་གྱི་རབ་རིབ་དང་བྲལ་ཞིང་། རྣམ་དཔྱོད་གསལ་བའི་བློ་གྲོས་ཀྱི་མིག་དང་ལྡན་པར་ཚུལ་བཞིན་དུ་བལྟས་ན་ཡང་དག་པའི་ལམ་བཟང་གི་སྣང་བ་གསལ་བར་འགྱུར་རོ་ཞེས། ཁོ་བོས་གསང་མཐོན་པོའི་སྐད་ཀྱི་ཆོས་སྒྲ་སྒྲོག་སྟེ། རྒྱུ་མཚན་ཅིའི་ཕྱིར་ཞེ་ན། མདོ་རྒྱུད་ཀྱི་གནད་ཟབ་མོ་ལ་བློ་གྲོས་འཁྲུལ་པའི་དྲི་མ་མེད་པ་ཡི་རྣམ་དཔྱོད་ཀྱིས་དཔྱད་ནས་ཡིན་མིན་ཚུལ་བཞིན་དུ་སྨྲས་པ་ཡིན་པའི་ཕྱིར་རོ། །

ལྔ་པ་དེ་ལ་གཞན་འཇུག་པར་རིགས་པ་ནི། རྒྱུ་མཚན་དེའི་སླད་དུ། སྙིགས་མའི་དུས་འདི་རུ་སྐལ་ལྡན་ཟབ་དོན་དོན་དུ་གཉེར་བ་རྣམས། ཁོ་བོའི་ལེགས་བཤད་འདི་ཡིས་ཁྲིད་པར་བྱས་ནས། གསུང་རབ་ཟབ་མོའི་གྲོང་ཁྱེར་དུ་བསྒྲོད་པར་རིགས་ཏེ། ཁོ་བོའི་ལེགས་བཤད་འདི་གསུང་རབ་ཟབ་མོའི་གྲོང་ཁྱེར་དུ་བསྒྲོད་པའི་ལམ་མཁན་ཡིན་པའི་ཕྱིར། དྲུག་པ་བཤད་པའི་དགེ་བ་བྱང་ཆུབ་ཏུ་བསྔོ་བ་ནི། བསྟན་བཅོས་ཆེན་པོ་འདི་ལེགས་པར་བརྩམས་པའི་བསོད་ནམས་འདི་ཡིས། བསོད་ནམས་དང་ཡེ་ཤེས་ཀྱི་ཚོགས་གཉིས་རྫོགས་པའི་རི་བོ་མཐོན་པོའི་རྩེར་སྤྱངས་རྫོགས་ནུས་པའི་ལུས་ཀྱི་སྟོབས་རབ་ཏུ་རྒྱས་ཏེ། མཐའ་ཡས་པའི་འགྲོ་བ་ལ་སྲིད་པའི་མཐར་ཐུག་པར་དམ་ཆོས་སྨྲ་བའི་སེང་གེའི་སྒྲ་དབྱངས་སྒྲོག་པར་ཤོག་ཅེས་བྱ་སྟེ། བསྟན་བཅོས་འདི་བརྩམས་པའི་དགེ་བས་ལུས་ཅན་ལ་ཕན་བདེ་འབྱུང་བའི་ཆེད་ཡིན་པའི་ཕྱིར།

བདུན་པ་སྲུང་མ་ལ་ཕྲིན་ལས་འཚོལ་བ་ནི། གང་གི་སྐུ་འཇིགས་སུ་རུང་བ་ཆར་སྤྲིན་སྔོན་པོ་ལྟ་བུའི་ཀློང་དཀྱིལ་ནས། ཞལ་དམར་རྣམ་པར་གཡོ་བའི་ལྗགས་ཀྱི་དབང་པོ་གློག་ཕྲེང་ལྟར་འཁྱུག་ཅིང་། གཟུགས་འཛིན་རྟོག་པའི་བྲག་རི་ཤིག་པའི་ཧཱུྃ་ཧཱུྃ་དང་། བདུད་དང་ལོག་འདྲེན་གྱི་སྙིང་རབ་འགེམས་པར་བྱེད་པའི་ཕཊ་ཕཊ་ཀྱི

སྒྲ་འབྲུག་གི་སྒྲ་ལྟར་འུར་ཆེམས་ཆེམ་སྒྲོག་པ་ཅན་གྱི་ཉམས་དང་ལྡན་པའི་སྒྲུང་མའི་དབང་པོ་བགྲང་ཡས་ཀྱིས། བསྟན་བཅོས་ཆེན་པོ་སྡོམ་པ་གསུམ་གྱི་རབ་ཏུ་དབྱེ་བའི་ཁ་སྐོང་གཞི་ལམ་འབྲས་གསུམ་གསལ་བར་བྱེད་པའི་ལེགས་བཤད་འདི་ལེགས་པར་བསྒྲུངས་ཤིང་ལེགས་པར་སྤེལ་ཅིག་ཅེས་བྱ་སྟེ། ལེགས་བཤད་འདི་ཉིད་བསྟན་པ་ལ་ཕན་པའི་བསྟན་བཅོས་རྣམ་དག་ཡིན་པའི་ཕྱིར།

གཉིས་པ་ལ་གང་ཟག་གང་གིས་བཤད་པ་ནི། སྡོམ་པ་གསུམ་གྱི་རབ་ཏུ་དབྱེ་བའི་བསྟན་བཅོས་མཛད་ནས་ཡུན་རིང་ཞིག་ལོན་པ་ན། སྡོམ་གསུམ་གྱི་ཉམས་ལེན་ལ་འཁྲུལ་པ་གསར་དུ་འཕེལ་བ་རྣམས་འགོག་ཅིང་། ཉམས་ལེན་མ་འཁྲུལ་བ་རྣམས་སྒྲུབ་པ་ཁ་བསྐོང་བ་གཞི་ལམ་འབྲས་གསུམ་གསལ་བར་བྱེད་པའི་ལེགས་པར་བཤད་པ་ཉི་འོད་ཀྱི་སྣང་བ་ཞེས་བྱ་བའི་བསྟན་བཅོས་ཆེན་པོ་འདི་ནི། དཀྱིལ་འཁོར་རྒྱ་མཚོའི་རིགས་ཀྱི་བདག་པོ་རྡོ་རྗེ་འཆང་ཆེན་པོ་དང་དབྱེར་མ་མཆིས་པ་ཐམས་ཅད་མཁྱེན་པ་ཀུན་དགའ་བཟང་པོ་དང་། མུས་ཆེན་འཁོར་ལོ་སྡོམ་པ་དཀོན་མཆོག་རྒྱལ་མཚན་ལ་སོགས་པ་ཡོངས་འཛིན་དུ་མའི་ཞབས་ཀྱི་རྡུལ་ཕྲེང་རྟོག་པ་མེད་པའི་སྤྱི་བོས་བླངས་པ་ལ་བརྟེན་ནས་སྡེ་སྣོད་གསུམ་དང་རྒྱུད་སྡེ་བཞི་དགོངས་འགྲེལ་དང་བཅས་པའི་ཚིག་དོན་ལ་མ་འཁྲུལ་བའི་ངེས་པ་གཏིང་ནས་རྙེད་པ་ཤཱཀྱའི་དགེ་སློང་བསོད་ནམས་སེང་གེ་ཞེས་བྱ་བས་བསྟན་བཅོས་བརྩམས་པའི་དུས་ནི། དཔལ་ལྡན་ས་སྐྱ་པཎྜི་ཏ་ཆོས་ཀྱི་དབྱིངས་སུ་ཞུགས་ནས་ལོ་ཉིས་བརྒྱ་དང་ཉི་ཤུ་རྩ་ལྔ་འདས་པ་མེ་ཕོ་སྤྲེའུའི་ལོ་ལ་མགོ་བརྩམས་ནས་ས་ཕོ་ཁྱིའི་ལོ་ལ་གནས་ནི་ཧ་ནག་རིན་ཆེན་རྩེའི་ཐུབ་བསྟན་རྣམ་པར་རྒྱལ་བའི་དགོན་པར་ལེགས་པར་སྦྱར་བའི་ཡི་གེ་པ་ནི་སྐལ་ལྡན་གཞོན་ནུ་བཟང་པོའོ། །བསྟན་བཅོས་ཆེན་པོ་འདིས་རྒྱལ་བའི་བསྟན་པ་དང་། མཐའ་ཡས་པའི་སེམས་ཅན་ལ་ཕན་པ་དང་བདེ་བ་དཔག་ཏུ་མེད་པ་ཡུན་རིང་དུ་འབྱུང་བར་གྱུར་ཅིག །ཅེས་པ་ཡང་རྩོམ་པ་པོའི་གསུང་གི་རྣམ་བཤད་དོ། །

བསོད་ནམས་རྒྱ་མཚོའི་དབུས་ན་མངོན་མཐོ་ཞིང་། །རྣམ་དག་སྡོམ་གསུམ་གསེར་གྱི་ར་བས་བསྐོར། །འཆད་རྩོད་རྩོམ་པའི་བང་རིམ་སེང་གེ་ཡི། །ཁྲི་ཅན་རི་དབང་ཆེ་ལ་སླར་ཡང་འདུད། །ཀུན་མཁྱེན་རྒྱལ་བའི་གོ་འཕང་མཆོག་བརྙེས་ཀྱང་། །བསོད་ནམས་འབྱུང་གནས་བསྟན་པ་སྤེལ་བའི་ཕྱིར། །ཕྲིན་ལས་བཟང་པོས་མི་ཡི་གཟུགས་འཛིན་པ། །སླ་བའི་སེང་གེར་གྱུར་ལ་བདག་སྐྱབས་འཆི། །རྣམ་གྲོལ་ལམ་སྟོན་རྒྱུད་པའི་བླ་མ་དང་། །རྣམ་དག་བདེ་ཆེན་རྣམ་རོལ་ཡི་དམ་ལྷ། །རྣམ་མང་འགྲོ་བའི་སྐྱབས་གནས་མཆོག་གསུམ་ལ། །རྣམ་དཀར་དད་པའི་ཡིད་ཀྱིས་བདག་ཕྱག་འཚལ། །ཀུན་མཁྱེན་བླ་མ་མཁས་པའི་དེད་དཔོན་དེས། །དཔལ་ལྡན་ཀུན་དགའི་གསུང་རབ་རྒྱ་མཚོ་ལས། །ཟབ་དོན་ནོར་བུའི་ཕྲེང་བ་ལེགས་བླངས་ཏེ། །ལེགས་བཤད་འོད་ཀྱི་

སྣང་བ་དམ་པ་མཛད། །བླ་མེད་བྱང་ཆུབ་དོན་གཉེར་སྐལ་ལྡན་རྣམས། །བསྟན་བཅོས་ཆེན་པོ་འདི་ལ་འཇུག་པར་རིགས། །དེ་སྐད་བཅུ་བས་གཞན་ལ་ཕན་ཕྱིར་དང་། །རང་ཉིད་བསྟན་བཅོས་ཆེན་པོའི་ཚིག་དོན་ལ། །གོམས་པ་ལྷུར་ལེན་ལེགས་བཤད་འོད་སྣང་ནི། །རྒྱས་པར་བྱ་ཕྱིར་རྣམ་བཤད་འདི་བྱས་པའི། །དགེ་བ་གང་དེས་བདག་གཞན་འགྲོ་བ་ཀུན། །བཙུ་གསུམ་རྡོ་རྗེ་འཛིན་པ་མྱུར་ཐོབ་ཤོག །གོ་འཕང་མཆོག་དེ་མ་ཐོབ་དེ་སྲིད་དུ། །ཀུན་མཁྱེན་བླ་མའི་དྲུང་དུ་བདག་སྐྱེ་ཞིང་། །དགའ་དང་དད་པའི་སྤྱི་ལོང་ཆེར་གཡོ་སྟེ། །རྟག་ཏུ་གསུང་གི་བདུད་རྩིས་འཚོ་བར་ཤོག །བྱམས་དང་སྙིང་རྗེའི་རྩ་བ་རབ་བརྟན་པའི། །བྱང་ཆུབ་སེམས་ཀྱི་ལྗོན་ཤིང་བསྐྱེད་དུ་གསོལ། །ལུས་ངག་ཡིད་ལ་སྨིན་བྱེད་དབང་བཞི་ཡིས། །རྣམ་གྲོལ་སྐུ་བཞིའི་ས་བོན་གདབ་དུ་གསོལ། །དེ་ཚེ་ཐོབ་པའི་དམ་ཚིག་སྡོམ་པ་ལ། །ཉེས་ལྟུང་དྲི་མའི་ཚོགས་རྣམས་བཟློག་ཏུ་གསོལ། །དབང་གིས་མཚོན་པའི་ཡང་དག་བལྟ་བ་ཡིས། །བདེན་གཉིས་ཟུང་འཇུག་རྟོགས་པར་མཛད་དུ་གསོལ། །རིམ་གཉིས་རྣལ་འབྱོར་རྒྱུན་ཆད་མེད་པ་ཡིས། །ཚོགས་གཉིས་ཟུང་འཇུག་རྫོགས་པར་མཛད་དུ་གསོལ། །སྤྱོད་པས་བོགས་དབྱུང་ཉེ་རྒྱུས་མཚམས་སྦྱར་ནས། །སྐུ་བཞི་མངོན་དུ་འགྱུར་བར་མཛད་དུ་གསོལ། །དེ་མ་ཐོབ་ཀྱི་གནས་སྐབས་ཀུན་ཏུ་ཡང་། །བྱང་ཆུབ་སྒྲུབ་པའི་འགལ་རྐྱེན་བཟློག་ཏུ་གསོལ། །མཐུན་པའི་རྐྱེན་གྱུར་བཤེས་གཉེན་གྲོགས་མཆོག་དང་། །མ་ནོར་དམ་ཆོས་རྒྱས་པར་མཛད་དུ་གསོལ། །འཚེ་མེད་གནས་དང་སྡིག་མེད་ཡོ་བྱད་དང་། །ནད་མེད་ཚེ་ཡི་དངོས་གྲུབ་སྩལ་དུ་གསོལ། །རྣམ་དབྱོད་སྤོབས་པ་གཟུངས་དང་ཏིང་འཛིན་སོགས། །ཡོན་ཏན་དུ་མའི་དངོས་གྲུབ་སྩལ་དུ་གསོལ། །སྟོན་པའི་གྲགས་པས་ཆོས་མཐུན་འཁོར་བསྡུས་ནས། །འགྲོ་ཀུན་རྟག་ཏུ་འདུན་པར་མཛད་དུ་གསོལ། །དེ་དག་སྐྱོན་མེད་ཁྲིམས་ལ་ལེགས་སྦྱར་ནས། །ཐོས་བསམ་སྒྲུབ་པ་འཕེལ་བར་མཛད་དུ་གསོལ། །རྟག་ཏུ་འཆད་རྩོད་རྩོམ་པའི་བྱ་བ་ཡིས། །ཐུབ་བསྟན་ཕྱོགས་བཅུར་རྒྱས་པར་མཛད་དུ་གསོལ། །རྒྱལ་ཁམས་ཀུན་ཏུ་ཉེར་འཚེ་རབ་ཞི་ནས། །དཔལ་འབྱོར་ཕུན་ཚོགས་རྒྱས་པར་མཛད་དུ་གསོལ། །མདོར་ན་རྫོགས་པའི་བྱང་ཆུབ་སྒྲུབ་པ་ཡི། །འགལ་རྐྱེན་བར་ཆད་མཐའ་དག་ཉེར་ཞི་ཞིང་། །མཐུན་རྐྱེན་ཇི་ལྟར་བསམ་པའི་དོན་རྣམས་ཀུན། །འབད་མེད་ལྷུན་གྱིས་གྲུབ་པར་མཛད་དུ་གསོལ། །རྣམ་བཤད་འདི་ནི་འོད་སྣང་རྒྱས་བྱེད་ཡིན། །འོན་ཀྱང་འཕགས་བློའི་སྤྱོད་ཡུལ་མཐའ་ཡས་པས། །ཚིག་དོན་མཐའ་དག་གསལ་བར་མ་ནུས་ན། །མཁས་རྣམས་ནོངས་པའི་ཚོགས་ལ་བཟོད་པར་གསོལ། །འདིར་འབད་ལུས་ངག་ཡིད་ཀྱི་དགེ་བ་རྣམས། །ཕན་བདེའི་འབྱུང་གནས་རྒྱལ་བའི་བསྟན་པ་ནི། །དར་ཞིང་རྒྱས་དང་མ་གྱུར་འགྲོ་བ་ཀུན། །བླ་མེད་བྱང་ཆུབ་ཆེན་པོ་ཐོབ་ཕྱིར་བསྔོ། །

སྡོམ་པ་གསུམ་གྱི་རབ་ཏུ་དབྱེ་བའི་ཁ་སྐོང་གཞི་ལམ་འབྲས་གསུམ་གསལ་བར་བྱེད་པའི་ལེགས་བཤད་འོད་ཀྱི་སྣང་བའི་རྣམ་བཤད་འོད་ཀྱི་སྣང་བ་རྒྱས་བྱེད་ཞེས་བྱ་བ་འདི་ནི། མཁས་གྲུབ་ཆེན་པོ་བློ་གྲོས་རབ་ཡངས་པ་དང་། རྗེ་བཙུན་མཁྱེན་པ་དང་བརྩེ་བའི་དཔལ་མངའ་བ་ས་སྐྱ་པ་ཆེན་པོ་འཇམ་པའི་དབྱངས་ངག་གི་དབང་ཕྱུག་གྲགས་པ་རྒྱལ་མཚན་དཔལ་བཟང་པོ་ལ་སོགས་པ་མཁས་གྲུབ་དུ་མའི་ཞབས་རྡུལ་སྤྱི་བོས་བླངས་པ་ལ་བརྟེན་ནས་གསུང་རབ་ཀྱི་དོན་ལ་དཔྱོད་པའི་བློའི་ནུས་པ་ཅུང་ཟད་ཐོབ་ཅིང་། གཞན་ལ་ཕན་པའི་བསམ་པ་ཅུང་ཟད་དང་ལྡན་པ་ཤཱཀྱའི་དགེ་སློང་བྱམས་པ་རབ་བརྟན་གྱིས། རྒྱལ་བའི་བསྟན་པ་ལ་གཅེས་སྤྲས་དང་གཞན་ལ་ཕན་པ་ལྷུར་ལེན་ཅིང་ལུང་རྟོགས་ཀྱི་ཡོན་ཏན་དུ་མའི་མཛོད་འཛིན་པ་ཊ་ཐོག་མཁན་ཆེན་ཆོས་འོད་ཟེར་བས་ཡུན་རིང་མོ་ནས་བསྐུལ་བ་དང་། རང་གི་སློབ་བུའི་བློ་གྲོས་ཀྱི་ལུས་ལུང་རིགས་ཀྱི་རྒྱན་གྱིས་སྤྲས་ཤིང་རྣམ་དཔྱོད་ཀྱི་བཞིན་རས་མཛེས་པ་ནང་སོ་བཀའ་བཅུ་པ་བསོད་ནམས་རབ་བརྟན་གྱིས། མཆོད་ཡོན་གྱི་མཆོད་པ་བརྒྱའི་དར་ཆེན་ཕུལ་ཏེ། ལུས་ངག་ཡིད་གསུམ་དང་བས་ཕྱག་འཚལ་ཐལ་མོ་སྦྱར་ཏེ། ཉེ་བར་བསྐུལ་བའི་ངོར། ལྕགས་མོ་སྦྲུལ་གྱི་ལོ། ནག་པ་ཟླ་བའི་ཡར་ཚེས་གསུམ་ལ་མགོ་བརྩམས་ཏེ། དེའི་ས་ག་ཟླ་བའི་ཡར་ཚེས་བཅུ་བཞིའི་ལྷ་མཚམས་གྲུབ་སྦྱོར་འཛོམས་པའི་ཉིན་བར་ལེགས་བཤད་ཆོས་ཀྱི་སྒྲ་སྒྲོག་པ་ཐུབ་བསྟན་རྣམ་པར་རྒྱལ་བའི་གཙུག་ལག་ཁང་ཆེན་པོར་ལེགས་པར་གྲུབ་ཅིང་སྦྱར་བའི་ཡི་གེ་པ་ནི། སྐྱིལ་བ་པོ་བཀའ་བཅུ་པ་བསོད་ནམས་རབ་བརྟན་དང་། དགེ་སློང་གྲགས་པ་བཀྲ་ཤིས་སོ། །འདིས་ཀྱང་རྒྱལ་བའི་བསྟན་པ་རིན་པོ་ཆེ་ཡུན་རིང་དུ་གནས་ཤིང་འགྲོ་བ་མང་པོ་ལ་ཕན་ཐོགས་པར་གྱུར་ཅིག །

སྭསྟི་ཛ་ཡནྟུ། ཕུན་ཚོགས་དགེ་ལེགས་ལེགས་བྱས་ཀུན་གྱི་གཞི། །བསླབ་པ་གསུམ་སྟོན་སྟོན་མཆོག་ཐུབ་དབང་དང་། །ཆོས་ཀུན་ཀུན་ནས་གསལ་བའི་ལེགས་བཤད་ཀྱི། །ཅི་དགའི་དགའ་སྟོན་ལེགས་སྟོལ་ཕྱོགས་ཀུན་ལས། །རྣམ་རྒྱལ་རྒྱལ་མཚན་རྩེ་ན་དཔལ་འབར་བ། །འཇམ་མགོན་བླ་མ་ཕྲིན་ལས་བཟང་པོར་འདུད། །ཁྱོད་ཐུགས་ཆོས་ཀུན་མཁྱེན་པའི་ཆུ་གཏེར་གྱིས། །འགྲོ་བའི་དགེ་ལེགས་བསོད་ནམས་མགྲོན་དུ་བསྙུན། །བསྟན་པ་རྒྱ་མཚོའི་རྒྱན་གྱུར་ཕན་བདེའི་དཔལ། །སྲིད་གསུམ་འདར་བྱེད་སྨྲ་བའི་སེངྒེར་འདུད། །མགོན་པོ་ཁྱོད་ཉིད་བྱམས་བརྩེའི་རང་གཟུགས་ནི། །བདུད་རྩིའི་བསིལ་ཟེར་འཕྲོ་བའི་རི་བོང་ཅན། །རྟོག་བྲལ་དྭངས་པའི་མཚོ་ལ་ངོམ་པ་བཞིན། །རབ་དཀར་གདུལ་བྱའི་སེམས་རྒྱུད་དག་པའི་མཚོར། །དགེ་དང་སྨོན་ལམ་དབང་གི་ལེགས་བཤད་པའི། །བརྟན་གཡོའི་དཔལ་གྱུར་ཕྲིན་ལས་བཟང་པོར་འདུད། །མཁྱེན་པའི་གཏིང་ཟབ་ཟབ་དོན་ནོར་བུས་གཏམས། །བྱམས་པའི་ཆུ་རྒྱུན་རྒྱུན་མི་ཆད་པར་འབབ། །ལེགས་བཤད་ཐ་རླབས

རླབས་ཆེན་རབ་གཡོ་བའི། །ཕན་བདེའི་དཔལ་མགོན་མགོན་མེད་འགྲོ་བའི་སྐྱབས། །བསྟན་གཡོ་ཀུན་ལ་ཁྱབ་པའི་ཆོས་ཀྱི་དབྱིངས། །བསྟན་པར་གནས་པའི་ལུས་ཅན་ཡོངས་ཀྱི་མགོན། །བསྟན་གླིང་རྣམ་དབྱོད་གསལ་བའི་མཁྱེན་པ་ཅན། །བསྟན་མཁས་དཔལ་ཡོན་བཟང་པོ་འདི་ན་མཐོ། །གང་དེས་གསུང་རབ་ཀུན་གྱི་ཟབ་བཅུད་མཆོག །གཞི་ལམ་འབྲས་གསུམ་གསལ་བྱེད་སྣང་བའི་གཞུང་། །ཇི་བཞིན་ཕྱེ་བའི་ལེགས་བཤད་འོད་སྟོང་གི། །སྣང་བ་ཕྱོགས་བཅུར་རྒྱས་པའི་དགའ་སྟོན་སྩོལ། །དཀོན་མཆོག་བསྟན་པའི་སྒྲོན་མེ་སྐྱེ་དགུའི་མགོན། །དཔག་ཡས་ཡོན་ཏན་རྒྱ་མཚོའི་གཏེར་ཆེན་གྱིས། །ཟབ་རྒྱས་གསུང་རབ་རྒྱ་མཚོའི་རྒྱུན་ཉིད་དུ། །གཟིགས་ནས་འཁོར་པ་རྒྱ་མཚོ་ལེགས་བསྐྱལ་ཏེ། །བཀའ་ལུང་ཁྱབ་མཛད་དེ་བཞིན་སྤྱར་དུ་སྒྲུབ། །བགྲང་ཡས་སྤྱར་ཤིང་ཤེལ་དཀར་རྒྱལ་རྩེ་ནས། །རིགས་རུས་ཆེ་འབྲང་དཔལ་གྱི་མངོན་མཐོ་བ། །ས་སྐྱོང་མི་དབང་རྣམ་པར་རྒྱལ་བས་སྩོལ། །འཕྲུལ་ཡིག་མཁས་པའི་མཆོག་གྱུར་པད་མ་རྒྱལ། །ལྷ་རིགས་འཕྲུལ་གྱི་བཟོ་བོ་བསྒྲིམས་མཁས་པ། །བློ་གྲོས་ཀུན་བཟང་ཚེ་བརྟན་གཉིས་ཀྱིས་སྒྲུབས། །རབ་བརྟན་བཟང་པོ་མཐའ་ཅན་གཉིས་ཀྱི་ཞུས། །རབ་དཀར་དགེ་ལེགས་དྲི་མེད་གང་ཐོབ་དེས། །བདེ་གཤེགས་བསྟན་པ་ཕྱོགས་བཅུར་རྒྱས་པ་དང་། །རྗེ་བཙུན་བསྟན་པའི་དཔལ་དུ་ཞབས་བརྟན་ཞིང་། །ཕྱོགས་འདིར་འབད་པས་ཞུགས་པ་མཐའ་དག་ཀྱང་། །གནས་སྐབས་བདེ་ཞིང་བསམ་དོན་འགྲུབ་པ་དང་། །མཐའ་ཐུག་བླ་མེད་བྱང་ཆུབ་ཐོབ་པར་ཤོག །མངྒ་ལཾ་བྷ་ཝནྟུ།། ༎

༄༅། །གྲུབ་མཐའ་བཞི་དང་རྒྱུད་སྡེ་བཞི་ཡི་རྣམ་གཞག་བསྟན་པའི་སྙིང་པོ་སྡོམ་པ་གསུམ་གྱི་དོན་གཞི་ལམ་འབྲས་གསུམ་གྱི་གནད་བསྡུས་ཞར་བྱུང་བོད་ཀྱི་གྲུབ་མཐའི་ལོ་རྒྱུས་བཅས་ལྡན་ཅིག་ཏུ་བཀོད་པ་མདོ་སྔགས་ཆོས་ཚུལ་སྙིང་པོའི་གསལ་བྱེད་མ་རིག་མུན་པ་སེལ་བའི་དཔལ་ལྡན་འོད་ཟེར་བརྒྱ་པ་སྐལ་བཟང་བློ་ཡི་པད་ཚལ་བཞད་པ་དོན་གཉིས་ལྷུན་གྱིས་གྲུབ་པའི་ལམ་བཟང་ཞེས་བྱ་བ་བཞུགས་སོ། །

བྱམས་པ་ཀུན་དགའ་སངས་རྒྱས་བསྟན་པའི་རྒྱལ་མཚན།

ཨོཾ་སྭསྟི་སིདྡྷཾ། ན་མཿསརྦ་ཛྙཱ་ནཱ་གརྦྷ་ན་ས་ག་ར་ཡ། སྲིད་པ་གསུམ་ན་ཟླ་བྲལ་ཐམས་ཅད་མཁྱེན། །སྡོམ་པ་གསུམ་གྱི་བཀའ་དྲིན་ལེགས་སྩོལ་མགོན། །སྐྱབས་གསུམ་ཀུན་འདུས་མཁན་ཆེན་ཐམས་ཅད་མཁྱེན། །སྙིང་ནས་འདུད་དོ་བྱང་ཆུབ་བར་དུ་སྐྱོངས། །བདུད་ལས་རྣམ་རྒྱལ་འཇིག་རྟེན་གསུམ་གྱིས་མཆོད། །སྤྲངས་རྟོགས་མཐར་ཕྱིན་འགྲོ་ཀུན་གཏན་བདེར་བཀོད། །སྟོན་མཆོག་རྒྱལ་བ་ཤཱཀྱ་སེང་གེ་ལ། །གུས་པས་འདུད་དོ་བྱང་ཆུབ་བར་དུ་སྐྱོངས། །གང་ལ་ཐེག་གསུམ་དམ་པའི་ཆོས། །ཞུ་བསྡུ་འགྲེལ་བཤད་བྱང་ཆུབ་སེམས། །དགྲ་བཅོམ་པཎ་གྲུབ་འཕགས་ཡུལ་གྱི། །རྒྱལ་བསྟན་གསལ་བྱེད་རྣམས་ལ་འདུད། །ཁྱད་པར་འཛམ་དབྱངས་བྱམས་པ་མགོན། །ཀླུ་སྒྲུབ་ཡབ་སྲས་ཐོགས་མེད་མཆེད། །ཕྱོགས་གླང་ཆོས་གྲགས་ཡོན་ཏན་འོད། །ཤྲཱི་སྨན་རཀྵ་པཱ་ལར་འདུད། །སྟོ་ཏའི་ལྗོངས་འདིར་ཐུབ་པའི་བསྟན། །རྒྱས་མཛད་ཆོས་རྒྱལ་བློན་འཕགས་པའི། །པཎ་གྲུབ་བོད་ཀྱི་ལོ་ཙཱ་བ། རིམ་པར་བྱེད་པ་རྣམས་ལ་འདུད། །ཁྱད་པར་མཁན་ཆེན་ཞི་བ་འཚོ། །པདྨ་སཾ་བྷ་ཇོ་བོ་རྗེ། །ཤཱཀྱ་ཤྲཱི་སྒྲོན་འཛིན་པ་ཞབས། །དད་བྱེད་གོ་ཆ་རྣམས་ལ་འདུད། །ལོ་ཆེན་བེ་རོ་སྣ་ཅིག་དང་། །རིན་ཆེན་བཟང་པོ་རྔོག་པ་ཚབ། །འགོས་གཉན་བ་རི་འབྲོག་མི་དང་། །མལ་དང་རྭ་ལོ་ཆེན་པོར་འདུད། །ཡོངས་རྫོགས་བསྟན་པའི་མངའ་བདག་མཆོག །དཔལ་ལྡན་ས་སྐྱ་པ་ཆེན་པོ། །གོང་མ་རྣམ་ལྔ་དབོན་དང་སློབ། །བརྒྱུད་པར་བཅས

པའི་ཚོགས་ལ་འདུད། །ཁྱད་པར་རྗེ་བཙུན་གྲགས་པའི་མཚན། །འཇམ་མགོན་ས་སྐྱ་པཎྜི་ཏ། །རྒྱལ་བ་ངོར་ཆེན་རྡོ་རྗེ་འཆང་། །ཀུན་མཁྱེན་བསོད་ནམས་སེང་གེར་འདུད། །ངོར་ཆེན་དཀོན་མཆོག་ལྷུན་གྲུབ་དང་། ། བདག་ཆེན་རྡོ་རྗེ་འཆང་ཆེན་པོ། །གྲུབ་མཆོག་དབང་པོ་རྡོ་རིངས་པ། །ཚར་ཆེན་ཆོས་ཀྱི་རྒྱལ་པོར་འདུད། ། ཐམས་ཅད་མཁྱེན་པ་མང་དུ་ཐོས། །ཀླུ་སྒྲུབ་རྒྱ་མཚོའི་ཞལ་སྔ་ནས། །པཎ་ཆེན་ངག་དབང་ཆོས་ཀྱི་གྲགས། ། མཁས་པའི་དབང་པོ་མཆོག་ལ་འདུད། །དྲིན་ཅན་གནས་གསར་རྡོ་རྗེ་འཆང་། །རིགས་ཀུན་བདག་པོ་ཐར་རྩེ་རྗེ། ། རྡོ་རྗེ་འཆང་དངོས་ཡར་ཀླུང་པ། །རྗེ་བཙུན་འཆི་མེད་མཚན་ཅན་འདུད། །སྐྱབས་མཆོག་འཇམ་མགོན་ས་སྐྱ་པ། ། མཉྫ་ལ་དང་རཏྣའི་མཚན། །ཡབ་སྲས་སྐུ་མཆེད་རྣམས་ལ་འདུད། །བྱང་ཆུབ་བར་དུ་བརྩེས་སྐྱོངས་མཛོད། ། མདོ་སྔགས་སྨྲ་བའི་སེང་གེ་མཆོག །ལམ་འདི་བཀའ་དྲིན་སྩོལ་བའི་རྗེ། །བྱམས་པ་སྨོན་ལམ་གྲགས་པ་ཡི། ། ཞབས་ལ་གུས་པ་ཆེན་པོས་འདུད། །མཆོག་གསུམ་དགྱེས་མཛད་སོགས་ཡི་དམ། གུར་ཞལ་རྣམ་གཉིས་བཀའ་སྲུང་བཅས། །ནོར་ལྷའི་ཚོགས་ལའང་གུས་པས་འདུད། །གྲུབ་གཉིས་དགེ་ཚོགས་མཆོག་སྩོལ་ཅིག །

ལེགས་པའི་ལམ་བཟང་མདོ་སྔགས་ལམ། །ལེགས་པར་བགྲོད་ཚུལ་རིམ་པ་ནི། །ལེགས་བཤད་དོན་འདུས་གོ་བདེ་བར། །ལེགས་པའི་ལམ་བཟང་འདི་ན་འགོད། །ཆོས་རྗེ་ས་སྐྱ་པཎྜི་ཏས། །བསྟན་བཅོས་མཁས་པའི་འཇུག་སྒོ་ནས། །མཁས་པས་འཛིན་པའི་གྲུབ་མཐའ་ནི། །སངས་རྒྱས་པ་དང་མུ་སྟེགས་བྱེད། །དེ་ལས་གཞན་པའི་བླུན་པོ་ཡིས། །བློ་བུར་བཏགས་པའི་གྲུབ་མཐའ་སྟོན་པ་དང་འགྲེལ་བྱེད་སོགས་ཁུངས་ལྡན་མེད་པའི་རིགས། ཡིན། །བློ་བུར་ཞེས་པ་ཀླ་ཀློ་སོགས། །བདག་མེད་རྟོགས་པའི་ཤེས་རབ་ལས། །ཕྱིར་ཕྱོགས་ཐར་པའི་མུའམ་སྟེགས། །ལ་བརྟེན་ལམ་སྒྲུབ་ཁས་འཆེ་བའི། །མུ་སྟེགས་རྟོག་གེ་སྤྱི་ལྟ་ནི། །རིག་བྱེད་གྲངས་ཅན་འུག་ཕྲུག་པ། ། ཟད་བྱེད་ཚུར་རོལ་མཛེས་པ་བ། །དེ་ལས་རིག་བྱེད་པར་གྲགས་པ། །ཁྱབ་འཇུག་ཚངས་པ་ལྷར་འཛིན་ཏེ། ། ཁྱབ་འཇུག་ལྷ་རྫས་ཀྱི་ངོ་བོ། །འཆི་བ་མེད་པས་འགྲོ་ཐམས་ཅད། །བསྐྱེད་པར་འདོད་ཅིང་དེའི་ལྟེ་བའི། ། པདྨར་ཚངས་པ་སྐྱེས་པར་འདོད། །དེ་ཡི་རིག་བྱེད་བསྟན་པར་བཤད། །བདག་ཁྱབ་འཇུག་གིས་སྣོད་བཅུད་ཐམས་ཅད་ལ། ཀུན་ལ་ཁྱབ་སོགས་སུ་འདོད། །ཁྱབ་འཇུག་ཡོན་ཏན་བསྒོམ་པ་ཡིས། །བདེ་བ་ཐོབ་ཅིང་གྲོལ་གྱུར་བཤད། ། གྲངས་ཅན་པ་ཡི་ས་བོན་ནི། །སྐྱ་བོའི་སྐབས་ན་མུ་གུ་སྟེ། །མི་གསལ་ཚུལ་དུ་གནས་པ་བཞིན། །རྐྱེན་གྱི་མངོན་པར་གསལ་བཞིན་པའི། །རྒྱུ་འབྲས་གཅིག་འདོད་སྙིང་སྟོབས་རྡུལ། །མུན་པའི་རང་བཞིན་གསུམ་ཆ་མཉམ། ། དེས་བྱས་གཙོ་བོས་བྱས་ཞེས་འདོགས། དཔེ་བྱས་པའི། བདག་ཤེས་རིག་པའི་སྐྱེས་བུ་ནི། །རྟག་པ་རང་དབང་ཅན་ལུས་ཅན། །རྣམས་ཀྱི་སྙིང་ལ་གནས་ཞེས་ཟེར། །དེ་ཉིད་སྟག་ཚང་ལོ་ཙཱའི་གྲུབ་མཐའ་ཀུན་ཤེས་སུ་གསལ། ཉེར་ལྔ་ཤེས

གྲོལ་བཤད། །འུག་ཕྱུག་པ་ཞེས་དབང་ཕྱུག་པས། །སྣོད་བཅུད་སྐྱེ་འགྲོ་བདེ་སྡུག་སོགས། །ཐམས་ཅད་དབང་ཕྱུག་གིས་བློ་ཡིས། །གཡོ་བ་སྟོན་བཏང་བྱས་པར་འདོད། །འཇིག་ལྟ་ཡུལ་ལ་མ་འཁྲུལ་བར། །མཐོང་ནས་དེ་ཡི་འཛིན་སྟངས་ལ། །གསལ་སྣང་འདོན་ཏེ་དབང་བསྒྱུར་བྱེད། །ཚིག་དོན་དྲུག་སྟག་ཚང་ལོ་ཙྪའི་གྲུབ་མཐའ་ཀུན་ཤེས་སུ་གསལ། ཤེས་གྲོལ་བར་བཤད། །ཟད་བྱེད་གཅེར་བུ་པ་ཞེས་པས། །གྲངས་ཅན་པ་ལྟར་བདག་སེམས་ཀྱི། །མཚན་ཉིད་ཡིན་ཅིང་བདག་དང་སྲོག །སྐྱེས་བུ་རྣམ་གྲངས་ཡིན་པར་འདོད། །ལས་ནི་གསར་དུ་མི་བསོག་ཕྱིར། །སྡོམ་པས་བསྡམས་དང་སྔར་གྱི་ལས། །ཟད་ཕྱིར་ཟས་མི་ཟ་བ་སོགས། །དཀའ་ཐུབ་སྣ་ཚོགས་བྱེད་ནས་ནི། །དེ་དག་ཟད་ནས་འཇིག་རྟེན་གྱི། །སྟེང་ན་ཐར་པ་གདུགས་དཀར་པོ། །གྱེན་བཀན་འདྲ་བར་གྲོལ་བར་འདོད། །དེ་བཞི་རྟག་ལྟའི་སྡེ་ཚན་ཡིན། །ཚུ་རོལ་མཛེས་བྱེད་རྒྱང་འཕེན་པ། །ལུས་སེམས་རྫས་གཅིག་འདོད་ནས་དེ། །སྲན་ཟླུམ་ཚེར་རྣོ་རྨ་བྱ་ཡི། །སྒྲོ་ཐིག་སྟེས་དབང་གློ་བུར་དུ། །གྲུབ་པ་ལྟར་དུ་མ་ཤི་བར། །བདག་བདག་འཛིན་རྟག་བརྟན་ཐེར་ཟུག་ཅན་འདོད་པ། ཤེས་རིག་ཏུ་སྐྱེས་ལ་ཤི། །དེ་ནས་ཆད་འདོད་ལས་རྒྱུ་འབྲས། །ཚེ་ནི་སྔ་ཕྱི་སོགས་མེད་འདོད། །ཆད་ལྟ་ཤིན་ཏུ་ཐ་ཆད་དོ། །

དེ་ལྟར་རྟོག་གེ་སྟེ་ལྔ་པོ། །རྟག་ཆད་གཉིས་སུ་འདོད་པའོ། །མུ་སྟེགས་ཐམས་ཅད་བདག་འཛིན་མཐུན། །རྟག་སྨྲ་རྣམས་ཀྱིས་བདག་ཡོད་པར། །རྟག་པར་འདོད་ཅིང་ཆད་སྨྲ་རྣམས། །བདག་ཡོད་ཤི་ནས་ཆད་པར་འདོད། །སྔ་མ་གསུམ་ནི་རིག་བྱེད་འདོད། །ཕྱི་མ་གཉིས་ཀྱིས་ཁྱབ་འཇུག་དང་དབང་ཕྱུག་ལྟར་འཛིན་རིག་བྱེད་འདོར། །བདག་ཡོད་པ་ནི་ཐམས་ཅད་མཐུན། །བལྟ་བའི་བྱེ་བྲག་གཞན་མི་འདྲ། །ཕྱི་ནང་གྲུབ་མཐའི་ཁྱད་པར་ནི། །དབྱེ་ཚུལ་རྣམ་པ་སྐྱབས་འགྲོའི་ཁྱད་དང་ལྟ་བ་བཀའ་རྟགས་བཞི་ཞེས་པ་མི་རྟག་སྡུག་བསྔལ་སྟོང་ཞིང་བདག་མེད་བཞི་དང་། བསྒོམ་པ་སྤྱོད་རྩེའི་གཉེན་པོ་ཡོད་མེད་ཀྱི་ཁྱད་པར་ཀྱང་རང་སྡེ་གནས་མ་བུའི་སྡེས་བརྗོད་དུ་མེད་པའི་བདག་ཁས་བླངས་ཀྱང་། བདག་མེད་རྟོགས་པའི་ཤེས་རབ་ནི་མེད་པར་མི་འདོད་པས་སྐྱོན་ཅན་མིན་ཅིང་ཀུན་མཁྱེན་བླ་མའི་བཞེད་པའི་འདི་ལེགས་པར་མངོན་མང་མཆིས་ཀྱང་། །བདག་མེད་རྟོགས་པའི་ཤེས་རབ་ཀྱིས། །ལམ་ལ་བརྟེན་ནས་ཐར་པ་མཆོག །འདོད་མིན་སྒོ་ནས་ཕྱི་ནང་གི། །ཁྱད་པར་དབྱེ་བ་རྩོད་བྲལ་ཡིན། །དོན་དུ་བདག་མེད་རྟོགས་མ་རྟོགས། །ཁོ་ནས་ཕྱེ་བ་མཁས་ལ་ཀུན་མཁྱེན་བླ་མའི་བཞེད་པ་འདི་ཕྱལ་དུ་བྱུང་ཞིང་ལེགས་པར་མངོན། གྲགས། །ནང་པ་སངས་རྒྱས་གྲུབ་མཐའ་ལ། །སྙིང་པོ་ཀྱེ་ཡི་རྡོ་རྗེ་ཡི། །རྩ་རྒྱུད་བརྟག་པ་གཉིས་པ་ལས། །དང་པོར་གསོ་སྦྱོང་སྦྱིན་པར་བྱ། །དེ་རྗེས་བསླབ་པའི་གནས་བཅུ་ཉིད། །དེ་ལ་བྱེ་བྲག་སྨྲ་བ་བསྟན། །མདོ་སྡེ་པ་ཡང་དེ་བཞིན་ནོ། །དེ་ནས་རྣལ་འབྱོར་སྤྱོད་པ་ཉིད། །དེ་ཡི་རྗེས་སུ་དབུ་མ་བསྟན། །སྔགས་ཀྱི་རིམ་པ་ཀུན་ཤེས་ནས། །དེ་རྗེས་ཀྱེ་ཡི་རྡོ་རྗེ་བསྟན། །དང་པོ་བྱེ་བྲག་སྨྲ་བ་ནི། །བཤད་གཞི་

དམ་ཆོས་མངོན་པ་ནི། །སྟོན་པ་མཆོག་གི་ཡུལ་གང་ཟག །སྣ་ཚོགས་དོན་དུ་ཐོར་བུར་ཤེས་རབ་ཅན་གྱི་མཆོག་ཤཱ་རིའི་བུ་སོགས་བདུན་གསུངས། །ཕྱིས་སུ་དགྲ་བཅོམ་བདུན་གྱིས་བསྡུས། །སྡེ་བདུན་ཞེས་གྲགས་དེའི་དགོངས་འགྲེལ། །དགྲ་བཅོམ་ལྔ་བརྒྱས་མཛད་པ་ཡི། །བྱེ་བྲག་བཤད་མཛོད་ཆེན་མོ་ཞེས། །འཕགས་བོད་མཁས་གྲུབ་སློབ་དཔོན་གྱིས། །དར་ཞིང་རྒྱས་པར་མཛད་དེའོ། །ཤེས་བྱའི་གཞི་ལྔ་བདེན་གྲུབ་ཏུ། །སྨྲ་བས་བྱེ་བྲག་སྨྲ་ཞེས་གྲགས། །དེ་ལ་ཐམས་ཅད་ཡོད་སྨྲ་དང་། །དགེ་འདུན་ཕལ་ཆེན་གནས་བརྟན་སྡེ། །མང་བཀུར་རྩ་བའི་སྡེ་བཞི་དང་། །དེ་ལས་གྱེས་པས་བཅོ་བརྒྱད་བྱུང་། །ད་ལྟ་བོད་ཀྱི་སྡོམ་རྒྱུན་ནི། །རྫོང་པོ་རྗེ་ཕལ་ཆེན་པ་དང་། དར་བྱེད་གོ་ཆ་གནས་བརྟན་པའི་མཁན་པོ་བོད་དུ་ཕེབས་སྐྱོང་བ་ཙམ་ལས། གཞན་སྡེ་པ་གསུམ་པོ་མ་བྱུང་། ཐམས་ཅད་ཡོད་པར་སྨྲ་བ་ཡིས། །གསུང་རབ་ལེགས་སྦྱར་སྐད་དུ་འདོན། །མཁན་པོ་རྒྱལ་རིགས་སྒྲ་གཅན་འཛིན། །ལས་བརྒྱུད་སྣམ་སྦྱར་སྣམ་ཕྲན་དགུ། །ཡན་ཆད་ཉི་ཤུ་རྩ་ལྔའི་བར། །ཟླུང་དུ་མ་གྲུ་ར་རྟགས་འཁོར་ལོ། །པདྨ་མིང་ལ་མཁན་བརྒྱུད་ཀྱི། །མཚན་གྱི་སྒྲ་དང་ལྡན་པར་འདོགས། །བྱེ་བྲག་སྨྲ་བ་ཁ་ཆེ་དང་། །ཉི་འོག་ཅེས་པ་གནས་ཀྱི་ཁྱད། །དེ་ལ་བྱེ་བྲག་སྨྲ་བའི་ལུགས། །ཤེས་པར་བྱ་བའི་གཞི་ལྔ་ནི། །གཟུགས་སེམས་སེམས་ལས་བྱུང་བ་དང་། །མི་ལྡན་འདུ་བྱེད་འདུས་མ་བྱས། །སྔ་མ་བཞི་ནི་མི་རྟག་རྫས། །ཕྱི་མ་གཅིག་ནི་རྟག་རྫས་འགྱུར་ལྡོག་སྐྱེ་འཇིག་བྲི་གང་མེད་པ་ལ་རྟག་པ་ཞེས་གསུང་སོ། །དེ་ཡང་སྤྱིར་ནི་གཟུགས་སྣང་བ་གཟུགས་ཀྱི་གཞི་བསགས་ལུགས། ལ་གཉིས། །རྫས་རྡུལ་ཕྲ་རབ་ཞེས་པ་དང་། །བསགས་རྡུལ་ཕྲ་རབ་གཉིས་སུ་གཉིས། །གཟུགས་ཅན་ཀུན་གྱི་ཆུང་མཐའ་ནི། །ཕྱོགས་ཀྱི་ཆ་ཆུང་མཐའ་མེད་རྡུལ་ཕྲ་ཡན་གར་བ་རབ། །དུས་ཀྱི་ཐུང་མཐའ་མཐའ་མ་སྐད་ཅིག་སྐྱེས་བུའི་སེལ་གོལ་རྫོགས་ཡུན་ལ་སྐད་ཅིག་མ་གཅིག་དེ་བརྒྱ་ཉི་ཤུ་ལ་དེའི་སྐད་ཅིག་མ་གཅིག་དེ་དྲུག་ཅུ་ལ་རྒྱང་གཅིག་དེ་སུམ་ཅུ་ལ་ཡུད་ཙམ། དེ་སུམ་ཅུ་ལ་ཞག་མ། །དེ་ལྟའི་རགས་པའི་རྩོམ་གཞིར་གྱུར་པ་རྫས་རྡུལ་ཕྲ་རབ་བདུན། །རྡུལ་ལས་བསགས་རྡུལ་བསགས་པའི་རྡུལ་རགས་པའི་ཐུང་མཐའོ། །འདི་རྣམས་དངོས་པོ་ཡིན་ཅིང་ཡན་གར་བ་དང་རྡུལ་ཕྲན་འདི་དབང་ཡུལ་དུ་མི་མངོན་ཕྲན་གཅིག །ལྕགས་ཆུ་རི་བོང་ལུག་དང་གླང་། །ཉི་ཟེར་རྡུལ་དང་སྲོ་མ་ཤིག །ནས་བཅས་རིམ་བཞིན་བདུན་དེ་ནས་བདུན་ལ་སོར་གང་དེ་ཉི་ཤུ་ལ་གྲུ་གང་དེ་བཞི་ལ་འདོམ་གང་གཞུ་འདོམ་ལྔ་བརྒྱ་ལ་རྒྱང་གྲགས་གཅིག །དེ་བརྒྱད་ལ་དཔག་ཚད་གཅིག་འགྱུར་རོ། །

དེ་ནས་གཟུགས་ཅན་རགས་པ་རྣམས། །རྫས་གྲངས་དུ་དང་ལྡན་ཞེ་ན། །འདོད་པའི་ས་ཡིས་བསྡུས་པ་ལ༔ ༔ཉུང་མཐའ་རྫས་བརྒྱད་ལྡན་པར་སྐྱེ། །ས་ཆུ་མེ་རླུང་འབྱུང་འདི་འབྱུང་བ་ནི་རྒྱུའི་འབྱུང་བ་བཞི་ཡིན། ད་ལྟ་མངོན་གྱུར་པ་འདི་འབྲས་བུའི་འབྱུང་བ་བཞི་ཡིན་བཞིའི་རྡུལ། །གཟུགས་དྲི་རོ་རེག་རྡུལ་འདོད་པའི་ལས་བསྡུས་པའི་བསགས་རྡུལ་གོང་བུ་ཡིན་ན་རྡུལ་རྫས་བརྒྱད་འདུས་ཡིན་པས་ཁྱབ་ཅེས་སོ། །འདིའི་སྐབས་གྲངས་ནི་ནུས་པའི་གྲངས་འདུས་པ་ཡིན་བཅས་བརྒྱད། །དེ་

སྟེང་ལག་པ་འདི་ནས་བཟུང་རགས་པ་ལྷ་བུ་ཡི། །ཆ་ཤས་ལྡན་ཆེ་དགུ་རུ་འགྱུར། །མིག་སོགས་དབང་པོ་ལྡན་པ་ན། །བཅུར་གྱུར་དེ་སྟེང་སྨྲར་ལྡན་པས། །རྟུལ་རྫས་བཅུ་གཅིག་ལྡན་ཅིག་སྐྱེ། །གཟུགས་ཁམས་སས་བསྡུས་དྲི་རོ་གཉིས། །མེད་པས་འབྱུང་བཞི་གཟུགས་རེག་དྲུག །ལུས་ཀྱི་ཆ་ཤས་ལྡན་ཆེ་བདུན། །དབང་པོ་གཞན་ལྡན་བརྒྱད་འགྱུར་རོ། །གཟུགས་མེད་པ་ཡིས་བསྡུས་པ་ལ། །རྟུལ་རྫས་བཅྭི་རྒྱུ་མེད་པའོ། །ཤེས་བྱའི་གཞི་ལྔའི་དང་པོ་ལ། །གཟུགས་ཀྱི་སྣང་བ་གཟུགས་ཀྱི་གཞི་དངོས་གཞི་ཡི་མཚན་ཉིད་ནི། །གཟུགས་སུ་རུང་ཞིང་གཟུགས་ཅན་གྱིས། །གནོད་པ་བྱ་རུང་ཞིག་ལ་འཇུག །གཟུགས་ནི་དབང་པོ་ལྔ་དང་དོན། །ལྔ་དང་རྣམ་རིག་བྱེད་མི་ཉིད། །ཅེས་པའི་མཚན་ཉིད་གཟུགས་སུ་རུང་། །གཟུགས་དང་གཟུགས་ཅན་གཟུགས་ཕུང་རྣམས། །ཕེམ་པོ་ཡིན་ན་གཟུགས་ཅན་ཡིན་པས་ཁྱབ། གཟུགས་ཅན་ཡིན་ན་ཕེམ་པོ་ཡིན་པས་མི་ཁྱབ་བོ། །ཕྱི་ཕེམ་ནི་རི་ར་ཁང་ཁྱིམ། ནང་ཕེམ་ནི་ལུས་སོགས་སོ། །ཕྱི་ཕེམ་དང་ནང་ཕེམ་འདི་བྱེ་བྲག་ཏུ་སྨྲ་བ་ལས་གཞན་ལ་མ་གྲགས། དོན་གཅིག་མིང་གི་རྣམས་གྲངས་སོ། །

གཟུགས་ནི་མིག་སོགས་དབང་པོ་ལྔ། །གཟུགས་སོགས་དོན་ལྔ་འདོད་ཡོན་ལྔ་རྣམ་པ་ནི། །རིག་བྱེད་མ་ཡིན་ཏེ་བཅུ་གཅིག །དབང་ཁམས་སྐྱེ་མཆེད་མིང་དོན་གཅིག །དབང་ལྔའི་མཚན་ཉིད་མིག་སོགས་དབང་པོ་ལྔ་རྣམ་ཤེས་ལྔའི། །བདག་རྐྱེན་བྱེད་པའི་རིགས་གྱུར་པའི། །ནང་གཟུགས་དྭངས་མ་མིག་ལ་ནི། །ཟར་མའི་མེ་ཏོག་ལྟར་གནག་པ། །སྣ་ལ་ཟངས་ཁབ་གཤིབ་འདྲ་བ། །ལྕེ་ལ་ཟླ་བ་བགས་ལྟ་བུ། །རྣ་བ་གྲོ་གའི་འཛེར་བ་འདྲ། །ལུས་ལ་བྱ་སྲོག་ཆགས་རེག་འཇམ་པགས་མཚུངས། །དབང་པོ་ལྔ་ཡི་སྤྱོད་ཡུལ་དུ། །གྱུར་པ་གཟུགས་སྒྲ་དྲི་རོ་རེག །སྐྱེ་མཆེད་དམ་ནི་ཁམས་ཞེས་འདོགས། །གཟུགས་གཟུགས་སོགས་དོན་ལྔ་ལ་ཁ་དོག་དབྱིབས་གཟུགས་གཉིས། །རྩ་བའི་ཁ་དོག་སྔོ་སེར་དམར་པོ་དཀར། །སྤྲིན་དང་དུ་བ་རྡུལ་ཁུག་སྣ། །ལྗོ་ནུས་གྲིབ་མ་ཉི་མ་སྣང་བ་མུན། །དབྱིབས་ཀྱི་གཟུགས་ལ་རིང་ཐུང་གཉིས། །གྲུ་བཞི་ལྷམ་དང་ཟླུམ་པོ་མཐོ་དམན་གཉིས། །མཉམ་པ་ཕྱལ་ལེ་བ་དང་ཕྱ་ལེ་མིན། མི་མཉམ་པ། །གཟུགས་རྫས་ཉི་ཤུ་ཐམ་པའོ། །སྒྲ་ནི་སྐྱེས་བུའི་རྩོལ་བ་ལས། །ཟིན་པ་པི་ཝང་ལྟ་བུའི་སྒྲ། །མི་སྣན་སྒྲོགས་སྒྲ་ལྟ་བུའོ། །མ་ཟིན་འབྱུང་བ་ལ་བརྟེན་པའི། །སྙན་པ་སྒྲ་ནི་ཆུ་སྒྲུང་ལྟ་བུའི་སྙན། །མི་སྙན་བྲག་རལ་ལྟ་བུའོ། །སེམས་ཅན་ངག་ལ་སྟོན་པའི་སྒྲ། །སྙན་པ་མིའམ་ཅིའི་གླུ་སོགས། །མི་སྙན་ཁྲོས་པའི་ངར་འདྲ། །སེམས་ཅན་ངག་ལ་མི་སྟོན་པའི། །སུམ་ཅུ་རྩ་གསུམ་སྙན་པ་ལྷ་ཡི་རྔ་ཆེན་ལས། །འདུས་བྱས་མི་རྟག །ཟག་བཅས་སྡུག་བསྔལ། ཆོས་སྟོང་ཤིང་བདག་མེད། མྱང་འདས་ཞི་བ་རྩོལ་མེད་སྟོམ་གཞི་སྟོན་པའི་སྒྲ། །མི་སྙན་སྒྲ་མི་སྙན་པ་ལ། །འཆི་སྒྲ་གྲགས་པ་ལྟ་བུ་སྟེ། མཛོད་འགྲེལ་ལས་ནི། སྒྲ་ལ་སྐྱེས་བུའི་རྩོལ་བས་ཟིན་པ་དང་མ་ཟིན་གཉིས་ལ་སེམས་ཅན་རྒྱུད་ལ་སྟོན་མི་སྟོན་གཉིས་རེ་ཕྱེ་བས་བཞི། བཞི་པོ་དེ་ལ་སྒྲ་སྙན་པ་དང་མི་སྙན་པ་གཉིས་རེ་ཕྱེ་བས་བརྒྱད་དུ་བཤད། གཉིས་གཉིས་ཕྱེ་

བས་བརྒྱད་དུ་འགྱུར། །དྲི་ནི་ཞིམ་དང་མི་ཞིམ་གཉིས། །དྲི་མི་དང་པ་ཤས་ཆེ་ཆུང་གི་དབྱེ་བའོ། །མཉམ་དང་མི་མཉམ་གཉིས་ཏེ་བཞི། །རོ་ལ་མངར་སྐྱུར་ལན་ཚྭ་བ། ཚ་བ་སི་ལིང་ལྟ་བུ་ཚ་དང་ཏིག་ཏའི་རོ་ལྟ་བུ་ཁ་དང་ཞོ་ཡི་རོ་ལྟ་བུ་བསྐ་བ་དྲུག །རེག་ལ་འབྱུང་བཞི་འཇམ་རྩུབ་གཉིས། །ལྗི་ཡང་གཉིས་དང་གྲང་བ་དང་། །ནང་ལ་ལྟོགས་བཀྲེས་སྐོམ་གཉིས་དང་བཅུ་གཅིག་གོ། །

རྣམ་པ་རྣམ་རིག་བྱེད་མིན་གསུམ། རིག་བྱེད་མ་ཡིན་གཟུགས། །དབྱིབས་ཀྱི་རྣམ་པ་མི་མཐོང་ཡང་། །སྡོམ་དང་སྡོམ་མིན་བར་མ་ཡི། །སྡོམ་འདི་སོ་ཐར་ལྟ་བུར་ཐོག་མར་སྡོམ་པ་ལེན་དུས་རྣམ་པ་རིག་བྱེད་ཀྱི་སྒོ་ནས་བླང་ཞིང་། སྐད་ཅིག་གཉིས་པ་ནས་གང་ཟག་གི་རྒྱུད་ལ་གནས། ཤི་བ་སོགས་ཀྱིས་གཏོང་བའི་སྐྱེ་འཇིག་ཡོད་པ་དེ་ལ་གཟུགས་ཀྱི་ཐ་སྙད་འདི་སྐབས་འདོགས། ཀུན་དགའ་ར་བ་བརྩིགས་པ་སོགས་བར་མ་དང་། ཤན་པས་སྲོག་བཅས་པར་ཁས་ལེན་པའི་མི་དགེ་བ་ཡང་དེས་འགྲེས། གཟུགས་ཁམས་ཀྱི་བསམ་གཏན་དང་ཟག་མེད་ཀྱི་སྡོམ་པ་ཡང་དབྱིབས་མཚུངས་སྟེ་བསམ་གཏན་ནི་ཉམས་ན་ཕྱིར་ལྡང་བ་དང་། ཡོན་ཏན་ཡར་ལྡན་དུ་གྱུར་ཆེ་འཕོ། ཟག་མེད་ཀྱི་སྡོམ་པའང་ཡོན་ཏན་ཡར་ལྡན་དུ་གྱུར་ཆེ་ན་འཕར་བས་འཕོ་བ་སྟེ་འདི་རྣམས་ཀྱང་མངོན་གྱུར་མཐོང་བ་མེད་ཀྱང་སྐྱེ་འཇིག་བྱེད་པའི་དབང་གིས་སོ་པ་རྒྱུད་ལ་གནས་དེར་བཤད། །ཞར་བྱུང་འབྲས་གཟུགས་དབྱིབས་དང་ཁ་དོག་སྨོས་པ། གཞན་ཡང་འབྱུང་བཞིའི་མཚན་ཉིད་ནི། །སྲ་ཞིང་འཐས་དང་བརླན་གཤེར་བ། །ཚ་བསྲེག་ཡང་ཞིང་གཡོ་བའོ། །དེ་དག་དབྱིབས་ལ་གྲུ་བཞི་དང་། །ཟླུམ་པོ་གྲུ་གསུམ་རིང་པོ་དང་། །ཁ་དོག་དཀར་སེར་དམར་སྔོ་ནི། །གཟུགས་སུ་གཏོགས་ཤིང་ཁམས་མིན་ནོ། །ཚོར་བ་འདི་ནི་འདིར་ཕུང་པོའི་གྲལ་དུ་དྲངས་ཤིང་གཞི་ལྟ་ལས་སེམས་བྱུང་ཀུན་འགྲོ་ལྔའི་ནང་ཚན་དུ་བགྲང་རྒྱ་གོང་མའི་དགོངས་རྒྱན་ལས་གསལ་བར་གསུངས། ཚོར་བའི་མཚན་ཉིད་རང་སྟོབས་ཀྱིས། །རང་ཡུལ་མྱོང་བའི་རྣམ་པ་ཅན། །སིམ་དང་གདུང་བ་བར་མ་གསུམ། །དེ་ལ་ལུས་ཚོར་སེམས་ཚོར་གཉིས། །དབང་པོ་ལྔར་བརྟེན་ལུས་ཚོར་དང་། །དྲུག་པ་ཡིད་ལ་བརྟེན་པ་ནི། །ཡིད་ཚོར་ཡིན་ནོ་རྣམ་ཤེས་དྲུག །རེ་རེར་བདེ་སྡུག་བར་མ་གསུམ། །ཕྱེ་བས་བཅོ་བརྒྱད་དུའང་བགྲངས། །འདུ་ཤེས་མཚན་འདུ་ཤེས་འདིར་ཕུང་པོའི་གྲལ་དུ་བྲིས་པ་ལས་གཞི་ལྟ་ལས་སེམས་བྱུང་ཀུན་འགྲོའི་ནང་ཚན་དུ་བསྡུ་བ་གོང་མའི་དགོངས་རྒྱན་དུ་གསལ་ཉིད་རང་སྟོབས་ཀྱི། །རང་ཡུལ་སྒྲ་རིས་སོ་སོར་བཟུ །ཕྱེ་ནས་འཛིན་པའི་སེམས་བྱུང་ངོ་། །

དེ་ལ་བདག་མེད་པ་ལ་བདག །མི་རྟག་རྟག་དང་སྡུག་བསྔལ་ལ། །བདེ་བ་མི་གཙང་གཙང་བ་ཡི། །འདུ་ཤེས་ལོག་དང་དེ་ལས་ལྡོག །བདག་མེད་པ་སོགས་སོ་སོའི་མཚན་ཉིད་ཚུལ་བཞིན་པ། ཕྱིན་ཅི་མ་ལོག་འདུ་ཤེས་སོ། །འདུ་བྱེད་ཕུང་པོའི་སེམས་དང་མི་ལྡན་པའི་འདུ་བྱེད་བཅུ་བཞི་ཕར་བཅད། སེམས་ལྡན་འདུ་བྱེད་ཐམས་ཅད་སེམས་བྱུང་ཡིན་ནོ། །གཞི་ལྟ་བཞག་སྐབས་འདི་གཉིས་སོ་སོར་རྩིས། སོ་སོའི་རྣམ་གྲངས་འོག་ཏུ་འབྱུང་མཚན་ཉིད་ནི། ཕུང་པོ་གཞི་ལས་གཞན་པ་ཡི། །

ཡུལ་འདིའི་རྣམ་གྲངས་སེམས་བྱུང་དང་ལྡན་མིན་འདུ་བྱེད་སྐབས་སུ་གསལ་རྣམས་འདུ་བྱེད་རྣམས་ལ་གྲགས། །འདི་གཙོ་བོ་སེམས་ཀྱི་གཞི་འདོད་ཀྱང་དངོས་ཀྱི་ས་བཅད་འོག་ནས་འབྱུང་རྣམ་ཤེས་ཕུང་པོའི་མཚན་ཉིད་ནི། །རང་བྱུང་ངོ་བོ་རང་སྟོབས་ཀྱི། །རྣམ་པ་གཙོ་རིག་རྣམ་རིག་དང་། །རྣམ་ཤེས་ཡིད་དབང་གཙོ་སེམས་དང་། །ཡིད་དང་སེམས་ཁམས་སྐྱེ་མཆེད་དང་། །རྣམ་ཤེས་ཕུང་པོ་ཞེས་པ་རྣམས། །དོན་གཅིག་མིང་གི་རྣམ་གྲངས་ཡིན། །ནང་གསེས་དབྱེ་བས་མིག་རྣ་སྣ། །ལྕེ་ལུས་ཡིད་ཀྱི་རྣམ་ཤེས་དྲུག །སོ་སོའི་མཚན་ཉིད་འོག་ནས་འབྱུང་། སྐྱེ་མཆེད་ཅེས་པའི་མཚན་ཉིད་ནི། །སེམས་དང་སེམས་བྱུང་སྐྱེ་བ་ཡི། །སྒོར་གྱུར་པའོ་དབྱེ་བ་ནི། །ནང་གི་སྐྱེ་མཆེད་མིག་སོགས་དྲུག །ཕྱི་ཡི་སྐྱེ་མཆེད་གཟུགས་སྒྲ་དྲི། །རོ་དང་རེག་བྱ་ཆོས་བཅས་དྲུག །དེ་དག་སྐྱེ་མཆེད་མཚན་ཉིད་ནི། །མིག་གི་རྣམ་ཤེས་འཁོར་བཅས་སོགས། །སྐྱེ་བའི་སྒོ་རུ་གྱུར་པའོ། །ཁམས་ཀྱི་མཚན་ཉིད་སེམས་སེམས་བྱུང་། །འབྱུང་བའི་ཁུངས་སུ་གྱུར་པ་སྟེ། །དབྱེ་ན་འདི་སྐབས་རང་འགགས་མ་ཐག་ཏུ་མིག་སོགས་རང་འབྲས་ཀྱི་རྣམ་ཤེས་སྐྱེ་བའི་རིགས་སུ་གནས་པ་དེ། སྐྱེ་རུང་དུ་གནས་པ་དེ་དབང་པོའི་ཁམས་སོ། །རྟེན་གྱི་དབང་པོ་དྲུག །དམིགས་པའི་ཡུལ་གྱི་གཟུགས་སོགས་དྲུག །བརྟེན་པ་རྣམ་ཤེས་དྲུག་པ་སྟེ། །ཁམས་ནི་བཅོ་བརྒྱད་ཅེས་སུ་གྲགས། །མིག་སོགས་དབང་ལྔ་གཟུགས་ལ་སོགས། །དོན་ལྔ་གཟུགས་ཀྱི་ཁམས་སྐྱེ་མཆེད། །ཕུང་པོ་བར་པ་གསུམ་པོ་དང་། །རྣམ་པ་རིག་བྱེད་མ་ཡིན་གཟུགས། །དྲུག་པ་ཡིད་ཀྱི་རྣམ་ཤེས་ཀྱི། །སྐྱེ་བའི་སྒོ་དང་འབྱུང་ཁུངས་སུ། །གྱུར་པས་ཆོས་ཀྱི་སྐྱེ་མཆེད་ཁམས། །འདི་ལ་ཁམས་བདུན་འདོད་པའི་ཚེ། །རྣམ་ཤེས་ཚོགས་དྲུག་གང་རུང་བ། །འདས་མ་ཐག་པའི་རྣམ་ཤེས་དེ། །རང་འབྲས་ཡིད་ཀྱིས་རྣམ་ཤེས་ཀྱི། །རྟེན་བྱེད་ཆ་ནས་ཡིད་ཁམས་དང་། །ཡིད་ཀྱི་དབང་པོ་འཇོག་པའོ། །འདི་ལྟར་བཤད་ཅིང་རྣམ་ཤེས་ཚོགས་དྲུག་དང་། ཚོར་འདུ། འདུ་བྱེད་གསུམ་སྟེ་མ་འགག །རྗེས་མ་མངོན་གྱུར་མ་སྐྱེས་པའི་གང་དུའང་ངོས་མ་བཟུང་པ་དེ་ཆོས་ཁམས་དང་ཆོས་ཀྱི་སྐྱེ་མཆེད་དུ་འཇོག་པ་སྟེ་གོང་དུ་བདུན་དུ་འཇོག་ཚུལ་གྱི་ཡིད་ཁོན་བཤད་པ་དང་། རྗེས་མ་འདི་བཅས་དོན་མཚུངས་ཤིང་འདི་བཞིན་མ་བཞག་ན་ཁམས་བཅོ་བརྒྱད་ཀྱི་སྐབས་ཆོས་ཀྱི་སྐྱེ་མཆེད་དང་ཡིད་ཀྱི་ཁམས་འཇོག་རྒྱུ་མེད་འདྲ།

འོན་རྟེན་དང་དེར་མཚུངས་ཀྱི། །ཁྱད་པར་དབང་པོ་དྲུག་གིས་ནི། །ཡུལ་རྣམས་ཀྱི་ནི་ཡུལ་ཅན་དང་། །རྣམ་ཤེས་རྣམས་ཀྱི་རྟེན་བྱེད་དོ། །ཡུལ་དྲུག་དབང་པོ་རྣམ་ཤེས་ཀྱི། །ཡུལ་དང་དམིགས་པ་གཉིས་ཀ་བྱེད། །རྣམ་ཤེས་དྲུག་གི་དབང་པོའི་རྟེན། །ཡུལ་གྱིས་ཡུལ་ཅན་བྱེད་པའོ། །གཉིས་པ་གཙོ་བོ་སེམས་ཀྱི་གཞི། །སེམས་ཀྱི་མཚན་ཉིད་རང་གིས་ཡུལ། །རང་གིས་སྟོབས་ཀྱིས་རིག་པའོ། །མིག་དང་རྣ་བ་སྣ་ལྕེ་ལུས། །ཡིད་ཀྱི་རྣམ་པར་ཤེས་ཏེ་དྲུག །སེམས་དང་སེམས་བྱུང་ངེས་པར་ནི། །ལྷན་ཅིག་སྐྱེ་ཞིང་སེམས་མེད་ན། །སེམས་བྱུང་མི་སྐྱེ་སེམས་དེ་ཡི། །འཁོར་དུ་སེམས་བྱུང་འབྱུང་ངེས་ཕྱིར། །སྐབས་འདིར་རྣམ་ཤེས་ཚོགས་དྲུག་གི། །དོན་གྱི་རྣམ་པ་མ

ཤར་བར། །འདི་ཁྲེ་སླ་རང་གི་དགོངས་པ་ཤེས་པ་རྣམ་མེད་དུ་དོན་འཛིན་པ་དང་རང་རིག་མེད་པའི་འདོད་ཚུལ། གཟུགས་ལ་སོགས་པའི་དོན་ཙམ་འཛིན། །དེ་ཡང་གཟུང་འཛིན་དུས་མཉམ་པར། །བར་དུ་མ་སྒྲིབ་ཐུག་ཕྲད་འཛིན། །དེ་ཡིས་རང་ཉིད་མ་རིག་པས། རང་གིཤེས་པསཤེས་པ་རང་ཡུལ་མ་མྱོང་བར་འདོད། །རང་རིག་མེད་པར་འདོད་པའོ། །

༈ གསུམ་པ་སེམས་བྱུང་གཞིའི་མཚན་ཉིད། །འཁོར་སེམས་བྱུང་གི་གཞི་འདི་འདུ་བྱེད་ཕུང་པོའི་གྲས་སོ། །རང་ཡུལ་ཁྱད་པར་རིག་པར་བཤད། །དེ་ཡང་མངོན་པ་གོང་མ་ལ། །སེམས་བྱུང་ལྔ་བཅུ་རྩ་གཅིག་གསུང་། །འོག་མའི་སྐབས་འདིར་རྫས་སུ་ཡོད། །བཞི་བཅུ་ཞེ་དྲུག་བཏགས་ཡོད་ལྔ། །དེ་ལ་ཀུན་ཏུ་འགྲོ་བ་ལྔ། །ཉམས་སུ་བླངས་བའི་ཚོར་བ་ཚོར་འདུ་ལྔ་བུ་གཅིག་གི་གཙོ་སེམས་འཁོར་དུ་གསལ་བར་ཡོད་པའི་ཚེ་སེམས་བྱུང་གཞན་རྣམས་མི་གསལ་བར་བག་ལ་ཞ་བའི་ཚུལ་གྱིས་ཐ་དད་དུ་གནས་པར་འདོད་དགོས། དང་། །དམིགས་པའི་ཡུལ་ལ་སེམས་གཡོ་བ། །མཚན་མར་འཛིན་པའི་འདུ་ཤེས་དང་། །དོན་དུ་གཉེར་བའི་འདུན་པ་དང་། །གསུམ་འདུས་ཡུལ་ལ་དབྱེད་པའི་རེག །ཡུལ་ངེས་ལྔ་ནི་ཆོས་རྣམས་ཀུན། །རབ་ཏུ་འབྱེད་པའི་ཤེས་རབ་དང་། །འདྲིས་པའི་ཡུལ་ལ་མ་བརྗེད་དྲན། །དམིགས་པ་ལ་གདན་ཡིད་ལ་བྱེད། །ངེས་པའི་དངོས་པོ་ལ་ངེས་མོས། །དམིགས་པ་རྩེ་གཅིག་པའི་ཏིང་འཛིན། །སེམས་ཀྱི་ས་མང་པོ་ཞེས་བྱ། །དགེ་བ་ཡི་ནི་ས་མང་བཅུ། །སེམས་དྭངས་པ་ཡིད་དད་པ་དང་། །དགེ་ལ་གོམས་པའི་བག་ཡོད་དང་། །སེམས་ཅན་ལས་རུང་ཤིན་ཏུ་སྦྱང་། །རྩོལ་བ་མེད་པའི་བཏང་སྙོམས་པ། འདི་ཚོར་བའི་བཏང་སྙོམས་དང་མི་གཅིག །ཡོན་ཏན་ཅན་གུས་ངོ་ཚ་ཤེས། །སྡིག་ལ་འཛེམས་པའི་ཁྲེལ་ཡོད་དང་། །ཟག་བཅས་ཉོན་མོངས་རྣམས་ལ་འདོད་ཆགས་དབེན། །སེམས་ཅན་རྣམས་ལ་ཞེ་སྡང་མེད། དེ་ལ་སྙིང་བརྩེས་འཚེ་བ་བྲལ། །དགེ་ལ་སྤྲོ་བའི་བརྩོན་འགྲུས་སོ། །

ཉོན་མོངས་ཆེན་པོའི་ས་མང་དྲུག །དམིགས་པ་མི་ཤེས་རྨོངས་པ་དང་། །མི་དགེར་གོམས་པའི་བག་མེད་པ། དགེ་ལ་མི་སྤྲོའི་ལེ་ལོ་དང་། །སེམས་མ་དྭང་བའི་མ་དད་པ། །སེམས་མི་གསལ་བའི་རྨུགས་པ་དང་། །སེམས་གཞན་འཕྲོ་བའི་རྒོད་པའོ། །མི་དགེ་བ་ཡི་ས་མང་གཉིས། །ཡོན་ཏན་ཅན་ལ་མ་གུས་པའི། །མངོན་པ་གོང་མ་ལས། གཞན་ལས་ཁ་ན་མ་ཐོ་བ་ལ་མི་འཛེམ་པ་ངོ་ཚ་མེད་པ་དང་། རང་ལས་ཁ་ན་མ་ཐོ་བ་ལ་ཁྲེལ་མེད་པ་ལ་འཆད། ངོ་ཚ་མེད་དང་སྡིག་པ་ལ། །མ་འཛེམ་པ་ཡི་ཁྲེལ་མེད་དོ། །ཉོན་མོངས་ཆུང་དུའི་ས་པ་བཅུ། । གནོད་པ་བྱས་ལ་ཁྲོ་བ་དང་། ། དེ་ལ་རྒྱུན་པར་འཁོན་དུ་འཛིན། །ཉེས་པ་ཁས་མི་ལེན་པའི་གཡོ། །གཞན་གྱི་ཡོན་ཏན་ལ་ཕྲག་དོག །གཞན་གནོད་མི་བཟོད་འཚིག་པ་དང་། །ཉེས་པ་གསང་བའི་འཆབ་པ་དང་། །ཡོ་བྱད་ནན་འཛིན་སེར་སྣ་དང་། །ཡོན་ཏན་ཅན་འཆོས་པ་ཡི་སྒྱུ། །རིགས་སོགས་ཆེར་ཆགས་རྒྱགས་པ་དང་། །སེམས་ཅན་ཐོད་འཚམས་རྣམ་པར

འཆི། །མ་རིག་པ་ཡི་སྦྱོ་ཚན་བརྒྱད། །སེམས་རྩེ་ཅིང་པར་གྱུར་རྟོག་པ་དང་། །ཞིབ་པར་བྱེད་པའི་དཔྱོད་པ་དང་། ། སྔར་བྱས་ཡིད་ལ་བཅག་པའི་འགྱོད། །སེམས་རྒྱུད་རང་དབང་མེད་པའི་གཉིད། །སེམས་འཁྲུགས་པ་ཡི་ཁོང་ཁྲོ་དང་། །ཟག་བཅས་ལ་སྲེད་འདོད་ཆགས་དང་། །སེམས་ཁེངས་པ་ཡི་ང་རྒྱལ་དང་། །དམིགས་པ་རྩེ་གཉིས་ཐེ་ཚོམ་མ༔ ༔འདི་ཡན་ལ་སེམས་བྱུང་རྫས་ཡོད་བཞི་ཅུ་ཞེ་དྲུག་སོང་། དེ་སྟེང་བཏགས་ཡོད་ལྔ་དང་ལྔ་བཅུ་རྩ་གཅིག་གོ། །བཏགས་ཡོད་ལྔ་ནི་བདེན་པ་བཞི། །ཤེས་པའི་གཏི་མུག་མེད་པ་དང་། །མི་གཙང་བ་ལ་གཙང་བ་ནྲུ །བལྟ་བཤེས་བཞིན་མ་ཡིན་པ། ། དོན་དང་མི་མཐུན་པ་རྣམས་ཀུན། །རྣམ་པར་འཕྲེད་པའི་ལྟ་བའོ། །གསུམ་ནི་ཤེས་རབ་ཆ་ལས་བཏང་། ། དམིགས་པ་མི་དྲན་བརྗེད་ངེས་ནི། །གོང་གི་དྲན་པའི་ཆ་ལས་བཏགས། །དམིགས་པ་གཞན་དུ་འཕྲོ་བ་ཡི། ། རྣམ་གཡེངས་ཏིང་འཛིན་ཉོན་མོངས་ཅན། །དེ་ནི་ཏིང་འཛིན་ཆ་ལས་བཏགས། །སེམས་བྱུང་རྣམས་གཙོ་སེམས་ཀྱི་ འཁོར་དུ་འགྲོ་ལུགས་འདི་དག་རྣམ་ཤེས་དྲུག་པོ་ཡི། །འཁོར་དུ་ཇི་ལྟར་འབྱུང་ཞེ་ན། །ཀུན་འགྲོ་ལྔ་དང་ཡུལ་ངེས་ལྔ། ། དད་སོགས་བཅུ་དང་ཉོན་མོངས་པ། །ཆེན་པོའི་ས་དྲུག་མ་རིག་པའི། །སྦྱོ་ཚན་ནང་གི་རྟོག་དཔྱོད་གཉིས། ། ཆགས་སྡང་གཉིས་བཅས་རྣམ་པར་ཤེས། །དྲུག་ཆར་འཁོར་དུ་ཅི་རིགས་འབྱུང་། ། གཞན་རྣམས་ཡིད་ཀྱི་རྣམ་པར་ཤེས། །ཁོ་ནའི་འཁོར་དུ་འབྱུང་བར་བཤད། །དེ་དག་སྦྱོ་ཚན་གོ་རིམ་ནི། སེམས་བྱུང་རྣམས་ཀྱི་སྦྱོ་ཚན་གོ་རིམ། ། སེམས་ཀྱི་ས་མང་བཅུ་པོ་ནི། །གཙོ་སེམས་ཐམས་ཅད་ལས་འབྱུང་བས། །ཐོབ་ཆེས་པས་ན་དང་པོར་བསྟན། ། དགེ་དང་མི་དགེ་ས་མང་པོ། །མཆོག་དམན་རིམ་པས་གཉིས་པ་དང་། །གསུམ་པར་བསྟན་ནོ་ཉོན་མོངས་ཆེ། ། ཆུང་དུས་མང་རྩ་ཉོན་དང་། །ཉེ་ཉོན་རིམ་པས་བཞི་པ་དང་། །ལྔ་པ་ལ་ནི་བཤད་པའོ། །མ་རིག་བརྒྱད་པོ་སྦྱོ་ ཚན་ལྔ། །གང་དུ་ཡང་ནི་མ་རིག་སོ། །

དེ་དག་སྒྲ་དོན་གཙོ་སེམས་དང་། །བདག་རྐྱེན་དབང་པོ་རྣམས་ལ་བརྟེན། ། ཡུལ་རྣམས་སོ་སོར་ དམིགས་པའི་མཐུས། །སེམས་བྱུང་རྣམས་ཀྱང་གཙོ་སེམས་ཀྱི། །བདག་རྐྱེན་ལ་བརྟེན་ཡུལ་དེར་དམིགས། ། བཞི་པ་ལྡན་མིན་འདུ་བྱེད་ལྡན་པ་མ་ཡིན་པའི་འདུ་བྱེད་ཀྱི་གཞི་གཞི། །སེམས་དང་སེམས་བྱུང་བཅས་པ་དང་། །བྱེ་སྒྲ་ རང་གིས་གསུང་པའི་ཆོས་སྐད། མི་མཚུངས་པས་ན་མི་ལྡན་དང་། །ཕུང་པོ་གཞན་དང་འདུས་མ་བྱས། །སེལ་བས་ གཞན་སེལ་གྱི་དོན་གཞན་རྣམས་ཕར་བཅད་དོན། འདུ་བྱེད་ཅེས་པའི་དོན། །དཔེར་ན་སྲོག་གི་དབང་པོ་བཞིན། །ཐོབ་ དང་མ་ཐོབ་སྐལ་མཉམ་དང་། །འདུ་ཤེས་མེད་སྙོམས་འཇུག་པ་སོ་སྐྱེ་འཕགས་པས་བསྒོམ་པའི་སྙོམས་འཇུག །གཉིས། ། སྲོག་དང་སྐྱེ་གནས་རྒ་མི་རྟག །མིང་ཚིག་ཡི་གེའི་ཚོགས་དེ་རྣམས། །ལུས་སེམས་ལྟ་བུ། དེ་དག་དངོས་ལས་གཞན་ པ་ཡི། །འདུས་བྱས་གྱུར་པའི་རྫས་ཡིན་ནོ། །ལྔ་པ་འདུས་མ་བྱས་རག་པའི་གཞི་གསུམ་འདུས་བྱས་མ་ཡིན་པ། །རྟག

པའི་གཞི་ལ་རྣམ་པ་གསུམ། །དང་པོ་ནམ་མཁའི་མཚན་ཉིད་ནི། །གཟུགས་ཅན་མི་སྒྲིབ་གོ་འབྱེད་པ། །སྣོད་ཀྱི་འཇིག་རྟེན་ས་ཆུ་རླུང་། །རྟེན་བྱེད་ནུས་པ་རྫས་སུ་འདོད། བྱེ་སྨྲ་རང་གི་ཆོས་སྐད། ནམ་མཁའི་ཁམས་དང་མི་མཚུངས་ཏེ། །འདི་ནི་འདུས་མ་བྱས་ཡིན་ལ། །ཅིག་ཤོས་དཀར་ཁུང་ལ་སོགས་པའི། །བུ་གའི་སྟོང་ཆའི་ནམ་མཁར་འཛོག །དམིགས་སུ་བཀར་བས་གཟུགས་ཀྱི་སྐྱེ་མཆེད་དུ་འགྱུར་བའང་བཤད། གཉིས་པ་སོ་སོར་བརྟགས་འགོག་གི། །མཚན་ཉིད་བདེན་བཞི་གང་རུང་ལ། །སོ་སོར་རྟོགས་པའི་ཤེས་རབ་ཀྱིས། །དཔྱད་པའི་བར་ཆད་མེད་པའི་ལམ། །བྲལ་འབྲས་སྡུག་བསྔལ་གྱི་རྒྱུ་ཀུན་འབྱུང་ཡིན་པ་ཤེས་ནས་དེ་སྤངས་པས་སྡུག་བསྔལ་འགོག་པ་ལྟ་བུའོ་འགོག་པ་དེ་ལ་བཤད། །

གསུམ་པ་སོ་སོར་བརྟགས་མིན་འགོག །དཔེར་ན་སྦྱོར་ལམ་བཟོད་པ་ཐོབ། །དེ་ཡི་སྟོབས་ཀྱི་མི་དགེའི་ལས། །འགོག་པས་ངན་འགྲོར་མི་སྐྱེ་བ། །ལྟ་བུ་རྐྱེན་མ་ཚང་བ་ཡི། །མ་འོངས་འབྲས་བུ་མི་འབྱུང་བའོ། །དེ་ལྟར་ཤེས་བྱའི་གཞི་ལྔ་ནི། །བྱེ་སྨྲ་རང་ལུགས་ཀྱི་བདེན་གཉིས་བཞག་ཚུལ། བདེན་གཉིས་འཛིན་ཚུལ་གང་ཞེ་ན། །སེམས་དང་སེམས་བྱུང་མི་ལྡན་པའི། །འདུ་བྱེད་འདུས་མ་བྱས་ཀྱི་གཞི། །རྡུལ་ཕྲན་ཕྱོགས་ཀྱི་ཆ་མེད་ནི། །རིག་པས་དཔྱད་བཟོད་གྲུབ་པའི་རྫས། འདི་དངོས་པོ་འདུག་དང་མི་འདུག་ཞེས་དབྱེ་བ་བྱེད་པའི་དོན། འདི་ལ་བྱེ་བྲག་སྨྲ་བས་འདུས་མ་བྱས་སོགས་ལ་དཔྱད་བཟོད་གྲུབ་པ་དང་། བུམ་པ་སོགས་ལ་མ་གྲུབ་ཞེས་འདོད་པ་ཡིན་ཞེས་པ་སྔགས་འཆང་ལོ་ཙཱ་བ་སོགས་གསུངས། བཅོམ་གཞིག་བློ་ཡི་གཞིག་ཀྱང་དེར། །འཛིན་བློས་མི་འདོར་དོན་དམ་བདེན། །བཅོམ་དང་བསལ་ཡང་དེ་ཡི་བློ་འཇུག་པ། ཕྲ་རབ་རྡུལ་དང་སྐད་ཅིག་སོགས་དོན་དམ་དངོས་རང་མཚན་དོན་དམ་བདེན་པ་ཞེས་འདོད། སྣང་བ་གཟུགས་ཀྱི་གཞིར་གྱུར་པའི། །རགས་པ་འཇིག་རྟེན་ན་གྲགས་པའི། །བུམ་པ་ཆུ་ལ་སོགས་པ་དང་། །ཕུང་པོར་བརྟགས་པའི་གང་ཟག་སོགས། །རྒྱུ་རྐྱེན་དུ་མ་འདུས་པའི་ཆོས། །རིགས་པས་དཔྱད་བཟོད་མ་གྲུབ་རྫས། །བཅོམ་བློས་གཞིག་ན་དེར་འཛིན་གྱི། །བློ་འདོར་བ་ནི་ཀུན་རྫོབ་བདེན། །འདི་བཞིན་བྱེ་བྲག་སྨྲ་བ་ཡི། །བདེན་པ་རྣམ་གཉིས་འཛིན་ཚུལ་ལ༔ །ཀུན་མཁྱེན་བསོད་ནམས་སེང་གེ་ཡི། །དོན་དམ་འཛིན་ཚུལ་ཆད་མཐའ་དང་། །ཀུན་རྫོབ་འཛིན་ཚུལ་རྟག་མཐའ་ལས། །གྲོལ་བས་འཁྲུལ་མེད་གནད་ཡིན་གསུངས། །བྱེ་སྨྲའི་ལུགས་འདིར་ཆོས་ཐམས་ཅད། །རྫས་ཡོད་དངོས་པོར་ཁས་ལེན་ཏེ། །འདི་ནི་ནམ་མཁའ་གཟུགས་ཅན་གོ་འབྱེད་རྫས་སུ་ཡོད་ཅེས་དང་། རླུང་རྒྱུས་ཡི་དཀྱིལ་འཁོར་རྣམས་ནམ་མཁར་བརྟེན་པ་སོགས་ཀྱིས་དངོས་པོར་ཡང་ཁས་ལེན་པར་སྣང་ངོ་འདུས་མ་བྱས་གསུམ་རྟག་དངོས་འདོད། །རྟག་རྫས་སུའང་འདོད། འདུས་མ་བྱས་གསུམ་དངོས་པོ་དང་རྫས་སུ་འདོད་པ་བྱེ་སྨྲ་ཁོ་ནའོ། །འདུས་བྱས་ཆོས་ཀུན་དུས་གསུམ་གྱི། །བསྡུས་ཤིང་རྫས་གྲུབ་ཉིད་དུ་འདོད། འདས་མ་གཉིས་རྫས་གྲུབ་འདོད་པ་ནི་བྱེ་སྨྲ་ཁོ་ནའོ། །དེ་ནས་ལམ་ལ་ཞུགས་ཚུལ་ནི། དེ་དག་ལམ་གྱི་སྐྱེ་ཚུལ་ནི། །མཛོད་ཀྱི་ལུང་ཚུལ་གནས་ཐོས་དང་བསམ་ལྡན་པས། །བསྒོམ་པ་ལ་ནི་རབ་ཏུ་སྦྱོར། །

མ་ཆགས་འཕགས་རིགས་ཞེས་པའི་དོན། །སེམས་བྱུང་མ་ཆགས་པའི་རང་བཞིན། གཙོ་བོར་ཟག་བཅས་ལ། །འདོད་པ་ཆུང་ཞིང་ཆོས་གོས་དང་། །བསོད་སྙོམས་གནས་མལ་ངན་ངོན་གྱིས། །ཆོག་ཤེས་ཚུལ་ལ་གནས་པ་དང་། །ཉོན་མོངས་སྤངས་དང་ལམ་བསྒོམ་པར། འདིར་རྗེ་བཙུན་རིན་པོ་ཆེའི་ལྗོན་ཤིང་ཆེན་མོ་ལས། གང་ཟག་འཇུག་པའི་གོ་རིམ་བཞི་སྟེ་དང་པོ་ཁོ་ནར་ཚུལ་ཁྲིམས་ལ་གནས་པ་ལ་རབ་ཏུ་སྦྱོར་རོ། །གཉིས་པ་དེའི་གོང་དུ་གསུང་རབ་ཀྱི་དོན་ཐོས་པར་བྱེད་པས་ཐོས་པ་ལ་སྦྱོར་རོ། །གསུམ་པ་ཐོས་པ་དེ་བསམ་པས་ཕྱིན་ཅི་མ་ལོག་པར་སེམས་པར་བྱེད་དོ། །བཞི་པ་བསམ་ནས་ཏིང་ངེ་འཛིན་བསྒོམ་པ་ལ་རབ་ཏུ་སྦྱོར་བར་བྱེད་དོ། །ཞེས་སོགས་དང་། ཡང་ལྗོན་ཤིང་ཆེན་མོ་ལས། དེ་ལ་ཐོས་བསམ་གནས་ནི་ཞི་གནས་དང་ལྷག་མཐོང་གི་རྒྱུ་ཚོགས་པ་ཡིན་པས། དེ་སྔོན་དུ་སོང་ནས་ཞི་གནས་སྒྲུབ་པ་དང་། ལྷག་མཐོང་བསྐྱེད་པའོ། །དང་པོ་བསྒོམ་པ་ལ་འཇུག་པ་ན། མི་དགེ་བའི་རྣམ་པར་རྟོག་པ་སོགས་ཐག་བསྲིང་ནས་བསྒོམ་མོ། །དེ་ཡང་འདོད་ཆགས་ནས་ཆེ་ན་མི་སྡུག་པ་ནས། དང་པོ་བསྒོམ་ལ་རྣམ་པ་རྟོག་པ་ཤས་ཆེ་ན་བགྲང་བ་དང་། རྗེས་སུ་རྟོག་པ་ཀླུང་ནས་དང་པོར་བསྒོམ་པ་ཡིན་ཏེ། མཛོད་ལས། དེ་ལ་འཇུག་པ་མི་སྡུག་དང་། དབུགས་འབྱུང་རྔུབ་པ་དྲན་པ་ཡི། ཉོན་མོངས་རྣམ་རྟོག་ལྷག་རྣམས་ལ། ཞེས་གསུང་པའོ། །དེ་ལྟར་རྣམ་པ་གཉིས་ཀྱི་ཞི་གནས་གྲུབ་ནས། དེ་ནས་ལྷག་མཐོང་བསྐྱེད་པར་བྱ་བའི་ཕྱིར་ལམ་ལྟ་ལ་འཇུག །

མངོན་པར་དགའ་དེས་ཞི་གནས་དང་། །ལྷག་མཐོང་ཟུང་འབྲེལ་རྣམ་པ་གཉིས། །དང་པོ་འདོད་ཆགས་ཤས་ཆེ་ན། ཞི་གནས། །གཉེན་པོར་རྣམ་པར་བསྔོས་པ་སོགས་མི་སྡུག་པ་བསྒོམ་འདིར་གསུང་ངག་སྐབས་སྣང་གསུམ་ལ་མི་རྟག་སྟོན་པོ་ལ་སེམས་འཛིན་གྱི་དོན་དང་མཚུངས་པར། ཉན་ཐོས་ཀྱི་ཐོག་མར་ཞི་གནས་བཙལ་བའི་སྐབས་སུ་འདོད་ཆགས་ཀྱི་རྟོག་པ་བྱུང་དུས་ལུས་དེ་མི་གཙང་བ་བསྔོས་པ་འབུའི་གཡེང་ས་སོགས་བསྒོམ་པས་འདོད་ཆགས་ཀྱི་རྟོག་པ་ལྡོག་པ་དང་། ཡང་དབུགས་ཕྱི་ནང་རྒྱུ་བ་ལ་སེམས་གཏད་པ་སོགས་ཀྱི་སེམས་ནང་དུ་གནས་ཐབས་ཁོ་ན་ལ་འབད་པས་ཞི་གནས་སྐྱེ་བའོ། །མོ། །རྣམ་རྟོག་ཤས་ཆེར་གྱུར་པའི་གཉེན། །དབུགས་འབྱུང་རྔུབ་ལ་དྲན་པ་འཛིན། །འདི་གཉིས་བྱེ་སྨྲའི་གཞུང་མཛོད་རྩ་བ་རང་གི་དགོངས་པ་ཡིན། ཞེ་སྣང་འདི་སོགས་གཞུང་གཞན་ལས་འབྱུང་གཉེན་པོ་བྱམས་པ་དང་། །གཏི་མུག་གཉེན་པོར་རྟེན་འབྲེལ་ལམ། །བསྒོམ་ཞེས་གཞུང་གཞན་ལས་གསུངས་སོ། །གཉིས་པ་ལྷག་མཐོང་རྣལ་འབྱོར་ལ། །སྤྱང་བྱའི་གཉེན་པོར་གྱུར་པའི་ལམ། །ཐམས་ཅད་མདོར་ན་བཞི་རུ་བསྡུ། སློབ་ལམ་བཞི། །དེ་ཡང་རང་གི་མཇུག་ཐོག་ཏུ། །བར་ཆད་མེད་པའི་ལམ་བསྐྱེད་བྱེད། །ལམ་ནི་སྦྱོར་བའི་ལམ་ཡིན་ཏེ། །དེ་ཡང་མཐོང་ལམ་ལ་སྦྱོར་ལམ། །དྲོད་དང་རྩེ་མོ་བཟོད་པ་གསུམ། །འཇིག་རྟེན་ཆོས་མཆོག་བཞི་ལས་འདིར། །ཕྱི་མ་འདི་རང་སྟོན་གྱི་བཞེད་པ་ཡིན་གསུངས། ཉིད་ནི་གཙོ་བོར་འདོད། །སྤང་བྱ་སྤངས་ཏེ་བར་ཆད་མེད། །བར་ཆད་ལས་གྲོལ་རྣམ་གྲོལ་ལམ། །དེ་ཕྱིན་ཁྱད་པར་ལམ་ཡིན་ནོ། །གཞན་ཡང་ཞི་གནས་སྔོན་སོང་གི །ཚོགས་ཀྱི་ལམ་ནི་ཆུང་ངུའི་སྐབས། །དྲན་པ་ཉེར་གཞག

བཞི་བསྒོམ་སྟེ། །དེ་ཡང་རིམ་བཞིན་རང་རང་གི །དམིགས་པ་གཟུགས་ཕྱི་སྣོད་རི་རབ་སོགས་དང་ནང་སེམས་ཅན་གྱི་ལུས་ཕུང་གི་བསྡུས་ལུས། །ཚོར་བ་རྣམ་ཤེས་ཕུང་པོ་སེམས། །དེ་ལས་འདུ་ཤེས་འདུ་བྱེད་འདུས་མ་བྱས་གཞན་པའི་ཆོས་རྣམས་ལ། །དམིགས་ནས་རང་རང་ལུས་ཚོར་སེམས་ཆོས་རྣམས་རང་རང་སོ་སོའི་མཚན་ཉིད་མཚན་ཉིད་དང་། །འདུ་བྱས་མི་རྟག་ཟག་བཅས་རྣམས། འདུས་བྱས་སྤྱི་ཡི་མཚན་ཉིད། །སྡུག་བསྔལ་ལ་སོགས་སྤྱིའི་མཚན་ཉིད། །གཉིས་ལ་ཡོངས་སུ་བརྟགས་ཏེ་བསྒོམ། འདི་ནས་བཟུང་དམིགས་པ་རྣམ་བདེན་པ་བཞི་ནང་གསེས་ཕྱེ་བའི་བཅུ་དྲུག་པོ་དེ་ཀ་ཡིན་འདུག་ཅིང་། དེ་ཡང་འཁོར་བའི་སྡུག་བསྔལ་དང་། དེའི་རྒྱུ་ཀུན་འབྱུང་ལས་དང་། ཉོན་མོངས་པ་ལས་བྱུང་བ་ཞིབ་པར་སྒྲོ་འདོགས་ཆོད་པའི་ལམ་དང་འགོག་པ་ཞར་བྱུང་དུ་ངེས་ཤིང་སོ་སོའི་ནང་གསེས་བཅུ་དྲུག་པོའི་རྒྱུ་མཚན་རྗེས་སུ་འབྱུང་བ་ནི་སྦྱོར་ལམ་བཟོད་པ་ནས་བཟུང་སྟེ་རིམ་གྱིས་མངོན་གྱུར་དང་། མངོན་གྱུར་གྱི་ནུས་པ་ཐོབ་པས་གསུངས་ཤིང་། ཐོས་བསམ་གྱིས་སྒྲོ་འདོགས་བཅད་པ་དང་བསྒོམ་པ་ཉམས་ལེན་འདི་ནས་བཟུང་བདེན་བཞི་ཁོ་ནའོ། །དྲན་པ་ཉེར་གཞག་ངོ་བོ་ནི། །ཐོས་བསམ་བསྒོམ་པའི་ཤེས་རབ་གསུམ། །གང་རུང་ཁོ་ན་ལས་འབྱུང་ངོ་། །ཚོགས་ཡང་དག་སྤོང་བཞི་ལམ་འབྲིང་པོར་ཡང་དག་སྤོང་བཞི། འདི་མངོན་པའི་གཞུང་དངོས་བསྟན་ཡིན། ལྡོན་ཤིང་རྩ་འགྲེལ་ལས་ནི། ཚོགས་ལམ་དུ་དྲན་པ་ཉེར་གཞག་བཞི། སྦྱོར་ལམ་དྲོད་ལ་ཡང་དག་སྤོང་བཞི། རྩེ་མོ་རྫུ་འཕྲུལ་རྐང་བཞི། བཟོད་པར་དབང་པོ་ལྔ། ཆོས་མཆོག་སྟོབས་ལྔ། མཐོང་ལམ་འཕགས་ལམ་ཡན་ལག་བརྒྱད། བསྒོམ་ལམ་བྱང་ཆུབ་ཡན་ལག་བདུན་དུ་བཞེད། སྡིག་པ་སྤོང་། །སྐྱེ་རུ་མི་འཇུག་ཐབས་ལ་འབད། །དགེ་བ་སྤེལ་ཞིང་སླར་བསྐྱེད་པའི། །བརྩོན་འགྲུས་གཙོ་བོར་གྱུར་པའོ། །ཚོགས་ལམ་ཆེན་པོར་དགེ་ལ་འདུན། །སྤྲོ་བའི་བརྩོན་འགྲུས་ཡིད་ལ་སེམས། །དགེ་ལ་སྤྱོད་པའི་ཏིང་ངེ་འཛིན། །གཙོར་གྱུར་རྫུ་འཕྲུལ་རྐང་པ་བཞི། །དེ་དག་ལས་བྱུང་ཡོན་ཏན་གྱི། །ཚོགས་ལམ་མཐར་ཕྱིན་ཟག་མེད་ཀྱི། །ཡེ་ཤེས་མེ་སྐྱེའི་སྔ་ལྟས་དྲོད། སྦྱོར་ལམ་དྲོས། །དམིགས་པ་བདེན་བཞིའི་སྤྱོད་ཡུལ་ཅན། །རྣམ་པ་མི་རྟག་སོགས་བཅུ་དྲུག །རེ་རེར་བཞི་ཚན་ཕྱེད་བས་སྡུག་བསྔལ་མི་རྟག་སྟོང་དང་བདག་མེད་སོགས་བཅུ་དྲུག །དེ་ལའང་ཆེ་འབྲིང་ཆུང་གསུམ་ཡོད། །

མཐར་ཕྱིན་སྦྱོར་ལམ་རྩེ་མོ་སྐྱེ། །རྩེ་མོའི་མིང་དོན་དགེ་བ་ཡི། །རྩ་བ་གཡོ་བ་རྣམས་ཀྱི་རྩེ། །གཡོ་བའི་དོན་ནི་རྩེ་མོ་ཡི། །ཆུང་འབྲིང་མན་དུ་དགེ་རྩ་ལ། །ཉམས་པ་འབྱུང་སྲིད་དེ་ཡིས་སོ། །རྩེ་མོའི་དམིགས་རྣམས་དྲོད་དང་འདྲ། །དབྱེ་བ་ཆེ་འབྲིང་ཆུང་གསུམ་ཡོད། །དད་སོགས་དབང་པོ་ལྔ་བསྒོམ་སྟེ། དྲོད་རྩེ་གཉིས་ཆར་དུ། །དྭངས་འདོད་ཡིད་ཆེས་དད་པ་དང་། །དགེ་ལ་སྤྲོ་བའི་བརྩོན་འགྲུས་དང་། །དེ་ཡི་དམིགས་པ་མ་བརྗེད་དྲན། །དེ་ལ་རྩེ་གཅིག་ཏིང་འཛིན་བརྟན། །བླང་དོར་གནས་ཤེས་ཤེས་རབ་ཀྱི། །དབང་པོ་ལྔ་ཡིས་བསྒོམ་པའོ། །དེ་ནས་སྦྱོར་ལམ་བཟོད་པ་སྐྱེ། །དགེ་རྩ་ཡོངས་སུ་མི་ཉམས་པའི། །སྔོ་ནས་བདེན་པ་ལ་ཆེར་བཟོད། །སྤང་བྱས

བཅོམ་མི་ཐུབ་པའི་ནུས་པ་ཐོབ་པ་ལ་བཤད། དེ་ན་བཟོད་པ་ཞེས་བྱའོ། །དེ་ལ་ཆེ་འབྲིང་ཆུང་གསུམ་ཡོད། །ཆུང་འབྲིང་གཉིས་ཀྱི་དམིགས་རྣམས་ནི། །རྩེ་མོ་དང་འདྲ་བཟོད་ཆེན་གྱིས། །འདོད་པའི་སས་བསྡུས་སྡུག་བསྔལ་གྱི། །བདེན་པ་ཁོ་ནའི་ཡུལ་ཅན་ཡིན། །བཟོད་ཐོབ་ངན་སོང་ཡང་མི་འགྲོ་ཞེས་པ་འདི་ཡི་སྐབས་སོ། །དེ་ནས་སྦྱོར་ལམ་ཆོས་ཀྱི་མཆོག །དེ་ཡི་མིང་དོན་འཇིག་རྟེན་གྱི། །ཆོས་ཀྱི་མཆོག་ཏུ་གྱུར་པས་སོ། །དེ་ལའང་ཆེ་འབྲིང་ཆུང་གསུམ་ཡོད། །དམིགས་རྣམས་བཟོད་ཆེན་དང་འདྲའོ། །སྐབས་དེར་དད་བརྩོན་དྲན་ཏིང་འཛིན། །ཤེས་རབ་དེ་དག་ཁྱད་པར་དུ༑ །འཕགས་ཏེ་མི་མཐུན་ཕྱོགས་འཛོམས་པའི། །མཐུ་དང་ལྡན་པའི་སྟོབས་ལྔས་བསྒོམ། །དྲོད། རྩེ། བཟོད། ཆོས་བཞི་ལ་ངེས་འབྱེད་ཆ་མཐུན་བཞི་ཞེས་གསུང་། ངེས་འབྱེད་ཆ་མཐུན་ཐམས་ཅད་ལ། །དམིགས་པ་བདེན་བཞིའམ་སྡུག་བསྔལ། །བཞི་ཀའི་གནད་དོན་གྱིས་ཚང་བདེན་པར་དམིགས་ནས་དེའི་རྣམ་པ། །མི་རྟག་ལ་སོགས་བཅུ་དྲུག་གམ། །ཇི་ལྟར་རིགས་པའི་རྣམ་པ་ཅན། །ཆོས་མཆོག་གི་མཇུག་ཐོག་ནས་འདོད་ཁམས་ཀྱི་སྡུག་བསྔལ་ལ་དམིགས་པ་ཆོས་བཟོད་ཆོས་ཤེས་ནས་བཟུང་། སྐད་ཅིག་མ་བཅོ་ལྔ་སྐྱེད། བཅུ་དྲུག་པས་སྒོམ་ལམ་ཟིན། ཆོས་བཟོད་ཀྱི་གོ་དོན་ནི་སྤོང་བྱ་དེ་ཡི་བཟྱེ་མི་ནུས་པ། ཆོས་ཤེས་ནི་སྤང་གཉེན་གྱི་རྒྱུ་མཚན་ཇི་བཞིན་ཤེས་པ། དེ་ཡི་རྗེས་དེ་ལས་ཅུང་ཕྲ་བ་ཁམས་གོང་མ་ལ་དེ་ལྟར་འབྱུང་བ་ལ་རྗེས་བཟོད་རྗེས་ཤེས་འདོད་པའི་གོ་དོན་ནོ། །ཤེས་རབ་གཙོ་བོར་གྱུར་པ་ཡིན། །དེ་ཡི་འཁོར་དུ་རྗེས་འབྲང་བའི། །དེ་རྣམས་ཀྱི་སྐབས་དྲན་པ་ཉེར་གཞག་ནས་བཟུང་ཕུང་པོ་ལྔ་ལ་ཆེད་དུ་དམིགས་པར་འགྲོ་ཞིང་འདི་ཡན་ནས་སྤོང་བྱ་རག་པ་རྣམས་སྤོང་རྗེས་དེར་དམིགས་པའང་ཇི་ཕྲ་ལ་འགྲོ་བས་འདིར་ཕུང་པོ་ལྔ་པོ་ཞེས་འདི་ཀུན་ཁྱེན་རྗེས་དམིགས་བསལ་གནང་བའོ། །ཕུང་པོ་ལྔ་ཡོད་སྦྱོར་ལམ་གྱི། །རྟེན་གྱུར་པ་ཡི་ས་ཟག་བཅས། །མཐོང་ལམ་རྟེན་གྱུར་ས་ཟག་མེད། །ཡིན་པའི་རྣམ་དབྱེ་བཅས་པའོ། །

༄ དེ་ནས་འཕགས་ལམ་བསྒོམ་ཚུལ་ནི། །མཐོང་བའི་ལམ་དུ་བྱང་ཆུབ་ཀྱི། །ཡན་ལག་བདུན་བསྒོམ་འཕགས་ལམ་གྱི། འདི་མངོན་པ་རང་རྐྱང་ལ། བྱང་ཆུབ་ཡན་ལག་ལམ་ཡན་ལག ཞེས་དངོས་སུ་བསྟན། ལྡོན་ཤིང་ལ་མཐོང་ལམ་ཡན་ལག་བདུན་དང་། སྒོམ་ལམ་ཡང་ཡན་ལག་བརྒྱད་གསུང་། །ཡན་ལག་བརྒྱད་པོ་མཐོང་དང་བསྒོམ། །གཉིས་ཆར་བསྒོམ་པར་བྱ་བ་བཤད། །གཙོ་བོ་མཐོང་བའི་ལམ་དུ་ནི། །མངོན་དུ་བྱེད་པའི་ནུས་ཐོབ་ནས། །བསྒོམ་པའི་ལམ་དུ་མངོན་དུ་གྱུར། །མི་སློབ་ལམ་དུའང་དེ་ལྟར་བསྟན། །དགེ་བའི་དམིགས་པ་མ་བརྗེད་པའི། །དྲན་པ་ཡང་དག་བྱང་དོར་གྱི། །ཆོས་རབ་རྣམ་འབྱེད་དགེ་བ་ལ། །སྤྲོ་བའི་བརྩོན་འགྲུས་ཟག་མེད་ཀྱི། །དགའ་བ་ལུས་སེམས་ལུས་སུ་རུང་། །ཤིན་སྦྱངས་ལྡན་གྱིས་གྲུབ་པ་ཡི། །རྩོལ་བས་དོར་བ་མ་ཡིན་པ་བཏང་སྙོམས་དམིགས་པ་ལ་སེམས་འཇོག །ཏིང་འཛིན་བྱང་ཆུབ་ཡན་ལག་བདུན། །བདེན་བཞི་མངོན་སུམ་ཤེས་པ་ཡི། །ཡང་དག་ལྟ་བ

ཡང་དག་པའི། །ཀུན་ནས་སློང་བའི་རྟོག་པ་དང་། །བདེན་པར་སྨྲ་བའི་ཡང་དག་ངག །མི་དགེ་སྤངས་པའི་ཡང་དག་ལས། །ལོག་འཚོ་སྤང་བའི་ཡང་དག་འཚོ། །དགེ་ལ་སྦྱོར་བའི་ཡང་དག་རྩོལ། །དམིགས་པ་མ་བརྗེད་ཡང་དག་དྲན། །རྩེ་གཅིག་ཡང་དག་ཏིང་ངེ་འཛིན། །འཕགས་ལམ་ཡན་ལག་བརྒྱད་ཉིད་དོ། །དེ་ལྟར་བྱང་ཆུབ་ཕྱོགས་ཀྱི་ཆོས། །སོ་ཚན་བདུན་ལས་དང་པོ་ལྔ། དྲན་བཞི། སྤོང་བཞི། རྐང་བཞི། དབང་ལྔ། སྟོབས་ལྔ། །ཟག་བཅས་ཟག་མེད་གཉིས་ཀ་དང་། །བྱང་ཆུབ་ཡན་ལག་བདུན་འཕགས་ལམ་བརྒྱད་ཕྱི་མ་གཉིས་ནི་ཟག་མེད་དོ། །

དེ་ལྟར་ལམ་ལྔ་བཤད་པའི་སྐབས། །མཐོང་བའི་ལམ་ལ་སྐད་ཅིག་མ། །བཅོ་ལྔ་སྦྱོར་ཚུལ་འདི་ལྟར་ཏེ། །སྦྱོར་ལམ་ཆོས་མཆོག་མཇུག་ཐོག་ཏུ། །འདོད་པའི་སྡུག་བསྔལ་ལ་དམིགས་པའི། །ཆོས་བཟོད་དང་ནི་ཆོས་ཤེས་སྐྱེ། །དེ་ཡི་རྗེས་སུ་ཁམས་གོང་གི། །སྡུག་བསྔལ་ལ་དམིགས་རྗེས་བཟོད་དང་། །རྗེས་ཤེས་སྐྱེ་ཞིང་རྣམ་པ་ནི། །སྡུག་བསྔལ་བདེན་པར་སྐྱེ་བ་དང་། སེམས་ཅན། ཁམས་གསུམ་སྐྱེ་གནས་སྡུག་བསྔལ་རྣམས་པ་གསུམ། སྡུག་བསྔལ། འགྱུར། འདུ་བྱེད། །ཕྲད་བྲལ་འགྱུར་དང་རེ་བ་མེད། །སྐྱེ་རྒ་ན་དང་འཆི་བ་སྟེ། །སྡུག་བསྔལ་བདེན་པའི་ཁྱད་ཆོས་བཞི་འདི་གོ་རིམ་དང་ཚིག་དོན་ལྗོན་ཤིང་ཆེན་མོ་ལས་གསུང་བ་ཉིད་དོ་གསུམ་མམ་བརྒྱད་ཀྱིས་སྡུག་བསྔལ་བ། །གཏན་དུ་མ་ཡིན་མི་རྟག་པ། །སྡུག་བསྔལ་ཟ་བ་པོའམ་སྤྱོད་པ་པོ་རང་ལས་གཞན་མེད་པས་སྡུག་བསྔལ་བདེན་པའི་ནང་གི་སྐྱེས་བུ་དང་བྲལ་སྟོང་། །འདོད་དགུར་བྱེད་མེད་བདག་མེད་པའོ། །དེ་བཞིན་འདོད་པའི་ཀུན་འབྱུང་ལ། །དམིགས་པའི་ཆོས་བཟོད་ཤེས་གཉིས་དང་། །ཁམས་གོང་རྗེས་བཟོད་རྗེས་ཤེས་གཉིས། །སྐྱེ་ཞིང་མཚན་ཉིད་ཀུན་འབྱུང་བདེན། །དེར་སྐྱེའི་རྒྱུ་གྱུར་ལས་ཉོན་མོངས། །འོང་བའི་ཚུལ་གྱིས་ན་རྒྱུའོ། །སླར་ཡོང་རྒྱུའི་རྒྱུ། ཀུན་འབྱུང་ཁྱད་ཆོས་བཞི་འདིའང་ལྗོན་ཤིང་ཆེན་མོ་ལས་གསུང་བ་ཉིད་དོ། །མ་འོངས་འབྲས་འབྱུང་ཀུན་འབྱུང་ངོ་། །འཕེལ་བྱེད་པས་ན་རབ་སྐྱེའོ། །སོ་སོར་འབྲང་བའི་དོན་གྱིས་རྐྱེན། །དེ་བཞིན་འདོད་པའི་སྡུག་བསྔལ་གྱི། །འགོག་པ་ལ་དམིགས་ཆོས་བཟོད་དང་། །ཆོས་ཤེས་ཁམས་གོང་གི་བཟོད་ཤེས། །གཉིས་སྐྱེ་མཚན་ཉིད་འགོག་པའི་བདེན། །སྡུག་བསྔལ་རྒྱུར་བཅས་འགག་གྱུར་པ། །འགོག་པ་ཞི་བ་གཉིས་ལྗོན་ཤིང་ཆེན་མོ་ཇི་ལྟ་བ། རྒྱུ་འབྲས་འབྲེལ་ཞིག་ཕྱིར་འགོག་པ། །སྐྱེ་གནས་འཇིག་བྲལ་ཞི་བ་སྟེ། །ལྗོན་ཆེན་ལས། དགེ་བའི་ཕྱིར་གྱ་ནོམ་པ་ཟག་མེད་དགེ་བ་གྱ་ནོམ་པ། །འཁོར་བ་ལས་ཐར་ངེས་འབྱུང་ངོ་། །

ཡིད་བརྟན་པའི་མཆོག་མིན་པས་ངེས་པར་འབྱུང་བ་ཞེས་གསུང་། དེ་བཞིན་འདོད་པའི་སྡུག་བསྔལ་གྱི། །གཉེན་པོ་ལམ་ལ་དམིགས་པ་ཡི། །ཆོས་བཟོད་ཆོས་ཤེས་ཁམས་གོང་གི། །རྗེས་བཟོད་དང་ནི་རྗེས་ཤེས་སྐྱེ། །མཚན་ཉིད་ལམ་གྱི་བདེན་པ་ནི། །གོང་གི་འགོག་པ་ཐོབ་བྱེད་ལམ། །སྡུག་བསྔལ་སྡུག་བསྔལ་དུ་ཤེས་ཤིང་། །ཀུན་འབྱུང

སྤང་བར་བྱ་བ་ཞེས། །འགོག་པ་མངོན་དུ་བྱ་བར་ཞེས། །ལམ་ལ་བརྟེན་ཞེས་རྣམ་བཞིར་བདེན། །ལམ་བདེན་ཁྱད་ཆོས་བཞི་འདི་ལྡོན་ཤིང་ཆེན་མོ་ཧེ་ལྷ་བ་སོགས་ལམ་ངན་གཉེན་པོར་གྱུར་པས་ལམ། །རིག་མིན་འཇོམས་བྱེད་རིག་པའོ། །མུ་ངན་ལས་འདས་པ་ཡི་གྲོང་། །མི་འགལ་ཕྱིར་ན་སྒྲུབ་པའོ། །སྲིད་པ་ཐམས་ཅད་འཇོམས་པ་ཡི། །གཉེན་པོའི་ཕྱིར་ན་ངེས་འབྱིན་པའོ། །དེ་ཡང་སྡུག་བསྔལ་ཆོས་བཟོད་ནས། །ལམ་གྱི་རྗེས་བཟོད་པར་བཅོ་ལྔ། །དེ་དག་ཐམས་ཅད་མཐོང་ལམ་ཡིན། །སྡུག་བསྔལ་ཆོས་བཟོད་ལ་སོགས་བརྒྱད། །བདེན་དོན་གསར་མཐོང་ཡོད་པའི་ཕྱིར། །བར་ཆད་མེད་པའི་ལམ་ཡིན་ནོ། །

ཞེས་པ་བདུན་ལ་གསར་མཐོང་རེ། །མེད་ཀྱང་ལམ་གྱི་རྗེས་བཟོད་ལ། །གསར་མཐོང་ཡོད་ཕྱིར་ཞེས་བདུན་ཀྱང་། །རྣམ་གྲོལ་ལམ་དུ་བཞག་པའོ། །བཅུ་དྲུག་ལམ་གྱི་རྗེས་ཤེས་ནི། །མཐོང་ཟིན་གོམས་པར་བྱེད་པའི་ཕྱིར། །བསྒོམ་པའི་ལམ་དུ་བཞག་པའོ། །དེ་ལྟའི་མཐོང་ལམ་སྤང་བྱ་ལ། །འདོད་པའི་སྡུག་བསྔལ་མཐོང་སྤང་ནི། །འདོད་ཆགས་ཁོང་ཁྲོ་ང་རྒྱལ་དང་། །མ་རིག་ཐེ་ཚོམ་འཇིག་ཚོགས་ཀྱི། །ཕུང་པོ་ལྔ་ལ་བདག་བདག་གིར། །ལྟ་དང་དེ་བཞིན་རྟག་ཆད་འཇིག་ཚོགས་ལྟ་བ་མཐར། །འཛིན་དང་རྒྱུ་འབྲས་མེད་ལྟ་བ་ལོག་ལྟ། །དེ་སོགས་དམན་ལ་མཆོག་ཏུ་མཆོག་འཛིན་ལྟ། །ཚུལ་ཁྲིམས་བརྟུལ་ཞུགས་མཆོག་རློམ་འཛིན་ལྟ། །འདོད་པའི་ཀུན་འབྱུང་མཐོང་སྤང་ལ། །འདོད་ཆགས་ཁོང་ཁྲོ་ང་རྒྱལ་དང་། །མ་རིག་ཐེ་ཚོམ་ལོག་པར་ལྟ། །མཆོག་འཛིན་ལྟ་བ་དང་བཅས་བདུན། །འདོད་པའི་འགོག་པའི་མཐོང་སྤང་ནི། །སྔ་མ་དང་འདྲ་འདོད་པ་ཡི། །ལམ་གྱི་མཐོང་སྤང་དེ་ཡི་ཁར། །ཚུལ་ཁྲིམས་བརྟུལ་ཞུགས་མཆོག་འཛིན་བསྣན། །དེ་དག་ཀུན་སྡོམ་འདོད་པ་ཡི། །ཕྲ་རྒྱས་སུམ་ཅུ་རྩ་གཉིས་ཡོད། །དེ་བཞིན་གཟུགས་ཁམས་གཟུགས་མེད་ཀྱི། །སས་བསྡུས་སྡུག་བསྔལ་མཐོང་སྤང་ལ། །ཁོང་ཁྲོ་མེད་པས་དགུ་རེ་འབྱུང་། །ཀུན་འབྱུང་འགོག་པའི་མཐོང་སྤང་ལ། །དྲུག་རེ་འབྱུང་ཞིང་ལམ་མཐོང་སྤང་། །བདུན་རེ་ཡོད་པས་ཁམས་གོང་མ། །གཉིས་ཀྱི་མཐོང་སྤང་ལྔ་བཅུ་དྲུག །བསྒོམ་ལམ་རྣམ་གཉིས་གསུང་པ་ནི། །ཟག་བཅས་འཇིག་རྟེན་པའི་བསྒོམ་ལམ། །མིང་མཚུངས་ཙམ་ལས་ལམ་དངོས་མིན། །ཟག་མེད་འཇིག་རྟེན་འདས་པ་ཡི། །བསྒོམ་ལམ་ལམ་ལྔའི་ནང་ཚན་གྱི། །བསྒོམ་སྤང་དངོས་གཞིའི་གཉེན་པོའོ། །འདོད་པའི་སས་བསྡུས་བསྒོམ་སྤང་ནི། །འདོད་ཆགས་ཁོང་ཁྲོ་ང་རྒྱལ་དང་། །མ་རིག་པ་དང་བཅས་པའི་གཞི། །གཟུགས་ཁམས་གཟུགས་མེད་སས་བསྡུས་པའི། །བསྒོམ་སྤང་ཁོང་ཁྲོ་མ་གཏོགས་པའི། །གསུམ་རེ་འབྱུང་ཞིང་མཐོང་བསྒོམ་གཉིས། །སྤང་བྱ་ཐམས་ཅད་བསྡོམས་པ་ཡིས། །ཕྲ་རྒྱས་དགུ་བཅུ་རྩ་བརྒྱད་དོ། །

དེ་ན་མི་སློབ་པ་ཡི་ལམ། །རྡོ་རྗེ་ལྟ་བུའི་ཏིང་འཛིན་གྱི། །མཐུག་ཐོག་རྣམ་པར་གྲོལ་བའི་ལམ། །འཕགས་

ལམ་ཡན་ལག་བརྒྱད་པོ་དང་། །ཉོན་མོངས་ཟག་པ་གཏན་ནས་ཟད། །སླར་ཡང་མི་སྐྱེ་པ་སྟེ་བཅུ། ། ཡང་དག་རྣམ་པར་གྲོལ་བ་དང་། །དེ་བཞིན་ཟག་པ་ཟད་པ་དང་། །སླར་ཡང་མི་སྐྱེས་ཤེས་པ་ཡི། །ཡང་དག་པ་ཡི་ཤེས་པ་སྟེ༑ ༑ཡན་ལག་བཅུ་དང་ལྡན་པའོ། །དེ་ནས་གང་ཟག་དབྱེ་བ་ལ། །ཉན་ཐོས་རང་རྒྱལ་སངས་རྒྱས་ཀྱི། །རིག་མ་ཅན་གསུམ་ལས་ཉན་ཐོས་ནི། །རང་ཉིད་གཅིག་པུ་འཁོར་བ་ལས། །ཐར་བར་སེམས་བསྐྱེད་མཐོང་ལམ་དུ། ། སྡུག་ཀུན་གཉིས་ལ་ཡིད་འབྱུང་སྟོང་བླང་རྒྱུ་མཚན་ཇི་བཞིན་ངེས་པ་མཐར་ཕྱིན་པ་དང་། །བསྒོམ་པའི་ལམ་དུ་ཆགས་པ་སྲིད་པར་བྲལ། །འཁོར་བ་ཉོན་མོངས་པ་ལས་རྣམ་གྲོལ་བའི། །བསམ་པས་ཉན་ཐོས་སྡེ་སྣོད་ལ། །དམིགས་ནས་མྱ་ངན་འདས་མཐའ་དང་། །རྗེས་སུ་མཐུན་པའི་ལམ་བསྒྲུབ་པས། །ཁམས་སུ་འདོད་ཆགས་དང་བྲལ་ཏེ། །ལུས་ཞིག་ཚོར་བ་བསིལ་བར་གྱུར། །འདུ་ཤེས་འགག་ཅིང་འདུ་བྱེད་ཞིག །རྣམ་པར་ཤེས་པ་ནུབ་གྱུར་པ། །འདི་འདྲ་འདིས་ནི་སྡུག་བསྔལ་ཐར། །ཞེས་པའི་མཚན་ཉིད་ཅན་གྱི་ནི། །མྱ་ངན་འདས་པ་མངོན་བྱེད་འདོད། །དེ་ལྟར་ཉན་ཐོས་འབྲས་བུ་ནི། །བརྩོན་འགྲུས་མྱུར་བས་ཚེ་གསུམ་ལ། །འབྲས་བུ་ལ་ཡུན་ཐུང་བ་ནི་ཐོབ་བྱ་ཐུང་དམན་པའོ། ། ཐོབ་པ་ལ་ནི་ངེས་མེད་བཤད། །རང་རྒྱལ་རིགས་ནི་རང་བཞིན་གྱི། །ཉོན་མོངས་ཆུང་བས་འདུ་འཛི་ལ། ། མི་དགའ་གཅིག་པུ་ལ་དགའ་ཞིང་། །སྙིང་རྗེ་ཆུང་བས་གཞན་དོན་ལ། །མི་སེམས་སློབ་དཔོན་མེད་པ་དང་། ། འགྲན་ཟླ་མེད་པར་བྱང་ཆུབ་འདོད། །འཁོར་བར་ཡིད་འབྱུང་མཐོང་ལམ་གྱི། །འདོད་ཆགས་དང་བྲལ་བསྒོམ་ལམ་གྱི། །ཉོན་མོངས་པ་ལས་གྲོལ་བ་དང་། །ཉན་ཐོས་སྡེ་སྣོད་ལ་དམིགས་ནས། །སངས་རྒྱས་མི་བཞུགས་པའི་ཞིང་དུ། །སྔར་བཤད་བཞིན་གྱི་མཚན་ཉིད་ཀྱི། །བྱང་ཆུབ་མངོན་དུ་བྱེད་པར་བཤད། །

དེ་ཡང་དབང་པོ་རྣོན་པོ་སྟེ། །བསེ་རུ་བསྐལ་པ་བརྒྱ་ཡིས་འགྲུབ། །འདིར་དབང་རྣོན་དང་དབང་འབྲིང་ལ་བསྐལ་གྲངས་མང་ཉུང་བྱུང་ཀྱང་། དབང་རྣོན་ནི་ཐོབ་འབྲས་ཆེས་འབྲས་ཆེ་འཕགས་པ་དང་། དབང་འབྲི་ཐོབ་འབྲས་དམན་པའི་དབང་གིས་འབྱུང་ངོ་། །དབང་འབྲིང་བསྐལ་གྲངས་ངེས་པ་མེད། །ངེས་འབྱེད་ཆ་མཐུན་སློབ་དཔོན་ལས། །བསྐྱེད་ནས་ཕུང་ཁམས་སྐྱེ་མཆེད་དང་། །རྟེན་འབྲེལ་བཅུ་གཉིས་གནས་དང་གནས་མིན་དྲུག །དགེ་བས་བདེ་བ་ལས་སྡུག་བསྔལ་མི་འབྱུང་བ། མཁས་བྱས་ཚོགས་སྤྱོད་ཆེ་བའོ། །དབང་བརྟུལ་སངས་རྒྱས་སོགས་མཉེས་བྱས། །གནས་དྲུག་ལ་ནི་མཁས་བྱས་ཏེ། །རྒྱུན་ཞུགས་ཕྱིར་འོངས་ཕྱིར་མི་འོངས། །དགྲ་བཅོམ་འབྲས་བུ་བཞི་ཐོབ་པ། །དེ་ནི་ཚོགས་སྤྱོད་ཆུང་བའོ། །དེ་གཉིས་སྨྲང་རྟོག་ཉན་ཐོས་འདྲ། །གང་ཟག་གི་ནི་བདག་མེད་ཙམ། །རྟོགས་ཤིང་བསེ་རུ་ལྟ་བུའི་ནི། །གཟུང་བ་ཆོས་ཀྱི་བདག་མེད་རྟོགས། །ཉི་འོག་པ་རྣམས་དེ་ལྟར་འདོད། །ཁ་ཆེ་པ་རྣམས་ཚོགས་སྤྱོད་པ༑ ༑མི་འདོད་སློབ་པ་མེད་པར་འདོད། །རྫོགས་པའི་སངས་རྒྱས་བསྐལ་པ་ནི། །གྲངས་མེད་གསུམ་དུ་ཚོགས

བསགས་ཏེ། །སྲིད་པ་ཐ་མའི་རྟེན་ལ་ནི། །སྲོད་ལ་བདུད་བརྟུལ་ནམ་གུང་ལ། །མཉམ་པར་བཞག་ཅིང་ཐོ་རངས་སུ། །བསམ་གཏན་བཞི་པའི་རབ་མཐའ་ལ། །དྲོད་ནས་བཟུང་སྟེ་ལམ་ཐམས་ཅད། །སྐད་ཅིག་གཅིག་ཏུ་མངོན་པར་བྱས། །རྣམ་གྲོལ་གོ་འཕང་མཆོག་གྲུབ་པོ། །དེ་ལྟར་ཉན་ཐོས་འཕགས་པ་ཡི། །གང་ཟག་ཟུང་བཞི་ཡ་བརྒྱད་ནི། །མཐོང་སྤང་སྐད་ཅིག་བཅོ་ལྔ་པར། །གནས་པ་རྒྱུན་ཞུགས་ཞུགས་པའོ། །

སྐད་ཅིག་བཅུ་དྲུག་པ་ལ་ནི། །གནས་པ་དེ་ཡི་འབྲས་གནས་སོ། །འདོད་པའི་བསྒོམ་སྤང་ཉོན་མོངས་བཞི། །རེ་རེས་ནང་གསེས་ཆེ་འབྲིང་ཆུང་། །དབྱེ་བས་སུམ་ཅུ་སོ་དྲུག་འབྱུང་། །དྲིལ་བས་རྣམ་གྲངས་བཞི་ལ་ཆེ་འབྲིང་ཆུང་གསུམ་དང་དེ་རེ་རེ་ལའང་ནང་གསེས་གསུམ་རེ་དབྱེ་བས་སུམ་ཅུ་སོ་དྲུག །དེ་བཞི་ལ་རེ་རེ་བརྩིས་པའི་འགོར་བསྡོམ་དགུ་དགུར་གནས་པའི། །ལྔ་ཡི་བར་དུ་སྤངས་པ་ནི། །ཕྱིར་འོང་ཞུགས་པ་དྲུག་པ་སྤངས། །དེ་ཡི་འབྲས་གནས་བདུན་ནམ་བརྒྱད། །སྤངས་པས་ཕྱིར་མི་འོང་ཞུགས་པ། །དགུ་པ་སྤངས་པས་དེའི་འབྲས་གནས། །བསམ་གཟུགས་བརྒྱད་པོ་སྤངས་པ་ན། །དགྲ་བཅོམ་ཞུགས་པ་སྲིད་རྩེ་ཡི། །ཉོན་མོངས་དགུ་པ་མ་ལུས་པ། །སྤངས་པས་བར་ཆད་མེད་པའི་ལམ། །རྡོ་རྗེ་ལྟ་བུ་ལ་གནས་པ། །དེ་ནི་དེ་ཡི་འབྲས་གནས་སོ། །དེ་ལའང་དགྲ་བཅོམ་དབང་པོ་བརྟུལ། །དྲན་དང་ཤེས་པས་ཟིན་མ་ཟིན། །གང་ཡང་རུང་སྟེ་མཐོང་ཆོས་ཀྱི། །བདེ་གནས་དགྲ་བཅོམ་མ་ཐོབ་བཞིན། །བར་དེར་བསམ་གཏན་ལས་ཉམས་ལ། །མ་ཤི་བསམ་གཏན་ལས་ཉམས་དོགས། །མ་ཉམས་ཤི་ནས་ཐོབ་པར་སེམས། །དྲན་ཤེས་ཀྱིས་ནི་ཟིན་པ་ཡི། །མི་ཉམས་རྗེས་སུ་སྲུང་བ་དང་། །རང་སེམས་འབད་རྩོལ་ཅུང་ཟད་པས། །དབང་པོ་མ་སྦྱོང་པ་ཡི་ན། །གནས་ལས་མི་བསྐྱོད་པ་ཞེས་དང་། །འབད་དང་རྩོལ་བས་དབང་པོ་ཡི། །རྣལ་འབྱོར་མཐའ་རུ་དབྱུང་བ་ཡི། །རྟོགས་པའི་སྐལ་བ་ཅན་ཞེས་དང་། ། རང་བཞིན་གྱི་ནི་དབང་པོ་རྣམས། །མ་སྦྱངས་ཀྱང་ནི་མི་ཉམས་པའི། །མི་གཡོ་བ་ཡི་ཆོས་ཅན་ཞེས། །དྲུག་ལས་ཕྱི་མ་གཉིས་མཆོག་གོ། །དེ་ནས་གང་ཟག་དེ་རྣམས་ཀྱི། །ཤེས་པའི་དབྱེ་བ་འདི་ལྟ་སྟེ། །གསུམ་དུ་བསྡུ་ན་ཀུན་ཉོན་ཤེས། །ཆོས་ཤེས་པ་དང་རྗེས་སུ་ཤེས། །བཅུ་རུ་དབྱེ་ན་ཆོས་ཤེས་འདོད་ཁམས་སྡུག་བསྔལ་ལ་སོགས་བདེན་བཞི་ཤེས་པ་དང་། །རྗེས་ཐོབ་དེ་བཞིན་ཁམས་གོང་མ་གཉིས་ཀྱི་བདེན་བཞི་རྗེས་སུ་ཤེས་པ་དང་ནི་ཀུན་བྱུམ་པ་སོགས་འདུས་བྱས་དང་ནམ་མཁའ་འདུས་མ་བྱས་ཞེས་པ་རྫོབ་ཤེས། །ཕ་རོལ་སེམས་གཞན་སེམས་ཤེས་པ་ཤེས་བདེན་དང་པོ་བདེན་བཞིའི་མིང་ཤེས་པ། བཞི་ཤེས། །ཟད་བདེན་བཞིའི་བླང་དོར་ཤེས་པ་དང་མི་སྐྱེ་བདེན་བཞིའི་དབྱེར་མེད་པར་ཤེས་པ་ཤེས་པའོ། །

ཆགས་བྲལ་སྲིད་པ་སྔོན་དུ་མ་སོང་ན། །ཀུན་རྫོབ་ཤེས་པ་གཅིག་པུར་ལྡན། །ཆགས་བྲལ་སྔོན་དུ་སོང་བ་ལ། །གཞན་སེམས་ཤེས་པ་དང་ལྡན་ནོ། །སྐད་ཅིག་གཉིས་པར་ཀུན་རྫོབ་ཤེས། མཐོང་ལམ་སྐད་ཅིག་བཅོ་ལྔའི་ནང

ཡིན། །ཆོས་ཤེས་སྡུག་བསྔལ་ཤེས་པ་གསུམ། །སྐད་ཅིག་བཞི་པར་དེ་གསུམ་སྟེང་། །སྡུག་བསྔལ་རྗེས་ཤེས་དྲུག་པ་ལ། །དེ་བཞིའི་སྟེང་དུ་ཀུན་འབྱུང་ཤེས། །སྐད་ཅིག་བདུན་པར་དེ་ལྔའི་སྟེང་། །འགོག་པ་ཤེས་ཤིང་བཅུ་བཞི་པར། །དེ་དྲུག་སྟེང་དུ་ལམ་ཤེས་འཕེལ། །དེ་ནས་མི་སློབ་ལམ་གྱི་སྐབས། །ཟད་དང་མི་སྐྱེ་ཤེས་པའོ། །ཤེས་པ་བཅུ་པོ་འདི་གོ་རིམ་ལྟར་ན་གཞན་སེམས་ཤེས་པ་བདེན་བཞིའི་གོང་དུ་འབྱུང་ཀྱང་ཆགས་བྲལ་མིན་གྱི་དབྱེ་བའི་དབང་གི་གཉིས་གོང་དུ་བརྗོད། དེ་ནས་བདུན་པོ་དང་། མཐར་ཕྱིན་སྐབས་ཀྱི་གཉིས་ནི་རྗེས་སུ་འབྱུང་བཞིན་པ་བཅས་དོན་བཅུའོ། །སངས་རྒྱས་ཡོན་ཏན་ཐུན་མིན་ནི། །དང་པོ་མ་འདྲེས་པ་ཡི་མ་འདྲེས་པ་བཅོ་བརྒྱད་མཉམ་དང་མི་མཉམ་ཕུན་སུམ་ཚོགས་པ་དང་གསུམ་གྱི་དང་པོ་ཆོས། །བཅོ་བརྒྱད་ནང་ནས་སྟོབས་བཅུ་ནི། །དགེ་ལས་མཐོ་རིས་འབྱུང་བའི་གནས། །ངན་སོང་འབྱུང་གནས་མ་ཡིན་པ། །མཁྱེན་པའི་སྟོབས་དང་སེམས་ཅན་རྣམས། །རང་རང་ལས་ལས་དེ་ཡི་འབྲས། །འབྱུང་བའི་རྣམ་སྨིན་མཁྱེན་པའི་སྟོབས། །སེམས་ཅན་མོས་པ་སྣ་ཚོགས་པ། །མཁྱེན་པའི་སྟོབས་དང་ཉན་ཐོས་སོགས། །རིགས་ཀྱི་སྣ་ཚོགས་ཁམས་མཁྱེན་པས། །དད་སོགས་དབང་པོའི་ཁྱད་མཁྱེན་སྟོབས། །དེ་དང་འཚམས་པའི་ཆོས་གསུངས་པའོ། །

ཀུན་ཏུ་འགྲོ་བའི་ལམ་ཞེས་པ། །ངན་འགྲོ་བདེ་འགྲོ་ཐར་པ་ཡང་། །ཐམས་ཅད་འགྲོ་བའི་ལམ་མཁྱེན་སྟོབས། །དད་སོགས་བྱང་ཕྱོགས་སོ་བདུན་གྲས་དབང་པོ་སྟོབས་དང་བྱང་ཆུབ་ཀྱི། །ཡན་ལག་དང་ནི་བསམ་གཏན་བཞི་དང་། །རྣམ་པར་ཐར་བརྒྱད་དང་ཏིང་ངེ་འཛིན་བཞི། །སྙོམས་པར་འཇུག་དགུ་དང་ཀུན་ཉོན་ཕྱར་བྱེ་དང་། །རྣམ་བྱང་རྣམ་པར་བཀོད་མཁྱེན་སྟོབས་ཐོབ་འབྲས། །སྔོན་གནས་སེམས་ཅན་གྱི་སྤྱོད་པ་སྐྱེ་བསྡམ། །རིགས་རུས་ཚེ་ཚད་བདེ་སྡུག་སོགས། །མཁྱེན་པའི་སྟོབས་དང་ལྷ་མིག་གིས་སྐར། །འཆི་འཕོ་སྐྱེ་བ་མཁྱེན་པའི་སྟོབས། །ཉོན་མོངས་ཟག་པ་ཟད་མཁྱེན་སྟོབས། །མི་འཇིགས་པ་བཞི་ནི་རྟོགས་པ་དང་། །སྤངས་པ་ཕུན་ཚོགས་ཞལ་གྱིས་བཞེས། །ལམ་སྒྲིབ་བར་ཆད་དང་ནི་བྲལ་བ་དང་། །ངེས་འབྱིན་ལམ་སྟོན་མཛད་པའོ། །དྲན་པ་ཉེ་བར་གཞག་གསུམ་ནི། །འཁོར་རྣམས་གུས་པས་ཆོས་ཉན་ལ། །རྗེས་སུ་མི་ཆགས་མ་གུས་པས། །ཉན་ཀྱང་ཁྲོ་བ་མི་མཛད་དང་། །འདྲེས་མ་གཉིས་ཀ་མི་འགྱུར་བར། །དྲན་ཤེས་བཞིན་དུ་བཏང་སྙོམས་བཞུགས། །ཐུགས་རྗེ་ཆེ་ནི་འགྲོ་ཀུན་ལ། །དམིགས་པའི་ཐུགས་རྗེས་དུས་དྲུག་ཏུ། །གཟིགས་ནས་འགྲོ་ཀུན་སྡུག་བསྔལ་བ། །རྒྱུ་དང་བཅས་ལས་སྒྲོལ་བར་བཞེད། །སྟོབས་བཅུ་ནས་འདི་བར་མ་འདྲེས་བཅོ་བརྒྱད་དོ། །གཉིས་པ་མཉམ་དང་མི་མཉམ་ཀ། །སངས་རྒྱས་ཐམས་ཅད་རྒྱུ་ཚོགས་བསགས། །འབྲས་བུ་ཆོས་སྐུ་བརྙེས་པ་དང་། །འགྲོ་དོན་ཕྲིན་ལས་མཛད་པ་མཉམ། །སྐུ་ཚེའི་ཚད་དང་རིགས་སྐུ་བོང་། །ཐ་དད་པས་ན་མི་མཉམ་བཤད། །བྱེ་བྲག་སྨྲ་བས་སངས་རྒྱས་ལ། །ཆོས་སྐུ་

གཟུགས་སྐུ་གཉིས་སུ་འདོད། །ལོངས་སྤྱོད་ཐ་སྙད་མི་འདོད་དོ། །

སྟོན་པ་ཐུབ་པའི་དབང་པོ་ཡང་། །རྡོ་རྗེ་གདན་ལ་གསར་དུ་ནི། ། སངས་རྒྱས་གཟུགས་སྐུ་ཙམ་ཞིག་འདོད། །འོན་ཀྱང་སྟོན་པ་འདི་ཉིད་ཀྱིས། །སྤྲུལ་གཞི་མཛད་ནས་གདུལ་བྱ་རྣམས། །གང་ལ་གང་འདུལ་དེ་ཡི་ཆེད། །སྣ་ཚོགས་སྤྲུལ་པ་མཛད་པ་རྣམས། །སྤྲུལ་པའི་ཆ་རུ་བཞེད་པའང་ཡོད། །བྱེ་བྲག་སྨྲ་བའི་སྐབས་འདི་སུ། ། ས་བཅུའི་རྣམ་གཞག་མི་མཛད་དོ། །གསུམ་པ་བསྐལ་པ་གྲངས་མེད་གསུམ། །བར་མ་ཆད་པར་ཚོགས་གཉིས་ལ༑ །གོམས་མཛད་རྒྱུ་ཡི་ཕུན་སུམ་ཚོགས། །ཉོན་མོངས་པ་དང་ཤེས་བྱའི་སྒྲིབ། །བག་ཆགས་བཅས་པ་ཟད་པར་སྤོང་། །སྒྲིབ་གཉིས་བག་ཆགས་བཅས་སྤངས་པས། །ཆོས་ཉིད་ཇི་ལྟར་མཁྱེན་པ་དང་། །གདུལ་བྱ་མངོན་མཐོ་ངེས་ལེགས་ལ། །འགོད་མཛད་ཇི་སྙེད་མཁྱེན་པ་ཡི། །རྣམ་པར་གྲོལ་བའི་ཆོས་ཀྱི་སྐུ། །གང་སྐུ་མཚན་དང་དཔེ་བྱད་ཀྱིས། །བརྒྱད་པ་མངོན་གྱུར་གཟུགས་ཀྱི་སྐུ། །འབྲས་བུ་ཕུན་སུམ་ཚོགས་པའོ། །གདུལ་བྱ་ངན་སོང་འཁོར་བ་ལས། །ཐར་བར་མཛད་དེ་ཐེག་གསུམ་གྱི། །འབྲས་བུ་བདེ་འགྲོ་ལ་འགོད་མཛད། །ཕན་འདོགས་ཕུན་སུམ་ཚོགས་པའོ། །གཞན་དང་ཐུན་མོང་བ་ལ་གཉིས། ཡོན་ཏན་ཐུན་མོང་བ་ལས་དང་པོ་ཉན་ཐོས་དང་ཐུན་མོང་བ་ལ་ཉོན་མོངས་མེད་དང་སྨོན་གནས་ཤེས་ཡང་དག་རིག་བཞི་མངོན་ཤེས་སོ། །ཞེས་པའི། ཉན་ཐོས་དང་ནི་འཇིག་རྟེན་པ། །དང་པོ་ཉོན་མོངས་མེད་པ་ནི། །སེམས་ཅན་རྣམས་ཀྱི་ཉོན་མོངས་འདུལ། །དེ་ཡི་གཉེན་པོ་མཛད་པ་དང་། །དེ་ལྟའི་འགྲོ་ལ་བསྐྱེ་བར་མཛད། །ཉན་ཐོས་སོགས་ཀྱིས་རང་ལ་དམིགས། །ཉོན་མོངས་སྐྱེ་བ་ཙམ་སྤོང་ལས། །གཞན་གྱི་ཉོན་མོངས་སེལ་མི་བྱེད། །སྨོན་གནས་མཁྱེན་པའི་ཏིང་ངེ་འཛིན། ། འབད་རྩོལ་མེད་པར་ལྷུན་གྱིས་གྲུབ། །གཟུགས་ལ་སོགས་པར་ཆགས་པ་སྤངས། །ཤེས་བྱ་ཐམས་ཅད་ཐོགས་མེད་མཁྱེན། །རྟག་ཏུ་མཉམ་གཞག་འདྲི་ཀུན་གྱི། །ལན་ལྡོན་ཐེ་ཚོམ་གཅོད་པར་མཛད། །ཉན་ཐོས་སྨོན་གནས་ཤེས་པ་ནི། །སྙོམས་འཇུག་ལ་བརྟེན་ཉི་ཚེ་ཙམ། །ཤེས་ཀྱི་ཐེ་ཚོམ་གཅོད་མི་ནུས། །སོ་སོ་ཡང་དག་རིག་བཞི་ནི། །མཚན་གཞི་ཆོས་དང་དོན་མཚན་གཉིས། །ངེས་པའི་ཚིག་གི་སྒྲ་དོན་དང་། །མཁྱེན་པའི་སྤོབས་པ་དང་བཞིའོ། །

གཉིས་པ་འཇིག་རྟེན་པ་སོགས་དང་། །གཉིས་པ་འཇིག་རྟེན་པ་དང་ཐུན་མོང་། མངོན་ཤེས་བསམ་གཟུགས་ཚད་མེད་དང་། རྣམ་ཐར་ཟིལ་གནོན་ཟད་པར་རོ། ། ཞེས་པའི། ཐུན་མོང་པ་ཡི་ཡོན་ཏན་ནི། །མངོན་ཤེས་དྲུག་ནི་སྐུ་ཐུགས་གསུང་། །འདི་འཛམ་མགོན་ས་པཎ་གྱི་ཐུབ་པ་དགོངས་གསལ་ལྟར་ཡིན། གཞན་གོ་རིམ་སྣ་ཚོགས་འདུག་ཀྱང་དོན་གཅིག །རྫུ་འཕྲུལ་སྐུ་ཡི་མངོན་པར་ཤེས་པ་ཡིས། །གདུལ་བྱ་གང་ན་གནས་པ་དེར། །གཤེགས་དང་ཐུགས་ཀྱི་གཞན་སེམས་མཁྱེན་པའོ། །ལྷ་ཡི་རྣ་གཟུགས་ཀྱིས་བའི་མངོན་ཤེས་ཀྱིས། །འགྲོ་བ་སོ་སོའི་སྐད་མཁྱེན་ཅིང་། །སྟོན་གནས་རྗེས་སུ་དྲན་པ་ཡིས། །སྟོན་

གྱི་མཐའ་ནས་འདིར་འོང་དང་། །འཆི་འཕོ་ཤེས་པ་ལྷ་མིག་གིས། །འདི་ནས་ཕྱི་མའི་མཐར་འགྲོ་དང་། །ཟག་པ་ཟད་པ་མཁྱེན་པ་ཡིས། །སྲིད་ལས་ངེས་པར་འབྱུང་བའོ། །བསམ་གཏན་བཞི་ནི་སེམས་ཀྱི་རྟོག་པ་དང་། །དཔྱོད་དང་དགའ་བ་བདེ་བ་ཡི། །ཏིང་འཛིན་ལྔ་ལྡན་དང་པོའོ། །

ནང་དུ་རབ་ཏུ་སེམས་དྭངས་པ་དང་། །དགའ་དང་བདེ་བ་ཏིང་ངེ་འཛིན། །བཞི་དང་ལྡན་པ་གཉིས་པ་ཡིན། ། བཏང་སྙོམས་དང་ནི་དྲན་པ་དང་། ། ཤེས་བཞིན་དང་ནི་བདེ་བ་དང་། །ཏིང་ངེ་འཛིན་ལྔ་ལྡན་གསུམ་པའོ། ། ཚོར་བ་བཏང་སྙོམས་ལྷུན་གྲུབ་ཀྱི། ། བཏང་སྙོམས་དྲན་དང་ཡང་དག་པའི་ཏིང་ངེ་འཛིན། །ཡང་དག་བཞི་ལྡན་བཞི་པའོ། །འདི་སྐབས་སོགས་བཏང་སྙོམས་ཀྱི་རིགས་ལ་ཆགས་སྡང་ལ་སོགས་པ་སྤངས་ཏེ་བློ་བཏང་སྙོམས་ཆེན་པོ་ལ་བཞག་པ་དང་། ཚོར་བ་བདེ་སྡུག་ཅི་ཡང་མ་སྐྱེ་བའི་བར་པ་དང་འབད་རྩོལ་མ་དགོས་པར་རང་བཞིན་ལྷུན་གྱི་གྲུབ་པའི་བཏང་སྙོམས་ཏེ་བཏང་སྙོམས་འདི་རྣམས་དབྱེ་བ་སོ་སོར་གོ་དགོས་འདྲ། གཟུགས་མེད་བཞི་ནི་སྦྱོར་བའི་ཚེ། །ནམ་མཁའ་མཐའ་ཡས་ཡིད་ལ་བྱེད། ། དངོས་གཞིའི་སེམས་ལ་གཟུགས་མ་གཏོགས། །ཕུང་པོ་བཞི་ལ་དམིགས་པ་ཡི། །སྙོམས་པར་འཇུག་པ་རྩེ་གཅིག་པ། །རྣམ་པ་དེ་བཞིན་སྦྱོར་བའི་སྦྱོར་དངོས་དུས། །རྣམ་པར་ཤེས་པ་མཐའ་ཡས་སོ། །ཡིད་ལ་བྱེད་དང་དངོས་གཞིའི་དུས། དངོས་གཞི་གཟུགས་མ་གཏོགས་བཞི་ལ་དམིགས་པ་བཞི་ཆར་འདྲ། །ཅི་ཡང་མེད་དེ་ཡིད་ལ་བྱེད། །འདུ་ཤེས་རག་པ་མེད་པ་དང་། །ཕྲ་བ་མེད་པ་མ་ཡིན་བཞི། །རྣམ་རྟོག་མཐའ་དག་སྤོང་བ་ཡི། །འགོག་པའི་སྙོམས་འཇུག་དང་དགུའོ། །བསམ་གཏན་བཞི་གཟུགས་མེད་བཞི་འགོག་སྙོམས་དང་དགུའོ། །དེ་དག་རིམ་བཞིན་སྙོམས་འཇུག་རྣམས། །སེང་གེ་རྣམ་པར་བསྒྲིངས་ཞེས་སོགས། །སངས་རྒྱས་རྣམས་ལ་ཏིང་ངེ་འཛིན། །གཞན་ལས་འཕགས་པ་མང་བཞུགས་སོ། །

འདི་དག་རྣམས་ནི་ཉན་ཐོས་ཀྱི། །སེམས་ལས་ལྡང་དང་སྣང་བ་སྐྱོ། །འགག་ཕྱིར་འགོག་པ་ལ་སྙོམས་འཇུག །སངས་རྒྱས་རྣམས་ལས་ཏིང་འཛིན་ལ། །དབང་འབྱོར་བྱ་བའི་ཕྱིར་ཡིན་ཞིང་། །སངས་རྒྱས་ཀྱི་ནི་ཏིང་འཛིན་ལ། །དབང་འབྱོར་པ་ཉིད་ལྷུན་གྱི་གྲུབ། །ཚད་མེད་བཞི་ནི་བྱམས་པ་དང་། །སྙིང་རྗེ་དགའ་བ་བཏང་སྙོམས་སོ། །དང་པོ་གཉིས་ནི་ཞེ་སྡང་བྲལ། །གསུམ་པ་ཡིད་བདེའི་རང་བཞིན་དང་། །བཞི་པ་མ་ཆགས་རང་བཞིན་ནོ། །རྣམ་ཐར་བརྒྱད་ལས་དང་པོ་ནི། །བསམ་གཏན་དང་པོ་གཉིས་པར་བརྟེན། །ནང་དུ་གཟུགས་ཀྱི་འདུ་ཤེས་དང་། །ལྡན་པས་ཕྱི་རོལ་གཟུགས་རྣམས་ནི། །རྣམ་པར་བསྔོས་པ་ལ་སོགས་པའི། །མི་སྡུག་པ་རུ་ལྟ་བ་ནི། །གཟུགས་ཅན་གཟུགས་ལྟའི་རྣམ་པར་ཐར། །གཉིས་པ་ནང་དུ་གཟུགས་མེད་པའི། །འདུ་ཤེས་ལྡན་པས་ཕྱི་རོལ་གཟུགས། །རྣམ་པ་བསྔོས་སོགས་མི་སྡུག་པར། །ལྟ་བ་གཟུགས་མེད་གཟུགས་ལ་ནི། །ལྟ་བའི་

རྣམ་པར་ཐར་པའོ། །གསུམ་པ་བསམ་གཏན་བཞི་པ་ལ། །བརྟེན་ནས་གཟུགས་ཀུན་ཡིད་འོང་བར། །ལྟ་བ་གཟུགས་སྡུག་པའི་རྣམ་པར། །དེ་གསུམ་སྟེང་དུ་གཟུགས་མེད་པའི། །གོང་གསལ་སྙོམས་པར་འཇུག་པ་དགེ་བ་བཞི། །ཡོད་མིན་མེད་མིན་སྲིད་རྩེའི་སེམས་ལ་བརྟེན་པ་ཡི། །མཚན་གཞི་ཉན་ཐོས་ལ་འདི་བཞིན་དང་སངས་རྒྱས་ལམ་སྦྱང་བའི་འཕགས་ཆོས་སོ། །འཕགས་པ་དག་གི་འདུ་ཤེས་དང་། །ཚོར་བ་རགས་པས་སྐྱོ་བ་ཡི། །ཞི་བར་གནས་པའི་ཆེད་དུ་ནི། །སེམས་དང་སེམས་བྱུང་འགོག་པ་ཡི། །སྙོམས་འཇུག་དང་བཅས་བརྒྱད་པོའོ། །

ཟིལ་གནོན་བརྒྱད་ནི་བསམ་གཏན་གྱི། །གཟུགས་ཁམས་ཀྱི་བསམ་གཏན་དང་གཟུགས་མེད་ཀྱི་སྙོམས་འཇུག་གི་སེམས་ལ་བརྟེན་ནང་གཟུགས་ཡོད་མེད་དུ་འདུ་ཤེས་ཤིང་ཕྱིའི་གཟུགས་ཆེ་ཆུང་ལ་ལྟ། སེམས་ལ་བརྟེན་ན་ནང་གཟུགས་སུ། །འདུ་ཤེས་ཕྱི་ཡི་གཟུགས་ཆུང་ཆེ། །ཤེས་བྱ་རབ་གསལ་ལས། ནང་གཟུགས་སུ་འདུ་ཤེས་པས་ཕྱི་རོལ་གྱི་ཁ་དོག་བཟང་ངན་དང་། གཟུགས་བཟང་ངན་ཟིལ་གྱིས་གནོན། ནང་གཟུགས་མེད་པར་འདུ་ཤེས་པས་ཕྱི་རོལ་གྱི་ཁ་དོག་བཟང་ངན་དང་། གཟུགས་བཟང་ངན་ཟིལ་གྱིས་གནོན་ཞེས་གསུངས། ལྟ་ཞིང་ཟིལ་གྱིས་མནན་པ་ན། །ཞི་གནས་ཀྱིས་ཤེས་ལྷག་མཐོང་གིས། །མཐོང་བས་དེ་དག་ཟིལ་གྱིས་གནོན། །བལྟས་པའི་མདོ་ལ་ཉི་མའི་འོད་ལྟ་བུ་ལས་ཀྱང་ཏིང་ངེ་འཛིན་གྱི་གཟི་བརྗིད་ཆེས་ཆེར་འབར་བའོ། །དེ་བཞིན་ནང་དུ་གཟུགས་མེད་པར། །ཤེས་པས་བཤད་ཆུང་ངུ་ཆེན་པོ་མ་ཐག་པ་བཞིན། །ཟིལ་གྱིས་གནོན་པར་གྱུར་པ་བཞི། །དེ་བཞིན་སྔོན་པོ་སེར་པོ་དང་། །དམར་པོ་དཀར་པོའི་ཁ་དོག་ལ། །ལྟ་ཞིང་ཁ་དོག་སོགས་ཟིལ་གྱིས་གནོན་ཟིལ་གནོན་བཞི་སྟེ་བརྒྱད། །ཟད་པར་བཅུ་ནི་ས་དང་ཆུ། །མེ་རླུང་ཁ་དོག་སྔོན་པོ་དང་། །སེར་པོ་དམར་པོ་དཀར་པོ་དང་། །ནམ་མཁའ་དང་ནི་རྣམ་ཤེས་ཏེ། །བསམ་གཏན་བཞི་པའི་ཏིང་འཛིན་ལ། །བརྟེན་ནས་གང་འདོད་པའི་ཕྱོགས་སུ། །དེ་དག་བསྒོམ་སྟོབས་ཀྱིས་ས་སོགས། །ཁྱབ་པར་བྱེད་དེ་དང་པོ་བརྒྱད། །མ་ཆགས་པ་ཡི་རང་བཞིན་ལ། །ཐ་མ་གཉིས་ནི་ནམ་མཁའ་དང་། །རྣམ་ཤེས་མཐའ་ཡས་བསམ་གཏན་བཞི་པ་དང་གཟུགས་མེད་དང་པོ་གཉིས་ཀྱི་མཐུས་འབྱུང་བཞི་དང་ཁ་དོག་བཞི་པོ་གང་འདོད་པའི་ས་དེ་ར་དེ་མ་ཐག་སྤྲུལ་ནུས་པའི་དོན་རང་བཞིན་ནོ། །བྱེད་ལས་གསེར་གྱི་ས་གཞི་ལ། །བཻ་ཌཱུརྱ་ཡི་མིག་མང་རིས། །བྲིས་སོགས་སྣ་ཚོགས་སྟོན་པའོ། །དེ་ལྟར་རྣམ་པར་བརྒྱད་སོགས་ནི། །འཇིག་རྟེན་པ་ཡི་སྒྲིབ་གཉིས་ལས། །མ་གྲོལ་ཉན་ཐོས་རང་རྒྱལ་གྱིས། །ཉོན་མོངས་པ་ཡི་སྒྲིབ་པ་སྤངས། །རྫོགས་སངས་རྒྱས་ནི་ཤེས་བྱ་ཡི། །སྒྲིབ་པ་ལས་ནི་གྲོལ་བའོ། །ཟིལ་གནོན་འཇིག་རྟེན་པས་རང་གི། །སྤྱོད་ཡུལ་ཙམ་ནི་ཟིལ་གྱིས་གནོན། །ཉན་ཐོས་སྟོང་གཉིས་བར་མ་དང་། །སྟོང་གི་རྣམ་གཞག་ལ། སྤྱི་ཕུད་སྟོང་གིས་འཇིག་རྟེན། དེ་སྟོང་འགྱུར་ཏེ་འཕར་བའི་བར་པ་སྟོང་གི་འཇིག་རྟེན་སྟོང་གསུམ་སྟོང་གི་འཇིག་རྟེན་གསུམ་འགྱུར། འཇིག་རྟེན་ཁམས་ཐམས་ཅད་དེ་ལས་ཀྱང་རྒྱ་ཆེ་བའི་གྲངས་དང་གཞལ་དུ་མེད་པ། རང་རྒྱལ་སྟོང་གསུམ་སངས་རྒྱས་ཀྱིས། །འཇིག་རྟེན་

ཐམས་ཅད་ཟིལ་གྱིས་གནོན། །ཟད་བཅུ་འཇིག་རྟེན་པས་རྒྱ་ཆུང་། །ཤེས་ཞིང་ཉན་རང་དེ་ལས་ཆེ། །སངས་རྒྱས་ཤེས་བྱ་ཐམས་ཅད་ལ། །ཁྱབ་པར་གཟིགས་པའི་བདག་ཉིད་དོ། །འཇིག་རྟེན་པ་རྣམས་མ་གྲོལ་ཞིང་། །ཉན་རང་ཉོན་མོངས་བག་ཆགས་ཀྱི། །སྒྲིབ་པ་ཕྲ་མོ་མ་སྤངས་ཤིང་། །ཤེས་བྱའི་སྒྲིབ་པ་ལས་མ་གྲོལ། །སྒྲིབ་གཉིས་བག་ཆགས་བཅས་པ་ལས། །ཡོངས་སུ་གྲོལ་བ་སངས་རྒྱས་སོ། །དེ་ནི་ཐེ་ཚོམ་སྨྲ་བ་ཡི། །གྲུབ་མཐའི་རྣམ་གཞག་མདོ་ཙམ་མོ། །ཞིབ་པར་འཕགས་ཡུལ་པཎྜི་ཏ། །དབྱིག་གཉེན་ཞབས་ཀྱི་མཛོད་རྩ་བ། །དེ་ཡི་རྗེས་ཞུགས་འཕགས་བོད་ཀྱི། མཁས་གྲུབ་རྣམས་ཀྱི་བསྟན་བཅོས་ལ། །ཞིབ་ཏུ་བློ་འདོགས་བཅད་པར་བྱ། །གཉིས་པ་མདོ་སྡེ་པ་ཡི་ནི། །གྲུབ་མཐའ་བཤད་ལ་ཐེ་སྨྲ་བས། །བསྟན་བཅོས་ཐེ་ཚོམ་བཤད་པ་ལ། །ཚད་མར་བྱེད་ཅིང་ཤེས་བྱ་ཡི། །གཞི་ལ་རྗེས་སུ་ཡོད་པར་འདོད། །

དེ་ནས་ཐེ་སྨྲ་དགག་པ་ལ། །བསྟན་བཅོས་མཛད་པའི་དགྲ་བཅོམ་རྣམས། །ཉོན་མོངས་ཉོན་མོངས་པའི་སྒྲིབ་པ་སྤངས་མོད་ཀྱང་དེ་ཡི་ཕྲ་བ་ཆོས་བདག་ཡོངས་སུ་རྫོགས་པ་ཙམ་མ་སྤངས་མ་ཡིན་པ་ཡི་མྱུན། །མ་སྤངས་འཁྲུལ་པ་སྲིད་ཕྱིར་དང་། །བཀའ་ལ་གཙོ་བོར་མ་བརྟེན་ན། །སྟོན་པར་མ་གྲུས་འགྱུར་ཕྱིར་ཏེ། །འཕགས་མཆོག་དབྱིག་གཉེན་ཞབས་ཀྱིས་ཀྱང་། །མདོ་ཉིད་གཙོ་བོར་བྱ་བར་གསུངས། །དེ་ལྟ་མ་ཡིན་མདོ་རྣམས་ནི། །གདུལ་བྱ་ལ་དགོངས་གསུངས་པ་མང་། །དྲང་དོན་ཤས་ཆེ་ཡིན་སྙམ་ན། །སྤྱིར་ནི་སངས་རྒྱས་གསུང་རབ་ལ། །མཐའ་དྲུག་གསུང་པ་དེ་ཤེས་པས། །མཐའ་དྲུག་གི་བཤད་པ་འདི་འགྲོས་དོན་ལས་དངོས་ནས་བསྟན་པ་མིན་ནོ། །གཞུང་བཤད་པ་ལ་ཤེན་ཏུ་མཁས། །དེ་ཡང་དྲང་དོན་ངེས་དོན་གཉིས། །སྒྲ་དེ་ཇི་བཞིན་པ་དང་ནི། །ཇི་བཞིན་མ་ཡིན་པ་ཞེས་དང་། །དགོངས་པ་ཅན་དང་དགོངས་མིན་ཏེ། །དྲུག་ལས་དང་པོ་དྲང་དོན་ནི། །ཚིག་ལས་དོན་དངོས་མ་ཡིན་ཀྱང་། །གང་ཟག་བསམ་པ་དང་བསྟུན་ནས། །བློ་སྣ་དྲང་སྡེ་ངེས་དོན་ལ། །འཇུག་པའི་གཞི་རུ་གྱུར་པར་བཤད། །དེ་ཡི་མཚན་གཞི་དཔུམ་པས། །འཁོར་ལོ་ཐ་མའི་མདོ་སྡེ་ལས། །སེམས་ཅན་རྒྱུད་ལ་མཚན་དཔེ་ཡི། །བརྒྱན་སོགས་ཁྱད་ཆོས་དང་ལྡན་པའི། །བདེ་གཤེགས་སྙིང་པོ་བདེན་གྲུབ་ཏུ། །ཡོད་པར་གསུངས་པ་སེམས་ཅན་རྣམས། །རྣམ་གྲོལ་ལམ་བཟང་འཇུག་པ་ལ། །བློ་ནུས་ཞུམ་སོགས་སྤྲིན་ལྟའོ། །སྤང་ཕྱིར་གསུང་ནས་བྱང་ཆུབ་ཀྱི། །ལམ་ལ་དྲང་བའི་ཁྱད་ལྟ་བུ། །གཉིས་པ་ངེས་དོན་ངོ་བོ་ནི། །ཇི་ལྟར་གསུང་པའི་རྗེས་འབྲང་བས། ཕྱིན་ཅི་མ་ལོག་རྟོག་པ་སྟེ། །རྒྱལ་བའི་ཡུམ་ལས་འདི་སྐད་དུ། །གང་གི་རྟེན་ཅིང་འབྲེལ་བར་འབྱུང་། །འགག་པ་མེད་པ་སྐྱེ་མེད་པ། །ཆད་པ་མེད་པ་རྟག་མེད་པ། །འོང་བ་མེད་པ་འགྲོ་མེད་པ། །ཞེས་སོགས་གསུངས་པ་ལྟ་བུའོ། །གསུམ་པ་སྒྲ་ནི་ཇི་བཞིན་དུ། །དགོངས་དང་དགོངས་པར་མི་ལྟོས་པར། །བརྗོད་བྱ་བདེན་པ་ཉིད་གསུངས་པས། །སྤྲིན་པས

ལོངས་སྤྱོད་ཚུལ་ཁྲིམས་ཀྱི། །བདེ་བ་ཐོབ་པ་ལྟ་བུའོ། །བཞི་པ་སྒྲ་ཇི་བཞིན་དུ། །མ་ཡིན་པ་ནི་བརྗོད་བྱ་དེ། །བདེན་པར་མི་གསུང་དེ་དག་གི། །ཕ་དང་མ་ནི་བསད་བྱ་ཞེས། ཕ་ནི་ཟག་བཅས་ཀྱི་ལས། །མ་ནི་ཉོན་མོངས་པ་སྟེ་དེ་དག་བཅོམ་པའི་དོན། དགོངས་པ་དང་ནི་དགོས་པ་ཡི། །དབང་གིས་གསུངས་པའི་མདོ་ལྟ་བུ། །ལྔ་པ་དགོངས་པས་བཤད་པ་ནི། །ཚིག་དེས་སངས་རྒྱས་དགོངས་པ་ནི། །དངོས་སུ་མི་ལོངས་དགོངས་པ་གཞན། །བཅུལ་དགོངས་པ་རུ་བཤད་པའོ། །དྲུག་པ་དགོངས་པ་མ་ཡིན་པ། །དགོངས་པ་གཞན་བཙལ་མི་དགོས་པར། །ཚིག་དེས་སངས་རྒྱས་ཀྱི་དགོངས་པ། །དངོས་སུ་ངོ་སྤྲོད་བྱེད་པའོ། །གོང་གི་དགོངས་པ་བཤད་པ་ལ། །དགོངས་པ་ཅན་དང་ལྡེམ་དགོངས་གཉིས། །དགོངས་པ་ཅན་ལ་བཞི་ལས་སྔ་མར་བཞི་ལས་དང་པོ་ནི། །མཉམ་པ་ཉིད་ལ་དགོངས་པ་ནི། །ང་ཉིད་སངས་རྒྱས་རྣམ་གཟིགས་སུ། །གྱུར་ཞེས་སྤྱངས་རྟོགས་ཉམས་ལ་དགོངས། །

གཉིས་པ་དོན་གཞན་ལ་དགོངས་པ། །སངས་རྒྱས་མང་པོར་བསྙེན་བསྐུར་བས། །ཆོས་དོན་མངོན་སུམ་རྟོགས་པར་གསུངས། །གསུམ་པ་དུས་གཞན་ལ་དགོངས་པ། །བདེ་བ་ཅན་ཕྱིར་སྨོན་པ་ཡིས། །དེ་རུ་སྐྱེ་བར་སྲིད་ལ་དགོངས། །བཞི་པ་གང་ཟག་བསམ་པ་ལ། །དགོངས་ཏེ་སྦྱིན་པས་ཚོག་པ་སུ། །རློམ་པའི་གཉེན་པོར་ཚུམས་ཁྲིམས་བསྔགས། །གཉིས་པ་ལྡེམ་པོར་དགོངས་པ་བཞི་ལས་ལྡེམ་པོར་དགོངས་ལ་བཞི། །ཞུགས་པ་ལྡེམ་པོར་དགོངས་པ་ནི། །ཉན་ཐོས་ཐེག་ཆེན་ལ་གཞུག་ཕྱིར། །གཟུགས་སོགས་ཡོད་པར་གསུངས་ལྟ་རོ། །མཚན་ཉིད་ལྡེམ་པོར་དགོངས་པ་ནི། །རང་གི་མཚན་ཉིད་སྐྱེ་བ་དང་། །སྣང་སྲིད་ཀྱི་ཆོས་ཐམས་ཅད་ལ་རང་རང་གི་སྐྱེ་འགག་གནས་གསུམ་ཡོད་ཀྱང་། དོན་དམ་ལས་གཞལ་ན་སྐྱེ་འགག་གནས་གསུམ་དང་བྲལ་བ་ལ་དགོངས་ནས་ཆོས་ཐམས་ཅད་ངོ་བོ་ཉིད་མེད་གསུངས་པ་ལྟ་བུའོ། །དོན་དམ་ངོ་བོ་ཉིད་གསུམ་ལ། །དགོངས་ནས་ཆོས་ཀུན་ངོ་བོ་ཉིད། །མེད་ཅེས་གསུངས་པ་ལྟ་བུའོ། །གཉེན་པོ་ལྡེམ་པོར་དགོངས་པ་ནི། །སངས་རྒྱས་ཆོས་ལ་བརྙས་པ་དང་། །ལེ་ལོ་ཕྲུང་ཟད་མཆོག་འཛིན་དང་། །ང་རྒྱལ་འདོད་ཆགས་སྤྱོད་པ་དང་། །འགྱོད་དང་མ་ངེས་ལྡོག་པ་ནི། །སེམས་ཅན་རྣམས་ཀྱི་སྒྲིབ་པ་སྟེ། །བརྒྱད་ཀྱི་གཉེན་པོར་ང་ཉིད་ནི། །དེ་ཚེ་སངས་རྒྱས་རྣམ་གཟིགས་སུ། །གྱུར་འདི་མ་དད་པའི་རྒྱུན་སེལ་བའི་ཆེད་ལྟ་བུ། ཞེས་གསུངས་པ་ལྟ་བུའོ། །འགྱུར་བ་ལྡེམ་པོར་དགོངས་པ་ནི། །ཚིག་སྒྲ་ཇི་བཞིན་མ་ཡིན་པས། །དོན་གཞན་འགྱུར་ནས་གོ་དགོས་ཏེ། །སྙིང་པོ་མེད་ལ་སྙིང་པོར་ཤེས། །སྙིང་པོ་མེད་ནི་གཡེང་བ་དང་། །མ་གཡེངས་དྲན་པ་དེ་ལ་ནི། །སྙིང་པོར་ཤེས་ཞེས་ལྟ་བུ་དང་། །ཕྱིན་ཅི་ལོག་ལ་ལེགས་གནས་པ། །ཞེས་པ་རྟག་པ་བདེ་བ་དང་། །གཙང་བ་བདག་འཛིན་ལས་ལྡོག་སྟེ། །དེ་ཡི་ལྡོག་ཕྱོགས་མི་རྟག་སོགས། །བཞི་ལ་གནས་དགོས་བསྟན་ལྟ་བུ། །ཉོན་མོངས་པས་ནི་རབ་ཉོན་མོངས། །ཞེས་དོན་ཡུན་རིང་དཀའ་སྤྱད་ཀྱིས། །ངལ་བར་ཤིན་ཏུ

ཉོན་མོངས་པ། །དཀའ་བ་སྤྱད་དགོས་བསྟན་ལྟ་བུ། །འདི་ལ་དབུ་མ་པས་གཞལ་ན། །འདིར་བཤད་གཞུག་པ་ལྡེམ་དགོངས་དང་། །མཚན་ཉིད་ལྡེམ་དགོངས་གཉིས་པོ་ནི། །ལྡེམ་དགོངས་མཚན་ཉིད་ཅན་མ་ཡིན། །གཟུགས་སོགས་ཡོད་པར་གསུངས་པ་དང་། །ཆོས་ཀུན་ངོ་བོ་ཉིད་མེད་པ། །གསུངས་འདི་དོན་ལ་གནས་ཕྱིར་རོ༑ ༑དགོངས་པ་ཅན་དང་ལྡེམ་དགོངས་ཁྱད། །དགོངས་པ་དང་ནི་དགོངས་གཞི་ཡི། །ལྡོག་པའི་ཆ་ནས་ཉེར་བཟུང་བ། །ཙམ་དུ་རོང་སྟོན་ཏེ་ཀར་བཤད། །

དེ་གཉིས་འགལ་བའང་མ་ཡིན་ཏེ། །དགོངས་པ་ཅན་ནི་བཞི་ཆར་རོ། །གཉེན་པོ་ལྡེམ་དགོངས་ཡིན་པས་སོ། །མདོར་ན་དེ་ལྟའི་མཐའ་དྲུག་ལ། །དྲང་དོན་ཇི་བཞིན་མ་ཡིན་སྦྲ། །དགོངས་པ་དང་ནི་ལྡེམ་དགོངས་བཞི། །འཇིག་རྟེན་ཐེག་པ་ལ་དགོངས་ཏེ། །ཚིག་དེ་མངོན་སུམ་མ་ཡིན་ལ། །ངེས་དོན་ཇི་བཞིན་གྱི་སྒྲ་གཉིས། །འཇིག་རྟེན་འདས་པའི་ཐེག་པ་རྣམས། །ཚིག་དོན་མངོན་སུམ་ངེས་པའོ། །དེ་རྣམས་འཕྲོས་དོན་ཙམ་བཤད་ནས། །སྙིང་པོ་སློབ་དཔོན་དབྱིག་གཉེན་གྱིས། །གཟུགས་སོགས་སྐྱེ་མཆེད་ཡོད་པ་ནི། །དེ་ཡི་འདུལ་བའི་སྐྱེ་བོ་ལ༑ ༑དགོངས་པའི་དབང་གིས་གསུངས་པ་སྟེ། ། བློ་བུར་བརྫུས་ཏེ་བྱུང་བའི་སེམས་ཅན་བཞིན། །གསུངས་ལྟར་གཟུགས་སོགས་ཕྱི་རོལ་གྱི། །དོན་དང་མཐུན་པར་གསུངས་པའི་བཀའ། །དེ་ལ་བསྟན་ནས་བསྟན་བཅོས་ཀྱང་། །བརྩམས་པའི་ཕྱིར་ན་བཀའ་གཙོའོ། །སློབ་དཔོན་དབྱིག་གཉེན་རང་གཞུང་ལས། །ཉོན་མོངས་དྲུག་གསུམ་གཉེན་པོ་སྲུ །ཆོས་ཀྱི་ཕུང་པོ་གསུངས་པར་བཤད། །དེ་ཡི་ཕྱིར་ན་བཀའ་ཐམས་ཅད། །ལེགས་པར་གསུངས་པ་ཁོ་ནའོ། །དེ་ཕྱི་སྣང་གཞི་ལྟ་རྫས་ཡོད་འདོད་པ་དགག་པ་ནས་ཕྱི་སྣང་ཤེས་བྱ་ཡི། །བཞི་ལྟ་ཕྱི་སྣང་འི་རྫས་ཞེས་པ་ཐེམ་དངོས་གཉིས་ལྡན་བདེན་གྲུབ་ཞིག་འདོད་རྫས་ཡོད་འདོད་པ་ནི། །དགག་པའི་ཚུལ་ནི་གཞི་ལྔ་པོ། །དེ་དག་རྫས་སུ་ཡོད་པ་ཅི། །ཐ་སྙད་མིང་བཏགས་རྫུང་བའམ། །རང་གི་མཚན་ཉིད་ཡོད་ལ་ཟེར། །ཐ་སྙད་མིང་བཏགས་རྫུང་ཚད་ལ། །བདེན་གྲུབ་འདོད་ན་བཏགས་དེ་དེའི་མཚན་ཉིད་གཞན་ལ་ལྟོས་དགོས་པ་ཡོད་ནི། །གཏན་ནས་མི་སྲིད་པར་འགྱུར་རོ། །

རང་གི་མཚན་ཉིད་ཡོད་པ་ལ། །ཟེར་ན་སྤྱི་དོན་ཁས་ལེན་གྱི། །དབང་དུ་བྱས་ན་དབང་པོ་ལྔ། །གཟུགས་སོགས་དོན་ལྔ་གཙོ་སེམས་དང་། །སེམས་བྱུང་རྫས་སུ་མདོ་སྡེ་པས་ཐེམ་པོ་དང་བདེན་གྲུབ་མི་འདོད་རྫས་སུ་བཞེད། །འདོད་པ་བདེན། །རྣམ་པ་རིག་བྱེད་མ་ཡིན་གཟུགས། །མི་ལྡན་པ་ཡི་འདུ་བྱེད་དང་། །འདུས་མ་བྱས་གསུམ་རྫས་གྲུབ་མིན། །རྣམ་པ་རིག་བྱེད་མ་ཡིན་པའི། །གཟུགས་དེ་རྫས་སུ་ཡོད་ཟེར་ན། །གཟུགས་ཀྱི་མཚན་ཉིད་གཞིག་གཞོམ་རུང་། །དགོས་པའི་ཕྱིར་ན་དེ་མི་འཐད། །རྟུལ་ཕྲན་མ་བསགས་ཐེམ་པོ་ཞིག །མི་སྲིད་མངོན་སུམ་གྱིས་མ་གྲུབ། །འདུས་མ་བྱས་ཀྱི་གཞི་གསུམ་ནི། །ཕྱོགས་གང་དུ་ཡང་མི་དམིགས་ཤིང་། །དོན་གང་དུ

ཡང་མ་འདྲེས་ཕྱིར། །རྗེས་དཔག་གིས་ཀྱང་མི་འགྲུབ་བོ། །ལྡན་མིན་འདུ་བྱེད་ཐོབ་པ་སོགས། །གཟུགས་སེམས་སེམས་ལས་བྱུང་བ་ཡི། །གནས་སྐབས་ཆོས་ལ་བཏགས་པ་ཙམ། །ཡིན་གྱི་དེ་ལྟར་མ་ཡིན་ན། །གཟུགས་སེམས་སེམས་བྱུང་གསུམ་ལས་རྫས། །གཞན་ཞིག་ཡིན་ནམ་གཅིག་ཡིན་དཔྱོད། །མདོར་ན་ཤེས་བྱའི་གཞི་ལྔ་ལས། །རྣམ་པ་རིག་བྱེད་མ་ཡིན་གཟུགས། །མ་གཏོགས་གཟུགས་དང་སེམས་སེམས་བྱུང་། །གཞི་གསུམ་རྫས་སུ་གྲུབ་པ་ཡིན། །འདུས་མ་བྱས་དང་ལྡན་མིན་གྱི། །འདུ་བྱེད་རིག་བྱེད་མ་ཡིན་གཟུགས། །རྫས་སུ་མ་གྲུབ་པར་ཁས་ལེན། །གཞན་ཡང་བྱེ་སྨྲས་དུས་གསུམ་པོ། །རྫས་ཡོད་འདོད་པ་མི་འཐད་དེ། །འདས་དང་མ་འོངས་པ་འགག་ཞིང་། །མ་སྐྱེས་པས་ན་ད་ལྟ་མིན། །རྣམ་པར་ཤེས་པའི་ཚོགས་དྲུག་པོ། །དོན་གྱི་རྣམ་པར་མ་ཤར་བཞིན། །ཐུག་ཕྲད་འཛིན་པ་མི་འཐད་དེ། །ཡུལ་ཞིག་མེད་ན་རྣམ་པ་མེད་ན་སྔོ་སེར་སོགས། །རྟོགས་པའི་དབྱེ་བ་མི་ནུས་ཕྱིར། །རང་རིག་མེད་འདོད་མི་འཐད་དེ། །དྲན་པ་ལས་ཀྱང་བདག་རིག་གྲུབ། །ཅེས་པའི་ལུང་དེས་གནོད་ཕྱིར་རོ། །

གཉིས་པ་མདོ་སྡེ་པ་རང་གིས་གྲུབ་མཐའ་བཞག་པ་མདོ་སྡེ་པ་རང་གི །གྲུབ་པའི་མཐའ་ཡི་འཇོག་ཚུལ་ལ། །མདོ་ཡི་རབ་ཏུ་དབྱེ་བ་ནི། །སྙིང་པོ་མཆོག་ལས་འདི་སྐད་གསུངས། །མདོ་སྡེ་དབྱངས་བསྟོད་ལུང་བསྟན་དང་། །ཚིགས་བཅད་ཆེད་བརྗོད་དེ་ལྟ་ནི། །ཉན་ཐོས་མདོ་སྡེ་གླེང་གཞི་དང་། །རྟོགས་བརྗོད་དེ་ལྟ་བུ་འབྱུང་གསུམ། །ཉན་ཐོས་འདུལ་བ་སྐྱེས་རབས་ནི། །བྱང་སེམས་འདུལ་བཞིན་ཏུ་རྒྱས། །རྨད་དུ་བྱུང་བའི་ཆོས་ཀྱི་སྡེ། །གཉིས་ནི་བྱང་སེམས་མདོ་སྡེའོ། །གཏན་ལ་ཕབ་པའི་སྡེ་ཞེས་པ། །གཉིས་ཀའི་མངོན་པའི་སྡེ་སྣོད་ཡིན། །རང་རྒྱལ་སྡེ་སྣོད་ལོགས་སུ་མེད། །ཉན་ཐོས་སྡེ་སྣོད་ལ་དམིགས་སོ། །མདོ་དོན་གཏན་ལ་དབབ་པ་ནི། །ཇི་སྙེད་པ་དང་ཇི་ལྟ་བ་གཉིས་ཡོད་པའི་དང་པོ་ཇི་སྙེད་པའི་དོན་ཕུང་ཁམས་དང་། །སྐྱེ་མཆེད་རྣམ་པར་བཞག་པ་ནི། །ཕལ་ཆེར་བྱེ་སྨྲ་དང་མཐུན་ལ། །ཐུན་མོང་མ་ཡིན་འདོད་པ་ནི། །ཚོར་འདུ་རྣམ་ཤེས་ཕུང་རགས་པ་མ་ཡིན་ཞིང་སྔ་མ་འགག་ཕྱི་མ་མ་སྐྱེས་པའི་བར་གྱི་དབྱིངས་ཆ་དེའོ། །པོ་གསུམ། །རྣམ་པ་རིག་བྱེད་མ་ཡིན་གཟུགས། །འདུས་མ་བྱས་གསུམ་རྣམས་ལ་ནི། །ཆོས་ཀྱི་ཁམས་དང་སྐྱེ་མཆེད་འཇོག །ཚོར་འདུ་རྣམ་ཤེས་གསུམ་པོ་རགས་པ་དང་། །གཟུགས་དང་མཚུངས་ལྡན་འདུ་བྱེད་རྣམས། །རྫས་སུ་གྲུབ་ཅིང་རིགས་མིན་གཟུགས། །ལྡན་མིན་འདུ་བྱེད་འདུས་མ་བྱས། །གསུམ་ནི་རྫས་སུ་མ་གྲུབ་བོ། །འདས་པ་སོང་ཞིང་མ་འོངས་པ། །མ་སྐྱེས་ད་ལྟ་བ་ཁོ་ན། །རྫས་སུ་ཡོད་པར་འདོད་པའོ། །རྣམ་པ་རིག་བྱེད་མ་ཡིན་པ། །གཟུགས་སུ་མི་འདོད་སྡོམ་སོགས་ཀྱི། །སེམས་པ་གྲོགས་དང་བཅས་པར་འདོད། །ཇི་ལྟ་གཉིས་པ་ཇི་ལྟ་བ་བ་བཞིན་ཡོད་པ་ནི། །འཕགས་པའི་བདེན་པ་བཞི་དང་ནི། །སྟོང་ཉིད་བཅུ་དྲུག་དགེ་མི་

དགེ། །ལུང་མ་བསྟན་གསུམ་བཀའ་འདུས་བྱས་ཐམས་ཅད་ནི་མི་རྟག་པ། ཟག་པ་དང་བཅས་པ་ཐམས་ཅད་ནི་སྡུག་བསྔལ་བ། ཆོས་ཐམས་ཅད་ནི་བདག་མེད་པ། མྱ་ངན་ལས་འདས་པ་ཐམས་ཅད་ཞི་བའོ། །རྟགས་ཀྱི། །ཕྱག་རྒྱ་བཞི་དང་རྣམ་པར་ཐར། །སྒོ་གསུམ་གདན་ལ་འབེབས་པ་སྟེ། །སློབ་དཔོན་དབྱིག་གཉེན་ཞབས་ཀྱིས་ནི། །ཕྱེ་བྲག་སྨྲ་དང་སྒོ་བསྟུན་ནས། །དེ་ལས་ཁྱད་པར་འཕགས་ཚུལ་བསྟན། །རྡུལ་ཕྲན་རྣམས་ནི་དོན་དམ་པ། །དེས་བརྩམས་རགས་པ་ཀུན་རྫོབ་པོ། །རྡུལ་ཕྲན་རེག་ལ་མ་འབྱུར་རྡུལ་ཆ་དྲུག་བ། །བར་མེད་རེག་པར་འདུ་ཤེས་སོ། །ཤེས་པ་སྐད་ཅིག་མ་ཐམས་ཅད། །ཡུལ་གྱི་རྣམ་པར་བཅས་པར་འདོད། །དམིགས་པའི་ཡུལ་ནི་ཕྱི་རོལ་དོན། །མྱོང་ཡུལ་གསལ་བ་ཤེས་པ་ཡིན། །དེ་ལྟར་འཇོག་བྱེད་ཕྱི་རོལ་དོན། །དཔེར་ན་ཤེས་པ་ཤེལ་དང་མཚུངས། །ཡུལ་ནི་སྣ་ཚོགས་གཟུགས་བརྙན་བཞིན། །གཟུགས་འཛིན་སྔ་ཕྱི་དུས་ཐ་དད། །རྒྱུ་འབྲས་ཡིན་ཅིང་དེ་བཞིན་གྱི། །ཤེས་པའི་རྣམ་པར་འཇོག་ནུས་རྒྱུ༑ །དེ་ལས་སྐད་ཅིག་སྔ་བ་ཡི། །ཤེས་པར་མངོན་སུམ་མི་སྣང་བའི། །ལྐོག་ན་མོ་ཞེས་རང་འཛིན་ལ། །རང་འདྲའི་རྣམ་པ་གཏོད་བྱེད་ཡོད། །

མི་ལྡན་པ་ཡི་འདུ་བྱེད་རྣམས། །གཟུགས་སེམས་སེམས་བྱུང་གནས་སྐབས་ལ། །བཏགས་པ་ཙམ་ཡིན་འདུས་མ་བྱས། །གསུམ་ནི་དངོས་མེད་ཡིན་པ་ལ། །མིང་གི་བཏགས་པ་ཙམ་དུ་འདོད། །མྱ་ངན་འདས་པའང་དངོས་མེད་འདོད། །ལམ་དང་གང་ཟག་གི་འདོད་ཚུལ། །ཉན་རང་གཉིས་ནི་ཕྱེ་སྨྲ་དང་། །ཕལ་ཆེར་འདྲ་ལ་ཁྱད་པར་དུ། །བྱང་ཆུབ་སེམས་དཔར་ས་བཅུ་དང་། །རྫོགས་སངས་རྒྱས་ལ་སྐུ་གསུམ་མམ། །མི་གནས་མྱ་ངན་འདས་ཞེས་ཏེ། ཕུང་པོ་ལྷག་མེད་མྱང་འདས་ཀྱང་། །སེམས་ཅན་དོན་རྒྱུན་མི་ཆད་པ། །འབྱུང་ཞེས་མདོ་ལས་གསུངས་ལྟར་འདོད། །དེ་དག་སྟོན་བྱེད་མདོ་སྡེ་འཆད་ཚུལ། མདོ་ཡི་ཚིག་གི་བཤད་ཚུལ་ལ། །བཤད་བྱའི་ཆོས་དེའི་དགོས་ཉན་པ་པོ་གུས་པ་བསྐྱེད་ཕྱིར་དགོས་དོན་བསྟན་པ། བསྟན་པ། །མཁས་པ་རྣམས་ཀྱིས་དེ་ཐོས་ནས། །དགོས་པ་ཕུན་ཚོགས་ཐོབ་ཕྱིར་དུ། །ཉན་དང་འཛིན་ལ་འབད་པ་དང་། །ཆོས་དེར་གུས་པ་བསྐྱེད་ཕྱིར་ཡིན། །བརྗོད་བྱ་གང་དེའི་དོན་བསྡུས་པ། གཞུང་དོན་རགས་པ་རྟོགས་ཕྱིར་བསྡུས་དོན་བཤད་པ། །ཚིག་དེ་གསལ་ལ་མ་འདྲེས་པ། །ས་མཚམས་མ་འཁྲུག་ཆོད་ཆེ་བ། །གསལ་ལ་བརྗོད་མེད་ངག་སྙོམས་པ། །ཚིག་སྙོམས་ལ་སོགས་ཡོན་ཏན་ལྡན། །དེ་ཡི་ལྡོག་ཕྱོགས་སྐྱོན་བྲལ་ཞིང་། །བསྡུས་དོན་དེ་ཡི་གཞུང་གི་དོན། །གོ་བར་བྱེད་པ་ཉིད་ཡིན་ནོ། །ཚིག་དབྱེ་བྱེད་ལས་གསུམ་སྦྱར་ལ་ཚིག་དོན་ལེན་པ། གི་དོན་ལ་བརྟེན་ནས་ནི། །དོན་ཚོལ་ཕྱིར་དུ་ཐུན་མོང་དུ། །གྲགས་པའི་བུམ་པ་སྤྱི་མིང་། ལྟ་བུའི་མིང་། །དེ་ལ་ཕྱེ་བྲག་ཚིག །གསེར་བུམ་ཞེས་ལྟ་བུའི། །མིང་དང་དེའི་ཡིག་འབྲུའི་གཞི། །གསུམ་དང་མངོན་དེ་ལས་བྱུང་བའི་མིང་གི་མངོན་བརྗོད་བརྗོད་བཟའ་སྒྲ་ཀ་ཙན་སོགས་ཀྱི་རིས་ལ་བསྒྲུབ་པ་སྦྱོད་ཀྱི། །བསྟན་བཅོས

སོགས་ལས་འབྱུང་བ་ཡི། །སྤྲོས་པ་རྣམས་ལ་མཁས་བྱས་ཏེ། །ཕྱི་ནས་བཤད་བྱའི་ཆོས་གང་ཞིག །དེ་དང་དེ་ཡི་དོན་ལ་ནི། །མཁས་པར་བྱེད་པའི་ཆེད་དུའོ། །

མཚམས་སྦྱོར་ཕྱིའི་འབྲེལ་པ་རྟོགས་ཕྱིར་མཚམས་སྦྱར་བ་སྦྱོར་དགོས་པ་གཞུང་ཚིག་དོན། །ཚིག་དོན་སྔ་ཕྱི་འདི་ལྟར་དུ། །འགྲེལ་ཞེས་གསལ་པོར་མཚམས་སྦྱོར་དང་། །མདོ་རུ་དྲིལ་ནས་རྒྱས་བཤད་དང་། །སྤང་གཉེན་རྒྱུ་འབྲས་ཕན་ཚུན་སྦྱོར། །དེ་ཡིས་གཞུང་དོན་རྟོགས་སླ་ཞིང་། །སློ་འདོགས་ལེགས་པར་ཆོད་པར་འགྱུར། །བརྒྱལ་རྟོགས་དཀའི་གནད་རྣམས་བརྒྱལ་ལན་སློ་ནུས་བསྐྱེད་པ་ལན་གཞུང་དོན་སློབ་མ་ཡི། །རྟོགས་པར་དཀའ་བ་འགའ་ཞིག་ལ། །དོགས་གནས་དེ་དག་འགལ་མི་འགལ། །ལུང་དང་རིགས་པས་སོ་སོ་ཡི། །དབྱེ་བ་བྱེད་ཅིང་འགལ་སྤོང་དང་། །གཞུང་དོན་ཚོལ་ཞིང་འཁྲུལ་མ་འཁྲུལ། །ཇི་བཞིན་རྟོགས་པ་བྱེད་པའོ། །གྲུབ་མཐའི་རྣམ་བཞག་མདོ་ཙམ་མོ། །ཚད་མ་སླ་བའི་དཔལ་ཆོས་ཀྱི་གྲགས་པ་སོགས་མདོ་སྡེ་པ། །དེ་ནི་ཐེག་ཆེན་བཀར་བསྒྲུབ་པ། །མི་དགོས་འབུམ་སོགས་མདོ་སྡེ་རྣམས། །བཀའ་རུ་འདོད་པ་ཡིན་ཕྱིར་རོ། །

༄ གསུམ་པ་རྣལ་འབྱོར་སྤྱོད་པ་ལ། །དེ་ཡི་སྒྲ་དོན་ཕྱི་རོལ་གྱི། །སྣང་བ་ཐམས་ཅད་སེམས་ཙམ་དུ། །འདོད་ཅིང་དངོས་པོར་སྨྲ་བ་ཡི། །སེམས་ཙམ་པ་རུ་གྲགས་པ་སྟེ། །ནང་གསེས་རྣམ་བདེན་རྣམ་བརྫུན་གཉིས། །འདི་ཡི་གྲུབ་མཐའི་འཛིན་ཚུལ་ལ། །ཐེག་ཆེན་བཀར་སྒྲུབ་ཉན་ཐོས་བཀག །རང་གི་འདོད་པ་བརྗོད་པའོ། །མདོ་སྡེ་པ་རྣམས་ཁོ་རང་གི། །ཁས་བླང་དེ་ལས་ཤེར་ཕྱིན་དང་། །ཕལ་ཆེན་ལ་སོགས་བཀར་སྨྲ་མའི་ལོག་རྟོག་དགག་པ་མི་འདོད། །དེ་ནི་འཐད་པ་མ་ཡིན་སྟེ། །ཐེག་པ་ཆེ་ནི་སངས་རྒྱས་ཀྱི། །བཀའ་མིན་གྱུར་ན་རྒྱལ་བ་མ་འོངས་འཇིག་ལྟར་སྔར་ལུང་མ་བསྟན་དེས། །ལུང་བསྟན་རིགས་ནའང་དེ་མ་གསུངས། །དེ་བཞིན་ཐེག་ཆེན་ཤེར་ཕྱིན་"ཆེ་ཆུང་ཐེག་པ་སྟོན་པས་ལྷན་ཅིག་གསུངས་པ། སོགས། །ཉན་ཐོས་ཐེག་དང་ལྷན་ཅིག་ཏུ། །བྱུང་གིས་ཕྱིས་སུ་བྱུང་བ་མིན། །ཤེས་རབ་པ་རོལ་ཕྱིན་པའི་རྒྱལ་ལས་གཞན་གྱི་ཟབ་རྒྱས་འདི་ཡུལ་མིན། སྐོར། །ཟབ་ཅིང་རྒྱ་ཆེའི་ཆོས་འདི་དག །རྟོག་གེའི་སྤྱོད་ཡུལ་མ་ཡིན་ནོ། །སངས་རྒྱས་རྣམ་འཕྲུལ་གཞན་གྱིས་གསུང་ཀྱང་བཀའ་རུ་སྒྲུབ་གཞན་གྱིས་གསུང་ཟེར་ན། །དེ་ཡང་སངས་རྒྱས་བཀའ་རུ་གྲུབ། །ཐེག་ཆེན་ཡོད་ན་འདི་ལས་ཐེག་ཆེན་ཡོད་ན་འདི་ལས་གཞན་མེད་ཚུལ་གཞན། །མེད་ཅིང་མདོ་སྡེ་གཞན་ལ་ཡང་། །དེ་དང་ཚུལ་མཚུངས་ལས་གཞན་ཅི། །ཟབ་ཟབ་རྒྱས་ཐེག་པ་མེད་ན་སངས་རྒྱས་མེད་མོ་སྟོང་པ་ཉིད་དང་ནི། །རྒྱ་ཆེ་བྱང་ཆུབ་སྤྱོད་པའི་ཚུལ། །མེད་ན་སངས་རྒྱས་ག་ལ་འབྱུང་། །ཐེག་ཆེན་ཉོན་མོངས་ཐེག་ཆེན་ཉོན་མོངས་པའི་གཉེན་པོ་གཉེན་པོར་གྱུར། །སྣ་ཚོགས་སྒྲས་སྣ་ཚོགས་སྒྲས་གསུང་རྟོག་པ་དཀའ་གསུང་རྟོགས་དཀའ་བས། །ཐེག་ཆེན་རྒྱལ་བའི་བཀའ་གྲུབ་བོ། །གཞི་ལྔ་ལས་ནི་གཟུགས་ཀྱི་གཞི། །ཕྱི་དོན་ཕྲ་རབ་རྡུལ

མདོ་སྡེ་པའི་འདོད་རྟུལ་དྲུག་ཆ་རེག་ལ་མ་འབྱུར་ཙམ་ནི། །གྲུབ་འདོད་འཐད་པ་མ་ཡིན་ཏེ། །ཕྱོད་ལུགས་སྒྲ་མེད་ཕྲ་རབ་ཀྱིས། །རྟུལ་འདི་དོན་དུ་ནུས་པ་བརྒྱུད་འདུས་ཡིན་ཀྱང་འདི་སྐབས་བསགས་རྟུལ་ལྟ་བུར་བཤད། འདི་ཡང་ཕྲ་རག་ལ་ཆ་དང་གོང་བུའི་ཐ་སྙད་ཀྱིས་ཕྲ་རབ་མིང་མེད་འགྲོ་བ་ལ་དགོངས་རྫས་བརྒྱུད་འདོད་སོ་སོ་ནས། །གྲུབ་པ་མེད་ཕྱིར་དེ་འདུས་པའི། །རྟུལ་ཉིད་ཡོད་པ་མ་ཡིན་ནོ། །

ཆ་མེད་ཕྲ་རབ་རྟུལ་ཡོད་ཅེས། །ཟེར་ན་དེའང་མི་འཐད་དེ། །དབུས་རྟུལ་ཕྲ་རབ་གཅིག་ལ་ནི། །ཕྲ་རབ་རྟུལ་དྲུག་གིས་བསྐོར་ན། །དབུས་མར་ཕྱོགས་ཆ་དྲུག་ཆ་དྲུག་ཡོད་པས་ཕྲ་རབ་ལས་ཆེ་བར་འགྱུར། ཡོད་འགྱུར། །དེ་ལ་འགྱུར་ཆ་དྲུག་ཡོད་པ། །ཡིན་ན་གཅིག་གི་གོ་ས་དེར། །གཞན་མི་འབྱུང་གྱུར་གཅིག་གི་ནི། །གོ་ས་གང་ཡིན་དྲུག་ཆར་གྱི། །གོ་ས་ཡིན་ན་གོང་བུར་གྱུར། །དེ་ཉིད་དྲུག་འདུས་པའི་གོང་བུ་རྟུལ་ཕྲག་གཅིག་པའི་གོ་སར་ཚུད་ན་ཆུང་ཐལ་དབང་ཤེས་མི་སྣང་འགྱུར། །རྟུལ་ཕྲན་ཆ་མེད་མི་སྦྱོར་གྱིས། །འདུས་པ་ཕན་ཚུན་སྦྱོར་ཞེ་ན། །འདུས་པ་མེད་པར་མི་རིགས་ཏེ། །འདུས་རྒྱུའི་རྟུལ་ཕྲན་རྟུལ་ཕྲན་ནི་ཆ་མེད་ཡིན་པས་མི་སྦྱོར། དེ་འདུས་པར་འདོད་ན་གོང་གི་ཚེ་ཚུང་སྐྱོན་དུ་ཐལ་བའི་རྟུལ་ཕྲན་མེད་པས་ཆ་མེད་དུ། །འདོད་པས་སྦྱོར་བ་མེད་ཕྱིར་རོ། །གཟུགས་སོགས་དོན་ལ་ཡོད་མིན་ཏེ། །སེམས་ཉིད་འཕྲུལ་པ་ལས་བྱུང་ཕྱིར། །གལ་ཏེ་ཕྱི་དོན་ཡོད་བཤད་པ། །དྲང་དོན་དགོངས་པ་ཅན་ཡིན་ནོ། །དེ་བཞིན་སེམས་རྒྱུན་མི་ཆད་པར། །དགོངས་ནས་བར་སྲིད་ཡོད་པར་གསུང་། །དེ་ཡི་དགོངས་གཞི་འདི་ཡིན་ཏེ། །གཟུགས་གཟུགས་སུ་སྣང་བ་རྣམ་རིག་གི །གཟུང་རྟུང་ས་བོན་ལ་དགོངས་ནས། །གཟུགས་དང་མིག་གི་སྐྱེ་མཆེད་གསུང་། །ཆོས་ཀུན་རྣམ་པར་སེམས་ཙམ་པ་རང་གི་བཞེད་པ་རིག་ཙམ་དུ། གསུངས་པའི་ཐེག་ཆེན་གྱི་ཚུལ་ནི། །སྣང་བ་ཤེས་པར་འདོད་པ་ཡི། །རྣམ་བདེན་པ་དང་སྣང་བ་ནི། །རྣམ་པར་ཤེས་པའི་སྒོ་བཏགས་སུ། །འདོད་པ་རྣམ་བརྫུན་གཉིས་སུ་འདོད། །མི་ལྡན་འདུ་བྱེད་བཏགས་ཙམ་འདོད། །དེ་བཞིན་འདུས་མ་བྱས་པ་ནི། །མེད་པ་ཁོ་ནར་མི་འདོད་ཅིང་། །ཀུན་གཞིའི་རྣམ་པར་ཤེས་པ་དང་། །དེ་ལ་དམིགས་ནས་ངར་སེམས་པའི། །རྣམ་པ་ཅན་གྱི་ཉོན་ཡིད་དེ། །རྣམ་པར་ཤེས་པ་ཚོགས་བརྒྱད་འདོད། །བཙུན་པ་ཡང་དག་ལྡན་ཞེས་པས། །དེ་ཡི་སྟེང་དུ་དྲི་མེད་པའི། །ཡིད་དང་དགུ་རུ་འདོད་པར་བཤད། །རྣམ་བདེན་པ་ཡི་ཚོགས་དྲུག་འདོད། །

འདི་དག་ཞིབ་ཏུ་བཀྲལ་བ་ལ། །ཀུན་གཞིའི་རྣམ་པར་ཤེས་པ་ནི། །འདི་ལ་རྣམས་པར་སྨིན་པ་དང་། །ས་བོན་ཆ་ནི་གཉིས་སུ་ཕྱེ། །རྣམ་སྨིན་གློ་བུར་མ་ཡིན་པ། །ཐོག་མ་མེད་ནས་སྤོན་བསགས་པའི། །ལས་ཀྱིས་ཆེད་དུ་མ་དམིགས་ཀྱང་། །རྗེན་འབྲེལ་ཙམ་གྱི་ཀུན་ཉོན་མ་རིག་པ་གྱི། །ཆོས་ཀུན་སྐྱེ་བའི་རྒྱུར་གྱུར་ཅིང་། །ཆུ་ལས་རྦྱིན་ནི་མང་ཉུང་གི། །དབང་གིས་ཐ་སླབས་མང་ཉུང་ལྟར། །བག་ཆགས་སད་བྱེད་རྐྱེན་ལ་བརྟེན། །དབང་

ཤེས་ཆོས་རྣམས་འབྱུང་བའི་རྒྱུ། །ངོ་བོ་ཉིད་ཀྱི་རྣམ་པ་ནི། །འབྱེད་པ་ཅན་གྱི་རྟེན་འབྲེལ་ལོ། །ས་བོན་ཞེས་པ་དེར་བགོས་པའི། །ཀུན་ཉོན་ལས་ཀུན་བསྡུ་བའི་གཞི། །ནུས་པ་ཙམ་ལས་མངོན་གྱུར་མེད། །ངོ་བོས་མ་སྒྲིབ་ལུང་མ་བསྟན། །སྐྱེ་བ་སྐྱོམས་འཇུག་སོགས་རྒྱུ་བྱེད། །གཞན་རིག་ཙམ་གྱི་ཡིད་མངོན་ཡིན། །དམིགས་པ་བརྟན་གཡོ་ཐམས་ཅད་ནི། །ཕྱོགས་དང་རིས་སུ་མ་ཆད་དམིགས། །རྣམ་པ་ཀུན་གཞི་དེ་རང་གི །དམིགས་པ་བརྟན་གཡོ་ཐམས་ཅད་ལ། །དམིགས་ནུས་ཕྲ་ཞིང་མི་གསལ་བ། །འཇུག་པའི་ཚུལ་ནི་སེམས་ཅན་གྱི། །སྐབས་སུ་རྒྱུན་མི་ཆད་པར་འཇུག །དེ་ཡི་འཁོར་ནི་ཀུན་འགྲོ་ལྔ། །ལེན་པའི་རྣམ་ཤེས་ཞེས་བྱ་སྟེ། །འཆི་འཕོའི་སྐབས་སུ་དགེ་སྡིག་གི། །རྣམ་སྨིན་ལེན་པའི་རྐྱེན་བྱེད་ཅིང་། །སྐྱེ་བ་སོགས་ཀྱི་རྒྱུ་ཡང་བྱེད། །ཡིད་དང་འཇུག་པའི་ཤེས་པ་རྣམས། །ཅི་རིགས་པ་ནི་དེ་ལས་བྱུང་། །

ལྡོག་ཚུལ་ལ་སོགས་འོག་ཏུ་ཤེས། །ཉོན་མོངས་པ་ཡི་ཡིད་བྱེད་པ། ། རྟག་ཏུ་ང་རུ་སེམས་པ་ཡི། །སྒྲིབ་ཀྱི་ལུང་མ་བསྟན་པ་སྟེ། །ཁམས་གསུམ་ལ་ཡོད་དེའི་ངོ་བོ། །ལུང་དུ་མ་བསྟན་དམིགས་པ་ནི། །ཀུན་གཞི་ལ་དམིགས་རྣམ་པ་ནི། །ངའོ་སྙམ་པ་ཅན་ཡིན་ནོ། །འཇུག་ཚུལ་སོ་སྐྱེ་ཀུན་ལ་འཇུག ། འཁོར་ནི་ཀུན་འགྲོ་ལྔ་དང་ནི༑ །ཆོར་དང་ང་རྒྱལ་མ་རིག་པ། །ལྟ་བ་དང་བཅས་དགུ་ཡིས་བསྐོར། །ལྡོག་དུས་ཐེག་ཆེན་དགྲ་བཅོམ་དང་། །མཐོང་ལམ་ཐོབ་ནས་ངེས་པར་དག །མིག་གིས་གཟུགས་མཐོང་རྣ་བ་ཡིས། །སྒྲ་ཐོས་སྣ་ཡིས་དྲི་སྣོམ་ཞིང་། །ལྕེ་ཡིས་རོ་མྱང་ལུས་ཀྱི་ནི། །རེག་བྱ་ཤེས་པ་སྒོ་ལྔ་ཡི། །རྣམ་པར་ཤེས་པ་ཞེས་སུ་གྲགས། །དེ་ཡང་ཡིད་དེ་ལས་འཕྲོས་པའི། །འཇུག་ཤེས་ཞེས་པ་དབང་ཤེས་ལ། །སྒོ་ལྔར་བརྟེན་པ་ཙམ་ཞིག་ལས། །ཡིད་གཞན་ཆེད་དུ་མ་གཏད་དང་། །གཟུགས་ལ་སོགས་པར་ཆེད་གཏད་གཉིས། །སེམས་ཀྱི་མཚན་ཉིད་རང་ཡུལ་ནི། །རང་གི་སྟོབས་ཀྱིས་རིག་པའོ། །

དེ་ལས་འཕྲོས་རྣམས་སེམས་བྱུང་གྲགས། །ལྔ་བཅུ་རྩ་གཅིག་འོག་ཏུ་འབྱུང་། །འཇུག་ཤེས་འཁོར་དུ་འབྱུང་ཚུལ་ནི། །དབང་ཤེས་ལ་གཞན་འཆར་རང་གི་ནུས་པ་གནས།……ཡིད་གཞན་མ་གཏད་པའི། །འཁོར་དུ་ཀུན་འགྲོ་ལྔ་པོ་འབྱུང་། །ཡུལ་གཞན་ལ་ཡིད་གཏད་འཁོར་དུ་སེམས་བྱུང་ནི། །ལྔ་བཅུ་རྩ་གཅིག་ཐམས་ཅད་འབྱུང་། །ཡིད་ཀྱི་ཤེས་པ་ཡིད་འཇུག་ཡུལ། །རྐྱེན་ལ་འཇུག་རུང་ཉེ་བར་གནས་ཙམ་ལ། །འཁོར་དུ་ཀུན་འགྲོ་ལྔ་ཡིད་དེ། །ངན་སོང་ཡུལ་ལ་རྟོག་པ་འཕྲོ་བའི། །འཁོར་དུ་དད་སོགས་དགེ་བ་དང་། །ཐེ་ཚོམ་ལ་སོགས་མི་དགེ་བ། །ང་རྒྱལ་ལ་སོགས་སྒྲིབ་ལུང་མ། །བསྟན་དང་གཉིད་སོགས་མ་བསྒྲིབས་པའི། །ལུང་དུ་མ་བསྟན་རྣམས་འབྱུང་ངོ་། །ཡིད་ཀྱི་དབང་པོ་ལ་བརྟེན་པའི། །དྲུག་པ་ཡིད་ཀྱི་རྣམ་ཤེས་ནི། །སྒོ་ལྔའི་རྣམ་པར་ཤེས་པ་ནི། །འགག་མ་ཐག་པ་དེ

ལ་འཇོག །དེ་ཡང་རྟོགས་པར་གྱུར་པ་ཡི། །ཡིད་ཤེས་ཡུལ་ནི་སྣ་ཚོགས་ལ། །བརྟེན་པའི་ནང་གི་རྣམ་པར་རྟོག །རྟོག་མེད་ཤེས་པའི་ཡིད་ཤེས་ནི། །ཤེས་པ་རྟོག་མེད་ནང་གནས་སོ། །དེ་ལ་བདག་པོའི་རྐྱེན་ཞེས་པ། །སྒོ་ལྔར་བརྟེན་ནས་དོན་ལྔ་རྟོགས། །ཡིད་ཀྱི་བསྒོས་སྣལ་ཡིད་དབང་གི །བདག་རྐྱེན་ལ་གཟུགས་དངོས་འཆར་མིན། །ཡིད་ཡུལ་སྣ་ཚོགས་འཆར་བའོ། །མཚུངས་ལྡན་ཞེས་པ་དཔེར་མཚོན་ན། །དངོས་པོ་མཐོང་རུང་མིག་ཤེས་ཀྱི། །སེམས་བྱུང་དེ་ཡི་གཟུགས་དངོས་པོར། །ཞིབ་ཏུ་དཔྱད་ཅིང་འཛིན་ལྟ་བུ། །དམིགས་ཡུལ་རྣམ་པ་རྟེན་དང་དུས། །རྫས་བཅས་ལྔ་དང་མཚུངས་པས་སོ། །

འདུག་ཚུལ་སེམས་ལས་གྱུར་པ་ཡི། །རང་རིག་རང་ཡུལ་རང་སྟོབས་ཀྱིས། །རིག་པའི་གཙོ་སེམས་སེམས་བྱུང་ལས། །གྱུར་པའི་རང་གི་རིག་པ་ནི། །རང་གི་ཡུལ་ལ་རང་སྟོབས་ཀྱིས། །རྩེ་གཅིག་སེམས་པའི་ངང་འཛིན་ནོ། །སེམས་ལས་གྱུར་པའི་གཞན་རིག་གི །གཙོ་སེམས་སྒོ་ལྔ་ཡིད་ཤེས་བཅས། །སེམས་བྱུང་ལས་གྱུར་གཞན་རིག་ནི། །དབང་པོ་དང་ནི་ཡིད་ཡུལ་དུ། །འཆར་བའི་རྣམ་པར་རྟོག་རྣམས་སོ། །ཉམས་མྱོང་སྒོ་ནས་རྟོགས་པ་ཡི། །ཉམས་སུ་མྱོང་བའི་རང་རིག་ནི། །ཡིད་ལ་རྣམ་རྟོག་སྣ་ཚོགས་པ། །འཆར་ཞིང་མྱོང་བ་རྟོག་མེད་ཀྱི། །ཤེས་པའི་རང་རིག་ཡིད་ལ་ནི། །རྣམ་རྟོག་ཅི་ཡང་མ་འཆར་གནས། །དེ་ཡང་རྟེན་གྱི་གང་ཟག་ནི། །སོ་སྐྱེར་དེ་བཞིན་ཐེག་གསུམ་གྱི། །འཕགས་པའི་རྗེས་ཐོབ་རྟོགས་པ་དང་། །མཉམ་བཞག་རྣམ་རྟོག་མེད་པའོ། །འཛིན་སྟངས་རྟོག་པར་གྱུར་པ་ཡི། །འཁྲུལ་ཤེས་བཟང་ངན་ལ་ཆེད་དུ། །རྟོག་པའི་མདོ་ལ་གོ་བཟློག་གི །རྟོག་གཉིས་གཅིག་ཆར་སྐྱེས་པ་བསླད། །རྟོག་པས་བཅིང་ཀྱང་དོན་མི་ནུས། །ངལ་དུབ་མྱོང་བའི་རྣམ་རྟོག་རྣམས། །རྟོག་མེད་དབང་ཤེས་འཁྲུལ་པ་ནི། །ཟླ་བ་གཉིས་སྣང་དང་སྐྲ་ཤད། །འཛག་པར་སྣང་བར་ལྟ་བུའོ། །

མ་འཁྲུལ་དབང་ཤེས་ཆེད་དམིགས་ལྟར། །མངོན་སུམ་དབང་མངོན་གྱུར་པའོ། །ཡིད་ཤེས་མ་འཁྲུལ་མངོན་སུམ་དུ། །ཡིད་ཡུལ་ཤར་བའི་ཡིད་མངོན་ནོ། །དབང་ཤེས་ཡིད་ཤེས་གཉིས་འདུས་ཀྱིས། །ཚུལ་བཞིན་མཐོང་བ་མངོན་སུམ་གྱི། །ཤེས་པ་ཡིན་ནོ་ཐག་ཁྲར་སྤྲུལ། །ཤིང་ནི་ཕལ་པར་ཙནྡན་དུ། །མཐོང་བ་ལོག་པའི་ཤེས་པར་གྲགས། །དེ་དག་རྣམ་ཀུན་སྒོ་གསུམ་གྱི། །དགེ་དང་མི་དགེ་ལུང་མ་བསྟན། །སྣ་ཚོགས་ལས་སུ་འདུ་བའོ། །གང་ལྟར་རིག་རྒྱུའི་བཟུང་བའི་དོན། །གཞན་དུ་ཡོད་ན་ཇེ་སླ་གཞན་རིག་འགྱུར། །གཟུང་འཛིན་གཉིས་སུ་མེད་པ་ཡི། །རང་རིག་སེམས་ཙམ་པ་ཁོ་ནར་འདོད་པའོ། །སེམས་བྱུང་ལྔ་བཅུ་རྩ་གཅིག་ནི། །ཚོར་དང་འདུ་རྣས་པར་མ་གྱུར་པའི་ཁྱབ་པ་ཤེས་སེམས་པ་དང་། །རིག་པ་ཡིད་བྱེད་ཀུན་འགྲོ་ལྔ། །འདུན་མོས་དྲན་པ་ཏིང་འཛིན་དང་། །བློ་གྲོས་ཞེས་བྱ་བ་ཡུལ་ངེས་ལྔ། །དད་དང་ངོ་ཚ་ཤེས་ཁྲེལ་ཡོད། །མི་ཆགས་མི་སྡང་གཏི་མུག་མེད། །བརྩོན་འགྲུས

ཞེན་སྤྱངས་བག་ཡོད་དང་། །བཏང་སྙོམས་རྣམ་པར་མི་འཚེ་དགེ །སྲིད་པའི་རྩ་བ་ཕྲ་རྒྱས་དྲུག །འདོད་ཆགས་དེ་བཞིན་ཁོང་ཁྲོ་དང་། །ང་རྒྱལ་མ་རིག་ལྟ་བ་དང་། །ཐེ་ཚོམ་ཡིན་ཏེ་ཉེ་ཉོན་ནི། །ཁྲོ་བ་འཁོན་དུ་འཛིན་པ་དང་། །འཆབ་དང་འཚིག་དང་ཕྲག་དོག་དང་། །སེར་སྣ་དང་ནི་སྒྱུ་བཅས་དང་། །གཡོ་རྒྱུ་རྣམ་འཚེ་ངོ་ཚ་མེད། །ཁྲེལ་མེད་རྨུགས་དང་རྒོད་པ་དང་། །མ་དད་པ་དང་ལེ་ལོ་དང་། །བག་མེད་པ་ད་བརྗེད་ངེས་དང་། །རྣམ་གཡེངས་ཤེས་བཞིན་མ་ཡིན་པ། །གཉིད་འགྱོད་རྟོག་དཔྱོད་གཞན་འགྱུར་ཀུན་བསྡོམས་པས་ལྔ་བཅུ་རྩ་གཅིག་གོ་བཞི། །སེམས་ཙམ་རང་གི་འདོད་པ་ནི། །དང་པོ་ཤེས་བྱའི་གནས་དང་ནི། །གཉིས་པ་མཚན་ཉིད་རྣམ་པ་གསུམ། །གསུམ་པ་དེ་རུ་འཇུག་པ་དང་། །བཞི་པ་དེ་ཡི་རྒྱུ་འབྲས་དང་། །ལྔ་པ་དེ་ཡི་རབ་དབྱེ་དང་། །དྲུག་པ་བསླབ་པ་གསུམ་དང་ནི། །བདུན་པ་དེ་འབྲས་སྤང་བ་དང་། །བརྒྱད་པ་ཡེ་ཤེས་ཐེག་པ་མཆོག །དེ་ཡི་དང་པོ་ཤེས་བྱའི་གནས་ནི་དང་པོ་ཀུན་ ཀུན་གཞི་ཡོད་པའི་རྒྱུ་མཚན། ཀུན་གཞིའི་མཚན་ཉིད། དེ་ལྡོག་དུས། དབང་ཕྱུག་ལ་སོགས་དང་མི་འདྲ་བའི་ཁྱད་པར་བཞི་ལས་དང་པོ། གཞི་ལ། །དེ་ཉིད་ཡོད་པའི་རྒྱུ་མཚན་ནི། །ལུས་ལེན་པ་དང་རྣམ་སྨིན་སྐྱོང་། །སྙོམས་འཇུག་ལས་ལྡང་འཆི་འཕོ་དང་། །སྐྱེ་བའི་སྐྱེ་བ་ལ་སོགས་མི་སྲིད་པའི་སྐྱོན་ཡོད། རྒྱུ་རུ་གྱུར་པས་སོ། །

ཉན་ཐོས་རྣམས་ལ་མ་བསྟན་ཏེ། །ཤེས་བྱ་ཕྲ་དང་ཟབ་མོས་བརྟུས། །རྒྱ་ཆེའི་ཤེས་པ་ལྷུར་མི་ལེན། །དེས་ན་ལུས་ལེན་རྒྱུན་འཇུག་སོགས། ། བདག་དང་འཁྲུལ་བར་སྲིད་པའི་ཕྱིར། །རང་འབྲས་རྣམ་གྲོལ་གེགས་བྱེད་པའི། །ཕྱིར་ན་མདོ་ལས་མ་བསྟན་གསུང་། །ཀུན་གཞི་དེ་ཡི་མཚན་ཉིད་དེ་ཡི་མཚན་ཉིད་ནི། །ཀུན་གཞིའི་རྣམ་ཤེས་དེ་ཉིད་ལ། །ཟག་མེད་ཡོན་ཏན་རྐྱེན་ཕྲད་ན། །བྱང་ཆུབ་ཐོབ་བྱེད་ནུས་པའང་ཡོད། །དེ་ལ་རྣམ་སྨིན་ས་བོན་གྱི། །ཆ་གཉིས་ཡོད་ལས་སྔ་མ་ནི། །གློ་བུར་མ་ཡིན་ཐོག་མེད་ནས། །གནས་ཤིང་ཀུན་ཉོན་མ་རིག་ཆོས་ཀུན་གྱི། །བག་ཆགས་ས་བོན་འཛིན་པ་སྟེ། །ཀུན་ཉོན་མ་རིག་ཆོས་ཀུན་སྐྱེ་བའི་རྒྱུ། །གྱུར་ཅིང་དབང་པོ་གཟུགས་རྣམས་ཀྱི། །རྒྱུ་ཡང་ཡིན་ལ་དཔེར་མཚོན་ན། །ཆུ་ལ་རྐྱེན་གྱི་མང་ཉུང་གི། །ཐ་རླབས་མང་ཉུང་འབྱུང་བ་བཞིན། །བག་ཆགས་སད་བྱེད་རྐྱེན་ལ་བརྟེན། །ཡིད་དང་འཇུག་པའི་ཤེས་པ་རྣམས། །ཅི་རིགས་འབྱུང་བའི་རྒྱུ་ཡིན་ལ། །ཆོས་ཀུན་བག་ཆགས་ལ་བརྟེན་ནས། །བྱུང་བས་འབྲས་བུ་དུ་ཡང་གྱུར། །དེ་ལ་མིང་གི་རྣམ་གྲངས་ནི། །ཀུན་གཞིའི་རྣམ་པར་ཤེས་པ་དང་། །རྣམ་པར་སྨིན་པའི་རྣམ་ཤེས་དང་། །ལེན་པའི་རྣམ་ཤེས་ཞེས་སུ་གྲགས། །ངོ་བོ་ཉིད་གསུམ་གནས་ཡིན་པས། །ཤེས་བྱའི་གནས་ཞེས་བྱ་བར་འདོགས། །ས་དེ་ལ་སོགས་པའི་གཉིས་པ་བོན་ཀུན་ཉོན་ཆོས་རྣམས་ཀྱི། །བག་ཆགས་ནུས་པ་ཙམ་གྱི་ནི། །ངོ་བོར་གནས་ཤིང་ཤེས་རིག་ལྟར། །རྫས་སུ་གྲུབ་པ་མ་ཡིན་ནོ། །ཀུན་གཞིའི་རྣམ་པར་ཤེས་དེ་ནི། །ཀུན་འགྲོ་ལྔ་ཡི་གྲོགས་དང་འགྲོགས། །ཚོར་བ

བཏང་སྙོམས་ཁོ་ནའོ། །དགེ་དང་མི་དགེ་གང་དུའང་། །མ་ངེས་མ་སྒྲིབ་ལུང་མ་བསྟན། །དེ་ལྡོག་པའི་དུས་ཀུན་གཞི་དེ་ནི་འཁོར་བའི་སྐབས། །རྒྱུན་མི་ཆད་འཇུག་ལྡོག་དུས་ནི། །ས་བོན་ཉན་རང་དགྲ་བཅོམ་ཐོབ། །ཐེག་ཆེན་ས་བརྒྱད་ཐོབ་ཚེ་ལྡོག །ཉོན་མོངས་མ་ལུས་སྤྱོངས་པས་སོ། །

རྣམ་སྨིན་ཆ་ནི་ཉན་རང་གི །ཕུང་པོ་ལྷག་མེད་རྒྱུན་ཆད་པའི། །ཚུལ་གྱིས་ལྡོག་ལ་ཐེག་ཆེན་པས། །རྡོ་རྗེ་ལྟ་བུའི་ཏིང་འཛིན་གྱིས། །མཇུག་ཐོག་མེ་ལོང་ལྟ་བུ་ཡི། །ཡེ་ཤེས་ཉིད་དུ་གནས་གྱུར་པའི། །ཚུལ་གྱིས་ལྡོག་པ་ཞེས་བཤད་དོ། །དེ་ནི་དབང་ཕྱུག་ལ་དབང་ཕྱུག་སོགས་དང་མི་འདྲ་བའི་ཁྱད་པར་སོགས་དང་། །མི་འདྲ་བ་ཡི་ཁྱད་པར་ནི༑ །ཕྱི་རོལ་པས་ནི་ལྟོས་མེད་དུ། །རང་གྲུབ་དབང་ཕྱུག་ལ་སོགས་ཀྱིས། །བློས་བྱས་རྟག་པ་རང་དབང་ཅན། །འདོད་ཅིང་འདི་ནི་དེ་མིན་ཏེ། །ཀུན་གཞི་སེམས་ཅན་རེ་རེ་བཞིན། །ཡོད་ཅིང་རྟེན་ཅིང་འབྲེལ་འབྱུང་བས། །སྐད་ཅིག་མ་ཡི་རང་བཞིན་སྟོང་། །རྐྱེན་གྱིས་ཡོངས་སུ་བསྒྱུར་བ་ལས། །རྟག་པར་རང་དབང་ཅན་མིན་ནོ༑ །དེ་ལ་གཉིས་མཚན་ཉིད་གསུམ་ནི་པ་མཚན་ཉིད་ནི། །གཞན་དབང་ཀུན་བརྟགས་ཡོངས་གྲུབ་གསུམ། །གཞན་དབང་ཀུན་གཞིའི་རྣམ་ཤེས་ལས་བྱུང་བའི། །བག་ཆགས་ཕུང་ཁམས་སྐྱེ་མཆེད་སོགས། །གཟུང་འཛིན་རྣམ་པར་སྣང་རྣམས་སོ། །

དཔེར་ན་སྔགས་ཚང་ལོ་ཙྪ་བས་བཞེད། སྒྱུ་མ་མཁན་ཞིག་གིས། །ཤིང་དུམ་ལྟ་བུར་མིག་འཕྲུལ་གྱི། །སྔགས་ཀྱིས་གླང་པོར་བསྒྱུར་ལྟར་རོ། །ཀུན་བརྟགས་ཞེས་ནི་རྣམ་རིག་གི་ཀུན་བརྟགས། །གཟུང་དང་འཛིན་པའི་ཡུལ་དེ་དག །བདག་གིར་བཟུང་དང་འདི་ཞེས་པའི། །སྣ་ཚོགས་མིང་གི་སྒྲོ་བཏགས་པ། །དཔེར་ན་སྒྱུ་མས་ཤིང་དུམ་ལ༑ །གླང་པོར་བསྒྱུར་དེ་གླང་པོ་ཆེ། །ངེས་པར་ཡིན་སྣང་བྱས་ལྟར་རོ། །ཡོངས་གྲུབ་ཡོངས་གྲུབ་དེ་བཞིན་ཉིད་དང་ནི། །རྣམ་པར་མི་རྟོག་ཡེ་ཤེས་ཏེ། །ཐ་མལ་པ་ཡི་བདག་འཛིན་དང་། །གཟུང་འཛིན་གཉིས་ཀྱིས་སྟོང་པའོ། །དཔེར་ན་སྒྱུ་མའི་གླང་པོ་དེ། །འཕྲུལ་ངོར་སྣང་བ་རྒྱུ་རྐྱེན་ལས། །སྐྱེས་ཀྱང་རིག་པས་དཔྱད་པའི་ཚེ། །སྒྱུ་མ་མཁན་དང་རིགས་སྔགས་དང་། །རྫས་གསུམ་སོ་སོར་དབྱེ་བའི་ཚེ། །གླང་པོར་གྲུབ་པ་མེད་པ་ཡི། །རྒྱུ་མཚན་རྟོག་པ་ལྟ་བུའོ། །དེ་ལྟར་ཡིན་ན་སེམས་རྣམ་རིག་ལ། །གཟུང་འཛིན་སྣང་བ་ཅི་ཡི་ཕྱིར། །ཞེ་ན་འདི་ལ་སེམས་ཙམ་པས། །གྲུབ་མཐའ་ཐ་དད་མང་སྣ་སྟེ། །སེམས་ཙམ་རྣམ་བདེན་པ་སློབ་དཔོན་ཕྱོགས་ཀྱི་གླང་པོ་དང་། །བྲམ་ཟེ་བདེ་བྱེད་དགའ་སོགས་པས། །བསྟན་བཅོས་དམིགས་པ་བརྟག་པ་ལས། །ནང་གི་རྣམ་རིག་ཤེས་བྱའི་ངོ་བོ་ནི། །ཕྱི་རོལ་ལྟར་སྣང་གང་ཡིན་དེ། །དོན་ཡིན་རྣམ་ཤེས་ངོ་བོའི་ཕྱིར། །གསུང་ལྟར་ཕྱི་རོལ་གྱི་ཡུལ་ལ། །ལྟོས་པའི་གཟུང་སྣང་བ་བྱ་བདེན་པ་མེད། །ནང་གི་ཤེས་པ་ལ་ལྟོས་པའི། །གཟུང་བྱེད་དེ་ཙམ་དུ་སེམས་ཡིན་བདེན་གྲུབ

འདོད། །དེ་ལྟར་རྣམ་བདེན་པ་ལའང་གསུམ། །གཟུང་འཛིན་སྒོང་ཕྱེད་ཚལ་དང་། །སྣ་ཚོགས་གཉིས་མེད་པ་ཞེས་དང་། །གཟུང་འཛིན་གྲངས་མཉམ་པ་གསུམ་འདོད། །དང་པོས་གཟུང་འཛིན་སྒོང་ཕྱེད་ཚལ་གྱི་རོལ་ཡུལ་ལ་ནི། །ལྟོས་པའི་གཟུགས་རྣམས་བདེན་མ་གྲུབ། །ནང་གི་ཤེས་པ་ལ་ལྟོས་པའི། །གཟུང་རྣམ་བདེན་པར་གྲུབ་ཅེས་འདོད། །ཁ་ཅིག་ཡུལ་ནི་བཟུང་བའི་ཆར། །སྣང་བ་དེ་ནི་རྣམ་རིག་ཕྱེད། །ཡིན་ཅིང་ཡུལ་ཅན་འཛིན་ཆ་རུང་། །སྣང་བ་དེ་ཡང་རྣམ་རིག་གི། །ཕྱེད་དེ་སྒོང་བཀས་ལྟ་བུ། །གཉིས་པ་སྣ་ཚོགས་གཉིས་མེད་སྣ་ཚོགས་གཉིས་མེད་པ། །རྣམ་པ་དུ་མར་སྣང་ཉིད་ཀྱང་། །རྣམ་སེམས་རིག་དུ་མ་ཉིད་ཡིན་ཕྱིར། །འཛིན་བྱེད་རྣམ་རིག་དུ་མ་ཉིད། །སྐད་ཅིག་ཤེས་པ་སྣ་ཚོགས་ལ། །འཇུག་པས་སྣ་ཚོགས་གཉིས་མེད་འདོད། །

གསུམ་པ་གཟུང་འཛིན་གྲངས་མཉམ་གཟུང་འཛིན་གྲངས་མཉམ་པས། །ཡུལ་ནི་རྣམ་པ་དྲུག་ཡིན་ལ། །ཡུལ་ཅན་རྣམ་ཤེས་ཚོགས་དྲུག་གི། །རྣམ་པར་རིག་པས་གཟུང་འཛིན་གཉིས། །གྲངས་མཉམ་ཉིད་དུ་འདོད་པའོ། །འཕགས་པ་ཐོགས་མེད་ཆོས་མཆོག་སེམས་ཙམ་རྣམ་བརྫུན་པ་སོགས། །སྣང་བ་ཤེས་པར་སྒྲོ་བཏགས་པ། །རྣམ་པ་བརྫུན་མ་ཡིན་པ་སྟེ། །སྣང་བ་རབ་རིབ་ཅན་དག་ལ། །སྐྲ་ཤད་འཆར་བ་ཇི་བཞིན་འདོད། །

དེ་ལ་དྲི་བཅས་དྲི་མེད་གཉིས། །སློབ་དཔོན་དུལ་བའི་ལྷ་སོགས་ཀྱིས། །སངས་རྒྱས་ལའང་གཉིས་སྣང་གི། །དྲི་མ་ཡོད་པར་འདོད་པ་དང་། །འཕགས་པ་ཐོགས་མེད་ཆོས་མཆོག་ལ་སོགས་ཀྱིས། །སངས་རྒྱས་པ་ལ་གཉིས་སྣང་གི། །དྲི་མ་མེད་པར་བཞེད་པའོ། །མདོར་ན་སེམས་ཙམ་པ་གཉིས་ཀས། །ཕྱི་དོན་བདེན་པ་མེད་པ་དང་། །ཤེས་པ་རང་རིག་རང་གསལ་བས། །སྟོང་བའི་གཉིས་གཟུང་འཛིན་གཞན་དབང་མེད་ཤེས་པ་དེ། །དམ་པའི་དོན་དུ་ཡོད་པར་མཐུན། །སློབ་དཔོན་དབྱིག་གཉེན་ཞབས་དང་ནི། །སློབ་དཔོན་ཆོས་ཀྱིས་གྲགས་པ་ཡི། །གཉིས་གཉིས་ཀའི་ཕྱོགས་སུ་བཞེད་པའོ། །མིང་གི་དོན་ལ་གཞན་དབང་ཞེས། །རང་གི་བག་ཆགས་ས་བོན་ལས། །སྐྱེས་ཤིང་སྐྱེ་ནས་སྐད་ཅིག་ཀྱང་། །མི་སྡོད་ཕྱི་མ་རེ་བསྐྱེད་པ། །སེམས་ཀྱི་གཟུང་འཛིན་འཁྲུལ་པ་ཡི། །དབང་དུ་སོང་བས་གཞན་དབང་གྲགས། །དེ་ནི་མ་དག་གཞན་དབང་ངོ་། །དག་པའི་གཞན་དབང་ཞེས་པ་ནི། །འཕགས་པ་དག་གི་རྗེས་ཐོབ་ལ། །དག་པ་འཇིག་རྟེན་ཡེ་ཤེས་ཏེ། །བག་ཆགས་སྟོབས་ཀྱི་གཉིས་སྣང་གི། །ཚུལ་ཙམ་སྐྱེ་བ་ལ་འདོགས་སོ། །ཀུན་བརྟགས་ཀུན་བརྟགས་གཞན་དབང་དེ་ཉིད་ལ། །མེད་བཞིན་བདག་དང་བདག་གིར་འཛིན། །གང་ཟག་ཆོས་ཀྱི་ཐ་སྙད་ཀྱི། །བྱིས་པའི་བློ་ཡིས་ཀུན་བརྟགས་ཀྱི། །སྣ་ཚོགས་མིང་དུ་བཏགས་པའོ། །ཡོངས་གྲུབ་ཤེས་པ་རང་རིག་ཅིང་། །རང་གསལ་དེ་ལ་དོན་གྱིས་ན། །རྣམ་པ་ལ་སོགས་གང་དུ་ཡང་། །གྲུབ་པ་མེད་ཅིང་དེ་ཉིད་ནི། །རྟག་པ་འགྱུར་བ་མེད་ཅིང་རྣམ་པར་དག །དགེ་བ་རྣམས་ཀྱི་མཆོག་གྱུར

པ༔ ༔ལམ་གྱི་བདེན་པ་ཡོངས་གྲུབ་གྲགས། །ནང་གསེས་དབྱེ་བ་གཞན་དབང་ལ། །དག་དང་མ་དག་གོང་བཤད་ལྟར། །ཀུན་བརྟགས་ལ་ནང་གསེས་དབྱེ་བ། ཀུན་བརྟགས་གཉིས་སུ་དབྱེ་བ་ནི། །གཉིས་སུ་དབྱེ་བའི་དང་པོ་ཀུན་ཏུ་རྟོགས་པ། དང་པོ་ཀུན་ཏུ་རྟོག་པ་ནི། །དཔེར་ན་མིག་ལ་སོགས་པ་ལ། །དབང་པོ་ཟར་མའི་འབྲས་ལྟ་བུའི། །བྱེད་ལས་དངོས་པོ་མཐོང་བ་སོགས། །རྒྱུ་མཚན་ཀུན་ཏུ་རྟོག་པའོ། །

གཉིས་གཉིས་པ་ཁྱད་པར་རྟོགས་པ་པ་ཁྱད་པར་རྟོག་པ་ནི། །དེ་དག་མི་རྟག་པ་ཡི་ནི། །རང་བཞིན་ཉིད་དུ་ཤེས་པའོ། །ལྔ་རུ་དབྱེ་ན་ལྔ་རུ་དབྱེ་བའི་དང་པོ་མིང་ལ་བརྟེན་ནས་དོན་རྟོག་པ་མིང་ལ་བརྟེན། །དོན་རྟོག་བུམ་པ་ཞེས་པ་ཡི༔ ༔མིང་ཐོས་ནས་ནི་བུམ་པ་ནི། །ལྟོ་ལྡིར་ཞབས་ཞུམ་ཡིན་སྙམ་ལྟར། །གཉིས་པ་དོན་ལ་མིང་དུ་རྟོག་པ་དོན་ལ་མིང་དུ་རྟོག་པ་ནི། །ལྟོ་ལྡིར་ཞབས་ཞུམ་ཞེས་བརྗོད་པས། །བུམ་པ་ཡིན་པར་ཤེས་ལྟ་རོ། །གསུམ་པ་མིང་ལ་མིང་དུ་རྟོག་པ་མིང་ལ་མིང་དུ་རྟོག་པ་ནི། །ན་ར་གི་རིའི་གླིང་པ་ཡིས། །བ་ལང་ཞེས་བྱའི་སྒྲ་ཐོས་པས། །དོན་མ་རྟོགས་ཀྱང་བ་ལང་གི། །མིང་གིས་ཡོད་པར་ཤེས་ལྟ་བུའོ། །དོན་ལ་བཞི་པ་དོན་ལ་དོན་དུ་རྟོག་པ་དོན་དུ་རྟོག་པ་ནི། །བ་ལང་ཞེས་ཞེས་བྱ་ནོག་ལྐོག་ཤལ། །ཅན་མཐོང་མིང་དོན་བརྡའ་འཕྲོད་དོ། །མིང་དོན་འབྲེལ་པར་ཤེས་པ་ནི། །བ་ལང་དངོས་མཐོང་མིང་མཚན་ཉིད། །གཉིས་ཀར་ཀུན་ཏུ་རྟོག་པའོ། །ཡོངས་གྲུབ་ལའང་རྣམ་པ་གཉིས། །ཡོངས་གྲུབ་གཉིས་སུ་དབྱེ་བའི་དང་པོ་འགྱུར་མེད་ཡོངས་སུ་གྲུབ་པ་ཞེས། །རྟོགས་བྱ་དེ་བཞིན་ཉིད་ཡིན་ནོ། །གཉིས་པ་ཕྱིན་ཅི་མ་ལོག་ཡོངས་གྲུབ་ནི། །དེ་ཉིད་རྟོག་པའི་ཐབས་ལམ་བཞི། །བཞི་རུ་དབྱེ་ན་བཞི་རུ་དབྱེ་བའི་དང་པོ་མ་དག་པའི། །གནས་སྐབས་ཡི་ནི་ཆོས་དེའི་དབྱིངས་ཆ། ཉིད་དང་། །གཉིས་པ་ཤིན་ཏུ་རྣམ་དག་བསྒོམ་པའི་ཏིང་འཛིན་ཆོས་ཉིད་དང་། །གསུམ་པ་མྱ་ངན་ལས་ནི་འདས་པ་གསུམ། །དེ་གསུམ་འགྱུར་མེད་ཡོངས་གྲུབ་བོ། །བཞི་པ་བཞི་པ་ལམ་གྱི་བདེན་པ་སྟེ། །ཕྱིན་ཅི་མ་ལོག་ཡོངས་གྲུབ་བོ། །དཔེ་ནི་གཞན་དབང་རྨི་ལམ་མཚུངས། །ཀུན་བཏགས་དེ་ལ་བདེན་འཛིན་དང་། །ཡོངས་གྲུབ་དེ་ཉིད་བདེན་མེད་རྟོགས། །གསུམ་པ་དེ་དེ་ལ་འཇུག་པ་ནི་ལ་འཇུག་པ་ནི། །ཐེག་པ་ཆེན་པོའི་རིགས་གྱུར་པ། །གཞན་དོན་ཚོགས་གཉིས་བསགས་པ་དང་། །སྦྱོར་ལམ་བདུན་པའི་གང་ཟག་གོ། །སངས་རྒྱ་གོ་འཕང་དོན་གཉེར་དང་། །བྱང་ཆུབ་སེམས་དཔའི་ལམ་བསླབ་པར། །མ་ཞུམ་སྙིང་མ་ཞུམ་སྤྲང་བ་ཞི་ལྷག་གསུམ་གྱིས་འཇུག་ཞེས་པའི་དང་པོ་མ་ཞུམ་པ་སྐྱོབས་ལྡན་པའོ། །རང་དོན་ཡིད་བྱེད་ཉན་རང་དང་། །ཐེག་ཆེན་ཆོས་ལ་སོམ་ཉི་དང་། །ཆོས་ལ་ཕྱོགས་འཛིན་རྣམ་རྟོག་ལ། །མངོན་ཞེན་གཉིས་པ་སྤྲངས་པ་སྤྲངས་པའི་གང་ཟག་གོ༔ ༔

དེ་ཡི་ཞི་ལྷག་གསུམ་པ་ཞི་ལྷག་བསྒོམ་ཚུལ་ནི། །སེམས་གནས་ཏིང་ངེ་འཛིན་དང་ནི། །ཤེས་རབ་བསྐྱེད་

ཐབས་ཞི་གནས་དང་། །ལྷག་མཐོང་ལ་གྲུས་འཇུག་པའོ། །གང་ལ་འཇུག་ན་མཚན་ཉིད་གསུམ། །དང་པོ་ཀུན་ཏུ་བརྟགས་པ་ལ། །ཐོས་པའི་སྒོ་ནས་མིང་དོན་ངོ་བོ་ཁྱད་པར་བཙལ་བས་དེ་དག་མ་དམིགས་པར་དོན་ཀུན་བརྗོད་པ་ཙམ་དུ་རིག །ཆོས་ཐམས་ཅད་རྣམ་རིག་ཙམ་དུ་ཤེས། དེ་ལྡོག་ནས་ཆོས་དབྱིངས་ཐོབ་ཚུལ་རྣམས་རིམ་པར་སྟོན་པ་ཐོས་པའི་སྒོ་ནས་གཟུགས་ནས་བརྩམས། །རྣམ་མཁྱེན་བར་གྱི་ཆོས་རྣམས་ཀྱི། །མིང་བཙལ་དེ་ལ་བརྟེན་ནས་ནི། །དངོས་པོ་དོན་ཚོལ་དེ་ཡི་ནི། །ངོ་བོ་ཉིད་བཙལ་བྱེ་བྲག་བརྟགས། །ཁྱད་པར་བཙལ་བའི་སྒོ་ནས་ནི། །དེ་དག་མི་དམིགས་པར་ཤེས་ཤིང་། །ཐམས་ཅད་ཡིད་ཀྱིས་ཡིད་ཀྱིས་ལེགས་པར་དཔྱད་པར་འཇུག་འདྲ་བརྗོད་པ་ཡི། །མཚན་ཉིད་དུ་ནི་བརྟགས་པར་རྟོགས། །གཞན་དབང་ཆོས་རྣམས་ཐམས་ཅད་ནི། །རྣམ་པར་རིག་པ་ཙམ་དུ་ཤེས། །ཡོངས་གྲུབ་རྣམ་པར་རིག་ཙམ་གྱི། །འདུ་ཤེས་ཀྱང་ནི་ལྡོག་པའོ། །

ངུས་སམ་གནས་སྐབས་ལ་འཇུག་དོན། །བྱང་སེམས་འཇུག་པའི་གནས་སྐབས་ལམ་ལྔ་སྟོན་པ་ལམ་ལྔ་ལས་ནི་ཚོགས་སྦྱོར་གཉིས། །ཚོགས་ལམ་མཚན་ཉིད་སྣང་སྟོང་རྟོགས་ཡོན་ཏན་དང་། རྣམ་དབྱེ་བྱེད་ལས་ངེས་ཚིག་དངོས། ཞེས་པའི་དང་པོ་མཚན་ཉིད་མཚན་ཉིད་མཚན་མེད་དོན། །རྟོགས་པའི་ཤེས་རབ་ཀྱིས་ཟིན་པའི། །སྒོ་ནས་རྣམ་མཁྱེན་བསྒྲུབ་པ་ཡི། །ཐབས་ལ་མཁས་པའི་བྱང་ཆུབ་སེམས། །དང་པོའི་ལས་ཅན་མངོན་རྟོགས་སོ། །སྤང་བྱ་ཤིན་ཏུ་རགས་པ་ཡི། གཉིས་པ་སྤང་རྟོགས་མདོར་དྲིལ་རྩ་ཉོན་ལྔ་ནི། འདོད་ཆགས། ཁོང་ཁྲོ། ང་རྒྱལ། མ་རིག །ཐེ་ཚོམ། ལྟ་བ་ལྔ་ནི། འཇིགས་ལྟ། མཐར་ལྟ། ལྟ་བ། ཚུལ་ཁྲིམས་བརྟུལ་ཞུགས་མཆོག་འཛིན། ལོག་ལྟ་དང་ལྔ། །འཁོར་བའི་སྡུག་བསྔལ་བསྐྱེད་བྱེད་རྣམས། །རྣམ་པར་སུན་འབྱིན་གཉེན་པོས་སྤྱངས། །ཆོས་དང་གང་ཟག་བདག་མེད་ཙམ། །ཐོས་བསམ་བསྒོམ་པའི་ཤེས་རབ་ཀྱིས། །དོན་སྤྱིའི་ཚུལ་དུ་རྟོག་པ་ཡི། །ཚོགས་ལམ་ཁྱད་པར་ཅན་ཡིན་ཅིང་། །བདག་མེད་མ་གཏོགས་ཚོགས་ལམ་ནི། །ཚོགས་ལམ་ཕལ་པར་ཆོས་ཤེས་བཞེད། །ཡོན་ཏན་སངས་རྒྱས་ལས་ཆོས་ཉིད། །

གཞུང་དོན་འཛིན་པར་ནུས་སོགས་སོ། །ངོ་བོ་བཞི་པ་རྣམ་དབྱེ་ཚོགས་ལམ་ཆེ་འབྲིང་ཆུང་། །རྣམ་གྲངས་དང་པོའི་ལས་ཅན་པ། །དད་པའི་ས་དང་ཐར་ཆ་མཐུན། །དང་པོ་གོ་ཆ་བགོས་པ། དེ་ནས་གཡུལ་དུ་འཇུག་པ། དེ་ནས་དཔུང་གི་ཚོགས་མ་ལུས་པར་བསོག་པ། དེ་ནས་ཕ་རོལ་པོ་དང་གཡུལ་བསྒྲད་དེ། དེ་ལས་རྒྱལ་བ་དང་བཞི་ཡོད་པ་ལྟར། འདིར་ཡང་སྤངས་བྱ་གཉིས་པོ་དེ་སྤོང་བའི་ཆེད་དུ། བསམ་པས་གོ་བགོས་པ་ནི་གོ་སྒྲུབ། སྦྱོར་བས་ཚུལ་བཞིན་དུ་ཞུགས་པ་ནི་འཇུག་སྒྲུབ། གཉེན་པོའི་དཔུང་ཚོགས་བསོག་སྟེ་སྤང་བྱ་དང་གཡུལ་བསྒྲད་པ་ནི་ཚོགས་སྒྲུབ། མི་མཐུན་ཕྱོགས་ལས་ངེས་པར་འབྱུང་བ་ཐོབ་པ་ངེས་འབྱུང་སྒྲུབ་པ་ཡིན་པའི་ཕྱིར་གོ་ཆ་སྒྲུབ་པ་ལ་སོགས་སོ། །ཡོན་ཏན་སྒོ་ནས་སངས་རྒྱས་སོགས། །ཡུལ་ལྔར་མཁས་པའི་ཚོགས་ལམ་མཆོག །མི་མཁས་ཚོགས་ལམ་ཕལ་པའོ། །མཆོག་ནི་སངས་རྒྱས་མཆོག་གསུམ་ལ། །དྭངས་སངས་རྒྱས་སོགས་ཡུལ་ལྔ་ལ

མཁས་པ་ནི་སངས་རྒྱས་སོགས་དང་བའི་ཡུལ་བྱེད་པར་མཁས་པ་བའི་ཡུལ་བྱེད་ཕར་ཕྱིན་དྲུག་སྦྱིན་སོགས་ཕར་ཕྱིན་དྲུག་ཉམས་ལེན་མཁས་པ། །ཉམས་ལེན་བསམ་པ་ཕུན་སུམ་བསམ་པ་ཕུན་སུམ་ཚོགས་པ་མི་བརྗེད་པར་མཁས་པ་ཚོགས། །བརྗེད་པ་མེད་ཅིང་ཧིང་ངེ་ཧིང་ངེ་འཛིན་འཁོར་གསུམ་རྣམ་པར་མི་རྟོག་པ་ལ་མཁས་པ་འཛིན། །འཁོར་གསུམ་རྣམ་པར་མི་རྟོག་པར། ། ཆོས་ཐམས་ཅད་མི་དམིགས་པར་ཤེས་པར་མཁས་པ་ཆོས་རྣམས་རྣམ་པ་ཐམས་ཅད་དུ། །མི་དམིགས་པར་ཤེས་མཁས་པའོ། །བྱེད་ལས་ལྔ་པ་བྱེད་ལས་ཡོངས་སུ་རྒྱུད་སྨིན་ཅིང་། །སྦྱོར་ལམ་འདྲེན་པར་བྱེད་པའོ། །དྲུག་པ་ངེས་ཚིག་ངེས་ཚིག་རྒྱུད་ལ་ཡོན་ཏན་གྱི། །ཚོགས་ཀྱི་གང་ཞིང་ཐར་པའི་ལམ། །ཡིན་པས་ཚོགས་ལམ་ཞེས་བྱའོ། །དངོས་ནི་དང་པོའི་ལས་ཅན་རྣམས། །ཐར་པ་ཆ་མཐུན་དགེ་རྩ་ནི། །རྒྱུད་ལ་ཡོན་ཏན་ཚོགས་གང་ཞིང་། །རྣམ་གྲོལ་འཇུག་ངོགས་གྱུར་པ་སྟེ། །ཚུལ་ཁྲིམས་རྣམ་པར་དག་ལ་གནས། །མིག་གིས་གཟུགས་རྣམས་མཐོང་བ་རྣམས། ། མཚན་མ་མངོན་རྟག་ཏུ་མི་འཛིན། །དབང་པོ་རྣམ་པར་བསྡམ་པ་དང་། །ཁ་ཟས་སྨན་དང་འདྲ་བར་རིག །ཟས་ཀྱི་ཚོད་རིག་ནམ་གྱི་ཆར། །མི་ཉལ་རྣལ་འབྱོར་ལ་བརྩོན་དང་། །བསམ་པ་ཤེས་བཞིན་གནས་པ་ལ། །རྟག་ཏུ་མངོན་པར་དགའ་བ་སྟེ། །ཐར་པ་ཡི་ནི་རྒྱུར་གྱུར་པའི། །ཆོས་ལྔ་པོ་ལ་སློབ་པ་དང་། །དེ་བཞིན་དད་དང་ཚུལ་ཁྲིམས་དང་། །སྦྱིན་པ་བཏང་དང་ཐོས་པ་དང་། །ཁྲེལ་ཡོད་པ་དང་ངོ་ཚ་ཤེས། །ཤེས་རབ་ཕུན་སུམ་ཚོགས་པ་སྟེ། ། འཕགས་པའི་ནོར་བདུན་རྒྱུད་ལ་འབྱོར། །རྟག་ཏུ་རྒྱུད་ལ་ཉེས་སྤྱོན་གྱིས། །གོས་མིན་བརྟགས་ཤིང་ནོངས་ན་བཤགས། །འཛམ་མགོན་ས་སྐྱ་པཎྜི་ཏས། །ཐུབ་པ་དགོངས་གསལ་ལས་བྱུང་བའི། །སྤྱོད་ཡུལ་ལམ་ཁྲེར་དག་ལ་སློབ། །ཡི་གེ་འདྲི་མཆོད་སྦྱིན་པ་དང་། ཉན་དང་ཀློག་དང་ལེན་པ་དང་། འཆད་དང་ཁ་ཏོན་བྱེད་པ་དང་། དེ་སེམས་པ་དང་སྒོམ་པ་སྟེ། སྤྱོད་པ་འདི་བཅུའི་བདག་ཉིད་ཀྱི། བསོད་ནམས་ཕུང་པོ་གཞལ་དུ་མེད་དེ་བཞིན་ཆོས་སྤྱོད་བཅུ་པོ་བསྒྲུབ། ། མདོར་ན་འཕགས་པའི་ལམ་གྱི་རྒྱུར། །གྱུར་པའི་དགེ་ཚོགས་སྒྲུབ་པའོ། །

རྒྱལ་བའི་བཀའ་དང་མཁས་པ་ཡི། །བསྟན་བཅོས་རྣམས་ལ་ཐོས་པ་དང་། །དེ་དོན་རིག་པའི་བསམ་པ་དང་། །དེ་དག་མི་འགལ་བསྒོམ་པ་ལས། །བྱུང་བའི་ཤེས་རབ་གསུམ་ལ་སློབ། །འཁོལ་བའི་སྡུག་བསྔལ་སྤངས་ནས་ནི། །ཐར་པའི་བདེ་བ་འདོད་པ་ཡི། །དང་པོའི་ལས་ཅན་རྣམས་ཀྱིས་ནི། །བསླབ་པའི་ལམ་མཆོག་འདི་དག་གོ། །ཚོགས་ལམ་ཆུང་ངུའི་གནས་སྐབས་སུ། །ལུས་དང་ཚོར་བ་སེམས་པ་ཆོས། །དྲན་པ་ཉེ་བར་བཞག་བཞིའི་བསྒོམ། །དེ་ལ་རྩེ་གཅིག་འཛོག་པ་ནི། །ཞི་གནས་ཡིན་ཅིང་དེར་དེ་ལ་ཕྱི་ནང་གི་ལུས་ཀྱི་མཚན་ཉིད་སོགས་དེ་དག་གི་དོན་ལ་ཞིབ་ཏུ་དཔྱད་པ། དྲན་པའི། །ཤེས་རབ་ཉིད་ནི་ལྷག་མཐོང་ངོ་། །འབྲིང་པོའི་སྐབས་སུ་མི་དགེ་བའི། ། ཆོས་མ་སྐྱེས་པ་མི་སྐྱེད་དང་། །སྐྱེས་པ་རྣམས་སྤངས་དགེ་བའི་ཆོས། །མ་སྐྱེས་སྐྱེད་ཅིང་སྐྱེས་པ་རྣམས། །གནད་

དང་འཕེལ་བའི་ཐབས་ལ་འབད། །ཡང་དག་སྦྱོང་བ་བཞིའི་བསྒོམ་མོ། །ཚོགས་ལམ་ཆེན་པོའི་གནས་སྐབས་སུ༔ །དགེ་ལ་འདུན་དང་དེ་དོན་སེམས། །བརྩོན་འགྲུས་རྩོམ་དང་དེར་སྤྱོད་པའི། །ཏིང་འཛིན་ཉོན་མོངས་སྤོང་བ་ཡི། །འདུ་བྱེད་དང་ལྡན་རྫུ་འཕྲུལ་གྱི། །རྐང་པ་བཞི་ཡིས་བསྒོམ་པའོ། །སྦྱོར་ལམ་ལའང་དེ་བཞིན་དང་། །དེ་དེ་ཡི་མཚན་ཉིད་སྦྱོར་ལམ་གྱི་དང་པོ་མཚན་ཉིད་ཚོགས་ཀྱི་ལམ། །རྫོགས་པའི་རྗེས་སུ་མཐོང་ལམ་དང་། །སྦྱོར་བར་བྱེད་པའི་མངོན་རྟོགས་སོ། །དེ་ཡི་སྣང་བ་གཉིས་པ་སྣང་རྟོག་ཉོན་མོངས་གོང་འདྲ་དང་། །ཤེས་བྱའི་སྒྲིབ་པ་ཀུན་བརྟགས་རྣམས། །རྣམ་པར་གནོན་པའི་ཚུལ་གྱིས་སྤོང་། །བདེན་པ་ནང་གསེས་དབྱེ་བ་བཅུ་དྲུག་པོ་རྣམས་ལས་ཆོས་ཀྱི་བདག །ཕྱིད་ཆ་ཕྱི་བཟུང་བའི་རྟོག་པ་ནི། །རང་བཞིན་མེད་པར་རྟོག་པའོ། །

གསུམ་པ་ཡོན་ཏན་ཡོན་ཏན་སྦྱོར་ལམ་རྩེ་མོ་ཞེས། །ཐོབ་ནས་དགེ་རྩ་རྒྱུན་མི་ཆད། །བཟོད་པ་ཐོབ་ནས་ངན་སོང་དུ། །གཏན་ནས་མི་སྐྱེའི་གདེང་ཐོབ་བོ། །བྱང་སེམས་དབང་པོ་རྣོན་པོ་ཡིས། །གནས་སྐབས་བླ་མེད་རྫོགས་བྱང་ལས། །ཕྱིར་མི་ལྡོག་སྟེ་གཟུགས་ལ་སོགས། །བདེན་ཞེན་མངོན་གྱུར་པ་ཞི་ནས། །གོས་སོགས་ལ་ནི་སྲོ་ཤིག་བྲལ། །གཙང་སྦྲ་ཀུན་སྤྱོད་སོགས་རྟགས་ཐོབ། །བཞི་པ་རྣམ་དབྱེ་རྣམ་པར་དབྱེ་ལ་ངོ་བོ་ཡི། །སྔོ་ནས་ཕྱི་གཟུང་བ་རང་བཞིན་མེད། ། སེམས་ཀྱི་གསལ་སྣང་ཐོབ་པའི་ཚེ། །དྲོད་དང་དེ་ལ་གསལ་བའི་སྣང་། །རྩེ་མ་ལས་གསལ་སྣང་ཅུང་ཆེ་མཆེད་པའི་ཚེན་རྩེ་མོའོ། །ཕྱི་དོན་མེད་པར་ངེས་ཤེས་ཐོབ། །དེ་ཁོན་ཡི་དོན་གྱི་ཕྱོགས་ཀུན་ལ། ། གཅིག་ལ་ཞུགས་ཆེ་བཟོད་པ་དང་། །རྣམ་རིག་འདུ་ཤེས་འཛིགས་པ་ཡི། །ཏིང་ངེ་འཛིན་ནི་ཆོས་མཆོག་གོ། །ལྔ་པ་བྱེད་ལས་རྣམ་གྲངས་ངེས་འབྱེད་ཆ་མཐུན་དང་། །སྦྱོར་བ་འཇུག་སྒྲུབ་དེ་ལས་མཐོང་ལམ་འདྲེན། །ཐར་པ་ཐོབ་པར་བྱེད་སོགས་སོ། །ངེས་ཚིག་དྲུག་པ་ངེས་ཚིག་མཐོང་བའི་ལམ་ལ་ནི། །དངོས་སུ་སྦྱོར་བར་བྱེད་པའོ། །ངོ་བོ་བདུན་པ་དངོས་གོང་དུ་བཤད་པ་ཡི། །ཡོན་ཏན་རྣམས་དང་ཁྱད་པར་དུ། །བདེན་པ་བཅུ་དྲུག་རྣམས་ལ་གོམས་པ་ནི། །སྣང་བ་ཐོབ་པའི་ཏིང་འཛིན་དང་། །དེ་རྟོགས་ཤེས་རབ་དང་མཚུངས་ལྡན། །སྦྱོར་ལམ་དྲོད་བཅས་ཏེ་དྲོ་བར་གྱུར་པ་ནི། །སྣང་བ་མཆེད་པའི་ཏིང་ངེ་འཛིན། །དེ་ཉིད་ཤེས་རབ་དང་མཚུངས་ལྡན། །བཅས་པ་དེ་ནི་རྩེ་མོ་རྩེ་མོའོ། །དེ་བཞིན་བདེན་པ་བཅུ་དྲུག་རྣམས་ལ་ནི། །ཕྱོགས་གཅིག་ལྷན་ཅིག་ཞུགས་པའི་ཏིང་ངེ་འཛིན། །ཤེས་རབ་མཚུངས་ལྡན་བདེན་རྗེས་མཐུན། །བཟོད་བཟོད་པ་ཡིན་ཅིང་དེ་བཞིན་དུ། །བདེན་རྣམས་བཅུ་དྲུག་དེ་མ་ཐག་པ་ཡི། །ཏིང་འཛིན་ཤེས་རབ་མཚུངས་ལྡན་པ། །འཛིག་རྟེན་པ་ཡི་ཆོས་མཆོག་ཆོས་མཆོག་གོ། །དེ་དག་ལའང་ཆུང་འབྲིང་ཆེའི། །རྣམ་པས་གསུམ་གསུམ་དུ་འགྱུར་རོ། །སྦྱོར་ལམ་དྲོད་རྩེའི་གནས་སྐབས་སུ། །དད་དྲན་འདོད་ཡིད་ཆེས་དང་བརྩོན་འགྲུས་བདེན་བཞིའི་དོན་རྣམས་ལ་དྲན་པ་དང་། །ཏིང་འཛིན་ཤེས་རབ་དབང་པོ་ལྔས། །གཙོ་ཆེར

བསྒོམ་ཞིང་བཟློད་ཆོས་གཉིས། །སྐབས་སུ་དད་གོང་མ་སྟོབས་སུ་གྱུར་པའོ་དང་བརྩོན་འགྲུས་དང་། །དྲན་དང་ཏིང་འཛིན་ཤེས་རབ་སྟོབས། ། ལྔ་ཡིས་གཙོ་ཆེར་བསྒོམ་པའོ། །མཐོང་བའི་ལམ་གྱི་མཚན་ཉིད་མཐོང་ལམ་གྱི་དང་པོ་མཚན་ཉིད་ནི། །སྦྱོར་ལམ་མཐར་ཕྱིན་བསྒོམ་པའི་ལམ། །མ་སྐྱེས་གོང་གི་མངོན་རྟོགས་སོ། །གཉིས་པ་སྤང་རྟོགས་སྤངས་རྟོགས་མཐོང་སྤངས་ལྟ་མིན་ཉོན་མོངས་ལྔ་དང་ལྟ་བ་ལྔ། ཁམས་གོང་མར་ཁོང་ཁྲོ་མེད་ས་བོན་བཅས། །རྩད་ནུས་སྤངས་ཤིང་ཆོས་ཉིད་ནི། །ཇི་ལྟ་བའི་དོན་མངོན་སུམ་རྟོགས། །ཆོས་ཅན་ཇི་སྙེད་པའི་དོན་ཡང་། །ཇི་ལྟར་རིགས་པར་རྟོགས་པའོ། །

དེ་ཡི་ཐེག་ཆེན་མཐོང་སྤངས་ནི། །གཟུང་རྟོག་དང་ནི་འཛིན་རྟོག་གཉིས། །གཟུང་རྟོག་གཞི་རྟེན་ཅན་ཞེས་ནི། །རང་གི་དབང་པོའི་སྤྱོད་ཡུལ་དང་། །དོར་ལྟ་བ་ལྟ་མིན་བྱ་གཟུང་བ་ལ་དམིགས་ནས། །དོར་བྱར་མངོན་པར་ཞེན་པ་དེ། །ཐེག་པ་ཆེན་པོའི་མཐོང་སྤང་ངོ་། །གཉེན་པོ་གང་དེའི་རྟེན་ཅན་གཟུང་རྟོག་ནི། །རང་ཡུལ་བླང་བའི་གཟུང་བ་ལ། །དམིགས་ནས་བླང་བྱར་མངོན་པར་ཞེན། །ཐེག་ཆེན་སྐབས་ཀྱི་མཐོང་སྤང་ངོ་། །འཛིན་པར་རྫས་འཛིན་རྟོག་པ་ནི། །ལྟ་མིན་ལྟ་ནི་འདོད་ཆགས་ཁོང་ཁྲོ་ང་རྒྱལ་མ་རིག་ཉོན་སྒྲིབ་ཆོས་དང་གང་ཟག་གི །རྫས་ཡོད་ལ་དམིགས་འཛིན་པ་ཡིས། །བདེན་ཞེན་ཐེག་ཆེན་མཐོང་སྤང་ཡིན། །བཏགས་འཛིན་རང་ཡུལ་ཆོས་གང་ཟག །བཏགས་ལྟ་བ་ལྔ་སྟེ། འཇིག་ལྟ། མཐར་ལྟ། ལྟ་བ། ཚུལ་ཁྲིམས། བརྟུལ་ཞུགས་མཆོག་འཛིན། ལོག་ལྟ་དང་ལྔ། ཡོད་ལ་དམིགས་འཛིན་པ་པོ། །བཏགས་པ་ཙམ་དུ་མངོན་ཞེན་པ། །ཐེག་ཆེན་སྐབས་ཀྱི་མཐོང་སྤང་ཡིན། །འདི་དག་ཡིད་མངོན་གཙོ་ཆེར་འདྲ། །གསུམ་པ་ཡོན་ཏན་ཡོན་ཏན་བརྒྱ་ཕྲག་བཅུ་གཉིས་རྗེས་ཐོབ་ཏུ་ཐོབ། །བཞི་པ་རྣམ་དབྱེ་ཉན་རང་ཐེག་ཆེན་རྣམ་གསུམ་ལ། །མཐོང་ལམ་གསུམ་གྱུར་ངོ་བོ་ཡི། །བདེན་པ་བཞི་པོར་ཆོས་བཟོད་དང་། །ཆོས་ཤེས་རྗེས་བཟོད་རྗེས་ཤེས་ཏེ། །བཞི་བཞིར་ཕྱེ་བས་བཅུ་དྲུག་གོ། །ལྔ་པ་བྱེད་ལས་བྱེད་ལས་སྒོམ་ལམ་འདྲེན་བྱེད་དང་། །འཕགས་པ་ཐོབ་པ་ལ་སོགས་སོ། །ངེས་ཚིག་དྲུག་པ་ངེས་ཚིག་ཆོས་ཉིད་སྔར་མ་མཐོང་། །གསར་མཐོང་བྱེད་པས་མཐོང་ལམ་མོ། །ངོ་བོ་བདུན་པ་དངོས་སྦྱོར་ལམ་ཆོས་མཆོག་གི། །མཇུག་ཏུ་འཕགས་པའི་བདེན་རྣམས་ལ༔ །གཟུང་དང་འཛིན་པ་མི་དམིགས་པའི། །ཏིང་འཛིན་ཤེས་རབ་མཚུངས་ལྡན་བཅས། །ཆོས་ཉིད་མངོན་སུམ་གསར་མཐོང་ཞིང་། །གཏན་བདེ་རྣམ་པར་གྲོལ་བ་ཡི། །མ་ནོར་ལམ་བཟང་ཉིད་གྱུར་ཏོ། །

དེ་ལྟར་བདེན་བཞི་ལ་དམིགས་ནས། །མཐོང་བའི་ལམ་གྱི་སྤང་བྱའི་སྒྲིབ། །སྤང་བའི་སྡུག་བསྔལ་ཆོས་བཟོད་ནས། །ལམ་གྱི་རྗེས་བཟོད་བར་བཅོ་ལྔ། །མཐོང་ལམ་ཡིན་ཅིང་ལམ་རྗེས་ཤེས། །བདེན་དོན་གསར་མཐོང་མེད་མོད་ཀྱང་། །བསྒོམ་པའི་ལམ་དུ་འདོད་དགོས་སོ། །དེ་དང་ལྡན་ཅིག་ས་དང་པོ། །བྱང་ཆུབ་སེམས

དཔའ་རྣམས་ཀྱིས་ཐོབ། །དེ་དག་སྐབས་སུ་དྲན་བདེན་བཞིའི་དོན་རྣམས་པ་དང་། །ཆོས་རབ་རྣམ་པར་འབྱེད་པ་དང་། །བརྩོན་འགྲུས་དགའ་བ་ཤིན་ཏུ་སྦྱང་། །ཏིང་འཛིན་བཏང་སྙོམས་ཡང་དག་པ། །བྱང་ཆུབ་ཡན་ལག་བདུན་ཉིད་བསྒོམ། །ཟག་བཅས་བསྒོམ་ལམ་ཞེས་པ་ནི། །ལམ་ལྔའི་ནང་ཚན་དུ་གྱུར་པའི། །བསྒོམ་ལམ་མིན་ཀྱང་སྦྱོར་བཏང་གི། །བསྒོམ་ལམ་འདོགས་ཏེ་སོ་སྐྱེ་ཡི། །རྒྱུད་ཀྱི་བསྒོམ་ལམ་ཡིན་ཕྱིར་རོ། །ཟག་མེད་བསྒོམ་ལམ་མཚན་ཉིད་བསྒོམ་ལམ་གྱི་དང་པོ་མཚན་ཉིད་ནི། །མཐོང་ལམ་ལེགས་པར་རྟོགས་ནས་ནི། །མི་སློབ་ལམ་མ་སྐྱེས་པ་ཡི། །གོང་གི་མངོན་རྟོགས་སྤྱང་རྟོགས་ནི།……གཉིས་པ་སྤྱངས་རྟོགས། །མཐོང་སྤྱངས་ཉོན་མོངས་པ་ཐམས་ཅད། །སླར་མི་སྐྱེ་བར་ཟད་པར་སྤྱངས། །རང་གི་ངོ་སྐལ་སྤྱང་བྱ་ནི། །སྤང་བྱར་རགས་པ་ཉོན་སྒྲིབ་ཕྲ་བཤེས་སྒྲིབ་ཤེས་སྒྲིབ་གཙོ་ཆེར་སྤྱངས་པ་དང་། །ཆོས་ཉིད་མངོན་སུམ་རྟོགས་པ་ཡི། །མཐོང་བའི་ལམ་དང་རྗེས་མཐུན་ནོ། །མཐོང་ཟིན་རྒྱུན་ལྡན་དུ་གོམ་པ། གསུམ་པ་ཡོན་ཏན་ཡོན་ཏན་བརྒྱ་ཕྲག་བཅུ་གཉིས་ནི། །ཏིང་འཛིན་བརྒྱ་ཐོབ་དེར་སྙོམས་འཇུག །སངས་རྒྱས་བརྒྱ་མཐོང་དེའི་བྱིན་རླབས། །ཞིང་ཁམས་བརྒྱར་འགྲོ་འཇིག་རྟེན་ཁམས། །བརྒྱ་ནི་བསྐུལ་དང་སྣང་བར་བྱེད། །སྨིན་པར་བྱེད་ཅིང་བསྐལ་པ་བརྒྱར། །གནས་ཤིང་སྔོན་དང་ཕྱི་མཐར་འཇུག །ཆོས་བརྒྱ་འབྱེད་ཅིང་ལུས་བརྒྱ་སྟོན། །ལུས་རེར་བྱང་སེམས་བརྒྱ་ཕྲག་རེས། །འཁོར་གྱིས་ཀུན་ནས་ཡོངས་སུ་བསྐོར། །འགྱུར་དུ་བརྩིས་པའི་ས་བཅུ་ཡི། །ཡོན་ཏན་ཁྱད་པར་མང་དུ་ཐོབ། །བཞི་པ་རྣམ་དབྱེ་ངོ་བོའི་སྒོ་ནས་མཉམ་རྗེས་སམ། །འདོད་ཁམས་གཟུགས་ཁམས་གཟུགས་མེད་ཁམས་གསུམ་པ་དགུ་རེ་རེ་ལ། །བསྒོམས་སྤྱང་ཤེས་སྒྲིབ་ཆེན་པོ་ཡི། །ཆེན་པོ་ནས་ནི་ཆུང་ངུ་ཡི། །ཆུང་ངུའི་བར་གྱི་དགུ་པོ་ལ། །འདོད་པ་ས་གཅིག་གཟུགས་ཁམས་ལ། །བསམ་གཏན་ས་བཞི་གཟུགས་མེད་ཁམས། །ས་ནི་བཞི་སྟེ་དགུ་པོ་ཡི། །འདོད་ཆགས་ཁོང་ཁྲོ་ང་རྒྱལ་མ་རིག་འཇིག་ལྟ་མཐར་ལྟ། ཁམས་གོང་མ་ལ་ལྔ……བསྒོམ་སྤྱངས་ཆེན་པོ་དགུའི་གཉེན་པོ། །གཅིག་ཆར་བསྐྱེད་ནས་ས་བཅུ་པ། །བར་ཆད་ཀུན་ལས་གྲོལ་བ་ཡི། །ལམ་དེས་ས་དགུའི་བསྒོམ་སྤོངས་ནི། །ཆུང་ངུའི་ཆུང་ངུ་དགུ་པོ་ཡི། །གཉེན་པོ་གཅིག་ཆར་ཉིད་དུ་བསྐྱེད། །འདིར་བརྟེན་བསྒོམ་པའི་སྤང་བྱ་ནི། །དགུ་དགུ་བརྒྱད་བཅུ་རྩ་གཅིག་ཡོད། །སྤོང་གཉེན་དབྱེ་བས་གྲངས་དེར་འགྱུར། །ལྔ་པ་བྱེད་ལས་བྱེད་ལས་རང་གི་ཡོན་ཏན་ཚོགས། །ཡོངས་སུ་རྫོགས་པར་ཐོབ་པ་དང་། །གཞན་དག་སེམས་ཅན་འཁོར་དུ་བསྡུས། །དེ་རྣམས་སྨིན་ཅིང་རྣམ་པར་གྲོལ། །གྲོལ་རྣམས་མཐར་ཕྱིན་ལམ་ལ་འགོད། །དྲུག་པ་ངེས་ཚིག་ངེས་ཚིག་ཆོས་ཉིད་མཐོང་ཟིན་དེ། །གོམས་པར་བྱེད་པའི་ལམ་ཡིན་ནོ། །ངོ་བོ། བཅུ་དྲུག །བདུན་པ་དངོས་ནི། བདེན་བཞིའི་ཆོས་ཉིད་མཐོང་ཟིན་བསྟན། །རྣམ་གྲོལ་ལམ་གྱི་འཇུག་ངོགས་གྱུར། །

དེ་ལྟར་སྔར་བཤད་ས་དགུ་པོ། །ཟག་པ་མེད་པའི་ལམ་དུ་གྱུར། །གཉེན་པོ་ཆུང་རིམ་ནུས་སྐྱེ་ཞིང་། ། སྤང་བྱ་ཆེ་རིམ་ནུས་འགག་པ། །ཀུན་མཁྱེན་བསོད་ནམས་སེང་གེ་ཡི། །ལེགས་བཤད་རྨད་དུ་བྱུང་བའོ། །ཁྱད་པར་དུའང་བྱང་སེམས་རྣམས། །དང་པོའི་ས་ཡི་མཐོང་བའི་ལམ། །རྫོགས་པའི་ལྷག་མ་ནས་བརྩམས་ཏེ། ས་བཅུའི་བར་ལ་ཚོགས་གཉིས་ཀྱི། །ཁྱད་པར་རིམ་གྱིས་འཕེལ་བའོ། །དེ་དག་སྐབས་སུ་ཡང་དག་པའི། །བདེན་བཞི་མངོན་སུམ་དུ་ཤེས་པའི་ལྟ་བ། ཀུན་ནས་སློང་བའི་རྟོག་པ། བདེན་པར་སྨྲ་བའི་ངག མི་དགེ་སྤོང་བའི་ལས་མཐའ། ལོག་འཚོ་སྤོང་བའི་འཚོ་བ། དགེ་ལ་སྦྱོར་བའི་རྩོལ་བ། མ་བརྗེད་པའི་དྲན་པ། རྩེ་གཅིག་པའི་ཏིང་འཛིན་རྣམས་སོ། །ལྟ་བ་རྟོགས་པ་ངག་དང་ནི། ། ལས་ཀྱི་མཐའ་དང་འཚོ་བ་དང་། །རྩོལ་བ་དྲན་པ་ཏིང་ངེ་འཛིན། །འཕགས་ལམ་ཡན་ལག་བརྒྱད་ཀྱིས་བསྒོམས། ། མཐའ་ཕྱིན་ལམ་གྱི་མཚན་ཉིད་ནི། མཐར་ཕྱིན་ལམ་གྱི་དང་པོ་མཚན་ཉིད། །སྒྲ་དོན་ཀུན་ལས་འདས་པ་ཡི། །གཏན་བདེའི་གོ་འཕང་མཐར་ཕྱིན་དེ། །མཐར་ཐུག་ཕུལ་འབྱུང་འབྲས་བུ་ཡི། །མངོན་པར་རྟོགས་པས་བསྡུས་པའོ། ། གཉིས་པ་སྤང་རྟོགས་སྤང་རྟོགས་ཐར་པའི་གེགས་གྱུར་པ། །མ་ལུས་སྤངས་ཤིང་ཆོས་ཅན་གྱི། །ཇི་ལྟ་བ་ནི་མངོན་སུམ། ཇི་སྙེད་པ་དེ་འདྲ་བའི་རིགས་ལ་འཇུག་ཇི་སྙེད་མཁྱེན་པའི་ཡེ་ཤེས་དང་། །ཆོས་ཉིད་ཇི་ལྟར་བཞིན་རྟོགས་པའི། །སྤང་རྟོགས་མཐའ་རུ་ཕྱིན་པའོ། །གསུམ་པ་ཡོན་ཏན་ཡོན་ཏན་དཔྲ་བཅོམ་ཟག་པ་ཟད། ཉོན་མོངས་ཟད་པ། །ཞེས་སོགས་རྣམས་དང་ཁྱད་པར་དུ། །ཐེག་པ་ཆེན་པོའི་མཐར་ཕྱིན་ལམ། །སྟོབས་དང་མི་འཇིགས་ལ་སོགས་པ། །ཡོན་ཏན་ཕུན་སུམ་ཚོགས་པ་ཐོབ། །བཞི་པ་རྣམ་དབྱེ་རྣམ་དབྱེ་མི་སློབ་པའི་མཐར་ཐུག་ཆོས་རྣམས། །སྒྲིབ་པ་སྤོང་བའི་ས་ལ་དགོངས། །ཕྱི་པ་བྱེད་ལས་བྱེད་ལས་རྣམ་གྲོལ་ཉམས་སུ་མྱོང་། །རྒྱ་ཆེའི་ཕྲིན་ལས་སྒྲུབ་པའོ། །དྲུག་པ་ངེས་ཚིག ངེས་ཚིག་བསླབ་པ་མཐར་ཕྱིན་པའི། །སར་བསྒྲོད་མཐར་ཕྱིན་ལམ་ཞེས་སོ། །

ངོ་བོ་རྡོ་རྗེ་ལྟ་བུ་ཡི། །བདུན་པ་དངོས་ནི། ཏིང་འཛིན་ལ་བརྟེན་གནས་ངན་ལེན། །ཐམས་ཅད་སྤངས་ཤིང་གནས་མ་ལུས། །ཡོངས་སུ་གྱུར་པས་ཟད་པ་དང་། སྤང་བྱ་ཐམས་ཅད་ཟད་མི་སྐྱེ་བ་སྟེ་ཉན་རང་གི་སྐབས་སླར་གཏན་ནས་མི་སྐྱེ། བྱང་ཆུབ་སེམས་དཔའི་སྐབས་ཡེ་ཤེས་ཐོབ་པའོ། །མི་སྐྱེ་ཤེས་པའི་ཡེ་ཤེས་ནི། །མཐར་ཐུག་ཐོབ་སྟེ་ཉན་རང་གི ། སངས་རྒྱས་མཚན་ཉིད་ས་ཐོབ་པར། །ཐེག་ཆེན་ལམ་ལ་ལྟོས་དགོས་ཕྱིར། །ལམ་ནི་མཚན་ཉིད་པ་ཡིན་ཅིང་། ། འབྲས་བུ་བཏགས་པ་ཙམ་དུ་བཞེད། །ཐེག་པ་ཆེ་རྣམས་སྤངས་རྟོགས་ནི། །མཐར་ཕྱིན་ཕྱིར་ན་ལམ་བཏགས་པ། ། འབྲས་བུ་མཚན་ཉིད་པ་ཡིན་ལ། །མདོ་སྡེ་རྒྱན་ལས་གསུངས་པ་ཡི། །རྣམ་པ་ཐམས་ཅད་མཁྱེན་ཉིད་ཐོབ། །དེ་ལྟར་ལམ་ལྔར་ཚོགས་ཚོགས་སྦྱོར་ལ་གཙོ་ཆེར་མིང་ལ་འཇུག་སྦྱོར་ལ། །མིང་དང་མཐོང་བའི་ལམ་མཐོང་ལམ་དུ་དོན་ལ་ འཇུག་དུ་དོན། །བསྒོམ་ལམ་དེ་ཉིད་གོམས་པ་དང་། །མཐར་ཕྱིན་དོན་དེ་མཐར་ཕྱིན་པར། །གྲུབ་པ་རྣམས་ལ་

གཙོ་བོར་འཇུག །བཞི་པ་དེ་ཡི་དེ་ཡི་རྒྱུ་འབྲས་རྒྱུ་འབྲས་ནི། །དགེ་བ་ཡི་ནི་མི་མཐུན་ཕྱོགས། །དྲུག་གི་གཉེན་པོར་ཕ་རོལ་ཕྱིན། །ཕྱིན་པ་དྲུག་ལས་འདི་ལྟ་སྟེ། །འཁོར་བ་ལས་མི་ཐར་བའི་རྒྱུ། །ལོངས་སྤྱོད་ཁྱིམ་ལ་ཆགས་པ་ཡི། །གཉེན་པོར་སྦྱིན་པ་ཚུལ་ཁྲིམས་གཉིས། །དེ་ལས་ལྡོག་རྒྱུ་གཞན་གྱིས་ནི། །གནོད་པས་སྲུན་དང་དགེ་ལ་ཡུན། །དཀའ་སྤྱད་ལ་སྐྱོའི་གཉེན་པོ་ནི། །བཟོད་པ་དང་ནི་བརྩོན་འགྲུས་སོ། །

དེ་ཡང་ཆུད་མི་ཟ་བའི་རྒྱུ། །རྣམ་པར་གཡེངས་དང་གཏི་མུག་གི། །གཉེན་པོར་བསམ་གཏན་དང་ཤེས་རབ། །དེ་དག་སྔ་མ་སྔ་མ་ལ། །བརྟེན་ནས་ཕྱི་མ་རྣམས་འབྱུང་ཞིང་། །སྔང་བྱ་སྔ་རགས་ཕྱི་མ་ཕྲ། །གཉེན་པོ་རིམ་བཞིན་མཆོག་ཏུ་གྱུར། །སྦྱིན་པའི་ཕ་རོལ་ཕྱིན་པ་ནི། །དངོས་ནོར་གཞན་ལ་ཕན་པས་སྟེར། ཚུལ་ཁྲིམས་གཞན་གྱི་དོན་དུ་ནི། །རང་གིས་ཁ་ན་མ་ཐོ་སྤངས། །བཟོད་པ་གཞན་གྱིས་གནོད་བྱེད་པར། །སེམས་མི་འཁྲུགས་ཤིང་བརྩོན་འགྲུས་ནི། །གཞན་དོན་དགེ་ལ་སྤྲོ་བའོ། །བསམ་གཏན་རྫོགས་པའི་སངས་རྒྱས་ཀྱི། །དོན་དུ་མཉམ་པར་འཇོག་པའོ། །ཤེས་རབ་ཤེས་བྱའི་གནས་གནས་ལུགས་དོན་དམ་རྟོགས། ལུགས་ནི། །ཇི་ལྟ་བ་བཞིན་རྟོགས་པའོ། །

དེ་དག་སྤྱི་ཡི་མཚན་ཉིད་ནི། །དམ་པ་དག་དང་ལྡན་པ་སྟེ། །བྱང་ཆུབ་སེམས་ལ་བརྟེན་པ་རྟེན། །དངོས་པོ་མཐའ་དག་རབ་འཇུག་དངོས། །སེམས་ཅན་ཕན་བདེའི་ཆེད་བྱ་བ། །འཁོར་གསུམ་མི་རྟོག་ཡེ་ཤེས་ཀྱི། །ཟིན་པ་ཐབས་དང་བྱང་ཆུབ་རྒྱུར། །ཡོངས་སུ་བསྔོ་དང་སྒྲིབ་པ་གཉིས། །བྱང་བྱེད་རྣམ་པར་དག་པ་དྲུག །དེ་རྣམས་བསྒོམ་པ་མདོར་བསྡུས་ན། །ཚེ་རབས་རྟག་ཏུ་རང་གཞན་གཉིས། །སྦྱིན་སོགས་ལ་འཇུག་ཀུན་སྤྱོར་དང་། །དད་འདོད་གཉིས་ཀྱིས་སྦྱིན་སོགས་ལ། །དོན་གཉེར་སྐྱེས་པ་མོས་པ་དང་། །དགེ་བའི་རོ་མྱང་རྗེས་ཡི་རང་། །མངོན་པར་དགའ་བ་ཡིད་བྱེད་དང་། །རྣམ་པར་མི་རྟོག་ཡེ་ཤེས་ཀྱི། །ཟིན་པ་ཐབས་ལ་མཁས་པ་དང་། །སངས་རྒྱས་རྣམས་ཀྱི་ཕར་ཕྱིན་དྲུག །ཡོངས་སུ་རྫོགས་ནས་ཐུགས་བསྐྱེད་ཀྱིས། །རྩོལ་མི་དགོས་པར་གདུལ་བྱ་ཡི། །སྐལ་བ་བཞིན་དུ་ཕྱིན་དྲུག་གི །གཞན་དོན་ནན་དུ་མཛད་པ་ལྟར། །བྱ་བ་གྲུབ་པ་བསྒོམ་པ་ལྔ། །

ཕར་ཕྱིན་དྲུག་ལས་ནང་གསེས་ལ། །སྦྱིན་པར་ཟང་ཟིང་མི་འཇིགས་ཆོས། །ཚུལ་ཁྲིམས་ཉེས་སྡོམ་དགེ་བ་སྡུད། །གཞན་དོན་བྱེད་གསུམ་བཟོད་པ་ལ། །གནོད་པར་ཇི་མི་སྙམ་པ་དང་། །སྡུག་བསྔལ་དང་ལེན་ཆོས་ལ་ནི། །ངེས་པར་སེམས་ཏེ་ཟབ་རྒྱས་ཀྱི། །ཆོས་ལ་མི་སྐྲག་པ་གསུམ་དང་། །བརྩོན་འགྲུས་དགེ་བའི་ཆོས་ལ་བརྩོན། །གོ་ཆ་ལྟ་བུར་སྦྱོར་བའི་དུས། །དགེ་ཆོས་ལ་བརྩོན་སྤྲོ་བ་ཡི། །སྤྲོ་བ་མི་ཉམས་གནོད་མི་འཁྲུག །བྱང་ཆུབ་ལ་ནི་རེག་གི་བར། །བར་མ་དོ་རུ་མི་བཏང་བར། །མི་ཞུམ་མི་འཁྲུགས་ཆོག་མི་འཛིན། །གསུམ་དང་

བསམ་གཏན་མཐོང་ཆོས་ཀྱི། །བདེ་ར་གནས་མངོན་ཤེས་སོགས་ཡོན་ཏན། །ཁྱད་པར་ཅན་ནི་མངོན་པར་སྒྲུབ། །སེམས་ཅན་དོན་སྒྲུབ་ལ་གནས་དང་། །མངོན་པར་སྒྲུབ་དང་བྱ་བ་བསྒྲུབ། །གསུམ་དང་ཤེས་རབ་ལ་ཀུན་རྟོབ། །ཤེས་པ་སྦྱོར་བ་དངོས་གཞི་ནི། །རྣམ་པར་མི་རྟོག་པའི་རྗེས་སུ། །ཐོབ་པའི་ཤེས་རབ་དང་བཅས་གསུམ། །དེ་དག་གོ་རིམ་ལོངས་སྤྱོད་ལ། །སྦྱིན་པ་མ་ཆགས་བཏང་དང་ཉོན་མོངས་པའི། །ཚུལ་ཁྲིམས་སྡུག་བསྔལ་མེད་དང་སྡུག་བསྔལ་ལ། །བཟོད་པ་སེམས་འཁྲུག་མེད་ཅིང་བརྩོན་འགྲུས་ལེ་ལོ་མེད། །དགེ་བའི་ལས་ལ་སྦྱོར་བ་དང་། །བསམ་གཏན་ཡེངས་པ་མེད་པར་རྩེ་གཅིག་གནས། །ཤེས་རབ་ཆོས་རྣམས་རབ་ཏུ་འབྱེད་པའོ། །

ཕ་རོལ་ཕྱིན་དྲུག་ཆོས་ཐམས་ཅད། །དགེ་བའི་མཚན་ཉིད་དེ་དང་མཐུན། །དེ་ཡི་འབྲས་བུའི་བསྡུས་ཕྱིར་རོ། །གནས་སྐབས་འབྲས་བུ་འཕགས་པ་མཆོག །ཀླུ་སྒྲུབ་ཞབས་ཀྱིས་ཉན་ཐོས་ལ། །ས་བརྒྱད་ཐེག་པ་ཆེན་པོ་ཡི། །བྱང་ཆུབ་སེམས་དཔའ་ས་བཅུར་གསུངས། །ཐེག་ཆུང་ལམ་གྱི་སྒྲུབ་པའི་ས། །བརྒྱད་ནི་དཀར་པོ་རྣམ་མཐོང་བའི། །ས་ནི་ཉན་ཐོས་ཀྱི་ཚོགས་ལམ། །གཅིག་ཏུ་དཀར་བ་ཐར་པ་ཡིན། །དེ་མཐོང་དགེ་བ་ཡིན་པས་སོ། །

བརྒྱད་པའི་ས་ནི་ཉན་ཐོས་ཀྱི། །དགྲ་བཅོམ་ས་ནས་བརྒྱད་པ་ཡིན། །རྒྱུན་ཞུགས་མཐོང་བའི་ས་ནི་དེའི་འབྲས་གནས། །བདེན་བཞི་མངོན་སུམ་མཐོང་བའོ། །བསྲབས་པའི་ས་ནི་ལན་ཅིག་ཕྱིར། །འོང་བའི་འབྲས་གནས་འདོད་ཉོན་མོངས། །ཕལ་ཆེར་སྤོངས་པ་འདོད་ཆགས་དང་། །བྲལ་བའི་ས་ནི་ཕྱིར་མི་འོང་། །འབྲས་གནས་འདོད་ཆགས་བྲལ་དེའོ། །བྱས་པ་རྟོགས་པའི་སར་གྲགས་པ། །དགྲ་བཅོམ་བདེན་བཞི་མངོན་གྱུར་རོ། །ཉན་ཐོས་ས་ཞེས་ལན་ཅིག་ཕྱིར། །འོང་དང་མི་འོང་དགྲ་བཅོམ་པ། །འབྲས་བུ་ཞུགས་པ་གསུམ་ལ་གྲགས། །རང་རྒྱལ་ས་ནི་སྔར་བཤད་པའི། །བྱང་ཕྱོགས་སུམ་ཅུ་རྩ་བདུན་དག །རང་ཉིད་གཅིག་པུ་སངས་རྒྱས་པ། །འདོད་པའི་སེམས་བསྐྱེད་བསྐལ་ཆེན་བརྒྱར། །གོམས་བྱས་སྐྱེ་བའི་ཐ་མ་ལ། །སངས་རྒྱས་མེད་པའི་འཇིགས་རྟེན་དུ། །སློབ་དཔོན་གཞན་ལ་མ་ལྟོས་པར། །རང་ཉིད་གཅིག་པུ་བྱང་ཆུབ་ནི། །ཐོབ་གྱུར་བསེ་རུ་ལྟར་གྲགས་པ༑ །ཡོན་ཏན་ཁྱིན་ལས་ཁྱད་པར་འཕགས། །ཚོགས་སྤྱོད་ཞེས་པ་མང་པོ་དང་། །ལྷན་ཅིག་ཞུགས་པ་གཉིས་སུ་ཡོད། །དེ་དག་ལ་ཡང་དང་པོ་གཉིས། །འཇིག་རྟེན་པ་དང་ལྷག་མ་དྲུག །འཇིག་རྟེན་འདས་པའི་ས་རུ་བཤད། །འདིར་བསྟན་ས་རྣམས་བྱང་སེམས་ཀྱི། །རྒྱུད་ལ་ཡོད་པའི་ཐེག་དམན་གྱིས། །རྟོག་རིག་ཡིན་ཞེས་ཐམས་ཅད་མཁྱེན། །བསོད་ནམས་སེང་གེའི་དགོངས་པའོ། །དེ་རབ་དབྱེ་བ་ལྔ་པ་དེ་རབ་དབྱེ་བ་ནི། །ཐེག་པ་ཆེན་པོའི་འབྲས་བུ་ནི། །ས་བཅུའི་དབྱེ་བ་འདི་དག་ལ། །ཤེས་བྱ་ཆོས་དབྱིངས་ས་བཅུ་ལ། །སྒྲིབ་བྱེད་མ་རིག་ས

བཅུ་ཡོད། །དེ་ཡི་གཉེན་པོར་བྱང་སེམས་ལ། །ས་བཅུར་བཞག་ཅིང་རྗེས་ཐོབ་ཏུ། །ཆོས་དབྱིངས་ཀུན་དུ་འགྲོ་ལ་སོགས། །ངེས་པ་འདྲེན་ཕྱིར་མཉམ་བཞག་ཏུ། །དབྱིངས་བཅུ་བསྒོམ་པའི་ཚུལ་གྱིས་ནི། །འཇུག་སྟེ་དང་པོའི་ས་ཡིས་ནི། །རྗེས་ཐོབ་ཆོས་དབྱིངས་སྟོང་པ་ཆེ། །དབྱིངས་ལ་རིམ་གྱིས་འཇུག་པ་ཀུན་འགྲོའི་ཚུལ་དུ་རྟོགས་པ་ཡིས། །དེ་དོན་མཉམ་པར་བཞག་ཅིང་དབྱིངས། །བསྒོམ་མོ་དེ་བཞིན་དུ་རིམ་བཞིན། །གཉིས་པ་ཆོས་ཀྱི་དབྱིངས་ཀྱི་མཆོག །རང་བཞིན་འོད་གསལ་དོན་དུ་རྟོགས། །

གསུམ་པ་ཆོས་དབྱིངས་རྟོགས་པ་ཡི། །རྒྱུ་མཐུན་གསུང་རབ་ལ་ཐོས་པ། །དོན་དུ་གཉེར་བྱའི་མཆོག་ཅན་རྟོགས། །བཞི་པ་ཆོས་ཀྱི་དབྱིངས་ལ་ནི། །བདག་དང་བདག་གིར་བ་ལ་སོགས། །གང་ཡང་འཛིན་མེད་དོན་དུ་རྟོགས། །ལྔ་པ་བདག་དང་གཞན་རྒྱུད་ཀྱི། །ཆོས་དབྱིངས་ཐ་དད་མེད་དོན་རྟོགས། །དྲུག་པ་སེམས་ཀྱི་རང་བཞིན་དུ། །ཀྱུར་པའི་ཀུན་ནས་ཉོན་མོངས་དང་། །དེ་ཉིད་སྤྱངས་པའི་རྣམ་པར་དག །ཡོད་པ་མ་ཡིན་དོན་དུ་རྟོགས། །བདུན་པ་ཆོས་དབྱིངས་ལ་མཚན་མ། །སྣ་ཚོགས་ཐ་དད་མེད་དོན་རྟོགས། །བརྒྱད་པ་ཆོས་དབྱིངས་རང་བཞིན་གྱི། །དག་པས་མཚན་མ་དང་བྲལ་བ། །བྲི་བ་མེད་ཅིང་མཚན་མ་ནི། །འཕེལ་བ་མེད་པའི་དོན་དུ་རྟོགས། །བརྒྱད་པ་དགུ་པ་བཅུ་པ་རྣམས། །དབྱིངས་ལ་དབང་བའི་རྣམ་པ་བཞིའི། །གནས་སུ་རྟོགས་ཏེ་བརྒྱད་པ་ནི། །ལྷུན་གྱིས་གྲུབ་པར་མཚན་བྲལ་དབྱིངས། །མི་རྟོག་ཡེ་ཤེས་ལ་དབང་གནས། །ཇི་ལྟར་བཞེད་བཞིན་སངས་རྒྱས་ཀྱི། །ཞིང་འགོར་སྟོན་པའི་མཐུ་བསྐྱེས་པས། །དབྱིངས་ཞིང་དག་པར་དབང་བའི་གནས་པ་རྟོགས། །དགུ་པ་ཆོས་དོན་ཚིག་སྤྱོངས་པར། །ཡང་དག་རིག་བཞིར་དབང་ཐོབ་དབྱིངས། །ཡེ་ཤེས་དབང་བའི་གནས་སུ་རྟོགས། །བཅུ་པ་བཞེད་བཞིན་སྤྲུལ་ཚོགས་ཀྱི། །སེམས་ཅན་དག་གི་དོན་མཛད་དབྱིངས། །དེ་བཞིན་གཤེགས་པའི་ཕྲིན་ལས་ལ། །དབང་བའི་གནས་སུ་རྟོགས་པའོ། །

དེ་ལྟར་ཤེས་བྱའི་དབྱིངས་རྣམ་བཅུར། །མི་མཐུན་ཕྱོགས་རྣམས་ཉན་ཐོས་ཀྱི། །སྤང་བྱ་ཉོན་མོངས་ཅན་མིན་ཡང་། །བྱང་ཆུབ་སེམས་དཔས་སྤང་བྱ་ཡི། །ཉོན་མོངས་ཅན་གྱི་མ་རིག་བཅུ། །དེ་ཡི་གཉེན་པོར་ས་བཅུ་ཡི། །རྣམ་པར་བཞག་སྟེ་ཉན་ཐོས་ཀྱི། །གཉེན་པོའི་ས་འདིར་མི་འཇུག་དང་། །དམན་པའི་མྱ་འདས་སྒྲིབ་བྱེད་གེགས། །མི་བྱེད་ཕྱིར་ན་སྤང་བྱ་མིན། །བྱང་ཆུབ་སེམས་དཔས་དེ་སྤང་བྱ། །ཡིན་ཏེ་དེས་ནི་མི་གནས་པའི། །མྱང་འདས་ཐོབ་པའི་གེགས་བྱེད་པས། །སྤངས་དགོས་ཕྱིར་ན་དེའི་གཉེན་པོར། །ས་བཅུར་ཡེ་ཤེས་བཅུ་འབྱུང་ངོ་། །དང་པོ་རབ་ཏུ་དགའ་ཞེས་པའི། །རྒྱུ་མཚན་སྦྱིན་པའི་ཕ་རོལ་ཏུ། །ཕྱིན་པ་རྫོགས་ནས་སྔར་མ་མཐོང་། །ཆོས་དབྱིངས་མངོན་སུམ་མཐོང་བ་དང་། །བདག་གཞན་དོན་གཉིས་ཕུན་སུམ་ཚོགས། །བྱེད་པར་ནུས་པའི་

དགའ་བ་ནི། །སྐྱེས་པས་རབ་ཏུ་དགའ་ཞེས་བྱ། །གཉིས་པ་ཚུལ་ཁྲིམས་ཕ་རོལ་ཕྱིན། །རྫོགས་པས་ཚུལ་ཁྲིམས་ངན་པའི་ལས། །རྨི་ལམ་དུ་ཡང་མི་བྱེད་ཅིང་། །ཐེག་པ་གཞན་ལ་སྨོན་པའི་དྲི། །མེད་པས་དྲི་མ་མེད་པའོ། །

གསུམ་པ་བཟོད་པའི་ཕ་རོལ་ཕྱིན། །རྫོགས་པས་ལུས་དང་སྲོག་ལ་ཡང་། །མི་ལྟ་སྡེ་སྣོད་རྣམས་ལ་ནི། །ཐོས་པ་བྱས་པའི་སྒོ་ནས་ནི། །བདག་དང་གཞན་གྱིས་མ་ཤེས་སེལ། །ཤེས་རབ་བསྐྱེད་པས་འོད་བྱེད་གྲགས། །བཞི་པ་བརྩོན་འགྲུས་ཕ་རོལ་ཕྱིན། །རྫོགས་ནས་བྱང་ཆུབ་ཕྱོགས་ཀྱི་ཆོས། །བསྒོམ་པས་ཡེ་ཤེས་མི་སྐྱེ་སྟེ། །ཉོན་མོངས་པ་དང་ཤེས་བྱ་ཡི། །སྒྲིབ་པའི་བུད་ཤིང་བསྲེགས་པས་ན། །འོད་འཕྲོ་བ་ཅན་ཞེས་སུ་གྲགས། །ལྔ་པ་བསམ་གཏན་ཕ་རོལ་ཕྱིན། །རྫོགས་ནས་རྣམ་པར་མི་རྟོག་པའི། །རྣམ་པར་མི་རྟོག་པའི་ཡེ་ཤེས་ཏིང་འཛིན་ལས་ཀྱང་མི་ཉམས། སེམས་ཅན་དོན་བྱེད་ཡང་རྒྱུན་མི་གཙོད་པ་གཉིས་ཤིན་ཏུ་དཀའ་བ་མགོ་མཉམ་དུ་གཙོད་……ཡེ་ཤེས་ཏིང་ངེ་འཛིན་ལས་ཀྱང་། །མི་ཉམས་སེམས་ཅན་དོན་བྱེད་ཡང་། །རྒྱུན་མི་གཙོད་གཉིས་ཤིན་ཏུ་དཀའ། །མགོ་མཉམ་གཙོད་པས་སྦྱངས་དཀར་གྲགས། །དྲུག་པ་ཤེས་རབ་ཕ་རོལ་ཕྱིན། །རྫོགས་ནུས་རྟེན་ཅིང་འབྲེལ་འབྱུང་བར། །སྐྱེ་འགགས་མེད་པ་མངོན་གྱུར་པས། །མངོན་དུ་གྱུར་ཞེས་ཡོངས་སུ་གྲགས། །བདུན་པ་ཐབས་ཀྱི་ཕ་རོལ་ཕྱིན། །རྫོགས་ནས་རྣམ་པར་མི་རྟོག་པ། །བསྒྲོད་པ་གཅིག་པ་ས་བརྒྱད་དང་། །འབད་དང་རྩོལ་བའི་འཇུག་པ་ནི། །མཐར་ཕྱིན་མཚན་མ་དང་བྲལ་བའི། །བདུན་པ་རིང་དུ་སོང་ཞེས་གྲགས། །བརྒྱད་པ་སྟོབས་ཀྱི་ཕ་རོལ་ཕྱིན། །རྫོགས་ནས་མཚན་མ་མེད་པ་ སྲུ །ལྷུན་གྱིས་གྲུབ་སྟེ་ཡེ་ཤེས་ཀྱི། །སྟོབས་ཀྱིས་མཚན་མ་ཡོད་མེད་ཀྱི། །རྩོལ་བའི་འདུ་ཤེས་ཟིལ་གནོན་པས། །བརྒྱད་པ་མི་གཡོ་བ་ཞེས་གྲགས། །དགུ་པ་སྨོན་ལམ་ཕ་རོལ་ཕྱིན། །རྫོགས་ནུས་ཆོས་དོན་ངེས་ཚིག་དང་། །སྤོབས་པ་སོ་སོ་ཡང་དག་རིག །བཞི་དང་ལྡན་པས་ས་དགུ་པ། །ལེགས་པའི་བློ་གྲོས་ཞེས་བྱའོ། །བཅུ་པ་ཡེ་ཤེས་ཕ་རོལ་ཕྱིན། །རྫོགས་ནས་ཡེ་ཤེས་ཐུགས་རྗེ་ཡི། །སྤྲིན་ལས་ཆོས་ཀྱི་ཆར་ཕབ་ནས། །སེམས་ཅན་ཞིང་ལ་དགེ་བ་ཡི། །ལོ་ཏོག་བསྐྱེད་ཅིང་སྤེལ་བས་ན། །ཆོས་ཀྱི་སྤྲིན་ཞེས་ཡོངས་སུ་གྲགས། །

འདི་དག་ཇི་ལྟར་བསྒོམ་ཚུལ་ནི། །དང་པོའི་ས་ནས་བཅུ་ཡི་བར། །ཞི་ལྷག་རྣམ་པ་ལྟར་བསྒོམས་ཏེ། །དེ་ཡང་ས་ནི་དང་པོ་དང་། །ལྷག་མ་རྣམས་ཀྱི་རྟོགས་བྱ་ཡི། །ཆོས་དབྱིངས་འདྲེས་པར་བསྒོམ་པ་དང་། །དེ་ཡང་གང་རུང་ལ་སོགས་པ། །མཚན་མ་མེད་པར་བསྒོམས་པ་དང་། འབད་དང་རྩོལ་བར་མ་ལྟོས་པ། །ལྷུན་གྱིས་གྲུབ་པར་བསྒོམ་པ་དང་། །མཆོག་དང་མཆོག་མིན་གཉིས་འཛིན་མེད། །མཆོག་ཏུ་འབར་བར་བསྒོམ་པ་དང་། །

དང་པོའི་ས་ལ་བསྒོམ་ཙམ་གྱིས། །ཆོག་པར་འཛིན་པ་མ་ཡིན་པ། །རྣམ་གྲོལ་གོ་འཕང་ཁྱད་པར་ཅན། །མངོན་དུ་གྱུར་པར་བསྒོམ་པའོ། །མདོར་ན་ས་བཅུ་པོ་རྣམས་སུ། །ཕ་རོལ་ཕྱིན་བཅུ་བསྒོམ་དགོས་ཏེ། །ས་ནི་དང་པོར་སྦྱིན་པ་ཡི། །ཕ་རོལ་ཕྱིན་ལ་ལོངས་སྤྱོད་ནས། །བཅུ་པ་ཡེ་ཤེས་ཕར་ཕྱིན་ལ། །ལྷག་པར་ལོངས་སྤྱོད་དགོས་པ་ཡིན། །གཞན་ཡང་ས་ནི་ཕྱི་མ་བཞིར། མདོ་སྡེ་རྒྱན་ལས་བཤད་པ་གོང་དུ་ཚང་མ་སོང་། ཚིག་རིས་སྔ་ཕྱི་མི་འདྲ་བའི་དགོངས་རྒྱུན་ལྟར། །ཤེས་རབ་ཕར་ཕྱིན་རྗེས་ཐོབ་ཞིང་། །ཕྱིན་དྲུག་དགེ་རྩ་བསགས་པ་རྣམས། །སེམས་ཅན་ཀུན་ཏུ་ཐུན་མོང་བྱ། །བྱང་ཆུབ་ཆེན་པོར་བསྔོ་བ་ཐབས། །སླར་ཡང་སྔ་ཚོགས་སྨོན་ལམ་ནི། །མངོན་དུ་སྒྲུབ་པ་སྨོན་ལམ་དང་། །སོ་སོར་རྟོགས་པའི་ཤེས་རབ་ཀྱིས། །བསྒོམ་པའི་མཐུ་ལས་ཕར་ཕྱིན་གྱི། །དེ་རྒྱུན་མི་གཅོད་པ་ནི་སྟོབས། །ཕྱིན་དྲུག་ཉིད་ཀྱི་ཡེ་ཤེས་ལ། །ལོངས་སྤྱོད་གདུལ་བྱར་དེ་དོན་བཤད། །སེམས་ཅན་སྨིན་བྱེད་ཡེ་ཤེས་སོ༔ ༔

ས་རྣམས་ཐོབ་ཚུལ་རྣམ་པ་བཞི། །ཆོས་རྣམས་ལ་མོས་གཙོར་སྤྱོད་པའི། །འཇུག་པ་མོས་པས་ཐོབ་པ་དང་། །ཆོས་སྤྱོད་བཅུ་ཡི་ཚུལ་རྣམས་ལ། །ཇི་འདོད་བཞིན་གནས་སྤྱོད་པས་ཐོབ། །དང་པོའི་ས་ཡི་ཆོས་ཀྱི་དབྱིངས། །མངོན་སུམ་ཤེས་སོགས་པ་རྣམས་རྟོགས་པས་ཐོབ། །བསྒོམ་པ་མཐར་ཕྱིན་རྣམ་གྲོལ་མཆོག །འབད་མེད་ལྷུན་གྲུབ་གྲུབ་པས་ཐོབ། །བྱང་ཆུབ་སེམས་དཔའ་མོས་པ་རུ། །སྤྱོད་པའི་སྐབས་སུ་བསྐལ་པ་ནི། །གྲངས་མེད་གཅིག་དང་ས་དང་པོ། །ཟིན་ནས་བདུན་པའི་བར་དག་ལ། །གྲངས་མེད་གཅིག་དང་དག་པ་ཡི། །ས་གསུམ་གྱི་ནི་གནས་སྐབས་སུ། །གྲངས་མེད་གཅིག་སྟེ་གསུམ་གྱིས་རྫོགས། །བསླབ་པ་གསུམ་དྲུག་པ་བསླབ་པ་གསུམ་པོ་ལ། །སློབ་པའི་ཚུལ་ནི་ཚུལ་ཁྲིམས་ཀྱི། །བསླབ་པར་སྒོ་གསུམ་གཞན་གནོད་ལས། །ལྡོག་ཅིང་ཡོན་ཏན་ཆོས་ཐམས་ཅད། །ཐོབ་པའི་ཕྱིར་དུ་དགེ་བ་ཡི། །ཆོས་རྣམས་ལ་ནི་འབད་པར་བྱ། །སེམས་ཅན་ཡལ་བར་མི་འདོར་ཞིང་། །དེ་དག་བསམ་པ་ཡོངས་བསྐང་བའི། །སྦྱོར་བར་རྟག་ཏུ་གནས་པར་བྱ། །ཉན་ཐོས་རྣམས་ལ་ཕྱི་མ་གཉིས། །མེད་ཅིང་རང་དོན་ཀུན་སློང་གི །ཚུང་ཟད་འབྲས་སྨིན་བྱང་སེམས་ལ། །ཀུན་སློང་གཞན་ཕན་ཉེས་སྤྱོད་སྡོམ། །ཐུན་མིན་དགེ་བ་ཆོས་སྡུད་དང་། །གཞན་དོན་བྱེད་པས་ཡོན་ཏན་ཚོགས། །རྒྱ་ཆེར་ཟབ་པས་ཁྱད་པར་འཕགས། །

མདོར་ན་སྒོ་གསུམ་གཞན་གནོད་ལྡོག །ཡོན་ཏན་ཐོབ་ཕྱིར་དགེ་ཆོས་སྒྲུབ། །རྟག་ཏུ་སེམས་ཅན་དོན་བྱའོ། །ཏིང་ངེ་འཛིན་གྱི་བསླབ་པ་ལས། །མཚན་ཉིད་དམིགས་པ་བདེན་བཞི་བྱང་ཕྱོགས་སོགས་ཀྱི་པར་ཡིད་རྩེ་གཅིག །མཉམ་པར་འཇོག་ཅིང་རང་བཞིན་ནི། །དམིགས་པ་ཉན་ཐོས་ལས་ཁྱད་འཕགས། །བྱང་སེམས་ཐེག་ཆེན་ཆོས

ལ་དམིགས། །སྣ་ཚོགས་ཞེས་པ་ཏིང་ངེ་འཛིན། །གང་ལ་མཉམ་པར་བཞག་ཞེ……ཐེག་ཆེན་ལ་ན། །མཐའ་དག……ཆོས་ཐམས་ཅད་ཀྱི་གནས་ལུགས་སྣང་བའི་ཏིང་འཛིན་དང་། །བསོད་ནམས་བསགས་པའི་ཏིང་འཛིན་དང་། །འཇིག་རྟེན་པ་ཡི་རྒྱལ་པོ་བཞིན། །ཏིང་ངེ་འཛིན་རྣམས་ཀྱི་བདག་པོ། །ཡིན་པས་ཏིང་འཛིན་བཟང་སྐྱོང་དང་། །དམག་དཔོན་བཞིན་དུ་བདུད་འཇོམས་པར། །དཔའ་བས་དཔའ་བར་འགྲོ་བ་ཡི། །ཏིང་ངེ་འཛིན་ལ་སོགས་པའོ། །

ཆོས་རྣམས་ཐམས་ཅད་དབྱིངས་གཅིག་ཏུ། །འདྲེས་པར་དམིགས་པའི་ཤེས་རབ་ཀྱིས། །ཁྲིའུ་ཁྲིའུ་ཊི་ལྷར་རྣ་བར་ཆུ་ཞུགས་པ་ཆུ་འདྲེན་པའི་དཔེའང་བཤད་དབྱུང་བ་ཡི། །ཚུལ་གྱིས་ཀུན་གཞི་ལ་ཡོད་པའི། །གནས་ངན་ལེན་པ་ཕྲ་རགས་ཀུན། །རྟོགས་པའི་ཏིང་འཛིན་ཕྲ་མོས་ཀྱང་། །འབྱིན་པར་ནུས་པའི་གཉེན་པོའོ། །ཏིང་འཛིན་ནུས་པས་བསམ་གཏན་ལས། །མ་ཉམས་བཞིན་དུ་ཧེ་འདོད་པའི། །སྐྱེ་བ་བཟུང་ནས་སེམས་ཅན་གྱི། །དོན་བྱེད་ལས་སུ་རུང་ཉིད་དོ། །ཏིང་འཛིན་མཐུ་ཡིས་འཇིག་རྟེན་ཁམས། །ཀུན་ཏུ་ཐོགས་པ་མེད་པ་ཡི། །མངོན་པར་ཤེས་པ་བསྒྲུབ་པ་སྟེ། །འཇིག་རྟེན་ཁམས་གཡོ་བྱེད་པ་དང་། །འབར་བར་བྱེད་དང་ཁྱབ་པར་བྱེད། །སངས་རྒྱས་སྐུ་སོགས་སྟོན་པ་དང་། །དངོས་པོ་ཐལ་བ་གསེར་སོགས་བསྒྱུར། །འཇིག་རྟེན་མཐའ་ཡས་འགྲོ་འོང་བྱེད། །སྟོང་གསུམ་ཕྲ་རབ་རྡུལ་གཅིག་སྟུད། །རྡུལ་གཅིག་གིས་ནི་འཇིག་རྟེན་ཁམས། །ཁྱབ་དང་རྒྱས་པར་བྱེད་པ་དང་། །གདུལ་བྱའི་བསམ་པ་དང་མཐུན་པའི། །ལུས་ནི་ཐམས་ཅད་ལ་འཇུག་ཅིང་། །སྟོན་དང་གདུལ་བྱའི་ཞིང་དུ་བགྲོད། །སྣང་དང་མི་སྣང་བྱེད་པ་དང་། །བརྒྱ་བྱིན་སོགས་ཀྱིས་གཟུགས་བསྒྱུར་བ། །དབང་བྱེད་གཞན་གྱི་རྫུ་འཕྲུལ་ནི། །ཟིལ་གྱིས་ནོན་དང་གདུལ་བྱ་ལ། །གང་ལའང་མི་འཇིགས་པའི་སྤོབས་པ་དྲན་པ་བདེ་བ་སྦྱིན། །ཕོ་ཉ་ལྷ་བུའི་འོད་ཟེར་བཏང་། །དཀའ་བ་སྤྱོད་པ་མངོན་པར་སྒྲུབ། །ཕར་ཕྱིན་བསྒོམ་དང་སེམས་ཅན་སྨིན། །སངས་རྒྱས་ཀྱི་ནི་ཞིང་སྦྱོང་དང་། །སངས་རྒྱས་ཆོས་ཀུན་བསྒྲུབ་པའི་ཕྱིར། །ཏིང་ངེ་འཛིན་ནི་རྣམས་ཀྱི་ལས། །རབ་ཏུ་དབྱེ་བ་ལྷ་བར་བྱ། །མདོར་ན་ཡོན་ཏན་དེ་དག་ཀུན། །ཐོབ་ཕྱིར་འཇིག་རྟེན་འཇིག་རྟེན་ལས། །འདས་པའི་ཏིང་འཛིན་བསམ་གཟུགས་དང་། །འགོག་སྙོམས་དང་བཅས་དམིགས་ཡུལ་ལ། །སེམས་གཏད་པ་དང་དམིགས་པ་མེད། །བསྒོམ་བྱ་སྒོམ་བྱེད་ལས་གྲོལ་བ། །མི་སྡུག་པ་བསྒོམ་ཐེག་པ་འོག་མས་ཀེང་རུས་སོགས་སྒོང་བ་ཡི། །ཏིང་ངེ་འཛིན་གྱི་མངོན་ཤེས་དང་། །རྫུ་འཕྲུལ་འཇིག་རྟེན་ལས་འདས་པའི། །ཡེ་ཤེས་ལ་སོགས་སྒྲུབ་པ་ཡི། །ཏིང་ངེ་འཛིན་ལ་སྤྱོད་པའོ། །ཤེས་རབ་བསླབ་པའི་མཚན་ཉིད་ནི། །ཆོས་རབ་རྣམ་པར་འབྱེད་པའི་བློ། །དེ་ཡི་རང་བཞིན་ངོ་བོ་ནི། །གཟུགས་ལ་སོགས་པ་ཅི་ཡང་ནི། །ཡིད་ལ་མི་བྱེད་སྟོང་ཙམ་གྱིས། །མི་རྟོག་ཡེ་ཤེས་མ་ཡིན་ཏེ། །གཉིད་ནི་མཐུག་པོ་ལོག་པའི་སྐབས། །སེམས་དང་སེམས་བྱུང་མ་ངེས་དང་། རྟོགས་སྤྱོད་ཞེན

བྲལ་ཙམ་གྱིས་ཀྱང་། །མ་ཡིན་བསམ་གཏན་གཉིས་པ་ཡན། །སེམས་དང་སེམས་བྱུང་མ་ངེས་དང་། །ཡིད་ཤེས་འཁོར་གྱི་ཚོར་འདུ་གཉིས། །བཀག་པ་ཙམ་གྱིས་མ་ཡིན་ཏེ། །འགོག་སྙོམས་ཀྱིས་ཀྱང་མ་ངེས་དང་། །གཟུགས་སོགས་འཛིན་རྟོག་ངོ་བོ་ནི། །སྤྱོང་ཙམ་གྱིས་མིན་དེའི་རྣམ་པ། །སྟོན་པོ་ལ་སོགས་མ་ངེས་དང་། །འདི་ནི་ཆོས་རྣམས་ཐམས་ཅད་ཀྱི། །དེ་ཁོ་ན་ཉིད་ཡིན་སྙམ་དུ། །ལྟ་བུར་འཛིན་པའི་འཛིན་སྟངས་ཀྱི། །ཤེས་པ་དེ་ཡང་མི་རྟོག་པའི། །ཡེ་ཤེས་མ་ཡིན་སྟོན་པ་དང་། །རྣམ་པ་ལྔ་པོ་དེ་སྤངས་ནས། །མཚན་མ་གང་ཡང་ཡིད་མི་བྱེད། །དེ་བཞིན་ཉིད་ནི་གསལ་བར་སྣང་། །འཛིན་པ་མེད་པར་འཇོག་པ་ནི། །རྣམ་པར་མི་རྟོག་ཡེ་ཤེས་སོ། །གནས་ནི་གཟུགས་ལ་སོགས་མཚན་མ། །ཡིད་ལ་བྱེད་པའི་སེམས་མ་ཡིན། །དེ་བཞིན་ཉིད་དབྱིངས་ལ་སྣང་བ་ཡི༑ ༑སེམས་ཉིད་ཡེ་ཤེས་དེ་ཡི་གནས། །མཚན་མ་ཡིད་བྱེད་ཡེ་ཤེས་ཀྱི། །གནས་ནི་མ་ཡིན་ཡེ་ཤེས་དེ། །གཟུགས་སོགས་དོན་ལ་མི་སེམས་སོ། །

སེམས་མེད་ཐེམ་པོའང་དེ་ཡི་གནས། །མ་ཡིན་ཡེ་ཤེས་དེ་ཉིད་ནི། །སེམས་ཀྱིས་འཕེན་པའི་གནས་སྐབས་ལས། །སེམས་ཀྱི་རྒྱུ་ལས་བྱུང་བའི་ཕྱིར། །རྣམ་པར་རྟོག་པ་མེད་པའི་གནས། །སེམས་མིན་པ་ཡི་སེམས་ཉིད་དེ། །དོན་ལ་མི་སེམས་རྒྱུས་བྱུང་ཕྱིར། །གཞི་ནི་ཐེག་པ་ཆེན་པོ་ཡི། །སྡེ་སྣོད་ཐོས་པའི་བག་ཆགས་ལ༑ ༑ཡིད་ཀྱིས་བརྗོད་པ་དང་བཅས་ཏེ། །ཡེ་ཤེས་སྣང་བའི་དོན་ཚུལ་བཞིན། །ཡིད་ལ་བྱེད་པ་གཞིའམ་རྒྱུ། །དམིགས་པ་ཀུན་བརྟགས་དང་བྲལ་བས། །བསམ་བརྗོད་ལས་འདས་པའི་བརྗོད་མེད་བརྗོད་དུ་མེད་པའི་ཆོས་རྣམས་དང་། །གཉིས་ཀ་བདག་མེད་དེ་བཞིན་ཉིད་ལ་དམིགས། །དེ་ཡང་གཞན་དབང་ལ་དམིགས་པ། །མ་ཡིན་དངོས་སུ་དམིགས་པ་མེད། །མི་རྟོག་པ་ཡི་ཡེ་ཤེས་ཡིན། །མཚན་གཞི་མི་སྐྱེད་པ་ཡིན་ཏེ། །དེ་བཞིན་ཇི་ལྟ་བ་ཉིད་དང་། །ཇི་སྙེད་གཞན་དག་བརྗོད་པ་བྲལ། །དེ་ཡི་ཆོས་ཉིད་ལ་དམིགས་ཕྱིར། །དེ་ཡང་ཤེས་པ་མ་ཡིན་ན། །ཡེ་ཤེས་སུ་འགལ་དེ་ཡིན་ན། །རྟོག་པར་གྱུར་རོ་ཞེ་ན་ནི། །ཤེས་པ་ཡིན་ཏེ་དེ་ཁོ་ན། །ཉིད་ནི་ཤེས་པའི་རིག་པ་ཡིན། །འོན་ཀྱང་རྣམ་རྟོག་མ་ཡིན་ཏེ། །འདི་འོ་སྙམ་པའི་འཛིན་སྟངས་བྲལ། །དེས་ན་ཤེས་བྱ་ཆོས་དབྱིངས་དང་། །དེ་ཤེས་ཤེས་པ་ཁྱད་མེད་དེ། །དབྱེར་མེད་མི་རྟོག་ཡེ་ཤེས་ཡིན། །རྣམ་པར་ཤེས་པར་བྱ་བ་ཡི། །དམིགས་པའི་ཆོས་རྣམས་ཀྱི་ནི་དབྱིངས། །སྤྲོས་པའི་མཚན་མ་མེད་རྟོགས་པའི། །འཛིན་སྟངས་གང་ཡིན་པ་དེའི། །རྣམ་པར་མི་རྟོག་རྣམ་པ་ནི། །ཤེས་བྱ་དམིགས་པ་དེ་ཉིད་ལ། །མཚན་མ་མེད་གང་དེ་ཡིན་གསུང་། །མདོར་ན་མཚན་མ་རྣམ་པར་རྟོག །ཐམས་ཅད་སྤངས་ཏེ་རྟོགས་མེད་པར། །རང་བཞིན་ལྷུན་གྱིས་གྲུབ་པ་དང་། །རྗེས་ཐོབ་སྒྱུ་མ་ལྟར་སྤྱོད་པ། །ཤེས་རབ་ཀྱི་ནི་བསླབ་པའོ། །དེ་འབྲས་སྤང་བ་བདུན་པ་སྤང་བ་ཕྱུན་ཚོགས་ནི། །དེ་ལྟར་བསྟན་པའི་

ལམ་གོམས་པས། །ལས་ཉོན་སྒྲིབ་པ་རྣམས་སྤངས་ཏེ། །མི་གནས་མྱ་ངན་ལས་འདས་ཐོབ། །དེ་ནི་ཐོས་པའི་བག་ཆགས་གོམས། །ཉོན་མོངས་ཐམས་ཅད་སྤངས་པ་ཡིས། །མ་དག་གཞན་དབང་མཚན་མ་ཀུན། །འགགས་པས་འཁོར་བར་མི་གནས་ལ། །ཤེས་སྒྲིབ་སྤངས་པས་སྒྲིབ་པ་ཐམས་ཅད་རྣམ་པར་བྱང་། །ཤིན་ཏུ་རྣམ་དག་དེ་ཁོ་ན༑ ༑ཉིད་དུ་སྣང་བས་ཡང་དག་པའི། །གཞན་དབང་གནས་འགྱུར་མ་འགགས་པས། །མྱ་ངན་འདས་པའི་མཐའ་མནན་ཏེ། །སྙིང་རྗེས་སེམས་ཅན་དོན་ལ་གནས། །འཁོར་འདས་གཉིས་སུ་མེད་པ་ཡི། །དོན་ནི་མངོན་དུ་གྱུར་པའོ། །

བརྒྱད་པ་ཡེ་ཤེས་ཕུན་ཚོགས་ཡེ་ཤེས་ཕུན་ཚོགས་ནི། །རྫོགས་སངས་རྒྱས་ཀྱི་འབྲས་བུ་སྟེ། །ཡེ་ཤེས་ཕུན་སུམ་ཚོགས་པ་ཡི། །ཁྱད་པར་ལ་ནི་སྐུ་གསུམ་སྟེ། སྐུ་གསུམ་དང་ནི་ཡན་ལག་ལྔ། །མ་འདྲེས་ལ་སོགས་ཡོན་ཏན་ནོ། །ཞེས་པའི་དོན་རིམ་པར་སྟོན་པ་ལ། །རྣལ་འབྱོར་སྤྱོད་པ་སེམས་ཙམ་པར། །གཟུང་བ་འཛིན་པ་གཉིས་མེད་པའི། །ཤེས་པར་རང་རིག་རང་གསལ་བ། །ཆོས་ཀྱི་སྐུ་སྟེ་དོན་མ་བཞེད། སེམས་ཙམ་པར་སྐུ་གསུམ་གྱི་རྣམ་བཞག་མཛད་པའི་ཆོས་སྐུ །ལོངས་སྐུའི་གནས་ཀྱི་ངེས་པ་ནི་ལོངས་སྐུ་ངེས་པ་ལྔ་ལྡན་དུ་བཞེད་པའི་དང་པོ་གནས་ངེས་པ། །འོག་མིན་སྟུག་པོ་བཀོད་པ་ཉིད། །དུས་ཀྱི་ངེས་པ་གཉིས་པ་དུས་ངེས་པ་འཁོར་བ་ནི། །ཇི་སྲིད་མ་སྟོང་བར་དུ་བཞུགས། །ངོ་བོའི་ངེས་པ་གསུམ་པ་ངོ་བོའི་ངེས་པ་མཚན་དཔེས་སྤྲས། །འཁོར་གྱི་ངེས་པ་བཞི་པ་འཁོར་ངེས་པ་ས་བཅུ་པའི། །བྱང་ཆུབ་སེམས་དཔའ་ཁོ་ནས་བསྐོར། །ཆོས་ཀྱི་ངེས་པ་ལྔ་པ་ཆོས་ངེས་པ་ཐེག་ཆེན་གྱི། །ཆོས་ནི་ཤ་སྟག་ལ་ལོངས་སྤྱོད། །དེ་ལྟར་ལོངས་སྐུ་བཞུགས་པའི་གནས། །འོག་མིན་སྟུག་པོ་བཀོད་པ་དེ། །གཟུགས་ཁམས་ནང་གི་འོག་མིན་མིན། །དེ་ཉིད་ཇི་ལྟར་ཡོད་ཅེ་ན། །མི་འཛད་འཇིག་རྟེན་ཁམས་ལ་སོགས། །དུ་མ་ནང་དུ་ཚུད་པ་ཡི། །ཞིང་ཁམས་ལ་ནི་གཞི་དང་ནི། །སྙིང་པོ་མེ་ཏོག་གིས་བརྒྱན་པའི། །ཞིང་ཁམས་དེ་འདྲ་དུ་མ་ནི། །ནང་ཚུད་ཞིང་ཁམས་རྒྱ་མཚོ་ཞེས། །ལོངས་སྐུ་རྣམ་སྣང་གངས་ཅན་མཚོའི། །ཕྱག་གི་ལྷུང་བཟེད་ནང་དུ་གནས། །དེ་ཀུན་སྤྲུལ་པ་སྐུའི་ཞིང་ཁམས། །རྣམ་པར་སྣང་མཛད་གངས་ཅན་མཚོ། །འཁོར་ནི་ས་བཅུའི་སེམས་དཔས་བསྐོར། །བཞུགས་དེར་འོག་མིན་སྟུག་པོ་བཀོད། །

དེས་ན་འོག་མིན་ཙམ་དང་ནི། །འོག་མིན་སྟུག་པོ་བཀོད་པ་གཉིས། །ཁྱད་པར་ཡོད་དེ་ལོངས་སྐུ་ཡི། །གནས་ནི་ཕྱི་མ་ཁོ་ནའོ། །སྤྲུལ་སྐུ་ལོངས་སྤྱོད་རྫོགས་པའི་སྐུ། །སྤྲུལ་གཞི་བྱས་ལས་བྱུང་བ་སྟེ། །བཟོ་བ་སྤྲུལ་སྐུ་དྲི་སྤྲུལ་སྐུ་ལ་བཟོ་སྐྱེ་མཆོག་གི་སྤྲུལ་པའི་སྐུ་གསུམ་དུ་གསུངས་པའི་དང་པོ་བཟོ་བ་སྤྲུལ་སྐུ། ཟ་ཡི། །རྒྱལ་པོ་རབ་དགའ་འདུལ་དོན་དུ། །སྤྲུལ་པའི་པི་ཝཾ་མཁན་ལྟ་བུ། །གཉིས་པ་སྐྱེ་བ་སྤྲུལ་སྐུ་སྐྱེ་བ་སྤྲུལ་སྐུ་དེ་ལྟར་གྱི། །དགའ་ལྡན་

གནས་ན་བཞུགས་པ་ཡི། །བྱམས་པ་མགོན་པོ་ལྷ་བུའོ། །གསུམ་པ་མཆོག་གི་སྤྲུལ་སྐུ་མཆོག་གི་སྤྲུལ་སྐུ་ཤཱཀྱ་ཐུབ། །འོད་དཔག་མེད་པ་ལྷ་བུའོ། །ཡན་ལག་ལྔ་ནི། གནས་འགྱུར་དཀར་པོའི་ཆོས་ཀྱི་གཞི། །གཉིས་མེད་རག་པ་བསམ་མི་ཁྱབ། །ཞེས་སྔར་གསུངས་པའི་དང་པོ་གནས་གྱུར་ཡན་ལག་ལྔ་ནི་ཕུང་པོ་ལྔ། །གནས་གྱུར་པ་སྟེ་གཟུགས་གཟུགས་གནས་གྱུར་ཞིང་སོགས་ཕུང་པོ། །ཞིང་དང་དབྱངས་དང་མཚན་དཔེ་སོགས། །དབང་འབྱོར་ཚོར་བ་ཚོར་ཕུང་གནས་གྱུར་ཟག་མེད་སོགས། ཟག་མེད་ཀྱི། །བདེ་བ་འདུ་ཤེས་མིང་འདུ་ཤེས་གནས་གྱུར་མིང་སོགས། དང་ཚིག །ཡི་གེའི་ཚོགས་བསྟན་འདུ་བྱེད་གནས་གྱུར་སྤྲུལ་བསྒྱུར་སོགས་འདུ་བྱེད་ཀྱི། །སྤྲུལ་བསྒྱུར་འཁོར་དང་ཆོས་བསྒྱུ་བ། །རྣམ་ཤེས་ཀྱི་ཡེ་ཤེས་བཞི་ལ་དབང་འབྱོར་རྣམ་ཤེས་ཡེ་ཤེས་བཞིར་དབང་འབྱོར། །ཀུན་གཞི་གནས་གྱུར་མེ་ལོང་ཡེ་ཤེས་ཀུན་གཞི་གནས་གྱུར་མེ་ལོང་དང་། །ཉོན་ཡིད་གནས་གྱུར་མཉམ་ཉིད་ཉོན་ཡིད་མཉམ་པ་ཉིད་ཡེ་ཤེས། །ཡིད་ཤེས་གནས་གྱུར་སོར་རྟོག་ཡིད་ཤེས་སོ་སོར་རྟོགས་ཡེ་ཤེས། །སྒོ་ལྔ་གནས་གྱུར་བྱ་གྲུབ་སྒོ་ལྔ་བྱ་གྲུབ་ཡེ་ཤེས་སོ། །

གཉིས་པ་དཀར་པོའི་ཆོས་……དཀར་པོའི་ཆོས་ལ་ཕར་ཕྱིན་དྲུག །རྟོགས་ལ་བརྟེན་ནས་དབང་བཅུ་ཐོབ། །དེའང་སྦྱིན་པ་ལས་ནི་ཚེ། །སེམས་ལས་སུ་རུང་བ……སེམས་དང་ཡོ་བྱད་ལ་དབང་ཐོབ། །ཚུལ་ཁྲིམས་ཀྱིས་ནི་ལས་དང་ནི། །ལས་སྨིན་ཀུན་ཟད་སངས་རྒྱས་ཀྱི་ཕྲིན་ལས། སེམས་ཅན་དོན་དུ་བསམ་བཞིན་སྐྱེ་བ། སྐྱེ་བ་ལ་དབང་བཟོད་པ་ཡིས། །སེམས་ཅན་གྱི་མོས་པ་ལ་སོགས་དང་མཐུན་པར་འདོན་བྱེད་མོས་པར་དབང་ཞིང་བརྩོན་འགྲུས་ཀྱིས། །སྨོན་ལམ་ལ་དབང་བསམ་གཏན་ལས། །རྫུ་འཕྲུལ་དབང་ཐོབ་ཤེས་རབ་ཀྱིས། །ཡེ་ཤེས་དང་ནི་ཆོས་ལ་དབང་། །གཉིས་སུ་མེད་ཞེས་ཆོས་ཐམས་ཅད། གསུམ་པ་གཉིས་སུ་མེད་པ། །ཀུན་ཏུ་ཡོད་དང་མེད་དང་འདུས་བྱས་འདུས་མ་བྱས། གཅིག་མིན་མང་པོ་མིན་ཕྱིར་གཉིས་སུ་མེད། །ཞེས་གོ་རིམ་ལྟར། ཀུན་ཏུ་བརྟགས་པས་དངོས་མེད་པས། །ཡོད་པའི་མཚན་ཉིད་མ་ཡིན་དང་། །སྟོང་པ་ཉིད་ཀྱི་མཚན་ཉིད་ཀྱི། དེ་ཡོད་མེད་གཉིས་ཀ་མིན་པའི་མེད་མཐའ་མིན་པའི། །དངོས་པོ་ཡོད་པས་མེད་པ་ཡི༑ ༑མཚན་ཉིད་མ་ཡིན་ཡོད་དང་མེད། །མཚན་ཉིད་གཉིས་སུ་མེད་པའོ། །ལས་དང་ཉོན་མོངས་ཀྱིས་འདུས་བྱས། །དེའི་ངོ་བོ་དེ་ནི་འདུས་མ་བྱས་སུ་སྣང་། །ཀུན་ཏུ་སྟོན་པས་འདུས་བྱས་དང་། །འདུས་མ་བྱས་པ་གཉིས་མེད་པའི། །མཚན་ཉིད་གནས་ནི་ཆོས་ཀྱི་དབྱིངས། །ཐ་དད་མ་ཡིན་བདག་འཛིན་གྱིས། །ཕྱེ་བའི་རྒྱུད་ལ་ཐ་དད་མེད། །ཐ་དད་མེད་མཐའ་བཀག་སྟོན་དུ་ལམ་ལ་སློབ་པའི་སྐབས། །ཐ་དད་ལུས་ཀྱི་རྗེས་འབྲངས་པའི། །ལུས་ལ་ཐ་དད་བཏགས་པ་དང་། །བྱང་སེམས་རྣམས་ཀྱི་ཚོགས་ཐ་དད། །བསགས་ལ་དགོས་པ་མེད་འགྱུར་དང་། །སངས་རྒྱས་ཀུན་ལ་ཕྲིན་ལས་ཀྱང་། །ཐ་དད་པ་དང་སངས་རྒྱས་ལ། །ཐོག་མ་ཡོད་པར་འགྱུར་བའམ། །སངས་རྒྱས་བསྙེན་བཀུར་མ་བྱས་པའི། །བྱང་སེམས་དེ་ནི་ཐོག་མ་སྲུ །འཚང་རྒྱ་པ་ལ་རྒྱུ་མེད་དུ། །ཐལ་བས

གཅིག་ཀྱང་མ་ཡིན་ལ། །དྲི་མ་མཐའ་དང་ཡོད་མཐའ་བཀག་ཐམས་ཅད་བྲལ་བའི་གནས། །ཆོས་ཀྱི་དབྱིངས་ལའང་དབྱེ་བ་མེད། །ཐ་དད་མང་པོའང་མ་ཡིན་པའི། །སྤྲོས་པ་ཀུན་ལས་ཡོངས་སུ་འདས། །འདི་བས་བཞི་པ་རྟག་པ་ཆོས་སྐུ་རྟག་པར་བཞེད། །རྟག་ཏུ་ཆོས་ཀྱི་དབྱིངས་ལས་ནི། །མ་གཡོས་དེ་བཞིན་འགྱུར་བ་མེད། །ཐུགས་རྗེ་ཆེན་པོ་རྒྱུན་མི་ཆད། །སྨོན་ལམ་ཟད་མི་ཤེས་པའི་ཕྱིར། །སེམས་ཅན་མ་ལུས་པ་ཐམས་ཅད། །བྱང་ཆུབ་ལ་འགོད་དེ་སྲིད་དུ། །དེ་སྲིད་མཛད་པ་རྒྱུན་མི་ཆད། །སྟོན་མཆོག་དེ་བཞིན་གཤེགས་པ་ལ། །སུས་ཀྱང་དཔག་པར་མི་ནུས་པའི། །ལྔ་པ་བསམ་མི་ཁྱབ་ཡོན་ཏན་བསམ་གྱིས་མི་ཁྱབ་པོ། །

དེ་ལ་ཡོན་ཏན་གྱི་སྡེ་ཚན། །ཉི་ཤུ་རྩ་གཅིག་འདི་ལྟ་སྟེ། །ཡོན་ཏན་སྡེ་ཚན་ཉེར་གཅིག་གི་དང་པོ་བྱང་ཕྱོགས་སོ་བདུན་གཅིག་ཏུ་རྩིས་པ་གོང་ལམ་གྱི་སྐབས་སུ་སྨོན་ཟིན་དང་པོ་བྱང་ཕྱོགས་སོ་བདུན་ནི། །ལམ་གྱི་སྐབས་སུ་སྨོན་དེ་དག །སྐྱབ་འབྲས་མངོན་དུ་གྱུར་དེའོ། །ཚད་མེད་བཞི་གཉིས་པ་ཚད་མེད་བྱམས་སྙིང་རྗེ། །དགའ་བ་བཏང་སྙོམས་བཞི་པོའོ། །ཚིག་དོན་གོ་སླ་ཚང་བ་ཡི། །གནས་བཞི་ཐར་པ་ཆ་མཐུན་གྱི་གནས་སྐབས་ཚངས་གནས་སུ་སྐྱེ། སྟོང་ཉིད་དང་སྙིང་རྗེས་ཟིན་པ་ཕྱོགས་དང་ཚད་བྲལ་གྱི་འཕགས་པའི་ཚད་མེད་ཆེན་པོ་བཞི། རྣམ་ཐར་བརྒྱད་ལ་རིམ་བཞིན་བསམ་གཏན་དང་པོ་དང་གཉིས་པར་བརྟེན་ནས་ནང་གཟུགས་ཀྱི་འདུ་ཤེས་དང་ལྡན་པས། ཕྱི་གཟུགས་ངན་པར་ལྟ་བ་དང་། ནང་གཟུགས་མེད་པའི་འདུ་ཤེས་ཀྱི་ཕྱི་གཟུགས་ངན་པར་ལྟ་བ་དང་། གསུམ་པ་དང་བཞི་པ་ལ་བརྟེན་ནས་གཟུགས་མཛེས་པར་བལྟ་བ་དང་། ནས་ནི་སངས་རྒྱས་བར། །ཡོན་ཏན་ཁྱད་པར་གོང་འཕེལ་ལོ། །གསུམ་པ་རྣམ་པར་ཐར་བརྒྱད་ནི་རྣམ་པར་ཐར་པ་བརྒྱད། །གཟུགས་ཅན་གཟུགས་ལ་ལྟ་བ་དང་། །དེ་བཞིན་གཟུགས་མེད་གཟུགས་ལ་ལྟ། །ཡིད་འོང་སྡུག་པ་འགོག་རྣམ་རྟོག་མཐའ་དག་དཔྱད་ཅིང་སྤངས་པའི་འགོག་སྙོམས་དང་རྣམ་པའམ་དངོས་པོ་གཟུགས་མ་གཏོགས་པའི་དང་པོ་བཞི་ལ་དམིགས། ནམ་མཁའ་བཞིན་མཐའ་ཡས་སོ་དང་། རྣམ་ཤེས་མཐའ་ཡས་དང་། ཅི་ཡང་མེད་པ་དང་། སྟོང་ཀྲུང་མེད་མཐའ། རགས་པ་མེད། ཕྲ་བ་མ་ཡིན་བཞི། པ་བཞི། །གཟུགས་མེད་བཞི་དང་བརྒྱད་པའོ། །

སྙོམས་འཇུག་དགུ་བཞི་པ་ལ་ནི་བསམ་གཏན་བཞི། །གཟུགས་མེད་བཞི་དང་འགོག་པ་སྟེ། །གོང་དུ་བཤད་མ་ཐག་གོ། །སྙོམས་འཇུག་དགུའོ་ལྔ་ཟད་པར་བཅུ། རྟོག་དཔྱོད་གཉིས་ཀ་དགའ་བདེ་ཏིང་འཛིན་ཡན་ལག་ལྔ་དང་། རྟོག་པ་མེད་ལ་དཔྱོད་པ་ཡོད་པ་སེམས་རབ་ཏུ་དྭངས་པས། དགའ་བདེའི་ཏིང་འཛིན་ཡན་ལག་བཞི་དང་རྟོག་དཔྱོད་གཉིས་ཀ་སྤང་བ་དྲན་ཤེས་བདེ་བ་ཏིང་འཛིན་ཡན་ལག་ལྔ་དང་། གཉིས་ཀ་ཡོངས་སུ་སྤངས་པ་ཚོར་བ་དང་ལྡན་གྲུབ་བཏང་སྙོམས་དྲན་པ་ཏིང་འཛིན་ཡན་ལག་བཞི་རྣམས་དང་ལྡན་པའོ། །པ་ནི། །འབྱུང་བ་བཞི་དང་སྔོ་སེར་དཀར། །དམར་གྱི་སྐྱེ་མཆེད་མཁའ་མཐའ་ཡས། །རྣམ་ཤེས་མཐའ་ཡས་སྐྱེ་མཆེད་དེ།བསམ་གཏན་དང་གཟུགས་མེད་དང་པོ་གཉིས་ཀྱི་མཐུས། འབྱུང་བ་བཞི་དང་ཁ་དོག་བཞི་གང་འདོད་པ

དེར་སྤྱུལ་པའོ། །ཟད་པར་བཅུ་དང་དྲུག་པ་ནི། །ཟིལ་གནོན་བརྒྱད་གཟུགས་ཅན་ཆུང་ངུའི་གཟུགས་ཁམས་ཀྱི་བསམ་གཏན་དང་། གཟུགས་མེད་སྙོམས་འཇུག་གི་སེམས་ལ་བརྟེན་ནས་ནང་གཟུགས་ཡོད་མེད་དུ་འདུ་ཤེས་པས་ཕྱི་ཡི་གཟུགས་ཆེ་ཆུང་ལ་ལྟ་བ། གཟུགས་ལ་ལྟ། །གཟུགས་ཅན་ཆེན་པོ་ལ་ལྟ་དང་། །དེ་བཞིན་གཟུགས་མེད་ཆུང་དང་ཆེ། །ལྟ་བ་དབྱེབས་ཀྱི་ཟིལ་གནོན་བལྟས་པའི་མོད་ལ་ཉི་མ་ལས་ཀྱང་ཧིང་ངེ་འཛིན་འོད་ཟེར་ཆེས་འབར་བའོ། །བཞི། །སྔོ་སེར་དམར་པོ་དཀར་པོའི་གཟུགས། །ཁ་དོག་ཟིལ་གྱིས་གནོན་ཏེ་བརྒྱད། །བདུན་པ་ཉོན་མོངས་མེད་ཉོན་མོངས་མེད་པ་ནི། །ཉན་ཐོས་རྣམས་ཀྱིས་གཞན་རྒྱུད་ལ། །ཉོན་མོངས་སྐྱེ་བའི་དམིགས་རྐྱེན་ནི། །མི་བྱེད་ཙམ་ཡིན་གཞན་རྒྱུད་ཀྱི། །ཉོན་མོངས་རྒྱུན་བཅད་མི་ནུས་ལ། །རྫོགས་སངས་རྒྱས་ཀྱིས་གཞན་རྒྱུད་ལ། །ཉོན་མོངས་སྐྱེ་བའི་དམིགས་པའི་རྐྱེན། །མི་བྱེད་མ་ཟད་གཞན་རྒྱུད་ཀྱི། །ཉོན་མོངས་པ་ཡི་རྒྱུན་བཅད་དོ། །

བརྒྱད་པ་མཆོག་ཏུ་བསྟགས། སྨོན་གནས་མཁྱེན་པ་ལ་ལྔ་ཡོད་པ་རིམ་པར། སྨོན་གནས་མཁྱེན་པ་ཡི། །ཏིང་ངེ་འཛིན་ནི་སངས་རྒྱས་ཀྱི། །འབད་རྩོལ་རེ་བ་མེད་པ་ལྔ། །ལྷུན་གྱིས་གྲུབ་ཅིང་གཟུགས་ལ་སོགས། །ཆགས་པ་སྤངས་ཤིང་ཤེས་བྱ་ཀུན། ཚིག་དོན་སྤྱི། །མཁྱེན་པ་ཐོགས་པ་མེད་པ་དང་། །གཞན་གྱི་དོན་ནི་རྒྱུན་མི་ཆད། །རྟག་གནས་འདྲི་བ་འདི་ལ་རྟག་པར་མཉམ་པར་བཞག་བཞིན་ཞེས་པའང་འབྱུང་ཀུན་གྱི་ནི། ལེན་འདེབས་དོན་བྱེད་ནུས་ཏེ་ལྟ། ། དགུ་པ་སྐུ་ཡི་གདུལ་བྱ་གང་གནས་གཤེགས་སོ······ཧྲུ་འཕྲུལ་གྱི་མངོན་མངོན་ཤེས་དྲུག་ཤེས། །ལྷ་ཡི་སེམས་ཅན་གྱི་འཆི་བ་དང་འཕོ་བཤེས་མིག་དང་རྣ་བ་གསུང་གི་འགྲོ་བ་སོ་སོའི་སྐད་མཁྱེན་དང་། །སྔོན་གནས་སེམས་ཅན་སྐྱེ་བ་སྟུམ་དང་ད་ལྟ་སླར་འཕྲོ་བ་བཅས་མཁྱེན་རྗེས་དྲན་གཞན་སེམས་ཤེས། ཐུགས་ཀྱིས། །ཟག་པ་ཉོན་མོངས་ཟད་ཟད་དེ་མངོན་ཤེས་དྲུག །འཕྲས་བུའི་སྐབས་འདིའི་ཡང་དག་རིག་བཞི་བཅུ་པ་ལེགས་གསུངས་ཆོས་དང་ནི། །དེ་དོན་ཚིག་དང་སྤོབས་བློ་པ་སྟེ། །རྟེན། དམིགས་པ། ཐུགས། ཡེ་ཤེས་ཡོངས་སུ་དག་པ་བཞི་རིམ་པར་ཡང་དག་རིག་བཞི་བཅུ་གཅིག་པ། །རྣམ་པར་དག་པ་རྣམ་པར་དག་ལ་ཉོན་མོངས་པ། །བག་ཆགས་ཐམས་ཅད་ཀྱི་རྟེན་ནི། །སྐྱེ་བ་གང་འདོད་བཞེད་མ་ལུས་སྤྱངས་པས་ལུས་གང་བཞེད། །མཛད་པ་ལས་དང་སྐུ་ཚེ་ཇི་བཞེད་དུ། །གནས་པ་དང་ནི་བཏང་བ་དང་། །སྤྲོས་བྲལ་དམིགས་པ་ཡོངས་སུ་དག་པ་ཡི། །མེད་དང་ཡོད་པར་སྤྲུལ་བསྒྱུར་དང་། །ཐུགས་ནི་ཡོངས་སུ་དག་པས་ན། །གནས་ངན་ངན་སོང་ལེན་པ་དྲུག་དང་བྲལ། །ཡེ་ཤེས་ཡོངས་སུ་དག་པ་ཡིས། །མ་རིག་པ་ཡི་རྒྱུན་བཅད་པས། །ཤེས་བྱའི་གནས་ནི་ཐམས་ཅད་ལ། །ཡེ་ཤེས་སྒྲིབ་པ་མེད་པ་བཞི། །བཅུ་གཉིས་དབང་བཅུ་གོང་བཤད་ལྟར། །སྟོབས་བཅུ་བཅུ་གསུམ་གནས་དང་དགེ་ལས་མཐོ་རིས་སྡིག་ལས་ངན་སོང་འབྱུང་བ་གནས་མིན་དང་། །སེམས་ཅན་གྱི་ལས་ཀྱི་རྣམ་སྨིན་ལས་ཀྱི་རྣམ་པར་སྨིན་པ་དང་། །སེམས་ཅན་གྱི་མོས་པ་སྣ་ཚོགས་འཇིག་རྟེན་ཁམས། རྣམ་པར་དག་པ་ཉན་ཐོས་སོགས་རིགས་

གསུམ། དུ་མ་དབང་པོ་དད་པ་སོགས་མཆོག་མཆོག་མིན། །ངན་འགྲོ་བདེ་འགྲོ་རྣམས་མཁྱེན་ཐམས་ཅད་དུ་ནི་འགྲོ་བའི་ལམ། །ཀུན་ནས་སྤང་བྱ་ཉོན་མོངས་པ་དང་ནི། །རྣམ་བྱང་ཕྱོགས་སོ་བདུན། བསམ་གཏན་བཞི། རྣམ་ཐར་བརྒྱད། འགོག་སྙོམས་པར་བྱང་ཆུབ་སྒྲོན་གྱི་གནས། །སྐྱེ་བ་སྔ་མ། རྗེས་དྲན་འཆི་སྤར་འཕོ་སྐྱེ་བ་དང་། །ཉོན་མོངས་བརྒྱད་ཟག་པ་ཟད་མཁྱེན་སྟོབས་བཅུའོ། །མི་འཇིགས་བཞི་བཅུ་བཞི་རང་དོན་རྟོགས་དང་སྤངས། །གཞན་ལ་ལམ་སྤྱིའི་སྤང་བྱ་ལམ་བྱང་ཆུབ་སྟོན་པ། །མི་འཇིགས་པ་བཞི་བཅོ་ལྔ་ནི། །སྲུང་བ་མེད་པ་གསུམ་སྐུ་དང་གསུང་དང་ཐུགས་ཀྱི་ནི། །སྤྱོད་པ་ཡོངས་སུ་དག་པའི་ཕྱིར། །ལ་ལམ་སྨིན་འདྲེན་སོགས་དོགས་པ། །མི་མངའ་བས་ན་འཁོར་གྱི་ནང་། །བག་བག་མི་ཟ་བརྒྱངས་བཞུགས་ནས་ཐམས་ཅད་པ། །ཞལ་གྱིས་མནན་ནས་ཆོས་གསུང་པའོ། །བཅུ་དྲུག་དྲན་པ་ཉེར་བཞག་གསུམ་དྲན་པ་ཉེར་བཞག་ནི། །ཆོས་ལ་གུས་པས་ཉན་པར་ཆགས། །མ་གུས་པོ་ནས་ཉན་ལ་སྡང་། །ཕྱེད་ཕྱེད་ཆགས་སྡང་གཉིས་བྲལ་གསུམ། །བཅུ་བདུན་བསྙེལ་བ་མི་མངའ་བསྙེལ་བ་མི་མངའ་བའི། །ཆོས་ཉིད་སེམས་ཅན་གྱི་དོན་ལ། །སྐད་ཅིག་བསྙེལ་བ་མི་མངའ་བའི། །ཆོས་ཀྱི་བདག་ཉིད་ཅན་ཡིན་ནོ། །

བཅོ་བརྒྱད་བག་ཆགས་བཅོམ་པ་སྒྲིབ་གཉིས་བག་ཆགས་བཅས། །ཡོངས་སུ་དག་པའི་ཡེ་ཤེས་སོ། །བཅུ་དགུ་སྙིང་པོ་ཐུགས་རྗེ་ཆེན་པོ་ཐམས་ཅད་ལ། །ཉིན་དང་མཚན་མོ་ལན་དྲུག་ཏུ། །གཟིགས་པའི་ཐུགས་རྗེ་ཆེན་པོའོ། །ཉི་ཤུ་སངས་རྒྱས་ཆོས་མ་འདྲེས་པ་བཅོ་བརྒྱད་མ་འདྲེས་བཅོ་བརྒྱད་ནི། །འཁྲུལ་པའི་དྲི་མ་ཟད་པ་སྤངས། །ཅ་ཅོ་སྒྲོ་འདོགས་མཉམ་པར་མ་བཞག་དང་། །དྲན་པ་ཉམས་པ་ཐ་དད་པའི། །འདུ་ཤེས་སོ་སོར་མ་བརྟགས་པ། །སྤྱོད་པའི་དབང་དུ་བྱས་པ་དྲུག །བདུན་པ་བརྩོན་འགྲུས་དྲན་ཏིང་འཛིན། །ཤེས་རབ་རྣམ་གྲོལ་ཉམས་པ་མེད། །རྟོགས་པའི་དབང་དུ་བྱས་པ་དྲུག །སྐུ་གསུང་ཐུགས་ཀྱི་འཁོར་ལོའི་ཡོན་ཏན་སོ་སོར་གསལ་བ་ཐུགས་ཀྱི་ཕྲིན་ལས་ཀྱི། །མ་འདྲེས་འདས་འོངས་ད་ལྟ་བ། །ཆགས་ཐོགས་མེད་པའི་ཡེ་ཤེས་ཀྱི། །མ་འདྲེས་གསུམ་སྟེ་བཅོ་བརྒྱད་དོ། །ཉེར་གཅིག་པ་ནི་ཆོས་ཐམས་ཅད། །དེ་ཡི་རྣམ་པ་ཐམས་ཅད་པ། །མངོན་པར་རྫོགས་པ་བྱང་ཆུབ་པ། །རྟོགས་པའི་ལམ་དང་འབྲས་བུའི་ཆོས་ཐམས་ཅད་རྣམ་པ་ཐམས་ཅད་དུ་མངོན་པར་རྫོགས་པ་བྱང་ཆུབ་པ། ཡེ་ཤེས་བྱེ་བྲག་བཅས། །བྱང་ཕྱོགས་སོ་བདུན་ནས་བརྩམས་ཏེ། །འདི་ཡི་བར་ལ་ཟག་མེད་ཀྱི། །སྡེ་ཚན་ཉི་ཤུ་རྩ་གཅིག་གོ །ཞིབ་པར་འདོད་ན་མདོ་སྡེ་རྒྱན། །ཆོས་ཉིད་རྣམ་པར་འབྱེད་པ་དང་། །དབུས་མཐའ་རྣམ་འབྱེད་རྗེས་འབྲང་བཅས། །ཁྱད་པར་དུ་ནི་ཐེག་བསྡུས་སོགས། །རྒྱ་བོད་མཁས་དང་གྲུབ་པ་ཡི། །མཛད་པའི་བསྟན་བཅོས་རྣམས་ལས་ཤེས། །གཞན་ཡང་གོང་གི་ས་ལམ་སྐབས། །ཚིག་ཟིན་འབྱུང་ཞིང་ཉེར་མཁོ་བའི། །རྒྱལ་ཚབ་བྱམས་པ་མགོན་པོ་ཡིས། །མདོ་སྡེ་རྒྱན་ལས་གསུངས་པ་ཡི། །བསམ་གཏན་བཞི་ཡི་རྣམ་གཞག་ལས། །སེམས་ནི་གནས་པར་བྱེད་པའི་

ཐབས། །དགུ་ལས་དང་པོ་མིང་རྟེན་སམ། མདོ་ཏིང་འཛིན་རྒྱལ་པོ་ལས་སངས་རྒྱས་ཀྱི་སྐུ་དང་། གསུང་ངག་སྐབས་སུ་མེ་ཏོག་སྟོན་པོ་སོགས། །ཐ་མལ་རྣམ་རྟོག་ཀུན་སྤངས་ཏེ། །ནང་དུ་སེམས་ནི་འཛོག་པར་བྱེད། །དུས་ཀུན་དེ་བཞིན་འཛོག་པར་བྱེད། །དེ་ལ་ངེས་པར་འཛོག་པར་བྱེད། །དེ་བཞིན་ཉེ་བར་འཛོག་པར་བྱེད། རྟོག་པ་སྤངས་ཤིང་དུལ་བར་བྱེད། །རྣམ་རྟོག་རྣམས་ནི་ཞི་བར་བྱེད། །དེ་བཞིན་ཉེ་བར་ཞི་བར་བྱེད། །སེམས་ཀྱི་དྲན་མ་དེ་བཞིན་རྒྱུད་གཅིག་བྱེད་པ་བཅས། །མཉམ་པར་འཛོག་པར་བྱེད་པའོ། །འདི་དག་ཐ་མལ་པའི་ཚུལ་དང་རྟོག་པ་སྤངས་ཏེ་དགེ་བ་བཞི་གནས་ལ་རྩེ་གཅིག་ཏུ་འབད་པའི་དོན་ནོ། །ཡིད་ལ་བྱེད་པ་བཅུ་གཅིག་ནི། །དེ་ལྟར་རྟོགས་ཤིང་དཔྱོད་བཅས་དང་། །རྟོག་པ་མེད་ལ་དཔྱོད་པ་དང་། །རྟོག་དཔྱོད་གཉིས་ཀ་མེད་པ་དང་། །ཞི་གནས་ཡིད་ལ་བྱེད་པ་དང་། །དེ་བཞིན་ལྷག་མཐོང་ཡིད་ལ་བྱེད། །དེ་གཉིས་ཟུང་འབྲེལ་ཡིད་བྱེད་དང་། །དེ་དོན་རབ་ཏུ་འཛིན་པ་ཡི། །རྒྱུ་མཚན་ཡིད་ལ་བྱེད་པ་དང་། །དེ་བཞིན་ཞི་གནས་དང་བཏང་སྙོམས། །རྒྱུ་མཚན་ཡིད་ལ་བྱེད་པ་དང་། །དེ་ཡི་ཉམས་ལེན་ལ་རྟག་ཏུ། །གོང་གི་དོན་ལ་རྩལ་བརྟོན་ཅིང་འབད་པ་སྦྱོར་དང་གུས་པར་ཡིད་ལ་བྱེད། །དེ་ལྟར་གནས་པའི་ཐབས་དགུ་དང་། །ཡིད་བྱེད་བཅུ་གཅིག་རྒྱུན་བསྲིང་པས། །དེ་ནས་དེ་ཡི་ལུས་དང་སེམས། །ཤིན་ཏུ་སྦྱང་བ་ཆེ་ཐོབ་ནས། །ཡིད་ལ་བྱེད་དང་བཅས་ཞེས་ལྟར། །ལུས་སེམས་ཤིན་སྦྱངས་ཀྱི་བདེ་བས། །ལུས་ནི་ཤིང་བལ་ལྟར་ཡང་དང་། །སེམས་ནི་ཏིང་འཛིན་ལ་ནམ་འདོད། །བཀོལ་ནུས་བདེ་བ་ཆེན་པོ་སྐྱེ། །དེ་ནི་བསམ་གཏན་དང་པོ་ཡི། །ཉེར་བསྡོགས་ཙམ་ཡིན་བསམ་གཏན་གྱི། །ཉེར་བསྡོགས་ཡིད་ལ་བྱེད་བདུན་ནི། །དང་པོ་མཚན་ཉིད་ནི་རབ་ཏུ། །ཡིད་ལ་བྱེད་ནི་འདོད་ཁམས་ཀྱི། །སེམས་ཅན་ཉོན་མོངས་དེས་དཀྲུགས་པའི། །སྡུག་ཅིང་དེ་ཡི་ཚེ་ཐུང་དང་། །ཁམས་ནི་གོང་མ་གཉིས་པོ་ལ། །ཉོན་མོངས་པ་ཡི་སེམས་མི་དཀྲུག །སེམས་བདེ་དེ་ཡི་སྟོབས་ཀྱི་ཚེ། །ཤིན་ཏུ་རིང་པར་གྱུར་པའོ། །

འདོད་ཁམས་ཐོས་བསམ་ཤེས་རབ་ཀྱིས། །ཤེས་པས་སེམས་ནི་ཤིན་ཏུ་སྦྱངས། །བསམ་གཏན་དང་པོའི་ཙམ་པོ་བ་ཏིང་འཛིན་སྐྱེ། །དེ་ཡི་འདོད་ཁམས་ཀྱི་སེམས་རགས །ཉོན་མོངས་པ་ཞི་བ། བསམ་གཏན་དང་པོའི་སེམས་ཞི་བར་ཉོན་མོངས་པ། །རིག་ཅིང་མོས་པ་ལས་བྱུང་བ། །ཐོ་ལྟར་སྦྱངས་པས་བསྒོམ་བྱུང་གི །ཤེས་རབ་ཀྱིས་ནི་ཐོས་བསམ་ལས། །འདས་པའི་བསམ་གཏན་དང་པོ་ཡི། །ཏིང་ངེ་འཛིན་ནི་རྒྱུད་པ་སྐྱེ། །རབ་ཏུ་དབྱེ་ལ་ཡང་སྨྲ་མ་བཞིན། །བསྒོམ་པས་བསྒོམ་པ་སྤྱི་འདོད་ཁམས་ཀྱི་བསྒོམ་སྤངས། །ཆེན་པོ་སྤང་བའི་གཉེན་པོ་སྐྱེ། །ཉོན་མོངས་མངོན་གྱུར་པས་སྤངས་པ། །དགའ་བས་སྤྱོད་པར་རབ་ཏུ་ནི། །དབེན་པ་ལས་བྱུང་དགའ་བ་དང་། །བདེ་བ་ཆུང་ངུ་རག་པ་རྣམས། །སྤང་བ་དགའ་ཞིང་དེའི་ཕན་ཡོན། །མཐོང་བས་དུས་དུས་དད་པ་ཐོབ། །ཉོན་

མོངས་འབྲིང་སྦྱོང་གཉེན་པོ་བསྐྱེད། །དཔྱོད་པ་ཞེས་པ་དེ་ལྟར་གྱི། །གཉེན་པོས་ཉོན་མོངས་ཕལ་ཆེར་སྤང་། །ཐམས་ཅད་སྤང་སྙམ་བློ་སྐྱེས་ཏེ། །སླར་ཡང་ཉོན་མོངས་སྐྱེ་མི་སྐྱེ། །བརྟག་པའི་དཔྱོད་པ་ཡིད་ལ་བྱེད། །སྦྱོར་བའི་མཐའ་ནི་དེ་ལྟར་དུ། །བརྟག་པས་ཉོན་མོངས་སྐྱེ་མཐོང་སྟེ། །གོང་བཞིན་སྦྱར་བཞིན་བསམ་གཏན་ཞི་རག་ཉོན་མོངས་རྣམ་པ་ལྔ། །བསྒོམ་པས་ཉོན་མོངས་ཆུང་ངུ་ཡི། །གཉེན་པོ་རྒྱུད་ལ་སྐྱེ་བའོ། །སྦྱོར་བའི་མཐའ་ཡི་འབྲས་བུ་ནི། །ཡིད་ལ་བྱེད་ནི་དེའི་རྗེས་ལ། །བསྒོམ་པས་དེ་དག་ཐམས་ཅད་ཀྱི། །འབྲས་བུ་ཉམས་མྱོང་ཡིད་བྱེད་པའོ། །ཡིད་བྱེད་བདུན་པོའི་རྒྱུན་གོམ་ལས། །འདོད་པའི་བསྒོམ་སྤང་ཕལ་ཆེར་ནུབ། །དགའ་བ་བདེ་བ་དང་བཅས་པའི། །བསམ་གཏན་དང་པོའི་དངོས་གཞི་ཡི། །ཏིང་ངེ་འཛིན་ནི་མཆོག་གྱུར་ཐོབ། །

བསམ་གཏན་དང་པོ་ཇི་ལྟ་བར། །གཉིས་པ་ནས་ནི་སྲིད་རྩེའི་བར། །ཡིད་བྱེད་བདུན་གྱིས་ཐོབ་པར་འགྱུར། །དེ་ཡང་གཉིས་པ་ཕྱིན་ཆད་ལ། །མཚན་ཉིད་རབ་ཏུ་རིག་པ་དང་། །མོས་པ་ལས་བྱུང་གཉིས་སྦྱོར་ལམ། །རབ་ཏུ་དབེན་དང་དགའ་བས་སྡུད། །སྦྱོར་བའི་མཐའ་གསུམ་སྦྱོར་ལམ་གྱི། །བར་ཆད་མེད་ལམ་དཔྱོད་པ་བ། །ཁྱད་པར་ལམ་ཡིན་སྦྱོར་བའི་མཐའི། །འབྲས་བུ་ཡིད་ལ་བྱེད་པ་ནི། །རྣམ་པར་གྲོལ་བའི་ལམ་ཡིན་ནོ། །མཐོང་སྒོམ་གཉིས་ལའང་དེ་བཞིན་ནོ། །གསལ་བར་མ་བཤད་ཀྱང་ཞི་གནས་ཡིད་བྱེད་བདུན་ལ་ཚོགས་ལམ། སྦྱོར་ལམ་དྲོད་ལས་བསམ་གཏན་དང་པོ་ཟིན་པའི་ལམ་གསུམ་འདི་བཞིན་སྦྱོར་བ་ནི། འདི་ལས་ཞལ་གསལ་མ་ཐོན་ཀྱང་སྦྱོར་ལམ་དང་སྦྱོར་ལམ་བར་ཆད་མེད་པའི་ཁོངས་སུ་སྦྱོར་ལམ་ངེས་འབྱེད་བཞི་དང་། མཐོང་སྒོམ་གྱི་སྤོང་བྱ་སྤངས་པས་བསམ་གཏན་གཉིས་པ་ཡན་ཆད་ཀྱི་ལམ་དེ་དྲི་གོ་ཆོད་ཅིང་བསམ་གཏན་བཞི་པའི་རབ་མཐའ་མི་སློབ་མཐར་ཕྱིན་གྱི་ལམ་གཉིས་དོན་གཅིག་པ་སྣང་ངོ་། །དེ་ཉིད་ཡན་ལག་ལྔ་ལྡན་ཞིང་། །ཞི་ལྷག་ཟུང་དུ་འབྲེལ་པ་ནི། །ཡིད་ནི་མི་གཡོ་བར་འཛིན་པ། །བསམ་གཏན་དང་ནི་དམིགས་པ་ལ། །སྙོམས་པར་འཇུག་པ་སྙོམས་འཇུག་གོ། །རྟོག་པ་གཞན་གྱིས་མ་དཀྲུགས་པར་ཏིང་ངེ་འཛིན་ལ་རྩེ་གཅིག་ཏུ་ཞེན་འཇགས་པར་གནས་པའོ། །ཡན་ལག་ལྔ་ནི་འདི་ལྟ་སྟེ། །རྟོག་པ་དང་ནི་དཔྱོད་པ་དང་། །དགའ་བ་བདེ་བ་ཏིང་ངེ་འཛིན། །ལྔ་ལྡན་བསམ་གཏན་དང་པོའོ། །དེ་ཡང་རྟོག་དཔྱོད་བཅས་པ་ནི། །ཙམ་པོ་བ་ཡིན་རྟོག་པ་མེད། །དཔྱོད་པ་ཙམ་གྱི་ཏིང་འཛིན་ནི། །དངོས་གཞི་ཁྱད་པར་ཅན་ཡིན་ནོ། །

ནང་ལ་རབ་ཏུ་དྭངས་པ་དང་། །དགའ་བ་བདེ་བ་ཏིང་ངེ་འཛིན། །གཞི་ལྡན་བསམ་གཏན་གཉིས་པའོ། །བཏང་སྙོམས་དྲན་དང་ཤེས་བཞིན་དང་། །བདེ་དང་ཏིང་འཛིན་ཡན་ལག་ལྔ། །ལྡན་དང་བསམ་གཏན་གསུམ་པའོ། །ཚོར་བ་བཏང་སྙོམས་ལྷུན་གྲུབ་ཀྱི། །བཏང་སྙོམས་དང་ནི་དྲན་པ་དང་། །ཏིང་འཛིན་ཡོངས་སུ་དག་པ་སྟེ། །བཞི་ལྡན་བསམ་གཏན་བཞི་པའོ། །ནམ་མཁའ་མཐའ་ཡས་དང་རྣམ་ཤེས། །མཐའ་ཡས་ཅི་ཡང་མེད་པ་དང་། །

ཡོད་མིན་འདུ་ཤེས་རག་པ་མེད་ཅིང་ཕྲ་བ་མེད་མེད་མིན་སྐྱེ་མཆེད་བཞི། །ཐར་པ་ཆ་མཐུན་དང་དེ་ཡི་སེམས་ལས་ཀྱི་དབང་གིས་བསམ་གཏན་བཞི། །སྐྱེ་མཆེད་མུ་བཞིའི་ལྷ་ར་སྐྱེ་བ། །འབྲས་བུ་སྐྱེ་བའི་བསམ་གཏན་དང་། །རྣལ་འབྱོར་པ་རྣམས་དེར་འཇུག་ནས། །ཡོན་ཏན་རྣམས་ཀྱི་རྟེན་འགྱུར་ཕྱིར། །རྒྱུ་ཡི་བསམ་གཏན་སྙོམས་འཇུག་གོ། །འདི་དག་ཟག་པ་བཅས་བསྒོམ་ན། །འཇིག་རྟེན་ཡི་བསམ་གཏན་ཙམ། །ཟག་མེད་ལམ་གྱི་བདེན་པ་དང་། །ལྡན་པས་བསྒོམ་ན་རྣམ་པར་གྲོལ། །མྱ་ངན་འདས་ཐོབ་འཇིག་རྟེན་ལས། །འདས་པའི་བསམ་གཏན་སྙོམས་འཇུག་གོ༔ །དེ་ལྟར་ཞི་གནས་སེམས་གནས་ཀྱི། །ཐབས་དགུ་ནས་བཟུང་ཤིན་སྦྱང་བར། །བསམ་གཏན་དང་པོའི་ཉེར་བསྡོགས་ལ། །བརྟེན་ནས་བསམ་གཏན་དང་པོ་ཡི། །དངོས་གཞི་ཁྱད་པར་ཅན་ཐོབ་ནས། །སྦྱོར་ལམ་དྲོད་ནས་བཟུང་རིམ་གྱིས། །སེམས་བསྐྱེད་དང་ནི་རྟོག་བྱ་ཡི། །ཉན་རང་གི་ཞི་གནས་སྐབས་གེང་རུས་དང་དབུག་སོགས་ལ་བརྟེན་ན་སེམས་འགོག་ཐབས་ཁོ་ནར་འབད། བྱང་ཆུབ་སེམས་དཔའ། དེ་བཞིན་གཤེགས་པའི་སྐུ་སོགས་ལ་དམིགས་རྟེན་ཙམ་དུ་བྱེད། སེམས་ཀྱི་རྒྱུན་ཁོན་ལ་འཛོག་ཅིང་ཕྱི་དོན་ཞལ་བཞེས་མིན་གྱི་ཆོས་བདག་རྟོགས་མིན་གྱིས་ཁྱད་ཞུགས་པའོ། །རིགས་ཅན་གསུམ་ལ་ཁྱད་ཞུགས་ནས། །ཉན་རང་གཉིས་ཀྱི་མཐར་ཕྱིན་ལམ། །བསམ་གཏན་བཞི་པ་ལ་བརྟེན་ནོ། །

བྱང་ཆུབ་སེམས་དཔས་བསྒོམ་པའི་ལམ། །བསམ་གཏན་བཞི་པ་ཤིན་ཏུ་ནི། །རྣམ་པར་དག་པ་ལ་བརྟེན་ཅིང་། །དེ་སྟེང་སེང་གེ་རྣམ་པར་བསྒྲིངས། །དཔའ་བར་འགྲོ་བའི་ཏིང་འཛིན་དང་། །སྒྱུ་མ་ལྟ་བུའི་ཏིང་འཛིན་དང་། །རྡོ་རྗེ་ལྟ་བུའི་ཏིང་འཛིན་གྱིས། །མཐར་ཕྱིན་ལམ་ནི་མངོན་གྱུར་ཏོ། །དེ་ལྟའི་ཏིང་འཛིན་དེ་དག་ནི། །འཇིག་རྟེན་པ་ནི་རྒྱ་ཆུང་ཞིང་། །དམན་སོ་སྐྱེ་ལ་ཟག་པར་བཅས་པའོ། །ཉན་ཐོས་དང་ནི་རང་སངས་རྒྱས། །དེ་བས་རྒྱ་ཆེ་ཟག་པ་མེད། །སངས་རྒྱས་བྱང་ཆུབ་སེམས་དཔའ་ནི། །སེམས་བསྐྱེད་བདག་མེད་གཉིས་རྟོགས་ཀྱིས་འཕགས། བསམ་གཏན་ཕ་རོལ་ཕྱིན་ལ་གནས། །དཔའ་བར་འགྲོ་བའི་ཏིང་འཛིན་སོགས། །མདོ་རྒྱུད་རྣམས་ནས་འབྱུང་བ་དེ། །མིང་ཡང་ཉན་རང་གིས་མི་ཤེས། །བསམ་གཏན་ཕར་ཕྱིན་མེད་ཕྱིར་རོ། །བསམ་གཏན་བསྒོམ་པའི་ཕན་ཡོན་ནི། །ཚེ་འདིར་བསམ་གཏན་ཞི་གནས་སྐྱེ། །དེ་ཡི་ཉོན་མོངས་གློ་བུར་བ། །ལྡོག་ཅིང་འཇིག་རྟེན་ཆོས་བརྒྱད་པོ། །མགོ་སྙོམས་བསམ་གཏན་དགའ་བདེ་ཐོབ། །རྫུ་འཕྲུལ་མངོན་ཤེས་ལ་སོགས་པ། །ཡོན་ཏན་འབྱུང་ཞིང་ལྷར་བཅས་ཀྱི། །འཇིག་རྟེན་ཡིད་དགའི་གནས་གྱུར་ཏེ། །སྐྱེ་བ་གཞན་དུའང་དེ་ལྟར་ཐོབ། །མཐར་ཐུག་མངོན་པར་སངས་རྒྱས་ནས། །རང་དང་གཞན་གྱི་དོན་གྲུབ་ཅིང་། །ཡང་དག་བཞི་སོགས་ཐོབ་པའོ། །ཡང་དག་རིགས་བཞི་འདི་བྱང་ཆུབ་སེམས་དཔའི་གནས་སྐབས་ནས་ཡོད་ཅིང་མཐར་ཕྱིན་པ་སངས་རྒྱས་སྐབས་སོ། །

མཐར་ཐུག་ཐེག་པ་གཅིག་བཞེད་སྐབས། །ཉན་ཐོས་ལམ་ལྔ་གང་རུང་ནས། །ཐེག་ཆེན་ཚོགས་ལམ་

ཆུང་དུ་འདུག །ཉན་རང་ཐེག་ཆེན་ལམ་ཞུགས་ཅན། །དེ་ལ་སངས་རྒྱས་སྲས་བཅས་ཀྱིས། །ཐེག་ཆེན་ཆོས་ཀྱི་རྣམ་གྲངས་འཆད། །ཉན་དང་ཐུགས་བསྐྱེད་མཐུ་ལ་བརྟེན། །དམན་སེམས་དོར་ནས་གཞན་དོན་གྱི། །སྨོན་སེམས་སྐྱེས་མ་ཐག་པ་ནས། །ཐེག་ཆེན་ཚོགས་ལམ་ཆུང་དུ་ཞུགས། །དུས་མཉམ་ཡིན་ཞེས་ཀུན་མཁྱེན་ཆེ། །བསོད་ནམས་སེང་གེས་ལེགས་པར་གསུང་། །དེ་ཡང་འཕགས་མཆོག་ཀླུ་སྒྲུབ་ཀྱིས། །ཤེར་ཕྱིན་དགོངས་པར་ཐེག་གསུམ་གྱི། །སྦྱོར་ལམ་ཐབས་ཀྱི་ཁྱད་པར་དང་། །ངེས་འབྱེད་བཞི་ལ་རང་རང་གི །དམིགས་པ་གསལ་དང་མི་གསལ་གྱི། །ཁྱད་པར་ཙམ་ལས་གང་ཟག་བདག །རྟོགས་ལ་ཁྱད་པར་མི་བཞེད་ཅིང་། །དེ་ཡང་ཉན་ཐོས་ལམ་ལྔ་པོ། །རྟོག་བྱ་རིམ་གྱིས་རྫོགས་ཆེ་ཆུང་། །དབྱེ་བས་ལམ་ལ་མྱུར་བུལ་གྱུར། །ཉན་ཐོས་ལྷག་མེད་ཀྱི་ཐོབ་བྱ་དམན་ཅིང་མྱུར་ན་ཚེ་གསུམ་གྱིས་ཐོབ། །རང་རྒྱལ་ཐོབ་བྱ་དེ་ལས་ཅུང་འཕགས་ཅིང་བསེ་རུ་བསྐལ་པ་བརྒྱ་ཡིས་ཐོབ། བྱང་ཆུབ་སེམས་དཔའ་ཐོབ་བྱ་ཆེས་འཕགས་ཤིང་བསྐལ་ཆེན་གྲངས་མེད་གསུམ་གྱི་ཐོབ་ཅིང་ལམ་མྱུར་བུལ་ཐོབ་བྱ་མཐོ་དམན་གྱིས་སོ། །ཉན་ཐོས་ལྷག་མེད་དགྲ་བཅོམ་དང་། །ཐེག་པ་ཆེན་པོའི་བཟོད་ཆེན་གྱི། །ལམ་གཉིས་ན་མཉམ་གྱུར་པའོ། །གཞན་ཡང་རྟེན་འབྲེལ་བཅུ་གཉིས་ཀྱི། །རྣམ་བཞག་སྙིང་པོ་མདོར་བསྡུས་པའི། །རྟེན་ཅིང་འབྲེལ་འབྱུང་བཅུ་གཉིས་ནི༑ ༑བྱེ་བྲག་སྨྲ་བ་རྣམས་ཀྱི་ནི། །སྐྱེ་བ་སྔ་མ་ཉོན་མོངས་པ། །སྤྱོད་པའི་སྐབས་ཀྱི་ཕུང་པོ་ལྔ། །དེ་ལ་བདག་ཏུ་འཛིན་པས་དེ་ལ་མ་རིག་པ་ཞེས་བྱ། །དེ་བཞིན་འོག་མ་རྣམས་ལ་ཡང་། །རང་རང་གང་གཙོའི་མིང་བཏགས་ཏེ། །ཕུང་པོ་ལྔ་ལྔ་ཐམས་ཅད་ཀྱི། །རྗེས་འབྲངས་ཡིན་པར་ཤེས་པར་བྱ། །

འདུ་བྱེད་སྐྱེ་བ་སྔ་མའི་ལས། །དགེ་དང་མི་དགེའི་གནས་སྐབས་སོ། །རྣམ་ཤེས་དེ་དག་གིས་འཕགས་པའི། །སྐྱེ་སྲིད་ཉིང་མཚམས་སྦྱོར་བའོ། །མིང་དང་གཟུགས་ནི་མངལ་སྐྱེས་ནས། །མིག་ལ་སོགས་པ་དོད་པའི་བར། །གཟུགས་ཡིན་ནང་གསལ་མིང་ཞེས་པ། །ཚོར་བ་འདུ་ཤེས་འདུ་བྱེད་དང་། །རྣམ་པར་ཤེས་པ་བཞི་གཟུགས་ནུར་ནུར། །མེར་མེར་གོར་འཕྲང་རྐང་ལག་འགྲུས། །སྐྱེ་མཆེད་དྲུག་པོ་མངལ་དུ་མིག །སོགས་པ་དོད་ནས་དབང་ཤེས་ཡུལ། །འདུས་ནས་ཡུལ་དཔྱོད་མི་ཤེས་བར། །རེག་པ་དབང་ཡུལ་རྣམ་ཤེས་གསུམ། །འདུས་ནས་ཡུལ་ལ་ལོངས་སྤྱོད་ནས། །བདེ་སྡུག་རྒྱུ་མཚན་མི་ཤེས་བར། །ཚོར་བ་བདེ་སྡུག་གི་རྒྱུ་ཤེས། །ཁྲིས་པ་ཡི་ནི་དུས་ནས་བཟུང་། །འཁྲིག་པ་སྤྱོད་མི་ནུས་ཀྱི་བར། །སྲེད་པ་འཁྲིག་པ་སྤྱོད་ནུས་ནས། །ལང་ཚོ་རྒྱས་པའི་སྐབས་ཡིན་ནོ། །ལེན་པ་རྒྱུ་ནོར་ཐོབ་པའི་ཕྱིར། །ཚོང་ཁེ་ལ་སོགས་བྱེད་པའོ། །སྲིད་པ་དེ་དག་ལེན་པའི་མཐུས། །སྲིད་པ་ཕྱི་མར་འཕེན་པའི་ལས། །བསག་པ་ཡི་ནི་གནས་སྐབས་སོ། །སྐྱེ་བ་དེ་ནས་ཤི་འཕོས་ཏེ། །ཕྱི་མར་ཉིང་མཚམས་སྦྱོར་བའོ། །རྒ་ཤི་དེ་ཡི་བར་སྐྱེ་བ་ཕྱི་མ་སྐྱེ་བ་ཕྱི་མ་ཡི། །སྐབས་ཏེ་རྒྱུན་ཆགས་སུ་འདོད་དོ། །

མདོ་སྡེ་པ་ཡི་བཞེད་པ་ནི། །མི་རིག་རིག་པའི་མི་མཐུན་ཕྱོགས། །འདུ་བྱེད་ཀུན་སློང་དགེ་དང་སྡིག །བར་མའི་ལས་ཀུན་བསགས་པའོ། །རྣམ་པར་ཤེས་ནི་དེ་དག་གི །རྣམ་ཤེས་སྐྱེ་བའི་གནས་སུ་འཕང་ས། །མིང་གཟུགས་མངལ་གནས་ཕུང་པོ་ལྔ་དེ་ཡི། །སྐྱེ་མཆེད་དྲུག་པོ་མིག་སོགས་དོད། །རིག་པ་ཡུལ་དབང་རྣམ་ཤེས་གསུམ། །འདུས་ནས་ཡུལ་ལ་སྤྱོད་པའོ། །ཚོར་བ་དེ་ལས་སྐྱེས་པ་ཡི། །བདེ་དང་སྡུག་བསྔལ་བཏང་སྙོམས་མྱོང་། །སྲེད་པ་བདེ་བའི་ཡུལ་ལ་ཆགས། །ལེན་པ་ཡུལ་དེ་དོན་གཉེར་བ། །སྲིད་པ་དེ་དག་གི་ཀུན་སློང་། །སྐྱེ་བ་ཕྱི་མ་གྲུབ་ལས་སོགས། །སྐྱེ་བ་ལས་དེའི་ཕྱི་མ་ཡི། །སྐྱེ་བར་ཉིང་མཚམས་སྦྱོར་བའོ། །

རྒ་ཤི་ཕྱི་མར་སྐྱེ་དེའི་ཚེའི། །མཐའ་རུ་ཕྱིན་ནས་ཤི་བ་སྟེ། །འབྲེལ་བའི་རྟེན་འབྲེལ་ཡིན་པར་འདོད། །སྐད་ཅིག་མ་ཡི་རྟེན་འབྲེལ་ནི། །དཔེར་ན་འགའ་ཞིག་སྲོག་གཅོད་ན། །དེ་ཡི་ཀུན་སློང་མ་རིག་པ། །འདུ་བྱེད་སྲོག་གཅོད་ལས་བྱེད་པ། །འབད་མཁན་དེས་བསད་བྱ་རིག་པ་སོགས་ཡུལ་དེ་རིག་པ་རྣམ་ཤེས་དང་། །ཕུང་པོ་ལྔ་ཡོད་མིང་གཟུགས་དང་། །མིག་ལ་སོགས་པའི་སྐྱེ་མཆེད་དྲུག །གསུམ་འདུས་ཡུལ་དཔྱོད་རེག་པ་དང་། །དེ་ཐུབ་པའི་བདེ་སོགས་མྱོང་བ་ཚོར་བ་དང་། །ཤ་སོགས་ལ་ནི་སྲེད་པ་དང་། །དེས་ཆེར་འཕེལ་བ་ལེན་པའོ། །སྲོག་གཅོད་ལས་བསོག་སྲིད་པ་དང་། །སྟར་མེད་སྐད་ཅིག་མ་སྲོག་གཅོད་ཀྱི་ལས་པ་ནི་སྐྱེ་བ་དང་། །དེ་རྒྱུན་འགྱུར་བ་དེ་ནས་ལས་གཞན་དུ་འགྱུར་བ་རྒ་ཤིའོ། །ཚེ་གསུམ་གྱིས་བསྡུས་རྟེན་འབྲེལ་ནི། །མ་རིག་པ་དང་འདུ་བྱེད་ཀྱི། །སྐྱེ་བ་སྔ་མའི་ལས་བསྡུས་ཏེ། །དེ་ནི་རྒྱུ་ཡི་ཡན་ལག་གོ །རྣམ་པར་ཤེས་པ་མིང་དང་གཟུགས། །སྐྱེ་མཆེད་དྲུག་དང་རེག་པ་དང་། །ཚོར་བ་རྣམས་ནི་ཚེ་འདིས་བསྡུས། །འབྲས་བུ་ཡི་ནི་ཡན་ལག་གོ །སྲེད་ལེན་སྲིད་པ་གསུམ་པོ་ནི། །ཚེ་འདིས་བསྡུས་པའི་རྒྱུའི་ཡན་ལག །སྐྱེ་བ་དང་ནི་རྒ་ཤི་ནི། །ཚེ་ནི་ཕྱི་མས་བསྡུས་པ་སྟེ། །འབྲས་བུའི་ཡན་ལག་རྟེན་འབྲེལ་ནི། །རྒྱུ་འབྲས་ཚར་གཉིས་ཀྱིས་བསྡུའོ། །རྟེན་འབྲེལ་བཅུ་གཉིས་ལུགས་ལྡོག་ནི། །འདི་གཉིས་ཚེ་སྔོན་མའི་མཐའ་མ་རིག་འགག་པས་སྲིད་པ་ནི། །སྐྱེ་བའི་རྒྱུར་གྱུར་འདུ་བྱེད་འགག །དེ་འགག་ལས་ཀྱི་འཕངས་པ་ཡི། །རྣམ་པར་ཤེས་འདི་དྲུག་དཀྱར་འགྱུར་བ་དང་མིང་དང་གཟུགས། །སྐྱེ་མཆེད་དྲུག་དང་རེག་པ་དང་། །ཚོར་བ་འགག་པས་ཚེ་ཕྱི་མར། །སྐྱེ་བའི་ལས་ཀྱིས་ཀུན་སློང་བའི། །སྲེད་པ་འདི་གཉིས་སྔ་ཕྱིའི་གསོས་འདེབས་དང་ནི་ལེན་པ་འགག །དེ་འགག་པ་ཡི་ཕྱི་མ་ཡི། །ཕུང་པོ་གྲུབ་པའི་ལས་ཀྱི་མཐུ། །ལྡན་པའི་འདི་གསུམ་ཕྱི་མའི་མཐའ་སྲིད་པ་འགག་པར་འགྱུར། །དེ་འགག་པས་ནི་སྐྱེ་བ་དང་། །རྒ་ཤི་དང་བཅས་སྡུག་བསྔལ་གྱི། །ཕུང་པོ་མ་ལུས་པ་འགག་གོ། །

ཐེག་ཆེན་དབུ་མ་པའི་བཞེད་པ། །ལུང་བསྟན་བརྟེན་པ་ཀླུ་སྒྲུབ་ཀྱིས། །རྟེན་ཅིང་འབྲེལ་བར་འབྱུང་བ་ཡི། །རྩ་འགྲེལ་གཉིས་པས་འདི་སྐད་གསུང་། །ཡན་ལག་བྱེ་བྲག་བཅུ་གཉིས་སོ། །ཐུབ་པས་རྟེན་འབྱུང་གསུང་དེ་

དག །མ་རིག་པ་དང་སྲེད་པ་དང་། །ལེན་པ་གསུམ་ནི་ཉོན་མོངས་པ། །འདུ་བྱེད་སྲིད་པ་གཉིས་ནི་ལས། །རྣམ་ཤེས་མིང་གཟུགས་སྐྱེ་མཆེད་དྲུག །རེག་པ་ཚོར་བ་སྐྱེ་བ་དང་། །རྒ་ཤི་བདུན་པོ་སྡུག་བསྔལ་ཡིན། །བཅུ་གཉིས་ཆོས་ནི་གསུམ་དུ་འདུས། །གསུམ་ལས་སྲིད་པའི་འཁོར་ལོ་དེ་ཁམས་གསུམ་པོ། །ཉིད་ནི་ཡང་ནས་ཡང་དུ་འཁོར། ། འདི་ལ་སེམས་ཅན་བྱེད་པ་པོ་ཅི་ཡང་མེད། །སྟོང་པ་ཁོ་ནའི་ཆོས་རྣམས་ལས། །སྟོང་པའི་ཆོས་རྣམས་འབྱུང་བར་ཟད། །བདག་དང་རྟེན་འབྱུང་བཅུ་གཉིས་དེས་གཅིག་གིས་གཅིག་ལ་དམིགས་རེས་མ་བྱས་པ་བདག་གིར་མེད་པའི་ཆོས། །ཁ་ཧོན་མར་མེ་མེ་ལོང་རྒྱ། །མེ་ཤེལ་ས་བོན་སྐྱུར་དང་སྒྲས། །ཕུང་པོ་ཉིང་མཚམས་སྦྱོར་བ་ཡང་། །མི་འཕོ་བར་ཡང་མཁས་རྟོགས་བྱ། །ཤིན་ལེན་པའི་རྣམ་ཤེས་ཟབ་ཅིང་ཕྲ་བ་ཏུ་ཕྲ་བའི་དངོས་ལ་ཡང་། །གང་གིས་ཆད་པར་རྣམ་བརྟགས་པ། །རྣམ་པར་མི་མཁས་དེ་ཡིས་ནི། །རྒྱན་མདོ་ལས། གང་ཞིག་རྐྱེན་ལས་སྐྱེས་པ་དེ་མ་སྐྱེས། །དེ་ལ་སྐྱེ་བའི་རང་བཞིན་ཡོད་པ་མིན། །རྐྱེན་ལ་རག་ལས་གང་དེ་སྟོང་པར་བཤད། །གང་ཞིག་སྟོང་ཉིད་ཤེས་དེ་བག་ཡོད་ཡིན། ཞེས་སོ་ལས་བྱུང་བའི་དོན་མ་མཐོང་། །སྟོང་ཉིད་ཀྱི་དོན་འདི་ལ་བསལ་བྱ་ཅི་ཡང་མེད། །གཞག་པར་བྱ་བ་ཅི་ཡང་མེད། །ཡང་དག་ཉིད་ལ་ཡང་དག་བལྟ། །ཡང་དག་མཐོང་ན་རྣམ་པར་གྲོལ། །ངོར་ཆེན་རྡོ་རྗེ་འཆང་ཆེན་པོས། །མ་འགག་སྣང་བ་འདི་ལ་ནི། །རྟེན་འབྲེལ་དང་ནི་སྟོང་པ་ཉིད། །ཕན་ཚུན་རྒྱུ་འབྲས་འབྲེལ་བ་སྟེ། །དཔེར་ན་བྱས་དང་མི་རྟག་པའི། །ཁྱད་པར་ངེས་པའི་གང་ཟག་གི །དེ་ལྟར་ངེས་པའི་བློ་སྐྱེ་ལྟར། །དབུ་མ་པ་ཡིས་ས་བོན་ལ། །མྱུ་གུ་སྐྱེ་བར་ངེས་དེའི་ཚེ། །ས་བོན་དང་ནི་མྱུ་གུ་གཉིས། །རང་བཞིན་སྟོང་པར་ངེས་པ་བཞིན། །རྒྱུ་འབྲས་མི་བསླུའི་རྟེན་འབྲེལ་དང་། །ཡོད་དང་མེད་ལ་སོགས་པའི་མཐའ། །གང་དུ་ཡང་ནི་མ་གྲུབ་པའི། །སྟོང་པ་ཉིད་གཉིས་དབྱེར་མེད་གནས། །རྟེན་ཅིང་འབྲེལ་བར་འབྱུང་བ་ཉིད། །མཐར་འཛིན་ལྟ་བ་ཐམས་ཅད་ཀྱི། །གཉེན་པོ་ཡིན་ཅིང་སྣང་བ་ཡིས། །སྔོན་དུ་རྟེན་འབྲེལ་གྱིས་སྟོང་པར། །ངེས་ཤེས་འདྲེན་པས་སྟོང་པས་ན། །རྟེན་འབྲེལ་ལ་ནི་ངེས་ཤེས་སྐྱེ། །དེ་ཡི་རྟེན་འབྲེལ་དང་སྟོང་པ། །ཟུང་དུ་འཇུག་པར་རྟོགས་པ་ནི། །དབུ་མའི་སྙིང་པོར་ཤེས་བྱ་གསུངས། །

དེ་ནས་དབུ་མའི་གྲུབ་མཐའ་ལ། །དབུ་མ་ཞེས་པའི་སྒྲ་དོན་ནི། །རང་གི་གོང་ན་མཚན་ཉིད་ཀྱི། །ཐེག་པའི་གྲུབ་མཐའ་སྨྲ་བ་པོ། །གཞན་མེད་པའམ་ཡང་ན་ནི། །མཚན་ཉིད་ཐེག་པའི་སླུབ་པའི་མཐའ། །སྨྲ་བ་ཐམས་ཅད་ཀྱི་གོང་ན། །གནས་པས་དབུ་མ་ཞེས་བྱའོ། །སྨྲ་མའི་ལོག་རྟོག་དགག་པ་ནི། །སེམས་ཙམ་པས་ནི་གཞན་དབང་ཡོད། །ཀུན་ཏུ་བརྟགས་པ་མེད་པ་དང་། །ཡོངས་གྲུབ་ཡོད་ཅིང་དབུ་མའི་ལམ། །ཡིན་པར་སྨྲ་མོད་དེ་ཡིན་ན། །གཞན་དབང་དེ་ནི་དོན་དམ་དུ། །ཡོད་དམ་ཀུན་རྫོབ་ཉིད་དུ་ཡོད། །ཀུན་རྫོབ་ཉིད་དུ་ཡོད་

ཟེར་ན། །དེ་ནི་ཀུན་བཏགས་ཡིན་དགོས་ཤིང་། །ཀུན་བཏགས་མེད་པར་འདོད་མིན་ནམ། །དོན་དམ་ཡོད་ན་ཡོད་པ་ཡི། །མཐར་ལྟུང་ཕྱིར་ན་དབུ་མ་མིན། །སེམས་ཙམ་པས་དབུ་མ་པ་ལ་ཡང་ནི་ཁྱོད་ཀྱི་དོན་དམ་མེད། །མེད་ན་མེད་མཐར་ལྟུང་ཞེ་ན། །དབུ་མ་པས་ངེད་ཀྱི་དབུ་མར་དོན་དམ་པར། །མ་གྲུབ་ཕྱིར་ནི་མེད་མི་འདོད། །དབུ་མ་པས་ངེད་ཀྱི་འདོད་པར་ཀུན་རྫོབ་ཏུ། །ཇི་ལྟར་གནས་པ་དེ་ལྟར་དུ། །འདོད་པས་ཆད་པའི་མཐའ་ལས་གྲོལ། །

དོན་དམ་ཡོད་མེད་གཉིས་ཀ་ནི། །འདོད་པ་མེད་པས་མཐའ་ཀུན་ལས། །གྲོལ་བས་དབུ་མ་ཞེས་སུ་འདོགས། །དབུ་མ་པས་སེམས་ཙམ་པ་ལ་ཡང་ཁྱོད་ཡོངས་གྲུབ་སྤྲོས་བྲལ་དེ། །གཞན་དབང་ལས་གྲུབ་ཞེས་ཡིན་ན། །བྱེ་སྨྲས་མྱང་ལྷག་མེད་འདས་སྟོང་ཉིད་ཀྱི། །རྫས་གྲུབ་འདོད་དེ་ཁྱད་མེད་གྱུར། །གཞན་དབང་དོན་དམ་ཡོད་ཟེར་ན། །སེམས་ཙམ་གཞུང་དུ་རྣམ་པར་རིག་པ་ཙམ་དུ་འང་། གང་ཚེ་མི་འཛིན་དེ་ཡི་ཚེ་ཞེས་འདོད་ཁྱོད་ཀྱི་རྣམ་པར་རིག་ཙམ་དུ། །མི་འཛིན་སླབ་མ་ཡིན་ནམ། །ཡོད་ན་འཛིན་པ་ཅན་དུ་འགྱུར། །དབུ་མ་པས་སེམས་ཙམ་པ་ལ་ཡང་ནི་སྐད་ཅིག་མ་ཙམ་གྱིས། ། དོན་དམ་གྲུབ་པར་ཁྱོད་འདོད་ན། །དེ་ལ་སྐྱེ་བ་ལ་སོགས་ཀྱི། །ཚ་ཤས་གསུམ་པོ་མེད་པར་འགྱུར། །དེ་འདོད་ན་ནི་སྟ་ཕྱིའི་བར། །མི་གནས་པ་ཡི་སྐྱོན་ཡོད་དོ། །སྐད་ཅིག་ཀྱང་ནི་མ་ཡིན་འགྱུར། །དབུ་མ་པས་སེམས་ཙམ་པ་ལ་ཡང་ནི་ཁྱོད་ཀྱི་གནས་གྱུར་ཞེས། །འདོད་དེ་དོན་དམ་ཀུན་རྫོབ་གང་། །དོན་དམ་དོན་དམ་པར་གནས་གྱུར་ན་ཡིན་ན་དོན་དམ་གྱི། །དོན་དམ་མཚན་ཉིད་མ་ཚང་གྱུར། །ཀུན་རྫོབ་ཀུན་རྫོབ་དུ་གནས་གྱུར་ན་ཡིན་ན་བདག་འཛིན་དང་། ། འཇིག་རྟེན་ཡོངས་གྲགས་ཀྱི་མེད་ངེས་རི་བོང་རྭ་ཡང་གནས་འགྱུར་གྱུར། །གཞན་དབང་ཡོད་པ་དེ་དོན་དམ་དང་ཀུན་རྫོབ་གཉིས་གང་དུ་ཡོད་པ་ཡིན་ནོ་སྙམ་ན་གཞན་དབང་དོན་དམ་དང་ཀུན་རྫོབ། །གཉིས་ཀ་མ་ཡིན་ནོ་སྙམ་ན། །དེས་ནི་ཚུལ་བཞིན་མ་ཤེས་ཏེ། །རྫོགས་སངས་རྒྱས་ཀྱི་ཆོས་བསྟན་པ། །འཇིག་རྟེན་ཀུན་རྫོབ་བདེན་པ་དང་། །དམ་པའི་དོན་གྱི་བདེན་པར་གསུངས། །བདེན་གཉིས་རྣམ་གཞག་མ་ཤེས་ན། །ཟབ་མོའི་དེ་ཉིད་རྟོགས་མི་འགྱུར། །

དབུ་མ་ལ་ནི་བཀའ་འཁོར་ལོ་བར་པར་ངེས་དོན་གཙོར་སྟོན་དེ་ཡི་གཞུང་། །བརྟེན་གཞིར་གྱུར་པའི་འདི་ལ་གཞུང་ཕྱི་མོའི་དབུ་མ་ཞེས་དབུ་མ་དངོས་དབུ་མ་དང་། །གྲུབ་མཐའི་ཕྱོགས་འཛིན་དབུ་མ་གཉིས། །དང་པོ་གཞུང་གི་དབུ་མའི་གསལ་བྱེད་ནི། །རྒྱལ་བ་ལུང་བསྟན་བརྙེས་པ་ཡི། །འཕགས་མཆོག་ཀླུ་སྒྲུབ་ཞབས་དང་ནི། །དེ་ཡི་ཐུགས་སྲས་འཕགས་པ་ལྷ། །རྒྱལ་སྲས་ཞི་བ་ལྷ་སོགས་ཡིན། །གྲུབ་མཐའི་ཕྱོགས་འཛིན་བྱེ་སྨྲ་དང་། །ཚུལ་མཚུངས་དབུ་མ་མདོ་སྡེ་སྤྱོད། །རྣལ་འབྱོར་སྤྱོད་པའི་དབུ་མ་སོགས། །དེ་ལས་འཕགས་མཆོག་ཀླུ་སྒྲུབ་ཀྱིས། །རྗེས་འབྲང་ཐལ་རང་གཉིས་སུ་ཕྱེས། །དེ་ཡི་ཁྱད་པར་མདོར་བསྟན་ན། །བདག་ལས་མ་ཡིན་གཞན་ལས་མིན། །

གཉིས་ལས་མ་ཡིན་རྒྱུ་མེད་མིན། །དངོས་པོ་གང་དང་གང་ལ་ཡང་། །སྐྱེ་བ་ནམ་ཡང་ཡོད་མ་ཡིན། །ཞེས་པའི་དམ་བཅའ་བཞི་པོ་འདི། །ཐལ་རང་གཉིས་ཀའི་དམ་བཅར་འདོད། །དེ་ཡི་སྒྲུབ་བྱེད་གཏན་ཚིགས་ཀྱི། །ཐལ་རང་གཉིས་ཀྱི་མཚན་ཁྱད་པར་གྱུར་པས་ཐལ་རང་གཉིས། །སློབ་དཔོན་ཟླ་གྲགས་ཀྱི་ཚིག་གསལ་ལས་གྲགས་ཤིང་དབུ་མ་པ་ཡིན་ན། །རང་རྒྱུད་པ་ཡི་རྗེས་དཔག་ཏུ། །རིག་པ་མིན་ཏེ་ཕྱོགས་གཞན་དུ། །ཁས་བླང་མེད་དོ་ཅེས་ཞེན། །གནས་ལུགས་ལ་ནི་དཔྱོད་པའི་ཚེ། །ཕྱོགས་གཞན་དགག་བྱ་འགོག་རྒྱུ་དང་། །རང་ཕྱོགས་བསྒྲུབ་བྱ་སྒྲུབ་རྒྱུ་ལ༑ ༑ཁས་མི་ལེན་པར་དགོངས་པའོ། །རང་རྒྱུད་པས་ཀྱང་མཉམ་གཞག་སྐབས། །ཁས་ལེན་བྲལ་བར་འདོད་པ་གཅིག །འདི་སྒྲོ་འདོགས་གཅོད་པ་དང་མཉམ་བཞག་གཉིས་ཀར་གཏན་ཚིགས་ཀྱི་བསྒྲུབ་མི་དགོས་པར་བསྟན་ཡང་བསྟན་བཅོས་འཇུག་པ་ལས་གཏན་ཚིགས་བསྟན་ཚུལ་སྟག་ཚང་ལོ་ཙཱ་བའི་གསུངས་ལས་འབྱུང་། དམ་བཅའ་སྒྲུབ་སྐབས་ཙམ་ཟད་ཀྱི། །ཁྱད་པར་ལྟ་བུར་གྱུར་པའོ། །

དབུ་མ་ཐལ་འགྱུར་སྲོལ་འབྱེད་ནི། །ཐོག་མར་སློབ་དཔོན་སངས་རྒྱས་བསྐྱང་། །དེ་རྗེས་དཔལ་ལྡན་ཟླ་བ་གྲགས། །རིག་པའི་ཁུ་དབྱུག་ཆེ་ཆུང་དང་། །གངས་ཅན་མགོན་པོ་ཇོ་བོ་རྗེ། །དཔལ་ལྡན་ཨ་ཏི་ཤ་ལ་སོགས། །འཕགས་པའི་ཡུལ་དུ་རྒྱས་པར་མཛད། །བོད་དུ་པ་ཚབ་ལོ་ཙྪ་བ། །ཉི་མ་གྲགས་དེ་སློབ་གོང་མ་ཤེའུ་དང་། །བློ་བས་ལེགས་བཀྲལ་ཉི་མས་བསྒྱུར་བའི་སྲོལ། བུ་བཞི་ལས་འོང་ཞེས་པའི་ས་ཚབ་ཀྱི་ཐུགས་སྲས་བཞི། གཙང་པ་འབྲི་གུར་དང་རྨ་བྱ། །བྱང་བརྩོན་པག་ཐང་བ་དང་བཞིའི། །ཐོག་མར་སྲོལ་བཏོད་བར་དུ་ནི། །དཔལ་ས་སྐྱའི་དགའ་ལྡན་བླ་བྲང་གི་ཆོས་ལས་པ་རེ་མདའ་གཞོན་བློས་རྒྱས་པར་སྤེལ། །ཐ་མར་ཀུན་མཁྱེན་རོང་སྟོན་པ། །ཤེས་བྱ་ཀུན་རིག་སྨྲ་ཁམས་པ། །གྲགས་པ་བཟང་པོ་རྗེ་ཀུན་མཁྱེན། །སངས་རྒྱས་འཕེལ་དང་ཐུབ་བསྟན་གྱི། །ཉི་མ་གོ་རིམས་པཎྜི་ཏ། །ཀུན་མཁྱེན་བསོད་ནམས་སེང་གེའི་ཞབས། །མཁས་པ་ཤཱཀྱ་མཆོག་ལྡན་དབུ་མ་ཐལ་འགྱུར་གྱི་བསྟན་བཅོས་ཡང་རེ་འགའ་མཛད་ཅིང་ལྟ་བའི་སྐབས་སྐྱོང་མཛད་བཤད་སོགས། །འཆད་ཉན་དར་ཞིང་རྒྱས་པར་མཛད། །མཁས་པ་ཙོང་ཁ་པ་ཆེན་པོ༑ ༑བློ་བཟང་གྲགས་པས་འཆད་སྤེལ་མཛད། །དེ་སློབ་དགེ་དཔལ་ལ་སོགས་པས། །འགྲེལ་ཊཱི་ཀ་མང་ཙམ་འབྱུར་དོད་ཀྱི། །གྲུབ་མཐའི་ཁྱད་ཆོས་རྩོམ་པར་མཛད། །རང་རྒྱུད་སྲོལ་འབྱེད་ཐོག་མ་ནི། །སློབ་དཔོན་ལེགས་ལྡན་འབྱེད་ཀྱིས་མཛད། །དེ་སྲོལ་སློབ་དཔོན་དཔལ་སྦས་སྐྱོང་། །སློབ་དཔོན་ཡེ་ཤེས་སྙིང་པོ་དང་། །བྱང་ཆུབ་སེམས་དཔའ་ཞི་བ་མཚོ། །མཁས་པའི་དབང་པོ་ཀ་མ་ལ། །ཤཱི་ལ་རང་ཡེ་སྙིང་། ཞི་འཚོ། ཀ་མ་ལ་ཤཱི་ལ་གསུམ་ལ་རང་རྒྱུད་ཤར་གསུམ་གྲགས་རྒྱུད་ཤར་གསུམ་གྱིས། །འཕགས་པའི་ཡུལ་དུ་རྒྱས་པར་མཛད། །བོད་དུ་རྔོག་ལོ་ཆེན་པོ་ནི། །བློ་ལྡན་ཤེས་རབ་གསུང་སྒྲོས་རྒྱུན། །གྲོ་ལུང་བློ་གྲོས་འབྱུང་གནས་གསན། །རིག་པའི་དབང

ཕྱུག་ཆ་པ་ཆེ། །སྲས་ཀྱི་ཐུ་བོ་སེ་ཆེན་བརྒྱད། །ཇོ་སྲས་རྣམ་བཞི་གྲུབ་ཐོབ་གསུམ། །ཤེས་རབ་ཅན་གྱི་མི་གསུམ་གྱིས། །དར་ཞིང་རྒྱས་པར་མཛད་པའོ། །གྲོལ་སྡེ་རྣམ་གཉིས་འཕགས་པ་གྲོལ་སྡེ། བཙུན་པ་རྣམ་གྲོལ་སྡེ་སེང་གེ་བཟང་། །དབུ་མ་ཐལ་རང་གང་ཡང་མིན། །བྱམས་པའི་རྗེས་འབྲང་ཁོ་ནའོ། །ཕྱིས་གྲགས་དབུ་མ་གཞན་སྟོང་ནི། །དོན་དམ་བདེན་པ་རང་ངོས་ནས། །མི་སྟོང་ཀུན་རྫོབ་ཆོས་གཞན་ལ། །ལྟོས་ནས་སྟོང་པས་གཞན་སྟོང་འདོད། །དེ་ཡི་སྒྲུབ་བྱེད་རྒྱུད་བླ་མར། །རྣམ་དབྱེར་བཅས་པའི་མཚན་ཉིད་ཅན། །གློ་བུར་གྱིས་ནི་ཁམས་སྟོང་ལ། །རྣམ་དབྱེ་མེད་པའི་མཚན་ཉིད་ཅན། །བླ་མེད་ཆོས་ཀྱི་སྟོང་མ་ཡིན། །ཟེར་ཡང་ལུང་དོན་འགྲོར་བར་དཀའ། །

ལུང་བསྟན་བརྟེན་པ་ཀླུ་སྒྲུབ་ཀྱིས། །སྐྱེ་དང་གནས་དང་འཇིག་པ་དང་། །མ་གྲུབ་ཕྱིར་ན་འདུས་བྱས་མིན། །འདུས་བྱས་རབ་ཏུ་མ་གྲུབ་པས། །འདུས་མ་བྱས་ཡང་ཇི་ལྟར་གྲུབ། །རིག་པ་དྲུག་ཅུ་པ་ལས། ཞེས་པའི་ལུང་གིས་ཤིན་ཏུ་གནོད། །སེམས་ཙམ་རྣམ་བརྫུན་པ་ལ་དབུ་མ་ཡི། །མིང་བཏགས་ཡིན་ཏེ་དེའི་གྲོལ་འབྱེད། །རྒྱ་གར་ཡུལ་དུ་ཤཱནྟི་པ། །བོད་དུ་དོལ་པོས་ཤེས་རབ་རྒྱལ་མཚན་གྲོལ་ཕྱེས་ནས། །པཎ་ཤཱཀ་པས་ཡང་དེ་གྲོལ་སྐྱོངས། །དབུ་མ་པ་ཡི་གྲུབ་མཐའ་ནི། །ཤེས་བྱ་ཐམས་ཅད་ཀུན་རྫོབ་ཏུ། །ཡོད་མཉམ་དོན་དམ་མེད་མཉམ་འདོད། །མཐའ་གང་དུའང་ཁས་མི་ལེན། ཐ་སྙད་བདེན་པ་ཐབས་གྱུར་དང་། །དོན་དམ་བདེན་པ་ཐབས་བྱུང་ངོ་། །ཐལ་འགྱུར་པས། ཚིག་སྤྱི་དོན་བྱེད་མི་ནུས་པ་འདུས་མ་བྱས་ནམ་མཁའ་ལྟ་བུ་ཤེས་བྱ་ཡིན་ན་ཡོད་མ་ཁྱབ། །ཀུན་རྫོབ་ཀུན་རྫོབ་ཀྱི་ཚིག་སྤྱི་ཙམ་རི་བོ་རྭ་ལྟ་བུ་ཡོད་ན་ཡོད་པས་ཁྱབ། །ཐ་སྙད་ཡོད་ན་འཇིག་རྟེན་ཡོངས་གྲགས་ཡོད་ཁྱབ་བོ། །བདེན་པ་གཉིས་ཀྱི་དང་པོ་ལ། །འཇིག་རྟེན་གྲགས་སྡེ་པ་ཡི་ནི། །ཀུན་རྫོབ་བདེན་པ་མ་རིག་པའི། །བདེན་འཛིན་གྱིས་བསླད་སྣང་བ་བརྫུན། །སྙེད་དོན་དེ་ཡང་གློ་བུར་གྱི། །འཁྲུལ་རྒྱུའི་མ་བསླད་པའི་དབྱེ་བས། །ཡུལ་ཅན་དབང་ཤེས་གཉིས་ཡོད་པས། །ཡུལ་ལ་བདེན་རྫུན་གཉིས་འབྱུང་སྟེ། །མཚན་གཞི་མུ་སྟེགས་རྟག་པའི་བདག །བརྟག་དང་མཐའ་བཞི་སྐྱེ་ལ་སོགས། །སྒྱུ་མས་སྤྲུལ་པའི་རྟ་གླང་དང་། །རབ་རིབ་ཅན་ལ་སྐྲ་ཤད་སྣང་། །སོགས་ཏེ་ལོག་པའི་ཀུན་རྫོབ་ཡིན། །འདི་ལ་གཉིས་ཏེ་མེད་བཞིན་པའི། །འཁྲུལ་སྣང་སྣང་ལོག་དེ་ལ་ནི། །དེ་དེར་འཛིན་པ་བཏགས་ལོག་གོ། །

འདི་ནི་འཇིག་རྟེན་གྱིས་གྲགས་པའི། །ཀུན་རྫོབ་ཙམ་ཡིན་འཇིག་རྟེན་ན། །ཀུན་རྫོབ་བདེན་པ་མ་ཡིན་ནོ༔ །ཡང་དག་ཀུན་རྫོབ་མཚན་གཞི་ནི། །འཁྲུལ་རྒྱུ་མ་བསླད་སོ་སྐྱེ་ཡི། །བློ་ལ་ལྷན་སྐྱེས་སྣང་བ་ཡི། །དངོས་པོར་ཡོངས་སུ་གྲགས་རྣམས་ཡིན། །དེ་ལའང་འཇིག་རྟེན་རང་ག་མའི། །ལུང་ལ་དོན་དམ་པ་ཡིན་ཡང་། །འཕགས་པ་རྣམས་ཀྱི་གཟིགས་པ་ལས། །བདེན་མེད་དེ་ཁོ་ཉིད་མཐོང་བ་སྤྲོས་བྲལ། །སྒྲིབ་བྱེད་ཕྱིར་ན་སྣང་ཆ

དེར། །ཀུན་རྫོབ་བདེན་པར་གྲགས་པའོ། །ངར་འཛིན་ལྷན་སྐྱེས་རང་རྒྱུད་ཀྱི། །ཕུང་པོའི་སྟེང་དུ་ཡོད་འཛིན་པའི། །ང་ཙམ་སོ་སོ་སྐྱེ་བོ་ཡི། །རྒྱུད་ལ་རྟོགས་པ་ནང་ཤེས་པ་ལྷན་སྐྱེས་དང་། །བདེན་པར་འཛིན་པའི་འཛིན་སྟངས་ཀྱི། །བཟུང་ཆ་དཔེར་ན་ཕྲེ་ཕུལ་སྨུ་གུ་ལ། །བདག་གི་སྨུ་གུར་བཟུང་ལྟ་བུའི། །རྟོག་པ་དང་ནི་སྨུ་གུ་དང་། །མ་འཕྲད་བར་དུ་སྨུ་གུ་ཡི། །ངོས་འཛིན་རྟོག་པ་མ་བྱུས་ཀྱང་། །དོན་ལ་སྨུ་གུ་ཡོད་ལྟ་བུ། །ཤེས་པས་ཡོད་པར་འཛིན། ཆེད་དུ་སེམས་པ་མ་ཡིན་པའི་དེ་ཡི་མོད་རྟོག་གཉིས་གཅིག་ཆར་དེ་ཡི་འགལ་ལ་ཟླ་སོགས་འཆར། དེ་ལྟ་ལ་ཡང་ཡིད་ཤེས་ལ། །འཁྲུལ་པས་བསླད་པའི་ཡིད་མངོན་ནི། །ལོག་པའི་ཀུན་རྫོབ་དོན་མི་སྟོན། །འཁྲུལ་པས་མ་བསླད་ཡིད་མངོན་ནི༑ ༑སངས་རྒྱས་ཀྱི་སྐུ་གསེར་སྦྱང་མས་གྲུབ་པ་ལྟ་བུ་ལ་ཡིད་གཏད་པས་དེ་བཞིན་དུ་འཆར་བ་……དོན་བྱེད་ནུས་དེ་ཡང་དག་གི །ཀུན་རྫོབ་ཞེས་སུ་འདོད་པ་ཡིན། །དེ་ནི་མཁས་རྨོངས་ཀུན་ཐུན་མོང་། །དེ་ལ་གཏན་ཚིགས་ཀྱིས་སྒྲུབ་པའི། །བདེན་པ་མེད་པ་མཁས་པ་ཡི། །ཁོན་རྟོགས་ཀྱི་དབང་ཤེས་གཉིས། །གློ་བུར་འཁྲུལ་པས་མ་བསླད་དེ། །ཀུན་རྫོབ་ཡིན་པ་དེ་ཡི་ངོར། །བདེན་པར་མ་གྲུབ་བདེན་པ་སྟེ། །ཟུང་འབྲེལ་དེ་ལ་ཀུན་རྫོབ་ཀྱི། །བདེན་པར་སློབ་དཔོན་ཟླ་བས་བཞེད། །

བྱེ་བྲག་སྨྲ་དང་ཚུལ་མཚུངས་པའི། །ཀུན་རྫོབ་རྣམ་གཞག་གཟུགས་དང་སེམས། །སེམས་བྱུང་ལྡན་མིན་འདུ་བྱེད་དང་། །འདུས་མ་བྱས་དང་ལྔར་ཕྱེ་སྟེ། །སྣང་དེ་བློ་ལ་རྣམ་མེད་སོགས། །དེ་དང་ཆ་འདྲ་འདོད་པའོ། །ཕྱི་ལམ་ཡུལ་དང་བར་སྣང་ལ། །སྐྱ་ཤད་ཟླ་བ་གཉིས་སྣང་དང་། །དོན་སྤྱི་ཞེས་པ་ཀ་བ་དང་། །བུམ་པ་གཉིས་ལ་ཐུན་མོང་དུ། །དོན་སྤྱིར་ཡོད་ཀྱང་སོ་སོ་ཡི། །དོན་བྱེད་མི་མཚུངས་པ་ཡི་ཕྱིར། །དོན་སྤྱི་ཙམ་དུ་ལོག་པ་ཡི། །ཀུན་རྫོབ་ཡིན་ཅིང་ཀ་བུམ་གཉིས། །སོ་སོའི་མཚན་ཉིད་ཚང་བ་ནི་བུམ་པ་ལྟོ་ལྡིར་ཞབས་ཞུམ་ཆུ་སྐྱོར་དོན་ནུས། ཀ་བ་གདུང་བཏེགས་དོན་བྱེད་ནུས། །ཐ་སྙད་དུ་ནི་དོན་བྱེད་ནུས། །དེ་ནི་ཡང་དག་ཀུན་རྫོབ་ཡིན། །སྒྱུ་མ་ལྟ་བུའི་དབུ་མ་ནི། །ཕྱི་ནང་ཕུང་ཁམས་སྐྱེ་མཆེད་རྣམས། །རང་གཞན་གྲུབ་མཐའ་སྨྲ་རྣམས་ཀྱི། །བཏགས་པའི་ཡོད་མེད་ཡིན་མིན་དང་། །རྟག་དང་མི་རྟག་ལ་སོགས་པ། །འདོད་ལྟར་མ་ཡིན་སྣང་ཡང་དེ། །ངོ་བོས་སྟོང་པས་རྟེན་འབྲེལ་གྱི། །སྒྱུ་མ་ཙམ་དུ་སྟོན་པར་བྱེད། །མདོ་སྡེ་སྤྱོད་པའི་དབུ་མ་པ། །ཀུན་རྫོབ་ཤེས་བྱའི་གཞི་གསུམ་པོ། །མདོ་སྡེ་པ་དང་མཐུན་སྨྲ་ཞིང་། །ཐ་སྙད་རྡུལ་ཕྲན་བློ་རྣམས་བཅས། །ལ་སོགས་འཐད་པར་བཤད་པའོ། །དེ་ཡང་རིགས་པས་དཔྱད་བཟོད་ཀྱིས། །ཀུན་རྫོབ་ཏུ་ནི་མི་བཞེད་དེ། །དེ་ཉིད་འབའ་ཞིག་པ་ཞེས་བྱ། །ངོ་བོ་ཉིད་ཀྱི་དྲི་ཙམ་གྱིས། །མ་གོས་པ་ཞེས་གསུང་པས་སོ། །རིགས་པས་དཔྱད་བཟོད་ཅེས་པ་ནི་རྒྱུ་མཚན་འདི་དང་འདི་ཞེས་རིགས་ངོར་ངོས་བཟུང་ཡོད་པ་དང་། དཔྱད་མི་བཟོད་པ་ཞེས་རིགས་པས་དཔྱད་དུས་མཐའ་གང་དུའམ་གྲུབ་པར་སྐྱེ་བཏང་བཞེད་ལ། ཉན་ཐོས

སྟེ་གཉིས་ཀྱི་སྐབས་ཞུམ་པ་སོགས་བཅོམ་གཞིག་བྱས་ནས། དེ་བློ་འདོར་བ་རྣམས་དཔྱད་བཟོད་མིན་པ་དང་། རྫུལ་ཕྲན་སོགས་བཅོམ་གཞིག་མི་ནུས་ཤིང་བློས་མི་འདོར་བ་རྣམས་རིག་པས་དཔྱད་བཟོད་ནུས་པར་བཞེད་པ་དེ་སྔོས་ཀྱི་ཆོས་སྐད་ཡིན་འདུག །རྣལ་འབྱོར་སྤྱོད་པའི་དབུ་མ་ནི། །གཟུགས་རྫས་ཉིད་གཟུགས་ལ་སོགས་པའི་སྣང་བ་དང་། །དེ་བཞིན་སེམས་ཚོགས་བརྒྱད་དང་སེམས་ལས་བྱུང་ལྔ་བཅུ་རྩ་གཅིག །དེ་དག་ཐམས་ཅད་རྨི་ལམ་གྱི། །སྣང་བ་ལྟར་དུ་སེམས་ཉིད་ཀྱི། །བག་ཆགས་ལས་ནི་འཁྲུལ་པ་ཡི། །འཁྲུལ་པ་སྣ་ཚོགས་སྣང་ཙམ་སྟེ། །ཕྱི་དོན་ཐ་སྙད་ཙམ་དུ་ཡང་། །མི་བཞེད་དེ་དག་ཀུན་རྫོབ་བཞེད་འདི་ལ་ཡང་དག་ཀུན་རྫོབ་དང་ལོག་པའི་ཀུན་རྫོབ་ཀྱི་དབྱེ་བ་མ་མཛད། །དེ་དག་དོན་དམ་བདེན་པ་ནི། །ཡོད་མེད་ལར་སོགས་སྤྲོས་པ་ཀུན། །ཉེ་བར་ཞི་བ་ཐམས་ཅད་མཐུན། །དེ་ལྟར་གྲུབ་མཐའ་དེ་དག་ལ། །རང་རང་དབུ་མར་ཁས་ལེན་ཀྱང་། །དབུ་མའི་མིང་ལས་དངོས་མིན་ནོ། །

དེ་ནི་དབུ་མ་དངོས་ཉིད་ཀྱི། །བདེན་པ་གཉིས་ཀྱི་འདོད་ཚུལ་ལ། །མཐོང་བ་བརྟེན་པའི་ཡུལ་སེམས་ཅན་དེ༑ །ཀུན་རྫོབ་བདེན་པ་ཞེས་སུ་གྲགས། །དེ་ལ་ཡང་དག་ཀུན་རྫོབ་ནི། །བློ་བུར་འཁྲུལ་རྒྱུའི་མ་བསླད་པའི། །དབང་པོ་སྐྱོན་མེད་སོ་སྐྱེ་ཡི། །ཤེས་པ་མཐའ་དག་ཡིན་པ་སྟེ། །ཕྱི་ཆོས་དང་གང་ནང་ཟག་ལ་བདག་འཛིན། །ཞུམ་འཛིན་རྟོག་པ་ལྷན་སྐྱེས་སོགས། །ཚུར་མཐོང་རྒྱུད་ཀྱི་གཟུང་འཛིན་གྱི་ཡུལ། ཡུལ་ཅན། །མངོན་སུམ་ཉིད་དུ་གྲུར་རྣམས་སོ། །ལོག་པའི་ཀུན་རྫོབ་བློ་བུར་བའི། །འཁྲུལ་རྒྱུའི་བསླད་སྟེ་ཆོས་གང་ཟག །བདག་ལ་ཀུན་བརྟགས་ཆེད་དུ་འཛིན། །ཟླ་བ་གཉིས་སྣང་དབང་ཤེས་སོགས། །འདི་ཡང་ཞུམ་པ་ལྟ་བུ་ལ། །རང་གི་འཛིན་བྱེད་བློ་ལ་ལྟོས། །ཞུམ་པ་ཡུལ་ཀུན་རྫོབ་བདེན་པ་སྟེ། །འགྱུར་བས་ཞུམ་འཛིན་ཡུལ་ཅན་རྟོག་པ་ལ། །ཞུམ་པ་ཡུལ་ཀུན་རྫོབ་བདེན་པ་ཡིས། ཁྱབ་པ་གཞན་ཀྱི་དོན་ཡིན་གསུང་ཡིན་ཞེས་ཀུན་མཁྱེན་བསོད་ནམས་སེང་གེས་གསུངས། །

ཡུལ་གྱི་ཡང་དག་ཀུན་རྫོབ་ནི། །འཁྲུལ་པས་མ་བསླད་དབང་པོ་དྲུག །གང་རུང་ཤེས་པ་དངོས་ཡུལ་སྟེ། །ཚུར་མཐོང་རྒྱུད་ཀྱི་གཟུང་དང་འཛིན། །མངོན་སུམ་པ་ནི་ཐམས་ཅད་ཡིན། །ཡུལ་དང་གྲུར་པའི་གཟུགས་སོགས་དང་། །ངར་འཛིན་ལྷན་སྐྱེས་ཀྱིས་དམིགས་པའི། །ཡུལ་དུ་གྲུར་པའི་ང་ལྟ་བུ། །ལོག་པའི་ཀུན་རྫོབ་ཡུལ་ལ་སོགས་པའི་ཀུན་རྫོབ་བློ་བུར་གྱི། །འཁྲུལ་རྒྱུའི་བསླད་པའི་དབང་པོ་དྲུག །ཤེས་པའི་དམིགས་ཡུལ་རབ་རིབ་ཅན། །སྣང་བར་སྐྲ་ཤད་འཛག་པ་དང་། །ཕྱི་རོལ་པ་ཡི་བདག་བདག་འཛིན་པའི། །ཀུན་བརྟགས་བདག་གིར་འཛིན་པ་བདག་དང་སྒྱུ་མ་ཡི། །རྟ་གླང་སྐྲ་ཤད་སོགས་པ་ནི། །འཇིག་རྟེན་ཐ་སྙད་དུའང་མེད། །དོན་དམ་རྟོགས་པའི་ཐབས་མི་འགྱུར། །དེ་དག་ལོག་པ་ཀུན་རྫོབ་བདེན་པ་ཡི། །ཐ་སྙད་ཙམ་དུ་ཡོད་པས་ཁྱབ། །སྒྱུ་མའི་རྟ་གླང་སོགས་ཀྱིས་དོན་བྱེད་མི་ནུས་འཇིག་རྟེན་ན་ཡོད་ཀུན་རྫོབ་ཀྱི། །ཡོད་པ་ཉིད་ལ་མ་ཁྱབ་པ། །ཀུན་མཁྱེན་བླ་མས་བཞེད་

པའི་གནད། །ཡང་དག་ཀུན་རྫོབ་བདེན་པ་ལ། །ཡུལ་ཅན་བློ་ཡི་སྒོའི་དབྱེ་ན། །ཀུན་རྫོབ་ཀྱི་ནི་བདེན་པ་དང་། ། ཀུན་རྫོབ་ཙམ་པ་གཉིས་སུ་ཡོད། །ཡུལ་ནི་བུམ་པར་བདེན་འཛིན་གྱི། །ལྷན་སྐྱེས་མ་རིག་པ་ལ་བློ་སེམས། ། ཀུན་རྫོབ་ཡིན་ཏེ་དེ་ཡི་ངོར། །བདེན་འཛིན་པའི་སྣང་ཆ་ཀུན་རྫོབ་བདེན། །འཕགས་པ་འོག་མའི་རྗེས་ཐོབ་ངོར། ། ཀུན་རྫོབ་ཙམ་དུ་སྣང་ཆ་ནས། །ཡུལ་ཅན་བློ་ཐུགས་ལ་ལྟོས་པ་ཡི། །སྒྱུ་མ་ལས་འཛིན་ཆ་ཙུང་ཕྲ་ཀུན་རྫོབ་ཡིན་ཙམ་འགྱུར་ཕྱིར་རོ། །དོན་དམ་བདེན་པ་དངོས་དང་བཏགས། །གཉིས་མི་ཕྱེད་ན་རྟོགས་པ་ཡི། །སྤྲོས་བྲལ་དོན་དམ་བདེན་དང་བསྟན་པ་ཡི་དེའི་དོན་བསྟན་པ་ཞེ་ཡིན། །དོན་དམ་བདེན་པ་གཉིས་སུ་གྲགས། །ངོ་བོའི་སྒོ་ནས་དབྱེ་བ་མེད། །དཔེ་ན་སྐྱེ་འགག་ལ་སོགས་པའི། །སྤྲོས་པའི་རབ་རིབ་དང་བྲལ་བའི། །དེ་བཞིན་ཉིད་དེ་དོན་དམ་པའི། ། བདེན་པ་ཡི་ནི་ངོ་བོ་ཡིན། །བདེན་འཛིན་འཁྲུལ་པས་བསླད་པ་ཡི། །སོ་སྐྱེའི་བློ་ངོར་སྐྱེ་འགག་སོགས། །སྣ་ཚོགས་སྣང་ཡང་འཕགས་པ་ཡི། །མཉམ་པར་བཞག་པའི་གཟིགས་ངོ་ལ། །ཅི་ཡང་མི་དམིགས་སྤྲོས་བྲལ་གྱི། ། གནས་ལུགས་གསལ་བར་སྣང་བ་ལ། །དོན་དམ་བདེན་པར་འཇོག་ཕྱིར་རོ། །

དོན་དམ་བདེན་པ་ངེས་བྱེད་ཀྱི། །ཚད་མའི་བསམ་བྱུང་ཁྱད་པར་ཅན། །རིག་པས་ཤེས་དང་རྗེས་དཔག་ལ༔ ༔དེའང་གཏན་ཚིགས་ལ་བརྟེན་དགོས། །རང་བྱུང་པ་དང་ཐུན་མོང་གི །རྟགས་ཆེན་ལྔ་པོ་བཤད་པ་ནི། ། འཁྲུལ་ངོར་སྣང་བ་དཔེར་མཚོན་ན། །ཡུལ་བུམ་པ་སོགས་དང་དབང་པོ་མིག་སོགས་ཤེས་པ་རྣམ་ཤེས་དྲུག་གསུམ། ། འདུས་ཏེ་མིག་ཤེས་གཅིག་སྐྱེ་དང་། །ས་བོན་གཅིག་ལས་མྱུ་གུ་ནི། །མང་པོ་སྣང་སོགས་འཁྲུལ་ངོ་ཡིན། །དེ་དག་ལ་ནི་ཐུག་མེད་དུ། །གྱུར་པས་དཔེ་རུ་འཛོག་བྱ་མིན། །གྲུབ་ཏུ་ཟིན་པའི་རིག་ངོ་ལ། །འདི་ཡི་གནད་ནི། ཡུལ་ལ་ཡུལ་སྣང་ཞེས་ཕྱི་ཡུལ་དབང་མངོན་ལ་གསེར་བུམ་མཐོང་བ། ཡུལ་ཅན་ནམ་སེམས་སྣང་ཞེས་ཡིད་མངོན་དུ་གསེར་བུམ་འཆར་བ་དེ་གཉིས་ཀའི་མགོར་གཏན་ཚིགས་བཀོད། མཐའ་བྲལ་སྒྲུབ་པས་དེ་ལྟར་རྟོག་དུས། བསམ་ལ་བུམ་འཛིན་གྱི་རྟོག་པའི་རྗེས་དཔག་དེ་ཡང་བུམ་པ་མཐའ་བྲམ་དུ་རྟོགས་པས་རང་སར་ཞི་ནས་ཕྱི་ནང་གཉིས་ཀའི་འཛིན་པ་གཅིག་ཆར་དུ་བཅད་པ་གོ་དགོས། སྣང་བའི་དངོས་པོར་གཏན་ཚིགས་བཀོད། །དེ་ཡང་ངོ་བོ་ལ་དཔྱད་པ། །གཅིག་དང་དུ་བྲལ་གཏན་ཚིགས་ནི། །སྣང་བའི་དངོས་པོ་འདི་ཆོས་ཅན། །བདེན་པའི་གཅིག་མིན་ཆ་དང་བཅས། །བདེན་པའི་དུ་མ་མ་ཡིན་ཏེ། །རྫུམ་བྱེད་བདེན་པའི་གཅིག་མེད་ཕྱིར། །གཉིས་པ་རྒྱུད་ལ་དཔྱད་པ་ཡི། །རྡོ་རྗེ་གཟེགས་མའི་གཏན་ཚིགས་ལ། །མྱུ་གུས་ཆོས་ཅན་བདེན་པ་ཡི། །སྐྱེ་བ་མེད་དེ་ནས་ལྟ་བུའི། །མྱུ་གུ་རང་ལས་རང་མི་སྐྱེ། །འབྲུ་གཞན་མྱུ་གུར་ནས་མི་སྐྱེ། ། གཉིས་ལས་མི་སྐྱེ་གཉིས་མིན་ལས། །མི་སྐྱེ་སྐྱེ་བ་མེད་ཕྱིར་རོ། །གསུམ་པ་འབྲས་བུ་ལ་དཔྱོད་པའི། །ཡོད་མེད་སྐྱེ་འགོག་གཏན་ཚིགས་ལ། །ཡོད་པ་སླར་ཡང་མི་སྐྱེ་ཞིང་། །མེད་པ་སྐྱེ་བར་མི་འགྱུར་ཞིང་། །ཡོད་མེད་གཉིས

ཀ་ཡིན་མིན་ལས། དེ་ཡི་རིགས་པས་ཡོད་པ་སྐྱེ་བར་མི་འགྱུར་བས་ཡོད་མེད་གཉིས་ལས་སྐྱེ་བ་མེད། མེད་པ་སྐྱེ་བར་མི་འགྱུར་བས་ཡོད་མེད་གཉིས་མིན་པ་ཁེགས། །མི་སྐྱེ་སྐྱེ་འགག་བྲལ་བས་སོ། །བཞི་པ་མུ་བཞི་སྐྱེ་འགོག་གི །གཏན་ཚིགས་སྣང་བའི་དངོས་པོ་འདི། །འཁྲུལ་ངོར་གཅིག་དང་དུ་མ་སུ །སྣང་ཡང་རིགས་ངོར་རྒྱུ་གཅིག་དེ། །རིགས་ངོར་རྒྱུ་གཅིག་གིས་འབྲས་བུ་གཅིག་དང་དུ་མ་མི་སྐྱེ། རྒྱུ་དུ་མས་འབྲས་བུ་གཅིག་དང་དུ་མ་མི་སྐྱེད་དེ། །རིགས་ངོར་གཅིག་ཉིད་མི་རིགས་ལ་དཔེ་དུ་མ་བདེན་གྲུབ་ཀྱང་ཁེགས་པས་སོ། །ཆ་བཅས་ཡིན་ཕྱིར་དུ་མ་ནི། །རྫོམ་བྱེད་གཅིག་མེད་དུ་མ་ཞིག །མི་སྐྱེ་དུ་མས་འབྲས་བུ་གཅིག །མི་སྐྱེ་དུ་མ་རྫོམ་བྱེད་ཀྱི། །གཅིག་མེད་ཆ་ཤས་བཅས་ཕྱིར་རོ། །འདི་ནི་གཅིག་དང་དུ་མ་ཡི། །རྒྱ་བ་ཅན་ཞེས་མཁས་ཀྱིས་བཞེད། །ལྟ་བ་ཐམས་ཅད་ལ་དཔྱོད་པ། །རྟེན་འབྲེལ་ཆེན་མོའི་གཏན་ཚིགས་ནི། །རྣམ་གཅོད་འགོག་པར་སྣང་བ་ཀུན། །ཆོས་ཅན་བདེན་མེད་རྟེན་འབྲེལ་ཡིན། །ཡང་གཅོད་སྒྲུབ་པར་སྣང་བ་ཀུན། །ཆོས་ཅན་ཀུན་རྫོབ་ཙམ་དུ་ཡོད། །རྟེན་ཅིང་འབྲེལ་འབྱུང་ཡིན་ཕྱིར་རོ། །

དེ་དག་རྣམས་ནི་མཐའ་བཞི་ཡི། །ནང་ནས་གཙོ་བོ་ཡོད་པའི་མཐའ། །འགོག་བྱེད་བདག་མེད་གཉིས་ནང་ནས། །གཙོ་ཆེར་ཆོས་ཀྱི་བདག་མེད་པ། །སྒྲུབ་པར་བྱེད་པའི་རིགས་པ་ཡིན། །དེ་ལྟར་དགག་བྱའི་སྒོ་ནས་ནི༑ ༑ཡོད་མཐའ་འགོག་ཚུལ་སྣང་བ་ཡི། །དངོས་པོ་ལ་སོགས་རྩོད་པའི་གཞི། །འདུས་བྱས་སྟེང་ནས་འགོག་པ་གཙོ། །ཡུལ་སྣང་དང་སེམས་སྣང་སོགས་ཤེས་པས་རྟོགས་པའི་རིགས་འདུས་བྱས་དག་ལ་བདེན་འཛིན་ནི། །ཞུགས་པ་ཤས་ཆེ་འདུས་མ་བྱས་རྒྱུ་རྐྱེན་གྱིས་མ་བསྐྱེད་པའི་བུམ་པ་སོགས་སྤྱོང་གི་སྤྱོང་པའི་ཚིག་སྤྱི། །དངོས་མེད་བདེན་ཞེན་པ་རྟོག་མེད་འཛིན་ཤས་ཆུང་བས། །འདུས་བྱས་ཡུལ་སྣང་དང་། སེམས་སྣང་སོགས་བདེན་གྲུབ་བཀག་པ་ཡི། །ཤུགས་ཀྱིས་ཁེགས་པར་འགྱུར་བར་བཤད། །དེ་ནས་མེད་མཐའ་འགོག་ཚུལ་ནི། །དཔེར་ན་མྱུ་གུའི་བུམ་པ་སོགས་སྟེང་དུ་ནི། །ཡོད་མཐའ་བཀག་ཙམ་ཟིན་པས་ཀྱང་། །བདེན་མེད་ཉིད་དུ་ཞེན་པའི་ཕྱིར། །དེ་ཙམ་མ་ཡིན་མྱུ་གུ་ལ། །བུམ་པ་སོགས་རྟགས་ཆེན་ལྔས་མཐའ་བཞི་བྲལ་བར་སྒྲུབ་པ་སྟེ། དཔེར་ན་མྱུ་གུ་དང་བུམ་པ་སོགས་རིགས་ངོར་སྐྱེས་ཟིན་པ་དེ་ཡོད་པ་སྐྱེ་བ་མེད་ཅིང་རི་བོང་གི་རྭ་ལྟ་བུ། །མེད་པ་ལ་སྐྱེ་བ་མེད། །ཡོད་མེད་གཉིས་ཀ་གཅིག་ཐོག་ཏུ་ཡིན་པ། གཉིས་ཀ་མིན་པ་ཞིག་འོང་མི་སྲིད་པས་རིགས་པ་གཅིག་གིས་མཐའ་བཞི་འགོག དེས་ནས་ཀུན་རྫོབ་བདེན་པ་གྲུབ་པ་དང་། རྟེན་འབྲེལ་ཙམ་ཀུན་རྫོབ་མེད་པ་གཉིས་མི་ཡོང་། །དེ་ལྟར་དུ་ཡོད་མེད་གཉིས་ཀ་ལྷན་གཅིག་པ་དང་ཡོད་མེད་གཉིས་ཀ་མིན་པ་ཞིག་མི་ཡོང་བས་སོ། །བདེན་པར་ཡོད་དང་མེད་པ་དང་། །ཡོད་མེད་གཉིས་དང་གཉིས་མ་ཡིན། །མཐའ་བཞི་བཀག་པས་མྱུ་གུའི་མཐའ། །གང་དུ་ཡང་ནི་མ་གྲུབ་ཕྱིར། །དེ་ཡང་མྱུ་གུ་བདེན་མེད་ཙམ། །དེ་ལྟར་མྱུ་གུ་སོགས་ལ་མཐའ་བཞི་བྲལ་བ་རྟོགས་ནས་དེའོ་སྙམ་པའི་བློ་རྟོག་པའི་རྗེས་དཔག་མྱུ་གུ་མཐའ། །བཞི་བྲལ་རྗེས་དཔག་གཉིས་སུ་ཕྱེ། །སྔ་མ་བདེན་མེད་ཡིན་པ་དང་། །ཕྱི་མ་མིན་པའི་རྣམ་དབྱེ

བཅས། །དེ་ལ་ཁྱད་པར་ཅི་ཞེ་ན། །མཐའ་བཞིའི་ནང་ཚན་མེད་མཐའ་ནི། །སྨྲ་གྲུ་མཐའ་བཞི་དང་བྲལ་ལོ་སྙམ་པ་ལ་ཞེན་པའི་བློ་དེ། ཐ་སྙད་དུ་ཡང་མེད་པའི་ཕྱིར། །དབུ་མའི་རིགས་པས་དགག་བྱར་འགྱུར། །ལོག་པའི་ཀུན་རྫོབ་ཡིན་ཕྱིར་རོ། །གཏན་ཚིགས་ཆེན་པོ་ལྔས་བསྒྲུབ་པའི། །མཐའ་བཞི་བྲལ་ཏེ་བདག་མེད་དང་། །དེ་ལྟར་རྟོགས་ཏེ་དེ་བས་མཚན་འཛིན་གྱི་བློ་བྲལ་བ། ཆོས་དང་གང་ཟག་གི། མཉམ་པའི་སྤྲོས་ཀུན་ལས་འདས་སོ། །ཡོད་མཐའ་སོགས་བཀག་དགོས་པ་ནི། །ཡུལ་དེར་ཞེན་པའི་ཡུལ་རྐྱེན་གྱི། །བློ་སྤངས་པ་ཡི་ཆེད་ཡིན་ཏེ། །ཡུལ་བཀག་པ་ཡི་ཡུལ་ཅན་གྱི། །བློ་ཡང་ཁེགས་པར་འགྱུར་བའོ། །

དེ་སྐད་དུའང་བཞི་བརྒྱ་པར། །རྟོག་པས་མཐོང་བ་འཆིང་བ་སྟེ། །དེ་ནི་འདི་རུ་བཀག་ཞེས་བྱ། །དེ་ནི་བསྒོམ་པ་ཉམས་ལེན་དང་། །སྔར་ཆེ་སྣང་བའི་དངོས་པོ་སྤྱི། །རང་ལ་བདེན་འཛིན་ལྡང་དེའི་ཚེ། །གཅིག་དང་དུ་བྲལ་ལ་སོགས་པའི། །རིགས་པས་གཏན་ལ་ཕབ་པ་ཡིས། །སྒོ་ནུས་བདེན་མེད་ངེས་ཤེས་བསྒོམས། །དེ་ཚེ་བདེན་འཛིན་མངོན་གྱུར་པ། །ཁེགས་པའི་ལྟ་བ་སྐྱེས་མོད་ཀྱང་། །བདེན་མེད་ཉིད་དུ་མངོན་ཞེན་པའི། བདེན་མེད་དོ་སྙམ་པའི་མཚན་འཛིན་དམ་སྤྲིང་དེ་བ། །མཚན་འཛིན་དུས་མཉམ་འབྱུང་བས་ན། །སོ་སོར་མ་འདྲེས་དབྱེ་བ་ནི། །འབྱེད་པ་གལ་ཆེ་དཔེར་མཚོན་ན། །ལྕགས་གོང་མེ་རུ་འབར་བའི་སྐབས། །ལྕགས་དང་མེ་རྡུལ་ཐ་དད་པ། །ཡོད་ལ་ལྟོས་ཞེས་ཐམས་ཅད་མཁྱེན། །མཁན་ཆེན་ངག་དབང་ཆོས་གྲགས་གསུངས། །ཉན་རང་བྱང་ཆུབ་ཐོབ་པ་ལ། །བདེན་པ་མེད་ལ་མངོན་ཞེན་པའི། །མཚན་འཛིན་ཆེར་དགག་མི་དགོས་ཀྱང་། །རྫོགས་པའི་སངས་རྒྱས་ཐོབ་པ་ལ། །གེགས་ཀྱི་གཙོ་བོ་མཚན་འཛིན་ཡིན། །དེ་ཉིད་འགོག་པར་བྱེད་པ་ལ། །མེད་མཐའ་འགོག་པའི་རིགས་པ་ཡིས། །བདེན་མེད་དུ་ཞེན་འཛིན་འགོག །དཔྱད་ལ་བདེན་མེད་དུ་འཛིན་བྲལ། །བསྒོམ་ཚེ་དེ་ལ་རྟག་པ་མཐར་བཟུང་དུ་གཉིས་དཀར་འཛིན་པ་བྱུང་ན་ཞེན་པ་ཡི། །མཚན་འཛིན་བྱུང་ན་དེ་ལ་ཡང་། །རིགས་པས་དཔྱད་ལ་མཐར་མཚན་གཉིས། །བྲལ་བའི་ངེས་ཤེས་བསྒོམ་པ་ན། །གཉིས་ཀ་གང་ཡང་མ་ཡིན་པའོ། །སྙམ་པའི་མཚན་འཛིན་བྱུང་བ་ན། །དེ་ཡང་གཏན་ཚིགས་རིགས་པ་ཡི། །སྤྱོད་ལ་མཐའ་བཞི་བྲལ་བ་ཡི། །ངེས་ཤེས་བསྐྱེད་ཅིང་ངེས་ཤེས་དེ༑ ༑ཀུན་མཁྱེན་བསོད་ནམས་སེང་གེས། གནས་ལུགས་དཔྱོད་པའི་སོ་སྐྱེའི་བློ་གྲོས་ཀྱིས། །མཐའ་བཞིའི་སྤྲོས་པ་གཅིག་ཆར་མི་ཁེགས་ཀྱང་། སྐྱེ་འགོག་ཚུལ་གྱིས་བཞི་ཆར་བཀག་ནས་ནི། ཚུལ་བཞིན་བསྒོམ་པས་མཐོང་ལམ་སྐྱེས་པའི་ཚེ། ལྟ་བ་ཆོས་དབྱིངས་མཐོང་བའི་ཐ་སྙད་མཛད། སེམས་གནས་ཞི་གནས་དང་ཟུང་འབྲེལ། །གྱུར་ནས་བསྒོམ་པའི་གནས་ལུགས་དོན། །དེ་བཞིན་ཉིད་སྒོམ་བྱུང་གཙོ་བོར་གྱུར་པ་ཡི། །གསལ་སྣང་ཁྱད་པར་ཅན་སྐྱེ་ཞིང་། །དེ་ལས་ཐེག་ཆེན་མཐོང་བའི་ལམ། །དང་པོའི་ས་ཡི་ཡེ་ཤེས་ནི། །སྐྱེ་ལ་ཚེགས་མེད་དེ་ཡི་ཚེ། །ཆོས་དབྱིངས་མངོན་སུམ་རྟོགས་པར་འགྱུར། །གོ

རམས་པ་ཧྲི་ཏ་ཆེན་པོ། །བསོད་ནམས་སེང་གེའི་ཞབས་ཀྱིས་བཞེད། །དེ་ལ་ལམ་ལྔ་ས་བཅུ་ཡི། །ངེས་འབྱེད་བཞི་མཐོང་སྒང་སྒོམ་སྒང་སོགས། ས་བཅད་རྣམ་གཞག་སེམས་ཙམ་དང་། །མཚུངས་ཤིང་མཉམ་གཞག་ལྔ་བའི་སྐབས། །སྤྲོས་ཀུན་བྲལ་བ་རྟོགས་མིན་གྱི། །བདེན་མེད་ཀྱི་ཞེན་པ་མཚན་འཛིན་དང་བྲལ་བ། དབང་གིས་འཕགས་ཆོས་ཁྱད་པར་གྱུར། །དེ་ལྔའི་མཐོང་ལམ་ས་དང་པོ། །མདོ་སྡེ་ས་བཅུ་པའི་དགོངས་པ་ལྟར་འཆད་པ་ལ། རབ་ཏུ་དགའ་བའི་ཡོན་ཏན་བཤད། །མིང་འཐོབ་པའི་ཡོན་ཏན། དོན་ཐོབ་པའི་ཡོན་ཏན། དཔེས་བསྟན་པའི་ཡོན་ཏན། གཞན་ཟིལ་གྱིས་གནོན་པའི་ཡོན་ཏན། ཕར་ཕྱིན་ལྷག་པའི་ཡོན་ཏན་དང་ལྔ་རིམ་པར་མིང་འཐོབའི་ཡོན་ཏན་དོན་དམ་པར། །སེམས་བསྐྱེད་གོམས་པའི་བྱང་ཆུབ་སེམས། །ལྔ་བའི་སྒོ་ནས་བཞག་པ་ཡི། །སྤྲོས་བྲལ་མཚན་ཉིད་པ། བྱང་སེམས་དོན་གཅིག་དེ་རྣམས་ནི། །དང་པོའི་ས་ཐོབ་ཡན་ཡོད་ཀྱི། །སོ་སོ་སྐྱེ་བོའི་གནས་སྐབས་མེད། །དབུ་མ་འཇུག་པ་ལས། དེ་ནས་བཟུང་སྟེ་དེ་ནི་ཐོབ་པར་འགྱུར་བ་ཡིན། བྱང་ཆུབ་སེམས་དཔའ་ཞེས་བྱའི་སྒྲ་ཉིད་ཅན་ཉིད་དོ། །ཞེས་གསུངས་པས་སོ། །དོན་གྱི་ཐོབ་པའི་ཡོན་ཏན་ནི། །དོན་དམ་བྱང་ཆུབ་སེམས་བསྒོམ་པའི། །དེ་བཞིན་གཤེགས་པའི་རིགས་མཆོག་ཏུ། །སྐྱེས་སོགས་ཡོན་ཏན་མང་དང་ལྡན། །དཔེར་ན་འཕགས་པ་ཉན་ཐོས་བརྒྱད་པོ་ལས། །རྒྱུན་ཞུགས་དེར་གནས་ཡོན་ཏན་དང་། །ཐོབ་པའི་ཚུལ་ནི་མཚུངས་པའོ། །ཟིལ་གནོན་ཡོན་ཏན་ས་དང་པོ། །ཐོབ་པའི་བྱང་ཆུབ་སེམས་དཔའ་ཡི། །ཉན་རང་དགྲ་བཅོམ་བསོད་ནམས་སྟོབས། །ཟིལ་གྱིས་གནོན་ནུས་དོན་དམ་པའི། །བྱང་ཆུབ་སེམས་བསྐྱེད་སྟོབས་ཀྱིས་སོ། །

འོན་བྱང་སེམས་ཚོགས་སྦྱོར་བས། །ཉན་རང་ཟིལ་གནོན་མི་ནུས་སམ། །ཞེ་ན་དོན་དམ་སེམས་བསྐྱེད་ཀྱི། །སྟོབས་ཀྱིས་ཟིལ་གྱིས་མི་ནོན་ཀྱང་། །ཀུན་རྫོབ་སེམས་བསྐྱེད་ཀྱིས་སྟོབས་ཀྱི། །ཟིལ་ནོན་ཕར་ཕྱིན་ལྷག་པའི་ཡོན་ཏན་ནི། །དང་པོའི་ས་ཐོབ་རྗེས་ཐོབ་ཏུ། །ཕར་ཕྱིན་དྲུག་ལས་སྦྱིན་པ་ཡི། །ཕ་རོལ་ཕྱིན་ལ་ལྷག་པར་སྤྱོད། །བཏང་བའི་སྙིང་སྟོབས་ཆེས་ཆེ་ཞིང་། །རང་གཞན་གཉིས་ཀར་ཕན་བདེ་སྤེལ། །གཉིས་པ་དྲི་མ་མེད་པ་ཡི། །ས་ཡི་ཡོན་ཏན་རྗེས་ཐོབ་ཏུ། །ཚུལ་ཁྲིམས་ཕ་རོལ་ཕྱིན་པ་ལ། །ལོངས་སྤྱོད་རྨི་ལམ་ཙམ་དུ་ཡང་། །འཆལ་བའི་ལས་བྲལ་དགེ་བའི་ལས། །ཆེར་འཕེལ་ཚུལ་ཁྲིམས་ཕུན་སུམ་ཚོགས། །ཉེས་པའི་སྐྱོན་དང་བྲལ་བ་ཡི། །དྲི་མ་མེད་པར་ཡོངས་སུ་གྲགས། །གསུམ་པ་འོད་བྱེད་རྗེས་ཐོབ་ཏུ། །གཞན་གྱི་གནོད་པ་ལ་མི་ཁྲོ། །སྙིང་རྗེ་ལྷག་པར་འཕེལ་བ་ཡི། །གནོད་བྱ་གནོད་བྱེད་གནོད་ཚུལ་གསུམ། །རང་བཞིན་མེད་པར་མངོན་སུམ་མཐོང་། །བཟོད་པའི་ཕ་རོལ་ཕྱིན་པ་བརྟེས། །ཡེ་ཤེས་མེ་འོད་ཆེས་ཆེ་བར། །འཕྲོ་བས་འོད་བྱེད་ས་ཞེས་གྲགས། །ལྔ་པ་སྦྱང་དཀའི་རྗེས་ཐོབ་ཏུ། །བདུད་རྣམས་ཀུན་གྱིས་བཟི་མི་ནུས། །ཐུབ་བཀས་སྦྱང་དཀའ་ཞེས་སུ་གྲགས། །བསམ་གཏན་ཕར་ཕྱིན་ལྷག་པར་སྤྱོད། །གཞན་ཡང་འཕགས་པའི་བདེན་པ་བཞི། །བློ་གྲོས་ཞིབ་མོས་རྟོགས

པ་ཡི། །ཡོན་ཏན་མཆོག་ནི་ཐོབ་པའོ། །དྲུག་པ་མངོན་གྱུར་ལ་གནས་པའི། །བྱང་ཆུབ་སེམས་དཔའ་ཞེར་ཕྱིན་ལ། །ལྷག་པར་ལོངས་སྤྱོད་སྟོབས་ཀྱིས་ནི། །ཐེག་ཆེན་ཐུན་མོང་མ་ཡིན་པའི། །འགོག་པའི་སྙོམས་འཇུག་ཐོབ་གྱུར་ཏེ། །སེང་གེ་རྣམ་པར་བསྒྲིང་བ། སྒྱུ་མ་ལྟ་བུ། དཔའ་བར་འགྲོ་བ། རྡོ་རྗེ་ལྟ་བུའི་ཏིང་འཛིན། ཞི་གནས་ཕྱུལ་ཕྱིན་མཉམ་གཞག་ལ། །གནས་པའི་རྫོགས་པའི་སངས་རྒྱས་ལ། །ཆེས་ཆེར་མངོན་དུ་གྱུར་པར་ཕྱོགས། །ཆོས་ཉིད་མངོན་སུམ་ལྷག་མཐོང་རྟེན་འབྲེལ་ཟབ་མོ་ཡིས། །མངོན་སུམ་དེ་བཞིན་ཉིད་མཐོང་བའི། །བྱང་ཆུབ་སེམས་དཔའ་ཆེན་པོར་གྱུར། །

བདུན་པ་རིང་དུ་སོང་བ་ནི། །དྲུག་པར་ཐུན་མོང་མ་ཡིན་པའི། །འགོག་སྙོམས་ཐོབ་ཀྱང་སྐད་ཅིག་གི། །འཇུག་ལྡང་མི་ནུས་འདི་ཡི་སྐབས། །སེམས་ཀྱི་སྐད་ཅིག་རེ་རེ་ལ། །འགོག་པ་ཡང་དག་མཐའ་ལ་ནི། །འཇུག་ལྡང་ནུས་ཤིང་ཐབས་ཀྱི་ནི། །ཕ་རོལ་ཕྱིན་ལ་ལྷག་པར་སྤྱོད། །བརྒྱད་པ་མི་གཡོ་བའི་གནས་སྐབས། །རྣམ་པར་མི་རྟོག་པ་ལ་ནི། །དབང་བསྒྱུར་རྣམ་རྟོག་གི་བར་གཅོད། །བྲལ་ཞིང་འབད་རྩོལ་ལ་མི་ལྟོས། །བསྐལ་པ་འབུམ་དུ་བསགས་པ་ཡི། །དགེ་རྩའི་ཚོགས་ལས་ཆེར་ལྷག་པ། །ཡུད་ཙམ་ཞིག་ལ་བསགས་ནུས་པ། །ཐམས་ཅད་མཁྱེན་ཉིད་མྱུར་དུ་ཐོབ། །སྨོན་ལམ་ཕ་རོལ་ཕྱིན་པ་ལ། །ལྷག་པར་སྤྱོད་པ་ཉིད་ཡིན་ནོ། །དགུ་པ་ལེགས་པའི་བློ་གྲོས་ནི། །སྟོབས་ཀྱི་ཕ་རོལ་ཕྱིན་པ་ལ། །ལྷག་པར་སྤྱོད་ཅིང་ཡོན་ཏན་གྱི། །ཁྱད་པར་སོ་སོར་ཡང་དག་པར། །བདག་མེད་གཉིས་རྟོགས་པའི་ཆོས། ཚིག དོན། སྤོབས་པ་རིག་པ་བཞི་ཐོབ་དེའི་སྟོབས་ཀྱིས། །ལྷ་ཞིག་མཐའ་དག་དག་གྱུར་ཏེ། །དེ་བཞིན་ཡང་དག་རིག་པའི་ཆོས། །རང་གི་ཡོན་ཏན་ཡང་དག་ཐོབ། །སོ་སོ་ཡང་དག་རིག་བཞི་དེ་ནི་ཁྲི་བྲག་སྟླ་བ་ཡི། །ཉན་ཐོས། སོར་འདོད་པ་དགྲ་བཅོམ་གྱིས་ཐོབ་མངོན་པ་ནི། །སྡེ་བདུན་གྱི་ནི་དགོངས་པ་དང་། །འདི་ལྟར་ས་དགུ་པས་ཐོབ་པ། འདིར་བསྟན་དབུ་མའི་ལུགས་ལ་སོ་སོ་ཡང་དག་རིག་བཞི། །དེ་ནི་མདོ་སྡེ་ས་བཅུ་པའི། །དགོངས་པ་ཡིན་ཅིང་སངས་རྒྱས་ཀྱི། །སོ་སོ་ཡང་དག་རིག་བཞི། ཐུན་མོང་མ་ཡིན་ཡོན་ཏན་དུ། །བཤད་པ་ཤེས་རབ་ཕར་ཕྱིན་གྱི། །དགོངས་པ་ཡིན་ཞེས་ཀུན་མཁྱེན་རྗེ། །བསོད་ནམས་སེང་གེས་དབྱེས་ཕྱེ་བར། །གསུངས་པ་བློ་ན་མ་མཆིས་པར། །བློ་ལྡན་དག་གིས་གོ་དགོས་སོ། །བཅུ་པ་ཆོས་ཀྱི་སྤྲིན་ཐོབ་ཚེ། །རྫོགས་པའི་སངས་རྒྱས་ཐམས་ཅད་ཀྱི། །ཡེ་ཤེས་ཆེན་པོའི་འོད་ཟེར་གྱིས། །མངོན་པར་དབང་བསྐུར་ལེགས་ཐོབ་ཅིང་། །ཡེ་ཤེས་ཕ་རོལ་ཕྱིན་པ་ལ། །ལྷག་པར་སྤྱོད་ནས་གདུལ་བྱ་རྣམས། །དགེ་བའི་ལོ་ཏོག་བསྐྱེད་པའི་ཕྱིར། །ཆུ་འཛིན་ཆེན་པོ་འཁྲིགས་པ་ལྟར། །འབད་མེད་ལྷུན་གྲུབ་ཆོས་ཀྱི་ཆར། །རྒྱུན་ཆད་མེད་པར་འབེབས་མཛད་པའི། །འཕྲིན་ལས་ཕུན་སུམ་ཚོགས་པ་ཡི། །ཡོན་ཏན་མཆོག་ལ་དབང་ཐོབ་པོ། །འབྲས་བུ་སངས་རྒྱས་ས་བཤད་པར། །

འདི་ལ་བྱང་ཆུབ་བརྙེས་པའི་ཚུལ། བརྙེས་བྱ་སྐུའི་རྣམ་གཞག་དུས་ཀྱི་སྒོ་ནས་མཚོག་ཏུ་བསྡུགས་དང་གསུམ་རིམ་པར་སྟོན་པ། བྱང་ཆུབ་དམ་པ་བརྙེས་ཚུལ་ནི། །སངས་རྒྱས་ས་མྱུར་ཐོབ་མཁྱེན་ནས། །གོང་གི་སེམས་ཅམ་སངས་རྒྱས་ཡོན་ཏན་བཤད་པའི་སྐབས་གསལ་སྟོབས་བཅུ་བསྐྱེད་ཕྱིར་སངས་རྒྱས་ཀྱི། །ས་ལ་འབད་པ་བརྩམས་འགྱུར་ཞིང་། །འབད་དེའི་འབྲས་བུ་འོག་མིན་དུ། །སངས་རྒྱས་གོ་འཕང་མཚོག་ཞི་བ། །ཡོན་ཏན་མཐར་ཕྱུག་བརྙེས་པའོ། །

བརྙེས་བྱའི་སྐུ་ཡི་རྣམ་གཞག་ནི། །སྐུ་གསུམ་ཡོན་ཏན་བཅས་བཤད་པར། །ཞེས་དང་པོ་སྐུ་གསུམ་བཤད་པ་བྱའི་བུད་ཤིང་བསྲེག་ནས་ནི། །སྐྱེ་འགག་སོགས་ཀྱི་སྤྲོས་པ་དང་། །བྲལ་བའི་སྐྱེ་མེད་མངོན་གྱུར་པ། །ཞི་བ་འདིར་བསྟན་ཆོས་སྐུ་ཡི། །ངོ་བོ་ཆོས་སྐུ་དེ་ཉིད་ཀྱི། །གཟུགས་ཀྱི་སྒོ་ནས་དཔག་བསམ་གྱི། །ཤིང་ལྟར་མཚན་དཔེ་གསལ་བར་སྣང་། །མཛད་པའི་ཁྱད་པར་ཡིད་བཞིན་གྱི། །ནོར་བུ་བཞིན་དུ་རྣམ་པར་ནི། །མི་རྟོག་ཐེག་ཆེན་ཆོས་སྟོན་དང་། །སྐུ་ཚེ་སྐུ་ཚེའི་ཁྱད་པར་འཁོར་བ་ཇི་སྲིད་བཞུགས། །གདུལ་བྱའི་ཁྱད་པར་སྦྱོར་བྲལ་མངོན་གྱུར་པའི། །བྱང་སེམས་འཕགས་པ་ཁོ་ན་ལ། །སྣང་བའི་སྐུར་བསྟན་ལོངས་སྤྱོད་རྫོགས། །དེ་ལྟའི་ཆོས་སྐུ་ལོངས་སྐུ་ནི། །ཇི་ལྟར་རིགས་པའི་མཐུ་ལས་ནི། །དང་པོ་རང་གི་ཐུགས་བསྐྱེད་དང་། །ཚོགས་བསགས་པ་དང་དེ་དག་སྐབས། །སངས་རྒྱས་འཁོར་དང་བཅས་པ་དང་། །གཞན་ཡང་དུས་གསུམ་སངས་རྒྱས་ཀྱི། །ཐུགས་བསྐྱེད་ནས་ནི་བྱང་ཆུབ་བར། །མཛད་སྤྱོད་ཐམས་ཅད་བ་སྤུ་ཡི། །ཁུང་བུར་དུས་གཅིག་གསལ་སྣང་བའི། །སྐུ་རྣམས་རྒྱུད་མཐུན་གྱི་སྐུ་ཡིན། །དེ་ཉིད་སྐུ་གསུམ་གང་ཞེ་ན། །ལོངས་སྐུའི་ཁོང་དུ་བསྡུ་དགོས་ཅམ། །གཉིས་པ་བརྟེན་པ་ཡོན་ཏན་བཤད་པ་……ཡོན་ཏན་བཞེད་པ་ཙམ་གྱིས་ཀྱང་། །མངའ་དབང་བསྒྱུར་བའི་ཡོན་ཏན་ནི། །ཕྲ་རབ་རྡུལ་གཅིག་གོ་སར་ཡང་། །ནམ་མཁའི་མཐའ་ཡས་འཇིག་རྟེན་བསྟན། །དེ་ཉིད་ཆེ་ཆུང་མི་འགྱུར་དང་། །སྐད་ཅིག་དུས་ལའང་སྤྱོད་པ་ནི། །མདོ་ཕྲེང་། སྣ་ཚོགས་འཛམ་གླིང་མ་ལུས་པའི། །ཕྲ་རབ་རྡུལ་གྲངས་ཇི་སྙེད་དུ། །ཡོད་པས་ལྷག་པར་སྟོན་ནུས་པ། །ཕྱིར་བཤད་སྐུ་གསུམ་ཡོན་ཏན་ཡིན། །མཁྱེན་པའི་ཡོན་ཏན་སྟོབས་བཅུ་ནི། །སེམས་ཅམ་འབྲས་བུའི་སྐབས་བཤད་ཟིན། །སྤྲུལ་སྐུ་ཕྲིན་ལས་བཅས་བཤད་པར། །དེ་ལྟར་སྐུ་གསུམ་བརྙེས་ཟིན་ནས། །སླར་ཡང་བཅོམ་ལྡན་འདས་ཀྱིས་ནི། །མཛད་པ་རྣམ་པ་བཅུ་གཉིས་ཀྱིས། །རིགས་ཅན་གསུམ་ལ་རང་སྐལ་དང་། །མཚམས་པར་མངོན་མཐོ་ལྷ་མི་ཡི། །བདེ་བ་ངེས་ལེགས་མྱང་འདས་གསུམ། །ཅི་རིགས་པ་ལ་འགོད་པར་མཛད། །

མཐར་ཐུག་ཐེག་པ་གསུམ་བསྟན་པ། །ཡིན་ནམ་ཞེ་ན་མཐར་ཐུག་ནི། །ཐེག་པ་གཅིག་ཉིད་ཁོ་ན་སྟེ། །སློབ་དཔོན་དཔལ་ལྡན་ཟླ་བ་ཡི། །གང་ཕྱིར་དེ་ལྟར་ཁོ་ན་ཉིད། །གཅིག་ཡིན་ཡུལ་ཅན་ཡེ་ཤེས་ནི། །ཐ་མི་དང་

ཕྱིར་ཐེག་པ་གཅིག །ཞེས་གསུང་ཐེག་དང་ལམ་མྱང་འདས། །ཡིན་ན་མཐར་ཐུག་སངས་རྒྱས་ཀྱི། །ཉན་རང་གི་ལྷག་མེད་མྱང་འདས་ཐོབ་ཀྱང་སངས་རྒྱས་ཀྱི་མྱང་འདས་མ་ཡིན་ཏེ་མྱང་འདས་ཡིན་པས་ཁྱབ་པར་གསུངས། །ཐེག་གསུམ་བསྟན་པའི་དགོས་པ་ནི། །མཐར་ཐུག་ཐེག་པ་ཆེ་ཕྱིན། །ཡིན་ནམ་གནས་སྐབས་ཐེག་གསུམ་དུ། །བསྟན་པའི་དགོངས་པ་ཅི་ཞེ་ན། །སྙིགས་མ་ལྔ་བདོའི་སེམས་ཅན་རྣམས། །ཉོན་མོངས་ཤས་ཆེ་སངས་རྒྱས་པར། །ཐེག་ཆེན་ལམ་ལ་བཀྲི་མི་གཏུབ། །ཐུགས་རྗེ་ཡལ་བར་འདོར་མི་སྲིད། །དེས་ན་རེ་ཞིག་འཁོར་བའི་སྐྱོན། །ཉེས་དམིགས་བཤད་ནས་རང་གཅིག་པུ། །ཐར་པ་ཙམ་བཀོད་ངལ་སེམས་ཕྱིར། །གདུལ་བྱའི་བློ་ཚོད་དང་བསྟུན་ནོ༑ ༑གསུམ་པ་དུས་ཀྱི་སྒོ་ནས་མཆོག་ཏུ་བསྔགས་པ་དུས་ཀྱི་སྒོ་ནས་མཆོག་ཏུ་ནི། །བསྔགས་ལ་ཐོག་མར་བྱང་ཆུབ་མཆོག །བརྙེས་དུས་ཐོག་མ་གང་ཞེ་ན། །ཐོག་མར་བྱང་ཆུབ་དམ་པ་བརྙེས་པའི་དུས། ཐ་མར་འགྲོ་བའི་དོན་ལ་བཞུགས་པའི་དུས་དང་གཉིས་ལས། དང་པོ། བཅོམ་ལྡན་འདས་སངས་རྒྱས་པའི་དུས་ཀྱི་ཐོག་མ་གང་ཞེ་ན་འཇིག་རྟེན་ཁམས་ནི་ཡོད་དོ་ཅོག །རྡུལ་ཕྲན་ཕྲ་རབ་ཇི་སྙེད་པ། །དེ་གྲངས་སྙེད་པའི་བསྐལ་པ་བཟང་། །དེ་སྙེད་ཆེན་སངས་རྒྱས་སོ། །

དེ་སྐད་འཇམ་དཔལ་མཚན་བརྗོད་ལས། །སངས་རྒྱས་ཐོག་མ་ཐ་མ་མེད། །དང་པོའི་སངས་རྒྱ་མེད་པ། །ཡེ་ཤེས་མིག་གཅིག་དྲི་མ་མེད། །སངས་རྒྱས་ལུས་བཅས་དེ་བཞིན་གཤེགས། །འགྲོ་བའི་མར་མེ་ཡེ་ཤེས་སྒྲོན། །ཞེས་གསུང་ཐོག་མ་མེད་པ་ཡི། །སངས་རྒྱས་དེ་ལ་དགོངས་པ་ཡིན། །མཁའ་ཁྱབ་འཇིག་རྟེན་ཁམས་མཐའ་ཡས། །དེ་རྡུལ་ཕྲ་རབ་མཐའ་ཡས་དང་། །དེ་སྙེད་བསྐལ་པ་བགྲང་ཡས་པར། །ཐོག་མ་མེད་ནས་སངས་རྒྱས་བཤད། །གསར་དུ་སངས་རྒྱས་དེ་ལྟར་མིན། །ལམ་ལ་འབད་པས་དེ་ཡི་རིགས།ཉན་ཐོས་ཀྱི་ཤཱཀྱ་ཐུབ་པ་སོ་སྐྱེའི་གང་ཟག་ཞིག་གསར་དུ་སངས་རྒྱས་པར་འདོད། །ཐེག་ཆེན་ལ་ཤཱཀྱ་ཐུབ་པ་གདོད་ནས་སངས་རྒྱས་ཟིན། དེ་ཡི་ཚད་བཟུང་དུ་མེད། དེ་བཞིན་དུ་རྫོགས་བསགས་པའི་དུས་ཚད་དང་། མཐར་སངས་རྒྱས་པའི་དུས་ཀྱང་ཚད་བཟུང་མེད་པས་བསམ་མི་ཁྱབ་ལ་བཞག །འོན་ཀྱང་གདུལ་བྱ་ཁ་དྲང་པའི་ཕྱིར་སླར་ཡང་སངས་རྒྱས་པའི་ཚུལ་བསྟན་པའི་དུས་ཀྱི་རྣམ་གཞག་མཛད། །སངས་རྒྱས་ཐོབ་པ་ལྟ་བུ་ཡི། །དུས་ཀྱི་ཐོག་མའི་ཚད་ངེས་ཕྱིར། །དེས་ན་ཐོག་མར་བྱང་ཆུབ་མཆོག །བརྙེས་པའི་དུས་ལ་ཚད་འདས་པས། །སྒོ་ནས་མཆོག་ཏུ་བསྔགས་པའོ། །དེ་ལྟར་དེ་བཞིན་གཤེགས་པ་ནི། །གཉིས་པ་སངས་རྒྱས་ནས་དུས་ཅི་ཙམ་བཞུགས······དུས་ནི་ཇི་ཙམ་བཞུགས་ཞེ་ན། །བཅོམ་ལྡན་འདས་ཀྱི་ཐབས་ཤེས་རབ། །ཟུང་འཇུག་ཡོན་ཏན་ཁྱད་པར་ཅན། །མཐུ་ལས་མ་འོངས་དུས་ཀྱི་མཐའ། །མི་མཐོང་ཇི་སྲིད་སེམས་ཅན་རྣམས། །སངས་རྒྱས་ས་ལ་བཀོད་པའི་བར། །ཇི་སྲིད་ནམ་མཁའ་མ་ཞིག་བར། །གཞན་དོན་ཕྲིན་ལས་མཛད་ཅིང་བཞུགས། །འགྲོ་དོན་རྒྱུན་ཆད་མེད་པ་ཡི། །མཛད་པ་མཆོག་ལ་བསྔགས་པའོ། །

དེ་ལྟར་དབུ་མའི་གྲུབ་པའི་མཐའ། །ཞིབ་པར་རྒྱལ་བས་ལུང་བསྟན་པ། །འཕགས་མཆོག་ཀླུ་སྒྲུབ་ཞབས་དང་ནི། །སློབ་དཔོན་ཨཱརྱ་དེ་ཝ་དང་། །དཔལ་ལྡན་ཟླ་བ་ལ་སོགས་པའི། །བསྟན་བཅོས་དགོངས་འགྲེལ་ལས་ཤེས་བྱ།། །།

དེ་དག་གི་ནི་རྒྱུ་ཕར་ཕྱིན། །ཐེག་པའི་རྣམ་གཞག་བཤད་ཟིན་ནས། །འབྲས་བུ་གསང་སྔགས་རྡོ་རྗེ་ཡི། །ཐེག་པའི་རྣམ་གཞག་ཅུང་སྨོས་ན། །མདོ་ལས་ཁྱད་པར་འཕགས་ཚུལ་ནི། །བསྟན་བཅོས་ཚུལ་གསུམ་སྒྲོན་མེ་ལས། །དོན་གཅིག་ན་ཡང་མ་རྨོངས་དང་། །ཐབས་མང་དཀའ་བ་མེད་པ་དང་། །དབང་པོ་རྣོན་པོའི་དབང་བྱས་ནས། །སྔགས་ཀྱི་ཐེག་པ་ཁྱད་པར་འཕགས། །གསུང་ལྟར་ཕར་ཕྱིན་ཐེག་པ་དང་། །རྡོ་རྗེ་ཐེག་པ་གཉིས་ཐོབ་བྱ། སངས་རྒྱས་ཀྱི་གོ་འཕང་། །ཀུན་སློང་བྱང་ཆུབ་སེམས་དང་ནི། །རྟོག་བྱ་སྤྲོས་བྲལ་རྟོགས་པ་ལ། །ཁྱད་པར་མེད་ཀྱང་རྟོགས་ཚུལ་ལ། །ཕར་ཕྱིན་ཐེག་པ་སོ་སྐྱེའི་སྐབས། །ཆོས་ཉིད་དཔེ་ཡི་ཚུལ་མངོན་གསུམ། །མཐོང་བའི་ཡེ་ཤེས་སྐྱེ་བ་མེད། །རྡོ་རྗེ་ཐེག་པར་ཐབས་ཟབ་མོའི། མཚོན་བྱེད་དཔེ་ཡི་ཡེ་ཤེས་སུ། །མངོན་གསུམ་སྤྲོས་ནུས་ཁྱད་པར་འཕགས། །སྒྲུབ་ཚུལ་ཕར་ཕྱིན་ཐེག་པ་ལས། །ཇི་སྐད་བཤད་སྟེང་ཐབས་ཀྱི་རྒྱུད། །མངོན་པར་རྟོགས་པ་བཅུ་གཅིག་སོགས། །དབང་། བསྐྱེད་རིམ། རྫོགས་རིམ། སྤྱོད་པ། ཉེ་རྒྱུ། བཟླས་པ། གཏོར་མ། སྦྱིན་སྲེག རབ་གནས། ལས་ཚོགས། དམ་ཚིག ཐབས་ཚུལ་བསམ་གྱིས་མི་ཁྱབ་འཕགས། །

ཕར་ཕྱིན་ཐེག་པར་དཀའ་བ་ནི། །དུ་མ་སྤྱད་དགོས་རྡོ་རྗེ་ཡི། །ཐེག་པར་འདོད་ཡོན་ལམ་ཁྱེར་གྱི། །སྤྱོད་པར་བདེ་ཞིང་ཚེགས་ཆུང་བའི། །འབྲས་བུ་བདེ་བ་ཆེ་ཐོབ་འཕགས། །ཕར་ཕྱིན་འབྲས་བུ་ཐོབ་པ་ལ། །བསྐལ་པ་གྲངས་མདོ་སུམ་ཅུ་རྩ་གསུམ་འགོར་ཞིང་ཇི་མྱུར་ཡང་། །གྲངས་མེད་གསུམ་འགོར་རྡོ་རྗེ་ཡི། །ཐེག་པར་སངས་རྒྱས་སྒྲུབ་པ་ལ། །གང་ཟག་དབང་པོའི་ཁྱད་པར་གྱི། །ཚེ་རབ་འདི་འབྲིང་བར་དོ་སྐྱེ་བ་ཐམ་བདུན། །ཐ་མས་ཤིན་ཏུ་སྐྱེ་བ་བཅུ་དྲུག་ན། །རྡོ་རྗེ་འཆང་གི་གོ་འཕང་ནི། །མངོན་དུ་བྱེད་ནུས་ཁྱད་པར་འཕགས། །གསང་སྔགས་པ་རང་བཞིན་གྱི་དབང་པོ་རྣོ་བས། དེ་ལྟའི་སྔགས་ལུགས་དངོས་བཤད་པར། །རྒྱུད་སྡེའི་དབྱེ་བ་མཐའ་ཡས་ཀྱང་། །སློབ་དཔོན་རྣལ་འབྱོར་དབང་ཕྱུག་གིས། །རྡོ་རྗེ་གུར་གྱི་རྗེས་འབྲང་ནས། །རྒྱུད་སྡེ་བཞིར་བཤད་ལྟར་འཆད་ན། །ཕྱི་ཡི་ལུས་ངག་བྱ་བ་ཁྲུས། །གཙང་སྦྲ་གཙོར་སྟོན་བྱ་རྒྱུད་ལ། །གསང་བ་སྤྱི་རྒྱུད་ལེགས་གྲུབ་དང་། །དཔུང་བཟང་བསམ་གཏན་ཕྱི་མ་སྟེ། །སྤྱི་ཡི་རྒྱུད་ཆེན་བཞི་ཞེས་གྲགས། །སོ་སོའི་རྒྱུད་ལ་རྡོ་རྗེ་འི་རིགས་དང་། །པདྨ་ནོར་བུ་ལྷ་རྩེན་ལས། །འཇིག་རྟེན་རིགས་ཏེ་སྒོ་དྲུག་ཡོད། །ནང་གསེས་དབྱེ་བ་མཐའ་ཡས་སོ། །སྒྲུབ་ཚུལ་བྱ་རྒྱུད་རང་རྐང་ལ། །རང་ཉིད་ཐ་མལ་ང་རྒྱལ་གནས། །མདུན་གྱི་བྲིས་ལྟར་བསྒོམ་པ་ཡི། །ཐུགས་ཀའི་སྔགས

ཁྲེང་ལས་འོད་ཀྱི། །སྤྲོ་བསྡུའི་སངས་རྒྱས་བྱང་སེམས་ཀྱི། །བྱིན་རླབས་བསྡུས་ནས་ཐུགས་བརླ་ཞིང་། །ཀུན་སྤྱོད་གཙོ་བོ་དཀའ་ཐུབ་དང་། །གཙང་སྦྲར་གནས་ནས་ལྷག་པའི་ལྷར། །རྗེ་དཔོན་ལྷ་བུའི་དངོས་གྲུབ་ལེན། །

སྒྲུབ་ཐབས་ཚད་ལྡན་འགའ་ཞིག་ལ། །བྱ་རྒྱུད་ལྷ་ལ་བདག་བསྐྱེད་ཀྱི། །སྒྲུབ་ཐབས་ཡོད་རྣམས་རྣལ་འབྱོར་གྱི། །རྒྱུད་ལ་སོགས་ལྟར་བཀྲལ་བའོ། །དེ་བཞིན་སྨིན་བྱེད་དབང་ལ་ནི། །ཆུ་དང་ཅོད་པན་ཁོ་ནར་ངེས། །ཐུགས་ཀྱི་བརླས་ལུང་བཀྲ་བྱབ་སྲུང་། །རིན་ཆེན་སྣ་བདུན་རྫས་བརྒྱད་རྣམས། །བྱིན་རླབས་དབང་གི་མིང་བཏགས་ཡིན། །བྱ་རྒྱུད་རྡོ་རྗེ་སློབ་དཔོན་དབང་། །ཆུ་དང་ཅོད་པན་ཁོ་ནར་ངེས། །དབང་བཞི་རིམ་གཉིས་མེད་པར་བཞེད། །འོན་རྒྱུད་སྡེ་འོག་མའི་སྐབས། །ཁྲིས་སྐུ་ལྷ་རུ་བསྒོམ་པ་དེ། །ཀུན་རྫོབ་སྣང་བ་ལྷར་བསྒོམ་པ། །འགྱུར་རོ་ཞེས་ན་གནད་མི་འདྲ། །ཁྲིས་འབུར་སྐུ་རྟེན་རབ་གནས་ཅན། །ལྷར་བསྒོམ་ཕྱག་མཆོད་ཕུལ་བ་ཡིས། །བསོད་ནམས་ཚོགས་རྫོགས་དགོས་པ་ཡོད། །དེ་ནི་ལྷར་བསྒོམ་ཐབས་མཁས་ཀྱི། །ཁྱད་པར་ཡིན་ལ་ཀུན་རྫོབ་ཀྱི༑ །སྣང་བ་གཞན་ལ་དགོས་ཁྱད་མེད། །བྱ་བའི་རྒྱུད་ལ་བདག་ལྷར་བསྐྱེད། །དེ་ལ་བསྟུང་གནས་མི་རུང་སྟེ། །རང་ལྷར་བསྐྱེད་ནས་བཏུས་ན་སྡིག །མཆོད་ན་བསོད་ནམས་ཐོབ་འགྱུར་བར། །ཁྲིས་སྐུ་ལྷར་བསྒོམ་པ་ཉིད་ལེགས། །སྤྱོད་པའི་རྒྱུད་ལ་ལུས་ངག་གི །བྱ་བ་ནང་གི་ཏིང་འཛིན་གཉིས། །ཆ་མཉམ་སྟོན་པས་སྤྱོད་རྒྱུད་གྲགས། །དེ་ལ་རྣམ་སྣང་མངོན་བྱང་དང་། །ཁྲོ་བོ་ཁམས་གསུམ་རྣམ་རྒྱལ་སོགས། །སྒྲུབ་ཚུལ་ཁྲིས་སྐུ་རང་གཉིས་ཀར། །ལྷར་བསྒོམ་ཡེ་ཤེས་འཁོར་ལོ་ནི། །སྤྱན་དྲངས་ཙམ་ལས་མི་བསྟིམ་པར། །གྲོགས་པོ་ཕན་ཚུན་ཕན་འདོགས་པའི། །ཚུལ་གྱིས་དངོས་གྲུབ་ལེན་པའོ། །དེ་ཡི་སྨིན་བྱེད་ཆུ་ཅོད་པན། །རྡོ་རྗེ་དྲིལ་བུ་མིང་དབང་ལྔ། །རྣལ་འབྱོར་རྒྱུད་ཞེས་ནང་གི་ནི། །ཏིང་ངེ་འཛིན་ལ་གཙོ་བོར་སྟོན། །དེ་ལས་རྩ་བཤད་ཆ་མཐུན་རྒྱུ། །གསུམ་སྟེ་དེ་ཉིད་འདུས་པ་དང་། །ངན་སོང་སྦྱོང་རྒྱུད་ལ་སོགས་སོ། །

ལྷ་ཡི་སྒྲུབ་ཚུལ་ཕྱི་རོལ་གྱི། །ཁྲིས་སྐུ་ལྷ་བསྐྱེད་ལ་དམིགས་པའི། །རྐྱེན་ཙམ་བྱས་ནས་གཙོ་བོ་ནི། །རང་ཉིད་དམ་ཚིག་སེམས་པར་བསྐྱེད། །ཡེ་ཤེས་འཁོར་ལོ་སྤྱན་འདྲེན་བསྟིམ། །ཕྱག་རྒྱ་མ་བཀྲོལ་དེ་སྲིད་བཞུགས། །དངོས་གྲུབ་ལེན་ཅིང་བཀྲོལ་ནས་གཤེགས། །དམ་ཚིག་སེམས་པའི་ང་རྒྱལ་གྱིས། །ཐུན་མཚམས་བྱ་བ་རྣམ་སྒྲུབ་པ། །སྨིན་བྱེད་དབང་ལ་ཆུ་ཅོད་པན། །རྡོར་དྲིལ་མིང་དང་དེ་ཡི་སྟེང་། །ཕྱིར་མི་ལྡོག་པ་འཁོར་ལོའི་དབང་། །སློབ་དཔོན་གྱི་ནི་དབང་ཞེས་གྲགས། །རྣལ་འབྱོར་བླ་ན་མེད་པ་ནི། །ཏིང་འཛིན་ཁྱད་པར་བླ་ན་འཕགས། །ཐབས་ཀྱི་ཆ་ནས་གཙོར་སྟོན་པ། །ཕ་རྒྱུད་གསང་བ་འདུས་པ་སྟེ། །འཕགས་པ་ཀླུ་སྒྲུབ་ཡབ་སྲས་ཀྱིས། །བཀྲལ་བ་མི་བསྐྱོད་རྡོ་རྗེ་དང་། །སློབ་དཔོན་སངས་རྒྱས་ཡེ་ཤེས་ཀྱིས། །བཀྲལ་བ་འཇམ་པའི་རྡོ་རྗེར

གྲགས། །བོད་དུ་འགོས་ལོ་ལྷས་བཙས་དང་། །མར་པ་ཆོས་ཀྱི་བློ་གྲོས་དང་། །གཉེན་ལོ་ཆེན་པོ་སོགས་ཀྱིས་སྤྱེལ། །གསང་འདུས་སྤྱན་རས་གཟིགས་ཞེས་པ། །རྗོ་བོ་ཆེན་པོས་བཀྲལ་བའོ། །འཇམ་དཔལ་གཤིན་རྗེ་གཤེད་ཀྱི་སྐོར། །རྭ་ཆེན་ལོ་ཙྪ་སྐྱོ་འོད་འབྱུང་། །ཞང་པ་ཤེས་རབ་བླ་མ་དང་། །ཆག་ལོ་གློ་བོ་ལོ་ཙྪ་བ། །ཤེས་རབ་རིན་ཆེན་སོགས་ལས་འཕེལ། །མ་རྒྱུད་འཁོར་ལོ་བདེ་མཆོག་ནི། །རྒྱ་གར་སློབ་དཔོན་དྲིལ་བུ་པ། །ལཱུ་ཧི་པ་དང་ནག་པོ་པས། །བཀྲལ་བའི་ལུགས་གསུམ་གཙོ་བོ་དང་། །

གཞན་ཡང་སློབ་དཔོན་ལ་བ་པ། །མཻ་ཏྲིའི་བཅུ་གསུམ་མ་གཉིས་དང་། །བདེ་མཆོག་མཁའ་འགྲོ་རྒྱ་མཚོ་དང་། །རྡོ་རྗེ་མཁའ་འགྲོ་སྡོམ་འབྱུང་དང་། །སྦྱོང་བའི་ཡོན་ཏན་བོང་ཞལ་སོགས། །མང་མོད་བོད་དུ་མལ་ལོ་ཙྪ། །རྗེ་བཙུན་ས་སྐྱ་པ་ཡབ་སྲས། །ངོར་ཆེན་བརྒྱུད་འཛིན་བཅས་ལས་དར། །གཉིས་མེད་རྒྱུད་ཀྱི་གཙོ་བོ་ནི། །སྙིང་པོ་ཀྱཻ་ཡི་རྡོ་རྗེ་ལ། །རྣལ་འབྱོར་དབང་ཕྱུག་བིརྺ་པས། །བཀྲལ་བའི་མན་ངག་ལུགས་དང་ནི། །དེ་བཞིན་ཌོཾ་བྷི་ཧེ་རུ་ཀ །མཚོ་སྐྱེས་རྡོ་རྗེ་ནག་པོ་པས། །བཀྲལ་བའི་བཀའ་བབ་རྣམ་པ་བཞི། །འཕགས་པའི་ཡུལ་ན་ཡོངས་སུ་གྲགས། །བོད་དུ་ཀྱཻ་ཡི་རྡོ་རྗེ་ཡི། །སྨིན་གྲོལ་གདམས་པ་རྒྱུད་རྒྱ་གཞུང་། །བཤད་བཀའ་མ་ལུས་ཡོངས་རྫོགས་ནི༑ ༑འབྲོག་མི་ལོ་ཙྪ་བ་ཆེན་པོ། །ཤཱཀྱ་ཡེ་ཤེས་མ་དྲོས་པའི། །མཚོ་ལས་ཆུ་བོ་བཞི་ལྟ་བུའི། །འཁོན་སྟོན་དཀོན་མཆོག་རྒྱལ་པོ་དང་། །སེ་སྟོན་ཀུན་རིག་མངའ་རིས་པ། །གསལ་བའི་སྙིང་པོ་མཆིམས་ལོ་ཙྪ། །བཞིས་བླང་ཡུར་བ་ལྟ་བུ་ཡི། །སྒྱི་ཆུ་དགྲ་ལྷ་འབར་དང་ནི། །ཞང་སྟོན་ཆོས་འབར་གཉིས་ཀྱིས་དྲངས། །གངས་རིའི་ལྗོངས་འདིར་ཡོངས་རྫོགས་ཀྱི། །བསྟན་པའི་བདག་པོ་ས་སྐྱ་པ། །ཡབ་སྲས་སློབ་བརྒྱུད་བཅས་པ་ལ། །བརྒྱུད་དེ་དར་ཞིང་རྒྱས་པའོ། །དམ་པ་དང་པོ་ཡི་སངས་རྒྱས། །དུས་ཀྱི་འཁོར་ལོ་རྒྱ་གར་དུ། །ཙི་ལུ་པ་དང་དུས་ཞབས་པ། །ཆེ་ཆུང་སོགས་ཀྱིས་རྒྱས་པར་སྤྱེལ། བོད་དུ་ཁ་ཆེ་ཟླ་བ་མགོན། །འབྲོ་ལོ་རྭ་ལོ་ཆོས་རབ་སོགས། །བརྒྱུད་དེ་བུ་སྟོན་ཐམས་ཅད་མཁྱེན། །བརྒྱུད་པར་བཅས་པ་སོགས་ལས་འཕེལ། །བླ་མེད་ལྷ་ཡི་སྒྲུབ་ཚུལ་ནི། །རང་ཉིད་དམ་ཚིག་སེམས་པར་བསྐྱེད། །ཡེ་ཤེས་འཁོར་ལོ་བསྟིམ་ནས་ནི། །ནམ་ཡང་མི་འབྲལ་ཐ་མལ་གྱི། །འཇིག་པའི་སྣང་གྲགས་ཆོས་ཐམས་ཅད། །ལྷ་བསྒོམ་དེ་བཞིན་ཉིད་དག་པ། །ལྷ་ནི་སོ་སོའི་དག་པ་དང་། །དེ་བཞིན་རང་རིག་དག་པ་ནི། །གསུམ་ལས་ནམ་ཡང་མི་གཡོ་བའི། །སྒོ་ནས་དངོས་གྲུབ་ལེན་པ་ཡིན། །འདི་ཡི་སྨིན་བྱེད་དབང་བཞི་དང་། །གྲོལ་བྱེད་ལམ་ནི་རིམ་གཉིས་ལས། །བརྟེན་ནས་གཏན་བདེ་ཕྱག་རྒྱ་ཆེ། །མཆོག་གི་དངོས་གྲུབ་ཚེ་གཅིག་ལ། །འགྲུབ་པའི་ཐབས་མཁས་ཁྱད་པར་གྱི། །ལེགས་ཚོགས་ཕྱུལ་དུ་བྱུང་བའོ། །

འཇམ་མགོན་ས་སྐྱ་པཎྜི་ཏས། །དབང་བཞི་དང་ནི་རིམ་པ་གཉིས། །རྣལ་འབྱོར་ཆེན་པོའི་ཁྱད་ཆོས

ཡིན། །ཞེས་གསུངས་པ་དང་དེ་བཞིན་དུ། །སོ་ནམ་ཚུལ་བཞིན་བྱས་པ་ཡིས། །ལོ་ཏོག་རིམ་གྱིས་སྨིན་པ་ལྟར། །ཕ་རོལ་ཕྱིན་པའི་ལམ་ཞུགས་ནས། །གྲངས་མེད་གསུམ་གྱིས་རྫོགས་སངས་རྒྱས། །སྔགས་ཀྱིས་བཏབ་པའི་ས་བོན་ནི། །ཉི་མ་གཅིག་ལ་ལོ་ཏོག་སྨིན། །རྡོ་རྗེ་ཐེག་པའི་ཐབས་ཤེས་ན། །ཚེ་འདི་ཉིད་ལ་སངས་རྒྱས་འགྲུབ། །ཞེས་སོ།།

༈ གདན་དུ་བདེ་བ་མཆོག་ཐོབ་ལམ། །སོ་ཐར་བྱང་སེམས་གསང་སྔགས་ཀྱི། །སྡོམ་གསུམ་བཀའ་དྲིན་ལེགས་སྩོལ་མགོན། །མཁན་ཆེན་ཐམས་ཅད་མཁྱེན་པར་འདུད། །གྲུབ་མཐའ་བཞི་དང་རྒྱུད་སྡེ་བཞིའི། །ཉམས་ལེན་སྙིང་པོར་དྲིལ་བ་ན། །དེ་དག་སྡོམ་པ་གསུམ་དུ་འདུས། །བདག་ཉིད་ཆེན་པོ་འཇམ་དཔལ་དབྱངས། །ས་སྐྱ་པཎྜི་ཏ་མཆོག་གིས། །ལེགས་གསུང་སྡོམ་གསུམ་རབ་དབྱེ་ཡི། །དགོངས་དོན་མདོར་བསྡུས་འདི་ལྟར་བཀོད། །ཐོག་མར་བསྟན་བཅོས་འདིའི་མཚན་དོན། །སྡོམ་པ་གསུམ་གྱི་རབ་དབྱེ་ཞེས། །སོ་ཐར་བྱང་སེམས་སྔགས་སྡོམ་གསུམ། །ལེན་པའི་ཆོ་ག་དེའི་བསླབ་བྱ། །མཐར་ཐུག་འབྲས་བུ་འཕྲིན་ཚུལ་དང་། །ཉམས་སུ་ལེན་པའི་གནད་སོ་སོའི། །འཁྲུལ་པ་བཀག་ནས་མ་འཁྲུལ་པ། །སྒྲུབ་པའི་རྣམ་དབྱེའི་གསུང་ཡིན་ནོ། །སྡོམ་པ་གསུམ་གྱི་ཐ་སྙད་ནི། །རྒྱུད་ནི་རྡོ་རྗེ་རྩེ་མོ་ལས། །གསུང་དེ་སུམ་ལྡན་གྱི་རྒྱུད་ཀྱི། །གང་ཟག་གཅིག་གི་རྒྱུད་ལ། སྡོམ་པ་གསུམ་ཡིན་སྔགས་སྡོམ་གཙོ། །སྐབས་འདིའི་སོ་བྱང་གཉིས་པོ་ནི། །སྔགས་ཀྱིས་རྩིས་ཀྱི་མ་ཟིན་པ། །ཁོ་ན་ཡིན་པའི་རྣམ་དབྱེ་གཅེས། །མཆོད་བརྗོད་དང་པོ་རྩ་བ་ཡི། །བླ་མ་དམ་པ་སོགས་དང་མཆོད་བརྗོད་ཤློ་ཀ་གཅིག བླ་མ་གྲུབ་གཉིས་མཆོག་སྦྱིན་པ། །རྡོ་རྗེ་ཐེག་པའི་དབང་བསྐུར་ནི། །ཡོངས་སུ་རྫོགས་པ་ཐོབ་པ་ཡི། །རྡོ་རྗེ་སློབ་དཔོན་སྐབས་འདི་སུ། །འདི་སྐུག་ཚང་དང་། དགའ་གདོང་པས་བཤད་ཚུལ་འདྲ་མིན་བྱུང་། རང་ལུགས་བདག་ཉིད་ཆེན་པོར་ཚངས་སྤྱོད་དགེ་བསྙེན་ལུགས་གཉིས་བྱང་སྡོམ་སྔགས་སྡོམ་སྩོལ་བ་སོགས་བཞེད། རྗེ་བཙུན་རིན་པོ་ཆེ་ཉིད་དོ། །དེ་ནས་མཆོད་བརྗོད་ཚིག་སྐྱོན་མེད་ཡོན་ཏན་སོགས། རྐང་གཉིས། །སྡོམ་གསུམ་བཅའ་བའི་སྟོན་པ་མཆོག །ཤཱཀྱ་སེང་གེར་ཕྱག་འཚལ་མཛད། །དེ་ནས་ཚིག་རྐང་དང་ལྡན་སངས་རྒྱས་སོགས། གཉིས་པོ་ནི། །བཤད་ཡུལ་བཤད་བྱའི་ཆོས་བསྟན་པ༑ །དེ་ནས་ཚིག་མཁས་རྣམས་དགའ་བའི་སོགས། བཞི་བཤད་ཚུལ་ལོ། །

དེ་ནས་ཚིག་བདག་ནི་སངས་རྒྱས་བསྟན་པ་སོགས། བཞི་ཀུན་སློང་བསྟན། །སོ་སོར་ཐར་པའི་སྡོམ་པ་དང་། །ཞེས་ནས་རྣམ་དབྱེ་བཤད་ཀྱི་ཉོན། །བར་འདི་བསྟན་བཅོས་མཆོག་གི་ལུས། །དོན་ཚན་བཅུ་གཅིག་གིས་འབྲེལ་པ། །འགོག་ཅིང་མ་འཁྲུལ་བར་བསྒྲུབ་དོན། །སོ་སོར་ཐར་པའི་སྡོམ་པ་ལ། །ཞེས་ནས་སྐྱེས་བུ་དེ་ལ་ནི། །སྡེ་སྣོད་རྣམ་དབྱེ་མེད་པར་ཟད། །ཞེས་འདི་སོར་སྡོམ་ཉམས་ལེན་ལ། །འབྲི་གུང་པ་ཡི་སོར་སྡོམ་ལ། །ཧེ་སྲིད

འཚོ་སྒྲ་ལུས་དང་སེམས། །གཉིས་ཀར་དགོངས་ཞེས་ཟེར་བ་དང་། །དེ་ལ་སེམས་བསྐྱེད་ཀྱིས་མ་ཟིན། །སོ་ཐར་སྡོམ་པ་གཏོང་ཡང་དེས་ཟིན་པའི། །སྡོམ་པ་མི་བཏང་ཟེར་བ་བཀག །རང་ལུགས་ཉན་ཐོས་སོར་སྡོམ་ནི། །རྣམ་པ་རིག་བྱེད་མ་ཡིན་པའི། །ལུས་ངག་ལས་ནི་སྐྱེ་བ་ཡི། །གཟུགས་ཅན་སྡོམ་པ་འཆི་ཚེ་གཏོང་། །དགེ་འབྲས་ཚེ་འཕོས་ནས་ཀྱང་འབྱུང་། །བྱང་ཆུབ་སེམས་དཔའི་སེམས་བསྐྱེད་ནི། །གཟུགས་ཅན་མ་ཡིན་སེམས་ལ་སྐྱེས། །ཇི་སྲིད་སེམས་ནི་མ་ཉམས་བར། །དེ་སྲིད་སྡོམ་པ་ཡོད་པར་བཞེད། །ལུང་རིགས་འཐད་ལྡན་མང་པོས་སྒྲུབ། །ལུས་ངག་སེམས་ལས་སྐྱེས་པ་གཉིས། །ལྡོག་ཚུལ་རྣམ་དབྱེ་དེ་ལྟར་མཛད། །བྱེ་བྲག་སྨྲ་བའི་བསྙེན་གནས་ནས། །ཡི་དམ་བསྒོམ་པ་བསོད་ནམས་ཆེ། །བར་འདིའི་བཀའ་གདམས་པ་ལ་ལས། །བསྙེན་གནས་འབུལ་དང་གཞན་ལ་འཚོལ། །ལྷ་བསྒོམ་ཐ་དད་ལོག་རྟོག་དགག །བྱེ་སྨྲས་བསྙེན་གནས་དགེ་སློང་ལས། །ལེན་ཅིང་གླིང་གསུམ་མི་ཁོ་ན། །མདོ་སྡེའི་བླང་ཡུལ་དགེ་བསྙེན་སོགས། །གང་རུང་ལས་བླང་གླིང་གསུམ་གྱི། །མི་དང་ཀླུ་ཀླུ་གཞོན་ནུ་ཙམ་པ་ཀ་དང་བཅས་ལ་སྐྱེས། །ཉན་ཐོས་སྡེ་གཉིས་ཚིག་སྐྱབས་འགྲོའི་ཚུལ་གྱིས་འབོགས། །དོན་ཞགས་རྟོགས་པར་བསྙེན་གནས་ནི། །རང་ཉིད་ཀྱིས་བླང་ཆོག་ནི། །སེམས་བསྐྱེད་འདྲ་བའི་ཁྱད་པར་གསུང་། །བྱེ་བྲག་སྨྲ་བས་ཐོ་རངས་ཀྱི། །མཐའ་ནས་སང་གི་ཐོ་རངས་བར། །དེ་བཞིན་མདོ་སྡེ་པ་ཡིས་ཀྱང་། །ནམ་འདོད་ཚེ་ནས་སང་དེའི་བར། །སྲུང་བའི་ཉིན་ཞག་གཅིག་གིས་ཁྲིམས། །བླང་སྐྱེས་འབུལ་དང་འཚོལ་མི་དགོས། །

ལྷ་བསྒོམ་ཉན་ཐོས་གཞུང་ལུགས་ལ། །མ་བཤད་བྱས་ནའང་འགལ་བ་མེད། །རྣམ་རྒྱལ་སྟོང་མཆོད་ལྷ་བུ་གསོ་སྦྱོང་དང་འབྲེལ་གསང་སྔགས་ཀྱི། །ཡི་དམ་བསྒོམ་པ་བསོད་ནམས་འཕེལ། །ཐེག་པ་ཆེན་པོ་ལས་བྱུང་བའི། །ཞེས་ནས་སོ་ཐར་རིགས་བརྒྱད་པོ། །བྱང་སེམས་སོ་སོར་ཐར་པར་གྱུར། །ཞེས་བར་རང་ལུགས་ཐེག་ཆེན་གྱི། །སོ་ཐར་ཚིག་ནུབ་མ་ནུབ། །སོགས་ཀྱི་དབྱེ་བ་སོ་སོ་རུ །ཕྱེས་ནས་དེང་སང་ལག་ལེན་དུ། །དགོས་པའི་ཚིག་དམིགས་བསལ་གསུང་། །བྱང་ཆུབ་སེམས་དཔའི་སོ་སོར་ཐར། །འབོག་ཆོག་ཡོད་མོད་ཕར་ཆེར་ནུབ། །གསོ་སྦྱོང་རང་གི་བླང་བ་སོགས། །ཚིགའི་ལག་ལེན་ཡོད་པར་གསུང་། །ད་ལྟའི་ཕྱག་ལེན་གནང་བ་ནི། །བསམ་པ་བྱང་ཆུབ་སེམས་ཀྱིས་ཟིན། །ཚིག་ཉན་ཐོས་ལུགས་བཞིན་མཛད། །བླང་བའི་སོ་ཐར་རིགས་བརྒྱད་པོ། །བྱང་སེམས་སོ་ཐར་གྱུར་ཞེས་བཞེད། །

དེ་ནས་བྱང་ཆུབ་སེམས་དཔའ་ཡི། །སོ་ཐར་སོགས་ནས་ལུགས་གཉིས་པོ། །དེ་འདྲའི་རྣམ་དབྱེ་ཤེས་པར་བྱ༔ ༔ཞེས་པས་རང་ལུགས་ཐེག་ཆེན་གྱི། །སོ་ཐར་ལེན་པའི་ཚིག་ལས། །འཕྲོས་ནས་བསླབ་བྱའི་ཁྱད་པར་

གསུང་། །བྱང་སེམས་སོ་ཐར་བསླབ་བྱ་ནི། །སྡིག་ཏོ་མི་དགེ་བ་ཡི་ཕྱོགས། །ཉན་ཐོས་བཞིན་སྲུང་རང་འདོད་ཀྱི༑ ༑དབེན་པའི་ལྟུང་བ་བྱང་སེམས་ཀྱི། །ལུགས་བཞིན་སྲུང་ནས་འཇིག་རྟེན་པ། །མ་དད་གྱུར་རྣམས་འབད་པས་སྲུང་། །འཇིག་རྟེན་ཐར་པའི་ལམ་འཇུག་པའི། །རྒྱུ་རུ་གྱུར་ན་ཐེག་པ་ཆེ། །སོ་སོར་ཐར་པ་ལ་ནི་གནང་། །ཉན་ཐོས་སེམས་ཅན་དོན་ཡིན་ཡང་། །འདོད་པ་ཆེན་ལ་ལྟུང་བ་འབྱུང་། །ཐེག་ཆེན་བྱང་སེམས་གཞན་དོན་ཕྱིར། །འདོད་ཆེན་ལྟུང་བ་མེད་ཅེས་བཤད། །ཐེག་ཆེན་སོ་སོར་ཐར་སོགས་ནས། །འབྲས་བུ་ཤི་ཡང་འབྱུང་གི་བར། །ཞར་བྱུང་གཏོར་ཚུལ་ཉན་ཐོས་ཀྱི། །ཚིག་ལས་བླང་སྡོམ་པ་ཡི། །ལྡོག་པ་ཤི་བའི་ཚེ་ན་གཏོང་། །བྱང་ཆུབ་སེམས་ཀྱི་ལྡོག་པ་དང་། །དགེ་འབྲས་ཤི་ཡང་འབྱུང་བར་བཤད། །ལས་འབྲས་སྐབས་ཀྱི་འཕྲུལ་བཀག་དོན། །དེས་ན་ལས་དང་རྣམ་སྨིན་གྱིས། །སོགས་ནས་ཉིད་དུ་གྱུར་བར་དོན། །ཐེག་པ་ཆེ་ཆུང་གཉིས་མཐུན་པར། །ལས་འབྲས་བླང་དོར་ཚུལ་བཞིན་དུ། །བྱེད་པ་སོ་ཐར་བསླབ་བྱའི་གཙོ། །ལས་ལ་དགེ་སྡིག་ལུང་མ་བསྟན། །ཡིན་ཅེས་རྒྱལ་བས་མདོ་ལས་གསུང་། །

དགེ་བ་ལེགས་པར་སྤྱད་པ་སྟེ། །རྣམ་སྨིན་བདེ་བ་སྐྱེད་པ་ཡིན། །སྡིག་པ་ཉེས་པར་སྤྱོད་པ་སྟེ། །རྣམ་སྨིན་སྡུག་བསྔལ་སྐྱེད་པར་བྱེད། །བཏང་སྙོམས་གཉིས་ཀ་མ་ཡིན་པས། །རྣམ་པར་སྨིན་པའང་གཉིས་ཀ་མིན། །འདི་དག་བྱས་པའི་ལས་ཡིན་པས། །འདུས་བྱས་ཡིན་པར་ཤེས་པར་བྱ། །ཆོས་ཀྱི་དབྱིངས་ནི་འདུས་མ་བྱས། །ཡིན་པའི་ཕྱིར་ན་ལས་མ་ཡིན། །དེས་ན་དགེ་དང་སྡིག་པ་མིན། །ལས་ལ་ཐུབ་པས་རྣམ་གཉིས་གསུངས། །སེམས་པ་དང་ནི་བསམ་པའོ། །སེམས་པ་ཡིད་ཀྱི་ལས་ཡིན་ཏེ། །བསམ་པ་དེ་ནི་ལུས་ངག་གིའོ། །ཆོས་ཀྱི་དབྱིངས་ནི་གཉིས་ཀ་མིན། །དེ་ཕྱིར་དགེ་སྡིག་ལས་ལས་གྲོལ། །གཞན་ཡང་ལས་ལ་རྣམ་བཞི་གསུངས། །ལས་དཀར་རྣམ་སྨིན་དཀར་བ་དང་། །ལས་གནག་རྣམ་སྨིན་གནག་པ་དང་། །ལས་དཀར་རྣམ་སྨིན་གནག་པ་དང་། །ལས་གནག་རྣམ་སྨིན་དཀར་བའོ། །

བསམ་པ་དག་པའི་སྦྱིན་པ་སོགས། །གཉིས་ཀ་དཀར་བས་མཁས་པས་བྱ། ། བཟའ་བའི་དོན་དུ་གསོད་པ་སོགས། །གཉིས་ཀ་གནག་པས་མཁས་པས་སྤང་། །མང་པོ་བསྐྱབས་ཕྱིར་གཅིག་གསོད་སོགས། ། ལས་གནག་རྣམ་སྨིན་དཀར་ན་བྱ། །གཞན་དོན་འབྱུང་ངེས་ལུང་རིགས་ཀྱིས། །གྱུར་ངེས་རང་འདོད་མ་འདྲེས་བྱ༑ ༑མ་བརྟགས་པ་དང་ཡིན་ཟོལ་སྤྱངས། །བསོད་ཕྱིར་སྦྱིན་པ་གཏང་ལ་སོགས། །ལས་དཀར་རྣམ་སྨིན་གནག་པ་སྤང་། །གཞན་ཡང་ལས་ལ་རྣམ་གཉིས་གསུངས། །འཕེན་བྱེད་ལས་དང་རྫོགས་བྱེད་ལས། །དེ་དག་དབྱེ་ན་མུ་བཞི་ཡོད། །འཕེན་བྱེད་དགེ་བས་འཕངས་པ་ལ། །རྫོགས་བྱེད་ཀྱང་ནི་དགེ་བ་དང་། །འཕེན་བྱེད

སྡིག་པས་འཕངས་པ་ལ། །རྫོགས་བྱེད་ཀྱང་ནི་སྡིག་པ་དང་། །འཕེན་བྱེད་དགེ་ལ་རྫོགས་བྱེད་སྡིག །འཕེན་བྱེད་སྡིག་ལ་རྫོགས་བྱེད་དགེ །ལས་ཀྱིས་འཕངས་དང་འཕེན་ཞེས་པས། །སྐྱེ་བ་ཡིན་ཞིང་ལས་གཙོ་ཞེས། །མཁན་ཆེན་ངག་དབང་ཆོས་གྲགས་གསུངས། །དེ་དག་དཔེར་བརྗོད་མདོར་བསྡུས་པ། །བཤད་པར་བྱ་ཡིས་ཡིད་ལ་ཟུངས། །མཐོ་རིས་གསུམ་པོ་འགྲུབ་པ་ནི། །དགེ་བའི་ལས་ཀྱིས་འཕེན་པ་ཡིན། །དེ་དག་བདེ་བ་འབྱུང་བ་ནི། །རྫོགས་བྱེད་དགེ་བས་འཕངས་པ་ཡིན། །ངན་སོང་གསུམ་དུ་སྐྱེ་བ་ནི། །འཕེན་བྱེད་སྡིག་པ་ཡིན་པར་གསུངས། །དེ་ཡི་སྡུག་བསྔལ་བྱེ་བྲག་ཀུན། །རྫོགས་བྱེད་ལས་ནི་སྡིག་པ་ཡིན། །མཐོ་རིས་དགེ་བས་འཕངས་མོད་ཀྱི། །དེ་ཡི་ནད་དང་གནོད་པ་ཀུན། །རྫོགས་བྱེད་སྡིག་པ་ཡིན་པར་གསུངས། །ངན་འགྲོའི་འཕེན་བྱེད་སྡིག་ཡིན་ཡང་། །དེ་ཡི་ལུས་སེམས་བདེ་བ་ཡིན། །གནས་སྐབས་དགེ་བས་འཕངས་པར་གསུངས། །གཞན་ཡང་གཅིག་ཏུ་དཀར་བ་དང་། །གཅིག་ཏུ་གནག་དང་འདྲེན་མའི་ལས། །རྣམ་པ་གསུམ་དུ་ཕྱེ་བས་གསུངས། །གཅིག་ཏུ་དཀར་བས་བདེ་བ་བསྐྱེད། །གཅིག་ཏུ་གནག་པས་སྡུག་བསྔལ་བསྐྱེད། །འདྲེན་མའི་ལས་ཀྱི་བདེ་བ་དང་། །སྡུག་བསྔལ་འདྲེན་མ་བསྐྱེད་པར་གསུངས། །ཞེས་པའི་དོན་འདི་དངོས་འགལ་ལ། །ལྷན་ཅིག་འདྲེས་པ་མི་འབྱུང་མོད། །ཀུན་སློང་གཙོ་ཆེའི་སྦྱོར་བ་ཡི། །འབྲས་དེ་སྟོན་མྱོང་ཀུན་སློང་གི །འབྲས་བུ་རྗེས་སུ་འབྱུང་བ་ཡིན། །འདི་འདྲའི་ལས་དང་རྣམ་སྨིན་གྱི། །རྣམ་པར་དབྱེ་བ་ཤེས་འགྱུར་ན། །ད་བཟོད་ལས་ཀྱི་རྒྱུ་འབྲས་ལ། །ཤིན་ཏུ་མཁས་པ་ཉིད་དུ་འགྱུར། །

བོད་ཀྱི་བླ་མ་ཞང་གཡུ་བྲག །སོགས་ཀྱིས་གཉིས་ལ་དགེ་སྡིག་ཡོད། །ཟེར་བའི་ལོག་རྟོག་བཀག་པ་ནི། །མུ་སྟེགས་གྲངས་ཅན་པ་རྣམས་ཀྱིས། །ཞེས་ནས་དེ་ཉིད་རྒྱལ་སྲས་ཀྱི། །དགེ་བ་ཡིན་པར་ཤེས་པར་བྱ། །ཞེས་པའི་བར་དུ་ལུང་རིགས་ཀྱིས། །དགག་དང་སྒྲུབ་པའི་རིམ་པ་ནི། །འཕྲུལ་གཞི་རྡོ་རྗེ་རྒྱལ་མཚན་གྱི། །བསྔོ་བར་འགྲོ་ཀུན་དགེ་བ་ནི། །ཇི་སྙེད་ཡོད་ཅེས་ཚིག་སྒྲ་དང་། །མངོན་པར་དོན་དམ་དགེ་བ་ཞེས། །དེ་ལ་འཁྲིས་ཏེ་རང་བྱུང་གིས། །གྲུབ་འདོད་བདེ་གཤེགས་སྙིང་པོ་ཟེར། །རྒྱུ་ཡི་སྐབས་ནས་འབྲས་བུ་ནི། །གནས་པར་འདོད་པ་མུ་སྟེགས་ལུགས། །བདེ་གཤེགས་སྙིང་པོ་དེ་བཞིན་ཉིད། །ཆོས་དབྱིངས་འགྱུར་མེད་རྣམས་དོན་གཅིག །ཆོས་དབྱིངས་ཞེས་པའི་མཚན་གཞི་ནི། །འཁོར་འདས་ཆོས་སྣོད་བཅུད་བེམ་ཤེས་དགེ་སྡིག་བར་མ་གསུམ་སོགས་རྣམས་ཀུན་གྱི་དབྱིངས། །རིས་བྲལ་མང་ཉུང་དང་འགྱུར་བ་མེད་མུ་བཞི་དུས་གསུམ་ལས། །འདས་པ་དྲི་མེད་ལུང་གིས་འགྲུབ། །སེམས་ཀྱི་རང་བཞིན་འོད་གསལ་ཉིད། །འགྱུར་མེད་དཔེ་རུ་ནམ་མཁའ་གསུངས། །འདི་སྐབས་བཀྲོལ་ལུང་དོན་འདི་བཀོལ་བ་ཡིན། །འབྲི་གུང་པ་འགས་གཞི་བདེ་གཤེགས་སྙིང་། །སྟོང་ཉིད་ལམ་སྙིང་རྗེའི་

སྙིང་པོ་སྲུ །འདོད་ཀྱང་བདེ་གཤེགས་སྙིང་པོའི་ཁམས། །སྤྱོད་བྱེད་ཙམ་ལས་ཁམས་དངོས་མིན། །དེ་ཡང་མདོ་རྒྱུད་ལུང་གིས་སྟོན། །ཉན་ཐོས་རྣམས་ཀྱི་ངོ་བོ་ཉིད། །དགེ་ཞེས་སེམས་བྱུང་དད་སོགས་བཅུ་གཅིག་ཡིན། །དོན་དམ་དགེ་བ་དེ་བཞིན་ཉིད། །སྡིག་པ་འཁོར་བ་ནམ་མཁའ་དང་། །སོ་སོར་བརྟག་མིན་ལུང་མ་བསྟན། །བཤད་པའི་བཏགས་དོན་འཁོར་བ་ལས། །སྡིག་འབྱུང་མཁའ་དང་བརྟག་མིན་གཉིས། །འབྲས་འགོག་ཕྱིར་ན་ལུང་མ་བསྟན། །དགེ་བ་འབྲས་བུ་བདེ་བསྐྱེད་པའི། །དགེ་དངོས་མིན་ཀྱང་སྡིག་མདོན་གྱུར། །མེད་པའི་ཕྱིར་ན་དགེ་བ་ཞེས། །དཔེར་ན་ནད་བྲལ་ལུས་བདེ་ལ། །སྨྱུ་ངན་མེད་པས་སེམས་བདེ་ཞེས། །སྡུག་བསྔལ་མེད་པ་ཙམ་ཞིག་ལ། །བདེ་བར་འཇིག་རྟེན་ལ་གྲགས་པ། །དཔེ་རུ་མཛད་ཅིང་ཆོས་དབྱིངས་ནི། །དགེ་བྱས་ཏ་ཙང་ཐལ་འགྱུར་ཏེ། །ཆོས་ཀུན་ཆོས་དབྱིངས་ལ་གཏོགས་ཕྱིར། །སྡིག་དང་ལུང་མ་བསྟན་དགེར་འགྱུར། །ངན་འགྲོར་འགྲོ་བའི་འགྲོ་མི་འབྱུང་། །ལ་ལས་བྱམས་དང་སྙིང་རྗེ་སོགས། །གཤིས་དགེར་འདོད་ཀྱང་ངེས་པ་མེད། །གཉེན་དུ་བྱམས་ནས་དགེ་འདུན་གྱི། །འཚོ་བ་ཕྱིན་པས་དམྱལ་བར་སྐྱེ། །རིས་བྲལ་འགྲོ་ལ་བྱམས་སྙིང་རྗེས། །གནས་སྐབས་མངོན་མཐོ་མཐར་ཐུག་དུ། །ངེས་ལེགས་ཐོབ་བྱེད་ཐབས་ཀྱིས་ནི། །སྦྱིན་སོགས་ལ་འཇུག་དགེ་བ་ཡིན། །དེ་ལྟར་འགྲོ་ཀུན་གྱིས་བྱས་པའི། །འབད་པས་སྒྲུབ་པའི་དགེ་བ་ལ་དགོངས་འགྲོ་ཀུན་གྱི། །དགེ་བ་ཐེ་སྙེད་ཡོད་ཅེས་གསུངས། །ཆོས་དབྱིངས་སྦྱོར་པ་ཀུན་བྲལ་ལ། །ཐེ་སྙེད་མང་ཉུང་ཐ་སྙད་མེད། །མདོར་ན་སངས་རྒྱས་བསྟན་པ་ལ། །ཞུགས་པར་བྱེད་ཀུན་ཆོས་ཀྱི་དབྱིངས། །མཐའ་བཞི་ལས་གྲོལ་བྱ་བྱེད་སོགས་སྤྲོས་ཀུན་བྲལ། ཞེས་བྱ་གསུངས། །

གཞན་ཡང་ཡོད་དགེ་ཆོས་ཉིད་ཡིན། །ཞེ་ན་འགྲོ་ཀུན་དགེ་སློས་ཀྱི། །ཡོད་མཐའ······ཐིམ་པོ་དངོས······མེད་མཐའ་མེད་འཕགས་པ་ཡི།······ལམ་སྒྲུབ་པ་ལས་བྱུང་བའི་དགེ་བའི་ཕྱོགས་ཏེ་ཆོས་དབྱིངས་ཁོངས་སུ་འདུ། །འདི་གསུམ་ཁོངས་སུ་ཆོས་དབྱིངས་མི་འདུ། །ཆོས་ཉིད་རྣམ་གྲངས་བགྲང་དགོས་འགྱུར། །གཞུང་དེའི་དགོངས་དོན་ངེས་པ་ནི། །མཆོད་སྦྱིན་ལྟ་བུ་འགྲོ་ཀུན་གྱི། །བསམ་པ་རྣམ་པར་དག་པ་ཡི། །སྔོ་ནས་བྱས་པའི་དགེ་བ་ནི། །ཇི་སྙེད་ཞེས་པ་མང་པོའི་ཚིག །བྱས་པ་འདས་དང་བྱེད་འགྱུར་ནི། །མ་འོངས་བྱེད་པ་ད་ལྟར་བ། །དུས་གསུམ་གིས་བསྡུས་གཞན་དགེ་དང་། །རྡོ་རྗེ་རྒྱལ་མཚན་ཉིད་ཀྱིས་ཀྱང་། །དུས་གསུམ་མཛད་པའི་དགེ་བ་ལ། །སྤྱིར་ཡང་རུང་སྟེ་དེ་ལྟར་ཡིན། །དེ་ལྟར་ཡོད་པ་ཞེས་བྱ་ནི། །དུས་གསུམ་དུ་བསྒྲུབ་དགེ་བའི་ཚོགས། །ཡོད་རྣམས་ཞེས་པའི་དོན་ཡིན་ནོ༑ །བསྔོ་བའི་དོན་ནི་དམ་པ་གསུམ། ཀུན་སློང་སེམས་བསྐྱེད། དངོས་གཞི་དམིགས་མེད། རྗེས་བསྔོ་བ། །གྲིས་ཟིན་དགེ་རྩ་བསྒྱུར་སྤེལ་ཆེད། །ཡིན་གྱི་ཆོས་དབྱིངས་འདུས་མ་བྱས། །མཐའ་བྲལ་འགྱུར་བ་མེད་པ་ལ། །བསྔོ་བ་

འབྲས་བུའི་དབེན་པ་ཡིན། །གལ་ཏེ་བསྔོ་བྱའི་དགེ་མིན་ཡང་། །བྱང་སེམས་བློ་སྦྱང་གིས་བསྔོ་རུང་། །ཟེར་ན་མི་རུང་ཉེས་པ་ཡོད། །ཆོས་དབྱིངས་སྤྲོས་བྲལ་དགེར་དམིགས་ན། །དམིགས་པའི་བསྔོ་བ་དུག་ཅན་འགྱུར། །ཆོས་དབྱིངས་སྤྲོས་བྲལ་མདངས་འགག་མེད། །ངང་ནས་དགེ་ཚོགས་སྒྲུབ་པ་རྣམས། །འགྲོ་བའི་དོན་དུ་བསྔོ་བ་ནི། །བྱང་ཆུབ་སེམས་དཔའི་བློ་སྦྱོང་གྱུར། །དམིགས་པ་མེད་པའི་བསྔོ་བའི་གནད། །ཡིན་ཞེས་མདོ་རྒྱུད་ཀུན་ལས་གསུངས། །ཆོས་ཉིད་འདི་ཡོངས་གྲགས་ཀྱི་བརྗོད་པ་དེ་ཡིན་མི་འགྱུར་བདེན་པ་ཞེས། །བདེན་སྟོབས་བརྗོད་བྱ་ཡིན་བཞིན་དུ། །དེ་ཉིད་བསྔོ་བྱ་ག་ལ་ཡིན། །ལ་ལས་བདེ་གཤེགས་སྙིང་པོའི་སྒྲ། །སེམས་ཅན་ཁོ་ན་ཁམས་ཡིན་འདོད། །

དེ་ནི་དངོས་ཡོད་དང་དོན་བྱེད་ནུས་མིན་དངོས་མེད། །སྤྲོས་བྲལ་གསུམ་ལས་གཞན་མི་འབྱུང་། །དངོས་ཡོད་བེམ་པོ་སེམས་ཅན་ཞེས། །འདོད་པ་དེ་ནི་མུ་སྟེགས་ལུགས། །རིག་པ་ཤེསཔརྣམཤེསཚོགསབརྒྱད་པོ། །འདུས་བྱས་ཡིན་པས་བདེ་གཤེགས་ཀྱི། །སྙིང་པོ་འདུས་མ་བྱས་པ་དེ། །མ་ཡིན་སྐབས་འགར་ཟག་མེད་ཀྱི། །སེམས་རྒྱུད་གསུངས་པ་ཀུན་གཞི་ཡི། །རྣམ་པར་ཤེས་ཀྱི་གསལ་ཆར་དགོངས། །མ་བསྒྲིབས་ལུང་མ་བསྟན་ཞེས་པ། །ཚོགས་དྲུག་དམིགས་པས་མ་ཐོག་པ། །ལུང་དུ་མ་བསྟན་དགེ་བ་ཡི། །ཐ་སྙད་མེད་ཅིང་དངོས་མེད་ན། །དགེ་སྡིག་མི་འཐད་སྤྲོས་བྲལ་ན། །སྔར་གྱི་ཆོས་དབྱིངས་དེ་ལས་ཅི། །དེ་ནི་དགེ་སྡིག་གཉིས་ཀའི་ཕྱོགས། །མ་ལྟུང་རྒྱུན་མཚན་སྔར་བསྟན་ཟིན། །བེམ་དབྱིངས་བདེ་གཤེགས་སྙིང་མིན་ཡང་། །སེམས་ཅན་ཆོས་དབྱིངས་བདེ་གཤེགས་སྙིང་། །ཡིན་ནམ་སྙམ་ན་དེ་མིན་ཏེ། །ཆོས་དབྱིངས་དབྱེར་མེད་སྤྲོས་བྲལ་ཡིན། །སེམས་ཅན་འཁྲུལ་གྲོལ་གཉིས་ཀ་འབྱུང་། །འཕགས་མཆོག་ཀླུ་སྒྲུབ་ཞལ་སྔ་ནས། །སྟོང་པ་ཉིད་ལ་ཀུན་རུང་གསུངས། །བྱམས་པས་སྙིང་ལྗེ་སེམས་ཞུམ་སེམས་ཅན་དམན་ལ་བརྙས་པ་དང་། །ཡང་དག་མིན་འཛིན་ཡང་དག་ཆོས་ལ་སྐུར། །བདག་ཅག་ལྷག་པའི་སྐྱོན་ལྔ་གང་དག་ལ། ཡོད་པ་དེ་དག་དེ་སྤང་དོན་དུ་གསུངས། སྤང་ཕྱིར་དང་། །སེམས་ཅན་མྱང་འདས་ལ་དྲང་ཕྱིར། །བདེ་གཤེགས་སྙིང་པོ་གསུངས་པ་ཡང་། །དགོངས་གཞི་སྟོང་ཉིད་ལ་དགོངས་སོ། །བསྔོ་ཆེ་ཆུ་སྦྲིང་མུ་སྟེགས་ལུགས། །སྟོན་གྱི་ལོ་རྒྱུས་ཐམས་ཅད་སྤྲོལ་སྦྱིན་ཡུལ་ནི། །བྲམ་ཟེ་མགུ་བའི་ཐབས་མཁས་ཙམ། །དེ་ལས་གཞན་དུ་དགོས་ཆེད་མེད། །བསྔོ་བ་ལ་ནི་མདོར་བསྡུ་ན། །གནས་དང་གནས་མིན་གཉིས་སུ་གསུངས། །གནས་ཀྱི་བསྔོ་བ་མཚན་གཞི་བསོད་ནམས་འདི་ཡི་ཐམས་ཅད་གཟིགས་པ་ཉིད་སོགས་ཚིག་བཞིའི་དོན་ལྟ་བུ། སེམས་ཅན་གྱི། །དོན་ཕྱིར་རང་གི་དགེ་བའི་ཚོགས། །སྒྲུབ་ནུས་རང་ཉིད་སངས་རྒྱས་ཐོབ། །དེ་ཐོབ་མཆོག་གི་ཡོན་ཏན་དེས། །སེམས་ཅན་སྲིད་མཚོ་ལས་སྒྲོལ་སྨོན། །དེས་ནི་སེམས་བསྐྱེད་ཁྱད་པར་ཅན། །ཐབས་མཁས་དགེ་བའི་འབྲས་བུ་ཡི། །

རང་ཉིད་སངས་རྒྱས་ངེས་པར་ཐོབ། །དེ་ཐོབ་པས་ནི་སེམས་ཅན་ཀུན། །སྲིད་པའི་མཚོ་ལས་སྒྲོལ་ནུས་པར། ། ངེས་དེ་གནས་ཀྱི་བསྔོ་བ་ཡིན། །

གནས་མིན་མཚན་གཞི་དགེ་བ་འདི་ཡིས་སྐྱེ་བོ་ཀུན་སོགས་ཚིགས་བཞིའི་དོན་ལྟ་བུ······རང་གི་དགེ་བའི་ཚོགས། ། བསྒྲུབ་མཐུས་འཁོར་བ་སྟོང་གྱུར་ཅིག །སྨོན་ཀྱང་དབྱིངས་ཀྱི་ཆོས་ཉིད་ནི། །མིན་རུང་འཁོར་བའི་མཐའ་མེད་པ༑ །ལྟ་བུ་རྟེན་འབྲེལ······དམིགས་པ་མེད་ཀྱང་འགག་མེད་རྟེན་འབྲེལ་ཆོས་ཉིད་དེ། །སྨོན་པས་མི་འགྱུར་གནས་མིན་གྱི། ། བསྔོ་བར་བཤད་ཅིང་དེ་གཉིས་ཀ །མདོ་ལས་གསུང་ཞིང་རང་ཉིད་ཀྱིས། །བྱང་ཆུབ་ཐོབ་པའི་ཕན་ཡོན་འབྱུང་། ། དེས་ན་བཤགས་བྱའི་སྡིག་པ་དང་། །བསྔོ་བར་བྱ་བའི་དགེ་བ་ནི། །བྱས་པ་ཡི་ནི་ལས་ཞིག་དགོས། །དེ་ཡི་རྣམ་གཞག་མདོར་དྲིལ་ན། །ཆགས་སྡང་རྨོངས་གསུམ་གཏོགས་ཀུན་སྡིག །མ་ཆགས་མི་སྡང་རྨོངས་མེད་དགེ །དེ་ཡང་ཉན་ཐོས་བྱང་སེམས་གཉིས། །དགེ་སྡིག་རྣམ་གཞག་མི་མཚུངས་ཏེ། །སྡིག་ཏོ་ཀུན་སྤྱང་གཉིས་ཀ་མཚུངས། །ཉན་ཐོས་གཞན་དོན་བྱས་ན་ཡང་། །ཉེས་པར་བརྩི་ཞིང་བྱང་སེམས་ཀྱིས། །འདོད་པས་དབེན་པས་གཞན་དོན་དུ། །འགྱུར་མེད་ཐབས་མཁས་ཀྱིས་ཟིན་པའི། །འདོད་ཡོན་ལྔ་ལ་སྤྱོད་པ་སོགས། །ལྟུང་བ་མེད་ཅིང་དགེ་བར་འགྱུར། །

འབྲི་གུང་པ་འགགས་ལས་ཀྱི་འབྲས། །དཀར་ནག་ཟངས་ཐལ་ལོག་རྟོག་ནི། །དགག་ལ་དཀར་ནག་ཟངས་ཐལ་ནས། །མཁས་པའི་གཞུང་བཞིན་ཤེས་པར་གྱིས། །བར་གསུང་དེ་ནི་དྲང་དོན་ལ། །ངེས་པའི་དོན་དུ་འཁྲུལ་པ་ཡིན། །ཐུབ་དབང་བསྟན་ཚུལ་བསྟན་པ་སོགས། །སྔོན་ནས་རྣམ་སྨིན་དུ་གསུངས་པས། །གདུལ་བྱར་དགོངས་དགོས་དྲང་དོན་ཡིན། །ཐབས་ལ་མཁས་པའི་མདོ་ཡིས་གསལ། །གལ་ཏེ་ལས་སྨིན་ལོངས་སྐུ་ལ་སྨིན་པར། །རིགས་ཏེ་ཐུབ་དབང་སྤྲུལ་པ་ཙམ། །དཔེར་ན་སྒྱུ་མ་མཁན་པོ་ཡི། །ལས་ངན་སྒྱུ་མ་མཁན་དེ་ལས། ། དེས་སྤྲུལ་སྒྱུ་མར་མི་འབྱུང་མོད། །ཡེ་བཀག་ཡེ་གནང་ཞེས་སོགས་ནས། །སངས་རྒྱས་ཡིན་པར་གསུང་པའི་དོན། །རང་བཟོའི་རིག་པས་ཡེ་བཀག་དང་། །ཡེ་གནང་འདོད་པ་སངས་རྒྱས་ཀྱི། །བསྟན་པའི་ནང་མིན་ཉན་ཐོས་ཀྱི། །སྡེ་བཞིའི་སྲུང་ཚུལ་གནང་བཀག་རྣམས། །ཐ་དད་ལུང་གིས་གསལ་བར་སྟོན། །དེ་བཞིན་རབ་ཏུ་བྱུང་ལ་བཀག །ཁྱིམ་པར་བཀག་མེད་ཉན་ཐོས་ལ། །གནང་བ་ཐེག་ཆེན་ལ་བཀག་དང་། །མདོ་སྔགས་ཕན་ཚུན་གནང་བཀག་གི། །རྣམ་དབྱེ་ཐ་དད་ཡོད་པ་རྣམས། །རང་རང་ལུགས་བཞིན་བྱེད་པ་གཅེས། །རབ་བྱུང་ལ་བཅས་འགྲོ་གཞན་ལ། །མིན་པ་རྗེས་འབྲང་ལ་སྙིང་ནད། །སངས་རྒྱས་བདེ་སྡུག་བྱེད་པོ་སུ །ཟེར་བ་འབྲེལ་མེད་ལོག་རྟོག་གོ། །ཐུབ་དབང་མཆོག་གི་ཕན་བདེ་ཡི། །འབྲས་འབྱུང་སྨོན་པའི་ཞིང་སྐྱུལ་བ། །སྙིང་ནད་ཡིན

ན་འཇིག་རྟེན་ན། །ཞིང་མེད་དབུལ་པོར་ཞིང་བཟང་བྱིན། །སྙིང་ནད་དུ་འགྱུར་ཐ་ཤལ་གཏམ། །ཆགས་སྡང་རྨོངས་གསུམ་ཀུན་ལ་སྡིག །སོ་བྱང་སྡོམ་པ་བླང་ཟིན་ནས། །འགལ་བར་གྱུར་ན་བཅས་པའི་སྡིག །མ་བཅས་ལྟུང་བ་འབྱུང་འདོད་འཁྲུལ། །ཡོངས་སྐྱ་གྲུབ་ཐོབ་བརྟུལ་ཞུགས་སྤྱོད། །རྩ་རྒྱུད་བླ་མ་རྣལ་འབྱོར་གྱི། །ཆས་སུ་ཞུགས་རྣམས་ཡེ་བཀག་གི། །གཤིས་ཀྱི་མ་དགེ་ཅན་འདོད་དམ། །ཐུབ་པའི་དབང་པོས་ཚུལ་ཁྲིམས་ཀྱི། །བསླབ་པ་བཅས་ཀྱང་བདེ་སྡུག་གི །བྱེད་པོར་མི་འགྱུར་བདེ་སྡུག་རྒྱུ། །ལས་ཀྱི་བྱེད་པོ་སེམས་ཡིན་པས། །དེ་ཉིད་འདུལ་བའི་ཐབས་ཟབ་མོ། །བསླབ་པ་འཆའ་ཡི་བྱེད་པོ་ནི། །སྟོན་མཆོག་རྫོགས་པའི་སངས་རྒྱས་སོ། །

གཤིས་ལ་རང་གྲུབ་དགེ་བ་མེད། །ཆ་ལུགས་ཙམ་ལ་འའང་དགེ་ཡོད་མིན། །ཀུན་སློང་དགེ་ཞིང་སྡོམ་པ་བླང་། །བསླབ་བྱ་ཆ་ལུགས་ཚུལ་བཞིན་ལྡན། །དགེ་བ་རྣམ་གྲོལ་ལམ་བཟང་ཡིན། །ཉན་ཐོས་སོ་ཐར་དགག་པ་ཡི། །འདུལ་སྤྱོད་མ་ཡིན་སྤྲངས་དགོས་དོན། །སྤྲེ་སྤུ་ཅན་དང་གོང་བ་ཅན། །ཞེས་ནས་ལ་སོགས་བྱ་བ་ཀུན། །འདུལ་བའི་གཞུང་དང་མཐུན་པར་གྱིས། །ཞེས་གསུང་དོན་ནི་འདུལ་བ་ཡི། །སྤྱོད་འགལ་འགྱོད་པས་བཤགས་པར་བྱ། །བསྟན་པན་བསྒྲུབ་པར་མ་ནུས་ཡང་། འགལ་རིགས་རྣམ་པ་ཀུན་མི་བྱ། །བསྒྲུབ་པའི་བསླབ་བྱ་མདོ་བསྐུལ་སོགས། །འདུལ་གཞུང་མཐུན་པར་བྱ་དགོས་དོན། །མདོ་བསྐུལ་རིང་མོ་ཞེས་སོགས་ནས། །བདེན་བརྫུན་དཔྱེ་བར་ནུས་མ་ཡིན། །ཞེས་དོན་མདོ་རྒྱུད་ལས་མ་བཤད། །རང་བཟོ་འབད་པས་སྒྲུབ་ན་འཁྲུལ། །དཀའ་སླ་གང་དུ་གྱུར་ན་ཡང་། །རྫོགས་པའི་སངས་རྒྱས་གསུང་ལྟར་བསྒྲུབ། །ལ་ལ་རྫོགས་པའི་སངས་རྒྱས་ཀྱི༑ ༑ཞེས་ནས་སྒོ་གསུམ་དེ་ལྟར་གྱིས། །འདི་ནི་སངས་རྒྱས་བསྟན་པ་ཡིན། །ངེས་དོན་བོད་དག་སངས་རྒྱས་ཀྱི། །བཀའ་དང་དགོངས་འགྲེལ་བསྟན་བཅོས་ནི། །རྣམ་དག་ཉན་བཤད་མི་བྱེད་པ། །འབྲེལ་མེད་བླུན་པོའི་ཚིག་བསྟན་བཅོས། །ཉན་བཤད་ངལ་བ་དོན་མེད་ཡིན། །དྲི་མ་མེད་པ་རྒྱལ་བའི་བཀའ། །དགོངས་འགྲེལ་མཁས་དང་གྲུབ་པ་ཡི། །བསྟན་བཅོས་རྣམས་ལ་ཐོས་བསམ་བསྒོམས། །ཚུལ་བཞིན་བྱས་པས་དོན་གཉིས་འགྲུབ། །སངས་རྒྱས་བསྟན་པ་འཛིན་པར་བསྔགས། །སོ་ཐར་སྐབས་ཏེ་དང་པོའོ། །

བྱང་སེམས་སྡོམ་པའི་ཉམས་ལེན་ནི། །སེམས་བསྐྱེད་ཉན་རང་ཐེག་ཆེན་སྐྱེ། །ཐེག་པ་གསུམ་གྱི་སེམས་བསྐྱེད་གསུམ། །ཐེག་ཆེན་དབུ་སེམས་ལུགས་གཉིས་ཡོད། །ལེན་པའི་ཆོ་ག་བསླབ་བྱ་སོགས། །ཐ་དད་ཡོད་ཅེས་སྤྱིར་བསྟན་དོན། །སེམས་བསྐྱེད་ལ་ནི་ཉན་ཐོས་དང་། །ཞེས་པ་སོགས་ནས་ཕྱིར་བཅོས་དང་། །བསླབ་པར་བྱ་བའང་སོ་སོར་ཡོད། །གཞན་ནི་གོ་སླ་ཉན་ཐོས་ཀྱི། །ལྷག་མེད་དགྲ་བཅོམ་ཐོབ་འདོད་དང་། །རང་རྒྱལ་རྣམས་ཀྱིས་རྟེན་འབྲེལ་ནི། །ལུགས་ལྡོག་མཐའ་རུ་ཕྱིན་པའི་འབྲས། །བདག་མེད་ཕྱེད་དང་གཉིས་རྟོགས

ནས། །རང་རྒྱལ་གྱི་ནི་བྱང་ཆུབ་ཞེས། །སངས་རྒྱས་མེད་པའི་ཞིང་ཁམས་སུ། །གདུལ་བྱ་རྣམ་དག་ལམ་ལ་བཀྲི། །དེ་ལྟར་ཐོབ་འདོད་སེམས་བསྐྱེད་པ། །རྫོགས་སངས་རྒྱས་ཀྱིས་སེམས་ཅན་དོན། །སེམས་བསྐྱེད་བཅས་ལ་རྣམ་གསུམ་བཤད། །ཐེག་ཆེན་དབུ་མ་སེམས་ཙམ་གཉིས། །ལྟ་བ་མཐོ་དམན་ཐ་དད་པས། །ཆོ་ག་ལུང་དང་ཕྱིར་བཅོས་དང་། །བསླབ་བྱའང་མི་འདྲ་སོ་སོར་གསུངས། །

སེམས་ཙམ་སེམས་བསྐྱེད་ཀྱི་སྐབས་སུ། །བཀའ་གདམས་དགེ་བཤེས་ཕྱག་སེར་བས། །སྨྲི་ལམ་ལ་བརྟེན་སེམས་ཙམ་གྱི། །སེམས་བསྐྱེད་སྐྱེ་བོ་ཀུན་ལ་བྱས། །དོན་དམ་སེམས་བསྐྱེད་ཆོ་ག་ལས། །ལེན་པའི་ལོག་རྟོག་དགག་པ་ནི། །སེམས་ཙམ་པ་ཡི་སེམས་བསྐྱེད་འདི། །བོད་ན་བྱེད་པ་ཞེས་སོགས་ནས། །དབུ་མ་པ་ཡི་གཞུང་བཞིན་གྱིས། །ཞེས་དོན་དབུ་མ་སེམས་ཙམ་གཉིས། །ལྟ་བ་མཐོ་དམན་ཐ་དད་པས། །སེམས་བསྐྱེད་ཆོ་ག་ཡང་དོག་གྱུར། །རང་ལུགས་སེམས་ཙམ་ལུགས་ཀྱི་ནི། །སེམས་བསྐྱེད་སྐྱེ་བར་རུང་བའི་རྟེན། །ཕྱིག་ཤས་ཆུང་ཞིང་སོ་སོར་ཐར། །རིགས་བདུན་གང་རུང་སྡོམ་ལྡན་དགོས། །གཞན་ལ་མི་རུང་ཚུལ་འཕགས་པ། །ཐོགས་མེད་ཞབས་དང་རྒྱལ་བའི་སྲས། །ཇོ་བོ་ཆེན་པོའི་གསུང་གིས་གསལ། །དེ་ཡི་ཆོ་གའི་ཕྱག་ལེན་ནི། །སྦྱོར་བའི་སྐབས་སུ་ཕྱག་འཚལ་དང་། །སྐྱབས་འགྲོ་བྱས་ནས་སེམས་བསྐྱེད་ཀྱི། །རྗེན་དུ་འོས་མིན་བར་ཆད་དྲི། །དངོས་གཞི་སྨོན་པ་སེམས་བསྐྱེད་དང་། །བྱང་ཆུབ་སེམས་དཔའི་སྡེ་སྣོད་ལ། །བསླབ་ཅིང་དེ་དོན་ངེས་ནས་ནི། །འཇུག་པ་སེམས་བསྐྱེད་ཉིད་ལེན་དང་། །ཆོ་གའི་ཚིག་ལ་ཉན་ཙམ་ལས། །རྗེས་བཟློས་མི་བྱེད་དེ་ཡི་མཇུག །མཁྱེན་པར་གསོལ་བར་མཛད་པའོ། །ལྟུང་བའི་བསླབ་བྱ་སློབ་དཔོན་ནི། །ཙནྡྲ་གོ་མིས་མཛད་པ་ཡི། །སྡོམ་པ་ཉི་ཤུ་ཧི་བཞིན་སྲུང་། །ལྟུང་བ་བཅོས་ཚུལ་ཉོན་མོངས་པས། །ཆེན་པོས་ཕམ་པ་ལྟ་བུ་ཡི། །ཆོས་བཞི་བསྐྱེད་ན་སྡོམ་པ་ནི། །གསར་དུ་ལེན་ཅིང་ཉོན་མོངས་འབྲིང་། །ཆུང་ངུས་སྐྱེད་ན་ཡུལ་སྡོམ་ལྡན། །གསུམ་ལ་གཅིག་གི་མདུན་དུ་བཤགས། །དབུ་མ་ལུགས་ཀྱི་སེམས་བསྐྱེད་ནི། །འབོག་པའི་ཡུལ་ནི་གང་ཡང་རུང་། །སྟོང་པོ་བཀོད་པ་སྣལ་བཟང་དང་། །དཀོན་བརྩེགས་རྒྱལ་པོར་གདམས་པ་དང་། །ནམ་མཁའི་སྙིང་པོའི་མདོ་ལས་གསལ། །འཕགས་མཆོག་ཀླུ་སྒྲུབ་ཞི་བ་ལྷས། །གསུང་བཞིན་སྦྱོར་བར་ཡན་ལག་བདུན། །ཚང་བར་མཛད་ཅིང་དངོས་གཞིའི་སྐབས། །སྨོན་འཇུག་གཉིས་ནི་སྐབས་གཅིག་ལེན། །མཇུག་དུ་རང་གཞན་དགའ་བ་བསྒོམས། །ནམ་མཁའི་སྙིང་པོའི་མདོར་གསུངས་ལྟར། །རྩ་བའི་ལྟུང་བ་བཅུ་བཞིར་བསླབས། །

བྱང་ཆུབ་སེམས་དཔའ་སྐྱ་རེངས་ལ། །གསོལ་བ་བཏབ་པས་ནམ་མཁའི་སྙིང་། །སྨི་ལམ་དུ་ནི་འབྱུང་བ་ལ༑ ༑རྩ་བའི་ལྟུང་བ་བཤགས་པ་དང་། །སྤྱོད་འཇུག་ཤེས་བཞིན་སྲུང་བ་ཡི། །ལེའུར་བཤད་ལྟར་བསྒྲུབ་པའོ། །

དེས་ན་དབུ་སེམས་རྣམ་གཉིས་ལ། །ལྟ་བའི་ཡངས་དོགས་ཁྱད་པར་གྱིས། །རྟེན་ལ་སྡོམ་ལྡན་དགོས་མིན་དང་། ། བསླབ་བྱ་འང་མང་ཉུང་ཅུང་ཟད་འགྱུར། །དབུ་མ་ལུགས་ཀྱི་ལུང་ཀུན་འཁོར་ལོ་བར་པ་ཉིད། །ཡིད་བཞིན་སེམས་ཙམ་ལུང་མི་འགྱུར། །རྟེན་དང་ཚོ་གའི་ཁྱད་པར་ལམ། །ལྟ་བ་དབུ་མ་ལྟར་བྱེད་ནས། །སྤྱོད་པ་སེམས་ཙམ་ལྟར་བྱས་ན། །ལྟ་སྤྱོད་ཤིན་ཏུ་ལེགས་པར་འགྱུར། །དེ་ལྟར་རྣམ་དབྱེ་ཤེས་པར་བྱ། །གདུལ་བྱ་རིས་སུ་མ་ཆད་པར། ། སངས་རྒྱས་ས་བོན་འཛོག་འདོད་ན། །ཚོ་ག་འཁྲུལ་པ་མེད་པ་ཡི། །དབུ་མའི་ལུགས་བཞིན་བྱས་ན་ལེགས། ། བཀའ་གདམས་པ་ནི་ཁ་ཅིག་གིས། །དོན་དམ་སེམས་བསྐྱེད་ཚོ་ག་ལས། །ལེན་པའི་ལོག་རྟོག་དགག་པ་ནི། ། དོན་དམ་སེམས་བསྐྱེད་ཅེས་ཞེས་ནས། །ཅི་འགྱུར་བརྟག་དགོས་པོ་ཡི་བར། །གསུངས་པའི་དོན་ནི་དོན་དམ་ཀྱི༔ །སེམས་བསྐྱེད་ཚོ་ག་སྦྱོར་དངོས་རྗེས། །ཚང་བ་རྒྱལ་དང་མཁས་པ་ཡི། །གསུང་པ་མེད་ཅིང་དབྱིབས་མཚུངས་ཙམ། །ཡོད་ན་བཟོ་ལས་བྱུང་བ་དང་། །དམ་བཅའི་ཚིག་ཡིན་ཚོ་ག་མིན། །དོན་དམ་ཆོས་ཉིད་ཀྱིས་ཐོབ་ཞེས། །ལམ་ནི་ཇི་བཞིན་བསྒོམ་པ་ཡིས། །མཐུ་ལས་བྱུང་སྟེ་བསམ་གཏན་དང་། །ཟག་མེད་སྡོམ་པ་ལྟ་བུ་ཡིན། །སྨིན་བཏང་ལ་སོགས་དམ་བཅའ་རིགས། །ཚོ་ག་ཡིན་ན་ཐུག་མེད་འགྱུར། །བསླབ་བྱ་དབུ་སེམས་ཐུན་མོང་དུ། །ལྡང་བའི་རྣམ་གཞག་བསྟན་པ་ནི། །དེ་ལྟར་སེམས་ཙམ་དབུ་མ་གཉིས། །སོགས་ནས་དེ་ལྟར་གསུང་གི་བར། །ལྡང་མེད་བསམ་པ་དགེ་བ་ཡིས། །སྦྱིན་པ་ལ་སོགས་ཡིན་མི་དགེ་བའི། །སྲོག་གཅོད་རྣམ་ཀུན་ལྡང་བར་འགྱུར། །གཞན་ཕན་འགྱུར་ངེས་ཡིན་ན་གཞལ་བཤད་པ་སོགས། །ལྡང་བའི་གཟུགས་བརྙན་ཡིན་གཞན་ལ་ནི། ། གནོད་པར་འགྱུར་ན་བརྗུན་དངོས་ནི། །མིན་ཀྱང་ལྡང་མེད་གཟུགས་བརྙན་ཡིན། །མདོར་ན་དགེ་སྡིག་སེམས་ཉིད་གཙོ། །གནད་ཀྱི་གཙོ་བོ་གཞན་ཕན་ཡིན། །

འབྲི་གུང་པ་འགས་བདག་དང་གཞན། །བརྗེ་ཡི་སེམས་བསྐྱེད་བསྒོམ་མི་རུངས། །ཞེས་པའི་ལོག་རྟོག་དགག་པ་ནི། །བྱང་ཆུབ་སེམས་ཀྱི་བསླབ་པ་ཞེས། །སོགས་ནས་བར་དུ་འང་འཇིག་རྟེན་གྱི། །ཕུན་སུམ་ཚོགས་པར་འབྱུང་བར་གསུངས། །བར་གྱི་ལུང་རིགས་ཀྱིས་བསྒྲུབ་དོན། །གྲུབ་ཐོབ་གསུང་ལ་དྲང་ངེས་དོན། །མ་རྟོག་དོར་ཞེན་ཙམ་གྱིས་མིན། །བདག་གཞན་དངོས་རྗེའི་སྐབས་མ་ཡིན། །སྨོན་འདུན་ཙམ་གྱིས་བརྗེ་བ་ཡིན། ། ཟད་དང་མི་སྐྱེ་བཟོད་ཐོབ་ཞེས། །བདེན་བཞི་མཐོང་དུ་འགྱུར་པའི་སྐབས། །སྡུག་བྱས་མི་བརྗེ་བཟོད་པ་ཐོབ། ། དབུ་མ་པ་ཡི་ས་དང་པོ། །སེམས་ཙམ་ལྟར་ན་ས་བརྒྱད་ཐོབ། །འཁོར་བར་མི་ལྡང་སྡུག་བསྔལ་མེད། །ཞི་བ་ལྷ་ཡི་སྤྱོད་འཇུག་ལས། །འཁོར་བ་སྤོང་ཕྱིར་ལམ་གྱི་གཙོ། །བདག་གཞན་བརྗེ་བར་བསྒོམ་དགོས་ཞེས། །གསུང་འདི་དང་པོའི་ལས་ཅན་གྱི། །སྐབས་སུ་མཐོང་ཞིང་འཕགས་རྒྱུད་ཀྱི། །ལུང་མིན་དེ་ཡིས་གསལ་བར་འགྱུར། །

དགེ་ལ་སྤྱག་བསྟོལ་འབྱུང་མི་སྲིད། །བདག་གཞན་བརྗེ་བར་བསྒོམ་པ་ནི། །བྱང་ཆུབ་སེམས་པའི་བསླབ་བྱ་ཡི། ། གཙོ་བོ་འཁོར་བའི་རྒྱུར་གྱུར་པ། །བདག་འཛིན་གདུལ་བའི་གཉེན་པོའི་མཆོག །གནས་སྐབས་ཕུན་སུམ་ཚོགས་པ་ཐོབ། །མཐར་ཐུག་རྣམ་གྲོལ་གོ་འཕང་མཆོག །མྱུར་ཐོབ་བདག་གཞན་བརྗེ་བ་ཡི། །བྱང་ཆུབ་སེམས་བསྒོམ་ལེགས་པ་ཡི། །ཕུན་སུམ་ཚོགས་པ་འབྱུང་བའོ། །

བྱང་ཆུབ་སེམས་བསྐྱེད་ཉམས་ལེན་གྱི། །གནད་མ་འཕྱུག་པ་དགོས་པའི་དོན། །བྱང་ཆུབ་སེམས་ཀྱི་གནད་སོགས་ནས། །སངས་རྒྱས་རྒྱུ་ཡི་གཙོ་བོ་ཡིན། །ཞེས་པའི་དོན་ནི་སངས་རྒྱས་པ། །ཐོབ་བྱེད་གཞན་མེད་བྱང་ཆུབ་ཀྱི། །སེམས་ཀྱི་གནད་ཉིད་མ་འཁྲུལ་གཙོ། །ཉན་ཐོས་དག་གི་གང་ཟག་བདག །ཕུང་ཁམས་སྐྱེ་མཆེད་སྟོང་པར་ཤེས། །ནམ་མཁའ་ལག་མཐིལ་མཉམ་པ་སོགས། །ཆོས་ཀུན་རྟོགས་པའི་ཐ་སྙད་མཛད། ། འབྲས་བུ་འགོག་པ་ལྷག་མེད་ཀྱི། །མྱང་འདས་ཐོབ་ཀྱང་སྣང་སྲིད་ཀྱི། །ཆོས་ཀུན་མཉམ་ཉིད་མ་རྟོགས་དང་། ། སོ་སོར་ཐར་པའི་མདོ་བཀླག་དགོས། །སེམས་ཅན་ཐུབ་དབང་ཐུབ་འདོད་བསྒོ། །གཞན་གྱི་དོན་དུ་རང་ཉིད་ཀྱིས། །སངས་རྒྱས་བསྒྲུབ་དང་དེ་སྨྲོས་བྲལ། མ་རྟོགས་རྫོགས་སངས་རྒྱས་མི་ཐོབ། །བྱང་ཆུབ་སེམས་དཔས་གང་ཟག་བདག །ཕུང་ཁམས་སྐྱེ་མཆེད་ཕྱི་རོལ་གྱི། །ཡུལ་དང་ཡུལ་ཅན་ཆོས་ཐམས་ཅད། །སྟོང་པའི་བདག་མེད་གཉིས་ཀ་རྟོགས། །གཞན་གྱི་དོན་དུ་རང་ཉིད་ཀྱིས། །སངས་རྒྱས་གོ་འཕང་མངོན་གྱུར་པ། །བྱེད་དང་དེ་བའི་དོན་དུ་བསྒོ། །

དེ་ཡང་སྨྲོས་བྲལ་རྟོགས་པ་ཡི། །ཤེས་རབ་ཟུང་དུ་འཇུག་པ་ཡི། །རྫོགས་པའི་སངས་རྒྱས་ཉིད་ཐོབ་པའི། །ཐབས་ཀྱི་ཁྱད་པར་ཤེས་པར་བྱ། །གནད་དོན་འཕྱུག་ནས་མ་དག་པའི། །སྨྲིན་སོགས་བཀག་དོན་སངས་རྒྱས་དགོངས། །སོགས་ནས་ཤེས་པར་གྱིས་པར་དོན། །སངས་རྒྱས་དགོངས་པ་མི་ཤེས་པར། །ཆོས་ལྷུར་བཅོས་པས་བླུན་པོ་འགའ། །ངོ་མཚར་བསྐྱེད་ཀྱི་མཁས་པ་རྣམས། །ཁྲེལ་བར་འགྱུར་བ་འདི་འདྲ་ཡོད། ། ཆང་དང་དུག་དང་མཚོན་ཆ་དང་། །གཞན་གྱི་ལོངས་སྤྱོད་སྟེར་བ་དང་། །གསོད་པར་ཕྱུགས་མ་སྟེར་བ་དང་། ། མཆོག་གསུམ་མཆོད་རྫས་དགེ་འདུན་གྱི། །ཡོ་བྱད་ནོར་རྫས་གཞན་ལ་སྦྱིན། །མ་དག་པ་ཡི་སྦྱིན་པ་ཡིན། ། ཉན་ཐོས་ཚིག་ལ་བརྟེན་པའི། །སོ་ཐར་དགེ་སློང་ཡིན་བཞིན་དུ། །རང་འདོད་འཆལ་སྤྱོད་བྱང་སེམས་ཀྱི། ། གཞན་ཕན་ཡིན་རློམ་ཁག་འདོགས་དང་། །བྱང་སྡོམ་སེམས་བསྐྱེད་བླང་བཞིན་དུ། །གཞན་ཕན་འགྱུར་དང་བྱེད་ནུས་ལ། །ངོ་སྲུང་རང་འདོད་སོར་སྡོམ་ལ། །ཁག་འདོགས་ཚུལ་འཆོས་བྱེད་པ་དང་། །རང་ཉིད་ཚུལ་ཁྲིམས་བསྲུངས་ན་ཡང་། །ཚུལ་ཁྲིམས་ལ་ནི་མཆོག་འཛིན་ཅིང་། །གཞན་ལ་ཁྱད་གསོད་བྱེད་པ་ནི། །མ་དག་པ་ཡི

ཚུལ་ཁྲིམས་ཡིན། །དཀོན་མཆོག་གསུམ་དང་བླ་མ་ལ། །གནོད་ཅིང་བསྟན་པ་འཇིག་པ་ལ། །རང་འདོད་གཡོ་སྒྱུ་མ་ཡིན་པར། །བསྟན་འགྲོ་ཡུལ་དེར་འཕྲལ་ཕུག་ལ། །ཕན་བྱེད་ཁྲོས་ནས་ནུས་བཞིན་དུ། །བཟོད་པ་བསྒོམ་ན་མ་དག་པ། །རྒྱལ་བའི་བཀའ་དང་མཁས་པ་ཡི། །རྣམ་དག་གཞུང་དང་མི་འབྲེལ་བའི། །ལོག་པའི་ཆོས་ལ་དགའ་བ་དང་། །ཐོས་བསམ་བསྒོམ་གསུམ་ནོར་བ་ལ། །བརྩོན་འགྲུས་ཆེན་པོ་བྱེད་པ་སོགས། །མ་དག་པ་ཡི་བརྩོན་འགྲུས་ཡིན། །ལུང་རིགས་ཐོས་བསམ་མི་བྱེད་ཅིང་། །གཟུང་འཛིན་སྒྲོག་ལས་མ་གྲོལ་བའི། །མི་མཁས་སྟོང་ཉིད་བསྒོམ་པ་དང་། །རྒྱུད་སྡེའི་དགོངས་པ་མ་ལོན་པའི། །གནད་འཕྱུགས་པ་ཡི་ཐབས་ལམ་སོགས། །རྣམ་རྟོག་འགའ་ཞིག་འཛིལ་བ་དང་། །ཏིང་འཛིན་ཕྲ་མོ་སྐྱེད་པའི་ཐབས། །འབད་པ་ཆེན་པོས་བསྒོམས་ན་ཡང་། །ཡང་དག་ཡེ་ཤེས་མི་སྐྱེ་བས། །མ་དག་པ་ཡི་བསྒོམ་པ་ཡིན། །

སངས་རྒྱས་གསུང་དང་མི་མཐུན་ཞིང་། །རྣམ་དག་གཞུང་དང་མི་འབྲེལ་བའི། །བརྫུམ་ཆོས་ཉམས་མགུར་གཏེར་བཟོ་སོགས། །ཆོས་མིན་ཆོས་ལྟར་བཅོས་པ་ལ། །འཆད་རྩོད་རྩོམ་ལ་མཁས་གྱུར་ཅིང་། །བྱ་བ་ཐམས་ཅད་ཤེས་གྱུར་ཀྱང་། །མ་དག་པ་ཡི་ཤེས་རབ་ཡིན། །གདུལ་བྱ་འཁོར་བ་ལས་ཐར་ཞིང་། །ཐར་པའི་ལམ་ལ་མི་བགྲོ་བར། །ཆོས་ལྟར་བཅོས་ནས་འཁོར་བར་ཁྲིད། །བླ་མ་ངན་ལ་དད་པ་དང་། །འཁོར་བ་སྡུང་ཤིང་དུག་གསུམ་གྱི། །གཉེན་པོར་མི་འགྲོ་དགེ་བཟོ་ཡི། །ཆོས་ངན་པ་ལ་མོས་པ་དང་། །གཟུང་འཛིན་གཉིས་ལས་མ་གྲོལ་ཞིང་། །བདག་འཛིན་གཉེན་པོར་མི་འགྱུར་བའི། །བསྒོམ་ངན་པ་ལ་དགའ་བ་ནི། །མ་དག་པ་ཡི་དད་པ་ཡིན། །ནད་པ་དགའ་བའི་ཁ་ཟས་སྟེར། །རྣམ་དག་བསྟན་བཅོས་རྣམ་དཀར་རྒྱུན། །འགྲོ་མང་ལ་འཆི་དམྱལ་བའི་རྒྱུ། །སྒྲུབ་པར་བྱེད་པའི་སྨྱུ་རྒོད་ཀྱི། །ངན་པར་དཔྱོད་པ་ཚར་མི་གཅོད། །དབང་བསྐུར་མེད་པར་གསང་སྔགས་སྟོན། །སྣོད་མིན་པ་ལ་ཆོས་འཆད་སོགས། །འཕྲལ་ལ་ཕན་པ་ལྟར་སྣང་ཡང་། །ཕྱི་ནས་གནོད་པ་ཆེར་འགྱུར་བས། །སྙིང་རྗེའི་དབང་གིས་བྱེད་ན་ཡང་། །མ་དག་པ་ཡི་སྙིང་རྗེ་ཡིན། །འཁྲུལ་མེད་བསྟན་དང་ཁུངས་ཐུབ་ཆོས། །ལུང་རིགས་འབྲེལ་བའི་རྣམ་དཀར་རྒྱུན། །འགྲོ་མང་གནས་སྐབས་བདེ་བ་དང་། །མཐར་ཐུག་ཐར་ལམ་འཚོལ་བ་ཡི། །གདུག་པ་ཅན་ལ་བྱམས་པ་དང་། །བུ་དང་སློབ་མ་མི་འཚོས་དང་། །སྲུང་བའི་འཁོར་ལོ་མི་བསྒོམ་ཞིང་། །ཁྲོ་བོའི་བཟླས་པ་འགོག་པ་སོགས། །རྒྱུད་སྡེ་ཀུན་དང་འགལ་བས་ན། །མ་དག་པ་ཡི་བྱམས་པ་ཡིན། །མདོར་རྒྱུད་ཀུན་ལས་མ་གསུངས་ཤིང་། །རིགས་པས་བསྒྲུབ་པར་མི་ནུས་པ། །དྲོད་དང་བདེ་བ་སྐྱེ་བ་དང་། །མི་རྟོག་ལྟར་སྣང་སྐྱེ་བ་སོགས། །ནད་གདོན་ཅུང་ཟད་སེལ་བ་དག །ཕྲིན་པོ་དགའ་བ་བསྐྱེད་ན་ཡང་། །མུ་སྟེགས་བྱེད་ལའང་ཡོད་པའི་ཕྱིར། །མ་དག་པ་ཡི་ཐབས་ལམ་ཡིན། །བདག་ལྟའི་རྩ་བ་མ་ཆད་ཅིང་། །

འཁོར་འདས་གཉིས་ལ་སྨོན་པ་ཅན། །དགེ་བ་ལ་ནི་ངོ་མཚར་བལྟ། །ཆོས་ཀུན་སྤྲོས་བྲལ་མི་ཤེས་པས། ། སངས་རྒྱས་ཉིད་དུ་བསྔོ་ན་ཡང་། །མ་དག་པ་ཡི་སྨོན་ལམ་ཡིན། །

དེ་ལ་སོགས་པ་མཐའ་ཡས་པ། །སངས་རྒྱས་གསུང་གི་གནད་འཕྲུགས་པས། །དགེ་བར་བྱེད་པར་སྣང་ན་ཡང་། །མ་དག་པ་རུ་ཤེས་པར་གྱིས། །བསམ་པ་ལྷག་བསམ་རྣམ་དག་གིས། །ཐོས་བསམ་སྒོམ་པས་མ་འཁྲུལ་བྱེད་གདམས་པ། །མདོར་ན་སངས་རྒྱས་ཞེས་སོགས་ནས། །བསྟན་པར་ཤེས་པར་བྱ་ཞེས་པར། །དེ་དོན་རྒྱལ་གསུང་དྲི་མེད་དང་། །འཕགས་བོད་མཁས་དང་གྲུབ་པ་ཡི། །བསྟན་བཅོས་མ་ནོར་ལམ་བཟང་ལ། །ཐོས་བསམ་བསྒོམ་པ་ཚུལ་བཞིན་དུ། །བྱེད་ན་སངས་རྒྱས་བསྟན་པའོ། །བྱང་སྡོམ་སྐབས་ཏེ་གཉིས་པའོ། །

༄ རྡོ་རྗེ་ཐེག་པའི་ཉམས་ལེན་ནི། །སྨིན་བྱེད་ནོར་པ་མེད་པ་ཡི། །དབང་བཞིའི་དོན་ནི་རྡོ་རྗེ་ཐེག །ཞེས་ནས་སྡོམ་པ་སུམ་ལྡན་འགྱུར། །ཞེས་དོན་གསང་སྔགས་ལ་བརྟེན་ནས། །སངས་རྒྱས་བསྒྲུབ་ལ་སྨིན་གྲོལ་གཉིས། །ལ་འབབ་སྨིན་བྱེད་དབང་བསྐུར་ནི། །རྡོ་རྗེ་འཆང་ནས་རང་ཉིད་ཀྱི། །མཚན་ལྡན་བླ་མ་བརྒྱུད་པའི་ཕྲེང་། །ངེས་གསལ་འདྲེན་རྒྱུ་ཡོད་པ་དགོས། །དབང་གི་ཆུ་བོ་མ་ནུབ་ཞེས། །རྒྱུད་སྡེ་སྤྱི་དང་ཁྱད་པར་དུ། ། གསུང་ངག་སྐབས་ཀྱི་རྒྱུ་དུས་དང་། །ཁྱད་པར་ལམ་དུས་དབང་གི་ནི། །ཆུ་བོ་སློབ་དཔོན་རང་ཉིད་ཀྱིས། །ཐོག་མར་ནོས་པའི་དུས་ཚོད་དེ། ། རླུང་སེམས་མཁའ་འགྲོ་ཡབ་យུམ་གྱི། །བྱིན་གྱིས་བརླབས་པའི་དུས་དེ་ལས། ། ལམ་དུས་ཐ་ན་ཐུན་གཉིས་སུ། །ཆག་མེད་རྒྱུན་དང་ལྡན་པ་ཡིས། །ཉི་ཚོད་ཕྲ་མོ་མ་བཀག་པར། །ཉམས་ལེན་ཆག་མེད་དབང་གི་ནི། །ཆུ་བོ་མ་ནུབ་ཁྱད་པར་གནད། །བྱིན་བརླབས་བརྒྱུད་པ་མ་ཉམས་པ། །ཞེས་ནི་བསྒོམ་པ་བྱ་བའི་དོན། །ཐོས་བསམ་སྒྲོ་འདོགས་ལེགས་པར་བཅད། །སྨིན་བརྒྱུད་བཟ་ཚིག་དོན་བརྒྱུད་མཐོང་བ་ཕྲུག་ལེན་བརྒྱུད། །ཁོང་དུ་ཆུད་པ་ཉམས་བླངས་མཐའ། །བླང་དེས་རང་གི་རྒྱུད་ལ་ནི། །སྐྱོན་མེད་ཉམས་སྐྱེ་སྨྱོང་བའི་མཐའ། །དེ་མཐུས་གཉིས་མེད་ཡེ་ཤེས་ནི། །རང་བྱུང་འཆར་བ་བྱིན་རླབས་མཐའ། །དེ་འབྲས་དབང་བཞིའི་གྲུབ་པའི་མཐའ། །མངོན་དུ་གྲུབ་པ་བཞི་དང་ལྡན། །སྲིད་པའི་འདོད་ཡོན་གཉེན་པོ་ཡི། །ཟིན་བྱས་ལམ་ཁྱེར་སྔགས་ཀྱི་གནད། །ཧེ་ལྷ་ཧེ་སྐྱེད་མཁྱེན་པ་ཡིས། །རྫོགས་པའི་སངས་རྒྱས་མཆོག་གི་གསུངས། །མཁས་དང་གྲུབ་པས་ལེགས་བཀྲལ་བའི། །སྒྲུང་བྱ་དེ་དང་ཆ་འདྲ་བའི། །གཉེན་པོ་ཐབས་མཁས་སྣ་ཚོགས་ཀྱིས། །ཕྱི་ཡི་སྣང་གྲགས་ནང་གི་ལུས། །ལུས་རྩ་ཡི་གེ་ཁམས་རླུང་ལ། །དབྱིབས་ལ་བུམ་པ་རྩ་གསང་བ། །ཁམས་ལ་ཤེར་དབང་རླུང་སེམས་ལ། །བཞི་པའི་རྟེན་ཅིང་འབྲེལ་འབྱུང་ནི། །རིམ་གྱི་བསྒྲིག་ལ་དང་པོ་ནི། །དབང་གིས་རྒྱུད་ལ་སྨྲ་བཞི་ཡི། །ས་བོན་འདེབས་ནུས་སངས་རྒྱས་ཀྱི། །གསུང་བཞིན་མཛད་ཅིང་གནད་དོན་ནི། །ཇི་བཞིན་

མཁྱེན་པའི་བླ་མ་ལ། །དབང་བཞི་བླང་པས་རང་ཉིད་ཀྱི། །རྒྱུད་ལ་སྡོམ་པ་གསུམ་ལྡན་འགྱུར། །

རང་རང་ཚོགས་སོ་བྱང་གཉིས། །སྔོན་དུ་ཐོབ་དང་གཞན་ཡང་ནི། །དབང་བསྐུར་སྐབས་སུ་ཐུན་མིན་གྱི༑ །སྐྱབས་འགྲོ་སེམས་བསྐྱེད་ལྡོག་པ་ཡིས། །སོ་བྱང་སྡོམ་པ་དང་ན་མཉམ། །ཐོབ་ཅིང་ཚོག་ཉན་ཐོས་ལྟར། །སེམས་བསྐྱེད་ལྡན་བླང་ཐེག་ཆེན་གྱི། །དགེ་སློང་བྱང་ཆུབ་སེམས་དཔའ་ཡི། །སྡོམ་པ་……ཐོབ་ལུགས་གཉིས་རྒྱུད་སྡེ་ལས། །གསུང་བཞིན་ཐོབ་པའི་བྱང་ཆུབ་སེམས། །དེ་ཡིས་རྡོ་རྗེ་ཐེག་པ་ཡི། །དབང་བཞི་རྫོགས་པར་ཐོབ་ནས་ནི། །སོ་བྱང་སྡོམ་པ་སྔགས་སྡོམ་གྱི། །ངོ་བོར་གྱུར་ཅིང་གསུམ་ལྡན་གྱི། །དགེ་སློང་རྡོ་རྗེ་འཛིན་མཆོག་ཐོབ། །དབང་བསྐུར་ལས་ཐོབ་པའང་ངོ་བོ་སུམ་ལྡན་དང་། །དེ་ལྟར་རང་ཅག་སོ་སོའི་ཚོག་ལས་ཐོབ་པ་ནི་འདི་བཞིན་ནོ། །བོད་ཀྱི་ཕྱག་རྒྱ་པ་ཁ་ཅིག །བྱིན་བརླབས་ཙམ་གྱིས་སྨིན་བྱེད་དབང་། །འདོད་སོགས་འཁྲུལ་པར་གྱུར་པ་རྣམས། །རིམ་པ་བཞིན་དུ་དགག་པ་ལ། །དེང་སང་རྡོ་རྗེ་ཕག་མོ་ཞེས། །སོགས་ནས་སྔོན་གྱི་ཚིག་ར་བཤད། །བར་གྱི་དོན་ནི་ཕག་མོ་ཡི། །བྱིན་རླབས་བསྐུར་ནས་ཆོས་སྒོ་ཕྱེ། །གཏུམ་མོ་སོགས་བསྒོམ་སྨིན་བྱེད་བཀག །དབང་བསྐུར་སྔོན་དུ་མ་སོང་བའི། །བྱིན་རླབས་ནམ་ཡང་མི་བྱའོ། །རྒྱུད་ཀྱི་དགོངས་བསྟན་གྲུབ་ཐོབ་ཀྱི། །བླ་མའི་ངན་ངག་གིས་ཕྱེ་བའི། །ཕྱི་ནང་རྟེན་འབྲེལ་གནད་ལྡན་པའི། །དཀྱིལ་འཁོར་ཆེན་པོར་དབང་བསྐུར་བ། །སྨིན་བྱེད་དབང་ཞེས་དེ་ལ་ཟེར། །དེ་ཡི་སྡོམ་པ་གསུམ་ལྡན་གྱུར། །བྱིན་རླབས་ཉན་རང་གསང་སྔགས་ཀྱི། །ལམ་སྒོམ་ལ་དབང་གཞན་དུ་ནི། །སྐྱབས་སེམས་རྒྱུན་བཤགས་ལྷའི་བྱིན་རླབས། །ཡི་ཤེས་ཕབ་དང་ལྷ་བསྒོམ་སྔགས། །བཟླ་རུང་བྱིན་རླབས་དབང་བཞིའི་ཚུལ། །ཕྱག་མཚན་གཏད་དང་ཚེ་ལ་ནི། །དབང་ཕྱིར་ཚེ་ཡི་དབང་བསྐུར་སོགས། །དབང་གི་མིང་ཙམ་བཏགས་པ་ཡིན། །དཔེ་ན་དབང་དང་བྱིན་རླབས་དང་། །རྗེས་གནང་གནད་ཀྱི་རྣམ་དབྱེ་ནི། །ཤེས་པར་བྱ་དགོས་སྔགས་ཀྱི་སྡོམ་ལྡན་པ། །ལམ་཈ུན་བསྒོམ་རུང་དབང་བཞི་བསྐུར་དགོས། །དེ་ཡིས་སྨིན་ནས་བྱིན་རླབས་དང་། །རྗེས་གནང་ཞུས་པས་ངོ་སྐལ་གྱི། །ལམ་བསྒོམ་རུང་གི་ལམ་ཀུན་མིན། །དེ་ལྟར་གནད་རྟོགས་གལ་ཆེ་ཞིང་། །བརྒྱུད་ལྡན་མན་ངག་རྟེན་འབྲེལ་གནད། །མི་ལྡན་སྡོམ་པ་འབོག་ཚོག་དང་། །དཀྱིལ་འཁོར་དབང་བསྐུར་རང་བཟོ་ཡིན། །སྔོན་ཚིག་རྣམས་ཀྱང་དེང་གི་དུས། །མི་རུང་ཕྱིར་ན་རང་བཟོ་སྤངས། །ཚིག་རྣམ་དག་གལ་ཆེའོ། །གྲངས་ངེས་མེད་པར་དབང་བསྐུར་བ། །དགག་པ་དེས་ན་ཉན་ཐོས་ཐེག །སོགས་ནས་འཇུག་པ་ཡིན་གྱི་བར། །རྒྱུད་སྡེ་བཞི་ལས་སྤྱོད་རྒྱུད་ཀྱི། །སློབ་མར་དབང་བསྐུར་གྲངས་ངེས་མེད། །གཞན་གསུམ་ལ་ནི་ཉེར་ལྔའི་བར། །ཟུང་དུ་མ་གྱུར་ངེས་པར་དགོས། །

གསང་བ་སྤྱི་རྒྱུད་རྒྱུད་སྡེ་བཞི། །ཀུན་གྱི་ཁ་བསྐང་སྤྱི་འགྲོ་ཡིན། །རྒྱུད་སྡེའི་དབང་ལ་ཉིན་དང་པོར། །

སྟ་གོན་བྱས་ཏེ་དངོས་གཞི་ཡི། །ཚོགས་སྟོན་འགྲོ་གཏོར་མ་ནས། །རྗེས་ཆོག་བར་དུ་ཉིན་ཞག་གིས། །མ་ཆོད་པ་ཞིག་ངེས་པར་དགོས། །མཚན་མོར་བཤད་པ་རྒྱ་གར་དུ། །གསང་སྔགས་དབང་བསྐུར་དམ་ཚིག་རྫས། །སྟོང་མིན་གསང་བ་ཆེས་དམ་པས། །མཚན་མོ་མི་ཡི་རྒྱུ་འགྲུལ་སོགས། །དཀོན་པར་མཛད་དང་མཚན་མོའི་དུས། ། མཁའ་འགྲོ་འདུ་དང་བྱིན་རླབས་དུས། །གཞན་ཡང་རྡོ་རྗེ་སློབ་དཔོན་དབང་། །སློབ་མ་རེ་རེ་བཞིན་བསྐུར་དང་། ། སྤྲོས་བཅས་རིགས་པའི་དབང་ཀྱི་རྫོར་ཪོམ་ཧྲི་ལུགས་ལྟ་བུ་ལྟ་བསྐུར། །སློབ་དཔོན་དབང་ཡང་ཚར་གྲངས་ཀྱི། ། ཉིན་ཞག་ཁོངས་སུ་གྲུབ་མིན་ལ། །དགོངས་འདྲ་དེང་སང་ཕྱག་ལེན་ལ། །རིགས་པའི་དབང་ལྟ་སློབ་དཔོན་དབང་། །མུ་འབྲེལ་མཛད་ཅིང་སློབ་མ་ཡང་། །ཉི་ཤུ་རྩ་ལྔར་སྐབས་གཅིག་ཏུ། །མཛད་པས་འགོར་སྐྱོན་མི་འོང་འདྲ། །དུས་འཁོར་མཁའ་འགྲོ་རྒྱ་མཚོ་སོགས། །ཚོག་རྒྱས་པས་ཉིན་ཞག་གིས། །མ་ཆོད་དཀའ་ཙམ་དུས་འཁོར་ནི། །བླ་མེད་སྤྱི་དང་བབ་མི་འདྲའི། །ཁྱད་པར་འགའ་ཞིག་ཡོད་པར་སྣང་། །འཇམ་མགོན་བླ་མས་གསང་སྔགས་ཀྱི། །དབང་བསྐུར་ཕྱག་ལེན་དངོས་གཙང་ཕྱིར། །དོགས་མཐའ་བཀག་སྟེ་འདོམས་པར་མཛད། ། གསུམ་པ་དཀྱིལ་འཁོར་མ་དག་པ། །དགག་དོན་དེང་སང་བྱིན་རླབས་ཞེས། །སོགས་ནས་སངས་རྒྱས་རྣམས་ཀྱི་བཀག །བར་གྱི་དོན་ནི་སངས་རྒྱས་ཀྱིས། །རྒྱུད་སྡེ་ནས་གསུང་དཀྱིལ་འཁོར་གྱི། །ཆོ་ག་རྣལ་ཆེན་ལ་བརྟེན་པར། །ཕྱི་རུ་འདོམ་གང་གྲུ་བཞི་དང་། །ནང་གི་སེམས་ལ་བྱང་ཆུབ་ཀྱི། །ཕྱོགས་ཆོས་སུམ་ཅུ་སོ་བདུན་ཡོད། ། དེ་ཡི་རྟེན་འབྲེལ་གྱི་སྟོབས་ཀྱིས། །དཀྱིལ་འཁོར་གྲུ་བཞི་སྒོ་བཞི་པ། །འབྱུང་བ་ཡིན་ཞིང་དེ་འདྲ་བར། །དབང་བསྐུར་བས་ནི་རྟེན་འབྲེལ་འགྲིགས། །སྡོམ་པ་སྐྱེ་ཞིང་སྨིན་ནུས་པའི། །གནད་ཡོད་རྟུལ་ཚོན་དཀྱིལ་འཁོར་ཉིད། །རྒྱུད་དང་གྲུབ་པའི་མན་ངག་གིས། །བཀྲལ་ཞིང་དམ་པའི་ཕྱག་ལེན་ལ། །མཛད་པས་རས་བྲིས་ཚད་ལྡན་ལ། །བརྟེན་པ་འདི་གཉིས་གཙོ་བོར་བཟུང་། །ཚོག་མ་དག་དབང་བསྐུར་བྱེད། །དགག་དོན་དབང་བསྐུར་བྱེད་སོགས་ནས། །སངས་རྒྱས་བྱིན་རླབས་ཡིན་གྱི་བར། །དོན་ནི་རྒྱུད་དང་མན་ངག་གིས། །མ་ཟིན་རང་བཟོའི་ཚོག་ཡི། །དབང་བསྐུར་བྱས་པས་སློབ་མ་ཡི། །ལུས་ངག་ཡིད་ལ་འཕར་གཡོ་སོགས། །བྱུང་ཡང་གདོན་གྱི་ཚོ་འཕྲུལ་ཡིན། །རྒྱུད་དང་མན་ངག་གིས་ཟིན་པའི། །རྣམ་དག་ཚོགའི་དབང་བསྐུར་ལས། །བྱུང་བ་སངས་རྒྱས་བྱིན་རླབས་ཡིན། །དབང་བསྐུར་མེད་པར་ཟབ་ལམ་བསྒོམས། །དགག་དོན་དབང་བསྐུར་མེད་སོགས་ནས། །སྲུང་ཕྱིར་འབད་པར་བྱ་བའི་བར། །ཞེས་དོན་དབང་བསྐུར་མ་ཐོབ་པས། །རྒྱུད་ལུང་ལྟ་རྟོགས་དབང་འཆད་ཉན། །ལས་ཚོགས་སྒྲུབ་པས་ཆར་འབེབས་དང་། །འདྲེ་འདུལ་བྱིན་རླབས་ཕྲན་ཚེགས་ཙམ། །བྱུང་བྱུང་འདྲ་ཡང་ཕྱི་མ་ནི། །དམྱལ་བའི་རྒྱུ་ཡིན་སྤྱང་བར་བྱ། །

༄ དབང་ལ་དབང་པོ་རབ་དང་འབྲིང་། །ཕྱི་ནས་སྨྲ་བ་དགག་པ་ནི། །ཁ་ཅིག་གང་ཟག་ལ་སོགས་ནས། །རྒྱུད་ལས་བཀག་ཞེས་བར་གསུང་དོན། །སྤྲུལ་པའི་དཀྱིལ་འཁོར་སྟོན་ཚིག་ཡིན། །ད་ལྟའི་གང་ཟག་སྐབས་མི་འབྲེལ། །གང་ཟག་རབ་འབྲིང་ཐམས་ཅད་ཀུན། །རབ་ཏུ་རྟུལ་ཚོན་དཀྱིལ་འཁོར་དང་། །ཡང་ན་རས་བྲིས་ལ་བརྟེན་དགོས། །རས་བྲིས། ཡང་མན་ངག་གི་ཟིན་ཅིང་ཕྱག་ལེན་ལ་མཛད་ཀྱང་གསུམ་ངག་སྐབས་སོགས་བཅོམ་ལྡན་འདས་ཀྱི་ཞལ་དང་འདྲ་བའི་ཚིག་བརྒྱད་ཀྱི་རྣམ་བཞག་ཚང་བ་རྟུལ་ཚོན་འོད་ཁྱད་པར་འཕགས་ཤིང་ངེས་པར་མཛད། ཚོམ་བུའི་དཀྱིལ་འཁོར་ལ་སོགས་སྤངས། །སེམས་བསྐྱེད་ཙམ་གྱིས་གསང་སྔགས་བསྒོམ། །དགག་དོན་ལ་ལ་སེམས་བསྐྱེད་ཞེས། །སོགས་ནས་རྣམ་དབྱེ་ཤེས་དགོས་སོ། །ཞེས་དོན་བྱ་རྒྱུད་རྣམ་གསུམ་ལས། །དོན་ཡོད་ཞགས་པ་སྤྱན་རས་གཟིགས། །ཞིབ་མོ་ཡི་ནི་ཚིག་དང་། །དམ་ཚིག་གསུམ་བཀོད་ལ་སོགས་པ། །དམིགས་བསལ་ཙམ་ལས་བྱ་རྒྱུད་ཀྱི། །ལེགས་གྲུབ་དཔུང་བཟང་ཡན་ཆོད་དང་། །སྤྱོད་རྒྱུད་རྣལ་འབྱོར་བླ་མེད་བཅས། །གསང་སྔགས་བསྒོམ་ལ་དབང་བསྐུར་དགོས། །གཞན་ཡང་སྒྲུབ་ཐབས་བརྒྱ་རྩ་སོགས། །རྗེས་གནང་ལ་ཡང་བླ་མེད་ཀྱི། །དབང་བསྐུར་ཐོབ་ནས་ཀུན་ཞུ་རུང་། །གཞན་དུ་རང་རང་རྒྱུ་སྡེ་དེའི། །དབང་བསྐུར་ཐོབ་ན་རྗེས་གནང་རུང་། །མཁན་ཆེན་ངག་དབང་ཆོས་གྲགས་གསུང་། །གཏོར་མ་ཉིང་འཛིན་གྱི་དབང་བསྐུར། །སྨིན་བྱེད་འདོད་དགག་གཏོར་མའི་དབང་། །སོགས་ནས་གསུང་པ་མེད་ཞེས་བར། །རྗེས་གནང་སོགས་ལ་གཏོར་མ་ནི། །མགོ་ཐོག་བཞག་ནས་ལྷ་བསྒོམ་བསྟིམ། །དམིགས་བསལ་ཡོད་དང་ཉིང་ངེ་འཛིན། །དམིགས་པ་ཙམ་གྱིས་དབང་བཞི་ལེན། །དེ་ཡིས་དབང་བསྐུར་གོ་བཅད་སྤངས། །

༄ དབང་བསྐུར་ཕྱི་ནས་ཁས་ལེན་བྱེད། །བཀག་དོན་འགའ་ཞིག་གསང་སྔགས་སོགས། །ཞེས་ནས་ཆོས་བཞིན་གྱིས་ཞེས་བར། །ཞེས་དོན་སྟོན་དུ་དབང་བསྐུར་ནས། །ཆོས་བཤད་གོང་འོག་མ་འཇོལ་གནད། །སེམས་ཉིད་རྟོགས་ན་དབང་མི་དགོས། །བཀག་དོན་ལ་ལ་སེམས་ཉིད་སོགས། །ཞེས་ནས་སྤྱང་བའི་གསང་ཚིག་བར། །ཞེས་དོན་སེམས་ཉིད་རྟོགས་རློམ་གྱི། །ཀུན་གྱི་གོ་ཆོད་ལོག་རྟོག་སྤང་། །དྭགས་པོའི་བརྒྱུད་འཛིན་ཁ་ཅིག་གི། །ཚིག་མེད་པར་བླ་མ་ཡི། །ལུས་དཀྱིལ་ཙམ་ལ་སྨིན་བྱེད་ལེན། །བཀག་དོན་ཁ་ཅིག་ཚིག་མེད། །སོགས་ནས་རིགས་ཅན་ཡིན་གསུང་བར། །ཞེས་པའི་དོན་ནི་ཚིག་ནི། །ཚིག་གཅིག་མེད་པར་བླ་མ་ཡི། །ལུས་ལས་དབང་བསྐུར་ལེན་ཟེར་བ། །འབྲེལ་མེད་རྫོགས་པའི་སངས་རྒྱས་ཀྱི། །གསུང་པའི་སྡོམ་གསུམ་ཚིག་ཀུན། །སྤངས་པའི་ལོག་རྟོག་འདི་སྤངས་ཤིག །རྣམ་གྲོལ་ལམ་ཀུན་བདེན་པ་གཉིས། །ཟུང་འབྲེལ་ལ་བརྟེན་དོན་དམ་པར། །ཆོས་ཀུན་སྤྲོས་པ་ཀུན་ལས་གྲོལ། །དེ་ཉིད་རྟོགས་ཐབས་ཐབས་བྱུང་གི །སྡོམ་གསུམ་ལེན་

ཐབས་ལམ་ས་འབྲས། །རྣམ་བཞག་ཀུན་རྫོབ་ཟུང་འབྲེལ་དགོས། །བྱ་རྒྱུད་སོགས་ལ་དབང་བཞི་དང་། །རིམ་གཉིས་ཡོད་འདོད་བཀག་པ་ཡིན། །ཁ་ཅིག་བྱ་རྒྱུད་སོགས་ཞེས་ནས། །གསུང་པའི་དངོས་གྲུབ་འབྱུང་གི་བར། །ཞེས་པའི་དོན་ནི་རྒྱུད་སྡེ་བཞི། །རང་རང་རྒྱུད་ནས་གསུང་པ་བཞིན། །བྱ་ཞིང་རང་བཟོའི་བསྲེ་ལྷད་སྤྲངས། །རྒྱུད་དོན་མ་འཁྲུལ་དངོས་གྲུབ་འབྱུང་། །བཀའ་བརྒྱུད་པ་འགས་གསང་སྔགས་ལ། །མོས་པ་ཆོས་ཀྱི་སྒོར་བྱས་ནས། །ཟབ་ལམ་བསྒོམ་རུང་འདོད་བཀག་པ། །ལ་ལ་དབང་བསྐུར་མ་བྱས་ཞེས། །སོགས་ནས་རྒྱུ་མཚན་དེ་ལྟར་ཡིན། །བར་དོན་སྔགས་ལ་མོས་ཙམ་གྱི། །དབང་མ་ཐོབ་པར་ལམ་བསྒོམ་སྤྲངས། །དཔེར་ན་ཞིང་ལ་སོ་ནམ་ནི། །མ་བྱས་ཀྱང་ནི་ལོ་ཏོག་ལ། །མོས་པ་ཟ་རྒྱུའི་སྒོ་ཡིན་པས། །ཟ་འདོད་ཙམ་ལས་ཞིང་བཟང་ལ། །རྔོ་ལ་བ་སོ་ནམ་མ་བྱས་མཚུངས། །

གསང་སྔགས་རྡོ་རྗེ་ཐེག་པ་ལ། །དབང་བསྐུར་བ་ཉིད་གཙོ་བོ་སྟེ། །ཕྱི་དང་ནང་གི་ཆོས་ཀུན་ལ། །རྫོགས་སངས་རྒྱས་ཀྱི་རྟེན་འབྲེལ་གནད། །ཁྱད་པར་ཅན་ཡོད་དེ་ལ་བྱེད། །དབང་བསྐུར་ཚོགས་རྟེན་འབྲེལ་ནི། །བསྒྲིག་ཚུལ་སློབ་མའི་ཕུང་ཁམས་དང་། །སྐྱེ་མཆེད་རྣམས་ལ་སློབ་དཔོན་གྱི། །རིགས་ལྔ་སོགས་སུ་ངོ་སྤྲོད་ཐབས། །ཆུ་དབང་ལ་རིགས་པའི་དབང་ལྔ་བརྟུལ་ཞུགས་སློབ་དཔོན་གང་ལ་གསུམ་སོགས་སོགས་རིམ་བསྐུར་བས། །ཕྲ་ཞིང་ཕྲ་རྣམས་ཡེ་ཤེས་སུ། །སྐུ་བཞིའི་ས་བོན་ནུས་ལྡན་བཏབ། །དེ་རྒྱུན་སྐྱོང་པས་རབ་ཆེ་འདི། །འབྲིང་གི་བར་དོ་མཐའ་སྐྱེ་བ། །བཅུ་དྲུག་ཚུན་ཆད་རྫོགས་སངས་རྒྱས། །མངོན་དུ་བྱེད་ལ་དབང་བསྐུར་བཏགས། །རྒྱལ་པོ་ཨིནྡྲ་བྷཱུ་ཏི་སོགས། །གང་ཟག་རབ་ཉིད་དབང་གིས་གྲོལ། །འབྲིང་མན་དེ་རྒྱུན་གྲོལ་བྱེད་ལམ། །བསྒོམ་ཞིང་ཐུམ་དབང་གནས་སྐབས་སུ། །ཐ་མལ་རྣམ་རྟོག་སྤྱོང་བ་ཡི། །སྡོམ་པ་ཐོབ་ཅིང་མི་ཉམས་པར། །སྲུང་ཞིང་བསྒོམ་ལ་བསྐྱེད་རིམ་དང་། །གོང་མའི་གནས་སྐབས་གྱི་ནོམ་ལྟར། །ཞེན་པའི་རྣམ་རྟོག་སྤྱོང་བ་ཡི། །སྡོམ་པ་ཐོབ་ཅིང་རྫོགས་རིམ་བསྒོམ། །དཔེར་ན་ཐོག་མར་རྣམ་དག་གིས། །དབང་གི་ཚོགས་དཀྱིལ་འཁོར་བཞིར། །སྐུ་བཞིའི་ནས་ཀྱི་ས་བོན་བཏབ། །དེ་ཉིད་དམ་ཚིག་སྲུང་སྡོམ་དང་། །ལམ་གྱིས་བསོད་ནམས་ཆར་རྒྱུན་གྱིས། །སྐྱོང་པས་མི་ཉམས་གོང་འཕེལ་གྱིས། །འབྲས་བུ་སྐུ་བཞིའི་ལོ་ཐོག་སྨིན། །དེ་ལྟར་དབང་ཉིད་མཆོག་ཏུ་གྱུར། །རས་ཆུང་རྡོར་འབྲང་འགའ་ཞིག་གིས། །དབང་བསྐུར་མུ་བཞི་འདོད་བཀག་པ། །ལ་ལ་དབང་བསྐུར་ཞེས་སོགས་ནས། །ཡིན་ཞེས་བྱ་བའི་བར་གྱི་དོན། །དབང་སོགས་མུ་བཞི་བརྩི་བ་སྤྲངས། །

༄ རྙིང་མ་ཁ་ཅིག་གསང་སྒྲོགས་ཀྱི། །ལྟུང་བ་མེད་འདོད་བཀག་པ་ནི། །ཁ་ཅིག་གསང་སྔགས་ཞེས་སོགས་ནས། །གནོད་ཚིག་ཡིན་ཞེས་བར་གྱི་དོན། །ཟབ་མོའི་ཆོས་ལ་གསང་མི་གསང་། །རྒྱལ་བས་ཇི་སྐད་

གསུང་ལྟར་བྱ། །དེ་ནས་གྲོལ་བྱེད་རིམ་གཉིས་ལ། །ཕྱག་རྒྱས་འགགས་སྟོན་བྱུང་གི །གྲུབ་ཐོབ་ཐབས་ལམ་རེ་རེ་ཡིས། །གྲོལ་བ་ཡིན་གྱི་རིམ་པ་གཉིས། །བསྒོམ་པ་དགོས་མེད་སླུ་བཀག་དོན། །ཁ་ཅིག་འབྲུལ་དང་མ་འབྲུལ་མེད། །ཞེས་ནས་མཁས་རྣམས་གསུས་ཀྱི་བར། །ཞེས་པའི་དོན་ནི་ཐབས་ཤེས་རབ། །གཉིས་ཀ་མ་ཚོགས་རྫོགས་སངས་རྒྱས། །བསྒྲུབ་པའི་ཐབས་གཞན་མེད་པ་སྟེ། །དེ་ཡང་ཐབས་ཀྱིས་མྱུར་འདས་མཐའ། །ཤེས་རབ་ཆེན་པོས་འཁོར་བའི་མཐའ། །མཐའ་གཉིས་གནོན་པའི་ལམ་བསླབ་པས། །སངས་རྒྱས་གོ་འཕང་ཐོབ་པར་འགྱུར། །དབང་གི་ས་བོན་བཏབ་བྱིན་རླབས། །རིམ་པ་གཉིས་བསྒོམ་རྟེན་འབྲེལ་གྱིས། །ཡེ་ཤེས་རྟོགས་ནས་རྣམ་གྲོལ་བསྐྱེས། །ལམ་ཀུན་རིམ་གཉིས་ལ་འདུས་ཏེ། །བསྐྱེད་རིམ་རླུང་དང་གཏུམ་མོ་ཡི། །དམིགས་པ་སོགས་ནི་རིམ་གཉིས་དངོས། །བྱིན་རླབས་དེ་ཡི་འབྲས་བུའི་ཚུལ། །ལྟ་བ་དེ་གཉིས་དག་བྱེད་ཐབས་ཀྱི། །ཡན་ལག་ཡིན་ཕྱག་རྒྱ་ཆེན་པོ་ནི། །དེ་ལས་སྐྱེས་པའི་ཡེ་ཤེས་དང་། །ལམ་དེ་བོགས་དབྱུང་བྱེད་པའི་ཕྱིར། །སྤྲོས་བཅས་སྤྲོས་མེད་སྤྱོད་པའོ། །དེ་དག་ཐམས་ཅད་ཚོགས་པ་ཡིན། །གནད་ཀྱིས་ཡིན་རུང་ལས་རྟེན་འབྲེལ། །སྟོབས་ཀྱིས་ནུས་པའི་གསལ་ཁ་ནི། །དཔེར་ན་ནད་པའི་ལུས་གསོ་བ། །བཟའ་བཏུང་ཀུན་གྱིས་བྱེད་མོད་ཀྱང་། །དེ་ནང་ཞོ་ཆང་ལ་སོགས་འགགས། །ཐོག་མར་ཡི་ག་འབྱེད་བྱེད་མཚུངས། །

དེ་ལྟའི་གནད་ཤེས་ཕྱོགས་རེ་ལས། །མ་ཞེན་སྨིན་བྱེད་དབང་རིམ་གཉིས། །ཟུང་འབྲེལ་གྱི་ནི་འཚང་རྒྱ་བའི། །ལམ་བཟང་ཚང་ལ་མ་ནོར་བ། །ཡིན་པའི་གནད་འདི་སྙིང་ལ་བཅང་། །གོང་གི་ནང་ཚན་སྤྱོད་པ་ལ། །ཨིནྡྲ་བྷཱུ་ཏིའི་མཛད་པ་ནི། །སྤྲོས་བཅས་ཀྲྀ་ཥུ་ཀུ་སྤྲོས་མེད། །ཤིན་ཏུ་སྤྲོས་མེད་རིམ་པ་གཉིས། །བརྟེན་ཕྱིར་རྣལ་འབྱོར་དབང་ཕྱུག་སོགས། །ཀུན་ཏུ་བཟང་པོའི་སྤྱོད་པའོ། །ཕ་རོལ་ཕྱིན་དང་རྡོ་རྗེ་ཐེག །གཉིས་ཀ་འབྲུལ་མེད་ལམ་བཟང་ལ། །ཕ་རོལ་ཕྱིན་ལམ་བསྒྲོད་ཚུལ་ནི། །ལམ་ནི་སྟོང་ཉིད་སྙིང་རྗེ་ཡི། །སྙིང་པོ་ཅན་དང་ཕར་ཕྱིན་དྲུག །བསྒོམ་དེས་དབང་རྣོན་བརྩོན་འགྲུས་ནི། །མྱུར་ཡང་བསྐལ་པ་གྲངས་མེད་གསུམ། །དཀའ་སྤྱད་དགོས་ཏེ་ཚོགས་སྦྱོར་ལ། །གྲངས་མེད་གཅིག་དང་ས་བདུན་བར། །གྲངས་མེད་གཅིག་དང་ས་བརྒྱད་དགུ། །བཅུ་སྟེ་གྲངས་མེད་གསུམ་པར་དགོས། །དེ་ལྟར་དང་པོ་བྱང་སེམས་བསྐྱེད། །གྲངས་མེད་གསུམ་དུ་ཚོགས་གཉིས་བསོག །ས་བརྒྱད་དགུ་པ་བཅུ་པའི་བར། །ཡང་དག་མཐའ་དངོས་མི་བྱ་བར། །སྨོན་ལམ་ཡོངས་སུ་རྫོགས་པ་དང་། །སེམས་ཅན་ཡོངས་སུ་སྨིན་པ་དང་། །སངས་རྒྱས་རྣམས་ཀྱི་ཞིང་སྦྱོང་བཅུད། །གཅིག་བསྡུས་ལེགས་སྦྱོང་མཐར་ཕྱིན་ཏེ། །སྨོན་ལམ་ཕར་ཕྱིན་བསྐྱེས་སོགས་དོན་གཅིག་གོ། །ས་བཅུའི་རྒྱུན་མཐར་བདུད་བཞི་བཏུལ། །རྫོགས་པའི་སངས་རྒྱས་ཐོབ་པར་གསུངས། །བདུད་བཞི་ཞེས་པ་གནས་ངེས་ལེན། །ཕྲ་ཞིང་འཛིན་པའི་མཐའ་ཕྲ་

བའི་རྒྱུན་གྱི་ཚ། །ཡེ་ཤེས་ཀྱིས་སྤྱོང་དེ་ཡིན་ཞེས། །ཀུན་མཁྱེན་བསོད་ནམས་སེང་གེས་བཞེད། །རྡོ་རྗེ་ཐེག་པའི་ལམ་བསྒྲུབ་པ། །མ་ནོར་དབང་བླང་འཁྲུལ་མེད་ཀྱི། །རིམ་གཉིས་བསྒོམ་ཞིང་དེ་ལས་བྱུང་། །མཆོག་བྱེད་དཔེ་ཡི་ཡེ་ཤེས་སྐྱེ། །དེ་ལ་གོམས་བྱས་དྲོད་ཐོབ་རྟགས། །ཆོས་བརྒྱད་མགོ་སྙོམས་དེ་འཁོར་འདས། །བླང་དོར་འཛིན་མེད་བསྲེ་བའི་ཕྱིར། །རྣམ་དག་སྤྱོད་པ་སྤྱོད་པ་ཡི། །ནང་ལུས་རླུང་སེམས་དབུ་མར་ཞུགས། །ས་ལམ་ཀུན་བསྒྲོད་རྡོ་རྗེ་འཛིན། །བཅུ་གསུམ་པ་ཡི་ས་ཐོབ་བོ། །ལམ་འདི་སངས་རྒྱས་ཀྱིས་བསྟན་པའི། །དམ་ཆོས་སྙིང་པོ་རྣལ་འབྱོར་རྒྱུད། །མན་ཆད་ལ་སྦས་བླ་མེད་ཀྱི། །རྒྱུད་སྡེ་རྣམས་ཀྱི་གསང་ཚིག་མཆོག །སྐལ་ལྡན་འཚང་རྒྱའི་མྱུར་ལམ་ཡིན། །དེ་ལྟར་མདོ་སྔགས་ལམ་གཉིས་ལ། །སངས་རྒྱས་གཉིས་གསུང་ཇི་ལྟར་ཡིན། ། སྙམ་ན་དེ་ཡི་གནད་འདི་ཡིན། །རྒྱུད་ཡི་ཆེ་བ་འདོན་པའི་ཕྱིར། །ཕར་ཕྱིན་ཐེག་པར་ས་བཅུ་ཡིན། །སྦས་པ་ཡིན་ཞེས་གསུང་པ་དང་། །བདག་ཉིད་ཆེན་པོ་ས་པཎ་གྱིས། །བདག་མེད་བསྟོད་པའི་འགྲེལ་པ་ལས། །སྐྱུ་རུ་ར་ནི་ཆུ་དང་ནི། །འོམས་བཅུས་གཉིས་སོ་སོའི་དཔེ། །མཛད་དང་སཾ་བྷུ་ཊའི་ལུང་ལས། །གང་དག་བསམ་གྱིས་མི་ཁྱབ་གནས། །མངོན་དུ་མ་བྱས་པ་དེ་ནི། །བདེ་བར་གཤེགས་པ་སྐྱེ་སངས་རྒྱས། །ཡིན་ལ་མཚན་གཞི་མཚོན་པ་ནི། །རྡོ་རྗེ་འཛིན་པ་ཡང་དག་པའོ། །གསུང་དོན་སངས་རྒྱས་ཡིན་ཞེས་དོན། །མདོ་ལུགས་སངས་རྒྱས་མཚན་གཞིར་བསྟན། །མཚན་གཞི་མཚོན་པའི་རྡོ་རྗེ་འཛིན། །ཡང་དག་པ་ཞེས་སྔགས་ལུགས་ཀྱི། ། སངས་རྒྱས་ཀྱི་ནི་མཚན་གཞི་ཡིན། །བསམ་གྱིས་མི་ཁྱབ་མངོན་བྱས་དོན། །ཡུལ་དང་ཡུལ་ཅན་སྣང་བ་ཀུན། ། བདེ་སྟོང་དང་དུ་རོ་གཅིག་པར། །འདྲེས་པའི་སངས་རྒྱས་རང་སྣང་གི །ཡེ་ཤེས་མངོན་གྱུར་བཅུ་གསུམ་པ། །དེ་གཉིས་གང་ཞིག་ཉམས་ལེན་ནི། །རྫོགས་སངས་རྒྱས་ཀྱི་མདོ་དང་ནི། །རྒྱུད་སྡེར་ཇི་སྐད་གསུངས་པ་བཞིན། ། དེ་དང་མཐུན་པར་ཉམས་ལེན་གནད། །སོ་ཐར་ཉན་ཐོས་ཕ་རོལ་ཕྱིན། །ཐེག་ཆེན་བྱང་སེམས་གསང་སྔགས་ཏེ༑ ༑དེ་གསུམ་གཞུང་དང་མི་མཐུན་པའི། །ཆོས་པ་སངས་རྒྱས་ཆོས་ལུགས་མིན། །མདོ་དང་རྒྱུད་སྡེའི་དགོངས་པ་དང་། །ལམ་བཟང་ཚང་ལ་མ་ནོར་བ། །སོ་ཐར་རིགས་བདུན་སེམས་བསྐྱེད་དང་། །དབང་བསྐུར་ལས་ཐོབ་སྡོམ་པ་ནི། །ལེགས་པར་བླང་ཞིང་བསྲུང་བ་ལ། །དགེ་ཚོགས་རླབས་ཆེ་རིམ་གཉིས་གནད། །ཤེས་ནས་བསྒོམ་པ་རྫོགས་སངས་རྒྱས། །ཐོབ་པའི་ལམ་ཡིན་དེ་ལྟར་གྱི། །གནད་རྟོགས་ཤིན་ཏུ་གལ་ཆེའོ། །

༄ དེ་ནས་བསྟན་པའི་རྩ་བ་ནི། །སྡོམ་གསུམ་ཉམས་སུ་ལེན་ཚུལ་སོགས། །རིམ་པར་དགག་པར་བྱེད་པ་ནི། །སྡོམ་གསུམ་ལེན་ཚུལ་བཀག་དོན་ནི། །གང་དག་རབ་བྱུང་ཞེས་པ་སོགས། །དཀའ་བར་བྱ་ཕྱིར་ཡིན་པར་དོན། །སོར་སྡོམ་ལེན་ལ་ངེས་འབྱུང་དགོས། །བྱང་སེམས་སྡོམ་པ་ཀླུ་སྒྲུབ་དང་། །ཐོགས་མེད་གསུང་དང་

མ་འགལ་དགོས། །གསང་སྔགས་བསྒོམས་པ་མང་སོགས་ནས། །རང་བཟོར་གསང་སྔགས་སྤྱོད་པར་ཟད། །བར་དོན་གསང་སྔགས་ཉམས་ལེན་ལ། །རྒྱུད་སྡེར་གསུང་བཞིན་ཉམས་ལེན་དགོས། །དེ་ལ་ཁག་འདོགས་ཕལ་ཆེར་གྱིས། །འཕྲུལ་གྱི་སྤྱོད་པ་བག་ཡངས་སུ། །ཅི་འདོད་བདེ་བའི་འདུ་ཤེས་ཀྱིས། །རང་བཟོའི་གསང་སྔགས་ཉམས་ལེན་སྤྱངས། །གལ་ཏེ་དབང་བསྐུར་ཞེས་སོགས་ནས། །གྲུབ་པས་ལེན་ཞེས་པར་གྱི་དོན། །ཁྱེ་བྲག་དབང་བསྐུར་རྒྱུད་མན་ངག །མ་གཏོགས་འཁྲུལ་དང་རང་བཟོ་སྤྱངས། །གོང་དུ་སློས་བཞིན་རྒྱུད་མན་ངག །བླ་མ་དམ་པའི་ཕྱག་ལེན་བཞིན། །སྨིན་དངོས་རྗེས་གསུམ་ཚང་བ་ཡི། །དབང་བསྐུར་བྱང་ཆུབ་ཐོབ་བྱེད་གཙོ། །རང་བཟོའི་གྲོང་བསྐྱེད་དྲོད་སྐྱེ་ཙམ། །གཏུམ་མོ་ཡང་དག་མིན་པ་ཡི། །དྲི་བཅས་ཡེ་ཤེས་བཀག་པའི་དོན། །རྒྱུ་ལ་བསྐྱེད་རིམ་བསྒོམ་སོགས་ནས། །ལམ་མི་འགྱུར་ཞེས་པར་གྱི་དོན། །སྦྱང་གཞི་སྦྱོང་བྱེད་གནད་མི་ཤེས། །རང་བཟོའི་གྲོང་བསྐྱེད་རྩ་ཐིག་རླུང་། །རྣམ་ཤེས་སེམས་དབྱིངས་ཁྱབ་རླུང་གི་དྲོད། །ཞུ་བདེས་རིག་སྟོང་རྟོག་པ་ཡི༔ ༔གནད་མི་ཤེས་པར་བཙན་ཐབས་ཀྱིས། །རླུང་གི་དྲོད་སྐྱེ་རས་རྐྱང་ཙམ། །ཚོག་དང་རྣམ་རྟོག་ཉུང་ཟད་ཙམ། །བཀག་ལ་མཆོག་འཛིན་དེ་ཉམས་ནས། །སླར་ཡང་འཁོར་བའི་རྒྱུར་གྱུར་སྤྱངས། །རྒྱུད་དང་མན་ངག་གིས་ཟིན་པའི། །སྦྱང་གཞི་སྦྱོང་བྱེད་ཆོ་ག་ཡི། །ཡན་ལག་ཀྱེ་ཡི་རྡོ་རྗེ་ནས། །གསུངས་པའི་མངོན་བྱང་ལྔ་དང་ནི༔ ༔རྡོ་རྗེའི་ཆོ་ག་གསུམ་ལས་བསྐྱེད། །བདེ་མཆོག་སོགས་ནས་སྦྲ་ཚུལ་གྱིས། །རྟེན་འབྲེལ་དང་ནི་གསང་འདུས་ལས། །གསུངས་པའི་ཏིང་འཛིན་གསུམ་དང་ནི། །གཤིན་རྗེའི་གཤེད་ནས་གསུངས་པ་ཡི། །རྣལ་འབྱོར་བཞི་སོགས་ཉམས་སུ་ལེན། །

ཁྱད་པར་མདོ་སྔགས་རྒྱ་མཚོའི་བཅུད། །གསུང་ངག་ཡིད་བཞིན་ནོར་བུ་མཆོག །ལམ་དང་འབྲས་བུར་བཅས་པ་ཡི། །གདམས་ངག་ལས་བྱུང་གཞི་རྒྱུ་རྒྱུད། །ཐུན་མོང་ཐོས་བསམ་ཐུན་མིན་སྐབས། །དྲི་མེད་སློབ་བྲལ་ལྔ་བ་ཡི། །རྒྱུད་སྦྱོང་མ་འགག་རིག་པའི་གདངས། །ཐུམ་དབང་བསྐྱེད་པའི་རིམ་པའི་ལམ། །སྙིང་པོ་ཀྱེ་ཡི་རྡོ་རྗེ་ཡི། །མངོན་རྟོག་ཡན་ལག་དྲུག་ལྡན་དང་། །ཟབ་མོ་ལུས་དཀྱིལ་དབང་དང་བཅས། །སྔོན་འགྲོ་དངོས་གཞི་རྗེས་རིམ་པས། །བསྐྱེད་པའི་རིམ་པ་ཐུན་མོང་དུ། །ངོ་སྐལ་སྦྱོང་གཞི་སྦྱོང་བྱེད་ཀྱི། །སྐྱེ་གནས་ཕྱེད་དང་བཞི་སྦྱོང་ཞིང་། །ཐུན་མིན་དེ་དག་རེ་རེས་ཀྱང་། །སྦྱོང་གཞི་མཐའ་དག་སྦྱང་བར་གྱུར། །སྣང་བ་སེམས་སུ་ངོ་སྤྲོད་པས། །དུག་གསུམ་རྟོག་པ་མཐའ་དག་སྦྱོང་། །དེ་ལྟར་བསྐྱེད་རིམ་བྱ་བ་དང་། །ཁྱེད་པ་ཅན་གྱི་བསྐྱེད་རིམ་ལས། །ང་རྒྱལ་རྣམ་པ་སྤྱི་ཁྱེ་བྲག །རྒྱན་ཅན་རྒྱན་མེད་སེམས་འཛིན་གྱི། །དམིགས་པ་སུམ་ཅུ་རྩ་བདུན་པོ། །ལེགས་བསྒོམ་བསམ་གཏན་དྲུག་དབྱུང་ཞིང་། །དུག་གསུམ་ངོ་བོ་ཉིད་གསུམ་བཅས། །ཐུན་མོང་གསལ་སྟོང

ཟུང་འཇུག་ཙམ། །ཐུན་མིན་རིག་གྲོལ་བདར་ཤ་བཅད། །གཞི་ཡི་དྲི་མ་རང་སར་དག །སྦྱོང་བྱེད་ལམ་གྱི་ངོ་བོར་གྱུར། །དེ་ལྟར་བསྐྱེད་པའི་རིམ་པ་དང་། །སྤྲོས་བཅས་རྫོགས་རིམ་གསང་དབང་དང་། །ཤེར་དབང་བཞི་པའི་ལམ་རྣམས་ལ། །སྔོན་འགྲོ་སྒོ་གསུམ་སྦྱོང་གནད་དབབ། །བསྒོམ་པ་གསུམ་དང་དངོས་གཞི་ནི། །གཉིས་པ་བདག་བྱིན་བརླབས་པའི་ལམ། །རྩ་ཡིག་ཐིག་ལེའི་དྭངས་སྙིང་ནི། །འབྱེད་པ་ཁྲབ་བྱེད་རླུང་སྦྱོར་བདུན། །ལེགས་སྦྱོང་ཁ་སྦྱོར་རླུང་ལ་འབབ། །ཁྲབ་བྱང་མན་ངག་གཏུམ་པོའི་དམིགས། །གང་བ་ཐིག་ལེ་མཐུག་པོ་ནི། །རྩ་ཡིག་ཐིག་རླུང་གསུམ་གཅེར་བུ། །མི་དམིགས་གཙོ་སྟོན་བཅོ་བརྒྱད་པོ། །མན་ངག་བོགས་འདོན་འཁྲུལ་འཁོར་བཅས། །དེ་ལ་བདེ་དྲོད་ཉམས་མྱོང་སྐྱེས། །གསལ་ཡང་ཐུན་མོང་ཐུན་མིན་ལ། །རིག་གྲོལ་ཉིད་དུ་བདར་ཤ་བཅད། །དེ་ཡི་སྐྱོན་ཡོན་སོ་སོར་འབྱེད། །ཡོན་ཏན་ཚོགས་རྣམས་གོང་འཕེལ་གྱུར། །གསུམ་པ་དཀྱིལ་འཁོར་འཁོར་ལོའི་ལམ། །དངོས་དང་ཡེ་ཤེས་ཕྱག་རྒྱ་ལ། །བརྟེན་པའི་སྦྱོར་བ་མཉམ་པ་གསུམ། །འདུ་ཤེས་སུམ་ལྡན་དེས་རྒྱས་པར། །མན་ངག་གནད་ཀྱི་བྱང་ཆུབ་སེམས། །དབབ་བཟུང་བཟློག་ཁྲབ་མི་ཉམས་སྲུང་། །བསྲུས་པའི་སྦྱོར་བར་ཐུར་སེལ་གྱི། །རླུང་ལ་དབང་བྱས་དངོས་གཞི་ལ། །དབབ་བཟློག་སོགས་པ་དུས་མཉམ་བྱ༑ ༑རྗེས་ལ་འདྲེན་དང་ཁྲབ་པར་བྱ། །བདེ་སྟོང་ཐུན་མོང་ཐུན་མིན་ནི། །རིག་པའི་གྲོལ་དུ་བདར་ཤ་བཅད། །

བཞི་པ་རྡོ་རྗེ་ཐ་རླབས་ལམ། །འོག་རླུང་བསྒྱོད་པ་ལུས་ཐ་རླབས། །ངག་ནི་འདྲེན་པ་ཞི་དྲག་གི། །ཏིང་འཛིན་སེམས་ཀྱི་ཐ་རླབས་ཀྱིས། །ཐབས་ཀྱི་རྒྱུད་སྦྱང་གཡས་བཟུང་བ། །གཡོན་དུ་འཛིན་པ་དབུས་གཉིས་ཀའི། །ཐ་རླབས་རིངས་ལ་སྐད་ཅིག་གསུམ། །ཤེས་རབ་ལའང་དེ་བཞིན་གསུངས། །ཐབས་ཤེས་གཉིས་ཀྱི་རྒྱུད་སོ་སོར། །སྐད་ཅིག་གཅིག་སྟེ་རྣམ་པ་བདུན། །དེ་ལས་མས་བརྟེན་དགའ་བ་བཞི། །མྱོང་བ་ཐུན་མོང་ཐུན་མིན་ལ། །རིག་གྲོལ་བདར་ཤ་བཅད་པ་ཡིས། །དེ་ལྟར་བསྐྱེད་རྫོགས་ཡེ་ཤེས་ནི། །གང་སྐྱེས་ཉོན་མོངས་རྣམ་རྟོག་དང་། །དཔེར་ན་ངང་པས་ཆུ་འོ་མ། །སོ་སོར་ཕྱེ་ལྟར་དྭངས་སྙིགས་འབྱེད། །རྫོགས་པའི་སངས་རྒྱས་ཐོབ་པ་ཡི། །མྱུར་ལམ་བླ་ན་མེད་པའོ། །གོང་གི་རིག་གྲོལ་ཞེས་པའི་དོན། །དངོས་པོ་ཡིན་ཚད་བེམ་རིག་ནི། །གཉིས་སུ་འདུས་ཤིང་དེ་སྐབས་ཀྱི། །རིག་པ་རྣམ་ཤེས་དོན་གཅིག་ཅིང་། །དེ་ནི་འདུས་བྱས་འཛིན་པའི་ཆ། །ཡིན་གྱི་སྐབས་འདིའི་རིག་པ་ནི། །སྙིང་པོ་ཀྱེ་ཡི་རྡོ་རྗེ་ཡི། །རྩ་རྒྱུད་བརྟག་པ་གཉིས་པ་ལས། །རང་རིག་བདེ་བ་ཆེན་པོ་ཉིད། །རང་རིག་ནས་ནི་བྱང་ཆུབ་གྱུར། །རང་རིག་ཕྱིར་ན་བསྒོམ་ཉིད་གསུང་། །འཕགས་མཆོག་ཀླུ་སྒྲུབ་ཡབ་སྲས་ཀྱིས། །དབུ་མ་དང་ནི་སྔགས་གསང་འདུས། །རྗེ་བཙུན་རྣལ་འབྱོར་དབང་ཕྱུག་གི། །གཤེད་དམར་སྒྲོས་མེད་མན་ངག་ལས། །རང་རིག་ཞེས་བཞེད་རྒྱལ་བ་ཡིས། །ལུང་བསྟན་ངོར་ཆེན་རྡོ་རྗེ་འཆང་། །

མཆོག་གི་རྣམ་བཤད་ཟླ་ཟེར་ལ། །འདི་ལྟར་དྲང་མཛད་འདུས་མ་བྱས། །སྤྲོས་བྲལ་བདེ་བ་ཆེན་པོའོ། །དེ་བཞིན་རྡོ་རྗེ་རྣལ་འབྱོར་མ། །རྡོ་རྗེ་འཇིགས་བྱེད་རིག་བྱེད་མ། །ཀུར་ཞལ་ལ་ཡང་ཐུན་མིན་གྱིས། །སྐབས་སུ་འདི་འདྲའི་གནད་དང་ལྡན། །འདི་དག་རྒྱལ་གསུང་རྒྱུད་སྡེ་དང་། །གྲུབ་པའི་མན་ངག་ལས་བྱུང་བའི། །འཁྲུལ་པ་མེད་པའི་རིམ་གཉིས་ལམ། །སྐལ་བཟང་མཆོག་ལ་བདག་ཉིད་ཆེ། །འཇམ་མགོན་བླ་མས་གདམས་པ་ཡི། །གསང་ཚིག་མཆོག་ཏུ་ཤེས་པར་བྱ། །

ཞེས་གསུང་དོན་དེ་བསྟན་བཅོས་ལུས། །ས་བཅད་དངོས་དེ་གོང་གི་ནི། །གྲོལ་བྱེད་རིམ་གཉིས་ལམ་གྱི་སྐབས། །ཕྱོགས་རེའི་ཐབས་ཀྱིས་མི་གྲོལ་བར། །རིམ་གཉིས་ཟུང་འཇུག་དགོས་པའི་ཚུལ། །གསུང་འདི་ཡིན་མོད་དེར་མདོར་བསྟན། །རྣམ་གྲངས་ཙམ་གསུང་སྐབས་འདི་ནི། །སྔགས་སྡོམ་ཉམས་ལེན་སྐབས་འཕྲོས་ལ། །བརྟེན་ནས་བསྐྱེད་རྫོགས་སྐྱོན་ཡོད་ནི། །ཚིག་གསལ་གནང་བར་མཛད་འདུག་ཅིང་། །མཁན་ཆེན་ངག་དབང་ཆོས་གྲགས་ཀྱིས། །མཛད་པར་འདི་སྐབས་བདེ་ཀྱེ་གསང་། །གཤིན་རྗེ་གཤེད་ཀྱི་བསྐྱེད་རྫོགས་ཀྱི། །ཚིག་གསལ་མཛད་པས་དེར་རྗེས་དཔག །གསུང་ངག་བསྐྱེད་རྫོགས་རྣམ་བཞག་འདི། །སྐབས་འཕྲོས་གསལ་ཙམ་བྱས་པའོ། །མདོ་སྔགས་བླ་མའི་ཁྱད་པར་གྱི། །འཁྲུལ་པ་དགག་དོན་བླ་མ་ལ། །སོགས་ནས་བླ་མ་མེད་ཀྱི་བར། །ཞེས་དོན་བླ་མའི་དངོས་འཛིན་ནི། །སོར་བྱང་སྡོམ་ཐོབ་མཁན་པོ་དེ། །སངས་རྒྱས་དངོས་དང་མཚུངས་པར་བལྟ། །གསང་སྔགས་དབང་བསྐུར་ཚུལ་བཞིན་དུ། །ཐོབ་པའི་བླ་མ་སངས་རྒྱས་དངོས། །དགེ་སློང་བྱང་སེམས་གསང་སྔགས་ཀྱི། །དབང་བསྐུར་གསུམ་ཀ་སྟུལ་བ་ནི། །བླ་མ་སངས་རྒྱས་དངོས་ལས་ལྷག །དེ་ལ་གསོལ་བཏབ་གནས་སྐབས་དང་། །མཐར་ཐུག་ཕུན་སུམ་ཚོགས་པ་གྲུབ། །གནད་སྡོམ་མི་ལྡན་སྡོམ་ལྡན་དུ། །འགྱུར་འདོད་བཀག་དོན་སྡོམ་པ་མེད། །སོགས་ནས་ཆོམ་རྐུན་ཡིན་གསུང་བར། །ཞེས་དོན་སྡོམ་གསུམ་ལེན་སྒྲུང་གཡ། །དབང་དང་རིམ་གཉིས་ལས་བྱུང་བའི། །ཡེ་ཤེས་ཕྱག་ཆེན་ལ་མཚོན་བྱེད། །དེས་དང་མཚོན་བྱ་དེ་གཉིས་ལས། །ཆོས་པ་འགའ་ཞིག་རྟོག་པ་ནི། །ནང་དུ་ཁ་ཚོན་ཕྱག་ཆེན་འདོད། །བཀག་དོན་ཕྱག་རྒྱ་ཆེན་པོ་བསྒོམ། །སོགས་ནས་དགོས་པར་གསུང་གི་བར། །ཞེས་དོན་ཕྱག་ཆེན་མིང་བཏགས་ཀྱིས། །རྣམ་རྟོག་ཕྱི་ཡུལ་ལ་མི་འཕྲོ། །ནང་དུ་ཁ་འཚམ་སྟོང་རྐྱང་དེ། །ཅི་མེད་ཅང་མེད་དུ་གོ་ནས། །དེར་བཟུང་བསྒོམ་པས་དུད་འགྲོར་སྐྱེ། །ཆད་ལྟ་བསྒོམ་དེ་ཐ་ཤལ་ཡིན། །ཡང་ནི་གཟུགས་སྣང་མཐའ་དག་བཀག །གཟུགས་ལ་ཆགས་བྲལ་ནམ་མཁའ་ལྟར། །སྟོང་རྐྱང་རྣམ་པར་ཤེས་པ་ཙམ། །གཟུགས་བྱ་ཅི་ཡང་མེད་པ་དང་། །འདུ་ཤེས་རགས་མེད་ཕྲ་ཡོད་ཙམ། །དམིགས་པའི་ཞི་གནས་དེ་རྣམས་ནི། །ལས་ཀྱི་དབང་གིས་གཟུགས་མེད་ནི། །སྐྱེ་མཆེད་མུ་བཞིའི་ལྟར་སྐྱེས

པའི། །སེམས་རྒྱུད་ལ་གནས་དེ་བཞི་དང་། །གཟུགས་སྣང་འགག་པའི་སྟོང་པ་གཉིས། །སྦྲེལ་ནས་བསྒོམ་ན་ལྟར་སྐྱེ་འབྲིང་། །སྐྱེ་མཆེད་མུ་བཞིའི། འཕགས་པ་གསུམ་གྱི་གཟུགས་མེད་ཁམས། །དེ་ཡི་ཉོན་མོངས་སྤོང་བའི་ཕྱིར། །ཞི་གནས་འདི་བསྒོམ་དེ་འདང་ནི། །སོ་སོའི་ལྷག་མཐོང་འབྲེལ་བ་ཡིས། །ལམ་གྱི་ཡོན་ཏན་ཡར་ལྡན་རྒྱུ། །འཁོར་བར་ངེས་འབྱུང་ནམ་མཁའ་དང་། །རྣམ་ཤེས་མཐའ་ཡས་གཉིས་བསྒོམ་དང་། །རྣམ་རྟོག་གཞན་འགོག་སྟོང་ཙམ་དུ། །ཐག་ཆོད་ངོ་འཕྲོད་ཉན་ཐོས་ཀྱི། །འགོག་པར་རེ་ཞིག་ཐར་པའི་རྒྱུ། །གལ་ཏེ་དེ་གསུམ་དུ་མ་ལྡང་། །སྒོ་གསུམ་ཤིན་སྦྱང་བདེ་བ་དང་། །ལྡན་པའི་ཞི་གནས་སྦྱོར་བ་ཀུན། །ཉེར་བཞིའི་ལྷག་མཐོང་ཟུང་འབྲེལ་དུ། །བསྒོམ་པ་དབུ་མའི་ལུགས་ཡིན་ཀྱང་། །ཇི་སྲིད་ཚོགས་གཉིས་མ་རྫོགས་བར། །དེ་སྲིད་བསྒོམ་དེ་མཐར་མི་ཕྱིན། །བསྐལ་པ་གྲངས་མེད་ཡུན་དུ་འགོར། །དེ་ལྟར་ཐ་འབྲིང་བཟང་དང་རབ། །དེ་རིགས་བསྒོམ་ཀུན་ཕྱག་ཆེན་མིན། །རང་ལུགས་ཕྱག་ཆེན་ངོས་བཟུང་བ། །ངེད་ཀྱི་ཕྱག་རྒྱ་ཆེ་སོགས་ནས། །གསང་སྔགས་གཞུང་བཞིན་སྒྲུབ་གྱི་བར། །ཞེས་དོན་བཀྲལ་ན་འདི་ལྟ་སྟེ། །རང་ལུགས་ཕྱག་རྒྱ་ཆེན་པོ་ཡི། །ངོ་བོ་བླ་མེད་དབང་དང་ནི། ། རིམ་གཉིས་གང་རུང་ལས་བྱུང་བའི། །དྲི་མ་མེད་པའི་ཉམས་དེ་ནི། །རང་བྱུང་གི་ནི་ཡེ་ཤེས་སོ། །

དེ་ཡང་བླ་མེད་སྨིན་བྱེད་ཀྱི། །དབང་བསྐུར་ནུས་བརྩམས་ཉམས་སྐྱོན་ཅན། །རྫོགས་པའི་བར་དེ་གང་ཟག་ནི། །ཚོགས་ལམ་རང་རྐྱང་པ་ཡིན་ནོ། །བདེ་སྟོང་ཡེ་ཤེས་མཚན་ཉིད་པ། །རྒྱུད་སྐྱེས་རྣམ་པར་མི་རྟོག་ཉམས། །རྒྱུན་ཆགས་བྱུང་ཡང་རྣམ་རྟོག་གི །བག་ཆགས་ཕྲ་མོ་དང་བཅས་པ། །ནམ་ལངས་ཉི་མ་ཤར་ལྟ་བུ། །དཔེ་ཡི་ཡེ་ཤེས་སྐྱེས་པ་ནི། །སྦྱོར་ལམ་རྣམ་ཀུན་མཆོག་ལྡན་གྱི། །སྟོང་པ་མངོན་སུམ་དུ་རྟོགས་ནས། །རྣམ་པར་མི་རྟོག་ཕྱག་རྒྱ་ཆེ། །དོན་གྱི་ཡེ་ཤེས་མཚན་ཉིད་པ། །ཐོག་མར་སྐྱེས་ཚེ་མཐོང་ལམ་ཐོབ། །ངོ་བོའི་སྒོ་ནས་དབྱེ་བ་ལ། །མཚོན་བྱེད་དཔེ་དང་མཚོན་བྱ་ནི། །དོན་གྱི་ཕྱག་རྒྱ་ཆེན་པོ་གཉིས། །དཔེ་ཡི་ཕྱག་ཆེན་ངོ་བོ་ནི། །བླ་མེད་དབང་ལམ་གང་རུང་ལ། །བརྟེན་ནས་སྐྱེས་པའི་ཉམས་སྐྱོན་མེད། །ཆོས་ཉིད་དེ་ནི་མངོན་སུམ་དུ། །མ་མཐོང་བ་ཡི་རིགས་གནས་སོ། །དབྱེ་བ་བླ་མེད་དབང་ལ་ནི། །བརྟེན་ལ་རྒྱུ་ལམ་འབྲས་གསུམ་ལས། །རྒྱུ་ལམ་གཉིས་ལ་དཔེའི་ཡེ་ཤེས། །ཡོད་ཅིང་འབྲས་དབང་ཡེ་ཤེས་ནི། མཚོན་བྱ་དོན་གྱི་ཡེ་ཤེས་ཡིན། །དབང་ལམ་བརྟེན་པ་ལྟར་ན། །རྟེན་གྱི་སྒོ་ནས་ཐེག་ཆེན་གྱི། །སོ་སྐྱེའི་རྒྱུད་ཀྱི་དཔེའི་ཡེ་ཤེས། །འཕགས་རྒྱུད་དཔེ་ཡི་ཡེ་ཤེས་གཉིས། །འཕགས་རྒྱུད་དེ་ལ་དོན་གྱི་ནི། །ཡེ་ཤེས་ཡིན་པས་ཁྱབ་སྙམ་ན། །སྤྱི་ཙམ་ཁྱབ་ཀྱང་དམིགས་བསལ་གྱི། །ཕར་ཕྱིན་རང་རྐང་འཕགས་པ་ནི། །བླ་མེད་ལམ་དུ་ཞུགས་པའི་ཚེ། །དཔེ་ཡི་ཡེ་ཤེས་གསར་སྐྱེས་དགོས། །ཐེག་ཆེན་མཐོང་ལམ་འཕགས་པ་ཡི། །མིང་མཉམ་ནའང་མདོ་སྔགས་གཉིས། །མཐོང་ལམ་འཕགས་ཆོས་ཁྱད་

པར་རོ། །མཆོན་བྱ་དོན་གྱི་ཕྱག་ཆེན་ནི། །དེ་རྒྱུ་བླ་མེད་དབང་དང་ལམ། །གང་རུང་ལ་བརྟེན་ཡེ་ཤེས་ནི། །སྐྱེས་པའི་གང་ཟག་གིས་ཆོས་ཉིད། །མངོན་སུམ་མཐོང་བའི་རིགས་སུ་གནས། །བླ་མེད་ཐེག་པའི་སློབ་ལམ་གྱི། །འཕགས་པའི་རྗེས་ཐོབ་ཡེ་ཤེས་འགའ། །མཆོན་བྱ་དོན་གྱི་ཡེ་ཤེས་ནི། །ཡིན་ཡང་ཆོས་ཉིད་མངོན་སུམ་དུ། །མཐོང་བར་མ་ངེས་པ་ཡི་ཕྱིར། །ཞེས་པ་ནི་བླ་མེད་ཐེག་པའི་ལམ་སློབ་ལམ་བརྙེས་པའི་འཕགས་པ་ལ་མཉམ་གཞག་ཏུ་དོན་གྱི་ཡེ་ཤེས་ཡིན་མོད་ཀྱང་། རྗེས་ཐོབ་ལ་བློ་ཁྱད་ཀྱིས་ཆོས་ཉིད་མངོན་སུམ་དུ་མཐོང་བ་ལ་ངེས་པར་བཤད། དབྱེ་བ་ལམ་གྱི་མཆོན་བྱ་ཡི། །ཕྱག་ཆེན་དབང་བཞིའི་ལམ་ལ་བརྟེན། །

དེའང་རྒྱུ་ལམ་འབྲས་གསུམ་གྱི། །དབང་ལ་བརྟེན་ནས་སྐྱེས་པ་ཡི། །མཆོན་བྱ་དོན་གྱི་ཡེ་ཤེས་གསུམ། །རྒྱུ་དུས་སྐབས་ཀྱི་དབང་བཞི་པ། །ཁོ་ནར་བརྟེན་ནས་སྐྱེ་བ་སྲིད། །དེ་སྐྱེ་བ་ལ་རྩ་དབུ་མའི། །མདུད་པ་གཅིག་གྲོལ་ས་དང་པོ། །ངེས་པར་ཐོབ་དགོས་དེ་ཡང་ནི། །བླ་མེད་ས་ཐོབ་དབང་བཞི་ཆར། །མ་ཐོབ་པ་ལ་མི་འབྱུང་ངོ་། །གཞན་ཡང་དབང་གི་ཡེ་ཤེས་དབབ། །གསུམ་པའི་དབང་སྐབས་སྐྱེ་བ་སྲིད། །དེ་ཡི་དོན་ནི་ཆེ་འདི་འམ། །སྔ་མ་བླ་མེད་དབང་བཞི་ཡི། །སྨིན་པ་སྟོན་སོགས་ལས་འཕྲོ་ཅན། །རང་གི་དང་གི་ཁམས་འདུ་དང་། །མོས་གུས་ཅན་ལ་བྱིན་རླབས་ཀྱི། །ཁམས་འདུ་ཞེས་པ་དེ་འདྲ་ལ། །སྔགས་ཀྱི་དབང་བསྐུར་ཡེ་ཤེས་དབབ། །སོགས་ཀྱིས་སད་བྱེད་རྐྱེན་བྱས་ཏེ། །མཆོན་བྱ་དོན་གྱི་ཡེ་ཤེས་སྐྱེ། །ཚེ་འདིར་དབང་གིས་མ་སྨིན་པར། །མི་སྲིད་རྒྱུ་མེད་འབྲས་མི་འབྱུང་། །གནད་འདི་ཤེས་དགོས་འབྲས་བུ་ཡི། །ཕྱག་རྒྱ་ཆེ་ནི་བཅུ་གསུམ་པ། །རྡོ་རྗེ་འཛིན་པ་ཉིད་ཡིན་ནོ། །འོན་ལམ་དང་འབྲས་བུ་ཡི། །ཕྱག་ཆེན་འདོད་ན་གཞི་ཕྱག་ཆེན་ཞིག་ཀྱང་། །འདོད་དམ་སྙམ་ན་ཆོས་དབྱིངས་ལ། །དེ་འདྲ་བཤད་པའི་ལུང་མ་མཐོང་། །ཡོད་སྲིད་ནའང་ངེས་པ་མིན། །བླ་མེད་དབང་ལམ་མ་བརྟེན་པའི། །ཕྱག་ཆེན་འབྱུང་བ་མི་སྲིད་གནད། །རིགས་ཀྱི་སྒོ་ནས་དབྱེ་བ་ལ། །ཕྱག་ཆེན་མིང་བཏགས་ཆ་མཐུན་གྱི། །རྣམ་རྟོག་རྒྱུན་ཆགས་ཐོས་བསམ་ཙམ། །ཀྱིས་བསྐྱུས་གོ་རྟོགས་ཤེས་རབ་དང་། །བསྒོམ་བྱུང་ཡིན་ཀྱང་རྣམ་རྟོག་རྒྱུན། །མ་ཞིའི་བར་བུན་ཉམས་རྣམས་ཡིན། །གསུང་ངག་ལྷ་ཁྲིད་སྐབས་ཀྱི་ནི། །འཁོར་འདས་དབྱེར་མེད་ལྟ་ཕལ་ཆེར། །རྒྱུ་དུས་ལྟ་བུ་དུག་ཅན་ཞེས། །ཕྱག་ཆེན་ལྟར་སྣང་མིང་བཏགས་པ། །དེ་ཉིད་ཡིན་པར་སེམས་ཏེ་དེས། །གསུང་ངག་འཁོར་འདས་དབྱེར་མེད་ཀྱི། །ལྟ་བ་འདི་ལ་གསུམ་དུ་མཐོང་། །རྒྱུ་དུས་ལྟ་བ་དུག་ཅན་ནི། །ཐོས་བསམ་ལས་བྱུང་ཤེས་རབ་ཀྱིས། །བསྡུས་པའི་འཁོར་འདས་དབྱེར་མེད་ཀྱི། །ལྟ་བ་ཀུན་དང་སྒོམ་བྱུང་གི །བསྡུས་པའི་རིགས་ནི་ཁ་ཅིག་སྟེ། །གསུང་ངག་སྐབས་སུ་རྟོགས་པ་ཙམ། །ལྟ་བར་བཞག་པ་ཞེས་གསུང་དང་། །རབ་དབྱེར་ལྟ་བ་དེ་ཡི་ནི། །ཡན་ལག་ཕྱག་ཆེན་དཔེའི་ཡེ་ཤེས། །གསུང་པའི་ལྟ་བ་ཕྱག

ཆེན་གཉིས། །གཉིས་ཕྱིའི་ལྷ་བའང་འདི་ཉིད་ཡིན། །ལམ་གྱི་ལྟ་བ་དྲུག་མེད་ནི། །དབང་བཞི་རིམ་གཉིས་ཐབས་ལས་སྐྱེས། །ཉམས་མྱོང་སྐྱོན་མེད་འཁོར་འདས་ཀྱི། །ལྟ་བ་རྣམས་ཏེ་དེ་ཉིད་ནི། །ཉམས་མྱོང་ཏིང་འཛིན་ལྟ་བ་རུ། །བཞག་པ་ཡིན་ཏེ་རབ་དབྱེ་ལས། །ཕྱག་ཆེན་དཔེ་ཡི་ཡེ་ཤེས་ཞེས། །སྐབས་དེར་གསུང་པ་འདི་ཡིན་ནོ། །མཚོན་བྱ་དོན་གྱི་ཕྱག་ཆེན་ནི། །གྲུབ་མཐའ་བཞིའི་རྒྱུའི་འཁོར་འདས་གཉིས། །དབྱེར་མེད་དོན་ནི་མངོན་རྟོགས་སོ། །

དེས་ན་སྟ་མ་གཉིས་པོ་ནི། །འཁོར་འདས་དབྱེར་མེད་ལྟ་བ་ནི། །དོན་སྤྱིའི་ཚུལ་དུ་མཛལ་བ་ཡི། །རྟོགས་པ་ཡིན་གྱི་ཕྱི་མ་ནི། །དེ་ལ་གསལ་སྣང་ཤར་བ་ཡི། །རྟོག་མེད་ཤེས་པ་ཉིད་ཡིན་ནོ། །འབའ་ཞིག་སྐྱོན་དང་བཅས་པ་ནི། །གནས་པ་སོར་རྟོག་སྣང་སྟོང་ཕྱོགས། །ཟུང་དུ་མ་འཇུག་པ་ཡི་ཉམས། །བརྒྱལ་དང་ཚོགས་དྲུག་འགག་པ་སྟེ། །ཉི་ཚེ་བ་ཡི་ཉམས་རྣམས་ཡིན། །ཕྱག་ཆེན་མཚན་ཉིད་པ་ལ་ནི། །བླ་མེད་དབང་དང་ལམ་ལ་བརྟེན། །གཟུང་དང་འཛིན་པའི་རྟོག་པ་ནི། །རང་བཞིན་མེད་པའི་ཆོས་དབྱིངས་ལ། །གསལ་སྣང་ཐོབ་པའི་ཉམས་སྐྱོན་མེད། །སྐྱེས་པ་དཔེ་ཡི་ཕྱག་ཆེན་ཡིན། །མཚོན་བྱ་དོན་གྱི་ཕྱག་རྒྱ་ཆེ། །བཞི་པ་རྟེན་ཅན་ཞེས་བྱ་བ། །བཞི་པའི་དབང་གི་རྟེན་དཀྱིལ་འཁོར། །བཞི་ཡི་རྟེན་འབྲེལ་བསྒྲིགས་པ་ཡི། །ཡང་དག་སྦྱོང་བ་བཞི་ལས་ནི། །དབུ་མའི་མདུད་པ་དང་པོ་གྲོལ། །རྣམ་ཀུན་མཆོག་ལྡན་སྟོང་པ་ཉིད། །མངོན་སུམ་མཐོང་དེ་མཚོན་བྱ་ནི། །དོན་གྱི་ཡེ་ཤེས་རྒྱུད་ལ་སྐྱེ། །གྲུབ་མཐའ་འཁོར་འདས་དབྱེར་མེད་སྐོགས། །མཐོང་ལམ་དང་པོའི་ས་ཐོབ་ཅིང་། །གྲུབ་པ་ཐོབ་པ་ཞེས་བྱའོ། །རྗེ་བཙུན་མཆོག་གིས་གྲ་སྟོན་གྱི། ཞུས་ལེན་ཚིག་བཞིར་སྟ་མ་ཡི། །ལྟ་བའི་དྲུག་ནི་རྣམ་པར་རྟོག །བསྒོམ་པའི་དྲུག་ནི་ཉམས་སྐྱོན་ཅན། །ཕྱི་མས་སྐྱོན་དེ་བྲལ་བ་ཡི། །བླ་མེད་དབང་ལམ་ལ་བརྟེན་པའི། །ཉམས་མྱོང་སྐྱོན་མེད་ཕྱག་ཆེན་དུ། །གསུངས་པའང་དེ་དག་དོན་ཡིན་ནོ། །

གཞན་ཡང་བདག་ཉིད་ཆེན་པོ་ཡི། །ཕྱག་རྒྱ་ཆེན་པོའི་རབ་དབྱེ་ལས། །མཚན་རྟོག་ཉེ་བར་ཞི་བའི་དོན། །བཤད་པ་ཚིག་གི་ཕྱག་ཆེན་དང་། །རྣམ་པར་མི་རྟོག་ཏིང་འཛིན་ལ། །བློ་འཇོག་པ་དང་ལྟར་སྣང་ལ། །རང་བཞིན་མེད་པར་རྩེ་གཅིག་འཛོག །རྡོ་རྗེ་འཆང་ཆེན་ལྷ་ཡི་སྐུར། །བསྒོམ་པའི་ཕྱག་རྒྱའི་དམ་ཚིག་དང་། །དེ་ལྟར་བསྒོམ་པས་གཉིས་མེད་ཀྱི། །ཉམས་མྱོང་མོས་པ་གཞན་གྱིས་ནི། །འཕྲོག་མི་ནུས་པ་ནང་ནས་སྐྱེ། །དེ་ཡང་བསྐྱེད་རྫོགས་གང་རུང་གིས། །དམིགས་པས་སྐྱེས་ན་ཉམས་མྱོང་གི །ཕྱག་ཆེན་རྒྱུད་སྡེ་འོག་མ་དང་། །ཕ་རོལ་ཕྱིན་པའི་དམིགས་པ་ནི། །བསྒོམ་སྐྱེས་ཉམས་མྱོང་དེ་ལྟར་མིན། །འོན་ཀྱང་དེ་དག་ཕྱག་རྒྱ་ཆེ། །བཏགས་པ་བ་ཡིན་དངོས་མིན་ཏེ། །དེ་འདྲ་དབུ་མའི་བསྒོམ་ལ་ཡང་། །སྐྱེ་སྲིད་བསྐལ་པ་གྲངས་མེད་གསུམ། །སངས་

རྒྱས་རྒྱུ་ཡིན་ཆེ་འདི་དང་། །བར་དོ་སོགས་ལ་འཚང་མི་རྒྱ། །བླ་མེད་དབང་བཞིའི་རིམ་གཉིས་སམ། །དབང་རྗེས་ལམ་ཟབ་བླ་མ་སོགས། །ཐབས་ཀྱི་ཁྱད་པར་ལ་བརྟེན་ནས། །མཚན་རྟོག་རང་གྲོལ་ལ་སོང་སྟེ། །གནས་ལུགས་དོན་ལ་གསལ་སྣང་སྐྱེས། །རྟོགས་པ་དཔེ་ཡི་ཕྱག་ཆེན་ཏེ། །དེ་ནི་ཆེ་འདི་འཆི་ཁའམ། །བར་དོ་ཚུན་ལ་མཐོང་ལམ་སྐྱེ། །དེ་ལ་བརྟེན་ནས་མཐོང་སྤྱོད་སྤྱངས། །དབུ་མའི་རྩ་མདུད་དང་པོ་གྲོལ། །ཆོས་ཉིད་མངོན་སུམ་མཐོང་བ་ཡིན། །མཐོང་བ་དོན་གྱི་ཕྱག་ཆེན་དང་། །བཅུ་གསུམ་པ་ཡི་ཡེ་ཤེས་ཞེས། །ལམ་ལྔ་ས་ནི་ཕྱེད་བཅུ་གསུམ། །རྟེན་འབྲེལ་ལྔ་དང་བྱང་ཕྱོགས་ཆོས། །སོ་བདུན་ལ་སོགས་ལམ་མཐར་ཕྱིན། །ཕྱི་ནང་སྤྱོང་བྱའི་མདུད་ཀུན་གྲོལ། །ཡེ་ཤེས་ལྔ་ལྡན་སྐུ་ལྔ་ནི། །ལྷུན་གྲུབ་རྟོགས་པ་འབྲས་བུ་ཡི། །ཕྱག་རྒྱ་ཆེ་སྟེ་རྣམ་དྲུག་གོ། །

དེ་ལྟར་སྤྱི་བཀོད་དམིགས་བསལ་ལས། །གདུལ་བྱ་དབང་པོ་རབ་ལ་ནི། །ལས་ཀྱི་འཕྲོ་ཅན་དང་ཁམས་འདུད། །བླ་མེད་དབང་དུས་ཉིད་དུ་ནི། །དོན་གྱི་ཡེ་ཤེས་མངོན་གྱུར་སྲིད། །སྔོན་སྦྱང་དཔེ་དོན་ཡེ་ཤེས་གཉིས། །སྐྱེས་པའི་ལས་འཕྲོ་སད་པ་ཡི། །རྟེན་འབྲེལ་ལས་བྱུང་བརྩོན་འགྲུས་ཅན། །འབད་རྩོལ་གྱིས་ཁམས་འདུ་བ་ལ། །རིམ་གཉིས་ལམ་ལ་བརྩོན་སྐབས་སམ། །མོས་གུས་ཅན་ནི་བྱིན་རླབས་ཀྱིས། །ཁམས་འདུ་བླ་མ་དམ་པ་ཡི། །ཐུགས་རྗེ་ཁྱད་པར་ཅན་ལ་བརྟེན། །དོན་གྱི་ཡེ་ཤེས་སྐྱེ་སྲིད་དེ། །དཔེ་ཡི་ཡེ་ཤེས་སྔོན་སྦྱང་གི །ཡོད་པའི་རྐྱེན་གྱིས་དྲག་བསྐུལ་བས། །རྟེན་འབྲེལ་དབང་ལས་དེ་ལྟར་འབྱུང་། །འདི་ལ་སྐུ་ལྔ་སྐུ་གསུམ་སོགས། །གཅིག་ཆར་གྲུབ་པ་དེ་ལྟར་ན། །རྒྱུད་སྡེ་སྤྱི་རྣམས་ལས་སྐུ་གསུམ། །རིམ་ཅན་འགྲུབ་སྙམ་དོགས་སྐྱེ་ན། །དེ་ནི་མངོན་བྱང་གསལ་སྣང་གིས། །གྲུབ་ཚུལ་གསུང་གིས་སྐུ་རིམ་འགྲུབ། །གསུང་དོན་མ་ཡིན་དོགས་མི་འཚལ། །ཁྱད་ཆོས་རྒྱུ་ཡི་ཁྱད་པར་ནི། །ཕྱག་ཆེན་ཡེ་ཤེས་རྒྱུད་བླ་མེད། །དབང་དང་རིམ་གཉིས་ཐབས་ཟབ་ལ། །བརྟེན་དགོས་ཕར་ཕྱིན་ཐེག་སོགས་ཀྱི། །ཉམས་རྟོགས་བཟང་ཡང་ཐ་སྙད་མེད། །

ཕྱག་ཆེན་ངོ་བོའི་གནས་ལུགས་ནི། །སྤྲོས་པའི་མཐའ་བཞི་བྲལ་བའི་དབྱིངས། །སྟོང་ཉིད་དེ་བཞིན་ཉིད་ལ་སོགས། །ཕྱག་ཆེན་ངོ་བོར་མི་འཛིན་སྟེ། །རྟོགས་བྱའི་ཡུལ་ཙམ་ཡིན་མོད་ཀྱི། །རྟོགས་ཐབས་ཡུལ་ཅན་མ་ཡིན་ནོ། །གཞན་ཡང་གཞི་དུས་ཡེ་ཤེས་ཀྱི། །མིང་ཅན་རང་བཞིན་ལྷན་སྐྱེས་སམ། །རང་བཞིན་རྣམ་དག་སེམས་འོད་གསལ། །དེ་ཡང་ངོ་བོ་མ་ཡིན་ཏེ། །སྐྱེ་འགྲོ་ཀུན་ལ་རང་ཆས་སུ། །ཡོད་ཀྱང་དེ་ཡིས་གྲོལ་མི་ནུས། །ཅི་ཡང་ཡིད་མི་བྱེད་པ་དང་། །གཞི་ཐོག་སེམས་ཀྱི་འཇུག་པ་བཀག །རིག་པས་དཔྱད་ནས་སྤྲོས་བྲལ་ལ། །བློ་འཇོག་ཐོས་བསྒོམ་གྱི་ཤེས་རབ། །དེ་ལྟར་བསྒོམ་པའི་ཉམས་སྣ་ཚོགས། །རྟོགས་པའི་གདེང་ཚད་ཅུང་ཟད་ཙམ། །བྱུང་ལ་སོགས་པའང་ངོ་བོ་མིན། །དེ་འདྲ་རྒྱུད་སྡེ་འོག་མའམ། །ཕར་ཕྱིན་བསྒོམ་སོགས་ལའང་འབྱུང་། །ཉོན་

མོངས་ཆགས་སོགས་སྐྱེས་པ་ན། །གཉེན་པོ་གཞན་ནི་མི་ཚོལ་བར། །ཉོན་མོངས་རང་གི་རང་བཞིན་ལ། །ཚུལ་བཞིན་ཡིད་ལ་བྱེད་པ་ཡི། །ཤེས་རབ་ཀྱིས་ནི་དཔྱད་པ་ན། །ཉོན་མོངས་རང་གྲོལ་ལྟར་སོང་ལ། །ཉོན་མོངས་ལམ་བྱེད་མིང་བཏགས་པ། །

དེ་ཡང་ཕྱག་ཆེན་ངོ་བོ་དང་། །ཕར་ཕྱིན་ལས་ལྷག་མྱུར་ལམ་མིན། །སེམས་ལ་གནད་བསྣུན་ཉམས་ལེན་ཙམ། །དེ་འདྲ་ཕར་ཕྱིན་ལ་ཡང་ཡོད། །མདོ་སྔགས་གཉིས་ཀྱི་ཁྱད་པར་ནི། །མདོ་ལ་སེམས་དང་སྔགས་ལ་ནི། །ལུས་ལ་གནད་བསྣུན་ཉམས་ལེན་གྱི། །སྒོ་ནས་ཁྱད་པར་བྱེད་པ་ཡིན། །ཕར་ཕྱིན་ལས་ནི་འདི་སྐད་གསུང་། །ཆགས་སོགས་ཉོན་མོངས་སྐྱེ་བའི་ཚེ། །དེ་ཡི་ངོ་བོའི་གནས་ལུགས་ལ། །དཔྱད་པའི་ཤེས་རབ་ཀྱིས་གཞིག་པའི། །རང་གྲོལ་སོང་བ་ཙམ་ལ་དགོངས། །སྔང་བྱ་ཉོན་མོངས་ཆགས་སོགས་ནི། །གནས་ལུགས་དཔྱོད་པའི་ཤེས་རབ་ཀྱི། །མཐུ་ཡིས་དེ་ཞི་གྲོལ་བ་ཡི། །དབྱིངས་ཀྱི་ཆ་སྟེ་དེ་གཉིས་ལ། །གཉིས་ཀར་ཉོན་མོངས་མིང་བཏགས་པ། །ཉོན་མོངས་གཉེན་པོར་ཉོན་མོངས་ནི། །གསུང་བར་འབྱུང་ནས་རྣམ་རྟོག་ནི། །ཆོས་སྐུ་ཡིན་སོགས་བླུན་གཏམ་སྨྲ། །དེ་ལྟར་མ་ཡིན་མདོ་དང་ནི། །དེ་འགྲེལ་བྱམས་མགོན་དབྱིག་གཉེན་གྱི། །གསུང་གིས་གསལ་ཞིང་བདག་ཉིད་ཆོས། །འཆད་ན་གཉིས་སུ་ཡོད་མོད་ཀྱི། །འཇུག་པའི་ཚེ་ན་རྣམ་དབྱེ་མེད། །གསུང་ལྟར་འཆད་ཚེ་རྣམ་རྟོག་དང་། །དེ་ཡི་ཆོས་ཉིད་སོ་སོར་ཕྱེ། །སློབ་དག་མཁས་འཇུག་པའི་ཚེ། །རྣམ་རྟོག་གི་ནི་ཆོས་ཉིད་ལ། །རྣམ་རྟོག་མིང་བཏགས་ནས་བསྒོམ་པ། །བཟང་བར་སྣང་བས་སོ་སོ་ནས། །ཐུགས་ནི་གཟུ་བོར་གནས་པར་འཚལ། །

རང་ལུགས་ཕྱག་ཆེན་ངོ་བོ་ནི། །བླ་མེད་དབང་དང་བྱིན་གྱིས་རླབས། །རིམ་གཉིས་ལས་སྐྱེས་དེ་ཡི་གྲོགས། །དྲི་བྲལ་འཁོར་འདས་དབྱེར་མེད་ཀྱི། །ལྷ་བ་བྱང་ཆུབ་སེམས་ཀྱིས་ཟིན། །ངོ་བོ་བདེ་སྟོང་ཟུང་འཇུག་སོགས། །ཟུང་འཇུག་ཡེ་ཤེས་སྐྱོན་མེད་དེ། །ཕྱག་རྒྱ་ཆེན་པོའི་ཡེ་ཤེས་ཡིན། །དེ་ལ་བརྟེན་ནས་ཚེ་འདིའམ། །བར་དོ་སོགས་སུ་ཕྱག་རྒྱ་ཆེ། །མཆོག་གི་དངོས་གྲུབ་ཐོབ་འགྱུར་རོ། །སྒྲ་དོན་ཕྱག་ཆེན་སྐད་དོད་ནི། །མ་ཧཱ་ཆེན་པོ་མུ་དྲ་ཞེས། །རྒྱ་ལ་འཇུག་པ་ཟུང་འཇུག་གི །ཡེ་ཤེས་དེ་ཡི་སྣང་བ་ཀུན། །རྒྱས་བཏབ་དེ་ལས་མི་འདིའི་དོན། །གཉིས་སྣང་འབྱུང་པ་ལས་གོང་དུ། །གྱུར་པས་རྒྱ་ཆེན་པོ་ཞེས་བྱ། །ཕྱག་གི་སྐད་དོད་རྒྱ་དཔེ་ལ། །མེད་ཀྱང་ལོ་ཙྪས་བསྣན་ཞེས་གསུང་། །རྟེན་གྱི་ཁྱད་པར་གང་ཟག་ནི། །བླ་མེད་དབང་གིས་རྒྱུད་སྨིན་ཞིང་། །ཕྱག་རྒྱ་ཆེ་དོན་མ་འབྲུལ་བ། །ངོས་ཟིན་གནད་ནི་མ་བཅོས་པར། །ཉམས་སུ་ལེན་ཤེས་ཞིག་དགོས་ཤིང་། །དབང་གི་མ་སྨིན་སྨིན་ཙམ་ཀྱང་། །ཕྱག་རྒྱ་ཆེན་པོར་ངོས་མ་ཟིན། །ཟིན་ཀྱང་དེ་ཡི་གནད་མ་ཤེས། །ཕྱག་ཆེན་བསྒོམ་

པར་རློམ་པ་ནི། །ཡང་མཐའ་དྭུད་འགྲོ་དེ་ལས་ཉུང་། །བཟང་ན་གཟུགས་མེད་ཁམས་ཀྱི་ལྷ། །དེ་ལས་ཉུང་འཕགས་ཉན་ཐོས་ཀྱི། །འགོག་པའི་རྒྱུའམ་ཧེ་ལྟར་རུང་། །བཟང་ཀྱང་ཕར་ཕྱིན་དབུ་མ་ཡི། །བསྒོམ་པ་ཙམ་ལས་ལྷག་མི་འབྱུང་། །རྒྱུ་ནི་བླ་མེད་དབང་ལམ་བསྒོམས། །ལས་བྱུང་བསྐྱེད་རིམ་སྣང་སྟོང་ཕྱོགས། །གསང་དབང་ཉོན་མོངས་རྣམ་རྟོག་དང་། །སྦྲིལ་ཞི་རང་བྱུང་ཕྱག་ཆེན་དངོས། །མ་ཡིན་གྲོགས་ནི་ཉོན་མོངས་ལྟར། །སྣང་སོགས་ཀྱིས་བསླད་ཉམས་སྐྱོན་ཅན། །བླ་མ་དམ་པའི་མན་ངག་གིས། །དྭངས་སྙིགས་ཕྱེས་ནས་འབྱེད་པ་དང་། །དབང་ལམ་གང་རུང་དང་འབྲེལ་གཞི། །མཚན་རྟོག་ཉེར་ཞིའི་ཞི་གནས་ལ། །བདེ་སྟོང་ཟུང་འཇུག་ལྷག་མཐོང་གིས། །ཟིན་དེ་ཕྱག་ཆེན་ལམ་མཆོག་ཡིན། །

གཞན་ལུགས་ཕྱག་ཆེན་རྒྱ་ནག་ལུགས། །བསྟན་པ་སོགས་དོན་ད་ལྟ་ཡི། །ཕྱག་རྒྱ་སོགས་ནས་རྣམས་ཀྱི་ཡིན། །བར་དོན་ཕལ་ཆེན་རྟོག་སླ་ཞིང་། ། སྔར་གྱི་བཀག་པའི་ཕྱག་ཆེན་དེ། །ནཱ་རོ་མཻ་ཏྲིར་བརྒྱུད་རློམ་ན། །མ་ཡིན་ནཱ་རོ་མཻ་ཏྲི་ལས། །བརྒྱུད་པའི་ཕྱག་རྒྱ་ཆེན་པོ་ནི། །སཾ་བྷུ་ཊི་ལས་གསུངས་པའི་དོན། །ཕྱི་རོལ་མཚན་ལྡན་ལས་ཀྱི་རྒྱ། །དེར་བརྟེན་དབུ་མ་སྟོང་པ་ཉིད། །རོ་གཅིག་ལྷན་སྐྱེས་དགའ་བ་ནི། །དམ་ཚིག་རྒྱ་དང་དེའི་རང་བཞིན། །ཆོས་ཀྱི་དབྱིངས་ནི་ཆོས་ཀྱི་རྒྱ། །དེ་འབྲས་རང་བྱུང་གི་ཡེ་ཤེས། །ཡེ་རྒྱ་རྣམ་པ་བཞི་ལ་བཞེད། །འཕགས་མཆོག་ཀླུ་སྒྲུབ་ཉིད་ཀྱིས་ཀྱང་། །ལས་ཀྱི་ཕྱག་རྒྱ་མ་ཤེས་ན། །ཆོས་ཀྱི་ཕྱག་རྒྱ་ཡང་མི་ཤེས། །ཕྱག་ཆེན་མིང་ཙམ་གང་ལ་རྟོགས། །ཞེས་གསུང་བརྟག་གཉིས་སོགས་བརྒྱུད་དང་། །བསྟན་བཅོས་ཀུན་ལས་བླ་མེད་ཀྱི། །དབང་བཞི་མ་འབྲེལ་ཕྱག་ཆེན་བཀག །དབང་ལས་བྱུང་བའི་ཡེ་ཤེས་ཀྱི། །ཕྱག་ཆེན་རྟོགས་ན་དང་གཉོད་ནི། །མཚན་བཅས་འབད་རྩོལ་ལ་མི་ལྟོས། །དེ་རྒྱུན་སྐྱོང་བས་གྲོལ་བ་ཐོབ། །མདོ་རྒྱུད་དོན་དང་མི་མཐུན་པའི། །བྱིན་རླབས་བདུད་ལས་ཡིན་སྲིད་སྤངས། །ཕྱག་རྒྱས་པ་འགས་སྟགས་ཆོས་ལ། །དད་ན་སྟ་མ་དབང་ཐོབ་ཡིན། །དབང་བསྐུར་མི་དགོས་ཟེར་དགག་དོན། །ཁ་ཅིག་སྐྱེ་བ་སྟ་མ་ཞེས་སོགས་ནས། །ངོ་མཚར་སྐྱེ་ཞེས་བར་དོན་རྒྱལ་བསྟན་ལ། །བརྟེན་བཞིན་མདོ་རྒྱུད་དང་འགལ་བ། །མཁས་ཀུན་འབྲེལ་གྱུར་འཁྲུལ་སྤྱོད་སྤངས། །སྟོན་སྦྱང་སྟགས་སྡོམ་ཡོན་ཏན་རྒྱུན། །ཡོད་རུང་ཚེ་འདི་དབང་བྱས་པའི། །ཞུང་ཁམས་སྐྱེ་མཆེད་གསར་སྐྱིན་དགོས། །རིན་ཆེན་རྒྱན་འདྲའི་རྗེས་འབྲང་གི །རྟོག་གཞུང་དགེ་བཤེས་ལ་ལ་ཡི། །ཞི་གནས་ཙམ་ཟད་ཙམ་དང་ནི། །སྣང་སྟོང་ཟུང་འཇུག་རྟོག་པའི་ཚུལ། །ཕྲ་མོ་སྐྱེས་ལ་མཐོང་ལམ་དུ། །ངོ་སྤྲོད་བྱེད་པ་དགག་པ་ནི། །ལ་ལ་ཞི་གནས་ཟུང་ཟད་སོགས། །ཞེས་ནས་འབྱུང་མི་སྲིད་ཀྱི་བར། །དགག་དོན་ཚེ་འདི་མཐོང་པའི་ལམ། །ཐོབ་ནས་དེ་ཡི་རྟོགས་ཡོན་ཏན། །ཤེ་ནས་འབྱུང་བའི་འབྲུལ་རྟོགས་སྤངས། །རྒྱུན་ཅན་རྒྱུན་མེད་ཉན་

ཐོས་ལས། །བཤད་ཀྱི་ཐེག་ཆེན་སྐབས་མི་འབྲེལ། །ན་རོས་དབང་དུས་མཐོང་ལམ་སྐྱེས། །དེ་འགག་ཞེས་དང་འཕགས་པ་ལྟས། །བདེན་མཐོང་ལས་མཐའ་ལ་ཆགས་པས། །འགྲིབ་པར་གསུང་དེ་དཔེ་ཡི་ནི། །ཡེ་ཤེས་རྟོགས་ཙམ་བཏགས་པ་བར། །བཤད་ཀྱི་མཐོང་ལམ་དངོས་མ་ཡིན། །གྲུབ་ཐོབ་ཀུན་གྱི་དགོངས་མཐུན་པར། །མཐོང་ལམ་འཕགས་པ་ཁོ་ནར་འབྱུང་། །ས་ཐོབ་དེ་ཡི་ཡོན་ཏན་གཉིས། །ཟུང་འབྲེལ་འཁྲུལ་མེད་ཤེས་པར་བྱ། །

ཐེག་གསུམ་ལག་ལེན་སྤྱོད་པའི་གནད། །འཁྲུལ་པ་བཀག་དོན་ཐེག་པ་གསུམ། །སོགས་ནས་ཡིན་ཞེས་བྱ་བའི་བར། །གོ་སླ་ཐེག་པ་ཆེ་ཆུང་གི །བླ་མའི་དབྱེ་བ་ཉན་ཐོས་རྣམས། །སོགས་ནས་ཤིན་ཏུ་བཟང་ཞེས་བར། །ཞེས་པའི་དོན་ནི་ཉན་ཐོས་སྐབས། །དགེ་སློང་བཞི་ཡན་དགེ་འདུན་དང་། །དེ་ལ་ཉུང་ལ་གང་ཟག་ཟེར། །ཐེག་ཆེན་ཕ་རོལ་ཕྱིན་པའི་སྐབས། །ས་ཐོབ་དགེ་འདུན་དཀོན་མཆོག་དང་། །ཚོགས་སྦྱོར་ལ་གནས་དགེ་འདུན་ཙམ། །གསང་སྔགས་རྡོ་རྗེ་ཐེག་པ་ཡི། །བླ་མ་མཆོག་ནི་དབང་བཞི་སྐུལ། །དཀོན་མཆོག་གསུམ་དང་དབྱེར་མེད་ཡིན། །བླ་མ་དེ་གསུམ་མཚན་ཉིད་ནི། །ཐེག་གསུམ་གཞུང་བཤད་ཡོན་ཏན་མཆོག །ལྡན་ན་བླ་མ་དམ་པ་ཡིན། །དེ་ལྟར་སྡོམ་པ་གསུམ་ལྡན་གྱི། །མཚན་ཉིད་ལྡན་ཞིང་གསང་སྔགས་ཀྱི། །དབང་བསྐུར་ཐོབ་པའི་བླ་མ་ལ༑ ༑གསོལ་བ་བཏབ་ན་ཚེ་འདིའམ། །བར་དོ་སོགས་སུ་སངས་རྒྱས་པ། །སྒྲིན་ནུས་བླ་མ་དམ་པ་ཡིན། །དེ་ལ་གསོལ་བ་གདབ་ཚུལ་ནི། །ཐེག་པ་འོག་མར་ནམ་མཁའ་ལ། །མཆོག་གསུམ་དམིགས་ནས་བླ་མ་ནི། །དེར་བསྡིམ་དེ་དག་འདུས་པར་དམིགས། །གསོལ་བ་བཏབ་ན་རྣམ་གྲོལ་ལམ། །རིམ་གྱིས་གྲུབ་པའི་རྒྱུ་བྱེད་ཅིང་། །གནས་སྐབས་བྱིན་བརླབས་ཅི་རིགས་འཇུག །གསང་སྔགས་སྐབས་སུ་དབང་བཞི་པོ། །ཡོངས་རྫོགས་ཐོབ་པའི་བླ་མ་དེའི། །ཕུང་ཁམས་སྐྱེ་མཆེད་གདན་གསུམ་ལྟར། །ཤེས་ནས་སྐུབས་གསུམ་ཀུན་འདུས་སུ། །མཐོང་ནས་ཐག་བཅད་གསོལ་བཏབ་པས། །གནས་སྐབས་མཐར་ཐུག་འདོད་དོན་འབྱུང་། །དབང་བཞི་མ་ཐོབ་དེའི་ལམ་བསྒོམ། །དགག་དོན་དབང་བསྐུར་དང་པོ་ཞེས། །སོགས་ནས་རྒྱུད་རིང་སྤྱང་གི་བར། །ཞེས་དོན་ལམ་བཞི་བསྒོམ་པ་ལ། །སྔོན་དུ་དབང་བཞིའི་སྨིན་ངེས་བྱ། །དགེ་སློང་མ་ཐོབ་མཁན་སློབ་བཀག །

འདི་འཐད་གསེར་མདོག་པས་དོགས་སློང་། །མདཟད་ཀྱང་འདུལ་བའི་ཚིག་ཙམ་ལ། །བཤད་མོད་ཉེས་མེད་ཕྱུན་སུམ་ཚོགས། །ཐོབ་ལ་ཚོགས་གསུམ་རིམ་རྫོགས་པའི། །མཁན་པོ་འདུལ་བའི་གཞུང་ལུགས་ལས། །ངེས་གསུང་རྣམ་དབྱེ་ཤེས་པར་བྱ། །གཏོར་མ་ཕུད་མཆོད་ལག་ལེན་གྱི། །འཁྲུལ་པ་དགག་དོན་གཞན་ཡང་ནས། །ལ་སོགས་ལྟོས་ཞེས་བར་གྱི་དོན། །ཁ་འབར་མ་ཡི་གཏོར་མ་ལ། །སྔོན་དུ་བསྔོ་སྔགས་སངས་རྒྱས་ཀྱི། །མཚན་གཞི་རྗེས་སུ་བརྗོད་དགོས་ཀྱི། །ཆུ་སྦྱིན་ནང་དུ་ཟན་མི་བསྲེ། །ཟན་ཕུད་མི་ཏྲིའི་ལྷ་ངན་སེལ། །རྗེ་བོའི

སྤྱོད་བསྡུས་སྒྲོན་མེ་དང་། །རྗེ་བཙུན་མཆོག་གིས་ལས་དང་པོའི། །བྱ་བ་བདག་ཉིད་ཆེན་པོ་ཡི། །ཐུབ་པ་དགོངས་གསལ་ནང་བཞིན་བྱ། །

སྔར་ཐང་པ་དང་འབྲི་གུང་པས། །གཏོར་མའི་དབྱིབས་ཀྱི་ལག་ལེན་འཁྲུལ། །བཀག་དོན་འགའ་ཞིག་སངས་རྒྱས་ནས། །གསུང་བཞིན་ཉམས་སུ་བླང་བར་དོན། །སྐབས་དོན་ཟས་ཕུད་གྲུ་གསུམ་སྤྱངས། །ལྷ་ཡི་སྐུ་མདོག་ཕྱག་མཚན་ལ། །འཁྲུལ་པ་དགག་དོན་སངས་རྒྱས་ནས། །མདོ་ལས་གསུང་ཞེས་བར་གྱི་དོན། །སངས་རྒྱས་སྤྲུལ་སྐུའི་ཕྱག་མཚན་ལ། །མཆོན་ཆ་སྤྱང་ཞིང་བཀའ་གདམས་པ། །ལ་ལས་རིགས་ལྔ་སེར་འཛམ་བཤད། །མདོ་ལས་རིགས་ལྔ་བཤད་པ་མོད། །གསེར་མདོག་སངས་རྒྱས་སྤྲུལ་སྐུ་སྤྱིའི། །མཚན་བཟང་གྲལ་བཤད་སྨན་བླ་ལ། །སྐུ་མདོག་སྔོན་པོ་དམིགས་བསལ་ཡིན། །རིགས་ལྔ་བཤད་པ་རྣལ་འབྱོར་རྒྱུད། །བླ་མེད་གཉིས་ཙམ་དེ་ལ་ནི། །རྟེན་འབྲེལ་དབང་གིས་མདོག་སྣ་ལྔ། །ཕྱག་རྒྱ་ཐ་དད་ཤེས་པར་བྱ། །རབ་གནས་སྦྱིན་སྲེག་གསང་འདུས་སོགས། །མདོ་ལུགས་བཀག་དོན་ཡི་དམ་ལྷ། །ཞེས་ནས་དཔྱོད་དེ་སློས་ཀྱི་བར། །དེ་དོན་བཀའ་གདམས་པ་ལ་ལས། །སྔགས་ལ་མི་མོས་ཡི་དམ་གྱི། །བསྒོམ་བཟླས་སྦྱིན་སྲེག་རོ་བསྲེགས་དང་། །བདུན་ཚིགས་སྣ་ཚོགས་མདོ་སྟེ་ནས། །གསུངས་པའི་དཀོན་མཆོག་མཆོད་ཙམ་ལ། །བརྟེན་པའི་ཆོ་གའི་རྣམ་གཞག་བྱེད། །མི་འཐད་མདོ་ནས་གསུངས་པ་མེད། །འདི་དག་སྔགས་སུ་ཤེས་པར་བྱ། །དེ་བཞིན་རབ་གནས་གྲུ་གོ་ཆའི། །རྗེས་འབྲང་ཁ་ཅིག་ཕྱག་རྡོར་ནི། །གོས་སྔོན་མདོ་ལུགས་པོད་ཁ་ཅིག །ལྷུང་བཤགས་ཤེར་སྙིང་སྔགས་ལུགས་འཁྲུལ། །མཆོད་བསྟོད་བཀྲ་ཤིས་ལ་སོགས་ཀྱིས། །རྒྱལ་པོ་རྒྱལ་པར་སྟོན་ལྷ་བུའི། །རབ་གནས་མིང་དུ་བཏགས་ཙམ་ཡིན། །མདོ་ལས་རབ་གནས་བཤད་པ་མེད། །མདོ་ལུགས་རྗེ་བོའི་མན་ངག་ཏུ། །ཟེར་ན་བསྟན་ཁུངས་མདོ་གང་ཡིན། །སྟོན་རྒྱུ་མེད་དང་གསུང་འདུས་ནི། །མདོ་ལུགས་ཟེར་བ་འབྲེལ་མེད་ཡིན། །རབ་གནས་གསང་སྔགས་གཞུང་ལས་བཤད། །དེ་ཡི་མཚན་ཉིད་རང་ཉིད་ལྟར། །བསྒོམ་ཞིང་སྔགས་བཟླས་རབ་གནས་རྟེན། ། དབང་བསྐུར་ཕྱིར་དུ་བུམ་པ་དང་། །ལྷ་ཡི་སྟ་གོན་རྟེན་གེགས་སྦྱང་། །ཐྲི་མ་བཀྲུ་སོགས་སྟ་གོན་དང་། །དངོས་གཞི་བདག་མདུན་དཀྱིལ་འཁོར་སྒྲུབ། །རྟེན་ལ་དམ་ཚིག་སེམས་དཔའ་བསྐྱེད། །ཡེ་ཤེས་འཁོར་ལོ་བསྟིམ་བྱས་ནས། ། དབང་བསྐུར་རིགས་བདག་རྒྱས་གདབ་དང་། །སྤྱན་དབྱེ་བརྟན་བཞུགས་རབ་གསོལ་འདེབས། །

སྤྱི་བྱེའི་མངའ་འབུལ་སྔགས་བྱིན་གྱིས། །བརླབས་པའི་མེ་ཏོག་དོར་ནས་མཆོད། །རྗེས་སུ་དགའ་སྟོན་བཀྲ་ཤིས་ཀྱི། །ཚིགས་བཅད་རྒྱས་པར་བྱེད་པའོ། །དེ་ལྟར་རབ་གནས་དབང་བསྐུར་ནི། །གསང་སྔགས་དབང་མ་ཐོབ་པ་ཡིས། །མི་རུང་སློབ་མའི་དབང་ཐོབ་ཀྱང་། །དེ་ཡི་རང་གི་མེ་ཏོག་ནི། །ཕོག་པའི་ལྷ་ཡི་བསྒོམ་བཟླས

དང་། །སྨིན་སྲེག་ཞི་རྒྱས་སོགས་ལས་སྒྲུབ། །རིལ་བུ་མིག་སྨན་ཐུན་མོང་གི །དངོས་གྲུབ་བསྐྱེད་རིམ་ལ་བརྟེན་ནས། །ཕྱག་རྒྱའི་སྣང་སྟོང་ཡེ་ཤེས་བསྒྲུབ་ཆོག་དང་། །རྒྱུད་སྡེ་འོག་མ་ཉན་ལ་དབང་། །གཞན་མིན་གཞན་དོན་རྒྱུད་འཆད་དང་། །དབང་བསྐུར་རབ་གནས་རང་དོན་དུ། །དཀྱིལ་འཁོར་ཡོངས་རྫོགས་བསྒོམ་པ་དང་། །རིགས་ལྔ་སོ་སོའི་དམ་ཚིག་ནི། །སྲུང་སོགས་སློབ་དཔོན་ཁོ་ནའི་ལས། །ཡིན་ཞིང་རྡོ་རྗེ་སློབ་དཔོན་གྱི། །དབང་ཐོབ་ནས་ནི་ཐུན་མོང་མིན། །གཞལ་ཡས་ཁང་པར་བྱང་ཕྱོགས་ཆོས། །སོ་བདུན་སྦྱར་བའི་དཀྱིལ་འཁོར་གྱི། །དེ་ཁོ་ན་ཉིད་ལྷ་རྣམས་དང་། །ཕུང་ཁམས་སྐྱེ་མཆེད་སྦྱར་བ་ཡི། །ལྷ་ཡི་དེ་ཁོ་ན་ཉིད་སོགས། །སྦྱང་གཞི་སྦྱོང་བྱེད་རྣམ་གཞག་སྦྱར། །རྟེན་དང་བརྟེན་པའི་དཀྱིལ་འཁོར་ནི། །ཡོངས་རྫོགས་བསྒོམས་ནས་དབང་བསྐུར་དང་། །རབ་གནས་ལ་སོགས་གཞན་དོན་གྱི། །འཕྲིན་ལས་སྐྱོང་དང་སངས་རྒྱས་ཀུན། །ཞེས་ཏེ་རིགས་ལྔ་སོ་སོ་ཡི། །དམ་ཚིག་སྡོམ་པ་བླ་མེད་པ། །དཀོན་མཆོག་གསུམ་བཟུང་རྡོ་རྗེ་དང་། །དྲིལ་བུ་བཟུང་སོགས་ཐུན་མིན་པའི། །དམ་ཚིག་བཅུ་བཞི་བཟུང་བ་རྣམས། །རྡོ་རྗེ་སློབ་དཔོན་ཁོ་ནའོ། །དེ་ལྟའི་རྣམ་གཞག་ཤེས་པར་བྱ། །ཕྱག་རྡོར་གོས་སྔོན་གཟུངས་བྱ་རྒྱུད། །ལྷུང་བཤགས་སྔགས་ལུགས་རྒྱལ་གསུང་མེད། །དབང་དང་ལྷ་བསྒོམ་སྔགས་བཟླ་དང་། །སྨིན་སྲེག་གཞན་དོན་དབང་རབ་གནས། །ཆོ་ག་ཐམས་ཅད་སྔགས་ལས་བཤད། །མདོ་སྡེ་རང་རྐང་ལས་མ་གསུང་། །མདོ་སྔགས་ཁྱད་པར་ཤེས་པར་བྱ། །

རྟོགས་བྱ་སྤྲོས་བྲལ་ལྟ་བ་ལ། །འཁྲུལ་འགོག་རིམ་བཞིན་ཐེག་རིམ་དགུར། །ལྟ་བ་ཐ་དད་ཡོད་བཀག་པ། །ལ་ལ་ཐེག་པ་རིམ་དགུ་ལ། །ཞེས་ནས་སྙིང་མའི་ཀུན་རྫོབ་ཀུན། །ལྟ་བ་དང་འཁྲུལ་དེ་ལྟར་ཡིན། །ཞེས་དོན་ཉན་ཐོས་བྱང་སེམས་གཉིས། །སྤྲོས་བྲལ་རྟོགས་དང་མ་རྟོགས་པའི། །མཐོ་དམན་ཡོད་ཅིང་ཐེག་པ་ཆེ། །དབུ་མ་དང་ནི་གསང་སྔགས་གཉིས། །རྟོགས་བྱའི་སྤྲོས་བྲལ་ཁྱད་པར་མེད། །རྟོགས་བྱེད་ཐབས་ཀྱི་ཁྱད་པར་ཡོད། །སྙིང་ཕྱོགས་ཉན་ཐོས་རང་རྒྱལ་དང་། །བྱང་སེམས་མཚན་ཉིད་ཐེག་གསུམ་གྱི། །ཀྲི་ཡ་ཨུ་པ་ཡོ་ག་གསུམ། །ནང་གི་སྔགས་ཀྱི་ཐེག་པ་དང་། །མ་ཧཱ་ཨ་ནུ་ཨ་ཏི་སྟེ། །གསང་བ་གསུམ་སྟེ་དགུ་རུ་བཞེད། །ཀྲི་ཡ་གསར་མའི་བྱ་རྒྱུད་དང་། །ཨུ་པ་སྤྱོད་རྒྱུད་ཡོ་ག་ནི། །རྣལ་འབྱོར་རྒྱུད་ཡིན་མ་ཧཱ་ནི། །བླ་མེད་རྒྱུད་དང་འདྲ་མཚུངས་བཞེད། །ཨ་ནུ་ཨ་ཏི་ཡོ་ག་གཉིས། །དེ་ལས་གོང་དུ་ལྷག་པར་བཞེད། །དེ་ལ་ལྟ་བ་དོན་དམ་དང་། །ཀུན་རྫོབ་གཉིས་སུ་ཕྱེ་ནས་ནི། །གཉིས་ཀར་ལྟ་བའི་མིང་བཏགས་ནས། །ཀུན་རྫོབ་ལྷ་རུ་བསྒོམ་ལ་བཏགས། །དེ་ཡང་བྱ་རྒྱུད་རིགས་གསུམ་དང་། །སྤྱོད་རྒྱུད་རིགས་ལྔ་རྣལ་འབྱོར་རྒྱུད། །རིགས་ལྔ་རྣལ་འབྱོར་ཆེན་པོ་ལ། །རིགས་བརྒྱ་ལྷ་ཡི་ཁ་གྲངས་ལ། །མཐོ་དམན་ཁྱད་པར་ཡོད་པ་དང་། །ཨ་ཏི་ཀུན་གྱི་རྩེ་མོར་བཞེད། །

འདི་ནི་དམིགས་བསྒོམ་ལྷ་བ་གཉིས། །དངོས་བཏགས་མ་ཕྱེས་ལྷ་བར་འདོགས། །གསར་མར་བྱ་སྤྱོད་རྣལ་འབྱོར་རྒྱུད། །བླ་མེད་བཞི་ཡི་ཐབས་མཁས་ཀྱི། །ལྷ་ཡི་བསྒོམ་ཚུལ་བྱ་རྒྱུད་ལ། །བྲིས་སྐུ་ལྷར་བསྒོམ་རང་ཐ་མལ། །སྤྱོད་རྒྱུད་རང་དང་བྲིས་སྐུ་གཉིས། །ལྷར་བསྒོམ་རྣལ་འབྱོར་རྒྱུད་ལ་ནི། །བྲིས་སྐུའི་རྗེན་བྱས་རང་ཉིད་ལྷ། །བདག་བསྐྱེད་དམ་ཡེ་གཉིས་མེད་དང་། །དེ་ཕྱིན་དམ་ཚིག་པའི་ང་རྒྱལ། །བླ་མེད་རང་ཉིད་དམ་ཡེ་ནི༑ ༑དབྱེར་མེད་དུ་བསྒོམ་བྱ་སྤྱོད་དང་། །རྣལ་འབྱོར་གསུམ་ལ་ཀུན་རྫོབ་ཀྱི། སྣང་བ་ལྷ་རུ་བསྒོམ་པ་མེད། །བྱ་སྤྱོད་གཉིས་ལ་མདོག་ཕྱག་མཚན། །ཡེ་ཤེས་ལྷ་དང་སྦྱར་བ་ཡི། །རིགས་ལྷའི་ཁ་གསལ་བཏགས་པ་མེད། །རྣལ་འབྱོར་རྒྱུད་ལས་རིགས་ལྷ་བཤད། །བླ་མེད་སྐབས་སུ་ཀུན་རྫོབ་ཀྱི། །སྣང་བ་ལྷར་བསྒོམ་རིགས་ལྷ་གསུངས། །རྒྱུད་སྡེ་འོག་མ་གསུམ་ལ་ནི། །ཀུན་རྫོབ་སྤྱི་ནི་ཇི་སྣང་བཞིན། །དམིགས་བསལ་བྲིས་སྐུ་ལྷར་བསྒོམ་ཙམ། །བླ་མེད་སྣང་བ་ཀུན་ལྷར་བསྒོམ། །ཀུན་རྫོབ་ལོག་པ་གཉིས་སུ་ཕྱེ། །བསྒོམ་པ་ཐབས་དང་ལྷ་ཤེས་རབ། །ལྷ་བསྒོམ་གཉིས་ལས་དངོས་བཏགས་ཕྱེ། །འདི་དག་རྣམས་ནི་བསྒོམ་པ་ཡིན། །རྟོག་བྱེད་དེ་ཡི་དབྱིངས་རྟོགས་བྱ། །སྤྲོས་བྲལ་དེ་ནི་ལྷ་བར་བཞེད། །ཡང་ནི་རྙིང་མས་རྣལ་འབྱོར་བཞིར། །ལྷ་བ་ཐ་དད་ཡོད་བཀག་དོན། །གསང་སྔགས་སྔ་འགྱུར་བ་སོགས་ནས། །རིམ་པ་ཡོད་པ་ཡིན་བར་དོན། །སྔ་འགྱུར་མ་ཧཱ་ཡོ་ག་དང་། །ཨ་ནུ་ཨ་ཏི་གསུམ་ལ་ནི། །རྣལ་འབྱོར་ཆེན་པོ་རྗེས་རྣལ་འབྱོར། །ཤིན་ཏུ་རྣལ་འབྱོར་གསུམ་དུ་འདོགས། །ཐེག་པའི་མིང་བཏགས་མཆོག་དམན་བཞེད། །

དེ་དང་གསར་མའི་རྣལ་འབྱོར་བཞི། །བོད་སྐད་བསྒྱུར་དུས་མིང་ཙམ་མཚུངས། །འོན་ཀྱང་དོན་མི་མཚུངས་པ་སྟེ། །གསར་མས་རྣལ་འབྱོར་རྗེས་རྣལ་འབྱོར། །ཤིན་ཏུ་རྣལ་འབྱོར་རྣལ་འབྱོར་ཆེ། །རྟོགས་བྱ་ཡེ་ཤེས་ན་འཕར་བའི། །རིམ་པ་ཙམ་བཞེད་རྒྱུད་སྡེ་དང་། །ཐེག་པའི་མིང་འདོགས་མི་མཛད་དོ། །མདོར་ན་རྟོགས་བྱེད་ཐེག་པར་བཞག །རྟོགས་བྱའི་ཡེ་ཤེས་ཐེག་པ་རུ། །མི་བགྲང་བ་ཡི་ཁྱད་པར་ལས། །རྙིང་མའི་ཨ་ཏི་ཡོ་ག་དང་། །གསར་མའི་རྟོགས་པ་ཡེ་ཤེས་མཆོག །དོན་གཅིག་ཡིན་པར་ཤེས་པར་བྱ། །ཀཿཐོག་དགེ་སྤྲུལ་རིན་པོ་ཆེའི་གསུང་རབ་ལས་ཀྱང་འདི་འདྲ་ཞིག་བཞེད་ཡོད་ཚོད་འདྲ། ལྷ་བའི་སྐབས་འདིར་ཡུལ་ཡུལ་ཅན། །གཉིས་སུ་ཕྱེ་ལས་ཡུལ་ཞེས་པ། །རྟོགས་བྱའི་མཐའ་བཞི་སྤྲོས་བྲལ་ཡིན། །ཡུལ་ཅན་སེམས་ཀྱི་རྟོགས་པ་ཡིས། །དབུ་མའི་སྐབས་སུ་གཏན་ཚིགས་ཀྱིས། །སྤྲོས་པ་བཅད་དེ་སྤྲོས་བྲལ་བསྒྲུབ། །སྔགས་སུ་རིམ་གཉིས་ཐབས་མཁས་ཀྱིས། །མཚོན་བྱེད་དཔེ་ཡི་ཡེ་ཤེས་རྟོགས། །དེ་དང་མཐར་ཕྱིན་དོན་ཡེ་ཤེས། །ཡེ་ཤེས་དེ་ནི་བརྗོད་བྲལ་ཏེ། །ལམ་བསྒོམ་པ་ཡི་རྟོགས་དོན་ཡིན། །ཐེག་པར་བཏགས་ན་བརྗོད་བྱར་གྱུར། །ལམ་གྱི་རྟོགས་པའི་དོན་ཡེ་ཤེས། །

མཐའ་བཞི་སྤྲོས་པ་ལས་གྲོལ་ཏེ། །ཡུལ་དང་ཡུལ་ཅན་གཉིས་མེད་གྱུར། །དེ་ལྟའི་མིང་དང་ལྡོག་པ་ནི། །ལེགས་པར་ཤེས་པས་ཡུལ་ཅན་གྱི། །བསྒོམ་བྱེད་ལྟ་བར་ཟབ་ཆད་ཙམ། །ཡོད་ཀྱི་ཡུལ་ཨ་ཏི་ཐེག་པ་ཡིན་ན་གྱི་ལྟ་བ་དང་། །ཡུལ་དང་ཡུལ་ཅན་གཉིས་མེད་ལ། །བཟང་ངན་མི་འབྱུང་དབུ་མ་ནས། །རྣལ་འབྱོར་བླ་མེད་བར་ཀུན་མཚུངས། །ལྟ་བསྒོམ་ལྡོག་པས་མི་ཕྱེ་བ། །གསང་སྔགས་རྙིང་མའི་བཞེད་པ་འདྲ། །ལྟ་བསྒོམ་ལྡོག་པས་ཕྱེ་བ་དང་། །ཡུལ་དང་ཡུལ་ཅན་ལྟ་བ་ཡི། །རྣམ་གཞག་གཉིས་མཛད་གསར་མའི་ལུགས། །དབུ་མ་ཡན་ནས་བླ་མེད་བར། །མཐུན་པའི་ཕྱིར་ན་ཕར་ཕྱིན་གྱི། །ལུང་རྣམས་བླ་མེད་སྐབས་སུ་ཡང་། །ཐེག་ཆེན་གཉིས་ཀ་དྲང་མཛད་པ། །འཕགས་བོད་མཁས་པ་ཀུན་གྱིས་བཞེད། །

རྒྱུད་བཞིའི་བསྒྲུབ་ཐབས་འཁྲུལ་པ་དགག །རྒྱུད་སྡེ་བཞི་ཡི་ཞེས་སོགས་ནས། །བཤད་པ་མཆར་ཞེས་པར་གྱི་དོན། །རྒྱུད་སྡེ་བཞི་ཡི་རྒྱུད་མན་ངག །མ་ཤེས་རང་བཟོས་དངོས་གྲུབ་དམན། །རྒྱུད་དང་མན་ངན་གནད་ཟིན་གྱིས། །བྱ་རྒྱུད་རང་རྐང་བདག་བསྐྱེད་མེད། །ཁྲིས་སྐུ་ལྟར་བསྐྱེད་མཆོད་བསྟོད་གསོལ། །རྗེ་འབངས་ཚུལ་གྱིས་དངོས་གྲུབ་ལེན། །མཆོད་གཏོར་ཤ་ཆང་ལ་སྦུབ་དང་། །གླ་ཅི་ལྟ་བུ་སྒྲོག་ཆགས་ལ། །གནས་པ་ལས་བྱུང་སྤྱོང་བ་དང་། །འདུས་དང་མ་འདུས་མཆོད་པའི་ལྷག །བཟའ་འགོམ་ཕྱི་དྲོའི་ཁ་ཟས་སྤོང་། །གཙང་སྦྲ་དང་ལྡན་དཀར་གསུམ་དང་། །འབྲས་ཆེན་སྡིག་མེད་ཁ་ཟས་ཟ། །བྱ་རྒྱུད་བདག་བསྐྱེད་ཡོད་རྣམས་ནི། །རྣལ་འབྱོར་རྒྱུད་ཀྱི་རྗེས་འབྲང་བཀྲལ། །བདག་བསྐྱེད་བྱེད་ཚེ་བསྙུང་གནས་མེད། །ལྷ་ལ་བརྟེན་པའི་ཉེས་པ་ཡོད། །ལྷག་པར་བླ་མེད་ཉམས་ལེན་མཁན། །ཡིན་ན་ལྷ་ཡི་ང་རྒྱལ་ནི། །གཏོང་ན་ཕུང་པོར་བརྟེན་སྐྱོན་ཡོད། །དཔེན་ལྷ་དང་ཕུང་པོ་ལ། །མི་སྣང་སྡིག་པ་སྦྱོང་ཐབས་སུ། །བསམ་པའི་རྣམ་དབྱེ་ཤེས་པར་བྱ། །སྤྱོད་རྒྱུད་དང་ནི་རྣལ་འབྱོར་རྒྱུད། །བརྟུལ་ཞུགས་གཙོ་བོར་མི་མཛད་པ། །གཙང་སྦྲ་མཆོད་པ་སོ་སོ་ཡི། །སྐབས་དེར་ཇི་གསུང་མ་འཁྲུལ་བྱ། །སངས་རྒྱས་མཆོད་ལྷག་ཟར་རུང་ཞིང་། །འབྱུང་པོའི་གཏོར་མ་མི་ཟའོ། །

བླ་མེད་སྐབས་སུ་ཐབས་མཁས་ཀྱིས། །འདོད་ཡོན་ཐམས་ཅད་ཇི་འདོད་བསྟན། །ཐབས་ཀྱི་གནད་ནི་ཇི་བཞིན་དུ། །ངེས་པར་བྱས་པས་དངོས་གྲུབ་འགྲུབ། །སྤྱོད་པ་བླང་དོར་གཉིས་མེད་རྟོགས། །རྣལ་འབྱོར་བརྟན་པ་ཆེར་ཐོབ་པས། །ནང་གི་རླུང་སེམས་དབུ་མར་ཐིམ། །བཅུ་གསུམ་པ་ཡི་རྟོགས་པ་རྣམས། །བགྲོད་པར་བྱ་བ་དང་ཕྱི་རོལ་འཛམ་གླིང་གི །ཡུལ་དང་ཡུལ་ཅན་གནས་པ་ཡི། །མཁའ་འགྲོ་དབང་དུ་བྱ་བའི་ཕྱིར། །བརྟུལ་ཞུགས་སྤྱོད་པས་རྒྱུ་བའི་ཚུལ། །དབང་བཞི་ཡོངས་སུ་རྫོགས་ཞེས་ནས། །ཚེ་འདི་ཉིད་ལ་འཚང་རྒྱའི་བར། །ཞེས་པའི་དོན་ནི་དྲོད་ཐོབ་ནས། །སྤྱོད་པ་སྤྱད་ནས་ཡུལ་ཆེན་བགྲོད། །དྲོད་ནི་ཆུང་འབྲིང་ཆེ་གསུམ་དང་། །

སྤྱོད་པ་གསང་སྤྱོད་ཀུན་འདར་དང་། །ཀུན་བཟང་གསུམ་ལས་རྒྱུད་ལྟར་ནི། །དྲོད་ནི་འབྲིང་པོའི་སྐབས་སུ་ནི། །ཀུན་འདར་སྤྱོད་པའི་མགོ་བརྩམ་ནས། །ཀུན་འདར་ཀུན་བཟང་རིམ་སྤྱོད་ཀྱི། །ཡུལ་བསྒྲོད་རིམ་པར་འཕར་བ་ནི༑ ༑བདག་ཉིད་ཆེན་པོའི་བཞེད་པའི་གནད། །ཡིན་ཞེས་མཁན་ཆེན་ཐམས་ཅད་མཁྱེན། །ངག་དབང་ཆོས་གྲགས་ཀྱིས་གསུངས་སོ། །

སྐབས་དོན་ཙུང་ཟད་བཀྲལ་བ་ན། །དྲོད་ལ་རྒྱུད་དང་མན་ངག་ལུགས། །གཉིས་ལས་དང་པོ་རྒྱུད་ལུགས་ནི། །དྲོད་ཀྱི་ངོ་བོ་དབྱེ་བ་དང་། །སོ་སོའི་མཚན་ཉིད་དྲོད་མ་ཐོབ། །ཐོབ་བྱེད་ཐབས་དང་དེ་ཐོབ་པ། །བརྟན་བྱེད་དུས་དང་དྲོད་སྤྱོད་པ། །མཚམས་སྦྱོར་བ་སྟེ་རྣམ་པ་དྲུག །དྲོད་ཀྱི་ངོ་བོ་བླ་མེད་ཀྱི། །དབང་དང་རིམ་གཉིས་གང་རུང་ལ། །བརྟེན་ནས་སྐྱེས་པའི་སྒོ་གསུམ་གྱི། །ཉམས་མྱོང་རྣམ་དག་ཅི་རིགས་པ། །དབྱེ་བ་ཆེ་འབྲིང་ཆུང་གསུམ་མོ། །དེ་ལ་སྤྱི་ཡི་མཚན་ཉིད་ནི། །བླ་མེད་ལམ་ལ་བརྟེན་པ་ཡི། །གུར་ལས་གསུངས་པའི་རྟགས་བཅུའོ། །སོ་སོའི་མཚན་ཉིད་དྲོད་ཆུང་ལ། །རྣལ་འབྱོར་པ་དེའི་ལྟ་སྟངས་ཀྱིས། །ཤིང་ཐོག་སར་ཕབ་སྲོག་ཆགས་གསོད། །རྗེས་འཛིན་ཞེས་པ་ཤིང་ཐོག་ནི། །འཕྲུལ་དུ་སླར་སྦྱར་སེམས་ཅན་གསོ། །དྲོད་འབྲིང་གི་ནི་དེ་གང་རུང་། །གཅིག་ནུས་རྣམ་ཤེས་ཡེ་ཤེས་ཀྱི། །ལས་ཆ་མི་མཉམ་ཞེས་བྱའོ། །

ཆེན་པོས་ཚར་བཅད་རྗེས་འཛིན་ནུས། །རྣམ་ཤེས་ཡེ་ཤེས་ཆ་མཉམ་པ། །ཐོབ་པའི་ཐབས་ནི་ཆུང་ངུའི་དུས། །རིམ་གཉིས་བསྒོམ་པ་དེ་ཡིན་ལ། །འབྲིང་ལ་ཀུན་འདར་གསང་སྤྱོད་དང་། །ཆེན་པོར་ཀུན་འདར་མངོན་སྤྱོད་ཡིན། །མ་གྲུབ་དྲག་ཤུལ་ཆོག་ཞེས། །དེ་ཚུལ་གཞན་དུ་གསལ་ཞེས་གསུང་། །ཐོབ་པ་བརྟན་པར་བྱེད་པའི་དུས། །དྲོད་ཆེན་ཐོབ་ནས་ཟླ་ཕྱེད་ལ། །སྔར་ལྟར་གོམས་ཞིང་སྤྱོད་པ་སྤྱད། །དྲོད་དང་སྤྱོད་པ་མཚམས་སྦྱར་ནི། །དྲོད་ཆུང་ཐོབ་ནས་ཀུན་འདར་ནི། །གསང་བར་སྤྱོད་དང་འབྲིང་ཐོབ་ནས། །ཀུན་འདར་འཇིག་རྟེན་པ་མངོན་སྤྱོད། །དྲོད་ནི་ཆེན་པོ་ཐོབ་པ་ན། །ཀུན་ཏུ་བཟང་པོའི་སྤྱོད་པ་བྱ། །རྒྱུད་ཀྱི་སྐབས་འདིར་དྲོད་ཆུང་འབྲིང་། །འཇིག་རྟེན་ལམ་ཡིན་དྲོད་ཆེན་པོ། །འཇིག་རྟེན་འདས་པའི་ལམ་གྱི་ནི། །ནང་ཚན་མཐོང་ལམ་ཤེས་པར་བྱ། །གཉིས་པ་མན་ངག་ལུགས་ཀྱི་ནི། །དྲོད་བཤད་པ་ལ་ཆུང་འབྲིང་ཆེའི། །དྲོད་གསུམ་འཇིག་རྟེན་ལམ་དུ་འདོག །ལམ་ལྔ་ལྟར་ན་དབང་བཞིའི་ལམ། །བསྐྱེད་རྫོགས་བསྒོམ་རྣམས་ཚོགས་ལམ་སྟེ། །ཉམས་མྱོང་ལྟ་བ་མ་སྐྱེས་ན། །ཚོགས་ལམ་རང་རྒྱུད་ཤར་བ་ཡིན། །ཉམས་མྱོང་ལྟ་བ་སྐྱེས་པ་རྣམས། །སྦྱོར་ལམ་དྲོད་ཀྱི་སྣེ་ཟིན་པ། །འདུས་པ་དང་པོ་དྲོད་ཆུང་དུ། །གཉིས་པ་འབྲིང་པོ་གསུམ་པ་ནི། །ཆེན་པོར་བརྗོད་ཅིང་དེ་གསུམ་ཉམས། །མི་བརྟན་ངོས་ནས་ལྟ་བ་དང་། །ལམ་ལ་ཕན་འདོགས་ཆུང་བས་དྲོད། །སེམས་ལ

འཆར་བས་སེམས་ཉམས་དང་། །རྟོག་པ་རྒྱུན་ཆགས་ཀྱིས་སྟོང་པའི་ངོས་ནས་བསྒོམས། །རྣམ་རྟོག་ཟིན་ན་ཡུལ་གྲོགས་སུ། །འཆར་བས་རྟོགས་པ་ཞེས་བྱའོ། །མཐོང་ལམ་མ་སྐྱེས་བར་ཉམས་སྣང་། །སྦྱོར་ལམ་དྲོད་ཅེས་བཞག་ནས་ནི། །དེའང་ཁམས་འདུས་དང་པོ་ཡི། །ཉམས་སྣང་རྣམ་རྟོག་སྟོན་སོང་དྲོད། །མ་ངེས་འཁྲུལ་སྣང་འཆར་བའི་དུས། །ཡུལ་ཚན་གྱིས་གནོད་དྲོད་ཆུང་ངུ། །ཁམས་འདུས་བར་པའི་ཉམས་སྣང་རྣམས། །བདུད་རྩི་ལྔ་འཁྱུང་ཁམས་དགུ་འདུས་པའི་དྲོད་ཅེས་བྱ། །ངེས་པའི་མཐོང་སྣང་ཡུལ་ཅན་གྱིས། །མི་གནོད་པས་ན་དྲོད་འབྲིང་པོ། །འདུས་པ་ཐ་མའི་ཉམས་རྣམས་ནི། །ཐིག་ལེ་འབར་ཞིང་འདུས་པའི་དྲོད། །ཤིན་ཏུ་ངེས་པར་གསལ་སྣང་འཆར། །ཕྱི་རོལ་ཡུལ་གྱི་རྐྱེན་རྣམས་ཀྱིས། །ཕན་འདོགས་དྲོད་ནི་ཆེན་པོར་ཤེས། །དྲོད་ཆེན་དེ་ཡི་ལྡོག་པ་ལས། །སྦྱོར་ལམ་ལྷག་མ་གསུམ་འཛོག་སྟེ། །བཞི་པའི་དབང་གི་ཉམས་ལེན་རྟེན། །པདྨ་ཅན་གྱི་བྱེད་པ་ལས། །དབུ་མའི་མས་སྣ་རོ་རྐྱང་གི །མས་སྣང་གཉིས་འཁྱུད་རྟེན་འབྲེལ་གྱི། །ཕྱི་ནང་རྩེ་མོ་ཞེས་པའི་དོན། །དབུ་མའི་སྣ་རུ་རླུང་སེམས་ཕྱིན། །མ་སྐྱེས་ཆོས་ལ་བཟོད་དཀའ་བའི། །བཟོད་གཅིག་དོན་ནི་དབུ་མའི་ནང་། །རླུང་སེམས་འདུས་པས་སྟོང་ཉིད་ལ། །མི་སྐྲག་བཟོད་པ་ཅེས་བྱ་བ། །འཁོར་བ་ཡི་ནི་ཆོས་ལས་འདས། །མྱ་ངན་འདས་པའི་ལམ་ཆོས་རྣམས། །རྫོགས་པའི་ཆོས་མཆོག་གཉིས་སྐྱེས་དོན། །རོ་རྐྱང་གཉིས་འདས་འཇིག་རྟེན་ལས། །འདས་པའི་ཆོས་མཆོག་དབུ་མའི་སྣེའི། །རྩེ་མོར་རླུང་སེམས་ཐོན་པ་ཡི། །མྱ་ངན་ལས་འདས་པ་ཡི་ལམ། །ཆོས་རྣམས་རྫོགས་པའི་ཆོས་མཆོག་གོ །འདི་དག་རིམ་ཅན་ཚུལ་དུ་སྐྱེ། །དེ་ལྟར་དྲོད་ཐོབ་ནས་སྤྱོད་པ། །སྤྱོད་པའི་ཚུལ་ལ་རྒྱུད་དང་ནི། །མན་ངག་གི་ལུགས་གཉིས་ལས་ནི། །དང་པོ་རྒྱུད་ཀྱི་ལུགས་ལ་ནི། །སྤྱོད་པའི་ངོ་བོ་དབྱེ་བ་དང་། །སོ་སོའི་རང་བཞིན་སྤྱོད་པའི་དུས། །སྤྱོད་པའི་གང་ཟག་དེའི་དགོས་དྲུག །ངོ་བོ་ནང་དུ་དེ་ཁོ་ན། །ཉིད་རྟོགས་པ་ཡིས་ཀུན་ནས་བསླང་། །ཕྱི་རོལ་ལུས་ངག་ཅི་འདོད་པས། །གཡོ་ཞིང་རྒྱུ་བའི་ཁྱད་པར་རོ། །

དབྱེ་བ་ཀུན་འདར་སྤྱོད་པ་དང་། །ཀུན་ཏུ་བཟང་པོའི་སྤྱོད་པ་གཉིས། །ཀུན་འདར་དེ་ལ་རྣམ་གྲངས་ནི། །རྒྱལ་བུ་གཞོན་ནུའི་སྤྱོད་པ་དང་། །སྨྱོན་པའི་བརྟུལ་ཞུགས་སྤྱོད་པ་དང་། །གསང་སྤྱོད་ཅེས་གསུམ་ཀུན་བཟང་ལ། །ཕྱོགས་ལས་རྣམ་པར་རྒྱལ་བར་ཡི། །སྤྱོད་པ་རྒྱལ་ཚབ་ཆེན་པོ་ཡི། །ས་ལ་གནས་པའི་སྤྱོད་པ་དང་། །འཇིག་རྟེན་པ་ཡི་མངོན་དུ་སྤྱོད། །ཚོགས་བདག་ཆེན་པོའི་སྤྱོད་པ་གསུམ། །དེ་ལྟར་མིང་གི་རྣམ་གྲངས་སོ། །དབྱེ་བ་གསུམ་དུ་དབྱེ་ན་ཀུན་འདར་གསང་སྤྱོད་དང་། །མངོན་སྤྱོད་ཀུན་ཏུ་བཟང་པོ་གསུམ། །ངོ་བོ་དྲོད་ཆུང་ཐོབ་ནས་དྲོད། །འབྲིང་ཕྱིར་སྤྱོད་པ་གསང་སྤྱོད་དང་། །དྲོད་འབྲིང་ཐོབ་ནས་དྲོད་ཆེན་པོ། །ཐོབ་ཕྱིར་སྤྱོད་པ་ཀུན་

འདར་ནི། །མངོན་སྤྱོད་ངོ་བོ་དྲོད་ཆེན་པོ། །མཐོང་ལམ་ཐོབ་ཕྱིར་ཕྱག་རྒྱ་ཆེ། །མཆོག་གི་དངོས་གྲུབ་རྡོ་རྗེ་འཛིན། །ཐོབ་ཕྱིར་སྤྱོད་པ་ཀུན་བཟང་པོའི། །སྤྱོད་པ་ཡི་ནི་ངོ་བོའོ། །ཨ་ཝ་དྷཱུ་ཏཱི་ཞེས་པའི་དོན། །གཉིས་སྣང་སམ་ནི་གཉིས་མེད་དོ། །ཀུན་འདར་ཞེས་པ་གཟུང་འཛིན་གྱི། །རྣམ་པར་རྟོག་པ་འདར་བའམ། །དེས་བསྡུས་བཟའ་དང་བཟའ་བྱ་མིན། །གཉིས་མེད་སྤྱོད་པ་ཀུན་འདར་གྲགས། །རང་གི་རིགས་ལ་སོགས་པ་གསང་། །སྨྱོ་བརྫུའི་བརྟུལ་ཞུགས་མཚན་མོར་སྤྱོད། །ཀུན་འདར་གསང་སྤྱོད་ཞེས་སུ་གྲགས། །དྲོད་ཆེན་ཐོབ་བྱེད་གཞོན་ནུ་ཡི༑ །སར་གནས་སྤྱོད་པ་རྒྱལ་བུ་ནི། །གཞོན་ནུའི་སྤྱོད་པ་ཞེས་གྲགས་དང་། །དྲོད་ཆེན་ཐོབ་ནས་རང་ཉིད་ཀྱིས། །རྟོགས་པའི་ཡེ་ཤེས་གཅིག་གི་ངོར། །ཆོས་ཀུན་བཟང་པོར་རྟོགས་པས་ན། །ཀུན་ཏུ་བཟང་པོའི་སྤྱོད་པའོ། །ས་ཐོབ་ནས་ནི་མི་མཐུན་ཕྱོགས། །ཀུན་གྱི་བཟློ་བར་མི་ནུས་ཤིང་། །རྒྱལ་བས་ཕྱོགས་ལས་རྣམ་པར་རྒྱལ། །རྒྱལ་པོའི་རྒྱལ་ཚབ་དང་འདྲ་བར། །རྣམ་ཤེས་ཡེ་ཤེས་ཆ་མཉམ་པས། །ཟག་མེད་ཡེ་ཤེས་མངོན་གྱུར་ནས། །གཞན་དོན་ཐོག་མེད་དུ་སྤྱོད་པས། །རྒྱལ་ཚབ་ཆེན་པོའི་སར་གནས་པའི། །སྤྱོད་པ་ཞེས་ཏེ་ས་ཐོབ་པའི། །སྤྱོད་པའི་མིང་གི་རྣམ་གྲངས་སོ། །སྤྱོད་པའི་དུས་ནི་གང་གི་ཚེ། །སྤྱོད་པ་ཆུང་ངུའི་དྲོད་ཐོབ་ནས། །ཀུན་འདར་གསང་སྤྱོད་མཚན་མོའི་དུས། །བཟའ་དང་བཟའ་མིན་གཉིས་མེད་སོགས། །སྤྱོད་ཅིང་ཉིན་མོར་རང་རིགས་དང་། །མཐུན་པར་སྤྱོད་ཅིང་དྲོད་འབྲིང་པོ། །ཐོབ་ནས་ཀུན་འདར་འཇིག་རྟེན་པའི། །མངོན་སྤྱོད་རང་གི་ཡུལ་འཁོར་སྣངས། །རང་རིགས་ལ་སོགས་གསང་གནས་ནས། །སྨྱོ་བརྫུའི་ཉིན་མོར་སྤྱོད་པའོ། །དྲོད་ཆེན་ཞེས་བྱ་ཟག་མེད་པ། །དང་པོའི་གྲུབ་མཐའ་སློགས་པ་ནས། །ལུང་དུ་བསྟན་པའི་ཕྱག་རྒྱ་བརྟེན། །ཀུན་ཏུ་བཟང་པོའི་སྤྱོད་པའམ། །ཕྱོགས་ལས་རྣམ་རྒྱལ་སྤྱོད་པ་སྤྱད། །ས་ནི་ལྷག་མ་རྣམས་བསྒྲོད་དོ། །

དཔེར་ན་དང་པོ་གསང་སྤྱོད་དང་། །ཕྱི་མ་གཉིས་ནི་མངོན་སྤྱོད་དོ། །ཡུན་ཚད་སྤྱོད་པ་དེ་དག་ཀྱང་། །མ་མཐའ་ཟླ་བ་རེ་རེར་སྤྱོད། །སྤྱོད་པའི་གང་ཟག་དྲོད་ཐོབ་ཅིང་། །ཚེ་འདི་ཉིད་ལ་སེམས་ཅན་གྱི། །དོན་དུ་ཕྱག་རྒྱ་ཆེན་པོ་ནི། །མཆོག་གི་དངོས་གྲུབ་ཐོབ་འདོད་ཀྱི། །ཁྱད་པར་གཉིས་དང་ལྡན་པ་དགོས། །སྤྱད་པའི་དགོས་པ་སེམས་བརྟན་གཡོ། །བརྟགས་དང་རང་དོན་མཐར་ཕྱིན་ཕྱིར། །གསང་སྤྱོད་མངོན་སྤྱོད་གཉིས་སྤྱོད་དང་། །སེམས་ཅན་སྨིན་དང་གཞན་དོན་ནི། །མཐའ་རུ་ཕྱིན་པའི་དོན་དུ་ནི། །ཀུན་ཏུ་བཟང་པོའི་སྤྱོད་པ་བྱ། །གཉིས་པ་མན་ངག་ལུགས་ཀྱི་ནི། །སྤྱོད་པའི་ཚུལ་ལ་ཁམས་འདུས་པ། །དང་པོ་སྤྱོད་པ་ཆུང་ངུ་ནི། །རྫུ་འཕྲུལ་གྱི་ནི་རྐང་པ་བཞི། །སྣང་བ་དཀར་ལངས་འཕྲང་ལས་ནི། །རླུང་གི་སྦྱོར་བས་འབྱུང་བཞིའི་རླུང་། །དབང་བྱས་ཚོགས་ལམ་ཆུང་ངུ་ཆོད། །དུག་ལྔ་མ་དག་སྣང་བ་རྣམས། །འབྱུང་བཞིའི་རླུང་ནི་རང་གནས་ཟིན། །སྟོབས་འཕེལ

བ་དང་ཆ་མཉམ་པ། །འབྱུང་ཆུང་བཅུ་དྲུག་ཟིན་པ་ཡིས། །ཉམས་ཀྱི་སྣང་བར་འཆར་བའོ། །འདུས་པ་བར་མར་སྤྱོད་པ་འབྲིང་། །དྲན་པ་ཉེ་བར་བཞག་བཞི་ཡིས། །སྟོང་པ་དགྲར་ལངས་འཕྲང་བསྒྲལ་ཏེ། །ཚོགས་ལམ་འབྲིང་པོ་ཚོད་པ་སྟེ། །སྟོང་པ་དགུ་སྟེ་དང་པོ་ནི། །ཤེས་རབ་ཨ་ཐུ་རླུང་སེམས་ཐིམ། །མཐོང་ཡུལ་འགག་པའི་སྟོང་པ་དང་། །གཉིས་པ་སྙིང་པོའི་ཨཱ་ལ་ནི། །རླུང་སེམས་ཐིམ་པས་གཟུང་འཛིན་སྟོང་། །གསུམ་པ་འགོག་པའི་སྙོམས་འཇུག་ཙ་ར། །རླུང་སེམས་ཐིམ་པས་ཚོགས་དྲུག་སྟོང་། །བཞི་པ་རླུང་གི་རླུང་སྤྱུ་གྲི། །སྟོབས་གྱུར་ཤེས་པ་སྐད་ཅིག་ཀྱང་། །མི་གནས་ཤིང་ནི་གཉིད་ཀྱང་ཆག །ཡོན་ཏན་ཏིང་ངེ་འཛིན་གྱིས་སྟོང་། །ལྔ་པ་ཕྱི་དབྱིབས་ཀྱི་ནི་ཨཱར། །རླུང་སེམས་ཐིམ་པས་ལུས་ཐིག་ལེས། །གང་ཞིང་ཟག་བཅས་བདེ་བ་རྒྱས། །བདེ་བས་བརྒྱལ་བའི་སྟོང་པ་དང་། །དྲུག་པ་ཙ་རླུང་འགག་ཞིག་གིས། །རྟེན་འབྲེལ་ལས་ནི་ནང་ལུས་ཀྱི། །ཆ་ཤས་རེ་རེ་ཙམ་དང་ཕྱི། །ཆུ་ལ་སོགས་པའི་ཆ་ཤས་ནི། །རེ་ཙམ་མེད་མཐོང་ཉེ་ཚེས་སྟོང་། །བདུན་པ་ཕྱི་ནང་གི་གནས་ལུགས། །དེ་བཞིན་ཉིད་ནི་ངོ་བོ་ཉིད། །ངོ་བོ་ཉིད་ཀྱིས་སྟོང་པ་དང་། །བརྒྱད་པ་ཐོས་བསམ་ལ་བརྟེན་ནས། །མ་རྟོགས་ལོག་རྟོག་མདུད་པ་གྲོལ། །སྒྲོ་འདོགས་ཆོད་པའི་སྟོང་པ་དང་། །དགུ་པ་འབྲས་བུ་ཆོས་ཀྱི་སྐུ། །ཡེ་ཤེས་དག་པ་གཉིས་ལྡན་ནི། །རྣམ་ཀུན་མཆོག་ལྡན་སྟོང་པའོ། །

དེ་ལྟར་དགུ་ལས་དང་པོ་དེ། །གསང་གནས་རྩ་གསུམ་གྱིས་འདུར་མདོར། །རྐྱང་མའི་ཆ་ཤས་དང་པོ་ཡི། །གཟུགས་མེད་ས་བོན་ཤེས་རབ་ཀྱི། །ཨ་དམར་དེ་ཨ་ཐུ་རླུང་སེམས་ཐིམ། །སྐྱོན་ནི་དངོས་པོ་མཚན་མ་སྟོང་། །ཡོན་ཏན་ཏིང་འཛིན་ཞི་ལྷག་གི །སྟོང་སྟེ་བསམ་གཏན་གྱི་ཁང་བུ། །བསམ་གཏན་གྱིས་སྟོང་ཞེས་བྱ་བ། །སྤྲང་བྱ་སྟོང་ཉམས་འབབ་ཞིག་ཤར། །དེ་ཡི་གཉེན་པོ་རང་གི་ལུས། །ལྷར་ལྡང་ཡེ་ཤེས་འཁོར་ལོ་གཞུག །ཕྱགས་བརླས་རྒྱུན་དྲུག་དག་པ་དྲན། །བཞི་པོ་བསྒོམ་པས་སྣང་སྟོང་ཉིད། །ཟུང་ཆུད་སྣང་བ་ལྷ་དང་ཕྱགས། །ཆོས་སུ་དྲན་པའི་ཏིང་ངེ་འཛིན། །རྒྱུན་མི་ཆད་པས་དེའི་འཕྲང་སྒྲོལ། །དྲན་པ་ཉེར་བཞག་བཞི་བསྒོམ་ཚུལ། །འདི་ནི་རྒྱུ་མིང་འབྲས་ལ་བཏགས། །རྒྱུད་ནས་བཤད་པའི་ཀུན་འདར་ནི། །གསང་སྤྱོད་འདི་ནས་སྤྱོད་པར་སེམས། །

འདུས་པ་ཐ་མར་སྤྱོད་པ་ཆེ། །ཡང་དག་སྤོང་བ་བཞི་པོ་ཡིས། །བྱིང་བ་ཆེན་པོའི་འཕྲང་བསྒྲལ་ནས། །ཚོགས་ལམ་ཆེན་པོའི་ལམ་ཚོད་དེ། །དེ་ཡང་ནང་གནས་རྩ་གསུམ་གྱི། །འདུས་མདོ་དབུ་མའི་ཆ་ཤས་ཀྱི། །ཕྱི་དབྱིབས་ཨཿཡིག་དཀར་པོ་ལ། །རླུང་སེམས་ཐིམས་ཏེ་བདེ་བ་ཡི། །བརྒྱལ་བའི་སྟོང་པར་ཚོག་ཤེས་པའི། །བདུད་ཀྱི་ཟིན་ཚེ་དངོས་ཀྱི་རྒྱུ། །པདྨ་ཅན་གྱི་རྟེན་འབྲེལ་ལས། །གཡོན་གྱི་རྐྱང་མའི་ཆ་ཤས་ཀྱི། །ཡི་གེ་བཞི་པ་སྙིང་པོའི་ཨཱཿ །དབུ་མའི་མས་སྣ་ནས་ཞུགས་ཏེ། །ཕྱི་དབྱིབས་ཨཿནི་གྱེན་ལ་བསྐྱོད། །སྙིང་པོའི་ཨཱཿཡི་ཉམས་དེ་ཡི། །ཕྱི་

དབྱིབས་ཨཱ་ཡི་བྱིངས་པ་ནི། །ཆེན་པོ་དེ་ལས་ལྷང་ནུས་སོ། །

སྤྱོད་པ་སྔ་མ་གཉིས་པོ་ནི། །ཕྱག་རྒྱའི་ཉམས་ལེན་དང་མ་འབྲེལ། །འདི་ནི་དངོས་ཀྱི་ཕྱག་རྒྱ་ཡི། །ཉམས་ལེན་དང་ལྡན་འབྲས་བུའི་མིང་། །རྒྱུ་ལ་བཏགས་ཏེ་ལུང་བསྟན་ནི། །ཕྱག་རྒྱ་པདྨ་ཅན་དང་འགྲོགས། །སེམས་ལ་བརྟན་གཡོ་བརྟགས་ཕྱིར་སྤྱོད། །རྒྱུད་ནས་བཤད་པའི་ཀུན་འདར་ནི། །མངོན་སྤྱོད་འདི་ནས་སྤྱོད་པ་ཡིན། །མན་ངག་ལས་ནི་སྤྱོད་པ་ཆུང་། །དྲན་པ་ཉེར་བཞག་ཆེན་པོ་ནི། །ཡང་དག་སྦྱོང་བར་གསུང་པའི་གནད། །ཕྱི་མའི་འཕྲང་གཉིས་བསྒྲལ་བའི་ཕྱིར། །གསང་སྤྱོད་མངོན་སྤྱོད་ཤས་ཆེའོ། །དེ་ལྟར་ཡང་དག་སྦྱོང་བཞི་ཡི། །རྟེན་འབྲེལ་ལ་བརྟེན་དྲོད་སོགས་པ། །སྦྱོར་ལམ་བཞི་ནི་བསྒྲོད་ཚུལ་ལོ། །ཉེ་རྒྱུར་རྒྱུད་དང་མན་ངག་གི །ལུགས་སྲོལ་གཉིས་ལས་རྒྱུད་ལ་ནི། །ཕྱག་རྒྱ་བསྟན་པའི་དགོས་པ་དང་། །ཉེ་རྒྱུ་ཉམས་སུ་ལེན་པ་དངོས། །ཕྱག་རྒྱ་བསྟན་ལ་དུས་གསུམ་སྟེ། །དང་པོའི་དབང་དུས་བར་ལམ་དུས། །ཐ་མ་འབྲས་བུ་གསུམ་ཆར་ལ། །ཕྱག་རྒྱ་བསྟན་དོན་དང་པོ་གཉིས། །སྐབས་སུ་མ་བསྟན་ཐ་མར་ནི། །བསྟན་ན་ཕྱག་རྒྱའི་དངོས་གྲུབ་འགྲུབ། །དང་པོ་གཉིས་ལ་བསྟན་ན་ཡང་། །འབྲས་དུས་མ་བསྟན་མི་འགྲུབ་པས། །དེས་ན་ཕྱག་རྒྱའི་རྣལ་འབྱོར་ནི། །ཅེས་ཀྱང་གལ་ཆེ་གྲུར་ལས་གསུང་། །ཉེ་རྒྱུ་དངོས་ལ་ངོ་བོ་དང་། །མངོན་བྱེད་དུས་དང་མངོན་བྱའི་གནས། །བསྟན་པའི་ཕྱག་རྒྱ་མངོན་བྱེད་ཐབས། །འབྲས་བུ་གྲུབ་པའི་ཚུལ་དང་དྲུག །ཉེ་རྒྱུ་ལ་ནི་དེའི་ངོ་བོ། །རང་བྱིན་རླབས་དང་དཀྱིལ་འཁོར་འཁོར་ལོ་ཐབས་གཉིས་ལས་བྱུང་ཨཱ་ལི་དང་། །ཀཱ་ལི་བདག་ཉིད་བྱང་ཆུབ་སེམས། །བརྒྱད་དང་དྲུག་གི་བདག་ཉིད་ཅན། །བརྒྱད་ནི་ཐབས་ཏེ་རང་བྱིན་རླབས། །ལས་འབྱུང་ཨཱ་ལི་བྱང་ཆུབ་སེམས། །དཀྱིལ་འཁོར་འཁོར་ལོ་ལ་བརྟེན་བྱུང་། །ཀཱ་ལི་བྱང་སེམས་དེ་ཉིད་ལ། །ལྡོག་པས་ཕྱེ་ན་སྒྲུབ་པ་པོ། །རང་བྱིན་རླབས་བསྒོམ་ཞུ་བདེ་གཉིས། །དཀྱིལ་འཁོར་འཁོར་ལོ་བསྒོམ་པ་ཡི། །ཞུ་བདེ་གཉིས་ཏེ་བཞི་པོ་དང་། །ཤེས་རབ་དེ་བཞིན་བཞི་སྟེ་བརྒྱད། །དྲུག་ཏུ་བྱེད་ན་ཤེས་རབ་ཀྱི། །རང་བྱིན་བརླབས་པ་མ་བསྒོམ་བཏུབ། །ཡང་ན་ཐབས་ལ་ཞུ་དང་བདེ། །མི་རྟོག་རང་རིག་པ་སྟེ་བཞི། །ཤེས་རབ་ལའང་དེ་བཞིན་གྱི། །བཞི་སྟེ་བརྒྱད་དམ་དེ་གཉིས་ལ། །ཞུ་བདེ་མི་རྟོགས་པ་གསུམ་གསུམ། །རང་རིགས་སྤྱི་ཁྱབ་བཏང་བས་དྲུག །དུས་ལ་ཉེ་རྒྱུ་བསྒོམ་པའི་དུས། །ལྷོན་ཤིང་ལས་ནི་རིམ་གཉིས་བསྒོམ། །

གསང་སྤྱོད་ཟླ་གཅིག་སྤྱད་པའི་མཐར། །ཉེ་རྒྱུ་བསྒོམ་པའི་སྐལ་ལྡན་འགྱུར། །ཞེས་དང་དྲོད་ནི་ཆུང་ངུ་ཐོབ། །གསང་སྤྱོད་སྤྱད་ན་ཉེ་རྒྱུ་བསྒོམ། །ཞེས་གསུང་བདག་མེད་བསྟོད་འགྲེལ་ལས། །ཉེ་རྒྱུ་སྤྱོད་པའི་གང་ཟག་ནི། །ས་བརྒྱད་ཡན་གྱི་བསྒྲུབ་དུ་རུང་། །དེ་ཡི་བསྒྲུབ་ན་ཞག་བདུན་འགོར། །ས་དགུ་པ་ནས་རིམ་བཞིན་དུ། །

བསྒྲུབ་པར་ཉེ་ཞིང་ས་བཅུ་གཉིས། །ཐོབ་པས་ཉི་མ་གཅིག་གིས་འགྲུབ། །གསུང་སྙེ་དྲི་མེད་ཐུགས་རྗེ་དང་། །ལྡན་པའི་བླ་མའི་ཞལ་སྔ་ནས། །ཉེ་རྒྱུ་ཞག་བདུན་ས་འདིར་དགོངས། །མདོ་ལས་བྱང་ཆུབ་སེམས་དཔའ་ནི། །མི་སྐྱེའི་ཆོས་ལ་བཟོད་ཐོབ་པས། །འདོད་ན་ཞག་པོ་བདུན་ལ་ཡང་། །མངོན་པར་རྫོགས་སངས་རྒྱ་གསུངས་མཚུངས། །མ་མཐའ་ས་བརྒྱད་ཐོབ་པ་ན། །ཉེ་རྒྱུ་ཉམས་སུ་ལེན་བཤད་པའི། །ལུགས་ནི་མི་འདྲ་གཉིས་སྣང་ངོ་། །

དུས་ནི་ཞག་བདུན་གྱིས་འགྲུབ་པས། །རྡོ་རྗེ་གུར་གྱི་རྒྱུད་ལས་གསུང་། །གནས་ནི་ཐུན་མོང་ཕྱི་ཡི་གནས། །འཕགས་ཡུལ་རྡོ་རྗེ་གདན་ལྟ་བུ། །ཕྱི་ཡི་ཐུན་མིན་འོག་མིན་སྟེ། །རྣམ་སྣང་གངས་ཅན་མཚོ་ཡི་ཞིང་། །ངེས་དོན་དམ་པའི་གནས་ལ་ནི། །རྣལ་འབྱོར་པ་གང་འབྲས་བུ་ནི། །མངོན་དུ་བྱ་བའི་གནས་དེ་ནི །ཕྱི་ལྟར་འཕགས་ཡུལ་རྡོ་རྗེ་གདན། །ནང་ལྟར་འོག་མིན་ཞིང་འཛོམ་གོ། །ནང་གི་གནས་ནི་ཐབས་རིགས་ཀྱི། །བདག་པོའི་ཁ་དང་ཡུམ་གྱི་རྷ། །མཛེས་པའི་སྤྱི་བོ་གཉིས་འཛོམ་པའི། །ཆོས་འབྱུང་ཨེ་ཝཾ་བདག་ཉིད་དེ། །གང་ལ་བརྟེན་པའི་ཕྱག་རྒྱ་ནི། །གོམས་དང་གྲུབ་པ་ལུང་བསྟན་པ། །མཐུ་ཡིས་བཀུག་པ་དང་བཞི་ལས། །སཾ་པུ་ཊི་ལས་དེ་ལྟར་གསུངས། །གུར་ལས་མི་ཡི་ཕྱག་རྒྱ་གསུང་། །མངོན་དུ་བྱེད་པའི་ཐབས་ལ་ནི། །རང་བྱིན་རླབས་ཅེས་རླུང་གཏུམ་མོ། །ལ་སོགས་པ་ཡི་རྣལ་འབྱོར་ཏེ། །དེས་ཁམས་ཐུང་ཟད་དྭངས་མར་བྱས། །དཀྱིལ་འཁོར་འཁོར་ལོ་དངོས་པོ་ནི། །ཡེ་ཤེས་ཕྱག་རྒྱའི་རྣལ་འབྱོར་ཏེ། །དབང་ནི་དངོས་ཀྱི་ཕྱག་རྒྱ་ལ། །བརྟེན་ནས་འབྲས་བུ་མངོན་དུ་བྱེད། །ཇི་ལྟར་འབྲས་བུ་གྲུབ་ཚུལ་ནི། །ཕྱི་ཡི་མངོན་བྱང་ལྔ་མཉམ་སྦྱོར། །ཚུལ་གྱིས་ཚང་བ་ཐུན་མོང་ལུགས། །ནང་གི་མངོན་བྱང་ལྔ་མི་མཉམ། །སྦྱོར་བའི་ཚུལ་གྱིས་འཚང་རྒྱ་བ། །ཐུན་མོང་མ་ཡིན་པ་ཡི་ལུགས། །དེ་གཉིས་གཅིག་ཆར་གྲུབ་པ་ཡི། །ཚུལ་གྱིས་སྒོ་ནས་འཚང་རྒྱ་བ། །གསང་བ་མན་ངག་ལུགས་ཏེ་གསུམ། །ཕྱི་ཡི་མངོན་བྱང་མཉམ་སྦྱོར་གྱི། །ཚུལ་གྱིས་འཚང་རྒྱ་ཐུན་མོང་ལུགས། །སྒྲུབ་པོ་དེ་ཉིད་འོག་མིན་དུ། །སངས་རྒྱས་སྐབས་སུ་མི་གཡོ་བའི། །ཏིང་ངེ་འཛིན་ལ་མཉམ་བཞག་ཚེ། །ཕྱོགས་བཅུའི་དེ་བཞིན་གཤེགས་ཀུན་གྱིས། །སེ་གོལ་སྒྲ་ཡིས་སད་བྱས་ཏེ། །ཨོཾ་ཙིཏྟ་པྲ་ཏི་བེ་དྷཾ་ཀ་རོ་མི། །ཞེས་གསུང་དོན་ནི་ཉམས་བླངས་པས། །མཉམ་བཞག་རང་བཞིན་རྣམ་དག་གི། །རྟོགས་པ་སྐྱེས་ཤིང་རྗེས་ཐོབ་ཏུ། །སྙིང་ཁར་ཟླ་བའི་དཀྱིལ་འཁོར་གྱི། །སྣང་བ་ཤར་ཏེ་ཐབས་ཀྱི་ནི། །ཕ་རོལ་ཕྱིན་པའི་ངོ་བོ་ནི། །མེ་ལོང་ལྟ་བུའི་ཡེ་ཤེས་ཀྱི། །རང་བཞིན་མི་བསྐྱོད་པའི་གོ་འཕང་། །ཆ་ཙམ་རྙེད་པས་སེམས་སོ་སོར། །རྟོགས་ལས་མངོན་པར་བྱང་ཆུབ་པ། །ཞེས་བྱའི་མངོན་བྱང་དང་པོ་འགྲུབ། །རྗེས་འཇུག་རྣམས་ཀྱི་མངོན་བྱང་ནི། །དང་པོ་དགའ་བ་བསྒོམ་མཚན་ཡིན། །ཨོཾ་བོ་དྷི་ཙིཏྟ་ཨུཏ་པཱ་ད་ཡཱ་མི། །ཞེས་དོན་བསྒོམ་པས་མཉམ་གཞག་ཏུ། །བློ་བུར་རྣམ་དག་གིས་སྟོང་པ། །སྐྱེ་ཞིང་

རྗེས་ཐོབ་ནག་ནོག་གི། །དྲི་མ་བྲལ་བའི་ཟླ་བའི་དཀྱིལ། །ཆོས་ཆེར་གསལ་བའི་སྣང་བ་ཤར། །སྦྱིན་པའི་ཕར་ཕྱིན་ངོ་བོ་ནི། །མཉམ་ཉིད་ཡེ་ཤེས་རང་བཞིན་ཏེ། །རིན་འབྱུང་གོ་འཕང་ཆ་ཙམ་བརྙེས། །བྱང་ཆུབ་མཆོག་ཏུ་སེམས་བསྐྱེད་ལས། །མངོན་པར་བྱང་ཆུབ་པ་ཞེས་བྱ། །གཉིས་པ་གྲུབ་ཅིང་རྗེས་འཇུག་རྣམས། །མཉམ་སྦྱོར་སྐབས་སུ་གཉིས་པ་ནི། །ཟླ་བར་བསྒོམ་པར་མཚོན་པ་ཡིན། །ཨོཾ་ཏིཥྛ་བཛྲ། ཞེས་དོན་ཉམས་སུ་བླངས་པ་ལས། །མཉམ་བཞག་གཟུང་བྱའི་རྟོག་པ་བྲལ། །འོད་གསལ་སྟོང་ཉིད་རྟོགས་པ་སྐྱེས། །རྗེས་ཐོབ་ཟླ་དཀྱིལ་སྟེང་དུ་ནི། །རྡོ་རྗེ་རྩེ་ལྔ་སྣང་བ་ཤར། །

ཤེས་རབ་ཕ་རོལ་ཕྱིན་པ་ཡི། །ངོ་བོ་སོ་སོར་རྟོག་པ་ཡི། །ཡེ་ཤེས་རང་བཞིན་འོད་དཔག་མེད། །གོ་འཕང་ཆ་ཙམ་བརྙེས་པ་ལས། །བརྟན་པའི་རྡོ་རྗེ་ལས་མངོན་པར། །བྱང་ཆུབ་ཞེས་བྱ་གསུམ་པ་འགྲུབ། །རྗེས་འཇུག་རྣམས་ཀྱིས་མཉམ་སྦྱོར་ཚེ། །ཟླ་བ་གཉིས་སྟེང་རྡོ་རྗེ་བསྒོམ། །དེ་ཉིད་མཚོན་པར་བྱེད་པའོ། །ཨོཾ་བཛྲ་ཨཱཏྨ་ཀོ྅ཧཾ། །དེ་དོན་ཉམས་བླང་མཉམ་བཞག་ཏུ། །འཛིན་པའི་རྟོག་པ་བྲལ་བ་ཡི། །འོད་གསལ་སྟོང་པའི་རྟོགས་པ་སྐྱེས། །རྗེས་ཐོབ་བུམ་ཆུར་ཟླས་ཐིམ་ལྟར། །བདེ་གཤེགས་ཀུན་གྱི་སྐུ་གསུང་ཐུགས། །རྡོ་རྗེ་ཐིམ་པའི་སྣང་བ་ཤར། །བརྩོན་འགྲུས་ཕ་རོལ་ཕྱིན་ངོ་བོ། །བྱ་གྲུབ་ཡེ་ཤེས་རང་བཞིན་གྱི། །དོན་གྲུབ་གོ་འཕང་ཆ་ཙམ་བརྙེས། །རྡོ་རྗེའི་བདག་ཉིད་ལས་མངོན་པར། །བྱང་ཆུབ་མངོན་བྱང་བཞི་པ་འགྲུབ། །རྗེས་འཇུག་རྣམས་ཀྱི་བཞི་པ་ནི། །རོ་གཅིག་འདྲེས་པར་བསྒོམ་པ་མཚོན། །ཨོཾ་ཡ་ཐཱ་སརྦ་ཏ་ཐཱ་ག་ཏ་སྟ་ཐཱ་ཨ་ཧཾ། །ཞེས་དོན་ཉམས་སུ་བླངས་པ་ཡིས། །མཉམ་བཞག་གཟུང་འཛིན་རྟོག་པ་ནི། །ཐམས་ཅད་དང་བྲལ་རྣམ་པ་ཀུན། །མཆོག་དང་ལྡན་པའི་སྟོང་པ་ཉིད། །རྟོགས་པའི་རྟོགས་པ་སྐྱེས་ནས་ནི། །རྗེས་ཐོབ་དུ་ནི་རང་ཉིད་ནི། །རྣམ་སྣང་ཆེན་པོར་སངས་རྒྱས་པའི། །སྣང་བ་ཤར་ཞིང་ཡེ་ཤེས་ཀྱི། །ཕ་རོལ་ཕྱིན་པའི་ངོ་བོ་ནི། །ཆོས་ཀྱི་དབྱིངས་ཀྱི་ཡེ་ཤེས་ཀྱི། །རང་ཉིད་རྣམ་སྣང་ཆེན་པོ་ཡིས། །གོ་འཕང་བརྙེས་ཏེ་དེ་བཞིན་གཤེགས། །ཇི་ལྟ་བ་ལས་མངོན་བྱང་ཆུབ། །ཞེས་བྱའི་མངོན་བྱང་ལྔ་པ་འགྲུབ། །རྗེས་འཇུག་རྣམས་ཀྱི་ལྔ་པ་ནི། །ཡོངས་རྫོགས་རྒྱལ་བའི་སྐུ་བསྒོམ་མཚོན། །མངོན་བྱང་བཞིའི་སྐབས་ཡེ་ཤེས་བཞི། །དེ་དེའི་ཆ་ཤས་གསལ་ཙམ་ཤར། །མངོན་བྱང་ལྔ་སྒྲུབ་གང་ཟག་དེ། །ཡེ་ཤེས་ལྔ་ལྡན་རིགས་ལྔ་ནི། །ཡོངས་རྫོགས་སྐུ་རུ་སངས་རྒྱས་སོ། །

དེ་ལྟར་ཕྱི་ཡི་མངོན་བྱང་ལྔ། །སྔོན་ནས་འཚང་རྒྱའི་ཚུལ་འདི་ནི། །གཙོ་ཆེན་རྣལ་འབྱོར་རྒྱུད་ལས་ནི། །བཤད་ཀྱང་དེ་ཉིད་རང་གང་ལས། །ཉམས་ལེན་གསལ་བར་མ་བཤད་གསུང་། །ནང་གི་མངོན་བྱང་མི་མཉམ་སྦྱོར། །ཚུལ་གྱིས་གྲུབ་སྟེ་འཚང་རྒྱའི་ཚུལ། །ཉི་རྒྱུ་ཞག་བདུན་པར་མཚོན་ན། །ཞག་བདུན་ཐོ་རངས་སྒྲུབ་པ་པོ། །

ཐབས་ཀྱི་རིགས་ཀྱི་བདག་པོ་ཡི། །སྤྱི་བོར་བྱང་ཆུབ་སེམས་དྭངས་མ། །མངོན་དུ་བྱས་པས་ཟླ་བ་ནི། །མེ་ལོང་ལྟ་བུ་ལས་བྱང་ཆུབ། །མངོན་བྱང་དང་པོ་ཤེས་རབ་ཀྱི། །རྩ་མཛེས་སྤྱི་བོར་ཡུམ་གྱི་ནི། །རཀྟ་མངོན་བྱས་ཉི་མ་ནི། །མཉམ་པ་ཉིད་ལས་བྱང་ཆུབ་པ། །དམིགས་པ་ཉི་ཟླའི་དྭངས་མ་ནི། །མ་འདྲེས་སོ་སོར་ཞལ་སྦྱར་གནས། །སོ་སོར་རྟོག་པར་བྱང་ཆུབ་པ། །གསུམ་པ་དེ་དག་རོ་གཅིག་འདྲེས། །བྱ་བ་གྲུབ་ལས་བྱང་ཆུབ་པ། །བཞི་པ་ཉི་ཟླའི་དྭངས་མ་དེ། །གཡས་གཡོན་དབུས་གསུམ་ནས་འདྲེན་པ། །གསུམ་གྱི་ཐབས་དང་ཤེས་རབ་རྒྱུད། །དག་པའི་སྐད་ཅིག་མ་གཉིས་དང་། །སོ་སོར་དག་པའི་སྐད་ཅིག་སྟེ། །གསུམ་མཐར་དཀྱིལ་འཁོར་བཞིའི་དྭངས་མ། །དབུ་མར་འགྲོས་བཞི་ཐིམ་པ་ཡིས། །གཙུག་ཏོར་མཆོག་གྲུབ་དེ་ཡི་ཚེ། །སྒྲུབ་པོ་དེ་ཉིད་མངོན་སངས་རྒྱས། །སྐུ་ནི་ཡོངས་རྫོགས་ཆོས་ཀྱི་དབྱིངས། །ཡེ་ཤེས་མངོན་བྱང་ལྔ་མཐར་ཕྱིན། །མངོན་བྱང་ཕྱི་ནང་གཅིག་ཆར་དུ། །གྲུབ་ཚུལ་མན་ངག་སྐབས་སུ་འབྱུང་། །དེ་ཡང་ཕྱི་ནས་བདེ་གཤེགས་ཀྱི། །དབང་བསྐུར་དེ་དོན་ཉམས་བླང་པས། །ཕྱི་ལྟར་མངོན་བྱང་ལྔ་རིམ་བསྒྲོད། །ནང་དུ་རང་ཉིད་ཉེ་རྒྱུ་ལ། །བརྟེན་པའི་དབང་ནི་ཉམས་བླང་པས། །ནང་གི་མངོན་བྱང་གཉིས་ཆར་གྲུབ། །མན་ངག་ལུགས་ལ་ཉེ་རྒྱུ་ཡི། །ངོ་བོ་བསྒོམ་པའི་དུས་དང་གནས། །རྟེན་དང་མངོན་དུ་བྱ་བའི་ཐབས། །འབྲས་བུ་མངོན་དུ་བྱེད་ཚུལ་དྲུག །ངོ་བོ་དལ་བཞིའི་འགྲོས་ཐིམ་པས། །དབང་དེ་ཉེ་རྒྱུ་འབྲས་དུས་ཀྱི། །དབང་ཞེས་བཞི་པ་གཙོ་ཆེ་ཡིན། །དུས་ནི་ས་ནི་བཅུ་གཉིས་དང་། །བཅུ་གསུམ་ཕྱེད་ཚེ་དེ་ཡི་ཡུན། །སྐད་ཅིག་བདུན་གསུམ་གཉིས་གང་རིགས། །འདི་ཡི་ངོས་འཛིན་གོང་དུ་སོང་། །འདི་ལ་ཕྱི་དུས་ཀྱིས་མཚོན་ན། །ཞག་བདུན་གསུམ་ཞེས་ལ་སོགས་དང་། །སྐད་ཅིག་གཉིས་སུ་བྱས་པའི་ཚེ། །སྲོད་ལ་བདུད་བཏུལ་ཐོ་རངས་ནི། །མངོན་པར་རྫོགས་བྱང་ཆུབ་པའི་དུས། །ཕར་ཕྱིན་སྒོ་བསྟན་གནད་ཤེས་དགོས། །དེ་ཡི་ཚེ་ལ་ས་ཕྱེད་ལ། །ཐམས་ཅད་མཁྱེན་ཆུང་བཅུ་གསུམ་པར། །ཐམས་ཅད་མཁྱེན་པ་ཆེ་ཞེས་བརྗོད། །ཉེ་རྒྱུ་སྐད་ཅིག་བདུན་ལྡན་ནི། །ཉམས་ལེན་ཆ་མཐུན་སྔ་གོང་དུ། །ཡོད་མོད་ཉམས་ལེན་མཚན་ཉིད་པ། །བཅུ་གཉིས་པའམ་བཅུ་གསུམ་པ། །ཕྱེད་པའི་སྐབས་ཡིན་བཅུ་གཉིས་ནི། །བཅུ་གསུམ་ཕྱེད་མར་འཕོ་བ་དང་། །ཕྱེད་ནས་གོང་མར་འཕོ་བའི་སྐབས། །ཉམས་ལེན་ཉེ་རྒྱུའམ་འབྲས་བུ་ཡི། །དབང་དུ་བཞག་པར་མཛད་ཕྱིར་རོ། །

གནས་ནི་ཕྱི་ལྟར་ཐུན་མོང་བ། །རྡོ་རྗེ་གདན་དུ་སངས་རྒྱས་མཛད། །ཕྱི་ཡི་ཐུན་མིན་གནས་འོག་མིན། །ནང་དུ་རང་ཉིད་སྒྲུབ་པ་པོ། །ཉེ་རྒྱུ་སྤྱོད་དེ་འཚང་རྒྱ་བའི། །གནས་དེར་དེ་དེའི་སྣང་བ་ཤར། །ཡང་ན་ནང་ལྟར་དབང་གི་གནས། །རྡོ་རྗེ་བཙུན་མོའི་བྷ་ག་ཞེས། །ཡུམ་གྱི་རྩ་ནི་མཛེས་པ་ཡི། །སྤྱི་བོ་དེ་ལ་མིང་བཏགས་རུང་། །ཕྱི་ཡི་འོག་མིན་ཞེས་པ་དེ། །ལང་ཀར་གཤེགས་པའི་མདོ་དང་ནི། །འཕགས་པ་ཐོག་མེད་ཀྱི་དགོངས་གཞིར། །

གཟུགས་ཁམས་གནས་རིགས་བཅུ་བདུན་སྟེང་། །དབང་ཕྱུག་ཆེན་པོའི་གནས་གསུངས་པ། །སྲིད་པ་གཟུགས་ཁམས་འོག་མིན་དང་། །དབང་ཕྱུག་མིང་ལ་འཁྲུལ་མི་བྱ། །སྲིད་གསུམ་ལས་འདས་ཞིང་ཁམས་ཀྱི། །བཀོད་པར་ས་བཅུའི་དབང་ཕྱུག་རྣམས། །བཞུགས་ཤིང་དེ་ཡི་སྟོན་པ་ནི། །ལོངས་སྐུ་ཆེན་པོ་ལ་ངོས་བཟུང་། །དེ་བཞིན་དཔལ་ལྡན་རྩེ་མོ་ཡི། །མི་མཇེད་ལ་སོགས་བསམ་མི་ཁྱབ། །ནང་དུ་ཆུད་པའི་གཞི་སྙིང་པོ། །མེ་ཏོག་གིས་བརྒྱན་ཞིང་ཁམས་དེ། །བསམ་གྱིས་མི་ཁྱབ་ནང་དུ་ཆུད། །འཇིག་རྟེན་རྒྱ་མཚོ་རྣམ་པར་སྣང་། །གངས་ཅན་མཚོ་ཡི་ཕྱག་མཐིལ་གནས། །རྣམ་པར་སྣང་མཛད་གངས་ཅན་མཚོ། །བྱང་ཆུབ་སེམས་དཔའི་འཁོར་དང་བཅས། །གང་དུ་བཞུགས་པའི་གནས་དེའོ། །ཐུན་མོང་མ་ཡིན་མན་ངག་ནི། །དཔལ་ལྡན་རྣལ་འབྱོར་དབང་ཕྱུག་གིས། །ལམ་འབྲས་རྡོ་རྗེའི་ཚིག་རྐང་ལས་གསུངས་པའི་གནས་ནི། །འབིགས་བྱེད་གཞོན་ནུའི་གྲོང་ཁྱེར་ནི། །ཆོས་དབྱིངས་བྱང་ཆུབ་སེམས་ཀྱིས་འབིགས། །སློབ་དཔོན་དུས་གསུམ་བདེ་བར་གཤེགས། །ཀུན་འདུས་ཡི་དམ་ལྷ་བླ་མ། །དབྱེ་བ་མེད་ལ་ཧྲ་ག་སྭ །དངོས་གྲུབ་ལེན་པའི་རྟེན་འབྲེལ་གྱིས། །སྲིད་པ་ཤིན་ཏུ་རྣམ་དག་ལམ། །བཤད་ལྟར་སྒྲུབ་པོ་བཅུ་གཉིས་པ། །ཐོབ་དེས་ཡུལ་ཆེན་སོ་གཉིས་བགྲོད། །དབུ་མའི་མདུད་པ་སོ་གཉིས་གྲོལ། །ཟིན་ཡང་ཕྱི་ནང་སྦྲས་ཡུལ་ལྟ། །མ་བགྲོད་སྤྱང་རྟོགས་མཐར་ཐུག་མིན། །ལམ་མཐར་ཕྱིན་ཕྱིར་སྦྲས་ཡུལ་ལྟ། །བགྲོད་དགོས་གནད་ཀྱི་དེ་འོག་མིན། །ཕྱི་ནང་གཉིས་སུ་བཞག་དགོས་སོ། །

ཕྱི་ལྟར་རང་ཉིད་འཚང་རྒྱའི་གནས། །ནང་ལྟར་ཡུམ་གྱིས་རྩ་མཛེས་པའི། །སྤྱི་བོ་ཨེ་ཝཾ་ཟུང་འཇུག་དོ། །འོག་མིན་ཡིན་ཅིང་ཡུལ་ལྔ་ནི། །གོང་མའི་གསུང་ལས་ཆ་གཉིས་སྣང་། །རོ་རྐྱང་མས་སྣ་གཉིས་གཉིས་གྱིས། །དབུ་མའི་མས་སྣ་དང་ལྔར་བཤད། །ཉི་རྒྱུའི་ཡབ་ཡུམ་སྙོམས་འཇུག་ཚེ། །ཉི་ཟླའི་དྭངས་མས་གསང་རྩ་ལྔ། །གང་བས་རླུང་སེམས་མཁའ་ལ་འགྲོ། །ཡབ་ཡུམ་བཅུ་ཡི་ཕོ་བྲང་དུ། །སངས་རྒྱས་ཡབ་ཡུམ་གནས་ཧྲ་གར། །དངོས་གྲུབ་ལེན་པའི་རྟེན་འབྲེལ་ལོ། །ཡང་ནི་སྙིང་ཁའི་ནང་སྐོར་དབུས། །ཕྱོགས་བཞིའི་རྩ་ཁམས་གནས་དེ་ལྔའི། །དཀྱིལ་འཁོར་བཞི་འགྲོས་དབུ་མར་ཐིམ། །བཅུ་གསུམ་ཕྱེད་གོང་རྟོགས་པ་སྐྱེད། །ལུགས་གཉིས་མི་འགལ་དེ་དག་རྩའི། །རྩ་རྩེའི་གནད་མ་འཚོལ་བཤེས། །འོན་ཕྱི་ཡི་སྦྲས་ཡུལ་ལྟ། །ཇི་ལྟར་སྣམ་ན་འདི་བཞིན་ཏེ། །ཉི་རྒྱུའི་ཉམས་ལེན་མཐར་ཐུག་ལ། །སློབ་པའི་གང་ཟག་དེ་ལ་ནི། །ཕྱི་དང་ནང་གི་རྟེན་འབྲེལ་གནད། །ཤེས་རབ་ཡུམ་གྱི་ཧྲ་གའི་རྩེར། །སྙིང་ཁའི་རྩ་ལྔ་གང་རུང་བ། །འོག་མིན་གནས་སུ་རང་གྲུབ་འཆར། །དེ་ལ་ཕྱི་ཡི་འོག་མིན་འདོགས། །ལྔ་རུ་འགྱུར་དོན་ནང་རྩ་ལྔའི། །རྟེན་འབྲེལ་ཕྱི་ཡུལ་ལྔ་འཆར་ཏེ། །དོན་ལ་ཐ་དད་མེད་ཅེས་སམ། །རྟེན་དང་བརྟེན་པའི་གནད་ལ་འདོགས། །དེ་ལྟའི་རྣམ་གཞག་བྱིས་བློ་ཡིས། །གཞལ་བརྗོད་མི་

ནུས་བསམ་མི་ཁྱབ། །ཡེ་ཤེས་མཁྱེན་པ་ཚད་མེད་དོ། །

ཉེ་རྒྱུ་མཐར་ཕྱིན་རྣལ་འབྱོར་པ། །འཁོར་བཞི་ཐིམ་པའི་སངས་རྒྱས་ནི། །བཞུགས་གནས་འོག་མིན་བོ་ནར་དེས། །འོག་མིན་ཞེས་པ་ཐག་རིང་ཞིག །འགྲོ་དགོས་མ་ཡིན་ཕྱི་ནང་གི། །རྟེན་འབྲེལ་སྟོང་གསུམ་ཡུང་འབྲུའི་དཔེ། །རྣལ་འབྱོར་རང་སྣང་འཁྲུལ་མེད་ལ། །ཤར་བའི་འོག་མིན་དེ་ཀའོ། །རྟེན་ནི་གོང་དུ་བཤད་ལྟར་གྱི༑ ༑ཕྱག་རྒྱ་མཚན་ཉིད་ལྡན་དེའོ། །མངོན་དུ་བྱེད་ཐབས་རང་བྱིན་རླབས། །སྦྱོང་པ་སྔོན་དུ་སོང་བ་ཡི། །དཀྱིལ་འཁོར་འཁོར་ལོའི་ཐབས་ཁྱད་ཅན། །ཇི་ལྟར་མངོན་དུ་བྱ་ཚུལ་ནི། །ཕྱི་ནང་མངོན་བྱང་ལྔ་པོ་ནི། །གཅིག་ཆར་གྲུབ་ཚུལ་འབྲས་བུའི་ས། །བཅུ་གསུམ་རྡོ་རྗེ་འཛིན་པ་ནི། །མངོན་དུ་བྱེད་ཚེ་ཡབ་ཡུམ་སྦྱོར། །ཡབ་ཀྱི་བླ་བ་རིགས་བདག་ཁར། །ཨེ་ཡི་རྣམ་པར་ཕབ་པ་ན། །མཉམ་གཞག་ཆོས་ཀུན་རང་བཞིན་གྱིས། །རྣམ་པར་དག་པའི་རྟོགས་པ་སྐྱེས། །རྗེས་ཐོབ་སྙིང་ཁར་ཟླ་བ་ཡི། །མཚན་པར་འཆར་ཞིང་མངོན་བྱང་ནི། །དང་པོ་མེ་ལོང་ལྟ་བུ་ཡི། །ཡེ་ཤེས་རྣམ་སྣང་གསལ་སྣང་ཐོབ། །ཡུམ་གྱི་རཀྟ་རྩ་མཛེས་ཀྱི། །སྤྱི་བོར་བཾ་གྱི་རྣམ་པར་བབ། །མཉམ་གཞག་གློ་བུར་རྣམ་དག་གི །རྟོགས་པ་སྐྱེ་ཞིང་རྗེས་ཐོབ་ཏུ། །མཉམ་སྦྱོར་ཟླ་དཀྱིལ་གཉིས་པའམ། །མི་མཉམ་སྦྱོར་ལྟར་ཉི་དཀྱིལ་འཆར། །གཉིས་པ་འགྲུབ་ཅིང་མཉམ་ཉིད་ཀྱི། །ཡེ་ཤེས་རིན་འབྱུང་གསལ་སྣང་རྙེད། །ཡབ་ཡུམ་རྩ་དང་ཡི་གེ་གཉིས། །དཀར་དམར་ཁམས་རླུང་གཉིས་གཉིས་རྣམས། །མ་འདྲེས་ཞལ་སྦྱོར་གནས་པ་ན། །མཉམ་གཞག་གཟུང་བ་དག་པ་ཡིས། །འོད་གསལ་སྟོང་ཉིད་རྟོགས་པ་སྐྱེ། །རྗེས་ཐོབ་མཉམ་སྦྱོར་སྐབས་ཟླ་གཉིས། །སྟེང་དུ་རྡོ་རྗེ་མི་མཉམ་སྦྱོར། །ལྟར་ན་ཉི་ཟླའི་བར་ཕྱག་མཚན། །ས་བོན་མཚན་པའི་སྣང་བ་འཆར། །གསུམ་པ་གྲུབ་ཅིང་སོར་རྟོགས་ཀྱི། །ཡེ་ཤེས་འོད་དཔག་གསལ་སྣང་རྙེད། ། ཡབ་ཡུམ་རྩ་ཡིག་ཁམས་རླུང་ཡོད། །གཅིག་ཏུ་འདྲེས་པས་མཉམ་བཞག་ལ། །འཛིན་བྲལ་འོད་གསལ་སྟོང་ཉིད་རྟོགས། །རྗེས་ཐོབ་བདེ་གཤེགས་སྐུ་གསུང་ཐུགས། །དྭངས་མ་ཐམས་ཅད་རྡོ་རྗེ་ལ། །ཐིམ་པ་འཆར་ཞིང་བཞི་པ་གྲུབ། །བྱ་གྲུབ་ཡེ་ཤེས་དོན་གྲུབ་ཀྱི། །གསལ་སྣང་ཆེར་རྙེད་ཡབ་ཡུམ་གྱི། །བྱང་སེམས་དབུ་མ་ནས་དྲངས་ཏེ། །སྤྱི་གཙུག་དཀྱིལ་འཁོར་བཞི་འཁོར་ཐིམ། །མཉམ་གཞག་གཟུང་འཛིན་གཉིས་དག་པའི། །འོད་གསལ་རྣམ་ཀུན་མཆོག་ལྡན་སྐྱེ། །རྗེས་ཐོབ་མཚན་དཔེས་རབ་བརྒྱན་པའི། །མི་བསྐྱོད་རྡོ་རྗེའི་སྐུར་སངས་རྒྱས། །སྣང་བ་འཆར་ཞིང་ལྔ་པ་གྲུབ། །ཆོས་དབྱིངས་ཡེ་ཤེས་གསལ་སྣང་རྙེད། །བཅུ་གསུམ་གོང་མ་མཐར་ཕྱིན་ཏེ། །ཡེ་ཤེས་སྐུ་ལྔ་ཡོངས་རྫོགས་ཀྱི། །འབྲས་བུ་མཐར་ཐུག་འགྲུབ་པ་ཡིན། །དེས་ན་མངོན་བྱང་ལྔ་པའི་ཚེ། །ཡེ་ཤེས་ལྔ་དང་རིགས་ལྔ་དང་། །སྐུ་ལྔ་ལ་སོགས་གཅིག་ཆར་གྲུབ། །རིམ་ཅན་གྲུབ་པར་མི་སེམས་ཏེ། །ཡེ་ཤེས་ལྔ་དང་མི་ལྡན་

པའི། །སངས་རྒྱས་མཚན་ཉིད་པ་མི་འབྱུང་། །གོང་དུ་ཕྱི་ཡི་མདོན་བྱང་ཆེ། །ཆོས་ཀྱི་དབྱིངས་དང་རྣམ་སྣང་སྤྱར། །སྐབས་འདིར་མི་བསྐྱོད་དང་སྤྱར་བ། །མི་འགལ་ལྷ་མ་རྣལ་འབྱོར་རྒྱུད། །ཕྱི་མ་བླ་མེད་ཐུན་མིན་ལུགས། །དེས་ན་རང་ཉིད་ཡེ་ཤེས་ཀྱི། །སྣང་བ་འོག་མིན་ཞིང་ཁམས་དེར། །སངས་རྒྱས་འཁོར་དུ་ས་བཅུ་ཡི། །བྱང་ཆུབ་སེམས་དཔས་བསྐོར་བའོ། །གཙོ་འཁོར་ཐ་དད་ཐ་མི་དད། །སངས་རྒྱས་མཛད་པ་བསམ་མི་ཁྱབ། །རྒྱུད་སྡེ་སྤྱི་རྣམ་ལས་གསུང་སྟེ། །ཡེ་ཤེས་ལྔ་དང་སྐུ་གསུམ་ནི། །བཤད་པའི་གོ་རིམ་ཙམ་ཡིན་གྱིས། །སངས་རྒྱས་ཆེ་ན་ཅིག་ཅར་དུ། །གྲུབ་སྟེ་ལོངས་སྐུར་སངས་རྒྱས་པའི། །སྟོན་པ་རྣམ་པར་སྣང་མཛད་ཅེས། །དེ་ཡི་ཐུགས་ཀྱི་ཡེ་ཤེས་ཀྱི། །ཆོས་སྐུ་སེམས་དང་སེམས་བྱུང་རྣམས། །སངས་རྒྱས་རྡོ་རྗེ་འཆང་ཆེན་པོ། །རྡོ་རྗེ་སེམས་དཔའི་སྐུར་བསྟན་ནས། །ཆོས་སྟོན་སྟོན་པ་ཆོས་ཀྱི་སྐུ། །དེ་གཉིས་དབྱེ་བ་མེད་པ་དང་། །

དེ་ཡི་བཀའ་ཡི་སྡུད་པ་པོའི། །ཚུལ་བཟུང་ལ་སོགས་བསམ་མི་ཁྱབ། །དེ་ལ་གསང་སྔགས་བླ་མེད་ཀྱི། །ས་ལམ་བགྲོད་ཚུལ་རྒྱལ་བའི་བསྟན། །ཡོངས་རྫོགས་མངའ་བདག་ས་སྐྱ་པས། །རྒྱུད་དང་མན་ངག་བཅས་པ་ཡི༑ །ཟབ་གནད་བཀྲོལ་བ་འདི་ལྟ་སྟེ། །སྨིན་བྱེད་དབང་དང་གྲོལ་བྱེད་ཀྱི། །རིམ་གཉིས་དེ་ལས་སྐྱེས་པ་ཡི། །ཡེ་ཤེས་ཕྱག་རྒྱ་ཆེན་པོ་དང་། །དེ་ལ་བོགས་འབྱིན་སྤྱོད་པའི་ཚུལ། །དེ་ལས་ས་ལམ་བགྲོད་ཚུལ་ལོ། །ཐུན་མོང་ཉན་ཐོས་ཐེག་པ་ཡི། །སྐྱེས་བུ་ཡ་བཞི་ཟུང་བརྒྱད་ལ། །དཀར་པོའི་ས་བརྒྱད་བཏགས་པ་དང་། །རང་རྒྱལ་ལ་ཡང་དེ་དབྱེབས་མཚུངས། །ཐེག་ཆེན་བྱང་ཆུབ་སེམས་དཔའ་ལ། །རབ་དགའ་ལ་སོགས་ས་བཅུ་ཡི། །བགྲོད་ཚུལ་བཅུ་གཅིག་སངས་རྒྱས་སར། །གསུངས་པ་གྲུབ་མཐའི་སྐབས་སྨོས་བཞིན། །

བླ་མེད་རྡོ་རྗེ་ཐེག་པའི་ལུགས། །འབྲུལ་པའི་དྲི་མ་ཟད་པ་པོ། །འཇམ་མགོན་ས་སྐྱ་པའི་རིང་ལུགས། །བཅུ་གསུམ་པ་ཡི་རྣམ་བཞག་ནི། །ལུང་རིགས་མན་ངག་གིས་གཏན་ཕབ། །འཐད་ལྡན་ཉིད་དུ་བཞེད་པའོ། །བཅུ་གསུམ་པ་ཡི་བགྲོད་ཚུལ་དང་། །ལམ་ལྔ་བྱང་ཕྱོགས་སོ་བདུན་གྱི། །བགྲོད་ཚུལ་གཉིས་ལས་དང་པོ་ནི། །བཅུ་གསུམ་པ་ཡི་བགྲོད་ཚུལ་ལ། །ཡུལ་ཆེན་སུམ་ཅུ་སོ་བདུན་གྱི། །སྒོ་ནས་ས་ལམ་བགྲོད་པའི་ཚུལ། །དང་ནི་དབུ་མའི་རྩའི་མདུད་པ། །གྲོལ་ཚུལ་སྒོ་ནས་བགྲོད་པ་དང་། །དགའ་བ་བཅུ་དྲུག་འཆར་ཚུལ་གྱི། །སྒོ་ནས་ས་ལམ་བགྲོད་པའི་ཚུལ། །ས་དང་ལམ་གྱི་འདྲུག་ལྡོག་བཅས། །རིམ་པ་བཞིན་དུ་བསྟན་པ་ལ། །དང་པོ་ཡུལ་ཆེན་སོ་བདུན་པོ། །བགྲོད་པའི་སྒོ་ནས་ས་ཐོབ་ཚུལ། །ཕྱི་ཡི་ཡུལ་ཆེན་ངོས་བཟུང་བ། །ནང་གི་ཡུལ་ཆེན་ངོས་བཟུང་བ། །ས་ལམ་བགྲོད་ཚུལ་དངོས་དང་གསུམ། །དེ་ལ་ཡུལ་གྱི་ངོས་འཛིན་ནི། །འཁོར་ལོ་བདེ་མཆོག་ནས་བཤད་པའི། །ཕྱི་ཡི་ཡུལ་ཆེན་སོ་བདུན་ནི། །ཐུགས་ཀྱི་འཁོར་ལོའི་གནས་བརྒྱད་ནི། །འཛམ་གླིང་ལྟེ་བ་རྡོ་རྗེ

གདན། །དབུས་བཞུང་ཕྱོགས་བཞི་མཚམས་བརྒྱད་ནས། །པུལླཱི་ར་མ་ལ་ཡ་དང་། །ཛཱ་ལནྡྷ་ར་ཨོ་ཊི་ཡ། །ཨརྦུ་ཏ་གོ་དཱ་ཝ་རི། །རཱ་མེ་ཤྭ་རི་དེ་ཝཱི་ཀོ་ཊ། །མཱ་ལ་ཝ་བརྒྱད་ཐུགས་འཁོར་ལོ། །དེ་ཡི་ཕྱི་སྐོར་ཕྱོགས་མཚམས་བརྒྱད། །ཀཱ་མ་རཱུ་པ་ཨོ་ཏྲེ་དང་། །ཏྲི་ཤ་ཀུ་ན་ཀོ་ས་ལ། །ཀ་ལིང་ག་དང་ལམ་པཱ་ཀ །ཀཱཉྩི་ར་དང་ཧི་མཱ་ལ། །བརྒྱད་ནི་གསུང་གི་འཁོར་ལོའོ། །དེ་ཡི་ཕྱི་རོལ་ཕྱོགས་མཚམས་བརྒྱད། །པྲེ་ཏ་པུ་རི་གྲི་ཧ་དེ་ཝ། །པོ་རཥྚ་དང་སུ་ཝརྞ། །ནཱ་ག་ར་དང་སིནྡྷུ་ར། །མ་རུ་ཀུ་ལུ་ཏ་སྟེ་བརྒྱད། །དེ་ནི་ཐུགས་ཀྱི་འཁོར་ལོའོ། །དེ་ཡི་ཕྱི་རོལ་གླིང་བཞི་དང་། །ཤར་ལྷོའི་གླིང་ཕྲན་གཉིས་གཅིག་ཏུ། །བརྩིས་སོགས་གླིང་ཕྲན་བཞི་དང་བརྒྱད། །དེ་ནི་དམ་ཚིག་འཁོར་ལོའི་གནས། །དབུས་ཀྱི་རི་བོ་མཆོག་རབ་སྟེ། །དབུས་དང་ཕྱོགས་བཞི་ལྷུ་པོ་ནི། །བདེ་ཆེན་འཁོར་ལོའི་གནས་ཡིན་ནོ༎ ༎འདི་དག་ཤར་ནས་བརྩམས་ཕྱོགས་རྣམས། །གཡོན་བསྐོར་ཤར་ལྷོ་ནས་བརྩམས་ཏེ། །གཡས་བསྐོར་ཉིད་དུ་གནས་པའོ། །

ནང་གི་ཡུལ་ཆེན་སོ་བདུན་ནི། །བྱང་སེམས་འབབ་པའི་རྩ་སོ་གཉིས། །སྙིང་ཁའི་སྦས་པའི་རྩ་ལྔ་སྟེ། །སོ་བདུན་པོ་ཡི་རྩ་ཡིག་ཁམས། །རླུང་བཅས་ལ་འཛོག་བྱང་ཆུབ་སེམས། །འབབ་པའི་སྒོ་བོ་ནས་ཕྱེས་པའི། །རྩ་མདུད་ཡིག་གེ་པུ་ཛཱ་ཨོ། །ཨ་གོ་རཱ་དེ་མཱ་བརྒྱད་དང་། །དེ་ནང་ཁམས་དང་རླུང་བཅས་པ། །ཐུགས་འཁོར་གནས་བརྒྱད་མགྲིན་པ་ནས། །ཕྱེས་པའི་རྩ་བརྒྱད་དེའི་ཡི་གེ །ཀཱ་ཨོ་ཏྲི་ཀོ་ཀ་ལ་ཀཱ། །ཧི་ཡི་རྣམ་པ་ཁམས་རླུང་བཅས། །གསུང་འཁོར་གནས་བརྒྱད་ལྟེ་བ་ནས། །ཕྱེས་པའི་རྩ་བརྒྱད་དེའི་ཡི་གེ །པྲེ་གྲི་སོ་སོ་སུ་ནཱ་སི་དང་། །མ་ཀུའི་རྣམ་པ་ཁམས་རླུང་བཅས། །སྐུ་འཁོར་གནས་བརྒྱད་སྙིང་ཁ་ནས། །ཕྱེས་པའི་ཕྱི་སྐོར་འདབ་བརྒྱད་ཡིག །ཀྵྃ་རིང་བརྒྱད་པོ་ཁམས་རླུང་བཅས། །དམ་ཚིག་འཁོར་ལོའི་གནས་བརྒྱད་དང་། །སྙིང་ཁའི་ནང་སྐོར་འདབ་མ་བཞིས། །རྩ་དབྱིབས་ཧཱུྃ་ཨོཾ་ཧྲཱིཾ་ཁཾ་ཀྵྃ། །ཁམས་རླུང་དང་བཅས་བདེ་ཆེན་གྱི། །འཁོར་ལོ་ཡི་ནི་གནས་ལྔར་འཛོག །ཐུགས་ཀྱི་འཁོར་ལོ་མཁའ་སྤྱོད་གནས། །སངས་རྒྱས་ཐུགས་ལས་སྤྲུལ་པ་ཡི། །དཔའ་བོ་རྣལ་འབྱོར་མས་བྱིན་རླབས། །དབང་ཕྱུག་ཐུགས་སྤྲུལ་སྟེང་ལྷ་ལས། །ཁབ་པའི་འཇིགས་བྱེད་བརྒྱད་དང་པོར། །བྱུང་བའི་གནས་ཡིན་སྲུང་འཁོར་བརྒྱད། །ས་སྤྱོད་སངས་རྒྱས་གསུང་ལས་སྤྲུལ། །དཔལ་བོ་རྣལ་འབྱོར་མས་བྱིན་རླབས། །དབང་ཕྱུག་གསུང་སྤྲུལ་གནོད་སྦྱིན་གཙོ། །འཁོར་བཞི་སྲིན་པོ་གཙོ་འཁོར་བཞི། །ས་སྟེང་སྤྱོད་པའི་འཇིགས་བྱེད་བརྒྱད། །དང་པོའི་འབྱུང་གནས་སྐུ་འཁོར་བརྒྱད། །ས་འོག་ན་སྤྱོད་སངས་རྒྱས་ཀྱི། །སྐུ་སྤྲུལ་དཔའ་བོ་རྣལ་འབྱོར་མས། །བྱིན་རླབས་དབང་ཕྱུག་སྐུ་སྤྲུལ་གྱི། །རྒྱ་མཚོའི་ཀླུ་ནི་གཙོ་འཁོར་བཞི། །རི་རབ་ཆུ་མཚམས་མན་ཆད་ན། །གནས་པའི་གཙོ་འཁོར་བཞི་པོ་སྟེ། །ས་སྤྱོད་འཇིགས་བྱེད་བརྒྱད་པོ་ནི། །དང

པོའི་འབྱུང་གནས་གླིང་མཚམས་བཞི། །དམ་ཚིག་འཁོར་ལོ་འཕྲིན་ལས་གནས། །ཤར་དུ་ཁྲ་གདོང་བྱང་འུག་གདོང་། །ནུབ་ཏུ་ཁྱི་གདོང་ལྷོར་ཕག་གདོང་། །ཤར་ལྷོ་ལ་སོགས་གླིང་ཕྲན་བཞི། །ག་ཤིན་ཧེ་བརྟན་མ་ཡོ་ཉ་མོ། ། མཆེ་བ་ཅན་མ་འཇོམས་མ་བཞི། །སངས་རྒྱས་དམ་ཚིག་ལས་སྤྲུལ་པའི། །སྒོ་མཚམས་བརྒྱད་ཀྱིས་བྱིན་རླབས་པ༑ ༑དབང་ཕྱུག་ཕྲིན་སྤྲུལ་མ་མོ་བརྒྱད། །དང་པོའི་འབྱུང་གནས་རི་རབ་རྩེ། །དབུས་དང་ཕྱོགས་བཞི་དཔལ་འཁོར་ལོ། །བདེ་མཆོག་ཡབ་ཡུམ་མཁའ་འགྲོ་དང་། །ལ་མ་ཁཎྜ་རོ་ཧི་དང་། །གཟུགས་ཅན་མ་སྟེ་ལྷ་ལྔའི་གནས། །བདེ་བ་ཆེན་པོའི་འཁོར་ལོའོ། །

འཁོར་ལོ་སྡོམ་པ་གཙོ་འཁོར་ལྔས། །བྱིན་རླབས་སྤྲས་པའི་ཡུལ་ལྔ་ཞེས། །ནང་གི་སྤྲས་རྩ་ལྔས་མཚོན་པའི། །ཕྱི་ཡི་གནས་ནི་ཡིན་ཕྱིར་རོ། །ས་ལམ་བགྲོད་པའི་ཚུལ་དངོས་ལ། །སྦྱོར་བཏང་རྒྱུད་ཀྱི་ལུགས་དང་ནི། ། དམིགས་བསལ་མན་ངག་ལུགས་གཉིས་ལས། །སྦྱོར་བཏང་རྒྱུད་ཀྱི་ལུགས་ལ་ནི། །ཕྱི་ནང་ཡུལ་ཆེན་སོ་བདུན་ལ༑ ༑བརྟེན་ནས་བཅུ་གསུམ་པ་བགྲོད་ཚུལ། །གནས་དང་ཉེ་བའི་གནས་གཉིས་ལས། །ཕྱི་བའི་ཐུགས་ཀྱི་འཁོར་ལོ་ཡི། །ཡུལ་ཆེན་དང་པོ་བཞི་ལས་ནི། །དང་པོའི་ས་བགྲོད་ཕྱི་མ་ནི། །གཉིས་པ་བགྲོད་ཅིང་ཞིང་ཉེ་ཞིང་། །ཚནྡྷོ་ཉེ་བའི་ཚནྡྷོ་སྟེ། །སྐུ་འཁོར་བརྒྱད་ཀྱིས་གསུམ་པ། །བཞི་པ་ལྔ་པ་དྲུག་པ་བགྲོད། །འདུ་དང་ཉེ་བའི་འདུ་བ་དང་། །དུར་ཁྲོད་ཉེ་བའི་དུར་ཁྲོད་དེ། །གསུང་འཁོར་བརྒྱད་ཀྱིས་བདུན་བརྒྱད། །དགུ་པ་དང་ནི་བཅུ་པ་བགྲོད། །འཐུང་གཅོད་ཉེ་བའི་འཐུང་གཅོད་དེ། །དམ་ཚིག་འཁོར་ལོའི་གནས་བརྒྱད་ཀྱི། །བཅུ་གཅིག་པ་དང་བཅུ་གཉིས་བགྲོད། །སྤྲས་པའི་ཡུལ་ལྔའི་བདེ་ཆེན་གྱི། །གནས་ལྔ་བཅུ་གསུམ་པ་བགྲོད་དོ། །དེ་ཉིད་ཞིབ་ཏུ་བཤད་པ་ན། །དང་པོའི་ས་ཐོབ་ཡུལ་ཆེན་བཞི། །རྩ་ནི་མི་ཕྱེད་མདུད་པ་ལྔ། །ཁམས་ནི་སོ་སེན་གནས་སྤྱི་བོ། །རྩ་ནི་ཕྲ་གཟུགས་མདུད་པ་ཛྙཱ། །ཁམས་ནི་སྐྲ་དང་བ་སྤུ་དང་། །གནས་ནི་སྤྱི་གཙུག་རྩ་རྩེ་མ། །མདུད་པ་ཨོཾ་དང་ཁམས་ལྤགས་དྲི། །གནས་ནི་རྣ་གཡས་རྩ་གཡོན་ལ། །མདུད་པ་ཛ་དང་ཁམས་ཤ་གནས། །ལྟག་པ་རྩ་བཞི་རེ་རེ་ལ། །ལས་རླུང་དྲུག་བརྒྱ་བདུན་ཅུ་ནི། །རྩ་ལྔ་རེ་རེའི་རྒྱུ་བ་རྣམས། །དབུ་མར་ཐིམ་པས་ཕྱི་ཡི་གནས། །པུལླི་ར་མ་ལ་དང་ནི། །ཛཱ་ལནྡྷ་ར་ཨོ་རྒྱན་དང་། །ཨརྦུ་བཞི་ཡི་དཔའ་བོ་དང་། །རྣལ་འབྱོར་མ་རྣམས་དབང་དུ་བསྡུད། །ས་ནི་དང་པོའི་རྟོགས་པ་སྐྱེས། །གཉིས་པར་ཡུལ་བཞི་རྩ་ཐུང་ངུ། །རྩ་མདུད་གོ་དང་ཁམས་ཆུ་རྒྱུས། །གནས་ནི་རྣ་གཡོན་རྩ་རུ་སྦྲུལ། །སྐྱེས་མ་རྩ་མདུད་རཱ་ཁམས་ནི། །རུས་ཕྲེང་གནས་ནི་སྣིན་ཕྲག་དང་། ། རྩ་ནི་སྒོམ་ལ་རྩ་མདུད་དེ། །ཁམས་ནི་མཁལ་མ་གནས་མིག་གཉིས། །རྩ་ནི་དབང་མ་མདུད་པ་མ་ླ། །ཁམས་ནི་སྙིང་འབབ་གནས་ཕྲག་གཉིས། །དེ་རེར་རླུང་ནི་དྲུག་བརྒྱ་དང་། །བདུན་ཅུ་ལྔ་རེ་དབུ་མར་ཐིམ། །ཕྱི་ཡུལ་གོད

ཞ་རི་དང་། །ཪྨི་དེ་ཤྲཱི་ཀོ་ཊ་དང་། །མཱ་ལ་ཝ་བཞིའི་དཔའ་བོ་དང་། །རྣལ་འབྱོར་མ་རྣམས་དབང་འདུས་ནས། །སའི་གཉིས་པའི་རྟོགས་པ་སྐྱེས། །གསུམ་པ་ནས་ནི་དྲུག་པའི་བར། །གཉིས་གཉིས་བགྲོད་དེ་རྩ་སྐྱོན་མ། །རྩ་མདུད་ཀ་དང་ཁམས་མིག་བབ། །གནས་ནི་མཆན་གཉིས་རྩ་མཐུག་མ། །རྩ་མདུད་ཨོ་དང་ཁམས་མཁྲིས་བབ། །གནས་ནི་ནུ་མ་གཉིས་དང་རྩ། །མ་མོ་རྩ་མདུད་ཧྲི་ཁམས་ནི། །གློ་བ་འབབ་ཅིང་གནས་ལྟེ་བ། །རྩ་ནི་མཚན་མོ་རྩ་མདུད་གོ། །ཁམས་ནི་རྒྱུ་མ་གནས་སྣ་རྩེ། །དེ་དག་རེ་རེར་རླུང་དྲུག་བརྒྱ། །བདུད་ཙུ་རྩ་ལྔ་རེའི་རྒྱུ་བ། །དབུ་མར་ཐིམ་པས་ཕྱི་ཡི་ཡུལ། །ཀཱ་མ་རཱུ་པ་ཨོ་ཊྲི་དང་། །ཏྲི་ཤ་ཀུ་ནེ་ཀོ་ས་ལའི། །དཔའ་བོ་རྣལ་འབྱོར་མ་དབང་འདུས། །ས་ནི་གསུམ་པ་བཞི་པ་ཡི། །རྟོགས་པ་སྐྱེ་ཞིང་རྩ་བསིལ་སྦྱིན། །རྩ་མདུད་ཀ་དང་ཁམས་ཆུ་རྒྱུས། །གནས་ནི་ཁ་དང་རྩ་ཚ་བ། །རྩ་མདུད་ལ་དང་ལྟོ་བ་འབབ། །གནས་ནི་མགྲིན་པ་རྩ་གཞོལ་མ། །རྩ་ཡི་མདུད་པ་ཀཱ་དང་ཁམས། །སྙིང་འབབ་གནས་ནི་སྙིང་ཁའོ། །

རྩ་ནི་ཚ་མ་རྩ་མདུད་ཧི། །ཁམས་ནི་དུས་འབབ་གས་འདོམས་བར། །རླུང་ནི་དྲུག་བརྒྱ་དོན་ལྔ་རེ། དབུ་མར་ཐིམ་པས་ཕྱི་ཡི་གནས། །ཀ་ལིངྐ་དང་ལམྤཱ་དང་། །ཀཱཉྩི་ཀ་དང་ཧི་མ་ལའི། །དཔལ་བོ་རྣལ་འབྱོར་མ་དབང་འདུས། །ས་ནི་ལྔ་དྲུག་རྟོགས་པ་སྐྱེ། །དེ་བཞིན་བདུན་ནས་བཅུ་ཡི་བར། །གཉིས་གཉིས་བགྲོད་དེ་རྩ་ཤིན་ཏུ། །གཟུགས་ཅན་མ་དང་མདུད་པ་ནི། །བྲོ་དང་ཁམས་ནི་བད་ཀན་འབབ། །གནས་ནི་མཚན་མ་རྩ་སྦྱི་མ། །མདུད་པ་གྲི་དང་ཁམས་རྣག་བབ། །གནས་ནི་བཤང་ལམ་རྩ་རྒྱུ་སྦྱིན། །མདུད་པ་སོ་དང་ཁམས་ཁྲག་འབབ། །གནས་ནི་བརླ་གཉིས་རྩ་སྦྱོར་བྲལ། །མདུད་པ་སུ་དང་ཁམས་རྔུལ་བབ། །གནས་ནི་བྱིན་པ་གཉིས་དང་ནི། །རླུང་ནི་དྲུག་བརྒྱ་བདུན་ཙུ་ནི། །ལྔ་རེ་དབུ་མར་ཐིམ་པ་ཡིས། །ཕྱི་ཡུལ་པྲེ་ཏ་པུ་རི་དང་། །གྲི་ཧ་དེ་ཝཱ་སོ་རཥྚ། །སུ་ཝརྞ་བཞི་དཔའ་བོ་དང་། །རྣལ་འབྱོར་མ་རྣམས་དབང་དུ་འདུས། །ས་ནི་བདུན་བརྒྱད་རྟོགས་པ་སྐྱེ། །རྩ་ནི་སྦྱུག་གུ་རྩ་མདུད་ནཱ། །ཁམས་ནི་ཚིལ་བུ་འབབ་ཅིང་གནས། །སོར་མོ་བཅུ་དྲུག་རྩ་གྲུབ་མ། །རྩ་མདུད་ས་དང་ཁམས་མཆིན་པ། །གནས་ནི་བོལ་གོང་གཉིས་དང་རྩ། །འཆེད་མ་རྩ་མདུད་མ་དང་ཁམས། །མཆིལ་མ་གནས་ནི་མཐེ་བོང་བཞི། །རྩ་ནི་ཡིད་བཟང་རྩ་མདུད་ཀུ། །ཁམས་ནི་གནག་འབབ་གནས་པུས་གཉིས། །རླུང་ནི་དྲུག་བརྒྱ་བདུན་ཙུ་ལྔ། །རེ་རེ་དབུ་མར་ཐིམ་པ་ཡིས། །ཕྱི་ཡུལ་ན་གར་སིནྡྷུ་ར། །མ་རུ་ཀུ་ལུ་བཞི་ཡིན་ཏེ། །དཔའ་བོ་རྣལ་འབྱོར་མ་དབང་འདུས། །ས་ནི་བཅུ་དགུའི་རྟོགས་པ་སྐྱེ། །དེ་བཞིན་བཅུ་གཅིག་བཅུ་གཉིས་ལ། །གནས་ནི་བཞི་བཞི་བགྲོད་དགོས་ཏེ། །གནས་ནི་སྨུམ་སྒྲོར་འདོད་མ་དང་། །འཁྱིལ་མ་དང་ནི་གཏུམ་མོ་བཞི། །རྩ་མདུད་ཧཱུྃ་དང་ཁམས་རླུང་ལྔ། །བདུད་རྩི་ལྔ་འདྲེས་བདུད་རྩི་བཞི། །གནས་ནི་སྙིང་ཁའི་ཕྱི་སྒོར་གྱི། །མཚམས་བཞི་རྩ

ནི་ཀུན་འདར་མ། །རོ་མ་རྐྱང་མ་མདུད་བྲལ་མ། །རྩ་མདུད་ཧཱུཾ་དང་ཁམས་ཁུ་ཁྲག །དྲི་ཆེན་དྲི་ཆུ་བཞི་འབབ་ཅིང་། །གནས་ནི་སྙིང་ཁའི་ཕྱི་སྐོར་གྱི། །ཤར་ཉེའི་དབུས་དང་གཡས་གཡོན་རྒྱབ། །དེ་དག་རྣམས་སུ་རླུང་དྲུག་བརྒྱ། །བདུན་ཅུ་དོན་ལྔ་རེ་ཐིམ་པས། །ཕྱི་ཡུལ་གླིང་ཕྲན་གླིང་བཞི་ཡི། །དཔལ་པོ་རྣལ་འབྱོར་མ་དབང་འདུས། །ས་ནི་བཅུ་གཅིག་བཅུ་གཉིས་པའི། །རྟོགས་པ་སྐྱེ་ཞིང་ཀུན་འདར་མ། །རོ་རྐྱང་གསུམ་ནི་དེ་གསུམ་གྱི། །ཚ་ཤས་རེ་ལ་འཇོག་དགོས་ཀྱི། །ཡོངས་རྫོགས་ཉིད་དུ་འཕྲུལ་མི་བྱ། །ས་ནི་བཅུ་གསུམ་ཐོབ་པ་ལ། །ཡུལ་རྣམས་བགྲོད་དགོས་སྨྲས་པ་ཡི། །རྩ་ལྔར་གྲགས་པ་སྙིང་ཁ་ནི། །ཆོས་ཀྱི་འཁོར་ལོའི་དབུས་ནང་སྐོར། །རྩ་འདབ་ཕྱོགས་བཞི་དབུས་དང་ལྔ། །དེ་དག་གནས་པའི་ཡི་གེ་ནི། །དབུས་ཧཱུཾ་ཤར་བྷྲཱུཾ་ལྷོར་ཨཱཾ་དང་། །ནུབ་ཛྲཱིཾ་བྱང་ཁཾ་དང་ཁམས་ནི། །བདུད་རྩི་ལྔ་དང་དབུས་ནམ་མཁའ། །ཤར་ཆུ་ལྷོ་ས་ནུབ་མེ་བྱང་། ། རླུང་སྟེ་རླུང་ལྔའི་དྭངས་མ་བཅས། །གནས་ནི་གཙུག་ཏོར་ཕྱི་ཡི་གནས། །རི་རབ་རྩེ་ཡི་དབུས་ཕྱོགས་བཞིའི། ། དཔའ་བོ་མཁའ་འགྲོ་དབང་དུ་འདུས། །བཅུ་གསུམ་པ་ཡི་རྟོགས་པ་སྐྱེ། །རྡོ་རྗེ་འཛིན་པའི་ས་ཐོབ་སྟེ། །སངས་རྒྱས་ཡེ་ཤེས་མངོན་དུ་གྱུར། །བྱང་འཇུག་རྡོ་རྗེ་འཆང་ཐོབ་བོ། །

དེ་ཡང་དམིགས་བསལ་མན་ངག་ལུགས། །ཡུལ་ཆེན་སོ་བདུན་བགྲོད་ཚུལ་ནི། །སྨྲས་པའི་ཡུལ་ལྔ་བགྲོད་ཙམ་གྱིས། །མ་ཡིན་སྨྲས་པའི་རྩ་ལྔ་དེའི། །རྟེན་དང་བརྟེན་པའི་དཀྱིལ་འཁོར་བཞི། །དབུ་མར་ཐིམ་ལས་བཅུ་གསུམ་པའི། །ཕྱེད་སློབ་གཙུག་ཏོར་ཕྱེད་འཕགས་ཙམ། །ཡིན་ལ་རྟེན་དེའི་ཉེ་རྒྱུ་ཡི། །སྲོག་རྩོལ་གྱིས་རླུང་དབུ་མར་ནག །གཙུག་ཏོར་ཧྲིལ་པོ་དྭངས་མས་བརྟན། །བཅུ་གསུམ་ཕྱེད་གོང་རྡོ་རྗེ་འཛིན། །སངས་རྒྱས་ས་ནི་མཚན་ཉིད་པ། །མངོན་གྱུར་གསུང་ངག་རིན་པོ་ཆེ། །རྡོ་རྗེའི་ཚིག་རྐང་གི་དགོངས་པ། །འཕྲུལ་མེད་ཕུལ་དུ་ཕྱིན་པའོ། །བདེ་མཆོག་ཨ་བྷི་དྷ་ན་ལས། །གསུངས་པའི་ས་དང་ཡུལ་སོ་བདུན། །སྦྱར་ནས་གསལ་བར་བྱས་པའོ། །དཔལ་ལྡན་ཀྱེ་ཡི་རྡོ་རྗེ་ཡི། །རྩ་རྒྱུད་དང་ནི་ཕྱག་ཐིག་གཉིས། །སྦྱོར་ཚུལ་བླ་མ་དམ་པ་ཡི། །མན་ངག་གིས་བཀྲལ་འཆད་པ་ལ། །ཡུལ་ཆེན་སུམ་ཅུ་རྩ་གཉིས་དང་། །ས་ནི་བཅུ་གཉིས་སྦྱར་བ་ལ། །ས་ནི་དང་པོ་ཐོབ་པ་ལ། །ཡུལ་ཆེན་བཞི་ནི་བགྲོད་དགོས་ཏེ། །ཛཱ་ལནྡྷ་ར་ཕྱི་ཁ་ཆེ། །རྒྱ་གར་བར་ཡོད་ནང་སྤྱི་བོ། །ཨོ་རྒྱན་ཕྱི་ནི་རྒྱ་གར་གྱི། །ནུབ་ཕྱོགས་ནང་གི་སྤྱི་བོའོ། །

ཀོ་ལ་གི་རི་ཞེས་པ་ཕྱི། །ལྷོ་ནུབ་ཀཱ་ར་པུ་རི་ཡི། །གྲོང་ན་ཡོད་ཅིང་ནང་འཚོགས་མ། །ཀཱ་མ་རཱུ་པ་ཕྱི་གཉལ་མདའ། །རྒྱ་གར་ཤར་ཡོད་ནང་སྙིན་ཕྲག །དེ་བཞིན་རླུང་སེམས་དབུ་མར་ཐིམ། །ས་ནི་དང་པོའི་རྟོགས་པ་སྐྱེ༔ །གནས་ཀྱི་ཡུལ་བཞི་བགྲོད་པའོ། །གཉིས་པ་ཐོབ་ལ་ཡུལ་བཞི་སྟེ། །མཱ་ལ་ཝ་སྟེ་ཕྱི་ལྷོ་ཡི། །གླིང་ཕྲན་ནང་

གི་སྣ་རྩེའོ། །སིནྡྷུ་ཕྱི་ནི་ཆུ་བོ་ཆེ། །སིནྡྷུ་འབབ་པ་ནང་མིག་གཉིས། །ནཱ་ག་ར་སྟེ་ཕྱི་གྲོང་ཁྱེར། །ཡུལ་དབུས་ན་ཡོད་ནང་རྣ་གཉིས། །སིནྡྷུ་ལ་ནི་ཕྱི་གླིང་སྟེ། །ནང་གི་ཁ་སྟེ་དེ་བཞི་ཡིད། །ཀླུང་སེམས་དབུ་མར་ཐིམ་པ་ལ། །ས་ནི་གཉིས་པའི་རྟོགས་པ་སྐྱེ། །ཉེ་གནས་ཡུལ་བཞི་བགྲོད་པའོ། །གསུམ་པ་བཞི་ལ་གཉིས་གཉིས་བགྲོད། །མུ་མུ་ཞེས་པ་ཕྱི་ལྷོ་ཕྱོགས། །རྒྱ་མཚོའི་འགྲམ་ཡོད་ནང་གོཉྫ། །དེ་ལྷོ་ཀོ་ཊ་ཕྱི་རྒྱ་གར། །རྡོ་རྗེ་གདན་གྱི་ཤར་ཕྱོགས་ཡོད། །ནང་ནི་མགྲིན་པ་དེ་གཉིས་ཀྱི། །རླུང་སེམས་དབུ་མར་ཐིམ་པ་ཡི། །ས་ནི་གསུམ་པའི་རྟོགས་པ་སྐྱེ། ། ཞིང་གི་ཡུལ་གཉིས་བགྲོད་པའོ། །ཀུ་ལུ་ཏ་ཞེས་ལྷོ་ནུབ་ན། །རྡོ་ནི་ཕུས་དབྱིབས་ནང་རྒྱབ་ཚིག །ཨརྦུ་ཏ་ཞེས་ལྷོ་ཕྱོགས་ནི། །རྡོ་ནི་ནུ་འདྲ་ནང་ནུ་གཉིས། །དེ་གཉིས་རླུང་སེམས་དབུ་མར་ཐིམ། །ས་ནི་བཞི་པའི་རྟོགས་པ་སྐྱེ། །ཉེ་ཞིང་ཡུལ་གཉིས་བགྲོད་པའོ། །ཏ་རི་ཀ་ལ་ཤར་ལྷོ་ན། །ནམ་མཁའི་ཤིང་ལྡན་ནང་སྙིང་ཁ། །གོ་ད་ཝ་རི་ཕྱི་ལྷོ་ཕྱོགས། །དཔལ་གྱི་རི་དྭགས་ནང་ལྟེ་བ། །དེ་གཉིས་རླུང་སེམས་དབུ་མར་ཐིམ། །ས་ནི་ལྔ་པའི་རྟོགས་པ་སྐྱེ། ། ཚནྡྷོའི་ཡུལ་གཉིས་བགྲོད་པའོ། །

ལམ་པྲ་ཀ་ནི་ཕྱི་རྒྱ་གར། །ནུབ་ཀྱི་ཕྱོགས་ཏེ་ནང་གསང་གནས། །ཀཉྩི་ཞེས་པ་ཕྱི་ལྷོ་ནུབ། །ནང་ནི་རྟགས་དབུས་དེ་གཉིས་ཀྱི། །རླུང་སེམས་དབུ་མར་ཐིམ་པ་ལས། །ས་ནི་དྲུག་པའི་རྟོགས་པ་སྐྱེ། །ཉེ་བའི་ཚནྡྷོའི་ཡུལ་གཉིས་བགྲོད། །ཁྱིད་པའི་གྲོང་ཞེས་ཕྱི་ལྷོ་ཕྱོགས། །རྒྱ་མཚོའི་གླིང་ཕྲན་ནང་རྟགས་རྩེ། །གསེར་དང་ལྡན་པའི་གླིང་ཕྱི་ནི། །ལྷོ་ཕྱོགས་མི་མེད་གླིང་ནང་ནི། །གཞོང་པ་དེ་གཉིས་རླུང་སེམས་ནི། །དབུ་མར་འདུས་པས་ས་བདུན་པའི། །རྟོགས་སྐྱེས་འདུ་བའི་ཡུལ་གཉིས་བགྲོད། །ཀོ་ཀ་ན་ཞེས་ཕྱི་ལྷོ་ཕྱོགས། །མ་ཏྲྀ་བི་ཧྲ་ཞེས་པ་ཡི། །མཆོད་རྟེན་རང་བྱོན་གནས་ནང་ནི། །བརླ་གཉིས་པིཎྜ་ཞེས་པ་ཕྱི། །རི་བོ་འབིགས་འབྱེད་ནང་པུས་གཉིས། །དེ་ཡི་རླུང་སེམས་དབུ་མར་འདུས། །ས་ནི་བརྒྱད་པའི་རྟོགས་པ་སྐྱེ། །ཉེ་བའི་འདུ་བའི་ཡུལ་གཉིས་བགྲོད། །རབ་སོང་དགེ་འདུན་འདུ་ཞེས་ཕྱི། །རོ་མང་གནས་པ་ཡི་དྭགས་འདུས། །ནང་ནི་བྱིན་པ་གཉིས་རྒྱ་མཚོའི། །འགྲམ་ཞེས་ཕྱི་ནི་རསྨི་ཤྭ་ར། །ཡི་དྭགས་རྒྱུ་བའི་གནས་ཡིན་ན། །རྐང་བོལ་གཉིས་པ་དེ་དག་གི། །རླུང་སེམས་དབུ་མར་ཐིམ་པ་ཡི། །ས་ནི་དགུ་པའི་རྟོགས་པ་སྐྱེ། །དུར་ཁྲོད་གནས་གཉིས་བགྲོད་པའོ། །

ཙ་རི་ཏྲ་ཞེས་ཕྱི་ལྷོ་ཕྱོགས། །རྒྱ་མཚོའི་འགྲམ་ཡིན་ནང་སེར་མོ། །གཉིས་པོ་གཞོན་ནུའི་གྲོང་ཁྱེར་ཞེས། ། བུ་མོ་གཟུགས་བཟང་སྐྱེ་བའི་གནས། །རྒྱ་མཚོའི་གླིང་ཕྲན་ནང་མཐེ་བོང་། །གཉིས་པོ་དེ་གཉིས་རླུང་སེམས་ནི། ། དབུ་མར་ཐིམ་ནས་ས་བཅུ་ཡི། །རྟོགས་པ་སྐྱེ་ཞིང་དེ་གཉིས་ཀྱི། །ཉེ་བའི་དུར་ཁྲོད་ཡུལ་གཉིས་བགྲོད། །གྲོང་

ཁྱེར་ཞེས་པ་ཕྱི་ཁ་ཆེའི། །ཁྱེ་བྲག་ནང་ནི་ཕྲག་པའོ། །གྲོང་མཐའ་ཞེས་པ་ཕྱི་མོན་ཡུལ། །ནང་ནི་རྐང་མཐིལ་ལ་ནྟུ་ཡི། །རྒྱ་མཚོའི་ནང་སྐྱེས་པ་ཁྱབ་འཇུག །གིས་བྱས་རྣམ་སྣང་སྐུ་བཞུགས་གནས། །སོ་སོ་རཀྵ་ཞེས་ཡུལ་འཁོར། །བཟང་པོ་སོ་བ་ན་ད་ན། །ཡོད་སྟེ་དེ་གཉིས་ནང་སྙིང་ཕྱོགས། །དེ་བཞིའི་རླུང་སེམས་དབུ་མར་ཐིམ། །ས་ནི་བཅུ་གཅིག་རྫོགས་པ་སྐྱེ། །འཐུང་གཅོད་ཡུལ་བཞི་བཀྲོད་པའོ། །ཧི་མ་ལ་ཞེས་ཕྱི་བལ་པོར། །གདོགས་པའི་བོད་དེ་ནང་ལྟག་པ། །ཀོ་ས་ལ་ཞེས་ཕྱི་རྡོ་རྗེའི། །གདན་ནུབ་མཉན་ཡོད་ཕྱོགས་ནང་རྐེད། །ཀ་ལིངྐ་ཞེས་ཕྱི་ལྷོ་ཕྱོགས། །རྒྱ་མཚོའི་འགྲམ་ནི་ལིང་ག་དང་། །ཉེ་བའི་ཡུལ་འཁོར་སྐྱེད་ཚུལ་གྱི། །ར་བའི་རྫིང་བུའི་འགྲམ་ཞེས་པ། །མ་སྐྱེས་དགྲ་ཡི་སྐྱེད་ཚལ་གྱི། །ཕྱོགས་ཏེ་དེ་གཉིས་ནང་སྙིང་ཁ། །དེ་བཞིའི་རླུང་སེམས་དབུ་མར་ཐིམ། །ས་ནི་བཅུ་གཉིས་རྫོགས་པ་སྐྱེ། །ཉེ་བའི་འཐུང་གཅོད་ཡུལ་བཞི་བཀྲོད། །

འདི་ཡི་ཧི་མ་ལ་ཞེས་པ། །གངས་ཅན་སྐད་དོད་ཡིན་མོད་ཀྱང་། །མངོན་པ་དུས་འཁོར་ནས་བཤད་པའི། །གངས་ཅན་མཚན་ཉིད་པ་མིན་ཏེ། །འདི་ནི་བལ་བོད་མཚམས་ན་ཡོད། །དེར་བཤད་ཁྱད་ཆོས་མི་ལྡན་པས། །དེ་ནི་ཡུལ་ཆེན་ནང་ཚན་མིན། །བདེ་ཀྱིའི་ཡུལ་གྱི་ངོས་འཛིན་ནི། །འདྲ་མིན་བྱུང་ཡང་རྩ་དག་གིས། །སྐྱིད་པ་དང་ནི་འབྲས་བུ་སྨིན། །དབང་གི་ཐ་དད་ཙམ་ཡིན་གྱི། །དཔེར་ན་རྐང་པའི་བོལ་གོང་ལ། །བཀུ་མཉེ་བྱས་པས་མིག་བདེ་འགྱུར། །དེ་ཕྱིར་སིནྡྷུར་དེ་གཉིས་བཤད། །དེ་བཞིན་ལྟེ་བར་བཀུ་མཉེས་བྱས། །རྣ་བ་བདེ་གྱུར་དེ་གཉིས་ནི། །གོ་དཱ་ཝ་རིར་བཤད་ལྟར་རོ། །རྒྱུད་ལ་འབྲུགས་སྟེབས་སུ་བཞུགས་པ། །རྗེ་བཙུན་མཆོག་གི་གསུང་རབ་ལ། །འཕགས་པ་རིན་པོ་ཆེ་ཡིས་ནི། །མཆན་གྱིས་གསལ་བར་མཛད་པ་བཞིན། །བླ་མའི་མན་ངག་གིས་བརྒྱན་བཀོད། །དེ་ལྟར་ཡུལ་ཆེན་སོ་གཉིས་པོ། །བགྲོད་དགོས་གནད་ཀྱི་ས་བཅུ་གསུམ། །མམ་ནི་བཅུ་གསུམ་ཕྱེད་འོག་མ། །ཐོབ་ལ་སྦྱས་པའི་རྩ་ལྟུས་མཆོན། །ཡུལ་ལྟ་བགྲོད་དགོས་སྦས་པ་ཡི། །རྩ་ལྟའི་རླུང་སེམས་དབུ་མར་ཐིམ། །རང་ཉིད་འཁོར་གྱི་ཆོམ་བུ་གཅིག །དང་བཅས་རྫོགས་སངས་རྒྱས་པ་ཡི། །ཕྱོགས་བཞི་དབུས་དང་ལྔ་ཡི་ནི། །མཁའ་འགྲོ་དབང་དུ་འདུ་བའོ། །སྐབས་འདིའི་སྦས་པའི་ཡུལ་ལྔ་པོ། །སྒྲུབ་པོ་རང་ཉིད་ཉེ་རྒྱུ་ནི། །སྦྱོད་བཞིན་ས་དེའི་དབུས་ཕྱོགས་བཞི། །ངོས་འཛིན་འཐད་དེ་ལྡོན་ཤིང་ལས། །ཉེ་རྒྱུ་མངོན་དུ་བྱེད་པ་ཡི། །གནས་ལ་ཕྱི་ནི་རྡོ་རྗེ་གདན། །ནང་ནི་འོག་མིན་དོན་དམ་གནས། །སྒྲུབ་པོ་རང་ཉིད་གང་ན་འདུག །གནས་དེ་ཡིན་པར་གསུང་ཕྱིར་རོ། །དེ་ཡི་སོ་བདུན་ཡུལ་བགྲོད་ལས། །ས་རྣམས་ཐོབ་ཚུལ་འཇམ་པའི་དབྱངས། །དཔལ་ལྡན་ས་སྐྱ་པ་ཡིས་ནི། །བཤད་པའི་སྒྲོལ་ལས་འཇོན་པའོ། །

རྩ་ནི་དབུ་མའི་མདུད་པ་རྣམས། །གྲོལ་ཚུལ་སྒོ་ནས་ས་བགྲོད་ཚུལ། །དབུ་མའི་རྩ་མདུད་ཆགས་ཚུལ་

དང་། །དེ་གྲོལ་ས་ལམ་བགྲོད་ཚུལ་གཉིས། །དབུ་མའི་མདུད་པའི་ཆ་ལུགས་ནི། །དབུ་མ་རོ་རྐྱང་གཉིས་ཀྱིས་ན༔ །གཅེར་བའི་མདུད་པ་སོ་གཉིས་གནས། །གསང་གནས་བདེ་སྐྱོང་འཁོར་ལོ་ཡི། །ཐད་དུ་དབུ་མའི་མདུད་པ་བཞི། །ལྟེ་བ་སྙིང་ཁ་མགྲིན་སྨིན་མཚམས། །མཛོད་སྤུ་བཞི་ཡི་འཁོར་ལོ་ལ། །མདུད་པ་དྲུག་དྲུག་སྤྱི་བོ་ཡི། །བདེ་ཆེན་འཁོར་ལོ་མདུད་པ་བཞི། །མདུད་པ་སོ་གཉིས་དེ་གྲོལ་བས། །ས་ནི་བཅུ་གཉིས་མན་བགྲོད་དེ། །གསང་གནས་ལྟེ་སྙིང་མདུད་པ་ནི། །བཅུ་དྲུག་གྲོལ་བས་བུམ་དབང་ས། །དྲུག་བགྲོད་འཁོར་འདས་དབྱེར་མེད་ཀྱི༔ །གྲུབ་མཐའ་སྙིག་ཅིང་མགྲིན་སྨིན་གྱི། །མདུད་པ་བཅུ་གཉིས་གྲོལ་བ་ཡི། །གསང་དབང་ས་བཞི་བགྲོད་ནས་ནི། །མ་འདྲེས་ཡོངས་རྫོགས་གྲུབ་མཐའ་སྙོགས། །བདེ་ཆེན་འཁོར་ལོའི་མདུད་བཞི་གྲོལ། །ཤེས་རབ་ཡེ་ཤེས་ས་གཉིས་བགྲོད། །

བདེ་སྟོང་རྒྱུ་རྒྱུད་གྲུབ་མཐའ་སྙོགས། །དེ་ཡི་ས་ནི་བཅུ་གཉིས་བགྲོད། །བཅུ་གཉིས་རྟེན་ལ་ཉེ་རྒྱུ་ཡིས། །ཉམས་ལེན་ལ་རྟེན་དབང་བཞི་པའི། །ས་ཕྱིར་བགྲོད་དེ་གྲུབ་པའི་མཐའ། །བདེ་སྟོང་རྒྱ་ཆེ་བ་ཉིད་ཐོབ། །བཅུ་གསུམ་པ་ཕྱེད་འོག་མར་སླེབས། །ཉེ་རྒྱུའི་ཉམས་ལེན་འཕྲོ་མཐུད་པས། །བཅུ་གསུམ་ཕྱེད་གོང་སླེབ་པ་དང་། །རང་ཉིད་འཁོར་ནི་ཚོམ་བུ་གཅིག །དང་བཅས་གདན་གྱི་བདེ་བ་མཆོག །རྫོགས་པའི་སངས་རྒྱས་ཉིད་ཐོབ་བོ། །དེ་ཡང་རྣལ་འབྱོར་དབང་ཕྱུག་གི །གསུང་ངག་རྡོ་རྗེའི་ཚིག་རྐང་ལས། །ས་ནི་དང་པོ་བཅུ་གཉིས་པར། །མདུད་པ་རེ་རེ་གྲོལ་དགོས་ཤིང་། །བར་གྱི་ས་ནི་བཅུ་པོ་ལ། །གསུམ་རེ་གྲོལ་དགོས་གསུང་པ་སྟེ། །གསང་གནས་འཁོར་ལོའི་མདུད་པ་ནི། །དང་པོ་གྲོལ་བས་རབ་དགའི་ས། །ཐོབ་ཅིང་ཡུལ་ནི་གནས་ཀྱི་ས། །ཕྱི་མ་གསུམ་པོ་གྲོལ་བ་ལས། །གཉིས་པ་དྲི་མ་མེད་པའི་ས། །ཡུལ་གྱི་ནང་ནས་ཉེ་གནས་སོ། །

ལྟེ་བའི་མདུད་པ་དང་པོ་གསུམ། །གྲོལ་བས་གསུམ་པ་འོད་བྱེད་པ། །ཐོབ་ཅིང་ཡུལ་ནི་ཞིང་ཡིན་ལ། །ཕྱི་མ་གསུམ་གྲོལ་བཞི་པ་འདོད། །འཕྲོ་བ་ཡུལ་ནི་ཉེ་ཞིང་ངོ་། །སྙིང་ཁའི་མདུད་པ་གསུམ་གྲོལ་བས། །ལྔ་པ་སྦྱང་དཀའི་ས་ཡུལ་ནི། །ཚནྡྷོ་ཕྱི་མ་གསུམ་གྲོལ་བས། །དྲུག་པ་མངོན་གྱུར་ས་ཡུལ་ནི། །ཉེ་བའི་ཚནྡྷོ་བུམ་དབང་གི། །ས་དྲུག་རྫོགས་པར་ཐོབ་ཞེས་བྱ། །དེ་ནི་གཙོ་བོ་བུམ་པའི་དབང་། །ལམ་ནི་བསྐྱེད་རིམ་སོགས་ལག་རྗེས། །ཡིན་པས་བུམ་དབང་གི་ཉེར་ལེན། །རྒྱུ་ཡི་ཚུལ་དང་དབང་གཞན་གསུམ། །ལྷན་ཅིག་སྐྱེས་པའི་རྐྱེན་ལྟ་བུ༔ །དེ་བཞིན་མགྲིན་པའི་མདུད་པ་ནི། །དང་པོ་གསུམ་གྲོལ་ས་བདུན་པ། །རིང་དུ་སོང་བ་ཡུལ་འདུ་བ། །བགྲོད་ཅིང་ཕྱི་མ་གསུམ་གྲོལ་བས། །བརྒྱད་པ་མི་གཡོ་བ་ཐོབ་ཡུལ། །ཉེ་བའི་འདུ་བ་བགྲོད་པའོ། །སྨིན་མཚམས་མདུད་པ་གསུམ་གྲོལ་བས། །དགུ་པ་ལེགས་པའི་བློ་གྲོས་ཡུལ། །དུར་ཁྲོད་བགྲོད་ཅིང་ཕྱི་མ་གསུམ། །

གྲོལ་བས་བཅུ་པ་ཆོས་ཀྱི་སྤྲིན། །ཡུལ་ནི་ཉེ་བའི་དུར་ཁྲོད་བགྲོད། །དེ་ནི་གསང་དབང་ས་བཞི་ཞེས། །གཙོ་བོ་གསང་དབང་ཉེར་ལེན་ཞེས། །དབང་གཞན་གསུམ་ནི་ལྷན་ཅིག་པའི། །རྐྱེན་ནི་ལྷ་བུ་ཡིན་ཕྱིར་རོ། །

སྤྱི་བོའི་མདུད་པ་དང་པོ་གསུམ། །གྲོལ་བས་བཅུ་གཅིག་དཔེ་མེད་པ། །ཐོབ་ཅིང་མདུད་པ་ཕྱི་མ་གཅིག །གྲོལ་བས་བཅུ་གཉིས་ཡེ་ཤེས་ནི། །ཆེན་པོའི་ས་ཐོབ་དེ་གཉིས་ལ། །ཤེར་དབང་ས་གཉིས་དབང་དེ་ཡི། །ཉེར་ལེན་གཞན་གསུམ་ལྷན་ཅིག་ནི། །བྱེད་པའི་རྐྱེན་ཡིན་དེ་མན་ཆད། །དབུ་མའི་མདུད་པ་སོ་གཉིས་གྲོལ། །མཐོང་ལམ་ས་ནི་དང་པོ་ནས། །བསྒོམ་ལམ་ས་ནི་བཅུ་གཅིག་སྟེ། །ས་ནི་བཅུ་གཉིས་པོ་ཐོབ་དེ། །རེ་རེ་ལའང་འཕོ་བ་རེའི། །རླུང་ནི་དགུ་བརྒྱ་ཕྲག་གཅིག་སྟེ། །སྟོང་བརྒྱད་བརྒྱ་རེ་འགག་པ་ཡིས། །ལས་རླུང་ཉི་ཁྲི་ཆིག་སྟོང་དང་། །དྲུག་བརྒྱད་འགག་ཅིང་ས་རེ་རེར། །ལས་རླུང་ཕྱི་ནང་སོར་རེ་འགག །རླུང་དེའི་ཚད་ནི་སོར་བཅུ་གཉིས། །འགག་པས་རྟེན་འབྲེལ་བཅུ་གཉིས་དང་། །སྤང་བྱ་རྣམ་རྟོག་བཅུ་གཉིས་འགག །ཕྱི་ནང་ཡུལ་ནི་སོ་གཉིས་བགྲོད། །ཡོན་ཏན་དགའ་བ་བཅུ་དྲུག་རྫོགས། །འོན་ཀྱང་ཐམས་ཅད་མཁྱེན་པའི་ས། །མཚན་ཉིད་པ་ཉིད་མངོན་བྱེད་ལ། །སྔགས་པའི་ཡུལ་ལྔ་བགྲོད་བྱེད་ཀྱི། །ཐབས་ལ་བསླབ་པར་བྱ་དགོས་སོ། །དགའ་བ་བཅུ་དྲུག་འཆར་ཚུལ་གྱི། །སྒོ་ནས་ས་ལམ་བགྲོད་ཚུལ་ལ། །ཡས་བབ་དགའ་བ་བཅུ་དྲུག་དང་། །དེ་བཞིན་མས་བརྟེན་བཅུ་དྲུག་ལ། །ཡས་བབ་དགའ་བ་བཅུ་དྲུག་པ། །ལྷན་སྐྱེས་ཀྱི་ནི་ལྷན་སྐྱེས་སམ། །མས་བརྟེན་དགའ་བ་བཅུ་དྲུག་གི །དང་པོ་དགའ་བའི་དགའ་བ་ནས། །དང་པོའི་ས་སྐྱེས་མགོ་ཚུགས་ཏེ། །མས་བརྟན་གྱི་ནི་དགའ་བ་དང་། །མཆོག་དགའ་དགའ་བྲལ་གསུམ་གྱི་ཆེ། །ས་ནི་དང་པོའི་སྐབས་ཡིན་ལ། །མས་བརྟན་ལྷན་སྐྱེས་མཆོག་དགའ་དང་། །དགའ་བྲལ་ལྷན་སྐྱེས་གསུམ་གྱི་ཆེ། །ས་ནི་བཅུ་གཉིས་བར་སླེབས་ཟིན། །བར་གྱི་ས་བཅུར་དགའ་བ་རེ། །འཆར་བ་ཡིན་ཏེ་རྡོ་རྗེའི་རྩེར། །ལྷན་ཅིག་སྐྱེས་པའི་བར་ཐིག་ལེ། །གནས་པ་ལྟར་ལུས་བདེ་བ་ཡིས། །མྱོས་ཤིང་བརྒྱལ་ཞེས་བཤད་པའི་ཕྱིར། །རྡོ་རྗེ་ལུས་ཀྱི་འཁོར་ལོ་དྲུག །ལྟེ་གསང་གཉིས་དང་དཔྲལ་སྤྱི་གཉིས། །གཅིག་ཏུ་བརྩིས་པའི་འཁོར་ལོ་བཞིར། །ལྟེ་བར་མས་བརྟན་དགའ་བཞི་ཤར། །ཁམས་ཀྱི་དྭངས་མ་བརྟན་པ་ཡིས། །དགའ་བས་བསྡུས་པའི་དགའ་བ་བཞི། །དེ་བཞིན་སྙིང་ཁར་མཆོག་དགའི་བཞི། །མགྲིན་པར་དགའ་བྲལ་གྱི་བཞི་དང་། །སྤྱི་བོར་ལྷན་སྐྱེས་དགའ་བཞི་ཤར། །འཁོར་ལོ་དེ་དག་ལས་རླུང་དག །ཁམས་ནི་དྭང་བས་གང་ཞིང་བརྟན། །ལམ་ལྔ་དང་ནི་བྱང་ཆུབ་ཆོས། །སོ་བདུན་གྱིས་ནི་བགྲོད་ཚུལ་གཉིས། །དང་པོ་ལམ་ལྔ་བགྲོད་ཚུལ་ལ། །རྒྱུད་དང་མན་ངག་གི་ལུགས་གཉིས། །རྒྱུད་ཀྱི་ལུགས་ནི་དྲོད་ཆུང་དུའི། །ཚོགས་ལམ་འབྲིང་པོས་སྦྱོར་ལམ་དང་། །ཆེན་པོས་མཐོང་བའི་ལམ་དེ་ནས། ས་ནི་གཉིས་པ་ནས་བཟུང་སྟེ། །བཅུ་གཉིས

བར་གྱི་བསྒོམ་ལམ་དང་། །བཅུ་གསུམ་མཐར་ཕྱིན་ལམ་དུ་བཞེད། །མན་ངག་ལུགས་ལ་ཕར་ཕྱིན་དང་། །སྒོ་བསྟུན་ལམ་ལྔའི་རྫོགས་མཚམས་ནི། །འཇིག་རྟེན་ལམ་ལ་ཁམས་འདུས་པ། །གསུམ་གྱི་སྐབས་སུ་ཚོགས་སྦྱོར་གཉིས། །འདྲེས་ཞིང་བསྐྱེད་ལ་འཇིག་རྟེན་ལས། །འདས་པའི་ལམ་ནི་ས་དང་པོར། །མཐོང་ལམ་ཐོབ་ཅིང་དེ་ནས་ནི། །ས་ནི་བཅུ་གཉིས་བར་བསྒོམ་ལམ། །བཅུ་གསུམ་ཕྱེད་ནི་འོག་མ་ལ། །མཐར་ཕྱིན་ལམ་ཡིན་དེ་མན་ཆད། །ལམ་ལྔ་རྫོགས་པས་བཅུ་གསུམ་ཕྱེད། །གོང་མ་དེ་ན་བཅུ་གསུམ་པ། །རྡོ་རྗེ་འཛིན་པའི་ས་སངས་རྒྱས། །མཚན་ཉིད་པ་ཉིད་མངོན་གྱུར་ཏོ། །བཅུ་གསུམ་པ་ལ་གོང་འོག་གཉིས། །ཕྱེ་ནས་འོག་མར་མིང་མཐར་ཕྱིན། །ལམ་དང་གོང་མ་འབྲས་བུ་ངེས། །ཡིན་པའི་རྣམ་བཞག་ཤེས་པ་གཅེས། །ཚོགས་སྦྱོར་འདྲེས་ཞིང་སྐྱེས་ཚུལ་ནི། །དབང་བཞིའི་ལམ་བཞི་ཏིང་ངེ་འཛིན། །སྐྱེ་བའི་རྒྱུ་ནི་ཚོགས་ལམ་དང་། །དེ་ལ་བརྟེན་ནས་སྐྱེས་པ་ཡིས། །ལྟ་བ་བཞི་ནི་ཚོགས་ལམ་འཛོག །ཚོགས་ལམ་བཞི་ལས་ཕྱི་དབྱིབས་ནི། །བསྐྱེད་རིམ་ལམ་ཡིན་ནང་སྔགས་ལམ། །ལྟེ་བར་རླུང་སེམས་ཚོགས་བྱེད་པ། །

གསང་ལམ་གཏུམ་མོ་དེ་གཉིས་ཁམས། །འདུས་པ་དང་པོ་གཙོ་ཆེ་གསང་བ་ནི། །དབང་ལམ་ཞེས་པ་ཡུམ་གྱི་མཁར། །རླུང་སེམས་ཚོགས་པའི་རྒྱུ་ཤེར་དབང་། །རྒྱུ་དེ་འདུས་པ་བར་བ་གཙོ། །མཐར་ཐུག་དེ་ཁོ་ན་ཉིད་ཀྱི། །ལམ་ནི་པདྨ་ཅན་གྱི་ནི། །ཧྲ་གར་རླུང་སེམས་ཚོགས་བྱེད་པ། །བཞི་པའི་ལམ་སྤྱི་ཁམས་འདུས་པ། །ཐ་མར་གཙོ་ཆེར་འདུས་གསུམ་ལ། །ཚོགས་ལམ་གསུམ་དང་དེ་ཆུང་འབྲིང་། །ཆེ་གསུམ་འདུས་པ་དེ་གསུམ་གཉིས། །དྲོད་ནི་ཆེ་འབྲིང་ཆུང་གསུམ་འཛོག །དྲོད་ཆེན་མཐོང་ལམ་དུ་མི་འཛོག །རྒྱུད་དང་མན་ངག་སྒྲོལ་ཐ་དད། །ཙམ་ཡིན་རགས་པ་ཞིབ་པ་ནི། །འགྲོ་མགོན་འཕགས་པ་རིན་པོ་ཆེའི། །ཚོགས་སྦྱོར་མངོན་རྟོགས་ལྟར་འཆད་ན། །འདུས་པ་ཐ་མར་ཚོགས་ཀྱི་ལམ། །ཆེན་པོའི་རྟེན་ལ་དངོས་དབང་ནི། །བཞི་པ་ལ་བརྟེན་སྦྱོར་བའི་ལམ། །དྲོད་རྩེ་བཟོད་པ་ཆོས་མཆོག་བཞི། །ལུགས་འབྱུང་དགའ་བཞི་དང་སྦྱར་ནས། །རིམ་ཅན་སྐྱེ་བར་བཤད་པ་སྟེ། །དབུ་མར་མདུད་པ་མེད་པ་ནི། །སོར་བཞི་ཡོད་ལ་ཕྱི་ཤུན་ལ། །ཐུར་དུ་བསྒྲོད་པས་དྲོད་རྩེ་གཉིས། །དེ་ལ་དགའ་བ་མཆོག་དགའ་གཉིས། །ནང་ཤུན་ལ་ནི་གྱེན་དུ་བསྒྲོད། །བཟོད་པ་དང་ནི་ཆོས་མཆོག་གཉིས། །དེ་ལ་དགའ་བྲལ་ལྷན་སྐྱེས་གཉིས། །དེ་བཞི་བཞི་བཞིར་ཕྱེ་བ་ཡི། །དྲོད་སོགས་བཅུ་དྲུག་དགའ་བཅུ་དྲུག །སྐྱེ་ཞིང་སྣང་བ་གཟུང་འཛིན་གྱི། །རྣམ་རྟོག་བཅུ་དྲུག་སྤོང་ཚུལ་བཤད། །དེ་དོན་ཅུང་ཟད་བཀྲོལ་བ་ནི། །མཆོག་གི་ཟེ་བར་རླུང་སེམས་ནི། །འདུས་ངེས་རྩ་མདུད་དང་པོ་ཡན། །མདུད་པ་མེད་པ་སོར་བཞི་ལ། །རྩ་གསུམ་འདྲེས་མ་ལྟར་ཡོད་པའི། །ཕྱི་ཤུན་ལ་ནི་སོར་ཕྱེད་བཞི། །ཐུར་དུ་བསྒྲོད་པས་དྲོད་ཆུང་ངུ། །འབྲིང་པོ་ཆེན་པོའི་

ཆུང་དུ་དང་། །ཆེན་པོ་བཞི་ལ་རིམ་བཞིན་དུ། །དགའ་བས་བསྡུས་པའི་དགའ་བཞི་སྐྱེ། །མཐོང་སྣང་འདོད་ཆགས་ཞེ་སྡང་དང་། །ཁོང་ཁྲོ་སེར་སྣ་ང་རྒྱལ་ཏེ། །རྫས་འཛིན་རྟག་ཆད་མཐར་བཟུང་བ། །བརྟགས་འཛིན་མདོར་ན་རྩ་ཉོན་དྲུག །ཉེ་ཉོན་ཉི་ཤུའི་ཆར་གཏོགས་པའི། །འདི་ཞེས་བཟུང་བའི་རྟོགས་པ་ནི། །ཆེན་པོའི་ཆེན་པོ་དེའི་ཆུང་དུ། །འབྲིང་དང་ཆུང་དུ་རིམ་སྤྱངས་ནས། །རང་བཞིན་མེད་པར་རྟོག་པའོ། །

ལམ་དུ་འཁྱོང་ན་ཉན་ཐོས་ཀྱི། །ལམ་ཆོད་གོལ་ན་འདོད་ཁམས་རྒྱུ། །དེ་ནས་སོར་བཞི་ཐུར་དུ་བསྐྱོད། །རྩེ་མོའི་ཆེ་འབྲིང་ཆུང་དུ་བཞི། །རིམ་བཞིན་མཆོག་དགའི་དགའ་བ་བཞི། །སྐྱེ་ཞིང་རྣམ་རྟོག་རྣམ་བྱང་ཕྱོགས། །སེམས་དང་སེམས་བྱུང་དགེ་བ་ནི། །མཚན་རྟོག་བཅས་ལ་འདིའོ་ཞེས། །བཟུང་བའི་རྟོག་པ་ཆེན་པོ་དང་། །དེ་ཡི་ཆུང་དུ་འབྲིང་ཆུང་སྤྱངས། །ལམ་དུ་སློང་ན་རང་སངས་རྒྱས། །ལམ་ཆོད་ཞེན་ན་གཟུགས་ཁམས་སུ། །ནང་ཤུན་བཞི་ལ་སོར་བཞི་ནི། །ཁྱེན་དུ་བསྐྱོད་པས་བཟློད་པ་ནི། །ཆེན་པོ་དེ་ཡི་ཆུང་དུ་དང་། །ཆུང་འབྲིང་བཞི་དང་དགའ་བྲལ་གྱི། །བསྡུས་པའི་དགའ་བ་བཞི་སྐྱེ་ཞིང་། །མཐོང་སྤོང་རྫས་འཛིན་ཤེས་གང་ཟག །རྫས་ཡོད་བེམ་ཤེས་ལྡན་མིན་གྱི། །འདུ་བྱེད་གསུམ་འཛོམས་རྟེན་ཅན་ལ། །འདི་ཞེས་བདག་གིར་འཛིན་པ་ཡི། །རྟོག་པ་ཆེན་པོ་དེའི་ཆུང་དུ། །ཆུང་འབྲིང་བཞི་སྤོང་རང་བཞིན་ནི། །མེད་པར་རྟོགས་སོ་ཡང་སོར་བཞི། །ཁྱེན་དུ་བསྐྱོད་པས་འཛིན་རྟོག་ནི། །བཏགས་འཛིན་ཞེས་པ་ང་ཞེས་པའི། །ངར་འཛིན་སྐྱེས་བུ་བཏགས་ཡོད་ཀྱི། །རྟེན་ཅན་ལ་ནི་འདི་ཞེས་ནས། །བཟུང་བའི་བདག་གི་འཛིན་པ་ནི། །ཆེན་པོ་དེ་ཡི་ཆུང་དུ་དང་། །འབྲིང་པོ་དང་ནི་ཆུང་དུ་སྤོང་། །རང་བཞིན་མེད་པར་རྟོག་པའོ། །

དེ་ལྟར་སྤང་བྱ་བཟུང་འཛིན་གཉིས། །མཐའ་དག་སྤངས་པས་བར་ཆད་མེད། །མ་ནོར་སྔགས་ཀྱི་ལམ་བཟང་ཆོད། །དེ་ལྟར་རགས་པ་ཕྱི་ཡི་ནི། །རྟེན་འབྲེལ་ཡང་དག་སྦྱོང་བཞི་དང་། །ཕྲ་བ་ནང་གི་རྟེན་འབྲེལ་གྱི། །ཡང་སྔགས་ལམ་ལ་སྦྱར་བ་དག་སྦྱོང་བཞིའི་རྟེན་འབྲེལ་འགྲིགས། །ལྷན་སྐྱེས་དགའ་བ་དང་པོ་གསུམ། །འཆར་ཞིང་ཕ་རོལ་ཕྱིན་པ་དང་། །སྒོ་བསྟུན་སྦྱོར་ལམ་ངེས་འབྱེད་བཞིའི། ། མཐོང་སྤངས་སྤོང་ཚུལ་བླ་མེད་ཀྱི། །ཐུན་མོང་མ་ཡིན་ལུགས་འབྱུང་གི །དགེ་བ་བཅུ་དྲུག་ཤར་བའོ། །མས་བརྟན་དགའ་བ་དང་པོ་དང་། །མཐོང་བའི་ལམ་མཆོག་ས་དང་པོ། །རབ་ཏུ་དགའ་བ་གཅིག་ཆར་འཆར། །དེས་ན་ཁམས་འདུས་དང་པོ་གཉིས། །སྐབས་སུ་སྦྱོར་ལམ་དྲོད་རྟོགས་པ། །སྐྱེ་མེད་འདུས་པ་ཐ་མ་ཡི། །སྐབས་སུ་དྲོད་བཞི་སྐྱེ་བའི་ཚུལ། །སྦྱར་འདི་པདྨ་ཅན་རྟེན་ལ། །བརྟེན་ནས་ཡང་དག་སྔགས་ལམ་ལ་སྦྱར་བའི་སྦྱོང་བཞི་ཡི། །ཚོགས་ལམ་ཆེན་པོ་ལ་བརྟེན་ནས། །དྲོད་རྩེ་བཟོད་མཆོག་ཁྱད་པར་བའི། །རྟོགས་པ་སྐྱེ་ཚུལ་བྱེ་བྲག་པ། །སྦྱར་བ་ཡིན་གྱི་རྩེ་བཟོད་མཆོག །འདུས

པ་ཐ་མའི་སྐབས་མ་གཏོགས། །དེ་ཡན་སྐྱེ་བར་མ་བཤད་པས། །རྣམ་དབྱེད་འདབ་མར་ཆགས་པ་གཅེས། །རྡོ་རྗེ་ལུས་འདིར་ཐམས་ཅད་མཁྱེན་པ་ཀླུ་སྒྲུབ་རྒྱ་མཚོས་ལམ་ལྷ་ལྟར་གྱི་བགྲོད་པའི་སྐབས། འདིར་ནང་གི་ལུས་ཀྱི་གནད་ལ་བརྟེན་ནས་ཚོགས་སྦྱོར་མཐོང་སྤང་དང་བསྒོམ་སྤང་གི་རྣམ་གཞག་གསུངས་པ་གསུང་ངག་རིན་པོ་ཆེའི་སྐབས་འཕགས་པ་རིན་པོ་ཆེའི་ཚོགས་སྦྱོར་མངོན་རྟོགས་ལྟར་བཀྲལ་ཞིང་དེ་ར་རྡོ་རྗེ་ལུས་ཀྱི་འཁོར་ལོའི་གནས་ལ་ས་བགྲོད་པ་སྤང་བྱ་རྣམ་རྟོག་སྤང་ཚུལ་ལ་རྟེན་འབྲེལ་འགག་ལུགས་ཕྱི་ནང་དེ་ཁོ་ན་ཉིད་ཀྱི་རྟགས་འཆར་ཚུལ་རྣམས་གསུང་པ་ལྟར་ཞིབ་ཏུ་བཀྲལ་ནས་བྲིས་སོ། །ལ་འཁོར་ལོ་དྲུག །གནས་པའི་འཁོར་ལོ་རེ་རེ་ལ། །ས་ནི་གཉིས་གཉིས་བགྲོད་པ་ཡི། །སྤང་བྱ་སྒོམ་སྤང་རྣམ་རྟོག་ནི། །ཆེ་འབྲིང་ཆུང་གསུམ་བཅུ་གཉིས་སྤང་། །རྒ་ཤི་ལ་སོགས་རྟེན་འབྲེལ་ནི། །བཅུ་གཉིས་ལུགས་ལྡོག་ཏུ་འགག་ནས། །ཕྱི་ནང་དེ་ཁོ་ཉིད་ཀྱི་རྟེན། །གསུམ་གསུམ་འཆར་བ་འདི་ལྟ་སྟེ། །གསང་གནས་བདེ་སྐྱོང་འཁོར་ལོ་ཡི། །རྩ་མདུད་བཞི་ལས་དང་པོ་གྲོལ། །དང་པོའི་ས་ཐོབ་ཕྱི་ཡི་ཡུལ། །པུལླི་ར་མ་ཛ་ལནྡྷ། །ཨོཾ་ཊི་ཡ་ན་ཨརྦུ་བཞི། །དབུ་མར་གྲོང་སྟོང་སྒོམ་སྤང་ནི། །རྣམ་རྟོག་ཆེ་འབྲིང་ཆུང་ཆུང་དུ། །བཞི་ལས་གསུམ་གསུམ་ཕྱེ་བ་ཡི། །ཆེན་པོ་འགག་ཅིང་ཕྱི་རྟགས་ནི༑ ༑གསང་གནས་འཁོར་ཕྱེད་ཐིག་ལེས་གང་། །ནང་རྟགས་ཕྱི་ནང་རླུང་སོར་རེ། །འཕོ་གཅིག་ལས་རླུང་སྟོང་དང་ནི། །བརྒྱད་བརྒྱ་པ་འགག་དེ་ཁོ་ཉིད། །རྟགས་ནི་སེམས་ལ་ཤར་ཏེ་རྩ། །འཁོར་ལོ་བཞི་དང་གཙོ་མོ་གསུམ། །མངོན་མཐོང་བྱང་ཆུབ་ཡན་ལག་བདུན། །དེ་ནས་གསང་གནས་རྩ་མདུད་ནི། །ཕྱི་མ་བཞི་གྲོལ་ས་གཉིས་ཐོབ། །

འདི་ནས་བཟུང་སྟེ་བཅུ་གཉིས་བར། །སྒོམ་པའི་ལམ་གྱིས་བསྡུས་པར་བཞེད། །ཕྱི་ཡུལ་གོ་དཱ་ཝ་རི་དང་། །རམྨེ་ཤྭ་ར་དེ་ཝཱི་ཀོ། །ཊ་དང་མ་ལ་ཡ་བཞིའི་གྲོགས། །དབུ་མར་སྟོང་ཤིང་སྒོམ་སྤང་གི། །རྣམ་རྟོག་ཆེན་པོར་གསུམ་ཕྱེ་བའི། །གཉིས་པ་འགག་ནས་ཕྱི་ཡི་རྟགས། །གསང་གནས་ཁྲིལ་པོ་ཁམས་དྭངས་མས། །གང་ཞིང་བརྟེན་ནས་ནང་གི་རྟགས། །རླུང་ནི་ཕྱི་ནང་སོར་རེ་རེ། །འགག་བས་ལས་རླུང་སྟོང་བརྒྱད་བརྒྱ། །འགག་ཅིང་དེ་བཞིན་ལྔ་བ་ཡི། །འཁོར་ལོའི་རྩ་མདུད་དྲུག་ནས་ནི། །དང་པོ་གསུམ་གྲོལ་ས་གསུམ་ཐོབ། །ཕྱི་ཡུལ་ཀཱ་མ་རུ་པ་དང་། །ཨོ་ཏྲེའི་གྲོང་ནི་དབུ་མར་སྟོང་། །སྒོམ་སྤང་རྣམ་རྟོག་ཆེན་པོ་ལས། །གསུམ་དུ་ཕྱེ་བའི་གསུམ་པ་འགག །ཕྱི་རྟགས་ལྔ་བའི་འཁོར་ལོའི་ཕྱེད། །ཁམས་ཀྱི་དྭངས་མས་གང་ཞིང་བརྟན། །ནང་རྟགས་ཕྱི་དང་ནང་གི་རླུང་། །སོར་རེ་འགག་པས་ལས་ཀྱི་རླུང་། །སྟོང་དང་བརྒྱད་བརྒྱད་དབུ་མར་ཐིམ། །ལྔ་བའི་རྩ་མདུད་ཕྱི་མ་གསུམ། །གྲོལ་བས་ས་ནི་བཞི་པ་ཐོབ། །ཕྱི་ཡུལ་དྲི་ཤ་ཀོ་ནེ་དང་། །ཀོ་པ་ལའི་གྲོང་དབུ་མར་སྟོང་། །སྒོམ་སྤང་རྣམ་རྟོག་འབྲིང་ལ་གསུམ། །ཕྱེ་བའི་དང་པོ་འགག་ནས་ཕྱིའི། །རྟགས་ནི་ལྔ་བའི་འཁོར་ལོ་ནི། །ཁྲིལ་པོ་ཁམས

ཀྱི་དྭངས་མས་གང་། །བརྟན་ཞིང་ནང་རྟགས་ཕྱི་ནང་དྲུག །སོར་རེ་འགག་པས་ལས་རླུང་ནི། །སྟོང་དང་བརྒྱད་བརྒྱད་དབུ་མར་ཐིམ། །དེ་བཞིན་སྙིང་ཁའི་འཁོར་ལོ་ཡི། །རྩ་མདུད་དྲུག་ལས་དང་པོ་གསུམ། །གྲོལ་བས་ས་ནི་ལྔ་པ་ཐོབ། །

ཕྱི་ཡུལ་ཀ་ལིངྐ་དང་ནི། །ལམ་ཟླ་གཉིས་གྲོང་དབུ་མར་སྟོང་། །བསྒོམ་སྤང་རྣམ་རྟོག་འབྲིང་ལ་གསུམ། །ཕྱེ་བའི་གཉིས་པ་འགག་ནས་ཕྱིའི། །རྟགས་ནི་སྙིང་ཁའི་འཁོར་ལོའི་ཕྱེད། །ཁམས་ཀྱི་དྭངས་མས་གང་ཞིང་བརྟན། །ནང་རྟགས་ཕྱི་ནང་རླུང་སོར་རེ། །འགག་པས་ལས་རླུང་སྟོང་བརྒྱད་བརྒྱ། །དབུ་མར་ཐིམ་ཞིང་སྙིང་ཁ་ཡི། །རྩ་མདུད་ཕྱི་མ་གསུམ་གྲོལ་བས། །དྲུག་པའི་ས་ཐོབ་ཕྱི་ཡི་ཡུལ། །ཀཉྩི་ཀ་དང་ཧི་མ་ལའི། །གྲོང་ནི་དབུ་མར་སྟོང་ནས་ནི། །སྒོམ་སྤང་རྣམ་རྟོག་འབྲིང་ལ་གསུམ། །ཕྱེ་བའི་གསུམ་པ་འགག་ནས་ཕྱིའི། །རྟགས་ནི་སྙིང་ཁའི་འཁོར་ལོ་ནི། །རྫོགས་པོ་ཁམས་ཀྱི་དྭངས་མ་ཡིས། །གང་ཞིང་བརྟན་ནས་ནང་གི་རྟགས། །ལས་རླུང་སྟོང་དང་བརྒྱད་བརྒྱ་པ། །དབུ་མར་ཐིམ་ཞིང་བུམ་དབང་གི། །ས་དྲུག་རིང་ལ་དེ་ཁོ་ནའི། །སེམས་ཀྱི་རྟགས་ནི་སྤྲུལ་སྐུ་ཡི། །ཞིང་ཁམས་སྟོང་བསྐུལ་བ་ནས་བཟུང་། །རིམ་པར་དེ་ཚེ་སྤྲུལ་སྐུ་ཡི། །ཞིང་ཁམས་བྱེ་བ་ཕྲག་བདུན་བསྐུལ། །ནུས་ཤིང་ཡོན་ཏན་སོགས་འཕེལ་བ། །རྣམ་རྟོག་འགྲོ་ལྡོག་འགག་ནས་ཕྱིའི། །ལྟེ་སྙིང་ཐིག་ལེ་བརྟན་པ་ཡིས། །ལོངས་སྐུ་འགག་མཐོང་གྲུབ་མཐའ་ནི། །བཞི་ལས་འཁོར་འདས་དབྱེར་མེད་ཐོབ། །དེ་ནས་མགྲིན་པའི་འཁོར་ལོ་ཡི། །རྩ་མདུད་དྲུག་ལས་དང་པོ་གསུམ། །གྲོལ་བ་ཡིས་ནི་ས་བདུན་ཐོབ། །ཕྱི་ཡུལ་པྲེ་ཏ་པུ་རི་དང་། །གྲི་ཧ་དེ་ཝའི་གྲོང་གཉིས་སྟོང་། །བསྒོམ་སྤང་རྣམ་རྟོག་ཆུང་བ་ལ། གསུམ་དུ་ཕྱེ་བའི་དང་པོ་འགག །ཕྱི་རྟགས་མགྲིན་པའི་འཁོར་ལོའི་ཕྱེད། །ཁམས་ཀྱི་དྭངས་མས་གང་ཞིང་བརྟན། །ནང་རྟགས་རླུང་ནི་ཕྱི་དང་ནང་། །སེར་རེ་འགག་པས་ལས་ཀྱི་རླུང་། །སྟོང་དང་བརྒྱད་བརྒྱ་དབུ་མར་ཐིམ། །དེ་བཞིན་མགྲིན་པའི་རྩ་མདུད་ནི། །ཕྱི་མ་གསུམ་གྲོལ་ས་བརྒྱད་ཐོབ། །ཕྱི་ཡུལ་ནི་སཽ་རཥྚ། །སུ་ཝར་ན་གཉིས་ཀྱིས་གྲོང་སྟོང་། །སྒོམ་སྤང་རྣམ་རྟོག་ཆུང་བ་ལ། །གསུམ་དུ་ཕྱེ་བའི་གཉིས་པ་འགག །ཕྱི་རྟགས་མགྲིན་པའི་འཁོར་ལོ་ནི། །ཁམས་ཀྱི་དྭངས་མས་རྫོགས་གང་བརྟན། །ནང་རྟགས་ཕྱི་ནང་རླུང་སོར་རེ། །འགག་པས་ལས་རླུང་སྟོང་བརྒྱད་བརྒྱ། །དབུ་མར་ཐིམ་ཞིང་སྨིན་མཚམས་ཀྱི། །རྩ་མདུད་དྲུག་ལས་དང་པོ་གསུམ། །གྲོལ་བས་ས་ནི་དགུ་པ་ཐོབ། །ཕྱི་ཡུལ་ན་ག་ར་དང་ནི། །སིན་དྷུའི་གྲོང་སྟོང་སྒོམ་སྤང་ནི། །རྣམ་རྟོག་ཆུང་བའི་གསུམ་པ་འགག །ཕྱི་རྟགས་སྨིན་མཚམས་འཁོར་ལོའི་ཕྱེད། །ཁམས་ཀྱིས་དྭངས་མས་གང་ཞིང་བརྟན། །ནང་རྟགས་རླུང་ནི་ཕྱི་ནང་གི། །སོར་རེ་འགག་པས་ལས་ཀྱི་རླུང་། །སྟོང་དང་བརྒྱད་བརྒྱ་དབུ་མར་ཐིམ། །སྨིན་མཚམས་མདུད་པ་ཕྱི་མ་གསུམ། །གྲོལ་བས

ས་ནི་བཅུ་པ་ཐོབ། ཕྱི་ཡུལ་མ་རུ་ཀུ་ལུ་ཏ། །གཉིས་ཀྱི་གྲོང་སྟོང་བསྒོམ་སྤང་གི །རྣམ་རྟོག་ཕྲ་ཞིང་ཕྲ་བའི་ཕྲ་ཞིང་ཕྲ་ལ། ། གསུམ་དུ་ཕྱེ་བའི་དང་པོ་འགག །

སྤྲིན་མཚམས་འཁོར་ལོ་རྩོལ་བོ་ནི། །ཁམས་ཀྱི་དྭངས་མས་གང་ཞིང་བརྟན། །ནང་རྟགས་ཕྱི་ནང་རླུང་སོར་རེ། །འགག་པས་ལས་རླུང་སྟོང་བརྒྱད་བརྒྱ། །དབུ་མར་ཐིམ་ཞིང་གསང་དབང་གི །དེ་ཁོ་ཉིད་རྟགས་སེམས་ལ་འཆར། །དབང་པོ་ལྔ་དང་དྭངས་མ་ལྔའི། །རླུང་ལ་མངའ་བརྙེས་ནུས་པ་ལྔ། །ལྔ་སྣང་ལྔ་ལ་ཐོགས་པ་མེད། །ཀླ་གའི་དཔལ་དུ་རིགས་དྲུག་གི །ས་བོན་མཐོང་ཞིང་སེམས་ཅན་རྣམས། །སྐད་དུ་ཆོས་སྟོན་ཆོས་སྐྱི་རང་། །མཚན་ཉིད་ཐོགས་མེད་ལྡེ་བ་ཡི། །ཡི་གེ་བརྒྱད་དང་དབྱངས་གསལ་མཐོང་། །མདོ་སྡེའི་ཆོས་ཀུན་ཇི་བཞིན་ཤེས། །བདུད་རྩི་ལྔ་དང་རོ་དྲུག་ལ། །ལོངས་སྤྱོད་ཚངས་པའི་དབྱངས་འགྱུར་བ། །ཨཱ་ནི་ཡིག་འབྲུ་ཅེས་སོགས་དོན། །ལོངས་སྐུའི་ཞིང་ཁམས་དུང་ཕྱུར་ཕྲག །བདུན་ནས་རིམ་པར་ལོངས་སྐུའི་ཞིང་། །ཐེར་འབུམ་ཆེན་པོ་ཕྲག་བདུན་བསྐུལ། །གྲུབ་མཐའ་བཞི་ལས་མ་འདྲེས་པ། །ཡོངས་སུ་རྫོགས་པའི་གྲུབ་མཐའ་སྐོགས། ། དེ་ནས་སྐྱི་བོ་བདེ་ཆེན་གྱི། །འཁོར་ལོའི་རྩ་མདུད་བཞི་ལས་ནི། །དང་པོ་གསུམ་གྲོལ་ས་བཅུ་གཅིག །ཐོབ་ཅིང་ཕྱི་ཡུལ་ལས་ཀྱི་གྲོང་། །ཏ་རི་ཀེ་ལ་ཞེས་པ་དང་། །ལཀྵ་རྒྱ་མཚོའི་ནང་སྐྱེས་པ། །བིཀྵ་བཞིའི་གྲོང་དབུ་མར་སྟོང་། ། བསྒོམ་སྤང་རྣམ་རྟོག་ཕྲ་ཞིང་ཕྲ་ལ། །གསུམ་དུ་ཕྱེ་བའི་གཉིས་པ་འགག །

ཕྱི་རྟགས་བདེ་ཆེན་འཁོར་ལོའི་ཕྱེད། །ཁམས་ཀྱི་དྭངས་མས་གང་ཞིང་བརྟན། །ནང་རྟགས་ཕྱི་ནང་རླུང་སོར་རེ། །འགག་པས་ལས་རླུང་སྟོང་བརྒྱད་བརྒྱ། །དབུ་མར་ཐིམ་ཞིང་སྤྱི་བོ་ཡི། །རྩ་མདུད་ཕྱེ་མ་གཅིག་གྲོལ་བས། །བཅུ་གཉིས་ས་ཐོབ་ཕྱི་ཡི་ཡུལ། །གཞོན་ནུའི་གྲོང་ཞེས་བྱ་བ་དང་། །རབ་སོང་དགེ་འདུན་རྒྱ་མཚོའི་འགྲམ། །སྐྱིད་ཚལ་རྣ་བའི་རྫིང་འགྲམ་གྲོང་། །དབུ་མར་སྟོང་ཞིང་བསྒོམ་སྤང་གི །རྣམ་རྟོག་ཕྲ་ཞིང་ཕྲ་བའི་གསུམ་པ་འགག །ཕྱི་རྟགས་སྤྱི་བོའི་འཁོར་ལོ་ནི། །རྩོལ་པོ་ཁམས་ཀྱི་དྭངས་མས་གང་། །ནང་རྟགས་ཕྱི་ནང་རླུང་སོར་རེ། ། འགག་པས་ལས་རླུང་སྟོང་བརྒྱད་བརྒྱ། །དབུ་མར་ཐིམ་ཞིང་ཤེར་དབང་གི །ས་གཉིས་ཆེ་ན་དེ་ཁོ་ན། །ཉིད་རྟགས་སེམས་ལ་འཆར་བ་ནི། །སྟོབས་ལྔ་བྱང་ཆུབ་སེམས་ཀྱི་རླུང་། །ལྔ་སྤྱོད་པ་ཡི་དྭངས་མ་ཡི། །དྭངས་མ་རྩ་ཁམས་ནང་གི་ཁམས། །དང་ཞིང་ཐོགས་པ་མེད་པ་ཡིས། །འོད་ཟེར་རྣམ་པ་ཇི་བཞིན་མཐོང་། །སྐུ་གསུམ་དང་ནི་ཡེ་ཤེས་ལྔ། །ཕྱག་རྒྱ་ལྔ་དང་ཧེ་རུ་ཀ །བཅུ་གཅིག་རྣམས་ཏེ་ལྷ་ཡི་ནི། །དེ་ཁོ་ན་ཉིད་ཉི་ཤུ་བཞི། །ཕྱག་རྒྱ་དཀྱིལ་འཁོར་སྤྲུགས་དང་ནི། །དེ་ཁོ་ན་ཉིད་བཞི་ཉམས་སུ། །མྱོང་བའི་རྟོགས་པ་དང་ལྡན་ཞིང་། །ཡས་འབབ་དགའ་བཞིའི་ཡེ་ཤེས་ཀྱི། །དབང་ཐོབ་ཤེར་དབང་ཞེས་བྱ་ཐོབ། །

བདུད་རྩི་ལྔ་པོ་གར་འདུས་མཐོང་། །སངས་རྒྱས་རྣམས་ཀྱི་གཞན་དོན་མཛད། །མཐོང་ཞིང་སྤྲུལ་པ་བདེ་ཆེན་སུ། །ཐིག་ལེ་འདུ་མཐོང་སངས་རྒྱས་རྣམས། །རང་བཞིན་གནས་ནི་ཟབ་མོ་ལ། །བཞུགས་མཐོང་ལྟེ་བ་སྤྲུལ་འཁོར་དུ། །བདུད་རྩི་ལྔ་དང་རླུང་ལྔ་འདུ། །མཐོང་ནས་ཡོངས་སྐུ་རིགས་ལྔ་སོགས། །ཡུམ་གྱི་ཧྲ་ག་ན་བཞུགས་ནས། །སྐལ་ལྡན་བྱང་ཆུབ་སེམས་རྣམས་ལ། །གསང་བ་སྒྲོགས་མཐོང་ཕྱག་རྒྱ་མའི། །དྭངས་མ་མཐོང་ནས་མངོན་ཤེས་ལ། །ཐོགས་པ་མེད་ཅིང་རྩ་ཡི་གེ། །རྣམས་སུ་དྭངས་མ་འཇོངས་ན་ནི། །རྫུ་འཕྲུལ་ལ་ནི་ཐོགས་པ་མེད། །དེ་ཉིད་སླར་ཡང་སྦྱོར་ནས་ནི། །སྟོན་གནས་རྗེས་དྲན་ཆོས་སྐུ་ཡི། །ཞིང་ཁམས་རབ་བཀྲམ་བསྐྱལ་བར་ནུས། །གྲུབ་མཐའ་བདེ་སྟོང་རྒྱ་ཆུང་ཐོབ། །དེ་ལྟར་དབུ་མའི་མདུད་པ་ནི། །སུམ་ཅུ་གཉིས་གྲོལ་ཡུལ་ཆེན་ནི། །སོ་གཉིས་བགྲོད་ཅིང་ཕྱི་ཡི་རྟགས། །སྤྱི་བོའི་འཁོར་ལོ་བར་ཁམས་ཀྱི། །དྭངས་མས་གང་བརྟན་ནང་གི་རྟགས། །དེ་དག་རེ་རེར་ཕྱི་ནང་རླུང་། །སོར་རེ་འགག་པས་ལས་རླུང་ནི། །སྟོང་ཕྲག་གཅིག་དང་བརྒྱད་བརྒྱ་རེ། །དབུ་མར་ཐིམ་ཞིང་ས་བཅུ་གཉིས། །རྫོགས་ཤིང་ཟུམ་གསང་ཤེར་དབང་གི །གྲུབ་མཐའ་གསུམ་ཐོབ་དེ་ནས་ནི། །ནང་གི་སྙིང་དབུས་སྦས་པ་ཡི། །རྩ་ལྟར་རྩ་ཡིག་ནུས་པ་འདུས། །བདུད་རྩི་ཤིན་ཏུ་དྭང་བ་དང་། །རླུང་ནི་ཤིན་ཏུ་བྱང་བ་དེར། །གནད་དུ་ཟིན་པའི་དབང་གིས་ནི། །ཕྱི་ཡི་སྦས་པའི་ཡུལ་ལྔ་བགྲོད། །

རི་རབ་རྩེ་ཡི་དབུས་ཕྱོགས་བཞི། །ཡང་ན་རང་ཉིད་སངས་རྒྱས་པའི། །གནས་དེ་ཕྱི་ནང་གསང་བ་ཡི། །རྡོ་རྗེ་གདན་ཞེས་ཡུལ་ལྔ་ཡི། །རྣམ་བཞག་མཛད་ཅིང་ཕྱི་ཡི་རྟགས། །གཙུག་ཏོར་ཕྱེ་ནི་ཁམས་དྭངས་མས། །གང་བརྟན་ནང་རྟགས་སྲོག་རྩོལ་རླུང་། །ཕྱི་དབྱིབས་ཇཱཿནས་གཙུག་ཏོར་གྱི། །ཕྱེད་ཀྱི་བར་ཞུགས་དེ་ཁོན། །ཉིད་རྟགས་སེམས་ལ་འཆར་བ་ནི། །འཕགས་ལམ་ཡན་ལག་བརྒྱད་གསལ་བྱ། །རྒྱུ་རྒྱུད་ཀྱི་ཡི་རྡོ་རྗེ་ལ། །སྒྲིབ་བྱེད་རྣམ་ཤེས་ཚོགས་བརྒྱད་པོ། །ཡེ་ཤེས་ལྔ་རུ་གནས་གྱུར་ཏོ། །གཟུང་བ་རྣམ་དག་མཚན་མ་བྲལ། །འཛིན་པ་རང་གྲོལ་སྐྱོན་པ་མེད། །གཟུང་འཛིན་ལས་གྲོལ་བདེ་ཆེན་ཐོབ། །ས་ཆེན་འདི་ནི་དགའ་ཞིང་མགུ །རྣམ་པ་དྲུག་གཡོས་བདུད་གནས་སུ། །སྒྲ་གྲགས་ཕྱག་རྒྱ་མའི་གནས་སུ། །ཁམས་གསུམ་མཐོང་ཞིང་མཁའ་འགྲོ་རྣམས། །རིང་ན་འདུ་ཞིང་ཧ་རི་མ། །ལ་སོགས་དབང་ཕྱུག་བརྒྱད་དོན་འཆར། །བདེ་སྟོང་རྒྱ་ཆེའི་གྲུབ་མཐའ་ཐོབ། །དེའང་བར་གྱི་ས་བརྒྱད་ལ། །ཞིབ་ཏུ་དཔྱད་ན་སྦྱོར་བ་ཡི། །མགོ་ནི་རྩོམ་ལ་མདུད་པ་གཅིག །གྲོལ་ཞིང་དངོས་གཞིར་ཡོངས་སྤྱོད་ལ། །མདུད་པ་གཅིག་གྲོལ་རྗེས་ཐིམ་པར། །མདུད་པ་གཅིག་གྲོལ་ཞེས་འབྱུང་ངོ་། །

བྱང་ཕྱོགས་སོ་བདུན་དང་སྦྱར་ཏེ། །ས་ལམ་བགྲོད་པའི་ཚུལ་ལ་ནི། །རྒྱུད་དང་མན་ངག་ལུགས་གཉིས་ཀྱི། །དང་པོ་རྒྱུད་ཀྱི་ལུགས་ལ་ནི། །རྡོ་རྗེ་ཐེག་པའི་བསྟན་བཅོས་ལས། །སྦྱོར་ལུགས་ལྔ་སྟེ་རྒྱུ་རྒྱུད་ཀྱི། །སྦྱོང་

བཞི་རྩ་སོགས་ལ་སྦྱོར་དང་། །ལམ་གྱི་བསྐྱེད་རིམ་ལྷ་རྟེན་དང་། །བརྟེན་པ་ལ་ནི་སྦྱོར་བ་དང་། །སོ་སོའི་སྐྱེ་བོའི་ལམ་ཞུགས་ནས། །བཟུང་སྟེ་ལམ་ལྔ་སོ་སོར་སྦྱར། །བདེན་པ་མཐོང་བ་ནས་བཟུང་སྟེ། །སངས་རྒྱས་མངོན་བྱས་བར་སྦྱོར་དང་། །སངས་རྒྱ་ཁོ་ནའི་གཟུགས་སྐུའི་ལྟར། །སྦྱོར་བ་ལྔ་ལས་མཐོང་ལམ་ཡན། །སྦྱོར་འདིའི་ལྔ་ཀ་ཤེས་ནུས་གསུངས། །དེ་ལྟར་མཐོང་ལམ་ཡན་ཆད་ལ། །སྦྱོར་བའི་ལུགས་ནི་འདི་ལྟ་སྟེ། །དྲན་པ་ཉེ་བར་བཞག་པ་བཞིའི། །དང་པོའི་ས་བགྲོད་ཡང་དག་པ། །སྤང་བཞིའི་ས་ནི་གཉིས་པ་བགྲོད། །གསུམ་ནས་བཅུའི་བར་ས་བརྒྱད་ལ། །བྱང་ཕྱོགས་གཉིས་གཉིས་འགྲོ་དགོས་པས། །རྫུ་འཕྲུལ་རྐང་བཞིའི་ས་གསུམ་བཞི། །དབང་པོ་ལྔ་དང་སྟོབས་ལྔ་ཡི། །ས་ནི་ལྔ་དྲུག་བདུན་བརྒྱད་དགུ། །བྱང་ཆུབ་ཡན་ལག་བདུན་གྱི་ནི། །དང་པོ་གཉིས་ཀྱིས་ས་བཅུ་བགྲོད། །དེ་ནས་བཞི་ཡིས་བཅུ་གཅིག་བགྲོད། །དེ་ནས་གཅིག་དང་འཕགས་ལམ་གྱི། །ཡན་ལག་བརྒྱད་ཀྱི་དང་པོ་གསུམ། །དེ་ཡིས་ས་ནི་བཅུ་གཉིས་བགྲོད། །ལྷག་མ་གསུམ་གྱིས་ས་བཅུ་གསུམ། །བགྲོད་འདི་རྡོ་རྗེ་བདག་མེད་མའི། །བསྟོད་པ་རྩ་འགྲེལ་དགོངས་པའོ། །

དེ་ནས་མན་ངག་ལུགས་ལ་ནི། །བྱང་ཕྱོགས་སོ་བདུན་ཚོགས་ལམ་ནས། །བཅུ་གསུམ་འོག་མ་མན་ཆད་སྦྱར། །སྣང་བ་དགྲ་ལངས་གཉེན་པོ་ནི། ། འབྱུང་བཞིའི་རླུང་ལ་རྫུ་འཕྲུལ་གྱི། །རྐང་པ་བཞིས་མཚོན་སྣང་བ་ནི། །དགྲ་ལངས་འཕྲང་བསྒྲལ་ཁམས་འདུས་པ། །དང་པོའི་ལམ་ཆོད་དེ་ནས་ནི། །སྟོང་པ་དགྲར་ལངས་ཀྱི་གཉེན་པོ། །ལྷ་བསྒོམ་ཡེ་ཤེས་སེམས་དཔའ་བཅུག །སྙིང་པོ་བཟླ་ཞིང་ལྷ་དེ་ཡི། །རྒྱུན་དྲུག་དགོས་པ་བསམ་པ་བཞིའི། །དྲན་པ་ཉེ་བར་བཞག་བཞི་མཚོན། །སྟོང་པ་དགྲར་ལངས་འཕྲང་ལས་སྒྲོལ། །ཁམས་འདུས་བར་མའི་ལམ་ཆོད་དེ། །དེ་ནས་བདེ་བས་བརྒྱལ་བ་ཡི། །གཉེན་པོར་ཡང་དག་སྤོང་བ་བཞི། །བསྒོམ་སྟེ་དེ་ཡང་རོ་རྐྱང་གི། །མས་སྣ་དབུ་མའི་མས་སྣར་ཆུད། །ལུས་ལ་རྩ་ཡི་རྟེན་འབྲེལ་དང་། །རྐྱང་མའི་མས་སྣ་ན་ཡོད་པའི། །ཡི་གེ་བཞི་པ་སྙིང་པོའི་ཨ། །དབུ་མའི་མས་སྣར་རུ་སླེབས་པས། །དབུ་མའི་ཚ་ཤས་ཀྱི་ཡི་གེ །བཞི་པ་ཕྱི་དབྱིབས་ཨ་གྲེན་ལ། །བསྐྱོད་པས་རྩ་ཡིག་གི་རྟེན་འབྲེལ། །དེ་ལས་འབྱུང་བཞིའི་རླུང་ལྔ་པོ། །དབུ་མའི་མས་སྣར་ཆུད་པ་ཡི། །རླུང་གི་རྟེན་འབྲེལ་དེ་ལས་རྩ། །གཡས་དང་གཡོན་གྱི་ལས་རླུང་གི། །རྒྱུ་བའི་སྒོ་ནི་ཐིག་ལེས་བཀག །ཁམས་ཀྱི་བདུད་རྩི་རྟེན་འབྲེལ་ཏེ། །དེ་བཞིའི་གཟུང་འཛིན་རྣམ་རྟོག་སྤངས། །

ཡང་དག་སྤང་བ་བཞི་མཚུངས་ཞིང་། །ཕྱིང་བ་ཆེན་པོའི་འཕྲང་ལས་བསྒྲལ། །ཁམས་འདུས་ཐ་མའི་ལམ་ཆོད་པས། །འཇིག་རྟེན་པ་ཡི་ལམ་མན་ཆད། །བྱང་ཕྱོགས་བཅུ་གཉིས་ཀྱིས་བགྲོད་དོ། །ཡང་དག་སྤོང་བཞི་ཚོགས་ལམ་ནི། །ཆེན་པོ་ཡིན་ཞིང་ངེས་འབྱེད་བཞིས། །རྟོགས་པ་འཆར་ཚུལ་ལམ་གྱི་སྐབས། །གོང་དུ

བཤད་བཞིན་ཤེས་པར་བྱ། །དེ་ནས་བྱང་ཆུབ་ཕྱོགས་ཀྱི་ཆོས། །ཉི་ཤུ་རྩ་ལྔས་འདས་པའི་ལམ། །ས་ནི་ཕྱེད་དང་བཅུ་གསུམ་བགྲོད། །རྩ་ནི་འཁོར་ལོ་བཞི་ཡི་དབྱིབས། །ཨེ་ཝཾ་མ་ཡའི་རྣམ་པ་བཞི། །རྩ་ཡི་གཙོ་མོ་རོ་རྐྱང་དབུ། །གསུམ་མཐོང་བྱང་ཆུབ་ཡན་ལག་བདུན། །བུམ་པའི་དབང་གི་ས་དྲུག་བགྲོད། །འབྱུང་བཞིའི་རླུང་ལ་དབང་ཐོབ་པས། །དབང་པོ་ལྔ་སྟེ་གསང་དབང་གི །ས་བཞི་བགྲོད་ཅིང་འབྱུང་ལྔའི་རླུང་། །སྟོབས་སུ་གྱུར་པ་སྟོབས་ལྔ་སྟེ། །ཤེར་དབང་ས་གཉིས་ཡེ་ཤེས་ལྔ། །གནས་འགྱུར་པ་ལ་མངོན་ཕྱོགས་པའི། །བརྟེན་པ་རྣམ་ཤེས་ཚོགས་བརྒྱད་ནི། །འཕགས་པའི་ལམ་སྟེ་སངས་རྒྱས་པའི། །ཡན་ལག་རྒྱུ་ཡིན་འཕགས་ལམ་བརྒྱད། །བཞི་པའི་དབང་གིས་ས་ཕྱེད་བགྲོད། །བཅུ་གསུམ་འོག་མར་སླེབས་ཕྱིར་རོ། །

བཅུ་གསུམ་པ་ལ་ཆ་གཉིས་སུ། །བྱེད་པའི་འོག་མ་འབྲས་དུས་ཀྱི། །དབང་དང་མཐའ་རུ་ཕྱིན་པའི་ལམ། །འགྲོས་བཞི་ཐིམ་ཕྱེད་དབང་ཡིན་ལ། །ཉམས་ལེན་གཙོ་བོ་ཉི་རྒྱུ་ཡི། །ཉམས་ལེན་ཡིན་ཏེ་སྐད་ཅིག་མ། །བདུན་དང་གསུམ་དང་གཉིས་སུ་བཤད། །བདུན་ནི་ཐབས་རྒྱུད་དག་པ་ལ། །སྐད་ཅིག་གསུམ་དང་ཤེས་རབ་རྒྱུད། །དག་ལ་གསུམ་དང་ཐབས་ཤེས་ནི། །སོ་སོ་དག་ལ་སྐད་ཅིག་གཅིག །གསུམ་དུ་བྱེད་ན་ཐབས་ཤེས་ཀྱི། །རྒྱུད་ལ་སྐད་ཅིག་རེ་རེ་དང་། །སོ་སོར་དག་ལ་སྐད་ཅིག་གོ །གཉིས་སུ་བྱེད་ན་ཐབས་ཤེས་གཉིས། །རྒྱུད་དག་སྐད་ཅིག་གཅིག་ཏུ་བསྒྲངས། །སོ་སོར་དག་ལའང་སྐད་ཅིག་གཅིག །དེ་ལྟར་སྐད་ཅིག་ས་གཉིས་སུ། །ཕྱི་བའི་སྐད་ཅིག་དང་པོ་དེ། །བར་ཆད་མེད་དུས་སྒྲོད་ལ་ནི། །བདུད་བཏུལ་ཚེ་འཕྲུལ་བསྟན་པའི་དུས། །འབྲས་བུ་གཉིས་ཀྱི་དུས་ཞེས་དང་། །སྐད་ཅིག་གཉིས་པ་རྣམ་གྲོལ་གྱི། །དུས་དང་ཐོ་རངས་མངོན་པར་ནི། །བྱང་ཆུབ་དུས་དང་ཐམས་ཅད་མཁྱེན། །ཆུང་དུའི་དུས་དང་འབྲས་གཅིག་གི །དུས་ཞེས་མིང་གི་རྣམ་གྲངས་བསྟན། །བཅུ་གསུམ་ཕྱེད་འདི་སངས་རྒྱས་ནི། །མཚན་ཉིད་པ་མིན་ཕར་ཕྱིན་དང་། །སྔོ་བསྟུན་མཐར་ཕྱིན་ལམ་ཞེས་འདོགས། །བླ་མེད་ཐེག་པའི་ཁྱད་ཆོས་ནི། །འདི་ཡང་ལམ་གྱི་སྐབས་བཞག་ཅིང་། །བཅུ་གསུམ་ཕྱེད་ནི་གོང་མ་ཞེས། །ཉི་རྒྱུ་སྐད་ཅིག་མ་གཉིས་པའི། །བྱེད་ལས་སྒྲོག་རྩོལ་རླུང་དབུ་མར། །འགག་ཞིང་གཙུག་ཏོར་རྩེ་པོར་འཕགས། །འགྲོས་བཞི་རྫོགས་པར་ཐིམ་ཚར་དང་། །འབྲས་བུ་སྐུ་ལྔ་མངོན་གྱུར་ལ། །རྫོགས་པའི་སངས་རྒྱས་མཚན་ཉིད་པ༑ ༑འབྲས་བུ་མངོན་གྱུར་འདི་ཉིད་དོ། །ཉི་རྒྱུ་ཙམ་ལའང་སོ་སྐྱེ་ཡི། །རྡོ་རྗེ་ཐ་ལྣབས་ལམ་ཙམ་ཞིག །ཉམས་ལེན་བཤད་ཅིང་ས་བརྒྱད་ནི། །ཉི་རྒྱུའི་ཉམས་ལེན་བྱ་བར་བཤད། །དེས་ན་ཉི་རྒྱུའི་དབྱེ་བ་དང་། །ལམ་དང་འབྲས་བུའི་རྣམ་གཞག་གི། །མ་འཁྲུལ་འདི་བཞིན་ཤེས་པར་བྱ། །བདག་མེད་མཁའ་འགྲོའི་ཞལ་གྱི་ལུང་། །རྣལ་འབྱོར་དབང་ཕྱུག་མན་ངག་གོ། །

དེ་ནས་ས་ལམ་འཇུག་ལྟོག་ལ། །ཕར་ཕྱིན་ཐེག་པས་འཇིག་རྟེན་པའི། །ལམ་ནི་ཕར་ཆེར་བགྲོད་དེ་ནས། །རྡོ་རྗེ་ཐེག་པ་ལ་ཞུགས་ཏེ། །ས་ནི་དང་པོ་མན་ཆད་བགྲོད། །ཡང་ནི་དང་པོའི་ས་མན་ཆད། །ཕར་ཕྱིན་གྱིས་བགྲོད་གཉིས་པ་ནས། །ཡན་ཆད་རྡོ་རྗེ་ཐེག་པས་བགྲོད། །ཡང་ནི་ས་དྲུག་མན་ཆད་དེ། །ཕར་ཕྱིན་གྱིས་བགྲོད་དེ་ནས་ནི། །རྡོ་རྗེ་ཐེག་པའི་ལམ་དང་ནི། །རོ་གཅིག་གྱུར་ཏེ་ཡན་ཆད་བགྲོད། །ཡང་ན་ས་བཅུ་པ་མན་ཆད། །ཕར་ཕྱིན་གྱིས་བགྲོད་དེ་ནས་ནི། །རྡོ་རྗེ་ཐེག་པ་ལ་ཞུགས་ནས། །བཅུ་གཅིག་བཅུ་གཉིས་བཅུ་གསུམ་ཕྱེད། །བཅུ་གསུམ་ཕྱེད་ནི་གོང་མ་བགྲོད། །རྡོ་རྗེ་འཛིན་པ་མངོན་དུ་བྱེད། །ཡོངས་རྫོགས་བསྟན་པའི་བདག་པོ་མཆོག །བླ་མ་ས་སྐྱ་པ་ཆེན་པོས། །ལམ་གྱི་འཇུག་ལྟོག་ཡི་གེར་གསུངས། །དེས་ན་ཕར་ཕྱིན་རང་རྐང་ལས། །ས་བཅུ་མན་ཆོད་བགྲོད་པ་ཡོད། །བཅུ་གཅིག་ཡན་ཏུ་བགྲོད་པ་མེད། །སློབ་ལམ་བཅུ་གཅིག་ས་སོགས་ནི། །ཕར་ཕྱིན་ཐེག་པར་སྣང་ཕྱིར་རོ། །

ཕར་ཕྱིན་རང་རྐང་ས་བཅུ་པ། །འདོད་པའི་བྱང་སེམས་དེའི་རྩ་མདུད། །གྲོལ་དང་མ་གྲོལ་ཞེས་དོགས་ནི༑ །སྐྱོན་མེད་ཕར་ཕྱིན་གཞུང་ལས་ནི། །རྩ་མདུད་གྲོལ་བར་མ་བཤད་ཀྱང་། །ས་བཅུ་ཐོབ་པའི་འགལ་རྐྱེན་རྣམས། །ཞི་ནས་ཐོབ་བྱའི་ཡོན་ཏན་ཐོབ། །རྟོགས་བྱའི་གནས་ལུགས་རྣམ་རྟོགས་པས། །རྩ་མདུད་གྲོལ་དང་གནད་གཅིག་གྱུར། །རྩ་མདུད་གྲོལ་བར་ཁོ་ནར་ཡང་། །མ་ངེས་སྤྱངས་རྟོགས་ཀྱི་གནད་དེ། །ལམ་ཟབ་བླ་མའི་བྱིན་རླབས་ཀྱིས། །རྩ་མདུད་གྲོལ་སྲིད་སྤྱངས་རྟོགས་ཀྱི། །ཡོན་ཏན་མཆོག་ནི་རྒྱུད་ལ་སྐྱེས། །ཡང་ནི་ས་བཅུ་མན་བགྲོད་པའི། །བྱང་སེམས་སྔགས་ལ་འཇུག་པའི་ཚེ། །ཕྱི་ནང་ཡུལ་ཆེན་ཉེར་བཞི་པོ། །བགྲོད་དང་མ་བགྲོད་ཞེས་པ་དང་། །དེ་ཉིད་དཀའ་བ་བཅུ་དྲུག་ལས། །དཀའ་བ་བཅུ་གཉིས་ཐོབ་མ་ཐོབ། །ཟེར་བ་དགོས་པ་མི་འཚལ་ཏེ། །ས་བཅུ་བགྲོད་པའི་ཕར་ཕྱིན་པ། །སྤྱི་བོ་སོགས་ཀྱི་ཁམས་རྣམས་ནི། །དབུ་མར་ཐིམ་ན་ཡུལ་ཉེར་བཞི། །ཐ་སྙད་ཙམ་དུ་མ་བགྲོད་ཀྱང་། །སྤྱངས་རྟོགས་མཚུངས་པས་དོན་གྱིས་བགྲོད། །གནས་དང་ཉེར་གནས་སོགས་ཀྱང་ནི། །ཐ་སྙད་མ་ཐོབ་ཀྱང་དེ་དོན། །སྤྱང་རྟོགས་ན་མཉམ་གྱུར་པའོ། །

དེ་བཞིན་ལས་བརྟེན་ལྟན་སྐྱེས་སོགས། །དེའང་གནད་དོན་ན་མཉམ་སྟེ། །དང་པོ་རབ་དགའི་ས་ཐོབ་ཚེ༑ །གསང་གནས་འཁོར་ལོ་དང་མས་བརྟན། །ཟག་མེད་དགའ་བདེ་ཐོབ་ཕྱིར་རོ། །ཡང་ནི་ཕར་ཕྱིན་ས་བཅུ་པའི། །བྱང་སེམས་སྔགས་ལ་འཇུག་པའི་ཚེ། །དེ་མ་ཐག་ཏུ་ས་བཅུ་གཅིག །ཐོབ་པ་ཡིན་ནམ་སླིན་བྱེད་དབང་། །དགོས་སམ་ལམ་དང་འབྲས་དབང་ལ། །ཞུགས་པས་ཆོག་པ་ཡིན་ཟེར་ན། །རྒྱུ་ཡི་སླིན་བྱེད་མ་ཐོབ་བར། །ལམ་དབང་འབྲས་དབང་ཐོབ་པ་མེད། །གལ་ཏེ་སླིན་བྱེད་དབང་ནས་བརྩམས། །འཇུག་ན་དེ་ཡི་དངོས་སྟ

གཉིས། །དགོས་སམ་དངོས་གཞི་ནུས་ཞུགས་ཚོག །སྟ་གོན་ཐོབ་མ་ཐག་པ་རུ། །བཅུ་གཅིག་པ་ནི་ཐོབ་མི་སྲིད། ། དངོས་གཞི་ལའང་ཕྱི་འཇུག་དང་། །ནང་འཇུག་དགོས་སམ་བུམ་དབང་གི །ཆུ་དབང་སོགས་ནས་ཞུགས་པས་ཆོག །དབང་གི་མ་སྨིན་ལམ་དང་པོ། །འཇུག་པ་ཞུས་མ་ཐག་པ་དང་། །དེ་བཞིན་སློབ་མའི་དབང་ཐོབ་འཕྲལ། ། བུམ་དབང་ཐོབ་མ་ཐག་སོགས་ལ། །བཅུ་གཅིག་ས་ཐོབ་མི་སྲིད་ཅིང་། །དེ་ཐོབ་པ་ལ་བླ་མེད་ཀྱི། །དབང་བཞི་ཐོབ་དགོས་གལ་ཏེ་དེ། །དབང་བཞི་བཅུ་གཅིག་པ་སོགས་ནི། །ཅིག་ཅར་ཐོབ་པ་ཅི་འགལ་སྨྲམ། །དབང་བཞི་གཅིག་ཅར་ཐོབ་པ་དང་། །འོག་མ་མ་ཐོབ་གོང་མ་ཐོབ། །ལུང་མཆོག་འདི་ལ་ཁས་མི་ལེན། །འདི་ལ་སྤྱིར་བཏང་དམིགས་བསལ་གཉིས། །བྱང་སེམས་སྔགས་ལ་ཞུགས་པ་དེས། །སྔགས་ཀྱི་བླ་མེད་ཚོགས་སྦྱོར་གཉིས། ། མངོན་དུ་བྱེད་དགོས་མཐོང་ལམ་གྱི། །དང་པོའི་ས་ནས་བསྒོམ་ལམ་གྱི། །ས་བཅུའི་བར་དུ་སྔོན་སོང་ཁོང་། ། སྦྱོར་ལམ་འཇུག་ནས་བཅུ་གཉིས་པར། །ཞུགས་པས་ཆོག་པར་འདོད་ཕྱིར་རོ། །

འོན་གསང་སྔགས་བླ་མེད་ཀྱི། ། ཚོགས་སྦྱོར་མངོན་དུ་བྱེད་དགོས་པའི། །གནད་ནི་ཇི་ལྟར་ཡིན་ཞེ་ན། ། དེ་ལྟར་བླ་མེད་ལམ་དུ་ནི། །ཞུགས་མ་ཐག་དེ་ལས་དང་པོ། །དབང་གི་མ་སྨིན་པ་ཡིན་པས། །སྨིན་བྱེད་དབང་བཞི་རིམ་ཅན་དུ། །ཐོབ་དགོས་དབང་བཞི་ཐོབ་ནས་ནི། །མཚོན་བྱ་དོན་གྱི་ཡེ་ཤེས་གཅིག །ནམ་ཞིག་རྒྱུད་ལ་སྐྱེས་པའི་ཚེ། །འདི་ཕར་ཕྱིན་རང་རྐང་གིས་བཅུ་ལན་བགྲོད་པའི་སྐབས་བཤད་པའོ་ས་ནི་བཅུ་གཅིག་ས་ཐོབ་ལ། །དེ་ཡི་སྔོན་སོང་དབང་བཞིའི་ལམ། །རྣམས་ནི་ཚོགས་ལམ་དབང་དེ་དག །ལ་བརྟེན་ལྟ་བ་ངོ་བོ་ཉིད། །གསུམ་སོགས་སྦྱོར་ལམ་དུ་འཛོག་དགོས། །མདོར་ན་ཐེག་ཆེན་ས་བཅུ་ནས། །གསང་སྔགས་ལམ་དུ་ཞུགས་ཕྱིན་ཆད། ། དབང་བཞི་རིམ་གྱིས་ཐོབ་ནས་ནི། །དེ་ལ་བརྟེན་ནས་ཁམས་འདུས་པ། །ཐ་མར་ཡང་དག་སྦྱོང་བཞི་ལ། ། བརྟེན་ནས་མཚོན་བྱ་དོན་གྱི་ནི། །ཡེ་ཤེས་སྐྱེ་ཚེ་ས་བཅུ་གཅིག །ཐོབ་འདི་གསུང་ངག་ས་ཡི་ལུགས། །ཕར་ཕྱིན་ཐེག་པས་ས་བཅུ་མན། །བགྲོད་ནས་སྔགས་ལམ་ཞུགས་མ་ཐག །ཐེག་ཆེན་འཕགས་པ་ཡིན་མོད་ཀྱང་། ། སྔགས་ལ་གནས་པས་ཕར་ཕྱིན་པར། །མི་འགྲོ་སྔགས་ཀྱི་ཡེ་ཤེས་ནི། །མ་སྐྱེས་བླ་མེད་འཕགས་པ་ཡང་། །མ་གྱུར་གཉིས་ཀར་དབྱེ་མི་ནུས། །

དེ་ནི་འབྲས་བུའི་ས་བཅུ་གསུམ། །རྡོ་རྗེ་འཛིན་པ་ཐོབ་ཚུལ་ལ། །དངོས་དང་དགོས་པ་དཔྱད་པ་གཉིས། ། དང་པོ་དངོས་ཀྱི་རྣམ་གཞག་ནི། །བཅུ་གསུམ་ས་ཕྱེད་གོང་མ་དེའི། །བརྒྱུད་རིང་རྒྱུ་བའི་རྒྱུ་ནི་སྤྱོད་པ་གསུམ། ། ལྷན་ཅིག་བྱེད་རྐྱེན་ཉེ་རྒྱུ་ཞེས། །མིང་བཏགས་འགྲོས་བཞི་ཐིམ་བྱེད་ཀྱི། །འབྲས་དུས་ཀྱི་ནི་དབང་ཡིན་ལ། ། ཉེར་ལེན་རྒྱུ་ནི་འགྲོས་བཞི་པོ། །ཐིམ་ཀ་མ་ཡི་དཀྱིལ་འཁོར་བཞི། །བརྟེན་དང་བཅས་ཏེ་དཀྱིལ་འཁོར་བཞིའི། །

འགྲོས་བཞི་ཐིམ་པས་རང་དོན་གྱི། །ཆེ་བ་སྐུ་ལྔ་གཞན་དོན་གྱི། །ཆེ་བ་ལོངས་བས་མིག་ཐོབ་སོགས། །བདག་གཞན་གཉིས་ཀའི་ཆེ་བ་ནི། །འཁོར་ནི་ཚོམ་བུ་གཅིག་དང་བཅས། །འཚང་རྒྱ་འགྲོས་བཞི་ཐིམ་ཚུལ་ནི། །བུམ་དབང་རྩ་ཡི་འགྲོས་ཐིམ་སྟེ། །རྩ་ཀུན་ནུས་པ་དབུ་མར་ཐིམ། །དེ་ཡང་གཙུག་ཏོར་མཆོག་ཐིམ་སྟེ། །ཚད་ནི་སོར་བཞི་དབྱིབས་ཡི་གེ། །ན་དཱ་ཞེས་པ་སུམ་འཁྱིལ་གྱི །རྣམ་པ་སྦོམ་ཕྲ་ཏྲ་ཊ་ནི། །བརྒྱར་གཤགས་ཚད་ཙམ་དེ་ཡི་ཚེ། །རྩ་ནི་གནས་འགྱུར་སྤྲུལ་པའི་སྐུ། །ཇོ་རྗེ་འཆང་ནས་ཤཱཀྱ་ཐུབ། །བར་གྱི་རྣམ་པས་འགྲོ་དོན་མཛད། །
གསང་དབང་ཡི་གེའི་འགྲོས་ཐིམ་སྟེ། །སྙིང་པོའི་ཨ་དེ་རྩ་ཡི་མདུད། ། གང་གྲོལ་སར་ཕྱིན་སྤྱི་བོ་ཡི། །ཧཾ་དང་འཕྲད་པས་ཁ་དོག་ཐིམ། །དཀར་པོ་དབྱིབས་ནི་ཐིམ་པ་ཡིས། །ཨ་ཧཾ་མི་ཐི་སྟོབས་ཐིམ་པས། །ཧཱུྃ་གི་སྟོབས་གྱུར་དེ་ཡི་ཚེ། །ཡི་གེ་གནས་གྱུར་ལོངས་སྐུ་ཞེས། །ལིགས་སྤྲུར་སྐད་ནས་རིགས་དྲུག་སོགས། །སྐད་ཀྱི་འགྲོ་དོན་བྱེད་པ་འབྱུང་། །ཤེར་དབང་བདུད་རྩིའི་འགྲོས་ཐིམ་པས། །ཁམས་དཀྱུའི་དྭངས་མ་རྣམས་གཙུག་ཏོར། །མཆོག་གི་དབུ་མར་ཐིམ་པའི་ཚེ། །བདུད་རྩི་གནས་གྱུར་ཆོས་སྐུ་ཞེས། །ཤེས་བྱ་ཇི་ལྟ་ཇི་སྙེད་ཀུན། །ས་ལེར་མཁྱེན་པས་འགྲོ་དོན་མཛད། །བཞི་པའི་དབང་གི་རླུང་གི་འགྲོས། །ཐིམ་པས་ལས་རླུང་རྣམ་གྲོང་སྟོང་། །ཡེ་ཤེས་རླུང་ནི་འབའ་ཞིག་གྱུར། །རླུང་ནི་གནས་གྱུར་ངོ་བོ་ཉིད། །སྐྱེ་འགག་འགྲོ་འོང་སོགས་དང་བྲལ། །དྲི་བྲལ་དབྱིངས་ཀྱི་མངོན་སུམ་དུ། །གཟིགས་ཏེ་འགྲོ་བའི་དོན་མཛད་དོ། །

དེ་ལྟར་རྟེན་ནི་སྐུ་བཞི་སྟེ། །གྱུར་དང་མཉམ་དུ་བརྟེན་པ་ཡི། །ཀུན་གཞི་གནས་གྱུར་ཤིན་ཏུ་ནི། །རྣམ་དག་ངོ་བོ་ཉིད་ཀྱི་སྐུ། །ཞེས་བྱ་དབྱིངས་དང་ཡེ་ཤེས་ཟུངས། །ཟུང་འཇུག་བདེ་བ་ཆེན་པོའི་སྐུ། །ཐོབ་སྟེ་འཁོར་བ་མ་སྟོང་བར། །འགྲོ་དོན་རྒྱུན་མི་ཆད་པ་མཛད། །བདག་ཉིད་སྐུ་ལྔ་བརྙེས་པའི་ཚེ། །རང་དང་རྒྱུད་དག་པའི་ཕྱག་རྒྱ། །གསོལ་བ་འདེབས་པའི་བླ་མ་དང་། །མོས་པ་ཐོབ་པའི་སློབ་མ་དང་། །བར་ཆད་སེལ་བའི་མཁའ་འགྲོ་སྟེ། །ཚོམ་བུ་གཅིག་བཅས་དུས་མཉམ་དུ། །གྲོལ་བ་བླ་མེད་རྡོ་རྗེ་ཡི། །ཐེག་པའི་རྟེན་འབྲེལ་ཆེ་བ་སྟེ། །
ཕྱི་ནང་རྟེན་འབྲེལ་གཟིགས་པ་ཡི། །བརྒྱུད་པའི་སྙན་བརྒྱུད་ལས་གསུངས་སོ། །

བཅུ་གསུམ་པ་ལ་དོགས་པ་ནི། ། དཔྱད་ལ་སྤྱ་རབས་མཁས་པ་ཡི། །གསུང་སྒྲོས་བསྒྱུར་དང་སྒྲ་པའི། །
རྗེ་བཙུན་གོང་མས་ཇི་གསུང་ཚུལ། ། སྙིང་པོ་དོན་གྱི་ངོས་བཟུང་གསུམ། །བོ་དོང་ཕྱོགས་ལས་རྣམ་རྒྱལ་སོགས། །ཕར་ཕྱིན་ཐེག་པས་སྔགས་ལ་འཇུག །ཕྱི་མཐའ་ཚོགས་ལམ་ཆེན་པོ་ནས། །ཡིན་གྱི་ཐེག་ཆེན་སྦྱོར་ལམ་ཡན། །སྔགས་ལམ་ཁོ་ནས་བགྲོད་དགོས་སྨྲ། །དེ་ལྟར་ཡིན་ན་སྟོན་པ་ཡི། །རྒྱུ་ཡི་ཐེག་པའི་ཆོས་ཀྱི་ནི། །འཁོར་ལོ་བསྐོར་བ་དགོས་མེད་གྱུར། །ཕ་ར་ཧ་སེར་བདེན་བཞི་ཡི། །ཆོས་འཁོར་བསྐོར་ལས་སྟོན་པའི་འཁོར། །

ལྟ་སྤྱོས་བདེན་པ་མཐོང་བ་སོགས། །གསུང་བ་རྣམ་དང་འགལ་བར་གྱུར། །ཡང་ནི་འབྲུག་པ་པད་དཀར་གྱིས། །ས་ནི་བཅུ་དྲུག་བར་དུ་བཤད། ། སྤྱི་མ་སྤྱི་མ་ཕྱི་མ་ཡི། །སློབ་ལམ་འདོད་ཅིང་བཅུ་དྲུག་གི །སྒྲུབ་བྱེད་དགའ་བ་བཅུ་དྲུག་ལ། །སྦྱོར་རུང་དེ་འདྲའི་ས་མཚན་ཉིད། །ས་རུ་འདོད་ན་ས་ཐམས་ཅད། །གཅིག་ཆར་ཐོབ་གྱུར་དེ་མི་སྲིད། །དུས་ཀྱི་འཁོར་ལོར་ས་བཅུ་གཅིག །བཤད་དང་ཀྱི་ཡི་རྡོ་རྗེ་ལས། །བཅུ་གསུམ་བཤད་དང་གཞན་དུ་ནི། །བཅུ་དྲུག་འདོད་སོགས་ཡོན་ཏན་ནི། །བཅུ་གསུམ་དེ་ལས་གཞན་མེད་དོ། །རི་མདའ་བ་ཡི་ས་བཅུ་གཅིག །གོང་དུ་བཅུ་གཉིས་བཅུ་གསུམ་གཉིས། །གཅིག་པར་འདོད་ཀྱང་མདོ་སྔགས་ཀྱི། །དབྱེ་བའི་རྣམ་གཞག་དཀའ་བར་སྣང་། །པཎ་ཤཱཀ་མདོ་ཡི་བཅུ་གཅིག་དང་། །སྔགས་ཀྱི་བཅུ་གསུམ་གནད་གཅིག་འདོད། །

དེས་ན་མདོ་ལས་བཤད་པ་ཡི། །བཅུ་གཅིག་སྔགས་ཀྱི་བཅུ་གསུམ་པ། །སྔས་རྟོགས་མཉམ་འདོད་མདོ་སྔགས་ཀྱི། །འཕགས་ཆོས་དབྱེ་བ་དཀའ་བར་སྣང་། །དེ་དག་བཤད་པའི་རྣམ་གྲངས་ཙམ། །བླ་མ་ས་སྐྱ་པ་ཆེན་པོས། །རྡོ་རྗེའི་ཚིག་རྐང་རྣམ་འགྲེལ་ལས། །ལྔ་བཅུ་ལ་གསང་ཞེས་པའི་དོན། །ཕར་ཕྱིན་ལོངས་སྐུ་རིགས་ལྔ་ལ། །གསང་ཞེས་ཕར་ཕྱིན་རང་རྐང་ལ། །སངས་རྒྱས་འཕགས་པ་ཡོད་མེད་ཀྱི། །གསང་སྔགས་སངས་རྒྱས་འཕགས་པ་ལས། །ཅུང་ཟད་རྟོགས་པ་དམན་ལྟ་བུ། །གསུང་ཞིང་རྗེ་བཙུན་རྩེ་མོ་ཡིས། །རྒྱུད་སྡེ་སྤྱི་རྣམས་ལས་མདོ་ནས། །བཤད་པའི་ཀུན་འོད་ལ་གནས་པའི། །འཕགས་པ་དེ་ནི་མདོ་ལམ་གྱི། །སངས་རྒྱས་ཡིན་ཀྱང་གསང་སྔགས་ནས། །བཤད་པའི་ཡེ་ཤེས་ལྟ་ལྟན་དང་། །སྐུ་བཞི་སྐུ་ལྔ་ཤེས་བྱ་ནི། །ཐམས་ཅད་རང་སྣང་མཁྱེན་པ་སོགས། །མ་ཡིན་མདོ་སྔགས་སངས་རྒྱས་ལ། །ཁྱད་པར་ཡོད་པ་ལྟ་བུར་གསུང་། །བདག་ཉིད་ཆེན་པོས་པཎ་གྱི༑ ༑ཕར་ཕྱིན་ཐེག་ལས་བཤད་པ་ཡི། །བཅུ་གཅིག་སར་གནས་སངས་རྒྱས་དེ། །བཏགས་པ་བ་དང་བླ་མེད་ཀྱི༑ ༑བཅུ་གསུམ་སར་གནས་སངས་རྒྱས་དེ། །མཚན་ཉིད་པ་ནི་ཡིན་ནོ་ཞེས། །དངོས་བཏགས་གཉིས་སུ་ཕྱེས་ནས་གསུངས། །དེ་ལྟའི་གནད་དོན་ངེས་བཟུང་བ། །རྒྱུད་དང་མན་ངག་ལུགས་གཉིས་སོ། །

བཅུ་གཅིག་པ་དེ་ཐོབ་པ་ལ། །སྔགས་ཀྱི་ལམ་ལ་ལྟོས་དགོས་པ། །བླ་མ་ས་སྐྱ་པ་ཆེན་པོས། །ལམ་གྱི་འཇུག་ལྟོག་སྐབས་གསུངས་སོ། །ས་ནི་བཅུ་གཅིག་སྔགས་ལམ་ཡིན། །རྩེ་མོའི་རྒྱུད་སྡེ་སྤྱི་རྣམ་དང་། །བདག་ཉིད་ཆེན་པོས་བདག་མེད་ཀྱི། །སྟོད་འགྲེལ་ནས་གསུང་དགོངས་པ་དེ། །མདོ་ལུགས་རང་རྐང་ས་བཅུ་གཅིག །ཀུན་ཏུ་འོད་ཅེས་མིང་ཙམ་བཤད། །མདོ་ལུགས་པ་ཡི་ས་དེ་ཐོབ། །སངས་རྒྱས་བཞེད་པ་ཙམ་ལ་དགོངས། །བཅུ་གཅིག་སར་གནས་གང་ཟག་དེ། །མདོ་ཡི་སྐྱོ་དོན་མཐར་ཐུག་པ། །ཕ་རོལ་ཕྱིན་པའི་མདོ་ལས་ནི། །བཤད་ཚོད་ཙམ་གྱིས་སངས་རྒྱས་ནི། །ཡིན་ཀྱང་སྐྱོ་དོན་སྤང་རྟོགས་ནི། །མཐར་ཐུག་བརྙེས་པའི་སངས་རྒྱས་ནི། །མ་

ཡིན་སངས་རྒྱས་བཏགས་པ་བ། །བརྗོད་ཀྱི་དེ་ནི་ཕར་ཕྱིན་གྱི། །མདོ་ལས་ཐོབ་པའི་སངས་རྒྱས་ནི། །ཡིན་ཀྱང་སངས་རྒྱས་མཚན་ཉིད་པ། །མིན་ཞེས་ཁས་ཀྱང་མ་ལེན་སྟེ། །ས་ནི་བཅུ་གཅིག་མཚན་ཉིད་པ། །སུ་ཡི་ཐོབ་ཀྱང་སྔགས་ལམ་ལ། །བརྟེན་ནས་ཐོབ་པ་ཞིག་དགོས་སོ། །དེས་ན་རྒྱུད་ཀྱི་སྐབས་འདི་ན། །མདོ་ནས་བཤད་པའི་བཅུ་གཅིག་པ། །ཀུན་ཏུ་འོད་དེ་གསང་སྔགས་ནས། །བཤད་པའི་བཅུ་གཅིག་དཔེ་མེད་པའི། །ས་ཡིན་དེ་གཉིས་གནད་གཅིག་མོད། །འོན་ཀྱང་རང་རང་ལྡོག་པ་ནས། །དོན་གཅིག་ཏུ་ནི་ཁས་མི་བླངས། །སྔགས་ཀྱི་བཅུ་གཅིག་དཔེ་མེད་པའི། །ས་དེ་མདོ་ནས་བཤད་པ་ཡི། །བཅུ་གཅིག་པ་ནི་མ་ཡིན་ཏེ། །དེ་ནི་གསང་སྔགས་བླ་མེད་ཀྱི། །ཐུན་མིན་རྒྱུད་སྡེ་ནས་བཤད་དོ། །

མན་ངག་ལུགས་ལ་མདོ་སྡེ་ནས། །བཤད་པའི་བཅུ་གཅིག་ཀུན་ཏུ་འོད། །ས་དེ་མན་ངག་གི་སྐབས་འདིར། །དབང་ནི་བཞི་པའི་ས་ཕྱེད་ཅེས། །གྲགས་པའམ་ནི་ས་བཅུ་གསུམ། །ཕྱེད་ཀྱི་འོག་མ་ཞེས་གྲགས་པ། །གནད་ནི་གཅིག་པ་ཐམས་ཅད་མཁྱེན། །གླུ་སྒྲུབ་རྒྱ་མཚོའི་བཞེད་པ་ནི། །བཅུ་གསུམ་ས་ཕྱེད་འོག་མ་དེས། །ཕ་རོལ་ཕྱིན་དང་སྒོ་བསྟུན་གྱི། །ཐར་ཕྱིན་པ་ཡི་ལམ་དུ་བཞག །གསུམ་ངག་ལམ་འབྲས་ལས་འདི་གསུངས། །བཅུ་གསུམ་ཕྱེད་ཀྱི་འོག་མ་དེ། །སྐད་ཅིག་མ་ནི་གཉིས་བཞག་པའི། །དང་པོ་བར་ཆད་མེད་པའི་དུས། །བདུད་བཏུལ་ཚོ་འཕྲུལ་བསྟན་པའི་དུས། །ཞེས་སོགས་བཤད་ནས་སྐད་ཅིག་མ། །གཉིས་པ་ས་རྣམས་གྲོལ་བའི་དུས། །ཐ་མ་རྫོགས་པའི་བྱང་ཆུབ་དུས། །ཐམས་ཅད་མཁྱེན་པ་ཆུང་ངུའི་དུས། །ཞེས་སོགས་གསུང་དེ་ཕར་ཕྱིན་གྱི། །ལུགས་ཀྱི་སངས་རྒྱས་དེ་ལ་དགོངས། །དེ་ལྟར་ས་ཆེན་ཡབ་སྲས་དང་། །བདག་ཉིད་ཆེན་པོ་པཎྜི་ཏས། །དགོངས་དོན་འགལ་མེད་གཅིག་ཏུ་རྫོགས། །སྔགས་ཀྱི་བཅུ་གསུམ་གོང་མ་ཡི། །རྫོགས་པའི་སངས་རྒྱས་མངོན་གྱུར་ཏོ། །དེ་ལྟར་འདི་ལས་ཕར་ཕྱིན་ལ། །ས་བཅུ་བར་དུ་ས་རྣམས་ལ། །བགྲོད་ཚུལ་ཡོན་ཏན་དང་བཅས་གསུང་། །སངས་རྒྱས་ཡོན་ཏན་རྣམས་བརྗོད་ནས། །དེ་ལ་བཅུ་གཅིག་ས་ཞེས་འདོགས། །དོན་དུ་སངས་རྒྱས་མཚན་ཉིད་པ། །སྔགས་ལམ་བརྟེན་ཐོབ་པ་མེད། །དེས་ན་ཕར་ཕྱིན་རང་རྐང་གི། །བཅུ་གཅིག་ས་དེ་སྔགས་ཀྱི་ནི། །བཅུ་གསུམ་ཕྱེད་ཀྱི་འོག་མ་ཡིན། །འོན་ཀྱང་གསང་སྔགས་བླ་མེད་སྐབས། །བཅུ་གཅིག་སངས་རྒྱས་ས་ཐོབ་ཙམ། །བཅུ་གསུམ་མངོན་གྱུར་སངས་རྒྱས་ཐོབ། །འཁོར་གྱི་ཚོམ་བུ་ལྟའི་དོན་ལ། །ཉེ་རྒྱུ་སོགས་ལ་བརྟེན་དགོས་ཀྱང་། །བླ་མ་སོགས་ལ་སོ་སོ་ཡི། །ཉེ་རྒྱུར་བརྟེན་མོད་འདིར་རང་ཉིད། །གཙོ་ཞིང་གཞན་རྣམས་འཁོར་གྱི་ནི། །རྣམ་གཞག་ཙམ་ཡིན་ཉེ་རྒྱུ་ནི། །གཞན་ལ་ཡོད་མེད་དོགས་མི་འཚལ། །དཔེར་ན་ཤིང་ནི་ཡལ་འདབ་ལྟ། །ཁོ་ན་ཡོད་པ་ཞིག་ལ་ནི། །ཤིང་གི་ཡལ་འདབ་ལྟར་བརྗོད་མཚུངས། །ཅེས་འདི་མདོ་

སྡུགས་ཐམས་ཅད་མཁྱེན། །མང་ཐོས་ཀླུ་སྒྲུབ་རྒྱ་མཚོ་ཡི། །གསུང་ལས་གནད་བསྡུས་བཀོད་པའོ། །སྐྱེ་འགྲོ་ཀུན་ལ་འཆི་བའི་ཚེ། །འཆི་བ་འོད་གསལ་ངོས་ཟིན་མིན། །

དེ་ཡི་བདེ་འགྲོ་ངན་འགྲོའི་ལམ། །དབྱེ་བ་མདོ་སྔགས་གཉིས་ཆར་བཤད། །སྔགས་ཀྱི་བསྐྱེད་རྫོགས་བསྒོམ་པ་ཡིས། །དགོས་པ་སྐྱེ་འཆི་བར་དོ་གསུམ། །སྦྱོང་བྱེད་ཡིན་གྱི་ཚེ་འདི་ལ། །གྲུབ་མཐའ་མ་སྨོགས་པ་དག་ལ། །འཆི་ཀ་འཕོ་བའི་རྣལ་འབྱོར་ནི། །བསྐྱེད་རིམ་མན་ངག་ལ་བརྟེན་པ། །ལྷ་ནི་ཕལ་ཆེར་ལ་འབྱུང་ཞིང་། །ཁྱད་པར་གསུང་ངག་རིན་པོ་ཆེར། །བུམ་དབང་བསྐྱེད་རིམ་འདའ་ཀ་མ། །ནང་གི་དམར་དཀར་ཁམས་ཐིམ་ཚེ། །གསང་དབང་དང་ནི་ཤེར་དབང་གི། །འདའ་ཀའི་མན་ངག་གསུང་པ་དང་། །རྩ་ཐིག་རླུང་གསུམ་གཅིག་ཆར་དུ། །ཐིམ་ཚེ་བཞི་པའི་འདའ་ཀ་མ། །གསུང་ཞིང་དེ་ཡི་ཚོད་འཛིན་ནི། །ཉིན་མོ་སྒྲུ་ལུས་མཚན་རྨི་ལམ། །གདམས་ངག་ཟབ་མོ་ལ་བརྟེན་ནས། །བར་དོའི་འཕྲང་ལ་མི་འཛིགས་པའི། །གདེངས་ཚད་རྟོགས་པའི་ཟབ་ཁྱད་ཡོད། །ཅེས་པའང་ཞར་བྱུང་དུ་བཀོད་དོ། །

༄ སྤྱོད་པ་བླང་དོར་གཉིས་མེད་རྟོགས། །རྣལ་འབྱོར་བརྟན་པ་ཆེན་པོ་ལ། །གནས་དེས་ཕྱི་ནང་ཡུལ་བགྲོད་ནས། །མཁའ་འགྲོ་དབང་དུ་བསྡུ་བར་གསུངས། །དེ་ལ་བོད་རྣམས་འཁྲུལ་སྤྱོད་བཀག །དེང་སང་གསང་སྔགས་མི་ཤེས་པར། །ཞེས་སོགས་ནས་ནི་གང་ཟག་གི། །ཡུལ་དེར་འགྲོ་བ་རྒྱུད་ལས་བཀག །ཞེས་གསུང་བར་དོན་དབང་ཐོབ་ཅིང་། །རིམ་གཉིས་བརྟན་པ་ཐོབ་པ་ཡི། །གནས་ཡུལ་བགྲོད་པ་རྒྱུད་སྡེའི་ལུགས། །དབང་མ་ཐོབ་ཅིང་རིམ་པ་གཉིས། །མི་སྒོམ་ཡུལ་ཆེན་རྒྱུ་བར་ནོམ། །ངལ་བ་ཙམ་ཡིན་མདོ་ལས་ནི། །ཡུལ་བགྲོད་ཉམས་ལེན་མ་བཤད་ཕྱིར། །དེར་སྤྱོད་མོས་ན་སྔགས་བཞིན་སྒྲུབས། །བོད་ཀྱི་ཏི་སེ་མ་ཕམ་མཚོ། །གངས་ཅན་མ་དྲོས་མཚོར་འདོད་པ། །འགའ་ཞིག་ཉམས་དབྱངས་གསུམ་བསྒྲགས་ཀྱང་། །རྣལ་འབྱོར་ཉམས་སྣང་ཙམ་ལ་དགོངས། །ལུང་དང་བཤད་ཚོད་མ་མཐུན་ན། །མི་འཐད་རྒྱལ་བ་ལས་ལྷག་པའི། །མཁས་པ་འཇིག་རྟེན་ན་མེད་དོ། །བོད་ཡུལ་ཙ་རི་འཕྲུང་གཅོད་དུ། །འདོད་པ་འཁྲུལ་མོད་ཛྷ་ཏའི་ཤིང་། །ངེས་པར་ཡོད་ན་མིང་མཐུན་ཙམ། །ཡིན་མོད་ཏི་སེ་མ་དྲོས་དང་། །ཙ་རི་ལ་སོགས་གནས་ཆེན་གྲགས། །ཡིན་མིན་གང་ལྟར་དེ་རུ་ནི། །འགྲོ་བའི་གང་ཟག་དབང་ཐོབ་ཅིང་། །རིམ་གཉིས་རྟོགས་པ་ལྡན་ཙམ་ཞིག །དགོས་ཞེས་རྒྱུད་ལས་གསུང་ལྟར་གྱིས། །དབང་དང་རིམ་གཉིས་མི་བསྒོམ་པའི། །ཕལ་པ་དོན་མེད་ངལ་བར་མཐོང་། །

༄ འབྲས་བུ་མངོན་དུ་བྱེད་ཚུལ་ལ། །མཐར་ཐུག་དང་ནི་གནས་སྐབས་གཉིས། །བླ་མ་ཞང་པ་སོགས་ཁ་ཅིག །དཀར་པོ་ཆིག་ཐུབ་ཅེས་པ་ལ། །འབྲས་བུ་སྐུ་གསུམ་འབྱུང་འདོད་དང་། །ཟུང་འཇུག་འབྲས་བུ་འོད་

གསལ་གཅིག །འོད་དང་ས་ལམ་མ་བགྲོད་པ། །དབང་བཞི་ལམ་བཞི་མེད་པར་ནི། །འབྲས་བུ་སྐུ་བཞི་འབྱུང་འདོད་དང་། །འབྲས་བུའི་མཐར་ཐུག་འོད་གསལ་དུ། །འདོད་འགོག་ཁ་ཅིག་དཀར་པོ་ནས། །ལུང་བ་མཐར་ཐུག་ཡིན་གསུང་བར། །དཀར་པོ་ཆིག་ཐུབ་སྟོང་ཀྲུང་ལ། །རྒྱུ་མེད་འབྲས་བུ་འབྱུང་མི་འཐད། །བསྒོ་རྒྱུ་མེད་པས་ཅི་ཞིག་བསྒོ། །སྐྱབས་སེམས་ཡི་དམ་བསྒོམ་པ་སོགས། །མི་དགོས་སངས་རྒྱས་རྒྱུར་མི་འགྲོ། །བྱས་ན་ཆིག་ཐུབ་དུ་མར་འགྱུར། །ཆིག་ཐུབ་ཆོས་སྐད་མདོ་ལྟར་ན། །བྱང་ཆུབ་སེམས་ཀྱི་གནད་འཁྱུག་ཅིང་། །སྔགས་དང་སྦྱར་ན་ལམ་གྱི་གནད། །འཁྱུག་པ་ཡིན་ནོ་མཁས་པས་སྤངས། །མདོ་ལས་སྟོང་ཉིད་བསྔགས་པ་ནི། །བདེན་འཛིན་ཅན་རྣམས་བཟློག་ཕྱིར་ཡིན། །སྟོང་ཉིད་ཀྲུང་པས་སངས་རྒྱས་མིན། །སྒྲ་དོན་དགོངས་པ་ཤེས་པར་བྱ། །དཔེར་ན་མདའ་ནི་ཀྲུང་པ་ཡིས། །དོན་བྱེད་མི་ནུས་གཞུ་འབྲེལ་ན། །དེ་ཡིས་འཕང་འབྲས་དགོས་པ་འབྱུང་། །སྟོང་ཉིད་བསྔགས་པ་སྒྲ་ཟེ་བཞིན། །མི་ཞེན་ཐབས་ཤེས་ཟུང་འབྲེལ་དུ། །དགོས་པ་ལུང་དང་བསྟན་བཅོས་གསལ། །དཔེར་ན་སྣམ་བུ་དང་གོས་དར། །ཐགས་ཀྱི་རྒྱུ་རྣམས་ཕལ་ཆེར་མཚུངས། །སྤྱིན་གྱི་དབྱེ་བས་བཟང་ངན་གྱི། །རི་མོ་བཀྲ་མིན་བྱུང་བ་བཞིན། །ལྟ་བ་ཐེག་གསུམ་ཕལ་ཆེར་མཐུན། །འབྲས་བུ་འཕྲིན་ལས་ཆེ་ཆུང་ཡོད། །ལྟ་བས་མྱ་ངན་འདའ་ཐོབ་ཅིང་། །འབྲས་བུ་སངས་རྒྱས་ཐབས་ཀྱིས་སོ། །

གནད་དེས་ལྟ་བའི་སྙིང་དུ་ནི། །ཐབས་མཁས་ནན་ཏན་བཀྱིས་པ་ཡི། །ཉན་ཐོས་དགྲ་བཅོམ་རང་སངས་རྒྱས། །རྫོགས་སངས་རྒྱས་གསུམ་རྣམ་གྲོལ་ཙམ། །མཚུངས་ཡང་སེམས་བསྐྱེད་རྒྱ་ཆེ་ཆུང་། །ཐབས་ཀྱི་དབང་གིས་གཞན་གྱི་དོན། །འབད་མེད་ལྷུན་གྲུབ་སངས་རྒྱས་ལ། །འབྱུང་བ་ཐབས་དང་རྟེན་འབྲེལ་གནད། །མདོ་སྡེ་རྒྱན་ལས་མདུད་པ་ཡི། །གོས་མཚོན་བཀྲ་མིན་དཔེར་མཛད་དང་། །སློབ་དཔོན་མ་ཏི་ཙི་ཏྲ་ཡིས། །བསེ་རུ་འདྲ་བའི་རང་རྒྱལ་དང་། །ཉན་ཐོས་ཉོན་མོངས་ཞི་བ་ཙམ། །མཚུངས་ཤིང་ཡོན་ཏན་སྟོབས་སོགས་དང་། །གཞན་དོན་ཕྲིན་ལས་བསམ་ཡས་ཀྱི། །ཡོན་ཏན་སངས་རྒྱས་ཁྱད་འཕགས་གསུང་། །དེས་ན་སངས་རྒྱས་ཐོབ་འདོད་ན། །སྟོང་ཉིད་ལྟ་བར་འདྲིས་བྱས་ནས། །ཐབས་མཁས་ལ་འབད་གལ་ཆེའོ། །

བྱང་ཆུབ་སེམས་དཔའ་གཞན་དོན་ཕྱིར། །གང་ལ་མི་འཇིགས་མེད་ན་ཡང་། །སྟོང་ཉིད་ལྟ་བས་དམན་པ་ཡི། །མྱང་འདས་མཐར་ལྷུང་ལ་འཇིགས་གསུང་། །ཕྱག་ཆེན་སྟོང་ཀྲུང་བསྒོམ་པ་ལས། །སྐུ་གསུམ་འབྱུང་བར་འདོད་ཀློམ་ནི། །རྒྱུ་འབྲས་རིགས་མི་མཐུན་དུ་འོང་། །ཟུང་འཇུག་འབྲས་བུའང་འོད་གསལ་སུ། །འདོད་པའང་རྒྱུ་འབྲས་མི་མཚུངས་སོ། །ཕྱག་ཆེན་ས་ལམ་ཆིག་ཆོད་འགྲོ། །ས་ལམ་མི་དགོས་སྨྲ་བ་དང་། །ནང་གི་རིམ་གཉིས་མ་རྫོགས་པར། །ཧི་སེ་སོགས་བསྐོར་ལུས་ལ་ནི། །རྩ་ཡི་མདུད་འཁོར་སོགས་མེད་འཁྲུལ། །

འཁྲུལ་འཁོར་རླུང་སྦྱོར་མི་བསྒོམ་པར། །རྒྱུད་སྡེའི་དགོངས་པ་མི་ཤེས་པའི། །གསང་སྔགས་བསྟན་ལ་ཤིན་ཏུ་འགལ། །འདི་དག་ཕྱི་ནང་རྟེན་འབྲེལ་གནད། །རྒྱུད་དང་མན་ངག་ལས་གསུང་པ། །མ་གོ་འདི་འདྲ་བཞད་གད་གནས། །ནང་གི་ས་ལམ་བགྲོད་རྒྱུ་མེད། །ཕྱི་ཡི་ཡུལ་ཆེན་བགྲོད་པ་ལ། །དགོས་པ་ཅི་ཡང་མི་འདུག་ཕྱིར། །ནང་དང་ཕྱི་ཡི་ཡུལ་བགྲོད་གཉིས། །ཕན་ཚུན་ལྟོས་གྲུབ་ཡིན་ཕྱིར་རོ། །བདག་མེད་བསྟོད་འགྲེལ་ལས་གསུངས་པའི། །ནང་ཡུལ་རྣམས་ཀྱི་རླུང་སེམས་ནི། །དབུ་མར་ཐིམ་པས་ས་རྣམས་ཀྱི། །རྟོགས་པ་སྐྱེ་བར་དངོས་སུ་བཤད། །འདིར་གསུང་དོན་ནི་དགག་པའི་གཞི། །རྒྱུད་མ་སྦྱང་པ་འགའ་ཞིག་གི། །བླུན་དད་ཙ་རི་གངས་ཅན་སོགས། །ཡིན་པར་རློམ་ནས་བསྐོར་བ་ལ། །འབྲེལ་མེད་གལ་ཏེ་གནས་དེ་དག །ངེས་པར་ཡིན་ཟུང་དེ་བསྐོར་བའི། །གང་ཟག་རིམ་གཉིས་རྣལ་འབྱོར་དང་། །ལྡན་པར་དགོས་ཏེ་དེ་ཡི་ནི། །དེ་བསྒོམ་མཐུ་ལས་ནང་གི་ནི། །རྩ་ཐིག་རླུང་གི་རྟེན་འབྲེལ་དང་། །གནས་དེར་ཕྱིན་པ་ཕྱིའི་རྟེན་འབྲེལ། །གཉིས་ཀ་འཛོམ་ལས་ཡུལ་ཆེན་གྱི། །དཔའ་བོ་མཁའ་འགྲོ་དབང་དུ་འདུས། །རྣལ་འབྱོར་བྱིན་རླབས་ས་ལམ་བགྲོད། །རྒྱུ་མཚན་དེ་ཡི་དབང་གི་ནི། །གཞུང་འདིར་ཕྱི་ཡུལ་སྟོན་གསུངས་པ། །དེ་དང་རྗེས་འབྲེལ་གྲོལ་ཚུལ་བསྟན། །བདག་མེད་བསྟོད་འགྲེལ་སྐབས་སུ་ནི། །རིམ་གཉིས་བསྒོམ་ལས་ནང་རྟེན་འབྲེལ། །འགྲིག་ལས་ཕྱི་ཡུལ་མཁའ་འགྲོ་རྣམས། །དབང་འདུས་བྱིན་གྱིས་བརླབས་ཚུལ་བསྟན། །དེ་གཉིས་བཤད་ཚུལ་དེ་ལྟར་ཡིན། །ཐ་དད་ཉིད་དུ་གོ་མི་བྱ། །གཞུང་འདིར་སྐབས་དོན་བཀྲལ་ཚུལ་གྱི། །དབང་དུ་བྱས་པའི་བསྟོད་འགྲེལ་ལུང་། །རྒྱུ་འབྲས་གོ་རིམ་ལྟར་དུ་གསུང་། །དོན་དུ་ཕྱི་ནང་རྟེན་འབྱུང་ནི། །འགྲིག་པས་བགྲོད་པའི་རྟེན་འབྲེལ་དང་། །གནད་གཅིག་བགྲོད་ཟིན་རྟེན་འབྲེལ་ཞིག །ཡོད་པ་ལྟ་བུར་འཁྲུལ་མི་བྱ། །དེ་དོན་རྒྱུ་འབྲས་གོ་རིམ་ནི། །བསྟོད་འགྲེལ་ལས་ནི་དངོས་སུ་གསུངས། །འདིར་ནི་རྒྱུ་འབྲས་དངོས་བསྟན་དང་། །བགྲོད་ཟིན་པ་ཡི་རྟེན་འབྲེལ་ཡིན། །གཞུང་འདིར་རྒྱུ་རྐྱེན་ཚོགས་པ་ཡི། །རྟེན་འབྲེལ་ལས་ནི་ནང་གི་ནི། །དེ་དེའི་རྩ་མདུད་གྲོལ་གསུངས་པ། །དེ་ནི་བགྲོད་པའི་རྟེན་འབྲེལ་ལོ། །

དེ་ལྟའི་རྣམ་གཞག་ངེས་པར་བྱ། །རྒྱུ་ནི་དབང་བཞི་ལམ་རིམ་གཉིས། །འབྲས་བུ་སྐུ་བཞིར་ཤེས་པར་བྱ། །རྒྱུ་མེད་འབྲས་བུའི་འཁྲུལ་རྟོགས་སྤྱངས། །གསང་བ་འདུས་བསྒོམ་པ་འགའ་རེས། །འབྲས་བུ་འོད་གསལ་སྟོང་པར་བརྗོད། །དེ་ཡང་རང་གཞུང་ལུང་འགལ་སྤྱངས། །འདིར་ནི་འཕྲུལ་གྱི་འཁྲུལ་པ་འགོག །ཞར་བྱུང་གཞན་དག་ལམ་གྱི་ནི། །འཁྲུལ་པ་རྣམས་ནི་འགོག་པ་སྟེ། །ས་ལམ་མི་དགོས་ཆིག་ཐུབ་ལ། །སྐུ་གསུམ་འབྱུང་རློམ་ལམ་ལ་ནི། །ལོག་པར་རྟོག་པ་ཆེ་ཤོས་ཡིན། །རིམ་གཉིས་མི་འདོད་དེ་དང་མཚུངས། །དེས་ན་འབྲས་བུའི་རྒྱུ

ལམ་ལ། །ལོག་པར་རྟོག་དང་འབྲས་བུ་ལ། །ལོག་པར་རྟོག་པ་ཁྱད་འབྱེད་དགོས། །གཞུང་འདིའི་ལུས་ཀྱི་རྣམ་གཞག་ཏུ། །ལམ་ལས་འབྲས་བུ་མདོར་བསྟན་ནི། །མ་གསལ་བས་ཀྱང་འབྲས་བུ་ལ། །འཁྲུལ་པ་འགོག་པར་བཤད་པ་འདི། །ས་ལམ་མ་ཐོབ་འབྲས་འདོད་བཀག །དེ་ཡི་ཤུགས་ལས་ལམ་བགྲོད་ནས། །འབྲས་བུ་མངོན་དུ་བྱེད་བསྟན་པས། །འབྲས་ཐོབ་བཤད་ལ་འགལ་བ་མེད། ༈ །ལ་ལ་གྲུབ་ཐོབ་ཞེས་སོགས་ནས། །མཁས་པ་རྣམས་ལ་མིན་པར་དོན། །གྲུབ་ཐོབ་རྣམ་གཞག་ཚད་ལྡན་གྱི། །ལུང་ལས་གསལ་ཞིང་རྟོགས་ལྡན་ཞེས། །དྲི་མེད་ལུང་མེད་ངན་རྟོག་དག །རྟོག་པའི་ཚིག་སྤྱི་འགྲོ་ཀུན་ལ། །འཇུག་ཞིང་འཁྲུལ་པ་ཞིག་པ་ཡི། །མིང་ལ་རྟོགས་ལྡན་བརྗོད་རུང་ཙམ། །ལ་ལ་ཉམས་དང་ཞེས་སོགས་ནས། །རྣམ་པར་དབྱེ་བ་མེད་པར་དོན། །དེ་བཞིན་ཉམས་དང་གོ་རྟོགས་གཉིས། །དོན་གཅིག་དེ་གསུམ་མིང་ཙམ་ལ། །མ་འཁྲུལ་སོ་སོར་དབྱེ་ཞེས་བྱ། །རྩེ་གཅིག་དང་ནི་ཞེས་སོགས་ནས། །ཀུན་དང་འགལ་བར་གྱུར་པར་དོན། །ཕྱག་ཆེན་པ་འགས་རྣལ་འབྱོར་བཞི། །ས་ལམ་རྣམ་གཞག་བྱེད་པ་སྨྲོངས། །འབྲས་བུའི་རྟེན་འབྲེལ་ཙམ་དུ་ནི། །བརྗོད་ལས་ངེས་པ་ཅན་ལ་ཡིན། །འཁྲུལ་རྟོག་འདི་དག་མདོ་རྒྱུད་ཀྱི། །ལུང་དང་འགལ་བར་ཤེས་པར་བྱ། །

༈ གཞུང་ནི་སྤྱི་ལ་རྩོད་སྤངས་སོགས། །སྒོ་ནས་དོན་བསྡུ་བ་ཁ་ཅིག །ཐེག་པ་རང་ས་ཞེས་པ་ནས། །སངས་རྒྱས་ཉིད་དུ་བདག་གིས་བཟུང་། །ཞེས་པའི་བར་གྱི་དོན་རྣམ་ཚད་བདེན་ན་ནི། །བརྫུན་ཞེས་མི་སྲིད་མུ་སྟེགས་པ༑ ༑རྒྱུ་འབྲས་མེད་དང་ལྷ་བ་ལོག །བདེན་ཚུལ་སྲིད་ཀྱང་བརྫུན་ལ་གནོལ། །རྫོགས་སངས་རྒྱས་ཀྱིའང་མཐའ་དྲུག་གིས། །གསུང་ཞིང་མཐར་ཐུག་ཕན་པ་སྲུ །སྦྱོར་བ་སྐབས་ཐོབ་ཤེས་པར་བྱ། །སྐྱབས་གནས་ལྷ་བ་ཐབས་ཀྱི་གནད། །འཁྲུལ་ན་ཆོས་གཞན་གྱིས་མི་སྐྱོབ། །ཆོས་གནད་མ་འཕྱུག་གལ་ཆེ་བ། །ཆོས་གཞན་ལེགས་པར་སྟོན་ན་ཡང་། །སོགས་ནས་འཁྲུལ་མེད་དཔྱད་དགོས་བར། །དེ་དོན་གཞུང་གསུང་གོ་སླ་ཞིང་། །ཆོས་ཀྱི་གནད་འཕྱུག་ལེགས་འདྲ་ཡང་། །འབྲས་མེད་འཁྲུལ་མེད་བཤད་པར་བྱ། ༈ །གནད་བཅོས་པ་ཡི་བདུད་བྱུང་ཚུལ། །དེ་ལ་གནད་རྣམས་འཆོས་པའི་བདུད། །ཞེས་ནས་བྱམས་པས་རྒྱུད་བླར་གསུང་། །བར་འདི་གཞུང་ལ་གཏམ་རྒྱུད་བཅས། །གོ་སླ་སོ་སོར་ཐར་པ་ཡི། །སྡོམ་པའི་ཚུལ་དང་བྱང་སེམས་ཀྱི། །སེམས་བསྐྱེད་བསླབ་བྱ་གསང་སྔགས་ཀྱི། །དབང་བསྐུར་རིམ་གཉིས་བསྒོ་བ་བཅས། ། གནད་ལ་འཇམ་དབྱངས་གསུང་བཞིན་གྱིས། །

༈ འཁྲུལ་པའི་གྲུབ་མཐའ་ལུང་རིགས་ཀྱི། །སུན་འབྱིན་གླེང་གཞི་བཅས་སྟོན་པར། །འཁྲུལ་པའི་གྲུབ་མཐའ་སུན་ཕྱིན་པའི། །ཞེས་ནས་རིགས་པས་སུན་ཕྱུངས་ཤིག །ཞེས་དོན་གཞུང་དོན་གོ་བ་སླ། ༈ །ཁྱེ་བྲག

ལུང་གི་སྨན་འབྱིན་དོན། །གལ་ཏེ་ལུང་དང་འགལ་གྱུར་ན། །ཞེས་ནས་ཁྲིམས་ལ་ཅིས་མི་ཐུབ །ཞེས་གསུང་གཞུང་བཞིན་གོ་སླའོ། །

༄ ལུང་སྦྱོར་ཇི་ལྟར་བྱེད་པའི་ཚུལ། །བླུན་པོ་མཁས་པར་འཆོས་པ་འགའ། །ཞེས་ནས་གཞུང་དང་མ་འབྲེལ་བའི། །ཆོས་ལུགས་མང་ཡང་རོ་དང་འདྲ། །ཞེས་དོན་དགེ་སྡིག་མེད་ལྟ་བུའི། །ལུང་རྣམས་མཉམ་པར་བཞག་དུས་ཀྱི། །ལྟ་བའི་ལུང་ཡིན་བསྒོམ་པ་དང་། །སྤྱོད་པ་གཉིས་ལ་དེ་མི་འབྲེལ། །དབང་དང་ཅོག་ལྷ་སྒོམ་སོགས། །རྣམ་དག་བྱ་དགོས་བསྒོམ་པ་ཡི། །ལུང་དུ་ཡང་ནི་ཤེས་པར་བྱ། །དེ་གསུམ་བསྲེ་སོགས་འཁྲུལ་པ་སྤོངས། །དེ་བཞིན་འཇིག་རྟེན་འདས་མ་འདས། །སྐབས་ཀྱི་ལུང་ཡང་སོ་སོ་རུ །ཤེས་བྱ་མདོར་ན་གཞུང་ལུགས་ནི། །གང་ཡིན་དཔྱད་ཅིང་མནོར་བྱ། ༄ །ཁུངས་ནས་མ་བྱུང་གདམ་ངག་སོགས། །གྲགས་རྣམས་ཚད་མར་མི་རུང་བསྟན། །སྔོན་བརྒྱུད་དང་ནི་ཚིག་བརྒྱུད་དུ། །གྲགས་པའི་སོགས་ནས་ཡོད་མོད་ཀྱི། །འོན་ཀྱང་ཡིད་བརྟན་མི་བྱ་གསུང་། །ཟབ་པར་བསྒྲགས་ཀུན་མདོ་རྒྱུད་ཀྱི། །ལུང་གིས་བསྒྲུབ་དུ་མེད་རྣམས་སྤྲངས། །མདོ་རྒྱུད་ལུང་གིས་དཔྱད་པ་གནད། ༄ །སྐུ་གཟུགས་རིང་བསྲེལ་གློ་བུར་ལྟས། །རྟོགས་དཔྱོད་བྱ་དགོས་བསྟན་པ་ནི། །རིང་བསྲེལ་དང་ནི་ཐུགས་སོགས་ནས། །དབྱེ་བ་མདོ་ཙམ་ཡིན་གསུང་བར། །ཞེས་པའི་བར་ནི་གོ་བ་སླ། །

༄ ཚིག་ལ་འཁྲུལ་པ་དགག་པ་ནི། །དེ་ནས་ཚིག་ལ་ཞེས་སོགས་ནས། །འཐད་ཕྱིར་མཁས་པས་བླང་ཞེས་བར། །དེ་དོན་གཞུང་ལྟར་གོ་བ་སླ། །སྔར་ནས་རྒྱ་བོད་ཆོས་ལོག་རྣམས། །སྐྱེས་ཆེན་གོང་མས་བཀག་ཚུལ་དང་། །ཆོས་ལོག་འཕེལ་རྣམས་འགོག་པར་བསྟན། ༄ །སངས་རྒྱས་གསུང་རབ་དྲི་མ་མེད། །ཞེས་ནས་རུང་བས་ཆེམ་པར་སྣང་། །ཞེས་པའི་བར་ཡང་གོ་བ་སླ། ༄ །བསྟན་བཅོས་བརྩམ་པའི་ཀུན་སློང་གི །ལྷག་བསམ་རྣམ་དག་བསྟན་པ་ནི། །བདག་ནི་སེམས་ཅན་ཀུན་ལ་བྱམས། །ཞེས་ནས་བློ་ཡིས་སྤྱོད་ཀྱིས་བར། །གཞན་ནི་གོ་སླ་ཆོས་ལོག་རྣམས། །ཕམ་པར་བྱེད་དང་བདུད་ཀྱི་རིགས། །ཡི་མུག་པར་གྱུར་ཆོས་ཤེས་པའི། །མཁས་པ་ཐམས་ཅད་དགའ་བར་བྱེད། །འབྲས་བུ་རྣམ་པ་གསུམ་ཞེས་བརྗོད། ༄ །བསྟན་བཅོས་བརྩམ་པའི་རྒྱུ་མཁས་པའི། །ཤེས་རབ་བསྟན་པར་བྱ་བ་ནི། །བདག་གིས་སྒྲ་དང་ཚད་མ་བསླབ། །ཞེས་སོགས་ནས་ནི་ལེགས་སྤྱོད་པའི། །འཇམ་མགོན་བླ་མ་དེ་ལ་འདུད། །ཞེས་གསུང་གཞུང་བཞིན་གོ་སླའོ། །དེ་ལྟར་ལྟར་བཅས་འགྲོ་བ་ཡི། །སྐྱབས་གཅིག་དཔལ་ལྡན་ས་སྐྱ་པ། །འཇམ་མགོན་ས་སྐྱ་པཎྜི་ཏས། །ལེགས་གསུངས་སྡོམ་གསུམ་རབ་དབྱེ་བའི། །ཚིག་དོན་གོ་བདེ་མདོར་བསྡུས་ཚུལ། །མཁན་ཆེན་ཐམས་ཅད་མཁྱེན་གཟིགས་པས། །

ངག་དབང་ཆོས་གྲགས་འགྲེལ་པ་ལྟར། །དེ་ལ་དབང་དང་རིམ་གཉིས་དང་། །ཡེ་ཤེས་ཕྱག་ཆེན་ས་ལམ་རྣམས། །གསང་སྔགས་ཟབ་མོ་ཡིན་མོད་ཀྱི། །སྨྲས་པར་འོས་ཀྱང་དུས་དབང་གིས། །ཐེམ་ལུས་རྒྱུན་ཆད་གྱུར་དོགས་ནས། །དེ་ལ་ཕན་ཕྱིར་གསལ་ཙམ་བཀོད། །

༈ དྲིན་ཅན་བླ་མ་འཇམ་དཔལ་དབྱངས། །མཆོག་ལ་འདུད་དོ་བྱིན་གྱིས་རློབས། །དཔལ་ལྡན་ས་སྐྱའི་བསྟན་འཛིན་མཆོག །ཀུན་མཁྱེན་བསོད་ནམས་སེང་གེ་ཡིས། །ཕྱིས་སུ་བསྟན་པ་རིན་ཆེན་ལ། །ནོར་འཁྲུལ་བྱུང་བ་བསལ་བའི་ཕྱིར། །སྡོམ་གསུམ་ཁ་སྐོང་ཞེས་བྱ་བའི། །གཞི་ལམ་འབྲས་གསུམ་གསལ་བྱེད་པའི། །ལེགས་བཤད་འོད་ཀྱི་སྣང་བ་མཛད། །དེ་ཡི་དགོངས་དོན་མདོ་ཙམ་བྲི། །སྡོམ་པ་གསུམ་གྱི་རབ་དབྱེ་ཡི། །ཁ་སྐོང་ཞེས་སོགས་མཚན་དོན་བསྟན། །རྗེ་བཙུན་བླ་མ་ལ་སོགས་དང་། །ཡོན་ཏན་ལྷུན་གྲུབ་ཚིག་བཞི་ཡི། །མཆོད་པར་བརྗོད་པ་མཛད་ནས་ནི། །རྒྱལ་བའི་བཀའ་དང་ཚད་ལྡན་སོགས། །ཚིགས་བཞིས་བཤད་པར་དམ་བཅའ་བ། །དེ་དོན་གཞུང་བཞིན་གོ་སླའོ། །ཐོག་མར་གཞི་ཡི་ངོས་བཟུང་ལ། །རང་བཞིན་འོད་གསལ་ཤེལ་གྱི་ཁམས། །ཞེས་ནས་འཁོར་འདས་ཀུན་གྱི་གཞི། །ཞེས་དོན་རང་བཞིན་འོད་གསལ་བ། །ཤེལ་དཀར་ལྟ་བུ་ཁམས་བདེ་བར། །གཤེགས་པའི་སྙིང་པོ་ཅན་ཞེས་སོ། །དེ་ནི་འཁོར་འདས་ཀུན་གྱི་གཞི། །དེ་ལ་བག་ཆགས་བཟང་ངན་གྱི། །ཚོན་གྱིས་བསྒྱུར་བས་གནས་སྐབས་སུ། །འཁོར་འདས་དུ་མར་སྣང་བ་ཡིན། །དེ་ལ་ཆོས་ཀྱི་དབྱིངས་ཞེས་འདོགས། །ཐབས་ཀྱི་མ་ཟིན་འཁོར་བའི་གཞི། །ཐབས་ཀྱིས་ཟིན་ན་ལམ་འབྲས་བུ། །སྟོབས་དང་ཡོན་ཏན་བྱང་ཆུབ་ཐོབ། །

༈ ལམ་ནི་ཐེག་གསུམ་བསླབ་པ་ནས། །སེལ་བྱེད་ལམ་གྱི་མཆོག་ཞེས་བར། །ཞེས་དོན་ལུགས་ཟངས་དངུལ་སེར་སྒྱུར། །དབྱེབས་ཀྱི་སྟེང་གི་སྒྲིབ་པ་ནི། །རང་རང་ངོ་སྐལ་རེ་སྤྱངས་ཤིང་། །ཡོངས་སུ་སྤྱངས་པ་རྡོ་རྗེ་ཐེག །སྤྱིར་བཏང་ལམ་ལ་མཆོག་ཞེས་པའི། །སྒྲ་ནི་བླ་མེད་ཐེག་ལ་འཇུག ༈ །འབྲས་བུའི་དོན་ནི་གནས་གྱུར་ནས། །འཆར་བའི་འབྲས་བུའོ་ཞེས་དོན། །འབྲས་བུ་གནས་གྱུར་ངོ་བོ་ཉིད། །ནམ་མཁའ་དྲི་བྲལ་ཡོན་ཏན་གྱིས། །རྣམ་མཁྱེན་ཟླ་བ་ཤར་བ་ལ། །གདུལ་བྱ་དག་པའི་ཆུ་གཙང་དུ། །ལོངས་སྐུ་མཆོག་གི་སྤྲུལ་སྐུ་གཉིས། །ཅི་རིགས་སྐུ་གཟུགས་འཆར་བ་ནི། །ལམ་མཆོག་དེ་ཡི་འབྲས་བུ་ཡིན། །བླ་མེད་ལམ་ནི་སྒོམ་སྟོབས་ཀྱི། །འབྲས་བུ་སྐུ་བཞི་ཐོབ་པའོ། །དེ་ཡི་རྒྱས་བཤད་གཞི་ཡི་སྐབས། ༈ །གཞི་ལ་གྲུབ་མཐའི་བྱེ་བྲག་གི །ཞེས་ནས་འདུས་བྱས་ཡིན་པར་དོན། །བྱེ་བྲག་གྲུབ་མཐའི་འདོད་ཚུལ་ནི། །བྱེ་སྨྲས་སེམས་བྱུང་མ་ཆགས་པའི། །རང་བཞིན་འདོད་པ་ཆུང་བ་དང་། །ཚོག་ཤེས་པ་ལ་རིགས་སུ་འདོད། །མདོ་སྡེ་པ་ཡི་ཐོབ་པ་སོགས། །རྐྱེན་གྱི་

དབང་ལ་བརྟེན་ནས་ནི། །གསར་དུ་བྱུང་བའི་ཟག་མེད་ཀྱི། །ས་བོན་ལ་ནི་རིགས་སུ་འདོད། །སེམས་ཙམ་པས་ནི་ཐོག་མེད་ནས། །གྲུབ་པའི་སྐྱེ་མཆེད་དྲུག་གི་ནི། །ཁྱད་པར་ཟག་མེད་ས་བོན་དང་། །སྒྲིབ་སྦྱང་དང་ནི་རུང་བ་དང་། །ཐོས་པའི་བག་ཆགས་ཞེས་བཞག་པའི། །དེ་ལ་རང་བཞིན་གནས་རིགས་འདོད། །དེ་གསུམ་དབུ་མ་པས་གཞལ་ན། །གཞི་རིགས་མཚན་ཉིད་པ་མ་ཡིན། །འདུས་བྱས་ཡིན་ནོ་བྱེ་མདོ་གཉིས། །རིགས་ཞེས་འདོགས་པ་ཙམ་ཞིག་ལས། །རང་བཞིན་གནས་རིགས་ཁས་མི་ལེན། །སེམས་ཙམ་སྐྱེ་མཆེད་དྲུག་གི་ནི། །ཁྱད་པར་དེ་ལ་གཉིས་སུ་ཕྱེད། །སྔ་མ་རྒྱན་གྱི་ཡང་དག་པ། །བླངས་པ་རྒྱས་འགྱུར་གྱི་རིགས་དང་། །ཕྱི་མ་ཆོས་ཉིད་ཀྱིས་ཐོབ་པ། །རང་བཞིན་གནས་རིགས་སུ་འཛོག་པ། །ཀུན་མཁྱེན་བླ་མའི་དགོངས་པ་སྟེ། །ངག་དབང་ཆོས་ཀྱི་གྲགས་པས་གསུངས། །

༈ དེ་ནས་དབུ་མའི་ལུགས་བསྟན་པ། །འདིར་ནི་བྱམས་མགོན་ལྷུ་སྒྲུབ་ཀྱི། །ཞེས་ནས་ལ་སོགས་བགྲང་ཡས་གསུང་། །བར་གྱི་དོན་ནི་བྱམས་མགོན་གྱི། །སེམས་ནི་གསལ་བ་སེམས་ཅན་ནས། །སངས་རྒྱས་བར་དུ་རྒྱུན་ཆགས་ཞིང་། །མ་འགག་པར་བཞེད་ཀླུ་སྒྲུབ་ཀྱིས། །ངོ་བོ་མཐའ་བཞི་སྤྲོས་ཀུན་གྱིས། །སྟོང་པར་བཞེད་ཅིང་དེ་གཉིས་ནི། །ཟུང་དུ་འཇུག་པའི་འདུས་མ་བྱས། །རང་བཞིན་གྱི་ནི་གནས་རིགས་དང་། །རྒྱུ་དུས་བདེ་གཤེགས་སྙིང་པོར་བཞེད། །དེ་ཡང་བྱམས་པའི་བཞེད་པ་ནི། །ཇི་སྙེད་ལྡོག་པར་ཞེས་བྱ་བ། །སེམས་ཅན་རྒྱུད་ལ་བདེ་གཤེགས་སྙིང་། །ཡོད་པ་བསྒྲུབ་ཚུལ་བཤད་པ་སྟེ། །གཞི་ལམ་འབྲས་བུའི་ཡོན་ཏན་གྱི། །ལྡོག་པ་མ་ལུས་ཚངས་པ་ཡི། །བདེ་བར་གཤེགས་པའི་སྙིང་པོ་ཉིད། །སེམས་ཅན་རྒྱུད་ལ་ཡོད་པ་ནི། །སྒྲུབ་བྱེད་གསུམ་གྱིས་སྒྲུབ་པ་ལ། །དཔེ་དགུར་ཡོད་དེ་དེ་བཞིན་གཤེགས། །སྐུ་གཟུགས་དྲི་མ་མེད་པ་དང་། །སྦྲང་དང་སྦྲང་རྩི་རོ་གཅིག་དང་། །འབྲས་བུ་སྙ་ཚོགས་ལྡན་པའི་སྦུབ། །སྙིང་པོ་གསུམ་གྱི་རིམ་པ་བཞིན། །གློ་བུར་དྲི་བྲལ་ཆོས་དབྱིངས་དང་། །ཟབ་མོ་སྟོང་ཉིད་སྟོན་གསུང་རབ། །དང་ནི་བརྗོད་བྱ་སྣ་ཚོགས་སྟོན། །གསུང་རབ་དཔེ་ཡི་མཚོན་དོན་གསུམ། །གསེར་གྱི་གཟུགས་ཀྱི་དཔེས་མཚོན་པའི། །རང་བཞིན་རྣམ་དག་གི་དེ་བཞིན། །ཉིད་ཀྱི་དཔེ་ཡི་མཚོན་དོན་གཅིག །དེ་བཞིན་གཏེར་དང་འབྲས་བུ་ཅན། །ཤིང་དང་རིན་ཆེན་ལས་གྲུབ་སྐུ། །འཁོར་ལོས་སྒྱུར་རྒྱལ་གསེར་ལས་གྲུབ། །སྲོག་ཆགས་གཟུགས་བརྙན་དཔེ་ལྔ་ཡི། །རིམ་པ་བཞིན་དུ་རང་བཞིན་གྱི། །གནས་རིགས་དང་ནི་རྒྱས་འགྱུར་རིགས། །སྐུ་གསུམ་དང་ལྔ་མཚོན་པའོ། །ཀླུ་སྒྲུབ་བཞེད་པ་ཇི་ལྟ་བའི། །ལྡོག་པ་བདེ་གཤེགས་སྙིང་པོ་ཡི། །ངོ་བོ་སྤྲོས་བྲལ་བཤད་པ་སྟེ། །རྟེན་འབྲེལ་གྱི་ནི་ཆོས་ཐམས་ཅད། །མཐའ་བཞི་སྤྲོས་པས་སྟོང་པའི་ཚུལ། །དོན་དམ་དཔྱོད་བྱེད་རིགས་པ་བསྟན། །སྤྲོས་བྲལ་སྟོང་པ་ཉིད་དེ་ལ། །

འཁོར་འདས་ཐམས་ཅད་རུང་བར་གསུང་། །བསྐྱོད་ཚོགས་ལ་ནི་ཟུང་འཇུག་གི །ལྡོག་པ་ཞེས་པ་བདེ་གཤེགས་སྙིང་། །ངོ་བོ་སྤྲོས་བྲལ་དེ་ཡང་སེམས། །གསལ་བ་ཟུང་དུ་ཆུད་པ་སྟེ། །རིགས་པས་གཏན་ལ་ཕབ་པ་ཡི། །སྟོང་ཉིད་དེ་ཡིས་སྟོང་རྐྱང་སྤངས། །འཁོར་འདས་རང་བཞིན་ལྷུན་གྲུབ་ཀྱི། །སེམས་དང་ཟུང་དུ་ཆུད་པ་ཉིད། །འཁོར་འདས་བྱ་བྱེད་རུང་བར་གསུང་། །

དེ་ཡི་བྱམས་མགོན་གསལ་ཆ་ལ། །ཇི་སྙེད་ལྡོག་པར་འདོགས་པ་དང་། །ཀླུ་ཡི་སྤྲོས་བྲལ་ལ་ཇི་ལྟའི། །ལྡོག་པའི་མིང་འདོགས་ཡངས་ཅན་མཁན། །དབང་ཕྱུག་དཔལ་བཟང་ཁྱད་ཆོས་བཞེད། །རྒྱལ་ཚབ་བྱམས་པ་མགོན་པོ་དང་། །རྒྱལ་བས་ལུང་བསྟན་ཀླུ་སྒྲུབ་གཉིས། །དགོངས་པ་མཐུན་སྟེ་བྱམས་པ་ཡི། །ཆོས་ཅན་གསལ་བའི་མཚན་ཉིད་ནི། །ཡོངས་རྫོགས་བསྟན་ཅིང་འཕགས་མཆོག་ཀླུས། །ཆོས་ཉིད་སྟོང་པ་དང་ཟུང་འཇུག །སྒོ་ནས་བསྟན་པས་ཤིང་རྟ་ཡི། །སྲོལ་འབྱེད་གཉིས་ནི་བདེ་བར་གཤེགས། །སྙིང་པོ་གསལ་སྟོང་ཟུང་འཇུག་ལ། །འཇོག་པའི་བཞེད་པ་གཅིག་ཏུ་མཐུན། །མཚན་གྱི་རྣམ་གྲངས་གཞུང་ཚིག་གི །གོ་སླ་ཀུན་གཞིའི་སྒྲར་བཞེད་ཅེས། །འདི་ནི་རྣམ་ཤེས་ཚོགས་བརྒྱད་ཀྱི། །ནང་ཚན་མ་ཡིན་དེ་འདུས་བྱས། །འདིར་ནི་གོང་དུ་བཤད་པ་ཡི། །གསལ་ཆ་འདུས་མ་བྱས་དེ་ལ། །ཀུན་གཞིའི་རྣམ་ཤེས་ཀྱིས་ནི་སྒྲ། །བདེ་གཤེགས་སྙིང་པོའི་མཚན་དུ་བཞེད། །འདི་ནི་སེམས་ཙམ་དང་གསུང་ངག །སྐབས་སུ་མིང་ཙམ་ལ་མ་འཁྲུལ། །བདེན་པས་སྟོང་པའི་སྤྲོས་བྲལ་གྱི། །རྣམ་དབྱེའི་གནད་ཤེས་གལ་ཆེའོ། །སྔགས་ཀྱི་མཚན་གྱི་རྣམ་གྲངས་ཀྱང་། །གཞུང་བཞིན་གོ་སླ་དེ་ཡང་ནི། །ལུས་ལ་ཡེ་ཤེས་ཆེན་པོ་གནས། །ཞེས་པ་ཞུ་བདེ་ལྷན་སྐྱེས་དང་། །རང་བཞིན་ལྷན་སྐྱེས་གཉིས་ལས་ནི། །སྔ་མ་དཔེ་ཡི་ཡེ་ཤེས་དང་། །ཕྱི་མ་དོན་གྱི་ཡེ་ཤེས་ཏེ། །དེ་ནི་བདེ་གཤེགས་སྙིང་པོའོ། །འཇམ་དཔལ་དང་ནི་རྡོ་རྗེ་སེམས། །དེ་ཡང་གཞི་ལམ་འབྲས་གསུམ་དུ། །ཡོད་པའི་ནང་ནས་གཞི་དུས་དེ། །བདེ་གཤེགས་སྙིང་པོ་ཡིན་ཕྱིར་རོ། ༈ །ལོག་པར་རྟོག་པ་བྱེ་བྲག་ཏུ། །དགག་ལས་དང་པོ་དར་ཊཱི་ཀ་པ། །བཀག་དོན་དེང་སང་ཚིག་སོགས་ནས། །འདི་དོར་ཞིག་ཅེས་བར་གྱི་དོན། །དྲི་བཅས་སེམས་ལ་བདེན་མེད་ཀྱི། །མིང་འདོགས་མེད་དགག་འཁྲུལ་པ་དོར། །རོང་ཊཱི་ཀ་དངོས་བསྟན་ལ་ཞེན་བཀག །ཁ་གཅིག་སེམས་ཀྱི་སྟོང་གསལ་སོགས། །ཞེས་ནས་ལུགས་ལ་མེད་པར་དོན། །གསལ་རྐྱང་འདུས་བྱས་གཞིར་མི་འཐད། །འདུས་བྱས་འདུས་མ་བྱས་གཉིས་ཀ །རང་བཞིན་གནས་རིགས་སོ་སོ་རུ། །བཞག་པ་མི་འཐད་ཟུང་འཇུག་ཏུ། །བསྡུ་ཕྱིར་འཁྲུག་པོ་བསྲང་བའི་ཚུལ། །དེ་ལྟར་ཡིན་ན་འགལ་བ་མེད། །

༈ པཎ་ཤཱཀ་པ་ཡི་རབ་དབྱེ་ལ། །སྒྲོ་བཏགས་བདེ་སྙིང་འགྲོ་རྒྱུད་ལ། །མེད་ཞེས་བཤད་པ་བཀག་དོན

ནི༔ ༔འགའ་ཞིག་ཆོས་ནི་ཐམས་ཅད་ཀྱི། །ཞེས་ནས་འབད་མེད་སྒྲུབ་པར་དོན། །ཙན་དན་སྙིང་པོ་སྦྲུལ་ཡོད་དང་། །འོ་མའི་སྙིང་པོར་མར་ཡོད་པ། མངོན་སུམ་གྲུབ་པས་དཔེར་མི་འཐད། །དེ་བཞིན་ཟླ་བ་སྒྲོན་མེ་སོགས། །ལུང་དང་འགལ་ཞིང་དྲང་དོན་རྣམས། །ཐ་སྙད་དུ་ཡང་མེད་པ་ནི། །ཕུང་ཁམས་སྐྱེ་མཆེད་ལ་སོགས་ཆོས། །མེད་མཐར་ལྷུང་ཞིང་བདེན་གཉིས་ཀྱི། །རྣམ་བཞག་མི་འབྱུང་འཇམ་དབྱངས་གསུངས། །མིན་པ་གཞུང་ནི་རང་གི་གསལ། །ཆོས་དབྱིངས་བདེ་གཤེགས་སྙིང་པོ་དང་། །སྟོང་ཉིད་སྤྲོས་བྲལ་དོན་དམ་བདེན། །དཔེ་དགུའི་ཚུལ་གྱིས་བསྟན་པ་ནི། །དྲང་དོན་ཀུན་རྫོབ་བདེན་པ་ཡིན། །དགོངས་གཞི་མཐའ་བཞི་སྤྲོས་བྲལ་དང་། །དགོས་པ་དཔེ་དགུའི་བསྟན་དོན་ནི། །འགྲོ་བའི་རྒྱུད་ཀྱི་སྐྱོན་ལྔ་སྤངས། །སྒྲུབ་པའི་ཚུལ་གྱིས་ཡོད་ལ་འཐད། །སྒྲུབ་པའི་ཚུལ་གྱི་ཞེས་པ་ནི། །སྒྲུབ་བྱེད་ཚུལ་གྱི་དོན་ཡིན་ཞེས། །མཁན་ཆེན་ངག་དབང་ཆོས་གྲགས་གསུངས། །དེ་ཉིད་ངེས་དོན་ཡིན་ཟེར་ན། །མུ་སྟེགས་བདག་མཚུངས་སྐྱོན་རྣམས་འབྱུང་། །བྱམས་མགོན་དགོངས་པ་འགྲོ་སེམས་རྒྱུད། །བདག་གཉིས་སྤྲོས་པ་བྲལ་མཐོང་བ། །ཇི་ལྟར་མཐོང་ཞེས་དེ་ཉིད་ཀྱང་། །སེམས་ཅན་ལ་ཡོད་མཐོང་བ་ནི། །ཇི་སྙེད་མཐོང་གསུངས་ཤེས་པ་གནད། །

༄ མཚན་ཉིད་པ་འགས་གློ་བུར་གྱི། །དྲི་བྲལ་ཆོས་དབྱིངས་རང་བཞིན་གྱི། །རྣམ་དག་ཆོས་དབྱིངས་མ་ཡིན་ཏེ། །དེ་གཉིས་ཕན་ཚུན་སྤངས་འགལ་ཡིན། །ཟེར་བ་དེ་ནི་བཀག་པའི་ཆེད། །ཁ་ཅིག་རང་བཞིན་རྣམ་དག་དང་། །ཞེས་ནས་རྣམ་དག་ཤེས་པར་གྱིས། །ཞེས་དོན་དྲི་མ་བདེན་གྲུབ་ཀྱི། །དག་པའི་དབྱིངས་དང་གློ་བུར་གྱི། །དྲི་མ་གཉེན་པོས་བཅོམ་པ་ཡི། །དབྱིངས་གཉིས་གཞི་མཐུན་མེད་པ་ཡི། །ཚིག་ནི་འབྲེལ་མེད་འཁྲུལ་གཏམ་ཡིན། །དྲི་མ་བདེན་གྲུབ་ཀྱིས་དག་དང་། །གཉེན་པོས་བཅོམ་པའི་དག་པ་གཉིས། །དག་ཚུལ་སྣ་ཕྱིའི་རྣམ་པ་ལས། །དག་ཆ་འགལ་ན་སྐྱེ་འཇིག་དང་། །བྱས་དང་མི་རྟག་འགལ་བར་འགྱུར། །དྲི་མ་བདེན་གྲུབ་དག་པ་ནི། །དག་པ་ཙམ་གྱིས་གཉེན་པོ་ཡི། །བཅོམ་པའི་དྲི་མ་དག་མི་འགྲོ། །དེ་འདྲ་ཡིན་ན་གང་ཟག་གི། །བདག་མེད་རྟོགས་ཚེ་ཆོས་བདག་ཀྱང་། །ཕྱོགས་སུ་རྟོགས་འགྱུར་དེ་མི་འབྱུང་། །དེས་ན་ཀླུ་སྒྲུབ་ཞབས་སོགས་ཀྱི། །ཆོས་དབྱིངས་རང་བཞིན་རྣམ་དག་ལ། །གློ་བུར་དྲི་བྲལ་དག་པ་ནི། །གཉིས་ལྡན་གསུང་འདི་ཚད་མ་ཡིན། །ཆོས་ཀྱི་དབྱིངས་ཀུན་རང་བཞིན་གྱི། །རྣམ་པར་དག་པར་ཤེས་པར་བྱ། །

༄ ཇོ་ནང་ཀུན་མཁྱེན་ཆེན་པོ་ཡི། །སྙིང་པོ་བདེན་གྲུབ་འདོད་བཀག་པ། །མཁྱེན་རབ་གཤོག་ཡངས་རྒྱས་པ་ཡི། །ཞེས་ནས་སྙིང་པོར་ཤེས་པར་གྱིས། །བར་གྱི་དོན་ནི་གཞིའི་གནས་ཚུལ། །ཇོ་ནང་པ་ཡི་འདོད་ལུགས་ནི༔ ༔གཞི་འབྲས་གཉིས་སུ་ཡོན་ཏན་གྱི། །ལྷག་པ་དང་ནི་ངོ་བོ་སྟེ། །དབྱེར་མེད་ཆོས་དབྱིངས་བདེ་བར་

གཤེགས། །སྙིང་པོ་ཡིན་ནོ་ཆོས་དབྱིངས་ཏེ། །སྟོབས་སོགས་ཡོན་ཏན་ལྷུན་གྲུབ་ཀྱི། །དོན་དམ་སངས་རྒྱས་ཡིན་པ་འཐད། །མདོ་རྒྱུད་ལུང་གིའང་གསལ་བའོ། །གནད་ཀྱི་དོན་ནི་གཞིའི་དྲི་མ། །གཉེན་པོས་བཅོམ་པའི་གློ་བུར་གྱི། །དྲི་མས་བདེ་གཤེགས་སྙིང་པོ་སྟོང་། །དེ་གཉིས་འབྲུ་དང་འབྲུ་ཤུན་ལྟར། །འབྲལ་རུང་ཚུལ་དུ་ཡོད་པ་ཡིན། །བདེ་གཤེགས་སྙིང་པོ་སངས་རྒྱས་སུ། །གནས་གྱུར་སྟོབས་སོགས་ཡོན་ཏན་ནི། །བསམ་གྱིས་མི་ཁྱབ་དུས་རྟག་ཏུ། །མི་སྟོང་ཡོན་ཏན་དེ་དག་དང་། །དབྱེར་མེད་ལྡན་ཞིང་མི་འབྲལ་ལོ། །གཞི་འབྲས་འདོད་ཚུལ་ཐ་སྙད་དང་། །འགལ་ཏེ་དྲི་བཅས་སངས་རྒྱས་སུ། །ཡིན་ན་གནོད་བྱེད་འདི་ལྟར་འབྱུང་། །དྲི་བཅས་ཆོས་དབྱིངས་སངས་རྒྱས་སུ། །འདོད་ན་དེ་ལྟར་ཐ་སྙད་ཚེ། །སྐྱེ་གནས་འཇིག་གསུམ་ཡོད་མེད་དང་། །དམན་འབྲིང་མཆོག་གསུམ་གྱི་ཁྱད་པར། །མེད་པར་འགྱུར་རོ་ཐ་སྙད་ཀྱི། །ཚེན་དེ་དག་སོ་སོ་རུ། །ཕྱེ་ནས་སྨྲ་དགོས་ལུང་ལས་གསལ། །ཡང་ན་ཐ་སྙད་དུ་དེ་ལྟར། །ཁས་ལེན་དགོས་ཀྱང་ཐ་སྙད་ལ། །ཚད་མར་བྱས་ན་གང་ཟག་ལ། །མི་སྟོན་ཆོས་ལ་སྟོན་པ་དང་། །ཚིག་ལ་མི་སྟོན་དོན་ལ་སྟོན། །དྲང་དོན་མི་སྟོན་ངེས་དོན་སྟོན། །རྣམ་ཤེས་མི་སྟོན་ཡེ་ཤེས་སྟོན། །གཞི་ལས་ཆོས་ལ་མི་སྟོན་ཅིང་། །གང་ཟག་སྟོན་གྱུར་སྐྱོན་མེད་དོ། །

ཟེར་ན་དེ་དག་གོ་རིམ་ནི། ། ཐོག་མར་ཐ་སྙད་ཁས་བླང་ནས། །ཕྱིས་ནས་དོན་དམ་གནས་ལུགས་ལ། །འཇུག་པའི་གནས་སྐབས་གོ་རིམ་ཡིན། །ཐ་སྙད་དང་པོ་ནས་དོར་ན། །ཐ་སྙད་གསུང་པ་དོན་མེད་གྱུར། །གོ་རིམ་ལོག་པ་ཁྱད་ལ་འགྱུར། །དོན་དམ་རྟོགས་པའི་རྗེན་ཐོག་མར། །ཐ་སྙད་ཁས་ལེན་འཕགས་མཆོག་ནི། །ཀླུ་སྒྲུབ་ཟླ་བའི་ལུང་ལས་གསལ། །ཡང་ནི་ཐ་སྙད་ཚེན་ཡང་། །དྲི་བཅས་ཆོས་དབྱིངས་སངས་རྒྱས་སུ། །ཡིན་པས་སྐྱོན་མེད་ཞེས་ཟེར་ན། །བྲམས་པས་རྒྱུད་བླར་གསུང་པ་ཡི། །མ་དག་མ་དག་དག་པ་དང་། །ཞེས་སོགས་འཕགས་མཆོག་ཀླུ་སྒྲུབ་ཀྱིས། །ཇི་ལྟར་སོས་ཀའི་དུས་སུ་ཆུ། །དཔེ་དང་བཅས་སྐེ་གསུང་དང་འགལ། །མཚན་བཏགས་ཕྱེ་བ་དཔེ་བཅས་ནི། །སློབ་དཔོན་དཔལ་ལྡན་རྩེ་མོ་ཡི། །རྒྱུད་སྡེ་སྤྱི་རྣམ་ལས་ཀྱི་རྗོར། །མཚན་གྱི་འབྲས་རྒྱུད་དངོས་སུ་བསྟན། །རྒྱུ་རྒྱུད་ཐབས་རྒྱུད་ཤུགས་བསྟན་པ། །ཕྱོགས་ཀྱི་གླང་པོའི་བརྒྱད་སྟོང་གི །དོན་བསྡུས་ནས་གསུང་ལུང་བཀོད་བཞིན། །དེས་ན་གཞི་དུས་དྲི་བཅས་ཆོས། །སངས་རྒྱས་ཡིན་པས་མ་ཁྱབ་ཤེས། །སྤྱི་རྣམས་ལུང་གི་དངོས་དོན་ནི། །སངས་རྒྱས་རྣམས་ཀྱི་དམིགས་མེད་པའི། །ཐུགས་རྗེ་ཆེ་དང་ཤེས་རབ་ཆེ། །ཟུང་འཇུག་ཀྱེ་རྡོར་འབྲས་བུའི་རྒྱུད། །དེ་ཉིད་ཐོབ་བྱེད་ལམ་ལ་ཡང་། །ཀྱེ་རྡོར་རྒྱུ་ཡང་ཀྱེ་རྡོར་དུ། །མིང་བཏགས་གསུམ་ཀ་ཀྱེ་རྡོ་རྗེ། །ཡིན་པར་ཕྱོགས་གླང་ལུང་གིས་གསལ། །མཚན་བཏགས་མི་ཕྱེད་མི་འཐད་ལ། །རྗེ་ངང་པ་ཀུན་དགའ་རྒྱལ་མཚན་སོགས། །རང་ལུགས་བླ་མ་ཁ་ཅིག་གིས། །སྤྱི་རྣམ་ལས་ནི་རྒྱུད་གསུམ་ཀ །ཀྱེ་རྡོར་མཚན་ཉིད་པར་

བཞེད་ཞེས། །རྗེ་བཙུན་སྐུ་མཆེད་གསུང་ཟེར་ན། །གསུམ་ཀ་ཀུན་རྫོབ་མཚན་ཉིད་པ། །མི་འཐད་ཀུན་རྫོབ་རྒྱུད་ཀྱི་ནི། །མཚན་དོན་བཤད་ཚེ་རྒྱུ་ལམ་གཉིས། །ཐབས་ཤེས་ཟུང་འཇུག་གི་སྒོ་ནས། །ཀུན་རྫོབ་མཚན་དོན་བཤད་དུ་ཡོད། །གསུམ་ཀ་བརྗོད་བྱ་དོན་གྱི་ནི། །ཀུན་རྫོབ་མཚན་ཉིད་པ་ཡིན་ཀྱང་། །དེ་ལ་མཚན་བཏགས་ཕྱེ་བའི་ཚེ། །ཧེ་ནི་སྙིང་རྗེ་ཆེན་པོ་ཉིད། །བཛྲ་ཤེས་རབ་བརྗོད་པར་བྱ། །ཞེས་པའི་དངོས་བསྟན་ཀུན་རྫོ་རྗེ། །མཚན་ཉིད་པ་ཡིན་དེ་ཡི་ནི། །ཤུགས་བསྟན་རྒྱུ་ལམ་ཀུན་རྫོབ་གཉིས། །ཀུན་རྫོབ་བཏགས་པ་བ་ཡིན་ནོ། །རྗེ་བཙུན་སྐུ་མཆེད་ལུང་གི་དོན། །རྒྱུ་དང་ལམ་ལ་དངོས་བཏགས་ནི། །མ་ཕྱེས་ཚེ་ན་ཀུན་རྫོབ་སྒྲ། །འཇུག་སྟེ་རྒྱུ་རྒྱུད་ཀུན་རྫོབ་སོགས། །གསུམ་ཆར་འཆད་པས་ཀུན་རྫོབ་འཆད། །ཞེས་ཙམ་དོན་ཡིན་ཡང་ན་ནི། །རྒྱུད་གསུམ་མཚན་དོན་གྱིས་ནི་སྐབས། །དངོས་བཏགས་མ་ཕྱེའི་ཀུན་རྫོ་རྗེ། །ཡིན་ཞེས་ཀུན་མཁྱེན་བླ་མས་བཞེད། །ཀུན་རྫོབ་མཚན་ཉིད་པ་ལ་ནི། །ལྷ་སྐུ་ཞལ་ཕྱག་རྣམ་པ་ནི། །གང་ཟག་ཡིན་པས་རྒྱུད་གསུམ་གྱི། །ནང་ཚན་འབྲས་བུའི་ཀུན་རྫོབ་ཡིན། །ཕྱི་མ་ཧེ་སོགས་རྒྱུད་ཚིག་གིས། །དངོས་བསྟན་རྒྱུད་གསུམ་ནང་ཚན་དུ། །གྱུར་པའི་འབྲས་བུའི་ཀུན་རྫོ་རྗེ། །མཚན་ཉིད་པ་ནི་དེ་ཡིན་ནོ། །

གལ་ཏེ་རྒྱུད་ནི་གསུམ་ཀ་ནི། །ཀུན་རྫོབ་མཚན་ཉིད་པ་ཡིན་ན། །ཀུན་རྫོབ་སྒྲ་ཡི་འབྲས་རྒྱུད་ནི། །དངོས་བསྟན་རྒྱུ་ལམ་ཤུགས་བསྟན་དུ། །མི་འཐད་གསུམ་ཀ་མཚུངས་པར་འགྱུར། །དཔེར་ན་གསེར་བུམ་བསྟན་པ་ཡིས། །བུམ་མིང་ཙམ་ལས་དངུལ་ཟངས་བུམ། །ཤུགས་ལ་བསྟན་པ་མི་འགྱུར་ངོ་། །མཚན་བཏགས་མི་ཕྱེའི་གཞུང་འགལ་བ། །ཤེར་ཕྱིན་སྐབས་སུ་གཞུང་ལམ་གཉིས། །ཤེར་ཕྱིན་མཚན་ཉིད་པ་མིན་པ། །སློབ་དཔོན་སེང་གེ་བཟང་པོ་ཡི། །བརྒྱད་སྟོང་འགྲེལ་ཆེན་ལས་གསུང་དང་། །དེ་བཞིན་དཀོན་མཆོག་འབང་གིས་ནི། །འགྲེལ་པ་ལས་ནི་གསུང་པ་ལྟར། །དངོས་བཏགས་གཙོ་ཕལ་རྣམ་བཞག་ནི། །གཞུང་ལུགས་ཆེན་པོ་སྤྱི་ལ་མཛད། །དཔེར་ན་ཁ་ཆེ་སྟ་ཉག་ལ། །སེང་གེར་བཏགས་པ་ཁ་ཆེ་ནི། །སེང་གེ་མ་ཡིན་སྟ་ཉག་པར། །སེང་གེའི་མིང་བཏགས་ལྟ་བུའོ། །

བོད་གཞུང་ཛ་ནང་རང་གི་ནི། །ངེས་དོན་རྒྱ་མཚོར་གཞི་འབྲས་གཉིས། །གཉིས་མེད་ཡེ་ཤེས་སྤྱི་ཙམ་པ། །ཤེར་ཕྱིན་མཚན་ཉིད་པ་མི་འཐད། །དེ་ལྟར་ཡིན་ན་བརྒྱད་སྟོང་པ། །དོན་བསྡུས་སོགས་ལས་དེ་བཞིན་གཤེགས། །ཤེར་ཕྱིན་མཚན་ཉིད་པའི་རྟེན་གྱི། །ཁྱད་པར་གསུངས་པ་དོན་མེད་འགྱུར། །ཡང་ནི་དེ་བཞིན་གཤེགས་པ་ལ། །གཞི་དུས་དེ་བཞིན་གཤེགས་པ་སོགས། །མང་དུ་ཡོད་པས་གཞི་དུས་ཀྱི། །གཉིས་མེད་ཡེ་ཤེས་རྟེན་ཡིན་པས། །སྐྱོན་མེད་སྙམ་ན་དེ་མི་འཐད། །གཞི་དུས་སུ་ནི་དེ་བཞིན་གཤེགས། །མཚན་ཉིད་པ་ཡོད་ཐ་སྙད་དང་། །འགལ་

པའི་སྒྲོན་ནི་སྔར་བསྟན་ཟིན། །གཞན་ཡང་གཞུང་དང་ལམ་གཉིས་ལ། །མཚན་ཉིད་གསུམ་གཞན་དབང་ཀུན་བཏགས་ཡོངས་གྲུབ་ཕྱེ་ཡོངས་གྲུབ་ནི། །ཡོངས་གྲུབ་ཤེར་ཕྱིན་མཚན་ཉིད་པ། །མ་ཡིན་ན་ནི་ཆོས་ཐམས་ཅད། །མཚན་ཉིད་གསུམ་དུ་ཕྱེ་བ་ཡིས། །ཡོངས་གྲུབ་ཤེར་ཕྱིན་མཚན་ཉིད་པར། །ཇོ་ནང་རང་གི་འདོད་དང་འགལ། །ཡིན་ན་ཤེས་རབ་ཕ་རོལ་ཕྱིན། །གཉིས་ཞེས་གཞུང་ན་བརྒྱད་སྟོང་གི །འགྲེལ་ཆེན་སོགས་ལས་ཤེར་ཕྱིན་ལ། །དངོས་བཏགས་ཕྱེ་བ་རྒྱབ་བརྟེན་དུ། །བྲང་སྟེ་བཤད་པ་དང་འགལ་ལོ། །འཁྲུལ་མེད་བླང་བྱར་བསྟན་པ་ནི། །ཤེར་ཕྱིན་དངོས་བཏགས་ཕྱེ་དགོས་པས། །གཞུང་འདིའི་དགོངས་པ་སློབ་དཔོན་ནི། །སེང་གེ་བཟང་སོགས་འཕགས་ཡུལ་གྱི། །མཁས་གྲུབ་ཀུན་མཐུན་ས་སྐྱ་པའི། །རྗེ་བཙུན་གོང་མས་རྒྱུད་སྡེ་ཡི། །སྤྱི་རྣམས་ལས་གསུང་གྲུས་པས་ལོང་། །གློ་བུར་དྲི་བྲལ་ཆོས་སྐུ་དེ། །ཐོབ་ལ་ཚོགས་བསགས་དགོས་གྱུར་ན། །དོན་དམ་ཆོས་ཀྱི་སྐུར་མི་འགྱུར། །དེ་ཡང་ཚོགས་གཉིས་བསགས་པ་ལ། །ལྟོས་མི་དགོས་ན་འགྲོ་བ་ཀུན། །དང་པོ་ཉིད་ནས་གློ་བུར་གྱི། །དྲི་བྲལ་འགྱུར་བས་སྙིང་པོ་ལ། །དྲི་མས་སྒྲིབ་པ་དཔེ་དགུ་ཡི། །བསྟན་པ་དེའང་དོན་མེད་འགྱུར། །དོན་དམ་གནས་ལུགས་འགལ་བའི་སྒྲོན། །ཆོས་ཀྱི་དབྱིངས་ཞེས་ཡོངས་གྲུབ་ལ། །བདེན་གྲུབ་འདོད་པ་འཁོར་ཐ་མི། །ངེས་དོན་གཞུང་དང་འགལ་བ་སྟེ། །ཆོས་དབྱིངས་བདེན་གྲུབ་འདོད་པ་ནི། །དོན་དམ་སྒྲོ་འདོགས་ཀྱི་མཐར་ལྟུང་། །

མདོ་ལས་ཟབ་ཞི་སྤྲོས་བྲལ་སོགས། །རྣམ་གྲངས་ལྔ་རུ་གསུངས་པ་ལས། །ཆོས་ཀྱི་དབྱིངས་ནི་འདུས་མ་བྱས། །བདེན་མེད་དུ་བསྟན་རྒྱ་ཤེ་ཡི། །འདུས་བྱས་བརྟགས་པའི་རབ་བྱེད་ལ། །སྐྱེ་དང་གནས་དང་འཇིག་པ་དག །ཅེས་སོགས་སྐྱེ་གནས་འཇིགས་གསུམ་བྲལ། །འདུས་བྱས་བདེན་པར་མ་གྲུབ་པས། །འདུས་མ་བྱས་ཀྱང་བདེན་གྲུབ་མིན། །དེས་ན་འདུས་བྱས་འདུས་མ་བྱས། །བདེན་མེད་ཉིད་དུ་མཚུངས་པར་སྟོན། །འཕགས་མཆོག་ཀླུ་ཡི་དངོས་སྨྲ་ནི། །འགོག་པར་མཛད་པའི་རིགས་པ་ཉམས། །ཁྱེད་ལ་ལོག་གྱུར་བདེན་གྲུབ་ཀྱི། །ཆོས་སུ་ཁས་བླང་བྱས་ཕྱིར་རོ། །དབུ་མ་པ་ཡི་ཆོས་ཐམས་ཅད། །རང་བཞིན་མེད་ཅེས་འཆད་པ་ལ། །དངོས་སྨྲས་དེ་ལྟའི་ཚིག་དེ་ཡང་། །རང་བཞིན་ཡོད་མེད་མེད་ན་ནི། །མེད་པའི་དམ་བཅའ་ཉམས་ཡོད་ན། །རང་བཞིན་གྲུབ་པར་ཁས་ལེན་གྱུར། །དེ་ལ་དབུ་མ་པས་འདི་གསུངས། །དངོས་སྨྲ་ཁྱེད་ཀྱི་བདེན་གྲུབ་ཀྱི། །དམ་བཅའ་བྱས་ཤིང་དབུ་མ་པས། །ཡོད་མེད་གཉིས་ཀར་མ་བཟུང་པས། །རང་བཞིན་མེད་པ་ཅེས་པའི་དོན། །དམ་བཅའ་མེད་པར་འཆད་པ་ཡིན། །དེ་ལྟར་དངོས་སྨྲའི་ཚིག་གི་ལན། །ཙམ་མིན་དབུ་མའི་དགོངས་པ་དངོས། །ཀླུ་སྒྲུབ་ཞབས་ཀྱིས་གསུང་པ་དང་། །འཕགས་པ་ལྷ་དང་ཟླ་བས་ཀྱང་། །དེ་བཞིན་གསུངས་པ་དབུ་མ་པས། །དོན་

དམ་ཡོད་མེད་གཉིས་ཀ་རུ། །དམ་བཅའ་ཁས་ལེན་མེད་པས་ན། །སྐྱོན་དང་ཀླན་ཀ་ཀུན་ལས་གྲོལ། །དེ་ཡང་སྒྲུབ་པའི་དམ་བཅའང་མེད། །དགག་པའི་དམ་བཅའ་ཡང་མེད་པས། །གནས་ལུགས་ལ་ནི་དཔྱོད་པའི་ཚེ། །རང་རྒྱུད་གཏན་ཚིགས་མི་འཐད་ཞེས། །འཕགས་མཆོག་ཀླུ་ཡི་དྲུག་ཅུ་པ། །དེ་འགྲེལ་ཟླ་བའི་ཚིག་གསལ་ལས། །དབུ་མ་ཡིན་ན་རང་རྒྱུད་ཀྱི། །རྗེས་དཔག་བྱ་བ་རིག་མ་ཡིན། །ཕྱོགས་གཞན་ཁས་བླང་མེད་ཕྱིར་རོ། །ཞེས་གསུང་གནས་ལུགས་གཏན་འབེབས་ཕྱིར། །དགག་སྒྲུབ་རྣམ་བཞག་བྱེད་པ་ནི། །ཐམས་ཅད་ཀུན་རྫོབ་སྒྱུ་མ་ཡི། །རྣམ་རོལ་ཁས་ལེན་ཕྱིར་ཡིན་ཏེ། །ཇི་ལྟར་སྤྲུལ་པས་སྤྲུལ་པ་དང་། །སྒྱུ་མའི་སྐྱེས་བུའི་སྒྱུ་མ་ལ། །དགག་པ་བྱེད་པ་ཅི་འདྲ་བ། །དགག་པ་དེ་ཡང་དེ་འདྲ་འདོད། །

དེ་ལྟར་བྱས་པས་ཇོ་ནང་པས། །སྐྱོན་མེད་འདུས་བྱས་བདེན་མ་གྲུབ། །བདེན་གྲུབ་དམ་བཅའ་མེད་བཤད་པ། །འཕགས་པའི་མཉམ་བཞག་གཟིགས་ངོར་ཡིན། །རྗེས་ཐོབ་ཡོད་མེད་ཡིན་མིན་གྱི། །ཤན་འབྱེད་སྐབས་ཡིན་ཟེར་མི་འཐད། །སྔ་མ་གདུལ་བྱས་གནས་ལུགས་དོན། །རྟོགས་ཕྱིར་རིག་པས་གཏན་འབེབས་སྐབས། །ཕྱི་མ་དབུ་མ་པས་དངོས་སྨྲའི། །རྩོད་བཟློག་སྐབས་ཡིན་དེ་གཉིས་ནི། །མཉམ་བཞག་སྐབས་ཞེས་སྨྲ་བ་ནི། །ཧང་ཐལ་ཚིག་སྟེ་རྗེས་ཐོབ་ཏུ། །རྩོད་པ་མི་བྱེད་མཉམ་བཞག་དུ། །རྩོད་པ་བྱེད་ཅེས་སྨྲ་བ་ནི། །ཇོ་ནང་གྲུབ་མཐའི་སྐྱོན་ཡིན་ནོ། །དགོས་པ་འགལ་བ་སྤང་པ་ནི། །སྙིང་པོ་བདེན་པར་གྲུབ་པ་དེ། །མགོན་པོ་བྱམས་པས་རྒྱུད་བླ་མར། །སྐྱོན་ལྔ་སྤང་ཞེས་གསུང་དང་འགལ། །ཤེར་ཕྱིན་མདོ་ལས་སྤྲིན་རྨི་ལམ། །སྒྱུ་མ་གསུམ་དཔེས་ཆོས་ཐམས་ཅད། །བདེན་སྟོང་གསུང་དང་བཀའ་འཁོར་ལོ། །ཐ་མར་སེམས་ཅན་རྒྱུད་ལ་ནི། །བདེ་སྙིང་རྟག་བརྟན་ཐེར་ཟུག་གི །བདེན་གྲུབ་ཡོད་གསུང་འགལ་བ་ཡི། །དགོས་པ་བགོད་ནས་དེ་ཡི་ལན། །འཁོར་ལོ་ཐ་མར་གསུང་པ་ནི། །སྐྱོན་ལྔ་སྤང་ཕྱིར་གསུང་པ་ཡི། །ཤུགས་ལས་ཤེར་མདོ་ངེས་དོན་དང་། །ཐ་མ་དྲང་དོན་ཡིན་པར་གསལ། །སྡོམ་གསུམ་ཚིག་དོན་ཐལ་འགྱུར་ནི། །བསྒྲུབ་པའི་ཕྱིར་ན་འདི་འཐད་བཞེད། །དེས་ན་དབུ་མ་པ་ཡི་ལུགས། །ཤེར་མདོ་ངེས་དོན་བཀའ་ཐ་མ། །དྲང་ངེས་སྣ་ཚོགས་འདྲེས་སྨྲ་དགོས། །གནད་དོན་བསྡུས་ཏེ་བསྟན་པ་ནི། །གཞི་ཡི་གནས་སྐབས་མདོར་བསྡུས་ན། །ཕྱི་ནང་ཆོས་ཀུན་སེམས་སུ་འདུས། །སེམས་ཉིད་གདོད་ནས་མཐའ་བཞི་ཡི། །སྤྲོས་བྲལ་ངོ་བོ་སྟོང་ཉིད་ཡིན། །སྟོང་ཉིད་དེ་དང་གསལ་བའི་ཆ། །ཡ་མ་བྲལ་བར་ཟུང་དུ་འཇུག །བློ་འདས་བརྗོད་བྲལ་རྒྱུ་དུས་ཀྱི། །བདེར་གཤེགས་སྙིང་པོར་ཤེས་བྱ་སྟེ། །ཟུང་འཇུག་དེ་ནི་གཞི་དུས་ཀྱི། །གནས་ལུགས་མཐར་ཐུག་ཉིད་ཡིན་ནོ། །གཞི་ཡི་སྐབས་ཏེ་དང་པོའོ། །

༈ དེ་ནས་ལམ་གྱི་གནས་སྐབས་ལ། །ལམ་གྱི་རྣམ་བཞག་སྤྱིར་བསྟན་པ། །ལམ་ལ་གྲུབ་མཐའ་རྣམ་

བཞི་ཡི། །སོགས་ནས་ངོ་བོ་གཅིག་གི་བར། །གཞི་ཡི་སྙིང་གི་དྲི་མ་ནི། །སྦྱོང་བའི་ལམ་ལ་གྲུབ་མཐའ་བཞིའི། །རང་རང་གཞུང་ལས་ཐེག་གསུམ་གྱི། །ལམ་གྱི་རྣམ་བཞག་བསྟན་པར་བཞེད། །འདུལ་བ་ལུང་དང་མཛོད་སོགས་ལས། །ཉན་རང་ཐེག་ཆེན་ལམ་བགྲོད་ཚུལ། གསུང་འདི་བྱེ་བྲག་མདོ་སྡེའི་ལུགས། ཡང་ནི་ས་ཡི་དངོས་གཞི་ལས། །ཉན་རང་བྱང་སེམས་གསུམ་གསུང་པ། །དེ་ནི་སེམས་ཙམ་པ་ཡི་ལུགས། །མདོ་སྡེ་རྒྱན་ལ་རྟོགས་རིགས་ཀྱི། །སྒོ་ནས་ཐེག་གསུམ་ལམ་གསུང་པ། །སྐབས་དེའི་དབུ་མའི་ལུགས་ཡིན་ནོ། །འོན་ཀྱང་གྲུབ་མཐའ་འོག་མ་ལས། །འོག་མ་དེ་ལས་གོང་གོང་མ། །གཙོ་ཆེར་དབུ་མ་པས་གཞལ་ན། །དབུ་མའི་གཞུང་མ་གཏོགས་པ་གཞན། །བྱང་ཆུབ་གསུམ་ཐོབ་ལམ་མ་ཚང་། །དབུ་མའི་གཞུང་ལས་བཤད་པ་ཡི། །ལྟ་གྲུབ་ལ་ནི་མ་བརྟེན་པར། །གཞན་གྱིས་བྱང་ཆུབ་ཐོབ་མི་ནུས། །གསང་སྔགས་རྡོ་རྗེ་ཐེག་པ་ནི། །ཕ་རོལ་ཕྱིན་ལས་ཁྱད་ཆོས་བཞིའི། །ཁྱད་འཕགས་སྔགས་ཀྱི་ལམ་ཞུགས་ཚེ། །རྟེན་གྱི་གང་ཟག་སྡོམ་གསུམ་ལྡན། །ཐབས་ནི་རིམ་གཉིས་ཉམས་ལེན་ལ། །འབད་པས་འཕྲལ་དུ་བླ་མེད་པའི། །བྱང་ཆུབ་བསྒྲུབ་པ་ནུས་པ་ཡིན། །སྡོམ་གསུམ་དེ་ཡང་ལེན་བྱེད་ཀྱི། །ཚུལ་ནི་འདུལ་བ་དབུ་སེམས་ཀྱི། །སེམས་བསྐྱེད་སྔགས་ཀྱི་དབང་ཆོག་ལས། །རིམ་གྱིས་བླང་ནས་འཇུག་པའམ། །འོག་མ་གཉིས་ཀྱི་སྔུང་པ་ནི། །མ་སོང་ན་ནི་དབང་བསྐུར་གྱི། །དཀྱུས་ཐོག་གཅིག་ལ་སྡོམ་པ་གསུམ། །གཅིག་ཆར་ཐོབ་ཚེ་སྡོམ་པ་གསུམ། །ལྡན་ཚེ་གང་ཟག་དེའི་རྒྱུད་ལ། །སྡོམ་པ་གསུམ་ཆར་སྔགས་སྡོམ་གྱི། །ངོ་བོ་གཅིག་ཡིན་སྐྱེ་འཇིག་ནི། །གཅིག་ཆར་བྱེད་ན་བཏང་ཐོབ་ཀྱང་། །དུས་གཅིག་འགྱུར་རོ་ཅེས་ཟེར་ན། །ཕྱི་མ་མ་ངེས་སྐྱེ་འཇིག་གི །སྐད་ཅིག་གིས་བྱེད་བཏང་ཐོབ་ནི། །རྒྱན་ལ་འཇོག་པ་ལུང་རིགས་གནད། །ཐོབ་པ་སོ་སོའི་ཆོ་གའི་དུས། །བཏང་བ་ཉན་ཐོས་སོ་ཐར་ནི། །ཚེ་འཕོས་ཚེ་དང་བྱང་སྔགས་གཉིས། །བྱང་ཆུབ་སྙིང་པོའི་མཐའ་ཅན་ཡིན། །

སོ་སོར་བཤད་པའི་སོ་ཐར་ནི། །བཀའ་གདམས་པ་སོགས་འགའ་ཞིག་གི །སོ་ཐར་སྡོམ་པ་གཟུགས་ཅན་དང་། །གྲངས་ཀྱང་རིགས་བརྒྱད་ཁོ་ནར་དང་། །འཆི་ཚེ་གཏོང་བས་ཁྱབ་འདོད་པས། །བཀག་དོན་དེ་ལ་ཁ་ཅིག་ནས། །སོགས་ནས་ཅི་ལྟར་གཏོང་ཞེས་བར། །དོན་ནི་དགའ་གདོང་པ་སོགས་ཀྱི། །འབྲུལ་གཞི་བྱེ་བྲག་འདུལ་མཛོད་ཀྱི། །གྲུབ་མཐའ་ཨ་འཐས་པ་ལ་བརྟེན། །བྱུང་འདི་ཐེག་ཆེན་སྐབས་མི་འཐད། །བྱེ་བྲག་སྨྲས་སྡོམ་པ་རིགས་བྱེད་མིན། །གཟུགས་སུ་འདོད་པ་མདོ་སྡེ་པས། བཀག་ནས་ཤེས་པ་ལྐོག་ན་མོ། །བསྒྲུབ་པའི་རྩོད་པ་རྩོད་ལན་བཅས། །རྒྱས་པར་མཛོད་འགྲེལ་སོགས་ལས་གསུང་། །དབུ་སེམས་སྐབས་དང་སྔགས་ཀྱི་གཞུང་། །སྡོམ་པ་གཟུགས་ཅན་མི་འཐད་པ། །སློབ་ཀྱང་ཅི་དགོས་ཀྱི་རྡོ་རྗེའི། །རྒྱུད་ནི་འབུམ་པ་ལས་འདི་གསུང་། །

རིགས་ཅན་གསུམ་གྱི་བསླབ་པ་ཡང་། །དཀྱིལ་འཁོར་ཆེན་པོ་འདིར་ཞུགས་ནས། །རིག་པ་འཛིན་པ་ཞེས་བྱའོ། །གསུང་པའི་ལུང་ལ་གནོད་པ་སྟེ། །དེ་ལྟར་ཡིན་ན་ཐེག་དམན་གྱི། །སྡོམ་པ་སྔགས་སྡོམ་གནས་གྱུར་ཚེ། །ཐེམས་པོ་ཤེས་པར་གནས་གྱུར་པ། །ཁས་སུ་ལེན་དགོས་ལུས་སེམས་གཉིས། །རྫས་གཅིག་འདོད་པ་སྨྲ་སྐྱེགས་ནི། །རྒྱང་འཕེན་པ་ཡི་ལུགས་ཡིན་ཞིང་། །སངས་རྒྱས་གཞུང་ལ་དེ་མི་སྲིད། །སོར་སྡོམ་གྲངས་ལ་རིགས་བརྒྱད་པོ། །ཁ་ནར་བཟུང་བ་མི་འཐད་དེ། །ཉེ་བར་འཁོར་གྱིས་ཞུས་པ་ཡི། །མདོ་དང་བྱང་སེམས་སོ་སོར་ཐར། །བསྟན་པའི་མདོ་དང་ཆོས་བཞི་བསྟན། །མདོ་ལས་གསུངས་པའི་སོར་སྡོམ་དང་། །གཞན་ཡང་སྔགས་སྡོམ་བྱང་སྡོམ་གཉིས། །རིགས་བརྒྱད་གང་དུ་འདུ་ཞེས་སློས། །དེ་ཉིད་སོར་སྡོམ་ཡིན་པའི་ཕྱིར། །སྔགས་ལ་བྱང་སྡོམ་གྱིས་ཁྱབ་ཅིང་། །དེ་ལ་སོར་སྡོམ་གྱིས་ཁྱབ་པའི། །ངོ་བོ་གཅིག་པ་མདོ་རྒྱུད་ཀྱི། །དགོངས་པ་སསྐྱ་པ་ཡི་ལུགས། །

འོན་ཀྱང་དབང་བསྐུར་ཚིག་ལས། །ཐོབ་པའི་སྔགས་སྡོམ་རིགས་བརྒྱད་པོ། །གང་རུང་གཞི་མཐུན་ཙམ་ཡོད་དེ། །རྡོ་རྗེ་རྩེ་མོ་ལས་བཤད་པའི། །སྡོམ་པ་སྔ་གོན་འཇུག་པའི་སྐབས། །ཐུན་མིན་སྐྱབས་འགྲོའི་རྗེས་བཟློས་ནི། །ཕྱིད་ཚེ་ཐོབ་པའི་སོར་སྡོམ་དེ། །ཡོངས་རྫོགས་དགེ་བསྙེན་སྡོམ་པ་ཡིན། །བླ་མ་ངོར་པ་ཡབ་སྲས་བཞེད། །ཤེས་བྱེད་རྡོ་རྗེ་རྩེ་མོ་ཡི། །ལུང་དང་གནད་དོན་གཅིག་པའོ། །ཚིག་ལས་ནི་ཐུན་མིན་གྱི། །སྐྱབས་འགྲོའི་སྐབས་སུ་བཟུང་ཐོབ་ཡིན། །རིགས་པས་འཐད་དེ་སྐྱབས་འགྲོ་ནི། །ཇོམ་བྱེད་དུ་ནི་བྱས་པ་ཡི། །སྒོ་ནས་སྤྱང་བྱ་ལྔ་སྤྲངས་པ། །དོན་གྱི་ཁས་བླང་སྡོམ་པ་ཡིན། །ཡོངས་རྫོགས་དགེ་བསྙེན་བསྒྲུབ་པའི་ཕྱིར། །རྒྱུ་མཚན་དེས་ན་གོང་བཤད་ཀྱི། །ཉེ་བར་འཁོར་གྱིས་ཞུས་མདོ་སོགས། །གསུང་དང་སོ་བྱང་སྔགས་ཀྱི་ནི། །ངོ་བོར་གྱུར་པའི་སོར་སྡོམ་རྣམས། །བྱང་ཆུབ་བར་བླང་སྡོམ་པ་ཡིན། ༔ །པཎ་ཤཱཀ་སོགས་ཀྱི་སོར་སྡོམ་ལ། །ངེས་འབྱུང་གིས་ནི་མ་ཁྱབ་པར། །འདོད་དེ་འཇིགས་སྐྱོབ་ཚུལ་ཁྲིམས་སོགས། །གསུམ་དུ་ཕྱེ་བ་དགག་པ་ནི། །ལ་ལས་སོ་སོར་ཐར་སོགས་ནས། །ཐོད་བཞིན་ཁྱུར་བར་མཛད་པར་དོན། །དེ་དག་གི་ནི་དུས་ཀུན་སློང་། །སྐྱབས་འགྲོ་ཇོམ་བྱེད་དུ་བྱས་ཚེ། །སངས་རྒྱས་མྱང་འདས་ལམ་སྟོན་པ། །ཆོས་ལ་ལམ་དངོས་དགེ་འདུན་ནི། །ལམ་བསྒྲུབ་གྲོགས་སུ་སྐྱབས་སོང་ནས། །མྱང་འདས་བསམ་པས་ཟིན་མོད་ཀྱང་། །ཀུན་སློང་སྒོ་ནས་འཇིགས་སྐྱོབ་ཀྱི། །ཚུལ་ཁྲིམས་ལ་སོགས་གསུམ་དུ་དབྱེ། །དེ་ནི་མི་འཐད་ཕྱི་རོལ་པའི། །རྒྱུད་ལ་སོར་སྡོམ་ཡོད་པར་གྱུར། །དེ་ལ་འཇིགས་སྐྱོབ་ལེགས་སྨོན་ཡོད། །དེ་ཡང་མཛོད་ཀྱི་རང་འགྲེལ་ལས། །ཕྱི་རོལ་པ་ལ་ཡང་དག་པའི། །ཚུལ་ཁྲིམས་ཆ་མཐུན་ཡོད་སྲིད་ཀྱང་། །འཁོར་བ་སྤང་འདོད་བློ་མེད་པས། །སྡིག་ལས་ཐར་བའི་སོ་ཐར་

མིན། །དེ་ལ་ཡང་ནི་སྙིང་པོའི་གནད། །ཕྱི་རོལ་པ་ཡི་ཐར་པ་ཡི། །མིང་དུ་བཏགས་ཀྱང་སྲིད་རྩེ་ལས། །མ་འཕགས་འབྲས་བུ་འཁོར་བ་ཡིན། །འཁོར་བའི་རྒྱུ་ཙམ་ལ་མི་ལྟོས། །ཚུལ་ཁྲིམས་འབྲས་བུའི་གནས་སྐབས་སུ། །ལམ་སྟེགས་ལྷ་མིའི་གོ་འཕང་ཐོབ། །དོན་གྱི་སྙིང་པོ་སོ་ཐར་གྱི། །སྡོམ་པ་རྣལ་མ་འབྲས་བུ་ནི། །སྲིད་གྲོལ་བྱང་ཆུབ་ཐོབ་པའོ། །དེ་བཞིན་འཇམ་མགོན་བླ་མས་ཀྱང་། །མུ་སྟེགས་བྱེད་ལ་སྡོམ་པ་མེད། །གསུང་དོན་སྲིད་གསུམ་ལས་ཐར་བའི། །འབྲས་བུ་དོན་མ་གཉེར་དེའོ། །དེ་བཞིན་སྤྱིར་བཏང་མཆོག་གསུམ་ལ། །སྐྱབས་སུ་སོང་མིན་ཕྱི་ནང་ཁྱད། །ཞེས་བཤད་ངེས་འབྱུང་ཚུལ་ཁྲིམས་དང་། །སོ་ཐར་དོན་གཅིག་འདུལ་བའི་ལུགས། །འགའ་ཞིག་ཟག་མེད་སྡོམ་པ་ནི། །ངེས་འབྱུང་ཚུལ་ཁྲིམས་ཡིན་སྙམ་བ། །ཐེག་ཆེན་ལྟར་ན་འདོད་རུང་ཀྱང་། །བྱེ་སྨྲའི་ལུགས་ལ་གཏན་ཚིགས་མེད། །དེ་ནི་ཟག་མེད་སྙོམས་འཇུག་གི །བསྒོམ་པའི་སྟོབས་ཀྱིས་ཐོབ་ཙམ་ཡིན། །ངེས་འབྱུང་བསམ་པའི་ཐ་སྙད་མེད། །དེ་བཞིན་མཛོད་ཀྱི་ལུང་ལས་གསལ། །དེ་དོན་རྒྱུ་དང་དུས་གཉིས་ཀ །སྲིད་གསུམ་འཁོར་བ་ལས་ཐར་བའི། །བསམ་པས་ཟིན་པ་གནད་དུ་གཅེས། །

༄ ནམ་བསོད་སོགས་ཀྱི་ངོ་བོ་ལ། །འཁྲུལ་པ་དགག་དོན་ལ་ལ་གཞན། །སོགས་ནས་ཁུངས་སྟོན་ཅིག་ཅེས་བར། །གཞན་གནོད་གཞིར་བཅས་སྤང་བ་ནི། །དགེ་སློང་སྡོམ་པའི་ངོ་བོ་ཡིན། །སོ་ཐར་སྤྱི་ཡི་ངོ་བོ་མིན། །ཟེར་བ་རང་བཟོ་ཁོ་ན་ཡིན། །སློབ་དཔོན་ཁ་ཆེ་བློ་བརྟན་གྱིས། །བྱེ་བྲག་བཤད་པའི་ལུང་དང་ནི། །ས་སྐྱའི་རྗེ་བཙུན་ཡབ་སྲས་ཀྱིས། །སྡོམ་པ་ཉི་ཤུ་འགྲེལ་པ་དང་། །རྩ་ལྟུང་འཁྲུལ་སྤོང་དཔང་ལོ་དང་། །མཆིམས་སྟོན་ཀུན་མཁྱེན་བུ་སྟོན་གྱི། །གསུང་ལས་གཞན་གནོད་གཞི་དང་བཅས། །སྤོང་བ་དགེ་སློང་སྡོམ་པ་ནི། །ཁོ་ནའི་ངོ་བོར་འཇོག་མི་འཐད། །དགེ་ལྡན་བླ་མ་འདུལ་བ་པས། །སྐྱེས་ཚོགས་ཆེ་གར་ལོག་པར་རྟོག །བཀག་དོན་འགའ་ཞིག་སྐྱེས་ཚོགས་ནས། །བསྟན་པ་མ་དཀྲུག་ཅེས་བར་དོན། །དགེ་སློང་ཕ་མ་སོ་སོ་ཡི། །སོ་སོའི་ཆོག་བསྒོར་ནས་ནི། །བྱས་རུང་ཡིན་ཀྱང་སྐྱེས་ཚོགས་ཀྱི། །བུད་མེད་བསྙེན་པར་རྫོགས་པ་ལ། །སྔོན་དུ་ཚངས་སྤྱོད་ཉེར་གནས་ནི། །མ་སོང་ཐབས་མེད་དེ་ཡང་ནི། །དགེ་སློང་མ་ཚོགས་ཁོ་ནས་བསྒྲུབ། །ཚངས་སྤྱོད་ཉེར་གནས་དེ་ལ་ནི། །བསླབ་ཚིགས་ཞེས་བྱའི་ཐ་སྙད་མེད། །དེ་དག་འདུལ་བ་མདོ་རྩ་སོགས། །ལུང་ལས་གསུང་ཞིང་སྟོན་ཕྱོན་གྱི། །རྒྱལ་བའི་སྲས་པོ་ཞི་བ་མཚོ། །བློ་ཆེན་དགོངས་པ་རབ་གསལ་དང་། །ཁ་ཆེ་པཎ་ཆེན་གྱིས་ཀྱང་ནི། །བུད་མེད་བསྙེན་པར་རྫོགས་མ་མཛད། །དེ་ཕྱིར་མ་ཚོགས་ཁོ་ན་ཡི། །ཚངས་སྤྱོད་ཉེར་གནས་མ་སྒྲུབ་པའི། །ཕ་ཚོགས་བུད་མེད་བསྙེན་རྫོགས་སྤང་། །སྐྱེས་ཚོགས་ཁོ་ནས་ཕ་ཚོག་གི། །སྐྱེས་པ་བསྙེན་པར་རྫོགས་པ་ཉིད། །མཆོག་ཏུ་ཟུང་ལ་བསྟན་པ་སྤེལ། །གྲངས་ལ་འཁྲུལ་པ་དགག་པ་ནི། །པཎ་ཤཱཀ་སོགས་ཀྱིས་རབ་བྱུང་དང་། །

དགེ་ཚུལ་དག་ལ་བསླབ་བྱས་ནས། །གསུམ་ལས་མང་བ་འཇུག་རུང་འདོད། །དེ་དག་བཀག་དོན་ལ་ལ་ཡི། །སོགས་ནས་སོར་སྡོམ་སྐབས་རྫོགས་བར། །བསླབ་བྱ་གསུམ་ལས་མང་བྱེད་པའི། །རབ་བྱུང་ལག་ལེན་འཁྲུལ་པ་སྟེ། །དཔལ་ལྡན་རྩེ་མོ་པཎྜི་ཏས། །ཉན་ཐོས་ལུང་དུས་མ་ནུབ་པའི། །དཔེར་བརྗོད་རབ་བྱུང་བསྙེན་རྫོགས་པ༑ ༑བསླབ་བྱ་གྲངས་སུ་བཅད་པར་མཛད། །དེས་ན་བསྙེན་རྫོགས་ཐག་རྒྱ་མ། །གྲགས་ཀྱང་མི་འཐད་གསོལ་བཞི་ཡི། །ལས་བྱེད་ཆོ་ན་སྒྲུབ་པ་དང་། །དགེ་འདུན་བར་དུ་རགས་པའི་མཚམས། །རྩིག་པ་མེ་དང་ཆུ་ལ་སོགས། །ཕྲ་མཚམས་རྫུ་འཕྲུལ་ནམ་མཁའ་ལ། །འདུག་པ་ལྟ་བུའི་བར་མ་ཆོད། །དགོས་ལ་ཐག་པས་བར་ཆོད་འགལ། །མ་ནོར་བ་ཡི་གནད་སྟོན་པ། །ཐར་པའི་རྒྱུར་གྱུར་སོ་སོ་ཐར། །ལེན་འདོད་འདུལ་བ་ལས་གསུངས་པའི། །ཆོ་ག་ཇི་ལྟ་བ་བཞིན་ལ། །བསམ་པ་ཐེག་ཆེན་བསམ་པ་ཡི། །ཟིན་པའི་སྒོ་ནས་ལེན་པར་རིགས། །དེ་ལྟར་བྱས་ན་བྱང་སེམས་ཀྱི། །སོ་སོར་ཐར་པའི་སྡོམ་པ་རུ། །གྱུར་ཞེས་འཇམ་མགོན་བླ་མས་གསུངས། །ཡང་ན་དེང་སང་ཐེག་ཆེན་གྱི། །ཐུན་མིན་སོ་ཐར་ལེན་འདོད་ན། །བྱང་ཆུབ་སྙིང་པོར་མཆིས་ཀྱི་བར། །སངས་རྒྱས་རྣམས་ལ་སྐྱབས་སུ་མཆི། །ཞེས་སོགས་དབུ་མའི་སེམས་བསྐྱེད་ཀྱི། །སྔོན་དུ་ལེན་པའི་སྐྱབས་འགྲོ་ཡི། །སྡོམ་པའི་དོན་ལ་བྱང་ཆུབ་ཀྱི། །སྙིང་པོའི་མཐའ་ཅན་ཡོངས་རྫོགས་ཀྱི། །དགེ་བསྙེན་སྡོམ་པ་ཐོབ་པའམ། །ཡང་ན་དོན་ཞགས་རྟོག་པ་ལས། །བཤད་པའི་ཉིན་ཞག་གི་མཐའ་ཅན། །གསོ་སྦྱོང་རང་གིས་བླངས་པ་ཡིས། །སྡོམ་པ་ལེན་པར་རིགས་སོ་ཞེས། །འཇམ་མགོན་བླ་མ་མཆོག་གིས་གསུངས། །སོ་ཐར་སྐབས་ཏེ་གཉིས་པའོ། །

༄ བྱང་ཆུབ་སེམས་དཔའི་སྡོམ་པ་ལ། །ཕ་རོལ་ཕྱིན་པའི་དབུ་སེམས་སོགས། །ཞེས་ནས་ཉམས་སུ་ལེན་པ་ཡིན། །བར་དོན་དབུ་སེམས་སྡོམ་གཉིས་དང་། །སྔགས་ཀྱི་རྒྱུད་སྡེའི་ཚིག་ལས། །ཐོབ་ཀྱང་རུང་སྟེ་སྨོན་འཇུག་གི །སེམས་བསྐྱེད་ཐོབ་ནས་ཚུལ་ཁྲིམས་གསུམ། །བསྲུང་བ་ཉམས་ལེན་དངོས་གཞི་ལས། །འདི་ཡི་སྨོན་འཇུག་སེམས་བསྐྱེད་གཉིས། །ཡིན་ཁྱབ་མཉམ་ཡིན་ཞིང་སྨོན་སེམས་དང་། །འཇུག་སེམས་ཙམ་ནི་བསླབ་པ་ཡིས། །མ་ཟིན་ཀྱང་ནི་སེམས་བསྐྱེད་ནི། །མཚན་ཉིད་པ་ནི་བསླབ་པ་ཡིས། །ཟིན་པ་གཞིར་བཞག་བྱང་ཆུབ་ཀྱི། །ཆེད་དུ་སློབ་པའི་འདུན་པ་ནི། །མཚུངས་པར་ལྡན་པའི་སྨོན་སེམས་དང་། །དེ་ཐོབ་ཆེད་དུ་ལམ་ལ་ན༑ ༑བསླབ་པའི་སེམས་པ་མཚུངས་ལྡན་སྟེ། །འཇུག་པ་སེམས་བསྐྱེད་དུ་འདོག་པ། །གཞུང་ལུགས་ཆེན་པོའི་དགོངས་པ་ཡིན། །གསར་དུ་སྐྱེ་ཁམས་གཉིས་ཀྱི། །ཉམས་ལེན་གཙོ་བོ་བདག་དང་གཞན། །བརྗེ་བའི་བྱང་སེམས་ངོ་བོ་ནི། །སྦྱོར་བྲལ་སྟོང་ཉིད་ཟུང་འབྲེལ་དུ། །ཉམས་སུ་ལེན་སྟེ་ལྟ་སྤྱོད་ཟུང་། །འབྲེལ་དེས་ཕ་རོལ་ཕྱིན་པ་ཡི༑ ༑ས་ལམ་མཆོག་ནི་བགྲོད་པར་གྱུར། །

༄ དེ་ལ་རྗེ་བཙུན་ཙོང་ཁ་པས། །བདག་གཞན་བརྗེ་བར་མ་བཞེད་དོན། །བཀག་དོན་དེ་ལ་ཁ་ཅིག་ནས། །མོས་པ་ཙམ་ལ་བྱིན་རླབས་འབྱུང་། །ཞེས་དོན་རྗེ་བཙུན་ཙོང་ཁ་པས། །ལམ་རིམ་འབྲིང་པོ་ཞེས་པ་ལས། །བདག་གཞན་བརྗེ་བ་ལས་དང་པོས། །གཅེས་འཛིན་བརྗེ་བ་ཡིན་མོད་ཀྱི། །བདེ་སྡུག་བརྗེ་བར་མི་ནུས་བཤད། །བདེ་སྡུག་བརྗེ་བར་མི་འདོད་ན། །གཅེས་འཛིན་བརྗེ་བས་དངོས་སུ་ནི། །བརྗེ་བར་མི་ནུས་པ་མཚུངས་སོ། །གཉིས་ཀ་བློ་ཡི་སྟེང་དུ་ནི། །བརྗེ་ལས་དངོས་སུ་མ་བརྗེས་མོད། །དཔེར་ན་ཁ་ཟས་གཞན་ལ་ནི། །མ་བྱིན་རང་གི་ལྐོག་ཏུ་ཟོས། །གཞན་ལ་སྟེར་འདོད་མ་བྱས་མཚུངས། །ལུང་དང་འགལ་སྟེ་ཀླུ་སྒྲུབ་ཀྱི། །རིན་ཆེན་ཕྲེང་བ་ཞི་བ་ལྷས། །ལུང་ལས་གསལ་བཞིན་བདེ་སྡུག་ནི། །བརྗེ་བ་ཉིད་ལ་འབད་པར་བྱ། །དེས་ན་གནད་ནི་མདོར་བསྡུས་ན། །བློ་ལ་བདེ་སྡུག་བཏང་ལེན་གྱི། །ཉམས་ལེན་འཁྲུལ་པ་མེད་པ་སྟེ། །ལུང་ནི་དབྱུག་པ་གསུམ་ཕྲེང་དང་། །ནམ་མཁའི་སྙིང་པོ་དྲི་མེད་གྲགས། །རིགས་པ་བསླབ་བཏུས་སྤྱོད་འཇུག་དང་། །ཧ་དབྱངས་གསུངས་དང་མདོ་སྡེ་རྒྱན། །སོགས་ཀྱི་དགོངས་པ་ཇོ་བོ་རྗེས། །བློ་སྦྱོངས་དོན་བདུན་མའི་ཟབ་ཁྲིད། །འབྲོམ་སྟོན་ལ་གནང་ཟབ་ཆོས་དང་། །དེ་བཞིན་ཇོ་བོས་སྐྱེས་བུ་གསུམ། །ལམ་རིམ་དགོན་པ་བར་གནང་ཞིང་། །སྟེའུ་རུར་བར་བརྒྱུད་པ་སྟེ། །བཀའ་གདམས་ལུགས་གཉིས་ཞེས་སུ་གྲགས། །དེ་ཡང་འབྲོམ་ལས་བརྒྱུད་པ་ནི། །གངས་རིའི་ཁྲོད་འདིར་ཤིན་ཏུ་འཕེལ། །སྤྱན་སྔ་སྤྱ་མཆེད་གསུམ་ལས་བརྒྱུད། །དེང་སང་བར་དུ་དར་བར་ཡོད། །འདི་ལ་ཤཱ་ཐུབ་ལ་སོགས་པའི། །ལྷ་བཞི་བསྒོམ་ཚུལ་བཤད་པའང་ཡོད། །བདག་གཞན་བརྗེ་བ་ཉམས་ཁྲིད་དུ། །སྐྱོང་བ་རྗེ་བཙུན་ས་སྐྱ་པ། །ཡབ་སྲས་རྣམས་ཀྱི་ཕྱག་ལེན་ཏེ། །རྣལ་འབྱོར་དབང་ཕྱུག་མན་ངག་དང་། །ཇོ་བོ་བཀའ་གདམས་པ་སྟོན་གཉིས། །ཁྱད་མེད་བསྟན་པའི་སྙིང་པོ་ཡིན། །མོས་པ་ཙམ་ལ་བྱིན་རླབས་འབྱུང་། །

༄ ལྟ་བ་ལོག་རྟོག་དགག་ལ་གཉིས། །ཁ་ཅིག་མཐའ་བཞི་སྤྲོས་བྲལ་ནི། །སོགས་ནས་གང་རུང་བཀག་པའི་ཚེ། །གཅིག་ཤོས་དེ་ནི་འགྱུར་ཕྱིར་རོ། །མཁས་པའི་དབང་པོ་ཙོང་ཁ་པས། །བདེན་པ་བཀག་རྗེས་བདེན་མེད་ཀྱི། །ཞེན་པ་དབུ་མའི་མཐར་ཐུག་བཞེད། །དེ་ལྟར་ཐེག་གསུམ་རྟོགས་ཚུལ་ལ། །ཁྱད་མེད་རང་རྒྱུད་པ་ཡི་ནི༑ །བདེན་ཚད་བློ་ལ་མ་ལྟོས་ཤིང་། །ཡུལ་གྱི་ངོས་ནས་གྲུབ་འདོད་པ། །དགག་བྱ་ཐུན་མོང་མིན་གྱི་ནི། །བཏགས་དོན་བཙལ་ཚེ་མ་རྙེད་པའི། །ངེས་ཤེས་དེ་ལ་བདེན་ཚད་བྱས། །དེ་ཡི་བདེན་འཛིན་འགོག་པ་ནི། །ཐལ་འགྱུར་ཁྱད་ཆོས་ཡིན་པར་གསུང་། །བདག་འཛིན་གཙོད་ལ་ཟབ་པར་བཞེད། །བདེན་མེད་ཞེན་འཛིན་འགོག་པས་ན། །བདེན་འཛིན་སྐྱེ་ཞིང་ཐུག་མེད་འདོད། །རྒྱ་ནག་ཧྭ་ཤང་དག་གིས་ནི། །མ་དཔྱད་རང་གར་རྟོག

པ་བཀག །དེ་དང་ཚད་མའི་རིགས་པ་ཡིས། །མཐའ་བཞིའི་སྤྲོས་པ་ཀུན་གྲོལ་བ། །འཛིན་མེད་ལྟ་བ་གཉིས་མི་མཚུངས། །འཕགས་པ་དཀོན་མཆོག་བརྩེགས་པ་དང་། །དེ་བཞིན་མདོ་སྡེ་ཏིང་འཛིན་རྒྱལ། །ཡང་དག་སྦྱོར་བའི་རྒྱུད་དང་ནི། །མགོན་པོ་བྱམས་པའི་རྒྱུད་བླ་མ། །འཕགས་མཆོག་ཀླུ་སྒྲུབ་དབུ་མ་ཡི། །རྩ་བའི་བསྟན་བཅོས་རིག་ལྡན་ཆེ། །པདྨ་དཀར་དང་འཕགས་པ་ལྷས། །མཐའ་བཞི་སྤྲོས་བྲལ་ཁོ་ནས་གསུངས། །

ཡང་ནི་ཡོད་མིན་མེད་མིན་དོན། །བདེན་པ་གཉིས་ལ་དགོངས་པ་སྟེ། མེད་པ་དོན་དམ་ཡོད་ཀུན་རྫོབ། །ཡིན་ཟེར་དོན་དམ་མེད་མཐར་འཛིན། །དེ་ལྟར་ཡིན་ན་འཇིག་རྟེན་པར། །ཡོངས་གྲགས་བུམ་པ་ལྟ་བུ་ལ། །མངོན་སུམ་མཐོང་ཞིང་མེད་མི་འགྱུར། །ཡོད་མེད་གཉིས་ཀ་ཚང་མི་སྲིད། །དེས་ན་ཚིག་གི་སྒྲིབ་གཡོག་ལས། །དོན་དུ་མེད་པའི་མཐར་ལྟུང་གྱུར། །ཡང་ནི་ཡོད་མེད་སོགས་མཐའ་བཞི། །ངེས་པ་བཟུང་བ་བདེན་མེད་ཀྱི། །དོན་ཡིན་གསུང་པ་འཕགས་མཆོག་ནི། །ཀླུ་སྒྲུབ་ཡབ་སྲས་ཀྱིས་མ་གསུངས། །དེ་ལྟའི་མེད་དགག་ལ་དབུ་མའི། །ལྟ་བར་བྱས་ན་ཚད་མ་ཡི། །ལུང་དང་མི་མཐུན་རྒྱུད་ལས་ཀྱང་། །རྩ་བའི་ལྟུང་བ་འབྱུང་བར་གསུང་། །ཐེག་གསུམ་ལྟ་བར་ཆད་མེད་ན། །བྱམས་པས་ཐེག་པ་གསུམ་ལ་ནི། །བདག་མེད་རྟོགས་ཚུལ་རྟོག་བྱ་ལ། །བདག་མེད་ཙམ་དུ་གཞི་མཐུན་ཀྱང་། །བདག་མེད་ཆོས་དང་གང་ཟག་གི། །ཟླས་ཕྱེའི་ཆུང་འབྲིང་ཆེ་བ་གསུམ། །ཐེག་ཆེན་ལམ་ཁྱད་སྦྱོར་ལམ་ནས། །མགོ་བརྩམ་སྦྱོར་མཐོང་སྒོམ་པ་གསུམ། །ཐེག་དམན་ལམ་ཁྱད་སྦྱོད་པ་ནས། །བརྩམ་སྟེ་སྦྱོར་མཐོང་སྒོམ་པ་གསུམ། །ལྟ་བས་འཕགས་ཚུལ་གསུང་འདི་ཅི། །དེ་བཞིན་ཀླུ་སྒྲུབ་ཡབ་སྲས་ཀྱི། །འཁོར་གསུམ་མི་དམིགས་ཤེས་རབ་དང་། །བསམ་གྱིས་མི་ཁྱབ་ཆོས་ཉིད་སོགས། །ལྟ་བའི་ཁྱད་པར་གསུང་ལ་གཟིགས། །ཉན་ཐོས་མཐོང་བའི་ལམ་ཉིད་ནས། །བདེ་གཤེགས་སྙིང་པོ་མཐོང་གྱུར་ན། །ལས་ཉོན་ལས་བྱུང་སྐྱེ་སོགས་ལས། །འདས་པར་གྱུར་ཞིང་ཉན་རང་ལ། །སྙིང་པོའི་ལྟ་བ་མི་ལྡན་པ། །ཐོགས་མེད་ཞབས་ཀྱི་གསུང་ལ་གཟིགས། །བློ་ལ་མ་ལྟོས་ཡུལ་ངོས་ནས། །གྲུབ་དེས་རང་རྒྱུད་འགོག་ཞེ་ན། །རང་རྒྱུད་སྒྲོལ་འབྱེད་ལེགས་ལྡན་གྱིས། །ཞལ་བཞེས་གནང་བར་གཟིགས་པར་མཛོད། །

བཏགས་དོན་བཙལ་ཚེ་མ་རྙེད་དོན། །ཐ་སྙད་ཡིན་ན་འདོགས་བྱེད་ཀྱི། །མིང་གི་ཐ་སྙད་མེད་པར་འགྱུར། །ཐ་སྙད་མིང་གིས་ཀུན་རྫོབ་རྟོགས། །ཀུན་རྫོབ་ཐབས་ལ་བརྟེན་ནས་ནི། །དོན་དམ་རྟོགས་གྱུར་དེ་གསུམ་ཀ །ཕན་ཚུན་གཅིག་ལ་གཅིག་ལྟོས་གྱུར། །ལས་ཀྱི་རྟེན་འབྲེལ་ཙམ་ཞིག་གི །ཆོས་ཀུན་ལྟོས་གྲུབ་ཚུལ་གྱི་འཇུག །དེ་ལས་བྱེད་པོ་གཞན་མེད་པ། །འཕགས་མཆོག་ཀླུ་ཡིས་དབུ་མ་ཡི། །ལུང་ལས་གསལ་ཞིང་དམ་པའི་དོན། །མ་རྙེད་པ་ཙམ་ཐལ་རང་གཉིས། །མཐུན་ཕྱིར་ཁྱད་ཆོས་ཇི་ལྟར་དབྱེ། །བློ་ཡི་ཞེན་ཡུལ་རིག་པ

ཡིས། །དཔྱད་ནས་འགོག་པ་ལོག་རྟོགས་སུ། །ཡིན་ནས་རྫོགས་སངས་རྒྱས་ནས་བཟུང་། །རྒྱ་བོད་མཁས་གྲུབ་ཀུན་གྱིས་ནི། །དེ་དག་སྟོང་དང་མི་སྟོང་གི། །གཉིས་འཛིན་ཞེན་ཡུལ་བཀག་པར་མཛད། །དེ་དག་གི་ནི་སྤྲོས་བྲལ་དུ། །སྒྲུབ་དེས་མེད་པའི་མཐར་འཛིན་ཉིད། །འགོག་པར་མཛད་ན་ཁྱེད་དང་འགལ། །མ་འགོག་མེད་མཐར་འཛིན་པ་ནི། །འཛིན་པ་ཡིན་ན་བདེན་འཛིན་གྱི། །ལོག་རྟོག་གང་གིས་བཀག་པར་ནུས། །རྟོག་པའི་བློ་ཡི་ཡུལ་གྱི་ནི། །གནས་ལུགས་དཔྱོད་ལས་གཞན་ཅི་ཞིག །དེ་ཚེ་ཡོད་མེད་མཐར་བཟུང་ན། །དེ་ནི་མཐར་འཛིན་གྱུར་ལས་ཅི། །བློ་ཡི་གཉིས་ཀའི་སྐྱོན་བསལ་ལ། །ཐུག་མེད་ཡིན་འདོད་དགོས་པ་མེད། །འཕགས་མཆོག་ཀླུ་ཡི་དབུ་མ་ཡི། །རྩ་བའི་བསྟན་བཅོས་ལས་གསུང་གསལ། །འདི་ལ་འཕགས་པའི་མཉམ་གཞག་གི། །དོན་གྱི་སྤྲོས་ཀུན་ཉེར་ཞིའི་ཚེ། །སྐྱོན་ནི་རང་བཞིན་གྱིས་དག་མོད། །སོ་སྐྱེའི་རིགས་པས་དཔྱད་པའི་ཚེ། །ཡོད་མེད་གཉིས་ཀའི་མཐའ་གསལ་བས། །དེ་ཡི་གནས་ལུགས་རང་བཞིན་རྟོགས། །འཕགས་མཆོག་ཀླུ་སྒྲུབ་གསུང་ལས་གསལ། །དགག་པ་གཉིས་མིན་རྣལ་མ་ཞིག །མི་འོང་འདོད་འཁྲུལ་མེད་མཐའ་ལ། །འཛིན་ནི་མེད་པའི་མཐར་ལྟུང་འགྱུར། །མདོར་ན་ཐོས་བསམ་བསྒོམ་པའི་ཚེ། །གཏན་ཚིགས་རིགས་པས་ཡོད་མེད་ཀྱི། །མཐའ་ལས་དཔྱད་པ་རེས་འཛོག་གིས། །ཚུལ་ལས་དེ་དེའི་མཐར་མི་འཛིན། །དེ་ལྟར་བྱས་པའི་གོམས་འབྲས་ཀྱི༑ ༑རེ་ཞིག་ཚེ་ན་མཉམ་གཞག་ལས། །སྤྲོས་བྲལ་རྟོགས་པ་རང་ལུགས་བཞེད། །

༄ ལོ་ཙྪ་སྐྱབས་མཆོག་དཔལ་གྱི་ནི། །ཀུན་རྫོབ་སྤྲོས་བྲལ་སྨྲ་བཀག་དོན། །ཁ་ཅིག་ཐ་སྙད་ཚེ་ན་ཡང་། །སོགས་ནས་དབུ་མའི་ལུགས་བར་དོན། །ཐ་སྙད་སྐབས་སུ་ཡོད་མེད་མིན། །མཐའ་བཞི་སྤྲོས་བྲལ་སྨྲ་མི་འཐད། །མདོ་ལས་སྟོན་པས་འཇིག་རྟེན་པ། །ང་དང་རྩོད་ཅིང་ང་ཡིས་ནི། །འཇིག་རྟེན་པ་ཡི་ཡོད་མེད་ཀྱི། །གང་སྨྲ་དེ་ལ་རྩོད་པ་མིན། །དེ་བཞིན་སློབ་དཔོན་ཟླ་བས་ཀྱང་། །ཐ་སྙད་འཇོག་ཚེ་ཡོད་མེད་སོགས། །བཀག་ན་འཇིག་རྟེན་གྱིས་གནོད་པས། །ཡོད་མེད་སོ་སོར་སྨྲ་དགོས་གསུང་། །དེས་ན་ཀུན་རྫོབ་སྤྲོས་པ་ཡི། །རང་བཞིན་ཡིན་ཕྱིར་རིག་པ་ཡི། །ཀུན་རྫོབ་རྣམ་བཞག་བྱེད་མི་ཤེས། །ཟས་གོས་མེ་ཆུ་ལ་སོགས་པ། །དེ་ཡི་རྣམ་པར་ཡོད་མེད་མིན། །གནས་སྐབས་དོན་ཡང་མི་འགྲུབ་ཅིང་། །གཞན་གྱི་རྩོད་པའི་གནས་སུ་འགྱུར། །འོན་ཀྱང་ཀུན་རྫོབ་ཀྱི་ནང་ནས། །རྒྱུ་དུས་འབྲས་བུ་ཡོད་མེད་མིན། །དེ་བཞིན་འབྲས་དུས་རྒྱུ་ཡོད་དང་། །མེད་པ་གཉིས་མིན་ཁས་ལེན་ནི། །ཐ་སྙད་ཚེ་ན་རྒྱུ་འབྲས་ལ། །རྟག་ཆད་སྤོང་པས་གྲུབ་པ་ཡིན། །དེ་ལྟར་ཡིན་ན་རྒྱུ་དུས་ན། །འབྲས་ཡོད་འབྲས་དུས་རྒྱུ་ཡོད་ན། །རྟག་མཐར་འགྱུར་ཞིང་དེ་ཡི་ཚེ། །དེ་དག་མེད་ན་ཆད་མཐར་འགྱུར། །སྨྱུ་གུ་ས་བོན་ལས་གཞན་མིན། །གཞན་གྱི་སྨྱུ་གུའི་ཚེ་ས་བོན། །ཞིག་དང་མེད་པ་ཡང་མ་ཡིན། །སྨྱུ་གུ་ས་བོན་གཅིག

ཀུང་མིན། །གནད་ཀྱི་མྱུ་གུའི་ཆོས་བོན། །ཡོད་པ་ཡང་ནི་མ་ཡིན་ཏེ། །འཕགས་མཆོག་ཀླུ་ཡི་ཞལ་སྔ་ནས། །རྒྱུ་དང་བཅས་པ་སྐྱེས་མཐོང་ནས། །མེད་པ་ཉིད་ལས་འདས་པ་ཡིན། །རྒྱུ་དང་བཅས་པ་འགག་མཐོང་ན། །ཡོད་པ་ཉིད་དུ་ཁས་མི་ལེན། །ཟླ་བས་ཀྱང་ནི་དེ་བཞིན་གསུངས། །

༈ པཎ་ཤཱཀ་གྲུབ་པའི་མཐའ་སྔ་མ། །ཞིག་དང་གཞུང་ལུགས་མ་མྱོང་པའི། །མཚན་ཉིད་པ་འགས་བདག་གང་ཟག །རྣམ་གྲངས་སྨྲ་བ་མུ་སྟེགས་ཡིན། །བདག་ནི་ཐ་སྙད་དུའང་མེད། །གང་ཟག་ཞེས་པར་ཡོད་པར་འདོད། །ཞེས་སོགས་དགག་དོན་ལ་ལ་བདག །སོགས་ནས་སོ་སོར་སྨྲོས་ཞེས་བར། །ཡུམ་གྱི་མདོ་དང་ཀླུ་སྒྲུབ་ནི། །ཡབ་སྲས་གཞུང་ལུགས་རྣམས་ལས་ནི། །བདག་དང་སེམས་ཅན་སྲོག་གང་ཟག །གསོ་བ་སྐྱེས་བུ་ཤེད་བདག་དང་། །ཤེད་སྐྱེས་བྱེད་པོ་ཚོར་པོ་དང་། །ཤེས་པ་པོ་དང་མཐོང་བ་པོ། །དེ་ལ་སྐྱེས་བུ་བཅུ་གཉིས་གྲགས། །དེ་དོན་ཇི་སྲིད་ཕུང་པོ་ལ། །འཛིན་ཡོད་དེར་སྲིད་ངར་འཛིན་ཡོད། །ཅེས་བཤད་ངར་འཛིན་ལྷན་སྐྱེས་ཀྱི༔ །དམིགས་ཡུལ་གྱུར་པའི་ང་ཙམ་པ། །དེ་ལ་བདག་དང་སེམས་ཅན་སོགས། །བྱེད་པའི་སྐྱེས་བུ་བཅུ་གཉིས་འདོགས། །དེ་ཡི་ནང་ཚན་གྱུར་པའི་བདག །སེམས་ཅན་སོགས་པ་མིང་གི་ནི། །རྣམ་གྲངས་ཙམ་ཀུང་སྤྱིར་དེ་དག །དོན་གཅིག་ཏུ་ནི་ཁས་མི་ལེན། །ཉན་རང་བྱང་སེམས་གསུམ་ཀ་ཡི། །བདག་མེད་མ་ཡིན་དེ་རྣམས་ཀྱི། །ངར་འཛིན་ལྷན་སྐྱེས་ཀྱི་དམིགས་ཡུལ། །མ་ཡིན་ཉན་རང་སློབ་རྣམས་དང་། །དགྲ་བཅོམ་ཐོབ་པ་སྟོན་དུ་ནི། །མ་སོང་བྱང་སེམས་སོ་སྐྱེ་དང་། །ལམ་ལ་ཞུགས་པ་མཐའ་དག་གི །བདག་ཡིན་དེ་རྣམས་ངར་འཛིན་ཅན། །གང་ཟག་ཡིན་གྱི་ངར་འཛིན་གྱི། །ལྷན་སྐྱེས་དམིགས་ཡུལ་ང་ཙམ་མོ། །ང་ཉིད་གདགས་པའི་རྒྱུ་ཕུང་པོ། །དེ་དག་གཅིག་དང་ཐ་དད་དང་། །རྟེན་དང་བརྟེན་པ་དང་ལྡན་ལྔ། །དེ་སྟེང་ཚོགས་དང་དབྱིབས་བཅས་ཏེ། །བདུན་གྱིས་བཙལ་ཆེ་མི་རྙེད་ཀྱང་། །མ་དཔྱད་འཇིག་རྟེན་པའི་སྣང་ངོར། །ཉེ་བར་བླང་བྱ་ཆ་ཤས་དང་། །ཡན་ལག་ཕུང་པོ་ལྔ་ཡི་རྟེན། །ང་འང་བདག་ཉིད་ལེན་པ་པོ། །ཆ་ཤས་ཡན་ལག་ཅན་དུ་འཇོག །དཔེར་ན་ཤིང་རྟ་ཉིད་ལ་ནི། །ཉེ་བར་བླང་བྱ་འཕང་ལོ་སོགས། །ཉེར་ལེན་འདུས་ལ་ཤིང་རྟར་འཇོག །དེས་ན་རྟོད་པའི་ཆོན་ནི། །བསྙོན་འཕྲི་མེད་པར་ཁས་ལེན་རིག །འཆད་ཆེ་སློབ་མ་མི་བསླུ་བའི། །དོན་དེ་ངེས་པར་འཆད་པར་བྱ། །ཕུང་པོ་ལ་ནི་བརྟེན་ནས་ནི། །བཏགས་པ་བདག་ཞེས་ཐ་སྙད་དུ། །ཁས་ལེན་དགོས་པར་ཟླ་བས་གསུངས། །དཔེར་ན་མྱུ་གུ་བདག་གཞན་ལས། །སྐྱེ་སོགས་ཁས་མི་ལེན་མོད་ཀྱི། །ས་བོན་ལ་བརྟེན་མྱུ་གུ་ནི། །སྐྱེ་བའི་ཐ་སྙད་ཙམ་ཞིག་འདོད། །དེ་བཞིན་བདག་ཡའང་ཕྱི་རོལ་པའི། །བཏགས་པའི་ཁྱད་པར་ལྟ་ཕུང་པོ་ལྟ་ལ་རྒྱན་དང་འདྲ་སོགས་སྒྲོ་འདོགས་པ་ཅན་བདག །ཉན་ཐོས་མཆན་མང་བསྒྱུར་པ་ཡི་བཏགས་པ་ཡི། །ཕུང་པོ་དང་ནི་རྫས་གཅིག་པའི། །

བདག་རྣམས་བཀག་ནས་རང་ལུགས་ཀྱི། །ཐ་སྙད་རྣམ་པར་འཇོག་ཚུལ་ནི། །ཕུང་པོ་ལ་ནི་བརྟེན་པ་ཡི། ། བཏགས་པའི་བདག་འཛིན་འཇིག་རྟེན་ནི། །ལྷན་སྐྱེས་ཡོངས་གྲགས་ཙམ་ཞིག་ནི། །སློབ་དཔོན་ཟླ་བ་གྲགས་པ་ཡིས། །འཇུག་འགྲེལ་ལས་ནི་རྣམ་དཔྱོད་ཀྱི། །སྤྱན་གྱིས་གསལ་བར་གཟིགས་པའི་ཕྱིར། །ཡང་ནི་ཁམས་དང་སྐྱེ་མཆེད་དྲུག །བརྟེན་ནས་བདག་ཏུ་བཏགས་པ་དང་། །ཁ་ཆེ་བྱེ་སྨྲ་ནས་བཟུང་སྟེ། །གྲུབ་མཐའ་བཞི་ཆར་ཕུང་པོ་ལ། །བརྟེན་ནས་བཏགས་པས་བཏགས་པ་ཡི། །བདག་ཙམ་ཁས་ལེན་འཇིག་རྟེན་པས། །རང་རང་བདག་ཏུ་འདོད་པའི་བདག །ཁས་ལེན་རེ་ཞིག་ཐལ་གྱུར་སྐབས། །བདག་ནི་འདུས་བྱས་ཡིན་ནམ་ཞེས། །རྩ་ཤེ་དང་ནི་འཇུག་པ་ཡི། །ལུང་དེ་མང་བཀུར་བ་ཡི་བདག །ཕུང་པོ་རྫས་གཅིག་ཁས་བླངས་དང་། །བདག་དང་བདག་ཏུ་འདོགས་པའི་རྒྱུ། །རྣམ་སྨིན་ཕུང་པོ་གཉིས་གཅིག་ཏུ། །ཁས་བླང་དེ་ནི་དགག་ཆེད་ཙམ། །ཕུང་པོ་ཞེས་པ་ཕུང་པོ་ལྔ། །ཕུང་ཁམས་སྐྱེ་མཆེད་སུམ་ཅུ་གཉིས། །བདག་འཛིན་དེ་ལ་ངར་འཛིན་སེམས། །སྤྱིར་བཏང་དངོས་པོའི་བསྡུ་བའི་སྐབས། །མིང་སྤྱི་ཙམ་གྱི་ནང་གཏོགས་ཙམ། །འོན་ཏེ་ངོ་བོ་ཁྱབ་མཉམ་དང་། ། དམིགས་རྣམ་འཇུག་ལྡོག་གི་དབྱེ་བས། །ཕུང་པོ་བདག་འཛིན་སོ་སོར་གྱུར། །

དེ་ལྟར་མི་དབྱེ་གཅིག་འདོད་པ། ། དེ་ནི་རྫས་གཅིག་འདོད་གྲགས་ཤིང་། །རྟག་ལྟར་ཉེ་དགོས་དེ་འགོག་དོན། །དེ་ཡང་རྩ་ཤེའི་ལུང་དོན་ནི། །ཕུང་པོ་རང་བཞིན་སྐྱེ་འཇིག་ཅན། །བདག་ནི་སྟོལ་བས་སྐྱེ་འཇིག་ཅན། །དེ་ལ་དགོངས་ཤིང་ཐ་སྙད་ཆོ། །སྐྱེ་འཇིག་བྱེད་པ་མི་འགོག་ཅིང་། །འདུས་བྱས་སུ་གཏོགས་འཇོག་པའི་ལུགས། །མང་བཀུར་བ་ཡི་བདག་དང་ནི། ། བདག་ཏུ་བཏགས་པའི་རྒྱུ་རྣམ་སྨིན། །ཕུང་པོ་གཉིས་ནི་གཅིག་པར་འདོད། །རྒྱུ་ཞེས་ལས་ནི་འགོག་མེད་ཀྱི། ། བསླུ་བ་མེད་པས་ཟབ་པ་དང་། །ཤིན་ཏུ་ཕྲ་བའི་ལེན་པའི་ཤེས། །ཕན་ཚུན་དམིགས་རེས་དང་བྲལ་ཀྱང་། །སྲིད་ལེན་རྟེན་འབྲེལ་ཙམ་དེ་ལ། །རྒྱུ་ཞེས་འདོག་ཅིང་ཀུན་གཞི་ནས། །བཟུང་སྟེ་ཕུང་ཤེས་ཡོངས་རྫོགས་པར། ། རྣམ་སྨིན་དུ་གྲགས་དེས་ན་ནི། །འགྲོ་བ་རྣམས་ཀྱི་ཚེ་སྔ་མའི། །ཕུང་ཤེས་སྟ་མ་ཇི་བཞིན་དུ། །ཕྱི་མ་འཕོ་བ་མི་སྲིད་དེ། །དེ་འདྲ་ཡོད་ན་བདག་གི་རྒྱུན། །ཁས་ལེན་མུ་སྟེགས་པའི་ལུགས་གྱུར། །བདག་འཛིན་ཞེས་པ་ཀུན་གཞིའི་རྗེས། །ཉོན་ཡིད་རང་ནས་གསར་སྐྱེས་གྱུར། ། དེས་ན་ཕུང་པོ་བདག་འཛིན་གཉིས། །གཅིག་ན་ཕུང་པོའི་ཆོས་གྲངས་ཀྱི། །བདག་འཛིན་གྲངས་མང་མཐར་ལྟུང་དང་། །བདག་ནི་རྟག་པ་ཅན་དུ་གྱུར། །

དེ་འགོག་དོན་ཡིན་ཡང་དག་པར། །གནས་ལུགས་ལ་དཔྱོད་རིག་པ་ཡིས། །ཐ་སྙད་རྣམ་གཞག་ལ་མི་གནོད། །འདུས་མ་བྱས་ན་བདག་སྐྱེ་འཇིག །མེད་པར་ཐལ་ཞིང་བདག་ལྟ་ན། །རྟག་དང་མི་རྟག་གང་རུང་ཙམ། །

ཁས་བླངས་ཙམ་གྱིས་ལུང་མ་བསྟན། །ལྟ་བར་མི་འགྱུར་ལུང་མ་བསྟན། །ལྟ་བ་བཅུ་བཞི་ཞེས་པ་ནི། །དོན་དམ་ལ་ནི་ཞུགས་པའི་ཚེ། །རྟག་དང་མི་རྟག་སོགས་སྨྲས་ན། །ལྟ་བ་ངན་པའི་རྒྱུར་གྱུར་པས། །གང་དུ་ཡང་ནི་ལུང་མ་བསྟན། །དེ་ནི་དོན་དམ་སྐབས་ཡིན་པ། །དཔལ་མགོན་འཕགས་པ་ཀླུ་སྒྲུབ་ཀྱིས། །གཏམ་བྱ་རིན་ཆེ་ཕྲེང་བར་གསུངས། །ཕྱོགས་སྔས་གོང་གི་སྒྲུབ་བྱེད་ན། །གང་ཟག་བདག་མེད་རྟོགས་པའི་བློས། །ཡུལ་གྱི་གནས་ཚུལ་རྟོགས་པ་དང་། །བདག་འཛིན་དེ་ལ་མ་ཞུགས་ཞེས། །སྨྲ་བ་དེས་ན་སྐྱེ་མེད་དང་། །མཚན་མེད་དང་ནི་སྤྲོས་མེད་རྣམས། །གང་ཟག་རྟོགས་པའི་བློར་མཚུངས་ཤིང་། །དེ་དག་ཐ་སྙད་དུ་ཡོད་བཞིན། །བདག་ཀྱང་ཐ་སྙད་དུ་ཡོད་གྱུར། །ཡང་ནི་ཕྱོགས་སྔས་ཀུན་རྫོབ་ཏུ། །བདག་ཡོད་ཁས་བླང་དོན་དམ་ལ། །མེད་ཞེས་བརྗོད་པས་དོན་མཐོང་ན། །བདག་འཛིན་ཐ་སྙད་དུ་མངོན་སུམ། །མེད་པར་མ་མཐོང་དོན་དམ་དུ། །མེད་མཐོང་ཙམ་གྱིས་གྲོལ་གྱུར་ན། །མོ་ཤམ་བུ་མེད་མེད་མཐོང་གྱི། །གྲོལ་གྱུར་དཔེ་ཡང་མི་འཐད་དེ། །འཕགས་མཆོག་ཀླུ་ཡི་དོན་དམ་པར། །ཡང་དག་ཇི་ལྟ་བཞིན་ཡོངས་ཤེས། །བདག་དང་བདག་འཛིན་གཉིས་མི་འབྱུང་། །ཞེས་གསུངས་ཕྱི་རོལ་པ་ཡི་བདག །ཡོད་འདོད་ནང་པས་མེད་འདོད་ཞེས། །ཚིག་ཙམ་ལ་བརྟེན་ཐ་སྙད་སྐབས། །བདག་མེད་འདོད་པ་བཞད་གད་གནས། །བདག་ལ་གང་ཟག་དང་ཆོས་ཀྱི། །བདག་མེད་ཞེས་པ་རྩོལ་བས་རྟོགས། །ཆོས་ཀྱི་སྡོམ་བཞིའི་ནང་གི་ནི། །ཆོས་རྣམས་ཐམས་ཅད་བདག་མེད་པས། །ཞེས་ནི་ངོ་བོ་ཁོ་ནར་དགོངས། །དཔལ་ལྡན་ཟླ་བའི་གསུང་གིས་གསལ། །ཚིག་དོན་མ་འདྲེས་ཤེས་པར་བྱ། །

༈ ཡང་ནི་པཎ་ཤཱཀ་གྲུབ་མཐའ་ལ། །ཐ་སྙད་སྐབས་སུ་གང་ཟག་དང་། །བདག་འཛིན་གཉིས་ཡོད་དོན་དམ་སྐབས། །གཉིས་ཀ་མེད་དོ་ཅེས་བཀག་དོན། །ལ་ལ་གང་ཟག་བདག་འགོག་ནས། །བདག་ཏུ་འགྱུར་བའི་དོན་ཡིན་ཕྱིར། །བར་གྱི་དོན་ནི་ཆོས་གང་ཟག །བདག་གཉིས་ཁྱད་མེད་མུ་སྟེགས་དང་། །མང་བཀུར་ལུགས་ཡིན་གཞན་ནང་པའི། །རིགས་ནི་ཁ་ཆེ་བྱེ་སྨྲ་ཡན། །ཕར་ཆེར་ཞིག་གིས་སྤྱིར་བདག་ཞིག །བཞེད་པའི་ཚུལ་ལས་ཕུང་པོ་དང་། །བདག་འཛིན་ཁྱད་པར་མེད་པ་ནི། །ཐ་སྙད་དུའང་བཞེད་པ་མེད། །དེས་ན་ཆོས་དང་གང་ཟག་གི། །སྟེང་དུ་དེ་དང་དེའི་ངར་འཛིན། །རྣམ་ལྟ་འམ་ནི་རྣམ་བདུན་གྱི། །རིགས་པ་ཞེས་ཏེ་ཕུང་པོ་དང་། །བདག་འཛིན་གཉིས་ནི་གཅིག་ཐ་དད། །རྟེན་དང་བརྟེན་པ་ལྡན་པ་ལྟ། །དཔྱིབས་ཚོགས་གཉིས་ཏེ་རྣམ་བདུན་གྱིས། །བཙལ་བས་མ་རྙེད་བདག་མེད་རྟོགས། །བདག་འཛིན་གང་ཟག་གཅིག་ཡིན་ན། །རྣམ་བདུན་རིགས་པས་གང་ཟག་དང་། །རྟེན་འབྲེལ་རིག་པས་ཆོས་དཔྱད་ཚེ། དེ་གཉིས་མེད་པ་ཙམ་ཅིག་གྱུར། །འཕགས་པ་རྣམས་ཀྱི་རྗེས་ཐོབ་ཀྱི། །ཆོས་ཀྱི་བདག་མེད་རྟོགས་ཚེ་ཡང་། །ཆོས་ཙམ་མེད་པ་ཞིག་རྟོགས་གྱུར། །འདི་དག་བདེན་

གཉིས་བཞག་པའི་ཚེ། །འཁྲུལ་ངོ་དང་ནི་ཐུག་མེད་སྤྱངས། །རིག་ངོར་བཞག་པའི་གནད་ཀྱིས་ནི། །ཆོས་དང་གང་ཟག་གི་སྟེང་དུ། །ངར་འཛིན་བཅད་པས་བདག་མེད་རྟོགས། །ཆོས་དང་གང་ཟག་མེད་རྟོགས་ན། །མེད་པའི་མཐར་ལྷུང་སྐྱོན་དུ་གྱུར། །

༄ དགེ་ལྡན་ལུགས་ར་མཁན་པོ་སོགས། །དབུ་མ་བསྒོམ་སྐབས་ང་བགྲང་པ། །བཀག་དོན་ཁ་ཅིག་དབུ་མའི་ལྟ། །སོགས་ནས་སྙིང་པོ་ཅན་ཡིན་ནོ། །བར་དོན་ང་བགྲང་ངར་འཛིན་རྙེད། །ང་མེད་བགྲང་པས་མེད་བློ་སྐྱེ། །དེ་ཡི་གནས་ལུགས་རྟོགས་ཟེར་བ། །གྲུབ་མཐའ་བཞི་ལ་གྲགས་པ་མེད། །དེ་འདྲའི་བདག་ལྟར་བསྐྱེད་མི་དགོས། །སེམས་ཅན་འཁྲུལ་པ་སྟོན་ནས་གོམས། །ང་མེད་བརྗོད་པའི་མེད་དགག་གི །འཛིན་རྟོགས་གོམས་ལ་དོན་ཡོད་ན། །དབུ་མའི་གཞུང་ལུགས་དོན་མེད་གྱུར། །མཁས་བླུན་ཁྱད་པར་མེད་པའི་རྟགས། །མེད་དགག་བློ་ལ་ཤར་བ་ནི། །ལྷག་མཐོང་ཡིན་ན་ཞི་གནས་དང་། །ཟུང་འབྲེལ་བསྒོམ་པ་མི་སྲིད་འགྱུར། །ང་མེད་བརྗོད་པའི་རྗེས་འབྲང་ལས། །སྐྱེས་པའི་ལྷག་མཐོང་ཡིན་ཕྱིར་རོ། །བླུན་པོའི་གཏམ་ལ་དབུ་མ་ལ། །སྤྱངས་པས་ཡིད་ཆེས་སྐྱོངས་མི་རུང་། །ཐེག་པ་ཆེན་པོའི་ལྟ་སྤྱོད་ནི། །མཐའ་བཞི་སྤྲོས་བྲལ་སྟོང་པ་དང་། །སྟོང་ཉིད་སྙིང་རྗེའི་སྙིང་པོ་ཅན། །ཉམས་བླང་འཕྲལ་ཕུག་དགེ་བར་འགྱུར། །བྱང་སྒོམ་སྐབས་ཏེ་གསུམ་པའོ། །

༄ རྡོ་རྗེ་ཐེག་པའི་སྒོམ་པའི་སྐབས། །རིག་འཛིན་སྒོམ་པའི་དབང་བསྐུར་སོགས། །རྒྱུད་ལས་གསུམ་བར་སྨིན་གྲོལ་གཉིས། །རྣམ་གཞག་སྤྱིར་བསྟན་གོ་བ་སླ། །རྒྱུད་སྡེའི་སྨིན་བྱེད་སྤྱིར་བསྟན་དོན། །སྨིན་བྱེད་རྒྱུད་སྡེ་བཞི་སོགས་ནས། །ཐོབ་ཚུལ་རྣམ་བཞིར་ངེས་པར་དོན། །ཡེ་ཤེས་ཐིག་ལེའི་ལུང་གི་དོན། །བྱ་རྒྱུད་དངོས་གཞིའི་ཆུ་ཅོད་པཎ། །ཐོབ་ནས་སྔགས་སྒོམ་ཐོབ་པ་དང་། །དེ་བཞིན་སྤྱོད་རྒྱུད་ཆུ་ཅོད་པཎ། །རྡོར་དྲིལ་མིང་དབང་ལྔ་རྫོགས་ནས། །སྔགས་སྒོམ་རྫོགས་སོ་རྣལ་འབྱོར་རྒྱུད། །རིག་པའི་དབང་ལྔ་སློབ་དཔོན་དབང་། །ཐོབ་པའི་ཚེ་ན་སྔགས་སྒོམ་རྫོགས། །བླ་མེད་དབང་བཞི་རྫོགས་པའི་ཚེ། །སྔགས་སྒོམ་རྫོགས་ཐོབ་སུམ་ལྡན་གྱུར། །རྒྱུད་སྡེ་བཞི་ཡི་དབང་བསྐུར་ནི། །སྔགས་ཀྱི་སྒོམ་པ་ཐོབ་བྱེད་ཡིན། །སྔགས་སྒོམ་དབང་བཞི་ཡོངས་རྫོགས་ནས། ཐོབ་པ་ས་ལུགས་འཕགས་ཆོས་བཞེད། །སྔགས་སྒོམ་ཐོབ་མཚམས་རྒྱལ་བ་ཡི། །ལུང་ཟིན་ངོར་ཆེན་རྡོ་རྗེ་འཆང་། །སེམས་དཔའ་ཆེན་པོ་ཡབ་སྲས་དང་། །གོ་རམས་ཀུན་མཁྱེན་ཆེན་པོ་དང་། །པཎ་ཆེན་ཤཱཀྱ་མཆོག་ལྡན་གཉིས། །བཞེད་ཚུལ་གསར་སྙིང་འདྲ་མིན་བཞེད། །སོ་སོའི་སྒྲུབ་བྱེད་མང་མཆིས་ཀྱང་། །དེང་སང་ཕྱག་ལེན་དབང་བཞི་ཀ །སྦྲེལ་ནས་གནང་བཞིན་དབང་གྲལ་གཅིག །ཉིད་དུ་ཐོབ་ཕྱིར་ཁྱད་མ་མཆིས། །

༄ བོ་དོང་ཕྱོགས་ལས་རྣམ་རྒྱལ་སོགས། །རྒྱུད་སྡེར་རང་བཟོའི་ཚིག་འཁྲུགས་སྦྱར། །དེ་དག་བཀག་

དོན་ཁ་ཅིག་ནས། །རྡོ་རྗེ་ཐེག་པའི་བསྟན་པ་ཡིན། །བར་གྱི་དོན་ནི་བོ་དོང་པས། །བླ་མེད་དཀྱིལ་འཁོར་གཅིག་ཏུ་ནི། །དབང་ཐོབ་ཐམས་ཅད་ཐོབ་ཞེས་ཟེར། །དེ་ནི་ཕག་མོ་མངོན་འབྱུང་དང་། །མི་གཡོ་བླ་མེད་སོགས་ལུང་འགལ། །བདེ་མཆོག་རྒྱུད་ཀྱི་ཚིག་ཟིན་ལ། །འཁྲི་ནས་ཟེར་ན་རྒྱུད་དེ་ལས། །སྤྲོ་བ་བསྐྱེད་ཕྱིར་ཕན་ཡོན་བཤད། །ཕན་ཡོན་བརྗོད་ལས་ངེས་པ་མིན། །ཡིན་ན་ཀྱེ་རྡོར་རྒྱུད་ལས་ཀྱང་། །གལ་ཏེ་སངས་རྒྱས་གསུང་བའི་བཀའ། །མི་གསུང་ན་ཡང་འགྲོང་པར་འགྱུར། །དེ་ཡང་སྒྲ་ནི་ཇི་བཞིན་འགྱུར། །བླ་མེད་རིགས་ལྔའི་དབང་གིས་ནང་། །བུ་སློབ་གཉིས་ཀྱི་དབང་མཐའ་དག །རྣལ་འབྱོར་རྒྱུད་ཀྱི་སློབ་མ་ཡི། །དབང་གི་ནུས་པ་རྫོགས་པའི་རིགས། །རྫོགས་ཤིང་འདུས་པ་ལ་དགོངས་ཕྱིར། །དེ་ཡི་འོག་མའི་དབང་ཐོབ་འགྱུར། །ཐེག་ཆེན་མཐོང་ལམ་ཐོབ་པ་ཡིས། །ཉན་རང་མི་སློབ་ལམ་ཐོབ་འགྱུར། དེ་ཚེ་ཉན་རང་རྟོགས་རིགས་རྟོགས། །འདི་ནི་རྣམ་དག་རིག་པ་སྟེ། །དྲང་ངེས་གནད་འབྱེད་མིག་ལྟ་བུ། །བདག་འཇུག་བླང་པས་ཚིག་བརྒྱུད་དང་། །དེ་ལས་བརྒྱུད་ན་གཉིས་བརྒྱུད་འདོད། །ཕྱུར་ཅིང་བདག་འཇུག་བླང་པ་ཡིས། །དབང་ཀུན་མ་ཚད་སྒྲུབ་དགོས་ན། །གཅིག་གི་ཀུན་ཐོབ་དོན་མེད་འགྱུར། །སློབ་བརྒྱུད་གཉིས་བརྒྱུད་དུ་འདོད་ན། །རིམ་གྱིས་སུམ་བརྒྱུད་སོགས་གྱུར་ཏེ། །བདག་ཉིད་བདག་འཇུག་བླང་ནས་ནི། །གཅིག་བརྒྱུད་འབའ་ཞིག་ཅེས་མི་འགྱུར། །འཕགས་ཡུལ་གྲུབ་པའི་དབང་ཕྱུག་རྣམས། །འབྲུལ་ཞེས་བརྗོད་པ་གོ་སླ་ཞིང་། །དེ་འདྲའི་ལོག་རྟོག་སྤང་བར་བྱོས། །བདག་ཉིད་གཏན་ཏུ་ལེགས་འདོད་ན། །རྡོ་རྗེ་འཆང་དང་འཕགས་ཡུལ་གྱི། །གྲུབ་ཆེན་ལས་བརྒྱུད་ལོ་པཎ་བསྒྱུར། །བརྒྱུད་པ་མ་ཉམས་དབང་བསྐུར་ཞུས། །དེ་འདྲའི་དབང་དང་དམ་ཚིག་ལ། །གནས་ན་རྡོ་རྗེ་ཐེག་པ་ཡི། །བསྟན་པ་རྨད་དུ་བྱུང་བའོ། །

༄ ངོར་པ་མ་གཏོགས་གསང་སྔགས་པ། །འགའ་ཞིག་དམ་ཚིག་འཁྲུལ་པ་ནི། །བཀག་དོན་དེང་སང་གསང་སྔགས་པར། །རློམ་སོགས་ནས་ནི་བག་ཡོད་མཛོད། །བར་གྱི་དོན་ནི་རྣལ་འབྱོར་ཆེའི། །གསང་སྤྱོད་དབང་མ་ཐོབ་པ་ལ། །སྟོན་ཅིང་སྒྲོགས་པ་མི་རུང་ཅིང་། །དབང་བསྐུར་ཐོབ་ནས་དམ་ཚིག་ཉམས། །དེ་ལ་གསང་སྤྱོད་བསྟན་པ་ལ། །བསྟན་པའི་ཡུལ་དེ་རྩ་ལྟུང་ནི། །ཉམས་གྱུར་ཀྱང་སྔེ་དབང་ཐོབ་པ། །སྟོན་གྱི་དབང་ཐོབ་ཀྱི་ཚེ་ན། །གསང་སྤྱོད་ཡོད་ལུགས་ཤེས་པ་དེས། །སྟོན་པ་པོ་ལ་ལྟུང་བ་ནི། །རྩ་ལྟུང་ཙམ་ཞིག་མི་འགྱུར་ཏེ། །ཡུལ་དེས་སྔ་མ་ཤེས་པ་ལས། །གོ་རྒྱུ་གསར་དུ་མེད་པའི་ཕྱིར། །དུས་སྐབས་ཡན་ལག་མ་ཚང་ངོ་། །རྗེ་བཙུན་མཆོག་གི་འབྲུལ་སྤོང་ལས། །དུས་སྐབས་མ་ཚང་བཞག་བྱར་གསུངས། །

༄ རྗེ་བཙུན་ཙོང་ཁ་པ་ཡིས་ནི། །རྡོ་རྗེ་ཐེག་པར་ཞུགས་ཚད་ཀུན། །རྡོ་རྗེ་སྤུན་འདོད་ཏཱ་ཙང་ནི། །རྒྱ་ཆེའི་

སྨིན་ཡོད་གྱུར་པའི་ཕྱིར། །བླ་མ་གཅིག་དང་དཀྱིལ་འཁོར་ནི། །གཅིག་ལ་དུས་གཅིག་དབང་ཐོབ་པ། །རྡོ་རྗེ་སྤུན་ཡིན་གཞན་དུ་ན། །མངལ་གྱི་སྒོ་ནི་མི་གཅིག་པས། །སྤུན་ཞེས་དོན་མི་གནས་ཞེས་ཟེར། །བཀག་དོན་ཁ་ཅིག་གསང་སྔགས་ཀྱི། །སྡོམ་ལྡན་ཀུན་ཞེས་སོགས་ནས་ནི། །མངལ་སྒོ་མི་གཅིག་ཕྱིར་བར་དོན། །འོ་ན་བསླབ་གསུམ་ལྡན་པ་ཀུན། །ཚངས་པ་མཚུངས་པར་སྤྱོད་ཞེས་གྲགས། །དེ་ཡང་རྒྱ་ཆེའི་སྨིན་ཡོད་གྱུར། །འདོད་ན་རྣམ་བཤད་རིགས་པ་ལས། །ཚངས་པ་མྱ་ངན་འདས་ཡིན་ཏེ། །དེ་ཡི་ཆེད་དུ་སྤྱོད་པ་ནི། །ཚུལ་ཁྲིམས་ཏིང་འཛིན། ཤེས་རབ་བསླབ་པ་གསུམ་བསླབ་གསུམ་ཡིན་ཏེ་དེ་ལྡན་ཀུན། །ཚངས་པ་མཚུངས་སྤྱོད་གསུང་དང་འགལ། །དེ་བཞིན་ཡུལ་ཆེན་སོ་གཉིས་པོ། །སྤྱོད་པའི་ཚེ་ན་བརྡའ་དང་ནི། །བརྡའ་ཡི་ལེན་ཤེས་གང་ཟག་ཀུན། །རྡོ་རྗེ་སྤུན་དང་སྲིང་མོ་ནི། །མ་ཡིན་གྱུར་ཏེ་དེ་ལ་ནི། །སྔར་གྱི་མཚན་ཉིད་མ་ཚང་ཕྱིར། །འདོད་ན་བདེ་མཆོག་ཀྱེ་རྡོར་གྱི། །རྩ་བའི་རྒྱུད་དང་ཁ་སྦྱོར་ལས། །གང་གི་སྤུན་དང་སྲིང་མོ་དང་། །ཐེ་ཚོམ་མེད་པར་ཤེས་པར་བྱ། །ཞེས་གསུངས་པ་དང་འགལ་བའི་ཕྱིར། །མངལ་སྒོ་གཅིག་མིན་དཔེར་ན་ནི། །འཁོར་ལོས་སྒྱུར་རྒྱལ་བཙུན་མོ་ནི། །ལྔ་བརྒྱའི་སྲས་ཀུན་འཁོར་སྒྱུར་གྱིས། །རིགས་ཀྱི་སྤུན་ཟླ་མ་ཡིན་གྱུར། །

༄ བོ་དོང་པ་ཡིས་ཐེག་པ་ནི། །གསུམ་ཆར་ཚོགས་ལམ་ཆེན་པོ་ཡན། །གསང་སྔགས་ཡིན་འདོད་བཀག་པ་ནི། །ཁ་ཅིག་ཐེག་པ་གསུམ་སོགས་ནས། །མཐོང་ཚེ་གསལ་བར་འགྱུར་བར་དོན། །མདོར་བསྟན་ཚིགས་བཅད་གཞུང་གོ་སླ། །ལུགས་དང་རིགས་པ་འགལ་ཚུལ་ནི། །ཐེག་ཆེན་ཚོགས་ཀྱི་ལམ་དུ་ནི། །ཆོས་རྒྱུན་ཏིང་འཛིན་ཡོད་ཞེས་པ། །བྱམས་པས་མདོ་སྡེ་རྒྱན་ལས་གསུང་། །ཐེག་དམན་ལམ་དུ་ཆོས་རྒྱུན་གྱི། །ཏིང་འཛིན་ཐོབ་པ་ཚད་ལྡན་གྱི། །གཞུང་དག་ལས་ནི་མ་གསུངས་སོ། །རིགས་པས་གནོད་དེ་ཐེག་དམན་གྱི། །ཚོགས་ཀྱི་ལམ་དུ་ཆོས་རྒྱུན་གྱི། །ཏིང་འཛིན་ཐོབ་ན་ཐེག་དམན་གྱི། །སོ་སྐྱེ་དེ་ཡི་ཉན་རང་གི། །འཕགས་ལམ་ཐོབ་ཚེ་རྒྱུན་ཞུགས་དང་། །ཕྱིར་འོང་གཏན་ནས་མི་སྲིད་ཅིང་། །འབྲས་བུ་གསུམ་པ་ལ་གནས་པའི། །ཆགས་བྲལ་སྔོན་སོང་ཕྱིར་མི་འོང་། །ཞུགས་འབྲས་པ་ནི་ཁོ་ནར་གྱུར། །ཐེག་ཆེན་ཆོས་རྒྱུན་ཏིང་དེ་འཛིན། །ཐོབ་པ་ལ་ནི་བསམ་གཏན་གྱི། །དངོས་གཞི་ཐོབ་དགོས་དེ་ཐོབ་ལ། །འདོད་པའི་ཁམས་ལ་ཆགས་བྲལ་བ། །སྔོན་དུ་འགྲོ་བ་དགོས་པའི་ཕྱིར། །གཞན་ཡང་ཁྱོད་ཀྱིས་གྲུབ་པའི་མཐའ། །འདི་ནི་མི་འཐད་འདུལ་ལུང་ལས། །དགྲ་བཅོམ་ཐོབ་ཀྱང་རྫུ་འཕྲུལ་ནི། །མ་ཐོབ་མང་དུ་བཤད་དང་འགལ། །གནད་ཀྱི་སྙིང་པོ་ཆོས་རྒྱུན་གྱི། །ཏིང་འཛིན་བསམ་གཏན་དངོས་གཞི་ལ། །འཇོག་ན་ཐེག་དམན་ལ་ཡོད་དེ། །བསམ་གཏན་དངོས་གཞིའི་སྙོམས་འཇུག་ཐོབ། །ཉན་ཐོས་སྐྱེ་འཕགས་མང་ཡོད་བཤད། །དེས་ན་མིང་ཙམ་འདྲ་བ་ཡིན། །བསམ་གཏན་དངོས

གཞི་ལ་མི་འཛོག །ཆོས་རྒྱུན་ཏིང་ངེ་འཛིན་དེ་ཡི། །ངོ་བོ་ཆོས་རྒྱུན་ཏིང་ངེ་འཛིན། །ཡིན་ན་བསམ་གཏན་དངོས་གཞི་ལ། །གཏོགས་ཀྱང་བསམ་གཏན་ཁོ་ནས་མིན། །ངོ་བོའི་སྙིང་པོ་ལུས་སེམས་ནི། །ཤིན་སྦྱངས་བདེ་ལྡན་ཉེར་བསྟོག་ལ། །བརྟེན་ནས་སྐྱེས་པའི་བསམ་གཏན་གྱི། །དངོས་གཞི་ཆོས་རྒྱུན་ཏིང་འཛིན་ཡིན། །དེ་ནི་ཐེག་པ་དམན་ལ་མེད། །མདོ་སྡེ་རྒྱན་གྱི་ལུང་ལས་གསལ། །ཐེག་དམན་གྱིས་ནི་ཉེར་བསྟོག་ལ། །ཡིད་བྱེད་བདུན་བཤད་ཤིན་སྦྱངས་ཀྱི། །བདེ་ལྡན་ཐེག་པ་ཆེན་པོའི་ལུགས། །ས་སྐྱའི་འཇམ་མགོན་མཆོག་དེས་བཞེད། །ལམ་ནི་ཟབ་པ་ཙམ་གྱིས་ནི། །གདུལ་བྱ་ཀུན་གྱིས་ཉན་པ་ཡི། །ངེས་པ་མེད་དེ་དཔེར་མཚོན་ན། །ཟབ་མོ་ཐེག་ཆེན་གསང་སྔགས་ཀྱང་། །ཉན་ཐོས་རིགས་ཅན་གྱིས་མི་ཉན། །སྟོན་པས་གདུལ་བྱ་རིགས་གསུམ་ལ། །དགོངས་ཏེ་གསུངས་སོ་བརྟག་གཉིས་ཀྱི། །ལུང་དང་ལང་ཀར་གཤེགས་པ་དང་། །འཕགས་པ་ཀླུ་སྒྲུབ་ཡབ་སྲས་ཀྱིས། །གསུང་སོགས་ངེས་པའི་ལུང་ལས་གསལ། །དེས་ན་ལམ་གྱི་མཐར་ཐུག་གམ། །མཆོག་ཏུ་གྱུར་པའི་གསང་སྔགས་ཀྱི། །འབྲས་བུ་དམའ་ཞོས་ཉན་རང་གི །ཕྲག་མེད་བྱང་ཆུབ་ཐོབ་སླ་བ། །རྒྱུ་འབྲས་བསྐུར་འདེབས་སླ་ངན་ཡིན། །གསང་སྔགས་དཀྱིལ་འཁོར་ལ་བཀོད་པའི། །ཉན་ཐོས་ཉན་རང་མཚན་ཉིད་པ། །ཡིན་ན་སྔགས་ཀྱི་དམ་ཚིག་སྐབས། །ཉན་ཐོས་དག་ཏུ་སྙོམ་བྱེད་པའི། །ནང་དུ་ཞག་གནས་ལྷུང་བར་གསུངས། །ཀུན་རིག་དཀྱིལ་འཁོར་ཁྲམས་བཀོད་པའི། ཉན་ཐོས་རང་རྒྱུད་པ་ཡིན་ན། །རིགས་ལྡའི་གདན་གྱི་སེང་གེ་སོགས། །དུད་འགྲོ་རང་རྒྱུད་པ་རུ་འགྱུར། །ཉི་ཟླ་སོགས་ཀྱང་དེ་བཞིན་འགྱུར། །གཞན་ཡང་བོ་དོང་པ་ཡིས་ནི། །དབང་བསྐུར་ཡི་ནི་རྒྱུན་བཤགས་ཀྱི། །སྟོན་དུ་ཐེག་གསུམ་གང་འདོད་ལ། །དམིགས་ནས་རྗེས་བློས་ཀྱིས་ཟེར་བ། །སྔགས་ཀྱི་སྡོམ་པ་བསླབས་པའི་ཚེ། །རྡོ་རྗེ་རྩེ་མོ་ལས་བཤད་ལུང་། །གཞན་ཡང་ཐེག་པ་ཆེ་ཆུང་གཉིས། །རང་དོན་གཞན་དོན་སེམས་བསྐྱེད་ཀྱིས། །དབྱེ་བ་མདོ་རྒྱུད་ཀུན་བཤད་འགལ། །

འདི་འདྲ་རྒྱུད་སྡེ་ཕལ་ཆེར་དང་། །གྲུབ་པའི་དབང་ཕྱུག་གཞུང་བཟང་རྣམས། །འདྲ་མིན་འབྱུང་བ་གཞུང་ཆེན་པོ། །སྤྱི་ནི་མཐོང་ཚེ་གསལ་བར་འགྱུར། །དེ་ཡང་བོ་དོང་པའི་འདོད་པ། །རིགས་ཅན་གསུམ་ཆར་ཚོགས་ཀྱི་ལམ། །ཆེན་པོ་ནས་ནི་སྔགས་ལ་འཇུག །དམིགས་བསལ་ཉན་རང་དབང་བརྟུལ་གྱི། །སྦྱོར་ལམ་རྩེ་མོ་ནས་སྔགས་ཀྱི། །བཟོད་པ་ལ་ནི་འཇུག་པར་འདོད། །དེ་བཞིན་བོ་དོང་འདོད་པའི་མཐིལ། །ཉན་ཐོས་ཐེག་ཆེན་ལ་ཞུགས་ལ། །དེ་ལ་འབྲས་བཞི་ཞུགས་གནས་བརྒྱད། །ཉན་ཐོས་རང་རྒྱལ་རྣམ་གཞག་ཡོད། །ཉན་ཐོས་རྐྱང་པར་ཞུགས་གནས་སོགས། །རྣམ་གཞག་མེད་པ་བཀའ་ཐམ། །ཕྱིར་མི་ལྡོག་འཁོར་མདོར་གསུང་འདོད། །དེ་ཡི་དོན་ཀྱང་ཉན་ཐོས་ནི། །རང་རྐང་ཞུགས་ལ་ཞུགས་གནས་ཀྱི། །རྣམ་གཞག་མེད་པ་བསྒྲུབ་པར་འདོད། །

གོང་གི་ཀུན་མཁྱེན་ཆེན་པོའི་གསུང་། །བཟློག་ཏུ་མེད་པའི་ལུང་རིགས་ཡིན། །

༈ རྗེ་བཙུན་ཙོང་ཁ་པ་ཡིས་ནི། །བྱ་རྒྱུད་བདག་བསྐྱེད་ཡོད་གསུངས་པ། །བཀག་དོན་ཁ་ཅིག་བྱ་རྒྱུད་ནས། །ལོག་པའི་སྐྱོན་དུ་འགྱུར་བར་དོན། །དེ་འདྲ་སྤྱོད་རྒྱུད་ལུང་གིས་ནི། །བྱ་རྒྱུད་བདག་བསྐྱེད་ཡོད་སྒྲུབ་ན། །བླ་མེད་རིམ་གཉིས་ལུང་གིས་ནི། །བྱ་རྒྱུད་བསྐྱེད་ཆོག་ཡོད་འགྲུབ་གྱུར། །གཞན་ཡང་བྱ་སྤྱོད་གཉིས་ཀྱི་ནི། །ཉམས་ལེན་ཁྱད་པར་མི་ཤེས་གྱུར། །ལུང་གིས་གནོད་དེ་རྒྱུད་སྡེ་ནི། །གོང་མའི་ནང་ཚན་དུ་གྱུར་པའི། །ཡེ་ཤེས་རྡོ་རྗེ་ཀུན་བཏུས་ལས། །གཙང་སྦྲ་བྱེད་དང་ཡེ་སེམས་ཀྱི། །བདེ་བ་མེད་ཅིང་བདག་ལྷ་ཡི། །ང་རྒྱལ་མེད་དང་རྨད་བྱུང་གི། །སྤྱོད་ཡུལ་མིན་དང་སྐྱོན་གྱི་རྒྱུད། །རྟོག་ལ་རབ་ཏུ་དབྱེད་སྒྲུབས་ཤིང་། །བྱ་བའི་རྒྱུད་ལ་ཞུགས་སོ་ཞེས། །གསུང་པའི་ལུང་དང་འགལ་ཕྱིར་རོ། །བལྟས་པའི་བདེ་བ་ཡོད་ཙམ་གྱི། །བདག་བསྐྱེད་མི་འགྲུབ་མདུན་བསྐྱེད་ཀྱི། །ལྷ་ནི་ཕོ་མོས་བལྟས་པ་ལ། །དམིགས་དེ་བལྟས་པའི་ལམ་བྱེད་ཡིན། །སྤྱོད་རྒྱུད་རྣམ་སྣང་མངོན་བྱང་གི། །ཡི་གེ་དང་ནི་ཡི་གེ་སྒྲུར། །གསུང་ནི་སྟོན་འགྲོ་སྟོང་ཉིད་ཀྱི། །བྱང་ཆུབ་སེམས་ནི་བསྒོམ་པ་དང་། །དེ་ཡི་དང་ལས་གསང་སྔགས་ཀྱི། །སྒྲ་རུ་ལྡང་བ་གཉིས་ཡིན་ཅིང་། །གཞི་ལས་གཞིར་གྱུར་ཞེས་པའི་དོན། །དང་པོ་བདག་བསྐྱེད་གཉིས་པ་ནི། །མདུན་བསྐྱེད་ཉིད་དེ་རྣམ་གྲངས་བཞི། །བྱ་རྒྱུད་བསམ་གཏན་ཕྱི་མ་ལས། །སྒྲ་དང་སེམས་དང་གཞི་ལ་གཞོལ། །ཞེས་གསུང་དེ་ནི་སྒྲ་དང་སེམས། །སྟོན་འགྲོ་གཉིས་ཀྱི་དོན་ལ་མཚུངས། །གཞི་ནི་མདུན་བསྐྱེད་ཁོ་ནར་དགོངས། །དེས་ན་གཞི་ཡི་ཁ་གྲངས་ཀྱང་། །མང་ཉུང་ཉིད་ཀྱིས་གསལ་བར་སྟོན། །སྐྱོན་སྤྲང་མི་འཐད་བྱ་བའི་རྒྱུད། །ཕལ་ཆེར་བལྟས་པའི་བདེ་བ་ཡི། །ལམ་བྱེད་མེད་གྱུར་བདག་བསྐྱེད་ནི། །མེད་པར་འདོད་ཕྱིར་ལམ་དང་ནི། །གདུལ་བྱའི་གཙོ་བོ་གོ་ལྡོག་སྟེ། །ཁྱེད་ཅག་གི་ནི་བཞེད་པ་ལ། །བྱ་རྒྱུད་ལམ་གཙོ་བདག་བསྐྱེད་མཛད། །གདུལ་བྱའི་གཙོ་བོ་སྦྲག་རྩོལ་སོགས། །བསྒོམ་པར་མི་ནུས་འདོད་ཕྱིར་རོ། །

གཞན་ཡང་དོགས་སེལ་འདི་ལྟ་སྟེ། །སངས་རྒྱས་གསང་བའི་རྒྱུད་འགྲེལ་ལས། །གཞི་གཉིས་བརྗོད་པས་བདག་བྱ་རྒྱུད་ལ་བསྐྱེད་ནི། །ཡོད་པ་འདྲ་འཁྲུལ་དེ་མིན་སྟེ། །བྱ་རྒྱུད་སྤྱོད་རྒྱུད་ལྟར་འགྲེལ་ཡིན། །འདི་ལ་བསམ་གཏན་ཕྱི་མའི་དོན། །སངས་རྒྱས་གསང་བའི་འགྲེལ་པ་ལས། །གཞི་གཉིས་ལྷ་བུར་བཤད་པའི་དོན། །སྟོན་འགྲོ་དངོས་གཞི་མདུན་བསྐྱེད་དང་། །བཅས་པའི་སྒྲུབ་ཐབས་དེ་ཉིད་ནི། །གསང་སྔགས་མི་འགྱུར་གཞིར་གནས་དང་། །དེ་ཡི་དང་ལ་གསང་སྔགས་བཟླས། །ཡི་གེ་རེ་རེར་གསང་སྔགས་དང་། །ལྷན་པ་གཞི་ལས་གཞི་གྱུར་དོན། །མདོར་ན་རང་ལུགས་བྱ་རྒྱུད་ལ། །བདག་བསྐྱེད་འབྱུང་ཀུན་བྱ་རྒྱུད་ནི། །རྒྱུད་སྡེ་གཞན་ལྟར་འགྲེལ་པ་དང་། །བདག་བསྐྱེད་མེད་པ་བྱ་རྒྱུད་ཀྱི། །ཁྱད་ཆོས་དངོས་བསྟན་ཡིན་པ་ནི། །རྒྱལ་བས་ལུང་བསྟན་

རྡོ་རྗེ་འཆང་། །ཀུན་དགའ་བཟང་པོའི་གསུང་ལས་གསལ། །དེ་སྐབས་འདིར་བདག་བསྐྱེད་མེད་མོད། འདིར་རང་གི་སྙིང་ཁར་མདུན་བསྐྱེད་ལྷ་མི་དངོས་གྲུབ་ཞུ་བའི་ཕྱིར་དུ་བསྒོམ་པ་ངོ་བོ་ལྷ་ལ་རྩེ་དགོས་པ་འདྲའོ། །སྙིང་ཁར་སྔགས་ཕྲེང་བཀོད། །དེ་ཡི་ཕྱོགས་བཞིར་མེ་རི་བསྒོམ། །དེ་ལ་སེམས་འཛིན་མེར་གནས་ཡིན། །སྔགས་ཀྱི་སྒྲ་ནི་དྲིལ་བུ་ཡི། །གསུང་འདྲ་སེམས་གཏད་སྒྲར་གནས་དང་། །དེ་ཚེ་རླུང་ནི་ནང་དུ་འཇུག །ཕྱིར་དབྱུང་ཚེ་ན་མདུན་བསྐྱེད་ནི། །བསྒོམ་པ་རྣམས་ཀྱིས་སྐྱུར་དམིགས་ཤིང་། །ངལ་གསོ་འདི་ལ་སྲོག་རྩོལ་གྱི། །ཐ་སྙད་མཛད་པ་རྒྱུད་འདིའི་ལུགས། །སླར་ཡང་དམིགས་པ་རྣམས་བསྡུས་ཏེ། །འོད་གསལ་སེམས་འཛིན་སྒྲ་མཐའ་འོ། །

༄ ངོར་པའི་སློབ་བརྒྱུད་བླ་མ་ཡི། །གསུང་སྒྲོས་མ་ཟིན་འགའ་ཞིག་གིས། །ལྷ་ལ་འཁྲུལ་པ་བཀག་པའི་དོན། །ཁ་ཅིག་ངན་སོང་སྦྱོང་སོགས་ནས། །མཐའ་ཡས་ཤེས་པར་བྱ་བར་དོན། །སྦྱོང་རྒྱུད་ལྷ་ལ་རྒྱལ་ཆེན་སོགས། །འཇིག་རྟེན་རང་རྒྱུད་པར་ཁས་བླང་། །དེ་བཞིན་དཔལ་མཆོག་འཇིགས་བྱེད་སོགས། །འཁོར་གྱི་འཇིག་རྟེན་མིང་ཅན་རྣམས། །རང་རྒྱུད་པར་འདོད་དེ་ཡིན་ཏེ། །རང་ལུགས་སྦྱོང་དཀྱིལ་བཅུ་གཉིས་ཀྱི། །དཀྱིལ་འཁོར་ལ་བཀོད་འཇིག་རྟེན་པའི། །མིང་ཅན་དེ་དག་རང་རྒྱུད་པ། །ཡིན་ན་དེ་ཡི་དཀྱིལ་འཁོར་དུ། །དབང་བསྐུར་བ་ནི་དོན་མེད་འགྱུར། །གཙོ་བོ་དེ་བཞིན་གཤེགས་པ་ཡི། །ཐུགས་ཀ་ནས་ནི་འཇིག་རྟེན་པ། །སྤྲོ་བ་དེ་ནི་འབྲེལ་མེད་འགྱུར། །མདུན་བསྐྱེད་གྲུབ་ཚེ་འཁོར་དེ་དག །ཡེ་ཤེས་དགུག་ཞུགས་མཆོད་བསྟོད་དང་། །རྒྱན་བཤགས་ཚེན་སྐབས་ཡུལ་གྲར། །མེ་ཏོག་དོར་ཚེ་ལྷ་གང་རུང་། །གཅིག་ལ་བོབ་ཞེས་འདོར་བ་དང་། །དངོས་གཞིའི་ཚེ་ན་འཁོར་སྔགས་བཟླ། །བུམ་ཆུའི་དབང་བསྐུར་རྒྱུད་དང་ནི། །གོང་མའི་གསུང་རབས་ལས་འབྱུང་ན། །འཇིག་རྟེན་དཀྱིལ་འཁོར་དྲུག་པོ་ནི། །འཇིག་རྟེན་རང་རྒྱུད་སྒྲ་མི་ནུས། །གལ་ཏེ་ཡེ་ཤེས་འགུགས་གཞུག་སོགས། །གཙོ་ལ་ཡོད་ཅིང་འཁོར་ལ་མེད། །སྒྲ་ན་རྒྱུད་ལ་དེ་མ་བཤད། །སྟོན་པས་སྦྱོང་རྒྱུད་གསུང་པའི་ཚེ། །དཀྱིལ་འཁོར་ཐམས་ཅད་སྤྲུལ་པ་ཡི། །ཡེ་ཤེས་དཀྱིལ་འཁོར་ཡིན་པས་ཀྱང་། །འཇིག་རྟེན་རང་རྒྱུད་མ་ཡིན་གསལ། །སྤྲུལ་པའི་དཀྱིལ་འཁོར་དུ་ནི་དབང་། །ཐོབ་པ་ཙམ་གྱིས་གྲུབ་པ་ཐོབ། །དེས་ཀྱང་དཀྱིལ་འཁོར་ལྷ་འཇིག་རྟེན། །རང་རྒྱུད་ཡོད་པ་འགལ་བ་དང་། །སྒོ་སྲུང་ཡེ་ཤེས་ལྷ་ཡོད་བཞིན། །ནང་དུ་འཇིག་རྟེན་པ་མི་འབྱུང་། །བླ་མས་གསུང་ཟེར་བྱུང་རྒྱལ་སྒྲ། །ཁྱེད་ཀྱིས་གསུང་སྒྲོས་མ་ཟིན་ཏེ། །རྡོ་རྗེ་འཆང་གི་ཀུན་རིག་གི། །གསུང་ཙམ་དངོས་ལས་རྒྱལ་བ་ནི། །རིགས་བཞི་ནས་ན་ཕྱི་རོལ་གྱི། །འཁོར་ཡུག་པའི་བར་ཐམས་ཅད་ནི། །གཙོ་བོ་ཀུན་རིག་ཐུགས་ཀ་ནས། །བསྐྱེད་ནས་རང་གནས་སོ་སོར་བཀོད། །སྤྲུལ་པའི་དཀྱིལ་འཁོར་བསྒོམ་པར་གསུང་། །ཁྱད་པར་སངས་རྒྱས་གང་གང་འདུལ། །སྒོ་ནས་འདི་དག་སྐུར་སྟོན་ཡིན། །ཞེས་གསུངས་པ་

དང་འགལ་བར་གྱུར། །སྦྱོར་རྒྱུད་དཀྱིལ་འཁོར་རྒྱལ་ཆེན་སོགས། །སྲོག་སྙིང་ཕྱུལ་ཚུལ་བསྟན་པ་ནི། །འཇིག་རྟེན་པ་རུ་འགྱུར་ཟེར་ན། །གདུལ་བྱ་དྲག་པོ་དབང་ཕྱུག་དང་། །འདུལ་བྱེད་ཧེ་རུ་ཀ་གཉིས་ཀྱང་། །དེ་མཚུངས་གདུལ་བྱ་དྲག་པོ་ནི། །འཇིག་རྟེན་པར་གྱུར་དེ་བས་ནི། །རྗེ་བཙུན་མཆོག་གི་ཧེ་རུ་ཀ །མངོན་བྱུང་སོགས་ལ་གདུལ་འདུལ་བྱེད། །རྒྱུད་གཅིག་པ་རུ་བཤད་དང་འགལ། །དེ་ལ་སོགས་པ་སངས་རྒྱས་ཀྱི། །རྣམ་འཕྲུལ་རྣམས་ལ་འདི་འཇིག་རྟེན། །འདི་ནི་འདས་ཞེས་བློ་ཆོད་ཀྱི། །སྤྲུར་དུ་མི་རུང་སངས་རྒྱས་རྣམས། །གདུལ་བྱ་འདུལ་བའི་ཚུལ་གྱི་ནི། །སྤྲུལ་པ་སྣ་ཚོགས་སྟོན་པའོ། །

འཇིག་རྟེན་མིང་གི་འཇིག་རྟེན་པར། །གྱུར་ན་མི་ལ་སེང་གེའི་མིང་། །བཏགས་པའི་མོད་ལ་སྣ་ཉག་པ། །རལ་ཕྲུག་སེང་གེའི་མཚན་ཉིད་གྱུར། །མིང་དོན་ངོ་བོ་ཉིད་འབྲེལ་བ། །ངོ་བོས་གྲུབ་འདོད་སྨྲ་སྐྱེགས་ཀྱི། །གྲུབ་མཐའ་ཆོས་གྲགས་ཕྱོགས་གླང་གིས། །ཚད་མ་རིག་པའི་རྒྱལ་པོས་བཀག །མིང་ལ་དངོས་མིང་བཏགས་མིང་གཉིས། །གསུང་རབ་འཇིག་རྟེན་གཉིས་ཀ་ལས། །ཡོད་པས་མིང་འདོགས་ཙམ་གྱིས་ནི། །དེ་ཡང་དེ་རུ་ག་ལ་འགྱུར། །འཇིག་རྟེན་འཇིག་རྟེན་རྣམ་གཞག་གི། །སྒྲུབ་བྱེད་མིང་ལ་རེ་བ་ནོངས། །སྟོན་པས་རྒྱུད་གསུང་ཆེན་འཁོར། །རང་རྒྱུད་ཡིན་ན་སྤྲུལ་པ་དང་། །རང་རྒྱུད་འཁོར་གཉིས་དངོས་གསུང་འགལ། །གདུལ་བྱ་འདུལ་ཕྱིར་སངས་རྒྱས་ནི། །རང་ཉིད་འཁོར་གྱི་ཚུལ་བཟུང་དང་། །སེམས་ཅན་གྱུར་པའི་འཁོར་གྱི་ནི། །མཚན་ཉིད་གཉིས་ཡོད་གསུང་དང་འགལ། །སྟོན་པས་སྦྱོར་རྒྱུད་གསུངས་པའི་ཚེ། །ཚངས་དང་ལྷ་ཆེན་ཀླུ་ཆེན་སོགས། །སྤྲུལ་པ་ཡིན་ཕྱིར་ཀུན་རིག་གི། །འཁོར་ཡུག་ཏུ་ནི་ཚངས་པར་བཀོད། །སླར་ཡང་ཕྱག་རྡོར་སྐུར་བཞེངས་ནས། །སྦྱོར་རྒྱུད་བརྟག་པ་ཕྱི་མ་གསུངས། །དེ་ཚེ་ཚངས་སོགས་སྲོག་སྙིང་ཕྱུལ། །དཀྱིལ་འཁོར་སོ་སོར་བཀོད་པ་ལ། །ཕྱག་ན་རྡོ་རྗེའི་འཁོར་དུ་ནི། །རྒྱལ་ཆེན་བཞི་དང་ཕྱོགས་སྐྱོང་བཅུ། །ལྷ་ཀླུ་བརྒྱད་དང་གཟའ་རྒྱུ་སྐར། །འཇིགས་བྱེད་དགུ་ཡིས་བསྐོར་བ་ལ། །འཇིག་རྟེན་དཀྱིལ་འཁོར་དྲུག་ཏུ་གྲགས། །འདས་པའི་དཀྱིལ་འཁོར་དྲུག་ཞེས་པ། །ཀུན་རིག་རྩ་བའི་དཀྱིལ་འཁོར་དང་། །ཤཱཀ་ཐུབ་སྐུ་དང་ཚེ་དཔག་གསུང་། །ཕྱག་རྡོར་ཐུགས་དང་འཁོར་ལོས་སྒྱུར། །ཡོན་ཏན་མེ་ལྷར་འབར་ཕྲིན་ལས། །དེ་ལྟར་དཀྱིལ་འཁོར་བཅུ་གཉིས་པོ། །དེར་སང་དབང་བཀའ་མ་ནུབ་ཡོད། །དེ་ཡང་སྟོན་དུས་སྤྲུལ་པ་དང་། །ཡེ་ཤེས་དཀྱིལ་འཁོར་ཕྱིས་དུས་ནི། །སོ་སྐྱེའི་སློབ་དཔོན་དབང་བྱས་ཏེ། །རྟུལ་ཞུགས་ཚོན་རས་བྲིས་ཏེ་འཛིན་གསུམ། །དེ་ལ་ཡོངས་དྲིལ་དབང་པོ་དྲུག །སྔོན་བླའི་དཀྱིལ་འཁོར་གནོད་སྦྱིན་སོགས། །འཇིག་རྟེན་རང་རྒྱུད་པ་ཡིན་ན། །ཆོག་འདོན་ཀུན་སྐྱབས་སྡོམ་འཚོར། །ཞི་འཚོས་མདོ་ལས་གསུངས་པ་ནི། །བདེ་གཤེགས་བརྒྱད་པོ་སངས་རྒྱས་སུ། །ཐུས་ན་སྐབས་དེར་དམ་ཆོས

བསྟན། །ལྷག་མ་སྐྱབས་འགྲོ་ལ་སོགས་པ། །འཇིག་རྟེན་འདས་དང་མ་འདས་པའི། །སྐྱུར་སྟོན་དགེ་འདུན་ཁོངས་སུ་བསྡུས། །སྐྱབས་གནས་གསུམ་ལ་ཕྱག་མཆོད་སོགས། །ཡན་ལག་དྲུག་པོ་དངོས་སྦྱོར་ནས། །བདུན་པ་མདོ་སྨོན་ཉིད་ལ་སྦྱར། །དེ་བཞིན་དོན་ཡོད་རྡོ་རྗེ་ཡི། །འཇིགས་བྱེད་སྐབས་ཀྱི་གཤིན་རྗེ་ནི། །ཕོ་བརྒྱད་མོ་བརྒྱད་རྡོ་རྗེ་སེམས། །ཡབ་ཡུམ་མཁའ་སྤྱོས་དེ་བཞིན་དུ། །འདོད་ཁམས་དབང་ཕྱུག་རིགས་ལྔའི་ཡུམ། །བྲམ་ཟེ་ཆེན་པོས་བཤད་པ་དང་། །གདོང་བཞི་གཉེན་པོ་རྗོར་འཆང་གི། །ཐུགས་ཕྲིན་ལས་སྤྲུལ་སྟོན་པ་ཡི། །སྤྲུལ་པར་བཤད་དང་ལས་མགོན་ལྔ། །མགོན་པོ་ལྕམ་དྲལ་ས་བོན་ལས། །བརྒྱུད་དེ་རིམ་བཞིན་བསྐྱེད་པ་དང་། །ཕོ་ཉ་ལྔ་ལ་སྤྲུལ་པ་ཡི། །ཕོ་ཉར་བརྗོད་པ་རྣམས་ཀྱང་ནི། །འཇིག་རྟེན་པ་རུ་སློ་ནུས་མིན། །འཇམ་མགོན་བླ་མའི་སྐལ་དམན་མའི། །ལྷ་སྐལ་ཆད་ནས་འབྱུང་པོ་བསླུབ། །ཞེས་གསུང་དྲན་ཕྱོས་ཡི་དམ་དང་། །ཆོས་སྲུང་ཕལ་ཆེར་འབྱུང་པོ་ཡིན། །མ་སློ་སྐྱབས་ལ་ཐེ་ཚོམ་གྱི། །རྒྱུ་ནི་ཉེས་དམིགས་ཤིན་ཏུ་ཆེ། །དེ་ལ་ཕན་པོའི་གདམ་ངག་ནི། །ཉན་ཐོས་རང་རྒྱལ་སངས་རྒྱས་ནི། །བྱང་སེམས་སྤྲུལ་དང་རང་རྒྱུད་པ། །གསུམ་ཡོད་ཚངས་དང་བརྒྱ་བྱིན་སོགས། །འཇིག་རྟེན་ཆེ་དགུ་དུར་ཁྲོད་བདག །ཤ་ཟ་འཇིག་རྟེན་ཆ་ལུགས་ལྡན། །སྲོག་ཆགས་ལ་སོགས་རིགས་དྲུག་གིས། །གཟུགས་སྟོན་རྣམས་ལ་སྒྲ་མ་བཞིན། །རྣམ་པ་གསུམ་ཡོད་དེ་འདྲ་ཡིན། །རྣམ་དབྱེ་མདོ་རྒྱུད་དགོངས་པ་ཡིན། །སངས་རྒྱས་རྣམ་སྤྲུལ་ཉིད་ངེས་བྱ། །

༄ ཐུན་མོང་ལམ་ལ་འཁྲུལ་པ་དགག །དགའ་གདོང་ཆོས་རྒྱལ་དཔལ་བཟང་སོགས། །ལམ་འཁྲུལ་ལ་ལ་རྒྱུད་སྡེ་ནས། །ཉིད་ལ་གསུང་ཕྱིར་རོ་བར་དོན། །རྒྱུད་སྡེ་འོག་མར་དབང་བཞི་ནི། །མེད་ལ་ལྟོས་པས་རིམ་གཉིས་ཀྱང་། །མེད་ཀྱང་ངེས་པར་འདོད་དགོས་ལྟར། །རྡོ་རྗེ་ཐེག་པའི་གཞུང་ཡིན་པ། །འཇམ་མགོན་བླ་མ་སངས་རྒྱས་ལ། །ཕྲིན་ཞུར་གསང་སྔགས་ལམ་ཞེས་པའི། །ཚིག་སྤྱི་དང་ནི་རབ་དབྱེ་ཡི། །ཚིག་སྤྱིར་འཕྲིས་མདོ་གསང་སྔགས་ལམ། །གསུངས་པ་བླ་མེད་ཐེག་པར་དགོངས། །དེ་ནི་རྒྱུད་སྡེ་འོག་མ་ལ། །བཀག་ནས་སླ་བ་དགོས་པ་མེད། །རྒྱུད་སྡེ་འོག་མར་དབང་བཞི་ནི། །མེད་ལ་རིམ་གཉིས་དགོས་སླ་ན། །དེ་ཡང་འཇམ་མགོན་བླ་མས་བཀག །བློ་ཡི་རིམ་པས་ལྷ་བསྐྱེད་ཙམ། །བསྐྱེད་རིམ་དོན་མིན་བསྐྱེད་རིམ་གནད། །སྦྱོང་གཞི་སྦྱོང་བྱེད་གཉིས་སྦྱར་རོ། །མཚན་མེད་ཙམ་གྱི་རྣལ་འབྱོར་བསྒོམ། །རྫོགས་རིམ་དོན་མིན་རྫོགས་རིམ་ནི། །ལུས་ངག་ཡིད་གསུམ་རྫོགས་ལ་གསུངས། །རྣལ་འབྱོར་ཆེན་པོའི་ཉམས་ལེན་ལ། །འཁྲུལ་པ་དགག་དོན་མཁས་པ་ཆེ། །ཡང་ནི་ཙོང་ཁ་པའི་བཞེད་དོན། །བསྐྱེད་རྫོགས་སྣང་བ་ལྷར་འཆར་དོན། །ཡིད་དོར་རྟེན་དང་བརྟེན་པ་ཡི། །ལྷ་དང་ཡེ་ཤེས་བསྒོམས་པའི་ཚེ། །རྟོག་གཉིས་ཅིག་ཆར་མི་འཇུག་པས། །ཡིད་དོའི་སྣང་བ་ལྷར་འཆར་ཡིན། །ཕྱི་

རོལ་སྣང་བ་ལྷར་འཆར་མིན། །དེ་ནི་ལོག་ཤེས་ཉིད་ཡིན་པས། །ལྷ་རུ་མི་འགྱུར་སེལ་བ་ནི། །བརྡར་བས་དུང་དུ་མི་འགྲོ་བཞིན། །ཞེས་པའི་གྲུབ་མཐའ་འཛུགས་བཀག་དོན། །ཁ་ཅིག་བསྐྱེད་རྫོགས་སོགས་ནས་ནི། །བཀག་ཟིན་བསྟན་པར་བྱ་བར་དོན། །འདི་ནི་རྣལ་འབྱོར་བླ་མེད་ཀྱི། །གནད་བཅོས་ལུང་རིགས་གཉིས་དང་འགལ། །རྒྱུད་སྡེ་གསང་འདུས་ཀྱེ་རྡོར་གྱི། །ལུང་དང་འགལ་ཞིང་དེ་བཞིན་དུ། །བདེ་མཆོག་རྣལ་འབྱོར་མའི་ཀུན་སྤྱོད། །སོགས་དང་འཕགས་ཡུལ་གྲུབ་པའི་གཞུང་། །རྣམས་དང་བོད་ཀྱི་སྔགས་འཆང་མཆོག །རྣ་རྫོག་དཔལ་ལྡན་ས་སྐྱ་པའི། །མན་ངག་འདི་འགོག་གཉེན་པོ་ཡིན། །ཕྱི་རོལ་སྣང་བ་ལྷ་རུ་ནི། །བསྒོམ་དུ་མི་རུང་ལོག་རྟོག་དོར། །སྣང་བ་ལྷ་ཡི་ངོ་བོ་ཡི། །རང་བཞིན་རྣམ་དག་ཡིན་ནམ་མིན། །ཡིན་ན་དེ་ནི་ལྷར་བསྒོམ་ཀྱང་། །ལྷ་རུ་མི་འགྱུར་སྣང་བ་དེ། །ལྷར་འཆར་ལོག་ཤེས་ཡིན་ཟེར་འགལ། །མིན་ན་རྒྱ་རྒྱུད་བརྟག་གཉིས་ལས། །དག་པ་གསུམ་གྱི་རྣམ་དག་བསྟན། །འོན་ཀྱང་ཉམས་དང་ཤེས་སྒྲིབ་ཀྱིས། །གློ་བུར་སྒྲིབ་པ་སྦྱང་གསུང་འགལ། །འགའ་ཞིག་ཐ་མར་སྣང་བ་ནི། །ངོ་བོས་དག་ཅིང་རྣམ་པ་ནི། །དག་ཏུ་མི་རུང་རྒྱུད་ལས་ནི། །ལྷ་ནི་སོ་སོའི་དག་པ་ཞེས། །གསུང་དེ་སྒྲུབ་བྱེད་མ་ཡིན་ནོ། །

སྐམ་ནས་འཁྲུལ་མདོ་དེ་མིན་ཏེ། །རྒྱུད་ལ་སོ་སོའི་ལྷ་ཡི་ནི། །རྣམ་པ་གཟུགས་ཀྱི་བཞིན་ལག་ནི། །ཁ་དོག་གནས་པ་ཕྱུང་ལྷུ་སོགས། །སྐྱེས་ཤིང་གྲུབ་པ་ཙམ་གྱིས་ནི། །ལྷ་ནི་རྣམ་པར་གནས་པའོ། །འོན་ཀྱང་བག་ཆགས་ཕལ་པ་སྟེ། །ཐ་མལ་རྣམ་རྟོག་གིས་སྒྲིབ་པའི། །རྣམ་རྟོག་དེ་ནི་སྦྱང་དགོས་སོ། །ཞེས་གསུངས་པ་ཡི་གསལ་བར་སྟོན། །ལྷ་ཡི་རྣམ་པའི་གཟུགས་ཀྱི་སོགས། །རྒྱུད་ཚིག་ཡང་ནི་དེ་དོན་གཅིག །འཆད་པ་མཁས་པ་དག་གི་ལུགས། །དེས་ན་ཐ་མལ་བག་ཆགས་རང་། །དག་བྱ་རྡོ་རྗེ་གུར་ལས་གསལ། །ཡང་ནི་ཕྱོགས་སྔ་དེ་ཉིད་ཀྱིས། །སྦྱང་གཞིའི་ལམ་བསྒོམ་སྒྲུབ་པ་པོའི། །མ་འོངས་པ་ནས་འབྱུང་འགྱུར་གྱི། །འཛམ་བུའི་གླིང་མི་མངལ་སྐྱེས་ཀྱི། །སྐྱེ་འཆི་བར་དོ་ཁོ་ན་ཡིན། །དེ་མིན་འདས་པ་སྔ་འདས་ཟིན། །ད་ལྟ་སྦྱང་མི་དགོས་པ་ནི། །རང་གི་ངང་གིས་འཇིག་པ་སྟེ། །སྦྱོང་བྱེད་ལམ་བསྒོམ་གནས་སྐབས་ཀྱི། །བསྐྱེད་རིམ་ཁོ་ན་སྦྱང་བའི་ཚུལ། །སྐྱེ་འཆི་བར་དོ་གསུམ་དོད་དུ། །འབྲས་བུ་སྐུ་གསུམ་འབྱུང་བ་ཡི། །སྒྲོ་བཏགས་དེ་ཡང་ཀྱེ་རྡོ་རྗེ། །མན་ངག་ལུགས་ཀྱི་རྣམས་བཤད་དང་། །གསང་འདུས་རྗོད་སྤྱངས་སུ་བཀག་སྟེ། །འོ་ན་སང་ཡོད་སྐྱེ་འགྱུར་གྱི། །འབྱུང་ཤིང་ད་ལོའི་མེས་བཟློག་འདྲ། །མ་འོངས་པ་ན་འབྱུང་འགྱུར་གྱི། །སྐྱེ་འཆི་བར་དོ་གསུམ་པོ་ནི། །ད་ལྟ་བསྐྱེད་རིམ་བསྒོམ་པ་ཡིས། །སྦྱོང་གཞིར་ཁྱོད་ཀྱིས་ཁས་བླང་བྱས། །ཁྱོད་ཀྱི་འདས་པའི་སྦྱོང་གཞི་ནི། །ན་ནིང་འབྱུང་ཤིང་ད་ལོའི་མེས། །བཟློག་དང་འདྲ་ཞེས་བརྗོད་དེ་མཚུངས། །

གཞན་ཡང་མཚམས་མེད་ལྔ་བྱས་པའི། །དབང་གིས་དམྱལ་བར་སྐྱེ་འགྱུར་ཞིག །རྣལ་འབྱོར་པ་ཡི་ལམ་བསྒོམ་པས། །སྦྱོང་གཞི་དམྱལ་བའི་ཆོས་གསུམ་པོ། །ཁེགས་པ་མེད་པར་མཚུངས་ཕྱིར་ཏེ། །དམྱལ་བའི་ཆོས་གསུམ་སྦྱོང་གཞི་ནི། །མ་ཡིན་པ་རུ་ཁས་བླང་གྱུར། །དེ་ལྟར་ཡིན་ན་རྒྱ་རྒྱུད་ཀྱི། །ལུང་དང་འགྲེལ་ཀྱི་གྲུབ་མཐའ་འགལ། །གཞན་དབང་ཟུང་འཇུག་རྡོ་རྗེ་འཆང་། །ས་ནི་ཐོབ་ཁའི་རྣལ་འབྱོར་པའི། །རྒྱུད་ལ་སྦྱོང་གཞིའི་ལམ་མེད་གྱུར། །དེ་ལྟའི་རྣལ་འབྱོར་པ་དེ་ལ། །མ་འོངས་པ་ན་འབྱུང་གྱུར་གྱི། །འཛམ་བུའི་གླིང་གི་མི་མངལ་སྐྱེས། །སྐྱེ་འཆི་བར་དོ་གསུམ་པོ་ནི། །སྦྱང་ནི་མི་དགོས་པར་གྱུར་ཏེ། །རིགས་པ་འདི་དག་ལྡོག་ནུས་མིན། །མ་འཁྲུལ་པ་ཡི་དོན་གྱི་གནད། །གཟུང་དང་འཛིན་པའི་རྣམ་རྟོག་ནི། །སྐྱེས་པའི་གཞིར་གྱུར་གཟུགས་ལ་སོགས། །མ་དག་ཡུལ་ཀུན་སྦྱོང་གཞི་ཡིན། །རྒྱ་རྒྱུད་བརྟག་གཉིས་ལུང་ལས་གསལ། །

༄

བསྒོམ་པའི་གཞི་ལ་རྫོ་ནང་སོགས། །འཁྲུལ་པ་དགག་པའི་ཚུལ་ལ་ནི། །ཁ་ཅིག་སྣང་བའི་དངོས་སོགས་ནས། །ལུས་ལ་འདོགས་པ་ཀྱིས་བར་དོན། །རྫོ་ནང་པ་ཡི་ཀུན་བཏགས་ཞེས། །སྣང་ཡུལ་ཀུན་དང་གཞན་དབང་ཞེས། །དེར་འཛིན་གཉིས་ནི་ལྟར་བསྒོམ་མིན། །དེ་ཡི་ངོ་བོ་ཡོངས་གྲུབ་ནི། །གཅིག་པུ་ལྷ་རུ་བསྒོམ་དགོས་སྨྲ། །ཡོངས་གྲུབ་དོན་དམ་ལྷ་ཡིན་པས། །དེ་ནི་ལྟར་བསྒོམ་གློ་བུར་གྱི། །དྲི་མ་བྲལ་ཆེ་དོན་དམ་གྱི། །ལྷ་ཉིད་མངོན་གྱུར་རྒྱུད་ལས་ནི། །ཕུང་ཁམས་སྐྱེ་མཆེད་ལ་སོགས་པས། །དངོས་ཀུན་ལྟར་གསུངས་འདི་ལ་དགོངས། །དེས་ན་ཡོངས་གྲུབ་ལྷ་ཉིད་ཡིན། །ཡེ་ཤེས་ཚོགས་བསག་དུས་སུ་ནི། །སྒྲིབ་བྲལ་ཉིད་ལ་ཨ་ཧཾ་ཞེས། །ང་རྒྱལ་འཛོག་པ་འདི་ཉིད་དེ། །འོག་ཏུ་ལྟར་བསྒོམ་ཕྱིར་ཡིན་སྨྲ། །དེ་ནི་གཟུགས་སོགས་ཀྱིས་སྟོང་གི། །ཆོས་དབྱིངས་བདེན་གྲུབ་བྱས་ནས་ལྟར། །བསྒོམ་འདོད་འདི་ནི་ཀྱེ་རྡོ་རྗེའི། །རྒྱ་རྒྱུད་བརྟག་པ་གཉིས་པ་ལས། །ངེས་པར་དངོས་པོ་ཐམས་ཅད་ཀྱི། །ཞེས་སོགས་གསུངས་པའི་ལུང་དང་འགལ། །ལྟར་བསྒོམ་གཞི་ནི་ཆོས་ཀྱི་དབྱིངས། །ཡིན་ལ་རེ་རེ་ཞེས་པ་ཡི། །ཚིག་དེས་གནོད་དེ་རེ་རེ་ཞེས། །སོ་སོའི་ཚིག་ཡིན་ཆོས་དབྱིངས་ལ། །སོ་སོར་དབྱེར་མེད་སྒྲིབ་བྲལ་ལོ། །དེ་བཞིན་བརྟག་པ་ཕྱི་མ་ལས། །ཀུན་རྫོབ་གཟུགས་སུ་གནས་པ་ཡི། །སྦྱོང་གཞི་ཀུན་རྫོབ་དེ་སྦྱོང་བྱེད། །བདེ་གཤེགས་ལྷ་ཡི་རིགས་འགྱུར་ཏེ། །དཔེར་ན་བུད་མེད་ཀྱི་མཚན་ཉིད། །འདི་ནི་ཇི་ལྟར་སྐྱེས་པ་ལ། །དེ་བཞིན་དེས་ན་ཀུན་རྫོབ་ཀྱི། །ཐ་སྙད་ཚུལ་ལ་སྦྱོང་བྱེད་ནི། །དེ་ཡི་རིགས་སུ་སྦྱོང་གཞི་དེ། །འགྱུར་བར་གྱུར་ཞེས་གསུངས་པ་དང་། །དེ་བཞིན་རྡོ་རྗེ་གུར་ལས་ཀྱང་། །དོན་དམ་ཆོས་ཉིད་ཀྱི་དངོས་ནས། །འགལ་བ་སྣང་གཞི་སྦྱོང་བྱེད་གཉིས། །མ་ཡིན་ནའང་ཀུན་རྫོབ་ཏུ། །ཕུང་པོ་ཁམས་དང་སྐྱེ་མཆེད་ཀྱི། །སྣང་བ

འཆར་བ་དེ་ཡི་ཚེ། །སྟོང་ཉིད་རྒྱལ་བའི་དངོས་པོ་ཡིས། །སྟོང་དུ་ཡོད་དེ་ཀུན་རྫོབ་ཀྱི། །རྣམ་གཞག་ལ་གནས་དེ་སྟོང་ཉིད། །དཀྱིལ་འཁོར་ལོའི་གཟུགས་ཀྱི་ནི། །སྟོང་གཞི་ཕུང་ཁམས་སྐྱེ་མཆེད་ཀྱི། །ཆོས་ཙམ་ལྷ་ཡི་རྣམ་པར་བརྟགས། །དེ་བཞིན་དུ་ནི་དཔལ་གསང་འདུས། །འཁོར་ལོ་སྡོམ་པ་མདོ་རྒྱུད་སྡེར། །མདོར་ན་ཕུང་པོ་རྣམ་ལྔ་སོགས། །སྔར་དྲང་བཞིན་དུ་ཀུན་རྫོབ་ཀྱི། །སྤྲོས་པའི་དབྱེ་བ་ཀུན་ལྷ་རུ། །བསྒོམ་པར་གསུང་དང་ཁྱེད་ཀྱི་ནི། །ཀུན་རྫོབ་ལྷར་བསྒོམ་མི་འདོད་འགལ། །རིགས་པ་གཞན་དབང་གིས་བསྟུས་པའི། །ཆོས་ཅན་ཕུང་པོ་ལྔ་སོགས་ལ། །ཐ་མལ་རྣམ་རྟོག་ཡོད་པ་ལྟར། །བསྒོམ་དགོས་དེ་ལས་གཞན་པ་ཡི། །འཆིང་བ་ལས་གྲོལ་ཐབས་མེད་དེ། །སློབ་དཔོན་སངས་རྒྱས་ཡེ་ཤེས་ཀྱིས། །ཐ་མལ་རྣམ་རྟོག་རྒྱུན་མ་གཏོགས། །སྲིད་པའི་འཆིང་བ་གཞན་ཡོད་མིན། །དེ་དང་རྣམ་པར་འགལ་གྱུར་སེམས། །གང་ཡིན་ཀུན་རྟོག་སྣང་མི་འགྱུར། །ཞེས་གསུང་དོན་ནི་ཆོས་ཀྱི་དབྱིངས། །སྤྲོས་བྲལ་ལྷ་རུ་བསྒོམ་པ་ན། །སྤྲོས་པ་གཞན་འགོག་ཐབས་མི་འགྱུར། །སྤྲོས་མེད་སྤྲོས་པ་བྱས་པས་སོ། །

དེ་སྐད་དུའང་བརྟག་གཉིས་ལས། །བསྐྱེད་རིམ་རྣལ་འབྱོར་བརྟུལ་ཞུགས་ཀྱི། །སྒོ་ནས་སྤྲོས་པ་བསྒོམ་པར་གསུང་། །དེ་ལས་དོན་དམ་བསྒོམས་པས་སོ། །བསྒོམ་དང་བསྒོམ་བྱའི་ལྷ་སྟགས་ཀྱང་། །མེད་ཅེས་གསུངས་པ་སྤྲོས་པ་ལ། །སྤྲོས་མེད་རྒྱས་བཏབ་ལུང་ཡིན་གྱི། །སྤྲོས་མེད་སྤྲོས་པར་བྱེད་པ་ཡི། །ལུང་མ་ཡིན་ནོ་སྒྲ་རྟོག་གིས། །ཡུལ་དུ་གྱུར་པའི་རྣམ་གྲངས་ཀྱི། །སྒྲ་རྟོག་གི་ཡུལ་གྱི་སྟེང་གི་ཆོས་དབྱིངས་ཆོས་དབྱིངས་ཀུན་རྫོབ་བདེན་པ་ཡིན། །ཐ་མལ་རྣམ་རྟོག་ལྡོག་ཆེད་དུ། །ལྷ་རུ་བསྒོམ་དགོས་རིགས་དྲུག་པ། །རྡོ་རྗེ་སེམས་སམ་ལྷ་མོ་ནི། །ཆོས་དབྱིངས་མ་རུ་བསྒོམ་པའི་ཚུལ། །རྒྱུད་དང་སྒྲུབ་ཐབས་གཞུང་ལས་གསལ། །འདི་ཡང་ཀུན་རྫོབ་ལྷ་རུ་ནི། །བསྒོམ་ཞིང་དོན་དམ་སྤྲོས་བྲལ་ལྟར། །མི་བསྒོམ་པ་ཡི་རིག་པ་ཡིན། །དོན་དམ་སྤྲོས་བྲལ་མཚན་ཉིད་པ། །ཐ་མལ་འཛིན་པ་མེད་པའི་ཕྱིར། །ཕུང་པོ་སངས་རྒྱས་མངའ་བདག་ཉིད། །ཡིན་ལ་སྣང་ན་རྫ་བའི་ལུང་། །བརྒྱུད་པ་འབྱུང་བའི་གཞི་དེ་ནི། །ཕུང་པོ་ལྔ་ཡི་ཆོས་ཉིད་ནི། །ཡིན་ནམ་ཆོས་ཅན་ཡིན་ཟེར་ན། །ཆོས་ཉིད་ཡིན་ན་རིགས་པས་གནོད། །སྤྲོས་བྲལ་སྒྲུབས་པ་མེད་པའི་ཕྱིར། །ཆོས་ཅན་ཕུང་པོ་ལྔ་སོགས་པ། །ལྷ་རུ་མི་བསྒོམ་ཁྱེད་ཀྱིས་འདོད། །བསྐྱེད་རིམ་བསྒོམ་པའི་གཞི་ཡི་དོན། །ཆོས་སྐུ་ཡོངས་གྲུབ་ལ་འཇོག་པ། །མི་འཐད་བསྐྱེད་རིམ་ལ་བརྟེན་ནས། །ཐུན་མོང་འགྲུབ་ཅིང་མཆོག་མི་འགྲུབ། །ཁས་བླངས་པ་དང་འགལ་བའི་ཕྱིར། །གལ་ཏེ་བསྐྱེད་རིམ་བསྒོམ་པ་དང་། །འབྲས་བུ་གཟུགས་སྐུ་འབྱུང་ཞེ་ན། །བསྐྱེད་པའི་རིམ་པ་བསྒོམ་པའི་གཞི། །ཆོས་ཉིད་གཟུགས་སྐུར་འགྱུར་བར་གྱུར། །དེས་ན་གཟུགས་སྐུ་ཀུན་རྫོབ་དང་། །ཆོས་སྐུ་དོན་དམ་ཡིན་ཁས་བླང་། །ཁྱེད་

རང་གྲུབ་མཐའ་དང་ཡང་འགལ། །འོན་བསྐྱེད་རིམ་གཟུགས་ཀྱི་སྐུའི། །རྒྱུ་མ་ཡིན་ན་རྫོགས་རིམ་ཡང་། །ཆོས་སྐུའི་རྒྱུ་ནི་མ་ཡིན་འགྱུར། །དེས་ན་བསྐྱེད་རིམ་གཟུགས་སྐུ་དང་། །རྫོགས་རིམ་ཆོས་སྐུར་རྒྱུད་གསུང་མཚུངས། ། དེས་ན་སྦྱོང་གཞི་སྦྱོང་བྱེད་ནི། །འཆོལ་བའི་ལུགས་ངན་འདི་དོར་ལ། །དོན་དམ་སྤྲོས་བྲལ་མངོན་སུམ་དུ། །མ་རྟོགས་བར་དུ་ཀུན་རྫོབ་ཀྱི། །འཁོར་བའི་སྣང་བ་འབྱུང་བ་ཀུན། །ངོ་བོ་སྟོང་པ་ཉིད་ཡིན་པས། །འཆིང་གྲོལ་གཉིས་ཀྱི་གཞིར་རུང་བ། །ངོ་བོ་ལྷ་ཡི་རང་བཞིན་གྱི། །རྣམ་པར་དག་པའི་གནད་ཀྱི་ནི། །ལྷ་རུ་བསྒོམ་པས་ལྷར་འགྱུར་བར། །གསུངས་པའི་གནད་ཡིན་གསེར་གྱི་ནི། །རྒྱན་ལྟར་མཁས་པའི་ལུས་རྒྱན་མཛོད། །ཀུན་རྫོབ་ལྷ་རུ་བསྒོམ་པ་ནི། །རྒྱུད་དང་གྲུབ་པའི་གཞུང་བཟང་གི །དགོངས་པའི་གནད་ནི་ཟབ་མོ་ཡིན། །སྦྱོང་གཞི་འདི་དག་དཔེར་མཚོན་ན། །གཟུགས་ཀྱི་ཕུང་པོ་སྦྱང་བའི་གཞི། །དེ་ནི་ལྷ་རུ་མ་ཤེས་པར། །ཐ་མལ་འཛིན་པའི་རྟོག་པ་ནི། །སྦྱོང་བྱ་རྣལ་འབྱོར་པ་རང་གི །བློས་སྣང་རྣམ་སྣང་མཛད་ལྟ་བུ། །སྦྱོང་བྱེད་གཟུགས་ཕུང་དེ་ཉིད་ནི༔ །རྣམ་སྣང་མེ་ལོང་ལྟ་བུ་ཡི། །ཡེ་ཤེས་རང་བཞིན་རྣམ་པར་དག །ཤེས་ནས་ལྷ་དང་ཡེ་ཤེས་ཀྱི། །ངོ་བོའི་རྒྱུན་གོམས་སྦྱང་ཚུལ་ལོ། །དེ་གསུམ་བསྒོམ་པས་གཟུགས་ཀྱི་ཕུང་། །རྣམ་སྣང་མེ་ལོང་ཡེ་ཤེས་སུ། །གནས་གྱུར་པ་ནི་སྦྱོང་འབྲས་ཏེ། །ཐམས་ཅད་འདི་བཞིན་ཤེས་པར་བྱ། །དེས་ན་ལུགས་འདིའི་སྦྱང་གཞི་ནི། །གཙོ་བོ་ཡུལ་གྱི་གཟུགས་སོགས་དང་། །སྦྱོང་བྱ་ཡུལ་ཅན་རྟོགས་པ་ལ། །འཛིན་པ་རྩ་རྒྱུད་ལུང་གིས་བསྟན། །གནད་དོན་ཞེ་སྡང་ལྟ་བུ་ལ། །ཡུལ་དང་ཡུལ་ཅན་ལྟོག་པ་ཡིས། །ཞེ་སྡང་རང་ཉིད་སྦྱོང་གཞི་དང་། །དེ་ལ་ཐ་མལ་དུ་འཛིན་པ། །སྦྱོང་བྱ་ཡིན་གྱི་དེའི་རྣམ་དབྱེ། །ཤེས་པར་བྱ་བ་གནད་དུ་གཅེས། །

༄ ལམ་གྱི་ཡན་ལག་འཁྲུལ་སེལ་ལ། །ངོར་པའི་རྗེས་འབྲང་ཕལ་ཆེར་དང་། །གསང་སྔགས་འཛིན་པ་ཕལ་མོ་ཆེའི། །ལག་ལེན་འཁྲུལ་རྟོག་བཀག་པའི་དོན། །ད་ནི་ལམ་གྱི་ཞེས་སོགས་ནས། །བཅུ་ཆ་བསྒྲུབ་པར་བྱ་བར་དོན། །གཞུང་ཚིག་གོ་སླ་འདི་ལྟ་སྔགས། །རྫས་སྔགས་སྤྱིལ་ཚིག་གསུམ་ཚར་ནི། །བཅུ་ཆ་རབ་ཡིན་ལྷ་རྫས་གཉིས། །བཅུ་ཆ་ལས་སྔགས་སྐབས་རེ་ཙམ། །བརྗོད་པ་འབྲིང་ལ་ལྷ་ཡི་སྔགས། །སྟོན་འགྲོ་དངོས་གཞི་རྫས་སྔགས་ནི། །ཁོ་ན་བཅུ་ཆ་བཟུང་བས་འགྲུབ། །སྦྱིན་སྲེག་ལས་སྔགས་གཙོ་ཆེ་བ། །དཔེར་ན་མཆོད་པར་མཆོད་སྔགས་གཙོ། །དེ་དང་མཚུངས་ཞེས་ངོར་ལུགས་ཀྱི། །མཁས་པ་འགའ་ཡིས་བཞེད་པའི་དོན། །དེ་དང་མཐུན་པར་མཁན་ཆེན་ནི། །ངག་དབང་ཆོས་གྲགས་ཀྱིས་གསུངས་སོ། །གཏོར་མགྲོན་གཤེགས་ལ་བོ་དོང་པ། །སོགས་ཀྱིས་འཁྲུལ་པ་དགག་པའི་དོན། །ཁ་ཅིག་གཏོར་མགྲོན་ལ་སོགས་ནས། །སྤྱིལ་ཕྱིར་མཁས་རྣམས་མཛད་པར་དོན། །གཞུང་གི་ཚིག་བཞིན་གོ་སླའོ། །

༄དཀྱིལ་འཁོར་ལྷ་བཀོད་ལ་འཁྲུལ་པའི། །མགོ་མཇུག་ལྡོག་པ་བཀག་པའི་དོན། །མི་འཁྲུགས་མགོན་པོའི་དཀྱིལ་སོགས་ནས། །ཁྱད་མེད་ཤེས་དགོས་པའི་བར་དོན། །དེ་ཡང་གཞུང་དོན་གོ་བ་སླ། ༄ །ཉང་སྟོད་སྒྲོམ་ཆེན་ཉམས་སྣང་སོགས། །ལྷ་བཀོད་འཁྲུལ་པ་དགག་པའི་དོན། །སྨན་ལྷའི་ཕོ་བྲང་ཞེས་སོགས་ནས། །དགེ་ལེགས་འབྱུང་ཞེས་བར་གྱི་དོན། །གཞུང་གི་ཚིག་དོན་གོ་བ་སླ། །སྨན་བླའི་ཆོ་ག་ཤཱཀ་མཆོག་པས། །མདོ་ལུགས་རང་རྐང་ཡིན་པར་བཞེད། །ཀུན་མཁྱེན་བསོད་ནམས་སེང་གེ་ཡི། །མདོ་རྒྱུད་གཉིས་ཀྱི་གཞི་མཐུན་དང་། །ཆོ་ག་བྱ་རྒྱུད་ཡིན་པར་བཞེད། །མདོ་སྔགས་དབྱེ་བ་ལྷ་ཡི་ནི། །རྣམ་པ་བསྒོམ་མིན་ཁྱད་ཅེས་བྱ། ༄ །གཤིན་པོ་རྗེས་འཛིན་འཁྲུལ་པ་ནི། །སྒྲོམ་སྡེའི་ཡུལ་ན་དར་བ་སོགས། །བཀག་དོན་ཁ་ཅིག་ངན་སོང་སྦྱང་། །སོགས་ནས་གཟབ་པར་བྱ་བར་དོན། །གཞུང་དོན་གོ་སླ་དེའི་ནང་ནས། །མི་སློབ་ཞེས་པ་ལམ་ལྔ་ཡི། །མི་སློབ་ལམ་ཐོབ་དག་གིས་ནི། །དད་ཟས་རང་གི་བདག་པོའི་ཚུལ། །སྤྱོད་ནུས་སློབ་ལམ་བཞི་པོ་ཡི། །སྦྱིན་པའི་བདག་པོས་དད་པ་ཡིས། །ཕུལ་དེ་རང་དབང་ཚུལ་གྱིས་དཔྱད། །སོ་སྐྱེའི་གང་ཟག་ཚུལ་ཁྲིམས་དང་། །བསམ་གཏན་གློག་དང་ལྡན་པ་ཡིས། །སྟོན་པས་རྗེས་སུ་གནང་བ་ཡི། །ཚུལ་གྱིས་སྤྱོད་གསུམ་ཉེས་མེད་དང་། །གཞན་དག་ཡོན་ཏན་མེད་པ་དང་། །ལེ་ལོ་བག་མེད་དབང་གིས་ནི། །སྤྱོད་ན་བུ་ལོན་ཅན་དུ་འགྱུར། །བསམ་གཏན་ཞེས་པ་ཡང་དག་གི། །

༄ ལྟ་བ་རིམ་པ་གཉིས་ལ་འཛུག །ཕྱག་མཆོད་ཡུལ་ལ་དཔྱད་པའི་དོན། །ཇོ་གདན་པ་རྣམས་འཁྲུལ་བཀག་དོན། །དཀྱིལ་འཁོར་ལྷ་བཀོད་ལ་སོགས་ནས། །སྔར་བཀག་ཟིན་བར་དོན་གོ་སླ། །གཙང་ཕྱོགས་ཆོས་སྡེ་འགའ་ཞིག་གི །འཁྲུལ་པ་བཀག་དོན་ལ་ལ་འཁོར། །ཞེས་ནས་གཞན་ལའང་སྦྱར་བར་དོན། །དེ་ཡང་གཞུང་ཚིག་གོ་སླའོ། །རྟེན་གྱི་ནང་གཟུང་དབྱེ་བའི་ལུགས། །འཁྲུལ་པ་དགག་ཆེད་རྟེན་གྱི་ནས། །ཕྱག་ལེན་ཡིན་པར་གོ་བ་སླ། །དེ་བཞིན་གནོད་སྦྱིན་འཁོར་ལོ་ཡི། །བརྩེགས་ཚུལ་འཁྲུལ་པ་བསལ་བའི་དོན། །གནོད་སྦྱིན་ཕོ་མོའི་ཞེས་སོགས་ནས། །དཔལ་འགྱུར་ཕུན་ཚོགས་འབྱུང་བར་དོན། །བུ་སྟོན་སོགས་བཞེད་བཀག་པའི་དོན། །ནོར་རྒྱུན་རྒྱུད་ལ་བརྟེན་མོད་ཀྱང་། །མོ་འཁོར་སྟེང་དུ་མི་འོས་ཏེ། །དཔེར་ན་གཤིན་རྗེའི་གཤེད་དམར་པོ༏ ༏ཕ་རྒྱུད་ཡབ་ནི་གཙོར་སྟོན་ཀྱང་། །རས་བྲིས་སྐབས་སུ་ཡབ་ཡུམ་གཉིས། །འཆད་པས་ཡབ་ཉིད་འོག་ཏུ་འབྱུང་། །སྒྲོལ་ལམ་བླ་མེད་མདོ་རྒྱུད་ཡིན། །དེ་ཉིད་འོག་ཏུ་འབྱུང་བ་དང་། །དེ་དག་བློས་སློང་ལྟ་བུའི་ཚེ། །གཙོ་བོ་མདུན་གཟིགས་འོང་བར་འགྱུར། །དེ་ཕྱིར་མོ་འཁོར་འོག་དང་ནི། །ཕོ་འཁོར་སྟེང་དུ་འཐད་པར་བཞེད། །དེ་ལྟར་ལག་ལེན་ཐམས་ཅད་ལ། །བླ་མ་མཁས་ལ་དྲིས་ནས་ནི། །དག་པར་བྱས་པས་དཔལ་འགྱུར་ཀུན། །

ཕུན་སུམ་ཚོགས་པར་འགྱུར་ཞེས་བསྟགས། །རིམ་མམ་ཅིག་ཅར་བླང་སོགས་ནས། །བསྲུང་བ་སྔགས་སྡོམ་ཡིན་པར་དོན། །སྡོམ་གསུམ་དབང་ལས་གཅིག་ཅར་དུ། །ཐོབ་པ་རང་རང་སོ་སོ་ཡི། །ཚོགས་ལྡན་བྱས་རྡོ་རྗེ་ཐེག །ཉམས་ལེན་གསུམ་ཆར་བསྲུང་བ་ནི། །གསང་བ་སྔགས་ཀྱི་སྡོམ་པ་ཡིན། །སྔགས་སྡོམ་སྐབས་ཏེ་བཞི་པའོ། །དེ་ལྟར་སྡོམ་གསུམ་ལྡན་པ་ཡི། །རིམ་གཉིས་བསྒོམ་པའི་འབྲས་བུ་ནི། །མྱུར་དུ་འགྲུབ་སྟེ་རབ་ཆེ་འདི། །འབྲིང་གི་བར་དོ་སོགས་སུ་ནི། །ཐམས་ཅད་མཁྱེན་པ་འགྲུབ་ཕྱིར་རོ། །སོ་སྐྱེའི་རྟེན་ལ་དབང་རིམ་གཉིས། །བསྒོམ་པས་མཚོན་བྱེད་དཔེ་ཡི་ནི། །ཡེ་ཤེས་སྐྱེ་ཞིང་དེ་ལ་བརྟེན། །མཚོན་བྱ་དོན་གྱི་ཡེ་ཤེས་སྐྱེ། །དེ་ལ་འཕགས་པའི་ས་ཐོབ་འཛོག །བླ་མེད་འཕགས་པའི་ས་དེ་ལ། །ཀྱེ་ཡི་རྡོ་རྗེའི་དགོངས་པ་ཡི། །རྩ་རྒྱུད་བརྟག་གཉིས་ནས་བཤད་དང་། །སཾ་པུ་ཊི་ལས་གསུངས་པ་གཉིས། །འཁྲུགས་སྤེལ་ཚུལ་གྱིས་ཕྱི་ནང་གི །ས་ཡུལ་བགྲོད་ཚུལ་ལ་བརྟེན་ནས། །བཅུ་གསུམ་པ་ཡི་རྣམ་གཞག་དང་། །དེ་བཞིན་བདེ་མཆོག་རྩ་རྒྱུད་དང་། །ཁ་སྦྱོར་ཨ་བྷི་དྷ་ན་རྣམས། །དགོངས་པ་དངོས་བསྟན་ཁ་སྐོང་གི། །སྒོ་ནས་ཕ་རོལ་ཕྱིན་པ་དང་། །མཐུན་པའི་མི་དང་ཕྱི་ནང་གི། །ཡུལ་དང་ལྷ་ཡི་རྣམ་དག་ལ། །སྦྱར་ནས་གསུང་པ་སྡོམ་གསུམ་སྐབས། །ཞིབ་ཏུ་སློས་ཟིན་གཞུང་ཚིག་ལའང་། །གསལ་ཞིང་བདེ་ལ་མཁས་པའི་དབང་། །

༄ ཅིང་ཁ་པ་སོགས་འགའ་ཞིག་གིས། །བཞེད་ཚུལ་དགག་པའི་རིམ་པ་ནི། །འདི་ལ་ཁ་ཅིག་ཞེས་སོགས་ནས། །འདི་ལ་དགོངས་ཞེས་བར་གྱི་དོན། །རྫོགས་རིམ་རླུང་སེམས་ཐིམ་ཚུལ་ལ། །ཕྱི་ཡུལ་སོ་བདུན་མཁའ་འགྲོ་ནི། །དབང་དུ་འདུས་དང་ནང་ཡུལ་གྱི། །སྤྱི་བོ་ལ་སོགས་གནས་སོ་བདུན། །རླུང་སེམས་དབུ་མར་འདུས་པ་ལས། །བཅུ་གསུམ་པ་གྲུབ་རྣམ་གཞག་ནི། །བླ་མེད་རྒྱུད་ལས་གསུངས་པའོ། །ས་ནི་བཅུ་གསུམ་ཁས་ལེན་ཆེ། །སློབ་ལམ་བཅུ་གཉིས་བཅུ་གསུམ་པ། །བཅུ་པར་མི་འདུས་སློབ་ལམ་ནི། །བཅུ་གཉིས་ཉིད་དུ་གྲངས་ངེས་སོ། །བླ་མེད་ཐབས་ལམ་རྣམ་གཞག་གི །མི་འདོད་བཅུ་གསུམ་ཐ་སྙད་མེད། །དེ་ཚེ་སློབ་ལམ་བཅུ་གཉིས་སུ། །དབྱེ་དགོས་ཕྱིར་ན་བཅུ་བཞི་གཉིས། །བཅུ་པར་བསྡུ་འདོད་དོན་མེད་ཡིན། །བཅུ་གཅིག་བཅུ་གཉིས་སློབ་ལམ་དང་། །བཅུ་གསུམ་མི་སློབ་ལམ་བྱེད་པ། །བླ་མེད་ཐེག་པའི་ཁྱད་ཆོས་སོ། །དེ་བཞིན་ས་དང་གནས་ཡུལ་རྣམས། །གོང་མ་འོག་མར་འདུ་མི་འགྱུར། །ཕར་ཕྱིན་སློབ་ལམ་ས་བཅུ་ལས། །མི་བཞེད་དེ་ཡི་བླ་མེད་ཀྱི། །བཅུ་གཉིས་ས་ལ་གནོད་མི་འགྱུར། །བྱེ་སྨྲས་ས་བཅུ་མེད་འདོད་ཀྱི། །དབུ་སེམས་ས་ལ་གནོད་པ་མེད། །བསྐྱེད་རིམ་ལྷ་སྒོམ་དང་སྦྲུར་ཆེ། །ལྷ་དང་རྩ་སྦྲུར་དེ་ས་དང་། །ས་ལམ་དོད་དང་བསྒྲིག་པ་ཡི། །སྐབས་ཀྱང་ལྷ་ལ་ལྷ་བསྟུན། །སྦྱོང་གཞི་སྦྱོང་བྱེད་ལྷ་ཡི་གྲངས། །མེད་འགྱུར་བདག་མེད་ལྷ་བཅོ་ལྔ། །བདེ་མཆོག

འཁོར་ལོའི་དཔེ་བཞིན་ནོ། །ཕར་ཕྱིན་ས་བཅུ་གསང་སྔགས་ལ། །བཅུ་གསུམ་སོ་སོའི་བཞེད་པ་ལ། །ཕར་ཕྱིན་ཁོ་ནར་བསྟུན་མི་དགོས། །ཕར་ཕྱིན་མདོན་ཞེན་ཆེས་གྱུར་ན། །བླ་མེད་ས་ལམ་འཚོལ་བར་འགྱུར། །ཕ་རོལ་ཕྱིན་དང་སྒྲོ་བསྟུན་པའི། །ས་ཡི་རྣམ་གཞག་གསུངས་པ་ནི། །གདུལ་བྱ་ཁ་དྲང་ཕྱིར་དུ་ཡིན། །དོན་ལ་ཕར་ཕྱིན་ཐེག་པའི་ས། །འབྲས་བུ་ལམ་བྱེད་ཐབས་མ་ཟིན། །རྡོ་རྗེ་ཐེག་པའི་ཕྱི་ནང་གི །གནས་ཀྱི་ས་ནི་འབྲས་བུ་ནི། །ལམ་དུ་བྱེད་པའི་གནད་ཤེས་བྱ། །དཔལ་ལྡན་ཟླ་བའི་ཞབས་ཀྱིས་཈ཀྱང་། །དེ་དང་མཐུན་པར་གསུང་པས་སོ། །

༈ མཁས་པ་ཅོང་ཁ་པ་དང་ནི། །རང་ལུགས་བླ་མ་ཕྱི་མ་འགའ། །འབྲས་བུའི་མཚན་གཞི་ལ་འཁྲུལ་བ། །བཀག་དོན་ཁ་ཅིག་ཅེས་སོགས་ནས། །ས་མཚམས་གང་དུ་འཛོག་པར་དོན། །བླ་མེད་བཅུ་གསུམ་ས་བསྒྲུབ་འདོད། །སྒྲུབ་བྱེད་ཏ་ཅང་ཐལ་བ་སྟེ། ཕར་ཕྱིན་ཐེག་པར་སངས་རྒྱས་ས། །བཅུ་གཅིག་བཤད་པ་ལ་འཁྲུལ་ནས། །གྲངས་དང་མཚན་གཞི་ནོར་བ་སྟེ། །མདོ་སྔགས་གཉིས་ཀྱི་སངས་རྒྱས་ཀྱི། །མཚན་གཞིའི་ས་ལ་མི་མཐུན་ཀྱང་། །སྤངས་རྟོགས་མཚན་ཉིད་མཐུན་པའོ། །དེའི་གནད་ཕར་ཕྱིན་ཐེག་པ་ཡི། །སྐུ་གསུམ་ཡེ་ཤེས་བཞི་པོ་ནི། །སངས་རྒྱས་སྐུ་དང་ཡེ་ཤེས་ནི། །མཚན་ཉིད་པ་སྟེ་བྱེ་སྨྲ་ནས། །བླ་མེད་བར་གྱི་འབྲས་བུ་ཡི། །རྣམ་དག་སྐུ་དང་ཡེ་ཤེས་ནི། །གོང་བཤད་རང་རང་གདུལ་བྱ་ཡི། །བློ་དང་མཚམས་པའི་ཡོན་ཏན་གྱི། །ལྡོག་ཆས་སློས་པ་མ་གཏོགས་པའི། །མཐར་ཐུག་འབྲས་བུར་མཚུངས་པ་སྟེ། །དཔེར་ན་ཤཱཀྱ་ཐུབ་པ་བཞིན། །དེ་ལྟར་གཞུང་ལུགས་དེ་དང་དེར། །འབྲས་བུར་བཤད་དེ་རང་རང་གི། །ལམ་ལ་བརྟེན་ནས་ཐོབ་དགོས་ཞེས། །སྨམ་ན་ངེས་པ་མེད་པ་སྟེ། །སེམས་ཙམ་གཞུང་ལས་སེམས་ཅན་གྱི། །སྐབས་ནས་རྒྱུད་ལ་སངས་རྒྱས་ཉིད །ཡོད་ཅེས་གསུང་པས་སེམས་ཅན་དང་། །སངས་རྒྱས་གནས་སྐབས་མཚམས་འཛོག་དཀའ། །དེས་ན་འདི་རུ་དོགས་པ་ནི༑ ༑དཔྱད་པའི་དགོས་པ་ཕར་ཕྱིན་གྱི། །བཅུ་གཅིག་ས་ལ་སངས་རྒྱས་ཀྱི། །མཚན་གཞི་བཞག་ནས་ཡོན་ཏན་བརྗོད། །དེས་ན་སངས་རྒྱས་མཚན་ཉིད་པ། །མིན་པར་མ་ངེས་འོན་ཀྱང་ནི། །ཕར་ཕྱིན་ཐེག་པར་ས་བཅུ་ཡན། །ལམ་གྱི་གསལ་ཁ་མེད་པ་དང་། །རྡོ་རྗེ་ཐེག་པར་བཅུ་གསུམ་པ། །སངས་རྒྱས་མཚན་གཞིར་འཛོག་པ་དང་། །དེ་ལ་བཅུ་གཅིག་བཅུ་གཉིས་ཀྱི། །ལམ་གྱི་གསལ་ཁ་བཤད་པ་དེས། །ཕར་ཕྱིན་སྐབས་དེར་སངས་རྒྱས་ནི། །མཚན་ཉིད་པར་ཡང་ཙུང་མི་འགྲོ། །དཔེར་ན་ཤཱཀྱ་ཐུབ་པ་ཉིད། །མདོ་སྔགས་གཉིས་ཀའི་སངས་རྒྱས་སུ། །གཞུང་བཞིན་སོ་སོར་དབྱེ་བ་བྲལ། །དོན་དུ་བཅུ་གཅིག་བཅུ་གཉིས་དང་། །བཅུ་གསུམ་བླ་མེད་ཁོ་ན་ཡི། །བགྲོད་དགོས་རྒྱུད་སྡེའི་དགོངས་པ་ཡིན། །རྗེ་བཙུན་ས་སྐྱ་པ་ཆེན་པོས། །ལམ་གྱི་ཡིག་ཆུང་ལས་ཀྱང་གསུངས། །རྗོང་ཆུང་པ་སོགས་ཕར་ཕྱིན་གྱི། །དང་པོའི་ས་ཡང་བགྲོད་མེད་ཅེས། །འདོད་པའང་འདིས་ཁེགས་དེ་བཞིན་དུ། །

སྔག་ཚང་ལོ་ཙྪས་ས་བཅུ་ནས། །སྔགས་ལ་འཇུག་ཚེ་སྔགས་ལམ་གྱིས། །ཚོགས་སྦྱོར་གསར་དུ་བགྲོད་དགོས་པར། །བཞེད་མོད་ཀྱང་ནི་རང་ལུགས་ནི། །རྗེ་བཙུན་ས་སྐྱ་པ་ཆེན་པོས། །ལམ་གྱི་འཇུག་ལྡོག་ཡིག་ཆུང་ལས། །སྦྱོར་ལམ་ཆོས་མཆོག་མན་ཆོད་ནི། །ཕར་ཕྱིན་བགྲོད་དེས་སྔགས་ལམ་ལ། །འཇུག་ཚེ་ཚོགས་སྦྱོར་དེ་ཀ་ཡི། །སྤྱངས་རྟོགས་མཉམ་པས་གོ་ཆོད་ཅིང་། །དང་པོའི་ས་ནས་འཇུག་པར་བཞེད། །མདོ་རྒྱུད་དགོངས་པ་འཁྲུལ་མེད་པ། །རྗེ་བཙུན་ས་སྐྱ་པས་བཞེད་དོ། །

ལྷག་མའི་ས་གསུམ་འདི་ལ་ནི། །སྤྲས་ས་གསུམ་ཞེས་བཅུ་གཅིག་ས། །ཕར་ཕྱིན་ས་ལ་མིང་བཤད་ཅིང་། །དོན་ནི་སྤྲས་ཏེ་བཅུ་གཉིས་ས། །མིང་དོན་གཉིས་ཀ་སྤྲས་པ་དང་། །བཅུ་གསུམ་མིང་ནི་མ་བཤད་ཅིང་། །དོན་ནི་བཤད་པས་དེ་ལྟར་གྲགས། །འབྲས་བུ་སྐུ་ཡི་བཞག་པ་ནི། །ཁྱེ་སྤྲས་རྣམ་གྲོལ་ཆོས་སྐུ་ནས། །སྤྲོ་བ་བསྐྱེད་ཕྱིར་ཡིན་པར་དོན། །འབྲས་བུའི་རྣམ་གཞག་སྡེ་སྣོད་ལས། །ཁྱེ་བྲག་སྤྲ་བས་ཆོས་སྐུ་དང་། །གཟུགས་སྐུ་གཉིས་འདོད་ལོངས་སྐུ་དང་། །དེ་ཡི་གཞི་བྱས་སྤྲུལ་པའི་གཟུགས། །དྲི་ཟའི་རྒྱལ་པོ་རབ་དགའ་ལ། །དེ་མཐུན་གཟུགས་སྤྲུལ་ཁ་དྲང་མཐར། །སྐུ་དངོས་བསྟན་ནས་རྗེས་བཟུང་བཞིན། ། བཤད་ཅིང་ཚད་མ་སྤྲ་བ་ཡི། །མདོ་སྡེ་པ་ནས་དབུ་མའི་བར། །ཆོས་སྐུ་ལོངས་སྐུ་སྤྲུལ་སྐུ་གསུམ། །མི་ལོང་མཉམ་ཉིད་སོར་རྟོག་དང་། །བྱ་གྲུབ་ཡེ་ཤེས་བཞི་རུ་བཞེད། རྗེ་བཙུན་རྩེ་མོའི་ཞབས་ཀྱིས་ནི། །སྐུ་གསུམ་ཡེ་ཤེས་བཞིར་བཞེད་པ། །ཕར་ཕྱིན་ལུགས་ཡིན་སྐུ་བཞི་དང་། །ཡེ་ཤེས་ལྔར་བཞེད་རྡོ་རྗེའི་ཐེག །ལུགས་ཡིན་གསུང་ཞིང་བདག་ཉིད་ཆེ། །འཇམ་མགོན་བླ་མས་ཐུབ་པ་ཡི། །དགོངས་པ་རབ་གསལ་ལས་མདོ་རྒྱུད། །འགའ་ནས་སྐུ་བཞིར་བཤད་པ་ནི། །ངོ་བོ་ཉིད་སྐུ་ཆོས་སྐུ་འདོགས། །དེ་ལྟའི་སྐུ་གསུམ་དབྱེར་མི་ཕྱེད། །ཁྱད་པར་འགའ་ལ་ངོ་བོ་ཉིད། །སྐུ་ཞེས་བཞེད་མོད་འོན་ཀྱང་ནི། །སྐུ་བཞི་གསང་སྔགས་རྒྱུད་སྡེ་ལས། །གཙོ་ཆེར་གྲགས་པ་ཡིན་ཞེས་གསུང་། །རྒྱུད་སྡེ་ལས་ནི་གསུང་པ་ཡི། །བྱ་སྤྱོད་རྣལ་འབྱོར་རྒྱུད་གསུམ་ལས། །སྐུ་གསུམ་འདོད་ཚུལ་ཕར་ཕྱིན་དང་། །ཆ་འདྲ་རྣམ་པའི་འདོད་ཚུལ་ནི། །སོ་སོར་ཡོད་དེ་རྣལ་འབྱོར་གྱི། །རྒྱུད་དུ་གཟུགས་སྐུ་རིགས་ལྔ་པོར། །འདོད་ཚེ་ཡེ་ཤེས་ལྔར་ཁས་ལེན། །ཡེ་ཤེས་ལྔ་དང་འབྱུང་བ་ལྔ། །དག་བྱ་དག་བྱེད་སྦྱར་ནས་གསུངས། །བླ་མེད་ཐེག་པར་སྐུ་བཞིར་བཞེད། །རྒྱུ་དབང་བཞི་དང་ལམ་བཞི་བསྒོམ། །དེ་ལ་འབྲས་བུ་སྐུ་བཞི་འབྱུང་། །རྟེན་འབྲེལ་ཆོས་ཉིད་ཡིན་པའི་ཕྱིར། །རྒྱུ་ལ་གནས་པ་དབང་ལས་ཐོབ། །ལམ་བསྒོམ་ལྟ་བས་ཉམས་སུ་མྱོང་། །གྲུབ་མཐར་རྟགས་ཤར་འབྲས་བུ་ལ། །དོན་ཀུན་མངོན་གྱུར་མན་ངག་དྲུག །གནད་དྲུག་དབང་བཞི་སོ་སོར་སྦྱར། །སྐུ་ལྔའི་རྣམ་གཞག་གསུངས་པ་ནི། །རྗེ་བཙུན་རྣལ་འབྱོར་དབང་ཕྱུག་ལུགས། །ཐུན་མོང་བ་ནས་གསུང་པའི་ཚུལ། །འཇམ་དཔལ་ལྷ་འདོད་མདོར

བསྟན་ལས། །ཡེ་ཤེས་མིག་གཅིག་དྲི་མེད་ཅེས། །སྐུ་གཅིག་དང་ནི་དེ་བཞིན་དུ། །རང་དོན་དོན་དམ་སྐུ་དང་ནི། །གཞན་དོན་ཀུན་རྫོབ་སྐུ་གཉིས་གསུང་། །དེ་བཞིན་ཆོས་སྐུ་ལོངས་སྐུ་དང་། །སྤྲུལ་སྐུ་གསུམ་གསུང་སྐུ་བཞིར་ཡང་། །བཤད་ཚུལ་མདོ་སྡེ་ལས་འདི་སྐད། །ངོ་བོ་ཉིད་ལོངས་རྫོགས་བཅས་དང་། །དེ་བཞིན་གཞན་པ་སྤྲུལ་པ་དང་། །ཆོས་སྐུ་མཛད་པར་བཅས་པ་སྟེ། །རྣམ་པ་བཞིར་ནི་ཡང་དག་བརྗོད། །ཞེས་གསུང་དེ་ལ་བྱམས་མགོན་གྱིས། །སྤྲུལ་པ་ནི་ཞེས་སྦྱོར་མཛད་དེ། །དོན་དུ་སྐུ་གསུམ་ཆོས་སྐུ་ཡི། །དབྱེ་བས་སྐུ་བཞིར་བཞག་པ་ལས། །ཕར་ཕྱིན་ཐེག་པར་ངོ་བོ་ཉིད། །སྐུ་ཞེས་ཟུར་དུ་མི་བཞེད་དོ། །

ཡང་ནི་མདོ་སྡེར་སྐུ་ལྔ་གསུངས། །བཤད་ཚུལ་མི་འདྲའི་རྣམ་དབྱེ་ནི། །མ་ཤེས་རྒྱ་བོད་ཁ་ཅིག་གི་ས་ཞེས་སོ་སོར་འབྱེད་པའི་དོན། །ཕར་ཕྱིན་ལུགས་ལ་སྐུ་བཞི་ཡི། །རྣམ་གཞག་བྱམས་པའི་ལུང་གིས་འགྲུབ། །སླེབ་ལུང་ཚིག་དཔྱད་མ་ཤེས། །དགར་ཚིག་ཞེས་པའི་དེ་དོན་དམིགས་སུ་དགར་བའི་ལྟ་དགར་ཚིག་འབྱེད་ཚིག་ཁྱད་པར་ལ། །འཁྲུལ་ཞེས་ཀུན་མཁྱེན་བླ་མས་བཞེད། །མདོར་ན་ཉན་ཐོས་བྱེ་སྨྲ་ཡི། །བླ་མེད་བར་གྱི་འབྲས་བུ་ཡི། །རྣམ་གཞག་ཐམས་ཅད་མཐར་ཐུག་གི། །འབྲས་བུའི་མཚན་ཉིད་གཅིག་པ་ལ། །བཤད་ཚུལ་ཐ་དད་འབྱུང་བ་ནི། །གདུལ་བྱའི་བློར་འཚམས་ཡོན་ཏན་གྱི། །ལྡོག་པ་སྤྲོ་བ་བསྐྱེད་ཆེད་སྨོས། །འདི་ལ་དགོངས་པ་དཔྱོད་པ་ནི། །མདོ་སྔགས་འབྲས་བུ་དོན་གཅིག་ལ། །རྒྱུ་ལམ་དོན་གཅིག་ལྟ་བུ་དང་། །འཇམ་མགོན་བླ་མས་བདག་མེད་ཀྱི། །བསྟོད་འགྲེལ་ལས་ནི་མདོ་སྔགས་ཀྱི། །རྒྱུ་འབྲས་ཁྱད་ཞུགས་ཆོས་ཉིད་དེ། །སྐྱུ་རུ་ཚུ་དང་འོ་མ་ཡིས། །དཔེར་མཛད་དེ་དང་མི་འགལ་ཏེ། །ལུང་དེའི་དོན་ནི་ཕར་ཕྱིན་གྱི། །ཐེག་པར་འབྲས་བུའི་མཚན་གཞིར་བཟུང་། །བཅུ་གཅིག་པ་ལ་སངས་རྒྱས་ཀྱི། །མིང་དུ་བཏགས་ཀྱང་མཚན་ཉིད་པ། །མ་ཡིན་སྣངས་རྟོགས་མ་རྫོགས་པར། །སྐྱུ་རུ་ཚུས་སྣག་དཔེ་རུ་མཛད། །བླ་མེད་རྡོ་རྗེ་ཐེག་པ་ཡི། །འབྲས་བུའི་མཚན་གཞི་བཅུ་གསུམ་པར། །བཟུང་སྟེ་སྐྱུ་རུ་འོ་མ་ཡིས། །སྣག་པའི་དཔེ་བཞིན་སྣངས་རྟོགས་རྫོགས། །སངས་རྒྱས་མཚན་ཉིད་པ་ཡིན་ཅིང་། །སློབ་ལམ་མཐར་ཕྱིན་མི་སློབ་ལམ། །མངོན་དུ་གྱུར་པ་ཉིད་ཡིན་ནོ། །འབྲས་བུའི་སྐབས་ཏེ་ལྔ་པའོ། ༔ །སྡོམ་པ་མཐར་ཕྱིན་མཇུག་གི་དོན། །དེ་ལྟར་ཚུལ་བཞིན་བཤད་སོགས་ནས། །ལེགས་བཤད་འདི་སྤེལ་ཅིག་ཅེས་པར། །ཀུན་མཁྱེན་བསོད་ནམས་སེང་གེ་ཡིས། །གཞུང་ཚིག་གསུངས་ཉིད་གོ་སླའོ། །

གངས་ལྗོངས་བསྟན་པའི་མངའ་བདག་མཆོག །ས་སྐྱའི་རྗེ་བཙུན་གོང་མ་ལྔ། །གདུང་བརྒྱུད་བུ་སློབ་བཅས་ཀུན་འདུས། །རྩ་བའི་བླ་མ་རྣམས་ལ་འདུད། །ཞར་བྱུང་ཆོས་འབྱུང་མདོར་བསྡུས་ཙམ། །འདྲི་ལ་ཕར་ཕྱིན་ཐེག་པ་ནི། །འཕགས་པའི་ཡུལ་དུ་ལྷ་དང་མིའི། །སྟོན་མཆོག་ཤཱཀྱ་སེང་གེ་ཡི། །ཆོས་ཀྱི་འཁོར་ལོ་རྣམ་པ་

གསུམ། །བསྐོར་ཞིང་འཕགས་པ་དགྲ་བཅོམ་དང་། །བྱང་ཆུབ་སེམས་དཔའ་རྣམས་ཀྱིས་བསྡུས། །དེ་ནས་རིམ་བཞིན་འཕགས་བོད་དར། །གསང་ཆེན་རྡོ་རྗེ་ཐེག་པ་ནི། །ཐུབ་དབང་མཆོག་འདིའི་སྤྲུལ་པའི་གཞི། །ལོངས་སྐུའི་སྟོན་པ་རྣམ་སྣང་མཛད། །ཆེན་པོ་རྡོ་རྗེ་འཆང་གང་ཉིད། །གནས་མཆོག་འོག་མིན་སྟུག་པོ་བཀོད། །སྟོན་པ་ཆོས་ལོངས་གཉིས་མེད་ཀྱི། །འཁོར་ནི་དེ་བཞིན་གཤེགས་པ་དང་། །བྱང་སེམས་རྣམས་ལ་ཟབ་པ་དང་། །རྒྱ་ཆེའི་མི་འགྱུར་ཆོས་འཁོར་བསྐོར། །བཅོམ་ལྡན་ལོངས་སྤྱོད་རྫོགས་པ་དེ། །སྐུ་ནི་འོག་མིན་ལ་བཞུགས་བཞིན། །མཁའ་ཟླ་ཆུ་ནང་འཆར་བ་བཞིན། །གདུལ་བྱ་གྲུབ་པའི་ས་ལ་ནི། །བཞུགས་རྣམས་ལ་སྣང་སྤྲུལ་སྐུ་མཆོག །དེ་ཡི་གནས་ནི་རི་རབ་རྩེ། །ཆོས་དབྱིངས་ཕོ་བྲང་གཞི་སྙིང་པོ། །མི་རྟོག་གིས་བརྒྱན་དབང་བསྐུར་ཁང་། །གཞན་འཕྲུལ་དབང་བྱེད་གནས་གཙང་མ། །བདེ་གཤེགས་ཀུན་གྱི་སྐུ་གསུང་ཐུགས། །རྡོ་རྗེ་བཙུན་མོའི་བྷ་ག་དང་། །གསང་བ་མཆོག་གི་ཀྲུས་པ་ན། །ཐམས་ཅད་བདག་ཉིད་རྟག་བཞུགས་ནས། །རྡོ་རྗེ་དབྱིངས་དང་དེ་ཉིད་འདུས། །རྣམ་སྣང་མངོན་བྱང་མི་གཡོ་བ། །ཕྱག་རྡོར་དབང་བསྐུར་དཔལ་མཆོག་ནི། །དང་པོ་གདན་བཞི་གསང་བ་འདུས། །ཀྱེ་ཡི་རྡོ་རྗེ་བདེ་མཆོག་སོགས། །མདོ་རྒྱུད་བསམ་གྱིས་མི་ཁྱབ་གསུངས། །གནས་གཅིག་ཏུ་ཡང་དུས་གཅིག་ལ། །གདུལ་བྱ་ཐ་དད་མདོ་རྒྱུད་ཀྱི། །ཆོས་ཚུལ་ཐ་དད་བསམ་མི་ཁྱབ། །གསུང་ཞིང་སྤྱིར་ནི་གསང་སྔགས་ཀུན། །སྟོར་བཤད་ཚུལ་གྱིས་སྟོན་པ་མཆོག །ཤཱཀྱ་སེང་གེའི་སྤྲུལ་མཆོག་གིས། །གསུངས་ཤིང་ཁྱིས་ཀྱང་ཐུབ་པ་ཡིས། །བཟླས་དང་མ་བཟླས་དེ་ཉིད་ཀྱིས། །རྣམ་འཕྲུལ་གཞན་གྱིས་གསུང་བའང་ཡོད། །མདོར་ན་གསང་ཆེན་རྒྱུད་སྡེ་ཀུན། །གྲུབ་པ་མཆོག་གི་གདུལ་བྱ་ལ། །སྤྲུལ་སྐུ་མཆོག་གི་གསུང་ཟིན་ཡང་། །དེ་ཉིད་འདུས་དབང་བདེ་མཆོག་ཙམ། །མ་གཏོགས་ཕལ་ཆེར་སྟོན་པ་མཆོག །ཤཱཀྱ་སེང་གེ་རང་ཉིད་དང་། །དེ་ཡི་རྣམ་སྤྲུལ་གཞན་གྱིས་གསུངས། །

གསང་སྔགས་བཀའ་ཡི་བསྡུ་བ་ནི། །དེ་བཞིན་གཤེགས་པ་སྤྲུལ་པ་ཡི། །དཀྱིལ་འཁོར་མཆོག་ཏུ་ཨོ་ཏི་ཡིས། །རྒྱལ་པོ་འཁོར་བཅས་སྨིན་པར་མཛད། །མགོན་པོ་ཕྱག་ན་རྡོ་རྗེ་ཡི། །རྒྱུད་སྡེ་ཀུན་བསྡུས་དེས་དོན་དུ། །སྟོན་པ་སྡུད་པོ་ཐ་དད་མེད། །གདུལ་བྱའི་སྣང་ངོར་དེ་ལྟར་སྟོན། །སླར་ཡང་གསང་བའི་བདག་པོ་ཡི། །ཨོ་རྒྱན་རྒྱལ་པོ་འཁོར་བཅས་ལ། །བྱིན་ནས་ཡུལ་དེ་རྒྱ་མཚོར་གྱུར། །དེ་འཁོད་ཀླུ་རྣམས་ཕྱག་རྡོར་གྱིས། །སྨིན་པར་མཛད་ནས་རྒྱུད་སྡེ་ཀུན། །ཡི་གེ་བྲིས་པ་གླེགས་བམ་རྣམས། །དེ་དག་ལ་བྱིན་ཀྲུས་པར་མཛད། །དེ་རྗེས་ཀླུ་ལས་གྱུར་པ་ཡི། །དཔའ་བོ་མཁའ་འགྲོ་མ་རྣམས་ལས། །སློབ་དཔོན་བི་ཕུ་ཀལྤ་སོགས། །གྲུབ་པ་ཐོབ་པ་རྣམས་གྱིས་བླང་། །འཕགས་པའི་ཡུལ་དུ་རྒྱ་ཆེར་དར། །མཆོག་གི་གྲུབ་ཐོབ་མང་དུ་བྱུང་། །དེ་དག་རྣམས་ལས་རིམ་

བརྒྱུད་ནས། །བོད་ཀྱི་ཡུལ་དུ་སྔ་ཕྱིར་དར། །སྔར་འགྱུར་གསང་སྔགས་བྱུང་ཚུལ་ནི། །སྟོན་པ་ཤཱཀྱ་སེང་གེ་ཉིད། །གདོད་མའི་དབྱིངས་སུ་རིག་པ་ཡི། །ཡེ་ཤེས་གྲོལ་བས་མངོན་བྱང་ཆུབ། །སྐུ་དང་ཡེ་ཤེས་འདུ་འབྲལ་མེད། །དེ་ཡི་ངང་ལས་དུས་གསུམ་གྱི། །སངས་རྒྱས་ཀུན་དང་དགོངས་པ་གཅིག །བཞུགས་ལས་རང་སྣང་རྣམ་དག་གི། །རྡོ་རྗེའི་ཞིང་ཁམས་འོག་མིན་ཆེར། །སྟོན་པ་ལོངས་སྤྱོད་རྫོགས་སྐུ་དཔལ། །ཀུན་བཟང་རྡོ་རྗེ་འཆང་ཉིད་ཀྱིས། །ཉིད་ལས་མི་གཞན་རང་སྣང་གི། །འཁོར་གྱི་རྒྱལ་བ་ཞི་ཁྲོ་ལ། །ཆོས་ཉིད་ཡེ་ཤེས་འོད་གསལ་གྱི། །དགོངས་པ་བརྗོད་དུ་མེད་པ་ཡི། །དུས་ནི་བཞི་རྫོགས་འཕོ་འགྱུར་མེད། །དབྱིངས་སུ་རང་ཤར་ཚུལ་གྱིས་སྣང་། །དེ་ཉིད་ངང་ལས་ས་བཅུ་ཡི། །རྒྱུན་མཐར་སྣང་བའི་གཞན་སྣང་གི། །ལོངས་སྐུའི་ཞིང་ཁམས་ཁྱད་པར་ཅན། །འོག་མིན་ཉིད་དུ་ལོངས་སྐུ་ཡི། །སྟོན་པ་རྣམ་པར་སྣང་མཛད་ཀྱིས། །ས་བཅུའི་བྱང་སེམས་རིག་འཛིན་ལ། །གསང་སྔགས་རྒྱུད་སྡེ་དཔག་ཏུ་མེད། །དགོངས་པ་བརྡའ་ཡིས་ཆོས་འཁོར་བསྐོར། །དེ་ཡང་བྱང་སེམས་ས་དགུ་པའི། །གནས་ནི་འོག་མིན་ཙམ་པོ་དང་། །ས་བརྒྱད་གནས་ལ་བཏགས་པ་བའི། །འོག་མིན་རྣམས་སུ་དེ་བཞིན་གསུངས། །དེའི་ཚེ་དྲག་པོ་འཇིགས་བྱེད་སོགས། །གདུལ་བྱའི་སྣང་ངོར་འདུལ་བྱེད་ཀྱི། །ཧེ་རུ་ཀ་ཡི་སྤྲུལ་བཞད་མཛད། །དེ་དག་བསྡུ་ཚུལ་ལང་ཀ་ཡིས། །ཡུལ་གྱི་རི་བོ་མ་ལ་ཡའི། །རྩེ་མི་རི་རབ་(གཞན་ཚིག་གསུམ་མི་གསལ།) ། །ཕྱག་ན་རྡོ་རྗེས་དེ་རྣམས་སྟོན། །སྲིན་པོ་བློ་གྲོས་ཐབས་ལྡན་གྱི། །གླེགས་བམ་བྲིས་ནས་དགོངས་པ་ཡི། །རྩལ་གྱིས་མདུན་གྱི་ནམ་མཁར་སྦས། །ཟ་ཧོར་ཡུལ་གྱི་རྒྱལ་པོ་ཛ། །རྨིས་ལྟས་ངོ་མཚར་བདུན་བྱུང་སྐྱབས། །རྒྱུད་སྡེའི་གླེགས་བམ་མི་ཡུལ་དུ། །བབ་སྟེ་ཀྱི་ཡ་ཤ་ར་ནའི། (འདིར་ཚིག་རྐང་གཅིག་མི་གསལ།) །མ་ཏྲཱ་ཡོ་ག་རྒྱལ་པོ་ཛའི། །ཁང་སྟེང་ཨ་ནུ་སེང་གླིང་དང་། །ཨ་ཏི་ཡོ་ག་ཨོ་རྒྱན་གྱིས། །ཡུལ་དུ་སྤྲུལ་པའི་སྐུ་མཆོག་ནི། (འདིར་ཚིག་རྐང་གཅིག་མི་གསལ།) །རྡོ་རྗེ་སེམས་དཔའ་དངོས་སུ་ནི། །གསན་ནས་བཀའ་བསྡུས་གླེགས་བམ་བཀོད། །སློབ་སྡེ་རྣམས་ནི་འོག་མིན་དུ། །སྟོན་པ་ཀུན་བཟང་ཆེན་པོ་ནི། །ཧེ་རུ་ཀ་ཡི་ཆོས་ཉིད་ཀྱི། །རང་སྒྲས་གསུང་པའི་རྒྱུད་སྡེ་རྣམས། །གསང་བདག་རྡོ་རྗེ་ཆོས་ཀྱིས་བསྡུས། །མཁའ་འགྲོ་ལས་ཀྱི་དབང་མོ་ཆེར། །གནས་ནས་དེ་ཡི་སྤྱི་བྱེ་བྲག །རྒྱུད་རྣམས་ཕྱེས་ནས་སྒྲོམ་སོ་སོར། །བཅུག་ནས་མཆོད་རྟེན་ཆེན་པོ་ནི། །བདེ་བྱེད་བརྩེགས་པར་གཏེར་དུ་སྦས། །སྲུང་མར་བཀའ་བསྒོས་བཀའ་བབ་ཀྱིས། །སློབ་དཔོན་བརྒྱད་ཀྱི་ཕྱག་དུ་སྤྲད། །སྤྱི་རྒྱུད་སྒྲོམ་ནི་ཨོ་ཏི་ཡིས། །སློབ་དཔོན་ཆེན་པོ་པདྨ་ནི། །སམ་ཧ་ཋ་ཡི་སྤྱན་དྲངས་སོ། །

དེ་ལྟར་འཕགས་པའི་ཡུལ་དུ་དར། །ཧྟོ་ཏའི་ལྗོངས་འདིར་གསང་སྔགས་ཀྱི། །འབྱོན་ཚུལ་སྔ་འགྱུར་རྒྱུད་སྡེ་རྣམས། །འཕགས་པའི་ཡུལ་གྱི་སློབ་དཔོན་ནི། །སངས་རྒྱས་གསང་བ་བི་མ་ལ། །ལ་སོགས་པཎ་གྲུབ་དུ་མ

དང་། །ཡོ་ཙྪ་ཆེན་པོ་བཻ་རོ་དང་། །རྨ་གཉག་སྣ་ཙྪོག་ཞང་སོགས་ཀྱིས། །བསྒྱུར་ནས་རིམ་པར་སོ་ཟུར་གནུབས། །སོགས་ལས་འཕེལ་ཞིང་བཀའ་བརྒྱུད་སྐོར། །ཨོ་རྒྱན་སངས་རྒྱས་གཉིས་པ་ཡི། །ལས་ཅན་ཛྙཱ་འབངས་ཉི་དགུ་ལ༑ ༑གདམས་ཤིང་དེ་དང་བི་མ་ལ། །བཻ་རོ་ནམ་མཁའི་སྙིང་པོ་ལས། །བཀའ་བརྒྱུད་བཀའ་མའི་རྒྱུན་སྤྲོལ་བཅས། །ཨོ་རྒྱན་སྨིན་གྲོལ་གླིང་སོགས་སུ། །ལེགས་པར་བཞུགས་ཤིང་དེ་ཉིད་ལ། །བརྟེན་ནས་ཁམས་ཕྱོགས་འདིར་ཡང་དར། །ཟབ་མོ་གཏེར་གྱི་བརྒྱུད་པ་ནི། །ཨོ་རྒྱན་སངས་རྒྱས་གཉིས་པ་དེས། །བློ་རྫོགས་ཐུགས་གསུམ་སྒྲུབ་སྡེ་བརྒྱད། །སྤྱིར་ནི་ཟབ་མོའི་གཏེར་གྱི་གནས། །སོ་སོར་གཏེར་སྲུང་ལ་གཉེར་གཏད། །སྤྲས་ཏེ་ལོ་པཎ་ཛྙཱ་འབངས་ནི། །ས་ཆེན་པོ་ལ་བཞུགས་པ་རྣམས། །གང་ལ་གང་འདུལ་སྤྲུལ་པའི་སྐུར། །བསྟེན་ནས་སྨིན་དྲང་དུས་བབ་ཀྱི། །འགྲོ་དོན་མཛད་པས་བརྒྱུད་པ་ཡི། །བབ་ལུགས་སྟར་སྨོས་དགོངས་པ་བརྡའ། །སྙན་བརྒྱུད་གསུམ་སྟེ་བཀའ་བབ་ཀྱི། །ལུང་བསྟན་སྨོན་ལམ་དབང་བསྐུར་དང་། །མཁའ་འགྲོ་གཏད་རྒྱ་གསུམ་བསྟན་པས། །བརྒྱུད་པ་དྲུག་ལྡན་ཐ་སྙད་འབྱུང་། །རྙིང་མ་བཀའ་མའི་སྐོར་འདི་ནི། །རྙིང་མའི་མཚན་གཞི་དངོས་མ་སྟེ། །གཏེར་མ་རྣམས་ཀྱིའང་རྒྱབ་བརྟེན་གྱུར། །གཏེར་མ་ཟབ་མོའི་མན་ངག་སྟེ། །དེ་ཡང་བཀའ་མའི་རྒྱུད་ལུང་དང་། །འབྲེལ་ཞིང་ཟབ་གནད་ལྡན་པ་ཡི། །མཆོག་གཉིས་གླིང་ས་བཅུ་གཅིག་དང་། །རིགས་འཛིན་རྒོད་ཀྱི་ཆོ་འཕྲུལ་སོགས། །གནའ་ནས་དེང་བར་བྱོན་རྣམས་ནི། །བྱིན་རླབས་ཚན་ཁ་ཤིན་ཏུ་ཆེ། །ཡོན་ཀྱང་རྙིང་མའི་དུས་དབང་གི། །བརྫུ་མ་ཕལ་ཆེར་ཡང་འབྱུང་སྲིད་ཀྱི། །རྒྱུད་ལུང་མན་ངག་མདོ་སྔགས་ཀྱི། །ཚད་མའི་རིག་པས་རྟོགས་པར་བྱ། །བཀའ་གདམས་ལྷ་ཆོས་བདུན་ལྡན་གྱི། །བསྟན་པའི་བདག་པོ་ཇོ་བོ་རྗེ། །དཔལ་ལྡན་མར་མེ་མཛད་ཡིན་ཏེ། །དེ་ཡི་ཐེག་གསུམ་བཀའ་མ་ལུས། །གང་ཟག་གཅིག་གིས་སངས་རྒྱས་ཀྱི། །གོ་འཕང་ཐོབ་པའི་ཆ་རྐྱེན་དུ། །གདམས་སམ་རྒྱལ་བའི་བཀའ་མཐའ་དག །ཉམས་སུ་བསྟར་བྱའི་གདམས་ངག་ནི། །ལེགས་པར་རྟོགས་པའི་ཆེད་དུ་གྲགས། །

ཇོ་བོ་མཆོག་གི་ཞལ་སློབ་ནི། །རྒྱ་བལ་བོད་དུ་མང་བྱོན་ལས། །ཇོ་བོ་ཉིད་དང་མཇྱིན་པ་མཉམ། །དབུ་སྤྱིན་གཡས་གཡོན་ཕྱག་ལྷ་བུའི། །སྲས་ཀྱི་ཐུ་བོ་པཎྜི་ཏ། །ཕྱུ་ཧོ་བ་དང་རིན་ཆེན་འབྱུང་། །ས་ཡི་སྙིང་པོ་བཤེས་གཉེན་གསང་། །དབུ་མ་སེང་གེ་ལ་སོགས་དང་། །བོད་ཀྱི་མངའ་རིས་སྟོད་དུ་ནི། །བཙན་པོ་ལྷ་བཙུན་བྱང་ཆུབ་འོད། །ལོ་ཆེན་རིན་ཆེན་བཟང་པོ་དང་། །ནག་ཚོ་ཚུལ་ཁྲིམས་རྒྱལ་བའི་ཞབས། །དགེ་བའི་བློ་གྲོས་འབྲོག་མི་ཆེ༑ ༑འགོག་དང་ལེང་ལོ་མགར་དགེ་བ། །ལྷ་བཙུན་སྦྲ་གཅན་འཛིན་སོགས་དང་། །དབུས་སུ་ཁུ་རྔོག་འབྲོམ་གསུམ་དང་། །ལྷོ་བྲག་རྣལ་འབྱོར་ཆག་ཁྲི་མཆོག །དགེ་བ་སྐྱོང་དང་ཁམས་སུ་ནི། །ཕྱག་དར་སྟོན་པའི་ཕར

ཕྱིན་གྱི། །ཊཱི་ཀཱ་ར་ཁམས་ལུགས་གྲགས་མཛད་དང་། །རྣལ་འབྱོར་ཨ་མི་བྱང་ཆུབ་དང་། །འཇིང་སློབ་དབང་ཕྱུག་རྒྱལ་མཚན་ཞབས། །གསང་ཕུ་འོད་དུ་ཡལ་བ་ཡི། །རྣལ་འབྱོར་ཤེས་རབ་ལ་སོགས་བྱོན། །

བཀའ་གདམས་ཕྱིན་ལས་རྒྱུན་སྐྱོང་བའི། །བརྒྱུད་འཛིན་ཆེན་པོ་གསང་བདག་གི། །རྣམ་པར་གྲུབ་པ་ཁུ་སྟོན་ནི། །བརྟོན་འགྲུས་གཡུང་དྲུང་འཇམ་དབྱངས་ཀྱི། །རྣམ་སྤྲུལ་རྔོག་ལོ་ཆེན་པོ་ནི། །ལེགས་པའི་ཤེས་རབ་འཕགས་པ་མཆོག །སྤྱན་རས་གཟིགས་ཀྱི་རྣམ་པར་འཕྲུལ། །འབྲོམ་སྟོན་རྒྱལ་བའི་འབྱུང་གནས་ཞེས། །རྒྱལ་བས་ལུང་བསྟན་འཕགས་མ་མཆོག །སྒྲོན་མས་རྗེ་བོར་ལུང་གིས་བསྔགས། །བཀའ་གདམས་བསྟན་པའི་བདག་པོ་ནི། །རྗེ་བོ་ཡབ་སྲས་ཞེས་གྲགས་པའི། །སེམས་དཔའ་ཆེན་པོ་འདི་ཉིད་དང་། །གང་གི་ལེགས་གསུང་བདུད་རྩི་ནི། །ཉེ་བར་སྤྱོད་པའི་དགེ་བའི་བཤེས། །ཕུ་ཆུང་བ་དང་སྤྱན་སྔ་བ། །ལ་སོགས་མཁས་བཙུན་བཟང་ལྡན་གྱི། །དགེ་བའི་བཤེས་གཉེན་མང་འབྱོན་ནས། །གང་གི་རིང་ལུགས་དར་བར་བྱས། །ད་ལྟ་བཀའ་གདམས་གྲུབ་མཐའ་ཡི། །མདོ་སྔགས་བརྒྱུད་པ་ཕལ་ཆེ་བ། །ས་དགེ་དཀར་གསུམ་ནང་འདྲེས་ཏེ། །མི་ནུབ་སྐྱོང་བ་འདི་ཉིད་དོ། །ས་སྐྱའི་རྗེ་བཙུན་བཀའ་སྲོལ་གྱི། །རྣམ་གཞག་རྒྱས་པ་འོག་ཏུ་འཆད། །མར་པ་ལོ་ཙྪ་ལས་བརྒྱུད་པའི། ཕྱག་རྒྱ་པའམ་སྒྲུབ་བརྒྱུད་པའི། །ལུགས་སྲོལ་ཞེས་གྲགས་ལྷོ་བྲག་པ། །མར་པ་ཆོས་ཀྱི་བློ་གྲོས་ཀྱི། །འཕགས་པའི་ཡུལ་དུ་ལན་གསུམ་བྱོན། །བླ་མ་དམ་པ་བརྒྱ་རྩ་བསྟེན། །

འཁོར་ལོ་བདེ་མཆོག་གསང་འདུས་སོགས། །རྒྱུད་སྡེའི་སྨིན་གྲོལ་གདམས་པའི་ཚོགས། །བོད་དུ་བསྒྱུར་བཤད་གདན་ལ་ཕབ། །གསུང་སྐྱེས་སློབ་བུ་བཀའ་ཆེན་བཞི། །འཕོ་བའི་བཀའ་བབས་མཚུར་སྟོན་ནི། །དབང་དེ་རྒྱུད་བཤད་ཐབས་མན་ངག །ཟབ་མོ་ཡི་ནི་བཀའ་བབས་པ། །རྔོག་སྟོན་ཆོས་སྐུ་རྡོ་རྗེ་དང་། །འོད་གསལ་བཀའ་བབས་གཙང་རོང་གི། །མེས་སྟོན་གཏུམ་མོས་བཀའ་བབས་པ། །གུང་ཐང་མི་ལ་རས་པ་སྟེ། །དང་པོ་གསུམ་གྱི་རྒྱུད་བཤད་སྲོལ། །སྐྱོངས་ཤིང་མི་ལས་གྲུབ་པ་ཐོབ། །སྒྲུབ་བརྒྱུད་བསྟན་པའི་སྲོལ་བཟུང་གྲགས། །དེ་སློབ་གཙོ་བོ་རས་ཆུང་པས། །རྒྱ་གར་བྱོན་ནས་ལུས་མེད་ཀྱི། །མཁའ་འགྲོའི་ཆོས་སྐོར་ལྷག་མ་རྣམས། །སྤྱན་དྲངས་རས་ཆུང་སྙན་བརྒྱུད་སོགས། །དར་ཞིང་དྭགས་པོ་ལྷ་རྗེ་ནི། །དབུ་རུར་འབྱོན་ཏེ་བྱ་ཡུལ་དང་། །སྣུག་རུམ་ལྕགས་རི་གོང་ཁ་བ། །རྣམས་ལ་བཀའ་གདམས་ཆོས་གསན་སྦྱངས། །མཐར་ཕྱིན་རྗེས་སུ་མི་ལ་བསྟེན། །ཟབ་ཆོས་གདམས་པ་གསན་ནས་ནི། །དྭགས་ལ་སྒམ་པོར་དགོན་པ་བཏབ། །དེར་ཞུགས་དྭགས་པོ་ཞེས་སུ་གྲགས། །སློབ་མའི་ཚོགས་ལ་བཀའ་གདམས་ཆོས། །ཕྱག་ཆེན་གདམས་པ་རྒྱ་ཆེར་སྤེལ། །ཕྲིན་ལས་རྒྱལ་བས་བཀའ་ཕྱག་ནི། །ཆུ་བོ་གཉིས་འདྲེས་ཞེས་གྲགས་ཏེ། །བཀའ་བརྒྱུད་ཀུན་གྱི་འབྱུང་ཁུངས

ཡིན། །དེ་སློབ་བརྒྱུད་འཛིན་བུ་ཆེན་ནི། །དྭགས་པོ་སྒོམ་ཚུལ་ཕག་གྲུ་པ། །ཁམས་པ་དྔོ་རྒྱལ་ཞེས་གྲགས་དང་། ། གྲུབ་ཐོབ་དབུ་སེ་དུས་གསུམ་མཁྱེན། །འབའ་རོམ་རས་པ་ལ་སོགས་ཡང་། །ཕག་གྲུའི་ཐོག་མར་དབུས་ཀྱི་ནི། ། སྟོད་ལུང་རྒྱ་དམར་ལ་སོགས་ལས། །དབུ་ཚད་གཙང་དུ་ལས་སྟོད་པར། །དཀོན་མཆོག་མཁར་དང་ས་སྐྱ་པ། ། བྱང་སེམས་ཟླ་བ་རྒྱལ་མཚན་དམར། །ཆོས་ཀྱི་རྒྱལ་པོ་ལ་སོགས་པར། །ཟབ་ཆོས་གསན་སྦྱངས་མཛད་པ་ ཡིས། །ཉམས་རྟོགས་ཁྱད་ཅན་རྒྱུད་ལ་འཁྲུངས། །ཕྱིས་སུ་དྭགས་པོ་ལྷ་རྗེ་བསྟེན། །དེ་ཡི་ཟབ་ཆོས་བདག་པོར་ གྱུར། །དེ་ཡི་སློབ་མ་གླིང་རས་པ། །འབྲི་ཁུང་སྐྱུ་ར་རིན་ཆེན་དཔལ། །སྟག་ལུང་བཀྲ་ཤིས་དཔལ་གྲུབ་དང་། ། ཁྲོ་ཕུ་བ་ལ་སོགས་པའོ། །

གླིང་རས་སློབ་མ་གཙང་པ་ནི། །རྒྱ་རས་ཡེ་ཤེས་རྡོ་རྗེའོ། །དེ་སློབ་རྒོད་ཚང་ལོ་རས་དང་། །དབོན་སྲས་ལ་ སོགས་དེ་གསུམ་པོ། །སོ་སོ་ལས་མཆེད་སྟོད་སྨད་བར། །འབྲུག་པའི་སྲོལ་འཛིན་རྣམས་འབྱུང་ངོ་། །དམ་ཆོས་ སྟུག་བསྔལ་ཞི་བྱེད་ཀྱི། །བཀའ་སྲོལ་གྲུབ་པའི་དབང་ཕྱུག་མཆོག །དམ་པ་སངས་རྒྱས་ཀྱིས་དར་མཛད། །འདི་ ལ་བརྒྱུད་པ་སྔ་ཕྱི་བར། །གསུམ་བྱུང་དང་པོ་རྒྱ་གར་གྱིས། །ཁ་ཆེ་ཛྙཱ་ན་གུ་ཧྱ་ལ། །ཞི་བྱེད་སྒྲོལ་མ་སྐོར་གསུམ་ གསན། །དེ་རྣམས་དམ་པ་ཁ་ཆེ་བ། །གཉིས་ཀས་ཨོགས་སོ་ལོ་ཙཱ་ར་བཤད། །ཁ་ཆེས་ཕྱུ་ཧྲང་ལོ་ཆུང་ལ། ། བཤད་ནས་དེ་ཡི་དམར་སྟོན་ནི། །ཆོས་རྒྱལ་ལ་སོགས་པར་བཤད་དོ། །བར་པ་དམ་པ་བོད་ཡུལ་ལ། །ལན་ལྔ་ འབྱོན་པའི་བཞི་པའི་དུས། །རྨ་ཆོས་ཤེས་རབ་པོ་དགེ་འདུན། །ཀམ་པ་ཡེ་རྒྱལ་གསུམ་ལ་བཤད། །ཕྱི་མ་དམ་ པ་ལན་ལྔ་པ། །དིང་རིར་འབྱོན་དུས་ཕྱུར་ཆེ་ཆུང་། །བརྡ་ཀྱི་རྡྷ་ཀུན་དགའ་ལ། །སོགས་པར་གསུངས་ནས་རིམ་ གྱིས་དར། །དེ་ནས་བརྒྱུད་པའི་གཙོད་སྐོར་ནི། །དམ་པ་བོད་ཡུལ་ལན་གསུམ་པར། །འབྱོན་དུས་ཡར་ཀླུང་སྐྱ་ ར་སེར། །སྐྱོ་ན་བསོད་ནམས་བླ་མ་ལ། །བཤད་པ་ཕོ་གཅོད་བརྒྱུད་པར་གྲགས། །

མ་གཅིག་གིས་ནི་དམ་པ་དང་། སྐྱོ་སྟོན་གཉིས་ཀ་ལས་གསན་པའི། །བརྒྱུད་པ་མོ་གཅོད་ཞེས་གྲགས་ སོ༔ །དཔལ་ལྡན་ཤངས་པ་བཀའ་བརྒྱུད་པའི། །ལུགས་ནི་གྲུབ་པའི་གཙུག་རྒྱན་མཆོག །ཁྱུང་པོ་རྣལ་འབྱོར་རྒྱ་ གར་དུ། །ཕྱིན་ཏེ་རྡོ་རྗེ་གདན་པ་དང་། །མཻ་ཏྲི་པ་དང་ཡེ་ཤེས་ཀྱི། །མཁའ་འགྲོ་ནི་གུ་མ་ལ་སོགས། །བླ་མ་བརྒྱ་ དང་ལྔ་བཅུ་ལྷག །དག་ལས་ཆོས་གསན་ཐུགས་ཉམས་བསྟར། །བོད་ཀྱི་ཤངས་པ་གཞོང་གཞོང་གི། །དགོན་པ་ བཏབ་པས་ཤངས་པ་ཡི། །བཀའ་བརྒྱུད་ཅེས་པར་ཡོངས་སུ་གྲགས། །འདི་ཡི་སློབ་མ་ལ་སྟོད་ཀྱི། །དཀོན་ མཆོག་མཁར་དང་རྨོག་ཅོག་པ། །ལ་སོགས་ཁྲི་ཕྲག་བརྒྱད་བྱུང་ངོ་། །མན་ངག་སྦྱོར་དྲུག་བྱུང་ཚུལ་ནི། །དཔལ་ ཆེན་ཏ་ལོས་འཕགས་ཡུལ་དུ། །ཙ་མི་སངས་རྒྱས་གྲགས་པ་དང་། །ཨ་བྷྱ་ཡར་གསན་བསྒོམ་པ་ཡི། །གྲུབ་

བརྟེན་ས་གྲགས་པས་ཟངས་གླིང་བར། །ཁྱབ་ཅིང་བོད་བྱོན་ཞང་ཚལ་པ། །སོགས་ལ་གནང་ཞིང་དབུས་གཙང་ཁམས། །ཀུན་ཏུ་དབང་དང་གདམས་པ་ཡིས། །གཞན་དོན་མང་མཛད་སྐུ་ཆེ་ནི། །བརྒྱད་ཅུ་རྩ་དགུའི་བར་དུ་བཞུགས། །གཞན་ཡང་འཕགས་པའི་པཎྜི་ཏ། །པི་ཏྲི་ཙཱ་ཞེས་པས། །དཔལ་ལྡན་ཤ་བ་རི་དབང་ཕྱུག ། ལས་གསན་ཀོ་བྲག་པར་བརྒྱུད་དང་། །ཁ་ཆེ་པཎྜི་ཏས་དཔྱལ་བ། །ཆོས་ཀྱི་བཟང་པོར་གནང་བ་སོགས། །སྦྱོར་དྲུག་བོད་འདིར་མང་དུ་བྱོན། །དཔལ་ལྡན་དམ་པ་དང་པོ་ནི། །སངས་རྒྱས་དུས་ཀྱི་འཁོར་ལོ་ཡི། །སྦྱོར་བ་ཡན་ལག་དྲུག་གི་སྐོར། །གཉེན་དང་སེ་ལོ་ཙཱའི་ཕྱོགས་ཀྱིས། །ཨ་བྷ་ཡ་ནས་བརྒྱུད་པ་དང་། །རྭ་བའི་ཕྱོགས་ཀྱི་པཎྜི་ཏ། །མཉྫུ་ཀཱིརྟི་ལས་བརྒྱུད་དང་། །འགྲོ་བའི་ཕྱོགས་ཀྱི་ཁ་ཆེ་ནི། །ཟླ་བ་མགོན་ལས་བརྒྱུད་པ་རྣམས། ། དུས་ཀྱི་ཞབས་པ་ཆུང་བ་ཡིས། །དངོས་སློབ་ཡིན་པར་མཐུན་པ་དང་། །དུས་ཞབས་ཆུང་བ་དུས་འཁོར་ཞབས། ། ཆེན་པོའི་དངོས་སློབ་ཡིན་པར་མཐུན། །

ཁ་ཆེ་ཟླ་བ་མགོན་པོ་ཡི། །སྦྱོར་དྲུག་གདམས་ངག་ཡོངས་རྫོགས་རྣམས། །སྒོམ་པ་དཀོན་མཆོག་སྲུང་ལ་གནང་། །དེ་ལ་སྒྲོ་སྟོན་གནམ་ལ་བརྩེགས། །ཀྱིས་གསན་དེ་ཡིས་གྲུབ་ཐོབ་ཆེ། །ཡུ་མོ་མི་བསྐྱོད་རྡོ་རྗེ་ལ། ། དེ་ཉིད་ལས་བརྒྱུད་རྒྱུད་འགྲེལ་པ། །མན་ངག་བཅས་སྐུལ་དེ་ཉིད་ནི། །འཝུག་བྱོན་ནས་དེ་བསྒོམ་པས། །གྲུབ་པ་བརྙེས་ཤིང་དེ་ཉིད་ལས། །སློབ་མའི་ཚོགས་ནི་ཞ་བྲག་དཀར། །གྲུབ་ཐོབ་ཧྲུམ་པོ་ཧྲེ་དང་། །སྲས་མཆོག་ཧྲུམ་ཤ་ར་སོགས། །ལ་གནང་རྒྱུད་འགྲེལ་མན་ངག་འཕེལ། །མཁས་པ་བུ་དོན་ལ་རྣམ་གཉིས་ཀྱིས། །དར་ཞིང་རྒྱས་པར་མཛད་པ་ལས། །རྒྱལ་བ་བྱམས་པའི་རྣམ་པར་སྤྲུལ། །བུ་སྟོན་ཐམས་ཅད་མཁྱེན་པ་མཆོག །རིན་ཆེན་གྲུབ་ཀྱིས་དང་པོ་ནི། །ཐར་ལོར་སྦྲ་གསན་ལོ་ཙཱ་མཁྱེན། །སྦྱོར་དྲུག་མན་ངག་འཕགས་ཡུལ་གྱི། །དཔེ་མེད་མཆོར་བརྒྱད་གསན་བསྒོམས་པས། །ཉམས་མྱོང་འབྱུངས་ཞིང་དུར་འཁོར་གྱི། །དཀའ་གནད་མང་པོ་ཐུགས་ཆུད་མཛད། །བླ་མ་རྡོ་རྗེ་རྒྱལ་མཚན་པའི། །དྲུང་བྱོན་རྒྱུད་འགྲེལ་གསན་པ་དང་། །དྲི་རྫོགས་ཞིབ་མཛད་རྩེས་ལ་སྤྲུངས། །དུས་འཁོར་ཡན་ལག་ཕྲ་རགས་གསན། །བླ་མ་དེ་ཡི་བཀའ་བཞིན་དུ། །དབང་གི་མདོར་བསྟན་འགྲེལ་པ་བསྒྱུར། །ཞ་ལུགས་ཕེབས་ནས་དུས་འཁོར་ལོ། །དུས་ཆོས་མཛད་ནས་གསུངས་པ་དང་། །དེ་སྐོར་བསྟན་བཅོས་མང་དུ་མཛད། །ཕྱིས་སུ་བླ་མ་དམ་པ་ནི། །འཕགས་བོད་ཡོན་ཏན་རྒྱ་མཚོ་ལས། །སྦྱོར་དྲུག་མན་ངག་མང་བཞུགས་གསན། །རྒྱུད་ཀྱི་འགྲེལ་དང་འགྱུར་བཅོས་ནི། །མང་མཛད་དུས་ཀྱི་འཁོར་ལོ་ལ། །མཁས་ཤིང་གྲུབ་པ་བརྙེས་པ་ནི། །མང་ཐུང་ནང་ནས་རྒྱུད་འགྲེལ་དང་། །མན་ངག་ཕྲག་བཞེས་ཐམས་ཅད་ལ། ། མཆོག་ཏུ་གྱུར་པ་ཀུན་མཁྱེན་ནི། །བུ་སྟོན་རིན་ཆེན་གྲུབ་ཉིད་དོ། །

དེ་ཡི་སློབ་མ་ས་སྐྱ་པ། །དཔལ་ལྡན་བླ་མ་དམ་པ་དང་། །གདན་པ་ཐུགས་སྲས་ལོ་ཙྪ་བ། །རིན་ཆེན་རྣམ་རྒྱལ་ལ་སོགས་ལས། །རིམ་པར་འཕེལ་ཞིང་རྒྱས་པའོ། །ཇོ་ནང་ཀུན་མཁྱེན་ཆེན་པོ་ཞེས། །དོལ་བུ་ཤེས་རབ་རྒྱལ་མཚན་གྱིས། །གཞོན་ནུའི་དུས་སུ་སྐྱི་སྟོན་ཞེས། །འཇམ་དབྱངས་ཁུ་དབོན་ཞབས་ལ་གཏུགས། །བཀའ་ཆེན་བཞི་སོགས་སྡེ་སྣོད་དང་། །ཇོར་ཕྲེང་ལ་སོགས་སྔགས་གསན་སྦྱངས། །མཛད་ཅིང་ཁྱད་པར་དུས་འཁོར་ནི། །རྣ་ལུགས་བཤད་པ་ལེགས་པར་གསན། །སྐྱི་ན་ཕྲ་དུས་དཔལ་ས་སྐྱར། །བཀའ་ཆེན་བཞི་ལར་བཤད་པ་དང་། །དབུས་གཙང་རྣམས་སུ་གྲྭ་སྐོར་མཛད། །མཁས་པའི་གྲགས་པ་ཆེན་པོ་ཐོབ། །བླ་མ་མང་པོར་ཆོས་བཀའ་ནི། །རྒྱ་ཆེར་གསན་མཛད་ཇོ་མོ་ནང་། །མཁས་བཙུན་ཡོན་ཏན་རྒྱ་མཚོ་ལས། །དཔལ་ལྡན་དུས་ཀྱི་འཁོར་ལོ་ཡི། །རྒྱུད་འགྲེལ་མན་ངག་བཅས་པ་གསན། །མན་ངག་ཉམས་བཞེས་གནང་བ་ཡིས། །ཉམས་རྟོགས་ཁྱད་པར་ཅན་དག་འཁྲུངས། །སྐུ་འབུམ་མཐོང་གྲོལ་ཆེན་པོ་བཞེངས། །མདོ་སྔགས་བཤད་སྒྲུབ་བསྟན་པ་སྤེལ། །དེ་ཡི་སློབ་མ་ས་བཟང་པ། །མ་ཏི་པཎ་ཆེན་ལོ་ཙྪ་བ། །བློ་གྲོས་དཔལ་གཉིས་ལ་བཀའ་སྩལ། །དུས་འཁོར་འགྱུར་བཅོས་མཛད་པ་དང་། །ཀུན་མཁྱེན་དོལ་བུ་ཉིད་ཀྱིས་ནི། །དུས་འཁོར་རྒྱུད་འགྲེལ་ཆེན་པོ་ཡི། །བསྡུས་དོན་དབང་དང་སྒྲུབ་ཐབས་དང་། །རྩིས་སོགས་ཡིག་ཆ་མང་མཛད་ཅིང་། །དུས་འཁོར་བསྟན་པ་རྒྱས་པར་མཛད། །གཞན་ཡང་ངེས་དོན་རྒྱ་མཚོ་སོགས། །གསུང་རབ་མང་མཛད་དེའི་སློབ་མ། །ཀུན་སྤང་ཆོས་གྲགས་དཔལ་བཟང་དང་། །བོ་དོང་ཕྱོགས་ལས་རྣམ་རྒྱལ་བ། །ཉ་དབོན་ཀུན་དགའ་དཔལ་ལ་སོགས། །མཁས་ཤིང་དུས་འཁོར་སྐྱོར་དྲུག་གི། །རྣལ་འབྱོར་ལྷུར་ལེན་མང་དུ་བྱོན། །དེ་ལྟར་འབྱོན་ལས་ཐམས་ཅད་མཁྱེན། །བུ་སྟོན་རིན་ཆེན་གྲུབ་ཉིད་ཀྱིས། །མདོ་དང་རྒྱུད་སྡེ་ཀུན་ལ་ནི། །བཤད་སྒྲུབ་རྩལ་འདོད་མཛད་པ་ཡིས། །ཞ་ལུ་བུ་ལུགས་ཞེས་སུ་གྲགས། །དེ་བཞིན་ཇོ་ནང་ཀུན་མཁྱེན་གྱིས། །མདོ་སྔགས་བཤད་སྒྲུབ་གཞན་སྟོང་སྐོར། །མཛད་ཅིང་སློབ་བརྒྱུད་རིམ་པ་ཡི། །ཁྱད་ཆོས་འགའ་མཛད་ཇོ་ལུགས་གྲགས། །དེ་བཞིན་བོ་དོང་པ་ཡིས་ཀྱང་། །ཁྱད་ཆོས་རྩོམ་པ་མང་མཛད་དེ། །དེ་ལ་བོ་དོང་བརྒྱུད་པར་གྲགས། །

༄ རི་བོ་དགའ་ལྡན་པའི་ལུགས་སྲོལ། །ཀུན་མཁྱེན་བླ་མ་ཙོང་ཁ་པ། །བློ་བཟང་གྲགས་པ་རྗེས་འཇུག་བཅས། །ཡིན་ཏེ་རྗེ་བཙུན་ཙོང་ཁ་པ། །འཇམ་དཔལ་རྩ་རྒྱུད་མཁའ་འགྲོ་ཡི། །གསང་བའི་རྒྱུད་དང་བཀའ་གདམས་ཀྱི། །གླེགས་བམ་བཀའ་བསྟན་མང་པོ་ནས། །ལུང་བསྟན་སྟོན་གྱི་བདེ་གཤེགས་ནི། །དབང་པོའི་ཏོག་དྲུང་ཐུགས་བསྐྱེད་ཅིང་། །མ་འོངས་པ་ན་སངས་རྒྱས་ཞིང་། །བཀོད་པ་སྣ་ཚོགས་མཛེས་ཞེས་པར། །སངས་རྒྱས་སེང་གེའི་ང་རོ་ཞེས། །ལུང་དུ་བསྟན་པའི་སྐྱེས་བུ་དེས། །སྐུ་ཚེའི་སྟོད་དུ་མདོ་སྔགས་དང་། །རིག་

གནས་པོད་དུ་དར་འཕེལ་ཆེར། །གསན་སྦྱངས་ཕུལ་དུ་ཕྱིན་པར་མཛད། །བར་དུ་ཐོས་པའི་དོན་ལ་དཔྱད། །བསྒོམ་པའི་སྒོ་ནས་ཉམས་སུ་བཞེས། །འཕྲུལ་གྱི་ཀུན་ཏུ་དཔྱོད་པ་རྣམས། །འདུལ་བ་དང་མཐུན་ལག་ལེན་སྤྱོལ། །རྒྱལ་གསུང་མདོ་སྔགས་སྙིང་པོ་བསྡུས། །ཀླུ་སྒྲུབ་ཐོགས་མེད་གཉིས་ཀྱི་སྲོལ། །སྐྱེས་བུ་གསུམ་གྱི་ཉམས་ལེན་གྱི། །རིམ་པ་ཚང་བར་སྟོན་པ་ཡི། །བྱང་ཆུབ་ལམ་རིམ་གཙོར་གྱུར་པའི། །ཕྲིན་ལས་གཙོ་བོར་སྐྱོང་བར་མཛད། །འཕགས་པ་འཇམ་དབྱངས་ཞལ་གཟིགས་ནས། །བླ་མ་དབུ་མ་པར་གྲགས་པའི། །ལོ་ཙྪའི་ཚུལ་མཛད་མདོ་སྔགས་ཀྱི། །ཆོས་ཚུལ་ཐེ་ཚོམ་མདུད་པ་བགྲོལ། །སྐུ་ཚེ་སྨད་དུ་འགྲོ་དོན་ནི། །ཤིན་ཏུ་རྒྱས་ཏེ་ལྷ་ལྡན་དུ། །ཆོ་འཕྲུལ་ཆེན་པོའི་དུས་ཀྱི་ཚེ། །སྨོན་ལམ་ཆེན་པོའི་རྒྱུན་བཙུགས་ཤིང་། །འབྲོག་གི་རི་བོ་དགེ་ལྡན་དུ། །རྣམ་རྒྱལ་གླིང་བཏབ་དེ་ནས་བརྩམས། །རྗེས་འཇུག་ཡོངས་ལ་དགེ་ལྡན་པར། །ཡོངས་སུ་གྲགས་པ་རྒྱ་ཆེར་འཕེལ། །དེ་ཉིད་གསུང་ལས་སྨྲིས་པ་ཡི། །སློབ་མའི་མཆོག་ནི་རྒྱལ་ཚབ་རྗེ། །མཁས་གྲུབ་རྗེ་དང་ཐམས་ཅད་མཁྱེན། །དགེ་འདུན་གྲུབ་པའི་ཞལ་སྔ་ནས། །འདུལ་བ་འཛིན་པ་གྲགས་རྒྱལ་དང་། །འདུལ་འཛིན་བློ་གྲོས་སྦས་པ་ཞེས། །འདུལ་འཛིན་གཉིས་ལ་སོགས་པ་ཡི། །མཁས་པ་མང་བྱོན་ཕྲིན་ལས་རྒྱས། །

༄ གངས་ལྗོངས་བསྟན་པའི་མངའ་བདག་མཆོག །མཚན་མཆོག་གསུམ་ལྡན་འཇམ་དབྱངས་གདུང་། །དཔལ་ལྡན་ས་སྐྱ་པར་གྲགས་པའི། །བརྒྱུད་སྲོལ་ཐོག་མ་འཁོན་སྟོན་མཆོག །ཀླུ་ཡི་དབང་པོ་སྲུང་བ་ནི། །བོད་འདིར་བསྟན་པ་འཛུགས་པའི་སྐབས། །སད་མི་མི་བདུན་ནང་གསེས་སུ། །རབ་ཏུ་བྱུང་སྟེ་ཀླུ་རྒྱུན་གྱི། །སློབ་དཔོན་པདྨ་སམ་བྷ་ཝའི། །ཞབས་པད་བསྟེན་ཏེ་གསང་སྔགས་ཀྱི། །སྨིན་གྲོལ་གདམས་པ་མང་དུ་གསན། །དཔལ་ཆེན་རྡོ་རྗེ་གཞོན་ནུ་སོགས། །གསང་སྔགས་བཀའ་བབས་གྲུབ་པ་བརྙེས། །དེ་ནས་བཟུང་སྟེ་འཁོན་རིག་པ། །ཤེས་རབ་ཚུལ་ཁྲིམས་ཡན་ཆད་ལ། །གསང་སྔགས་རྙིང་མའི་གྲུབ་པ་བརྙེས། །ཇི་ཙམ་ཞིག་ནས་དེ་ཡི་གཅུང་། དཀོན་མཆོག་རྒྱལ་པོས་དབང་ཕྱུག་མ། །ཉི་ཤུ་རྩ་བརྒྱད་འཆམས་བྱེད་པ། །ལ་སོགས་གཟིགས་པའི་རྐྱེན་གྱིས་ནི། །གསང་སྔགས་གསར་མ་ལ་འཇུག་པའི། །སྒོ་ཕྱེ་རྙིང་མའི་ཆོས་སྐོར་ནི། །ཡང་ཕུར་རྣམ་གཉིས་ཙམ་མིན་པ། །ཕལ་ཆེར་བ་ནི་གཏེར་དུ་སྦས། །བླ་ཆེན་འབྲོག་མི་ལོ་ཙྪ་སོགས། །མཁས་དང་གྲུབ་པའི་འཁོར་ལོས་སྒྱུར། །དུ་མའི་ཞབས་བསྟེན་ཐོས་བསམ་སྒོམ། །རྒྱ་མཚོ་ལྟ་བུ་མཐར་སོན་མཛད། །ས་དཀར་ལོགས་ལ་སྦ་ལུ་ཡི། །སྨན་ལྗོངས་རྡོ་རྗེ་གདན་ཆེན་པོར། །དཔལ་ལྡན་ས་སྐྱའི་ཆོས་གྲྭ་ཆེ། །འདི་ཉིད་སྐྱེ་དགུ་མ་ལུས་པའི། །བསོད་ནམས་ཞིང་དུ་བཏབ་པར་མཛད། །དེ་ཕྱིན་ལྷ་རིགས་འཁོན་གྱི་གདུང་། །ས་སྐྱ་པ་ཞེས་མཚན་མཆོག་གསུམ། །དང་ལྡན་འཇམ་དབྱངས་དངོས་སུ་གྲགས། །

གང་དེའི་སྲས་མཆོག་འཕགས་པ་མཆོག །འཇིག་རྟེན་དབང་ཕྱུག་འགྲོ་དོན་དུ། །བསམ་བཞིན་སྐྱེ་བའི་སྒྱུ་འཕྲུལ་གྱི། །རོལ་པ་དཔལ་ལྡན་འགྲོ་ཀུན་ལ། །བརྩེ་བ་ཆེན་པོས་སྐྱོ་བ། །ཀུན་དགའ་སྙིང་པོའི་ཞལ་སྔ་ནས། །གང་གི་ལྷག་པའི་ལྷ་ཡི་མཆོག །འཇམ་དབྱངས་བསྒྲུབས་པས་ཞལ་གཟིགས་ཤིང་། །ཕ་རོལ་ཕྱིན་པའི་ལམ་ཡོངས་རྫོགས། །སྟོན་བྱེད་ཞེན་པ་བཞི་བྲལ་གྱི། །གདམས་པའི་ལམ་སྲོལ་ཆེན་པོ་སྤེལ། །དེ་ནས་བརྒྱམས་ཏེ་རྒྱལ་བའི་བཀའ། །སྡེ་སྣོད་ཆོས་ཚུལ་ཐམས་ཅད་ལ། །འཇིགས་པ་མེད་པའི་སྤོབས་པ་རྙེད། །དེ་ནས་རིམ་བཞིན་བྲང་ཏི་པ། །དར་མ་སྙིང་པོ་ཁྱུང་རིན་ཆེན། །གྲགས་དང་མེས་ལྷོང་ཆེར་ཕྱུ་ཕྲངས། །ལོ་ཆུང་བ་རི་ཁའུ་པ། །དར་མ་རྒྱལ་མཚན་སྐྱི་ཆུ་བ། །དགྲ་ལྷ་འབར་དང་མལ་ལོ་ཙྪ། །སོགས་ལས་མདོ་སྔགས་ཆོས་ཚུལ་ནི། །བསམ་གྱིས་མི་ཁྱབ་པ་གསན་ཅིང་། །ཡོངས་རྫོགས་བསྟན་པའི་བདག་པོར་གྱུར། །དེ་ལྟར་མདོ་དང་སྔགས་ཀྱི་ཆོས། །ཟབ་ཅིང་རྒྱ་ཆེའི་སྨིན་བྱེད་དང་། །གྲོལ་བྱེད་མན་ངག་བཤད་དཀའི་ཚོགས། །བསམ་གྱིས་མི་ཁྱབ་མངའ་བ་ཡི། །ནང་ནས་མཆོག་ཏུ་གྱུར་པ་ནི། །ཁྱད་པར་བླ་མ་ཞང་དགོན་པ། །ཆོས་འབར་ཞབས་པད་ཡུན་རིང་བསྟེན། །ཡོངས་རྫོགས་བསྟན་པའི་ཉམས་ལེན་མཆོག །གྲུབ་པའི་འཁོར་ལོས་སྒྱུར་བ་མཆོག །རྣལ་འབྱོར་དབང་ཕྱུག་བིརྺ་པའི། །བཞེད་གཞུང་གསུང་ངག་རིན་པོ་ཆེ། །ལམ་དང་འབྲས་བུ་བཅས་པ་ཡི། །གདམས་ངག་ཡན་ལག་དང་བཅས་པ། །ལེགས་པར་གསན་ཅིང་ཐུགས་ཉམས་བཞེས། །

རྗེ་བཙུན་མཐུ་སྟོབས་ཀྱི་མགོན་པོ། །རྣལ་འབྱོར་དབང་ཕྱུག་བིརྺ་པ། །གཙོ་འཁོར་ལྔ་པོ་དམ་པའི་ཆོས། །སློ་སྐྱེལ་ཚུལ་དུ་དཔལ་ས་སྐྱར། །ཕྱིན་ནས་རྒྱུད་སྡེ་ཆེན་པོ་ནི། །བདུན་བཅུ་རྩ་གཉིས་གནང་བ་ནི། །ཐབས་ཀྱི་རྒྱུད་ལ་དཔལ་གསང་འདུས། །རྩ་རྒྱུད་དེ་ཡི་རྒྱུད་ཕྱི་མ། །རྡོ་རྗེ་འཕྲེང་བ་དགོངས་པ་ནི། །ལུང་སྟོན་ལྷ་མོ་བཞིའི་ཞུས་རྒྱུད། །ཡེ་ཤེས་རྡོ་རྗེ་དགྲ་ནག་དང་། །གདོང་དྲུག་རྡོ་རྗེ་འཇིགས་བྱེད་རྒྱུད། །རྣམ་སྣང་སྒྱུ་དྲ་ལྔ་ཕྲག་གཉིས། །ལྡན་དང་ཤེས་རབ་རྒྱུད་ལ་ནི། །སངས་རྒྱས་མཉམ་སྦྱོར་རྩ་བའི་རྒྱུད། །ཕྱི་མ་ཕྱི་མའི་ཕྱི་མ་དང་། །ཟླ་གསང་རྡོ་རྗེ་གདན་བཞི་དེའི། །བཤད་རྒྱུད་མ་ཧཱ་མ་ཡ་དང་། །དེ་བཞིན་སངས་རྒྱས་ཐོད་པ་དང་། །རྡོ་རྗེ་བདུད་རྩི་བདེ་མཆོག་གི། །རྩ་རྒྱུད་ཨ་བྷི་དྷཱ་ན་དང་། །རྡོ་རྗེ་མཁའ་འགྲོའི་རྒྱུད་དང་ནི། །མཁའ་འགྲོ་རྒྱ་མཚོ་ཀུན་སྤྱོད་དང་། །ཧེ་རུ་ཀ་མངོན་ཕག་མོ་ནི། །མངོན་འབྱུང་ཁ་སྦྱོར་ཞེས་པའི་རྒྱུད། །བདེ་མཆོག་སྡོམ་འབྱུང་མ་རྒྱུད་སྐོར། །གཏེར་ཟླའི་གྲངས་དང་གཉིས་མེད་རྒྱུད། །ཀྱེ་ཡི་རྡོ་རྗེ་རྩ་རྒྱུད་དང་། །ཕྱག་ཆེན་ཐིག་ལེ་རྡོ་རྗེ་གུར། །ཡེ་ཤེས་ཐིག་ལེ་དེ་ཁོ་ནའི། །རྒྱུད་དང་སྦྲོལ་མ་གསང་སྒྲོན་གྱི། །དེ་ཁོའི་མན་ངག་དང་རྟོག་མེད། །ཨ་ར་ལི་དང་དེ་བཞིན་དུ། །རྡོ་རྗེ་ལ་ར་ལི་རིགས་ཀྱི། །ཨ་ར་ལི་དང་མགོན་པོ་ནི། །མངོན་པར་འབྱུང་དང་དེ་བཞིན་དུ། །ནམ་མཁའ

མཉམ་རྒྱུད་ཐོག་བཏགས་དང་། །མཚན་བརྗོད་དུས་འཁོར་རྩ་བའི་རྒྱུད། །བསྡུས་རྒྱུད་དབང་དོན་རྫོར་འདུས་དང་། །རྒྱུད་ཀྱི་དུམ་བུ་མི་གཡོ་བའི། །རྒྱུད་དང་བཤད་རྒྱུད་སཾ་བྷུ་ཊི། །དེ་རྒྱུད་ཕྱི་མ་ཡེ་ཤེས་ཀྱི། །སྙིང་པོའི་རྒྱུད་སྡེ་གཉིས་མེད་ཀྱི། །རྒྱུད་སྡེ་ཉི་ཤུ་རྩ་གཅིག་དང་། །སཾ་ཊའི་ཆར་གཏོགས་རྒྱུད་སྡེ་ནི། །འོག་མ་དགུ་དང་རྣལ་འབྱོར་གྱི༑ །རྒྱུད་ལ་དེ་ཉིད་འདུས་པ་དང་། །རྡོ་རྗེ་རྩེ་མོ་དང་དཔལ་མཆོག །དང་པོའི་རྒྱུད་དང་སྒྲོལ་མ་ནི། །རྒྱ་མཚོའི་རྒྱུད་ཆུང་ཟུང་གཉིས་གྲངས། །སྤྱོད་རྒྱུད་རྣ་མཁྲིན་རྫོགས་པ་ཆུང་། །སྟོབས་པོ་ཆེ་ཡི་རྫོགས་པ་དང་། །རྣམ་བྱང་མདོན་བྱང་རྩེ་མོའི་གྲངས། །བྱ་རྒྱུད་འོད་ཟེར་རིགས་མཆོག་རྒྱུད། །གཉིས་ནི་སཾ་བྷུ་ཊའི་སྐབས་སུ། །ཕན་ཐོགས་པ་ཡི་རྒྱུ་ཡིན་གསུང་། །རྡོ་རྗེ་རྣམ་འཇོམས་གཟུགས་བླ་མེད། །ལྟར་བཀྲལ་བཤད་ཚེ་དེ་འབྲེལ་གྱི། །རྒྱུད་ནི་རྣམ་འཇོམས་གཟུངས་དང་དེའི། །རྒྱུད་ནི་རི་རབ་བརྩེགས་པ་དང་། །རྡོ་རྗེ་མི་ཕམ་རྡོ་རྗེ་ཡི། །སྙིང་པོའི་གཟུངས་དང་ཕྲུག་རྫོར་གྱི། །བཅུ་ཕྲག་སྙིང་པོའི་གཟུངས་འཛིགས་བྱེད། །གཟུངས་དང་རྡོ་རྗེ་གནམ་ལྕགས་མཆུ། །ལྕགས་ནག་དྲང་སྲོང་ཀླུའི་གནོད་པའི། །གཟུངས་དང་སོགས་མ་མེད་པའི་རྫོགས། །བརྒྱད་དང་བཅུ་དྲུག་འདི་རྣམས་ནི། །རང་ངོས་བྱ་བའི་རྒྱུད་ཡིན་ཀྱང་། །འགྲེལ་ལུགས་དབང་གིས་བླ་མེད་ལྟར། །བཤད་པས་བླ་མེད་ཁོངས་སུ་གཏོགས། །དེ་ལྟར་བླ་མེད་ཀྱི་རྒྱུད་སྡེ། །བཅུ་ཕྲག་ལྔ་དང་སཾ་ཊའི་ཆར། །གཏོགས་པའི་རྒྱུད་སྡེ་འོག་མ་དགུ། །རྡོ་རྗེ་རྣམ་པར་འཇོམས་པ་ནི། །དཔལ་ལྡན་བིརྺ་པའི་ལུགས་ཀྱི། །ཆར་གཏོགས་རྒྱུད་སྡེ་བཅུ་ཕྲག་ནི། །རྩེས་མོས་ལྔག་བསྟན་བཅུ་ཕྲག་བདུན། །ཟུང་དང་བཅས་ཏེ་བླ་མེད་ཀྱི། །རྒྱུད་སྡེ་བདུན་ཅུ་རྩ་གཉིས་གསན། །

ཁྱད་པར་ལུགས་རིའི་ཁོངས་ལས་ནི། །མི་འདའ་བ་ཡི་ཟབ་པའི་ཆོས། །ལམ་ཟབ་བླ་མའི་རྣལ་འབྱོར་གྱི། །དབང་ཕྱུག་བིརྺ་པའི་སྲུང་བ། །རྡོ་རྗེ་རྣམ་འཇོམས་ལྷ་དོན་གཉིས། །ལམ་གྱི་སྲུས་བཤད་བཅས་ཏེ་བཞི། །གསུང་ངག་ཡིད་བཞིན་ནོར་བུ་ནི། །ཡོངས་རྫོགས་ཉེ་རྒྱུད་གདམས་པ་བཅས། །དེ་བཞིན་རྒྱ་གར་སློབ་དཔོན་ནི། །བལ་པོ་ཡེ་ཤེས་རྡོ་རྗེ་ལས། །རྒྱལ་ཆེན་ཨིནྡྲ་བྷུ་ཏི་ཡིས། །བཀྲལ་བའི་ཕག་མོ་ཞལ་གཉིས་མ། །ལོ་ཆུང་ལེགས་པའི་ཤེས་རབ་ལས། །བྱ་བའི་རྒྱུད་ཀྱི་རིགས་གསུམ་སྤྱི། །སྐྱུ་ར་ཨ་སྐྱབས་ལས་གདུགས་དཀར། །བཅུ་བདུན་མ་དང་རྣ་ལོ་ལས། །དུར་ཁྲོད་བདག་པོ་ཡབ་རྗེ་མཆོག །དཀོན་མཆོག་རྒྱལ་པོར་གདུགས་དཀར་ནི། །ཞི་གཅིག་མ་དང་ལེགས་ལྡན་གསུམ། །གཟའ་ཡུམ་སོ་སོར་འབྲང་མ་དཀར། །ཚོགས་བདག་ཐུན་མིན་ཁྱད་པར་གྱི། །རྗེས་གནང་སྣང་གཉིས་སླུ་བའི་མཆོག །བ་རི་ལོ་ཙཱ་སྤྱི་བཀའ་ནི། །སྒྲུབ་ཐབས་བརྒྱ་རྩ་བྱ་བའི་རྒྱུད། །མི་འཁྲུགས་པ་དང་ཚེ་དཔག་མེད། །ལྷ་དགུ་རྣམ་པར་རྒྱལ་མ་དང་། །སྒྲོལ་མ་དཀར་མོ་སློ་བ་བརྩེགས། །སེང་ལྡེང་ནགས་སྒྲོལ་ལོ་གྱོན་མ། །འོད་ཟེར་ཅན་མ་ཛམ་སེར་ནག །རྡོ་རྗེ་རྣམ་པར་འཇོམས་པ་དང་། །མི་གཡོ་བ་དང་

གཟུངས་གྲྭ་ལྔ། །སྒྲོལ་མ་དམར་མོ་གསེར་ཆོས་ཀྱི། །འཇམ་དཔལ་ནག་པོ་སེང་གེ་སྒྲ། །ཚེ་དཔག་མེད་པ་སྤྲུལ་སྐུ་དང་། །སྤྱོད་རྒྱུད་ཨཱ་ར་པ་ཙ་ན། །བླ་མེད་འབྱུང་པོ་འདུལ་བྱེད་དང་། །སྒྲོལ་མ་བཅུ་བདུན་སེང་གདོང་མ། །རྗེ་བཙུན་རིག་བྱེད་དབང་མོ་དང་། །འདོད་པའི་རྒྱལ་པོ་ཚོགས་བདག་དཀར། །གུར་གྱི་མགོན་པོ་དཔའ་ཀྲུང་སོགས། །ལྕགས་ཐང་པ་ལས་འདོད་རྒྱལ་དང་། །ཇོ་སྲས་ཞང་དགེར་བུ་ཏྲར་གསན། །འཁོན་སྟོན་སྐྱེ་ཆུ་དགྲ་ལྷ་འབར། །གང་ལས་ཀྱེ་ཡི་རྡོ་རྗེ་ནི། །ཌོམ་བྷི་ལུགས་དང་དེའི་ཆོས་སྐོར། །བཅོ་ལྔ་ཀྱེ་རྡོར་ནག་པོ་ལུགས། །དེ་ཡི་ཆོས་སྐོར་བཅུ་བཞི་དང་། །ལམ་སྐོར་དགུ་ལས་པདྨ་དང་། །ནག་པོ་ཤཱནྟ་བྷ་དྲའི་སྐོར། །བཤད་རྒྱུད་སཾ་པུ་ཊ་དང་ནི༑ །ཐུན་མོང་མ་ཡིན་རྡོ་རྗེ་གུར། །གསེར་ཆོས་ཛམ་དམར་ལ་སོགས་གསན། །གྲུབ་མཆོག་ཞང་སྟོན་ཆོས་འབར་ལས། །ཀྱེ་ཡི་རྡོ་རྗེ་མན་ངག་ལུགས། །ཡོངས་རྫོགས་བསྟན་པའི་ཉམས་ལེན་མཆོག །གསུང་ངག་ཡིད་བཞིན་ནོར་བུ་དང་། །ཀྱེ་ཡི་རྡོ་རྗེ་མཚོ་སྐྱེས་ལུགས། །དེ་ཡི་ཆོས་སྐོར་བཅུ་བཞི་དང་། །ལམ་སྐོར་དགུ་ལས་ནག་པོའི་སྐོར། །སློ་དྲུག་ཆོས་འབྲེལ་ལས་རྒྱལ་ཆེན། །ཨིནྡྲ་བྷུ་ཏི་པདྨ་དང་། །ཌོམ་བྷི་ཏོག་ཙེ་ཀླུ་སྒྲུབ་ཞབས། །ངག་དབང་གྲགས་པའི་སྐོར་དང་ནི། །རིག་བྱེད་མ་དང་གུར་གྱི་མགོན། །དཔའ་ཀྲུང་གྲི་གུག་ལྷ་ལྔ་ཡི། །སེན་དཀྱིལ་སྐན་བརྒྱུད་དབང་སོགས་གསན། །

མལ་ལོ་བློ་གྲོས་གྲགས་པ་ལས། །དཔལ་ལྡན་ནཱ་རོ་ཏ་པ་ཡི། །ཐུགས་ཐིག་མཁའ་སྤྱོད་དབང་མོ་དང་། །འཁོར་ལོ་སྡོམ་པ་ལོ་ནག་དྲིལ། །ཀུན་རིག་རྡོ་རྗེ་ཁྱུང་ཁྲ་དང་། །ཨ་ར་པ་ཙ་ལྷ་ལྔའི་དབང་། །བསྟན་སྲུང་རྒྱ་མཚོའི་དེད་དཔོན་ཆེ། །རྡོ་རྗེ་གུར་གྱི་མགོན་པོ་ཡི། །དབང་ཆེན་བཞི་དང་ལྷ་གསུམ་པ། །ལྷ་བརྒྱད་བཅུ་གཅིག་ལྷ་བཅུ་གཉིས། །ལྷ་དགུ་ཕྱི་ནང་གསང་བ་དང་། །རྟ་མཆོག་ལ་སོགས་རྗེས་སུ་གནང་། །ཕྱི་ཁྲིད་ཕྱི་ནང་གསང་གསུམ་དང་། །ནང་ཁྲིད་གསང་ཁྲིད་ཐུན་མིན་སོགས། །ཕྱི་ནང་གསང་གསུམ་ཆེས་ཟབ་པའི། །གདམས་ངག་ཡོངས་སུ་རྫོགས་པ་དང་། །གསེར་ཆོས་ལྷ་ཆེན་ཚོགས་ཀྱི་བདག །དམར་ཆེན་སྐོར་སོགས་རྒྱ་ཆེར་གསན། །གྲུབ་པའི་གཙུག་རྒྱན་ཁའུ་པ། །གསང་བ་འདུས་པ་འཕགས་པའི་ལུགས། །མི་བསྐྱོད་རྡོ་རྗེ་ཡེ་ཤེས་ཞབས། །ཀྱིས་བཀྲལ་འཇམ་པའི་རྡོ་རྗེ་དང་། །རྗེ་བཙུན་སྒྲོལ་མ་ཡན་ལག་དྲུག །ལྡན་དང་དཔལ་མོ་གསེར་གླིང་དང་། །ནོར་རྒྱུན་དམར་མོ་ཏི་ནུ་མ། །ཞིང་སྐྱོང་ཡིད་བཞིན་ནོར་བུའི་སྐོར། །བསྙེན་དུས་བསྒྲུབ་དུས་ཐུན་ཐུན་མིན། །གླང་གདོང་བརྩེགས་ཞལ་གསང་སྒྲུབ་དང་། །གདོང་བརྟན་དཀར་པོ་ཚེ་འཕེལ་ནི། །ཐུན་མོང་ཐུན་མིན་སེར་པོར་ནི། །ལྷ་ལྔ་དམར་པོ་སྟོན་པོ་དང་། །བྲམ་ཟེ་མདངས་གཏད་བཅས་རྗེས་གནང་། །སྲུང་འཁོར་འཆི་མེད་ཚེ་ཁྲིད་དང་། །གསང་ཁྲིད་གདམས་ངག་སྐོར་ཡོངས་རྫོགས། །ལ་སོགས་ཆོས་བཀའ་རྒྱ་ཆེར་གསན། །

མདོར་ན་ཐུབ་གསུང་མདོ་དང་སྔགས། །རྒྱུད་སྡེ་རྒྱ་མཚོ་རྒྱུད་མན་ངག །ཡོངས་རྫོགས་མངའ་བདག་ས་སྐྱ་པ། །བརྩེ་ཆེན་ཀུན་དགའ་སྙིང་པོ་ཞེས། །ཡོངས་རྫོགས་བསྟན་པའི་བདག་པོར་གྱུར། །གང་དེས་ཟབ་རྒྱས་མདོ་སྔགས་ཀྱི། །ཆོས་ཀྱི་འཁོར་ལོ་རྒྱ་ཆེར་བསྐོར། །ཁྱད་པར་དགུང་ལོ་ལྔ་བཅུའི་མཚམས། །གསུང་ངག་ཡིད་བཞིན་ནོར་བུ་ཡིས། །གདམས་ངག་ཟབ་མོའི་བཀའ་རྒྱ་གྲོལ། །ཁམས་པ་བྱང་ཆུབ་སེམས་དཔའ་ནི། །ཨ་སེང་ཞེས་པས་ཞུས་པའི་ངོར། །གསུང་ངག་ལམ་འབྲས་ཐོག་མར་གསུང་། །དེ་ནས་གསུང་ངག་གདམས་པ་རྣམས། །རིམ་པར་སྤྲུལ་བའི་སློབ་མ་ནི། །མཆོག་ཐོབ་གསུམ་དང་བཟོད་པ་ཐོབ། །བདུན་དང་རྟོགས་པ་ལྡན་པ་ནི། །བརྒྱད་ཅུ་གཞུང་བཤད་འཛིན་པ་ཡི། །ཐུགས་སྲས་བཅུ་གཅིག་རྡོ་རྗེ་ཡི། །ཚིག་རྐང་རྣམ་པར་འགྲེལ་མཛད་པའི། །ཐུགས་སྲས་བདུན་དང་ཕྱོགས་ཀྱི་ནི། །མཁས་གྲུབ་ཆེན་པོ་བཞི་ལ་སོགས། །གསུང་ངག་ལ་ནི་དེ་བཞིན་མཆོན། །མདོ་རྒྱུད་མན་ངག་འཛིན་པ་ཡི། །སློབ་ཚོགས་བསམ་གྱིས་མི་ཁྱབ་པ། །ཐོན་པའི་གཙོ་བོ་ཀུན་གྱི་མཆོག །

རྗེ་བཙུན་སྐྱ་མཆེད་ཞེས་པ་ནི། །འཕགས་པའི་ཡུལ་གྱི་པཎྜི་ཏ། །མི་ཐུབ་ཟླ་བའི་རྣམ་པར་སྤྲུལ། །སློབ་དཔོན་བསོད་ནམས་རྩེ་མོ་དང་། །སྐྱེ་བ་དུ་མར་འཛམ་པའི་དབྱངས། །ལྷག་པའི་ལྷར་གྱུར་སྐྱེ་བ་འདིར། །འཇམ་དཔལ་མཚན་བརྗོད་ཐུགས་ལ་ནི། །རང་རྟོལ་བྱུང་སོགས་ཡོན་ཏན་མཆོག །རྒྱ་མཚོའི་མངའ་བདག་མདོ་སྔགས་ཀྱི། །གཏེར་མཛོད་རྗེ་བཙུན་རྡོ་རྗེ་འཆང་། །གྲགས་པ་རྒྱལ་མཚན་མཁྱེན་རབ་ཀྱི། །བདག་པོ་འཇམ་དཔལ་རྡོ་རྗེ་དང་། །གཉིས་མེད་གངས་ཅན་ལྗོངས་འདི་རུ། །བཅུ་ཕྲག་རིག་པའི་གནས་ཀུན་གྱི། །ཐུབ་བསྟན་ཡོངས་རྫོགས་གསལ་བྱེད་པའི། །ཐོག་མར་གྱུར་པའི་པཎྜི་ཏ། །ཀུན་དགའ་རྒྱལ་མཚན་ལུང་རྟོགས་ཀྱི། །ཡོན་ཏན་གཏེར་མཛོད་སྐྱུའི་ཚ་ཤས། །དེ་བཞིན་གཤེགས་པ་རིགས་ལྔ་ཡི། །དཀྱིལ་འཁོར་སྤྲུལ་དང་བསྡུ་མཛད་པས། །ས་སྟེང་འགྲོ་ཁམས་རྒྱ་མཚོ་རྣམས། །དད་པར་བྱས་ཏེ་མདོ་སྔགས་ཀྱི། །སྣང་བྱེད་འགྲོ་བའི་མགོན་པོ་ནི༑ ༑ཆོས་རྒྱལ་འཕགས་པ་རིན་པོ་ཆེ། །དཔལ་ལྡན་ས་སྐྱའི་རྗེ་བཙུན་ནི། །གོང་མ་ལྔ་ཞེས་ཡོངས་སུ་གྲགས། །

དེ་མཚུངས་མཚན་མཆོག་གསུམ་ལྡན་གྱི། །གདུང་བརྒྱུད་སྤྱི་ལ་དབང་བསྒྱུར་དང་། ། བླ་བྲང་གོ་བཞིར་གྲགས་པ་ལ། །རིམ་བྱོན་ཁྱད་པར་རིན་ཆེན་སྒང་། །དུས་མཆོད་བླ་བྲང་གདུང་བརྒྱུད་རྣམས། །བསྟན་འགྲོའི་དཔལ་དུ་བྱོན་པ་སྟེ། །དཔལ་ཡོན་འབྲུག་བྲལ་ཤ་སྟག་དང་། །ཁྱད་པར་བླ་མ་བདག་ཉིད་ཆེ། །བཟང་པོ་དཔལ་དང་མཁས་བཙུན་ཆེ། །ནམ་མཁའ་ལེགས་པ་གཞི་ཐོག་པ། །བདག་ཆེན་ཀུན་དགའ་རིན་ཆེན་དང་། །དེ་སྲས་བློ་གྲོས་རྒྱལ་མཚན་ཞབས། །དེ་བཞིན་བླ་བྲང་རིན་ཆེན་སྒང་། །ཆོས་རྗེ་བླ་མ་དམ་པ་ནི། །བསོད་ནམས་རྒྱལ་

མཚན་དེ་ཡི་དབོན། །བློ་ཆེན་ཀུན་དགའ་རྒྱལ་མཚན་དང་། །འཇམ་དབྱངས་ནམ་མཁའ་རྒྱལ་མཚན་ཞབས། །རྒྱ་གར་ཤེས་རབ་རྒྱལ་མཚན་དང་། །བདག་ཆེན་བློ་གྲོས་རྒྱལ་མཚན་མཆོག །

ལྷ་ཁང་བླ་བྲང་གདུང་བརྒྱུད་ནི། །ཐེག་ཆེན་ཆོས་ཀྱི་རྒྱལ་པོ་དང་། །རྗེས་དེར་གདུང་བརྒྱུད་ཁྲི་ཆེན་ནི། །ཀུན་དགའ་བསོད་ནམས་ལྷུན་གྲུབ་དང་། །དུས་མཆོད་གདུང་བརྒྱུད་ས་ལོ་ཙྪ། །འཇམ་དབྱངས་ཀུན་དགའ་བསོད་ནམས་དང་། །སྔགས་དུས་བསྟན་པའི་ཉི་མ་ནི། །བདུད་ཀྱི་སྟོབས་འཕྲོག་ས་སྐྱ་པ། །སྔགས་འཆང་ཆོས་ཀྱི་རྒྱལ་པོ་ཆེ། །ངག་དབང་ཀུན་དགའ་རིན་ཆེན་ཞབས། །འཇམ་དབྱངས་བསོད་ནམས་དབང་པོ་དང་། །སྔགས་འཆང་གྲགས་པ་བློ་གྲོས་མཚན། །ཐམས་ཅད་མཁྱེན་པ་ཨ་མེས་ཞབས། །ངག་དབང་ཀུན་དགའ་བསོད་ནམས་དང་། །འཇམ་དབྱངས་བསོད་ནམས་དབང་ཕྱུག་པ། །སྔགས་འཆང་ཀུན་དགའ་བཀྲ་ཤིས་དང་། །ཡབ་རྗེ་རྡོ་རྗེ་འཆང་ཆེན་པོ། །ངག་དབང་བསོད་ནམས་རིན་ཆེན་ཞབས། །ཡོངས་རྫོགས་བསྟན་པའི་མངའ་བདག་མཆོག །དཔལ་ལྡན་ས་སྐྱ་པ་ཆེན་པོ། །ངག་དབང་ཀུན་དགའ་བློ་གྲོས་དང་། །དེ་སྲས་མཐུ་སྟོབས་མགོན་པོ་ནི། །འཇམ་མགོན་དབང་སྡུད་སྙིང་པོའི་ཞབས། །ཡོངས་རྫོགས་བསྟན་པའི་མངའ་བདག་མཆོག །ལྷར་བཅས་འགྲོ་བ་ཡོངས་ཀྱི་སྐྱབས། །དྲིན་ཅན་རྩ་བའི་བླ་མ་ནི། །བཀའ་དྲིན་སུམ་ལྡན་ས་སྐྱ་པ། །ཁྲི་ཆེན་རྡོ་རྗེ་འཆང་ཆེན་པོ། །མཉྫུའི་མཚན་ཅན་མཐུ་སྟོབས་ཀྱི། །དབང་ཕྱུག་འཇམ་མགོན་རཏྣའི་མཚན། །མགོན་པོ་དངོས་གྲུབ་དཔལ་འབར་དང་། །འཇམ་མགོན་ཀུན་དགའ་རྒྱལ་མཚན་པ། །འཇམ་མགོན་ཡིད་བཞིན་ནོར་བུ་མཆོག །ངག་དབང་རྡོ་རྗེ་རིན་ཆེན་དང་། །འཇམ་མགོན་བཀྲ་ཤིས་རིན་ཆེན་ཞབས། །ད་ལྟ་བསྟན་འགྲོའི་དཔལ་མགོན་དུ། །འཚོ་བཞེས་བརྟན་དང་འབྱུང་འབྱུང་འགྱུར། །ཆུ་བོའི་རྒྱུན་བཞིན་ཆད་པ་མེད། །འབྱོན་དང་འབྱོན་འགྱུར་ས་སྐྱ་པའི། །གདུང་བརྒྱུད་རིམ་པར་འབྱོན་རྣམས་སོ། །

གང་གི་བསྟན་འཛིན་སྐྱེས་བུ་ནི། །ཤཱ་ནན་དམ་པ་ཚོགས་སྒོམ་པ། །ཀུན་དགའ་དཔལ་དང་གྲུབ་ཐོབ་པ། །ཡོན་ཏན་དཔལ་དང་ཞང་སྟོན་ནི། །དཀོན་མཆོག་དཔལ་དང་ཉན་ཆེན་པ། །དགའ་ལྡན་པ་དང་གྲུབ་པའི་དབང་། །ན་བཟའ་བྲག་ཕུག་པ་ཆེན་པོ། །བསོད་ནམས་དཔལ་དང་ཆོས་ཀྱི་རྗེ། །དཔལ་ལྡན་ཚུལ་ཁྲིམས་ཤར་ཆེན་པ། །ཡེ་ཤེས་རྒྱལ་མཚན་གྲུབ་པའི་དབང་། །བུདྡྷ་ཤྲཱི་ལ་ལ་སོགས་སོ། །མདོ་ཕྱོགས་མཚན་ཉིད་ཐེག་པ་ལ། །ས་སྐྱ་པཎ་ཆེན་བཀའ་དྲིན་གྱིས། །གང་གི་བརྒྱུད་འཛིན་འོ་ཡུག་པ། །རིག་པའི་སེང་གེ་ནས་བཟུང་སྟེ། །མཁས་པའི་དབང་པོ་གཡག་སྟོན་ནི། །སངས་རྒྱས་དཔལ་དང་རེ་མདའ་བ། །གཞོན་ནུ་བློ་གྲོས་རོང་སྟོན་དང་། །སངས་རྒྱས་འཕེལ་སོགས་མང་དུ་བྱོན། །ས་སྐྱའི་མཚན་ཉིད་གྲྭ་དྲུག་འཕེལ། །ཤཱཀྱ་མཆོག་པ་དང་ཀུན་མཁྱེན་

ནི༑ ༑སེང་གེའི་མཚན་ཅན་མདོ་སྔགས་ཀྱི། །བསྟན་པའི་བདག་པོ་སྡོམ་རིགས་སོགས། །ས་སྐྱའི་གྲུབ་མཐའི་སྲོག་བཟུང་ནས། །མུས་གོང་ཉང་གསུམ་ལ་སོགས་པའི། །སློབ་ཚོགས་འཕེལ་ནས་ཡངས་ཅན་པ། །དབང་ཕྱུག་དཔལ་བཟང་མཁས་པའི་དབང་། །ངག་དབང་ཆོས་གྲགས་ལ་སོགས་བྱོན། །

མདོ་སྔགས་སྤྱི་དང་ས་སྐྱ་པའི། །རྒྱུད་སྡེ་རྒྱ་མཚོའི་བསྟན་འཛིན་ནི། །ཡར་ཀླུང་ཀླུ་པའི་གདུང་བརྒྱུད་ལས། །ཡར་སྒོམ་སེ་བོ་ཡོན་ཏན་ཁྲི། །སོགས་ནས་རྣལ་འབྱོར་དབང་ཕྱུག་ནི། །སེང་གེ་རྒྱལ་མཚན་དེ་ཡི་དབོན། །བསོད་ནམས་རྒྱལ་མཆོག་ལ་སོགས་བྱོན། །ད་ལྟ་བརྒྱུད་འཛིན་རྐང་ཚུགས་ཙམ། །མེད་ཀྱང་གོང་དཀར་ཚར་ལུགས་སོགས། །རྒྱུན་ཁྱབ་ཆོས་རྗེ་བླ་མ་ཡི། །ཐུགས་སྲས་གཟུངས་དཔལ་ཆོས་ཀྱི་རྗེ། །བཟང་པོ་རྒྱལ་མཚན་དཀོན་མཆོག་མཚན། །དགེ་རྒྱལ་ལ་སོགས་མུས་སྲིད་པ། །རྡོ་རྗེ་རྒྱལ་མཚན་སོགས་བྱོན་དང་། །ཐེག་ཆེན་ཆོས་རྗེ་རྫོང་ཚུང་བ། །ཀུན་དགའ་རྒྱལ་མཚན་བྲག་ཐོག་པ། །སོགས་བརྒྱུད་གོང་དཀར་བ་ཆེན་པོ། །ཀུན་མཁྱེན་རྡོ་རྗེ་གདན་པ་ནི། །ཀུན་དགའ་རྣམ་རྒྱལ་སློབ་བརྒྱུད་བཅས། །ད་ལྟའང་བརྒྱུད་འཛིན་དར་བཞིན་པ༑ ༑ས་སྐྱའི་བསྟན་འཛིན་རྫོང་པ་དང་། །

ངོར་པ་ཞེས་གྲགས་རྒྱལ་བ་ཡི། །ལུང་བསྟན་བརྙེས་པ་རྡོ་རྗེ་འཆང་། །ཀུན་དགའ་བཟང་པོའི་ཞལ་སྔ་ནས། །གངས་རིའི་ལྗོངས་འདིར་མཁས་དང་གྲུབ། །ཀུན་གྱི་བླ་ན་མངོན་མཐོ་ཞིང་། །དཔལ་ལྡན་ས་སྐྱའི་བསྟན་འཛིན་གྱི། །ནང་ནས་མཆོག་ཏུ་གྱུར་པ་དེའི། །ཞལ་སློབ་ས་སྐྱའི་གདུང་བརྒྱུད་དང་། །ཐུགས་སྲས་སེམས་དཔའ་ཆེན་པོ་ནི། །དཀོན་མཆོག་རྒྱལ་མཚན་རྒྱལ་ཚབ་པ། །ཀུན་དགའ་དབང་ཕྱུག་ཡོངས་འཛིན་རྗེ། །དཀོན་མཆོག་འཕེལ་དང་འཇམ་པའི་དབྱངས། །དཔལ་ལྡན་རྡོ་རྗེ་པཎྜི་ཏ། །གུ་གེ་གྲགས་པ་རྒྱལ་མཚན་དང་། །མཁས་མཆོག་གུང་རུ་ཤེས་རབ་བཟང་། །དྭགས་པོ་བཀྲ་ཤིས་རྣམ་རྒྱལ་དང་། །རོང་སྟོན་ཆེན་པོ་གསེར་མདོག་པ། །ཤཱཀྱ་མཆོག་ལྡན་བྱམས་ཆེན་པོའི། །རབ་འབྱམས་སངས་རྒྱས་འཕེལ་བ་དང་། །འཇམ་དབྱངས་ཀུན་དགའ་ཆོས་བཟང་པ། །པཎ་ཆེན་འབུམ་ཕྲག་གསུམ་པ་དང་། །སེམས་དཔའ་གཞོན་ནུ་རྒྱལ་མཆོག་པ། །གྲུབ་མཆོག་དཀོན་མཆོག་བློ་གྲོས་དང་། །ཀུན་མཁྱེན་བསོད་ནམས་སེང་གེའི་ཞབས། །ཞ་ལུ་མཁྱེན་རབ་ཆོས་རྗེ་དང་། །གྲུབ་ཐོབ་ཐང་སྟོང་རྒྱལ་པོ་སོགས། །མཁས་དང་གྲུབ་པ་དུ་མ་དང་། །གདན་སར་ངོར་ཆེན་ཐམས་ཅད་མཁྱེན། །འཇམ་དབྱངས་དཀོན་མཆོག་ལྷུན་གྲུབ་དང་། །འཇམ་མགོན་དཔལ་མཆོག་རྒྱལ་མཚན་དང་། །མཁས་གྲུབ་སངས་རྒྱས་ཕུན་ཚོགས་ཞབས། །མཁན་ཆེན་བཀྲ་ཤིས་ལྷུན་གྲུབ་དང་། །ཐར་རྩེ་རྡོ་རྗེ་འཆང་ཆེན་པོ། །བྱམས་པ་ནམ་མཁའ་བསམ་གྲུབ་དང་། །རྩ་བའི་བླ་མ་རྡོ་རྗེ་འཆང་། །བྱམས་པ་ནམ་མཁའ་འཆི་མེད་ཞབས། །བདག

ལ་སྡོམ་པ་གསུམ་གྱི་ནི། །བཀའ་དྲིན་མཆོག་སྩོལ་ཐམས་ཅད་མཁྱེན། །བྱམས་པ་ཀུན་དགའ་བསྟན་འཛིན་སོགས། །ངོར་ཆེན་བརྒྱུད་འཛིན་རིམ་པ་བཞིན། །རྗེ་འཕེལ་རྗེ་བཟང་དེང་སང་ཡང་། །དཔལ་ལྡན་ངོར་པའི་ཕྲིན་ལས་ནི། །དར་རྒྱས་མཁའ་ཁྱབ་བཞུགས་འདི་འོ། །

༈ གངས་ལྗོངས་བསྟན་པའི་མངའ་བདག་མཆོག །དཔལ་ལྡན་ས་སྐྱ་པའི་གདུང་བརྒྱུད། །བུ་སློབ་གྲུབ་པ་ངོར་རྫོང་གོང་། ཀུན་གྱི་ཞལ་ངོ་ནང་བརྒྱུད་དང་། །ཚིག་བརྒྱུད་སྙན་བརྒྱུད་ཟབ་དགུ་ཡི། །བདག་པོ་བདག་ཆེན་རྡོ་རྗེ་འཆང་། །ཕྱོགས་ལས་རྣམ་རྒྱལ་རྡོ་རིངས་པ། །མཁས་དང་གྲུབ་པའི་འཁོར་ལོ་སྒྱུར། །ཚར་ཆེན་ཆོས་ཀྱི་རྒྱལ་པོ་ཆེ། །བློ་གསལ་རྒྱ་མཚོའི་ཞལ་སྔ་ནས། །གོང་གི་ཐུགས་སྲས་འཇམ་དཔལ་དབྱངས། །མཁྱེན་བརྩེའི་དབང་ཕྱུག་ཐམས་ཅད་མཁྱེན། །ཀླུ་སྒྲུབ་རྒྱ་མཚོ་མཁན་ཆེན་པ། །གཞོན་ནུ་བློ་གྲོས་བོད་མཁར་བ། །དོན་གྲུབ་རྒྱལ་མཚན་ལྷིང་མ་བ། །བསླབ་གསུམ་རྒྱལ་མཚན་ཏ་ར་བ། །བསོད་ནམས་ཆོས་འཕེལ་རྡོ་རྗེ་འཆང་། །དབང་ཕྱུག་རབ་བརྟན་མཁས་པའི་དབང་། །ངག་དབང་ཆོས་གྲགས་བཀའ་འགྱུར་བ། །མགོན་པོ་བསོད་ནམས་མཆོག་ལྡན་དང་། །གོང་ས་རྡོ་རྗེ་འཆང་ལྷ་པ། །ཞ་ལུ་མཁན་ཆེན་རྒྱལ་རྩེ་བ། །ངག་དབང་བསོད་ནམས་རྒྱལ་མཚན་དང་། །ངག་དབང་རྣམ་རྒྱལ་ཀ་སྦྱི་བ། །བསྟན་པ་རབ་རྒྱས་མཁྱེན་རབ་རྗེ། །བྱམས་པ་ངག་དབང་ལྷུན་གྲུབ་དང་། །མང་ཐོས་བསོད་ནམས་ཆོས་འཕེལ་ཞབས། །རྨོར་ཆེན་རྡོ་རྗེ་འཆང་ཆེན་པོ། །ངག་དབང་ཀུན་དགའ་ལྷུན་གྲུབ་དང་། །གྲུབ་དབང་སངས་རྒྱས་རྒྱ་མཚོའི་ཞབས། །ཁྲག་ཐུང་རྡོ་རྗེ་འཆང་དང་ནི། །གནས་གསར་རྡོ་རྗེ་འཆང་ཆེན་སོགས། །དཔལ་ལྡན་ས་སྐྱའི་གདུང་གི་མཆོག །ངག་དབང་ཀུན་དགའ་བློ་གྲོས་དང་། །རྩ་བའི་བླ་མ་རྡོ་རྗེ་འཆང་། །ལེགས་པའི་མཚན་ཅན་ལ་སོགས་ཏེ། །དཔལ་ལྡན་ས་སྐྱའི་སྙན་བརྒྱུད་ཀྱི། །བདག་པོ་ཁའུ་བྲག་རྫོང་པ། །ཞེས་སམ་ཚར་ཆེན་བླ་མ་ཡིས། །རིང་ལུགས་ཞེས་གྲགས་རིས་བྲལ་གྱི། །མཁས་གྲུབ་ཀུན་གྱི་སྤྱི་བོར་བཀུར། །སྙན་བརྒྱུད་སློབ་བཤད་པ་ཞེས་པ། །ཡོངས་གྲགས་དར་ཞིང་རྒྱས་འདི་འོ། །

གཙོ་བོའི་བརྒྱུད་འཛིན་དེ་ལྟར་དང་། །མདོར་ན་གངས་རིའི་ཁྲོད་འདི་ཡི། །རྣམ་དག་གྲུབ་མཐའ་ཐལ་མོ་ཆེ། །རྩ་བ་དཔལ་ལྡན་ས་སྐྱ་པའི། །སློབ་བརྒྱུད་ཕྲིན་ལས་ལས་བྱུང་ངོ་། །མདོ་སྔགས་གདམས་པའི་རྣམ་གཞག་གི། །ས་བཅད་མདོར་བསྡུས་ཙམ་སྨོས་ན། །སངས་རྒྱས་བསྟན་པའི་རྩ་བ་ནི། །འདུལ་བ་སོ་སོར་ཐར་པ་ཡི། །རིང་ལུགས་རྣམ་དག་པཎྜི་ཏ། །ཤཱཀྱ་ཤྲཱིའི་སྡོམ་རྒྱུན་ལས། །ཉིས་བརྒྱ་ལྔ་བཅུའི་འདུལ་བའི་ཁྲིམས། །གནང་བཀག་བསླབ་བྱ་རྣམ་དག་གི །རྒྱུན་བཟང་འཇམ་མགོན་བླ་མ་ནི། །ས་སྐྱ་པཎྜི་ཏ་ནས་བཟུང་། །ངོར་ཆེན་རྡོ་རྗེ་འཆང་ཆེན་པོ། །ཀུན་དགའ་བཟང་པོ་སློབ་བརྒྱུད་བཅས། །ལ་སོགས་འདུལ་བསྟན་ཉི་མ་ཤར། །རྒྱ

ཆེའི་ཕུང་ཁམས་སྐྱེ་མཆེད་ཀྱི། །རྣམ་གཞག་ཅྱེ་བྲག་སྨྲ་བ་དང་། །ཡོད་སྡེའི་རྣམ་གཞག་གསལ་སྟོན་པའི། །དམ་ཆོས་མངོན་པའི་གཞུང་ལུགས་དང་། །རྣལ་འབྱོར་སྤྱོད་གཞུང་རྒྱ་མཚོའི་དོན། །གསལ་བྱེད་ཐེག་ཆེན་བྱང་སེམས་ཀྱི། །ཉམས་ལེན་བྱམས་ཆོས་སྡེ་ལྔ་སོགས། །སེམས་བསྐྱེད་ཕྱིན་དྲུག་བསྡུ་དངོས་གཞི། །ཕ་རོལ་ཕྱིན་པའི་ལམ་ཆ་ཚང་། །ངན་སླྨའི་རྒོལ་བ་ཚར་གཅོད་པའི། །ཚད་མ་རྣམ་འགྲེལ་ཀུན་བཏུས་སོགས། །ཚད་མའི་གཞུང་ལུགས་རྒྱ་མཚོ་ཡི། །སྙིང་པོ་ཚད་མ་རིག་པའི་གཏེར། །སྤྲོས་བྲལ་ལྟ་བ་རྣམ་དག་པ། །སྟོན་པ་ཟབ་མོ་དབུ་མའི་ལམ། །མདོ་སྔགས་ཡོངས་རྫོགས་ཉམས་ལེན་རྣམས། །སྙིང་པོར་དྲིལ་བའི་བསྟན་བཅོས་མཆོག །སྡོམ་པ་གསུམ་གྱི་རབ་དབྱེ་བཅས། །ས་སྐྱའི་རྗེ་བཙུན་གོང་མ་ནི། །གྲགས་པའི་མཚན་ཅན་པཎྜི་ཏ། །ཁྱུ་དབོན་ནས་བཟུང་ཀུན་མཁྱེན་རྗེ། །ངག་དབང་ཆོས་གྲགས་ལ་སོགས་པའི། །མཁས་མཆོག་དུ་མས་བཞེད་པའི་རྒྱན། །དཔལ་ལྡན་ས་སྐྱའི་ལྷ་ཁང་ཆེའི། །ཆོས་གྲྭར་མདོ་ཕྱོགས་དར་ཞིང་རྒྱས། །ལུང་བསྟན་བརྟེན་པ་ཀླུ་སྒྲུབ་དང་། །བྱམས་མགོན་ཐོགས་མེད་ལས་བརྒྱུད་དེ། །རྣམ་དག་སེམས་བསྐྱེད་ཆོ་ག་དང་། །བསླབ་བྱ་ལག་ལེན་འཁྲུལ་མེད་དར། །

སྙིང་པོ་རྡོ་རྗེ་ཐེག་པ་ལ། །འཆི་མེད་མགོན་པོ་བཅོམ་ལྡན་འདས། །ལ་སོགས་བྱ་བའི་རྒྱུད་དང་ནི། །འཇམ་དཔལ་ཨ་ར་པ་ཙ་སོགས། །སྤྱོད་པའི་རྒྱུད་དང་རྣལ་འབྱོར་རྒྱུད། །ཀུན་རིག་རྣམ་པར་སྣང་མཛད་སོགས། །བླ་མེད་སྐོར་ལ་ཕ་རྒྱུད་ནི། །གསང་བ་འདུས་པ་ལུགས་གསུམ་དང་། །འཇམ་དཔལ་ཁྲོས་པ་གཤིན་རྗེའི་གཤེད། །དམར་ནག་འཇིགས་གསུམ་ལ་སོགས་དང་། །མ་རྒྱུད་འཁོར་ལོ་སྡོམ་པ་ནི། །ལཱུ་ཧི་ནག་པོ་དྲིལ་བུ་གསུམ། །ན་རོ་མཁའ་སྤྱོད་ལ་སོགས་དང་། །གཉིས་སུ་མེད་རྒྱུད་ཀྱེ་རྡོ་རྗེ། །མན་ངག་ལུགས་དང་ནག་པོ་ལུགས། །མཚོ་སྐྱེས་ཊོམ་བྷི་རྣམ་བཞི་སོགས། །རྒྱུད་སྡེ་རྣམ་བཞིའི་ལྷག་པའི་ལྷ། །མདོར་ན་ཡི་དམ་ཆོས་སྐྱོང་སྐོར། །ཐུན་མོང་མཆོག་གི་དངོས་གྲུབ་ནི། །ཀུན་སྟེར་བསམ་གྱིས་མི་ཁྱབ་པ། །སྤྱི་བཀའ་ཟུར་བཀའ་ཐུན་མིན་གྱི། ༑སྨིན་བྱེད་དབང་དང་བྱིན་གྱིས་བརླབས། །རྗེས་གནང་གྲོལ་བར་བྱེད་པའི་ཁྲིད། །མདོ་རྒྱུད་རྒྱ་མཚོ་ཙམ་མངའ་ལས། །ཐུན་མོང་གདུལ་བྱ་འདུལ་བ་ཡི། །ལག་ལེན་རྒྱུད་དང་བླ་མ་ཡི། །མན་ངག་རྟེན་འབྲེལ་གནད་ལྡན་པས། །མཆོད་གཏོར་གར་འཆམས་དབྱངས་རོལ་མོ། །གཟུར་གནས་མཁས་ཀུན་དགའ་བ་བསྐྱེད། །འགྲོ་བའི་སྡིག་སྦྱང་ཐར་པའི་ལམ། །སྟོན་ལ་ངན་སོང་སྦྱོང་རྒྱུད་ཀྱི། །ཀུན་རིག་རྣམ་པར་སྣང་མཛད་ཆེ། །དོ་རྗེ་མི་འཁྲུགས་པ་སོགས་དང་། །འཆི་མེད་དངོས་གྲུབ་བསྒྲུབ་པ་ལ། །གསང་བདག་ལག་ན་རྡོ་རྗེ་ནི། །འཆི་བདག་འཇོམས་པ་རྣམ་རྒྱལ་མ། །ཚེ་དཔག་མེད་དང་སྒྲོལ་དཀར་སོགས། །ནད་རིམས་ཀླུ་གདོན་འདུལ་བ་ལ། །ཡོ་མ་

གྱོན་མ་འཇིག་རྟེན་གྱི། །དབང་ཕྱུག་སེང་གེ་སྒྲ་ཀླུ་དབང་། །སྨན་བླ་ཕྱག་ན་རྡོ་རྗེ་དང་། །མཁའ་ལྡིང་ཁྲ་ནག་ལ་སོགས་སོ། །གྲིབ་སེལ་ཁྲུས་ཆོག་སླེ་བ་བརྩེགས། །རྡོ་རྗེ་རྣམ་འཇོམས་འཇམ་དཔལ་སོགས། །འབྱུང་པོ་གདོན་བགེགས་འདུལ་བ་ལ། །འབྱུང་འདུལ་རྟ་མགྲིན་མི་གཡོ་སྡོ། །སོགས་དང་ཤེས་རབ་བློ་འཕེལ་བ། །འཇམ་དཔལ་དཀར་སེར་སྨྲ་བའི་སེང་། །མི་གཡོ་དཀར་པོ་རྒྱལ་མཚན་སོགས། །རིགས་སྤྱིལ་སོ་སོར་འབྲང་མ་དང་། །ཆོས་སྐྱོང་དུར་བདག་ངན་སྔགས་བརྒྱད། །བཟློག་དང་བསྲུང་ལ་སེང་གེའི་གདོང་། །གདུགས་དཀར་གཙུག་ཏོར་འབར་བ་དང་། །རྡོ་རྗེ་འཇིགས་བྱེད་གུར་ཞལ་སོགས། །བར་གཅོད་འཇིགས་སེལ་སེང་ལྡེང་སྒྲོལ། །གཉན་སྒྲོལ་ཕྱག་འཚལ་ཉེར་གཅིག་སོགས། །ནོར་བསྒྲུབ་ཛཾ་ལྷ་ནོར་རྒྱུན་མ། །ཚོགས་བདག་དཀར་དམར་དབྱུག་གུ་ཅན། །རྣམ་སྲས་སོགས་དང་དབང་སྡུད་ལ། །རིག་བྱེད་ཚོགས་བདག་འདོད་རྒྱལ་དང་། །དབང་གི་སྒྲོལ་མ་ལ་སོགས་པ། །མངོན་སྤྱོད་ལས་ལ་འཇིགས་བྱེད་དང་། །གུར་ཞལ་བཀའ་བསྐོད་བཅས་སོགས་སོ། །མཆོག་གི་དངོས་གྲུབ་བསྒྲུབ་པ་ལ། །བདེ་ཀྱེ་གསང་གསུམ་རྣལ་འབྱོར་མ། །གཤེད་དམར་འཇིགས་བྱེད་གུར་ཞལ་སོགས། དེ་ལས་ཁྱད་པར་གྱུར་པ་ནི། །གསེར་ཆོས་བཅུ་གསུམ་གྲགས་པ་སྟེ། །དམར་པོ་སྐོར་གསུམ་དམར་ཆུང་གསུམ། །དམར་མོ་སྐོར་གསུམ་ཛམ་ནག་དང་། །ཁྱུང་ཁྲ་སེང་གེ་སྒྲ་དང་ནི། །ཛམ་དམར་སྲོག་སྒྲུབ་དང་བཅས་གསོ། །མཁའ་འགྲོ་སེང་གེའི་གདོང་ཅན་བཅས། །བཅོམ་ལྡན་འདས་ཀྱི་ཞལ་དང་འདྲའི། །ཆོག་བརྒྱད་ལྡན་རྟུལ་ཚོན་དང་། །རྣམ་དག་རས་བྲིས་ལ་བརྟེན་ནས། །རྣམ་དག་ཆོ་གས་སྒྲུབ་དངོས་རྗེས། །ཚང་བའི་ཆོ་ག་རྣམ་དག་གིས། །རིག་པའི་དབང་ལྔ་བརྟུལ་ཞུགས་དང་། །བུམ་གསང་ཤེར་དབང་བཞི་པ་ནི། །མཐའ་བརྟེན་དང་བཅས་རྒྱུ་ལམ་གྱི། །དབང་བསྐུར་སྔགས་ཀྱི་གསུམ་ལྡན་གྱི། །རྡོ་རྗེ་འཛིན་པའི་མཆོག་ཏུ་གྲུབ། །དེ་བཞིན་རྒྱུད་དང་མན་ངག་གི །གདན་ལྡན་བྱིན་རླབས་བརྒྱུད་པ་ནི། །མ་ཉམས་བྱིན་རླབས་རྗེས་གནང་གི །རིམ་པས་སྨིན་པར་མཛད་པའོ། །

དེ་ནས་གྲོལ་བར་བྱེད་པའི་ལམ། །མཐའ་དྲུག་ཚུལ་བཞིའི་སྒོ་ནས་ནི། །མདོ་སྔགས་རྒྱུད་ཀྱི་རྡོ་རྗེ་ཡི། །འདིར་ཚིགས་གསུམ་མི་གསལ་སྟོན་བཤད་བཀའ་དང་། །དབང་དོན་རིམ་གཉིས་ལམ་ཟབ་མོའི། །བགྲོ་ཚུལ་བཤད་པ་ཚིག་སྦྱོར་གྱི། །ཕྲེང་བས་ཚོགས་པར་བཤད་པ་ཡི། །བཤར་ཁྲིད་འདིར་ཚིགས་ལྔ་མི་གསལ། །མན་ངག་ཟབ་མོའི་གནད་སྨས་དོན། །ཞིབ་བཀྲལ་སྟོན་པ་སློབ་བཤད་ཀྱི། །ཁྲིད་རིམ་གྲོལ་བར་བྱེད་པའི་ལམ། །དེ་ཡང་ཉམས་བཞེས་རྩ་བ་ནི། །གསུང་ངག་རིན་ཆེན་ནོར་བུ་མཆོག །ཡོངས་རྫོགས་བསྟན་པའི་ཉམས་ལེན་ཏེ། །སྟོན་འགྲོ་སྣང་གསུམ་བཀའ་ཁྲིད་ལ། །མདོ་ཕྱོགས་ཉན་ཐོས་རང་རྒྱལ་དང་། །རྒྱལ་སྲས་བྱང་ཆུབ་སེམས་དཔའ་ལ། །

གྲུབ་མཐའ་བཞི་ཡི་ལྟ་སྒོམ་སྤྱོད། །དོན་གྱི་གནད་ཚང་ཕར་ཕྱིན་གྱི། །ཐེག་རྩེ་དབུ་མའི་ལྟ་བ་སྟོན། །དེ་ནས་དབང་གིས་སྨིན་བྱས་ཏེ། །བླ་མེད་རྡོ་རྗེ་ཐེག་པ་ཡི། །རྒྱུད་དོན་གཞི་ལམ་འབྲས་གསུམ་གྱི། །གནད་ཟབ་བཀྲོལ་བ་རིག་ཐོག་ཏུ། །བདར་ཤ་བཅད་པ་གཞི་དུས་ཀྱི། །རང་སེམས་དྭངས་མ་དྲི་བྲལ་གྱི། །བདེ་ཆེན་ལྷན་སྐྱེས་ཡེ་ཤེས་ཆེ། །ངོས་ཟིན་དེ་ཉིད་སྦྱོང་བྱེད་ཀྱི། །ལམ་གྱི་ངོ་བོར་གྱུར་པ་ཡི། །རིག་གདངས་ལྷ་རུ་ཤར་བ་ཡི། །བསྐྱེད་རིམ་རྩ་ཐིག་རླུང་གསུམ་ལ། །བརྟེན་པའི་རླུང་དང་གཏུམ་མོ་དང་། །ཞུ་བདེ་སྦྱོར་བཅས་རྫོགས་རིམ་ཡིན། །དེ་དག་ངོ་བོ་གདངས་མ་འགགས། །ངོ་བོ་སྤྲོས་མཚན་མཐར་མཚན་གྱི། །འཛིན་བྲལ་སྤྲོས་མེད་རྫོགས་རིམ་སྟེ། །མདོར་ན་མ་འགག་གདངས་གསལ་ཆ། །འཁོར་བའི་ཐ་སྙད་ངོ་བོ་ནི། །སྤྲོས་བྲལ་མྱང་དན་འདས་པ་སྟེ༔ ༔གཞི་ལམ་འབྲས་བུ་འཁོར་མྱང་འདས། །དབྱེར་མེད་ཟུམ་གསང་ཤེར་དབང་དང་། །བཞི་པའི་ལམ་དང་ལྟ་བ་དང་། །གྲུབ་མཐའ་དེ་ཡི་ཆ་རྐྱེན་དུ། །འཕོ་བ་འདའ་ཀ་མ་བཞི་དང་། །དེ་ཡི་ཚོད་འཛིན་སྨི་ལམ་དང་། །སྒྱུ་ལུས་དུག་ལྔའི་བདུད་རྩི་བསྟེན། །ལུས་སྦྱང་འཁྲུལ་འཁོར་གེགས་སེལ་དང་། །བོགས་འདོན་མན་ངག་ཟབ་ཁྱད་ཅན། །ཚེ་འདིར་གནས་སྐབས་མཐར་ཐུག་གི །གཏན་བདེ་རྫོགས་པའི་སངས་རྒྱས་མཆོག །རྡོ་རྗེ་འཆང་དབང་མངོན་དུ་གྱུར། །གང་ཟག་དབང་པོ་རབ་འབྲིང་ཐ། །མཐའ་དག་བཀྲི་ནུས་ལམ་ཆ་ཚང་། །རིས་བྲལ་གདམས་པ་ཀུན་གྱི་རྩེ། །ཡོངས་རྫོགས་བསྟན་པའི་ཉམས་ལེན་ནོ། །

དེ་མཚུངས་ནཱ་རོ་མཁའ་སྤྱོད་སོགས། །བསྐྱེད་རྫོགས་ཁྱེར་བདེ་ཆེས་ཟབ་ཞིང་། །མཆོག་སྒྲུབ་ཐུན་མོང་ཞར་ལས་འབྱུང་། །འཇམ་མགོན་བླ་མ་ས་སྐྱ་པའི། །དབང་སྡུད་ལྷ་མཆོག་དམར་པོ་གསུམ། །འདོད་དགུའི་དཔལ་སྟེར་རིག་བྱེད་མ། །གཙོ་བོ་དབང་གི་ལས་ལ་བབས། །ཚོགས་གཅིག་མི་གསལ་ལུགས་མན་ངག་གནད་ལྡན་མང་། །བསྐྱེད་རྫོགས་ཟབ་མོས་མཆོག་གི་ནི། །དངོས་གྲུབ་མྱུར་འབྱིན་ལྷ་ཆེན་པོ། །ཚོགས་ཀྱི་བདག་པོ་འདོད་པའི་རྒྱལ། །ལྷ་བསྒོམ་སྔགས་བཟླས་ལས་བཞི་ཡི། །ལས་ཚོགས་རབ་འབྱམས་ཟབ་གནད་ཀྱི། །དབང་སོགས་ཐུན་མོང་མཆོག་གི་ནི། །དངོས་གྲུབ་ལག་ཁེལ་ཉམས་མྱོང་ཅན། །རྣ་ཚར་ཐུན་མོང་མ་ཡིན་པའི། །རྡོ་རྗེ་འཇིགས་བྱེད་ལྷ་བཅུ་གསུམ། །འཇམ་དབྱངས་རྣམ་སྤྲུལ་རྭ་ཆེན་གྱི། །ཐུགས་བཅུད་སྙིང་པོ་ཚད་མས་གྲུབ། །སྨིན་བྱེད་ལས་བཞིའི་འཁྲུལ་འཁོར་གྱི། །རིམ་པ་(བློ་གཞན་པ་གསུམ་)མི་གསལ་ཀྱང་འདི་ལྟར་མིན་ནམ་སྙམ་གྱི། །མན་ངག་གནད་དྲིལ་རྭ་ཁྲིད་ནི། །མཁའ་འགྲོ་སྙན་བརྒྱུད་གྲུབ་གཉིས་སྟེར། །ཆོས་སྐྱོང་རྒྱལ་པོ་རྣམ་ཐོས་སྲས། །བུ་ལུགས་གཏོར་གྱུར་ལྷ་ཕྲག་གསུམ། །གསར་རྙིང་གདམས་པ་ཞི་དྲག་གི །ལས་ཚོགས་སྲིད་གསུམ་དཔལ་ཡོན་སྟེར། །

རྒྱལ་བའི་བསྟན་བསྲུང་ཀུན་གྱི་གཙོ། །རྡོ་རྗེ་གུར་གྱི་མགོན་པོ་ནི། །ག་ཡ་དྷ་ར་བ་རི་དང་། །ཁ་ཆེ་པཎ་ཆེན་མལ་ལོ་བཞི། །བླ་མ་གྱི་ལྷུང་མན་ངག་བཅས། །བཀའ་སྲོལ་རྣམ་ལྔ་ཤིང་མགོན་དང་། །རྡོ་མགོན་བྲིས་མགོན་ཁྱད་པར་དུ། །སྟོན་མཆོག་ཤཱཀྱ་སེང་གེ་ཡི། །རབ་གནས་གུར་གྱི་མགོན་མངོན་སུམ། །བསེ་མགོན་ཡིད་བཞིན་ནོར་བུ་དང་། །དམ་ཅན་པུ་ཏྲ་དངོས་ཞུགས་ཀྱི། །བྲག་མཆོ་བཀྲ་ཤིས་འོད་འབར་སོགས། །དེ་བཞིན་བརྟན་བསྲུང་དབང་པོ་ནི། །ཁྱད་མྱུར་མཐུ་སྟོབས་དབང་ཕྱུག་ཆེ། །ཞིང་སྐྱོང་ཡིད་བཞིན་ནོར་བུ་མཆོག །གཉེན་ལོ་ཆེན་པོའི་ཐུགས་ཀྱི་བཅུད། །གྲུབ་མཆོག་དབང་པོ་ཁའུ་པ། །ལས་བརྒྱུད་གདམས་པའི་བཀའ་བབ་ཅིང་། །ཞིང་སྐྱོང་དངོས་བཞུགས་གནས་མཆོག་ནི། །ཁའུ་བྲག་རྫོང་རྗེན་བརྗེན་པ། །ལ་སོགས་རྗེན་དང་གདམས་པ་ནི། །གཉིས་ཀའི་བཀའ་བབ་བདག་པོར་གྱུར། །དེ་བཞིན་འདོད་ཁམས་དབང་ཕྱུག་མ། །ས་རྫོག་བཀའ་སྲོལ་ཟབ་དགུ་དང་། །གནོད་སྦྱིན་བེ་གདོང་ལྕམ་དྲལ་གྱི། །མན་ངག་བཀའ་གཏེར་ཟབ་མོའི་ཆོས། །མཐའ་ཡས་སྲུང་ཞིང་རྣལ་འབྱོར་པའི། །འདོད་དོན་སྒྲུབ་ལ་གཙོ་བོ་ནི། །མངོན་སྤྱོད་དབང་དང་ཞི་རྒྱས་ཀྱི། །རབ་འབྱམས་ལས་ཚོགས་སྦྱོར་བཅས་དང་། །སྦྱོར་མེད་བསྙེན་སྒྲུབ་ལས་ཀྱི་གཙོ། །རིམ་གཉིས་རྣལ་འབྱོར་ཉམས་ལེན་གྱི། །རིམ་པར་བརྟེན་དང་འཁོར་ལོ་ནི། །མཆོད་གཏོར་ལས་སྦྱོར་ཟོར་སྦྱིན་སྲེག །དེ་དག་གེགས་སེལ་བོགས་འདོན་གྱི༎ ༎རིམ་པ་སྤྱི་ཡི་སྦྱོར་བཅས་དང་། །ནང་གི་རྣལ་འབྱོར་བསྐྱེད་རྫོགས་ཀྱི། །རིམ་པ་རྗེན་འབྲེལ་གནད་ལྡན་པའི། །སྦྱོར་བཅས་སྦྱོར་མེད་ཉམས་ལེན་གྱི། །རིམ་པས་བསྟན་དང་སྒྲུབ་པ་པོའི། །གནས་སྐབས་ལས་བཞིའི་འདོད་དགུ་འགྲུབ། །མཐར་ཐུག་གཏན་བདེ་རྣམ་གྲོལ་ལམ། །བདེ་བླག་འགྲུབ་ནུས་མཆོག་ཐུན་གྱི། །དངོས་གྲུབ་མྱུར་ཐོབ་ཉམས་མྱོང་ཅན། (འདིར་ཚིགས་ཆད་གཅིག་མི་གསལ།) །འཕགས་བོད་བྱང་སེམས་པཎྜི་ཏ། །གྲུབ་ཐོབ་བརྒྱུད་པའི་བསྟན་བཅོས་དང་། །མན་ངག་གནད་ལྡན་འགྲན་ཟླ་བྲལ། །

དེ་ལྟར་དཔལ་ལྡན་ས་སྐྱ་པའི། །གདུང་བརྒྱུད་འཁྲུངས་དང་འཁྲུངས་གྱུར་པས། །བསྟན་འཛིན་གྲུབ་པ་ངོར་རྫོང་དང་། །ཁྱད་པར་རྒྱུད་སྡེ་རྒྱ་མཚོའི་བདག །རྒྱལ་བས་རྒྱལ་བར་ལུང་བསྟན་པ། །ངོར་ཆེན་རྡོ་རྗེ་འཆང་ཆེན་པོ༎ ༎བརྒྱུད་པར་བཅས་དང་སྔན་བརྒྱུད་ཀྱི། །བདག་པོ་ཁའུ་བྲག་རྫོང་པ། །ཚར་ཆེན་ཆོས་ཀྱི་རྒྱལ་པོ་ནི། །ཡབ་སྲས་བརྒྱུད་པར་བཅས་པ་གཙོ། །གངས་རིའི་ལྗོངས་འདིར་གསར་རྙིང་གི། །མཁས་པ་སྤྱི་དང་རྒྱལ་བའི་བསྟན། །ཡོངས་རྫོགས་མངའ་བདག་ས་གསུམ་གྱི། །འགྲོ་མགོན་རྒྱལ་དབང་རྡོ་རྗེ་འཆང་། །ཐམས་ཅད་མཁྱེན་གཟིགས་ལྷ་པ་ཡི། །བསྟོད་ཅིང་བསྔགས་པར་མཛད་པ་ལྟར། །སྔན་པ་དོན་ལྡན་འཇམ་པའི་དབྱངས། །དཔལ་ལྡན་ས་སྐྱ་པའི་རིང་ལུགས། །རིས་བྲལ་ཡོངས་ཀྱི་གཙུག་ན་མཐོ། །དེས་ན་སུ་ཞིག་མཁས་བཙུན་བཟང་། །

འདོད་ན་ས་སྐྱའི་བཀའ་སྲོལ་ཟུངས། །ཐུན་མོང་དངོས་སྒྲུབ་འབད་མེད་འགྲུབ། །གྲུབ་པའི་གཙུག་རྒྱན་མཆོག་གི་ས། །སངས་རྒྱས་རྡོ་རྗེ་འཆང་འདོད་ན། །ས་སྐྱའི་བཀའ་སྲོལ་གུས་པས་ལོངས། །དེ་ལྟར་རང་བཞིན་བརྗོད་པ་ཡི། །བདེན་པའི་ཚིག་གི་བོད་ཡུལ་གྱི། །གྲུབ་མཐའི་རྣམ་གཞག་མདོར་བསྡུས་ཙམ། །སླས་འདིའི་བསྟན་འགྲོ་བདག་ཅག་གི། །འཕྲུལ་ཡུན་གཏན་དུ་དགའ་དང་བདེའི། །ལེགས་ཚོགས་འཕེལ་བའི་རྒྱུར་གྱུར་ཅིག །མདོ་དང་རྒྱུད་སྡེ་རྒྱ་མཚོ་ཡི། །མདོ་སྡོམ་གྲུབ་མཐའ་སྡོམ་གསུམ་དོན། །མདོ་སྔགས་ས་ལམ་རྣམ་གཞག་བཅས། །མདོ་དོན་གོ་བདེར་དྲིལ་སྡེ་བཀོད། །ལེགས་བྱས་གཏན་གྱི་བདེ་བའི་རྒྱུ། །ལེགས་མཆོག་མདོ་སྔགས་ལམ་བཟང་དོན། །ལེགས་པར་འབྲུལ་མེད་རྟོགས་ལ་རེའི། །ལེགས་དོན་གོ་བདེ་དོན་ཚང་འདི། །རང་གཞན་མདོ་སྔགས་ཆོས་ཚུལ་ལ། །རང་གཞན་གཏན་གྱི་བདེ་ཐོབ་ཕྱིར། །རང་གཞན་ཆོས་ཀྱི་དོན་མ་ནོར། །རང་གཞན་རྣམ་དག་ཆོས་སྤྱན་མཆོག །ལེགས་པར་ཐོབ་ནས་གཞུང་ལུགས་དོན། །ལེགས་རྟོགས་གཞུང་ལུགས་ཀུན་ལ་མཁས། །ལེགས་པའི་གཞུང་བཟང་འདིར་ཀུན་འདུག །ལེགས་བཤད་གཞུང་ལུགས་བཤད་སྒྲུབ་དར། །དེ་ལྟར་འབྱུང་རུང་ལ་སོགས་དགེ །དེ་དག་མཐུ་ལས་རྒྱལ་བའི་བསྟན། །དེ་འཛིན་རབ་བྱུང་སྡེ་བས་འཕེལ། །དེ་བཞིན་མཁའ་མཉམ་སྣོད་བཅུད་ཀུན། །ཁྱད་པར་ས་ངོར་སྟན་བརྒྱུད་བསྟན། །དེ་འཛིན་དུར་སླིག་སྡེ་བཅས་འཕེལ། །རྗེ་བའི་བླ་མ་འཇམ་དཔལ་དབྱངས། །བདག་ཆེན་ཡབ་སྲས་སྐུ་མཆེད་དང་། །མཁན་ཆེན་ཐམས་ཅན་མཁྱེན་ཆེན་པོ། །ཡོངས་འཛིན་སློན་ལམ་མཚན་ཅན་མཆོག །ཞབས་བརྟན་ཕྲིན་ལས་རྒྱས་པ་དང་། །བདག་ཅག་བྱམས་སྐྱོང་འདོད་དགུ་སྩོལ། །བདག་ཅག་བརྩེས་སྐྱོང་ལྟོས་འཁོར་བཅས། །འགལ་རྐྱེན་ཕྱི་ནང་བར་ཆད་ཞི། །ལུགས་ཟུང་དཔལ་ཡོན་ཕུན་སུམ་ཚོགས། །རྟག་ཏུ་བདེ་དགར་སྤྱོད་པར་ཤོག །བདག་ཀྱང་སྐྱེ་དང་ཚེ་རབས་སུ། །མི་འདོད་སྲིད་པའི་འཆིང་ལས་གྲོལ། །རབ་བྱུང་རྡོ་རྗེ་འཛིན་མཆོག་གྲུབ། །མདོ་སྔགས་བཤད་སྒྲུབ་ལེགས་རྩེར་སོན། །འབྲེལ་ཚད་བྱང་ཆུབ་མཆོག་གི་སར། །འགོད་ནུས་ལུགས་ཟུང་བྱ་བ་ཀུན། །ལེགས་ཤིང་བསྟན་འགྲོར་ཕན་ཐོགས་པའི། །མཐུ་ལྡན་རབ་བྱུང་མཆོག་ཐོབ་ཤོག །བཀྲ་ཤིས་དགེ་ལེགས་ཀུན་སྩོལ་མཆོག །མཆོག་གསུམ་བླ་མ་ཆོས་སྲུང་གི །མཆོག་ཐུན་དངོས་གྲུབ་བདེ་བླག་ཏུ། །ཐོབ་པའི་བཀྲ་ཤིས་དེང་འདིར་སྩོལ། །

ཅེས་གྲུབ་མཐའ་བཞི་དང་རྒྱུད་སྡེ་བཞི་ཡི་རྣམ་གཞག་བསྟན་པའི་སྙིང་པོ་སྡོམ་པ་གསུམ་གྱི་དོན་གཞི་ལམ་འབྲས་གསུམ་གྱི་གནད་བསྡུས་ཞར་བྱུང་བོད་ཀྱི་གྲུབ་མཐའི་ལོ་རྒྱུས་བཅས་ལྷན་ཅིག་ཏུ་བཀོད་པ་མདོ་སྔགས་ཆོས་ཚུལ་སྙིང་པོའི་གསལ་བྱེད་མ་རིག་མུན་པ་སེལ་བའི་དཔལ་ལྡན་འོད་ཟེར་བརྒྱ་པ་སྐལ་བཟང་བློ་ཡི་

པད་ཚལ་བཞད་པ་དོན་གཉིས་ལྷུན་གྱི་གྲུབ་པའི་ལམ་བཟང་ཞེས་བྱ་བ་འདི་རང་ཉིད་ཆུང་དུའི་དུས་ནས་དཀོར་ཟན་གྱི་བག་ཆགས་ལྷ་བུའི་ཆོས་ཕྱོགས་ལ་ཐོས་བསམ་སྒོམ་སྒྲུབ་ལ་སྤྲོ་བ་ལྟ་བུ་ཞིག་ཡོད་ཅིང་། དེ་མུས་ལེགས་ལམ་དུ་སོང་ན་དལ་འབྱོར་དོན་ཡོད་ཙམ་དང་རང་གཞན་ལ་ཕན་ཐོགས་ཕྲན་བུ་ཨེ་ཡོང་ཀྱང་། སྙིགས་དུས་ཀྱི་ནག་ཕྱོགས་ཁ་རྒྱལ་ཞིང་ཐམས་ཅད་ངན་འགྲོའི་ལམ་ལ་ཆས་པ་ཕལ་ཆེ་བའི་དུས་དབང་དང་། རང་ཉིད་འཁོར་བ་སྡུག་བསྔལ་གྱི་རྒྱ་མཚོར་སྲིད་པའི་འཆིང་བའི་ནང་དུ་ཆུད་པའི་རྒྱུ་དང་། ངན་འགྲོའི་ལམ་ལ་ཆས་པ་ཕལ་མོ་ཆེ་འགའ་ཞིག་གི་རང་གཞན་ཐར་པ་མཆོག་གི་ལམ་ལས་ལྡོག་ཅིང་དུཿཁར་སྦྱོར་བའམ།

ཇི་སྐད་དུ་འཇམ་མགོན་བླ་མས། བློ་ཆུང་ཞིག་གིས་ཕན་བཏགས་པས། །འགའ་ཞིག་གནོད་པ་ཆེན་པོར་འགྱུར། །ཞེས་གསུངས་པའི་དོན་ལྟ་བུ་ཡིན་ནམ། ལུགས་ཟུང་གི་བསླབ་བྱ་ཇི་བཞིན་མ་ཡིན་པའི་སྒོ་གསུམ་སྡུག་བསྔལ་གྱི་འདམ་དུ་བྱིངས་ཀྱང་། ཆོས་བློ་མ་པོར་ཙམ་ཁྲུལ་གྱི་མདོ་སྔགས་ཟབ་མོའི་ལམ་ཕྱིན་ཅི་མ་ལོག་པ་ཞིག་ཤེས་ལ་རེ་བའི། ཀུན་མཁྱེན་འཇིགས་མེད་གླིང་པའི་མཛོད་འགྲེལ་ཤིང་རྟ་རྣམ་གཉིས་ཞིག་མཐོང་བ་དེ་ལ་ལྟ་རྟོགས་བྱེད་འདོད་ཀྱི་ཀུན་གཟིགས་དགེ་སྤྲུལ་རིན་པོ་ཆེར་ལམ་ཙམ་ཞུ་ཁྲུལ་བགྱིས་ཀྱང་རྣམ་གཡེངས་ཁག་གཟན་གྱིས་མཐར་མ་འཁྱོངས། བསྟན་པའི་མངའ་བདག་རྗེ་བཙུན་ས་སྐྱ་པ་གྲགས་པ་རྒྱལ་མཚན་དང་། ངོར་ཆེན་ཐམས་ཅད་མཁྱེན་པ་དཀོན་མཆོག་ལྷུན་གྲུབ་ཀྱིས་མཛད་རྟོགས་ལྡན་ཤིང་རིན་པོ་ཆེ་དང་། གོང་མའི་དགོངས་རྒྱན་ཞིག་མཇལ་བ་ལྟག་པར་དེ་དོན་མདོ་སྔགས་ཀྱི་གཞི་ལམ་འབྲས་གསུམ་ཆ་ཚང་ཞིག་ལ་ཐོས་སྦྱང་དེ་ཡང་མཁན་ཆེན་རྡོ་རྗེ་འཆང་བྱམས་པ་ནམ་མཁའ་འཆི་མེད་མཆོག་དང་། འདྲེན་མཆོག་བླ་མ་ངག་དབང་རིན་ཆེན་ཟུང་ལ་བཀའ་འདྲི་ལམ་ཙམ་ཐོས་པ་ཙམ་ལས། གཞན་གསར་སྙིང་གི་བླ་མ་མཁས་ཚུལ་འཛིན་པ་འགའ་ལ་དྲི་གཏུགས་བྱས་ཁྲུལ་ཀྱང་སྨྲུག་ཐུམ་ཞིག་ལས་སོར་ཆོད་པ་མ་བྱུང་ཞིང་། ལར་ཡང་རང་སྐལ་བ་དམན་པས། འདི་ཕྱིའི་བདེ་ཐབས་དང་ཐར་པའི་ལམ་སྟོན་པ་ནི་དྲིན་ཆེན་བླ་མ་ཡར་ཀླུང་པ་རྡོ་རྗེ་འཆང་དེ་ཉིད་དང་། འདྲེན་མཆོག་ངག་དབང་རིན་ཆེན། ཐར་རྩེ་རྡོ་རྗེ་འཆང་ཁྲུ་དབོན་ཙམ་དུ་ཟད་ཅིང་། བྱང་ཆུབ་བསྒྲུབ་པ་ལ་འགལ་རྐྱེན་སྣ་ཚོགས་ཀྱི་ངང་དུ་འབྱམས་མུར་སྐྱབས་མཆོག་བསླུ་བ་མེད་པ་བླ་མ་མཆོག་གསུམ་ཆོས་སྐྱོང་སྲུང་མའི་ཐུགས་རྗེ་ལ་བརྟེན། རྒྱལ་བའི་བསྟན་པ་རིན་པོ་ཆེའི་སྒོར་ཞུགས་ཏེ་མཁན་ཆེན་ཐམས་ཅད་མཁྱེན་པ་ཆེན་པོར་རབ་ཏུ་བྱུང་ཞིང་བསྙེན་པར་རྫོགས། མཁན་ཆེན་ཐམས་ཅད་མཁྱེན་གཟིགས་མཆོག་གིས་མཁྱེན་བརྩེ་ནུས་པ་ཆེན་པོའི་ཉི་གཞོན་གསར་པའི་ཐིག་ཕྲེང་གིས་རྨོངས་པའི་མུན་པ་བསལ་ཞིང་ལུགས་ཟུང་བློ་ཡི་ཙུང་ཟན་རྒྱས་པའི་སྐལ་བཟང་ཐོབ་པས་གསར་སྙིང་རིས་བྲལ་སྤྱི་དང་རྗེ་བཙུན་ས་སྐྱ་པའི

མདོ་སྔགས་སྟན་བརྒྱུད་ཟབ་མོ་ལ་ཐོས་བསམ་བསྒོམ་པའི་མོས་པ་ལམ་བྱེད་ལ་རྩེ་གཅིག་ཏུ་གཞོལ་མུར་ས་ཁྱི་ས་ཕག་སྐོར་སྟོན་གྱི་ཐུགས་བསྐྱེད་སྨོན་ལམ་བཟང་པོས་རྗེས་སུ་བཟུང་བའི་སླ་བའི་སེང་གེ་བྱམས་པ་སྨོན་ལམ་གྲགས་པའི་ཞབས་པད་ཉེ་བར་བསྟེན་ཏེ་གང་གི་ཞལ་སློ་ལས་གྲུབ་མཐའ་བཞི་དང་། འཇམ་མགོན་བླ་མ་ས་སྐྱ་པ་པཎྜི་ཏ་ཆེན་པོའི་བསྟན་བཅོས་སྡོམ་གསུམ་རབ་དབྱེ། ཀུན་མཁྱེན་བསོད་ནམས་སེང་གེའི་དེ་ཡི་ཁ་སྐོང་། མཁན་ཆེན་ཐམས་ཅད་མཁྱེན་པ་ངག་དབང་ཆོས་གྲགས་ཀྱི་དགའ་འགྲེལ་ཟུང་གི་ལུགས་ཁྲིད་ཞིབ་མོར་ཞུས་ཤིང་།

དེར་བརྟེན་སློབ་དཔོན་རིན་པོ་ཆེ་བསོད་ནམས་རྩེ་མོར། རྗེ་བཙུན་རིན་པོ་ཆེ་གྲགས་པ་རྒྱལ་མཚན་དང་། །ས་སྐྱ་པཎྜི་ཏ། འཕགས་པ་རིན་པོ་ཆེ། སྟག་ཚང་ལོ་ཙཱ་བ་ཤེས་རབ་རིན་ཆེན། ཐམས་ཅད་མཁྱེན་པ་དཀོན་མཆོག་ལྷུན་གྲུབ། འཇམ་མགོན་མཁྱེན་བརྩེའི་དབང་ཕྱུག །དཔལ་མང་དུ་ཐོས་པ་ཐམས་ཅད་མཁྱེན་པ་ཀླུ་སྒྲུབ་རྒྱ་མཚོ་རྣམས་ཀྱི་གསུང་རབ་ལ་ཞིབ་མཇལ་ཞུས། གཞན་ཡང་འགོས་ལོ་གཞོན་ནུ་དཔལ་གྱི་དེབ་ཐེར། སྡེ་དགེ་ཞུ་དག་རིན་པོ་ཆེའི་དཀར་ཆག །གྲུབ་དབང་བླ་མ་སངས་རྒྱས་རྒྱ་མཚོའི་གསུང་རྩོམ་བཅས་རྣམས་ལ་ལེགས་པར་མཇལ་ཏེ་འཕགས་བོད་ཀྱི་ལྟ་གྲུབ་གཞི་ལམ་འབྲས་གསུམ་ཡོངས་རྫོགས་ཀྱི་བཤད་པ། གནད་འདྲིལ་གོ་བདེའི་ཚུལ་དང་གསང་སྔགས་ཀྱི་རྒྱུད་སྡེ་ཕལ་ཆེར་མན་ངག་གསང་བའི་སྐོར་ཡིན་ཀྱང་གསང་བ་དམ་ཆེས་པའི་ཟལ་ལུས་སུ་མི་འགྱུར་བའི་ཕྱིར། ཞལ་གསལ་ཙམ་བཅས་རང་དང་དཔལ་ལྡན་ལྷུན་གྲུབ་སྙིང་གི་བླ་མ་དགེ་འདུན་པ་རྣམས་ཀྱི་མཆོན། རྗེ་བཙུན་ས་སྐྱ་པ་བསྟན་འཛིན་ངོར་པ་དང་། ཚར་པའི་བརྒྱུད་འཛིན་སོགས་ཀུན་གྱིས་རྟོགས་སླ་ཞིང་མདོ་སྔགས་ཟབ་མོའི་དོན་ལ་ཐོས་བསམ་གྱི་རྒྱུན་བཟང་པོ་འཕེལ་དུ་རེ་བའི་ལྷག་བསམ་རྣམ་པར་དག་པས་ཀུན་ནས་བསླངས་ཏེ་བཀའ་དྲིན་གཞལ་དུ་མེད་པ་ཡར་ཀླུང་རྡོ་རྗེ་འཆང་བྱམས་པ་ངག་དབང་ཀུན་དགའ་ནམ་མཁའ་ལེགས་པ་ལྷུན་གྲུབ་བསྟན་པའི་རྒྱལ་མཚན་དཔལ་བཟང་པོ་པ་དང་། ཐར་རྩེ་རྡོ་རྗེ་འཆང་བྱམས་པ་ནམ་མཁའ་འཆི་མེད། རྗེ་བཙུན་འཆི་མེད་བསྟན་པའི་ཉི་མ། དཔལ་ས་སྐྱ་པ་ཆེན་པོ་སྔགས་འཆང་བླ་མ་ཐམས་ཅད་མཁྱེན་པ་ངག་དབང་ཀུན་དགའ་བཀྲ་ཤིས་མཐུ་སྟོབས་བསྟན་འཛིན་དབང་པོ་བཀྲ་ཤིས་གྲགས་པ་རྒྱལ་མཚན་དཔལ་བཟང་པོ། དཔལ་ས་སྐྱ་པ་ཆེན་པོ་སྔགས་འཆང་བླ་མ་ཐམས་ཅད་མཁྱེན་པ་ངག་དབང་ཀུན་དགའ་རིན་ཆེན་དཔའ་བོ་བདུད་ལས་རྣམ་རྒྱལ་དབང་གི་རྒྱལ་པོ་བཀྲ་ཤིས་གྲགས་པ་རྒྱལ་མཚན་དཔལ་བཟང་པོ། ཡང་དཔལ་ས་སྐྱ་པ་ཆེན་པོ་འཇམ་དབྱངས་ངག་གི་དབང་ཕྱུག་མགོན་པོ་དངོས་གྲུབ་དཔལ་འབར་བཀྲ་ཤིས་གྲགས་པ་རྒྱལ་མཚན་དཔལ་བཟང་པོ། དཔལ་ས་སྐྱ་པ་ཆེན་པོ་ངག་དབང་ཀུན་དགའ་

རྒྱལ་མཚན་རིན་ཆེན་ཚུལ་ཁྲིམས་དབང་ཕྱུག་བཀྲ་ཤིས་གྲགས་པ་རྒྱལ་མཚན་དཔལ་བཟང་པོ། དཔལ་ས་སྐྱ་པ་ཆེན་པོ་ངག་དབང་རྡོ་རྗེ་རིན་ཆེན་བཀྲ་ཤིས་གྲགས་པ་རྒྱལ་མཚན་དཔལ་བཟང་པོ། དཔལ་ས་སྐྱ་པ་ཆེན་པོ་ངག་དབང་ཀུན་དགའ་ཐེག་ཆེན་དབང་སྡུད་བཀྲ་ཤིས་རིན་ཆེན་བཀྲ་ཤིས་གྲགས་པ་རྒྱལ་མཚན་དཔལ་བཟང་པོ༑ མཁན་ཆེན་ཐམས་ཅད་མཁྱེན་པ་བྱམས་པ་ཀུན་དགའ་བསྟན་འཛིན་གྱི་ཞལ་སྔ་ནས་གཙོས། གཞན་ཡང་ས་ངོར་ཞ་ལུ་དགེ་ལྡན། དྭགས་བརྒྱུད། རྫོར་སླེབ། རྫོགས་ཆེན། ཀཿཐོག་པ་སོགས་རིས་བྲལ་གྱི་འདྲེན་པ་ཁ་ཤས་དང་། དོན་གྱི་སླད་དུ་མཚན་ནས་སྨོས་ན། ཆོས་ཚུལ་གྱི་བཀའ་དྲིན་ཆེན་པོས་རྗེས་སུ་བཟུང་བ། རབ་འབྱམས་སྨྲ་བའི་སེང་གེ་བྱམས་པ་སྨོན་ལམ་གྲགས་པ་སོགས་ཀྱི་རྗེས་སུ་བཟུང་ཞིང་། གསར་རྙིང་ཆོས་ཚུལ་མདོ་སྔགས་སྤྱི་དང་རྗེ་བཙུན་ས་སྐྱ་པའི་སྙན་བརྒྱུད་ཟབ་དགུ་ལེགས་པར་ཐོབ་པ་གནས་གསར་རྡོ་རྗེ་འཆང་གི་བྱིན་རླབས་སྙིང་ལ་སྨིན་པའི་མདོ་སྨད་ས་སྐྱོང་སྡེ་དགེའི་རིགས་སྐྱེས་ཤཱཀྱའི་དགེ་སློང་ཚེ་ལ་དབང་བའི་རྡོ་རྗེའི་རིག་པ་འཛིན་པ་བྱམས་པ་ཀུན་དགའ་སངས་རྒྱས་བསྟན་པའི་རྒྱལ་མཚན་གྱིས་དགེ་བྱེད་ཀྱི་ལོ་ནག་པ་ཟླ་བའི་ཚེས་གཅིག་བཟང་པོར་ལུགས་བརྒྱའི་འདུན་ས་ཆེན་པོ་དཔལ་ལྡན་ལྷུན་གྲུབ་སྟེང་གི་ཆོས་གྲྭ་ཆེན་པོར་སྦྱར་བའི་དཔེ་ཁྲུངས་འཚོལ་བ་དང་། ཡི་གེའི་གྲོགས་དན་པ་ནི་རིག་གནས་གཞུང་ལུགས་ཟབ་མོ་ལ་སྦྱོབས་པ་དགེ་བ་ཕྲིན་ལས་རྒྱ་མཚོས་བགྱིས་པ་འདིས་ཀྱང་འབྲེལ་ཚད་ཐམས་ཅད་བྱང་ཆུབ་མཆོག་ལ་མྱུར་དུ་འགོད་པ་དང་། བདག་ཅག་བརྩེ་སྐྱོང་ལྟོས་འཁོར་བཅས་པ་རྣམས་ཀྱི་ལུགས་ཟུང་གི་ལེགས་ཚོགས་ཐམས་ཅད་འཕེལ་ཞིང་རྒྱས་ཏེ་འཕྲལ་ཡུན་བདེ་དགར་སྐྱོད་པ་དང་། རྒྱལ་བསྟན་རིན་པོ་ཆེ་གསར་རྙིང་རིས་སུ་མ་ཆད་པ་སྤྱི་དང་། རྗེ་བཙུན་ས་སྐྱ་པའི་སྙན་བརྒྱུད་ཀྱི་བསྟན་པ་རིན་པོ་ཆེ་མདོ་སྔགས་བཤད་སྒྲུབ་རབ་བྱུང་གི་སྡེ་བཅས་བྱམས་བསྟན་མ་ཤར་གྱི་བར་དུ་འཚོ་གཞེས་བརྟན་པར་གྱུར་ཅིག །ཛ་ཡནྟུ།། ༎

༄༅། །སྡོམ་པ་གསུམ་ལས་བརྩམས་པའི་ཕྱི་ནང་གསང་གསུམ་གྱི་ཉམས་ལེན་རིན་ཆེན་སྤུངས་པ་ཞེས་བྱ་བ་བཞུགས་སོ། །

བྲག་དམར་པ་ཀུན་དགའ་ཚེ་འཕེལ།

དཀོན་མཆོག་རིན་པོ་ཆེ་རྣམ་པ་གསུམ་ལ་ཕྱག་འཚལ་ཞིང་སྐྱབས་སུ་མཆིའོ། །དལ་འབྱོར་གྱི་རྟེན་ཁྱད་པར་ཅན་འདི་ཐོབ་ཕྱིན་ཆད་དེ་ཉིད་དོན་ཡོད་པར་བྱེད་དགོས། དེ་ལ་དང་པོར་བསྟན་པ་ལ་རབ་ཏུ་བྱུང་། དགེ་བའི་བཤེས་གཉེན་མཉེས་པར་བྱས། དེའི་དྲུང་དུ་ཉན་སེམས་སྒོམ་པ་གསུམ་ལ་འབད་དགོས་སོ། །དེའང་གསུང་རབ་རྣམ་དག་རྩོད་མེད་ལ་བྱེད་དགོས་ཏེ། ཆོས་རྗེ་ས་སྐྱ་པའི་གསུང་ནས། མདོར་ན་སངས་རྒྱས་ཀྱིས་གསུངས། སྡུད་པ་པོས་བསྡུས། གྲུབ་ཐོབ་རྣམས་ཀྱིས་བསྒོམས། པཎྜི་ཏས་བཤད། ལོ་ཙཱ་བས་བསྒྱུར། མཁས་པ་ལ་གྲགས་པ་ཞིག །སངས་རྒྱས་ཀྱི་བསྟན་པ་ཡིན་པས། ཉན་བཤད་སྒོམ་སྒྲུབ་བྱེད་དགོས་སོ། །ཞེས་གསུངས་པས་སོ། །

དེའང་ཐོས་བསམ་མཐར་ཕྱིན་ནས། སྒོམ་པ་ལ་གཞོལ་བ་དེའི་ཚེ། སྡེ་སྣོད་འཛིན་པ་རྣམས་ཀྱིས་ཉམས་ལེན་བྱེད་ན། མན་ངག་ཕྲ་མོ་དང་། རགས་པ་དང་། ཕྱོགས་རེ་བ་ཙམ་ལ་ཆོག་ཤེས་མི་བྱེད་པར། སྔར་བསླབས་སྦྱངས་བྱས་པའི་སྡེ་སྣོད་གསུམ་རྒྱུད་སྡེ་དང་བཅས་པ་ཉམས་ལེན་དུ་འཁྱེར་ཤེས་དགོས། དེའང་སངས་རྒྱས་ཀྱིས་ཆོས་ཀྱི་སྒོ་མོ་བརྒྱད་ཁྲི་བཞི་སྟོང་གསུངས་པ་དེ་བསྡུ་ན་སྡེ་སྣོད་གསུམ་དང་རྒྱུད་སྡེ་བཞིར་འདུས། དེ་རྣམས་ཀྱི་བརྗོད་བྱའི་གཙོ་བོའང་སྡོམ་པ་གསུམ་དུ་འདུས། དེས་ན་ཕྱི་ནང་གསང་གསུམ་གྱི་ཉམས་ལེན་ཡང་སྡོམ་པ་གསུམ་དུ་འདུས་སོ། །

དེའང་ཆོས་རྗེ་ས་སྐྱ་པས་དེ་ཀོར་བའི་ཞུ་ལན་དང་། གློ་བོ་ལོ་ཙཱ་བའི་སྤྲིང་ཡིག་ཏུ། སོ་སོར་ཐར་པ་འདུལ་བ་དང་མཐུན་དགོས། བྱང་སེམས་སྡོམ་པ་མདོ་སྡེ་དང་མཐུན་དགོས། གསང་སྔགས་རྒྱུད་སྡེ་དང་མཐུན་དགོས་ཤེས་གསུངས་པས། འདིར་སོ་སོར་ཐར་པ་འདུལ་བ་བཞིན་ཉམས་སུ་ལེན་པ་ན། སྦྱོར་དངོས་རྗེས་གསུམ་ལས། སྦྱོར་བ་ནི། སོ་ཐར་མཁན་བརྒྱུད་སྟོན་པ་འཁོར་བཅས་དཀོན་མཆོག་གསུམ་དང་བཅས་པ་ལ་ལུས་ཀྱིས་ཕྱག་འཚལ། ངག་གིས་གསོལ་བ་འདེབས། ཡིད་ཀྱིས་སྐྱབས་སུ་འགྲོ་བའི་སྒོ་ནས་ཡན་ལག་བདུན་པ་བློ་དང་འདྲེ་དེས་པ་བྱ། དངོས་གཞི་ནི། སྟོན་གྱི་སྟོན་པ་འཁོར་བཅས་ཀྱིས་བསྟན་པ་ལ་རབ་ཏུ་བྱུང་ཞིང་བསྙེན་པར

རྫོགས། སོ་སོར་ཐར་པའི་བསླབ་པ་ལ་ནན་ཏན་དུ་མཛད་པ་ལྟར། རང་ཉིད་ཀྱིས་ཀྱང་དེ་ལྟར་བྱེད་པའི་འཕེན་པ་དང་། དེ་བཞིན་དམ་བཅས་ཤིང་། སྔར་མཁན་སློབ་ཀྱི་སྤྱན་སྔར་ཇི་ལྟར་ཁས་བླངས་པའི་སོ་སོར་ཐར་པའི་བསླབ་པ་རྣམས་ལ་རྒྱུན་དུ་དྲན་ཤེས་བག་ཡོད་བསྟེན། དེའང་ཞག་གཅིག་ལ་ཐུན་དྲུག་ཏུ་བྱས་པའི་ཐུན་རེ་རེའི་ནང་དུ་གཞི་བསྡུས་ཀྱི་བསླབ་བྱ་རགས་པ་རྣམས་དང་། རྣམ་འབྱེད་ནས་འབྱུང་བའི་ལྟུང་བ་རྣམས་ཡིད་ལ་དྲན་པའི་སྒོ་ནས། ལྟུང་བ་སྤྱི་དང་ཁྱད་པར་འབྱུང་ཉེ་བ་རྣམས་ཀྱིས་རང་རྒྱུད་ལ་གོས་མ་གོས་བལྟ། མ་གོས་ན་དགའ་བ་བསྒོམ་ཞིང་། གོས་ན་བཤགས་པར་འོས་པ་རྣམས་བཤགས། བསྡམ་པར་འོས་པ་རྣམས་བསྡམས། བྱིན་གྱིས་བརླབ་པར་འོས་པ་རྣམས་བྱིན་གྱིས་བརླབས་ཏེ། བཤགས་ཚད་དུས་ལས་མ་འདས་པ། ཕྱིན་ཆད་མི་འབྱུང་བའི་སྡོམ་སེམས་དྲག་པོ་ཐུན་རེ་རེའི་ནང་དུ་རང་རྒྱུད་དག་པར་བྱ། དེ་ནས་ཕན་བདེའི་འབྱུང་གནས་བསྟན་པ་རིན་པོ་ཆེ་དང་། དེ་དགེ་འདུན་ཚུལ་ལྡན་ལ་རག་ལས་པ་དང་། བསྟན་པའི་རྩ་བ་འདུལ་བ་ཡིན་པ་སོགས་དང་། བསླབ་པའི་གནས་རྣམས་ལ་སྔོན་གྱི་དྲང་སྲོང་ཆེན་པོ་རྣམས་ཀྱིས་བསླབས་པ་དེ་བཞིན་དུ། རང་ཉིད་ཀྱང་དེའི་རྗེས་སུ་འཇུག་ཅིང་དེ་བཞིན་སློབ་པར་བྱེད་དོ། །རྗེས་ནི། སྔོན་གྱི་རབ་བྱུང་ཀུན་གྱིས་འདི་ཉིད་ཉམས་སུ་བླངས་པ་དང་། འདིའི་ཉམས་ལེན་གྱི་གཙོ་བོ་ངོས་བཟུང་། སྐལ་ལྡན་འདིས་གྲོལ་བ། རང་ཉིད་སློབ་དཔོན་ཡོན་ཏན་འོད་ལྟ་བུ་དང་། ཀུན་གྱི་མཆོད་པའི་རྟེན་དང་། ཐར་འདོད་ཚུལ་འདིར་འཇུག་ཅིང་། སྐྱེ་བོ་གཞན་ཡང་འདིར་འཇུག་པ། སོ་སོར་ཐར་པའི་ཚུལ་ཁྲིམས་ལ་མཐྱེན་ལྡན་དབང་དུ་བཞག་སྟེ་སྤང་བླང་འཁྲུལ་མེད་ཀྱིས་འདུལ་བའི་བསླབ་ཁྲིམས་རྣམ་པར་དག་པ་དང་། རང་གིས་བཤད་སྒྲུབ་ཀྱི་སྒོ་ནས་འདུལ་བའི་བསྟན་པ་སྤེལ་བར་བསམ་པས་སྨོན་ཞིང་སྔོར་བས་དོན་ལ་སྔོར་བ་དང་། བླ་མ་དམ་པའི་བཀའ་དྲིན་རྗེས་སུ་དྲན་པའོ། །

དེའང་འདི་རྣམས་ཀྱིས་རྣམ་གཞག་དེའི་དགོངས་འགྲེལ་དང་བཅས་པའི་དགོངས་པ་ཇི་ལྟ་བ་བཞིན་དུ་ཁོང་དུ་ཆུད་པར་བྱས་ཏེ། སྐབས་འདིར་དེ་དག་གི་བརྗོད་དོན་མདོར་བསྡུས་ཏེ་སློན་ལམ་དུ་འདེབས་ཤིང་། དུས་དེར་བརྗོད་བྱ་རྒྱ་ཆེན་པོ་རྣམས་ཡིད་ལ་བསམས་ཤིང་། བརྟག་པ་བསྐྱེད་དེ་ཉམས་སུ་བླངས། གཉིས་པ་བྱང་སེམས་ཀྱི་སྡོམ་པ་མདོ་སྡེ་བཞིན་ཉམས་སུ་ལེན་པ་ནི། སྔ་མས་དཔགས་ཏེ་ཤེས་པར་བྱའོ། །དེའི་ཆ་ལག་ཏུ་བྱམས་འཇམ་དབྱངས་ལ་གསོལ་བ་འདེབས། དེ་ཡང་སྦྱོར་བའི་དུས་སུ་བློ་ཆོས་སུ་འགྲོ་བ་སོགས་དང་། དངོས་གཞིའི་དུས་སུ། སྟོང་ཉིད་སྙིང་རྗེའི་སྙིང་པོ་ཅན་གྱི་བྱང་ཆུབ་ཀྱི་སེམས་ལ་སྒྲུབ་པ་སྙིང་པོར་བྱེད་པ་དང་། རྗེས་ཀྱི་དུས་སུ་ཞིང་ཁམས་དག་པར་སྐྱེ་བ་འཛིན་ནུས་པ་ལ་སོགས་པར་གསོལ་བ་འདེབས་སོ། །

གསུམ་པ་སྔགས་སྡོམ་རྒྱུད་སྡེ་དང་མཐུན་པར་ཉམས་སུ་ལེན་པ་ལ། རྒྱུད་སྡེ་བཞི་ལས། རྣལ་འབྱོར་བླ་མེད་ལ། ཕ་རྒྱུད་གསང་བ་འདུས་པ། མ་རྒྱུད་འཁོར་ལོ་བདེ་མཆོག །ཟབ་པ་གཉིས་མེད་དགྱེས་པ་རྡོ་རྗེ། རྒྱ་ཆེ་བ་གཉིས་མེད་དུས་ཀྱི་འཁོར་ལོའོ། །

གསང་བ་འདུས་པ་ལ། འཕགས་ལུགས་དང་ཡེ་ཤེས་ཞབས་ལུགས་གཉིས་ལས། འཕགས་ལུགས་ལ་སྦྱོར་དངོས་རྗེས་གསུམ་གྱི་སྦྱོར་རྗེས་རྟོགས་པར་སླ། དངོས་གཞི་རིམ་པ་གཉིས་ཀྱི་སྐྱེད་རིམ་རྣལ་འབྱོར་དྲུག །རྫོགས་རིམ་རིམ་པ་ལྔའོ། །ཡེ་ཤེས་ཞབས་ལུགས་ལ་སྦྱོར་དངོས་རྗེས་གསུམ་གྱི་སྦྱོར་རྗེས་རྟོགས་པར་སླ། དངོས་གཞི་རིམ་པ་གཉིས་ཀྱི་སྐྱེད་རིམ་སྙེན་སྒྲུབ་བཞི་དང་། ཏིང་ངེ་འཛིན་རྣམ་པ་གསུམ། རྫོགས་རིམ་སྤྱིར་རྣལ་འབྱོར་གསུམ་དང་། ཁྱད་པར་ཟབ་གསལ་གཉིས་སུ་མེད་པའི་ཡེ་ཤེས་སོ། །མ་རྒྱུད་འཁོར་ལོ་བདེ་མཆོག་ལ༔ སྤྱིར་ལོ་ནག་དྲིལ་གསུམ་དང་། ཁྱད་པར་རྩ་དབུ་མའི་ཉམས་ལེན་ནོ། །ལཱུ་ཡི་པ་ལ་བསྐྱེད་རིམ་རྣལ་འབྱོར་བཞི། རྫོགས་རིམ་རྡོར་སེམས་བསྒོམ་བ་སོགས་སོ། །ནག་པོ་པ་ལ་བསྐྱེད་རིམ་བསྙེན་སྒྲུབ་བཞི། རྫོགས་རིམ་ཐུན་མོང་བ་རིམ་པ་བཞི། ཐུན་མོང་མ་ཡིན་དཔྱིད་ཀྱི་ཐིག་ལེའོ། །དྲིལ་བུ་པ་ལ་བསྐྱེད་རིམ་བཅོས་མིན་ལྷུན་གྲུབ་ཀྱི་རྟེན་དང་བརྟེན་པ་ལུས་དཀྱིལ། རྫོགས་རིམ་རིམ་པ་ལྔའོ། །དེ་གསུམ་ལའང་། སྦྱོར་དངོས་རྗེས་གསུམ་ལས། སྦྱོར་རྗེས་རྟོགས་པར་སླ་ཞིང་། དངོས་གཞི་ལ་གོང་དུ་བཤད་པ་ལྟར་རིམ་པ་གཉིས་སུ་ཕྱེ་བ་ཡིན་ནོ། །

རྩ་དབུ་མའི་ཉམས་ལེན་ལ་སྦྱོར་དངོས་རྗེས་གསུམ་གྱི་སྦྱོར་རྗེས་རྟོགས་པར་སླ། དངོས་གཞི་རིམ་པ་གཉིས་ཀྱི་བསྐྱེད་རིམ་བདེ་མཆོག་འཁོར་ལོའི་དཀྱིལ་འཁོར། རྫོགས་རིམ་རྩ་དབུ་མ་བ་འབྱེད་པ་ཙཎྜ་ལིའི་རྣལ་འབྱོར་རོ། །དགྱེས་པ་རྡོ་རྗེ་ལ་སྦྱོར་དངོས་རྗེས་གསུམ་གྱི་སྦྱོར་རྗེས་རྟོགས་པར་སླ། དངོས་གཞི་ལ། ཀུན་གཞི་རྒྱུ་རྒྱུད་ལ་འཁོར་འདས་དབྱེར་མེད་ཀྱི་ལྟ་བ་སྒོམ་པ། ལུས་ཐབས་རྒྱུད་ལ་དབང་བཞིའི་ལམ་སྒོམ་པ་གཉིས་ལས། གཉིས་པ་ལ་བསྐྱེད་རྫོགས་གཉིས། རྫོགས་རིམ་ལ་རང་བྱིན་རླབས། དཀྱིལ་འཁོར་འཁོར་ལོ། རྡོ་རྗེ་ཐ་རླབས་སོ། །དུས་ཀྱི་འཁོར་ལོ་ལ་སྦྱོར་དངོས་རྗེས་གསུམ་གྱིས་སྦྱོར་རྗེས་རྟོགས་སླ། དངོས་གཞི་རིམ་པ་གཉིས་ཀྱི་བསྐྱེད་རིམ་སྙེན་སྒྲུབ་བཞི། རྫོགས་རིམ་སྦྱོར་བ་ཡན་ལག་དྲུག་པའོ། །འདི་རྣམས་ཀྱི་བསྐྱེད་རྫོགས་ཀྱི་རྣམ་གཞག་རྒྱ་ཆེན་པོ། རྒྱུད་སྡེ་དེ་དག་སོ་སོ་དང་། དེའི་དགོངས་འགྲེལ་དང་བཅས་པའི་དགོངས་པ་ཇི་ལྟ་བ་བཞིན་ཁོང་དུ་ཆུད་པར་བྱས་ཏེ། སྐབས་འདིར་བརྗོད་དོན་མདོར་བསྡུས་ཏེ་སྨོན་ལམ་དུ་འདེབས་ཤིང་། དུས་དེར་བརྗོད་བྱ་རྒྱ་ཆེན་པོ་རྣམས་ཀུང་ཡིད་ལ་བསམས་ཤིང་། བརྟག་པ་བསྐྱེད་དེ་ཉམས་སུ་བླང་བར་བྱའོ། །རྒྱུད་སྡེ་ཆེན་པོ་འདི་རྣམས་རྒྱ་བོད་ཐམས་ཅད་ན་རྩོད་པ་དང་བྲལ་ཞིང་། ནཱ་རོ་ནི་གུ་ཆོས་དྲུག་སོགས་རྫོགས་རིམ་རྣམ་

དག་ཕལ་ཆེར་འདི་རྣམས་ལ་བརྟེན་ཞིང་། རྒྱ་བོད་ཀྱི་གྲུབ་ཆེན་ཕལ་མོ་ཆེའང་རྒྱུད་སྡེ་འདི་རྣམས་ནས་བཤད་པའི་བསྐྱེད་རྫོགས་ཀྱི་ལམ་བསྒོམས་པ་ལས་གྲུབ་པ་བརྙེས་པར་སྣང་ངོ་། །

དེས་ན་སྡོམ་པ་གསུམ་ཟུང་དུ་འབྲེལ་བའི་ཉམས་ལེན་ཟབ་ཅིང་རྒྱ་ཆེ་བ་འདི་ནི། མདོ་རྒྱུད་དགོངས་འགྲེལ་དང་བཅས་པ་ལས་གསུངས་ཤིང་། སྤྱིར་ཤིང་རྟ་ཆེན་པོ་རྣམས་ཀྱི་དགོངས་པ་དང་། ཁྱད་པར་རྗེ་བཙུན་འཇམ་པའི་དབྱངས་ཀྱི་རྣམ་སྤྲུལ་ཆོས་ཀྱི་རྗེ་དཔལ་ལྡན་ས་སྐྱ་པཎྜི་ཏ་ཆེན་པོའི་དགོངས་བཞེད་མཐར་ཐུག་པ་ཡིན་པར་གདོན་མི་ཟའོ། །འདི་ལྟ་བུའི་ཉམས་ལེན་གྱི་གནད་ལ་ཚིག་ཙམ་དུ་མ་སོང་བའི་དཔྱིས་ཕྱིན་པའི་གོ་བ་བརྙེད་ན། སྡེ་སྣོད་གསུམ་རྒྱུད་སྡེ་བཞི་དང་བཅས་པ་གང་ཟག་གཅིག་གིས་སངས་རྒྱས་པའི་ལམ་དུ་འཁྱེར་ནུས་ཤིང་། གཞུང་ལུགས་ཆེན་པོ་རྣམས་གདམས་ངག་ཏུ་འཆར། སྣང་སྲིད་ཐམས་ཅད་ཉམས་ལེན་གྱི་གྲོགས་སུ་འགྱུར་བས། དེང་ཕྱིན་ཆད་ཉམས་ལེན་གྱི་གནད་ལ་ཕྱོགས་ཐམས་ཅད་ལས་རྣམ་པར་རྒྱལ་བའི་གདེང་ཐོབ་བོ། །

འདི་ལྟ་བུའི་ཉམས་ལེན་གྱི་གནད་ལ་ངེས་པ་གཏིང་ནས་རྙེད་ན། མན་ངག་ཕྲ་མོ་དང་། རགས་པ་དང་ཕྱོགས་རེ་བ་ལ་ཆོག་ཤེས་མི་སྐྱེ། ཟབ་ཟབ་མོ་ལ་འགྲམ་ཆུ་མི་ལྷང་། མི་ཚེ་ཆོས་སྨྱུམ་སྨྲུག་པའི་ཚོལ་འགྲོས་མི་འཁྱེར། གདམས་ངག་ལ་ནང་བྱན་ཆུད། ཅིག་ཀྱང་ཕེར། གཞན་འཁྲིད་པའི་ཐབས་ལ་མཁས། སྔགས་གཞུང་ཆེན་པོ་རྣམས་ལ་ཐོས་བསམ་བྱས་པ་དོན་ཅན་དུ་གོ །རང་གིས་ཉམས་ལེན་ནུས་ན་སངས་རྒྱས་སྟོང་བྱོན་ཡང་འདི་ལས་ལྷག་པའི་གདམས་པ་སྟོན་རྒྱུ་མེད་སྙམ་པ་དང་། བདུད་དཔུང་བྱེ་བས་དེ་ལས་གཞན་དུ་དགྲི་བར་མི་ནུས་པའི་ཐག་ཆོད་དང་བློ་བདེ་ཆེན་པོ་ནང་ནས་བརྙེད་པར་འགྱུར་རོ། །བློ་ཆུང་ཐོས་མེད་གཞན་དག་འདི་ལྟ་བུའི་ཉམས་ལེན་གྱི་གནད་གོ་བར་གང་བཤད་ཁུང་མེད་ཀྱི་མན་ངག་ཟབ་ཟབ་མོ་ཕྲ་མོ་དང་། ཕྱོགས་རེ་བ་ཁ་ཆད་སྣ་རལ་ལྟ་བུ་སོགས་ལ་མིང་གསེར་ཆོས་སུ་བཏགས་ནས། ཚབ་ཚུབ་དང་ཤབ་ཤིབ་ཀྱིས་བླུན་པོའི་མགོ་སྐོར་བ་ལ་སྙིང་པོ་ཅུང་ཟད་ཀྱང་ཡོད་པར་མ་གོ། འདི་ལྟ་བུ་ལ་དགོངས་ནས། ཆོས་རྗེ་ས་སྐྱ་པས་དེང་སང་བོད་འདི་ན་སྡེ་སྣོད་གསུམ་དང་མི་མཐུན། རྒྱུད་སྡེ་བཞི་དང་འགལ་བའི་ཆོས་ངོ་མཚར་ཅན་དུ་བྱེད་པ་མང་པོ་འདུག་སྟེ། ངས་ཅི་ཡིན་ངོ་མི་ཤེས་ཞེས་དང་། སྤྱིར་འདུལ་བ་སྤྱིའི་དམ་ཚིག །ཕ་རོལ་ཏུ་ཕྱིན་པ་བྱེ་བྲག་གི་དམ་ཚིག །གསང་སྔགས་ཁྱད་པར་གྱི་དམ་ཚིག་ཅེས་བགྱི་བ་ཡིན་པས། འོ་སྐོལ་ཆོས་པ་རྣམས་ཀྱིས་སྤྱོད་པ་འདུལ་བ་དང་མཐུན། སྒོམ་པ་མདོ་སྡེ་དང་མཐུན། གསང་སྔགས་བྱེད་ན་རྒྱུད་སྡེ་དང་མཐུན་པ་ཞིག་དགོས། དེ་ཙམ་དང་མི་མཐུན་པའི་ཆོས་པ་བཟང་ཟེར་བ་བྱུང་ཡང་ཅིར་འགྲོ་མི་ཤེས་པ་གདའ་ཞེས་དང་། དེ་ལ་བདག་གིས་བསྟན་པ་ལ་འཇུག་པའི་རིམ་པ་འདི་ལྟར་གོ་བས་འཐད་མི་འཐད་ལེགས་པར་དཔྱད་པར་ཞུ། ཐོག་མར་སྐྱབས་འགྲོ་མ་བྱས

ན་སངས་རྒྱས་པའི་ཁོངས་སུ་མི་ཚུད། སེམས་བསྐྱེད་མ་བྱས་ན་ཐེག་པ་ཆེན་པོའི་ཁོངས་སུ་མི་ཚུད། དབང་མ་བསྐུར་ན་གསང་སྔགས་པའི་ཁོང་སུ་མི་ཚུད་པར་གོ་ཞེས་གསུངས་སོ། །

དེ་ལྟར་སྤྱིར་བཤད་ནས། སྒོ་གསུམ་འདྲུག་པ་གཅིག་ཏུ་དྲིལ་ཏེ་ཉམས་ལེན་དངོས་ལ་འཇུག་པའི་ཚེ། དམིགས་རྟེན་མེད་ཀྱང་རུང་མོད་ཀྱི། ཡོད་ན་མཆོག་ཏུ་གྱུར་པས་དེའི་མཐའ་སྐོར་དུ་མཆོད་པའི་ཚོགས་རྣམ་པར་དག་ཅིང་བསམ་གྱིས་མི་ཁྱབ་པ་བཀོད་པ་མཛེས་པར་བཤམ། དེའི་མདུན་དུ་རང་སྟན་བདེ་བ་ལ་འདུག །ལུས་སེམས་ཁོང་གློ་མ་ཡེངས་པའི་ངང་ནས། མདུན་དུ་རིན་པོ་ཆེའི་ཁྲི་སེང་གེ་ཆེན་པོ་བརྒྱད་ཀྱིས་བཏེགས་པ། དེའི་སྟེང་དུ་ཉི་ཟླ་པད་མའི་གདན་གྱི་དབུས་སུ་རང་གི་རྩ་བའི་བླ་མ་ཡི་དམ་གང་མོས་ཀྱི་རྣམ་པར་གསལ་བཏབ། དེའི་མཐའ་སྐོར་དང་སྟེང་གི་ནམ་མཁར། སྡོམ་པ་གསུམ་སོ་སོ་བརྒྱུད་པའི་བླ་མ་རྣམས་དང་།

གཞན་ཡང་ཆོས་འབྲེལ་ཡོད་ཚད་ཀྱི་བླ་མ་གསལ་བཏབ། མདུན་དུ་གསང་བ་འདུས་པ་མི་བསྐྱོད་པ་ལྷ་སུམ་ཅུ་སོ་གཉིས། འཇམ་པའི་རྡོ་རྗེ་ལྷ་བཅུ་དགུ། བདེ་མཆོག་ལྷ་དྲུག་བཅུ་རྩ་གཉིས། དགྱེས་པ་རྡོ་རྗེ་ལྷ་དགུ། དུས་ཀྱི་འཁོར་ལོ་ལྷ་དྲུག་བརྒྱ་སོ་དྲུག །གཡས་སུ་སངས་རྒྱས་དཀོན་མཆོག །རྒྱབ་ཏུ་ཆོས་དཀོན་མཆོག །གཡོན་དུ་དགེ་འདུན་དཀོན་མཆོག །འོག་ཏུ་རྒྱལ་པོ་ཆེན་པོ་རྣམ་ཐོས་སྲས་རྟ་བདག་བརྒྱད། སྡེ་དཔོན་ཉེར་བརྒྱད། སྟོབས་ཆེན་སུམ་ཅུ་རྩ་གཉིས། གནོད་སྦྱིན་བྱེ་བའི་ཚོགས་དང་བཅས་པ། ཡེ་ཤེས་ཀྱི་མགོན་པོ་ཕྱག་དྲུག་པ་ལྕམ་དྲལ། ཀྵེ་ཏྲ་པཱ་ལ། ཛཱ་ན་མི་ཏྲ། ཏཀྐི་རཱ་ཛ། བདུད་མགོན་ཏ་ཀ་ཤད་དང་བཅས་པ། དཔལ་གུར་གྱི་མགོན་པོ། ཨེ་ཀ་ཛྙཱ་ཏི། འདོད་ཁམས་དབང་ཕྱུག་མ། གནོད་སྦྱིན་ཕོ་མོ་པུ་ཏྲ་མིང་སྲིང་། ཆྭ་ཏ། རུ་འདྲེན་སྡེ་བཞི་དང་བཅས་པ། དཔལ་མགོན་ཞལ་བཞི་པ། གཡུང་མོ། གཏུམ་མོ། སྲིན་མོ། སིངྷ་ལི་མ་དང་བཅས་པ། ཁྲོ་བོའི་དབང་པོ་དཔལ་རྡོ་རྗེ་ཤུགས། ཁྲོ་ཆེན་བཅུ། ཟད་པར་བཅུ། ཕྱོགས་སྐྱོང་བཅུ། གཟའ་ཆེན་བཅུ། ཀླུ་ཆེན་བཅུ། འབྱུང་ཆེན་བཅུ་དང་བཅས་པ། གཞན་ཡང་བླ་མ་ཡི་དམ་དཀོན་མཆོག་གསུམ། ཆོས་སྲུང་རྒྱ་མཚོའི་ཚོགས་དཔག་ཏུ་མེད་པ་གནས་དེ་དང་དེར་གསལ་བཏབ་ཅིང་། མངོན་སུམ་དུ་བཞུགས་པར་བསམས་ཏེ། གོང་འོག་ནས་འབྱུང་བ་ལྟར་ཉམས་སུ་བླང་ངོ་། །རང་གི་མཐའ་སྐོར་དུ་མར་གྱུར་གྱི་སེམས་ཅན་ཐམས་ཅད་གསལ་བཏབ་ཅིང་། རང་གིས་ཉམས་ལེན་བྱེད་པ་ལྟར་དེ་རྣམས་ཀྱིས་ཀྱང་ཉམས་ལེན་བྱེད་པར་བསམ་མོ། །

མདོར་ན་ཚུལ་ཆེན་པོ་གཉིས་ཀྱི་ཉམས་ལེན་གྱི་གནད་ཐམས་ཅད་བསྡུས་ན། ཐབས་ཆ་མ་དོར་བའི་ངོས་ནས་ཉམས་ལེན་གང་བྱེད་ཀྱང་གཟུང་འཛིན་གཉིས་མེད་ཀྱི་ཤེས་པ་རང་རིག་རང་གསལ་གྱི་རྩིས་ཟིན་པར་བྱེད་དགོས། དེ་ལྟར་བྱས་ན་ཉམས་ལེན་གང་བྱེད་ཐེག་པ་མཆོག་གི་ཉམས་ལེན་དང་། ཉམས་སུ་ལེན་པ་པོ་དེ་ཡང

ཐེག་པ་མཆོག་གི་རྣལ་འབྱོར་པར་འགྱུར་རོ། །

༄ ཐམས་ཅད་མཁྱེན་པ་ལ་ཕྱག་འཚལ་ལོ། །ཁྱབ་བདག་དྲང་སྲོང་ཆེན་པོ་ཤཱཀྱ་ཐུབ། །དགུང་ལོ་ཉེར་དགུ་ལ་རབ་ཏུ་བྱུང་། ཤེས་རབ་ཅན་གྱི་མཆོག་གྱུར་ཤཱ་རིའི་བུ། །ཚུར་ཤོག་གི་བསྙེན་པར་རྫོགས། བསླབ་ལ་གུས་པའི་མཆོག་གྱུར་དགྲ་གཅན་འཛིན། །འདིའི་རྣམ་ཐར་ལུང་དང་འདུལ་བ་མི་མཐུན། ད་ལྟར་ཆོགས་བསྙེན་པར་རྫོགས། ད་ལྟར་ཡང་གྲི་ཡང་ཀུའི་གླིང་ན་བཞུགས། ཕྱག་འཚལ་གསོལ་འདེབས་སྙིང་ནས་སྐྱབས་སུ་མཆི། །མཉམ་མེད་མཁན་པོ་གྲུབ་ཆེན་ར་ཧུ་ལ། །འདིས་སྤྱོད་པ་ལ་ཞུགས་ནས་ཀླུ་སྒྲུབ་ཀྱིས་མཁན་པོ་མཛད། དོ་ཧ་སྐོར་གསུམ་གྱི་རྒྱལ་པོ་དོ་ཧ་དང་བཙུན་མོ་དོ་ཧ་གཉིས་རྩོད་པ་ཅན་ཡིན་མོད། ཁ་ཅིག་དམངས་དོ་ཧ་བོད་ཀྱི་ཕྱག་རྒྱ་བས་བྱས་ཟེར་བ་མི་མཐད་དེ། དབང་མདོར་བསྟན་གྱི་འགྲེལ་པ་དང་། ཉི་མ་དཔལ་ཡེ་ཤེས་ཀྱིས་མཛད་པའི་མཚན་བརྗོད་འགྲེལ་པ་སོགས་སུ་དེའི་ལུང་དྲངས་པའི་ཕྱིར་དང་། ཛོ་བོ་ཛི། ཀླ་ལོ་ཙྭ་བ། བལ་པོ་ཨ་སུ་རྣམས་ཀྱི་འགྱུར་ཡང་སྣང་ཞིང་། རྒྱ་དཔེ་རྣམ་དག་ཡང་ད་ལྟ་བོད་ན་བཞུགས་པའི་ཕྱིར་རོ། །ཤེར་ཕྱིན་གྱི་བསྟོད་པ། ཁྱོད་མཐོང་ན་ཡང་གྲོལ་འགྱུར་ཏེ། །ཞེས་སོགས་ཀླུ་སྒྲུབ་ཀྱིས་མཛད་ཟེར་བ་མི་འཐད་དེ། རྩ་ཤེའི་རབ་བྱེད་བརྒྱད་པའི་འགྲེལ་པར། བུདྡྷ་པཱ་ལི་ཏས་བྲམ་ཟེ་ཆེན་པོས་མཛད་པར་བཤད་པའི་ཕྱིར། སྨྲ་བསམ་བརྗོད་མེད་སོགས། བློ་གྲོས་མཚུངས་མེད། ཉ་དབོན། ལོ་ཆེན་སྐྱབས་མཆོག་སོགས་བྲམ་ཟེ་ཆེན་པོས་མཛད་གསུང་བ་ནི་མ་དག་སྟེ། དེ་ནི་རཏྣ་ཀཱིརྟིས་མཛད་པའི་སྦྱོར་བ་བཞིའི་ལྷ་ལ་བསྟོད་པའི་ཚིག་ཡིན་པའི་ཕྱིར། མི་སློབ་ཟུང་འཇུག་སྐུ་བརྙེས་ཀླུ་སྒྲུབ་ཞབས། །ཁ་ཅིག་ཛེ་འུ་རིགས་ཡིན་གསུངས། ཀླུ་སྒྲུབ་དགོངས་ལོ་ཉེར་བརྒྱད་པ་ལ་མཁན་པོ་དྲི་མ་མེད་པའི་གཞི་བརྗོད་ཅན་ཞེས་པ་དང་། སློབ་དཔོན་ཛྙཱ་ན་ཞེས་པ་ལས་རབ་ཏུ་བྱུང་ཞེས་རྒྱལ་བ་སངས་རྒྱས་དཔོན་སྟོན་གསུང་། དབུ་མའི་སྲོལ་འཛིན་གུ་ན་མ་ཏི་ལ། །རྩ་ཤེས་འགྲེལ་པ་བརྒྱད་ཀྱི་ནང་ན་གཅིག་འདིས་མཛད། ཕྱག་འཚལ་གསོལ་འདེབས་སྙིང་ནས་སྐྱབས་སུ་མཆི། །དེ་ཉིད་མཁན་བུ་རིན་ཆེན་བཤེས་གཉེན་དང་། །ལམ་འབྲས་རྣམ་ཐར་དུ་ཧྲྀ་མི་ཏྲ་ཞེས་གསུངས། གནས་བརྟན་ཤིང་རྟ་ཆེན་པོ་ཆོས་སྐྱོང་ཞབས། །གུ་ན་པ་ཏི་ཆོས་ཀྱི་ཕྲེང་བ་ལ། །ཕྱག་འཚལ་གསོལ་འདེབས་སྙིང་ནས་སྐྱབས་སུ་མཆི། །སྐྱེ་བ་འདིའི་འོག་རོལ་དེ་མ་ཐག །དགའ་ལྡན་བྱམས་པའི་དྲུང་གཤེགས་པར་ཞལ་གྱིས་བཞེས་པ་ཞི་བའི་ཞབས། །སངས་རྒྱས་རབ་གསལ་དབང་པོ་ཤཱཀྱ་ཤྲཱི། །མེ་མོ་ལུག་ལོ་པ་ཉེར་གསུམ་ལ་རབ་ཏུ་བྱུང་། སུམ་ཅུ་ལ་བསྙེན་པར་རྫོགས། བདུན་ཅུ་རྩ་བརྒྱད་ལ་བོད་དུ་ཐེབས། ཤིང་ཕོ་ཁྱིའི་མཇུག་ལ་ཁ་ཆེར་ཐེགས། དེར་ལོ་བཅུ་དང་ཟླ་བ་དྲུག་བཞུགས་ནས། གོ་དགུ་བཞེས་པ་ཤིང་མོ་བྱའི་ལོ་ལ་དགའ་ལྡན་དུ་གཤེགས། པཎ་ཆེན་དེའི་དམ་བཅའ་བཞི་ནི། ཉིན་ཞག་ཐུགས་གཅིག་གི་ནང་དུ་ཆོས་སྤྱོད་བཅུ་མ་ཆག་པར་མཛད་པ། སྤྱོད་ལམ་བཞིའི་ཁོང་དུ་ནོར་རྫས་ཅི་བྱུང་ཡང་བདག་གིར་མི་འཛིན་པ། གནོད་ལན་ཕན་པས་འཇལ་བ། བདེ་སྡུག་ཅི་བྱུང་ཡང་ཐབས་གཞན་མི་འཚོལ་བར་ཕ་རོལ་ཏུ་ཕྱིན་པའི་དོན་ཟབ་མོ་ལམ་དུ་འཁྱེར་བའོ། །སྟན་གཅིག་བརྟུལ་ཞུགས་བཀའ་བབས་ལྷོ་བྲག་པ། །ཆུ་མོ་ཡོས་ལོ་པ་ཉེར་གཉིས་ལ་བསྙེན་པར་རྫོགས། འདིའི་ལས་གསང་གི་སློབ་དཔོན་ཤངས་པ་ཛ་གདན་དང་། རྒྱལ་རོང་གཞོན་རིན་གཉིས་བླ

ཆེན་མཁན་རྒྱུད་ཡིན། ཕྱག་འཚལ་གསོལ་འདེབས་སྙིང་ནས་སྐྱབས་སུ་མཆི། ། དེ་སྲས་ཤཱཀྱའི་དགེ་སློང་བདེ་བ་དཔལ། །འདིའི་སློབ་དཔོན་གཉིས་བླ་ཆེན་བརྒྱུད། གནས་བརྟན་བྱང་སེམས་ཆེན་པོ་བསོད་ནམས་གྲགས། །རྒྱུ་མོ་བྱ་ལོ་པ་ཉི་ཤུ་ལ་བསྙེན་པར་རྫོགས། འདི་བླ་མ་དམ་པ་སྐྱ་མཆེད་ཏི་ཤྲཱི་ཀུན་རྒྱལ། བསོད་བློ་སོགས་གདུང་བརྒྱུད་རྣམས་དང་། དོལ་པོ་པ། གཡུང་སྟོན། ཀ་བཞི་པ་བྱམས་པར་སོགས་ཀྱི་མཁན་པོ། བུའི་ལས་སློབ། རྒྱལ་སྲས་པ་ལ་སེམས་བསྐྱེད་གནང་བའི་བླ་མ་ནི། རྣམ་དག་ཚུལ་ཁྲིམས་གཅེས་འཛིན་གྲགས་པའི་མཚན། །རྒྱུ་མོ་གླང་ལོ་པ་ཉི་ཤུ་ལ་བསྙེན་པར་རྫོགས། ཕྱག་འཚལ་གསོལ་འདེབས་སྙིང་ནས་སྐྱབས་སུ་མཆི། །འཇམ་དབྱངས་རིན་ཆེན་རྒྱལ་མཚན་སྤོས་ཁང་པ། །ས་ཕོ་ཁྱིས་ལོ་པ་ཉི་ཤུ་ལ་བསྙེན་པར་རྫོགས། ཀུན་མཁྱེན་དགའ་གདོང་། མཁན་ཆེན་དཀོན་བཟང་སོགས་ཀྱི་མཁན་པོ། བཤེས་གཉེན་དམ་པ་མཁས་གྲུབ་དོན་ཡོད་དཔལ། །ས་ཕོ་སྟག་ལོ་པ་ཉེར་གསུམ་ལ་བསྙེན་པར་རྫོགས། སོ་ཐར་སྡོམ་པའི་རྒྱ་བརྒྱུད་མཁན་པོ་ལ། །ཕྱག་འཚལ་གསོལ་འདེབས་སྙིང་ནས་སྐྱབས་སུ་མཆི། །བདག་གིས་དང་པོར་དོན་གྱི་སྣད་དུ་མཚན་ནས་སྨོས་ཏེ། བསོད་ནམས་ཆོས་ཀྱི་ཀུན་དགའ་བཀྲ་ཤིས་རྒྱལ་མཚན་དཔལ་བཟང་པོ་ལ་མཁན་པོ་དང་། སློབ་དཔོན་རིན་པོ་ཆེ་བསོད་ནམས་ཡེ་ཤེས་ལ་སློབ་དཔོན་ཞུས་ནས། རབ་བྱུང་དང་དགེ་ཚུལ་བསྒྲུབས། སླར་ཡང་རྗེ་རིན་པོ་ཆེ་གསེར་མདོག་ཅན་པའི་དྲུང་དུ་རབ་བྱུང་དང་དགེ་ཚུལ་བསྒྲུབས། རྗེ་འདིས་ཀུན་མཁྱེན་རོང་པོའི་དྲུང་དུ། རབ་བྱུང་དང་དགེ་ཚུལ་བསྒྲུབསཤིང་། རྗེ་དོར་པ་ཆེན་པོའི་དྲུང་དུ་བསྙེན་པར་རྫོགས། རྗེ་རོང་ཆེན་པའི་མཁན་བརྒྱུད་ནི། ཚོང་བཙུན་ཤེས་རབ་སེང་གེ་ནས་བརྒྱུད་དོ། །བདག་གི་བསྙེན་རྫོགས་ནི། དོན་གྱི་སྣད་དུ་མཚན་ནས་སྨོས་ཏེ། མཁས་གྲུབ་དོན་ཡོད་དཔལ་ལ་མཁན་པོ་དང་། རྗེ་གསེར་མདོག་ཅན་པ་ལ་ལས་སློབ། སློབ་དཔོན་ཆོས་ཀྱི་བཟང་པོ་ལ་གསང་སྟོན། མི་ཉག་པཎྜི་ཏ་ཆོས་ཀྱི་གྲགས་པས་དུས་སྒོ་བ། དད་པའི་དགེ་འདུན་གནས་སྒོ་རབ་འབྱམས་པ་དབང་ཕྱུག་དཔལ་ལ་སོགས་ཏེ་དགེ་འདུན་བཅོ་ལྔའི་དབུས་སུ་རང་ལོ་ཉེར་དྲུག་པ། ཕག་གི་ལོ་སྟོན་ཟླ་ཐ་ཆུང་གི་ཚེས་གཅིག་གི་ཉི་མ་གྲུང་སྤྲོས་ཙམ་གྱི་དུས་ཚོད་ཆ་ཏང་པ་དྲ་ཀྱི་དུས་སུ། དཔལ་གསེར་མདོག་ཅན་གྱི་གཙུག་ལག་ཁང་ཆེན་པོར་བསྙེན་པར་རྫོགས་པ་ལགས་སོ། །རྗེ་གསེར་མདོག་ཅན་པའི་དྲུང་དུ། འདུལ་བ་མདོ་རྩ་བའི་བཤད་པ་ལན་གྲངས་དུ་མར་ཉན་ཞིང་། གཞན་ཡང་བསླབ་བྱ་ལག་ལེན་དང་བཅས་པ་དང་། ཀརྨ་ཤ་ཏ་སོགས་འདུལ་བའི་སྐོར་རྣམས་ལེགས་པར་ཐོས་སོ། །འཕགས་པ་ཀླུ་སྒྲུབ་དང་ཐོགས་མེད་གཉིས་ཡོད་སྨྲ་བའི་སྡེ་པ་ཡིན་ཞིང་། བོད་ཀྱི་རབ་བྱུང་ཐམས་ཅད་ཀླུ་སྒྲུབ་ནས་བརྒྱུད་དོ། བསྟན་པ་ཕྱི་དར་གྱི་རབ་བྱུང་སྙེན་རྫོགས་ཕལ་ཆེར་དབུས་གཙང་གི་མི་བཅུའི་ནང་ནས། དབུས་ཀྱི་གསུམ་པ་དང་། མངའ་རིས་འོད་ཀྲུས་སྤྱུན་མ་གཏོགས་གཞན་རྣམས་ལས་མཆེད། བོད་ཀྱི་མཁན་བརྒྱུད་གསུམ་གྱི་ནང་ནས། སྨད་འདུལ་བའི་མཁན་བརྒྱུད་ནི། ཁ་ཅིག །ཞི་བ་འཚོ་བྲ་རཀྵ། རབ་འབྱོར་དབྱངས། བླ་ཆེན་པོ། སྦ་གོང་ཡེ་ཤེས་གཡུང་དྲུང་། གྲུམ་ཡེ་ཤེས་རྒྱལ་མཚན། ཀླུ་མེས་ཆེན་པོ་ཞེས་འདོད། ཡང་ཁ་ཅིག བླ་ཆེན་པོས་མཁན་པོ། ཀླུ་གྱིས་ལས་སློབ། སྦྲོས་གསང་སྟོན་བྱས་ནས་མི་བཅུ་བསྙེན་པར་རྫོགས་ཞེས་འདོད། རྩང་དང་གཡོས། ལས་གསང་གི་སློབ་དཔོན་བྱས་ཤེས་རྩང་ནགས་པ་བཞེད། བཀའ་ཆེམས་ཀྱི་ཡི་གེ་ཁ་ཅིག་ན། ཞི་འཚོས་མཁན་པོ། རྣན་སེ་

ལ་དང་། ཇོ་ན་མི་ཏྲས་ལས་གསང་གི་སློབ་དཔོན་བྱས་ནས་གཡོ་བསྙེན་པར་རྫོགས། དེས་བླ་ཆེན་པོ། དེས་སྦྲོ། དེས་གྲུམ། དེས་ཀླུ་མེས་བསྙེན་པར་རྫོགས་ཤེས་འབྱུང་། བཅོམ་ལྡན་པ་བླ་ཆེན་མཁན་བུ། གྲུམ་ལ་མེ་བཙུན་སྟོན་པ་བླངས་གསུངས། ཁ་ཅིག་གཡོ་དགེ་འབྱུང་འཛིན་མི་ཏྲའི་མཁན་བརྒྱུད་དུ་འདོད། ཁ་ཅིག་བླ་ཆེན་པོའི་མཁན་བུ་སྦ་བར་གཉིས། ཛ་ཅོག་གཉིས། གཞད་སྲང་གཉིས། འལ་སྐྱབས་གཉིས། ཐོང་འཚུར་བྲ་རྣམས་ལས། འཚུར་ཤེས་རབ་མཆོག་གི་མཁན་བུ་ཀླུ་མེས་ཆེན་པོ་སོགས་ཡིན་གསུངས། རྐང་གཉིས་མཆོག་གྱུར་རྫོགས་པའི་སངས་རྒྱས་དང་། །འདོད་པ་རྣམས་ལ་ཆགས་བྲལ་དམ་པའི་ཆོས། །ཚོགས་མཆོག་འདུས་པའི་འཕགས་པའི་དགེ་འདུན་ལ། །ཕྱག་འཚལ་གསོལ་འདེབས་སྙིང་ནས་སྐྱབས་སུ་མཆི། །རྒྱལ་ཆེན་རྣམས་མང་ཐོས་སྲས་ཧྭ་བདག་བརྒྱད། སྡེ་དཔོན་ཉེར་བརྒྱད་སྟོབས་ཆེན་སུམ་ཅུ་གཉིས། །ནོར་གྱི་དབང་ཕྱུག་གནོད་སྦྱིན་བྱེ་བ་སོགས། །བསྟན་པ་བསྲུང་བའི་དམ་ཅན་རྒྱ་མཚོའི་ཚོགས། །བདག་ཅག་དམ་ཆོས་འདུལ་བའི་ཚངས་སྤྱོད་པ། །འཁོར་བཅས་ཀུན་ལ་བུ་བཞིན་སྐྱོང་བ་དང་། །ཐུབ་བསྟན་སྤྱི་དང་རྒྱ་ཆེན་འདུལ་བ་ཡི། །བཤད་སྒྲུབ་བསྟན་པ་རྒྱས་པར་མཛད་དུ་གསོལ། །

རྣམ་དག་ཚོགས་ཐོབ་ཅིང་སྡོམ་ལ་གནས། །བསྟན་པའི་རྩ་བ་སོ་ཐར་ཚུལ་ཁྲིམས་ལས། །ཐུན་དྲུག་རྣལ་འབྱོར་མེ་ཏོག་ཆུན་པོ་དེ། །སོ་ཐར་མཁན་བརྒྱུད་སྟོན་པ་འཁོར་བཅས་འབུལ། །ཁྲིམས་པའི་དབང་གྱུར་མི་ཤེས་མ་གུས་པས། །སོ་ཐར་བསྟན་པའི་རྩ་བར་མ་ཤེས་པར། །འདུལ་བའི་སྡེ་སྣོད་དང་འགལ་ཉེས་སོགས་གང་། འགྱོད་པས་མཐོལ་ཞིང་སྡོམ་པའི་སེམས་ཀྱིས་བཤགས། །རྒྱ་ཆེན་འདུལ་བའི་དབུས་སུ་གནས་བྱས་ཤིང་། །དེ་གསུངས་ཉན་ཐོས་བསླབ་པའི་བཅས་མཚམས་ལ། །སྐད་ཅིག་མི་འདའ་ཚུལ་བཞིན་ཉམས་ལེན་པའི། །འདུལ་བ་འཛིན་པ་ཀུན་ལ་རྗེས་ཡི་རང་། །འདུལ་བའི་ཁང་བཟང་དངོས་ཤུགས་བཅས་མཚམས་ཀྱིས། །རྒྱ་ཡིས་དམ་བཅིངས་མ་སྨྲས་ལེགས་ཕྱེ་ནས། ཟབ་ཅིང་རྒྱ་ཆེ་ཆོག་བཤད་མན་ངག་གི། །དམ་ཆོས་འདུལ་བའི་ཆོས་ཀྱི་བདུད་རྩི་སྩོལ། །སོ་ཐར་མཁན་བརྒྱུད་སྟོན་པ་འཁོར་བཅས་དང་། །རྒྱལ་དང་དེ་སྲས་དགྲ་བཅོམ་འཕགས་པའི་ཚོགས། །གདུལ་བྱ་དག་པའི་སེམས་ཀྱི་ཆུ་གཏེར་དུ། །སྒྲིབ་མེད་རྟག་འཆར་གྲུབ་པས་གསོལ་བ་འདེབས། །བསྟན་པའི་རྩ་བ་སོ་ཐར་ཚུལ་ཁྲིམས་ལ། །བཙུན་པ་ཡོན་ཏན་འོད་ཀྱི་བཞེད་ཇི་བཞིན། །འཁྲུལ་མེད་ཉམས་ལེན་བགྱིས་པའི་དགེ་ཚོགས་གང་། །རྫོགས་སངས་རྒྱས་ཀྱི་བྱང་ཆུབ་ཕྱིར་བསྔོའོ། །

དལ་འབྱོར་བརྙེད་དཀའ་མི་རྟག་འཆི་བ་དང་། །ལས་འབྲས་སླུ་མེད་འཁོར་བའི་ཉེས་དམིགས་རྣམས། །མཐོང་ཞིང་རིག་ནས་ཤུགས་དྲག་དད་བརྩོན་དང་། །ངེས་འབྱུང་བསམ་པས་ཉེར་ཞི་བསྒྲུབ་པའི་ཕྱིར། །བཤེས་གཉེན་དམ་པ་རིང་ནས་འཚོལ་བ་དང་། །བརྙེད་ནས་དེ་མཉེས་དེ་ཡི་སྤྱན་སྔ་རུ། །བསྟན་པའི་རྩ་བ་སོ་ཐར་ཚུལ་

ཁྲིམས་ནོད། །ཚུལ་གནས་ཐོས་དང་བསམ་པ་མཐར་ཕྱིན་ཤོག །ཇི་ལྟར་སྔོན་གྱི་སྟོན་པ་འཁོར་བཅས་ཀྱིས། ། རབ་བྱུང་བསྙེན་རྫོགས་བསླབ་ལ་གནས་པ་ལྟར། །དེ་བཞིན་བདག་ཀྱང་འགྲོ་ལ་ཕན་དོན་དུ། །རབ་བྱུང་བསྙེན་རྫོགས་བསླབ་ལ་གནས་པར་བགྱི། །འདུལ་བའི་སྒྲོར་ཞུགས་ཇི་སྲིད་འཚོའི་བར་དུ། །དམ་པའི་སྤྱན་སྔར་ཇི་ལྟར་ཁས་བླངས་བཞིན། །ཉན་ཐོས་གཞུང་གི་བསླབ་པའི་བཅས་མཚམས་ལ། །དྲན་དང་ཤེས་བཞིན་བག་ཡོད་བསྙེན་པར་ཤོག །ཉིན་མཚན་ཐུན་དྲུག་རང་རྒྱུད་བརྟགས་པའི་ཚེ། །ཉེས་པས་མ་གོས་དགའ་བས་ཡི་རང་ཞིང་། །གལ་ཏེ་གོས་ན་བཤགས་སྡོམ་བྱིན་བརླབས་ཏེ། །བཤགས་ཚད་མ་འདས་རང་རྒྱུད་དག་པར་ཤོག །ཕན་བདེའི་འབྱུང་གནས་ཐུབ་བསྟན་རིན་པོ་ཆེ། །ཚུལ་ལྡན་འདུས་པའི་ཚོགས་ལ་རག་ལས་ཤེས། །རྒྱ་བོད་མཁས་སྨོངས་ཀུན་ལ་རླུང་ལྟར་གྲགས། །དེ་ཕྱིར་བསླབ་གཞི་ཚུལ་ཁྲིམས་གཙེས་འཛིན་ཤོག །བསྟན་པའི་རྩ་བ་ལེགས་གསུངས་འདུལ་བ་ཞེས། །རྒྱལ་བས་རྣམ་གྲངས་དུ་མར་བསྔགས་མོད་ཀྱི། །དུས་འདིར་མཁས་སྨོངས་ཀུན་གྱིས་རྩ་ལྟར་དོར། །དེ་ཕྱིར་ཚུལ་འདིར་ནན་གྱིས་འཇུག་པར་ཤོག །ཚུལ་ཁྲིམས་བྲལ་ལ་རྩེ་གཅིག་ཏིང་འཛིན་དཀོན། །དེ་མེད་གནས་ལུགས་རྟོགས་པའི་ཤེས་རབ་དཀའ། །དེ་ཕྱིར་བསླབ་གསུམ་རྩ་བ་ཚུལ་ཁྲིམས་ཏེ། །དེས་ན་དང་པོར་ཚངས་སྤྱོད་ཚོལ་བར་ཤོག །མང་བཀུར་ཆེར་རློམ་ཐོས་པས་དྲེགས་རྣམས་ཀྱང་། །ཆོས་འདུལ་མི་མཁྱེན་མཁྱེན་ཀྱང་བསླབ་ལ་གཡེལ། །གཞན་དོན་ཐབས་ཀྱི་གཙོ་བོ་དེར་བས་ན། །དང་པོར་ཆོས་འདུལ་མཁྱེན་དང་བསྒྲུབ་པར་ཤོག །

བྱང་ཕྱོགས་འདི་ན་རབ་ཏུ་བྱུང་རྣམས་ལ། །ཆོས་འདུལ་བཤད་པའི་རྒྱུན་ཙམ་སྣང་མོད་ཀྱང་། །ལག་ལེན་ལྷོད་དང་འཆོལ་དང་ཁྲུད་དུ་གསོད། །གང་ཤེས་བསླབ་པ་རྒྱུད་ལ་འགྱུར་བར་ཤོག །གནས་གཞིའི་མཁན་སློབ་སོ་སོའི་བརྟུལ་ཞུགས་འཛིན། །རབ་བྱུང་ཕལ་ཆེར་འཇིག་རྟེན་བྱ་བས་བྲེལ། །སྒོམ་ཆེན་སྟོང་པའི་ཁུར་ཀྱིས་དམན་པར་བལྟ། །དེ་རྣམས་འདུལ་བའི་བསླབ་གནས་བག་ཡོད་ཤོག །མཁན་སློབ་སྤྱན་སྔར་ཁས་བླངས་དམ་བཅས་ནས། བསླབ་ལ་གཡེལ་བའི་རྟགས་ཀྱི་རབ་བྱུང་དང་། །མིང་གི་དགེ་སློང་ཆོས་བརྒྱད་བཤད་བསྒྲུབ་ལ། །ཡིད་བརྟེན་མི་རུང་དོན་ལ་རྟོན་པར་ཤོག །ཚུལ་ལྡན་འདུས་པའི་ཚོགས་སུ་མ་ལོངས་ན། །ངུར་སྨིག་རྟགས་འཆང་རབ་བྱུང་གྲངས་མང་ཀྱང་། །བསྟན་པའི་བྱ་བ་ནམ་ཡང་བསྒྲུབ་མི་ནུས། །ཚུལ་ལྡན་འདུས་པའི་མཆོ་ཆེན་གོང་འཕེལ་ཤོག །ཉན་ཐོས་སྤྱོད་པའི་སྨད་བྱུང་བསླབ་པ་ལ། །ཚངས་སྤྱོད་གནའ་པོ་སྔོན་གྱི་དྲང་སྲོང་ལྟར། །དཀའ་བ་དང་བླང་ཐེག་པ་ཁུར་འཁུར་གྱིས། །མི་ཞུམ་མི་ལྷོད་སྤྲོ་དགས་སློབ་པར་ཤོག །སྔོན་རབས་གནས་བརྟན་རྒན་པོའི་རྣམ་ཐར་བསམས། །རྣམ་དག་ངེས་འབྱུང་བསམ་པས་ཡིད་བསྐུལ་ཏེ། །ཡི་དམ་བརྟན

པོས་དེ་མཚུངས་བསླབ་པ་ལ། །བསམ་སྦྱོར་དྲག་པོས་ཚུལ་བཞིན་སློབ་པར་ཤོག །ཤིང་དྲུང་ལ་སོགས་ངེས་མེད་གནས་རྣམས་སུ། །འདོད་ཆུང་ཆོག་ཤེས་བསོད་སྙོམས་འཚོ་བ་དང་། །ཕྱག་དར་ཁྲོད་ཀྱི་དམན་པའི་གོས་གྱོན་ནས། །བཀུས་ཏེ་བོར་བའི་སྨན་གྱིས་ཆོག་ཤེས་ཤིང་། །ཁང་བརྩེགས་ལྔ་བརྒྱ་ཁ་ཟས་རོ་བརྒྱ་པ། །གོས་མཆོག་འབུམ་རི་ཞུམ་མར་སྨན་སོགས་ལ། །ཆགས་མེད་ལོངས་སྤྱོད་མཐའ་གཉིས་མ་ལྟུང་བར། །བསྙེན་བྱའི་འཚོ་བ་རྣམ་པར་དག་པར་ཤོག །མདོ་ལས། དགེ་སློང་དག་མཐའ་གཉིས་སྤང་བར་བྱ་སྟེ། འདི་ལྟ་སྟེ། འདོད་པ་བསོད་ཉམས་ཀྱི་མཐའ་དང་། ངལ་ཞིང་དུབ་པའི་མཐའོ། །མཐའ་གཉིས་སྤངས་པའི་དབུ་མའི་ལམ་བསྟེན་པར་བྱའོ། ཞེས་གསུངས། བཀུས་ཏེ་བོར་བའི་བཀུས་པ་ནི། ཐུན་ཚོགས་འགྲེལ་པར། བཀུས་པ་ནི་བཀོལ་བ་ཡིན་པ། ཁུ་བ་བཀུས་ཤིང་བཙིར་ནས་ཕྱི་རོལ་དུ་བོར་བ་གང་ཡིན་པ་དེ་ནི། བཀུས་ཏེ་བོར་བ་ཡིན་ནོ་ཞེས་གསུངས། གཞན་སྲོག་གཅོད་དང་མ་བྱིན་ལེན་པ་དང་། །མི་ཚངས་སྤྱོད་དང་རྫུན་དུ་སྨྲ་བ་སོགས། །ཕམ་པ་བཞི་དང་ལྷག་མ་བཅུ་གསུམ་དང་། །སྤང་ལྟུང་སུམ་ཅུ་ལྟུང་བྱེད་དགུ་བཅུ་པ། །སོར་བཤགས་བཞི་དང་ཉེས་བྱས་བརྒྱད་ཅུ་གཉིས། །ལས་ཀྱི་ཆོ་གར་དངོས་ཤུགས་འཕངས་པ་ཡིས། །ཉིས་བརྒྱ་ལྔ་བཅུ་རྩ་གསུམ་བསླབ་ལ་གཡེལ་མེད་གནས། །བསྲུང་བྱའི་ཚུལ་ཁྲིམས་རྣམ་པར་དག་པར་ཤོག །ལུང་ལས། ཕས་ཕམ་པ་བཞི་རྣམས་ཚིག་གང་ཡང་རུང་བའི་ལྟུང་བ་མ་བྱུང་བདག་ཡིན་པ་དེ་ལྟ་བུ་ནི་ཚུལ་ཁྲིམས་ཉམས་པ་མ་ཡིན་ནོ། །ཞེས་གསུངས།

ཕ་རོལ་གཤེ་དང་ཁྲོ་བརྡེག་འཚང་འབྲུ་ཡང་། །ལན་མི་ལྡོག་ཅིང་ཞི་དུལ་བཟོད་པ་ཡིས། །དགེ་སྦྱོང་ཆོས་བཞིའི་བསླབ་ལ་མི་གཡེལ་བར། །བླང་བྱའི་སྤྱོད་པ་རྣམ་པར་དག་པར་ཤོག །ཇི་སྐད་དུ། དགེ་སྦྱོང་ཆོས་བཞི་དང་ལྡན་པ་ནི། གཤེ་ཡང་སླར་གཤེ་བར་མི་བྱེད་པ་དང་། ཁྲོས་ཀྱང་སླར་ཁྲོ་བར་མི་བྱེད་པ་དང་། བརྡེག་ཀྱང་སླར་བརྡེག་པར་མི་བྱེད་པ་དང་མཚང་འབྲུ་ཡང་སླར་མཚང་འབྲུ་བར་མི་བྱེད་དེ། དགེ་སྦྱོང་དེ་ཙམ་གྱིས་ན་དགེ་སྦྱོང་གི་ཆོས་ལ་གནས་པ་ཡིན་ནོ་ཞེས་གསུངས། མཆོག་ཏུ་འདོད་པའི་དགེ་སློང་དོན་གྲུབ་ཅིང་། །ཡོ་བྱད་ཡོན་དང་ཚུལ་ཁྲིམས་བསླབ་པ་མཉམ། །དེ་ལྟ་མོད་ཀྱི་མཁན་སློབ་གྲོགས་སོགས་ལ། །གུས་དང་བཅས་ཏེ་བསྟེན་ཚུལ་དག་པར་ཤོག །ཇི་སྐད་དུ། ཀུན་དགའ་བོ་ཁྱོད་འདི་ལྟ་སྟེ། དགེ་བའི་བཤེས་གཉེན་ལ་བསྟེན་པ་དང་། དགེ་བ་དང་ལྷན་ཅིག་གནས་པ་དང་། དགེ་བ་ལ་བསྟེན་ནས་སྡིག་པའི་གྲོགས་པོ་ལ་མི་བསྟེན། སྡིག་པ་དང་ལྷན་ཅིག་མི་གནས་སྡིག་པ་ལ་མ་བསྟེན་ན། འདི་ནི་ཚངས་པར་སྤྱོད་པ་ཕྱེད་ཡིན་ནོ། །ཞེས་དེ་སྐད་མ་ཟེར་ཅིག །དེ་ཅིའི་ཕྱིར་ཞེ་ན། ཀུན་དགའ་བོ། དེ་ནི་ཚངས་པར་སྤྱོད་པ་མཐར་ཕྱིན་པ། མ་འདྲེས་པ། ཡོངས་སུ་རྫོགས་པ། ཡོངས་སུ་དག་པ། ཡོངས་སུ་བྱང་བ་ཡིན་ནོ་ཞེས་གསུངས། བསྟེན་པར་རྫོགས་ནས་བརྩོན་པ་མི་ལྡོག་པར། །གློག་པ་ཐོས་བསམ་སྒོམ་པ་བསམ་གཏན་གྱི། །སྡེ་སྣོད་གསུམ་དང་བསླབ་གསུམ་རྟོགས་པས་ཕྱུག །རྟོགས་དོན་ལྔ་བ་རྣམ་པར་དག་པར་ཤོག །ལུང་ལས། ལྔ་བའི་རྣམ་པ་དྲུག་ཅུ་རྩ་གཉིས་ལས་གང་ཡང་རུང་བའི་ལྟ་བ་ལ་མངོན་པར་མ་ཞེན་མེད་ལྟ་བུ་ནི་ལྟ་བ་མ་ཉམས་པ་ཡིན་ནོ་ཞེས་གསུངས། རྒྱལ་

བས་ལེགས་གསུངས་རྒྱ་ཆེར་འདོམས་པ་ཡི། །ཐར་འདོད་འདུག་ངོགས་སོ་ཐར་ཚུལ་ཁྲིམས་ལ། །གུས་པས་བསླབ་ཅིང་བག་དང་བཅས་པ་ཡིས། །སྤང་བླང་འཁྲུལ་མེད་སྲུབ་པ་ལྷུར་ལེན་ཤོག །ཇི་སྐད་དུ། བག་ཡོད་པ་གང་ཞེ་ན། མ་ཆགས་པ་དང་། ཞེ་སྡང་མེད་པ་དང་། གཏི་མུག་མེད་པ་དང་། བརྩོན་འགྲུས་དང་བཅས་པ་ལ་གནས་ནས། དགེ་བའི་ཆོས་རྣམས་བསྒོམ་ཞིང་། ཟག་པ་དང་བཅས་པའི་ཆོས་རྣམས་ལ་སེམས་བསྲུང་བ་སྟེ་ཞེས་གསུངས། བསོད་སྙོམས་སྣན་གཅིག་ཕྱིས་མི་ལེན་པ་དང་། །ཆོས་གོས་གསུམ་པ་ཕྱིང་པ་ཕྱུག་དར་ཁྲིད། །དགོན་པ་ཤིང་དྲུང་བླ་གབ་མེད་པ་དང་། །དུར་ཁྲོད་ཙོག་བུ་ཇི་བཞིན་བསླབ་གནས་ཤོག །ཟས་བཟང་པོ་དང་། ཡང་ཡང་ཟ་བ་དང་། ལེན་པ་ལ་ཞེན་པ་དགག་པའི་ཕྱིར་ཟས་ཀྱི་དབང་དུ་བྱས་པ་གསུམ། གོས་བཟང་པོ་དང་། འཇམ་པོ་དང་། མང་པོ་ལ་ཞེན་པ་དགག་པའི་ཕྱིར། གོས་ཀྱི་དབང་དུ་བྱས་པ་གསུམ། གནས་འདུ་འཛི་ཅན་དང་། སྟེང་གཡོགས་ཅན་དང་། སྐོར་བ་དང་། གནས་ཀྱི་སྤྱོར་བ་ལ་ཞེན་པ་དགག་པའི་ཕྱིར། གནས་ཀྱི་དབང་དུ་བྱས་པ་བཞི་དང་། ཉལ་བ་སོགས་དང་། འདུག་པ་སྤྱོད་པ་ལ་ཞེན་པ་དགག་པའི་ཕྱིར། སྤྱོད་ལམ་གྱི་དབང་དུ་བྱས་པ་གཉིས་སོ། །དེ་ལྟར་ན་སྦྱངས་པའི་ཡོན་ཏན་བཅུ་གཉིས་སོ། །ཁྲིམ་ནས་ཁྲིམ་མེད་རབ་བྱུང་སྙེན་རྫོགས་ཏེ། །དཀའ་ཐུབ་རི་སུལ་དྲང་སྲོང་བརྟུལ་ཞུགས་ཀྱིས། །སྦྱངས་པའི་ཡོན་ཏན་མཆོག་ལ་གནས་པ་ཡི། །ཟས་གོས་གནས་མལ་ཆགས་ཞེན་ཉེས་སྤོང་ཤོག །བྱ་འཆད་ཀ་བའི་གསུང་ནས། དཀའ་ཐུབ་ཀྱི་རི་སུལ་དུ། དྲང་སྲོང་གི་སྤྱོད་ཚུལ་གྱིས་གནས་པ་ཞིག་བྱུང་ན་བཟོད། ཕས་བུ་སོས་བྱ་བ་ཡིན་གསུངས།

བསྟན་ལ་ཞུགས་རྫོགས་དགེ་བའི་བཤེས་རྣམས་ཀྱིས། །བཅུ་བདུན་གཞི་དང་ཉིས་བརྒྱ་ལྔ་བཅུ་གསུམ། །ཁྱད་པར་གཞི་གསུམ་རྨད་བྱུང་བསླབ་པ་ལ། །ཚུལ་བཞིན་བསླབས་ནས་ཞི་ཞིང་དུལ་བར་ཤོག །རྣམ་འབྱེད་ལྟུང་བའི་ཡན་ལག་བརྩི་བ་དང་། །གཞིར་བསྡུས་སྦྱིར་བཏང་དམིགས་བསལ་དུས་དྲན་གྱིས། །གནང་བཀག་འདུལ་བའི་ཆུ་གཏེར་མ་རྟོགས་པར། །སྤང་བླང་འཁྲུལ་མེད་ཚུལ་བཞིན་སློབ་པར་ཤོག །མདོ་ལུང་གཞུང་གི་རྟོགས་པར་དཀའ་བའི་གནས། །བཅས་དང་རྗེས་བཅས་དམིགས་བསལ་གསང་ཚིག་དང་། །དགག་སྒྲུབ་གནང་གསུམ་བསླབ་པའི་བཅས་མཚམས་ལ། །ནམ་ཡང་མི་འདའ་འགལ་མེད་བསྒྲུབ་པར་ཤོག །དེ་ཡང་དགེ་སློང་རྩང་པོ་བས། ཁ་ཆེ་པཎ་ཆེན་ལ་མཇལ་དུ་ཕེབས། རབ་ཏུ་བྱུང་ནས་ཉེས་ལྟུང་ཕྲ་མོས་ཀྱང་མ་གོས་ཤིང་། ཚུལ་ཁྲིམས་རྣམ་པར་དག་པ་བསྲུངས་པའི་དགེ་བ་དེ་བསྔོ་བས་རྒྱས་འདེབས་པ་ཞུ་བྱས་པས། དབུ་ཞྭ་ཟླུལ་གྱིས་ཕྱུད། ཕྱག་ཐལ་མོ་སྦྱོར་ཏེ། རྣ་ལ་རྣ་ལ། འདི་ལྟ་བུའི་དགེ་སློང་རྒྱ་གར་ཤར་ནུབ་ན་ཡང་མེད། ངོ་མཚར་ཆེ་གསུངས་ནས། སྦྱིན་སོགས་བགྱིས་པའི་བསོད་ནམས་དང་། །ཚུལ་ཁྲིམས་ལེགས་པར་བསྲུངས་པ་དང་། །དམ་ཆོས་ཡང་དག་ཉན་པ་ཡིས། །བདག་ནི་བྱང་ཆུབ་མཆོག་ཐོབ་ཤོག །ཅེས་བསྔོ་བ་མཛད། བོད་དུ་བཞུགས་རིང་མཆོད་གནས་ཀྱང་མཛད་དོ། །དེས་ན་རྩང་པོ་བ་ལྟར་ཉེས་པས་མ་གོས་པ་བྱེད། རྣམ་འབྱེད་བལྟས་ནས་ཉན་ཐོས་སྤྱོད་པ་བསམ། །སྒྲོག་གཅོད་སྤོང་སོགས་རགས་ནས་བློ་སྦྱངས་ཏེ། །རིམ་གྱིས་མཐར་ནི་ལག་ཉ་མཚམས་བཅོས་བསྲུངས་

ལ་སོགས། །བྱ་དཀའི་གནས་ལའང་ཞུམ་མེད་སློབ་པར་ཤོག །དེའང་སྔོན་གྱི་སྐྱེས་བུ་དམ་པ་འགའ་ཞིག་གིས། ལུང་རྣམ་འབྱེད་ལ་བལྟ་རྟོག་བྱས། ཉན་ཐོས་ཀྱི་སྤྱོད་པ་བསམ། སྲོག་གཅོད་སྤོང་བ་སོགས་རགས་པ་ནས་བློ་སྦྱངས་ཏེ། རིམ་གྱིས་རིམ་གྱིས་མཐར་ནི། ཁག་གཉིས་དང་མཚམས་བཅོས་ཞག་ལོན་སོགས་བསྲུང་དཀའ་བ་རྣམས་ལའང་བློའི་རྒྱལ་བསྐྱེད་དེ་བསྲུངས་པ། ཉེས་པས་མ་གོས་པར་མཛད་པ་བཞིན་དུ། འོ་སྐོལ་རྣམས་ཀྱིས་ཀྱང་དེ་ལྟར་བསླབ་པར་བྱའོ། །རྫོགས་སངས་རྒྱས་ནས་བརྒྱུད་པ་བར་མ་ཆད། །རབ་བྱུང་ཀུན་གྱིས་འདི་བསྒོམས་འདི་ཡིས་གྲོལ། །དཔྱད་གསུམ་དག་པའི་སྨྲ་བྱུང་གྲུབ་པའི་སྒྲོལ། །སངས་རྒྱས་དགྱེས་པའི་ལམ་བཟང་བླ་ན་མེད། །དེ་ཡང་ཞིང་པོ་ཆེ་བ་བྱང་ཆུབ་སེང་གེ་ན་རེ། དགེ་སློང་རྡོ་རྗེ་རྒྱལ་མཚན་གྱིས། །སློབ་དཔོན་མེད་ཕྱིར་གཞུང་རྣམས་ལ། །བལྟ་རྟོག་རྒྱས་ནས་བཤད་པ་མཛད། །ཅེས་པ་དང་། ཕྱི་མ་མདའ་རིས་འདུལ་བ་འཛིན། །རྒྱ་གར་བརྒྱུད་པ་ཡོད་པར་བཞེད། །ཅེས་སྟོད་འདུལ་བ་ལ་བཤད་པའི་བརྒྱུད་པ་ཡོད་པ་དང་། སྨད་འདུལ་བ་ལ་བཤད་པའི་བརྒྱུད་པ་མེད་པར་འདོད་པ་ནི་མི་འཐད་དེ། ཡོན་ཏན་འོད་ཀྱི་སློབ་མ་ཆོས་ཀྱི་བཤེས་གཉེན་དེའི་སློབ་མ་སེང་གེ་གདོང་ཅན། དེའི་དུས་སུ་བོད་དུ་རྒྱལ་པོ་ཁྲི་སྲོང་ལྡེ་བཙན་བྱོན། མཁན་པོ་བོ་དྷི་ས་ཏྭ། དྷ་ན་ཤཱི་ལ། ཛི་ན་ལ་མི་ཏྲ། བི་མ་ལ་མི་ཏྲ་སོགས་སྤྱན་དྲངས། བོད་དུ་བཙུན་པ་ལ་སྡེ་བ་རིན་ཆེན་བསྲུང་བ་དང་། བྱང་ཆུབ་སེམས་དཔའ་ཏ་སྣང་དུ་ལུང་བསྟན་པ་ཡེ་ཤེས་དབང་པོ་བ་དྲུང་བ་དང་། སད་མི་བདུན་མ་སོགས་པ་རབ་ཏུ་བྱུང་ཞིང་བསྙེན་པར་རྫོགས་པ་མཛད། དེ་རྣམས་ཀྱི་ནང་ནས་ཐ་རྗེ་ལ། ལི་ཡེ་ཤེས་རིན་ཆེན་གྱིས་འདུལ་བ་གསན། དེ་ལ་གཡོ་དགེ་འབྱུང་གིས་གསན། གཡོ་སོགས་ལ་བླ་ཆེན་པོས་གསན། བླ་གྲུམ་གཉིས་ཀ་ལ་གླུ་མེས་ཆེན་པོས་གསན། གླུ་མེས་ལ་བུ་ཆེན། རྔོག །གྲུ། གླན། སྣ་བཞི་བྱུང་། དེའི་ནང་ནས་གྲུ་དམར་ཚུལ་ཁྲིམས་འབྱུང་གནས་ཀྱི་སློབ་མ་ལ། རླུང་། སྐྱོགས། གཟུངས་གསུམ་བྱུང་། དེའི་ནང་ནས་གཟུས་རྡོ་རྗེ་རྒྱལ་མཚན་གྱིས། གྲུ་ལའང་གསན་ཞིང་། གླུ་མེས་ལ་མདོ་རྩ་བ། རྒྱ་ཆེར་འགྲེལ་གྱིས་ཐོག་དྲངས་འགྲེལ་བ་གསུམ། འོད་ལྡན་རྩ་འགྲེལ། སོ་སོར་ཐར་པའི་འགྲེལ་པ་རྣམས་ལ་སྦྱངས་པ་ཆེར་མཛད་ཅིང་། ཁྱད་པར་རྒྱ་ཆེར་འགྲེལ་དང་། བམ་པོ་ལྔ་ཅུ་པ་ལ་ནན་ཏན་དུ་མཛད་པས་འདུལ་བའི་ཚིག་དོན་ལ་ཤིན་ཏུ་མཁས་པར་གྱུར་ཞིང་། ཕྱི་རླུང་སྐྱོགས་གཉིས་ལའང་འདུལ་བ་གསན་གཟུས་ཀྱི་བུ་ཆེན་ལ། འཛིམ། སྣེ། གླན། སྦོས་ལ་སོགས་པ་བྱུང་ཞིང་དེ་དག་ནས་རིམ་པར་བརྒྱུད་དེ། ད་ལྟའི་བར་དུ་ཡང་སྨད་འདུལ་བའི་བཤད་རྒྱུན་མ་ཆད་པར་ཡོད་པའི་ཕྱིར། ཡང་ཁ་ཅིག་ན་རེ། བླ་ཆེན་པོའི་བསྙེན་རྫོགས་ཀྱི་ཁ་སྐོང་། རྒྱ་ནག་དགེ་སློང་གཉིས་པོ་དེ། དགེ་སློང་ཡིན་མིན་ཐེ་ཚོམ་ཟ་ཞིང་། དགེ་ཚུལ་ཚུ་གཏོར་མར་གྲགས་པ་ནི། འང་ཞ་ཡེ་ཤེས་གཡུང་གིས། བླ་ཆེན་པོའི་མཁན་བུ། གྲི་བོ་མཆོག་བླ་མ། བཀའ་དྲིན་ཞུས་པ་སོགས་ལས་དེ་ལྟར་གྲགས་ཤིང་། འ་ཞས་མཁན་པོ་བྱས་ནས། གཤེའུ་སྐྱེ་ནམ་པ་རབ་བྱུང་བསྙེན་རྫོགས་མཛད། དེས་སོག་ཚུལ་ཁྲིམས་བླ་མ་མཛད། ཡང་དེར་བས་ཀྱི་བསྙེན་རྫོགས་སུ་གྲགས་པ་ནི། འབྲི་གཞོན་ཚུལ་གྱིས་བླ་ཆེན་པོའི་མཁན་བུ། ཡ་ཟི་བོན་སྟོན་ལ་བཀའ་དྲིན་ཞུས་པ་སོགས་ལས་དེ་ལྟར་དུ་གྲགས་ཤིང་། དེ་དག་ནས་བརྒྱུད་པའི་བླ་ཆེན་པོའི་སྡོམ་བརྒྱུད་ལ་དག་མ་དག་གི་རྩོད་པ་བྱེད་པ་ནི་ཤིན་ཏུ་འང་མི་འཐད་དེ། གཏམ་བརྒྱུད་དེ་དག་ཀྱང་དག་པར་དཀའ་ཞིང་། དག་ནའང་བསླབ་བྱ་ལ་མི་མཐུན་པའི་སེམས་མ་སྐྱེས་ན། སྡོམ་པ་

སྐྱེ་བར་མདོ་ལུང་ལས་གསལ་བར་གསུངས་པའི་ཕྱིར། སྟོད་པདྨ་ཁ་ཕྱེའི་སྒྲོལ་གསུམ་འདུལ་བའི་ལུགས། །དེའང་ལྷ་བླ་མ་ཡེ་ཤེས་འོད་ཀྱིས། རྒྱ་གར་ཤར་ཕྱོགས་ཀྱི་པཎྜི་ཏ་དྷརྨ་པཱ་ལ་སྤྱན་དྲངས། དེའི་མཁན་བུ། སཱ་དྷུ་པཱ་ལ། གུ་ཎ་པཱ་ལ། པྲ་ཛྙཱ་པཱ་ལ་ཏེ། པཱ་ལ་རྣམ་པ་གསུམ། པྲ་ཛྙཱ་པཱ་ལའི་མཁན་བུ། ཞང་ཞུང་རྒྱལ་བའི་ཤེས་རབ། དེ་དག་ནས་རིམ་པར་བརྒྱུད་པ་ལ་སྟོད་འདུལ་བ་ཞེས་བྱ། སྨད་འདུལ་བའི་བཤད་པའི་བརྒྱུད་པ་ནི་གོང་དུ་བཤད་པ་ལྟར་ཡིན་ལ་མཁན་བརྒྱུད་ནི། ཤཱ་རིའི་བུ། དགྲ་གཅན་འཛིན། ཀླུ་སྒྲུབ། ལེགས་ལྡན་འབྱེད། དཔལ་སྦས། ཡེ་ཤེས་སྙིང་པོ། བོ་དྷི་ས་ཏྭ་རྣམས་བསམ་ཡས་ཀྱང་རིམ་ལ་ཡོད་དོ། །དེ་དག་ནས་རིམ་པར་བརྒྱུད་པ་ལ་སྨད་འདུལ་བ་ཞེས་བྱ། ཁ་ཆེ་པཎ་ཆེན་ནས་བརྒྱུད་པ་ལ་ཕྱི་ལུགས་ཞེས་བྱའོ། །དེས་ན་བོད་ན་འདུལ་བའི་བཤད་བསྒྲུབ་ཀྱི་སྲོལ་ཆེན་པོ་གསུམ་ཡོད་དེ། བོ་དྷི་ས་ཏྭ་ནས་བརྒྱུད་པའི་བཤད་སྒྲུབ་ཀྱི་སྲོལ། དྷརྨ་པཱ་ལ་ནས་བརྒྱུད་པའི་བཤད་སྒྲུབ་ཀྱི་སྲོལ། ཁ་ཆེ་པཎ་ཆེན་ནས་བརྒྱུད་པའི་བཤད་སྒྲུབ་ཀྱི་སྲོལ་ཏེ། མེ་ཏོག་ཕྲེང་རྒྱུད་ཀྱི་བཤད་སྲོལ་ལོ། །

ཟབ་རྒྱས་གཉིང་དཔག་དཀའ་མོད་དེ་ལྟ་ནའང་། །འདུལ་བའི་སྤྱི་ལམ་ངེས་འབྱུང་ཚུལ་ཁྲིམས་ཏེ། །དེ་ལས་གཙོ་བསྡུས་མཐར་ཐུག་ཉམས་ལེན་ནི། །བསྟན་པའི་རྩ་བ་ཐར་འདོད་འཇུག་པའི་སྒོ། །ཆེས་མཆོག་རྩ་བ་དགེ་སློང་གཞན་གནོད་སྤོང་། །སྐལ་དམན་སྐྱེ་བོ་འཇུག་གམ་མིན་ཡང་རུང་། །སྐལ་ལྡན་འདི་བསྒོམ་འདི་ཡིས་གྲོལ་བར་ཤོག །འདུལ་བ་རྒྱ་མཚོའི་དབུས་གནས་ལུང་གིས་བརྒྱན། །སོ་ཐར་བསྟན་པའི་རྩ་བ་ལེགས་དགོངས་ནས། །གཡེལ་མེད་བསྒྲུབ་པའི་བཙུན་པ་ཡོན་ཏན་འོད། །བདག་ཀྱང་དེ་ནས་དེ་དང་མཚུངས་པར་ཤོག །འདི་ཉིད་རྣམ་བཤད་ཀྱི་འགྱུར་བྱང་དུ། ས་གསུམ་བརྙེས་ནས་དཔལ་ལྡན་རྒྱལ་བ་རྣམས་ཀྱི་སྲས། ཡོན་ཏན་འོད་ཅེས་བྱ་བ་ཡོན་ཏན་རྣམས་ཀྱི་གཙོ། ཞེས་དང་། བསོད་ནམས་ཕྱིར་ནི་གང་གི་བར་སྣང་ལ་འཁོད་ཅིང་། ཞེས་དང་། རྩོད་པ་ཆེན་པོ་རྣམས་ཀྱི་ཁྱུ་མཆོག་བསྟན་བཅོས་དུ་མ་མཛད་པ། གཞུང་འབུམ་ཕྲག་བཅོ་བརྒྱད་ལ་ཁ་ཏོན་མཛད་པའི། ཞེས་གསུངས་ཤིང་། རྒྱ་ཆེར་འགྲེལ་པ་ལས། འཕགས་པ་གཞི་ཐམས་ཅད་ཡོད་པར་སྨྲ་བའི་འདུལ་བ་འཛིན་པ་ཆེན་པོ། བྲམ་ཟེའི་སློབ་དཔོན་བཙུན་པ་ཡོན་ཏན་འོད་བདག་དང་གཞན་གྱི་གྲུབ་པའི་མཐའ་རྒྱ་མཚོའི་ཕ་རོལ་དུ་སོན་པ། བདེ་བར་གཤེགས་པའི་ཆོས་འདུལ་བ་བདུད་རྩིའི་ཉིང་ཁུ་ཤེས་རབ་ཀྱི་དབང་པོ་རྒྱས་པ། དེ་བཞིན་གཤེགས་པའི་བཀའ་དམ་པ་ནན་ཏན་སྙིང་པོར་བསྒྲུབ་པ་ཞེས་གསུངས། ཚིག་ཕྲེང་སྨྲ་བས་མ་ངོམས་དེ་དོན་བསྒོམ། །དེང་ནས་བཟུང་སྟེ་ཚངས་སྤྱོད་འདུལ་བ་འཛིན། །ཞེས་བྱར་མིང་ཐོབ་ཀུན་གྱིས་མཆོད་པ་དང་། །སྐྱེ་བོའི་ཐོད་བཞིན་རྒྱན་དུ་བསྟེན་པར་ཤོག །བརྒྱད་ཁྲི་བཞི་སྟོང་ཆོས་ཚུལ་རྒྱ་མཚོའི་སྒོ། །ཀུན་གྱི་རྩ་བ་འདུལ་བ་འབུམ་སྡེའི་གཞུང་། །ཡོན་ཏན་འོད་ཀྱི་རྨད་བྱུང་ལམ་སྲོལ་དེར། །ཐར་འདོད་སྐྱེ་བོ་རིང་ནས་འཇུག་པར་ཤོག །མཁས་རྣམས་གྲགས་པ་གཙོར་འཛིན་ཚིག་ལ་ཞེན། །སྒོམ་ཆེན་འཚོ་བའི་རྗེས་འབྲང་གྲུ་ཆོམ་བསྒོམ། །འགྲོ་གཞན་དོན་མེད་བྱ་བས་ཚེ་ལོ་འདའ། །དེ་རྣམས་ཀུན་ཀྱང་ཚུལ་འདིར་འཇུག་པར་ཤོག །འཕགས་པའི་ཡུལ་དང་གངས་རིའི་ཁྲོད་འདིར་

ཡང་། །ཉི་ཟླ་ལྟར་གྲགས་རྒྱ་ཆེན་འདུལ་བ་ཡི། །བསྟན་པའི་རྩ་བ་སོ་ཐར་ཚུལ་ཁྲིམས་ལ། །ཀུན་ནས་གཟིགས་པའི་མཁྱེན་ལྡན་དཔང་བཞག་སྟེ། །ཉིན་དང་མཚན་མོ་ལན་གསུམ་ཐུན་དྲུག་ཏུ། །དྲན་དང་ཤེས་བཞིན་བག་ཡོད་སྐྱོར་བ་ཡིས། །སྲོག་དང་བརྗེས་ཏེ་སྲུང་བླང་འཁྲུལ་མེད་ཀྱིས། །འདུལ་བའི་བསླབ་ཁྲིམས་རྣམ་པར་དག་པར་ཤོག །ཁྱད་པར་རྒྱ་ཆེན་འདུལ་བའི་ཤིང་རྟའི་སྲོལ། །བཙུན་པ་ཡོན་ཏན་འོད་ཀྱིས་ཕྱེ་བ་བཞིན། །རང་ཉིད་བསླབ་དང་གཞན་ལ་འདོམས་པ་ལ། །གེགས་མེད་ཕྱོགས་དུས་ཀུན་དུ་རྒྱས་བྱེད་ཤོག །ཆེན་པོ་རྣམས་ཀྱིས་ལན་བརྒྱར་བསྔགས་པ་ཡི། །བསྟན་པའི་རྩ་བ་རྒྱ་ཆེན་འདུལ་བའི་སྲོལ། །དཔྱོད་ལྡན་མཁས་པ་མགུ་བསྐྱེད་རྩོད་བྲལ་བ། །ལམ་བཟང་འདི་དང་མཇལ་བ་བླ་མའི་དྲིན། །སོ་སོ་ཐར་པའི་སྡོམ་པ་འདུལ་བ་བཞིན་ཉམས་སུ་ལེན་པའི་ཕྱིའི་ཉམས་ལེན་གྱི་སྐབས་ཏེ་དང་པོའོ། །

༄ སངས་རྒྱས་དང་བྱང་ཆུབ་སེམས་དཔའ་ཐམས་ཅད་ལ་ཕྱག་འཚལ་ལོ། །ཁམས་གསུམ་ཆོས་ཀྱི་རྒྱལ་པོ་ཤཱཀྱའི་ཏོག །རྒྱལ་བའི་མཁྱེན་རབ་གཅིག་བསྡུས་འཇམ་པའི་དབྱངས། །རྨད་བྱུང་ལུང་བསྟན་བརྙེས་པའི་ཀླུ་སྒྲུབ་ཞབས། །ཕྱག་འཚལ་གསོལ་འདེབས་སྙིང་ནས་སྐྱབས་སུ་མཆི། །སློབ་དཔོན་ཀླུ་སྒྲུབ་ལ་ལུང་བསྟན་བཞི་བཅུ་ཙམ་ཡོད་པར་གྲགས་ཤིང་། འཕགས་ཡུལ་གྱི་ཐེག་ཆེན་གྱི་པཎ་གྲུབ་ཐམས་ཅད་ཀྱིས་སྟོན་པ་དང་ཁྱད་མེད་དུ་འཛིན། འོད་བྱེད་ས་གསུམ་བརྙེས་པའི་འཕགས་པ་ལྷ། །སློབ་དཔོན་འདི་ཉིད་ཀྱང་འཕགས་ཡུལ་གྱི་ཐེག་ཆེན་གྱི་པཎ་གྲུབ་ཐམས་ཅད་ཀྱིས་ཀླུ་སྒྲུབ་དང་ཁྱད་མེད་ལྟ་བུར་འཛིན་དུས་འཁོར་རྒྱུད་ཕྱི་མ་ལ། དགེ་བཅུའི་ལམ་གྱི་གྲུབ་པར་གྱུར་པ་འཕགས་པ་ལྷ་དང་། ཞེས་ལུང་བསྟན་ཞིང་། སློབ་དཔོན་འདི་ས་བརྒྱད་པར་གྲགས་ཏེ། འཇམ་དཔལ་རྩ་རྒྱུད་ལས། འཕགས་པ་མིན་ལ་འཕགས་པའི་མིང་། ཞེས་གསུངས་པས་བརྟག་པར་བྱའོ། །ཞེས་བུ་སྟོན་རིན་པོ་ཆེས་གསུངས། ཟབ་མོའི་དོན་རྟོགས་དཔལ་ལྡན་ཟླ་བའི་ཞབས། །སློབ་དཔོན་འདི་སྐྱེ་བ་ལྔ་བརྒྱར་འཇམ་དཔལ་གྱིས་བྱིན་གྱིས་བརླབས་ཤིང་། རི་མོར་བྲིས་པའི་བ་ལ་འོ་མ་འཛོ་ནུས་པ། རྡོའི་ཀ་བ་ལ་ཕྱག་མི་ཐོགས་པར་དབྱུག་པ་ལ་སོགས་པའི་ཡོན་ཏན་དང་ལྡན་ཞིང་། འདི་ཉིད་ཀྱི་བཞེད་སྲོལ། དབུ་མ་ཐལ་འགྱུར་བའི་ལུགས་འདི་གཏིང་དཔག་དཀའ་ཞིང་། ཆེས་ཟབ་མཆོག་ཏུ་གྱུར་པ་ཡིན་ནོ་ཞེས་དགེ་བའི་བཤེས་གཉེན་བཀའ་གདམས་པ་དག་གསུང་། ལྷ་ངན་ཚར་གཅོད་རིག་པའི་ཁྲོ་བྲུག་ལ། །ཕྱག་འཚལ་གསོལ་འདེབས་སྙིང་ནས་སྐྱབས་སུ་མཆི། །བྱང་ཆུབ་སེམས་འབྱོངས་སློབ་པའི་རྡོ་རྗེ་དང་། །པཎ་ཆེན་ལྷ་བརྒྱའི་གཙོ་བོ་ཛེ་ཏ་རི། །འགྲོ་བའི་དོན་བརྩོན་རྡོ་རྗེ་གདན་པ་ལ། །ཕྱག་འཚལ་གསོལ་འདེབས་སྙིང་ནས་སྐྱབས་སུ་མཆི། །དེ་སྲས་རྡོ་རྗེ་གདན་པ་གཉིས་པའི་ཞབས། །པཎ་ཆེན་ལུང་གི་དབང་ཕྱུག་པུ་ཧྲེ་ཤྲཱི། །གྲོ་ལུང་པ་ཆེན་པོས་སྟེང་ས་ལོ་ཙྪ་བ་རྒྱ་གར་དུ་བཏང་ནས། བི་བྲག་བཤད་འཚོ་དང་། དཔག་བསམ་འཁྲི་ཤིང་སོགས་སྒྱུར་མ་འགྱུར་བ་བསྒྱུར་བ་དང་། ཁྱད་པར་མདོ་མངས་ཀྱི་ལུང་ཚང་བ་ཞིག་ཆོལ་གསུངས་ནས་སྟེང་པོས། ཧྲཱུ་ན་ཤྲཱི་དང་། པུ་ཧྲེ་ཤྲཱི་གཉིས་ལ། མདོ་སྡུམ་བརྒྱ

པོ་དགུའི་ལུང་མདོ། ཁྲ་པོ་ཡང་སུ་ཧྲི་ཤྲཱི་མང་ཟེར་ནས། དེ་ལ་སྙིང་མོན་གསན། དེས་ན་མདོ་མདངས་སོགས་བཀའ་འགྱུར་གྱི་ལུང་བས་མོ་ཆེ་དུ་ཧྲི་ཤྲཱི་ནས་བརྒྱུད་དོ། ངོ་མཚར་གདམས་པའི་མཛོད་འཛིན་རིན་ཆེན་གྲགས། ཕྱག་འཚལ། འདི་ལ་རྒྱ་གར་ན་བོད་ཀྱི་བྱང་ཆུབ་སེམས་དཔར་གྲགས་ཤིང་། ས་སྐྱའི་གདན་ས་ཡང་མཛད། ས་སྐྱ་པའི་གདམས་ཁྲན་ཟབ་མོ་དུ་མ་ཞིག་འདི་ནས་བརྒྱུད་པས། ས་སྐྱ་པའི་ཕྱོགས་ལ་སྐུ་དྲིན་ཤིན་ཏུ་ཆེའོ། །ཁམས་གསུམ་བླ་མ་བརྩེ་ཆེན་ས་སྐྱ་པ། །བསམ་བཞིན་སྤྲུལ་པའི་གཟུགས་འཛིན་བསོད་ནམས་རྩེ། །རྒྱལ་སྲས་གྲུབ་པའི་ས་བརྙེས་རྗེ་བཙུན་མཆོག །ཕྱག་འཚལ་གསོལ་འདེབས་སྙིང་ནས་སྐྱབས་སུ་མཆི། །སངས་རྒྱས་སྤྲུལ་པའི་སྐུར་སྟོན་ཆོས་ཀྱི་རྗེ། །ལག་ནས་པད་མའི་རྣམ་འཕྲུལ་འགྲོ་བའི་མགོན། །མཁས་གྲུབ་འཁོན་སྟོན་ཆེན་པོ་ཐུགས་རྗེའི་མཚན། །ཕྱག་འཚལ་གསོལ་འདེབས་སྙིང་ནས་སྐྱབས་སུ་མཆི། །མཁས་བཙུན་བྱང་སེམས་ཆེན་པོ་རིན་ཆེན་མགོན། །སྤྱན་རས་གཟིགས་དབང་རྒྱལ་སྲས་རིན་པོ་ཆེ། །གནས་ལྔ་རིག་པའི་པཎ་ཆེན་བྱང་ཆུབ་རྩེ། །ཕྱག་འཚལ་གསོལ་འདེབས་སྙིང་ནས་སྐྱབས་སུ་མཆི། །རྗེ་བཙུན་ཤར་པ་རྒྱལ་སྲས་དམ་པ་ཁྲལ། །བཀའ་དྲིན་མཚུངས་མེད་རྩ་བའི་བླ་མ་བདག་ཆེན་སྐྱིད་ལྷས་པ་དང་། རྗེ་གསེར་མདོག་ཅན་པ་སོགས། །དབུ་མའི་ལུགས་ཀྱི་བྱང་སེམས་སྡོམ་བརྒྱུད་ལ། །ཕྱག་འཚལ་གསོལ་འདེབས་སྙིང་ནས་སྐྱབས་སུ་མཆི། །ཡང་འདིའི་བརྒྱུད་རིམ་ནི། གསུང་བ་ཊཱི་ཀ་བ་བཞིན་བྱས་ན་རུང་ངོ་། །ཞེས་སྐྱེས་ཆེན་དམ་པ་དག་གིས་གསུངས། རྗེ་གསེར་མདོག་ཅན་པའི་དྲུང་དུ། བྱང་སེམས་འདུལ་བའི་རྣམ་གཞག་རྒྱས་པ་དང་། དེའི་རྒྱབ་རྟེན་དང་། འབྱུང་ཁུངས་ཀྱི་བསྟན་བཅོས་ཀྱི་བསྟན་གཙོ་བོར་གྱུར་པ། སྤྱོད་འཇུག་དང་། བསླབ་བཏུས་སོགས་སྤྱོད་ཕྱོགས་རྣམས་ཐོས། ལྷ་མིའི་སྟོན་པ་ཁམས་གསུམ་ཆོས་ཀྱི་རྗེ། །རྒྱལ་བའི་བྱམས་བརྩེ་གཅིག་བསྡུས་མི་ཕམ་མགོན། །སྨད་བྱུང་ལུང་བསྟན་བརྙེས་པའི་ཐོགས་མེད་ཞབས། །ཕྱག་འཚལ་གསོལ་འདེབས་སྙིང་ནས་སྐྱབས་སུ་མཆི། །སློབ་དཔོན་འདི་ཡང་སངས་རྒྱས་ཀྱིས་ལུང་བསྟན་ཞིང་། ཙནྡྲ་གོ་མི་མན་ཆད་ཀྱི་འཕགས་ཡུལ་གྱི་ཐེག་ཆེན་གྱི་པཎ་གྲུབ་རྣམས་ཀྱིས་སངས་རྒྱས་གཉིས་པར་འཛིན། བྱམས་པ་ཐོགས་མེད་ཀྱིས་གསུངས་ཤིང་ཞེས་པའི་འགྲེལ་པར། བྱམས་པ་དང་། ཐོགས་མེད་དང་། ཀླུ་སྒྲུབ་རྣམས་རིམ་པ་བཞིན། ས་བཅུ་པ་དང་། ས་གསུམ་པ་དང་། ས་དང་པོ་པར་གསུངས། སའི་སྟོད་འགྲེལ་དུ། འཇིག་རྟེན་ཀུན་ལ་ཕན་ཕྱིར་ཐོགས་མེད་ཅེས་བྱ་བ། །ཆོས་རྒྱུན་ཏིང་འཛིན་སྟོབས་ཀྱིས་དྲངས་པའི་བདུད་རྩིའི་ཆོས། །འཕགས་པ་མི་ཕམ་ཞལ་གྱི་བུམ་པ་ནས་བླུགས་པ། །གསན་པའི་སྙིམ་པས་གསོལ་བ་དེ་ལ་ཕྱག་འཚལ་ལོ། །ཞེས་དང་། རྣམ་བཤད་བསྡུ་བའི་འཇུག་ཏུ། འཕགས་པ་ཐོགས་མེད་བདག་དང་གཞན་གྱི་གྲུབ་པའི་མཐའ་རྒྱ་མཚོའི་ཕ་རོལ་དུ་ཕྱིན་ནས། ཆོས་རྒྱུན་གྱི་ཏིང་ངེ་འཛིན་གྱི་ཁྱད་པར་འཕགས་པ་མི་ཕམ་པའི་ཞལ་གྱི་བད་མོ་རྙོག་པ་མེད་པ་སྐྱོ་བོས་ལེན་པར་མཛད་པ། ཞེས་བྱམས་པ་ལ་ཆོས་གསན་པར་ཡང་གསུངས་སོ། །

དེ་སྐད་སངས་རྒྱས་གཉིས་པ་དབྱིག་གི་གཉེན། །སློབ་དཔོན་འདི་ལ་ཡང་འཕགས་ཡུལ་ན་སངས་རྒྱས་གཉིས་པ་ལྟར་དུ་གྲགས་ཏེ། ཇི་སྐད་དུ། བློ་ལྡན་རྣམ་དཔྱོད་འཇིག་རྟེན་གྱི། སངས་རྒྱས་གཉིས་པ་ལྟར་བརྗོད་པ། འགྲོ་བའི་ཡང་དག་གཉེན་གྱུར་པ།

དབྱིག་གཉེན་ཞེས་བྱ་དེས་མཛད་དོ། །ཞེས་གསུངས། གཞན་ཡང་སའི་བསྟོད་འགྲེལ་ལས། འཕགས་པ་ཐོགས་མེད་ཐུབ་པ་དཔག་བསམ་ཤིང་གྱུར་ལས། །ཚིག་གི་ཡལ་ག་འབྲུངས་ལས་ཡི་གེའི་མེ་ཏོག་གི། །ཆར་བས་རྣམ་རྒྱན་བློ་བདེར་གྱུར་པའི་དཔལ་ཡོན་ཅན། །དེ་ཡི་གཅུང་པོ་དཔལ་ལྡན་དེ་ལ་ཕྱག་འཚལ་ལོ། །ཞེས་གསུངས། མདོར་ན་རིགས་མཆོག་ཏུ་གྱུར་པ་བྲམ་ཟེའི་རིགས་ལས་རབ་ཏུ་བྱུང་བའི་དགེ་སློང་། སྐྱེ་བ་ལྔ་བརྒྱར་པཎྜི་ཏར་གྱུར་ཞིང་། འབུམ་སྡེ་དགུ་བཅུ་རྩ་དགུའི། བརྒྱད་ཅུའི་དོན་རྟོགས་ཤིང་ཐུགས་ལ་མངའ་བ། ཞག་བཅུ་གཉིས་སུ་ཞལ་སྟོན་མཛད་པའི་ཡོན་ཏན་དང་ལྡན་ནོ། །འཕགས་མཆོག་རབ་དགའི་ས་བརྙེས་རྣམ་གྲོལ་སྡེ། །འདིས་ཀྱང་སངས་རྒྱས་ལ་ཆོས་དངོས་སུ་ཉན་ཚོགས་ཀྱི་ལམ་ཞུགས་བཙུན་པ་རྣམ་གྲོལ་སྡེ། །ཕྱག་འཚལ་གསོལ་འདེབས་སྙིང་ནས་སྐྱབས་སུ་མཆི། །སློབ་ཆེན་དམ་པ་རྗེ་བཙུན་མཆོག་གི་སྡེ། །ཀུན་ནས་ཉེར་ཞི་རྒྱལ་སྲས་འདུལ་བའི་སྡེ། །རྒྱལ་ཡུམ་བསྟན་པའི་བཀའ་བབས་སེང་གེ་བཟང་། །ཕྱག་འཚལ་གསོལ་འདེབས་སྙིང་ནས་སྐྱབས་སུ་མཆི། །སློབ་དཔོན་འདི་འཕགས་ཡུལ་ན། རྒྱལ་བའི་ཡུམ་ལ་མཁས་པར་གྲགས་ཏེ། རྒྱལ་པོ་ས་སྐྱོང་གིས། ཡུམ་འཆད་ལ་སློབ་དཔོན་སེང་གེ་བཟང་པོ་མཁས་པར་ཐོས་ནས་གདན་དྲངས་ཏེ། བསྟན་བཅོས་རྩོམ་པའི་སྦྱིན་བདག་བྱས། དེའི་ཚེ་སློབ་དཔོན་སེང་གེ་བཟང་པོ་ཞེས་བྱ་བ་རྒྱལ་རིགས་ལས་རབ་ཏུ་བྱུང་བ། ཕྱི་ནང་གི་གྲུབ་མཐའ་ཐམས་ཅད་ལ་མཁས་པ། ཁྱད་པར་དུ་ཡུམ་གྱི་དོན་ལ་རིང་དུ་གོམས་པ་དེས། ལེ་བརྒྱད་མ། བརྒྱད་སྟོང་འགྲེལ་ཆེན། དོན་གསལ། བསྡུད་འགྲེལ། ཤེར་ཕྱིན་སྒོམ་པ་སོགས་མཛད་ཅེས་གྲགས། ཤེར་བློའི་འགྲེལ་པར། ཐུགས་རྗེ་ཆེན་པོ་དང་ལྡན་པའི་བཅོམ་ལྡན་འདས་བྱམས་པས་དེའི་སྐྱེ་བ་བསལ་བའི་ཕྱིར། མངོན་པར་རྟོགས་པ་དང་བཅས་པའི་བཅོམ་ལྡན་འདས་མ་ཡང་བཤད་དོ། །ཞེས་ཟེར་བ་རྗེས་སུ་ཐོས་པ་ཡིན་ནོ། །ཞེས་བྱམས་པ་ལ་ཆོས་དངོས་སུ་གསན་པར་བཤད། ཆོས་བཤེས་ཀྱི་འགྲེལ་པར། ལོ་བཅུ་བདུན་དུ་དགེ་བའི་བཤེས་གཉེན་མཉེས་པར་བྱས་པས། རྨི་ལམ་དུ་བྱམས་པས་རྗེས་སུ་བཟུང་ཞེས། རྨི་ལམ་དུ་བྱམས་པ་ལ་ཆོས་གསན་པར་བཤད་དོ། །

བསམ་གཏན་བསླབ་ལ་བརྩོན་པའི་ཀུ་ས་ལི། །དེ་སྲས་བདེ་བ་ཅན་པ་གཉིས་པའི་ཞབས། །སྡོན་མེད་བསྟན་པ་རྒྱས་མཛད་གསེར་གླིང་པ། །ཕྱག་འཚལ་གསོལ་འདེབས་སྙིང་ནས་སྐྱབས་སུ་མཆི། ། ལུང་རྟོགས་མཛོད་འཛིན་དཔལ་ལྡན་ཨ་ཏི་ཤ །ཕྱུགས་པོ་སྐྱིའུའི་ལོ་ལ་བསྟན་པ་བསྒྱུབས། དེ་ནས་བདུན་ཅུ་རྩ་བརྒྱད་པ་མེ་མོ་གླང་གི་ལོ་ལ། དབུས་གཙང་གི་མི་བཅུས་ཁམས་ནས་སྡོམ་པ་བླངས། དེ་ནས་ལོ་དྲུག་ཅུ་རྩ་བཞི་སོང་བ་ཆུ་ཕོ་རྟའི་ལོ་ལ། ཇོ་བོ་བོད་དུ་བྱོན་པའི་ཐོག་མ་སྐྱིད་གྲོང་དུ་ཕེབས། དེའི་ཚེ་ལོ་ཆེན་རིན་ ཆེན་བཟང་པོ་ལོ་བརྒྱད་ཅུ་རྩ་ལྔ། མི་ལ་དང་། བ་རིས་ལོ་གསུམ། ཁྲུང་པོས་ལྔ་བཅུ་ང་གསུམ། མར་པས་སོ་གཅིག །འཕོན་དཀོན་མཆོག་རྒྱལ་པོས་དགུ། པོ་ཏོ་བས་བཅུ་གཉིས། སྣེ་ཐུར་བ་འབྲུངས། འབྲོམ་སྟོན་པས་དགུང་ལོ་སོ་བརྒྱད་ལོན། ཇོ་བོ་མངའ་ཡུལ་དུ་ཕེབས་པ་དེ་ནས་ལོ་གསུམ། མངའ་རིས་དབུས་སུ་ལོ་བརྒྱད། ལམ་བར་ལ་གཅིག་སྟེ་ལོ་བཅུ་གཉིས་ཀྱི་བར་ལ་བོད་ཡུལ་དུ་བསྟན་པ་ཉམས་པ་རྣམས་གསོས། མ་ཉམས་པ་རྣམས་གོང་ནས་གོང་དུ་རྒྱས་པར་མཛད། གདུལ་བྱ་འཕྲིད་པའི་རིམ་པ་ནི། སྐྱེས

བུ་གསུམ་གྱི་ལམ་གྱི་རིམ་པའི་སྐོར་ནས་འཁྲིད་སྟེ། མ་དག་པའི་ཆོས་ལུགས་སུན་ཕྱུང་སྟེ་རང་འགགས་དང་། བསྟན་པ་རྣམ་དག་ཉི་མ་ཤར་བ་ལྟར་ཆེས་ཆེར་གསལ་བར་མཛད་སྟེ། བདུན་ཅུ་རྩ་གསུམ་པ་ཤིང་ཕོ་རྟའི་ལོ་ལ་དགའ་ལྡན་དུ་གཤེགས། ཡོངས་རྫོགས་བསྟན་པའི་བཀའ་བབས་འབྲོམ་སྟོན་རྗེ། །འདི་ཉིད་སློབ་མས་ལུང་བསྟན་ཞིང་། སྟོན་གྱི་དགེ་བསྙེན་ཆོས་འཕེལ་ཞེས་བྱ་བ་དང་། སྲོང་བཙན་སྒམ་པོ་སོགས་དང་རྒྱུད་གཅིག །དྲུག་ཅུ་རྩ་གསུམ་ལ་དགའ་ལྡན་དུ་གཤེགས། བརྩོན་པས་གྲུབ་བརྙེས་སྤྱན་སྔ་ཚུལ་ཁྲིམས་འབར། །ཕྱག་འཚལ་གསོལ་འདེབས་སྙིང་ནས་སྐྱབས་སུ་མཆི། །གྲུབ་པས་བླ་མ་དབང་འདུས་གཞོན་ནུ་འོད། །མཚུངས་མེད་དམ་པའི་སྐྱེ་བོ་ཆར་ཆེན་པ། །གནས་བརྟན་དགྲ་བཅོམ་ཆེན་པོ་དཔལ་ལྡན་གྲོ། །ཕྱག་འཚལ་གསོལ་འདེབས་སྙིང་ནས་སྐྱབས་སུ་མཆི། །ཐུགས་སྲས་སངས་རྒྱས་བསྒོམ་པ་འགྲོ་བའི་མགོན། །མཁས་གྲུབ་མཆིམས་སྟོན་ཆེན་པོ་ནམ་མཁའ་གྲགས། །མཁས་བཙུན་བསོད་ནམས་ཡེ་ཤེས་རྒྱལ་བའི་སྲས། །ཕྱག་འཚལ་གསོལ་འདེབས་སྙིང་ནས་སྐྱབས་སུ་མཆི། །གནས་བརྟན་བྱང་སེམས་ཆེན་པོ་བསོད་ནམས་གྲགས། །འདི་ཉིད་གཤེགས་ཁར། རྒྱལ་སྲས་ཐོགས་མེད་པས་འཇུག་པ་སེམས་བསྐྱེད་གསན་པའི་ཚེ། མཇུག་པར་གསོལ་བ་བཏབ་པའི་སྐབས་སུ། ས་གཡོས་མེ་ཏོག་གི་ཆར་ཆེན་པོ་བབས། དྲི་ཞིམ་པོའི་ངད་ལྡང་། རོལ་མོའི་སྒྲ་སྙན་གྲགས། འཇའ་ཚོན་གྱི་གུར་ཕུབ། ཆོ་ག་ཆེར་ནས། མཁན་ཆེན་རིན་པོ་ཆེའི་གསུང་ནས། ཆོས་བདག་པོ་ལ་འཕྲོད། ད་དེ་བཙུན་རྣམས་དེ་ རིང་ཤིང་ཡང་འགྱོད་པ་མེད་དོ་ཞེས་གསུངས་ནས། རྒྱལ་ཚབ་དུ་དབང་བསྐུར། དེ་ནས་རིང་པོ་མ་ཐོགས་པར་གཤེགས་ཀར་སྒྱུ་མའི་དཔེ་བརྒྱད་པོ་དེ་ནར་པ་ཞིག་གསུངས་ནས་གཤེགས་ཤེས་གྲགས། མཚུངས་མེད་རྒྱལ་བའི་སྲས་པོ་བཟང་པོ་དཔལ། །དེ་ཡང་སེམས་དཔའ་ཆེན་པོ་འདི་ཉིད་ལ། རྒྱ་ནག་གི་རྒྱལ་པོ་ཆེན་པོ་ཧོང་ཐ་རྩེ་དང་། རྒྱ་གར་དང་། བལ་ཡུལ་དང་། ཡ་ཙེ་ལ་སོགས་པའི་རྒྱལ་ཕྲན་རྣམས་ཀྱིས་ཀྱང་གུས་པས་འདུད་ཅིང་། ཤཱཀྱ་ཐུབ་པའི་རྒྱལ་ཚབ་དམ་པར་གྱུར་པ་བསྟན་པའི་བདག་པོ་བོ་དོང་ཐོགས་མེད་ཅེས་སོགས་ཀྱིས་བསྟོད་པ་དང་། གདམས་པ་བཀུར་བ་ཞུ་ཞེས་པའི་ཕྲིན་ཡིག་འབུལ་བ་དང་བཅས་པ་རིམ་པར་བྱུང་ཞིང་། གཞན་ཡང་འཛམ་དབྱངས་དོན་ཡོད་པ་སྐུ་མཆེད། ཏི་ཤྲཱི་བསོད་བློ་པོ་སྐུ་མཆེད། ཏ་དབེན་ཀུན་དགའ་རིན་པོ་ཆེན། ཏ་དབེན་ཀུན་དགའ་ལེགས་པ་སོགས་ས་སྐྱ་པའི་གདུང་བརྒྱུད་རྣམས་དང་། སྲས་ཀྱི་ཐུ་བོ་ལོ་ཆེན་བྱང་རྩེ་སོགས་དང་། ཕག་གྲུ། སྟག་ལུང་། རྒྱ་མ་རིན་པོ་ཆེ་སོགས། དབུས་གཙང་གི་སྐྱེས་ཆེན་དམ་པ་ཕལ་ཆེ་བ་དམ་པ་ཕལ་ཆེ་བ་སློབ་མར་འདུས་ཤིང་། དབང་ལོ་ཆེན་པོའི་གསུང་ནས། ཐོག་མར་ཤེས་བྱ་ཀུན་ལ་མཁས་པར་བྱས། །བར་དུ་མཁས་པའི་ཚོགས་སུ་ལེགས་པར་བཤད། །ཐ་མར་འདྲིས་པའི་དོན་ལ་བརྩོན་པར་བསྒོམ། དུས་གསུམ་རྒྱལ་བ་ཀུན་གྱི་བཞེད་གཞུང་ཡིན། །ཞེས་ས་སྐྱ་པཎྜི་ཏས་གསུངས་པ་དེ། གུ་རུ་ཐོགས་མེད་ཁོང་གིས་བྱས་པ་ཡིན་པས། འོ་སྐོལ་ཆོས་པ་རྣམས་ཀྱི་ནང་ན་ཆོས་བྱེད་པ་ཏ་མང་བར་འདུག་སྟེ། བསྟན་པ་ཐོབ་པ་དུ་ཙམ་བདོག་གམ། གཞན་ནི་ང་ལ་རྒྱུས་མེད། བསྟན་པ་ཐོབ་ངེས་ཤེས་པ་ཐོགས་མེད་ཁོང་ཡིན། ཕོ་སྐྱེས་པ་ཡིན་ཟེར་ན་ཁོང་ལ་ཟེར་བ་ལགས། མི་གཞན་གྱིས་ངའི་རྒྱུད་ཆོན་སློབ་པ་ལ་དཀའ་ལས་ཆེན་པོ་ཡོད། ངས་གུ་རུ་ཐོགས་མེད་ཀྱི་རྒྱུད་ཆོད་སློབ་པ་ལ་བསྐལ་པ་མང་པོར་ཚོགས

བསགས་དགོས། ང་ཁོང་གི་བླ་མ་ཡིན། ཁོང་ངའི་སློབ་མ་ཡིན་ཏེ། ངའི་བླ་མ་ཞིག་ལས་ཀྱང་དེ་ལ་མོས། མི་རྒན་ནམ་འཆི་བའི་སྐབས་ཁར་ཡུ་རུ་ཐོགས་མེད་ཡོད་པ་ཞིག་བྱུང་ན་དགའ་སྟེ། ང་ཕྱོགས་ཐམས་ཅད་དུ་རྒྱུག །ཁོང་གཅིག་ཏུ་བཞུགས་འདིས། ཡིད་སྨོན་ཐོག་ཏུ་ཨེ་འབབ་ཡིན། ཞེས་གསུངས་ཟེར་ཞིང་། གསུང་ཡིག་བསྒྲུར་བའི་ནང་ནའང་། ཁྱེད་ལ་ང་འདྲའི་སློབ་དཔོན་བརྒྱ་ཡོད་ཀྱང་། ང་ལ་ཁྱོད་འདྲའི་སློབ་མ་ཁྱོད་ལས་མེད་ཅེས་གསུངས། ཀུན་མཁྱེན་དོལ་པོའི་གསུང་ནས། ང་ལ་ཕ་བས་ལྷག་པའི་བུ་གཅིག་ཡོད་པ་ཡིན་ངའི་སློབ་མ་འདི་འདྲ་གཞན་ན་ཡོད་ན་སྨོན་ནོ་འཚོལ། སྐྱེས་བུ་དམ་པ་འདི་འདྲ་འཛིག་རྟེན་ན་དཀོན་གསུངས། བླ་མ་རིན་ཡེ་བ་བླ་མ་ཡིན་ཡང་། སེམས་དཔའ་ཆེན་པོའི་མཚན་ནས་བརྗོད་པ་ཙམ་ན་ཕྱག་ཐལ་མོ་སྦྱར། སྤྱན་ཆབ་མང་པོ་འདོན་ཟེར། སློབ་དཔོན་ཡོན་ཏན་འོད་ཀྱིས་ཇོ་ནང་དུ། ཆོས་རྗེ་ཀུན་མཁྱེན་པ་ལ་མཇལ་དུ་བྱོན་དུས། ཁྱེད་རྡུལ་ཚུབ་བླ་མའི་སྐལ་བ་རྒྱལ་སྲས་པ་མིང་དོན་མཐུན་པའི་བྱང་ཆུབ་སེམས་དཔའ་ཆེན་པོ། ཁོང་མཛད་སྤྱོད་རྣམ་པར་དག་པ། ཕྲིན་ལས་རྒྱ་ཆེན་པོ་ཅན་དེས། གྲུབ་མཐའ་དེ་འོ་སྐོལ་འདོད་པ་འདི་མཛད་ན། ལྟ་སྤྱོད་ཕུན་སུམ་ཚོགས་པ་ཡོང་བ་གདའ་སྟེ། ཁོང་པ་ཡང་ལྟ་བ་སྟ་རབས་པ་ལ་ཞེན་ཆེ་བ་འདྲ། ཁོང་དང་ལྟ་བ་འདིའི་ཆོས་ཀྱི་འབེལ་གཏམ་ཞིབ་པ་ཞིག་བྱ་བསམ་པ་ཡིན་ཏེ། ངས་ལན་གཅིག་རྡུལ་ཚུར་ཕྱིན་པས་ཀྱང་ཁོང་མཚམས་དམ་པོ་ལ་བཞུགས་འདུག་པས་མ་མཇལ། ངས་ཅི་ཡང་མི་ཤེས་ཟེར་བའི་ལན་གཅིག་ལས་མ་བྱུང་། ད་རུང་ཁོང་དང་ཅིག་འཕྲད་དགོས། གང་ལྟར་ལགས་ཀྱང་རྒྱལ་སྲས་པ་དེ་མཚུངས་པ་མེད་པའི་བྱང་ཆུབ་སེམས་དཔའ་ཡིན། འདི་ནས་འཕོས་མ་ཐག་བྱམས་མགོན་གྱི་དྲུང་དུ་ཟང་ཐལ་ལེ་འགྲོ་རྒྱུ་དེ་ཡིན། དེའི་རྒྱུ་ཐམས་ཅད་ཁོང་ལ་ཚང་བ་ཡིན་གསུང་ཟེར། ཡང་ཧ་ནག་ཏུ་བྱོན་པ་ཞིག་ལ། རྡུལ་ཚུའི་ཐད་ཀྱི་སྤྲིན་ལ་ཕྱག་མཇུབ་བཙུགས་ནས། དེར་འདུས་པ་རྣམས་ལ་སྤྲིན་ཕ་གིར་འབོད་ནས་སངས་རྒྱས་མིའི་གཟུགས་སུ་བཞུགས་པ་ཞིག་ཡོད་པ་དེ་ཨེ་ཤེས་གསུང་ཟེར། ས་སྐྱ་པའི་འཇམ་སྐྱེག་གི་གསུང་ནས། དབུས་གཙང་འདི་གཉིས་ན། མཐོང་ཐོས་དྲན་པ་ལ་དགེ་བའི་བཤེས་གཉེན་མང་པོ་འདུག་སྟེ། གཞན་སུ་བས་ཀྱང་བོ་དོང་ཐོགས་མེད་དེ་ལ་སྨོན། ང་ཡང་ཚེ་གཞུག་ལ་སློམ་ཞིག་ཞུ་རྒྱུ་བྱུང་ན་བོ་དོང་ཐོགས་མེད་དེ་ལ་ཞུ། ཁོང་མཚམས་དམ་པོ་ཞིག་ཡོད་པ་འདུག་པས་རྟེན་འབྲེལ་མ་འགྲིག་ན། ང་རང་གི་སློབ་མ་རྗེར་གཞོན་ལ་སློམ་ཞིག་ཞུ། དེ་གཉིས་མ་ཡིན་པའི་བླ་མ་དང་སློམ་སུ་ལ་ཡང་ཡིད་དུ་མི་སྨོན་གསུང་། བླ་མ་མཉམ་མེད་པའི་གསུང་ནས། ཁོང་རང་གི་གྲྭ་པ་སློམ་ལ་འགྲོ་བ་རྣམས་ལ། ཁྱེད་ཚོ་ཚེ་འདི་དང་འབྲེལ་བྱེད་ཀྱི་ཆོས་ཞིག་བྱེད་ན་བླ་མ་འདི་དང་འདིའི་རྟ་ར་རྒྱུག །ས་མེད་རྡུལ་མེད་ཀྱི་ཆོས་ཞིག་བྱེད་ན། བོ་དོང་ཐོགས་མེད་ཀྱི་རྟ་ར་རྒྱུག །ད་ལྟ་དེ་ལས་ལྷག་པ་མེད་དོ་གསུང་ཟེར། བུ་སྟོན་རིན་པོ་ཆེས་ཀྱང་། སྡེ་སྣོད་གསུམ་གྱི་དོན་ལ་མཁས་གྱུར་ཞིང་། །རྒྱུད་སྡེ་ཟབ་མོའི་རྟོགས་པ་ཀུན་ཆུབ་པས། །བྱང་ཆུབ་སེམས་གཉིས་འབྱོངས་པ་རྒྱལ་བའི་སྲས། ཞེས་སོགས་བསྟོད་ཅིང་། སེམས་དཔའ་ཆེན་པོ་ཞ་ལུ་རུ་བྱོན་པའི་རེས། བུ་སྟོན་པས་ཁོང་རང་གི་གྲྭ་པ་རྣམས་ལ། ད་ལྟ་བོད་གངས་ཅན་གྱི་ཁྲོད་ན། ཆོས་ཤེས་ནས་ཉམས་སུ་བླངས་ངེས་ཤེས་པ་རྒྱལ་སྲས་ཐོགས་མེད་པ་ཙམ་ཡིན། ངས་ཀྱང་ཆོས་ཤེས་པ་ཤེས་ཏེ། ཀུན་མཁྱེན་འཕགས་འོད་ཀྱི་གསུང་ཞིག་ལ་བརྟེན་ནས་ཉན་བཤད་བྱེད་དགོས་པ་བྱུང་བས། ཁོང་གི་འདྲ་བའི་ཉམས་ལེན་བྱུང་བ་མེད། འདི་ལྟ་བུའི་བྱང་ཆུབ་སེམས་དཔའ་ཆེན་པོ་ལ་ཆོས་འབྲེལ་ཐོབ་པ་ཙམ་རེས་ཀྱང་། འཁོར་བ་མཐའ་ཅན་དུ

འགྱུར་ངེས་ཞེས་པ་ཡིན་པས། མཚམས་ལ་ཡོད་པ་རྣམས་ཀྱང་ཁྲོལ་ལ་ཆོས་ཞུས། དེ་བར་གྱི་ཞབས་ཏོག་ཐམས་ཅད་བླ་བྲང་ནས་བྱེད་པ་ཡིན་གསུང་ཟེར། དེ་སྲས་ཐུ་བོ་མཉམ་མེད་ལོ་ཙྪ་བ། །ཕྱག་འཚལ་གསོལ་འདེབས་སྙིང་ནས་སྐྱབས་སུ་མཆི། །དེ་ཡང་ལོ་ཆེན་བྱང་རྩེས་ཐོགས་དྲུངས། དགེ་བའི་བཤེས་གཉེན་མང་དག་གིས། སེམས་དཔའ་ཆེན་པོ་ལ་འཇུག་པ་སེམས་བསྐྱེད་ཞུས་པའི་ཚེ། སེམས་དཔའ་ཆེན་པོའི་གསུང་ནས་འོ་སྐོལ་གྱིས་མཁན་ཆེན་རིན་པོ་ཆེ་ལ་འདི་ཞུས་པའི་དུས་སུ་ཆོས་བདག་པོའི་ལག་ཏུ་འཕྲོད་པ་ཡིན་གསུང་ནས་མཉེས་ཚོར་ཆེན་པོ་མཛད་ཀྱིན་གདའོ། །འོ་སྐོལ་ལ་བདག་རྒྱུ་ཙམ་མེད་དེ། ཁོང་ལ་དེ་སྐད་གསུང་གིན་གདའ། འོན་ཀྱང་བྱས་པས་ཇོ་བོ་ཡབ་སྲས་སྐུ་མཆེད་གསུམ་ལ་སོགས་པའི་དུས་སུའང་། ཆོས་འདི་ལ་བཀའ་དོག་པ་ཡིན་པ་འདུག །དུས་ཕྱིས་ཀྱང་འདི་འབོགས་པ་ཉུང་བར་གདའ། འོ་སྐོལ་ལས་དབུས་གཙང་ན་ཆོས་འདི་ཡོག་པ་མང་བ་མེད་དོ། །སྔར་ཡང་རྒྱུད་ལ་སྨིན་པ་མང་པོ་བྱུང་། ད་འོ་སྐོལ་ནས་ཆོས་འདིའི་བཀའ་ཡངས་སུ་གཏོང་བ་ཡིན་པས། ཉིད་ཅག་དགེ་བའི་བཤེས་གཉེན་འབོགས་པར་ནུས་པ་རྣམས་ཀྱིས་ཆོག་ཅིག་གསུངས་པ་ལ་བརྟེན། ལོ་ཆེན་བྱང་རྩེས་བཀའ་བསྟུལ་པ་དང་དུ་བླངས་སྟེ། ཆོས་འདིའི་བདག་པོ་ལྷ་བུར་གྱུར་པ་ཡིན་ནོ། །

སྐྱེས་ཆེན་ཟུང་གཉིས་མཁས་གྲུབ་དམ་པ་གསུམ། །ཡར་རྒྱབ་པཎ་ཆེན་རྩ་བའི་བླ་མ་སོགས། །སེམས་ཙམ་ལུགས་ཀྱི་བྱང་སེམས་སྡོམ་བརྒྱུད་ལ། །ཕྱག་འཚལ་གསོལ་འདེབས་སྙིང་ནས་སྐྱབས་སུ་མཆི། །རྗེ་རིན་པོ་ཆེ་གསེར་མདོག་ཅན་པའི་དྲུང་དུ། ཆོས་འདི་ཉིད་འབད་པས་ཞུས་ཤིང་། དགྱེས་བཞིན་དུ་གནང་། གཞན་ཡང་དེའི་རྒྱབ་རྟེན་དུ་གྱུར་པའི་བྱང་སའི་ཚུལ་ཁྲིམས་ལེའུ་ཐོས་ཤིང་། གཞན་ཡང་བློ་སྦྱོང་ཟིན་བྲིས་ཆེན་མོ། རྒྱལ་སྲས་པའི་བློ་སྦྱོང་སོགས་ཉམས་ཁྲིད་དུ་ཞུས་ཤིང་ནན་ཏན་དུ་བྱས། དཔེ་ཆོས་རིན་སྤུངས་རྩ་འགྲེལ་སོགས་ཀྱང་ཐོབ། མཁས་གྲུབ་དོན་ཡོད་དཔལ་གྱི་དྲུང་དུ། པོ་ཏོ་བ་ནས་བརྒྱུད་པའི་བསྟན་རིམ་དང་། བློ་སྦྱོང་སོགས་ཐོས། མོ་པ་ཀུན་སྤངས་པའི་དྲུང་དུ། བྱང་ཆུབ་ལམ་སྒྲོན་ཐོས། རྒྱ་མ་ཀུན་སྤང་གི་དྲུང་དུ། སུས་ཆེན་དཀོན་མཆོག་རྒྱལ་མཚན་གྱིས་མཛད་པའི་བློ་སྦྱོང་ཐོས། དོན་གཉིས་མཐར་ཕྱིན་རྫོགས་པའི་སངས་རྒྱས་དང་། །འགོག་ལམ་གཉིས་བསྡུས་བསླུ་མེད་དམ་པའི་ཆོས། །རིག་གྲོལ་གཉིས་ལྡན་འཕགས་པའི་དགེ་འདུན་ལ། །ཕྱག་འཚལ་གསོལ་འདེབས་སྙིང་ནས་སྐྱབས་སུ་མཆི། །དཔལ་ལྡན་ཡེ་ཤེས་མགོན་པོ་ལྷམ་དྲལ་གཉིས། །ཀྵེ་ཏྲ་པ་ལ་ཛཱི་ན་མི་ཏྲ་དང་། ཏཀྐི་རཱ་ཛ་བདུད་མགོན་ཏ་ཀ་ཤད་སོགས། །བསྟན་པ་བསྲུང་བའི་དམ་ཅན་རྒྱ་མཚོའི་ཚོགས། །བདག་ཅག་དམ་ཆོས་མདོ་སྡེའི་རྣལ་འབྱོར་པ། །འཁོར་བཅས་ཀུན་ལ་བུ་བཞིན་སྐྱོང་བ་དང་། །ཐུབ་བསྟན་སྤྱི་དང་ཟབ་མོ་མདོ་སྡེ་ཡི། །བཤད་སྒྲུབ་བསྟན་པ་རྒྱས་པར་མཛད་དུ་གསོལ། །རྣམ་དག་ཚོགས་ཐོབ་ཅིང་སྡོམ་ལ་གནས། ། བསྟན་པའི་སྙིང་པོ་བྱེད་ན་ཚུལ་ཁྲིམས་ལ། །ཐུན་དྲུག་རྣལ་འབྱོར་མེ་ཏོག་ཆུན་པོ་དེ། །བྱང་སེམས་སྡོམ་བརྒྱུད་སྟོན་པ་འཁོར་བཅས་འབུལ། །ཁྲིམས་པའི་དབང་གྱུར་མི་ཤེས་མ་གུས་པས། །བྱང་སེམས་བསྟན་པའི་སྙིང་པོར་མ་ཤེས་པར། །མདོ་སྡེའི་སྡེ་སྣོད་དང་འགལ་ཉེས་སོགས་གང་། །འགྱོད་པས་མཐོལ་ཞིང་སྡོམ་པའི་སེམས་ཀྱིས

བཤགས། །ཟབ་མོ་མདོ་སྡེའི་དབུས་སུ་གནས་བྱས་ཤིང་། །དེར་གསུངས་བྱང་སེམས་བསླབ་པའི་བཅས་མཚམས་ལ། །སྐད་ཅིག་མི་འདའ་ཚུལ་བཞིན་ཉམས་ལེན་པའི། །མདོ་སྡེ་འཛིན་པ་ཀུན་ལ་རྗེས་ཡི་རང་། །མདོ་སྡེའི་ཁང་བཟང་དངོས་ཤུགས་བཅས་མཚམས་ཀྱི། །རྒྱ་ཡིས་དམ་བཅིངས་མ་སྨྲས་ལེགས་ཕྱེ་ནས། །ཟབ་ཅིང་རྒྱ་ཆེ་ཚོག་བཤད་མན་ངག་གི། །དམ་ཆོས་མདོ་སྡེའི་ཆོས་ཀྱི་བདུད་རྩི་སྩོལ། །བྱང་སེམས་སྡོམ་བརྒྱུད་སྟོན་པ་འཁོར་བཅས་དང་། །རྒྱལ་དང་དེ་སྲས་དགྲ་བཅོམ་འཕགས་པའི་ཚོགས། །གདུལ་བྱ་དག་པའི་སེམས་ཀྱི་ཆུ་གཏེར་དུ། །སྒྲིབ་མེད་རྟག་འཆར་གུས་པས་གསོལ་བ་འདེབས། །བསྟན་པའི་སྙིང་པོ་བྱང་སེམས་ཚུལ་ཁྲིམས་ལ༑ ༑རྒྱལ་སྲས་ཞི་བ་ལྷ་ཡི་བཞེད་ཇི་བཞིན། །འཁྲུལ་མེད་ཉམས་ལེན་བགྱིས་པའི་དགེ་སོགས་གང་། །རྫོགས་སངས་རྒྱས་ཀྱི་བྱང་ཆུབ་ཕྱིར་བསྔོའོ། །དལ་འབྱོར་བརྙེད་དཀའ་མི་རྟག་འཆི་བ་དང་། །ལས་འབྲས་བསླུ་མེད་འཁོར་བའི་ཉེས་དམིགས་རྣམས། །མཐོང་ཞིང་རིག་ནས་ཤུགས་དྲག་དད་བརྩོན་དང་། །བྱམས་བརྩེའི་བསམ་པས་བྱང་ཆུབ་བསྒྲུབ་པའི་ཕྱིར། །བཤེས་གཉེན་དམ་པ་རིང་ནས་ཚོལ་བ་དང་། །བརྙེད་ནས་དེ་མཉེས་དེ་ཡི་སྤྱན་སྔ་རུ། །བསྟན་པའི་སྙིང་པོ་བྱང་སེམས་ཚུལ་ཁྲིམས་ནོད། །དེ་ཡང་སེམས་བསྐྱེད་ཆོག་ལེན་ཚུལ་ལ། ཀླུ་སྒྲུབ་ནི་སེམས་བསྐྱེད་སྔར་བླངས་ནས། དེའི་འོག་ཏུ་སྡོམ་པ་ལེན་པར་བཞེད། ཇོ་ཏ་རི་པ། སྨོན་འཇུག་གི་སེམས་བསྐྱེད་གཉིས་པོ་སྔར་བླངས་ནས། དེའི་འོག་ཏུ་སྡོམ་པ་གཉིས་ལྷན་ཅིག་ཏུ་ལེན་པ་སྤྱོད་འཇུག་གི་དགོངས་པར་འཆར། སྤྱོད་འཇུག་དངོས་བསྟན་ལ་སེམས་བསྐྱེད་དང་སྡོམ་པ་ལྷན་ཅིག་ཏུ་ལེན་པར་བཤད། ཨ་ཏི་ཤ་ནི་དབུ་མའི་ལུགས་ཀྱི་སྨོན་སེམས་དང་། སེམས་ཙམ་ལུགས་ཀྱི་འཇུག་སྡོམ་གཉིས་ལེན་པའི་ཚོ་ག་རིམ་བཞིན་དུ་སྦྱོར་བར་མཛད། ལུགས་དེ་ཉིད་རྗེ་བཙུན་རིན་པོ་ཆེའི་སྡོམ་པ་ཉི་ཤུ་པའི་ཊཱི་ཀར་ཡང་བཀོད་པར་མཛད་དོ། ཆོས་རྗེ་ས་སྐྱ་པཎྜི་ཏས། གློ་བོ་ལོ་ཙཱ་བའི་དྲིས་ལན་ལས། བྱང་ཆུབ་སེམས་དཔའི་སྡོམ་པ་ལ། དབུ་མ་སེམས་ཙམ་གྱི་དབྱེ་བ་མི་ཤེས་པར། སེམས་ཙམ་པའི་ལུགས་ལ། དབུ་མའི་སྡིག་བཤགས་པོ་བསྟན་ནས། ཚོ་ག་ཐམས་ཅད་ཀྲུགས་ནས་བྱེད་ཅེས་དང་། ཕྱག་ལོའི་དྲིས་ལན་ལས། སེམས་ཙམ་པའི་ཚོ་ག་ལ་སྡིག་བཤགས་སོགས་དང་། ཡུལ་ཡང་སྐྱེ་བོ་ཀུན་བྱེད་ན། བྱང་ས་དང་མི་མཐུན་པས་མ་དག་པར་མཆིས་ཞེས་གསུངས། སེམས་ཙམ་པའི་རང་རྐང་ལ། སྨོན་སེམས་ལ་ཚོ་ག་མ་བཤད་དེ། བྱང་ས་དང་། སྡོམ་པ་ཉི་ཤུ་པ་དང་། དེའི་འགྲེལ་པ་ཞི་འཚོ་དང་། གནས་བརྟན་བྱང་བཟང་གིས་མཛད་པར། འཇུག་སྡོམ་ཁོ་ནའི་ཚོ་ག་ལས་གཞན་མ་བཤད་པའི་ཕྱིར། གཞུང་ལས་སྨོན་སེམས་ལེན་པའི་ཚོ་ག་མ་གསུངས་མོད། གང་ཟག་ལས་དང་པོ་བ་འགའ་ཞིག བྱང་སའི་ལུགས་ཀྱི་སེམས་བསྐྱེད་འདི་དོན་དུ་གཉེར་བ་བྱུང་ན། དེ་སྨོན་སེམས་དང་། སོ་ཐར་གྱི་སྡོམ་པར་ཐོག་མར་འཛིན་དུ་འཇུག་དགོས་པ་ཡིན་ཏེ། ཇི་སྐད་དུ། གལ་ཏེ་སེམས་ཙམ་པ་ཡི་ཡང་། །སེམས་བསྐྱེད་སྡོམ་པ་དེ་འདོད་ན། །ཐོག་མར་སོ་སོར་ཐར་པ་ཡོངས། །བྱང་ཆུབ་སེམས་དཔའི་སྡེ་སྣོད་སློབས། །ཞེས་སོགས་འབྱུང་བ་ལྟར་རོ། །

ཚུལ་གནས་ཐོས་བསམ་བསྒོམ་པ་མཐར་ཕྱིན་ཤོག །ཇི་ལྟར་སྟོན་གྱི་རྒྱལ་བ་སྲས་བཅས་ཀྱིས། །བྱང་

ཆུབ་སེམས་བསྐྱེད་བསླབ་ལ་གནས་པ་ལྟར། །དེ་བཞིན་བདག་ཀྱང་འགྲོ་ལ་ཕན་དོན་དུ། །བྱང་ཆུབ་སེམས་
བསྐྱེད་བསླབ་ལ་གནས་པར་བགྱི། །མདོ་སྡེའི་སྒོར་ཞུགས་ཇི་སྲིད་བྱང་ཆུབ་བར། །དམ་པའི་སྤྱན་སྔར་ཇི་ལྟར་
ཁས་བླངས་བཞིན། །དབུ་སེམས་གཞུང་གི་བསླབ་པའི་བཅས་མཚམས་ལ། །དྲན་དང་ཤེས་བཞིན་བག་ཡོད་
བསྟེན་པར་ཤོག །དེའང་དབུ་མ་ལུགས་ཀྱི་སེམས་བསྐྱེད་ཀྱི་སྡོམ་པ་དང་། རྩ་བའི་ལྟུང་བ་དང་། བསླབ་བྱ་སོགས་ཀྱི་ནང་དུ་སེམས་
ཙམ་ལུགས་ཀྱི་དེ་དང་དེ་དག་འདུས་པ་ཡིན་ཏེ། རྒྱ་ཆེ་བས་རྒྱ་ཆུང་བ་བསྡུས་པའི་རིགས་པ་ལས་དང་། བསླབ་བཏུས་ལས། རྩ་བའི་ལྟུང་བ་
འདི་དག་བདེ་བླག་ཏུ་བཟུང་བ་དང་། འགའ་ཞིག་གི་ལུགས་གནས་པར་བྱ་བའི་ཕྱིར། བསྡུ་བའི་ཚིག་ལེའུར་བྱས་པ་དག་བརྗོད་པར་བྱའོ། །
ཞེས་གསུངས་ལ། དེར་འགའ་ཞིག་གི་ལུགས་ཤེས་པ། འཕགས་པ་ཐོགས་མེད་ཀྱི་ལུགས་ལ་བྱ་བར། སྔོན་གྱི་བསླབ་བཏུས་འཆད་པ་པོ་
ཀུན་གྱིས་འཆད་པའི་ཕྱིར། ཉིན་མཚན་ཐུན་དྲུག་རང་རྒྱུད་བརྟགས་པའི་ཚེ། །ཉེས་པས་མ་གོས་དགའ་བས་ཡི་རང་
ཞིང་། །གལ་ཏེ་གོས་ན་བཤགས་བསྡམས་སྡོམ་སེམས་ཀྱིས། །བཤགས་ཚད་མ་འདས་རང་རྒྱུད་དག་པར་ཤོག །
རྒྱལ་སྲས་ཐུ་བོའི་བཀའ་སྩོལ་བླ་ན་མེད། །ཀླུ་སྒྲུབ་ཐོགས་མེད་ཞབས་ལས་ལེགས་འོངས་པའི། །དབུ་སེམས་
སྤྱོད་པའི་སྲོལ་ཆེན་ཉི་ཟླའི་འགྲོས། །དེ་ཉིད་ཁོ་ན་ཐུབ་བསྟན་ནམ་མཁའི་རྒྱན། །དུས་གསུམ་རྒྱལ་བའི་
གཤེགས་ཤུལ་སྨད་དུ་བྱུང་། །སྲས་བཅས་རྒྱལ་བའི་བགྲོད་པ་གཅིག་པའི་ལམ། །ཐེག་ཆེན་རྩ་བ་ཤིང་རྟ་ཆེན་
པོའི་སྲོལ། །བྱང་ཆུབ་སྤྱོད་པའི་བསླབ་སྦྱངས་མཐར་ཕྱིན་ཤོག །ངོ་མཚར་རྨད་བྱུང་རྒྱལ་སྲས་སྤྱོད་པ་ལ། །ས་
ཆེན་བཞུགས་པའི་རྒྱལ་བ་སྲས་བཅས་ལྟར། །དཀའ་བ་དང་བླངས་ཐེག་པ་ཁུར་ཁུར་གྱིས། །མི་ཞུམ་མི་ལྡོག་
སྤྲོ་དགས་སློབ་པར་ཤོག །སྔོན་རབས་བྱང་སེམས་ཆེན་པོའི་རྣམ་ཐར་བསམ། །རྣམ་དག་བྱང་ཆུབ་བསམ་པས་
ཡིད་བསྐུལ་ཏེ། །ཡི་དམ་བརྟན་པོས་དེ་མཚུངས་བསླབ་པ་ལ། །བསམ་སྦྱོར་དྲག་པོས་ཚུལ་བཞིན་སློབ་པར་
ཤོག །སློན་འཇུག་ཐུན་མོང་གི་བསླབ་བྱ་ནི། བསྒྲུབ་བྱ་གསུམ་དང་ཤེས་པར་བྱ་བ་བཞི། །སོ་སོའི་བསླབ་བྱ་ལ། རྒྱས་འབྲིང་
བསྡུས་གསུམ་ལས། རྒྱས་པ་ལ། སློན་པ་ལ་སྤོང་བསྒྲུབ་གཉིས་ལས། སྤོང་བ་ནི། མི་མཐུན་ཕྱོགས་གསུམ་ནག་པོའི་ཕྱོགས་
བཞི་དང་། །མི་འཕེལ་རྒྱུ་དྲུག་སྤང་བར་བྱ་བ་སྟེ། །གཉིས་པ་བསྒྲུབ་པའི་བསླབ་བྱ་ནི། སློན་པ་གསུམ་དང་མཐུན་
ཕྱོགས་དགེ་བའི་ཆོས། གཉིས་པ་འཇུག་པ་ལ། སྤང་བྱ་དང་བསྒྲུབ་བྱ་གཉིས་ལས། སྤང་བྱ་ནི། ཤེས་རབ་མི་འཕེལ་རང་མིན་
གེགས་གསུམ་སྟེ། །གཞན་དོན་མི་འགྲུབ་རྒྱུ་བའི་གཙོ་བོ་ལྔ། །བསྒྲུབ་བྱ་ལ། མི་ཉམས་པའི་རྒྱུ་དང་། འཕེལ་བའི་རྒྱུ་གཉིས
ལས། དང་པོ་ལ་ཚེ་འདིར་མི་ཉམས་པའི་རྒྱུ་ནི། ཚེ་འདིར་མི་ཉམས་སྐྱོར་བའི་དྲན་པ་གསུམ། །ཕྱི་མར་མི་ཉམས་པའི་རྒྱུ་ནི།
ཕྱི་མར་མི་ཉམས་ཕྱིན་ཅི་མ་ལོག་གསུམ། །ཐམས་ཅད་དུ་མི་ཉམས་པའི་རྒྱུ་ནི། ཀུན་ཏུ་མི་ཉམས་བླ་མེད་འདུན་པ་ལྔ། །
གཉིས་པ་འཕེལ་བའི་རྒྱུ་ནི། གཞན་ཡང་རྨད་བྱུང་བསླབ་པའི་ཚུལ་ཁྲིམས་གསུམ། །དེ་ལྟར་བཤད་པའི་བསླབ་པ་ཐམས་

ཅན་སྨུར་དུ་འགྲུབ་པའི་རྒྱུ། སེམས་བསྲུང་བ་ལ་བསླབ། སེམས་བསྲུང་བའི་ཐབས་སུ་དྲན་པ་དང་ཤེས་བཞིན་བསྐྱངས། དེ་འགྲུབ་པའི་རྒྱུ་རྒྱུ་ཕྱི་དགེ་བའི་བཤེས་གཉེན་དང་། ནང་དགེ་བའི་བཤེས་གཉེན་རྒྱུན་དུ་བསྟེན་པར་བྱ་ཞེས་པ་ནི། མདོར་ན་སྨོན་འཇུག་བསམ་སྦྱོར་མ་ཉམས་པར། །ཕྱི་ནང་དགེ་བའི་བཤེས་ལ་བསྟེན་བྱས་ནས། །དྲན་ཤེས་གཉིས་ཀྱིས་རྒྱུན་དུ་སེམས་བསྲུངས་ཏེ། །རྒྱལ་སྲས་སྤྱོད་ཚུལ་གོང་ནས་གོང་འཕེལ་ཤོག །

གཉིས་པ་འབྲིང་དུ་བསླབ་པ་ནི། སྨོན་པ་མི་འདོར། ལོག་ལྟ་མི་བསྐྱེད། ནག་པོའི་ཆོས་བཞི་སྤང་བ་ཙམ་ལ་བསླབ་པོ། །གསུམ་པ་བསྡུས་ཏེ་བསླབ་པ་ནི། སྨོན་འཇུག་གཉིས་བསམ་པ་དང་སྦྱོར་བ་ཡིན་པས། སྨོན་པ་སེམས་ཅན་ཐམས་ཅད་ཀྱི་དོན་དུ་སངས་རྒྱས་ཐོབ་པར་བྱ་སྙམ་པའི་བསམ་པ་བསྐྱངས་པ་དང་། འཇུག་པ་དོན་མེད་པའི་སྡིག་པ་སྤང་བ་དང་། ཅི་ནུས་པའི་དགེ་བ་ལ་འབད་པས་སངས་རྒྱ་བར། རྒྱལ་པོ་ལ་གདམས་པའི་མདོ་དང་། ལག་བཟང་གིས་ཞུས་པ་དང་། ཐབས་ལ་མཁས་པའི་མདོ་སྡེ་སོགས་ལས་གསུངས་སོ། །སྐྱེས་བུ་གསུམ་གྱི་ལམ་རིམ་གྱི་སྒོ་ནས་བྱང་ཆུབ་སེམས་དཔའི་རྨད་དུ་བྱུང་བའི་སྤྱོད་པ་ལ་སློབ་པའི་ཚུལ་ལ། དལ་འབྱོར་རྙེད་དཀའ་བསམས་ནས་ཉན་སེམས་བསྒོམ་པ་ནི། དལ་འབྱོར་གྲུ་ཆེན་བརྙེད་དཀའ་ཐོབ་དུས་འདིར། །བདག་གཞན་འཁོར་བའི་མཚོ་ལས་སྒྲོལ་བའི་ཕྱིར། །ཉིན་དང་མཚན་དུ་གཡེལ་བ་མེད་པར་ནི། །ཉན་སེམས་བསྒོམ་པའི་བསམ་སྦྱོར་མཐར་ཕྱིན་ཤོག །དེ་ཡང་དགེ་བཤེས་སྤྱན་སྔར་ཐུགས་དམ་མཛད་དུས། གང་ཚེ་རང་དབང་འཇུག་ཅིང་མཐུན་གནས་པས། །གལ་ཏེ་འདི་དག་འཛིན་པར་མི་བྱེད་ན། །གཡང་སར་ལྷུང་བས་གཞན་དབང་འགྱུར་བ། །དེ་ལས་ཕྱིས་ནི་གང་གིས་བསློང་བར་འགྱུར། །ཞེས་གསུངས་ཤིང་། ཐུགས་དམ་ལ་འཇུག །དགོན་པ་པས། སྐབས་སུ་ཁམས་སེང་བའི་ཞལ་ཏ་གནང་བས། དལ་འབྱོར་བརྙེད་དཀའ་འདི་ལ་བསམ་ན་ཁམས་སེང་ལོང་ཡང་མེད་གསུང་ནས་ཐུགས་དམ་ལ་བརྩོན་པར་མཛད། པོ་ཏོ་བ། དལ་འབྱོར་འདི། དཔེར་ན་རི་གཟར་དག་གི་མཚམས་ན་ཡོད་པའི་མི་དང་འདྲ། ཟང་སྟབ་གྱེན་ལ་སྒྲིལ་བ་དང་འདྲ་གསུང་། རྨའི་ཕྱུ་མཁར་ཐོབ་པ་དང་འདྲ་བར་རྨི་ལམ་མིན་ན་སྲུང་སྟེ་སྙམ་པ་ལྟ་བུ་དང་། སྐྱིད་ཀྱི་སྣ་འདྲེན་པ་ལྟ་བུ་དང་། སྟག་གི་མགོ་འཛུགས་པ་ད་རེས་ཡིན་པས། ད་རེས་ཅིག་མ་བྱུང་ན། ངན་སོང་དང་འཁོར་བར་ད་བཟོད་འཕྲུམས་དགོས། ངན་སོང་གསུམ་ནི་གཏན་ཡུལ་ལྟ་བུ་ཡིན། ལྷ་མི་དོན་ཤོར་བའམ། ངལ་གསོ་བའི་ཚད་ཙམ་ཡིན་པས། བརྙེད་དཀའ་བ་བསམས་ལ། སྲུང་པོའི་ཚིག་བཤད་དམ། སྣ་ཟན་ཁྲིས་ཁྲིར་བ་ལྟར་ཆུད་མི་ཟན། དེ་ཡང་རྣམ་པར་གྲོལ་བ་བསྒྲུབ་ན་ཡིན་གསུང་། དོལ་པ་འདི་ལ་ནན་ཏན་ཆེར་མཛད་པས། ཆོས་གཞན་རྣམས་དེས་སྣ་དྲངས་ནས་བྱུང་གསུང་། མདོར་ན་ས་གསུམ་པའི་ཡོངས་སྦྱོང་ལྔ་གསུངས་ཤིང་། རྒྱན་རྩ་བར། ཐོས་པས་མི་ངོམས་ཤེས་དང་། འགྲེལ་པར། དམ་པའི་ཆོས་ཉན་པས་ངོམས་མི་ཤེས་པ་དང་ཞེས་དང་། ཡང་མདོར། ས་བརྒྱད་པའི་ཡོངས་སྦྱོངས་བརྒྱད་དུ་གསུངས་ཤིང་། རྒྱན་རྩ་བར། ཡོངས་སུ་བརྟགས་ཕྱིར་ཞེས་དང་། འགྲེལ་པར། རྣམ་པ་ཐམས་ཅད་དུ་ཆོས་ཡོངས་སུ་བརྟགས་པས། སངས་རྒྱས་མཉེས་པར་བྱེད་པ་དང་། ཞེས་པ་ཐོས་པའི་བྱང་སེམས་རྣམས་ཀྱང་། ཐོས་བསམ་སོགས་ལ་བརྩོན་པ་ལྷུར་ལེན་པར་གསུངས་སོ། །ཉེས་པའི་འབྱུང་གནས་ཕ་ཡུལ་གྲོང་ཁྱིམ་སྤོང་བ་ནི། གཉེན་གྱི་ཕྱོགས་ལ་འདོད་ཆགས་ཆུ

ལྟར་གཡོ། །དགྲ་ཡི་ཕྱོགས་ལ་ཞེ་སྡང་མེ་ལྟར་འབར། །བླང་དོར་བརྗེད་པའི་གཏི་མུག་མུན་ནག་ཅན། །ཕ་ཡུལ་སྤོང་བའི་བསམ་སྦྱོར་མཐར་ཕྱིན་ཤོག །མདོར། ས་དང་པོའི་ཡོངས་སྦྱོངས་བཅུར་གསུངས་ཤིང་། རྒྱན་རྩ་བར། རྟག་ཏུ་ངེས་འབྱུང་སེམས་ཉིད་དང་། ཞེས་དང་། འགྲེལ་པར། ཁྱིམ་ན་གནས་པ་ལ་མངོན་པར་མི་དགའ་བ་དང་། ཞེས་དང་། ཡང་མདོར། ས་ལྔ་པའི་ཡོངས་སྦྱོངས་བཅུར་གསུངས་ཤིང་། རྒྱན་རྩ་བར། ཁྱིམ་ལ་འཁྲིན་པ་དང་ཞེས་དང་། འདུ་འཛིར་གྱུར་པའི་གནས་དང་ནི། །ཞེས་དང་། འགྲེལ་པར། དད་པ་ཅན་གྱི་ཁྱིམ་ཉེ་བར་མི་སྟོན་པ་དང་། ཞེས་དང་། སྐྱེ་བོ་མང་པོའི་གྲོང་ལ་སོགས་པ་དང་། །ཞེས་པ་དང་། མདོར་ན་བཞི་པའི་ཡོངས་སྦྱོངས་བཅུར་གསུངས་ཤིང་། རྒྱན་རྩ་བར། སྦྱངས་པ་ཡང་དག་སྡོམ་རྟེན་དང་། །ཞེས་དང་། འགྲེལ་པར། བསོད་སྙོམས་པ་ཉིད་ལ་སོགས་པ་སྦྱངས་པའི་ཡོན་ཏན་ཡང་དག་པར་སྡོམ་པ་དང་ཞེས་དང་། རྩེ་མོའི་རྟགས་ཀྱི་སྐབས་སུ། མདོར་སྦྱངས་པའི་ཡོན་ཏན་བཅུ་གཉིས་ཀྱང་ཡང་དག་པ་བླངས་ཏེ་སྤྱོད་དོ། །ཞེས་དང་། རྒྱན་རྩ་བར། སྦྱངས་བ་ནི། ཞེས་དང་། འགྲེལ་པར་ཕྱུག་དར་ཁྲོད་པ་ཉིད་ལ་སོགས་པར་སྦྱངས་པའི་ཡོན་ཏན་ཡང་དག་པར་ལེན་པ་དང་། ཞེས་དང་། མཐོང་ལམ་གྱི་རྟགས་ཀྱི་སྐབས་སུ། རྟག་ཏུ་ཚངས་པར་སྤྱོད་ཉིད་དང་། ཞེས་དང་། འགྲེལ་པར། ཡུལ་གྱི་ཉེས་དམིགས་མཐོང་བས་རྟག་ཏུ་ཚངས་པར་སྤྱོད་པ་དང་ཞེས་གསུངས། ཁྱིམ་གྱི་ཉེས་དམིགས་ནི། ཤེས་རབ་ལྡན་པས་ཁྱིམ་གྱི་ཉེས་རིག་ནས། །དེ་ཕྱིར་འདོད་པའི་དགའ་བ་ཀུན་སྤངས་ཏེ། །ཆོས་ལ་སློན་གྱི་འདུ་ཤེས་བཞག་བྱས་ནས། །མ་ཆགས་ཁྱིམ་ནས་མྱུར་དུ་འབྱུང་བར་བྱེད། །ཅེས་གསུངས་བཀའ་གདམས་ཀྱི་བཤེས་གཉེན་ཆེན་པོ་དག་གི་གསུང་ནས། ཆོས་གཤའ་མ་ཞིག་བྱེད་ན། སྐྱེས་པའི་ཡུལ་ཐག་བསྲིངས། སྣག་གི་གཉེན་ཚན་བོར། རྒྱལ་པོའི་གོས་གྱོན། དམན་པའི་ཟས་ཟོས། བླ་མའི་གདམས་ངག་རྒྱུ་བཞིན་འཐུང་གསུང་། ཡོན་ཏན་གྱི་འབྱུང་གནས་དབེན་པ་བསྟེན་པ་ནི།

ཡུལ་ངན་སྤངས་པས་ཉོན་མོངས་རིམ་གྱིས་འགྲིབ། །རྣམ་གཡེང་མེད་པས་དགེ་སྦྱོར་ངང་གིས་འཕེལ། །རིག་པ་དྭངས་པས་ཆོས་ལ་ངེས་ཤེས་སྐྱེས། །དབེན་པ་བསྟེན་པའི་བསམ་སྦྱོར་མཐར་ཕྱིན་ཤོག །མདོར་ས་བཞི་པའི་ཡོངས་སྦྱོངས་བཅུར་གསུངས་ཤིང་། རྒྱན་རྩ་བར། ནགས་གནས་ཤེས་དང་། འགྲེལ་པར། དགོན་པར་གནས་པ་དང་། ཞེས་པ་ཐོབ་པའི་བྱང་སེམས་རྣམས་ཀྱིས་ཀྱང་དབེན་པ་བསྟེན་པར་གསུངས་ཤིང་། གཞན་ཡང་སོ་སོ་ཐར་པའི་མདོར། མང་དུ་ཐོས་པ་ནགས་ཀྱི་ནང་དག་ཏུ། །ལང་ཚོ་ཡོལ་བ་རྣམས་ཀྱིས་གནས་པ་བདེ། ཞེས་དང་། བྱང་པར། གཅིག་ཏུ་རབ་ཏུ་དབེན་པར་དགའ་བ་ཡིན་ལ། ཞེས་སོགས་དང་། སྤྱོད་འཇུག་ཏུ། ཞི་བའི་ནགས་ཀྱི་ནང་དག་ཏུ། ཞེས་སོགས་དང་། བསླབ་བཏུས་སུ། དེ་ནས་ནགས་སུ་གནས་པར་བྱ། ཞེས་སོགས་གསུངས། གཞན་ཡང་མ་ཅིག་རི་མ་དང་། སངས་རྒྱས་སྟོན་པ་སོགས་གྲོང་ཁྱིམ་ན་གནས་པའི་ཚེ། རི་དྭགས་རླུངས་སུ་ཐེབས་པ་ལྟར། འདར་ཡོད་དེ་བའི་སྐྱོ་ཤེས་དང་། གངས་དང་ནགས་ཁྲོད་སོགས་དབེན་པར་ཐེབས་པ་ན། དྲང་སྲོང་ནགས་སུ་སླེབ་པ་ལྟ་བུའི་བདེ་བ་འབྱུང་གསུང་། མི་རྟག་པ་བསྒོམས་ནས་ཚེ་འདི་བློ་ཡིས་བཏང་བ་ནི། ཡུན་རིང་འགྲོགས་པའི་འཛའ་བཤེས་སོ་སོར་འབྲལ། །འབད་པས་བསྒྲུབས་པའི་ནོར་རྫས་ཤུལ་དུ་ལུས། །ལུས་ཀྱི་འགྲོན་ཁང་རྣམ་ཤེས་མགྲོན་པོས་འབོར། །ཚེ་འདི་བློ་བཏང

བསམ་སྦྱོར་མཐར་ཕྱིན་ཤོག །མདོར་ན་ས་དགུ་པའི་ཡོངས་སྦྱོངས་བཅུ་གཉིས་སུ་གསུངས་ཤིང་། རྒྱན་རྩ་བར། ངེས་འབྱུང་ཞེས་དང་། འགྲེལ་པར། སངས་རྒྱས་ལ་སོགས་པས་བསྐུལ་ཏེ་ངེས་པར་འབྱུང་བ་དང་། ཞེས་གསུངས་ཤིང་། བྱང་སེམས་དེ་ལ་སངས་རྒྱས་སོགས་ཀྱིས་འདུས་བྱས་ཐམས་ཅད་མྱུར་དུ་འཇིག་པ་སྟེ། མཁའ་ལ་གློག་རྒྱུན་རིང་དུ་མི་གནས་བཞིན། ཁྱོད་ཀྱིས་དུས་འདི་ཉེ་བར་གནས་གྱུར་གྱིས། བརྟུལ་ཞུགས་བཟང་པོ་སྟོན་བྱུང་དུས་ལ་བབ། ཞེས་བསྐུལ་བ་ན། མི་རྟག་པ་བསྒོམ་ཞིང་ངེས་པར་འབྱུང་བར་གསུངས་པས་ན༑ ས་ཐོབ་པའི་བྱང་སེམས་རྣམས་ཀྱིས་ཀྱང་། མི་རྟག་པ་བསྒོམ་པར་བསྒོམ་པར་གསུངས་སོ། །

ཡང་མདོ་ལས། ཁྱོད་ཀྱིས་རྣལ་འབྱོར་རྟག་ཏུ་བསྒོམས་པ་ཕུང་པོའི་སྐྱེ་འགག་ཤེས་པར་གྱིས། ཞེས་གསུངས། སློབ་སྤྲིང་དུ། སོས་ཀ་མེ་ཏོག་རྒྱས་པའི་དུས་ནི་འབྱུང་བར་འགྱུར། །ཟླ་བ་གསལ་བས་སྟོན་དུས་བཟང་པོ་འདི་འབྱུང་ཞེས། །སྐྱེ་བོ་ཐམས་ཅད་དགའ་འགྱུར་ཚེ་འདི་ཟད་པར་འགྱུར་ཞེས་བསམ་པ་མེད། །ཅེས་དང་། འདི་ནི་སྐྱང་བྱ་འདི་ཐེངས་གཅིག་འོག་ཏུ་བྱ། །འདི་ནི་དེ་རིང་བྱ་ཞེས་སྐྱེ་བོ་སེམས་པ་ན༑ །ཀ་ཤིན་ཧེ་བེ་ཅན་ལགས་ཐོགས་ཟུར་གྱིས་བལྟ་བ་ཡིས། །མིག་རྩ་དམར་ཁྲོས་མ་རངས་གད་མོ་རེ་སྐམས་འདེབས། །ཞེས་གསུངས། པོ་ཏོ་བ། ངེད་ཀྱི་སྣང་སེམས་མི་རྟག་པ་བསྒོམ་པ་འདི་རང་ཡིན་ཏེ། ཉེ་འབྲེལ་དང་། ཡོ་བྱད་ལ་སོགས་ཚེ་འདིའི་སྣང་བ་ཀུན་བསལ། རང་གཅིག་པོ་གཉིས་སུ་མེད་པར་ཚེ་ཕ་རོལ་ཏུ་ཆད་ནས་འགྲོ་བའི་ཤེས་ན་ཆོས་མིན་པ་ཅིས་ཀྱང་བྱར་མེད་སྙམ་ནས། ཚེ་འདི་ལ་མ་ཆགས་པ་གཅིག་གཟོད་འོང་། འདི་བློ་ལ་མ་སྐྱེས་པར་དུ་ཆོས་ཐམས་ཅད་ཀྱི་ལམ་འགགས་ནས་འདུག་པ་ཡིན། ཞེས་དང་། ཁོ་བོ་སྟོན་འདི་དྲན་ཡེ་མི་ཡོང་པར་འདི་ཀ་ན་བློ་ལ་མི་སྐྱེ་བ་དེ་ཡི་རེ་མུག་སྙམ་ནས་མྱ་ངན་བྱས་པ་ལ། ཕྱིས་ཆོས་ཀུན་བལྟས་པས། ཆོས་ཡོ་ནས་ནན་ཆེར་གསུངས་ཏེ་སྣང་བས། ད་གཅིག་ཕུར་མ་ཟད་ཡོ་རང་དགའ་བ་ཡིན་སྙམ་ནས་མྱ་ངན་ཞེན་ཅིག་སངས། ས་ཐོབ་པའི་བྱང་སེམས་ཀུན་ཀྱང་འཆི་བ་བསྒོམ་པར་བཤད་ནས་སྣང་། ངས་ནི་འདི་ཡེ་བསྒོམ་དགོས་པར་མཐོང་བ་ལ། སྟོན་པ་ཆེན་པོ་ཀུན་ནི་སྐྱོན་ཁ་ན་སྐྱོན་ཞེས་དང་། ས་གསུམ་པའི་བྱང་སེམས་ཡང་མི་རྟག་པ་བསྒོམ་པ་ལ། འགྲུ་སྟོན་གྱི་ཆོ་པ་ལ་འདས་པ་ལ་ཀོ་ལོང་མེད་དམ་གསུངས། ཀ་མ་པ། ད་ལྟ་འཆི་བས་འཇིགས་པ་ཞིག་དགོས་འཆི་ཀར་མི་འཆོར་བ་ཞིག་དགོས་པ་ལ། འོ་སྐོལ་དེ་ལས་ལྡོག་ནས་ད་ལྟ་མི་འཇིགས། འཆི་ཁར་བྲང་ལ་སོར་མོ་འདེབས་གསུང་། སློན་ཅིག་པས། འཇིག་རྟེན་གྱི་བྱ་བཞག་ཟིན་མེད་ལ། །བྲེལ་པོ་ཞིག་སྟོན་ལ་བྱེད་བྱེད་ནས། །ཆེ་ལོང་མེད་སང་འཆི་གནངས་འཆི་ལ། །ཆོས་རིངས་པོ་ཞིག་ཡོད་པ་ཤུལ་དུ་ལུས། །ཞེས་དང་། སྐྱེར་སྒང་པ། ད་ལྟ་ཆོས་བྱེད་དུས་སུ་ཁྱེད་རྣམས་ཆོས་མི་དྲན་པར། སང་གནངས་སྡུག་ཐུན་ཙ་ན་ཤ་བ་ཞུང་མས་མནངས་པ་བཞིན་དུ། ལག་ངར་སྔས་སུ་བཅུག་ནས་མིག་ས་ཐུག་ཐུག་བྱས། ངོ་ནག་ཏིང་ཏིང་བྱེད་ཀྱིན། ད་རེས་མ་ཤི་ན་ཆོས་གཤའ་མ་ཞིག་བྱེད་ཟེར་བའི་དང་ལ་འཆི་བ་འོང་། ངས་དང་པོ་དྲན་དུས་སུ་དྲན། བར་དུ་བྱེད་དུས་སུ་བྱས། ཐ་མ་དགོས་དུས་སུ་སླེབ་པ་འདི་ཡིན་གསུང་། ཇོ་བོ་ནི་ཆུ་འགྲམ་དུ་བྱོན་ནས་མི་རྟག་པ་བསྒོམ་ལ། སྤྱན་སྔ་ནི། ཁྲི་བ་དཀར་ནག་དཔེར་མཛད་ནས་བསྒོམ། མི་རྟག་པ་གཤའ་མ་ཞིག་རྒྱུད་ལ་སྐྱེས་པ་ན་ཚེ་འདི་བློས་ཐོངས་པ་ཞིག་ཡོང་། དེ་ཡང་ལོ་ཆེན་རིན་བཟང་དང་། ཞེར་པ་བ་དང་། བྲག་རྒྱབ་པ་དང་། མཁའ་རག་པ་ལ་སོགས་པ་ལྟ་བུའོ། །དེ་རྒྱུད་ལ་སྐྱེས་པའི་ཉམས་ནི། ཤངས་སྟོན་ལ། ཅ་རིར་སྡོད་

འཕྲོ་ལ་ལངས་པ་དང་། ཡང་འཕྲོ་ལ་སྤོད་པ་དང་། རྟོག་པ་ས་ལ་འཛེག་མི་ཕོད་པ་ལྟ་བུ་བྱུང་ཟེར། དེ་ལྟ་བུའོ། །འགལ་རྐྱེན་གྲོགས་ངན་སྤོང་བ་ནི། གང་དང་འགྲོགས་ན་དུག་གསུམ་འཕེལ་འགྱུར་ཞིང་། །ཐོས་བསམ་བསྒོམ་པའི་བྱ་བ་ཉམས་འགྱུར་ལ། །བྱམས་དང་སྙིང་རྗེ་མེད་པར་བསྒྱུར་བྱེད་པའི། །གྲོགས་ངན་སྤོང་བའི་བསམ་སྦྱོར་མཐར་ཕྱིན་ཤོག །དེའང་། རྣམ་དག་སྒོམ་ལམ་གྱི་སྣང་བ་འགལ་རྐྱེན་གྱི་མདོར། རྣམ་པ་བཞི་པོ་དེ་དག་དང་ལྡན་ན། སྐྱེས་བུ་གླེན་པ་དེ་དག་ཡུམ་ཟབ་མོ་འདི་དག་སྤོང་བར་འགྱུར་རོ་ཞེས་དང་། རྒྱན་རྩ་བར། སྡིག་པའི་གྲོགས་པོས་ཡོངས་སུ་ཟིན་པའོ། །ཞེས་དང་། འགྲེལ་པར། མི་དགེ་བའི་གྲོགས་པོ་དང་འགྲོགས་པ་ཞེས་བྱ་བ་ནི། མི་སྐྱེ་བའི་རྒྱུ་དག་ཡིན་ནོ། །ཞེས་བྱང་ཆུབ་སེམས་དཔས་ཀྱང་སྡིག་གྲོགས་སྤོང་དགོས་པར་གསུངས་སོ། ། སྡིག་གྲོགས་ནི་ཡུམ་བར་མར། བྱང་ཆུབ་སེམས་དཔའ་སེམས་དཔའ་ཆེན་པོའི་སྡིག་པའི་གྲོགས་པོ་ནི། གང་གིས་ཤེས་རབ་ཀྱི་ཕ་རོལ་ཏུ་ཕྱིན་པ་དང་བྲལ་བར་བྱེད་པའོ། །ཞེས་དང་། སྒྲུ་མ་མཁན་བཟང་པོ་ལུང་བསྟན་པའི་མདོར། ཆོས་བཞི་དང་ལྡན་ན་སྡིག་པའི་གྲོགས་པོ་སྟེ། ཐེག་པ་དམན་པ་སྟོན་པ། བྱང་སེམས་ལས་འདུན་པ་ཟློག་པ། གང་དང་འགྲོགས་ན་མི་དགེ་བ་འཕེལ་བ་དང་། དགེ་བ་ཉམས་པར་འགྱུར་བའོ། །ཞེས་གསུངས། དམ་པ་སྔ་མ་རྣམས་ཀྱི་གསུང་བགྲོས་ལས་ཀྱང་། གྲོགས་པོ་ངན་པ་ལས་ཆོས་ཀྱི་འགལ་རྐྱེན་ཆེ་བ་མེད་པས། དེ་སྤོང་བ་ལ་ནན་ཏན་དུ་བྱེད་དགོས་པར་གསུངས། མཐུན་རྐྱེན་བཤེས་གཉེན་བསྟེན་པ་ནི།

གང་ཞིག་བསྟེན་ན་ཉེས་པ་ཟད་འགྱུར་ཞིང་། །ཡོན་ཏན་ཡར་ངོའི་ཟླ་ལྟར་འཕེལ་འགྱུར་བའི། །བཤེས་གཉེན་དམ་པ་རང་གི་ལུས་པས་ཀྱང་། །གཅེས་པར་འཛིན་པའི་བསམ་སྦྱོར་མཐར་ཕྱིན་ཤོག །དེའང་རྒྱན་རྩ་བར། བཤེས་གཉེན་བསྟེན་པ་དང་། ཞེས་དང་། དམ་ཆོས་དམིགས་པ་ཚོལ་བ་དང་། །ཞེས་དང་། འགྲེལ་པར། དགེ་བའི་བཤེས་གཉེན་མགུ་བར་བྱེད་པ་དང་། ཐེག་པ་གསུམ་དུ་གཏོགས་པའི་དམ་པའི་ཆོས་ཀྱི་དམིགས་པ་འདོད་པ་དང་། ཞེས་དང་། མདོར་ན་ས་གཉིས་པའི་ཡོངས་སྦྱོངས་བརྒྱད་གསུངས་ཤིང་། རྒྱན་རྩ་བར། བཀུར་བསྟི་བླ་མ་ལ་གུས་ཉན། །ཞེས་དང་། འགྲེལ་པར། མཁན་པོ་ལ་སོགས་པ་ལ་འདུད་པ་དང་། དགེ་བའི་བཤེས་གཉེན་གྱིས་བསྟན་པའི་ཆོས་བསྒྲུབ་པ་དང་། ཞེས་དང་། སློབ་མ་བཟང་པོ་བླ་མ་གུས་ལྡན་དེ་དག་གིས། ། བླ་མ་མཁས་པ་རྣམ་ལ་རྟག་ཏུ་བསྟེན་པར་བྱ། །ཅིའི་ཕྱིར་ཞེ་ན་མཁས་པའི་ཡོན་ཏན་དེ་ལས་འབྱུང་། །ཞེས་དང་། ཡུམ་ལས། དགེ་བའི་བཤེས་གཉེན་གྱིས་ཟིན་པའི་བྱང་ཆུབ་སེམས་དཔའ་དེ་དག་མྱུར་དུ་མངོན་པར་རྫོགས་པར་སངས་རྒྱ་བར་འགྱུར་རོ། །ཞེས་སོགས་གསུངས། གོང་གི་མདོ་དང་རྒྱན་རྩ་འགྲེལ་དེ་དག་གི་སར་གནས་ཀྱི་བྱང་སེམས་ཀྱིས་ཀྱང་དགེ་བའི་བཤེས་གཉེན་བསྟེན་པར་གསུངས། པོ་ཏོ་བའི་གསུང་བགྲོས། དོལ་པོ་བས་བསྒྲིགས་པ། མན་ངག་ཐམས་ཅད་བསྡུས་པའི་མགོ་ནི་བཤེས་གཉེན་དམ་པ་མི་སྲུང་བ་ཡིན། ཞེས་དང་། པོ་ཏོ་བས། རྣམ་གྲོལ་བསྒྲུབ་པ་ལ་བླ་མ་བས་གལ་ཆེ་བ་མེད་དེ། ཚེ་འདིའི་བྱ་བ་བལྟས་ནས་བྱས་ཆོག་པ་ལ་ཡང་། སློབ་མཁན་མེད་པར་མི་འོང་ན། ངན་སོང་ནས་འོངས་མ་ཐག་པ་འགྲོ་མ་མྱོང་བར་འགྲོ་བ་ལ་བླ་མ་མེད་པར་ག་ན་འོང་། ཞེས་དང་། སྟོན་པས། ཐེག་ཆེན་གྱི་བླ་མ་བྱ་བ་བཤད་པ་ན། འབྲུམས་གླུས་པ་གོ་བ་བསྐྱེད་ལ། ལག་ཏུ་ལེན་པ་ན། བསྟན་པའི་ཐམ་ལ་གང་ཐན་དང་། ཐད་ཀར་དོན་དུ་གང་

འགྱུར་སྟོན་པ་ཞིག་དགོས་གསུང་། ཕུ་ཆུང་བས། དམ་པ་རྣམས་ཀྱི་ལོ་རྒྱུས་གསན་ཙ་ན༑ དེ་ལ་ནི་ངས་ཡར་བལྟ་བ་ཡིན་ཞེས་གསུངས། མཐའ་བཞི་ང་ནི་ར་སྒྲེང་པའི་རྒྱུད་པོ་དེ་རྣམས་ལ་མིག་རྟེན་བྱེད། ཅེས་གསུངས། དགེ་བའི་བཤེས་གཉེན་གྱི་མཚན་ཉིད་ནི། བཤེས་གཉེན་དུལ་བ་ཞི་བ་ཉེར་ཞི་བ། །ཞེས་སོགས་སོ། །པོ་ཏོ་བས། སྤྱན་སྔ་བ་ལ། ལི་མོའི་བུ་ཧི་ཙམ་པའི་ཆོས་བཤད་ཅིག་བྱས་ཏེ། ལེགས་སོ་ཞིག་ཀྱང་བདག་གིར་བྱེད་མ་མྱོང་། འགྲོ་བ་ཉམས་ཐག་པ་མིན་པ་མེད་གསུང་བ་འདྲ་བ་ཞིག་དགོས་པ་ཡིན་པར་གདའ་ཞེས་དང་། བསླབ་པ་གསུམ་དང་དེ་ཉིད་རྟོགས་པ་དང་། །སྙིང་བརྩེ་བ་ལྟ་གཙོ་བོ་ཡིན། རེད་ཀྱི་སློབ་དཔོན་ཞང་བཙུན་ལ། མང་དུ་ཐོས་པ་ཡང་མེད། སྐྱོ་བ་བཟོད་པ་ཡང་མེད། སླའོ་དྲིན་དུ་བཅག་པ་རེ་བྱེད་པ་ཡང་མེད་དེ། སྔ་མ་ལྟ་ཡོད་པས་དུང་ནང་དུ་ཡོད་པ་ལ་ཕན། སྣན་སྟོན་ལ། སྨྲ་མཁས་པ་ཡེ་མེད། ཡོན་བཤར་རེ་བྱེད་པ་ཡང་འདི་ཀུན་གྱི་ད་རེས་མི་བདེ་སྙམ་པ་ལས་མི་ཤེས་ཏེ། ལྟ་བོ་ཡོད་པས་སུ་ཉེ་བ་ལ་ཕན་ཞེས་གསུངས།

བཤེས་གཉེན་བསྟེན་པའི་རྣམ་གྲངས་ནི། གསང་ཕུ་བས། ཁམས་སུ་འགྲོ་བའི་ལམ་དུ་བཤེས་གཉེན་ཞིག་ལ་ཆོས་ཉན་པས། འཁོར་རྣམས་ཀྱི་དེ་ལ་ཉན་མ་ཐང་བྱས་པས། ཁྱེད་དེ་སྐད་མ་ཟེར། རང་ལ་ཕན་པ་གཉིས་བྱུང་གསུང་། དགེ་བཤེས་སྟོན་པ་ལ་བླ་མ་བདུན་ལས་མེད། པོ་ཏོ་བ་དང་། སྒོམ་པ་རིན་ཆེན་བླ་མ་གཉིས། དེ་གཉིས་གང་ལེགས་གསུང་གླེང་བྱས་པས། བློ་མ་སྦྱངས་པ་ལ་ཕྱི་མ་འཐད་པར་མཐུན། པོ་ཏོ་བས་སྤྱན་སྔའི་གྲྭ་པ་རྣམས་ལ། ཁྱེད་ངའི་དགེ་བཤེས་བྱང་ཆུབ་སེམས་དཔའ་འདི་ལྟ་བུ་དང་ཕྲད་ནས། དགའ་བཞིན་དུ་བསྒྲུབ་ཏུ་ཡོད་པ་བསོད་ནམས་ཆེ། ད་ཁུར་དུ་མི་འགྲོ་བར་རྒྱུན་དུ་འགྲོ་བར་གྱིསཤིག་གསུང་ནས། སྤྱན་སྔ་རྒྱུག་པ་ན་བཞུགས་ཙ་ན། སྒོམ་པ་ཡོན་ཏན་འབར་གྲྭ་བ་ཆོས་པས་ཁམས་ཞན་ནས། རྗེ་བོ་ཡོན་ཏན་གྲགས་ལ་འགྲོ་འདུག་གི་གྲོས་ཞུས་པས། གནས་མལ་བདེ་བ་རྣམ་པར་རྒྱལ་བའི་ཁང་བཟང་དུ་བསྡད་པ་ལ་ཡང་ཇི་ཙམ་བྱས་ཏེ། ཐེག་ཆེན་གྱི་བཤེས་གཉེན་ལ་བསྟེན་ཞིང་ཆོས་ཉན་པ་ད་རེས་ལས་མ་མྱོང་བ་ཡིན་པས། ཅོག་གེ་སྡོད་ཅིག་གསུང་། གཙང་དུ་ལོ་པཎ་ཀུན་ལ་གནས་རྟབ་ཅན་ཞིག་བྱུང་བས། སྟོན་པས་ན་བཟའ་ཐམས་ཅད་བསིལ་ནས། རྟབ་རྣམས་ཕྱུགས་ཏེ་གང་ནས་བྱུང་ཆ་མེད་པར་སད་ཀར་པོ་སྐམ་པོས་གཡོགས། རྗེ་བོའི་མདུན་ན་མཎྜལ་ཅིག་ཀྱང་གྲུབ་པས། རྗེ་བོའི་ཞལ་ནས། ཨ་རེ་ཁྱོད་ལྟ་བུ་ཞིག་རྒྱ་གར་ན་ཡང་ཡོད་གསུང་། སྟོན་པ་ང་རྒྱལ་གྱི་གོང་བུ་ལ་ཡོན་ཏན་གྱི་ཆུ་མི་འགྲུབ་གསུང་། སྤྱན་སྔ། སོས་ཀྱི་དུས་ན། རིའི་རྩེ་མོ་གང་མཐོ་བ་ནས་སྔོ་བུར་གྱིས་འོང་བ་འདུག་གམ། ཤོངས་བུ་གང་དམའ་བ་ནས་འོང་ལྟོས་གསུངས། དགེ་བཤེས་ལྷ་བཟོ་ལ། སྟོད་ལུངས་པས་མཛལ་རེས་ཀྱིས་བཀའ་བབས་འབྱོན་པ་ལ། ལྷ་བཟོའི་སློབ་མ་ཉག་མོ་བས། སློབ་དཔོན་འདི་འོ་སྐོལ་དཔོན་སློབ་ལ་དྲང་བ་ཞིག་འདུག་བྱས་པས། ཁྱོད་ཀྱིས་བཀའ་བཀྱོན་དུ་གོའམ། ཁོ་བོ་ལ་འདིས་འདི་ལྟ་བུ་མཛད་རེས་ཀྱིས་ཏེ་རྡུགས་བྱིན་གྱིས་བརླབས་པ་འདྲ་བར་གོ་ཡོང་གསུང་། བླ་མ་ལ་ཡོན་ཏན་ངོས་ནས་སེམས་དགོས་ཏེ། རྗེ་བོ་དབུ་མ་པ་དང་། གསེར་གླིང་པ་སེམས་ཙམ་པ་ཡིན་ཡང་རྗེ་བོའི་བྱང་ཆུབ་ཀྱི་སེམས་དེ་ལས་བསྐྱེད་པ་བཞིན་ནོ། །ཤ་ར་བ་བསྒྲུབ་པས་མཉེས་ཀྱི། ཟང་ཟིང་ཙུང་ཟད་ཙམ་ཞིག་ལ་ཡང་མི་བལྟ་བ་ཞིག་ལ་བླ་མ་ཟེར་བ་ཡིན། དེ་ལས་ཟློག་པས་རྣམ་གྲོལ་བསྒྲུབ་པའི་བླ་ མ་མི་འོང་གསུང་། པོ་ཏོ་བ། ཀུན་དགའ་བོ། སྟོན་པའི་ཞབས་འབྲིང་དུ་བསྐོས་པའི་ཚེ། སྟོན་པ་མི་གསོལ་བའི་ན་བཟའ་འཆང་དུ་མི་འཛུག་པ་དང་། སྟོན་པའི་བསོད་སྙོམས་ལྷག་མི་འཚལ་བ་

དང་། དུས་མེད་པར་སྟོན་པའི་སྨྲུན་སྣང་འགྲོར་སྣང་ན་སྟོན་པ་ལ་བསྙེན་བཀུར་བྱེད་དོ། །ཞེས་རྟོག་པ་བཟུང་བ་སྟེ། མ་འོངས་པའི་གང་ཟག་ལ་དགོངས་པ་ཡིན། རང་ཅག་ཆོས་ལ་ཅི་ཡང་མི་བརྩི་བར། ཛ་སྦྱིན་མགོ་དམན་ལ་ཐུགས་ལ་བརྟགས་སམ་མ་བརྟགས་བརྩི་བ་དེ་ཕྱུགས་རྣལ་བའི་རྟགས་ཡིན། ཞེས་པ་དང་། ང་ལ་དང་རེ་རེ་བྱུང་ན་ཁྱུར་བསྟན། རེ་རེ་སོང་ན་ཁྱུར་བྲི་སྟེ། ལོགས་སུ་བསྟོད་ན་མི་འོང་བས་ཉེ་རིང་རན་པར་རྒྱུན་བསྲིངས་ནས་བསྒྲུབ་དགོས་པ་ཡིན་ཞེས་དང་། འོ་སྐོལ་ཕལ་དུ་ཊོག་ཏུལ་དུ་འགྲོ་ཉེན་ཆེ་སྟེ། ཊོག་ཏུལ་དུ་བྱུང་བས་སྤྱུར་མ་འབྱུར་འོང་། གསེར་སྤྲུམ་མི་འབྱུར་བ་བཞིན་དུ། དགེ་བཤེས་དེའི་ཡོན་ཏན་མི་འགོ་བར། སྐྱོན་བག་རེ་ཙམ་ཡོད་པ་འགོས་ནས་འོང་བས། ཐམས་ཅད་དུ་ཡུད་ཡུད་དུ་བྲུས་པས་མི་འོང་གསུངས། སྟོན་པ་ཐ་མ་ཞིག་གྲོགས་བཟང་པོ་དང་འགྲོགས་ཀྱང་། འབྲིང་ལས་མི་ཐེངས། རབ་ཅིག་ཐ་མ་དང་འགྲོགས་ན་ཐ་མར་འགྲོ་བ་ཚོགས་མེད་གསུང་། ཨུ་སྨོམ་རིན་པོ་ཆེ། རང་གི་སོ་སོ་སྐྱེ་བོའི་བླ་མ་དང་། སངས་རྒྱས་བྱང་ཆུབ་སེམས་དཔའ་རྣམས། རང་ལ་དང་པོ་ཕན་འདོགས་པའི་ཕ་མ་དང་། ལུས་སྐྱེས་རྐང་རྫོགས་ནས་ཕན་འདོགས་པ་ལྷ་བུ་ཡིན་པས། སྣ་མ་གལ་ཆེ་བར་གསུངས། བསླུ་མེད་ཀྱི་དཀོན་མཆོག་ལ་སྐྱབས་སུ་འགྲོ་བ་ནི།

རང་ཡང་འཁོར་བའི་བརྩོན་རར་བཅིངས་པ་ཡི། །འཇིག་རྟེན་ལྷ་ཡིས་སུ་ཞིག་སྐྱོབ་པར་ནུས། །དེ་ཕྱིར་གང་ལ་སྐྱབས་ན་མི་སླུ་བའི། །དཀོན་མཆོག་སྐྱབས་འགྲོའི་བསམ་སྦྱོར་མཐར་ཕྱིན་ཤོག །བསྟོད་པ་ལས། དགེ་སྦྱོང་དག་དང་བྲམ་ཟེ་གཞན་ལ་རྟེན་མི་བྱེད། ཅེས་དང་། རྡོད་རྟགས་ཀྱི་སྐབས་སུ། རྒྱན་རྩ་བར། ཐེ་ཚོམ་ཟད་དང་ཞེས་པ་དང་། འགྲེལ་པར། ཤེས་ནས་དད་པ་ཐོབ་པས་ཐེ་ཚོམ་ཟད་པ་དང་། ཞེས་དང་། བྱང་ཆུབ་སེམས་དཔས་ཀྱང་། དཀོན་མཆོག་གསུམ་ལ་སྐྱབས་སུ་འགྲོ་བར་གསུངས་ཤིང་། སྡོམ་པ་གསུམ་བསྟན་པ་ལས། རྐང་གཉིས་དམ་པ་མ་གཏོགས་དད་ལོག་ལ་ནི་སྐྱབས་གཞན་མེད། ཅེས་དང་། སྐྱབས་གསུམ་བདུན་ཅུ་པར། སངས་རྒྱས་ཆོས་དང་དགེ་འདུན་ནི། །ཐར་པ་འདོད་པ་རྣམས་ཀྱི་སྐྱབས། །ཞེས་གསུངས། པོ་ཏོ་བ། ཡང་ཡང་བསམས་ན་ཡིད་ཐེ་ཆེས་དང་། རྒྱུད་ཐེ་དག་ཏུ་སོང་ནས་བྱིན་རླབས་འབྱུང་། དེ་ལ་ངེས་ཤེས་བསྐྱེད་པས་སྙིང་ཐག་པའི་སྒོ་ནས་སྐྱབས་སུ་སོང་ནས་དེའི་བསླབ་བྱ་ལ་སློབ་ཙམ་ན། ཅི་བྱས་ཐམས་ཅད་སངས་རྒྱས་ཀྱི་ཆོས་བྱ་བ་ཞིག་ཏུ་འགྱུར་བ་ཡིན་ཏེ་ཤེས་དང་། འུས་ནི། མཁྱེན་པ་མོ་མ་མཁས་ཙམ་དུ་ཡང་མ་གོ། ཐུགས་རྗེ་ཁྲིམ་ཆོས་ཀྱི་བུ་མོ་ཁ་སྐྱུང་མཁས་ཙམ་དུ་ཡང་མ་གོ །ནུས་པ་སྟུགས་པ་འདྲེ་བརྡུང་བ་ཙམ་དུ་ཡང་མ་གོ། གདམས་ངག་ལ་འདྲེ་སླུ་བ་ཙམ་དུ་ཡང་མ་གོ །ཚུལ་ཁྲིམས་དང་དམ་ཚིག་ལ་འཇིག་རྟེན་པའི་ངོ་ཚ་ཙམ་དུ་ཡང་མ་གོ། ངན་སོང་གི་སྡུག་བསྔལ་ལ་འགྲོན་པོ་ལམ་དུ་ལྟུགས་པ་ཙམ་དུ་ཡང་མ་གོ་གསུང་། ཤ་ར་བའི་གསུང་བགྲོས་ལས། བཟའ་བཏུང་རྒྱུན་དུ་བྱ་བའི་ཕྱུད་བླ་མ་དཀོན་མཆོག་ལ་ཕུལ། ཚོགས་མང་པོ་ཚོགས་ཆུང་དུས་རྫོགས། དེ་ཡང་ལོ་མའི་སེར་ས། ཐུད་ཀྱི་སྔོ་ས་མ་ཡིན། ཛ་ཕུད་སྦྱིན་རེ་འབུལ་བ་ཀུན་གྱི་ཡང་རྟུལ་སེལ་བ་འདུ་བས་མི་ཡོང་གསུང་། སྐྱབས་སུ་སོང་བའི་ཚད་ནི། སྟོན་གྱི་ལི་རྒྱལ་དང་། དགེ་བསྙེན་ལ་སོགས་པ་ལྟ་བུའོ། དེ་ཡང་ངན་སོང་གི་སྡུག་བསྔལ་སྡིག་པའི་འབྲས་བུར་རྟོགས་ནས། རྒྱུ་ལམ་དགེ་བ་སྒྲོང་བ་ནི། ཤིན་ཏུ་བཟོད་དཀའི་ངན་སོང་སྡུག་བསྔལ་རྣམས། །སྡིག་པའི་ལས་ཀྱི་འབྲས་བུར་ཐུབ་པས་གསུངས། །དེ་ཕྱིར་སྲོག་ལ་བབ་ཀྱང་སྡིག

པའི་ལས། །ནམ་ཡང་མི་བྱེད་བསམ་སྦྱོར་མཐར་ཕྱིན་ཤོག །རྟགས་ཀྱི་རྩེ་སྦྱོར་གྱི་མདོར། ངན་སོང་གསུམ་པོ་མེད་པར་འགྱུར་བ་དེ་ལྟར་འཇུག་པར་བྱའོ་ཞེས་དང་། རྒྱན་རྩ་བར། རྩེ་མོར་ཕྱིན་པའི་སྦྱོར་བའི་རྟགས། །ཞེས་དང་། དེའི་འགྲེལ་པར། དམྱལ་བ་ལ་སོགས་པའི་སེམས་ཅན་མཐོང་བ་སྟོན་དུ་འགྲོ་བས། རང་གིས་སངས་རྒྱས་ཀྱི་ཞིང་དུ་ངན་སོག་སྤོང་བ་རྗེས་སུ་དྲན་པ་དང་། ཞེས་དང་། བྱང་ཆུབ་སེམས་དཔས་ཀྱང་ངན་སོང་གི་སྡུག་བསྔལ་སེམས་པར་གསུངས་ཤིང་། ཀླུ་སྒྲུབ་ཀྱིས། དམྱལ་བ་བྲིས་པ་མཐོང་དང་ཐོས་པ་དང་། །དྲན་དང་བཀླག་དང་གཟུགས་སུ་བགྱིས་པས་ཀྱང་། །འཇིགས་པ་བསྐྱེད་པར་བྱེད་ན་མི་བཟད་པའི། །རྣམ་སྨིན་ཉམས་སུ་མྱོང་ན་སྨོས་ཅི་འཚལ། །ཞེས་སོགས་ངན་སོང་གསུམ་གྱི་སྡུག་བསྔལ་གྱི་འཇིགས་པ་སྐྱེ་ཚུལ་དང་།

གཞན་ཡང་དྲན་པ་ཉེར་བཞག་དང་། འཛངས་བླུན་སོགས་ལས་ཀྱང་། ངན་སོང་གསུམ་གྱི་སྡུག་བསྔལ་རྒྱ་ཆེར་གསུངས། ངན་སོང་འདི་སྡུག་བསྔལ་བསམས་ལ། སྙི་ཐུར་བ། དེ་དག་ཏུ་སྐྱེ་བའི་རྒྱུ་སྔར་བྱས་སམ་མ་བྱས་སམ། ད་ལྟ་བྱེད་དམ་མི་བྱེད། ཕྱི་མ་བྱ་སྙམ་འདུག་གམ་མི་འདུག་བརྟགས་ལ། སྔར་བྱས་སམ། ད་ལྟར་བྱེད་དམ། ཕྱི་མ་བྱ་སྙམ་འདུག་ན་དེར་འགྲོ་བ་ཡིན་པས། དེར་སྐྱེས་ན་དེ་ཙན་ཅི་བཙུག་ངས་ནུས་སམ་སྙམ་དུ་ཀླད་པ་ཚ་གམ་གམ་པའམ། ཐང་ལ་འདུག་པ་ཀོག་ཀོག་ལྡང་ཡིན་པ་ཚུགས་ཡེ་མེད་པ་བསམས་ལ། འཇིགས་ཤིང་སྐྲག་པའི་བློ་ཅི་སྐྱེས་བྱ། ངན་སོང་ལ་འཇིགས་པའི་བློ་སྐྱེས་པའི་ཚད་ནི། འདིར་སྐྱེས་ན་ནི་སྙམ་པའི་འཇིགས་ཤིང་སྐྲག་པའི་བློ་འབྱུང་སྟེ། དེས་སྡིག་པ་ལ་བློ་ལྡོག་པ་དང་། ཚུལ་ཁྲིམས་ལ་ངོ་ལྐོག་མེད་པ་དང་། སྔར་སྡིག་པ་བྱས་པ་ལ་བཤགས་པ་བྱ་བ་དང་། སྐྱབས་སུ་འགྲོ་བའི་བློ་སྐྱེས་ཉེ་དུའི་བང་ཆེན་ལ་སོགས་བྱེད་མི་ཁོམ་པ་ཞིག་འོང་བ་ཡིན་ཏེ། ངན་སོང་འདི་སྡུག་བསྔལ་ལ་ཡིད་ཆེས་ན་སོས་དལ་དུ་བསྡད་དུ་ཡེ་མི་ཁོམ་པར་ཅི་ཙུག་གྲག་ན་སྙམ་པའི་བློ་ཚུབ་ཧེ་ལེ་བ་ཞིག་ཡོང་ཞེས་དགེ་བའི་བཤེས་གཉེན་བཀའ་གདམས་པ་རྣམས་གསུངས། ཡང་ས་གསུམ་པའི་ཡོངས་སྦྱོང་གི་རྩ་བར། ངོ་ཚ་ཁྲེལ་ཡོད་ཅེས་བྱ་བ་ཞེས་དང་། འགྲེལ་པར། རང་དང་གཞན་ལ་ལྟོས་ནས་མི་དགེ་བའི་ཆོས་མི་བྱེད་པ་ཞེས་དང་། གཞན་ཡང་སའི་ཡོངས་སྦྱོངས་ཀྱི་རྒྱན་རྩ་བར། ཕྱིན་ཅི་ལོག །ཅེས་དང་། འགྲེལ་པར། དགེ་བ་དང་མི་དགེ་བ་ལས་ལྡོག་སྟེ་མངོན་པར་ཞེན་པ་ཞེས། ས་ལ་གནས་པའི་བྱང་སེམས་ཀྱིས་ཀྱང་། ལས་རྒྱུ་འབྲས་སེམས་པར་གསུངས་སོ། །ཞུ་ཆུང་པ་ལ། ཁམས་པ་ལུང་པས། དགེ་བཤེས་པ་ནི་ལས་འབྲས་ཁོ་ན་གལ་ཆེ་བར་གསུངས་པ་ལ། ད་ལྟར་བཤད་པ་དང་ཉན་པ་དང་། སྒོམ་པ་མེད་པར་བྱེད་དེ། འདི་ཁོ་ན་ཉམས་སུ་བླང་དཀའི་གསུངས། ཞུ་ཆུང་པ་ཡང་། དེ་གཙུག་ལགས་གསུང་། སྟོན་པ། ཇོ་བོ་པ་སྙིང་ཁམས་ཆེར་མི་ཐུང། རྟེན་འབྲེལ་འདི་ཕྲ་གསུང་བ་དང་། ཞུ་ཆུང་པ། ང་ནི་རྒས་ཁར་འཛངས་བླུན་ལ་ཁ་ལྟན་སོང་ཞེས་དང་། ཤ་ར་བ། སངས་རྒྱས་ཀྱི་ཉེས་སྐྱོན་ཅི་བྱུང་ཡང་། ཕྱོགས་ངན་དང་། མཁར་ལྟན་ལ་ལེ་ལན་མ་གདས་པར། ལས་འདི་བྱས་པས། འདིར་སྐྱེས་བྱ་བཤ་སྡུག་གསུངས། སྤྱན་སྔར། ཇོ་བོ། སྟོན་པ། ཐོག་མ་མེད་པ་ནས་ཅི་འདྲའི་ལུས་ཞིག་བླངས་པ་ལ། ད་རེས་བཞིན་དུ་ཐེག་ཆེན་གྱི་ཆོས་བྱེད་མ་མྱོང་བས་འབྱུང་དགོས་གསུང་། གསང་ཕུ་བ། འཁོར་བ་འདིར་གན་བུབ་མང་པོ་ཞིག་བྱེད་དགོས་པ་འདི། ཉམས་ལ་རེ་མ་ཐབ་གསུང་བ་ལྟ་བུའི་བློ་སྣ་མ་སྐྱེས་ཀྱི་བར་དུ་འབད་འབྱུང་དགོས་གསུང་། པོ་ཏོ་བ། སྔར་དེ་ཙམ་ཞིག་འཁྲུམས་པ་ལ། རང་ལོག་མ་བྱུང་ཙ་ན་ད་རང་ལོག་མི་འོང་བས

ལྡོག་དགོས། ལྡོག་པའི་དུས་ཀྱང་ད་རེས་དལ་འབྱོར་ཐོབ་པའི་དུས་འདི་ཡིན་གསུང་། རྣལ་འབྱོར་པ་ཆེན་པོ་ད་རེས་ཕྱུག་ལས་བྱེ་བྲག་འབྱེད་པའི་དུས་ཡིན་གསུང་། དགོན་པ་པ། ཉོན་མོངས་སྤོང་བ་ལ་ཉོན་མོངས་པའི་ཉེས་དམིགས་དང་། མཚན་ཉིད་དང་། གཉེན་པོ་དང་། སྐྱེ་བའི་རྒྱུ་རྣམས་ཤེས་དགོས། ཉེས་དམིགས་ཤེས་པར་བྱས་ནས། སྐྱོན་དུ་བལྟ། དགྲ་བཟུང་། ཉེས་དམིགས་མ་ཤེས་ན། དགྲར་མི་གོ་བས། མདོ་སྡེ་རྒྱན་དང་། སྤྱོད་འཇུག་ནས་གསུངས་པ་ལྟར་སེམས་པ་ཡིན་གསུངས་པ་དང་། ཉོན་མོངས་པའི་མཚན་ཉིད་ཤེས་པ་ལ་ཡང་། ཆོས་མངོན་པ་ཉན། མ་ཐ་ནའང་། འབྲུག་སློང་གི་རབ་བྱེད་ཉན་ལ། རྩ་བ་དང་ཉེ་ཉོན་རྣམས་ངོ་ཤེས་པར་བྱས་ནས། ཆགས་སྡང་མ་སོགས་པ་གང་རུང་རྒྱུད་སྐྱེས་ཙ་ན། འདི་དེ་ཡིན་ཨང་ཁོ་བྱུང་ངོ་སྙམ་དུ་ངོས་བཟུང་གིན་ཉོན་མོངས་པ་དང་འཐབ་པ་ཡིན་གསུང་། ཁམས་པ་ལུང་པ། མུ་གེ་བྱུང་ཙན་ཐམས་ཅད་ནས་ཀྱི་སྟེང་དུ་འོང་། དེ་བཞིན་དུ་ཐམས་ཅད་ཚུལ་ཁྲིམས་ཀྱི་སྟེང་དང་སྙོར་སྙོར་འོང་བས། འདི་ལ་འབུངས་ཤིག ། ཚུལ་ཁྲིམས་དག་པའང་ལས་འབྲས་མ་བསམ་པ་ལ་མི་འོང་། དེས་ན་འདི་སེམས་པ་མན་ངག་ཡིན་གསུང་མ། སྣེའུ་ཟུར་པ། ད་ལྟ་ནང་ན་ཉོན་མོངས་པ་དང་འཐབ་པ་འདི་ཁོ་ན་གལ་ཆེ་སྟེ། ཉོན་མོངས་པ་དང་མ་འཐབས་ན། ཚུལ་ཁྲིམས་དག་པ་མི་འོང་། དེ་ཙན་ཉོན་མོངས་པ་མགོ་གནོན་པ་དང་། རྩད་ནས་སྤོང་བའི་ཏིང་ངེ་འཛིན་དང་། ཤེས་རབ་ཀྱི་བསླབ་པ་མི་འོང་བས་འཁོར་བར་གཏན་དུ་འཁྱམ་དགོས་གསུང་། ཕུ་ཆུང་བ། ངའི་ཉོན་མོངས་ཀྱིས་ཇི་ལྟར་བྱིས་མནན་ན་ཡང་མ་བཏང་འོག་ནས་སོ་རྩིས་བྱེད་གསུང་།

པོ་ཏོ་བས་གསན་པས། དེ་ཙུག་སོང་ན་མདོ་ལས་ཟློག་གསུང་། ལྕག་རུམ་པ། ཉོན་མོངས་པ་ལྕག་འདེབས་བྱུང་ཙན། ལེ་ལོ་མི་བྱ་བར་མདོ་ལ་གཉེན་པོས་ཟློག །ཟློག་མ་ནུས་ན། ཡངས་ལ་མཐོལ་དང་། མཆོད་པ་བཤམ། བླ་མ་དང་ཡི་དམ་ལ་ཕྱུལ་ལ་གསོལ་བ་གདབ། དེ་ལ་དམིགས་ནས་ཁྲོ་བོའི་བཟླས་པ་བྱས་པས་ཉལ་གྱིས་འགྲོ་གསུང་། གླང་ཐང་པ། འདུག་པ་སྒོ་བ་དང་། སྐྱེ་གཙུ་བྱས་པ་ཙམ་གྱིས་ཀྱང་ཉལ་གྱིས་འགྲོ་གསུང་། དགོན་པ་པ། ཉིན་མཚན་དུ་རང་སེམས་ལ་བྱ་བ་ལས་གཞན་ཅི་ཡོད་གསུང་། དགེ་བཤེས་འབན། སེམས་ཀྱི་མཁར་སྙོར་གཉེན་པོའི་མདུང་ཐུང་ཞིག་བཟུང་ནས། ཁོ་སྒྲིམ་ན་ང་ཡང་སྒྲིམ་ཞེས་གསུངས། དགོན་པ་པས། སྣེ་ཟུར་བ་ལ། སང་སྣངས་ཙན། ཁྱེད་ཀྱི་དགེ་བཤེས་པ་དེ་ཀུན་མན་ངག་གི་མཐིལ་གང་ལ་བྱེད་ཟེར་ནས་འདྲི་ན། མངོན་པར་ཤེས་པའམ་ཡི་དམ་གྱི་ལྷ་མཐོང་བ་ལ་བྱེད་བྱས་པ་འོང་ངོ་། །ལས་རྒྱུ་འབྲས་ལ་ཇི་ངེས་ཇི་ངེས་སོང་ནས་ཇི་ལྟར་ཁས་བླངས་པའི་སྡོམ་པ་དག་པར་བསྲུང་བ་ཞིག་ལ་བྱེད་ཟེར་བ་ཡིན་ནོ་གསུང་། ཤ་ར་བ། ཁོ་བོས་ཕུ་ཆུང་བའི་སྤྱན་སྔར་ཕྱག་ལ་ཕྱིན་པས་རྟེན་འབྲེལ་དུམ་རེ་བསམ་གསུང་། ཤ་ར་བ། དེས་ན། ཐ་ཐོ་འདི་ཀ་ན་ནན་ཏན་བྱ་བ་གལ་ཆེ། འདི་ལ་ངེས་པ་ཞིག་སྐྱེས་ནས་འཛེམ་པ་ཅིག་བྱུང་ན། བཀའ་གདམས་པ་བྱ་བར་ཡང་ཚུད། བསོད་ནམས་བསགས་པ་བྱ་བ་ཡང་འདི་ཡིན།

རྣ་སྒྲེང་བའི་ཆོས་ལུགས་སམ་ཁྱད་ཆོས་བྱ་བ་ཡང་འདི་ཡིན་གསུང་། སྟོན་པ། ལྟ་བ་ལ་རྟེན་ནས་ཐུབ་སྤྱོད་བྱེད་པ་ཀུན་ལ་ཡང་བདག་ཏུ་འཛིན་པ་འདི་མ་སྤངས་ཀྱི་བར་ལ་གནས་ལུགས་ལྟ་བས་མི་འགྱུར་ཏེ། ལྟ་བས་མེ་དང་ལག་པ་སྟོང་པར་བསམས་ཏེ། ལག་པ་མེར་བཙུག་ན་དེས་མི་འཚིག་པ་ལ་མི་ཕན་ཞེས་དང་། རྟེན་འབྲེལ་ཕྲ་བས་ཐུབ་སྤྱོད་བྱར་མི་འདོད་པས་ནན་ཏན་གྱིས་གསུང་། སྤྱན་སྔ་ཚོད་

ཀྱིས་འཇིག་རྟེན་འདི་ནས་ཕ་རོལ་ཏུ་རྟོག་པ་མ་འདྲེད་པ་ཞིག་གྱིས་ཁོ་ན་གསུང་། པོ་ཏོ་བ། མདོ་སྡེ་རྒྱན་གསུང་དུས། ས་གཉིས་པའི་བྱང་སེམས་ཡང་། ལས་འབྲས་བསྒོམ་ན། བྱང་ཡེའི་ཚད་ལས་འདས་པ་ནི་ཀོ་ལོང་མེད་དམ་སྣམ་གསུང་། སྲིད་གསུམ་མི་རྟག་པས་མི་འགྱུར་བའི་ཐར་པ་དོན་དུ་གཉེར་བ་ནི། སྲིད་གསུམ་བདེ་བ་རྩ་རྩེའི་ཟིལ་པ་བཞིན། །ཡུད་ཙམ་ཞིག་གིས་འཇིག་པའི་ཆོས་ཅན་ཡིན། །ནམ་ཡང་མི་འགྱུར་ཐར་པའི་གོ་འཕང་མཆོག །དོན་དུ་གཉེར་བའི་བསམ་སྦྱོར་མཐར་ཕྱིན་ཤོག །རྒྱན་རྩ་བར། ངེས་འབྱུང་ཞེས་དང་། འགྲེལ་པར། སངས་རྒྱས་ལ་སོགས་པས་བསྐུལ་ཏེ་ངེས་པར་འབྱུང་བ་ཞེས་དང་། དེ་ཡང་སངས་རྒྱས་མར་མེ་མཛད་ལ། སྟོན་གནས་གཙང་གི་ལྷས། བཙུན་མོའི་འཁོར་གྱི་ནང་འདིར་ནི། །ཡོན་ཏན་འབྱུང་གནས་འགྱུར་པ་མེད། །དྲང་སྲོང་རྒྱལ་མཚན་གནས་ནས་ནི། །བྱང་ཆུབ་དམ་པ་རྟོགས་པར་འགྱུར། །ཞེས་བྱང་ཆུབ་སེམས་དཔའི་སྡེ་སྣོད་ལས་འབྱུང་བ་ལྟར་བསྐུལ་བ་ན། ས་ཐོབ་པའི་བྱང་སེམས་ཀྱང་འཁོར་བས་ཡིད་འབྱུང་ནས་ཚངས་སྤྱོད་དོན་དུ་གཉེར་བ་ཡོད་པར་གསུངས། དེའང་ངན་སོང་གསུམ་དུ་མ་ཟད། འཁོར་བ་སྤྱི་ལ་ཡིད་བརྟན་མི་རུང་ཞིང་། དེའི་ཉེས་པ་ནི་ངེས་པ་མེད་པ་དང་། ལུས་མདོར་བ་དང་། ཉིང་མཚམས་སྦྱོར་བ་དང་། མཐོ་དམན་དང་། གྲོགས་མེད་པ་འཁྱམ་པ་དང་། ངོ་མི་ཤེས་པ་དང་། བསླུ་བ་ལ་སོགས་པ་ཉེས་པ་བདུན་དུ་ཀླུ་སྒྲུབ་ཀྱིས་གསུང་། པོ་ཏོ་བ། ལས་འབྲས་ལ་ཡིད་ཆེས་པས་ངན་སོང་གསུམ་ལས་སྐྱོབ། བྱང་སེམས་བརྟན་པོས་ཐེག་པ་དམན་པ་ལས་སྐྱོབ་གསུང་། འཁོར་བའི་ཉེས་དམིགས་བསམ་ཙམ་ན། དེ་ལ་ཡིད་འབྱུང་སྟེ། ཁམས་གསུམ་དབང་ལ་རྨི་ལམ་ན་ཡང་འདོད་པ་མེད་ཅིང་། དེ་ལ་བཙོན་དོང་ལྟ་བུའི་འདུ་ཤེས་དང་། ནགས་ཚིག་པའི་བྱ་ལྟ་བུ་དང་། མཚོ་འཁྱགས་པའི་བྱ་ལྟ་བུའོ། དེ་ལ་ཞེན་པ་དང་བྲལ་ཏེ་འདི་ལས་ཐར་ན་ཅི་མ་རུང་སྙམ་པ་དང་། དེ་ལས་གྲོལ་བའི་ཐར་པ་ཐོབ་ན་ཅི་མ་རུང་། དེའང་ཉན་རང་གི་ཐར་པ་གཏན་ཐར་མིན། གཏན་གྱི་ཐར་པ་སངས་རྒྱས་ཉིད་ཐོབ་ན་ཅི་མ་རུང་སྙམ་པའི་བློ་སྐྱེས་པ་ན། འཁོར་བ་ལས་ཐར་པ་དང་འདྲ་ཞིང་རབ་བྱུང་དགེ་སློང་སོགས་ཀྱང་བྱ་བའི་དུས་དེ་ཡིན་ཞེས། དཀའ་གདམས་པའི་དགེ་བའི་བཤེས་གཉེན་ཆེན་པོ་དག་གསུང་། དེས་ན་མཁན་པོའི་དོན་ཡང་སྲིད་པ་མཐའ་དག་ལ་ཡིད་འབྱུང་བར་བྱེད། མྱ་ངན་ལས་འདས་པ་ལ་བྲོ་བ་བསྐྱེད་པར་བྱེད་པ་ཞིག་ཡིན་གསུང་། སྤྱན་སྔའི་མཁན་པོ། མལ་སེམས་དཔའ་བྱ་བ་རྣལ་འབྱོར་པ་ཆེན་པོ་ཞིག་ཡོད་དེ། དེ་ལ་ཡང་ངའི་མཁན་པོ་འདི་ཡིན་འདི་གསུང་། ངའི་མཁན་པོ་ར་སྒྲེང་གི་བཤེས་གཉེན་རྒན་པོ་དེ་ཡིན་པར་འདུག་གསུང་། བྱམས་སྙིང་རྗེ་སྔོན་དུ་སོང་བའི་སྒོ་ནས་བསམ་པ་བྱང་ཆུབ་ཀྱི་མཆོག་ཏུ་སེམས་བསྐྱེད་པ་ནི།

ཐོག་མེད་དུས་ནས་བདག་ལ་བརྩེ་བ་ཅན། །མ་རྣམས་སྡུག་ན་རང་བདེས་ཅི་ཞིག་བྱ། །དེ་ཕྱིར་མཐའ་ཡས་སེམས་ཅན་བསྒྲལ་བའི་ཕྱིར། །བྱང་ཆུབ་སེམས་བསྐྱེད་བསམ་སྦྱོར་མཐར་ཕྱིན་ཤོག །ཀ་མ་ལ་ཤཱི་ལ། བཏང་སྙོམ་དང་པོར་བསྒོམས་པར་གསུངས། འདུས་པར་སྙིང་རྗེ་དང་པོར། བརྟག་གཉིས་སུ་བྱམས་པ་དང་པོར། སངས་རྒྱས་ཐོད་པའི་དཀའ་འགྲེལ་ཡེ་ཤེས་ལྡན་དུ། ཕ་རྒྱུད་པ་སྙིང་རྗེ་དང་། མ་རྒྱུད་པ་བྱམས་པ་དང་པོར་བསྒོམ་པར་གསུང་། འདིར་དང་པོར་བྱམས་པ། དེ་ནས་སྙིང་རྗེ། དེ་ནས་བྱང་ཆུབ་ཀྱི་མཆོག་ཏུ་སེམས་བསྐྱེད་པའོ། ཇོ་བོ། བྱམས་པ་དང་སྙིང་རྗེ་སྦྱོང་མི་ཤེས་པའི་བྱང་ཆུབ་སེམས་དཔའ་བོད་ཀྱིས

ཞེས་པ་གསུང་། འོན་ཅི་ཙུག་བྱེད་ན་ཞུས་པས། དང་པོ་ནས་གོ་རིམ་བཞིན་དུ་བསླབས་ནས་བྱེད་པ་ཞིག་དགོས་གསུང་། གླང་ཐང་པ། ཤ་བོ་བ་དང་དེད་གཉིས་ལ་མི་ཐབས་བཅོ་བརྒྱད། རྟ་ཐབས་གཅིག་དང་བཅུ་དགུ་ཡོད། མི་ཐབས་ནི། བྱང་ཆུབ་མཆོག་ཏུ་སེམས་བསྐྱེད་ནས་ཅི་བྱེད་སེམས་ཅན་གྱི་དོན་དུ་སློབ་པ་དེ་ཡིན། རྟ་ཐབས་ནི་བྱང་སེམས་མ་སྐྱེས་པ་མི་སྐྱེད། སྐྱེས་པ་མི་གནས་ཤིང་འཕེལ་དུ་མི་སྟེར་བ་བདག་གཅེས་འཛིན་ཡིན་པས། འདི་ལ་ཟུར་བསྟན་ནས་ཅི་གནོད་དུ་སྦྱོང་། སེམས་ཅན་ལ་མཐིལ་བསྟན་ནས་ཅི་ཕན་དུ་སྦྱོང་བ་ཡིན་གསུང་། སྟོན་པ་ལ། རྣལ་འབྱོར་པ་ཆེན་པོ་ཁོ་བོ་ལ་རླུང་མཉམ་འཇུག་ལ་སོགས་པའི་ཏིང་ངེ་འཛིན་འདི་དང་འདི་ཡོད་ཞུས་པས། ཁྱོད་ལ་རྣ་ཙར་རྔ་བོ་ཆེ་བརྡུངས་ཀྱང་མི་བཤིགས་པའི་བསྒོམ་ཡོད་ཀྱང་། བྱམས་པ་དང་སྙིང་རྗེ་བྱང་ཆུབ་ཀྱི་སེམས་མེད་ན། ཉིན་མཚན་དུ་བཤགས་པ་བྱ་དགོས་པའི་སར་སྐྱེལ་བ་ཡིན་ནོ་གསུང་ཁམས་པ་ལུང་པ། རང་ཅག་གི་ཇོ་བོ་སེམས་ཅན་ལ་ཡོ་ལེ་ཕྱེ་དེ་བྱས་པས། སེམས་ཅན་གྱིས་ཀྱང་འོ་ཅག་ལ་དེ་འདྲ་ཡོད་གསུང་། ཤ་ར་བ་སྟོང་ཉིད་རྟོག་པར་དཀའ་སྟེ། རྟོགས་པའི་ཐབས་ཀྱང་བྱམས་སྙིང་རྗེ་ཡིན་ལ། སྟོང་པ་ཉིད་ཀྱིས་ཆེ་བས་ཀྱང་བྱམས་སྙིང་རྗེ་སྐྱེ་བར་གསུངས།

དགེ་བཤེས་སྟོན་པའི་དྲུང་དུ། སྐུ་མཆེད་གསུམ་དང་། ཁམས་པ་ལུང་པའི་སློབ་མ་ཞིག་མཇལ་དུ་བྱུང་བ་ལ། སྟོན་པས། པོ་ཏོ་བ་ཁོང་ཅི་མཛད་ཀྱིན་འདུག་གསུངས་པས། དེ་ན་རེ། ཁོང་པ་དགེ་འདུན་བརྒྱ་ཕྲག་མང་པོ་ལ་ཆོས་གསུང་གིན་གདའ་ཞུས་པས། ངོ་མཚར་ཆེ། དེ་ཡང་གཅིག་ཡིན་གསུངས་དགེ་བཤེས་ཕུ་ཆུང་བ་ཁོང་ཅི་མཛད་ཀྱིན་གདའ་གསུངས་པས། རང་གཞན་གྱི་ཡོ་བྱད་མང་པོས་རྟེན་བཞེངས་གིན་གདའ་ཞུས་པས། སྔར་བཞིན་དུ་གསུངས། ཁམས་པ་ལུང་པ་ཅི་མཛད་ཀྱིན་འདུག་གསུངས་པས། གྲོག་ཁ་རེར་བཞུགས་ནས་དབུ་གཏུམས་ནས་ཉུམ་པ་འབའ་ཞིག་མཛད་ཀྱིན་གདའ་ཞུས་པས། སྟོན་པས་དབུ་ཞྭ་ཕུད། ཐུགས་ཀར་ཐལ་མོ་སྦྱར། སྤྱན་ཆབ་མང་པོ་བྱུང་ནས་ཤིན་ཏུ་ངོ་མཚར་ཆེ། ཆོས་པ་བྱ་བ་ཁོང་གི་དེ་འདྲ་ཞིག་དགོས་པ་ཡིན། འདིའི་ཡོན་ཏན་མང་པོ་བཤད་རྒྱུ་ཡོད་དེ་ད་ལྟ་བཤད་ན་ཁོང་མི་མཉེས་པ་འདུག་གསུང་། དགེ་བཤེས་སྤྱན་སྔས། བྱམས་སྙིང་རྗེ་སོགས་གལ་ཆེ་བའི་རྒྱུ་མཚན་མང་པོ་གསུངས་པས། གླང་ཐང་པས་ཕྱག་མཛད་དེ། བདག་དུས་འདི་ནས་བཟུང་སྟེ་བྱམས་སྙིང་རྗེ་འབའ་ཞིག་བསྒོམ་པར་ཞུ་ཞུས་པས། དགེ་བའི་བཤེས་གཉེན་པས་དབུ་ཞྭ་ཕུད། ཐལ་མོ་སྤྱི་བོར་སྦྱར་ནས། ཤིན་ཏུ་ཕྱག་ཡང་བཟང་ལགས་ཞེས་ལན་གསུམ་གསུངས། དེས་ན། ཇོ་བོའི་བཀའ་བརྒྱུད་རྣམས་ཀྱི་ཐུགས་དམ་ཀྱི་གཙོ་བོ་བྱམས་སྙིང་རྗེ་བྱང་ཆུབ་ཀྱི་སེམས་བསྒོམ་པ་འདི་ཉིད་ཡིན་ཞེས། རྒྱལ་སྲས་རིན་པོ་ཆེ་གསུང་། ཞང་སྣ་ཆུང་སྟོན་པས། ཇོ་བོ་ལ་ཆོས་ཞུས་པས། ཉམས་ལེན་ཐམས་ཅད་ཚེ་འདི་བློས་ཐོང་ཞེས་པ་དང་། བྱང་ཆུབ་ཀྱི་སེམས་བསྒོམ་བྱ་བ་གཉིས་སུ་བསྡུས་ཏེ་གསུངས། ཇོ་བོ་དགེ་ཚུལ་གྱི་སྡོམ་པ་མཁན་སློབ་ལས་ཐོབ། དགེ་སློང་གི་སྡོམ་པ་དད་པའི་དགེ་འདུན་ལས་ཐོབ། བྱང་སེམས་ཀྱི་སློན་འཇུག་བླ་མ་མཉེས་པར་བྱ་ཞིང་། ཚོགས་བསགས་པ་ལས་སྐྱེ་གསུང་། སྦྱོར་བ་བྱང་ཆུབ་ཀྱི་སེམས་གཉིས་བསྒོམ་པ་ལ། ཀུན་རྫོབ་དོན་དམ་བྱང་སེམས་གཉིས་ལས། དང་པོ་ལ་མཉམ་བཞག་ཏུ་བདག་གཞན་བརྗེ་བ་བསྒོམ་པ་ནི། སྡུག་བསྔལ་མ་ལུས་བདག་བདེ་འདོད་ལས་བྱུང་། །
རྫོགས་པའི་སངས་རྒྱས་གཞན་ཕན་སེམས་ལས་འཁྲུངས། །དེ་ཕྱིར་བདག་བདེ་གཞན་གྱི་སྡུག་བསྔལ་དག །ཡང་

དག་རྗེ་བའི་བསམ་སྦྱོར་མཐར་ཕྱིན་ཤོག །བྱང་ཆུབ་ཀྱི་སེམས་སྦྱོང་བའི་རིམ་པ་ལ། རྗེ་བོ་ནས་བརྒྱུད་པ་ལ། སངས་རྒྱས་བྱང་སེམས་ལས་འབྱུང་། དེ་ལྷག་པའི་བསམ་པ། དེ་སྙིང་རྗེ། དེ་བྱམས་པ། དེ་དྲིན་བཟོ། དེ་དྲིན་དྲན་པ། དེ་མར་མཐོང་བ་ལས་འབྱུང་སྟེ། རྒྱུ་འབྲས་བདུན་གྱི་སྒོ་ནས་སྦྱོང་། ཞི་ལྷ་ནས་བརྒྱུད་པ་ལ། བདག་གཞན་བརྗེ་བའི་སྒོ་ནས་སྦྱོང་། རྒྱལ་བ་སྲས་བཅས་རྣམས་ཀྱིས་བདག་གཞན་བརྗེ་བའི་བྱང་ཆུབ་ཀྱི་སེམས་ལ་བསླབ་ཚུལ་མདོ་བསྟན་བཅོས་ལས་རྒྱ་ཆེར་གསུངས་ཤིང་། བོད་ཀྱི་བྱང་ཆུབ་སེམས་དཔའི་རྣམ་པར་ཐར་པ་ལ་བལྟ་བར་བྱའོ། །རྗེས་ཐོབ་དུ་རྐྱེན་ངན་ལམ་དུ་འཁྱེར་བ་ལ། ལམ་འཁྱེར་ཚན་པ་བཞི་ལས། དང་པོ་མི་འདོད་པའི་ཆོས་བཞི་ལམ་དུ་འཁྱེར་བ་ལ། མ་བརྙེད་པ་ལམ་དུ་འཁྱེར་བ་ནི།

སུ་དག་འདོད་ཆེན་དག་གིས་བདག་གི་ནོར། །ཐམས་ཅད་འཕྲོག་གམ་འཕྲོག་ཏུ་འཇུག་ན་ཡང་། །ལུས་དང་ལོངས་སྤྱོད་དུས་གསུམ་དགེ་བ་རྣམས། །དེ་ལ་བསྔོ་བའི་བསམ་སྦྱོར་མཐར་ཕྱིན་ཤོག །དྲོད་ཀྱི་རྟགས་ཀྱི་རྒྱན་རྩ་བར། སྦྱིན་སོགས་ཞེས་དང་། འགྲེལ་པར། བདག་དང་གཞན་དུ་བརྗེ་བ་ཉིད་ཀྱིས། སེམས་ཅན་གཞན་གྱི་ཡུལ་ལ། ཡོངས་སུ་བསྔོས་པའི་སྦྱིན་པ་ལ་སོགས་པ་དང་། ཞེས་གསུངས། མདོ་སྡེ་རྒྱན་དུ། བྱང་ཆུབ་སེམས་དཔའ་ལུས་དང་ལོངས་སྤྱོད་རྣམས། །གཞན་ལ་མི་སྦྱིན་པ་ནི་ཡོངས་མེད་དེ། །ཞེས་དང་། སྤྱོད་འཇུག་ཏུ། བདག་གི་ལུས་དང་ལོངས་སྤྱོད་དང་། །དུས་གསུམ་དགེ་བ་ཐམས་ཅད་ཀྱང་། །སེམས་ཅན་ཀུན་གྱི་དོན་བསྒྲུབ་ཕྱིར། །ཕངས་པ་མེད་པར་བཏང་བར་བྱ། །ཞེས་གསུངས། སྡུག་བསྔལ་ལམ་དུ་འཁྱེར་བ་ནི། བདག་ལ་ཉེས་པ་ཅུང་ཟད་མེད་བཞིན་དུ། །གང་དག་བདག་གི་མགོ་བོ་གཅོད་བྱེད་ནའང་། །སྙིང་རྗེའི་དབང་གིས་དེ་ཡི་སྡིག་པ་རྣམས། །བདག་ལ་ལེན་པའི་བསམ་སྦྱོར་མཐར་ཕྱིན་ཤོག །ས་གཉིས་པའི་རྒྱན་རྩ་བར། གཟོ་དང་བཟོད་ཅེས་དང་། འགྲེལ་པར། གཞན་གྱིས་ཕན་པ་བྱས་པ་དྲན་པ་དང་། གཞན་གྱིས་གནོད་པ་བྱས་པ་ལ་སོགས་པ་བཟོད་པ་དང་། ཞེས་དང་། སྤྱོད་འཇུག་ཏུ། ལུས་ཅན་རྣམས་ལ་བདག་གིས་ནི། །ལུས་འདི་ཅི་བདེར་བྱིན་ཟིན་གྱིས། །གསོད་པ་དང་ནི་གཅོད་པ་དང་། །བརྡེག་སོགས་ཅི་དགར་བྱེད་ལ་རག །ཅེས་པ་ནས། དོན་ཀུན་བསྒྲུབ་པའི་རྒྱུར་གྱུར་ཅིག །ཅེས་པའི་བར་གསུངས། མ་གྲགས་པ་ལམ་དུ་འཁྱེར་བ་ནི། འགའ་ཞིག་བདག་ལ་མི་སྙན་སྣ་ཚོགས་པ། །སྟོང་གསུམ་ཁྱབ་པར་སྒྲོག་པར་བྱེད་ན་ཡང་། །བྱམས་པའི་སེམས་ཀྱིས་སླར་ཡང་དེ་ཉིད་ཀྱི། །ཡོན་ཏན་བརྗོད་པའི་བསམ་སྦྱོར་མཐར་ཕྱིན་ཤོག །དྲོད་ཀྱི་རྟགས་ཀྱི་མདོར། བྱམས་པའི་ལུས་དང་། ངག་དང་། ཡིད་ཀྱིས་ལས་དང་ལྡན་པ་ཡིན་ཞེས་སོགས་དང་། རྒྱན་རྩ་བར། བྱམས་ལུས་སོགས་དང་། འགྲེལ་པར། གཞན་ལ་ཕན་པ་ཉིད་དུ་ཞུགས་པས། བྱམས་པའི་ལུས་དང་ངག་དང་ཡིད་ཀྱི་ལས་ཞེས་དང་། སྤྱོད་འཇུག་ཏུ། གང་དག་བདག་ལ་ཁ་ཟེར་རམ། །དེ་བཞིན་འཆར་ཁ་གཏོང་ཡང་རུང་། །ཐམས་ཅད་བྱང་ཆུབ་སྐལ་ལྡན་འགྱུར། །ཞེས་གསུངས། དམད་པ་ལམ་དུ་འཁྱེར་བ་ནི། འགྲོ་མང་འདུས་པའི་དབུས་སུ་འགའ་ཞིག་གིས། །འཚང་ནས་འབྲུ་ཞིང་ཚིག་ངན་སྨྲ་ན་ཡང་། །དེ་ལ་དགེ་བའི་བཤེས་ཀྱི་འདུ་ཤེས་ཀྱིས། །གུས་པར་འདུད་པའི་བསམ་སྦྱོར། སྒོམ་ལམ་གྱི་བྱེད་པའི་མདོར། ཡུམ་འདི་བྱང་སེམས་ཡོངས་སུ་དུལ་བ་དང་།

ང་རྒྱལ་མ་མཆིས་པའི་སྣོད་དུ་ཉེ་བར་གནས་པར་འགྱུར་རོ། །ཞེས་སོགས་དང་། རྒྱན་རྩ་བར། འདུད་དང་ཞེས་དང་། འགྲེལ་པར། དགེ་བའི་བཤེས་གཉེན་ལ་སོགས་པའི་སྐྱེ་བོ་ཐམས་ཅད་ལ་འདུད་པ་དང་ཞེས་དང་། གོ་སྒྲུབ་ཀྱི་འགྲེལ་པར། སྐྱེ་བོ་ཐམས་ཅད་ཀྱིས་མི་སྨན་པར་སྨྲ་བ་ཉིད་བཟོད་པ་དང་། ཞེས་གསུངས། བཟོད་དཀའ་ལམ་དུ་འཁྱེར་བ་ལ་གཉིས་ལས། དང་པོ་ནི། བདག་གིས་བུ་བཞིན་གཅེས་པར་བསྐྱངས་པའི་མིས། །བདག་ལ་དགྲ་བཞིན་བལྟ་བར་བྱེད་ན་ཡང་། །ནད་ཀྱིས་བཏབ་པའི་བུ་ལ་མ་བཞིན་དུ། །ལྷག་པར་བརྩེ་བའི་བསམ་སྦྱོར་མཐར་ཕྱིན་ཤོག །ས་གསུམ་པའི་རྒྱན་རྩ་བར། འཁོར་བས་ཡོངས་སུ་མི་སྐྱོ་དང་། །ཞེས་དང་། འགྲེལ་པར། ཕན་བཏགས་པའི་སེམས་མི་འཐུན་པ་ལ་མཐོང་བས་ཡོངས་སུ་མི་སྐྱོ་བ་དང་། ཞེས་དང་། བཞི་བརྒྱ་པར། ན་བའི་བུ་ལ་ལྷག་པར་ཡང་། །མ་ནི་བརྩེ་བར་གྱུར་པ་ལྟར། །དེ་བཞིན་བྱང་ཆུབ་སེམས་དཔའ་རྣམས། །དམ་པ་མིན་ལ་ལྷག་པར་བརྩེ། །ཞེས་དང་། མདོ་སྡེ་རྒྱན་དུ། རྟག་ཏུ་ཉེས་པ་རང་དབང་མེད་པར་བྱང་སེམས་ཀྱིས། །སེམས་ཅན་ལ་ནི་བློ་ལྡན་ཉེས་པར་མི་འཛིན་ཏེ། ཞེས་གསུངས། བཟོད་དཀའ་གཉིས་པ་ལམ་དུ་འཁྱེར་བ་ནི། རང་དང་མཉམ་པའི་དམན་པའི་སྐྱེ་བོ་ཡིས། །ང་རྒྱལ་དབང་གིས་བརྙས་སྨྲས་བྱེད་ན་ཡང་། །བླ་མ་བཞིན་དུ་གུས་པས་བདག་ཉིད་ཀྱི། །སྤྱི་བོར་ལེན་པའི་བསམ་སྦྱོར་མཐར་ཕྱིན་ཤོག །རྒྱ་མཚོ་ལྷ་བུའི་སེམས་བསྐྱེད་ཀྱི་འགྲེལ་པར། མི་འདོད་པ་ཐམས་ཅད་ཐོག་ཏུ་བབས་པས་མི་འཁྲུགས་པ་དང་། ཞེས་དང་། སྤྱོད་འཇུག་ཏུ། དེ་བས། རབ་ཏུ་བྱུང་དང་བྱང་སེམས་ལ། །བསྟེན་ནས་བཟོད་པ་སྐྱེ་བས་ན། །དེ་ཉིད་བཟོད་པའི་རྒྱུ་ཡིན་པས། །དམ་པའི་ཆོས་བཞིན་མཆོད་པར་འོས། །ཞེས་དང་། དེ་བས་ངལ་བས་མ་བསྒྲུབས་པའི། །ཁྱིམ་དུ་གཏེར་ནི་འབྱུང་བ་ལྟར། །བྱང་ཆུབ་སྤྱོད་པའི་གྲོགས་འགྱུར་བའི། །བདག་གིས་དགྲ་ལ་སྒོམ་པར་བྱས། །ཞེས་གསུངས། འབྱོར་རྒུད་གཉིས་ལམ་དུ་འཁྱེར་བ་ལ་གཉིས་ལས། དང་པོ་རྒུད་པ་ལམ་དུ་འཁྱེར་བ་ནི། འཚོ་བས་ཕོངས་ཤིང་རྟག་ཏུ་མི་ཡིས་བརྙས། །ཚབས་ཆེན་ནད་དང་གདོན་གྱིས་བཏབ་ཀྱང་སླར། །འགྲོ་ཀུན་སྡིག་སྡུག་བདག་ལ་ལེན་བྱེད་ཅིང་། །ཞུམ་པ་མེད་པའི་བསམ་སྦྱོར་མཐར་ཕྱིན་ཤོག །

འབྱོར་པ་ལམ་དུ་འཁྱེར་བ་ནི། སྙན་པར་གྲགས་ཤིང་འགྲོ་མང་སྤྱི་བོས་འདུད། །རྣམ་ཐོས་བུ་ཡིས་ནོར་འདྲ་ཐོབ་གྱུར་ཀྱང་། །སྲིད་པའི་དཔལ་འབྱོར་སྙིང་པོ་མེད་གཟིགས་ནས། །ཁེངས་པ་མེད་པའི་བསམ་སྦྱོར། མདོ་སྡེ་རྒྱན་དུ། དེ་ཡི་ཆོས་ཀུན་སྒྱུ་མ་ལྟ་བུ་དང་། །སྐྱེ་བ་སྐྱེད་མོས་ཚལ་འགྲོ་ལྟར་རྟོགས་ནས། །འབྱོར་པའི་དུས་དང་རྒུད་པའི་དུས་ན་ཡང་། །ཉོན་མོངས་སྡུག་བསྔལ་དག་གིས་འཇིགས་པ་མེད། །ཅེས་གསུངས། ཆགས་སྡང་གཉིས་ལམ་དུ་འཁྱེར་བ་ལས། དང་པོ་ཞེ་སྡང་ལམ་དུ་འཁྱེར་བ་ནི། ནང་གི་ཞེ་སྡང་དགྲ་བོ་མ་ཐུལ་ན། །ཕྱི་རོལ་དགྲ་བོ་བཏུལ་ཞིང་འཕེལ་བར་འགྱུར། །དེ་ཕྱིར་བྱམས་དང་སྙིང་རྗེའི་དམག་དཔུང་གིས། །རང་རྒྱུད་འདུལ་བའི་བསམ་སྦྱོར། སྤྱོད་འཇུག་ཏུ། ཁྲོ་བའི་དགྲ་ནི་གཅིག་བཅོམ་ན། །དགྲ་དེ་ཐམས་ཅད་ཆོམས་དང་འདྲ། །ཞེས་གསུངས། གཉིས་པ་འདོད་ཆགས་ལམ་དུ་འཁྱེར་བ་ནི། འདོད་པའི་ཡོན་ཏན་ལན་ཚྭའི་ཆུ་དང་འདྲ། །ཇི་ཙམ་སྤྱད་ཅིང་སྲེད་པ་འཕེལ་བར་འགྱུར། །གང་ལ་ཞེན་ཆགས་སྐྱེ་བའི་དངོས་པོ་རྣམས། །འཕྲལ་

ལ་སྦྱོང་བའི་བསམ་སྦྱོར་མཐར་ཕྱིན་ཤོག །ས་བཞི་པའི་རྒྱན་རྩ་བར། འདོད་པ་རྣམས་ལ་སྐྱོན་པ་དང་། །ཞེས་དང་། འགྲེལ་པར། འདོད་པའི་ཡོན་ཏན་ལ་ཉེས་དམིགས་སུ་བལྟ་བས་སྐྱོན་པ་དང་། ཞེས་དང་། ས་ལྔ་པའི་རྒྱན་རྩ་བར། བཅུ་པོ་འདི་དག་རྣམ་སྤངས་ན། ། ཞེས་དང་། དེའི་འགྲེལ་པར། འདོད་ཆགས་ལ་སོགས་པའི་ཉོན་མོངས་པ་ཐམས་ཅད་ལ་ཕྱོགས་པར་བྱེད་པ་ཞེས་བྱ་བ་དེ་ལྟ་བུའི་མཚན་ཉིད་ཀྱི་ཆོས་བཅུ་སྤོང་ཞིང་། ཞེས་གསུངས། འདོད་ཡོན་གྱི་ཉེས་དམིགས་ནི། རྒྱ་ཆེར་རོལ་པར། འདོད་པའི་ཡོན་ཏན་རྟག་ཏུ་གནོད་པ་མང་། །འཇིག་བཅས་རྟག་ཏུ་དགྲ་བཅས་ཉོན་མོངས་བཅས། །རལ་གྲིའི་སོ་འདྲ་དུག་སྡོང་ལོ་མ་མཚུངས། །ངན་སྐྱུག་སྣོད་ལྟར་འཕགས་པའི་སྐྱེ་བོས་སྤངས། །ཞེས་གསུངས། པོ་ཏོ་བ། ཉིན་པར་འབུལ་བ་ཇི་ཙམ་བྱུང་ཡང་། སྤྱན་སྔར་ཕྱིན་ཙ་ན། སེམས་དམའ་ཕབ་པ་ལྟར་བཞུགས། བསྙེད་བཀུར་བྱུང་བའི་རྗེས་ལ། གཟིམ་ཁང་དུ་བཞུགས་ནས་ཞལ་གཉེར་ཏེ། ནགས་ཚལ་དབེན་པར་གཅིག་པུའི་བརྗིད་མཐོང་ན། །རྒྱལ་པོའི་འཁོར་མང་ལོངས་སྤྱོད་སྨྱུ་མའི་གྲོག་ཚང་འདྲ། །ཕྱི་བེར་ཆེམ་ཅན་དག་གི་བརྗིད་མཐོང་ན། །དར་བེར་ཀླུ་ཡས་སྨྱུ་མའི་འཇའ་ཚོན་འདྲ། །གསུངས། ས་སྐྱར་འཁྲུག་སློང་ཆེན་པོ་བྱུང་ནས། བླ་མ་རིན་ཡེ་བས་རྒྱལ་སྲས་ཐོགས་མེད་པ་ལ། འདི་འདྲའི་མི་རིགས་པ་བྱུང་ཙན། བདག་ལ་གཉེན་པོ་ཟིན་ཙམ་ནི་བྱུང་སྟེ། ཆགས་སྡང་གི་རྣམ་རྟོག་མང་པོ་སྐྱེ་བར་གདའ། ཉིད་ཅག་ལ་ཅི་འདྲ་བྱུང་གསུངས་པས། རྗེ་པའི་གསུང་གིས། སྔར་འཇིག་རྟེན་གྱི་བདེ་སྡུག་ལ་སོགས་ལས་མ་གྲུབ་པའི་སེམས་སྣང་ཡིན་པ་དང་། དེ་ཉིད་ཀུན་རྫོབ་སྒྱུ་མ་ལྟ་བུ་དང་། དོན་དམ་པར་སྤྲོས་བྲལ་གྱི་གོ་པ་ར་རི་ཞིག་བདོག་པས། བདག་ལ་ཆགས་སྡང་གི་རྣམ་རྟོག་མ་སྐྱེས་ལགས་གསུང་།

གཉིས་པ་དོན་དམ་བྱང་སེམས་སྒོམ་པ་ལ། མཉམ་རྗེས་གཉིས་ལས། མཉམ་གཞག་ཏུ་སྤྲོས་མེད་ཡིད་ལ་མི་བྱེད་པའི་རྣལ་འབྱོར་ནི། **ཇི་ལྟར་སྣང་བ་འདི་དག་རང་གི་སེམས། །སེམས་ཉིད་གདོད་མས་སྤྲོས་པའི་མཐའ་དང་བྲལ། །དེ་ཉིད་ཤེས་ནས་བཟུང་འཛིན་མཚན་མ་རྣམས། །ཡིད་ལ་མི་བྱེད་བསམ་སྦྱོར་མཐར་ཕྱིན་ཤོག** །མདོ་སྡེ་རྒྱན་དུ། སེམས་ལས་གཞན་མེད་པར་ནི་བློས་རིག་ནས། །དེ་ནས་སེམས་ཀྱང་མེད་པ་ཉིད་དུ་རྟོགས། །བློ་དང་ལྡན་པས་གཉིས་པོ་མེད་རིག་ནས། །དེ་མི་ལྡན་པའི་ཆོས་ཀྱི་དབྱིངས་ལ་གནས། །ཞེས་པའི་ལམ་གྱི་རིམ་པ་དང་འཐུན་ཞིང་། གཞན་ཡང་། ཀ་མ་ལ་ཤཱི་ལའི་སྒོམ་རིམ་བར་པ་དང་། སློབ་དཔོན་སེང་གེ་བཟང་པོའི་རྣལ་འབྱོར་པ་བཞིན་ནས་འབྱུང་བའི་ཆོས་ཀྱི་བདག་མེད་བསྒོམ་པའི་རིམ་པ་དང་ཡང་འཐུན། དེ་ཡང་འདིར་སྦྱོར་བའི་དུས་སུ་སོ་སོར་རྟོགས་པའི་ཤེས་རབ་ཀྱིས་དཔྱད་ནས། དངོས་གཞིའི་དུས་སུ་ཡིད་ལ་མི་བྱེད་པའི་ཚུལ་གྱིས་མཉམ་པར་འཇོག་པ་ཡིན་ དངོས་གཞིའི་དུས་སུ་ཡིད་ལ་མི་བྱེད་པ་ཡིན་ཏེ། ཇོ་བོའི་དབུ་མའི་ལན་དག་ལས། བར་སྐབས་དེར། ཤེས་པ་ཅིར་ཡང་མི་རྟོག །ཅིར་ཡང་མི་འཛིན། དྲན་པ་དང་ཡིད་ལ་བྱེད་པ་ཐམས་ཅད་སྤངས་ཏེ། ཞེས་དང་། དེའི་རྣམ་བཤད་རྟོག་ལོས་མཛད་པར། བར་སྐབས་དེར་ཞེས་སོགས་ནི་དངོས་གཞིའི་དབང་དུ་བྱས་པ་ཡིན་ནོ། །ཞེས་གསུངས། ཀ་མ་ལ་ཤཱི་ལ་དང་། ཧྭ་ཤང་གི་སྒོམ་གྱི་བར་ཁྱད་ཀྱང་། སོ་སོར་རྟོག་པའི་ཤེས་རབ་ཀྱིས་དཔྱད་པ་སྔོན་དུ་བཏང་ནས། ཅི་ཡང་མ་རྟོག་པའི་ངང་ལ་མཉམ་པར་འཇོག་པ་དང་། དེ་ལྟ་བུའི་དཔྱད་པ་ཅི་ཡང་མི་དགོས་པར། ཞི་གནས་སྟེངས་པོའི་ཚུལ་གྱིས་ཅི་ཡང་ཡིད་ལ་མི་བྱེད་པར་བསྒོམ་ནི་ཁྱད་པར་རོ། །ཁ་ཅིག་ལྷག་མཐོང་གི་སྒོམ་ནི། དཔྱད་

སྒོམ་ཁོ་ནར་འདོད་པ་དང་། དངོས་གཞིའི་དུས་སུ་ཡང་ངེས་ཤེས་ཀྱི་ཤུགས་དྲག་པོ་དགོས་ཞེས་སྨྲ་བ་ནི་མི་འཐད་དེ། ཀ་མ་ལ་ཤཱི་ལའི་སྒོམ་རིམ་སོགས་ཀྱི་དགོངས་པ་ཡང་། སྦྱོར་བའི་དུས་སུ་སོ་སོར་རྟོག་པའི་ལྷག་མཐོང་གིས་ལེགས་པར་དཔྱད་ནས། དངོས་གཞིའི་དུས་སུ་མི་གཡོ་བའི་ལྷག་མཐོང་གིས་ཡིད་ལ་མི་བྱེད་པའི་ཚུལ་གྱིས་མཉམ་པར་འཇོག་དགོས་པ་ཡིན་ནོ། །དེས་ན་དངོས་གཞིའི་དུས་སུ་ཡིད་ལ་མི་བྱེད་པའི་ཚུལ་གྱིས་མཉམ་པར་འཇོག་པར་རྒྱ་བོད་ཀྱི་དཔྱད་སྒོམ་དང་། འཇོག་སྒོམ་གྱི་ཁྲིད་གཞུང་ཚད་ལྡན་ཐམས་ཅད་མཐུན་ནོ། །རྗེས་ཐོབ་ཏུ་ཆགས་སྡང་གི་ཡུལ་ལ་ཞེན་པ་སྤོང་བ་ལ་གཉིས་ལས། འདོད་ཆགས་ཡུལ་ལ་ཞེན་པ་སྤོང་བ་ནི་ཡིད་དུ་འོང་བའི་ཡུལ་དང་ཕྲད་པ་ན།

དབྱར་གྱི་དུས་ཀྱི་འཇའ་ཚོན་ཇི་བཞིན་དུ། །མཛེས་པར་སྣང་ཡང་བདེན་པར་མི་བལྟ་ཞིང་། །ཞེན་ཆགས་སྤོང་བའི་བསམ་སྦྱོར་མཐར་ཕྱིན་ཤོག །

གཉིས་པ་སྡང་བའི་ཡུལ་ལ་འཁྲུལ་པར་བལྟ་བ་ནི། སྡུག་བསྔལ་སྣ་ཚོགས་རྨི་ལམ་བུ་ཤི་ལྟར། །འཁྲུལ་སྣང་བདེན་པར་བཟུང་བས་ཨ་ཐང་ཆད། །དེ་ཕྱིར་མི་འཐུན་རྐྱེན་དང་ཕྲད་པའི་ཚེ། །འཁྲུལ་པར་བལྟ་བའི་བསམ་སྦྱོར་མཐར་ཕྱིན་ཤོག །ས་བརྒྱད་པའི་རྒྱན་རྩ་བར། སྒྱུ་མ་ལྟར་གནས་ཤེས་དང་། །འགྲེལ་པར། ཐམས་ཅད་དུ་སྒྱུ་མ་ལྟ་བུར་གནས་པ་དང་ཞེས་དང་། བྱང་སེམས་ཀྱི་གཞི་ཤེས་ཉེ་བའི་འབབ་པ་འཆད་པ་ན། དངོས་པོར་མངོན་པར་ཞེན་པའི་འཁྲུལ་པའི་མཚན་མ་བསལ་བ་རྣམས་ལ་ནི་ཞེས་གསུངས། ཅིག་ཤོས་རིང་བར་འཆད་པ་ན། སྒྱུ་མ་མཁན་གྱིས་སྤྲུལ་པའི་དངོས་པོ་སྣང་བ་ལ། དེའི་རང་གི་ངོ་བོ་ཤེས་པས། དངོས་པོར་མངོན་པར་ཞེན་པ་ཉིད་ཀྱི་ངོ་བོ་ཉིད་མེད་པར་མི་སྣང་བ་བཞིན་དུ། ཞེས་སོགས་སློབ་དཔོན་སེང་གེ་བཟང་པོས་གསུངས། བྱང་སེམས་ཀྱི་སྦྱོར་ལམ་མཉམ་གཞག་སྣང་བ་རྣམ་བདུན་ལ་ཞེན་སྤྱོད་བཀག་པར་སྟོན་པ་ན། མདོར། ཆོས་ཐམས་ཅད་སྒྱུ་མ་ལྟ་བུ་དང་། ཞེས་སོགས་དང་། རྒྱན་རྩ་བར། སྣང་བ་རྣམ་བདུན་ཤེས་དོ། ཞེས་དང་། འགྲེལ་པར། ཡོངས་སུ་འགྱུར་བ་དང་། མཉམ་དུ་ཚོགས་པ་དང་། འགལ་བ་དང་། རྐྱེན་དང་། མ་འཕོས་པ་དང་། རྟེན་མེད་པ་དང་། བྱེད་པ་པོ་མ་ཡིན་པ་རྣམས་སུ། ཤེས་པ་མ་སྣང་བ་བདུན་ལ། སྒྲུབ་པའི་ཡོངས་སུ་ཤེས་པ་གསལ་བའི་སྒོ་ནས། ཤེས་དང་། བྱེད་པ་པོ་མེད་པ་ལ་སྤྱོད་པ་བཀག་པའི་སྦྱོར་བའི་མདོར། སྒྱུ་མའི་སྐྱེས་བུ་ལ་བསྟགས་བརྗོད་ཀྱང་འཕེལ་བ་མེད་དོ། །བསྟགས་པ་མ་ཡིན་པ་བརྗོད་ཀྱང་འགྲིབ་པ་མེད་དོ། །ཞེས་དང་། རྒྱན་རྩ་བར། བྱེད་པོ་མིན་ཉིད་དང་། ཞེས་དང་། འགྲེལ་པར། བྱེད་པ་པོ་མེད་པ་ཉིད་དང་། ཞེས་གསུངས། གོང་དུ་བླ་མ་རིན་ཡེ་བས། རྒྱལ་སྲས་རིན་པོ་ཆེ་ལ་ཞལ་ཏ་གནང་བའི་གདམས་བརྒྱུད་དེ་ཉིད་འདིར་བླངས་ནའང་ཤིན་ཏུ་འཚོར་རོ། །གཉིས་པ་བསླབ་བྱ་ལ། ཕྱིན་དྲུག་བྱང་ཆུབ་སེམས་དཔའི་བསླབ་བྱའི་གཙོ་བོ་ཡིན་པར་གསུང་རབས་ཀུན་ལས་གསུངས་ཤིང་། ཕར་ཕྱིན་རྐྱང་པ་ལ་མཚོན་ནའང་། གོ་སྒྲུབ་ཏུ། དེ་ལྟར་སྦྱིན་པ་ལ་སོགས་པའི་ཕ་རོལ་ཏུ་ཕྱིན་པ་ཞེས་དང་། མཇུག་སྒྲུབ་ཏུ། སྦྱིན་པ་ལ་སོགས་པའི་ཕ་རོལ་ཏུ་ཕྱིན་པ་དྲུག་དང་། ཞེས་དང་། ས་གཉིས་པའི་རྩ་བར། སྦྱིན་ལ་སོགས་ལ་བརྩོན། །ཞེས་དང་། འགྲེལ་པར། སྦྱིན་པ་ལ་སོགས་པ་ཕ་རོལ་ཏུ་ཕྱིན་པ་དྲུག་ལ་སྦྱོ་བར་ཞེས་གསུངས། ས་དྲུག་པའི་རྩ་བར། སྦྱིན་དང་ཚུལ་ཁྲིམས་སོགས་དང་། འགྲེལ་པར། ཕ་རོལ་ཏུ་ཕྱིན་པ་དྲུག་ཡོངས་སུ་རྫོགས་པས། ཞེས་དང་། རྣམ་དག་སྒོམ་ལམ་སྐྱེ་བའི་རྒྱུར་སྦྱིན་

པ་ལ་སོགས་པའི་ཕ་རོལ་ཏུ་ཕྱིན་པ་ཞེས་དང་། སྦྱོར་བ་སྒོམ་པ་པོའི་རྟེན་གྱི་གང་ཟག་ཏུ། སྦྱིན་པ་ལ་སོགས་པའི་ཕ་རོལ་ཏུ་ཕྱིན་པ་བཅུ་བསྒྲུབ་པ་དང་ལྡན་པ་ཞེས་དང་། ཐར་པ་ཆ་མཐུན་དུ། སྦྱིན་པ་ལ་སོགས་པའི་ཕ་རོལ་ཏུ་ཕྱིན་པ་ནས་ཞེས་དང་། ཁྱད་མཚན་དུ། འཁོར་གསུམ་རྣམ་པར་དག་པས་སྦྱིན་པ་ལ་སོགས་པའི་ཕ་རོལ་ཏུ་ཕྱིན་པ་དྲུག་སོགས་དང་། རྩེ་མོའི་རྟགས་སུ། སྦྱིན་པ་ལ་སོགས་པའི་ཁྱད་པར་བསྒྲུབས་པས་ཞེས་དང་། མཐོང་ལམ་རྩེ་སྦྱོར་དུ། སྦྱིན་པ་ལ་སོགས་པའི་ཕ་རོལ་ཏུ་ཕྱིན་པ་དྲུག་པོ་དག་ཅེས་དང་། མཐར་གྱིས་སྦྱོར་དུ། སྦྱིན་པའི་ཕ་རོལ་ཏུ་ཕྱིན་པ་ལ་སོགས་པ་འཁོར་གསུམ་རྣམ་པར་དག་པས་ཞེས་དང་། སྐད་ཅིག་སྦྱོར་དུ། སྦྱིན་པ་ལ་སོགས་པ་ཕ་རོལ་ཏུ་ཕྱིན་པ་དྲུག་བསྒྲུབས་པས་ཞེས་དང་། ཕྲིན་ལས་ཀྱི་སྐབས་སུ། རང་གི་དོན་འཁོར་གསུམ་རྣམ་པར་དག་པས་རབ་ཏུ་ཕྱེ་བས་ཕ་རོལ་ཏུ་ཕྱིན་པ་དྲུག་ལ་གོམ་པ་ལའོ། །ཞེས་གསུངས། ཕྱིན་དྲུག་གི་ནང་ནས་སྦྱིན་པའི་ཕ་རོལ་ཏུ་ཕྱིན་པ་ལ་སློབ་པ་ནི།

བྱང་ཆུབ་འདོད་པས་ལུས་ཀྱང་གཏོང་དགོས་ན། །ཕྱི་རོལ་དངོས་པོ་རྣམས་ལ་སྨོས་ཅི་དགོས། །དེ་ཕྱིར་ལན་དང་རྣམ་སྨིན་མི་རེ་བའི། །སྦྱིན་པ་གཏོང་བའི་བསམ་སྦྱོར་མཐར་ཕྱིན་ཤོག །ཤ་ར་བ། ངས་ནི་ཁྱེད་ལ། གཏང་བའི་ཕན་ཡོན་མི་བརྗོད་ཀྱི། འཛིན་པའི་ཉེས་དམིགས་བརྗོད་པ་ཡིན་གསུང་། ཆོས་རྗེ་ས་སྐྱ་པ། ཉེ་བ་འཁོར་གྱིས་ཞུས་པའི་མདོ་ལྟར། སྦྱིན་པ་ལ་བྱང་ཆུབ་སེམས་དཔའ་རབ་བྱུང་དང་། ཁྱིམ་པ་དང་། མི་སྐྱེ་བའི་ཆོས་ལ་བཟོད་པ་ཐོབ་པའི་སྦྱིན་པ་གསུམ་དུ་བཞེད། རབ་བྱུང་གི་སྦྱིན་པ་ནི། གཙོ་བོར་མི་འཛིགས་པ་དང་། བྱམས་པ་དང་། ཆོས་ཀྱི་སྦྱིན་པ་གསུམ་ཡིན་ཟང་ཟིང་ལ། སྣག་ཚ་དང་། སྨྱུ་གུ་དང་། ཤོག་བུ་གསུམ་སྦྱིན་པར་གསུངས་ཤིང་། རབ་ཏུ་བྱུང་བས་ནོར་རླབས་པོ་ཆེ་སྟེར་བས་མགོ་འདོན་པར་གསུངས་པ་མེད། སངས་རྒྱས་ཀྱིས་ཀྱང་རྒྱལ་པོ་ལ་སོགས་པ་ཁྱིམ་པར་བཞུགས་པའི་དུས་སུ། ཟང་ཟིང་གི་སྦྱིན་པ་ལ་མཛད་ལ། རབ་ཏུ་བྱུང་བའི་ཚེ། རྟ་དང་རྒྱན་སོགས་ཟས་གཙང་མ་ཉིད་མ་བཀུར་ལ། ཞིང་པའི་བུ་མོ་ལེགས་སྐྱེས་ཀྱིས། གསེར་སྐྱོང་དང་བཅས་པའི་བསོད་སྙོམས་ཕུལ་བའི་ཚེ། གསེར་སྐྱོང་བུ་མོ་ཉིད་ལ་གཏད་པས། བུ་མོས་བདག་ལ་ཐུགས་བརྩེ་བར་ཞུ་ཞེས་སླར་ཕུལ་བ་ན། ནི་རཉྫ་ནའི་ཆུ་ལ་བསྐྱུར་བས། མུ་སྟེགས་འགའ་ཞིག་གིས་བསམ་པ་ལ། གོའུ་ཏ་མ་ནོར་ལ་ངན་ཏེ། རྟ་དང་རྒྱན་རྒྱལ་པོ་ནོར་གྱིས་མ་ཡོངས་པས། ཡོངས་པ་ལ་སྟེར་ཐང་ཞིང་། གསེར་སྐྱོང་ཀྱང་ཡོངས་པ་ལ་མི་སྟེར་བར་ཆུ་ལ་བསྐྱུར་བ་ཆུད་ཟོས་ཡིན་ཟེར་བ་ལ། བཅོམ་ལྡན་འདས་ཀྱིས། མཆོག་གི་ནོར་མཆོག་མ་ཡིན་ལ་བྱིན་ན། ཚེ་འདིའི་མཐུན་རྐྱེན་ཅུང་ཟད་འབྱུང་ཡང་། མཐར་མི་བཞུ་བར་ངན་སོང་དུ་འགྲོ་བས། ཡོངས་པ་ངན་སོང་དུ་བསྐྱུར་བའི་རྒྱུ་ལ་བྱང་ཆུབ་སེམས་དཔས་སྦྱོར་མི་ཐང་སྙམ་དུ་དགོངས་པ་ཡིན་ནོ། །དེང་སང་རབ་ཏུ་བྱུང་བ་སྦྱིན་པ་རླབས་པོ་ཆེ་གཏོང་བ་བཟང་བར་བྱེད་དེ། དེ་སངས་རྒྱས་ཀྱི་བསྟན་པ་ཡིན་མིན་ཐེ་ཚོམ་ཟ། དེས་ན་རབ་ཏུ་བྱུང་བ་ཡོ་བྱད་ལ་མ་ཆགས་པར་སྦྱིན་པས་མགོ་མི་འདོན་པར། བསླབ་པ་གསུམ་གྱིས་མགོ་འདོན་པ། སངས་རྒྱས་ཀྱི་བསྟན་པ་དང་འཐུན་པའི་རབ་ཏུ་བྱུང་བར་གསུངས་སོ། །

དེས་ན་མདོ་ལས། རབ་ཏུ་བྱུང་བས་ལྷུང་བཟེད་ཀྱི་ལྷག་རོལ་ཙམ་སྦྱིན་པར་གསུངས་ཀྱི་གཞན་སྦྱིན་པར་མ་གསུངས་ཏེ། ལྷ་དང་བཅས་པའི་མཆོད་གནས་ཡིན་གྱི། ཡོན་བདག་མ་ཡིན་པའི་ཕྱིར་རོ། །དེས་ན་ཡོན་མཆོད་གོ་ལྡོག་ན། འཇིག་རྟེན་དུ་མུ་གེ་ལ་སོགས་པ

རྒྱུད་པའི་རྒྱུར་འགྱུར་རོ། །བྱང་སེམས་ཁྲིམས་པའི་སྦྱིན་པ་ལ། སྦྱིན་པ་ཇི་ལྟར་གཏོང་བའི་ཚུལ་དང་། དེ་སྦྱང་བའི་ཐབས་སོ། །དང་པོར་སྟེར་བ་ལ་བསླབ། དེ་དག་པ་ལ་བསླབ། དེ་རྫོགས་བྱང་གི་རྒྱུར་འགྲོ་བ་ལ་བསླབ། སྦྱང་བ་ལ་བསམ་སྦྱོར་གཉིས་སྦྱོར་བས་སྦྱང་བ་ལ། ཡུལ་དུས་དངོས་པོ་ལ་སྦྱང་བའོ། །མི་སྐྱེ་བའི་ཆོས་ལ་བཟོད་པ་ཐོབ་པའི་སྦྱིན་པ་ལ། གཏོང་བ་དང་། ཤིན་ཏུ་གཏོང་བ་དང་། གཏོང་བ་ཆེན་པོའོ། །ཞེས་སོགས་གསུངས། ཚུལ་ཁྲིམས་ལ་བསླབ་པ་ནི། ཚུལ་ཁྲིམས་མེད་པར་རང་དོན་མི་འགྲུབ་ན། །གཞན་དོན་བསྒྲུབ་པར་འདོད་པ་གད་མོའི་གནས། །དེ་ཕྱིར་སྲིད་པའི་འདུན་པ་མེད་པ་ཡི། །ཚུལ་ཁྲིམས་བསྲུང་བའི་བསམ་སྦྱོར་མཐར་ཕྱིན་ཤོག །

དྲག་ཤུལ་ཅན་གྱིས་ཞུས་པ་ལས། བྱང་སེམས་ཁྱིམ་ན་གནས་པས། རབ་བྱུང་ལ་སྨོན་པ་བྱ་བར་གསུངས། མདོ་སྡེ་རྒྱན་དུ་རབ་ཏུ་བྱུང་བའི་ཕྱོགས་དག་ནི། ཡོན་ཏན་ཚད་མེད་རྣམས་དང་ལྡན། །དེ་འདྲས་སྡོམ་བརྩོན་ཁྱིམ་པ་ཡི། །བྱང་ཆུབ་སེམས་ལས་ཁྱད་འཕགས། །ཞེས་གསུངས། ཛ་བོ། ངེད་རྒྱ་གར་ན། ངོ་གལ་ཆེན་པོའི་བྱ་བ་བློ་བུར་བ་བྱུང་ན། སྡེ་སྣོད་འཛིན་པ་རྣམས་ཚོགས་ནས། སྡེ་སྣོད་གསུམ་ནས་མ་བཀག་གམ། སྡེ་སྣོད་གསུམ་དང་མི་འགལ་ལམ། ཞེས་གཏན་ལ་ཕབ་ནས། དེའི་སྟེང་དུ་འཛོག་པ་ཡིན། ངེད་གཉིས་ཀ་མ་ལ་ཤཱི་ལ་པ་ལ། དེའི་སྟེང་དུ། བྱང་སེམས་ཀྱི་སྤྱོད་པ་ནས་མ་བཀག་གམ། དེ་དང་མི་འགལ་ལམ། བྱ་བ་ཞིག་ཡོད། མདུན་མའི་ཤམ་འདུལ་བ་འཛིན་པ་བསྟུད་པ་ཡིན། ཞེས་དང་། ཤ་ར་བ། སྤྱིར་ལེགས་ཉེས་ཅི་བྱུང་ཡང་ཆོས་ལ་བརྟེན་པ། དེའི་ནང་ནས་འདུལ་བ་ནས་ཇི་ལྟར་འབྱུང་བ་ལ་བརྟེན་ན། འདབ་ཀྱང་མི་དགོས་པ། ཞི་གཙང་བ། རྟག་ཐུབ་པ། ཉམས་དགའ་བ། མཐའ་བཟང་བ་ཡིན་གསུངས། སྟོན་པ། ཚན་གཅིག་གི་འདུལ་བ་ལ་བརྟེན་ན་སྔགས་རྒྱ་བ་འཕྱིད། སྔགས་ལ་བརྟེན་ན་འདུལ་བ་རྒྱ་བ་འཕྱིད་དེ། འདུལ་བ་སྔགས་ཀྱི་གྲོགས། སྔགས་འདུལ་བའི་གྲོགས་སུ་སོང་བ་ངེད་ཀྱི་བླ་མའི་བཀའ་བརྒྱུད་མིན་པ་མེད་གསུངས། དེས་ན་རབ་ཏུ་བྱུང་བ་ཚུལ་ཁྲིམས་མཐར་ཕྱིན་པར་བྱེད་པ་ལ། འདོད་པ་ལས་བློ་ལྡོག་པ་ཞིག་དགོས་ཏེ། དྲན་པ་ཉེར་གཞག་ལས། ཉི་མ་གཅིག་གི་བསོད་སྙོམས་དག །བླངས་ནས་སང་གིར་མི་སེམས་པར། །ལྟོ་འགྲངས་ཙམ་གྱིས་ཆོག་བྱེད་པ། །དེ་ལྟ་བུ་ནི་དགེ་སློང་ཡིན། །ཞེས་དང་། ཡང་ཇི་སྐད་དུ། ཡང་ན་ཐབས་མཁས་བྱ་བཞིན་དུ། །སྡིག་མེད་སོགས་འཛོག་ཙུང་ཟད་བྱ། །ཡང་ན་སྨན་བཞིན་མི་མཁོའི་དགོས། །ཡང་ན་བསོད་སྙོམས་སྟོབས་དང་སྦྱར། །ཞེས་དང་། ཡང་ཇི་སྐད་དུ། ཐ་ནས་ཤི་དང་འདྲ་རྩིས་ན། །ཤི་ནས་སྨྱུ་ངན་བྱེད་པ་མེད། །ཅེས་གསུངས་པའི་ཕྱིར་རོ། །ཞེས་དགེ་བའི་བཤེས་གཉེན་བཀའ་གདམས་པ་དག་གསུངས་སོ། །ད་བར་ཨ་མ་ནེ་ཟེག་ནི། གོས་ལ་རྒྱུས་ཆུང་ལ། ལྟོ་ལ་རྒྱུས་ཆེ་གསུངས། ནུས་པ་ཡོད་ན། སངས་རྒྱས་བསྟན་པའི་རྩ་བ་དགེ་འདུན་ཡིན་པ། ཕན་བྱ་སྡེ་གཟུགས། དེ་དགེ་སློང་ལ་རག་ལས། དེ་འདུལ་བ་འཛིན་པ་ལ་རག་ལས་པས། འདུལ་འཛིན་རེ་བསྟེན་ད་ལྟ་འདུལ་བའི་བསླབ་པ་བསྲུང་དུ་འཇུག་པ་དང་། དེ་ཉམས་ན་ཕྱིར་འཚོས་པར་བྱེད་པ་ཡིན་པ་ལས། དེ་སྟོན་པ་མེད། སྦྱིན་པོ་དང་། དགོངས་ཇ་ཡོད་པ་ལ་དགེ་འདུན་བཟང་བར་བྱེད། ཟླ་བ་ཕྱེད་ཕྱེད་ན་སོ་སོར་ཐར་པ་འདོན་པ་མེད། ཅེས་གསུངས། སྟོན་པ་སྐུ་མཆེད་གསུམ་ལ་བན་གསར་པ་མ་བྱེད། སྟུབ་ན་རྙིང་པ་སྐྱོངས། གནས་གསར་པ་མ་བྱེད། སྟུབ་ན་རྙིང་པ་སྐྱོངས་གསུངས། ཤ་ར་བ། ད་མན་ཆད་

གཉམ་མི་འོང་། སྙིང་པ་ཕྱོགས་རིས་མེད་པར་བསྐྱངས་ན་ཕན་ཆེ། གནས་གསར་བཟུང་བས་སྡེ་བཙོད་དུ་ཆགས་གསུངས། བསླབ་པ་གང་བླངས་སྲོག་ལས་ཀྱང་གཅེས་པར་འཛིན་དགོས། ད་ལྟ་བསྲུང་སྡོམ་ལ་ལྷོད་དེ་འདུག་ན། མི་བཟང་འགྲོགས་བདེ་ཟེར། བསྲུང་སྡོམ་བྱེད་པ་ལ་འགྲོགས་མི་བདེ་བ་ཟེར། ཁས་བླངས་རྣམས་ཐམས་ཅད་ཡན་པར་བཏང་ནས། སྤྱིན་གཏོང་འདྲ་ལ་ལྷོད་དེ་འདུག་པའི་ཁ་ན་མེད་ཅེས་དང་། ད་ལྟ་བཀའ་གདམས་པ་ཀུན་ཡང་ཚུར་མིང་བཏགས་ནས་ཚང་མི་འཕྱུང་བ་མེད། མི་འཕྱུང་བར་སོང་བ་ཀུན་ཡང་རོང་མོ་སྲུན་རེ་ལ་མི་རྟེན་དུ་མི་འདོད་ཅེས་གསུང་། མཐའ་ལས་ཉེས་པར་བྱེད་ལ་སེམས་རབ་བསྡམས། ཤེས་དང་བསླབ་པ་བླངས་པ་སྲོག་གི་ཕྱིར་ཡང་མི་གཏོང་བ་དང་། ཞེས་པ་ཐོབ་པའི་བྱང་སེམས་རྣམས་ཀྱིས་ཀྱང་རང་གི་བསླབ་པ་ལ་གཅེས་སྤྲས་སུ་བྱེད་གསུང་། འདོད་ཆུང་ཆོག་ཤེས་ཚུལ་ལ་གནས་པ། དགེ་བཤེས་སྤྲ་སྒོམ་ལྟ་བུ་ཞིག་དགོས་པ་ཡིན་གསུང་། ཆོས་འཚོར་བའི་དུས་ནི། རང་ལ་ནད་དྲག་པོ་བྱུང་བ། གཉེར་ཁ་བབས་པ། ཉེ་དུ་ལ་ཕུང་ཉེས་བྱུང་བ། གཅིག་བུ་དབེན་པ་ན་འདུག་པ། བརྙེད་བཀུར་སྐྱན་པ་བྱུང་བ། ཞེ་སྡང་སྐྱེ་བའི་ཡུལ་དང་འཛོམ་ན་ཆོས་འཚོར་བའི་དུས་ཡིན་ཞེས་ཤ་ར་བས་གསུངས།

བཟོད་པ་ལ་བསླབ་པ་ནི། དགེ་བའི་ལོངས་སྤྱོད་འདོད་པའི་རྒྱལ་སྲས་ལ། །གནོད་བྱེད་ཐམས་ཅད་རིན་ཆེན་གཏེར་དང་མཚུངས། །དེ་ཕྱིར་ཀུན་ལ་ཞེ་འགྲས་མེད་པ་ཡི། །བཟོད་པ་བསྒོམ་པའི་བསམ་སྦྱོར་མཐར་ཕྱིན་ཤོག །པོ་ཏོ་བོ། སངས་རྒྱས་ཀྱི་བསྟན་པ་ལ་སྡིག་མི་བྱེད་པ་ཡིན་ཏེ། གནོད་གསུངས་པས། བོད་ཀྱི་བྱང་ཆུབ་སེམས་དཔའ་རྣམས་ཀྱིས་ཀྱང་ཕལ་ཆེན་ལ་བལྟས་ནས། དེ་ནས་འབྱུང་བ་ལྟར་བྱང་སེམས་ཀྱི་སྤྱོད་པ་ལ་རིམ་གྱིས་བློ་སྦྱོངས་ཤིང་བསླབ་པར་བྱའོ། །མཇུག་རྗེས་ཀྱི་བྱ་བ་སྟོན་པ་ནི། རྫོགས་སངས་རྒྱས་ནས་བརྒྱུད་པ་བར་མ་ཆད། །རྒྱལ་སྲས་ཀུན་གྱིས་འདི་བསྒོམས་འདི་ཡིས་གྲོལ། །དཔྱད་གསུམ་དག་པའི་རྨད་བྱུང་གྲུབ་པའི་སྲོལ། །སངས་རྒྱས་དགྱེས་པའི་ལམ་བཟང་བླ་ན་མེད། །ཁ་ཅིག་སེམས་བསྐྱེད་བརྒྱུད་པ་མེད་པ་དང་། ཞེས་རྗེ་ངོར་པ་ཕྱག་ལེན་དུ་མཛད་པའི་མཆོད་ཆོམ་བུ་ལྡ་པ་ལ་བརྟེན་པའི་སེམས་བསྐྱེད་ལ་བརྒྱུད་པ་མེད་པར་འདོད་པ་ནི་མི་རིགས་ཏེ། སྒྲུབ་པའི་མཆོད་བཀོད་པ་ཙམ་མ་གཏོགས། རྗེ་བཙུན་དང་ཆོས་རྗེའི་ཕྱག་ལེན་ཇི་ལྟ་བ་བཞིན་མཛད་པས། བརྒྱུད་རིམ་གོང་དང་བཤད་པ་ལྟར་རོ། །ཕྱག་ལེན་ཚུང་ཟད་མི་འདྲ་བས་བརྒྱུད་པ་ཆད་པར་འགྱུར་ན། ལུགས་གཞན་ལའང་ཧ་ཅང་ཐལ་ལོ། །དབུ་སེམས་ཤིང་རྟའི་སྲོལ་གཉིས་མདོ་སྡེའི་ལུགས། །ཐེག་པ་ཆེན་པོའི་སེམས་བསྐྱེད་དེ་ལ། སེམས་ཙམ་ལུགས་དང་། དབུ་མ་ལུགས་གཉིས། དང་པོ་ནི། བྱང་ཆུབ་སེམས་དཔའི་སྡེ་སྣོད་འགའ་ཞིག་གི་རྗེས་སུ་འབྲངས་ནས། འཕགས་པ་བྱམས་པས་གསུངས་པ། སློབ་དཔོན་ཐོགས་མེད་ལས་བརྒྱུད་པ་ཙནྡྲ་གོ་མིའི་རྗེས་སུ་འབྲངས་ནས། ཇོ་བོ་རྗེ་ལ་སོགས་པའི་ཕྱག་ལེན། དགེ་བའི་བཤེས་གཉེན་བཀའ་གདམས་པ་རྣམས་ཀྱིས་མཛད་པ་དེ་ཡིན། གཉིས་པ་དབུ་མའི་ལུགས་ནི། སྡོང་པོ་བཀོད་པ་སོགས་ཀྱི་རྗེས་སུ་འབྲངས་ནས། འཕགས་པ་འཇམ་དཔལ་གྱི་གསུངས། སློབ་དཔོན་ཀླུ་སྒྲུབ་ནས་བརྒྱུད་པ་ཞི་བ་ལྷའི་རྗེས་སུ་འབྲངས་ནས། ཛེ་ཏ་རི་དང་། སུཏྲེ་ཤྲཱི་ལ་སོགས་པའི་ཕྱག་ལེན། དཔལ་ལྡན་ས་སྐྱ་པ་རྣམས་ཀྱིས་མཛད་པ་དེ་ཡིན། ཨ་བྷུ་སོགས་ཤིང་རྟ་ཆེན་པོ་གཉིས་ཀྱི་ཆོ་ག་ལ་ཁྱད་པར་མེད་

པར་འདོད། དེ་མི་འཐད་པའི་ཚུལ་ནི། ཆོས་རྗེ་ས་སྐྱ་པའི་གསུང་རབ་ན་གསལ་བར་བཞུགས། ཕྱི་རབས་ཀྱི་མཁས་པ་དག །ཨ་ནུའི་ལུགས་དེ་ཉིད་སོར་བཞག་ནས། ས་སྐྱ་པའི་ལུགས་ལ་རྒོལ་བར་བྱེད་མོད། དེ་མི་འཐད་པའི་ཚུལ་ནི། རྗེ་གསེར་མདོག་ཅན་པའི་གསུང་རབ་ན་གསལ་བར་བཞུགས་སོ། །འོ་ན་སྔགས་ལུགས་ཀྱི་སེམས་བསྐྱེད་ཀྱི་སྡོམ་པ་ལེན་པའི་ཆོ་ག་དེ། གཉིས་པོ་གང་དུ་འདུས་ཤེ་ན། དོན་དམ་སེམས་བསྐྱེད་ལེན་པའི་ཆོ་ག་དེ་ནི་གཉིས་པོ་གང་དུའང་མ་འདུས། ཀུན་རྫོབ་སེམས་བསྐྱེད་ལེན་པའི་ཆོ་ག་དེ་དང་དེ་ལ། ལུགས་གཉིས་ཀྱི་ཆོ་གའི་ཡན་ལག་ཅི་རིགས་པ་ཚང་ཡང་། དངོས་གཞིའི་སྡོམ་པ་དེ། སྨོན་འཇུག་གི་སྡོམ་པ་གཉིས་ཚོགས་སུ་བླངས་ན། དེ་འདྲ་དེ་དབུ་མ་ལུགས་ཀྱི་སེམས་བསྐྱེད་ཀྱི་སྡོམ་པར་བཞག་ནས། དེའི་ལུགས་ཀྱི་སྤང་བྱ་དང་བསླབ་བྱ་ལ་སློབ་པོ། །ཡང་སེམས་བསྐྱེད་སྔོན་དུ་བཏང་ནས་འཇུག་སྡོམ་རྐྱང་པ་བླངས་པོར། ཞེས་དང་། མདོ་སྡེ་རྒྱན་དུ། རྒྱལ་སྲས་སྤྱོད་ཚེ་ཇི་ལྟ་ཇི་ལྟ་བུར། །དབང་པོའི་སྤྱོད་ཡུལ་སྣ་ཚོགས་འབྱུང་འགྱུར་བ། །དེ་ལྟ་དེ་ལྟར་རིགས་པ་འཐུན་ཚིག་གི །དེ་ནམ་ཕན་ཕྱིར་དེ་མངོན་འདུ་བྱེད་དོ། །ཞེས་གསུངས་པའང་དྲན་པར་བྱ། །

དྲན་ཤེས་གཉིས་ཀྱི་སྒོ་ནས་གཞན་དོན་བསྒྲུབ་ཚུལ་ནི། མདོར་ན་གང་དུ་སྤྱོད་ལམ་ཅི་བྱེད་ཀྱང་། །རང་གི་སེམས་ཀྱི་གནས་སྐབས་ཅི་འདྲ་ཞེས། །རྒྱུན་དུ་དྲན་དང་ཤེས་བཞིན་ལྡན་པ་ཡིས། །གཞན་དོན་བསྒྲུབ་པའི་བསམ་སྦྱོར་མཐར་ཕྱིན་ཤོག །བྲོད་ཀྱི་རྟགས་ཀྱི་མདོར་དྲན་བཞིན་དུ་འགྲོ་ཞེས་སོགས་དང་། རྒྱན་ཆ་བར། དྲན་པ་དང་ནི་ཤེས་བཞིན་དང་། །ཞེས་དང་། འགྲེལ་པར། རྟག་ཏུ་མཉམ་པར་བཞག་པ་ཉིད་ཀྱིས། དྲན་པ་དང་ཤེས་བཞིན་དང་ལྡན་པ་དང་། ཞེས་གསུངས། བསྔོ་བ་ནི། དེ་ལྟར་བརྩོན་པས་བསྒྲུབ་པའི་དགེ་བ་རྣམས། །མཐའ་ཡས་འགྲོ་བའི་སྡུག་བསྔལ་བསལ་བྱའི་ཕྱིར། །འཁོར་གསུམ་རྣམ་པར་དག་པའི་ཤེས་རབ་ཀྱིས། །བྱང་ཆུབ་བསྔོ་བའི་བསམ་སྦྱོར་མཐར་ཕྱིན་ཤོག །ཞེན་པ་ལ་སོགས་པ་མི་ཟད་པར་བྱེད་འདོད་པས་ཡང་དག་པར་རྫོགས་པའི་བྱང་ཆུབ་ཏུ་བསྔོ་བར་བྱའོ། །ཞེས་སློབ་དཔོན་སེང་གེ་བཟང་པོས་གསུངས། བློ་ག་སུམ་ཅུ་སོ་བདུན་པོ་འདི་ཉིད། རྒྱལ་སྲས་ལག་ལེན་ལ་སློབ་ལམ་དུ་བྱས་ཏེ། གཞུང་ལུགས་རྣམ་དག་དང་དམ་པ་རྣམས་ཀྱི་གསུང་བགྲོས་དང་སྦྱར་བ་ཡིན། རྒྱལ་སྲས་ལག་ལེན་དེ་ཉིད་ཀྱང་། རྒྱལ་སྲས་རིན་པོ་ཆེས་མཛད་པའི་གསུང་རབ་རྣམས་ཀྱི་ནང་ནས་ཆེས་མཆོག་ཏུ་གྱུར་ཅིང་། བྱང་ཆུབ་སེམས་དཔའི་སྐད་དུ་བྱུང་བའི་སྤྱོད་སྟོན་པ་ལ། ཚིག་འཇེབས་བདེ། དོན་ཟབ་ཅིང་རྒྱ་ཆེ་བ། བྱང་ཆུབ་སེམས་དཔའི་སྡེ་སྣོད་དགོངས་འགྲེལ་དང་བཅས་པའི་དགོངས་པ་དཔྱིས་ཕྱིན་པར་སྟོན་ཞིང་། ཕྲིན་ལས་ཀྱིས་ཀྱང་རྒྱ་མཚོའི་མཐའ་ཚུན་ཆོད་ཁྱབ་པ་ཞིག་གོ། དོན་བསྡུས་ཏེ་བཟང་པོ་སྤྱོད་པ་དང་། བྱང་ཆུབ་སྤྱོད་པ་ལ་སློབ་པའི་ཚུལ་ནི། རྒྱལ་སྲས་འདོད་ཆེན་གཞོན་ནུའི་ས་པ་ལྟར། །བཟང་སྤྱོད་བྱང་ཆུབ་སྤྱོད་ལ་སློབ་བྱེད་ཅིང་། །དེ་འདྲའི་སྨོན་ལམ་འདེབས་ལ་རབ་བརྩོན་པས། །བྱང་ཆུབ་སེམས་དཔའི་སྤྱོད་ཚུལ་མཐར་ཕྱིན་ཤོག །སྤྱོད་པ་ལ་སློབ་པའི་རིམ་པ་ནི། ཕལ་ཆེན་བཀླགས་ནས་བྱང་ཆུབ་སྤྱོད་པ་བསམ། །ཚོད་མ་སྟེར་སོགས་ཕྲ་ནས་བློ་སྦྱངས་ཏེ། །རིམ་གྱིས་མཐར་ནི་ལུས་སྲོག་གཏོང་བ་སོགས། །བྱ་དཀའི་གནས་ལ་ཞུམ་མེད་སློབ་པར་ཤོག །དགེ་བའི་བཤེས་གཉེན་གྲོ་ལུང་པ་ཆེན་པོའི་གསུང་ནས། ཕལ་པོ་ཆེ་འདི་མ་འགྱུར

ན། བོད་ཀྱི་བྱང་ཆུབ་སེམས་དཔའ་རྣམས་ཀྱིས། བྱང་ཆུབ་སེམས་དཔའི་སྤྱོད་པ་ལ་སློབ་ཚུལ་ཇི་ལྟར་བྱ་ན་ཞེས་གསུངས་ཤིང་། བྱང་སེམས་ཀྱི་སྤྱོད་པ་སྟོན་པ་ལ་དེ་ཉིད་མཆོག་ཏུ་དེས་ཆོག་པར་བརྩི་ལ། ཐབས་དང་འབྲེལ་བར་བསྒོམ་པ་ནི་ཇོ་བོའི་མན་ངག་ཡིན། ལས་དང་པོ་པས་ཐབས་གཙོ་ཆེར་བསྒོམ། དེ་གོམས་པ་དང་། སྐྱེས་བུའི་རྐང་པ་འདོར་བ་ལྟར་རེས་འཇོག་ཏུ་བསྒོམ། དེ་ནས་བྱའི་གཤོག་པ་ལྟར་ཟུང་འབྲེལ་དུ་བསྒོམ་པ་ཡིན་ནོ། །ཞེས་བཀའ་གདམས་པ་དག་གསུངས། གོང་བརྩོན་འགྲུས་ཀྱི་སྐབས་ཀྱི་ཐོས་པ་བྱེད་དགོས་ཀྱི་གསུང་བགྲོས་དེ་རྣམས། འདིར་ཡང་སྦྱང་བར་བྱའོ། །མདོ་ནས་གསུངས་པའི་ཆོས་བཞི་ལ་བསླབ་པ་ལ། དང་པོར་རང་གི་འཁྲུལ་པ་རང་གིས་བརྟག་པ་ནི། རང་གི་འཁྲུལ་པ་རང་གིས་མ་བརྟགས་ན། །ཆོས་པའི་གཟུགས་ཀྱིས་ཆོས་མིན་བྱེད་སྲིད་པས། །དེ་ཕྱིར་རྒྱུན་དུ་རང་གི་འཁྲུལ་པ་ལ། །བརྟགས་ནས་སྤོང་བའི་བསམ་སྦྱོར་མཐར་ཕྱིན་ཤོག །ལྷག་བསམ་བསྐུལ་བའི་མདོར། བདག་གི་འཁྲུལ་པ་ལ་སོ་སོར་རྟོག་པ་དང་ཞེས་སོ། །བྱང་སེམས་ཀྱི་ཉེས་པ་མི་གླེང་བ་ནི། ཉོན་མོངས་དབང་གིས་རྒྱལ་སྲས་གཞན་དག་གིས། །ཉེས་པ་གླེང་ན་བདག་ཉིད་ཉམས་འགྱུར་བས། །ཐེག་པ་ཆེ་ལ་ཞུགས་པའི་གང་ཟག་གི། །ཉེས་པ་མི་སྨྲའི་བསམ་སྦྱོར། ཇི་སྐད་དུ། བྱང་ཆུབ་སེམས་དཔའི་ཐེག་པ་པས། གང་ཟག་གཞན་གྱི་ཉེས་པ་མི་གླེང་བ་དང་། ཞེས་གསུངས། ཁྱིམ་ལ་ཆགས་པ་སྤོང་བ་ནི། བརྙེད་བཀུར་དབང་གིས་ཕན་ཚུན་རྩོད་འགྱུར་ཞིང་། །ཐོས་བསམ་བསྒོམ་པའི་བྱ་བ་ཉམས་འགྱུར་བས། །འཛའ་བཤེས་ཁྱིམ་དང་སྦྱིན་བདག་ཁྱིམ་རྣམས་ལ། །ཆགས་པ་སྤོང་བའི་བསམ་སྦྱོར་མཐར་ཕྱིན་ཤོག །ཇི་སྐད་དུ། འཛའ་བཤེས་ཀྱི་ཁྱིམ་དང་། སློང་མོ་སྟེར་བའི་ཁྱིམ་ལ་མི་བལྟ་བ་དང་། ཞེས་གསུངས། ཡང་བྱང་སར། བྱང་ཆུབ་སེམས་དཔའ་རབ་ཏུ་བྱུང་བ་ནི། ད་ལྟར་གྱི་དུས་ན་ཡང་། སེམས་ཅན་རྒྱ་ཆེན་པོ་དེ་དག་གི་བརྙེད་པ་དང་བཀུར་བསྟི་རྒྱ་ཆེན་པོ་དག །ཁ་ཟས་ཀྱི་སྐྱུགས་པ་དང་འདྲ་བར་ཡང་དག་པའི་ཤེས་རབ་ཀྱིས་མཐོང་སྟེ་རོ་མྱང་བར་མི་བྱེད་ན། སེམས་ཅན་ཐ་ཆད་དག་གི་བརྙེད་པ་དང་བཀུར་བསྟི་ལྟ་ཅི་སྨོས་ཞེས་གསུངས།

ཚིག་རྩུབ་སྤོང་བ་ནི། རྩུབ་པོའི་ཚིག་གིས་གཞན་སེམས་འཁྲུག་འགྱུར་ཞིང་། །རྒྱལ་བའི་སྲས་ཀྱི་སྤྱོད་ཚུལ་ཉམས་འགྱུར་བས། །དེ་ཕྱིར་གཞན་གྱི་ཡིད་དུ་མི་འོང་བའི། །ཚིག་རྩུབ་སྤོང་བའི་བསམ་སྦྱོར། ཇི་སྐད་དུ། ཡིད་དུ་འོང་བའི་ཚིག་སྤོང་བ་དང་། འདི་ལྷག་བསམ་བསྐུལ་བའི་མདོ་ནས་གསལ་བར་གསུངས། ཉོན་མོངས་སྤོང་བ་ནི། ཉོན་མོངས་གོམས་ན་གཉེན་པོས་བཟློག་དཀའ་བས། །དྲན་ཤེས་སྐྱེས་བུས་གཉེན་པོའི་མཚོན་བཟུང་ནས། །ཆགས་སོགས་ཉོན་མོངས་དང་པོ་སྐྱེས་མ་ཐག །འབྱུང་འཇོམས་བྱེད་པའི་བསམ་སྦྱོར། ཇི་སྐད་དུ། དཔའ་བོས། དྲན་པའི་ཕྲེང་བ་ལག་ཐོགས་ཏེ། །ཡང་དག་གདམས་ངག་ཟུངས་སུ་བཟུང་། །ཤེས་བཞིན་མར་མེ་ལག་ཐོགས་ཏེ། །བག་ཡོད་གོམས་པ་ལེགས་པར་དུ་བྱེད་པར་མཐོང་ཡང་། དེ་འདྲ་ཀུན་འདུ་ཤེས་ཡོད་མིན་མེད་མིན་གྱི་ཏིང་ངེ་འཛིན་ཀུན་ལས་ཁྱད་པར་མི་ཕྱེད་སྟེ། ཤིན་ཏུ་བཟང་པོ་མཐར་ཐུག་ཅིག་ཐོབ་ནའང་། བསྐལ་ཆེན་བརྒྱད་ཁྲིར་མི་འཆི་བའི་ལྷར་སྐྱེ་བ་ཙམ་ཡིན་ནོ། །དེས་ན་གནས་ལུགས་ཀྱི་དོན་ལ་ཤེས་རབ་ཁྱད་པར་ཅན་གྱིས

སྒྲོ་འདོགས་མ་ཆོད་པར། སེམས་མི་རྟོག་པ་ལ་བཞག་ཀྱང་། ཡོད་མིན་མེད་མིན་གྱི་ཧིང་ངེ་འཛིན་དང་འདྲ་བས། གང་ཟག་ཅན་གྱི་མཁས་པ་དང་བསྒོམ་པར་བྱེད་པ་ཀུན་ལ། འཇིག་རྟེན་པའི་བསམ་གཏན་དང་སྙོམས་འཇུག་དེ་དག་ལས་ལྷག་པའི་བདེ་གསལ་མི་རྟོག་པ་དང་། ཁྱབ་གདལ་ཆེན་པོའི་མན་ངག་གི་གནད་ཅུང་ཟད་ཙམ་ཡང་མེད་པ་ཡིན་ནོ། །ཞེས་གསུངས།

ཡང་ཁ་ཅིག །ཆོས་ལུགས་དག་མ་དག་གི་ཁྱད་པར་ནི། ཐབས་སྙིང་རྗེ་ཆེན་པོ་དང་། གནས་ལུགས་ཀྱི་དོན་ལ་ཞུགས་པའི་ཤེས་རབ་ཁྱད་པར་ཅན་ཡོད་མེད་ལ་འཇོག་པ་ཡིན་ཏེ། ཁྱད་པར་འཕགས་བསྟོད་ལས། ཤཱཀྱའི་རྒྱལ་རིགས་འབྲུངས་ཁྱོད་ཀྱིས། །གང་ཞིག་བདེན་དང་མི་བསླུ་དང་། །ཚངས་པར་སྤྱོད་དང་དུལ་བ་དང་། །བརྩེ་ལྡན་དམ་ཆོས་ལེགས་པར་དགོངས། ཞེས་གསུངས་པས་སོ། །ཞེས་སོ། །དབང་པོ་རྣོན་པོ་ལྷག་མཐོང་ཤེས་རབ་ལྷག་པར་སྤྱོད་པའི་རྣལ་འབྱོར་པས་ནི། ཁམས་གསུམ་ལ་ཆགས་པ་དང་བྲལ་བར་ནུས་ཏེ། སྟུགས་འོས་སྟུགས་བསྟོད་ལས། ཁྱོད་ཀྱི་བསྟན་པའི་རྗེས་འབྲང་བ། བསམ་གཏན་དངོས་གཞི་མ་ཐོབ་ཀྱང་། བདུད་ཀྱིས་མི་རིག་རྣ་བཞིན་དུས། སྲིད་པ་རྣམས་ནི་ལྡོག་པར་བགྱི། ཞེས་གསུངས་སོ། །སོ་སོར་རྟོག་པའི་ཤེས་རབ་ལ། དབུ་མའི་གཞུང་ནས་བཤད་ཚུལ་དུ་མ་ཞིག་ཡོད་ནའང་། སེ་བཙུན་དབང་ཕྱུག་གིས། དབུ་མ་ལག་ཆོད་ནས་གསུངས་པ་ལྟར། ཐག་པ་མ་ནི་སྦྲུལ་སྣམ་འཛིན། ཐག་མཐོང་ན་ནི་དོན་མེད་དོ། དེ་ཡི་ཆ་མཐོང་དེ་ལ་ཡང་། སྦྲུལ་བཞིན་འཛིན་པ་འཁྲུལ་བ་ཡིན། ཞེས་དངོས་པོ་གང་རུང་དེ་མ་སྨྲར་གྱིན་ཀ་ཁ་མི་ཤེས་པ་ཀུན་གྱིས་ཀྱང་གོ་བ་ཞིག་ཡོད། དེ་ཡང་སྦྲ་ལ་སོགས་པར་སྤྱན་དྲངས་པ་ན། ཁྱེད་སྦྲ་བྱ་བདེན་བ་འདུས་པ་ཡིན་པས། རེ་བ་ཕྱེ་ན་མ་གྲུབ་སྟེ། རེ་བ་རྣལ་མ་འདུས་པ་ཡིན། རྣལ་མ་སྤུ་འདུས་པ་ཡིན། སྤུ་ཡང་སྣ་རྟེང་གཉིས་དང་། ལོགས་བཞི་དང་། ཆ་དྲུག་ཏུ་ཕྱེད་ནས་བསྟན་པས། ཐམས་ཅད་ཀྱིས་སྟོང་པར་གོ་ནུས། རེ་བ་མ་ནི་སྦྲ་སྣམ་འཛིན། དེ་མཐོང་ན་ནི་དོན་མེད་དོ། །དེ་ཡི་ཆ་མཐོང་དེ་ལ་ཡང་། སྦྲ་བཞིན་འཛིན་པ་འཁྲུལ་བ་ཡིན། ཞེས་དང་། དེ་བཞིན་ཁང་པར་སྤྱན་དྲངས་པ་ན་ཡང་། རྡོ་ཤིང་ལ་ནི་ཁང་པར་འཛིན། རྡོ་ཤིང་མཐོང་ན་དོན་མེད་དོ། །དེ་ཡི་ཆ་མཐོང་དེ་ལ་ཡང་། །ཁྱིམ་བཞིན་འཛིན་པ་འཁྲུལ་བ་ཡིན། །ཞེས་སོ། །ལྷག་མཐོང་མཚན་ཉིད་པ་ལ། ཤིན་སྦྱངས་ཐོབ་དགོས་པར་དགོངས་འགྲེལ་ལས་གསུངས་སོ། །ངོ་བོ་མ་བྱོན་གོང་དུ། ཐབས་དང་བཅས་པར་བསྒོམ་པའི་སྒྲོལ་མེད། སེམས་སྤྲོ་མི་གནས་པའི་ཤེས་རབ་རྒྱང་པ་ཡོད་ན། མ་ཟིན་པའི་བདེ་གསལ་མི་རྟོག་པ་ཞེས་པའི་ཚིག་སྙན་སྙན་མོ་དང་། གཞན་ཡང་ལ་རང་བཞིན་མེད། གསལ་ལ་འཛིན་པ་མེད། བདེ་ལ་རྟོག་པ་མེད་གཤིས་ཅིར་ཡང་མ་གྲུབ་པ་ལ་གདངས་འགག་པ་མེད་པ་ལ་སོགས་པའི་སྒོམ་ཉམས་བཟང་བཟང་མོ། གང་བྱུས་ཀྱང་གནད་མ་ཟིན་པའི་ཆོས་སྐད་དེ་ལྟ་བུ། འབྲས་བུའི་བོན་བཞིའི་ནང་གི་ཐེག་པ་བླ་ན་མེད་པའི་བོན་ན་གསལ་བར་སྣང་ངོ་། །ཕྱི་རོལ་པས་ཀྱང་ཞི་གནས་ལ་ལྷག་པར་སྤྱོད་པའི་བསམ་གཏན་བསྒོམས་པས། སྲིད་རྩེའི་བར་དུ་ཕྱིན་ནས། སླར་ཡང་ཡང་སྲིད་དུ་འཁོར་བ་ཡིན་ཏེ། བསྟུགས་འོས་བསྟུགས་བསྟོད་ལས། ཁྱོད་ཀྱིས་བསྟན་ ལ་མི་ཕྱོགས་པའི། །སྐྱེ་བོ་མ་རིག་གིས་ལྡོངས་པ། །སྲིད་རྩེའི་བར་དུ་སོང་ནས་ཀྱང་། །སྡུག་བསྔལ་ཡང་འབྱུང་སྲིད་པ་བསྒྲུབ། །ཅེས་སོ། ཞི་གནས་སྐྱེས་པའི་ཚད་ནི། རིག་མཐོང་གི་མཚན་མ་མཐོང་ནས་ཡིན་ཞེས། ཉན་ས་ལས་གསུངས།

ཤེར་ཕྱིན་ལ་བསླབ་པ་ནི། ཤེས་རབ་མེད་ན་ཕ་རོལ་ཕྱིན་ལྔ་ཡིས། །རྫོགས་པའི་བྱང་ཆུབ་ཐོབ་པར་མི་ནུས་པས། །ཐབས་དང་ལྡན་ཞིང་འཁོར་གསུམ་མི་རྟོགས་པའི། །ཤེས་རབ་བསྒོམ་པའི་བསམ་སྦྱོར་མཐར་ཕྱིན་ཤོག །

ཞི་གནས་ཙམ་བསྒོམ་ན་ཡང་། འཁོར་བ་ལས་གྲོལ་མི་ནུས་པས། དེས་ན་ཞི་གནས་ཐོབ་པའི་རྣལ་འབྱོར་པས་ལྷག་མཐོང་ཤེས་རབ་ཐོབ་པར་བྱས་ནས། ཟུང་འབྲེལ་དུ་བསྒོམ་དགོས། ལྷག་མཐོང་སྐྱེ་བ་ལ་ཡང་། དེའི་རྒྱུ་ཚོགས་ལ་གནས་དགོས་སོ། །དེའང་ས་མ་ཐོབ་གོང་དུ། ཤེས་རབ་གཙོ་བོར་བསྒོམ་གྱི། ས་ཐོབ་ནས་གཙོ་བོར་བསོད་ནམས་ལ་སློབ་པ་ཡིན་གསུངས། ཆོས་རྗེ་ས་སྐྱ་པ་ནི། གཞི་ཚུལ་ཁྲིམས་ལ་གནས་ཤིང་ཐོས་བྱུང་གི་ཤེས་རབ་རྒྱ་མཚོ་ལྟ་བུས་རྒྱུད་སྦྱངས། རིགས་པའི་སྒོ་ནས་བསམ་བྱུང་གི་ཤེས་རབ་ཀྱིས་ཐོས་པའི་དོན་འཁྲུལ་མ་འཁྲུལ་ལེགས་པར་བསམས་ནས། མ་འཁྲུལ་བའི་དོན་ལ་ཕ་རོལ་ཏུ་ཕྱིན་པའི་གཞུང་ནས་འབྱུང་བ་ལྟར། སྦྱོར་དངོས་རྗེས་གསུམ་གྱིས་ཟིན་པར་བྱས་ལ་བསྒོམ་པར་གྱིས། ཞེས་སོགས་གསུངས་ཤིང་། ཕྱི་རབས་ཀྱི་མཁས་པ་ཆེན་པོ་དག །དེང་སང་གི་མན་ངག་པ་རྣམས་ལ། ལྷག་མཐོང་བསྒོམ་ཚུལ་གྱི་ལག་ལེན་གདན་མི་སྣང་། དེའི་སྟོབས་ཀྱིས་རྣམ་རྟོག་བཀག་པའི་ཞི་གནས་ཙམ་དང་། དེ་ལས་སྐྱེས་པའི་ཉམས་བན་བུན་ལ་རྩིས་པོ་ཆེ་བྱེད་པར་སྣང་སྟེ། དེ་དག་གིས་མི་ཚེ་སྟོང་ཟད་ལ་བསྐྱལ་ལམ་སྙམ། གནས་ལུགས་ལ་སྦྱོད་པའི་ཤེས་རབ་མེད་པར། མི་རྟོག་པ་ཙམ་གྱིས་གྲོལ་ན། མུ་སྟེགས་ཅིའི་ཕྱིར་མི་གྲོལ། ཧྭ་ཤང་ཅིའི་ཕྱིར་འཁྲུལ། ཞེས་སོགས་དང་། ཡང་ཁ་ཅིག །ཤེས་པ་གང་ཡང་ཡིད་ལ་མི་བྱེད་པར་བཟོ་མེད་དུ་འཛོག་པ་ལ། སོ་མ་དང་། མ་བཅོས་པ་དང་། ལྷུག་པ་ཞེས་བཏགས་ཏེ། འདི་ཉིད་ལ་རྣམ་པར་མི་རྟོག་པའི་ཡེ་ཤེས་དང་། ཕྱག་རྒྱ་ཆེན་པོ་དང་། ཟབ་ལམ་གྱི་རྣལ་འབྱོར་དུ་བྱེད་པས། དེས་ཐམས་ཅད་བཀང་ནས་གདམས་ངག་ཟབ་རྒྱུར་བྱས་ཏེ། སྔ་ཕྱིའི་ཁྲིད་ཆོས་པ་ཐམས་ཅད་རྩིས་ཏེ། ཚེ་ཐུང་འདི་ལ་མི་རྫོགས་པས། དལ་འབྱོར་གྱི་ཨམ་ག་མ་འཁྲུགས་པར་བྱས་ལ། ཐོས་པ་རྒྱུན་མི་འཆད་དུ་བྱ་སྙམ་དུ་བསམ། བསྒོམ་པ་ལ་མི་དགོས། བཤད་པ་པོ་ལ་དགོས་སྙམ་སྟེ། འཆད་པ་པོ་ལ་སྡིག་ཏུ་འགྲོ་ཉེན་ཆེ། སྒོམ་པ་པོ་ཁོ་ན་ལ་དགོས་གསུངས།

དམ་པ་སྔ་མ་རྣམས་ཀྱི་གསུང་ནས། སྔར་ཐོས་པའི་ཆོས་རྣམས་བློ་ལ་རྣག་གེ་ཡོད་པ་བྱས་ལ། ཡང་དང་ཡང་དུ་སེམས་པར་བྱེད། འཇལ་བར་བྱེད། རྟོག་པར་བྱེད་དགོས། ཆོས་བརྗེད་དུ་བཅུག་ནས་སེམས་འཛིན་རྐྱང་པ་རེ་ལ་སློབ་པ་དེ་ལ་གྲོགས་མེད། སྒོམ་ཆེན་རབ་ལ་སྟོན་པ་རབ། སྒོམ་ཆེན་འབྲིང་ལ་སྟོན་པ་འབྲིང་འོང་བ་ཡིན། ཅི་ཙམ་དུ་བསྒོམ་པ་དེ་ཙམ་དུ་ཆོས་ཤེས་པ་ཇེ་ཆེར་འགྲོ་བ་ཞིག་དགོས། དེ་ལྟར་བསམས་པས་ངེས་ཤེས་སྐྱེས་ན་དགེ་མི་དགེའི་བསམ་པ་ཐམས་ཅད་རྟོག་པ་ཡིན་ཞེས་སྡིག་གྲོགས་ཀྱིས་ཟེར་བ་ན། ཆོས་ནས་དེ་འདྲ་མ་གསུངས། དགེ་བའི་བཤེས་གཉེན་ཡང་དེ་ལྟར་མི་བཞེད་སྙམ་ནས། ཁོའི་ཁ་ལ་མི་ཉན་པ་ཞིག་འོང་། དེ་མེད་ན་དད་པ་བག་རེ་ཡོད་ཤེས་རབ་མེད་པ་དེ་ལ། ངུ་བའི་ཁ་ལ་བལྟས་ན་ངུ་བྲོ། དགོད་པའི་ཁ་ལ་བལྟས་ན་དགོད་བྲོ། ཆུ་སྣ་བཞིན་དུ་མི་ཟེར་ལ་བདེན་སྙམ་ནས་གང་དུ་ཁྲིད་པར་འགྲོ་གསུངས། སྤས་སྒོམ་གྱིས། པོ་ཏོ་བ་ལ་ཐོས་པ་མེད་པའི་སྒོམ་དེ་གཡའ་ཁྱུང་པའི་དྲོད་ལས་ཕུ་ཐག་ཐུང་བས་པས། ཐོས་པ་བྱེད་དགོས་པར་གསུངས། བརྩོན་འགྲུས་ཀྱི་གཙོ་བོ་ཐོས་བསམ་སྒོམ་གསུམ་ལ་བརྩོན་པ་དེ་ཡིན་པས། ཐོས་པ་བྱེད་དགོས་ཀྱི་གསུང་བཀྲོས་

རྣམས་བརྩོན་འགྲུས་ཀྱི་སྐབས་འདིར་ཡང་རུང་ཞིང་། ཐོས་བསམ་ཤེས་རབ་དེ་ལ་ལྷག་མཐོང་གི་རྒྱུའི་གཙོ་བོ་ཡང་ཡིན་པས། སྐབས་དེར་ཡང་འགྱུར་བས་དེར་ཡང་སྦྱར་བར་བྱའོ། །

བསམ་གཏན་ལ་བསླབ་པ་ནི། ཞི་གནས་རབ་ཏུ་ལྡན་པའི་ལྷག་མཐོང་གིས། །ཉོན་མོངས་རྣམ་པར་འཇོམས་པར་ཤེས་བྱས་ཏེ། །གཟུགས་མེད་བཞི་ལས་ཡང་དག་འདས་པ་ཡི། །བསམ་གཏན་བསྒོམ་པའི་བསམ་སྦྱོར་མཐར་ཕྱིན་ཤོག །ཞི་གནས་ལ་དེའི་རྒྱུ་ཚོགས་ལ་གནས་པ་དགོས། སྟོན་པ། རང་ཅག་མན་ངག་ཁོ་ནས་ལན་སླམ། མན་ངག་ཁོ་ན་བཙལ་བས་ཏིང་ངེ་འཛིན་སྐྱེད་མ་འདོད་པ་དེ་ཚོགས་ལ་གནས་པ་མེད་པས་ལན་པ་ཡིན་གསུངས། ཞི་གནས་ལ་སེམས་གཏོད་པའི་ཚུལ་ལ་སེམས་གནས་པའི་ཐབས་དགུ་དང་། སྒོམ་པའི་འདུ་བྱེད་བརྒྱད་ལ་སོགས་པ་གསུངས། ལག་སོར་པ་ནས་བརྒྱུད་པ་ལ། སྟོབས་དྲུག་དང་། ཡིད་བྱེད་བཞི་རེའི་སྟེང་དུ་བསྟན་ནས་བསྒྲུབ་དགོས་པར་གསུངས་ཡང་། ལས་དང་པོ་པ་ལ་མེད་མི་རུང་དྲན་ཤེས་གཉིས་དགོས་པར་གསུངས། དེ་ཡང་གོལ་ས་ནི། བསམ་གཏན་གསུམ་པའི་བདེ་བ་ནི་བདེ་བའི་གོལ་ས། བསམ་གཏན་བཞི་པའི་ཏིང་ངེ་འཛིན་ནི། གསལ་བའི་གོལ་ས། གཟུགས་མེད་དང་པོ་གསུམ་སྟོང་པའི་གོལ་ས། ཡོད་མིན་མེད་མིན་གྱི་ཏིང་ངེ་འཛིན་ནི། མི་རྟོག་པའི་གོལ་ས་ཡིན་གསུང་། དེས་ན་ཆོས་ཀྱི་གནད་ས་བག་ཙམ་བྱུང་ན་བཟོད་པ་མི་བསྒོམ་པར། འདིས་བསྟན་པ་རྒྱ་བ་ནས་བཤིག་ཟེར། ཞུབ་བྱེད་དེ་དེས་ནི་སྡོམ་པ་གཏོང་བ་ཡིན། བསྟན་པ་རྒྱ་བ་ནས་དེས་བཤིག་པ་ཡིན། ཕྱིའི་བསྟན་པ་འོ་ཅག་ལ་མེད། རང་གི་སྡོམ་པ་ཤོར་ན་དགོས་ནུབ་ཡིན། ཞེས་དང་། སྣ་ཕོག་པའི་གཡག་གི་བཞུག་མ་བསྡམས་སྣ་འཕགས་ཆང་པ་བཏུང་ལ། གློད་ན་རྨེད་ལྷུང་ནས་བདེ་བ་ལྟར། གནོད་བྱེད་ལ་མ་གནོད་པར་དེས་འདའ་བྱས་པས་ཛེ་མེད་དུ་འགྲོ་གསུང་། ཤ་ར་བ། ཁམས་ལུང་པ། སྣེ་ཟུར་བ། གྲག་པ་རྣམས་ལ་སྣན་དུ་ཇི་ལྟར་གསོལ་ཡང་སརྫེ་ལ་སླུས་པ་དང་ཁྲེད་མེད་པས་བདེ་བར་བྱུང་། ཕྱི་མ་ཀུན་སྙན་ཁུང་། སྲབ་པས་མ་བདེ་བ་བྱུང་། སྟོན་པ་ལ་འདི་སྐད་ཟེར་བྱས་ན། ཕྲོག་ཁ་བརྩད་པོ་ལ་ཡང་གཏོང་བྱ་བ་ཡིན། ཁྱོད་རང་ཕྲ་མ་བྱས་པའི་བཤགས་པ་གྱིས་གསུང་། རྣལ་འབྱོར་ཤེས་རབ་རྡོ་རྗེ་ལ། འོ་སྐོལ་བས་འགབ་མ་ཡང་གྲག་ཟེར་ནས། མིས་སླ་ཡི་འདུག་བྱས་པས། ལགས་མིའི་སླ་གཞི་མི་ལ་བྱེད་པ་ལས། འོན་ཅི་ལ་བྱེད་གསུངས་པས། ཕྲ་མ་སྐྱེལ་འགྲོ་ཆོད་གསུངས། ཤ་བོ་བ། ངས་མ་ལན་ཟེར་ཙ་ནས། དོན་དུ་བག་ཞད་ཀྱང་མེད་བྱ་བར་བསྟན་གསུངས།

བརྩོན་འགྲུས་ལ་བསླབ་པ་ནི། རང་དོན་འབའ་ཞིག་བསྒྲུབ་པའི་ཉན་རང་ཡང་། །མགོ་ལ་མེ་ཤོར་ལྡོག་ལྟར་བརྩོན་མཐོང་ནས། །འགྲོ་ཀུན་དོན་དུ་ཡོན་ཏན་འབྱུང་གནས་ཀྱི། །བརྩོན་འགྲུས་རྩོམ་པའི་བསམ་སྦྱོར་མཐར་ཕྱིན་ཤོག །པོ་ཏོ་བ། ད་ལྷ་བུ་ཙའི་ཡུལ་ཚོས་སམ། གྲོགས་པོ་འམ། དགེ་བའི་བཤེས་གཉེན་ནམ་རང་གི་སེམས་སམ། བིརྒྱས་བརྩམས་པའི་ཐབས་དང་ཡེ་མེད་པ་འདྲ་ཏེ། འོན་ཡང་། ཡི་མུག་ནས་བསྡད་པས། ཉོན་མོངས་པ་ཐུགས་རྗེ་ཆེ་བས་གློད་པའི་དུས་ཡེ་མི་ཡོང་སྟེ། སླར་རྗེ་འཕེལ་རྗེ་རགས་ཆ། ཡོན་ཏན་རྣམས་ཀྱིས་སྙིང་རྗེ་བྱས་ནས་ཚུར་ལ་མི་འོང་བས་འབད་གསུང་། རྣལ་འབྱོར་པ། རྗེ་བོ་བ། རྣམ་པ་ཐམས་ཅད་མཁྱེན་པའི་སངས་རྒྱས་སྒྲུབ་པ་ལ། པོ་ཏི་འཛམ་སྐྱེད་ཙམ་པ་ལ་བྱ་བ་མ་བྱས་པར། ལག་མཐིལ་ཙམ་ཞིག་སྟོན་པ་ཙུག་སྒྲིད་པ་ཙུག་བྱས

པས་གར་ཡང་མ་ཕྱིན་གསུང་། ཕུ་ཆུང་བ། བཀའ་པོར་ཞལ་ཕྱེ་བ་སྟུས་ན་བཞག་ནས། ཁོ་བོ་ཅག་ནི་སློབ་པ་བྱ་བ་ཡིན་པས། ལྟ་བ་ལ་ཡང་འདི་ཀུན་ལ་ཞེ་སྟུགས་བྱེད་ལ། ཆོས་མི་ཤེས་པ་བྱེད་ཟེར་ན་ཇི་ལྟར་བྱེད་དམ་གསུངས། སྤྱན་སྔའི་གྲྭ་པས་པོ་ཏོ་བ་ལ་སྐྱེལ་ཕྱུང་བྱས་དུས། ཕྱིད་སྒྲིད་ལན་གསུམ་གསུངས་ནས། ངའི་དགེ་བཤེས་གནམ་གྱིས་ས་བཀབ་པ་འདྲ་བ་ལ་བརྟེན་དུ་ཡོད་པས། གཞན་ལ་ནི་འགྲམ་ཆུ་མི་ལྟང་། རྩ་འགྲེལ་དམར་ཤིག་ཤིག་པ་ལ་བལྟ་མི་དགོས་པ་ནི་ལས་ཆུང་། རྒྱུ་འབྲས་ལ་བསམས་པས་ནི་བློ་བདེ། སྔགས་ཀྱི་འདི་ལས་འདི་འགྲུབ་མང་པོས་ནི་ཞེས་འགྲངས་གསུང་། ཤ་ར་བ། སངས་རྒྱས་བར་དུ་སློབ་གཉེར་ཆར་བ་མེད། །སངས་རྒྱས་ཙ་ན་སློབ་གཉེར་ཆར་བ་ཡིན་གསུངས། །ཀམྨ་པ། ཆོས་བྱེད་ན་ཤེས་ཅི་དགོས་བྱས་ན། རང་ཉིད་ཉམས་ནས་འགྲོ་བ་ནི། ངེད་ཐོས་ཆུང་ལ་འབྱུང་ངེས། ནན་ཏུར་བྱས་ན་ཆོས་ཤེས་ཅི་དགོས་ཟེར་ཉེན་ཆེ། ཆོས་ནན་ཏན་བྱེད་ན་ཤེས་དགོས་ན། དེ་འདྲ་དེ་སེམས་ཙམ་ལུགས་ཀྱི་སྡོམས་པར་བཞག་ནས། དེའི་འདུགས་ཀྱི་སྤང་བྱ་དང་བསླབ་བྱ་ལ་སློབ་སོང་། འོན་ལུགས་ག ཉིས་ཀྱི་སྡོམ་པའི་ངོ་བོ་ཇི་ལྟ་བུ་ཞེ་ན་དབུ་མ་ལུགས་ནི་རྫོགས་པའི་བྱང་ཆུབ་དང་། དེའི་རྒྱུ་གཞན་དོན་དུ་འདུག་པ་གཉིས་དོན་དུ་གཉེར་བ་ནི། སྨོན་འཇུག་གི་སེམས་སོ། །སྨོན་འཇུག་དེ་གཉིས་ཀྱི་བསླབ་པ་བཟུང་ནས། དེ་ལ་སློབ་པའི་སེམས་པ་ས་བོན་དང་བཅས་པ་ནི། སྡོམ་པ་གཉིས་པའི་ངོ་བོའི། སེམས་ཙམ་ལུགས་ནི། བྱང་ས་ལས་སེམས་བསྐྱེད་དང་སྡོམ་པ་གཉིས་སུ་ཕྱེ་ནས། དང་པོ་ནི། བྱང་ཆུབ་དོན་གཉེར་གྱི་སེམས་བསྐྱེད་དོ། །

གཉིས་པ་ནི་འཇུག་སྡོམ་ཁོ་ན་སྟེ། དེ་ལ་ཉེས་སྤྱོད་སྡོམ་པ། དགེ་བ་ཆོས་བསྡུད། སེམས་ཅན་དོན་བྱེད་ཀྱི་དབྱེ་བས་ལྡོག་ཆ་གསུམ་དུ་འགྱུར་རོ་ཞེས་གསུངས། ཟབ་རྒྱས་གཉིང་དཔག་དཀའ་མོད་དེ་ལྟ་ནའང་། །མདོ་སྡེའི་སྤྱི་ལམ་བྱང་སེམས་ཚུལ་ཁྲིམས་ཏེ། །དེ་ལས་གཙོ་བསྡུས་མཐར་ཐུགས་ཉམས་ལེན་འདི། །བསྟན་པའི་སྙིང་པོ་ཐེག་ཆེན་འཇུག་པའི་སྒོ། །ཆེས་མཆོག་སྙིང་པོ་རྒྱལ་སྲས་གཞན་ཕན་སེམས། །སྐལ་དམན་སྐྱེ་བོ་འཇུག་གམ་མིན་ཡང་རུང་། །སྐལ་ལྡན་འདི་བསྒོམ་འདི་ཡིས་གྲོལ་བར་ཤོག །མདོ་སྡེ་རྒྱ་མཚོའི་དབུས་གནས་ལུང་གིས་བརྒྱན། །བྱང་སེམས་བསྟན་པའི་སྙིང་པོར་ལེགས་དགོང་ནས། །གཡེལ་མེད་བསྒྲུབ་པའི་རྒྱལ་སྲས་ཞི་བ་ལྷ། །བདག་ཀྱང་དེང་ནས་དེ་དང་མཚུངས་པར་ཤོག །སློབ་དཔོན་འདི་རང་ཉིད་སོ་སྐྱེར་ཞལ་གྱིས་བཞེས་ཀྱང་། ཤེར་བློས་འཕགས་པར་བཤད་ཅིང་། ནག་པོ་པས་འཇམ་པའི་དབྱངས་ཀྱི་ཞབས་ཀྱི་པདྨོ་ལ་སྤྱི་བོས་གཏུགས་པ་ཞེས་བཤད། །གཞན་ཡང་འདི་ལ་ངོ་མཚར་ཅན་གྱི་གཏམ་བདུན་ལ་དགོས་པ་ཡོད་པར་གྲགས། ཚིག་ཕྲེང་སྦྲུ་བས་མ་ངོམས་དེ་དོན་བསྒོམ། །དེ་ནས་བཟུང་སྟེ་རྒྱལ་སྲས་མདོ་སྡེ་འཛིན། །ཞེས་བྱར་མིང་ཐོབ་ཀུན་གྱིས་མཆོད་པ་དང་། །སྤྱི་བོའི་ཐོད་བཞིན་རྒྱུན་དུ་བསྟེན་པར་ཤོག །བརྒྱད་ཁྲི་བཞི་སྟོང་ཆོས་ཚུལ་རྒྱ་མཚོའི་སྒོ། །ཀུན་ལས་ཟབ་རྒྱས་རྣམ་མང་མདོ་སྡེའི་གཞུང་། །ཞི་བ་ལྷ་ཡི་རྨད་བྱུང་ལམ་སྲོལ་དེར། །ཐར་འདོད་སྐྱེ་བོ་རིང་ནས་འཇུག་པར་ཤོག །མཁས་རྣམས་གྲགས་པ་གཙོར་འཛིན་ཚིག་ལ་ཞེན། །སྒོམ་ཆེན་འཚོ་བའི་རྗེས་འབྲང་གྱུ་ཚོམས་བསྒོམ། །འགྲོ་གཞན་དོན་མེད་བྱ་བས་ཚེ་ལོ་འདལ། །དེ་

རྣམས་ཀུན་ཀྱང་ཚུལ་འདི་ར་འཇུག་པར་ཤོག །འཕགས་པའི་ཡུལ་དང་གངས་རིའི་ཁྲོད་འདི་ར་ཡང་། །ཉི་ཟླ་ལྟར་གྲགས་ཟབ་མོ་མདོ་སྡེ་ཡི། །བསྟན་པའི་སྙིང་པོ་བྱང་སེམས་ཚུལ་ཁྲིམས་ལ། །ཀུན་ནས་གཟིགས་པའི་མཁྱེན་ལྡན་དཔང་བཞག་སྟེ། །ཉིན་དང་མཚན་མོ་ལན་གསུམ་ཐུན་དྲུག་ཏུ། །དྲན་དང་ཤེས་བཞིན་བག་ཡོད་སྒྱུར་བ་ཡི། །སྲོག་དང་བརྗེས་ཏེ་འཁྲུལ་མེད་བླང་དོར་གྱིས། །མདོ་སྡེའི་བསླབ་ཁྲིམས་རྣམ་པར་དག་པར་ཤོག །ཁྱད་པར་མདོ་སྡེ་ཟབ་མོའི་ཤིང་རྟའི་སྲོལ། །རྒྱལ་སྲས་ཞི་བ་ལྷ་ཡིས་ཕྱེ་བ་བཞིན། །རང་ཉིད་བསྒྲུབ་དང་གཞན་ལ་འདོམས་པ་ལ། །གེགས་མེད་ཕྱོགས་དུས་ཀུན་དུ་རྒྱས་བྱེད་ཤོག །ཆེན་པོ་རྣམས་ཀྱིས་ལན་བརྒྱར་བསྔགས་པ་ཡི། །བསྟན་པའི་སྙིང་པོ་ཟབ་མོ་མདོ་སྡེའི་སྲོལ། །དཔྱོད་ལྡན་མཁས་པ་མགུ་བསྐྱེད་རྩོད་བྲལ་བ། །ལམ་བཟང་འདི་དང་མཇལ་བ་བླ་མའི་དྲིན། །བྱང་སེམས་སྡོམ་པའི་ཉམས་ལེན་ཁ་སྐོང་ཆ་ལག་ལྟ་བུར། རྗེ་བཙུན་འཇམ་དབྱངས་དང་། བྱམས་པ་ལ་གསོལ་བ་གདབ་ལ་གཉིས་ལས་དང་པོ་ནི།

༈ ན་མོ་མཉྫུ་ཤྲཱི་ཡེ། རྗེ་བཙུན་འཇམ་དབྱངས་མགོན་པོ་ཐུགས་རྗེ་ཅན། །ཁྱོད་ནི་བླ་མ་ཁྱོད་ནི་ཡི་དམ་ལྷ། །བདག་གི་བློ་གཏད་སྐྱབས་མགོན་ཁྱོད་ཉིད་ལ། །ཕྱག་འཚལ་གསོལ་འདེབས་སྙིང་ནས་སྐྱབས་སུ་མཆི། །རྗེ་བཙུན་སྤྱན་སྔར་ཉིན་མཚན་ཐུན་དྲུག་ཏུ། །ཡན་ལག་རྣམ་བདུན་བྱང་ཆུབ་སེམས་མཆོག་བསྐྱེད། །ཁྱོད་གསུང་བཤད་སྒྲུབ་སྨོན་ལམ་དག་པའི་མཐུས། །མགོན་པོའི་ཕྱག་གཡས་བདག་གི་སྤྱི་བོར་ཞོག །དལ་འབྱོར་རྙེད་དཀའ་ངེས་པར་འཆི་བ་དང་། །འཆི་ཚེ་ཆོས་ལས་ཕན་པ་གཞན་མེད་ན། །བརྙེད་དཀའ་འཆི་བ་དྲན་པའི་སྐྱོ་ཤས་ཀྱིས། །བདག་བློ་ཆོས་སུ་འགྲོ་བར་བྱིན་གྱིས་རློབས། །དཀར་ནག་ལས་ཀྱི་རྒྱུ་འབྲས་བསླུ་མེད་དུ། །ཡིད་ཆེས་བརྙེད་ནས་འཁྲུལ་མེད་བླང་དོར་དང་། །འཁོར་བའི་ཉེས་དམིགས་བསམ་པའི་ཉམས་མྱོང་གིས། །དམ་ཆོས་ལམ་དུ་ལོངས་པར་བྱིན་གྱིས་རློབས། །འཁོར་བའི་རྒྱ་མཚོར་སྡུག་བསྔལ་གྱིས་མནར་བའི། །འགྲོ་འདི་ཐོགས་མེད་དྲིན་ཅན་ཕ་མ་སྟེ། །འགྲོ་དྲུག་ཕ་མར་ཤེས་པའི་སྙིང་རྗེ་ཡིས། །ལམ་གྱི་འཁྲུལ་པ་སེལ་བར་བྱིན་གྱིས་རློབས། །སྣང་གྲགས་ཆོས་ཀུན་ཟབ་རྒྱས་རིགས་པ་ཡིས། །རྣམ་པར་དཔྱད་ཚེ་རང་རང་ངོ་བོས་གཏོང་། །རང་སྟོང་སྟོང་པའི་རང་ཞལ་བལྟས་པ་ཡིས། །འཁྲུལ་སྣང་སྟོང་པར་འཆར་བར་བྱིན་གྱིས་རློབས། །ཤོ་ལོ་ཀ་བཞི་པོ་འདི་སྐྱེས་བུ་གསུམ་གྱི་ལམ་རིམ་དང་། ཞེན་པ་བཞི་བྲལ་དང་མཐུན་གསུངས། བདག་ཀྱང་དེ་ནས་བསྟན་པ་མ་ཐོབ་པར། །གནས་དང་རི་ཞུལ་ནགས་ཀྱི་ཁྲོད་རྣམས་སུ། །དབུ་མའི་གཞུང་ལ་འཁོར་ལོ་རྣམ་གཉིས་ཀྱིས། །རང་རྒྱུད་འདུལ་ལ་གེགས་མེད་བྱིན་གྱིས་རློབས། །དགེ་བ་འཛོམས་པའི་མི་དགེའི་བཤེས་གཉེན་དང་། །སྡིག་གྲོགས་དབང་དུ་སྐད་ཅིག་མི་འགྲོ་ཞིང་། །རང་དང་རྗེས་འཇུག་ཚངས་སྤྱོད་གྲོགས་རྣམས་དང་། །ཕན་ཚུན་ཡིད་ཐེབས

འགྲོགས་པར་བྱིན་གྱིས་རློབས། །ཚེ་འདིའི་ཆེ་ཐབས་ནམ་ཡང་མི་བསྒྲུབ་ཅིང་། །དོན་མེད་འཇིག་རྟེན་བྱ་བས་མི་གཡེང་བར། །དུས་རྣམ་ཀུན་དུ་ཐོས་བསམ་བསྒོམ་པ་ཡི། །སྒོ་གསུམ་དགེ་ལ་གཞོལ་བར་བར་བྱིན་གྱིས་རློབས། །དགྲ་གཉེན་བར་མས་བསྐྱོད་སྐད་ཅི་བྱེད་ཀྱང་། །ཆོས་བརྒྱད་རང་སྣང་འཁྲུལ་རྗེས་མི་འབྲང་བར། །བྱ་བ་གང་ལའང་མཁྱེན་པའི་སྤྱན་ལྡན་རྣམས། །དཔང་བཞག་ཚུལ་བཞིན་བསྒྲུབ་པར་བྱིན་གྱིས་རློབས། །ཟབ་ཅིང་རྒྱ་ཆེན་མཐའ་བྲལ་དབུ་མའི་དོན། །གསང་ཆེན་ལམ་གྱི་མཚན་མེད་ཞི་བའི་དབྱིངས། །དཔལ་ལྡན་གྲུབ་དབང་ཀུན་གྱི་བསྒྲོད་གཅིག་ལམ། །གསལ་སྟོང་བསྒོམ་པས་གྲོལ་བར་བྱིན་གྱིས་རློབས། །རྣམ་དག་འདུལ་བའི་ཁྲིམས་ཀྱིས་ལེགས་བསྡམས་ཤིང་། །རྒྱལ་སྲས་སྤྱོད་པའི་བསམ་སྦྱོར་རྨད་དུ་བྱུང་། །གསང་ཆེན་ལམ་གྱི་བསྐྱེད་རྫོགས་ཟུང་དུ་འབྲེལ། །སྡོམ་གསུམ་ཉམས་ལེན་འཁྲུལ་མེད་བྱིན་གྱིས་རློབས། །ཕན་དགོངས་ཐུགས་རྗེ་ཆེ་ལྡན་རྒྱལ་བའི་བཀའ། །འཛམ་པའི་དབྱངས་དང་བྱམས་མགོན་ལ་བསྔད་པ། །ལུང་བསྟན་བརྙེས་པའི་འཕགས་མཆོག་གིས་བཀྲལ་བ། །འདི་དར་ཀུན་ཀྱང་འདིར་འཛུག་བྱིན་གྱིས་རློབས། །རྒྱལ་སྲས་ཐུ་བོའི་བཀའ་སྲོལ་བླ་ན་མེད། །ཀླུ་སྒྲུབ་ཐོགས་མེད་ཞལ་ལས་ལེགས་འོངས་པའི། །དབུ་སེམས་ལྟ་བའི་སྲོལ་ཆེན་ཉི་ཟླའི་འགྲོས། །དེ་གཉིས་ཁོ་ན་ཐུབ་བསྟན་ནམ་མཁའི་རྒྱན། །འཇུག་བདེ་ཁྲིད་གཞུང་ཕྲན་མང་སྣར་ཚོགས་འོད། །དེ་ཙམ་ཁོ་ནས་ཆོག་པར་མི་འཛིན་པར། །རྒྱལ་བའི་བཀའ་དང་དགོངས་འགྲེལ་གྲུབ་མཐའ་བཞི། །མ་ལུས་གདམས་པར་འཆར་བར་བྱིན་གྱིས་རློབས།

དགེ་བཤེས་སྟོན་པས། བསྟན་པ་གྲུ་བཞིར་ལམ་གྱིར་འཁྱེར་ཤེས་པ་ངའི་བླ་མ་ཞེས་དང་། ཆོས་མང་དུ་བསླབས་ནས། ཆོས་བྱེད་ལུགས་གཞན་དུ་བཙུད་དགོས་པ་བྱུང་ན་ནོར་པ་ཡིན་ཞེས་གསུངས། རྣལ་འབྱོར་པ་ཆེན་པོ་གདམས་ངག་ལ་ནང་བྱན་ཆུད་པ་ནི། པེ་ཐུམ་ལག་ཙམ་ཞིག་ལ་ངེས་པ་བརྙེད་པ་ལ་ཟེར་བ་མ་ཡིན་གྱི། གསུང་རབ་ཐམས་ཅད་གདམས་ངག་དུ་གོ་བ་ལ་ཟེར་ཞེས་དང་། སྒོམ་པ་རིན་ཆེན་བླ་མ། ཨ་ཏི་ཤའི་གདམས་ངག་ལ་སྟན་ཐོག་གཅིག་ཏུ་ལུས་ངག་ཡིད་གསུམ་རྟུལ་དུ་བཏྲུག་པས། དགུང་ཐམས་ཅད་གདམས་ངག་དུ་གོ་བ་ཞིག་བྱུང་ཞེས་པ་དང་། ཆོས་འདི་བློ་ལ་སྐྱེས་པ་ཙམ་མ་བྱུང་སྟེ། བཀའ་སྡེ་སྣོད་ཀྱི་ལྟེ་མིག་ཏུ་གོ་བ་ཞིག་བྱུང་ཞེས་ལྷག་ཚུང་སྟོན་པས་གསུངས། སྒོམ་ཆེན་ཞིག་ན་རེ། གཞན་མ་ཀུན་ལ་ཚིག་བཞི་པ་རེས་སྐྱེས་བུ་གསུམ་དུ་གོ་བ་སྐྱེས་པ་ཡོད་ཟེར་ཏེ། དེ་ཙམ་མ་བྱུང་སྟེ། ལྡན་པ་གར་རྣལ་ཆ་ཡོད་ཟེར་ལོ། ཆོས་གང་ཉན་ཡང་ཉམས་སུ་བླང་རྒྱུར་གོ་བའི་དོན་ཡིན་གསུང་། ཇོ་བོ་མ་བྱོན་གོང་དུ། སྡེ་སྣོད་གཞན་ལ་བསླབ་པ་བྱ་རྒྱུར་མ་གོ་བ་ལ། ཇོ་བོ་བྱོན་ནས། སྡེ་སྣོད་ཐམས་ཅད་ཉམས་ལེན་གདམས་ངག་ཏུ་འཁྱེར་ཤེས་པ་ཞིག་བྱུང་བ་ཡིན། ཞེས་བཀའ་གདམས་པ་དག་གསུངས། བོད་ཀྱི་བསམ་གཏན་པ་བློ་ཆུང་ཐོས་མེད་སྙིང་ཁམས་ཅན་འགའ་ཞིག །སྡེ་སྣོད་ནས་བཤད་པའི་སྒོ་དེ་དག་རྟོག་སྒོམ་ཡིན་སྙིང་པོ་མེད་ཟེར་ནས། ནན་གྱིས་འདོར་བར་བྱེད་དོ། །མཁས་གྲུབ་ཀུ་རྒྱན་པའི་གསུང་ནས་ནི། བསྟན་པའི་སྲོག་འཛིན་པ་

ལ་ཐོས་པ་དགོས་ཏེ། དམ་པ་རྒྱ་གར་གྱི་ཞལ་ནས་ཀྱང་། བཤད་བརྒྱུད་ལ་སྙན་བརྒྱུད་ཀྱི་གདམས་ངག་མེད་ན། རྒྱལ་པོ་གདུང་གྲུམ་པ་དང་འདྲ། སྙན་བརྒྱུད་ལ་བཤད་བརྒྱུད་ཀྱི་དཔང་པོ་མེད་ན། ཕ་མེས་རུས་བརྐྱག་པ་དང་འདྲ། ཞེས་གསུངས་པས། བསྒྲུབ་བརྒྱུད་ཆེན་པོ་འདི་རྣམས་ནི་བསྟན་པའི་སྲོག་ཤིང་ཆེན་པོ་ལགས་ཏེ། དེ་ལ་ཡང་བཤད་བརྒྱུད་ཀྱི་དཔང་པོ་དགོས་པ་ནི་ཤིན་ཏུ་མད་པ་གདའ། ཞེས་བསམ་གཏན་པ་རྣམས་ཀྱིས་ཀྱང་། རང་གི་ཉམས་ལེན་གང་བྱེད། རྒྱབ་བརྟེན་བཀའ་བསྟན་བཅོས་ཚད་ལྡན་ལ་བརྟེན་དགོས་པ་དང་། རྒྱབ་བརྟེན་དེ་རྣམས་ལ་ཡང་རྩིས་པོ་ཆེར་བྱེད་དགོས་པར་གསུངས། འཕགས་པའི་ཡུལ་དང་གངས་རིའི་ཁྲོད་འདིར་ཡང་། །ཟབ་དང་རྒྱ་ཆེའི་ཆོས་ཚུལ་རྣམ་མང་ཡང་། །ངེས་དོན་བླ་མ་བློ་ཆེན་འཇམ་དབྱངས་སྲོལ། །སྨད་བྱུང་སྲོལ་འདིར་ཆེར་རྒྱས་བྱིན་གྱིས་རློབས། །འདིའི་ལྟ་བ་ནི་གཙོ་ཆེར་བཀའ་འཁོར་ལོ་བར་པ་ལས་བྱུང་། འཇམ་པའི་དབྱངས་ཀྱིས་ཀླུ་སྒྲུབ་ལ་བསྟད་པ། །ཐལ་རང་པཎ་ཆེན་གཉིས་ཀྱིས་བཀྲལ་བ་བཞིན། །རྒྱ་བོད་མཁས་གྲུབ་གོང་མ་ལས་འོངས་གཉིས། །ཁྱད་པར་སྲོལ་འདིར་འཛུག་པར་བྱིན་གྱིས་རློབས། །

གཉིས་པོའི་ཁྱད་པར། དོན་དམ་བརྗོད་བྲལ་དུ་འདོད་པར་མཚུངས་ཀྱང་། རྟེན་འབྲེལ་སྒྱུ་མ་ཙམ་དུ་འཛིན་པ་དང་། རྟེན་འབྲེལ་བརྟགས་ཡོད་མིང་རྐྱང་དུ་འཛིན་པ་ཁྱད་པར་རོ། །ཞེས་དབུ་མ་པ་ཆེན་པོ་དག་གསུང་། ཡང་སྣང་བའི་སྟེང་དུ་རྟེན་འབྲེལ་གྱིས་སྟོང་པ་ལ་ངེས་པ་འདྲེན། སྟོང་པ་རྟེན་འབྲེལ་ལ་ངེས་པ་འདྲེན་པའི་སྒོ་ནས་རྟེན་འབྲེལ་དང་སྟོང་པ་ཟུང་འཇུག་ཏུ་རྟོགས་པ་ནི། དུས་གསུམ་གྱི་དེ་བཞིན་གཤེགས་པ་ཐམས་ཅད་ཀྱི་བགྲོད་པ་གཅིག་པའི་ལམ། བསྟན་པའི་སྙིང་པོ་མཐའ་བྲལ་དབུ་མའི་ལམ་ཡང་དག་པ་ལ་ཞུགས་པ་ཡིན་ཏེ༑ ཇི་སྐད་དུ། དབུ་མ་སྙིང་པོ་ལས། ཁ་ཅིག་ཕུང་པོའི་ལྡོན་ཤིང་ཆག །གཞན་དག་རྣམ་ཤེས་རྒྱ་ལ་འཐོགས། ཡང་དག་མཐའི་གཡང་སར་ཡང་། མ་ལྷུང་རྒྱལ་བའི་ཐུགས་སྲས་རོལ། ཞེས་གསུངས་པ་ལྟར་རོ། །ཞེས་དབུ་མ་པ་ཆེན་པོ་དག་གསུང་ངོ་། །རང་ལུགས་ནི། ཁྱད་པར་གྱི་གཙོ་བོ་སྤྲོས་པ་གཅིག་ཆར་འགོག་པ་དང་། རིམ་གྱིས་འགོག་པ་ཁྱད་པར་རོ། ། ཞེས་གསུངས། ཀླུ་སྒྲུབ་དགོངས་པ་ཐལ་རང་སྲོལ་གཉིས་ཀྱིས། །ལེགས་པར་ཕྱེ་བའི་ཆོས་མཆོག་ཟབ་མོའི་དོན། །སྙིངས་བྲལ་ཟླ་བའི་རིང་ལུགས་བསྒོམ་པའི་མཐུས། །རྟག་འཛིན་སྤྲོས་པ་ཞི་བར་བྱིན་གྱིས་རློབས། །ཐལ་འགྱུར་བའི་ཟབ་ཁྱད་ནི། དོན་དམ་སྟོང་པ་ནམ་མཁའ་ལྟ་བུ་དང་། ཀུན་རྫོབ་རྟེན་འབྲེལ་སྐྱེ་ལམ་སྒྱུ་མའི་ཆོས། སྟོང་བ་མཁའ་དང་རྟེན་འབྲེལ་སྒྱུ་མ་ཡི། སྙིང་གཏམ་སུས་ཐོས་རྟག་འཛིན་ཆོམ་ཀུན་བྲལ། །ཞེས་པ་ལྟར་རོ། །མཁས་པ་ཆེན་པོ་ཁ་ཅིག །སློབ་དཔོན་འདི་རྩོད་ལྡན་གྱིས་པཎྜི་ཏ་དང་། ལྟ་བ་ཡང་ཆད་པའི་ལྟ་བ་བོ་ནར་ངེས་སོ། །ཞེས་གསུངས་ཀྱང་། དེ་ལྟ་བུ་ལ་རྣ་བ་གཏད་པར་མི་བྱ་ཞིང་། དེ་དག་གི་དགག་བསྒྲུབ་རྒྱས་པ་རྗེ་རིན་པོ་ཆེ་གསེར་མདོག་ཅན་པའི་གསུང་རབས་ན་བཞུགས་སོ། །ཐལ་འགྱུར་བའི་ལུགས་ནི། ཆེས་ཟབ་གཏིང་དཔག་དཀའ་བའི་རྒྱ་མཚན་གྱིས། རྒྱ་བོད་གཉིས་ཀར་དུ་འཛིན་མཁན་ཉུང་། དེ་ཡང་ཇོ་བོའི་གསུང་ནས། མུ་སྟེགས་པའི་གྲུབ་མཐའ་ལ་མཁས་པ་བརྒྱའི་ནང་ནས་བྱེ་བྲག་སྨྲ་བའི་གྲུབ་མཐའ་ཤེས་པ་རེ་རེ་ཙམ། དེ་བརྒྱ་བརྒྱའི་ནང་ན། མདོ་སྡེ་པ། དེ་བརྒྱ་བརྒྱའི་ནང་ན་རྣམ་བདེན་པ། དེ་བརྒྱ་བརྒྱའི་ནང་ན་རྣམ་བརྫུན་པ།

དེ་བརྒྱ་བརྒྱའི་ནང་ན་དབུ་མ་རང་རྒྱུད་པ། དེ་བརྒྱ་བརྒྱའི་ནང་ན་ཐལ་འགྱུར་བའི་གྲུབ་མཐའ་ཤེས་པ་རེ་རེ་ཙམ་ལས། དེང་སང་རྒྱ་གར་ན་ཡང་མེད་གསུངས་སོ། །དེ་ཡང་སངས་རྒྱས་བསྐྱངས་ཀྱིས་ཟླ་གྲགས་སུ་སྐྱེ་བ་བཞེས་ནས། ཀླུ་སྒྲུབ་ཀྱི་ཟུང་འཇུག་གི་སྐུ་ལ་ཆོས་ཞུ་ཏེ། ཐལ་འགྱུར་བའི་ལུགས་དེ་དར་བར་མཛད། ཇོ་བོས། པ་ཚབ་ལོ་ཙྪ་བར་སྐྱེ་བ་བཞེས་ནས། ཟླ་གྲགས་ཀྱི་ཟུང་འཇུག་གི་སྐུ་ལ་ཆོས་ཞུ་ནས་ཐལ་འགྱུར་བའི་ལུགས་དེ་བོད་དུ་དར་བར་མཛད་དོ། །

ལྷན་སྐྱེས་ཀུན་ཏུ་བརྟགས་པའི་གང་ཟག་བདག །ཟབ་རྒྱས་ཞུལ་བྱུང་རིགས་ལམ་ནས་དྲངས་ཏེ། །རྣམ་དཔྱད་མ་བརྙེད་གང་ཟག་བདག་མེད་ལ། །སྒྲུབ་པ་སྙིང་པོར་བགྱིད་པར་བྱིན་གྱིས་རློབས། །སེམས་ཉིད་སྐྱེ་མེད་སྟོང་པར་འཆར་ཚུལ་གྱིས། །སྣང་སྲིད་ཐམས་ཅད་སྟོང་པར་ངོ་འཕྲོད་ནས། །གང་ཤར་སྟོང་ཉིད་སྙིང་རྗེའི་རྣམ་རོལ་གྱིས། །ཅི་བྱེད་ཐབས་མཁས་ལམ་གྱི་གསེར་འགྱུར་བརྩེ། །རང་རྒྱུད་པའི་ལུགས་ཀྱི་ལྟ་བའི་ཁྲིད་ལ། ལྟ་བ་ཐོས་བསམ་གྱིས་གཏན་ལ་འབེབས་པའི་ཚུལ་དང་། སྒོམ་ལས་ཉམས་སུ་མྱོང་ཚུལ་གཉིས། དང་པོ་ནི། དང་པོར་དངོས་པོ་ཐམས་ཅད་བདེན་མེད་དུ་བསྒྲུབ་པར་བྱེད། དེ་འབོད་བདེན་མེད་སྟོང་ཉིད་དུ་བསྒྲུབ་པར་བྱེད་པའོ། །སྒོམ་པས་ཉམས་སུ་མྱོང་ཚུལ་ལ་གཉིས་ལས། དང་པོ་བསྒོམ་བྱ་ངོས་བཟུང་བ་ནི། ཡོད་མེད་སོགས་སྤྲོས་པའི་མཐའ་ཐམས་ཅད་བཀག་པའི་མེད་དགག་ནམ་མཁའ་ལྟ་བུ་དེ་ཉིད་དོ། །གཉིས་པ་ཇི་ལྟར་བསྒོམ་པ་ནི། སེམས་བསྐྱེད་དང་སོ་སོར་རྟོག་པའི་ཤེས་རབ་ཀྱིས་དཔྱད་པ་སྔོན་དུ་བཏང་ནས། གོམས་བྱེད་ཀྱི་བློ་ཉིད་ཀྱང་གོམས་བྱ་སྟོང་ཉིད་དེའི་ངོ་བོར་གཅིག་པའི་ཚུལ་གྱིས་མཉམ་པར་འཇོག་པའོ། །འདིར་ནི་ཟུང་འཇུག་གི་ཐ་སྙད་མེད་ལ། དེའི་རྗེས་ཐོབ་ཏུ་ནི། རྣམ་ཤེས་ཀྱི་ངོར་སྣང་ཆ་མ་དོར་ཞིང་། ཡེ་ཤེས་ཀྱི་ངོར་ནི་ཅི་ཡང་མི་དམིགས་པའི་ངང་ནས། བསོད་ནམས་ཀྱི་ཚོགས་མངོན་པར་འདུ་བྱེད་དོ། །འདི་ལ་ནི་བདེན་གཉིས་ཟུང་འཇུག་ཅེས་ཀྱང་བྱ། འཁོར་གསུམ་མི་དམིགས་པའི་ཤེས་རབ་ཀྱིས་ཟིན་པའི་བསོད་ནམས་ཀྱི་ཚོགས་ཞེས་ཀྱང་བྱའོ། །ཐལ་འགྱུར་བའི་ལུགས་ལ་ཡང་སྔ་མ་བཞིན་གཉིས་ལས། དང་པོ་ལྟ་བ་གཏན་ལ་འབེབས་ལུགས་ནི། ཐོག་མར་སྤྲོས་པའི་ཚོགས་རིགས་པའི་རྣམ་གྲངས་མང་པོས་འགོག་པར་བྱེད་ཀྱི། སྤྲོས་མེད་དུ་བསྒྲུབ་པར་མི་བྱེད་དོ། །གཉིས་པ་སྒོམ་པས་ཉམས་སུ་མྱོང་ཚུལ་ལ་གཉིས་ལས། དང་པོ་བསྒོམ་བྱ་ངོས་བཟུང་བ་ནི། ཆོས་རྣམས་ཀྱི་རང་གི་ངོ་བོ་གང་དུ་ཡང་མ་བརྙེད་པའི་མེད་དགག་ནམ་མཁའ་ལྟ་བུ་དེ་ཉིད་དོ། །གཉིས་པ་ཇི་ལྟར་བསྒོམ་པ་ནི། སེམས་བསྐྱེད་དང་། སོ་སོར་རྟོགས་པའི་ཤེས་རབ་ཀྱིས་དཔྱད་པ་སྔོན་དུ་བཏང་ནས། གོམས་བྱེད་ཀྱི་བློ་དང་། གོམས་བྱའི་ཆོས་དབྱིངས་སོ་སོ་ཐ་དད་པ་མ་ཡིན་པ། ཆུ་ལ་ཆུ་བཞག་པ་ལྟར་གཉིས་མེད་དུ་སོང་བའོ། །དེ་ལྟར་སོང་བ་དེ་ལ་ཆོས་དབྱིངས་རྟོགས་ཤེས་ཐ་སྙད་བྱས་པ་ཡིན་གྱི། དངོས་སུ་ན་ཤེས་བྱ་དང་ཤེས་བྱེད་ཀྱི་རྣམ་གཞག་མེད་ཅིང་། ཟུང་འཇུག་གི་ཐ་སྙད་ཀྱང་མེད་དོ། །རྗེས་ཐོབ་ནི་སྔ་མ་བཞིན་ནོ། །ཐལ་རང་གི་ལྟ་བ་ལ། མཉམ་བཞག་དངོས་གཞིའི་དུས་སུ་ནི་ཁྱད་པར་མེད་དོ། །ཐོས་བསམ་གྱི་ཚེ་དགག་བྱ་བཀག་ཤུལ་དུ་བསྒྲུབ་མི་སྒྲུབ་གཉིས་ཀྱིས་ཕྱེ་བར་ཟད་དོ། །དབུ་མ་པ་ཆེན་པོ་འགའ་ཞིག །མཉམ་བཞག་དུ་གང་ཟག་གི་བདག་མེད་དང་། རྗེས་ཐོབ་ཏུ་ཆོས་ཀྱི་བདག་མེད་བསྒོམ། གནས་སྐབས་སུ་ཡུལ་སྣ་ཚོགས་ལ་རྩལ་སྦྱོང་གསུངས། མཉམ་གཞག

གསལ་སྟོང་ནམ་མཁའ་ལྟ་བུའི་དང་། །རྗེས་ཐོབ་མ་རྟོགས་འགྲོ་ལ་བརྩེ་བ་ཅན། །སྟོང་ཉིད་སྙིང་རྗེའི་སྙིང་པོ་ཅན་ཉིད་ལ། །སྒྲུབ་པ་སྙིང་པོར་བགྱིད་པར། ཇོ་བོ་ལ་སངས་རྒྱས་ཀྱི་ཆོས་ཐམས་ཅད་ཀྱི་མཐར་ཐུགས་གང་ལགས་ཞུས་པས། ཆོས་ཐམས་ཅད་ཀྱི་མཐར་ཐུག་པ་སྟོང་ཉིད་སྙིང་རྗེའི་སྙིང་པོ་ཅན་ཡིན། དཔེར་ན། སྨན་དཔའ་བོ་ཅིག་ཐུབ་དང་འདྲ་སྟེ། སྨན་དེ་དག་ཐམས་ཅད་ཀྱི་གཉེན་པོར་འགྲོ་བ་བཞིན། སྙིང་རྗེ་དང་འབྲེལ་བའི་ཆོས་ཉིད་ཀྱི་དོན་རྟོགས་ན། སྤང་བྱ་ཐམས་ཅད་ཀྱི་གཉེན་པོར་འགྲོ་བ་ཡིན་གསུངས། དགེ་བཤེས་སྟོན་པའི་ཞལ་ནས། ཧེན་གྱི་གང་ཟག་གཅིག་གིས་ཐམས་ཅད་མཁྱེན་པའི་སངས་རྒྱས་ཐོབ་པར་བྱེད་པ་ལ། ལམ་གྱི་འཇུག་སྒོ་དང་། བསླབ་བྱ་བསམ་གྱིས་མི་ཁྱབ་པ་ཞིག་ཡོད་ཀྱང་། རྒྱུད་ལ་སྐྱེ་བར་བྱ་རྒྱུ་དངོས་པོ་གཅིག་ལས་མེད། གཅིག་པོ་གང་ཡིན་ན། སྟོང་ཉིད་སྙིང་རྗེའི་སྙིང་པོ་ཅན་ཡིན་ཞེས་དང་། དེའི་ཉམས་ལེན་ལ། མི་རྟག་པ་དང་། བྱམས་པ་སྙིང་རྗེ་དང་། བདག་མེད་གཉིས་བསྒོམ་པའི་སྒོ་ནས་བློ་སྦྱངས་བླ་མའི་བརྒྱུད་བཀའ། དཀོན་མཆོག་གི་མཆོད་པ། དགེ་འདུན་གྱི་བརྙེན་བཀུར་གསུམ་གྱི་སྒོ་ནས་ཚོགས་བསག །ཚུལ་ཁྲིམས་བསྲུང་བ། བརྒྱུད་པའི་བླ་མ་ལ་གསོལ་བ་གདབ་པ། ལུས་སེམས་དབེན་པ་བརྟེན་པ་གསུམ་གྱི་སྒོ་ནས་ཏིང་ངེ་འཛིན་བཙལ། དེ་ལྟར་དོན་དགུ་པོ་གསུམ་དུ་དྲིལ་ནས་ཉམས་སུ་བླངས་པ་ལས་དེ་ཉིད་རྒྱུད་ལ་སྐྱེ་བར་གསུངས་སོ། །དེས་ན་ཆོས་ཀྱི་སྒོ་མོ་བརྒྱད་ཁྲི་བཞི་སྟོང་གསུངས་ཀྱང་། ཉམས་ལེན་གྱི་སྙིང་པོ་སྟོང་ཉིད་སྙིང་རྗེའི་སྙིང་པོ་ཅན་དུ་འདུས་སོ། །ཞེས་རྒྱ་བོད་ཀྱི་མཁས་གྲུབ་ཐམས་ཅད་ཞལ་མཐུན་པར་གསུངས།

ཕྱལ་བྱུང་ལྟ་བའི་རིགས་ལམ་དང་བྲལ་ཞིང་། །རྨད་བྱུང་བརྩེ་བའི་སྤྱོད་པ་ཁྱད་བསད་ནས། །ཐབས་ཤེས་བྲལ་བའི་སྲིད་ཞིའི་མཐར་ལྷུང་རྣམས། །བདག་གི་ཚུལ་འདིར་འཇུག་ནུས། ས་ར་ཧས། སྙིང་རྗེ་དང་བྲལ་སྟོང་ཉིད་ཞུགས་པ་གང་། །དེས་ནི་ལམ་མཆོག་རྙེད་པ་མ་ཡིན་ནོ། །འོན་ཏེ་སྙིང་རྗེ་འབའ་ཞིག་བསྒོམས་ན་ཡང་། །འཁོར་བ་འདི་ལས་ཐར་བ་ཡོད་དམ་ཅི། །གང་ཡང་གཉིས་པོ་སྦྱོར་བར་ནུས་པ་དེས། །འཁོར་བར་མི་གནས་མྱ་ངན་འདས་མི་གནས། །ཞེས་གསུངས། ཤིང་རྟ་ཆེན་པོའི་ལྟ་སྒོམ་གྲུབ་མཐའ་ལ། །སངས་རྒྱས་སྟོང་གིས་གཡས་ནས་ལུང་གཞན་སྟོན། །གཡོན་ནས་བདུད་དཔུང་བྱེ་བས་རྐྱོལ་ཡང་རུང་། །གཡོ་མེད་རང་སོ་ཟིན་པར་བྱིན་གྱིས་རློབས། །གཞན་སྟོང་སྨྲ་བའི་མཁས་པ་ཆེན་པོ་འགའ་ཞིག །སློབ་དཔོན་ཀླུ་སྒྲུབ་ཀྱང་། རིགས་ཚོགས་རྩོམ་པའི་ཚེ། བློ་གྲོས་ན་མ་སྨིན་པས་དེ་ནས་བཤད་པའི་ལྟ་བ་དེ་ལྟ་བ་རྣམ་དག་མ་ཡིན་པ་དང་། འགའ་ཞིག་རིགས་ཚོགས་ནས་ཉམས་ལེན་གྱི་ལྟ་བ་མ་བཤད་ཅེས་དང་། སྤྱིར་ཐལ་རང་གཉིས་དང་། ཁྱད་པར་སློབ་དཔོན་ཟླ་བ་གྲགས་པ་སོགས་སྟོང་ཉིད་མེད་དགག་ཏུ་འདོད་པས་ན། ཆད་ལྟ་བ་ཡིན་ཞེས་སྨྲ་བ་དང་། ཡང་འགའ་ཞིག །དབུ་མ་རང་རྒྱུད་པ་དབུ་མར་མི་འདོད། ཡང་འགའ་ཞིག །དོན་དམ་སྤྲུ་མ་ལྟ་བུར་འདོད་པའི་དབུ་མ་པ་མི་འཐད་པ་དང་། ཡང་འགའ་ཞིག འཕགས་སེང་དང་། སངས་རྒྱས་ཡེ་ཤེས་ཞབས་སོགས། དོན་དམ་སྒྱུ་མ་ལྟ་བུར་བཞེད་པའི་དབུ་མ་པར་འདོད་པ་དང་། འགའ་ཞིག་གསང་སྔགས་མ་གཏོགས་གཞན་ལ་ལྟ་བ་རྣམ་དག་མེད་པར་འདོད་པ་སོགས་ཀྱི་ལུགས་མཐའ་ཡས་པ་ཞིག་བྱུང་མོད། དེ་དག་གི་དགག་སྒྲུབ་རྒྱས་པ་ནི། རྗེ་རིན་པོ་ཆེ་གསེར་མདོག

ཅན་པའི་གསུང་རབས་ན་བཞུགས། ཁྱད་པར་དབུ་མ་ཐལ་རང་དང་། དཔལ་ལྡན་བླ་བའི་ལྟ་བ་འདི་ཉིད། བཀའ་འཁོར་ལོ་བར་པ་ནས་གསལ་བར་འབྱུང་ཞིང་། སློབ་དཔོན་འདི་དག་གིས་སངས་རྒྱས་དང་ཀླུ་སྒྲུབ་ཀྱི་དགོངས་པ་བླངས་ཤིང་། དེའང་ཕྱིན་ཅི་མ་ལོག་པར་ལོངས། ལུགས་འདི་དག་ལ་བརྟེན་པའི་གྲུབ་ཆེན་ཀུང་རྒྱུད་མར་བྱོན་པས། འདི་དག་གི་ལྟ་སྒོམ་གྲུབ་མཐའ་འབྲུལ་པ་ཡོད་སྙམ་པ་སྨྲ་ལམ་ན་ཡང་མེད་དོ། །

འཁོར་བའི་ཚུལ་ལ་ཡིད་བརྟན་མི་འདུག་ཅིང་། །བདག་ཀྱང་མ་དག་ཞིང་གིས་ཡིད་འབྱུང་ནས། །རྣམ་དག་དག་པའི་ཞིང་དུ་འཕོ་ན། །ཚེ་འདིར་ཀུན་གཟིགས་ཞིང་དུ་དྲང་དུ་གསོལ། །ཚེ་འདིར་དག་པའི་ཞིང་དེར་མ་བསྒྲོད་ན། །ནམ་ཞིག་ཚེ་འདིའི་འདུ་བྱེད་གཏོང་བ་ན། །འོད་ཟེར་སྒྲུ་གུའི་འཕོ་བ་རྣམ་དག་གིས། །ཡང་སྲིད་མེད་པར་ཀུན་གཟིགས་གནས་སུ་དྲོངས། །བར་དོ་ཤར་ནས་སྐྱེ་བ་ལེན་སྲིད་ནའང་། །བར་དོ་ལམ་བྱེད་ཉམས་ལེན་འཁྲུལ་མེད་ཀྱིས། །སེམས་ཉིད་འཁྲུལ་པའི་དབང་དུ་མ་སོང་བར། །ཀུན་གཟིགས་གནས་སུ་བསམས་བཞིན་སྐྱེ་བར་མཛོད། །ཀུན་གཟིགས་དག་པའི་ཞིང་དེར་སྐྱེས་ནས་ཀྱང་། །ལུས་འདི་དབང་པོའི་ལུས་སུ་བྱིན་རླབས་ཏེ། །ཞིང་རེའི་རྒྱལ་ཚབ་མགོན་པོ་ཁྱོད་ཉིད་ཀྱིས། །ཟབ་ཅིང་རྒྱ་ཆེའི་ཆོས་ཚུལ་བསྟན་དུ་གསོལ། །ཟབ་ཅིང་རྒྱ་ཆེའི་ཆོས་ཚུལ་བསྟན་ནས་ཀྱང་། །རྒྱལ་སྲས་ཐེག་མཆོག་གྲོགས་དང་ལྷན་ཅིག་ཏུ། །བདེ་བ་ཅན་དང་མངོན་པར་དགའ་བ་སོགས། །ཞིང་གཞན་བསྒྲོད་དང་རྒྱལ་བ་མཉེས་བྱེད་ཤོག །ཞིང་གཞན་བསྒྲོད་དང་རྒྱལ་བ་མཉེས་ནས་ཀྱང་། །རྫོགས་སྨིན་སྦྱངས་གསུམ་གཞན་ཕན་ལྷུན་གྲུབ་སྟེ། །མ་དག་ཞིང་གི་དྲིན་ཅན་ཕ་མ་རྣམས། །དག་པའི་ཞིང་དུ་དགྲེ་བའི་ཕྲིན་ལས་སྟོལ། །དབུ་མ་ངོ་བོ་ཉིད་མེད་པར་སྨྲ་བའི་བཤད་བརྒྱུད་ཀྱི་བརྒྱུད་པ་ནི། སྟོན་པ་ཐུབ་པའི་དབང་པོ། རྗེ་བཙུན་འཇམ་དབྱངས། འཕགས་པ་ཀླུ་སྒྲུབ། ཨཱརྱ་དེ་ཝ། ཟླ་གྲགས། གཞོན་ནུ་འབུམ། གསེར་གྱི་གོ་ཆ། པ་ཚབ་ལོ་ཙཱ་བ། ཞང་ཐང་པགས་པ་འབྱུང་གནས་ཡེ་ཤེས། འབྲོམ་དབང་ཕྱུག་གྲགས། མཁས་པ་དར་མ་ཤེས་རབ། རྗེ་བཙུན་སྟོན་པ། འཇམ་དབྱངས་བག་སྟོན། སླ་སྟོན་གཞོན་ནུ་རྒྱལ་མཚན། ཀུན་མཁྱེན་རོང་པོ། མཁས་གྲུབ་དོན་ཡོད་དཔལ། དེ་གཉིས་ཀ་ལ་རྗེ་གསེར་མདོག་ཅན་པས་གསན། དེའི་དྲུང་དུ། བདག་གིས་རྟ་འདུག་གཞི་གསུམ་དང་། ཚིག་གསལ་དང་། འཇུག་འགྲེལ་གྱི་ལུང་། རྟ་འདུག་གཉིས་ལ་རྗེ་ཉིད་ཀྱིས་མཛད་པའི་རྣམས་བཤད་ཀྱི་སྟེང་ནས་བཤད་པ་རྒྱས་པ་དབུ་མའི་སྟོང་ཐུན་ཆེན་མོའི་བཤད་པ། ལྟ་ཁྲི་ཆེ་ཆུང་ལ་སོགས་པ། དབུ་མ་ངོ་བོ་ཉིད་མེད་པར་སྨྲ་བའི་ཆོས་སྐོར་རྣམས་ཐོས་ཤིང་། ནན་ཏན་དུ་བྱས། ཤིན་ཏུ་ཟབ་པའི་ཕར་ཕྱིན་གྱི་སྐོར་སོགས་ཐོབ་ཚུལ་ཟུར་ན་གསལ།།

༄ ན་མོ་ཨཱཙཱ་མཻ་ཏྲི་ནཱ་ཐ་ཡ། རྗེ་བཙུན་མི་ཕམ་མགོན་པོ་ཐུགས་རྗེ་ཅན། །ཁྱོད་ནི་བླ་མ་ཁྱོད་ནི་ཡི་དམ་ལྷ། །བདག་གི་བློ་གཏད་སྐྱབས་མགོན་ཁྱོད་ཉིད་ལ། །ཕྱག་འཚལ་གསོལ་འདེབས་སྙིང་ནས་སྐྱབས་སུ་མཆི། །རྗེ་

བཙུན་སྤྱན་སྔར་ཉིན་མཚན་ཐུན་དྲུག་ཏུ། །ཡན་ལག་རྣམ་བདུན་བྱང་ཆུབ་སེམས་མཆོག་བསྐྱེད། །ཁྱོད་གསུང་བཤད་བསྒྲུབ་སྨོན་ལམ་དག་པའི་མཐུས། །མགོན་པོའི་ཕྱག་གཡས་བདག་གི་སྤྱི་བོར་ཞོག །དལ་འབྱོར་རྙེད་དཀའ་ངེས་པར་འཆི་བ་དང་། །འཆི་ཚེ་ཆོས་ལས་ཕན་པ་གཞན་མེད་ན། །བརྙེད་དཀའ་འཆི་བ་དྲན་པའི་སྐྱོ་ཤས་ཀྱིས། །བདག་བློ་ཆོས་སུ་འགྲོ་བར་བྱིན་གྱིས་རློབས། །དཀར་ནག་ལས་ཀྱི་རྒྱུ་འབྲས་སླུ་མེད་དུ། །ཡིད་ཆེས་བརྙེད་ནས་འཁྲུལ་མེད་བླང་དོར་དང་། །འཁོར་བའི་ཉེས་དམིགས་བསམ་པའི་ཉམས་མྱོང་གིས། །དམ་ཆོས་ལམ་དུ་ལོངས་པར་བྱིན་གྱིས་རློབས། །འཁོར་བའི་རྒྱ་མཚོར་སྡུག་བསྔལ་གྱིས་མནར་བའི། །འགྲོ་འདི་ཐོག་མེད་དྲིན་ཅན་ཕ་མ་སྟེ། །འགྲོ་དྲུག་ཕ་མར་ཤེས་པའི་སྙིང་རྗེ་ཡིས། །ལམ་གྱི་འཁྲུལ་པ་སེལ་བར་བྱིན་གྱིས་རློབས། །

སྣང་སྲིད་སེམས་སུ་ཤེས་པས་བཟུང་བས་དབེན། །ཕྱི་རོལ་ཡུལ་མེད་རྟོགས་པས་དེར་འཛིན་བྲལ། །གཞན་སྟོང་ཡེ་ཤེས་རང་ཞལ་བལྟས་པ་ཡིས། །འཁྲུལ་སྣང་ཡེ་ཤེས་འཆར་བར་བྱིན་གྱིས་རློབས། །བདག་ཀྱང་དེང་ནས་བརྟན་པ་མ་ཐོབ་བར། །གངས་དང་རི་སུལ་ནགས་ཀྱི་ཁྲོད་རྣམས་སུ། །ཐེག་མཆོག་གཞུང་ལ་འཁོར་ལོ་རྣམ་གཉིས་ཀྱིས། །རང་རྒྱུད་འདུལ་ལ་གེགས་མེད་བྱིན་གྱིས་རློབས། །དགེ་བ་འཛོམས་པའི་མི་དགེའི་བཤེས་གཉེན་དང་། །སྡིག་གྲོགས་དབང་དུ་སྐད་ཅིག་མི་འགྲོ་ཞིང་། །རང་དང་རྗེས་འཐུན་ཚང་སྤྱོད་གྲོགས་རྣམས་དང་། །ཕན་ཚུན་ཡིད་ཕེབས་འགྲོགས་པར་བྱིན་གྱིས་རློབས། །ཚེ་འདིའི་ཆེ་ཐབས་ནམ་ཡང་མི་བསྒྲུབ་ཅིང་། །དོན་མེད་འཇིག་རྟེན་བྱ་བས་མི་གཡེང་བར། །དུས་རྣམ་ཀུན་དུ་ཐོས་བསམ་བསྒོམ་པ་ཡིས། །སྒོ་གསུམ་དགེ་ལ་གཞོལ་བར་བྱིན་གྱིས་རློབས། །དགྲ་གཉེན་བར་མས་བསྟོད་སྨད་ཅི་བྱེད་ཀྱང་། །ཆོས་བརྒྱད་རང་སྣང་འཁྲུལ་རྗེས་མི་འབྲང་བར། །བྱ་བ་གང་ལའང་མཁྱེན་པའི་སྤྱན་ལྡན་རྣམས། །དཔང་བཞག་ཚུལ་བཞིན་བསྒྲུབ་པར་བྱིན་གྱིས། །ཟབ་ཅིང་རྒྱ་ཆེ་ཐེག་མཆོག་ངེས་པའི་དོན། །གསང་ཆེན་ལམ་གྱི་ཟུང་འཇུག་རྡོ་རྗེའི་སེམས། །དཔལ་ལྡན་གྲུབ་དབང་ཀུན་གྱི་སྒྲོད་གཅིག་ལམ། །སྟོང་གསལ་བསྒོམ་པས་གྲོལ་བར་བྱིན་གྱིས་རློབས། །རྣམ་དག་འདུལ་བའི་ཁྲིམས་ཀྱིས་ལེགས་བསྡམས་ཤིང་། །རྒྱལ་སྲས་སྤྱོད་པའི་བསམ་སྦྱོར་རྨད་དུ་བྱུང་། །གསང་ཆེན་ལམ་གྱི་བསྐྱེད་རྫོགས་ཟུང་དུ་འབྲེལ། །སྡོམ་གསུམ་ཉམས་ལེན་འཁྲུལ་མེད་བྱིན་གྱིས་རློབས། །ཕན་དགོངས་ཐུགས་རྗེ་ཆེ་ལྡན་རྒྱལ་བའི་བཀའ། །འཇམ་པའི་དབྱངས་དང་བྱམས་མགོན་ལ་བསྔད་པ། །ལུང་བསྟན་བརྙེས་པའི་འཕགས་མཆོག་གིས་བཀྲལ་བ། །འདི་དར་ཀུན་ཀྱང་འདིར་འཇུག་བྱིན་གྱིས་རློབས། །རྒྱལ་སྲས་ཐུབ་པོའི་བཀའ་སྒྲོལ་བླ་ན་མེད། །ཀླུ་སྒྲུབ་ཐོགས་མེད་ཞབས་ལས་ལེགས་འོངས་པའི། །དབུ་སེམས་ལྟ་

བའི་སྲོལ་ཆེན་ཉི་ཟླའི་འགྲོས། །དེ་གཉིས་ཁོ་ན་ཐུབ་བསྟན་ནམ་མཁའི་རྒྱན། །འཛུག་བདེ་ཁྲིད་གཞུང་ཕྲན་མང་སྣར་ཚོགས་འོད། །དེ་ཙམ་ཁོ་ནས་ཆོག་པར་མ་འཛིན་པར། །རྒྱལ་བའི་བཀའ་དང་དགོངས་འགྲེལ་གྲུབ་མཐའ་བཞི། །མ་ལུས་གདམས་པར་འཆར་བར་བྱིན་གྱིས་རློབས། །འཕགས་པའི་ཡུལ་དང་གངས་རིའི་ཁྲོད་འདིར་ཡང་། །ཟབ་དང་རྒྱ་ཆེའི་ཆོས་ཚུལ་རྣམ་མང་ཡང་། །ངེས་དོན་ཟླ་མ་བརྒྱ་ཆེན་བྱམས་པའི་གཞུང་། །སྨད་བྱུང་སྲོལ་འདི་ཆེར་རྒྱས་བྱིན་གྱིས་རློབས། །འདིའི་ལྟ་སྒོམ་གྲུབ་མཐའ་སོགས་བཀའ་ཐམ་ལ་བརྟེན། མི་ཕམ་མགོན་པོས་ཐོགས་མེད་ལ་བསྟད་པ། །དབྱིག་གཉེན་སངས་རྒྱས་གཉིས་པས་བཀྲལ་བ་བཞིན། །རྒྱ་བོད་མཁས་གྲུབ་གོང་མ་ལས་འོངས་པའི། །ཁྱད་པར་སྲོལ་འདིར་འཛུག་པར་བྱིན་གྱིས་རློབས། །དབྱིག་གཉེན་གྱིས་ཀྱང་ཀུན་བཏགས་དང་གཞན་དབང་བདེན་མེད་ཡོངས་གྲུབ་བདེན་གྲུབ། དེའང་ཡེ་ཤེས་སུ་འཆད་པ་སོགས། ཐོགས་མེད་ཀྱི་དགོངས་པ་ཇི་ལྟ་བ་བཞིན་འགྲེལ།

ཐོགས་མེད་བཞེད་གཞུང་རིགས་ལམ་ནས་དྲང་ཏེ། །གསུང་རབ་མིག་གཅིག་རྨད་བྱུང་གྲུབ་པའི་ལམ། ། དཔལ་ལྡན་གྲགས་པའི་རིང་ལུགས་བསྒོམས་པའི་མཐུས། །ཚད་འཛིན་སྤྲོས་པ་ཞི་བར་བྱིན་གྱིས་རློབས། ། དཔལ་ཆོས་ཀྱི་གྲགས་པའི་ཟབ་ཁྱད་ནི། མདོ་སེམས་གྲུབ་མཐའི་སྒོ་ཆེན་གཉིས་ཕྱེ་བས། །གཉིས་མེད་ཡེ་ཤེས་རང་རིག་རང་ཞལ་མཐོང་། ། དེ་ཡི་དགེ་བས་རྒྱུད་གསུམ་མན་ངག་བཅས། བྱམས་ཆོས་ངེས་པའི་དོན་ལ་ནང་བྱན་ཚུད། འགའ་ཞིག་སློབ་དཔོན་འདི་ཉིད་རྟོག་གེ་དངོས་སྨྲ་བ་ལྟ་བུར་འདོད་པ་ནི་མི་རིགས་ཏེ། སློབ་དཔོན་འདིས་ཀྱང་། ཀུན་བཏགས་དང་གཞན་དབང་བདེན་མེད་དང་། ཡོངས་གྲུབ་བདེན་གྲུབ་ཏུ་ཞལ་གྱིས་བཞེས་པ་སོགས། ཐོགས་མེད་སྐུ་མཆེད་དང་། ལྟ་བའི་རྣམ་གཞག་སོགས་ཇི་ལྟ་བ་བཞིན་དུ་མཐུན་ནོ། །མགོན་པོ་མངོན་བྱུང་གི་རྒྱུད་ལས། པཎྜི་ཏ་རྣམས་ཀྱི་ནང་ནས་གཙོ་བོར་གྱུར་པ། ཆོས་ཀྱི་གྲགས་པ་ཞེས་པར་གྲགས་པ་འདི་དང་། སྐྱེས་བུ་དྲུག་བསྟན་པ་ལ་ཕན་པ། ཚངས་པར་སྤྱོད་པ་ལ་གནས་པ་འདི་རྣམས་ཀྱིས་གྲུབ་པ་ཐོབ་བོ་ཞེས། རྒྱལ་བས་ལུང་བསྟན་ཞིང་སློབ་དཔོན་འདི་ཉིད། རང་དང་དུས་མཉམ་པ་ལན་ཚོད་ཀྱི་ཐེག་ཆེན་གྱི་པཎྜི་ཏ་ཐམས་ཅད་ཀྱིས་ཚད་མར་བྱེད། ཞི་འཚོ་དང་། སེང་གེ་བཟང་པོ་སོགས་ཀྱིས་ཀྱང་། རིགས་པ་མཁྱེན་པ་ཞེས་དང་། བློ་གྲོས་དཀར་པོ་དང་ལྡན་པ་དག་གིས་ཤེས་སློབ་དཔོན་འདི་ཉིད་ལ་ཚད་མར་བྱེད། དྲི་མེད་སྣྲས་པ་སོགས་ཀྱིས། འདུས་པའི་འགྲེལ་པར། སློབ་དཔོན་འདི་ཉིད་ཀྱི་གཞུང་ཁུངས་སུ་དྲངས། ལྷན་སྐྱེས་རྡོ་རྗེས། དེ་ཁོ་ན་ཉིད་བཅུད་པའི་འགྲེལ་པར། ལམ་འདིར་ཡང་ཕལ་མོ་ཆེ་དག །ཚད་མ་བ་རྣམས་ཀྱི་གཙུག་ལག་གི་ནོར་བུ་ཆོས་ཀྱི་གྲགས་པས་བརྒྱམཤིང་བཞུགས་པའི་ལུགས་ཀྱི་ལམ་དེའི་རྗེས་སུ་འབྲངས་ནས། རྣམ་པར་བཞག་པ་ཐམས་ཅད་སྦྱོར་བར་བྱེད་ཀྱི་ཞེས་དང་། ཛེ་ཏ་རིས། བཅོམ་ལྡན་འདས་འཕགས་པ་འཇམ་དཔལ་དང་མཚུངས་པ་གང་ལ་བསྔགས་པ་ཐོབ་པ་རྣམས། ལྟ་བ་ངན་པའི་གཡང་ས་ཆེན་པོ་ལྟུང་བའི་སེམས་ཅན་ལ་ཐུགས་བརྩེ་བས། རྗེ་བཙུན་ཀུན་ཏུ་བཟང་པོ་གཤེགས་པར་བསྔགས་པ་བརྗོད་པ། ཁ་ན་མ་ཐོ་བའི་གསང་སྔགས་ཀྱིས་མུ་སྟེགས་ངན་པའི་ཤ་ཟ་སྐྲག་པར་མཛད་པ། ཚད་མ་བ་རྣམས་ཀྱི་གཙུག་གི་ནོར་བུ་སྟེ་ཞེས་དང་། འཕགས་པ་ཀླུ་སྒྲུབ་ཀྱི་ཞལ་སྔ་ནས་གསལ་བར་མཛད་པ། སློབ་དཔོན་ཆོས་ཀྱི་གྲགས

པའི་ཞལ་སྔ་ནས་བཞེད་པའི་དབུ་མ་དེ་ཁོ་ན། འདིར་བློ་དང་ལྡན་པ་རྣམས་ཀྱིས་ཁས་བླངས་པ་དང་། གོམས་པར་བྱ་བར་འོས་པ་ཡིན་ཏེ། ཞེས་གསུངས། དེ་དང་མཐུན་པར། རྫོག་ལོས། དངོས་ཀུན་རང་བཞིན་སྟོང་པའི་ཚུལ་ལ་འཇུག་པའི་སྒོ། །ཡང་དག་རིགས་མཆོག་ཀླུ་སྒྲུབ་ཞབས་ཀྱིས་གསུངས་པ་དེ། །རིགས་པའི་དབང་ཕྱུག་རྣམས་འགྲེལ་མཛད་པའི་གཞུང་བཟང་ལས། །ལེགས་པར་རྟོགས་ནས་ལུགས་ངན་གཞན་ཀུན་རྩྭ་བཞིན་དོར། །ཞེས་གསུངས། །ཁ་ཆེ་ཁྲི་བཙན་རྒྱལ་པོས་དུས་ཀྱི་དགའ་སྟོན་བྱེད་པའི་ཚེ། སྟོན་གྱི་པཎྜི་ཏ་རྣམས་ཀྱི་ཁ་སྐྱུག་ལས་བྱུང་བ། ངོ་མཚར་བའི་གཏམ་དག །གཞོན་ནུ་རྣམས་ཀྱིས་གླུ་གླིང་བུ་ལས་དྲངས་ཏེ་ཙནྡྲ་གོ་མིའི་སྒྲའི་ལུང་ཚིག་དང་། ཀྲྀཥྞ་གི་རྟེའི་ཡིད་འོང་རཀྐའི་གཞུང་། །དཔའ་བོའི་སྙན་ངག་སྦྱོར་བའི་ཕྲེང་རྒྱུད་སྟེ། །འཇིག་རྟེན་ན་ནི་རིན་ཆེན་རྣམ་པ་གསུམ། །ཞེས་ད་ལྟའི་བར་དུ་སྒྲོགས་པ་ཡོད་ཅེས་གྲགས། དེས་ན་སློབ་དཔོན་འདིའི་གསུང་རབས་ལ་གློགས་པ་དང་། བསམ་གཏན་པ་ཐམས་ཅད་ཀྱིས་སངས་རྒྱས་ཀྱི་བཀའ་ལྟ་བུར་ཡིད་ཆེས་པར་བྱའོ། །

མ་དག་འཁྲུལ་པའི་སྣང་ངོར་ང་ཞེས་བདག །རྣམ་དག་རིགས་པས་དཔྱད་ཚེ་གཟུང་འཛིན་བྲལ། །གཉིས་སྟོང་ཡེ་ཤེས་གང་ཟག་བདག་མེད་ལ། །བསྒྲུབ་པ་སྙིང་པོ་བགྱིད་པར་བྱིན་གྱིས་རློབས། ། གསལ་དམིགས་རྟགས་ཀྱིས་ཅི་སྣང་རང་གི་སེམས། །སེམས་གཞན་དོན་མེད་དེ་ཕྱིར་དེ་འཛིན་བྲལ། །གཉིས་སྟོང་ཡེ་ཤེས་ཆོས་ཀྱི་བདག་མེད་ལ། །བསྒྲུབ་པ་སྙིང་པོར་བགྱིད་པར་བྱིན་གྱིས་རློབས། །རྣལ་འབྱོར་སྤྱོད་པའི་དབུ་མའི་ལུགས་ཀྱི་ལྟ་བའི་ཁྲིད་ལ་གཉིས་ལས། དང་པོར་ལྟ་བ་ཐོས་བསམ་གྱིས་གཏན་ལ་འབེབས་ལུགས་ནི། ཐོག་མར་སྣང་བ་སེམས་སུ་ཐག་གཅོད། དེ་ནས་གཟུང་བ་རང་བཞིན་མེད་པར་ཐག་གཅོད། དེ་ནས་འཛིན་པ་རང་བཞིན་མེད་པར་ཐག་གཅོད། གཉིས་པ་སྒོམ་པས་ཉམས་སུ་མྱོང་ཚུལ་ལ་གཉིས་ལས། དང་པོ་བསྒོམ་བྱ་ངོས་བཟུང་བ་ནི། གཟུང་འཛིན་གཉིས་སྟོང་གི་ཡེ་ཤེས་སོ། །གཉིས་པ་ཇི་ལྟར་བསྒོམ་པའི་ཚུལ་ནི། སེམས་བསྐྱེད་སྔོན་དུ་བཏང་ནས་ཡེ་ཤེས་དེ་ཉིད་ལ་མཉམ་པར་གཞོག་པའོ། །དེའི་ཚུལ་ནི་ཡོད་མེད་དང་ཡིན་མིན་སོགས་སྤྲོས་པའི་མཚན་མ་ཡིད་ལ་མི་བྱེད་པའོ། །དེའི་རྗེས་ཐོབ་ཏུ་ནི་སྣང་གྲགས་ཀྱི་ཆོས་ཇི་སྙེད་པ་ཡུལ་དུ་བྱས་ནས། སྤྲོས་པའི་མཚན་མ་གང་དུའང་མ་འཛིན་པ་དེ་ལ་ནི་སྣང་སྟོང་ཟུང་འཇུག་ཅེས་ཀྱང་བྱ་ལ། དེའི་ངང་ནས་བསོད་ནམས་ཀྱི་ཚོགས་རྒྱ་ཆེན་པོ་ལ་འཇུག་གོ། །དེའི་སྔོན་གྱི་མཉམ་གཞག་དེ་ལའང་གསལ་སྟོང་ཟུང་འཇུག་ཅེས་བྱ་སྟེ། གསལ་རིག་གི་ངོ་བོ་ལས་མ་གཡོས་བཞིན་དུ་རྣམ་རྟོག་གིས་སྟོང་བའི་ཕྱིར་རོ། །

སྟོང་པ་འགག་མེད་ཡེ་ཤེས་འཆར་ཚུལ་གྱིས། །སྣང་སྲིད་ཐམས་ཅད་ཡེ་ཤེས་ངོ་འཕྲོད་ནས། །གང་ཤར་སྟོང་ཉིད་སྙིང་རྗེའི་རྣམ་རོལ་གྱིས། །ཅི་བྱེད་ཐབས་མཁས་ལམ་གྱི་གསེར་འགྱུར་རྩི། །མཉམ་བཞག་སྟོང་གསལ་ནམ་མཁའ་ལྟ་བུའི་ངང་། །རྗེས་ཐོབ་མ་རྟོགས་འགྲོ་ལ་བརྩེ་བ་ཅན། །སྟོང་ཉིད་སྙིང་རྗེའི་སྙིང་པོ་ཅན་ཉིད་ལ། །བསྒྲུབ་པ་སྙིང་པོར་བགྱིད་པར་བྱིན་གྱིས་རློབས། །བློ་གྲོས་མི་ཟད་པ་ལས། ཐབས་ཤེས་རབ་ཀྱི་ངོས་འཛིན་བཞིན་གསུངས། ཀླུ་སྒྲུབ་ཀྱིས། སྟོང་ཉིད་སྙིང་རྗེ་དབྱེར་མེད་པ། །དེ་ནི་སངས་རྒྱས་ཡེ་ཤེས་འདོད། །ཅེས་དང་། ཨ་ཝ་དྷཱུ་ཏི་པས། སྟོང་ཉིད་སྙིང་རྗེ་གཅིག

པར་ནི། །ཞེས་སོགས་དང་། སེང་གེ་བཟང་པོས། སྟོང་པ་ཉིད་དང་སྙིང་རྗེ་ཡི། སྙིང་པོ་ཅན་གྱི་བྱང་སེམས་ཉིད། གཙོ་བོར་ཤེར་ཕྱིན་བསྒོམ་པ་ཡིན། ཅེས་གསུངས། ཀ་མ་ལ་ཤཱི་ལས། སྦྱོར་བ་བྱང་སེམས་ཀྱིས་ཟིན་པ། དངོས་གཞི་མི་དམིགས་པ། མཇུག་བྱང་ཆུབ་ཏུ་བསྔོ་བ་ལ། ཐབས་ཤེས་ཟུང་འཇུག་གི་དོན་དུ་བཤད། དེས་ན་སྦྱིན་པ་ཟན་ཁམ་གཅིག་གཏོང་དམ། ཏིང་ངེ་འཛིན་ཐུན་གཅིག་བསྒོམ་པ་འདི་གསུམ་གྱིས་ཟིན་ན། ཟུང་འཇུག་མཚན་ཉིད་པར་འགྱུར། ཐབས་གོམས་པའི་དབང་གིས་ཤེས་རབ་དབང་དུ་གྱུར་པ་ཡང་ཟུང་འཇུག་ཡིན། དེ་ལ་ཐབས་མཁས་པ་ཞེས་kུང་བྱ། རྣམ་ཀུན་མཆོག་ལྡན་གྱི་སྟོང་པ་ཞེས་ཀྱང་བྱ། སྦྱོར་བ་ཡང་དག་ཕྱལ་ཞེས་ཀྱང་བྱའོ་གསུང་། ཤ་ར་བས། སྦྱོར་བའི་དུས་སུ་སོ་སོར་རྟོག་པས་བཞིག །དངོས་གཞིའི་དུས་སུ་མི་དམིགས་པར་བསྒོམས། རྗེས་ཀྱི་དུས་སུ་འཁོར་གསུམ་ཡོངས་སུ་དག་པའི་ཚུལ་གྱིས་ཐབས་བསྒོམ་གསུང་། སྟོན་པས། ཤེས་རབ་ཀྱིས་ཟིན་པའི་ཐབས་གོམས་པར་བྱེད་པ་ནི། སྟོང་ཉིད་སྙིང་རྗེའི་སྙིང་པོ་ཅན་ནམ། སྙིང་རྗེ་སྟོང་ཉིད་ཀྱི་སྙིང་པོ་ཅན་ཞེས་ཀྱང་བྱ་སྟེ། སངས་རྒྱས་ཀྱི་ཆོས་ཐམས་ཅད་རྩིལ་གྱིས་བསྡུས་ན་འདིར་འདུས་ཏེ། ལ་ལ་ཁོའི་རྒྱུ། ལ་ལ་ཁོའི་འབྲས་བུ། ལ་ལ་གནས་སྐབས་ཀྱི་ཆོས་ཡིན་པས་དེ་སྦྱོངས་གསུངས། པོ་ཏོ་བས། སྟོང་ཉིད་སྙིང་རྗེའི་སྙིང་པོ་ཅན་གྱི་བྱང་ཆུབ་ཀྱི་སེམས་སྐྱེས་ནས་སངས་རྒྱས་པ་དང་འདྲ། ཞེས་དང་། ཡང་དའི་སེམས་ལ་གཏུབ་པ་ལ། ཨ་ཏི་ཤ་དང་མ་ཕྲད་སྐམ་ན་ཡང་། །སྟོང་ཉིད་སྙིང་རྗེའི་སྙིང་པོ་ཅན་གྱི་བྱང་སེམས་བསྒོམ་གསུངས།

ཕྱལ་ཕྱུང་ལྔ་པའི་རིགས་ལམ་དང་བྲལ་ཞིང་། །རྨད་བྱུང་བརྩེ་བའི་སྤྱོད་པ་ཁྱད་གསད་ནས། །ཐབས་ཤེས་བྲལ་བའི་སྲིད་ཞིའི་མཐར་ལྷུང་ཀུན། །བདག་གི་ཚུལ་འདིར་འཇུག་ནུས་བྱིན་གྱིས་རློབས། །རྫོགས་ཆེན་པ་འགའ་ཞིག་ཀུན་བྱེད་ཀྱི་དོན། སྣང་གྲགས་ཐམས་ཅད་བྱང་སེམས་ཀུན་ཏུ་བཟང་པོའི་ཐིག་ལེ་ཉག་གཅིག་དང་། ཆོས་དབྱིངས་རང་བཞིན་རྣམ་དག་དྲི་མ་མེད་པ་དངོས་ཡིན་པས། སྔར་ངོ་མ་ཤེས་པ། ད་བླ་མས་བསྟན་མ་ཐག་ཆོས་སྐུར་ངོ་ཤེས་པ་དེ་ཉིད་ལ་སངས་རྒྱས་ཟེར་བ་ཡིན། ཐོས་པ་དང་སངས་རྒྱས་པ་དུས་མཉམ། སྙིང་ཐིག་པ་འགའ་ཞིག་རིག་པ་བག་ལ་ཉལ། སངས་རྒྱས་དང་སེམས་ཅན་རིས་སུ་མ་ཆད་པ་མང་པོ་མཐའ་ཡས་པ་དབྱིངས་ཟེར་བ་ཞིག་གི་ནང་ན་ཡོད། དེ་ངོ་ཤེས་ན་ཚོགས་མ་བསགས་ཀྱང་། དག་པ་གཉིས་ལྡན་གྱི་སངས་རྒྱས་སུ་འགྲོ་བ་མཐའ་ཡས་མོད། ཅེས་དང་། བར་དོ་གསང་འཁོར་དུ། ལམ་མཐར་ཐུག་མིག་མཐེབ་འཛུབ་ཀྱིས་བཙིར་བས་འོད་དཀར་ཤར་རེ་བ་དེ་ལ་བལྟས་ན། ལོ་ཟླ་སངས་རྒྱས་པར་འདོད་པ་སོགས། མཐོང་གྲོལ། ཐོས་གྲོལ། བཏགས་གྲོལ་སོགས། ཚིག་ཉུང་དུ་སླ་བ་སོགས། བསོད་ནམས་ཆུང་དུ་ཆོས་འདི་དང་མི་འཕྲད་ལ། ཕྲད་ནས་བསླབ་པ་གསུམ་གྱི་ཉམས་ལེན་གང་ཡང་མི་དགོས་པར་གྲོལ་བར་འདོད་ཅིང་། ཐབས་ཆ་ཁྱད་དུ་གསོད་པ་དང་། འགའ་ཞིག །ད་ལྟ་སྟོང་པ་ཉིད་བསྒོམ་པའི་དུས་ལ་མ་བབ་ཅེས་ལུས་ངག་གི་སྤྱོད་པ་ཁོ་ན་ལ་ཞེན་ནས་ཤེས་རབ་ཁྱད་དུ་གསོད་པ་དག་བྱུང་མོད། དེ་དག་མི་འཐད་པའི་ཚུལ་གོང་དུ་ཐབས་ཤེས་གཉིས་ཀ་ལ་སློབ་དགོས་པར་བཤད་པ་ལས་རྟོགས་པར་ནུས་སོ། །ཐབས་ཤེས་པ་བྲལ་བའི་གྲུབ་ཐོབ་སངས་རྒྱས་ཀྱིས་ཀྱང་མི་ཤེས། ཞེས་དམ་པ་སྤྲ་མ་གསུངས། ཤིང་རྟ་ཆེན་པོའི་ལྟ་སྒོམ་གྲུབ་མཐའ་ལ། །སངས་རྒྱས་སྟོང་གིས་གཡས་ནས་ལུང་གཞན་སྟོན། །གཡོན་ནས་བདུད་དཔུང་བྱེ་

བས་ཀློལ་ཡང་རུང་། །གཡོ་མེད་རང་ས་ཟིན་པར་བྱིན་གྱིས་རློབས། །

མཁས་པ་ཆེན་པོ་ཁ་ཅིག །ཐོགས་མེད་སྐུ་མཆེད་སོགས་བཞེད་པའི་གཞན་སྟོང་གི་ལྟ་བ་དེ་ཉིད་མཆོག་ཏུ་བསྒྲུར་གྱི། ཐལ་རང་སོགས་རང་སྟོང་གི་ལྟ་བ་དེ་དག་ཆད་ལྟ་ཕྱོགས་ནར་འདོད་པ་དང་། ཡང་མཁས་པ་ཁ་ཅིག་ཟླ་བ་གྲགས་པ་འདོད་པའི་ཐལ་འགྱུར་བའི་ལྟ་བ་དེ་ཉིད་མཆོག་ཏུ་བསྒྲུར་གྱི། དེ་ལས་གཞན་རྣམ་རིག་པའི་ལྟ་བ་སོགས་ཀྱིས་ཐམས་ཅད་མཐྱེན་པ་ལྟ་ཅི་སྨོས། ཐར་པ་ཙམ་ཡང་མི་ཐོབ་ཅེས་འདོད་མོད། དེ་དག་གི་དགག་བསྒྲུབ་རྒྱས་པ་རྗེ་རིན་པོ་ཆེ་གསེར་མདོག་ཅན་པའི་གསུང་རབས་ན་བཞུགས་སོ། །ཅུང་ཟད་བརྗོད་ན། དབུ་མ་ནི་གཉིས་ཏེ། རྣལ་འབྱོར་སྤྱོད་པའི་དབུ་མ་པ་དང་། ངོ་བོ་ཉིད་མེད་པར་སྨྲ་བའི་དབུ་མ་པའོ། དང་པོ་ལ། རང་སྟོང་དུ་སྨྲ་བ་དང་། གཞན་སྟོང་དུ་སྨྲ་བའོ། །ངོ་བོ་ཉིད་མེད་པར་སྨྲ་བ་ལ་ཡང་། ཐལ་རང་གཉིས་ལས། རང་རྒྱུད་པ་ལ། གནས་སྐབས་ན་མདོ་སྡེ་པ་ལྟར་ཁས་ལེན་པ་དང་། སེམས་ཙམ་པ་ལྟར་ཁས་ལེན་པའོ། །རང་ལུགས་ལ། རང་སྟོང་དང་གཞན་སྟོང་སྨྲ་བའི་ལྟ་བ་གཉིས་ཀ་རྣམ་དག་ཡིན། དེའང་ཐོས་བསམ་གྱིས་གཏན་ལ་འབེབས་པའི་ཚེ། རང་སྟོང་གི་ལྟ་བ་དེ་མཆོག །བསྒོམ་པས་ཉམས་སུ་ལེན་པའི་ཚེ། གཞན་སྟོང་གི་ལྟ་བ་དེ་མཆོག །དེའང་སྔགས་ཀྱི་ཉམས་ལེན་ལྟ་བུ་དང་སྦྲེལ་བའི་ཚེ་གཞན་སྟོང་གི་ལྟ་བ་དེ་མཆོག །དེའང་དབུ་མ་གཉིས་ཀ་རྣམ་གཞག་དུ་བལྟ་ཚུལ་ལ་ཁྱད་མེད། དེ་ལས་ལངས་པའི་རྗེས་ཐོབ་ཏུ་འདོགས་ཚུལ་ལ་ཁྱད་པར་ཡོད་དེ། གཞན་སྟོང་སྨྲ་བས་ནི་གཉིས་མེད་ཀྱི་ཡེ་ཤེས་དེ་ཉིད་དོན་དམ་བདེན་པ་བདག་དམ་པ། རྟག་བརྟན་ཞི་བ་གཡུང་དྲུང་དང་། བདེན་གྲུབ་ཏུ་ཐ་སྙད་འདོག་པར་བྱེད། གཅིག་ཤོས་ཀྱིས་ནི་བདེན་གྲུབ་མེད་པའི་ཕྱིར། བདེན་མེད་ཀྱང་ཡོད་པར་ཁས་མི་ལེན་ནོ། །ཆ་མེད་པའི་རྒྱུས་གཏམ་སྨྲ་བ་ལ་རིངས་པ་ཁ་ཅིག །རྗེ་གསེར་མདོག་ཅན་པའི་ལུགས་ནི་ཇོ་ནང་པ་ལྟར་སྨྲ་བར་བཞེད་པ་ཡིན་ནོ་ཞེས་སྨྲ་བ་མི་འཐད་དེ། ཇོ་ནང་པའི་ལུགས་ཀྱི་ཆོས་ཉིད་ཡོངས་གྲུབ་དེ། ཆོས་ཅན་གཞན་དབང་དང་ཀུན་བཏགས་ཀྱིས་སྟོང་བ་ནི་གཞན་སྟོང་གི་དོན་དུ་འཆད་ཀྱི། རྗེ་གསེར་མདོག་ཅན་པ་ནི། ཡང་དག་མ་ཡིན་ཀུན་རྟོག་ཡོད། །དེ་ལ་གཉིས་པོ་ཡོད་མ་ཡིན།།ཞེས་འབྱུང་བ་ལྟར། གཞན་དབང་སྟོང་གཞིའི་ཆོས་ཅན་དང་། གཟུང་འཛིན་ཀུན་བཏགས་གཉིས་པོ་གང་གིས་སྟོང་པའི་དགག་བྱ་དང་། གཟུང་འཛིན་གཉིས་མེད་ཀྱི་ཡེ་ཤེས་སྟོང་པའི་དངོས་པོར་འཆད་པའི་ཕྱིར། འཁོར་བའི་ཚུལ་ལ་ཡིད་བརྟན་མི་འདུག་ཅིང་། །བདག་ཀྱང་མ་དག་ཞིང་གིས་ཡིད་འབྱུང་ནས། །རྣམ་དག་དག་པའི་ཞིང་དུ་འཕོ་འདོད་ན༔ །ཚེ་འདིར་དགའ་ལྡན་གནས་སུ་དྲང་དུ་གསོལ། །ཚེ་འདིར་དག་པའི་ཞིང་དེར་མ་བསྒྲོད་ན། །ནམ་ཞིག་ཚེ་འདིའི་འདུ་བྱེད་གཏོང་བའི་ཚེ། །འོད་ཟེར་སྣ་ཀུའི་འཕོ་བ་རྣམ་དག་གིས། །ཡང་སྲིད་མེད་པར་དགའ་ལྡན་གནས་སུ་དྲོངས། །བར་དོ་ཤར་ནས་སྐྱེ་བ་ལེན་སྲིད་ནའང་། །བར་དོ་ལམ་བྱེད་ཉམས་ལེན་འཁྲུལ་མེད་ཀྱིས། །སེམས་ཉིད་འཁྲུལ་པའི་དབང་དུ་མ་སོང་བར། །དགའ་ལྡན་གནས་སུ་བསམ་བཞིན་སྐྱེ་བར་མཛོད། །དགའ་ལྡན་དག་པའི་ཞིང་དེར་སྐྱེས་ནས་ཀྱང་། །ལུས་འདི་དབང་པོའི་ལུས་སུ་བྱིན་རླབས་ཏེ། །ཞིང་དེའི་རྒྱལ་ཚབ་མགོན་པོ་ཁྱོད་ཉིད་ཀྱིས། །ཟབ་ཅིང་རྒྱ་ཆེའི་ཆོས་ཚུལ་བསྟན་དུ་གསོལ། །ཟབ་ཅིང་རྒྱ་ཆེའི་ཆོས་ཚུལ་བསྟན

ནས་ཀྱང་། །རྒྱལ་སྲས་ཐེག་མཆོག་གྲོགས་དང་ལྡན་ཅིག་ཏུ། །བདེ་བ་ཅན་དང་མངོན་པར་དགའ་བ་སོགས། །ཞིང་གཞན་བསྒྲོད་དང་རྒྱལ་བ་མཉེས་བྱེད་ཤོག །ཞིང་གཞན་བསྒྲོད་དང་རྒྱལ་བ་མཉེས་ནས་ཀྱང་། །རྫོགས་སྨིན་སྦྱངས་གསུམ་གཞན་ཕན་ལྷུན་གྲུབ་སྟེ། །མ་དག་ཞིང་གི་དྲིན་ཅན་ཕ་མ་རྣམས། །དག་པའི་ཞིང་དུ་དགྲི་བའི་ཕྲིན་ལས་སྟོལ། འཕགས་པ་ཐོགས་མེད་ནས་བརྒྱུད་པའི་གཞན་སྟོང་སྨྲ་བའི་རྣལ་འབྱོར་སྤྱོད་པའི་དབུ་མ་པའི་བཤད་བསྒྲུབ་ཀྱི་བརྒྱུད་པ་ནི། སྟོན་པ་ཐུབ་པའི་དབང་པོ། བྱམས་པ། ཐོགས་མེད། དབྱིག་གཉེན། བློ་བརྟན། ཤཱནྟི་པ། སའི་ཅ་ལན། ཛྙཱ་ན་ཤྲཱི་ཡ། ཛོ་ན་མི་ཏྲ། ཤི་ལེནྡྲ་བོ་དྷི། ལུགས་གཞན་དུ་འདི་མེད་པའང་འོང་། ཀ་ཅོག་ཞང་གསུམ། ལྷ་ལུང་དཔལ་གྱི་རྡོ་རྗེ། འགར་མི་ཡོན་ཏན་གཡུང་དྲུང་། ར་སྟོན་བློ་བཟང་། ར་སྟོན་ཁྲི་བཟང་འབར། བྲང་ཏི་དར་མ་སྙིང་པོ། འཆིམས་བརྩོན་སེང་། རྒྱང་རོ་དར་མ་མགོན། འཆིམས་བརྩོན་རྒྱན། ཤོངས་བློ་བརྟན། ལོ་ཙྪ་བ་མཆོག་ལྡན། སང་ལོ་ཆེན་པོ། ལོ་ཆེན་བྱང་རྩེ། ལོ་ཙྪ་བ་གྲགས་རྒྱལ། དེ་ལ་ཀུན་མཁྱེན་རོང་པོ་དང་། པཎ་ཆེན་ཕྱོགས་ལས་རྣམ་རྒྱལ་གཉིས་ཀས་གསན། དེ་གཉིས་ཀ་ལ་བཟད་པ་བློ་རྒྱན་པས་གསན། དེ་ལ་མཁས་གྲུབ་དོན་ཡོད་དཔལ་གྱིས་གསན། དེ་ལ་རྗེ་རིན་པོ་ཆེ་གསེར་མདོག་ཅན་པས་གསན། བརྒྱུད་ཡིག་འགའ་ཞིག་ལས། ཛོ་ན་མི་ཏྲ་ཡན་ཆད་མཐུན། དེ་ནས་མི་མཐུན་པ་སྣ་ཚོགས་བྱུང་། དེ་ཡང་ལྷ་ལུང་དཔལ་གྱི་རྡོ་རྗེ་ནས། སྦས་རྒྱལ་བ་ཡེ་ཤེས། གྲུ་མཆོག་གི་ཡེ་ཤེས། སོ་བཙུན་གཞོན་ནུ་དབང་ཕྱུག ། དེ་ནས་འགར་མི། ཡང་འགའ་ཞིག་ལས། ལྷ་ལུང་དཔལ་གྱི་རྡོ་རྗེ། སྦས་རྒྱལ་བ་ཡེ་ཤེས། ཅོག་གྲུ་རྒྱལ་བ་ཡེ་ཤེས། དེ་ནས་སོ། དེ་ནས་འགར་མིའོ། །འགར་མི་ནས། འགའ་ཞིག་དུ། རྒྱ་ཚུལ་ཡེ། རྔ་སྟོན་ཁྲི་བཟང་། མི་སྟོན་ཆོས་གྲགས། དེ་ནས་བྲང་ཏི་ཞེས་དང་། ཡང་འགའ་ཞིག་ཏུ། འགར་མི། དེ་ནས་ཁུ་སྟོན། རྔ་ཁྲི་བཟང་། རྒྱ་ཚུལ་ལོ། དེ་ནས་བྲང་ཏི། བྲང་ཏི་ནས་འཆིམས། བརྩོན་སེང་ལ་བརྒྱུད་པ་དང་། ཀོ་ཡེ་འབྱུང་ལས་བརྒྱུད་པ། རོག་ཆོས་ཀྱི་བརྩོན་འགྲུས་ལས་བརྒྱུད་པ་ལ་དགོས་པ། བརྒྱུད་པའི་རྣམ་གྲངས་མཐའ་ཡས་པར་གྱུར་སོ། །རྗེ་གསེར་མདོག་ཅན་པའི་དྲུང་དུ། བདག་གིས་དང་པོར་མངོན་པ་ཀུན་ལས་བཏུས་ཀྱི་བཤད་པ་ཚར་གཅིག ། དེའི་རྗེས་སུ་རྗེས་མཛད་པའི་དཀའ་འགྲེལ་གྱི་སྟེང་ནས་ཚར་གཅིག་ཐོས། ཡང་མདོ་སྡེ་རྒྱན། རྒྱུད་བླ། དབུས་མཐའ་སོགས་ཀྱི་བཤད་ལུང་། སུམ་ཅུ་པ། ཉི་ཤུ་པ། ཕུང་པོ་ལྔའི་རབ་བྱེད་སོགས་ལ་རྗེས་མཛད་པའི་ཊཱི་ཀའི་སྟེང་ནས་བཤད་ལུང་རྣམས་ཐོས། མཁས་གྲུབ་དོན་ཡོད་དཔལ་གྱི་དྲུང་དུ། བྱམས་ཆོས་ལྔའི་ལུང་ཐོས། ཡང་གཞན་སྟོང་སྨྲ་བའི་རྣལ་འབྱོར་སྤྱོད་པའི་དབུ་མ་པའི་ལྟ་གྲུབ་ཀྱི་སྙིང་པོ་སྟོན་པ་ལ་ཆེས་མཆོག་ཏུ་གྱུར་པའི་ཚད་མའི་སྐོར་ལ། རྗེ་གསེར་མདོག་ཅན་པའི་དྲུང་དུ། རྔོག་ལོ་ནས་བརྒྱུད་པའི་ཚད་མ་རྣམ་ངེས་ཀྱི་ལུང་ཐོས། དེ་རྣམས་ཀྱི་བརྒྱུད་ཡིག་ཟུར་ན་གསལ། གྲུབ་པའི་བསྟན་བཅོས་ཚད་མ་རྣམ་འགྲེལ་གྱི་བརྒྱུད་པ་ནི། རྗེ་གསེར་མདོག་ཅན་པས་མཛད་པའི་བརྒྱུད་པའི་གསོལ་འདེབས་བཞིན་ནོ། །བྱང་སེམས་སྨོན་པ་མདོ་སྡེ་བཞིན་ཉམས་སུ་ལེན་པའི་ནང་གི་ཉམས་ལེན་གྱི་སྐབས་ཏེ་གཉིས་པའོ།། ༎

༄ ན་མོ་གུ་རུ་ཝེ། གསང་གསུམ་འདུས་པའི་དཔལ་ལྡན་རྡོ་རྗེ་འཆང་། །གསང་ཆེན་བཀའ་ཡི་མཛོད་འཛིན་གསང་བའི་བདག །དབང་དུས་མཆོག་གཉིས་ཤཱཀྱ་བོ་དྷི་ཞབས། །འདིས་དབང་དུས་སུ་གྲུབ་པ་བརྙེས་ཤིང་།

དུས་འཁོར་གྱི་རྒྱུད་ཕྱི་མ་ལས་ཀྱང་། རྒྱལ་པོ་ཨིནྡྲ་བོ་དྷི་དང་ཞེས་ལུང་བསྟན། ཕྱག་འཚལ་གསོལ་འདེབས་སྙིང་ནས་སྐྱབས་སུ་མཆི། །འཇའ་ལུས་སྐུར་བཞེངས་ཀླུ་ཡི་རྣལ་འབྱོར་མ། །འདིས་འདུས་པ་ལ་བརྟེན་ནས་ཟུང་འཇུག་གི་སྐུ་བརྙེས། རྒྱལ་རིགས་གྲུབ་བརྙེས་བི་སུ་ཀལྤའི་ཞབས། འདིས་ཏེ་ནྟ་ཀ་རང་བྱུང་གི་ལྷ་ཁང་དུ་དབང་བསྐུར་མན་ངག་ཐོབ་སྟེ་གྲུབ་པ་བརྙེས། འཛམ་གླིང་གྲུབ་ཐོབ་སྤྱི་མེས་ས་ར་ཧ། །ཕྱག་འཚལ་གསོལ་འདེབས་སྙིང་ནས་སྐྱབས་སུ་འཆི། །ཀླུ་སྒྲུབ་ཤིང་རྟ་ཆེན་པོ་འགྲོ་བའི་མགོན། །མཐར་ཕྱིན་མུན་པ་ཀུན་སེལ་འཕགས་པ་ལྷ། བླ་མ་མཆོག་མཉེས་ཤཱཀྱ་བཤེས་གཉེན་ཞབས། །ཕྱག་འཚལ་གསོལ་འདེབས་སྙིང་ནས་སྐྱབས་སུ་འཆི། །འཆི་མེད་རིག་འཛིན་ཀླུ་ཡི་བྱང་ཆུབ་ཞབས། །འདི་ད་ལྟ་ཡང་དཔལ་གྱི་རི་ལ་བཞུགས། འཇིགས་བྲལ་ཕྱོགས་ལས་རྣམ་རྒྱལ་ཟླ་བ་གྲགས། །རིམ་པ་ལྔ་བསྒོམ་སློབ་པའི་རྡོ་རྗེ་ལ། །འདི་ལ་འཕྲུ་བའི་སློབ་མ་མཆོག་བཞིས་གདམས། ཕྱག་འཚལ་གསོལ་འདེབས་སྙིང་ནས་སྐྱབས་སུ་འཆི། །བརྟུལ་ཞུགས་གྲུབ་པའི་གྲུབ་ཆེན་ནག་པོ་པ། །འདི་བདེ་མཆོག་བརྒྱུད་པའི་ནག་པོ་པ་དང་གཅིག །འདིས་དྲི་མེད་བློ་གྲོས་དང་པ་འདྲེས་པ་གཉིས་ལ་གདམས། མཚུངས་མེད་རྒྱལ་བའི་སྲས་པོ་ས་འདྲེས་པ། །འདིས་མངོན་ཤེས་ཅན། བཙུན་མོ་ཅན། ཤཱནྟི་པ། དཔལ་སྦས། མར་མེ་མཛད་ལྔ་ལ་གདམས། མཁས་མཆོག་བསླབ་གསུམ་ནོར་ལྡན་བརྟོན་འགྲུས་བཟང་། །ཕྱག་འཚལ་གསོལ་འདེབས་སྙིང་ནས་སྐྱབས་སུ་འཆི། །རྟོགས་འཆང་སྐད་གཉིས་སྨྲ་བའི་སྒྲ་བསྒྱུར་མགོས། །འདིས་རྒྱ་གར་ལ་ལན་བཅུ་གཉིས་བྱོན་པཎྜི་ཏའི་བླ་མ་བདུན་ཅུ་ཐམ་པ། མཁའ་འགྲོའི་བླ་མ་གཉིས་ཏེ་བདུན་ཅུ་གཉིས་ལ་ཆོས་གསན། དེའང་རྒྱ་གར་དང་། བལ་པོ་དང་། ཁ་ཕྱེའི་མཁས་ཟེར་ཚད་ལ་གཏུགས་ནས། ཕྱིར་ཐམས་ཅད་ལ་སྤྲུངས་ཁྲིད་པར་འདུས་པ་ལ་མཁས་པར་སྦྱངས། །འདུས་པའི་བླ་མ་རྣམས་ཀྱི་ནང་ནས་ཀྱང་། མངོན་ཤེས་ཅན། བཙུན་མོ་ཅན། རྡོ་རྗེ་གདན་གྱི་ནག་པོ་པ་གསུམ་གྱི་ལུགས་སུ་གཞུང་འཆད། གདམས་པ་ཡང་དེ་གསུམ་ལས་གཙོ་བོར་བྱུང་གསུང་། འདི་ལ་སློབ་མ་རྒྱུད་ཀྱི་ཀ་བ་ཚུགས་པ་བཞི། མན་ངག་གི་གདུང་མ་ཐེག་པ་བརྒྱད། ལས་ཚོགས་ཚོགས་ཀྱི་ཕྲིན་ལས་ལ་མཁས་པ་ཕྲམ་དང་གྲལ་མ་གཞིབས་པ་ལྟར་བྱུང་བ་ལས།

ཀ་ཆེན་བཞིའི་ནང་གི་ཆེས་མཆོག་ཏུ་གྱུར་པ་ནི། རིག་འཛིན་སྟེ་སྟོད་ཀུན་མཁྱེན་མ་དར་བ། །འཕགས་སྐོར་འདུས་པའི་སྲོལ་འཛིན་རྗེ་བཙུན་རྡོག །ཕྱག་འཚལ་གསོལ་འདེབས་སྙིང་ནས་སྐྱབས་སུ་འཆི། །འདིས་མདོ་ཁམས་ནས་འོངས། སྒྲོ་སྨོན་ཅན་དུ་བབས། མགོན་གྱིས་རྒྱ་གར་ཕྱགས་མ་འཁོར་བ་དང་མཇལ། འདུས་པའི་དབང་དང་རྒྱུད་མན་ངག་ཞུས། མཛད་དགའ་ལྡན་དང་། དོལ་དུ་མི་ཏོག ། མཛེས་ལྡན་གཉིས་བཏབ། ཕྱིས་མར་སྟོན་ལ་འདུས་པ་གསན། མགོས་ཀྱི་ཕྱི་འགྱུར་གྱི་ཕྱགས་ཆོས་ལ་མཁས་པར་སྦྱངས། དགོན་པ་རི་སྟེང་ཡང་བཟུང་ངོ་། །དེ་སྲས་མཚུངས་མེད་ཉི་མ་སེང་གེ་དང་། །འདི་ཐུབ་པ་དང་འདྲ་བར་གྱུར་པས། རྟོག་མུ་ནེར་གྲགས། དགོན་པ་བྲག་ལྷག་བཏབ། ཛམྦྷ་ལའི་ཞལ་གཟིགས། བསོད་ནམས་ཆེན་པོ་སྐྱེས། ཚེ་བཙུན་དཔག་ཏུ་མེད་པ་འདུས། ཁྱད་པར་དུ་དབུས་གཙང་གི་རྗེ་སྲས་མི་བཞིར་གྲགས་པ། འབྲིང་མཚམས་ཀྱི་ཞང་། སྨན་ལུང་གི་དབྱུལ། མཁའ་རག་གི

མཉེས། ཡར་ལུངས་ཀྱི་ཁྲུ་རྣམས་ཀྱི་བླ་མར་གྱུར་ཞིང་། བརྒྱུད་འཛིན་མཆོག་ཏུ་གྱུར་པ་ནི། རྨད་བྱུང་སྤྱོད་པས་རྒྱུད་ཕྱུག་ཉི་མ་འབུམ། །ཕར་མགོས་ལུགས་གཉིས་བཀའ་བབས་འཕགས་པ་སྐྱབས། །འདིས་མཁན་པོ་ཚུལ་ཁྲིམས་སྐྱབས་པ་ལ་འདུས་པ་མར་ལུགས་གསན། ཕྱག་འཚལ་གསོལ་འདེབས་སྙིང་ནས་སྐྱབས་སུ་འཆི། །སྣང་སྲིད་སྒྱུ་མར་ཐུགས་ཆུད་གཞོན་ནུ་འོད། །འདིའི་བརྩམས་ཆོས་ལ་འབུམ་ཙམ་ཡོད་པར་གྲགས། མ་བྱོན་སངས་རྒྱས་གསུམ་པ་ཆོས་སྐྱ་འདོད། །འདི་ཁ་ཆེ་པཎ་ཆེན་གྱི་སྐྱེ་བར་གྲགས་ཤིང་། དགུང་ལོ་ལྔ་པའི་དུས་ཡབ་མེས་ཀྱི་ཆོས་རྣམས་མཁྱེན་པར་གྲགས། བཀའ་ལུང་མན་ངག་མཛོད་འཛིན་འཕགས་པ་འོད། །ཕྱག་འཚལ་གསོལ་འདེབས་སྙིང་ནས་སྐྱབས་སུ་འཆི། །འདིས་དགུང་ལོ་བཅོ་ལྔ་ལ། ཀུན་མཁྱེན་ཆོས་སྐུའི་དྲུང་དུ་རབ་ཏུ་བྱུང་། ཉེར་ལྔ་ལ་སྐྱོ་སྟོན་སློན་ལམ་ཚུལ་ཁྲིམས་ཀྱི་དྲུང་དུ་བསྙེན་པར་རྫོགས་ཏེ། ཀུན་མཁྱེན་ཆོས་སྐུ། བླ་མ་རྫོང་པ། འཇོ་ཡོ་ལྷས་པའི་བླ་མ་སངས་རྒྱས་སྒོམ་པ། ལྕེ་བློ་ལྡན་སེང་གེ། རྗོ་ནང་ཀུན་སྤངས། རོང་པ་ཤེར་སེང་། བླ་མ་གྲགས་ཆེན་པ། སྨྲ་ཆོས་འཕགས། བྱང་སེམས་རྒྱལ་བ་ཡེ་ཤེས་སོགས། དགེ་བའི་བཤེས་གཉེན་བཟང་མང་བསྟེན་ནས་ཐོས་པ་རྒྱ་མཚོའི་ཕ་རོལ་ཏུ་སོན་ཞིང་། བཀའ་ལུང་མན་ངག་གི་མཛོད་ལྟ་བུར་གྱུར་ཏོ། །

སྟོད་ཕྱོགས་སུ་བཞུགས་པའི་སྐབས་ཤིག་ན། སྟོད་ཕྱོགས་ཀྱི་དགེ་བའི་བཤེས་གཉེན་དབང་། ཁྲིད། ལུང་ཞུ་ཟེར་བ་མང་པོ་བྱུང་སྟེ། ཉིན་རངས་ལུང་དང་བཤད་པ་བྱས། མཚན་རངས་ཆོག་བྱས་སུ་ཟིན་ཀྱང་། འཇིག་རྟེན་བློས་བཏང་ནས་བསྒྲུབ་པ་མཐར་འདོན་པ་ཆེར་མ་བྱུང་པོ་ཏེ་ཆར་བཙུགས་ནས་སློབ་གཉེར་རྟོ་ཏུས་ཐུགས་པ་བྱེད་པའང་མང་པོ་མ་བྱུང་བས་ཐུགས་འབྱུང་སྟེ། ཆོས་ཀྱི་རྣམ་གྲངས་བསོག་པའི་ལུང་ཐོབ་ཆོད་མ་ཙུ་ལྔ་བ་ལྔ་བུ་འདི་ལ་དགོས་པ་མི་འདུག་སྙམ་དུ་དགོངས། ཉང་སྟོད་དཀྱིལ་མཁར་ལྕེ་ཁྲུད་ཀྱི་ཕུ་རུ། སྒྲི་ཆུ་གཅིག་གཅིག་པོ་ཞིག་ཏུ་སྐུ་མཚམས་དམ་པོ་བཅད་ནས་བཞུགས་སོ། །དེའི་སློབ་མ་འགྲན་ཟླ་དང་བྲལ་བའི་སྐྱེས་ཆེན་དམ་པ་ནི། ཡོངས་རྫོགས་བསྟན་པའི་མངའ་བདག་རིན་ཆེན་གྲུབ། །ཀུན་མཁྱེན་བུ། ཞྭ་ལུགས་པོ་སྟག་ལ་ཤབ་ཕྱོགས་སུ་སྐུ་འཁྲུངས། གཞོན་ནུ་ལ་རབ་ཏུ་བྱུང་། མཁན་ཆེན་གྲགས་གཞོན་པའི་དྲུང་དུ་བསྙེན་པར་རྫོགས། མཁན་པོ་དང་ལས་སློབ་མཁན་ཆེན་བསོད་ནམས་གྲགས་པའི་དྲུང་དུ་འདུལ་བའི་སྐོར་རྒྱ་ཆེར་གསན། གྲུབ་པ་སེང་གེ །ཚད་མའི་སྐྱེས་བུ་སོགས་ལ། ཕར་ཕྱིན། མངོན་ཚད་སོགས་གསན། ཐར་ལོའི་དྲུང་དུ། སྒྲ་དང་། ལམ་ཟབ་སྐོར་ཁྲིད་དུ་གསན། བླ་མ་རྡོ་རྗེ་རྒྱལ་མཚན་པའི་དྲུང་དུ། དུས་ཀྱི་འཁོར་ལོ་སོགས་གསན། ཀུན་མཁྱེན་འཕགས་པའི་དྲུང་དུ། འཕགས་ཡོག་སོགས། སྔགས་ཆོས་མཐའ་ཡས་པ་གསན། གཞན་ཡང་རྗེ་བླ་མ། གུ་རུ་དཔལ་བཟང་། ཡང་རྩེ་བ་སོགས་བསྟེན་ནས་གསན་པ་མཐར་ཕྱིན་པར་མཛད་དེ་བོད་ཡུལ་གྱི་བསྟན་པའི་བདག་པོར་གྱུར། ཀུན་མཁྱེན་ཆོས་སྐུའི་སྐྱེ་བར་ཡང་གྲགས། དགུང་ལོ་སོ་གཅིག་ལ། ཞ་ལུའི་ཁྲི་ཐོག་ཏུ་ཕེབས་དུག་ཅུ་རྩ་བདུན་ལ་གདན་ས་གནང་། ཀུན་སྤངས་ཀྱི་ཚུལ་གྱིས་ལོ་དགུའི་རིང་ལ་བཤད་སྒྲུབ་མཛད། དོན་ལྔ་པ་ལ་དགའ་ལྡན་དུ་གཤེགས། དེ་ཡང་། ཀུན་མཁྱེན་འཕགས་པ་སྤྱན་འདྲེན་བཏང་བའི་ཕོ་ཉས་སླེབས་ཡོང་བའི་ནུབ་མོ་རྨི་ལམ་དུ། མཐོང་ཁྲུངས་ལྷ་བུ་ཞིག་གི་ཕ་རོལ་ན། རྫོར་དྲིལ་ཞིག་དང་བུམ་པ་ཞིག་འདུག་པ། ལེན་འདོད་ནས། མི་ཞིག་ལ་དེ་པ་ཚུར་ཐོང་བྱས་པས། ཁོང་

སྒྱུར་དུ་གཏོད་དུ་མ་འདོད་པར། ང་རང་རྒྱངས་ཀྱིས་འཕྱོངས་ལ་བླང་དགོས་སྙམ་པ་དང་། གཉིད་སད་དོ། །ཀུན་མཁྱེན་འཕགས་པ་ཡོང་གསུང་བའི་ལོན་ནང་པར་ཡོང་བའི་དོ་ནུབ་རྨི་ལམ་ན། སྔར་རྨི་ལམ་ལ་བྱུང་བའི་བུམ་པ་དེ་ལ། ཁ་རྒྱན་མགུལ་བཅིངས་དང་བཅས་པ། ནང་ཆུ་ཡིས་ཅུང་ཟད་མ་ཁེངས་པ་ཞིག་བུད་མེད་ཅིག་གིས་ཁྱེར་བྱུང་ནས། འདི་རྩ་བ་ཁྱོད་རང་གི་ཡིན་ཏེ། ན་ནིང་ནས་གཉིས་རམ་ན་ཕར་ལ་འཁྲུམས་པ་ཡིན། ད་ཁྱོད་རང་ལ་གཏོད་པ་ཡིན་ནོ་ཟེར་ནས་གཏོད་པ་གསལ་པོ་ཞིག་རྨིས། གཞན་བཙུན་པ་ག་འདྲ་རྣལ་འབྱོར་པ་ག་འདྲ་ཞིག་གིས་རྡོ་དྲིལ་དེ་གཏད་པ་སྙམ་བྱེད་པ་རྨིས། དེ་ནས་ཀུན་མཁྱེན་འཕགས་པ་ལ། རིམ་ལྔ་དམར་ཁྲིད་དུ་ཞུས་པས། སངས་རྒྱས་བྱང་སེམས་དཔག་ཏུ་མེད་པ་ཞལ་གཟིགས། གཞན་ཡང་རྔོག་ལུགས། མར་ལུགས། ཇོ་བོ་ལུགས། ཕྱག་ལུགས་རྣམས་ཀྱི་འདུས་པའི་བཤད་བཀའ། ལུང་བཀའ། མན་ངག་གི་བཀའ་ཐམས་ཅད་ཚར་བར་གསན་ཞིང་། བཤད་བསྒྲུབ་ཀྱིས་གཏན་ལ་ཕབ་བོ། །དེ་སྲས་སྔགས་འཆང་གཙོ་བོ་བྱུང་ལྷས་པ། །འདི་བྱ་སྤྱོད་ལ་མཁས་པར་གྲགས་ཤིང་། ཙོང་པ་དང་། འཇམ་དབྱངས་དགུ་ཤྲཱིའི་བླ་མའང་ཡིན། རྗེ་བཙུན་དམ་པ་ཡེ་ཤེས་རྒྱལ་མཚན་ཞབས། ཕྱག་འཚལ་གསོལ་འདེབས་སྙིང་ནས་སྐྱབས་སུ་འཆི། །

སྒོམ་བརྩོན་རྡོ་རྗེ་འཛིན་མཆོག་ངོར་ཆེན་པ། འདི་ཆུ་ཕོ་ཁྱི་ལ་ས་སྐྱར་འཁྲུངས། ཆོས་རྗེ་ཡེ་ཤེས་རྒྱལ་མཚན་པའི་དྲུང་དུ་རབ་བྱུང་བསྙེན་རྫོགས་མཛད། བླ་མ་དེ་ཉིད་དང་། དཔལ་ལྡན་ཚུལ་ཁྲིམས་པ། བླ་ཆེན་ཀུན་རྒྱལ། བུདྡྷ་ཤྲཱི། ས་བཟང་འཕགས་པ། བཀྲ་ཤིས་རིན་ཆེན། ལོ་ཆེན་སྐྱབས་མཆོག་སོགས་བསྟེན་ནས་གསན་པ་མཐར་ཕྱིན་པར་མཛད། རྒྱུད་སྡེའི་དོན་ཕྱིན་ཅི་མ་ལོག་པར་ལོངས་ཤིང་། ལག་ལེན་འཁྲུལ་པ་མེད་པ། དཔལ་ལྡན་ས་སྐྱ་པའི་བསྟན་པ་ལ་བཀའ་དྲིན་ཤིན་ཏུ་ཆེ་ཞིང་། དེའི་ཕྲིན་ལས་ལ་སྐྱེས་པ་ཞིག་གོ །ཞེ་བརྒྱད་པ་ས་མོ་བྱ་ལ་ཨེ་ཝཾ་ཆོས་ལྡན་བཏབ། དེ་ནས་བདུན་ཅུ་རྩ་ལྔའི་བར་ལ་བཤད་བསྒྲུབ་སྤེལ་མར་མཛད་ཅིང་། དོན་ལྔ་པ་ལ་དག་པའི་ཞིང་དུ་གཤེགས། དབང་བསྐུར་རྒྱུད་བཤད་མན་ངག་བསྟན་པའི། རིགས་ཆེ་གསེར་མདོག་ཆེན་པོ། བཀའ་དྲིན་གསུམ་ལྡན་རྩ་བའི་བླ་མ་སོགས། །རྗེ་འདི་ཉིད་ས་མོ་སྤྲེའུ་ལོ་ལ་སྐྱིད་ཤོད་དུ་འཁྲུངས། དགུང་ལོ་བཅུ་པ་ལ་ཀུན་མཁྱེན་རོང་པོའི་དྲུང་དུ། རབ་བྱུང་།དགེ་ཚུལ་དང་། ཉེར་ལྔ་པ་ལ། རྗེ་རྡོ་རྗེ་འཆང་གི་དྲུང་དུ་བསྙེན་རྫོགས་མཛད། བླ་མ་དེ་གཉིས་སོགས་བཤེས་གཉེན་དམ་པ་བཅུ་ཕྲག་བཞི་ལ། མདོ་རྒྱུད་མན་ངག་རིག་གནས་ཕལ་ཆེར་གསན་པ་མཐར་ཕྱིན་པར་མཛད། ཞེ་དགུ་མེ་ཕོ་སྤྲེའུ་ལོ་ལ། གསེར་མདོག་ཅན་བཏབ། དགུང་ལོ་བཅོ་བརྒྱད་ནས་བཟུང་སྟེ། ད་ལྟ་ཤིང་ཕོ་བྱི་ལོ་བདུན་ཅུ་དོན་བདུན་གྱི་བར། ལོ་དྲུག་བཅུའི་རིང་ལ། གཞུང་ཆེན་རྣམས་ལ་མཁས་པའི་བྱ་བ་རྣམ་པ་གསུམ་གྱིས་དུས་འདའ་བར་མཛད་ཅིང་། ད་ལྟར་ཡང་ཞབས་བརྟན་ཅིང་། བསྟན་པའི་བྱ་བ་འབའ་ཞིག་གིས་དུས་འདའ་བར་བཞུགས་སོ། །གསང་བ་འདུས་པའི་རྩ་བརྒྱུད་བླ་མ་ལ། །ཕྱག་འཚལ་གསོལ་འདེབས་སྙིང་ནས་སྐྱབས་སུ་འཆི། །རྒྱུད་རིམ་འདི་ནི། མགོས་ལུགས་ཀྱི་དབང་བཤད་མན་ངག་གསུམ་ཀའི་བརྒྱུད་པའི་དབང་དུ་བྱས་པ་ཡིན། ཡང་འགོས་ལུགས་ཀྱི་དབང་གི་བརྒྱུད་པ་རྗེ་བཙུན་གོང་མ་ནས་བརྒྱུད་པ་ནི། མགོས་ཡན་སྔར་དང་འདྲ་བ་ལ། མགོས་ནས། དབུས་པ་སྤྱིར་སེར། ཁའུ་པ་སྐྱ་མཆེད། རྗེ་ས་ཆེན། ཁའུའི་རྡོ་རྗེ་རྣམ་འཇོམས། རྗེ་བཙུན་རིན་པོ་ཆེ་ནས་བཟུང་། རྗེ་གསེར་མདོག་ཅན་པའི་བར་གསུང་ངག་དང་འདྲ། ཡང་གསང་འདུས

གསར་མར་གྲགས་པ་ཆོས་རྗེ་ས་པཎ་ནས་བརྒྱུད་པའི་དབང་གི་བརྒྱུད་པ་ནི། སངས་རྒྱས། འཕགས་པ་ཀླུ་སྒྲུབ། ཨཱརྱ་དེ་ཝ། ཤཱཀྱ་བཤེས་གཉེན། ཟླ་གྲགས། རོལ་པའི་རྡོ་རྗེ། སྐལ་ལྡན་གྲགས་པ། འོད་ཟེར་འབྱུང་གནས་གྲགས་པ། འོད་མཛད་ལྷ། ཆོས་འབྱུང་ཞི་བ། རྣམ་པར་བཟོད་པའི་ལྷ། ཁ་ཆེ་པཎ་ཆེན། ཆོས་རྗེ་ས་པཎ་མན་སྔར་དང་འདྲ། ཡང་ན་རྡོ་རྗེ་འཆང་། ཕྱག་ན་རྡོ་རྗེ། ཀླུ་སྒྲུབ། ཨཱརྱ་དེ་ཝ། མ་ཏཾ་གི། ར་ཧུ་ལ་ཤྲཱི། བྲིགྷུ་ཏ་དེ་ཝ། ཁ་ཆེ་པཎ་ཆེན། ཆོས་རྗེ་ས་པཎ་མན་སྔར་དང་འདྲ། རིམ་ལྔའི་ཁྲིད་ཀྱི་བརྒྱུད་པ་ལུགས་གཅིག་ནི། ཀུན་མཁྱེན་བུ། བླ་མ་དཔལ་ལྡན། བུདྡྷ་ཤྲཱི། རྗེ་དོར་པ་སོགས་སོ། །ཡང་ལུགས་གཅིག་ནི། ཀུན་མཁྱེན་བུ། རྗེ་བླ་མ། དེ་ནས་སྔར་བཞིན། ཡང་བརྒྱུད་པ་ལུགས་གཅིག་ནི། ཀུན་མཁྱེན་བུ། ལོ་ཆེན་བྱང་རྩེ། བུདྡྷ་ཤྲཱི། དེ་ལ་རྗེ་དོར་པས་ཁྲིད་ཟིན་བྲིས་མ་གསན། རྗེ་གསེར་མདོག་ཅན་པའི་དྲུང་དུ། བདག་གིས་འདུས་པ་མགོས་ལུགས་ཀྱི་དབང་། རྩ་རྒྱུད་ཀྱི་བཤད་པ། རིམ་ལྔའི་ཁྲིད་མྱོང་ཁྲིད་དུ་ཞུས། གཞན་ཡང་མགོས་ཀྱི་སྟོང་ཐུན་ཆེན་མོ། མདོར་བྱས། མདོ་བསྲེ། དཀྱིལ་ཆོག་ཉི་ཤུ་པའི་རྒྱ་གཞུང་། སྤྱོད་བསྡུས་སྒྲོན་མ། རིམ་ལྔའི་རྒྱ་གཞུང་། ཤོག་རིལ་གསུམ་མ་སོགས་དང་། གཞན་ཡང་གསང་བའི་སྒོ་འབྱེད་སོགས་འདུས་པའི་སྐོར་རྣམས་ཐོབ། རྒྱ་མ་ཀུན་སྤངས་པའི་དྲུང་དུ། རྗེ་དོར་པས་མཛད་པའི་གསང་འདུས་མི་སྐྱོད་པའི་ཡིག་སྣ་དགུར་ཡོངས་སུ་གྲགས་པ། ཡང་རྗེ་དོར་པས་མཛད་པའི་རིམ་ལྔའི་ཁྲིད་ཡིག་དང་། བརྒྱུད་པའི་གསོལ་འདེབས་ཀྱི་ལུང་ཐོབ། རིམ་ལྔ་མར་ལུགས་ཀྱི་ཁྲིད་ཀྱི་བརྒྱུད་པ་ནི། རྡོ་རྗེ་འཆང་། བྱང་སེམས་བློ་གྲོས་རིན་ཆེན། ཀླུ་སྒྲུབ། ཏི་ལོ་པ། ནཱ་རོ་པ། མར་པ། མཚུར་སྟོན། འགོན་གད་པ་ཀིརྟི། བྱ་ཁང་པ་བསོད་ནམས་རིན་ཆེན། ཐུར་ལྷ་བ་ཚུལ་ཁྲིམས་སྐྱབས། བང་སྟེ་བ་འཕགས་པ་སྐྱབས། གསེར་སྡིང་པ་གཞོན་ནུ་འོད། ཀུན་མཁྱེན་ཆོས་སྐུ་འོད་ཟེར། ཀུན་མཁྱེན་འཕགས་པ་འོད། ཀུན་མཁྱེན་བུ་སྟོན། ཐུགས་སྲས་ལོ་ཙྪ་བ། ཆོས་རྗེ་གྲགས་རྒྱལ། བླ་མ་རིན་ཚུལ། འབྲུལ་ཞིག་ཚུལ་ཁྲིམས་རྒྱལ་མཚན། སྐུ་ཞང་རིན་པོ་ཆེ་མཁྱེན་རབ་པ། འདིས་རྗེ་དོར་པ་ཆེན་པོའི་དྲུང་དུའང་གསན། མཁན་ཆེན་རིག་འཛིན་རྒྱལ་པོ། ཡང་མར་ལུགས་ཀྱི་བརྒྱུད་པ་ལུགས་གཅིག་ནི། བུ་སྟོན་ཡན་འདྲ་བ་ལ། དེ་ནས་བླ་མ་དཔལ་ལྡན་པ། བླ་མ་བུདྡྷ་ཤྲཱི། རྗེ་དོར་པ། སྐུ་ཞང་ཆོས་རྗེ། མཁན་ཆེན་རིག་འཛིན་རྒྱལ་པོ། དེའི་དྲུང་དུ་བདག་གིས་བུ་རིན་པོ་ཆེས་མཛད་པའི་རིམ་ལྔའི་དམར་ཁྲིད། མན་ངག་ནག་ཁྲིད་ཡོངས་སུ་རྫོགས་པ། ཡུ་མོ་ལུགས་ཀྱི་ངོ་སྤྲོད། ཁྲིད་ཟིན་བྲིས་ལ། བརྒྱུད་པའི་རྣམ་ཐར་སོགས་ཀྱི་ལུང་ཐོབ།

བདེ་གཤེགས་རིགས་ལྔ་ཡུམ་བཞི་སེམས་མ་བཞི། །སེམས་དཔའ་བརྒྱད་དང་ཁྲོ་བོ་བཅུ་ལ་སོགས། །སུམ་ཅུ་རྩ་གཉིས་དཀྱིལ་འཁོར་ལྷ་ཚོགས་ལ། །ཕྱག་འཚལ་གསོལ་འདེབས་སྙིང་ནས་སྐྱབས་སུ་མཆི། །ཕ་རྒྱུད་འདུས་པའི་བསྒྲུང་མར་བཀའ་བསྒོས་ཤིང་། །ཁས་བླངས་དམ་བཅས་དཔལ་མགོན་ཞལ་བཞི་པ། །ལས་བྱེད་ཕོ་ཉ་སྲིང་མོ་བཞི་ལ་སོགས། །བསྟན་པ་བསྲུང་བའི་དམ་ཅན་རྒྱ་མཚོའི་ཚོགས། །བདག་ཅག་དཔལ་ལྡན་འདུས་པའི་རྣལ་འབྱོར་པ། །འཁོར་བཅས་ཀུན་ལ་བུ་བཞིན་སྐྱོང་བ་དང་། །ཐུབ་བསྟན་སྤྱི་དང་གསང་བ་འདུས་པ་ཡི། །བཤད་བསྒྲུབ་བསྟན་པ་རྒྱས་པར་མཛད་དུ་གསོལ། །རྣམ་དག་དབང་གིས་སྨིན་ཞིང་དམ་ཚིག་ལྡན། །

རྣལ་འབྱོར་རྣམ་དྲུག་ཟབ་ལམ་རིམ་པ་ལྔ། །ཐུན་བཞིའི་རྣལ་འབྱོར་མེ་ཏོག་ཆུན་པོ་དེ། །མི་སྐྱོད་རྡོ་རྗེའི་བླ་མ་ལྷར་བཅས་འབུལ། །སྣོད་བཅུད་དག་པར་མ་རྟོགས་ཐ་མལ་ཞེན། །ལྷར་སྣང་སྟོང་པར་མ་ཤེས་གྱུར་ནོམ་པའི། །མཚན་འཛིན་ཆོས་སུ་ཞེན་པའི་ཉེས་སོགས་གང་། །འགྱོད་པས་མཐོལ་ཞིང་སྡོམ་པའི་སེམས་ཀྱིས་བཤགས། །

གང་ཤར་ལྷ་སྐུར་ཤར་བའི་བསྐྱེད་རིམ་དང་། །ལྷར་སྣང་སྟོང་པའི་ཡེ་ཤེས་རྫོགས་རིམ་མཆོག །བསྐྱེད་རྫོགས་ཟུང་འཇུག་འདུས་པའི་རྣལ་འབྱོར་པ། །རྡོ་རྗེ་འཛིན་པ་ཀུན་ལ་རྗེས་ཡི་རང་། །འདུས་པའི་ཁང་བཟང་མཐའ་དྲུག་ཚུལ་བཞི་ཡི། །རྒྱ་ཡིས་དམ་བཅིངས་མ་སྨྲས་ལེགས་ཕྱེ་ནས། །ཟབ་ཅིང་རྒྱ་ཆེ་དབང་བཤད་མན་ངག་གི༔ ༔གསང་བ་འདུས་པའི་ཆོས་ཀྱི་བདུད་རྩི་སྩོལ། །མི་སྐྱོད་རྡོ་རྗེའི་རྩ་རྒྱུད་བླ་མ་དང་། །སུམ་ཅུ་རྩ་གཉིས་དཀྱིལ་འཁོར་ལྷ་ཚོགས་རྣམས། །གདུལ་བྱ་དག་པའི་སེམས་ཀྱི་ཆུ་གཏེར་དུ། །སྒྲིབ་མེད་རྟག་འཆར་གྱུར་པས་གསོལ་བ་འདེབས། །གསང་བ་འདུས་པ་སྨད་བྱུང་གྲུབ་པའི་ལམ། །འཕགས་མཆོག་ཀླུ་སྒྲུབ་ཞབས་ཀྱི་བཞེད་དེ་བཞིན། །འཁྲུལ་མེད་ཉམས་ལེན་བགྱིས་པའི་དགེ་སོགས་གང་། །མི་སྐྱོད་རྡོ་རྗེའི་བྱང་ཆུབ་ཕྱིར་བསྔོའོ། །བདག་ཀྱང་དེང་ནས་བྱང་ཆུབ་མ་ཐོབ་བར། །ལེགས་གསུངས་འདུལ་བའི་བསྟན་ལ་ལེགས་ཞུགས་ནས། །བཤེས་གཉེན་དམ་པ་རིང་ནས་ཚོལ་བ་དང་། །རྗེ་བཙུན་བླ་མས་རྗེས་སུ་འཛིན་པར་ཤོག །ཕྱི་ནང་རིག་གནས་ཀུན་ལ་མ་རྨོངས་ཤིང་། །སྔགས་གཞུང་རྒྱ་མཚོའི་གཞུང་ལ་གོམས་པ་རབ། །ཁྱད་པར་གསང་བ་འདུས་པའི་རྒྱུད་སྡེ་ལ། །ཐོས་དང་བསམ་པས་ཡིད་ཆེས་བརྟེན་པར་ཤོག །རིག་གནས་ཀུན་ལ་བསླབ་སྦྱངས་མཐར་ཕྱིན་ནས། །སྨད་བྱུང་མཁས་པའི་བྱ་བ་རྣམ་གསུམ་གྱིས། །གཅིག་ཏུ་བསྟན་པ་འབའ་ཞིག་ཉེར་སེམས་ཏེ། །སངས་རྒྱས་བསྟན་པ་ཆེས་ཆེར་གསལ་བར་ཤོག །དེ་ནས་འདུ་འཛིའི་རྣམ་གཡེང་ཀུན་སྤངས་ཏེ། །གངས་དང་རི་སུལ་ནགས་ཀྱི་ཁྲོད་རྣམས་སུ། །གང་བྱུང་ཚོག་ཤེས་ཚངས་སྤྱོད་གྲོགས་དང་བཅས། །ཚེ་འདི་བློས་བཏང་སྒྲུབ་ལས་རྩོན་པར་ཤོག །ཆོས་གོས་གསུམ་དང་ལྷུང་བཟེད་མཁར་བསིལ་དང་། །རྡོ་རྗེ་དྲིལ་བུ་ཁ་ཊྭཾ་ཅང་ཏེའུ་སོགས། །ཕྱི་ནང་རྟགས་ཀྱི་ཉེར་འཕོ་ཙམ་འཛིན་ཞིང་། །སོ་སོའི་བསླབ་ལ་ཚུལ་བཞིན་སློབ་པར་ཤོག །རྣམ་དག་འདུལ་བའི་ཁྲིམས་ཀྱིས་ལེགས་བསྡམས་ཤིང་། །རྒྱལ་སྲས་སྤྱོད་པའི་བསམ་སྦྱོར་སྨད་དུ་བྱུང་། །གསང་ཆེན་ལམ་གྱི་བསྐྱེད་རྫོགས་ཟུང་འཇུག་གིས། །སྡོམ་གསུམ་ལམ་གྱི་ཉམས་ལེན་འཁྲུལ་མེད་ཤོག །སྨིན་བྱེད་ཐུམ་དབང་ཚུལ་བཞིན་བསྐུར་བ་ལས། །ཕུང་ཁམས་རྒྱལ་བ་རིགས་ལྔའི་དཀྱིལ་འཁོར་ལྷ། །ལགསལ། རིག་པའི་དབང་ལྔ་ཡེ་ཤེས་ལྔའི་རང་བཞིན་དུ་བཤད། ཕྲེང་བར། དབང་ལྔས་ཡེ་ཤེས་དེ་དག་གི་ས་བོན་རྒྱས་པར་བྱེད་པའི་ཕྱིར། དེ་དག་གི་བདག་ཉིད་དུ་མོས་པར་བྱའོ། །ཞེས་དང་། པྲཛྙཱ་ཀཱིརྟིས། ཕུང་པོ་ལྔ་དང་ཉོན་མོངས་དག་པ་དབང་ལྔར་བཤད། གུར་ལས། གང་གང་སྣང་བ་དེ་ཀུན་དང་། དེ་

རང་གཙོ་བོ་ཧེ་རུ་ཀ །ཆོས་རྣམས་རང་བཞིན་གྱིས་དག་པས། སངས་རྒྱས་ཡེ་ཤེས་སུ་གང་བལྟ། ཞེས་པའི་འགྲེལ་པར། ལྷའི་རིགས་ཀྱི་བློ་གྲོས་ཀྱིས། ཕྲེང་བ་ནས་མིང་དབང་གི་བར། གང་གང་སྣང་བ་དེ་དང་དེ། སངས་རྒྱས་ཀྱི་ཡེ་ཤེས་ལྟ་དང་། ཆོས་དབྱིངས་རྣམ་པར་དག་པའི་དབྱིངས་དང་དྲུག་ཏུ་བལྟ་སྟེ་ཞེས་དང་། མན་ངག་སྙེ་མར། དབང་བསྐུར་བ་ནི་ཡེ་ཤེས་ཀྱི་རྒྱུ་རྣམས་ཀྱིས། བག་ཆགས་དང་བཅས་པའི་སྒྲིབ་པ་ཐམས་ཅད་ཀྱི་དྲི་མ་འཕྲུད་པའོ། །ཞེས་ཡེ་ཤེས་ཀྱི་རྒྱུ་ཞེས་གསུངས་པས། དབང་བསྐུར་བ་རྣམས་ཀྱིས་ཡེ་ཤེས་ཀྱི་རྒྱུ་ལ་གོ་བ་བཙལ་བར་བྱའོ། །དཔལ་འཛིན། དགྲ་གཅན་འཛིན་དཔལ་བཤེས་གཉེན། ཧྲག་པའི་རྡོ་རྗེ་རྣམས། ཕྱག་རྒྱའི་དམ་ཚིག་གི་སྐབས་སུ། སློབ་དཔོན་གྱི་དབང་བསྐུར་བར་བཤད། སྦྱོར་བ་བདུན་པར། དེའི་རང་གི་ངོ་བོ་ནི། སྐུ་ཡི་རྡོ་རྗེའི་རང་བཞིན་ནོ། །ཞེས་དང་། དེ་མཐུན་དུ། ཉེན་མོ་འབྱུང་གནས་ཀྱིས། དབང་བཞི་སྐུ་བཞི་ལ་བཤད། སྦྱོར་བ་བདུན་པར། སྟོད་དུ་རུང་ཕྱིར་བུམ་དབང་སྟེ། བླུག་གཏོར་དག་པར་བྱེད་པའི་དབང་། ཞེས་གསུངས་པ་ལ། དེའང་། པི་ཏྲ་སྟེ། ཞེས་པ་གཏོར་བའམ། བཀྲུ་བར་བྱེད་པས་ན་ད བང་། ཀྣ་ཤུ་ཏི། རྒྱ་བླུགས་ནས་འཕྲུད་པར་བྱེད་པའམ། དེ་ཏྟ་ན། བཀྲུ་བར་བྱེད་པ། པྲཀྵ་ལན་ཞེས་པ་འཕྲུད་པར་བྱེད་པས་དབང་། ནི་ཥྱཱ། བླུག་པར་བྱེད་པས་ན་དབང་། ཨཱཤྲི་ཤྲཱུ་པ། ནུས་པ་འཛོག་པར་བྱེད་པས་ན་དབང་། བ་ཥི་ཀ་ར་ཎི། དབང་བར་བྱེད་པས་ན་དབང་། ག་ཏུ་པྲ་ཥྱཱ། མངོན་དུ་ཕྱུར་པའི་ཕྱིར་དབང་། ནི༔ཤི༔མུ་ཏྲ་ཏུ་ཏི། གྲོལ་བ་སྟེར་བར་བྱེད་པས་ན་དབང་། ཆོས་རྗེ་ས་སྐྱ་པས་ནི། ཕུང་ཁམས་སྐྱེ་མཆེད་ལ་སངས་རྒྱས་ཀྱི་ས་བོན་བཏབ་ནས་ཚེ་འདིར་སངས་རྒྱས་ཐོབ་པར་བྱེད་པའི་ཐབས་ཞིག་ལ་དབང་དུ་བཞེད། མགྲིན་པའི་རྩ་གནས་གསང་བའི་བདུད་རྩིས་གང་། །དེ་ལས་ངག་གནས་སྔགས་སུ་འཆར་བར་ཤོག །

ནཱ་རོ་པས། འདུས་པའི་རྒྱུད་ཕྱི་མའི་འགྲེལ་པར། མཆོག་ཏུ་གསང་དབང་དང་། གསང་དབང་ཙམ་གཉིས་སུ་བཤད། དེའི་ངོ་བོ་ཕྱག་ཆེན་ཐིག་ལེ་ལས། སེམས་སྦྱང་བ་ལས་བྱུང་བའི་བདེ་བ་ལ་བཤད་གསུངས། སྦྱོར་བ་བདུན་པར། གསུང་རྡོ་རྗེའི་རང་བཞིན་ལ་བཤད། དགྲ་གཅན་འཛིན། དབང་འདིས་ངག་ཡིད་གཉིས་ཀ་སྦྱོང་བར་བཞེད། རེག་བྱ་རྡོ་རྗེས་འཕྲུད་པའི་སྙོམས་འཇུག་གིས། །སེམས་ཉིད་བདེ་སྟོང་ཟུང་འཇུག་ལྷན་ཅིག་སྐྱེས། །ཕྲེང་བར། སློབ་མ་ལྷ་ཡབ་ཡུམ་དུ་བསྒོམ་པར་གསུངས་ཀྱང་། གསུམ་པའི་ངོ་བོ་ངོས་བཟུང་། མི་ཕྱབ་བླ་བས། འོད་དཔག་མེད་ཡབ་ཡུམ་དང་། ཟུང་འཇུག་གསལ་བར་རིན་འབྱུང་ཡབ་ཡུམ་ལ་བཤད། དབང་གསུམ་པའི་ངོ་བོ། ས་ར་ཧས། ལྷན་ཅིག་སྐྱེས་པའི་ཡེ་ཤེས་ལ་བཤད། སྦྱོར་བ་བདུན་པར་ཐུགས་རྡོ་རྗེ་ལ་བཤད། ཕྲེང་བར། ལྷན་ཅིག་སྐྱེས་པའི་དགའ་བའི་ངོ་བོ་ཤེས་རབ་ཡེ་ཤེས་ལ་དེ་ཉིད་དུ་བརྗོད་དོ། །ཞེས་གསུངས། ཤཱནྟི་པ། ལྷན་ཅིག་སྐྱེས་པའི་ཡེ་ཤེས་གསུམ་པ་དང་། ཁྱད་དགའ་བཞི་པར་བཤད། པི་ཏྲ་ཏི། དགའ་བྲལ་བཞི་པར་བཤད། བཞི་པའི་དུས་སུ་གསུམ་པའི་ཡེ་ཤེས་དེས། །ཟབ་མོའི་ཚིགས་གནས་ལུགས་རྟོགས་པར་ཤོག །རཏྣ་རཀྵི་ཏ། ལ་བ་པ། པི་ཏྲ་ཏི་རྣམས། ཡན་ལག་བདུན་ལྡན་གྱི་ལྷ་སྐུ་ཕྱག་རྒྱ་ཆེན་པོར་ཤར་བ་ལ་དབང་བཞི་པར་འདོད། ཕྲེང་བར་དེ་ཉིད་སོགས་དང་། རྟོག་བྲལ་སོགས་དང་། ཐུབ་པའི་ཚོགས་ཤེས་སོགས་ཀྱི་དོན་ཤེས་རབ་ཡེ་ཤེས། ཇི་ལྟ་བ་མཁྱེན། གཟུགས་སྐུ་རྣམས་ལ་རིམ་བཞིན་བཤད། དཔལ་འཛིན་ཀྱང་དེ་ལྟར་བཞེད། ཡན་ལག་བདུན་ལྡན་ལས། དེ་

ལྟར་སྒྲ་དང་ཐྲཱ་ཉིད་ཕྱིར། །ཡང་གི་སྒྲ་དོན་ལྡན་ཕྱིར་དང་། །དེ་བཞིན་སྒྲ་དོན་སྐྱེས་ཉིད་ཕྱིར། །བཞི་པ་དེ་བཞིན་ཉིད་བདག་འདོད། །ཅེས་པ་ལྟར། གསུམ་པ་དང་འདྲ་བ་སོགས་བཤད་ནས། འདྲ་ལུགས་གསལ་བར་རྒྱུད་སྡེ་རྣམས་སུ་བཤད་པས། བཞི་པའི་ངོས་འཛིན་ལ། རྒྱ་བོད་ཐམས་ཅད་དུ་མི་མཐུན་པ་མང་པོ་བྱུང་། དེ་ཡང་ཁ་ཅིག །ནོར་བུ་གནས་པའི་བདེ་བ་གསུམ་པ་དང་། དེ་ལས་འཕོས་པའི་བྱང་སེམས་བཞི་པ་དང་། བྱང་སེམས་ལྡེས་མྱང་བ་བཞི་པ་དང་། གསུམ་པའི་དེ་མ་ཐག་ཏུ་རིག་མ་གཞན་ལ་ལོངས་སྤྱོད་པའི་བདེ་བ་ལ་བཞི་པར་འདོད་པ། གསུམ་པའི་དེ་མ་ཐག་ཆོས་ཐམས་ཅད་བརྫུན་པར་རྟོགས་པ་ལ་བཞི་པར་འདོད་པ། སྟོང་ཉིད་ཀྱི་ཕྱག་ཆེན་གཅིག་པོ་བསྒོམ་པ་བཞི་པར་འདོད་པ་སོགས་འདོད་ལུགས་བཅུ་བདུན་བཀོད་ནས་རྣམ་རྟོག་གིས་བཟོས་བཏགས་པ་དེ་རྣམས་བདག་བཞི་པར་མི་འདོད་དེ། ཡན་ལག་བདུན་དང་བྲལ་བའི་ཕྱིར་ཞེས་གསུངས། དེས་ན་བཞི་པའི་ངོས་འཛིན་ཡན་ལག་བདུན་པ་རྩ་འགྲེལ། རིན་ཆེན་སྣང་བ་རྩ་འགྲེལ། སྦྱོར་བ་བདུན་པ་ཕྲེང་བ་སོགས་ལས་འབྱུང་། དུས་འཁོར་ལས། ཀུན་རྫོབ་ཀྱི་བཞི་པ་ནི། དཀྱིལ་ཆོག་གཞན་ལས་གསུམ་པར་བཤད་པ་དེ་ཉིད་དང་། དོན་དམ་དེ་ཁོ་ན་ཉིད་ཀྱི་བཞི་པ་ནི། བདེ་སྟོང་གཉིས་མེད་ཀྱི་ཡེ་ཤེས་ལ་བཤད་དེ། ལྷན་སྐྱེས་འགྱུར་མེད་ཉིད་ནི་བཞི་པ་སྟེ། ཞེས་པའི་འགྲེལ་ཆེན་ལས། ལས་ཀྱི་ཕྱག་རྒྱ་དང་། ཡེ་ཤེས་ཀྱི་ཕྱག་རྒྱའི་རྒྱུ་དང་བྲལ་བ། སྟོང་པ་ཉིད་རྣམས་པ་ཐམས་ཅད་པ་རབ་ཏུ་གསལ་བའི་མཚན་ཉིད་དོ། །ཞེས་སྟོང་གཟུགས་ཀྱི་རིག་པས་འཕྲུད་པའི་མི་འགྱུར་བའི་བདེ་བ་ལ་བཤད་པའི་ཕྱིར། ཐྲཱ་གྲགས་ཀྱིས། འདུས་པའི་མངོན་རྟོགས་རྒྱན་འགྲེལ་དུ། དབང་བཞི་པའི་ངོ་བོ་ནི་རྣམ་པར་མི་རྟོག་པའི་ཡེ་ཤེས་སོ་ཞེས་དང་། གཟུང་བ་དང་འཛིན་པའི་རྟོག་པ་དང་བྲལ་བ་དེ་ནི་འོད་གསལ་བའི་ངོ་བོའོ། །ཞེས་དང་། ཤེས་བྱ་འོད་གསལ་ནི་དབྱིངས་སོ། །ཞེས་པ་འོད་གསལ་བ་ནི་ཡེ་ཤེས་སོ། །ཞེས་དང་། པུ་རི་གཱིརྟིའི་སྡོམ་པའི་རྒྱུད་ཆུང་ངུའི་ལེའུའི་མཚམས་སྦྱོར་ལས། ཤེས་རབ་ཡེ་ཤེས་ཡུལ་གྱི་སྟོང་ཉིད་དང་། དབང་བཞི་པ་ཡུལ་ཅན་གྱི་སྟོང་པ་ཉིད་མཐོང་བའི་དུས་སོ། །ཞེས་གསུངས།

ཡང་མཁས་པ་ཁ་ཅིག །ཕྲེང་བ་དང་། དེའི་རྗེས་འབྲང་རན་རཀྴི་ར་དང་། བི་ཛྱ་ཏི་གཉིས་དང་། དཔལ་འཛིན། ལ་བ་པ། ངག་དབང་གྲགས་པ། སྦྱོར་བ་བདུན་ལྡན་རྩ་འགྲེལ་སོགས་ནས། ལམ་ཟབ་ཅིང་རྒྱ་ཆེ་བ་ལ་ལྷག་པར་མོས་པའི་སློབ་མ་ལ། འབྲས་བུ་ཐོབ་བྱའི་སངས་རྒྱས་ཀྱི་བཞུགས་ཚུལ་འབྲུལ་མེད་དུ་གོ་བ་སྐྱེས་པ་ཉིད་ལ་དབང་བཞི་པར་ངོས་འཛིན་ཞེས་དང་། དཀྱིལ་ཆོག་ནས་འབྱུང་བ་ལྟར། ཐོབ་བྱའི་འབྲས་བུ་མཐར་ཐུག་པ་ཡིན་ནོ། །ཞེས་པའི་བར་ཚིག་གི་བརྡ་སྤྲད་པ་ཡིན་པས། གོ་བ་ཁྱད་པར་ཅན་སྐྱེས་པ་ནི། དབང་བཞི་པའི་ངོ་བོ་ཡིན་ནོ། །དེས་ན་དུས་དེར་སློབ་མ་བསྒོམ་དུ་འཇུག་པ་སོགས་མ་བྱས་ནའང་དབང་བཞི་པ་མ་ཐོབ་པར་མི་འགྱུར་རོ། །ཞེས་གསུངས། རང་ལུགས་ནི། དབང་བཞི་པའི་དུས་སུ། ཡེ་ཤེས་འདི་ནི་ཆེས་ཕྲ་ཞིང་། །ཞེས་སོགས་བརྗོད་པ་ལ་བརྟེན་ནས་གསུམ་པའི་དུས་སུ་སྐྱེས་པའི་དཔེའི་ཡེ་ཤེས་དེས་ཡུམ་སྟོང་ཉིད་མངོན་སུམ་དུ་རྟོགས་པའི་ཚེ་ན། དེ་ཉིད་དོན་གྱི་ཡེ་ཤེས་དང་། དབང་བཞི་པ་ཡིན་གསུངས།

རྣམ་དག་དབང་གིས་སྨིན་པ་དེའི་ཚེ། །ཕྱག་ས་འཆང་རིག་འཛིན་ཀུན་གྱི་བསྔོད་གཅིག་ལམ། །ལམ་གྱི་རྩ་བ་དབང་བཞིའི་དམ་ཚིག་རྣམས། །མིག་གི་འབྲས་བཞིན་གཅེས་པར་འཛིན་པར་ཤོག །ཆོས་རྗེ་ས་སྐྱ་པས། ཐེག་མཆོག

བསྒྲུབ་པ་ཚུལ་བཞིན་མ་ནུས་ནའང་། ཞེས་སོགས་གསུངས་པ་ལྟར། གཞི་དམ་ཚིག་དང་སྡོམ་པ་ལ་གཙེས་སྤྲས་སུ་བྱེད་དགོས་སོ། །སྒྲོན་འགྲོ་སྦྱོར་བས་རང་ལུས་རྣམ་དག་ཅིང་། །སྦྱོར་བ་ཚོགས་བསགས་ མདོར་བྱས་སུམ་བྱུང་ཡང་། དེའི་འགྲེལ་པར་ཨ་བྷྱ་དང་། ནཱ་བྷ་ཀཱིརྟིས་མཛད་པ་དང་། ཟླ་གྲགས་དང་། བི་རྦ་ཏིའི་གསུང་རབས་ལས་འབྱུང་། ཁྲོ་བཅུའི་བསྲུང་བས་བགེགས་ཀུན་ཚར་བཅད་ནས། །ཨ་བྷྱ་དང་། ཟླ་གྲགས་དང་། བོད་ཀྱི་བླ་མ་ཁ་ཅིག་འཁོར་ལོ་བསྐྱེད་པར་བཞེད། གཞུང་དུ་འཁོར་ལོ་དངོས་སུ་མི་འབྱུང་ཞིང་། བོད་ཀྱི་བླ་མ་ཁ་ཅིག་ཀྱང་མི་བཞེད། འདིར་སྟོང་ཉིད་བསྒོམ་པའི་སྐབས་ཀྱི་སྟོང་ཉིད་དེ་མེད་དགག་ཙམ་ལ་འདོད་ན་མི་འཐད་ཅིང་། སྟོང་པ་ཉིད་ཀྱི་ཡེ་ཤེས་ལ་བྱེད་དགོས་པ་ཡིན། ཡན་ལག་བདུན་པར། ནམ་མཁའི་མེ་ཏོག་གམ། རི་བོང་གི་རྭ་ལ་སོགས་པའི་སྟོང་པ་ཉིད་ནི་མ་ཡིན་ཏེ། དེ་ནི་མེད་པའི་ངོ་བོ་ཉིད་ཡིན་པའི་ཕྱིར་དང་། བཅོམ་ལྡན་འདས་ཀྱི་མངོན་སུམ་དུ་བྱ་བ་ཉིད་དུ་མི་རུང་བས་སུན་དབྱུང་བ་ཉིད་ཀྱི་ཕྱིར་རོ། །ཞེས་དང་། སྟོང་པ་དང་མེད་པ་ཞེས་པའི་བྱ་བའི་སྒྲ་ནི་དོན་གཅིག་པ་མ་ཡིན་ཏེ། ཞེས་སོ། །གཞན་པའི་ཪྗེ་རྗེས། དེ་ལྟ་ན་ནི་ཤིན་ཏུ་མེད་པའི་སྟོང་པར་ཐལ་བར་འགྱུར་བའི་ཕྱིར་རོ། །ཞེ་ན་མི་འགྱུར་ཏེ། དམིགས་པ་མེད་པའི་ཡེ་ཤེས་ཀྱི་ངོ་བོ་ཙམ་ཞེས་པའི་དོན་ནོ། །ཞེས་དང་། རྒྱལ་བ་བྱིན་གྱིས། གཟུང་བ་ནི་ཡུལ་ལོ། །འཛིན་པ་ནི་རྣམ་པར་ཤེས་པའོ། །འདི་རྣམས་ཀྱིས་སྟོང་པའི་ཕྱིར་ཞེས་དང་། མ་རིག་པའི་དངོས་པོ་ལས་བྱུང་བའི་དངོས་པོ་སྣ་ཚོགས་སུ་བཏགས་པ་དེ་དག་དང་བྲལ་བའི་ཕྱིར། དངོས་པོ་ཐམས་ཅད་དང་བྲལ་བ་སྟེ། གཉིས་སུ་མེད་པའི་ཡེ་ཤེས་སོ་ཞེས་དང་། དྲི་མེད་སྣྲས་པས། གང་གིས་སྟོང་པ་དེ་ནི་མེད་པ་དང་། གང་སྟོང་པ་དེ་ནི་མེད་པའི་སྟོང་པ་ཉིད་དུ་རིག་པའི་ཕྱིར་ཞེས་དང་། གང་གི་ཕྱིར་གང་ལ་གང་མེད་པ་དེ་ནི་དེས་སྟོང་བར་ཡང་དག་པར་རྗེས་སུ་མཐོང་ངོ་། །འདི་ལ་ལྷག་མར་གྱུར་པ་ནི་ཡོད་ཅེས་སོགས་གསུངས། སྒྲོན་གསལ་དུ། དངོས་པོ་མེད་པ་བསྒོམ་པ་མེད། །ཅེས་སོགས་ཀྱི་དོན་ཡོད་མེད་ཀྱི་མཐའ་གཉིས་བསལ་ནས་འོད་གསལ་ཟུང་འཇུག་གི་རིམ་པ་བསྒོམ་པ་ལ་བཤད། ཀྱེ་རྡོར་དུ། སྒོམ་པ་པོ་མེད་སྒོམ་པ་མེད། །ཅེས་སོགས་ཀྱིས་ཀྱང་། ཀུན་རྫོབ་ཀྱི་སྒོམ་པ་པོ་སོགས་བསལ་ནས། དོན་དམ་པའི་ཟུང་འཇུག་གི་ལྷ་དང་སྔགས་བསྒོམ་བྱར་བཤད་པའི་ཕྱིར། དེས་ན་སྟོང་པ་ཉིད་ཀྱི་ཡེ་ཤེས་དེ་ལ། རྟེན་དང་བརྟེན་པར་དང་བཅས་པའི་དཀྱིལ་འཁོར་བསྒྲུབ་དགོས་པས། དེ་རྣམས་ཀྱང་ཡེ་ཤེས་ཀྱི་རྣམ་རོལ་ཏུ་ཤེས་དགོས་སོ། །

བཀོད་ལེགས་དབྱིབས་མཛེས་གཞལ་མེད་ཁང་བཟང་གི། །གང་དུ་འཚང་རྒྱའི་ཁམས་དག་པར་ཤོག །

འདིར་རྒྱུད་ལས། མཆོད་རྟེན་རིན་ཆེན་སྣ་བཞི་པ། །ཞེས་སོགས་གསུངས་པའི་དོན་ལ། ཁ་ཅིག་སངས་རྒྱས་གསང་བས། ཕྱི་དབྱིབས་མཆོད་རྟེན་མཁར་ཐབས་དང་། །ཞེས་པ་ལ་བརྟེན་ནས། ཕྱི་དབྱིབས་མཆོད་རྟེན་ལྟར་འདོད། རྡོར་སེམས་བསྒྲུབ་ཐབས་འགྲེལ་པར། མཆོད་རྟེན་ལྟར་མཆོད་པར་བྱ་བ་ལ་བཤད། བུ་སྟོན། མཆོད་རྟེན་དང་འདྲ་བས་མཆོད་རྟེན་ཞེས་བཞེད། ཐོག་མེད་དུས་ནས་ཟློ་རྒྱུན་འབྲུལ་འཁོར་ལྟར། །འཁོར་བར་འཁོར་ཚེ་སྐྱེ་འཆི་བར་དོ་གསུམ། །ཇི་ལྟར་གནས་བཞིན་སྐུ་གསུམ་ལམ་བྱེད་ཀྱི༔ །བསྐྱེད་རིམ་དང་པོ་སྦྱོར་བ་མཐར་ཕྱིན་ཤོག །རབ་ཏུ་སྒྲོན་གསལ་དང་། འགྲེལ་པ་རིན་ཆེན་ཕྲེང་བར། དང་པོའི་མགོན་པོ་ཞལ་གསུམ་ཕྱག་དྲུག་པར་བཤད། ཐུབ་པ་དཔལ་གྱིས་འགྲེལ་པ་ལུང་དྲངས་པ་ལས། ཞལ་གཅིག་ཕྱག་ནི་གཉིས་པར་ནི། ཞེས་དང་།

དམ་ཚིག་གི་རྡོ་རྗེས། ཞལ་གཅིག་ཕྱག་གཉིས་འོད་ཀྱི་དཀྱིལ་འཁོར་ཅན་རྡོར་དྲིལ་འཛིན་པ་དང་། ཨ་ཧཱུྃ། རྡོ་རྗེ་དབྱིངས་ཀྱི་དབང་ཕྱུག་མ་དང་སྙོམས་པར་འཇུག་པར་བཤད་དོ། །རྗེ་བཙུན་ཕྱག་རྒྱས་འཁྲུད་པའི་བྱང་ཆུབ་སེམས། །ཤེས་རབ་ཡུམ་གྱི་གསང་བའི་ཆུ་སྐྱེས་དབུས། །ཡོངས་སུ་བབས་པའི་མཆོད་པའི་སྤྲིན་ཕུང་གིས། །ཕྱོགས་བཅུའི་རྒྱལ་བ་མ་ལུས་མཉེས་བྱེད་ཤོག །དམ་ཚིག་རྡོ་རྗེར་ཐིག་ལེ་བད་མའི་ནང་ན་གནས་པ་གཡོན་པའི་མཐེབ་སྲིན་གྱིས་བླངས་ནས། དཀྱིལ་འཁོར་པའི་ལྷ་སོ་སོའི་སྔགས་བརྗོད་པ་སྔོན་དུ་འགྲོ་བས་མཆོད་པར་བཤད། མཐའ་དྲུག་རབ་གསལ་ན། དེ་ལྟ་བུ་འཕགས་པ་ཡབ་སྲས་ཀྱི་གཞུང་ན་མི་སྣང་གསུངས། རིན་ཆེན་ཕྲེང་བར། པད་མའི་ནང་དུ་རིགས་ལྔ་ཡབ་ཡུམ་སྦྲགས་མ་བསྐྱེད་དེ། ཕྱི་ནང་གསང་བས་མཆོད། སླར་འདུས་རང་ལ་ཐིམ་ནས་སྔགས་བརྗོད་པར་བཞེད། ཡབ་ཡུམ་སྙོམས་འཇུག་བདེ་གཤེགས་བཞུ་བ་ལས། །རྟེན་དང་འདུས་པའི་ལྷ་ཚོགས་སུམ་ཅུ་གཉིས། །མཁའ་ཁྱབ་སྦྱོར་དང་རང་གནས་བསྡུད་པ་ཡི། །རིམ་པས་དཀྱིལ་འཁོར་རྒྱལ་མཆོག་མྱུར་འགྲུབ་ཤོག །བཙུན་མོ་ཅན། རྣ་གར་ལྷ་ཐམས་ཅད་དུས་གཅིག་ལ་བསྐྱེད་པར་བཞེད། མངོན་ཤེས་ཅན་རིམ་གྱིས་བསྐྱེད་པར་བཞེད། རིམ་གྱིས་སྦྱོར་བ་ངེས་པར་དགོས། རིན་ཕྲེང་དུ། སྙོ་ལྔས་བསྐྱེད་པར་གསུངས། བོད་ཁ་ཅིག །སྙོ་བཞིས་བསྐྱེད་པར་འདོད། ཀུན་མཁྱེན་བུ། བསྐྱེད་པ། སྤྲོ་བ། མཛད་པ་མཛད་པ། བསྡུ་བ། ཡེ་ཤེས་དང་འདྲེ་བ། གནས་སུ་དགོད་པ། བརྟན་པར་གནས་པའམ། རྒྱས་གདབ་པ་དང་བདུན་བདུན་གྱིས་བསྐྱེད་དགོས་པར་བཞེད།

ཐབས་ཤེས་སྙོམས་འཇུག་བྱང་སེམས་ཞུང་འབྲུ་ཅམ། །དེ་ནང་སྒྲིབ་མེད་གསལ་བའི་གཞལ་ཡས་ཁང་། །བཅོམ་ལྡན་མི་སྐྱོད་རྡོ་རྗེའི་ལྷ་ཚོགས་རྣམས། །ཡོངས་རྫོགས་མ་འདྲེས་གསལ་བར་འཆར་བར་ཤོག །རླུང་དང་རྣམ་ཤེས་ལྡན་པའི་ཕྲ་མོའི་རྣལ་འབྱོར་དང་མི་ལྡན་པའི་ཕྲ་མོའི་རྣལ་འབྱོར་གཉིས་ལས། གཉིས་པའི་སྐབས་སུ། བཙུན་མོ་ཅན། རང་རིགས་ཀྱི་ཕྱག་མཚན་དེ་དབུས་སུ་བྱས་ནས། གཞན་བཞིས་བསྐོར་བའི་ལྷ་མཛད་པ་ནི། སྤྱོད་བསྡུས་སུ་རང་ལྷའི་མཚན་ལ་བསྒོམ་པར་གསུངས་པ་དང་འགལ། མངོན་ཤེས་ཅན་རེ་རེའི་སྤྲོ་བསྡུ་ལས་མི་བཞེད་དོ། །དངོས་གྲུབ་འགུགས་བྱེད་ཕྱི་ནང་བཟླས་པ་དང་། །རྫས་སྔགས་འཁྲུལ་འཁོར་རྟེན་འབྲེལ་སྣ་ཚོགས་པས། །ཞི་རྒྱས་དབང་དྲག་ཕྲིན་ལས་སྒྲུབ་བྱེད་པའི། །ལས་རྒྱལ་མཆོག་གི་ཏིང་འཛིན་མཐར་ཕྱིན་ཤོག །འགྲེལ་པ་རིན་ཕྲེང་དུ། ཡེ་ཤེས་སེམས་དཔའི་ཐུགས་ཀར་སྔགས་ཕྲེང་བཀོད། དེ་སྲོག་རྩོལ་གྱི་རླུང་དང་སྦྱོངས་ནས་ཡེ་ཤེས་སེམས་དཔའི་ཁ་ནས། དམ་ཚིག་སེམས་དཔའི་ཁ། དེ་ནས་ཡུམ་དང་། དེའི་ཡེ་ཤེས་སེམས་དཔའི་ཁ་ནས་ཞུགས། དེ་ཉིད་ཀྱི་པད་མ་ནས་འཐོན། དམ་ཚིག་སེམས་དཔའ་དང་། ཡེ་ཤེས་སེམས་དཔའི་རྡོ་རྗེ་ནས་ཞུགས་ནས། དེའི་སྙིང་ཁའི་ཟླ་བ་ལ་ཐིམ་པ་ཞི་རྒྱས་ལ་ཡིན། དྲག་ལས་ས་འོག་ནས་སྟེང་དུ་བསྡུ་ཟེར་རོ། །ངག་བཟླས་ལ། སྤྲོ་བསྡུའི་བཟླས་པ། ལས་ཚོགས་ཀྱི་བཟླས་པ། ཁྲོ་བོའི་བཟླས་པ་གསུམ་མོ། །ཅིར་སྣང་རང་སེམས་དག་པའི་སྣང་བ་ལ། །དང་པོ་རང་ཉིད་རྡོ་རྗེ་འཆང་། དེ་བསྟན་ནས་སྐུ་གསུང་ཐུགས་རྡོ་རྗེ་གསང་ཆེན་རིགས་གཅིག་དེ་ནས་རིགས་གསུམ་རིགས་ལྔའི་ལྷ། །བསྐྱེད་རིམ་ལྷར་ལྷར་བསྐྱེད་

ནས་བསྒོམ་པ་མ་ཡིན་གྱི། སྨན་པ་མཁས་པས་ནགས་སུ་ཞུགས་པས། ཅི་སྣང་སྨན་དུ་ངོ་ཤེས་པ་ལྟར། གང་སྣང་སངས་རྒྱས་ཀྱི་རང་བཞིན་དུ་བྱས་ནས་ཞེས་ཀུན་མཁྱེན་བུ་གསུང་། བསྐྱེད་རིམ་ལྟར་མངོན་བྱང་སོགས་ལས་བསྐྱེད་ནས་མི་བསྒོམ་པ་ཡིན་གྱི། སྐད་ཅིག་གིས་བསྐྱེད་ནས་ཞལ་ཕྱག་གི་རྣམ་པར་ཤར་བ་ངེས་པར་དགོས་ཤེས་ངོར་ཆེན་གསུང་། དེ་ནས། དཔལ་ལྡན་རིགས་བརྒྱ་སླར་ཡང་གང་ཤར་སེམས། །རིགས་གཅིག་བསྒོམས་པ་ལུས་དབེན་མཐར་ཕྱིན་ཤོག །སྦྱོང་བསྡུས་སུ། ལུས་རྣམ་པར་དབེན་པ་ལ་ཡང་ལྷའི་གཟུགས་མེད་དེ། ལུས་འདི་རྡུལ་ཕྲ་རབ་ཙམ་བསགས་པ་ཡིན་པའི་ཕྱིར་རོ། །ཞེས་པ་ནས། རིགས་པ་འདི་ན། ཀུན་རྫོབ་ལ་བརྟེན་ནས་གནས་པ་བརྟེན་པར་མི་འགྱུར་རོ། །དེ་བས་ན་ཡེ་ཤེས་ཙམ་གྱི་ལྷའི་ངོ་བོ་ཉིད་དུ་བསྐྱེད་པ་སློབ་དཔོན་གྱི་ཞལ་སྔ་ནས་ལས་རྟོགས་པར་བགྱི་བར་འཚལ་ལོ། །ཞེས་གསུངས། དང་པོར་རང་བཞིན་གྱི་རླུང་ལ་བསླབ་པ།

ཉི་ཁྲི་ཆིག་སྟོང་དྲུག་བརྒྱ་རླུང་གི་ཚོགས། ། ཐབས་ལ་དགུ་བརྒྱ་ལྷ་མོའི་དཀྱིལ་འཁོར་ལ། །ཉིས་བརྒྱ་ཉེར་ལྔ་འབྱུང་འཇུག་གནས་པ་གསུམ། །འབྲུ་གསུམ་བཟླས་པས་ངག་དབེན་མཐར་ཕྱིན་ཤོག །ཁྱེན་རྒྱུ་མེ་རླུང་དམར་པོ། པད་མ་སྟོན་པོའི་རང་བཞིན་སྣ་གཡས་ནས་དགུ་བརྒྱ་པ་ཕྲག་གཅིག་བསྒྲུབ་པ་ལ་བྱེ་བྲག་ཏུ་ཕྱེ་ན་བཞིར་འགྱུར་ཏེ། དང་པོར་གོས་དཀར་མོ་མོའི་མེ་དམར་པོའི་དམར་པོ་ཉིས་བརྒྱ་ཉེར་ལྔ་ཁྱེན་དུ་བརྒྱུ། དེ་ཉིད་ལ་ཤེས་པ་གཏད་ཅིང་ཧོར་བཟླས་བྱ། དེ་བཞིན་ལྷ་མོ་ཕྱི་མ་གསུམ་ལའང་རིམ་བཞིན། མེའི་རླུང་། མེའི་ས། མེའི་ཆུ། དམར་པོའི་ནག་པོ། དམར་པོའི་སེར་པོ། དམར་པོའི་དཀར་པོ། ཐད་ཀ་འོག་ཏུ་བརྒྱུ་བ་ལ་ཧོར་བཟླས་བྱ། ཐུར་སེལ་མཉམ་གནས། སྲོག་འཛིན་རྣམས་རིམ་བཞིན། ནག །སེར། དཀར་པོ་གསུམ་གྱི་རང་བཞིན་དུ། གཡོན་གསུམ་ཀ་དལ་ཞིང་། མིག་སོགས་རྣམས་ལའང་སྟར་ལ་དཔགས་ཏེ་ཤེས་པར་བྱ་སྦྱོང་བསྡུས་སུ་ངག་རྣམ་པར་དབེན་པ་ལ་ཡང་ལྷའི་རྣམ་པ་མེད་དེ། སྒྲ་རྣམས་ནི་བྲག་ཆ་ལྟ་བུ་ཡིན་པའི་ཕྱིར་རོ་ཞེས་པ་ནས། འཚལ་ལོའི་བར་གསུངས་ཤིང་། རིམ་ལྔའི་འགྲེལ་པ། སོ་དང་མཆུ་ལ་སོགས་པའི་གཡོ་བ་སྤངས་པ། རྣམ་པར་རྟོག་པ་མེད་ཅིང་རླུང་ཙམ་གྱིས་ཀྱང་བཟླས་པ་ནི་རྡོ་རྗེའི་བཟླས་པའོ། །ཞེས་གསུངས།

སྙིང་དབུས་གཟུང་འཛིན་བྲལ་བའི་ཡོ་བྲང་དུ། །སེམས་ཀྱི་ཆོས་ཉིད་རང་རིག་པའི་ཡེ་ཤེས་དང་། ཆོས་ཅན་རང་རིག་པའི་ཡེ་ཤེས་ཉམས་སུ་ལེན་པ་གཉིས་ལས། དང་པོ་འོད་གསལ་སྐབས་སུ་སྟོན། གཉིས་པ་ལ་འོག་སྒོ་དང་། སྟེང་སྒོ་ལ་བརྟེན་པ་གཉིས་ལས། དང་པོ་གཞན་དུ་ཤེས། དེ་ཡང་རང་རིག་པའི་བདེ་བ་ཆུང་འབྲིང་ཆེ་གསུམ་སྟེ། གཟུང་འཛིན་གྱི་རྟོག་པས་སྟོང་ཞིང་། བདེ་བའི་ངོ་བོར་སྐྱེས་པ་སྣང་བའི་ཕྱིར་དང་། ཡང་དེས་ཆེས་སྟོང་ཞིང་ཀུན་དུ་བདེ་བའི་ངོ་བོར་སྐྱེས་པ་མཆེད་པའི་དང་། དེ་བས་ཀྱང་ཆེས་སྟོང་ཞིང་བདེ་བ་ཆེན་པོའི་རྣམ་པ་ཉམས་སུ་མྱོང་བ་ཉེར་ཐོབ་ཡེ་ཤེས་གསུངས། སྙིང་ཁའི་མི་ཤིགས་པའི་ཐིག་ལེ་ལྟ་བུ་ལ་གནས་ཆ་བཙལ་ཏེ་བརྟེན་ནས། སེམས་ཀྱི་ངོ་བོ་ལ་བལྟས་པར་རིག་པ་སྣང་བ་ནི། སྣང་མཆེད་ཉེར་ཐོབ་སྟོང་པའི་འོད་གསལ་བཞི། །ལུགས་འབྱུང་ལུགས་ལྡོག་གཉིས་ཀྱི་རིམ་པ་ཡིས། །ཚུལ་བཞིན་བསྒོམས་པས་སེམས་དབེན་མཐར་ཕྱིན་ཤོག །སེམས་དབེན་སྐབས་སུ་སེམས་ཀྱི་ངོ་བོ་ལ་བལྟ། དེའང་དང་པོར་གང་ཤར་ལ་མ་ཡེངས་པར་བལྟ། བར་དུ་འབད་རྩོལ་དགག་སྒྲུབ་དང་བྲལ་བར་བཞག མཐར་བྱུང་ཚོར་

དང་བླང་དོར་མེད་པར་མཉམ་པར་བསྐྱངས། གནས་ཆ་ཆུང་ན་ལྷ་སྔགས་ལ་སེམས་བཟུན། གསལ་ཆ་ཆུང་ན་རིག་པ་དྲུམ་བུར་བཏུབ། བདེ་ཆ་ཆུང་ན་ལྷུག་པར་རང་ཡན་དུ་ཕྲུལ་སྟེ་བཞག་པར་བྱའོ་ཞེས་ཀུན་མཁྱེན་བུ་གསུངས། སྤྱོད་བསྡུས་སུ། སེམས་རྣམས་པར་དབེན་པ་མཐར་ཐུག་པ་དེར་ཡང་རྣམ་པ་ཐམས་ཅད་ཀྱི་མཆོག་དང་ལྡན་པའི་ལྷའི་སྐུ་བརྙེད་པར་མི་འགྱུར་ཏེ། སེམས་ནི་སྣང་བ་ཙམ་ཡིན་པའི་ཕྱིར་རོ༑ །ཞེས་པ་ནས་འཚལ་ལོ་ཞེས་པའི་བར་གསུངས་ཤིང་། རིམ་ལྔའི་འགྲེལ་པར། རླུང་ནི་ཡེ་ཤེས་ཏེ། རླུང་ནི་རྟོགས་པའོ། །ན་ནི་དགག་པ་སྟེ༑ དེས་ན་འདོད་ཆགས་ལ་སོགས་པའི་ཤེས་པ་རྣམས་མེད་པ་ནི་ཡེ་ཤེས་སོ། །ཞེས་གསུངས། **ཉིན་པར་སེམས་ཉིད་སྣང་སྟོང་སྒྱུ་མའི་ལུས།** །མཉམ་བཞག་ཏུ་ལུགས་ལྡོག་གི་སྣང་གསུམ་བསྐྱེད་ལ། རང་སེམས་རྡོ་རྗེ་འཆང་སྐུ་མདོག་དཀར་པོ་ཞལ་གཅིག་ཕྱག་གཉིས་པ་རྡོ་དྲིལ་འཛིན་པ། དེའི་གཙོ་བོ་གསུམ་མཚོན་པའི་ཉམས་བདེ་ཆེན་གྱི་རང་བཞིན་དུ་བསྒོམ་ཞིང་། གཉིད་ལོག་ཁར་དོ་ནུབ་སེམས་དབེན་གྱི་ཡེ་ཤེས་བསྒོམས་ལ་དེ་ལས་སྒྱུ་མའི་སྐུར་ལྡང་བའི་འཕེན་པས། **མཚན་མོའང་རྨི་ལམ་སྒྱུ་མའི་སྐུར་བཞེངས་ཏེ། །སླར་ཡང་ཉིན་སྣང་སྒྱུ་མའི་ལམ་འཁྱེར་གྱིས། །རླུང་སེམས་སྒྱུ་མའི་སྐུ་རུ་ལྡང་བར་ཤོག** །འདིའི་སྐབས་སུ། མཉམ་གཞག་ཏུ་བསྒོམ་བྱ་སྒོམ་བྱེད་སོགས་དང་བྲལ་ངོས་ནས་ཅིར་ཡང་མི་བསྒོམ་ཏེ། ཅིར་ཡང་མི་རྟོག་ཏྲིག་གེ། ཅིར་ཡང་མི་འཛིན་སེང་ངེ་བཞག །རྗེས་ཐོབ་ཏུ་སྣང་བ་སྒྱུ་མ། རྨི་ལམ་སྒྱུ་མ། བར་དོ་སྒྱུ་མའི་ཉམས་དང་གསུམ་ཞེས་ཀུན་མཁྱེན་བུ་གསུངས་འདི་ར་རྗེ་མགོས་ཀྱི་ཕྱག་ལེན་ལྟར་གྲུབ་ན་འང་ཤིན་ཏུ་ལེགས། རླུང་དང་ལྡན་པའི་རྣམ་ཤེས་གསུམ་པ་དེ་ཉིད། སླར་ཡང་ནི་རྣལ་འབྱོར་པའི་ལུས་སུ་འགྱུར། སྒྱུ་མའི་ལུས་ཤེས་དེ་ལ་བྱ། ཞེས་གསུངས། རླུང་སེམས་ཙམ་ལས་སྒྱུ་མའི་སྐུར་བཞེངས་ཆོ། འོད་གསལ་མངོན་དུ་བྱེད་ཐབས་བསམ་གཏན་གཉིས་གང་རུང་ལ་བསླབ་པ་ནི།

རིལ་འཛིན་དང་ནི་རྗེས་གཞིག་བསམ་གཏན་གྱི། །སྒྱུར་འཛིན་སྦྱོས་པའི་མཚན་མ་ཀུན་སྡུངས་ཏེ། །སླར་ཡང་འོད་གསལ་དབྱིངས་སུ་བསྟུད་པར་ཤོག །བསླབ་ནས་འོད་གསལ་བའི་ཏིང་ངེ་འཛིན་བསྒོམ་པ་ལ། མཉམ་བཞག་འོད་གསལ། འཆི་ཀ་འོད་གསལ་བསྒོམ་པ་དང་གསུམ་ལས། དང་པོ་ལ་ཆོས་ཉིད་འོད་གསལ། ལམ་འོད་གསལ། ཡེ་ཤེས་འོད་གསལ་གསུམ་ཞེས་ཀུན་མཁྱེན་བུ་གསུང་། སྒྱུ་ལུས་འོད་གསལ་དུ་བྱེད་པའི་དམིགས་པ་བཅུ་གསུམ་འབྱུང་སྟེ། བླ་མ་མགོས་ལོ་ཙྪ་བའི་གདམས་ངག་ལས་ཤེས་པར་བྱའོ། །ཞེས་རྗེ་རྡོར་ཆེན་གསུང་། རླུང་དང་ལྡན་པའི་རྣལ་འབྱོར་ཤེས་པ་དེ་ནི་འོད་གསལ་བར་ཞུགས་ཏེ། ཞེས་གསུངས་ཤིང་། སྤྱོད་བསྡུས་སུ། འོད་གསལ་བ་དེ་དོན་དམ་པའི་བདེན་པའི་རང་གི་མཚན་ཉིད་ཡེ་ཤེས་ཀྱི་མིག་གིས་མཐོང་ཞེས་གསུང་། དེའང་སྟོང་བཅུད་ཐམས་ཅད་དུས་གཅིག་ལ་བདག་ལ་བསྡུས། རང་རྡོ་རྗེ་འཆང་གི་སྐུ་སྒྱུ་མ་ལྷ་བུ་དེ་མི་ལོང་ལ་རྔས་བཏབ་པ་བཞིན་གྱུར་པའི། ཡེ་ཤེས་རིལ་འཛིན་དང་། སྣོད་བཅུད་གཞལ་ཡས་ཁང་ནས་རིམ་གྱིས་ན་དའི་བར་བསྡུས། ནཱ་ད་དེ་མི་ལོང་ལ་རྔས་བཏབ་པར་གྱུར་པའི་ཡེ་ཤེས་རྗེས་གཞིག་གོ། **།འོད་གསལ་ཞི་བའི་དབྱིངས་ལ་མཉམ་བཞག་ནས། །བརྟོན་འགྲུས་ཅན་མཐོང་བའི་ཆོས་ལ་སངས་རྒྱ་བའི་མན་ངག་ནི། སྤྱོད་པ་གསུམ་གོམས་མཚན་ཐོབ་འཕེན་པ་ཡིས། །མྱུན་པ་ཉི་ཟླ་ལུགས་ལྡོག་སྣང་གསུམ་**

ལས། །ཚེ་འདིར་ཟུང་འཇུག་སྐུ་རུ་ལྡང་བར་ཤོག །རིམ་ལྔའི་འགྲེལ་པར། སྒྱུ་ལུས་སྐབས་སུ། ཀུན་རྫོབ་དང་དོན་དམ་ལ་སོགས་པའི་མཚན་ཉིད་ཅན་གྱི་ཟུང་དེ་གཉིས་ཐ་མི་དད་པར་འཇུག་པ་ནི་ཟུང་དུ་འཇུག་པ་ཞེས་བྱ་སྟེ། ཞེས་དང་། ཟུང་འཇུག་ཏུ་ལྡང་ཚུལ་ནི༑ མངོན་པར་བྱང་ཆུབ་པའི་རིམ་པ་ལས། འདིས་འོད་གསལ་ཡང་དག་པར་ཐོབ་པ། དེའི་ལུས་དང་ངག་དང་སེམས་དྲི་མ་མེད་པའི་ངོ་བོ་ཉིད་ཐམས་ཅད་སྟོང་པ་ཉིད་ཡིན་པས། རྣམ་ཤེས་གསུམ་རྣམ་པར་དག་པའི་ཞེས་གསུངས། ལེ་ལོ་ཅན་བར་དོར་འཚང་རྒྱ་བའི་མན་ངག་ནི། འཕེན་པ་ཏིང་འཛིན་རྗེས་དྲན་གསོས་བཏབ་རྒྱུ། །མཚམས་སྦྱོར་ཟླ་ཉི་སྨུག་དང་ནམ་མཁའི་རྟགས། །འབྱུང་ལྡོག་དགེ་སྦྱོར་གསལ་འདེབས་འཕེན་ཤུགས་ཀྱིས། །བར་དོར་ཟུང་འཇུག་སྐུ་རུ་ལྡང་བར་ཤོག །བར་དོར་ཟུང་འཇུག་མ་ཐོབ་སྐྱེ་བའི་ཚེ། །བར་དོ་ལམ་བྱེད་ཉམས་ལེན་འཁྲུལ་མེད་ཀྱིས། །རྣམ་བྱང་འོད་ལྔའི་རྟགས་ལ་མ་འཁྲུལ་བར། །སྐྱེ་གནས་མཆོག་ཏུ་བསམ་བཞིན་སྐྱེ་བར་ཤོག །བར་དོའི་ལུས་དེ། འོད་གསལ་དང་། སྒྱུ་མ་ལྟ་བུ་དང་། བསྐྱེད་རིམ་སྟེ། སྣང་ཐབས་རྣམས་གསུམ་གྱིས་སྦྱང་མ་ནུས་ན། སྐྱེ་གནས་ངན་པ་བསྐྱམས་ཏེ། བདེ་བ་ཅན་ལྟ་བུའི་དག་པའི་ཞིང་དུ་སྐྱེ་བར་བྱའོ་སྙམ་པའི་འདུན་པ་སྔོན་དུ་བཏང་། ནག་ཁྲིད་ནས་བཤད་པའི་འཕོ་བའི་གདམས་པ་ཉམས་སུ་བླངས་ནས། བར་དོ་ནས་འཕོས་ཏེ་དག་པའི་ཞིང་དུ་འཕོ་བར་བྱའོ། །

སད་གཉིད་འཆི་བའི་གནས་སྐབས་རེ་རེ་ལའང་། །སྐུ་གསུམ་ལམ་བྱེད་བསྲེ་བར་གསུམ་གསུམ་སྟེ། །བསྲེ་བ་རྣམ་དགུས་སྐྱེ་འཆི་བར་དོ་སོགས། །སྣང་སྲིད་དགེ་སྦྱོར་བསྐྱལ་མར་རྫོགས་པར་ཤོག །འདིའི་གནད་ཞལ་ལས་ཤེས། །དེ་ལས་ལངས་པའི་རྗེས་ཐོབ་ཐུན་མཚམས་སུ། །གང་ཤར་འདུས་པའི་རྟེན་དང་དཀྱིལ་འཁོར་ལྷ། །གང་གྲགས་ཟབ་མོ་སྔགས་ཀྱི་ཡི་གེའི་སྒྲ། །གང་དྲན་ཏིང་འཛིན་མཆོག་ཏུ་འཆར་བར་ཤོག །རྫོགས་སངས་རྒྱས་ནས་བརྒྱུད་པ་བར་མ་ཆད། །གྲུབ་ཆེན་ཀུན་གྱིས་འདི་བསྒོམས་འདི་ཡིས་གྲོལ། །དཔྱད་གསུམ་དག་པའི་རྨད་བྱུང་གྲུབ་པའི་སྒྲོལ། །སངས་རྒྱས་དགྱེས་པའི་ལམ་བཟང་བླ་ན་མེད། །ཁ་ཅིག་གསང་འདུས་ལུས་དཀྱིལ་གྱི་དབང་ལ༑ སངས་རྒྱས་ནས་བརྒྱུད་པ་བར་མ་ཆད་མེད་པར་འདོད་པ་དེ་ནི་མི་རིགས་ཏེ། སངས་རྒྱས་ཀྱིས་ཡེ་ཤེས་མཁའ་འགྲོ་ལ་གནང་། དེ་ནས་མཁའ་འགྲོ་མ་པད་མ་ཞབས། ཟླ་བ་སྒྲོན་མ། ཉི་མ་འོད། བདེ་བའི་དངོས་གྲུབ་ཆུ་ཤིང་སྙེ་མ་ཅན། དེ་ལ་རྗེ་བཙུན་མར་པས་གསན་ནས། དེ་ལྟའི་བར་དུ་བརྒྱུད་པ་བར་མ་ཆད་དུ་ཡོད་པའི་ཕྱིར། འཕགས་ཞབས་འདུས་པ་ལུགས་གཉིས་ཕ་རྒྱུད་སྒྲོལ། །རྒྱ་བོད་དུ་ཉི་ཟླ་ལྟར་གྲགས་པའི་འདུས་པའི་སྒྲོལ་ནི་གཉིས་ཏེ། འཕགས་ལུགས་དང་། ཡེ་ཤེས་ཞབས་ལུགས་སོ། །ཁ་ཅིག་ཇོ་བོ་ལུགས་དང་གསུམ་ཟེར། ཁ་ཅིག་ཤན་ཏི་པའི་ལུགས་དང་གསུམ་ཟེར། འཕགས་ལུགས་ལའང་། མར། འགོས། ཇོ་བོ། ཕྱུག །དཔྱལ། ས་ལུགས་ལ་སོགས་པའི་ལུགས་དཔག་ཏུ་མེད་པ་ཅིག་བོད་ཡུལ་དུ་བྱུང་ངོ་། །ཟབ་རྒྱས་གཏིང་དཔག་དཀའ་མོད་དེ་ལྟ་ནའང་། །འདུས་པའི་སྤྱི་ལམ་དབང་དང་རིམ་པ་གཉིས། །དེ་ལས་གཙོ་བསྡུས་མཐར་ཐུག་ཉམས་ལེན་འདི། །གནས་གསུམ་མཁའ་

འགྲོའི་སྒྲོག་སྙིང་སྨུར་ཁྱད་ལམ། །ཆེས་མཆོག་ཡང་སྙིང་མི་བཞིགས་ཐེག་ལེ་མཆོག །སྐལ་དམན་སྐྱེ་བོ་འཇུག་གམ་མིན་ཡང་རུང་། །སྐལ་ལྡན་འདི་སྒོམ་འདི་ཡིས་གྲོལ་བར་ཤོག །རིམ་གཉིས་ཏིང་འཛིན་གོམས་པ་མཐོན་གྱུར་ནས། །སྤྲོས་བཅས་སྤྲོས་མེད་ཤིན་ཏུ་སྤྲོས་མེད་ཀྱིས། །སྤྱོད་པས་མཚམས་སྦྱར་ལྷ་བས་བོགས་དབྱུང་ངེ། །གསང་བ་འདུས་པའི་ས་ལམ་ཀུན་བསྒྲོད་ཤོག །ཚིག་ཕྲེང་སྦྲུ་བས་མ་ངོམས་དེ་དོན་བསྒོམ། །དེ་ནས་བཟུང་སྟེ་འདུས་པའི་རྣལ་འབྱོར་པ། །ཞེས་བྱར་མིང་ཐོབ་ཀུན་གྱིས་མཆོད་པ་དང་། །སྐྱེ་བོའི་ཐོད་བཞིན་རྒྱུན་དུ་བསྟེན་པར་ཤོག །སྟོང་ཕྲག་སུམ་ཅུ་རྩ་བདུན་ཕ་རྒྱུད་གཞུང་། །ཀུན་ལས་ཟབ་རྒྱས་འདུས་པ་རྩ་བཤད་རྒྱུད། །ཀླུ་སྒྲུབ་ཞབས་ཀྱིས་སྨད་བྱུང་ལམ་སྲོལ་དེར། །ཐར་འདོད་སྐྱེ་བོ་རིང་ནས་འཇུག་པར་ཤོག །མཁས་རྣམས་གྲགས་པ་གཙོར་འཛིན་ཚིག་ལ་ལ་ཞེན། །སྒོམ་ཆེན་འཚོ་བའི་རྗེས་འབྲང་གྱ་ཚོམས་བསྒོམ། །འགྲོ་གཞན་དོན་མེད་བྱ་བས་ཆེ་ལོ་འདའ། །དེ་རྣམས་ཀུན་ཀྱང་ཚུལ་འདིར་འཇུག་པར་ཤོག །འཕགས་པའི་ཡུལ་དང་གངས་རིའི་ཁྲོད་འདིར་ཡང་། །ཉི་ཟླ་ལྟར་གྲགས་གསང་བ་འདུས་པ་ཡི། །རྣལ་འབྱོར་རྣམ་དྲུག་ཟབ་ལམ་རིམ་པ་ལྔ། །ཐུན་བཞིར་བསྒོམས་པས་ཚེ་འདིར་མཆོག་ཐོབ་ཤོག །གལ་ཏེ་ཚེ་འདིར་སངས་རྒྱས་མ་ཐོབ་ན། །འཆི་ཚེ་དཔའ་བོ་མཁའ་འགྲོའི་ཚོགས་རྣམས་ཀྱིས། །མཁའ་སྤྱོད་གནས་སུ་སུམ་ཅུ་རྩ་གཉིས་ཀྱི། །འདུས་པའི་དཀྱིལ་འཁོར་དབུས་སུ་འཁྲིད་པར་ཤོག །དུས་དེར་ཟབ་མོའི་ལམ་ལ་འབད་པ་ན། །བདེ་སྟོང་དབྱེར་མེད་ཟུང་འཇུག་ཏིང་འཛིན་གྱིས། །སྤང་བྱའི་ལྷག་མ་མ་ལུས་ཀུན་སྤངས་ཏེ། །མི་བསྐྱོད་རྡོ་རྗེའི་གོ་འཕང་བརྙེས་པར་ཤོག །ཁྱད་པར་གསང་བ་འདུས་པའི་ཤིང་རྟའི་སྲོལ། །འཕགས་མཆོག་ཀླུ་སྒྲུབ་ཞབས་ཀྱིས་ཕྱེ་བ་བཞིན། །རང་ཉིད་བསྒྲུབ་དང་གཞན་ལ་འདོམ་པ་ལ། །གེགས་མེད་ཕྱོགས་དུས་ཀུན་དུ་རྒྱས་བྱེད་ཤོག །ཆེན་པོ་རྣམས་ཀྱིས་ལན་བརྒྱར་བསྔགས་པ་ཡི། །སྣན་རྒྱུད་ཚད་མ་བཞི་ལྡན་གྲུབ་པའི་སྲོལ། །དཔྱོད་ལྡན་མཁས་པ་མགུ་བསྐྱེད་རྩོད་བྲལ་བ། །ལམ་བཟང་འདི་དང་མཇལ་བ་བླ་མའི་དྲིན།།

༄ ན་མོ་གུ་རུ་ཝེ། གསང་གསུམ་འདུས་པའི་དཔལ་ལྡན་འཇམ་པའི་དབྱངས། །གང་གིས་རྗེས་བཟུང་གྲུབ་ཆེན་ཡེ་ཤེས་ཞབས། །བཤད་བསྒྲུབ་ཆུ་བོ་གཉིས་འདུས་མར་མེ་མཛད། །ཕྱག་འཚལ་གསོལ་འདེབས་སྙིང་ནས་སྐྱབས་སུ་མཆི། །སྨད་བྱུང་ལམ་སྲོལ་མཛོད་འཛིན་དཔལ་གྱི་སྡེ། །ཟབ་གསལ་རྟོག་པ་མཐར་ཕྱིན་དྲི་མེད་སྦས། །མཉམ་མེད་མཁས་གྲུབ་ཆེན་པོ་ཁ་ཆེ་བ། ཕྱག་འཚལ་གསོལ་འདེབས་སྙིང་ནས་སྐྱབས་སུ་འཆི། །རྗེ་བཙུན་རྣལ་འབྱོར་དབང་ཕྱུག་རིས་ཆེན་གྲགས། །མཁས་མང་སྤྱི་བོས་འདུད་པའི་སེན་རྫ་པ། །སྔགས་འཆང་སྐད་གཉིས་སྨྲ་བའི་སྒྲ་བསྒྱུར་དཔལ་གྲགས་གཉན། །ཕྱག་འཚལ་གསོལ་འདེབས་སྙིང་ནས་སྐྱབས་སུ་མཆི། །ཟུང་

འཇིག་མཁའ་སྤྱོད་བསྒྲོད་པའི་དབའུ་པ། །བསྟན་པའི་མངའ་བདག་བརྩེ་ཆེན་ས་སྐྱ་པ། །མི་ཐུབ་ཟླ་བའི་རྣམ་འཕྲུལ་བསོད་ནམས་རྩེ། །ཕྱག་འཚལ་གསོལ་འདེབས་སྙིང་ནས་སྐྱབས་སུ་མཆི། །དཔག་ཡས་ཡོན་ཏན་གཏེར་མངའ་རྗེ་བཙུན་མཆོག །དྲི་མེད་མངོན་པར་སངས་རྒྱས་ཆོས་ཀྱི་རྗེ། །ཚོགས་གཉིས་རྒྱ་མཚོའི་དབུས་གནས་ཆོས་རྒྱལ་འཕགས། །ཕྱག་འཚལ་གསོལ་འདེབས་སྙིང་ནས་སྐྱབས་སུ་མཆི། །ཆོས་མཆོག་གདམས་པའི་རྒྱུན་འཛིན་ཀུན་དགའ་གྲགས། །རྒྱུད་སྡེ་རྒྱ་མཚོའི་བཀའ་བབས་དགའ་ལྡན་པ། །དེ་སློབ་དགའ་ལྡན་གཉིས་པ་ཀུན་དགའི་མཚན། །ཕྱག་འཚལ་གསོལ་འདེབས་སྙིང་ནས་སྐྱབས་སུ་མཆི། །དམ་པས་རྗེས་བཟུང་བཤེས་གཉེན་རྡོ་རྗེ་དཔལ། །མཁས་མཆོག་རྣལ་འབྱོར་དབང་ཕྱུག་གྲགས་པ་དཔལ། །ཀུན་མཁྱེན་གྲུབ་པའི་དབང་ཕྱུག་གངས་ཁྲོད་པ། །ཕྱག་འཚལ་གསོལ་འདེབས་སྙིང་ནས་སྐྱབས་སུ་མཆི། །གནས་ལྔ་རིག་པའི་པཎ་ཆེན་མ་ཏིའི་ཞབས། །དཀའ་སྤྱད་འགྲོ་ཕན་མཐར་ཕྱིན་ས་བཟང་འཕགས། །རྗེ་བཙུན་རྡོ་རྗེ་འཆང་དབང་ངོར་ཆེན་པ། །ཕྱག་འཚལ་གསོལ་འདེབས་སྙིང་ནས་སྐྱབས་སུ་མཆི། །དཔལ་ལྡན་བླ་མས་རྗེས་བཟུང་ཀུན་དགའི་མཚན། །བཀའ་དྲིན་གསུམ་ལྡན་རྩ་བའི་བླ་མ་སོགས། །འདུས་པ་ཞབས་ལུགས་རྩ་བརྒྱུད་བླ་མ་ལ། །ཕྱག་འཚལ་གསོལ་འདེབས་སྙིང་ནས་སྐྱབས་སུ་མཆི། །

རྗེ་གསེར་མདོག་ཅན་པའི་དྲུང་དུ། ཡེ་ཤེས་ཞབས་ལུགས་ཀྱི་དབང་། སྒྲུབ་ཐབས་ཀུན་བཟང་། དཀྱིལ་ཆོག་བཞི་བརྒྱ་ལྔ་བཅུ་པ། འཇམ་དཔལ་ཞལ་ལུང་། བདག་བསྒྲུབ་པ་སོགས་དང་། འཕགས་པ་རིན་པོ་ཆེས་མཛད་པའི་སངས་རྒྱས་ཡེ་ཤེས་ཞབས་ཀྱི་རྣམ་ཐར། བླ་མ་བརྒྱུད་རིམ། འཇམ་རྡོར་ལྷ་བཅུ་དགུའི་མངོན་རྟོགས་དགོས། ཡེ་ཤེས་ཞབས་འདུག་ས་རྣམས་ཐོབ། རྒྱ་མ་ཀུན་སྤངས་པའི་དྲུང་དུ། རྗེ་ངོར་པས་མཛད་པའི་འཇམ་རྡོར་ལྷ་བཅུ་དགུའི་བསྟོད་པ། ཞལ་ལུང་། གྲོལ་ཐིག་གི་རྗོགས་རིམ་སློན་ལམ་དུ་བྱས་པ་ཐོབ། ཡང་ཞལ་ལུང་དང་། གྲོལ་ཐིག་གི་ཁྲིད་ཀྱི་བརྒྱུད་པ་ལུགས་གཅིག་ནི་འཇམ་པའི་རྡོ་རྗེ་ཡེ་ཤེས་ཞབས། མར་མེ་མཛད་བཟང་པོ། དཔལ་སྡེ། དྲི་མེད་སྦས་པ། བ་ལིང་ཨཱ་ཙཱརྱ། གཉོས་ལོ་ཙཱ་བ། གཉོས་དཔལ་བེ། གཉོས་གྲགས་པ་དཔལ། གཉོས་གཟི་བརྗིད་དཔལ། སྟོན་མོ་ལུང་པ་ཡེ་ཤེས་མཁར། ཀུན་མཁྱེན་ཆོས་འོད། ཀུན་མཁྱེན་འཕགས་འོད། ཀུན་མཁྱེན་བུ་སྟོན། ལོ་ཆེན་བྱང་རྩེ། ལོ་ཆེན་གྲགས་རྒྱལ། པཎ་ཆེན་ཕྱོགས་ལས་རྣམ་རྒྱལ། ཆོས་རྗེ་ཤེས་རིན་པ། གྲུབ་ཆེན་མོན་རྫོངས། དེའི་དྲུང་དུ། བདག་གིས་ཞལ་ལུང་ནང་། གྲོལ་ཐིགས་ཀྱི་ཁྲིད། ཆོས་རྗེ་ཤེས་རིག་པའི་ཡིག་ཆའི་སྟེང་ནས་ཐོས་ནས། ཞལ་ལུང་དང་གྲོལ་ཐིགས་ཀྱི་རྒྱ་གཞུང་གི་ལུང་ཀྱང་ཐོབ། དེ་དག་ནས་བརྒྱུད་པའི་འཇམ་པའི་རྡོ་རྗེ་ལ་བརྟེན་པའི་འཕོ་བ་གནད་སྟེ་མ་ཡང་ཐོབ། བདེ་གཤེགས་རིགས་ལྔ་ཡུམ་བཞི་སེམས་མ་དྲུག །སྒོ་བཞིའི་བསྲུང་མ་བགེགས་འཇོམས་ཁྲོ་བོ་བཞི། །ཟབ་གསལ་བཅུ་དགུའི་དཀྱིལ་འཁོར་ལྷ་ཚོགས་ལ། །ཕྱག་འཚལ་གསོལ་འདེབས་སྙིང་ནས་སྐྱབས་སུ་མཆི། །ཕ་རྒྱུད་འདུས་པའི་བསྲུང་མར་བཀའ་བསྒོས་ཤིང་། །ཁས་བླངས་དམ་བཅའ་དཔལ་

མགོན་ཞལ་བཞི་པ། །ལས་བྱེད་ཕོ་ཉ་སྲིང་མོ་བཞི་ལ་སོགས། །བསྟན་པ་བསྲུང་བའི་དམ་ཅན་རྒྱ་མཚོའི་ཚོགས། །བདག་ཅག་དཔལ་ལྡན་འདུས་པའི་རྣལ་འབྱོར་པ། །འཁོར་བཅས་ཀུན་ལ་བུ་བཞིན་སྐྱོང་བ་དང་། །ཐུབ་བསྟན་སྤྱི་དང་གསང་བ་འདུས་པ་ཡི། །བཤད་བསྒྲུབ་བསྟན་པ་རྒྱས་པར་མཛད་དུ་གསོལ། །རྣམ་དག་དབང་གིས་སྨིན་ཞིང་དམ་ཚིག་ལྡན། །སྐྱེད་སྒྲུབ་རྣམ་བཞི་ཟབ་ལམ་རྣལ་འབྱོར་གསུམ། །ཐུན་བཞིའི་རྣལ་འབྱོར་མི་ཏོག་རྒྱུན་པོ་དེ། །འདམ་པའི་རྡོ་རྗེ་བླ་མ་ལྷར་བཅས་འབུལ། །སྟོད་བཅུད་དག་པར་མ་གཏོགས་ཐ་མལ་ཞེན། །ལྷར་སྣང་སྟོང་པར་མ་ཤེས་ཀྱི་ནོམ་པའི། །མཚན་འཛིན་ཆོས་སུ་ཞེན་པའི་ཉེས་སོགས་གང་། །འགྱོད་པས་མཐོལ་ཞིང་སྡོམ་པའི་སེམས་ཀྱིས་བཤགས། །གང་ཤར་ལྷ་སྔགས་གསལ་བའི་བསྐྱེད་རིམ་དང་། །ལྷར་སྣང་སྟོང་པའི་ཡེ་ཤེས་རྫོགས་རིམ་མཆོག །བསྐྱེད་རྫོགས་ཟུང་འཇུག་འདུས་པའི་རྣལ་འབྱོར་པ། །རྡོ་རྗེ་འཛིན་པ་ཀུན་ལ་རྗེས་ཡི་རང་། །འདུས་པའི་ཁང་བཟང་མཐའ་དྲུག་ཚུལ་བཞི་ཡི། །རྒྱ་ཡིས་དམ་བཅིངས་མ་སྨྲས་ལེགས་ཕྱེ་ནས། །ཟབ་ཅིང་རྒྱ་ཆེ་དབང་བཤད་མན་ངག་གི། །གསང་བ་འདུས་པའི་ཆོས་ཀྱི་བདུད་རྩི་སྩོལ། །འདམ་པའི་རྡོ་རྗེའི་རྩ་བརྒྱུད་བླ་མ་དང་། །ཟབ་གསལ་བཅུ་དགུའི་དཀྱིལ་འཁོར་ལྷ་ཚོགས་རྣམས། །གདུལ་བྱ་དག་པའི་སེམས་ཀྱི་ཆུ་གཏེར་དུ། །སྐྲིབ་མེད་རྟག་འཆར་གྲུབ་པས་གསོལ་བ་འདེབས། །གསང་བ་འདུས་པ་སྨད་བྱུང་གྲུབ་པའི་ལམ། །གྲུབ་ཆེན་ཡེ་ཤེས་ཞབས་ཀྱི་བཞེད་ཇི་བཞིན། །འཁྲུལ་མེད་ཉམས་ལེན་བགྱིས་པའི་དགེ་སོགས་གང་། །འདམ་པའི་རྡོ་རྗེའི་བྱང་ཆུབ་ཕྱིར་བསྔོའོ། །

བདག་ཀྱང་དེང་ནས་བྱང་ཆུབ་མ་ཐོབ་པར། ། ལེགས་གསུངས་འདུལ་བའི་བསྟན་ལ་ལེགས་ཞུགས་ནས། །བཤེས་གཉེན་དམ་པ་རིང་ནས་ཚོལ་བ་དང་། །རྗེ་བཙུན་བླ་མ་རྗེས་སུ་འཛིན་པར་ཤོག །ཕྱི་ནང་རིག་གནས་ཀུན་ལ་མ་སྦྱངས་ཤིང་། །སྔགས་གཞུང་རྒྱ་མཚོའི་དོན་ལ་གོམས་པ་རབ། །ཁྱད་པར་གསང་བ་འདུས་པའི་རྒྱུད་སྡེ་ལ། །ཐོས་དང་བསམ་པས་ཡིད་ཆེས་བརྟེན་པར་ཤོག །རིག་གནས་ཀུན་ལ་བསླབ་སྦྱངས་མཐར་ཕྱིན་ནས། །སྨད་བྱུང་མཁས་པའི་བྱ་བ་རྣམ་གསུམ་གྱིས། །གཅིག་ཏུ་བསྟན་པ་འབའ་ཞིག་ཉེར་དགོངས་ཏེ། །སངས་རྒྱས་བསྟན་པ་ཆེས་ཆེར་གསལ་བར་ཤོག །དེ་ནས་འདུ་འཛིའི་རྣམ་གཡེང་ཀུན་སྤངས་ཏེ། །གངས་དང་རི་སུལ་ནགས་ཀྱི་ཁྲོད་རྣམས་སུ། །གང་བྱུང་ཚོག་ཤེས་ཚངས་སྤྱོད་གྲོགས་དང་བཅས། །ཚེ་འདི་བློས་བཏང་བསྒྲུབ་ལ་བརྩོན་པར་ཤོག །ཚོས་གོས་གསུམ་དང་ལྷུང་བཟེད་མཁར་བསིལ་དང་། །རྡོ་རྗེ་དྲིལ་བུ་ཁ་ཊྭཾ་ཅང་ཏེའུ་སོགས། །ཕྱི་ནང་རྟགས་ཀྱི་ཉེར་འཁོ་ཙམ་འཛིན་ཞིང་། །སོ་སོའི་བསླབ་པ་ཚུལ་བཞིན་སློབ་པར་ཤོག །རྣམ་དག་འདུལ་བའི་ཁྲིམས་ཀྱིས་ལེགས་བསྡམས་ཤིང་། །རྒྱལ་སྲས་སྤྱོད་པའི་བསམ་སྦྱོར་སྨད་དུ་བྱུང་། །

གསང་ཆེན་ལམ་གྱི་བསྐྱེད་རྫོགས་ཟུང་འཇུག་གི། །སྡོམ་གསུམ་ལམ་གྱི་ཉམས་ལེན་འཁྲུལ་མེད་ཤོག །སྨིན་བྱེད་བུམ་དབང་རྩལ་བཞིན་བསྐུར་བ་ལས། །ཕུང་ཁམས་རྒྱལ་བ་རིགས་ལྔའི་དཀྱིལ་འཁོར་ལྷ། །མགྲིན་པའི་རྩ་གནས་གསང་བའི་བདུད་རྩི་ཅེས་གང་། །དེ་ལས་ངག་གནས་སྔགས་སུ་འཆར་བར་ཤོག །ཆོས་དབྱིངས་རྡོ་རྗེས་འཁྲུད་པའི་སྙོམས་འཇུག་གིས། །སེམས་ཉིད་བདེ་སྟོང་ཟུང་འཇུག་ལྷན་ཅིག་སྐྱེས། །བཞི་པའི་དུས་སུ་གསུམ་པའི་ཡེ་ཤེས་དེས། །ཟབ་མོའི་ཚིགས་གནས་ལུགས་རྟོགས་པར་ཤོག །རྣམ་དག་དབང་གིས་སྨིན་པ་དེ་ཡི་ཚེ། །སྔགས་འཆང་རིག་འཛིན་ཀུན་གྱི་བསྒྲོད་གཅིག་ལམ། །ལམ་གྱི་རྩ་བ་དབང་བཞིའི་དམ་ཚིག་རྣམས། །མིག་གི་འབྲས་བཞིན་གཅེས་པར་འཛིན་པར་ཤོག །ལྷ་སྐུར་སྒྱུ་མ་ལྟ་བུའི་ངང་ཉིད་ནས། །རྒྱལ་བ་མཆོད་དང་སེམས་ཅན་སྨིན་བྱེད་སོགས། །རྒྱ་ཆེན་བསོད་ནམས་ཚོགས་ལ་རབ་འབད་པས། །འཁོར་བར་སྐྱེ་བའི་ལས་ཀུན་དག་པར་ཤོག །ཁ་ཅིག་སྐབས་འདིར་ཚད་མེད་བཞི་མི་བསྒོམ་པ་མི་འཐད་དེ། ཀུན་བཟང་དུ། སྙིང་རྗེའི་སྟོབས་ཀྱིས་ཞེས་གསུངས་ཤིང་། ཀུན་ཏུ་བཟང་མོར་རྒྱས་པར་བསྒོམ་ཚུལ་གསུངས། །ཕྱག་འཚལ་མི་བྱེད་པའང་མི་འཐད་དེ། །ཇོ་བོས་མཛད་པའི་ཕྱིར་རོ། །གཞན་ཡང་རང་གི་ཡིད་ལ་ཞེས་པའི་འགྲེལ་པར། ཐ་ག་ནས་ རྣལ་འབྱོར་པའི་ཡིད་ལ་གནས་པ་དེ། རང་གི་སེམས་གནས་པ་དེ་ལས་གཞན་ཡོད་པ་མ་ཡིན་པས། རང་གི་སེམས་སོར་སྣང་བ་ཞེས་བྱ་བའི་དོན་ཏོ། །ཞེས་གསུངས། རྟོག་པ་མ་ལུས་པ་ཞེས་འགྲེལ་པར། གཉིས་སུ་མེད་པའི་ཡེ་ཤེས་ཀྱི་རང་བཞིན་ཞེས་གསུངས། འཇིག་རྟེན་ཞེས་སོགས་འགྲེལ་པར། འཇིག་རྟེན་ཐམས་ཅད་རང་གི་སེམས་ཉིད་དེ་ལྟར་སྣང་བ་ལས་ལོགས་ན་མེད་མོད་ཀྱི། ཞེས་གསུངས། ཀུན་བཟང་དང་ཇོ་བོས། བསྲུང་འཁོར་ཐུན་མོང་མ་ཡིན་པ་མ་མཛད་པ་ལྟར། བུ་སོགས་ཀྱིས་ཀྱང་མ་མཛད། ཀུན་ཏུ་བཟང་མོ་དང་། ཨ་བྷྱ་སོགས་ཀྱིས་རྒྱས་པར་གསུངས།

ཆོས་ཀུན་རྣམ་ཐར་སྒོ་གསུམ་རང་བཞིན་དུ། །ལེགས་པར་རྟོགས་ནས་སྤྲོས་བྲལ་དམ་པའི་དོན། །ཡེ་ཤེས་ཚོགས་ཀྱི་རྣམ་པར་ལེགས་བསྒོམས་པས། །ཉོན་མོངས་རྟོག་པའི་དྲི་བར་ཞིག་གྱུར་ཅིག །ཡེ་ཤེས་ཞབས་ཀྱིས། ཧེ་རུ་ཀའི་སྒྲུབ་ཐབ་ཐབས་འགྲེལ་པར། ཆོས་ཐམས་ཅད་རྣམ་པར་རིག་པ་ཙམ་དུ་བསྒོམ་པ་སྔར་བྱས་ལ། དེ་བརྟན་པར་བྱ་བའི་ཕྱིར། ཨོཾ་ཤཱུ་ནྱ་ཏ་ཞེས་སོགས་དང་། སྟོང་ཉིད་ཀྱི་སེམས་དེ་ཉིད་ཡི་གེ་ཧཱུྃ་དུ་བསམ་ལ་ཞེས་དང་། ཀུན་བཟང་འགྲེལ་པར། ཐ་ཀ་ནས། སྟོང་ཉིད་ནི་གཉིས་སུ་མེད་པའི་ཡེ་ཤེས་ཀྱི་ངོ་བོ་ཉིད་དོ། །ཞེས་དང་། བྱིས་པ་རྣམས་ཀྱིས་བཏགས་པའི་གཟུང་བ་དང་འཛིན་པའི་རྣམ་པ་དང་བྲལ་བ་ཡིན་གྱི། རྣམ་པ་ཐམས་ཅད་དུ་རང་བཞིན་གྱིས་སྟོང་པ་ནི་མ་ཡིན་ཏེ། གཞན་དུ་ན་དངོས་པོ་ཞེས་བྱ་བ་དང་འགལ་བའི་ཕྱིར་རོ། །ཞེས་སོ། །ཀུན་ཏུ་བཟང་མོར། སྟོང་པ་ནི་དངོས་པོ་ཐམས་ཅད་ཡེ་ནས་མེད་པ་ནི་མ་ཡིན་ནོ། །གཞན་དུ་ཡིན་ན་དངོས་པོ་ཐམས་ཅད་ལས་འགལ་བར་འགྱུར། ཞེས་གསུངས་པས། འདིའི་སྟོང་ཉིད་དང་། ཡེ་ཤེས་དང་། གཞལ་ཡས་ཁང་སོགས་ཀྱང་སྟོང་པ་ཉིད་ཀྱི་ཡེ་ཤེས་ལ་བསྒྲུབ་དགོས་པར་གསུངས། རྣལ་འབྱོར་འབྲས་བུ་མངོན་དུ་བྱས་པའི་ཚེ། །གནས་རྣམས་རིན་ཆེན་ལས་གྲུབ་གཞལ་ཡས་ཁང་། །

བཀོད་ལེགས་དབྱིབས་མཛེས་དམ་པར་འགྲུབ་པའི་རྒྱུར། །ཞིང་ཀུན་དག་པའི་རྣལ་འབྱོར་མཐར་ཕྱིན་ཤོག །འདིར་གཞལ་ཡས་ཁང་ནི། འགྲེལ་པ་རྣམས་སུ་ཡེ་ཤེས་ཀྱི་སྣང་བ་ལ་བཤད་དོ། །གཞི་ལ་གནས་པའི་སྐྱེ་འཆི་བར་དོ་གསུམ། །ཇི་ལྟར་གྲུབ་བཞིན་ལམ་དུ་བྱས་པ་ལས། །འབྲས་བུ་སྐུ་གསུམ་མངོན་དུ་བྱེད་པའི་ལམ། །དང་པོ་སྦྱོར་བའི་ཏིང་འཛིན་མཐར་ཕྱིན་ཤོག །ཁ་ཅིག་རྒྱུ་རྡོར་འཛིན་སྐབས་སུ། ངར་རྒྱལ་མི་བྱེད་པར་འདོད་ཀྱང་། ཀུན་བཟང་དུ། ངར་རྒྱལ་དང་ལྡན་ཞེས་དང་། བཟང་མོར། རྣལ་འབྱོར་པ་རྗེ་བཙུན་རྡོ་རྗེ་འཛིན་པར་གྱུར་ཏེ། ཞེས་དང་། མར་མེ་མཛད་བཟང་པོས། བདག་ལ་དེའི་ངར་རྒྱལ་བྱ། ཞེས་དང་། ཇོ་བོ། རིན་ཆེན་རྡོ་རྗེ། ཤཱནྟི་པ་རྣམས་ཀྱིས་བདག་ཉིད་རྡོ་རྗེ་འཛིན་པ་ཞེས་ངར་རྒྱལ་བྱ་བར་གསུངས། སེམས་ཅན་ལ་དབང་བསྐུར་བའི་རྣལ་འབྱོར་འཕགས་ལུགས་པས་ལྷག་མོས་ཀྱིས་མཛད་པར་སྣང་། འདིར་བཅུད་ཀྱི་ཞིང་སྦྱོང་དུ་གསུངས། རིན་ཆེན་རྡོ་རྗེ་དང་། འགྲེལ་པ་འདུས་པའི་རྒྱན་གཉིས་སུ། ས་བོན་གྱིས་བྱུང་བ་མ་གཏོགས་བསྐྱེད་པ་དང་མིག་སོགས་སྦྱོང་བ་བཀག །ཇོ་བོས་ས་བོན་ལས་བསྐྱེད་པ་དང་། དེས་དབྱུང་བ་གསུངས། ཀུན་བཟང་དུ་དབྱུང་བས་གསུངས་ཀྱི་བསྐྱེད་པ་མི་གསལ། བཟང་མོར་ཚིག་གསུམ་བསྐྱེད་སོགས་གསུངས། སྨན་ཞབས་ཀྱིས་ས་བོན་གྱིས་འབྱིན་པ་བཀག །

འགྲོ་བའི་དོན་དུ་དཀྱིལ་འཁོར་ལྷ་ཚོགས་རྣམས། །ནམ་མཁའི་ཁམས་ཀུན་ཁྱབ་པར་རབ་སྤྲོས་ནས། །སྣ་ཚོགས་མཛད་པས་སེམས་ཅན་སྨིན་བྱེད་པའི། །ལས་རྒྱལ་མཆོག་གི་རྣལ་འབྱོར་མཐར་ཕྱིན་ཤོག །ཀུན་མཁྱེན་བུ༔ མངལ་དུ་ཡང་། ཡེ་ཤེས་དགུག་གཞུག །དབང་བསྐུར་བདུད་རྩི་མྱང་བའི་བར་མཛད། ཁ་ཅིག་དེ་མི་འཐད་པར་བྱས་ནས། རང་ལུགས་མངལ་དུ་དཀྱིལ་འཁོར་བསྐྱེད། །སྤྲོ་བསྡུས་དཀྱིལ་འཁོར་ལ་བཀོད་དེ། །ཡན་ལག་བཞི་རྫོགས། མཆོད་བསྟོད་བདུད་རྩི་མྱང་བའི་བར་མཛད། ཀུན་བཟང་དང་། ཇོ་བོས་མཛད་པར་མ་སྨྲར། བོད་དག་གིས་སྨྲར་བ་རྣམས་ཀུན་ཏུ་བཟང་མོ། ཤཱནྟི་པ། རིན་ཆེན་རྡོ་རྗེ་སོགས་ཀྱི་གཞུང་དང་མི་མཐུན། སེམས་མ་དྲུག་གི་འབྱིན་ཕྱགས། ཇོ་བོས་འབྲུ་གསུམ་དང་། མཚན་ཕྱགས་སྤེལ། ཀུན་བཟང་གཉིས། མར་མེ་མཛད། རིན་ཆེན་རྡོ་རྗེ་སོགས་ཀྱི་འབྱིན་ཕྱགས་འབྲུ་གསུམ་དུ་གསུངས། མཆོད་པའི་སྐབས་སུ། ཀུན་བཟང་དུ། ཐ་དད་ཀུན་ཏུ་རྟོག་ལ་ངེས་པར་བྱ། ཞེས་པའི་འགྲེལ་པར། གཟུང་འཛིན་བྲལ་དགོས་པ་དང་། འཁོར་གསུམ་དུ་མི་རྟོག་པ་དགོས་པར་གསུངས། བསྟོད་པའི་སྐབས་སུ། ཕྱི་རོལ་གྱི་ལྷའི་གཟུགས་མེད་ཀྱི། རང་གི་ཡིད་ལྷག་པའི་ལྷ་ཡིན་ཏེ། གཙོ་བོའི་ལྷ་རང་གི་ཡིད་ཉིད་ཡིན་པའི་ཕྱིར་རོ། །ཞེས་གསུངས་ཤིང་། རྡོ་རྗེ་སེམས་ལ་ཕྱག་འཚལ་ལོ། །ཞེས་བྱ་བ་ནི། གཉིས་སུ་མེད་པའི་ཡེ་ཤེས་ཀྱི་ངོ་བོ་ཉིད་དུ་གྱུར་པའི་ཕྱིར་ཞེས་དང་། རང་གི་སེམས་འདི་ཉིད་ལ་འདུས་པའི་དཀྱིལ་འཁོར་གྱི་བདག་པོ་ཉིད་ཡིན་གྱི། འདི་ལས་ཕྱི་རོལ་ཏུ་གྱུར་པ་ཡོད་པ་མ་ཡིན་ནོ། །ཞེས་དང་། ཐམས་ཅད་གསང་འདུས་སུ་འདོད་པ་རྣལ་འབྱོར་རབ་ཀྱི་དབང་དུ་བྱས་ན་འཐད་དེ། སྤྱོད་ལམ་གྱི་རྣལ་འབྱོར་གྱི་སྐབས་སུ། ཡུལ་འདི་ཐམས་ཅད་རྡོ་རྗེ་སེམས་དཔའི་ངོ་བོ་ཉིད་དེ། གང་གི་ཕྱིར་དངོས་པོ་འདི་དག་ཐམས་ཅད་གཉིས་སུ་མེད་པའི་ཡེ་ཤེས་ཀྱི་ངོ་བོ་ཉིད་ཡིན་པའི་ཕྱིར། ཞེས་གསུངས། འོད་གསལ་བསྐྱེད་པ་ཐིག་ལེའི་རྣལ་འབྱོར་དང་། །སེམས་རབ་བརྟན་བྱེད་ཕྲ་མོའི་རྣལ་འབྱོར་དང་།

འདི་གཉིས་ལས་རྒྱལ་མཆོག་ཏུ། ཛ་བོ་དང་། རིན་ཆེན་རྡོ་རྗེ་གསུང་། འདི་ཉིད་ཀྱི་སྐབས་སུ། ཛ་བོས་སྙིན་སོགས་ཆེན་པོ་ཉིད་ཡིན་པར་བཤད། ཤཱནྟི་པ། རིན་ཆེན་རྡོ་རྗེ། སླན་ཞབས་པ་རྣམས་ཆུང་འབྲིང་ཆེན་པོ་གསུམ་ཀ་ཚང་བར་བཞེད་དོ། །དངོས་གྲུབ་འགུགས་བྱེད་བཟླས་པའི་རྣལ་འབྱོར་གྱིས། ལྷ་སོ་སོའི་ཐུགས་ཀར་ས་བོན་རྣམས་ཀྱི་མཐར་མཚན་སྔགས་ཀྱིས་བསྐོར་བ་ལ་བལྟས་ལ། དེ་ལས་འོད་ཟེར་སྤྲོས་པས་སེམས་ཅན་གྱི་དོན་བྱས། སླར་འདུས། ཡི་གེ་རྣམས་ལ་ཐིམ་པ། སྒྲོ་བསྔུའི་དམིགས་པ་བྱ་ཞིང་། གོང་དུ་བརྗོད་པའི་འཕྲིན་སྔགས་བཟླའོ། །ཐུན་མོང་ནི་བཟླས་པ་ནི། གཙོ་བོར། ཨོཾ་ཨཱཿམཾ་ཧཱུཾ་ཞེས་བཟླའོ། །ལས་རྒྱལ་མཆོག་གི་ཏིང་འཛིན་མཐར་ཕྱིན་ཤོག །ཐ་མལ་རྣམ་རྟོག་ཀུན་འཛོམས་བསྐྱེད་རིམ་ལམ། །ཆུང་དང་བར་མ་ཆེན་པོའི་རིམ་པ་ཡི། །སྙིན་བསྒྲུབ་བཞི་དང་ཏིང་འཛིན་རྣམ་པ་གསུམ། །ཐུན་བཞིར་བསྒོམ་པས་ལྷ་སྣང་མཐར་ཕྱིན་ཤོག །འདིའི་བསྐྱེད་རིམ་གྱི་ཆིངས་ནི༑ དུས་འཁོར་དང་། འདུས་པའི་རྒྱུད་ཕྱི་མ་ནས་འབྱུང་བ་དེ་ཉིད་དོ། །

སྣང་རྩེ་གསུམ་དང་སྦྱོར་བ་ཡན་ལག་དྲུག །ཁྱད་པར་དངོས་པོའི་མཐའ་ལས་རྣམ་གྲོལ་བའི། །མན་ངག་རྒྱལ་པོ་གྲོལ་བའི་ཐིག་ལེ་ལ། །ཐོས་བསམ་ཚུལ་གྱིས་སྒྲོ་འདོགས་ཆོད་པར་ཤོག །གྲོལ་བའི་ཐིག་ལེ། མི་ཤིགས་པའི་ཐིག་ལེ། ལྷན་ཅིག་སྐྱེས་པའི་ཡེ་ཤེས། གཉིས་མེད་ཀྱི་ཡེ་ཤེས། ཟབ་གསལ་གཉིས་མེད། ཆོས་ཀྱི་དབྱིངས། མཁའ་ཁྱབ་མཁའི་རྡོ་རྗེ་རྣམས་དོན་གཅིག་མིང་གི་རྣམ་གྲངས་སོ། །སྙིང་ཁར་མི་གཤིགས་པའི་ཐིག་ལེ་དཀའ་བའི་རྣལ་འབྱོར་ནི། སྙིང་ཁའི་པད་མ་འོད་ཟེར་ལྔ་ལྡན་པའི། །སྙིང་ཁར་ཐིག་ལེ་ཉིས་རིམ་གྱི་ཕྱི་མ་བྱང་ཆུབ་སེམས་ཀྱི་དང་། ནང་མ་མི་བཤིགས་པའི་ཐིག་ལེའོ། །སྟོད་བཅུད་ཐམས་ཅད་ཐིག་ལེ་ཉིས་རིམ་ལ་བསྡུ། ཕྱི་མ་ཙ་ན་ཀ་སྲན་ཆུང་དུའི་ཚད། ངོ་བོ་བྱང་ཆུབ་ཀྱི་སེམས་དག་ཅིང་། འོད་གསལ་ཡེ་ཤེས་ལྔའི་ངོ་བོ་ཉིད། ཆུ་ཤེལ་གྱི་མདོག་ལྟ་བུ། དེའི་དབུས་ན། རྟེན་དང་བརྟེན་པའི་དཀྱིལ་འཁོར་ཚང་བར་བསྒོམ་པའི་ཡེ་ཤེས་སེམས་དཔའི་ཐུགས་ཀར་མི་གཤིགས་པའི་ཐིག་ལེ་ཡུངས་ཀར་འབྲུ་ཚོད་ཙམ། འོད་ཟེར་ལྔ་འབར་ཞིང་འཛག་པའི་དང་ཚུལ་ཅན་ལ་རྩེ་གཅིག་ཏུ་བལྟ་ཞིང་སེམས་བཟུང་བས་རྟོགས་པ་ཁྱད་པར་ཅན་སྐྱེ་བར་འགྱུར་བས་འདི་ལ་ནན་ཏན་དུ་བྱའོ། །མི་བཤིགས་ཐིག་ལེ་འཛག་པའི་དང་ཚུལ་ཅན། །དངོས་པའི་རྐྱེན་གྱིས་མཐའ་ཡི་དེ་བཞིན་ཉིད། །ཚུལ་བཞིན་བསྒོམ་པས་ཡེ་ཤེས་མཆོག་ཐོབ་ཤོག །མི་བཤིགས་པའི་ཐིག་ལེའི་ངོ་བོ་ནི། ཞལ་ལུང་འགྲེལ་པར། གཉིས་སུ་མེད་པའི་ཡེ་ཤེས་པ་ནི་ཟབ་མོ་དང་། གསལ་བ་གཉིས་སུ་མེད་པའི་ཡེ་ཤེས་ནམ་མཁའ་ལྟར་དག་པ། རང་གི་སེམས་ཙམ་དུ་གནས་ཏེ། ཞེས་གསུངས། གནས་ནི་དེ་ཉིད་ལས། ནང་བཅུད་ཀྱི་སེམས་ཅན་རྣམས་ཀྱི་སྙིང་ཁའི་པད་མ་ཁ་སྦྱོར་གྱི་དབུས་ན་ཐིག་ལེ་གནས་པའོ། །ཞེས་དང་། དུས་འཁོར་ལས། ཡུལ་དང་རྣམས་པར་བྲལ་བ་ལུས་ཅན་ཀུན་གྱི་སྙིང་གི་དབུས་ནའོ། །ཞེས་གསུངས། གསང་བར་ནོར་བུའི་ཐིག་ལེ་མཆོག་དགའི་རྣལ་འབྱོར་ནི། ནོར་བུའི་དབུས་སུ་བདེ་གཤེགས་བཞུ་བའི་རྒྱུན། །རྟུལ་མུན་སྙིང་སྟོབས་ཚུལ་དུ་བབས་པ་ལས། །གསང་བའི་ཐིག་ལེ་ཡེ་ཤེས་ལྷ་ཡི་དངོས། །སྒྲོ་བསྔུ་བསྒོམས་པས་རྗེས་དྲན་མཐར་ཕྱིན་ཤོག །སྙིང་ཁའི་ཐིག་ལེ་ལས། འོད་ཟེར་ལྕགས་ཀྱུ་འདྲ་བ་ཕྱོགས

བཙུར་སྦྱོར་བས། དེ་བཞིན་གཤེགས་པ་དཀྱིལ་འཁོར་དང་བཅས་པ་བཀུག །རང་གི་སྙིང་ཁར་བཅུག །དེ་རྣམས་ཞུ་ནས་སྙིང་ཁའི་ཐིག་ལེ་ལ་ཐིམ་པས། ཆེར་འབར་བའི་རྐྱེན་གྱིས་ཧེ་འབབ་པའི་ཐབས་སོ། །འབབ་པའི་ཚུལ་ནི། གཡས་གཡོན་དབུ་མ་གསུམ་ནས་འགྲོ་བ་རྣམས་རིམ་པ་བཞིན། རྡུལ་མུན་སྙིང་སྟོབས་ཀྱི་ཚུལ་གྱིས་སོ། །བབས་ནས་གནས་པའི་ཚུལ་ནི། རྡོ་རྗེ་ནོར་བུའི་རྩེ་མོ། རྩ་ཧྲིའི་མས་སྣར་འབྱུང་བ་ལྷུའི་རླུང་དྭངས་མའི་རང་བཞིན་རལ་གྱི་སྔོན་པོ་འབྲུ་ཚད་ཙམ་འོད་ཟེར་ལྔ་ལྡན་གྱི་ཡུ་བར། ཐིག་ལེ་ཡུངས་དཀར་སྒྲོམ་པོའི་ཚད་ཙམ་གྱི་ནང་དུ། དཀྱིལ་འཁོར་ཡོངས་རྫོགས་ཀྱི་གཙོ་བོ་སེམས་དཔའ་གསུམ་བརྩེགས་ཀྱི་ཐུགས་ཀར་ཡང་ཐིག་ལེ་ཕྲ་མོའི་བར་ཧེ་ཙམ་གསལ་གྱི་བར་དུ་བསྒོམ་ཞིང་། གསལ་སྣང་དང་། གནས་ཆ་བཙལ་བར་བྱའོ། །སྣ་སྦྱོར་སྤྲུལ་པའི་ཐིག་ལེ་ཁྱད་དགའི་རྣལ་འབྱོར་ནི། ལུས་ཀྱི་གནས་བཞིར་འབྱུང་བཞིའི་དཀྱིལ་འཁོར་ལ། །ལུས་ཀྱི་ལྟེ་བར་གཟུང་བ། དཔྲལ་མགྲིན་སྙིང་ཁ་རྣམས་ཀྱི་བར་རྣམས་སུ་སྐྱ་གསུང་ཐུགས་དམ་ཚིག་ཉམས་ནས་ཐུགས་ཀར་རང་རངམ་ཕྱག་མཚན་འཁོར་ལོ་པདྨ་རྡོ་རྗེ་རལ་གྲིའམ་རྡོ་རྗེ་སོགས་ཀྱི་སྟེང་དུ། ཕྱག་རྒྱ་བཞི་ཡི་རང་བཞིན་ཡིག་འབྲུ་བཞི། །ཨོཾ་དཀར། ཨཱ་དམར། ཧཱུྃ་སྔོན་རྣམས་རིམ་བཞིན་འོངས། གནས་འགྲོ་བའི་རྣམ་པ་ཅན་དང་། མཾ་ཧཱུྃ་སོགས་འབྱུང་འཇུག་གནས་གསུམ་ལས་གྲོལ་བ་མི་གཡོ་བའི་ཚུལ་གྱིས་དགོད་ཅིང་། རང་བཞིན་བཟླས་པའི་ཚུལ་གྱིས་གོམས་བྱས་པས། །སྤྲུལ་པའི་ཐིག་ལེའི་རྣལ་འབྱོར་འགྲུབ་གྱུར་ཅིག །སེམས་འགྲེལ་བ་རྣམས། ལྟེང་གནས་གསུམ། ཨོཾ་ཨཱ་ཧཱུྃ་དང་སྦྱོར། འདིར་ཧཱུྃ་ཨོཾ་ཨཱཿསྦྱོར་བ་ཟབ་ཁྱད་དང་ཁྱད་ཆོས་སོ། །དེ་ལྟར་ཐིག་ལེའི་རྣལ་འབྱོར་བཤད་ནས། དངོས་གཞི་ཡེ་ཤེས་ཀྱི་རྣལ་འབྱོར་ནི། ཡོན་ཏན་ཀུན་གྱི་འབྱུང་ནས་མི་བཤིགས་པའི། །ཐིག་ལེའི་འོད་ཀྱིས་ཁམས་གསུམ་མ་ལུས་པ། །འདི་ལ་མ་རྒྱུད་ས་རླུང་ཐམས་ཅད་ཀྱི་ཕྲ་ཤོས་ལྷན་སྐྱེས་ཀྱི་རླུང་དང་། འཕགས་ལུགས་པ། ཡི་གེ་ཐམས་ཅད་ཀྱི་ཕྲ་ཤོས་ཨ་ཐུང་དང་། ཡེ་ཤེས་ཞབས་ལུགས་ལ། རྣམ་ཤེས་ཐམས་ཅད་ཀྱི་ཕྲ་ཤོས་རླུང་འོད་ཟེར་ལྔ་དང་དབྱེར་མེད་པའི་མཚོན་བྱེད་ཐིག་ལེ་ལ་འདོད། འོད་གསལ་ཞི་བའི་དབྱིངས་སུ་རབ་བསྡུས་ནས། །སླར་ཡང་ཟུང་འཇུག་སྣང་བ་རྒྱས་བྱེད་ཤོག །འདི་ལ་དངོས་གཞིའི་དུས་སུ། བསྡུས་སྦྱོར་བསྡུས་གསུམ་གྱི་སྒོ་ནས་ཉམས་སུ་བླང་བར་བྱའོ། །རྣལ་འབྱོར་གསུམ་གྱི་ནང་ནས། རང་བྱིན་གྱིས་བརླབ་པའི་རྣལ་འབྱོར་ནི།

མ་དག་འཁོར་བའི་སྐྱེ་སྒོ་དགུ་བཀག་ནས། །ཆོས་དབྱིངས་དག་པ་མཁའ་སྤྱོད་གནས་བཅལ་ཏེ། །གནས་དེར་རང་སེམས་སངས་རྒྱས་བསྒོམ་པ་ཡིས། །རང་བྱིན་བརླབ་པའི་རྣལ་འབྱོར་མཐར་ཕྱིན་ཤོག །འདིའི་ལག་ལེན་ནི་ཞལ་ལུང་གི་ཁྲིད་ཡིག་ན་གསལ་ཞིང་། གྲོལ་ཐིག་ནས་བཤད་པའི་ཟབ་གསལ་གཉིས་མེད་སོགས་རིམ་བཞིན་སྟོན་པ་ནི། ཕྱིན་ཅི་ལོག་གི་རྣམ་པ་ཀུན་དང་བྲལ། །བསམ་བརྗོད་ལས་འདས་མཁའ་བཞིན་དྲི་མ་མེད། །གསལ་བའི་ཡེ་ཤེས་ཀུན་འབྱུང་རྣམ་རྟོག་སྤྱངས། །གཏིང་དཔག་དཀའ་བའི་ཟབ་མོ་མཐར་ཕྱིན་ཤོག །ཆོས་དབྱིངས་ལས་བྱུང་ཕྱག་རྒྱ་ཆེན་པོའི་སྐུ། །སྣང་སྟོང་སྒྱུ་མ་ལྟ་བུའི་རང་བཞིན་ཅན། །རང་དང་གཞན་གྱི་ཉོན་མོངས་ཀུན་སྦྱངས་པ། །

ཡང་དག་གསལ་བའི་འབྲས་བུ་མངོན་གྱུར་ཤོག །དེ་ལྟར་ཟབ་གསལ་རང་བཞིན་གཉིས་མེད་ཅན། །དངོས་པོ་ཀུན་ལ་ཁྱབ་པའི་བདག་ཉིད་ཆེ། །འཁོར་བའི་ཆོས་ཀྱིས་རབ་ཏུ་མ་ཟིན་པ། །ཆོས་དབྱིངས་དམ་པ་འཇམ་དབྱངས་མྱུར་ཐོབ་ཤོག །སྙིང་ཁའི་པད་མ་ནས་འདིའི་བར་རྡོ་རྗེའི་ཚིག་འདི་རྣམས་ལ་ཞལ་ཤེས་ནས། གྲོལ་ཐིག་ཏུ། ཡོད་པ་མེད་ཅེས་མེད་པའང་མེད། །དབང་པོ་དང་བཅས་དབང་པོ་མེད། །འབྱུང་བའི་ངོ་བོ་འབྱུང་བ་མེད། །གཟུགས་དང་བཅས་པས་གཟུགས་མེད་པ། །ཞེས་གསུངས། རྩ་འགྲེལ་ལས། གཞན་སྟོང་གི་ཚུལ་གསལ་བར་གསུངས་སོ། །དེ་ལ་ལངས་པའི་རྗེས་ཐོབ་ཐུན་མཚམས་སུ། །གང་ཤར་འདུས་པའི་རྟེན་དང་དཀྱིལ་འཁོར་ལྷ། །གང་གྲགས་ཟབ་མོ་སྔགས་ཀྱི་ཡི་གེའི་སྒྲ། །གང་བསམས་མས་ཏིང་འཛིན་མཆོག་ཏུ་འཆར་བར་ཤོག །ལྷ་སྐུ་སྒྱུ་མ་ལྟ་བུ་ཞེས་པ་ནས། འདིའི་བར། རྒྱ་གཞུང་གི་དགོངས་པ་ཇི་ལྟ་བར་འདུག་པས། ཚིག་དོན་གཉིས་ཀ་དེ་ལས་ལྷག་པར་བྱེད་པར་རྫོ་མ་ཐོགས་པས། རྗེ་དོར་པ་ཆེན་པོའི་གསུང་ཇི་ལྟ་བ་བཞིན་དུ་བྲིས་ནས། དོན་འགྲེལ་རང་གིས་ཅུང་ཟད་བགྱིས་པའོ། །

རྫོགས་སངས་རྒྱས་ནས་བརྒྱུད་པ་བར་མ་ཆད། །གྲུབ་ཆེན་ཀུན་གྱིས་འདི་བསྒོམས་འདི་ཡིས་གྲོལ། །དཔྱད་གསུམ་དག་པའི་རྨད་བྱུང་གྲུབ་པའི་སྲོལ། །སངས་རྒྱས་དགྱེས་པའི་ལམ་བཟང་བླ་ན་མེད། །ཇོ་བོ་ནས་བརྒྱུད་པའི་གསང་འདུས་འཇམ་རྡོར་ལ་བརྒྱུད་པ་ཡོད་པར་འདོད་པ་དང་། མེད་པར་འདོད་པའི་ལུགས་གཉིས་འདུག་སྟེ། དཔྱད་པར་བྱའོ། །འཕགས་ཞབས་འདུས་པ་ལུགས་གཉིས་པ་རྒྱུད་སྲོལ། གུས་པ་ལ་ཡོངས་སུ་གྲགས་པའི་ཤིང་རྟའི་སྲོལ་ནི་གཉིས་པོ་དེར་ངེས་ལ། ཁ་ཅིག །ཤཱནྟི་པའི་ལུགས་དང་། ཤིང་རྟའི་སྲོལ་ཆེན་གསུམ་དུ་འདོད། དེའང་ཤཱནྟི་པའི་འགྲེལ་པ་དེར། འཕགས་ཞབས་ཀྱི་ལུགས་གཉིས་ལས། སྟོན་སྲོལ་གྱི་འདུས་པའི་སློབ་དཔོན་རྣམས་ཀྱི་བཤད་པའི་སྲོལ་སྐྱངས་པར་སྣང་། སློབ་དཔོན་དེ་རྣམས་གང་ཞེ་ན། རྒྱལ་བ་བྱིན་གྱི་འགྲེལ་པར། པད་མ་དང་ནི་ཀུ་མུད་བཞད་པས་མཛད་དང་ཆོས་ཀྱི་སྨུ་གུའི་གཞུང་། མགྲིན་གསུམ་པ་དང་དབང་པོ་དབྱངས་སྐན་སྐྱོང་ནས་བྱུང་དང་སྙིང་པོ་སྦས་པས་བཤད། དཔལ་ལྡན་འདུས་པ་གང་དུ་གསལ་ཚིག་ཡེ་ཤེས་ཀྱིས་མཛད་གཞན་སྟེ་དང་། རྡོ་རྗེ་སློབ་དཔོན་བརྒྱུད་པ་ལས་ནི་འོངས་པ་དེ་ལ་བདག་ནི་བློ་དམན་ནོ། །ཞེས་པ་རྣམས་ཡིན་པ་འདྲ་གསུང་། ཡེ་ཤེས་ཞབས་ལུགས་ལའང་། བོད་ཡུལ་འདིར། ལོ་ཆེན་རྨ། གཉོས། ཁ་ཁྱེས། བཀའ་གདམས། ས་སྐྱ་པ་ལ་སོགས་པའི་ལུགས་དཔག་ཏུ་མེད་པ་ཞིག་བྱུང་ངོ་། །ཟབ་རྒྱས་གཏིང་དཔག་དཀའ་མོད་དེ་ལྟ་ནའང་། །འདུས་པའི་སྒྲོ་ལམ་དབང་དང་རིམ་པ་གཉིས། །དེ་ལས་གཙོ་བསྡུས་མཐར་ཐུག་ཉམས་ལེན་འདི། །གནས་གསུམ་མཁའ་འགྲོའི་སྲོག་སྙིང་མྱུར་ཁྱད་ལམ། །ཆེས་མཆོག་ཡང་སྙིང་མི་ཤིགས་ཐིག་ལེ་མཆོག །སྐལ་དམན་སྐྱེ་བོ་འཇུག་གམ་མིན་ཡང་རུང་། །སྐལ་ལྡན་འདི་བསྒོམ་འདི་ཡིས་གྲོལ་བར་ཤོག །རིམ་གཉིས་ཏིང་འཛིན་གོམས་པ་མངོན་གྱུར་ནས། །སྤྲོས་བཅས་སྤྲོས་མེད་ཤིན་ཏུ་སྤྲོས་མེད་ཀྱི། །སྤྱོད་པས་མཚམས་སྦྱོར་ལྟ་བས་བོགས་བྱུང་སྟེ། །གསང་བ་འདུས་པའི་ས་ལམ་ཀུན་བགྲོད་ཤོག །ཚིག་ཕྲེང་སྒྲ་བས་མ

ངོམས་དེ་དོན་བསྒོམ། །དེ་ནས་བཟུང་སྟེ་འདུས་པའི་རྣལ་འབྱོར་པ། །ཞེས་བྱུར་མིང་ཐོབ་ཀུན་གྱིས་མཆོད་པ་དང་། །སྤྱི་བོའི་ཐོད་བཞིན་རྒྱན་དུ་བསྟེན་པར་ཤོག །སྟོང་ཕྲག་སུམ་ཅུ་རྩ་གསུམ་ཕ་རྒྱུད་གཞུང་། །ཀུན་ལས་ཟབ་རྒྱས་འདུས་པ་རྩ་བཤད་རྒྱུད། །ཡེ་ཤེས་ཞབས་ཀྱི་སྨད་བྱུང་ལམ་སྒྲོལ་དེར། །ཐར་འདོད་སྐྱེ་བོ་རིང་ནས་འཇུག་པར་ཤོག །མཁས་རྣམས་གྲགས་པ་གཙོར་འཛིན་ཚིག་ལ་ཞེན། །སྒོམ་ཆེན་འཚོ་བའི་རྗེས་འབྲང་གྱི་ཚོམས་བསྒོམ། །འགྲོ་གཞན་དོན་མེད་བྱ་བས་ཚེ་ལོ་འདའ། །དེ་རྣམས་ཀུན་ཀྱང་ཚུལ་འདིར་འཇུག་པར་ཤོག །འཕགས་པའི་ཡུལ་དང་གངས་རིའི་ཁྲོད་འདིར་ཡང་། །ཉི་ཟླ་ལྟར་གྲགས་གསང་བ་འདུས་པ་ཡི། །སྨིན་སྒྲུབ་རྣམ་བཞི་ཟབ་ལམ་རྣལ་འབྱོར་གསུམ། །ཐུན་བཞིར་བསྒོམ་པས་ཚེ་འདིར་མཆོག་ཐོབ་ཤོག །གལ་ཏེ་ཚེ་འདིར་སངས་རྒྱས་མ་ཐོབ་ན། །འཆི་ཚེ་དཔའ་བོ་མཁའ་འགྲོའི་ཚོགས་རྣམས་ཀྱིས། །མཁའ་སྤྱོད་གནས་སུ་ཟབ་གསལ་བཅུ་དགུ་ཡི། ། འདུས་པའི་དཀྱིལ་འཁོར་དབུས་སུ་འཁྲིད་པར་ཤོག །དུས་དེར་ཟབ་མོའི་ལམ་ལ་འབད་པ་ན། །བདེ་སྟོང་དབྱེར་མེད་ཟུང་འཇུག་ཏིང་འཛིན་གྱིས། །སྣང་བྱའི་བག་ཆགས་མ་ལུས་ཀུན་སྤངས་ཏེ། ། འཛམ་པའི་རྡོ་རྗེའི་གོ་འཕང་བརྙེས་པར་ཤོག །ཁྱད་པར་གསང་བ་འདུས་པའི་ཤིང་རྟའི་སྲོལ། །གྲུབ་ཆེན་ཡེ་ཤེས་ཞབས་ཀྱིས་ཕྱེ་བ་བཞིན། །རང་ཉིད་བསྒྲུབ་དང་གཞན་ལ་འདོམས་པ་ལ། །གེགས་མེད་ཕྱོགས་དུས་ཀུན་ཏུ་རྒྱས་བྱེད་ཤོག །ཆེན་པོ་རྣམས་ཀྱིས་ལན་བརྒྱར་བསྟགས་པ་ཡིས། །སྟོན་བརྒྱུད་ཚད་མ་བཞི་ལྡན་གྲུབ་པའི་སྲོལ། །དཔྱོད་ལྡན་མཁས་པ་མགུ་བསྐྱེད་རྩོད་བྲལ་བ། །ལམ་བཟང་འདི་དང་མཇལ་བ་བླ་མའི་དྲིན། །

༄ ན་མོ་གུ་རུ་ཝེ། བདེ་མཆོག་འཁོར་ལོ་དཔལ་ལྡན་རྡོ་རྗེ་འཆང་། །གསང་ཆེན་མ་ནུབ་སྲོལ་འཛིན་གསང་བའི་བདག །གྲུབ་ཐོབ་ཆེས་མཆོག་བྲམ་ཆེན་ས་ར་ཧ། །བསྟོད་པ་ལས། བྲམ་ཟེའི་རིགས་ལ་གར་མཁན་ལུས། ། དཔལ་གྱི་རི་ལ་དངོས་གྲུབ་བརྙེས། །ས་ར་ཧ་ཞེས་བྱ་བ་ཡི། །བླ་མ་དེ་ལ་ཕྱག་འཚལ་ལོ། །ཞེས་གསུངས། བྲམ་ཟེ་ཆེམ་པོ་ས་ར་ཧ་དང་། ཤ་ཝ་རིའམ། ས་ར་ཧ་ཆུང་བར་གྲགས་པའི་ས་ར་ཧ་གཉིས་པོ་དེ་རིམ་བཞིན། ཏྲ་ཧ་ཞེས་པ་དང་། ཧ་ན་ཞེས་པའི་ཁམས་ལས་བསྒྲུབས་པས། རིམ་བཞིན་མདའ་འཛིན་དང་། མདའ་བསྐྱུན་དུ་བསྒྱུར་དགོས་པ་ཡིན། དེས་ན་བྲམ་ཟེ་ཆེན་པོ་ལ་མདའ་འཛིན་ཞེས་བྱ་སྟེ། ཆོས་རྗེ་ས་པཎ་གྱིས་ཀྱང་། རྟོགས་སངས་རྒྱས་ལ་མངོན་སུམ་དུ། ཁྱོད་ཀྱིས་ཆོས་རྣམས་ཐུགས་ཆུད་དེ། མདའ་འཛིན་སྤྱོད་པ་མཛད་པ་ལ། རྟག་ཏུ་ཕྱག་འཚལ་གསོལ་བ་འདེབས། ཞེས་བསྟོད། ཕྱག་འཚལ་གསོལ་འདེབས་སྙིང་ནས་སྐྱབས་སུ་མཆི། །རྒྱལ་བས་ལུང་བསྟན་འཕགས་མཆོག་ཀླུ་སྒྲུབ་ཞབས། །བསྟོད་པ་ལས། དགེ་སློང་ལུས་ལ་དངོས་གྲུབ་བརྙེས། །ནགས་ཀྱི་ལྷ་མོས་བདུད་རྩི་ཕུལ། །ཀླུ་སྒྲུབ་སྙིང་པོ་ཞེས་བྱ་བའི་བླ་མ་དེ་ལ། ཞེས་བསྟོད། རིག་འཛིན་འཆི་མེད་དབང་པོ་ཤ་ཝ་ར། །བསྟོད་པ་ལས། གར་མཁན་དཔལ་གྱི་རི་ལ་བཞུགས། །ལྕམ་སྲིང་གཉིས་ཀྱིས་དངོས་གྲུབ་བརྙེས། །ཤ་ཝ་ར་ས་ཞེས་བྱ་བའི། །བླ་མ་དེ་ལ། ཞེས་བསྟོད། མ་

རྒྱུད་ཤིང་རྟའི་སྒྲོལ་འབྱེད་ལི་ཡཱི་པ། །བསྟོད་པ་ལས། ཡིག་མཁན་རིགས་ལ་སྐལ་བར་ལྡན། །ཉ་ལྟོ་ཟ་ཞིང་དངོས་གྲུབ་བརྙེས། །ལི་ཡཱི་པ་ཞེས་བྱ་བ་ཡི། །བླ་མ་དེ་ལ། ཞེས་བསྟོད། འདིའི་མཚན་ལ། རྒྱ་དཔེར་ལོ་ཡཱི་ཡོད་པས། ཏི་དང་ཨི་གཉིས་མ་དག་གསུངས། འགྲོ་མང་མཁའ་སྤྱོད་གནས་ཁྲིད་དཱ་རི་ཀ །མགོན་པོ་མངོན་བྱུང་དུ། རྣལ་འབྱོར་པ་དཱ་རི་ཀ་པ་ཞེས་བྱ་བར་གྱུར་ནས། ཞེས་ལུང་བསྟན་ཞིང་། བསྟོད་པ་ལས། རྒྱལ་རིགས་ཐ་མལ་སྤྱོད་པ་མཛད། །སྨད་འཚོང་ལྷ་བརྒྱ་མཁའ་ལ་གཤེགས། །དཱ་རི་ཀ་ཞེས་བྱ་བ་ཡི། །བླ་མ་དེ་ལ། དཔེ་ཁ་ཅིག་ཏུ། འདི་སློབ་དཔོན་དང་། ཊ་ཀི་པ་རྒྱལ་པོ་གྲུབ་པ་ཐོབ་པ་དེ་ཡིན་པར་གསུངས་ཡང་། འདིའི་བསྟོད་པར་རྒྱལ་རིགས་ཞེས་འབྱུང་བས། རྒྱལ་པོ་གྲུབ་པ་ཐོབ་པ་འདི་ཉིད་ཡིན་པར་ངེས་སོ། །སྦྱོང་བདེ་ཉམས་ཀྱིས་མྱོས་པའི་དྲིལ་བུ་པ། །བསྟོད་པ་ལས། བུ་སྨད་བཅས་ཤིང་དངོས་གྲུབ་བརྙེས། །ཧྲམ་ག་ལ་རུ་ལུང་བསྟན་ཐོབ། རྡོ་རྗེ་དྲིལ་བུ་ཞེས་བྱ་བའི། བླ་མ་དེ་ལ། ཞེས་བསྟོད། སྤྲུལ་པའི་རུས་སྦལ་ཁྲིར་འཁོད་རུས་སྦལ་ཞབས། སྤྱོད་པ་མཛད་པའི་དུས་སུ། རུས་སྦལ་ལ་ཆིབས་ཏེ་བྱོན་པས་དེ་ལྟར་གྲགས། ཕྱག་འཚལ་གསོལ་འདེབས་སྙིང་ནས་སྐྱབས་སུ་མཆི། །རྒྱུད་བཞིའི་དོན་རྟོགས་ཛ་ལན་དྷ་རི་པ། །རྒྱུད་སྡེ་བཞིའི་དགོངས་པ་མཁས། རྡོ་རྗེ་ཕག་མོས་བྱིན་གྱིས་བརླབས། ཛ་ལན་དྷ་རི་ཞེས་བྱ་བའི། བླ་མ་དེ་ལ། ཞེས་བསྟོད། སྲིད་པ་བར་མར་སངས་རྒྱས་ནག་པོ་པ། །བསྟོད་པ་ལས། བླ་མའི་བཀའ་བཅག་སྤྱོད་པ་མཛད། སྲིད་པ་བར་མར་རྫོགས་སངས་རྒྱས། ནག་པོ་སྤྱོད་པ་ཞེས་བྱ་བའི། བླ་མ་དེ་ལ། ཞེས་བསྟོད། འདི་ཀཱཧྣ་པ་དང་། ཀྲིཥྞ་པར་འདོད་པ་མི་ལེགས་ཏེ། བསྟོད་པ་ལས་ཀྱང་ཐ་དད་དུ་གསུངས་ཤིང་། ཀཱ་ཧྣ་པ་ཞེས་བྱ་སྟེ། མགོན་པོ་མངོན་བྱུང་ན་པ། སྟེ་ཚན་དང་པོའི་ཀ་ལ་དབྱངས་ཡིག་དང་པོས་བརྒྱན་པ། སྟེ་ཚན་བདུན་པའི་བཞི་པ། ཅུང་ཟད་ན་ལ་ཞོན་པའི་མིང་ཅན། རྣལ་འབྱོར་དབང་ཕྱུག་ཆེན་པོ་གཅིག་པོ་འདིས་དངོས་གྲུབ་ཆེན་པོ་བརྒྱད་ཐོབ་པར་འགྱུར་རོ་ཞེས་གསུངས་སོ། །

མཐུ་སྟོབས་རྫུ་འཕྲུལ་མཐར་སོན་གུ་ཧྱ་པས། །ཕྱར་སློབ་དཔོན་ལ་བར་ཆད་བྱེད་པའི་མཁའ་འགྲོ་མ་རྐ་ཏུ་རི་ནི། གུ་ཧྱ་པས། འཇིག་རྟེན་ཕྱི་ཁམས་ཀྱི་ཐམས་ཅད་དུ་བཙལ་བས་མ་བརྙེད་ནས། མཐར་མངོན་ཤེས་ཀྱིས་ཤིང་སྡོང་གི་དཀྱིལ་ན་རྡུལ་ཕྲ་རབ་ཏུ་བརྫུས་ནས་འདུག་པ་གཟིགས་ཏེ། སྡོང་པོ་བཤགས་ནས་རལ་གྲིས་མོའི་མགྲིན་པ་བཅད་ནས་བཏུལ་ལོ། །ནགས་ཕྱོགས་བདུད་ཀྱི་དགྲ་ལས་རྣམ་རྒྱལ་ཞབས། །འདི་ཨཊྟ་ར་ས་དང་གཅིག །རྟ་རི་ཀ་པ་ལ། ལོ་ཡི་པའི་ཆོས་སྐོར་དང་། གུ་ཧྱ་པ་དང་། ཝཱུ་ཥ་པ་ལ། དྲིལ་བུ་པ་དང་། ནག་པོ་པའི་ཆོས་སྐོར་རྣམས་ཞུས་སོ། །མཆུངས་མེད་གྲུབ་པའི་དབང་པོ་ཏི་ལློ་པ། །བསྟོད་པ་ལས། ཏིལ་བརྡུང་མཆོག་གི་དངོས་གྲུབ་བརྙེས། ཟླ་ག་ལ་རུ་སངས་རྒྱས་མཇལ། །ཏི་ལློ་པ་ཞེས་བྱ་བ་ཡི། །བླ་མ་དེ་ལ། ཞེས་བསྟོད། འདིའི་མཚན་ལ་རྒྱ་དཔེར། ཏི་ལི་པ་ཞེས་ཀྱང་འབྱུང་ངོ་། །སྙིགས་སྲུང་ཕྱོགས་ལས་རྣམ་རྒྱལ་ནཱ་རོ་པ། །རྡོ་རྗེ་གདན་གྱི་དུས་མཉམ་གྱི་མཁས་པ་སྒོ་དྲུག་ནི། ཤར་ན་ཤཱནྟི་པ་སྒྲ་ཚད་ཀྱི་རྩོད་པ་བཟློག །ལྷོ་ན་ངག་དབང་གྲགས་པ་རྩོད་པ་ཐམས་ཅད་དང་། ནུབ་ན་ཤེར་བློ་མུ་སྟེགས་ཀྱི་དང་། བྱང་ན། ནཱ་རོ་པ་ཐེག་པ་ཆེན་པོའི་ལུང་ལ་འདྲི་བའི་རྩོད་པ་ཐམས་ཅད་བཟློག །དབུས་ན་ཤྲཱི་ཛྙཱ་ན་མི་ཏྲ་དང་། རིན་ཆེན་རྡོ་རྗེ་གཉིས། དབུས་ཀྱི་ཀ་བ་ཆེན་པོ། ཁ་ཅིག་ན་ར་མི། ཨུ་དྲ་ལ་མཆོག་སྟེ། དེ་གཉིས་མཚམས་སྦྱར་ནས། ནཱ་རོ་ཏ་མ་སྟེ་མི་མཆོག་ཏུ་བསྒྱུར་ཏོ། །འཛམ་གླིང་སྒྲགས

འཆང་གཙོ་བོ་འཛིགས་མེད་གྲགས། །འདིས་ནུ་རོ་པ་ལོ་དགུ་བསྟེན་ཏེ་ཆོས་གསན། ཨ་དེས་པ་ཆེན་པོ་དང་། བལ་པོ་བམ་ཐིང་པར་གྲགས། ཕམ་ཐིང་མཆེད་དང་། འདི་གཉིས་ལ་བལ་པོ་མི་ཏྲི་བ་དང་། ཐ་ཆུང་པར་གྲགས། ཀུན་མཁྱེན་བུའི་གཟུངས་འབུམ་དུ། འཇིགས་མེད་གྲགས་པ་དང་། ངག་དབང་གྲགས་པ་ཞེས་གསུངས། ཀློག་ཀྱ་ཤེས་རབ་བརྩེགས། འདིས་བལ་པོ་མི་ཏྲི་པ་དང་། ངག་གི་དབང་ཕྱུག་དང་། ཕམ་ཐིང་པ་ཅན་ལོ་བཅོ་བརྒྱད་བཞུགས་ནས་ཆོས་གསན། ལོ་ཆེན་རིག་པ་འཛིན་པའི་གྲུང་ཐང་པ། །ཕྱག་འཚལ་གསོལ་འདེབས་སྙིང་ནས་སྐྱབས་སུ་མཆི། །མལ་ལོ་ཙཱ་བས། ཀློག་ཀྱ་ལ་བདེ་མཆོག་རྩ་རྒྱུད་ཚར་བདུན་ཙུ་རྩ་གཉིས་གསན། ལེའུ་རེ་ལ་ཚགས་མཆོད་རེ་མཛད། ཡི་གེ་བདུན་པའི་ལས་ཚོགས་འགྲུབ། བསྐྱེད་རིམ་ལ་བརྟན་པ་ཐོབ། འགྲོངས་ཀྱི་བར་དབུ་ལྤགས་ལ་མི་འཛོག་པར་ཐུན་བཞིའི་རྣལ་འབྱོར་མ་ཆག་པ་དང་། འགྲོངས་ཁར་རྒྱན་དྲུག་བཞེས། གར་དང་བཅས་ཏེ་གཤེགས། ས་གསུམ་འགྲོ་བའི་དཔལ་མགོན་ས་སྐྱ་པ། །ས་ཆེན་གྱིས་མལ་ལོའི་དྲུང་དུ། ལོ་དྲུག་བཞུགས། བདེ་མཆོག་གི་ཆོས་སྐོར་མ་ལུས་པར་གསན། ལེའུ་རེ་ལ་ཚོགས་མཆོད་རེ་མཛད། ས་ཆེན་པོ་ལ་མལ་གྱི་བདེ་མཆོག་གི་ཆོས་སྐོར་ལྔ་ཞེས་གྲགས་པ་ཚང་མ་བཞུགས།

མི་སློབ་ཟུང་འཇུག་སྐུ་བརྙེས་བསོད་ནམས་རྩེ། །གྲགས་པའི་མཚན་ཅན་རྗེ་བཙུན་ཏེ་རུ་ཀ །ཕྱག་འཚལ་གསོལ་འདེབས་སྙིང་ནས་སྐྱབས་སུ་མཆི། །ས་གསུམ་འགྲན་ཟླ་བྲལ་བ་ཆོས་ཀྱི་རྗེ། །ཆོས་འཁོར་རི་དབང་ལྷུན་པོ་ཆོས་རྒྱལ་འཕགས། །དངོས་འཛིན་འཁྲུལ་པ་ཞིག་པའི་ཞང་སྟོན་རྗེ། །ཕྱག་འཚལ་གསོལ་འདེབས་སྙིང་ནས་སྐྱབས་སུ་མཆི། །གཞན་ཕན་ཉམས་རྟོགས་མཐར་སོན་བྲག་ཕུག་པ། །སྙན་བརྒྱུད་ཟབ་མོའི་གསང་འཛིན་རི་ཁྲོད་པ། །མཉམ་མེད་དཔལ་ལྡན་བླ་མ་ཆོས་ཀྱི་རྗེ། །ཕྱག་འཚལ་གསོལ་འདེབས་སྙིང་ནས་སྐྱབས་སུ་མཆི། །གདམས་པ་རྒྱ་མཚོའི་བཅུད་འདུས་དཔལ་ལྡན་པ། །དེ་སྲས་དམ་པ་རྗེ་བཙུན་བླ་མ་གཉིས། །མཁས་བཙུན་རྡོར་འཛིན་དབང་པོ་ངོར་ཆེན་པ། །ཕྱག་འཚལ་གསོལ་འདེབས་སྙིང་ནས་སྐྱབས་སུ་མཆི། །དཔལ་ལྡན་བླ་མ་རྗེ་བཙུན་རིན་ཆེན་གསུམ། །བཀའ་དྲིན་གསུམ་ལྡན་རྩ་བའི་བླ་མ་སོགས། །རྣལ་འབྱོར་གསང་མཐའི་རྩ་བརྒྱུད་བླ་མ་ལ། ཕྱག་འཚལ་གསོལ་འདེབས་སྙིང་ནས་སྐྱབས་སུ་མཆི། །བདེ་མཆོག་ནག་པོ་པའི་དབང་ནི། རྗེ་ངོར་ཆེན་དྲུང་དུ། སྟག་ལུང་ཀ་བཞི་པས་གསན། དེའི་དྲུང་དུ། རྗེ་གསེར་མདོག་ཅན་པས་གསན། ཡང་རྗེ་ངོར་ཆེན། མཁས་གྲུབ་དཔལ་རྡོར་བས་གསན། དེ་ལ་འཇམ་དབྱངས་དཀོན་ཚུལ་བས་གསན། དེའི་དྲུང་དུ་བདག་གིས་ཐོས། ཡང་བརྒྱུད་པ་ལུགས་གཅིག་ནི། འཕགས་པ་རིན་པོ་ཆེ་ལ། སྟག་སྟོན་ཤེས་རབ་གཞོན་ནུས་གསན། དེ་ལ་བླ་མ་བྲག་དཀར་བས། དེ་ལ་ཁྲུང་ལྔས་པས། དེ་ལ་ཆོས་རྗེ་ཤར་པས། དེ་མན་གོང་དང་འདྲ། ནག་པོ་གཞུང་དྲུག་ཐོས་པའི་རིམ་པ་ནི། རྡོ་རྗེ་འཆང་། རྣལ་འབྱོར་མ། དྲིལ་བུ་པ། རུས་སྦལ་ཞབས། འབར་བ་འཛིན། གུ་ཧྱ་པ། ཏི་ལོ་པ། ནཱ་རོ་པ། ཕམ་ཐིང་པ། ཀློག་སྐྱ། མལ་གྱོ། ས་ཆེན་ཡབ་སྲས་གསུམ། ཆོས་རྗེ་ས་པཎ། ཚོགས་སྒོམ། བུ་ཡུག་པ། གྲགས་ཆེན། འཕགས་འོད། ཀུན་མཁྱེན་བུ། ཁྲུང་ལྔས་པ། ཆོས་རྗེ་ཤར་པ། ངོར་ཆེན། མདུས་ཆེན། སྤྱན་སྔ་ཀུན་རྫོང་པ། རྗེ་གསེར་མདོག་ཅན་

པ༔ དེས་བདག་ལའོ། ཡང་དེའི་དྲུང་དུ། བདེ་མཆོག་རྩ་རྒྱུད། དེའི་ཊཱི་ཀ་མུ་ཏིག་ཕྲེང་བ། མཁའ་འགྲོ་མ་ཀུན་སྤྱོད། དེའི་ཊཱི་ཀ་རྗེ་བཙུན་གྱིས་མཛད་པ། ནག་པོ་གཞུང་དྲུག་ལ་བརྟེན་པའི་རྗེ་ས་ཆེན་གྱིས་མཛད་པའི་ནག་འབུམ་ཡང་ཐོབ། མདོར་ན་དེའི་དྲུང་དུ། ས་སྐྱ་པའི་རྗེ་བཙུན་གོང་མ་ལྔས་མཛད་པའི་རྣལ་འབྱོར་གསང་མཐའི་སྐོར་གྱི་དཔེ་ལུང་གང་ཡོད་ཐོབ། དྲིལ་བུ་པའི་དབང་གི་བརྒྱུད་པ་ནི། ཆོས་རྗེ་ས་པཎ་ཡན་ནག་པོ་གཞུང་དྲུག་དང་འདྲ་ལ། དེ་ནས། འཕགས་པ་རིན་པོ་ཆེ། ཞང་དཀོན་མཆོག་དཔལ། བྲག་ཕུག་པ། བླ་མ་དཀོན་མཆོག་རྒྱལ་མཚན། བུདྡྷ་ཤྲཱི། ངོར་ཆེན། མུས་ཆེན། བདག་ཆེན་བསྐྱེད་ལྷས་པ། དེའི་དྲུང་དུ་བདག་གིས་ཐོབ། ཡང་བརྒྱུད་པ་ལུགས་གཅིག་ནི། འཕགས་པ་ཡན་གོང་དང་འདྲ་ལ། དེ་ནས་ཚོགས་སྒོམ། པོ་དོང་རིན་པོ་ཆེ། འཕགས་པ་དང་གསུམ་ཀས་ཆོས་རྗེ་ས་པཎ་ལ་ཞུས། དེ་གསུམ་ལ་ཁྲོ་ཕུ་རིན་པོ་ཆེ་གསན། དེ་ནས་དཔལ་ལྡན་སེང་གེ། རྗེ་བླ་མ་དཔལ་ལྡན་ཚུལ་ཁྲིམས། ངོར་ཆེན་མན་ཆད་དང་འདྲ། ཡང་ན། འཕགས་པ། ཞང་དཀོན་མཆོག་དཔལ། བྲག་ཕུག་པ། རྗེ་བླ་མ། དེ་མན་གོང་དང་འདྲ། ཡང་ན་ས་སྐྱ་པཎྜི་ཏ་ལ། ཉན་ཆེན་པས་དགུང་ལོ་བཅོ་ལྔའི་དུས་ཞུས། དེ་ལ་རྗེ་བླ་མ་དགུང་ལོ་ལྔ་ལོན་པའི་དུས་ཞུས། ཡང་ན་བྲག་ཕུག་པ། རི་ཁྲོད་པ། དཔལ་ལྡན་ཚུལ་ཁྲིམས་པའོ། ཡང་ན། ཆོས་རྗེ་ས་པཎ་ཡན་གཞུང་དྲུང་དང་འདྲ་བ་ལ། དེ་ནས་པོ་དོང་རིན་པོ་ཆེ། ཁྲོ་ཕུ་རིན་པོ་ཆེ། ཡང་རྩེ་བ། ཀུན་མཁྱེན་བུ་ཕྲུང་ལྷས་པ། ཆོས་རྗེ་ཤར་པ། རྗེ་དོར་པ་མན་ཆད་དང་འདྲ། དྲིལ་བུ་རིམ་ལྔའི་བརྒྱུད་པ་ལུགས་གཅིག་ནི། ཁྲོ་ཕུ་རིན་པོ་ཆེ་ཡན་དབང་དང་འདྲ་བ་ལ། དེ་ནས་ཡང་རྩེ་བ། གཞན་མཁར་པ་བཀྲ་ཤིས་བཟང་པོ། ཕྲུང་ལྷས་པ། ཆོས་རྗེ་ཤར་པ། རྗེ་དོར་པ། མུས་ཆེན། བདག་ཆེན་བསྐྱེད་ལྷས་པ། དེའི་དྲུང་དུ་བདག་གིས་དྲིལ་བུ་སྐོར་གསུམ་གྱི་དཔེ་ལུང་དང་བཅས་པ་ཐོབ། བདེ་མཆོག་ལོ་ཡི་པའི་དབང་གི་བརྒྱུད་པ་ནི། ཆོས་རྗེ་ས་པཎ་ཡན་ནག་པོ་པ་དང་འདྲ་བ་ལ། དེ་ནས་འུ་ཡུག་པ་བསོད་ནམས་སེང་གེ། དབུས་པ་སངས་རྒྱས་འབུམ། ལོ་མཆོག །བླ་མ་དཔལ་སེང་། ཀུན་མཁྱེན་བུ༔ ཕྲུང་ལྷས་པ། ཆོས་རྗེ་ཤར་པ། རྗེ་དོར་པ། མུས་ཆེན། བདག་ཆེན་སྐྱེད་ལྷས་པ། དེས་བདག་ལ་གནང་། ནཱ་རོ་མཁའ་སྤྱོད་ཀྱི་བྱིན་རླབས་ཀྱི་བརྒྱུད་པ་ནི། རྡོ་རྗེ་འཆང་། རྣལ་འབྱོར་མ། དྲིལ་བུ་པ། ཌོཾ་བྷི་པ། ཨཀྐྲར། ཏི་ལོ་པ། ནཱ་རོ་པ། ཕམ་ཐིང་པ་འཇིགས་མེད་གྲགས་པ། གཙང་དུས་འཁོར་བ། གློག་སྐྱ། མལ། རྗེ་བཙུན་གོང་མ་ལྔ། ཞང་དཀོན་མཆོག་དཔལ། བྲག་ཕུག་པ། རི་ཁྲོད་པ། དཔལ་ལྡན་ཚུལ་ཁྲིམས་པ། ངོར་ཆེན། མུས་ཆེན། བདག་ཆེན་སྐྱེས་ལྷས་པ། དེའི་དྲུང་དུ། བདག་གིས་རྗེ་བཙུན་གོང་མ་ལྔས་མཛད་པའི་རྣལ་འབྱོར་མའི་སྐོར་གྱི་ཡིག་ཆ་ཚང་མ་དཔེ་ལུང་དང་བཅས་ཏེ་ཐོབ། ཡང་ཉེ་བརྒྱུད་ནི། རྡོ་རྗེ་འཆང་ཆེན་རྡོ་རྗེ་རྣལ་འབྱོར་མ་ཞེས་སོགས་ལྷར་རོ། ཡང་གྲུབ་ཆེན་མོན་རྫོངས་པའི་དྲུང་དུ། རྩ་དབུ་མའི་ཁྲིད་མྱོང་ཁྲིད་དུ་ཞུས། སྐྱེད་རིམ་ནཱ་རོ་མཁའ་སྤྱོད། རྫོགས་རིམ་རྩ་དབུ་མ། ལམ་གྱི་ཡན་ལག །སྲུ་སེ་ན་དབབ་པ་སོགས་རྣལ་འབྱོར་མའི་སྐོར་གྱི་ཡིག་ཆ་རྗེ་བཙུན་གོང་མས་མཛད་པ་ཚང་མ་དང་། ནཱ་རོ་མཁའ་སྤྱོད་ཀྱི་མན་ངག་བླ་མ་གཟུངས་པས་ཕྱོགས་གཅིག་ཏུ་བསྒྲིགས་པའི་ལུང་ཡང་ཚང་མ་ཐོབ་བོ། །

བདེ་ཆེན་འཁོར་ལོར་དཔལ་ཆེན་མཁའ་འགྲོ་ལྷ། །ཐུགས་གསུང་སྐུ་ཡི་དཔའ་བོ་ཌཱ་ཀིའི་ཚོགས། །དམ་ཚིག་འཁོར་ལོར་སྒོ་མཚམས་ལྷ་མོ་བརྒྱད། །ཕྱག་འཚལ་གསོལ་འདེབས་སྙིང་ནས་སྐྱབས་སུ་མཆི། །མ་རྒྱུད་

གསང་མཐའི་སྲུང་མར་བཀའ་བསྒོས་ཤིང་། །ཁས་བླངས་དམ་བཅས་དཔལ་ལྡན་ནམ་གྲུ་མ། །ལས་བྱེད་ཕོ་ཉ་མ་མོ་མཁའ་འགྲོ་སོགས། །བསྟན་པ་སྲུང་བའི་དམ་ཅན་རྒྱ་མཚོའི་ཚོགས། །བདག་ཅག་བདེ་མཆོག་འཁོར་ལོའི་རྣལ་འབྱོར་པ། །འཁོར་བཅས་ཀུན་ལ་བུ་བཞིན་སྐྱོང་བ་དང་། །ཐུབ་བསྟན་སྤྱི་དང་རྣལ་འབྱོར་གསང་མཐའ་ཡིས། །བཤད་བསྒྲུབ་བསྟན་པ་རྒྱས་པར་མཛད་དུ་གསོལ། །རྣམ་དག་དབང་གིས་སྨིན་ཞིང་དམ་ཚིག་ལྡན། །བསྐྱེད་རྫོགས་ཟབ་མོ་གྲུབ་པའི་ལམ་སྲོལ་གསུམ། །ཐུན་བཞིའི་རྣལ་འབྱོར་མི་ཏོག་ཀུན་པོ་དེ། །བདེ་མཆོག་འཁོར་ལོའི་བླ་མ་ལྷར་བཅས་འབུལ། །སྙོད་བཅུད་དག་པར་མ་རྟོགས་ཐ་མལ་ཞེན། །ལྷར་སྣང་སྟོང་པར་མ་ཤེས་གྱུ་ནོམ་པའི། །མཚན་འཛིན་ཆོས་སུ་ཞེན་པའི་ཉེས་སོགས་གང་། །འགྱོད་པས་མཐོལ་ཞིང་སྡོམ་པའི་སེམས་ཀྱིས་བཤགས། །གང་ཤར་ལྷ་སྐུར་ཤར་བའི་བསྐྱེད་རིམ་དང་། །ལྷར་སྣང་སྟོང་པའི་ཡེ་ཤེས་རྫོགས་རིམ་མཆོག །བསྐྱེད་རྫོགས་ཟུང་འཇུག་བདེ་མཆོག་རྣལ་འབྱོར་པ། །རྡོ་རྗེ་འཛིན་པ་ཀུན་ལ་རྗེས་ཡི་རང་། །བདེ་མཆོག་ཁང་བཟང་དཀྱུགས་སྤྲས་བརྡ་སོགས་ཀྱིས། །རྒྱ་ཡིས་དམ་བཅིངས་མ་སྤྲས་ལེགས་ཕྱེ་ནས། །ཟབ་ཅིང་རྒྱ་ཆེ་དབང་བཤད་མན་ངག་གི། །རྣལ་འབྱོར་གསང་མཐའི་ཆོས་ཀྱི་བདུད་རྩི་སྩོལ། །བདེ་མཆོག་འཁོར་ལོའི་རྩ་བརྒྱུད་བླ་མ་དང་། །དྲུག་ཅུ་རྩ་གཉིས་དཀྱིལ་འཁོར་ལྷ་ཚོགས་རྣམས། །གདུལ་བྱ་དག་པའི་སེམས་ཀྱི་ཆུ་གཏེར་དུ། །སྒྲིབ་མེད་རྟག་འཆར་གྱུས་པས་གསོལ་བ་འདེབས། །རྣལ་འབྱོར་གསང་མཐའི་སྨད་བྱུང་གྲུབ་པའི་ལམ། །གྲུབ་ཆེན་ལོ་ནག་དྲིལ་བུའི་བཞེད་ཇི་བཞིན། །འབྲུལ་མེད་ཉམས་ལེན་བགྱིས་པའི་དགེ་སོགས་གང་། །བདེ་མཆོག་འཁོར་ལོའི་བྱང་ཆུབ་ཕྱིར་བསྔོའོ། །

བདག་ཀྱང་དེང་ནས་བྱང་ཆུབ་མ་ཐོབ་བར། །ལེགས་གསུངས་འདུལ་བའི་བསྟན་ལ་ལེགས་ཞུགས་ནས། །བཤེས་གཉེན་དམ་པ་རིང་ནས་ཚོལ་བ་དང་། །རྗེ་བཙུན་བླ་མས་རྗེས་སུ་འཛིན་པར་ཤོག །ཕྱི་ནང་རིག་གནས་ཀུན་ལ་མ་རྨོངས་ཤིང་། །སྔགས་གཞུང་རྒྱ་མཚོའི་དོན་ལ་གོམས་པ་རབ། །ཁྱད་པར་རྣལ་འབྱོར་གསང་མཐའི་རྒྱུད་སྡེ་ལ། །ཐོས་དང་བསམ་པས་ཡིད་ཆེས་བརྟེན་པར་ཤོག །རིག་གནས་ཀུན་ལ་བསླབ་སྦྱངས་མཐར་ཕྱིན་ནས། །སྨད་བྱུང་མཁས་པའི་བྱ་བ་རྣམ་གསུམ་གྱིས། །གཅིག་ཏུ་བསྟན་པ་འབའ་ཞིག་ཉེར་དགོངས་ཏེ། །སངས་རྒྱས་བསྟན་པ་ཆེས་ཆེར་གསལ་བར་ཤོག །དེ་ནས་འདུ་འཛིའི་རྣམ་གཡེང་ཀུན་སྤངས་ཏེ། །གངས་དང་རི་སུལ་ནགས་ཀྱི་ཁྲོད་རྣམས་སུ། །གང་བྱུང་ཚོག་ཤེས་ཚངས་སྤྱོད་གྲོགས་དང་བཅས། །ཚེ་འདི་བློས་བཏང་བསྒྲུབ་ལ་བརྩོན་པར་ཤོག །ཆོས་གོས་གསུམ་དང་ལྷུང་བཟེད་མཁར་བསིལ་དང་། །རྡོ་རྗེ་དྲིལ་བུ་ཁ་ཊྭཾ་ཅང་ཏེའུ་སོགས། །ཕྱི་ནང་རྟགས་ཀྱི་ཉེར་འཁོ་ཙམ་འཛིན་ཞིང་། །སོ་སོའི་བསླབ་ལ་ཚུལ་བཞིན་སློབ་པར་ཤོག །རྣམ་དག

འདུལ་བའི་ཁྲིམས་ཀྱིས་ལེགས་བསྡམས་ཤིང་། །རྒྱལ་སྲས་སྤྱོད་པའི་བསམ་སྦྱོར་རྨད་དུ་བྱུང་། །གསང་ཆེན་ལམ་གྱི་བསྐྱེད་རྫོགས་ཟུང་འཇུག་གི། །སྡོམ་གསུམ་ལམ་གྱི་ཉམས་ལེན་འཁྲུལ་མེད་ཤོག །སྨིན་བྱེད་ཐུམ་དབང་ཚུལ་བཞིན་བསྐུར་བ་ལས། །ཞུང་ཁམགས་རྒྱལ་བ་རིགས་ལྔའི་དཀྱིལ་འཁོར་ལྷ། །མགྲིན་པའི་རྩ་གནས་གསང་བའི་བདུད་རྩིས་གང་། །དེ་ལས་ངག་གནས་ སྟགས་སུ་འཆར་བར་ཤོག །རྡོ་རྗེ་ཕག་མོས་འཁྲུད་པའི་སྙོམས་འཇུག་གིས། །སེམས་ཉིད་བདེ་སྟོང་ཟུང་འཇུག་ལྷན་ཅིག་སྐྱེས། །བཞི་པའི་དུས་སུ་གསུམ་པའི་ཡེ་ཤེས་དེས། །ཟབ་མོའི་ཚོགས་གནས་ལུགས་རྟོགས་པར་ཤོག །རྣམ་དག་དབང་གིས་སྨིན་པ་དེ་ཡི་ཚེ། །སྟགས་འཆང་རིག་འཛིན་ཀུན་གྱི་བསྒྲོད་ཅིག་ལམ། །ལམ་གྱི་རྩ་བ་དབང་བཞིའི་དམ་ཚིག་རྣམས། །མིག་གི་འབྲས་བཞིན་གཅེས་པར་འཛིན་པར་ཤོག །བསོད་ནམས་རི་དབང་བཅུ་གསུམ་ཁང་བརྩེགས་ཤིང་། །འདིར་ཚོགས་ཞིང་སྤྱན་དྲངས་ནས། ཚོགས་མཆོད་སྐབས་འགྲོ་གསུམ་ལས་གཞན་མ་གསུངས་ཡང་བཅུ་གསུམ་དུ་བྱེད་པ་ནི་ནཱ་རོ་པའི་མན་ངག་ཕམ་ཐིང་པ་ནས་བརྒྱུད་པའོ། །ཕྱི་ནང་བགེགས་འཇོམས་བསྲུང་བའི་འཁོར་ལོ་དང་། འདིར་བསྲུང་བྱའི་བགེགས་ནི། རང་སེམས་ཕྱིན་ཅི་ལོག་ཏུ་སྣང་བའི་རྟོག་པ་སྟེ། ངེས་བརྗོད་ལས། བདུད་མིན་བདུད་མིན་པ་ཡང་མིན། །རང་གི་སེམས་ནི་བཙེན་བར་བྱ། །རང་གི་སེམས་ནི་ཐུལ་བ་ན། །བགེགས་ཀྱི་འཇུག་པ་ག་ལ་ཡོད། །ཅེས་གསུངས། སྣང་གྲགས་ཆོས་ཀུན་སེམས་སྣང་སྒྱུ་མ་ཙམ། །གསལ་སྟོང་ཟུང་འཇུག་འོད་གསལ་དབྱིངས་བསྡུས་ནས། །མར་མེ་མཛད་ཀྱིས། ལོ་ཕྱི་པའི་བསྒྲུབ་ཐབས་སུ། སྣང་བའི་ཐམས་ཅད་སེམས་སུ་བཤད་ནས། ཤཱནྟི་པ་སོགས་དང་། རྗེ་བཙུན་གྱིས། རྣམ་ཀུན་མཆོག་ལྡན་གྱི་སྟོང་པ་ཉིད་བསྒོམ་པ་ཡིན་པས། དོན་ཆེན་པོའོ། ཞེས་དང་། ཆེད་དུ་བྱ་དགོས་པ་བསྲུང་བའི་རྣམ་པ་སེམས་སུ་ཤེས་པར་བྱ་བའི་ཕྱིར། ཞེས་གསུངས། རྨད་བྱུང་བརྩེ་བས་ཞི་ལ་མི་གནས་ཤིང་། །ཕྱུལ་བྱུང་ཤེས་པས་སྲིད་པའི་མཐའ་སྤངས་ཏེ། །དམན་བྱེས་ལས་ལྷག་སྐྱུ་གཉིས་ཐོབ་པར་ཤོག །འདི་ནི་དམར་གྱི་མན་ངག་ཟབ་ཁྱད་ཅན་ནོ། །

འོད་གསལ་དབྱིངས་ལས་འབྱུང་བཞི་རི་རབ་དང་། །རྫོར་པད་ཟླ་ཉི་དབྱངས་གསལ་འབྲུ་གསུམ་སྟགས། །པད་ཟླ་ཧཱུྃ་ཡིག་གོང་ནས་གོང་བརྩེགས་ཤིང་། །ཨ་སོགས་ཆོས་འབྱུང་ན་དའི་བར་དུ་བསྡུས། །རྗེ་བཙུན། སེམས་གསལ་བ་ཙམ་ཡཾ་ཡིག་ཏུ་ལྡང་བར་གསུངས། ས་ཆེན་གྱིས་ནག་པོ་པའི་སྐབས་སུ། ནཱ་དར་ལངས་པར་གསུངས། ནཱ་ད་དམར་སྐྱ་འཁྱོགས་འབབ་སྟགས་ཀྱི་སྒྲ། །དཀར་དམར་ཉི་ཟླའི་དབུས་ཀྱི་ཧཱུྃ་ཡིག་ཚུལ། །ཕྱི་ཡི་སྒྲ་ཚུལ་གཅིག་འདྲེས་རྐྱེན་གྱིས་ནི། །ནཱ་ད་དམར་སྐྱ་སོགས་ཀྱི་སྒྲ་ཚུལ་འདི་འདྲ། རྒྱུད་འགྲེལ་རྣམས་ན་འདུག་པ་མ་མཐོང་ཞེས་བུ་གསུང་ཡང་། འདི་ནི་ནཱ་རོ་པའི་མན་ངག་ཕམ་ཐིང་པ་ནས་བརྒྱུད་པའོ། །རྩ་རྒྱུད་ལས། སྒྲ་ཡིས་ཚུལ་ལ་ངེས་འབྱུང་ཞིང་། ཞེས་པའི་སྒྲ་ཚུལ་ལ་ལཀྵ་རྒྱལ་བཟང་སོགས། སྒྲའི་སྐད་དོད། ནཱ་ད། དེའི་ཚུལ་དེ་ངོ་བོའི་རང་བཞིན་ལས་ཤེས་གསུངས། ཛྙཱ་ཤྲཱི་ཛྙཱ་ནས། རྡོ་རྗེ་མཁའ་འགྲོའི་འགྲེལ་པར། སྒྲ་ནི

སྐད། ཚུལ་ནི་དེའི་ངོ་བོ་སྟེ། ཨཱ་ལི་ཀཱ་ལི་དང་། སྔགས་རྣམས་ཡིན་ཞེས་གསུངས། དུར་ཁྲོད་བརྒྱད་བསྐོར་བསྲུང་འཁོར་གཞལ་ཡས་ཁང་། །དེ་དབུས་པད་ཉི་འཛིགས་བྱེད་དུས་མཚན་སྟེང་། །འདི་ཉིད་ཀྱི་ཕྱག་མཚན་དེ་འདྲ་རྒྱུད་འགྲེལ་བསླབ་ཐབས་ནས་གསུངས་པ་མ་མཐོང་ཞེས་བུ་གསུང་ཡང་། འདི་ནི་ཕམ་ཐིང་པའི་མན་ངག་གོ། །བདེ་མཆོག་འཁོར་ལོ་དཔལ་ཆེན་ཧེ་རུ་ཀ། །དབང་སྔོན་མདོག་མཚུངས་སྒོ་ལྔང་དམར་སེར་ཞབས། །བཅུ་གཉིས་ཕྱག་དང་ཞབས་གཉིས་བརྐྱང་བསྐུམ་གནས། །སྣ་ཚོགས་རྒྱན་སྤྲས་གར་དགུའི་ཉམས་དང་ལྡན། །རྡོ་རྗེ་ཕག་མོ་ཡུམ་བཅས་འཁོར་ལོའི་མགོན། །བདེ་ཆེན་འཁོར་ལོར་སྙིང་པོའི་རྣལ་འབྱོར་བཞི། །ཐུགས་གསུང་སྐུ་ཡི་དཔའ་བོ་ཌཱ་ཀིའི་ཚོགས། །དམ་ཚིག་འཁོར་ལོ་སྒོ་མཚམས་ལྷ་མོ་བརྒྱད། །ཕྱི་དཀྱིལ་གསལ་གདབ་རང་སྣང་དག་པར་ཤོག །སྔགས་སྙིས་ཞིང་དང་ལྡན་སྐྱེས་ཡུལ་དང་ལྷ། །ཆོས་སྐུ་ལས་བྱུང་དེ་ལས་གཞན་མ་ཡིན། །ཡོ་ཉ་གསུམ་བསྲེས་ཡུལ་དང་ལྷ་རྣམས་ལ། །ཞེན་ཞུགས་འབྲེལ་པས་བསླུ་མེད་འགྲུབ་པར་ཤོག །ཡོ་ཉ་བསྲེ་ཚུལ་ནི། ནཱ་རོ་པའི་སློབ་བཤད། ཕམ་ཐིང་པ་ནས་བརྒྱུད་པའི་མན་ངག་གོ། །ཡེ་ཤེས་གཅིག་ཉིད་སྣང་ལ་རང་བཞིན་མེད། །སྤྲིབ་ཐོགས་ཀུན་བྲལ་རང་རིག་རང་གསལ་བའི། །ཟབ་རྒྱས་ཆེས་མཆོག་དག་པ་དྲན་པ་ཡིས། །ཐ་དད་ཡང་དག་བེམས་ཞེན་ཀུན་བྲལ་ཤོག །དགོས་པ་གསུམ་པོ་འདི་དམར་གྱི་མན་ངག་ཟབ་ཁྱད་ཅན་ནོ། །

འོག་རླུང་གཡོས་པས་མས་ཕུལ་ཨཾ་ཡིག་ཚུལ། །ལྟག་རླུང་གཡོས་པས་ཡས་ཕུལ་ཧཾ་གི་ཟླ། །སྟེང་འོག་དབུ་མའི་རྒྱུན་ལམ་ལས་འོངས་སྟེ། །སྙིང་དབུས་གཟུང་འཛིན་བྲལ་བའི་ཡོ་བྲང་དུ། །ནང་གི་ཟླ་ཚུལ་གཅིག་འདྲེས་རྐྱེན་གྱིས་ནི། །རགས་པའི་ཕུང་སོགས་འབྱུང་བཞིའི་རི་རབ་དང་། །བཀོད་ལེགས་དབྱིབས་མཛེས་སྣ་ཚོགས་རྒྱན་གྱིས་སྤྲས། །མཚན་ཉིད་ཀུན་ཚང་རིན་ཆེན་གཞལ་མེད་ཁང་། །རྡོ་རྗེ་ལུས་ཀྱི་གནས་ཆེན་པོ་བདུན་དུ། །ཕྲ་བ་ལུས་ཀྱི་རྩ་ཁམས་བྱང་ཆུབ་སེམས། །རྗེ་བཙུན་ཡབ་ཡུམ་སྙིང་པོའི་རྣལ་འབྱོར་སོགས། །དྲུག་ཅུ་རྩ་གཉིས་དཔའ་བོ་མཁའ་འགྲོ་མ། །ལོ་ནག་གཉིས་ན། འཁོར་ལོ་གསུམ་གྱི་ལུས་དཀྱིལ་ལས། །གཞན་ལྷ་བཅུ་གསུམ་དང་། རྟེན་ལུས་དཀྱིལ་མ་བཤད། ནཱ་རོ་པ་ས་བཅུ་གཉིས་ལས་མི་བཞེད། དེའི་གསུང་བགྲོས་འཛིན་པའི་ཕམ་ཐིང་པའི་བརྒྱུད་པ་འདི་ལ་མ་མོ་བཅུ་གཉིས་ཕྱག་བཅུ་གཉིས་ལ་འགོད། སཆེན་གྱིས་ནག་པོ་པ་དང་། རྗེ་བཙུན་གྱིས་ལོ་འདི་པའི་སྐབས་སུ་ཡང་དེ་ལྟར་གསུངས། དེའང་དེས་སྦྱོད་ཀྱི་དགོངས་པ་ཡིན། འོན་ས་བཅུ་གསུམ་བསྒྲོད་པའི་ལུས་དཀྱིལ་ཇི་ལྟར་བསྒོམ་ན། ལོ་ནག་གི་སྐབས་སུ། དྲིལ་བུ་པའི་གཞུང་ནས་འབྱུང་བ་ལྟར། སྙིང་ཁའི་རྩ་འདབ་ཕྱི་ནང་ལ་འགོད་པ་འདི་ཉིད་གཞུང་དུ་མ་གསུངས་ཡང་། མན་ངག་གིས་ཁ་སྐོར་དགོས། རྟེན་ལུས་དཀྱིལ་ཡང་དེ་དང་མཚུངས་སོ། །ལུས་དཀྱིལ་ལ་སྐྱེད་ཚིག་ཡོད་མེད་ལུགས་གཉིས་ལས། དང་པོ་འདུས་པའི་ལུགས། འདིར་བསྐྱེད་ཚིག་མེད་ཀྱང་། པུ་ཛ་སོགས་ངོ་བོ་ལྷ་ལ་རྣམ་པ་ཡི་གེའི་ཚུལ་དུ་གནས་པ། ནང་གི་ཟླ་ཚུལ་གྱི་རྐྱེན་གྱིས། ཕྱིའི་རྩ་དཔའ་མོ། ནང་གི་ཁམས

དཔའ་བོ་ཞལ་ཕྱག་གི་རྣམས་ཅན་དུ་རིམ་གྱིས་གསལ་འདེབས་པ་ནཱ་རོ་པའི་མན་ངག་ཕམ་ཐིང་པའི་ལུགས་སོ། །འཁོར་ལོ་ལྔ་ཡི་རྩ་གནས་དེ་དང་དེར། གདོད་ནས་ལྷར་གྲུབ་རྩ་ཐིག་ཀླུང་གསུམ་ལ། །གནད་བསྣུན་སྦྱོར་བས་དེ་འགྲོས་དེར་ཐིམ་སྟེ༑ ༑ས་རྣམས་རིམ་བསྒྲོད་མཁའ་འགྲོ་དབང་འདུས་ཤོག །རྣམ་གསུམ་ཡོ་ཉ་གཅིག་དྲན་བྱིན་རླབས་དང་། །ཡེ་ཤེས་དགུག་གཞུག་གོ་ཆ་གཉིས་བཀོད་དེ། །ཐུགས་ཀྱིས་བྱིན་གྱིས་རླབས་པ་ནི། ཡོ་ཉ་གསུམ་ངོ་བོ་གཅིག་ཏུ་དྲན་པ་ཙམ་ལ་བཞེད་པ་ཡིན། འདི་ཉིད་ལ་གོ་བ་ལོགས་པར་ཆགས་ན་མན་ངག་ཟབ་ཁྱད་ཅན་དུ་འགྱུར། ནཱ་རོ་པའི་མན་ངག་ནི། སྔོན་ལ་ཡེ་ཤེས་པ་བཙུག་ནས་གོ་ཆ་བཅིང་བ་རྗེས་ལ་མཛད་པ་ནི། ཤིང་གཉིས་གཙེར་གྱིས་བསྡམས་ནས་མི་འབྲལ་བར་བྱེད་པ་བཞིན། དམ་ཚིག་པ་དང་ཡེ་ཤེས་པ་མི་འབྲལ་བར་བྱེད་པ་ཡིན་ཞེས་གསུངས།

དབང་སྐུར་རྒྱས་གདབ་མཆོད་དང་བསྟོད་སོགས་ཀྱི། །རིམ་པ་དང་པོའི་རྣལ་འབྱོར་མཐར་ཕྱིན་ཤོག །རྣལ་འབྱོར་ངལ་གསོ་རྫོགས་རིམ་ཟབ་མོའི་ལམ། །རྡོར་སེམས་ཡི་གེ་ཐིག་ལེ་བསྒོམ་པ་གསུམ། །རྩ་བ་ཡན་ལག་ལྷ་ལྔ་དཔེ་བཅུ་ཡིས། །རྡོར་སེམས་བསྒོམ་པའི་རྣལ་འབྱོར་མཐར་ཕྱིན་ཤོག །ཁབ་ལེན་རྡོ་ཡིས་ལྕགས་ཕྱེ་གཡོ་བ་ལྟར། །ལྟེ་བར་རྡོར་སེམས་སེམས་དཔའ་གསུམ་བརྩེགས་གིས། །སྤྲོད་བཅུད་རབ་གསལ་འཕྲིག་གཡོའི་དང་ཚུལ་ཅན། །དང་པོ་དཔེ་ཡི་མཚོན་དོན་རྟོགས་པར་ཤོག །གཅི་བའི་རྫས་ཀྱིས་རྩོལ་རྒྱུ་བསྟུད་པ་ལྟར། །སྤྲོད་བཅུད་དུར་ཁྲོད་བསྲུང་འཁོར་གཞལ་མེད་ཁང་། །འཁོར་ལོ་ལྔ་རིམས་ཡུམ་བཅས་ཧེ་རུ་ཀ །གཉིས་པ་དཔེའི་མཚོན་དོན་རྟོགས་པར་ཤོག །དུས་སྤྲལ་འགྲོ་བའི་ཡན་ལག་ནང་འབྱུམས་ལྟར། །འཁོར་ལོ་བདེ་མཆོག་ཞལ་བཞི་བཅུ་གཉིས་པ། །དེའང་ཡང་རིམ་གྱིས་ཞལ་གཅིག་ཕྱག་གཉིས་པ། །གསུམ་པ་དཔེ་ཡི་མཚོན་དོན་རྟོགས་པར་ཤོག །སྐར་མདའི་ཕྲེང་བ་གཅིག་ལ་གཅིག་ཐིམ་ལྟར། །དམ་ཚིག་ཡེ་ཤེས་ཏིང་འཛིན་སེམས་དཔའ་སྟེ། །ཏིང་འཛིན་སེམས་པའང་རིམ་གྱིས་ཐིག་ལེར་བསྡུད། །བཞི་པ་དཔེ་ཡི་མཚོན་དོན་རྟོགས་པར་ཤོག །ལན་ཚྭའི་དངོས་པོ་རྒྱ་མཚོར་ཐིམ་པ་ལྟར། །རབ་དཀར་ཐིག་ལེ་ཧེ་ཕྲ་ཧེ་ཕྲ་ལ། །མཐར་ནི་སྟོང་གསལ་ཟུང་འཇུག་བསམ་མི་ཁྱབ། །ལྔ་པ་དེས་ཡི་མཚོན་དོན་རྟོགས་པར་ཤོག །རང་བཞིན་གར་མཁན་རྒྱུ་གཏེར་ཉི་མ་སོགས། །སྣང་དམིགས་ཆ་ལུགས་རླབས་ཟེར་རྒྱུ་བུར་གཞའ། །རང་རང་དང་ཐིམ་ཟུང་འཇུག་བསམ་མི་ཁྱབ། །ཡན་ལག་དཔེ་ལྔའི་མཚོན་དོན་རྟོགས་པར་ཤོག །ལྟེ་བར་རླུང་ལྔའི་རང་བཞིན་ལ་སོགས་ལྔ། །འབྱུང་འཇུག་སྦྱོ་བསྒྱུ་རྟགས་མཐར་རིམ་གྱིས་བསྒྱུ། །ཀུན་གྱི་མཐར་ནི་གསལ་སྟོང་མཉམ་གཞག་གིས། །ཡི་གེ་བསྒོམ་པའི་རྣལ་འབྱོར་མཐར་ཕྱིན་ཤོག །ལྟེ་བར་རླུང་ལྔའི་རང་བཞིན་ཐིག་ལེ་ལྔ། །འབྱུང་འཇུག་སྦྱོ་བསྒྱུ་རྟགས་མཐར་རིམ་གྱིས་བསྒྱུ། །ཀུན་གྱི་མཐར་ནི་གསལ་སྟོང་མཉམ་གཞག་གིས། །ཐིག་ལེ་བསྒོམ་པའི་རྣལ་འབྱོར་མཐར་ཕྱིན་ཤོག །སྔོན་འགྲོ

སྦྱོར་བའི་བསགས་སྦྱང་ཐབས་མཁས་ཀྱིས། །བསོད་ནམས་མཚོ་ཆེན་དང་གིས་གང་བ་དང་། །ས་ལུགས་ལ་འདིར་ཚད་མེད་པ་བཞི་མ་བཤད། ཁ་ཅིག །མངོན་བརྗོད་དུ། ཚངས་པའི་གནས་ནི་བཞི་པོ་དང་། ཞེས་དང་། རྡོ་རྗེ་མཁའ་འགྲོའི་འགྲེལ་པར། བྱམས་པའི་སེམས་ཤེས་དང་། ནགས་དཀྱིལ་དུ། བྱམས་དང་སྙིང་རྗེའི་རྒྱན་གྱིས་ནི། ཞེས་གསུངས་པས། ཚད་མེད་བཞི་མཛད་གསུང་། ལ་བ་པས་བྱས་ཟེར་བའི་བདེ་མཆོག་བསྒྲུབ་ཐབས་སུ། ཤར་ཕྱོགས་དུར་ཁྲོད་ཀྱི་དབང་པོའི་མདུན་དུ། བླ་མ་སེང་གེའི་ཁྲི་ལ་བཞུགས་པར་བསྒོམ་གསུངས། བཅོམ་ལྡན་རལ་གྲིས་བླ་མ་དཀྱིལ་འཁོར་གྱི་གྲྭ་གཅིག་ཏུ་བསྒོམ་གྱི། རིགས་བདག་ཏུ་མི་བསྒོམ་གསུང་། དེ་ནི་མ་འཐད་དེ། རང་དང་རིགས་དྲུག་ལྷར་བསྒོམ་རུང་ནས། བླ་མ་བསྒོམ་མི་རུང་བ་འགལ་ཞེས་གསུངས། དྭ་རི་ཀ་པ་སོགས། ཕྱི་ནང་གསང་བ་དེ་ཁོ་ན་ཉིད་ཀྱིས་མཆོད། ས་སྐྱ་པ་ཕྱི་དང་ཡིད་བྱུང་གཉིས་ཀྱིས་མཆོད། **སྟོང་པར་སྦྱོང་བྱེད་ཡེ་ཤེས་ཚོགས་སོག་གིས། །འཆི་བ་ཆོས་སྐུའི་ལམ་ཁྱེར་མཐར་ཕྱིན་ཤོག །**འདི་ནི་ཕྱི་སྣོད་ཀྱི་འཇིག་རྟེན་ཞིག་ནས་སྟོང་པར་གྱུར་པ་དང་། ནང་སེམས་ཅན་འབྱུང་བ་རིམ་གྱིས་ཐིམ་ནས་འཆི་བའི་སྲིད་པ་སྦྱོང་བྱེད་དུ། བུ་སོགས་བཞེད།

སྟོང་པའི་ངང་ལས་ཡེ་ཤེས་ཀྱིས་བསྐྲུ ན་པའི། །དུར་ཁྲོད་བརྒྱད་བསྐོར་བསྲུང་འཁོར་གཞལ་མེད་ཁང་། །བུ་རྟངས་པ། ནག་པོ་ལུགས་ལྟར་དུར་ཁྲོད་མེད་པར་འདོད་ཀྱང་། དེའི་སྒྲིན་སྲིག་ཏུ་ཡོད་པར་བཤད། རྡོ་རྗེ་མཁའ་འགྲོར། རྡོ་རྗེ་ར་བའི་ཕྱི་རོལ་ཏུ། ཤིང་སོགས་དུར་ཁྲོད་བརྒྱད་པོ་ཡིན། ཞེས་པས་བསྲུང་འཁོར་གྱི་ཕྱི་རུ་དུར་ཁྲོད་ཡོད་པར་བཤད་ཅེས་བུ་གསུངས། སྡོམ་འབྱུང་འགྱུར་གཅིག་ཏུ། རྡོ་རའི་ཕྱིར་དུར་ཁྲོད་བཤད་ཀྱང་། འགྱུར་གསར་ལས་ནང་དུ་བཤད་དོ། །ཆེན་པོའི་ངོ་བོ་སོགས་བརྡའི་སྐད་ཀྱིས་གསུངས་པ། རྒྱ་དཔེ་ལ་ཡང་། ཡི་གེ་མི་མཐུན་པ་དང་། འགྱུར་མི་མཐུན་པ་སྣ་ཚོགས། འགྲེལ་པ་རྣམས་ཀྱིས་ཀྱང་སྣ་ཚོགས་སུ་བཀྲལ་མོད་ཀྱི། བསྐྱེད་རིམ་འབྱུང་བ་རིམ་བརྩེགས་བསྐྱེད་པར་བཀྲལ་བ་ལ་དོན་གཅིག་ཏུ་ཡོད། འདི་སློབ་དཔོན་ཀཱ་ལ་ཀ་པ་དང་། ཉིང་མཛད་རྡོ་རྗེ་དང་། རིན་ཆེན་རྡོ་རྗེ་སོགས་འབྱུང་བཞི་འདུས་པ་ལས་གཞལ་ཡས་ཁང་དུ་གྱུར་པ་དང་། འབྱུང་བཞི་འདུས་པ་ལས་འབྱུང་བཞིའི་སར་གྱུར་ནས། གཞལ་ཡས་ཁང་བསྐྱེད་པར་འདོད་ཀྱང་། དུས་འཁོར་དུ། ས་རྒྱུད་པ་འབྱུང་བཞི་འདུས་པའི་རྡོ་རྗེའི་སར་གྱུར། མ་རྒྱུད་པ་འབྱུང་བཞི་རི་རབ་དང་བཅས་པའི་སྟེང་དུ་གཞལ་ཡས་ཁང་བསྐྱེད་པར་གསུངས། ས་ལུགས་ལ་ཐོག་མར་འབྱུང་བ་ལུགས་ཟློག་ཏུ་བསྐྱེད་དེ་རང་གི་ཤེས་པ་དང་འདྲེས་པས་རྒྱན་བྱས་ཏེ། ལུགས་འབྱུང་དུ་བསྐྱེད་པར་བཞེད། ཁ་ཅིག ། ལན་གཉིས་བསྐྱེད་པ་མ་བཤད་གསུངས།

མངོན་བྱང་ལྔ་ལས་རྒྱུའི་རྡོ་རྗེ་འཆང་། །ཞལ་བཞི་བཅུ་གཉིས་ཡུམ་བཅས་གངས་རིའི་མདོག །ཕུ་རྟངས་པ། སྣ་ཚོགས་པདྨའི་ལྟེ་བར་རྡོ་རྗེ་འཆང་བསྐྱེད་པར་བཞེད། ལ་ཝ་པ། ནམ་སྣང་ཞུ་བ་ལས་གཞལ་ཡས་ཁང་བསྐྱེད། མི་ཐུབ་ཟླ་བ། ནམ་སྣང་ཡུམ་བཅས་ཞུ་བ་ལས་གཞལ་ཡས་ཁང་བསྐྱེད་པར་བཞེད། གཞལ་ཡས་ཁང་དེའི་སྟེང་དུ་བསམ་པ་ནི། ཧཱུྃ་ལས་བྱུང་བའི་བརྟག་པ་སྟེ། དེ་ཡོངས་སུ་གྱུར་པ་ལས་འཁོར་ལོ་མཆོག །ཁང་པ་བརྩེགས་པ་རྣམ་པར་བསམ། ཟུར་བཞི་པ་ལ་སྒོ་བཞི་པ། རྟ་བབས་བཞི་ནི་རྣམ་པར་བརྒྱན། ཞེས་གསུངས་པ་ལྟར་རོ། །རྩ་རྒྱུད་ལས། ལྷ་མོ་དུས་མཚེ་ཀླུ་མ་ལ། །ཡན་ལག་ཁ་ཊྭཱཾ་ག་དང་བཅས། ཐོད་པ་དང་ནི་མཆོད་ཡོན་སྟོད།

ཁར་ནི་སྙིང་པོ་བརྗོད་པར་བྱ། ཞེས་པས། རྒྱུ་རྡོར་འཛིན་ཞལ་བཞི་ཕྱག་བཞི་པར་བསྟན་ཞེས་བུ་གསུང་། ས་སྐྱ་པ་ཞལ་བཞི་ཕྱག་བཅུ་གཉིས་པར་བཞེད། ཡབ་ཡུམ་སྙོམས་འཇུག་དགའ་བའི་སྒྲ་འོད་ཀྱིས། །རྒྱལ་དང་བར་སྲིད་བཀུག་པ་ཁར་བབས་པས། །ཐབས་ཤེས་ཞུ་བ་ཐིག་ལེའི་གཟུགས་སུ་གྱུར། །བར་དོ་ལོངས་སྐུའི་ལམ་ཁྱེར་མཐར་ཕྱིན་ཤོག །ཤི་དབུགས་ས་མདའ་སྦྱོར་པས། ཤེས་པ། འགྲེལ་པས་སྣ་ཚོགས་སུ་བཀྲལ་བ་ལས། མ་ཞ་ས་དང་། མི་ཐུབ་བླ་བ་དྲི་ཟ་འཇུག་པ་ལ་སྦྱོང་ཞིང་། མི་ཐུབ་བླ་བས་མདའ་དབྱངས་དང་། མ་ཞ་པས་སྒྲའོ། །ཞེས་བཤད། དྲི་ཟ་འཇུག་ཚུལ་ལ། ཁ་ཅིག་སྤྱི་གཙུག་ནས་འཇུག །ཁ་ཅིག་གསང་གནས་ནས་འཇུག །ཁ་ཅིག་ཁ་ནས་འཇུག་པ་སོགས་འདོད་ལུགས་དུ་མ་ཡོད་ཀྱང་། སྡོམ་འབྱུང་ལས། ཁ་ཡི་ལམ་ལས་རབ་ཏུ་འཇུག །ཅེས་པས། ཁ་ནས་འཇུག་ཅེས་བུ་བཞེད། དུས་འཁོར། འདུས་པ་འཕགས་ལུགས། ཀྱེ་རྡོར་མཚོ་སྐྱེས་ལུགས་ལྟ་བུ་ལ། བར་དོ་འཇུག་པ་མེད་ཅིང་། རྒྱུ་འབྲས་བུ་རྡོར་འཛིན། སྐུ་མདོག་ཕྱག་མཚན་འཕོ་བ་མེད། འཇམ་རྡོར་དུ། དེ་ཉིད་ཁ་དོག་ཐ་དད་དུ་བཤད། རྒྱལ་བས་བསྐུལ་ཞིང་དེ་ཡང་ཐིག་ལེར་ཐིམ། །རྡོ་རྗེ་གྲི་གུག་སྟགས་ཀྱིས་མཚན་པར་གྱུར། །དེ་དག་ཞུ་ལས་འབྲས་བུའི་སྐུར་བཞེངས་ཏེ། །སྐྱེ་བ་སྤྲུལ་སྐུའི་ལམ་ཁྱེར་མཐར་ཕྱིན་ཤོག །

འདིར་གཡོན་བརྐྱང་བའི་ཞབས་བཞུགས་ཤེས་པ་འགྱུར་ཉེས་པ་སྟེ། རྒྱུ་དཔེར་གཡས་བརྐྱང་དུ་ཡོད་ཅིང་། མངོན་བརྗོད་དུ། བྱིན་པ་གཉིས་ཀྱིས་མཉམ་པར་འབྱུང་པ་ཞེས་དང་། སྡོམ་འབྱུང་དང་། བྱིན་པ་གཉིས་ཀྱིས་མཉམ་པར་འཁྲིལ་ཞེས་དང་། ལོ་ཡི་པ་སོགས་བོད་འགྱུར་བསྒྲུབ་ཐབས་རྣམས་ནའང་། བྱིན་པ་གཉིས་ཀས་འབྱུང་པར་བཤད། བལ་པོ་ཀཱ་ན་ཀ །ཇོ་བོ། ཀུ་མ་ར་ཤྲཱི་རྣམས། གཡས་ཀྱིས་འབྱུང་ཅིང་། གཡོན་བརྐྱང་བར་བཞེད། ལོ་ཡཱི་པའི་ལྷ་ལྔའི་སྒྲུབ་ཐབས་སུ་གཡོན་པས་འབྱུང་ཅིང་། གཡས་བརྐྱང་དང་། གཡས་པའི་བྱིན་པས་བདག་པོ་ཡི། གཡོན་པས་བརྐྱང་ནི་ཡོངས་སུ་འབྱུང་། ཅེས་དང་། ལངས་ཀ །ཡབ་གཡོན་བརྐྱང་ལ། ཡུམ་གཡས་བརྐྱང་དུ་བཤད། དེ་རྣམས་མ་གཏོགས་བྱིན་པ་གཉིས་ཀྱིས་མཉམ་པར་བཤད། ཅེས་བུ་གསུངས། ས་སྐྱ་པ་ཞབས་གཡས་པས་ཡབ་ཀྱི་བརླ་ནས་འབྱུང་ཅིང་། གཡོན་བརྐྱང་ཞེས་བཞེད། དཔེ་འདིར་གསལ་ཀ་མ་བྱུང་། གོ་ཆའི་སྐབས་སུ། ས་སྐྱ་པ། ཡབ་དྲུག་ལ་ཡུམ་གྱིས་འབྱུང་པ་དང་། ཡུམ་དྲུག་ལའང་ཡབ་གྱིས་འབྱུང་པ་དང་། ཡི་གེ་འགོད་ནའང་། ཡབ་ཀྱི་ཡི་གེའི་གནས་སུ་ཡུམ་གྱི་ཡི་གེ་དང་། ཡུམ་གྱི་ཡི་གེའི་གནས་སུའང་ཡབ་ཀྱི་དགོད་པར་བཤད། མལ་གྲོའི་རྗེས་འབྲང་རྣམས། ཡབ་ཡུམ་ལྷ་ཐམས་ཅད་ལ་གོ་ཆ་གཉིས་གཉིས་འགོད། ཕྱུ་ཧྲངས་པ་རྗེས་འབྲངས་རྣམས། དཔའ་བོ་རྣམས་ལ་ཡབ་ཀྱི་གོ་ཆ་དང་། དཔའ་མོ་རྣམས་ལ་ཡུམ་གྱི་གོ་ཆ་འབོད་པ་བཞེད། ཛ་ཡ་སེ་ན། བ་རིག་ལོ་ཙཱ་བ། རྨ་བན་རྗེས་འབྲང་རྣམས། གཙོ་བོ་ཡབ་ལ་དཔའ་བོའི་གོ་ཆ། ཡུམ་ལ་དཔའ་མོའི་གོ་ཆ། འཁོར་ལ་གོ་ཆ་མ་འགོད་པར་བཞེད། ནག་དཀྱིལ་དུ། དཔའ་བོ་ཀུན་དང་རྣལ་འབྱོར་མ། གོ་ཆ་གསུམ་གྱིས་བརྒྱན་པ་ཡིན། ཞེས་ལྷ་ཕོ་ལ་དཔའ་བོ་དང་། མོ་ལ་དཔའ་མོ། གཙོ་བོ་ལ་གོ་ཆ་ཆེན་པོས་བརྒྱན་པར་བཤད། ཡིག་འབྲུ་ལྔའི་རང་བཞིན་ནི། ལྷ་ཉིད་དུ་སྒོམ་པ་འདི་ཀར་གསུངས། ཞེས་བུ་གསུང་། ཕམ་ཐིང་པ་རྗེས་འབྲང་རྣམས། ལོ་ཡཱི་པའི་སྐབས་སུ། རང་རང་གི་གནས་སུ། བླ་བ་ལ་སྟུགས་བསམས་ནས་ལྷར་མོས་པ་བྱེད་གསུངས། དེ་ལྟར་རང་སེམས

དག་པའི་སྣང་བ་ལ། །རྟེན་དང་བརྟེན་པ་ལྷ་ཡི་འཁོར་ལོ་ཡིས། །བསྐྱེད་པའི་ཆོ་ག་བསྙེན་བསྒྲུབ་རྣམ་པ་བཞི། །དང་པོ་སྦྱོར་བའི་ཏིང་འཛིན་མཐར་ཕྱིན་ཤོག །སློབ་དཔོན་ནག་པོ་སྤྱོད་པས། དཔལ་ལྡན་འདུས་པའི་ལམ་འདི་ནི། རྒྱུད་རྣམས་ཀུན་གྱི་གཙོ་བོ་སྟེ། རིམ་པ་གཉིས་ཀའི་གོ་བོ་ལ། དཔལ་ལྡན་འདུས་པ་ལྷག་ཡིན་འོང་། ཞེས་རིམ་གཉིས་ཀྱི་གནད་ལ། འདུས་པ་གཞན་ལས་ཁྱད་དུ་བྱུང་བར་གསུངས་ཤིང་། དེའང་འཕགས་ཞབས་ཀྱི་ལུགས་གཉིས་ལས། བསྐྱེད་རིམ་གྱི་འགྲོས་ལུགས་ཕྱི་མ་ལྟར་མཛད་དོ། །སྙོམས་འཇུག་ཟེར་གྱིས་བདེ་གཤེགས་བཞུ་བའི་རྒྱུན། །གསང་བའི་པད་མར་དཀར་དམར་འདྲེས་པ་ལས། །གཞལ་མེད་ཁང་བཟང་ལྷ་འཁོར་སུམ་ཅུ་བདུན། །ཕྱི་དཀྱིལ་སྤྲོས་བཀོད་ནང་དཀྱིལ་གསལ་བཏབ་བསྒོམ། །བདེ་ཆེན་འཁོར་ལོ་ཡུམ་བཅས་ཧེ་རུ་ཀ །ནང་འདབ་བཞི་ལ་སྙིང་པོའི་རྣལ་འབྱོར་བཞི། །ཕྱི་སྐོར་བརྒྱད་ལ་སྒོ་མཚམས་ལྷ་མོ་བརྒྱད། །ཉེར་བཞིའི་གནས་སུ་དཔའ་བོ་རྣལ་འབྱོར་མ། །དེ་དང་དེར་བསྒོམ་རླུང་སེམས་དེར་འདུས་ཏེ། །ལས་རླུང་ནང་ལྡོག་རླུང་བརྒྱད་དབུ་མར་ཞུགས། །རྟོགས་པ་རིམ་སྐྱེས་ཡུལ་ཆེན་ཉེར་བཞི་ཡི། །དཔའ་བོ་མཁའ་འགྲོ་དབང་དུ་འདུ་བར་ཤོག །

ཡོ་ག་ལས། འཁོར་གྱི་ལྷ་སྤྲུལ་པ། དཀྱིལ་འཁོར་རྒྱལ་མཆོག །ཡེ་ཤེས་པ་གཞུག་པ། རྒྱས་གདབ་པ། ལས་རྒྱལ་མཆོག་ཏུ་གསུངས། འཕགས་ལུགས་པ། མངལ་ནས་བྱུང་བའི་དཀྱིལ་འཁོར་སྤྲུལ་པ། དཀྱིལ་འཁོར་རྒྱལ་མཆོག་ཐུ་ཐིག་བཟླས་པ་སོགས་ལ་རྒྱལ་མཆོག་ཏུ་གསུངས། ཡེ་ཤེས་ཞབས་ལུགས་པ། ཕྱུང་བ་དཀྱིལ་འཁོར་སྤྲུལ་པ་ནས། ཐུ་ཐིག་གི་བར་དཀྱིལ་འཁོར་རྒྱལ་མཆོག །ཞི་རྒྱས་སོགས་ཕྲིན་ལས་བསྒྲུབ་པ་ལས་རྒྱལ་མཆོག་ཏུ་གསུངས། མན་སྙེར། དཀྱིལ་འཁོར་སྤྲུལ་ནས་བདུད་རྩི་མྱང་བའི་བར། དཀྱིལ་འཁོར་རྒྱལ་མཆོག །ལྷ་སྤྲོས་ནས་རང་གཞན་གྱི་དོན་བྱེད་པའི་བར་ལས་རྒྱལ་མཆོག །ཐུ་ཐིག་བཟླས་པ་སོགས་རྒྱལ་མཆོག་གཉིས་ལ་མ་གཏོགས་པར་བཞེད། ཛ་ཡ་སེ་ནའང་དེ་དང་མཐུན། ཕྱུ་རུངས་པའི་རྗེས་འབྲང་ཁ་ཅིག །ཕྱུང་བའི་དཀྱིལ་འཁོར་མཆོད་པའི་བར་དཀྱིལ་འཁོར་རྒྱལ་མཆོག །དག་བྲན་མན་ལས་རྒྱལ་མཆོག་ཏུ་འདོད། མལ་གྲོའི་རྗེས་འབྲང་ས་སྐྱ་པ་རྣམས། ཡེ་ཤེས་པ་གཞུག་མན་ལས་རྒྱལ་མཆོག་ཏུ་བཞེད། མན་སྙེར་དཀྱིལ་འཁོར་རྒྱལ་མཆོག་ལའང་སྙེན་སྒྲུབ་བཞིར་གསུངས། ཆོས་རྒྱལ་འཕགས་པ། བརྟེན་པ་སྔོན་ལ་གསལ་བཏབ་ནས་རྟེན་རྗེས་ལ་གསལ་འདེབས། བུ་དེ་ལས་ཟློག་སྟེ་གསལ་འདེབས། ས་ཆེན་ཟླ་གར་རྟེན་བརྟེན་པ་གཅིག་ཆར་གསལ་འདེབས། དེའང་ཕྱི་གཙོ་བོ། ནང་ཞར་བྱུང་། ཕྱི་སྤྲོས་པ་དང་། ནང་འདུས་ལ་བསྒོམ་པ་དུས་མཉམ་དུ་བཞེད། དེ་ལྟར་དཀྱིལ་འཁོར་རྒྱལ་མཆོག་ལེགས་བསྒོམས་ནས། །སེམས་དཔའ་གཉིས་བསྲེས་དབང་བསྐུར་རྒྱས་གདབ་ཅིང་། །ས་སྐྱ་པ། མཁའ་འགྲོ་མ་སོགས་བཞི་ལ། མི་སྐྱོད་པ་ནས་རིན་འབྱུང་གི་བར་གཡོན་སྐོར། གཞན་རྣམས་དམ་ཚིག་འཁོར་ལོའི་བར་དུ། ཕྱོགས་རྣམས་ལ་མི་སྐྱོད་པ་ནས་རིན་འབྱུང་གི་བར་གཡོན་སྐོར། མཚམས་རྣམས་ལ་གཡས་སྐོར་དུ་རྒྱས་འདེབས། འདི་སློབ་དཔོན་ལྦུ་རི་བའི་དགོངས་པ་ཡིན་གསུང་། མ་ཕྱ་པས། མཁའ་འགྲོ་མ་ལ་སོགས་པས་ནི། རྣམ་པར་སྣང་མཛད་ལ་སོགས་པ་རྣམས་ཀྱི། སྐུ་དང་གསུང་དང་ཐུགས་ཀྱི་ཕྱག་རྒྱས་ནི

འཁོར་ལོ་གསུམ་ལའོ། །མཚམས་ལ་གནས་པ་རྣམས་ཀྱང་། རྣམ་པར་སྣང་མཛད་ལ་སོགས་པ་རྣམས་ཀྱིས་ཕྱག་རྒྱས་རྒྱས་གདབ་པར་བྱས་ལ། ཞེས་གསུངས། མཆོད་བསྟོད་ཚེས་མཆོག་དག་པ་དྲན་པ་ཡིས། །ད་རི་ཀ་པས། ཕྱི་དཀྱིལ་ལུས་དཀྱིལ། བྱང་ཆུབ་ཕྱོགས་མཐུན་བསྒོམ་པ་གསུམ། སྤྲུལ་སྐུ། ལོངས་སྐུ། ཆོས་སྐུའི་སྒྲུབ་ཐབས་སུ་བཤད། ཇོ་བོ་རྗེ། དཔལ་ཧེ་རུ་ཀའི་ལྷ་རྣམས་ཆོས་སྐུའི་རང་བཞིན་དུ་བསྟན་པ་དང་། དེར་ཞེན་པ་བཟློག་པ་དང་། སྒྱུ་མ་དང་སྟོང་པ་གཉིས་མེད་མཚན་པ་དང་། གཅིག་ཅར་ལམ་དུ་བྱས་པས་ཐེག་པའི་ཁྱད་པར་རོ། །ཞེས་གསུངས། ཕུ་ཧྲངས་པ། མར་དག་དང་ཡང་དག་གི་ཐ་སྙད་མཛད། རྗེ་བཙུན་རིན་པོ་ཆེ། ལྷ་སྐུ་གདོས་བཅས་ལྷ་བུར་མངོན་ཞེན་སྐྱེ་ན། ཡང་དག་པར་མཁའ་འགྲོ་མ་ནི། ལུས་དྲན་པ་ཉེ་བར་བཞག་པའོ། །ཞེས་ཚུར་དག་ཏུ་སྦྱར་ལ། ལམ་ལ་ཐེ་ཚོམ་ཟ་ན། མཚན་ཉིད་ཀྱི་བྱང་ཆུབ་ཀྱི་ཕྱོགས་མཐུན་དང་། སྔགས་ཀྱི་ལྷ་སོ་བདུན་བསྒོམ་པ་ཐ་དད་དུ་ཤེས་ན་དྲན་པ་ཉེར་བཞག་བཞི་ནི་རྣལ་འབྱོར་མ་བཞིའོ། །ཞེས་ཕར་དག་དུ་སྦྱར་ཞེ་དང་། ས་ཆེན། དེ་ནི་རྣམ་པར་ཞེན་པ་སྤངས་པའི་ཕྱིར། རྣམ་པ་ལྷ་ལ། ངོ་བོ་བྱང་ཆུབ་ཀྱི་ཕྱོགས་སུ་དག་པ་དྲན་པར་བྱེད་སྟེ། ཞེས་གསུངས།

ལས་རྒྱལ་མཆོག་གི་ཏིང་འཛིན་མཐར་ཕྱིན་ཤོག །རིམ་གཉིས་བསྒོམ་རྗེས་ཞི་རྒྱས་དབང་དྲག་གི། །ལས་ཀུན་བསྒྲུབ་བྱེད་སྔགས་བཟླས་གཏོར་མ་དང་། །རྗེས་ཐོབ་སྤྱོད་ལམ་རྣལ་འབྱོར་རྣམ་པ་ལྔས། །རྗེས་ཀྱི་བྱ་བའང་དགོས་པ་ཕུན་ཚོགས་ཤོག །དྭངས་གསལ་རྟོག་མེད་དཔལ་ཆེན་ཧེ་རུ་ཀ །རང་བྱུང་ལྷུན་གྲུབ་རྩ་གསུམ་འཁོར་ལོ་བཞི། །ཡང་བདེ་དགྱེས་སོགས་སུ། གསང་གནས་བདེ་སྐྱོང་གི་འཁོར་ལོ་བགྲངས་ནས་འཁོར་ལོ་ལྔ། དུས་འཁོར་དུ། དཔྲལ་བ་ལྷན་སྐྱེས་ཀྱི་འཁོར་ལོ་དང་དྲུག །ལམ་འབྲས་ནས་འཁོར་ལོ་གཡོ་བ་བཞི། མི་གཡོ་བ་བརྒྱད་སྟེ། གླིང་བཅུ་གཉིས་ཀྱི་འཁོར་ལོ། ལས་བྱེད་པའི་འཁོར་ལོ་གཉིས་དང་། འཁོར་ལོ་ཉི་ཤུ་རྩ་གཅིག །རོ་བརྐྱང་གཉིས་རིམ་བཞིན་ཁ་གྱེན་ཐུར་དུ་བལྟ་བ་ལ། ཨཱ་ལི་མགོ་ཐུར་གྱེན་དུ་བལྟ་བ་རེའི་བར་དུ་ཀཱ་ལི་གྱེན་ཐུར་དུ་བལྟ་བ་གཉིས་གཉིས་ཀྱིས་སྒོ་བཀག་པ་དང་། དབུ་མ་ཧ་ཇ་བརྒྱར་བཤགས་ཙམ་དམར་པོ་གསལ་བཏབ། དབྱངས་གསལ་ལེགས་བཀོད་འབྱུང་འཇུག་གནས་པའི་རླུང་། །སྒོ་བསྟུན་གསལ་བཏབ་ལུས་གནས་གསལ་བར་ཤོག །ཨོཾ་ཡིག་འབར་བས་རྩ་འཁོར་བཞི་བསྲེས་ཏེ། །རིམ་བཞིན་འཁོར་ལོ་རྣམས་མས་རིམ་ཡས་རིམ་དབུ་མ་དང་ལྟེ་བའི་ཨཾ། ལེ་རང་དབང་མེད་འབར་སྣུམ་བྱེད་པ་དང་། ཨ་ལོང་འབྱེད་འཛུམས་ཀྱིས་དང་། དེ་ནས་སྙིང་མཚམས་གནང་ཀྱི་སྒོ་ཕྱེ་ནས། སྣ་བུག་གཡས་པའི་རྣ་བའི་བུ་ག་གང་བདེ་ནས་མེ་དེ་འཕྲོས་བདུན་གྱི་ནམ་མཁར་ཕྱོགས་བཅུའི་དེ་བཞིན་གཤེགས་པ་བསམ་གྱིས་མི་ཁྱབ་པ་བསྒོམས་པའི་ཤངས་བུག་གཡས་སམ། བྱིན་པ་གཡས་ནས་ཞུགས། དེ་བཞིན་གཤེགས་པའི་འཁོར་ལོ་དང་བདུད་རྩི་རྣམས་བཞུ། སྲིན་བུ་པད་པས་ཁྲག་འདྲེན་པ་བཞིན། ཤངས་གཡོན་པའི། སྣན་གྱི་བུག་གཡོན་པ་ནས་ཁྱེར་འོངས་ཏེ། བདག་གི་བྱིན་པ་གཡོན་པའི། སྣ་བུག་གཡོན་པ་ནས་ཞུགས། སྤྱི་བོ་ནས་ལྟེ་བའི་བར། བདུད་རྩི་གསོས་དགང་དབུ་མ་ཁ་ཕྱེ་ནས། །ཧཾ་ཡིག་བདུད་རྩི་ཀུན་འདར་ནས་འོང་བ། །ལྟེ་བར་བབས་པས་བདེ་གསལ་སྐྱེ་བར་ཤོག །ཧཾ་ཡིག་ཞུ་བའི་འཆི་མེད་

བདུད་རྩིའི་རྒྱུན། །གསང་བའི་ནོར་བུ་སྤྱི་བོའི་ཐིག་ལེའི་བར། །སྤྱི་བོའི་བྱང་སེམས་ནོར་བུའི་རྩེ་མོར་ཕབ་ལ། བདེ་གསལ་མི་རྟོག་པའི་ཉམས་སྐྱེས་སྐྱེས་བསྒོམ། དེ་སྐྱེས་ན་དགའ་བའི་དགའ་བ། དེར་སྐྱེས་ན་རྡོ་རྗེའི་བསྐྱེད་པ་དེར་མི་བཟོད་ན་རྡོ་རྗེའི་རྩ་བ། དེར་མི་བཟོད་ན་ལྟེ་བར་བདེ་བ་ལ་སེམས་བཟུང་སྟེ། དགའ་བའི་ལྷན་སྐྱེས་ཀྱི་བར་དགའ་བས་བསྐུས་པའི་དགའ་བ་བཞི། དེར་ཡང་མི་བཟོད་ན་གྱེན་དུ་བཞི་ཆ་གསུམ་ཆ་དང་། སྙིང་ཁར་བདེ་བ་ལ་སེམས་བཟུང་། མཆོག་དགའི་དང་། དེ་བཞིན་མགྲིན་པ་དང་། སྤྱི་བོའི་བར་ལའང་སྟེ། དགའ་བྲལ་གྱི་དང་། ལྷན་སྐྱེས་ཀྱིས་བསྐུས་པའི་དགའ་བ་བཞི་སྟེ་དེ་ལྟར། མས་རིམ་སེམས་གཏད་བཅུ་དྲུག་རྫོགས་པའི་མཐར། །སྣང་སྲིད་ཐམས་ཅད་བདེ་བར་འཆར་བར་ཤོག །རོ་རྐྱང་རླུང་གི་བརྒྱུ་བ་ཆ་མཉམ་སྟེ། །ཕྱིར་འབྱུང་དལ་བར་དུ་བ་འཁྱིལ་བ་ལྟར། །གདོང་གི་སྣ་རྩེར་གཡོ་མེད་བསྒོམ་པ་ན། །སྲོག་འཛིན་བརྟན་ཞིང་འོད་ལུས་ཐོབ་པར་ཤོག །གསང་བའི་རིམ་པ་ནི། ལུས་ཀྱི་ནང་ནས། སེམས་ཀྱི། སྣ་གཉིས་ཀྱི་བར་ཀ་བ་མེད་པ་སྒོམས་སྟོང་པ་ལྟར་བྱ། ཟབ་གསལ་རྡོ་རྗེ་ལུས་ཀྱི་གཞལ་མེད་ཁང་། །ཚངས་རུས་དབྱུག་པ་སྙིང་པོའི་ནང་གི་ངོས། །རྩ་མཆོག་འཁོར་ལོ་དྲུག་དབུས་ཚངས་དབྱུག་ནངས། །རོ་རྐྱང་ཨ་ཝ་དྷཱུ་ཏི་གཡས་གཡོན་དབུས། །ཡེ་ཤེས་ཐིག་ལེར། ཚངས་པའི་རུས་པའི་དབྱུག་པའི་སྙིང་པོའོ། །ཞེས་པའི་འགྲེལ་པར། ཚངས་པའི་རུས་པ་ནི། ཚིགས་པའི་ནང་མཚན་ནོ། །དབྱུག་པའི་སྙིང་པོ་ནི། སྲོག་གི་དབྱུག་པ་དང་། རྩ་གསུམ་པར་ལྡན་པའོ། །ཞེས་གསུངས།

བྱང་བའི་མདོག་ཅན་ཆོས་ཀྱི་འཁོར་ལོའི་དབུས། །འཛག་པའི་ངང་ཚུལ་ལུས་ཅན་དགའ་བར་བསྐྱེད། །ཀུནྡ་ལྟར་དཀར་དབྱིད་ཀྱི་ཧཱུྃ་ཡིག་མཆོག །གཞོམ་མེད་ངེས་པའི་དོན་གྱི་ཧེ་རུ་ཀ །འདི་ལ། གསོ་དཔྱད་དུ། ལུས་ཅན་གྱི་མདངས། ཞེས་དང་། ཁ་སྦྱོར་དུ། དེ་དབུས་གནས་པའི་དཔའ་བོ་ནི། ཉུངས་དཀར་སྦོམ་པོའི་ཚད་ཙམ་སྟེ། ཧཱུྃ་གི་ས་བོན། ཞེས་སོགས་དང་། རྡོ་རྗེ་ཕྲེང་བར། ཆོས་ཀྱི་འཁོར་ལོའི་པད་སྦུབས་ན། །སྐྲ་ཙམ་ཡང་དག་གནས་པ་ནི། །ཞེས་དང་། འདུས་པར། རིན་ཆེན་ཁ་དོག་སྣ་ལྔ་པར། ཡུངས་དཀར་གྱི་ནི་འབྲུ་ཚད་ཙམ། ཞེས་དང་། གདན་བཞིར། ཆུ་ཤིང་མེ་ཏོག་ལྟེ་བ་ནས། སྙིང་གི་བར་དུ་འགྲེ་ཏེ་གནས། ཞེས་གསུངས། ནག་པོ་པས་དབྱིད་ཅེས་དང་། དྲིལ་བུ་པས། རྣལ་འབྱོར་ཞེས་བཤད། འདི་ཁ་ཐུར་དང་། བཙུམ་པ་ལས། ཚར་བོ་སྡུག་བསྔལ་དང་། གྱེན་དུ་བལྟས་ཤིང་ཁ་བྱེ་བ་ལས་ལུས་སེམས་ལ་དགའ་བདེས་ཁྱབ། རྣལ་འབྱོར་པས་བསྒོམ་སྟོབས་ཀྱིས། ཁ་བྱེ་ཞིང་གྱེན་དུ་བལྟ། དེས་ན་རྟོགས་པ་བསྐྱེད་པའི་གནད་ཐམས་ཅད་འདི་ལ་ཡོད་པས། འདིའི་གནད་ཤེས་ནས་འདི་ཉིད་ལ་གནད་དུ་བསྟུན་པར་བྱ། སྣ་ཚོགས་མདོག་ཅན་སྤྲུལ་པའི་འཁོར་ལོའི་དབུས། །འབར་བའི་ངང་ཚུལ་སྙིང་བསྲེགས་ཏ་གདོང་མེ། །བིམ་པ་ལྟར་དམར་ཐིག་ལེའི་ཨཾ་ཡིག་མཆོག །གཞོམ་མེད་ངེས་པའི་དོན་གྱི་བ་ར་ཧི། །འདི་ལ་ཁ་སྦྱོར་ལས། གཏུམ་མོ་ཁ་ཡི་མེ་ཡི་གཟུགས། བདག་མེད་ཧེ་ལ་ཀ་ཞེས་བརྗོད། ཅེས་དང་། དུས་འཁོར་ལས། མཉམ་དང་མི་མཉམ་པར་འགྲོ་བ་དང་། དབུ་མ་དུས་མེ་ལ་ནི་འཇུག །ཅེས་དང་། དཔྱིད་ཐིག་ལས། གཏུམ་མའི་མེ་འབྲུའི་ངོ་བོ་ནི། ཕག་མོ་ཐིག་ལེར་བརྗོད་པ་སྟེ། ཞེས་གསུངས། ཨ་ཤད་ཀྱི་འདོད་ཚུལ་

ལ༑ རྟོག་པའི་ཆོས་དྲུག་ཏུ། སྒོམ་ཕྲ་ཧྲ་ཧ་ཙམ་ཞེས་དང་། ཡང་དགོན་པ། ཡི་གེ་དབུ་ཅན་ཤད་དང་། ཀྱེར་བའི་བཅད་ཁམ་གྱེན་པ་ལྟ་བུ། རིང་ཐུང་སོར་གཅིག་ཅེས་དང་། ཁ་ཅིག་ལྕུག་རིལ་འབྲིང་པོ་ཙམ་དང་། ཁ་ཅིག་བྱ་སྒོང་ཙམ་ དང་། ཀོ་བྲག་པ། གསེར་གྱི་ཐིག་ལྟ་བུ་ཞེས་དང་། ཕྱག་ལོ། ཨ་ཐུང་མ་དག །ཨ་དུམ་ཞེས་པ། རྒྱ་ཡིག་གི་ཨའི་དབུ་ལྟ་བུ་ཞེས་དང་། ཤོང་བློ་བརྟན་གྱིས་ས་ལུ་ཏའི་བཛ་ཡིག་ཏུ་བཤད། རྗེ་བཙུན་རིན་པོ་ཆེ་དང་། ཆོས་རྗེ་ས་པཎ་གྱིས། དང་ཀྱོག་ལའི་ངོ་བོར་བཞེད་དོ། །ཁ་ཅིག་ཨ་ཡིག་གི་རྣམ་པར་བསྒོམ་པ་ནི། ངོ་བོ་དང་རྣམ་པ་མ་ཕྱེད་པ་སྟེ། ངོ་བོ་ཨ་ཡིག་ཡིན་ཡང་། རྣམ་པ་ཨ་ཤད་ཀྱི་རྣམ་པར་བསྒོམ་དགོས་པའི་ཕྱིར། རིམ་བཞི་སྤྱི་དང་། དབྱིད་ཐིག་ནས་བཤད་པའི་རིམ་བཞིའི་རྣམ་གཞག །ས་ཆེན་གྱིས་ནག་འབུམ་དུ་བཤད་པ་ལྟར་ཡིན། ཁྱད་པར་དུ་ལྟ་དབྱིད་བྲལ་བས། ལྟེ་བ་ནས་འདོད་ཆགས་དང་། རྣམ་རྟོག་སྣ་ཚོགས་སྐྱེ་བ་སྟེ། མི་ནུས་པ་རྒྱས། ཐིག་ལེ་ནུས་པ་ཆུང་བ་སྟེ། རྣལ་འབྱོར་པས། དེ་གཉིས་འཇོམས་ལས་གཅིག་གིས་གཅིག་བྱིན་གྱིས་བརླབས་ཏེ་ཡོན་ཏན་སྐྱེ་བས་དེའི་མན་ངག་ནི། བསྐུལ་བྱེད་ལས་ཀྱི་རླུང་གིས་སྐྱུར་བ་ན། །ཨཾ་ཡིག་རླུང་ཕྱིར་འབྱུང་བ་དང་དུས་གཅིག་ཏུ་འབར་བའི་གཏུམ་མོའི་ཚ་ཟེར་འོད། །དབུ་མའི་ལམ་ནས་ཧཱུྃ་ཡིག་གདངས་རིའི་ངོས་ལ་ཤར་བ་སྟེ་རེ་གཉིས་པར་བསྒོམ་ན། །རླུང་ནང་དུ་འཇུག་པའི་དུས་གཅིག་ཏུ་ཧཱུྃ་ལས་འཕྲོས་པས་རབ་ཏུ་གསལ་བའི་འཆི་མེད་བདུད་རྩིའི་རྒྱུན། །ལྟེ་བའི་ཨཾ་ལ་འཇོག་པར་བསྒོམ། རླུང་གནས་ས་དང་དུས་གཅིག་ཏུ། འཁོར་ལོ་གཉིས་དབུས་སྟེང་འོག་འཛག་དང་འབར། །བའི་འབར་འཛག་ལ་སེམས་བཟུང་སྟེ་བསྒོམ་མོ། །ནང་གི་རྗེ་བཙུན་ཡབ་ཡུམ་སྙོམས་འཇུག་གིས། །ཉི་ཟླའི་འགྲོས་བཅོམ་རླུང་སེམས་དབུ་མར་འདུས། །དེ་འདྲ་སུམ་ཤེས་ཐབས་ལམ་རྣལ་འབྱོར་པ། །དྭངས་གསལ་ནས་འདིའི་བར་ལའང་ཞལ་ཤེས་དགོས། འདི་ལྟ་བུའི་རྒྱུད་སྡེ་རྩོད་མེད་ནས་བཤད། གྲུབ་ཆེན་གྱིས་བསྒོམ་པའི་རྡོ་རྗེ་ལུས་ཀྱི་གནད་མི་ཤེས་པར། སྙན་རྒྱུད་ཀྱི་མན་ངག་ཡིན་ཟེར་བའི་ཆོས་སྐད་སྙན་མོ་སྨྲ་བའི་ཐབས་ལམ་པ་འགའ་ཞིག །ཕྱག་རྒྱ་བ་ཡིན་ཟེར་ནས་སྤྱོད་པ་ཁྱད་དུ་གསོད། བླང་དོར་འཆོལ་པར་སྤྱོད། མུ་སྟེགས་དང་ཐབས་ལམ་གྱི་བློ་མ་ཁྱུགས་པོ་ཉའི་ལམ་ལ་གཙོ་བོར་བྱེད་ཅིང་། རང་གཞན་བསླུ་བར་བྱེད་པ་ལ་སྙིང་པོ་ཙུང་ཟད་ཙམ་ཡང་ཡོད་པར་མ་གོ། །མདོར་ན་ཆོས་ཀྱི་གནད་མ་ཟིན་པའི་རྡོ་རྗེ་སྨྲ་བས་འདྲེན། དྭངས་མ་ལས་རླུང་། རླུང་སྟོབས་ཀྱིས་ཆུ་ལ་མི་བྱིང་བ། མཁའ་ལ་འགྲོ་བ། གྲང་བས་མི་འཇིགས་པ་སོགས་ཕྱི་རོལ་པ་ལའང་ཡོད་དོ། །དེས་ན་ཡོང་འཛིན་མཁས་པ་བསྟེན་ནས་གསུངས་རབས་དང་མཐུན་པའི་ཉམས་ལེན་གྱི་གནད་མ་འཁྲུལ་བ་གལ་ཆེའོ། །

གདོད་ནས་རྣམ་དག་སྤྲོས་མེད་ཆོས་ཀྱི་དབྱིངས། །བཀོད་ལེགས་དབྱིབས་མཛེས་སྣ་ཚོགས་རྒྱན་གྱིས་སྤྲས། །གྲུ་བཞི་སྒོ་བཞི་རྟ་བབས་དང་བཅས་པའི། །བཅོས་མིན་ལྷུན་གྲུབ་ལུས་ཀྱི་གཞལ་ཡས་ཁང་། །དཀྱིལ་འཁོར་དེ་ལ་བཅོས་མ་དང་བཅོས་མིན་རང་བཞིན་ལྷུན་གྲུབ་གཉིས་ལས། དང་པོ་ནི། རྡུལ་ཚོན། རྒྱ་ཚོན་གྱི་དཀྱིལ་འཁོར་སོགས་སོ། ། གཉིས་པ་ནི། ཁ་སྦྱོར་ལས། ལུས་ནི་དཀྱིལ་འཁོར་ཉམས་དགའ་བ། །ཞེས་དང་། རྡོ་རྗེ་ཕྲེང་བར། ལུས་ནི་གཞལ་ཡས་ཁང་དུ་འགྱུར། ། ཞེས་གསུངས། འཁོར་ལོ་ལྷ་ཡི་རྩ་ཁམས་བྱང་ཆུབ་སེམས། །ཡེ་ནས་ལྷུན་རྫོགས་ཌཱ་ཀི་དཔའ་བོའི་ཚོགས། །སུམ་

ཙུ་རྩ་བདུན་བྱང་ཆུབ་ཕྱོགས་མཐུན་དུ། །དག་པ་དྲན་པས་གནས་ལུགས་རྟོགས་པར་ཤོག །གོང་གི་དཀྱིལ་འཁོར་དེ་ན་གནས་པའི་བཅོས་མིན་ལྷུན་གྲུབ་ཀྱི་དཀྱིལ་འཁོར་གྱི་ལྷ་དེ་ཇི་ལྟ་བུ་ཞེ་ན། ཁ་སྦྱོར་ལས། འདི་དག་གནས་ན་མཁའ་འགྲོ་མ། རྩ་གཟུགས་མཛེས་པས་ཡང་དག་གནས། ལུས་ཀྱི་ཁམས་ནི་ཉི་ཤུ་བཞི། དཔའ་བོ་རྣམས་སུ་བརྟག་པར་བྱ། །ཞེས་གསུངས། ལུས་ཀྱི་གནས་དྲུག་ཟླ་བའི་དཀྱིལ་འཁོར་ལ། །རང་སེམས་གཡོ་མེད་ཐིག་ལེའི་སེམས་འཛིན་གྱིས། །གཟུང་འཛིན་སྤྲོས་པ་འོད་གསལ་ཞི་བའི་དབྱིངས། །འདི་སྙིང་། ལྟེ་འདུ། དབུ་མའི་ནང་དང་། མིག་རྣ་བ་སྣ་ལྕེ་སྒོར་བའི་དབུས་ཀྱི་རྩ་ན་གཅིག །གཟུགས་པོ་ལ་སེམས་འཕྲོས་ན་མི་གཤིགས་ཁེ་སོགས་ལ་སེམས་གཏད་སྟེ་མཐར་སེམས་གང་འབྲས་ཀྱི་དབང་པོའི་སྣར་ཐིག་ལ་དེས་གཟུང་བ་ནི་གང་ཤར་སྒོམ་དུ་འགྱུར་བའི་ཉམས་ལེན་གྱི་གནད་ཤིན་ཏུ་ཟབ་པ་ཞིག་ཡིན། རང་བྱིན་བརླབ་པའི་རིམ་པ་མཐར་ཕྱིན་ཤོག །རིམ་པ་ལྔ། མཆོག་དབང་གསུམ་གྱི་ལམ་དུ་འདུས་ཤིང་། གསང་དབང་གི་ལམ་ལ་རྩ་དང་རླུང་གི་རྣལ་འབྱོར་གཉིས། དང་པོ་ནི། རིམ་པ་དང་པོ་ལ་ས་བོན་ཡོད་མེད་གཉིས་གསུངས་པའི་དང་པོ་དེ་ཡིན་ཞིང་། དེའི་སྐབས་སུ། དང་པོར་ལྟེ་བར་བསྒོམ་པ་ལོ་ཡི་པའི་རྣལ་འབྱོར་ཆེན་པོ་དང་མཐུན། སྙིང་ཁར་ཞུགས་གནས་ཐིམ་གསུམ་ཚང་བར་བསྒོམ་པ། འདུས་པའི་སྙིང་ཁའི་མི་གཤིགས་པ་བསྒོམ་པ་དང་འཐུན་གསུང་། རིམ་པ་དང་པོའི་ས་བོན་མེད་པའི་བདག་བྱིན་བརླབས་ནི། ཚོགས་དྲུག་གནས་སུ་ཟབ་མོ་རྗོར་བརླབས་དང་། །བུམ་པ་ཅན་དང་མཛོད་སྤུའི་ཐིག་ལེ་ཡི། །སྐབས་འདིར། གཟུགས་ཕྲ་མོ་བཀྲབ་ལ་མིག་གཟིར་བས་སྤྲིད་ནས་སྣང་བ་གཏད་མེད་དུ་འགྲོ་བ་བཞིན་དུ། དམིགས་གཏད་ཡལ་ནས་ཟླ་ཉི་ཐིག་ལེ་དང་། དེ་རྣམས་ཀྱང་གཅིག་ཏུ་གྱུར་ཅིང་མི་དམིགས་པར་གྱུར་པའི་སྣང་མེད་ལ་ཇི་ཙམ་གནས་ཀྱི་ལྟ་དུ་སེམས་བཟུང་ངོ་། །བིཤྭ་བཛྲ་རླུང་གི་སྦྱོར་བ་ཡིས། །སྣ་ཚོགས་རྡོ་རྗེའི་རིམ་པ་མཐར་ཕྱིན་ཤོག །གཉིས་པ་རླུང་གི་རྣལ་འབྱོར་ནི། གོང་གི་ས་བོན་མེད་པའི་རང་བྱིན་རླབས་དང་། སྣ་ཚོགས་རྡོ་རྗེའི་ནང་གི་རྡོར་བཟླས་ས་བོན་དང་བཅས་པའི་སྣ་ཚོགས་རྡོ་རྗེ་བུམ་པ་ཅན། ས་བོན་མེད་པའི་སྣ་ཚོགས་རྡོ་རྗེ་མཛོད་སྤུའི་ཐིག་ལེའོ། །ཕྱག་རྒྱ་བཞི་ལས་ཡབ་ཡུམ་སྙོམས་འཇུག་གིས། །ཁ་ཅིག །དམ་ཚིག་གི་ཕྱག་རྒྱ། ལས་རྒྱ། ཡེ་རྒྱ། ཕྱག་རྒྱ་ཆེན་མོ་ཞེས་གསུངས། དང་པོ་ནི། རིམ་པ་སྔ་མ་རྣམས་ལ་བརྟན་པ་ཐོབ། བསྟན་པ་ལ་གནོད་པའི་གེགས་མེད་ན་བྱ། གཉིས་པ་ནི། རིན་ཆེན་མང་གི་ཕྱག་རྒྱ་བྱས་ཏེ་ཉམས་སུ་བླང་། གསུམ་པ་ཡེ་ཤེས་ཀྱི་ཕྱག་རྒྱ་ལ་བརྟེན་ཏེ་ཉམས་སུ་བླང་། བཞི་པ་ནི། རླུང་སེམས་ཙམ་ལས། ལྷ་སྐུ་ཞལ་སྦྱོར་དུ་ལངས་པ་ནི་ཕྱག་ཆེན་ཏེ། དེར་དངོས་སུ་ལྷང་ནུས་ན་རླུང་གཞན་དུ་མ་གཡོས་པར་དེའི་རྒྱུན་ལ་བདེ་སྟོང་སྦྱོར་བ་ནི་རིམ་པ་འདིའི་ལམ་མཐར་ཐུག་གོ། །ཕྱག་ཆེན་ཡུལ་གྱི་ཤེར་ཕྱིན་ལ་བཤད་པ་ལྟར་ན། བདེ་བ་ཐམས་ཅད་སྟོང་ཉིད་དང་མཉམ་པར་སྦྱོར་བ་ལ་གཙོ་བོར་བྱའོ་གསུངས། ཟླ་བ་བཞུ་བའི་འཆི་མེད་བདུད་རྩིའི་རྒྱུན། །གནས་བཞིར་བབས་ལས་དགའ་བཞིའི་ཉམས་མྱོང་གིས། །ནོར་བུ་འགངས་པའི་རིམ་པ་མཐར་ཕྱིན་ཤོག །དབང་གསུམ་པའི་ལམ་ལ་དངོས་དང་བོགས་འདོན་གཉིས། དང་པོ་ནི། རིམ་པ་འདི་ཉིད་དེ། དེའང་ཕོ་ཉའི་ལམ་མོ། །གཏུམ་མོ་འབར་བའི་འོད་ཟེར་ཕྲེང་བ་ཡིས། །རྒྱལ་བ་རྒྱ་མཚོའི་བྱང་སེམས་འོ་མའི་རྒྱུན། །གནས་བཞིར་སྤྱན་དྲངས་རྩ་འཁོར

གསོས་དགང་སྟེ། །ལྟེ་བའི་ཐིག་ལེ་ལ་ཐིམ་པས་ཆེར་འབར། དབུ་མ་ནས་གྱེན། ཧེ་བ་རྒྱུ་ནས་དགའ་བཞི་རིམ་གྱིས་བསྐྱེད། མཐར་ནོར་བུའི་རྩེར་བསྟན་པར་མོས་པ་ལ་སྦྱངས་ཏེ། **ཛ་ལན་དྷ་རའི་རིམ་པ་མཐར་ཕྱིན་ཤོག** །གཉིས་པ་བོགས་འདོན་ནི། ཛ་ལན་དྷ་རའི་རིམ་པ་སྟེ། ཧཾ་ཡིག་བཞུ། དགའ་བཞི་བསྐྱེད་པའི་མཐར་ནོར་བུའི་རྩེར་བསྟན་པར་མོས་པ་རྣམས་ལ་རྒྱུན་དུ་སྦྱངས་པས། ནོར་བུའི་ཐིག་ལེ་ཁྱད་པར་ཅན་དུ་འགྱུར་ཞིང་། མི་བཤིགས་པའི་ཐིག་ལེར་ཡང་འགྱུར་རོ། །སྐབས་འདིར་སྟོང་ཉམས་ཆེ་ན། རང་བདེ་མཆོག་ཡབ་ཡུམ་དང་། སྟོད་གཞལ་ཡས་ཁང་། བཅུད་ཧེ་རུ་ཀར་དྲན་པར་བྱ་ཞིང་། བདེ་ཉམས་ཆེ་ན་སྔར་བཞིན་སྟོང་པར་བསྟུད། **ཟབ་གསལ་འཁོར་ལོའི་མགོན་པོར་བཞེངས་པ་དང་། །དེ་ལས་ན་དའི་གཟུགས་སུ་བསྡུད་པ་དང་། །སླར་ཡང་གཞན་ལུས་སྐུར་ལྡང་རྣལ་འབྱོར་གྱིས།** །ཐུགས་ཀའི་ཧཱུྃ་གི་འོད་ཟེར་གྱིས་སྣོད་བཅུད་ཐམས་ཅད་རིམ་གྱིས། ཁ་ཅིག་ལྟེ་བའི་སྙིང་ཁའི་ནཱད་ལས་འོད་འཕྲོས་གསུང་། དེ་ཡང་མི་བཤིགས་པ་གང་བདེ་བྱ་གསུངས། **བསམ་མི་ཁྱབ་པའི་རིམ་པ་མཐར་ཕྱིན་ཤོག །**

རྗེ་བཙུན་རིན་པོ་ཆེའི་ཁྲིད་ཡིག་ན། རྡོ་རྗེའི་ཚིག་ལྔ་པོ་འདི་ལའང་ཞལ་ཤེས་དགོས། རིམ་པ་ལྔ་པོ་འདིའི་མན་ངག་གི་གནད་སྣས་ཏེ་ཤིན་ཏུ་གོ་དཀའ་བར་ཡོད་པས། ཕྱིས་ཀྱི་མཁས་པ་རྣམས་ཀྱིས་རང་གཞན་མ་བསླུས་པ་དགོས་སོ། །གསུམ་པ་དབང་བཞི་པའི་ལམ་ནི། བསམ་མི་ཁྱབ་ཀྱི་རིམ་པ་སྟེ། དེའང་གཉིས་པའི་སྐུ་འཇའ་ལུས་དང་། གསུམ་པའི་ཐུགས་བདེ་སྟོང་གཉིས་སོ་སོར་བསྒྲུབས་ཟིན་པའི་ཟུང་འཇུག་ཉམས་སུ་ལེན་པ་ཡིན། འདིར་རིམ་པ་གསུམ་པར་ལངས་པའི་སྐུ་ཐུགས་གཉིས། གཅིག་གིས་གཅིག་གི་བོགས་འདོན་པའི་ཚུལ་དུ་ལེགས་པར་བསྒྲུངས་པས། དོན་གྱི་ལྷན་སྐྱེས་འཕགས་ལམ་མངོན་དུ་གྱུར་པ་ན། དེའི་རྟེན་དག་པའི་ལྷ་སྐུ་འབྱུང་། སྐུ་དེའི་སྒྲིབ་པ་སྦྱོང་ཐབས་ནི། ཐུགས་དོན་གྱི་ལྷ་རྣམས་ཉིད་སྟོང་པ་དང་སྦྱོར། ཚབས་ཆེ་ཆེར་གཏོང་བ་ཉིད་ཡིན་ལ། དེ་ཡང་ཡིད་མེད་རྟག་ཆད་གང་དུ་ཡང་གསལ་དུ་མེད་པས། དམིགས་པའི་འཛིན་ཚུགས་བསམ་གྱིས་མི་ཁྱབ་པས་བདེ་ཆེན་རྒྱུན་མི་འཆད་བསྒྲུངས་པས། ཡོན་ཏན་བསམ་གྱིས་མི་ཁྱབ་པ་འབྱུང་བ་ནི། འདིའི་རིམ་པ་ལྔ་པའོ། །ཞེས་གསུངས། རྗེ་བཙུན་རིན་པོ་ཆེ། བདེ་བ་སྐྱེས་པའི་ཚེ་ལྟ་ཞོག །མ་སྐྱེས་པའི་ཚེ་ཡང་སྟོང་ཉིད་ཀྱི་ལྟ་བ་བཙལ་ནས་མཉམ་བཞག་ཏུ་དེའི་རྒྱུན་རྩེ་གཅིག་ཏུ་སྐྱོང་ཞིང་། རྗེས་ཐོབ་ཏུ་ལྟ་བའི་དྲན་འཛིན། ཡུལ་ཅིར་ཡང་མ་གྲུབ་པ་ལ་བློས་ཅིར་ཡང་མི་འཛིན་པར། སྣང་ལ་རང་བཞིན་མེད་པ་རྨི་ལམ་སྒྱུ་མའི་དྲན་འཛིན་དང་། འཇའ་ལུས་རྡོ་རྗེའི་སྐུར་ལྡང་པའི་དྲན་འཛིན་རྒྱུན་དུ་བྱའོ་གསུངས། ཁ་ཅིག །ནཱད་དག་པའི་ཆོས་ཅན་ཡིན་པས་མ་བསྡུས་ཀྱང་རུང་གསུངས། ཐིག་ལེ་རྣམས་རྩ་འཁོར་དབུས་ཀྱི་དབུ་མར་མི་བསྒོམ་པ་དང་། རླུང་སྦྱོར་ལ་རྡོར་བཟླས་མི་བྱེད་པར་ཁ་དོག་ཙམ་བསྒོམ་ན། རྫོགས་རིམ་ཁྱད་པར་ཅན་དུ་མི་འགྱུར་ཞིང་། མདོ་སྟེ་སོགས་དང་ཐུན་མོང་བར་འགྱུར་ཞིང་། སྙིང་ཁར་བཞག་བྱ་ཞེས་དང་། རྟག་ཏུ་སྙིང་རྩ་ཞེས་དང་། རླུང་འབྱུང་བ་དང་འཇུག་པར་འགྱུར་བའི་ལམ་དེར། རླུང་དང་ལྷན་ཅིག་སྦྱར་ཏེ་གཅིག་ཏུ་བྱས་པའི་སེམས་བཟུང་བར་བྱའོ། །སེམས་ཀྱི་བཞོན་པར་གྱུར་པའི་རླུང་དེས་ཀྱང་། བློའི་གཞི་དང་སེམས་དུ་དགྱེར་རོ། །ཞེས་གསུངས་པ་དང་འགལ་ཏེ། སྙིང་ཞེས་པའི་སྐད་དོ། །ཧྲིད་ཡ་ནི་སྙིང་ཁ་དང་། སྙིང་པོ་ལའང་འཇུག་ལ། སྙིང་པོ་ནི། རྩ་འཁོར་དབུས་ཀྱི་ཟེ་འབྲུ་ལ་ཡན་མང་དུ་གསུངས་ཏེ་དབུ་མའི་ཟེ་འབྲུ་ལ་སྨ་རྩེ་ཞེས་གསུངས་པ་བཞིན་ནོ། །

དེ་བཞིན་དུ་རླུང་ལའང་འབྱུང་འཇུག་གི་རླུང་དང་སེམས་ལྷན་ཅིག་སྦྱར་བར་གསུངས་ཀྱི། ཁ་དོག་བསྒོམ་པར་མ་གསུངས་པའི་ཕྱིར་རོ། ། འོན་ཀྱང་ལས་དང་པོ་པས། ཁ་དོག་སོགས་བསྒོམ་པ་རྣམས་པ་གསལ་བ་བསྒོམ་ན་རུང་ངོ་གསུངས། རྟག་ཏུ་སྙིང་ལ་གནས་ཤེས་སོགས་ཀྱི་དོན། སྙིང་ཁ་ཁོ་ནར་བསྒོམ་པ་ལ་མཛད་པའང་ལྷ་མས་ཁེགས་གསུང་། འདི་ལོ་ཡི་པ་དང་མཐུན་ཞིང་དང་པོར་ལྟེ་བ་ཁེགས་བྱུང་བས། ས་བོན་དང་བཅས་པའི་བདག་བྱིན་རླབས། དང་པོ་ལྟེ་བ་དང་བྱང་ནས་སྙིང་ཁར་བསྒོམ་མོ་ཞེས་གསུངས། གཞི་འཁོར་བའི་གནད། སྟོང་དང་གཉིས་ལྷག་བདུན་ཅུའི་རྩ་གནས་སུ། །སོ་སོར་བརྒྱུ་པའི་རླུང་དོན་རྟེན་འབྲེལ་གྱིས། །ཟག་བཅས་ལུས་དང་རྟགས་བཅས་སེམས་ཉིད་དུ་འབྱུང་། །དེ་ལ་གཞི་དུས་འཁོར་བ་ཞེས་སུ་གསུངས། །འཁོར་བ་ཞེས་བྱ་བ། ཟག་བཅས་ཀྱི་ལུས་སྐྱེ་འཆི་དང་བཅས་པ་དང་། སེམས་རྟོག་བཅས་གཟུང་འཛིན་དང་བཅས་པ་ཡིན་ལ། དེ་ཡང་རྩ་ཐ་དད་ནས་རླུང་ཐ་དད་དུ་བརྒྱུས་པས་སེམས་རྟོག་བཅས་སུ་བསྐྱེད་ཅིང་། བྱང་ཆུབ་ཀྱི་སེམས་ཐ་དད་དུ་བརྒྱུས་པས་ལུས་ཟག་བཅས་སུ་བསྐྱེད་པ་ཡིན་ནོ། །ཞེས་རྗེ་བཙུན་རིན་པོ་ཆེ་གསུངས། རྣམ་འབྱོར་གྱི་ལམ་ལ་དཀའ་བ་ལ་གཉིས་ལས། དང་པོ་རླུང་སྦྱང་བ་ནི། དེ་ཉིད་རྣལ་འབྱོར་ལམ་དུ་བསྒྲིལ་བའི་ཚེ། །འདིའི་སྐབས་སུ། ལྟེ་བའི་ནང་སྐོར་གྱི་འདབ་མ་ལ་རྩ་ཡིག་ལྔ་གནས་པ་སྟེ། ཐིག་ལེ་ཁ་དོག་ལྔར་གསལ་བཏབ་སྟེ། དབུས། ལྷོ་ནུབ་བྱང་ཤར་རྣམས་སུ། ནམ་མཁའ་ས་ཆུ་མེ་རླུང་། ལྔའི་རང་བཞིན་ཐིག་ལེ། སྔོ་སེར། དཀར། དམར། ལྗང་ཁུའོ། །དབུས་ཀྱི་ཐིག་ལེ་ལ། དེ་དང་མཐུན་པའི་ཁ་དོག་སྔོས་ཀྱི་དུད་པ་ལྟ་བུ་སྨ་བུག་ནས་འཐོན་ཏེ་ཅི་རིགས་པ་སོང་། ནང་དུ་འཇུག་པ་ན་ཐིག་ལེ་དེ་གཉིས་ལ་བསྟིམ་པའི་ཚུལ་གྱིས་ཅི་བདེ་བའི་དབུགས་བདུན་ཙམ་བརྒྱུར་གཞུག །དེ་ནས་རླུང་དབུས་ཀྱི་ཐིག་ལེ་ལ་བསྟིམ་ལ་ཤེས་པའང་དེ་ཉིད་ལ་གཏད་ལ་རླུང་ཁ་སྦྱར། དེ་ཡང་། ཉིན་ཞག་ཐུན་དྲུག་རེ་རེའང་ཐུན་ཆུང་ལྔ། །འཕེལ་བ་རེ་རེའི་བུམ་ཆེན་རླུང་སྦྱོར་གྱིས། །འགྲུབ་རླུང་གི་ལམ་འཕྲད་བྱུང་བར་ཤོག །ཉིན་ཞག་གཅིག་ལ་ཉིན་མཚན་གསུམ་གསུམ་སྟེ། ལྔ་ལྔ་པོ་རེ་རེ་ལའང་། ཐོ་རངས་ཀྱི་ཐུན་ཆུང་ཐ་མ་ལ་སྐོར་བ་དང་པོ་གསལ་སྦྱུལ་བཅུའི་བར་ཕྲུགས་གཅིག་ལ། རླུང་ཉི་ཁྲི་ཆིག་སྟོང་དྲུག་བརྒྱ་བརྒྱུ་བ་ལ། སྒྱུ་འཕྲུལ་དྲ་བ། དུས་འཁོར། འདུས་པ། དགོངས་པ་ལུང་སྟོན་སོགས་སུ་ཐུན་བཅུ་གཉིས། འཕོ་བ་ཉེར་བཞི། ཆུ་ཚོད་རིན་ཆེན་བརྒྱད། དབྱུག་གུ་དྲུག་ཅུ་རྩ་དྲུག་ཏུ་འདོད། ཅེས་ཡང་དགོན་པ་གསུངས། བདེ། ཀྱེ། གདན་བཞིར་ཐུན་བརྒྱད། འཕོ་བ་བཅུ་དྲུག །ཆུ་ཚོད་སོ་གཉིས། དབྱུག་དགུ་དྲུག་ཅུ་རྩ་བཞི་འབྱུང་བའི་བརྒྱུ་བར་འདོད་ཅེས་ཡང་དགོན་པ་བཞེད། དེའང་ཡུལ་ཉེར་བཞིར་མགོ་ཐུགས་སྐེ་འཇུག་པ། ལོངས་སྤྱོད་པ་སྐེ་གནས་པ། ཐིམ་པ་སྐེ་འབྱུང་བ་གསུམ་གྱིས་རེ་རེ་ནས་དགུ་བརྒྱ་ཕྲག་རེ་རེ། དེ་ལྟར་ན། དགུ་བརྒྱ་ཕྲག་ཉི་ཤུ་རྩ་བཞིའི་ཚུལ་གྱིས། རླུང་ཉི་ཁྲི་ཆིག་སྟོང་དྲུག་བརྒྱ་བརྒྱུ་བ་ཡིན་ཏེ། རིམ་ལྔ་ལས། དགུ་བརྒྱ་དག་ཏུ་ནང་བསྟན་པ། ཞེས་གསུངས་པའི་ཕྱིར་རོ། །ཞེས་རྗེ་བཙུན་རིན་པོ་ཆེ་གསུངས། མེ། ཆུ། རླུང་། སའི་རླུང་བརྒྱུ་ཚུལ་ནི། ཁ་སྦྱོར་དུ། སྟེང་འོག་ལོགས་དང་ཐད་ཀའོ། །

ཞེས་གསུངས་པ་ལྟར་རོ། །ཁྱབ་བྱེད་ནི། ནམ་མཁའི་རླུང་དུ་ལྟ་མི་འགྱུ་མོད། འོན་ཀྱང་དུས་འཁོར་ནས་བརྒྱུ་བར་གསུངས། ནང་ལྷག་པར་གནས་པའི་རིམ་པ། རྩ་གསུམ་འཁོར་ལོ་ཨ་བ་དྷཱུ་ཏིའི་ལམ། རྐང་མཐིལ་ནས་རླུང་གཡོས། སུམ་མདོར་ཐྲད། འོག་རླུང་འབྱེད

འཇམས་ཀྱིས་ལྟེ་བའི་ཨཾ་ལས་འོད་འཕྲོས། ལྟེ་བའི་ཐིག་ལེ་དམར་པ་དང་བརྒྱ་བའི་འདི། དམར་པ་ཚ་ཐྲ་བ་ཟུང་སྦྲེལ་རོ་རྐྱང་ནས་སོང་བ་ལྷག་རླུང་ལ་ཕོག །ཧཾ་གི་གླུད་སྐོར་ནས་མེ་རླུང་ཕུར་དུ་སོང་། །དེ་དུས་སུ་དབུགས་ལན་གསུམ་དུ་རྡུབས་པས། སྙིང་རང་འགགས་འགྲོ། སེམས་ཀྱིས་རོ་རྐྱང་ནས་མེ་རླུང་ཞུགས་ནས། ལྟེ་བའི་ཨཾ་ལ་སྦྱུད་པ་བཞིན་རླུང་ལྡན་རན་ཙམ་མནན། ཨཾ་གི་སྟེང་དུ་ཐིག་ལེ་མུ་ཏིག་གི་རྫོག་མ་ལྷ་བུ་ལས་མེ་རླུང་དྲག་ཏུ་འབར་བར་བསམ་མོ། །དཀར་དམར་ཟླ་ཉིའི་འོད་ཟེར་སྟེང་འོག་འཕྲོ། །ལྟེ་བའི་མེ་རླུང་གྱེན་དུ་འབར་བ་ཡིས། །གཡས་གཡོན་འཕོ་བ་རིམ་གྱིས་འགོགས་པར་ཤོག །དུས་དེར་རང་སེམས་རྩ་ལ་དེར་ཞུགས་ཏེ། །ཚོར་བདེ་མི་རྟོག་དཔེ་ཡི་ཡེ་ཤེས་འབྱུང་། །རྟགས་བཅུ་རབ་གསལ་ཨ་ཤད་ཉི་ཟེར་གྱིས། །དབུ་མའི་ཆུ་སྐྱེས་དང་གིས་འབྱེད་ནུས་ཤོག །རྟགས་བཅུ་ནི། དུ་བ། སྨིག་རྒྱུ། མེ་ཁྱེར། མར་མེ། འོད་འབར་བ། ཟླ་བ། ཉི་མ། རྒྱུ་སྐར། དགྲ་གཅན། རི་མོ་ནག་པོའོ། །གསུམ་པ་དབུ་མ་ཁ་དབྱེ་བའི་མན་ངག་ཙཎྜ་ལི་དངོས། སྤྲུལ་བདེ་འཁོར་ལོའི་རང་བྱུང་ཡི་གེ་གཉིས། །ཕོ་ཉ་མཆོག་གི་ཧཱུྃ་ཏིས་སྦྲེལ་བ་ལས། །སྤྲུལ་པའི་འཁོར་ལོ་ལས་ཀྱི་གཏུམ་མོ་དང་། །བདེ་ཆེན་འཁོར་ལོ་འོད་ཀྱི་ཙཎྜ་ལི། །ཆོས་ཀྱི་འཁོར་ལོ་འོད་ཟེར་གཅིག་འདྲེས་འཐབ། །སླར་ཡང་ཟླ་བ་ཞུ་བའི་བདུད་རྩིའི་རྒྱུན། །འོག་རླུང་གིས་ལྟེ་བའི་ལམ་འབར་ལམ་གླད་སྐོར་གསབ་ནས་ཀླུ་ཀྱི་དབྱིངས་སུ་གནས་པའི། སྣ་བུག་གཉིས་ཀྱིས་རླུང་རྡུབས་པས་སྐྱེན་བྱས་ལྷག་པ་དང་དབྲལ་བའི་རླུང་གིས་སྤྱི་གཙུག་གི་ཧཾ་གི་གསེབ་ནས་ཀླུ་ཀྱི་དབྱིབས་སུ་གནས་པའི། སྟོང་འོག་འཛག་འབར་ཟབ་ཁྱད་ཆེས་མཆོག་གིས། །རླུང་སེམས་མ་ལུས་དབུ་མར་འདུ་བར་ཤོག །

རྡོ་རྗེ་ཚིག་འདི་ལའང་ཞལ་ཤེས་དགོས། རྒྱུན་མི་འཆད་པར་བསྒོམ་ཞིང་རླུང་ཁ་སྦྱར། དེའི་སྟོབས། དབུ་མ་ལ་ཕྱེ་ནས། རྩ་དབུ་མ་ནི། བདེ་ཀྱི་དུས་འཁོར་སོགས་ལས་གསུངས་ཤིང་། ཁྱད་པར་དུ་ཐུན་མོང་མ་ཡིན་པའི་གསང་བ་ལས། སྲོག་གི་དབྱུག་པའི་དབུས་ན་གནས། །སུམ་ཅུ་རྩ་གཉིས་མདུད་དང་ལྡན། །ཐྲ་བ་ཐྲ་བ་ཡང་དག་མཆོག །ཕྱི་རོལ་མ་ཡིན་ནང་ན་མིན། །ཞེས་དང་། ཡེ་ཤེས་ཐིག་ལེར། སྲོག་གི་དབྱུག་པའི་ནང་དུའོ། །ཞེས་དང་། གདན་བཞི་ལས། ལུས་སེམས་སྲོག་གི་དབྱུག་པ་ལ། །སྦྱོར་བ་དྲུག་གི་མན་ངག་བསྟན། །ཐབས་དང་ལྡན་ན་ཤིན་ཏུ་འབར། །ཞེས་གསུངས། བོད་ཁ་ཅིག །རྩ་དབུ་མ་ཆོས་དབྱིངས་ལ་འདོད། ཁ་ཅིག་བརྟགས་ཡོད་དུ་འདོད། ཁ་ཅིག་སྲོག་རྩ་ལ་འདོད། ཁ་ཅིག་གཞུང་པ་ལ་འདོད། རྩ་དབུ་མ་དངོས་ཟིན་པ་ཙུང་། དེ་ངོ་མི་ཤེས་པར་ཐབས་ལམ་བསྒོམ་པ་དགོད་བྲོ་བར་གདའ། ཞེས་དང་། རྩ་དབུ་མ་ནི་གཞན་གྱིས་ངོ་ཤེས་པ་མི་འདུག་གོ། །ཤིན་ཏུ་སྤྲོས་ཞེས་དཔལ་ཡང་དགོན་པ་ཆེན་པོས་གསུངས། དབུ་མ་ལའང་། དབུ་མ་མཆོག་དང་། མཆོག་མ་ཡིན་པ་གཉིས། མཆོག་ལའང་། བྱང་སེམས་འཛིན་པ་དང་། བདུད་རྩི་འབབ་པའི་རྩ་གཉིས་སོ། །ངོ་བོ་ནི་ཆོས་བཞི་ལྡན་ནོ། །དེའི་མིང་གི་རྣམ་གྲངས་ནི། དབུ་མ། ཨ་ཝ་དྷཱུ་ཏི། ཀུན་འདར་མ། རྟོག་མེད་ལ། དགྲ་གཅན། བྱ་རོག་གདོང་། ཁ་ཁ་མུ་ཁ། དུང་ཅན་མ། ཡིད་བཟང་མ། མུན་པ་མའོ། །སེམས་དང་རླུང་དབྱེར་མེད་པས་ཕྱི་ནང་ཐམས་ཅད་རླུང་རྣམ་པར་ཤེས་པའི་རང་གཟུགས་དང་། ཡེ་ཤེས་ཀྱི་རླུང་ཞེས་པའང་། རླུང་སེམས་ནམ་མཁའི་ངོ་བོར་ཤར་བ་ཞིག་ཡིན། ཕྱི་ནང་གཅིག་ཏུ་འདྲེས་ནས་འགྱུ་བ་ཆད་པ་ལ་དབུ་མར

ཆུད་པ་ཟེར། ནང་རྟེན་འབྲེལ་དེའི་དུས་སུ་དབུ་མར་རླུང་ཆུད་པའོ། །ཕྱིའི་རླུང་ཐམས་ཅད་དབུ་མའི་ཕུགས་གཅིག་ཏུ་གཏུམ་དགོས་པ་ནི་མ་ཡིན་ནོ། །དེས་ན་རླུང་ཕྱི་ནང་འདྲེ་བ་ཞེས་བྱ་བ་གཞན་དང་མི་མཐུན་པའི་གནད་ཀྱང་དེ་ཡིན་ནོ། །རླུང་སེམས་དབྱེར་མེད། སྣང་སེམས་དབྱེར་མེད། ལུས་ངག་ཡིད་གསུམ་དབྱེར་མེད་ལ་སོགས་པ་ཐམས་ཅད་ཀྱི་གནད་དེས་གོ་བར་བྱ། གནད་འདི་སུ་ལའང་མི་འདུག་པས་སོངས་ཤིག་ཅེས་དཔལ་ཡང་དགོན་པ་ཆེན་པོས་གསུངས། རྗེ་བཙུན་རིན་པོ་ཆེ། དབུ་མ་ཁ་འབྱེད་པའི་མན་ངག་དེའི་སྟོབས་ཀྱི་དབུ་མ་ཁ་བྱེ་ནས། རླུང་སེམས་ཐམས་ཅད་དབུ་མར་ཐིམ་སྟེ་རོ་གཅིག་ཏུ་གྱུར་ནས། ལུས་ཟག་མེད་དང་སེམས་རྟོག་མེད་སྐུ་དང་ཡེ་ཤེས་ཟུང་དུ་ཆུད་པར་འགྱུར་རོ་གསུང་། རྡོ་རྗེའི་ལུས་ལ་གནད་དུ་བསྣུན་པའི་དགོས་པའི་གཙོ་བོ་ནི། རླུང་སེམས་དབུ་མར་འཇུག་པ་ཡིན་པས། དེའི་གནད་མ་འཁྲུལ་བ་དང་། དེའི་ཐབས་ལ་འབད་པར་བྱའོ། །བོད་ཀྱི་བསམ་གཏན་པ་འགའ་ཞིག །དེའི་གནད་མ་གོ་བས། རྩ་རླུང་བསྒོམ་ཞིང་རྣམ་རྟོག་མང་དུ་འགྲོ། སྐྱ་བརྫོད་མང་དུ་འགྲོ། ཟས་ལ་སྲེད་པ་ཆེ་རུ་འགྲོ། ཆགས་སྡང་དང་ཕྲོགས་འཛིན་སོགས། ཆེར་འགྲོ་རྒྱུ་མཚན་ཡང་། སྤྱིར་རྩ་རླུང་དང་། ཁྱད་པར་དབུ་མ་བསྒོམ་མ་ཤེས་པའི་སྐྱོན་ཡིན་ནོ། །གཉིས་པ་ཕོ་ཉའི་ལམ་ལ་དགའ་བ། འཁོར་ལོ་བདེ་མཆོག་ཡུམ་བཅས་ཧེ་རུ་ཀ །སྙོམས་འཇུག་ཟེར་གྱིས་ཧཾ་ཡིག་བཞུ་བའི་རྒྱུན། །གནས་བཞིར་བབས་ལས་དགའ་བཞིའི་ཉམས་མྱོང་གིས། །ཕོ་ཉའི་ལམ་གྱི་ལྷན་སྐྱེས་རྟོགས་པར་ཤོག །འདི་ལའང་ཞལ་ཤེས་དགོས། འདིའི་ཉམས་ལེན་གྱི་དུས་ལ་བབ་ཅིང་། ཉམས་སུ་ལེན་ཤེས་པའི་རྣལ་འབྱོར་པས་བསྟེན་པ་ལ་གནོད་པའི་ཉེས་པ་མེད་ན་ཕོ་ཉའི་ལམ་མཆོག་ཏུ་འགྱུར་རོ། །

མ་དག་འཁོར་བའི་སྐྱེ་སྒོ་ཡི་གེས་བཀག །སྤྱི་གཙུག་ཚངས་བུག་གསེར་གྱི་སྒོ་ཕྱེ་སྟེ། །མེ་རླུང་སྟོབས་ཀྱིས་རྣམ་ཤེས་ཧཾ་ཡིག་གཟུགས། །རང་རང་གང་འདོད་གནས་སུ་འཕང་བར་ཤོག །སྣང་སྲིད་སེམས་ཀྱི་ཆོ་འཕྲུལ་སེམས་ཉིད་འདི། །མཐའ་བྲལ་ནམ་མཁའི་དབྱིངས་ལྟར་ཐག་ཆོད་ནས། །ཟུང་འཇུག་དབུ་མའི་ལམ་དུ་གོམས་པ་ལས། །གནས་ལུགས་ཆོས་དབྱིངས་མངོན་སུམ་རྟོགས་པར་ཤོག །ཨ་ཝ་དྷཱུ་ཏིའི་ལམ་བཟང་བསྒོམས་པ་ལས། །སྒྲིགས་མ་ཀུན་དག་རྩ་རླུང་ཐིག་ལེ་གསུམ། །ཨེ་ཝཾ་སྟོང་བདེ་ཟུང་འཇུག་མངོན་གྱུར་ཏེ། །ལུས་སེམས་སྒྲིབ་བྲལ་ཟུང་འཇུག་འགྲུབ་པར་ཤོག །རྐྱང་མས་ཨེ་དང་། རོ་མས་ཝཾ་འགྲུབ་སྟེ། རྩ་གཉིས་གཉིས་མེད་དུ་འགྱུར་སྟེ། རྩ་གཉིས་གཉིས་མེད་དུ་འདུས་པས་དབུ་མ་ཁ་འབྱེད། དེ་བཞིན་དུ་རླུང་ཐམས་ཅད་དབུ་མར་ཨེ་ཝཾ་ཟུང་འཇུག་ཏུ་འགྱུར་ཏེ། དེ་ཉིད་ལ་ཡེ་ཤེས་ཀྱི་རླུང་ཞེས་བྱའོ། །ལྟེ་བའི་རླུང་ལྟེའི་རྟེན་དུ་དབྱུག་པ་སོགས་དབུས་ཀྱི་ཨ་ན་ཧ་ད་ནམ་མཁའི་རླུང་ལ་ཐིམ་པར་འགྱུར་ཏེ། དེའི་ཚུལ་ཡང་། ས་ཆུ་མེ་རླུང་ནམ་མཁའི་རླུང་རྣམ་རིམ་གྱིས་རྣམ་པར་ཤེས་པ་ལ་ཐིམ། རྣམ་པར་ཤེས་པ་དབུ་མར་འཇུག་པའི་ཚུལ་གྱིས་སོ། །དེའི་སྟོབས་ཀྱིས་སེམས་རྟོག་མེད་རྣལ་མར་འགྱུར། རྩ་རླུང་ཐམས་ཅད་ཨེ་ཝཾ་ཟུང་འཇུག་ཏུ་ཐིམ་པའི་དུས་སུ། བྱང་སེམས་ཐིག་ལེ་ཐམས་ཅད་ཀྱང་སེམས་ཝཾ་ཟུང་འཇུག་ཏུ་ཐིམ་ཞིང་རོ་གཅིག་པར་འགྱུར། དེའི་དབང་གིས་ལུས་འཇའ་ལུས་སུ་འགྱུར་རོ་ཞེས་རྗེ་བཙུན་རིན་པོ་

ཆེས་གསུང་། དེ་ལས་ལངས་པའི་རྗེས་ཐོབ་ཐུན་མཚམས་སུ། །གང་ཞར་བདེ་མཆོག་རྗེན་དང་དཀྱིལ་འཁོར་ལྔ། །གང་གྲགས་ཟབ་མོ་སྣྲགས་ཀྱི་ཡི་གེའི་གདངས། །གང་བསམས་ཏིང་འཛིན་མཆོག་ཏུ་འཆར་བར་ཤོག །རྫོགས་སངས་རྒྱས་ནས་བརྒྱུད་པ་བར་མ་ཆད། །གྲུབ་ཆེན་ཀུན་གྱིས་འདི་བསྒོམ་འདི་ཡིས་གྲོལ། །དབྱུང་གསུམ་དག་པའི་རྨད་བྱུང་གྲུབ་པའི་སྲོལ། །སངས་རྒྱས་དགྱེས་པའི་ལམ་བཟང་བླ་ན་མེད། །བསྟན་པ་སྔ་དར་གྱི་དུས་སུ། བོད་ཡུལ་དུ་བདེ་མཆོག་མ་དར། ཕྱི་དར་ ་ལ། ལོ་ཆེན་གྱི་བདེ་མཆོག་གི་སྐོར་བསྒྱུར། དབང་བཤད་མན་ངག་རྣམས་བཤད་བསྒྲུབ་མཛད་ནའང་། ལོ་ཆེན་བརྒྱུད་པའི་བཤད་བཀའ་རྣམས་ཆད་པ་འདྲ་ཞེས་སུ་གསུངས། ག་ཡ་དྷ་ར་བོད་དུ་བྱོན་དུས། འགྲོན་འགོས་ཀྱི་གསུམ་གྱིས་བདེ་མཆོག་གི་སྐོར་རྣམས་བསྒྲུབ་བཤད་མཛད་ནའང་། དེ་དག་ནས་བརྒྱུད་པའི་ལུང་དེ་ཙམ་མ་གཏོགས་ཆད་པ་འདྲ་ཞེས་བུ་གསུངས། ཇོ་བོ་ལུགས། མར་མཚོ་ལུགས། གཉོས་ལུགས་སོགས། བདེ་མཆོག་གི་སྐོར་མཐའ་ཡས་པ་ཞིག་གི་དབང་བཤད་མན་ངག་རྣམས་ཀུན་མཁྱེན་བུའི་དུས་སུ་ཡོད་ནའང་། དེང་སང་དེ་དག་ཚང་མ་ཡོད་པ་མ་ཤེས། རྗེ་རིན་པ་ཆེན་པོའི་དུས་ལའང་། སྤྱིར་རྣལ་འབྱོར་གསང་མཐའི་སྐོར་མཐའ་ཡས་པ་དང་། ཁྱད་པར་ལོ་ཡྀ་པ་ལ་བཀའ་བབས་བདུན་གྱི་དབང་ལ་སོགས་པ་བཞུགས་ནའང་། དེང་སང་དེ་སྐོར་ཚང་མ་སུ་ལ་ཡོད་མ་ཤེས་པས་དམ་པ་རྣམས་ཀྱིས་བརྟུད་བཅད་ཞུས་ཏེ་དར་རྒྱས་སུ་བྱའོ། །

ལོ་ནག་གསང་མཐའི་སྲོལ་གསུམ་མ་རྒྱུད་སྲོལ། །དཔལ་ལྡན་ས་སྐྱ་པའི་ལུགས་ལ། འཁོར་ལོ་བདེ་མཆོག་ལ་སྲོལ་ཆེན་པོ་བཞིར་བཞེད། དེའང་མ་རྒྱུད་སྤྱི་དང་མཐུན་པའི་སྲོལ། འདུས་པ་འཕགས་ལུགས་དང་མཐུན་པའི་སྲོལ་དུས་ཀྱི་འཁོར་ལོ་དང་མཐུན་པའི་སྲོལ། གསང་མཐའ་དང་མཐུན་པའི་སྲོལ། དེ་ལས་ཀུང་སྙིང་པོ་གྱུར་པའི་སྲོལ་ནི་གསུམ་དུ་བཞེད་དེ། ལོ་ནག་དྲིལ་གསུམ། མཁས་པ་ཆེན་པོ་ཁ་ཅིག །བདེ་མཆོག་ལ་སྲོལ་ཆེན་གསུམ་དུ་བཞེད། དེ་ཡང་གཉིས་མེད་སྒོ་བསྟུན་གྱི་བདེ་མཆོག །མ་རྒྱུད་དངོས་ཀྱི་བདེ་མཆོག །ཕ་རྒྱུད་སྒོ་བསྟུན་གྱི་བདེ་མཆོག་སྟེ་སྲོལ་ཆེན་པོ་གསུམ་མོ། །དེ་ཡང་དང་པོས་ནི། དབང་བཞི་པའི་ལམ་ཟུང་འཇུག་གཙོ་བོར་སྟོན། རྒྱ་གར་དུ་པ་ར་ཧ་དང་། ཀླུ་སྒྲུབ། ཤ་བ་ར་སོགས་དང་། བོད་ཡུལ་དུ། རྭ་འགྲོ་སོགས་གཙོ་བོར་ལུགས་དེ་གསལ་བར་མཛད། སྲོལ་གཉིས་པས་ནི། དབང་གསུམ་པའི་ལམ། གཙོ་བོར་བདེ་ཆེན་གསལ་བར་མཛད། འཕགས་ཡུལ་དུ། ལོ་ཡྀ་པ། དྷ་རི་ཀ་པ། དྲིལ་བུ་པ་སོགས་དང་། བོད་ཡུལ་དུ། མར་པ། མལ་གྱོ། ས་སྐྱ་པ་སོགས། གཙོ་བོར་ལུགས་དེ་གསལ་བར་མཛད། སྲོལ་གསུམ་པས་ནི། གསང་དབང་གི་ལམ། གཙོ་བོར་སྒྱུ་ལུས་རྒྱུ་དུས་གསལ་བར་མཛད། རྒྱ་གར་དུ། ནག་པོ་པ། གུ་ཧྱ་པ། རྣམ་རྒྱལ། ཏེ་ལོ། ནཱ་རོ་སོགས་དང་། བོད་ཡུལ་དུ་བུ་སྟོན་སོགས། གཙོ་བོར་ལུགས་གསུམ་པ་དེ་གསལ་བར་མཛད། སྔགས་བླ་མེད་ཀྱི་བསྐྱེད་རིམ་མཐའ་དག་འགྲོས་ཆེན་པོ་བཞི་བསྡུས་ནས། མངལ་སྐྱེས་ཙམ་གཙོ་བོར་སྦྱོང་བ་འདུས་པ་འཕགས་ལུགས། སྒོང་སྐྱེས་གཙོ་བོར་སྦྱོང་བ་ལོ་ཡི་པ། མངལ་སྐྱེས་དང་སྒོང་སྐྱེས་གཉིས་ཀ་གཙོ་བོར་སྦྱོང་བ་དུས་འཁོར། སྐྱེ་གནས་མཐའ་དག་ཆ་མཉམ་དུས་གཙོ་བོར་སྦྱོང་བ་ཡེ་ཤེས་ཞབས་ལུགས་སོ། །དེའི་རིགས་ཀྱི་རྫོགས་རིམ་ཀྱང་འགྲོས་བཞི་སྟེ། གསང་འདུས་རིམ་ལྔ། དྲིལ་བུ་རིམ་ལྔ། ནག་པོ་རིམ་བཞི། སྦྱོར་བ་ཡན་ལག་དྲུག་པའོ། །ལོ་ཡི་པའི་ལུགས་

འདི། བདེ་མཆོག་དགོངས་འགྲེལ་རྣམས་ཀྱི་ནང་ནས་རྭ་བ་ལྔ་བུ་ཡིན། དེ་ལ་ཡང་བོད་འདིར། ལོ་ཆེན་གྱི་ཇོ། མགོས། ཟང་དཀར། མལ། མར་དོ། ལོ་ཆུང་། རྭ་ལོ། སློབ་འགྲོ། མར་ལོ། གཉིས་པོ་ལོ་ཙྪ། བ་རི། མང་ལམ། ཙ་མི། འཇམ་ལོའི་ལུགས་ཏེ་ལུགས་བཅུ་བཞི། དྲིལ་བུ་པ་ལ་ཡང་། མར་དོ། པུ་ཧྲངས། མར། ཁ་ཕྱེ། གཉོས། ཇོ་བོ། སྤལ་སྤང་སྣ། ས་སྐྱ་པའི་ལུགས་སོགས་དཔག་ཏུ་མེད་པ་ཞིག་བྱུང་། ནག་པོ་པ་ལ་ཡང་། བོད་ཡུལ་འདིར། ས་སྐྱ་པའི་ལུགས་སོགས་མཐའ་ཡས་པ་ཞིག་བྱུང་ངོ་། །

ཟབ་རྒྱས་གཏིང་དཔག་དཀའ་མོ་དེ་ལྟར་ནའང་། །གསང་མཐའི་སྤྱི་ལམ་དབང་དང་རིམ་པ་གཉིས། །དེ་ལས་གཙོ་བསྡུས་མཐར་ཐུག་ཉམས་ལེན་འདི། ། གནས་གསུམ་མཁའ་འགྲོའི་སྲོག་སྙིང་སྨུར་ཁྱད་ལམ། །ཆེས་མཆོག་ཡང་སྙིང་དཔྱིད་ཀྱི་ཐིག་ལེ་མཆོག །སྐལ་དམན་སྐྱེ་བོ་འཇུག་གམ་མིན་ཡང་རུང་། །སྐལ་ལྡན་འདི་བསྒོས་འདི་ཡིས་གྲོལ་བར་ཤོག །རིམ་གཉིས་ཏིང་འཛིན་གོམས་པ་མངོན་གྱུར་ནས། །སྤྲོས་བཅས་སྤྲོས་མེད་ཤིན་ཏུ་སྤྲོས་མེད་ཀྱི། །སྤྱོད་པས་མཚམས་སྦྱར་ལྟ་བས་བགོས་དབྱུང་སྟེ། །རྣལ་འབྱོར་གསང་མཐའི་ས་ལམ་མཐར་ཕྱིན་ཤོག །ཚིག་ཕྲེང་སྦྲུ་བས་མ་ངོམས་དེ་དོན་བསྒོམ། །དེ་ནས་བཟུང་ཏེ་གསང་མཐའི་རྣལ་འབྱོར་པ། །ཞེས་བྱར་མིང་ཐོབ་ཀུན་གྱིས་མཆོད་པ་དང་། །སྤྱི་བོའི་ཐོད་བཞིན་རྒྱུན་དུ་བསྟེན་པར་ཤོག །མ་རྒྱུད་དུང་ཕྱུར་བྱེ་བ་ཕྲག་གཅིག་དྲུག །ཀུན་ལས་ཟབ་རྒྱས་གསང་མཐའི་རྭ་བཤད་རྒྱུད། །ནག་པོ་སྤྱོད་པའི་སྨད་བྱུང་གྲུབ་གྲོལ་དེར། །ཐར་འདོད་སྐྱེ་བོ་རིང་ནས་འཇུག་པར་ཤོག །མཁས་རྣམས་གྲགས་པ་གཙོར་འཛིན་ཚིག་ལ་ཞེན། །སྒོམ་ཆེན་འཚོ་བའི་རྗེས་འབྲང་ཀྱ་ཚོམས་བསྒོམ། །འགྲོ་གཞན་དོན་མེད་བྱ་བས་ཚེ་ལོ་འདའ། །དེ་རྣམས་ཀུན་ཀྱང་ཚུལ་འདིར་འཇུག་པར་ཤོག །འཕགས་པའི་ཡུལ་དང་གངས་རིའི་ཁྲོད་འདིར་ཡང་། །ཉི་ཟླ་ལྟར་གྲགས་རྣལ་འབྱོར་གསང་མཐའ་ཡི། །བསྐྱེད་རྫོགས་ཟབ་མོ་གྲུབ་པའི་ལམ་སྲོལ་གསུམ། །ཐུན་བཞིར་བསྒོམས་པས་ཚེ་འདིར་མཆོག་ཐོབ་ཤོག །འཕགས་པའི་ཡུལ་དང་གངས་རིའི་ཁྲོད་འདིར་ཡང་། །ཉི་ཟླ་ལྟར་གྲགས་རྣལ་འབྱོར་གསང་མཐའ་ཡི། །བསྐྱེད་རྫོགས་ཟབ་མོ་གྲུབ་པའི་ལམ་སྲོལ་གསུམ། །ཐུན་བཞིར་བསྒོམ་པས་ཚེ་འདིར་མཆོག་ཐོབ་ཤོག །གལ་ཏེ་ཚེ་འདིར་སངས་རྒྱས་མ་ཐོབ་ན། །འཆི་ཚེ་དཔའ་བོ་མཁའ་འགྲོའི་ཚོགས་རྣམས་ཀྱིས། །མཁའ་སྤྱོད་གནས་སུ་དྲུག་ཅུ་རྩ་གཅིག་གི། །གསང་མཐའི་དཀྱིལ་འཁོར་དབུས་སུ་འཁྲིད་པར་ཤོག །དུས་དེར་ཟབ་མོའི་ལམ་ལ་འབད་པ་ན། །བདེ་སྟོང་དབྱེར་མེད་ཟུང་འཇུག་ཏིང་འཛིན་གྱིས། །སྤང་བྱའི་བག་ཆགས་མ་ལུས་ཀུན་སྤངས་ཏེ། །འཁོར་ལོ་བདེ་མཆོག་གོ་འཕང་བརྙེས་པར་ཤོག །ཁྱད་པར་རྣལ་འབྱོར་གསང་མཐའི་ཤིང་རྟའི་སྲོལ། །གྲུབ་ཆེན་ལོ་ནག་ཏིལ་དབུས་ཕྱེ་བ་བཞིན། །རང་ཉིད་བསྒྲུབ་དང་གཞན་ལ་འདོམས་པ་ལ༔ །གེགས་མེད་ཕྱོགས་དུས་ཀུན་དུ་རྒྱས་བྱེད་ཤོག །ཆེན་པོ་རྣམས་ཀྱིས་ལན་བརྒྱར་བསྔགས་པ་ཡི། །སྐན་

རྒྱུད་ཚད་མ་བཞི་ལྡན་གྲུབ་པའི་སྒྲོལ། །དཔྱོད་ལྡན་མཁས་པ་མགུ་བསྐྱེད་བརྗོད་བྲལ་བ། །ལམ་བཟང་འདི་དང་མཇལ་བ་བླ་མའི་དྲིན། ༎ཧེ་བཛྲ་ཡ་ན་མཿ དགྱེས་པ་རྡོ་རྗེ་དཔལ་ལྡན་རྡོ་རྗེས་འཆང་། །བདེ་སྟོང་སྒྱུ་མའི་སྐུ་བཞེངས་བདག་མེད་མ། །མཐུ་སྟོབས་ཕྱོགས་ལས་རྣམ་རྒྱལ་བི་རཱུ་པ། །བསྟོད་པ་ལས། ཆུ་བོ་ཆེན་པོ་གྱེན་ལ་བཟློག ། ཆང་ལ་ཉི་མ་སྟེང་བར་འཛིན། །བི་རཱུ་པ་ཞེས་བྱ་བ་ཡི། །བླ་མ་དེ་ལ་ཕྱག་འཚལ་ལོ། །ཞེས་བསྟོད། འདིས་ས་དྲུག་པའི་རྟོགས་པ་བརྙེས་ཤིང་། ། ཨཱཙཱ་རྱ་དེ་ཕའི་སློབ་མ་ཡིན་པར་དམ་པ་རྒྱ་གར་གྱི་མན་ངག་ལས་འབྱུང་། འཕགས་པ་ཐོགས་མེད་ཀྱི་སློབ་མ་ཡིན་པར་མདོ་སྡེ་ས་བཅུ་པའི་རྒྱུད་པ་ལས་འབྱུང་། བིརྺ་པའི་སློབ་མ། དཔལ་སྣུམ་ཡིན་པར། བླ་བཟང་གྲགས་པའི་དཔལ་གྱི་མཚན་བརྗོད་འགྲེལ་པར་གསུངས། བིརྺ་པའི་སློབ་མ་ཞི་བ་འཚོ་ཡིན་པར་ཡང་། གཟའ་ཡུམ་གྱི་མདོའི་བརྒྱུད་པ་ལས་འབྱུང་། སློབ་དཔོན་ཐུབ་པ་ཕྱིན་དང་། གྲུབ་ཐོབ་དཔའ་བོ་འོད་གསལ་དང་། དཀོན་ཨ་ཝ་དྷཱུ་ཏི་ལ་སོགས་པས། འདིའི་མན་ངག་རྣམས་ཁུངས་སུ་དྲངས་ནས་ཚད་མར་བྱེད་དོ། །ཕྱག་འཚལ་གསོལ་འདེབས་སྙིང་ནས་སྐྱབས་སུ་མཆི། །གདམས་པས་གྲོལ་ཐོབ་ཤར་ཕྱོགས་ནག་པོ་པ། །བརྟུལ་ཞུགས་སྤྱོད་པ་མཐར་སོན་ཊ་མ་རུ། །ཆོས་བརྒྱུད་འཛིག་རྟེན་འཆིང་གྲོལ་གཉིས་སྤྲངས་མགོན། །ཕྱག་འཚལ་གསོལ་འདེབས་སྙིང་ནས་སྐྱབས་སུ་མཆི། །གསུམ་པོ་འདིས་དེ་ཁོན་ཉིད་རྟོགས་པར་རྗེ་བཙུན་གྱིས་བཤད་པས། ས་དང་པོ་ཡན་ཆད་ལ་གནས་པའི་འཕགས་པར་གྲུབ་བོ་ཞེས་རྗེ་ངོར་ས་ཆེན་པོ་གསུངས།

ལྔ་རིག་གྲུབ་ཆེན་ག་ཡ་དྷ་རའི་ཞབས། །ཆུ་མོ་སྦྲུལ་ལོ་པ། ཀྱེ་རྡོ་རྗེའི་དཀྱིལ་འཁོར་དུ་དབང་ཐོབ་ནས། ཞག་གསུམ་དུ་དབང་གི་ཡེ་ཤེས་བསྐྱངས་པས། སྦྱོར་ལམ་ཆོས་མཆོག་ཆེན་པོའི་ཏིང་ངེ་འཛིན་སྐྱེས། ཊ་མ་རུ་བར་སྣང་ལ་བཞག་པས་སྒྲ་རང་འབྲོལ་དུ་འབྱུང་བ་དང་། གདུགས་ནམ་མཁའ་ལ་བཞག་པས་རང་འཁོར་དུ་འབྱུང་བ་སོགས་ཀྱི་ཡོན་ཏན་དཔག་ཏུ་མེད་པ་ཡོད་དོ། །ཞེས་འབྲོམ་ལུགས་སུ་འབྱུང་། འགོས་ལུགས་པ་རྣམས། སློབ་དཔོན་འདི་དང་རྒྱལ་པོ་སྦྱིན་གྱི་ཤུགས་ཅན་གཅིག་པར་བཞེད། དེ་ལྟར་ན། བསྟོད་པ་ལས། རྒྱལ་རིགས་རིག་པའི་གནད་ལ་མཁས། །ནམ་མཁའི་ལྷ་ལ་ཐེ་ཚོམ་གཅོད། །སྦྱིན་གྱི་ཤུགས་ཅན་ཞེས་བྱ་བའི། །བླ་མ་དེ་ལ་ཕྱག་འཚལ་ལོ། །ཞེས་བསྟོད། བོད་ཡུལ་སྤྱགས་འཆང་གཙོ་བོ་བླ་ཆེན་འབྲོག །ཆུ་མོ་སྦྲུལ་ལོ་བ། རྒྱུད་གསུམ་མེ་མོ་ཡོས་ལ་བསྒྱུར། མར་མགོ་སོགས་ཀྱི་བླ་མ་ཡིན། དེ་མཉེས་གསུང་ངག་མཛོད་འཛིན་རྗེ་བཙུན་པ། །ཕྱག་འཚལ་གསོལ་འདེབས་སྙིང་ནས་སྐྱབས་སུ་མཆི། །མ་བཅོས་ལྷུག་པའི་རྣལ་འབྱོར་ཞང་སྒོམ་རྗེ། །འདི་གཉིས་རིམ་བཞིན་ཤིང་མོ་གླང་ལོ་པ། ཆུ་མོ་སྦྲུལ་ལོ་པ། རྒྱུད་ཉམས་རྟོགས་ཀྱིས་ཕྱུག །རྫུ་འཕྲུལ་མངོན་ཤེས་སོགས་ལ་མངའ་བརྙེས་སོ། །ཁམས་གསུམ་ཆོས་ཀྱི་རྒྱལ་པོ་ས་སྐྱ་པ། །ཆུ་ཕོ་སྤྲེའུ་ལོ་པ། དགུང་ལོ་རེ་བདུན་པ། ས་ཕོ་སྟག་ལོ་ཐ་སྐར་ཟླ་བའི་ཚེས་བཅུ་བཞི་ལ་སྐུ་བོ་ཁ་གདངས་སུ་བདེ་བར་གཤེགས། རིག་འཛིན་མཁའ་སྤྱོད་དབང་པོ་བསོད་ནམས་རྩེ། །ཕྱག་འཚལ་གསོལ་འདེབས་སྙིང་ནས་སྐྱབས་སུ་མཆི། །ཆུ་ཕོ་བྱི་ལོ་པ་ཞེ་གཅིག་པ། ཆུ་ཕོ་སྟག་ལོ་རྨལ་པོའི་ཟླ་བའི་ཚེས་བཅུ་གཅིག་ལ། ཆུ་སྨིག་རྫིང་ཁའི་བླ་བྲང་དུ་གཤེགས། ཚངས་སྤྱོད་གྲུབ་

པའི་དབང་པོ་རྡོ་རྗེ་བཙུན་མཆོག །མེ་མོ་ཡོས་ལོ་པ། བདུན་ཅུ་པ་མེ་ཕོ་བྱི་ལོ་ཁྲ་ཟླ་བའི་ཚེས་བཅུ་གཉིས་ལ་རྒྱ་ནུམ་དུ། སྙིགས་མའི་རྒྱལ་བ་གཉིས་པ་ཆོས་ཀྱི་རྗེ། །ཆུ་ཕོ་སྟག་ལོ་པ། བདུན་ཅུ་པ་ལྕགས་མོ་ཕག་ལོ་སྨལ་པོ་ཟླ་བའི་ཚེས་བཅུ་བཞིའི་ཐོ་རངས་ལི་ཆུ་རྩེ་ར་ཁབ་ཏུ། འཛམ་གླིང་བསྟན་པའི་བདག་པོ་ཆོས་རྒྱལ་འཕགས། །ཕྱག་འཚལ་གསོལ་འདེབས་སྙིང་ནས་སྐྱབས་སུ་མཆི། །ཤིང་མོ་ལུག་ལོ་པ། ཞེ་དྲུག་པ། ལྕགས་ཕོ་འབྲུག་ལོ་ཟླ་བ་བཅུ་པའི་ཉེར་གཉིས་ལ་ལྷ་ཆེན་དུ། ཆོས་བརྒྱུད་དབྱིངས་སུ་ཡལ་བའི་དཀོན་མཆོག་དཔལ། །ལྕགས་ཕོ་བྱི་ལོ་པ། རེ་བརྒྱད་ལུགས་ལོ་ཟླ་བ་གསུམ་པའི་ཉེར་དྲུག་ལ། གདན་ས་ཆེན་པོར། གཞན་ཕན་བསྒྲུབ་པའི་རྒྱལ་མཚན་བྲག་ཕུག་པ། །མེ་མོ་གླང་ལོ་པ། དོན་བརྒྱད། ལྕགས་ཕོ་སྟག་ལོའི་དབྱར་ཟླ་འབྲིང་པོ་ཆུ་སྟོད་ཟླ་བའི་ཉེར་བརྒྱད་ལ་ན་བཟའ་བྲག་ཕུག་ཏུ། དཔལ་ལྡན་བླ་མ་ཁམས་གསུམ་ཆོས་ཀྱི་རྗེ། །ཕྱག་འཚལ༔ ཆུ་ཕོ་བྱི་ལོ་པ། རེ་བཞི། ཡོས་ལོ་ཟླ་བ་དྲུག་པའི་ཉེར་ལྔའི་སྟོད་ལ། བསམ་ཡས་སུ། གསུང་རབ་བསྟན་པ་རྒྱས་མཛད་དཔལ་ལྡན་པ། །བྱ་ལོ་པ་རེ་བདུན། ཡོས་ལོ་ཟླ་བ་ལྔ་པའི་ཚེས་བཅུ་ལ་ཤར་སྟོད་གཟིམ་ཁང་དུ། རྗེ་བཙུན་རྣལ་འབྱོར་དབང་ཕྱུག་བྱང་ཧྲ་ཤྲཱི། །ས་མོ་ཡོས་ལོངས། གྱ་གཉིས་པ། ལྕགས་ཕོ་བྱི་ལོ་ཟླ་བ་དགུ་པའི་ཚེས་བཅོ་ལྔའི་སྟོད་ལ་ཞི་དགོན་དུ། མཁས་བཙུན་རྡོར་འཛིན་གཙུག་བརྒྱན་དོར་ཆེན་པ། །ཕྱག་འཚལ་གསོལ་འདེབས་སྙིང་ནས་སྐྱབས་སུ་མཆི། །ཆུ་ཕོ་བྱི་ལོ་པ། དོན་ལྔ། ཤིང་ཕོ་བྱི་ལོ་སག་ཟླ་བའི་ཉེར་ལྔའི་སྟོད་ལ་ཨེ་ཝཾ་ཆོས་ལྡན་དུ། དེ་སྲས་ཐུ་བོ་རྒྱལ་སྲས་མུས་ཆེན་པ། ས་ཕོ་འབྲུག་ལོ་པ་གྱ་གཉིས། གླང་ལོ་སྨིན་དྲུག་ཟླ་བ་གཉིས་བྱུང་བའི་ཧྲིང་ལའི་ཚེས་བརྒྱད་ཀྱི་སྟོད་ལ་བསམ་གཏན་ཕུག་ཏུ། བཀའ་དྲིན་གསུམ་ལྡན་རྩ་བའི་བླ་མ་སོགས། །རྩ་བའི་བླ་མ་བདག་ཆེན་ཆོས་ཀྱི་རྒྱལ་པོ་བློ་གྲོས་རྒྱལ་མཚན་དཔལ་བཟང་པོ་ནི། ཤིང་ཕོ་བྱི་ལོ་པ་ང་གཉིས། ཡོངས་ལོ་ཟླ་བ་བཅུ་གཉིས་པའི་ཚེས་བཞི་ལ་བཞི་ཐོག་བླ་བྲང་དུ་བདེ་བར་གཤེགས་པའི་ཚུལ་བསྟན། རྩ་བའི་བླ་མ་རྡོ་རྗེ་འཆང་ཆེན་པོ་ཤཱཀྱའི་མཚན་ཅན་ནི། སྤྲེའུ་ལོ་པ་དགུང་ལོ་བདུན་ཅུ་དོན་བདུན་བཞེས་པ་ཤིང་ཕོ་བྱི་ལོ་ད་ལྟའི་བར་དུ་ཡང་ཞབས་བརྟན་ཞིང་བསྟན་པའི་བདག་པོར་བཞུགས། གསུང་རབ་རིན་པོ་ཆེའི་བསྟན་པ་ད་ལྟ་རྒྱ་མཚོའི་མཐའ་ཚུན་ཆད་དུ་ཁྱབ་པས། སྤྱིར་བརྒྱུད་པའི་བླ་མ་དེ་རྣམས་དང་། ཁྱད་པར་རྗེ་བཙུན་འཇམ་པའི་དབྱངས་ཀྱི་རྣམ་པར་འཕྲུལ་པ་ས་ཆེན་ཡབ་སྲས་གསུམ། ཆོས་རྗེ་ཁུ་དབོན་གཉིས་ཏེ། རྗེ་བཙུན་འཕྲུལ་ཟབ་གོང་མ་ལྔ་པོ་དེ་རྣམས་ཀྱི་ངོ་མཚར་བའི་མཛད་པ་དང་། རྣམ་པར་ཐར་པ་སྐྱེ་འགྲོ་ཀུན་གྱི་ རྣ་བའི་ལམ་དུ་གྲགས་པས་རྒྱས་པར་བརྗོད་མི་དགོས་ཤིང་། འཁྲུངས་གཤེགས་ཀྱི་ལོ་མདོར་བསྡུས་པ་ཙམ་ཞིག་བརྗོད་པས་ཆོག་པས་དེ་ཙམ་ཞིག་བྲིས་སོ། །དགྱེས་པ་རྡོ་རྗེའི་རྩ་བརྒྱུད་བླ་མ་ལ༔ །ཕྱག་འཚལ་གསོལ་འདེབས་སྙིང་ནས་སྐྱབས་སུ་མཆི། །

བདག་ཆེན་རིན་པོ་ཆེའི་དྲུང་དུ། གསུང་ངག་རིན་པོ་ཆེ་སློབ་ཁྲིད་དུ་ཞུས་པའི་བརྒྱུད་པ་ནི། གོང་དུ་བཤད་པ་ལྟར་ཡིན་ཞིང་། དེའི་དྲུང་དུ། གསུང་ངག་གི་ཆ་ལག་ཀྱང་ཕལ་ཆེ་བ་དང་། གླེགས་བམ། དམར་མ། དབང་ཆུ། མངོན་རྟོགས་བཞི་དྲུག་སོགས་ཀྱི་བཤད་ལུང་། རྒྱུད་ཀྱི་ཚུལ་བཞིའི་བཤད་པ་ཡང་ཐོབ། ཀྱེ་རྡོར་ལུས་དཀྱིལ་གྱི་དབང་དང་། བདག་མེད་མའི་ལུས་དཀྱིལ་གྱི་བྱིན་རླབས། ལམ་དུས་ཀྱི་

དབང་རྣམས་ཀྱི་བརྒྱུད་པའང་གོང་ཀྱུ་དུས་ཀྱི་དབང་གི་བརྒྱུད་པ་དང་འདྲའོ། །བདག་མེད་ལྷ་མོ་བཅོ་ལྔའི་དབང་གི་བརྒྱུད་པ་ནི། ས་ཆེན་ཡན་ཆད་ཡབ་བཀའ་དང་འདྲ་བ་ལ། དེ་ནས། ནེ་རྩེ་སྦྲལ་སྟོན། གནམ་པ་རྣ་ཆོས་ཤེ། མངོན་པ་བ་དབང་ཕྱུག་བརྩོན་འགྲུས། འཕགས་པ་ཞང་། བྲག་ཕུག་པ། དེ་ལ་རྗེ་བླ་མ་དང་། རི་ཁྲོད་པ་གཉིས་ཀས་གསན། དེ་གཉིས་ཀ་ལ། དཔལ་ལྡན་ཚུལ་ཁྲིམས་པས་གསན། དེ་མན་གོང་དང་འདྲ། ལམ་ཟབ་བླ་མའི་རྣལ་འབྱོར་གྱི་བྱིན་བརླབས་མན་ངག་དང་བཅས་པའི་བརྒྱུད་པ་ནི། རྡོ་རྗེ་འཆང་། བདག་མེད་མ། བིརྺ་པ། རྗེ་བཙུན་གོང་མ་ལྔ། ཚོགས་སྒོམ། ཉན་ཆེན་པ། བྲག་ཕུག་པ། དེ་ལ་རྗེ་བླ་མ་དང་། རི་ཁྲོད་གཉིས་ཀས་གསན། དེ་གཉིས་ཀ་ལ་དཔལ་ལྡན་ཚུལ་ཁྲིམས་པས་གསན། དེ་མན་གོང་དང་འདྲ། བིརྺ་པའི་བྱིན་རླབས་བསྲུང་བའི་མན་ངག་དང་བཅས་པའི་བརྒྱུད་པ་ནི། ཆོས་རྗེ་བྲག་ཕུག་པ་ཡན་གོང་དང་འདྲ་བ་ལས། དེ་ནས་ཆོས་རྗེ་རྣམ་པ་གཉིས། དཔལ་ལྡན་ཚུལ་ཁྲིམས་པ་མན་འདྲ།

གཞན་གསུང་ངག་གི་སྐོར་ཆོས་ཀྱི་རྣམ་གྲངས་སོ་སོར་ཐོབ་པའི་རྒྱུད་རིམ་ཟུར་ན་གསལ། རྗེ་གསེར་མདོག་ཅན་པའི་དྲུང་དུ། གསུང་ངག་རིན་པོ་ཆེ་སྐྱོང་ཁྲིད་དུ་ཞུས་པའི་བརྒྱུད་པ་ནི་གོང་ལྟར་ཡིན་ལ། དེའི་དྲུང་དུ། གསུང་ངག་བརྒྱུད་པའི་རྣམ་ཐར། བླ་མ་རྒྱ་གར་བ་ནས། རྗེ་ངོར་པ་ཡན་གྱི་རྣམ་ཐར་ཚང་མ། གཞན་ཡང་། ལམ་ཟབ་དམར་མ་སོགས་གསུང་ངག་གི་ཆ་ལག་གལ་ཆེ་བ་རྣམས་དང་། ལམ་སྐོར་བརྒྱད་ཀྱི་ཁྲིད། རྗེ་ཉིད་ཀྱིས་མཛད་པའི་བསྡུས་དོན་དང་བཅས་པ་ཐོབ། རྗེ་བཙུན་གོང་མ་ལྔའི་བཀའ་འབུམ་ཡང་ཚང་མར་ཐོབ། ཡང་རྗེ་དེ་ཉིད་ཀྱི་དྲུང་དུ། ཀྱཻ་རྡོར་རྣམ་བཤད་ཀྱི་བཤད་ལུང་། རྗེ་ཉིད་ཀྱིས་མཛད་པའི་རྩ་ལྟུང་གི་བཤད་པ་སོགས་ཀྱི་རྡོར་གྱི་ཆོས་ཕྲན་རྣམས་ཀྱང་ཐོབ་བོ། །རྗེ་ངོར་པ་དང་། མུས་ཆེན་གྱིས་མཛད་པའི་ཀྱཻ་རྡོར་ལ་བརྟེན་པའི་དཔེ་ལུང་གང་ཡོད། རྒྱ་མ་ཀུན་སྤངས་པའི་དྲུང་དུ་ཐོབ། རྩ་རྒྱུད་བརྟགས་པ་གཉིས་པ་དང་། ཐུན་མོང་མ་ཡིན་པའི་བཤད་རྒྱུད་རྡོ་རྗེ་གུར་གཉིས་ཀྱི་བཤད་བཀའ་ལེགས་པར་ཐོབ་པའི་བརྒྱུད་པ་ལ། ཐོག་མར་ཊོམ་ཌྷི་བའི་བཤད་སྒྲོལ་འགྲེལ་པ་ལུགས་ཀྱི་བརྒྱུད་པ་ནི། རྡོ་རྗེ་འཆང་། བདག་མེད་ལ། བིརྺ་པ། ཌོཾ་བྷི་པ། ཨ་ལ་ལ་བཛྲ། ནགས་ཁྲོད་པ། གནྡྷ་རི་པ། བསོད་སྙོམས་པ་ཛ་ཡ་ཤྲཱི། མི་ཐུབ་ཟླ་བ་དེ་ལ་སློབ་མའི་མཆོག དཔའ་བོ་རྡོ་རྗེ། སེང་གེ་རྡོ་རྗེ། དགྲ་གཅན་འཛིན་དང་གསུམ་ལས་འདིར་དཔའ་བོ་རྡོ་རྗེ། དེས་བླ་ཆེན་འབྲོག་མི་ལ། དེ་ལ་སློབ་མའི་མཆོག །འཁོན་དཀོན་མཆོག་རྒྱལ་པོ། མངའ་རིས་པ་གསལ་བའི་སྙིང་པོ། བསེ་མཁར་ཆུང་བ། འབྲིན་ལོ་ཙྪ་བ་འོད་ཀྱི་སྣང་བ་དང་བཞི་ལས། འཁོན་དཀོན་མཆོག་རྒྱལ་པོ། ས་ཆེན། ཡང་ན། མངའ་རིས་པ་སྐྱུ་རུ་པ། ས་ཆེན། ཡང་ན་བསེ། འཁོན་དཀོན་མཆོག་རྒྱལ་པོ། སེ་ཆེན། ཡང་ན། འབྲིན་ལོ་ཙྪ་བ། འཁོན་དཀོན་མཆོག་རྒྱལ་པོ། ས་སྐྱ་པ་ཆེན་པོའོ། །དེས་སློབ་དཔོན་རིན་པོ་ཆེ་བསོད་ནམས་རྩེ་མོ། ཚུལ་ཁྲིམས་གྲགས། གཙུག་ཏོར་རྒྱལ་པོ་གསུམ་ལ་གནང་། དེ་གསུམ་ཀ་ལ་རྗེ་བཙུན་རིན་པོ་ཆེས་གསན། དེ་ནས་ཆོས་རྗེ་ས་པཎ། འཕགས་པ་རིན་པོ་ཆེ། དཀའ་ལྡན་པ་བཀྲ་ཤིས་དཔལ། བླ་མ་བྲག་ཕུག་པ། རྗེ་བླ་མ། ཀུན་མཁྱེན་གངས་ཁྲོད་པ། ཐེག་ཆེན་ཆོས་རྗེ། དེ་ལ་བཀའ་དྲིན་པ་དང་། སྦྱུང་ལུང་པ་གཉིས་ཀྱིས་གསན། བཀའ་དྲིན་པ་བློ་གྲོས་ཆོས་སྐྱོང་གླིང་དྲུང་དུ། རྗེ་གསེར་མདོག་ཅན་པས་གསན། དེའི་དྲུང་དུ། བདག་གིས་བརྟག་གཉིས་དག་ལྡན་གྱི་སྙིང་ནས་ཚར་གསུམ། རྡོ་རྗེ་གུར་ཐུང་རྒྱན་གྱི་སྙིང་ནས་ཚར་གཅིག །སཾ་བུ་ཊི་གདན་ཀྱི་ཟླ་ཟེར་གྱི་སྙིང་ནས་ཚར་གཅིག་ཐོབ།

རྗེ་བཙུན་གོང་མས་མཛད་པའི་རྣམ་བཤད་དེ་རྣམས་ཀྱི་དཔེ་ལུང་ཙམ་གྱི་བརྒྱུད་པ་ལུགས་གཅིག་ནི། ངོར་ཆེན། ཚུལ་ཁྲིམས་བདག་ཆེན། རྗེ་གསེར་མདོག་ཅན་པ། དེས་བདག་ལའོ། ཡང་མན་ངག་ལུགས་ཀྱི་བཤད་སྲོལ་གྱི་ལུང་བརྒྱུད་ནི། རྡོ་རྗེ་འཆང་། བདག་མེད་མ། བིརྺ་པ། ནག་པོ་པ། ཨ་ཝ་དྷཱུ་ཏི་པ། འབྲོག་མི། དེ་ལ། སློབ་མའི་མཆོག་བཞི་ལས། འདིར་བསོ་མཁར་ཆུང་པ། ཞང་དགོན་པ་བ། ས་ཆེན་མན་ཆད་སྔར་དང་འདྲའོ། །ཉེ་བརྒྱུད་ནི། རྗེ་བཙུན་ཆེན་པོས། བླ་མེད་ཕྱོགས་ནི་རི་བསྐྱུར་མིག་བཅས་པ། རིག་བྱེད་ཀྱིས་གསལ་ལམ་པས་མེ་ལ་བགོས། དེ་འོད་ཀུན་གསལ་ཆུ་གཏེར་འབྱུང་བར་བབས། ཞེས་དང་། ལེགས་འོངས་མིག་གིས་ཡོན་ཏན་གསལ་བར་བྱས། །མེ་དང་ཆུ་བོས་འབྱུང་བ་རབ་ཏུ་བསྐྱེད། །ཅེས་པ་ལྟར་ཤེས་པར་བྱའོ། །

དགྱེས་པ་རྡོ་རྗེ་རྗེ་བཙུན་བདག་མེད་ཡུམ། །གོ་རི་ལ་སོགས་ཕྱོགས་མཚམས་ལྷ་མོ་བརྒྱད། །སྤྲུལ་པའི་ལྷ་དགུའི་དཀྱིལ་འཁོར་ལྷ་ཚོགས་ལ། །ཕྱག་འཚལ་གསོལ་འདེབས་སྙིང་ནས་སྐྱབས་སུ་མཆི། །དགྱེས་པ་རྡོ་རྗེའི་བསྲུང་མར་བཀའ་བསྒོས་ཤིང་། །ཁས་བླངས་དམ་བཅས་དཔལ་ལྡན་གུར་གྱི་མགོན། །ལས་བྱེད་པོ་ཉ་ཕྱུ་ཏྲ་མིང་སྲིང་སོགས། །བསྟན་པ་བསྲུང་བའི་དམ་ཅན་རྒྱ་མཚོའི་ཚོགས། ། བདག་ཅག་དགྱེས་པ་རྡོ་རྗེའི་རྣལ་འབྱོར་པ། །འཁོར་བཅས་ཀུན་ལ་བུ་བཞིན་སྐྱོང་བ་དང་། །ཐུབ་བསྟན་སྤྱི་དང་དགྱེས་པ་རྡོ་རྗེ་ཡི། །བཤད་བསྒྲུབ་བསྟན་པ་རྒྱས་པར་མཛད་དུ་གསོལ། །རྣམ་དག་དབང་གིས་སྨིན་ཞིང་དམ་ཚིག་ལྡན། །ཕྱི་ནང་བསྐྱེད་རིམ་མཆོག་དབང་གསུམ་གྱི་ལམ། །ཐུན་བཞིའི་རྣལ་འབྱོར་མི་ཏོག་ཆུན་པོ་དེ། །དགྱེས་པ་རྡོ་རྗེའི་བླ་མ་ལྷར་བཅས་འབུལ། །སྣོད་བཅུད་དག་པར་མ་རྟོགས་ཐ་མལ་ཞེན། །ལྷར་སྣང་སྟོང་པར་མ་ཤེས་གྱ་ནོམ་པའི། །མཚན་འཛིན་ཆོས་སུ་ཞེན་པའི་ཉེས་སོགས་གང་། །འགྱོད་པས་མཐོལ་ཞིང་སྡོམ་པའི་སེམས་ཀྱིས་བཤགས། །གང་ཤར་ལྷ་སྐུར་གསལ་བའི་བསྐྱེད་རིམ་དང་། །ལྷར་སྣང་སྟོང་པའི་ཡེ་ཤེས་རྫོགས་རིམ་མཆོག །བསྐྱེད་རྫོགས་ཟུང་འཇུག་ཀྱེ་རྡོར་རྣལ་འབྱོར་པ། །རྡོ་རྗེ་འཛིན་པ་ཀུན་ལ་རྗེས་ཡི་རང་། །དགོངས་པ་དང་པོའི་རྒྱུད་ལས། སྣང་བའི་ཆ་ལ་བསྐྱེད་རིམ་དང་། སྟོང་པའི་ཆ་ལ་རྫོགས་རིམ་སྟེ། བསྐྱེད་རྫོགས་མ་ཡིན་ཆོས་འགའ་མེད། །དབྱེར་མེད་ཚུལ་འདི་བསྟན་པའོ། །

ཞེས་གསུངས། ཀྱེ་རྡོར་ཁང་བཟང་སྤྱི་སྨྲས་བཟ་སོགས་ཀྱིས། །རྒྱ་ཡིས་དམ་བཅིངས་མ་སྨྲས་ལེགས་ཕྱེ་ནས། །ཟབ་ཅིང་རྒྱ་ཆེ་དབང་བཤད་མན་ངག་གིས། །དགྱེས་པ་རྡོ་རྗེའི་ཆོས་ཀྱི་བདུད་རྩི་སྟོལ། །དགྱེས་པ་རྡོ་རྗེའི་རྩ་བརྒྱུད་བླ་མ་དང་། །སྤྲུལ་པའི་ལྷ་དགུའི་དཀྱིལ་འཁོར་ལྷ་ཚོགས་རྣམས། །གདུལ་བྱ་དག་པའི་སེམས་ཀྱི་ཆུ་གཏེར་དུ། །སྒྲིབ་མེད་རྟག་འཆར་གྲུབ་པས་གསོལ་བ་འདེབས། །དགྱེས་པ་རྡོ་རྗེ་སྨད་བྱུང་གྲུབ་པའི་ལམ། །རྗེ་བཙུན་རྣལ་འབྱོར་དབང་ཕྱུག་བཞེད་ཇི་བཞིན། །འཁྲུལ་མེད་ཉམས་ལེན་བགྱིས་པའི་དགེ་སོགས་གང་། །དགྱེས་པ་རྡོ་རྗེའི་བྱང་ཆུབ་ཕྱིར་བསྔོའོ། །བདག་ཀྱང་དེང་ནས་བྱང་ཆུབ་མ་ཐོབ་བར། །ལེགས་གསུངས་འདུལ་

བའི་བསྟན་ལ་ལེགས་ཞུགས་ནས། །བཤེས་གཉེན་དམ་པ་རིང་ནས་ཚོལ་བ་དང་། །རྗེ་བཙུན་བླ་མས་རྗེས་སུ་འཛིན་པར་ཤོག །ཕྱི་ནང་རིག་གནས་ཀུན་ལ་མ་རྨོངས་ཤིང་། །སྔགས་གཞུང་རྒྱ་མཚོའི་དོན་ལ་གོམས་པ་རབ། །ཁྱད་པར་དགྱེས་པ་རྡོ་རྗེའི་རྒྱུད་སྡེ་ལ། །ཐོས་དང་བསམ་པས་ཡིད་ཆེས་བསྐྱེད་པར་ཤོག །རིག་གནས་ཀུན་ལ་བསླབ་སྦྱངས་མཐར་ཕྱིན་ནས། །སྨད་བྱུང་མཁས་པའི་བྱ་བ་རྣམ་གསུམ་གྱིས། །གཅིག་ཏུ་བསྟན་པ་འབའ་ཞིག་ཉེར་དགོངས་ཏེ། །སངས་རྒྱས་བསྟན་པ་ཆེས་ཆེར་གསལ་བར་ཤོག །དེ་ནས་འདུ་འཛིའི་རྣམ་གཡེང་ཀུན་སྤངས་ཏེ། །གངས་དང་རི་སུལ་ནགས་ཀྱི་ཁྲོད་རྣམས་སུ། །གང་བྱུང་ཚོག་ཤེས་ཚངས་སྤྱོད་གྲོགས་དང་བཅས། །ཚེ་འདི་བློས་བཏང་བསྒྲུབ་ལ་བརྩོན་པར་ཤོག །ཆོས་གོས་གསུམ་དང་ལྷུང་བཟེད་མཁར་བསིལ་དང་། །རྡོ་རྗེ་དྲིལ་བུ་ཁ་ཊྭཾ་ཅང་ཏེའུ་སོགས། །ཕྱི་ནང་རྟགས་ཀྱི་ཉེར་འཚོ་ཙམ་འཛིན་ཞིང་། །སོ་སོའི་བསླབ་ལ་ཚུལ་བཞིན་སློབ་པར་ཤོག །རྣམ་དག་འདུལ་བའི་ཁྲིམས་ཀྱིས་ལེགས་བསྡམས་ཤིང་། །རྒྱལ་སྲས་སྤྱོད་པའི་སམ་སྦྱོར་སྨད་དུ་བྱུང་། །གསང་ཆེན་ལམ་གྱི་བསྐྱེད་རྫོགས་ཟུང་དུ་འཇུག །སྡོམ་གསུམ་ལམ་གྱི་ཉམས་ལེན་འཁྲུལ་མེད་ཤོག །སེམས་ཅན་ཁམས་བརྟགས་འཁོར་བའི་ཉེས་དམིགས་བསམ། །ཉོན་མོངས་འབྲས་བརྟགས་དལ་འབྱོར་བརྙེད་དཀའ་བསམ། །མ་དག་ལས་བརྟགས་ལས་ཀྱི་རྒྱུ་འབྲས་བསམ། །སེམས་ཅན་མ་དག་སྣང་བ་ལམ་བྱེད་ཤོག །ཐུན་མོང་ཐུན་མོང་མ་ཡིན་རྣལ་འབྱོར་པས། །བྱམས་སོགས་ཐུན་མོང་ཉམས་མྱོང་སྐྱེས་བསྒོམ། །ཐུན་མོང་མིན་ཉམས་བཅོ་ལྔར་ངེས་བསྐྱེད་ནས། །རྣལ་འབྱོར་ཉམས་ཀྱི་སྣང་བ་མཐར་ཕྱིན་ཤོག །མི་ཟད་རྒྱན་གྱི་འཁོར་ལོ་རྣམ་གསུམ་ལ། །ལམ་གསུམ། ཉམས་གསུམ། རྟེན་འབྲེལ་གསུམ། དྲོད་གསུམ། ཏིང་ངེ་འཛིན་གསུམ། འདི་རྣམས་མ་སྐྱེས་པའི་གོང་དུ་སྦྲོས་པ་ཚར་བར་བྱས་ལ། སྐྱེས་པའི་ཚེ་ངོ་ཤེས་པར་བྱས་ལྷ་བྱུང་རྒྱལ་དུ་བསྐྱངས་དགོས་དང་། གང་ཤར་དག་པའི་སྣང་བ་འབའ་ཞིག་སྟེ། །བདག་ཀྱང་མ་འོངས་དེ་ཐོབ་སྤྲོ་བ་བསྐྱེད། །སངས་རྒྱས་དག་པའི་སྣང་བ་མྱུར་འགྲུབ་ཤོག །སྨིན་བྱེད་བུམ་དབང་ཚུལ་བཞིན་བསྒྲུར་བ་ལས། །ཕུང་ཁམས་རྒྱལ་བ་རིགས་ལྔའི་དཀྱིལ་འཁོར་ལྷ། །མགྲིན་པའི་རྩ་གནས་གསང་བའི་བདུད་རྩིས་གང་། །དེ་ལས་ངག་གནས་སྔགས་སུ་འཆར་བར་ཤོག །བདག་མེད་ཡུམ་གྱིས་འབྲུད་པའི་སྙོམས་འཇུག་གིས། །སེམས་ཉིད་བདེ་སྟོང་ཟུང་འཇུག་ལྷན་ཅིག་སྐྱེས། །བཞི་པའི་དུས་སུ་གསུམ་པའི་ཡེ་ཤེས་ངེས། །ཟབ་མོའི་ཚིག་གས་གནས་ལུགས་རྟོགས་པར་ཤོག །རྣམ་དག་དབང་གིས་སྨིན་པ་དེ་ཡི་ཚེ། །སྔགས་འཆང་རིག་འཛིན་ཀུན་གྱི་སྤྱོད་གཅིག་ལམ། །ལམ་གྱི་རྩ་བ་དབང་བཞིའི་དམ་ཚིག་རྣམས། །མིག་གི་འབྲས་བཞིན་གཅེས་པར་འཛིན་པར་ཤོག །

རྗེ་བཙུན་རིན་པོ་ཆེས། རྡོ་རྗེ་ཐེག་ལ་དད་ཀྱང་མ་སྨིན་པས། །ཟབ་མོ་བསྒོམས་ཀྱང་འབྲས་བུ་ངན་འགྲོ་ལས། །མཆོག་གཞན་མི་

འགྲུབ་སངས་རྒྱས་གསུང་བས་ན། །བླ་མ་མཆོག་ལ་དབང་བསྐུར་ནོད་པར་མཛོད། །དབང་ཐོབ་མན་ངག་ཟབ་མོ་འཚལ་བ་ཡི། །ས་སྟེང་སངས་རྒྱས་ཀུན་དུ་བཙལ་བྱས་ཀྱང་། །ཕན་པའི་དོན་པོ་མན་ངག་དམ་ཚིག་སྟེ། །འདི་མེད་འགྲུམ་པ་ཟད་པའི་ཁང་རྡུལ་བཞིན། ལེགས་པར་སྨིན་པས་དམ་ཚིག་བསྲུངས་བྱས་ན། །རིམ་གཉིས་ཟབ་མོའི་མན་ངག་མ་བསྟེན་ཀྱང་། །སྐྱེ་བ་བཅུ་དྲུག་དག་ནས་འགྲུབ་པོ་ཞེས། །འགྲོ་བའི་རྒྱ་ལག་ཕན་པར་མཛད་པས་གསུངས། །བདག་ནི་ཐོས་ཉུང་ཤེས་རབ་མིག་བྲལ་ཡང་། །དྲི་མེད་རྒྱུད་ལས་ལེགས་གསུངས་མཐོང་བས་ན། །དབང་བླངས་དམ་ཚིག་བསྲུང་བར་མཛོད་ཅིག་ཅེས། །ཀུན་ལ་ཐལ་མོ་སྦྱར་ནས་གསོལ་བ་འདེབས། །ཞེས་གསུངས་པ་ལྟར་ཉམས་སུ་བླང་བར་བྱའོ། །

སྣང་གསུམ་ཐུན་མོང་ལམ་གྱིས་རྒྱུད་སྦྱངས་ནས། །རྒྱུ་རྒྱུད་གཞི་ལ་ཟུང་འཇུག་ལྟ་བ་དང་། །ཐབས་རྒྱུད་ལུས་ལ་དབང་བཞིའི་ལམ་བསྒོམས་ཏེ། །གྲུབ་པ་ཕྱག་ཆེན་འབྲས་རྒྱུད་མངོན་གྱུར་ཤོག །གསལ་སྟོང་ཟུང་འཇུག་ལྷན་སྐྱེས་ཆོས་གསུམ་དང་། །དེ་གསུམ་ལམ་བྱེད་ཉམས་ལེན་ཆོས་གསུམ་སྟེ། །རྒྱུད་གསུམ་སྒོ་ནས་ལྟ་བའི་ལམ་ཁྱེར་གྱིས། །རྒྱུ་རྒྱུད་ཀུན་གཞིའི་གནས་ལུགས་རྟོགས་པར་ཤོག །རྒྱུ་དུས་མ་དག་སྣང་བ་སྣ་ཚོགས་ནི། །རྒྱུ་ཡི་ཆོས་གསུམ་ལས་ཉོན་བགས་ཆགས་ཀྱིས། །རྣམ་པར་བསླད་པའི་ལས་ཀྱི་ཚོ་འཕྲུལ་ཏེ། །ལྷན་སྐྱེས་རྒྱུད་དུས་ཆོས་གསུམ་རྟོགས་པར་ཤོག །ལམ་དུས་ཉམས་ཀྱི་སྣང་བ་སྣ་ཚོགས་འདི། །ལམ་གྱི་ཆོས་གསུམ་བསྐྱེད་རྫོགས་ཏིང་འཛིན་གྱིས། །རྣམ་པར་བསྒྱུར་པའི་ཏིང་འཛིན་ཚོ་འཕྲུལ་ཏེ། །ལྷན་སྐྱེས་ལམ་གྱི་ཆོས་གསུམ་རྟོགས་པར་ཤོག །འབྲས་བུ་དག་པའི་སྣང་བ་སྣ་ཚོགས་འདི། །འབྲས་བུའི་ཆོས་གསུམ་མ་དག་འཁྲུལ་པ་ཡི། །རྣམ་པར་དག་པའི་ཡེ་ཤེས་ཚོ་འཕྲུལ་ཏེ། །ལྷན་སྐྱེས་འབྲས་བུའི་ཆོས་གསུམ་རྟོགས་པར་ཤོག །གཉིད་རྨས་ནད་དང་གདོན་གྱིས་བསླད་པའི་སེམས། །མིག་ཡོད་རབ་རིབ་མྱུར་འཁོར་གྲུར་འཇུག་སོགས། །གསལ་སྣང་ཕྱི་རོལ་མ་གྲུབ་མཚོན་བྱེད་དཔེས། །གང་ཤར་སྣང་བ་སེམས་སུ་རྟོགས་པར་ཤོག །སྣང་བ་སེམས་སུ་བསྒོམ་པའི་ཚེ། བྱང་ཆུབ་ཀྱི་སེམས་བསྒོམ་པ། སྤྱི་བོར་བླ་མ་བསྒོམ་པ། རང་ལུས་ཡི་དམ་དུ་བསྒོམས་པ་སྟེ། སྔོན་འགྲོས་ཆོས་གསུམ། དཔེ་དྲན་པ། དཔེ་དོན་བསྲེ་བ། དེའི་ངང་ལ་བཞག་པ་སྟེ། དངོས་གཞིའི་ཆོས་གསུམ། དགེ་བ་བསྔོ་བ། མ་རྟོགས་པའི་སེམས་ཅན་ལ་སྙིང་རྗེ་བསྒོམ་པ། གནས་གྲོགས་ལོངས་སྤྱོད་སོགས་རྨི་ལམ་ལྟ་བུར་བསྒོམ་པ་སྟེ། རྗེས་ཀྱི་ཆོས་གསུམ་སྟེ། སྔོན་འགྲོ་དངོས་གཞི། རྗེས་གསུམ་གྱི་སྒོ་ནས་ཉམས་སུ་བླང་ངོ་། །སྒྱུ་མ་སྨིག་རྒྱུ་ཆུ་ཟླ་བར་སྣང་གློག །འཕྲོག་ཟླ་དྲི་ཟའི་གྲོང་ཁྱེར་སྤྲིན་དང་གཞའ། །རྨི་ལུར་རྐྱེན་གྱིས་འཁྲུལ་སྣང་མཚོན་བྱེད་དཔེས། །སེམས་སྣང་ཚོགས་ཀུན་སྒྱུ་མར་རྟོགས་པར་ཤོག །ཁ་དོན་མར་མེ་མེ་ལོང་རྒྱ་ཡི་འབུར། །ས་བོན་མེ་ཤེལ་སྒྲ་དང་བྲག་ཅ་སོགས། །མ་སྐྱེས་མ་འཕོས་རྟེན་འབྲུང་མཚོན་བྱེད་དཔེས། །སྒྱུར་སྣང་ཆོས་ཀུན་རྟེན་འབྲེལ་རྟོགས་པར་ཤོག །བྱིས་དགོད་ལྐུགས་མི་གནད་ཕྲུགས་དབང་པོའི་བདེ། །

གསུམ་པ་གསང་སྔོམས་ཕྱག་རྒྱ་གཉིད་ལོག་སོགས། །ཉམས་སུ་མྱོང་ཡང་བརྗོད་བྲལ་མཚོན་བྱེད་དཔེས། །རྟེན་འབྱུང་ཆོས་ཀུན་བརྗོད་མེད་རྟོགས་པར་ཤོག །རྨི་ལམ་སྒྱུ་མ་ས་བོན་གནད་ཕྲུགས་དཔེས། །ཆོས་ཀུན་སེམས་སྣང་སྒྱུ་མ་རྟེན་འབྲེལ་དང་། །དེ་ཉིད་བརྗོད་བྲལ་ཡོངས་སྤྱོད་བརླབས་ཀྱིས་དཔེས། །ཆོས་བཞིན་གཅིག་བསྡུས་ལོག་རྟོག་ཀུན་ཟློག་ཤོག །སྨད་བྱུང་སྤྱོད་པ་རྒྱ་ཆེན་བསོད་ནམས་དང་། །འདིར་ཡུལ་དག་མ་དག་ལ་ཚོགས་བསགས་པ་གཉིས་ལས། གཉིས་པའི་སྐབས་སུ། རྗེ་བཙུན་རྩེ་མོས། ཚད་མེད་བཞི་ཕར་ཕྱིན་ཐེག་པ་ལྟར་བསྒོམ་པ་དང་། གསང་སྔགས་ལྟར་བསྒོམ་པ་གཉིས་ཀྱི་དང་པོ་སྔར་དང་འདྲ་བ་ལས། ཕྱི་མ་ནི། རང་གི་སྙིང་ཁའི་ས་བོན་ལས། ལྷ་མོ་ཕུཀྐ་སིའི། འོད་ཟེར་སྔོན་པོ་སྤྲོས། སེམས་ཅན་ཐམས་ཅད་བྱམས་པ་ཚད་མེད་པ་ལ་བཀོད་པར་བསམ། དེ་བཞིན་དུ་ཤ་ཝ་རིའི། འོད་ཟེར་དཀར་པོ་སྤྲོས་པས། སྙིང་རྗེ་དང་། ཙཎྜ་འདིའི། འོད་ཟེར་སྔོན་དམར་སྤྲོས་པས། དགའ་བ་དང་། ཌོཾ་བྷི་ནིའི། འོད་ཟེར་སྣ་ཚོགས་སྤྲོས་པས། བཏང་སྙོམས་ཚད་མེད་པ་ལ་བཀོད་པར་བསམ་གསུངས། མཆོད་པའི་སྐབས་སུ། མཚོ་སྐྱེས། ཤཱནྟི་པ། ཉིན་འབྱུང་། བྱང་ཆུབ་སྙིང་པོ། རྗེ་བཙུན་སྐུ་མཆེད་རྣམས་ཀྱི། ལྷ་མོ་བརྒྱད་ཀྱི་མཆོད་པ་ཙམ་ཞིག་ལས་གཞན་ལ་བཤད་ལ། རྒྱུད་ཀྱི་དངོས་བསྟན་ཡང་དེ་ཁོ་ནར་སྣང་བས། ལུགས་འདི་གཙོ་བོར་བཟུང་ངོ༑ །ཕྱུལ་བྱུང་ལྷ་བའི་ཟབ་གསལ་ཡེ་ཤེས་ཚོགས། །ཤཱནྟི་པས། སྒྲུབ་ཐབས་འབྲུལ་སྤོང་དུ། སྣང་བ་སེམས་དང་། དེར་སྣང་བའི་སེམས་ཡང་འཁྲུལ་པ་དང་། གཉིས་མེད་ཀྱི་ཡེ་ཤེས་ཁོ་ན་ཤེལ་དག་པ་དང་། སྟོན་ཀའི་ཉི་མ་གུང་གི་ནམ་མཁའ་དྲི་མ་མེད་པ་ལྟར་བལྟ་བ་དང་། དེ་ནས། ཤྲཱུ་ཏ་ར་ཞེས་སོགས་གསུངས། ཡང་ཤཱནྟི་པའི་འགྲེལ་པར། ཐམས་ཅད་གཉིས་ཀྱི་ཚུལ་གྱིས་ཡོད་པ་མ་ཡིན་ལ་ཐམས་ཅད་གཅིག་མེད་པ་གསལ་ཙམ་གྱིས་མེད་པ་མ་ཡིན་ནོ། །ཞེས་དང་། ཡང་ཤཱནྟི་པས། སྟོང་ཉིད་དུ་ཞུགས་པའི་སྣང་མེད་ནི། རྣམ་པར་མི་རྟོག་པའི་ཡེ་ཤེས་དང་། དེ་ལས་བསྒྲུང་འཁོར་བསྒོམ་པའི་སྣང་བར་ལངས་པ་ནི། དག་པ་འཇིག་རྟེན་པའི་ཡེ་ཤེས་ཀྱི་རང་བཞིན་དུ་བཤད་ལ༑ བསྲུང་འཁོར་ནི་མཚན་པ་ཙམ་སྟེ། གཉིས་སུ་མེད་པའི་ཡེ་ཤེས་ཀྱི་གཟུགས་སམ། རྟེན་དང་བརྟེན་པར་བཅས་པའི་དཀྱིལ་འཁོར་དུ་ཤར་བའི་ཚུལ་དུ་བསྒོམ་པའི་དོན་ཏེ། དེ་ནི་བསྐྱེད་རིམ་གྱི་གནད་ཤིན་ཏུ་ཆེ་བ་ཞིག་ཡིན་ནོ། །ཞེས་རྣམ་བཤད་དུ་གསུངས་ཀྱང་འགྲེལ་དུ་ཤྲཱུ་ཏ་ཊའི་རྣྣ་ན་ཏེ། རབ་ཏུ་གསལ་བ་ཙམ་ཡིན་པའི་ཕྱིར་རོ་ཞེས་སོ། །རྗེ་བཙུན་རྩེ་མོས། སྣང་ལ་རང་བཞིན་མེད་པར་བསྒོམ་པ་དང་། སྣང་མེད་དུ་བསྒོམ་པ་གཉིས་ལས། འདི་ནི། སྣང་བ་མེད་པར་བསྒོམ་པའི་ལུགས་སོ། །ཞེས་གསུངས། རྣམ་བཤད་དུ། སོ་སོར་རྟོག་པའི་ཤེས་རབ་ཀྱིས་མ་དཔྱད་པའི་སེམས་འཛིན་མེད་དུ་གནས་པ་ཙམ་ལ། ཡེ་ཤེས་ཚོགས་གསོག་ཏུ་འདོད་པའི་ཕྱོགས་པ་རྣམས་ཀྱིས། ཟབ་གསལ་གཉིས་མེད་ཀྱི་ལྷའི་སྐུ་བསྒྲུབ་མི་ཤེས། བསྐྱེད་རིམ་གྱི་དམིགས་པ་ཇི་ལྟར་བསྟན་རུང་སྲིད་པ་ལས་འདའ་མི་སྲིད་པས་རྒྱུད་འགྲེལ་རྣམས་ལ་སྦྱངས་ནས། དབུ་མའི་གཞུང་ལུགས་རྣམས་ལ་འདྲིས་པར་བྱའོ། །ཞེས་གསུངས། རྗེ་བཙུན་རྩེ་མོས། ཡེ་ཤེས་ཚོགས་གསོག་ལ་དགོས་པ་བཞི་ལས། དགོས་པ་གཉིས་པའི་སྐབས་སུ། ལུས་སོགས་སྟོང་པའི་ཞིང་ས་ལ། བློ་དང་ལྡན་པས་ས་བོན་གདབ། །ཅེས་དང་། ནག་པོ་བཤད་སྦྱར་དུའང་དེ་དང་མཐུན་པར་གསུངས། ཕྱི་ནང་བགེགས་འཇོམས་བསྲུང་བའི་འཁོར་ལོ་ཡིས། །ཀུན་རྫོབ་ཏུ་བསྲུང་

འཁོར་བསྒོམ་ཚུལ་འདི་ལྟར་ཡིན་ཡང་། དོན་ལ་འཁོར་ལོ་གཉིས་མེད་ཡེ་ཤེས་དང་། བསྒྲུབ་བྱ་གཟུང་འཛིན་གྱི་རྟོག་པ་སྟེ། གུར་ལས། ཉོན་མོངས་པ་དང་རྣལ་འབྱོར་རྟོག །ཅེས་འབྱུང་བའི་ཕྱིར། ཁྱད་པར་སྟོན་འགྲོའི་དགོས་པ་ཀུན་འགྲུབ་ཤོག །གཞི་རྒྱུ་རྐྱེན་གསུམ་རོ་གཅིག་འདྲེས་པ་ལས། །ས་ལུགས་པ་ཁ་ཅིག །འདིར་བར་སྲིད་མ་བསྲེས་ཀྱང་འགལ་བ་མེད་གསུང་། མི་འཐད་དེ། རྩ་རྒྱུད་ལས། སྒོམ་པ་པོ་ཡི་རྣམ་འབྱུང་བ། ཞེས་དང་། དེའི་འགྲེལ་པར། ཧྐ་ཕ་ཧྐ་ཏྲས། བསྲེ་བར་བཤད་ཅིང་། བདུད་རྩི་འོད་ལས། ཨེ་ཝཾ་ཉིད་དུ་བདག་དང་ནི། །འདྲེས་གྱུར་དེ་ལས་གཞལ་ཡས་ཁང་། །ཞེས་དང་། མི་ཐུབ་ཟླ་བས། ཡན་ལག་དྲུག་པར། ཨེ་ཝཾ་རྣམ་པར་རབ་ཏུ་འདྲེས། །ཞེས་བཤད་དོ། །ཡང་ཁ་ཅིག །བར་སྲིད་གཉིས་བསྲེ་བ་ཧ་ཅང་ཐལ་ཟེར་ཡང་། གུར་རིགས་བསྡུས་ཀྱི་བསྒྲུབ་ཐབས་ཀྱི་མཚན་དུ། རྗེ་བཙུན་གྱིས་བར་སྲིད་ལྷ་བསྲེ་བར་བཤད་གུར་གྱི་སྒྲོག་ཐག་ཏུ། བར་སྲིད་ནཱ་དའི་རྣམ་པ་དེ་ལ་མར་མེ་གཉིས་མཆེད་ཀྱི་ཚུལ་གྱིས་བསྲེ་བར་བཤད་དོ། །ངོ་བོ་རྣམ་སྣང་རྣམ་པ་གཞལ་མེད་ཁང་། །རྣམ་བཤད་དུ། རང་ཉིད་ངོ་བོ་རྣམ་སྣང་། གཟུགས་རྣམས་གཞལ་ཡས་ཁང་པའི་རྣལ་འབྱོར་གསལ་བའི་ང་རྒྱལ་ལ་སེམས་བཞག་ནས་ཤེས་གསུངས། དུར་ཁྲོད་བརྒྱད་བསྐོར་གདན་བཅས་བསྒོམ་པ་ཡིས། །རྩ་རྒྱུད་དུ། དུར་ཁྲོད་དུ་ནི་མགོན་པོ་རོལ། ཞེས་པ་ཙམ་ལས་ལྷ་བྱུང་། མི་ཐུབ་ཟླ་བའི་ཀྱཻ་རྡོར་གྱི་ཆོས་སྐོར། མངོན་རྟོགས་དོན་གསལ། ཊོཾ་ཀྵི་བ། བྱང་ཆུབ་སྙིང་པོ། མཚོ་སྐྱེས་རྣམས་ཀྱིས་དུར་ཁྲོད་མ་བཤད། ཤཱནྟི་པ། ཉིན་འབྱུང་། གཉིས་མེད་རྡོ་རྗེ། མར་མེ་མཛད། ཛ་ལན་དྷ་རི་པ། རྗེ་བཙུན་སྐུ་མཆེད་རྣམས་དུར་ཁྲོད་བཞེད། དེ་ཡང་རྗེ་བཙུན་སྐུ་མཆེད་ཀྱིས། དུར་ཁྲོད་རྡོ་རྗེ་ར་བའི་ཕྱི་རོལ་ཏུ་བསྒོམ་པ་དང་། ནང་དུ་བསྒོམ་པའི་ལུགས་གཉིས་ཀ་གསུངས། རྒྱ་གཞུང་ཕལ་ཆེ་བའི་དགོངས་པ་ཕྱི་རོལ་ཏུ་བསྒོམ་པ་དེའོ། །ནང་དུ་བསྒོམ་པ་ལ་ཡང་། ར་བ་དང་གུར་གཉིས་ཀའི་ནང་དུ་བསྒོམས་དང་། གཉིས་ཀྱི་དྲག་ཏུ་བསྒོམ་པ་གཉིས། ཕྱི་མ་ནི་ནཱ་རོ་པའི་ཐུགས་དམ། རས་བྲིས་ཐར་པ་ན་ཡོད་པ་ལ་ཡོད། གདན་བསྒོམ་པའི་དགོས་པ། རྗེ་བཙུན་རྩེ་མོས། གདན་བརྒྱད་བསྒོ་བ་བདུད་བཞི་དང་། འབྱུང་བཞིའི་རྣམ་རྟོག་སྤྱངས་པའི་རྟགས་ཡིན་གསུངས། གང་དུ་འཚང་རྒྱའི་ཞིང་ཁམས་དག་པར་ཤོག །

མངོན་བྱང་ལྔ་ལས་རྒྱུ་ཡི་ཧེ་རུ་ཀ །ལྷ་མོ་བརྒྱད་སྦྱོར་ཞུ་བ་གླུས་བསྐུལ་བས། །རྣམ་བཤད་དུ། བདེ་སྟོང་གཉིས་སུ་མེད་པའི་ཡེ་ཤེས། རྣམ་པ་ཐིག་ལེའི་གཟུགས་དེ་ཉིད་ལ་བསྐུལ་བར་བཤད། གླུ་ཡང་གཉིས་མེད་ཡེ་ཤེས་ལ་རྗེ་བཙུན་རྩེ་མོས་བཞེད། འབྲས་བུའི་སྐུར་བཞེངས་འདིར་བདུད་བཞི་བརྩེགས་གདན་དང་། རིན་ཆེན་འབར་བ་དང་། ས་ཆེན་གྱི་གདན་གྱི་དག་པར། བདུད་བཞི་བཀྲམ་གདན་བཤད། བཀྲམ་གདན་བྱེད་པ་ན། ཞབས་གཡས་གཡོན་གཉིས་ཀྱིས་བདུད་རེ་རེ། རྒྱབ་ཀྱི་གཉིས་ཀྱིས་བདུད་གཅིག །མདུན་གྱི་བདག་མེད་མས་བདུད་གཅིག་མནན། འདི་ཇི་ལྟར་བར་རྗེ་བཙུན་རིན་པོ་ཆེའི་ཀྱཻ་རྡོ་རྗེའི་ཐུགས་དམ་ལྟེར་སྐུ་ལ་ཡོད། སེམས་དཔའ་གསུམ་བརྩེགས་ཀྱི། །སྒྲོན་གསལ་དུ། ཁམས་གསུམ་པའི་དམ་ཚིག་སེམས་དཔའི་སྙིང་ཁར་ཡི་གེ་ཡེ་ཤེས་སེམས་དཔའ་བསྒོམས་ནས། སེམས་ནི་ཐིག་ལེར་གྱུར་པ་བཞག །ཅེས་སོ། །དམ་ཚིག་འཁོར་ལོའི་སྐྱེ་གནས་དག་པར་ཤོག །སྣོད་བཅུད་ཞིང་སྦྱོང་དམ་ཚིག་ཡེ་ཤེས་པ། །རོ་མཉམ་བཞི་ཡི་འཁོར་འདས་དབྱེར་མེད་ལ་ངེས་པ་བསྐྱེད་ནས། དམ་མེ་གཉིས

མཆོག་དམན་དུ་འཛིན་པ་མེད་ན། ཡེ་ཤེས་དགུག་གཞུག་མི་དགོས་གསུངས། ཡང་སྔགས་བཟླས་ཤེས་སོགས་གསུངས་པ་ལྟར། བསམ་མི་ཁྱབ་དུ་ཡང་འབྱུང་བས། ལྟ་བ་འཁོར་འདས་དབྱེར་མེད་ལ་ངེས་པ་བསྐྱེད་ནས་གནད་དུ་བསྣུན་པའི་རྣལ་འབྱོར་བས། སྔགས་བཟླ་བ་སོགས་མ་བྱས་ཀྱང་འགལ་བ་མེད་གསུངས། རྟེན་དང་བརྟེན་པར་བཅས་པའི་དཀྱིལ་འཁོར་གཅིག་ཙར་དུ་གྱུར། ཞེས་པའི་དུས་སུ་ཡབ་ཡུམ་གཉིས་ཀའི་དེ་ལྟར་གྱུར་པར་བསམ་ཞིང་། ཡབ་ཀྱི་ལུས་དཀྱིལ་རྫོགས་པའི་མཧྲུག་ཏུ། ཡུམ་གྱི་ལུས་དཀྱིལ་ཀྱང་སྒྲོར་གསུངས། ནང་བསྐྱེད་རིམ་གྱི་གོང་འདིར་ལམ་དུས་ཀྱི་དབང་གནང་། ལུས་དཀྱིལ་ཕོ་བྲང་ལྷ། །མིག་སོགས་བྱིན་རླབས་དབང་བླངས་རྒྱས་བཏབ་པས། །དྲི་མ་ཀུན་སྦྱངས་སྐུ་བཞི་ཐོབ་པར་ཤོག །ནང་མཆོད་བདུད་རྩིས་ཕྱི་ནང་ལྷ་མཉེས་ཤིང་། ། ཁྱབ་བདག་དབང་བཞི་ཆུ་རྒྱུན་གཅིག་མ་ནི། ཁ་ཅིག་གང་ནས་ཀྱང་མ་བཤད་གསུང་ནའང་ཡེ་ཤེས་ཐིག་ལེར་བཤད་དོ། །སྤྲུལ་པ་ལྷ་མོ་བརྒྱད་རྣམས་ཀྱིས། །དཀྱིལ་འཁོར་ལྷ་ལ་མཆོད་རྫས་བསྟོད་དབྱངས་ཀྱིས། །མཆོད་ཅིང་བསྟོད་པས་དགྱེས་པ་བསྐྱེད་པར་ཤོག །རྣམ་བཤད་དུ། ཡེ་ཤེས་ཀྱི་སྣང་བ་ལས་བྱུང་བའི་མཆོད་པ་སྣ་ཚོགས་ཀྱིས་མཆོད་ཕྱིར་ཞེས་གསུངས། མདོར་ན། མདོར་ན་གཞི་གནས་སྐྱེ་འཆི་བར་དོ་གསུམ། །ཇི་ལྟར་གནས་ལན་སྐུ་གསུམ་ལམ་བྱེད་ཀྱི། །བསྐྱེད་རིམ་ཟབ་མོས་རྣམ་བཤད་དུ། ངེས་པ་སྟོང་ཉིད་ལ་དྲངས་ཤིང་། གཟུགས་རྣམས་ལྷར་ཤར་བའི་བསྐྱེད་པའི་རིམ་པ་བསྒོམ་པ་ནི། རྨད་དུ་བྱུང་བའི་གྲོལ་དུ་ཤེས་པར་བྱའོ། །ཞེས་དང་། མདོར་ན་དམིགས་པ་ལྷ་ལ་རྣམ་པ་རང་བཞིན་མེད་པའི་དོན་ངེས་པའི་བློ་ངེས་ཤེས་ཀྱི་འཛིན་སྟངས་སྟོང་ཉིད་ལ་ཞུགས་ཤིང་གཟུང་རྣམ། རྟེན་དང་བརྟེན་པར་བཅས་པའི་དཀྱིལ་འཁོར་གྱི་རྣམ་པར་ཤར་བའི་ཟབ་གསལ་གཉིས་མེད་ཀྱི་རྣལ་འབྱོར་འདི་ལྟ་བུ་བསྒོམས་པས་བདག་འཛིན་རྒྱུ་དང་བཅས་པ་ཞི་བར་འགྱུར་གྱི། ཟབ་གསལ་གཉིས་མེད་དུ་མ་ཤེས་པའི་ལྷ་བསྒོམ་པ་རྣམས་ནི་བདག་འཛིན་འགོག་མི་ནུས་ལ། ཞེས་སོགས་གསུངས། ཐ་མལ་སྣང་ཞེན་ཀུན། །ཐ་ཀ་ནས། ཐ་མལ་རྣམ་པར་རྟོག་པ་ནི། བདག་དང་བདག་གིར་རྣམ་པར་རྟོག་པའོ། །ཞེས་དང་། ཤཱནྟི་པས་ཀྱང་དེ་དང་མཐུན་པར་བཤད། དྭངས་ནས་ཕྱུང་སྟེ་དག་པའི་སྐུ་ཐོབ་ཤོག །དགྱེས་པ་རྡོ་རྗེ་རྩ་གསུམ་འཁོར་ལོ་བཞི། །ཡཾ་ལས་རླུང་གཡོས་རཾ་ཡིག་འབར་བའི་མེས། །སྙིགས་མ་ཀུན་བསྲེགས་ཧཾ་ཡིག་བཞུ་བས་གསོས། །ལྟེ་བར་འབར་འཛག་དབུ་མ་ཁ་འབྱེད་ཤོག །ཟབ་རྒྱས་ཆེས་མཆོག་དག་པ་དྲན་པ་དང་། །དཀྱིལ་འཁོར་བསྡུ་ཞིང་ལྷ་ཡི་ཐུགས་བསྐུལ་བའི། །དངོས་གྲུབ་བསྒྲུབ་བྱེད་བཟླས་ཡང་དེ་ཉིད་ལས། རྫས་སུ་མེད་པའི་ངོ་བོ་སྟོང་པ་ཉིད་ཀྱི་ཡེ་ཤེས་དེ་ཉིད་བསྔགས་ཏེ་ཞེས་གསུངས། སོགས་རྣལ་འབྱོར་གྱིས། །སྤྲུལ་སྐུ་སྒྲུབ་བྱེད་ཐུམ་དབང་མཐར་ཕྱིན་ཤོག །མན་ཉེར། དཀྱིལ་འཁོར་ནི་སྟོང་པ་ཉིད་ཀྱི་ཡེ་ཤེས་ཉིད་ཅེས་གསུངས། འདིའི་སྐོར་གང་བདེར་བདག་མེད་མའི་དབང་དང་། དེའི་བྱིན་རླབས་གནང་། ཐུན་གྱི་སྔོན་འགྲོ། སྦྱང་བ་གསུམ། སྒོམ་པ་གསུམ། གནད་ལ་དབབ་པ་གསུམ་སྟེ། བསམ་གཏན་གྱི་ཡན་ལག་དགུ་དང་། ཡན་ལག་ལྔ་སྦྱོང་བྱེད།

ཁྱབ་བྱེད་ཉི་ཁྲི་ཆིག་སྟོང་དྲུག་བརྒྱའི་རླུང་། །དགུ་བརྒྱ་ཉིས་བརྒྱ་ཉེར་ལྔ་བཅུ་དང་བཞི། །སྲོག་རྩོལ་ཕྱིར

བཏང་ནང་དག་ཁ་སྦྱོར་རླུང་སྦྱོར་བདུན། །འདི་རྣམས་བསམ་གཏན་གྱི་ཡན་ལག་དགུ་སྔོན་དུ་སོང་ནས་ཉམས་སུ་བླངས་པ་རེ་རེ་ལའང་གནད་བཞི་བཞི་སྟེ་ཉམས་སུ་བླང་བའི་ཐབས། མཐར་ཕྱིན་སྐྱོན་སེལ་ཡོན་ཏན་ཀུན་འགྲུབ་ཤོག །གཡས་གཡོན་སྲོག་སྟོལ་སྐྱོན་དང་ཡོན་ཏན་བཅས། །སྐྱོན་ཡོན་འབྱུང་བརྟན་ལྡང་འཇུག་ཕན་ཚུན་སྦྱར། །སྲོག་ལ་འབྲུ་གསུམ་སྦྱར་བའི་རྫོར་བཟླས་སོགས། །མཐར་ཕྱིན་སྐྱོན་སེལ་ཡོན་ཏན་ཀུན་འགྲུབ་ཤོག །ཕྱིར་བཏང་གི་ཡན་ལག་གསུམ་ནི། རྩོལ་བ་བཀག་སྟེ་སྲོག་ནས་བཏང་བ་དང་། །ཞུགས་བསྐྱེད་གཉིས་ཀའི་ལམ་ནས་ཕྱིར་བཏང་ཞིང་། །སྒྲ་བཅས་ཁ་ནས་བཏང་བའི་རླུང་སྦྱོར་རྣམས། །མཐར་ཕྱིན་སྐྱོན་སེལ་ཡོན་ཏན་ཀུན་འགྲུབ་ཤོག །ནང་དུ་འཇུག་པའི་ཡན་ལག་གཉིས་ནི། སྟོལ་བཀག་སྲོག་གི་ལམ་ནས་དགང་བ་དང་། །རྣལ་འབྱོར་དབང་ཕྱུག་གི་ཉམས་ཀྱང་འདི་ལས་སྐྱེས་གསུངས། བཏང་བ་གསུམ་ལ་ཚོགས་སུ། དགང་བ་གཉིས་ལ་དཀྱིལ་དཀྲུངས་ཞེས་གསུངས། སྒྲ་མེད་ཁ་ཡི་ལམ་ནས་དགང་བ་ཡི། །ནང་དུ་དབང་བའི་རླུང་སྦྱོར་མན་ངག་ནི། །མཐར་ཕྱིན་སྐྱོན་སེལ་ཡོན་ཏན་ཀུན་འགྲུབ་ཤོག །ལམ་གྱི་རྩ་བ་ཡོན་ཏན་ཀུན་གྱི་རྒྱུ། །གནས་པ་ལམ་བྱེད་དཔལ་ལྡན་ཀུམ་པ་ཀ །ཉིན་རེའི་ཐུན་ལའང་འཕེལ་བ་རེ་རེ་སྟེ། །རླུང་ནོན་པའི་ཚད་ནི། སྟོལ་བ་ཡང་རབ་རྒྱུན་མི་འཆད། །སྟོལ་བ་རབ་ལ་དྲུག་ཅུ་བཞི། །རྩོལ་བ་འབྲིང་ལ་སུམ་ཅུ་གཉིས། །རྩོལ་བ་ཐ་མ་ངེས་པ་མེད། ། ཅེས་གསུངས་པ་ལྟར། །འདིར་གོམས་པ་དང་ཕུས་མོ་བཙུགས་ནས་སྔར་བཞིན་སྦྱང་། དེ་བྱུང་ནས་ལྡང་འཇུག་སོགས་སྤྱོད་ལམ་ཀུན་ལ་སྦྱང་། མཐར་ཕྱིན་སྐྱོན་སེལ་ཡོན་ཏན་ཀུན་འགྲུབ་ཤོག །དེ་རྣམས་ཀྱི་ཁྲབ་བྱེད་སྔོན་འགྲོ་རླུང་གི་སྦྱོར་བདུན་བསྟན་ནས། དེ་ནི། ཁྲབ་བྲ་མན་ངག་གི་གནད་དགུ་ནི།

ཁྲབ་བྲ་གཏུམ་མོའི་མན་ངག་བརྟེན་མེད་ལྟ། །འཁོར་ལོ་མན་ངག་ལ་བརྟེན་གསུམ་གཅིག་སྟེ། །དེ་དགུ་མན་ངག་གནད་བརྒྱད་དང་སྦྲེལ་བས། །ལྡན་སྐྱེས་ཞུ་བདེའི་དཔལ་ལ་སྤྱོད་པར་ཤོག །གསལ་ཞིང་དྲག་ལ་ཡུན་ཐུང་བ༔ ༔གཏུམ་མོའི་མན་ངག་དག་ལ་གཅེས། །གསུངས་པ་ལྟར་ཉམས་སུ་བླང་དང་ལམ་སྦྱངས། །ལྟ་བ་བསྐྱང་། ཐུན་གྲངས་མེད། ཐུན་ཚར་མེད། ཡིད་འཇུག་ཡུལ་བརྟག །ཁམས་ཚོད་བཟུང་། ཁ་ཟས་དང་སྤྱོད་ལམ་གྱི་ལྟུག་གིས་བསྐྱལ། སེམས་ཉམས་ཀྱི་རྫོར་རྟགས་ཐམས་ཅད་བྱུང་རྒྱལ་དུ་དོར། ལྟེ་འོག་ཀྰ་ཨཾ་འབར་འཛག་མར་མེ་གསོ། །རླུང་གཞུ་མེ་མདའ་ཧཾ་འཕེན་པའི་ཐོག །རླུང་གི་གཞུ་ལ་མེ་ཡི་མདའ། བྱང་སེམས་ཧཾ་གི་འབེན་ལ་བརྡེག །མྱུར་དུ་ཡེ་ཤེས་འཆར་བར་འགྱུར། །བསྐྱུར་བའི་སྦྱོར་བ་མེད་པ་སྟེ། །བླ་མའི་དྲུང་དུ་བསྲད་ལ་དགོག །ཅེས་གསུངས་པ་ལྟར་ཉམས་སུ་བླང་བར་བྱའོ། །རྩ་གསུམ་སྣ་བསྟུན་གསལ་བཏབ་རྩ་ཡི་སྦྱོར། །གཉིས་བསྡུབས་བསྡུབ་ཤིང་འཁོར་ལོ་མཐར་ཕྱིན་ཤོག །སྙིང་ཁའི་ཉི་ཟླ་ཁ་སྦྱོར་རབ་ཏུ་གསལ། །ལྟེ་བའི་དཔའ་བོ་འབའ་ཞིག་བརྟན་ཞིང་གནས། །རོ་རྐྱང་གྱིས་དབུ་མ། ལྷ་པ་ཐིག་ལེའི་རྣལ་འབྱོར་ལ་བཞི་ལས། བཞི་པོ་རིམ་བཞིན། ཁ་དོག་དཀར་དམར་རྣམ་པ་གསལ་བ། ངོ་བོ་བདེ་སྟོང་ཟུང་འཇུག །དཀར་གསལ་བདེ་སྟོང་ཟུང་འཇུག་ཆོས་གསུམ་ལྡན། གསང་གནས་བདེ་

བའི་འཁོར་ལོས་བདེ་བ་བསྐྱེད། །མཛོད་སྤུ་སྒྲ་དཀར་ས་བོན་སྟོབས་རྒྱས་ཤོག །སྤྲུལ་འཁོར་གཅིག་བརྟེན་ཨཾ་འབར་དྲག་ཅིང་རྣོ། །བདེ་མཆོག་ལས། དམར་གསལ་ཟླུང་འཛུག་ཆོས་གསུམ་ལྡན། །སཾ་པུ་ཊི་ལས། སྤྲུལ་ཆོས་གཉིས་བརྟེན་ཧཾ་འབར་རྟགས་རྣམས་སྨུར། །བཞི་བརྟེན་བསྡིག་གསོ་འབར་འཛག་ཉམས་སྐྱེས་བརྟེན། །བརྟེན་བཅས་གསུམ་གྱིས་ཡོན་ཏན་སྨུར་སྐྱེ་ཤོག །ཕྱིའི་དུས་ཀྱི་དྲུག །ནང་རྩའི་དྲུག །གསང་བྱང་སེམས་ཀྱི་དྲུག་སྟེ། ཐབས་འགལ་བཅོ་བརྒྱད་ཙོག་པུའི་ལུས་གནད་ཀྱིས། །དམར་སྐྱ་མེ་འབར་འཐབ་སྒོར་དྲག་ཏུ་འབར། །ཆེར་འབར་ཀུན་འབར་སེམས་ཀྱི་དམིགས་བདུན་གྱིས། །མན་ངག་ལ་བརྟེན་གཏུམ་མོ་མཐར་ཕྱིན་ཤོག ། སྦྱ་མ་སྦྱ་མའི་སྟེང་དུ་ཕྱི་མ་ཕྱི་མ་བསྟན་ནས་བསྒོད། མན་ངག་ལ་བརྟེན་པའི་སྐབས་སུ། བི་རྐྵ་པ། ཡོན་ཏན་ཐམས་ཅད་འབོད་རླུང་འཕེན་པ་ལ་འབྱུང་བས། དེའི་ལུས་གནད་ཙོག་པུ་གནད་ཆེ་བར་འདོད། ནཱ་རོ་པ་སྟེང་རླུང་ནོན་ན་འོག་རླུང་རིལ་བ་ཞབས་ཚགས་ཅན་ལྟར་རང་དབང་མེད་པར་སྡོམས་ནས་འགྲོ་བས་སྟེང་རླུང་གནོན་ལ་དཀྱིལ་དཀྲུགས་གནད་དུ་ཆེ་བར་འདོད། མན་ངག་ལ་བརྟེན་པ་ཞལ་ཆེར་ལ། ལམ་སྦྱངས། ལྟ་བ་བསྒྲུང་བ། ཐུན་གྲངས་ཡོད་དེ་ཐུན་བཞི། ཐུན་ཚད་ཡོད་དེ་རླུང་སྦྱོར་ཉེར་བཞི། ཡིད་འཛུག་ཡུལ་མི་རྟག་སྟེ། ཐུན་གྲངས་དང་ཐུན་ཚད་མ་རྫོགས་བར་དུ་ཡིད་འཛུག་ཀྱང་བསྒོམ། རྫོགས་ནས་སྤྲོ་ཡང་མི་རྣམས་ཁམས་ཚོད་མ་བཟུང་སྟེ། ཁམས་དངན་ཡང་སྒོམ། ཟས་སྤྱོད་ལམ་གྱི་བསྲུལ། ཉམས་བྱུང་རྒྱལ་དུ་བསྒྲང་ངོ་། །དེ་ལྟར་ན་གོང་འོག་གི་ཙཀྲ་ལི་ལ་གསུམ་སྟེ། ཡིག་འབྲུ་གནད་དུ་བསྟུན་པ་སྟུག་པོ་ཙཀྲ་ལི། །ཁམས་འཛག་པ་ལ་གནད་བསྟུན་གང་མ་པ་ཙཀྲ་ལི། །མི་འབར་ལ་དམིགས་གཅེར་བུ་ཙཀྲ་ལི། །ཉོན་མོངས་རྣམ་རྟོག །སྒྲོལ་གཞི་གསལ་ཞིང་ཡངས་ལ་མི་རྟོག་པར་བྱུང་སྟེ། རང་བྱུང་ཡེ་ཤེས་རྣམ་བཞི་སྐྱེ་བར་ཤོག །

ཕྱི་རོལ་ཡུལ་གྱི་རྐྱེན་གཞན་ལ་ལྟོས་པར། །རྡོ་རྗེ་ལུས་ཀྱི་རྩ་རླུང་རྟེན་འབྲེལ་གྱིས། །བདེ་སྟོང་མཆོག་གི་རང་བྱིན་བརླབ་པའི་ལམ། །ཡོངས་རྫོགས་འདུས་པ་དང་པོ་གཏུམ་མོ་རླུང་། །དྲོད་རྟགས་ཀྱིས་ཁྲིད་རྩ་རླུང་རྣལ་འབྱོར་གྱིས། །ལོངས་སྐུ་སྒྲུབ་བྱེད་གསང་དབང་མཐར་ཕྱིན་ཤོག །སྦྱོར་བ་འདུ་ཤེས་གསུམ་གྱིས་བྱིན་གྱིས་བརླབས། །དངོས་གཞི་ཐབས་ཤེས་དགའ་བའི་རོལ་པ་ཡིས། །ཀུན་དུ་བྱང་སེམས་དབབ་བཟུང་དགའ་བཞི་བསྐྱངས། །འཇུག་རྗེས་དྲུག་གིས་ཁྱབ་དགྲམ་རང་གནས་བསྐྱལ། །ཕྱི་རོལ་ཡུལ་གྱི་རྟེན་གཞན་ལ་ལྟོས་པར། །རྡོ་རྗེ་ལུས་ཀྱི་རྩ་ཁམས་རྟེན་འབྲེལ་གྱིས། །ཡས་བབས་དགའ་བཞིའི་དཀྱིལ་འཁོར་ལོ་རྫོགས། །འདུས་པ་བར་པ་ཐིག་ལེ་བདེ་སྟོང་གིས། །ལམ་ཁྲིད་སྨུར་མགྱོགས་ཉའི་རྣལ་འབྱོར་གྱིས། །ཆོས་སྐུ་སྒྲུབ་བྱེད་གསུམ་པ་མཐར་ཕྱིན་ཤོག །འོག་རླུང་བསྒྱོད་པ་ལུས་ཀྱི་ཐ་སྙད་བས་དང་། །འཛིན་པ་ཞི་དྲག་ངག་གི་ཐ་སྙད་བས་དང་། །རྒྱུད་གསུམ་དག་པ་སེམས་ཀྱི་ཐ་སྙད་བས་ཏེ། །བཞི་པའི་ལམ་ལ་གནད་དུ་བསྟུན་པ་ཡི། །ཕྱི་རོལ་ཡུལ་གྱི་རྐྱེན་གཞན་མ་ལྟོས་པར། །རྡོ་རྗེ་ལུས་ཀྱི་རླུང་སེམས་རྟེན་འབྲེལ་གྱིས། །ལས་བརྟན་དགའ་བཞིའི་རྡོ་རྗེ་ཐ་སྙད་བས་རྫོགས། །

འདུས་པ་ཐ་མ་གཉུག་མ་ཡེ་ཤེས་ཀྱིས། །ལམ་ཁྲིད་རྡོ་རྗེ་ཐ་རླབས་རྣལ་འབྱོར་གྱིས། །ཟུང་འཇུག་སྒྲུབ་བྱེད་བཞི་པ་མཐར་ཕྱིན་ཤོག །སྦྱང་གཞི་རྡོ་རྗེའི་རྩ་ལུས་དཀྱིལ་འཁོར་ལ། །སྒྲོ་འདོགས་ཡོངས་གཅོད་ཕྱི་ཡི་བླ་མ་ཡིས། །བསྐྱེད་པ་ཕྱི་དབྱིབས་རྡུལ་ཚོན་དཀྱིལ་འཁོར་དུ། །བུམ་པའི་དབང་བསྐུར་ལུས་ཀྱི་དྲི་མ་དག །ཞིང་ས་གཤིན་དཔེ་ཡོན་ཏན་བརྒྱ་ཕྲག་བདུན། །དང་བྱ་བ་ཕྲག་བདུན་སོགས་ལ་དབང་འབྱོར། བསྐྱེད་རིམ་ལམ་བསྒོམ་ལྷ་བ་ངོ་བོ་ཉིད་གསུམ། །འདའ་ཁ་མ་གོང་འཕོ་བར་དོ་ཡི་དམ་དང་། །རང་སེམས་རོ་གཅིག་དམ་ཚིག་ཉེར་གཉིས་བསྲུང་། །ལུས་བཟ་ལྔ་བསྐུལ་རྩེ་མནན་ངག་བཟ་ཀ་ལ་ཤ །གྲུབ་པའི་མཐར་ཐུག་འཁོར་འདས་དབྱེ་བ་མེད། །རྩ་ཡི་འགྲོས་ཐིམ་འབྲས་བུ་སྤྲུལ་པའི་སྐུ། །རང་བཞིན་ལྷུན་གྲུབ་རྟེན་འབྲེལ་མངོན་གྱུར་ཤོག །སྦྱང་གཞི་ཡི་གེ་བྷ་གའི་དཀྱིལ་འཁོར་ལ། །རང་བྱུང་དོན་སྟོན་ནང་གི་བླ་མ་ཡིས། །ཀུན་རྫོབ་བྱང་ཆུབ་སེམས་ཀྱི་དཀྱིལ་འཁོར་དུ། །གསང་བའི་དབང་བསྐུར་ངག་གི་དྲི་མ་དག །ས་བོན་བཏབ་དཔེ་ཡོན་ཏན་ནུས་པ་ལྔས། །དང་ལྷ་སྐྱངས་ལ་ཐོགས་པ་མེད། ཚིག་གི་མཆོག་གྲུབ་པ་སོགས་སོ། །རང་བྱིན་ལམ་བསྒོམ་ལྷ་བ་རང་བྱུང་དང་། །འདའ་ཀ་འོད་གསལ་བར་དོ་རང་བྱུང་གི། །ཡེ་ཤེས་རྟོག་མེད་དམ་ཚིག་རིལ་བུ་བསྟེན། །ལུས་བཟ་མཐེབ་སྲིན་ངག་བཟ་ཡ་བ་ར། །གྲུབ་པའི་མཐར་ཐུག་མ་འདྲེས་ཡོངས་སུ་རྫོགས། །ཡི་གེའི་འགྲོས་ཐིམ་འབྲས་བུ་ལོངས་སྐུ་ཡི། །རང་བཞིན་ལྷུན་གྲུབ་རྟེན་འབྲེལ་མངོན་གྱུར་ཤོག །

སྦྱང་གཞི་ཁམས་ཀྱི་བདུད་རྩིའི་དཀྱིལ་འཁོར་ལ། །ལྷན་སྐྱེས་དོན་སྟོན་གསང་བའི་བླ་མ་ཡིས། །ཡོངས་བརྟགས་ཕྱག་རྒྱ་བྷ་གའི་དཀྱིལ་འཁོར་དུ། །གསུམ་པའི་དབང་བསྐུར་ཡིད་ཀྱི་དྲི་མ་དག །སྨུ་གུ་སྨིན་དཔེས་ཡོན་ཏན་སྐུ་གསུམ་སོགས། ཡེ་ཤེས་ལྔ་སོགས་སངས་རྒྱས་ཀྱི་ཡོན་ཏན་ཅི་རིགས་ལ་དབང་འབྱོར། དཀྱིལ་འཁོར་ལམ་བསྒོམ་ལྷ་བ་ཡས་བབས་བཞི། །འདའ་ཀ་རྗོར་སེམས་བར་དོ་ལྷན་སྐྱེས་ཀྱི། །བདེ་བ་དམ་ཚིག་བུད་མེད་སྨད་མི་བྱ༔ །ལུས་བཟ་མཆོག་རྒྱ་ངག་བཟ་ཨེ་ཝཾ་མ། །གྲུབ་པའི་མཐར་ཐུག་བདེ་སྟོང་རྒྱ་ཆུང་བ། །བདུད་རྩིའི་འགྲོས་ཐིམ་འབྲས་བུ་ཆོས་ཀྱི་སྐུ། །རང་བཞིན་ལྷུན་གྲུབ་རྟེན་འབྲེལ་མངོན་གྱུར་ཤོག །སྦྱང་གཞི་སྙིང་པོ་རླུང་གི་དཀྱིལ་འཁོར་ལ། །དེ་ཉིད་དོན་སྟོན་མཐར་ཐུག་བླ་མ་ཡིས། །དོན་དམ་བྱང་ཆུབ་སེམས་ཀྱི་དཀྱིལ་འཁོར་དུ། །བཞི་པའི་དབང་བསྐུར་སྒོ་གསུམ་དྲི་མ་དག །ལོ་ཐོག་སྨིན་དཔེ་ཡོན་ཏན་སྐུ་གསུང་ཐུགས། ། མི་ཟད་པ་རྒྱན་གྱི་འཁོར་ལོས་སངས་རྒྱས་ཀྱི་ཡོན་ཏན་ལ་དབང་འབྱོར། རྡོ་རྗེའི་ཐ་བརླབས་ལམ་བསྒོམ་ལྷ་བ་མས་བརྟན་བཞི། །འདའ་ཀ་ཕྱག་ཆེན་བར་དོ་བདེ་སྟོང་གི། །མཆོག་གི་ཡེ་ཤེས་དམ་ཚིག་དགོངས་པ་ཅན། །ལུས་བཟ་མཁའ་མཆོན་ངག་བཟ་འབྲུ་གསུམ་ཨོཾ། །གྲུབ་པའི་མཐར་ཐུག་བདེ་སྟོང་རྒྱ་ཆེ་བ། །རླུང་གི་འགྲོས་ཐིམ་འབྲས་བུ་མཐར་ཐུག་སྐུ། །ཕྱིན

ཀྱིས་སྲོག་ཆགས་བསད་བྱ་སོགས། རང་བཞིན་ལྷུན་གྲུབ་རྟེན་འབྲེལ་མངོན་གྱུར་ཤོག །རྡོ་རྗེ་འཆང་ནས་བརྒྱུད་པ་བར་མ་ཆད་པའི་བླ་མ་ལ་དབང་གིས་མངོན་རྟོགས་བདུན་ཚང་བའི་སྒོ་ནས། རྣམ་དག་དབང་གི་ཆུ་བོ་མ་ནུབ་ཅིང་། །གདམས་ངག་ཐོབ་པའི་སློབ་དཔོན་དེ་ཉིད་ལ་རྒྱུད་དབང་ཐོབ་པའི་སྒོ་ནས། ཉམས་མྱོང་བྱིན་རླབས་བརྒྱུད་པ་མ་ཉམས་འཕེལ། །ཟབ་མོ་གདམས་པའི་སྨྲ་མ་ལོག་པར། །དབང་དང་གདམས་ངག་འདབ་ཆགས་སུ་འབྲེལ་བ་ཞིག་དགོས་ཏེ། མན་ངག་དབང་འབྲེལ་བ། དབང་མན་ངག་དང་འབྲེལ་བ་ཞེས་གསུངས་པའི་ཕྱིར། དེ་རྣམས་བྱུང་ན་འདི་ནས་བཤད་པའི་མྱོང་བ་སྣ་གཅིག་མི་སྐྱེ་མི་སྲིད་པས། ཡིད་ཆེས་མོས་གུས་བསམ་པ་རབ་ཆེམ་ཤོག །དེ་ལྟར་ཁྱད་པར་བཞི་ལྡན་རྨད་བྱུང་ལམ། །འབྲེལ་རྟོགས་དབང་ཁྲིད་གསང་བཅུས་རྒྱས་གདབ་ནས། །གདམས་པ་གཞུང་རྗོགས་བསྒྲུབ་པའི་ལུང་སྦྱིན་ཏེ། །སྣོད་ལྡན་སློབ་མ་རྗེས་སུ་འཛིན་པར་ཤོག །ཐུན་མོང་གི་ཐེག་པས་རྒྱུད་མ་སྨིན་པ་ལ་དབང་མི་བསྐུར། དབང་མ་བསྐུར་བ་ལ་གདམས་ངག་མི་བསྟན། དེ་མ་བསྟན་པ་ལ་གཞུང་ མི་བཤད། དེ་མ་བཤད་པ་ལ་ལུང་མི་སྦྱིན། ལུང་མ་སྦྱིན་པར་རྒྱས་མི་གདབ་བོ་གསུངས།

དེ་ལས་ལངས་པའི་རྗེས་ཐོབ་ཐུན་མཚམས་སུ། །གང་ཤར་ཀྱེ་རྡོར་རྟེན་དང་དཀྱིལ་འཁོར་ལྷ། །གང་གྲགས་ཟབ་མོ་སྔགས་ཀྱི་ཡི་གེའི་སྒྲ། །གང་བསམ་ཏིང་འཛིན་མཆོག་ཏུ་འཆར་བར་ཤོག །རྫོགས་སངས་རྒྱས་ནས་བརྒྱུད་པ་བར་མ་ཆད། །གྲུབ་ཆེན་ཀུན་གྱིས་འདི་བསྒོམས་འདི་ཡིས་གྲོལ། །དཔྱད་གསུམ་དག་པའི་རྨད་བྱུང་གྲུབ་པའི་སྲོལ། །སངས་རྒྱས་དགྱེས་པའི་ལམ་བཟང་བླ་ན་མེད། །ཧེ་རྒྱུད་ཀྱི་འགྲེལ་པ་བཅུ་གཉིས། བཤད་རྒྱུད་གཉིས་ལ་འགྲེལ་པ་གཉིས་གཉིས་ཏེ། རྒྱུད་གསུམ་ལ་འགྲེལ་པ་བཅུ་དྲུག །དེ་དག་གི་ཆ་ལག་ཆོས་བྲན་དཔག་ཏུ་མེད་པ་ཞིག་འགྱུར་ཞིང་། ས་སྐྱ་པ་ཆེན་པོའི་དུས་དེ་དག་ཕལ་ཆེ་བའི་བཤད་པ་དང་ལུང་སོགས་ཕལ་ཆེར་ཡོད་ནའང་། དེ་ནས་ད་ལྟའི་བར་དུ་མ་ཞིག་ཆད་པ་འདྲ་གསུངས། གསུང་ངག་གི་སྐོར་ལའང་། སྲོལ་དཔག་ཏུ་མེད་པ་ཞིག་བྱུང་ནའང་། ས་སྐྱ་པའི་ལུགས་ཁྱད་པར་ཅན་འདི་ལ་གཏོགས། གཞན་རྣམས་འགའ་ཞིག་ལུང་རེ་རེ་ཙམ་མ་གཏོགས། ཕལ་ཆེར་བརྒྱུད་པ་ཆད་པ་འདྲ་གསུངས། འགའ་ཞིག་གསང་སྔགས་རྙིང་མའི་རྒྱུད་ཀྱི་ཁྲིད་ན། ལམ་འབྲས་རྡོ་རྗེ་ཚིག་རྐང་སྐོར་ཞེས་སྨྲ་བ་དང་། འགའ་ཞིག་མ་མོའི་རྒྱུད་ལུང་ཁྲིད་ན་ལམ་འབྲས་ཀྱི་བརྡ་མང་པོ་སྣང་ཞེས་སྨྲ་བ་དང་། འགའ་ཞིག་ཧེ་རུ་ཀ་གལ་པོའི་རྙིང་མའི་རྒྱུད་ན་ཏིང་ངེ་འཛིན་གསུམ་དང་། དྲོད་གསུམ་ལ་སོགས་པ་ལམ་འབྲས་ཀྱི་ཆོས་སྐོར་གྱི་བརྡ་མང་པོ་སྣང་ཞེས་ཟུར་ཟ་བ་དག་སྣང་མོད། དེ་ལྟ་ན། སངས་རྒྱས་པའི་ཆོས་རྣམ་དག་གི་བརྡ་མང་པོ་ཕྱི་རོལ་པ་ལའང་སྣང་བ་དང་། མདོ་རྒྱུད་རྣམ་དག་དང་། ཁྲིད་གཞུང་རྣམ་དག་གི་བརྡ་ཆད་མང་པོ་བླུན་པོ་དག་གིས་བརྐུས་ཏེ་བོན་ལའང་བསྲེས་པ་མང་པོ་སྣང་མོད། དེ་ཙམ་གྱིས་ཆོས་རྣམ་དག་མ་དག་པ་དང་། གཅིག་ཤོས་དག་པར་ག་ལ་འགྱུར། དེས་ན་རྒྱུད་སྡེ་རྩོད་མེད་ནས་བཤད། གྲུབ་ཆེན་གྱིས་བཀྲལ། བསྒོམས། སྙན་རྒྱུད་ཚད་མ་བཞི་ལྡན་གསུང་ངག་རིན་པོ་ཆེ་ལྟ་བུ་ནི། རྒྱ་བོད་གཉིས་ན་ཆོས་ཚུལ་རྣམས་ཀྱི་ནང་ནས་ཆེས་མཆོག་ཏུ་འགྱུར་རོ། །དུས་ཀྱི་ཟུང་འཇུག་ལུགས་གཉིས་གཉིས་མེད་སྲོལ། །འདིར་གཉིས་མེད་ཀྱི་རྒྱུད་ལའང་། ཟབ་པ་གཉིས་མེད་ཀྱི་རྡོ་རྗེ་དང་། རྒྱ་ཆེ

བ་གཉིས་མེད་དུས་ཀྱི་འཁོར་ལོའི་སྒྲོལ་གཉིས། ཀྱེ་རྡོ་རྗེ་ལ་འང་། བཤད་པའི་སྒྲོལ་ལ་ཤིང་རྟའི་སྒྲོལ་ཆེན་པོ་དྲུག །མན་ངག་ལམ་འབྲས་ཀྱི་སྐོར་ལ་འང་། ཕྱི་རྫོ་འབྲོམ། ཞང་སྟོན། ཞམ། ཀོ་བྲག །མངའ་ལམ། ཕྱ་གན། རྫོ་ནང་། དབང་རྒྱལ། ས་སྐྱ་པ། ལྕེ་སྒོམ། མཐའ་རྩ་ལུགས་ཏེ། སྒྲོལ་ཆེན་བཅུ་གཉིས། འཇོ་བོ་ལྷས་པའི་བླ་མ་སངས་རྒྱས་བསྒོམ་པ་ལ། ལམ་འབྲས་མི་གཅིག་པ་བཅོ་བརྒྱད་ཀྱི་བཀའ་ཡོད་པར་གྲགས། རྡོ་རྗེའི་ཚིག་རྐང་མ་འགྱུར་དྲུག་ཡོད། དེ་ཡང་། འབྲོག་མི། ཕྱི་རྫོ། འབྲོམ་གསུམ་གྱི་རྒྱ་དཔེ་དང་བསྡུན་ནས་བསྒྱུར། ཕྱ་གན། རྫོ་ནང་། ཀུན་སྤྱངས་ཆེན་པོ་གཉིས་ཀྱིས། རྒྱ་དཔེ་ལ་བརྟེན་པར་བསྒྱུར། གཟུངས་ཀྱི་དཔལ་བའི་ཡིག་ཆར། པཎྜི་ཏ་ར་ཧུ་ལའི་འགྱུར་ཡང་ཡོད་པར་གསུངས།

ཟབ་རྒྱས་གཏིང་དཔག་དཀའ་མོད་དེ་ལྟ་ནའང་། །ཟུང་འཇུག་སྐྱེ་ལམ་དབང་དང་རིམ་པ་གཉིས། །དེ་ལས་གཙོ་བསྡུས་མཐར་ཐུག་ཉམས་ལེན་འདི། །གནས་གསུམ་མཁའ་འགྲོའི་སྲོག་སྙིང་མྱུར་ཁྱད་ལམ། །ཆེས་མཆོག་ཡང་སྙིང་མི་འགྱུར་བདེ་བ་མཆོག །སྐལ་དམན་སྐྱེ་བོ་འཇུག་གམ་མིན་ཡང་རུང་། ། སྐལ་ལྡན་འདི་བསྒོམ་འདི་ཡིས་གྲོལ་བར་ཤོག །རིམ་གཉིས་ཏིང་འཛིན་གོམས་པ་མངོན་གྱུར་ནས། །སྤྲོས་བཅས་སྤྲོས་མེད་ཤིན་ཏུ་སྤྲོས་མེད་ཀྱིས། །སྤྱོད་པས་མཐའ་སྤྱུར་ལྟ་བས་བོགས་དབྱུང་སྟེ། །དགྱེས་པ་རྡོ་རྗེའི་ས་ལམ་ཀུན་བསྒྲོད་ཤོག །ཚིག་ཕྲེང་སྨྲ་བས་མ་ངོམས་དེ་དོན་བསྒོམ། །དེ་ནས་བཟུང་སྟེ་ཀྱེ་རྡོར་རྣལ་འབྱོར་པ། །ཞེས་བྱར་མིང་ཐོབ་ཀུན་གྱིས་མཆོད་པ་དང་། །སྐྱེ་བོའི་ཐོད་བཞིན་རྒྱན་དུ་བསྟེན་པར་ཤོག །འབུམ་ཕྲག་སུམ་ཅུ་དྲུག་དང་བཅུ་དྲུག་བརྒྱད། །ཀུན་ལས་ཟབ་རྒྱས་ཀྱེ་རྡོར་རྩ་བཤད་རྒྱུད། །རྣལ་འབྱོར་དབང་ཕྱུག་སྨད་བྱུང་ལམ་སྒྲོལ་དེར། །ཐར་འདོད་སྐྱེ་བོ་རིང་ནས་འཇུག་པར་ཤོག །མཁས་རྣམས་གྲགས་པ་གཙོར་འཛིན་ཚིག་ལ་ཞེན། །སྒོམ་ཆེན་འཚོ་བའི་རྗེས་འབྲང་གྱ་ཚོམས་བསྒོམ། །འགྲོ་གཞན་དོན་མེད་བྱ་བས་ཚེ་ལོ་འདའ། །དེ་རྣམས་ཀུན་ཀྱང་ཚུལ་འདིར་འཇུག་པར་ཤོག །འཕགས་པའི་ཡུལ་དང་གངས་རིའི་ཁྲོད་འདིར་ཡང་། །ཉི་ཟླ་ལྟར་གྲགས་དགྱེས་པ་རྡོ་རྗེ་ཡིས། །ཕྱི་ནང་བསྐྱེད་རིམ་མཆོག་དབང་གསུམ་གྱི་ལམ། །ཐུན་བཞིར་བསྒོམས་པས་ཚེ་འདིར་མཆོག་ཐོབ་ཤོག །གལ་ཏེ་ཚེ་འདིར་སངས་རྒྱས་མ་ཐོབ་ན། །འཆི་ཚེ་དཔའ་བོ་མཁའ་འགྲོའི་ཚོགས་རྣམས་ཀྱིས། །མཁའ་སྤྱོད་གནས་སུ་སྤྲུལ་པའི་ལྷ་དགུ་ཡི། །ཀྱེ་རྡོར་དཀྱིལ་འཁོར་དབུས་སུ་འཁྲིད་པར་ཤོག །དུས་དེར་ཟབ་མོའི་ལམ་ལ་འབད་པ་ན། །བདེ་སྟོང་དབྱེར་མེད་ཟུང་འཇུག་ཏིང་འཛིན་གྱིས། །སྣང་བྱའི་བག་ཆགས་མ་ལུས་ཀུན་སྤངས་ཏེ། །དགྱེས་པ་རྡོ་རྗེའི་གོ་འཕང་བརྙེས་པར་ཤོག །ཁྱད་པར་དགྱེས་པ་རྡོ་རྗེའི་ཤིང་རྟའི་སྒྲོལ། །རྗེ་བཙུན་རྣལ་འབྱོར་དབང་ཕྱུག་ཕྱེ་བ་བཞིན། །རང་ཉིད་བསྒྲུབ་དང་གཞན་ལ་འདོམས་པ་ལ། །ལེགས་མེད་ཕྱོགས་དུས་ཀུན་དུ་རྒྱས་བྱེད་ཤོག །ཆེན་པོ་རྣམས་ཀྱིས་ལན་བརྒྱར་བསྔགས་པ་ཡི། །སྙན་རྒྱུད་ཚད་མ་བཞི་ལྡན་གྲུབ་པའི་

གྲོལ། །དཔྱོད་ལྡན་མཁས་པ་མགུ་བསྐྱེད་རྩོད་བྲལ་བ། །ལམ་བཟང་འདི་དང་མཇལ་བ་བླ་མའི་དྲིན། །

༄ ན་མོ་གུ་རུ་ཝེ། དུས་ཀྱི་འཁོར་ལོ་དཔལ་ལྡན་རྡོ་རྗེ་འཆང་། །ཟླ་བཟང་ལ་སོགས་སྤྲུལ་པའི་ཆོས་རྒྱལ་བདུན། །པད་མ་དཀར་སོགས་རིགས་ལྡན་ཉེར་དྲུག་ལ། །ཕྱག་འཚལ་གསོལ་འདེབས་སྙིང་ནས་སྐྱབས་སུ་མཆི། །སྤྲུལ་པའི་སྐྱེས་མཆོག་དུས་ཞབས་ཆེ་ཆུང་གཉིས། །གནས་ལྔ་རིགས་པའི་པཎ་ཆེན་ཟླ་བ་མགོན། །ལམ་བཟང་གསལ་མཛད་སློམ་པ་དཀོན་མཆོག་བསྲུངས། །ཕྱག་འཚལ་གསོལ་འདེབས་སྙིང་ནས་སྐྱབས་སུ་མཆི། །གཞན་ཕན་ཉེར་དགོངས་སློ་སྟོན་གནམ་ལ་རྩེགས། །ཆོས་ཀྱི་སྤྱན་ལྡན་གྲུབ་ཆེན་མི་སྐྱོད་རྡོ་རྗེ་ཡུ་མོའི་ཞབས། །རིགས་སྲས་དམ་པ་ཛྙཱ་ན་ཤྲཱི་ལས། །ཕྱག་འཚལ་གསོལ་འདེབས་སྙིང་ནས་སྐྱབས་སུ་མཆི། །ཐོས་དོན་བསྒྲུབ་བརྩོན་རྗེ་བཙུན་ནམ་མཁའ་འོད། །ཐུན་མོང་མཆོག་བརྙེས་གྲུབ་ཐོབ་སེ་མོ་ཆེ། །རྣམ་དཔྱོད་མཚུངས་མེད་འཇམ་གསར་ཤེས་རབ་འོད། །ཕྱག་འཚལ་གསོལ་འདེབས་སྙིང་ནས་སྐྱབས་སུ་མཆི། །སངས་རྒྱས་སྤྲུལ་པའི་གཟུགས་འཛིན་ཆོས་སྐུ་འོད། །ཀླུང་སེམས་དབང་འགྱུར་ཀུན་སྤངས་གྲུབ་པའི་རྗེ། །དེ་སྲས་ཐུ་བོ་རྒྱལ་སྲས་སེམས་དཔའ་ཆེན། ཕྱག་འཚལ༔ མཁས་བཙུན་རྟོགས་པས་རྒྱུད་ཕྱུག་ཡོན་རྒྱལ་པ། །ཀུན་མཁྱེན་གྲུབ་པའི་དབང་ཕྱུག་རྗེ་ནང་པ། །དཔལ་ལྡན་ཕྱོགས་ལས་རྣམ་རྒྱལ་དུས་ཞབས་པ། །ཕྱག་འཚལ༔ གྲོ་ས་མཁས་བཙུན་སྤྱང་ལུང་རིན་པོ་ཆེ། །བཀའ་དྲིན་གསུམ་ལྡན་རྩ་བའི་བླ་མ་སོགས། །དུས་ཀྱི་འཁོར་ལོའི་རྩ་བརྒྱུད་བླ་མ་ལ། །ཕྱག་འཚལ་གསོལ་འདེབས་སྙིང་ནས་སྐྱབས་སུ་མཆི། །

རྗེ་རིན་པོ་ཆེ་གསེར་མདོག་ཅན་པའི་དྲུང་དུ། ཟབ་ལམ་སྦྱོར་ཁྲིད་དུ་ཞུས་པའི་བརྒྱུད་པ་ནི། གོང་དུ་བཤད་པ་ལྟར་ཡིན་ལ། དེའི་དྲུང་དུ། སྦྱོར་དྲུག་སྦྱོར་ཁྲིད་དུ་ཞུས་ཤིང་། མཆོག་དབང་གོང་མ་གསུམ། ཕྱོགས་པའི་ཁྲིད་ཡིག་གི་དཔེ་ལུང་དང་བཅས་པ་ཐོབ། དཔལ་དུས་ཀྱི་འཁོར་ལོའི་སྐུ་གསུང་ཐུགས་ཡོངས་རྫོགས་ཀྱི་དཀྱིལ་འཁོར་ཆེན་པོར། དབང་གོང་ཆེན་དང་བཅས་ཏེ་དབང་ཡོངས་རྫོགས་ཐོབ་པའི་རྣ་ལུགས་ཀྱི་བརྒྱུད་པ་ནི། དུས་ཀྱི་འཁོར་ལོ། ཟླ་བ་བཟང་པོ། ལྷ་དབང་། གཟི་བརྗིད་ཅན། ཟླ་བས་བྱིན། ལྷའི་དབང་ཕྱུག །སྣ་ཚོགས་གཟུགས། ལྷའི་དབང་ལྡན། འཇམ་དབྱངས་གྲགས་པ། པད་མ་དཀར་པོ། འཇམ་དབྱངས་སྤྲུལ་པ། དུས་ཞབས་ཆེ་ཆུང་གཉིས། །མཉྫུ་ཀཱིརྟི། ས་མནྟ་ཤྲཱི། རྭ་ཆོས་རབ། རྭ་ཡེ་ཤེས་སེང་གེ། རྭ་འབུམ་སེང་། རྗེ་བཙུན་ཀྭ་ཡོ། བླ་མ་ཤེས་རབ་སེང་གེ། གུ་རུ་དཔལ་སེང་། ཀུན་མཁྱེན་བུ། སྐུ་ཞང་སྤྲེ་གཉིས་པ་སངས་རྒྱས་དཔལ། སྐྱེ་མོ་སྐུ་ཞང་སངས་རྒྱས་དཔལ་འགྱུར། སྟག་ལུང་ཀ་བཞི་པ་རིན་ཆེན་བཀྲ་ཤིས། །རྗེ་རིན་པོ་ཆེ་གསེར་མདོག་ཅན་པ། དེས་བདག་ལའོ། །འབྲོམ་ལུགས་ཀྱི་བརྒྱུད་པ་ནི། ཤཱཀྱ་ཐུབ་པ། ཟླ་བ་བཟང་པོ། ལྷ་དབང་། གཟི་བརྗིད་ཅན། ཟླ་བས་བྱིན། ལྷའི་དབང་ཕྱུག །སྣ་ཚོགས་གཟུགས། ལྷའི་དབང་ལྡན། འཇམ་དབྱངས་གྲགས་པ། པད་དཀར། བཟང་པོ། རྣམ་རྒྱལ། བཤེས་གཉེན་བཟང་པོ། ཕྱག་དམར། ཁྱབ་འཇུག་སྲས་པ། ཉི་མ་གྲགས། ཤིན་ཏུ་བཟང་། རྒྱ་མཚོ་རྣམ་རྒྱལ། རྒྱལ་ཀ་ཉི་མ།

སྣ་ཚོགས་གཟུགས། ཟླ་བའི་འོད། མཐའ་ཡས། ས་སྐྱོང་། དཔལ་སྐྱོང་། དུས་ཞབས་ཆེ་ཆུང་། ཟླ་བ་མགོན་པོ། འབྲོམ་ལོ་ཙྪ་བ། སྒོམ་པ། དཀོན་མཆོག་བསྲུང་། སྒྲོ་སྟོན་གནམ་ལ་བརྩེགས། ཡུ་མོ་མི་སྐྱོད་རྡོ་རྗེ། སྲས་དྷརྨ་ཤྭ་ར། གྲུབ་ཐོབ་ནམ་མཁའ་འོད། གྲུབ་ཆེན་སེ་མོ་ཆེ། འཛམ་གསར་ཀུན་མཁྱེན་ཆོས་སྐུ། ཆོས་རྗེ་ཀུན་སྤངས་པ། བྱང་སེམས་རྒྱལ་བ་ཡེ་ཤེས། ཀུན་མཁྱེན་འཕགས་འོད། ཀུན་མཁྱེན་བུ། དེ་མན་གོང་དེ་དང་འདྲ། དུས་ཀྱི་འཁོར་ལོའི་བཤད་བཀའི་བརྒྱུད་པ་ནི། བླ་མ་ཤེས་རབ་སེང་གེ་ཡན་དབང་དང་འདྲ་བ་ལས། དེ་ནས་རོང་པ་རྡོ་རྗེ་མཚན། ཀུན་མཁྱེན་བུ་ལས་བརྒྱུད་དེ་ར་ལུགས་དང་། འཛམ་གསར་ཡན་འདྲ། ཕ་ལས། ཆག་ལོ། ཤེས་རབ་སེང་གེ། རྡོ་རྗེ་རྒྱལ་མཚན། ཀུན་མཁྱེན་བུ། སྐུ་ཞང་སངས་རྒྱས་དཔལ། སྐུ་ཞང་སངས་རྒྱས་དཔལ་འབྱོར། སྐུ་ལུང་ཀ་བཞི་པ། རྗེ་གསེར་མདོག་ཅན་པ། དེའི་དྲུང་དུ། བསྡུས་རྒྱུད། འགྲེལ་ཆེན་དྲི་མེད་འོད་བུ་མཆན་དང་བཅས་པ། ཀུན་མཁྱེན་བུས་མཛད་པའི་དུས་འཁོར་ཆོས་འབྱུང་། ས་བཅད་སོགས་ཐོབ། གཞན་ཡང་རྗེ་ཉིད་ཀྱིས་མཛད་པའི་ཆོས་ཕྲན་སོགས་དུས་འཁོར་གྱི་སྐོར་རྣམས་ཐོབ། གྲུབ་ཆེན་མོན་རྫོང་པའི་དྲུང་དུ། ཟབ་ལམ་སྦྱོང་ཁྲིད་དུ་ཞུས་པའི་འབྲོ་ལུགས་ཀྱི་བརྒྱུད་པ་ནི། ཀུན་མཁྱེན་ཆེན་པོ་ཡན་སྔར་དང་འདྲ་བ་ལ། དེ་ནས། མཁས་བཙུན་ཀུན་རྡོར། བྱ་བྲལ་ཆོས་རྗེ། འཛམ་དབྱངས་ཀུན་དགའ་སེང་གེ། གྲུབ་ཆེན་མོན་རྫོངས། དེས་བདག་ལའོ། །གཞན་དེའི་དྲུང་དུ། ཤ་བ་རིའི་སྦྱོར་དྲུག དཔེ་མེད་མཚོའི་སྦྱོར་དྲུག ཤཱཀྱ་ཤྲཱིའི་སྦྱོར་དྲུག གསང་འདུས་ཀྱི་རྫོར་སོགས་ནས་བཤད་པའི་སྦྱོར་དྲུག །དུས་ཞབས་སྙན་བརྒྱུད། ཉི་ཟླ་བསྒྲུབ་པ། སྦས་པ་མིག་འབྱེད། ཡེ་ཤེས་སྒྲུབ་བསྒྲུབ། ཉི་མ་དཔལ་ཡེ་ཤེས་ཀྱི་སྦྱོར་དྲུག་སོགས་རྒྱ་གཞུང་དང་། གཞན་ཡང་། ཙ་མིའི་སྦྱོར་དྲུག །ཀ་ལོའི་སྦྱོར་དྲུག་ས་ལུགས་སུ་གྲགས་པ། མན་ལུང་གུ་རུའི་སྦྱོར་དྲུག་ཁྲིད་ལུང་སྦྱོར་དང་བཅས་པ། ཇོ་ནང་ཀུན་སྤངས་པས་མཛད་པའི་ཟབ་ལམ་གྱི་ཁྲིད། ཉ་དབོན་ཀུན་དགས་མཛད་པའི་ཟབ་ལམ་གྱི་ཁྲིད། གྲུབ་ཆེན་ཡུ་མོས་མཛད་པའི་ཟབ་ལམ་གྱི་ཡིག་ཆ། གཉོས་དབང་རྒྱལ་གྱིས་མཛད་པའི་ཟབ་ལམ་གྱི་ཡིག་ཆ་སོགས། བོད་ཀྱིས་མཛད་པའི་སྦྱོར་དྲུག་གི་སྐོར་མཐའ་ཡས་པ་ཐོབ། རྒྱ་བོད་ཀྱི་ཟབ་ལམ་གྱི་མན་ངག་ཐམས་ཅད་ཕྱོགས་གཅིག་ཏུ་བསྒྲིགས་ནས། ཁྲིད་ཡིག་ངོ་སྤྲོད་བཅས་པ། ཀུན་མཁྱེན་བུས་མཛད་པ་ཐོབ་པའི་བརྒྱུད་པ་ནི། ཀུན་མཁྱེན་བུ། མཁས་བཙུན་ཀུན་རྡོར། བྱ་བྲལ་ཆོས་རྗེ། འཛམ་དབྱངས་ཀུན་དགའ་སེང་གེ། གྲུབ་ཆེན་ཕོན་རྫོངས། དེས་བདག་ལའོ། །རྗེ་བླ་མས་མཛད་པའི་ཁྲིད་ཡིག་གི་བརྒྱུད་པ་ནི། རྗེ་བླ་མ། ལོ་ཆེན་སྐྱབས་མཆོག །ཆོས་རྗེ་རྡོ་རྗེ་དཔལ། གྲུབ་ཆེན་མོན་རྫོང་། དེས་བདག་ལའོ། །པཎ་ཆེན་ཕྱོགས་ལས་རྣམ་རྒྱལ་གྱིས་མཛད་པའི་ཐོད་རྒལ་གྱི་སྦྱོར་དྲུག་བརྒྱུད་པ་ནི། ཀུན་མཁྱེན་བུ། ལོ་ཆེན་བྱང་རྩེ། ལོ་ཆེན་གྲགས་རྒྱལ། པཎ་ཆེན་ཕྱོགས་ལས་རྣམ་རྒྱལ། གྲུབ་ཆེན་ལོན་རྫོངས། དེས་བདག་ལའོ། །ཡང་སྦྱོར་དྲུག་ཉེ་བརྒྱུད་ནི། རྡོ་རྗེ་འཆང་། ཤ་ཝ་རི། ཀུན་མཁྱེན་རིན་ཆེན་ཤཱཀྱ། གྲོ་ས་མཁས་བཙུན་བསོད་ནམས་སེང་གེ །སྤྱང་ལུང་པ། རྗེ་གསེར་མདོག་ཅན་པ། དེས་བདག་ལའོ། །

དུས་ཀྱི་འཁོར་ལོ་རྗེ་བཙུན་སྣ་ཚོགས་ཡུམ། །སྐུ་དང་གསུང་ཐུགས་ཡེ་ཤེས་རྡོ་རྗེ་ཡི། །དྲུག་བརྒྱ་སོ་དྲུག་དཀྱིལ་འཁོར་ལྷ་ཚོགས་རྣམས། །ཕྱག་འཚལ་གསོལ་འདེབས་སྙིང་ནས་སྐྱབས་སུ་མཆི། །དུས་ཀྱི་འཁོར་ལོའི་བསྲུང་མར་བཀའ་བསྒོས་ཤིང་། །ཁས་བླངས་དམ་བཅས་དཔལ་ལྡན་རྡོ་རྗེ་ཤུགས། །ལས་བྱེད་ཕོ་ཉ་བསྲུང་མ་

དྲུག་ཅུ་སོགས། །བསྟན་པ་བསྲུང་བའི་དམ་ཅན་རྒྱ་མཚོའི་ཚོགས། །བདག་ཅག་དུས་ཀྱི་འཁོར་ལོའི་རྣལ་འབྱོར་པ། །འཁོར་བཅས་ཀུན་ལ་བུ་བཞིན་སྐྱོང་བ་དང་། །ཐུབ་བསྟན་སྤྱི་དང་དུས་ཀྱི་འཁོར་ལོ་ཡི། །བཤད་བསྒྲུབ་བསྟན་པ་རྒྱས་པར་མཛད་དུ་གསོལ། །རྣམ་དག་དབང་གིས་སྨིན་ཞིང་དམ་ཚིག་ལྡན། །སྨིན་སྒྲུབ་རྣམ་བཞི་ཟབ་ལམ་རྣལ་འབྱོར་དྲུག །ཐུན་བཞིའི་རྣལ་འབྱོར་མི་ཉམས་རྒྱུན་པོ་དེ། །དུས་ཀྱི་འཁོར་ལོའི་བླ་མ་ལྷར་བཅས་འབུལ། །སྣོད་བཅུད་དག་པར་མ་རྟོགས་ཐ་མལ་ཞེན། །ལྷར་སྣང་སྟོང་པར་མ་ཤེས་གྱ་ནོམ་པའི། །མཚན་འཛིན་ཆོས་སུ་ཞེན་པའི་ཉེས་སོགས་གང་། །འགྱོད་པས་མཐོལ་ཞིང་སྡོམ་པའི་སེམས་ཀྱིས་བཤགས། །གང་སྣང་ལྷ་སྒྱུར་གསལ་བའི་བསྐྱེད་རིམ་དང་། །ལྷར་སྣང་སྟོང་པའི་ཡེ་ཤེས་རྫོགས་རིམ་མཆོག་དང་། །བསྐྱེད་རྫོགས་ཟུང་འཇུག་དུས་འཁོར་རྣལ་འབྱོར་པ། །རྡོ་རྗེ་འཛིན་པ་ཀུན་ལ་རྗེས་ཡི་རང་། །དུས་འཁོར་ཁང་བཟང་ཕྱི་ནང་གཞན་གསུམ་གྱི། །རྒྱ་ཡིས་དམ་བཅིངས་མ་སྨྲས་ལེགས་ཕྱེ་ནས། །ཟབ་ཅིང་རྒྱ་ཆེ་དབང་བཤད་མན་ངག་གི། །དུས་ཀྱི་འཁོར་ལོའི་ཆོས་ཀྱི་བདུད་རྩི་སྩོལ། །དུས་ཀྱི་འཁོར་ལོའི་རྩ་བརྒྱུད་བླ་མ་དང་། །དྲུག་བརྒྱ་སོ་དྲུག་དཀྱིལ་འཁོར་ལྷ་ཚོགས་རྣམས། །གདུལ་བྱ་དག་པའི་སེམས་ཀྱི་རྒྱུ་གཏེར་དུ། །སྒྲིབ་མེད་རྟག་འཆར་གསུས་པས་གསོལ་བ་འདེབས། །དུས་ཀྱི་འཁོར་ལོ་སྨད་བྱུང་གྲུབ་པའི་ལམ། །ས་བཅུའི་བྱང་སེམས་ཆེན་པོའི་བཞེད་ཇི་བཞིན། །འཁྲུལ་མེད་ཉམས་ལེན་བགྱིས་པའི་དགེ་སོགས་གང་། །དུས་ཀྱི་འཁོར་ལོའི་བྱང་ཆུབ་ཕྱིར་བསྔོའོ། །བདག་ཀྱང་དེང་ནས་བྱང་ཆུབ་མ་ཐོབ་བར། །ལེགས་གསུངས་འདུལ་བའི་བསྟན་ལ་ལེགས་ཞུགས་ནས། །བཤེས་གཉེན་དམ་པ་རིང་ནས་ཚོལ་བ་དང་། །རྗེ་བཙུན་བླ་མས་རྗེས་སུ་འཛིན་པར་ཤོག །

ཕྱི་ནང་རིག་གནས་ཀུན་ལ་མ་རྨོངས་ཤིང་། །སྔགས་གཞུང་རྒྱ་མཚོའི་དོན་ལ་གོམས་པ་རབ། །ཁྱད་པར་དུས་ཀྱི་འཁོར་ལོའི་རྒྱུད་སྡེ་ལ། །ཐོས་དང་བསམ་པས་ཡིད་ཆེས་སྙེད་པར་ཤོག །རིག་གནས་ཀུན་ལ་བསླབ་སྦྱངས་མཐར་ཕྱིན་ནས། །སྨད་བྱུང་མཁས་པའི་བྱ་བ་རྣམས་གསུམ་གྱིས། །གཅིག་ཏུ་བསྟན་པ་འབའ་ཞིག་ཉེར་དགོངས་ཏེ། །སངས་རྒྱས་བསྟན་པ་ཆེས་ཆེར་གསལ་བར་ཤོག །དེ་ནས་འདུ་འཛིའི་རྣམ་གཡེང་ཀུན་སྤངས་ཏེ། །གངས་དང་རི་སུལ་ནགས་ཀྱི་ཁྲོད་རྣམས་སུ། །གང་བྱུང་ཚོག་ཤེས་ཚངས་སྤྱོད་གྲོགས་དང་བཅས། །ཚེ་འདི་བློས་བཏང་བསྒྲུབ་ལ་བརྩོན་པར་ཤོག །ཆོས་གོས་གསུམ་དང་ལྷུང་བཟེད་མཁར་བསིལ་དང་། །རྡོ་རྗེ་དྲིལ་བུ་ཁ་ཊྭཾ་ཅང་ཏེའུ་སོགས། །ཕྱི་ནང་རྟགས་ཀྱི་ཉེར་མཁོ་ཙམ་འཛིན་ཞིང་། །སོ་སོའི་བསླབ་ལ་ཚུལ་བཞིན་སློབ་པར་ཤོག །རྣམ་དག་འདུལ་བའི་ཁྲིམས་ཀྱིས་ལེགས་བསྡམས་ཤིང་། །རྒྱལ་སྲས་སྤྱོད་པའི་བསམ་སྦྱོར་སྨད་དུ་བྱུང་། །གསང་ཆེན་ལམ་གྱི་བསྐྱེད་རྫོགས་ཟུང་འཇུག་གིས། །སྡོམ་གསུམ་ལམ་གྱི་ཉམས་ལེན་འཁྲུལ་མེད་ཤོག །སྨིན་

བྱེད་བུམ་དབང་ཚུལ་བཞིན་བསྐུར་བ་ལས། །ཕུང་ཁམས་རྒྱལ་བ་རིགས་ལྔའི་དཀྱིལ་འཁོར་ལྷ། །མཁྱེན་པའི་རྩ་གནས་གསང་བའི་བདུད་རྩིས་གང་། །དེ་ལས་ངག་གནས་སྔགས་སུ་འཆར་བར་ཤོག །སྣ་ཚོགས་ཡུམ་གྱིས་འབྱུང་བའི་སྙོམས་འཇུག་གིས། །སེམས་ཉིད་བདེ་སྟོང་ཟུང་འཇུག་ལྷན་ཅིག་སྐྱེས། །བཞི་པའི་དུས་སུ་གསུམ་པའི་ཡེ་ཤེས་དེས། །ཟབ་མོའི་ཚོགས་གནས་ལུགས་རྟོགས་པར་ཤོག །རྣམ་དག་དབང་གིས་སྨིན་པ་དེ་ཡི་ཚེ། །སྔགས་འཆང་རིག་འཛིན་ཀུན་གྱི་བསྒྲོད་གཅིག་ལམ། །ལམ་གྱི་རྩ་བ་དབང་བཞིའི་དམ་ཚིག་རྣམས། །མིག་གི་འབྲས་བཞིན་གཅེས་པར་འཛིན་པར་ཤོག །དག་པ་གསུམ་ལྡན་རྡོ་རྗེའི་ལུས་ལ་ནི། །རྒྱལ་བ་རིགས་དྲུག་ཡན་ལག་དྲུག་བཀོད་དེ། །ཁྲོ་བོའི་དབང་པོ་དཔལ་ལྡན་རྡོ་རྗེ་ཤུགས། །རྡོ་རྗེ་འཇིགས་བྱེད་ནི། དུས་འཁོར་ཉིད་ཡིན་ཞིང་། རྡོ་རྗེ་ཤུགས་ནི་རེ་ཞིག་ས་བཅུ་པའི་རྣམ་པར་གནས་པས། དེ་གཉིས་མི་གཅིག་ཅེས་ཕྱོགས་པ་གསུངས། བཅུ་ཕྲག་དྲུག་སྦྱོར་བགེགས་ཀུན་ཚར་གཅོད་ཤོག །

ཟད་པར་སོགས་ཀྱི་ཕྱག་མཚན་ལ། བི་ཙྪ་རི་གྲི་གུག་རྣ་ཚོས་རབ་ཚངས་མ་སོགས་ཀྱི་ལག་ཆ། རོང་པ་ཤོར། སེང་ཁྲི་མོ་བཅུའི་ལག་ཆ། དུས་འཁོར་བ་ཡེ་རིན་ཡུམ་བཞིའི་ལག་ཆ། ལྡོ་པ་གྲུབ་སེང་མཉམ་བཞག་གི་ཕྱག་རྒྱ་སོགས་འདོད་ནའང་། རང་ལུགས་ཡུམ་བཞིའི་ཕྱག་མཚན་འཛིན་པར་འདོད་ཅེས་ཀུན་མཁྱེན་བུ་གསུངས། བོ་དོང་རིག་རྩེ། གཟའ་བཅུའི་ཕྱག་མཚན་གང་ཡིན་ཞེས་འདྲི་བའི་ཡི་གེ་བཀུར་བས། རྗེ་བཙུན་ཏ་ལོས། སྨིན་སྨྲིག་ནི་སྐབས་ཀྱི་མེ་ལྷའི་ཕྱག་མཚན་སྐབས་ཀྱི་གཟིགས་ཟེར་བའི་ཡིག་ལན་བཀུར་བས། བྱས་མ་བྱས་མི་འདུག་རིགས་ལྡན་གྱི་སྲུལ་པ་ཡིན་པར་འདུག་གསུངས་ནའང་། འདི་ལའང་ཁམས་དང་། ཕྱོགས་དང་། འགོད་ཚུལ་སོགས་མི་མཐུན་པ་ཅི་རིགས་སུ་འདུག་ནའང་། ཡུགས་ས་མོ་དང་མི་འགྲོགས་ཏུ། ཡུལ་ན་མགོ་གཙང་མ་དེ་ལས་མེད་ཟེར་བའི་ཁ་སྐུགས་བཞིན་འདུག །ཅེས་བུ་གསུངས། རྣ་པའི་བླ་མ་གོང་མ་རྣམས། རང་རང་གི་ཕྱོགས་ཀྱི་མེ་ལྷའི་ཕྱག་མཚན་རྣམས། གཟའ་རྣམས་ཀྱིས་ཕྱག་མཚན་དུ་བཞེད། ཕྱོགས་པ་དེའང་མི་འཐད་ཅིང་། གཟའ་བཅུ་པོ་ཉི་ཟླའི་དཀྱིལ་འཁོར་ཉིད་དང་། སྐར་མའི་རྣམ་པ་ཉིད་ལ། ཕྱོགས་མདོག་གི་འོད་ཀྱི་རྣམ་པ་དང་ལྡན་པ་བསྒོམས་པས་ཚོག་གསུངས། ཁ་ཅིག །སྐབས་མཚམས་ཀྱི་ཁྲོ་བོ་ཞལ་གཅིག་ཕྱག་བཞི་པར་འདོད་མོད། བསྲུང་འཁོར་སྐབས་འདིར། ཞལ་གསུམ་ཕྱག་དྲུག་པ་ཡིན་ནོ། ཞེས་ཕྱོགས་པ་གསུངས། ཀུན་གསལ་སྒྲིབ་མེད་ནམ་མཁའི་དཀྱིལ་འཁོར་དུ། །ཆོས་མཆོག་ཁྱད་འཕགས་ཞིང་གི་དམ་པ་ལ། །སྒོ་གསུམ་ཚོགས་བསག་བསོད་ནམས་མཚན་མོའི་མགོན། །ཡར་གྱི་ངོ་བཞིན་གོང་ནས་གོང་འཕེལ་ཤོག །རྒྱས་བཤད་དུ་ཕྱག་འཚལ་བ་མ་བྱུང་ཡང་། དོན་ལ་བྱུང་བས་འཇུག་དགོས་ཤིང་། དེ་བཞིན་དུ། གསོལ་བསྐུར་གཉིས་ཀྱང་འཇུག་དགོས་གསུངས། འབྱུང་བ་བཞི་རིམ་ལྟར་ཡང་ནམ་མཁའ་དང་། །ནམ་མཁའ་སྟོང་པ་སྟོང་པ་འོད་གསལ་དུ། །མཉམ་གཞག་ཟབ་མོས་འཆི་སྲིད་ཀུན་སྦྱངས་ཏེ། །ཡེ་ཤེས་ཉི་མས་སྒྲིབ་ཀུན་སེལ་བར་ཤོག །དངོས་པོ་མེད་ལ་སྒོམ་པ་མེད། ཅེས་སོགས་ཚིགས་བཅད་འདི་རྩ་རྒྱུད་ན་ཡོད་གསུངས་ནའང་། ད་ལྟ་

གསང་འདུས་ན་ཡོད། དུས་འཁོར་བ་ས་ཆུ་མེ་རླུང་ནམ་མཁའ་ཡིན་པས། འདིར་བཤད་པ་དང་འགལ་སྙམ་ན། སྐྱོན་མེད་དེ། འདིར་འཇིག་རྟེན་འཇིག་པའི་རིམ་པ་མཚན་ཉིད་པ་དང་བསྟུན་པ་ཡིན་ཏེ། འདིར་ཆུས་མེ་ཉམས་པར་བྱས་པ་ནི། མེ་བདུན་གྱིས་འཇིག་རྟེན་བསྲེགས་ནས། མེ་ཉམས་པ་དེ་རང་ཉམས་ལ་འགྲོ། དེ་ཏིང་མེ་མེད་པའི་རྒྱུ་མཚན་གྱིས། ས་ཆུ་ལ་ཐིམ་སྟེ་ལན་ཚྭ་བཞིན་དུ་ཆུ་ནང་དུ་ཞུ་ནས་ཆུར་འགྱུར་ཏེ། མཐར་ཆུ་ཉིད་ཀྱང་སྐམས་ནས་འགྲོ་སྟེ། ཆུས་འཇིག་རྟེན་འཇིག་པའོ། །དེ་ནས་རླུང་གིས་ཆུ་སྐམས་ཏེ། འཇིག་རྟེན་རླུང་གིས་འཇིག་པ་ན། ཁ་ཅིག་རླུང་གིས་འཐོར་བར་འདོད། ཁ་ཅིག་རླུང་གིས་སྐམས་ནས་ཧེ་ཆུང་དུ་འགྲོ་བ་ཡིན་གསུངས། སྐབས་འདིར། འགྲེལ་ཆེན་དུ། རྟུལ་ཕྲ་རབ་ཀྱི་ཆོས་ཉིད་ལས་འདས་པ་སྟོང་པ་ཉིད་ཀྱི་གཟུགས་སུ་རྣམ་པར་བསྒོམ་ཞེས་གཟུགས་སུ་བྱས་པ་ཡོད་པས། ཁ་ཅིག་ཅི་མེད་ཅང་མེད་དུ་བསྒོམ་ཟེར་བ་འདིས་བཀག་པ་ཡིན་ཞེས་བུ་གསུངས།

བསྙེན་པ་ཉེ་བསྒྲུབ་རྒྱལ་མཆོག་རྣམ་པ་གཉིས། །སྒྲུབ་དང་སྒྲུབ་ཆེན་ཐིག་ལེ་ཕྲ་མོ་ཡི། །རྣལ་འབྱོར་བཞི་ཡིས་སྟོན་དུས་བར་དོ་ཡི། །སྲིད་པ་ཀུན་སྦྱངས་བསྐྱེད་རིམ་མཐར་ཕྱིན་ཤོག །སྟོང་གསལ་གཉིས་མེད་ཆོས་ཀྱི་འབྱུང་གནས་དབུས། །འབྱུང་བཞི། རླུང་གི་དཀྱིལ་འཁོར་སྟེང་འོག་དུ་གཞུའི་རྣམ་པ་ཡིན་མཐའ་སྐོར་དུ་རླུམ་པོ་ཡིན་ཞེས། གུ་རུ་དཔལ་སེང་གསུང་། རླུང་ནས་དགྲ་གཅན་བར་རླུམ་པོ་པོ་ཞེས་རོང་པ་རྗོར་རྒྱལ་གསུང་། འབྲི་དུས་ལ་དགོངས་པ་འདྲ་ཞེས་བུ་གསུངས། ལྷུན་པོའི་སྟེང་གི་སྣ་ཚོགས་པད་མ་ཟླ་ཉི་དགྲ་གཅན་རྣམས། གཙོ་བོའི་གདན་ཞེས་ཕྱོགས་པ་གསུངས། ལྷུན་པོ་པད་ཟླ་ཉིན་མོའི་མགོན། །དགྲ་གཅན་སྟེང་དུ་བསྲུང་འཁོར་མཆོག་བསྒོམས་པས། །ཕྱི་ནང་ཉེར་འཚེའི་བར་ཆད་མེད་པར་ཤོག །བཀོད་ལེགས་དབྱིབས་མཛེས་སྣ་ཚོགས་རྒྱན་གྱིས་སྤྲས། །གྲུ་བཞི་སྒོ་བཞི་རྟ་བབས་དང་བཅས་པའི། །སྐུ་གསུང་ཐུགས་ཀྱི་ཁང་བཟང་། རོང་པ་ཤེར་སེང་གཞལ་ཡས་ཁང་བརྩེགས་མར་བཞེད། ཕྱིས་ཁྲམས་ཁྲ་བཞིན་བཞེད། རོང་པ་ཆོས་མགོན། ཁ་བྱེར་གདན་དུ་འོང་བ་འགལ་མེད་ཟེར། རྩེ་མོ་ན་ཕར་ཡོད་པར་འདོད། རོང་པ་ཤེར་སེང་ནུར་དུ་རྡོ་རྗེའི་རྒྱན་པ་གུའི་རྩེ་མོའི་ནུར་དུ་འབབ་སྣ་བཞིན་བཞེད། ཕྱིས་ནོར་འདུག་གསུང་ནས། འགྲམ་རྩ་ར་བཞེད། ཏིག་པ་རང་ཅིག་ཤེན་མི་ཤེས་འདུག་ཅེས་བུ་གསུངས། འདིར་ཁ་ཅིག །གཡུལ་སྐྱོར་གྱི་དབུས་སུ་ཟེར་བ། ལུགས་གཞན་འཆུགས་པ་ཡིན་གྱི། འདི་བའི་ལུགས་ལ། དེ་བཞིན་དུ་རྟུལ་གྱི་སྟེང་དུ་ཁྲུ་བའོ། །ཁྲུ་བའི་སྟེང་དུ་ཀུན་གཞིའི་རྣམ་པར་ཤེས་པ་དྲི་ཟའི་སེམས་ཞེས་བཤད་པས། གཡུལ་མི་སྐྱོར་ཞེས་སུ་གསུངས། བསྒོམས་པ་ལས། ཞིང་མཆོག་དག་པ་མྱུར་དུ་འགྲུབ་པར་ཤོག །ཕྱག་འཁོར་ནང་དུ་ཡེ་ཤེས་འཁོར་ལོའི་དབུས། །ཟླ་ཉི་དགྲ་གཅན་འདོད་ལྷ་དྲག་པོའི་སྟེང་། །འདོད་ལྷའི་ཕྱག་མཚན་མེ་མདའ་ལ། རོང་པ་ཤེར་སེང་མདའ་དམར་པོ་གསུམ་འཛིན་པ་མཛད། བསོད་ནམས་འོད་ཟེར། མེ་རང་ཡིན་ཟེར་མེ་འདའ་ཞེས་པ་ལན་མང་པོ་བྱུང་། འགྲེལ་པ་མེད་པས། ཏིག་པ་མི་ཤེས་འདུག །ཞེས་བུ་གསུང་། མེ་ཏོག་གི་མདའ་ལྔ་ཞེས་ཕྱོགས་པ་གསུངས། རོང་པ་ཤེར་སེང་། མོ་རང་གཉིས་ཀྱི་ཁྲོ་བོའི་ཆང་པ་ནས་འཐེན་པ་ཡིན་གསུང་། ཐར་ལོ་ཆུང་མ་གཉིས་ཀྱིས་ཏུ་ཞིང་འདི་འདྲ་མི་མཛད་པར་ཞུ་ཞེས། བཅོམ་ལྡན་འདས་ཀྱི་ཞབས་ལ་འདུ་བར་རྩོམ་པ་ཡིན་གསུངས། དུས་

ཞབས་པས་བཞེངས་པའི་ལྀཻར་སྐུ་ལའང་འདི་ཀ་ཡོད་པར་འདུག་པས། འཐད་ཅེས་བུ་གསུངས། **མཛོན་བྱུང་ལྷ་ལས་ཁྱབ་བདག་འཁོར་ལོའི་མགོན།** །རས་སྟོན་མ་རྣམས་དང་། ཆོས་རྗེ་ཀུན་སྤྱངས་པ་ཕྱག་ཉེར་བཞི་ཞེས་བཤད་ཀྱི། དཔྱང་པ་ཉི་ཤུ་རྩ་བཞི་ཞེས་མ་གསུངས་ཟེར་ནས། ཕྱག་མགོ་གྱིས་པ་ཡིན་ཞེས་གསུངས། རྣ་ཕྱི་མ་རྣམས་དང་། ཤོངས་པ་སོགས། དཔྱང་པ་ནས་གྱིས་པར་བཞེད་དེ། དུས་ཞབས་པ་ཆུང་བས་བཞེངས་པའི་ལྷ་ཁང་ལའང་དེ་བཞིན་ཡོད་པར་འདུག་པས་དཔྱང་བསྐྱེད་འཐད་ཅེས་བུ་གསུངས། འགའ་ཞིག་རྩ་ཞལ་དང་རང་མདོག་འདྲ་ཟེར་ཏེ། ཤར་གྱི་ཞལ་ནག་པོ་མཆེ་བ་གཙིགས་པ་ཞེས་གསུངས་པས། མི་འདྲ་ཞེས་བུ་གསུངས། རྡོ་རྗེའི་བརྒྱན་ནི། དབྱིབས་རྡོ་རྗེ་བྲུས་པའི། ཡང་ན་རྡོ་རྗེ་སྟོང་པ་ཉིད་དེ། སྟོང་པ་དབྱིབས་རྒྱན་དུ་བྲུས་པ་ཞེས་བུ་གསུངས། རལ་པའི་ཅོད་པན་ནི། སྤྱི་བོའི་སྐྲའི་སྣེ་མོ་ཐམས་ཅད་ནང་དུ་བསྡུས་ནས་བཅིངས་པའི་མདུད་པའི་སྣེ་མོ་ཡང་ནང་དུ་སོང་བ་ཞིག་ཡོད་ཅེས་བུ་གསུངས། ཡུམ་དང་མི་སྦྱོར་ན་སྟག་ལྤགས་མགོ་བོ་གཡས་དང་། མཇུག་མ་གཡོན་དུ་བསྟན་ནས་གྱོན་པ་ཡིན་ལ། ཡུམ་དང་སྦྱོར་ན་གྲོལ་བ་དང་། འཕྱར་བ་གཉིས་ཡོད་ཅེས་བུ་གསུངས། **སྣ་ཚོགས་ཡུལ་དང་སྙོམས་འཇུག་དགའ་བའི་སྒྲས།** །སྣ་ཚོགས་ཡུམ། བླ་མ་གོང་མ་རྣམས་ཀྱིས། ཡུམ་བརྗེར་མོ་དང་། ནུས་མཤམ་ཐབས་ཅན་མཛད་པར་སྣང་སྟེ། ཐམས་ཅད་གཙོ་བོའི་ཡུམ་ཡིན་པར་འདྲ་བས། ཤམ་ཐབས་ཡོད་མཉམ་མེད་མཉམ་ཅིག་རིགས་ཞེས་བུ་གསུངས། བཅོམ་ལྡན་འདས་ཀྱི་མདུན་ཞལ་ནག་པོ། བཅོམ་ལྡན་འདས་ཀྱི་རྒྱབ་ཞལ་ནི་སྔོན་པོ། རྡོ་རྗེ་ཤུགས་ཀྱི་སྔོན་པོ། ལྷ་མོ་དཀར་སེར་གཉིས་ཀྱི་ནག་པོ། ལྷ་མོ་དམར་སེར་གཉིས་ཀྱི་སྔོན་པོ་ཡིན། འདི་དག་འདྲ་ཞེས་ཁ་ཅིག་བཞེད་དེ། མི་འདྲ། རྣམ་དག་མི་གཅིག་བུ་གསུངས། འཕགས་འོད། དུས་འཁོར་འདི་མི་གཤིས་ངན་རེག་མི་བཟོད་པ་དང་འདྲ་གསུངས། **རིགས་གསུམ་དཀྱིལ་འཁོར་ལྷ་ཚོགས་སྤྱན་དྲངས་སྟེ། །རང་ལུས་བསྟིམ་དང་དབྱུག་བརྒྱ་པོ་དྲུག་གི། །དཀྱིལ་འཁོར་ལྷ་ཚོགས་ཕྱི་རོལ་སྤྲོས་པ་ལས། །ཞིང་ཁམས་དབང་ཡུལ་སྒྲིབ་ཀུན་བྲལ་བར་ཤོག** །དཀྱིལ་འཁོར་སྤྱི་བོ་ནས་ལུས་ལ་འཇུག་པར་བཤད། ཡང་ཁ་ཅིག །པད་མར་གཞལ་ཡས་ཁང་མི་བསྐྱེད་ཟེར་ཏེ། རྟེན་དང་བརྟེན་པའི་མཚན་ཉིད་ཅེས་གསུངས་པས། བསྐྱེད་པར་བསྟན་ཞེས་བུ་གསུངས།

སྣ་ཚོགས་ཡུམ་གྱིས་འཁྱུད་པའི་བཅོམ་ལྡན་འདས། །སྙོམས་འཇུག་གཏུམ་མོ་འབར་བས་ཐིག་ལེའི་གཟུགས། །ཡུམ་ལས་ གླུ་དབྱངས་ལྷ་ཡིས་བསྐུལ་བ་ན། །སྣང་སྟོང་དབང་པོའི་ལུས་སུ་བཞེངས་པའི་སྐུའི། །ཁཅིག་དཀྱིལ་འཁོར་རྒྱལ་མཆོག་གི་རྗེས་སུ་སྐུའི་རིགས་རྣམས་ཨོཾ། གསུང་གི་རིགས་རྣམས་ཨཱཿ ཐུགས་ཀྱི་རིགས་རྣམས་ཧཱུྃ་ལ་བསྡུས་ནས་ཞུ། དེ་ནས་གླུས་བསྐུལ་གྱི་ངོ་བོར་བཞེངས་ཟེར་ཏེ། དེ་ལྟ་ན། གླུས་བསྐུལ་མཁན་ཡང་མེད་པར་འགྱུར། ཁ་ཅིག །དཀྱིལ་འཁོར་རྒྱལ་མཆོག་གི་ལྷ་ལ་བསྡུས་པར། གཙོ་བོ་ཡབ་ཡུམ་ཞུ། དེ་ལ་ལྷ་མོས་བསྐུལ་ཏེ། དེའི་ངོ་བོར་བཞེངས། དེ་ནས་ལྷ་སྦྱོར། སྔར་གྱི་རྣམས་ལ་ཡེ་ཤེས་ལ་འཇུག་པ་ལྟར་ཐིམ་པར་འདོད། ཀུན་མཁྱེན་བུ་དེའང་མ་ཡིན། རང་ལུགས་གཙོ་བོ་ཡབ་ཡུམ་ཞུ། འཁོར་རྣམས་མ་ཞུ་བར་ལྷ་མོས་བསྐུལ་བ་ནས། དེའི་ངོ་བོར་བཞེངས་མ་ཐག སངས་རྒྱས་ནམ་མཁར་གནས་པ་རྣམས་དམ་ཚིག་གི་དཀྱིལ་འཁོར་གྱི་དོན་དུ་རང་ལུས་མ་

བཅུག་སྟེ། ལྷ་ཐམས་ཅད་རང་ལ་བསྡུ། དེ་ནས་ཤེས་རབ་ཀྱི་བདུད་རྩི་སྦྱོར་བ་ཡིན་གསུངས། རོང་པ་ཤེར་སེང་། འགྲོ་བས་དཀྱིལ་འཁོར་རྒྱལ་མཆོག་ཆད། རྣ་པས་ལས་རྒྱལ་མཆོག་ཆད་རང་ཅག་སྟོན་བཞིན་ཞེས་ལས་རྒྱལ་མཆོག་ཡང་། དཀྱིལ་འཁོར་རྒྱལ་མཆོག་བཞིན། རྟེན་དང་བརྟེན་པར་བཅས་པའི་དཀྱིལ་འཁོར་རྩ་རྩེ་བསྒོམ་པར་གསུངས་པ་བཞིན་བྱེད་གསུངས། དེ་ནན་ལྷར་མེད་ཅིང་། ཕྱག་ལེན་བཟང་བས་དེ་བཞིན་བྱེད། །ཡང་ན་མི་བསྒོམ་པ་ངོས་རང་སླའོ། །ཞེས་བུ་གསུངས། ཀྱི་རྡོའི་ལུགས། གླུས་བསྐུལ་རྐྱང་པ་ལ་ཉི་ཤུ་བྱས་པས། ཚད་མེད་བཞི། ལྷ་མོ་བཞི། ཡུལ་བཞི། འབྲས་བུ་བཞི་བྱས་པ་འདུག་སྟེ། རང་ཅག་ལས་རྒྱལ་རིལ་པོ་ལ་ཉི་ཤུ་བྱས་ཏེ། སྔར་བཤད་པ་བཞིན་ནམ། ཡང་ན་ཞུ་བ་ལྔ། བཞེངས་པ་ལྔ། སྐུ་གསུང་ཐུགས་ཡེ་ཤེས་ཀྱི་རྒྱས་གདབ་བཞི། ཡབ་ཡུམ་གཉིས་ཀྱི་སྐུ་གསུང་ཐུགས་བྱིན་རླབས་གསུམ་གསུམ་སྟེ་བྱིན་རླབས་དྲུག་གོ། །ཞེས་བུ་གསུངས། རྣམ་སྨྲུལ་དམ་ཚིག་ཡེ་ཤེས་འཁོར་ལོ་གཉིས། །རོ་མཉམ་དབང་བསྐུར་རྒྱས་གདབ་བཞི་སོགས་ཀྱི། །གཙོ་བོ་ལ་རྒྱས་གདབ་བྱ་མི་དགོས་སྟེ། སངས་རྒྱས་རྣམས་ཀྱི་བསྐྱེད་པ་པོ་ཡིན་པའི་ཕྱིར་དང་། མི་སྐྱོད་པ་ཅོད་པན་དུ་གྲུབ་ཟིན་པའི་ཕྱིར་ཞེས་ཕྱོགས་པ་གསུངས། ལས་རྒྱལ་མཆོག་གི་རྣལ་འབྱོར་བསྒོམ་པའི་ཚེ། །ལས་རླུང་གཡོ་མེད་གནས་སུ་འཇུག་པར་ཤོག །ལས་རྒྱལ་སྐབས་སུ་ཁྲོ་བོ་དབང་ཤེས་ལ་དག་པ་སྦྱར། གཞན་ཕྱུང་ཁམས་པོ་དྲུག་ཏུ་བྱས་པ་ནི་ཁྲོ་བོ་ལས་དབང་ལ་སྦྱར་བ་ཡིན་པས་འགལ་བར་མི་བསམ། ཞེས་བུ་གསུངས། ཕྱི་རོལ་འཛིན་རྟེན་ཁམས་དྲུག་རྡོ་རྗེའི་ལུས། །དུས་ཞབས་པའི་དབང་མདོར་མདོར་བསྟན་གྱི་འགྲེལ་པར། གཟུགས་ནས་ཡེ་ཤེས་ཀྱི་ཁམས་ཤེས་དྲུག་དང་། ས་ནས་ཡེ་ཤེས་ཀྱི་རིགས་ཤེས་དྲུག་གསུངས། གཞན་ནི་རྨད་བྱུང་དཀྱིལ་འཁོར་ལྷ་ཡི་ཚོགས། །ཕྱི་ནང་གཞན་གསུམ་བདེ་སྟོང་འོད་གསལ་དུ། །དག་པ་དྲན་པས་གནས་ལུགས་རྟོགས་པར་ཤོག །ནང་ལེན་ནང་གི་སྐུ་བཞི། ཕྱིའི་སྐུ་བཞི། ཕྱི་ནང་སྡོམས་པས་སྐུ་བཞི་གསུངས་པ་འདིར་ཡང་གོ་བ་ལོང་ལ་ཞེས་བུ་གསུངས།

ཡབ་ཡུམ་སྙོམས་འཇུག་ཡེ་ཤེས་ཙནྡྲ་ལིས། །གཡས་གཡོན་རླུང་སེམས་ཧཾ་ཡིག་བཞུ་བའི་རྒྱུན། །དཀྱིལ་འཁོར་བཞི་ལ་ཡས་བབས་རིམ་པ་ཡིས། །ཐིག་ལེའི་སྦྱོར་བས་དགའ་བཞི་མྱོང་བར་ཤོག །ལྟེ་བ་སྙིང་མགྲིན་དཔྲལ་བའི་དཀྱིལ་འཁོར་ལ། །ཐིག་ལེ་བཞི་རིམ་སྟེང་དུ་གཤེགས་པ་སྟེ། །དཀྱིལ་འཁོར་བཞི་ལ་མས་བརྟན་རིམ་པ་ཡིས། །ཕྲ་མོའི་སྦྱོར་བས་སྐུ་བཞི་ཐོབ་པར་ཤོག །བྱང་ཆུབ་སེམས་ཀྱི་ཐིག་ལེ་རྗོགས་པ་ཐིག་ལེའི་རྣལ་འབྱོར་དང་། ཐིག་ལེ་འཕོ་བ་ལ་བརྟེན་པའི་བདེ་བ་ལ་དམིགས་པ་ནི་ཕྲ་མོའི་རྣལ་འབྱོར་རོ། །ཞེས་ཕྱོགས་པ་གསུངས། སྤྲོས་བཅས་སྤྲོས་མེད་དམ་ཚིག་ཡེ་ཤེས་ཀྱི། །བཟླས་པ་གཉིས་ཀྱི་དངོས་གྲུབ་མྱུར་སྩོལ་ཞིང་། །བཟླས་པ་ལ་རྫོར་བཟླས་གཟུགས་ཀྱི་བཟླས་པ། རྣལ་འབྱོར་གྱི་བཟླས་པ། སྔགས་བཟླས་དང་བཞི། སྔགས་བཟླས་ལ། དམ་ཚིག །ཅིན། ཁྲོ་བོའི་བཟླས་པ་དང་གསུམ་མོད། བདག་མ་ཅན་ལ་ནི། ཕྱི་ནང་དམ་ཚིག་བཟླས་པ་དང་། དེ་བཞིན་ཡེ་ཤེས་བཟླས་པ་ནི། ཞེས་གསུངས། མཆོད་བསྟོད་གཏོར་མ་ཁ་ཟས་རྣལ་འབྱོར་གྱི། །རྣལ་འབྱོར་ལྔ་ཡིས་རྗེས་ཆོག་ཕུན་ཚོགས་ཤོག །གཞི་དུས་འོད་གསལ་གཉིས་སྦྱོར་རྒྱུ་ཡི་རྒྱུད། །

འཁྲུལ་མེད་གདམས་པས་མ་ཟིན་འཁོར་བར་འཁོར། །ཐབས་རྒྱུད་རྣལ་འབྱོར་དྲུག་གི་ཉམས་ལེན་གྱིས། ། ལམ་དུ་བསྒྲིམས་ཏེ་འབྲས་རྒྱུད་མངོན་གྱུར་ཤོག །སེམས་ཅན་རྣམས་ཀྱི་ཀུན་གཞིའི་རྣམ་ཤེས་རང་བཞིན་གྱིས་འོད་གསལ་བ་དེ་ལ་རྣམ་ཤེས་འོད་གསལ་དང་། དེའི་རྟེན་དུ་གྱུར་པའི་རླུང་ནུ་ད་དེ་ལ་རླུང་འོད་གསལ་ཞེས་བྱ། དེ་ལས་སྐྱེས་པའི་རྡུལ་མུན་སྙིང་སྟོབས་དེ་གསུམ་དང་། ཡུལ་སྒྲ་རེག་རོ་གཟུགས་དྲི་སྟེ། ཡོན་ཏན་བརྒྱད་ཀྱིས་བཅུ་བཅིང་བ། ངར་གྱི་སྲིན་བུ་ཁ་ཆུས་བཅིངས་པ་ལྟ་བུའོ། །རླུང་དེ་ལས་རླུང་བཅུ་བཅུ་དང་། སྲོག་གི་རླུང་ལས་འཕོ་བ་མཚམས་ཡེ་ཤེས་ཀྱི་རླུང་དང་། དེ་ལས་དུས་སྦྱོར་བཅུ་གཉིས་ཀྱི་རླུང་བསྐྱུ་ཞིང་། དེས་ཡུལ་ལྔ་འཛིན་པའི་དབང་ཤེས་དང་། དེའི་རྗེས་སུ་འབྲང་བའི་ཡིད་ཤེས་རྟོག་བཅས་ལ་སོགས་པ་རྣམ་ཤེས་ཚོགས་བརྒྱད་འཁོར་བཅས་བསྐྱེད་དོ། །དེ་ལྟ་བུའི་རྣམ་ཤེས་ཡེ་ཤེས་སྦྱོར་བའམ། འོད་གསལ་གཉིས་སྦྱོར་དེའི་སྟེང་ནས་ཕ་ལས་ཐོབ་པའི་དཀར་ཆ་དེ་ལ་ཐིག་ལེ་ཞེས་བྱ། འོག་ནས་མ་ལས་ཐོབ་པའི་དམར་ཆ་དེ་ལ་ཚོག་དྲག་གམ་མེ་རི་ཞེས་བྱ། དེ་ནས་འཕོ་བ་བཅུ་གཉིས་ཀྱི་རླུང་བསྐྱུས་པས། མེ་རི་རི་མོ་བསྐྱོད་ནས། སྙིང་ཁའི་སྒྲ་ཅམ་མམ། ཡེ་ཤེས་སམ། རླུང་འོད་གསལ་དེ་བསྐྱོད་པར་བྱེད་དེ། ཁ་སྦྱོར་ལས། མེ་ནི་མཉེས་པར་བྱེད་པ་སྟེ། དེ་ཉིད་ཀྱིས་ནི་སྒྲ་ཡང་ཆེ། ཞེས་སོ། །

དེས་ཉོན་མོངས་པ་དང་། རྣམ་རྟོག་སྣ་ཚོགས་བསྐྱེད་ལ། དེས་འཁོར་བར་འཕེན་པའི་ལས་ཐུན་མོང་བ་དང་ཡོད་པ་སོགས། ཐུན་མོང་མ་ཡིན་པའི་ལས་ཀྱི་སྣོད་ཀྱི་འཇིག་རྟེན་སོགས་ཐུན་མོང་གི་ལོངས་སྤྱོད་རྣམས་དང་ཐུན་མོང་མ་ཡིན་པའི་ལས་ཀྱི་སེམས་ཅན་སོ་སོའི་ལོངས་སྤྱོད་རྣམས་འགྲུབ་པར་བྱེད་དོ། །དེས་ན་ཁམས་དྲུག་གི་དབང་ཤེས་ཡེ་ཤེས་དེ། ཁམས་དྲུག་གི་དབང་གི་ཕུང་ཁམས་སྐྱེ་མཆེད་རྣམས་སོ་སོར་འགྲུབ་ཅིང་། ཁམས་རྫོགས་པ་ན། དགའ་བ་དང་ལྷན་སྐྱེས་ཀྱི་རླུང་གཉིས་གཡོས་པས། འདོད་ཆགས་ལ་འཇུག་ཅིང་བཞི་པའི་གནས་སྐབས་སུ་གྱུར་པས། རླུང་གཡས་གཡོན་དུ་མི་བསྐྱུ་བར་དབུ་མར་ཞུགས་ཏེ། གཏུམ་མོ་འབར་བས་ཧཾ་ཡིག་ཞུ་སྟེ། ཐིག་ལེ་འཛག་པ་ལས། དགའ་བ་བཅུ་དྲུག་གིས་འདོད་ཆགས་ཀྱི་བདེ་བ་ཉམས་སུ་མྱོང་སྟེ། འདོད་ཆགས་ཀྱང་འགྱུར་བའོ། །འགྱུར་ཞིང་འཛག་པ་ལས། ཆགས་པའི་བདེ་བ་དང་བྲལ་ནས་ཞེ་སྡང་དུ་འགྱུར། དེ་ལས་གཏི་མུག་ཏུ་འགྱུར། དུག་གསུམ་གྱི་བདག་ཉིད་ནི་མ་རིག་པ་ཡིན། དེའི་དབང་གིས་ཡན་ལག་བཅུ་གཉིས་ཀྱིས་འཁོར་བའི་འཁོར་ལོར་འགྱུར་རོ། །དེ་ལྟར་ཡང་ཡང་འདོད་ཆགས་ལ་ཞུགས་པས། སྐྱེས་བུའི་ཁམས་ཟད་དེ། ཆགས་པའི་བག་ཆགས་ཀྱིས་ཆོས་ཉིད་ཀྱི་མེ་གྱེན་དུ་འབར་བས། རྡུལ་སྟེང་དུ་འགྲོ། ཆུ་ཐུར་དུ་བབས་པས། ཁུ་བ་འབོད་ཏུ་འགྲོ། དེ་ལྟར་ཐིག་ལེ་དང་། ཚོག་དྲག་གི་ཁ་སྦྱོར་ཞིག་ནས། རྣམ་ཤེས་སྲིད་པ་གཞན་དུ་འགྲོ་ཞེས་འཆི་འཕོ་སྟེ། རྒྱ་རྒྱུད་ལས། ཡེ་ཤེས་རྣམ་ཤེས་སྦྱོར་བ་ལས། །ལྟེ་བའི་དབུས་ན་གནས་པའི་སེམས། །སྲོག་གི་ཡོན་ཏན་བརྒྱད་ཀྱིས་བཅིངས། །བདག་སྐྱེད་རྣམས་ཀྱི་དར་སྲིན་བཞིན། །སད་དང་རྨི་ལམ་གཉིད་ལོག་སྐབས། རྣམ་གསུམ་ཡེ་ཤེས་དབྱེ་བ་ལས། །སྲོག་ཆགས་རྣམས་ཀྱི་ཞལ་གསུམ་སེམས། །བཞི་པའི་དུས་ལས་ཞལ་བཞིའོ། །དེ་བཞིན་རྣམ་ཤེས་སྦྱོར་བའོ། །ལྔ་དྲུག་ཡུལ་གྱི་བདག་ཉིད་ཅན། །སེམས་ནི་ཞལ་ལྔ་ཞལ་དྲུག་པ། །སེམས་མིན་སེམས་སུ་བཟུང་བྱ་སྟེ། །ལྟེ་བའི་དབུས་ནས་ཐིག་ལེ་དང་། །ཚོག་དྲག་དེ་དག་ཁ་སྦྱོར་ལས། །ཡེ་ཤེས་རྣམས་ཤེས་སྦྱོར་བ་ཡིས། །བྱང་ཆུབ་

སེམས་ནི་རྣམ་པར་གནས། །ཞེས་གསུངས་ཤིང་། དྲི་མེད་འོད་དུའང་། མ་རིགས་པ་ནི་འདིར་སེམས་ཅན་རྣམས་ཀྱི་ཐོག་མ་མེད་པའི་འདོད་ཆགས་ཀྱི་བག་ཆགས་སོ། །ཞེས་གསུངས། སྟོང་གཟུགས་སྒྲུབ་བྱེད་པོར་བསམ་སྲོག་འཛིན་བཞི། །འགྱུར་མེད་བདེ་བ་རྗེས་སུ་དྲན་པས་བསྒྲུབ། །བསྒྲུབ་བྱའི་ངོ་བོ་ཕྱག་རྒྱ་ལས་བྱུང་བའི། །བདེ་སྟོང་ཟུང་འཇུག་ཉིད་འཛིན་མཐར་ཕྱིན་ཤོག །དབང་མདོར་བསྟན་ལས། སྟོང་པ་ལས་བྱུང་གཟུགས་ཅན་རྒྱུད། །མི་འགྱུར་ལས་སྐྱེས་བདེ་བ་འབྲས། རྒྱུ་ནི་འབྲས་བུའི་རྒྱས་གདབ་པ། འབྲས་བུ་རྒྱུ་ཡིས་རྒྱས་གདབ་པོ། །ཞེས་དང་། བདེ་མཆོག་ཉུང་ངུ་ལས། སྔགས་བཟླས་པ་དང་བསམ་གཏན་དང་། །བདེ་བ་ཡིས་ཀྱང་འགྲུབ་པར་འགྱུར། །ཞེས་དང་། བདེ་མཆོག་བསྟོད་འགྲེལ་དུ། དེ་ལྟར་ཡན་ལག་དྲུག་པོ་འདི་རྣམས་ཀྱིས་རྣལ་འབྱོར་པས་སངས་རྒྱས་འགྲུབ་པར་འགྱུར་རོ་ཞེས་གསུངས། ངོ་མཚར་རྨད་བྱུང་ལུས་གནད་ དྲི་མེད་འོད་དུ། སངས་རྒྱས་པ་རྣམས་ལ་རྡོ་རྗེའི་གདན་བསྟགས་ཤིང་། ཞེས་དང་། རྡོ་རྗེའི་ཕྱག་རྒྱར་འགྱུར་རོ། །ཞེས་དང་། སྣང་བ་མཐའ་ཡས་ཀྱི་ཏིང་ངེ་འཛིན་གྱི་ཕྱག་རྒྱའོ་ཞེས་དང་། རིམ་བཞིན། རྡོ་རྗེ་དཀྱིལ་དཀྲུངས། སེམས་དཔའི་དཀྱིལ་དཀྲུངས། མཉམ་བཞག་གི་ལུས་གནད་རྣམས་བསྟན་ལྟ་སྟངས་ཀྱིས། །འགྲེལ་ཆེན་དུ། གཙུག་ཏོར་གྱི་ཁྲོ་བོའི་ལྟ་བས་ཞེས་གསུངས། ཀླུང་བཅུའི་ཉི་མ་དབུ་མའི་མཁར་ཤར་བས། །ཕྱི་ནང་རྟོག་པའི་སྐར་ཚོགས་དབྱིངས་སུ་ཡལ། །ཡེ་ཤེས་མིག་གིས་རྟགས་བཅུ་གསལ་མཐོང་ཤོག །

ཐུན་ཁང་དུ་ཉིན་རྟགས་རྣམས་མཐོང་ན། ཉིན་མོའི་རྣལ་འབྱོར་མ་བསྒོམས་ཀྱང་ཆོག་གསུངས། འགྲེལ་ཆེན་དུ། འདིར་སོ་སོར་བསྡུད་པ་ཞེས་བྱ་བ་ནི། ལུས་ལ་ཡུལ་དང་ཡུལ་ཅན་བཅུ་པོ་འདི་རྣམས་ཀྱི་འབྲེལ་པས་རྣམ་པར་ཤེས་པ་བཅུག་པ་མེད་པ་སྟེ། སྟོང་པའི་གཟུགས་ཀྱི་ཡུལ་རྣམས་ལ། གཞན་མིག་ལ་སོགས་པ་རྣམ་པ་ལྔ་པོ་རྣམས་ཀྱི་རབ་ཏུ་འཇུག་པའོ། །ཞེས་དང་། ཡང་དེ་ལས། མུན་པ་ནག་པོ་ལ་ཅུང་ཟད་ཀྱང་བསམ་པར་མི་བྱའོ། །ཞེས་དང་། རྒྱུད་ལས། སྟོང་པ་ལས་ནི་དུ་བ་སྨིག་རྒྱུ་རབ་རིབ་དྲི་མ་མེད་པའི་མཁབས་སྣང་ཉིད་དང་མར་མེ་དང་། ཞེས་སོགས་གསུངས། དྲི་མེད་འོད་འཕྲོ་ཐིག་ལེའི་དཀྱིལ་འཁོར་དུ། །རྣམ་དག་སྐུ་ཡི་རྣམ་རོལ་དཔག་ཡས་དང་། །ཁམས་གསུམ་གསལ་བཀྲ་རེ་ཁ་ནག་པོའི་གཟུགས། །སོར་བསྡུད་སྐབས་སུ་རྟོག་པའི་ཡིད་བྱེད་ཐམས་ཅད་དོར་ནས། ཅིར་ཡང་མི་སེམས་པར་མཉམ་པར་བཞག་པ་ལས་སེམས་མཉམ་ལྔ་འབྱུང་། དེ་ཡང་རྣམ་རྟོག་ངོས་ཟིན་གྱིས། རྣམ་རྟོག་ངལ་གསོའི། རྣམ་རྟོག་ཐང་ཆད་ཀྱི། རྣམ་རྟོག་རླབས་བཅས་ཀྱིས། རྣམ་རྟོག་ཞི་ཉམས་སོ། །ཞི་བྱེད་བརྒྱུད་པ་ཕྱི་མ་དག །གཡོ་བ། ཐོབ་པ། གོམས་པ། བརྟན་པ། མཐར་ཕྱིན་པའི་ཉམས་སོ། །ཞེས་གསུངས། དེ་ཡང་ཞི་གནས་ལྷེངས་སོར་མ་སོང་བར་སེམས་ཀྱི་གསལ་ཆ། གནས་ཆ་མར་མེ་རླུང་གིས་མ་བསྐྱོད་པ་ལྟ་བུ་ལ་མཉམ་པར་བཞག་གསུངས། དབུ་མའི་ནམ་མཁར་སྒྲིབ་མེད་འཆར་བར་ཤོག །རྒྱུད་ལས། འབར་བ་དང་ནི་ཞེས་པ་ནས། །དུ་མ་ལོངས་སྤྱོད་རྫོགས་པའི་སྐུ། །ཞེས་པའི་བར་དང་། ཡང་ནམ་མཁའ་ཆུ་འཛིན་བྲལ་བ་ཞེས་པ་ནས། རི་ཁ་ནག་པོ་དུས་ཀྱི་རྩ་ལ་མཐོང་གི་བར་དུའང་ངོ་། །ཞེས་པའི་བར་གསུངས། སྟོང་པའི་ཡུལ་ལྔ་བསམ་གཏན་འཁོར་ལོ་ཡིས། །གཟུང་འཛིན་རྟོག་པའི་དགྲ་སྟེ་ཀུན་བཅོམ་སྟེ། །སྣང་སེམས་འདྲེས་པའི་རང་རིག་རང་གསལ་བ། །མ་

གཡེངས་བསྒོམ་པས་རྩེ་གཅིག་གནས་པར་ཤོག །ནཱ་རོ་པའི་འདུས་པའི་རྒྱུད་ཕྱི་མའི་འགྲེལ་པར། སངས་རྒྱས་ཐམས་ཅད་ཀྱི་རང་བཞིན་དངོས་པོ་དེ་རྣམས་ཐམས་ཅད་རྣལ་འབྱོར་པས་སོ་སོ་རང་གིས་རིག་པར་བྱ་བ། ཁམས་གསུམ་རབ་ཏུ་གསལ་བར་བྱ་བ་གཅིག་པུའི་གཟུགས་ཀྱི་རྟོགས་པ་སྟེ། རྣམ་པར་རྟོག་པའི་འཕྲུལ་པ་སེལ་བའི་རྒྱུན་རབ་ཏུ་གཅོད་པར་མཐོང་བ་གང་ཡིན་པ་དེ་བསམ་གཏན་སུ་བརྗོད་དོ། །ཞེས་གསུངས། སྣང་བཤད་ཡུལ་ཤེས་རབ་རྟོགས་དཔྱོད་ཀྱིས། །ཤེས་རབ་ནི། རང་གིས་མཐོང་བའི་སྟོང་གཟུགས་ལ་ཡིད་མིག་རླུང་གསུམ་དེ་གཅིག་ཏུ་དྲིལ་ནས་མ་ཡེངས་པར་བསྟོད་པའོ། །འདི་མཐོང་ངོ་ཞེས་མ་བྱུང་ན་རྟོག་པ་ལ་བསླབ། རྟོག་པ་ནི། སྟོང་ན་གཟུགས་ལ་ཡིད་ནང་དུ་ལྡོག་ལྟེ་བལྟས་པ་ཙམ་གྱིས་ཡུལ་ཡུལ་ཅན་གཅིག་འདྲེས་ཀྱི་སེམས་ཀྱི་ངོ་བོ་ལ་མ་ཡེངས་པར་ཆེར་རེ། འཛིན་མེད་ཧྲིག་གེ། མ་བཅོས་པ་ལྷུག་གེ་བལྟའོ། །རྩེ་གཅིག་སྨོམ་ཀྱང་། གཉིས་འཛིན་རང་ལོག་མ་བྱུང་ན། སྤྱོད་པ་ལ་བསླབ། དེ་ནི་ཕྱི་ནང་གི་དངོས་པོ་གང་མཐོང་སྟོང་ཉིད་དང་དམིགས་ནས་རྩེ་གཅིག་ཏུ་བལྟ་བའོ། །ཡུལ་སེམས་འདྲེས་ལ་སྒོམ་པའི་རིམ་པ་ལས། །སྟོང་གཟུགས་དང་སེམས་རོ་གཅིག་འདྲེས་ནས། སེམས་ལྷན་ཅིག་རྩེ་གཅིག་ཏུ་གནས་པ་སེམས་ཤིན་སྦྱང་གི་རྒྱུར་གྱུར་པའི་ཡིད་བདེ་ཁྱད་པར་ཅན་དེ་ལ་རྩེ་གཅིག་གཏོད་པ་ནི་དགའ་བའོ། །མཐོང་བའི་དངོས་པོ་ཐམས་ཅད་ལ་བརྟེན་ནས་གཟུགས་སེམས་ལྷན་ཅིག་བྱེད་པའི་རྐྱེན་ལུས་ཤིན་སྦྱངས་ཀྱི་རྒྱུར་འགྱུར་བའི་ལུས་ཚོར་བདེ་བ་ལ་སེམས་རྩེ་གཅིག་གཏོད་པ་ནི་བདེ་བའོ། །སོར་བསྡུད་སྐབས་སུ་ཡུལ་ཡུལ་ཅན་དུ་ཕྱི་གཉིས་འཛིན་དང་བཅས་ཤིང་། འདིར་གཉིས་འཛིན་དང་བྲལ་ཞིང་། གཉིད་འཐུག་པོ་ལས་ཀྱང་མི་རྟོག །གསལ་དང་བདེ་དགའ་གཡོ་མེད་བདེ་བ་སོགས་ཀྱང་ཆོས་མཆོག་དང་ལྡན་ནོ། །ཤིན་སྦྱངས་རྒྱུ་བཅས་དགའ་བདེའི་ཡན་ལག་གིས། །རྣམ་རྟོག་ཀུན་ཞི་བསམ་གཏན་མཐར་ཕྱིན་ཤོག །

འགྲེལ་ཆེན་དུ། དེ་བཞིན་དུ་གཟུགས་དེ་ཉིད་ལ་ཤེས་རབ་ཅེས་པ་ནི་ལྟ་བའོ། །རྟོག་པ་ཞེས་པ་ནི་དངོས་པོ་འཛིན་པའོ། །དཔྱོད་པ་ཞེས་པ་ནི་ངེས་པའི་དོན་ཏོ། །དགའ་བ་ཞེས་བྱ་བ་ནི་གཟུགས་ལ་ཆགས་པའོ། །གཡོ་མེད་བདེ་བ་ཞེས་བྱ་བ་ནི་གཟུགས་དང་ལྷན་ཅིག་སེམས་གཅིག་ཏུ་བྱེད་པའོ། །ཞེས་དང་། ཕྱག་རྡོར་བསྟོད་འགྲེལ་ལས། ཤེས་རབ་ཅེས་བྱ་བ་ནི། དངོས་པོ་དེ་རྣམས་སེམས་འཇུག་པའོ་ཞེས་དང་། རྟོག་པ་ཞེས་བྱ་བ་ནི་སེམས་ཀྱི་དངོས་པོ་འཛིན་པའོ། །ཞེས་དང་། དཔྱོད་པ་ཞེས་བྱ་བ་ནི། འཛིན་པའི་དངོས་པོར་རྟོག་པའོ། །ཞེས་དང་། སྣན་རྒྱུད་ལས། སྟོང་ཉིད་སེམས་འཇུག་ཤེས་རབ་སྟེང་། ཞེས་དང་། འདུས་པར། སེམས་གཅིག་པ་ཉིད་དང་ལྔ་ཞེས་འདིའི་ཤེས་རབ་དང་། སེམས་རྩེ་གཅིག་ཏུ་གསུངས། ཡང་ཕྱག་རྡོར་བསྟོད་འགྲེལ་ལས། དགའ་བ་ཞེས་བྱ་བ་ནི་དངོས་པོ་ཐམས་ཅད་ལ་སེམས་གནས་པའོ། །ཞེས་དང་། བདེ་བ་ཞེས་བྱ་བ་ནི་དངོས་པོ་ཐམས་ཅད་ལ་གཡོ་བ་མེད་པའི་བདེ་བ་ཕུན་སུམ་ཚོགས་པའོ། །ཞེས་གསུངས། ཐུན་མོང་། སོར་བསམ་གཉིས་ཀྱིས་ལྟེ་བའི་སྙིང་འོག་གི། །ར་ས་ལ་ལི་རྩ་ནས་ཕྱིར་བརྒྱུའི་རླུང་། །རིམ་པར་འགགས་ལས་རེ་ཁའི་གཟུགས་སྣང་དང་། གཏུམ་མོས་ཁམས་ཡེ་ཤེས་སྨྲོང་བར་ཤོག །སྐུ་གསུང་ཐུགས་ཀྱི་བཟླས་པ་ནི་རིམ་བཞིན་གཡས་མཉམ་པར་བརྒྱུ་བ་ནས་འབྱུང་འཇུག་གནས་པ་ནས་མགོ་བརྩམས་ཏེ། འཇུག་གནས་ལྡང་གསུམ་དང་།

ལྷང་འཇུག་གནས་གསུམ་དང་། གནས་ལྷང་འཇུག་གསུམ་ལ་སེམས་གཏད་དེ་འབྲུ་གསུམ་བཟླ་བ་སྟེ། སྲོག་འགྲོའི་བཟླས་པ་དང་། །མ་ནི་རླུང་སྦྱོར་དངོས་གཞིའི་བཟླས་པ་ཡིས། །རོ་རྐྱང་བརྒྱུ་བ་དབུ་མའི་ཁྲིམ་དུ་བཙུག །གཡས་གཡོན་ཉི་ཟླའི་བརྒྱུ་བ་འགག་པར་ཤོག །ལུས་གནད་ནི། རྡོ་རྗེ་ཕྲེང་བར། སྒྲུབ་པ་པོ་བདེ་བའི་སྟན་ལ་འདུག་ནས་ཤེས་པ་སོགས་ལྟར་ཡིན། ལྟ་སྟངས་ནི། འགྲེལ་ཆེན་དུ། སྲོག་རྩོལ་ནི་སྲོག་འགོག་པ་སྟེ། པྲ་ཎཱ་ཡཱ་མ་ཞེས་སོ། །བགེགས་མཐར་བྱེད་པའི་ལྟ་བ་ཞེས་པ་ལ། བགེགས་མཐར་བྱེད་ནི་བདུད་རྩི་འཁྱིལ་བའོ་ཞེས་གསུངས་པ་ལྟར་རོ། །ཕྱག་རྡོར་བསྟོད་འགྲེལ་ལས། དེ་ནས་སྲོག་རྩོལ་ཞེས་བྱ་བ་ནི། ལ་ལ་ན་དང་། ར་ས་ན་གཡོན་པ་དང་གཡས་པའི་ལམ་འགོག་པ་ལས། སྲོག་གི་རླུང་དྲག་ཏུ་དབུ་མ་ཨ་ཝ་དྷཱུ་ཏིའི་ལམ་དུ་རབ་ཏུ་འཇུག་པ་སྟེ། ཨ་ཝ་དྷཱུ་ཏིར་དག་པ་དང་། ཐུམ་ཅན་དང་། དབྱུང་བའི་སྦྱོར་བས་ཨོཾ་ཡིག་གིས་འཇུག་པ་དང་། ཧཱུྃ་ཡིག་གིས་འགོག་པ་དང་། ཨཱཿཡིག་གིས་དབྱུང་བ་དང་། ཟླ་བ་དང་། དགྲ་གཅན་དང་། ཉི་མའི་རང་བཞིན་གྱི་རྣལ་འབྱོར་པས་བྱེད་པ་ནི། སྲོག་རྩོལ་གྱི་ཡན་ལག་གོ། །ཞེས་གསུངས། འདུས་པར་གནས་པ་ཨཱཿདང་། དབྱུང་བ་ཧཱུྃ་དུ་གསུངས། སྒྱུ་མ་ཆེན་མོར། འབྱུང་བ་ཨོཾ་དང་། གནས་པ་ཧཱུྃ་དུ་གསུངས། ནཱ་རོ་པས། ཨ་ཡཱ་མཐོར། སྲོག་དང་ཐུར་སེལ་གྱི་རླུང་དག་གཉིས་ཀའི་བསྒྲོད་པ་འགོག་པ་ལས། དབུ་མའི་རྩར་རབ་ཏུ་བཞུགས་པའོ། །ཞེས་གསུངས།

ཉི་ཟླའི་རླུང་འགགས་དགྲ་གཅན་ལམ་ནས་ནི། །རླུང་སྔགས་སེམས་གསུམ་དབྱེར་མེད་རོ་གཅིག་པའི། །ལྷུན་གྱིས་གྲུབ་པའི་ཟབ་མོ་རྡོར་བཟླས་ཀྱིས། །རླུང་སེམས་དབྱེར་མེད་ཡེ་ཤེས་འཆར་བར་ཤོག །དང་པོར་སྲོག་རླུང་འདྲེས་པའི་གོང་བུ་དེ་ཉིད། ལྟེ་བ་སའི་དཀྱིལ་འཁོར་གྱི་ལྟེ་བར་རླུང་སེམས་ཐིག་ལེ་དབྱེར་མེད་དུ་བུམ་པ་ཅན་གྱི་ཚུལ་གྱིས་གཟུང་ངོ་། །ཕྱིར་འཐམ་པོས་བཏང་། དེ་ལ་བརྟེན་ནས་ས་ཆུ་ལ་ཐིམ་པའི་ཚུལ་གྱིས་སྙིང་ཁ། དེ་ནས་རིམ་བཞིན། ཆུ་མེ་རླུང་ནམ་མཁའ་ཡེ་ཤེས་རྣམས་ལ༔ སྤྲ་མ་སྤྲ་མ། ཕྱི་མ་ཕྱི་མ་ལ་ཐིམ་པའི་ཚུལ་གྱིས། མགྲིན་པ། དཔྲལ་བ། གཙུག་ཏོར། གསང་གནས། ལྟེ་བ་བུམ་པ་ཅན་གྱི་ཚུལ་གྱིས་གཟུང་ངོ་། །ཞེས་བུ་གསུངས། སྲོག་རྩོལ་གྱི་ཉི་ཟླའི་འགྲོ་འོང་འགོག་ཅིང་འགགས་ནས་འཛིན་པས་ཐིག་ལེར་བརྟན་པར་བྱེད། འཁོར་ལོ་དྲུག་གི་ལྟེ་བར་སྲོག་ཐུར་རླུང་། །སྙིང་འོག་གཅིག་འདྲེས་ཁ་སྦྱོར་བུམ་ཅན་དྲུག །འབྱུང་བཞི་མཁའ་དང་ཡེ་ཤེས་ཐིམ་རིམ་གྱིས། །ཐིག་ལེར་སྲོག་ཞུགས་གཡོ་མེད་གནས་པར་ཤོག །འཛིན་པ་ནི་འཛིན་པ་སྟེ་དྷཱ་ར་ཎའོ། །འགྲེལ་ཆེན་དུ། དེ་ལྟར་གནས་དྲུག་པོ་རྣམས་སུ། རིགས་དྲུག་གི་དབང་གིས་སྲོག་ཡང་དག་པར་སྡོམ་པ་ལས་གྲུབ་པར་བཅོམ་ལྡན་འདས་ཀྱིས་གསུངས་སོ། །ཞེས་དང་། ཉི་མ་དཔལ་ཡེ་ཤེས་ཀྱིས།བྱང་ཆུབ་སེམས་ཀྱི་ཐིག་ལེ་ལ། སེམས་ཀྱི་གཞོན་པ་སྲོག་གི་རླུང་དང་། སྟོང་ཉིད་དང་རོ་གཅིག་པ་ནི་འཛིན་པའོ། །ཞེས་གསུངས། གཏུམ་མོས་སྙིགས་མ་ཀུན་བསྲེགས་བཤང་གཅི་བྲལ། །མ་ཟློས་བགྲིས་མེད་གང་ཟློས་འཇུ་བ་དང་། །སྒྱུ་འཕྲུལ་རྡོ་རྗེ་གསུམ་པོ་ཆེ་སོགས་མཐར། །ལྟེ་བའི་རེ་ཁར་རྟགས་བཅུ་རྫོགས་མཐོང་ཤོག །སྔགས་རྒྱུད་ལས། མ་ཟློས་བགྲིས་མེད་ཟློས་ཀྱང་འཇུ། །ཐུར་སེལ་མི་འཛག་བདེ་བ་འཛག །སྒྱུ་འཕྲུལ་རྡོ་རྗེ་གསུམ་པོ་ཆེ། །ལུས་ཡང་ལ་སོགས་མི་རྟོག་སྟེ། །ཞེས་དང་། ཐུན་མོང་བ། ལུས་གནད་དང་ལྟ་སྟངས་མན་ངག་བཞིན་བྱས་པས། གཡས་གཡོན་བརྒྱུ་

བ་ཧེ་ཆུང་དབུ་མར་ཆུད། །ལྟེ་བའི་མེ་རི་མེ་སྒྲོད་འབར་བ་ན། །སྙིང་ཁའི་ནཱ་ད་མ་གཡོས་འོད་གསལ་ཐིམ། །སྣ་ཚོགས་འོད་གསལ་གང་སྣང་ཉམས་འགྱུར་ཤོག །འགྲེལ་ཆེན་དུ། རླུང་གཉིས་ཡང་དག་ཐྲད་པའི་དབུས་སུ་ཤེས་པ་ལྟེ་བར་སྦྲོག་དང་ཐུར་སེལ་གྱི་རླུང་ཡང་དག་པར་ཐྲད་པའི་དབུས་སུ། ཡུལ་རྣམས་ཤེས་རྣམ་པར་དབྱེ་བ་མེད་པའི་ཚིག་སྟེ་ཞེས་གསུངས། ཕ་རྒྱུད་པ་རླུང་འདི་དང་འདིར་རླུང་སེམས་འདུས་པས་ཉམས་འདི་དང་འདི་འཆར་ཞེས་རླུང་གཙོ་བོ་བྱེད། མ་རྒྱུད་པ་རྩ་གཙོ་བོར་བྱེད། དུས་འཁོར་བ་ཐིག་ལེ་གཙོ་བོར་བྱེད་དོ། །རྗེས་དྲན། རང་ཉིད་དང་པོའི་སངས་རྒྱས་འཁོར་ལོའི་མགོན། །རབ་མཛེས་ཕྱག་རྒྱ་གསུམ་གྱི་སྒོམས་འཇུག་གིས། །རྗེས་དྲན་གྱི་ཕྱག་ལེན་བསྒོམ་ཚུལ་སྐབས་སུ། ཕྱག་རྡོར་བསྟོད་འགྲེལ་ལས། འདི་ཉིད་བསྒོམ་པ་རྣམ་པ་གཉིས་ཏེ། སྔོན་དུ་གཟུགས་བརྙན་བསྒོམ་པ་དང་། ཕྱིས་ནས་གཟུགས་བརྙན་བསྒོམ་པའོ། །སྔོན་དུ་གཟུགས་བརྙན་བསྒོམ་པ་ནི། དུ་བ་ལ་སོགས་པའི་མཚན་ལ་གཟུགས་བརྙན་གྱི་མཐར་ཐུག་པ་བསྒོམ་པ། ཕྱིས་ནས་གཟུགས་བརྙན་བསྒོམ་པ་ནི། གཟུགས་བརྙན་མཐོང་བ། བྷ་གར་ལིང་ག་བཀོད། མཆོག་ཏུ་མི་འགྱུར་བའི་བདེ་བ་འཕེལ་བའི་དོན་དུ་བསྒོམ་པའོ། །ཞེས་གསུངས་པས། སྔར་སོར་བསྡུད་ཀྱི་སྐབས་དེ་ནི། སྔོན་གཟུགས་བརྙན་ལ་བསྒོམ་པ་ཡིན། འདིར་འཛིན་པའི་མཐར་གཏུམ་མོའི་མེ་འབར་བ་ལས་སེམས་གཏད་དེ། མི་གཡོ་གསུམ་གསུམ་ལྡན་དུ་བསྒོམ་པར་བྱའོ། །ཞེས་གསུངས། མི་འགྱུར་བའི་བདེ་བ་སྒྲུབ་བྱེད་ཕྱག་རྒྱ་ཆེན་མོ། གཡོ་བའི་བདེ་བ་སྒྲུབ་བྱེད་ཡེ་རྒྱ། འཛག་བདེ་སྒྲུབ་བྱེད་ལས་བུའི་རྣལ་འབྱོར་གསུམ། ཕྱག་ཆེན་ལས་བདེ་བ་མ་སྐྱེས་ན་ཡེ་རྒྱ། དེ་ལས་མ་སྐྱེས་ན་ལས་རྒྱ་ལ་བརྟེན་ནས་བསྒོམ་དགོས། དེ་ཡང་། དབང་བརྟུལ་ཕྱག་རྒྱ་གསུམ་ཀ །དབང་འབྲིང་གིས་ཕྱག་ཆེན་དང་ཡེ་རྒྱ། རྣོན་པོས་ཕྱག་ཆེན་ཁོ་ན་བརྟེན་ནས་བསྒོམ་པར་བྱ་ཞེས་རྗེ་བླ་མས་གསུངས། ལྟེ་བའི་དབུས་སུ་གཏུམ་མོ་འབར་བ་ཡིས། །དགའ་བཞིའི་ཡེ་ཤེས་ཉམས་སུ་མྱོང་བར་ཤོག །

འགྲེལ་ཆེན་དུ། གཏུམ་མོའི་སྣང་བ་གང་ཟག་གི་སྲིད་པ་གསུམ་གྱི་ནམ་མཁའ་ལ་གྱུར་པ་དེ་ནི། རྗེས་སུ་དྲན་པ་སྟེ་རྣམས་པ་བཅུར་སྟར་གསུངས་སོ། །ཞེས་དང་། ཕྱག་རྡོར་བསྟོད་འགྲེལ་ལས། རྗེས་སུ་དྲན་པ་ཞེས་བྱ་བ་ནི་རང་གི་འདོད་པའི་ལྷ་མཐོང་བ། གཟུགས་ཀྱི་རྣམ་པ་རྣམ་པར་རྟོག་པ་དང་བྲལ་བའོ། །ཞེས་སོགས་གསུངས་སོ། ། ཕྱག་རྒྱ་གསུམ་ནི། གཏུམ་མོའི་ཟེར་གྱིས་ཟླ་བ་ཞུ་བའི་རྒྱུན། །མགྲིན་པ་སྙིང་ཁ་ལྟེ་བ་གསང་གནས་ཏེ། གནས་བཞིར་བབས་པ་ཐུམ་ཅན་བཞི་བསྒོམས་པས། །ཡེ་ཤེས་དགའ་བཞིའི་རིམ་སྐྱེས་རྟགས་ཤར་ཏེ། །གསང་ལྟེ་སྙིང་ཁ་མགྲིན་པའི་ཐིག་ལེ་མས་སྐྱུ། །དེའི་ཚེ་འབོད་རླུང་བཀག །མགྲིན་པ། སྙིང་ཁ། ལྟེ་བ། གསང་གནས་ཀྱི། བཞིན་དཀར་ལམ་དམར་ལམ་ནག་ལམ་གློག་སྟེ། གསུང་ཐུགས་རྡོ་རྗེའི་ལྷ་ཚོགས་དང་། མི་འཕོ་བའི་བདེ་བའི་འོད་ཟེར་སྤྲོས་པས་རིམ་བཞིན་ལུས་ངག་ཡིད་གསུམ། འདོད་གཟུགས་གཟུགས་མེད་མྱང་འདས་ཀྱི་ཁམས་སྦྱངས། སྐུ་གསུང་ཐུགས་རྡོ་རྗེ་དང་། ཁམས་གསུམ་ཐམས་ཅད་ལྷར་བྱས། དེ་ཡང་མགྲིན་པར་ཡེ་ཤེས་ཀྱི་ཐིག་ལེ་བཟུང་བ་ལ་མྱང་འདས་ཁམས་སྦྱངས། འཕོ་མེད་བདེ་བའི་འོད་ཟེར་སྤྲོས་པ་ལས། ཁམས་གསུམ་ལྷར་བྱས། དེ་རྣམས་ལ་སེམས་བཟུང་ངོ་། །ལྷ་ཚོགས་སྤྲོ་བཞིས་ལུས་ཁམས་བཞི་སྦྱོང་ཤོག །རྗེས་སུ་དྲན་པ་ནི་རྗེས་སུ་སེམས་པ་སྟེ། སྨྲ་ཏེ་ནུ་ཞེས་པའོ། །ལམ་འདིས་ཀུན་རྫོབ་ཀྱི་བདེན་

པ་སྒྲུབ་པར་བྱེད་དོ། །ཕྱག་རྡོར་བསྟོད་འགྲེལ་ལས། གཏུམ་མོའི་ཡེ་ཤེས་ཀྱི་འོད་ཟེར་གྱིས་ཟླ་བ་བཞུབ་པར་གྱུར་པ་ན། གང་ཞིག་བྱང་ཆུབ་ཀྱི་སེམས་ཀྱི་ཐིག་ལེའི་གཟུགས་ཀྱི་འོག་ཏུ་སོན་ལ། མགྲིན་པ་དང་ཞེས་པ་ནས། ཛི་སྲིད་དྷཱ་ཧེ་ནོར་བུའི་མཐར་ལྡན་ཞིག་སྐྱེས་པའི་རང་བཞིན་གྱིས་ཞེས་པའི་བར་གསུངས། ཏིང་ངེ་འཛིན། ཕྱག་རྒྱ་འདོད་ལ་རྗེས་ཆགས་སྐྱོམས་འཇུག་ལས། །རྗེས་དྲན་སྐབས་སུ། ཕྱག་རྒྱ་གསུམ་ནི་མི་འགྱུར་བའི་བདེ་བ་ལ་ཐོབ་པ་ཐོབ་པར་བྱ་བའི་ཕྱིར་དུ་བསྒོམ། ཏིང་འཛིན་སྐབས་སུ། མི་འགྱུར་བའི་བདེ་བ་ཐོབ་ནས་འཕེལ་བའི་དོན་དུ་བསྒོམ་ཞེས་ཀུན་མཁྱེན་བུ་གསུངས། རྩལ་རྒྱུས་ལྷུགས་ལྷར་འཕོ་མེད་བྱང་སེམས་ཀྱིས། །ལུས་ཕྱག་རྒྱ་རྟོགས་པ་མ་ཀུན་ཐོས་འགྱུར་མེད་པའི། །བདེ་སྟོང་དབྱེར་མེད་ཏིང་འཛིན་མཆོག་ཐོབ་ཤོག །འགྲེལ་ཆེན་དུ། ཤེས་རབ་ཐབས་ཀྱི་བདག་ཉིད་ཀྱི་ནི་ཞེས་པ་ཤེས་བྱ་དང་། ཤེས་པ་གཅིག་ཏུ་འདྲེས་པར་གྱུར་པ་དེ། འགྱུར་མེད་བདེ་བའི་དབང་གིས་གཟུགས་ལ་ཏིང་ངེ་འཛིན་ནོ། །ཞེས་དང་། ཕྱག་རྡོར་བསྟོད་འགྲེལ་ལས། དེ་ནས་ཏིང་ངེ་འཛིན་ཞེས་བྱ་བ་ནི་འདོད་པའི་ལྷ་ལ་རྗེས་སུ་ཆགས་པ་ལས། གང་འགྱུར་བ་མེད་པའི་བདེ་བ་ཐོབ་པ་སྟེ། དེ་ལ་གཅིག་ཏུ་གྱུར་པའི་སེམས་གཟུང་བ། འཛིན་པ་དང་བྲལ་བ་ནི་དེ་བཞིན་གཤེགས་པ་རྣམས་ཀྱི་ཏིང་ངེ་འཛིན་གྱི་ཡན་ལག་ཏུ་བརྗོད་དོ། །ཞེས་གསུངས།

འཁོར་ལོ་དྲུག་ལ་མཆོག་གི་ཐིག་ལེ་དྲུག །མས་རིམ་འཕོ་ལ་ལྷ་ཚུལ་རྣམ་པ་དྲུག །པོ་རྣམས་ཀྱི་དུས་དེ་རྣམས་སུ་རིམ་པ་བཞིན་ནམ་མཁའི་ཐིག་ལེ་རྡོར་སེམས་ལ་བལྟ་བ་ནས། ཡེ་ཤེས་ཀྱི་ཐིག་ལེ་རྡོ་རྗེ་འཆང་ཆེན་ལ་ཡིད་གཏད་དེ་བསྒོམ་པར་བྱའོ། །གསང་གནས། ལྟེ་བ། སྙིང་ཁ། མགྲིན་པ། དཔྲལ་བ། གཙུག་ཏོར་གྱི། བུམ་ཅན་དྲུག་གིས་རྩོལ་མེད་བསྒོམ་པ་ལས། །ཏིང་ངེ་འཛིན་བདེ་སྟོང་ཟུང་འཇུག་ཏུ་སོ་སོར་རང་གིས་རིག་པའི་བདག་ཉིད་ཏིང་ངེ་འཛིན་དུ་བྱེད་པའི་ས་མ་དྷི་ཞེས་པའོ། །གཅིག་པ་གཉིད་དྲི་ལམ་པད་པའི། འདུས་ཀྱི་རྩོལ་བ་དང་གི་འདྲེན་པ་ལ་མི་ལྟོས་པར། གནས་སྐབས་བཞི་སྦྱངས་འབྲས་བུ་བཞི་འགྲུབ་ཤོག །ལམ་འདིས་དོན་དམ་པའི་བདེན་པ་འགྲུབ་པར་བྱེད། འདིའི་འབྲས་བུ་ནི། དྲི་མེད་འོད་དུ། ཏིང་ངེ་འཛིན་གྱི་དག་པ་ཞེས་པ་རྒྱུ་འཕྲུལ་རྣམ་སྣང་། སྐྱེས་བུ་བྱེད་པའི་དྲི་མ་མེད་པའི་ནི། འདིར་གཟུང་བ་དང་འཛིན་པའི་སེམས་དག་པ་གཅིག་ཉིད་ཀྱི་གང་ཞིག་འགྱུར་བ་མེད་པའི་བདེ་བར་གྱུར་པའི་བདེ་བ་དེ་ཏིང་ངེ་འཛིན་དུ་གསུངས་ཏེ་ཞེས་པ་ནས། ཡེ་ཤེས་ལུས་ནི་འགྲུབ་པར་འགྱུར་བ་དབང་བཅུ་ལ་སོགས་པ་ཐོབ་པའི་བྱང་ཆུབ་སེམས་དཔར་འགྱུར་ཏེ། སོ་སོར་བསྡུད་པ་ལ་སོགས་པའི་ངེས་པའོ། །ཞེས་པའི་བར་རྒྱ་ཆེར་གསུངས་ཤིང་། གཞན་ཡང་འབྲས་བུ་བཞིན་འགྲུབ་པ་ལ་སོགས་པར་གསུངས་སོ། །འཕོ་ཆེན་བཅུ་གཉིས་ཉི་མའི་རྒྱུ་བ་འགགས། །དགའ་བ་བཅུ་དྲུག་ཟླ་བའི་འཕེལ་འགྲིབ་ཞིག །རྟེན་འབྲེལ་བཅུ་གཉིས་འཁོར་ལོའི་རྒྱུ་འཛིན་བྲལ། །བདེན་དོན་བཅུ་གཉིས་མཁའ་དབྱིངས་གསལ་བར་ཤོག །གང་ཚེ་བདེན་དོན་བཅུ་གཉིས་རྟོགས་པ་ན། །དེ་ཉིད་རྣམ་པ་བཅུ་དྲུག་ཀུན་རིག་ནས། །བཅུ་གཉིས་འཕོ་བས་བསྐྱེད་པའི་འཁོར་བའི་ཆོས། །སྡུག་ཀུན་རྟེན་འབྲེལ་བཅུ་གཉིས་འགོག་པར་ཤོག །གཡས་གཡོན་ཉི་ཟླའི་བརྒྱ་བ་ནམ་མཁར་ཐིམ། །གཟུང་འཛིན་རྟོག་པའི་སྐར་ཚོགས་རང་སར་ནུབ། །རྟེན་

འབྲེལ་འཁོར་བའི་སྤྲིན་ཕུང་ཕྱོགས་མཐར་དེངས། །གནས་ལུགས་འོད་གསལ་ནམ་མཁའ་མངོན་འགྱུར་ཤོག །འབྱུང་བཞི་ནམ་མཁའ་སྐྱེ་མེད་སྟོང་པར་ཐིམ། །སྟོང་པ་འགག་མེད་དུ་སོགས་རྟགས་བཅུར་ཤར། །རྟགས་བཅུ་བསྡུ་མེད་རྣམ་ཀུན་སྟོང་པའི་གཟུགས། །སྟོང་གཟུགས་བདེ་འགྱུར་མེད་སྟོང་བདེ་ཟུང་འཇུག་ཤོག །ཐོག་མ་བར་དགེས་སྒྲོག་ཐུར་འགྲོ་འོང་བཀག །རྡོ་རྗེ་པད་མས་རབ་པད་ཉི་ཟེར་གྱི། །ཟླ་བ་ཞུ་བ་ནོར་བུའི་རྩེ་མོར་ནུབ། །ཉི་ཁྲི་ཆིག་སྟོང་དྲུག་བརྒྱའི་རླུང་འགགས་པས། །ཟླ་བ་འཕུར་འབབ་གཙུག་ཏོར་དབུས་སུ་གནས། །རླུང་ཁམས་གྱེན་འགྲོ་རྡོ་རྗེ་ནོར་བུར་བརྟན། །ཡེ་ཤེས་སྒྲ་ཙམ་སྙིང་དབུས་འོད་གསལ་ཐིམ། །ཨེ་ཝཾ་ཟུང་འཇུག་རྡོར་སེམས་འབྲས་ཐོབ་ཤོག །རྩ་འཁོར་དྲུག་ཁོལ་ཁྲུ་རྡུལ་སྙིང་འོག་འཕེལ། །དུས་སྦྱོར་རླུང་འགགས་དེ་སྙེད་བདེ་བར་རྫོགས། །བཅུ་གཉིས་ས་བསྒྲོད་ཉེར་བཞིའི་དཔའ་བོ་དང་། །མཁའ་གསང་དབང་འདུས་གཞན་ཕན་ལྷུན་གྲུབ་ཤོག །དེ་ལས་ལངས་པའི་རྗེས་ཐོབ་ཐུན་མཚམས་སུ། །གང་ཤར་དུས་འཁོར་རྟེན་དང་དཀྱིལ་འཁོར་ལྷ། །གང་གྲགས་ཟབ་མོ་སྔགས་ཀྱི་ཡི་གེའི་སྒྲ། །གང་བསམ་ཏིང་འཛིན་མཆོག་ཏུ་གསལ་བར་ཤོག །

རྫོགས་སངས་རྒྱས་ནས་བརྒྱུད་པ་བར་མ་ཆད། །གྲུབ་ཆེན་ཀུན་གྱིས་འདི་བསྒོམས་འདི་ཡིས་གྲོལ། །དཔྱད་གསུམ་དག་པའི་རྨད་བྱུང་གྲུབ་པའི་སྲོལ། །སངས་རྒྱས་དགྱེས་པའི་ལམ་བཟང་བླ་ན་མེད། །རྟོག་ཉི་མ་སེང་གེ་དང་། བཅོམ་ལྡན་པ་སོགས་ཀྱིས་ཆོས་འདི་ལ་ཟུར་གསུམ་པའི་དགག་པ་ཙུང་ཟད་སྔོན་བོད་ཡུལ་དུ་བྱུང་ཞིང་། ཕྱིས་སུ་བླ་མ་རྗེས་བཙུན་པས། སཾ་བྷུ་ཊིའི་འགྲེལ་པར་ཐེག་པ་གསུམ་དང་འགལ་བ་དུ་མ་སྣང་བའི་ཕྱིར། བྱེད་པ་པོ་རྣམས་ཀྱང་བྱང་ཆུབ་སེམས་དཔའ་མ་ཡིན་ནོ། །ཞེས་མང་དུ་མཁྱེན་མཁྱེན་པ་དག་གསུང་ངོ་། །ཞེས་པའི་ལུང་ཚད་མར་བྱས་ནས། འདི་ཉིད་འཇམ་དབྱངས་ལ་སོགས་པ་ས་བཅུའི་དབང་ཕྱུག་རྣམས་ཀྱིས་བྱས་པའི་འཁྲུལ་མེད་ཡིན་མིན་ཐེ་ཚོམ་ཟ་ཟེར་བ་དང་། གང་ནས་བཤད་པའི་ཁུངས་ཀྱང་མི་འདུག་ན། ཞེས་སྤྱིར་དགག་པ་དང་། གང་དག་དྲན་པ་དང་ཡིད་བྱེད་བཀག་ནས། མུན་པ་ལ་མིག་གཙེར་བལྟས་བྱས་ཏེ་ཧར་བསྒོམ་བྱེད་པ་རྒྱ་ནག་ཧྭ་ཤང་གི་རིང་ལུགས་སུ་བཤད་ནས། ཁྱད་པར་ཟབ་ལམ་ལ་ཡང་དགག་པ་མཛད་མོད། དེ་དག་གི་རྩོད་ལན་རྒྱས་པ་སྔོན་གྱི་མཁས་གྲུབ་གོང་མ་རྣམས་ཀྱིས་མཛད་ཟིན་པས་འདིར་མ་བརྗོད་དོ། །ལུགས་འདིའི་བཤད་བསྒྲུབ་ཀྱི་སྲོལ་གཉིས་ཀ་གང་ལས་ཀྱང་ཆེས་མཆོག་ཏུ་གྱུར་ཅིང་། ལུགས་འདི་ལ་བརྟེན་པའི་གྲུབ་ཐོབ་ཀྱང་རྒྱ་བོད་དུ་གནམ་གྱི་སྐར་མ་ཙམ་བྱུང་ངོ་། །འདི་ཉིད་འཕགས་པ་ཡུལ་དུ་བྱུང་བའི་ཚུལ་ལ། འབྲོ་ལུགས་པ་ཁ་ཅིག །དུས་ཞབས་པ་ཆེན་པོས། འཇམ་དཔལ་གྱི་སྤྲུལ་པ་ཞིག་ལ་ཕྱག་བྱས་མཎྜལ་ཕུལ་གསོལ་བ་བཏབ། དེས་མི་རྟོག་ཅིག་སྤྱི་བོར་བཞག་ནས་བྱང་ཆུབ་སེམས་དཔའི་སྐོར་མ་ལུས་པ་ཁོང་དུ་ཆུད་པར་གྱུར་ཅིག །ཅེས་པ་ཙམ་གྱིས་ཁོང་དུ་ཆུད་ནས། དེ་ནས་རིམ་གྱིས་རྒྱ་གར་དུ་སྤེལ་བ་དང་། ཡང་ལུགས་གཅིག་ལ། དེ་ཉིད་ལ་སྤྱན་རས་གཟིགས་ཀྱི་སྤྲུལ་པ་ཞིག་གིས་བྱིན་གྱིས་བརླབས་ཏེ། དེ་ནས་རིམ་གྱིས་རྒྱ་གར་དུ་སྤེལ་བར་འདོད་པ་དང་། ཡང་ལུགས་གཅིག་ལ། དེ་ཉིད་ལ་སློབ་མས་ལུང་བསྟན་ཏེ། ཤཾ་བྷ་ལར་བྱོན། སྤྱན་རས

གཟིགས་ཀྱིས་ལམ་ནས་བསུས་ནས། མ་ལ་ཡའི་ཚལ་གྱི་དཀྱིལ་འཁོར་ཁང་པར་ཁྲིད་དེ། དབང་བསྐུར་རྒྱུད་འགྲེལ་བཤད། དཔེ་རྣམས་ཀུང་གནང་སྟེ། ཚུར་བྱོན། དེ་ནས་རྒྱ་གར་དུ་སྤྱིལ་བར་འདོད། རྔ་ལུགས་ལ། རིགས་ལྡན་དཔལ་སྐྱོང་ཚུར་བྱོན་ཏེ། དུས་ཞབས་པ་ལ་ཟླ་བ་བཞི་བརྒྱུད་འགྲེལ་གསུངས། དེ་ནས་རིམ་གྱིས་རྒྱ་གར་དུ། སྤྱིལ་བར་འདོད། བོད་ཡུལ་དུ་དང་པོར་མེ་མོ་ཡོས་ཀྱི་ལོ་ལ་གྱི་ཇོ་ལོ་ཟླ་བ་དཔོན་སློབ་རྣམས་ཀྱིས་བསྒྱུར་ཏེ་སྲོལ་ཕྱེ་བ་ཡིན་ནོ། །དུས་ཀྱི་ཟུང་འཇུག་ལུགས་གཉིས་གཉིས་མེད་སྲོལ། །གཉིས་མེད་ཀྱི་རྒྱུད་ལ། དུས་འཁོར་ཀྱི་རྡོ་རྗེ་གཉིས་ལས། དུས་ཀྱི་འཁོར་ལོ་ལའང་། བཤད་པའི་སྲོལ་ལའང་། འགྱུར་མི་གཅིག་པ་ཉི་ཤུ་རྩ་གཉིས་ཙམ་བྱུང་ཞིང་། བཤད་སྲོལ་ཀུང་། གྱི་ཇོ། དགེ་བློ། བློས་སྙིང་པོ། མང་འོར་བྱང་ཆུབ་ཤེས་རབ། བསོད་རྒྱེ། ཙ་མི། ཁེ་ཁད་ལོ་ཙྪ་བ། དིང་རི་ལོ་ཙྪ་བ། སྟེང་ལོ། ར་ཁྲིད་ལོ་ཙྪ་བ། རྭ། འབྲོ། གཉན། ཐང་སྟོན། ཕྱག་མོ། ཤོང་ལོ། ཡར་ལུང་ལོ་ཙྪ། སྤང་ལོ། ས་སྐྱ་སྒྲ་ཚད་པ། རྗེ་བླ་མ། བློས་རྣམ་གཉིས། ལོ་ཆེན་བྱང་རྩེ། ཇོ་ཞལ་གཉིས། ལུགས་གཉིས་གཅིག་ཏུ་འགྲེལ་བ་རྟག་པ་ཆོས་རྗེ་ར་ལ་སོགས་ཏེ་བགྲང་བ་ལས་འདས་པ་བྱུང་མོད། དེ་རྣམས་ཀྱི་ནང་ནས། དབང་བཤད་མན་ངག་ལག་ལེན་དང་བཅས་པ་ལ། ཆོས་མཆོག་ཏུ་གྱུར་པ་ནི་ཀུན་མཁྱེན་བུ་འོ། །ཞེས་མཁས་པ་ཆེན་པོ་དག་གསུངས་སོ། །བོད་ཡུལ་དུ་འགྱུར་བཤད་དཔག་ཏུ་མེད་པ་བྱུང་ནའང་། དུས་འཁོར་གྱི་བཤད་བཀའ་མན་ངག་དང་ལྡན་པ་ནི། གཙོ་ཆེ་བ། རྭ། འབྲོ། ཙ་མི་ཟ་གྱི་རྒྱུན་ལས་བྱུང་ངོ་ཞེས་ཀུན་མཁྱེན་བུ་གསུང་། བསྒྲུབ་པ་མན་ངག་གི་སྲོལ་ལའང་རྒྱ་གར་ནས་བྱུང་བ། ཕྱག་ན་རྡོ་རྗེ། ཤ་ཝ་རི། ཟླ་གྲགས། ནཱ་རོ་པ། སངས་རྒྱས་ཡེ་ཤེས་ཞབས། དུས་ཞབས་པ། དཔེ་མེད་བསྲུང་བ། ཉི་མ་དཔལ་ཡེ་ཤེས། ཨ་ཝ་ཧྡུ་རིངས། ཇོ་བོ་རྗེ། ཁ་ཆེ་པཎ་ཆེན་རྣམས་ཀྱིས་མཛད་པ་དང་། བོད་དུ་བྱུང་བ། གྱི་ཇོ། ཙ་མི། རྒ་ལོ། སསྐྱ་པ་ནས་བརྒྱུད་པ་ལུགས་གསུམ་དང་། འབྲོ་ལུགས། རྭ་ལུགས། པཎ་ཆེན་ཤཱཀྱ་ཤྲཱི་ནས་བརྒྱུད་པ་ལུགས་གསུམ། བི་བྷཱུ་ཏི་ནས་བརྒྱུད་པ་ལུགས་བདུན། མན་ལུང་པ། ཡུ་མོ། ཨུ་རྒྱན་པ། ཐར་ལོ། སྲོན་པ། ཇོ་ཞལ་ནས་བརྒྱུད་པ་སོགས་སྲོལ་ལུགས་དཔག་ཏུ་མེད་པ་ཞིག་བྱུང་ཞེས་རྗེ་བླ་མས་གསུངས།

ཟབ་རྒྱས་གཏིང་དཔག་དཀའ་མོད་དེ་ལྟ་ནའང་། །ཟུང་འཇུག་སྤྱི་ལམ་དབང་དང་རིམ་པ་གཉིས། །དེ་ལས་གཙོ་བསྡུས་མཐར་ཐུག་ཉམས་ལེན་འདི། །གནས་གསུམ་མཁའ་འགྲོའི་སྲོག་སྙིང་སྨུར་ཁྲིད་ལམ། །ཆེས་མཆོག་ཡང་སྙིང་མི་འགྱུར་བདེ་བ་མཆོག །དེ་བཞིན་དུ་རྣལ་འབྱོར་པ་མཆོག་ཏུ་མི་འགྱུར་བའི་བདེ་བ་བསྒྲུབ་པ་ལ་མངོན་པར་དགའ་བ། བླ་མ་དམ་པའི་མན་ངག་ཐོབ་པ། སྡིག་པའི་གྲོགས་པོ་ཡོངས་སུ་སྤངས་པ། ངུ་བ་ལ་སོགས་པའི་མཚན་མ་བསྒོམ་པ། ལས་དང་པོ་པ་དབུ་མ་རྣམ་པར་སྦྱངས་པ། སེམས་ཅན་ཐམས་ཅད་ལ་བུ་གཅིག་པ་ལྟ་བུ། མཆོག་ཏུ་བརྩེ་བའི་སེམས་རྗེས་སུ་བཅིངས་པ། འཇིག་རྟེན་པ་དང་། འཇིག་རྟེན་ལས་འདས་པའི་བདེན་པ་ལ་བརྟེན་པ། བུ་དང་ཆུང་མ་ལ་སོགས་པ་དང་། རང་གི་ལུས་ལ་ལྟོས་པ་མེད་པ། ཚོགས་ཁང་དང་། གཙུག་ལག་ཁང་དང་། བླ་མའི་རྫས་ཉེ་བར་ལོངས་སྤྱོད་པ་ལས་ཕྱི་རོལ་ཏུ་གྱུར་པ། སངས་རྒྱས་དང་བྱང་ཆུབ་སེམས་དཔའི་ལམ་ལ་བརྟེན་པ། བྱམས་པ་དང་། སྙིང་རྗེ་དང་། དགའ་བ་དང་། བཏང་སྙོམས་ཏེ་ཚངས་པའི་གནས་པ་བཞིས་རྣམ་པར་གནས་པ།

ཞི་བའི་ལས་ལ་སོགས་པས་འཇིག་རྟེན་པའི་དངོས་གྲུབ་བསྒྲུབ་པ་ལ་མངོན་པར་དགའ་བ་སྤངས་པ། ཐམས་ཅད་མཁྱེན་པའི་ཀྲང་བསྐྱེགས་ལ་འཇིག་པར་འདོད་པ། དཀྱིལ་འཁོར་གྱི་འཁོར་ལོ་ལ་སོགས་པའི་རྣམ་པར་རྟོག་པ་བསྒོམ་པ་ཡོངས་སུ་སྤངས་པ། ནམ་མཁའི་ཁམས་ལ། རྣམ་པ་ཐམས་ཅད་པའི་སྟོང་པ་ཉིད་མེ་ལོང་གི་ཕྲ་ཕབ་པ་བཞིན་དུ་སྐྱེ་བའི་ཆོས་ངེས་པར་མཐོང་བ། རང་གི་སེམས་ཀྱིས་སྦྱོས་པའི་རབ་ཏུ་སྣང་བ་སྨི་ལམ་དང་མཚུངས་པའི་དོན་དུ་སེམས་ལ། རྟུལ་ཕྲ་རབ་ཚོགས་པའི་བདག་ཉིད་ཀྱི་ཆོས་རྣམ་པར་དཔྱད་པའི་སྟོང་པ། ཆད་པའི་སྟོང་པ་ཉིད་ལ་རིང་དུ་བྱུས་པ། ནང་གི་བདེ་བ་རང་རིག་པར་བྱ་བའི་ཆོས་ལ་རྗེས་སུ་ཆགས་པ། ཕྱི་རོལ་གྱི་དབང་པོས་རང་རིག་པར་བྱ་བའི་བདེ་བའི་ཆོས་ཡོངས་སུ་སྤངས་པ། ཤེས་རབ་དང་ཐབས་ཀྱི་བདག་ཉིད་ཅན་བྱང་ཆུབ་ཀྱི་སེམས་བརྟན་པར་བྱེད་པ་ལ་གཅིག་ཏུ་མཁས་པ། མཆོག་ཏུ་མི་འགྱུར་བའི་བདེ་བ་ཆེན་པོའི་ཤེས་རབ་ཡེ་ཤེས་ཀྱི་ལམ་གྱི་མན་ངག་ཐོབ་པས་རྟེན་དང་བརྟེན་པ་མཚན་མ་མེད། ཁ་དོག་དང་། དབྱིབས་དང་། དཀྱིལ་འཁོར་གྱི་ལྷ་ཡོངས་སུ་བརྟགས་པའི་ཆོས་མི་འདོད་དོ། །

གཞན་ཡང་རྣམས་པར་རྟོག་པའི་སེམས་ལས་དཀྱིལ་འཁོར་གནས་པ་མེད་དེ། གང་གི་ཕྱིར་སྐྱེ་བ་དང་འགག་པའི་ཆོས་ཅན་ཉིད་ཀྱི་ཕྱིར་རོ། །འདིར་སྐད་ཅིག་གང་ལ་རྣལ་འབྱོར་པས་གཙོ་བོ་བསྒོམ་པར་བྱེད་པའི་སྐད་ཅིག་དེ་ལ་ཞར་ལ་སོགས་པའི་ལྷ་རྣམས་མེད་ཅིང་། སྐད་ཅིག་གང་ལ་ཞར་གྱི་ལྷ་བསྒོམ་པར་བྱེད་པའི་སྐད་ཅིག་དེ་ལ་གཙོ་བོ་ལ་སོགས་པ་རྣམས་མེད་དེ། དེ་ལྟར་རིམ་པས་ལྷ་རྣམས་ཐམས་ཅད་མེད་དོ། །གང་གི་ཚེ་སྔོན་པོའི་ཞལ་བསྒོམ་པར་བྱེད་པ་དེའི་ཚེ། དམར་པོ་ལ་སོགས་པའི་ཞལ་རྣམས་མེད་ཅིང་། གང་གི་ཚེ་དམར་པོའི་ཞལ་བསྒོམ་པར་བྱེད་པ་དེའི་ཚེ་སྔོན་པོ་ལ་སོགས་པ་རྣམས་མེད་དེ། དེ་ལྟར་རིམ་པས་ཞལ་ཐམས་ཅད་མེད་དོ། །གང་གི་དུས་ན་རྡོ་རྗེའི་མཚན་མ་བསྒོམ་པར་བྱེད་པ་དེའི་དུས་ན། རལ་གྲི་ལ་སོགས་པའི་མཚན་མ་རྣམས་མེད་ཅིང་། གང་ གི་དུས་ན་རལ་གྲིའི་མཚན་མ་བསྒོམ་པ་དེའི་དུས་ན་རྡོ་རྗེ་ལ་སོགས་པའི་མཚན་མ་རྣམས་མེད་དོ། །དེ་ལྟར་རིམ་པས་མཚན་མ་ཐམས་ཅད་མེད་པར་འགྱུར་བའི་ཕྱིར་ཇི་ལྟར་ཡོད། བུམ་པའི་ཤེས་པ་འགགས་པར་འགྱུར་བ་ན། སྣམ་བུའི་ཤེས་པ་སྐྱེ་བར་འགྱུར་བ་ཇི་ལྟ་བ་བཞིན་དུ། དཀྱིལ་འཁོར་གྱི་གཙོ་བོའི་ཤེས་པ་འགགས་པ་ན། ཞར་གྱི་ལྷའི་ཤེས་པ་སྐྱེ་བར་འགྱུར་ན། དེ་ལྟར་སྐྱེས་པ་རྣམས་ནི་སྐྱེས་པ་འགགས་པའི་ཕྱིར་མེད་ཅིང་། མ་སྐྱེས་པ་རྣམས་ནི་མ་སྐྱེས་པའི་ཕྱིར་མེད་དེ། སྐྱེས་པ་དང་མ་སྐྱེས་པ་དག་མེད་པའི་ཕྱིར་ཐམས་ཅད་མེད་དོ། །དེའི་ཕྱིར་རྣལ་འབྱོར་པས་ཕྱག་རྒྱ་ཆེན་པོའི་དངོས་གྲུབ་ཀྱི་དོན་དུ་རྣམ་པར་རྟོག་པའི་བསྒོམ་པ་མི་བྱའོ། །བཅོམ་ལྡན་འདས་ཀྱི་མཚན་ཡང་དག་པར་བརྗོད་པའི་ཤིན་ཏུ་རྣམ་པར་དག་པའི་ཆོས་ཀྱི་དབྱིངས་ཀྱི་ཡེ་ཤེས་ལ་བསྟོད་པ་ལས། ཚིགས་སུ་བཅད་པ་བཅོ་ལྔ་པ་གསུངས་པ་འདི་ལྟ་སྟེ། དོན་གྲུབ་བསམ་པ་གྲུབ་པ་སྟེ། །ཀུན་ཏུ་རྟོག་པ་ཐམས་ཅད་སྤང་། །རྣམ་པར་མི་རྟོག་དབྱིངས་མི་ཟད། །ཆོས་དབྱིངས་དམ་པ་ཟད་མི་ཤེས། །ཞེས་སོ། །རྡོ་རྗེ་སེམས་དཔའི་ངང་རྒྱལ་ཡང་མི་བྱའོ། །བསྟོད་པ་དེ་ཉིད་ལས། ཚིགས་སུ་བཅད་པ་བཅོམ་ལྡན་འདས་ཀྱི་གསུངས། རིག་པ་དང་ནི་ཀྲང་བར་ལྡན། །བདེ་གཤེགས་འཇིག་རྟེན་རིག་པའི་མཆོག །བདག་གིར་མི་འཛིན་ངར་མི་འཛིན། །བདེན་པ་གཉིས་ཀྱི་ཚུལ་ལ་གནས། །ཞེས་པ་སྟེ། དེ་བཞིན་གཤེགས་པའི་གསུང་འདིའི་ཕྱིར། རྣམ་པར་རྟོག་པའི་སྒོམ་པ་དང་། །རྡོ་རྗེ་སེམས་དཔའི་ང་རྒྱལ་ཡང་དོན་དམ་པའི་བདེན་པ་ལ་

བརྟེན་པའི་རྣལ་འབྱོར་པས་མི་བྱའོ། །ཞེས་གསུངས། འདི་རྣམས་གྲུབ་ཆེན་མན་ལུངས་པས་གང་གཤེགས་པར་གོང་པར་སྨྲས་ཏེ་བསྡམས་པས། འདི་རྣམས་ལ་མན་ལུང་གྱུ་རུའི་གོང་ཁུག་མར་གྲགས་སོ། །སྐལ་དམན་སྐྱེ་བོ་འཇུག་གམ་མིན་ཡང་རུང་། །སྐལ་ལྡན་འདི་བསྒོམ་འདི་ཡིས་གྲོལ་བར་ཤོག །རིམ་གཉིས་ཏིང་འཛིན་གོམས་པ་མངོན་གྱུར་ནས། །སྤྲོས་བཅས་སྤྲོས་མེད་ཤིན་ཏུ་སྤྲོས་མེད་ཀྱི། །སྤྱོད་པས་མཚམས་སྦྱར་ལྷ་བས་བོགས་དབྱུང་སྟེ། །དུས་ཀྱི་འཁོར་ལོའི་ས་ལམ་ཀུན་བསྒྲོད་ཤོག །ཚིག་ཕྲེང་སྒྲུ་ལས་མ་ངོམས་དེ་དོན་བསྒོམ། །དེ་ནས་བཟུང་སྟེ་དུས་འཁོར་རྣལ་འབྱོར་པ། །ཞེས་བྱར་མིང་ཐོབ་ཀུན་གྱིས་མཆོད་པ་དང་། །སྤྱི་བོའི་ཐོད་བཞིན་རྒྱན་དུ་བསྟེན་པར་ཤོག །མདོ་རྒྱུད་མན་ངག་ཆོས་ཚུལ་རྒྱལ་མཆོའི་སྒོ། །ཀུན་ལས་ཟབ་རྒྱས་དུས་ཀྱི་འཁོར་ལོའི་རྒྱུ། །བྱང་ཆུབ་སེམས་དཔའི་རྨད་བྱུང་ལམ་སྲོལ་དེར། །ཐར་འདོད་སྐྱེ་བོ་རིང་ནས་འཇུག་པར་ཤོག །མཁས་རྣམས་གྲགས་པ་གཙོར་འཛིན་ཚིག་ལ་ཞེན། །སྒོམ་ཆེན་འཚོ་བའི་རྗེས་འབྲང་གྱུ་ཚོམས་བསྒོམ། །འགྲོ་གཞན་དོན་མེད་བྱ་བས་ཚེ་ལོ་འདའ། །དེ་རྣམས་ཀུན་ཀྱང་ཚུལ་འདིར་འཇུག་པར་ཤོག །འཕགས་པའི་ཡུལ་དང་གངས་རིའི་ཁྲོད་འདིར་ཡང་། །ཉི་ཟླ་ལྷར་གྲགས་དུས་ཀྱི་འཁོར་ལོ་ཡི། །སྙིན་སྒྲུབ་རྣམས་བཞི་ཟབ་ལམ་རྣལ་འབྱོར་དྲུག །ཐུན་བཞིར་བསྒོམ་པས་ཚེ་འདིར་མཆོག་ཐོབ་ཤོག །གལ་ཏེ་ཚེ་འདིར་སངས་རྒྱས་མ་ཐོབ་ན། །འཆི་ཚེ་དཔའ་བོ་མཁའ་འགྲོའི་ཚོགས་རྣམས་ཀྱིས། །མཁའ་སྤྱོད་གནས་སུ་དྲུག་བརྒྱ་སོ་དྲུག་གི། །དུས་འཁོར་དཀྱིལ་འཁོར་དབུས་སུ་འཁྲིད་པར་ཤོག །དུས་དེར་ཟབ་མོའི་ལམ་ལ་འབད་པ་ན། །བདེ་སྟོང་དབྱེར་མེད་ཟུང་འཇུག་ཏིང་འཛིན་གྱིས། །སྒྲིང་བྱའི་བག་ཆགས་མ་ལུས་ཀུན་སྤངས་ཏེ། །དུས་ཀྱི་འཁོར་ལོའི་གོ་འཕང་བརྙེས་པར་ཤོག །ཁྱད་པར་དུས་ཀྱི་འཁོར་ལོའི་ཞིང་རྟའི་སྲོལ། །ས་བཅུའི་བྱང་ཆུབ་སེམས་དཔས་ཕྱེ་བ་བཞིན། །རང་ཉིད་བསྒྲུབ་དང་གཞན་ལ་འདོམས་པ་ལས། །གེགས་མེད་ཕྱོགས་དུས་ཀུན་དུ་རྒྱས་བྱེད་ཤོག །ཆེན་པོ་རྣམས་ཀྱིས་ལན་བརྒྱར་བསྔགས་པ་ཡི། །སྙན་རྒྱུད་ཚད་མ་བཞི་ལྡན་གྲུབ་པའི་སྲོལ། །དཔྱོད་ལྡན་མཁས་པ་མགུ་བསྐྱེད་རྩོད་བྲལ་བ། །ལམ་བཟང་འདི་དང་མཇལ་བ་བླ་མའི་དྲིན། །ཞེས་སྡོམ་རྒྱུད་སྡེ་བཞིན་ཉམས་སུ་ལེན་པའི་གསང་བའི་ཉམས་ལེན་གྱི་སྐབས་ཏེ་གསུམ་པའོ།། །།

ལྷ་མིའི་སྟོན་པས་བཀའ་བསྩལ་སྨྲ་པོས་བསྟུས། །མཁས་དང་གྲུབ་ཆེན་ཀུན་གྱིས་བསྒྱུར་བཤད་བསྒོམས། །འཕགས་ཡུལ་གངས་རིའི་ཁྲོད་སོགས་ཡུལ་ཀུན་ན། །ཉི་མ་ཟླ་བ་ལྷ་བུར་གྲགས་པ་ཡི། །སོ་སོ་ཐར་དང་བྱང་སེམས་ཚུལ་ཁྲིམས་གཉིས། །རིམ་བཞིན་སྟོན་པའི་འདུལ་བ་མདོ་སྡེའི་སྲོལ། །ཡོན་ཏན་འོད་དང་རྒྱལ་སྲས་ཞི་བ་ལྷས། །ལེགས་པར་ཕྱེ་བའི་རིང་ལུགས་རྨད་བྱུང་དང་། །འཇམ་དབྱངས་མི་ཕམ་མགོན་པོའི་

དགོངས་པའི་བཅུད། །ཀླུ་སྒྲུབ་ཐོགས་མེད་ཞབས་ཀྱི་ཤིང་རྟའི་སྲོལ། །དཔལ་ལྡན་ཟླ་བ་ཆོས་ཀྱི་གྲགས་པ་ཡིས། །ལེགས་པར་བཀྲལ་བའི་རིང་ལུགས་བླ་ན་མེད། །བརྒྱད་ཁྲི་བཞི་སྟོང་ཆོས་ཚུལ་རྒྱལ་མཚོའི་ཏོག །གྲུབ་པའི་དབང་ཕྱུག་ཀུན་གྱི་བསྒྲོད་པའི་གནས། །ཕ་རྒྱུད་འདུས་པ་མ་རྒྱུད་བདེ་བའི་མཆོག །གཉིས་མེད་ཀྱི་རྡོར་དུས་ཀྱི་འཁོར་ལོ་ལ། །ཡོངས་འཛིན་མཁས་པའི་དྲུང་དུ་ལན་བརྒྱར་གཏུགས། །གཞུང་བརྒྱ་བལྟས་དང་ཁྲིད་བརྒྱ་བསམ་པ་ན། །ཉམས་ལེན་གནད་ལ་འཁྲུལ་པ་མེད་དམ་སྙམ། །དེ་ཕྱིར་འདི་ལ་གཞན་དྲིང་མི་འཛོག །རྒྱ་བོད་མཁས་གྲུབ་ཀུན་ལ་རྩོད་བྲལ་བའི། །ཚུལ་གཉིས་ཐེག་པའི་ཤིང་རྟའི་ལམ་སྲོལ་ལ། །སྔོན་བྱོན་མཁས་གྲུབ་གོང་མའི་བཞེད་ཇི་བཞིན། །འཁྲུལ་མེད་ཉམས་ལེན་བྱེད་ལ་རང་སེམས་བདེ། །བོད་ཡུལ་འདི་ན་སྡོམ་པར་ཁས་འཕྲེ་རྣམས། །ལ་ལ་སྐྱབས་སུ་མི་འགྲོ་སངས་རྒྱས་པ། །ཁ་ཅིག་སེམས་བསྐྱེད་སྤྱངས་པའི་ཐེག་ཆེན་པ༑ །གཞན་དག་སྨིན་གྲོལ་བོར་བའི་གསང་སྔགས་པ། །རིས་མེད་ཆོས་ཚུལ་ཀུན་ལ་དད་མེད་ཀྱང་། །བྱང་ཕྱོགས་འདི་ན་ས་སྐྱ་པ་ཞེས་པ། །རྩོད་ལྡན་དུས་ཀྱི་རྒྱལ་བ་གཉིས་པ་ཡིན། །བདག་ཀྱང་གཙོ་བོར་དེར་འདུག་གློག་པ་པ། །དེ་ཕྱིར་ཐར་འདོད་དཔྱོད་ལྡན་མཁས་པ་རྣམས། །ཕྱོགས་ལས་རྣམ་པར་རྒྱལ་བའི་སྲོལ་འདིར་ཞུགས། །དེ་ལས་འབྲས་འབྱུང་གདོན་མི་ཟའོ་ཞེས། །ཡིད་ཆེས་བརྟེན་པའི་དགེ་སློང་སྡོང་བ་པ། །དཔྱད་གསུམ་དག་པའི་སྨད་བྱུང་ལམ་སྲོལ་ལ། །ཞུགས་པ་འདི་ཡང་བཤེས་གཉེན་དམ་པའི་དྲིན། །དེས་ན་ཡོངས་འཛིན་མཁས་པ་བསྟེན་ཅིག་ཅེས། །ཀུན་ལ་ཐལ་མོ་སྦྱར་ཏེ་གསོལ་བ་འདེབས། །དང་པོར་དགེ་བའི་བཤེས་ལ་གཞུང་གདམས་ཐོབ། །བར་དུ་ཟབ་རྒྱས་གཞུང་དང་སྦྱར་ཏེ་བསམ། །ཐ་མར་ངེས་པའི་དོན་ལ་ཐག་ཆོད་གླུ། ། བླ་མ་ཡི་དམ་བཀའ་བསྟོད་བསྲུང་མར་འབུལ། །འཁོར་བའི་ཉེས་རིག་ཐར་པའི་ཕན་ཡོན་ཤེས། །ཐོས་པས་མི་དམན་ན་ཚོད་རྒན་པོར་སྨྲུག །ཉམས་ལེན་གནད་ཤེས་དེ་ཕྱིར་ཁོ་བོ་ཡང་། །སྟར་བཤད་ཚུལ་ལ་བསླབ་པའི་ཡིད་དམ་བཅའ།། །།

སྡོམ་གསུམ་ལས་བརྩམ་པའི་ཕྱི་ནང་གསང་གསུམ་གྱི་ཉམས་ལེན་རིན་ཆེན་སྤུངས་པ་ཞེས་བྱ་བ་འདི་ནི། ས་གསུམ་ན་འགྲན་ཟླ་དང་བྲལ་བའི་རྗེ་བཙུན་ཐམས་ཅད་མཁྱེན་པའི་བཤེས་གཉེན་བཀའ་དྲིན་མཉམ་མེད། རྒྱལ་བ་རྡོ་རྗེ་འཆང་ཆེན་པོ་དཔལ་ཤཱཀྱ་མཆོག་ལྡན་གྱི་ཞབས་རྡུལ་སྤྱི་བོས་བླངས་ཤིང་། གསུང་གི་བདུད་རྩི་མྱངས་པ། འོམ་ཕུག་བྲག་དམར་གྱི་བཙུན་པ་ཀུན་དགའ་ཚེ་འཕེལ་གྱིས་རང་ལོ་ལྔ་བཅུ་ང་གཅིག་པ་ཤིང་ཕོ་བྱི་ལོ་སྨིན་དྲུག་ཟླ་བའི་ཡར་ཚེས་གཅིག་ལ་འོམ་ཕུག་བྲག་དམར་དགའ་ལྡན་ཡང་རྩེའི་གཞལ་མེད་ཁང་ཆེན་པོར་ཡི་གེར་བཀོད་པའོ། །འདིས་ཀྱང་བསྟན་པ་དང་སེམས་ཅན་ལ་ཕན་པ་རྒྱ་ཆེན་པོ་འབྱུང་བར་གྱུར་ཅིག །མངྒལཾ།།

༧༢། །སྡོམ་པ་གསུམ་གྱི་བསླབ་བྱའི་བཅའ་ཡིག་ལེགས་ཉེས་རང་ཞལ་སྟོན་པའི་མེ་ལོང་ཞེས་བྱ་བ་བཞུགས་སོ། །

འཇམ་དབྱངས་བློ་གཏེར་དབང་པོ།

ཨོཾ་སྭ་སྟི། སྐུ་གསུམ་མངོན་གྱུར་སྟོན་པ་རྫོགས་སངས་རྒྱས། །དེས་གསུངས་ཐེག་པ་གསུམ་གྱི་དམ་པའི་ཆོས། །དེ་འཛིན་འཕགས་པའི་དགེ་འདུན་དང་བཅས་པས། །བྱང་ཆུབ་བར་དུ་འབྲལ་མེད་རྗེས་སུ་བཟུང་། །ཁྱད་པར་འཆད་རྩོད་རྩོམ་པའི་ཕྲིན་ལས་ཀྱིས། །ཐུབ་བསྟན་དབྱར་གྱི་མཚོ་བཞིན་སྤེལ་མཛད་པའི། །ས་སྐྱའི་རྗེ་བཙུན་གོང་མ་རྣམ་ལྔ་དང་། །ངོར་ཆེན་ཡབ་སྲས་བརྒྱུད་པར་བཅས་རྣམས་མཆོད། །ཚུལ་གནས་ཁྲིམས་ཀྱི་ཁང་པ་ལ་གནས་པའི། །དགེ་འདུན་འདུས་པ་རྒྱ་མཚོའི་སྣན་དྭང་དུ། །སྡོམ་པ་གསུམ་གྱི་དགག་སྒྲུབ་བསླབ་བྱ་རྣམས། །སྟོན་པས་གསུངས་བཞིན་མདོར་བསྡུས་བཤད་པར་བྱ། །

དེ་ལ་འདིར་སྐབས་སུ་བབས་པའི་དོན་ནི། རང་རེ་རྣམས་རྙེད་པར་དཀའ་བའི་དལ་འབྱོར་གྱི་ལུས་ཐོབ། མཇལ་བར་དཀའ་བ་སངས་རྒྱས་ཀྱི་བསྟན་པ་དང་མཇལ་བ་འདི་ལྟ་བུའི་སྐལ་བཟང་བླ་ན་མེད་པའི་སྐབས་འདིར། རང་གཞན་ཐམས་ཅད་འཁོར་བ་སྡུག་བསྔལ་གྱི་རྒྱ་མཚོ་ཆེན་པོ་ལས་ཐར་པའི་ཐབས་ལ་འབད་དགོས་ཏེ༑ སྤྱོད་འཇུག་ལས། མི་ཡི་གྲུ་ལ་བརྟེན་ནས་ནི། །སྡུག་བསྔལ་རྒྱ་མཚོ་ཆེ་ལས་སྒྲོལ། །གྲུ་འདི་ཕྱི་ནས་རྙེད་དཀའ་བས། །རྨོངས་པའི་དུས་སུ་གཉིད་མ་ལོག །ཞེས་གསུངས་ཤིང་། དེར་མ་ཟད་འཇིག་རྟེན་ན་ཕན་པ་དང་བདེ་བ་མ་ལུས་པའི་འབྱུང་གནས་གཅིག་པུར་གྱུར་པ་རྒྱལ་བའི་བསྟན་པ་རིན་ཆེན་ཡིན་ལ། དེ་ཉིད་དར་ཞིང་རྒྱས་ལ་ཡུན་རིང་དུ་གནས་པའང་བསྟན་འཛིན་དགེ་འདུན་རྣམས་ལ་རག་ལས་པར་མ་ཟད། རང་རེ་རྣམས་སྡོམ་གསུམ་གྱི་སྒྲོར་ཞུགས་ཏེ་སྒྲ་བཅད་ལུས་བསྒྱུར་མིང་བཟེ་བ་སོགས་བྱས་ནས་བྱས་པ་ལྟར་སྟོན་མཆོག་ཐུབ་པའི་དབང་པོས་ཇི་ལྟར་བཀའ་སྩལ་པ་བཞིན་བསླབ་པ་རིན་པོ་ཆེ་མིག་གི་འབྲས་བུ་ལྟར་བསྲུང་དགོས་ཏེ། ཚུལ་ཁྲིམས་ཡང་དག་པར་ལྡན་པའི་མདོ་ལས། དགེ་སློང་དག་སྲོག་དང་བྲལ་ཞིང་ཤི་བ་ནི་སླའི། ཚུལ་ཁྲིམས་ཉམས་ཤིང་ཞིག་པ་དེ་ལྟར་མ་ཡིན་ནོ། །དེ་ཅིའི་ཕྱིར་ཞེ་ན། སྲོག་དང་བྲལ་ཞིང་ཤི་བ་ནི་ཚེ་འདི་ཉིད་ཀྱི་སྐྱེ་བ་ཟད་པར་འགྱུར་གྱིས། ཚུལ་ཁྲིམས་ཉམས་ཤིང་ཞིག་པ་ནི་སྐྱེ་བ་འབུམ་ཕྲག་བརྒྱའི་བར་དུ་རིགས་དང་བྲལ་ཞིང་བདེ་

བ་སྤངས་ཏེ་རྣམ་པར་ལྷུང་བ་ཆེན་པོ་ཉམས་སུ་མྱོང་བར་འགྱུར་རོ། །ཞེས་གསུངས་པའི་ཕྱིར་རོ། །

རྒྱུ་མཚན་དེའི་ཕྱིར་སྡོམ་པ་གསུམ་གྱི་བཀའ་དྲིན་ཐོག་མར་ནོད་པ་ནས་བཟུང་། དེ་དང་དེའི་བསླབ་བྱ་རྣམས་མཐའ་དག་ཚུལ་བཞིན་དུ་བསྲུང་དགོས་ཏེ། དེ་ལ་ཐོག་མར་སོ་ཐར་གྱི་སྡོམ་པའི་དབང་དུ་བྱས་ན། དགེ་བསྙེན། དགེ་ཚུལ། དགེ་སློང་སྟེ་གསུམ་ལས། དང་པོ་ཡོངས་རྫོགས་དགེ་བསྙེན་གྱི་བསླབ་བྱ་ནི། སྡོམ་པ་བརྒྱད་པ་ལས། ཇི་སྲིད་འཚོ་བར་གསོད་དང་རྐུ། །ལོག་པར་གཡེམ་དང་རྫུན་དང་ནི། །ཆང་གི་ལྷུང་བ་རྣམས་ལས་ལྡོག །ཅེས་པ་ལྟར་གྱི། སྤངས་བྱ་རྩ་བཞི་ཆང་དང་ལྔ། བསྡམ་བྱ་ཡན་ལག་མཚང་བའི་ཕྲ་མོ་བཞི། མི་དགེ་བ་ཕྱོགས་མཐུན་དྲུག་དང་བཅས་པ་ལེགས་པར་སྤྱོངས་དགོས། གཉིས་པ་དགེ་ཚུལ་གྱི་བསླབ་བྱ་ནི། སུམ་བརྒྱ་པ་ལས། གང་ཞིག་སྲོག་གཅོད་གཞན་གྱི་ནོར་འཕྲོག་དང་། །མི་ཚངས་སྤྱོད་རྫུན་བཅོས་པའི་ཆང་ལ་སོགས། །གར་སོགས་ཕྲེང་སོགས་མལ་ཆེ་མཐོ་བ་དང་། །ཕྱི་དྲོའི་ཁ་ཟས་གསེར་དངུལ་ལེན་པ་སྤངས། །ཞེས་བཤད་པ་ལྟར་གྱི་རགས་སྡོམ་བཅུ་དང་། དེ་དག་ཀྱང་ཞིབ་ཏུ་ཕྱེས་ན་བླངས་འདས་སུམ་ཅུ་རྩ་གསུམ། ཕྱོགས་མཐུན་བསྡམ་བྱའི་ཉེས་བྱས་དང་བཅས་པ་ལེགས་པར་སྤྱོངས་དགོས།

གསུམ་པ་བསྙེན་པ་རྫོགས་པའི་དགེ་སློང་གི་བསླབ་བྱ་ལ། དགག་པའི་བསླབ་བྱ་དང་། སྒྲུབ་པའི་བསླབ་བྱ་གཉིས་ལས། དང་པོ་དགག་པའི་བསླབ་བྱ་ནི། དགེ་སློང་གི་ཁྲིམས་ཉིས་བརྒྱ་ལྔ་བཅུ་རྩ་གསུམ་ཆར་གཏོགས་དང་བཅས་པ་སྟེ། དེ་ལ་ཐོག་མར་སོ་ཐར་གྱི་སྡོམ་པ་གཏོང་བར་བྱེད་པ་ཕམ་པ་བཞི་སྟེ། མི་དང་། དུད་འགྲོ་ཡན་ཆད་ཀྱི་ལུས་གསོན་པོ་དང་། ལུས་ཕྱེད་དུ་ལོངས་པའི་རོ་རྩུབ་ཆད་ཀྱི་ཁ་དང་། གཤང་ལམ་དང་། བུད་མེད་ཀྱི་ཟག་བྱེད་དེ་རྨ་ཡི་སྒོ་གསུམ་པོ་གང་ཡང་རུང་བར་ཕོའི་དབང་པོ་བཙུག་སྟེ་རེག་པའི་བདེ་བ་རྫོགས་པར་ཉམས་སུ་མྱོང་བ་མི་ཚངས་སྤྱོད་ཀྱི་ཕམ་པ། རྒྱ་གར་དུ་མགྲོན་བུ་བཞི་བརྒྱ་ཀཱར་ཥ་པ་ཎ་བཞི་ཆའི་ཚད་ཡིན་པར་བཤད་པས། དེ་དང་རིན་ཐང་མཉམ་པའི་གཞན་གྱིས་བདག་ཏུ་བཟུང་བའི་དངོས་པོ་རང་གིས་འཕྲོག་གམ་བརྐུས་པའམ། གཞན་ལ་བརྐུ་འཕྲོག་བྱེད་དུ་བཅུག་པ་མ་བྱིན་ལེན་གྱི་ཕམ་པ། མིའམ་མིའི་མངལ་དུ་ཆགས་པའི་མེར་མེར་པོ་ལ་སོགས་པ་མཚོན་དང་དུག་དང་རིག་སྔགས་སོགས་ཀྱིས་བསད་པའམ། གཞན་བྱེད་དུ་བཅུག་པ་སྲོག་གཅོད་པའི་ཕམ་པ། འདོད་པ་ལ་འདུན་པ། གནོད་སེམས་དང་། གཉིད་རྨུག་དང་། རྒོད་འགྱོད་དང་། ཐེ་ཚོམ་སྟེ་སྒྲིབ་པ་ལྔ་ནི་མིའི་ཆོས་ཡིན་ལ། དེ་ཟད་པར་བྱས་པ་དེ་ལས་གོང་མའམ་བླ་མར་གྱུར་པ་སྟེ། དེ་ལྟ་བུ་མ་ཐོབ་པ་ལ་ཐོབ་ཅེས་རྫུན་དུ་སྨྲ་བ་སྟེ། མདོར་ན་མངོན་ཤེས་དང་རྫུ་འཕྲུལ་སོགས་ཅི་ཡང་མེད་པ་ལ་ཡོད་ཅེས་སྨྲ་བ། དགྲ་བཅོམ་ལ་སོགས་པའི་གོ་འཕང་མ་ཐོབ་པ་ལ་ཐོབ་པ་ཡིན་ཅེས་སྨྲ་བ་ནི་མི་ཆོས་བླ་མའི

ཛྫན་ཏེ། དེ་ལྟ་བུའི་ཕམ་པ་བཞི་པོ་འདི་དག་སྤྱད་ན། སྤྱད་མ་ཐག་ཏུ་སྡོམ་པ་གཏོང་བར་འགྱུར་ཞིང་། སླར་གསོར་མི་གཏུབ་པ་ཡིན་ཏེ། ལུང་ལས། དགེ་སློང་གིས་འདི་ལྟ་བུ་བྱས་ན། བྱས་མ་ཐག་ཏུ་དགེ་སློང་དུ་མི་རུང་བར་འགྱུར། དགེ་སྦྱོང་མི་རུང་། ཤཱཀྱའི་སྲས་ཀྱི་མི་རུང་། དགེ་སློང་གི་དངོས་པོ་ལས་ཉམས་པར་འགྱུར་ཏེ། དེའི་དགེ་སྦྱོང་གི་ཚུལ་ཞིག་པར་འགྱུར་ཞིང་ཉམས་པར། བཅོམ་པ་ལྟུང་བ་ཕམ་པར་འགྱུར་བ་སྟེ། དེའི་ཕྱིར་དགེ་སྦྱོང་གི་ཚུལ་ཕྱིར་བླངས་བྱ་མེད་པར་འགྱུར་རོ། །འདི་ལྟ་སྟེ། དཔེར་ན་ཤིང་ཏཱ་ལའི་མགོ་བཅད་ན་སྔོན་པོར་འགྱུར་དུ་མི་རུང་ལ། འཕེལ་ཞིང་རྒྱས་པ་དང་ཡངས་པར་འགྱུར་དུ་མི་རུང་བ་བཞིན་ནོ། །ཞེས་གསུངས་པའི་ཕྱིར་དང་།

དགེ་འདུན་ལྷག་མ་ནི། སོ་ཐར་གྱི་མདོ་ལས། ཁུ་བ་འབྱིན་འཛིན་འཁྲིག་ཚིག་བསྙེན་བསྐུར་བསྙན། །ཁང་པ་ཁང་ཆེན་དང་ནི་གཞི་མེད་དང་། །བག་ཙམ་དགེ་འདུན་དབྱེན་དང་དེ་རྗེས་ཕྱོགས། །ཁྱིམ་སུན་འབྱིན་དང་བཀའ་བློ་མི་བདེ་བའོ། །ཞེས་པ་ལྟར་གྱི་ལྷག་མ་བཅུ་གསུམ་དང་། བྱིན་གྱིས་མ་བརླབས་པའི་གོས་ལྷག་པོ་འཆང་བ་དང་། ཆོས་གོས་རྣམ་གསུམ་དང་བྲལ་ཏེ་མཚམས་ཀྱི་ཕྱི་རོལ་དུ་འགྲོ་བ་སོགས་སྤང་ལྟུང་སུམ་ཅུ་དང་། ཤེས་བཞིན་དུ་རྫུན་དུ་སྨྲ་བ་དང་། སྨྲེན་ནས་བརྗོད་པ་དང་། ཕྲ་མ་བྱེད་པ་སོགས་དང་། ཤིང་གཅོད་ཅིང་ལོ་ཏོག་རྗ་བ་སོགས་དང་། ཕྱི་དྲོའི་ཁ་ཟས་དང་། བྱིན་ལེན་མ་བྱས་ཟ་བ་དང་། བྱ་དང་འབྲུ་སྲྦང་ལ་སོགས་པ་དུད་འགྲོ་གསོད་པ་སོགས་ལྟུང་བྱེད་འབའ་ཞིག་པ་དགུ་བཅུ་དང་། སོ་སོར་བཤགས་པར་བྱ་བའི་ཆོས་བཞི་དང་། ཉེས་བྱས་བརྒྱ་བཅུ་གཉིས་ཏེ་སྡོམ་དགེ་སློང་གི་ཁྲིམས་ཉིས་བརྒྱ་ལྔ་བཅུ་རྩ་གསུམ་ལས་ནམ་ཡང་མི་འདའ་བར་བྱ་དགོས།

གཉིས་པ་སྒྲུབ་པའི་བསླབ་བྱ་ལ། བསླབ་པ་ཡོངས་སུ་སྦྱོང་བའི་གཞི། བདེ་བར་གནས་པའི་རྐྱེན་གྱི་གཞི། དགོས་པ་སྒྲུབ་བྱེད་ལས་ཀྱི་གཞི་སྟེ་གསུམ་ལས། དང་པོ་བསླབ་པ་ཡོངས་སུ་སྦྱོང་བ་ནི། རབ་ཏུ་བྱུང་བ་དང་། བསྙེན་པར་རྫོགས་པའི་སྡོམ་པ་ཐོབ་མ་ཐག་བཟུང་སྟེ། གསོ་སྦྱོང་དང་།དབྱར་གནས་དང་། དགག་དབྱེ་རྣམས་དུས་རྟག་པར་མ་ཆད་པར་བྱ་དགོས། དེའང་དུས་ངེས་ཅན་གྱི་གསོ་སྦྱོང་ནི། ཧོར་ཟླ་བཅུ་གཅིག །དང་པོ། གསུམ་པ། ལྔ་པ། བདུན་པ། དགུ་པ་སྟེ་ཟླ་བ་དྲུག་གི་མར་ངོ་རྣམས་སུ་གསོ་སྦྱོང་བཅུ་བཞི་པ་དང་། དེ་འཕྲོས་ཐམས་ཅད་གསོ་སྦྱོང་བཅོ་ལྔ་པ་ཤ་སྟག་ཡིན་ཞིང་། ཡང་ཟླ་བཤོལ་ཡོད་ཆེ། བཤོལ་དོན་པའི་ཟླ་བ་དེ་ཞག་ཐུབ་མི་ཐུབ་གང་ཡིན་ཡང་རུང་།ཉིས་བརྩེགས་ཀྱི་ཟླ་བ་ཕྱི་མ་ཉིད་ཞག་ཐུབ་རྩེ་སོ་སྟེ་གསོ་སྦྱོང་བཅོ་ལྔ་པ་བྱ་བ་དང་། དབྱར་སྟ་མ་ཡིན་ན་ཧོར་ཟླ་དྲུག་པའི་ཚེས་བཅུ་དྲུག་ནས་དབྱར་ཁས་བླངས་ཏེ། ཧོར་ཟླ་དགུ་པའི་ཚེས་བཅོ་ལྔའི་སྔ་དྲོའི་དགག་དབྱེ་བྱས་ཏེ་གྲོལ་བའམ། ཡང་བུ་སྟོན་རིན་པོ་ཆེ་སོགས་ཀྱི་བཞེད་པ་ལྟར་ན་དབྱར་སྟ་མ

ཧོར་ཟླ་ལྔ་པའི་ཚེས་བཅུ་དྲུག་ནས་ཁས་བླངས་ཏེ། ཧོར་ཟླ་བརྒྱད་པའི་ཚེས་བཅོ་ལྔ་ལ་དགག་དབྱེ་བྱས་ཏེ་གྲོལ་བའམ། དབྱར་ཕྱི་མ་ཡིན་ན་ཧོར་ཟླ་བདུན་པའི་ཚེས་བཅུ་དྲུག་ནས་ཁས་བླངས་ཏེ།ཧོར་ཟླ་བཅུ་པའི་ཚེས་བཅོ་ལྔ་ལ་དགག་དབྱེ་བྱ་བ་གསུམ་སྐབས་སུ་གང་བབ་བྱ་ཞིང་། དབྱར་གནས་ཀྱི་ཚེ་དགེ་འདུན་རྣམས་ཐོས་བསམ་སྒོམ་གསུམ་ལ་བརྩོན་པ་དང་། དགེ་འདུན་འཁྲུག་ཏུ་འགྱུར་བའི་རྒྱུ་ཐམས་ཅད་སྤོང་བ་དང་། མཚམས་ཀྱི་ཕྱི་རོལ་ཏེ་དགོན་པའི་ཐོ་ཁང་གི་ཕྱི་རོལ་དུ་ཞག་ཏུ་མི་སྡོད་པ་དང་། གལ་སྲིད་ཚོས་ལྡན་གྱི་བྲེལ་བ་གལ་པོ་ཆེ་དང་ཐུག་ནས་མི་འགྲོ་ཐབས་མེད་དུ་གྱུར་ན། དགེ་སློང་གི་མདུན་དུ་ཞག་གཅིག་ནས་བདུན་གྱི་བར། གང་དགོས་བྱིན་གྱིས་བརླབས་ནས་འགྲོ་བ་དང་། ཡང་ཞག་བདུན་གྱིས་མི་འགྲུབ་པའི་དགེ་འདུན་གྱི་སྤྱི་དོན་གལ་པོ་ཆེ་དང་ཐུག་ན། ཐོག་མར་དགེ་འདུན་ལ་ཞག་བཞི་བཅུའི་གནང་བ་ཐོབ་པར་བྱས་ནས། དགེ་སློང་གཅིག་གི་མདུན་དུ་བྱིན་རླབས་ཚུལ་བཞིན་དུ་བྱས་ཏེ་འགྲོ་བ་དང་། གང་བྱིན་གྱིས་བརླབ་པའི་ཞག་གྲངས་དེ་ལས་ལྷག་ཉིན་གཅིག་ཀྱང་སྡོད་མི་ཚོག་སྟེ་དབྱར་གནས་འཇིག་པར་བཤད་པའི་ཕྱིར་དང་། དབྱར་གནས་གྲོལ་རན་ཁའི་ཞག་དྲུག་ལ་བསྟན་དོན་གྱི་བྲེལ་བ་གལ་ཆེན་ཇི་ཙམ་ཐུག་ཀྱང་འགྲོ་མི་ཚོག་དམིགས་བསལ་ཡིན་པ་བཅས་དང་། གཞན་ཡང་ཞི་གནས་ཀྱི་གསོ་སྦྱོང་ཞེས་བྱ་བ་དུས་རྟག་ཏུ་གཞི་ཚུལ་ཁྲིམས་རྣམ་པར་དག་པ་ལ་བརྟེན་ནས། ནང་རིག་པའི་སྡེ་སྣོད་ལ་ཐོས་བསམ་ཚུལ་བཞིན་དུ་བྱས་ཏེ། དེའི་དོན་འདུ་འཛི་དང་གཡེང་བ་སྤངས་ཏེ་རྩེ་གཅིག་ཏུ་བསྒོམ་པ་རྣམས་ལ་ནན་ཏན་བྱེད་པ་གལ་ཆེ། གཉིས་པ་བདེ་བར་གནས་པའི་རྐྱེན་ལ་བག་ཡངས་དང་འབྲེལ་བ་སྲ་བརྒྱང་གི་གཞི་གོས་མཐའ་གཉིས་སུ་ལྷུང་བ་གོས་ཀྱི་གཞི། མི་རུང་བཤས་ཆེ་བ་ཀོ་ལྤགས་ཀྱི་གཞི། ཟས་མཐའ་གཉིས་སུ་ལྷུང་བ་སྨན་གཞི་ལ་སོགས་པ་དང་། གསུམ་པ་དགོས་པ་སྒྲུབ་བྱེད་ལས་ཀྱི་གཞི་ལ། དགེ་འདུན་གྱི་ལས་དང་། གང་ཟག་གིས་ལས་དང་བཅས་པ་རྣམས་དང་། ལྟུང་བ་བྱུང་ན་ཕྱིར་བཅོས་རྣམས་ཀྱང་སྟོན་པས་ཇི་ལྟར་གསུངས་པ་བཞིན་བྱ་དགོས།

བྱང་ཆུབ་སེམས་དཔའི་སྡོམ་པའི་དབང་དུ་བྱས་ན། སེམས་བསྐྱེད་ཀྱི་སྡོམ་པ་ཐོབ་མ་ཐག་ནས་བཟུང་དུས་རྟག་ཏུ་སེམས་ཅན་གྱི་དོན་དུ་སངས་རྒྱས་ཐོབ་འདོད་དང་། དེའི་ཕྱིར་དུ་བྱང་སེམས་ཀྱི་བསླབ་བྱ་ལ་བསླབ་འདོད་དང་མ་བྲལ་བ་བྱ་དགོས་ཏེ། འདི་མེད་ན་སྨོན་འཇུག་གཉིས་ཀའི་སེམས་བསྐྱེད་ཀྱི་སྡོམ་པ་གཏོང་བར་འགྱུར་བའི་ཕྱིར་དང་། སེམས་བསྐྱེད་ཉམས་པའི་རྒྱུ་བླ་མ་དང་མཆོད་གནས་བསླུས་པ་དང་། ཐེག་ཆེན་གྱི་གང་ཟག་ལ་ཞེང་གི་སྒོ་ནས་བསྐུར་བ་འདེབས་པ་དང་། སེམས་ལ་གཡོ་སྒྱུ་བྱེད་པ་དང་། གཞན་འགྱོད་པའི་གནས་མ་ཡིན་པ་ལ་འགྱོད་པ་བསྐྱེད་དུ་གཞུག་པ་སྟེ་ནག་པོའི་ཆོས་བཞི་སྤོང་བ་དང་། དེ་རྣམས་ལས་ལྡོག་པ

ནི་དཀར་པོའི་ཆོས་བཞི་ཡིན་པས་སྲུབ་པ་དང་།བསླབ་བྱ་དངོས་ལ། སེམས་ཙམ་ལུགས་ཀྱི་སེམས་བསྐྱེད་ཀྱི་བསླབ་བྱ། ཕམ་པ་ལྟ་བུའི་ཆོས་བཞི་དང་། ཉེས་བྱས་བཞི་བཅུ་ཞེ་དྲུག །དབུ་མ་ལུགས་ཀྱི་སེམས་བསྐྱེད་ཀྱི་བསླབ་བྱ་དབང་པོ་རྣོན་པོའི་དབང་དུ་བྱས་ན་བྱང་ཆུབ་སེམས་དཔའ་རྒྱལ་པོ་ལ་འབྱུང་ཉེ་བའི་ལྟུང་བ་གཅིག །བློན་པོ་ལ་འབྱུང་ཉེ་བའི་ལྟུང་བ་གཅིག །རྒྱལ་བློན་ཐུན་མོང་དུ་འབྱུང་བ་བཞི། བྱང་ཆུབ་སེམས་དཔའ་ལས་དང་པོ་བ་ལ་འབྱུང་ཉེ་བའི་ལྟུང་བ་བརྒྱད་དེ་བཅུ་བཞི། དབང་པོ་བརྟུལ་བའི་བསླབ་བྱ་རྩ་ལྟུང་གཅིག་དང་། གཞན་ཡང་ཡན་ལག་གི་ཉེས་བྱས་བརྒྱད་ཅུ་དང་བཅས་པ་ཐམས་ཅད་ཀྱང་བསྲུང་སྡོམ་ཚུལ་བཞིན་དུ་བྱ་དགོས་ཏེ༑ དེ་དག་སྡོམ་པ་མི་མཐུན་ཕྱོགས་སྤོང་བ་ཉེས་སྤྱོད་སྡོམ་པའི་ཚུལ་ཁྲིམས་ཞེས་བྱ་ལ།

དགེ་བ་ཆོས་སྡུད་ཀྱི་ཚུལ་ཁྲིམས་ནི། རང་སྨིན་པའི་ཆེད་དུ་ཕར་ཕྱིན་དྲུག་ལ་སློབ་པ་དང་། ཤེས་བྱའི་གནས་ཐམས་ཅད་ལ་སློབ་པ་ཡིན་ཅིང་། སེམས་ཅན་དོན་བྱེད་ཀྱི་ཚུལ་ཁྲིམས་ནི། བསྡུ་བའི་དངོས་པོ་བཞིའི་སྒོ་ནས་སེམས་ཅན་ཐམས་ཅད་གནས་སྐབས་དང་མཐར་ཐུག་གི་ཕན་བདེ་ལ་འགོད་པ་སྟེ།ཚུལ་ཁྲིམས་གསུམ་པོ་དེ་ལ་ནན་ཏན་གྱིས་བསླབ་པ་བྱ་དགོས་པ་དང་། གལ་ཏེ་ལྟུང་བ་བྱུང་ན་ཕྱིར་བཅོས་པའི་ཚུལ་སྡོམ་གསུམ་འཇམ་དབྱངས་བླ་མའི་དགོངས་རྒྱན་ལས། དབུ་མའི་ལུགས་ལ་རྩ་ལྟུང་བྱུང་གྱུར་ན། །མྱི་ལམ་དུ་ནི་ནམ་མཁའི་སྙིང་པོ་ཡི། །མདུན་དུ་བཤགས་པས་དག་པའི་ལྟས་མཐོང་ན། །ལྟུང་བ་ལས་ལྡང་ཆོ་ག་གཞན་དུ་ཤེས། །ལྟུང་བ་གཞན་རྣམས་ཉིན་མཚན་དུས་དྲུག་ཏུ། །ཕུང་པོ་གསུམ་པ་འདོན་དང་བྱང་ཆུབ་སེམས། །བཏོན་པས་བཤགས་དང་སྡོམ་བཞིའི་བཤགས་ཆོག་དང་། །དེ་བཞིན་གཤེགས་པའི་ཡིག་བརྒྱས་འདགས་པར་གསུངས། །སེམས་ཙམ་ལུགས་ལ་ཀུན་དཀྲིས་དྲག་པོ་ཡིས། །ཕམ་འདྲ་བཞི་སྤྱད་སྡོམ་པ་སླར་ཡང་བླངས། །ཟག་པ་འབྲིང་ནི་སྡོམ་ལྡན་གསུམ་གྱི་མདུན། །དངོས་པོ་བརྗོད་པས་བཤགས་ཤིང་ཆུང་ངུ་ནི། །ཚུལ་དེ་སྡོམ་ལྡན་གཅིག་གི་དྲུང་དུ་བཤགས། །ཉེས་བྱས་ཉོན་མོངས་ཅན་དང་དེ་དང་མཚུངས། །ཉོན་མོངས་མེད་རྣམས་ཁྲེལ་ཡོད་ཡིད་ཀྱིས་བསྡམ། །ཕམ་འདྲ་འབྲིང་པོ་མན་ལའང་རྟེན་མེད་ན། །བསྡམ་པས་རུང་བ་མདོན་པ་གོང་མར་གསུངས། །ཞེས་བཤད་པ་ལྟར་རོ། །

རིག་འཛིན་སྔགས་ཀྱི་སྡོམ་པའི་དབང་དུ་བྱས་ན། ཐོག་མར་དབང་བསྐུར་བ་ཕྱིན་ཅི་མ་ལོག་པ་ལེགས་པར་ཐོབ་པ་ནས་བཟུང་། དབང་དུས་སུ་ཁས་བླངས་པའི་དམ་ཚིག་དང་སྡོམ་པ་རྣམས་ལ་བསྲུང་སྡོམ་ཚུལ་བཞིན་དུ་བྱ་དགོས། དེའང་རྒྱུད་སྡེ་སོ་སོའི་དབང་དུ་བྱས་ན་བྱ་བའི་རྒྱུད་ལ་སྤྱིའི་དམ་ཚིག་གསུམ་དང་། ཁྱད་པར་གྱི་དམ་ཚིག་བཅུ་གསུམ། སྤྱོད་པའི་རྒྱུད་ལ་ཐུན་མོང་མ་ཡིན་པའི་དམ་ཚིག་བཞི། རྣལ་འབྱོར་གྱི་རྒྱུད་ལ་

ཁས་བླངས་ཀྱི་ཐོབ་པ་རིགས་ལྔ་སྤྱི་དང་སོ་སོའི་དམ་ཚིགས་ཚོགས་ཐོབ་པའི་དམ་ཚིག་དཔལ་མཆོག་ནས་བཤད་པ་བཅུ། རྡོ་རྗེ་འབྱུང་བ་ནས་བཤད་པ་གཅིག་སྟེ་བཅུ་གཅིག །ཁྱད་པར་རྣལ་འབྱོར་བླ་ན་མེད་པའི་རྒྱུད་འདི་ནི་རྣལ་འབྱོར་དབང་ཕྱུག་གི་བཞེད་པས། དབང་བཞི་པོ་རེ་རེ་ལ་འང་མཉམ་བཞག་གི་དམ་ཚིག །རྗེས་སྤྱོད་ཀྱི་དམ་ཚིག །བཟའ་བའི་དམ་ཚིག །བསྲུང་བའི་དམ་ཚིག །མི་འབྲལ་བའི་དམ་ཚིག་སྟེ། ལྔ་ལྔ་ཡོད་པས་སྡོམ་པས་ཉི་ཤུ་འབྱུང་ལ། དེའི་ནང་ནས་ཀྱང་གཙོ་བོར་གྱུར་པ་ནི་བུམ་དབང་གི་བསྲུང་བའི་དམ་ཚིག་རྩ་བའི་ལྟུང་བ་བཅུ་བཞི། ཡན་ལག་གི་ལྟུང་བ་བརྒྱད་དང་བཅས་པ་ལས་ནམ་ཡང་མི་འདའ་བར་བྱ་དགོས། དེར་མ་ཟད་ལས་དང་པོ་པས་སྒྲུབ་པར་བྱ་བའི་ཆོས་བདུན། བརྟན་པ་ཙུང་ཟད་ཐོབ་པས་བསླབ་པར་བྱ་བ་རྣམ་པ་དྲུག །བརྟན་པ་ཆེར་ཐོབ་པས་དམ་ཚིག་དང་སྡོམ་པ་ལས། རྣམ་པར་གྲོལ་བའི་ཚུལ་གྱིས་སྤྱོད་པ་སྟེ། དེ་དག་ཀྱང་གང་ཟག་སོ་སོའི་ས་མཚམས་སུ་སླེབས་མ་སླེབས་དང་བསྟུན་པའི་བླང་དོར་ཚུལ་བཞིན་དུ་བྱེད་པ་དང་། གལ་སྲིད་ལྟུང་བ་བྱུང་ན་ཕྱིར་བཅོས་པའི་ཚུལ་ཡང་བྱ་རྒྱུད་ལ་སོགས་བརྒྱུད་སྡེ་སོ་སོ་ལས་ཇི་ལྟར་གསུངས་པ་ལྟར་དང་།

ཕྱི་བྲག་རྣལ་འབྱོར་བླ་ན་མེད་པའི་སྐབས་འདིར་ནི། ཡན་ལག་ཚངས་བའི་ལྟུང་བ་བྱུང་ན། སླར་ཡང་བླ་མ་ལས་དབང་བསྐུར་བ་ཞུས་ཏེ་དག་པར་བྱ་བ་དང་། ཡན་ལག་མ་ཚང་བའི་རྩ་ལྟུང་དང་། ཡན་ལག་གི་ལྟུང་བ་བྱུང་ན། རྡོ་རྗེ་སེམས་དཔའ་དང་དམ་ཚིག་རྡོ་རྗེའི་བསྒོམ་བཟླས་ཀྱི་སྒོ་ནས་བཤགས་པ་དང་། སྟོབས་བཞིའི་སྒོ་ནས་བཤགས་པ་ལ་སོགས་པ་ལྟུང་བ་ལས་ལྡང་བའི་ཐབས་ལ་འབད་པར་བྱའོ། །གཞན་ཡང་ཉེས་པ་ཐམས་ཅད་ཀྱི་འབྱུང་གནས་སུ་གྱུར་པ་ནི་ཆང་ཡིན་པ་ལ་བརྟེན་ནས། བཅོམ་ལྡན་འདས་ཀྱི་སོ་སོར་ཐར་པ་ལས་ཀྱང་། དགེ་བསྙེན་དང་། དགེ་ཚུལ་དང་། དགེ་སློང་ལ་སོགས་པ་སོ་ཐར་རིགས་བརྒྱད་ཐམས་ཅད་ཀྱིས་འཐུང་དུ་མི་རུང་བར་གསུངས་པ་དང་། དེ་བཞིན་དུ་ཤའི་བཟའ་བ་ཡང་ཉེས་པ་དཔག་ཏུ་མེད་པར་གསུངས་ཤིང་།ཀྱྀ་མཚན་དེ་རྣམས་ལ་བརྟེན་ནས་སྟོན་ངོར་ཆེན་རྡོ་རྗེ་འཆང་ཆེན་པོས་ཀྱང་དགོན་པ་འདིའི་ཐོ་ཁང་གི་ནང་ཚུན་ལ་ཤ་ཆང་ནག་གསུམ་འགྲེམས་ས་མེད་པའི་ཁྲིམས་བཅས་པ་ལྟར་ལས་ནམ་ཡང་མི་འདའ་བར་བྱ་བ་དང་། དགོན་པའི་ཉེ་སྐོར་ཐམས་ཅད་དུ་རི་རྒྱ་དང་ཀླུང་རྒྱ་བསྡམ་སྟེ་སེམས་ཅན་གྱི་སྲོག་བསྐྱབས་པ་དང་། དགོན་པའི་ནང་དུ་དྲག་ཞན་སུས་ཀྱང་གླུ་ལེན་བྲོ་བརྡུང་མདའ་རྡོ་སྐོར་གི་སྒྲ་འབོད་སྐད་ལ་སོགས་པ་གཏན་ནས་བྱེད་མི་ཆོག་པ་དང་། སོ་སོ་ཐར་པའི་མདོ་ལས། དགེ་འདུན་མཐུན་པ་བདེ་བ་སྟེ། །མཐུན་པ་རྣམས་ཀྱི་བཀའ་ཐུབ་བདེ། །ཞེས་གསུངས་པ་ལྟར། དགེ་འདུན་ཐམས་ཅད་ཐུགས་མཐུན་ན་འཇིག་རྟེན་དུ་བདེ་སྐྱིད་འབྱུང་ཞིང་། རྒྱལ་བའི་

བསྟན་པ་ཡང་དར་རྒྱས་སུ་འགྱུར་བ་ཡིན་པས་དགེ་འདུན་འགྲུག་ལོང་གི་རྒྱུ་ཐམས་ཅད་སྤངས་ཏེ་ཐུགས་མཐུན་པར་བྱ་བ་དང་། རབ་ཏུ་བྱུང་བ་རྣམས་ཀྱིས་གོས་དཀར་གྱོན་ཞིང་མཚོན་ཆ་འདོགས་པ་དང་། སྐྲ་རིང་པོར་འཇོག་པ་རྣམས་ནི་སངས་རྒྱས་ཀྱི་བསྟན་པའི་སྒྲོར་ཞུགས་ཀྱང་སྟོན་པའི་བཀའ་བཞིན་མི་བྱེད་པ་དང་། ཁྱིམ་པ་དང་མུ་སྟེགས་ཀྱི་རྣམ་ཐར་སྐྱོང་བ་ཡིན་པས། དེ་འདྲ་བྱས་ན་དཀོན་མཆོག་གི་བཀའ་དང་འགལ་བས་འདི་ཕྱི་ཐམས་ཅད་མི་བདེ་བ་འབྱུང་བ་ཆོས་ཉིད་ཡིན་པར་མ་ཟད། ཞེ་ཐག་པ་ནས་ཁྱིམ་པའི་རྟགས་ཉིན་གཅིག་ཙམ་ཀྱང་བླངས་ཀྱང་རབ་བྱུང་གཏོར་བར་གསུངས་ཏེ། མཛོད་ལས། བར་མ་ཤུགས་བླངས་བྱ་བ་དང་། །དོན་ཆེ་རྒྱ་བ་ཆད་པ་ལས། །ཞེས་སོ། །རྒྱུ་མཚན་དེའི་ཕྱིར་ན། སྐྲ་ཡང་སོར་གོང་སོར་དོ་ལས་ལྷག་མི་འཇོག་པ་བཞར་བ། ཕྱུ་བ་དང་གོས་དཀར་གྱོན་པ་དང་མཚོན་ཆ་འདོགས་པ་ལ་སོགས་པ་ཐམས་ཅད་སྤོང་དགོས། རྟེན་གསུམ་གྱི་དྲུང་དང་གཙུག་ལག་ཁང་དང་ཚོགས་གྲལ་དུ་ཐ་མ་ཁ་དང་སྣོག་གཙང་ལ་སོགས་པ། དྲི་ང་བའི་རིགས་ཐམས་ཅད་སྤང་བ་དང་། ཚོགས་འདོན་རྣམས་ཀྱང་ཁྲིམ་མང་གི་འུར་འདོན་ལྟ་བུ་མི་བྱེད་པར། གདངས་དབྱངས་ཡོད་པ་དང་།འབྱེད་པའི་ཤར་འདོན་ཐམས་ཅད་དཔོན་སློབ་དབུ་མཛད་པའི་ངག་རྗེས་བསྒྲིགས་ཏེ། མི་གཅིག་གིས་བཏོན་པ་ལྟ་བུ་བྱས་ན། སྦྱིན་བདག་དངས་བ་འདྲེན་ཅིང་རང་གཞན་གཉིས་ཀའི་རྒྱུད་ལ་བསོད་ནམས་ཀྱི་ཚོགས་ཆེན་པོ་རྫོགས་པ་ཡིན་ནོ། །

མདོར་ན་དལ་འབྱོར་གྱི་ལུས་ཐོབ་ནས་འཁོར་བ་ལས་ཐར་བར་བྱེད་མ་ནུས་འདང་། ཚེ་ཕྱི་མ་དམྱལ་བར་མི་སྐྱེ་བ་ཞིག་མ་བྱས་ན། སླ་ཤེས་དོན་གོ་མིའི་ལུས་རྟེན་ཐོབ་པ་ལ་དོན་གོ་ཅི་ཡང་མ་བྱུང་བར་མ་ཟད། སངས་རྒྱས་བསྟན་པའི་སྒོར་ཞུགས་ནས་བསྟན་པ་རིན་པོ་ཆེ་ལ་ཕན་གདགས་པར་མ་ནུས་ཀྱང་། རྣམ་པ་ཀུན་ཏུ་གནོད་པའི་ལས་མི་བྱ་སྟེ། སྡོམ་གསུམ་རབ་དབྱེ་ལས། དེས་ན་བསྟན་པའི་སྒོར་ཞུགས་ནས། །སངས་རྒྱས་བསྟན་ལ་མ་ཕན་ཡང་། །རྣམ་པ་ཀུན་ཏུ་གནོད་མི་བྱ། །ཞེས་གསུངས་པ་ལྟར་ཐམས་ཅད་ཀྱིས་དགོངས་པར་འཇོག་པར་ཞུ་ལགས།

དེ་ལྟར་སྟོན་པ་ཐུགས་རྗེ་ཅན་དེ་ཡིས། །མདོ་དང་རྒྱུད་དུ་གསུངས་པའི་བསླབ་བྱ་རྣམས། །མདོར་བསྡུས་བཤད་ལས་དགེ་བ་གང་ཐོབ་པ། །དེས་ནི་འགྲོ་རྣམས་ཀུན་མཁྱེན་ཉིད་ཐོབ་ཤོག ། །

༄༅། །སྡོམ་གསུམ་སྤྱི་དོན་ཡིད་བཞིན་ནོར་བུ་ལས་གཞན་དོན་བསྡུས་པ་བློ་དམན་ཡིད་ཀྱི་མུན་སེལ་ཉི་འོད་ཅེས་བྱ་བ་བཞུགས་སོ། །

འཇམ་དབྱངས་ཀུན་དགའ་རྣམ་རྒྱལ།

གདུལ་དཀའི་འགྲོ་རྣམས་གདུལ་ལ་མཚུངས་མེད་པ། །པད་དཀར་ལྟར་བསྔགས་ཤཱཀྱ་སེང་གེ་དང་། །བསླབ་པའི་ཉམས་ལེན་མཐའ་དག་འགལ་མེད་དུ། །འཆད་ལ་བློ་བྲལ་འཇམ་དབྱངས་བླ་མར་འདུད། །དེའི་གསུང་དཔྱད་གསུམ་དག་པས་འགྲེལ་བ་ལ། །ཞུལ་བྱུང་བསོད་ནམས་སེང་གེ་ལ་བཏུད་ནས། །སྡོམ་གསུམ་སྤྱི་དོན་ཡིད་བཞིན་ནོར་བུ་ཡི། །ཟབ་གནད་བློ་དམན་དོན་དུ་བསྡུས་ཏེ་འགོད། །

དེ་ཡང་མགོན་པོ་འཇམ་པའི་དབྱངས་ཉིད་པཎྜི་ཏའི་ཚུལ་འཛིན་པ་མཁས་དང་གྲུབ་པའི་རྣམ་ཐར་འགྲན་ཟླ་དང་བྲལ་བ་འཇམ་མགོན་བདག་ཉིད་ཆེན་པོས། རྒྱལ་བའི་བསྟན་པ་ལ་ལོག་པར་རྟོག་པ་རྣམས་ལུང་རིགས་ཀྱིས་བཀག་ནས། བསྟན་པའི་ཉམས་ལེན་མཐའ་དག་སྡོམ་པ་གསུམ་དུ་བསྡུས་ནས་གང་ཟག་གཅིག་གིས་འགལ་མེད་དུ་ཉམས་སུ་ལེན་ཚུལ་འཁྲུལ་མེད་དུ་སྟོན་པ་སྡོམ་གསུམ་རབ་དབྱེ་ཞེས་བྱ་བའི་བསྟན་བཅོས་བཀའ་བསྡུ་བཞི་པར་གྱུར་པ་འདི་མཛད་ལ། དེའི་དགོངས་པ་འགྲེལ་བ་རྗོད་པ་དང་བྲལ་བ་ཀུན་མཁྱེན་ཆེན་པོས་མཛད་པའི་སྡོམ་གསུམ་སྤྱི་དོན་ལས་གཞུག་གིས་བསྟན་ཚུལ་དང་། དགག་བཞག་རྒྱས་པ་འཕྲོས་དོན་སོགས་ནི་བདག་འདྲའི་བློ་དམན་རྣམས་ཀྱིས་རྟོགས་པར་དཀའ་བས་ཕལ་ཆེར་བཞག་ནས། ཟབ་གནད་གལ་ཆེ་བ་རྣམས་གསལ་བྱེད་མདོར་བསྡུས་དང་བཅས་ཏེ་བྲི་བར་བྱའོ། །

དེ་ལ་གཉིས། བསྟན་པའི་ཉམས་ལེན་ཐམས་ཅད་སྡོམ་གསུམ་གྱི་ཉམས་ལེན་གྱི་ཁོངས་སུ་འདུས་པ་ཡིན་ཏེ། དང་པོ་ནི། སངས་རྒྱས་ཀྱི་བསྟན་པའི་ཉམས་ལེན་མ་ལུས་པ་སྡོམ་པ་གསུམ་གྱི་ཉམས་ལེན་གྱི་ཁོངས་སུ་འདུས་པ་ཡིན་ཏེ། འདི་ལྟར་བསྟན་པའི་ཉམས་ལེན་ལ་ཉན་ཐོས་འདུལ་བ་དང་ཐུན་མོང་བའིབསྟན་པའི་ཉམས་ལེན། ཐེག་ཆེན་ཕ་རོལ་ཏུ་ཕྱིན་པ་དང་ཐུན་མོང་བའི་བསྟན་པའི་ཉམས་ལེན། རྡོ་རྗེ་ཐེག་པའི་ཐུན་མོང་མ་ཡིན་པའི་བསྟན་པའི་ཉམས་ལེན་དང་གསུམ་དུ་ཡོད་པ་ལས། དང་པོ་ནི། སོ་སོར་ཐར་པའི་མདོ་ལས། སྡིག་པ་ཅི་ཡང་མི་བྱ་སྟེ། །དགེ་བ་ཕུན་སུམ་ཚོགས་པར་སྤྱད། །རང་གི་སེམས་ནི་ཡོངས་སུ་འདུལ། །འདི་ནི་སངས་

རྒྱས་བསྟན་པ་ཡིན། །ཞེས་གསུངས་པ་ལྟར། ཐོག་མར་གཞན་གནོད་གཞི་བཅས་སྤོང་བའི་སྡོམ་པ་བླངས་ནས་གཙོ་བོར་དགེ་སྡིག་གི་བླང་དོར་ཚུལ་བཞིན་དུ་ཉམས་སུ་ལེན་པ་ཡིན་ལ། དེ་ནི་སོ་ཐར་གྱི་སྡོམ་པའི་ཁོངས་སུ་འདུས་ཏེ། སོ་ཐར་གྱི་སྡོམ་པ་ཡང་གཞན་གནོད་གཞི་བཅས་སྤོང་བ་ལ་འཇོག་དགོས་པའི་ཕྱིར་རོ། །

གཉིས་པ་ནི། རྡོ་རྗེ་གུར་ལས། སྟོང་ཉིད་སྙིང་རྗེ་ཐ་དད་མེད། །གང་དུ་སེམས་ནི་རྣམ་སྒོམ་པ། །དེ་ནི་སངས་རྒྱས་ཆོས་དང་ནི། །དགེ་འདུན་གྱི་ཡང་བསྟན་པའོ། །ཞེས་པ་ལྟར་སྙིང་རྗེ་ཆེན་པོས་ཀུན་ནས་བསླངས་པའི་ཀུན་རྫོབ་བྱང་ཆུབ་ཀྱི་སེམས་དང་། སྟོང་ཉིད་རྟོགས་པའི་ཤེས་རབ་ཟུང་དུ་ཆུད་པའི་སྒོ་ནས་རྫོགས་པའི་བྱང་ཆུབ་སྒྲུབ་པའི་ཐབས་ཁྱད་པར་བ་ཡིན་ལ། དེ་ནི་བྱང་སེམས་ཀྱི་སྡོམ་པའི་ཉམས་ལེན་གྱི་ཁོངས་སུ་འདུས་ཏེ། བྱང་སེམས་ཀྱི་སྡོམ་པ་ནི་རྫོགས་པའི་བྱང་ཆུབ་ཀྱི་སྒྲུབ་པ་ཁྱད་པར་བ་ལ་འཇོག་པའི་ཕྱིར་རོ། །

གསུམ་པ་ནི། རྡོ་རྗེ་རྩེ་མོ་ལས། སྨིན་པ་དང་ནི་གྲོལ་བའི་ལམ། སངས་རྒྱས་བྱང་ཆུབ་བསྟན་པའི་མཆོག །ཅེས་པ་ལྟར་རང་གི་ལུས་ངག་ཡིད་གསུམ་དང་རྡོ་རྗེ་འཆང་གི་སྐུ་གསུང་ཐུགས་དབྱེར་མེད་དུ་བྱིན་གྱིས་བརླབས་པའི་ས་བོན་འདེབས་པ་སྨིན་བྱེད་ཀྱི་དབང་དང་། དེ་ཉིད་གོང་ནས་གོང་དུ་འཕེལ་བར་བྱེད་པ་གྲོལ་བྱེད་ཀྱི་ལམ་གཉིས་སུ་འདུས་པ་ཡིན་ལ། དེ་ནི་སྔགས་སྡོམ་གྱི་ཉམས་ལེན་གྱི་ཁོངས་སུ་འདུས་ཏེ། སྔགས་སྡོམ་གྱི་ཉམས་ལེན་ནི་སྨིན་གྲོལ་གཉིས་ལ་འཇོག་པའི་ཕྱིར་རོ། །དེས་ན་སངས་རྒྱས་ཀྱི་བསྟན་པའི་ཉམས་ལེན་ཐམས་ཅད་སྡོམ་གསུམ་གྱི་ཉམས་ལེན་གྱི་ཁོངས་སུ་འདུས་ཀྱང་གསུམ་པོ་ཕྱོགས་གཅིག་ཏུ་བསྒྲིབས་པའི་རྣམ་པར་བཞག་པ་ནི་གསང་སྔགས་ཀྱི་རྒྱུད་སྡེ་མ་ཡིན་པར་གཞག་ལ་མེད་དེ། ཉན་ཐོས་ཀྱི་སྡེ་སྣོད་ལ་སྡོམ་པ་གོང་མ་གཉིས་ཀྱིས་རྣམ་བཞག་མེད། ཕ་རོལ་ཏུ་ཕྱིན་པའི་སྡེ་སྣོད་ལ་སྔགས་སྡོམ་གྱི་རྣམ་བཞག་མེད་པའི་ཕྱིར་རོ། །དེའི་རྒྱུ་མཚན་ཉན་ཐོས་སྡེ་པ་དག་བྱང་ཆུབ་གསུམ་པོ་གང་རུང་དུ་སེམས་བསྐྱེད་ནས་སོ་ཐར་གྱི་སྡོམ་པ་བསྲུངས་ཏེ། ཞི་ལྷག་གཉིས་བསྒོམས་པས་བྱང་ཆུབ་དེ་དང་དེ་ཐོབ་པར་འདོད། ཐེག་པ་ཆེན་པོ་ཕ་རོལ་ཏུ་ཕྱིན་པ་ལས་ནི་བྱང་ཆུབ་སེམས་ཀྱི་སྡོམ་པས་བླ་མེད་བྱང་ཆུབ་སྒྲུབ་ནུས་ཀྱང་དེའི་རྟེན་དུ་ཐེག་ཆེན་སོ་ཐར་ངེས་པར་དགོས་པར་འདོད། གསང་སྔགས་ཀྱི་རྒྱུད་སྡེ་ལས་ནི་བླ་ན་མེད་པའི་བྱང་ཆུབ་བསྒྲུབ་པ་ལ་གཙོ་བོར་སྔགས་སྡོམ་དགོས་ཀྱང་དེའི་རྟེན་དུ་ཡང་བྱང་སེམས་དང་སོ་ཐར་གཉིས་ངེས་པར་དགོས་པས་སྡོམ་པ་གསུམ་ཆར་ཉམས་སུ་ལེན་དགོས་པར་བཞེད་པའི་ཕྱིར་རོ། །

འདི་ཇི་ལྟར་ཤེས་ན་དངོས་གཞིའི་སྐབས་སུ་སྔགས་སྡོམ་ལེན་པའི་ཚེ་སྔོན་འགྲོ་ལ་སོ་ཐར་དང་བྱང་སེམས་གཉིས་ལེན་པའི་ཆོག་ཡོད་པ་དང་། དངོས་གཞིའི་སྐབས་སུ་བསྐྱེད་རྫོགས་བསྒོམ་པའི་ཚེ་སྔོན་འགྲོ་སོ་

ཐར་དང་བྱང་སེམས་ཀྱི་ཉམས་ལེན་ཡོད་པ་དང་། སྔགས་སྡོམ་གྱི་རྩ་ལྟུང་བསྲུང་བའི་ཚེ་སོ་ཐར་དང་བྱང་སེམས་ཀྱི་རྩ་ལྟུང་ཀྱང་བསྲུང་དགོས་པ་ལས་ཤེས་སོ། །དང་པོ་ནི་དཀྱིལ་ཆོག་ཕལ་ཆེར་ལས། རང་གི་བསླབ་ལྡན་འཁོར་བཞི་པོ། །ཐེག་ཆེན་བློ་ཅན་རྣམས་ལ་ནི། །དེ་བཞིན་གཤེགས་པས་གསུངས་པ་ཡི། །ཡང་དག་ཚིག་རྗེས་སུ་གནང་། །ཞེས་པའི་ཚིག་རྐང་དང་པོས་སོ་ཐར། གཉིས་པས་བྱང་སེམས། ཕྱི་མ་གཉིས་ཀྱིས་སྔགས་སྡོམ་འབོགས་པའི་ཚིག་བསྟན། དེ་བཞིན་དུ་གསོལ་གདབ་ཀྱི་སྐབས་སུ། དམ་ཚིག་དེ་ཉིད་བདག་ལ་སྩོལ། །ཞེས་པས་སྔགས་སྡོམ། བྱང་ཆུབ་སེམས་ཀྱང་བདག་ལ་སྩོལ། །ཞེས་པས་དེའི་རྗེན་དུ་བྱང་སེམས་ཀྱི་སྡོམ་པ། སངས་རྒྱས་ཆོས་དང་དགེ་འདུན་ཏེ། །སྐྱབས་གསུམ་དག་ཀྱང་བདག་ལ་སྩོལ། །ཅེས་པས་དེའི་རྗེན་དུ་སོ་ཐར་གྱི་སྡོམ་པར་གསོལ་བ་གདབ་ཅིང་། དེའི་གོ་རིམ་བཞིན་དུ་བསྒྲགས་པའི་ཚེ། རྡོ་རྗེ་རྩེ་མོར་རིགས་ལྔ་སོ་སོའི་དམ་ཚིག་གིས་སྔགས་སྡོམ། དེ་ལས་གཞན་ཡང་བཅུ་བཞི་ནི། །ཞེས་སོགས་ཀྱིས་བྱང་སེམས། ཁྱོད་ཀྱིས་སྲོག་ཆགས་གསད་མི་བྱ། །ཞེས་སོགས་ཀྱིས་སོ་ཐར་གྱི་སྡོམ་པ་བསྒྲག་པར་མཛད་དོ། །

བཟུང་བའི་ཚེ་རྟེན་དང་བརྟེན་པ་ཡིན་པས་ཐོག་མར་རྒྱུན་བཤགས་ཀྱིས་སོ་ཐར་དང་བྱང་སེམས་བཟུང་། རིགས་ལྔའི་སྡོམ་བཟུང་གིས་སྔགས་སྡོམ་བསྲུང་བར་ཁས་བླང་བ་ཙམ་ཞིག་བཟུང་ནས། སྡོམ་པ་རང་གི་ངོ་བོ་དངོས་གཞིའི་ཚོགས་བསྐྱེད་པར་མཛད་པ་འདི་དཀྱིལ་ཆོག་གཅིག་ཉིད་ལ་སྡོམ་གསུམ་ལེན་པའི་ཚུལ་གསལ་བ་ཡིན་ཀྱང་། མན་ངག་གི་མིག་དང་བྲལ་བ་དག་གིས་ནི་མོས་པ་ཙམ་ཡང་བྱ་དཀའ་བར་སྣང་ངོ་གསུངས། དངོས་གཞི་བསྐྱེད་རྫོགས་ཉམས་སུ་ལེན་པའི་ཚེ་སྔོན་འགྲོའི་སྐབས་སེམས་བྱས་པས་སོར་བྱང་གཉིས་ཉམས་སུ་ལེན་ཞིང་། རྒྱུན་བཤགས་ཀྱིས་སོར་བྱང་གི་སྡོམ་པ་བླངས་བས་དེ་གཉིས་གོང་འཕེལ་དུ་འགྱུར་ཞིང་ཉམས་ན་སོར་ཆུད་པར་གསུངས་པའི་གནད་ཀྱིས་ཤེས་སོ། སྔགས་ཀྱི་རྩ་ལྟུང་བསྲུང་བའི་ཚེ་སོར་བྱང་གཉིས་གྱི་རྩ་ལྟུང་བསྲུང་དགོས་པ་ནི། བདེ་གཤེགས་བཀའ་འདས་ཀྱི་རྩ་ལྟུང་བསྲུང་ཚུལ་ལས་ཤེས་ཏེ། འདི་དག་ལ་དགོངས་ནས་འཇམ་མགོན་བླ་མས། བླ་མ་བཙལ་ལ་དབང་བཞི་བླང་། དེ་ཡིས་སྡོམ་པ་གསུམ་ལྡན་འགྱུར། །ཞེས་དང་། སྡོམ་པ་གསུམ་དང་ལྡན་པ་ཡི། །རིམ་གཉིས་ཟབ་མོའི་གནད་ཤེས་ན། །དེ་ནི་ཚེ་འདིའམ་བར་དོའམ། །སྐྱེ་བ་བཅུ་དྲུག་ཚུན་ཆད་ལ། །འགྲུབ་པར་རྫོགས་པའི་སངས་རྒྱས་གསུངས། །ཞེས་གསུངས་པར་ཤེས་པར་བྱའོ། །

༈ གསུམ་པ་དེ་ཉིད་གཏན་ལ་དབབ་པ་ལ་གསུམ། སྡོམ་པ་གསུམ་པོ་སོ་སོར་བཤད་པ་དང་། གསུམ་ལྡན་གང་ཟག་གི་རྒྱུད་ཀྱི་སྡོམ་གསུམ་གནས་གཏོང་གི་ཚུལ་དཔྱད་པ་དང་། གསུམ་པོ་རེ་རེ་ཡང་གསུམ་ལྡན་དུ

ཉམས་སུ་ལེན་ཚུལ་ལོ། །དང་པོ་ལ་གསུམ། སོ་ཐར་དང་། བྱང་སེམས་དང་། གསང་སྔགས་ཀྱི་སྡོམ་པ་བཤད་པའོ། །དང་པོ་ལ་བཞི། སོ་ཐར་སྡོམ་པའི་ངོ་བོ་ངོས་བཟུང་བ། མ་ཐོབ་པ་ཐོབ་པར་བྱེད་པའི་ཆོ་ག །ཐོབ་པ་མི་ཉམས་པར་བསྲུང་བའི་བསླབ་བྱ། ཉམས་ན་ཕྱིར་བཅོས་པའི་ཚུལ་ལོ། །དང་པོ་ལ་ངོ་བོ། དབྱེ་བ། དོན་ལྡུས་གཏན་ལ་དབབ་པ་ལ་གསུམ་ལས། དང་པོ་སོ་སོར་ཐར་བའི་སྡོམ་པའི་ངོ་བོ་ནི། ངེས་འབྱུང་བསམ་པས་ཀུན་ནས་བསླངས་ཏེ་གཞན་གནོད་གཞིར་བཅས་སྤོང་བའི་སེམས་པ་མཚུངས་ལྡན་དང་བཅས་པ་རྒྱུན་ཆགས་པའོ། །དོན་དེ་ལྟར་སུམ་བརྒྱ་པ་ལས། ངེས་པར་འབྱུང་བའི་ཚུལ་ཁྲིམས་སྡུག་བསྔལ་སྤོང་། ཞེས་གསུངས་ཏེ། ཚུལ་ཁྲིམས་དང་གཞན་གནོད་གཞིར་བཅས་སྤོང་པ་དོན་གཅིག་སྡུག་བསྔལ་སྤོང་པ་དང་སོ་སོར་ཐར་དོན་གཅིག་ཡིན་པའི་ཕྱིར། ཚེ་འདིར་རྒྱལ་པོའི་ཆད་པ་སོགས་ཀྱིས་འཇིགས་པ་དང་། ཕྱི་མ་ལྷ་མིའི་གོ་འཕང་ཙམ་དོན་དུ་གཉེར་གྱིས་བསྲུང་བའི་སྡོམ་པ་གཉིས་ལ་ངེས་འབྱུང་གི་བསམ་པ་མེད་དེ། དེ་གཉིས་འཁོར་བ་ལ་ཞེན་པ་ཡིན་པས། འཁོར་བ་ལ་ཞེན་ན་ངེས་འབྱུང་མིན། ཞེས་འཇམ་དབྱངས་ཀྱིས་གསུངས་པའི་ཕྱིར། དེས་ན་དེ་གཉིས་སོ་ཐར་དུ་མི་འགྱུར་ཏེ། འཁོར་བ་ལ་བརྟེན་པའི་ཕྱིར་གཏན་དུ་འཁོར་བ་ལས་སོ་སོར་ཐར་བྱེད་མིན་པའི་ཕྱིར། ཁ་ཅིག་སྐྱབས་འགྲོ་རྫོམ་བྱེད་དུ་བྱས་པའི་ཕྱིར་སོ་ཐར་ཡིན་ཞེ་ན།

དེ་ར་མ་ངེས་ཏེ། སྐྱབས་ཡུལ་འཇིག་རྟེན་ལས་འདས་པ་ཡིན་ཀྱང་། ཀུན་སློང་འཇིག་རྟེན་པ་ཡིན་པའི་ཕྱིར། དགའ་བོས་དང་པོར་ལྷའི་ཆེད་དུ་སྡོམ་པ་བསྲུང་བ་བཞིན་ཕྱིས་ངེས་འབྱུང་གཏིང་ནས་སྐྱེས་ན་དེ་ཕྱིན་སོ་ཐར་དུ་འགྱུར་ཏེ། དགའ་བོས་དམྱལ་བ་གཟིགས་ཕྱིན་གྱི་ཚུལ་ཁྲིམས་བཞིན་ནོ། །གཞན་ལ་གནོད་པ་ནི་ལུས་ངག་གི་མི་དགེ་བ་བདུན་ནམ། གཞི་ནི་རྒྱུའི་དོན་ཏེ་ཡིད་ཀྱི་མི་དགེ་བ་གསུམ་མོ། །བཅས་པ་ནི་ཕན་ཚུན་བསྟུད་པ་སྟེ། མདོར་ན་སོ་ཐར་རིས་བདུན་ཆར་མི་དགེ་བཅུ་སྤོང་དུ་གྲུབ་སྟེ། མདོ་ལས། དགེ་བསྙེན་སྡོན་ལ་གཞན་ལ་མི་བརྟེན་པ། ཆོས་དགེ་བ་བཅུ་ལ་སྤྱོད་པ་ཞེས་གསུངས་པའི་དགོངས་པ་ཡང་ཡིན་ལ། བརྟག་གཉིས་ལས། དེ་རྗེས་བསླབ་པའི་གཞི་བཅུ་སྦྱིན། ཞེས་པའི་དོན་གཏན་ལ་ཁྲིམས་བདུན་ཆར་མི་དགེ་བ་བཅུ་སྤོང་དུ་གསུངས་པའི་དགོངས་པ་ཡང་དེ་ཉིད་ཡིན་ནོ། །འོ་ན་ཡོངས་རྫོགས་དགེ་བསྙེན་དང་དགེ་ཚུལ་སོགས་སྤོང་བཞིར་གསུངས་པ་དང་འགལ་ལོ་ཞེ་ན།

མི་འགལ་ཏེ། བླང་ཆེ་ལུས་ངག་གི་རང་བཞིན་གྱི་ཁ་ན་མ་ཐོ་བ་བཞི་སྤོང་བ་བླངས་ཀྱང་དོན་གྱིས་བཅུ་བསྲུང་བ་ཡིན་ཏེ། སྲོག་གཅོད་སྤོང་བའི་ཤུགས་ལ་གནོད་སེམས་སྤོང་། མ་བྱིན་ལེན་སྤོང་བའི་ཤུགས་ལ་བརྣབ་སེམས་སྤོང་། བརྫུན་སྤོང་བའི་ཤུགས་ལ་ཕྲ་མ་ཚིག་རྩུབ་ངག་འཁྱལ་སྤོང་། སྡོམ་པ་བླངས་པ་ཉིད་ཀྱིས་ལོག་

ལྟར་སྦྱོང་བ་གྲུབ་པའི་ཕྱིར། འོན་སྦྱོང་བཞི་ལས་མི་གསུངས་པ་ཅི་ཞེ་ན། བསླབ་བྱའི་གྲངས་མང་བས་འཇིགས་པའི་ངོར་བཞིར་བསྡུས་ནས་གསུངས་ཏེ། ཡན་ལག་ལྔ་ཡི་ཚོགས་ནི། གཞུག་པ་རུ་ནི་འདོད་པས་སོ། །ཞེས་པ་ལྔ་བུའི་དགོས་པ་ཡོད་པའི་ཕྱིར་རོ། །ཁ་ཅིག་གཞན་གནོད་གཞིར་བཅས་སྦྱོང་བ་སོ་ཐར་གྱི་སྡོམ་པར་བཤད་པ་རྒྱ་གར་གྱི་གཞུང་འགྲེལ་གང་ན་ཡང་བཤད་པ་མེད་དོ་ཞེས་ཟེར་བ་ནི་ཕུང་པོ་ལྔའི་རབ་བྱེད་ཀྱི་འགྲེལ་བཤད་མ་མཐོང་བར་ཟད་དོ། །དེས་ན་གཞུང་དེ་ལ་བརྟེན་ནས་ས་སྐྱའི་རྗེ་བཙུན་གོང་མ། མཆིམས་ནམ་མཁའ་གྲགས། དཔང་ལོ་ཆེན་པོ། བུ་སྟོན་སོགས་མཁས་པ་རྣམས་ཀྱིས་མགྲིན་གཅིག་ཏུ་གསུངས་པས་འདི་ཉིད་བཟུང་ན་ལེགས་གསུངས།

ཁ་ཅིག་སོ་ཐར་གྱི་ངོ་བོ་ངེས་འབྱུང་ཡིན་ཞེས་གསུངས་པ་ཡང་མི་འཐད་དེ། ཐར་པ་ཆ་མཐུན་གྱི་སྦྱིན་པ་ལ་སོགས་པ་ཐམས་ཅད་ཀྱང་སོ་ཐར་དུ་ཐལ། ངེས་འབྱུང་གི་ཟིན་པར་མཚུངས་པའི་ཕྱིར། སེམས་བསྐྱེད་ཀྱང་སོ་ཐར་དུ་ཐལ། སེམས་བསྐྱེད་པ་ནི་གཞན་དོན་ཕྱིར། །ཡང་དག་རྫོགས་པའི་བྱང་ཆུབ་འདོད། །ཅེས་གསུངས་པ་དེ་ངེས་འབྱུང་མཆོག་ཡིན་པའི་ཕྱིར། བྱང་སེམས་ཀྱི་རྟེན་དུ་སོ་ཐར་ངེས་པར་དགོས་གསུངས་པས་ཀྱང་ངེས་འབྱུང་ཙམ་ལ་སོ་ཐར་གྱི་མཚན་ཉིད་མི་ཚང་སྟེ། གཞན་ལ་ཕན་པ་བསྒྲུབ་པ་ལ་གཞན་གནོད་གཞིར་བཅས་སྦྱོང་བས་ཁྱབ་པའི་ཕྱིར་རྟེན་དང་བརྟེན་པར་རུང་གི། ཉན་རང་དོན་གཉེར་གྱི་ངེས་འབྱུང་དེ་བྱང་སེམས་ཀྱི་རྟེན་དུ་ཇི་ལྟར་རུང་སྟེ། དེ་ཕས་ཕམ་བས་ཀྱང་ལྕི་བར་སྨྲད་པ་ལས་གསུངས་པའི་ཕྱིར། གལ་ཏེ་རྫོགས་བྱང་དོན་གཉེར་གྱི་ངེས་འབྱུང་དེ་རྟེན་ཡིན་ནོ་སྙམ་ན། དེ་ལྟར་ན་རྟེན་དང་བརྟེན་པ་ཁྱད་པར་མེད་པར་འགྱུར་རོ། །དེས་ན་ངེས་འབྱུང་གིས་ཟིན་པའི་གཞན་གནོད་གཞི་བཅས་སྦྱོང་བ་སོར་སྡོམ་དུ་འཇོག་གི །ངེས་འབྱུང་ཙམ་ལ་སྡོམ་པའི་མཚན་ཉིད་མེད་དོ། །

སེམས་པ་མཚུངས་ལྡན་དང་བཅས་པའི་དོན་ནི། མི་མཐུན་ཕྱོགས་སྤོང་བའི་སེམས་པ་གཙོ་བོ་ཡིན་པས་དེ་དང་མཚུངས་ལྡན་རྣམས་ཀྱང་སྡོམ་པར་སོང་བའི་དོན་ཏོ། །འོ་ན་གཡེང་དང་སེམས་མེད་པའི་ཚེ་སྡོམ་པ་མེད་པར་འགྱུར་རོ་ཞེ་ན། ཀུན་བཏུས་ལས་དབང་ལྡན་གྱི་ཚུལ་གྱིས་ཡོད་པར་གསུངས་པ་དེ་འདིར་སྦྱར་ན་རུང་མོད། སྤྱིར་ནི་འཐོབ་རྒྱུས་ཐོབ་ཅིང་གཏོང་རྒྱུས་མ་བཏང་བས་ད་ལྟ་མངོན་འགྱུར་མེད་ཀྱང་ཡོད་ཅེས་པའི་ཐ་སྙད་འཐོབ་སྟེ། དཔེར་ན་དངོས་པོ་འགའ་ཞིག་སྙིང་དུ་བཏང་ཟིན་པས་ད་ལྟ་མེད་ཀྱང་ཡོད་ཅེས་པའི་ཐ་སྙད་འཇོག་པ་བཞིན་ནོ། །རྒྱུན་ཆགས་པའི་དོན་ཡང་དེ་ཡིན་ནོ། །གཉིས་པ་ནི། སོ་ཐར་ལ་དབྱེ་ན་ཉན་ཐོས་དང་ཐེག་ཆེན་གྱི་སོ་ཐར་གཉིས་ལས། དང་པོ་ནི་རང་དོན་དུ་དམན་པའི་བྱང་ཆུབ་ལ་དམིགས་ཏེ་གཞན་གནོད་གཞིར་བཅས

སྤྱོང་བའི་སེམས་པ་མཚུངས་ལྡན་དང་བཅས་པའོ། །དེ་ལ་དབྱེ་ན་སོ་ཐར་རིས་བརྒྱད་དོ། །

གཉིས་པ་ནི། གཞན་དོན་དུ་རྫོགས་བྱང་ལ་དམིགས་ཏེ་གཞན་གནོད་གཞིར་བཅས་སྤྱོང་བའི་སེམས་པ་མཚུངས་ལྡན་དང་བཅས་པའོ། །དེ་ལ་དབྱེ་ན་གསུམ་སྟེ། ཆོག་ཉན་ཐོས་དང་ཐུན་མོང་བའི་ཐེག་ཆེན་སོ་ཐར་དང་། ཆོག་ཐུན་མིན་གྱི་ཐེག་ཆེན་སོ་ཐར་དང་། ཆོག་གོང་མ་དང་ཐུན་མོང་བ་འི་ཐེག་ཆེན་སོ་ཐར་རོ། །དང་པོ་ནི། རབ་དབྱེ་ལས། བསམ་པ་སེམས་བསྐྱེད་ཀྱིས་ཟིན་པས། ཆོག་ཉན་ཐོས་ལུགས་བཞིན་གྱིས། སོ་སོར་ཐར་པ་རིས་བརྒྱད་པོ། །བྱང་སེམས་སོ་སོར་ཐར་བར་འགྱུར། །ཞེས་གསུངས་པའི་མན་ངག་དམ་པ་འདིའོ། །ཁ་ཅིག་ཉན་ཐོས་ཀྱི་ཆོག་ལས་སྐྱེས་པའི་སོར་སྡོམ་གཟུགས་ཅན་དུ་འདོད་པ་མི་འཐད་དེ། བྱེ་སྨྲའི་བློ་སྐྱོན་དོན་ལ་མེད་པའི་ཕྱིར། གལ་ཏེ་ཡོད་ན་སེམས་ཙམ་ལུགས་ཀྱི་ཆོག་ལས་སྐྱེས་པའི་བྱང་སྡོམ་དེ་ཡང་བདེན་གྲུབ་ཏུ་ཐལ་ལོ། དེས་ན་ལས་ཆོག་འགའ་ཞིག་ལས་སྡོམ་པ་རིགས་བྱེད་དང་རིག་བྱེད་མ་ཡིན་པ་གཉིས་ཀྱིས་བསྡུས་པའི་གཟུགས་རྫས་མདུན་ལྡན་གྱི་ངོ་བོར་སྐྱེ་བར་བཤད་པ་ནི། དོན་མེད་པའི་བཤད་པ་སྟེ། ལུང་དང་ཀརྨ་ཤ་ཏ་མ་སོགས་ལས་དེ་ལྟར་མ་གསུངས་ཤིང་དངོས་སྟོབས་ཀྱི་རིག་པ་དང་འགལ་བའི་ཕྱིར་རོ། །

གཉིས་པ་ལ་སྔོན་ཆོག་བྱམས་པ་འཇམ་དབྱངས་སོགས་ཀྱིས་འགྲོ་མང་ལ་བསྟེན་རྫོགས་མཛད་པ་ལ་སོགས་པ་ལྟ་བུ་དང་། ད་ཆོག་དོན་ཡོད་ཞགས་པ་ལས་བཤད་པའི་གསོ་སྦྱོང་གི་སྡོམ་པ་ལྟ་བུ་སྟེ་གཉིས་ཡོད་དོ། །གསུམ་པ་ནི། སེམས་བསྐྱེད་ཀྱི་ཆོ་གའི་དབུ་མ་ལུགས་ཀྱི་སྦྱོར་བ་དང་། སེམས་ཙམ་ལུགས་ཀྱི་སྔོན་སེམས་སྐབས་སུ་སྐྱབས་འགྲོ་ལས་ཐོབ་པའི་སོ་ཐར་དང་། དབང་བསྐུར་བའི་ཆོ་གའི་རྒྱུན་བཤགས་སོགས་ཀྱིས་ཐོབ་པའི་སོར་སྡོམ་ལྟ་བུའོ། །འོ་ན་ཆོག་གོང་མ་གཉིས་ཀྱི་སྐབས་ཀྱི་སྐྱབས་འགྲོ་དེ་སོ་ཐར་དུ་ཇི་ལྟར་འགྱུར་ཞེ་ན། སོ་ཐར་སྟོན་བྱེད་འདུལ་བ་ཡིན་ལ། དེའི་དོན་ཐམས་ཅད་བསམ་པ་ངེས་འབྱུང་། སྦྱོར་བ་ལ་ལྡོག་པའི་ཚུལ་ཁྲིམས་དང་འཇུག་པའི་ཚུལ་ཁྲིམས་གཉིས་ཏེ་གསུམ་དུ་འདུ་ལ། དེའི་གནད་ཐམས་ཅད་སྐྱབས་འགྲོའི་བསླབ་བྱ་ཐུན་མིན་གསུམ་དུ་འདུས་ཏེ། རིམ་བཞིན་རྫོགས་བྱང་དོན་གཉེར་གྱི་ངེས་འབྱུང་མཆོག་དང་། གཞན་གནོད་གཞིར་བཅས་སྤྱོང་པ་དང་། ལྷ་སྤྱོད་ཐམས་ཅད་རྒྱལ་བའི་གསུངས་བཞིན་བསྒྲུབ་པ་གསུམ་ཡོད་པར་མདོ་ལས་གསུངས་པའི་ཕྱིར། དེས་ན་སྡོམ་པ་གསུམ་ཀ་ལ་སོ་ཐར་གྱི་སྡོམ་པས་ཁྱབ་པ་འདི་ནི་རྗེ་བཙུན་ས་སྐྱ་པ་ཡབ་སྲས་ཀྱི་དགོངས་པ་བླ་ན་མེད་པ་སྟེ། རྗེ་མུས་པ་ཆེན་པོའི་ཞལ་ལས་ཁོ་བོས་རྙེད་པའོ་ཞེས་ཀུན་མཁྱེན་ཆེན་པོས་གསུངས། དེ་ལྟར་སྡོམ་པ་གསུམ་ཀ་ལ་སོ་ཐར་གྱིས་ཁྱབ་ན་སྡོམ་པ་གོང་མ་གཉིས་བཞིན་སོ་ཐར་གྱི་སྡོམ་པ་ཡང་ཤི་འཕོས་ནས་ཀྱང་རྗེས་སུ་འབྲང་བར་ཐལ་ཞེ་ན། སྐྱོན་མེད་དེ། ཆོག་ཉན་ཐོས་དང་ཐུན་མོང་བའི་རིས་

བདུན་གྱི་ལྡོག་པ་ལྔའི་འཕོས་ཆེ་གཏོང་བར་འདོད་དེ། ཇི་སྲིད་འཚོའི་བར་དུ་ཞེས་པའི་དམ་བཅའི་འཕེན་པ་ཟད་པའི་ཕྱིར། བསླབ་པ་ཕུལ་དང་ལྔའི་འཕོས་དང་། ཞེས་སོགས་གསུངས་པ་དེའི་དབང་དུ་བྱས་པ་ཡིན་ལ། ཆོག་གོང་མ་གཉིས་ལས་ཐོབ་པ་མི་གཏོང་སྟེ། བྱང་ཆུབ་སྙིང་པོའི་བར་དུ་བླངས་པའི་ཕྱིར་རོ། །

གསུམ་པ་མདོ་ལུས་གཏན་ལ་དབབ་པ་ནི། རྗེ་བཙུན་གོང་མའི་དགོངས་པ་སྟེ། དེ་ཡང་སོར་སྡོམ་ལ་གང་དུ་སྡོམ་པའི་གནས་དགེ་འདུན་འདུ་བའི་གནས། གྲངས་ཇི་སྙེད་ཅིག་སྡོམ་ན་ལུས་ངག་གི་བསླབ་བྱ་ཇི་སྙེད་ཡོད་པ་རྣམས་ལྔ་བརྒྱད་བཅུ་གཉིས་བརྒྱད་གསུམ་སོགས་སུ་སྡོམ། སྤང་བྱ་གང་སྡོམ་ན་ལུས་ངག་གི་ཁ་ན་མ་ཐོ་བ་གཞིར་བཅས་སྡོམ། ཐབས་གང་གིས་སྡོམ་ན་གསོལ་གཞིའི་ལས་སོགས་ཀྱིས་སྡོམ། སྡོམ་པ་རང་གི་ངོ་བོ་ནི། སཾ་བར་ཞེས་པར་བདེ་བའི་མཆོག་ལ་འཇུག་པས་དེས་བདེ་བར་འགྱུར་བས་ན་སྡོམ་པ་སྟེ། མཐུན་པ་རྣམས་ཀྱི་དགའ་ཐུབ་བདེ། །ཞེས་གསུངས་པ་ལྟར་རོ། །

གཉིས་པ་མ་ཐོབ་པ་ཐོབ་པར་བྱེད་པའི་ཆོ་ག་ལ་གསུམ་སྟེ། ལེན་པའི་ཆོ་ག །བླང་བའི་ཡུལ། རྟེན་གྱི་གང་ཟག་གོ །དང་པོ་ལ་གཉིས་ཏེ། ཉན་ཐོས་ཀྱི་སོ་ཐར་གྱི་ཆོ་ག་དང་། ཐེག་ཆེན་གྱི་སོ་ཐར་གྱི་ཆོ་གའོ། །དང་པོ་ལ་སྐྱེས་པའི་བསླབ་ཚིག་གསུམ་ལེན་པའི་ཆོ་ག་ནི། རབ་བྱུང་ཕྱིར་དུ་བར་ཆད་དྲི། སྐྱབས་འགྲོ་རྗེས་མ་བྱེད་དུ་བྱས་ནས། དགེ་བསྙེན་ཉིད་བསྒྲུབ་བསླབས་བྱ་བརྗོད། རབ་བྱུང་བསྒྲུབ་པ་ཚོགས་ལ་ཞུ། །མཁན་པོར་གསོལ་བཏབ་རྟགས་མིང་བསམ། །བརྗེས་ནས་བར་མར་རབ་བྱུང་བསྒྲུབ། །སྐྱབས་འགྲོ་རྗེས་མ་བྱེད་དུ་བྱས་ནས། །དགེ་ཚུལ་ཉིད་བསྒྲུབ་དུས་བརྗོད་དང་། །བསླབ་བྱ་བཅུ་པོ་བརྗོད་པའོ། །ཡོ་བྱད་ཚགས་གཞུག་མཁན་པོ་ཡིས། །སློབ་དཔོན་གཉིས་སོགས་ལས་གྲལ་བསྡུ། ལྟུང་བ་བཤགས་བསྡོམས་བྱིན་རླབས་བྱ། མཁན་པོར་གསོལ་བཏབ་དེ་ཉིད་ཀྱིས། །གོས་གསུམ་བྱིན་གྱིས་བརླབས་ཏེ་དགོན། ལྟུང་བཟེད་ཚོགས་བསྟན་དེ་སོགས་སྦྱིན། །གསང་སྟོན་སྤྲོ་བྱས་ལས་ཀྱིས་བཀྲོ། །ཕྱོག་ཏུ་དྲིས་ནས་དག་པ་ཞུ། །བསྙེན་རྫོགས་གསོལ་བཏབ་དྲི་བའི་ཆེད། །ལས་བྱས་མངོན་དུ་བར་ཆད་དྲི། །གསོལ་བཞིའི་ལས་ཀྱིས་བསྙེན་རྫོགས་བསྒྲུབ། དུས་ཚོ་གདམས་ངག་བཅུ་གཅིག་བརྗོད། ཅེས་པ་ནི་ལས་ཆོག་གི་དོན་བསྡུས་ཙམ་ཡིན་ལ། ལག་ལེན་ཞིབ་པར་ལས་ཆོག་ལ་མཁས་པར་བྱས་ནས་སླ་ཆོས་དང་ནོར་འཁྲུལ་མེད་པར་བྱ་དགོས་ཏེ། ཆོ་ག་མ་འཁྲུལ་བས་བསྒྲུབ་བྱ་རབ་བྱུང་བསྙེན་རྫོགས་ཀྱི་སྡོམ་ལྡན་དུ་བསྒྲུབ་པ་ནི་བསྟན་པའི་རྩ་བར་སྣང་བའི་ཕྱིར། བུད་མེད་དགེ་བསྙེན་མ་དང་དགེ་ཚུལ་མར་བསྒྲུབ་པའི་ཆོ་ག་ནི་སྔ་མ་དང་ཆ་འདྲ་ལ། དགེ་སློང་མ་དང་དགེ་སློང་མར་སྒྲུབ་པའི་ཆོ་ག་ནི་ལག་ཏུ་ལེན་མཁན་མེད་པས་མ་བཤད་དོ། །

གཉིས་པ་ཐེག་ཆེན་སོ་ཐར་ལེན་པའི་ཆོ་ག་ལ་ཆོ་ག་ཐུན་མོང་བའི་སོ་ཐར་རིས་བདུན་ནི་སེམས་བསྐྱེད་ཀྱིས་ཟིན་པ་མ་གཏོགས་ཆོ་ག་ནི་ཉན་ཐོས་དང་ཁྱད་མེད་དུ་བྱ་དགོས་ཏེ། ཆོ་ག་སངས་རྒྱས་སྤྱོད་ཡུལ་ཡིན། ཞེས་པ་ལྟར་སངས་རྒྱས་ཀྱི་གསུངས་པ་གཅིག་དགོས་ལ་ཉན་ཐོས་གཞུང་ལས་བཤད་པ་ལས་གཞན་པའི་ཆོ་གའི་ལག་ལེན་མི་སྣང་བའི་ཕྱིར། དོན་ཞགས་རྟོགས་པ་ལས་བཤད་པའི་གསོ་སྦྱོང་ནི་དཔལ་མོ་ལུགས་ཀྱི་སྨྱུང་ཆོག་སོགས་ལས་གསུངས་པ་དེ་ཡིན་ནོ། །གཉིས་པ་གང་ལས་བླང་བའི་ཡུལ་ནི། ཉན་ཐོས་ཐེག་ཆེན་གཉིས་ཀའི་སོ་ཐར་རིས་བདུན་ཀ་ཡུལ་དགེ་སློང་རྣམ་དག་ལས་བླང་དགོས་ལ། ཁྱད་པར་བསྙེན་རྫོགས་ནི་ཁ་སྐོང་གི་ཆོས་བཅུ་གསུམ་དང་ལྡན་པ་ལྔ་ཚོགས་སམ་བཅུ་ཚོགས་ལས་ཆོ་ག་ལ་མཁས་ཤིང་རྩིང་སྤྱོད་མི་བྱེད་པ་ལས་བླང་དགོས་སོ། །ཐེག་ཆེན་གསོ་སྦྱོང་ནི་རྟེན་ན་མ་ཡུམ་གང་རུང་ལས་བླང་བར་གསུངས་སོ། །གསུམ་པ་གང་གིས་བླང་བའི་རྟེན་ནི། བྱེ་སྨྲ་རིས་བརྒྱད་ཀ་ཡང་གླིང་གསུམ་གྱི་སྐྱེས་པ་དང་བུད་མེད་ལས་གཞན་ཟ་མ་མ་ནིང་སྒྲ་མི་སྙན་རྣམས་ལ་མི་སྐྱེ་བར་འདོད། ཐེག་ཆེན་སོ་ཐར་གྱི་རྟེན་ལ་ཆོ་ག་ཐུན་མོང་བ་རྣམས་ནི་ཆོ་ག་ཉན་ཐོས་ལུགས་བཞིན་བྱེད་དགོས་པས་བྱེ་སྨྲ་བ་ལྟར་གཟུངས་དགོས་ལ། ཆོ་ག་ཐུན་མིན་གྱི་ཐེག་ཆེན་སོ་ཐར་འགྲོ་བ་གཞན་རྣམས་ལ་སྐྱེ་བ་རུང་སྟེ། ཐེག་ཆེན་སེམས་བསྐྱེད་གང་ལ་སྐྱེ་བའི་རྟེན་དེ་ལ་ཐེག་ཆེན་སོ་ཐར་སྐྱེ་བའི་ཕྱིར་རོ༎ ༎

གསུམ་པ་ཐོབ་པ་མི་ཉམས་པར་བསྲུང་བའི་བསླབ་བྱ་ལ་གཉིས་ཏེ། ཉན་ཐོས་དང་ཐེག་ཆེན་སོ་ཐར་གྱི་བསླབ་བྱའོ། །དང་པོ་ལ་རིས་བརྒྱད་ལས་བསྙེན་གནས་ཀྱི་བསླབ་བྱ་ནི། ཚུལ་ཁྲིམས་ཀྱི་ཡན་ལག་ལ་རྩ་བ་བཞི། བག་ཡོད་ཀྱི་ཡན་ལག་ལ་ཆང་སྤོང་བ། བརྟུལ་ཞུགས་ཀྱི་ཡན་ལག་ལ་གར་སོགས་ཕྲེང་སོགས་མལ་སྟན་ཆེ་མཐོ་ཕྱི་དྲོའི་ཁ་ཟས་སྤོང་བ་ལ་དང་བརྒྱད་དོ། །ཡོངས་རྫོགས་དགེ་བསྙེན་ཕ་མའི་བསླབ་བྱ་ནི། རྩ་བ་བཞི་དང་ཆང་དང་ལྔའོ། །དགེ་ཚུལ་ཕ་མའི་བསླབ་བྱ་ལ་བླང་འདས་ཉེས་མེད་ཕྱོགས་མཐུན་གསུམ་ལས། དང་པོ་ནི་བཅུ་སྟེ། སུམ་བརྒྱ་པ་ལས། གང་ཞིག་སྲོག་གཅོད་གཞན་གྱི་ནོར་འཕྲོག་དང་། མི་ཚངས་སྤྱོད་བརྫུན་བཅོས་པའི་ཆང་ལ་སོགས། གར་སོགས་ཕྲེང་སོགས་མལ་ཆེན་མཐོ་བ་དང་། ཕྱི་དྲོའི་ཁ་ཟས་གསེར་དངུལ་ལེན་ལ་སྤང་། ཞེས་པའོ། །ཉེས་མེད་ནི། འཆང་འབྲལ་ཟླ་འཛོག་ལྷུང་བཟེད་འཆང་། །དགོན་པའི་འབྲལ་བ་གསོགས་འཛོག་བྱེད། །དེ་ཟ་བྱིན་ལེན་མ་བྱས་ཟ། །ས་བོན་འཇོམས་དང་སྐྱེ་བ་གཅོད། །སྤང་ཟ་རིན་ཆེན་མེ་གཉིས་རེག །ས་བརྐོ་དགེ་ཚུལ་ནང་ཉལ་བ། །ལས་གནས་ནས་འགྲོ་འདུན་ཕྱིར་བསྐྱུར། །རྩ་སྔོན་ཁྲོད་དུ་མི་གཙང་འདོར། །ཤིང་ལ་མི་གང་ལྷག་འཛེག་སྟེ། །བཅུ་དགུ་ཉེས་མེད་ཉིད་དུ་གསུངས། །ཕྱོགས་མཐུན་ནི། བླང་འདས་དང་ཉེས་

མེད་མ་གཏོགས་པ་དགེ་སློང་གི་བཅས་པ་ལས་འདས་ན་བསྡམ་བྱའི་ཉེས་བྱས་ཡིན་ལ། ཉམས་པ་གསུམ་དང་གནས་ལ་མི་བསྟེན་པ་དང་གཞི་གསུམ་སྤོང་བ་སོགས་ཀྱང་ཉེས་བྱས་སུ་གསུངས་སོ། །

དགེ་སློང་གི་བསླབ་བྱ་ཉིས་བརྒྱ་ངང་གསུམ་ནི་ཚིག་ཙམ་ཏུ་རྟོགས་མི་ནུས་པས། རྒྱས་པར་སོར་མདོ་དང་མདོ་རྩ་སོགས་ལས་ཤེས་པར་བྱའོ། །འདིར་འབྲུ་ཉེ་བ་རྣམས་བརྗོད་ན། འཁྲིག་རྐུ་མི་གསོད་བརྫུན་ཆེན་སྨྲ། །ཕམ་པ་བཞིའོ་ལྷག་མ་ནི། །ཁུ་བ་འབྱིན་དང་བུད་མེད་ཀྱི། །ལུས་རེག་འཁྲིག་ཚིག་སྨྲ་སྨྱན་བྱེད། །ཕམ་པས་བསྐུར་འདེབས་སོགས་བཅུ་གསུམ། །སྤྱང་ལྟུང་བྱིན་གྱིས་མ་བརླབས་པའི། །གོས་དངོས་ཞག་བཅུར་འཆང་བ་དང་། །བརླབས་པའི་གོས་གསུམ་ཞག་དུ་བྲལ། །གསེར་དངུལ་སོགས་འཆང་ཁེ་ཕྱིར་ཚོང་། །ཕྱེད་དང་བུན་གཏོང་གསོག་འཛོག་བྱེད། །བྱིན་འཕྲོགས་ལ་སོགས་བཅུ་གསུམ་དང་། །ལྟུང་བྱེད་ཤེས་བཞིན་རྫུན་དུ་སྨྲ། །དགེ་སློང་སྐྱོན་བརྗོད་ཕྲ་མ་བྱེད། །རྩོད་པ་ཞི་བར་མི་འདུག་སྤྱེལ། །ཁྲིམས་གྲོགས་མེད་པར་བུད་མེད་ལ། །ཆོས་སྟོན་ལམ་འགྲོགས་གནས་གཅིག་ཉལ། །མ་རྫོགས་པ་ལ་གནས་ངན་ལེན། །བརྗོད་དང་ཞག་གཉིས་ལས་ལྷག་ཉལ། །ཕྱོད་བག་གིས་ཆོས་ལྡན་གཅིག་འདོན། །ཞལ་ལྟ་བ་འཕྱ་ས་བོན་འཇོམས། །སྐྱེ་བ་གཅོད་དང་གནས་མལ་སོགས། །ལོངས་སྤྱོད་ནས་ནི་མ་བསྡུས་དོར། །སྲོག་ཆགས་དང་བཅས་རྩ་དང་ཆུ། །ཕན་ཚུན་འདེབས་དང་དེ་ལོངས་སྤྱོད། །སྦྲུས་ནས་ཟ་དང་དུས་མིན་པ། །གསོག་འཛོག་བྱས་ཟ་བྱིན་ལེན་ནི། །མ་བྱས་ཟ་དང་ཟས་བསོད་སློང་། །དམག་ལ་ལྟ་དང་དེ་ནང་འདུག །མི་རིག་ཁྲིམ་པའི་གོས་གྱོན་དང་། །གཞན་གྱི་ཕམ་ལྷག་དགེ་སློང་ལ། །འཆབ་དང་རིན་ཆེན་དེར་སློས་རེག །དུད་འགྲོ་གསོད་དང་ཆུ་ལ་རྩེ། །དགེ་སློང་སྡངས་བྱེད་གག་ཚིལ་བྱེད། །དགེ་སྦྱོང་ཡོ་བྱད་སྦེད་པ་དང་། །ལྷག་མས་བསྐུར་འདེབས་རྐུན་མར་འགྲོགས། །ས་རྐོ་འཐབ་ཕྱིར་ཉན་རྣ་བྱེད། །ཆོས་ལྡན་ལས་ལ་འགལ་བར་བྱེད། །ཆང་འཐུང་མི་སྨྲ་གྲོང་འགྲོ་བ། །ལ་སོགས་ལྟུང་བྱེད་དགུ་བཅུ་དང་། །སོ་སོར་བཤགས་བཞི་བསླབས་བྱ་ཡི། །ཉེས་བྱས་བསྡུན་གོས་ལེགས་པར། །མ་བགོས་སྤྱོད་ལམ་མ་ལེགས་བགྱིས། །ཟས་ལ་རྩུལ་མཐུན་ལོངས་མ་སྤྱད། །ལྟུང་བཟེད་ཡལ་བོར་མ་གུས་ལ། །ཆོས་སྟོན་ཆུ་ཐང་མི་གཙང་དོར། །དེ་རྣམས་ལེགས་སྤྱང་བསླབ་བྱའོ། །དགེ་སློང་མ་དང་དགེ་སློང་མའི་བསླབ་བྱ་ནི། །ཁྱད་གཞི་མེད་པའི་ཁྱད་ཡིན་པས་མ་བཤད་དོ། །

གཉིས་པ་ཐེག་ཆེན་སོ་ཐར་གྱི་བསླབ་བྱ་ལ། ཚོ་ག་ཐུན་མོང་པས་ནི་རང་གིས་གང་བླངས་པའི་སོ་ཐར་དེ་དག་དགོས་ཁྱད་པར་ཅན་མེད་པའི་ཚེ་ཉན་ཐོས་ཀྱིས་ཇི་ལྟ་བ་བཞིན་བསྲུང་དགོས་ཏེ། སྡོམ་པ་གཉིས་ཀྱི་བཅས་པ་ལས་དགོས་པ་མེད་པར་འདའ་བ་རྡོ་རྗེ་ཐེག་པའི་སྐབས་སུ་ལྟུང་བར་གསུངས་པའི་ཕྱིར་རོ། །སེམས

ཅན་གྱི་དོན་དུ་འགྱུར་བ་སོགས་དགོས་པ་ཁྱད་པར་ཅན་ཡོད་ན་ལུས་ངག་གི་ཁ་ན་མ་ཐོ་བ་ཐམས་ཅད་གནང་སྟེ༑ སྤྱོད་འཇུག་ལས། ཐུགས་རྗེ་མངའ་བ་རིང་གཟིགས་པས། །བཀག་པ་རྣམས་ཀྱང་དེ་ལ་གནང་། ཞེས་དང་སྡོམ་པ་ཉི་ཤུ་པ་ལས། སྙིང་རྗེ་ལྡན་ཞིང་བྱམས་ཕྱིར་དང་། །སེམས་དགེ་བ་ལ་ཉེས་པ་མེད། །ཞེས་གསུངས་པ་ལྟར་རོ། །ཐེག་ཆེན་གསོ་སྦྱོང་གི་བསླབ་བྱ་ནི། སྔར་བཤད་པའི་བརྒྱད་པོ་དེ་ཉིད་དོ། །

བཞི་པ་ཉམས་ན་ཕྱིར་བཅོས་པའི་ཚུལ་ནི། དགེ་བསྙེན་གྱི་བསླབ་པ་ལས་མི་གསོད་ལ་སོགས་བཞི་བྱུང་ན་སྡོམ་པ་གཏོང་བས་བསྐྱར་ནས་བླང་། མི་མིན་གསོད་པ་སོགས་ལྟུ་བྱུང་ན་སྡོམ་ལྡན་གཅིག་གི་མདུན་དུ་བཤགས་ཞེས་བོད་ཀྱི་བླ་མ་དག་གསུངས་མོད་ཀྱི་དེ་ལས་གཞན་མ་མཐོང་གསུངས། དགེ་ཚུལ་གྱི་ཕམ་འདྲའི་ཉེས་བྱས་བཞི་དང་། དགེ་སློང་གི་ཕམ་པ་བཞི་འཆབ་བཅས་བྱུང་ན་གསོར་མི་རུང་ལ། འཆབ་མེད་བྱུང་ན་བསླབས་པ་སྦྱིན་པར་འདུལ་བ་ལས་གསུངས། དེང་སང་ནི་སེམས་བསྐྱེད་ཀྱིས་ཟིན་པའི་སོར་སྡོམ་ཉམས་པ་བསྐྱར་ནས་བླང་ཆོག་ཅེས་ཐམས་ཅད་ཀྱིས་གསུངས་ཤིང་དེ་ལྟར་དུ་མཛད་དོ། །དགེ་ཚུལ་གྱི་བཤགས་བྱའི་ཉེས་བྱས་རྣམས་བཤགས་པས་དག་པར་འགྱུར། ཕྱོགས་མཐུན་རྣམས་ཡིད་ཀྱིས་སྡོམ་པས་དག་པར་གསུངས། དགེ་སློང་གི་ལྷག་ལྟུང་བྱུང་ན་སྤོ་མགུ་དབྱུང་གསུམ་བྱེད་དགོས་ངེས་ཡིན་ཀྱང་མདོ་རྩ་བ་ལས། བསམ་པས་ལྟུང་བ་ལས་ལྟུང་གི་ཆད་པའི་ལས་ཀྱིས་མ་ཡིན་ནོ། །ཞེས་དང་། དེའི་ལུང་གླེང་གཞིར་གང་ཟག་ཁྱད་པར་ཅན་གྱིས་ཆད་ལས་མི་དགོས་པར་བཤགས་པ་ཆོག་པར་གསུངས་པ་དེ་རྒྱུན་དབང་གིས་གང་ཟག་ཐམས་ཅད་ཀྱིས་དེ་བཞིན་བྱས་ཆོག་པར་སེམས་ཏེ། ལུང་ལས། ངས་ཟླ་བ་ཕྱེད་ཕྱེད་ཅིང་སོ་སོར་ཐར་པའི་མདོ་འདོན་པ་དེའི་ཚེ་གང་གིས་ཚུལ་ཁྲིམས་ཕྲ་མོ་དང་ཕྲན་ཚེགས་དག་འདོན་ན་དགེ་སློང་གི་དགེ་འདུན་གྱིས་ཕྱིར་གློད་ལ་བདེ་བའི་རེག་པ་ལ་མནོས་ཤིག་ཅེས་དང་། ཀུན་དགའ་བོ་ལ་ང་མྱ་ངན་ལས་འདའ་བའི་ཚེ་བསྐྱལ་ཅིག་དང་། བསླབ་པའི་གཞི་ཇི་ལྟར་བཅས་པ་དག་ལས་བསླབ་པའི་གཞི་ཕྲན་ཚེགས་ཕྲ་མོ་ཁ་ཅིག་བག་ཡང་དུ་བྱའོ། །ཞེས་བཀའ་སྩལ་བ་དེ་འདི་འདྲའི་རིགས་ཅན་ལ་དགོངས་པ་ལས་འོས་མེད་དེ། བོད་འདིར་སྤོ་མགུ་དབྱུང་གསུམ་གྱིས་ཕྱིར་བཅོས་བྱེད་མཁན་མ་བྱུང་ཞིང་། ལྟག་ལྟུང་གི་མ་གོས་པའི་དགེ་སློང་ཉི་ཤུ་ལྔན་ཅིག་ཚོགས་པ་ཤིན་ཏུ་དཀའ་ཕྱིར། དེས་ན་འགྱོད་སེམས་དྲག་པོས་མིང་རིགས་བརྗོད་པའི་སྒོ་ནས་ཕྱིར་བཅོས་རེ་བྱ་དགོས་ཏེ། གཞན་དུ་ན་གསོ་སྦྱོང་གི་དུས་ཐམས་ཅད་དུ་སླད་ཀྱིས་ལྟུང་བ་དེ་ཚོས་བཞིན་དུ་སླར་བགྱིའོ། །ཞེས་པ་དེ་བརྫུན་དུ་འགྱུར་ལ་བརྫུན་གྱིས་ལྟུང་བ་དག་པར་འགྱུར་བ་ནི་གང་ན་ཡང་གསུང་པ་མེད་དོ། །སྤང་ལྟུང་ནི་དངོས་པོ་གང་ཡིན་པ་ཞག་གཅིག་སྤང་རྗེས་བཤགས་པ་དང་། ལྟུང་བྱེད་ནི་བཤགས་རྐྱང་དང་། སོར་བཤགས་སྐྱེ་བཤགས

བཅས་བཤགས་པ་དང་། ཉེས་བྱས་རྣམས་བཤགས་རྐྱང་བྱས་པས་དག་པར་འགྱུར་ལ། བསྡམ་བྱའི་ཉེས་བྱས་རྣམས་ཡིད་ཀྱིས་སྡོམ་པས་དག་པར་གསུངས་སོ། །བཤགས་པ་རྣམས་བཤགས་ཡུལ་ལ་ལྟུང་བ་དེས་མ་གོས་པའི་མདུན་དུ་ལྟུང་བའི་མིང་རིགས་གཉིས་ཀ་བརྗོད་ནས་བཤགས་བསྡམ་ལན་གསུམ་བྱ། ལྟུང་བ་མ་མཐོལ་ན་བཅས་པ་ཉེས་ཀྱང་ཡོད་པས་དེ་སྔོན་དུ་བཤགས་དགོས་སོ། །ཐེག་ཆེན་སོ་ཐར་ལ་དགེ་ཚུལ་སློང་གིས་ནི་སྔར་བཞིན་ཕྱིར་བཅོས་དང་། ཐེག་ཆེན་སྡེ་སྣོད་ལས་བཤད་པའི་ཕྱིར་བཅོས་རྣམས་ཀྱང་ཉམས་སུ་བླང་བར་བྱ་ཞིང་། དེ་ལས་གཞན་ཐེག་ཆེན་སོ་ཐར་རྣམས་ལ་ནི་ཐེག་ཆེན་སྡེ་སྣོད་ལས་བཤད་པ་ཁོ་ན་བྱའོ། །

༄ གཉིས་པ་བྱང་སེམས་ཀྱི་སྡོམ་པ་བཤད་པ་ལ་བཞི་སྟེ། བྱང་སེམས་ཀྱི་སྡོམ་པའི་ངོ་བོ་ངོས་བཟུང་བ། དེ་ཐོབ་བྱེད་ཀྱི་ཆོ་ག །ཐོབ་པ་མི་ཉམས་པར་བསྲུང་བའི་བསླབ་བྱ། ཉམས་ན་ཕྱིར་བཅོས་པའི་ཚུལ་ལོ། །དང་པོ་ལ་ངོ་བོ། དབྱེ་བ། དོན་ལྡུས་གཏན་ལ་དབབ་པ་གསུམ་ལས། དང་པོ་ནི། རྫོགས་པའི་བྱང་ཆུབ་ཀྱི་སྒྲུབ་པ་ཁྱད་པར་བ་གང་ཞིག །མི་མཐུན་ཕྱོགས་སྤོང་བའི་སེམས་པ་མཚུངས་ལྡན་དང་བཅས་པ་རྒྱུན་ཆགས་པའོ། །དེ་ཡང་སྒྲུབ་པ་ཁྱད་པར་བ་ནི། ཤེས་པས་སྲིད་ལ་མི་གནས་ཤིང་། །སྙིང་རྗེས་ཞི་ལ་མི་གནས་པ། །ཞེས་གསུངས་པ་ལྟར་སྟོང་ཉིད་སྙིང་རྗེའི་སྙིང་པོ་ཅན་ནོ། །སྒྲུབ་པ་ཞེས་པ་དེ་སྒྲུབ་བྱེད་བསྒྲུབ་བྱ་གཉིས་ཆར་ལ་བཏགས་པ་ཡིན་པས་སངས་རྒྱས་ཀྱི་སར་མ་ཁྱབ་པའི་སྐྱོན་མེད་དོ། །མི་མཐུན་ཕྱོགས་ནི་འཁོར་བའི་སེམས་དང་མྱང་འདས་ཀྱི་སེམས་གཉིས་ཡིན་ལ། དེ་གཉིས་སྤོང་བས་མི་གནས་པའི་མྱང་འདས་ཀྱི་སེམས་སུ་གྲུབ་སྟེ། རྒྱུད་བླར། བདག་སྲིད་མ་ལུས་ཤེས་རབ་ཀྱིས་བཅད་ནས། །སེམས་ཅན་སྲིད་ཕྱིར་བརྩེ་ལྡན་ཞི་བ་ཐོབ། །དེ་ལྟར་བློ་བརྩེ་བྱང་ཆུབ་སེམས་ཐོབ་པས། །འཕགས་པ་འཁོར་བའམ་མྱ་ངན་འདའ་མི་འགྱུར། །ཞེས་གསུངས་པ་ལྟར་རོ། །དབྱེ་བ་ལ་ངོ་བོའི་གཉིས་ཏེ། གཞན་དོན་དུ་སངས་རྒྱས་ཐོབ་འདོད་སྨོན་པ་དང་། དེའི་དོན་དུ་སྤྱོད་པ་སྒྲུབ་པ་འཇུག་པའོ། །ཁ་ཅིག་སྨོན་པ་ལ་སྡོམ་པ་མེད་དེ། བྱང་ཆུབ་སྨོན་པའི་སེམས་ལ་ནི། །འཁོར་ཚེ་འབྲས་བུ་ཆེ་འབྱུང་ཡང་། །ཇི་ལྟར་འཇུག་པའི་སེམས་བཞིན་དུ། །བསོད་ནམས་རྒྱུན་ཆགས་འབྱུང་བ་མིན། །ཞེས་གསུངས་པའི་ཕྱིར་ཞེས་ཟེར་རོ། །

དེའི་ལན་ནི། མཛམ་མགོན་བླ་མས། བདག་གི་བླ་མ་དཔལ་ས་སྐྱ་པའི་ཞལ་སྔ་ནས་ནི། སྨོན་འཇུག་གཉིས་ཀ་ལ། སྨོན་པའི་སེམས། སྨོན་པའི་སེམས་བསྐྱེད་པ། སྨོན་པ་མི་ཉམས་པར་བསྲུང་བ་གསུམ་དང་། འཇུག་པའི་སེམས། འཇུག་པའི་སེམས་བསྐྱེད་པ། འཇུག་པ་མི་ཉམས་པར་བསྲུང་བ་དང་གསུམ་ཡོད་དོ། །ཞེས་གསུངས་པ་ནི་མདོ་རྒྱུད་ཀྱི་དགོངས་པ་ཕྱིན་ཅི་མ་ལོག་པར་ངེས་པའོ། །དེའི་རྗེས་སུ་འབྲང་ནས་སྨོན

འཇུག་གི་སེམས་རྒྱུད་པ་སྡོམ་པ་མིན་ལ། སྨོན་འཇུག་གི་སེམས་བསྐྱེད་པ་ལ་མི་མཐུན་པ་གཞི་བཅས་སྤྱོད་སེམས་ཡོད་ན་གཉིས་ཀ་ཡང་སྡོམ་པར་འགྱུར་ཏེ། མཚན་ཉིད་དང་ལྡན་པའི་ཕྱིར། སྡོམ་པའི་མཚན་ཉིད་དང་ལྡན་ཡང་སྡོམ་པར་མི་འགྱུར་ན་སྡོམ་པ་གཞན་ཐམས་ཅད་ཀྱང་སྡོམ་པ་མི་འགྱུར་རོ། །སློབ་དཔོན་ཞི་བ་ལྷ་ནི་སྡོམ་པས་མ་ཟིན་པའི་སྨོན་པ་རྒྱུད་པ་ལ་བསོད་ནམས་རྒྱུན་ཆགས་སུ་མི་འབྱུང་བར་བཞེད་པ་ཡིན་གསུངས་པ་དེའོ། །དེས་ན་བྱང་ཆུབ་སེམས་དཔའི་རྒྱུད་ཀྱི་གོང་འོག་གི་བསླབ་བྱ་ཐམས་ཅད་ཀྱང་བྱང་སེམས་ཀྱི་སྡོམ་པར་འདུས་པ་ཡིན་ཏེ། གོང་གི་མཚན་ཉིད་རྣམས་ཚང་བའི་ཕྱིར་རོ། །རྗེ་བཙུན་གྱིས་བཞེད་པ་ཡང་འདི་ཡིན་ཏེ། གོང་འོག་ཐམས་ཅད་ཀྱང་བྱང་ཆུབ་སེམས་དཔའི་འཇུག་པ་ཡིན་པའི་ཕྱིར། ཞེས་གསུངས་པའི་ཕྱིར། ཚོགའི་སྒོ་ནས་དབྱེ་ན་གསུམ་སྟེ། སོ་ཐར་དང་ཐུན་མོང་བའི་བྱང་སྡོམ། ཚོག་ཐུན་མིན་གྱི་བྱང་སྡོམ་དབང་བསྐུར་དང་ཚོག་ཐུན་མོང་བའི་བྱང་སེམས་ཀྱི་སྡོམ་པའོ། །དང་པོ་ནི། སྔར་བཤད་པའི་ཐེག་ཆེན་སོ་ཐར་ཐམས་ཅད་དོ། །

དེས་ན་ཉན་ཐོས་ཀྱི་སོ་ཐར་དང་བྱང་སེམས་ཀྱི་སྡོམ་པ་གཉིས་འགལ་བ་ཡིན་གྱི་བྱང་སེམས་ཀྱི་སོ་ཐར་དང་མི་འགལ་ཏེ། གང་ལ་ཐེག་ཆེན་སོ་ཐར་གྱི་མཚན་ཉིད་ཚང་བ་དེ་ལ་བྱང་སྡོམ་གྱི་མཚན་ཉིད་ཚང་ལ། གང་ལ་བྱང་སྡོམ་གྱི་མཚན་ཉིད་ཚང་བ་དེ་ལ་ཐེག་ཆེན་སོར་སྡོམ་གྱི་མཚན་ཉིད་ཚང་བའི་ཕྱིར་ཏེ། སེམས་ཅན་ཐམས་ཅད་ཀྱི་དོན་དུ་སངས་རྒྱས་ཐོབ་པའི་ཕྱིར་བསྲུང་བའི་སྡོམ་པ་ཡིན་ན་བྱང་སེམས་ཀྱི་སྡོམ་པ་ཡིན་དགོས་ཤིང་། གཞན་ལ་ཕན་པ་ཁྱད་པར་ཅན་བསྒྲུབ་པ་ལ་གཞན་ལ་གནོད་པ་སྤོང་བས་ཁྱབ་པའི་ཕྱིར། གཉིས་པ་ནི་དགེ་སེམས་ཀྱི་ཚོག་ལས་ཐོབ་པའི་སྨོན་འཇུག་གི་སྡོམ་པ་ལྟ་བུའོ། །གསུམ་པ་ནི། དབང་བསྐུར་གྱི་ཚོགའི་སྔ་གོན་གྱི་དུས་སུ་ཐོབ་པའི་བྱང་སེམས་ཀྱི་སྡོམ་པ་དང་། དངོས་གཞིའི་སྐབས་སུ་ཐོབ་པའི་སྔགས་སྡོམ་ལྟ་བུའོ། །གསུམ་པ་དོན་ལྡས་གཏན་ལ་དབབ་པ་ནི། གང་དུ་སྡོམ་པའི་གནས་ནི། གང་ཟག་རེ་རེ་ཡང་གང་དུ་བཞུགས་པའི་གནས་སོ། །གྲངས་ཅི་སྙེད་སྡོམ་པ་ནི་སེམས་ཀྱིས་བསླབ་པར་བྱ་བ་ཐམས་ཅད་ཚུལ་ཁྲིམས་གསུམ་མམ་ཕ་རོལ་ཏུ་ཕྱིན་པ་དྲུག་ཏུ་སྡོམ། སྤང་བྱ་གང་སྡོམ་ན་སེམས་ཀྱི་ཁ་ན་མ་ཐོ་བ་ཐམས་ཅད་སྡོམ། ཐབས་གང་གིས་སྡོམ་ན་དགེ་སེམས་ཀྱི་ཚོག་སོགས་ཀྱིས་སྡོམ། སྡོམ་པ་རང་གི་ངོ་བོ་ནི་སཾ་པ་ར་ཞེས་པ་བདེ་བ་མཆོག་ལ་འཇུག་པས་དེས་བདེ་བར་གྱུར་པས་ན་སྡོམ་པ་སྟེ། བདེ་བའི་འབྱུང་གནས་དེ་ལ་སྐྱབས་སུ་མཆི། ཞེས་པ་ལྟར་མི་མཐུན་ཕྱོགས་སྡོམ་པས་བདེ་བའི་མཆོག་ཏུ་གྱུར་པའོ། །གཉིས་པ་ཐོབ་བྱེད་ཀྱི་ཚོག་ལ་གསུམ་ལེན་པའི་ཚོག །བླང་བའི་ཡུལ། རྟེན་གྱི་གང་ཟག་གོ། །

དང་པོ་ལ་དགེ་སེམས་ཀྱི་ལུགས་གཉིས་ལས། དང་པོ་ནི། མགོན་པོ་འཇམ་པའི་དབྱངས་ནས་འཕགས

པ་ཀླུ་སྒྲུབ་ཡབ་སྲས་ལ་བརྒྱུད་དེ་རྒྱལ་སྲས་ཞི་བ་ལྷའི་ཕྱག་སྲོལ་ཇོ་བོ་ཡུཊྚ་ཤྲཱི་ལས་བྱུང་རྗེ་བཙུན་ས་སྐྱ་པ་ཡབ་སྲས་ཀྱི་ཕྱག་ལེན་དུ་མཛད་པ་དེ་ཡིན་ལ། གཉིས་པ་ནི། མགོན་པོ་བྱམས་པ་ནས་ཐོག་མེད་སྐུ་མཆེད་ལ་བརྒྱུད་དེ་སློབ་དཔོན་ཙནྡྲ་གོ་མིའི་ཕྱག་སྲོལ་ཇོ་བོ་རྗེ་དཔལ་ལྡན་ཨ་ཏི་ཤ་ལས་བྱུང་བ་དགེ་བཤེས་བཀའ་གདམས་པ་རྣམས་ཀྱི་ཕྱག་ལེན་དུ་མཛད་པ་དེ་ཡིན་ནོ། །

དེ་གཉིས་ཀྱི་ཆོ་གའི་ཁྱད་པར་ནི། དབུ་མའི་ལུགས་ཀྱི་ཆོ་ག་ལ། སྦྱོར་དངོས་རྗེས་གསུམ་སྦྱོར་བ་ལ། རྟེན་བཤམས་ཡོན་འབུལ་གསོལ་བཏབ་ནས། །མཆོད་པ་སྐྱབས་འགྲོ་སྡིག་བཤགས་དང་། །ཡི་རང་ཆོས་འཁོར་བཞུགས་གསོལ་འདེབས། །བསྔོ་བ་བདུན་གྱིས་རྒྱུད་སྦྱང་བྱ། །མཆོད་པར་བཀུར་སྟི་ཡོ་བྱད་དང་། །ལུས་འབུལ་བློས་སྤྲུལ་བླ་མེད་ལྔ། །བཀུར་སྟིའི་མཆོད་པ་བསྟོད་ཕྱག་གཉིས། །ཡོ་བྱད་ཉེར་སྤྱོད་དངོས་འབྱོར་དང་། །བདག་པོས་མ་བཟུང་མཆོད་གཉིས་སོ། །དངོས་གཞི་བསམ་པ་སྦྱང་བ་དང་། །དམ་བཅའ་ཚིག་ཏུ་བརྗོད་པ་ཡིས། །སྨོན་འཇུག་སྡོམ་པ་སྐབས་གཅིག་ལེན། །རྗེས་ལ་རང་གཞན་དགའ་བ་བསྒོམ། །བསླབ་བྱ་བརྗོད་དང་གཏང་རག་འབུལ། །ཞེས་པ་ལྟར་ཏེ། རྒྱས་པར་མཛམ་མགོན་བླ་མའི་སེམས་བསྐྱེད་ཀྱི་ཆོ་ག་ཆེན་མོར་གསུངས་པ་ལྟར་ལག་ལེན་ཞིབ་ཏུ་ཤེས་པར་བྱའོ། །སེམས་ཙམ་ལུགས་ལ་སྨོན་འཇུག་གཉིས། །སོ་སོར་ལེན་ཏེ་སྨོན་པ་ལ། །སྦྱོར་བ་གསོལ་གདབ་ཕྱག་མཆོད་བྱ། །སྐྱབས་འགྲོ་ཁྱད་པར་ཅན་བྱ་བའོ། །དངོས་གཞི་བསམ་པ་སྦྱང་བ་དང་། །དམ་བཅའ་ཚིག་ཏུ་བརྗོད་པའོ། །འཇུག་པའི་ཆོ་གར་སྦྱོར་བཅུ་སྟེ། །གསོལ་གདབ་བར་ཆད་ཐུན་མོང་དྲི། །ལྟུང་བའི་ལྕི་ཡང་ཉམས་ཉེས་དང་། །མ་ཉམས་ཕན་ཡོན་བརྗོད་པ་དང་། །ཚོགས་བསགས་བར་ཆད་ཐུན་མིན་འདྲི། །སྤུར་བསྐུལ་བསམ་པ་ཁྱད་པར་ཅན། །བསྐྱེད་དང་བསླབ་པ་མདོར་བརྗོད་པའོ། །དངོས་གཞི་སེམས་སྡོམ་ལན་གསུམ་ནོད། །མཇུག་ལ་མཁྱེན་གསོལ་ཡེ་ཤེས་ཀྱི། །གཟིགས་པ་འཇུག་པའི་ཕན་ཡོན་དང་། །སྡོམ་པ་གྲུ་ཆོམ་མི་བསྒྲགས་དང་། །བསླབ་པའི་གནས་བརྗོད་དྲིན་ཕྱིར་མཆོད། །དགེ་བ་བསྔོ་བ་དྲུག་བྱའོ། །

ཞེས་པ་སྟེ་རྒྱས་པར་བྱང་ས་དང་སྡོམ་པ་ཉི་ཤུ་པ་ལས་འབྱུང་བ་རྗེ་བཙུན་རིན་པོ་ཆེའི་སྡོམ་པ་ཉི་ཤུ་པའི་རྣམ་བཤད་གསུངས་པ་ལས་ཞིབ་ཏུ་ཤེས་པར་བྱའོ། །ཆོ་གའི་ཁྱད་པར་དེས་ཤེས་ལ། ཡུལ་རྟེན་བསླབ་བྱ་ཕྱིར་བཅོས་རྣམས་ཀྱི་ཁྱད་པར་འོག་ཏུ་བཤད་པར་བྱའོ། །དེ་ལྟར་ན་ལུགས་གཉིས་པོའི་ཆོ་གའི་ཁྱད་པར་ཕྱེ་བ་ནི། རྗེ་བཙུན་ས་སྐྱ་པ་ཡབ་སྲས་ཀྱི་སྲོལ་དུ་སྣང་ཞིང་། དེང་སང་ཁོ་བོའི་བླ་མ་རྡོ་རྗེ་འཆང་དང་དབྱེར་མ་མཆིས་པ་ཀུན་དགའ་བཟང་པོ་འབའ་ཞིག་གི་ཕྱག་སྲོལ་དུ་སྣང་ངོ་ཞེས་ཀུན་མཁྱེན་གསུངས། །ཁ་ཅིག་བྱང་ས་དང་སྒྲོད་

འཇུག་ལས་འབྱུང་བའི་སེམས་བསྐྱེད་ཀྱི་ཚིག་ལ་སེམས་ཙམ་དང་དབུ་མ་ལུགས་ཞེས་སོ་སོར་ཕྱེ་བ་མི་འཐད་དེ༑ དབུ་སེམས་གཉིས་ཀས་ལུགས་གཉིས་ཀ་ཉམས་སུ་ལེན་དུ་རུང་བའི་ཕྱིར། ཞེས་ཟེར་བ་ནི་སླ་བས་ཕོངས་པར་ཟད་དོ། །འོན་ཁྱེད་རང་གི་བླ་མས་ཀླུ་སྒྲུབ་དང་ཐོགས་མེད་ནས་བརྒྱུད་པའི་ལམ་རིམ་གཉིས་ཟབ་མོ་ལྟ་བ་དང་རྒྱ་ཆེན་སྤྱོད་པའི་སྲོལ་ཞེས་གཉིས་སུ་ཕྱེ་བ་ཡང་མི་འཐད་པར་ཐལ། དེ་གཉིས་ཀས་ལྟ་སྤྱོད་གཉིས་ཀ་ཉམས་སུ་ལེན་དུ་རུང་བའི་ཕྱིར། གཞན་ཡང་བྱམས་པ་དང་ཀླུ་སྒྲུབ་རྣམ་གཉིས་ཀྱི་ཡུམ་དོན་སྦས་དོན་དང་དངོས་བསྟན་གཉིས་སུ་འགྲེལ་བ་མི་འཐད་པར་ཐལ་བ་སོགས་ཁྱེད་རང་ལ་གནོད་པ་མཐའ་ཡས་པ་ཡོད་དོ། །དེས་ན་སེམས་ཙམ་པ་ལྟ་བ་དམའ་བས་དེ་ལ་མཐུན་སྤྱོད་པ་ཡང་དོག་པའི་ཚིག་དང་། དབུ་མ་པ་ལྟ་བ་མཐོ་བས་དེར་མཐུན་སྤྱོད་པ་ཡང་ཡངས་པའི་སེམས་བསྐྱེད་ཀྱི་ཚིག་གཉིས་རྫོགས་པའི་སངས་རྒྱས་ཀྱིས་གསུངས་ཤིང་རྗེས་འཇུག་གི་གྲུབ་ཆེན་རྣམས་ཀྱིས་ཀྱང་དེ་ལྟར་བཀྲལ་བར་ཤེས་པར་བྱའོ། །

གཉིས་པ་གང་ལས་བླང་བའི་ཡུལ་ལ་དབུ་མ་པ་ལྟར་ན་བྱང་སེམས་ཀྱི་སྡོམ་པ་ལེན་གསོ་གཉིས་ཀ་ལ་བླ་མར་འོས་པ་མ་རྙེད་ཀྱང་དཀོན་མཆོག་གི་རྟེན་དྲུང་དུ་ཚིག་བྱས་པས་ཆོག །སེམས་ཙམ་པ་ལྟར་ན་བྱང་ས་ལས་དགེ་བའི་བཤེས་གཉེན་མཚན་ཉིད་དང་ལྡན་པ་རྒྱང་གྲགས་དང་དཔག་ཚད་ཀྱི་བར་སྲོག་དང་ཚངས་སྤྱོད་ལ་མི་གནོད་ཙམ་དུ་བཙལ་ཀྱང་མ་རྙེད་ན་དཀོན་མཆོག་གི་རྟེན་གྱི་དྲུང་དུ་བདག་ཉིད་ཀྱིས་བླངས་པས་ཀྱང་སྐྱེའོ། །ཞེས་གསུངས་པ་ལྟར་བཞེད་དོ། །བླང་ཡུལ་གྱི་མཚན་ཉིད་ཀྱང་དབུ་མ་པས་སྤྱོད་འཇུག་ལས། རྟག་པར་དགེ་བའི་བཤེས་གཉེན་ནི། །ཐེག་ཆེན་དོན་ལ་མཁས་པ་དང་། །བྱང་ཆུབ་སེམས་དཔའི་བརྟུལ་ཞུགས་མཆོག །སྲོག་གི་ཕྱིར་ཡང་མི་གཏོང་ངོ་། །ཞེས་བཤད། སེམས་ཙམ་པས་སྡོམ་པ་ཉི་ཤུ་པ་ལས། བླ་མ་སྡོམ་ལ་གནས་ཤིང་མཁས། ནུས་དང་ལྡན་ལས་བླང་བར་བྱ། །ཞེས་བཤད་དོ། །གསུམ་པ་རྟེན་ལ་གཉིས་ལས། །དབུ་མའི་ལུགས་ཀྱི་སེམས་བསྐྱེད་ནི། །བརྡ་ཤེས་ཤིང་དོན་གོ་ལ་ལེན་འདོད་ཡོད་པའི་འགྲོ་བ་ཐམས་ཅད་ལ་སྐྱེ་སྟེ། གཙུག་ན་རིན་ཆེན་གྱིས་ཞུས་པའི་མདོ་ལས། ལྷ་དང་མི་ཡི་སྲོག་ཆགས་ཁྲི་ཉིས་སྟོང་བླ་ན་མེད་པར་ཡང་དག་པར་རྫོགས་པའི་བྱང་ཆུབ་ཏུ་སེམས་བསྐྱེད་དོ། །ཞེས་པ་དང་། ཀླུའི་རྒྱལ་པོ་རྒྱ་མཚོས་ཞུས་པའི་མདོ་ལས། ཀླུ་ཁྲི་ཉིས་སྟོང་གིས་བྱང་ཆུབ་ཏུ་སེམས་བསྐྱེད་པར་གསུངས་པའི་ཕྱིར། སོ་ཐར་རིས་བདུན་རྟེན་དུ་མེད་ཀྱང་རུང་སྟེ། བསྐལ་བཟང་ལས། རྒྱལ་བ་ཕན་བཞེད་གྲོང་དཔོན་གྱུར་པའི་ཚེ། །དེ་བཞིན་གཤེགས་པ་བསོད་ནམས་འོད་དེ་ལ། ཉིན་གཅིག་སྲོག་གཅོད་སྡོམ་པ་བླང་ནས་ཀྱང་། །དང་པོར་བྱང་ཆུབ་ཏུ་ནི་སེམས་བསྐྱེད་དོ། །ཞེས་གསུངས་པའི་ཕྱིར། སེམས་ཙམ་ལུགས་ཀྱི་སེམས་བསྐྱེད་སྐྱེ་བའི་རྟེན་ལ། །སྨོན་སེམས་རྐྱང་པ་ལེན་པའི་རྟེན་ལ་ངེས་པ་མེད་པར་

དབུ་མ་པ་དང་ཆ་འདྲ་ལ། འཇུག་པ་སེམས་བསྐྱེད་ལ་སོ་ཐར་རིས་བདུན་གྱི་རྟེན་ངེས་པར་དགོས་ཏེ། ཇོ་བོ་རྗེས། སོ་སོར་ཐར་བའི་རིས་བདུན་གྱི། རྟག་ཏུ་སྡོམ་གཞན་ལྡན་པ་ལ། །བྱང་ཆུབ་སེམས་དཔའི་སྡོམ་པ་ཡི། །སྐལ་པ་ཡོད་ཀྱི་གཞན་དུ་མིན། །ཞེས་དང་། བྱང་ས་ལས། ཚུལ་ཁྲིམས་གསུམ་ལས་སྡོམ་པའི་ཚུལ་ཁྲིམས་ནི་སོ་ཐར་རིས་བདུན་ཡིན་པར་གསུངས་པའི་ཕྱིར་རོ། །

གསུམ་པ་མི་ཉམས་པར་བསྲུང་བའི་བསླབ་བྱ་ལ་གཉིས་ཏེ། དབུ་སེམས་ཀྱི་བསླབ་བྱ་སོ་སོར་བཤད་པ་དང་། རྩ་ལྟུང་བྱུང་བས་སྡོམ་པ་གཏོང་མི་གཏོང་དཔྱད་པའོ། །དང་པོ་ལ་གཉིས་ལས་དང་པོ་དབུ་མ་པའི་ལུགས་ལ་གསུམ། དབང་རྣོན་ལ་བཅུ་བཞིར་དབྱེ་བ། དབང་འབྲིང་ལ་བཞིར་བསྟན་པ། དབང་རྟུལ་ལ་གཅིག་ཏུ་བསྟན་པའོ། །དང་པོ་ནི། ནམ་མཁའི་སྙིང་པོའི་མདོ་ལས་གསུངས་པའི་དོན་ནི། དཀོན་མཆོག་དཀོར་འཕྲོག་དམ་ཆོས་སྤོང་། རབ་བྱུང་ཆད་པས་གཅོད་དང་འབེབས། མཚམས་མེད་བྱེད་དང་ལོག་ལྟ་འཛིན། །གྲོང་ལ་སོགས་པ་འཇིག་པ་དང་། །བློ་མ་སྦྱང་ལ་སྟོང་ཉིད་སྟོན། །རྫོགས་བྱང་ཞུགས་རྣམས་དེ་ལས་བཟློག །ཉན་ཐོས་རིགས་ཅན་ཐེག་ཆེན་སྦྱོར། །ཉན་ཐོས་ཐེག་པས་ཉོན་མོངས་པ། མི་སྤོང་ཞེས་འཛིན་གཞན་འཛིན་འཇུག །རྙེད་ཕྱིར་བདག་བསྟོད་གཞན་ལ་སྨོད། །ཟབ་དོན་རྟོགས་ཞེས་བརྫུན་དུ་སྨྲ། །དགེ་སློང་ཆད་པས་གཅོད་འཇུག་ཅིང་། །དེ་ཡིས་ལོག་འཚོས་གསུག་འབུལ་ལེན། །སྤོང་བའི་རྣལ་འབྱོར་འདོར་འཇུག་དང་། །དེ་ཡི་ལོངས་སྤྱོད་ཀློག་པར་སྦྱིན། །རྟེན་གྱི་དབྱེ་བས་བཅོ་བརྒྱད་གསུངས། །ཞེས་པའི་དང་པོ་ལྔ་རྒྱལ་པོ་ལ་འབྱུང་ཉེ་དང་། ཡང་དང་པོ་གཞིའི་སྟེང་དུ་གྲོང་སོགས་འཇོམས་པ་དང་ལྔ་བློན་པོ་ལ་འབྱུང་ཉེ་དང་། ཕྱི་མ་བརྒྱད་པོ་ལས་དང་པོ་པ་ལ་འབྱུང་ཉེ་སྟེ་བཅོ་བརྒྱད་དོ། །རྒྱལ་བློན་ལས་དང་པོ་པ་གསུམ་ལ་འབྱུང་ཉེ་བ་ལ་དགོངས་ནས་གསུངས་ཀྱིས་བཅུ་ཙམ་བཞི་པོ་སུས་སྤྱོད་ཀྱང་ལྟུང་བར་འགྱུར་བ་ལ་ཁྱད་པར་མེད་པར་བསླབ་བཏུས་ལས་གསུངས་སོ། །གཉིས་པ་ནི། ཐབས་ལ་མཁས་པའི་མདོའི་དོན་ཏེ། བྱང་ཆུབ་སེམས་ནི་ཡོངས་དོར་དང་། །སེར་སྣས་སློང་ལ་སྦྱིན་མི་བྱེད། །ཁྲོས་ཆེ་ཤད་སྦྱངས་བྱས་ཀྱང་སླར། །ཁྲོས་ནས་དེ་ལ་བརྡེག་སོགས་བྱེད། །ཉོན་མོངས་པ་དང་གནས་མཐུན་པས། །ཆོས་ལྟར་བཅོས་པ་སྟོན་པའོ། །ཞེས་པའོ། །གསུམ་པ་ནི། རྒྱལ་པོ་ལ་གདམས་པའི་མདོའི་དོན་ཏེ། ཡང་དག་རྫོགས་པའི་བྱང་ཆུབ་ལ། །འདུན་དང་དོན་གཉེར་སློན་པ་རྣམས། །འགྲོ་འདུག་ལ་སོགས་དུས་རྒྱུན་དུ། །དྲན་ཅིང་ཡིད་ལ་བཟུང་སྟེ་བསྒོམས། །རང་གཞན་དགེ་ལ་རྗེས་ཡི་རང་། །དགེ་དེས་སངས་རྒྱས་ཐམས་སློབ་ལ། །མཆོད་པར་ཕུལ་ནས་འགྲོ་ཀུན་དང་། །ཐུན་མོང་ཉིད་དུ་བྱས་ནས་ནི། །བླ་མེད་བྱང་ཆུབ་ཐོབ་ཕྱིར་བསྔོ། །དེས་ནི་བྱང་ཆུབ་ཀྱི་ཚོགས་རྫོགས། །ཞེས་པའོ། །དེས་ན་སློན་སེམས་སྤོང་བ་ནི། །བྱང་ཆུབ་

སེམས་དཔའ་དབང་པོ་རྣོ་འབྲིང་རྟུལ་གསུམ་ཐམས་ཅད་ལ་རྒྱ་ལྷུང་ཤིན་ཏུ་ཕྲ་བ་ཡིན་ཏེ། སྡུད་པ་ལས། གལ་ཏེ་བསྐལ་པ་བྱེ་བར་དགེ་བའི་ལམ་བཅུ། སྤྱོད་ཀྱང་རང་རྒྱལ་ཉན་ཐོས་ཉིད་དུ་སེམས་བསྐྱེད་ན། །དེ་ནི་ཚུལ་ཁྲིམས་སྐྱོན་བྱུང་ཚུལ་ཁྲིམས་ཉམས་པ་སྟེ། །སེམས་བསྐྱེད་དེ་ནི་ཕས་ཕམ་པས་ཀྱང་ཤིན་ཏུ་ཕྲ། །ཞེས་གསུངས་པའི་ཕྱིར། སྨོན་སེམས་གཏོང་བའི་རྒྱུ་ནི་ཞུམ་པ་དང་། །སྙིང་ལུགས་དང་། འཁོར་བའི་ཉེས་པས་སྐྲག་པ་གསུམ་དུ་སེམས་བསྐྱེད་ཆོག་ལས་གསུངས་པས་དེ་གསུམ་སྤང་བར་བྱའོ། །

གཉིས་པ་སེམས་ཙམ་ལུགས་ཀྱི་བསླབ་བྱ་ལ་གཉིས་ཏེ། ཕམ་འདྲའི་ཉེས་བྱས་བཞི་སྤོང་པ་དང་། ཡན་ལག་གི་ཉེས་བྱས་ཞེས་དྲུག་སྤོང་པའོ། །དང་པོ་ནི། སྡོམ་པ་ཉི་ཤུ་པ་ལས། རྙེད་དང་བཀུར་སྟི་ཆགས་པ་ཡིས། །བདག་བསྟོད་གཞན་ལ་སྨོད་པ་དང་། །སྡུག་བསྔལ་མགོན་མེད་གྱུར་པ་ལ། །སེར་སྣས་ཆོས་ནོར་མི་སྟེར་དང་། །གཞན་གྱིས་བཤགས་ཀྱང་མི་ཉན་པར། །ཁྲོས་ནས་གཞན་ལ་འཚོགས་པ་དང་། །ཐེག་པ་ཆེན་པོ་སྤོང་བྱེད་ཅིང་། །དམ་ཆོས་འདྲར་སྣང་སྟོན་པའོ། །ཞེས་གསུངས་སོ། །བཞི་པོ་གང་རུང་རེ་རེ་ཡང་། །རྒྱུན་སྤྱོད་ངོ་ཚ་མེད་ཁྲེལ་མེད། །དེ་ལ་དགའ་ཞིང་ཡོན་ཏན་ལྟ། །གསུམ་ཚང་ཀུན་དཀྲིས་ཆེན་པོ་སྟེ། །སྡོམ་པ་གཏོང་བའི་རྒྱུ་རུ་གསུངས། །གཉིས་ལྡན་འབྲིང་ལ་ཅིག་ལྡན་ཆུང་། །གཉིས་པ་ཉེས་བྱས་ཞེ་དྲུག་ནི། །དགེ་བ་ཆོས་སྡུད་དང་འགལ་བ་སོ་བཞི། །སེམས་ཅན་དོན་བྱེད་དང་འགལ་བ་བཅུ་གཉིས་སོ། །དང་པོ་ལ། ཕྱིན་དྲུག་ལ་འགལ་རིམ་བཞིན་དུ། །བདུན་དགུ་བཞི་གསུམ་གསུམ་བརྒྱད་སྟེ། །མཆོད་བསྟོད་ཡོན་ཏན་དྲན་སོགས་ཀྱིས། །ཞག་རེར་དཀོན་མཆོག་གསུམ་མི་མཆོད། །འདོད་ཆེ་ཆོག་མེད་རྙེད་བཀུར་འདོད། །རྒན་པ་རྣམས་ལ་གུས་མི་བྱེད། །ཆོས་མཐུན་དྲིས་ལ་ལན་མི་འདེབས། །ཆོས་མཐུན་མགྲོན་པོས་སར་མི་འགྲོ། །ནོར་བྱིན་ཁྲོ་སོགས་ཀྱིས་མི་ལེན། །ཆོས་འདོད་རྣམས་ལ་ཆོས་མི་སྟོན། །ཁྲིམས་འཆལ་བརྙས་སོགས་ཀྱིས་ཡལ་འདོར། །དད་ཕྱིར་འདུལ་སྤྱོད་སློབ་མི་མེད། སེམས་ཅན་དོན་ལ་བྱ་བ་ཆུང་། །གཞན་དོན་འགྱུབ་ན་ལུས་ངག་གི། །མི་དགེ་གནང་ཡང་མ་སྤྱོད་དང་། །ལོག་པའི་འཚོ་བ་དང་དུ་ལེན། །དགོད་ཅིང་རྩེ་བས་གཞན་གཡེང་བྱེད། །འཁོར་བས་སྲིད་པས་ཐར་མི་འདོད། །གྲགས་ངན་འབྱུང་བའི་རྒྱུ་མི་སྤོང་ས། །ནུས་ཀྱང་ཉོན་མོངས་ཅན་མི་འཆོས། །གཤེ་ཁྲོ་སོགས་ལ་དེའི་ལན་བྱེད། །གཞན་ཁྲོས་ཤད་སྤྱངས་མི་བྱེད་འདོར། །རང་ལ་བཤད་ཀྱིས་འཆགས་པ་སྤོང་། །ཁྲོ་སེམས་མི་སྤོང་དེའི་རྗེས་འཇུག །རྙེད་བཀུར་འདོད་ཕྱིར་འཁོར་རྣམས་སྡུད། །ལེ་ལོ་ལ་སོགས་སེལ་མི་བྱེད། །འདུ་འཛིའི་གཏམ་གྱིས་དུས་འདའ། །ཏིང་འཛིན་བསྒོམ་ཚུལ་སོགས་མི་ཚོལ། །བསམ་གཏན་སྒྲིབ་པ་ལྔ་མི་སྤོང་། །བསམ་གཏན་རོ་ལ་ཡོན་ཏན་ལྟ། །ཉན་ཐོས་ཐེག་པ་བརྙས་ནས་སྤོང་། །ཐེག་ཆེན་སྡེ་སྣོད་ཡལ་བོར་ནས། །ཉན་ཐོས་སྡེ་སྣོད

ཉིད་ལ་བརྩོན། །ཕྱི་རོལ་ཆོས་ཆོལ་དེ་ལ་དགའ། །ཐེག་ཆེན་ཟབ་དོན་འགའ་ཞིག་སྤོང་། །ཁྲིམས་པས་བདག་བསྟོད་གཞན་ལ་སྨོད། །ཆོས་བཤད་མི་ཉན་གཞན་དུ་འགྲོ། །ཆོས་སླར་སྨོད་ཅིང་ཚིག་ལ་རྟོན། །ཞེས་པའོ། །

གཉིས་པ་ནི། ཆོས་མཐུན་དགོས་པའི་གྲོགས་མི་བྱེད། །ནད་པའི་རིམ་གྲོ་བྱ་བ་སྤོང་། །སེམས་ཅན་སྡུག་བསྔལ་སེལ་མི་བྱེད། །བག་མེད་ཁྲོ་སོགས་ཀྱིས་མི་འཆོས། །ཕན་བཏགས་ལམ་དུ་ལན་མི་འདོགས། །གཞན་གྱི་མྱ་ངན་གསལ་མི་བྱེད། །ཟས་ནོར་འདོད་ལ་སྦྱིན་མི་བྱེད། །འཁོར་རྣམས་ཀྱི་ནི་དོན་མི་བྱེད། །གཞན་གྱི་བློ་དང་མཐུན་མི་བྱེད། །ཡོན་ཏན་ལྡན་ལ་བསྔགས་མི་བརྗོད། །རྒྱུ་ཀྱང་ལོགས་ཞུགས་ཚར་མི་གཅོད། །གདུལ་འོས་རྫུ་འཕྲུལ་གྱིས་མི་གདུལ། །ཞེས་པའོ། །ཉེས་བྱས་དེ་ཐམས་ཅད་ཀྱང་མནར་སེམས་དང་ཁྲོ་བ་རང་འདོད་སོགས་ཀྱིས་བྱས་ནས་ཉོན་མོངས་པ་ཅན་གྱི་ཉེས་བྱས་སུ་འགྱུར་ལ། ཕན་སེམས་ཀྱིས་བྱས་ན་ཉེས་པ་མེད་དེ། སྙིང་རྗེ་ལྡན་ཞིང་བྱམས་ཕྱིར་དང་། །སེམས་དགེ་བ་ལ་ཉེས་པ་མེད། །ཅེས་གསུངས་པའི་ཕྱིར་རོ། །

གཞན་ཡང་ཆེ་རབས་གཞན་དུ་བྱང་ཆུབ་ཀྱི་སེམས་བརྗེད་པའི་རྒྱུ་འོད་སྲུང་གི་ཞུས་པའི་མདོ་ལས་གསུངས་པའི་དོན། བླ་མ་མཆོད་གནས་བརྙན་གྱིས་བསླུ། །འགྱོད་མིན་གནས་ལ་འགྱོད་པ་བསྐྱེད། །ཐེག་ཆེན་ལ་ཞུགས་གང་ཟག་སྨོད། །གཡོ་རྒྱུ་སྤྱོད་བཞི་ནག་པོའི་ཆོས། །ཞེས་དང་། དེའི་གཉེན་པོ་དཀར་པོའི་ཆོས་བཞི་ནི༑ ༑སྲོག་ཕྱིར་ཤེས་བཞིན་བརྫུན་མི་སྨྲ། འགྲོ་རྣམས་རྫོགས་བྱང་ལམ་ལ་འགོད། །རྒྱལ་སྲས་ལ་ཀུན་བསྔགས་པ་བརྗོད། །གཡོ་རྒྱུ་སྤང་བཞི་དཀར་པོའི་ཆོས། །ཞེས་པའོ། །དེ་ལས་ནག་པོའི་ཆོས་བཞིན་སྤང་ཞིང་དཀར་པོའི་ཆོས་བཞིན་བསྟེན་དགོས་པར་དབུ་སེམས་ཀྱི་ལུགས་གཉིས་ཀ་ནས་གསུངས་སོ། །གཉིས་པ་རྩ་ལྟུང་བྱུང་བས་སྡོམ་པ་གཏོང་མི་གཏོང་དཔྱད་པ་ནི། །ཆགས་ཡོས་དྲིས་ལན་ལས། །སེམས་ཙམ་པ་ལྟུང་བས་སྡོམ་པ་གཏོང་བའི་ལུགས་སུ་གསལ། །དབུ་མ་པ་ལ་ལུགས་གཉིས་ཀ་གདའ། །ཞེས་གསུངས་པའི་དོན་ནི། དབུ་མ་ལུགས་ཀྱི་སེམས་བསྐྱེད་ལ་ནི། ཆགས་ཡོས་དྲིས་ལན་ལས། སེམས་ཙམ་པ་ལྟུང་བས་སྡོམ་པ་གཏོང་བའི་ལུགས་སུ་གསལ། །དབུ་མ་པ་ལ་ལུགས་གཉིས་ཀ་གདའ། །ཞེས་གསུངས་པའི་དོན་ནི། །དབུ་མ་ལུགས་ཀྱི་སེམས་བསྐྱེད་ལ་ནི། །སྨོན་སེམས་མི་ཉམས་པར་བསྲུང་ནས་འཇུག་པའི་བསླབ་བྱ་ལ་རང་གི་བློ་ཚོད་དང་སྦྱར་ནས་ཇི་ཙམ་ནུས་པ་བསྲུང་ཞིང་། །དུས་ཞག་གཅིག་དང་། ཟླ་བ་དང་ལོ་དང་ཇི་སྲིད་འཚོ་དང་བྱང་ཆུབ་ཀྱི་བར་ཇི་ཙམ་བློས་ལེན་པར་ནུས་པ་དེ་ཙམ་བླང་བར་རྗེ་བཙུན་རྩེ་མོས་བཤད་པ་ནི་ལུགས་འདིའི་ཁྱད་ཆོས་ཏེ། བསླབ་བཏུས་ལས། སྡོམ་པ་བདག་ཉིད་ཀྱི་སྟོབས་དང་སྦྱར་ནས་བླང་བར་བྱ་སྟེ། དེ་ལྟ་མ་ཡིན་ན་སངས་རྒྱས་བྱང་སེམས་ཐམས་ཅད་དང་བཅས་པའི་འཇིག་རྟེན་བསླུས་པར་འགྱུར་རོ་ཞེས་གསུངས་པའི་དགོངས་པ་ཡིན་

ནོ༑ །སྡོམ་པ་ལེན་ཚུལ་ཡང་། དྲིས་ལན་ལས། སྤྱོད་འཇུག་གི་སྡོམ་པའི་ཆོ་གའི་སྐབས་སུ། བྱང་ཆུབ་སེམས་ནི་བསྐྱེད་བགྱི་ཞིང་། ཞེས་སྨོན་པ་བླངས་ནས། བྱང་ཆུབ་སེམས་དཔའི་བསླབ་པ་ལ། །རིམ་པ་བཞིན་དུ་བསླབ་པར་བགྱི། །ཞེས་འཇུག་པ་ལ་རིམ་གྱིས་སློབ་པར་ཁས་བླངས་ཀྱི་བསླབ་བྱ་ཐམས་ཅད་ད་ལྟ་ཉིད་ནས་སློབ་པར་ཁས་བླངས་པ་མེད་པས་དམ་བཅའ་ཉམས་པའི་ཉེས་པ་མེད་མཆི། ཞེས་གསུངས་སོ། །

རིམ་གྱིས་བསླབ་ཚུལ་ནི། །སེམས་བསྐྱེད་ཆོ་ག་ལས། ལས་དང་པོ་བས་བསྔོས་པ་ལ་བསླབ། དེ་བས་བློ་ཅུང་ཟད་འབྱོངས་བ་ན་འབྲིང་ལ་བསླབ། དེ་ནས་མོས་པ་སྤྱོད་པ་དང་ས་ཐོབ་པ་ཡན་ཆད་རང་རང་གི་བསླབ་པ་མཐའ་དག་ལ་བསླབ་བོ། །འདི་ཤེས་ནས་གཞུང་དང་མི་འགལ་ལ་འཇུག་པ་བདེ་བས་མྱུར་དུ་འཚང་རྒྱའོ། །ཞེས་གསུངས་པ་ལྟར་དབང་རྟུལ་ལས་དང་པོ་བས་རྒྱལ་པོ་ལ་གདམས་པའི་མདོའི་དོན་ལྟར་སྨོན་སེམས་ཁྱད་པར་སུམ་ལྡན་དང་མ་བྲལ་བར། འཇུག་པ་ལ་དོན་མེད་པའི་སྡིག་པ་མི་བྱེད། ཅི་ནུས་པའི་དགེ་བ་བསགས་ན་རིམ་གྱིས་འཚང་རྒྱ་བར་འགྱུར་བར་གསུངས་ལ། དེས་ཕྱ་ལྟུང་བསྲུང་མ་ནུས་ཀྱང་འཇུག་སྡོམ་མི་གཏོང་སྟེ། རིམ་གྱིས་བསླབ་པར་ཁས་བླང་བའི་དང་པོ་ཡིན་པའི་ཕྱིར་རོ། །དབང་རྣོན་བསླབ་བྱ་ཐམས་ཅད་ལ་བསླབ་ནུས་པ་མྱུར་དུ་འཚང་རྒྱ་བ་དེས་ཕྲ་ལྟུང་མ་བསྲུང་ན་འཇུག་སྡོམ་གཏོང་སྟེ། ནུས་བཞིན་མ་བསྲུང་བའི་ཕྱིར་རོ། དོན་དེ་ལྟར་འཇམ་དབྱངས་བླ་མས། །སེམས་བསྐྱེད་ཀྱི་བསླབ་བྱ་རྒྱས་བསྡུས་དང་བརྟེན་པ་ཆེ་ཆུང་ལས་སངས་རྒྱས་སྲ་ཕྱི་འབྱུང་བས་དེས་ན་རིམ་གྱིས་སངས་རྒྱ་བའི་སེམས་བསྐྱེད་ཀྱི་ལུགས་ལ་མྱུར་དུ་སངས་རྒྱ་བ་ལ་དགོས་པའི་བསླབ་བྱ་ཚོམ་སྒྲུར་བས་སྐྱོན་དུ་མི་འགྲོ་སྟེ། དཔེར་ན་རིམ་གྱིས་གསོ་དགོས་པའི་ནད་པ་ལ་ཅིག་ཆར་གསོ་དགོས་པའི་སྨན་མ་བཏང་ཀྱང་སྐྱོན་དུ་མི་འགྲོ་བ་བཞིན་ནོ། །ཞེས་གསུངས་སོ། །

སྤྱོད་འཇུག་ལས། གལ་ཏེ་དེ་ལྟར་དམ་བཅས་ནས། །ལས་ཀྱིས་བསྒྲུབ་པར་མ་བྱས་ན། །ཞེས་སོགས་གསུངས་པ་ནི་དབང་རྣོན་གྱི་དབང་དུ་བྱས་ཏེ་གསུངས་པར་ཤེས་པར་བྱའོ། །བསླབ་བྱ་རྒྱས་འབྲིང་བསྡུས་གསུམ་ནི། ཐུབ་པ་དགོངས་གསལ་དང་། སེམས་བསྐྱེད་ཆོ་ག་སོགས་ལས་གསུངས་པ་བཞིན་ཤེས་པར་བྱའོ། །སེམས་ཙམ་པ་ལྟུང་བ་བྱུང་བས་སྡོམ་པ་གཏོང་ལུགས་སུ་གསལ་ཞེས་གསུངས་པའི་དོན་ནི། འདིའི་ལུགས་ལ་ཀུན་དཀྲིས་ཆེན་པོས་ཕམ་འདྲ་བཞི་སྤྱད་ན་འཇུག་པའི་སྡོམ་པ་གཏོང་སྟེ། བྱང་ཆུབ་སྙིང་པོའི་བར་དུ་བསླབ་བྱ་ཐམས་ཅད་ལ་སློབ་པར་ཁས་བླངས་པ་དང་འགལ་བའི་ཕྱིར་དང་། རིམ་གྱིས་བསླབ་པའི་རྣམ་བཞག་མེད་པའི་ཕྱིར། བྱང་ས་ལས། མདོར་བསྡུ་ན་རྒྱུ་གཉིས་ཁོ་ནས་བྱང་ཆུབ་སེམས་དཔའི་ཚུལ་ཁྲིམས་ཀྱི་སྡོམ་པ་ཡང་དག་པར་བླངས་པ་བཏང་བར་འགྱུར་ཏེ། བླ་ན་མེད་པ་ཡང་དག་པར་རྫོགས་པའི་བྱང་ཆུབ་ཏུ་སྨོན་པ་ཡོངས་སུ་བཏང

བ་དང་། ཕམ་པའི་གནས་ལྔ་བུའི་ཆོས་ཀྱི་ཀུན་ནས་དཀྲིས་པ་ཆེན་པོའི་ཀུན་ནས་སྤྱོད་པའོ། །ཞེས་སོགས་གསུངས་ལ། ཀུན་དཀྲིས་འཁྲིད་དང་ཆུང་དུས་འཇུག་སྡོམ་གཏོང་བར་མི་འགྱུར་པར་གསུངས་སོ། །

སྨོན་སེམས་གཏོང་བའི་རྒྱུ་ནི། རྗེ་བོ་རྗེས་ནག་པོའི་ཆོས་བཞི་དང་སེམས་ཅན་བློས་སྤངས་པ་ཉིན་ཞག་གི་དྲུག་ཆ་འདས་ན་གཏོང་ཞེས་གསུངས། རྗེ་བཙུན་གྱིས་སྐྱབས་སེམས་བཏང་བ་གཏོང་རྒྱུར་གསུངས་སོ། །མདོར་ན་སྨོན་སེམས་བཏང་ན་བྱང་སྡོམ་རྩ་བ་ནས་གཏོང་པར་དབུ་སེམས་ཀྱི་ལུགས་གཉིས་ཀར་བཞེད་དེ། སྟོད་པ་བྱང་ས་སྤྱོད་འཇུག་སོགས་ལས་དེ་ལྟར་དུ་གསུངས་པའི་ཕྱིར། སྨོན་སེམས་མ་བཏང་ན་ཉེས་པ་འགའ་ཞིག་བྱུང་ཡང་བྱང་ཆུབ་སེམས་དཔའི་མིང་མི་འདོར་བར་ཡང་བཞེད་པ་མཐུན་ཏེ། བྱམས་པའི་རྣམ་པར་ཐར་པ་ལས། ཐམས་ཅད་མཁྱེན་པར་སེམས་བསྐྱེད་པའི་རྡོ་རྗེ་རིན་པོ་ཆེ་ནི་ནན་ཏན་དང་བྲལ་ཡང་། ཉན་རང་གི་ཡོན་ཏན་གྱི་གསེར་རྒྱན་ཐམས་ཅད་ཟིལ་གྱིས་གནོན་ཅིང་། བྱང་ཆུབ་སེམས་དཔའི་མིང་མི་འདོར་ལ་འཁོར་བའི་དབུལ་བ་ཐམས་ཅད་ཀྱང་ཟློག་གོ། །ཞེས་གསུངས་པ་ལུགས་གཉིས་ཀ་ནས་ཤེས་བྱེད་དུ་མཛད་པའི་ཕྱིར་རོ། །

བཞི་པ་ཉམས་ན་ཕྱིར་བཅོས་པའི་ཚུལ་ལ་གཉིས་ལས་དང་པོ་དབུ་མ་པའི་ལུགས་ནི། སེམས་བསྐྱེད་ཆོ་ག་ལས། གལ་ཏེ་འབད་ཀྱང་ཐུན་ཚོད་ལས་འདས་ཏེ་ཟ་ལྟུང་བྱུང་ན་སྔར་གྱི་ལ་འགྱོད་པས་བཤགས་པ་བྱས་ལ་ཕྱིས་སེམས་བསྐྱེད་སླར་བླང་། ཐུན་ཚོད་མ་འདས་པར་འགྱོད་པས་ཟིན་ན་མི་འཚོར་ཏེ། སྐབས་དེར་སེམས་ཀྱིས་བསྡམས་ལ་དུས་དེ་ཉིད་དམ་ཕྱིས་བཤགས་ཀྱང་རུང་སྟེ། ཉེས་པ་ལྟུང་བ་གང་ཡིན་ངོས་བཟུང་། སྔར་གྱི་ལ་འགྱོད་ཕྱིས་མི་བྱེད་པར་སྡོམ་པས། ཉེས་པ་མེད་པའི་བྱང་ཆུབ་སེམས་དཔའ་འམ། དཀོན་མཆོག་གི་མདུན་དུ། རིགས་ཀྱི་བུའམ། ཕྱོགས་བཅུའི་སངས་རྒྱས་དང་བྱང་ཆུབ་སེམས་དཔའ་ཐམས་ཅད་བདག་ལ་དགོངས་སུ་གསོལ། བདག་བྱང་ཆུབ་སེམས་དཔའ་མིང་འདི་ཞེས་བགྱི་བ་ལ་ཉེས་པ་འདི་བྱུང་སྟེ། བདག་བྱང་ཆུབ་སེམས་དཔའ་མིང་འདི་ཞེས་བགྱི་བའི་ཉེས་པ་དེ། བྱང་ཆུབ་སེམས་དཔའ་འམ། ཕྱོགས་བཅུའི་སངས་རྒྱས་དང་བྱང་ཆུབ་སེམས་དཔའ་ཐམས་ཅད་ཀྱི་སྤྱན་སྔར་མཐོལ་ཞིང་བཤགས་སོ། །མཐོལ་ཞིང་བཤགས་མི་འགྱུར་རོ། །ཞེས་ལན་གསུམ་བརྗོད་དོ། །ཡུལ་བྱང་ཆུབ་སེམས་དཔའ་ཡིན་ན་ཐབས་ལེགས་བྱ། འདི་ནི་ཐེག་པ་ཐམས་ཅད་ཀྱི་བཤགས་པ་ཐུན་མོང་པ་ཡིན་ནོ། །གཞན་དབུ་མའི་ལུགས་ཀྱི། །ཉིན་དང་མཚན་མོ་ལན་གསུམ་དུ། །ཕུང་པོ་གསུམ་པ་འདོན་བྱ་ཞིང་། །རྒྱལ་དང་བྱང་ཆུབ་སེམས་བསྟེན་ནས། །ལྟུང་བའི་ལྷག་མ་དེས་ཞི་བྱ། །ཞེས་པས་བྱང་ཆུབ་ལྟུང་བཤགས་དང་། །འཕགས་པ་ནམ་མཁའི་སྙིང་པོ་ལ་གསོལ་བ་འདེབས་པ་དང་། དེ་བཞིན་གཤེགས་པའི་ཡི་གེ་བརྒྱ་པ་ལ་སོགས་པ་ཐབས་ཁྱད་པར་ཅན་རྣམས་ཀྱིས་སྡིག་པ་བཤགས་པས་ལྟུང

བ་འདུག་པས། མདོ་དང་བསྟན་བཅོས་རྣམས་ལས་ཇི་ལྟར་གསུངས་པ་རང་གིས་འཇུག་པ་བདེ་བ་དེ་དང་དེ་བྱས་ནས་ལྟུང་བ་ལ་གསོག་འཛོག་མི་བྱའོ། །ཞེས་གསུངས་པ་ལྟར་རོ། །

གཉིས་པ་སེམས་ཙམ་ལུགས་ཀྱི་ཕྱིར་བཅོས་ནི། སྡོམ་པ་ཉི་ཤུ་པ་ལས། སྡོམ་པ་སླར་ཡང་བླང་བར་བྱ། ཟག་པ་འབྲིང་ནི་གསུམ་ལ་བཤགས། གཅིག་གི་མདུན་དུ་ལྷག་མ་རྣམས་ཉོན་མོངས་མི་རྨོངས་བདག་སེམས་བཞིན། ཞེས་གསུངས་པའི་དོན་ནི། ཀུན་དཀྲིས་ཆེན་པོས་ཕམ་པ་ལྟ་བུའི་ཆོས་བཞི་སྤྱད་ན་སྡོམ་པ་གཏོང་བས་ཡུལ་སྡོམ་ལྡན་ནམ། དཀོན་མཆོག་གི་དྲུང་དུ་སླར་ཡང་བླང་། ཀུན་དཀྲིས་འབྲིང་གིས་ཕམ་པ་ལྟ་བུའི་ཆོས་བཞིན་སྤྱད་ན་སྡོམ་གསུམ་གྱི་མདུན་དུ་བཤགས། ཀུན་དཀྲིས་ཆུང་ངུས་དེ་བཞི་སྤྱད་ན་གཅིག་གི་མདུན་དུ་བཤགས། དེ་ཡང་ཡུལ་སྡོམ་ལྡན་གྱི་མདུན་དུ་བཤགས་ཚིག་སྤུར་དང་འདྲ་ལ། མཐོང་སྡོམ་ལན་གསུམ་ཐབས་ལེགས་བྱ་བར་གསུངས། ཉེས་བྱས་ཞེ་དྲུག་པོ་མ་གུས་བག་མེད་ལེ་ལོ་སོགས་ཀྱིས་སྤྱད་ན་བཞིན་ཞེས་དཔེ་བསྟན་པས་གང་ཟག་གཅིག་གི་མདུན་དུ་བཤགས་པར་བྱའོ། །བརྗེད་པས་སྤྱད་པ་སོགས་ཉོན་མོངས་པ་མེད་པའི་ཉེས་བྱས་ནི། བདག་སེམས་ཏེ། རང་གི་སེམས་ངོ་ཚ་ཁྲེལ་ཡོད་ཞི་དུལ་གྱིས་ཕྱིས་མི་བྱ་བའི་བསམ་པ་ཙན་བྱའོ། །བཤགས་ཡུལ་མེད་ན་ཟག་འབྲིང་མན་ཆད་ཀྱང་བདག་སེམས་ཀྱིས་འགྱོད་བསྡམ་བྱས་པས་ཆོག་ཅེས་བྱང་སེམས་ཀྱི་སྡེ་སྣོད་ཀྱི་མ་མོ་ལས་བཤད་ཅེས་རྗེ་བཙུན་རིན་པོ་ཆེས་གསུངས་སོ། །

༈ གསུམ་པ་གསང་སྔགས་ཀྱི་སྡོམ་པ་བཤད་པ་ལ་བཞི་སྟེ། སྔགས་སྡོམ་གྱི་ངོ་བོ་ངོས་བཟུང་བ། སྔགས་སྡོམ་ཐོབ་བྱེད་དབང་བསྐུར་གྱི་ཆོ་ག །ཐོབ་པ་མི་ཉམས་པར་བསྲུང་བའི་བསླབ་བྱ། ཉམས་ན་ཕྱིར་བཅོས་པའི་ཚུལ་ལོ། །དང་པོ་ལ་གསུམ། ངོ་བོ། དབྱེ་བ། དོན་ལྡུས་གཏན་ལ་དབབ་པའོ། །དང་པོ་ནི་རྩ་ལྟུང་འགྲེལ་སྒྲོན་ལས། རིག་པ་འཛིན་པ་ནི་དེ་དག་ཀུང་ལྷའི་རྣམ་པའམ་ཡེ་ཤེས་ཀྱི་བྱིན་གྱིས་བརླབས་ནས་ལོང་སྤྱོད་པས་ན། འདི་ལ་འགལ་བ་ཅི་ཡང་ཡོད་པ་མ་ཡིན་ནོ། ཞེས་གསུངས་ལ། སྡོམ་པ་ཉི་ཤུ་པའི་ཊཱི་ཀར། དེའི་སྐད་དུ་རིག་འཛིན་པ་ནི་རིག་པ་འཛིན་པའི་སྡོམ་པ་ཡིན་ནོ། །ཞེས་གསུངས་པ་ནི་རྒྱུད་སྡེ་བཞི་ཆར་ལ་འཇུག་སྟེ། རྒྱུད་སྡེ་འོག་མ་གསུམ་ལ་མཚན་བཅས་ཀྱི་རྣལ་འབྱོར་ནི་ལྷའི་རྣམ་པས་བྱིན་གྱིས་རློབ་པ་དང་། མཚན་མེད་ཀྱི་རྣལ་འབྱོར་ནི་ཡེ་ཤེས་ཀྱི་བྱིན་གྱིས་བརླབས་པའི་དོན་ཡིན་པའི་ཕྱིར་དང་། བླ་མེད་ལ་བསྐྱེད་རིམ་ནི་ལྷའི་རྣམ་པས་བྱིན་གྱིས་བརླབ་པ་དང་། རྫོགས་རིམ་ནི་ཡེ་ཤེས་ཀྱིས་བྱིན་གྱིས་བརླབ་པའི་ཕྱིར་རོ། །རིག་པ་ནི་མ་རིག་པ་ལ་སོགས་པའི་ཉོན་མོངས་པ་ལྟ་གནས་བྱུང་བའི་ཡེ་ཤེས་ལྔ་ཡིན་ལ། དེ་འཛིན་པ་ནི་སྒྲུབ་པར་བྱེད་པ་དང་། བསྒྲུབ་པར་བྱས་པ་གཉིས་ལ་འཇུག་གོ །དེ་ནས་རིག་འཛིན་སྡོམ་པའི་མཚན་ཉིད་ནི། ཡིད་མཚན་རྟོག་ལས

སྐྱོབ་པའི་ཐབས་གང་ཞིག །མི་མཐུན་ཕྱོགས་སྐྱོང་བའི་སེམས་པ་མཚུངས་ལྡན་དང་བཅས་པའོ། །དེ་སངས་རྒྱས་ཀྱི་ས་ལ་མ་ཁྱབ་པའི་སྐྱོན་མེད་དེ། སྐྱོབ་པའི་ཐབས་ཞེས་པ་སྐྱོབ་བྱེད་དང་བསྐྱབས་ཟིན་གཉིས་ཀ་ལ་འཇུག་པའི་ཕྱིར། རྫོགས་བྱང་གི་བསླབ་པ་ཁྱད་པར་དེ་བསླབ་བྱ་སློབ་བྱེད་གཉིས་ཀ་ལ་འཇུག་པར་གསུངས་པ་བཞིན་ནོ། །འདི་ལ་གང་སྐྱོབ་པ་དང་། གང་ལས་སྐྱོབ་པ་དང་། གང་གིས་སྐྱོབ་པ་དང་གསུམ་ལས། དང་པོ་ནི། སྔགས་ཀྱི་སྐད་དོད་ལ་མནྟྲ་ཞེས་པའི་མན་ནི་མ་ནོ་སྟེ་ཡིད། ཏྲ་ར་ནི་སྐྱོབ་པ་ལ་འཇུག་པས། དབང་པོ་ཡུལ་རྐྱེན་ལས་བྱུང་བའི་ཚོགས་དྲུག་གམ། ཕྱི་མ་ལ་གསུམ་དུ་ཕྱེ་བའི་ཚོགས་བརྒྱད་ལ་ཡིད་ཅེས་པའི་ཐ་སྙད་བྱས་པ་དེ་ཉིད་དོ། །གཉིས་པ་ནི། མཚན་རྟོག་ལས་ཏེ། མཚན་མ་ནི་ཡུལ་གྱི་སྤྱི་རིས་སོ་སོ་བ་ཡིན་ལ། རྟོག་པ་ནི་དེ་དང་མངོན་པར་ཞེན་པ་སྟེ། འདི་ལ་ཐ་མལ་གྱི་མཚན་མ་ལ་མངོན་ཞེན་དང་ལྷའི་མཚན་མ་ལ་མངོན་ཞེན་གཉིས་ཡོད་དོ། །གསུམ་པ་ནི། ཐབས་ཁྱད་པར་ཅན་གྱིས་ཏེ། ཐེག་དམན་གྱི་ཉམས་ལེན་ལ་ལྟོས་ནས་ཐེག་ཆེན་གྱི་ཉམས་ལེན་ཐབས་ཁྱད་པར་ཅན་ཡིན་ལ། དེ་ལ་ལྟོས་ནས་རྡོ་རྗེ་ཐེག་པའི་སློན་གྲོལ་གཉིས་ཐབས་ཁྱད་པར་ཅན་ཡིན་པ་སྟེ་དེས་སྐྱོབས་སོ། །

དེ་ལྟར་ཡང་འདུས་པའི་རྒྱུད་ཕྱི་མ་ལས། དབང་པོ་དང་ནི་ཡུལ་རྣམས་ཀྱི། རྐྱེན་ལས་གང་དང་གང་བྱུང་བ༑ ཡིད་དེ་མན་ཞེས་བྱ་བར་བཤད། ཏྲ་ནི་སྐྱོབ་པར་བྱེད་པའི་དོན། འཇིག་རྟེན་སྤྱོད་ལས་རྣམ་འགྲོལ་བར། །གང་བཤད་དམ་ཚིག་སྡོམ་པ་སྟེ། །རྡོ་རྗེ་ཀུན་གྱིས་སྲུང་བ་ནི། སྔགས་ཀྱི་སྤྱོད་པ་ཞེས་བྱ་བར་བཤད་དོ། །ཞེས་གསུངས་སོ། །གཉིས་པ་དབྱེ་བ་ལ་གསུམ་སྟེ། བརྗོད་བྱ་དོན་གྱི་རྒྱུད་ཀྱི་སྒོ་ནས་དབྱེ་བ་དང་། བརྗོད་བྱེད་རྒྱུད་སྡེ་བཞིའི་སྒོ་ནས་དབྱེ་བ་དང་། གང་ལས་ཐོབ་པའི་ཆོ་གའི་སྒོ་ནས་དབྱེ་བའོ། །དང་པོ་ལ་རྒྱུ་རྒྱུད་ཀྱི། ཐབས་རྒྱུད་ཀྱི། འབྲས་རྒྱུད་ཀྱི་སྔགས་སྡོམ་གསུམ་ལས། དང་པོ་ནི། སྣང་བའི་ཆོས་ཐམས་ཅད་རང་བཞིན་ལྷན་ཅིག་སྐྱེས་པའི་ཡེ་ཤེས་ཀྱི་ངོ་བོར་སྡོམ་པ་སྟེ། རང་བཞིན་ལྷན་ཅིག་སྐྱེས་ཞེས་བརྗོད། རྣམ་པ་ཐམས་ཅད་སྡོམ་པ་གཅིག །ཞེས་གསུངས་པ་ལྟར་རོ། །གཉིས་པ་ནི། ཐབས་ཁྱད་པར་ཅན་མཚན་བཅས་མཚན་མེད་གཉིས་སམ། བསྐྱེད་རྫོགས་གཉིས་ཏེ། དེའི་ཕྱིར་དཀྱིལ་འཁོར་འཁོར་ལོ་ཞེས། །ཐབས་ནི་བདེ་བའི་སྡོམ་པ་སྟེ། ཞེས་དང་། སྡོམ་པའི་དབྱེ་བའང་བཤད་པར་བྱ། ཞེས་གསུངས་པ་ལྟར་རོ། །གསུམ་པ་ནི། སྣང་བ་ཐམས་ཅད་རང་སྣང་གི་ཡེ་ཤེས་ཀྱི་ངོ་བོར་སྡོམ་པ་སྟེ། ཞེས་དང་། སྡོམ་པའི་དབྱེ་བའང་བཤད་པར་བྱ། ཞེས་གསུངས་པ་ལྟར་རོ། །གསུམ་པ་ནི། སྣང་བ་ཐམས་ཅད་དང་རང་སྣང་གི་ཡེ་ཤེས་ཀྱི་ངོ་བོར་སྡོམ་པ་སྟེ། དེ་ནས་ཆོས་ཀུན་སྡོམ་གཅིག་པའི། །རྡོ་རྗེ་སེམས་དཔའ་ཞེས་བྱར་བཤད། །ཅེས་གསུངས་པ་ལྟར་རོ། །དེ་ལྟར་གསུམ་ལས་རྒྱུ་རྒྱུད་ནི་སྔགས

སྡོམ་བདགས་པ་བ་དང་། ཐབས་རྒྱུད་འབྲས་རྒྱུད་གཉིས་ནི་མཚན་ཉིད་པ་སྟེ། རྗེ་བཙུན་རྩེ་མོས། དེ་ཁོ་ན་ཉིད་བསྡུས་པ་ཞེས་པའི་མིང་གིས་ཐབས་རྒྱུད་དང་། འབྲས་རྒྱུད་དངོས་སུ་བསྟན་ནས། རྒྱུ་རྒྱུད་ཤུགས་ལས་ཤེས་པར་གསུངས་པའི་དོན་རྟོགས་ན་འདི་འགྲུབ་བོ། །གཉིས་པ་ལ་བྱ་སྤྱོད་རྣལ་འབྱོར་བླ་མེད་བཞིའི་སྔགས་སྡོམ་བཞི་ལས་ངོ་བོ་རིམ་བཞིན། བལྟས་དགོད་ལག་བཅངས་གཉིས་གཉིས་འཁྱུད་པ་བཞིའི་བདེ་བ་ལམ་བྱེད་ཀྱིས་ཡིན་མཚན་རྟོག་ལས་སྐྱོབ་པའི་ཐབས་ཁྱད་པར་ཅན་གང་ཞིག །མི་མཐུན་ཕྱོགས་སྤོང་བའི་སེམས་པ་མཚུངས་ལྡན་དང་བཅས་པའོ། །

གསུམ་པ་ལ་གསུམ་སྟེ་གོན། འཇུག་པ། དངོས་གཞིའི་སྐབས་སུ་ཐོབ་པའོ། །དང་པོ་ནི། སོ་ཐར་དང་བྱང་ཆུབ་སེམས་རྒྱུན་བཞུགས་ཀྱི་སྐབས་སུ་ཐོབ་པ་དང་། སྔགས་སྡོམ་གྱི་རང་ལྡོག་གནས་གསུམ་བྱིན་རླབས་ཀྱི་སྐབས་སུ་ཇི་ཙམ་ཐོབ་པ་ཐམས་ཅད་སྐབས་འདིར་སྔགས་སྡོམ་གྱི་ངོ་བོར་སྐྱེའོ། །གཉིས་པ་ལ་ཕྱི་འཇུག་གི་འདོད་པ་དྲིས་པའི་ལན་དང་། བླ་བཛྲ་ཌོ་སྦྱོད་པའི་སྐབས་སུ་ཐོབ་པ་དང་། ནང་འཇུག་གི་དམ་བཞག་དང་ཡེ་ཤེས་དབབ་པ་དང་དཀྱིལ་འཁོར་གྱི་ལྷ་ངོ་བསྟན་པའི་སྐབས་སུ་ཐོབ་པ་རྣམས་ལ་རྗེ་བཙུན་རྩེ་མོས། ལྷ་དང་སྐལ་བ་མཉམ་པ་ཞེས་གསུངས་པའི་སྡོམ་པ་ཐོབ་པ་རྣམས་སོ། །གསུམ་པ་ལ་བུམ་དབང་གི་སྐབས་སུ་ཐོབ་པ་དང་། དབང་གོང་མའི་སྐབས་སུ་ཐོབ་པ་གཉིས་ནི་བླ་མེད་ཀྱི་དབང་དུ་བྱས་ལ། འོག་མ་གསུམ་ལ་རང་རང་གི་དབང་གི་དངོས་གཞིའི་སྐབས་སུ་ཐོབ་པ་རྣམས་སོ། །

གསུམ་པ་དོན་ལྡས་གདན་ལ་དབབ་པ་ལ། གང་དུ་སྡོམ་པའི་གནས་ནི། བསྐྱེད་རིམ་ལ་མཉམ་བཞག་ལྟར་ན་རང་སེམས། རྗེས་སྤྱོད་ལྟར་ན་སྣང་བའི་དངོས་པོ་གང་དུ་ཡོད་པ། རྫོགས་རིམ་ལ་རང་བྱིན་བརླབས་ལྟར་ན་སྤྲིན་རྩ་འཁོར་ཐམས་ཅད་དང་ཁྱད་པར་དུ་ལྟེ་བའི་གནས། དཀྱིལ་འཁོར་འཁོར་ལོ་ལྟར་ན་དབང་གི་གནས་སོ། །གྲངས་ཇི་སྙེད་སྡོམ་པ་ནི། བསྐྱེད་རིམ་ལ་མཉམ་གཞག་ལྟར་ན་སྣང་གཞི་ཐམས་ཅད་དཀྱིལ་འཁོར་གྱི་འཁོར་ལོ་དེར་སྡོམ། རྗེས་སྤྱོད་ལྟར་ན་ལྷག་པའི་ལྷའམ་ལྷ་སོ་སོའི་ངོ་བོར་སྡོམ། རྫོགས་རིམ་ལ་ཕྱི་རོལ་ཏུ་ཇི་སྙེད་ཡོད་པའི་ཆོས་ཐམས་ཅད་ནང་དུ་རྩ་འཁོར་ལོ་བཞི་ལ་སོགས་པར་སྡོམ་མོ། །སྤྱང་བྱ་གང་སྡོམ་པ་ནི། བསྐྱེད་རིམ་ལ་ཐ་མལ་སྣང་ཞེན་གྱི་རྣམ་རྟོག རྫོགས་རིམ་ལ་གྱ་ནོར་ལྟར་ཞེན་གྱི་རྣམ་རྟོག་སྡོམ་མོ། །ཐབས་གང་གིས་སྡོམ་པ་ནི་བསྐྱེད་རྫོགས་གཉིས་ལ་དང་པོར་དབང་གི་ཆོ་ག་དང་། ཕྱིས་མངོན་དུ་བྱེད་པ་ནི་བསྐྱེད་རྫོགས་བསྒོམས་པའི་ཐབས་ཀྱིས་སོ། །སྡོམ་པ་རང་གི་ངོ་བོ་ནི་སཾ་པ་ར་ཞེས་པ་བདེ་བ་མཆོག་ལ་འཇུག་པས། དེས་བདེ་བར་གྱུར་བས་ན་སྡོམ་པ་སྟེ། བསྐྱེད་རིམ་ལ། ཐབས་ནི་བདེ་བའི་སྡོམ་པ་སྟེ། ཞེས་དང་།

རྫོགས་རིམ་ལ། རང་རིག་བདེ་བ་ཆེན་པོ་ཉིད། །ཅེས་པ་ལྟ་བུའོ། །འདིའི་བདེ་བ་ནི་ཚོར་བདེ་དང་ཤིན་སྦྱངས་ཀྱི་བདེ་བ་སོགས་མ་ཡིན་གྱི། །སྟོང་བྱ་མི་མཐུན་པའི་ཕྱོགས་སྤོམ་པས་བདེ་བའི་མཆོག་ཏུ་གྱུར་པའོ། །དེ་རྣམས་རྣལ་འབྱོར་བླ་མེད་ཀྱི་དབང་དུ་བྱས་པ་ཡིན་ལ། །འོག་མ་གསུམ་ལ་སྡོམ་པའི་ངོ་བོའི་སྐབས་སུ་བཤད་ས་མཚོན་ཏེ་ཤེས་པར་བྱའོ། །

གཉིས་པ་སྔགས་སྡོམ་ཐོབ་བྱེད་དབང་བསྐུར་གྱི་ཆོག་ལ་བཞི་སྟེ། གང་དུ་བསྐུར་བའི་དཀྱིལ་འཁོར། ཇི་ལྟར་བསྐུར་བའི་ཆོག །དེ་ལྟར་བསྐུར་བའི་དགོས་པ།དེ་ལས་སྔགས་སྡོམ་ཐོབ་པའི་དུས་བསྟན་པའོ། །དང་པོ་ལ་ལྔ། ཡེ་ཤེས་ཀྱི་དཀྱིལ་འཁོར། སྤྲུལ་པའི་དཀྱིལ་འཁོར། ཏིང་ངེ་འཛིན་གྱི་དཀྱིལ་འཁོར། རྟུལ་མཚོན་གྱི་དཀྱིལ་འཁོར། རས་བྲིས་ཀྱི་དཀྱིལ་འཁོར་རོ། །དང་པོ་ནི། སངས་རྒྱས་རྡོ་རྗེ་འཆང་གིས་རྒྱུད་གསུངས་པའི་ཚེ་འཁོར་རྣམས་ཡེ་ཤེས་ཀྱི་དཀྱིལ་འཁོར་དུ་བཅུག་ནས་དབང་བསྐུར་བའི་ཆེད་དུ་ཡེ་ཤེས་ཀྱི་སྣང་བ་ལས་གྲུབ་པའི་དཀྱིལ་འཁོར་རོ། །གཉིས་པ་ནི། ས་ལ་གནས་པའི་འཕགས་པ་རྣམས་དང་། སོ་སྐྱེ་ལས་དག་པ་རྣམས་ཀྱི་དོན་དུ་སྤྲུལ་བ་མཆོག་གིས་དཀྱིལ་འཁོར་གྱི་འཁོར་ལོ་སྣ་ཚོགས་སུ་སྤྲུལ་པ་སྟེ། དེ་ལས་གཙོ་བོ་གྲུབ་པའི་ས་ལ་གནས་པ་རྣམས་ཀྱིས་དབང་བླང་ཞིང་སོ་སྐྱེ་ལས་དག་པ་འགའ་ཞིག་དབང་བླང་བས་དེ་མ་ཐག་གྲུབ་པའི་ས་ཐོབ་པ་ཡང་ཡོད་དེ། དཔལ་ལྡན་ཆོས་སྐྱོང་གིས་བདག་མེད་མའི་སྤྲུལ་པའི་དཀྱིལ་འཁོར་དུ་དབང་བླངས་བས་ས་དང་པོ་མངོན་དུ་བྱས་པ་བཞིན་ནོ། །གསུམ་པ་ནི། ཏིང་ངེ་འཛིན་ལ་བརྟན་པ་ཐོབ་པའི་སོ་སྐྱེའི་རྡོ་རྗེ་སློབ་དཔོན་དང་འཕགས་པའི་གང་ཟག་འགའ་ཞིག་གིས་ལུས་ངག་གི་བྱེད་པ་མེད་པར། ཏིང་ངེ་འཛིན་འབའ་ཞིག་གིས་ས་ཆོག་ནས་མཇུག་གི་ཚོ་གའི་བར་ཚང་བའི་སྒོ་ནས་རྟུལ་མཚོན་གྱི་དཀྱིལ་འཁོར་ཇི་ལྟ་བ་བཞིན་དུ་བཞེངས་པའོ། །འདི་ལ་ཏིང་ངེ་འཛིན་བརྟན་མི་བརྟན་གྱི་ཁྱད་པར་གྱིས་རང་གིས་ལྟ་ནུས་ཤིང་གཞན་ལ་ཡང་བསྟན་ནུས་པ་དང་། རང་གིས་ལྟ་ནུས་ཀྱི་གཞན་བསྟན་མི་ནུས་པ་གཅིག་ཡོད་ཅིང་དབང་བསྐུར་བ་ལ་གཞན་ལ་བསྟན་ནུས་པ་དགོས་ཏེ། དཔའ་བོ་རྡོ་རྗེས་འབྲོག་མི་ལོ་ཙྪ་བ་ལ་དབང་བསྐུར་བས་གསུངས་པ་ལྟ་བུའོ། །བཞི་པ་ནི། སོ་སྐྱེའི་རྡོ་རྗེ་སློབ་དཔོན་གྱིས་སློམ་མ་སྨིན་པར་བྱེད་པའི་དབང་དུ་མཛད་ནས་རྒྱལ་བ་རྡོ་རྗེ་འཆང་གིས་རྒྱུད་སྡེ་རྣམས་ལས་རྟུལ་ཚོན་གྱི་དཀྱིལ་འཁོར་རྒྱས་པར་གསུངས་སོ། །དེ་ལ་རྣལ་འབྱོར་དབང་ཕྱུག་བིར་ཝ་པའི་བཞེད་པས་ལས་དང་པོ་ལ་མ་སྨིན་པ་སྨིན་པར་བྱེད་པ་ལ་དབང་གི་མངོན་པར་རྟོགས་པ་བདུན་ལྡན་དགོས་པས་རྟུལ་ཚོན་གྱི་དཀྱིལ་འཁོར་དགོས་པར་བཞེད་དོ། །དེ་ནི་རྗེ་བཙུན་ནཱ་རོ་པས་ཡང་བཞེད་དེ། །དབང་མདོར་བསྟན་གྱི་འགྲེལ་བར་དབང་བདུན་པོ་འདི་དག་ནི་རྟུལ་ཚོན་གྱི་དཀྱིལ་འཁོར་རྣམ་པར་སྣང་ས

ནས་གཞན་རས་བྲིས་ལ་སོགས་པར་བསྐུར་བ་བྱ་བ་མ་ཡིན་ནོ། །ཞེས་གསུངས་སོ། །རབ་དབྱེ་ལས་པིར་ཝ་པའི་དགོངས་པ་གཞིར་བཞག་ནས་ལས་དང་པོ་ལ་མ་སྨིན་པ་སྨིན་པར་བྱེད་པ་ལ་རྡུལ་ཚོན་གྱི་དཀྱིལ་འཁོར་དགོས་པར་གསུངས་ཏེ། དེང་སང་གང་ཟག་རབ་འབྲིང་ཀུན། །རྡུལ་ཚོན་གྱི་ནི་དཀྱིལ་འཁོར་དུ། །དབང་བསྐུར་བྱ་བར་གསུངས་མོད་ཀྱི། །གཞན་གྱི་སྨིན་བྱེད་རྒྱུད་ལས་བཀག །ཞེས་གསུངས་སོ། །ལྔ་པ་ནི། སློབ་དཔོན་རྡོ་རྗེ་དྲིལ་བུ་པས། །རི་མོར་གནས་པའི་ལས་དང་ནི། །ཞེས་དང་། སློབ་དཔོན་ཛ་ཡ་ས་ནས། རྡུལ་ཚོན་བྲི་བར་མ་ནུས་ན། །དཀྱིལ་འཁོར་དང་མཉམ་རས་ལ་ནི། །ངེས་པར་བཅོམ་ལྡན་ཧེ་རུ་ཀ །ཕྱག་རྒྱའི་ཚོགས་དང་བཅས་པ་བྲིས། ཞེས་དང་། སློབ་དཔོན་སྨྲ་གཅན་འཛིན་དཔལ་བཤེས་གཉེན་གྱིས་གསང་འདུས་དཀྱིལ་ཆོག་རས་བྲིས་ལ་བརྟེན་ནས་གསུངས་པ་དང་། སློབ་དཔོན་ཨ་བྷྱ་ཡས་རྫོགས་ཕྲེང་གི་དཀྱིལ་འཁོར་རྣམས་རས་བྲིས་དང་རྡུལ་ཚོན་གཉིས་གཉིས་གསུངས་པ་དང་། རྗེ་བཙུན་རྩེ་མོས་རས་བྲིས་ལ་བརྟེན་པའི་ལུགས་འདི་ནི་བདེ་མཆོག་ཨ་ཧྲི་ཏྣ་ལ་བརྟེན་ནས། སློབ་དཔོན་རྡོ་རྗེ་དྲིལ་བུ་པ་དང་། སློབ་དཔོན་དགའ་རབ་རྡོ་རྗེ་ལ་སོགས་པས་གསུངས་ལ་དེང་སང་རྒྱ་གར་ན་ཡང་ཆོ་ག་ཕལ་ཆེར་འདི་ལ་བྱེད་ལ་བླ་མ་གོང་མ་རྣམས་ཀྱང་སྐབས་སྐབས་སུ་ཕྱག་ལེན་འདི་ལ་མཛད་པས། ལུགས་འདི་ཧ་ཅང་མི་ལེགས་པ་ཡང་མ་ཡིན་ནོ། ཞེས་དང་། རྗེ་བཙུན་རིན་པོ་ཆེས་གཞན་ཕན་སྤྱི་ཆིངས་སུ་དཀྱིལ་འཁོར་བཅུ་གཉིས་ལ་རྡུལ་ཚོན་རས་བྲིས་ཏིང་ངེ་འཛིན་གསུམ་གྱི་དཀྱིལ་འཁོར་བཅུ་གཉིས་རེ་གསུངས་པས། འདི་རྣམས་ཀྱི་བཞེད་པ་ལ་རས་བྲིས་ཀྱི་དཀྱིལ་འཁོར་ལ་བརྟེན་ནས་སྨིན་བྱེད་ཀྱི་དབང་བསྐུར་དུ་རུང་བར་བཞེད་དོ། །ངོར་ཆེན་རྡོ་རྗེ་འཆང་གིས་སྔར་རྒྱུད་མ་སྨིན་པ་གསར་དུ་སྨིན་པར་བྱེད་པ་ལ་རྡུལ་ཚོན་གྱི་དཀྱིལ་འཁོར་དགོས་ཤིང་། དཀྱིལ་འཁོར་གཅིག་ཏུ་སྨིན་བྱེད་ཀྱི་དབང་ཐོབ་ནས་དཀྱིལ་འཁོར་གཞན་དུ་དབང་བསྐུར་བ་ལ་རས་བྲིས་ལ་བརྟེན་ནས་ཀྱང་རུང་བར་བཞེད་དོ། །

གཉིས་པ་ཇི་ལྟར་བསྐུར་བའི་ཆོ་ག་ནི། གསང་བ་སྤྱི་རྒྱུད་ལས། རྣམ་དབྱེད་དང་པོ་ས་གཞི་གཟུང་། །གཉིས་པ་ལ་ནི་སྟ་གོན་བྱ། །ནུབ་གསུམ་པ་ལ་འཇུག་པ་ཤེས། །ཞེས་གསུངས་པ་ལས། དང་པོ་ས་ཆོག་ལ་རྒྱུད་སྡེ་རྣམས་ལས་ཇི་སྐད་གསུངས་པ་ཐམས་ཅད་ས་བརྟགས་པ། ས་བསླང་བ། ས་སྦྱང་བ། ས་གཟུང་བ་དང་བཞིར་འདུས་སོ། །གཉིས་པ་ལ། ས་ལྷ། ལྷ། བུམ་པ། སློབ་མ་སྟ་གོན་དང་བཞིར་གསུངས་སོ། །གསུམ་པ་དངོས་གཞིའི་ཆོ་ག་ལ་དཀྱིལ་འཁོར་བྲི་ཞིང་རྒྱན་དགྲམ་པ། སྒྲུབ་ཅིང་མཆོད་པ་དང་། བདག་ཉིད་འཇུག་ཅིང་དབང་བླང་བ། སློབ་མ་འཇུག་ཅིང་དབང་བསྐུར་བ་དང་བཞི་ལས། དང་པོ་ལ་ཐིག་གིས་བྲི་བ་དང་ཚོན་གྱིས་བྲི་བ་གཉིས། ཕྱི་མ་ལ་སྐུ་ཕྱག་རྒྱ་ཆེན་པོ་བྲི་བ། གསུང་ཡིག་འབྲུ་བྲི་བ། །ཐུགས་ཕྱག་མཚན་བྲི་བ་དེ་ཡང་མ་ནུས་

ན་མཚན་མ་ཙམ་བྲི་བ་སྟེ་བཞིར་གསུངས་སོ། །

གཉིས་པ་ལ་གཉིས་ལས་བསྒྲུབ་པ་ལ་བདག་མདུན་ཐ་དད་པའི་སྒྲུབ་ཚུལ་དང་། ཐ་མི་དད་པའི་སྒྲུབ་ཚུལ་གཉིས་སོ། །མཆོད་པ་ལ་བྱེ་བྲག་ཇི་སྙེད་ཅིག་གསུངས་པ་ཐམས་ཅད་ཕྱི་ནང་གསང་བ་དེ་ཁོ་ན་ཉིད་ཀྱི་མཆོད་པ་བཞིར་འདུས་སོ། །གསུམ་པ་ནི། སཾ་བྷུ་ཊི་ར། སྔགས་ཀྱི་ལམ་གྱི་རྗེ་བརྒྱལ་པ་སྟེ་སྔགས་སྤྱོད་འདོད་པས། གང་ཆེ་དབང་ཆོག་དང་སྦྱང་གཞི་སྦྱོང་བྱེད་ངོ་སྤྲད་པ་ལ་མཁས་པས་དབང་བསྐུར་བས་སྨིན་པར་བྱ་དགོས། །བླང་ཡུལ་མདུན་དུ་བསྐྱེད་པའི་དཀྱིལ་འཁོར་བླ་མ་དང་ཐ་མི་དད་པའི་བདེ་བར་གཤེགས་པ་སྟེ་དེའི་གནས་སུ། འཇིག་རྟེན་ཁམས་ནི་མཐའ་ཡས་པ་རྣམས་སུ་བཞུགས་པའི། སངས་རྒྱས་ཀུན་གྱི་མངོན་སུམ་དུ་བྱིན་གྱིས་བརླབས་པ་དེར་དབང་བླང་ངོ་། །གང་ཟག་ནི་སློབ་མ་ལ་དབང་བསྐུར་བའི་བློ་དང་ལྡན་པས་ཆོག་སློབ་མ་ལ་ཅི་ཙམ་བསྐུར་བ་དེ་བཞིན་ནམ་རྫོགས་པར་བླང་། དགོས་པ་ནི་རང་བྱིན་གྱིས་བརླབས་པའི་གནས་ཐོབ་ནས་ཏེ་དང་གི་ལྷ་ལས་དབང་ཐོབ་པས་རང་གི་སྒོ་གསུམ་གྱི་དྲི་མ་དག་ནས་རྡོ་རྗེ་གསུམ་དུ་བྱིན་གྱིས་བརླབས་པའི་ཕྱིར་རོ། །རྒྱུ་མཚན་ནི་རང་ཉིད་ཀྱིས་དབང་མ་བླངས་པར་གཞན་ལ་བསྐུར་ན་དམ་ཚིག་ཉམས་པས་དེས་འཛིགས་པ་ཡི་ཐོག་མར་རང་ཉིད་ཀྱིས་དབང་བླང་ནས་སློབ་མ་ལ་དབང་བསྐུར་དགོས་པ་ནི། རྫོགས་སངས་རྒྱས་ཀྱི་དོན་དམ་སྟེ་ངེས་དོན་གྱི་རྒྱུད་ལས། སྔགས་ཀྱི་ལམ་གྱི་རིམ་པ་ནི་དེ་བཞིན་གསུངས། ཞེས་གསུངས་པའི་དགོངས་པར་མཛད་ནས་སློབ་མ་ལ་དབང་བསྐུར་བའི་སྔོན་དུ་རང་ཉིད་ཀྱིས་བདག་འཇུག་གི་ཚུལ་དུ་ལེན་པ་ནི་རྒྱ་བོད་ཀྱི་མཁས་གྲུབ་རྣམས་ཀྱི་ཕྱག་ལེན་དུ་སྣང་ངོ་། །

བཞི་པ་སློབ་མ་འཇུག་ཅིང་དབང་བསྐུར་བ་ལ་འཇུག་པའི་ཆོས་རྣམས་སྔོན་དུ་སོང་ནས་དབང་གི་དངོས་གཞི་ལ། ཡེ་ཤེས་ཐིག་ལེའི་རྒྱུད་ལས། ཆུ་ཡི་དབང་བསྐུར་ཅོད་པན་དག །བྱ་བའི་རྒྱུད་ལ་རབ་ཏུ་གྲགས། །རྡོ་རྗེ་དྲིལ་བུ་དེ་བཞིན་མིང་། །སྤྱོད་པའི་རྒྱུད་ལ་རབ་ཏུ་གསལ། །ཕྱིར་མི་ལྡོག་པ་ཡི་ནི་དབང་། །རྣལ་འབྱོར་རྒྱུད་དུ་གསལ་བར་ཕྱེ། །དེ་བཞིན་དྲུག་གི་བྱེ་བྲག་དབང་། །དེ་ནི་སློབ་དཔོན་དབང་ཞེས་བྱ། །རྣལ་འབྱོར་བླ་མ་ཡི་ནི་མཚན། །གསང་བ་ཡི་ནི་དབང་རྒྱལ་བཤད། །ཤེས་རབ་ཡེ་ཤེས་བླ་ན་མེད། །བཞི་པ་དེ་ཡང་དེ་བཞིན་ནོ། །ཞེས་གསུངས་པ་ལྟར་རོ། །དེ་དག་གི་དོན་ཚིག་ཙམ་དུས་རྫོགས་པར་མི་ནུས་པས་རྒྱུད་སྡེ་སོ་སོའི་དཀྱིལ་ཆོག་དང་། དབང་བཤད་རྣམས་ལ་ལེགས་པར་སྦྱངས་ནས་ཕྱག་ལེན་དང་གོ་དོན་རྣམས་ཞིབ་ཏུ་ངེས་པའི་སྒོ་ནས་ཚུལ་བཞིན་དུ་འཇུག་པ་ནི་ལམ་གྱི་གཞི་དང་རྩ་བ་ཡིན་པར་དབང་བསྐུར་གྱི་དགོས་པ་ལས་ཤེས་པར་བྱའོ། །གསུམ་པ་དེ་ལྟར་བསྐུར་བའི་དགོས་པ་ལ་གཉིས་ལས། དང་པོ་དབང་མ་བསྐུར་བའི་ཉེས་དམིགས་ནི། །དམ་

པ་དང་པོ་ལས། དབང་བསྐུར་མེད་པར་རྒྱུད་འཆད་དང་། །ཟབ་མོའི་དེ་ཉིད་སྒོམ་བྱེད་པ། །དེ་དོན་ལེགས་པར་ཤེས་ན་ཡང་། །དམྱལ་བར་འགྱུར་གྱི་གྲོལ་བ་མེད། །ཅེས་དང་། བཤད་རྒྱུད་རྡོ་རྗེ་ཕྲེང་བ་ལས། །ཡང་དག་དབང་བསྐུར་གྱིས་དབེན་ན། །སློབ་པོས་རྒྱུད་ཀྱི་དོན་ཤེས་ཀྱང་། །སློབ་དཔོན་སློབ་མ་མཚུངས་པར་ནི། །མི་ཟད་དམྱལ་བ་ཆེན་པོར་འགྲོ། །ཞེས་དང་། སངས་རྒྱས་ཐོད་པའི་གསུམ་པ་ལས། །དཔེར་ན་བྱུ་ཚ་མེད་པའི་ཁྱིམ། །ཤི་བ་ཙམ་གྱིས་སྟོང་པ་ཉིད། །དེ་བཞིན་དབང་དང་བྲལ་ན་ནི། །ཡེ་ཤེས་ཀུན་གྱིས་སྟོང་པ་ཉིད། །དཔེར་ན་པི་ཝང་སྒྲོར་ཚོགས་ཀུན། །རྒྱུད་དང་བྲལ་ན་བརྡུང་མི་ནུས། །དེ་བཞིན་དབང་དང་བྲལ་བ་ནི། །སྔགས་དང་བསམ་གཏན་འགྲུབ་མི་འགྱུར། །རྨོངས་པ་གང་ཞིག་དབང་མེད་པར། །བདག་ནི་དབང་བསྐུར་ཞེས་སྨྲ་བ། །ཇི་སྲིད་སངས་རྒྱས་བཞུགས་ཀྱི་བར། །སློབ་མར་བཅས་ཏེ་དམྱལ་བར་འགྲོ། །ཞེས་དང་། བདེ་མཆོག་ལས། དཀྱིལ་འཁོར་འདི་ནི་མ་མཐོང་བར། །རྣལ་འབྱོར་བ་ནི་དངོས་གྲུབ་འདོད། །མཁའ་ལ་ཁུ་ཚུར་གྱིས་བརྡེག་དང་། །རྨོངས་པ་ཕུབ་མ་བརྡུང་དང་མཚུངས། །ཞེས་དང་། སངས་རྒྱས་མཉམ་སྦྱོར་ལས། དཀྱིལ་འཁོར་དུ་ནི་མ་ཞུགས་ཤིང་། །དམ་ཚིག་རྣམས་ནི་སྤངས་བ་དང་། །གསང་བའི་དེ་ཉིད་མི་ཤེས་པས། །བསྒྲུབས་ཀྱང་ཅི་ཡང་མི་འགྲུབ་བོ། །ཞེས་དང་། རྡོ་རྗེ་གུར་ལས། དཀྱིལ་འཁོར་དུ་ནི་མ་ཞུགས་དང་། །དབང་བསྐུར་མེད་པའི་རྣལ་འབྱོར་བ། །གང་གིས་རབ་གནས་མ་མཐོང་ཞིང་། །གང་གིས་སྦྱིན་བསྲེག་མ་བྱས་ན། །འཇིག་རྟེན་འདི་ནས་གཞན་དུ་ཡང་། །དེ་ལ་དངོས་གྲུབ་མཆོག་ཉིད་མེད། །ཅེས་དང་། ཕྱག་ཆེན་ཐིག་ལེ་ལས། དབང་མེད་ན་ནི་དངོས་གྲུབ་མེད། །བྱེ་མ་བཙིར་ཡང་མར་མེད་བཞིན། །གང་ཞིག་རྒྱུད་ལུང་ང་རྒྱལ་གྱིས། །དབང་བསྐུར་མེད་པར་འཆད་བྱེད་པ། །སློབ་དཔོན་སློབ་མ་ཤི་མ་ཐག །དངོས་གྲུབ་ཐོབ་ཀྱང་དམྱལ་བར་སྐྱེ། །ཞེས་དང་། རབ་དབྱེ་ལས། དབང་དང་རིམ་གཉིས་མི་ལྡན་པས། །རྡོ་རྗེ་ཐེག་པའི་བསྟན་པ་མིན། །དགེ་སློང་སྡོམ་པ་མེད་པ་དང་། །རྒྱལ་སྲས་སེམས་བསྐྱེད་མ་ཐོབ་པ། །སྔགས་དང་དབང་བསྐུར་མེད་པ་གསུམ། །སངས་རྒྱས་བསྟན་པའི་ཆོམ་རྐུན་ཡིན། །ཞེས་གསུངས་སོ། །

གཉིས་པ་དབང་བསྐུར་བའི་ཕན་ཡོན་ནི། གསང་བ་འདུས་པ་འབུམ་པ་ལས། །བསྐལ་པ་ས་ཡར་བྱས་པ་ཡི། །སྡིག་དུ་ཡོད་པའི་སྡིག་པ་ཀུན། །དེ་ཀུན་མཛད་པར་འགྱུར་པ་ཡི། །དཀྱིལ་འཁོར་འདི་འདྲ་མཐོང་བས་སོ༔ །ཞེས་དང་། སྡོམ་འབྱུང་ལས། གསང་བ་མཆོག་གི་དཀྱིལ་འཁོར་དུ། །མཆོག་ཏུ་རབ་ཞུགས་མཐོང་བ་ན། །དེར་ཁྱེད་སྡིག་པ་ཐམས་ཅད་ལས། །རྣམ་གྲོལ་བཟང་པོར་གྱུར་པར་གནས། །ཞེས་དང་། ཏེ་རུ་ཀ་སྡོན་བྱུང་ལས། །དཀྱིལ་འཁོར་རྒྱལ་པོ་མཐོང་ནས་ནི། །ཅུང་ཟད་དེ་ནི་མི་འགྲུབ་མེད། །སྡིག་པ་ཀུན་ལས་རྣམ་པར

གྲོལ། །དངོས་གྲུབ་མྱུར་དུ་ཐོབ་པར་འགྱུར། །ཞེས་དང་། བཤད་རྒྱུད་རྡོ་རྗེ་ཕྲེང་བའི་གཉིས་པ་ལས། །ཐོག་མར་སློབ་མ་གང་གི་ཚེ། །བློ་ལྡན་ཡང་དག་དབང་བསྐུར་ན། །རྫོགས་པའི་རིམ་པའི་རྣལ་འབྱོར་པ། །དེ་ཡི་ཚེ་ན་སྣོད་དུ་འགྱུར། །ཞེས་དང་། དུག་ནི་སྔགས་ཀྱིས་འཇོམས་པ་བཞིན། །སྔགས་ཀྱི་དག་བྱེད་བཅུད་ལེན་བྱེད། །དེ་བཞིན་སློབ་མ་དབང་སོགས་ཀྱིས། །མ་དག་པ་ནི་དག་པར་འགྱུར། །ཞེས་དང་། ཕྱག་ཆེན་ཐིག་ལེ་ལས། དང་པོ་རེ་ཞིག་གང་ཚེ་སློབ། །ལན་གཅིག་དབང་རྣམས་ཀྱིས་ནི་བསྐུར། །དེ་ཚེ་གསང་ཆེན་བཤད་པ་ཡི། །ངེས་པར་སྣོད་དུ་འགྱུར་བའོ། །ཞེས་དང་།

སྡོམ་འབྱུང་ལས། དབང་བསྐུར་འདི་དག་ཡང་དག་ལྡན། །དེ་ནི་དམ་ཚིག་ཅན་ཞེས་བྱ། །ཞེས་དང་། སངས་རྒྱས་ཐོད་པ་ལས། ཕྱི་ནང་གསང་བར་བཅས་པ་ཡི། །དབང་བསྐུར་ཙམ་གྱིས་ནམ་མཁའ་ཡི། །དཀྱིལ་ན་ཪྻ་སྒྲ་གྲགས་ཤིང་། །མི་ཏོག་ཚུན་ཆར་འབབ་འགྱུར། །དེ་ནས་རྣལ་འབྱོར་མ་དེ་རྣམས། །རྩ་ཡི་འཁོར་ལོ་ལ་ནི་ཐིམ། །ཞེས་དང་། རྡོ་རྗེ་སྙིང་པོའི་འགྲེལ་པ་ལས། །རྒྱ་དེས་ཇི་ལྟར་ཟངས་ཕུག་ནས། །སླར་ཡང་ཟངས་སུ་འགྱུར་མི་སྲིད། །དེ་བཞིན་ཡེ་ཤེས་ལུས་ཕུག་ནས། །སླར་ཡང་འགྲོ་དྲུག་ལྡུང་མི་སྲིད། །ཅེས་དང་། དཔལ་མཆོག་དང་པོ་སྟོང་ཕྲག་བརྒྱ་གཉིས་པ་ལས། བུམ་པའི་དབང་བསྐུར་ས་བརྒྱད་ཡིན། གསང་བའི་དབང་བསྐུར་ས་དགུ་ཡིན། །ཤེས་རབ་ཡེ་ཤེས་བཅུ་ཡིན་ཏེ། །བཞི་པ་བཅུ་གཅིག་པར་བཤད་དོ། ། ཞེས་དང་། རྡོ་རྗེ་རྩེ་མོ་ལས། །རྒྱལ་བའི་སྲས་པོ་ས་བརྒྱད་པ། །དེ་སྲིད་ཐེག་པ་དམན་པས་འཇིགས། །གསང་བའི་དཀྱིལ་འཁོར་ཆེན་པོ་འདིར། །ཞུགས་པས་བདག་ཉིད་གྲོལ་བར་འགྱུར། །ཞེས་དང་། དཀྱིལ་འཁོར་ཚོག་ཇི་ལྟ་བུ། །ཚོག་ཚོས་དང་རྣལ་འབྱོར་ཏེ། །གསང་བ་ཐར་པ་ཡང་དག་འབྱུང་། །སྐྱེ་བ་འདི་ཉིད་ཁོ་ན་ལ། ། རབ་དགའ་སྒྲུབ་པར་བྱེད་པ་ཡིན། །ཞེས་དང་། ནག་པོ་པའི་དཀྱིལ་ཚོག་ལས། དབང་བསྐུར་འདི་དག་ཐོབ་ནས་ནི། །སློབ་མ་ཡོན་ཏན་བདག་པོར་འགྱུར། །སངས་རྒྱས་ཀུན་གྱིས་རབ་ཏུ་མཆོད། །མཚམས་མེད་པ་དང་སྡིག་ཅན་ཡང་། ། ཚོན་རྩེ་མཐོང་བས་གྲོལ་བར་འགྱུར། །མངོན་པར་ཞུགས་པ་ཙམ་གྱིས་ནི། །གཙང་མའི་གནས་སུ་སྐྱེ་བར་འགྱུར། །ཞེས་དང་། །གསང་བའི་མཛོད་ལས། དབང་བསྐུར་ཡང་དག་སྨིན་ལྡན་ན། །སྐྱེ་ཞིང་སྐྱེ་བར་དབང་བསྐུར་འགྱུར། །དེ་ཡི་སྐྱེ་བ་བདུན་ནས་ནི། །མ་བསྒོམས་པར་ཡང་སངས་རྒྱས་འགྱུར། །ཞེས་དང་། རབ་དབྱེ་ལས། དབང་བསྐུར་ཆོས་སྒོ་ཙམ་མ་ཡིན། །གསང་སྔགས་རྟེན་འབྲེལ་ལམ་བྱེད་པས། །རྟེན་འབྲེལ་བསྒྲིགས་པའི་གདམས་ངག་ཡིན། །ཕུང་པོ་ཁམས་དང་སྐྱེ་མཆེད་ལ། །སངས་རྒྱས་ས་བོན་བཏབ་ནས་ནི། །ཚེ་འདིར་སངས་རྒྱས་བྱེད་པ་ཡི། །ཐབས་ལ་དབང་བསྐུར་ཞེས་སུ་བཏགས། །ཞེས་དང་། སངས་རྒྱས་གསུངས་བཞིན་

མཛད་པ་ཡི། །བླ་མ་བཅོལ་ལ་དབང་བཞི་བླང་། །དེ་ཡིས་སྡོམ་པ་གསུམ་ལྡན་འགྱུར། ། ཞེས་དང་། སྡོམ་པ་གསུམ་དང་ལྡན་པ་ཡིས། །རིམ་གཉིས་ཟབ་མོའི་གནད་ཤེས་ན། །དེ་ནི་ཚེ་འདི་འམ་བར་དོ་འམ། །སྐྱེ་བ་བཅུ་དྲུག་ཚུན་ཆད་དུ། །འགྲུབ་པར་རྫོགས་པའི་སངས་རྒྱས་གསུངས། །དེ་ཕྱིར་འདི་ལ་མཁས་རྣམས་གུས། །ཞེས་གསུངས་སོ། །དེ་ལྟར་ན་དབང་མ་སྐུར་བའི་ཉེས་དམིགས་དང་། །དབང་བསྐུར་བའི་ཕན་ཡོན་རྣམས་རྒྱལ་བ་རྡོ་རྗེ་འཆང་གིས་གསུངས་པ་ལེགས་པར་ཤེས་པར་བྱས་ནས། རྡོ་རྗེ་ཐེག་པའི་ལམ་གྱི་རྩ་བ་དབང་བསྐུར་བ་རྣམ་པར་དག་པར་ཞུ་ཞིང་། དམ་ཚིག་དང་སྡོམ་པ་མི་ཉམས་པར་བསྲུང་བ་ལ་བློ་གྲོས་དང་ལྡན་པ་དག་གིས་འབད་པར་བྱའོ། །ཁ་ཅིག་སྨྲོས་བཅས་ཀྱི་དབང་ལ་དགོས་པ་མེད་ཟེར་བ་དང་དབང་བསྐུར་རྡོ་རྗེ་ཐེག་པའི་ལམ་གྱི་རྩ་བར་མ་ཤེས་ནས་དོན་གཉེར་མི་བྱེད་པ་དང་། དབང་དང་རྗེས་གནང་མ་ཐོབ་བཞིན་དུ་དཀྱིལ་ཆོག་ལ་སོགས་པ་འདོན་ཤེས་པ་ཙམ་གྱིས་ཆོག་སྙམ་ནས་རང་འགར་འཇུག་པ་རྣམས་ཀྱིས་གོང་བཤད་དེ་དག་གི་དོན་ལ་བརྟགས་ནས་རྡོ་རྗེ་འཆང་གི་བཀའ་ལ་ཡིད་ཆེས་པར་བྱ་དགོས་སམ་སྙམ་མོ། །

བཞི་པ་དེ་ལས་སྔགས་སྡོམ་ཐོབ་པའི་དུས་བསྟན་པ་ནི། སྤྱིར་སྔགས་སྡོམ་ལ་ཁས་བླངས་ཀྱིས་ཐོབ་པ་དང་། ཚོགས་ཀྱི་ཐོབ་པ་གཉིས་ལས། དང་པོ་ནི། སྔ་གོན་དང་འཇུག་པའི་ཆོས་ཀྱི་སྐབས་སུ་ཐོབ་ཀྱང་དངོས་གཞིའི་ཆོ་ག་ལས་མ་ལྟོས་པར་སྐབས་དེར་ཁས་བླང་བའི་དམ་ཚིག་རྣམས་ཀྱང་བསྲུང་བར་དབང་བ་མ་ཡིན་ནོ། ། ཁ་ཅིག་གནད་འདི་མ་གོ་བར་སྔགས་སྡོམ་དངོས་གཞི་ནི་རིགས་ལྔའི་སྡོམ་བཟུང་ལན་གསུམ་བྱས་པས་ཐོབ་པར་འདོད་པ་ནི་མི་འཐད་དེ། དེ་ལྟར་ན་དངོས་གཞིའི་ཆོ་ག་ལ་དགོས་པ་མེད་པར་ཐལ་བ་སོགས་སྐྱོན་དུ་མ་ཡོད་པའི་ཕྱིར། འོ་ན་ཁས་བླངས་ཀྱི་ཐོབ་ཚུལ་ཇི་ལྟར་སྙམ་ན། དབང་གི་དངོས་གཞི་ལ་བརྟེན་ནས་སྔགས་སྡོམ་མཚན་ཉིད་པ་ཐོབ་པའི་ཚེ་དམ་ཚིག་དང་སྡོམ་པ་འདི་དག་བསྲུང་བར་བྱའོ། །ཞེས་པའི་ཚུལ་གྱིས་སོ། ། དོན་འདི་ལ་དགོངས་ནས་རྗེ་བཙུན་གྱིས་དགའ་སྟོན་སྤྲིངས་ཡིག་ཏུ་ཚོགས་བསགས་སྐབས་སུ་རིགས་ལྔའི་སྡོམ་བཟུང་ལན་གསུམ་བྱས་པས་རྡོ་རྗེ་ཐེག་པའི་སྔ་གོན་དང་། ཡོལ་བའི་ཕྱི་འཇུག་དང་ནང་འཇུག་གི་གནས་སྐབས་སུ་ཐོབ་པའི་དམ་ཚིག་དང་སྡོམ་པ་རྣམས་སོར་ཆུད་པ་ཡིན་ནོ། །ཞེས་གསུངས་སོ། །གཉིས་པ་ཚོགས་ཐོབ་པ་ནི། སྔགས་སྡོམ་གྱི་གཙོ་བོ་ཡིན་པས་རྒྱུད་སྡེ་བཞི་པོ་རང་རང་གི་རྡོ་རྗེ་སློབ་དཔོན་གྱི་དབང་ཡོངས་སུ་རྫོགས་པ་ན་རྒྱུད་སྡེ་དེ་དང་དེའི་སྔགས་སྡོམ་གྱི་གཙོ་བོ་ཡོངས་རྫོགས་ཐོབ་པ་ཡིན་ནོ། །དེ་ལ་བྱ་རྒྱུད་ལ་ཆུ་དང་ཅོད་པཎ་གྱི་དབང་དང་། སྤྱོད་རྒྱུད་ལ་མིང་གི་དབང་དང་། རྣལ་འབྱོར་རྒྱུད་ལ་ཕྱིར་མི་ལྡོག་པའི་དབང་དང་། བླ་མེད་ལ་དབང་བཞི་རྫོགས་པར་ཐོབ་པའི་ཚེ་རྡོ་རྗེ་སློབ་དཔོན་གྱི་དབང་བཞི་རྫོགས་པར་ཐོབ་པ་ཡིན་པས།

སྐབས་དེ་དང་དེར་རྒྱུད་སྡེ་རང་རང་གི་སྔགས་སྡོམ་རྫོགས་པར་ཐོབ་པ་ཡིན་ནོ། འོ་ན་བྱ་སྤྱོད་གཉིས་ལ་རྡོ་རྗེ་སློབ་དཔོན་གྱི་དབང་ཇི་ལྟར་ཡོད་སྙམ་ན། སྤྱིར་རྒྱུད་སྡེ་རང་རང་གི་རྒྱུད་འཆད་པ་དང་། དབང་བསྐུར་རབ་གནས་སོགས་རྡོ་རྗེ་སོགས་རྡོ་རྗེ་སློབ་དཔོན་གྱི་ཕྲིན་ལས་བྱེད་པ་ལ་ནི་རྡོ་རྗེ་སློབ་དཔོན་གྱི་དབང་ཐོབ་དགོས་པའི་རིགས་པས་རྒྱུད་སྡེ་བཞི་ཀ་ལ་རྡོ་རྗེ་སློབ་དཔོན་གྱི་དབང་ཡོད་པར་གྲུབ་ཅིང་། ལུང་གིས་ཀྱང་ཤེས་ཏེ། གསང་བ་སྤྱི་རྒྱུད་ལས། དབང་བསྐུར་བ་ནི་རྣམ་པ་བཞི། །སློབ་དཔོན་རྣམ་པར་མཁས་པ་ཡིས། །དེ་དག་ཤེས་ནས་ཅི་རིགས་སྦྱིད། །སློབ་དཔོན་གོ་འཕང་རབ་བསྒྲུབ་ཕྱིར། །དང་པོ་ཡོངས་སུ་བསྒྲགས་པ་ཡིན། །རིགས་སྔགས་རྣམས་ནི་བསྒྲུབས་པའི་ཕྱིར། །གཉིས་པ་ལེགས་པར་བཤད་པ་ཡིན། བགེགས་རྣམས་འཇོམས་པར་བྱ་བའི་ཕྱིར། །གསུམ་པ་ཡོངས་སུ་བསྒྲགས་པ་ཡིན། །བཞི་པ་འཁོར་བ་ཐོབ་བྱའི་ཕྱིར། །ཚིག་རྒྱས་པ་དེ་བཤད་དོ༔ །ཞེས་རྡོ་རྗེ་སློབ་དཔོན་གྱི་གོ་འཕང་བསྒྲུབ་པའི་ཆེད་དབང་དང་པོ་ཆུ་དང་ཅོད་པཎ་གྱི་དབང་། རིག་སྔགས་བསྒྲུབ་པའི་ཆེད་དུ་གཉིས་པ་སྔགས་ཀྱི་བཟླས་ལུང་། བགེགས་འཇོམས་པའི་ཆེད་དུ་གསུམ་པ་ཁྲུས་བྱ་བ་བསྲུང་གསུམ། འཁོར་བ་ཐོབ་པའི་ཆེད་དུ་བཞི་པ་བཀྲ་ཤིས་ཀྱི་རྫས་བརྒྱད་སྦྱིན་པ་རྣམས་བཤད་པའི་ཕྱིར་རོ། །

འོ་ན་ཡེ་ཤེས་ཐིག་ལེའི་རྒྱུད་ལས། །རྡོ་རྗེ་སློབ་དཔོན་གྱི་དབང་རྣལ་འབྱོར་རྒྱུད་ཀྱི་ཁྱད་ཆོས་སུ་བཤད་པ་མ་ཡིན་ནམ་སྙམ་ན། དེ་ནི་ཕྱིར་མི་ལྡོག་པའི་འཁོར་ལོའི་དབང་ལ་དགོངས་པས་སྐྱོན་མེད་དོ། །རྣལ་འབྱོར་རྒྱུད་ལ་གྲུབ་ཆེན་ཀུན་སྙིང་གིས་སྡོམ་པ་དམ་ཚིག་འཛིན་མི་ནུས་པར་སྨིག་པ་ཞི་བ་ཙམ་དང་། དམ་ཚིག་འགའ་ཞིག་བསྲུང་ནུས་པ་དང་། མ་ལུས་པ་བསྲུང་ནུས་པ་གསུམ་དུ་ཕྱེ་ནས། རིམ་བཞིན་འཇུག་པ་ཙམ་དང་། རྡོ་རྗེ་སློབ་མའི་དབང་དང་རྡོ་རྗེ་སློབ་དཔོན་གྱི་དབང་བསྐུར་བར་གསུངས་པས་ཡོ་གའི་དམ་ཚིག་དང་སྡོམ་པ་ཡོངས་རྫོགས་ཀྱང་རྡོ་རྗེ་སློབ་དཔོན་གྱི་དབང་ལས་ཐོབ་པ་ཡིན་ནོ། །འོ་ན་རྒྱུད་འདིའི་དམ་ཚིག་དང་སྡོམ་པ་མ་ལུས་པ་རིགས་ལྔའི་སྡོམ་བཟུང་གི་ཁོངས་སུ་འདུས་པས། དེ་དག་ནི་འཇུག་པའི་སྐབས་སུ་ཁས་བླངས་ཀྱིས་ཐོབ་པ་མ་ཡིན་ནམ་ཞེ་ན། དེར་ཁས་བླངས་པ་ཙམ་ཐོབ་ཀྱང་དེ་དག་བསྲུང་བ་ལ་དབང་བ་ནི་རྡོ་རྗེ་སློབ་དཔོན་གྱི་དབང་ལ་རག་ལས་ཏེ་དཔེར་ན་བར་མ་རབ་བྱུང་གི་སྐབས་སུ་རབ་ཏུ་བྱུང་བར་ཁས་བླངས་ཀྱང་རབ་བྱུང་གི་སྡོམ་པ་བསྲུང་བ་ནི་དགེ་ཚུལ་ལམ་དགེ་སློང་དུ་སྒྲུབ་པའི་ཆོ་ག་ལ་ལྟོས་པ་བཞིན་ནོ། །དེས་ན་དབང་གི་དངོས་གཞིའི་སྐབས་སུ་རྡོ་རྗེ་སློབ་དཔོན་གྱི་དབང་མི་བསྐུར་ན། སྔ་གོན་དང་འཇུག་པའི་སྐབས་སུ་རིགས་ལྔའི་སྡོམ་བཟུང་མི་བྱེད་པར་གསུངས་པ་ཡང་གནད་འདི་ཡིན་ནོ། །བླ་མེད་ཀྱི་སྔགས་སྡོམ་ལ་ནི་ཁས་བླངས་ཀྱིས་ཐོབ་པ་སྔར་དང་འདྲ་ལ། ཚོགས་ཐོབ་པ་ལ་བསྐྱེད་རིམ་གྱི་སྡོམ་པ་དང་། བྱེད་པར་གསུངས་པ་ཡང་གནད་འདི་ཡིན་ནོ། །བླ་

མེད་ཀྱི་སྔགས་སྡོམ་ལ་ནི་ཁས་བླངས་ཀྱིས་ཐོབ་པ་སྔར་དང་འདྲ་ལ། ཆོགས་ཐོབ་པ་ལ་བསྐྱེད་རིམ་གྱི་སྡོམ་པ་དང་། རྫོགས་རིམ་གྱི་སྡོམ་པ་གཉིས་ལས། དང་པོ་ནི་བུམ་དབང་རྫོགས་པར་ཐོབ་པའི་ཚེ་ཐོབ་པ་ཡིན་ཏེ། བུམ་དབང་ནི་བསྐྱེད་རིམ་གྱི་སྨིན་བྱེད་ཡིན་པའི་ཕྱིར། གཉིས་པ་ནི། དབང་གོང་མ་གསུམ་རྫོགས་པར་ཐོབ་པའི་ཚེ་ཐོབ་པ་ཡིན་ཏེ། དབང་གོང་མ་གསུམ་ནི་རྫོགས་རིམ་གྱི་སྨིན་བྱེད་ཡིན་པའི་ཕྱིར། བླ་མ་གོང་མའི་གསུངས་ལས་བུམ་དབང་གི་སྐབས་སུ་སྔགས་རྫོགས་པར་གསུངས་པ་ནི། དམ་ཚིག་ཉི་ཤུ་རྩ་གཉིས་བསྲུང་བ་ལ་དབང་བའི་སྔགས་སྡོམ་སྐབས་འདིར་རྫོགས་པར་ཐོབ་པ་ལ་དགོངས་པ་ཡིན་པས་གནད་གཅིག་ཡིན་ནོ། །

གཉིས་པ་གང་ལས་བླངས་བའི་ཡུལ་ནི། སྤྱིར་ན་ས་ཐོབ་ནས་མཆོག་གི་སྤྲུལ་སྐུ་དང་། ལོངས་སྤྱོད་རྫོགས་པའི་སྐུ་ལས་བླང་བ་སོགས་མང་དུ་བཤད་ཀྱང་། སོ་སོའི་སྐྱེ་བོས་རྡོ་རྗེ་སློབ་དཔོན་ལ་དབང་ཞུ་བའི་དབང་དུ་བྱས་ནས་དེའི་མཚན་ཉིད་རྒྱུད་སྡེ་རྣམས་ལས་མང་དུ་གསུངས་པ་རྣམས་མདོར་བསྡུས་ཏེ། བླ་མ་ལྔ་བཅུ་པ་ལས། བརྟན་ཅིང་དུལ་ལ་བློ་གྲོས་ཏེ་བསླབ་གསུམ་ལྡན། བཟོད་ལྡན་དྲང་ལ་གཡོ་རྒྱུ་མེད། །སྔགས་ཞི་ཀྲུས་ཀྱི་སྦྱོར་བ་དག་རྒྱུད་འཆད་ཐམས་ཀྱི་སྦྱོར་བ་ཤེས། སྙིང་རྗེ་ལྡན་ཞིང་ཕ་རོལ་ཏུ་ཕྱིན་པའི་བསྟན་བཅོས་མཁས། །དེ་ཉིད་བཅུ་ནི་ཡོངས་སུ་ཤེས། །དཀྱིལ་འཁོར་བྲི་བའི་ལས་ལ་མཁས། །སྔགས་བཤད་པ་ཡི་སྦྱོར་བ་དབང་པོ་རབ་འབྲིང་ཐ་གསུམ་དང་མཐུན་པར་ཤེས། །མདོ་སྔགས་ཀྱི་ཆོས་ལ་རབ་ཏུ་དད་ཅིང་དབང་པོ་དུལ། །ཞེས་གསུངས་སོ། །དེ་ལ་དེ་ཉིད་བཅུ་ལ་བཅུ་ཚན་ལྔ་ཡོད་པ་ནི་ཚིག་ཙམ་གྱིས་གོ་དཀའ་བས་འདིར་མ་བྲིས་ཀྱང་། ཟུར་དུ་འགྲེལ་པ་བྲིས་ཡོད་པས་དེར་ཤེས་པར་བྱའོ། །དེང་སང་སྔགས་སྡོམ་ལེན་ཡུལ་གྱི་རྡོ་རྗེ་སློབ་དཔོན་ནི། རབ་དབྱེ་ལས། བླ་མ་བརྒྱུད་པ་མ་ཉམས་ཤིང་། ཆོ་ག་འཁྲུགས་པར་མ་གྱུར་པ། །ཕྱི་ནང་རྟེན་འབྲེལ་བསྒྲིགས་མཁྱེན་ཅིང་། །སྐུ་བཞིའི་ས་བོན་ཐེབས་ནུས་པ། །སངས་རྒྱས་གསུངས་བཞིན་མཛད་པ་ཡི། །བླ་མ་བཅོལ་ལ་དབང་བཞི་བླངས། །ཞེས་གསུངས་པ་ལྟར་བཟུང་བར་བྱའོ། །གསུམ་པ་གང་གིས་བླང་བའི་རྟེན་ལ་གཉིས། །སྐལ་དམན་རིམ་འཇུག་དང་། སྐལ་ལྡན་ཅིག་ཆར་བ་གཉིས་སོ། །དང་པོ་ནི། བརྟགས་གཉིས་ལས། སྐལ་དམན་སེམས་ཅན་གདུལ་དཀའ་བ། །གང་གིས་འདུལ་བར་འགྱུར་བར་ལགས། བཅོམ་ལྡན་འདས་ཀྱིས་བཀའ་བསྩལ་པ། །དང་པོ་གསོ་སྦྱོང་སྦྱིན་པར་བྱ། །དེ་རྗེས་བསླབ་པའི་གནས་བཅུ་ཉིད། དེ་ལ་བྱེ་བྲག་སྨྲ་བ་བསྟན། མདོ་སྡེ་པ་ཡང་དེ་བཞིན་ནོ། །དེ་ནས་རྣལ་འབྱོར་སྤྱོད་པ་ཉིད། །དེ་ཡི་རྗེས་སུ་དབུ་མ་བསྟན། །སྔགས་ཀྱི་རིམ་པ་ཀུན་ཤེས་ནས། །དེ་རྗེས་ཀྱེ་ཡི་རྡོ་རྗེ་བསྟན། །སློབ་མས་གུས་པས་བླངས་ནས་ནི། །འགྲུབ་པར་འདི་ལ་ཐེ་ཚོམ་མེད། །ཅེས་གསུངས་པ་ལ་བརྟེན་ནས་རྣལ་འབྱོར་གྱི་དབང་ཕྱུག་དཔལ་ལྡན་བི་རྺ

པ་ཆེན་པོ་བརྒྱད་པ་དང་བཅས་པའི་ལུགས་མཆོག་འདི་ལ། །རྒྱུད་ཀྱི་དངོས་བསྟན་སྤྱོད་པ་རིམ་ཅན་དང་ལྷུ་བ་རིན་ཅན་ལ་བསླབ་པས་དབང་གི་སྣོད་རུང་དུ་བསྒྲུབ་པ་དང་། མན་ངག་ལས་གསུངས་པའི་སྣང་བ་གསུམ་གྱི་ལམ་གྱིས་རྒྱུད་སྤྱངས་ནས་དབང་གི་སྣོད་རུང་དུ་བྱེད་པ་གཉིས་ཡོད་པས་དེ་གཉིས་གང་རུང་ཞིག་ངེས་པར་དགོས་སོ། །གཉིས་པ་སླལ་ལྡན་ཅིག་ཆར་པའི་རྟེན་ནི་ངེས་མ་མེད་དེ། རྒྱུད་སྡེ་རྣམས་ལས་ལྷ་དང་ཀླུ་དང་མི་དང་ལྷ་མ་ཡིན་དང་དྲི་ཟར་བཅས་པའི་འཇིག་རྟེན་ཐམས་ཅད་ཀྱང་རྒྱུད་ཉན་པའི་སྣོད་དུ་གསུངས་པའི་ཕྱིར།

གསུམ་པ་ཐོབ་མི་ཉམས་པར་བསྲུང་བའི་བསླབ་བྱ་ལ་བཞི་སྟེ། བྱ་རྒྱུད། སྤྱོད་རྒྱུད། རྣལ་འབྱོར་རྒྱུད། བླ་མེད་རྒྱུད་ཀྱི་བསླབ་བྱའོ། །དང་པོ་ལ། ཁ་ཅིག་བྱ་སྤྱོད་གཉིས་ལ་ཕ་རོལ་ཏུ་ཕྱིན་པའི་སྨོན་འཇུག་གི་སེམས་བསྐྱེད་ཀྱི་བསླབ་བྱ་རྣམས་དམ་ཚིག་ཡིན་གྱི་དེ་ལས་གཞན་པའི་དམ་ཚིག་བསྲུང་རྒྱུ་མེད་དེ། དབང་བསྐུར་གྱི་དུས་སུ་སྨོན་འཇུག་སེམས་བསྐྱེད་ལས་གཞན་མ་གསུངས་པའི་ཕྱིར། ཞེས་འཆད་པ་ནི་མི་འཐད་དེ། དེ་ལྟར་ན་རྒྱུད་སྡེ་གོང་མ་གཉིས་ལ་ཡང་དབང་ལས་ཐོབ་པའི་དམ་ཚིག་བསྲུང་རྒྱུ་མེད་པར་ཐལ། རྒྱུད་སྡེ་བཞི་ལ་དབང་བཞི་གསུངས་པ་ལས་དབང་ལས་ཐོབ་པའི་དམ་ཚིག་གཉིས་ལ་བསྲུང་རྒྱུ་ཡོད་གཉིས་ལས་བསྲུང་རྒྱུ་མེད་པའི་ཁྱད་པར་ལུང་རིགས་ཀྱི་སྒྲུབ་བྱེད་མེད་པའི་ཕྱིར་དང་། བྱ་སྤྱོད་གཉིས་ཀྱི་དམ་ཚིག་རྒྱུད་ལས་གསུངས་པ་དང་། འགལ་བའི་ཕྱིར། དབང་དུས་སུ་མ་གསུངས་པས་བསྲུང་རྒྱུད་མེད་ན། བླ་མེད་ཀྱི་དབང་ཚོག་ཕལ་ཆེ་བ་ལས་རྩ་ལྟུང་བཅུ་བཞི་མ་གསུངས་པས་དེ་བསྲུང་མི་དགོས་པ་ཐལ་ལོ། །ཡང་ཁ་ཅིག་དམ་ཚིག་བསྡུས་པ་ལས་ཀྱི་ཡའི་རྒྱུད་ཀྱི་རྩ་ལྟུང་སུམ་ཅུ་དང་། ཞེས་གསུངས་པའི་དོན་གཞན་ལས་བཤད་པ་མ་མཐོང་པས། ལེགས་གྲུབ་ཏུ། རིགས་སྔགས་ཀྱི་འདུལ་བ་སྔ་ཕྱི་གཉིས་གསུངས་པ་རྣམས་ཡིན་ནམ་གསུངས་པ་ཡང་མི་འཐད་དེ། རིག་སྔགས་ཀྱི་འདུལ་བ་རྣམས་རྩ་ལྟུང་དུ་མི་རིགས་པའི་ཕྱིར་དང་། སྔ་ཕྱི་གཉིས་ལ་གྲངས་བརྒྱད་བཅུ་ཙམ་སྣང་བའི་ཕྱིར་རོ། །འོན་བྱ་རྒྱུད་ཀྱི་བསྲུང་བྱའི་དམ་ཚིག་རྣམས་གང་ཞེ་ན།

གསང་བ་སྤྱི་རྒྱུད་ལས། དམ་ཚིག་འདི་དག་བསྒོ་བར་བྱ། དེ་རིང་ཕྱིན་ཆད་ཁྱེད་རྣམས་ཀྱིས། །སངས་རྒྱས་ཆོས་དང་དགེ་འདུན་ཏེ། །བྱང་ཆུབ་སེམས་དཔའ་རྣམས་དང་ནི། རིག་སྔགས་ཀྱི་ཚོགས་རྣམས་ལ། །དད་པས་རབ་ཏུ་བརྟན་པར་བྱ། །རྟག་པར་ཕྱག་རྒྱ་ཆེན་པོ་ལ། །ཁྱད་པར་དུ་ནི་མོས་པར་བྱ། །དམ་ཚིག་ཅན་དང་མཛའ་བོ་དང་། །བླ་མ་ལ་ཡང་གུས་པར་བྱ། །ལྷ་རྣམས་ཀུན་ལ་སྡང་མི་བྱ། །དུས་མཚམས་དག་ཏུ་མཆོད་པ་བྱ། ། སྟོན་པ་གཞན་གྱི་གཞུང་མི་མཆོད། །རྟག་ཏུ་གློ་བུར་འགྲོན་མཆོད་བྱ། །སྲོག་ཆགས་རྣམས་ལ་བྱམས་པའི་སེམས། །རབ་ཏུ་བརྟན་པ་ཉེར་བར་བཞག །ཐེག་པ་ལ་ནི་དགའ་རྣམས་ཀྱིས། །བསོད་ནམས་དག་ལ་ནན་

ཧན་བསྐྱེད། །བཀླས་བརྗོད་བྱེད་ལ་འབད་པ་ཡིས། །གསང་སྔགས་སྤྱོད་ལ་བརྩོན་པར་བྱ། །གསང་སྔགས་རྒྱུད་ལས་བསྟན་པ་ཡི། །དམ་ཚིག་རྣམས་ཀྱང་བསྲུང་བར་བྱ། །དམ་ཚིག་མེད་པ་རྣམས་ལ་ནི། །སྔགས་དང་ཕྱག་རྒྱ་མི་སྦྱིན་ནོ། །གསང་སྔགས་རྒྱུད་ནི་ལེགས་བསྲུང་ཞིང་། །དེ་ཡང་བདག་གིས་རྟོགས་པར་བྱ། །དེ་ལྟར་དམ་ཚིག་བསྒོས་ནས་ནི། །ཞེས་གསུངས་པ་འདི་རྣམས་ཡིན་ལ། དོན་ནི་མཆོག་གསུམ་སྐྱབས་འགྲོ་བསླབ་བྱར་བརྩོན། །སྨོན་འཇུག་སེམས་བསྐྱེད་དེའི་སྤྱོད་བསླབ། །གསང་སྔགས་རིག་སྔགས་ཀྱི་ལྷ་ཚོགས། །ཀུན་ལ་དད་པ་བརྟན་བྱ་སྟེ། འདི་གསུམ་སྤྱི་ཡི་དམ་ཚིག་ཡིན། །དབང་གི་དམ་ཚིག་བཅུ་གསུམ་སྟེ། །

རང་གི་འདོད་པའི་ལྷ་ཕྱག་[༡]ཆེན། །དབང་ཐོབ་དམ་ལྡན་དམ་ཚིག་ཅན[༢]། །སོར་བྱང་སྡོམ་ལྡན་མཛའ་བོ་སྟེ[༣]། །དེ་གསུམ་གུས་པས་བརྟེན་པར་བྱ། །དབང་རྒྱུད་མན་ངག་སྟེར་བ་ཡི། །བླ་མར་གུས་བྱ་སྨད་མི་བྱ[༤]། །དབང་རྒྱས་ལྷ་བསྒྲུབ་མ་འགྲུབ་ཚེ། །ལྷ་སྔགས་རྣམས་ལ་སྡང་མི་བྱ[༥]། །དུས་ཆེན་རྣམས་ལ་དཀོན་མཆོག་མཆོད[༦]། །སྟོན་པ་གཞན་གྱི་ལུགས་མི་བྱ[༧]། །གློ་བུར་མགྲོན་ལ་ཅི་ཕན་བྱ[༨]། །སྲོག་ཆགས་རྣམས་ལ་བྱམས་སེམས་བསྐྱེད[༩]། །བསོད་ནམས་རྒྱ་ཆེར་སྤེལ་བའི་ཕྱིར། །བཀླས་བརྗོད་སྡོམ་བཟུང་སོགས་ལ་འབད[༡༠]། །བཀླས་བརྗོད་སྤྱོད་ལམ་ལྡན་པར་བྱ[༡༡]། །རྒྱུད་གཞན་དམ་ཚིག་གསུམ་དཀོད་ལས། །དམ་པའི་ཆོས་ཀྱང་སྤང་མི་བྱ། །ཞེས་སོགས་གསུངས་བ་བསྲུང་བར་བྱ[༡༢]། །དབང་མ་ཐོབ་པའམ་ཉམས་པ་ལ། །སྔགས་ཚིག་མན་ངག་སྟོན་མི་བྱ[༡༣]། །ཞེས་པའོ། །གཉིས་པ་སྤྱོད་རྒྱུད་ཀྱི་བསླབ་བྱ་ནི། །རྣམ་སྣང་མངོན་བྱང་ལས། །དེ་རིང་ཕྱིན་ཆད་ཁྱོད་ཀྱིས། །དམ་པའི་ཆོས་དང་བྱང་ཆུབ་སེམས། །སྲོག་གི་ཕྱིར་ཡང་དེ་ཕྱིན་ཆད། །སྟོན་དུ་བཏང་བར་མི་བྱའོ། །ཁྱོད་ཀྱིས་སེར་སྣ་དང་ནི་གང་། །སེམས་ཅན་གནོད་པ་མི་བྱའོ། །དམ་ཚིག་འདི་དག་སངས་རྒྱས་ཀྱིས། །བརྟུལ་ཞུགས་བཟང་པོ་ཁྱོད་ལ་བཤད། །ཞེས་གསུངས་བ་བཞི་ནི་དབང་བསྐུར་ལས་ཐོབ་པའི་དམ་ཚིག་སྟེ། །དེ་ལས་འདས་ན་རྩ་ལྟུང་དུ་རྒྱུད་དེ་ཉིད་ལས་གསུངས་ཏེ། །ལྟུང་བའི་རྩ་བ་བཞི་ནི་སྲོག་གི་ཕྱིར་ཡོངས་སུ་ཉམས་པར་མི་བྱའོ། །བཞི་གང་ཞེ་ན་དམ་པའི་ཆོས་སྤོང་བ་དང་། བྱང་ཆུབ་ཀྱི་སེམས་གཏོང་བ་དང་། །སེར་སྣ་བྱེད་པ་དང་། ། སེམས་ཅན་ལ་གནོད་པ་བྱེད་པའོ། །འདི་དག་ནི་ཐབས་དང་ཤེས་རབ་དང་མི་ལྡན་པ་རང་བཞིན་གྱི་ཉོན་མོངས་པ་ཅན་ཏེ། སླར་གསོ་མི་རུང་བའོ། །ཞེས་གསུངས་པའི་ཕྱིར། །

གསུམ་པ་རྣལ་འབྱོར་རྒྱུད་ཀྱི་བསླབ་བྱ་ལ། །ཁ་ཅིག་རྡོ་རྗེ་རྩེ་མོ་ལས། །དེ་ལས་གཞན་ཡང་བཅུ་བཞི་ནི། །ཞེས་པས་རྣལ་འབྱོར་བླ་མེད་ནས་བཤད་པའི་རྩ་ལྟུང་བཅུ་བཞི་ལ་འདོད་དགོས་སོ་ཞེས་ཟེར་བ་མི་འཐད་དེ། །ཡོ་ག་ལ་རྡོ་རྗེ་སློབ་མ་དང་སློབ་དཔོན་གྱི་དབང་གཉིས་ཡོད་ཀྱང་དེས་བླ་མེད་ཀྱི་དམ་ཚིག་བཅུ་བཞི་བསྲུང་བ

ལ་མི་དབང་སྟེ། དབང་ལ་ཟབ་ཁྱད་ཡོད་པ་བཞིན་དམ་ཚིག་ལ་ཡང་ཟབ་ཁྱད་ཡོད་དགོས་པའི་ཕྱིར། དམ་ཚིག་ལ་ཁྱད་པར་མེད་ན་སྨིན་གྲོལ་གཉིས་ཀ་ལ་ཡང་ཁྱད་མེད་དུ་ཐལ་ལོ། །ལུང་དེའི་དོན་ནི་དབུ་མ་ལུགས་ཀྱི་རྩ་ལྟུང་བཅུ་བཞི་ཡིན་པར་རྗེ་བཙུན་རྩེ་མོས་སཾ་བུ་ཊི་འི་འགྲེལ་བ་ལས་གསུངས་ཤིང་དོར་ཆེན་རྡོ་རྗེ་འཆང་གིས་ཀྱང་དེ་ལྟར་དུ་བཞེད་པས་རྩ་ལྟུང་བཅུ་བཞི་སྤོང་བ་ནི། །ཚུལ་ཁྲིམས་ཀྱི་ནི་བསླབ་པ་སོགས་གསུམ་གྱི་ཁོངས་སུ་འདུས་པས་ རྨད་དུ་བྱུང་བའི་སྒྲོལ་དུ་སྣང་ངོ་། །འོན་འཐད་ལྡན་གྱི་ལུགས་གང་ཞེ་ན། རྒྱུད་འགྲེལ་རྣམ་དག་ལས་བྱུང་བ་བླ་མ་དམ་པའི་གསུང་གིས་བརྒྱན་པ་བཤད་པར་བྱ་སྟེ།

ཡོ་གའི་དམ་ཚིག་ལ་ཁས་བླངས་ཀྱིས་ཐོབ་པ་དང་། ཚོགས་ཐོབ་པ་གཉིས་ལས། དང་པོ་ནི་རྡོ་རྗེ་རྩེ་མོའི་སྡོམ་པ་བསྒྲགས་བཟུང་གི་སྐབས་ནས་བསྟན་པ་རྣམས་ཏེ་བཟུང་བའི་རིམ་པ་དང་མཐུན་པར་བཤད་ན། ཇི་ལྟར་དུས་གསུམ་སོགས་ཚིགས་བཅད་གཉིས་ཀྱིས་རིགས་ལྔ་སྤྱིའི་དམ་ཚིག་སྨོན་པ་དང་འཇུག་པའི་བསླབ་བྱ་རྣམས་བསྟན། སོ་སོའི་དམ་ཚིག་ནི། སངས་རྒྱས་ཆོས་དང་དགེ་འདུན་སོགས་ཚིག་བཅད་ལྔས་རིམ་བཞིན་བསྟན་ཏེ། དེ་བཞིན་གཤེགས་པའི་རིགས་ཀྱི་དམ་ཚིག་ལ་དཀོན་མཆོག་གསུམ་སྐྱབས་སུ་བཟུང་བ་སྟེ་གསུམ། རྡོ་རྗེའི་རིགས་ལ་རྡོ་རྗེ་དྲིལ་བུ་ཕྱག་རྒྱ་སློབ་དཔོན་བཟུང་བ་སྟེ་བཞི། །རིན་ཆེན་རིགས་ལ་ཟང་ཟིང་མི་འཇིགས་པ་ཆོས་བྱམས་པའི་སྦྱིན་པ་དུས་དྲུག་ཏུ་གཏོང་བ་སྟེ་བཞི། །པད་མའི་རིགས་ལ་དམ་ཆོས་མ་ལུས་པ་བཟུང་བ་སྟེ་གཅིག །ལས་ཀྱི་རིགས་ལ་སྡོམ་ཀྱི་རྣམས་ཅི་ནུས་སུ་བསྲུང་བ་དང་། མཆོད་པའི་ལས་ཅི་ནུས་བྱེད་པ་གཉིས་ཏེ་བཅུ་བཞིའོ། །བྱང་ཆུབ་སེམས་ནི་བླ་ན་མེད་སོགས་ཀྱིས་སྡོམ་པ་མདོར་བསྡུས་ཏེ་བསྲུང་བ་བསྟན་ནོ། །

གཉིས་པ་ཚོགས་ཐོབ་པ་ནི། །དཔལ་མཆོག་ལས། དམ་ཚིག་སྡོམ་པ་གྲུབ་པ་འདི། །ཁྱོད་ཀྱིས་རྟག་ཏུ་བསྲུང་བར་བྱ། །སངས་རྒྱས་ཀུན་གྱིས་མཐུན་པར་གསུངས། །དམ་པ་བརྟག་པའི་བཀའ་ཡིན་ནོ། །གང་ཞིག་བསྐྱེད་པ་ཙམ་གྱིས་ནི། །སངས་རྒྱས་ཉིད་དུ་དོགས་མེད་པའི། །བྱང་ཆུབ་སེམས་ནི་བཏང་མི་བྱ། །ཕྱག་ན་རྡོ་རྗེ་གང་ཡིན་པ། དམ་པའི་ཆོས་ནི་མི་སྤོང་ཞིང་། ནམ་ཡང་དོར་བར་མི་བྱའོ། །མི་ཤེས་པའམ་རྨོངས་པ་ཡིས། །དེ་ལ་སྨོད་པ་མི་བྱའོ། །རང་གི་བདག་ཉིད་ཡོངས་སྤོང་ནས། །དཀའ་ཐུབ་ཀྱིས་ནི་གདུང་མི་བྱ། །ཇི་ལྟར་བདེ་བས་བདེ་བར་བཟུང་། །འདི་ནི་མ་བྱོན་རྫོགས་སངས་རྒྱས། །རྡོ་རྗེ་དྲིལ་བུ་ཕྱག་རྒྱ་རྣམས། །ནམ་ཡང་དོར་བར་མི་བྱའོ། །སློབ་དཔོན་སྨད་པར་མི་བྱ་སྟེ། །འདི་ནི་སངས་རྒྱས་ཀུན་དང་མཉམ། །ཞེས་དང་། རྡོ་རྗེ་འབྱུང་བ་ལས། དེ་ནས་ཁྱོད་ཀྱིས་གཞན་ཕྱག་རྒྱ་ལ་མི་མཁས་པ་གང་ལ་ཡང་ཕྱག་རྒྱ་ཙམ་སྟོན་པར་མ་བྱེད་ཅིག །ཞེས་སོགས་ཀྱིས་གསང་སྔགས་བསྲུང་པ་དང་བཅུ་གཅིག་ཙམ་ཡིན་ནོ། །དམ་ཚིག་དེ་དག་ལས་འདས་ན་རྩ་ལྟུང་དུ་འགྱུར་

ཏེ༔ སྨོན་པ་སེམས་བསྐྱེད་བཏང་བ་དང་[༧]། །རྒྱ་ཆེན་སྤྱོད་པས་ཅི་བྱ་ཞེས། །འཇུག་པའི་བསླབ་བྱ་སྨོད་པས་སྤྱོང་། །བདེན་གཉིས་སེམས་བསྐྱེད་ཀྱི་རང་བཞིན། །ཐྲོ་བ་རྡོ་རྗེ་བསྒོམས་པ་སྤྱོང་། །ཐེག་གསུམ་ཆོས་ལ་རྒྱལ་བཀའ་མིན། །བསྟན་པ་མིན་ཞེས་སེམས་ཀྱིས་སྤྱོང་། །བདག་ལ་ཆོས་ཀྱི་དགོས་མེད་ཅེས། །ངག་གིས་སྤྱོང་ཞིང་གླེགས་བམ་རྣམས། །འཚོང་སོགས་ཀྱིས་དོར་ལུས་ཀྱིས་སྤྱོང་། །སྨྲོངས་པས་ཆོས་ཀྱི་ཉམས་ལེན་གྱིས། །དགོས་མེད་སྙམ་ནས་སྨོད་པ་དང་། །དབང་ཐོབ་ནས་བདག་ལྟར་བྱས་མོད། །དེ་དོར་དཀའ་ཐུབ་ཀྱིས་གདུང་བྱེད[༨]། །དམ་ཚིག་རྫོར་དྲིལ་དགོས་མེད་ཅེས། །སེམས་ཀྱིས་སྨད་ནས་སྤོང་བར་བྱེད། །སྒོ་གསུམ་བྱ་བཅས་ཕྱག་རྒྱ་བཞིར། །ཕྲིན་གྱིས་བརླབས་པ་དེ་དོར་དང[༩]། །དབང་བསྐུར་རྒྱུད་བཤད་མན་ངག་རྣམས། །སྨིན་པའི་སློབ་དཔོན་བརྙས་སྨོད་བྱེད།[༡༠] །མ་སྨིན་པའམ་ཉམས་པ་ལ། །ཕྱག་རྒྱ་གསང་ཆོས་བསྟན་པ་སྟེ། །ཡོ་གའི་རྩ་ལྟུང་བཅུ་གཅིག་གོ །ཞེས་སོ། །

བཞི་པ་རྣལ་འབྱོར་བླ་མེད་ཀྱིས་བསླབ་བྱ་ནི། །སྤྱིར་རྒྱུད་སྡེ་སོ་སོའི་དགོངས་པ་བདེ་མཆོག་ཏུ་དམ་ཚིག་ཉི་ཤུ་རྩ་གཉིས་བཤད་པ་དང་། །གསང་འདུས་ལས། དེ་བཞིན་གཤེགས་པ་རིགས་ལྔའི་དམ་ཚིག་ཏུ་ཤ་ལྔ་བསྟེན་པ་སོགས་བཤད་པ་དང་། རྣལ་འབྱོར་དབང་ཕྱུག་གི་མན་ངག་ལས་དབང་བཞི་ལ་དམ་ཚིག་ཉི་ཤུ་གསུངས་པ་སོགས་ཐུན་མོང་མ་ཡིན་པ་མང་དུ་ཡོད་མོད་ཀྱང་རྣལ་འབྱོར་བླ་མེད་ཀུན་མཐུན་པར་བུམ་དབང་གི་སྲུང་བྱའི་དམ་ཚིག་ནི་རྩ་ལྟུང་བཅུ་བཞི་དང་ཡན་ལག་གི་ལྟུང་བ་བརྒྱད་པོ་བསྲུང་བ་ཡིན་ལ་རྩ་བའི་ལྟུང་བ་བཅུ་བཞི་པོ་འདི་ནི་ཚིག་ཙམ་ཟད་མི་འདྲ་ཡང་། །དོན་ཁྱད་པར་མེད་པར་དམ་པ་དང་པོའི་རྒྱུད་དང་། དགྲ་ནག་གི་རྒྱུད་དང་། རྡོ་རྗེ་གུར་གྱི་རྒྱུད་གསུམ་ཆར་ལས་འབྱུང་ལ། རྩ་ལྟུང་གི་གཞུང་འདི་ནི་གསང་འདུས་འབུམ་པ་ན་བཞུགས་པ་གྲུབ་པའི་སློབ་དཔོན་རྣམས་ཀྱིས་ཟུར་དུ་ཕྱུང་བ་ཡིན་ནོ། །འདི་ལ་རྒྱ་བོད་ཀྱི་འགྲེལ་བ་མང་དུ་ཡོད་ཀྱང་ཚིག་དོན་གྱི་ཆ་ལ་སྐྱོན་དུ་མ་ཡོད་པར་གསུངས། དེས་ན་རྗེ་བཙུན་རིན་པོ་ཆེས་མཛད་པའི་རྩ་ལྟུང་འགྲེལ་སྤྱོང་ནི། རྒྱུད་དོན་ཇི་ལྟ་བར་རྣལ་འབྱོར་དབང་ཕྱུག་བིརྺ་པའི་མན་ངག་སྙན་ནས་སྙན་དུ་བརྒྱུད་པ་འཁྲུལ་མེད་ཀྱི་གསུངས་ཡིན་པས་དེའི་དོན་ཞིབ་ཏུ་ཤེས་པར་བྱས་ནས་ཚུལ་བཞིན་དུ་བསྲུང་བ་ནི་གལ་ཤིན་ཏུ་ཆེའོ། །

མདོར་བསྡུས་ཙམ་ནི། དབང་ཐོབ་སོགས་ཀྱི་སློབ་དཔོན་ལ། །མནར་སེམས་ཀྱིས་ནི་སྨོད་སོགས་བྱེད[༡]། །བདེ་གཤེགས་བསླབ་ཁྲིམས་ཁྱད་གསོད་ཀྱིས། །འདའ་དང་སོར་བྱང་རྩ་བ་བརྒྱད། །དགོས་མེད་འདས་ཀྱང་བཀའ་འདས་འགྱུར། །དབང་ཐོབ་དམ་ལྡན་ལ་དགྲར་འཛིན། །སེམས་ཅན་གང་རུང་ལ་བྱམས་སྤོང་། །བྱང་ཆུབ་སྨོན་པའི་སེམས་བསྐྱེད་གཏོང་། །མདོ་སྔགས་ཆོས་ལ་མ་དད་སྨོད། །མ་སྨིན་ཉམས་དང་མ་དང་ལ། །

གསང་བའི་ཆོས་རྫས་སྤྱོད་པས་སྟོན། །ཕུང་ཁམས་སྐྱེ་མཆེད་ལྷའི་རང་བཞིན། །དེ་ལ་དམན་པར་འཛིན་པས་སྨོད། །དེ་བཞིན་ཉིད་དག་ལྔ་སོ་སོའི། །དག་པ་གཉིས་ལ་ཐེ་ཚོམ་ཟ། །བསྟན་འགྲོར་གནོད་བྱེད་གདུག་ཅན་ལ༑ ༑ལུས་ངག་གིས་བྱམས་མཐུན་པར་བྱེད། །མིང་བྲལ་ཆོས་ལ་དེ་ར་རྟོག་པ། །དད་ཅན་འགྲོ་ལ་མ་དད་བསྐྱེད། །ཚོགས་རྫས་མི་གཙང་འདུ་ཤེས་སམ། །བཅས་པས་འཇིགས་ནས་མི་བསྟེན་སྤོང་། །བུད་མེད་རྟེན་དམན་སོགས་སྐྱེས་སྨོད། །དེ་རྣམས་རྩ་བའི་ལྟུང་བའོ། །དམ་མེད་རིག་མ་བསྟེན་པར་དགའ༑ ཚོགས་འཁོར་གྲལ་དུ་ཁ་ཤགས་འགྱེད། །དབང་ཐོབ་པ་ལ་དགོས་མེད་དུ། །གསང་བའི་བརྡ་དང་ཕྱག་རྒྱ་སྟོན། །གང་འདོད་ཆོས་ལས་གཞན་དུ་སྟོན། །རང་གི་སྔགས་སྤྱོད་དེ་ཉིད་ལས། །མི་དགའི་དྲུང་དུ་ཞག་བདུན་འདུག །དབང་ནི་འོག་མ་ལས་མ་ཐོབ། །དེ་ལ་གོང་མའི་གསང་བ་བསྟན། །གྲངས་དུས་བསྙེན་པ་མ་བྱས་པར། །དཀྱིལ་འཁོར་ལས་ལ་འཇུག་པ་དང་། །སྡོམ་པ་གཉིས་ཀྱི་བཅས་པ་ལས། །དགོས་པ་མེད་པར་འདའ་བ་སྟེ། །ཡན་ལག་ཉེས་པ་བརྒྱད་དུ་གསུངས། །ཞེས་སོ། །

བསླབ་བྱ་རྣམས་ཚིག་བཅད་བྱས་པ་ནི་བློ་ལ་བཟུང་བདེ་བའི་ཕྱིར་ཏེ། བློར་མ་ངེས་ན་བསླབ་འདོད་ཡོད་ཀྱང་ཅི་བྱར་མེད་པའི་ཕྱིར། །གལ་ཏེ་སྡོམ་གསུམ་རིམ་ཅན་དུ་བླངས་པའི་དགེ་སློང་རྡོ་རྗེ་འཛིན་པ་ཞིག་གིས་སྐབས་འགའ་ཞིག་ཏུ་སྡོམ་པ་གོང་འོག་ལ་ལྟོས་པའི་བསླབ་བྱ་རྣམས་ཕན་ཚུན་འགལ་བར་གྱུར་ན་གང་གི་དབང་དུ་བྱས་ནས་སྤྱོད་སྙམ་ན། འཇམ་དབྱངས་བླ་མས། །སྡོམ་གསུམ་ལྡན་པའི་གང་ཟག་གིས། །བསླབ་བྱ་ཕན་ཚུན་ནང་འགལ་ཚེ། །དགག་བྱ་དང་ནི་དགོས་པ་གཉིས། །གཙོ་བོ་གང་ཆེའི་དབང་དུ་ཐོང་། །ཞེས་གསུངས་ལ། འཕགས་པས་དྲིས་ལན་འགའ་ཞིག་ལས། སྡོམ་པ་གོང་མ་གོང་མའི་དབང་དུ་བྱས་ནས་སྤྱོད་པར་གསུངས་པ་ཡང་ཡོད་དོ། །དོན་ནི་འདི་ཡིན་ཏེ། གོང་འོག་རྩ་བར་མཉམ་པའི་ཡན་ལག་ཏུ་མཉམ་པ་ལྟ་བུ་བསླབ་བྱ་མཉམ་པ་དང་། འོག་མའི་ཡན་ལག་དང་གོང་མའི་རྩ་བ་འགལ་བའི་ཚེ་རྣམ་པ་ཐམས་ཅད་དུ་གོང་མའི་དབང་དུ་བྱས་ནས་བསྲུང་དགོས་ཏེ། དེའི་རྒྱུད་ཀྱི་སྡོམ་པ་འོག་མ་ཐམས་ཅད་གནས་གྱུར་ནས་གོང་མའི་ངོ་བོར་ཡོད་པའི་ཕྱིར་དང་། དེའི་བསྲུང་བྱའི་གཙོ་བོ་ནི་གོང་མ་ཡིན་པའི་ཕྱིར། འདི་ལ་དགོངས་ནས་འཕགས་པས་གོང་མའི་དབང་དུ་བྱས་ནས་སྤྱོད་པར་གསུངས་སོ། །འོན་ཀྱང་ལས་དང་པོ་པའི་ཚེ་སེམས་ཅན་གྱི་དོན་དུ་འགྱུར་བའི་དགག་དགོས་ཁྱད་པར་ཅན་མེད་པར་གོང་མའི་ཡན་ལག་འགའ་ཞིག་དང་། འོག་མའི་རྩ་བ་ལྟ་བུ་འགལ་བའི་ཚེ་འོག་མའི་དབང་དུ་བྱས་ནས་བསྲུང་དགོས་པ་ཡང་ཡོད་དེ། སྤྱོད་འཇུག་ལས། ཆུང་ངུའི་ཕྱིར་དུ་ཆེ་མི་བཏང་། །གཙོ་ཆེར་གཞན་གྱི་དོན་བསམ་མོ། །ཞེས་གསུངས་སོ། །འདི་ལ་དགོངས་ནས་ས་པཎ་གྱིས

དགག་བྱ་དང་དགོས་པ་གང་ཆེ་བའི་དབང་དུ་གཏོང་བར་གསུངས་སོ། །

བཞི་པ་ཉམས་ན་ཕྱིར་བཅོས་པའི་ཆོ་ག་ལ་གཉིས་ཏེ། ཡན་ལག་ཚང་བའི་རྩ་ལྟུང་བྱུང་ན་སྡོམ་པ་ཡང་དག་པར་ལེན་པ་དང་། ཡན་ལག་མ་ཚང་བའི་རྩ་ལྟུང་བྱུང་ན་ལྟུང་བ་ལས་ལྡང་བའི་ཐབས་སོ། །དང་པོ་ནི། རྗེ་བཙུན་གྱི་རྩ་ལྟུང་འགྲེལ་སྤྱོད་ལས། ཡན་ལག་ཚང་བའི་རྩ་ལྟུང་བྱུང་ན་ཡུལ་རྡོ་རྗེ་སློབ་དཔོན་གྱི་དྲུང་དུ་སླར་ཡང་སྡོམ་པ་བླང་དགོས་ཏེ། དམ་པ་དང་པོ་ལས། རྩ་བའི་ལྟུང་བ་བྱུང་བར་གྱུར་ན། སླར་ཡང་དཀྱིལ་འཁོར་འདི་རུ་ནི། དག་པའི་རྒྱུ་རུ་འཇུག་པར་བྱ། སླར་ཡང་གནང་བ་ཐོབ་པ་ནི། ཚོགས་ཀྱི་ནང་དུ་འགྲོ་བ་ན། །རྒྱན་པའི་མིང་ནི་གཞོན་པ་ཉིད། །ཅེས་དང་། རྩ་ལྟུང་གི་གཞུང་ལས། གསུམ་ལ་སྐྱབས་འགྲོ་ནས་བརྩམས་ཏེ། །བྱང་ཆུབ་སེམས་སོགས་སྡོམ་པ་ནི། །གལ་ཏེ་བདག་ལ་ཕན་འདོད་ན། །སྔགས་པས་འབད་དེ་བཟུང་བར་བྱ། །ཞེས་དང་། སཾ་པུ་ཊི་ལས། དམ་ཚིག་ཉམས་པས་རྣལ་འབྱོར་པ་བག་མེད་པ་སྐྱེ་བར་འགྱུར་ཏེ། ཡང་བྱང་ཆུབ་སེམས་དཔའི་དམ་ཚིག་བླངས་པར་བྱས་ཕྱིར་མི་བརྗེད་པར་སྡོམ་པ་བཟུང་བར་བྱ་སྟེ། དེ་ཉིད་ཀུན་གྱི་སྡོམ་པ་དང་ལྡན་པས་ཕྱག་རྒྱའི་རྣལ་འབྱོར་ལ་གནས་པར་བྱའོ། །ཞེས་དང་། གཞན་ཡང་སྐྱོན་མེད་པའི་བཀའ་དང་བསྟན་བཅོས་རྣམས་ལས་ཡན་ལག་ཚང་བའི་རྩ་ལྟུང་བྱུང་ན་སྡོམ་པ་སླར་ཡང་བླང་བར་བཤད་པའི་ཕྱིར་ཞེས་བཞེད་དོ། །བླ་ཆེན་འཕགས་པས། གལ་ཏེ་ཡུལ་རྡོ་རྗེ་སློབ་དཔོན་མ་འབྱོར་ན་ཐོག་མར་ཡི་གེ་བརྒྱ་པའི་བཟླས་བརྗོད་ལ་སོགས་པའི་སྒོ་ནས་སྡིག་པ་དག་པའི་མཚན་མ་མ་བྱུང་གི་བར་དུ་བཤགས་པ་བྱེད་ཅིང་། མཚན་མ་བྱུང་ཆེ་རང་ཉིད་ཀྱིས་རྟུལ་ཚོན་གྱི་དཀྱིལ་འཁོར་ཚུལ་བཞིན་དུ་བྲིས་ཏེ་བདག་འཇུག་བླངས་ན་སྡོམ་པ་སོར་ཆུད་པ་དང་ཡོད་དོ་གསུང་། །བླ་མ་འགའ་ཞིག་ནི་སློབ་དཔོན་ལ་སྙོད་པའི་རྩ་ལྟུང་བྱུང་ན་དབང་བསྐུར་ཞུ་བའི་སྒོ་ནས་སྡོམ་པ་སླར་ཡང་བླང་དགོས་ཀྱི་བདག་འཇུག་གིས་སོར་མི་ཆུད་པར་བཞེད། ཀུན་མཁྱེན་གྱིས། རྟེན་གྱི་གང་ཟག་དེ་སྔགས་ཀྱི་ཉམས་ལེན་གྱི་ཚུལ་མི་ཤེས་ཤིང་ཉམས་ལེན་ཅུང་ཟད་ཀྱང་མ་བྱས་ལ་དབང་ཐོབ་པ་ཙམ་ཞིག་ཡིན་ན་དེ་ལ་རྩ་ལྟུང་བྱུང་ཆེ་སྡོམ་པ་སླར་བླང་དགོས་ཏེ། སྔགས་ཀྱི་ཉམས་ལེན་དང་མ་འབྲེལ་ཞིང་སྔགས་སྡོམ་ཐོབ་པ་ཙམ་ཞིག་ཡིན་པའི་ཕྱིར། གལ་ཏེ་ཉམས་ལེན་གྱི་ཚུལ་ཤེས་ཤིང་རྒྱུན་དུ་ཉམས་སུ་ལེན་པའི་གང་ཟག་ཡིན་ན། དེ་ལ་ལྟུང་བ་བྱུང་བའི་ཚེ་རང་ཉིད་ཀྱིས་བདག་འཇུག་བླངས་ཀྱང་སོར་ཆུད་པར་འགྱུར་ཏེ། རྩ་བའི་ལྟུང་བས་དམ་ཚིག་ལ་སྐྱོན་བྱུང་བ་ཙམ་ཡིན་ཞིང་། སྔགས་ཀྱི་ཉམས་ལེན་གྱི་ཚུལ་དང་འབྲེལ་བ་ཡིན་པས་བདག་འཇུག་གིས་ཀྱང་དམ་ཚིག་གི་སྐྱོན་སྦྱང་བར་ནུས་སོ་སྙམ་དུ་སེམས་སོ་ཞེས་གསུངས་སོ། །

གཉིས་པ་ཡན་ལག་མ་ཚང་བའི་ལྟུང་བ་དང་། ཡན་ལག་གི་ལྟུང་བ་རྣམས་ལས་ལྡང་བའི་ཐབས་ནི།

སྐྱོབས་བཞིའི་སྒོ་ནས་བཤགས་པ་བྱེད་པ་དང་། རྡོར་སེམས་དང་དམ་ཚིག་རྡོ་རྗེའི་བསྒོམ་བཟླས་བྱེད་པ་དང་། བརྩོན་འགྲུས་དྲག་པོས་རིམ་གཉིས་ཚུལ་གཞིན་བསྒོམ་པ་དང་། བཞི་དབུ་མ་ལ་སོགས་པའི་གྲངས་བསྐྱེད་དང་། བསྐྱེད་པའི་བཙུ་ཆ་སོགས་ཀྱི་སྦྱིན་སྲེག་བྱེད་པ་དང་། ཚོགས་ཀྱི་འཁོར་ལོ་བྱེད་པ་ལ་སོགས་པའི་སྒོ་ནས་རྒྱུད་ལྟུང་བ་མེད་པར་བྱས་ནས་རྣལ་འབྱོར་ཉམས་སུ་ལེན་པ་ལ་འབད་པར་བྱའོ། །

གཉིས་པ་སུམ་ལྡན་གྱི་རྒྱུད་ཀྱི་སྡོམ་པ་གནས་གཏོང་གི་ཚུལ་དཔྱད་པ་ལ་གཉིས་ཏེ། གནས་པའི་ཚེ་གཅིག་ཐ་དད་གང་དུ་གནས་དཔྱད་པ། གཏོང་བའི་ཚེ་རིམ་དང་ཅིག་ཆར་གང་དུ་གཏོང་དཔྱད་པའོ། །དང་པོ་ལ་དགག་བཞག་སྤོང་གསུམ་ལས། དང་པོ་ལ་བཞི། ཉི་ཟླ་སྐར་གསུམ་གྱི་དཔེས་འོག་མ་བག་ཉལ་གྱི་ཚུལ་དུ་འདོད་པ་དང་། སྐྱེས་བུའི་རྒྱན་གྱི་དཔེས་དུས་མཉམ་རྫས་ཐ་དད་དུ་འདོད་པ་དང་། ཆུ་གཞོང་དུ་ནོར་བུ་བཞག་པའི་དཔེས་རྟེན་དང་བརྟེན་པ་རྫས་ཐ་དད་དུ་འདོད་པ་དང་། གཞན་ལུགས་ལ་རང་ལུགས་སུ་འབྲུལ་ནས་གནས་འགྱུར་རྫས་གཞན་དུ་འདོད་པར་དགག་པའོ། །དང་པོ་ནི། འོད་འཕྲེང་ལས་རང་ལུགས་ཀྱི་སུམ་ལྡན་གྱི་ཚུལ་བཤད་པའི་དོན། སོ་ཐར་དང་ལྡན་པའི་གང་ཟག་གིས་བྱང་སྡོམ་བླངས་པ་ན་སོ་ཐར་ཀུན་གཞི་ལ་བག་ཉལ་གྱི་ཚུལ་དུ་གནས་ཀྱི་མངོན་གྱུར་ཏུ་མི་འབྱུང་ལ་སྔགས་སྡོམ་བླངས་པ་ན་འོག་མ་གཉིས་ཀ་ཡང་བག་ཉལ་གྱི་ཚུལ་དུ་གནས་ཏེ། དཔེར་ན་སྐར་མ་རྒྱུང་བཤར་བ་ན་དེའི་འོད་སྣང་ཞིང་། ཟླ་བཤར་བ་ན་སྐར་འོད་ཉམས་ལ་ཉི་མཤར་བ་ན་ཟླ་སྐར་གཉིས་ཀའི་འོད་ཉམས་པ་བཞིན། གལ་ཏེ་གོང་མའི་སྡོམ་ལྡན་གྱིས་འོག་མའི་སྡོམ་པ་བླངས་པ་ན་གོང་མ་ཟིལ་གྱིས་མི་གནོན་ཀྱང་། སྡོམ་པ་ཚོགས་ཐོབ་སྐེ་ཉི་མ་གནས་ཚེ་ཡང་ཟླ་སྐར་འཆར་བ་བཞིན། གོང་མ་གནས་ཀྱི་བར་དུ་འོག་མའི་ལྟུང་བ་བྱུང་ཡང་རྣམ་སྨིན་གྱིས་མི་གོས་ཏེ། ཉི་མ་གནས་ཀྱི་བར་དུ་ཟླ་སྐར་ནུབ་ཀྱང་འོད་མི་འགྲིབ་པ་བཞིན། གོང་མའི་ལྟུང་བ་བྱུང་ན་འོག་མ་གནས་ཀྱང་སྐྱོབ་མི་ནུས་ཏེ། ཉི་མ་ནུབ་པ་ན་ཟླ་སྐར་གནས་ཀྱང་མུན་པའི་བག་ཏུ་འགྱུར་བ་བཞིན། རྒྱུད་འབུམ་པ་ལས་གསེར་འགྱུར་རྩིའི་དཔེ་གསུངས་པ་ཡང་གོང་མ་གོང་མས་འོག་མ་ཟིལ་གྱིས་གནོན་ཅིང་འོག་མ་ལས་གོང་མ་མཆོག་ཏུ་འགྱུར་བ་ལ་དགོངས་ཏེ། ཟླ་སྐར་གྱི་འོད་ཀྱང་ཉི་མ་གནས་ཀྱི་བར་ཉི་འོད་ཞེས་སྒྲོགས་པ་བཞིན་ནོ། །ཞེས་འདོད་དོ།

དེ་རྣམས་ནི་མི་འཐད་དེ། གོང་མ་ཐོབ་པའི་ཚེ་འོག་མ་མངོན་འགྱུར་དུ་མེད་པར་བག་ལ་ཉལ་དུ་འདོད་ན་གོང་འོག་འཛིན་སྟངས་འགལ་བས་མངོན་འགྱུར་དུ་མི་འབྱུང་བ་ཡིན་ནམ། ཚ་རེག་དང་གྲང་རེག་ལྟར་ལྷན་ཅིག་མི་གནས་འགལ་ཡིན་པས་མངོན་གྱུར་ཏུ་མི་འབྱུང་བ་ཡིན། དང་པོ་ལྟར་ན་འཛིན་སྟངས་འགལ་བ་ནི་ཤིན་ཏུ་མི་འཐད་དེ། བྱང་སེམས་ཀྱི་སྡོམ་པ་ནི་གཞན་ལ་ཕན་པ་བསྒྲུབ་པ་ཡིན་ལ། སོ་ཐར་གྱི་སྡོམ་པ་ནི་གཞན་ལ་

གནོད་པ་སྤོང་བའི་བསམ་པ་ཅན་ཡིན་པ་གང་ཞིག །གཞན་ལ་ཕན་པ་བསྒྲུབ་པ་ལ་གཞན་ལ་གནོད་པ་སྤོང་བས་ཁྱབ་པར་ཁྱེད་རང་གིས་ཀྱང་ཁས་བླངས་ཤིང་དོན་ལ་ཡང་གནས་པའི་ཕྱིར་རོ། །གཉིས་པ་ལྟར་ན་གསུམ་ལྡན་གྱི་གང་ཟག་མི་སྲིད་པར་ཐལ་བ་ལས་དེ་ལྟར་དུ་མི་འཐད་དེ་རྒྱུད་བཞི་ལས་སུམ་ལྡན་གསུངས་པའི་ཕྱིར། གཞན་ཡང་བྱང་སེམས་ཀྱི་སྡོམ་ལྡན་ལ་སོར་སྡོམ་མངོན་གྱུར་དུ་མི་འབྱུང་ན་ཉེས་སྤྱོད་སྡོང་བའི་ཚུལ་ཁྲིམས་ཀྱང་མངོན་འགྱུར་དུ་མེད་པར་འདོད་དགོས་ཏེ། ཉེས་སྤྱོད་སྡོང་བའི་ཚུལ་ཁྲིམས་ནི་ཐོགས་མེད་དང་། མར་མེ་མཛད་དང་། གནས་བརྟན་བྱང་བཟང་རྣམས་ཀྱིས་སོ་ཐར་རིས་བདུན་ལ་བཤད་པའི་ཕྱིར་རོ། །སྔགས་སྡོམ་དང་ལྡན་པའི་གང་ཟག་ལ་བྱང་སེམས་ཀྱི་སྡོམ་པ་སྨོན་འཇུག་གཉིས་པོ་མངོན་གྱུར་དུ་མི་སྲིད་ན་གང་ཟག་དེས་རྫོགས་པའི་བྱང་ཆུབ་སྒྲུབ་པ་ནི་ཤིན་ཏུ་ངོ་མཚར་ཏེ། བྱང་ཆུབ་སེམས་དཔའི་སྤྱོད་པ་ཚུལ་ཁྲིམས་གསུམ་ལ་མ་བསླབ་པར་རྫོགས་བྱང་བསྒྲུབ་པ་ནི་ཁྱོད་ཁོ་ན་ལས་ཐོས་ཀྱི་སངས་རྒྱས་སྲས་བཅས་ཀྱིས་མ་གསུངས་སོ། །

གཞན་ཡང་སྨོན་འཇུག་གཉིས་རིགས་ལྔ་སྤྱིའི་དམ་ཚིག་ཏུ་རྒྱུད་སྡེ་ལས་གསུངས་པས་རྒྱུད་སྡེ་གོང་མ་གཉིས་ཀྱི་རྡོ་རྗེ་སློབ་དཔོན་གྱི་དབང་ཐོབ་པའི་གང་ཟག་ལ་རིགས་ལྔ་སོ་སོའི་དམ་ཚིག་མངོན་གྱུར་དུ་ཡོད་ཅིང་སྤྱིའི་དམ་ཚིག་བག་ཉལ་དུ་ཡོད་པར་ཁས་ལེན་དགོས་པར་འགྱུར་རོ། །ཡང་སུམ་ལྡན་གྱི་དགེ་སློང་གི་རྒྱུད་ཀྱི་ཀུན་གཞི་ལ་གནས་པའི་དགེ་སློང་གི་སྡོམ་པའི་བག་ཆགས་དེ་སོར་སྡོམ་ཡིན་ནམ་མ་ཡིན། ཡིན་ན་ཤི་འཕོས་ཚེ་དེ་གཏོང་བར་ཐལ། །དེའི་ཚེ་སོར་སྡོམ་གཏོང་བའི་ཕྱིར། རྟག་ཁྱབ་ཁས་འདོད་ན་དགེ་སློང་ཤི་འཕོས་ནས་སོར་སྡོམ་གྱི་བག་ཆགས་མེད་པར་འགྱུར་ཞིང་། དེ་ཡང་འདོད་ན་ཐོས་བསམ་སོགས་ལ་མཆུངས་པས་གཞི་ཚུལ་ཁྲིམས་ལ་གནས་ནས་ཐོས་བསམ་སྒོམ་གསུམ་བྱེད་པ་ལ་དགོས་པ་མེད་པར་འགྱུར་རོ། །གལ་ཏེ་སོར་སྡོམ་གྱི་བག་ཆགས་དེ་ཉིད་སོར་སྡོམ་མ་ཡིན་ན་གང་ཟག་དེའི་རྒྱུད་ལ་སོར་སྡོམ་གཏན་མེད་པར་འགྱུར་ཏེ། བག་ཆགས་དེ་ལས་གཞན་པའི་སོར་སྡོམ་གཞན་མེད་པར་ཁས་བླངས་པའི་ཕྱིར། ཉི་ཟླ་སྐར་གསུམ་གྱི་དཔེ་དང་སྦྱར་བ་ཡང་མི་འཐད་དེ། རང་བཟོ་མ་གཏོགས་ལུང་རྣམ་དག་གང་ནས་ཀྱང་མ་བཤད་པའི་ཕྱིར།སྡོམ་པ་གོང་མ་ལ་གནས་པས་འོག་མ་ལ་ལེན་པ་དོན་ལ་གནས་ཀྱང་ཁྱོད་ལ་འགལ་ཏེ། སོར་སྡོམ་ལེན་པས་བསམ་པའི་ཡན་ལག་ཏུ་རང་འདོད་ཡིད་བྱེད་དགོས་པར་ཁས་བླངས་པའི་ཕྱིར། གོང་མ་གནས་ཀྱི་བར་དུ་འོག་མའི་ལྟུང་བ་བྱུང་བ་ན་རྣམ་སྨིན་གྱིས་མི་གོས་པར་འདོད་པ་ནི་ཆེས་མི་འཐད་དེ། སྔགས་སྡོམ་ལ་གནས་པའི་གང་ཟག་ལ་བྱང་སྡོམ་གྱི་རྩ་ལྟུང་བྱུང་ན་བྱང་སྡོམ་ཉམས་ལ་དེ་ཉམས་ན་ཉེས་དམིགས་མང་པོ་ཡོད་པར་ཁས་བླངས་པ་དང་ཅིའི་ཕྱིར་མི་འགལ། གལ་ཏེ་ཉེས་པ་དེ་ནི་སྡོམ་པ་རེ་རེ་དང་ལྡན་པ་ཉམས་པའི་དབང་དུ་བྱས་ཀྱི་གོང་མ་དང་

ལྡན་པའི་དབང་དུ་བྱས་པ་མ་ཡིན་ནོ་ཞེ་ན། དེ་ཤིན་ཏུ་མི་འཐད་དེ། གོང་མ་དང་ལྡན་པའི་ཚེ་ཡང་སྡོམ་པ་གསུམ་ཆར་གྱི་གཏོང་ཐོབ་གནས་པའི་ཚུལ་ཐམས་ཅད་རང་རང་གི་ཚོག་བཞིན་གནས་པར་ཁས་བླངས་པ་དང་ནང་འགལ་བའི་ཕྱིར། གོང་མའི་ལྟུང་བ་བྱུང་ན་འོག་མ་ལ་གནས་ཀྱང་སྐྱོབ་མི་ནུས་ན། མ་ངེས་པའི་རིགས་ཅན་གྱིས་བྱང་སེམས་བཏང་ནས་སོ་ཐར་ལ་གནས་ནས་ཐེག་དམན་གྱི་ལམ་བསྒྲུབ་ཀྱང་ཉན་རང་གི་བྱང་ཆུབ་མི་ཐོབ་པར་ཐལ། གོང་མའི་ལྟུང་བ་བྱུང་ན་འོག་མས་མི་སྐྱོབ་པའི་ཕྱིར།གཞན་ཡང་དཔེ་དང་བསྒྲིགས་པ་ལྟར་ན་སྔགས་ཀྱི་རྩ་ལྟུང་བྱུང་ན་བྱང་སྡོམ་གྱིས་སྐྱོབ་མི་ནུས་པ་ལྟར་སྔགས་སྡོམ་མ་བླངས་པའི་བྱང་སེམས་ཀྱི་སྡོམ་པས་ཀྱང་སྐྱོབ་མི་ནུས་པར་ཐལ། ཉི་མ་ནུབ་ན་ཟླ་སྐར་གནས་ཀྱང་མུན་པའི་བག་ཡིན་པ་ལྟར་ཉི་མ་མ་ཤར་ན་ཟླ་སྐར་གནས་ཀྱང་མུན་པའི་བག་ཡིན་པའི་ཕྱིར། ཁྱབ་པ་ཁས་བླངས་སོ། །འདོད་ན་བྱང་སེམས་སྡོམ་པའི་ཕན་ཡོན་ནི། །གནས་སྐབས་བདེ་མང་མཐར་ཐུག་ནི །རིང་མོ་ཞིག་ནས་རྫོགས་སངས་རྒྱས། །ཞེས་བཤད་པ་དང་དངོས་སུ་འགལ་ལོ། །གསེར་འགྱུར་གྱི་རྩིའི་དཔེས་གསུངས་པའི་དོན་གོང་མས་འོག་མ་ཟིལ་གྱིས་གནོན་པར་འདོད་པ་ཡང་མི་འཐད་དེ། གསེར་འགྱུར་རྩི་ཡི་དངོས་པོ་ཡིས། །ཀུན་ཀྱང་གསེར་དུ་འགྱུར་བ་ལྟར། །ཞེས་པས་སྡོམ་པ་འོག་མ་གོང་མར་གནས་འགྱུར་བ་ལ་བཤད་དགོས་པའི་ཕྱིར་རོ། །

གཉིས་པ་ནི་ཨ་བྷ་ཡ་ཀ་རའི་ལུགས་ཏེ། དེ་ཡང་མཛོད་ལས་ཐ་དད་དེ་དག་འགལ་བ་མེད། །ཅེས་གསུངས་པ་ལྟར་སྡོམ་གསུམ་རིམ་ཅན་དུ་བླངས་པ་ཡང་བསགས་པའི་གཟུགས་ཅན་ཁོ་ན་ལ་འདི་རྣམས་ཀྱི་ཐ་སྙད་འཛོག་པས་སྐྱེ་བུའི་རྒྱན་བཞིན་དུ་སོ་སོར་གནས་པར་འདོད་དོ། །དེ་ལ་སོར་སྡོམ་གཟུགས་ཅན་དུ་འདོད་པ་ནི་བྱེ་སྨྲ་དང་འདྲ་བས་གཞན་གྱིས་བཀག་ཟིན་ལ། ཁྱད་པར་བྱང་སྡོམ་གཟུགས་ཅན་དུ་མི་འཐད་དེ། སྤོང་བའི་སེམས་ནི་ཐོབ་པ་ལ། །ཚུལ་ཁྲིམས་ཕ་རོལ་ཕྱིན་པར་བཤད། །ཅེས་སྤོང་སེམས་ལ་བཤད་པའི་ཕྱིར། །སྔགས་སྡོམ་གཟུགས་ཅན་དུ་འདོད་པ་ཡང་མི་འཐད་དེ། སྔགས་སྡོམ་གྱི་ངོ་བོ་ནི་ཐ་མལ་གྱི་ལུས་ངག་ཡིད་གསུམ་ལ་རྡོ་རྗེ་འཆང་གི་སྐུ་གསུང་ཐུགས་ཀྱི་ས་བོན་བཏབ་ནས་རྒྱུ་འབྲས་ལྷུན་འགྲུབ་ཏུ་ཡོངས་སྤྱོད་པའི་ཐབས་ཁྱད་པར་ཅན་ཡིན་ལ་དེ་ལ་ནི་རྡུལ་ཕྲན་བསགས་པའི་གཟུགས་ཀྱི་དགོས་པ་མེད་པའི་ཕྱིར་རོ། །ཉན་ཐོས་ཀྱི་སོ་ཐར་དང་ལྡན་པའི་གང་ཟག་གིས་སྡོམ་པ་གོང་མ་གཉིས་རིམ་གྱིས་བླང་ཚེ་གསུམ་ཀ་ཡང་སྐྱེས་བུའི་རྒྱན་བཞིན་སོ་སོར་གནས་པར་འདོད་པ་མི་འཐད་དེ། དེའི་ཚེ་ཉན་ཐོས་ཀྱི་སོ་ཐར་ཐེག་ཆེན་སོ་ཐར་དུ་འགྱུར་རམ་མི་འགྱུར། འགྱུར་ན་དེ་བྱང་སེམས་ཀྱི་སྡོམ་པར་འགྱུར་ལ། མི་འགྱུར་ན་ཉན་ཐོས་ཀྱི་སོ་ཐར་དང་བྱང་སེམས་ཀྱི་སྡོམ་པ་དུས་གཅིག་ལ་ཡོད་པར་འགྱུར་ཏེ། སྔ་མ་ལ་གཏོང་རྒྱུ་མ་བྱུང་ཞིང་དེ་ཕྱི་མར་གནས་འགྱུར་བ

ཡང་མེད་པའི་ཕྱིར། འདོད་ན་མི་ནུས་ཏེ། ཉེ་བ་འཁོར་གྱིས་ཞུས་པའི་མདོ་ལས། ཉན་ཐོས་ཀྱི་ཐེག་པ་པ་རྣམས་ཀྱི་སྒྱུར་བ་དང་ལྷག་པའི་བསམ་པ་ཡང་གཞན།ཐེག་ཆེན་ལ་ཞུགས་པ་རྣམས་ཀྱི་སྒྱུར་བ་དང་ལྷག་པའི་བསམ་པ་ཡང་གཞན་ཡིན་ནོ། །དེ་ལ་ཉན་ཐོས་ཀྱི་ཐེག་པ་པའི་ཚུལ་ཁྲིམས་དག་པ་ནི་བྱང་ཆུབ་སེམས་དཔའི་ཚུལ་ཁྲིམས་མ་དག་པ་ཡིན་ལ་བྱང་ཆུབ་དཔའི་ཚུལ་ཁྲིམས་མ་དག་པ་ཉིད་ཡིན་ནོ། །དེ་ཅིའི་ཕྱིར་ཞེ་ན། ཉན་ཐོས་ཀྱི་ཐེག་པ་པ་ནི་སྐད་ཅིག་ཙམ་སྲིད་པར་སྐྱེ་བ་ལེན་པར་སྨྲོ་ན་ཡང་ཉེས་པ་ཡིན་ལ་བྱང་ཆུབ་སེམས་དཔའི་ནི་སེམས་ཅན་གྱི་དོན་ལ་བསྐལ་བ་དཔག་ཏུ་མེད་པར་འཁོར་བར་གནས་པ་ལ་མི་སྐྱོ་བ་ཡིན་ནོ་ཞེས་གསུངས་པ་དང་འགལ་བའི་ཕྱིར། གསུམ་པ་ནི་ལྟུང་ར་བའི་ལུགས་ཏེ། དང་པོ་སོ་ཐར་རིས་བདུན་དེ་ནས་བྱང་སྡོམ་དེ་ནས་ཐོབ་པའི་ཚེ། སྔ་ཕྱི་རྟེན་དང་བརྟེན་པའི་ཚུལ་དུ་རྫས་གཞན་དུ་གནས་པ་ཡིན་པ་ལ་གོང་མ་གོང་མའི་རྟེན་དུ་འོག་མ་འོག་མ་སྡོན་དུ་སོང་བས་ངེས་པར་དགོས་ཏེ། དཔེར་ན་གཞོང་པའི་ནང་དུ་ཆུ་བླུགས་ནས་དེའི་ནང་དུ་ནོར་བུ་བཞག་པ་བཞིན་ནོ། །ཞེས་ཟེར་རོ། །དེ་དག་མི་འཐད་དེ། བྱང་སྡོམ་གྱི་རྟེན་དུ་སོ་ཐར་དགོས་པ་དེ་ཉན་ཐོས་ཀྱི་སོ་ཐར་ལ་བྱེད་དམ། ཐེག་ཆེན་སོ་ཐར་ལ་བྱེད། དང་པོ་ལྟར་ན་དེ་བྱང་སྡོམ་སྐྱེ་བ་དང་གནས་པ་གཉིས་ཀའི་རྟེན་དུ་མི་རུང་སྟེ། ཉན་ཐོས་ཀྱི་སོ་ཐར་མི་སྐྱེ་བའི་ལྷ་ཀླུ་སོགས་ལ་དབུ་མ་ལུགས་ཀྱི་སེམས་བསྐྱེད་སྐྱེ་བར་གོང་དུ་བཤད་ཟིན་ཅིང་ཉན་ཐོས་ཀྱི་སོ་ཐར་ནི་ཤི་བའི་ཚེ་གཏོང་ལ་བྱང་སྡོམ་མི་གཏོང་བའི་ཕྱིར།

གཉིས་པ་ལྟར་ན་རྟེན་དང་བརྟེན་པ་རྫས་གཞན་དུ་འདོད་པ་མི་འཐད་དེ། ཐེག་ཆེན་སོ་ཐར་ནི་རྫོགས་བྱང་ལ་མི་དམིགས་ཏེ་གཞན་གནོད་སྤོང་བ་ཡིན་ལ་བྱང་སྡོམ་ནི་རྫོགས་བྱང་ལ་དམིགས་ཏེ་གཞན་ཕན་བསྒྲུབ་པ་ཡིན་ཞིང་། གཞན་ལ་ཕན་བསྒྲུབ་གནོད་སྤོང་གཉིས་ངོ་བོ་གཅིག་ཏུ་སྐྱེ་བའི་ཕྱིར། གཞན་ཡང་ཁྱེད་ལྟར་ན་གཞོང་པ་དེ་ཆུ་མེད་པའི་ནོར་བུ་དང་ཆུ་མེད་པའི་ནོར་གཉིས་ཀའི་རྟེན་ཡིན་པ་ལྟར་སོ་ཐར་དེ་ཡང་བྱང་སྡོམ་མེད་པའི་སྔགས་སྡོམ་དང་བྱང་སྡོམ་དང་བཅས་པའི་སྔགས་སྡོམ་གཉིས་ཀའི་རྟེན་དུ་རུང་བར་ཁས་ལེན་དགོས་ལ༑ དེ་འདོད་ན་སྔགས་སྡོམ་དང་བྱང་སེམས་ཀྱི་སྡོམ་པ་རྣམ་པ་ཀུན་ཏུ་རྟེན་དང་བརྟེན་པར་འདོད་པ་དང་འགལ་ལོ། །གཞན་ཡང་དགེ་སློང་རྡོར་འཛིན་གྱིས་དགོས་དབང་གིས་བསླབ་པ་ཕུལ་ཚེ་སྡོམ་པ་གོང་མ་གཉིས་གཏོང་བར་འགྱུར་ཏེ། དེ་གཉིས་ཀྱི་རྟེན་གཏོང་བའི་ཕྱིར། རྟགས་ཁས་ཁྲབ་པ་ཡོད་དེ། རྟེན་གཞོང་པ་མེད་ན་དེའི་ཆུ་མེད་དགོས་པའི་ཕྱིར། ཡང་སྡོམ་པ་གོང་མ་གཉིས་རྫས་གཞན་དུ་འདོད་པ་ནི། ཐེག་ཆེན་གྱི་སྡེ་སྣོད་ཀྱི་ཉམས་ལེན་གྱི་གནད་ངོས་མ་ཟིན་པ་ཡིན་ཏེ། སྔགས་སྡོམ་རྒྱུད་ལྡན་གྱི་གང་ཟག་གང་གི་འཇུག་སེམས་ཀྱི་བསླབ་བྱ་ཚུལ་ཁྲིམས་གསུམ་གྱི་ནང་དུ་མ་འདུས་པའི་ཐེག་ཆེན་ཉམས་ལེན་གཞན་ཡོད་ན་དེ་དགེ་བའི་ཆོས་མ་

ཡིན་པར་ཐལ་བའི་ཕྱིར། །དེས་ན་ཆུ་གཞོང་དུ་ནོར་བུ་བཞག་པ་ལྟར་སྔགས་སྡོམ་གྱི་ཉམས་ལེན་རང་རྒྱུད་ཀྱི་སྡོམ་པ་གཞན་གཉིས་ལ་ཡང་མ་ཁྱབ་པར་ཟུར་དུ་ཙུང་ཟད་ཡོད་པར་འདོད་པ་དེ་ནི་བསྐྱེད་རིམ་གྱི་དུས་སུ་སྣང་བའི་དངོས་པོ་ཐམས་ཅད་ལྷ་དང་རྫོགས་རིམ་གྱི་དུས་སུ་སྣང་བ་ཐམས་ཅད་བདེ་ཆེན་དུ་ཤར་བ་དགོས་སོ་ཞེས་སྨྲ་བ་ནི་འུད་སྒྲོག་འབའ་ཞིག་ཏུ་སྣང་ངོ་། །

བཞི་པ་ནི་དགའ་གདོང་བའི་ལུགས་ཏེ། དེའི་སྐབས་དོན་རྗེ་བཙུན་ཆེན་པོས་དགེ་སློང་རྡོ་རྗེ་འཛིན་པ་ལྟ་བུའི་སྡོམ་གསུམ་གནས་འགྱུར་བའི་ཚེ་སྒྲ་ཟིན་ལ་ངོ་བོ་གཅིག་ཅེས་གསུངས་ལ། དེ་ཡང་དེའི་ཚེ་སྡོམ་གསུམ་རྒྱུན་རྫས་གཅིག་པ་ལ་དགོས་ཏེ། ཞེས་དང་། དེས་ན་སྡོམ་པ་གསུམ་རྫས་ཐ་དད་ཀྱང་དགེ་སློང་རྡོ་རྗེ་འཛིན་པ་ལ་སྡོམ་གསུམ་ལྡན་ཚུལ་ནི་རྐྱེན་དབང་གི་གཅིག་མངོན་དུ་གྱུར་ཚེ་གཞན་གཉིས་དབང་ལྡན་གྱི་ཚུལ་གྱིས་ལྡན་ཏེ༑ ཐོབ་བྱེད་ཀྱི་རྒྱུས་ཐོབ་ལ་གཏོང་རྒྱུས་ཉམས་པར་མ་བྱས་པའི་ཕྱིར་རོ། །གནས་འགྱུར་བསྐྱེ་བའི་ཚེ་ཡང་སྡོམ་གསུམ་ངོ་བོ་གཅིག་ཅེས་སྒྲ་ཇི་བཞིན་ཁས་མི་ལེན་ནོ། །ཞེས་ཟེར་རོ། །དེ་དག་མི་འཐད་དེ། རྗེ་བཙུན་ཀྱིས་གནས་འགྱུར་བའི་ཚེ་སྒྲ་ཟིན་ལ་ངོ་བོ་གཅིག་ཅེས་གསུངས་པ་ཁྱེད་རང་གིས་ཁས་ལེན་ཅིང་དེ་རྗེ་བཙུན་གྱི་དགོངས་པ་ཡིན་ཡང་དེ་སྒྲ་ཇི་བཞིན་དུ་ཁས་མི་ལེན་པ་ནི་དོན་དང་འགལ་ཞིང་རྗེ་བཙུན་གྱི་གསུང་པ་དང་འགལ་བའི་ཕྱིར། ཡང་རྗེ་བཙུན་གྱི་དགོངས་པ་དགེ་སློང་རྡོར་འཛིན་གྱི་སྡོམ་གསུམ་གནས་འགྱུར་བར་འདོད་པ་ཡང་ཁྱེད་ཀྱི་ལུགས་ལ་འགལ་ཏེ། སོར་སྡོམ་གཟུགས་ཅན་དང་བྱང་སྡོམ་ཤེས་པར་ཁས་བླངས་བས་བེམ་པོ་ཤེས་པར་གནས་འགྱུར་བར་མི་རུང་བའི་ཕྱིར། སྡོམ་གསུམ་གནས་འགྱུར་བའི་ཚེ་རྒྱུན་རྫས་གཅིག་ཅེས་པ་ཡང་མི་འཐད་དེ། རྒྱུན་གྱི་གདགས་གཞི་རྣམས་རྫས་གཅིག་ན་སྐད་ཅིག་སྔ་ཕྱི་རྫས་གཅིག་པར་ཐལ་བ་བཟློག་ཏུ་མེད་ཅིང་དེ་ལས་གཞན་པའི་རྒྱུན་རྫས་གཅིག་པ་མི་འཐད་དེ། རྒྱུན་རྫས་སུ་མ་གྲུབ་པའི་ཕྱིར། རྫས་གཞན་གྱི་རྒྱུན་གཅིག་པ་དང་རྒྱུན་རྫས་གཅིག་པ་གཉིས་ཀྱི་ཁྱད་པར་ཤིན་ཏུ་ཡང་ཆེ་བའི་ཕྱིར་རོ། །

སྡོམ་གསུམ་ལྡན་པའི་ཚུལ་ལ་གཅིག་མངོན་གྱུར་དུ་ལྡན་པའི་ཚེ་ཅིག་ཤོས་གཉིས་དབང་ལྡན་གྱི་ཚུལ་དུ་ལྡན་གྱི་མངོན་གྱུར་མེད་པར་འདོད་པ་ལ་ནི་སྔར་འོད་ཕྲེང་མཁན་པོས་བག་ཉལ་གྱི་ཚུལ་དུ་འདོད་པ་ལ་དགག་པ་བརྗོད་པའི་རིགས་པ་རྣམས་ནི་འདིར་འཇུག་པར་ཤེས་པར་བྱ་སྟེ། དེ་ཡང་ཀུན་བཏུས་ལས་ས་བོན་དང་ལྡན་པ་དང་། དབང་དང་ལྡན་པ་དང་། མངོན་གྱུར་དུ་ལྡན་པ་གསུམ་ལས་བག་ཉལ་གྱི་ཚུལ་དུ་འདོད་པ་ནི་ལྡན་ཚུལ་དང་པོ་ཡིན་ལ། དབང་དང་ལྡན་པར་འདོད་པ་ནི་ལྡན་ཚུལ་གཉིས་པ་ཡིན་ཞིང་དེ་གཉིས་གས་ཀྱང་མངོན་གྱུར་དུ་མི་ལྡན་པར་འདོད་པ་མཚུངས་སོ། །ཁྱད་པར་དུ་འདིར་འོག་མ་མངོན་གྱུར་དུ་ལྡན་པའི་ཚེ་གོང་མ་མངོན་གྱུར་

དུ་མི་ལྡན་པར་འདོད་པས་ཤིན་ཏུ་སྨད་པའི་གནས་ཏེ། དགེ་སློང་རྡོ་རྗེ་འཛིན་པས་བདེ་གཤེགས་བཀའ་འདས་ཀྱི་རྩ་ལྟུང་སྤྱོད་པའི་ཚེ་འོག་མ་གཉིས་ཀྱི་རྩ་བའི་ལྟུང་བ་སྤྱོད་པའི་སྤྱོད་སེམས་མེད་པར་འགྱུར་བས་རྩ་ལྟུང་གཉིས་པ་སྤྱོད་པའི་སྐབས་ཀྱང་མི་རྙེད་པ་འགྱུར་རོ། །གཞན་ཡང་སྨོན་སེམས་ཉམས་པ་སྤྱོད་པའི་སྤྱོད་སེམས་དང་། རྩ་ལྟུང་ལྔ་བ་སྤྱོད་པའི་སྤྱོད་སེམས་གཉིས་དུས་མཉམ་དུ་ལྡན་མི་སྲིད་པ་ཐལ། སྡོམ་པར་གོང་འོག་གི་སྤྱོད་སེམས་དུས་མཉམ་དུ་ལྡན་མི་སྲིད་པའི་ཕྱིར། དེ་ལ་སོགས་པ་མཐའ་ཡས་སོ། །

༄ གཉིས་པ་རང་ལུགས་བཞག་པ་ལ་གཉིས་ཏེ།བཤད་བྱ་རྡོ་རྗེའི་ཚིག་འགོད་པ་དང་། དེའི་དོན་ཚུལ་བཞིན་དུ་བཤད་པའོ། །དང་པོ་ནི། རྗེ་བཙུན་འབྲུལ་བའི་དྲི་མ་སྤངས་པ་རྡོ་རྗེ་འཛིན་པ་ཆེན་པོ་གྲགས་པ་རྒྱལ་མཚན་གྱི་ཞལ་སྔ་ནས་སྡོམ་པ་ཉི་ཤུ་པའི་འགྲེལ་པར་དེ་ལྟར་ན་རྡོ་རྗེ་རྩེ་མོས། སྡོམ་གསུམ་ལ་གནས་པ་ནི། དང་པོ་བྲིས་སུ་བཤད་པ་ཡིན། །ཞེས་གང་ཟག་གཅིག་གི་རྒྱུད་ལ་སོ་ཐར་དང་། བྱང་ཆུབ་སེམས་དཔའ་དང་། རིག་པ་འཛིན་པའི་སྡོམ་པ་གསུམ་དང་ལྡན་པར་གསུངས་པ་དང་འགལ་ལོ་ཞེ་ན་དེའི་དོན་འདི་ཡིན་ཏེ། སྤྱིར་སོ་སོར་ཐར་བ་ཞེས་བྱ་བའི་རང་གི་ངོ་བོ་ནི་གཞན་ལ་གནོད་པ་གཞི་དང་བཅས་པ་ལས་ལྡོག་པ་ཡིན་ལ། དེའི་སྟེང་དུ་ཕན་འདོགས་པར་འདོད་ཅིང་ཞུགས་པ་ནི་བྱང་ཆུབ་སེམས་དཔའི་སྡོམ་པ་ཡིན་ཞིང་། དེའི་སྟེང་དུ་རིགས་པ་འཛིན་པ་ནི་རིག་པ་འཛིན་པའི་སྡོམ་པ་ཡིན་ནོ། །དེ་ལ་སོ་སོར་ཐར་པ་ནི་གཉིས་ཏེ། ཉན་ཐོས་ཀྱི་སོ་སོར་ཐར་པ་དང་། བྱང་སེམས་ཀྱི་སོ་སོར་ཐར་བ་ལས། འདིར་བྱང་ཆུབ་སེམས་དཔའི་སོ་སོར་ཐར་བ་ནི་སྡོམ་པ་ཐོབ་པ་དང་གནས་པ་གཉིས་ཀའི་རྟེན་དུ་རུང་གི་སྟ་མ་ནི་དེ་ལྟར་མ་ཡིན་པས་རྡོ་རྗེ་རྩེ་མོའི་དགོངས་པ་ནི་བྱང་ཆུབ་སེམས་དཔའི་སོ་སོར་ཐར་པའོ། །བྱང་ཆུབ་སེམས་དཔའི་སྡོམ་པ་དེ་བླང་བའི་ཚོ་ག་གཞན་ཞིག་ཡོད་དམ་སོ་སོར་ཐར་བའི་སྡོམ་པ་ཉིད་ཡིན་ཞེ་ན། སྔར་སོ་སོར་ཐར་བའི་སྡོམ་པ་ཐོབ་ན་ཕྱིས་བྱང་ཆུབ་སེམས་དཔའི་སྡོམ་པ་ཐོབ་པའི་དུས་སྔར་གྱི་དེ་བྱང་ཆུབ་སེམས་དཔའི་སྡོམ་པར་གནས་འགྱུར་ལ་སྔར་མ་ཐོབ་ན་ནི་བྱང་ཆུབ་སེམས་དཔའི་སྨོན་པའི་དུས་ཉིད་དུ་བྱང་ཆུབ་སེམས་དཔའི་སོ་སོར་ཐར་བའི་སྡོམ་པ་ཐོབ་ཡིན་ནོ། །རྣམ་པར་སྤྲོས་པས་ཆོག་གོ། །ཞེས་པ་དང་། རྩ་ལྟུང་འབྲུལ་སྤོང་ལས། འདིར་ཁ་ཅིག་འདི་སྐད་དུ། གསུམ་ལ་སྐྱབས་འགྲོ་ནས་བཟུམས་ཏེ། ཞེས་བྱ་བ་ཐུན་མོང་གི་སྐྱབས་འགྲོ་དང་། སོ་སོར་ཐར་པ་ལ་འཆད་ཅིང་། རྡོ་རྗེ་རྩེ་མོ་ལས་ཀྱང་། སོ་སོར་ཐར་དང་བྱང་ཆུབ་སེམས། །རིག་འཛིན་རང་གི་ངོ་བོའོ། །ཞེས་གསུངས་པའི་གཉིས་ཀའང་སྐྱོན་དང་བཅས་པ་ཡིན་ཏེ། རིག་པ་འཛིན་པ་དང་བྱང་སེམས་དཔའི་སྡོམ་པ་གཉིས་ནི་ནང་མི་འགལ་མོད། སོ་སོར་ཐར་པའི་སྡོམ་པ་འདི་ནི་བྱང་ཆུབ་སེམས་དཔའི་སྡོམ་པ་ཐོབ་པའི་རྟེན་དུ་མི་རུང་སྟེ། སོ་སོར་ཐར་བ་ནི་

གླིང་གསུམ་གྱི་སྐྱེས་པ་དང་བུད་མེད་མ་ཡིན་གཞན་ལ་མི་སྐྱེ་ལ་ལ་བྱང་ཆུབ་ཀྱི་སེམས་ནི་འགྲོ་བ་མཐའ་དག་ལ་སྐྱེ་བར་གསུངས་པའི་ཕྱིར་རོ། །ཡང་གནས་པའི་རྟེན་དུ་ཡང་མི་འཐད་དེ། སོ་སོར་ཐར་བ་ནི་ཤི་ནས་གཏོང་ལ་བྱང་ཆུབ་སེམས་ནི་ཇི་སྲིད་སངས་མ་རྒྱས་ཀྱི་བར་དུ་མི་གཏོང་བའི་ཕྱིར་རོ་ཞེ་ན་ཉན་ཐོས་དང་ཐུན་མོང་བའི་སོ་སོར་ཐར་པ་འདི་ནི་ཐོབ་པ་དང་གནས་པའི་རྟེན་དུ་མི་རུང་བར་ཁྱེད་སྨྲ་བ་བཞིན་དུ་ཁོ་བོ་ཅག་ཀྱང་སྨྲའོ། །འོན་ཁྱེད་ཀྱི་སོ་སོར་ཐར་པ་སྟོན་དུས་མ་སོང་བའི་སྡོམ་པ་གསུམ་གང་ཡིན་ཞེ་ན། འདིར་སོ་སོར་ཐར་བའི་རང་བཞིན་ནི་གཞན་ལ་གནོད་པ་བྱེད་པ་གཞི་དང་བཅས་པ་ལས་ལོག་པར་བྱེད་པ་ཡིན་ལ། བྱང་ཆུབ་སེམས་དཔའི་སྡོམ་པ་ནི་དེའི་སྟེང་དུ་གཞན་ཕན་འདོགས་པར་ཞུགས་པ་ཡིན་ཅིང་རིག་པ་འཛིན་པ་ནི་དེ་དག་ཀྱང་ལྷའི་རྣམ་པར་ཡེ་ཤེས་ཀྱི་བྱིན་གྱིས་བརླབས་ནས་ལོངས་སྤྱོད་པས་ན་འདི་ལ་འགལ་བ་ཅི་ཡང་ཡོད་པ་མ་ཡིན་ནོ། །

འོན་སྐྱར་སོ་སོར་ཐར་པའི་སྡོམ་པ་དགེ་སློང་གི་བར་ཐོབ་པ་ཞིག་གིས་ཕྱིས་བྱང་ཆུབ་སེམས་བསྐྱེད་ནས་སླར་ཡང་དབང་མནོས་པར་འགྱུར་ན་འདི་ལ་སྡོམ་པ་ཇི་ལྟར་ལྡན་ཞེ་ན། དགེ་སློང་གིས་སེམས་བསྐྱེད་པའི་ཚེ་སོ་སོར་ཐར་པ་ཐམས་ཅད་བྱང་ཆུབ་སེམས་དཔའི་སྡོམ་པར་འགྱུར་ལ། དཀྱིལ་འཁོར་དུ་ཞུགས་པའི་ཚེ་ན་སྡོམ་པ་ཐམས་ཅད་ཀྱང་རིག་པ་འཛིན་པའི་སྡོམ་པ་ཞེས་བྱ་བ་ཡིན་ནོ། །དེ་སྐད་དུ་རྒྱུད་འབུམ་པའི་ལུང་དེ་ཁོ་ན་ཉིད་ཀྱི་ཡེ་ཤེས་གྲུབ་པ་ཞེས་བྱ་བ་ལས་བྱུང་བ། རྡོ་ཡི་རིགས་ཀྱི་བྱེ་བྲག་གིས། །བཞུས་པས་ལྕགས་དང་ཟངས་དངུལ་འགྱུར། །གསེར་འགྱུར་རྩི་ཡི་དངོས་པོ་ཡིས། །ཀུན་ཀྱང་གསེར་དུ་བསྒྱུར་བར་བྱེད། །དེ་བཞིན་སེམས་ཀྱི་བྱེ་བྲག་གིས། །རིགས་ཅན་གསུམ་གྱི་སྡོམ་པ་ཡང་། །དཀྱིལ་འཁོར་ཆེན་པོ་འདིར་བཞུགས་ན། །རྡོ་རྗེ་འཛིན་པ་ཞེས་བྱའོ། །ཞེས་གསུངས་སོ། །དཔེ་དེའི་རྡོ་ནི་ཕལ་པ་ཡིན་ལ། ལྕགས་ནི་ཉན་ཐོས་ཀྱི་བསླབ་པར་བྱ་ལ། ཟངས་ནི་རང་རྒྱལ་གྱི་བསླབ་པར་བྱ་ལ། དངུལ་ནི་བྱང་ཆུབ་སེམས་དཔའི་བསླབ་པར་བྱ་བ་ཡིན་ཞིང་གསེར་འགྱུར་རྩི་ནི་རྡོ་རྗེ་ཐེག་པའི་བསླབ་པར་བྱ་བ་ཡིན་པར་མངོན་ནོ། །ཞེས་གསུངས་སོ། །

གཉིས་པ་ལ་གཉིས་ཏེ། རིམ་གྱིས་བླངས་པའི་ཚེ་གནས་འགྱུར་བའི་ཚུལ། གསུམ་ཆར་ལྡན་པའི་ཚེ་ངོ་བོ་གཅིག་པའི་ཚུལ་ལོ། །དང་པོ་ནི་སྤྱིར་སྡོམ་པ་གསུམ་ལེན་པའི་རིམ་པ་ལ་དང་པོར་ཉན་ཐོས་ཀྱི་སོ་ཐར་རིས་བདུན་གང་ཡང་རུང་བ་བླང་། དེ་ནས་བྱང་སེམས་ཀྱི་སྡོམ་པ་དབུ་སེམས་ཀྱི་ཆོགས་བླངས། དེ་ནས་སྔགས་སྡོམ་བླང་བའི་ཚུལ་དང་། དང་པོར་ཐེག་ཆེན་གྱི་སོ་ཐར། དེ་ནས་སྡོམ་པ་གོང་མ་གཉིས་རིམ་གྱིས་བླང་བའི་ཚུལ་དང་། དང་པོར་ཉན་ཐོས་ཀྱི་སོ་ཐར་རམ་ཐེག་ཆེན་སོ་ཐར་གང་ཡང་རུང་བ་བླངས། དེ་ནས་སྡོམ་པ་བར་མ་མ་བླངས་པར་སྔགས་སྡོམ་བླངས་པའི་ཚུལ་གཉིས་དང་། དང་པོར་སོ་ཐར་སྟོན་དུ་མ་སོང་བར་བྱང་སེམས་ཀྱི་

སྡོམ་པ་བླངས་ནས་སྔགས་སྡོམ་བླང་བའི་ཚུལ་དང་། དང་པོ་ཉིད་ནས་སྡོམ་པ་འོག་མ་གཉིས་གང་ཡང་སྔོན་དུ་མ་སོང་བར་སྔགས་སྡོམ་བླང་བའི་ཚུལ་དང་། དང་པོར་སྔགས་སྡོམ་བླངས་ནས་དེའི་རྗེས་སུ་སྡོམ་པ་འོག་མ་གཉིས་བླང་བའི་ཚུལ་དང་རྣམ་པ་བདུན་ཡོད་པ་ལས། དང་པོ་གཉིས་ནི་ཀྱེ་རྡོ་རྗེ་ལས། དང་པོར་གསོ་སྦྱོང་སྦྱིན་པར་བྱ། །ཞེས་སོགས་སྐལ་དམན་རིམ་འཇུག་པའི་ལམ་གྱི་དགེ་ཚུལ་གསུངས་པས་འགྲུབ་ལ། གསུམ་པ་དང་བཞི་པ་གཉིས་ནི་རྒྱུད་འབུམ་པ་ལས། དེ་བཞིན་སེམས་ཀྱི་བྱེ་བྲག་གིས། །རིགས་ཅན་གསུམ་གྱི་སྡོམ་པ་ཡང་། དཀྱིལ་འཁོར་ཆེན་པོ་འདིར་ཞུགས་ན། ཞེས་རིགས་ཅན་གསུམ་ཀའི་སྡོམ་པ་ལ་གནས་པས་སྔགས་སྡོམ་ལེན་པ་གསུངས་པས་འགྲུབ་བོ། །ལྔ་པ་ནི་སོ་ཐར་སྔོན་དུ་མ་སོང་བར་དབུ་མའི་ལུགས་ཀྱི་སེམས་བསྐྱེད་བླང་བ་ཡོད་ཅིང་། དེའི་སྟེང་དུ་སྔགས་སྡོམ་ལེན་པ་ཡོད་པས་འགྲུབ་བོ། །དྲུག་པ་ནི་རྡོ་རྗེ་བཙུན་རྩེ་མོའི་དབང་ཆུར་དང་པོ་ཉིད་ནས་ཕྱག་རྒྱ་ཆེན་པོ་ཉིད་ནས་ཕྱག་རྒྱ་ཆེན་པོ་མཆོག་གི་དངོས་གྲུབ་ཐོབ་པའི་དོན་དུ་དབང་སྐུར་ཞུའོ་ཞེས་ཟེར་ན་དེ་ལ་དང་པོ་ནས་དབང་བསྐུར་བྱེད་པར་གསུངས་པས་འགྲུབ་བོ། །བདུན་པ་ནི། རྡོ་རྗེ་རྩེ་མོ་ལས། སེམས་ཅན་ཀུན་གྱི་དོན་གྱི་ཕྱིར། བདག་གིས་སྡོམ་པ་མ་ལུས་བཟུང་། །ཞེས་ཁྲིམ་པ་སྔགས་སྡོམ་ཐོབ་པའི་རྗེས་སུ་སྡོམ་པ་མ་ལུས་པ་བཟུང་བ་ཡོད་པར་གསུངས་པས་འགྲུབ་བོ། །

དེ་ལ་ཚུལ་དང་པོ་ལ་བྱང་སེམས་ཀྱི་སྡོམ་པ་ལེན་པའི་ཚེ་སྔར་གྱི་ཉན་ཐོས་ཀྱི་སོ་ཐར་དེ་ཉིད་བྱང་སེམས་ཀྱི་སྡོམ་པའམ་བྱང་སེམས་ཀྱི་སོ་ཐར་དུ་གནས་འགྱུར་པ་ཡིན་ཏེ། རང་ཉིད་གཅིག་པུ་ཞི་བདེ་དོན་གཉེར་གྱི་དམན་སེམས་མཐའ་དག་དོར་ནས། མི་མཐུན་ཕྱོགས་སྤོང་བའི་སྤོང་སེམས་དེ་ཉིད་བྱང་སེམས་ཀྱི་སྡོམ་པའི་ངོ་བོར་འགྱུར་བའི་ཕྱིར་རོ། །ལེན་ཚུལ་གཉིས་པ་ལ་ནི་བྱང་སེམས་ཀྱི་སྡོམ་པ་ལེན་པའི་ཚེ་སྔར་གྱི་སོ་ཐར་བྱང་སེམས་ཀྱི་སྡོམ་པར་གནས་འགྱུར་བ་ནི་མ་ཡིན་ཏེ། དང་པོ་ཉིད་ནས་ཐེག་ཆེན་སོ་ཐར་བྱང་སེམས་ཀྱི་སྡོམ་པའི་ངོ་བོར་ཡོད་པས། ཕྱིས་བྱང་སེམས་ཀྱི་སྡོམ་པ་སྐྱེས་པའི་ཚེ་ཡང་ཡོན་ཏན་བསྣན་པའི་ཚུལ་དུ་ངོ་བོ་གཅིག་ཏུ་སྐྱེས་པ་ཡིན་པའི་ཕྱིར་རོ། །དེས་ན་བྱང་སེམས་ཀྱི་སྡོམ་པར་གནས་འགྱུར་རྒྱུའི་སོ་སོར་ཐར་པ་ནི་ཉན་ཐོས་ཀྱི་སོ་ཐར་ཁོ་ན་ལ་ཡིན་གྱི་བྱང་སེམས་ཀྱི་སོ་ཐར་ནི་མ་ཡིན་ཏེ། སྡོམ་པ་འོག་མ་བར་མར་གནས་འགྱུར་བའི་དོན་ནི་དམན་སེམས་དོར་ཞིང་སྤོང་སེམས་དོར་བ་ལ་འཇོག་དགོས་ཤིང་། ཐེག་ཆེན་སོ་ཐར་ལ་དང་པོ་ཉིད་ནས་དམན་སེམས་མེད་པའི་ཕྱིར་རོ། །ལེན་ཚུལ་གསུམ་པ་བཞི་པ་ལྔ་པ་རྣམས་ལ་ནི་སྔགས་སྡོམ་ཐོབ་པའི་ཚེ་སྔར་གྱི་སྡོམ་པ་ཐམས་ཅད་སྔགས་སྡོམ་དུ་གནས་འགྱུར་པ་ཡིན་ཏེ། སྔར་བྱང་སེམས་དང་སོ་ཐར་ཐམས་ཅད་འབྲས་བུ་ལམ་བྱེད་ཀྱི་ཐབས་ཀྱིས་མ་ཟིན་པ་ཡིན་པ་ལས་ཕྱིས་སྔགས་སྡོམ་ཐོབ་པའི་ཚེ་སྡོམ་པ་ཐམས་ཅད་ཀྱང་འབྲས་བུ་

ལམ་བྱེད་ཀྱི་ཐབས་ཀྱིས་ཟིན་པའི་སྡོམ་པར་འགྱུར་བའི་ཕྱིར་ཏེ། དེས་ན་སྔར་ཉན་ཐོས་ཀྱི་སོ་ཐར་དང་ལྡན་པས་སྔགས་སྡོམ་ཐོབ་པའི་ཚེ་གནས་འགྱུར་གཉིས་ཀ་ཚང་ལ་སྔར་བྱང་སེམས་ཀྱི་སྡོམ་པ་དང་ལྡན་པས་དབང་བསྐུར་ཐོབ་པ་ལ་ནི་གནས་འགྱུར་ཕྱི་མ་ཁོ་ན་བརྩི་བར་རིག་པར་བྱའོ། །ལེན་ཚུལ་དྲུག་པ་ལ་ནི་སྡོམ་པ་གསུམ་ཆར་ཡང་ཚོག་གཅིག་ལས་ཐོབ་པས་ངོ་བོ་གཅིག་ཏུ་སྐྱེ་བ་ཁོ་ན་ཡིན་གྱི་གནས་འགྱུར་བརྩིར་མེད་དོ། །དེ་བཞིན་སོ་ཐར་སྔོན་དུ་མ་སོང་བར་བྱང་སེམས་ཀྱི་སྡོམ་པ་ལེན་པའི་ཚོག་ལས་བྱང་སེམས་ཀྱི་སྡོམ་པ་དང་སོ་ཐར་གྱི་སྡོམ་པ་གཉིས་ཐོབ་པ་ལའང་གནས་འགྱུར་བརྩིར་མེད་དེ། དེ་ལ་ནི་ཐེག་ཆེན་གྱི་སོ་ཐར་ཁོ་ན་སྐྱེ་བའི་ཕྱིར་རོ། །ལེན་ཚུལ་བདུན་པ་ལ་ནི་སྡོམ་པ་འོག་མ་གཉིས་པོ་ཐོབ་པའི་ཚེ་ངོ་བོ་གཅིག་ཏུ་སྐྱེ་བ་ཁོ་ན་ཡིན་གྱི་གནས་འགྱུར་བརྩིར་མེད་དེ། སྔགས་སྡོམ་ལ་གནས་གཞིན་དུ་སྡོམ་པ་གང་བླངས་ཀྱང་སྔགས་སྡོམ་གྱི་ངོ་བོར་སྐྱེས་པའི་ཕྱིར་རོ། །དེས་ན་ཉན་ཐོས་ཀྱི་སོ་ཐར་བྱང་སེམས་ཀྱི་སྡོམ་པར་གནས་འགྱུར་བ་དང་། འབྲས་བུ་ལམ་བྱེད་ཀྱི་ཐབས་ཀྱིས་མ་ཟིན་པའི་སོ་ཐར་དང་བྱང་སེམས་སྔགས་སྡོམ་དུ་གནས་འགྱུར་བ་ཡིན་གྱི་སྤྱིར་སོ་ཐར་ཙམ་ནི་བྱང་སེམས་ཀྱི་སྡོམ་པར་གནས་འགྱུར་བ་ཡང་མ་ཡིན་ཞིང་ཐེག་ཆེན་གྱི་སོ་ཐར་ཡང་བྱང་སེམས་ཀྱི་སྡོམ་པར་གནས་འགྱུར་བ་མ་ཡིན་ཏེ། བྱང་སེམས་ཀྱི་སྡོམ་པ་ཡང་སོ་ཐར་གྱི་སྡོམ་པའི་བྱེ་བྲག་ཡིན་པའི་ཕྱིར་རོ། །དེ་བཞིན་དུ་སོ་ཐར་ཙམ་དང་བྱང་སེམས་ཀྱི་སྡོམ་པ་ཙམ་སྔགས་སྡོམ་དུ་གནས་འགྱུར་བ་ཡང་མ་ཡིན་ཏེ། སྔགས་སྡོམ་ཡང་སྡོམ་པ་དེ་དག་གི་བྱེ་བྲག་ཡིན་པའི་ཕྱིར་རོ། །དེ་དག་གིས་ནི་གོང་དུ་དྲངས་པའི་སྡོམ་པ་ཉི་ཤུ་པའི་འགྲེལ་པར་སྔར་སོ་སོར་ཐར་བའི་སྡོམ་པ་ཐོབ་ན། ཕྱིས་བྱང་ཆུབ་སེམས་དཔའི་སྡོམ་པ་ཐོབ་པའི་དུས་སུ་སྔར་གྱི་དེ་བྱང་ཆུབ་སེམས་དཔའི་སྡོམ་པར་གནས་འགྱུར་ལ་ཞེས་པ་དང་། རྩ་ལྟུང་འགྲེལ་སྙིངས་ལས་འོན་སྔར་སོ་སོར་ཐར་བའི་སྡོམ་པ་དགེ་སློང་གི་བར་ཐོབ་པ་ཞིག་གིས་ཞེས་སོགས་གསུངས་པའི་དོན་ཕྱོགས་འདི་ལ་མོས་པ་ཡོད་ཀྱང་བླ་མའི་མན་ངག་དང་བྲལ་ནས་ཁ་ཕྱི་རོལ་ཏུ་བལྟས་པ་རྣམས་ཀྱི་དོན་དུ་སྙིང་བརྩེ་བའི་བསམ་པ་དཔྱིས་ཕྱིན་པར་བཤད་དོ། །

གཉིས་པ་ནི་སྔར་བཤད་པའི་ལེན་ཚུལ་བདུན་པོ་གང་ཡིན་ཀྱང་སྔགས་སྡོམ་རྒྱུད་ལ་ལྡན་པའི་ཚེ་སྡོམ་པ་གསུམ་ཆར་ངོ་བོ་གཅིག་ཏུ་ལྡན་པ་ཡིན་ཏེ། སྔར་སྡོམ་པ་འོག་མ་གཉིས་པོ་སྔོན་དུ་སོང་ན་སྔགས་སྡོམ་ཐོབ་པའི་ཚེ་གནས་འགྱུར་ནས་སྔགས་སྡོམ་གྱི་ངོ་བོར་ཡོད་པའི་ཕྱིར་དང་། སྔོན་དུ་མ་སོང་ན་སྔགས་སྡོམ་གཅིག་པུ་ལ་གཞན་གནོད་ལ་གཞིར་བཅས་སྤོང་བའི་སྡོམ་པ་དང་། གཞན་ལ་ཕན་པ་སྒྲུབ་པ་དང་། དེ་ཐམས་ཅད་ཀྱང་འབྲས་བུ་ལམ་བྱེད་ཀྱིས་ཟིན་པའི་སྡོམ་པ་གསུམ་ཐོབ་པའི་ཕྱིར་རོ། །དེས་ན་སྔགས་སྡོམ་དང་ངོ་བོ་གཅིག་པའི་

བྱང་སེམས་དང་སོ་ཐར་ནི་འབྲས་བུ་ལམ་བྱེད་ཀྱི་ཐབས་ཀྱིས་ཟིན་པའི་སོ་ཐར་དང་བྱང་སེམས་ཡིན་གྱི་ཕ་རོལ་ཏུ་ཕྱིན་པའི་ཉམས་ལེན་རྐྱང་པའི་བྱང་སེམས་དང་སོ་ཐར་གཉིས་ནི་སྔགས་སྡོམ་དང་ངོ་བོ་གཅིག་པ་མ་ཡིན་ཏེ། དེ་དག་ནི་སྔགས་སྡོམ་གྱིས་མ་ཟིན་པའི་ཕྱིར་རོ། །དེ་བཞིན་དུ་བྱང་སེམས་ཀྱི་སྡོམ་པ་དང་ངོ་བོ་གཅིག་པའི་སོ་ཐར་ཡང་བྱང་སེམས་ཀྱི་སོ་ཐར་ཁོ་ན་ཡིན་གྱི་ཉན་ཐོས་ཀྱི་སོ་ཐར་ནི་མ་ཡིན་ཏེ། དེ་གཉིས་རྣམ་པ་ཀུན་ཏུ་འགལ་བའི་ཕྱིར་རོ། །དེས་ན་བྱང་སེམས་ཀྱི་སྡོམ་པ་དང་ལྡན་ན་གཉིས་ངེས་པར་ལྡན་ཞིང་སྔགས་སྡོམ་དང་ལྡན་པ་གསུམ་ཆར་དང་ལྡན་པས་གསུམ་ལྡན་གྱི་རྒྱུད་ཀྱི་སྡོམ་པ་གསུམ་ཕན་ཚུན་ཡིན་ཁྱབ་མཉམ་ཡིན་ཞིང་། གཉིས་ལྡན་གྱི་རྒྱུད་ཀྱི་སྡོམ་པ་གཉིས་ཀྱང་དེ་བཞིན་དུ་ཤེས་པར་བྱའོ། །འདིའི་དོན་མ་རྟོགས་པ་ཁ་ཅིག་གནས་འགྱུར་ངོ་བོ་གཅིག་ཞེས་པའི་ཚིག་ཙམ་ལ་བརྟེན་ནས་སྔར་གྱི་གནས་འགྱུར་རྒྱུའི་སྡོམ་པ་དང་ཕྱིས་གནས་འགྱུར་ཟིན་པའི་སྡོམ་པ་གཉིས་ངོ་བོ་གཅིག་ཡིན་ནམ་སྙམ་ནས་སྡོམ་པ་སྐད་ཅིག་སྔ་ཕྱི་རྫས་གཅིག་པ་མི་འཐད་དེ༑ མདོ་རྒྱུད་བསྟན་བཅོས་ཚད་ལྡན་དང་འགལ་བའི་ཕྱིར་རོ་ཞེས་སྨྲ་བ་དང་། ཡང་ཁ་ཅིག་གནས་འགྱུར་བ་འཐད་ཀྱང་ངོ་བོ་གཅིག་པ་མི་འཐད་དེ། སེམས་ཅན་གྱི་ཤེས་པ་སངས་རྒྱས་ཀྱི་ཡེ་ཤེས་སུ་གནས་འགྱུར་ཀྱང་ངོ་བོ་མི་གཅིག་པ་བཞིན་នོ། །ཞེས་སྨྲ་བ་དེ་དག་གིས་ནི་རྗེ་བཙུན་གྱི་དགོངས་པ་མ་རྟོགས་ཤིང་རྗེས་འབྲང་ཀྱང་མ་སློབ་བཞིན་དུ་གཞི་མེད་ལ་དགག་པ་བྱེད་པ་ཙམ་དུ་ཟད་དོ། །

སྔགས་སྡོམ་དང་ལྡན་ན་སྡོམ་པ་གསུམ་དང་ལྡན་དགོས་པ་འདི་ཡང་མདོ་རྒྱུད་ཀྱི་དགོངས་པ་ཕྱིན་ཅི་མ་ལོག་པ་རྗེ་བཙུན་ས་སྐྱ་བ་ཡབ་སྲས་ཀྱིས་བཀྲལ་བའི་ལུགས་འབའ་ཞིག་ཏུ་སྣང་སྟེ་དོ་རྗེ་རྩེ་མོ་ལས། སྡོམ་པ་གསུམ་ལ་གནས་པ་ནི། །དང་པོའི་ཁྲུས་སུ་བཤད་པ་ཡིན། །ཞེས་པ་དང་། དམ་པ་དང་པོ་ལས། རྟེན་ལ་གསུམ་སྟེ་དགེ་སློང་མཆོག །འབྲིང་ནི་དགེ་ཚུལ་ཡིན་པར་འདོད། །ཁྱིམ་ན་གནས་པ་ཐ་མའོ། །ཞེས་བཤད་ཅིང་། ཁྱིམ་ན་གནས་པའི་དོན་ཡང་རྩེ་མོ་ལས། །གྲོག་གཅོད་སྐྱུ་དང་འཁྲིག་པ་དང་། །རྫུན་དང་ཆང་ནི་རྣམ་སྤངས་ཏེ། །ཁྱིམ་པའི་སྡོམ་པ་ལེགས་གནས་ནས། །གསང་སྔགས་རྒྱལ་པོ་རབ་ཏུ་བསྒྲུབ། །ཅེས་དགེ་བསྙེན་གྱི་སྡོམ་པ་བསྒྲུབ་གཞི་ལྷ་བསྒྲུང་བ་ལ་འཆད་ཅིང་། དཔུང་བཟང་གི་རྒྱུད་ལས། རྒྱལ་བ་ངས་གསུངས་སོ་སོར་ཐར་པ་ཡིན། །དམ་ཚིག་དང་ནི་སྡོམ་པ་མ་ལུས་པ། །སྔགས་པ་ཁྲིམ་པས་རྟགས་དང་ཆ་ལུགས་སྤང་། །ལྷག་མ་རྣམས་ནི་ཉམས་སུ་བླངས་པར་བྱ། །ཞེས་པ་དང་། སྡོམ་པ་གསུམ་ངེས་པར་བསྟན་པའི་མདོ་ལས། །དཔེ་ཇི་སྐད་དུ་བསྟན་པའི་སོ་སོར་ཐར་པ་དང་མཐུན་པར་བྱའོ། །འོད་སྲུང་གང་དག་སོ་སོར་ཐར་པ་དང་མི་མཐུན་པར་བྱ་བར་སེམས་པ་དེ་དག་ནི་སངས་རྒྱས་ཀྱི་ཆོས་སྐྱོབས་དང་མི་འཇིགས་པ་དང་མི་མཐུན་པར་བྱ་བར་སེམས་པའོ། །

ཞེས་པ་དང་། སློབ་དཔོན་འཇམ་དཔལ་གྲགས་པས། སྡོམ་གསུམ་ཅིག་མི་ལྡན་པར། །སྔགས་པའི་བདག་ཉིད་མི་འགྱུར་ཏེ། །ཞེས་སོགས་གསལ་བར་གསུངས་ཀྱང་ལུགས་གཞན་དག་གིས་ནི་དཔྱད་པ་ཙམ་ཡང་མ་ཞུགས་པར་སྣང་ཞིང་འདི་པའི་ལུགས་ཀྱི་སྡོམ་པ་འོག་མ་གཉིས་པོ་སྔོན་དུ་སོང་མ་སོང་གང་ཡིན་ཀྱང་སྔགས་སྡོམ་ཐོབ་པའི་ཚེ་སྡོམ་པའི་ཚེ་སྡོམ་པ་གསུམ་ལྡན་དུ་གནད་ལ་ཕབ་པའི་ཕྱིར་རོ། །རྒྱུད་ལས་གསུངས་པའི་གསེར་འགྱུར་གྱི་རྩིའི་དཔེ་ནི་སྡོམ་པ་གནས་འགྱུར་བ་དང་ངོ་བོ་གཅིག་པ་གཅིག་པ་གཉིས་ཀའི་དཔེ་ཡིན་ཏེ། ལྕགས་དང་ཟངས་དང་དངུལ་གསུམ་པོ་གསེར་འགྱུར་གྱི་རྩིས་ཟིན་པ་ན་ལྕགས་ལ་སོགས་པའི་དངོས་པོ་ཐ་དད་པ་མེད་པར་ཐམས་ཅད་ཀྱང་གསེར་གྱི་ཕུང་པོ་འབའ་ཞིག་ཏུ་འགྱུར་བ་ལྟར་རིགས་ཅན་གསུམ་གྱི་བསླབ་པ་གསུམ་པོ་ཡང་སྔགས་སྡོམ་གྱི་ཟིན་པ་ན་ཉན་ཐོས་ཀྱི་བསླབ་པ་ལ་སོགས་པ་ཐ་དད་པ་མེད་པར་ཐམས་ཅད་ཀྱང་རྡོ་རྗེ་ཐེག་པའི་བསླབ་པ་འབའ་ཞིག་ཏུ་འགྱུར་བའི་ཕྱིར་རོ། །

འོན་ཀྱང་སྔར་བླངས་བའི་སྡོམ་པ་དེ་དག་གི་བསླབ་པ་ལ་བསླབ་མི་དགོས་པར་ཐལ་བའི་སྐྱོན་མེད་དེ། དགེ་སློང་རྡོ་རྗེ་འཛིན་པ་ལྟ་བུའི་རྒྱུད་ལ་སྡོམ་པ་འོག་མ་གཉིས་ཀྱི་དབང་དུ་བྱས་པའི་ལྟུང་བ་བྱུང་ན་སྔགས་ཀྱི་དམ་ཚིག་དང་འགལ་བའི་ལྟུང་བ་བྱུང་བས་ཁྱབ་པའི་ཕྱིར་ཏེ། སེམས་ཅན་གྱི་དོན་དུ་འགྱུར་བ་སོགས་ཀྱི་དགོས་ཆེད་ཁྱད་པར་ཅན་མེད་པར་འོག་མ་གཉིས་ཀྱི་རྩ་ལྟུང་བྱུང་ན་སྔགས་ཀྱི་བདེ་གཤེགས་བཀའ་འདས་འབྱུང་ཞིང་ཡན་ལག་རྣམས་ཁྱད་གསོད་དང་བཅས་ཏེ་སྤྱད་ན་བདེ་གཤེགས་བཀའ་འདས་འབྱུང་ཞིང་ཁྱད་གསོད་མེད་ཅིང་དགོས་ཆེད་ཁྱད་པར་ཅན་ཡང་མེད་པར་སྤྱད་ན། སྡོམ་པ་གཉིས་ཀྱི་བཅས་པ་ལས། དགོས་པ་མེད་པར་འདའ་བ་དང་། ཞེས་པའི་སྐབས་ནས་བསྟན་པའི་ཡན་ལག་གི་ལྟུང་བ་དང་སེམས་ཅན་གྱི་དོན་དུ་འགྱུར་བ་སོགས་དགོས་ཆེན་ཁྱད་པར་ཅན་གྱི་སྒོ་ནས་སྤྱོད་ན་ཐམས་ཅད་ལ་ལྟུང་བ་མེད་པའི་ཕྱིར་རོ། །དེས་ན་ཉི་ཟླ་སྐར་གསུམ་གྱི་དཔེ་དང་། སྐྱེ་བུའི་རྒྱན་གྱི་དཔེ་དང་། ཆུ་གཞོང་དུ་ནོར་བུ་བཞག་པའི་དཔེ་གསུམ་ནི་དོན་དང་འགྲིགས་ན་སྤྱིར་དུ་རུང་ཡང་དོན་དང་མི་འགྲིག་ན་དོར་བར་བྱ་བ་ཡིན་ཏེ། རང་རང་གི་རྟོག་པས་སྦྱར་བ་ཙམ་ཡིན་གྱི་མདོ་རྒྱུད་ལ་སྦྱར་བའི་དཔེ་མ་ཡིན་པའི་ཕྱིར་རོ། །གསེར་འགྱུར་གྱི་རྩིའི་དཔེ་ནི་སངས་རྒྱས་ཀྱིས་རྒྱུད་ལས་གསུངས་ཤིང་དོན་ལ་ཡང་ཇི་ལྟ་བ་བཞིན་དུ་མཐུན་པས་ན་རྣམ་པ་ཐམས་ཅད་དུ་བླངས་པར་བྱ་བ་གོ་ན་ཡིན་ནོ། །དེ་དག་ནི་རྗེ་བཙུན་གྱི་སྡོམ་པ་ཉི་ཤུ་པའི་འགྲེལ་བར་སྤྱིར་སོ་སོར་ཐར་པ་ཞེས་བྱ་བའི་རང་གི་ངོ་བོ་ནི་གཞན་ལ་གནོད་པ་གཞི་དང་བཅས་པ་ལས་ལྡོག་པ་ཡིན་ལ་ཞེས་སོགས་དང་། འབྲུལ་སྤོང་ལས། འོན་ཁྱོད་ཀྱི་སོ་སོར་ཐར་པ་སྔོན་དུ་མ་སོང་བའི་སྡོམ་པ་གསུམ་པོ་གང་ཡིན་ཞེ་ན་ཞེས་སོགས་ཀྱི་དོན་རྗེ་བཙུན་བླ་མ་མུས

པ་ཆེན་པོའི་གསུང་བཞིན་དུ་བྲིས་པ་ཡིན་པས་ཡིད་ཆེས་པར་གྱིས་ཤིག །ཅེས་གསུངས་པ་འདི་སྙིང་གི་ཐིག་ལེར་བྱའོ། །གསུམ་པ་རྩོད་པ་སྤོང་བ་ནི། འོད་ཕྲེང་མཁན་པོ་ན་རེ། རྒྱུད་འབུམ་པའི་ལུང་གི་དོན་ལ་སྡོམ་གསུམ་གནས་འགྱུར་ངོ་བོ་གཅིག་པ་དང་། གོང་མའི་རྒྱ་ལྟུང་བྱུང་ན་འོག་མ་གཏོང་བར་འདོད་པ་མི་འཐད་དེ། ངོ་བོ་གཅིག་ན་གཏོང་བའི་ཚེ་སྡོམ་པ་གཅིག་པོ་དེ་ཉིད་གཏོང་པར་འགྱུར་བས་གསུམ་གྱི་གཏོང་བའི་དོན་མི་གནས་པའི་ཕྱིར་རོ། །གཞན་ཡང་བུད་མེད་ལ་སྨྱོད་པའི་ལྟུང་བ་བྱུང་བས་བུད་མེད་ལ་རེག་པའི་སྡོམ་པ་གཏོང་བར་ཐལ། གོང་མའི་ལྟུང་བ་བྱུང་བས་འོག་མའི་སྡོམ་པ་ལྟུང་བ་ཡོད་པའི་ཕྱིར། འདོད་ན་མཁའ་ལ་སྤྲིན་ཆེན་འཁྲིགས་པས་ལོ་ཏོག་ཉམས་པར་འགྱུར་རོ། །

གཞན་ཡང་སྡོམ་པ་ཐོབ་པ་གཏོང་གི་རྒྱུ་སངས་རྒྱས་ཀྱི་གསུངས་པ་ལས་གཞན་དུ་བྱེད་རིགས་པར་ཐལ། གོང་མའི་རྩ་ལྟུང་འོག་མའི་གཏོང་རྒྱུ་ཡིན་པའི་ཕྱིར། གཞན་ཡང་སྡོམ་པ་འོག་མ་གོང་མར་གནས་འགྱུར་བ་མི་འཐད་པར་ཐལ། གོང་འོག་འགལ་བའི་ཕྱིར། འགལ་ཡང་གནས་འགྱུར་ན་ཉི་མའི་དཀྱིལ་འཁོར་འདི་གཟླའི་ཆུ་བོར་གནས་འགྱུར་བར་ཐལ་ལོ། །གཞན་ཡང་སྡོམ་པ་གསུམ་ལྡན་པའི་དོན་ཤེས་རྒྱུད་གཅིག་ལ་དུས་མཉམ་དུ་ལྡན་ན་ལྡན་གཞིའི་ཤེས་རྒྱུད་དེ་ཉིད་རྫས་ཐ་དད་པ་གསུམ་དུ་ཐལ། ལྡན་ཆོས་སྡོམ་པ་གསུམ་པོ་རྫས་ཐ་དད་ཡིན་པའི་ཕྱིར། གལ་ཏེ་ཤེས་རྒྱུད་སྔ་ཕྱིལ་བརྩི་ན་སྡོམ་པ་གསུམ་དང་ལྡན་པའི་དོན་མི་གནས་པར་ཐལ།གང་ཟག་ཞིག་སྐྱེས་པའི་ཚེ་གཅིག་འགགས་ནས་མེད་པའི་ཕྱིར། འོན་ཏེ་སྡོམ་པ་གསུམ་ཤེས་རྒྱུད་གཅིག་ལ་རྫས་གཅིག་ཏུ་ལྡན་ན་གཏོང་ཐོབ་ཚིག་གཅིག་ཏུ་འགྱུར་རོ། །ཞེས་ཟེར་རོ། །དེ་ལ་སྡོམ་པ་གསུམ་ངོ་བོ་གཅིག་ཡིན་ཡང་གཏོང་བའི་ཚེ་ཅིག་ཆར་དུ་གཏོང་མི་དགོས་ཏེ། ཐུན་མོང་མ་ཡིན་པའི་གཏོང་རྒྱུ་རྣམས་ཀྱིས་སྡོམ་པ་དེ་ཉིད་གཏོང་གི་གཞན་མི་གཏོང་བའི་ཕྱིར་རོ། །གོང་མའི་རྩ་ལྟུང་བྱུང་ན་འོག་མ་གཏོང་བ་ལ་སྐྱོན་བརྗོད་པ་དེ་གོང་མའི་རྩ་ལྟུང་བྱུང་ན་འོག་མ་གཏོང་བས་ཁྱབ་པ་ལ་སྐྱོན་བརྗོད་པ་ཡིན་ནམ། གཏོང་སྲིད་པ་ལ་སྐྱོན་བརྗོད་པ་ཡིན། དང་པོ་ལྟར་ན་མི་འཐད་དེ། དེ་ལྟར་དུ་ཁས་མ་བླངས་པའི་ཕྱིར་རོ། །གཉིས་པ་ལྟར་ན་བུད་མེད་ལ་སྨྱོད་པའི་ལྟུང་བས་བུད་མེད་ལ་རེག་པའི་སྡོམ་པ་གཏོང་བར་ཐལ། གོང་མའི་རྩ་ལྟུང་བྱུང་བས་འོག་མ་གཏོང་བ་ཡོད་པའི་ཕྱིར་ཏེ། རྩ་ལྟུང་ལྔ་བ་བྱུང་ན་བྱང་སེམས་ཀྱི་སྡོམ་པ་གཏོང་བའི་ཕྱིར་གཞན་ཡང་སྡོམ་པ་གཏོང་ཐོབ་ཀྱི་རྒྱུ་སངས་རྒྱས་ཀྱིས་གསུངས་པ་ལ་གཞན་དུ་བྱེད་རིགས་པ་ཐལ། བདེ་གཤེགས་བཀའ་འདས་ཀྱི་ལྟུང་བ་བྱུང་བས་འོག་མའི་སྡོམ་པ་གཏོང་བ་ཡོད་པའི་ཕྱིར། འགལ་བ་ལ་གནས་འགྱུར་བརྩི་བ་མི་འཐད་ཅེས་སྨྲ་བ་ནི་གནས་འགྱུར་གྱི་དོན་ཙུང་ཟད་ཙམ་ཡང་མ་རྟོགས་པ་སྟེ། སེམས་ཅན་གྱི་ཤེས་པ་སངས་རྒྱས་ཀྱི་ཡེ་ཤེས་སུ

གནས་འགྱུར་བ་མེད་པར་ཐལ། དེ་གཉིས་འགལ་བའི་ཕྱིར།

གཞན་ཡང་ཁྱེད་ཀྱི་ལུགས་ལ་གནས་འགྱུར་གཏན་མི་སྲིད་པར་ཐལ། འགལ་བ་ལ་གནས་འགྱུར་མི་སྲིད་པར་ཁས་བླངས་ཤིང་མི་འགལ་བ་ལ་གནས་འགྱུར་གྱི་དོན་མེད་པའི་ཕྱིར། གཞན་ཡང་འགལ་བ་ལ་གནས་འགྱུར་མི་སྲིད་པའི་དོན་འདི་ལ་སོ་སོའི་སྐྱེ་བོའི་ཤེས་པ་འཕགས་པའི་ཤེས་པར་གནས་འགྱུར་བ་མི་སྲིད་པར་ཐལ་བ་དང་། ཐེག་དམན་གྱི་རྟོགས་པ་ཐེག་ཆེན་གྱི་རྟོགས་པར་གནས་འགྱུར་བ་མི་སྲིད་པ་སོགས་ཇི་སྲིད་ལྕེའི་དབང་པོ་ངལ་བར་མ་གྱུར་གྱི་བར་དུ་བརྗོད་པར་བྱའོ། །ཡང་ལྡན་གཞིའི་ཀུན་གཞིའི་རྣམ་ཤེས་དེ་རྫས་ཐ་དད་པ་གསུམ་དུ་ཐལ། ལྡན་ཆོས་སྡོམ་པ་གསུམ་གྱི་བག་ཆག་རྫས་ཐ་དད་ཡིན་པའི་ཕྱིར། གལ་ཏེ་ཀུན་གཞི་ཤེས་རྒྱུད་སྟོ་ཕྱི་ལ་བརྟེའོ་སྙམ་ན་འོན་གསུམ་ལྡན་གྱི་དོན་མེད་པར་ཐལ། གང་རུང་གཅིག་སྐྱེས་པའི་ཚེ་ཅིག་ཤོས་འགགས་པའི་ཕྱིར་འོན་ཏེ་ཀུན་གཞི་ལ་སྡོམ་གསུམ་གྱི་བག་ཆགས་ངོ་བོ་གཅིག་ཏུ་ལྡན་ནོ་ཞེ་ན། འོན་གཏོང་ཐོབ་ཀྱི་ཆོག་གཅིག་ཏུ་འགྱུར་རོ་ཞེས་བརྗོད་ན་ཐལ་འགྱུར་གསུམ་གྱི་འཁོར་གསུམ་བླངས་ཏེ། གཞན་ལ་སྐྱོན་དེ་ལྟར་དུ་བརྗོད་ཅིང་། རང་ཉིད་ཀྱིས་ཀུན་གཞི་ལ་སྡོམ་གསུམ་བག་ལ་ཉལ་གྱི་ཚུལ་དུ་ལྡན་པ་དང་། ཀུན་གཞི་བག་ཆགས་མང་པོ་ཅན། །ཡིན་ཀྱང་ཤེས་རྒྱུད་ཐ་དད་མེད། །ཅེས་ཁས་བླངས་པའི་ཕྱིར་རོ། །ངོ་བོ་གཅིག་ཡིན་ན་གཏོང་ཐོབ་ཀྱི་ཆོག་གཅིག་ཏུ་འགྱུར་ཞེས་པ་འདི་ཉིད་དེང་སང་ཡང་སྨྲ་བ་མང་པོ་འདུག་པས་འདི་ལ་དཔྱད་པར་བྱ་སྟེ། སྤྱིར་ངོ་བོ་གཅིག་པ་ལ་གྲུབ་བདེ་རྫས་གཅིག་པ་དང་། ངོ་བོ་གྲུབ་ཅིང་རྫས་ཐ་དད་མེད་པ་ཙམ་ལ་ངོ་བོ་གཅིག་པར་བྱས་པ་གཉིས་ལས་དང་པོ་ལ་སྐྱེ་འཇིག་ཅིག་ཆར་དུ་བྱེད་པ་དགོས་ཀྱང་། སྡོམ་གསུམ་རིམ་བཞིན་དུ་བླངས་པ་གནས་གྱུར་ན་ངོ་བོ་གཅིག་ཏུ་གནས་པ་ནི་གྲུབ་བདེ་རྫས་གཅིག་པ་མ་ཡིན་པས་སྐྱོན་མི་གནས་ལ་ཕྱི་མ་ལ་གཏོང་ཐོབ་ཀྱི་ཆོག་གཅིག་པ་མི་དགོས་ཏེ།

གལ་ཏེ་དགོས་ན་བསླབ་པ་ཚིག་གསུམ་རིམ་ཅན་དུ་བླངས་པའི་དགེ་སློང་གི་རྒྱུད་ཀྱི་དགེ་བསྙེན་དང་། དགེ་ཚུལ་དང་། དགེ་སློང་གི་སྡོམ་པའི་སྲོག་གཅོད་སྤོང་བའི་སྤོང་སེམས་གསུམ་པོ་གཏོང་ཐོབ་ཀྱི་ཆོག་གཅིག་ཏུ་ཐལ། ངོ་བོ་གཅིག་ཡིན་པའི་ཕྱིར། །གལ་ཏེ་དེ་ཡང་ངོ་བོ་ཐ་དད་དོ་ཞེ་ན་དེ་ལྟ་བུའི་དགེ་སློང་གི་རྒྱུད་ཀྱི་གཙོ་བོ་ཡིད་ཀྱི་རྣམ་པར་ཤེས་པའི་འཁོར་དུ་དུས་ཅིག་ཆར་དུ་བསླབ་ཚིགས་གསུམ་གྱི་སྤོང་སེམས་འབྱུང་མི་སྲིད་པར་ཐལ། བསླབ་ཚིགས་གསུམ་གྱི་སྤོང་སེམས་རྫས་ཐ་དད་པ་གང་ཞིག །གཙོ་བོ་སེམས་གཅིག་གི་འཁོར་དུ་སེམས་བྱུང་སེམས་པ་རྫས་ཐ་དད་པ་གཉིས་དུས་མཉམ་དུ་འབྱུང་མི་སྲིད་པའི་ཕྱིར། གཞན་ཡང་སྤང་བྱ་ཉིས་བརྒྱ་ལྔ་བཅུ་རྩ་གསུམ་པོ་ཐམས་ཅད་སྤོང་བའི་སྤོང་སེམས་རྣམ་རྫས་ཐ་དད་དམ་རྫས་གཅིག་པ་ཡིན། དང་པོ་

ལྟར་ན་གཙོ་སེམས་གཅིག་གི་འཁོར་དུ་དུས་གཅིག་ལ་སྤྱང་བྱ་ཉིས་བརྒྱ་ལྔ་བཅུ་རྩ་གསུམ་སྤོང་བའི་སྤོང་སེམས་འབྱུང་མི་སྲིད་པར་ཐལ། སྤོང་སེམས་དེ་རྣམས་སྤྱང་བའི་གྲངས་བཞིན་དུ་རྫས་ཐ་དད་ཡིན་པའི་ཕྱིར། འདོད་ན་དགེ་སློང་གི་རྒྱུད་ལ་ཁོ་བོས་སྤྱང་བྱ་ཉིས་བརྒྱ་ལྔ་བཅུ་རྩ་གསུམ་པོ་ཐམས་ཅད་སྤོང་ངོ་སྙམ་པའི་བློ་སྐྱེ་མི་སྲིད་པར་ཐལ་ལོ། །གཉིས་པ་ལྟར་ན། སྤྱང་བྱ་ཉིས་བརྒྱ་ལྔ་བཅུ་རྩ་གསུམ་པོ་སྤོང་བའི་སྤོང་སེམས་རྣམས་གཏོང་ཐོབ་ཀྱི་ཚོགས་གཅིག་ཏུ་ཐལ། ངོ་བོ་གཅིག་ཡིན་པའི་ཕྱིར། རྟགས་ཁྱབ་ཁས། འདོད་ན་དེ་ལྟ་བུའི་དགེ་སློང་གིས་བསླབ་པ་ཕུལ་བའི་ཚེ་སྲོག་གཅོད་སྤོང་བའི་སྤོང་སེམས་གཏོང་བར་ཐལ། གསོག་འཇོག་སྤོང་བའི་སྤོང་སེམས་གཏོང་བའི་ཕྱིར། འདོན་ན་དེའི་ཚེ་དགེ་བསྙེན་དང་དགེ་ཚུལ་གྱི་སྡོམ་པ་ཡང་གཏོང་བར་འགྱུར་རོ། །གཞན་ཡང་དགེ་ཚུལ་གྱི་སྡོམ་པ་ཐོབ་པའི་ཚེ་བྱིན་ལེན་མ་བྱས་པར་ཟ་བ་སྤོང་བའི་སྤོང་སེམས་ཐོབ་པར་ཐལ། སྲོག་གཅོད་སྤོང་བའི་སྤོང་སེམས་ཐོབ་པའི་ཕྱིར། ཁྱབ་པ་ཁས། འདོད་ན་དེའི་ཚེ་དགེ་སློང་གི་སྡོམ་པ་ཡང་ཐོབ་པར་འགྱུར་རོ། །དེས་ན་ངོ་བོ་གཅིག་ན་གཏོང་ཐོབ་ཅིག་ཆར་དུ་བྱེད་པར་འགྱུར་རོ་ཞེས་པ་ནི་སྐྱེ་འཇིག་ཅིག་ཆར་དུ་བྱེད་ན་གཏོང་ཐོབ་ཅིག་ཆར་དུ་བྱེད་དགོས་སྙམ་དུ་སེམས་པར་སྣང་བས་རྟོག་གེའི་གནད་མ་ཤེས་པ་སྟེ་སྐྱེ་འཇིག་ནི་སྐད་ཅིག་ལ་འཇོག་ལ། གཏོང་ཐོབ་ནི་རྒྱུན་ལ་འཇོག་པའི་ཕྱིར་རོ། །

གཞན་དུ་ན་སྡོམ་པ་ཐམས་ཅད་རང་གྲུབ་དུས་ཀྱི་སྐད་ཅིག་གཉིས་པར་གཏོང་བར་ཐལ། རང་གྲུབ་དུས་ཀྱི་སྐད་ཅིག་གཉིས་པར་ཞིག་ཟིན་པའི་ཕྱིར་ཏེ། དངོས་པོ་ཡིན་པའི་ཕྱིར། གཉིས་པ་གཏོང་བའི་ཚེ་རིམ་དང་ཅིག་ཆར་གང་དུ་གཏོང་དཔྱད་པ་ལ་གཉིས་ཏེ། སྡོམ་པ་གསུམ་རིམ་ཅན་དུ་བླངས་པའི་དགེ་སློང་རྡོ་རྗེ་འཛིན་པ་ལྟ་བུའི་གཏོང་ཚུལ་དང་། དབང་བསྐུར་གྱི་ཚོག་ཁོ་ན་ལས་སྡོམ་གསུམ་ཆར་ཐོབ་པའི་གཏོང་ཚུལ་ལོ། །དང་པོ་ནི་སྡོམ་པ་སོ་སོའི་གཏོང་ཚུལ་ནི་གོང་དུ་ཡང་ཅུང་ཟད་བཤད་ཟིན་གྱི་རྒྱས་པར་ནི་གཞུང་སོ་སོའི་སྟེང་དུ་ཤེས་པར་བྱས་ལ། སྒྲིར་རིམ་གྱིས་བླང་བའི་གསུམ་ལྡན་གྱི་གཏོང་ཚུལ་དགེ་སློང་གི་སྡོམ་པ་གཏོང་ནས་གོང་མ་གཉིས་པོ་མི་གཏོང་༡བ་དང་། གོང་མ་གཉིས་བཏང་ནས་དགེ་སློང་གི་སྡོམ་པ་མི་གཏོང་༢བ་དང་། དགེ་སློང་གི་སྡོམ་པ་དང་སྔགས་སྡོམ་གཉིས་བཏང་ནས་བྱང་སེམས་ཀྱི་སྡོམ་པ་མི་བཏང་༣བ་དང་། སྔགས་སྡོམ་བཏང་ནས་འོག་མ་གཉིས་མི་བཏང་༤བ་དང་། གསུམ་ཆར་དུས་མཉམ་དུ་བཏང་༥བ་དང་རྣམ་པ་ལྔ་ལས། དང་པོ་ནི། དེ་ལྟ་བུའི་དགེ་སློང་གིས་སེམས་ཅན་གྱི་དོན་དུ་འགྱུར་བ་སོགས་དགོས་ཆེད་ཁྱད་པར་ཅན་གྱི་ཚེ་དགེ་སློང་གི་བསླབ་པ་ཕུལ་བ་དང་། ཤི་འཕོས་པའི་ཚེ་དགེ་སློང་གི་སྡོམ་པ་གཏོང་སྟེ། དེའི་གཏོང་རྒྱུ་བྱུང་བའི་ཕྱིར། དེའི་ཚེ་གོང་མ་གཉིས་མི་གཏོང་སྟེ་གཏོང་རྒྱུ་མ་བྱུང་བའི་ཕྱིར། གཉིས་པ་ནི། དེ་ལྟ་བུའི་དགེ་སློང་གི་སྨོན་སེམས་གཏོང་བའམ།

བྱང་སེམས་ཀྱི་སྡོམ་པའི་ཕམ་འདྲ་ཀུན་དཀྲིས་དྲག་པོས་སྤྱད་པའི་ཚེ་གོང་མ་གཉིས་གཏོང་སྟེ། བྱང་སེམས་ཀྱི་སྡོམ་པའི་གཏོང་རྒྱུ་བྱུང་བའི་ཕྱིར་དང་། སྔགས་སྡོམ་གྱི་རྩ་ལྟུང་ལྔ་པའམ་གཉིས་པ་བྱུང་བའི་ཕྱིར་རོ། །དགེ་སློང་གི་སྡོམ་པ་མི་གཏོང་སྟེ། གཏོང་རྒྱུ་མ་བྱུང་བའི་ཕྱིར་རོ། །གསུམ་ནི། དེ་ལྟ་བུའི་དགེ་སློང་གིས་དགོས་ཆེད་ཁྱད་པར་ཅན་མེད་པར་དགེ་སློང་གི་ཕམ་པ་བཞི་སྤྱད་ན་དགེ་སློང་གི་སྡོམ་པ་དང་སྔགས་སྡོམ་གཉིས་ཀ་གཏོང་སྟེ༏ དགེ་སློང་གི་སྡོམ་པ་ལ་ལྟོས་པའི་ཕམ་པ་བྱུང་བའི་ཕྱིར་དང་། སྔགས་སྡོམ་གྱི་རྩ་ལྟུང་གཉིས་པ་བྱུང་བའི་ཕྱིར་རོ། །བྱང་སེམས་ཀྱི་སྡོམ་པ་མི་གཏོང་སྟེ། རང་གི་ཚོགས་ཐོབ་ཅིང་དེའི་གཏོང་རྒྱུ་མ་བྱུང་བའི་ཕྱིར་རོ། །བཞི་པ་ནི། །དེ་ལྟ་བུའི་དགེ་སློང་གིས་རྩ་ལྟུང་བདུན་པ་དང་། བརྒྱད་པ་ལྟ་བུ་ཐུན་མོང་མ་ཡིན་པ་རྣམས་སྤྱད་པའི་ཚེ་སྔགས་སྡོམ་གཏོང་སྟེ། དེའི་ཚེ་རྩ་ལྟུང་བྱུང་བའི་ཕྱིར་རོ། །

འོག་མ་གཉིས་མི་གཏོང་སྟེ། དེའི་གཏོང་རྒྱུ་མ་བྱུང་བའི་ཕྱིར་རོ། །ལྔ་པ་ནི། དེ་ལྟ་བུའི་དགེ་སློང་གིས་སྨོན་སེམས་བཏང་ནས་སོ་ཐར་གྱི་ཕམ་པ་བཞི་སྤྱད་པའི་ཚེ་གསུམ་ཆར་གཏོང་སྟེ་དགེ་སློང་གི་སྡོམ་པའི་ཕམ་པ་བྱུང་བའི་ཕྱིར་དང་། བྱང་སེམས་ཀྱི་སྨོན་སེམས་གཏང་བའི་ཕྱིར་དང་། སྔགས་ཀྱི་བདེ་གཤེགས་བཀའ་འདས་བྱུང་བའི་ཕྱིར་རོ། །འདི་ལ་བྱང་སེམས་ཀྱི་སྡོམ་པ་བཏང་ནས་སྔགས་སྡོམ་བཏང་ནས་སྔགས་སྡོམ་མི་གཏོང་བའི་མུ་ནི་མེད་དོ། །བྱང་སེམས་ཀྱི་སྡོམ་པ་གཏོང་བའི་རྒྱུ་ལ། ཀུན་དཀྲིས་དྲག་པོས་བྱང་སེམས་ཀྱི་ཕམ་པ་སྤྱད་པ་དང་། སྨོན་སེམས་གཏོང་བ་གཉིས་སུ་ངེས་པ་ལས་དང་པོ་ནི་བདེ་གཤེགས་བཀའ་འདས་ཀྱི་རྩ་ལྟུང་དང་། གཉིས་པ་ལ་ནི་རྩ་ལྟུང་ལྔ་པ་བྱུང་བའི་ཕྱིར་དང་། སྔགས་སྡོམ་ཡང་བྱང་སེམས་ཀྱི་སྡོམ་པའི་བྱེ་བྲག་ཡིན་པའི་ཕྱིར། དེ་བཞིན་དུ་དགེ་སློང་ལ་སོགས་པའི་རིས་བདུན་བཏང་ནས་གོང་མ་གཉིས་མི་གཏང་བའི་མུ་ཡོད་པ་ཡིན་གྱི༏ སོ་ཐར་བཏང་ནས་གོང་མ་གཉིས་མི་གཏོང་བའི་མུ་ནི་ཡོད་པ་མ་ཡིན་ཏེ། གོང་མ་གཉིས་སོ་ཐར་གྱི་སྡོམ་པའི་བྱེ་བྲག་ཡིན་པའི་ཕྱིར་རོ། །གཉིས་པ་ནི་སྡོམ་པ་འོག་མ་གཉིས་ལེན་པའི་ཆོ་ག་སྔོན་དུ་མ་སོང་བར་དབང་བསྐུར་གྱི་ཆོ་ག་གཅིག་པུ་ལས་སྡོམ་པ་གསུམ་ཐོབ་པ་ལ་ནི་སྔགས་ཀྱི་རྩ་ལྟུང་བྱུང་བའི་ཚེ་སྡོམ་པ་གསུམ་ཆར་གཏོང་སྟེ། དེ་ལྟ་བུའི་སྡོམ་པ་གསུམ་ཀ་ཡང་སྔགས་སྡོམ་གཅིག་པུ་ལ་ལྟོག་པའི་སྒོ་ནས་གསུམ་དུ་ཕྱེ་བ་ཙམ་ཡིན་པའི་ཕྱིར་དང་། ལེན་པའི་ཆོ་ག་ཡང་དབང་བསྐུར་ཁོ་ན་ལས་ཐོབ་དགོས་པ་ཡིན་གྱི་ཆོ་ག་གཞན་ལས་མ་ཐོབ་པའི་ཕྱིར་རོ། །འོན་ཀྱང་སྨོན་སེམས་མ་བཏང་ན་རྩ་ལྟུང་བྱུང་བས་སྡོམ་པའི་ལྡོག་པ་བཏང་ཡང་ཀུན་རྫོབ་བྱང་ཆུབ་སེམས་ཀྱི་ལྡོག་པ་མི་བཏང་བ་ནི་ཡོད་དོ། །

རིགས་པ་འདི་ལ་བརྟེན་ནས་སོ་ཐར་ལེན་པའི་ཆོ་ག་སྔོན་དུ་མ་སོང་བར་བྱང་སེམས་ཀྱི་སྡོམ་པ་ཐོབ་

པའི་གཉིས་ལྡན་ཡང་བྱང་སེམས་ཀྱི་སྡོམ་པ་གཏོང་བར་ཤེས་པར་བྱ་ཞིང་བྱང་སེམས་ཀྱི་སྡོམ་པ་ཚོགས་འི་སྒོ་ནས་མ་བླངས་པར་སོ་ཐར་རིས་བརྒྱད་པོ་བྱང་ཆུབ་སེམས་ཀྱི་ཟིན་པའི་སྒོ་ནས་བླངས་པའི་གཉིས་ལྡན་ལ་ཡང་ཐོབ་པའི་གཉིས་ལྡན་ལ་ཡང་སོ་ཐར་བཏང་བའི་ཚེ་སྡོམ་པ་གཉིས་ཆར་བཏང་བར་ཤེས་པར་བྱའོ། །དའི་ཀུན་རྫོབ་བྱང་ཆུབ་སེམས་ཀྱི་ལྡོག་པ་མི་གཏོང་སྟེ། གཞུང་ལས། ཐེག་ཆེན་སོ་སོར་ཐར་ཡིན་ཡང་། དགེ་སློང་ལ་སོགས་སྡོམ་པ་ཡི། །ལྡོག་པ་ཤི་བའི་ཆེ་ན་གཏོང་། བྱང་སེམས་ཀྱི་ལྡོག་པ་དང་། །དེ་ཡི་འབྲས་བུ་ཤི་ཡང་འབྱུང་། ། ཞེས་གསུངས་པས་སོ། །

དོན་འདི་མ་རྟོགས་པར་གཞུང་འདིའི་དོན་ལ་ཐེག་ཆེན་སོ་ཐར་དང་ལྡན་པའི་དགེ་སློང་ཤི་འཕོས་པའི་ཚེ་དགེ་སློང་གི་སྡོམ་པའི་ལྡོག་པ་བཏང་ནས་ངོ་བོ་མི་གཏོང་བ་དང་། ཡང་ཁ་ཅིག་དགེ་སློང་གི་སྡོམ་པའི་ལྡོག་པ་བཏང་བྱང་སེམས་ཀྱི་སྡོམ་པ་མི་གཏོང་བ་ཡིན་ཞེས་འཆད་པ་ནི་བབ་ཅོལ་འབའ་ཞིག་ཡིན་ཏེ། དགེ་སློང་གི་སྡོམ་པའི་ངོ་བོ་མི་གཏོང་ན་ཤི་འཕོས་ནས་ཀྱང་དགེ་སློང་དུ་འགྱུར་པ་ལ་སོགས་ཀྱི་སྐྱོན་མཐའ་དག་ཐོག་ཏུ་འབབ་པའི་ཕྱིར་དང་། བྱང་སེམས་ཀྱི་སྡོམ་པ་མི་གཏོང་བར་འདོད་པ་ཡང་སྐབས་མ་ཡིན་ཏེ། གཞུང་འདིས་བྱང་སེམས་ཀྱི་སྡོམ་པ་རང་གི་ཚོགས་མ་བླངས་པར་བྱང་ཆུབ་ཀྱི་སེམས་ཀྱིས་ཟིན་པའི་སོ་ཐར་རིས་བརྒྱད་ཀྱི་གཏོང་ཚུལ་འཆད་པའི་སྐབས་ཡིན་པའི་ཕྱིར་རོ། །ཡང་ཁ་ཅིག་ན་རེ། དགེ་སློང་རྡོ་རྗེ་འཛིན་པའི་རྒྱུད་ཀྱི་སྔགས་སྡོམ་ཡིན་ན་ཐུན་མོང་མ་ཡིན་པའི་རྩ་ལྟུང་བྱུང་བའི་ཚེ་གཏོང་བས་ཁྱབ་པ་ཐལ། དེའི་ཚེ་དེའི་རྒྱུད་ཀྱི་སྔགས་སྡོམ་མཐའ་དག་གཏོང་བའི་ཕྱིར། འདོད་ན་དགེ་སློང་རྡོ་རྗེ་འཛིན་པའི་རྒྱུད་ཀྱི་དགེ་སློང་གི་སྡོམ་པ་ཆོས་ཅན། དེར་ཐལ། དེའི་ཕྱིར། འཁོར་གསུམ་ཁས་བླངས་སོ་སྙམ་ན་སྔ་མ་ལ་ཁྱབ་པ་མེད་དེ། ཉན་ཐོས་ཀྱི་དགེ་སློང་གིས་བྱང་ཆུབ་མཆོག་ཏུ་སེམས་བསྐྱེད་ཚེ་དམན་སེམས་ཀྱིས་ཟིན་པའི་ཉམས་ལེན་མཐའ་དག་གཏོང་ངམ་མི་གཏོང་། མི་གཏོང་ན་ཧ་ཅང་ཐལ་ཞིང་། གལ་ཏེ་གཏོང་ན་ཉན་ཐོས་ཀྱི་དགེ་སློང་གི་རྒྱུད་ཀྱི་དམན་སེམས་ཀྱིས་ཟིན་པའི་ཉམས་ལེན་ཡིན་ན། བྱང་ཆུབ་མཆོག་ཏུ་སེམས་བསྐྱེད་པའི་ཚེ་གཏང་བས་ཁྱབ་པར་ཐལ། དེའི་ཚེ་དེའི་རྒྱུད་ཀྱི་དམན་སེམས་ཀྱིས་ཟིན་པའི་ཉམས་ལེན་མཐའ་དག་གཏོང་བའི་ཕྱིར། རྟགས་ཁྱབ་ཁས་བླངས། འདོད་ན་ཉན་ཐོས་ཀྱི་དགེ་སློང་གི་རྒྱུད་ཀྱི་དགེ་སློང་གི་སྡོམ་པ་ཆོས་ཅན། དེར་ཐལ། དེའི་ཕྱིར། འདོད་ན། གང་ཟག་དེས་བྱང་ཆུབ་མཆོག་ཏུ་སེམས་བསྐྱེད་པའི་རྗེས་སུ་དགེ་སློང་གི་སྡོམ་པ་མེད་པར་འགྱུར་རོ། །

གལ་ཏེ་ཁོ་ན་རེ། དེ་ལྟ་བུའི་དགེ་སློང་གིས་བྱང་ཆུབ་མཆོག་ཏུ་སེམས་བསྐྱེད་པའི་ཚེ་སྔར་གྱི་དགེ་སློང་གི་སྡོམ་པ་ཡང་གཏོང་སྟེ། དེའི་ཚེ་སྔར་གྱི་དགེ་སློང་གི་སྡོམ་པ་དེ་མེད་པའི་ཕྱིར་ཞེ་ན། འདི་ནི་སྐད་ཅིག་ཕྱི་མའི

ཚེ་སྐད་ཅིག་ སྟེ་མ་མི་གཏོང་བའི་སྒོ་ནས་སྐྱོན་བརྗོད་པར་སྣང་བར་དེའི་ལན་ལ་ཁོ་བོ་འབའ་ཞིག་གིས་ངལ་བ་ཅི་ཞིག་བྱར་ཡོད། འོན་ཀྱང་ཁྱེད་ཀྱི་རྩོད་པ་ཚིག་གསལ་བའི་དོན་དུ་རྣམ་གསལ་གྱི་དཔེ་བརྗོད་ན་དགེ་སློང་རྡོ་རྗེ་འཛིན་པ་ཤི་འཕོས་པའི་ཚེ་དེའི་རྒྱུད་ཀྱི་སྡོམ་པ་སྡོམ་གཏོང་བར་ཐལ། དེ་ཤི་འཕོས་ནས་ལྷར་སྐྱེས་པའི་ཚེ་དེའི་རྒྱུད་ལ་དགེ་སློང་རྡོ་རྗེ་འཛིན་པའི་རྒྱུད་ཀྱི་སྡོམ་པ་སྡོམ་མེད་པའི་ཕྱིར་ཞེས་བརྗོད་ན་ལན་ཅི་ཡོད་དམ་སེམས་ཤིག །དྲུག་པ་གསུམ་ལྡན་གྱི་གང་ཟག་གིས་སྡོམ་པ་གསུམ་ཉམས་སུ་ལེན་ཚུལ་ལ་གཉིས་ཏེ། སོ་སོའི་བསླབ་བྱ་ལ་སློབ་ཚུལ་དང་། རེ་རེ་ཡང་གསུམ་ལྡན་དུ་ཉམས་སུ་ལེན་པའི་ཚུལ་ལོ། དང་པོ་ནི། རྟེན་གྱི་གང་ཟག་སྡོམ་གསུམ་རིམ་ཅན་དུ་བླངས་པའི་དགེ་སློང་རྡོ་རྗེ་འཛིན་པ་དེས་ཧ་ཤིད། བསླབ་དང་དབང་ལས་རྣམ་པར་གྲོལ། ཞེས་གསུངས་པ་ལྟ་བུའི་རྟོགས་པ་མ་ཐོབ་ཀྱི་བར་དུ་རང་རྒྱུད་ཀྱི་སྡོམ་པ་གསུམ་གྱི་བསླབ་བྱ་རྣམས་ལ་སེམས་ཅན་གྱི་དོན་དུ་འགྱུར་བ་སོགས་ཀྱི་དགོས་པ་ཁྱད་པར་ཅན་མེད་པའི་ཚེ་སོ་སོའི་གཞུང་ལས་འབྱུང་བ་བཞིན་བསླབ་དགོས་ཏེ། གསང་བ་འདུས་པའི་བཤད་རྒྱུད་ལས། ཕྱི་རུ་ཉན་ཐོས་སྤྱོད་པ་བསྲུང་། །ནང་དུ་འདུས་པའི་དོན་ལ་དགའ། །ཞེས་པ་དང་། རྡོ་རྗེ་གུར་ལས། ཉན་ཐོས་སྤྱོད་པ་སྲུང་བ་པོ། །ཞེས་པ་དང་། ལྟུང་བ་འཆད་པའི་སྐབས་སུ་ཡང་། སྡོམ་པ་གཉིས་ཀྱི་བཅས་པ་ལས། །དགོས་པ་མེད་པར་འདའ་བ་དང་། །ཞེས་སོགས་དགོས་མེད་དུ་བཅས་པ་ལས་འདས་པ་ཡན་ལག་གི་ལྟུང་བར་བཤད་པའི་ཕྱིར་དང་།

སྤྱོད་འཇུག་ལས། འཇིག་རྟེན་མ་དད་གྱུར་པ་རྣམས། མཐོང་དང་དྲིས་ཏེ་སྤང་བར་བྱ། །ཞེས་པ་དང་། རྐང་པ་བརྐྱང་སྟེ་མི་འདུག་ཅིང་། །ཞེས་སོགས་ཀྱི་བསླབ་བྱ་མང་དུ་གསུངས་པའི་ཕྱིར་དང་། གཞུང་འདིར་ཡང་། འདི་ལ་སྡིག་ཏོ་མི་དགེའི་ཕྱོགས། །ཕལ་ཆེར་ཉན་ཐོས་ལུགས་བཞིན་བསྲུངས། ཞེས་སོགས་མང་དུ་གསུངས་པའི་ཕྱིར་རོ། །སེམས་ཅན་གྱི་དོན་དུ་འགྱུར་བ་སོགས་དགོས་པ་ཁྱད་པར་ཅན་ཡོད་པའི་ཚེ་རྟེན་གྱི་གང་ཟག་དེ་ལྟ་བུ་ལ་ལུས་ངག་གི་བཅས་པ་ཐམས་ཅད་ཀྱང་གནང་སྟེ། སྤྱོད་འཇུག་ལས། ཐུགས་རྗེ་མངའ་བ་རིང་གཟིགས་པས། །བཀག་པ་རྣམས་ཀྱང་དེ་ལ་གནང་། །ཞེས་པ་དང་། བཞི་བརྒྱ་པ་ལས། བསམ་པས་བྱང་ཆུབ་སེམས་དཔའ་ལ། །དགེ་བའམ་ཡང་ན་མི་དགེ་བ། །ཐམས་ཅད་དགེ་ལེགས་ཉིད་འགྱུར་ཏེ། །གང་ཕྱིར་སེམས་དེ་གཙོ་བའི་ཕྱིར། །ཞེས་པ་དང་། གཞུང་འདིར་ཡང་། འཇིག་རྟེན་འཇུག་པའི་རྒྱུ་གྱུར་ན། །ཐེག་ཆེན་སོ་སོར་ཐར་ལ་གནང་། །ཞེས་སོགས་གསུངས་པའི་ཕྱིར་རོ། །གཉིས་པ་ནི། བྱང་ཆུབ་སེམས་དཔའ་ཕྱུག་ན་པཎྜིའི་རྣམ་པར་འཕྲུལ་བ་རྣལ་འབྱོར་གྱི་དབང་ཕྱུག་ས་སྐྱ་པ་ཆེན་པོའི་ཞལ་ནས་དེ་ལྟར་དབང་བཞིའི་ལམ་དེ་དག་བསྡུས་ནས་ཉམས་སུ་ལེན་ན་སྡོམ་པ་གསུམ་ལྡན་གྱིས་སྒོམ་དགོས་ཏེ། སོ་སོར་ཐར་པའི་སྡོམ་པ་དགེ

བསྙེན་ནས་དགེ་སློང་གི་བར་ཐོབ་པ་བྱང་ཆུབ་སེམས་དཔའི་སྨོན་འཇུག་གི་སེམས་བསྐྱེད་ཐོབ་པ་གསང་སྔགས་ཀྱི་དབང་བཞིའི་སྡོམ་པ་ཐོབ་པའོ། །དེ་ལ་ཉན་ཐོས་ཉོན་མོངས་པའི་སྐྱོན་ཤེས་པར་བྱས་ནས་སྤྱུར་དུ་སྤོང་། བྱང་ཆུབ་སེམས་དཔས་སྐྱོན་ཡོན་འདྲེས་པར་བྱས་ནས་གནས་འགྱུར། གསང་སྔགས་པས་ཉོན་མོངས་པ་གང་སྐྱེས་པ་དེའི་ཚེ་ཆོས་ཅན་དང་ཆོས་ཉིད། དབྱིངས་དང་ཡེ་ཤེས་གཉིས་སུ་མེད་པར་གཟུགས་ཀྱི་སྐུ་དང་ཆོས་ཀྱི་སྐུ་གཉིས་ཀྱི་ངོ་བོ་ཤེས་པར་བྱས་ན་ལྷུན་གྲུབ་དང་གནས་འགྱུར་གྱི་སྐུ་སྒྲུབ་པར་བྱེད་དོ། །དེ་ལྟར་ཤེས་པར་བྱས་ཏེ་མཚན་མ་དང་རྣམ་རྟོག་ཡེ་ཤེས་ཀྱིས་དབང་དུ་བསྡུ་བའི་ཕྱིར་འདི་ལྟར་བསྒོམ་སྟེ་དཔེར་ན་བདག་ལ་འདོད་ཆགས་སྐྱེས་ན་གཉེན་པོས་འདོད་ཆགས་ཀྱི་དབང་དུ་མི་གཏོང་བ་ནི་སོ་སོར་ཐར་བའི་སྡོམ་པའོ། །དེ་ནས་སེམས་ཅན་ཐམས་ཅད་ཀྱི་ཉོན་མོངས་པ་བདག་ལ་སྨིན་ནས་སེམས་ཅན་གྱི་ཉོན་མོངས་པ་བག་ཆགས་དང་བཅས་པ་བྲལ་ནས་མངོན་པར་རྫོགས་པར་འཚང་རྒྱ་བར་གྱུར་ཅིག་ཅེས་བྱང་ཆུབ་ཀྱི་སེམས་སྒོམ་པ་ནི་བྱང་ཆུབ་སེམས་དཔའི་སྡོམ་པའོ། །དེ་ནས་རང་ཡི་དམ་ལྟར་བསྒོམ། བླ་མ་སྤྱི་བོའམ་སྙིང་ཁར་བསྒོམས་ལ་མོས་གུས་བྱས། སེམས་རྫོགས་རིམ་གྱི་ཡེ་ཤེས་དྲན་པར་བྱ་སྟེ་རང་གི་ལུས་ངག་ཡིད་གསུམ་སངས་རྒྱས་ཆོས་ཀྱི་སྐུ་དང་། གཟུགས་སྐུར་སྒོམ་པ་ནི་རིག་འཛིན་སྔགས་ཀྱི་སྡོམ་པའོ། །

དེ་ནས་དགེ་བའི་རྩ་བ་སངས་རྒྱས་ཐོབ་པར་གྱུར་ཅིག་ཅེས་བསྔོ་བ་དང་། དེ་མ་རྟོགས་པའི་སེམས་ཅན་ལ་སྙིང་རྗེ་སྒོམ་པ་དང་། ཆོས་ཐམས་ཅད་རྨི་ལམ་ལྟ་བུའི་ངང་ལས་སྤྱོད་ལམ་བྱ་བ་སྡོམ་པ་གསུམ་སྤྱུར་དུ་སྨིན་པར་བྱེད་པའོ་ཞེས་གསུངས་པའི་དོན་ཉམས་ལེན་གྱི་རིམ་པ་ལ་སྦྱོར་བ་ནི་སེམས་རྒྱུད་ལ་འདོད་ཆགས་ལྟ་བུ་གཅིག་སྐྱེས་པའི་ཚེ་རང་ཉིད་རྟེན་དགེ་སློང་ལ་སོགས་པ་ཡིན་པ་རྒྱུ་མཚན་དུ་བྱས་ནས་སྤོང་བ་ནི་སོ་ཐར་གྱི་ཉམས་ལེན། དེའི་སྟེང་དུ་གཞན་གྱི་འདོད་ཆགས་འབྲས་བུ་དང་བཅས་པ་ཐམས་ཅད་རང་ལ་ལེན་ཞིང་རང་གི་བདེ་དགེས་སེམས་ཅན་དེ་དག་བདེ་བར་སྒོམ་པ་ནི་བྱང་སེམས་ཀྱི་སྡོམ་པའི་ཉམས་ལེན། དེ་ནས་བླ་མ་སྤྱི་བོའམ་སྙིང་ཁར་བསྒོམས་ནས་གུས་འདུད་དྲག་པོ་བྱས། འདོད་ཆགས་ཀྱི་གསལ་བའི་ངོ་བོ་དེ་ཉིད་འོད་དཔག་མེད་དུ་བསྒོམ་ནས་སེམས་བདེ་སྟོང་གི་ངང་ལ་མཉམ་པར་བཞག་པ་ནི་སྔགས་སྡོམ་གྱི་ཉམས་ལེན་ནོ། །དེ་བཞིན་དུ་ཉོན་མོངས་པ་གཞན་རྣམས་ལ་ཡང་ཅི་རིགས་པར་སྦྱར་བར་བྱའོ། །དེ་དག་ནི་སོ་ཐར་གསུམ་ལྡན་དུ་ཉམས་སུ་ལེན་པའི་ཚུལ་ཡིན་ལ། བྱང་སེམས་ཀྱི་སྡོམ་པ་གསུམ་ལྡན་དུ་ཉམས་སུ་ལེན་ཚུལ་ནི་གཞན་ལ་སྦྱིན་པ་གཏོང་བའི་ཚེ་ཡང་ཚང་དང་དུག་དང་མཚོན་ཆ་སོགས་པ་གཞན་ལ་གནོད་པའི་རྒྱུར་གྱུར་བའི་མ་དག་པའི་སྦྱིན་པ་སྤོང་བ་ནི་སོ་ཐར་གྱི་ཉམས་ལེན། སྦྱིན་པས་འཁོར་དུ་བསྡུས་ནས་ཆོས་བསྟན་པས་གནས་སྐབས་དང་།

མཐར་ཐུག་གི་ཕན་བདེ་ལ་འགོད་ཅིང་དེའི་ཚེ་ཡང་འཁོར་གསུམ་མི་དམིགས་པའི་ཤེས་རབ་ཀྱིས་ཟིན་པ་ནི་བྱང་སེམས་ཀྱི་སྡོམ་པའི་ཉམས་ལེན། ཐམས་ཅད་ཀྱང་ལྷ་དང་ཡེ་ཤེས་སུ་བྱིན་གྱིས་བརླབ་ནས་ལོངས་སྤྱོད་པ་ནི་སྔགས་སྡོམ་གྱི་ཉམས་ལེན་ནོ། །དེ་བཞིན་དུ་ཕ་རོལ་ཏུ་ཕྱིན་པའི་སྤྱོད་པ་ཐམས་ཅད་ཀྱང་གསུམ་ལྡན་དུ་ཉམས་སུ་ལེན་པར་བྱའོ། །སྔགས་སྡོམ་གསུམ་ལྡན་དུ་ཉམས་སུ་ལེན་པའི་ཚུལ་ནི་སྒྲུབ་ཐབས་གཅིག་ལ་ཡང་སྔོན་འགྲོ་ཐམས་ཅད་ཀྱང་སྡོམ་གསུམ་གྱི་ཉམས་ལེན་དང་། དངོས་གཞི་ཡང་སྡོམ་གསུམ་གྱི་ཉམས་ལེན་དང་། ལྷའི་སྐུ་དང་ཕྱག་མཚན་ཐམས་ཅད་ཀྱང་སྡོམ་གསུམ་གྱི་ཉམས་ལེན་དུ་འགྲོ་བའི་ཚུལ་བླ་མ་དམ་པ་བསྟེན་ཞིང་། དྲི་མ་མེད་པའི་རྒྱུད་སྡེ་ལ་སྦྱང་ཏེ་ཤེས་པར་བྱའོ། །འདིར་ནི་ཇི་ལྟར་སྦྱོར་བའི་ཚུལ་རྒྱས་པར་སྤྲོ་བའི་སྐབས་མ་ཡིན་པས་མ་བྲིས་ལ། ཞེས་གསུངས་པས་སྦྱོར་ཚུལ་མདོར་བསྡུས་ཟུར་དུ་བཀོད་པ་ལས་ཤེས་པར་བྱའོ། །དེ་ལྟར་འབྱུང་བའི་ཤེས་བྱེད་ནི་གསང་བ་འདུས་པའི་མན་ངག་འགའ་ཞིག་ལས་ལམ་རིམ་པ་ལྔ་པོ་རེ་རེ་ལ་ཡང་རིམ་པ་ལྔ་ལྡན་དུ་ཉམས་སུ་ལེན་པའི་ཚུལ་བཤད་པ་དང་། རྗེ་བཙུན་ནཱ་རོ་ཏ་པའི་འཁོར་ལོ་བདེ་མཆོག་གི་མན་ངག་འགའ་ཞིག་སྒྲུབ་ཐབས་སྤྱི་སྐུ་གསུམ་གྱི་ཉམས་ལེན་ལ་སྦྱོར་ཞིང་བྱེ་བྲག་ཏུ་དེ་རེ་རེ་ཡང་སྐུ་གསུམ་གྱི་ཉམས་ལེན་ལ་སྦྱོར་བའི་ཚུལ་བཤད་པ་དང་། རྣལ་འབྱོར་དབང་ཕྱུག་གི་མན་ངག་ལས་དབང་བཞིའི་ལམ་རེ་རེ་ཡང་དབང་བཞི་ལྡན་དུ་ཉམས་སུ་ལེན་ཚུལ་བཤད་པ་བཞིན་འདིར་ཡང་ཉོན་མོངས་པ་རེ་རེ་སྦྱོང་བ་ལ་སྡོམ་པ་གསུམ་ལྡན་གྱི་ཉམས་ལེན་སྦྱོར་བར་གསུངས་པར་ཤེས་པར་ནུས་སོ། །མདོར་ན་ཕ་རོལ་ཏུ་ཕྱིན་པའི་གཞུང་ལུགས་ལས་གོ་སྒྲུབ་ཉམས་སུ་ལེན་པའི་ཚེ་ཕར་ཕྱིན་རེ་རེ་ཡང་ཕར་ཕྱིན་དྲུག་ལྡན་དུ་ཉམས་སུ་ལེན་པ་ལྟར་གསུམ་ལྡན་གྱི་གང་ཟག་གིས་སྡོམ་པ་གསུམ་པོ་རེ་རེ་ཡང་སྡོམ་པ་གསུམ་ལྡན་དུ་ཉམས་སུ་ལེན་པའི་ཚུལ་དྲི་མ་མེད་པའི་བཀའ་དང་བསྟན་བཅོས་ཀྱི་སྟེང་དུ་བློ་གྲོས་ཀྱི་མིག་རྒྱ་སྐྱེད་དེ་ཤེས་པར་བྱས་ནས་སྒོ་གསུམ་གྱི་བྱ་བ་རེ་རེས་ཀྱང་རང་གཞན་ལ་ཕན་བདེ་བསམ་གྱིས་མི་ཁྱབ་པ་སྒྲུབ་པར་བྱའོ། །སྨོན་དུས་འཛམ་དབྱངས་རྣམ་འཕྲུལ་ས་སྐྱ་པའི། །

རྗེ་བཙུན་གོང་མས་རྒྱལ་བསྟན་ཡོངས་རྫོགས་ཀྱི། །ཉམས་ལེན་འཁྲུལ་མེད་གདན་ལ་ལེགས་ཕབ་ནས། །སྨད་བྱུང་ལམ་བཟང་ཆེས་ཆེར་གསལ་བར་མཛད། །དེ་རྗེས་དེ་ཡི་བཀའ་སྤྲོལ་བླ་མེད་དེ། །རྒྱལ་བས་ལུང་བསྟན་ཀུན་མཁྱེན་ཨེ་ཝཾ་པ། །ཡབ་སྲས་བརྒྱུད་འཛིན་བཅས་པས་བཤད་སྒྲུབ་ཀྱིས། །འཛིན་སྐྱོང་སྤེལ་བས་དར་ཞིང་རྒྱས་པར་མཛད། །བཀའ་རྟེན་དགེ་ཕྱོགས་རྣམས་ཀྱིས་རང་རང་གི། །སྔོན་བྱོན་མཁས་གྲུབ་རྣམས་ཀྱི་གསུང་རབ་ལ། །ཡིད་ཆེས་དད་ཐོབ་བཤད་སྒྲུབ་ཀྱིས་བརྩོན་པས། །རང་རང་ལུགས་ཀྱི་བསྟན་པ་དར་ཞིང་

གནས། །དེང་དུས་ས་སྐྱའི་ཕྱོགས་ཀྱིས་མཁས་བླུན་ཀུན། །རྒྱ་གར་མཁས་པའི་ལེགས་བཤད་འདི་མཆོག་ཡིན། །བོད་ཀྱི་བླུན་པོས་ཉེར་བཤད་དེས་ཅི་བྱ། །ཟེར་ནས་རྗེ་བཙུན་གོང་མའི་གསུང་རབ་ཀུན། །ཕྱི་རོལ་གཞུང་བཞིན་དགོས་མེད་བོར་བ་ཡིས། །རང་ལུགས་བསྟན་པ་འདི་ཉིད་ནུབ་ལ་ཐུག །ཡོངས་རྫོགས་བསྟན་པའི་ཉམས་ལེན་གསུང་ངག་གི །མན་ངག་བརྒྱུད་བཤད་རྣམས་ལ་བཤད་སྒྲུབ་ཀྱིས། །འཇུག་པ་ལྟ་ཅི་སྒྲུབ་ཐབས་དཀྱིལ་ཆོག་གི། །གོ་དོན་ཙམ་ཡང་དོན་གཉེར་མི་བྱེད་པ། །འདི་ཉིད་བསྟན་པ་ནུབ་པ་མ་ཡིན་ནམ། །དེ་ཚུལ་བསམ་ནས་སྐྱོ་བ་གཏིང་ནས་སྐྱེ། །རིས་མེད་དགོས་ཞེས་ཟེར་འདི་ས་སྐྱ་པའི། །ཁྱད་ཆོས་ཡིན་གྱི་གཞན་གྱི་མ་ཡིན་ཏེ། །རང་རང་ལུགས་དེ་ཀུན་ལ་མཆོག་ཉིད་དུ། །བཟུང་ནས་དེ་ཉིད་ཁོ་ན་གཙོར་བྱེད་ཕྱིར། །ལམ་གྱི་ཐོག་མར་བསྟན་པའི་ཉམས་ལེན་གྱི། །སྡིང་པོ་སྡོམ་གསུམ་གནད་ལ་མཁས་དགོས་མོད། །དེ་དོན་འཁྲུལ་མེད་སྟོན་བྱེད་རབ་དབྱེ་ལ། །རྩོན་པ་ལྷུར་ལེན་ཡིན་ཞེས་བསྐུལ་ནས་སྨྲོས་ཀྱིས། །དེས་ན་དེ་ཡི་སྙིང་དོན་ཡིད་ནོར་ལས། །ཚིག་དོན་འགའ་ཞིག་བསྡུས་ནས་བྲིས་པ་འདི། །གོང་མའི་གསུང་ལ་བླུན་དད་བྱེད་པ་ཡི། །རྨོངས་པ་བདག་ལས་གཞན་ལ་དགོས་ཅི་ཡོད། །འོན་ཀྱང་བདག་ལ་རེ་ལྟོས་བྱེད་པ་ཡི། །བློ་དམན་འགའ་ཡི་ངོར་བྱས་འདི་ལ་ནི། །མཁས་རྣམས་ཐུགས་ཁྲེལ་མ་མཛད་སྙིང་རྗེ་ཡི། །ཡུལ་དུ་ཟུང་ལ་བཟོད་པ་བཞེས་པར་རིགས། །ལྷག་བསམ་དག་པས་འདི་བྲིས་དགེ་བ་དེ། །ཚད་མ་སྨྲ་བརྒྱུད་བཞི་ལྡན་བསྟན་པ་ཉིད། །དར་ཞིང་རྒྱས་ལ་ཡུན་དུ་གནས་ཕྱིར་བསྔོ། །མཆོག་གསུམ་བདེན་པས་དེ་བཞིན་འགྲུབ་གྱུར་ཅིག །ཞེས་པ་འདི་ནི་མདོ་སྔགས་སྤྱི་དང་ཁྱད་པར་རྗེ་བཙུན་གོང་མའི་གསུང་རབ་མཐའ་དག་གི་དགོངས་དོན་འགྲེལ་བ་ལ་འགྲན་ཟླ་དང་བྲལ་བ་ཀུན་མཁྱེན་བསོད་ནམས་སེང་གེས་མཛད་པའི་སྡོམ་གསུམ་སྤྱི་དོན་ཡིད་བཞིན་ནོར་བུ་ལས་གཞུང་གི་བསྟན་ཚུལ་དང་འོད་འཕྲེང་རྩ་བ་སོགས་རྒྱས་སྤྲོས་རྣམས་བཞག །གནད་དོན་སྙིང་པོ་རྣམས་གསལ་བྱེད་ཟུར་ཟད་དང་བཅས་ཏེ་བདག་འདྲའི་བློ་དམན་པ་བཤད་སྒྲུབ་ལ་བརྩོན་འདོད་ཡོད་པ་རྣམས་ཀྱིས་ཐོག་མར་ལམ་གྱི་གཞི་རྩ་རྫོས་ཟིན་པའི་ཕྱིར་དུ། འཇམ་དབྱངས་ཀུན་དགའ་རྣམ་རྒྱལ་གྱིས་ལྷག་བསམ་དག་པས་བྲིས་པའོ། །

༄ ཐུབ་པའི་ཆོས་ཚུལ་མ་དྲིས་མཚོ་ཆེན་ལས། །ལེགས་འོང་བདུད་རྩིའི་ཆུ་ཀླུང་འབུམ་ཕྲག་སྟེད། །གངས་ལྗོངས་གདུལ་བྱའི་གདུང་བ་བསིལ་བའི་གཉེན། །སྔོན་བྱོན་ལོ་པཎ་དྲིན་ལས་ས་གསུམ་ཁྱབ། །ཡོངས་རྫོགས་རྒྱལ་བའི་བསྟན་པ་ཧེ་སྟེད་པའི། །ཉམས་ལེན་གནད་ཀྱི་སྙིང་པོ་སྡོམ་གསུམ་གྱི། །དགོངས་པ་ལེགས་པར་འཆད་ལ་ཟླ་མེད་པ། །འཇམ་མགོན་མི་ཡི་ཟོལ་འཆང་པཎྜི་ཏ། །ཀུན་དགའ་རྒྱལ་མཚན་གྱིས་སྦྱར་རབ་དབྱེ་དང་། །དེ་ཡི་དཀའ་འགྲེལ་ཀུན་མཁྱེན་གོ་རམ་རྗེ། །ལེགས་བཤད་རྣམ་གྱི་དོན་བསྡུས་མ་ནོར་བ། །བློ་

གསལ་དགའ་བ་བསྐྱེད་པའི་གཞུང་བཟང་མཆོག །༡འཇམ་དབྱངས་ཀུན་དགའ་རྣམ་རྒྱལ་གྱིས་གསུངས་པའི། །ཆོས་བཞིན་མི་ཟད་སྤྱར་གྱི་སྤྱི་མོའི་འཕྲུལ། །སྲེ་བཞི་དགེ་བཅུའི་རབ་མཛེས་ཁྲིམ་གྱི་ལྡོངས། །ཐུབ་བསྟན་ཡོངས་འདུས་དགའ་ཚལ་ཆོས་གྲྭ་ཆེར། །བླ་མ་ཆེ་དབང་རྒྱ་མཚོས་བསྐྲུན་པའི་དགེ། །འབྲེལ་བཅས་འགྲོ་རྣམས་སྲིད་མཚོ་ལས་གྲོལ་ཏེ། །རྣམ་མཁྱེན་རྫོགས་པའི་སངས་རྒྱས་ཐོབ་པ་དང་། །གནས་སྐབས་མི་མཐུན་རྒུད་པ་ཀུན་ཞི་ནས། །རྫོགས་ལྡན་དཔལ་གྱིས་འབྱོར་བའི་བཀྲ་ཤིས་ཤོག །ཅེས་པར་བྱང་སྨོན་ཚིག་འདི་འང་ཤཱཀྱའི་དགེ་སློང་འཇམ་དབྱངས་བཤད་སྒྲུབ་བསྟན་པའི་ཉི་མས་བྲག་དཀར་ཁྲུང་ཆེན་གཙོག་བརྒྱད་གི་མདུན་ཞོལ་དུ་བྲིས་པ་དགེ། སརྦ་མངྒ་ལཾ།།

༄༅། །སྡོམ་གསུམ་རབ་དབྱེའི་དྲིས་ལན་གྱི་ཡི་གེ་མྱུར་གྲོལ་བདུད་རྩི་ཞེས་བྱ་བ་བཞུགས་སོ། །

ཨ་འཛི་ནོར་བུ་དབང་རྒྱལ།

བྱང་ཕྱོགས་གངས་རིའི་ལྗོངས་སུ་མདོ་སྔགས་ཀྱི། །བསྟན་པ་ཡོངས་རྫོགས་འཛིན་ལ་འཇམ་དཔལ་དབྱངས། །ལྷ་རིགས་འཁོན་སྟོན་དཔའ་བོའི་རོལ་གར་མཆོག །མཁས་ཀུན་དགའ་བའི་རྒྱལ་མཚན་རྒྱལ་གྱུར་ཅིག །འདིར་དུས་གསུམ་རྒྱལ་བའི་སྤྱི་གཟུགས་གནས་ལྔ་རིག་པའི་སྒྲོལ་འབྱེད་འཇམ་མགོན་ས་སྐྱ་པཎྜི་ཏ་ཆེན་པོའི་ཆོས་དང་ཆོས་མིན་རྣམ་པར་དབྱེ་བའི་བསྟན་བཅོས་སྡོམ་གསུམ་རབ་དབྱེ་ལས། རྙིང་ཕྱོགས་ལ་དགག་སྒྲུབ་མཛད་རིགས་ལ། ཀཿཐོག་པ་འགྱུར་མེད་ཚེ་དབང་མཆོག་གྲུབ་ཀྱིས་བརྒལ་ལན་ཁོལ་བུར་བྱས་པའི་ལན་གྱི་ཡི་གེ་མྱུར་གྲོལ་བདུད་རྩི་ཞེས་བྱ་བ་འདི་འགོད་པ་ལ་ཕྱོགས་སྔ་ཉིད་ཀྱིས་རྩ་བའི་ས་བཅད་གཉིས་སུ་བྱས་པ་ནི༑ བསྟན་བཅོས་མཁན་པོའི་དགོངས་པ་བརྟག་པ་དང་། ལན་དངོས་སོ། །དང་པོ་ནི། བོད་དུ་བསྟན་པ་ཕྱི་དར་གྱི་མགོ་ཚུགས་ནས་མི་རིང་བར་དྭགས་བརྒྱུད་པས་ཤེར་ཕྱིན་གྱི་ཁྲིད་ལ་བྱིན་རླབས་འཕོ་བའི་དབང་བསྐུར་སྔོན་དུ་འགྲོ་བས་ཐུན་མོང་མ་ཡིན་པའི་མདོ་སྔགས་གཉིས་འདུས་ཀྱི་ལམ་དུ་བསྔགས་པ་དེ་ལ་བརྟེན་ནས་བོད་ཡུལ་ཐམས་ཅད་དུ་གྲུབ་ཐོབ་ཀྱི་ཚང་ཆེན་པོ་རྫོལ་བས་ཐམས་ཅད་དེ་ལ་དད་པས། བོད་དུ་སྔོན་དུ་ཤིང་རྟ་ཆེན་པོའི་བཞེད་གཞུང་མདོ་སྔགས་ཐུན་མོང་བའི་ལམ་དེ་དག་ལ་གུས་པ་ལྷོད་པར་གྱུར་པས་དེ་དག་གི་བཙས་སུ་དགོངས་ནས་རབ་དབྱེའི་བསྟན་བཅོས་འདི་མཛད་དོ་ཞེས་སྨྲས་པས། དེའི་ལན་ནི་ཐུན་མོང་མ་ཡིན་པ་གསང་ཆེན་རྡོ་རྗེ་ཐེག་པ་ཉིད་ཡིན་པ་ལ། དེ་བས་དེ་ལ་ཕར་ཕྱིན་བསྲེས་པས་ལྷག་པར་ཐུན་མིན་དུ་གྱུར་པའི་རྒྱུ་མཚན་མེད། མཁས་པ་ཐམས་ཅད་ལ་གྲགས་ཤིང་གྲུབ་པ་ལྟར་ན་སྔགས་ཀྱི་ལམ་སྟེགས་རྒྱུའི་ཐེག་པ་ཡིན་པ་དང་། དེ་གཉིས་ལྟ་བ་སྟོང་ཉིད་ལ་ཁྱད་མེད་དང་ཐབས་ཀྱིས་ཁྱད་པར་བྱས་ཚུལ་སོགས་ཁྱེད་ཀྱིས་དགག་བྱའི་གཙོ་བོར་མཛད་པའི་སྐབས་འདུག་ན། འདིར་དབང་གསང་སྔགས་ཁྲིད་ལ་ཕར་ཕྱིན་གྱི་ཆོམ་དུ་བསྲེས་པ་ལ་དགག་པ་མི་མཛད་དམ། ལར་དྭགས་བརྒྱུད་པས་བཞེད་པའི་ལམ་དེ་ཤིང་རྟ་ཆེན་པོའི་ལུགས་ལས་དམན་ནམ་ལྷག་དང་པོ་ལྟར་ན་དེས་གྲུབ་པ་ཐོབ་ལ། གཅིག་ཤོས་ལ་བརྟེན་ནས་མ་ཐོབ་པར་ཁས་བླངས་པ་ཇི་ལྟར་ལགས། ཕྱི་མ

ལྟར་ཤིང་རྟ་ཆེན་པོ་ཞེས་པའི་མཚན་དོན། དཔེར་ན་ཤིང་རྟ་ཉིད་ཕྱོགས་གང་དུ་འདྲེན་པའི་ལམ་དྲང་པོ་ཁོན་ལས་ཡ་ཡོ་ཙུང་ཟད་ཀྱང་མི་བཏུབ་པ་དེ་བཞིན་དུ་མདོ་སྔགས་ཀྱི་ལམ་སངས་རྒྱས་ཀྱི་དགོངས་པ་ཇི་ལྟ་བ་བཞིན་དྲང་པོར་འགྲེལ་བས་ཤིང་རྟ་ཆེན་པོ་ཀླུ་ཐོགས་སོགས་མཚན་དུ་གྲགས་པས་དེ་དག་གིས་བསྟན་པའི་དོན་ལས་ལྷག་པ་གྲུབ་པ་ཐོབ་མྱུར་བ་ཞིག་ཟུར་དུ་བྱུང་བར་ཁས་བླངས་པས་ཧ་ཅང་ཐལ་ལོ། །

༈ གཉིས་པ་ལ་གཉིས་ཏེ། བསྟན་བཅོས་ཀྱི་ཚིག་ལ་བརྟེན་ནས་གཞན་གྱི་དོགས་པ་བསླངས་པ་དང་། དེ་ལུང་རིགས་ཀྱིས་སེལ་བའོ། །ཞེས་ས་བཅད་བྱས་ཀྱང་བཤད་པ་མི་སྣང་བས་ས་བཅད་སྟོང་པར་ལུས་འདུག་གོ༑ ༑ཡང་དང་པོ་ལ་གཉིས་ཏེ། དངོས་སུ་གསལ་བའི་དགག་སྒྲུབ་དང་ཟུར་གྱིས་ཐོག་པའི་དགག་སྒྲུབ་བོ། །དང་པོ་ལ་གསུམ་སྟེ་དབུ་མ་གསང་སྔགས་ལྟ་བ་ཁྱད་མེད་དུ་འདོད་པ། ལྟ་སྒོམ་ཤན་མ་ཕྱེད་པར་འདོད་པ། རྒྱུད་སྡེ་འོག་མ་གསུམ་ཐེག་པར་མི་འདོད་པའི་ལན་ནོ། །དང་པོ་ནི་ཕ་རོལ་ཕྱིན་པའི་སྤྲོས་བྲལ་ལས། །ལྷག་པའི་ལྟ་བ་ཡོད་ན་ནི། །ལྟ་དེ་སྤྲོས་པ་ཅན་དུ་འགྱུར། །སྤྲོས་བྲལ་ཡིན་ན་ཁྱད་པར་མེད། །ཅེས་པའི་བརྒལ་ལན་དུ། ཆོས་རྗེ་ཉིད་ཀྱིས་ཀྱང་། སྟོང་ཉིད་སྤྲོས་བྲལ་ལ་ཆོས་སྐྱིའི་ལྟ་བར་བཞག་པའི་སྐབས་དང་། ཉམས་མྱོང་དེ་ཁོན་ཉིད་གསང་སྔགས་དང་སྨྲར་བ་གཉིས་ཡོད་ཅེས་བཤད་ལ། དེའི་ལན་ནི། རབ་དབྱེར་མ་གསུང་པར་ཁྱོད་ཀྱིས་འོལ་ཚོད་བཤད་པས་ཡིད་ཆེས་པའི་རྒྱུ་མཚན་མེད་དེ། ཁྱོད་ཀྱིས་འདིར་ཕར་ཕྱིན་ལ་རྟོག་གེའི་རིག་པས་དཔྱད་སྟོང་མེད་དགག་ཙམ་ཁོན་ལས་ཡང་དག་པའི་ལྟ་བ་མེད་པར་ཁས་བླངས་ནས། དེ་མ་ཐག་ཏུ་མདོ་སྡེ་དང་བསྟན་བཅོས་ཀྱི་ངེས་དོན་ཟབ་མོའི་ལུང་མང་པོ་དྲངས་པ་འདིའང་། སྟོན་དུ་རང་གི་ཞེ་འདོད་དམ་བཅས་པ་རྣམས། རྗེས་སུ་ལུང་འདྲེན་གྱིས་བཤིག་པ་ཤ་སྟག་སྣང་སྟེ། སྔར་འཕགས་ཡུལ་གྱི་པཎ་ཆེན་རྣམས་དང་། བོད་དུས་དགེ་ལ་སོགས་པའི་མཁས་པ་སྔ་མ་རྣམས་ཀྱིས་ལྟ་སྒོམ་གྱི་སྟོན་དུ་ཐེ་ཚོམ་གྱི་སྤྲོས་པ་གཅོད་པའི་ཕྱིར་དང་། གཞན་གྱི་རྩོལ་བ་བཟློག་པའི་ཆེད་དུ་རིག་གནས་ལྔའི་ཡ་གྱལ། རྟོག་གེའམ། ཚད་མ་རིག་པ་ཞེས་བྱ་བ་འདི་ལ་སྟོན་དུ་འཇུག་པར་མཛད་ཀྱང་། ཕྱི་དུས་ཀྱི་སྐྱོར་ཟློས་མཁན་འགའ་ཞིག་ནི། དེ་ལྟར་བུ་ལྟ་ཞོགརྟོག་གེའི་མིང་ཙམ་ཡང་རྣ་བའི་ཚེར་མར་གྱུར་ཅིང་། ཕར་ཕྱིན་གྱི་གཞུང་ཐམས་ཅད་རྟོག་གེའི་ཤན་ཞུགས་པར་འདོད་པ་མང་དུ་བྱུང་བའི་བཤད་པ་རྣམས་ཁྱེད་ཀྱི་ཐུགས་སུ་ཆུད་ཆེས་པས་ལན་ནོ། །

གཞན་དུ་ཕར་ཕྱིན་ཡིན་ཕྱིན་རྟོག་གེའི་སྐྱོན་གྱིས་ཁྱབ་པར་འདོད་ན་ཁྱེད་མཆོག་ཏུ་བསྔགས་པའི་གཞན་སྟོང་བདེ་གཤེགས་སྙིང་པོ་སོགས་ཀྱང་རྟོག་གེ་ལས་མ་འདས་དེ་ཁྱབ་མཉམ་མོ། །དེས་ན་སྟོན་དུ་ཐོས་བསམ་གྱིས་དཔྱད་པས་གཏན་ལ་ཕབས་པའི་ལྟ་བ་དེའི་དོན་ཉམས་སུ་ལེན་པ་ལ་སྒོམ་པ་ཞེས་བྱ་ཞིང་།

སྒོམ་པ་དངོས་གཞིའི་སྐབས་རྟོག་གེའི་དཔྱད་པ་ཁོ་ན་ཡིན་དགོས་པར་མ་གསུངས་ཀྱང་། ཁྱེད་རང་རྟོག་གེ་ལ་ཐུགས་གནག་ཆེས་པས་ལགས། དེ་བས་ན་དབུ་མ་དང་གསང་སྔགས་གཉིས་ཡུལ་ལྟ་བ་སྤྲོས་བྲལ་ལ་ཁྱད་པར་མི་བཞེད་རྟོགས་བྱེད་ཀྱི་ཐབས་དབང་དང་རིམ་གཉིས་ལ་བརྟེན་པས་ཡུལ་ཅན་བདེ་བ་ཆེན་པོའི་ཡེ་ཤེས་ཀྱིས་ཁྱད་པར་འཕགས་པ་བཞེད་དོ། །ཡང་དེས་ན་ཐོས་པའི་ལྟ་བ་ནི་སོགས་ནས། ཐེག་པའི་རིམ་པ་ཡོད་པ་ཡིན་ཞེས་གསུངས་པ་ལ། ཁྱེད་ཀྱིས། ཐེག་པའི་རིམ་པ་ཡོད་པ་མིན། །ཞེས་ཕྱིན་ཅི་ལོག་ཏུ་བཀྲལ་བ་འདི་ལྟ་བྱེད་ཀྱི་དབང་པོ་ལ་རབ་རིབ་བྱུང་བས་ཡི་གེ་མ་གཟིགས་པ་ཡིན་པ་འདྲ་སྟེ་མིན་ན། ཡིན་དང་མིན་གོ་བསྡོལ་བ་མཚང་ཆེ་ཞིང་། བཤད་པ་གཞན་ཡང་འདི་ཡི་རིགས་ཅན་འགའ་སྲིད་སྣམ་པའི་ཐེ་ཚོམ་དང་ལོག་ལྟ་སྐྱེད་པར་འགྱུར་བས་མཁས་པའི་ཁུར་བཞེས་ནས་འདི་འདྲ་སླ་བ་ཤིན་ཏུ་མི་རིགས་སོ། །དེ་ཕྱིར་འདིའི་དགོངས་པ་ཁྱེད་ཀྱི་རྒྱབ་སྐྱོར་དུ་ག་ལ་འགྱུར་ཏེ། ཁོང་གིས་བཞེད་པར་དབུ་གསང་གཉིས་ལྟ་བ་དང་ལྟ་བའི་ཡུང་སྦྱོར་བཅས་པ་ཐམས་ཅད་མཐུན།དེ་ཉིད་རྟོགས་བྱེད་ཀྱི་ཐབས་རྒྱུ་འབྲས་ཐེག་པ་རྣམས་སོ་སོའི་དགོངས་པ་ཐ་དད་ཡོད་ཅེས་གསུངས་པ་ཡིན་མོད། འདི་སྐོར་རྣམས་ཁྱེད་ཀྱིས་ནན་གྱིས་དཀྱོགས་པས་འབྲེལ་མ་མཆིས་སོ། །

གཉིས་པ་ནི། ཁ་ཅིག་དབུ་མའི་ལྟ་བ་ནི། །སོགས་ནས་འདི་འདྲའི་དབྱེ་བ་འཁྲུལ་པ་ཡིན། །ཞེས་རྣམ་གཞག་སྤྱིར་བསྟན་ནས་དེ་མ་ཐག་ཏུ་མཚན་ཉིད་ཞིབ་པར་དབྱེ་བ་ནི། དེ་ཡི་འཐད་པ་བཤད་ཀྱིས་ཉོན། །སོགས་ནས། སྣང་བ་ལྷ་རུ་གསུངས་པ་མེད། །ཅེས་སོགས་ནས། གསང་སྔགས་རྙིང་མའི་ཀུན་རྫོབ་ཀུན། །ལྟ་བ་དང་འཁྲུལ་དེ་ལྟར་ཡིན། །ཞེས་གསུངས་པ་ལ་སྤྱི་མ་རྣམ་གཞག་སྤྱིར་བསྟན་པ་ཁ་ཅིག་ཅེས་པ་ནས། འདི་འདྲའི་རྣམ་དབྱེ་འཁྲུལ་པ་ཡིན། །ཞེས་པ་ཡན་ཆད་ལ་རྩུབ་སྒྲོན་ལུགས་སོགས་ཀྱིས་གྲོལ་མོད། དེའི་ལན་ནི། ཁྱེད་ཀྱིས་འདིས་བརྒྱལ་ན་འདི་ནི་དོན་འདི་ལ་གང་ཡང་མ་རེག་པར་འདུག་སྟེ། དོན་གཅིག་ན་ཡང་མ་རྨོང་དང་། །ཞེས་སོགས་ནི་ཕར་ཕྱིན་ལས་གསང་སྔགས་ཁྱད་པར་འཕགས་པའི་ཁྱད་ཆོས་སྟོན་པ་ཡིན་ལ་ཀུན་རྫོབ་དོན་དམ་དབྱེ་བའི་ལུང་མ་ཡིན་པས་སྐབས་འདིར་དགོས་པ་གང་ཡང་མི་འདུག་པས། བརྒལ་བར་འདོད་ན་འདི་ཡི་འཐད་པ་བཤད་ཀྱིས་ཉོན། །ཅེས་པ་ནས། ལྟ་བ་དང་འཁྲུལ་དེ་ལྟར་ཡིན། །ཞེས་པའི་བར་གྱི་མཚན་ཉིད་རྒྱས་པར་བསྟན་པའི་ལན་ལ། རིགས་གསུམ་ལ་སོགས་སངས་རྒྱས་སྐུ། །སྒོམ་པ་མ་ཡིན་ལྟ་བ་ཡིན། །ཞེས་ལྤོག་ལན་དང་། བྱ་སྤྱོད་རྒྱུད་ལ་ཀུན་རྫོབ་སྣང་བ་ལྷ་སྔགས་ཀྱི་རོལ་པར་གསུངས་པའི་ལུགས་ཡོད་ན། འདི་ཡོད་ཅེས་སླ་བར་མཛོད་ཅིག་ཡང་སྔགས་བླ་མེད་ཀྱི། ཕུང་པོ་ལྔ་ནི་མདོར་བསྡུ་ན། །སངས་རྒྱས་ལྔ་ནི་རབ་ཏུ་གྲགས། །སོགས་དང་། ས་ནི་སྤྱན་ཞེས་བྱ་བར་བཤད། །ཅེས་སོགས་དང་། གཟུགས་ཕུང་རྡོ་རྗེ་མ་ཡིན་ཏེ། །ལ་སོགས

པ་སྟུགས་བླ་མེད་ཀྱི་ཕྱུང་ཁམས་སྐྱེ་མཆེད་ལྷ་ཡི་ངོ་བོར་དག་པའི་ལུང་མང་པོ་ནན་གྱིས་བྲིས་པ་འདི་ཅི་ཡང་མི་དགོས་པར་འདུག་སྟེ། གཞུང་ཉིད་དུ། རྣལ་འབྱོར་ཆེན་པོའི་རྒྱུད་སྡེ་ལས། །ཀུན་རྫོབ་རི་ལྟར་སྣང་བ་འདི། །ཐབས་ལ་མཁས་པའི་ཁྱད་པར་གྱིས། །སྣང་གཞི་སྦྱོང་བྱེད་ངོ་འཕྲོད་པ། །དེ་ཚེ་དམ་པ་རིགས་བརྒྱ་ལ། །སོགས་པའི་དབྱེ་བ་རྒྱལ་བས་གསུངས། །ཞེས་སོགས་གསལ་བར་གསུངས་པས་ཉི་མ་ཤར་ཚེར་སྒྲོན་མེ་འདེགས་མི་དགོས་སོ། །དེས་ན་འདིས་མགོ་མཇུག་ཀུང་ཞིབ་ཏུ་གཟིགས་ཡོང་མ་བྱུང་བར། རྙིག་མ་ལ་སྐྱོན་བརྗོད་ཅིག་འདུག་སྙམ་ནས་མགོ་མཐོང་ཙམ་གྱིས་ཐུགས་སྡང་ལངས་ནས་ཁ་ཁྲལ་འཛལ་འདོད་ཀྱིས་ལན་ཅི་ནུས་ནུས་འབྲི་བརྩོན་པ་ཡིན་འདུག་གོ། །

གསུམ་པ་ནི། དེས་ན་གསང་སྔགས་གསར་མ་ལ། །རྣལ་འབྱོར་ཆེན་པོའི་ལྟག་ན་ནི། །དེ་བས་ལྷག་པའི་རྒྱུད་སྡེ་མེད། །སོགས་ནས་མཁས་པའི་དགོངས་པ་མིན་ཞེས་བྱ། །ཞེས་ཐེག་དགུ་འགོག་པའི་ལན་དུ། ཐེག་པའི་དབྱེ་བསྡུ་མང་པོ་ཡོད་དེ། འཇམ་དཔལ་སྒྱུ་དྲ་ལས། ཐེག་པ་གསུམ་གྱི་ངེས་འབྱུང་ལ། །ཐེག་པ་གཅིག་གི་འབྲས་བུར་གནས། །ཞེས་ཐེག་པ་གཅིག་ཏུ་བསྡུ་བར་གསུངས་པ་དང་། ཡང་ཐེག་པ་སྣ་ཚོགས་ཐབས་ཚུལ་གྱིས། ཞེས་ཐེག་པ་མང་པོར་དབྱེ་བའི་ལུང་དྲངས་མོད། དེའི་ལན་ནི། དེ་ཙམ་ཞིག་རྗེ་ས་སྐྱ་པཎྜི་ཏས་མ་གཟིགས་པ་མིན་འགྲོའང་། གཅིག་དང་སྣ་ཚོགས་ཞེས་པ་དགུའི་དོན་ལ་ནམ་ཡང་མི་འཇུག་པས། དམིགས་བསལ་ཁྱད་ལ་མཁོ་ཞིང་འདོད་པའི་ཐེག་དགུར་གྲངས་ངེས་པར་བཞེད་པའི་ལུང་ཞིག་མ་རྙེད་ན་ཁྱོད་ཀྱི་འདོད་པ་མི་འགྲུབ་སྟེ་དེ་ལ་དགོངས་ནས་ས་སྐྱ་པས་ཀུང་ཁྱེད་ལ་དེ་སྐད་གསུངས་པ་ཡིན་པས།ཐེག་པའི་དབྱེ་བསྡུ་མང་པོ་སྐབས་འདིར་མི་མཁོ་བས་དགུ་པོ་ཁོ་ནར་གྲངས་ངེས་ཤིང་ལུགས་དེ་ལས་ལྷག་པ་གཞན་མེད་པར་ཁྱེད་འདོད་པ་ལྟར་ས་དགེ་སོགས་ཀྱིས་མཁས་པས་མི་བཞེད་པས་དེ་དག་གིས་ཚད་མར་འཛིན་པའི་བཀའ་བསྟན་གྱི་ལུང་ཞིག་དགོས་པ་ལགས།

༈ གཉིས་པ་ཟུར་གྱིས་ཡོག་པར་འདོད་པའི་ལན་ལའང་གསུམ་སྟེ། རྫོགས་ཆེན་ཧྭ་ཤང་དང་འདྲེས་པར་འདོད་པའི་དང་། འབྲས་བུ་མཐར་ཐུག་འོད་གསལ་མི་འཐད་པའི་དང་།གཏེར་ཆོས་སོགས་ཀྱི་བརྒྱུད་པ་རྡོ་རྗེ་འཆང་ལ་སྐྱེགས་པ་མི་འཐད་པའི་ལན་ནོ། །དང་པོ་ནི། ད་ལྟའི་ཕྱག་རྒྱ་ཆེན་པོ་དང་། །སོགས་ནས་དོན་ལ་ཁྱད་པར་དབྱེ་བ་མེད། །ཅེས་སོགས་ཀྱི་ལན་ལ། ཧྭ་ཤང་ཉིད་ལྷ་བཙན་དག་ཏུ་བསྒྲུབ་པའི་ཕྱིར། རྒྱ་ནག་ཏུ་རྒྱུའི་ཐེག་པའི་བསྟན་པ་ཆེས་དར་བའི་ལོ་རྒྱུས་མང་པོ་དང་། གསང་སྔགས་རྒྱུད་སྡེ་འོག་མ་ཉན་བཤད་ཀྱི་སྒྲོལ་ཅི་རིགས་བྱུང་བ་དང་། བླ་མེད་རྒྱུད་ནི་བློར་མ་ཤོང་བས་རྒྱལ་པོས་བཀའ་བཅད་གནང་བ་དང་། མཁན་

པོ་བྱང་ཆུབ་ཆོས་མཆོག་གིས་ཤེར་ཕྱིན་གྱི་སྒྲ་དྲང་ཐད་དུ་བསྟན་པས་རྒྱལ་པོ་ན་ལས་ཤིང་བློར་མ་མཚམས་པས་ཆད་ལྟར་ཞེས་སྐུར་འདེབས་ཀྱང་བྱུང་བ་སོགས་ལོ་རྒྱུས་མང་དུ་བྲིས་འདུག་པས། དེ་ལ་ལན་ནི། དེ་ལྟར་ཡིན་དུ་ཆུག་ཀྱང་། ཆོས་ཀྱི་བསྟན་པ་དར་བ་ཙམ་གྱིས་ཡུལ་དེར་གནས་པ་ཐམས་ཅད་ལྷ་བ་ནྲམ་དག་ཁོ་ནར་གྱུར་པའི་ངེས་པ་མེད་དེ། བོད་དུའང་སྔ་ཕྱིར་འཕགས་བོད་ཀྱི་ལོ་པཎ་མཁས་གྲུབ་དུ་མ་བྱོན་ནས་རྒྱལ་བསྟན་སྤེལ་བར་མཛད་པ་ལ་སྐབས་འགར་ཡང་གང་ཟག་གི་བློ་སྐྱོན་དང་། དུས་དབང་གིས་ཆོས་མིན་ཆོས་ལྟར་བཅོས་པ་མང་པོ་བྱུང་བ་ལ། དེ་དང་དེའི་སྐབས་སུ་བྱོན་པའི་མཁས་པ་མང་པོས་ཚད་མ་མངོན་སུམ་རྗེས་དཔག་གི་རིགས་པས་ཡང་ཡང་གཏན་ལ་འབེབས་པར་མཛད་ཀྱང་། ད་དུང་ཡང་རང་འདོད་ཀྱི་རྟོག་བཏག་ལ་འཛད་པ་མེད་པ་འདི་ལྟར་ན། རྒྱ་ནག་ཡུལ་དུའང་དེ་དང་ཅི་སྟེ་མི་མཚུངས། མཆོག་གཟིགས་འཕགས་པའི་གང་ཟག་རྣམས་མ་གཏོགས་པར་སོ་སྐྱེས་ཀུན་ལྡན་སྐྱེས་ཀུན་བཏགས་ཀྱི་མ་རིག་པའི་སྒྲིབ་གཡོག་དང་མ་བྲལ་བའི་ཕྱིར་རོ། །ཡར་དང་པོ་ནས། བློར་མ་ཤོང་བ། བཀས་བཅད་པ་ཆད་ལྟ་ཞེས་སྐུར་འདེབས་བྱུང་རབས་ལ་སོགས་པའི་མགོ་རྙོགས་ཚིག་འདི་དག་རང་བཟུང་ཕྱོ་བར་སོང་བས། ད་ལྟ་ཨ་ཧི་དང་དགོངས་མཐུན་སྒྲུབ་ཀྱང་གཉིས་ཉམས་གནོད་བྱེད་རང་འགྲུབ་འགྱུར་སྲིད་ཅིང་། ཡང་ཧ་ཤང་གིས་བཟའི་ལན་ཤེས་པས་འཕགས་པའི་གང་ཟག་ཡིན་ཞེས་སྨྲས་པ་དེའང་མི་རིགས་ཏེ། དེ་འདྲའི་རིགས་ཅན་ཕྱི་རོལ་རིགས་བྱེད་པའི་གཏམ་རྒྱུད་རྣམས་སུ་མང་པོ་འབྱུང་ལ། མཚད་ཁྱེད་ཀྱིས་ཧུས་ཁེ་དང་ཡུ་གུར་གྱི་བཀྲེ་རྣམས་ལ་སློབ་དཔོན་ཆོས་མཆོག་གིས་བཟླའ་དང་བཟླའ་ལན་གྱིས་ཆོས་བསྟན་པར་བཤད་པས། དེས་ན་དེ་དག་ཆོས་མ་ཐོས་གོང་ནས་འཕགས་པ་ཐོབ་པར་འདོད་པ་ཡིན་ནམ། ཡར་བཟླའ་བསྟན་པས་དོན་ཤེས་པ་མང་པོ་སྲིད་པས་སྤྱང་པོ་ཐམས་ཅད་འཕགས་པར་འདོད་པ་ཆེས་བླུན་གཏམ་མོ། །

ཡང་རྒྱ་ནག་མཁན་པོའི་འདོད་པ། མཁན་པོ་ཀ་ཤིས་དགག་བྱའི་གཙོ་བོ་ནི། མཉམ་གཞག་གི་སྐབས་སུ་ཅི་ཡང་ཡིད་ལ་མི་བྱེད་པ་དང་། གནས་ལུགས་རྟོགས་ནས་འདུས་བྱས་ཀྱི་ཚོགས་གསོག་གཙོ་བོར་མི་བྱེད་པ་གཉིས་ཡིན་མོད། དེ་ལ་སྐྱོན་མེད་པར་བཤད་ཀྱང་། ལན་ནི་ཅི་ཡང་ཡིད་ལ་མི་བྱེད་པ་ཁོ་ན་ཙམ་དེ་སོ་སོར་རྟོག་པའི་ཤེས་རབ་མ་ཡིན་ཞིང་། དེ་བསྒོམ་པའི་འབྲས་བུའང་ཅི་ཡང་མ་ཡིན་པ་ཞིག་ལས་འབྱུང་མི་སྲིད་དེ། དེ་ལ་ལུང་མང་པོ་སྒྲོ་བྱར་ཡོད་ཀྱང་ཡི་གེས་འཇིགས་པས་མ་སྤྲོས་ཤིང་། རྟོགས་པར་འདོད་ན་ཆོས་རྗེ་ས་པཎ་གྱི་ཐུབ་པའི་དགོངས་གསལ་དང་། ཙོང་ཁ་པའི་ལམ་རིམ་ཆེན་མོ་རྣམས་ན་ཤིན་ཏུ་གསལ་ལོ། །གནས་ལུགས་རྟོགས་རློམས་ཀྱིས་དགེ་སྡོང་སྡིག་སྡོང་གི་ཆད་མཐར་ལྷུང་ན་དེ་བས་ཐ་ཆད་པ་ཞིག་མེད་དེ། དེས་ན་ཁྱེད་ཀྱིས་བོད་

དུ་འདི་ལ་ཆད་ལྟ་ཞེས་ཅལ་སྒྲོགས་སྨྲ་བ་འདི་ཐོག་མར་རྒྱ་ནག་ཏུ་བྱུང་ཞེས་བྲིས་པ་འདི་བདེན་སྲིད་དེ། རྒྱ་བོད་གཉིས་སྐད་རིགས་མི་གཅིག་ཀྱང་བསམ་པ་གཅིག་པས་སོ། །ཡང་ཀ་མ་ལ་ཤི་ལ་ཉིད་ཀྱང་དོན་དུ་རྒྱ་ནག་མཁན་པོ་དང་བཞེད་པ་མཐུན་ངེས་ཏེ། དེ་ཉིད་ཀྱིས་མཛད་པའི་སྣང་ཕྲེང་ལས། དམ་པའི་དོན་གྱི་རྟོགས་པ་ལའོ། །ཞེས་སོགས་དྲངས་ཀྱང་། དེ་ལྟ་བ་མཐོ་བའི་གསུངས་ཡིན་གྱི་སྤྱོད་པ་རྩིང་པོའི་གསུང་མིན་པར་ཤེས་དགོས་ཏེ། ཨོ་རྒྱན་རིན་པོ་ཆེས། ལྟ་བའི་ཕྱོགས་སུ་སྤྱོད་པ་མ་ཤོར་བ་བྱ་ཞེས་གསུངས་པའི་དོན་ལ་སེམས་ཤིག །ཡང་རྒྱ་ནག་མཁན་པོའི་གཞུང་ལུགས་ཀྱི། །ཡི་གེ་ཙམ་ལ་བརྟེན་ནས་ཀྱང་། །དེ་ཡི་མིང་འདོགས་གསང་ནས་ནི། །ཕྱག་རྒྱ་ཆེན་པོར་མིང་འདོགས་བསྒྱུར། །ད་ལྟའི་ཕྱག་རྒྱ་ཆེན་པོ་ནི། །ཕལ་ཆེར་རྒྱ་ནག་ཆོས་ལུགས་ཡིན། །ཞེས་པའི་བརྒལ་ལན་ལ། ཚིག་འདིས་སྤྲ་བཞེད་ལའང་གནོད་པ་བཟློག་དཀའ་སྟེ། རྒྱ་ནག་གི་གཞུང་ལུགས་ཐམས་ཅད་སྤྲས་ནས་མེད་ཟིན་པར་བཤད་ན། འདི་གང་ནས་བྱུང་། ཐོག་མར་སུའི་ལག་ཏུ་བྱུང་། རྩད་བཅད་ན་སྨྲ་དགོས་སོ་ཞེས་པདྨ་དཀར་པོ་གསུངས་སོ། །ཟེར་ཡང་།

ལན་ནི། དེ་ཡང་མ་ངེས་ཏེ་ཡིག་གཞུང་སྤྲས་སུ་ཟིན་ཡང་། དོན་དེ་དག་ཀུན་གྱིས་བརྒལ་བརྟག་དཔྱད་པས་ཡོངས་ལ་གྲགས་པས་སྤྲས་སུ་མེད་དེ། དཔེར་ན་ད་ལྟ་ཁྲིད་ཀྱིས་ཧྭ་ཤང་གི་ལྟ་སྤྱོད་ལོ་རྒྱུས་མང་པོ་བྲིས་པ་འདི་ག་ནས་རྙེད་འདྲི་ན་བཤད་རྒྱུད་ཡོད་དམ་སྨྲ་བཅད་མཛད་པ་ཅི་གནང་། གཉིས་པ་ནི། ཁ་ཅིག་འབྲས་བུའི་མཐར་ཐུག་ནི། །འོད་གསལ་ཡིན་ཞེས་སྨྲ་བ་ཐོས། །ཞེས་པའི་བརྒལ་ལན་ལ། དེ་ནི་བླ་མེད་ཀྱི་རྒྱུད་རིམ་ལྔ་སོགས་སུ་འོད་གསལ་ལ་འབྲས་བུའི་མཐར་ཐུག་གསུངས་པ་དེ་ལ་དགོངས་ནས་གསུངས་པ་ཡིན་ཞེས་སྨྲས་འདུག་པའི་ལན་ནི། དེ་ནི་མ་ཡིན་ཏེ། རིམ་ལྔ་དང་ནི་སྤྱོད་བསྡུས་སུ། །འོད་གསལ་བ་ལས་ཟུང་འཇུག་སྐྱར། །ལྔང་བ་མཐར་ཐུག་ཡིན་པར་བཞེད། །ཅེས་གསུངས་པའང་མ་མཐོང་བ་ཡིན་འདུག་ཅིང་། བརླིང་ཆོས་ལྷ་བུར་ཐོད་རྒྱལ་གྱི་འོད་གསལ་རྒྱང་ངམས་ཀྱི་བསྟུགས་བརྗོད་ཅིག་བྱས་འདུག་ཀྱང་། དེ་ལ་དགག་པ་ཡིན་མིན་མ་འཚལ་བའི་ཚུལ་གྱིས་བཞག་པར་སྣང་ན་བདག་གིས་ཀྱང་མ་སྨྲས་ལ། གང་ལ་ཅིའི་ཕྱིར་གསུངས་པ་ཡིན་མ་ཤེས་བཞིན་ལན་སྨྲོ་བར་འདོད་པ་ནི་དགོད་བྲོའོ། །

གསུམ་པ་ནི་གཏེར་ནས་འབྱུང་བའི་གླེགས་བམ་དང་སོགས་ནས་རྡོ་རྗེ་འཆང་ལ་བརྒྱུད་པ་སྒྲིགས། །ཞེས་པའི་བརྒལ་ལན་ལ། སློབ་དཔོན་རོལ་པའི་རྡོ་རྗེས་ཨོ་རྒྱན་ཡུལ་ནས་རྟོགས་བདུན་རྒྱུད་སྤྱན་དྲངས་བ་དང་། ས་ར་ཧས་སངས་རྒྱས་ཐོད་པ། ཀུ་ཀུ་རུ་པས་མ་ཧཱ་མ་ཡའི་རྒྱུད་རྣམས་ཨོ་རྒྱན་ཡུལ་ནས་དྲངས་པ་དང་། གཞན་ཡང་འཕགས་བོད་ཀྱི་སྐྱེས་ཆེན་དམ་པ་རྣམས་ལ་ལྷག་པའི་ལྷའི་ཞལ་གཟིགས་ལུང་བསྟན་དབང་བསྐུར་བ་རྒྱུད་

བསྟན་པ་སོགས་མང་པོ་ཡོད་ཀྱི་གཏེར་ཆོས་ཡིན་ཚད་རྙིང་མ་དང་གཏེར་སྟོན་ཡིན་ཚད་ཟོག་པོར་འདོད་ན་ཧ་ཅང་ཐལ་ཞེས། གང་ཟག་མཆོག་དམན་ཐམས་ཅད་ཁྱད་དེད་བྱས་འདུག་མོད། དེ་ལ་ལན་ནི། ཁྱེད་སྤྱིར་བཏེན་ཏེ། ཀླུ་སྒྲུབ་ཀྱིས་ཤེར་ཕྱིན་དྲངས་པ་དང་། ཐོགས་མེད་ཀྱིས་བྱམས་པ་སྒྲུབ་པས་ཞལ་གཟིགས་ནས་བྱམས་ཆོས་ནོས་པ་སོགས་ཀྱང་བསབས་པར་རིགས་ལ། འོན་ཀྱང་ཕྱི་དུས་ཀྱི་གང་ཟག་གིའང་རྒྱུད་ཚོད་མི་དཔོགས་ཀྱང་། ཡི་གེའི་བརྡའ་ཁྱད་དང་ཚིག་སྦྱོར་ཙམ་ལའང་མི་ལེགས་པ་མཐུན་སྣང་དུ་ཡོད་པའི་གཏེར་སྟོན་དུ་གྲགས་པ་མང་པོ་དང་། ས་ར་ཧ། ཀླུ་སྒྲུབ། ལ་ལི་ཏ་སོགས་ལ་ཁྱད་པར་གང་ཡང་མེད་པར་བཤད་པ་འདི་ལ་བདག་ཀྱང་སྐྱོད་བསྐུར་དང་ལོག་ལྟ་མི་བྱེད། དེ་དག་གིས་གཏེར་ཆོས་རྣམས་ལའང་ཚིག་དོན་གྱི་ཆ་ལ་ཁྱད་ཡོད་མེད་དཔྱད་ན་མཁས་མཆོག་རྣམས་དགོངས་པར་ངེས་ཀྱང་། གཅིག་ཏུ་སེང་གེ་མཆོངས་སར་ཝ་མཆོངས་པའི་དཔེར་འགྱུར་སྲིད་ཀྱང་། སྟོན་པ་སངས་རྒྱས་ལྟ་བུ་སོགས་མ་གཏོགས་སུས་ཀྱང་གང་ཟག་གི་ཚད་བཟུང་བར་མི་བྱ་ཞེས་བཀའ་བསྩལ་ན་རང་རེས་ཕྱོགས་ཞེན་གྱིས་སྒྲོ་སྐུར་མི་བྱེད་པ་ཉིད་ལགས་སོ། །

༄ དོན་དམ་འགྱུར་མེད་གནས་ལུགས་དེ་བཞིན་ཉིད། །རབ་གཟིགས་འཆད་རྩོད་རྩོམ་པའི་མཁྱེན་དཔྱོད་ཕུལ། །ཚེ་རབས་ཐུགས་བསྐྱེད་སྨོན་ལམ་དབང་གྱུར་བའི། །མཆོག་ཐུན་གྲུབ་པའི་རྗེ་གཤེགས་གང་གི་གསུང་། །དྭགས་བརྒྱུད་ཤེར་ཕྱིན་ཕྱག་ཆེན་མཚན་གསོལ་ཞིང་། །བྱིན་རླབས་འཕོ་བའི་དབང་བསྐུར་སྨིན་འགྲོ་བས། །མདོ་སྔགས་ཐུན་མིན་མྱུར་ལམ་བྱུང་ཞེས་དང་། །རྒྱ་ནག་ཡུལ་དུ་སྔགས་ཀྱི་ཐེག་པ་ནི། །བྱ་སྤྱོད་རྒྱུད་ལ་འཆད་ཉན་ཙམ་ཟད་ལས། །བླ་མེད་རྒྱུད་སྡེ་བློ་དང་མ་མཚམས་ནས། །རྒྱལ་པོ་ཉིད་ཀྱི་བཀའ་བཅད་མཛད་ཅེས་དང་། །ཕར་ཕྱིན་སློབ་དཔོན་བྱང་ཆུབ་ཆོས་མཆོག་གིས། །སྒྲུབ་རྒྱུད་དོན་རྒྱུད་རང་ཐད་བསྟན་པས་དེས། །ཡུལ་དེའི་རྒྱལ་འབངས་ཧ་ལས་གྱུར་ནས་སུ། །ཆད་ལྟ་ཞེས་པའི་ཅལ་སྒྲོགས་བྱུང་ངོ་ལོ། །དེ་བརྒྱུད་ཕྱིས་སུ་བོད་བྱོན་ཧྭ་ཤང་གིས། །ལྟ་བ་ཅི་ཡང་ཡིད་མི་བྱེད་སྒོམ་ཞིང་། །སྤྱོད་པ་འདུས་བྱས་ཚོགས་གསོག་གཅོར་མི་བྱེད། །ཅེས་པའི་ལོ་རྒྱུས་འཐད་པ་མང་གསུངས་པས། །གསང་སྔགས་ཡང་རྩེ་ཤིན་ཏུ་རྣལ་འབྱོར་ཡང་། །སྤྲོས་བཅས་དབང་དང་མཚན་བཅས་བསྐྱེད་རྫོགས་ལས། །ལྟོས་མེད་ཆོས་སྐུའི་དགོངས་པ་བཅར་ཐོག་ཏུ། །ངོ་སྤྲོད་ཚུལ་གྱིས་འཆད་པའང་ངང་གིས་སྒྲུབ། །འོན་ཀྱང་རང་བཞིན་ཐུན་མིན་ཧྭ་ཤང་ལུགས། །བསྟགས་པ་དང་དུ་བླང་ནས་འཕགས་བོད་ཀྱི། །ཡོངས་གྲགས་མཁས་གཞུང་རྣམས་དང་མ་འཚམ་ན། །དགག་སྒྲུབ་སྒྲོ་སྐུར་རྒྱུན་ལ་ཚར་བ་མེད། །

༄ འདིར་ཡང་འཇམ་མགོན་བླ་མའི་གསུང་རབ་ལ། །ལོག་རྟོག་སྐྱོན་གྱིས་གོས་པ་མི་སྲིད་ཀྱང་། །རྗེས

འཇུག་ཚོགས་ལ་ཉམས་སད་འདོད་པའི་ཕྱིར། །ཡིན་པ་སྲིད་སྙམ་རྩུལ་འདི་སྨྲས་པ་ཡིན། །ལེགས་བྱས་མཆོག་གིས་རིས་མེད་བསྟན་འཛིན་རྣམས། །བཤད་དང་སྒྲུབ་པའི་རྣམ་དཀར་ཕྲིན་ལས་ཀྱིས། །ཡངས་པའི་འཇིག་རྟེན་བརྒྱན་པའི་དགེ་མཚན་མཐུས། །ཕན་བདེའི་དཔལ་ཡོན་གོང་ནས་གོང་འཕེལ་ཤོག །ཅེས་སྡོམ་གསུམ་རབ་དབྱེའི་བསྟན་བཅོས་ལ། ཀཿཐོག་པ་དགེ་སྤྲུལ་རིན་པོ་ཆེས་བརྒྱལ་བརྟགས་མཛད་པའི་ལན་གྱི་ཡི་གེ་སྨྱོང་གྲོལ་བདུད་རྩི་ཞེས་བྱ་བ་འདི་ནི། རྗེ་བཙུན་ཨེ་ཝཾ་པའི་མཁས་གྲུབ་རྡོ་རྗེ་འཛིན་པ་དུ་མའི་གདམ་ངག་གི་ཉི་ཟེར་གྱིས་བློ་གྲོས་ཀྱི་པདྨོ་ཅུང་ཟད་བཞད་པ་ཤཱཀྱའི་དགེ་སྦྱོང་ཥྨ་གཱིནྡྲ་ཀཱ་ར་ཤྲཱི་བྷ་རས་འདི་ཨ་འཛོམ་ནོར་བུ་དབང་རྒྱལ་ཡིན་མིན་དཔྱད་དགོས། བསྒྲིགས་པ་པོས་མཆན། རང་བྱུང་འཕགས་པའི་གནས་ཀྱི་གོང་དུ་ཡིད་ལྷུང་ལྷ་རྒྱའི་མགྲུལ་ཆོས་གྲྭ་ཆེན་པོ་སྲིད་གསུམ་དགེ་ལེགས་ཡོངས་འདུས་ཀྱི་གཙྒ་ལའི་ཉེ་འདབས་སུ་བྲིས་པ་ལ་སླར་ཡང་བསྟན་པའི་གསལ་བྱེད་ཆོས་རྗེ་དམ་པ་ཀུ་ན་དགའ་དཔལ་འབྱོར་བའི་ཞལ་སྔ་ནས་ལེགས་བསྒྲུགས་མཛད་ཅིང་གུས་པ་ཆེན་པོས་བྲིས་པ་དགེ་ལེགས་འཕེལ། །སརྦ་དཱ་མངྒ་ལཾ།། །།